Princípios de marketing

Princípios de marketing

15e

Philip Kotler
Northwestern University

Gary Armstrong
University of North Carolina

Revisão técnica

Dilson Gabriel dos Santos
Coordenador/professor da FIA e professor doutor da USP

Francisco J. S. M. Alvarez
Professor da FIA e professor doutor da USP

Tradução

Sabrina Cairo

© 2015 by Pearson Education do Brasil
© 2014, 2012, 2010 by Pearson Education, Inc.
Tradução autorizada a partir da edição original em inglês, *Principles of marketing*, 15. ed.,
publicada pela Pearson Education, Inc., sob o selo Addison-Wesley

Todos os direitos reservados. Nenhuma parte desta publicação poderá ser reproduzida ou
transmitida de qualquer modo ou por qualquer outro meio, eletrônico ou mecânico, incluindo
fotocópia, gravação ou qualquer outro tipo de sistema de armazenamento e transmissão de
informação, sem prévia autorização, por escrito, da Pearson Education do Brasil.

Supervisora de produção editorial	Silvana Afonso
Coordenador de produção editorial	Sérgio Nascimento
Editor de aquisições	Vinícius Souza
Editora de texto	Ana Mendes
Editor assistente	Marcos Guimarães
Preparação	Cíntia Leitão
Revisão	Eloiza Lopes, Gabrielle Navarro e Lígia Nakayama
Índice	Pedro Santana
Estagiária	Karina Ono
Capa	Alberto Corrêa
	(sob o projeto original)
Diagramação	Casa de Ideias

Dados Internacionais de Catalogação na Publicação (CIP)
(Câmara Brasileira do Livro, SP, Brasil)

Kotler, Philip
    Princípios de marketing / Philip Kotler, Gary Armstrong; tradução
Sabrina Cairo; revisão técnica Dilson Gabriel dos Santos e Francisco
Alvarez. – 15. ed. – São Paulo: Pearson Education do Brasil, 2015.

    Título original: Principles of maketing.
    Bibliografia.
    ISBN 978-85-430-0447-1

    1. Marketing I. Armstrong, Gary. II. Santos, Dilson Gabriel dos. III.
Título.

14-05440   CDD-658.8

Índice para catálogo sistemático:
1. Marketing : Administração de empresas 658.8

Direitos exclusivos cedidos à
Pearson Education do Brasil Ltda.,
uma empresa do grupo Pearson Education
Av. Francisco Matarazzo, 1400,
7º andar, Edifício Milano
CEP 05033-070 - São Paulo - SP - Brasil
Fone: 19 3743-2155
pearsonuniversidades@pearson.com

Distribuição
Grupo A Educação
www.grupoa.com.br
Fone: 0800 703 3444

*Para Kathy, Betty, Mandy, Matt, KC, Keri, Delaney, Molly, Macy e Ben;
Nancy, Amy, Melissa e Jessica*

Sumário

Prefácio XIII

Parte 1: Definição de marketing e o processo de marketing

1 Criação e captura de valor para o cliente 1

O que é marketing? 3
    Definição de marketing 4 | O processo de marketing 4
Entendimento do mercado e das necessidades do cliente 5
    Necessidades, desejos e demandas do cliente 5 | Ofertas ao mercado: produtos, serviços e experiências 5 | Valor e satisfação do cliente 6 | Trocas e relacionamentos 7 | Mercados 7
Elaboração de uma estratégia de marketing orientada para o cliente 8
    Seleção dos clientes a atender 8 | Escolha de uma proposição de valor 8 | Orientações da administração de marketing 9
Preparação de um plano e programa de marketing integrado 12
Construção de relacionamento com os clientes 12
    Gestão do relacionamento com o cliente 12 | A natureza mutável do relacionamento com o cliente 16 | Gestão do relacionamento com parceiros 19
Captura de valor dos clientes 20
    Criação de fidelidade e retenção do cliente 20 | Crescimento da participação de cliente 21 | Construção de customer equity 21
Mudanças no cenário de marketing 23
    As mudanças no ambiente econômico 23 | A era digital 24 | O crescimento do marketing sem fins lucrativos 26 | A rápida globalização 27 | Marketing sustentável — o apelo por mais ética e responsabilidade social 28
Afinal, o que é marketing? Juntando tudo 28

Revisão dos objetivos e termos-chave 30 | Revisão dos objetivos 30 | Termos-chave 31 | **Discussão e pensamento crítico 32** | Questões para discussão 32 | Atividades de pensamento crítico 32 | **Aplicações e casos 32** | Foco na tecnologia 32 | Foco na ética 32 | Foco nos números 33 | Vídeo empresarial 33 | Caso empresarial: In-N-Out Burger 33 | Estudo de caso 36

2 Estratégia empresarial e de marketing: criando parcerias para construção do relacionamento com os clientes 41

Planejamento estratégico da empresa: definição do papel do marketing 43
    Definição de uma missão orientada para o mercado 44 | Estabelecimento de objetivos e metas para a empresa 45 | Desenvolvimento do portfólio de negócios 46
Planejamento de marketing: criação de parcerias para construir relacionamento com os clientes 51
    Criação de parcerias com outros departamentos da empresa 52 | Criação de parcerias com outros no sistema de marketing 53
Estratégia e mix de marketing 53
    Estratégia de marketing focada no cliente 54 | Desenvolvimento de um mix de marketing integrado 57
Gerenciamento do esforço de marketing 59
    Análise de marketing 59 | Planejamento de marketing 60 | Implementação de marketing 61 | Organização do departamento de marketing 61 | Controle de marketing 62
Mensuração e gerenciamento do retorno do investimento em marketing 63

Revisão dos objetivos e termos-chave 64 | Revisão dos objetivos 64 | Termos-chave 65 | **Discussão e pensamento crítico 66** | Questões para discussão 66 | Atividades de pensamento crítico 66 | **Aplicações e casos 66** | Foco na tecnologia 66 | Foco na ética 66 | Foco nos números 67 | Vídeo empresarial 67 | Caso empresarial: Trap-Ease America 67

VIII Princípios de marketing

Parte 2: Entendimento do mercado e dos clientes

 3 Análise do ambiente de marketing   71

O microambiente   73
   A empresa 73 | Fornecedores 74 | Intermediários de marketing 74 | Concorrentes 75 | Públicos 75 | Clientes 76
Macroambiente   77
   Ambiente demográfico 77 | Ambiente econômico 85 | Ambiente natural 86 | Ambiente tecnológico 87 | O ambiente político e social 89 | Ambiente cultural 92
Reação ao ambiente de marketing   95
Revisão dos objetivos e termos-chave 97 | Revisão dos objetivos 97 | Termos-chave 98 | **Discussão e pensamento crítico 99** | Questões para discussão 99 | Atividades de pensamento crítico 99 | **Aplicações e casos 99** | Foco na tecnologia 99 | Foco na ética 99 | Foco nos números 100 | Vídeo empresarial 100 | Caso empresarial: Xerox 100 | **Estudo de caso 102**

 4 Administração das informações de marketing para obter insights de cliente   107

Informações de marketing e insights de cliente   109
Avaliação das necessidades de informações de marketing   110
Desenvolvimento de informações de marketing   111
   Dados internos 111 | Inteligência competitiva de marketing 112
Pesquisa de marketing   113
   Definição do problema e dos objetivos da pesquisa 114 | Desenvolvimento do plano de pesquisa 114 | Implementação do plano de pesquisa 126 | Interpretação e apresentação dos resultados 126
Análise e uso das informações de marketing   126
   Gerenciamento do relacionamento com o cliente (CRM) 126 | Distribuição e uso das informações de marketing 129
Outras considerações acerca das informações de marketing   130
   Pesquisa de marketing em pequenas empresas e organizações sem fins lucrativos 130 | Pesquisa de marketing internacional 131
Política pública e ética na pesquisa de marketing   133
Revisão dos objetivos e termos-chave 135 | Revisão dos objetivos 135 | Termos-chave 136 | **Discussão e pensamento crítico 136** | Questões para discussão 136 | Atividades de pensamento crítico 136 | **Aplicações e casos 137** | Foco na tecnologia 137 | Foco na ética 137 | Foco nos números 137 | Vídeo empresarial 138 | Caso empresarial: Meredith 138

 5 Mercados consumidores e comportamento de compra do consumidor   142

Modelo de comportamento de compra   144
Características que afetam o comportamento do consumidor   145
   Fatores culturais 146 | Fatores sociais 149 | Fatores pessoais 154 | Fatores psicológicos 159
Tipos de comportamento de decisão de compra   162
   Comportamento de compra complexo 162 | Comportamento de compra com dissonância cognitiva reduzida 163 | Comportamento de compra habitual 163 | Comportamento de compra em busca de variedade 164
Processo de decisão do comprador   164
   Reconhecimento da necessidade 165 | Busca por informações 165 | Avaliação das alternativas 166 | Decisão de compra 166 | Comportamento pós-compra 167
O processo de decisão do comprador para novos produtos   167
   Estágios no processo de adoção 168 | Diferenças individuais em relação à inovação 168 | Influência das características do produto na taxa de adoção 169
Revisão dos objetivos e termos-chave 170 | Revisão dos objetivos 170 | Termos-chave 171 | **Discussão e pensamento crítico 171** | Questões para discussão 171 | Atividades de pensamento crítico 171 | **Aplicações e casos 172** | Foco na tecnologia 172 | Foco na ética 172 | Foco nos números 172 | Vídeo empresarial 173 | Caso empresarial: Porsche 173 | **Estudo de caso 175**

 6 Mercados organizacionais e comportamento de comprador organizacional   180

Mercados organizacionais   182
   Estrutura e demanda do mercado 183 | Natureza da unidade de compra 184 | Tipos de decisão de compra e processo decisório 184
Comportamento de compra organizacional   185
   Principais tipos de situação de compra 185 | Participantes do processo de compra organizacional 186 | Principais influências sobre os compradores organizacionais 187
Processo de compra organizacional   190
   Identificação do problema 190 | Descrição geral da necessidade 191 | Especificação do produto 191 | Busca por fornecedores 191 | Solicitação da proposta 191 | Seleção do fornecedor 192 | Especificação do pedido de rotina 192 | Análise do desempenho 192
E-procurement: compra na Internet   193
Mercados institucional e governamental   196
   Mercado institucional 196 | Mercado governamental 197

Revisão dos objetivos e termos-chave 199 | Revisão dos objetivos 199 | Termos-chave 200 | **Discussão e pensamento crítico 200** | Questões para discussão 200 | Atividades de pensamento crítico 201 | **Aplicações e casos 201** | Foco na tecnologia 201 | Foco na ética 201 | Foco nos números 201 | Vídeo empresarial 202 | Caso empresarial: Cisco Systems 202

Parte 3: Elaboração de uma estratégia e de um mix voltados para o cliente

7 Estratégia de marketing orientada para o cliente: criação de valor para clientes-alvo 206

Segmentação de mercado 209
   Segmentação de mercados consumidores 209 | Segmentação de mercados organizacionais 216 | Segmentação de mercados internacionais 217 | Requisitos para uma segmentação eficaz 218
Seleção de mercado-alvo 219
   Avaliação dos segmentos de mercado 219 | Seleção de segmentos de mercado-alvo 219 | Escolha da estratégia para o atendimento do mercado-alvo 225 | Responsabilidade social do marketing no atendimento ao mercado-alvo 225
Diferenciação e posicionamento 227
   Mapas de posicionamento 227 | Escolha da estratégia de diferenciação e posicionamento 228 | Comunicação e entrega da posição escolhida 234

Revisão dos objetivos e termos-chave 234 | Revisão dos objetivos 234 | Termos-chave 235 | **Discussão e pensamento crítico 236** | Questões para discussão 236 | Atividades de pensamento crítico 236 | **Aplicações e casos 236** | Foco na tecnologia 236 | Foco na ética 236 | Foco nos números 237 | Vídeo empresarial 237 | Caso empresarial: Darden Restaurants 237

8 Produtos, serviços e marcas: construção de valor para os clientes 242

O que é um produto? 244
   Produtos, serviços e experiências 245 | Níveis de produtos e serviços 245 | Classificação de produto e serviço 247
Decisões de produtos e serviços 250
   Decisões de produto e serviço individual 250 | Decisões de linha de produtos 255 | Decisões de mix de produtos 256
Marketing de serviços 257
   A natureza e as características de um serviço 258 | Estratégias de marketing para empresas prestadoras de serviços 259
Estratégia de branding: construção de marcas fortes 265
   Brand equity 265 | Construção de marcas fortes 266
   Gerenciamento de marcas 274

Revisão dos objetivos e termos-chave 275 | Revisão dos objetivos 275 | Termos-chave 276 | **Discussão e pensamento crítico 277** | Questões para discussão 277 | Atividades de pensamento crítico 277 | **Aplicações e casos 277** | Foco na tecnologia 277 | Foco na ética 277 | Foco nos números 277 | Vídeo empresarial 278 | Caso empresarial: Zipcar 278 | **Estudo de caso 280**

9 Desenvolvimento de novos produtos e estratégias para o ciclo de vida dos produtos 284

Estratégia de desenvolvimento de novos produtos 286
   O processo de desenvolvimento de novos produtos 287 | Geração de ideias 287 | Seleção de ideias 289 | Desenvolvimento e teste do conceito 291 | Desenvolvimento da estratégia de marketing 292 | Análise do negócio 293 | Desenvolvimento do produto 293 | Teste de marketing 294 | Comercialização 295
Gerenciamento do desenvolvimento de novos produtos 295
   Desenvolvimento de novos produtos centrado no cliente 295 | Desenvolvimento de novos produtos em equipe 296 | Desenvolvimento sistemático de novos produtos 296 | Desenvolvimento de novos produtos em períodos de turbulência 297
Estratégias de ciclo de vida do produto 298
   Estágio de introdução 300 | Estágio de crescimento 300 | Estágio de maturidade 301 | Estágio de declínio 302
Considerações adicionais acerca de produtos e serviços 303
   Decisões sobre produtos e responsabilidade social 305 | Marketing internacional de produtos e serviços 306

Revisão dos objetivos e termos-chave 307 | Revisão dos objetivos 307 | Termos-chave 308 | **Discussão e pensamento crítico 308** | Questões para discussão 308 | Atividades de pensamento crítico 309 | **Aplicações e casos 309** | Foco na tecnologia 309 | Foco na ética 309 | Foco nos números 309 | Vídeo empresarial 310 | Caso empresarial: Google 310 | **Estudo de caso 312**

10 Determinação de preços: entendimento e captura de valor para o cliente 316

O que é preço? 318
   Principais estratégias de determinação de preços 319 | Determinação de preços baseada no valor para o cliente 319 | Determinação de preços baseada nos custos 324 | Determinação de preços baseada na concorrência 328
Outras considerações internas e externas que afetam as decisões de preço 329
   Estratégia de marketing geral, objetivos e mix de marketing 329 | Considerações organizacionais 330 | O mercado

e a demanda 332 | A economia 335 | Outros fatores externos 336

Revisão dos objetivos e termos-chave 336 | Revisão dos objetivos 336 | Termos-chave 337 | **Discussão e pensamento crítico 337** | Questões para discussão 337 | Atividades de pensamento crítico 338 | **Aplicações e casos 338** | Foco na tecnologia 338 | Foco na ética 338 | Foco nos números 339 | Vídeo empresarial 339 | Caso empresarial: Burt's Bee 339

Estratégias de determinação de preços: considerações adicionais 343

Estratégias de determinação de preços para novos produtos 345

Determinação de preços de desnatamento 345 | Determinação de preços de penetração de mercado 346

Estratégias de determinação de preços para mix de produtos 346

Determinação de preços para linha de produtos 347 | Determinação de preços para produtos opcionais 347 | Determinação de preços para produtos complementares 348 | Determinação de preços para subprodutos 348 | Determinação de preços para pacotes de produtos 349

Estratégias de ajustes de preços 349

Determinação de preços com descontos e concessões 349 | Determinação de preços segmentados 350 | Determinação de preços psicológicos 351 | Determinação de preços promocionais 353 | Determinação de preços geográficos 354 | Determinação dinâmica de preços 355 | Determinação de preços internacionais 356

Mudanças de preço 359

Iniciativas de mudanças de preço 359 | Reações a mudanças de preço 360

Política pública e determinação de preços 362

Determinação de preços nos níveis do canal 363 | Determinação de preços entre os níveis do canal 363

Revisão dos objetivos e termos-chave 364 | Revisão dos objetivos 364 | Termos-chave 366 | **Discussão e pensamento crítico 366** | Questões para discussão 366 | Atividades de pensamento crítico 366 | **Aplicações e casos 366** | Foco na tecnologia 366 | Foco na ética 367 | Foco nos números 367 | Vídeo empresarial 367 | Caso empresarial: Amazon *versus* Walmart 368

Canais de marketing: entrega de valor para o cliente 372

Canais de suprimento e cadeia de valor 374

A natureza e a importância dos canais de marketing 375

Como os membros do canal agregam valor 376 | Número de níveis de canal 377

Comportamento e organização do canal 378

Comportamento do canal 378 | Sistemas verticais de marketing 379 | Sistemas horizontais de marketing 382 | Sistemas multicanal de distribuição 382 | Mudanças na organização dos canais 383

Decisões de projeto do canal 384

Análise das necessidades dos consumidores 385 | Estabelecimento dos objetivos do canal 385 | Identificação das principais alternativas 386 | Avaliação das principais alternativas 387 | Projeto de canais de distribuição internacionais 388

Decisões de gerenciamento de canal 389

Seleção dos membros do canal 389 | Gestão e motivação dos membros do canal 389 | Avaliação dos membros do canal 390

Política pública e decisões de distribuição 390

Logística de marketing e gerenciamento da cadeia de suprimento 392

Natureza e importância da logística de marketing 393 | Metas do sistema logístico 394 | Principais funções da logística 395 | Gerenciamento da logística integrada 398

Revisão dos objetivos e termos-chave 401 | Revisão dos objetivos 401 | Termos-chave 403 | **Discussão e pensamento crítico 403** | Questões para discussão 403 | Atividades de pensamento crítico 403 | **Aplicações e casos 403** | Foco na tecnologia 403 | Foco na ética 404 | Foco nos números 404 | Vídeo empresarial 404 | Caso empresarial: Pandora 405 | **Estudo de caso 407**

Varejo e atacado 410

Varejo 412

Tipos de varejistas 413 | Decisões de marketing do varejista 420 | Tendências e acontecimentos no varejo 426 |

Atacado 433

Tipos de varejistas 434 | Decisões de marketing do atacadista 436 | Tendências no atacado 438

Revisão dos objetivos e termos-chave 439 | Revisão dos objetivos 439 | Termos-chave 440 | **Discussão e pensamento crítico 440** | Questões para discussão 440 | Atividades de pensamento crítico 440 | **Aplicações e casos 441** | Foco na tecnologia 441 | Foco na ética 441 | Foco nos números 441 | Vídeo empresarial 441 | Caso empresarial: Dollar General 442

Valor para o cliente: estratégia de comunicação integrada de marketing 446

O composto de promoção 448

Comunicação integrada de marketing 449

O novo modelo de comunicação de marketing 449 | A necessidade da comunicação integrada de marketing 451

Uma visão do processo de comunicação 454

Etapas no desenvolvimento de comunicações de marketing eficazes 456

Sumário XI

Identificação do público-alvo 456 | Determinação dos objetivos da comunicação 456 | Elaboração da mensagem 457 | Escolha da mídia 459
Seleção da fonte da mensagem 460
Coleta do feedback 461
Definição do orçamento e do composto totais de promoção 461
Definição do orçamento total de promoção 463 | Método de objetivo e tarefas 464 | Definição do composto total de promoção 464 | Integração do composto de promoção 467
Comunicação de marketing socialmente responsável 467
Propaganda e promoção de vendas 468 | Venda pessoal 468
Revisão dos objetivos e termos-chave 469 | Revisão dos objetivos 469 | Termos-chave 470 | **Discussão e pensamento crítico 470** | Questões para discussão 470 | Atividades de pensamento crítico 471 | **Aplicações e casos 471** | Foco na tecnologia 471 | Foco na ética 471 | Foco nos números 472 | Vídeo empresarial 472 | Caso empresarial: Red Bull 472 | **Estudo de caso 474**

15 Propaganda e relações públicas 478

Propaganda 480
Estabelecimento dos objetivos da propaganda 481 | Definição do orçamento de propaganda 483 | Desenvolvimento da estratégia de propaganda 484 | Avaliação da eficácia da propaganda e do retorno do investimento 495 | Outras considerações acerca da propaganda 495
Relações públicas 497
O papel e o impacto das relações públicas 498 | Principais ferramentas de relações públicas 499
Revisão dos objetivos e termos-chave 502 | Revisão dos objetivos 502 | Termos-chave 503 | **Discussão e pensamento crítico 503** | Questões para discussão 503 | Atividades de pensamento crítico 503 | **Aplicações e casos 503** | Foco na tecnologia 503 | Foco na ética 504 | Foco nos números 504 | Vídeo empresarial 504 | Caso empresarial: O Super Bowl 505

16 Venda pessoal e promoção de vendas 509

Vendas pessoais 511
A natureza das vendas pessoais 512 | O papel da força de vendas 512
Gerenciamento da força de vendas 514
Elaboração da estratégia e da estrutura da força de vendas 514 | Recrutamento e seleção dos vendedores 518 | Treinamento dos vendedores 519 Remuneração dos vendedores 520 | Supervisão e motivação dos vendedores 520 | Avaliação do desempenho dos vendedores e da força de vendas 525

O processo de vendas pessoais 525
Etapas do processo de vendas 525 | Venda pessoal e gestão do relacionamento com o cliente 528
Promoção de vendas 530
O rápido crescimento da promoção de vendas 531 | Objetivos da promoção de vendas 531 | Principais ferramentas da promoção de vendas 532 | Desenvolvimento do programa de promoção de venda 535
Revisão dos objetivos e termos-chave 536 | Revisão dos objetivos 536 | Termos-chave 537 | **Discussão e pensamento crítico 538** | Questões para discussão 538 | Atividades de pensamento crítico 538 | **Aplicações e casos 538** | Foco na tecnologia 538 | Foco na ética 538 | Foco nos números 539 | Vídeo empresarial 539 | Caso empresarial: Salesforce.com 539 | **Estudo de caso 541**

17 Marketing direto e on-line: construção de relacionamento direto com os clientes 545

O novo modelo de marketing direto 548
Crescimento e benefícios do marketing direto 548
Benefícios para os compradores 549 | Benefícios para as empresas vendedoras 549
Banco de dados de clientes e marketing direto 550
Formas de marketing direto 553
Marketing de mala direta 553 | Marketing de catálogo 554 | Telemarketing 555 | Marketing de televendas 556 | Marketing de terminais de multimídia (quiosques) 556
Marketing on-line 557
O marketing e a internet 557 | Domínios do marketing on-line 558 | Estabelecimento de presença no marketing on-line 561 | Divulgação de anúncios e promoções on-line 562
Questões de política pública no marketing direto 567
Irritação, deslealdade, logro e fraude 569 | Privacidade do consumidor 570 | Necessidade de ação 571
Revisão dos objetivos e termos-chave 572 | Revisão dos objetivos 572 | Termos-chave 574 | **Discussão e pensamento crítico 574** | Questões para discussão 574 | Atividades de pensamento crítico 574 | **Aplicações e casos 574** | Foco na tecnologia 574 | Foco na ética 575 | Foco nos números 575 | Vídeo empresarial 575 | Caso empresarial: eBay 575

Parte 4: Marketing ampliado

18 Criação de vantagem competitiva 581

Análise da concorrência 583
Identificação dos concorrentes 583 | Avaliação dos concorrentes 584 | Seleção dos concorrentes para atacar e evitar 588 | Elaboração de um sistema de inteligência competitiva 590
Estratégias competitivas 590

Abordagens para a estratégia de marketing 590 | Estratégias competitivas básicas 592 | Posições competitivas 594 | Estratégias da empresa líder de mercado 596 | Estratégias da desafiante de mercado 599 | Estratégias da seguidora de mercado 600 | Estratégias de ocupante de nicho 601

Equilíbrio entre a orientação para o cliente e para a concorrência 602

Revisão dos objetivos e termos-chave 603 | Revisão dos objetivos 603 | Termos-chave 604 | **Discussão e pensamento crítico 604** | Questões para discussão 604 | Atividades de pensamento crítico 604 | **Aplicações e casos 604** | Foco na tecnologia 604 | Foco na ética 605 | Foco nos números 605 | Vídeo empresarial 605 | Caso empresarial: Ford 606 | **Estudo de caso 608**

 ## O mercado global 611

O marketing global hoje 613

Análise do ambiente de marketing global 615
 O sistema de comércio internacional 615 | Ambiente econômico 617 | Ambiente político/legal 620

Ambiente cultural 621

Decisão de ingressar no mercado internacional 623

Decisão de mercados a ingressar 624

Decisão sobre como ingressar no mercado 625
 Exportação 625 | *Joint-venture* 625 | Propriedade conjunta 626 | Investimento direto 627

Decisão sobre o programa de marketing global 628
 Produto 631 | Promoção 632 | Preço 633 | Canais de distribuição 634

Decisão sobre a organização para o marketing global 635

Revisão dos objetivos e termos-chave 636 | Revisão dos objetivos 636 | Termos-chave 637 | **Discussão e pensamento crítico 637** | Questões para discussão 637 | Atividades de pensamento crítico 637 | **Aplicações e casos 638** | Foco na tecnologia 638 | Foco na ética 638 | Foco nos números 638 | Vídeo empresarial 639 | Caso empresarial: Buick 639

 ## Marketing sustentável: responsabilidade social e ética 644

Marketing sustentável 646

Críticas ao marketing social 648
 O impacto do marketing sobre os consumidores individuais 648 | O impacto do marketing sobre a sociedade como um todo 653 | O impacto do marketing sobre outras empresas 655

Ações do consumidor para promover o marketing sustentável 656
 Defesa do consumidor 656 | Ambientalismo 657 | Ações públicas para a regulação do marketing 662

Ações organizacionais voltadas para o marketing sustentável 663
 Princípios do marketing sustentável 663 | Ética no marketing 667 | A empresa sustentável 670

Revisão dos objetivos e termos-chave 670 | Revisão dos objetivos 670 | Termos-chave 671 | **Discussão e pensamento crítico 672** | Questões para discussão 672 | Atividades de pensamento crítico 672 | **Aplicações e casos 672** | Foco na tecnologia 672 | Foco na ética 672 | Foco nos números 673 | Vídeo empresarial 673 | Caso empresarial: International Paper 673 | **Estudo de caso 676**

Apêndice 1: Plano de marketing 681
Apêndice 2: Marketing por números 693
Apêndice 3: Carreiras no marketing 712

Glossário 725
Índice 735

Prefácio

Princípios de marketing: o livro de marketing para graduandos de maior credibilidade do mundo

Estudantes dos seis continentes, presentes em mais de 40 países e que representam 24 idiomas diferentes, têm o livro *Princípios de marketing*, de Kotler e Armstrong, como a fonte mais confiável do mundo para aprender conceitos e práticas introdutórias de marketing. Mais do que nunca, a 15ª edição apresenta aos novos estudantes o fascinante mundo do marketing moderno de uma maneira inovadora, completa, fidedigna e, ao mesmo tempo, renovada, prática e prazerosa. Nós nos debruçamos sobre cada página, tabela, figura, dado e exemplo, em um esforço para fazer com que este livro continuasse sendo o melhor para aprender e ensinar marketing.

Marketing: criação de valor para o cliente e relacionamento com ele

Os principais profissionais de marketing em empresas renomadas compartilham uma meta: colocar o consumidor no centro do marketing. O marketing de hoje tem tudo a ver com a criação de valor para o cliente e a construção de um relacionamento lucrativo com ele. Esse marketing começa com o entendimento das necessidades e dos desejos do consumidor, a definição dos mercados-alvo a que a organização pode atender melhor e o desenvolvimento de uma proposta de valor persuasiva, com a qual a empresa possa atrair e cultivar consumidores valiosos. Se a organização faz bem essas coisas, ela colhe os benefícios na forma de participação de mercado, lucros e *customer equity*.

Os cinco principais temas ligados ao valor para o cliente

Do começo ao fim, a 15ª edição de *Princípios de marketing* desenvolve uma inovadora estrutura de valor para o cliente e relacionamento com ele, que traduz a essência do marketing de hoje. Ela se baseia nos cinco principais temas ligados ao valor para o cliente:

1. *Criação de valor para os clientes a fim de capturar valor deles em troca*. Os profissionais de marketing de hoje devem saber *criar valor para o cliente e gerenciar o relacionamento com ele*. As empresas com grande destaque na área de marketing entendem o mercado e as necessidades do cliente, elaboram estratégias de marketing que criam valor, desenvolvem programas de marketing integrado que entregam valor e encantamento para o cliente e constroem um sólido relacionamento com ele. Em troca, essas empresas capturam o valor dos clientes na forma de vendas, lucros e fidelidade.

   Essa inovadora *estrutura baseada em valor para o cliente* é apresentada logo no início do Capítulo 1, em um modelo do processo de marketing composto de cinco etapas, o qual detalha como o marketing *cria* valor para o cliente e *captura* valor em troca. Essa estrutura é desenvolvida com esmero nos primeiros dois capítulos e, então, totalmente integrada ao restante do livro.

▲ Figura 1.1 Um modelo simples do processo de marketing

2. *Construção e gerenciamento de marcas fortes, que criam valor.* Marcas bem posicionadas e com forte brand equity fornecem as bases sobre as quais construir valor para o cliente e um relacionamento lucrativo com ele. Os profissionais de marketing de hoje devem posicionar suas marcas de maneira sólida e gerenciá-las bem, a fim de criar experiências de valor com elas. Esta edição vai a fundo na questão da marca, ancorada pela seção "Estratégia de branding: construção de marcas fortes", presente no Capítulo 8.

3. *Aproveitamento das novas tecnologias de marketing.* Novos acontecimentos ligados ao marketing digital e de outras tecnologias de ponta estão mudando drasticamente o modo como os consumidores e as empresas se relacionam. Hoje, nenhuma outra força tem mais impacto sobre a estratégia e a prática de marketing do que a tecnologia. Esta edição explora nos mínimos detalhes as novas tecnologias que impactam o marketing, indo das ferramentas digitais de construção de relacionamento descritas no Capítulo 1 até as novas tecnologias on-line e ao marketing digital apresentados nos capítulos 15 e 17, passando pelo uso das redes sociais e do marketing gerado pelo consumidor nos capítulos 1, 5, 14, 15 e 17 — e por praticamente todos os outros pontos do livro.

4. *Mensuração e gerenciamento do retorno do marketing.* Especialmente em períodos econômicos incertos, os gerentes de marketing precisam garantir que o dinheiro investido em sua área está sendo bem gasto. No passado, muitos gestores gastavam livremente, em grandes e dispendiosos programas de marketing, na maior parte das vezes sem levar muito em conta os retornos financeiros de seus gastos. Mas tudo isso está mudando rapidamente. A responsabilidade do marketing com os resultados — algo que consiste em mensurar e gerenciar o retorno dos investimentos na área — tornou-se parte importante da tomada de decisões estratégicas de marketing. A ênfase a esse ponto é tratada ao longo de todo o livro.

5. *O marketing sustentável ao redor do mundo.* À medida que os desenvolvimentos tecnológicos fazem do mundo um lugar cada vez menor e mais frágil, os profissionais de marketing devem saber comercializar suas marcas globalmente e de forma sustentável. Ao longo desta edição, um conteúdo novo enfatiza os conceitos do marketing global e do marketing sustentável — que tem a ver com o atendimento das necessidades atuais dos consumidores e das empresas e, ao mesmo tempo, a preservação ou melhoria da capacidade das gerações futuras de atender às necessidades delas. Esta edição integra os tópicos envolvendo o marketing global e a sustentabilidade ao longo do texto. Ela também traz uma abordagem concentrada em cada um desses dois assuntos nos capítulos 19 e 20, respectivamente.

O que é novo nesta edição

Revisamos completamente esta edição de *Princípios de marketing* a fim de refletir as principais tendências e forças que impactam o marketing nesta era tecnológica de valor para o cliente e relacionamentos com ele. Veja a seguir apenas algumas das principais mudanças que você encontrará nesta edição:

- Mais do que qualquer outro acontecimento, as novas tecnologias digitais e on-line estão hoje afetando o modo como as empresas e os clientes descobrem coisas um do outro e se relacionam entre si. Nos últimos anos, nada teve mais impacto sobre os consumidores e as empresas que os atendem do que a tecnologia. Todo capítulo desta edição traz discussões novas, revistas e ampliadas envolvendo o imenso impacto das empolgantes **novas tecnologias de marketing**, que moldam as práticas e estratégias da área — das redes sociais e comunidades de marca discutidas nos capítulos 1, 5, 14, 15 e 17 até a "escuta on-line" e as ferramentas de pesquisa baseadas na Internet apresentadas no Capítulo 4, passando pelo neuromarketing no Capítulo 5, pelo marketing baseado na localização no Capítulo 7, pelo uso das redes sociais no marketing e nas vendas B2B mostrado nos capítulos 6 e 16 e pelo marketing na Internet e móvel, além de outras novas tecnologias da comunicação, abordados nos capítulos 1, 14, 15 e 17, bem como em vários outros pontos. Esta edição é repleta de novas histórias e exemplos que ilustram como as empresas utilizam a tecnologia para ganhar vantagem competitiva — empresas que vão desde celebridades tradicionais do marketing, como P&G, McDonald's e Nike, até concorrentes provenientes da nova era digital, como Apple, Google, Amazon.com e Facebook.

- Esta edição continua tendo como base e expandindo a inovadora **estrutura baseada em valor para o cliente** apresentada nas edições anteriores. O modelo de valor para o cliente mostrado no Capítulo 1 é completamente integrado ao restante do livro. Nenhum outro livro de marketing traz uma abordagem de valor para o cliente tão clara e convincente.

- Ao longo desta edição, você vai encontrar uma cobertura revista da **natureza em rápida mutação do relacionamento dos clientes** com as empresas e as marcas. Hoje em dia, as empresas estão criando um profundo envolvimento por parte consumidor e um sentimento de comunidade em torno de suas marcas — elas estão fazendo das marcas uma parte significativa das conversas e da vida dos consumidores. As novas ferramentas de construção de relacionamento de hoje incluem de tudo: de sites, blogs, eventos interpessoais e compartilhamento de vídeos a comunidades on-line e redes sociais, como Facebook, YouTube, Pinterest, Twitter ou sites de convivência da própria empresa. Para alguns exemplos, veja o Capítulo 1 (seção "A natureza mutável do relacionamento com o cliente"), o Capítulo 4 (as abordagens qualitativas para obter insights mais profundos dos clientes), o Capítulo 5 (o gerenciamento do marketing e da influência on-line por meio de redes sociais), o Capítulo 9 (o desenvolvimento de novos produtos orientado pelo cliente e a cocriação), os capítulos 14 e 15 (a mudança de curso em direção a comunicações mais personalizadas e interativas) e o Capítulo 17 (as redes sociais, as comunidades de clientes e a mídia direta digital).

- Esta edição conta com uma considerável quantidade de novos materiais que tratam de tendências duradouras relacionadas a interações de mão dupla entre clientes e marcas, incluindo tópicos como **relacionamentos gerenciados pelos clientes, maior poder do consumidor, crowdsourcing, cocriação com o cliente e marketing gerado pelo consumidor**. Com mais força, os clientes de hoje estão dando tanto quanto recebem na forma de: relacionamentos bilaterais (Capítulo 1), um papel mais efetivo no fornecimento de insights (Capítulo 4), desenvolvimento de novos produtos por crowdsourcing ou cocriação (Capítulo 8), conteúdo de marketing gerado por eles (capítulos 1 e 15), elaboração e transmissão de mensagens de marca (capítulos 1, 5, 8, 14 e 15) e interação nas comunidades de clientes (capítulos 5, 15 e 17), entre outros.

- Com uma novidade, todo capítulo desta edição mostra como as empresas e os consumidores estão lidando com o **marketing em uma economia incerta**, na esteira da recente Grande Recessão. Iniciando o assunto com destaque no Capítulo 1 e dando continuidade a ele ao longo do texto, com novas seções, discussões e exemplos, a 15ª edição mostra como hoje, mesmo com a recuperação da economia, as empresas precisam se concentrar em criar valor para o cliente e lapidar suas propostas de valor nessa época de consumidores mais comedidos.

- Ao longo do livro, um conteúdo novo destaca a importância cada vez maior do **marketing sustentável**. A discussão começa no Capítulo 1 e termina no Capítulo 20, que amarra conceitos do marketing a um modelo de marketing sustentável. Entre uma ponta e outra, discussões e exemplos frequentes mostram como o marketing sustentável requer ações responsáveis em termos sociais e ambientais, que atendam às necessidades tanto imediatas como futuras dos clientes, das empresas e da sociedade como um todo.

- Esta edição traz novas discussões e exemplos relacionados ao crescimento do **marketing global**. À medida que o mundo se torna um lugar menor e mais competitivo, os mercados se deparam com novas oportunidades e desafios ligados ao marketing global, especialmente em mercados emergentes de rápido crescimento, como China, Índia, Brasil e África, entre outros. Você vai encontrar muito conteúdo novo relacionado ao marketing global ao longo do livro — esse conteúdo começa a ser tratado no Capítulo 1 e é abordado em sua totalidade no Capítulo 19.

- A 15ª edição traz um conteúdo revisto e ampliado referente a acontecimentos nas áreas de **comunicação integrada de marketing e marketing direto e on-line**, que estão mudando rapidamente. Esse conteúdo mostra como as empresas estão mesclando novas tecnologias digitais e diretas — de marketing pela Internet e móvel a blogs, vídeos virais e redes sociais — com a mídia tradicional para criar um relacionamento mais segmentado, pessoal e interativo com os clientes. As empresas não estão mais simplesmente criando programas de promoção integrada. Em vez disso, elas estão praticando o *gerenciamento do conteúdo de marketing* na mídia paga, própria, conquistada e compartilhada. Nenhum outro livro traz uma cobertura tão precisa e abrangente em relação a esses empolgantes acontecimentos.

- A 15ª edição continua a dar ênfase à questão da **mensuração e gerenciamento do retorno do marketing**, incluindo muitas novas atividades de final de capítulo ligadas ao marketing financeiro e quantitativo. Essas atividades permitem aos estudantes não só aplicar o raciocínio analítico em conceitos importantes em cada capítulo, mas também vincular esses conceitos ao inovador e abrangente Apêndice 2: "Marketing por meio dos números".

- Esta edição também continua a aprimorar o **design instrucional inovador** da obra. A apresentação dinâmica e integrada do texto inclui elementos que intensificam a aprendizagem, como casos de abertura de capítulo com anotação, resumo dos objetivos no início dos capítulos e comentários explicativos dos autores nas figuras. O layout que abre os capítulos ajuda a antever e posicionar não só o capítulo, mas também seus conceitos-chave. As figuras com comentários dos autores auxiliam os estudantes a simplificar e organizar o material do capítulo. As seções no final dos capítulos ajudam a sintetizar conceitos importantes e a destacar temas relevantes, como a tecnologia, a ética e a análise financeira no marketing. Esse design instrucional inovador facilita o entendimento dos estudantes e o aprendizado.

- A 15ª edição oferece 20 casos de final de capítulo novos ou revistos, por meio dos quais os estudantes podem aplicar aquilo que aprenderam a situações organizacionais reais. Esta nova edição também traz muitos vídeos empresariais novos, com breves resumos no final de cada capítulo acompanhados de questões para discussão. O **totalmente revisado Apêndice 1: "Plano de marketing"** apresenta um novo plano de marketing para uma marca. Por meio dele, os estudantes podem aplicar os conceitos discutidos no livro a uma marca e uma situação hipotéticas. Para completar, todos os casos de abertura de capítulo e os textos que compõem a seção Marketing Real são novos ou foram revistos para contemplar os dias de hoje.

Ênfase no marketing real

A 15ª edição de *Princípios de marketing* traz uma abordagem prática da administração de marketing, oferecendo inúmeros exemplos e histórias aprofundados do mundo real, que mostram os conceitos em ação e revelam o drama do marketing moderno. Nesta edição, todas as histórias de abertura de capítulo e os textos da seção Marketing Real são novos ou foram atualizados, oferecendo insights atuais sobre as práticas do marketing. Saiba como:

- A obsessão da Amazon.com por criar valor para o cliente e construir relacionamento com ele fez dela a maior varejista on-line do mundo.

- O Facebook, gigante da rede social, promete se tornar uma das empresas on-line mais poderosas e lucrativas do mundo — e está apenas começando.

- A queda vertiginosa da Sony traz uma fábula que mostra aquilo que pode acontecer quando uma empresa — mesmo uma líder dominante de mercado — não consegue se adaptar a seu ambiente em mudança.

- A Domino's Pizza transformou uma receita de cinco anos em queda em uma virada impressionante simplesmente ouvindo os clientes e usando os insights obtidos para desenvolver não só produtos melhores, mas também um marketing melhor.

- A liderança de produto centrada no cliente da Apple suscita um caso de amor com a marca, que produziu resultados formidáveis em termos de vendas e lucros.

- A Dunkin' Donuts se direciona, com sucesso, para a "tribo da Dunkin'" — não para os pomposos clientes da Starbucks, mas para o consumidor comum.

- Como showrooming — quando o consumidor comum vai a uma loja para analisar o produto, mas o compra de um concorrente on-line — se tornou a desgraça dos varejistas com lojas.

- A missão de sustentabilidade da Chipotle não é um algo a mais, criado apenas para posicionar a empresa como "socialmente responsável" — fazer o bem está arraigado a tudo o que a empresa faz.

- O Walmart, maior varejista on-line do mundo, e a Amazon.com, maior comerciante on-line do planeta, estão travando uma batalha na Internet por preço.

- A fabricante de calçados esportivos Converse transformou a clássica marca de antigamente em uma marca de estilo de vida atual e expressiva, que tem tudo a ver com os tempos de hoje.

- A capacidade da Southwest de utilizar o marketing direto moderno para desenvolver interações próximas e pessoais com os clientes faz com que a empresa centrada no passageiro cause inveja em seu setor.

- Para a Coca-Cola, o marketing na África é como "enfiar a mão em uma colmeia de abelhas para conseguir um pouco de mel".

- A explosão da Internet, dos dispositivos móveis e de outras tecnologias tem feito algumas empresas perguntarem: "Quem precisa de vendas pessoais?"

- A Unilever, com seu Plano de Vida Sustentável, planeja dobrar de tamanho até 2020, ao mesmo tempo em que reduz seu impacto no planeta.

Além disso, todos os capítulos trazem uma infinidade de exemplos reais, relevantes e oportunos, que reforçam conceitos-chave. Nenhum outro livro dá tanta vida ao marketing como a 15ª edição de *Princípios de marketing*.

Elementos de aprendizagem que criam mais valor

Uma série de elementos de aprendizagem na abertura, ao longo e no final dos capítulos ajuda o estudante a aprender, relacionar e aplicar os principais conceitos:

- *Seções integradas na abertura dos capítulos.* As seções dinâmicas e integradas que iniciam os capítulos começam com uma "Prévia do capítulo", a qual descreve brevemente os conceitos que serão vistos, relaciona-os com os conceitos discutidos em capítulos anteriores e apresenta o caso que será tratado na abertura. Isso leva ao caso em si: uma história de marketing envolvente, profundamente desenvolvida, ilustrada e com um apontamento, que apresenta o material do capítulo e estimula o interesse do estudante. Por fim, o "Resumo dos objetivos" traz uma prévia bastante útil dos conteúdos do capítulo e dos objetivos de aprendizagem, que são complementados pelo número da página em que aparecem.

- *Marketing real.* Todo capítulo contém duas histórias de destaque, cuidadosamente desenvolvidas, que traz um olhar aprofundado das práticas de marketing de pequenas e grandes empresas.

- *Anotação dos autores nas figuras.* Todas as figuras contêm comentários dos autores, que ajudam os estudantes a entender e organizar as principais partes do texto.

- *Revisão dos objetivo e termos-chave*. Um resumo no final de cada capítulo verifica os principais conceitos e os objetivos que foram vistos, bem como os termos-chave.

- *Discussão e pensamento crítico — questões e atividades*. Seções no final de cada capítulo ajudam os estudantes a verificar e aplicar aquilo que aprenderam no capítulo em questão.

- *Aplicações e casos*. As seções "Foco na tecnologia", "Foco na ética" e "Foco nos números", presentes no final de cada capítulo, trazem pequenos casos que facilitam a discussão de questões atuais e situações organizacionais em áreas como tecnologia, ética e análise financeira no marketing. Já a seção "Vídeos empresariais" traz pequenos resumos, acompanhados de questões para discussão, que devem ser usados com um conjunto de vídeos. Esses vídeos são quase todos novos, possuem de quatro a sete minutos e vêm com a 15ª edição. Para completar, a seção "Caso empresarial" no final de cada capítulo oferece histórias totalmente novas ou revistas, que ajudam os estudantes a aplicar os principais conceitos de marketing a situações de marca e organizações reais.

- *Apêndice: "Plano de marketing"*. O Apêndice 1 contém um exemplo de plano de marketing totalmente novo, que ajuda os estudantes a aplicar importantes conceitos ligados ao planejamento de marketing.

- *Apêndice: "Marketing por meio dos números"*. O inovador Apêndice 2 oferece aos estudantes uma abrangente introdução à análise financeira no marketing, a qual ajuda a orientar, avaliar e apoiar decisões de marketing. Ao final de vários capítulos, um exercício permite aos alunos aplicar um raciocínio analítico e financeiro a conceitos relevantes do texto, remetendo os estudantes ao Apêndice 2, "Marketing por meio dos números".

Mais do que nunca, a 15ª edição de *Princípios de marketing* cria valor para os estudantes — ele traz tudo o que os alunos precisam saber sobre o marketing em um pacote de aprendizado eficaz e agradável!

Agradecimentos

Nenhum livro é obra somente de seus autores. Devemos muito às valiosas contribuições de diversas pessoas que nos ajudaram a concretizar esta nova edição. Como sempre, precisamos agradecer especialmente a Keri Jean Miksza, por sua grande e preciosa ajuda em *todas* as fases do projeto, bem como a Pete, seu marido, e a Lucy e Mary, suas filhas, por todo o apoio que ofereceram a Keri durante esse projeto muitas vezes agitado.

Devemos consideráveis agradecimentos a Andrew Norman da Drake University, por seus valiosos conselhos que vieram com a revisão e sua competente contribuição na elaboração dos casos de abertura, dos textos que compõem a seção "Marketing Real", dos casos e vídeos empresariais, do apêndice "Plano de marketing" e das histórias de marketing selecionadas. Esta edição se beneficiou muita da ajuda do Andy. Agradecemos também a Laurie Babin da Universidade da Louisiana em Monroe, por seus dedicados esforços para preparar o material de final de capítulo, bem como para manter o apêndice "Matemática por números" renovado. Agradecimentos adicionais vão para o dr. Andrew Lingwall da Clarion University of Pennsylvania por revisar o "Manual do professor", para Mary Albrecht da Maryville University por revisar a apresentação em PowerPoint e para a equipe do ANSR Source Group por revisar o banco de testes para a 15ª edição.

Muitos revisores técnicos de outras faculdades e universidades forneceram comentários e sugestões valiosas para esta edição e as anteriores. Somos gratos aos seguintes colegas por suas gentis contribuições:

Revisores técnicos da 15ª edição norte-americana

Greg Black, Metropolitan State University of Denver
Rod Carveth, Naugatuck Valley Community College
Linda Morable, Richland College
Randy Moser, Elon University
David Murphy, Madisonville Community College
Donna Waldron, Manchester Community College
Douglas Witt, Brigham Young University

Revisores técnicos da 14ª edição norte-americana

Rod Carveth, Naugatuck Valley Community College
Anindja Chatterjee, Slippery Rock University of Pennsylvania
Mary Conran, Temple University
Eloise Coupey, Virginia Tech
Alan Dick, University of Buffalo
Karen Gore, Ivy Tech Community College, Evansville Campus
Charles Lee, Chestnut Hill College
Samuel McNeely, Murray State University
Chip Miller, Drake University
David Murphy, Madisonville Community College
Esther Page-Wood, Western Michigan University
Tim Reisenwitz, Valdosta State University
Mary Ellen Rosetti, Hudson Valley Community College
William Ryan, University of Connecticut
Roberta Schultz, Western Michigan University
J. Alexander Smith, Oklahoma City University
Deb Utter, Boston University
Donna Waldron, Manchester Community College
Wendel Weaver, Oklahoma Wesleyan University

Também devemos muito à equipe da Pearson, que nos ajudou a elaborar este livro. Erin Gardner, editor de aquisição sênior, trouxe ideias novas e deu todo apoio ao longo do trabalho de revisão. Meeta Pendharkar, gerente de projetos, ofereceu uma valiosa ajuda na gestão das muitas facetas deste complexo projeto de revisão. Janet Slowik, diretora de arte sênior, desenvolveu o belo projeto visual desta 15ª edição e Karalyn Holland, gerente de produção sênior, ajudou a conduzir o livro por seu intrincado processo de produção. Gostaríamos de agradecer também a Stephanie Wall, Anne Fahlgren, Judy Leale e Jacob Garber por suas contribuições. Temos orgulho de ter a nosso lado excelentes profissionais da Pearson.

Por fim, somos muito gratos à nossa família por todo o apoio e incentivo — Kathy, Betty, Mandy, Matt, KC, Keri, Delaney, Molly, Macy e Ben, da família Armstrong, e Nancy, Amy, Melissa e Jessica, da família Kotler. Dedicamos este livro a ambas.

Gary Armstrong
Philip Kotler

Material de apoio do livro

No site www.grupoa.com.br professores e alunos podem acessar os seguintes materiais adicionais:

- Para professores: apresentações em PowerPoint e galeria de imagens.
- Para alunos: exercícios adicionais e vídeo cases.

Parte 1 ▷ Definição de marketing e o processo de marketing (Capítulos 1-2)

Parte 2 ▷ Entendimento do mercado e dos clientes (Capítulos 3-6)

Parte 3 ▷ Elaboração de uma estratégia e de um mix voltados para o cliente (Capítulos 7-17)

Parte 4 ▷ Marketing ampliado (Capítulos 18-20)

1

Criação e captura de valor para o cliente

Prévia do capítulo

Este capítulo apresenta os conceitos básicos do marketing. Começamos com a pergunta: o que é marketing? Em termos simples, marketing é a gestão lucrativa do relacionamento com os clientes. Seu objetivo é criar valor para os clientes a fim de capturar valor deles em troca. Em seguida, discutiremos as cinco etapas no processo de marketing — do entendimento da necessidade dos clientes à elaboração de estratégias de marketing e programas de marketing integrados voltados para o cliente, passando pela construção de relacionamento com os clientes e a captação de valor para a empresa. Por fim, debateremos as principais tendências e forças que afetam o marketing nessa era de relacionamento com o cliente. Entender esses conceitos básicos e formar suas próprias ideias com relação a eles significa ter uma sólida base para tudo o que vem depois.

Vamos começar com uma boa história sobre o marketing na prática na Amazon.com, de longe, a líder mundial das empresas on-line. O segredo do sucesso da Amazon? Não há segredo nenhum, na verdade. A Amazon é totalmente obcecada pelo cliente. Ela tem uma paixão profunda por criar valor para o cliente e construir relacionamento com ele. Em troca, os clientes recompensam-na com suas compras e sua fidelidade. Você verá esse tema da criação de valor para o cliente a fim de capturar valor em troca repetidas vezes ao longo deste capítulo e no restante do livro.

Amazon.com: obcecada pela criação de valor para o cliente e pela construção de relacionamento

Quando você pensa em compras on-line, são grandes as chances de pensar primeiro na Amazon. A pioneira em compras pela Internet abriu suas portas virtuais em 1995, vendendo livros da garagem de Jeff Bezos, seu fundador, no subúrbio de Seattle. A Amazon ainda vende livros — muitos e muitos livros. Mas agora vende também de tudo um pouco: música, aparelhos eletrônicos, utensílios para a casa, roupas e comida, até diamantes lapidados e lagostas do Maine.

Desde o início, a Amazon cresceu de maneira explosiva. Suas vendas anuais subiram de modestos 150 milhões de dólares em 1997 para mais de 48 bilhões hoje. Somente durante os últimos dois anos, apesar da instabilidade na economia, as receitas e os lucros da Amazon praticamente dobraram, crescendo cerca de 40% ao ano. No último final de ano,* em um dado momento, os mais de 173 milhões de clientes da Amazon ativos ao redor do mundo compraram 110 itens por segundo. Analistas preveem que, em 2015, a Amazon se tornará a mais jovem empresa na história a atingir a marca de 100 bilhões de dólares em receita (o Walmart levou 34 anos para isso). Isso faria dela o segundo maior varejista dos Estados Unidos, atrás somente do Walmart.

O que faz da Amazon uma incrível história de sucesso? Bezos, fundador e CEO da empresa, responde a essa pergunta em três palavras: "Obsessão pelos clientes". Em sua essência, a empresa é incansavelmente voltada para o cliente. "O que orienta tudo é a criação de valor genuíno para os clientes", diz Bezos. A Amazon acredita que, se fizer aquilo que é bom para os clientes, os lucros virão como consequência. Assim, a empresa parte do cliente e trabalha de maneira reversa. Em vez de perguntar

---

* Nota da editora: Os autores, muitas vezes ao longo desta obra, fazem referências temporais do tipo "ano passado", "nos últimos anos". Para não corrermos o risco de deturpar alguma informação, decidimos manter essas marcações na edição brasileira. Pedimos ao leitor, então, que se atente ao fato de que a edição original norte-americana foi lançada em 2013.

▲ A Amazon.com faz muito mais do que simplesmente vender produtos on-line. Ela gera satisfação nas experiências on-line dos clientes. "O que orienta tudo é a criação de valor genuíno para os clientes", diz o fundador e CEO da Amazon Jeff Bezos, mostrado aqui.
Contour by Getty Images

o que pode fazer com suas competências atuais, a Amazon primeiramente pergunta: "Quem são nossos clientes? Do que eles precisam?" Então, ela desenvolve as competências necessárias para atender a essas necessidades.

Na Amazon, essas palavras são mais do que apenas "discurso para cliente ver". Toda decisão é tomada com um olho na melhoria da experiência do cliente na Amazon.com. De fato, em muitas reuniões na empresa, a figura mais influente na sala é a cadeira vazia — literalmente, uma cadeira vazia à mesa que representa todos os importantes clientes. Às vezes, a cadeira não está vazia, mas ocupada por um funcionário que é especialmente treinado para representar os interesses dos clientes. Para dar à cadeira vazia uma voz audível, clara, a Amazon não mede esforços para rastrear seu desempenho, levando em conta cerca de 400 metas mensuráveis relacionadas aos clientes.

A obsessão da Amazon em atender às necessidades de seus clientes faz ela assumir riscos e inovar de uma maneira que as outras empresas não fazem. Por exemplo, quando percebeu que seus clientes de livros precisavam de melhor acesso aos e-books e a outros conteúdos digitais, a Amazon desenvolveu o e-reader Kindle, seu primeiro produto próprio. Para ser criado, o Kindle levou mais de quatro anos, e foi necessário todo um novo conjunto de habilidades. Mas o pensamento "parta do cliente" da Amazon compensou totalmente. Hoje, o Kindle é o produto número um de vendas da empresa, e a Amazon.com comercializa mais e-books do que livros de capa dura e brochura juntos. E mais: o novo Kindle Fire da empresa lidera o mercado de tablets de preço baixo. Assim, o que começou como um esforço para melhorar a experiência do cliente agora proporciona à Amazon uma importante presença no mundo em desenvolvimento da mídia digital. O Kindle não apenas possibilita acesso a e-books, músicas, vídeos e aplicativos vendidos pela Amazon, como também tornou a interação com a gigante on-line mais fácil do que nunca.

Talvez mais importante do que *aquilo* que a Amazon vende seja *como* ela vende. A Amazon quer oferecer uma experiência especial para todo cliente. A maioria daqueles regulares da Amazon.com sente que possui um relacionamento surpreendentemente forte com a empresa, considerando, em especial, a quase total falta de real interação humana. A Amazon é obcecada por tornar cada experiência do cliente singularmente pessoal. Por exemplo, o site da Amazon.com recebe os clientes com páginas altamente personalizadas e apresenta recomendações personalizadas de produtos. Ela foi a primeira empresa a usar a tecnologia do "filtro colaborativo", que cruza as compras passadas de cada cliente com os padrões de compra de clientes com perfil semelhante para oferecer um conteúdo personalizado. A empresa quer personalizar a experiência de compra de cada cliente. Seu raciocínio é: se temos 173 milhões de clientes, deveríamos ter 173 milhões de lojas.

Aqueles que visitam a Amazon.com recebem uma combinação exclusiva de benefícios: enorme variedade, bom valor, preços baixos e conveniência. Mas é o fator "descoberta" que torna a experiência de compra realmente especial. Uma vez no site da Amazon.com, você é compelido a ficar mais um pouco — olhando, aprendendo e descobrindo. A Amazon.com se tornou uma espécie de comunidade on-line em que os clientes podem navegar por produtos, pesquisar alternativas de compra, compartilhar opiniões e análises com outros visitantes e bater um papo on-line com autores e especialistas. Desse modo, a Amazon faz muito mais do que simplesmente vender produtos on-line: ela cria relacionamentos diretos, personalizados com os clientes e gera experiências on-line satisfatórias. Ano após ano, a Amazon fica em primeiro lugar ou próximo do primeiro lugar em quase todos os rankings de satisfação de clientes, independentemente do setor.

A fim de oferecer ainda mais variedade e descoberta para os clientes, há muito tempo a Amazon passou a permitir que varejistas concorrentes — de operações familiares às lojas de departamentos Marks & Spencer — fornecessem seus produtos na Amazon.com, criando um shopping center virtual de proporções inacreditáveis. Ela também incentiva os clientes a vender produtos usados pelo site. E, com o recente lançamento da AmazonSupply.com, a varejista on-line agora atrai clientes empresariais e industriais, com produtos que vão desde materiais de escritório até detectores de radiação, passando por ferramentas de corte industrial. "Estamos nos tornando cada vez mais importantes na vida de nossos clientes", diz um executivo de marketing da Amazon.

> O profundo desejo da Amazon.com por criar valor para os clientes e relacionamento com eles fez a empresa se tornar a maior varejista on-line do mundo. A Amazon virou um modelo para empresas que são focadas, de maneira obsessiva e bem-sucedida, na entrega de valor para o cliente.

Capítulo 1 | Criação e captura de valor para o cliente **3**

Tendo em vista seu estrondoso crescimento, muitos analistas especulam que a Amazon.com se tornará o Walmart da web. De fato, alguns defendem que ela já seja. Embora as vendas totais do Walmart de 444 bilhões de dólares façam as vendas de 48 bilhões da Amazon parecerem muito pequenas, as vendas pela Internet da Amazon são 12 vezes maiores do que as do Walmart. Assim, na web, é o Walmart quem está atrás da Amazon. Em outras palavras, o Walmart quer se tornar a Amazon.com da Internet, e não o contrário. Contudo, apesar de suas proporções gigantescas, para alcançar a Amazon, o Walmart terá que alcançar a esplêndida experiência ao cliente da varejista on-line, e isso não será fácil.

Independentemente do eventual resultado, a Amazon se tornou um exemplo para empresas que são focadas, de maneira obsessiva e bem-sucedida, na entrega de valor para o cliente. Jeff Bezos sabia desde o início que, se a Amazon criasse valor superior para os clientes, eles recompensariam a empresa; e, se eles recompensassem a empresa, o sucesso viria em termos de lucros e rendimentos.[1]

Resumo dos objetivos

Objetivo 1	Definir marketing e as linhas gerais das etapas no processo de marketing. O que é marketing? (p. 3-5)
Objetivo 2	Explicar a importância de entender o mercado e os clientes e identificar os cinco conceitos básicos do mercado. Entendimento do mercado e das necessidades do cliente (p. 5-8)
Objetivo 3	Identificar os elementos-chave de uma estratégia de marketing voltada para o cliente e discutir as orientações da administração de marketing que guiam a estratégia de marketing. Elaboração de uma estratégia de marketing orientada para o cliente (p. 8-12) Preparação de um plano e programa de marketing integrado (p. 12)
Objetivo 4	Discutir a gestão do relacionamento com o cliente e identificar estratégias a fim de criar valor *para* os clientes e receber o valor *deles* em troca. Construção de relacionamento com os clientes (p. 12-20) Captura de valor dos clientes (p. 20-23)
Objetivo 5	Descrever as principais tendências e forças que estão mudando o cenário do marketing nessa era de relacionamentos. Mudanças no cenário de marketing (p. 23-28) Afinal, o que é marketing? Juntando tudo (p. 28-30)

As empresas bem-sucedidas de hoje têm algo em comum: como a Amazon, elas são bastante voltadas para o cliente e profundamente comprometidas com o marketing. Essas empresas têm uma paixão por entender as necessidades dos clientes e satisfazê-las em mercados-alvo bem definidos. Elas motivam todas as pessoas da organização a ajudar a desenvolver relacionamentos duradouros com o cliente com base na criação de valor.

Relacionamento com o cliente e valor são especialmente importantes hoje em dia. Ao se deparar com grandes mudanças tecnológicas e profundos desafios econômicos, sociais e ambientais, os clientes de hoje estão gastando com mais cautela e reavaliando seu relacionamento com as marcas. Por sua vez, nunca foi tão importante desenvolver forte relacionamento com o cliente baseado em valor real e duradouro.

O que é marketing?

Objetivo 1

◀ Definir marketing e as linhas gerais das etapas no processo de marketing.

Mais do que qualquer outra função empresarial, o marketing lida com clientes. Apesar de explorarmos mais adiante as definições de marketing de maneira mais detalhada, talvez a mais simples seja: *marketing é a gestão de relacionamentos lucrativos com o cliente*. Os dois principais objetivos do marketing são: atrair novos clientes, prometendo valor superior, e manter e cultivar os clientes atuais, entregando satisfação.

Por exemplo, o McDonald's cumpre seu lema "Amo muito tudo isso" sendo "o lugar e a maneira favoritos de nossos clientes comerem" ao redor do mundo, o que lhe confere quase a mesma participação de mercado que a de seus quatro concorrentes mais próximos juntos. O Walmart se tornou o maior varejista do mundo — e a maior empresa do mundo — cumprindo sua promessa: "É pagar menos. É viver melhor".[2]

O bom marketing é essencial para o sucesso de toda organização. Grandes empresas com fins lucrativos como Google, Target, Procter & Gamble, Toyota e Microsoft fazem uso do marketing. E o mesmo ocorre com organizações sem fins lucrativos, como faculdades, hospitais, museus, orquestras sinfônicas e até igrejas.

Você já sabe muito sobre marketing — ele está por toda parte. Ele chega até você pelas boas e velhas formas tradicionais: é possível vê-lo na grande quantidade de produtos disponíveis no shopping center mais perto de você e nos anúncios que invadem sua TV, incrementam sua revista ou lotam sua caixa de entrada. Recentemente, os profissionais de marketing desenvolveram novas abordagens de marketing, que vão desde sites criativos e aplicativos para smartphones até redes sociais e blogs. Essas novas abordagens fazem mais do que simplesmente despejar mensagens para as massas: elas alcançam você de maneira direta e pessoal. As empresas de hoje querem se tornar parte de sua vida e enriquecer suas experiências com as marcas delas — para ajudar você a *viver* as marcas delas.

Em casa, na escola, no trabalho e nos locais de lazer, você está exposto ao marketing em praticamente tudo o que faz. Contudo, há muito mais no marketing do que os olhos dos consumidores conseguem ver. Por trás dele, há uma maciça rede de pessoas e atividades que disputam sua atenção e suas compras. Este livro apresentará a você uma introdução completa aos conceitos básicos e às práticas do marketing de hoje. Neste capítulo, começaremos definindo o que é marketing e o processo de marketing.

Definição de marketing

O que é marketing? Muitas pessoas pensam em marketing apenas como vendas e propaganda. Afinal, todos os dias somos bombardeados com comerciais de TV, catálogos, telemarketing e e-mails de venda. Entretanto, vendas e propaganda constituem apenas a ponta do *iceberg* do marketing.

Hoje, o marketing não deve ser entendido no velho sentido de efetuar uma venda — "mostrar e vender" —, mas no novo sentido de *satisfazer as necessidades dos clientes*. Se a empresa entende as necessidades dos clientes, desenvolve produtos que oferecem valor superior e define preços, distribui os produtos e os promove de maneira eficiente, esses produtos são vendidos com facilidade. Na verdade, de acordo com o guru da administração Peter Drucker: "O objetivo do marketing é tornar a venda desnecessária".[3] Vendas e propaganda são apenas partes de um *mix de marketing* — um conjunto de ferramentas de marketing que operam juntas para satisfazer as necessidades dos clientes e construir relacionamentos com eles.

Definido de maneira geral, o marketing é um processo administrativo e social pelo qual indivíduos e organizações obtêm o que necessitam e desejam por meio da criação e troca de valor com os outros. Em um contexto mais específico dos negócios, o marketing implica construir relacionamentos lucrativos e de valor com os clientes. Assim, definimos **marketing** como o processo pelo qual as empresas criam valor para os clientes e constroem fortes relacionamentos com eles para capturar valor deles em troca.[4]

Marketing
Processo pelo qual as empresas criam valor para os clientes e constroem fortes relacionamentos com eles a fim de, em troca, capturar valor deles.

O processo de marketing

A Figura 1.1 apresenta um modelo simples de cinco etapas para o processo de marketing. Nas quatro primeiras etapas, as empresas trabalham para entender os consumidores, criar valor para o cliente e construir um forte relacionamento com ele. Na última etapa, elas colhem os frutos por criar valor superior para o cliente. Ao criar valor *para* os clientes, as empresas capturam valor *dos* clientes na forma de vendas, lucros e customer equity de longo prazo.

Neste capítulo e no próximo, analisaremos as etapas desse modelo simples de marketing. Neste capítulo, veremos cada etapa, mas nos concentraremos mais naquelas relativas ao relacionamento com o cliente — entender os clientes, construir relacionamento com os clientes e capturar valor dos clientes. No Capítulo 2, vamos nos aprofundar na segunda e na terceira etapas — elaborar estratégias de marketing e desenvolver programas de marketing.

Esta importante figura traz um resumo do marketing. Ao criar valor para os clientes, as empresas capturam valor dos clientes em troca. Esse processo de cinco etapas constitui a estrutura do marketing não só para o resto do capítulo, mas também para o restante do livro.

Figura 1.1 Um modelo simples do processo de marketing.

Entendimento do mercado e das necessidades do cliente

Como primeiro passo, os profissionais de marketing precisam entender as necessidades e os desejos dos clientes e o mercado no qual atuam. Vamos analisar cinco conceitos básicos de cliente e mercado: (1) *necessidades, desejos e demandas*; (2) *ofertas ao mercado (produtos, serviços e experiências)*; (3) *valor e satisfação*; (4) *trocas e relacionamentos*; e (5) *mercados*.

Objetivo 2

◀ Explicar a importância de entender o mercado e os clientes e identificar os cinco conceitos básicos do mercado.

Necessidades, desejos e demandas do cliente

O conceito mais básico por trás do marketing é o das necessidades humanas. As **necessidades** humanas são situações de privação percebida. Elas incluem necessidades *físicas* básicas de comida, roupa, abrigo e segurança; necessidades *sociais* de pertencer a um grupo e de afeto; e necessidades *individuais* de conhecimento e autoexpressão. Os profissionais de marketing não criaram essas necessidades: elas são elementos básicos da condição humana.

Os **desejos** são a forma que as necessidades humanas assumem quando são moldadas pela cultura e pela personalidade individual. Por exemplo, um norte-americano *necessita* de comida, mas *deseja* um Big Mac, batatas fritas e um refrigerante; já um habitante de Papua Nova Guiné *necessita* de comida, mas *deseja* cará, arroz, batata-doce e porco. Os desejos são moldados por uma sociedade e descritos em termos de objetos que satisfarão as necessidades. Quando apoiados pelo poder de compra, os desejos tornam-se **demandas**. Considerando seus desejos e recursos, as pessoas demandam produtos com benefícios que lhes proporcionam o melhor conjunto de valor e satisfação.

As empresas que se destacam por sua orientação de marketing procuram aprender e entender as necessidades, os desejos e as demandas de seus clientes. Elas conduzem pesquisas com os clientes e analisam montanhas de dados sobre eles. Seu pessoal, em todos os níveis — incluindo a alta gerência —, se mantém próximo dos clientes. Por exemplo, David Dillon, presidente e CEO da Kroger, regularmente veste uma calça jeans e caminha pelos corredores dos supermercados locais da empresa, onde se mistura a outros compradores e conversa com eles. Dillon quer ver suas lojas com os olhos dos clientes e entender por que eles fazem as escolhem que fazem. De modo similar, para ficar mais perto dos clientes, Alan Mulally, o bem-sucedido CEO da Ford, é conhecido por investir tempo vendendo carros nas concessionárias da empresa.[5]

Necessidades
Situações de privação percebida.

Desejos
São a forma que as necessidades humanas assumem quando são moldadas pela cultura e pela personalidade individual.

Demandas
Desejos humanos que são suportados pelo poder de compra.

Ofertas ao mercado: produtos, serviços e experiências

As necessidades e os desejos dos clientes são satisfeitos por uma **oferta ao mercado** — uma combinação de produtos, serviços, informações e experiências oferecidas a um mercado para satisfazer uma necessidade ou um desejo. As ofertas ao mercado não se limitam a *produtos* físicos. Elas incluem também *serviços* — atividades ou benefícios oferecidos para venda que são essencialmente intangíveis e não resultam na posse de nada. São exemplos de serviços: bancos, companhias aéreas, hotéis, varejo e serviços de consertos domésticos.

Oferta ao mercado
Combinação de produtos, serviços, informações e experiências oferecidas a um mercado para satisfazer uma necessidade ou um desejo.

▶ As ofertas ao mercado não se limitam a produtos físicos. A campanha "Puro Michigan" vende a ideia de Michigan como um destino turístico que "deixa a natureza intocada e o caráter autêntico reviverem seu espírito".
The Michigan Economic Development Corporation

De maneira mais ampla, as ofertas ao mercado incluem outras entidades, como *pessoas, lugares, organizações, informações* e *ideias*. Por exemplo, a campanha "Puro Michigan" vende o Estado norte-americano de Michigan como um destino turístico que "deixa a natureza intocada e o caráter autêntico reviverem seu espírito". E a campanha de serviço público "Vamos nos mexer", financiada pelo Departamento de Agricultura e pelo Departamento de Serviços Humanos & Saúde dos Estados Unidos, comercializa a ideia de reduzir a obesidade infantil encorajando as crianças e seus familiares a escolher alimentos mais saudáveis e fazer mais atividades físicas. Um anúncio promove: "Sexta de diversão em família: dance, brinque, caminhe em um parque. Faça da sexta-feira o dia em que você e sua família se mexem".[6]

Muitos fornecedores cometem o erro de prestar mais atenção aos produtos específicos que oferecem do que aos benefícios e à experiência gerados por esses produtos. Esses fornecedores sofrem de **miopia de marketing**. Eles se fixam tanto em seus produtos que enxergam apenas os desejos existentes e deixam de lado as necessidades ocultas dos clientes.[7] Esquecem que um produto é apenas um instrumento para resolver um problema do cliente. O fabricante de uma furadeira pode achar que o cliente precisa de uma furadeira, mas ele precisa *mesmo* é de um furo. Esses fornecedores terão dificuldades caso surja um novo produto que atenda melhor às necessidades do cliente ou seja mais barato. O cliente terá a mesma *necessidade*, mas *desejará* o novo produto.

Bons profissionais de marketing enxergam além dos atributos dos produtos e serviços que vendem. Orquestrando diversos serviços e produtos, eles criam *experiências de marca* para os clientes. Por exemplo, você não visita simplesmente o Walt Disney World Resort: você e sua família mergulham em um mundo de maravilhas, um mundo em que os sonhos se tornam realidade e as coisas funcionam da maneira como deveriam. Você está "no coração da magia!", diz a Disney.

Mesmo um produto aparentemente funcional se torna uma experiência. A HP sabe que um computador pessoal é muito mais que um simples conjunto de fios e componentes elétricos. Trata-se de uma intensa experiência pessoal do usuário. Como assinalado em um anúncio da empresa: "Dificilmente você terá alguma outra coisa que seja *mais* pessoal. Seu computador pessoal é o *backup* de seu cérebro. É sua vida... É sua estratégia surpreendente, sua proposta incrível, seu cálculo impressionante. É sua conexão com o mundo a sua volta". Os anúncios da HP não falam mais sobre especificações técnicas. Em vez disso, eles celebram como as tecnologias da empresa ajudam a criar conexões tranquilas no "mundo instantâneo" de hoje.[8]

Valor e satisfação do cliente

Os consumidores normalmente se deparam com uma grande quantidade de produtos e serviços capazes de lhes satisfazer determinada necessidade. Como eles fazem sua escolha entre essas diversas ofertas ao mercado? Os clientes criam expectativas com relação ao valor e à satisfação de várias ofertas e compram de acordo com essas expectativas. Os clientes satisfeitos compram novamente e comentam com outras pessoas sobre suas boas experiências. Já os clientes insatisfeitos geralmente migram para a concorrência e depreciam o produto para os outros.

Miopia de marketing
O erro de prestar mais atenção aos produtos específicos que uma empresa oferece do que aos benefícios e à experiência gerados por esses produtos.

** Nota da editora: "Vamos nos envolver./Não pelo telefone, on-line ou durante o almoço./Vamos nos envolver quando não tivermos mais nada a não ser tempo,/ e apenas as águas límpidas e frescas do Michigan diante de nós./Partindo de uma doca. Em um barco./Ou apenas nas margens do litoral, podemos capturar mais do que peixes./Saber sobre as crianças, velhos amigos, aqueles que se foram./E sobre aqueles que nos esperam no Pure Michigan.

Os profissionais de marketing devem ter cautela ao definir o nível correto de expectativas. Se eles definem expectativas baixas demais, podem satisfazer os que compram, mas deixam de atrair compradores suficientes. Se eles elevam demais as expectativas, os compradores ficam desapontados. O valor para o cliente e a satisfação dele são componentes fundamentais do desenvolvimento e da gestão de relacionamento com o cliente. Abordaremos esses conceitos básicos mais adiante, neste capítulo.

Trocas e relacionamentos

O marketing ocorre quando as pessoas decidem satisfazer suas necessidades e seus desejos por meio do relacionamento de troca. A **troca** é o ato de obter de alguém um objeto desejado oferecendo algo em contrapartida. Em um sentido mais amplo, o profissional de marketing tenta gerar uma resposta para alguma oferta ao mercado. A resposta pode ser mais do que simplesmente a compra ou a comercialização de produtos ou serviços. Um candidato a um cargo político, por exemplo, quer votos; uma igreja quer membros; uma orquestra quer um público; e um grupo de ação social quer a aceitação de seu projeto.

> **Troca**
> O ato de obter de alguém um objeto desejado oferecendo algo em contrapartida.

O marketing consiste em ações realizadas para construir, manter e cultivar *relacionamentos* de troca desejáveis com um público-alvo, envolvendo um produto, serviço, ideia ou outro objeto. Os profissionais de marketing querem construir sólidos relacionamentos oferecendo, de forma consistente, valor superior para o cliente. Discorreremos mais sobre o importante conceito da gestão do relacionamento com o cliente mais adiante neste capítulo.

Mercados

Os conceitos de troca e relacionamentos levam ao conceito de mercado. Um **mercado** é um conjunto de compradores atuais e potenciais de um produto ou serviço. Esses compradores compartilham uma determinada necessidade ou desejo que podem ser satisfeitos por meio de relacionamentos de troca.

> **Mercado**
> Conjunto de compradores atuais e potenciais de um produto ou serviço.

Marketing significa administrar mercados para gerar relacionamentos lucrativos com o cliente. Criar esses relacionamentos, contudo, dá trabalho. As empresas vendedoras precisam procurar compradores, identificar as necessidades deles, elaborar boas ofertas ao mercado, determinar preços para elas, promovê-las, armazená-las e entregá-las. Atividades como pesquisa do consumidor, desenvolvimento de produto, comunicação, distribuição, serviços e determinação de preços são centrais no marketing.

Apesar de normalmente pensarmos que o marketing é realizado apenas pelos vendedores, os compradores também podem exercer atividades de marketing. Os consumidores fazem marketing quando procuram produtos, interagem com empresas para obter informações e fazem suas compras. De fato, a tecnologia digital de hoje — os sites, as redes sociais, os *smartphones* — intensificou o poder do consumidor e fez do marketing um negócio realmente interativo. Assim, além da gestão do relacionamento com o cliente, as empresas atualmente devem lidar, de maneira efetiva, com os *relacionamentos gerenciados pelo cliente*. Atualmente, os profissionais de marketing já não perguntam apenas: "Como podemos alcançar nossos clientes?" Eles também perguntam: "Como nossos clientes devem nos alcançar" e, até mesmo, "Como nossos clientes podem alcançar uns aos outros?"

A Figura 1.2 mostra os principais elementos de um sistema de marketing. O marketing envolve o atendimento de um mercado de consumidores finais diante de concorrentes. A empresa e os concorrentes pesquisam o mercado e interagem com os consumidores para entender suas necessidades. Eles, então, criam e enviam suas ofertas ao mercado e suas mensagens para os consumidores, seja diretamente ou por meio de intermediários de marketing. Todos os participantes do sistema são afetados pelas principais forças ambientais (demográficas, econômicas, naturais, tecnológicas, políticas/jurídicas, socioculturais).

Cada parte do sistema agrega valor ao nível seguinte. As setas representam os relacionamentos que devem ser desenvolvidos e administrados. Assim, o sucesso de uma empresa na construção de relacionamentos lucrativos depende não apenas de suas ações, mas também da maneira como o sistema como um todo atende às necessidades dos consumidores finais. O Walmart não poderia cumprir sua promessa de preços baixos se seus fornecedores não oferecessem mercadorias a baixos custos. Da mesma maneira, a Ford não poderia oferecer alta qualidade aos compradores de seus carros se seus revendedores não oferecessem vendas e serviços de excelência.

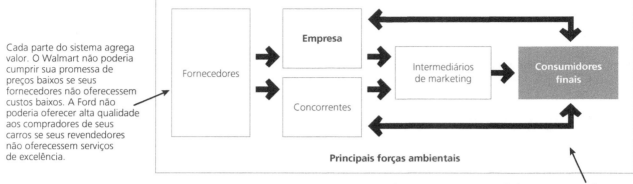

Cada parte do sistema agrega valor. O Walmart não poderia cumprir sua promessa de preços baixos se seus fornecedores não oferecessem custos baixos. A Ford não poderia oferecer alta qualidade aos compradores de seus carros se seus revendedores não oferecessem serviços de excelência.

As setas representam os relacionamentos que devem ser desenvolvidos e administrados a fim de criar tanto valor para o cliente como relacionamentos lucrativos.

Figura 1.2 Um modelo simples do processo de marketing.

Objetivo 3

▶ Identificar os elementos-chave de uma estratégia de marketing voltada para o cliente e discutir as orientações da administração de marketing que guiam a estratégia de marketing.

Administração de marketing
A arte e a ciência de escolher mercados-alvo e construir relacionamentos lucrativos com eles.

Elaboração de uma estratégia de marketing orientada para o cliente

Uma vez que compreende totalmente os consumidores e o mercado, a administração de marketing pode elaborar uma estratégia de marketing orientada para o cliente. Definimos **administração de marketing** como a arte e a ciência de escolher mercados-alvo e construir relacionamentos lucrativos. A meta de um gestor de marketing é encontrar, atrair, manter e cultivar clientes por meio da criação, da entrega e da comunicação de valor superior para eles.

Para elaborar uma estratégia de marketing vencedora, o gestor de marketing deve responder a duas importantes perguntas: *a quais clientes atenderemos* (qual é nosso mercado-alvo)? e *como podemos atender melhor a esses clientes* (qual é a nossa proposição de valor)? Neste capítulo, discutiremos brevemente esses conceitos de estratégia de marketing. Nós nos deteremos neles em mais detalhes nos Capítulos 2 e 7.

Seleção dos clientes a atender

Em primeiro lugar, a empresa deve decidir a quem atenderá. Ela faz isso dividindo o mercado em segmentos de clientes (*segmentação de mercado*) e selecionando os segmentos nos quais focará (*seleção de mercado-alvo*). Algumas pessoas pensam em administração de marketing como um modo de encontrar o máximo possível de clientes e aumentar a demanda. Contudo, os gestores de marketing sabem que não podem atender a todos os clientes de todas as maneiras. Ao tentar atender a todos os clientes, eles podem não atender bem a nenhum. Assim, a empresa quer selecionar somente clientes a que pode atender bem e com lucro. Por exemplo, a Nordstrom volta-se de forma lucrativa para profissionais bem-sucedidos; já a Dollar Geral se concentra, também de forma lucrativa, em famílias com recursos mais modestos.

Basicamente, os gestores de marketing devem decidir em quais clientes querem focar e em qual nível, ritmo e a natureza da demanda deles. Em termos simples, a administração de marketing é a *administração dos clientes* e a *administração da demanda*.

Escolha de uma proposição de valor

A empresa também deve decidir como atenderá a seus clientes-alvo — como se diferenciará e se posicionará no mercado. A *proposição de valor* de uma marca é o conjunto de benefícios ou valores que ela promete entregar aos clientes para satisfazer suas necessidades. O Facebook ajuda você a "se conectar e compartilhar o que quiser com quem é importante em sua vida", ao passo que o YouTube "oferece um local para as pessoas se conectarem, se informarem e inspirarem outras ao redor do mundo". A BMW promete "a melhor máquina de dirigir", enquanto o pequeno Smart sugere que você "Abra sua mente para o carro que desafia o *status quo*". Os tênis Minimus da New Balance são "como andar descalço, mas melhor" e com o tênis Vibram FiveFingers "Você é a tecnologia".

◀ Proposições de valor: com os tênis Vibram FiveFingers, "Você é a tecnologia".
Vibram USA, Inc.

Essas proposições de valor diferenciam uma marca das outras. Elas respondem à pergunta do cliente: "Por que eu deveria comprar sua marca em vez da do concorrente?" As empresas devem elaborar fortes proposições de valor, que dê a elas maior vantagem em seus mercados-alvo. Por exemplo, os tênis Vibram FiveFingers prometem o melhor de dois mundos: correr com e sem sapatos — "Todos os benefícios relacionados à saúde e ao desempenho de correr descalço combinados com a sola Vibram, que protege você de obstáculos pelo caminho. Com os tênis Vibram FiveFingers é assim: 'Quanto mais eles se parecem com um sapato, mais eles atuam como um sapato'".

Orientações da administração de marketing

O que a administração de marketing quer é: elaborar estratégias que desenvolverão relacionamentos lucrativos com clientes-alvo. Mas qual *filosofia* deve orientar essas estratégias de marketing? Que peso deve ser dado aos interesses dos clientes, da organização e da sociedade? Com muita frequência, esses interesses são conflitantes.

Existem cinco orientações alternativas com base nas quais as organizações elaboram e executam suas estratégias de marketing. São elas: *orientação de produção, de produto, de vendas, de marketing* e *de marketing societal*.

Orientação de produção

A **orientação de produção** sustenta que os consumidores preferem os produtos disponíveis e altamente acessíveis. Portanto, a administração deve se concentrar em melhorar a eficiência da produção e da distribuição. Essa orientação é uma das mais antigas a guiar as empresas vendedoras.

A orientação de produção ainda é uma filosofia útil em algumas situações. Por exemplo, a Lenovo (fabricante de computadores) e a Haier (fabricante de eletrodomésticos) dominam o mercado chinês, altamente competitivo e sensível a preços, por meio de baixos custos de mão de obra, alta eficiência de produção e distribuição em massa. Entretanto, apesar de útil em algumas situações, a orientação de produção pode levar à miopia de marketing. As empresas que adotam essa orientação correm um grande risco de se concentrar demais em suas operações e perder de vista seus verdadeiros objetivos — satisfazer as necessidades dos clientes e construir relacionamento com eles.

Orientação de produção
A ideia de que os consumidores preferem os produtos disponíveis e altamente acessíveis; assim, a organização deve se concentrar em melhorar a eficiência da produção e da distribuição.

Orientação de produto

A **orientação de produto** defende que os consumidores dão preferência a produtos que oferecem mais qualidade, desempenho e características inovadoras. Seguindo esse conceito, a estratégia de marketing se concentra em promover melhorias constantes no produto.

A qualidade e a melhoria do produto são partes importantes de muitas estratégias de marketing. Entretanto, concentrar-se *apenas* nos produtos da empresa também pode levar à miopia de marketing. Por exemplo, alguns fabricantes acreditam que, se conseguirem "fabricar uma ratoeira melhor, o mundo cairá aos seus pés". Mas, com frequência, eles são surpreendidos. Os compradores podem buscar uma solução melhor para seus problemas com os

Orientação de produto
A ideia de que os consumidores dão preferência a produtos que oferecem mais qualidade, desempenho e atributos; assim, a organização deve voltar sua energia para a promoção de melhorias constantes no produto.

ratos, mas isso não quer dizer que estejam necessariamente procurando uma ratoeira melhor. Uma solução melhor poderia ser um *spray* químico, um serviço de desratização, um gato ou qualquer outra coisa que atendesse a suas necessidades melhor que uma ratoeira. Além disso, uma ratoeira melhor só seria bem vendida se seu design, sua embalagem e seu preço fossem atraentes, se ela fosse colocada em canais de distribuição convenientes, se chamasse a atenção das pessoas que precisam dela e se convencesse os compradores de que é o melhor produto disponível.

Orientação de vendas

Orientação de vendas
A ideia de que os consumidores somente comprarão uma quantidade satisfatória de produtos da empresa se ela vender em larga escala e realizar promoções.

Muitas organizações seguem a **orientação de vendas**, segundo a qual os consumidores somente comprarão uma quantidade satisfatória de produtos da empresa se ela vender em larga escala e realizar promoções. Essa orientação é normalmente utilizada quando se lida com bens não essenciais — aqueles que os compradores geralmente não pensam em adquirir, como seguros ou presilhas de gravatas. Esses setores devem ser eficientes em rastrear os clientes potenciais e lhes vender os benefícios do produto.

Essa venda agressiva, porém, gera altos riscos. Ela é voltada para a criação de transações de vendas e não para a construção de relacionamentos lucrativos e de longo prazo com os clientes. Seu objetivo, com frequência, é vender o que a empresa fabrica, em vez de fabricar o que o mercado quer. Ela presume que os clientes que forem persuadidos a comprar o produto gostarão dele ou, se não gostarem, possivelmente esquecerão o desapontamento e o comprarão de novo mais tarde. Em geral, essas premissas são fracas.

Orientação de marketing

Orientação de marketing
Filosofia segundo a qual o alcance das metas organizacionais depende do conhecimento das necessidades e dos desejos dos mercados-alvo, bem como da entrega da satisfação desejada com mais eficiência que os concorrentes.

A **orientação de marketing** defende que o alcance das metas organizacionais depende do conhecimento das necessidades e dos desejos dos mercados-alvo, bem como da entrega da satisfação desejada com mais eficiência que os concorrentes. De acordo com essa orientação, o foco no cliente e o valor para ele constituem os *caminhos* para as vendas e os lucros. Em vez de ser uma filosofia *fazer e vender* centrada no produto, a orientação de marketing é uma filosofia *sentir e reagir* voltada para o cliente. A meta não é encontrar os clientes certos para o seu produto, mas encontrar os produtos certos para os seus clientes.

A Figura 1.3 compara a orientação de vendas com a de marketing. A orientação de vendas trabalha com uma perspectiva de *dentro para fora*. Ela tem início com a produção, concentra-se nos produtos existentes da empresa e exige esforço forte de vendas e promoção para gerar vendas lucrativas. O foco é, em primeiro lugar, conquistar clientes — conseguir vendas de curto prazo, sem se preocupar muito com quem está comprando ou por quê.

Em contrapartida, a orientação de marketing trabalha com uma perspectiva de *fora para dentro*. Como disse Herb Kelleher, o animado fundador da Southwest Airlines: "Nós não temos um departamento de marketing; temos um departamento do cliente". A orientação de marketing tem início com um mercado bem definido, é voltada para as necessidades dos clientes e integra todas as atividades de marketing que os atingem. Por sua vez, gera lucros criando relacionamento com os clientes certos baseado no valor para eles e em sua satisfação.

Implantar a orientação de marketing, em geral, significa muito mais do que simplesmente responder aos desejos expostos dos clientes e as suas necessidades óbvias. Empresas *orientadas para o cliente* pesquisam muito seus clientes para conhecer seus desejos, coletar novas ideias de produtos e testar melhorias de produto. Esse marketing orientado para o cliente costuma funcionar bem quando existe uma necessidade clara e quando os clientes sabem o que querem.

Figura 1.3 Comparação entre a orientação de vendas e a de marketing.

Em muitos casos, entretanto, os clientes *não* sabem o que querem ou o que é possível querer. Como Henry Ford certa vez assinalou: "Se eu tivesse perguntado para as pessoas o que elas queriam, teriam dito que queriam cavalos mais rápidos".[9] Mesmo há 20 anos, quantos clientes teriam pensado em pedir produtos que hoje são comuns, como tablets, *smartphones*, câmeras, compras on-line 24 horas e GPS em seu carro? Essas situações requerem o marketing *orientado para o cliente* — entender as necessidades dos clientes melhor até mesmo do que eles e criar produtos e serviços que atendam às necessidades existentes e latentes hoje e no futuro. De acordo com um executivo da 3M: "Nossa meta é conduzir os clientes para onde querem ir antes que *eles* saibam para onde querem ir".

Orientação de marketing societal

A **orientação de marketing societal** questiona se a orientação de marketing pura deixa de considerar possíveis conflitos entre os *desejos de curto prazo* do consumidor e seu *bem-estar no longo prazo*. Uma empresa que satisfaz as necessidades e os desejos imediatos dos mercados-alvo está sempre fazendo o que é melhor para os clientes no longo prazo? A orientação de marketing societal defende que a estratégia de marketing deve entregar valor para os clientes de tal modo que mantenha ou melhore o bem-estar deles *e da sociedade*. Isso remete ao *marketing sustentável* — marketing social e ambientalmente responsável que atende às necessidades atuais dos consumidores e das empresas ao mesmo em tempo que mantém ou melhora a capacidade das futuras gerações de satisfazer suas necessidades.

Indo mais longe, muitas empresas líderes e pensadores de marketing estão agora pregando o conceito de *valor compartilhado*, o qual reconhece que as necessidades societais, e não apenas as necessidades econômicas, definem o mercado.[10]

> O conceito de valor compartilhado se concentra na criação de valor econômico de tal maneira que crie valor também para a sociedade. Um número cada vez maior de empresas conhecidas por sua abordagem pragmática — como GE, Google, IBM, Intel, Johnson & Johnson, Nestlé, Unilever e Walmart — tem efetuado importantes esforços para criar valor econômico e societal compartilhado, repensando a intersecção entre o desempenho da sociedade e o empresarial. Elas estão preocupadas não apenas com os ganhos econômicos no curto prazo, mas também com o bem-estar de seus clientes, o esgotamento dos recursos naturais essenciais para seus negócios, a continuidade de seus fornecedores-chave e o bem-estar econômico das comunidades em que produzem e vendem. Um proeminente profissional de marketing chama isso de *marketing 3.0*. "As organizações com marketing 3.0 são orientadas para os valores", diz ele. "E eu não estou falando de valor. Estou falando de valores, no plural, que equivalem a quanto você se preocupa com a situação do mundo."

Orientação de marketing societal
A ideia de que as decisões de marketing da empresa devem levar em conta os desejos dos consumidores, as exigências da organização, os interesses de longo prazo dos consumidores e os interesses de longo prazo da sociedade.

Como mostra a Figura 1.4, as empresas devem levar em conta três fatores na hora de estabelecer suas estratégias de marketing: seus lucros, os desejos do consumidor *e* os interesses da sociedade. A UPS faz isso muito bem.[11]

> A UPS busca mais do que vendas e lucros no curto prazo. Sua missão corporativa de sustentabilidade enfatiza a *prosperidade econômica* (crescimento lucrativo por meio de foco no cliente), a *responsabilidade social* (engajamento comunitário e bem-estar individual) e a *gestão ambiental* (atuação efetiva e proteção do meio ambiente). Se isso envolve tornar suas operações mais ecológicas ou incentivar os funcionários a se dedicar a trabalhos voluntários em suas comunidades, a UPS rapidamente busca oportunidades para agir de maneira responsável. Por exemplo, os funcionários da UPS têm milhões de horas de trabalho voluntário em uma campanha para melhorar a educação, a renda o a saúde em comunidades dos Estados Unidos. A UPS sabe que, ao fazer o que é certo, beneficia os consumidores e a si própria. Operando de maneira efetiva e agindo de modo responsável, ela pode "atender às necessidades da empresa... ao mesmo tempo em que protege e intensifica os recursos humanos e naturais que serão necessários no futuro". Responsabilidade social "não é algo bom somente para o planeta", diz a empresa. "É bom para os negócios."

▲ O conceito de marketing societal: de acordo com a UPS, a responsabilidade social "não é algo bom somente para o planeta. É bom para os negócios".
Cheryl Gerber/AP Photo

Figura 1.4 Três fatores que fundamentam a orientação de marketing societal.

Preparação de um plano e programa de marketing integrado

A estratégia de marketing determina a quais clientes a empresa atenderá e como criará valor para eles. Em seguida, o profissional de marketing desenvolve um programa de marketing, o qual efetivamente entregará o valor pretendido aos clientes-alvo. De fato, o programa de marketing desenvolve o relacionamento com o cliente transformando a estratégia de marketing em ação. Isso consiste no *mix de marketing* da empresa — o conjunto de ferramentas de marketing que a empresa utiliza para implantar sua estratégia de marketing.

As principais ferramentas do mix de marketing são classificadas em quatro grandes grupos, chamados os *4Ps* do marketing: produto, preço, praça e promoção. Para entregar sua proposição de valor, a empresa deve, antes de tudo, criar uma oferta ao mercado (produto) que satisfaça uma necessidade. Ela deve decidir quanto cobrará pela oferta (preço) e como disponibilizará a oferta para os clientes-alvo (praça). Por fim, deve comunicar a oferta aos clientes-alvo e persuadi-los de seus méritos (promoção). A empresa deve misturar todas essas ferramentas do mix de marketing em um *programa de marketing integrado* abrangente, que comunique e entregue o valor pretendido aos clientes escolhidos. Analisaremos os programas de marketing e o mix de marketing com muito mais detalhes em outros capítulos.

Objetivo 4

▶ Discutir a gestão do relacionamento com o cliente e identificar estratégias a fim de criar valor *para* os clientes e receber o valor *deles* em troca.

Construção de relacionamento com os clientes

As três primeiras etapas do processo de marketing — entender o mercado e as necessidades dos clientes, elaborar uma estratégia de marketing orientada para o cliente e preparar um programa de marketing — levam à quarta e mais importante etapa: construir e gerenciar relacionamentos lucrativos com o cliente.

Gestão do relacionamento com o cliente

A *gestão do relacionamento com o cliente* talvez seja o conceito mais importante do marketing moderno. Alguns profissionais de marketing o definem estritamente como uma atividade ligada à administração de dados do cliente (uma prática conhecida como *CRM*). Por essa definição, ele envolve gerir informações detalhadas sobre clientes individuais e, cuidadosamente, administrar "pontos de contato" com os clientes a fim de maximizar sua fidelidade. Discutiremos essa atividade mais restrita do CRM no Capítulo 4, quando trataremos de informação de marketing.

Na verdade, a maioria dos profissionais de marketing confere ao conceito de gestão do relacionamento com o cliente um significado mais amplo. E, nesse sentido, a **gestão do relacionamento com o cliente** consiste em todo o processo de construir e manter relacionamentos lucrativos com os clientes entregando-lhes valor superior e satisfação. Assim, ela lida com todos os aspectos referentes à aquisição, à manutenção e ao desenvolvimento de clientes.

Gestão do relacionamento com o cliente
Consiste em todo o processo de construir e manter relacionamentos lucrativos com os clientes entregando-lhes valor superior e satisfação.

Elementos essenciais do relacionamento: valor e satisfação para o cliente

O segredo para construir relacionamentos duradouros com o cliente é criar valor superior e satisfação para ele. Clientes satisfeitos são mais propensos a serem fiéis e conceder à empresa uma participação maior de seus negócios.

VALOR PARA O CLIENTE. Atrair e reter clientes pode ser uma tarefa difícil. Com frequência, os clientes têm a sua disposição uma grande variedade de produtos e serviços para escolher. O cliente compra da empresa que lhe oferece o mais alto **valor percebido pelo cliente** — a avaliação que o cliente faz da diferença entre todos os benefícios e todos os custos de uma oferta ao mercado em relação às ofertas concorrentes. Um ponto importante: em geral, os clientes não julgam os valores e os custos de maneira "precisa" ou "objetiva". Eles agem de acordo com o valor *percebido*.

> **Valor percebido pelo cliente**
> A avaliação que o cliente faz da diferença entre todos os benefícios e todos os custos de uma oferta ao mercado em relação às ofertas concorrentes.

Para alguns consumidores, valor pode significar produtos interessantes a preços acessíveis. Para outros, entretanto, pode significar pagar mais para ter mais. Por exemplo, o preço de varejo sugerido para a churrasqueira a gás Summit E-670, top de linha da Weber, é de 2,6 mil dólares — mais de cinco vezes maior do que o preço da melhor churrasqueira da Char-Broi. De acordo com a Weber, a churrasqueira a gás Summit de aço inoxidável "representa o verdadeiro luxo de fazer churrasco, com materiais da mais alta qualidade, características exclusivas e visual deslumbrante". O marketing da Weber também sugere que a churrasqueira consiste em um valor real, mesmo a um preço premium. Pelo dinheiro, você recebe características úteis, como um equipamento todo de aço inoxidável, um amplo espaço para cozinhar e realizar outros afazeres, botões de controle que acendem um sistema de espeto giratório embutido e uma escala em LED que permite a você saber quanto propano colocar no reservatório. A churrasqueira a gás Summit da Weber vale o preço premium se comparada às churrasqueiras mais baratas? Para muitos consumidores, a resposta é não. Mas, para o segmento-alvo de pessoas com dinheiro que gostam de fazer churrasco, a resposta é sim.[12]

SATISFAÇÃO DO CLIENTE. A **satisfação do cliente** depende do desempenho que ele percebe do produto em comparação com suas expectativas. Se o desempenho não corresponde às expectativas, o comprador fica insatisfeito. Se corresponde às expectativas, ele fica satisfeito. E, se excede as expectativas, ele fica altamente satisfeito ou encantado.

> **Satisfação do cliente**
> O grau em que o desempenho que o cliente percebe do produto corresponde às suas expectativas.

As empresas tidas como referência em marketing se desdobram para manter seus clientes importantes satisfeitos. Muitos estudos mostram que níveis mais altos de satisfação do cliente levam a uma maior fidelidade por parte dele, o que, por sua vez, resulta em melhor desempenho para a empresa. Empresas inteligentes têm como objetivo encantar o cliente prometendo somente aquilo que podem oferecer e, então, entregando mais do que prometem. Clientes encantados não apenas repetem as compras, como também se tornam, voluntariamente, parceiros de marketing e "evangelizadores de clientes", que contam aos outros suas boas experiências.

Para as empresas interessadas em encantar os clientes, valor e serviços excepcionais se tornam parte de sua cultura geral. Por exemplo, ano após ano, a JetBlue fica no topo (ou perto do topo) do ranking do setor área na categoria satisfação do cliente. O *slogan* da empresa — "JetBlue: VOCÊ ACIMA DE TUDO" — deixa claro para os clientes que eles são o coração da estratégia e da cultura da empresa.[13]

> A JetBlue tem verdadeira devoção por criar experiências excelentes, que satisfazem o cliente. Na empresa, o cuidado com o cliente começa com comodidades básicas que excedem as suas expectativas, especialmente por se tratar de um voo de baixo custo — assentos de couro com espaço extra para as pernas, bons salgadinhos de graça, TV via satélite de graça. Mas é o toque *humano* que realmente torna a JetBlue especial. Os funcionários da JetBlue não *conhecem* simplesmente os valores centrais da empresa (segurança, integridade, cuidado, paixão e diversão): eles *vivem* esses valores. Esses valores sinceros resultam em experiências incríveis para os clientes da JetBlue — os mais satisfeitos e entusiasmados do setor aéreo.
>
> De fato, a JetBlue com frequência deixa seus clientes falarem. Por exemplo, seu site Experience JetBlue traz testemunhos em primeira pessoa de fãs devotos. E, em uma

▲ Criação de satisfação do cliente: A JetBlue cria experiências excelentes, que satisfazem o cliente. Seu slogan — "JetBlue: VOCÊ ACIMA DE TUDO" — deixa claro para os clientes que eles são o coração da estratégia e da cultura da empresa.
JetBlue Airways

antiga campanha chamada "Atenciosamente, JetBlue", clientes reais falavam sobre serviços heroicos prestados por dedicados funcionários da JetBlue. Por exemplo, o cliente Brian relatou como um comissário de bordo da empresa saiu correndo do avião pouco antes de ele decolar para recuperar um iPod novinho que Brian tinha deixado no carro que havia alugado. E os Steins de Darien, Connecticut, contaram que chegaram tarde da noite na Flórida para uma viagem em família, com seus três filhos pequenos cansados, e descobriram que o hotel não poderia aceitá-los. "Do nada ouvimos uma voz atrás de nós: vão em frente, fiquem com meu quarto", lembraram os Steins. "Um super-herói com uniforme de piloto da JetBlue, que gentilmente cedeu seu quarto, salvou nossa noite. E dormimos como bebês. Obrigado, JetBlue." Assim, quando diz aos clientes VOCÊ ACIMA DE TUDO, a JetBlue está sendo literal. "Isso nos leva de volta ao nosso DNA, à nossa missão original, e leva a humanidade de volta às viagens de avião", diz o VP de marketing sênior da JetBlue.

Outras empresas que se tornaram famosas por seus serviços heroicos são: a Zappos.com, a Ritz-Carlton Hotels, a Amazom.com e a Nordstrom (veja o Marketing Real 1.1). Entretanto, a empresa não precisa ter um serviço acima da média para encantar o cliente. A satisfação do cliente "tem muito mais a ver com o modo como as empresas entregam suas promessas básicas, simples do que com o quão deslumbrante a experiência com o serviço pode ser", diz um especialista. "Para conquistar a fidelidade [dos clientes], esqueça os sinos e os apitos e, simplesmente, resolva seus problemas."[14]

Embora as empresas centradas no cliente busquem proporcionar alta satisfação em relação aos concorrentes, elas não tentam *maximizar* essa satisfação. Uma empresa sempre pode aumentar a satisfação do cliente baixando os preços ou aumentando os serviços. Mas isso pode resultar em lucros mais baixos. Assim, o propósito do marketing é gerar valor para o cliente de forma lucrativa. Isso requer um equilíbrio muito delicado: o profissional de marketing deve continuar gerando mais valor e satisfação para o cliente, mas sem comprometer a empresa.

Níveis e ferramentas de relacionamento com o cliente

As empresas podem construir relacionamentos com os clientes em muitos níveis, dependendo da natureza do mercado-alvo. Em um extremo, uma empresa que tem muitos clientes com baixa margem pode procurar desenvolver *relacionamentos básicos* com eles. Por exemplo, a Nike não visita todos os seus consumidores nem lhes telefona para conhecê-los. Em vez disso, ela cria relacionamentos por meio de propagandas de construção de marca, relações públicas e uma série de sites e aplicativos. No outro extremo, em mercados com poucos clientes e altas margens, as empresas querem criar *parcerias totais* com clientes-chave. Por exemplo, os representantes de vendas da Nike trabalham muito próximos da Sports Authority, da Dick's Sporting Goods, da Foot Locker e de outros grandes varejistas. Entre esses dois extremos, outros níveis de relacionamento com o cliente são adequados.

Além de oferecer alto valor e alta satisfação de modo consistente, as empresas podem usar ferramentas de marketing específicas para desenvolver vínculos mais fortes com os clientes. Por exemplo, muitas empresas oferecem *programas de marketing de fidelidade*, os quais premiam clientes que compram sempre ou em grandes quantidades. Companhias aéreas oferecem programas de milhagem, hotéis oferecem *upgrade* de quarto para seus hóspedes frequentes e supermercados dão desconto a "clientes muito importantes". Hoje em dia, quase toda marca tem um programa que recompensa a fidelidade. Por exemplo, o Panera, um restaurante fast-casual,*** possui um programa de fidelidade chamado MyPanera que surpreende os clientes frequentes com coisas como produtos grátis de padarias *gourmet*, degustações e demonstrações exclusivas e convites para eventos especiais. Quase metade das compras no Panera é registrada em cartões MyPanera. O programa não apenas permite à empresa rastrear as compras de cada cliente, como também possibilita desenvolver relacionamentos únicos com cada membro do MyPanera.[15]

▲ Ferramentas de marketing de relacionamento: o My Panera, programa que recompensa a fidelidade, não apenas permite rastrear as compras de cada cliente, como também possibilita à empresa desenvolver relacionamentos únicos com cada membro do programa.
Cortesia de Gary Armstrong.

*** Nota da tradutora: trata-se de um tipo de restaurante que não oferece serviço de atendimento à mesa completo, mas que promete uma qualidade de pratos e uma atmosfera diferenciada de um fast-food tradicional.

Marketing Real 1.1

Nordstrom: cuidando dos clientes, custe o que custar

A Nordstrom é famosa por seu excepcional atendimento ao cliente. A luxuosa rede de lojas de departamentos coleciona histórias sobre seus heroicos serviços, como a dos funcionários que tiraram pedidos na casa de clientes e a dos que aqueceram o carro deles em um dia frio, enquanto eles faziam compras por mais tempo. Tem também a história do funcionário que reorganizou os pares de sapato para atender um homem com pés de tamanho diferente e a do vendedor que passou a camisa nova de um cliente que precisava ir a uma reunião à tarde. Em outro caso, de acordo com relatos, um homem foi à Nordstrom devolver um conjunto de pneus que ele insistia que havia comprado lá. A Nordstrom não vende pneus. Contudo, sem pestanejar, mesmo com o recibo indicando claramente outra loja, a vendedora devolveu o dinheiro do homem, pagando de seu próprio bolso. Mais tarde, em seu horário de almoço, ela levou os pneus e o recibo à loja em que eles haviam sido comprados e pegou seu dinheiro de volta.

Independentemente de serem reais ou fictícias, essas histórias estão enraizadas nas atuais experiências dos clientes na Nordstrom. Parece que quase todo mundo que compra regularmente na loja tem uma história para contar. Como um jornalista assinalou após ver a rede perto do topo de mais um ranking de atendimento ao cliente: "Isso está quase ficando velho: a Nordstrom e seu lendário atendimento ao cliente". Mas histórias desse tipo nunca ficam velhas na Nordstrom.

O esplêndido atendimento ao cliente está profundamente arraigado ao DNA da Nordstrom, uma empresa de mais de cem anos. Isso é sintetizado em seu mantra fielmente seguido: cuidar dos clientes custe o que custar. Embora muitas empresas prestigiem afirmações similares escondidas em suas declarações de missão, a Nordstrom realmente pratica isso — e realmente faz isso acontecer. Considere essas histórias que geram encantamento no cliente:

- Um homem conta uma história sobre sua esposa, uma cliente fiel da Nordstrom, que morreu com uma conta de mil dólares em aberto. A Nordstrom não apenas liquidou a conta, como também enviou flores ao funeral.
- Uma mulher foi fazer compras com sua filha no elegante Horton Plaza, em San Diego. Após rodar na Nordstrom por um tempo, e acreditando que não tinha ninguém por perto, a mulher disse com uma expressão exausta, como se estivesse falando em voz alta consigo mesma: "Eu bem que tomaria uma Dr. Pepper". Como era de se esperar, em alguns poucos minutos, um funcionário da Nordstrom apareceu do nada com uma caneca gelada de Dr. Pepper.
- Em um final de novembro, uma mulher foi comprar uma blusa de presente de Natal para seu marido e encontrou a que queria na Nordstrom, mas não tinha e cor e o tamanho que ela procurava. O gerente da Nordstrom disse para ela não se preocupar — ele encontraria uma blusa para ela antes das festas de final de ano. Uma semana antes do Natal, quando a mulher já estava começando a ficar preocupada, o gerente, após ligar com antecedência, levou a blusa até a casa da cliente, já lindamente embrulhada para presente.

Isso já é bastante surpreendente, mas veja a história oculta: no final das contas, o gerente não conseguiu encontrar a blusa certa. Enquanto comentava sobre o problema com sua esposa, ele descobriu que ela havia comprado a mesma blusa para *ele* de Natal, a qual já estava embrulhada embaixo da árvore. O gerente e sua esposa rapidamente concordaram em passar a blusa para a cliente.

Como a Nordstrom constantemente excede as expectativas dos clientes? Para começar, a empresa contrata indivíduos que realmente gostam de servir outras pessoas. Então, ela treina esses indivíduos abordando toda a complexidade envolvida no oferecimento de cuidado ao cliente e os deixa livres. A Nordstrom acredita que seus funcionários vão fazer as escolhas certas, sem imobilizá-los com procedimentos e políticas. O famoso "manual" do funcionário da empresa consiste em um único cartão que contém somente 75 palavras, dentre elas: "Regra nº 1: use a escolha certa em todas as situações. Não há mais regras". Como resultado, na Nordstrom, o atendimento ao cliente não lembra em nada vendedores recitando scripts ensaiados. Em vez disso, o pessoal da Nordstrom, verdadeiramente, se conecta com seus clientes e os serve.

Para motivar seus funcionários ainda mais, a Nordstrom coleta e recicla histórias de heroicos atendimentos ao cliente. Todo caixa da empresa oferece papel e caneta para os clientes poderem dividir suas boas experiências. E todas as manhãs, no saguão principal de cada loja, os gerentes compartilham algumas das melhores histórias com clientes do dia anterior e recompensam os funcionários envolvidos por sua boa ação. Em contrapartida, essas histórias inspiram todos na loja a dar continuidade ao ciclo que abrange mimar os clientes e fazê-los se sentir especiais.

Fundada em 1901 por John W. Nordstrom, um imigrante sueco, a empresa é atualmente administrada pela quarta geração da família — os irmãos Blake, Pete e Erik e o primo de segundo grau, Jamie Nordstrom — de um jeito que deixaria o tataravô deles orgulhoso. Essa equipe de jovens executivos está conferindo à filosofia sem idade da Nordstrom uma dose da tecnologia moderna. Por exemplo, recentemente eles reestruturaram todo o sistema de gestão de estoque e compras da rede, tornando mais fácil para os funcionários da linha de frente encontrarem e conseguirem, com rapidez, itens que os clientes querem. Quando o sistema começou a operar, as vendas imediatamente aumentaram. Mas o mais importante: o atendimento ao cliente melhorou drasticamente. Como Jamie Nordstrom assinalou: "Você está dizendo 'sim' para o cliente mais vezes".

Ao longo dos anos, encantar os clientes tem sido bom para os resultados da Nordstrom. Somente em 2012, mesmo em meio a uma economia pós-recessão que ainda continuava no varejo, as vendas da Nordstrom cresceram 12%, atingindo um recorde de 10,9 bilhões de dólares. E, enquanto as lojas de departamentos concorrentes cresceram muito pouco ou nada, a Nordstrom continuou ganhando participação de mercado, com 19 meses de crescimento ininterrupto.

Na última reunião anual da empresa, Eric Nordstrom não apenas dividiu essas e outras boas notícias com os acionistas, como também compartilhou mais uma história envolvendo um cliente encantado. Ele contou a história de uma mulher da Carolina do Norte que recentemente perdeu o brilhante de sua aliança enquanto experimentava roupas na loja da Nordstrom. Um segurança da loja viu a mulher engatinhando embaixo das prateleiras e foi ajudar na busca. Quando eles perceberam que isso não ia dar certo, o segurança pediu a ajuda de dois funcionários da limpeza. Eles, então, passaram aspirador no local, abriram o saco do eletrodoméstico e cuidadosamente vasculharam seu conteúdo, recuperando o brilhante.

Após mostrar um vídeo com a compradora encantada, Eric Nordstrom, em meio a estrondosos aplausos, apresentou os três funcionários aos acionistas. Estendendo sua mão aos três, Nordstrom proclamou que, quando acontece de um cliente receber cuidados custe o que custar, "não há limites no que se pode fazer".

Fontes: Amy Martinez, "Tale of lost diamond adds glitter to Nordstrom's customer service", *Seattle Times*, 11 maio 2011; Cotten Timberlake, "How Nordstrom bests its retail rivals", *Bloomberg Businessweek*, 11 ago. 2011, <www.businessweek.com/magazine/how-nordstrom-bests-its-retail-rivals-08112011.html>; "Legends of unbelievable Nordstrom service", *Toddand.com*, 18 fev. 2007, <http://toddand.com/2007/02/18/legends-of-unbelievable-nordstrom-service/>; Karen Aho, "The 2011 customer service hall of fame", *MSNMoney*, <http://money.msn.com/investing/the-2011-customer-service-hall-of-fame.aspx?cp-documentid=6820771> e <http://shop.nordstrom.com/c/company-history>. Acesso em: nov. 2012.

Outras empresas patrocinam *programas de clientes preferenciais*, que oferecem a seus membros benefícios especiais e criam comunidades para eles. Por exemplo, a Apple incentiva seus clientes a formar grupos de usuário locais. Os mais de 800 grupos de usuário registrados na empresa oferecem, mensalmente, reuniões, uma *newsletter*, dicas sobre questões técnicas, treinamentos, descontos em produto e um fórum para trocar ideias e histórias com outros fãs da Apple. De modo similar, compre uma das churrasqueiras a gás da Weber e participe do Weber Nation — "o site para pessoas reais que amam sua churrasqueira a gás Weber". Os membros possuem acesso exclusivo a aulas on-line sobre como fazer churrasco, a um livro de receitas interativo, a dicas sobre como preparar um churrasco e atendimento telefônico 24 horas por dia nos sete dias da semana, a podcasts em áudio e vídeo e a fóruns para interagir com outros fanáticos por churrasco. Além disso, têm uma chance de participar de um comercial de TV da Weber.[16]

A natureza mutável do relacionamento com o cliente

Mudanças significativas estão ocorrendo no modo como as empresas se relacionam com seus clientes. As empresas de ontem se voltavam ao marketing de massa, para todos os clientes que pudessem atingir. As empresas de hoje constroem relacionamentos mais profundos, diretos e duradouros com clientes mais cuidadosamente selecionados. Apresentamos a seguir algumas importantes tendências na forma como as empresas e os clientes se relacionam.

Relacionando-se com clientes mais cuidadosamente selecionados

Hoje em dia, poucas empresas praticam o verdadeiro marketing de massa — vender de maneira padronizada para todo cliente que aparecer. Atualmente, a maioria delas não quer se relacionar com todo cliente. Em vez disso, miram em menos clientes, mas mais lucrativos. "Nem todo cliente vale seus esforços de marketing", afirma um analista. "Há casos de clientes em que o custo de mantê-los é maior que o de perdê-los."[17]

Muitas empresas hoje utilizam a análise de lucratividade dos clientes para deixar passar ou eliminar os clientes que dão prejuízo e se voltar para os que dão lucros, a fim de mimá-los. Uma abordagem consiste em excluir, com antecedência, os clientes potencialmente não lucrativos. A Progressive Insurance faz isso de maneira eficiente, ela faz uma série de perguntas classificatórias para seus clientes potenciais a fim de determinar se eles são certos para a empresa. Se não forem, a Progressive provavelmente lhes dirá: "Você pode ir para a Allstate". Um consultor de marketing explica: "Eles preferem mandar negócios para o concorrente a ficar com clientes não lucrativos". A exclusão de clientes não lucrativos permite à Progressive oferecer melhores serviços àqueles que são potencialmente mais lucrativos.[18]

Mas o que a empresa deve fazer com os clientes não lucrativos que já possui? Se não consegue transformá-los em lucrativos, ela pode dispensar aqueles que são muito inviáveis ou cujo atendimento custa mais do que valem. "Salve sua empresa demitindo seus clientes", aconselha um profissional de marketing. "Bem, não todos os seus clientes — apenas aqueles que pedem mais do que oferecem." Outro profissional de marketing completa: "Demitir os clientes que possivelmente você não pode agradar faz ter mais espaço e recurso para mimar

▲ As empresas não querem se relacionar com todos os clientes possíveis. De fato, elas podem dispensar aqueles que custam mais atender do que perder.

aqueles que, de fato, merecem sua atenção e lhe retribuem com indicações, aplausos e fidelidade".[19] Considere este exemplo:

> A Sprint enviou cartas para cerca de mil pessoas a fim de informá-las de que tinham sido sumariamente demitidas — mas os destinatários eram *clientes* da Sprint, e não funcionários. Por cerca de um ano, a provedora de serviços sem fio rastreou a quantidade e a frequência de ligações de atendimento feitas por um grupo de usuários que exigiam muita manutenção. De acordo com um porta-voz da Sprint, "em alguns casos, eles ligavam para o atendimento ao cliente centenas de vezes em um mês... para tratar das mesmas questões, mesmo após sentirmos que as questões já tinham sido resolvidas". No fim, a empresa determinou que não conseguia atender às necessidades desse subgrupo de assinantes e, assim, abriu mão das taxas de cancelamento e cortou os serviços. Essas práticas de "desinvestimento no cliente" ainda são consideradas uma anomalia. No entanto, as novas tecnologias e as abordagens de segmentação tem tornado mais fácil se concentrar nos clientes certos e, consequentemente, mostrar a porta da rua para os clientes que dão problema.

Relacionando-se de maneira mais profunda e interativa

Além de escolher os clientes de maneira mais seletiva, as empresas podem agora se relacionar com os clientes eleitos de forma mais profunda, significativa. Em vez de contar apenas com mensagens de mídia de massa, unilaterais, os profissionais de marketing estão atualmente incorporando abordagens novas, interativas que ajudam a construir relacionamentos direcionados, bilaterais com os clientes.

RELACIONAMENTOS INTERATIVOS COM OS CLIENTES. Novas tecnologias têm mudado bastante a maneira como as pessoas se relacionam. Novas ferramentas de relacionamento incluem de tudo — de e-mail, sites, blogs, celulares e compartilhamento do vídeo a comunidades on-line e redes sociais, como Facebook, YouTube, Pinterest e Twitter.

Esse ambiente de comunicação em mudança também afeta o modo como as empresas e as marcas se relacionam com os clientes. As novas abordagens de comunicação permitem aos profissionais de marketing criar um maior envolvimento com os clientes, bem como uma sensação de comunidade ao redor da marca — fazendo da marca uma parte significativa das conversas e da vida dos consumidores. "Tornar-se parte da conversa entre consumidores é infinitamente mais poderoso do que transmitir informação via propaganda tradicional", disse um especialista em marketing. Não se trata mais de "simplesmente empurrar mensagens", diz outro. "Trata-se de permitir ao indivíduo, à pessoa sentir-se realmente parte de sua marca de uma maneira única."[20]

Entretanto, ao mesmo tempo em que as novas tecnologias criam oportunidades para as empresas desenvolverem relacionamentos, elas também geram desafios. Essas tecnologias dão aos consumidores maiores poder e controle. Os consumidores têm hoje mais informação sobre as marcas do que nunca, e eles possuem uma série de plataformas para transmitir e compartilhar suas opiniões sobre a marca com outros consumidores. Assim, atualmente, o mundo do marketing está às voltas não apenas com a gestão do relacionamento com o cliente, mas também com os **relacionamentos gerenciados pelo cliente**.

> **Relacionamentos gerenciados pelo cliente**
> Relacionamento de marketing em que os clientes, fortalecidos pelas novas tecnologias digitais de hoje, interagem com as empresas e entre si para moldar seu relacionamento com as marcas.

O maior controle do consumidor significa que as empresas não podem mais se ater ao marketing por *intrusão*. Em vez disso, elas devem praticar o marketing por *atração* — devem criar ofertas ao mercado e mensagens que envolvam os consumidores, e não que os interrompam. Como consequência, a maioria das empresas hoje incrementa seus esforços de marketing de massa com uma rica variedade de abordagens de marketing direto que promove a interação entre a marca e o consumidor.

Por exemplo, muitas empresas estão dialogando com seus consumidores por meio de *redes sociais* próprias ou existentes. Para apoiar suas campanhas de marketing tradicionais, as empresas agora, regularmente, postam seus anúncios e filmes mais recentes feitos para a Internet em sites de compartilhamento de vídeos. Elas participam de redes sociais. E lançam seus blogs, comunidades on-line e sistemas de classificação gerada pelos consumidores — tudo com o objetivo de engajar os clientes em um nível mais pessoal, interativo.

Pegue o Twitter, por exemplo. Organizações que vão desde a Dell, a JetBlue Airways e a Dunkin' Donuts até o Chicago Bulls, a NASCAR e o Departamento de Bombeiros de Los Angeles criaram páginas e promoções no Twitter. Elas usam "tweets" não apenas para dar início a conversas com os mais de 300 milhões de usuários registrados no Twitter, mas também para tratar de questões referentes ao atendimento ao cliente, pesquisar reações de clientes e monitorar o tráfego a importantes artigos, sites (para Internet e celular), concursos, vídeos e outras atividades de marca. De modo similar, hoje, quase toda empresa tem alguma

coisa no Facebook. A Starbucks tem mais de 29 milhões de "curtidas" no Facebook, e a Coca-
-Cola tem mais de 40 milhões. Mídias sociais como o Facebook, o YouTube, o Twitter e o
e-mail pode manter os clientes envolvidos com a marca e falando sobre ela.

Por exemplo, a Cold Stone Creamery, uma varejista de sorvete, utiliza todas essas mídias
para envolver os clientes:[21]

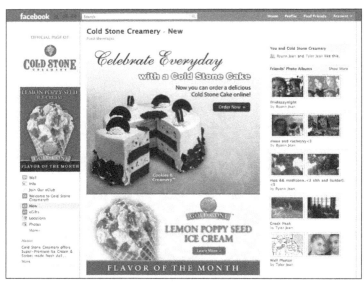

▲ Redes sociais: a Cold Stone Creamery utiliza uma série de mídias sociais para envolver os clientes em um nível mais pessoal, interativo. Sua página no Facebook constitui uma versão moderna, on-line da festa do sorvete.

Kahala Corp. Facebook é uma marca registrada do Facebook, Inc.

No YouTube, a Cold Stone posta vídeos de eventos como sua anual "maior festa do sorvete do mundo", que beneficia a fundação Make-A-Wish. A página da Cold Stone no Facebook, com mais de 1,8 milhões de amigos, constitui uma versão moderna, on-line da festa do sorvete. Os fãs podem postar fotos de suas experiências especiais na Cold Stone, trocar opiniões com a empresa e fazer parte de grupos formados por pessoas que adoram sorvete. Podem ainda obter informações sobre novos sabores e eventos. A mídia social ajuda a gerar tanto relacionamento com os clientes como vendas. Em resposta a uma recente campanha, os fãs imprimiram mais de 500 mil cupons da campanha "leve 2 por $ 5" em apenas três semanas, resgatando incríveis 14% deles. Um concurso envolvendo novos sabores para o verão atraiu 4 mil participantes e 66 mil novos fãs em apenas oito semanas. De acordo com a Cold Stone, até agora, toda campanha de mídia social gerou um aumento vertiginoso no movimento e nas vendas das lojas. Mais da metade do orçamento de propaganda da empresa é hoje voltado para atividades não tradicionais, como a mídia social.

Muitas empresas ainda estão aprendendo a usar as mídias sociais de maneira efetiva. E utilizá-las exige precaução. Como os consumidores têm muito controle, até mesmo campanhas de mídia social, aparentemente inofensivas, podem dar muito errado. Por exemplo, recentemente o McDonald's lançou uma campanha no Twitter usando a hashtag #McDStories, na esperança de que isso inspirasse histórias queridas sobre o McLanche Feliz. Em vez disso, o esforço foi dominado por usuários do Twitter, que postaram mensagens nada atrativas sobre as experiências ruins que tinham tido com a rede de fast-food. O McDonald's retirou a campanha em duas horas, mas a *hashtag* continuou rodando por semanas. "Você está no quintal dos consumidores. O lugar é deles", alerta um profissional de marketing social. "A mídia social é uma panela de pressão", aponta outro. "Aquelas centenas de milhares, ou milhões, de pessoas vão pegar sua ideia e vão esmiuçá-la ou extirpá-la e ver o que é frágil ou estúpido nela."[22]

O segredo é encontrar caminhos desobstruídos para entrar nas conversas sociais dos consumidores com mensagens de marca pertinentes e interessantes. Simplesmente postar um vídeo de humor, criar uma página em uma rede social e manter um blog não é suficiente. Um bom marketing de rede social significa contribuir de maneira verdadeira e relevante para as conversas do consumidor. "Ninguém quer ser amigo de uma marca", diz um executivo de marketing on-line. "Seu trabalho [como marca] é ser parte das conversas de amigos."[23]

Marketing gerado pelo consumidor. Uma parcela crescente dos novos diálogos com os clientes é, na verdade, **marketing gerado pelo consumidor**, por meio do qual os consumidores desempenham um papel maior na formatação de suas próprias experiências com a marca e na dos outros. Esse marketing pode ocorrer sem que a empresa participe, por meio de trocas entre consumidores em blogs, sites de compartilhamento de vídeo e outros fóruns digitais. Contudo, cada vez mais, as empresas estão *convidando* os consumidores para assumir um papel mais ativo na formatação de produtos e mensagens de marca.

Algumas empresas pedem ideias aos consumidores para novos produtos e serviços. Por exemplo, em seu site My Starbucks Idea, a Starbucks coleta ideias de clientes sobre novos produtos, mudanças em loja e qualquer outra coisa que possa melhorar a experiência deles com a marca. "Você sabe melhor do que ninguém o que quer da Starbucks", diz a empresa em seu site. "Então, conte para nós. Qual sua ideia para a Starbucks? Seja ela revolucionária ou simples, nós queremos ouvi-la." O site convida os clientes a compartilhar suas ideias,

---

Marketing gerado pelo consumidor
Trocas referentes à marca geradas pelos próprios consumidores, que são convidados ou não para fazer isso. Por meio dessas trocas, os consumidores estão desempenhando um papel cada vez maior na formatação de suas próprias experiências com a marca e na de outros consumidores.

votar nas ideias de outros, discutir essas ideias e ver quais ideias a Starbucks implantou.[24]

Outras empresas estão convidando os clientes para desempenhar um papel ativo na formatação de anúncios. Por exemplo, a PepsiCo, a Southwest Airlines, a MasterCard, a Unilever, a H.J. Heinz, a Harley-Davidson e muitas outras empresas já promoveram concursos para anúncios criados pelo consumidor, os quais foram ao ar em rede nacional. Já faz algum tempo que a Doritos (uma marca da PepsiCo) faz um concurso em que pede anúncios de 30 segundos dos consumidores e transmite os melhores durante jogos do Super Bowl. Os anúncios criados pelos consumidores têm feito um enorme sucesso. Em 2012, dos mais de 6,1 mil anúncios inscritos, a Doritos selecionou dois para passar durante o Super Bowl. Incrivelmente, ambos os anúncios conquistaram o primeiro lugar em dois diferentes rankings AdMeter do *USA Today*, e cada um de seus criadores recebeu um belo prêmio de 1 milhão de dólares em dinheiro da PepsiCo. O anúncio "O melhor amigo do homem", em que um cachorro suborna um homem para que ele fique quieto a respeito da morte de um gato que está enterrando no quintal, ficou em primeiro lugar na medição tradicional da AdMeter que leva em conta as pessoas que estão assistindo ao jogo da final. O anúncio custou, ao todo, 20 dólares. O outro anúncio intitulado "Arremesso de bebê", que mostra uma mulher arremessando um bebê pelo quintal para roubar um saco de Doritos de um garoto chato, conquistou o primeiro lugar em uma votação on-line de dois dias na medição de mídia social da AdMeter envolvendo *USA Today* e Facebook.[25]

▲ Aproveitamento do marketing gerado pelo consumidor: quando a H.J. Heinz convidou os consumidores a enviar para o YouTube anúncios caseiros de seu catchup, ela recebeu mais de 8 mil vídeos — alguns eram muito bons, mas a maioria era mais ou menos ou muito ruim.

AJ Mast/The New York Times/ Redux Pictures

Contudo, aproveitar o conteúdo gerado pelos consumidores pode ser um processo lento e custoso, e as empresas podem ter dificuldade de encontrar algo que preste no meio de tanto lixo. Por exemplo, quando a Heinz convidou os consumidores a enviar para o canal da empresa no YouTube anúncios caseiros de seu catchup, ela recebeu mais de 8 mil vídeos e postou aproximadamente 4 mil. Alguns dos anúncios amadores eram muito bons — entretinham e eram potencialmente eficazes. No entanto, a maioria era, na melhor das hipóteses, mediana, e outros eram totalmente horríveis. Em um deles, o criador do anúncio tomou o catchup direto da garrafa. Em outro, o candidato a diretor publicitário escovou os dentes, lavou os cabelos e barbeou o rosto com o produto da Heinz.[26]

O marketing gerado pelo consumidor — independentemente de ele ser ou não convidado pela empresa para fazê-lo — tornou-se uma importante ferramenta de marketing. Por meio de uma série de vídeos, análises, blogs e sites gerados pelos clientes, estes estão desempenhando um papel cada vez maior na formatação de suas experiências com a marca. Além de gerar conversas sobre as marcas, os clientes podem opinar cada dia mais sobre tudo — do design, uso e embalagem do produto a seu preço e distribuição. As marcas precisam aceitar e abraçar o surgimento do poder do consumidor. Como assinala um analista: "Os humanos, antigamente conhecidos como consumidores ou inertes, são agora criadores e formadores de ideias, não são mais passivos".[27]

Gestão do relacionamento com parceiros

Quando se trata de criar valor para o cliente e construir relacionamentos sólidos com ele, os profissionais de marketing de hoje sabem que não podem fazer tudo sozinhos. Eles devem trabalhar de perto com uma série de parceiros de marketing. Além de serem bons na *gestão do relacionamento com o cliente*, os profissionais de marketing precisam ser bons na **gestão do relacionamento com o parceiro**, trabalhando próximos de parceiros internos e externos para, em conjunto, entregar mais valor para os clientes.

Tradicionalmente, os profissionais de marketing são encarregados de entender os clientes e apresentar suas necessidades aos diferentes departamentos da empresa. No entanto, no mundo mais conectado de hoje, todas as áreas funcionais da organização podem interagir

Gestão do relacionamento com o parceiro
Trabalhar de perto com parceiros de outros departamentos da empresa ou de fora da organização para, em conjunto, entregar maior valor para os clientes.

com os clientes. O novo pensamento prega que, independentemente do cargo que ocupe na empresa, você deve entender de marketing e ser focado no cliente. Em vez de deixar que cada departamento persiga seus próprios objetivos, as empresas devem unir todos eles em torno de uma única causa: a criação de valor para o cliente.

Os profissionais de marketing também devem estabelecer parcerias com fornecedores, parceiros de canal e outros atores externos à empresa. Os canais de marketing são compostos por distribuidores, varejistas e outros que conectam a empresa a seus compradores. A *cadeia de suprimentos* descreve um canal maior, que abrange desde a matéria-prima para os componentes até os produtos finais direcionados aos compradores finais. Por meio do *gerenciamento da cadeia de suprimentos*, as empresas hoje estão fortalecendo suas conexões com os parceiros ao longo de toda a cadeia. Elas sabem que o sucesso está além de seu desempenho: o sucesso na entrega de valor para o cliente está no desempenho de toda a sua cadeia de suprimentos em relação à dos concorrentes.

Captura de valor dos clientes

As quatro primeiras etapas do processo de marketing apresentado na Figura 1.1 envolvem construir relacionamento com o cliente por meio da criação e da entrega de valor superior. A última etapa envolve capturar valor em troca, na forma de vendas, participação de mercado e lucros. Ao criar valor superior para o cliente, a empresa gera clientes altamente satisfeitos que permanecem fiéis e compram mais. Isso, por sua vez, significa maiores retornos para a empresa no longo prazo. Aqui, discutimos os resultados da criação de valor para o cliente: fidelidade e retenção do cliente, participação de mercado e de cliente e customer equity.

Criação de fidelidade e retenção do cliente

Uma boa gestão do relacionamento com o cliente gera sua satisfação. Por sua vez, clientes satisfeitos permanecem fiéis e falam bem da empresa e de seus produtos. Estudos mostram grandes diferenças entre a fidelidade de clientes que estão menos satisfeitos, relativamente satisfeitos e completamente satisfeitos. Mesmo uma pequena queda na plena satisfação pode gerar uma enorme queda na fidelidade. Assim, o objetivo da gestão do relacionamento com o cliente não é apenas gerar a sua satisfação, mas também o seu encantamento.

A recente recessão e a incerteza econômica que a seguiu produziram uma forte pressão sobre a fidelidade do cliente. Elas criaram uma nova percepção no que se refere aos gastos dos consumidores que perdurará por um bom tempo. Estudos recentes mostram que, mesmo com a economia mais robusta, 55% dos consumidores norte-americanos dizem que preferem o melhor preço à melhor marca. Hoje, cerca de 50% desses consumidores compram marcas próprias regularmente, como parte de seu comportamento de compra regular, ao passo que no início da década de 1990 apenas 12% o faziam. Cerca de dois terços deles dizem que, atualmente, compram em uma loja diferente com preços mais baixos mesmo se isso for menos conveniente. Uma pesquisa também mostra que é cinco vezes mais barato manter um cliente antigo do que adquirir um novo. Assim, as empresas hoje devem formatar suas proposições de valor de maneira ainda mais cuidadosa e tratar bem seus clientes lucrativos para mantê--los fiéis.[28]

Valor do cliente ao longo do tempo
O valor de todas as compras que o cliente faz ao longo de uma vida inteira de fidelidade.

Perder um cliente significa perder mais do que uma única venda. Significa perder o valor de todas as compras que o cliente faria ao longo de uma vida inteira de fidelidade. Veja a seguir um exemplo clássico de **valor do cliente ao longo do tempo**:[29]

> Stew Leonard, dono de um supermercado altamente lucrativo com quatro lojas em Connecticut e Nova York, disse uma vez que, sempre que vê um cliente aborrecido, vê também 50 mil dólares voando de sua loja. Por quê? Porque seu cliente médio gasta cerca de 100 dólares por semana, compra em 50 semanas por ano e fica morando nas redondezas por, aproximadamente, 10 anos. Se esse cliente tiver uma experiência ruim e passar a comprar em outro supermercado, Stew Leonard perderá 50 mil dólares em receita ao longo do tempo. E a perda pode ser bem maior se o cliente chateado contar sua experiência ruim a outros clientes, fazendo com que também abandonem seu estabelecimento.

Para fazer os clientes retornarem, a Stew Leonard's criou o que o *New York Times* apelidou de "Disneylândia dos laticínios", a qual inclui pessoas fantasiadas de personagens, uma agenda de entretenimento, exposição de animais e robôs espalhados pelas lojas. Desde seu modesto início como uma pequena loja de laticínios em 1969, a Stew Leonard's cresceu em um ritmo impressionante. Foram feitas 29 reformas para expandir a loja original, que hoje atende mais de 300 mil clientes por semana. Sua legião de clientes fiéis é, em grande parte, resultado de sua abordagem apaixonada para o atendimento ao cliente — "Regra n° 1: o cliente tem sempre razão. Regra n° 2: se o cliente não tiver razão, releia a Regra n° 1".

Stew Leonard não está sozinho em sua avaliação do valor do cliente ao longo do tempo. A Lexus, por exemplo, estima que um único cliente satisfeito e fiel vale mais de 600 mil dólares em vendas ao longo do tempo. E o valor ao longo do tempo estimado de um jovem consumidor de celular é de 26 mil dólares.[30] De fato, uma empresa pode perder dinheiro em uma transação específica, mas se beneficiar, e muito, de um relacionamento duradouro. Isso significa que as empresas devem mirar alto na construção de relacionamento com os clientes. O encantamento dos clientes cria um relacionamento emocional com a marca, não apenas uma preferência racional. E é esse relacionamento que faz os clientes retornarem.

▲ Valor do cliente ao longo do tempo: para fazer os clientes retornarem, a Stew Leonard's criou a "Disneylândia dos laticínios". Regra n° 1: o cliente tem sempre razão. Regra n° 2: se o cliente não tiver razão, releia a Regra n° 1.
Cortesia da Stew Leonard's

Crescimento da participação de cliente

Além de reter bons clientes para capturar seu valor ao longo do tempo, uma boa gestão do relacionamento com o cliente pode ajudar as empresas a aumentar sua **participação de cliente** — a participação que elas obtêm das compras do cliente em suas categorias de produto. Assim, os bancos querem mais "participação na carteira" do cliente, os supermercados e restaurantes desejam aumentar sua "participação no consumo de alimentos", os fabricantes de automóveis querem maior "participação na garagem" e as companhias aéreas desejam maior "participação nas viagens".

Para aumentar a participação de cliente, as empresas podem oferecer mais variedade aos clientes atuais. Podem também criar programas de vendas cruzadas e vendas incrementais, com o intuito de negociar mais produtos e serviços com os clientes existentes. Por exemplo, a Amazon.com é altamente habilidosa em alavancar o relacionamento com seus 173 milhões de clientes para aumentar sua participação nos gastos de cada um:[31]

> Quando entram na Amazon.com, os clientes geralmente gastam mais do que pretendiam. E a Amazon faz de tudo para que isso aconteça. A gigante on-line continua ampliando sua variedade de produtos, criando um local ideal para compras em um só lugar. E, com base na compra de cada cliente e em seu histórico de busca, a empresa lhe recomenda produtos relacionados que podem ser de seu interesse. Esse sistema de recomendação influencia mais de 30% das vendas. O Amazon Prime, o engenhoso programa de entrega da empresa, também ajudou a aumentar sua participação na carteira dos clientes. Por uma taxa anual de 79 dólares, os membros Prime recebem qualquer produto em dois dias, independentemente de ser um simples livro ou uma TV de 60 polegadas. De acordo com um analista, o Amazon Prime "transforma compradores casuais — que se enchem de gratidão por terem suas compras entregues, como prometido, dois dias após o pedido — em viciados em Amazon". Como resultado, após se tornarem membros Prime, os compradores mais do que triplicam suas compras anuais na Amazon.com. Estima-se que o programa de entrega seja responsável por 20% das vendas da Amazon.

Participação de cliente
A parcela das compras do cliente que uma empresa obtém em sua categoria de produto.

Construção de customer equity

Agora podemos ver a importância não apenas de adquirir clientes, mas também de mantê-los e cultivá-los. O valor de uma empresa é proveniente do valor de seus clientes atuais e futuros. A gestão do relacionamento com o cliente assume uma visão de longo prazo. As empresas não querem só criar clientes lucrativos — elas querem "tê-los" para a vida inteira, conquistar uma participação maior de suas compras e capturar seu valor ao longo do tempo.

O que é customer equity?

A grande meta da gestão do relacionamento com o cliente é produzir um alto customer equity.[32] O **customer equity** consiste no total do valor ao longo do tempo de todos os clientes atuais e potenciais da empresa. Assim, é uma medida do valor futuro da base de clientes da empresa. Sem dúvida, quanto mais fiéis são os clientes lucrativos da empresa, maior é

Customer equity
Total do valor ao longo do tempo de todos os clientes da empresa.

▲ Gestão do customer equity: para aumentar o valor do cliente ao longo do tempo, a Cadillac está tentando trazer sua marca de volta à moda, voltando-se para uma geração mais jovem de consumidores com novos modelos de alto desempenho, mais provocativos.
©michael Edwards. Cortesia de Veda Partalo.

o seu customer equity. O customer equity pode ser uma medida melhor do desempenho de uma empresa do que as vendas atuais ou a participação de mercado. Isso porque, enquanto as vendas e a participação de mercado refletem o passado, o customer equity sugere o futuro. Tomemos o exemplo da Cadillac:[33]

> Nas décadas de 1970 e 1980, a Cadillac tinha alguns dos clientes mais fiéis do setor. Para toda uma geração de compradores de carro, o nome *Cadillac* definia "O padrão mundial". A participação da Cadillac no mercado de carros de luxo atingiu a impressionante marca dos 51% em 1976 e, com base na participação de mercado e nas vendas, o futuro da marca parecia promissor. Entretanto, medidas de customer equity esboçavam um cenário mais sombrio. Os clientes da Cadillac estavam envelhecendo (tinham, em média, 60 anos) e o valor médio do cliente ao longo do tempo estava caindo. Muitos compradores da Cadillac estavam em seu último carro. Assim, apesar de a Cadillac ter uma boa participação de mercado, seu customer equity não era bom.

> Compare essa situação com a da BMW. Sua imagem mais jovial e vigorosa não a fez ganhar a primeira guerra por participação de mercado, contudo lhe proporcionou clientes, ao mesmo tempo, mais jovens (com cerca de 40 anos em média) e com valores ao longo do tempo mais altos. Resultado: nos anos seguintes, a participação de mercado e os lucros da BMW subiram muito, ao passo que o sucesso da Cadillac diminuiu — a BMW superou a Cadillac na década de 1980. Nos últimos anos, a Cadillac tem se esforçado para trazer sua marca de volta à moda, voltando-se para uma geração mais jovem de consumidores com novos modelos de alto desempenho, mais provocativos. A marca agora se posiciona como "O novo padrão mundial", com discursos de marketing baseados em "poder, desempenho, design". Como resultado, após décadas de queda, as vendas da empresa aumentaram 36% ao longo dos últimos três anos. Moral da história: as empresas não devem se preocupar apenas com as vendas atuais e a participação de mercado. O valor do cliente ao longo do tempo e o customer equity são o que definem o jogo.

Construção de relacionamentos certos com clientes certos

As empresas devem gerenciar cuidadosamente o customer equity. Elas devem ver os clientes como ativos que precisam ser administrados e maximizados. Entretanto, nem todos os clientes — nem mesmo todos os clientes fiéis — são bons investimentos. Surpreendentemente, alguns clientes fiéis podem não ser lucrativos e alguns clientes não fiéis podem ser lucrativos. Quais clientes a empresa deve adquirir e reter?

A empresa pode classificar os clientes tendo em vista sua lucratividade potencial e administrar seu relacionamento com eles de acordo com isso. A Figura 1.5 classifica os clientes em quatro grupos de relacionamento, segundo sua lucratividade e sua fidelidade projetada.[34]

Cada grupo requer uma estratégia diferente de gestão de relacionamento. Os *estranhos* apresentam baixa lucratividade potencial e pouca fidelidade projetada. Há pouca correspondência entre as ofertas da empresa e as necessidades desses clientes. A estratégia de gestão de relacionamento para eles é simples: não invista nada neles.

As *borboletas* são potencialmente lucrativas, mas não são fiéis. Há uma boa correspondência entre as ofertas da empresa e as necessidades desses clientes. Entretanto, como as borboletas na vida real, é possível apreciá-los somente por um momento — logo eles vão embora. Um exemplo de borboleta são os investidores do mercado de ações que negociam ações com frequência e em grande quantidade, mas que gostam de ir atrás dos melhores negócios sem construir um relacionamento regular com nenhuma empresa de corretagem. Os esforços para transformar borboletas em clientes fiéis raramente dão certos. Em vez disso,

Figura 1.5 Grupos de relacionamento com o cliente.

a empresa deve beneficiar-se das borboletas enquanto pode. Deve criar transações satisfatórias e lucrativas com elas, conquistando a maior parcela possível de seus negócios no curto período em que comprarem seus produtos. Depois, deve parar de investir nelas até a próxima vez que se aproximarem.

Os *verdadeiros amigos* são tanto lucrativos como fiéis. Há uma grande correspondência entre as necessidades desses clientes e as ofertas da empresa. A empresa quer fazer contínuos investimentos em relacionamento para encantar esses clientes, bem como para retê-los e cultivá-los. Ela quer transformar os verdadeiros amigos em *verdadeiros adeptos*, que retornam regularmente e comentam com outras pessoas sobre suas boas experiências com a empresa.

Os *mariscos* são clientes altamente fiéis, mas não muito lucrativos. Há uma correspondência limitada entre as necessidades desses clientes e as ofertas da empresa. Um exemplo de craca são os pequenos clientes de um banco que fazem movimentações regulares, mas não geram retornos suficientes para cobrir os custos de manutenção de sua conta. Como os mariscos no casco de um navio, esses clientes causam estragos. Os mariscos talvez sejam os clientes mais problemáticos. A empresa deve ser capaz de aumentar a lucratividade desses clientes vendendo-lhes mais, elevando suas taxas ou reduzindo os serviços a eles oferecidos. Contudo, se não puderem se tornar lucrativos, eles devem ser "dispensados".

Temos aqui um importante ponto: diferentes tipos de clientes requerem diferentes estratégias de gestão de relacionamento. A meta é criar *relacionamentos certos* com *clientes certos*.

Mudanças no cenário de marketing

Objetivo 5

◀ Descrever as principais tendências e forças que estão mudando o cenário do marketing nessa era de relacionamentos.

Todos os dias mudanças drásticas ocorrem no mercado. Como observa Richard Love, da HP: "O ritmo da mudança é tão rápido que a capacidade de mudar se tornou uma vantagem competitiva". Yogi Berra, o lendário receptor e treinador do New York Yankees, resumiu isso de modo mais simples quando disse: "O futuro não é mais o que costumava ser". À medida que o mercado muda, aqueles que o atendem também devem mudar.

Nesta seção, analisamos as principais tendências e forças que estão mudando o cenário do marketing e desafiando as suas estratégias. Examinaremos cinco grandes acontecimentos: as mudanças no ambiente econômico, a era digital, o crescimento do marketing sem fins lucrativos, a rápida globalização e o apelo por mais ética e responsabilidade social.

As mudanças no ambiente econômico

No início de 2008, a economia dos Estados Unidos e a do mundo vivenciaram uma grande recessão, uma assombrosa crise econômica diferente de tudo que se tinha notícia desde a Grande Depressão da década de 1930. O mercado de ações afundou e trilhões de dólares de valor de mercado simplesmente desapareceram. A crise financeira deixou os atordoados consumidores sem dinheiro e sem confiança, à medida que se deparavam com perdas na renda, uma severa diminuição do crédito, queda no valor dos imóveis e aumento do desemprego.

A grande recessão levou muitos consumidores a repensar suas prioridades em termos de gastos e a reduzir suas compras. Após duas décadas de gastos excessivos, os consumidores apertaram o cinto e mudaram suas atitudes e seus hábitos de compra. Mais do que uma mudança temporária, os valores e os padrões de consumo do novo consumidor provavelmente permanecerão por muitos anos. Mesmo com a economia mais forte, os consumidores continuam gastando de maneira mais cuidadosa e conscienciosa (veja o Marketing Real 1.2).

Em resposta a isso, empresas de todos os setores — de lojas de descontos, como o Target, a marcas de luxo, como a Lexus — têm alinhado suas estratégias de marketing com as novas realidades econômicas. Mais do que nunca, as empresas estão enfatizando o

▲ No atual ambiente econômico, em suas proposições de valor, as empresas devem enfatizar o valor. O Target passou a focar menos no lado "Pague menos" de sua proposição de valor — "Espere mais. Pague menos".

Associated Press

valor em suas proposições de valor. Elas estão se concentrando no valor do dinheiro, na praticidade e na durabilidade em suas ofertas de produto e discursos de marketing.

Por exemplo, durante anos o Target focou muito mais no lado "Espere mais" de sua proposição de valor — "Espere mais. Pague menos". Sua imagem de "loja de descontos chique", cuidadosamente cultivada, o diferenciava bem do agressivo posicionamento de "preço mais baixo" do Walmart. Mas, quando a economia entrou em crise, muitos consumidores ficaram preocupados com o fato de o sortimento mais bacana e o marketing moderno do Target significarem preços mais altos, e o desempenho da empresa caiu. O Target, então, se voltou para a outra metade de seu slogan ("Pague menos"), assegurando-se de que seus preços estavam alinhados aos do Walmart e os consumidores sabiam disso. Embora ainda moderno, o marketing do Target agora enfatiza mais a questão da economia e do preço. "Temos muito espaço de manobra entre 'Espere mais' e 'Pague menos'", diz o principal executivo de marketing do Target. Hoje, "acreditamos que invalidamos a questão da percepção do preço", assinala o executivo.[35]

Na hora de se ajustar à nova economia, as empresas podem ficar tentadas a cortar o orçamento de marketing e reduzir preços, em um esforço para persuadir os clientes mais econômicos a abrir sua carteira. Entretanto, apesar da diminuição dos custos e do oferecimento de descontos selecionados serem importantes táticas de marketing, profissionais de marketing competentes sabem que fazer cortes em pontos errados pode prejudicar a imagem da marca e o relacionamento com os clientes no longo prazo. O desafio consiste em equilibrar a proposição de valor da marca com os tempos atuais, ao mesmo tempo em que o equity é intensificado no longo prazo.

"Uma recessão gera vencedores e perdedores da mesma forma que um tempo de prosperidade econômica o faz", assinala um economista. "Quando uma recessão acaba, quando as coisas caminham para a estabilidade e o mundo parece cheio de possibilidades de novo, seu posicionamento no grupo da competitividade vai depender do quão habilmente você gerenciou [durante os tempos difíceis]".[36] Assim, nos tempos complicados, em vez de reduzir os preços, muitas empresas os seguraram e explicaram por que suas marcas os valiam. E, em vez de cortar orçamento de marketing, empresas como McDonald's, Hyundai e General Mills mantiveram ou até mesmo aumentaram seus gastos com ele, o que as deixou mais fortes quando a economia se fortaleceu. Em tempos econômicos incertos, a meta é construir participação de mercado e sólido relacionamento com clientes à custa de concorrentes que partem para a redução.

A era digital

O crescimento explosivo da tecnologia digital mudou completamente a maneira como vivemos — como nos comunicamos, compartilhamos informações, aprendemos, compramos e nos entretemos. Isso, por sua vez, impactou bastante o modo como as empresas entregam valor para seus clientes. Para o bem ou para o mal, a tecnologia se tornou algo indispensável em nossa vida:[37]

Karl e Dorsey Gude ainda se lembram das manhãs mais simples, em que costumavam conversar enquanto tomavam o café da manhã e liam o jornal e competiam apenas com a televisão pela atenção de seus dois filhos adolescentes. Hoje, Karl levanta e, imediatamente, verifica seus e-mails corporativos e sua conta no Facebook e no Twitter. Dorsey abre seu notebook logo depois do café da manhã. Os filhos dos Gude dormem com seu telefone perto da cama e começam o dia com uma mensagem de texto de Karl, em vez de com um despertador. "Eu podia simplesmente subir as escadas, mas eles sempre respondem às mensagens", diz Karl. Bem-vindo à era digital. Como observado, a comunicação digital é mais valiosa do que a questão sanitária: hoje, temos 5,3 bilhões de celulares em uso e apenas 4,3 bilhões de banheiros.

A era digital proporcionou às empresas novas e interessantes formas não só de aprender sobre os clientes e rastreá-los, mas também de criar produtos e serviços customizados de acordo com suas necessidades individuais. A tecnologia digital também gerou uma nova onda de ferramentas de comunicação, propaganda e construção de relacionamento — ferramentas estas que vão de propaganda on-line e compartilhamento de vídeos a redes sociais e aplicativos para smartphones. Com a movimentação digital, as empresas não podem mais esperar que os consumidores sempre as procurem. Também não podem

▲ Na era digital, para o bem ou para o mal, a tecnologia é algo indispensável em nossa vida. A explosão tecnológica oferece novas e interessantes oportunidades para as empresas.
David Sacks/Getty Images

Marketing Real 1.2

A nova era do consumo mais sensato

A grande recessão entre 2008 e 2009 e suas consequências mexeram com os consumidores norte-americanos. A falência do setor imobiliário, a redução do crédito, a alta do desemprego e a quebra do mercado de ações levaram embora as economias e a confiança dos consumidores, que por anos operaram na base da filosofia "compre agora, pague depois", buscando casas maiores, carros maiores e marcas melhores. A realidade da nova economia forçou os consumidores a rever seus gastos, realinhando-os a sua renda, e a repensar suas prioridades de compra. Pessoas de todos os segmentos de renda frearam seus gastos, postergaram grandes compras, buscaram descontos e prepararam-se para aguentar a pior crise econômica desde a grande depressão, que arrasou o mundo de seus pais ou avós.

Na era pós-recessão de hoje, a renda e os gastos do consumidor estão, novamente, em alta. Contudo, com o fortalecimento da economia, em vez voltar a seus velhos padrões de gasto, os norte-americanos estão mostrando um entusiasmo pela frugalidade não visto há décadas. O consumo sensato voltou, e ele pode ter chegado para ficar. A mudança de comportamento não tem a ver apenas com menos gastos. A nova ética de consumo aponta para um estilo de vida mais simples e um maior valor para o dinheiro. Ele é voltado para se viver com menos — consertar alguma coisa você mesmo em vez de comprar uma nova, preparar um almoço em vez de comer fora, gastar um tempo maior em lojas de descontos ou partir para as marcas próprias. Apesar da recuperação de seus recursos, os consumidores estão agora recortando mais cupons, usando menos seus cartões de crédito e colocando mais dinheiro no banco.

Por exemplo, não muito tempo atrás, a professora de yoga, Gisele Sanders, comprava na Nordstrom em Portland, Oregon, e não pensava duas vezes antes de pagar 30 dólares por uma garrafa de Chianti para acompanhar o jantar. Isso foi antes da recessão, quando seu marido, um corretor imobiliário, começou a sentir o impacto da lentidão na venda de imóveis. Hoje, mesmo com a economia aquecida, Sanders escolhe vinhos no mercado de 10 dólares ou menos por garrafa, compra roupas usadas e segue o conselho de sua mãe, desligando o termostato no inverno. "Demorou para acontecer", disse ela. "Nós estávamos em um nível muito alto antes."

Essa nova sensatez na hora da compra é mais do que apenas um modismo — a maioria dos especialistas concorda que o impacto da grande recessão pendurará no futuro. A nova frugalidade parece ser uma mudança duradoura no estilo de vida, baseada em uma ampla reavaliação de valores. A velha expressão "compre até não poder mais" foi substituída por "não, hoje não".

A dor da grande recessão levou muitos consumidores a reconsiderar sua definição de vida boa, mudando a maneira como eles compram, vendem e vivem na sociedade pós-recessão. "As pessoas estão descobrindo a felicidade em valores antigos — prudência com os recursos financeiros, economias, realização de projetos do tipo faça você mesmo, desenvolvimento pessoal, muito trabalho, fé, comunidades — bem como em atividades e relacionamentos fora do domínio do consumo", diz John Gerzema, diretor de insights da agência de publicidade Young & Rubicam, que mantém um dos maiores banco de dados do mundo com informações sobre as atitudes dos consumidores. O que Gerzema chama de "mudança nos gastos" é o fato de os consumidores, hoje, se sentirem desconfortáveis com dívidas e gastos em excesso e serem céticos com relação a valores materialistas. "De agora em diante, as compras serão mais ponderadas. Estamos deixando o consumo de lado, o consumo irracional, e caminhando para o consumo consciente."

A maioria dos consumidores vê a nova frugalidade como uma boa coisa. Uma recente pesquisa mostrou que 78% das pessoas acham que a recessão mudou seus hábitos de gasto para melhor. Em outra pesquisa, 79% dos consumidores concordaram com a afirmação: "Eu me sinto muito melhor em relação ao modo como eu compro agora do que como eu comprava há dois anos". Cerca de 65% dos norte-americanos sentem que "desde a recessão eu percebo que sou mais feliz com um estilo de vida mais simples". De acordo com um pesquisador: "Eles olham para seus antigos hábitos de gasto e se sentem um pouco constrangidos pelo seu comportamento. Assim, embora o consumo [não] possa ser tão despreocupado e divertido como era antes, os consumidores parecem gostar de sua nova percepção, consciência e resistência".

Por exemplo, Sindi Card, do Maine, diz que o emprego de seu marido está seguro agora. No entanto, como o casal tem dois filhos na faculdade, mesmo em uma economia mais aquecida, ela consertou sozinha sua secadora de roupas com mais de 20 anos de uso. Isso representou uma grande mudança em relação ao passado, quando ela jogaria fora o modelo antigo e compraria um novo. Com a ajuda de um site voltado para conserto de eletrodomésticos, Sindi economizou centenas de dólares. "Todos nós precisamos encontrar um meio de viver com nossos recursos", disse ela.

Esses novos valores de gasto não significam que as pessoas se resignaram a viver de privações. À medida que a economia melhora, os consumidores voltam a se envolver em compras mais luxuosas e com tíquete maior, mas de modo mais sensato. "Estamos vivenciando o surgimento do que chamamos de 'imprudência

▲ Com o fortalecimento da economia, em vez voltar a seus velhos padrões de gasto, os norte-americanos estão mostrando um entusiasmo pela frugalidade não visto há décadas. Os gastos mais sensatos podem ter chegado para ficar.
Igor Kisselev/Shutterstock.com

consciente', em que os consumidores planejam gastos pequenos ou grandes", diz o pesquisador. É como uma pessoa em dieta que evita ingerir calorias comendo corretamente a semana toda e, então, relaxa na sexta-feira à noite."Mas as pessoas estão mais conscientes em relação a seus gastos (e aos dos outros). Assim, o luxo está [de novo] na lista do que consumir, mas as pessoas estão assumindo uma posição mais consciente no que se refere a como, onde e com o que elas gastam".

O que a nova era nos gastos do consumidor significa para as empresas? Independentemente de se tratar de produtos do dia a dia (como cereais e detergentes) ou itens caros (como café da Starbucks e diamantes), as empresas claramente devem explicitar sua proposição de valor, mostrando o que faz suas marcas valerem o suado dinheiro do cliente. A frugalidade está em alta; o valor está sob atenta observação. Para as empresas, não se trata de reduzir custos e preços. Em vez disso, elas devem utilizar uma abordagem diferente para alcançar os pragmáticos consumidores de hoje: chegue antes e prove o valor de seus produtos. De acordo com Howard Schultz, CEO da Starbucks:

Está havendo uma imensa mudança no comportamento do consumidor. Hoje, [as empresas] devem se voltar para o cliente de um modo diferente do que faziam há dois ou três anos. E nem tudo é baseado no valor. Cortar preços ou colocar as coisas em promoção não é uma estratégia de negócios sustentável... Você não consegue cortar custos em um nível suficiente para salvaguardar seu caminho à prosperidade. Eu acho que a questão é a seguinte: qual a sua relevância na vida do novo consumidor? Quem se destaca mais dentro daquilo em que os clientes vão gastar seu dinheiro?

Até mesmo a De Beers, que comercializa diamantes, ajustou sua antiga proposição de valor "Um diamante é para sempre" a seus dias mais sensatos. Um anúncio, intitulado "Viva o menos", faz a compra de seu próximo diamante parecer — veja só — algo muito útil. Embora a compra de um diamante possa ser muito cara em um primeiro momento, trata-se de algo que você nunca terá que substituir ou descartar. Como sugere um velho filme com James Bond, os diamantes são eternos.

Fontes: Extratos, citações e outras informações retirados de Nin-Hai Tsneg, "Why dollar stores are thriving, even post-recession", *Fortune*, 2 abr. 2012, <http://finance.fortune.cnn.com/2012/04/02/dollar-stores/>; Gregg Fairbrothers e Catalina Gorla, "The decline and rise of thrift", *Forbes*, 23 abr. 2012, <www.forbes.com>; Mark Dolliver, "Will traumatized consumers ever recover?", *Adweek*, 22 mar. 2010, <www.adweek.com>; Dan Sewell, "New frugality emerges", *Washington Times*, 1 dez. 2008; John Gerzema, "How U.S. consumers are steering the spend shift", *Advertising Age*, 11 out. 2010, p. 26; Bobbie Gossage, "Howard Schultz, I'm getting a second shot", *Inc.*, abr. 2011, p. 52-53; Kathleen Madigan, "For lasting recovery, savings as important as spending", *Wall Street Journal*, 1 mar. 2012, <http://blogs.wsj.com/economics/2012/03/01/for-lasting-recovery-savings-as-important-as-spending/>.

Internet
Uma vasta rede pública que conecta usuários de todos os tipos, ao redor do mundo, não só entre si, mas também a um enorme repositório de informações.

controlar toda hora as conversas sobre suas marcas. O novo mundo digital faz ser fácil para os consumidores carregarem, onde quer que forem, uma informação de marketing retirada de uma propaganda ou do site de uma marca e a compartilharem com seus amigos. Mais do que acréscimos aos canais de marketing tradicionais, as novas mídias digitais precisavam estar totalmente integradas aos esforços da empresa para construir relacionamento com os clientes.

A mais incrível tecnologia digital é a **Internet**. Hoje, quase 78% dos norte-americanos adultos têm acesso à Internet. Desse total, 91% verifica seus e-mails, 84% procura mapas e orientações de trajeto, 76% lê notícias, 64% se relaciona com amigos e colegas em redes sociais como o Facebook e o LinkedIn e 61% faz transações bancárias. Muitos especialistas acreditam que, em 2020, a Internet será acessada principalmente por meio de um dispositivo móvel operado por voz, toque e até mesmo por pensamento ou "interação humano-computador controlada pela mente".[38]

Atualmente, o marketing on-line é a forma de marketing que cresce mais rápido. De fato, hoje em dia, é difícil encontrar uma empresa que não utilize a Internet de maneira significativa. Além das empresas só de cliques (as ponto-com), a maioria das organizações tradicionais, de "tijolos e cimento", passou a ser de "cliques e cimento". Elas se aventuraram on-line para atrair novos clientes e construir relacionamentos mais fortes com os existentes. Hoje, 71% dos norte-americanos on-line utilizam a Internet para fazer compras. Em 2012, os gastos on-line dos consumidores atingiram 161,5 bilhões de dólares — mais de 13% a mais do que no ano anterior.[39] E o comércio eletrônico *business-to-business* (B2B) também está crescendo muito.

Assim, a explosão tecnológica está proporcionando novas e interessantes oportunidades para as empresas. Exploraremos o impacto das tecnologias de marketing digital em capítulos posteriores, especialmente no 17.

O crescimento do marketing sem fins lucrativos

Nos últimos anos, o marketing se tornou parte importante das estratégias de muitas organizações sem fins lucrativos, como faculdades, hospitais, museus, zoológicos, orquestras sinfônicas e até mesmo igrejas. Nos Estados Unidos, as organizações sem fins lucrativos enfrentam uma forte competição por apoio e novos membros, e o marketing pode ajudá-las a atrair apoio, membros e fundos.

Por exemplo, o St. Jude Children Research Hospital tem uma missão especial: "Descobrir curas. Salvar crianças". Apontado como a instituição de caridade mais confiável dos Estados Unidos pela Harris Interactive, o St. Jude atende a cerca de 5,7 mil pacientes por ano e é o melhor hospital especializado em câncer infantil do país. O mais especial é que o St. Jude não nega nenhum tratamento às crianças por questões financeiras — as famílias jamais precisam pagar por tratamentos que não são cobertos pelo plano de saúde. E como o St. Jude sustenta seu orçamento diário de 1,7 milhão de dólares? Ele levanta fundos por meio de um marketing vigoroso:[40]

> No último inverno, para todo lugar que olhou, você viu alguma coisa sobre o hospital St. Jude Children: em anúncios institucionais, no programa *American Chopper* do Discovery Channel, no broche dos apresentadores da Fox Sports, no *feed* de notícias do Facebook e no caixa de importantes varejistas — do Target à pizzaria Domino's, passando pela William-Sonoma. Isso não aconteceu por acaso. Na verdade, é resultado de um marketing muito forte. O St. Jude foca uma ampla gama de consumidores utilizando um mix de marketing de eventos, endosso de celebridades e parcerias corporativas. Seus esforços para levantar fundos incluem de tudo: de propagandas institucionais e uma elaborada presença na Internet aos mais diversos projetos. ****Mais de 50 patrocinadores corporativos — incluindo Target, Domino's, William-Sonoma, Regal Cinemas e Expedia — participam da campanha anual do St. Judes "Agradeça e ofereça", que pede aos consumidores que "agradeçam pelas crianças saudáveis em sua vida e ofereçam para aquelas que não são". As empresas doam uma parte de suas vendas ou pedem aos consumidores para fazerem doações no caixa. Por meio desse amplo alcance, o St. Judes angaria centenas de milhões de dólares por ano — somente em 2011, o hospital arrecadou cerca de 700 milhões.

Agências governamentais também têm demonstrado maior interesse pelo marketing. Por exemplo, nos Estados Unidos, as Forças Armadas possuem um plano de marketing para atrair recrutas a seus diferentes serviços. Além disso, vários órgãos do governo norte-americano estão desenvolvendo *campanhas de marketing social* para estimular o uso racional da energia e a preocupação com o meio ambiente ou para desestimular o tabagismo, o consumo excessivo de bebidas alcoólicas e o uso de drogas. Até mesmo o serviço postal do país, antes um tanto ultrapassado, tem desenvolvido um marketing inovador para vender selos comemorativos, promover seus serviços de entregas rápidas e melhorar sua imagem, mostrando-se uma organização mais moderna e competitiva. No total, o governo norte-americano é o 28º maior anunciante dos Estados Unidos, com um orçamento anual de propaganda que supera a marca de 1,1 bilhão de dólares.[41]

A rápida globalização

Conforme redefinem seus relacionamentos com os clientes, os profissionais de marketing também desenvolvem uma nova visão sobre a forma como se conectam com o mundo mais amplo que os cerca. Hoje, praticamente toda empresa, seja ela grande ou pequena, esbarra de alguma maneira na concorrência global. A floricultura do bairro compra suas flores de viveiros do México, enquanto um grande fabricante de eletrônicos norte-americano concorre em seu mercado doméstico com gigantescas empresas coreanas. Um novato varejista da Internet se vê recebendo pedidos de todas as partes do mundo, ao mesmo tempo em que um fabricante de bens de consumo norte-americano lança produtos em mercados emergentes no exterior.

As empresas norte-americanas têm sido desafiadas em casa pelo marketing inteligente das multinacionais europeias e asiáticas. Empresas como Toyota, Nokia, Nestlé e Samsung têm, com frequência, superado suas concorrentes norte-americanas dentro dos Estados Unidos. De maneira semelhante, em uma grande variedade de setores, empresas norte-americanas têm desenvolvido operações verdadeiramente globais, fabricando e vendendo seus produtos no mundo inteiro. O McDonald's, a quintessência norte-americana, atende hoje a 68 milhões de consumidores diariamente, em mais de 33 mil restaurantes espalhados por 119 países — 68% de suas receitas provêm de fora dos Estados Unidos. A Nike opera em mais de 180 países, e as vendas feitas fora dos Estados Unidos respondem por 65% de suas vendas mundiais.[42] Hoje em dia, as empresas não estão apenas vendendo mais de seus produtos produzidos localmente em mercados internacionais: elas também estão comprando mais componentes e suprimentos no exterior.

**** Nota da tradutora: Entre os mais diversos projetos, estão: "até um projeto que ensina as crianças a valorizar a segurança no trânsito, um programa que ajuda os alunos do ensino fundamental a melhorar seu desempenho em matemática, um desafio para os universitários e um plano no qual os participantes concorrem a uma casa." (Para mais informações, consulte: <http://www.stjude.org>.)

Assim, em todo o mundo, os gestores estão, cada vez mais, tendo uma visão global, e não apenas local, do setor, dos concorrentes e das oportunidades. Eles estão se perguntando: O que é marketing global? Como ele se diferencia do marketing doméstico? Como os concorrentes e as forças globais afetam nossos negócios? Até que ponto devemos nos tornar "globais"? Discutiremos o mercado global em mais detalhes no Capítulo 19.

Marketing sustentável — o apelo por mais ética e responsabilidade social

As empresas estão reexaminando suas conexões com os valores e as responsabilidades sociais e com o planeta que nos sustenta. À medida que os movimentos ambientais e sociais amadurecem ao redor do mundo, as empresas sofrem pressão para desenvolver práticas de *marketing sustentável*. A ética corporativa e a responsabilidade social tornaram-se tópicos importantes em praticamente todas as áreas de negócios, e poucas empresas podem ignorar os renovados e exigentes movimentos ambientais. Toda ação da empresa pode afetar o relacionamento com o consumidor. Os clientes de hoje esperam que as empresas entreguem valor de maneira social e ambientalmente responsável.

No futuro, os movimentos de responsabilidade social e ambiental trarão exigências ainda maiores para as empresas. Algumas empresas resistem a esses movimentos, movendo-se apenas quando forçadas por lei ou no caso de protestos organizados dos consumidores. Empresas com mais visão, entretanto, aceitam prontamente suas responsabilidades em relação ao mundo que as cerca. Elas veem o marketing sustentável como uma oportunidade de se dar bem fazendo o bem. Além disso, buscam formas de lucrar atendendo a necessidades imediatas e aos melhores interesses dos seus clientes e das comunidades no longo prazo.

Algumas empresas — como a Patagonia, a Ben & Jerry's, a Timberland e Method, entre outras — praticam o *capitalismo social*, diferenciando-se por sua postura zelosa e responsável. Elas desenvolvem responsabilidade social e a incluem em suas declarações de missão e valor. Por exemplo, quando se trata de responsabilidade ambiental, a Patagonia — uma empresa especializada em roupas e acessórios para atividades realizadas ao ar livre — é "comprometida até os ossos". "Todas as pessoas que trabalham aqui compartilham um forte comprometimento com a proteção das águas e dos territórios selvagens", afirma o site da empresa. "Acreditamos no uso dos negócios para inspirar soluções para a crise ambiental." A Patagonia sustenta essas palavras em ações. Todos os anos, ela doa pelo menos 1% de suas vendas ou 10% de seus lucros (o que for maior) para a proteção do meio ambiente.[43] Abordaremos novamente a questão do marketing sustentável, porém com mais detalhes, no Capítulo 20.

▲ Marketing sustentável: a Patagonia acredita no "uso dos negócios para inspirar soluções para a crise ambiental". A empresa sustenta essas palavras doando pelo menos 1 por cento de suas vendas ou 10 por cento de seus lucros (o que for maior) para a proteção do meio ambiente.
Patagonia, Inc.

Afinal, o que é marketing? Juntando tudo

No início deste capítulo, a Figura 1.1 apresentou um modelo simples do processo de marketing. Agora que discutimos todas as etapas desse processo, a Figura 1.6 traz um modelo expandido, que o ajudará a juntar tudo o que foi visto. O que é marketing? Em termos simples, marketing é o processo de construir relacionamentos lucrativos com os clientes, criando valor para esses clientes e recebendo valor deles em troca.

As quatro primeiras etapas do processo de marketing se concentram em criar valor para os clientes. Primeiro, a empresa obtém um entendimento completo do mercado pesquisando as necessidades dos clientes e administrando as informações de marketing. Depois, ela elabora uma estratégia de marketing orientada para o cliente com base nas respostas a duas perguntas simples. A primeira pergunta é: "a quais clientes atenderemos?" (segmentação de mercado e seleção de mercado-alvo). Empresas boas em marketing sabem que não podem atender a todos os clientes de todas as formas. Em vez disso, elas precisam concentrar seus recursos nos clientes a que podem atender melhor e de maneira mais lucrativa. A segunda pergunta para a estratégia de marketing é: "como podemos atender melhor aos clientes-alvo" (diferenciação e posicionamento). Aqui, a empresa define uma proposição de valor que expressa quais valores entregará para conquistar clientes-alvo.

Com sua estratégia de marketing definida, a empresa passa a construir um programa de marketing integrado, o qual, consistindo nos quatro elementos do mix de marketing (ou os 4Ps), transforma a estratégia de marketing em valor real para os clientes. A empresa desenvolve ofertas de produto e cria fortes identidades de marca para elas. Também determina o preço dessas ofertas para criar valor real para o cliente e as distribui para torná-las disponíveis aos clientes-alvo. Por fim, elabora programas de promoção que comunicam a proposição de valor aos clientes-alvo e os persuadem a agir sobre a oferta ao mercado.

Talvez a etapa mais importante do processo de marketing envolva a construção de relacionamentos lucrativos e com valor para os clientes-alvo. Ao longo do processo, os profissionais de marketing colocam em prática a gestão do relacionamento com o cliente para gerar satisfação e encantamento do cliente. Entretanto, na hora de criar relacionamento com o cliente e valor para ele, a empresa não pode fazer tudo sozinha. Ela deve trabalhar de perto com os parceiros de marketing — tanto com os parceiros internos da empresa quanto com aqueles encontrados ao longo do sistema de marketing. Assim, além de um bom desempenho na gestão do relacionamento com o cliente, as empresas precisam ser boas na gestão do relacionamento com parceiros.

As quatro primeiras etapas do processo de marketing criam valor *para* os clientes. Na etapa final, a empresa colhe as recompensas de seu forte relacionamento com os clientes ao

A versão expandida da Figura 1.1, apresentada no início do capítulo, oferece uma visão geral para o restante do livro. O conceito que permeia toda a obra é o de que o marketing gera valor para os clientes a fim de capturar valor deles em troca.

Figura 1.6 Um modelo expandido do processo de marketing.

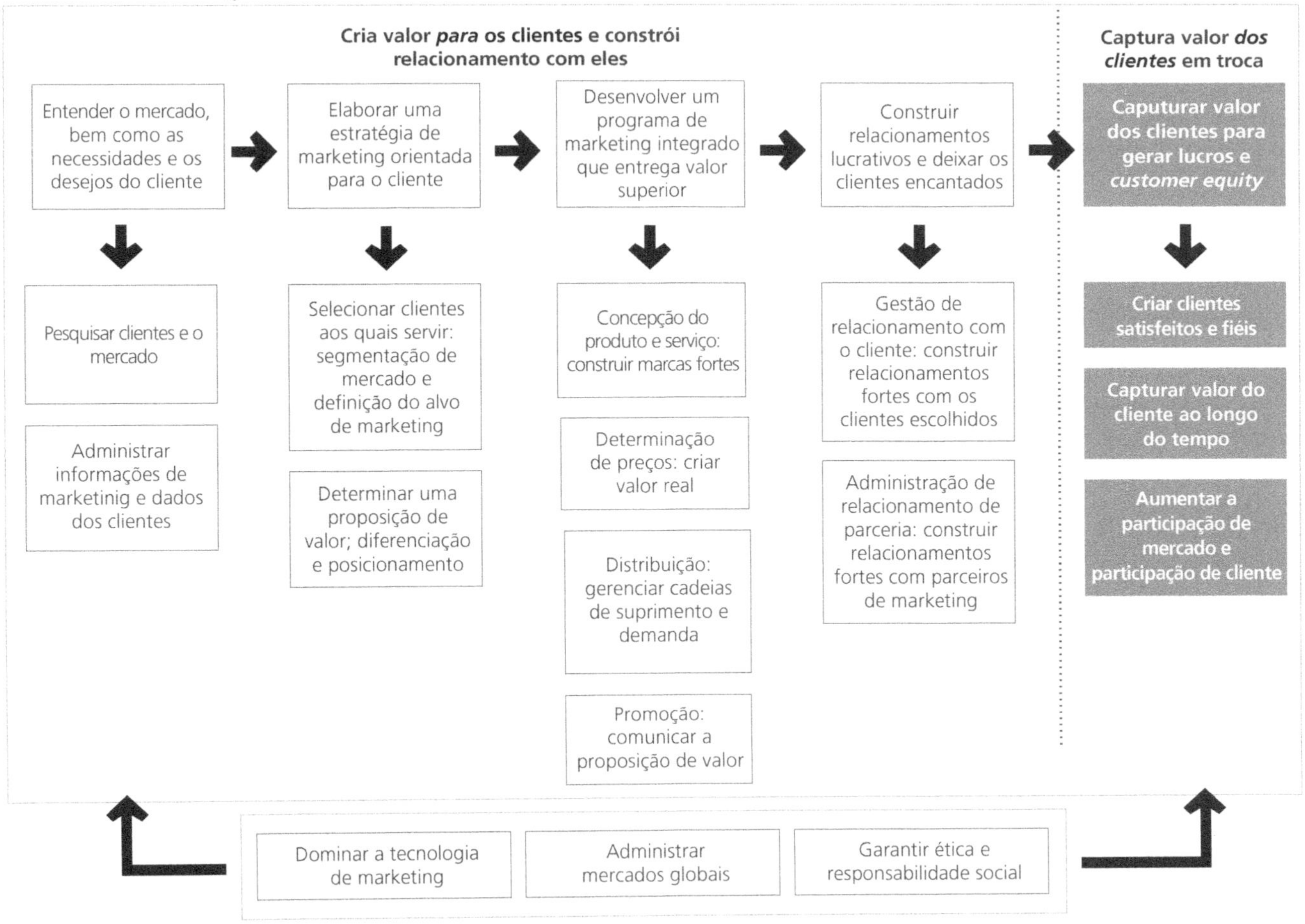

30 Parte 1 | Definição de marketing e o processo de marketing

capturar valor *deles*. Entregar valor superior para os clientes gera clientes altamente satisfeitos, que comprarão mais e mais vezes. Isso ajuda as empresas não apenas a capturar valor do cliente ao longo do tempo, mas também a obter maior participação de cliente. O resultado é um maior customer equity no longo prazo para a empresa.

Por fim, diante do cenário de marketing hoje em constante mudança, as empresas devem levar em consideração três fatores adicionais. Ao construir relacionamento com os clientes e os parceiros, elas devem aproveitar as tecnologias de marketing, explorar as oportunidades globais e certificar-se de que estão agindo de maneira ética e socialmente responsável.

A Figura 1.6 traz uma boa visão geral dos próximos capítulos. Os capítulos 1 e 2 apresentam o processo de marketing, com foco na construção de relacionamento com os clientes e na captura de valor deles. Os capítulos 3, 4, 5 e 6 abordam a primeira etapa do processo de marketing — entender o ambiente de marketing, gerenciar as informações de marketing e entender o comportamento do consumidor e do comprador organizacional. No Capítulo 7, nos aprofundaremos nas duas principais decisões da estratégia de marketing: seleção dos clientes aos quais atenderemos (segmentação e seleção do mercado-alvo) e decisão em relação à proposição de valor (diferenciação e posicionamento). Do Capítulo 8 ao 17 são discutidas as variáveis do mix de marketing, uma a uma. O Capítulo 18 resume a estratégia de marketing orientada para o cliente e a criação de vantagem competitiva no mercado. Os dois capítulos finais analisam fatores especiais do marketing: o marketing global e o marketing sustentável.

Revisão dos conceitos

Revisão dos **objetivos** e **termos-chave**

⟳ Revisão dos objetivos

As empresas bem-sucedidas de hoje — sejam elas grandes ou pequenas, com ou sem fins lucrativos, com atuação nacional ou global — têm em comum um forte foco no cliente e um sério compromisso com o marketing. A meta do marketing, então, construir e administrar relacionamentos lucrativos com os clientes.

Objetivo 1 ▶ Definir marketing e as linhas gerais das etapas no processo de marketing (p. 3-5)

Marketing é o processo pelo qual as empresas criam valor para os clientes e constroem fortes relacionamentos com eles a fim de, em troca, capturar valor deles.

O processo de marketing envolve cinco etapas. As primeiras quatro etapas criam valor *para* os clientes. Primeiro, os profissionais de marketing precisam entender o mercado, bem como as necessidades e os desejos dos clientes. Depois, eles precisam elaborar uma estratégia de marketing orientada para o cliente com o objetivo de obter, manter e cultivar clientes-alvo. Na terceira etapa, esses profissionais elaboram um programa de marketing que, de fato, entrega valor superior. Todas essas etapas formam a base para a quarta: criar relacionamentos lucrativos com o cliente e o encantá-lo. Na etapa final, a empresa colhe as recompensas de seu forte relacionamento com os clientes ao capturar valor *deles*.

Objetivo 2 ▶ Explicar a importância de entender o mercado e os clientes e identificar os cinco conceitos básicos do mercado (p. 5-8)

As empresas que se destacam por sua orientação de marketing se esforçam para conhecer e entender as *necessidades*, os *desejos* e as *demandas* de seus clientes. Isso as ajuda a desenvolver ofertas ao mercado que satisfaçam os desejos e a construir relacionamentos de valor com o cliente, por meio dos quais podem capturar *valor do cliente ao longo do tempo* e maior *participação de cliente*. O resultado é um maior customer equity no longo prazo para a empresa.

Os conceitos básicos de mercado são: necessidades, desejos e demandas; ofertas ao mercado (produtos, serviços e experiências); valor e satisfação; trocas e relacionamentos; e mercados. Desejos são a forma que as necessidades humanas assumem quando são moldadas pela cultura e pela personalidade individual. Quando apoiados pelo poder de compra, os desejos tornam-se demandas. As empresas abordam as necessidades oferecendo uma proposição de valor — um conjunto de benefícios que elas prometem aos consumidores para satisfazer as necessidades deles. A proposição de valor é cumprida por meio de uma oferta ao mercado que entrega valor e satisfação para os clientes, resultando em um relacionamento de troca de longo prazo com os clientes.

Objetivo 3 ▶ Identificar os elementos-chave de uma estratégia de marketing voltada para o cliente e discutir as orientações da administração de marketing que guiam a estratégia de marketing (p. 8-12)

Para elaborar uma estratégia de marketing vencedora, primeiro, a empresa precisa decidir a *quem* ela atenderá. Ela faz isso dividindo o mercado em segmentos de clientes (*segmentação de mercado*) e selecionando os segmentos que cultivará (*seleção de mercados-alvo*). Em seguida, a empresa precisa decidir *como* atenderá aos clientes-alvo (como ela se *diferenciará* e se *posicionará* no mercado).

A gestão de marketing pode adotar uma das cinco orientações de mercado. A *orientação de produção* sustenta que a tarefa dos gestores é aumentar a eficiência da produção e reduzir os preços. A *orientação de produto* afirma que os consumidores dão preferência a produtos superiores em qualidade, desempenho e características inovadoras, de modo que pouco esforço promocional se faz necessário. A *orientação de vendas* aponta que os consumidores somente comprarão uma quantidade satisfatória de produtos da empresa se ela vender em larga escala e realizar promoções. A *orientação de marketing* sustenta que o alcance das metas organizacionais depende do conhecimento das necessidades e dos desejos dos mercados-alvo e da entrega da satisfação desejada com mais eficiência que os concorrentes. A *orientação de marketing societal* coloca que gerar a satisfação do cliente e o bem-estar societal no longo prazo, por meio de estratégias de marketing sustentável, constitui o segredo da empresa tanto para atingir suas metas como para cumprir com suas responsabilidades.

Objetivo 4 ▶ **Discutir a gestão do relacionamento com o cliente e identificar estratégias a fim de criar valor *para* os clientes e receber o valor *deles* em troca (p. 12-23)**

No sentido mais amplo, a *gestão do relacionamento com o cliente* é o processo de construir e manter relacionamentos lucrativos com os clientes entregando-lhes valor superior e satisfação. A meta da gestão do relacionamento com o cliente é produzir um alto customer equity — total do valor ao longo do tempo de todos os clientes da empresa. O segredo para construir relacionamentos duradouros com o cliente é criar *valor superior* e *satisfação*.

As empresas não somente querem conquistar clientes lucrativos, mas também construir relacionamentos que os conservarão e que desenvolverão "participação de cliente". Diferentes tipos de clientes requerem diferentes estratégias de gestão de relacionamento. A meta do profissional de marketing é construir os *relacionamentos certos* com os *clientes certos*. Em troca de criar valor para os *clientes-alvo*, a empresa captura valor *deles* (clientes) na forma de lucros e customer equity.

Na hora de construir relacionamentos com o cliente, bons profissionais de marketing percebem que não conseguem fazer tudo sozinhos. Eles devem trabalhar de perto com parceiros de marketing de dentro e fora da empresa. Além disso, devem ser bons não apenas na gestão do relacionamento com o cliente, mas também *com parceiros*.

Objetivo 5 ▶ **Descrever as principais tendências e forças que estão mudando o cenário do marketing nessa era de relacionamentos (p. 23-30)**

Mudanças profundas estão ocorrendo na arena do marketing. A grande recessão deixou muitos consumidores sem dinheiro e confiança, criando uma nova era de frugalidade do consumidor que durará por um bom tempo. Mais do que nunca, as empresas devem enfatizar o *valor* em suas proposições de valor. O desafio consiste em equilibrar a proposição de valor da marca com os tempos atuais, ao mesmo tempo em que o equity é intensificado no longo prazo.

A explosão da tecnologia digital criou novas e interessantes maneiras de entender os clientes e se relacionar com eles em uma base individual. Ela também possibilitou novas abordagens, por meio das quais os profissionais de marketing podem se voltar para os consumidores de maneira mais seletiva e construir relacionamentos de duas vias, mais próximos com eles. Nos últimos anos, o marketing também se tornou uma parte importante da estratégia de muitas organizações sem fins lucrativos, como faculdades, hospitais, museus, zoológicos, orquestras sinfônicas e até mesmo igrejas.

Em um mundo cada vez menor, muitas empresas agora estão conectadas *globalmente* com seus clientes e parceiros de marketing. Hoje, praticamente toda empresa, seja ela grande ou pequena, esbarra de alguma maneira na concorrência global. Por fim, as empresas de hoje começaram a rever suas responsabilidades éticas e sociais. Elas estão sofrendo pressão para assumir uma responsabilidade maior pelos impactos ambientais e sociais de suas ações.

Em resumo, conforme discutido ao longo do capítulo, os principais novos acontecimentos no marketing podem ser resumidos em uma única palavra: *relacionamentos*. Hoje em dia, empresas de todos os tipos exploram novas oportunidades ao criar relacionamentos com seus clientes, seus parceiros de marketing e o mundo que as cerca.

Termos-chave

Objetivo 1
Marketing (p. 4)

Objetivo 2
Necessidades (p. 5)
Desejos (p. 5)
Demandas (p. 5)
Ofertas ao mercado (p. 5)
Miopia de marketing (p. 6)
Troca (p. 7)
Mercado (p. 7)

Objetivo 3
Administração de marketing (p. 8)
Orientação de produção (p. 9)
Orientação de produto (p. 9)
Orientação de vendas (p. 10)
Orientação de marketing (p. 10)
Orientação de marketing societal (p. 11)

Objetivo 4
Gestão do relacionamento com o cliente (p. 12)

Valor percebido pelo cliente (p. 13)
Satisfação do cliente (p. 13)
Relacionamentos gerenciados pelo cliente (p. 17)
Marketing gerado pelo consumidor (p. 18)
Gestão do relacionamento com o parceiro (p. 19)
Valor do cliente ao longo do tempo (p. 20)
Participação de cliente (p. 21)
Customer equity (p. 21)

Objetivo 5
Internet (p. 26)

Discussão e pensamento crítico

Questões para discussão

1. Defina marketing e apresente, em linhas gerais, as etapas do processo de marketing.
2. O que é miopia de marketing? Como ela pode ser evitar?
3. O que é valor percebido pelo cliente? Qual papel ele desempenha na satisfação do cliente?
4. Discorra sobre as tendências que impactam o marketing e as implicações dessas tendências no modo como as empresas entregam valor para os clientes.

Atividades de pensamento crítico

1. Forme um pequeno grupo de três ou quatro alunos. Debatam sobre uma necessidade ou um desejo que vocês têm e que não é adequadamente atendido por nenhuma oferta disponível no mercado hoje. Pensem em um produto ou serviço que atenderia a essa necessidade ou desejo. Descrevam como vocês diferenciariam e posicionariam sua oferta no mercado e desenvolvam um programa de marketing para sua oferta. Apresentem sua ideia para outros grupos.
2. Busque na Internet informações a respeito de salários na área de marketing. Você pode pesquisar em sites como <http://www.roberthalf.com.br/guia-salarial> ou similares. Qual o salário médio nacional de cinco diferentes cargos na área de marketing? Como a média de salário desses cargos se comporta em diferentes regiões do país? Redija um breve relatório sobre suas descobertas.

3. Entreviste alguém que trabalhe em uma determinada área do marketing e lhe faça as seguintes perguntas:
   a) Em que consiste seu trabalho?
   b) Como você chegou onde está em sua carreira? É isso que você achava que estaria fazendo quando começou? O que o levou a entrar nessa área?
   c) Qual nível de instrução é necessário para o seu trabalho?
   d) Qual conselho você daria aos graduandos?
   e) Faça uma pergunta adicional que você tenha criado.
   Redija um breve relatório acerca das respostas as suas perguntas e explique por que você se interessaria ou não em trabalhar nessa área.

Aplicações e casos

Foco na tecnologia   Apple e Adobe — disputa pelo *flash*

Os dispositivos da Apple são muito populares — não somente o iPod, mas também o iPhone e o iPad. Mas para onde aponta o *flash*? Para o Adobe Flash! O Flash da Adobe, a antiga plataforma multimídia por trás de aproximadamente 75% das animações e dos *streamings* de áudio e vídeo na Internet, não roda nos dispositivos da Apple. Muitos compradores ficaram chateados ao perceber, depois de gastar centenas de dólares no elegante iPad, que não conseguiam jogar seus games on-line favoritos ou assistir àquele vídeo engraçado no dispositivo. E eles ainda não podem, embora o iPad já esteja em sua quinta geração, o iPad Air. Parece que o fundador e antigo CEO da Apple, Steve Jobs, não gostava do Flash e não queria que ele rodasse nos dispositivos da empresa. Como resultado, os desenvolvedores de aplicativos devem se conformar com o sistema operacional da Apple e aplicativos existentes na Internet devem converter o Flash em HTML5 para rodar em um produto da empresa. Os cofundadores da Adobe afirmam que a Apple está "minando o próximo capítulo da Internet", ao passo que os blogueiros apontam que esse não é "um problema Adobe/Apple... mas um problema Apple/mundo".

1. A Apple parece seguir a orientação de marketing?
2. Pesquise a polêmica envolvendo essa questão e debata com seus colegas se a Apple fez a coisa certa para seus clientes quando optou por não incluir o onipresente software Adobe Flash em seus produtos.

Foco na ética   Adeus, bebida "tamanho família"

Com dois terços dos adultos e um terço das crianças em idade escolar nos Estados Unidos acima do peso ou obesos, o prefeito de Nova York, Michael Bloomberg, tem tomado medidas contra o setor de refrigerantes. O prefeito propôs acabar com as bebidas "tamanho família" com altos níveis de açúcar, como o gigantesco "Big Gulp" de quase um litro da 7-Eleven. Isso limitaria a 464 mL as bebidas engarrafadas ou de máquina vendidas em restaurantes, cinemas e eventos esportivos. Essa medida se aplicaria a bebidas com mais de 25 calorias por 232 mL, mas não atingiria sucos 100% naturais

Capítulo 1 | Criação e captura de valor para o cliente **33**

ou bebidas baseadas em leite. Os estabelecimentos que servem bebidas de máquina teriam uma significativa queda em suas receitas, uma vez que geralmente eles cobram por elas de 10 a 15 vezes mais do pagam. Muitos consumidores não concordam com a proibição, que consideram mais uma invasão do "Estado babá". Michael Bloomberg já proibiu cigarro em parques públicos e gordura trans em restaurantes, além de exigir que as redes de fast-food coloquem informações sobre as calorias nos cardápios. Isso leva muitos a perguntarem: "O que vem depois?"

1. É justo se concentrar nos refrigerantes em uma proibição como essa? Debata isso com seus colegas considerando todos os lados envolvidos: governo, fabricantes de refrigerantes e consumidores.
2. Os profissionais de marketing devem seguir a orientação de marketing societal no que diz respeito a alimentos ou produtos que poderiam ser prejudiciais para os consumidores? Discuta o exemplo de uma empresa que segue a orientação de marketing societal levando em conta a epidemia de obesidade.

◌ Foco nos números   Quanto é suficiente?

Marketing é caro! Um espaço de propaganda de 30 segundos durante o Super Bowl 2012 custava 3,5 milhões de dólares, sem contar os 500 mil ou mais para produzir o comercial. A Anheuser-Busch geralmente compra diversos espaços todos os anos. De modo similar, patrocinar um carro em uma corrida da NASCAR custa 500 mil dólares. Mas a Sprint, a patrocinadora da popular Sprint Cup, paga muito mais do que isso. E por que as empresas patrocinam um único carro em apenas uma corrida? Os consumidores querem pedir seu produto por telefone? Isso vai lhe custar de 8 a 13 dólares por pedido. Que tal, então, um representante de vendas ligando para os clientes? Sai por cerca de 100 dólares a ligação. Isso se o representante não tiver que pegar um avião e se hospedar em um hotel — algo que pode ser bastante custoso, considerando algumas empresas que têm

milhares de representantes de vendas ligando para milhares de clientes. E o cupom de 1 dólar de desconto no suco de laranja Tropicana que você pegou no jornal de domingo? Ele custa mais de 1 dólar para a Tropicana quando você o resgata em uma loja. Tudo isso são exemplos de um único elemento do marketing: a promoção. Os custos do marketing também incluem os custos da pesquisa e do desenvolvimento do produto, os custos da distribuição do produto aos compradores e os custos de todos os funcionários que trabalham no marketing.

1. Descreva as tendências nos gastos com marketing. Quais fatores estão orientando essas tendências?
2. Qual porcentagem das vendas a empresa deve destinar ao marketing? Discuta os fatores considerados nessa decisão.

◌ Vídeo empresarial   Zappos

Hoje em dia, o que mais tem é varejista on-line. Mas em um curto espaço de tempo, a Zappos se tornou um comerciante eletrônico de um bilhão de dólares. Como ela venceu o grande jogo das ponto-com? Os clientes da Zappos são cobertos de mimos, como entrega grátis do mesmo produto duas vezes, upgrades surpresas em transações durante a noite, uma política de devolução que funciona 365 dias por ano e um call center que está sempre aberto. Os clientes também ficam encantados com os funcionários, que são livres para distribuir recompensas baseadas em necessidades exclusivas.

Com essa atenção para o atendimento ao cliente, não surpreende o fato de a Zappos ter praticamente um séquito de

clientes que repetem compras. No entanto, permanecer firme à filosofia de que o cliente está sempre certo pode ser um desafio. Esse vídeo destaca alguns dos dilemas que podem surgir quando se opera com uma estratégia altamente centrada no cliente.

Após assistir ao vídeo que apresenta a Zappos, responda às seguintes perguntas:

1. Qual a oferta ao mercado da Zappos?
2. Qual a proposição de valor da Zappos? Como ela se relaciona a sua oferta ao mercado?
3. Como a Zappos constrói relacionamentos de longo prazo com os clientes?

◌ Caso empresarial   In-N-Out Burger: valor para o cliente à moda antiga

Em 1948, Harry e Esther Snyder abriram o primeiro In-N-Out Burger in Baldwin Park, na Califórnia. Era um simples drive-thru com duas entradas e uma cozinha entre as duas pistas de serviço, um balcão de atendimento e lugares para se sentar do lado de fora. O cardápio consistia de lanches, milk-shakes, refrigerantes e batatas fritas. Esse formato era comum na época. De fato, no mesmo ano, abriu outra lanchonete com essa mesma descrição a apenas 45 minutos do primeiro In-N-Out Burger. Seu nome era McDonald's. Hoje, o McDonald's gaba-se de suas mais de 33,5 mil lojas espalhadas pelo mundo todo, as quais rendem um valor superior a 85 bilhões de dólares por ano. O In-N-Out, por sua vez, tem somente 276 lojas em cin-

co estados norte-americanos, as quais se estima que rendem, anualmente, 550 milhões de dólares. Com base nos resultados, parece que o McDonald's saiu como o grande vitorioso.

Mas o In-N-Out nunca quis ser outro McDonald's. E, apesar do tamanho reduzido — ou talvez por conta disso —, os clientes do In-N-Out gostam da rede regional da maneira como ela é. Quando o que está em jogo é a satisfação do cliente, o In-N-Out bate o McDonald's com facilidade. Regularmente, ele alcança os mais altos índices de satisfação do cliente entre os restaurantes fast-food das áreas em que atua. Comparados aos clientes do McDonald's, os fregueses do In-N-Out *realmente* "amam muito tudo isso". Todo mundo que vai ao In-N-Out

34 Parte 1 | Definição de marketing e o processo de marketing

acha o lanche o melhor que já comeu. Assim, não surpreende o fato de as vendas médias por loja do In-N-Out eclipsarem as do McDonald's e representarem o dobro da média do setor.

QUEBRANDO TODAS AS REGRAS

De acordo com Stacy Perman, autor de um livro completo sobre o In-N-Out, a empresa alcançou o evidente sucesso "quebrando todas as regras". Ao dizer "regras", Perman se refere às práticas empresariais padrão para o setor de fast-food e mesmo para o varejo em geral. O In-N-Out permaneceu com um foco obstinado no bem-estar do cliente e manteve isso fazendo o impensável: ele não mudou. A filosofia original da empresa continua a mesma hoje e ilustra as bases para sua quebra de regras: "Dê aos clientes os melhores e mais frescos alimentos que você pode comprar e ofereça isso a eles com simpatia, em um ambiente limpo". Os gigantes do hambúrguer podem dizer que eles não compartilham o mesmo foco no cliente. Mas vamos analisar melhor o que essas coisas significam para o In-N-Out.

Para começar, no In-N-Out, comida de qualidade significa comida fresca. Os hambúrgueres são feitos de carne bovina pura — sem aditivos, embutidos ou conservantes. O In-N-Out é dono e opera uma representação que fabrica hambúrgueres, o que assegura que eles sejam frescos, e não congelados. Os vegetais são fatiados e cortados manualmente nos restaurantes. As fritas são feitas de batatas intocadas. E, sim, os milk-shakes são feitos com sorvete de verdade. Em um setor que tem cada vez mais e mais se aproximado de tecnologias de processamento (como alimentos criogenicamente congelados) e preparado os ingredientes em galpões fora dos restaurantes, o In-N-Out é, com certeza, uma anomalia. De fato, você não encontra um freezer, uma lâmpada de aquecimento ou um micro-ondas nos restaurantes In-N-Out. Desde o início, o slogan da empresa é: "Qualidade que você pode provar". E os clientes são convencidos de que podem fazer isso.

O In-N-Out não alterou sua fórmula em nome da novidade. E, em outro desvio da norma, também não mudou seu cardápio. Diferentemente do McDonald's ou do Wendy's, que lançam uma quantidade aparentemente sem fim de itens no cardápio, o In-N-Out se mantém firme às palavras de Harry Snyder: "Mantenha a simplicidade. Faça uma coisa, mas a faça da melhor maneira que puder". Essa fala do fundador remete àquilo que a rede sempre fez de melhor: lanches, batatas fritas e milk-shakes realmente bons — é isso. Enquanto os outros se concentram em expandir o cardápio, em uma busca constante pelo próximo item da moda que vai direcionar o tráfego nas lojas, In-N-Out tem, obstinadamente, se mantido no básico. De fato, levou 60 anos para a empresa acrescentar 7up e Dr. Pepper a seu cardápio.

Embora o cardápio limitado do In-N-Out pareça restritivo, os consumidores não acham isso. Em outra demonstração de compromisso com os clientes, os funcionários do In-N-Out, de bom grado, prepararão qualquer item do cardápio de maneira totalmente customizada. Desde os primeiros anos da rede, as modificações se tornaram uma norma, a ponto de fazer surgir

um cardápio "secreto", o qual consiste de palavras cifradas que não constam nos cardápios regulares. Assim, os clientes que possuem essa informação podem pedir seus lanches "estilo animal" (picles, molho extra, cebolas grelhadas e hambúrgueres fritos na mostarda). O Double-Double (duas carnes, dois queijos) consta no cardápio, mas o lanche também pode ser pedido nas configurações 3 x 3 ou 4 x 4. As fritas também podem ser pedidas no estilo animal (duas fatias de queijo, cebolas grelhadas e molho), crocante ou light. Conhecer esse cardápio secreto é outro ponto que faz os clientes se sentirem especiais.

Não é apenas a comida do In-N-Out que agrada os clientes, a rede também conta com funcionários bem treinados que oferecem serviços simpáticos de uma maneira que não se espera. O In-N-Out contrata e retém funcionários extrovertidos, entusiasmados e altamente capazes, e os trata muito bem. Novos funcionários que trabalham meio período ganham 10 dólares por hora e recebem aumentos regulares, e funcionários de meio período em geral têm férias remuneradas. Os gerentes gerais recebem mais de 100 mil dólares por ano, além dos bônus e de um pacote completo de benefícios que não fica devendo nada para os vistos no mundo corporativo. Os gerentes que atingem suas metas são enviados para viagens extravagantes em companhias de seus cônjuges, geralmente para a Europa em assentos na primeira classe. Em eventos de gala, os gerentes usam smoking. Os executivos acreditam que os homens e as mulheres que vão aos restaurantes In-N-Out estão no mesmo nível de qualquer gerente importante e eles querem que os clientes se sintam dessa maneira. De fato, 80% dos gerentes do In-N-Out começaram bem de baixo. Como resultado, o In-N-Out tem índices muito baixos de rotatividade em um setor famoso pelo alto giro.

Funcionários alegres, motivados ajudam a gerar clientes fiéis, satisfeitos. Na verdade, palavras como *fiel* e *satisfeito* não fazem jus ao modo como os clientes se sentem em relação ao In-N-Out. A rede de lanchonetes desenvolveu um grupo de seguidores sem paralelo. Quando um novo In-N-Out abre, a fila de carros geralmente se estende por 1,5 quilômetro ou mais, e as pessoas ficam na fila por uma hora para pegar um lanche, batatas fritas e um milk-shake. Os fãs são conhecidos por acampar em frente à lanchonete para serem os primeiros da fila. Quando a primeira loja abriu no Arizona, em Scottdale, as pessoas aguardaram na fila por quatro horas, enquanto helicópteros de notícias sobrevoavam o estacionamento.

O CRESCIMENTO LENTO PROMOVE FÃS

Alguns observadores apontam que pode ter sido mais do que a comida e os serviços que criou a base de clientes altamente fiéis do In-N-Out. No In-N-Out, a estratégia de expansão de crescimento lento significa você não encontrará uma das famosas lojas vermelhas e brancas com palmeiras cruzadas em cada esquina. Em 1976, o In-N-Out tinha somente 18 lojas no sul da Califórnia, enquanto o McDonald's e o Burger King já tinham aberto milhares de lojas ao redor do mundo. Levou 40 anos para a empresa abrir sua primeira loja fora da Califórnia, em Las Vegas. E, mesmo à medida que expande para o Arizona, Utah e o Texas, o In-N-Out se mantém firme em sua política de não abrir mais de dez lojas por ano.

A falta de acesso a um o In-N-Out na maioria dos estados gerou legiões de "necessitados" de costa a costa dos Estados Unidos. Foram criadas incontáveis páginas no Facebook, todas repletas de posts de consumidores implorando para a família que é dona da empresa levar o In-N-Out para seus estados. Mas a política do o In-N-Out é dirigida por seu compromisso com a qualidade. A empresa só abre uma nova loja quando sua gerência está treinada e o centro de distribuição, que é de sua propriedade, está em ordem.

A escassez de lojas In-N-Out só colabora com seu poder de atração. Com frequência, os clientes saem de sua rota e dirigem longas distâncias para pegar seu In-N-Out. Dirigir um pouco a mais contribui para a sensação de que ir ao In-N-Out é um evento. Visitantes de outros estados que conhecem o In-N-Out geralmente colocam uma parada na lanchonete no topo de sua lista de coisas para fazer. Jeff Rose, um planejador financeiro de Carbondale, Illinois, sempre para primeiro no In-N-Out quando vai a Las Vegas ver sua mãe. "Você tem que passar por lá para ir à casa dela", diz ele em sua defesa. "Não é como no tempo em que eu pagava 40 dólares a mais de táxi para ir a um In-N-Out no caminho do aeroporto de San Diego."

Compatível com outros elementos de sua simples, porém focada, estratégia, o In-N-Out não gasta muito com propaganda — não precisa. De fato, embora a empresa não divulgue informações financeiras, alguns estimam que o total de seus gastos promocionais não atinja 1% de suas receitas. O McDonald's desembolsa 7% de suas receitas com propaganda. O pequeno orçamento promocional do In-N-Out é para outdoors e anúncios de rádio locais. Quando se trata de semear a palavra, o In-N-Out deixa seus clientes fazerem o trabalho pesado. Os consumidores são, realmente, apóstolos da marca. Eles vestem com orgulho camisetas do In-N-Out e colam adesivos da empresa em seu carro. Clientes regulares fanáticos arrastam um fluxo constante de novos devotos para as lanchonetes, em uma atitude a que se referem com frequência como "a conversão". Eles mal podem esperar para passar adiante os códigos secretos do cardápio e compartilhar o prazer supremo de mergulhar de cabeça em um 4 x 4 estilo animal. "Quando conta para alguém o que significa o 'estilo animal'", diz uma analista, "você sente que está transmitindo um cumprimento secreto. As pessoas realmente vão fundo nisso".

O In-N-Out não paga pessoas para endossá-lo, mas com frequência mensagens boca a boca partem de grandes celebridades. Quando Conan O'Brien, o antigo apresentador do *Tonight Show*, perguntou a Tom Hanks o que ele recomendava fazer em Los Angeles, Hanks respondeu: "Uma das melhores coisas de Los Angeles é o In-N-Out Burger". Como todo mundo sabe, Paris Hilton afirmou que estava indo ao In-N-Out quando foi presa por dirigir embriagada. E os paparazzi têm tirado muitas fotos de celebridades pe-gando seu In-N-Out, incluindo Miley Cyrus, Selena Gomez, Christian Slater e Nick Jonas. O fato de essas celebridades não serem pagas para mostrar que gostam da marca assinala que o In-N-Out é realmente um lugar bacana.

UM FUTURO DUVIDOSO?

Muitos questionam se a jornada inabalável de 64 anos do In-N-Out pode continuar. Por exemplo, a empresa que tinha sido administrada somente por Harry, Esther e um de seus dois filhos por 58 anos levou um baque em 2006, quando Esther Snyder faleceu. Naquela época, o único descendente direto da família Snyder era Lynsi Martinez que, aos 23 anos, ainda não podia assumir o controle da empresa. Isso fez o In-N-Out ir para as mãos de Mark Taylor, o antigo diretor de operações da empresa. Mas, como assinalado no testamento de Esther Snyder, sua neta Lynsi se tornou a sexta presidente do In-N-Out em 2008, antes do seu 28° aniversário. Frequentemente descrita como tímida, Martines foi aos poucos tomando posse da empresa.

O fato de a troca de executivos ter passado despercebida por clientes e fãs é um indicativo de que o legado do In-N-Out continua. Com longas filas saindo pela porta de todo restaurante na hora do almoço, a demanda parece maior do que nunca. "Quanto mais redes como o McDonald's mudam e expandem, mais o In-N-Out se mantém firme", diz o analista. "De certo modo, ele simboliza o ideal norte-americano de fazer negócios: tratar as pessoas bem, focar a qualidade do produto e ser muito bem-sucedido." Os clientes do In-N--Out não poderiam concordar mais. Quando se trata de redes de fast-food, clientes encantados vão dizer para vocês: "Tem o In-N-Out e mais nada".

QUESTÕES PARA DISCUSSÃO

1. Descreva o In-N-Out em termos do valor que ele oferece aos clientes.
2. Avalie o desempenho do In-N-Out levando em conta as expectativas dos clientes. Qual o resultado desse processo?
3. Em sua opinião, o In-N-Out deveria adotar uma estratégia de alto crescimento? Justifique sua resposta.
4. Com tantos clientes atraídos pela filosofia "sem mudanças" do In-N-Out, por que mais redes de lanchonete não seguem esse caminho?

Fontes: Jay Weston, "In-N-Out Burger's 'secret menu' revealed", *Huffington Post*, 6 abr. 2012, <www.huffingtonpost.com/jay-weston/in-n-outburgers-secret-menu_b_1407388.html>; Meredith Land, "Inside the In-N-Out Burger empire", *NBCDFW*, 17 nov. 2011, <www.nbcdfw.com/thescene/food-drink/Inside-the-In-N-Out-Burger-Empire-134008293.html>; Stacy Perman, "In-N-Out Burger: professionalizing fast food", *BusinessWeek*, 9 abr. 2009, <www.businessweek.com/stories/2009-04-08/in-nout-burger-professionalizing-fast-food>; Dan Macsai, "The sizzling secrets of In-N-Out Burger", *Fast Company*, 22 abr. 2009; <www.fastcompany.com/blog/dan-macsai/popwise/sizzling-secrets-n-out-burger-qa e www.in-n-out.com>. Acesso em: nov. 2012.

Estudo de caso

Marketing: administração de relacionamentos lucrativos com o cliente

Beatriz Cavalcante Chamie
Mestre em Administração pela FEA/USP,
professora da ESPM e FIA e fundadora da Shoppermkt Consultoria

Era uma vez... Juliana!

Era uma vez uma mulher, de 27 anos, solteira, graduada em jornalismo, chamada Juliana. Uma típica mulher contemporânea, morava sozinha, trabalhava em uma editora e fazia curso de pós-graduação à noite. Juliana era bem vaidosa, frequentava a academia todas as manhãs e, para compor o seu visual, buscava marcas da moda, porém, que não exigissem um alto desembolso. Gostava de sair com amigos, viajar, ler e namorar. Juliana era carinhosa, trabalhadora, antenada e adorava desafios. Seu recurso mais escasso era o tempo, uma vez que buscava sempre ter momentos livres com amigos ou com a família, que vivia no interior.

A partir do momento em que Juliana acordava, era desafiada a tomar muitas decisões: o que vestir, o que calçar, como se maquiar, o que tomar de café da manhã, se deveria escutar notícias ou música no caminho para o trabalho, com quem almoçar, onde almoçar... Decisões algumas fáceis, e outras mais difíceis. Uma vez por semana, Juliana tinha que fazer compras para a casa, e, no supermercado a que decidia ir, escolhia os produtos de maneira rápida, uma vez que não tinha tempo para conhecer os benefícios e vantagens deles. Por isso, a decisão era tomada baseada em preço e percepção de qualidade. Dentro de sua rotina, fazer compras nem sempre era algo prazeroso, pois, muitas vezes, preferia gastar o tempo com outras atividades.

Considerando o estilo de vida e a personalidade de Juliana, como as marcas poderiam se comunicar com ela? Como poderiam aumentar o seu potencial para serem escolhidas dentro do escasso intervalo de tempo que Juliana tem disponível? Como ter a sua preferência? Esse é o grande dilema do mercado atual. Duas marcas brasileiras conquistaram Juliana, uma de maquiagem e outra de óculos de sol. De que maneira essas marcas criaram valor para ela?

Quem disse, Berenice?

As mulheres brasileiras são vaidosas e das que mais consomem produtos de beleza no mundo. O Brasil representa 11% do mercado mundial de higiene pessoal, perfumaria e cosméticos (HPPC), além de representar crescimentos de dois dígitos nos últimos 17 anos, consecutivamente. Dada a oportunidade de mercado, que ainda é dominado pela venda direta (Avon e Natura), nos últimos anos foi possível presenciar o fortalecimento de marcas e lojas que atuam no setor, além da entrada de novas, como Sephora, que é uma das maiores lojas do mundo nesse mercado, Contém 1G, NYX (marca que nasceu em Los Angeles, EUA), Maybelline (L'Oréal) e Phebo.

Apostando nesse mercado, o grupo O Boticário se propôs a atender clientes em todos os momentos e tipos de necessidade com uma proposta de valor diferenciada em múltiplos canais. Por isso, buscou diversificação e, entre outras iniciativas, abriu, em agosto de 2012, lojas da marca Quem disse, Berenice?, focada em maquiagem.

Apesar do nome incomum, os fundadores da marca afirmam que a proposta foi criar algo que lembrasse um bordão popular, remetesse à brasilidade, gerasse uma surpresa inicial e fosse fácil de entender e de lembrar. O modelo de loja foi montado como um autosserviço, pensado para oferecer uma experiência de compra divertida, como um playground feminino. A proposta foi ser ousada para não passar despercebida.

Quem disse, Berenice? atua com mais de 500 produtos, que vão desde maquiagens, esmaltes e perfumes até acessórios. Seu grande desafio é a substituição de portfólio (estimada em 10% ao ano), uma vez que a "novidade" é um dos fatores que movimenta o crescimento do mercado. Em 2013, a marca, que também opera no mercado on-line, contava com 100 lojas e uma projeção de um total de 400 lojas até 2018.

Antes da abertura, a empresa buscou um olhar externo e conversou (por meio de pesquisas de mercado) com 250 consumidoras, propondo um modelo de criação de produtos e loja em conjunto. Seu público-alvo são mulheres que querem ficar bonitas, gostam de testar novas combinações, têm bom humor, irreverência, buscam liberdade, ousadia e originalidade, comportamentos esses que criam uma identificação entre a marca e a consumidora. O desejo dos fundadores foi o de abrir uma loja que tivesse uma maior afinidade com o comportamento e o estilo de vida do seu público-alvo, independente da idade ou condição econômica.

A proposta de valor da empresa é deixar a cliente mais bonita, do modo dela, sem medo de errar. Para isso, trabalhou com o conceito de que maquiagem não tem regra, com um convite para a cliente ousar e "se jogar". A marca questiona padrões impostos historicamente pelas empresas de maquiagem por meio de reflexões individuais, como: "Quem disse que olho preto só pode à noite? Ou que as unhas do pé e da mão precisam ser pintadas da mesma cor? Quem disse que beleza tem que ter tantas regras? Quem disse, Berenice?". A marca busca inspirar as mulheres a ser livres para se sentirem mais bonitas e a experimentar diferentes possibilidades de produtos, até encontrar o que mais combina com elas: "Mas já que com a maquiagem a gente pode, por que não tentar? E, se alguém disser que não, você sabe o que responder: Quem disse, Berenice?". As clientes são desafiadas a testar, experimentar e errar, pois sempre há a possibilidade de apagar e tentar de novo: "Não deu certo? Então vem com a gente e tenta de novo, pois não é sempre que temos a chance de apagar os erros e começar tudo de novo"; "Pra sermos nós mesmas, só precisamos dar o primeiro passo, sem medo de errar. Coragem! Errou? Tenta de novo! Se joga!". A marca brinca com a espontaneidade e defende que sempre há um demaquilante para apagar e tentar de novo.

Alinhado com esse conceito, toda a campanha integrada de marketing foi desenvolvida apostando na ousadia. A marca trabalha principalmente com a comunicação nas lojas, no site e nas redes sociais. O seu modelo de comunicação tem uma linguagem coloquial, com um tom de conversa entre amigas. As clientes são chamadas de modo simpático como "berês", e frequentemente convidadas a testar. Sua personalidade própria na comunicação pode também ser observada na linha de fragrâncias que levam nomes que representam 12 histórias para mexer com as emoções, assim como: "pra onde levaram esses olhos castanhos?"; "a menina que roubava cerejas"; "uma ovelha para lá de negra"; "meu jardim secreto é mais verde", entre outros.

Nas lojas há uma comunicação que propõe um "bate-papo" espontâneo entre o *visual merchandising* e a cliente, com frases que estimulam a exploração, por meio de adesivos nos displays como: "50 cores pra falar com as mãos. Tente, experimente, se divirta!"; "Base é só para dia de festa?"; "18 tons de base pra você achar a que mais combina com você". Nada é imposto, uma vez que a comunicação é apresentada em forma de dicas que podem ou não ser aceitas pela cliente, mas que tem o objetivo de motivar a compra e a experimentação. Na porta há um display de batom que convida a cliente para a indulgência "100 cores de batom por R$ 17,90, escolha, experimente, se joga", estimulando, assim, a entrada na loja e o desejo de compra. Da mesma forma, o Facebook e o "blog da berê" se comunicam de forma coloquial e convidativa: "Curtiu? Então dá só uma olhadinha em tudo que a gente tem pra você". As atualizações são constantes, operando de forma dinâmica, e com um grande número de fotos e vídeos sobre o tema. A marca trabalha com preço acessível e conta com um alto número de promoções e ações para estimular a visita às lojas, seja virtual ou física.

A estratégia de **Quem disse, Berenice?** é convidar a cliente à indulgência e a sair da mesmice. Para isso, esforçam-se em criar sensações e valor em todos os pontos de contato, de maneira integrada, de modo que sejam estimulados o desejo de compra e a relação de médio e longo prazo com a marca.

Chilli Beans

No Brasil, no final dos anos 1990, o mercado de óculos de sol era bem polarizado; havia os modelos "econômicos" vendidos por ambulantes por cerca de R$ 5, de baixíssima qualidade, e os de marcas reconhecidas, mais elegantes, vendidos em óticas por preços que giravam em torno de R$ 800. Foi então que, em 1997, Caito Maia viu a oportunidade de vender óculos de sol para a classe média, com custo médio de R$ 50. Caito era um roqueiro sem sucesso quando decidiu ganhar a vida trazendo óculos dos Estados Unidos, onde morava. Quando abandonou a sua banda para investir na carreira de empresário, começou a desenhar seus óculos e a importar da China. Foi então que conquistou e cresceu em um mercado que nem sequer existia, com o surgimento da Chilli Beans.

Essa oportunidade foi tão grande que a empresa passou a crescer em ritmo acelerado. A Chilli Beans apareceu de maneira mais estruturada em um estande no Mercado Mundo Mix (SP), com óculos de sol focados nas tendências de moda. Três anos depois, inaugurou o primeiro quiosque em shopping, propondo um modelo self-service pioneiro nesse segmento, em que o cliente podia interagir e experimentar os diferentes produtos. Com isso, a experiência de compra oferecida era superior à das lojas tradicionais de produtos óticos, que tinham vitrine fechada. Dada a acessibilidade de preço combinada com o design diferenciado, logo a marca passou

a ser um acessório de moda, e se transformou em referência de consumo jovem. Em 2013, a empresa se apresentou consolidada como uma rede de franquia de óculos de sol, atuando com aproximadamente 600 pontos de venda.

A marca Chilli Beans tem uma proposta provocativa, ardente e envolvente por meio dos seus produtos, da atmosfera de loja e da sua linha de comunicação. Seus designers buscam inspirações em lugares diferentes para conquistar o consumidor no mundo da moda. O modelo *fast fashion* é o que ampara a sua estratégia de negócio, movido por inovações constantes. Seus produtos são vistos como acessórios divertidos e com muita personalidade. O portfólio da marca é focado em óculos de sol e relógios, mas ela também disponibiliza armações de grau e produtos licenciados que auxiliam na personificação do estilo da loja, como: mochilas, bicicleta, guitarra, roupa íntima, meia e pranchas de surf. Chilli Beans lança semanalmente cerca de 18 novos produtos.

A empresa se destacou por um modelo de gestão focado no cliente, que foi iniciado com a proposta de eliminação de vitrines e produtos sem travas à disposição para experimentação. Sua proposta era não inibir o cliente, e sim motivá-lo a interagir com o produto sem depender do vendedor. A empresa busca, ainda, novas formas de interação do cliente com o produto, como a *Chilli +*, que é uma máquina de customização que permite ao cliente montar seus próprios óculos.

A Chilli Beans investiu em um modelo de comunicação multiplataforma, com uma linguagem contemporânea, ousada e irreverente. Em estudo realizado por Leite e Leão (2013), foram encontrados os seguintes conceitos na análise de 80 peças publicitárias da Chilli Beans: competição feminina, ideal estético, tropicalidade, sensualidade e apelos eróticos, misticismo plural, posse material, independência feminina ou submissão feminina, distinção de gênero, protagonismo masculino, universo urbano, ecletismo, individualidade e espírito *carpe diem*. Pode-se constatar que o hedonismo (que tem uma relação estreita com o consumo) é predominante na linguagem de comunicação da marca, porém, este não adquire um caráter uniforme. Tal intenção se revela a partir da simbologia da pimenta.

As lojas também são trabalhadas de maneira holística, com a visão Chilli Beans de atuar, atingindo desde a estrutura física até o visual dos atendentes, bastante ousado e incomum. A loja conceito é uma tradução física da sua essência, refletindo o mundo da moda, o design, a originalidade e a inovação. Ela está situada em um dos endereços mais sofisticados de São Paulo, a rua Oscar Freire, e seu objetivo é aumentar as vendas por meio de ferramentas lúdicas que levam o cliente a uma experiência diferenciada com o produto. O espaço é muito mais do que uma loja, é uma galeria de arte, um palco de shows e um portal das atividades mundiais da marca.

A marca Chilli Beans encanta os seus clientes com seu modo inusitado, propondo um estilo a ser seguido, com o qual muitos se identificam. Ela desenvolve sua proposta de valor para o cliente de maneira que todos os contatos sejam marcantes, estimulantes e positivos.

Valor para o cliente

Em um mercado altamente competitivo, o desafio do marketing de criar valor para o cliente é cada vez maior, pois produtos e serviços muitas vezes se aproximam em termos de atributos funcionais. Por isso, é necessário ir além, criar valor também de

38 Parte 1 | Definição de marketing e o processo de marketing

maneira mais completa e holística, oferecendo ao cliente mais do que produtos, proporcionando momentos, experiências, entretenimento, diversão e prazeres. As empresas não sobrevivem se operarem apenas com foco no produto, sem um olhar de fora para dentro; elas devem ser orientadas também para o cliente, despertar seu desejo, encantá-lo, surpreendê-lo em todos os pontos de contato da marca, seja na comunicação, no uso ou na compra. Esta é a era do relacionamento, dos multicanais para que se possa criar valor conjunto sem fronteiras de tempo e espaço.

Marcas se diferenciam por meio de um entendimento profundo do seu público-alvo, pois só assim é possível elaborar estratégias e programas de marketing que gerem maior valor e as tornem preferidas. E, nessa história, tanto as marcas quanto os clientes buscam ter um final feliz, lembrando que este deve ser construído a cada dia e a cada ponto de contato.

Como criar valor para seus clientes? Ambas as marcas apresentadas conheciam as necessidades e desejos de Juliana e, por isso, se tornaram preferidas por ela.

Questões para reflexão

1. Considerando o perfil apresentado da Juliana, quais são os fatores que podem influenciar na decisão dela para que compre produtos de determinada marca?

2. Por que é importante entender o perfil de Juliana, ou de outros clientes, para que uma marca tenha sucesso?

3. Cite dois exemplos de marcas com produtos de atributos/características similares, mas que se diferenciam quanto à proposta de entrega de valor ao cliente.

4. Qual é a proposição de valor apresentada em cada uma das empresas citadas?

Referências

- Caderno de tendências ABIHPEC 2013. Disponível em: <http://www.abihpec.org.br/2013/10/caderno-de-tendencias-2014-2015>. Acesso em: 24 out. 2014.

- Grupo Boticário lança nova rede de lojas especializada em maquiagem. *O Estado de S. Paulo*, 10 ago. 2012. p. B13.

- Empresas: O Boticário cria nova unidade de negócio. *Valor Econômico*, 9 ago. 2012.

- Empresas: Quem disse, Berenice? prevê atingir 400 lojas. *Valor Econômico*, 5 dez. 2013.

- Grupo Boticário. Disponível em: <http://www.grupoboticario.com.br>. Acesso em: 24 out. 2014.

- Quem disse, Berenice? Disponível em: <http://www.quemdisseberenice.com.br>. Acesso em: 24 out. 2014.

- Facebook oficial de Quem disse, Berenice? Disponível em: <https://www.facebook.com/quemdisseberenice?>. Acesso em: 24 out. 2014.

- ChilliBeans. Disponível em: <http://chillibeans.com.br>. Acesso em: 25 out. 2014.

- SOUZA, I. Leite de; LEÃO, A. L. M. de Souza. *Revista de Administração Contemporânea*, v. 17, n. 5, p. 574-597, set./out. 2013.

- O sucesso da Chilli Beans atraiu rivais poderosos. *Exame*, 23 abr. 2014.

- Fundador da Chilli Beans ensina a conquistar o mundo da moda. *Exame*, 19 set. 2012.

- Livro conta história da Chilli Beans. *Exame*, 26 jul. 2012.

NOTAS

1. Veja George Anders, "Inside Amazon's idea machine", *Forbes*, 4 abr. 2012, p. 1; David Welch, "Why Wal-Mart is worried about Amazon", *Bloomberg Businessweek*, 2 abr. 2012, p. 25-26; Garrick Schmitt, "The :ast campaign: how experiences are becoming the new advertising", *Advertising Age*, 10 nov. 2009, <http://adage.com/article/digitalnext/experiences-advertising/140388/>; Joe Nocera, "Put customers first? What a concept", *New York Times*, 5 jan. 2008, <http://www.nytimes.com/2008/01/05/technology/05nocera.html?pagewanted=all&_r=0>; Daniel Lyons, "The customer is always right", *Newsweek*, 4 jan. 2010, p. 85; Scott Davis, "Will Amazon get physical?", *Forbes*, 19 mar. 2012, <www.forbes.com/sites/scottdavis/2012/03/19/will-amazon-getphysical/>; George Anders, "Jeff Bezos's top 10 leadership lessons", *Forbes*, 4 abr. 2012, <www.forbes.com/sites/georgeanders/2012/04/04/bezos-tips/>; relatórios anuais e outras informações encontradas no *site* <www.amazon.com> e <http://local.amazon.com/businesses>. Acesso em: set. 2012.

2. Veja Keith O'Brien, "How McDonald's came back bigger than ever", *New York Times*, 4 maio 2012, <www.nytimes.com/2012/05/06/magazine/how-mcdonalds-came-back-bigger-than-ever.html?pagewanted=all>.

3. Veja Philip Kotler e Kevin Lane Keller, *Marketing management*, 14ed. Upper Saddle River, NJ: Prentice Hall, 2012, p. 5.

4. A American Marketing Association apresenta a seguinte definição: "Marketing é a atividade, o conjunto de instituições e o processo voltados para a criação, a comunicação, a entrega e a negociação de ofertas que têm valor para os consumidores, os clientes, os parceiros e a sociedade em geral". Veja <www.marketingpower.com/_layouts/Dictionary.aspx?dLetter=M>. Acesso em: nov. 2012.

5. Veja Dan Sewell, "Kroger CEO often roams aisles, wielding carte blanche", *Journal Gazette*, 15 nov. 2010, <www.journalgazette.net/article/20101115/BIZ/311159958/-1/BIZ09>. Para outro exemplo, veja Kevin Peters, "How I did It: Office Depot's president on how 'mystery shopping' helped spark a turnaround", *Harvard Business Review*, nov. 2011, p. 47-49.

6. Veja <www.michigan.org> and <www.adcouncil.org/default.aspx?id=602>. Acesso em: set. 2012; "Childhood obesity: let's move", *Ad Council*, <www.adcouncil.org/Our-Work/Current-Work/Health/Childhood-Obesity-Let-s-Move>. Acesso em: jul. 2012.

7. Veja o clássico artigo de Theodore Levitt, "Marketing myopia", *Harvard Business Review*, jul./ago. 1960, p. 45-56. Para discussões mais recentes, veja Lance A. Bettencourt, "Debunking myths about customer needs", *Marketing Management*, jan./fev. 2009, p. 46-51; N. Craig Smith, Minette E. Drumright e Mary C. Gentile, "The new marketing myopia", *Journal of Public Policy & Marketing*, primavera 2010, p. 4-11; Roberto Friedmann, "What business are you in?", *Marketing Management*, verão 2011, p. 18-23.

8. Informações extraídas das recentes campanhas de marketing da HP: "The computer is personal again" ("O computador é pessoal de novo") e "Everybody on" ("Todo mundo ligado"). Veja <www.hp.com/unitedstates/personal_again/index.html> e <www.hp.com/global/us/en/everybody-on/ribbons/passionTVSpot.html>. Acesso em: abr. 2012.

9. "Henry Ford, faster horses and market research", *Research Arts*, 25 jan. 2011, <www.researcharts.com/2011/01/henryford-faster-horses-and-market-research/>.

10. Adaptado de informações encontradas em Michael E. Porter e Mark R. Kramer, "Creating shared value", *Harvard Business Review*, jan./fev. 2011, p. 63-77; Michael Krauss, "Evolution of an academic: Kotler on marketing 3.0", *Marketing News*, 30 jan. 2011, p. 12; Vivian Gee, "Creating shared value", *Huffington Post*, 29 jan. 2012, <www.huffingtonpost.com/viviangee/creating-shared-value_1_b_1240228.html>.

11. Baseado nas informações de <www.responsibility.ups.com/Sustainability> e <www.responsibility.ups.com/community/Static%20Files/sustainability/Highlights.pdf>. Acesso em: jul. 2012.

12. Baseado nas informações de <www.weber.com>. Acesso em: set. 2012.

13. Veja "JetBlue, Southwest, Virgin America get top customer-service marks", "The American Customer Satisfaction Index: scores by industry", *TravelKit MSNBC*, 14 mar. 2012, <http://travelkit.msnbc.msn.com/_news/2012/03/14/10686622-jetblue-southwest-virginamerica-get-top-customer-service-marks>; Kelly Liyakasa, "Customer experience is critical in net promoter benchmarks", *CRM Magazine*, jun. 2012, <www.destinationcrm.com/Articles/Columns-Departments/Insight/Customer-Experience-Is-Critical-in-Net-Promoter-Benchmarks-82569.aspx>; <http://experience.jetblue.com/> e <www.jetblue.com/about/>. Acesso em: nov. 2012.

14. Matthew Dixon, Karen Freeman e Nicholas Toman, "Stop trying to delight your customers", *Harvard Business Review*, jul./ago. 2010, p. 116-122. Veja também Chris Morran, "Stop treating customers like liabilities, start treating them like people", *Advertising Age*, 14 fev. 2011, p. 10.

15. Ron Ruggless, "Panera loyalty program approaches 10M members", *Nation's Restaurant News*, 8 mar. 2012, <http://nrn.com/article/panera-loyalty-program-approaches-10m-members>; <http://mypanera.panerabread.com/>. Acesso em: nov. 2012.

16. Para mais informações, veja <www.apple.com/usergroups/> e <www.webernation.com>. Acesso em: nov. 2012.

17. Elizabeth A. Sullivan, "Just say no", *Marketing News*, 15 abr. 2008, p. 17. Veja também Raymund Flandez, "It just isn't working? Some file for customer divorce", *Wall Street Journal*, 16 nov. 2009, p. B7.

18. Sullivan, "Just say no", p. 17.

19. O exemplo a seguir é adaptado de informações encontradas em Vikas Mittal, Matthew Sarkees e Feisal Murshed, "The right way to manage unprofitable customers", *Harvard Business Review*, abr. 2008, p. 95-102; K. Sudhir, "Firing customers to flatten the whale", *Huff Post Business*, 6 fev. 2012, <www.huffingtonpost.com/k-sudhir/firing-customers-to-flatt_b_1258527.html?view=print&comm_ref=false>. Citações retiradas de <http://whitneyhess.com/blog/2010/02/21/fire-your-worst-customers/>; Jeff Schmidt, "Save your company by firing your customers", *Bloomberg Businessweek*, 5 abr. 2011, <www.businessweek.com/managing/content/apr2011/ca2011045_952921.htm?campaign_id=rss_topStories>.

20. Citações retiradas de Andrew Walmsley, "The year of consumer empowerment", *Marketing*, 20 dez. 2006, p. 9; David Goetzi, "Coke likes social media, still moves to beat of TV", *MediaPost*, 11 maio 2012, <www.mediapost.com/publications/article/174483/coke-likes-social-media-still-moves-to-beat-of-tv.html>.

21. Casey Hibbard, "Cold Stone transforms the ice cream social with Facebook", *Social Media Examiner*, 22 nov. 2010, <www.socialmediaexaminer.com/cold-stone-transforms-the-ice-creamsocial-with-facebook/>; Heba Hornsby, "Social media success stories: see how cold stone ice cream became so 'hot' on Facebook", *Garious Blog*, 10 fev. 2011, <http://garious.com/blog/2011/02/cold-stone-creamery-success-story/>; <www.facebook.com/coldstonecreamery>. Acesso em: ago. 2012.

22. Exemplos e citações extraídos de Kashmir Hill, "#McDStories: when a hashtag becomes a bashtag", *Forbes*, 24 jan. 2012, <www.forbes.com/sites/kashmirhill/2012/01/24/mcdstories-when-ahashtag-becomes-a-bashtag/>; Gabriel Beltrone, "Brand #fail", *Adweek*, 15 maio 2012, <www.adweek.com/news/advertisingbranding/brand-fail-140368>; Michael Bourne, "Sailing of 14 social Cs", *Mullen Advertising*, 13 fev. 2012, <www.mullen.com/sailing-the-14-social-cs/>.

23. Elizabeth A. Sullivan, "We were right!", *Marketing News*, 15 dez. 2008, p. 17.

24. Veja <mystarbucksidea.force.com>. Acesso em: nov. 2012.

25. "2012 USA Today Facebook Super Bowl Ad Meter", <www.usatoday.com/superbowl46/admeter.htm>. Acesso em: mar. 2012; "Doritos pays double to 'Crash the Super Bowl' winners", *Adweek*, 8 fev. 2012, <www.adweek.com/adfreak/doritos-paysdoublecrash-super-bowl-winners-138120>; <www.crashthesuperbowl.com>. Acesso em: jul. 2012.

26. Veja Gavin O'Malley, "Entries pour in for Heinz ketchup commercial contest", 13 ago. 2007, <http://publications.mediapost.com>; <www.youtube.com/watch?v=JGY-ubAJSyl>. Acesso em: nov. 2012.

27. "Teaching brands new tricks", *Adweek*, 4 abr. 2011, p. 12-13. Veja também Steven Rosenbaum, *Curator nation: how to win in the world where consumers are creators*. Nova York: McGraw-Hill, 2011.

28. "Consumer 'new frugality' may be an enduring feature of post-recession economy, finds Booz & Company survey", *Business Wire*, 24 fev. 2010; Ely Portillo, "In weak economy, store brands prosper", *McClatchy-Tribune News Service*, 18 mar. 2011; Christine Birkner, "The end of the middle", *Marketing News*, 31 jan. 2012, p. 22-23.

29. "Stew Leonard's", *Hoover's Company Records*, 15 jul. 2012, <www.hoovers.com>; <www.stew-leonards.com/html/about.cfm>. Acesso em: nov. 12.

30. Graham Brown, "MobileYouth key statistics", 28 mar. 2008, <www.mobileyouth.org/?s=MobileYouth+Key+Statistics>. Para

uma interessante discussão sobre o valor do cliente ao longo do tempo, veja Norman W. Marshall, "Commitment, loyalty, and customer lifetime value: investigating the relationships among key determinants", *Journal of Business & Economics Research*, ago. 2010, p. 67-85; V. Kumar e Denish Shah, "Can marketing lift stock prices?", *MITSloan Management Review*, verão 2011, p. 23-26; Christian Gronroos e Pekka Helle, "Return on relationships: conceptual understanding and measurement of mutual gains from relational business engagements", *Journal of Business & Industrial Marketing*, v. 27, 2012, p. 344-359.

31. Baseado em informações e citações extraídos de Heather Green, "How Amazon aims to keep you clicking", *BusinessWeek*, 2 mar. 2009, p. 34-40; Brad Stone, "What's in the box? Instant gratification", *Bloomberg BusinessWeek*, 29 nov./5 dez. 2010, p. 39-40; JP Mangalindan, "Amazon's prime and punishment", *CNNMoney*, 21 fev. 2012, <http://tech.fortune.cnn.com/2012/02/21/prime-and-punishment/>; e <www.amazon.com/gp/prime/ref=footer_prime>. Acesso em jul. 2012.

32. Para mais discussões sobre *customer equity*, veja Roland T. Rust, Valerie A. Zeithaml e Katherine A. Lemon, *Driving customer equity*. Nova York: Free Press, 2000; Rust, Lemon e Zeithaml, "Return on marketing: using customer equity to focus marketing strategy", *Journal of Marketing*, jan. 2004, p. 109-127; Dominique M. Hanssens, Daniel Thorpe e Carl Finkbeiner, "Marketing when customer equity matters", *Harvard Business Review*, maio 2008, p. 117-124; V. Kumar e Denish Shaw, "Expanding the role of marketing: from customer equity to market capitalization", *Journal of Marketing*, nov. 2009, p. 119; Crina O. Tarasi et al., "Balancing risk and return in a customer portfolio", *Journal of Marketing*, maio 2011, p. 1-17; Christian Gronroos e Pekka Helle, "Return on relationships: conceptual understanding and measurement of mutual gains from relational business engagements", *Journal of Business & Industrial Marketing*, v. 27, 2012, p. 344-359.

33. Esse exemplo é adaptado de informações encontradas em Rust, Lemon e Zeithaml, "Where should the next marketing dollar go?", *Marketing Management*, set./out. 2001, p. 24-28; foram usadas informações extraídas de Dan Slater, "She drives a Cadillac", *Fast Company*, fev. 2012, p. 26-28.

34. Baseado em Werner Reinartz e V. Kumar, "The mismanagement of customer loyalty", *Harvard Business Review*, jul. 2002, p. 86-94. Veja também Stanley F. Slater, Jakki J. Mohr e Sanjit Sengup-

ta, "Know your customer", *Marketing Management*, fev. 2009, p. 37-44; Crina O. Tarasi et al., "Balancing risk and return in a customer portfolio", *Journal of Marketing*, maio 2011, p. 1-17.

35. Natalie Zmuda, "Why the bad economy has been good for target", *Advertising Age*, 4 out. 2010, p. 1; Sharon Edelson, "Target eying $100 billion in sales", *WWD*, 25 fev. 2011, p. 2; Matt Townsend, "Why Target's cheap-chic glamour is fading", *Bloomberg Businessweek*, 26 set. 2012, p. 30-31; "Our mission", <http://sites.target.com/site/en/company/page.jsp?contentId=WCMP04-031699>. Acesso em: nov. 2012.

36. Emily Thornton, "The new rules", *BusinessWeek*, 19 jan. 2009, p. 30-34. Veja também Christine Birkner, "The end of the middle", *Marketing News*, 31 jan. 2012, p. 22-23.

37. Adaptado de informações extraídas de Brad Stone, "Breakfast can wait. Today's first stop is online", *New York Times*, 10 ago. 2009, p. A1; foram usadas informações retiradas de R. Gary Bridge, "Get connected for better service", *Marketing Management*, inverno 2011, p. 21-24.

38. Estatísticas de uso da Internet extraídas de <www.internetworldstats.com/stats.htm>. Acesso em: jul. 2012; "Digital hotlist: by the numbers", *Adweek*, 11 out. 2010, p. 20; "Pew Internet and the American life project: trend data", <http://pewinternet.org/Trend-Data/Online-Activites-Total.aspx>. Acesso em: jun. 2012.

39. "Pew Internet and the American life project: trend data", <http://pewinternet.org/Trend-Data/Online-Activites-Total.aspx>. Acesso em: jun. 2012; Anthony DeMarco, "Retail e-commerce spending totals $161.5 billion in 2011", *Forbes*, 6 fev. 2012, <www.forbes.com/sites/anthonydemarco/2012/02/06/retail-e-commercespending-totals-161-5-billion-in-2011/>.

40. Veja Natalie Zmuda, "St. Jude's goes from humble beginnings to media ubiquity", *Advertising Age*, 14 fev. 2011, p. 37; várias páginas do *site* <www.stjude.org>. Acesso em: nov. 2012.

41. "Leading national advertisers", *Advertising Age*, 20 jun. 2011, p. 8-24. Para mais informações sobre o marketing social, veja Philip Kotler, Ned Roberto e Nancy R. Lee, *Social marketing: improving the quality of life*, 2ed. Thousand Oaks: Sage Publications, 2002.

42. <www.aboutmcdonalds.com/mcd> e <www.nikeinc.com>. Acesso em: 2012.

43. Citações e informações encontradas no site <www.patagonia.com/web/us/contribution/patagonia.go?assetid=2329>. Acesso em: nov. 2012.

Parte 1 ▶ Definição de marketing e o processo de marketing (Capítulos 1-2)

Parte 2 ▶ Entendimento do mercado e dos clientes (Capítulos 3-6)

Parte 3 ▶ Elaboração de uma estratégia e de um mix voltados para o cliente (Capítulos 7-17)

Parte 4 ▶ Marketing ampliado (Capítulos 18-20)

Estratégia empresarial e de marketing: criando parcerias para construção do relacionamento com os clientes

Prévia do capítulo

No primeiro capítulo, exploramos o processo de marketing pelo qual as empresas criam valor para os clientes a fim de capturar valor deles em troca. Neste capítulo, vamos nos aprofundar na segunda e terceira etapas do processo de marketing — elaborar estratégias de marketing orientadas para o cliente e construir programas de marketing. Primeiro, analisamos o planejamento estratégico geral da organização. Depois, discutimos como os profissionais de marketing, orientados pelo plano estratégico, trabalham com outros profissionais, de dentro e fora da empresa, com o objetivo de criar valor para os clientes. Em seguida, analisamos a estratégia e o planejamento de marketing — como os profissionais de marketing escolhem mercados-alvo, posicionam suas ofertas ao mercado, desenvolvem um mix de marketing e administram

seus programas de marketing. Por fim, abordamos a importante etapa de mensurar e administrar o retorno do investimento em marketing (ROI em marketing).

Começaremos analisando o McDonald's, um bom exemplo de estratégia empresarial e de marketing. Quando surgiu, há mais de 55 anos, o McDonald's aperfeiçoou o moderno conceito de fast-food e cresceu rapidamente. Na virada do século XXI, entretanto, os arcos dourados da empresa, que tinham sido tão brilhantes, pareciam perder sua luminosidade. Mas, graças a um novo plano estratégico focado no cliente — chamado "Plano para vencer" —, o McDonald's deu uma guinada surpreendente que fez com que seus clientes e a empresa voltassem a cantarolar o jingle cativante da rede: "Amo muito tudo isso".

McDonald's: uma estratégia "planejada para vencer" focada no cliente

Mais de meio século atrás, Ray Kroc, um vendedor de máquinas de milk-shake de 52 anos, estabeleceu como missão transformar a maneira como os norte-americanos comiam. Em 1955, Kroc descobriu uma rede, com sete restaurantes, pertencente a Richard e Maurice McDonald. Ele notou que o conceito de fast-food dos irmãos McDonald se encaixava perfeitamente aos estilos de vida dos norte-americanos, cada vez mais em trânsito, com menos tempo e orientados para a família. Kroc comprou a pequena rede por 2,7 milhões de dólares, e o resto é história.

Desde o início, Kroc promoveu um lema voltado para QSLV — qualidade, serviço, limpeza e valor. Essas metas se tornaram a base da estratégia empresarial e de marketing do McDonald's. Por meio da aplicação desses valores, a empresa aperfeiçoou o conceito de fast-food, fornecendo alimento de boa qualidade, de maneira conveniente e a preços acessíveis.

O McDonald's cresceu rapidamente e se tornou o maior fornecedor de comida rápida do mundo. Hoje, o gigante do fast-food atende a mais de 68 milhões de clientes por dia em seus mais de 33 mil restaurantes espalhados por 118 países, contabilizando vendas totais superiores a 85 milhões de dólares por ano. Os arcos dourados são um dos símbolos mais familiares do mundo. E, tirando o Papai Noel, nenhum outro personagem no planeta é mais reconhecível do que o Ronald McDonald.

Em meados da década de 1990, entretanto, a sorte do McDonald's começou a mudar. Parecia que a empresa estava perdendo contato com seus clientes. Os norte-americanos estavam buscando comida mais fresca e saborosa, bem como um ambiente mais moderno. Eles também procuravam opções de alimentos mais saudáveis. Em uma era de consumidores preocupados com a saúde e cafés a 5 dólares no Starbucks, a estratégia do McDonald's parecia um pouco descompassada em relação ao momento.

Para resolver o problema, a empresa experimentou todo tipo de novos produtos: de pizzas a sanduíches tostados (ambos não deram certo). Ela também adquiriu franquias que não tinham nada a ver com lanches, como o Boston Market (vendido mais tarde). E continuou abrindo milhares de novos restaurantes todos os anos — mas as novas operações padeciam dos mesmos males das já existentes. Enquanto isso, o McDonald's se tornava o principal alvo de ativistas sociais e nutricionistas, que acusavam o cardápio repleto de gordura e açúcar da empresa de contribuir para a crise de obesidade crescente nos Estados Unidos.

Embora o McDonald's continuasse sendo a rede de fast-food mais visitada do mundo, os arcos dourados da empresa, que tinham sido tão brilhantes, pareciam perder sua luminosidade. O crescimento de suas vendas despencou e, no início dos anos 2000, sua participação de mercado caiu mais de 3%. Em 2002, a empresa anunciou, pela primeira vez, perdas em um trimestre. Com a mudança nas expectativas de valor do cliente, a empresa tinha perdido de vista sua fundamental proposição de valor. O McDonald's e sua estratégia precisavam se adaptar.

No início de 2003, o McDonald's anunciou um novo plano estratégico, chamado hoje de "plano para vencer". No centro desse plano estratégico estava uma nova declaração de missão que focava a empresa, novamente, em seus clientes. Não mais satisfeito em ser "o melhor restaurante de serviços rápidos do mundo", o McDonald's mudou sua missão para "ser o lugar e o jeito favoritos de nossos clientes comerem". Alinhada a essa missão, a empresa desenvolveu seu plano para vencer com base em cinco elementos essenciais em uma experiência excepcional para o cliente: pessoas, produto, preço, praça e promoção. Esse novo foco mudou radicalmente a direção e as prioridades estratégicas do McDonald's. Com o plano para vencer e a mudança aparentemente simples na missão, em vez de trabalhar, basicamente, para oferecer as refeições com menor preço e convenientes para os clientes, o McDonald's e seus funcionários foram motivados a focar na qualidade e na experiência total do cliente no restaurante.

▲ A bem-sucedida estratégia focada no cliente do McDonald's — chamada de plano para vencer — fez com que a empresa voltasse a olhar para os elementos lucrativos que criam experiências excepcionais para o cliente.
Bloomberg via Getty Images.

Com o plano para vencer, o McDonald's voltou a olhar para o básico nos negócios: o cuidado com os clientes. A meta era obter "o melhor, e não apenas o maior". A empresa freou a rápida expansão e passou a investir na melhoria da comida, dos serviços, do ambiente e do marketing nas lojas existentes. Ela redecorou seus restaurantes, que passaram a contar não só com um interior simples e mais moderno, mas também com amenidades e comodidades como plantas, Wi-Fi e TVs de tela plana ligadas em canais a cabo de notícias. Para tornar a experiência do cliente mais conveniente, as lojas do McDonald's agora abrem mais cedo, incluindo o café da manhã, e ficam abertas até mais tarde, para atender aos clientes que jantam mais tarde — e mais de um terço dos restaurantes da rede funcionam 24 horas.

Ao longo dos anos, o McDonald's teve suas falhas em lançamentos de novos produtos (quem já ouviu falar do McLean, do Arch Deluxe ou da McPizza?). Mas a empresa aprendeu com seus erros do passado. Com o plano para vencer, o McDonald's passou a trabalhar com o que o setor chama de "plataformas", em vez de se concentrar na busca de um produto vencedor. Por exemplo, o frango é uma plataforma, ao passo que o McNuggets e o Chicken McBites são produtos que ficam sob essa plataforma.

Tendo as plataformas como base, o McDonald's se reformulou totalmente, inclusive o seu cardápio com sucesso, sob a coordenação do *chef* Daniel Coudreaut, formado pelo Culinary Institute of America e antigo *chef* do Four Seasons, em Dallas. O novo cardápio oferece aos clientes mais variedades e opções mais saudáveis, ao mesmo tempo em que injeta mais dinheiro nos cofres da empresa. Somente um ano após o lançamento de sua plataforma *Premium Salads*, o McDonald's se tornou o maior vendedor de saladas do mundo. E o McCafé, a plataforma de bebidas que serve cafés e *smoothies*, se tornou o maior lançamento da empresa em 35 anos, acrescentando cerca de 125 mil dólares em vendas anuais por loja e sendo responsável, hoje, por mais de 7% das vendas totais da empresa.

> O McDonald's, o gigante do fast-food, sabe a importância de um bom planejamento estratégico e de marketing. Graças a seu novo plano estratégico focado no cliente — chamado plano para vencer — os clientes e a empresa voltaram a cantarolar, juntos, o jingle cativante da rede: "Amo muito tudo isso".

A redescoberta, pelo McDonald's, da dedicação ao valor para o cliente resultou em nada menos do que uma era de ouro para os arcos dourados. Desde o anúncio do plano para vencer, as vendas totais dos restaurantes do McDonald's aumentaram 87%, os lucros quase quadruplicaram e o preço das ações da empresa triplicou. Há muitos anos o McDonald's tem se saído melhor do que seus concorrentes por uma margem considerável, mesmo na época da grande recessão, quando o setor de fast-food sofreu bastante. De fato, apesar dos tempos difíceis, de 2008 até o início de 2011, o McDonald's atingiu um elevado índice de 12,7% de retorno anual para os investidores — bem acima da média da Standard & Poor's, de 2,9%. A rede tem desfrutado, há mais de nove anos ininterruptos, aumentos mensais, em nível global, de vendas nas lojas da rede. Hoje, as receitas do McDonald's são 20% maiores do que as de seus concorrentes Wendy's, Burger King, KFC, Pizza Hut e Taco Bell juntos.

Assim, o plano para vencer do McDonald's parece ser a estratégia certa para o momento em que estamos vivendo. Hoje, mais do que nunca, quando se pensa em McDonald's, você pensa em conveniência e valor. O cardápio moderno tem como característica reunir ícones com novos produtos que os consumidores querem hoje em dia — *Premium Salads*, *wraps*, hambúrgueres de Angus, cafés e *smoothies* do McCafé. Os restaurantes recentemente reformados têm um ar renovado, alegre; as máquinas registradoras continuam trabalhando. E os clientes e a empresa cantarolam juntos o jingle cativante da rede: "Amo muito tudo isso".[1]

Resumo dos objetivos

Objetivo 1
Explicar o planejamento estratégico de uma empresa e suas quatro etapas.
Planejamento estratégico da empresa: definição do papel do marketing (p. 43-45).

Objetivo 2
Discutir como desenvolver portfólios de negócios e estratégias de crescimento.
Desenvolvimento de portfólio de negócios (p. 46-45).

Objetivo 3
Explicar o papel do marketing no planejamento estratégico e como o marketing trabalha com seus parceiros para criar e entregar valor ao cliente.
Planejamento de marketing: criação de parcerias para construir relacionamento com os clientes (p. 51-53).

Objetivo 4
Descrever os elementos de uma estratégia e de um mix de marketing orientados para o cliente e as forças que os influenciam.
Estratégia e mix de marketing (p. 53-58).

Objetivo 5
Relacionar as funções da administração de marketing, incluindo os elementos de um plano de marketing, e discutir a importância de mensurar e gerenciar o retorno do investimento em marketing.
Gerenciamento do esforço de marketing (p. 59-63).
Mensuração e gerenciamento do retorno do investimento em marketing (p. 63-64).

Como o McDonald's, organizações com excelente marketing utilizam programas e estratégias de marketing fortemente focadas nos clientes não só para lhes criar valor, mas também para gerar o relacionamento. Essas estratégias e programas, no entanto, são orientados por planos estratégicos mais amplos, que envolvem toda a empresa, os quais também devem ser focados no cliente. Para compreendermos o papel do marketing, precisamos primeiro entender o processo de planejamento estratégico geral da organização.

Planejamento estratégico da empresa: definição do papel do marketing

Toda empresa deve encontrar o plano para sobrevivência e crescimento em longo prazo que faça mais sentido tendo em vista sua situação, suas oportunidades, seus objetivos e seus recursos específicos. Esse é o foco do **planejamento estratégico** — o processo de desenvolver e manter um alinhamento estratégico entre os objetivos e competências de uma organização e as oportunidades de marketing em mutação.

O planejamento estratégico é a base para os outros planejamentos de uma empresa. Normalmente, as empresas preparam planos anuais, planos de longo prazo e planos estratégicos. Os planos anuais e de longo prazo tratam dos negócios atuais da empresa e de como mantê-los em andamento. Já o plano estratégico envolve adaptar a empresa para que ela consiga obter vantagens das oportunidades de seu ambiente em constante mudança.

No nível corporativo, a empresa inicia seu processo de planejamento estratégico definindo seu propósito geral e sua missão (veja a Figura 2.1). Em seguida, essa missão é transformada em objetivos de apoio detalhados que orientam toda a empresa. A administração, então, decide qual é o melhor portfólio de negócios e produtos para a empresa e quanto apoio será dado a cada um. Cada unidade de negócios e produtos, por sua vez, desenvolve planos de

Objetivo 1

◄ Explicar o planejamento estratégico geral de uma empresa e suas quatro etapas.

Planejamento estratégico
O processo de desenvolver e manter um alinhamento estratégico entre os objetivos e competências da organização e suas oportunidades de marketing em mutação.

Figura 2.1 Etapas do planejamento estratégico.

marketing e outros planos departamentais detalhados que suportam o plano geral da empresa. Assim, o planejamento de marketing ocorre no nível da unidade de negócios, do produto e do mercado. Ele apoia o planejamento estratégico da empresa com planos mais detalhados para oportunidades de marketing específicas.

Definição de uma missão orientada para o mercado

Uma organização existe para realizar algo, e esse propósito precisa estar claramente declarado. A lapidação de uma clara missão começa com as seguintes perguntas: qual é o nosso negócio? Quem é o cliente? O que gera valor para os consumidores? Qual deveria ser o nosso negócio? Essas perguntas aparentemente simples estão entre as mais difíceis que as empresas algum dia terão de responder. Empresas bem-sucedidas levantam essas questões constantemente e as respondem de maneira cuidadosa e completa.

Muitas organizações desenvolvem declarações de missão formais que respondem a essas perguntas. Uma **declaração de missão** é uma declaração do propósito da organização — o que ela quer realizar no ambiente maior. Uma declaração de missão clara age como uma "mão invisível" que guia as pessoas em uma organização.

Algumas empresas definem sua missão de maneira míope, em termos de produto ou tecnologia ("Fazemos e vendemos móveis" ou "Somos uma empresa de processamento químico"). Mas as declarações de missão devem ser *orientadas para o mercado* e definidas em termos de satisfação das necessidades básicas dos clientes. Produtos e tecnologias acabam por se tornar obsoletos, mas necessidades básicas de mercado podem durar para sempre. Por exemplo, o Facebook não se define como uma simples rede social. Sua missão é conectar pessoas ao redor do mundo e ajudá-las a compartilhar importantes momentos de sua vida. Da mesma forma, a missão da Chipotle não é vender burritos. Em vez disso, seus restaurantes prometem "comida com integridade", destacando seu compromisso com o bem-estar dos clientes e do meio ambiente imediatamente e no longo prazo. Para suportar sua missão, a Chipotle serve somente os melhores ingredientes naturais, sustentáveis e locais. A Tabela 2.1 traz vários outros exemplos de definições de negócios orientadas para o produto e orientadas para o mercado.[2]

As declarações de missão devem conter um significado e ser específicas, embora motivadoras. Com muita frequência, elas são escritas para fins de relações públicas e não apresentam diretrizes precisas e praticáveis. Em vez disso, elas devem enfatizar os pontos fortes da empresa e dizer, em alto e bom som, como a organização pretende vencer no mercado. Por exemplo, a missão do Google não é ser a maior ferramenta de busca do planeta: é oferecer às pessoas uma vitrine para as informações do mundo, independentemente de onde elas possam ser encontradas.[3]

Para completar, a missão de uma empresa não deve ser definida em termos de aumento das vendas e dos lucros — os lucros não passam de uma recompensa pela geração de valor para os clientes. Em vez disso, a missão deve se concentrar nos clientes e na experiência para o cliente que a empresa quer criar. Assim, como abordado no caso que abre este capítulo, a missão do McDonald's não é ser o melhor e mais lucrativo restaurante de serviços rápidos do mundo, mas oferecer aos clientes sua experiência favorita de jantar rápido. Se o McDonald's realizar essa missão focada no cliente, os lucros virão como consequência.

Declaração de missão
Uma declaração do propósito da organização — o que ela quer realizar no ambiente maior.

▼ Missões orientadas para o mercado: a missão da Chipotle não é vender burritos. Em vez disso, ela promete "comida com integridade", destacando seu compromisso com a comida feita a partir de ingredientes naturais, locais e produzidos de maneira sustentável.
Chipotle Mexican Grill, Inc.

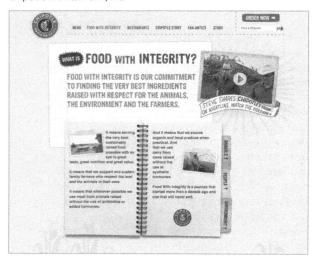

Empresa	Definição orientada para o produto	Definição orientada para o mercado
Facebook	Somos uma rede social.	Conectamos pessoas ao redor do mundo e as ajudamos a compartilhar importantes momentos de sua vida.
Hulu	Somos um serviço de vídeo on-line.	Ajudamos as pessoas a acessar seus vídeos favoritos a qualquer hora, em qualquer lugar.
Home Depot	Vendemos ferramentas e itens para fazer reparos e melhorias em casa.	Oferecemos ao cliente a possibilidade de ter a casa de seus sonhos.
NASA	Exploramos o espaço.	Alcançamos novos horizontes e revelamos o desconhecido, de modo que aquilo que fazemos e aprendemos beneficiará toda a humanidade.
Revlon	Fazemos cosméticos.	Vendemos estilo de vida e autoexpressão; sucesso e status; lembranças, esperanças e sonhos.
Hotéis e resorts Ritz-Carlton	Alugamos quartos.	Criamos a experiência Ritz-Carlton — uma memorável estadia que excede, de longe, a já alta expectativa dos hóspedes.
Walmart	Operamos lojas de descontos.	Oferecemos preços baixos todos os dias e damos às pessoas comuns a chance de comprar as mesmas coisas que as pessoas ricas. "Economize dinheiro. Viva melhor."

▲ **Tabela 2.1** Definições de negócios orientados para o mercado.

Estabelecimento de objetivos e metas para a empresa

A empresa precisa transformar sua missão em objetivos detalhados para cada nível da administração. Todo gerente deve ter objetivos e ser responsável por alcançá-los. Por exemplo, a maioria dos norte-americanos conhece a H. J. Heinz pelo seu ketchup — a empresa vende mais de 650 bilhões de unidades de ketchup por ano. Mas a Heinz é proprietária de uma série de outros produtos alimentícios, vendidos sob uma ampla variedade de marcas, que vão da Heinz à Classico, passando pela Ore-Ida. A Heinz mantém unido esse portfólio de produtos diversificados com base na seguinte missão: "Como líder confiável em nutrição e bem-estar, a Heinz — originalmente, Pure Food Company — é voltada para a saúde sustentável das pessoas, do planeta e de nossa empresa".

Essa missão ampla leva a uma hierarquia de objetivos, incluindo objetivos de negócios e de marketing. O objetivo geral da Heinz é construir um relacionamento lucrativo com os clientes por meio do desenvolvimento de comidas "superiores em termos de qualidade, gosto, nutrição e conveniência", o que abrange sua missão no que se refere à nutrição e ao bem-estar. A Heinz faz isso investindo pesadamente em pesquisa. Contudo, pesquisa é algo caro e deve ser financiada por lucros mais altos. Assim, a melhoria dos lucros se torna outro importante objetivo para a Heinz. Os lucros podem ser melhorados com o aumento das vendas ou a redução dos custos. As vendas podem ser aumentadas com uma maior participação da empresa no mercado doméstico e no internacional. Essas metas se tornam os objetivos de marketing atuais da empresa.

As estratégias e os programas de marketing devem ser desenvolvidos para apoiar esses objetivos. Para ampliar sua participação de mercado, a Heinz pode aumentar sua linha de produtos, melhorar a disponibilidade dos produtos e fazer promoções nos mercados existentes, além de poder se expandir para novos mercados. Por exemplo, no último ano, a Heinz adicionou wraps para café da manhã em sua linha de produtos voltada para pessoas que se preocupam com o peso. Ela também comprou 80% de participação na Quero, uma marca brasileira de molhos de tomate, ketchups, condimentos e vegetais. Espera-se que a Quero dobre as vendas da Heinz na América Latina este ano e sirva como plataforma para a comercialização dos produtos Heinz no Brasil.[4]

Essas são estratégias de marketing amplas da Heinz. Cada uma delas deve ser definida detalhadamente. Por exemplo, aumentar a promoção do produto pode exigir mais esforços de propaganda e relações públicas; em caso positivo, ambas as exigências terão de ser claramente expressas. Assim, a missão da empresa é traduzida em um conjunto de objetivos para o período vigente.

▼ O objetivo geral da Heinz é construir um relacionamento lucrativo com os clientes por meio do desenvolvimento de alimentos "superiores em termos de qualidade, gosto, nutrição e conveniência", o que abrange sua missão no que se refere à nutrição e ao bem-estar.

2007 H. J. Heinz Co., L.P.

Desenvolvimento do portfólio de negócios

Objetivo 2

▶ Discutir como desenvolver portfólios de negócios e estratégias de crescimento.

Portfólio de negócios
O conjunto de negócios e produtos que constituem a empresa.

Orientada pela declaração de missão da empresa e por seus objetivos, a administração deve agora planejar seu portfólio de negócios — o conjunto de negócios e produtos que constituem a empresa. O melhor **portfólio de negócios** é aquele que melhor ajusta os pontos fortes e fracos da empresa às oportunidades no ambiente.

Muitas grandes empresas possuem complexos portfólios de negócios e marcas. O planejamento estratégico e de marketing para esses portfólios pode ser uma tarefa intimidadora, mas é essencial. Por exemplo, o portfólio da ESPN consiste em mais de 50 entidades empresariais — além dos diversos canais a cabo ESPN, tem a ESPN Radio, a ESPN.com, a *ESPN Maganize* e a ESPN *Zone*, uma cadeia de restaurantes com temática esportiva (veja o Marketing Real 2.1). A ESPN, no entanto, é apenas uma unidade no portfólio mais amplo e complexo de sua empresa-mãe: a Walt Disney Company. O portfólio da Disney inclui seus muitos parques temáticos e *resorts*; seus estúdios voltados para entretenimento (empresas que produzem filmes, programas de TV e peças teatrais, como Walt Disney Pictures, Pixar, Touchstone Pictures e Hollywood Pictures); seus produtos de consumo (de roupas e brinquedos a jogos interativos); e uma quantidade considerável de empresas de comunicação que abrangem emissoras de televisão, canais a cabo, rádio e Internet (incluindo a ESPN e a ABC Television Network).

O planejamento do portfólio de negócios envolve duas etapas. Primeiro, a empresa deve analisar seu portfólio de negócios *atual* e decidir quais negócios devem receber mais, menos ou nenhum investimento. Depois, ela deve elaborar seu portfólio *futuro*, desenvolvendo estratégias para o crescimento e participação relativa de mercado.

Análise do portfólio de negócios atual

Análise do portfólio
Processo por meio do qual a administração avalia os produtos e os negócios que constituem a empresa.

A principal atividade no planejamento estratégico é a **análise do portfólio** de negócios, por meio da qual a administração avalia os produtos e os negócios que constituem a empresa. A empresa vai querer investir pesado em seus negócios mais lucrativos e reduzir ou abandonar os investimentos nos mais fracos.

A primeira coisa que a administração deve fazer é identificar os principais negócios que constituem a empresa — as chamadas *unidades estratégicas de negócios* (UENs). Uma UEN pode ser uma divisão da empresa, uma linha de produtos de uma divisão ou, às vezes, um único produto ou marca. Em seguida, a empresa avalia a atratividade de suas várias UENs e decide quanto apoio cada uma delas merece. Na hora de desenvolver um portfólio de negócios, é uma boa ideia adicionar e apoiar produtos e negócios que se encaixem bem à filosofia e às competências centrais da empresa.

O objetivo do planejamento estratégico é encontrar maneiras de a empresa utilizar melhor seus pontos fortes para aproveitar as oportunidades atrativas do ambiente. Assim, muitos métodos padrão de análise do portfólio avaliam as UENs em duas importantes dimensões: (1) a atratividade do mercado ou setor da UEN e (2) a força do posicionamento da UEN nesse mercado ou setor. O método de planejamento de portfólio mais conhecido foi desenvolvido pelo Boston Consulting Group, uma empresa líder em consultoria na área de gestão.[5]

A ABORDAGEM DO BOSTON CONSULTING GROUP Utilizando a clássica abordagem do Boston Consulting Group (BCG), a empresa classifica todas as suas UENs de acordo com a **matriz de crescimento/participação** mostrada na Figura 2.2. No eixo vertical, a *taxa de crescimento do mercado* oferece uma medida da atratividade do mercado. No eixo horizontal, a *participação relativa de mercado* funciona como uma mensuração do poder da empresa no mercado.

Matriz de crescimento/participação
Um método de planejamento de portfólio que avalia as UENs da empresa em termos da taxa de crescimento do mercado e da participação relativa de mercado.

Com a clássica abordagem de planejamento de portfólio do BCG, a empresa investe os fundos obtidos de produtos e negócios maduros e bem-sucedidos (vacas leiteiras) para apoiar produtos e negócios promissores em mercados de rápido crescimento (estrelas e pontos de interrogação), na esperança de transformá-los em vacas leiteiras.

A empresa deve decidir quanto investirá em cada produto ou negócio (UEN). Ela também precisa decidir se vai construir, manter, colher ou desistir cada UEN.

Figura 2.2 A matriz de crescimento/participação do BCG (matriz BCG).

Marketing Real 2.1

ESPN: um caso real em planejamento estratégico e de marketing

Quando se pensa em ESPN, você provavelmente pensa nela como uma rede de TV a cabo, uma revista ou mesmo um site. A ESPN é tudo isso. Mas, ao longo dos anos, ela cresceu para se tornar muito mais. Graças a um excelente planejamento estratégico e de marketing, a marca agora consiste em uma ampla variedade de entidades voltadas para o entretenimento esportivo.

Em 1979, o empreendedor Bill Rasmussen deu um salto ousado e fundou a ESPN (Entertainment and Sports Programming Network — rede de programação de esportes e entretenimento), uma emissora que transmitia esporte dia e noite. O resto, como dizem, é história. Embora, no início, muitos tenham sido céticos — uma emissora que transmite esportes 24 horas por dia? —, hoje a ESPN é um império esportivo multimilionário e uma parte bastante importante da rotina diária de centenas de milhões de pessoas no mundo todo. Eis um breve resumo da incrível variedade de entidades agora unidas sob a marca ESPN.

- *Televisão*: de sua original emissora a cabo revolucionária, a ESPN fez nascer sete outras — a ESPN3D, a ESPN2, a ESPN Classic, a ESPNEWS, a ESPNU, a ESPN Deportes (em espanhol) e a Longhorn Network. Com seu sinal agora presente em mais de 100 milhões de domicílios norte-americanos, a um custo de 4,69 dólares por domicílio por mês (o preço mais alto do setor) — a TNT fica em um distante segundo lugar, com 1,16 dólares —, a ESPN é, de longe, a emissora de canal a cabo mais assistida. Além disso, a ESPN International atende a seus fãs por meio de 48 emissoras internacionais em mais de 200 países em todos os continentes. A ESPN é a casa da NBA, da WNBA, do Monday Night Football, da NASCAR, da Fórmula Indy, da NHRA, do futebol americano universitário e da BCS, do basquete universitário, dos torneios Grand Slam de tênis, dos Masters de golfe, do U.S. Open e British Open, da Copa do Mundo de Futebol, do Little League World Series e por aí vai. Essa lista cresce todos os anos, à medida que a ESPN sobrepuja as grandes emissoras de TV e consegue os direitos de transmitir os principais eventos esportivos. A ESPN com certeza respondeu à dúvida se a TV a cabo tinha o apelo de massa necessário para apoiar os grandes eventos ligados ao esporte.
- *Rádio*: o esporte está crescendo no rádio, e a ESPN opera as maiores emissoras do setor, transmitindo mais de 9 mil horas de conteúdo por ano para 24 milhões de ouvintes por meio de 700 afiliadas norte-americanas e 45 estações da ESPN Deportes em espanhol, em importantes mercados. No exterior, a ESPN possui rádios e programas de rádio feitos em parceria em 11 países.
- *On-line:* o ESPN.com é o líder em esportes, com mais de 41 milhões de visitantes únicos que gastam 3,3 bilhões de minutos no site por mês. Seus vídeos representam 35% de todos os streams de vídeo relacionados a esporte. O ESPNRadio.com é o site de esportes mais ouvido, com 35 novos podcasts por semana. Com, literalmente, dezenas de sites globais e para mercados específicos, a ESPN mais do que domina. Com acesso ao conteúdo da televisão, do rádio e do impresso, a ESPN tem uma quantidade enorme de material para alimentar seus esforços digitais. Mas a ESPN também está liderando o jogo na explosiva arena digital. Ela utiliza uma estratégia em que integra todos de seus sites com a novidade, otimizando o desempenho. Agora, a ESPN oferece conteúdo esportivo digital por meio dos principais provedores de redes móveis dos Estados Unidos — incluindo placares em tempo real, estatísticas, notícias de última hora e vídeos sob demanda. A estratégia digital levou à criação do ESPN3, uma rede *multiscreen* voltada para esportes que funciona todos os dias, 24 horas por dia, e é disponível, sem custos, para 70 milhões de domicílios que assinam a Internet de alta velocidade de um provedor de serviços afiliado. As pessoas que têm acesso ao ESPN3 podem visualizar a cobertura da ESPN em seus computadores, tablets ou smartphones.
- *Impresso*: quando a ESPN lançou a *ESPN The Magazine*, em 1998, críticos apontaram que ela tinha poucas chances contra a poderosa *Sports Illustrated*. Contudo, com seu visual

◀ A ESPN é mais do que emissoras a cabo, publicações e outras mídias. Para os consumidores, ESPN é sinônimo de entretenimento esportivo, inexoravelmente ligado as suas lembranças, realidades e expectativas relacionadas a esporte.
ZUMA Press/Newscom

audacioso, suas cores fortes e seu formato nada tradicional, a publicação da ESPN atende agora a mais de 16 milhões de leitores, e continua crescendo. Em comparação, a relativamente estagnada *Sports Illustrated* está lutando para migrar para o mundo digital.

Como se tudo isso não fosse suficiente, a ESPN também administra eventos, entre eles o X Games, o Winter X Games, o ESPN Outdoors (que traz o Bassmaster Classic), o Skins Games, o Jimmy V Classic e muitos outros jogos do campeonato de futebol americano. Ela também desenvolve serviços e produtos de consumo com a marca ESPN, incluindo CDs, DVDs, jogos, roupas e até mesmo escolas de golfe. Se ler tudo isso deixá-lo com fome, saiba que você pode estar perto de um ESPN Zone, que inclui um restaurante com a temática esportiva, jogos interativos e a venda de produtos relacionados a esporte. E agora você vai encontrar conteúdo da ESPN em aeroportos e aviões, em academias e até mesmo em painéis eletrônicos em postos de gasolina. Tudo isso se traduz em receitas anuais de 8,5 bilhões de dólares, o que faz com que a ESPN seja mais importante para sua empresa-mãe, a Walt Disney Company, do que a Disneylândia e os parques temáticos da Disney World juntos.

Administrar esse portfólio bem-sucedido e em crescimento não é algo fácil, mas a ESPN tem se saído muito bem nessa tarefa. Vamos juntar tudo isso? A missão da marca, focada no cliente, é: "Atender aos fãs de esporte, não importando se os esportes são assistidos, ouvidos, discutidos, debatidos, lidos ou jogados". Para a maioria dos consumidores, a ESPN é uma experiência de marca unificada — uma significativa parte da vida deles que vai além das emissoras a cabo, das publicações e de outras entidades que a empresa compreende.

Com base em sua missão focada no cliente, a ESPN tem uma filosofia conhecida como "melhor tela disponível". Ela sabe que, quando os fãs estão em casa, eles assistem a tudo em uma grande tela plana de 50 polegadas. Mas, na parte da manhã, os smartphones são mais convidativos. Durante o dia, os desktops dominam e, à noite, a atividade no tablet aumenta. A ESPN está em uma cruzada para saber quando, onde e em quais circunstâncias os fãs utilizam cada dispositivo e, com isso, oferecer a eles uma experiência da mais alta qualidade.

Como resultado, a ESPN se tornou sinônimo de entretenimento esportivo, inexoravelmente ligada às lembranças, realidades e expectativas esportivas dos consumidores. Não importa qual o seu esporte ou onde você está: a ESPN provavelmente desempenha um importante papel em sua ação. Para fãs do mundo todo, ESPN significa esportes. Inteligente quando se trata de tecnologia, criativo e muitas vezes irreverente, o portfólio da marca — que é bem administrado e passível de ser estendido — continua gerando experiências para os clientes e construindo relacionamento com eles, ambos significativos. Se isso tem a ver com sua vida e com esportes, sejam eles grandes ou pequenos, a ESPN o oferece, em qualquer lugar que esteja, 24 horas por dia.

Fontes: veja Anthony Kosner, "Mobile first: how ESPN delivers to the best available screen", *Forbes*, 30 jan. 2012, <www.forbes.com/sites/anthonykosner/2012/01/30/mobile-first-how-espn-delivers-to-the-best-available-screen/2/>; Nick Summers, "Big, bigger, biggest", *Newsweek*, 23 jan. 2012, p. 4; informações extraídas de <http://mediakit.espn.go.com/home.aspx, http://espnmediazone.com/us/about-espn/> e <www.espn.com>. Acesso em: nov. 2012.

A matriz de crescimento/participação define quatro tipos de UENs:

1. *Estrelas*: são negócios ou produtos em mercados de alto crescimento e que tem grande participação relativa. Geralmente, essas UENs precisam de grandes investimentos para financiar seu rápido crescimento. Em um dado momento, o crescimento desacelera e elas se transformam em vacas leiteiras.
2. *Vacas leiteiras*: são negócios ou produtos em mercados de baixo crescimento, mas com grande participação relativa. Essas UENs estabelecidas e bem-sucedidas precisam de menos investimentos para manter sua participação de mercado. Assim, geram uma boa quantia de dinheiro que a empresa utiliza para pagar suas contas e apoiar outras UENs que necessitam de investimentos.
3. *Pontos de interrogação*: são unidades de negócios de pequena participação relativa em mercados de grande crescimento. Elas requerem um considerável volume de dinheiro para manter sua participação e mais ainda para aumentá-la. A administração precisa considerar quais pontos de interrogação deve tentar transformar em estrelas e quais deve abandonar.
4. *Abacaxis*: são negócios ou produtos em mercados de baixo crescimento e de pequena participação relativa. Essas UENs podem gerar dinheiro suficiente para se manter, mas não são uma promessa de grandes fontes de dinheiro.

Os dez círculos na matriz de crescimento/participação representam as dez atuais UENs de uma empresa. Ela possui duas estrelas, duas vacas leiteiras, três pontos de interrogação e três abacaxis. A área de cada círculo é proporcional às vendas em dinheiro da UEN que representa. Essa empresa possui uma participação satisfatória, mas não muito boa. Ela quer investir nos pontos de interrogação mais promissores, para transformá-los em estrelas, e manter as estrelas que já possui, para que se tornem vacas leiteiras à medida que seu mercado amadureça. Felizmente, a empresa possui duas vacas leiteiras com um bom tamanho, cujos rendimentos podem ajudar a financiar seus pontos de interrogação, estrelas e abacaxis. A empresa deve tomar alguma ação decisiva em relação a seus abacaxis e pontos de interrogação.

Uma vez classificadas as UENs, a empresa deve determinar qual papel cada uma delas desempenhará no futuro. Ela pode adotar uma das quatro estratégias a seguir para cada UEN: pode investir mais na unidade de negócios com o objetivo de *construir* sua participação; pode investir apenas o suficiente para *manter* a participação da UEN no nível atual; pode *colher* os frutos da UEN, retirando seu fluxo de caixa de curto prazo sem se preocupar com os efeitos que isso pode causar no longo prazo; pode, por fim, *desistir* da UEN, vendendo-a ou desfazendo-se dela e utilizando seus recursos em outro lugar.

Conforme o tempo vai passando, as UENs vão mudando sua posição na matriz de crescimento/participação. Muitas começam como pontos de interrogação e, se obtêm sucesso, alcançam a categoria de estrelas. Mais tarde, à medida que o crescimento do mercado diminui, elas se tornam vacas leiteiras e, finalmente, desaparecem ou se transformam em abacaxis, caminhando para o fim de seu ciclo de vida. A empresa precisa constantemente adicionar novos produtos e unidades para que alguns deles se tornem estrelas e, depois, vacas leiteiras, que ajudarão a financiar outras UENs.

PROBLEMAS RELACIONADOS ÀS ABORDAGENS DE MATRIX O método do BCG e outros métodos formais revolucionaram o planejamento estratégico. Entretanto, essas abordagens apresentam limitações. Sua implementação pode ser difícil, demorada e dispendiosa. A administração pode ter dificuldade para definir as UENs e para mensurar a participação de mercado e o crescimento. Além disso, essas abordagens são voltadas para a classificação dos negócios *atuais*, oferecendo poucas informações para planejamentos *futuros*.

Por conta desses problemas, muitas empresas abandonaram os métodos formais de matriz em favor de abordagens mais customizadas, que se ajustam melhor as suas situações específicas. Além disso, diferentemente dos antigos esforços de planejamento estratégico, que ficavam na maior parte das vezes nas mãos da alta gerência, os de hoje têm sido descentralizados. Cada vez mais, as empresas colocam a responsabilidade pelo planejamento estratégico nas mãos de equipes multifuncionais formadas por gerentes de divisão, que estão próximos de seus mercados.

Por exemplo, considere a Walt Disney Company. A maioria das pessoas pensa na Disney como uma empresa de parques temáticos e entretenimento familiar completo. Mas, em meados da década de 1980, a Disney montou um forte e centralizado grupo de planejamento estratégico para guiar a orientação e o crescimento da empresa. Ao longo das duas décadas seguintes, esse grupo transformou a Walt Disney Company em um enorme e diverso conjunto de negócios de mídia e entretenimento. A dispersa empresa cresceu e passou a incluir de tudo: de *resorts* temáticos e estúdios (Walt Disney Pictures, Touchstone Pictures, Hollywood Pictures, Pixar e outros) a grupos de mídia (ABC Television e ESPN, Disney Channel, parte da A&E e do History Channel e meia dúzia de outros), passando por produtos de consumo e uma linha de cruzeiros.

A recém-transformada empresa se provou de difícil gestão e apresentou um desempenho instável. Para melhorar sua performance, a Disney desmembrou sua unidade de planejamento estratégico centralizada, distribuindo suas funções para os gerentes de divisão da empresa. Resultado: a Disney mantém sua posição de líder mundial entre os conglomerados de mídia. E, mesmo durante o recente problema na economia, o gerenciamento estratégico focado em seu amplo mix de negócios ajudou a organização a se sair melhor do que as empresas de mídia com as quais concorre.[6]

▲ Gerenciamento do portfólio de negócios: a maioria das pessoas pensa na Disney como uma empresa de parques temáticos e entretenimento familiar completo, mas, ao longo das duas últimas décadas, um conjunto disperso de negócios de mídia e entretenimento que exigem grandes doses da famosa "magia da Disney" para ser serem administrados.
Martin Beddall/Alamy

Desenvolvimento de estratégias de crescimento e redução

Além da avaliação dos negócios atuais, o desenvolvimento do portfólio de negócios implica encontrar negócios e produtos que a empresa deve levar em conta no futuro. As empresas precisam crescer se quiserem competir de maneira mais efetiva, satisfazer seus acionistas e atrair grandes talentos. Ao mesmo tempo, elas devem ser cuidadosas para não fazer do crescimento um objetivo. Seu objetivo deve ser administrar o "crescimento lucrativo".

Matriz de crescimento mercado/produto
Uma ferramenta de planejamento de portfólio que identifica as oportunidades de crescimento da empresa por meio de penetração de mercado, desenvolvimento de mercado, desenvolvimento de produto ou diversificação.

A principal responsabilidade do marketing é alcançar o crescimento lucrativo para a empresa. Ele deve identificar, avaliar e selecionar oportunidades de mercado e, então, formular estratégias para explorá-las. Uma ótima ferramenta para identificar oportunidades de crescimento é a **matriz de crescimento mercado/produto**, mostrada na Figura 2.3.[7] Vamos aplicar essa matriz à Starbucks:[8]

> Em apenas três décadas, a Starbucks cresceu a um ritmo alucinante, de um pequeno café em Seattle a uma máquina de cerca de 12 bilhões de dólares com mais de 17 mil lojas espalhadas por todos os estados norte-americanos e 56 países. Somente nos Estados Unidos, a Starbucks atende a mais de 50 milhões de clientes dependentes de café expresso por semana. A empresa oferece aos clientes o que chama de "terceiro lugar" — longe de casa e longe do trabalho. O crescimento é o motor que mantém a Starbucks girando. Entretanto, nos últimos anos, o sucesso extraordinário da empresa chamou a atenção de uma porção de imitadores, que vão desde concorrentes diretos, como o Caribou Coffe, até empresas de fast-food, como McDonald's com seu McCafé. Parece que praticamente toda lanchonete agora tem sua bebida premium especial. Para manter seu incrível crescimento em um mercado cada vez mais cafeinado, a Starbucks precisa preparar uma estratégia de crescimento ambiciosa, com várias frentes.

Penetração de mercado
Crescimento da empresa por meio de aumento nas vendas dos produtos e nos segmentos de mercado atuais, sem alterar o produto.

Para começar, a administração da Starbucks poderia verificar se a empresa consegue uma maior **penetração de mercado**, ou seja, se ela consegue vender mais para os clientes atuais sem alterar seus produtos. Ela poderia adicionar novas lojas em áreas de mercado em que já atua, para que fique mais fácil para os clientes visitá-las. De fato, a Starbucks está acrescentando uma média de 300 novas lojas por ano. Mudanças em propaganda, preços, serviços, cardápio e decoração das lojas poderiam encorajar os clientes a parar na Starbucks com mais frequência, permanecer por mais tempo ou comprar mais em cada visita. Por exemplo, a Starbucks está reformando muitas de suas lojas para dar a elas uma sensação de bairro, com tons naturais, balcões de madeira e cardápios escritos à mão. E ela tem acrescentado cerveja, vinho, queijos e comidas requintadas a seu cardápio em alguns mercados, com o objetivo de expandir os negócios para além da correria do café da manhã, que ainda representa a maior parte das receitas da empresa.

Desenvolvimento de mercado
Crescimento da empresa por meio da identificação e do desenvolvimento de novos segmentos de mercado para os produtos atuais da organização.

Em segundo lugar, a Starbucks poderia considerar possibilidades de **desenvolvimento de mercado**, ou seja, ela poderia identificar e desenvolver novos mercados para seus produtos atuais. Por exemplo, os gestores poderiam analisar novos mercados demográficos. Talvez novos grupos — como o da terceira idade — pudessem ser encorajados a visitar as lojas da Starbucks pela primeira vez ou a comprar mais nelas. Os gestores também poderiam analisar novos mercados geográficos. Atualmente, a Starbucks está se expandindo rapidamente em mercados fora dos Estados Unidos, em especial na Ásia. Recentemente, a empresa abriu sua milésima loja no Japão. Além disso, espera ter 1.500 lojas na China até 2015 e planeja mais do que dobrar o número de lojas na Coreia do Sul até 2016, chegando a 700.

Desenvolvimento de produto
Crescimento da empresa por meio da oferta de produtos novos ou modificados para os segmentos de mercado atuais.

Em terceiro lugar, a Starbucks poderia considerar o **desenvolvimento de produto**, ou seja, ela poderia oferecer produtos modificados ou novos para os mercados atuais. Por exemplo, recentemente a Starbucks lançou o Via, um café instantâneo muito bem-sucedido. E agora está lançando um café levemente torrado chamado Blonde, desenvolvido para atender ao gosto de 40% dos norte-americanos que tomam café e o preferem mais leve ou moderadamente encorpado. A Starbucks também está entrando com tudo em novas categorias de produtos. Por exemplo, há pouco tempo, ela entrou no mercado de 8 bilhões de dólares de bebidas energéticas com o Starbucks Refreshers, que combina suco de fruta com um extrato de café verde.

Diversificação
Crescimento da empresa por meio da abertura ou aquisição de negócios que não têm a ver com os atuais produtos e mercados da organização.

Por fim, a Starbucks poderia considerar a **diversificação**, ou seja, ela poderia abrir ou comprar negócios que não têm a ver com seus produtos e mercados atuais. Por exemplo, recentemente, a empresa adquiriu a Evolution Fresh, uma loja que oferece sucos feitos na

Figura 2.3 A matriz de crescimento mercado/produto.

As empresas podem crescer desenvolvendo novos mercados para os produtos existentes. Por exemplo, a Starbucks está se expandindo rapidamente na China, que até 2015 será seu segundo maior mercado, atrás apenas dos Estados Unidos.

Por meio da diversificação, as empresas podem crescer abrindo ou comprando negócios que não fazem parte de seus produtos/mercados atuais. Por exemplo, a Starbucks está entrando no mercado de "saúde e bem-estar" com lojas chamadas Evolution By Starbucks.

hora de excelente qualidade. A intenção da Starbucks é utilizar a Evolution para sua entrada na categoria de "saúde e bem-estar", incluindo lojas independentes chamadas Evolution By Starbucks. Nos últimos anos, a Starbucks também tem diversificado os produtos que vende, entre os quais estão desde equipamento para preparar café e chá até músicas e livros.

As empresas devem desenvolver estratégias não apenas para o crescimento de seu portfólio de negócios, mas também para sua *redução*. Existem várias razões para uma empresa querer abandonar produtos ou mercados. A empresa pode ter crescido rápido demais ou entrado em áreas nas quais não tem experiência. O ambiente de mercado pode mudar, fazendo com que alguns produtos ou mercados sejam menos lucrativos. Por exemplo, em momentos econômicos difíceis, muitas empresas cortam produtos e mercados mais fracos, menos lucrativos para concentrar seus recursos, mais limitados, em outras frentes mais fortes. Por fim, alguns produtos ou unidades de negócios simplesmente envelhecem e morrem.

▲ Estratégias de crescimento: para manter seu incrível crescimento, a Starbucks tem que preparar uma estratégia de crescimento ambiciosa, com várias frentes.
Bloomberg via Getty Images

De fato, quando uma empresa descobre marcas ou negócios que não são lucrativos ou não se ajustam mais a sua estratégia geral, ela deve, cuidadosamente, podá-los, extrair deles o que for possível ou abandoná-los. Por exemplo, recentemente, a P&G vendeu a última de suas marcas de comida (a Pringles) para a Kellogg, o que possibilita à empresa se concentrar em produtos voltados para cuidados com o lar e com a aparência. Nos últimos anos, a GM eliminou diversas marcas de seu portfólio de baixo desempenho, entre elas a Oldsmobile, a Pontiac, a Saturn, a Hummer e a Saab. Negócios fracos costumam exigir uma quantidade de atenção desproporcional da administração. Os gestores devem se concentrar em oportunidades promissoras de crescimento e não desperdiçar energia tentando salvar as mais fracas.

Planejamento de marketing: criação de parcerias para construir relacionamento com os clientes

Objetivo 3

◀ Explicar o papel do marketing no planejamento estratégico e como o marketing trabalha com seus parceiros para criar e entregar valor para o cliente.

O plano estratégico de uma empresa estabelece quais tipos de negócios ela vai operar e os objetivos de cada um deles. Assim, para cada unidade de negócios deve ser elaborado um planejamento mais detalhado. Os principais departamentos funcionais de cada unidade — o de marketing, o financeiro, o de custos, o de compras, o de operações, o de sistemas de informação e o de recursos humanos, entre outros — devem trabalhar juntos para alcançar os objetivos estratégicos.

O marketing exerce um papel fundamental no planejamento estratégico de uma empresa de várias maneiras. Para começar, ele oferece uma filosofia direcionadora — a orientação de marketing —, a qual sugere que a estratégia da empresa deve girar em torno da construção de relacionamentos lucrativos com importantes grupos de consumidores. Além disso, oferece *informações* aos responsáveis pela elaboração do plano estratégico ao ajudar a identificar oportunidades de mercado atrativas e avaliar o potencial da empresa em conseguir vantagens delas. Por fim, em cada unidade de negócios o marketing elabora *estratégias* para atingir os objetivos da unidade. Uma vez estabelecidos esses objetivos, a tarefa do marketing é ajudar a unidade a realizá-los de maneira lucrativa.

O valor para o cliente é o ingrediente secreto na fórmula para o sucesso da empresa. Entretanto, como assinalado no Capítulo 1, embora desempenhe um importante papel nisso, o marketing não pode produzir sozinho valor superior para os clientes. Ele pode ser apenas um parceiro na atração, manutenção e cultivo dos clientes. Além da *gestão do relacionamento com o cliente*, os profissionais de marketing precisam praticar a *gestão do relacionamento com o parceiro*. Eles devem trabalhar de perto com parceiros de outros departamentos da empresa a fim de formar uma *cadeia de valor interna* eficaz para atender aos clientes. Eles também devem, efetivamente, consolidar parcerias com outras empresas no sistema de marketing, com a finalidade de formar uma *cadeia de valor* externa superior em termos competitivos. Vamos agora analisar com mais profundidade os conceitos de cadeia de valor interna e cadeia de valor de uma empresa.

Criação de parcerias com outros departamentos da empresa

Cadeia de valor interna
O conjunto de todos os departamentos internos, o qual realiza atividades de criação de valor para projetar, produzir, comercializar, entregar e apoiar os produtos da empresa.

Todo departamento de uma empresa pode ser considerado um elo de sua **cadeia de valor interna**.[9] Ou seja, todo departamento realiza atividades de criação de valor para projetar, produzir, comercializar, entregar e apoiar os produtos da empresa. O sucesso da empresa não depende apenas da qualidade do trabalho de cada departamento, mas também de quão bem os vários departamentos coordenam suas atividades.

Por exemplo, a meta do Walmart é criar valor e satisfação para o cliente oferecendo-lhe os produtos que ele quer aos menores preços possíveis. No Walmart, os profissionais de marketing desempenham um papel importante. Eles descobrem do que os clientes precisam e abastecem as prateleiras das lojas com os produtos desejados a preços baixos imbatíveis. Eles também elaboram programas de propaganda e de merchandising e oferecem assistência aos compradores por meio do atendimento ao cliente. Por meio dessas e de outras atividades, os profissionais de marketing do Walmart ajudam a entregar valor para os clientes.

Entretanto, o departamento de marketing precisa da ajuda dos outros departamentos da empresa. A capacidade do Wal-Mart em ajudar você a "economizar dinheiro, viver melhor" depende da habilidade do departamento de compras em desenvolver os fornecedores necessários e comprar deles a um custo baixo. O departamento de tecnologia de informação (TI) do Walmart deve fornecer informações rápidas e precisas sobre quais produtos são vendidos em cada loja. E o pessoal de operações deve manipular as mercadorias de maneira eficiente, a um baixo custo.

▲ Cadeia de valor interna: a capacidade do Wal-Mart em ajudar você a "economizar dinheiro, viver melhor", oferecendo os produtos certos a preços mais baixos, depende da contribuição das pessoas de todos os departamentos da empresa.
digitallife/Alamy

A cadeia de valor interna de uma empresa é tão forte quanto seu elo mais fraco. O sucesso depende de quão bem cada departamento executa seu trabalho de agregar valor para os clientes e do modo como a empresa coordena as atividades de todos eles. No Walmart, se o departamento de compras não conseguir os preços mais baixos dos fornecedores ou se o departamento de operações não puder distribuir as mercadorias aos custos mais baixos, o marketing não poderá entregar sua promessa de preços baixos imbatíveis.

Assim, o ideal seria que as diferentes áreas da empresa trabalhassem em harmonia para produzir valor para os consumidores. Mas, na prática, as relações entre os departamentos são repletas de conflitos e desentendimentos. O departamento de marketing tem o ponto de vista do consumidor. No entanto, quando tenta desenvolver satisfação para o cliente, o marketing pode fazer com que os outros departamentos desenvolvam um trabalho ruim do *ponto de vista deles*. Isso porque as ações do departamento de marketing podem elevar os custos de compra, destruir os cronogramas de produção, aumentar os estoques e gerar problemas no orçamento. Desse modo, os outros departamentos podem resistir aos esforços do departamento de marketing.

Apesar disso, os profissionais de marketing devem encontrar meios para fazer que todos os outros departamentos "pensem no consumidor" e desenvolver um bom funcionamento da cadeia de valor interna. Um especialista em marketing assinala o seguinte: "Ser realmente orientado para o mercado não significa ser impulsionado pelo marketing; significa ter toda a empresa obcecada pela geração de valor para o cliente e se vendo como parte do processo que, de maneira lucrativa, define, cria, comunica e entrega valor para os clientes-alvo... Todo mundo deve fazer marketing, independentemente de sua função ou departamento". Outro especialista observa: "Hoje, engajar os clientes exige um compromisso de toda a empresa. Todos nós somos profissionais de marketing agora".[10] Assim, não importa se você é contador, gerente de operações, analista financeiro, especialista em TI ou gerente de recursos humanos: você precisa entender de marketing e compreender seu papel na criação de valor para o cliente.

Criação de parcerias com outros no sistema de marketing

Em sua busca por criação de valor para o cliente, a empresa precisa ir além de sua cadeia de valor interna e alcançar as cadeias de valor de seus fornecedores, distribuidores e, por fim, de seus clientes. Considere, novamente, o caso do McDonald's. As pessoas não fazem fila no McDonald's somente porque amam os lanches da rede. Os consumidores seguem o *sistema* do McDonald's, e não apenas seus produtos alimentícios. Em todo o mundo, o sistema de entrega de valor primorosamente ajustado do McDonald's entrega um alto padrão de QSLV — qualidade, serviço, limpeza e valor. O McDonald's é tão eficiente que consegue formar parcerias de sucesso com seus franqueados, fornecedores e outros para criar "o lugar e o jeito favoritos de nossos clientes comerem".

Hoje em dia, cada vez mais empresas estão formando parcerias com outros membros da cadeia de suprimento — fornecedores, distribuidores e, por fim, clientes — para melhorar o desempenho da **cadeia de valor** para o cliente. A concorrência não se dá somente entre concorrentes individuais. Em vez disso, ela ocorre entre redes inteiras de entrega de valor criadas por esses concorrentes. Assim, o desempenho da Toyota em comparação ao da Ford depende da qualidade da cadeia de valor geral da Toyota em relação à da Ford. Mesmo que a Toyota fabrique os melhores carros, ela pode perder no mercado se a rede de concessionárias da Ford oferecer vendas e serviços que satisfaçam mais o cliente.

Cadeia de valor
Rede formada pela empresa, seus fornecedores, seus distribuidores e, por fim, seus clientes, os quais firmam uma parceria em que cada um contribui para melhorar o sistema como um todo.

Estratégia e mix de marketing

O plano estratégico define a missão e os objetivos gerais da empresa. O papel do marketing é mostrado na Figura 2.4, que resume as principais atividades envolvidas no gerenciamento de uma estratégia e um mix de marketing focado no cliente.

Os consumidores estão no centro de tudo. A meta é criar valor para os clientes e construir relacionamentos lucrativos com eles. A isso se segue a **estratégia de marketing** — a lógica de marketing por meio da qual a empresa espera criar esse valor para o cliente e conquistar esses relacionamentos lucrativos. A empresa decide a quais clientes atender (segmentação e definição do público-alvo) e como fazê-lo (diferenciação e posicionamento). Ela também identifica o mercado total e, em seguida, o divide em segmentos menores, seleciona os mais promissores e se volta para o atendimento e a satisfação dos clientes nesses segmentos.

Orientada pela estratégia de marketing, a empresa desenvolve um mix de marketing integrado composto de fatores sob seu controle — produto, preço, praça e promoção (os 4Ps).

Objetivo 4

◀ Descrever os elementos de uma estratégia e de um mix de marketing orientados para o cliente e as forças que os influenciam.

Estratégia de marketing
A lógica de marketing por meio da qual a empresa espera criar valor para o cliente e conquistar relacionamentos lucrativos com eles.

Figura 2.4 Gerenciamento da estratégia e do mix de marketing.

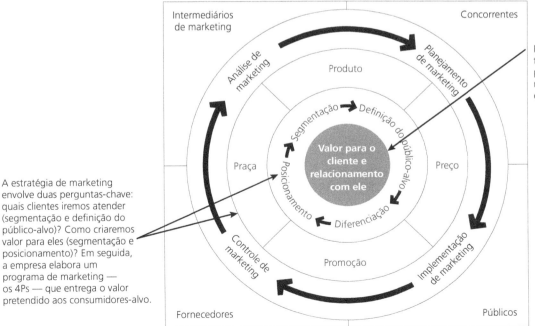

Para encontrar o melhor mix e a melhor estratégia de marketing, a empresa se empenha na análise, no planejamento, na implementação e no controle de marketing. Por meio dessas atividades, ela observa os participantes e as forças do ambiente de marketing e se adapta a eles. Agora, examinaremos brevemente cada atividade. Em capítulos posteriores, discutiremos cada uma delas com mais profundidade.

Estratégia de marketing focada no cliente

Conforme enfatizamos ao longo do Capítulo 1, para ter sucesso no mercado competitivo de hoje, as empresas precisam ser focadas no cliente. Elas devem conquistar os clientes dos concorrentes, mantê-los e cultivá-los com uma entrega de valor superior. Mas, antes de satisfazer os clientes, a empresa precisa entender as necessidades e os desejos deles. Assim, um marketing forte requer uma análise cuidadosa dos clientes.

As empresas sabem que não podem atender de forma lucrativa a todos os consumidores em um determinado mercado — no mínimo, não a todos os consumidores da mesma maneira. Existem muitos tipos de consumidores com diferentes tipos de necessidades. A maioria das empresas está em uma posição em que atende a alguns segmentos do mercado melhor do que a outros. Assim, toda empresa deve dividir o mercado total, escolher os melhores segmentos e desenvolver estratégias para atender lucrativamente aos segmentos escolhidos. Esse processo envolve *segmentação de mercado*, *definição do mercado-alvo*, *diferenciação* e *posicionamento*.

Segmentação de mercado

Segmentação de mercado
Dividir um mercado em grupos distintos de compradores que têm diferentes necessidades, características ou comportamentos e que poderiam exigir produtos ou programas de marketing diferenciados.

O mercado é constituído por muitos tipos de clientes, produtos e necessidades. Os profissionais de marketing devem determinar quais segmentos oferecem as melhores oportunidades. Os consumidores podem ser agrupados e atendidos de várias maneiras, com base em fatores geográficos, demográficos, psicográficos e comportamentais. O processo de dividir um mercado em grupos distintos de compradores que, com diferentes necessidades, características ou comportamentos, poderiam exigir produtos ou programas de marketing diferenciados é chamado de **segmentação de mercado**.

Segmento de mercado
Um grupo de consumidores que reage de maneira similar a determinado conjunto de esforços de marketing.

Todo mercado possui segmentos, mas nem todas as formas de segmentação de um mercado são igualmente úteis. Por exemplo, o Tylenol ganharia pouco distinguindo os usuários de analgésico em consumidores de baixa renda e de alta renda, uma vez que ambos respondem da mesma maneira aos esforços de marketing. Um **segmento de mercado** é formado por consumidores que reagem de maneira similar a determinado conjunto de esforços de marketing. No mercado de automóveis, por exemplo, os consumidores que querem os carros maiores e mais confortáveis, independentemente do preço, constituem um segmento de mercado. Já os consumidores preocupados principalmente com o preço e com a economia gerada pelo veículo constituem outro segmento. Seria difícil produzir um modelo de carro que fosse a primeira opção dos consumidores de ambos os segmentos. As empresas devem concentrar seus esforços no atendimento das necessidades distintas dos segmentos de mercado individuais.

Definição do mercado-alvo

Definição do mercado-alvo
O processo de avaliar a atratividade de cada segmento de mercado e selecionar um ou mais segmentos para entrar.

Depois de definir os segmentos de mercado, a empresa pode entrar em um ou mais desses segmentos. A **definição do mercado-alvo** implica avaliar a atratividade de cada segmento de mercado e selecionar um ou mais segmentos para entrar. Uma empresa deve ter como alvo segmentos em que pode gerar, de forma lucrativa, o mais alto valor para o cliente e manter esse valor ao longo do tempo.

Uma empresa com recursos limitados pode preferir atender a apenas um ou alguns poucos segmentos especiais ou nichos de mercado. Essas ocupantes de nicho se especializam em atender a segmentos de clientes que os grandes concorrentes não enxergam ou ignoram. Por exemplo, a Ferrari vende apenas 1.500 unidades de seus carros de altíssimo desempenho nos Estados Unidos por ano, mas a preços muito altos — ela cobra 255 mil dólares por seu modelo Ferrari 458 e impressionantes 400 mil dólares para seu F-12 Berlinetta, de 740 cavalos. A maioria dos ocupantes de nicho não é tão exótica. A White Wave Foods, fabricante do Silk Soymilk, descobriu seu nicho como maior produtora de leite de soja dos Estados Unidos. E a Allegiant Air, uma lucrativa companhia aérea de baixo custo, evita a concorrência direta com as grandes do setor voltando-se para mercados menores, negligenciados, bem como para novos viajantes. A Allegiant, uma ocupante de nicho, "vai aonde eles não vão" (veja o Marketing Real 2.2).

Marketing Real 2.2

A ocupante de nicho Allegiant Air: "Vai aonde eles não vão"

Em julho de 2001, Maurice Gallagher queria abrir uma nova companhia aérea. O senso comum sugeria que, para ser bem-sucedida, uma nova companhia aérea precisava seguir o modelo da JetBlue: investir muito e voar a partir de um grande *hub* urbano com várias aeronaves novinhas em folha. Ela precisava bater de frente com os concorrentes, conquistando passageiros das companhias aéreas rivais no hipercompetitivo espaço aéreo comercial. Infelizmente, Gallagher não tinha muito dinheiro. Além disso, ele tinha somente uma aeronave MS-80 velha, que consumia muito combustível e contava com 150 assentos. Assim, Gallagher precisava descobrir um modelo diferente, que lhe permitisse encontrar um nicho não disputado em espaços aéreos cronicamente abarrotados.

O resultado disso é a Allegiant Air, apontada como a mais bem-sucedida companhia aérea norte-americana hoje. Enquanto outras companhias aéreas tiveram que lutar durante a pior recessão da história recente, a Allegiant teve nove anos seguidos de lucros — algo de que nenhuma outra companhia aérea pode se gabar. Somente no último ano, a receita da Allegiant cresceu 17%, com margem bruta de 51% — o dobro dos números da Southwest, a queridinha do setor. Esse desempenho financeiro fez com que a emergente companhia aérea ganhasse um lugar na lista anual da *Forbes* das 100 empresas com crescimento mais rápido, bem como a impulsionou para o top 10 da lista anual da *Forbes* das pequenas empresas com ações listadas publicamente.

Mas o que torna a Allegiant diferente? Em um setor repleto de iniciativas de baixo custo que não dão certo, "nós precisávamos de uma estratégia que tivesse custo baixo e pudesse gerar dinheiro desde o início", diz Gallagher. "Aos poucos, fomos descobrindo essa estratégia: ir aonde eles não vão." Por "ir aonde eles não vão", Gallagher quer dizer um novo tipo de companhia aérea — um tipo que encontra uma maneira totalmente nova de atender a um nicho de clientes negligenciado pelos principais concorrentes. De acordo com uma analista, diferentemente das outras companhias aéreas, a Allegiant "abre mão de pessoas que viajam a trabalho, de voos diários e mesmo de serviços entre grandes cidades". De fato, a Allegiant é uma "não companhia aérea".

Para começar, a Allegiant busca territórios não disputados — rotas negligenciadas por concorrentes maiores, mais bem estabelecidos. Em seus esforços para cortar custos, as principais companhias aéreas abandonaram muitos mercados menores, e a Allegiant avançou para preencher essas lacunas. Ela começou conectando sua cidade natal, Las Vegas — e mais tarde outros destinos turísticos populares, como Los Angeles, Orlando e Phoenix —, a dezenas de aeroportos vazios em cidades menores, como Fresno (Califórnia), Sanford (Flórida) e Mesa (Arizona); isso sem falar de Bozeman (Montana), Peoria (Illinois) e Toledo (Ohio). Esses mercados menores ao redor de grandes cidades não atendidos por nenhuma outra companhia aérea receberam a Allegiant de braços abertos e tapetes estendidos. "Essas pequenas cidades foram negligenciadas por anos", observa Gallagher. "Nós somos o circo que chega à cidade, mas não vamos partir." Como resultado de voar para onde as outras empresas aéreas não vão, a Allegiant possui concorrência direta em pouquíssimas de suas 176 rotas.

Em segundo lugar, a Allegiant não se volta apenas para pessoas que costumam voar a trabalho e por lazer, que são cobiçadas pelas companhias aéreas rivais. Em vez de tentar roubar passageiros dos concorrentes, a Allegiant também foca em clientes que poderiam não voar — aqueles que costumam dirigir uma ou duas horas para algum lugar turístico, mas que agora querem tirar férias de verdade. A ideia da Allegiant é convencer aquela pessoa em Peoria, que não voa muito, a sair do sofá e passar um final de semana em um lugar mais distante, como Las Vegas ou Orlando. Essa abordagem parece estar funcionando. Apesar do sucesso substancial da Allegiant em quase todos os mercados em que entra, ela não tem gerado nenhum impacto mensurável no número de passageiros ou na estrutura de precificação dos concorrentes. Ao estimular viagens aéreas incrementais, a Allegiant voa despercebida pelo radar e evita a concorrência direta.

▶ Ocupantes de nicho: a Allegiant Air, uma lucrativa companhia aérea de baixo custo, evita a concorrência direta com grandes rivais voltando-se para mercados menores, negligenciados e para novos viajantes. A Allegiant "vai aonde eles não vão".

Allegiant Travel Company; (foto da praia) Devon StephensliStockphto.com

Para convencer viajantes mais relutantes, a Allegiant oferece tarifas a preços muito baixos e voos diretos. Ela "oferece uma experiência de viagem completa com grande valor e sem chateação", diz a companhia aérea. A Allegiant fisga os passageiros a bordo com tarifas realmente baixas, de menos de 9 dólares. Naturalmente, você precisa pagar um valor a mais para fazer sua reserva on-line ou ligar para um call center. Você também tem que pagar pelas bagagens — por aquelas que despacha e pelas de mão — e por salgadinhos a bordo, assentos prioritários ou poltronas reservadas. Em seu relatório anual, a empresa afirma: "Nós cobraríamos por isto [pelo relatório] se pudéssemos". Mas, somando tudo, você ainda paga menos do que pagaria se comprasse a passagem de uma empresa aérea concorrente. E a estrutura de precificação à la carte da Allegiant ainda gera vantagens psicológicas. "Se eu tentasse cobrar de você 110 dólares de cara, você não pagaria", observa Gallagher. "Mas, se lhe vender uma passagem por 75 dólares e você escolher o resto, você vai pagar."

E mais: a Allegiant não vende apenas passagens aéreas. Em seu site, ela incentiva os clientes a comprar um pacote de viagem completo. No último ano, a empresa vendeu centenas de milhares de estadias em hotéis, com itens extras, como aluguel de carros, ingressos para shows e até mesmo toalhas de praia e bronzeadores. As "cobranças auxiliares" e a venda de produtos de terceiros são responsáveis por quase 30% do total da tarifa média da companhia aérea, de 133 dólares.

Para apoiar suas tarifas mais em conta, a Allegiant se orgulha de ser uma das operadoras mais eficientes e de custos mais baixos do setor. Com métodos inovadores, como retirar a desnecessária *galley* de suas aeronaves (a Allegiant não serve comida quente), a Allegiant pode colocar 16 assentos adicionais em cada avião. Embora suas velhas aeronaves MD-80 bebam combustível, a empresa compra cada uma delas por pouco menos de 4 milhões de dólares — esse valor representa um décimo do que a Southwest paga por um 737 novo. E, em vez de operar

três vezes por dia em seus mercados menores, a Allegiant oferece cerca de três voos por semana. Os passageiros parecem não se importar com o serviço menos frequente, especialmente porque eles podem voar sem paradas. Enquanto voar, sem escala, de Peoria para Las Vegas pela Allegiant leva cerca de três horas, a mesma viagem usando outras companhias aéreas, com voos de conexão, pode levar três vezes mais tempo — e você ainda paga mais pela passagem.

Os voos menos frequentes levam a um uso mais efetivo da frota da Allegiant. Por exemplo, a companhia aérea de baixo custo atende a 47 destinos a partir de Las Vegas com apenas 14 aeronaves e possui uma média de ocupação de 90%. A Allegiant também não permite que seus aviões voem mais de seis horas por dia, resultando em custos de manutenção mais baixos e em menos tempo de ociosidade. A maior eficiência resulta em margens maiores, embora as tarifas sejam mais baixas.

Com sua estratégia de "ir aonde eles não vão", a Allegiant está prosperando em um ambiente supercompetitivo. Enquanto as principais companhias aéreas estão brigando pelos mesmos passageiros em grandes mercados, a Allegiant encontrou seu nicho vazio. Em um setor maduro que está batalhando para ficar no ar, a Allegiant descobriu um lugar lucrativo para aterrissar. E, acrescentando sem fazer alarde seis aeronaves Boeing 757 a sua frota, ela aumentou sua capacidade de voar sem escalas, colocando mais rotas a seu alcance. Recentemente, a companhia aérea adicionou rotas de Stockton e Fresno (Califórnia) a Honolulu (Havaí). Além disso, identificou mais de 300 potenciais rotas nos Estados Unidos, Canadá, México e Caribe.

Por tudo isso, a Allegiant está quebrando os modelos do setor aéreo de todas as formas que pode. "Ela é única", diz um analista. Esqueça o trabalho em mercados secundários, a redução dos custos e os voos em aeronaves em estilo quase *vintage*. "A verdade é que [a Allegiant] é um modelo de negócios totalmente novo."

Fontes: citações e outras informações extraídas de Richard N. Velotta, "Earnings up 26.5 percent at Las Vegas-based Allegiant Travel", *McClatchy-Tribune Business News*, 25 abr. 2012; Jerome Greer Chandler, "Pledging Allegiant ascendance of the un-airline", *Air Transport World*, fev. 2010, p. 60; Greg Lindsay, "Flying for fun and profit", *Fast Company*, set. 2009, p. 48; "Is Allegiant ready for take off?", *Forbes*, 22 fev. 2011, <www.forbes.com/sites/investor/2011/02/22/airline-allegiant-southwest-ual-profits/>; Jack Nicas, "Allegiant Air to start Hawaii flights", *Wall Street Journal*, 10 abr. 2012, <http://online.wsj.com/article/SB10001424052702303815404577335950867973044.html>; <www.allegiantair.com>. Acesso em: set. 2012.

Uma empresa também pode optar por atender a muitos segmentos relacionados — talvez aqueles com diferentes tipos de clientes, mas com os mesmos desejos básicos. A Abercrombie & Fitch, por exemplo, é voltada para universitários, adolescentes e crianças e oferece as mesmas roupas e acessórios casuais e exclusivos em três diferentes lojas: a Abercrombie & Fitch (a original), a Hollister e a Abercrombie. Já uma empresa grande (por exemplo: empresas automobilísticas como a Honda e a Ford) podem preferir oferecer uma gama completa de produtos para atender a todos os segmentos de mercado.

A maioria das empresas entra em um novo mercado atendendo a um único segmento; se for bem-sucedida, ela entra em outros. Por exemplo, a Nike começou com tênis de corrida inovadores para atletas sérios. Grandes empresas, no fim, acabam buscando total cobertura de mercado. Assim, a Nike agora fabrica e vende uma ampla variedade de produtos esportivos para todo e qualquer um, com o objetivo de "ajudar os atletas de todos os níveis a atingir seu potencial"[11]. A empresa desenvolve diferentes produtos para atender às necessidades especiais de cada segmento que serve.

Diferenciação e posicionamento de mercado

Depois de decidir em quais segmentos de mercado entrar, a empresa deve determinar como vai diferenciar sua oferta ao mercado para cada segmento-alvo e quais posições quer ocupar nesses segmentos. A *posição* de um produto é o lugar que ele ocupa na mente dos consumidores em relação aos produtos concorrentes. Os profissionais de marketing querem desenvolver posicionamentos de mercado exclusivos para seus produtos. Se um produto é considerado exatamente igual a outros existentes no mercado, os consumidores não têm motivos para comprá-lo.

Posicionamento significa fazer com que um produto ocupe um lugar claro, distinto e desejável na mente dos consumidores-alvo em relação aos produtos concorrentes. Os profissionais de marketing planejam posições que diferenciam seus produtos das marcas concorrentes e lhes proporcionam a maior vantagem em seus mercados-alvo.

A BMW fabrica "a melhor máquina de dirigir"; a Audi promete "a verdadeira engenharia"; o Neutrogena é "o mais recomendado pelos dermatologistas"; a Burt's Beer Inc. oferece "produtos de cuidados pessoais naturais que respeitam o meio ambiente para o bem comum".[12] No McDonald's, você dirá "amo muito tudo isso"; no Wendy's, "qualidade é a nossa receita". Essas declarações aparentemente simples constituem a espinha dorsal da estratégia de marketing de um produto. Por exemplo, o McDonald's desenvolve toda a sua campanha de marketing integrado mundial — comerciais de televisão, anúncios impressos, sites — com base no posicionamento "amo muito tudo isso".

▲ Posicionamento: a Burt's Beer Inc. oferece "produtos de cuidados pessoais naturais que respeitam o meio ambiente para o bem comum".

BURT'S BEER é uma marca registrada da Burt's Beer Inc. Usado com permissão. 2012 Burt's Beer Inc. Reproduzido com permissão.

Ao posicionar sua marca, a empresa primeiro identifica possíveis diferenças de valor para o cliente, que proporcionem a ela vantagens competitivas sobre as quais construir sua posição. A empresa pode oferecer valor superior para o cliente cobrando preços mais baixos do que os concorrentes ou fornecendo mais benefícios para justificar preços mais altos. Contudo, se *prometer* valor superior, ela terá que *entregar* valor superior. Portanto, o posicionamento efetivo começa com a **diferenciação**, que significa *diferenciar* de fato a oferta ao mercado da empresa para que ela ofereça mais valor aos consumidores. Uma vez que tenha escolhido uma posição desejada, a empresa deve adotar medidas eficientes para entregar e comunicar essa posição aos consumidores-alvo. Todo o programa de marketing deve apoiar a estratégia de posicionamento escolhida.

Posicionamento
Fazer com que um produto ocupe um lugar claro, distinto e desejável na mente dos consumidores-alvo em relação aos produtos concorrentes.

Diferenciação
Diferenciar de fato a oferta ao mercado a fim de criar valor superior para o cliente.

Desenvolvimento de um mix de marketing integrado

Após determinar sua estratégia de marketing geral, a empresa está pronta para começar a planejar os detalhes do seu **mix de marketing**, um dos principais conceitos do marketing moderno. O mix de marketing é o conjunto de ferramentas táticas de marketing que a empresa combina para gerar a resposta que deseja no mercado-alvo. Ele consiste em tudo o que a empresa pode fazer para influenciar a demanda de seu produto. As diversas possibilidades podem ser agrupadas em quatro grupos de variáveis: os 4Ps. A Figura 2.5 traz as ferramentas de marketing de cada "P".

Mix de marketing
O conjunto de ferramentas táticas de marketing — produto, preço, praça, promoção — que a empresa combina para gerar a resposta que deseja no mercado-alvo.

- *Produto*: é a combinação de bens e serviços que a empresa oferece para o mercado-alvo. Assim, um Ford Escape consiste em porcas e parafusos, velas, pistões, faróis dianteiros e milhares de outras peças. A Ford oferece muitas versões de Escape e dezenas de opcionais. O carro vem totalmente equipado e com uma garantia abrangente que é tão parte do produto quanto o escapamento.
- *Preço*: é a quantia de dinheiro que os clientes precisam pagar para obter o produto. Por exemplo, a Ford oferece a suas concessionárias sugestões de preços para cada tipo de Escape. Mas elas raramente vendem por esses preços. Em vez disso, negociam o preço com cada cliente, oferecendo descontos, aceitando carros usados e estabelecendo condições de pagamento. Essas ações ajustam os preços às atuais situações econômicas e competitivas, além de alinhá-los à percepção que o comprador tem do valor do carro.
- *Praça*: envolve as atividades da empresa que disponibilizam o produto para os consumidores-alvo. Nos Estados Unidos, a Ford mantém uma grande rede de concessionárias independentes que vendem os vários modelos da empresa. Ela seleciona suas concessionárias com cuidado e lhes fornece um grande apoio. As concessionárias mantêm um estoque de carros da Ford, mostram esses carros para compradores potenciais, negociam preços, fecham vendas e oferecem serviços após a venda.

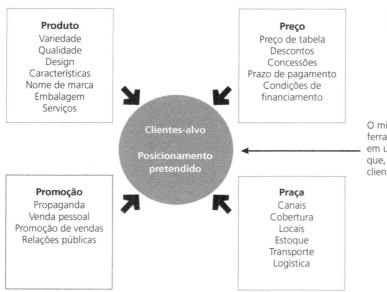

Figura 2.5 Os 4Ps do mix de marketing.

O mix de marketing (ou 4Ps) consiste em ferramentas táticas de marketing combinadas em um programa de marketing integrado que, de fato, entrega o valor pretendido aos clientes-alvo.

- *Promoção*: envolve as atividades que comunicam os pontos fortes do produto e convencem os clientes-alvo a comprá-lo. A Ford gasta mais de 1,9 bilhão de dólares por ano em propaganda nos Estados Unidos, para falar aos consumidores sobre a empresa e seus produtos.[13] Os vendedores das concessionárias auxiliam potenciais compradores e os convencem de que os carros da Ford são os melhores para eles. A Ford e suas concessionárias oferecem promoções especiais — liquidações, descontos para pagamento à vista e baixas taxas de juros para financiamento — como incentivos de compra adicionais.

Um programa de marketing eficaz combina os elementos do mix de marketing em um programa integrado desenvolvido para atingir os objetivos de marketing da empresa por meio da entrega de valor para os consumidores. O mix de marketing constitui o conjunto de ferramentas táticas da empresa para estabelecer um forte posicionamento nos mercados-alvo.

Alguns críticos acham que os 4Ps podem omitir ou deixar de enfatizar determinadas atividades importantes. Eles perguntam, por exemplo: "Onde estão os serviços?". Não é porque não começam com a letra "P" que eles são omitidos. A questão é que os serviços — como os bancários, os aéreos e os de varejo — também são produtos. Podemos chamá-los de *produtos de serviços*. "Onde está a embalagem?", os críticos podem perguntar. Os profissionais de marketing responderiam que a embalagem é uma das muitas decisões de produto. Em resumo, como sugere a Figura 2.5, muitas atividades de marketing que podem parecer estar fora do mix de marketing são agrupadas sob um dos 4Ps. A questão não é se devem ser 4, 6 ou 10Ps, mas sim qual estrutura é mais útil no desenvolvimento de programas de marketing integrado.

Entretanto, há outra preocupação válida: a de que o conceito dos 4Ps leva em conta o ponto de vista do vendedor em relação ao mercado, e não o do comprador. Nessa época de valor para o cliente e relacionamento com ele, do ponto de vista do comprador, os 4Ps são mais bem descritos como os 4Cs:[14]

4Ps	4Cs
Produto	Cliente (solução para o)
Preço	Custo (para o)
Praça	Conveniência
Promoção	Comunicação

Portanto, enquanto as empresas se veem como vendedores de produtos, os clientes se veem como compradores de valor ou de uma solução para seus problemas. E os clientes estão interessados em mais do que apenas preços; eles estão interessados nos custos totais para obtenção, utilização e descarte de um produto. Eles querem que o produto ou serviço esteja disponível da forma mais conveniente possível. Para completar, querem comunicação bilateral. Os profissionais de marketing fariam bem em considerar os 4Cs primeiro e, então, construir os 4Ps sobre essa base.

Gerenciamento do esforço de marketing

Objetivo 5

◄ Relacionar as funções da administração de marketing, incluindo os elementos de um plano de marketing, e discutir a importância de mensurar e gerenciar o retorno do investimento em marketing.

Além de ser boas no *marketing* e na administração de marketing, as empresas devem prestar atenção ao *gerenciamento*. O gerenciamento do processo de marketing requer as quatro funções da administração de marketing mostradas na Figura 2.6 — *análise, planejamento, implementação* e *controle*. Em primeiro lugar, a empresa desenvolve planos estratégicos gerais e, em seguida, os traduz em planos de marketing e outros planos para cada divisão, produto e marca. Por meio da implementação, ela transforma os planos em ações. O controle consiste na mensuração e avaliação dos resultados das atividades de marketing e na adoção de medidas corretivas onde for necessário. Para completar, a análise de marketing oferece informações e avaliações necessárias para todas as outras atividades de marketing.

Análise de marketing

A administração da função de marketing começa com uma análise completa da situação da empresa. O profissional de marketing deve conduzir uma **análise SWOT**, por meio da qual avalia os pontos fortes (*strengths* — S), os pontos fracos (*weaknesses* — W), as oportunidades (*opportunities* — O) e as ameaças (*threats* — T) gerais da empresa (veja a Figura 2.7). Os pontos fortes incluem competências internas, recursos e fatores situacionais positivos que podem ajudar a empresa a atender a seus clientes e atingir seus objetivos. Os pontos fracos incluem limitações internas e fatores situacionais negativos que podem afetar o desempenho da empresa. As oportunidades são fatores ou tendências favoráveis no ambiente externo que a empresa pode conseguir explorar a seu favor. E as ameaças são fatores ou tendências externos desfavoráveis que podem apresentar desafios ao desempenho.

Análise SWOT
Avaliação geral dos pontos fortes, dos pontos fracos, das oportunidades e das ameaças da empresa.

A empresa deve analisar seus mercados e o ambiente de marketing para encontrar oportunidades atraentes e identificar ameaças. Ela deve analisar seus pontos fortes e fracos, assim como suas atuais e possíveis ações de marketing, para determinar quais oportunidades pode perseguir. A meta é combinar os pontos fortes da empresa às oportunidades atraentes no ambiente, ao mesmo tempo em que elimina ou supera os pontos fracos e minimiza as ameaças. A análise de marketing oferece informações para todas as outras funções da administração de marketing. Discutiremos a análise de marketing mais detalhadamente no Capítulo 3.

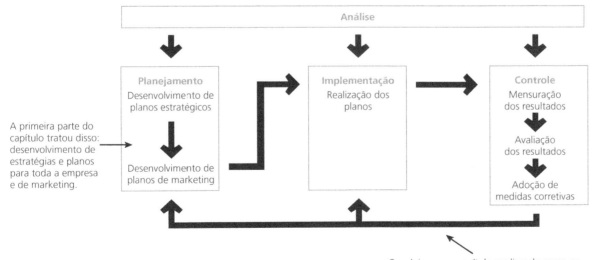

Figura 2.6 Gerenciamento de marketing: análise, planejamento, implementação e controle.

60 Parte 1 | Definição de marketing e o processo de marketing

A meta da análise SWOT é combinar os pontos fortes da empresa às oportunidades atraentes no ambiente, ao mesmo tempo em que elimina ou supera os pontos fracos e minimiza as ameaças.

Interno

Pontos fortes
Competências internas que podem ajudar a empresa a atingir seus objetivos.

Pontos fracos
Limitações internas que podem interferir na capacidade da empresa de atingir seus objetivos.

Externo

Oportunidades
Fatores externos que a empresa pode conseguir explorar a seu favor.

Ameaças
Fatores externos, atuais e emergentes, que podem desafiar o desempenho da empresa.

Positivo

Negativo

Preste atenção! A análise SWOT é uma das ferramentas mais usadas na condução de análises situacionais. Você vai utilizá-la muito no futuro, principalmente quando for analisar casos empresariais.

Figura 2.7 Análise SWOT: pontos fortes, pontos fracos, oportunidades e ameaças.

Planejamento de marketing

Por meio do planejamento estratégico, a empresa decide o que quer fazer com cada unidade de negócios. O planejamento de marketing implica selecionar as estratégias de marketing que ajudarão a empresa a atingir seus objetivos estratégicos gerais. É necessário um plano de marketing detalhado para cada negócio, produto ou marca. Como é esse plano? Nossa discussão se concentra em planos de marketing para marca e produto.

A Tabela 2.2 apresenta as principais seções de um típico plano de marca ou de produto. (Veja o Apêndice 1 para um exemplo de plano de marketing.) O plano começa com um resumo executivo, que traz um breve resumo das principais avaliações, metas e recomendações. A principal seção do plano mostra uma análise SWOT detalhada da atual situação do marketing, assim como das ameaças e oportunidades potenciais. Em seguida, são apresentados os principais objetivos para a marca e os aspectos específicos de uma estratégia de marketing para alcançar esses objetivos.

▼ **Tabela 2.2** Conteúdo de um plano de marketing.

Seção	Propósito
Resumo executivo	Apresenta um breve resumo das principais metas e recomendações do plano a ser analisado pela administração, ajudando-a a encontrar os principais pontos do plano rapidamente.
Atual situação do marketing	Descreve o mercado-alvo e a posição da empresa nele, incluindo informações sobre o mercado, o desempenho do produto, a concorrência e a distribuição. Essa seção inclui: • Uma *descrição do mercado*, que define o mercado e seus principais segmentos e, em seguida, analisa as necessidades dos clientes e os fatores no ambiente de marketing que podem afetar as compras deles. • Uma *análise do produto*, que mostra as vendas, os preços e as margens brutas dos principais itens da linha de produtos. • Uma *análise da concorrência*, que identifica os principais concorrentes e avalia a posição de cada um deles no mercado, bem como suas estratégias referentes à qualidade, determinação de preços, distribuição e promoção do produto. • Uma análise da *distribuição*, que avalia as recentes tendências em vendas e outros acontecimentos nos principais canais de distribuição.
Análise das ameaças e das oportunidades	Avalia as principais ameaças e oportunidades com as quais o produto pode se deparar, o que ajuda a administração a prever importantes acontecimentos, tanto positivos como negativos, que poderiam causar impacto na empresa e em suas estratégias.
Objetivos e questões essenciais	Assinala os objetivos de marketing que a empresa gostaria de conquistar durante o período de realização do plano e discute as questões essenciais que afetarão essa conquista.
Estratégia de marketing	Resume a ampla lógica do marketing — por meio da qual a unidade de negócios espera gerar valor para os clientes e criar relacionamento com eles — e especifica os mercados-alvo, o posicionamento e os níveis de gasto com marketing. Como a empresa vai criar valor para os clientes a fim de capturar valor deles em troca? Esta seção também resume as estratégias específicas para cada elemento do mix de marketing e explica como cada uma delas responde às ameaças, oportunidades e questões essenciais descritas anteriormente no plano.
Programas de ação	Descreve como as estratégias de marketing serão transformadas em programas de ação específicos que respondem às seguintes perguntas: *O que* será feito? *Quando* será feito? *Quem* vai fazê-lo? *Quanto* custará?
Orçamentos	Detalha um orçamento de marketing que é, essencialmente, um relatório de lucros e perdas projetados. Além disso, mostra tanto a receita esperada como os custos esperados de produção, distribuição e marketing. A diferença entre receita e custos é o lucro projetado. O orçamento se torna a base para a compra de material, o cronograma de produção, o planejamento de pessoal e as operações de marketing.
Controles	Resume o controle que será utilizado para monitorar o progresso do plano, para permitir que a administração analise os resultados da implementação e para identificar os produtos que não estão alcançando suas metas. Inclui mensurações do retorno do investimento em marketing.

Uma *estratégia de marketing* consiste em estratégias específicas para os mercados-alvo, o posicionamento, o mix de marketing e os níveis de despesa com marketing. Ela resume como a empresa pretende criar valor para clientes-alvo a fim de capturar valor deles em troca. Nessa seção, o responsável pelo planejamento explica como cada estratégia responde às ameaças, oportunidades e questões essenciais descritas anteriormente no plano. Seções adicionais do plano de marketing traçam um programa de ação para implementar a estratégia de marketing, com os detalhes de um *orçamento de marketing* que a apoia. A última seção resume os controles que serão utilizados para monitorar o progresso do plano, mensurar o retorno do investimento em marketing e adotar medidas corretivas.

Implementação de marketing

Planejar boas estratégias é apenas o primeiro passo em direção ao marketing bem-sucedido. Uma estratégia de marketing brilhante pouco vale se a empresa não conseguir implementá-la de maneira apropriada. A **implementação de marketing** é o processo que transforma os *planos* de marketing em *ações* para que os objetivos estratégicos de marketing sejam atingidos. Enquanto o planejamento de marketing preocupa-se com o *porquê* e o *quê* das atividades de marketing, a implementação trata do *quem, onde, quando* e *como*.

Implementação de marketing
Transforma os planos e estratégias de marketing em ações de marketing para que os objetivos estratégicos sejam atingidos.

Muitos profissionais de marketing acreditam que "fazer a coisa de maneira certa" (implementação) tem a mesma, ou até mais, importância do que "fazer as coisas certas" (estratégia). A verdade é que ambas as coisas são essenciais para o sucesso, e as empresas podem conquistar vantagem competitiva por meio da implementação eficaz. Uma empresa pode ter basicamente a mesma estratégia que outra, mas vencer no mercado por conta de uma execução mais rápida e melhor. Contudo, a implementação é difícil — geralmente, é mais fácil pensar boas estratégias de marketing do que realizá-las.

Em um mundo cada vez mais conectado, pessoas em todos os níveis do sistema de marketing devem trabalhar juntas para implementar os planos e as estratégias de marketing. Na Michelin, por exemplo, a implementação de marketing para os pneus comerciais, industriais, de substituição e de equipamentos originais da empresa requer decisões e ações diárias de milhares de pessoas, tanto de dentro como de fora da organização. Os gestores de marketing tomam decisões referentes a segmentos-alvo, *branding*, desenvolvimento de produto, preço, promoção e distribuição. Eles conversam com o setor de engenharia sobre o *design* do produto, com o setor de fabricação sobre a produção e os níveis de estoque e com o financeiro sobre as verbas e o fluxo de caixa. Eles também se conectam com pessoas de fora da organização, por exemplo, com o pessoal de agências de propaganda, para planejar campanhas publicitárias, e de veículos de comunicação, para obter ajuda em publicidade. A força de vendas trabalha de perto com fabricantes de automóveis e apoia revendedores Michelin independentes e grandes varejistas como o Walmart, em um esforço para convencer compradores de todos os tipos e tamanhos de que "o pneu certo muda tudo".

Organização do departamento de marketing

A empresa deve desenhar uma organização de marketing que possa realizar as estratégias e os planos de marketing. Quando a empresa é muito pequena, uma única pessoa pode fazer todo o trabalho — pesquisa, venda, propaganda, atendimento ao cliente e outras atividades. Contudo, à medida que a empresa se expande, surge um departamento de marketing para planejar e realizar as atividades de marketing. Em grandes empresas, esse departamento

▲ Implementação de marketing: na Michelin, a implementação de marketing requer que milhares de pessoas, tanto de dentro como de fora da empresa, trabalhem juntas para convencer os clientes de que "o pneu certo muda tudo".
Michelin North America

▲ Os profissionais de marketing devem constantemente planejar suas atividades de análise, implementação e controle.
Yuri Arcurs/Shutterstock

contém muitos especialistas — gerentes de produto e de mercado, gerentes de vendas e vendedores, pesquisadores de mercado e especialistas em propaganda, entre outros.

Para comandar essas grandes organizações de marketing, muitas empresas criaram a posição de CMO (diretor de marketing). Essa pessoa conduz toda a operação de marketing da empresa e representa a área na alta administração. A posição de CMO coloca o marketing em posição de igualdade com outros executivos "nível C", como o COO (*chief operating officer* — equivalente a diretor de operações) e o CFO (*chief financial officer* — equivalente a diretor de finanças). Como membro da alta administração, o papel do CMO é defender os interesses do cliente — ou seja, ser o *chief customer officer* (o equivalente a diretor de clientes).[15]

Os departamentos de marketing modernos podem ser organizados de diversas maneiras. A forma mais comum de organização de marketing é a *organização funcional*, na qual diferentes atividades de marketing são lideradas por um especialista funcional — um gerente de vendas, um gerente de propaganda, um gerente de pesquisa de marketing, um gerente de atendimento ao cliente ou um gerente de novos produtos. Uma empresa que atua em todo o país ou no mercado internacional geralmente utiliza uma *organização geográfica*, na qual seu pessoal de marketing e vendas é designado para países, regiões e distritos específicos. A organização geográfica permite que o pessoal de vendas se estabeleça em um território, conheça seus clientes e gaste pouco tempo e dinheiro com viagens. As empresas com muitos produtos ou marcas diferentes geralmente criam uma *organização de gerência de produto*. Com essa abordagem, um gerente de produto desenvolve e implementa uma estratégia e um programa de marketing completos para um produto ou uma marca específica.

Para empresas que vendem uma linha de produtos para diferentes tipos de mercados e clientes, com diferentes necessidades e preferências, uma *organização de gerência de mercado* ou *clientes* pode ser a melhor opção. A organização de gerência de mercado é parecida com a organização de gerência de produto. Os gerentes de mercado são responsáveis pelo desenvolvimento de estratégias e planos de marketing para seus mercados ou clientes específicos. A principal vantagem desse sistema é que a empresa fica organizada de acordo com as necessidades de segmentos específicos de clientes. Por exemplo, empresas como a P&G e a Stanley Black & Decker formaram grandes equipes, e até mesmo divisões inteiras, para atender a grandes clientes, como Walmart, Target, Safeway e Home Depot.

Grandes empresas que produzem muitos produtos diferentes, os quais são vendidos em diversas áreas geográficas e mercados, normalmente utilizam uma *combinação* das formas organizacionais funcional, geográfica, de produto e de mercado.

Nos últimos anos, a organização de marketing tem se tornado uma questão cada vez mais importante. Um número crescente de empresas está deixando de se concentrar na gestão da marca para focar na *gestão dos clientes* — elas estão se distanciando da gestão apenas da lucratividade da marca ou produto e aproximando-se da gestão da lucratividade do cliente e do customer equity. Essas empresas não se veem como gestoras de portfólios de marca, mas sim de portfólios de clientes. E, em vez de gestoras das conquistas de uma marca, elas se veem como gestoras das experiências e dos relacionamentos dos clientes com a marca.

Controle de marketing

Controle de marketing
Mensurar e avaliar os resultados dos planos e estratégias de marketing e adotar medidas corretivas para assegurar que os objetivos sejam alcançados.

Como ocorrem muitas surpresas durante a implementação dos planos de marketing, os profissionais de marketing precisam manter um constante **controle de marketing** — avaliar os resultados dos planos e estratégias de marketing e adotar medidas corretivas para assegurar que os objetivos sejam alcançados. O controle de marketing envolve quatro etapas. Em primeiro lugar, a administração estabelece metas de marketing específicas. Em seguida, ela mensura seu desempenho no mercado e, então, avalia as causas de quaisquer diferenças entre o desempenho esperado e o real. Para completar, adota medidas corretivas para acabar com a lacuna entre as metas e o desempenho. Isso pode requerer mudanças nos programas de ação ou até mesmo nas metas.

O *controle operacional* implica comparar constantemente o desempenho da empresa com o plano anual e adotar medidas corretivas quando necessário. Seu propósito é assegurar que a empresa atinja as vendas, os lucros e outras metas estabelecidas em seu plano anual. Esse controle também implica determinar a lucratividade de diferentes produtos, territórios, mercados e canais. O *controle estratégico* envolve analisar se as estratégias básicas da empresa estão se ajustando bem com as suas oportunidades. As estratégias e os programas de marketing podem se desatualizar rapidamente, por isso toda empresa deve reavaliar periodicamente sua abordagem geral para o mercado.

Mensuração e gerenciamento do retorno do investimento em marketing

Os gestores de marketing devem garantir que o dinheiro alocado no marketing está sendo bem gasto. No passado, muitos profissionais de marketing gastavam livremente em grandes e caros programas de marketing, muitas vezes sem parar para pensar nos retornos financeiros de seus gastos. Eles acreditavam que o marketing produz resultados intangíveis, que não são passíveis de ser diretamente mensurados em termos de produtividade ou retorno. Mas, em tempos econômicos difíceis, isso mudou.[16]

> Durante anos, os profissionais de marketing das empresas entraram em reuniões para definição de orçamento totalmente despreparados. Nem sempre eles conseguiam mostrar como tinham gastado as verbas recebidas no passado ou que diferença tudo aquilo fazia. Eles só queriam mais dinheiro — para anúncios chamativos na TV, para eventos caros, para, você sabe, divulgar a mensagem e desenvolver a marca. Mas aqueles inebriantes dias de aumentos no orçamento feitos às cegas estão rapidamente sendo substituídos por um novo mantra: mensuração e prestação de contas. Os dias do marketing como uma ciência intuitiva estão oficialmente acabados. Em seu lugar, está se consolidando o conceito de marketing de desempenho — a prática de, ao longo do tempo, mensurar as estratégias e as táticas de marketing, aprender com elas e melhorá-las. Mais do que nunca, muitas empresas estão trabalhando agora para conectar os pontos que ligam as atividades e os resultados de marketing.

Uma importante mensuração do desempenho do marketing é o **retorno do investimento em marketing (ou ROI em marketing)**, que é o retorno líquido de um investimento em marketing dividido pelos custos do investimento em marketing. O ROI em marketing mensura os lucros gerados pelos investimentos em atividades de marketing.

Retorno do investimento em marketing (ou ROI em marketing)
É o retorno líquido de um investimento em marketing dividido pelos custos do investimento em marketing.

Em uma pesquisa recente, 63% dos CMOs disseram que, até 2015, o retorno do investimento em marketing será a mais importante mensuração de seu sucesso. Outra pesquisa, entretanto, descobriu que apenas 45% das organizações estavam satisfeitas com seu ROI em marketing. Um número alarmante de CMOs (57% deles) não leva em conta medidas de ROI na hora de elaborar seus orçamentos de marketing e um número ainda mais surpreendente (28%) diz que baseia seus orçamentos no "instinto". A conclusão de um analista: "Os profissionais de marketing devem começar a pensar mais estrategicamente como seus programas impactam a receita de seus negócios".[17]

Mensurar o ROI em marketing pode ser difícil. Na mensuração do ROI financeiro, tanto o *R* (retorno) como o *I* (investimento) são medidos em termos monetários. Por exemplo, ao comprar uma peça de um equipamento, os ganhos de produtividade resultantes dessa compra são razoavelmente claros. Contudo, ainda não há uma definição consistente de ROI em marketing. Retornos como impacto da propaganda e na construção da marca, por exemplo, não são facilmente colocados em valores monetários.

Uma empresa pode avaliar o ROI em marketing com base em mensurações padrão de desempenho de marketing, como conscientização de marca, vendas ou participação de mercado. Muitas empresas incorporam indicadores como esses em seu *painel de controle de marketing* — conjuntos significativos de indicadores do desempenho de marketing em um único display utilizado para monitorar o desempenho estratégico do marketing. Da mesma maneira que os painéis dos carros dão aos motoristas detalhes sobre o desempenho de seu automóvel, o painel de marketing oferece aos profissionais da área os indicadores detalhados de que eles precisam para avaliar e ajustar suas estratégias de marketing. Por exemplo, a VF Corporation utiliza um painel de marketing para acompanhar o desempenho de suas mais de 30 marcas de roupa, entre elas Wrangler, Lee, The North Face, Vans, Nautica e 7 For All Mankind. O painel de marketing da VF rastreia tendências de marca, brand equity, participação de voz, participação de mercado, opinião on-line e ROI em marketing em importantes mercados no mundo todo — e não apenas para marcas da VF, mas também para as dos concorrentes.[18]

64 Parte 1 | Definição de marketing e o processo de marketing

Figura 2.8 Retorno do investimento em marketing.

Fonte: adaptada de Roland T. Rust, Katherine N. Lemon e Valerie A. Zeithaml, "Return on marketing: using customer equity to focus marketing strategy", *Journal of Marketing*, jan. 2004, p. 112. Usado com permissão.

Em vez de avaliar o retorno do investimento em marketing em termos de mensurações padrão de desempenho (como vendas ou participação de mercado), muitas empresas estão utilizando indicadores focados no relacionamento com o cliente, como satisfação dos clientes, retenção de clientes e customer equity.

Investimentos em marketing

Retornos do marketing

Maiores valores e satisfação para o cliente

Maior atração de clientes

Maior retenção de clientes

Custo do investimento em marketing

Maiores valores do cliente ao longo do tempo e customer equity

Retorno do investimento em marketing

Cada vez mais, entretanto, os profissionais de marketing vão além das mensurações padrão de desempenho e utilizam indicadores focados no cliente para estimar o impacto do marketing, por exemplo, aquisição de clientes, retenção de clientes, valor do cliente ao longo do tempo e customer equity. A Figura 2.8 mostra os gastos de marketing como investimentos que produzem retornos na forma de relacionamento mais lucrativo com o cliente.[19] Os investimentos em marketing resultam em maior valor e satisfação para o cliente, o que, por sua vez, aumenta a atração e a retenção de clientes. Isso amplia o valor de clientes individuais ao longo do tempo e o customer equity geral da empresa. Um maior customer equity em relação ao custo dos investimentos em marketing determina o retorno do investimento em marketing.

Independentemente de como é definido ou mensurado, o conceito de ROI em marketing chegou para ficar. "Em tempos bons ou ruins, estando ou não os profissionais de marketing preparados, vai ser pedido a eles que justifiquem seus gastos com dados financeiros", diz um profissional de marketing. E outro acrescenta que os profissionais de marketing "têm que saber fazer contas".[20]

Revisão dos conceitos

Revisão dos **objetivos** e **termos-chave**

○ Revisão dos objetivos

No Capítulo 1, definimos o que é marketing e delineamos as etapas no processo de marketing. Neste capítulo, analisamos o planejamento estratégico geral da empresa e o papel do marketing na organização. Depois, examinamos com mais profundidade a estratégia e o mix de marketing e tratamos das principais funções da administração de marketing. Com isso, você teve uma boa visão geral dos fundamentos do marketing moderno.

Objetivo 1 ▶ Explicar o planejamento estratégico de uma empresa e suas quatro etapas (p. 43-45)

O *planejamento estratégico* estabelece um patamar para os outros planejamentos da empresa. O marketing contribui para o planejamento estratégico e o plano geral define o papel do marketing na empresa.

O planejamento estratégico implica desenvolver uma estratégia para a sobrevivência e o crescimento no longo prazo. Ele consiste em quatro etapas: (1) definição da missão da empresa, (2) estabelecimento de objetivos e metas, (3) desenvolvimento de um portfólio de negócios e (4) desenvolvimento de planos funcionais. A *missão* da empresa deve ser orientada para o mercado, realista, específica, motivadora e coerente com o ambiente de mercado. A missão é, então, transformada em *objetivos e metas de apoio* que, por sua vez, orientam as decisões em relação ao portfólio de negócios. Em seguida, cada unidade de negócios e produtos deve desenvolver *planos de marketing detalhados* que estejam de acordo com o plano geral da empresa.

Objetivo 2 ▶ **Discutir como desenvolver portfólios de negócios e estratégias de crescimento (p. 46-51)**

Orientada pela declaração de missão da empresa e por seus objetivos, a administração desenvolve seu *portfólio de negócios* — o conjunto de negócios e produtos que constituem a empresa. A organização quer o portfólio de negócios que melhor alinhe seus pontos fortes e fracos às oportunidades no ambiente. Para isso, ela deve analisar e adaptar seu portfólio de negócios *atual* e desenvolver estratégias de *crescimento* e *redução* para ajustar seu portfólio *futuro*. A empresa pode utilizar um método de planejamento de portfólio formal. Mas muitas empresas estão desenvolvendo abordagens de planejamento de portfólio mais customizadas, que se ajustam melhor a sua situação específica.

Objetivo 3 ▶ **Explicar o papel do marketing no planejamento estratégico e como o marketing trabalha com seus parceiros para criar e entregar valor para o cliente (p. 51-53)**

Orientados pelo plano estratégico, os principais departamentos funcionais — marketing, financeiro, custos, compras, operações, sistemas de informação e recursos humanos, entre outros — devem trabalhar juntos para realizar os objetivos estratégicos. O marketing exerce um papel fundamental no planejamento estratégico da empresa ao oferecer uma filosofia de *orientação de marketing* e *informações* referentes a oportunidades de mercado atrativas. Nas unidades de negócios individuais, o marketing elabora *estratégias* para que elas atinjam seus objetivos e as ajuda a executar essas estratégias de maneira lucrativa.

Os profissionais de marketing não podem produzir sozinhos valor superior para os clientes. Eles devem praticar a *gestão do relacionamento com o parceiro*, trabalhando de perto com parceiros de outros departamentos para formar uma *cadeia de valor interno* efetiva, que atenda aos clientes. Além disso, devem consolidar parcerias eficientes com outras empresas no sistema de marketing para formar uma *cadeia de valor* superior em relação à concorrência.

Objetivo 4 ▶ **Descrever os elementos de uma estratégia e de um mix de marketing orientados para o cliente e as forças que os influenciam (p. 53-58)**

O valor para o cliente e o relacionamento com ele estão no centro da estratégia e dos programas de marketing. Por meio da segmentação de mercado, da definição do mercado-alvo, da diferenciação e do posicionamento, a empresa divide o mercado total em segmentos menores, seleciona os segmentos a que pode atender melhor e decide como quer entregar valor aos consumidores-alvo nos segmentos selecionados. Ela, então, desenvolve um *mix de marketing integrado* para produzir a resposta que deseja no mercado-alvo. O mix de marketing consiste em decisões relativas a produto, preço, praça e promoção.

Objetivo 5 ▶ **Relacionar as funções da administração de marketing, incluindo os elementos de um plano de marketing, e discutir a importância de mensurar e gerenciar o retorno do investimento em marketing (p. 59-64)**

Para encontrar o melhor mix e a melhor estratégia e colocá-los em ação, a empresa se engaja na análise, no planejamento, na implementação e no controle de marketing. Os principais componentes de um plano de marketing são: resumo executivo, atual situação do marketing, análise das ameaças e das oportunidades, objetivos e questões essenciais, estratégias de marketing, programas de ação, orçamentos e controles. Geralmente, planejar boas estratégias é mais fácil do que executá-las. Para serem bem-sucedidas, as empresas devem ser eficientes na *implementação* — na transformação de estratégias de marketing em ações de marketing. Os departamentos de marketing podem ser organizados de uma das seguintes maneiras ou por uma combinação delas: *organização de marketing funcional*, *organização geográfica*, *organização de gerência de produto* ou *organização de gerência de mercado*. Nessa época de relacionamento com o cliente, cada vez mais empresas estão mudando seu foco organizacional, transferindo-o da gestão de produto ou território para a gestão do relacionamento com o cliente. As organizações de marketing realizam *controle de marketing*, em nível tanto operacional como estratégico.

Os gestores de marketing devem garantir que o dinheiro alocado no marketing está sendo bem gasto. Em uma economia apertada, hoje, os profissionais de marketing estão diante de pressões crescentes para mostrar que estão agregando valor de acordo com seus custos. Em resposta, eles estão desenvolvendo melhores indicadores de *retorno do investimento em marketing*. Cada vez mais, eles utilizam medidas de impacto do marketing focadas no cliente como um subsídio fundamental em sua tomada de decisões estratégicas.

 ## Termos-chave

Objetivo 1
Planejamento estratégico (p. 43)
Declaração de missão (p. 44)

Objetivo 2
Portfólio de negócios (p. 46)
Análise do portfólio (p. 46)
Matriz crescimento/participação (p. 46)
Matriz de crescimento mercado/produto (p. 50)
Penetração de mercado (p. 50)

Desenvolvimento de mercado (p. 50)
Desenvolvimento de produto (p. 50)
Diversificação (p. 50)

Objetivo 3
Cadeia de valor interna (p. 52)
Cadeia de valor (p. 53)

Objetivo 4
Estratégia de marketing (p. 53)
Segmentação de mercado (p. 54)
Segmento de mercado (p. 54)

Definição do mercado-alvo (p. 54)
Posicionamento (p. 57)
Diferenciação (p. 57)
Mix de marketing (p. 57)

Objetivo 5
Análise SWOT (p. 59)
Implementação de marketing (p. 61)
Controle de marketing (p. 62)
Retorno do investimento em marketing (ROI em marketing) (p. 63)

Discussão e pensamento crítico

○ Questões para discussão

1. Defina planejamento estratégico e descreva brevemente as quatro etapas por meio das quais os gestores e a empresa são conduzidos no processo de planejamento estratégico. Discuta o papel do marketing nesse processo.
2. Nomeie e descreva as quatro estratégias da matriz de crescimento mercado/produto. Para cada estratégia, dê o exemplo de uma empresa que a esteja implementando.
3. Explique o papel da segmentação de mercado, da definição do mercado-alvo, da diferenciação e do posicionamento em uma estratégia de marketing eficiente.
4. Defina cada um dos 4Ps. Quais insights uma empresa poderia obter ao levar em conta os 4Cs, em vez dos 4Ps?
5. Discuta as quatro funções da administração de marketing.

○ Atividades de pensamento crítico

1. Forme um pequeno grupo e conduza uma análise SWOT para uma empresa com ações listadas publicamente. Com base em sua análise, sugira uma estratégia a partir da matriz de crescimento mercado/produto e um mix de marketing apropriado para implementar essa estratégia.
2. Encontre a declaração de missão de duas organizações com fins lucrativos e de duas sem fins lucrativos. Avalie as declarações de missão levando em conta a orientação de mercado dessas organizações.

Aplicações e casos

○ Foco na tecnologia   Tablet Nexus 7 do Google

O Google entrou no mercado de eletrônicos de consumo. Em 2012, a empresa lançou o tablet Nexus 7, que roda com o Android, seu popular sistema operacional. Com preços que variam de 199 a 249 dólares, o Nexus 7 é mais barato que o iPad da Apple, mas comparável ao Kindle Fire da Amazon. De fato, ele é muito parecido com o Kindle Fire em termos de tamanho, peso e características. O Kindle Fire também roda com o Android do Google, mas o Nexus 7 roda com uma versão mais nova do sistema operacional, chamada Jelly Bean. Uma característica do Nexus 7 que não é encontrada no Kindle é um assistente ativado por voz semelhante à Siri do iPhone 4S da Apple. O Google também está lançando o Nexus Q, uma central de entretenimento doméstico em forma de esfera e de cor preta que, por 300 dólares, transmite, sem fio, conteúdo para outros dispositivos. Por 1.500 dólares, o Google oferece o Google Glass, um dispositivo parecido com um óculos que exibe informações da Internet perto dos olhos dos usuários. O Google também comprou a Motorola Mobility — fique atento a outro entrante na categoria de *smartphones*.

1. Descubra mais sobre o Google, bem como sobre seus produtos/serviços, e crie uma matriz BCG de crescimento/participação para a empresa. Em quais produtos e serviços o Google deveria concentrar seus esforços de marketing?
2. Como o Google está posicionando seu *tablet* Nexus 7? Esse produto possui significativa diferenciação em relação às ofertas concorrentes, capaz de fazer com que os consumidores percebam que ele possui um valor mais alto?

○ Foco na ética   Pequenos corações

Provavelmente, você já ouviu falar de procedimentos cardíacos como angioplastia e colocação de *stents*, que são realizados rotineiramente nos adultos. Mas esses procedimentos, dispositivos e medicamentos relacionados não estão disponíveis para bebês e crianças, embora todos os anos nasçam quase 40 mil norte-americanos com problemas no coração que, em geral, requerem cirurgia. Trata-se de uma situação de vida ou morte para os pequenos pacientes, contudo os médicos precisam improvisar, usando dispositivos elaborados para adultos e testados neles. Por exemplo, os médicos usam um dilatador renal para adultos no coração das crianças porque ele possui o tamanho apropriado para a válvula aórtica de um recém-nascido. Esse disposto, entretanto, não é aprovado para o procedimento. Por que dispositivos e medicamentos desenvolvidos para o multibilionário mercado cardiovascular não são elaborados para crianças? Trata-se de uma questão econômica — esse segmento de jovens consumidores é muito pequeno. Um renomado cardiologista atribuiu essa discrepância a uma "lacuna de lucratividade" entre o mercado infantil e o adulto para

Capítulo 2 | Estratégia empresarial e de marketing **67**

tratamento de problemas cardíacos — o mercado adulto é muito mais lucrativo. Apesar de isso poder fazer muito sentido econômico para as empresas, traz pouco conforto para os pais desses pequenos pacientes.

1. É errado as empresas não se voltarem para as necessidades desse segmento? Sugira alguns argumentos que defendam as empresas do fato de elas não oferecerem produtos para atender a essas necessidades.
2. Sugira algumas soluções para esse problema.

Foco nos números Walmart *versus* Target

Em janeiro de 2012, no término de seu período contábil, o Walmart reportou lucros de quase 16 bilhões de dólares sobre vendas um pouco abaixo de 450 bilhões. No mesmo período, o Target teve um lucro de 3 bilhões de dólares sobre vendas de quase 70 milhões. O Walmart está se saindo melhor, certo? Vendas e lucros oferecem informações para comparar a lucratividade desses dois concorrentes. Contudo, entre esses números residem informações referentes à eficiência dos esforços de marketing na criação das vendas e dos lucros reportados. O Apêndice 2 ("Marketing por meio dos números") traz outros indicadores da lucratividade do marketing que vão além do retorno do investimento em marketing (ROI em marketing) descrito neste capítulo. Analise o Apêndice 2 para responder às perguntas utilizando as informações a seguir extraídas da demonstração de resultados do Walmart e do Target (todos os números são em milhares):

1. Calcule a margem de lucro, a contribuição líquida do marketing, o retorno sobre as vendas do marketing (ou RSV de marketing) e o retorno do investimento em marketing (ou ROI em marketing) para ambas as empresas. Qual empresa está se saindo melhor?

Período contábil finalizado em janeiro de 2012	Walmart	Target
Vendas	US$ 446.950.000	US$ 69.865.000
Margem bruta	US$ 111.823.000	US$ 22.005.000
Despesas com marketing	US$ 63.948.750	US$ 10.914.000
Renda líquida (lucro)	US$ 15.699.000	US$ 2.929.000

2. No site do Yahoo! Finance (<http://finance.yahoo.com/>) encontre a demonstração de resultados de outras duas empresas concorrentes. Realize para essas empresas a mesma análise que efetuou na pergunta anterior. Qual empresa está se saindo melhor de maneira geral e no que diz respeito ao marketing? Para as despesas com marketing, use 75% dos gastos "administrativos e gerais com vendas" reportados pelas empresas.

Vídeo empresarial OXO

Você deve conhecer a OXO por seus utensílios de cozinha ergonômicos e bem desenhados. Mas a expertise da empresa em criar dispositivos portáteis com um visual bacana e que funcionam fez com que ela expandisse seus produtos para banheiros, garagens, escritórios, quartos de bebê e até mesmo consultórios. No passado, essa premiada fabricante fez seus produtos entrarem em quase todos os lares dos Estados Unidos, com base em uma estratégia de marketing consistente e, em alguns casos, nada tradicional.

Mas em um mercado altamente competitivo e turbulento, a OXO se concentrou na avaliação e na modificação de sua estratégia de marketing a fim de fazer a marca crescer. Esse vídeo mostra como a OXO está usando o planejamento estratégico para garantir que sua estratégia de marketing resulte no melhor mix de marketing para os melhores e mais lucrativos clientes.

Após assistir ao vídeo que apresenta a OXO, responda às seguintes perguntas:

1. Qual a missão da OXO?
2. Quais condições no mercado fizeram a OXO reavaliar sua estratégia de marketing?
3. O que a OXO modificou em seu mix de marketing? Essas mudanças estão alinhadas com a missão da empresa?

Caso empresarial Trap-Ease America: o grande queijo das ratoeiras

SENSO COMUM

Em uma manhã de abril, Martha House, presidente da Trap-Ease America, entrou em seu escritório em Costa Mesa, Califórnia, e parou por um momento para contemplar a citação de Ralph Waldo Emerson emoldurada e pendurada na parede perto de sua mesa:

"Se um homem [puder]... fazer uma ratoeira melhor que seu vizinho, o mundo abrirá caminho até sua porta."

Talvez, ela pensou, Emerson soubesse de alguma coisa que ela não sabia. Ela *tinha* a melhor ratoeira — a Trap-Ease —, mas o mundo não parecia muito entusiasmado com isso.

Martha tinha acabado de voltar do National Hardware Show (Feira Nacional de Ferramentas), em Chicago. Estava cansada por causa das longas horas que passara em pé em seu estande respondendo às mesmas perguntas centenas de vezes. Contudo, todo aquele trabalho tinha valido a pena. Todos os anos, os organizadores do National Hardware Show promoviam um concurso para escolher o melhor produto lançado na feira. E, dos mais de 300 produtos lançados naquele ano, sua ratoeira havia ficado com o primeiro lugar.

Essa notoriedade, entretanto, não era novidade para a ratoeira Trap-Ease. A revista *People* tinha publicado um artigo sobre a ratoeira, e diversos programas de TV e publicações populares e especializadas haviam falado sobre ela.

Mas, apesar de tudo isso, a demanda esperada para a ratoeira não se materializava. Martha esperava que o prêmio aumentasse o interesse pela ratoeira e suas vendas.

HISTÓRICO

Após obter os direitos mundiais de comercializar a inovadora ratoeira, um grupo de investidores formou a Trap-Ease America em janeiro. Em troca dos direitos de marketing, o grupo concordou em pagar ao inventor e detentor da patente, um rancheiro aposentado, *royalties* sobre cada ratoeira vendida. O grupo, então, contratou Martha para atuar como presidente e administrar a Trap-Ease America.

A Trap-Ease America contratou uma empresa fabricante de plástico para produzir as ratoeiras, que consistiam em um tubo de plástico quadrado de cerca de 15 cm de comprimento e 4 cm de diâmetro. O tubo ficava dobrado no meio, a um ângulo de 30 graus, de modo que, quando a parte da frente ficava sobre uma superfície plana, a parte de trás ficava levantada. A parte de trás possuía uma tampa removível na qual o usuário colocava a isca (queijo, ração para cachorro ou outro petisco). Uma portinhola com dobradiças ficava na frente do tubo. Quando a ratoeira estava "aberta", essa portinhola ficava sobre duas pequenas "varetas" anexadas nos cantos inferiores da porta (veja a figura).

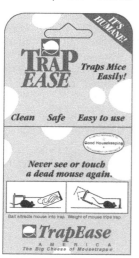

A ratoeira simples funcionava de maneira bastante eficiente. O rato, ao sentir o cheiro da isca, entrava no tubo pela portinhola aberta. À medida que ele caminhava pela parte elevada do tubo em direção à isca, seu peso fazia com que essa parte pendesse para baixo. Esse movimento suspendia a parte da frente, fechando a porta e prendendo o rato. Pequenos dentes na extremidade das varetas encaixavam-se em uma fenda no canto da ratoeira, mantendo a porta fechada. O dono da ratoeira poderia se livrar do rato enquanto ele ainda estivesse vivo ou deixá-lo preso para que sufocasse depois de algumas horas.

Para Martha, a ratoeira tinha muitas vantagens para o consumidor em relação às tradicionais ratoeiras de mola e aos venenos. Os consumidores podiam utilizá-la de maneira segura e fácil, sem correr o risco de prender os dedos enquanto a armavam. Ela também não feria nem envenenava crianças ou animais de estimação. Além disso, com a Trap-Ease, os consumidores evitavam a desagradável "bagunça" das violentas ratoeiras de mola — ela resolvia o problema de maneira limpa. Para completar, o consumidor podia reutilizar a ratoeira ou simplesmente jogá-la fora.

As pesquisas iniciais de Martha sugeriram que as mulheres constituíam o melhor mercado-alvo para a Trap-Ease. Ao que parecia, os homens eram mais propensos a comprar e utilizar as ratoeiras de mola tradicionais. As mulheres, por outro lado, não gostavam da ratoeira tradicional. Elas geralmente ficavam em casa cuidando das crianças, por isso queriam um meio de lidar com o problema dos ratos que evitasse os aborrecimentos e os riscos que as ratoeiras comuns criavam.

Para atingir esse mercado-alvo, Martha decidiu distribuir a Trap-Ease por meio de supermercados, lojas de ferramentas e redes de descontos. Ela vendia a ratoeira diretamente para esses grandes varejistas, evitando os atacadistas ou outros intermediários.

As ratoeiras eram vendidas em pacotes de duas unidades, e o preço sugerido de varejo era de 5,99 dólares. Apesar de esse preço ser cinco vezes maior que o das ratoeiras comuns, os consumidores pareciam oferecer pouca resistência inicial. O custo de fabricação da Trap-Ease, incluindo frete e embalagem, era de 59 centavos por unidade. A empresa pagava ainda 19 centavos por unidade em *royalties*. Martha repassava as ratoeiras para os varejistas por 2,38 dólares a unidade (duas unidades por pacote) e estimava que, após as vendas e os descontos, a Trap-Ease teria uma receita líquida com os varejistas de 1,50 dólar por unidade.

Martha tinha um orçamento de aproximadamente 145 mil dólares para promover o produto no primeiro ano. Ela havia planejado utilizar 100 mil dólares desse montante com viagens, para visitar feiras e varejistas, e deixar os outros 45 mil dólares para usar em propaganda. Entretanto, como a ratoeira tinha gerado muita publicidade, ela achou que não precisaria investir muito em propaganda. Mesmo assim, colocou anúncios na *Good Housekeeping* (afinal, a ratoeira tinha recebido o Selo de Aprovação da publicação) e em outras revistas voltadas para "casa". Martha era a única vendedora da empresa, mas pretendia contratar mais vendedores em breve.

Inicialmente, ela previu que a Trap-Ease venderia cinco milhões de unidades de ratoeiras no primeiro ano. Entretanto, em abril, a empresa tinha vendido somente algumas centenas de milhares de unidades. Martha se perguntava se todos os novos produtos começavam devagar ou se ela estava fazendo alguma coisa errada. Ela tinha detectado alguns problemas, mas nenhum parecia muito sério. Um desses problemas era que o produto não tivera muitas compras repetidas. Outro problema era que muitos varejistas com quem Martha entrara em contato mantiveram as amostras das ratoeiras em suas mesas, como uma curiosidade, enquanto ela queria que as ratoeiras fossem usadas e demonstradas. Martha se perguntava se os consumidores compravam a ratoeira como uma novidade, em vez de como uma solução para seus problemas com os ratos.

Ela sabia que, para o grupo de investidores, a Trap-Ease America tinha "uma oportunidade única" com sua ratoeira inovadora e sentia a impaciência do grupo por um progresso rápido da empresa. Ela possuía um orçamento de aproximadamente 500 mil dólares em custos administrativos e fixos para o primeiro ano (sem contar os custos de marketing). Para deixar os investidores felizes, a empresa precisaria vender uma quantidade de ratoeiras suficiente para cobrir esses custos e gerar um lucro razoável.

DE VOLTA À PRANCHETA

Naqueles primeiros meses, Martha tinha aprendido que comercializar um novo produto não era tarefa fácil. Alguns clientes eram muito exigentes. Por exemplo, um varejista que operava em nível nacional fez um grande pedido e solicitou que ele fosse entregue em um de seus armazéns, entre 13 e 15 horas, em determinado dia. O caminhão com o pedido chegou atrasado e o varejista se recusou a receber a encomenda. Para completar, ele disse a Martha que antes de um ano ela não teria outra chance.

Ao se sentar a sua mesa, Martha se deu conta de que precisaria repensar sua estratégia de marketing. Talvez ela tivesse deixado de lado alguma coisa ou cometido algum erro que estava fazendo com que as vendas fossem tão baixas. Dando mais uma olhada na famosa citação de Emerson, Martha pen-sou que talvez devesse enviar ao varejista exigente e a outros clientes uma cópia dela.

QUESTÕES PARA DISCUSSÃO

1. Martha e os investidores da Trap-Ease acreditam estar diante de uma oportunidade única. De quais informações eles precisam para avaliar essa oportunidade? Como você acha que o grupo definiria sua declaração de missão da empresa? Como *você* a definiria?
2. Martha identificou o melhor mercado-alvo para a Trap-Ease? Quais outros segmentos de mercado a empresa poderia almejar?
3. Como a empresa posicionou a Trap-Ease em relação ao mercado-alvo escolhido? Ela poderia posicionar o produto de outras maneiras?
4. Descreva o mix de marketing atual da Trap-Ease. Você vê algum problema com esse mix?
5. Quem são os concorrentes da Trap-Ease America?
6. O que você mudaria na estratégia de marketing da Trap-Ease? Que tipos de procedimento de controle você estabeleceria para essa estratégia?

NOTAS

1. Citações e outras informações encontradas em Keith O'Brien, "How McDonald's came back bigger than ever", *New York Times*, 4 maio 2012; Andrew Martin, "McDonald's maintains momentum in bad times", *New York Times*, 11 jan. 2009; Beth Kowitt, "Why McDonald's wins in any economy", *Fortune*, 5 set. 2011, p. 71-77; "McDonald's stock: can the new CEO maintain the incredible focus on incremental improvement?", *Forbes*, 22 mar. 2012, <www.forbes.com/sites/ycharts/2012/03/22/mcdonalds-stock-can-the-new-ceo-maintain-the-incredible-focus-on-incremental-improvement/>; dados financeiros e outras informações e fatos sobre a empresa extraídos de <www.aboutmcdonalds.com/mcd/media_center.html/invest.html> e <www.aboutmcdonalds.com/mcd>. Acesso em: set. 2012.
2. A declaração de missão da NASA foi extraída de <www.nasa.gov/about/highlights/what_does_nasa_do.html>. Acesso em: nov. 2012.
3. Para mais discussões sobre declarações de missão, bem como para outros exemplos (bons e ruins), veja Jack e Suzy Welch, "State your business; too many mission statements are loaded with fatheaded jargon. Play it straight", *BusinessWeek*, 14 jan. 2008, p. 80, Piet Levy, "Mission vs. vision", *Marketing News*, 28 fev. 2011, p. 10; Setayesh Sattari et al., "How readable are mission statements? An exploratory study", *Corporate Communications*, 2011, p. 4; <www.missionstatements.com/fortune_500_mission_statements.html>. Acesso em: nov. 2012.
4. Informações sobre a Heinz e sua missão extraídas de <www.heinz.com/our-company/about-heinz/mission-and-values.aspx> e <www.heinz.com>. Acesso em: nov. 2012.
5. A discussão a seguir é parcialmente baseada em informações encontradas em <www.bcg.com/documents/file13904.pdf>. Acesso em: nov. 2012.
6. Lisa Richwine, "Disney earnings beat despite shaky economy", *Reuters.com*, 8 fev. 2012, <www.reuters.com/article/2012/02/08/us-disney-idUSTRE8161TE20120208>; <http://corporate.disney.go.com/investors/annual_reports.html>. Acesso em: set. 2012.
7. H. Igor Ansoff, "Strategies for diversification", *Harvard Business Review*, set./out. 1957, p. 113-124.

8. As ocorrências relatadas nesse parágrafo e nos seguintes são baseadas em informações encontradas em Tess Steins, "Starbucks details plans for energy drink, international expansion", *Wall Street Journal*, 21 mar. 2012, <http://online.wsj.com/article/SB10001424052702304636404577295673557464182.html>; David A. Kaplan, "Strong coffee", *Fortune*, 12 dez. 2011, p. 101-115; Jon Carter, "Starbucks: for infusing a steady stream of new ideas to revise its business", *Fast Company*, mar. 2012, p. 112; <www.starbucks.com>. Acesso em: set. 2012.
9. Veja Michael E. Porter, *Competitive advantage: creating and sustaining superior performance*. Nova York: Free Press, 1985; Michael E. Porter, "What is strategy?", *Harvard Business Review*, nov./dez. 1996, p. 61-78. Veja também "The value chain", <www.quickmba.com/strategy/value-chain>. Acesso em: jul. 2012; Philip Kotler e Kevin Lane Keller, *Marketing management*, 14 ed. Upper Saddle River: Prentice Hall, 2012, p. 34-35 e 203-204.
10. Nirmalya Kumar, "The CEO's marketing manifesto", *Marketing Management*, nov./dez. 2008, p. 24-29; Tom French et al, "We're all marketers now", McKinsey Quarterly, jul. 2011, <www.mckinseyquarterly.com/Were_all_marketers_now_2834>.
11. Veja <http://nikeinc.com/pages/about-nike-inc>. Acesso em: set. 2012.
12. BURT'S BEES® é uma marca registrada da Burt's Bees, Inc. Usada com permissão.
13. "Advertising spending", *Advertising Age*, 19 dez. 2011, p. 4.
14. A classificação dos 4Ps foi sugerida, primeiramente, por E. Jerome McCarthy, *Basic marketing: a managerial approach*. Homewood: Irwin, 1960). Para os 4Cs, outras classificações propostas e mais discussões, veja Robert Lauterborn, "New marketing litany: 4P's Passé C-words take over", *Advertising Age*, 1 out. 1990, p. 26; Phillip Kotler, "Alphabet soup", *Marketing Management*, mar./abr. 2006, p. 51; Nirmalya Kumar, "The CEO's marketing manifesto", *Marketing Management*, nov./dez. 2008, p. 24-29; Roy McClean, "Marketing 101: 4 C's versus the 4 P's of marketing", <www.customfitfocus.com/marketing-1.htm>. Acesso em: nov. 2012.

70 Parte 1 | Definição de marketing e o processo de marketing

15. Para mais discussões sobre a posição de CMO, veja Philip Kotler e Kevin Lane Keller, *Marketing Management*, 14. ed. Upper Saddle River: Prentice Hall, 2012, p. 17; Natalie Zmuda, "When CMOs learn to love data, they'll be VIPs", *Advertising Age*, 13 fev. 2012, p. 2.

16. Adaptado de informações encontradas em Diane Brady, "Making marketing measure up", *BusinessWeek*, 13 dez. 2004, p. 112-113; J. Mark Carr e Richard Schreuer, *Marketing Management*, verão 2010, p. 26-32.

17. Paul Albright, "Metrics must show impact of marketing on revenue", *DM News*, 1 dez. 2011, p. 15; "Study finds marketers don't practice ROI they preach", *Advertising Age*, 11 mar. 2012, <http://adage.com/article/233243/>.

18. Veja "We believe research should lead to action", *Marketing News*, 15 nov. 2009, p. 30; <http://marketingnpv.com/dashboard-platform>. Acesso em: set. 2012.

19. Para uma discussão completa desse modelo e de detalhes referentes a indicadores do retorno do investimento em marketing focados no cliente, veja Roland T. Rust, Katherine N. Lemon e Valerie A. Zeithaml, "Return on marketing: using customer equity to focus marketing strategy", *Journal of Marketing*, jan. 2004, p. 109-127; Roland T. Rust, Katherine N. Lemon e Das Narayandas, *Customer equity management*. Upper Saddle River: Prentice Hall, 2005; Roland T. Rust, "Seeking higher ROI? Base strategy on customer equity", *Advertising Age*, 10 set. 2007, p. 26-27; Andreas Persson e Lynette Ryals, "Customer assets and customer equity: management and measurement issues", *Marketing Theory*, dez. 2010, p. 417-436; Kirsten Korosec, "'Tomăto, tomäto'? Not exactly", *Marketing News*, 13 jan. 2012, p. 8.

20. Elizabeth A. Sullivan, "Measure up", *Marketing News*, 30 maio 2009, p. 8-17; "Marketing strategy: Diageo CMO: 'workers must be able to count'", *Marketing Week*, 3 jun. 2010, p. 5.

Parte 1 ▶ Definição de marketing e o processo de marketing (Capítulos 1-2)

Parte 2 ▶ Entendimento do mercado e dos clientes (Capítulos 3-6)

Parte 3 ▶ Elaboração de uma estratégia e de um mix voltados para o cliente (Capítulos 7-17)

Parte 4 ▶ Marketing ampliado (Capítulos 18-20)

3

Análise do ambiente de marketing

Prévia do capítulo

Até agora, você aprendeu os conceitos básicos do marketing e as etapas no processo de marketing para construir relacionamentos lucrativos com os consumidores-alvo. Agora, começaremos a nos aprofundar na primeira etapa do processo de marketing — entender o mercado, as necessidades e os desejos dos clientes. Neste capítulo, você verá que o marketing opera em um ambiente complexo e em constante mudança. Outros participantes nesse ambiente — fornecedores, intermediários, clientes, concorrentes e públicos etc. — podem trabalhar junto com a empresa ou contra ela. Grandes forças ambientais — demográficas, econômicas, naturais, tecnológicas, políticas e culturais — moldam as oportunidades de marketing, dão origem a ameaças e afetam a capacidade da empresa de construir relacionamento com os clientes. Para desenvolver estratégias de marketing eficazes, a empresa deve, primeiramente, entender o ambiente no qual o marketing atua.

Para começar, vamos analisar o YouTube, o gigante do compartilhamento de vídeos na Internet que surgiu há apenas alguns anos. No último ano, a empresa conquistou mais de 1 trilhão de visualizações de vídeos em todo o mundo, o que lhe rendeu 43% de participação no mercado de vídeo on-line. No entanto, para se manter no topo e crescer de maneira lucrativa, o YouTube terá que se adaptar com agilidade ao ambiente de marketing em rápida mudança.

YouTube: adaptação ao ambiente de marketing em rápida mudança.

Há cerca de 2.500 anos, o filósofo grego Heráclito observou: "Nada existe de permanente a não ser a mudança". Essa afirmação é verdadeira especialmente nos dias de hoje, no turbulento setor de entretenimento em vídeo. O ambiente atual é muito diferente de antigamente, quando se tinha acesso a esse tipo de entretenimento somente pela TV, a partir da programação das emissoras. Hoje, os consumidores têm à disposição uma variedade assustadora de opções referentes ao que assistir, quando e onde quiserem. Mas, se o ambiente de vídeo em rápida mudança deixa os consumidores tontos, ele intimida duas vezes mais as empresas que o atendem.

Talvez nenhuma outra empresa esteja navegando por esse ambiente de marketing desafiador melhor do que o YouTube, do Google. A missão do YouTube é oferecer uma plataforma de distribuição por meio da qual as pessoas possam descobrir, assistir e compartilhar entretenimento em vídeo. No último ano, o YouTube teve mais de 1 trilhão de visualizações em todo o mundo — o que corresponde a 140 visualizações por cada homem, mulher e criança no planeta. São postados mais vídeos no YouTube por mês do que as três principais emissoras norte-americanas transmitiram em 60 anos. O YouTube detém 43% do mercado de vídeo on-line, algo formidável (o número dois do mercado, o chinês YouKu, possui somente 2,3%). Ele é o terceiro site mais visitado na Internet, ficando atrás apenas do Google (sua empresa-mãe) e do Facebook.

Em vez de simplesmente sobreviver em seu caótico ambiente, o YouTube está prosperando, liderando o modo como os vídeos são produzidos, distribuídos e monetizados. Nos primeiros anos do YouTube, suas receitas mal cobriam os custos. Recentemente, entretanto, o site de compartilhamento de vídeos atingiu o Valhala das empresas ponto-com. Ele não apenas está gerando um tráfego absurdo, como também está fazendo dinheiro. Agora, com 98 dos 100 principais anunciantes da *Advertising Age* utilizando o YouTube como canal promocional, o gigante do vídeo on-line rende mais de 1 bilhão de receita anual para o Google.

72 Parte 2 | Entendimento do mercado e dos clientes

O YouTube começou como um local em que pessoas comuns postavam vídeos caseiros de baixa qualidade. Mas o setor de vídeos disparou e a empresa se adaptou rapidamente. Por exemplo, a "programação" do YouTube compete agora com empresas que oferecem serviços de *streaming* de vídeo, como a Netflix e o Hulu, fornecendo uma lista cada vez maior de filmes e séries de TV na íntegra, acompanhados de anúncios.

> Ao deter 43% de participação do mercado de vídeo on-line, o YouTube, o gigante do compartilhamento de vídeo, derrubou seus concorrentes. Mas, para se manter no topo, a empresa terá que se adaptar com rapidez ao turbulento ambiente de marketing.

Contudo, mais do que reagir às mudanças no ambiente, o YouTube quer liderar essas mudanças. Assim, em vez de simplesmente oferecer mais acesso ao tradicional conteúdo do tipo hollywoodiano, o YouTube desenvolveu um programa de parceria que encoraja aspirantes a produtores de vídeo na Internet a criar conteúdo novo e original para o YouTube. Ao todo, mais de 30 mil parceiros espalhados por 27 países participam hoje do programa, produzindo conteúdo novo e compartilhando com o YouTube a receita que ele gera com os anúncios que acompanham os vídeos.

Muitos parceiros do YouTube têm feito bastante sucesso. Um exemplo: o canal =3 (Igual a Três) de Ray William Johnson é um dos mais vistos do YouTube, com mais de 5 milhões de assinantes. Seus comentários sobre vídeos virais, que são postados no YouTube duas vezes por semana, rendem mais de 1,7 bilhão de visualizações, gerando a Johnson milhões de dólares em receitas do YouTube, além de uma renda adicional proveniente de produtos como os bonecos de Ray William Johnson, até aplicativos para smartphones.

Com todos os canais atualmente disponíveis na TV aberta e a cabo, você poderia pensar que ainda mais conteúdo em vídeo seria pouco necessário. Mas o YouTube vê as coisas de outra maneira. Ele planeja utilizar o poder de sua vasta rede social para criar milhares, senão centenas de milhares de canais de interesse específico. Ele tem como objetivo oferecer algo para todos. "Na TV a cabo, não existe um canal para *kitesurfe*, um canal para esqui, um canal para piano", diz Salar Kamangar, CEO do YouTube e um ávido praticante de *kitesurfe*, esquiador e pianista. "Assim... Estamos ajudando na definição de uma nova forma de os criadores de conteúdo atingirem um público e todos os tópicos que [uma pessoa pode] achar importante ter de repente em casa."

Criar conteúdo inovador nesse ambiente de vídeo de cabeça pra baixo representa um grande desafio. Mas descobrir novas e melhores maneiras de distribuir esse conteúdo pode representar um desafio ainda maior. O local preferido de distribuição do YouTube são os PCs conectados à Internet. A empresa também se expandiu para os dispositivos móveis, com aplicativos que dão às pessoas acesso total ao YouTube. Contudo, com a explosão da tecnologia, esse modelo não vai muito longe. Um executivo do YouTube resume as maiores ambições de distribuição da empresa da seguinte maneira: "o YouTube está emergindo como a primeira emissora de TV mundial, a sala do mundo", ao oferecer vídeo para as pessoas onde quer que elas estejam, quando quiserem.

Entretanto, para se tornar a sala do mundo, o YouTube precisa estar em todas as telas disponíveis. Basicamente, além de as pessoas acessarem o YouTube por seus PCs, tablets e telefones, a empresa quer que elas o assistam da mesma maneira como assistem à televisão. Por exemplo, o Leanback, um canal personalizado do YouTube, possui controles simples, visualização em tela cheia e fácil navegação, o que "faz com que ver vídeos no YouTube seja tão fácil quanto ver televisão". Mas o YouTube precisa fazer mais se quiser se tornar a "mais vista" opção de tela grande, ao lado das maiores emissoras de TV e dos principais canais a cabo. O tempo médio de visualização do YouTube é de apenas 15 minutos, ao passo que o telespectador médio de televisão gasta cinco horas por dia em frente ao aparelho. Por conta disso, o YouTube está trabalhando loucamente para criar uma experiência em tela grande que atraia mais pessoas e as mantenha assistindo por mais tempo. Por exemplo, seus canais personalizados oferecem *streams* de vídeo dinâmicos, ajustados aos padrões de visualização de uma pessoa — algo muito parecido com a rádio Pandora, que cria emissoras de música personalizadas.

Ao mesmo tempo em que está mudando a maneira como se produz e distribui conteúdo em vídeo, o YouTube está tentando descobrir a melhor maneira de monetizar o conteúdo em uma época em que consumidores ainda acham que tudo na Internet deve ser de graça. Assim, ele está desenvolvendo um modelo de propaganda que é construído de acordo com o modo como as pessoas utilizam o site. Esse modelo se ajusta melhor às necessidades dos usuários, dos provedores de conteúdo, dos anunciantes e dos próprios resultados da empresa.

Por exemplo, a empresa trabalhou com a marca Philadelphia Cream Cheese, da Kraft Food, para criar uma campanha baseada no YouTube, a qual mostra que o produto é um ingrediente culinário versátil, e não apenas algo que você passa no pão. Reconhecendo que o YouTube é o paraíso dos vídeos, a marca surgiu com uma comunidade apoiada por um site intitulada "Real Women of Philadelphia" (RWoP). O site e a campanha, ambos aclamados, têm como base vídeos hospedados no YouTube, incluindo vídeos postados pela Kraft, mostrando como fazer receitas e concursos de culinária que convidam os usuários a enviar seus próprios vídeos via YouTube.

No primeiro dia da campanha, por 375 mil dólares, a Kraft colocou um comercial da RWoP na homepage do YouTube. O objetivo era gerar tráfego tanto para o site da RWoP como para o canal da Philadelphia no YouTube. Apesar de 375 mil parecer um valor alto, o comercial foi visto por mais de 51 milhões de pessoas, ou seja, ele ficou mais barato do que um anúncio com alcance comparável no horário nobre da televisão. E o mais importante: 10 milhões de pessoas visualizaram o anúncio inteiro e 100 mil acessaram ao site por meio dele. Por fim, a RWoP ajudou a aumentar a receita da marca em 35%, seu primeiro aumento real de vendas em cinco anos. "Você olha para aqueles números e eles praticamente não fazem sentido", diz o gerente de marca da Philadelphia. "É algo muito maior do que a TV."

O que o futuro reserva para o YouTube? Ficar sintonizado. Mas, para permanecer no topo, a empresa precisará ser ágil na hora de se adaptar ao ambiente de marketing em constante mudança — ou melhor, de liderar a mudança. Repetindo as palavras de Heráclito, nada existe de permanente a não ser a mudança. Um respeitado pensador de marketing do nosso tempo coloca isso de um modo um pouco diferente: "Em cinco anos, se estiver no mesmo negócio que está hoje, você estará saindo do mercado".[1]

Capítulo 3 | Análise do ambiente de marketing 73

> ## Resumo dos objetivos
>
> **Objetivo 1**
> Descrever as forças ambientais que afetam a capacidade da empresa de atender a seus clientes.
> O microambiente (p. 73-77)
> O macroambiente (p. 77)
>
> **Objetivo 2**
> Explicar como mudanças nos ambientes demográfico e econômico afetam as decisões de marketing.
> O ambiente demográfico (p. 77-85)
> O ambiente econômico (p. 85-86)
>
> **Objetivo 3**
> Identificar as principais tendências nos ambientes natural e tecnológico da empresa.
> O ambiente natural (p. 86-87)
> O ambiente tecnológico (p. 87-88)
>
> **Objetivo 4**
> Explicar as principais mudanças nos ambientes político e cultural.
> O ambiente político e social (p. 89-92)
> O ambiente cultural (p. 92-95)
>
> **Objetivo 5**
> Discutir como as empresas podem reagir ao ambiente de marketing.
> Reação ao ambiente de marketing (p. 95-97)

O **ambiente de marketing** de uma empresa é constituído pelos atores e pelas forças externas que afetam a capacidade da administração de marketing de construir e manter bons relacionamentos com clientes-alvo. Como o YouTube, as empresas constantemente observam o ambiente em mutação e se adaptam a ele — ou, em muitos casos, lideram as mudanças.

Mais do que qualquer outro grupo na empresa, os profissionais de marketing devem acompanhar tendências e buscar oportunidades no ambiente. Apesar de todo gestor da empresa precisar observar o ambiente externo, os profissionais de marketing possuem duas características especiais: (1) eles possuem métodos sistemáticos — inteligência de marketing e pesquisa de marketing — para coletar informações sobre o ambiente de marketing e (2) eles passam mais tempo nos ambientes dos clientes e dos concorrentes. Conduzindo análises cuidadosas do ambiente, esses profissionais são capazes de adaptar suas estratégias, ajustando-as a novos desafios e oportunidades no mercado.

O ambiente de marketing é formado por um *microambiente* e um *macroambiente*. O **microambiente** é constituído pelos agentes próximos à empresa que afetam sua capacidade de atender a seus clientes — a própria empresa, fornecedores, intermediários de marketing, mercados de clientes, concorrentes e públicos. O **macroambiente** é constituído pelas forças societais mais amplas que afetam o microambiente — forças demográficas, econômicas, naturais, tecnológicas, políticas e culturais. Vamos começar analisando o microambiente da empresa.

O microambiente

A tarefa da administração de marketing é construir relacionamento com os clientes criando valor e satisfação para eles. Entretanto, os gestores de marketing não conseguem fazer isso sozinhos. A Figura 3.1 traz os principais agentes no microambiente da empresa. O sucesso do marketing requer a construção de relacionamento com outros departamentos da empresa, fornecedores, intermediários de marketing, concorrentes, vários públicos e clientes, que se combinam para formar a cadeia de valor da empresa.

A empresa

Ao elaborar planos de marketing, a administração de marketing leva em conta outros grupos da empresa — a alta administração e os departamentos financeiro, de pesquisa e desenvolvimento (P&D), de compras, de operações e de custos, entre outros. Todos esses grupos inter-relacionados constituem o ambiente interno. A alta administração estabelece a missão, os objetivos, as estratégias mais amplas e a política da empresa. Os gestores de marketing tomam decisões de acordo com os planos e as estratégias mais amplas desenvolvidas pela alta administração. Como discutimos no Capítulo 2, os gerentes de marketing devem trabalhar em estreito contato com outros departamentos da empresa. Sob a liderança do marketing, todos os departamentos — o de produção, o financeiro, o jurídico, o de recursos humanos — compartilham a responsabilidade de entender as necessidades dos clientes e criar valor para eles.

Ambiente de marketing
Participantes e forças externas ao marketing que afetam a capacidade da administração de marketing de construir e manter bons relacionamentos com clientes-alvo.

Microambiente
Agentes próximos à empresa que afetam sua capacidade de atender a seus clientes. São eles: a própria empresa, fornecedores, intermediários de marketing, mercados de clientes, concorrentes e públicos.

Macroambiente
Forças societais mais amplas que afetam o microambiente. São elas: forças demográficas, econômicas, naturais, tecnológicas, políticas e culturais.

Objetivo 1

◄ Descrever as forças ambientais que afetam a capacidade da empresa de atender a seus clientes.

Na criação de valor para os clientes, os profissionais de marketing devem estabelecer parcerias com outras organizações que fazem parte da cadeia de valor da empresa.

Os profissionais de marketing devem trabalhar em harmonia com outros departamentos da empresa para criar valor aos clientes e construir um bom relacionamento com eles.

Os clientes constituem o público mais importante do microambiente da empresa. O objetivo do sistema de entrega de valor como um todo é atender aos clientes-alvo e criar um sólido relacionamento com eles.

Figura 3.1 Agentes no microambiente.

Fornecedores

Os fornecedores constituem um importante elo na cadeia de valor para os clientes da empresa. Eles oferecem os recursos necessários para a empresa produzir seus bens e serviços. Problemas com fornecedores podem afetar seriamente o marketing. Os gerentes de marketing devem observar a disponibilidade e os custos dos suprimentos. Escassez e atrasos na entrega de suprimentos, greves, desastres naturais e outros eventos podem prejudicar as vendas no curto prazo e a satisfação do cliente no longo prazo. Já um aumento nos custos dos suprimentos pode forçar a alta dos preços e, com isso, prejudicar o volume de vendas da empresa.

Hoje, a maioria das empresas trata seus fornecedores como parceiros na criação e na entrega de valor para o cliente. Por exemplo, a IKEA — a gigante varejista de móveis da Suécia — não compra simplesmente de seus fornecedores: ela os envolve profundamente no processo de entrega de um estilo de vida elegante e acessível aos seus clientes:[2]

▲ A IKEA, a gigante sueca fabricante de móveis, não compra simplesmente de seus fornecedores: ela os envolve profundamente em um processo de entrega de um estilo de vida elegante e acessível a seus clientes no mundo todo.

Usado com permissão da Inter IKEA Systems B.V.

A IKEA, maior varejista de móveis do mundo, é a marca cult global mais venerada. Todos os anos, clientes de lugares tão diversos como Pequim, Moscou e Middletown, em Ohio, vão a uma das mais de 300 lojas da varejista escandinava espalhadas por 38 países, adquirindo, com avidez, mais de 32 bilhões de dólares em móveis estilosos e, ao mesmo tempo, simples, práticos e com preços acessíveis. Mas o maior desafio para o crescimento da IKEA não é abrir novas lojas e atrair clientes: é encontrar um número suficiente do tipo certo de fornecedor para ajudar a desenhar e fabricar todos os produtos que os clientes levam de suas lojas. Atualmente, para abastecer suas prateleiras, a IKEA conta com mais de 2 mil fornecedores em 50 países. Ela não pode contar apenas com fornecedores locais que poderiam, quem sabe, estar disponíveis quando necessário. Em vez disso, a varejista deve, sistematicamente, desenvolver uma robusta rede que, de maneira confiável, ofereça os mais de 12 mil itens com que ela trabalha. Os designers da IKEA começam com uma simples proposta de valor para o cliente. Em seguida, eles encontram fornecedores e trabalham de perto com eles para levar essa proposta ao mercado. Assim, a IKEA faz mais do que simplesmente comprar dos fornecedores: ela os envolve profundamente em questões referentes a qualidade, design e preço para criar o tipo de produto que mantém os clientes voltando sempre.

Intermediários de marketing

Intermediários de marketing
Organizações que ajudam a empresa a promover, vender e distribuir seus produtos aos compradores finais.

Os **intermediários de marketing** ajudam a empresa a promover, vender e distribuir seus produtos aos compradores finais. Entre os intermediários de marketing estão revendedores, operadores logísticos, agências de serviços de marketing e intermediários financeiros. Os *revendedores* são organizações dos canais de distribuição que ajudam a empresa a encontrar clientes ou a vender para eles. Eles incluem atacadistas e varejistas, que compram a mercadoria e a revendem. Selecionar revendedores e estabelecer uma parceria com eles não é fácil. Hoje, os fabricantes não têm muitos revendedores pequenos e independentes para escolher. Eles se deparam com grandes e crescentes organizações de revenda, como Walmart, Target, Home Depot, Costco e Best Buy, que, muitas vezes, têm poder suficiente para impor condições aos pequenos fabricantes ou até mesmo exclui-los de grandes mercados.

Os *operadores logísticos* ajudam a empresa a estocar e a transportar mercadorias do ponto de origem ao destino. As *agências de serviços de marketing* são as empresas de pesquisa de marketing, as agências de propaganda, as empresas de mídia e as consultorias em marketing que ajudam a empresa a definir seu público-alvo e a promover seus produtos nos mercados certos. Entre os *intermediários financeiros* estão os bancos, as financeiras, as seguradoras e outros negócios que auxiliam nas transações financeiras ou fazem seguros contra os riscos associados à compra e à venda de produtos.

Como os fornecedores, os intermediários de marketing constituem um importante componente do sistema geral de entrega de valor da empresa. Em sua busca por criar satisfação no relacionamento com os clientes, a empresa deve fazer mais do que simplesmente otimizar seu desempenho: ela deve firmar parcerias de maneira eficiente com intermediários de marketing, a fim de otimizar o desempenho de todo o sistema.

Assim, hoje em dia, os profissionais de marketing reconhecem a importância de ter seus intermediários como parceiros, e não simplesmente como canais por meio dos quais vendem seus produtos. Por exemplo, quando a Coca-Cola assina um contrato para se tornar o fornecedor exclusivo de bebidas para uma rede de fast-food — como o McDonald's, o Wendy's ou o Subway —, ela oferece muito mais do que refrigerantes: promete, também, um forte apoio em marketing:[3]

> A Coca-Cola estabelece equipes multifuncionais dedicadas ao entendimento das especificidades de cada negócio de seus parceiros de varejo. Ela conduz uma quantidade incrível de pesquisas sobre os consumidores de bebidas e compartilha os resultados com seus parceiros. Também analisa a demografia das áreas divididas de acordo com o código postal norte-americano e ajuda os parceiros a identificar quais marcas de Coca são as preferidas em suas regiões. A Coca-Cola chegou até mesmo a estudar o design dos cardápios de drive-thru para entender melhor quais layouts, fontes, tamanhos de letra, cores e imagens induzem os consumidores a pedir mais comida e bebida. Com base em suas descobertas, o grupo Coca-Cola Food Service desenvolve programas de marketing e ferramentas de merchandising que ajudam seus parceiros de varejo a melhorar as vendas de bebidas e os lucros. Seu site <www.cokesolutions.com> oferece a seus parceiros uma grande quantidade de informação, soluções empresariais, dicas de merchandising e técnicas sobre como se tornarem conscientes em relação ao meio ambiente. "Sabemos que você adora encantar os clientes e intensificar as experiências reais deles em qualquer nível", diz a Coca-Cola para seus parceiros de varejo. "Como seu parceiro, queremos ajudá-lo de todas as maneiras possíveis." Esforços de parceria tão intensos como esses fizeram da Coca-Cola a líder indiscutível no mercado norte-americano de refrigerantes de máquina.

Concorrentes

De acordo com a orientação de marketing, para ser bem-sucedida, a empresa deve oferecer mais valor e satisfação para os clientes do que seus concorrentes. Assim, os profissionais de marketing devem fazer mais do que simplesmente se adaptar às necessidades dos consumidores-alvo: eles devem também obter vantagem estratégica posicionando agressivamente suas ofertas em relação às dos concorrentes na mente dos consumidores.

Não existe uma estratégia de marketing competitiva que seja ideal para todas as empresas. Cada empresa deve considerar seu tamanho e sua posição no setor em comparação a seus concorrentes. Grandes empresas com posições dominantes em um setor podem utilizar determinadas estratégias com as quais empresas menores não podem arcar. Mas não basta ser grande. Existem estratégias vitoriosas para grandes empresas, mas também existem aquelas que podem levá-las ao fracasso. E empresas pequenas podem desenvolver estratégias que lhes rendam taxas de retorno melhores do que as das grandes empresas.

Públicos

O ambiente de marketing da empresa também inclui diversos públicos. Um **público** consiste em qualquer grupo que tenha interesse real ou potencial na capacidade da organização em atingir seus objetivos ou que possa causar impacto nessa capacidade. Podemos identificar sete tipos de público:

Público
Consiste em qualquer grupo que tenha interesse real ou potencial na organização ou que possa causar impacto em sua capacidade de atingir seus objetivos.

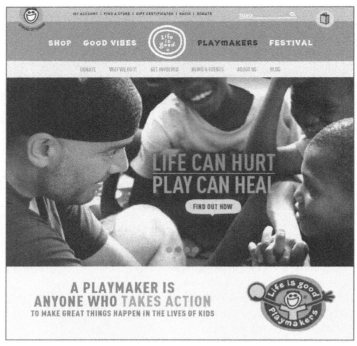

▲ Públicos: a Life is good Company reconhece a importância do público das comunidades. Seu programa Life is good Playmakers oferece treinamento e apoio para profissionais que trabalham com crianças em várias cidades ao redor do mundo. O objetivo é que esses profissionais usem o poder da brincadeira para ajudar crianças a superar desafios que vão desde a violência e a doença até a extrema pobreza.
The Life is good Company

- *Públicos financeiros*: influenciam a capacidade da empresa de obter fundos. Bancos, analistas de investimento e acionistas constituem os principais públicos financeiros.
- *Públicos ligados à mídia*: publicam notícias, artigos e editoriais. Incluem os jornais, as revistas, as emissoras de televisão, os blogs e outras mídias ligadas à Internet.
- *Públicos governamentais*: a administração deve levar em conta as medidas tomadas pelo governo. Os profissionais de marketing devem, com frequência, consultar os advogados da empresa para se informar sobre questões relativas à segurança do produto e à propaganda enganosa, entre outras.
- *Públicos voltados para a ação cidadã*: as decisões de marketing de uma empresa podem ser questionadas por associações de consumidores, grupos ambientais e grupos minoritários, entre outros. O departamento de relações públicas pode ajudar a empresa a se manter em contato com esses grupos.
- *Públicos locais*: incluem associações comunitárias e moradores da região em que a empresa está localizada. Grandes empresas normalmente criam departamentos e programas para lidar com questões envolvendo a comunidade local e oferecem apoio comunitário. A Life is good Company, por exemplo, reconhece a importância do público das comunidades. O programa Life is good Playmakers da empresa promove a filosofia de que "A vida pode machucar, a brincadeira pode curar", ele oferece treinamento e apoio para profissionais que trabalham com crianças, de modo que eles usem o poder da brincadeira para ajudar crianças a superar desafios que vão desde a violência e a doença até a extrema pobreza em cidades no mundo todo, de Danbury, em Connecticut, a Porto Príncipe, no Haiti. A organização já arrecadou mais de 9 milhões de dólares para beneficiar crianças.[4]
- *Público geral*: a empresa precisa se preocupar com a postura do público geral em relação a seus produtos e atividades. A imagem pública de uma empresa afeta suas vendas.
- *Públicos internos*: incluem funcionários, gerentes, voluntários e o conselho de administração. Grandes empresas utilizam boletins internos e outros meios para informar e motivar seus públicos internos. Quando os funcionários se sentem bem com relação à empresa para a qual trabalham, sua atitude positiva se reflete no público externo.

A empresa pode preparar planos de marketing para esses principais públicos, da mesma maneira como prepara para seus mercados de clientes. Suponhamos que ela queira uma resposta específica de um determinado público, como reconhecimento, boca a boca favorável e doação de tempo ou dinheiro. No caso, a empresa teria de desenvolver uma oferta para esse público que fosse atraente o suficiente para produzir a resposta desejada.

Clientes

Como temos enfatizado o tempo todo, os clientes são os principais agentes no microambiente da empresa. O objetivo de toda cadeia de valor é atender aos clientes-alvo e criar um sólido relacionamento com eles. A empresa precisa se voltar para algum dos cinco tipos de mercados de clientes — ou para todos eles. Os *mercados consumidores* consistem em indivíduos e famílias que compram bens e serviços para consumo pessoal. Os *mercados organizacionais* compram bens e serviços para processamento posterior ou para uso em seu processo de produção, ao passo que os *mercados de revenda* compram bens e serviços para revendê-los com uma margem de lucro. Os *mercados governamentais* são constituídos de órgãos do governo que compram bens e serviços para transferi-los àqueles que necessitam ou para produzir serviços públicos. Por fim, os *mercados internacionais* consistem em compradores em outros países, incluindo consumidores, fabricantes, revendedores e governos. Cada tipo de mercado possui características especiais que exigem um estudo cuidadoso por parte da empresa vendedora.

Macroambiente

A empresa, bem como todos os outros agentes, opera em um macroambiente mais amplo de forças que oferecem oportunidades e impõem ameaças a ela. A Figura 3.2 mostra as seis principais forças no macroambiente da empresa. Mesmo as empresas mais dominantes podem ser vulneráveis às forças em frequente turbulência e mutação no ambiente de marketing. Algumas dessas forças são imprevisíveis e incontroláveis. Outras podem ser previstas e controladas por meio de uma boa gestão. Empresas que entendem seus ambientes e se adaptam a eles com maestria podem prosperar. Aquelas que não o fazem podem enfrentar tempos difíceis (veja o Marketing Real 3.1). Nas próximas seções deste capítulo, examinaremos essas forças e mostraremos como elas afetam os planos de marketing.

Ambiente demográfico

Demografia é o estudo da população humana em termos de tamanho, densidade, localização, idade, sexo, raça, ocupação e outros dados estatísticos. O ambiente demográfico é de grande interesse para os profissionais de marketing porque envolve pessoas, e pessoas constituem mercados. A população mundial está crescendo em um ritmo alucinante. Atualmente, ela totaliza mais de sete bilhões de pessoas e acredita-se que, em 2030, excederá os oito bilhões.[5] Essa população mundial grande e altamente diversificada apresenta tanto oportunidades como desafios.

Mudanças no ambiente demográfico mundial geram importantes implicações para os negócios. Assim, os profissionais de marketing precisam acompanhar de perto as tendências e as ocorrências em seus mercados. Eles analisam mudanças nas estruturas etária e familiar, alterações geográficas da população, características educacionais e diversidade da população. Discutiremos aqui as mais importantes tendências demográficas dos Estados Unidos.

Mudanças na estrutura etária da população norte-americana

Atualmente, a população norte-americana contabiliza mais de 313 milhões de pessoas, podendo alcançar 364 milhões em 2030.[6] A mais importante tendência demográfica nos Estados Unidos é a mudança na estrutura etária da população. A população norte-americana contém diversos grupos de geração. Discutiremos aqui os três maiores grupos — os baby-boomers, a geração X e os milênios — e seu impacto nas estratégias de marketing atuais.

BABY-BOOMERS. O período pós-Segunda Guerra Mundial gerou 78 milhões de **baby-boomers**, nascidos entre 1946 e 1964. Ao longo dos anos, eles têm sido uma das mais poderosas forças que moldam o ambiente de marketing. Hoje, os baby-boomers mais jovens estão na casa dos 50 anos, ao passo que os mais velhos estão perto dos 70 e entrando na aposentadoria. Os baby-boomers, cada vez mais maduros, estão repensando o propósito e o valor de seu trabalho, suas responsabilidades e seus relacionamentos.

Objetivo 2

◀ Explicar como mudanças nos ambientes demográfico e econômico afetam as decisões de marketing.

Demografia
Estudo da população humana em termos de tamanho, densidade, localização, idade, sexo, raça, ocupação e outros dados estatísticos.

Baby-boomers
As 78 milhões de pessoas que nasceram entre o período pós-Segunda Guerra Mundial e 1964.

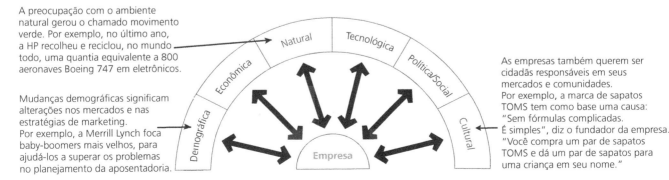

Figura 3.2 Principais forças no macroambiente da empresa.

Marketing Real 3.1

Sony: combatendo o inesperado no ambiente de marketing

Após uma década de luta, 2011 era para ser o ano da virada para a Sony. A gigante do entretenimento e dos eletrônicos de consumo tinha um de seus melhores conjuntos de novos produtos para as prateleiras das lojas. E o mais importante: a Sony estava voltando para a liga dos grandes na área digital, com o lançamento de uma rede digital global, parecida com o iTunes, que combinava as forças da empresa em filmes, música e videogame com todos os seus aparelhos de TV, PCs, telefones e tablets. Analistas previam um lucro de 2 bilhões de dólares. "Eu realmente acreditava que seria um ano para ficar na memória", diz Sir Howard Stringer, presidente da Sony. "E foi, mas da maneira errada."

Em vez de um ano perfeito, 2011 trouxe uma série de calamidades ambientais inesperadas para a Sony. Para começar, em março de 2011, a costa leste do Japão foi devastada por um gigantesco terremoto seguido de tsunami. O desastre forçou a Sony a fechar 10 fábricas, interrompendo operações e o fluxo dos produtos da empresa no mundo todo. Em abril, um ataque de *hackers* aos serviços de entretenimento via Internet da Sony — a segunda maior quebra de dados pessoais on-line da história dos Estados Unidos — forçou a empresa a tirar do ar a PlayStation Network. Apenas quatro meses depois, um incêndio provocado por manifestantes em Londres destruiu um depósito da Sony e, estima-se, 25 milhões de CDs e DVDs, acabando com um estoque de 150 selos independentes. Para fechar o ano, enchentes na Tailândia atingiram fábricas de componentes no país.

No final das contas, o lucro projetado de 2 bilhões de dólares da Sony se transformou em uma perda de 3,1 bilhões — a maior em 16 anos. Esse resultado marcou o terceiro ano de perdas consecutivas, que começaram com outro revés ambiental: a grande recessão e a crise financeira global em 2008. Em meados de 2012, Kazuo Hirai, o fatigado novo CEO da Sony, falou publicamente sobre a "sensação de crise" da empresa, projetando mais um ano de perda na casa dos bilhões de dólares.

Não há dúvidas de que eventos ambientais imprevisíveis desferiram alguns golpes pesados contra a Sony. Mas nem toda culpa pelos infortúnios da Sony é das forças ambientais incontroláveis. As dificuldades atuais da empresa começaram muito antes da recente onda de acontecimentos. Mais culpada do que qualquer desastre natural é a incapacidade de longa data da Sony de se adaptar a uma das mais poderosas forças ambientais de nosso tempo: as drásticas mudanças na tecnologia.

O interessante é que foi justamente o toque mágico da Sony com a tecnologia que transformou a empresa em uma força global. Há pouco mais de 10 anos, a Sony era uma estrela do rock da alta tecnologia, uma verdadeira comerciante de itens bacanas. Além de ser a maior empresa de eletrônicos de consumo do mundo, sua história de produtos inovadores — os aparelhos de TV Trinitron, os tocadores de música portáteis Walkman, as filmadoras Handycam e os consoles de videogame PlayStation — revolucionou setores inteiros. As inovações da Sony orientaram a cultura pop, conquistaram a adoração das massas e geraram dinheiro para a empresa. A marca Sony apoiava-se em inovação, estilo e alta qualidade.

Hoje, entretanto, embora ainda seja uma empresa de 88 bilhões de dólares, a Sony está mais para relíquia do que para estrela do rock, perdida na sombra de empresas de sucesso como a Apple, a Samsung e a Microsoft. Há cerca de uma década, a Samsung ultrapassou a Sony e hoje é a maior fabricante de eletrônicos de consumo do mundo. No último ano, as vendas da Samsung superaram as da Sony em 50%, e a Samsung obteve lucros de 14 bilhões de dólares — enquanto a Sony registrou perdas de 3,1 bilhões. Da mesma maneira, a Apple tem superado a Sony com um novo produto atrás do outro. "Quando eu era jovem, eu tinha que ter um produto da Sony", resume um analista, "mas, para os jovens de hoje, o negócio é a Apple". O preço das ações da Apple subiu e fez dela a empresa mais valiosa da história. Enquanto isso, o preço das ações da Sony recentemente atingiu seu valor mais baixo: 15 dólares — uma impressionante fatia de seu valor mais alto, de mais de 300 dólares, registrado há apenas uma década. Tudo isso faz com que a atual promessa de marca da Sony — "Make. Believe" (Faça. Acredite) — seja mais um "faz de conta".

Como a Sony caiu tanto tão rapidamente? Ela não conseguiu acompanhar a tecnologia. A Sony construiu seu antigo império baseada em engenharia e design inovadores para aparelhos eletrônicos — aparelhos de TV e de CD, consoles de videogame. No entanto, à medida que a Internet foi emergindo, criando um mundo mais móvel e conectado, os aparelhos foram sendo rapidamente substituídos por novas tecnologias, mídias e conteúdo de conexão. Enquanto nosso entretenimento fluía em direção a downloads e conteúdos compartilhados no mundo digital, disponíveis por meio de PCs, iPods, smartphones, tablets e TVs com acesso à Internet, a Sony demorava para se adaptar.

▲ O ambiente de marketing: eventos ambientais imprevisíveis desferiram alguns golpes pesados contra a Sony. Mas a incapacidade da empresa de adaptar ao ambiente tecnológico em mudança fez da atual promessa de marca da Sony — "Make. Believe" (Faça. Acredite) — mais um "faz de conta".
Bloomberg via Getty Images

Comportando-se como se sua superioridade jamais pudesse ser desafiada, uma arrogante Sony agarrou-se às suas antigas tecnologias de sucesso, em vez de abraçar as novas. Por exemplo, antes do lançamento do primeiro iPod da Apple em 2001, a Sony já tinha desenvolvido dispositivos que poderiam baixar e tocar arquivos de música digital. A empresa tinha tudo de que precisava para criar um dispositivo como o iPod, incluindo uma gravadora. Mas ela deixou a ideia passar em favor da ênfase contínua em seu então bem-sucedido negócio de CD. "Steve Jobs [da Apple] descobriu isso, nós descobrimos isso, mas nós não executamos", diz Stringer, o presidente da Sony. "O pessoal da música não queria que os CDs desaparecessem".

De maneira similar, como a maior fabricante de TVs do mundo, a Sony se agarrou a sua querida Trinitron, com tecnologia de tubo de raios catódicos. Enquanto isso, a Samsung, a LG e outros concorrentes agiam rapidamente com suas telas planas. A Sony acabou reagindo, mas hoje tanto a Samsung como a LG vendem mais do que a Sony. O negócio de TV da Sony, que já foi seu principal centro de lucros, perdeu cerca de 8,5 bilhões de dólares nos últimos oito anos.

A história é bem parecida com os consoles PlayStation da Sony, que já foram o líder absoluto do mercado e responsáveis por um terço dos lucros da empresa. A Sony deu de ombros quando a Nintendo lançou seu inovador Nintendo Wii, sensível a movimentos, classificando-o como um "dispositivo para jogos de nicho". Em vez disso, os engenheiros da Sony lotaram o PS3 de tecnologia cara, que gerou uma perda de 300 dólares por unidade vendida. O Wii se tornou um grande sucesso e o mais vendido console para jogos; o PS3 perdeu bilhões de dólares para a Sony, que caiu do primeiro para o terceiro lugar no setor.

Mesmo perdendo dinheiro, o PS3, com sua elegante combinação de hardware e software, tinha todos os ingredientes para fazer da Sony líder no novo mundo de distribuição e rede social de entretenimento digital. Executivos de dentro da Sony viam a plataforma PlayStation como a "personalização da convergência", com o potencial de criar "uma fusão entre computadores e entretenimento". Mas essa visão nunca se materializou, e a Sony ficou para trás no negócio em crescimento que envolve conectar pessoas ao entretenimento digital.

Howard Stringer tem como mérito o fato de ter feito um verdadeiro esforço para reanimar a Sony. Após assumir, em 2005, ele estabeleceu um plano com o objetivo de mudar a mentalidade da Sony e direcionar a empresa para a nova era digital, móvel e conectada. Sob sua recente liderança, a gigante dos eletrônicos de consumo começou a dar sinais de recuperação, com o aumento das receitas e dos lucros. Então, veio a grande recessão, e mais uma vez a empresa atingiu um baixo nível de lucros. E, assim que a Sony começou a reagir àquele desastre, foi golpeada pela onda de calamidades ambientais de 2011.

Assim, as forças ambientais — sejam elas eventos naturais e econômicos imprevisíveis ou mudanças na tecnologia mais previsíveis — podem impactar muito a estratégia da empresa. Os tempos difíceis da Sony oferecem um alerta do que pode acontecer quando uma empresa — mesmo uma líder de mercado dominante — não consegue se adaptar a seu ambiente de marketing em mudança. Apesar dos reveses, entretanto, a Sony ainda tem muito potencial. Recentemente, a empresa anunciou novos planos para revitalizar seus negócios centrais de eletrônicos por meio de uma inovação renovada. Agora, se a Sony conseguir acompanhar a economia e a Mãe natureza cooperar.

Fontes: Bryan Gruley e Cliff Edwards, "Sony needs a hit," *Bloomberg Businessweek*, 21 nov. 2011, p. 72–77; Mariko Yasu e Cliff Edwards, "Sony's Hirai vows to deliver stringer vision with cost cuts," Bloomberg Businessweek, 5 fev. 2012, <www.businessweek.com/news/2012-02-05/sony-s-hirai-vows-to-deliver-stringer- vision-with-cost-cuts.html>; informações extraídas de <www.sony.net/SonyInfo/IR/>. Acesso em: set. 2012.

Após anos de prosperidade, de gastos impensados e de pouca poupança, a grande recessão acertou em cheio muitos baby-boomers, especialmente aqueles que anteciparam a aposentadoria. Uma grande queda no preço das ações e no valor das casas consumiu suas reservas e acabou com potenciais aposentadorias. Como resultado, muitos baby-boomers estão agora gastando com mais cautela e planejando trabalhar mais.

Contudo, embora alguns tenham sentido o aperto pós-recessão, os baby-boomers continuam sendo a mais rica geração da história dos Estados Unidos. Hoje, os baby-boomers contabilizam cerca de 25% da população norte-americana, mas estima-se que eles controlam 80% da riqueza pessoal do país. O segmento de consumidores com mais de 50 anos é responsável por quase metade de todos os gastos com itens não essenciais.[7] À medida que atingem a época do auge de seus ganhos e gastos, os baby-boomers constituem um lucrativo mercado para serviços financeiros, imóveis e reformas, carros, viagens e entretenimento, restaurantes, produtos para manter a saúde e a forma e quase todo o resto.

Seria um erro pensar que, por estarem mais velhos, os baby-boomers adquiriram um ritmo de vida mais calmo. Eles pensam como jovens, independentemente da idade que têm. Um estudo mostrou que os baby-boomers se veem, em média, 12 anos mais novos do que são. E, em vez de se verem como pessoas que estão aos poucos se aposentando, eles consideram que estão entrando em novas fases da vida. Os baby-boomers mais ativos — muitas vezes chamados de zoomers (em referência a sua agilidade) ou de baby-boomers com gás — não têm nenhuma intenção de abandonar seu estilo de vida jovem à medida que envelhecem. Por exemplo, um recente estudo apontou que, enquanto 9% dos baby-boomers estiveram em uma sinfonia ou em uma ópera nos 12 meses anteriores, 12% estiveram em um show de rock. "Os baby-boomers representam um segmento da população norte-americana que tem sede de aventura e liberdade financeira para explorar essa paixão", observa

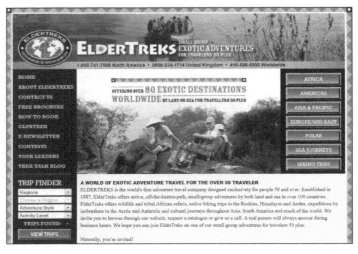

▲ Os baby-boomers como alvos: empresas de viagem como a ElderTreks foca baby-boomers ativos que têm tempo, dinheiro e paixão por turismo de aventura, mas que preferem viajar com pessoas da sua idade — jovens não são permitidos.
ELDERTREKS

Geração X
As 49 milhões de pessoas nascidas entre 1965 e 1976, na "escassez de nascimentos" que se seguiu ao baby-boom.

um especialista. Outro analista coloca: "Ao aproveitar as aventuras da vida, eles estão mostrando ao país que seu apogeu está longe de terminar".[8]

Por exemplo, muitas empresas — como a ElderTreks, a 50PlusExpeditions e a Row Adventures — desenvolvem pacotes de viagem de aventura para baby-boomers ativos. A ElderTreks oferece pacotes para grupos pequenos e destinos não populares, elaborados exclusivamente para pessoas com 50 anos ou mais. Não importa se o destino for um selvagem safari na África, uma exigente trilha feita a pé no Himalaia ou nos Andes, uma expedição de barco no Ártico ou na Antártica: a ElderTreks foca baby-boomers ativos que têm tempo, dinheiro e paixão por turismo de aventura, mas que preferem viajar com pessoas da sua idade — jovens não são permitidos.[9]

Geração X. O baby-boom foi seguido por uma "escassez de nascimentos", o que criou outra geração de 49 milhões de pessoas nascidas entre 1965 e 1976. O autor Douglas Coupland chamou essas pessoas de **geração X**, por conta do fato de elas viverem à sombra dos baby-boomers e de lhes faltar características claras que as diferenciem.

Consideravelmente menor do que a geração dos baby-boomers que a precede e a dos milênios que a segue, a geração X é um grupo de consumo muitas vezes deixado de lado. Apesar de buscarem o sucesso, eles são menos materialistas que os outros grupos, prezando a experiência e não a aquisição. Para muitos membros da geração X que têm filhos, a família vem em primeiro lugar — tanto os filhos como os pais idosos —, e a carreira, em segundo. Do ponto de vista do marketing, os integrantes dessa geração são mais céticos. Eles tendem a pesquisar os produtos antes de considerar uma compra, preferem qualidade a quantidade e tendem a ser menos receptivos a mensagens de marketing escancaradas. Eles são mais propensos a ser receptivos a mensagens de anúncios irreverentes, que tiram sarro das convenções e da tradição.

A primeira a crescer na era da Internet, a geração X é altamente conectada e abraça os benefícios da nova tecnologia. Cerca de 49% de seus membros possuem smartphone e 11% têm tablet. De seus integrantes que estão na Internet, 74% a usam para realizar serviços bancários, 72% a utilizam para pesquisar empresas ou produtos e 81% já fizeram compras on-line. Além disso, 95% deles possuem uma página no Facebook.

A geração X está agora crescendo e assumindo o controle da situação. Eles estão, cada vez mais, substituindo o estilo de vida, a cultura e os valores dos baby-boomers. Estão subindo na carreira, e muitos são orgulhosos proprietários de uma casa e com uma família em crescimento. Os integrantes dessa geração são, hoje, a geração com maior grau de instrução e possuem um poder de compra anual considerável. Eles gastam 62% mais com a casa, 50% mais com roupas e 27% mais com entretenimento do que a média. No entanto, assim como os baby-boomers, os membros da geração X estão enfrentando pressões econômicas cada vez maiores. Como quase todo mundo hoje em dia, eles estão gastando com mais cautela.[10]

Ainda assim, com tanto potencial, muitas marcas e organizações estão focando a geração X como seu principal segmento de mercado. Por exemplo, a Dairy Queen se concentra diretamente nesse segmento, com uma campanha de marketing que combina situações familiares aos membros dessa geração com senso de humor:[11]

A geração X é a bola da vez do Dairy Queen (DQ). Seu principal mercado-alvo — pais que têm entre 34 e 44 anos e possuem filhos pequenos — se ajusta perfeitamente ao grupo da geração X. Mas o que isso significa para o marketing do DQ? Uma campanha intitulada "Tão bom que é riDQuolo", carregada do humor irreverente da geração X — tem coelhos que fazem barba à moda antiga, uma guitarra que faz o som de um golfinho, ninjas guardiões e gatinhos em bolas de sabão. Em um anúncio, o novo garoto-propaganda do DQ — um bigodudo na casa dos 30 anos — apresenta os bolos de aniversário do Dairy Queen e, em seguida, diz: "E nós não sopramos simplesmente as bolas de sabão. Nós sopramos as bolas com

▲ A geração X como alvo: a campanha "Tão bom que é riDQuolo" do Dairy Queen foca membros da geração X com humor irreverente e anúncios on-line.
American Dairy Queen Corporation

gatinhos dentro [e, então, ele sopra as bolas], pois no Dairy Queen o bom não é bom o suficiente". Em outro anúncio, o garoto propaganda do DQ diz: "Nós não temos apenas piñatas. Nós temos piñatas recheadas com Mary Lou Retton". Com estilo, ele acerta uma pinhata e dela cai Retton (ginasta olímpica já aposentada e ícone da geração X). Para alcançar melhor os consumidores da geração X, a DQ transferiu alguns de seus anúncios da TV para sites como o Hulu. "Nós vamos para onde os olhos dos clientes da geração X estiverem", diz o diretor de marca da empresa. Os membros da geração X parecem gostar dos anúncios da campanha "Tão bom que é riDQuolo". No ano passado, um estudo independente descobriu que os anúncios são os mais eficazes no segmento de restaurantes de serviços rápidos.

MILÊNIOS. Tanto os baby-boomers quanto os integrantes da geração X um dia passarão o bastão para os **milênios** (também chamados de **geração Y** ou echo-boomers). Nascidos entre 1977 e 2000, esses filhos dos baby-boomers contabilizam 83 milhões de pessoas ou mais, superando em tamanho não apenas os membros da geração X, mas até mesmo o segmento dos baby-boomers.[12] Em uma época de pós-recessão, os milênios constituem a geração que menos têm dinheiro. Enfrentando altos índices de desemprego e lidando com mais dívidas, muitos desses jovens consumidores não têm praticamente nada em seus cofrinhos. Ainda assim, por conta de seus números, os milênios constituem um mercado enorme e atraente, tanto agora como no futuro.

Uma coisa que todos os milênios têm em comum é um total conforto com a tecnologia digital. Eles não abraçam a tecnologia: ela simplesmente representa um modo de vida. Os milênios foram a primeira geração a crescer em um mundo repleto de computadores, celulares, TV via satélite, iPods, iPads e redes sociais. Como resultado, eles se relacionam com as marcas de uma maneira completamente diferente, por meio, por exemplo, de mídia móvel ou social. "Eles tendem a esperar uma comunicação personalizada com as marcas", diz um analista, "e utilizam a capacidade de compartilhar coisas boas e ruins sobre produtos e serviços com amigos ou estranhos".[13]

Em vez de mensagens de marketing de massa dirigidas a eles, os milênios preferem sair em busca de informações e dialogar com a marca. Assim, alcançá-los de maneira efetiva exige abordagens de marketing criativas. Considere, por exemplo, a Keds, uma marca de tênis de 95 anos. Recentemente, a empresa lançou uma campanha de marketing integrado com o objetivo de relançar sua marca icônica para jovens consumidores milênios:[14]

> A campanha da Keds — intitulada "How do you do?", que pode significar "Como você está?" ou "Como você faz?" — conversa diretamente com os milênios por meio de anúncios impressos, um microsite, vídeos no YouTube, Twitter, Facebook, embaixadores da marca, artistas e um tour por diversos campi. De fato, no centro da campanha está uma caixa de sapatos sobre rodas, mais especificamente uma caixa de Keds branca, com quase 10 metros, que está fazendo um tour pelos Estados Unidos e visitando campus de faculdades. A campanha, baseada na arte, encoraja os milênios a se envolver, criar e colaborar, apresentando o Keds como uma tela para expressar a criatividade. Dentro da caixa, os visitantes podem assistir a vídeos sobre artistas, lojas e instituições de caridade locais com as quais a Keds está trabalhando em cada cidade. Eles também podem ver uma galeria de Keds inspirados localmente ou mesmo usar um quiosque interativo para customizar e comprar seus tênis no site da empresa. Outros elementos expandem o slogan "How do you do?" da campanha. À medida que excursiona de cidade para cidade, a campanha faz perguntas para os milênios, para eles tuitarem a respeito. Ela pergunta, por exemplo, "Como você está, Austin?", "Como você faz inspiração?" ou, simplesmente, "Como você faz Keds?". "Nós realmente achamos que o importante para esse consumidor é se relacionar com a marca e experimentá-la de maneira direta", diz Kristin Kohler, presidente da Keds.

MARKETING DE GERAÇÕES. Os profissionais de marketing precisam criar produtos e programas de marketing distintos para cada geração? Alguns especialistas aconselham os profissionais de marketing a serem cuidadosos para não desprezar uma geração toda vez que desenvolvem um produto ou uma mensagem que, efetivamente, apela para outra. Outros advertem que cada geração abrange muitas décadas e muitos níveis socioeconômicos. Por exemplo, os profissionais de marke-

Milênios (ou geração Y)
São as 83 milhões de filhos dos baby-boomers nascidos entre 1977 e 2000.

▲ Os milênios como alvo: a campanha "How do you do?" da Keds encoraja os jovens consumidores milênios a se envolver, criar e colaborar, apresentando o Keds como uma tela para expressar a criatividade.

Xiao Chang/The Daily Pennsylvanian

82 Parte 2 | Entendimento do mercado e dos clientes

ting geralmente dividem os baby-boomers em três grupos menores — boomers pioneiros, boomers centrais e boomers seguidores —, cada um com suas próprias crenças e comportamentos. De modo similar, eles dividem os milênios em adolescentes e jovens adultos.

Assim, os profissionais de marketing devem estabelecer segmentos de idade mais precisos dentro de cada grupo. E, o mais importante, definir as pessoas pela data de nascimento pode ser menos eficaz do que segmentá-las por estilo de vida, por estágio de vida ou por valores comuns que buscam nos produtos que compram. No Capítulo 7, discutiremos muitas outras formas de segmentar os mercados.

Mudanças na família norte-americana

O tradicional lar norte-americano consiste em marido, esposa e filhos (e, algumas vezes, avós). Contudo, o ideal norte-americano de uma família com dois filhos e dois carros, que vive em um bairro sossegado, recentemente começou a perder um pouco de seu brilho.

Hoje, nos Estados Unidos, casais com filhos representam apenas cerca de 20% dos 118 milhões de lares do país — metade no número registrado em 1970. Casais sem filhos correspondem a 29% e pais solteiros constituem outros 17%. Lares não familiares — pessoas solteiras que moram sozinhas ou adultos do mesmo sexo ou de ambos os sexos que moram juntos — compõem 34% dos domicílios norte-americanos.[15] Mais pessoas estão se divorciando ou se separando, preferindo não se casar, casando-se mais tarde ou casando-se sem intenção de ter filhos. Os profissionais de marketing devem considerar cada vez mais as necessidades diferentes dos lares não tradicionais, pois hoje eles estão crescendo mais rapidamente do que os lares tradicionais. Cada grupo tem diferentes necessidades e hábitos de compra.

O número de mulheres que trabalham fora também aumentou muito — elas representavam 40% da força de trabalho norte-americana no final da década de 1950 e hoje correspondem a 59%. Entre os lares compostos de casais com filhos, 65% possuem renda dupla; somente o marido trabalha em 28%. Enquanto isso, mais homens ficam em casa com os filhos e administram a casa enquanto a esposa sai para trabalhar. Nos Estados Unidos, em 4% dos lares constituídos por casais com filhos o pai fica em casa em período integral.[16]

A quantidade significativa de mulheres na força de trabalho alimentou o negócio de creches e aumentou o consumo de roupas para usar no trabalho, alimentos práticos, serviços financeiros e serviços que economizam tempo. A Royal Caribbean se concentra em mães que trabalham fora, contam com pouco tempo disponível e possuem um orçamento bacana para realizar viagens com a família que sejam fáceis de planejar e que os impressione. A empresa estima que, embora as férias sejam uma decisão em conjunto, 80% de todas as viagens são planejadas e programas por mulheres — mães que são pressionadas pelo tempo, independentemente de trabalhar fora ou não. "Nós queremos ter certeza de que você é a heroína e que quando sua família embarcar em nosso navio será uma grande experiência para todos", diz um profissional de marketing sênior da Royal Caribbean, "e que você, mãe, que planejou e programou tudo, aproveite suas férias".[17]

Mudanças geográficas na população dos Estados Unidos

Este é um momento de grandes movimentos migratórios entre países e até mesmo dentro deles. Os norte-americanos, por exemplo, vivem mudando: cerca de 12% dos norte-americanos se mudam a cada ano. Durante as duas últimas décadas, a população dos Estados Unidos se mudou para os estados da "faixa do sol". Com isso, a população das regiões Oeste e Sul aumentou, enquanto a dos estados do Centro-oeste e do Nordeste diminuiu.[18] Essa movimentação da população interessa aos profissionais de marketing porque os hábitos de compra mudam em função da região. Por exemplo, pessoas do Centro-oeste compram mais roupas de frio do que pessoas do Sul.

Além disso, por mais de um século, os norte-americanos se deslocaram de áreas rurais para urbanas. Na década de 1950, eles foram protagonistas de um grande êxodo das cidades para as áreas ao redor delas, os subúrbios. Hoje, a migração para os subúrbios continua. E um número cada vez maior de norte-americanos está se mudando para "regiões micropolitanas", pequenas cidades localizadas fora das abarrotadas regiões metropolitanas, como Bozeman, Montana; Natchez, Mississippi; e Torrington, Connecticut. Essas cidades menores oferecem muitas das vantagens das áreas metropolitanas — emprego, restaurantes, diversão, organizações comunitárias —, mas sem o grande número de pessoas, os congestionamentos, as altas taxas de criminalidade e os altos impostos geralmente associados às áreas muito urbanizadas.[19]

A mudança do local em que as pessoas vivem também gera uma mudança do local em que trabalham. Por exemplo, a migração para as regiões micropolitanas e os subúrbios resultaram em um rápido aumento no número de pessoas que "teletrabalham" — trabalham em casa ou em um escritório distante e conduzem seus negócios por telefone ou pela Internet. Essa tendência, por sua vez, gerou um boom no mercado dos Sohos (small office/home office — pequeno escritório/escritório em casa). Um número cada vez maior de pessoas está trabalhando de casa com a ajuda de recursos eletrônicos como PCs, smartphones e acesso à Internet de banda larga. Um recente estudo estima que 24% dos indivíduos empregados realizaram uma parte do seu trabalho ou mesmo todo ele em casa.[20]

Muitas empresas tentam atrair o lucrativo mercado do teletrabalho. Por exemplo, a WebEx, a divisão de Web conferência da Cisco, ajuda a conectar pessoas que teletrabalham ou trabalham a distância. Com a WebEx, as pessoas podem se encontrar e trabalhar juntas on-line, via computador ou smartphone, não importando onde seja seu local de trabalho. Além disso, empresas como a Regus e a Grind alugam espaços para escritório compartilhados e totalmente equipados, por dia ou mês, para teletrabalhadores ou outros profissionais que atuam longe do escritório central.[21]

▲ Atendimento ao mercado de teletrabalhadores: empresas como a Grind alugam espaços para escritório compartilhados, por dia ou mês, para teletrabalhadores ou outros profissionais que atuam longe do escritório central.
Grind, LLC

Uma população mais instruída, administrativa e profissional

A população norte-americana está se tornando mais instruída. Por exemplo, em 2010, 87% da população dos Estados Unidos com mais de 25 anos de idade tinha completado o Ensino Médio e 30% tinha concluído a faculdade — em comparação, respectivamente, com 66% e 16% em 1980. Além disso, hoje em dia, cerca de dois terços das pessoas que se formam no Ensino Médio se matriculam na faculdade em até 12 meses após a formatura.[22]

A força de trabalho também tem sido direcionada às funções administrativas. O crescimento do mercado de trabalho atualmente é maior para funcionários das áreas administrativas e menor para funcionários da área industrial. Entre 2010 e 2013, das 30 ocupações que se acreditava que teriam o crescimento mais rápido no número de empregos, 17 exigiam algum tipo de pós-graduação.[23] Esse número cada vez maior de profissionais instruídos não afetará apenas o que as pessoas compram, mas também como elas o fazem.

Aumento da diversidade

Os países variam em relação a sua composição étnica e racial. Em um extremo está o Japão, onde quase todos são japoneses; no outro extremo estão os Estados Unidos, com pessoas de praticamente todos os países do mundo. Os Estados Unidos sempre foram considerados um "caldeirão de raças", em que diversos grupos de muitas nações e culturas se uniam formando um todo único, mais homogêneo. No entanto, o país parece estar mais para "salada mista" — nele vários grupos convivem, mas mantêm sua diversidade conservando e valorizando importantes diferenças culturais e étnicas.

Os profissionais de marketing dos Estados Unidos estão se deparando cada vez mais com mercados diversos, tanto internamente como em outros países, uma vez que suas operações estão se tornando mais internacionais. A população norte-americana é formada por cerca de 65% de brancos não latinos, 16% de latinos e 13% de negros. A população asiática hoje totaliza 4,7% da população norte-americana. O 1,3% restante é composto de índios, esquimós, aleútes e pessoas de duas ou mais raças. Além disso, mais de 40 milhões de pessoas que vivem nos Estados Unidos — cerca de 13% da população — nasceram em outros países. Nas próximas décadas, espera-se uma explosão das populações étnicas nos Estados Unidos. Em 2050, acredita-se que 30% da população norte-americana será latina, os negros continuarão a representar cerca de 13% da população e os asiáticos serão 8%.[24]

A maioria das grandes empresas, como Procter & Gamble, Walmart, Allstate, Bank of America, Levi Strauss e Harley-Davidson, hoje direciona promoções, anúncios e produtos, especialmente desenvolvidos, para um ou mais desses grupos. Por exemplo, a Harley-Davidson recentemente lançou uma campanha impressa e on-line para comemorar a dedicação e o orgulho dos motociclistas latinos da Harley (os harlistas) e seu relacionamento com a marca. A Harley inclusive convidou alguns motociclistas para compartilhar suas experiências, assinalando o que significa para eles fazer parte da comunidade harlista. A empresa mostra a paixão e o comprometimento dos harlistas em um documentário — *Harlistas: uma jornada norte-americana* — dirigido por um aclamado diretor. "Ser um harlista", diz um anúncio, "é viver sem medo, superando os obstáculos e experimentando a camaradagem da estrada". Além disso, a Harley-Davidson há tempos apoia o Latin Billboard Music Award, o Lowrider Tours, a Fiesta Broadway em Los Angeles e um dos maiores clubes de motociclistas latinos nos Estados Unidos, chamado Latin American Motorcycle Association (Lama).[25]

A diversidade vai além da origem étnica. Por exemplo, muitas grandes empresas se voltam explicitamente para consumidores homossexuais. De acordo com uma estimativa, de 6 a 7% dos adultos norte-americanos que se declaram gays, lésbicas, bissexuais e transexuais (GLBT) têm um poder de compra superior a 790 bilhões de dólares.[26] Como resultado de séries como *Modern Family* e *Glee*, de filmes como *O segredo de Brokeback Mountain* e *Minhas mães e meu pai* e de celebridades e figuras públicas abertamente homossexuais como Neil Patrick Harris, Ellen DeGeneres, David Sedaris e o congressista Barney Frank, a comunidade GLBT tem estado cada vez mais em evidência para o público em geral.

Hoje, vários tipos de mídia dão às empresas acesso a esse mercado. Por exemplo, a Planet Out Inc., uma empresa líder em entretenimento e mídia global que atende exclusivamente à comunidade GLBT, possui diversas revistas (*Out, The Advocate, Out Traveler*) e *sites* (Gay.com e PlanetOut.com), ambos de sucesso. A MTV Networks, da Viacom — uma gigante da mídia —, oferece a LOGO, uma emissora de TV a cabo direcionada não apenas para homossexuais, mas também para seus amigos e familiares. Atualmente, a LOGO está disponível em 46 milhões de lares dos Estados Unidos. Mais de 100 grandes empresas já veicularam anúncios na LOGO, incluindo a Ameriprise Financial, a Anheuser-Busch, a Continental Airlines, a Dell, a Levi Strauss, o eBay, a Johnson & Johnson, a Orbitz, a Sears, a Sony e a Subaru.

Empresas de uma ampla variedade de setores miram a comunidade GLBT com esforços de marketing e anúncios específicos para os homossexuais. Por exemplo, a American Airlines possui uma equipe de vendas exclusiva para o mercado GLBT, patrocina eventos comunitários homossexuais e oferece um site especial orientado para gays e lésbicas (<www.aa.com/rainbow>) que traz pacotes de viagem, uma newsletter, podcasts e um calendário dos eventos homossexuais. O foco da companhia aérea nos consumidores homossexuais tem feito a receita de dois dígitos da empresa com a comunidade GLBT crescer todos os anos há mais de uma década.[27]

Outro segmento relacionado à diversidade bastante atrativo é o dos quase 54 milhões de adultos deficientes físicos nos Estados Unidos — um mercado maior que o de negros ou o de latinos —, os quais representam mais de 220 bilhões de dólares em poder de compra anual. Muitos deficientes físicos são consumidores ativos. Por exemplo, um estudo mostrou que, anualmente, o segmento gasta 13,6 bilhões de dólares em 31,7 milhões de viagens a negócios ou a lazer. E, se determinadas necessidades fossem atendidas, a quantia gasta com viagens poderia dobrar para 27 bilhões de dólares por ano.[28]

Como as empresas estão tentando atingir esses consumidores? Hoje, muitas organizações reconhecem que o mundo das pessoas com deficiência e o das que não apresentam alguma deficiência é o mesmo. Empresas como o McDonald's, a Verizon Wireless, a Nike, a Samsung e a Honda trabalham com deficientes em seus programas gerais de marketing. Por exemplo, a Samsung e a Nike assinam contratos de endosso com atletas paraolímpicos e os trazem em propagandas.

À medida que a população nos Estados Unidos crescer mais diversa, empresas bem-sucedidas continuarão a diversificar seus programas de marketing para explorar oportunidades em segmentos de rápido crescimento.

▲ Consumidores com deficiência como alvo: a Samsung traz pessoas deficientes em suas propagandas e assina contratos de endosso com atletas paraolímpicos.

GEPA/Imago/Icon SMI/Newscom

Ambiente econômico

Os mercados requerem tanto poder de compra como pessoas. O **ambiente econômico** consiste em fatores que afetam o poder de compra e o padrão de gastos dos consumidores. Os profissionais de marketing devem prestar bastante atenção às principais tendências e aos padrões de gastos dos consumidores nos mercados mundiais.

Ambiente econômico
Fatores econômicos que afetam o poder de compra e o padrão de gastos dos consumidores.

Os países variam muito em relação ao nível e à distribuição de renda. Alguns países possuem *economia industrial* e são ricos mercados para diferentes tipos de produto. No outro extremo estão as *economias de subsistência* — elas consomem a maior parte de seus produtos agrícolas e industriais e oferecem poucas oportunidades de mercado. No meio-termo, encontram-se as *economias em desenvolvimento*, que podem oferecer oportunidades de marketing excelentes para os tipos certos de produto.

Considere a Índia e sua população de mais 1,2 bilhão de habitantes. Antigamente, somente a elite da Índia tinha condições de comprar um carro. De fato, ainda hoje, somente um em cada sete indianos possui um automóvel. Mas recentes mudanças drásticas na economia da Índia possibilitaram o surgimento de uma classe média emergente e, rapidamente, as rendas aumentaram. Agora, para atender à nova demanda, empresas automobilísticas da Europa, da América do Norte e da Ásia estão lançando na Índia carros menores e mais acessíveis. Contudo, elas terão que encontrar uma maneira de competir com a indiana Tata Motors, que comercializa o carro mais barato do mundo, o Tata Nano. Chamado de "carro popular", o Nano é vendido por um pouco mais de 158 mil rúpias (cerca de 2.900 dólares). Ele acomoda quatro passageiros, faz cerca de 20 quilômetros por litro e atinge a velocidade máxima de 100 quilômetros por hora. O carro extremamente barato é projetado para ser o Modelo T da Índia — o carro que coloca o país em desenvolvimento sobre rodas. "Você consegue imaginar um carro que está ao alcance de todos?", pergunta uma propaganda do Nano, que traz a resposta: "Agora você pode". A Tata espera vender 1 milhão de unidades do Nano por ano.[29]

Mudanças nos gastos do consumidor

Fatores econômicos podem ter um efeito drástico sobre os gastos e o comportamento de compra do consumidor. Por exemplo, até pouco tempo atrás, os consumidores norte-americanos gastavam livremente, impulsionados pelo aumento da renda, pelo crescimento explosivo do mercado de ações, pelo rápido crescimento no valor dos imóveis e por outros fatores econômicos favoráveis. Eles compravam e compravam, aparentemente sem pensar duas vezes, acumulando níveis recordes de dívidas. No entanto, a gastança e as altas expectativas daquela época deram lugar à grande recessão de 2008/2009.

Como resultado, como visto no Capítulo 1, os consumidores têm adotado um comportamento mais básico em relação a seu estilo de vida e a seus padrões de gasto que, provavelmente, vai persistir nos próximos anos. Eles estão comprando menos e procurando mais valor nas coisas que vão comprar. Por sua vez, o *marketing de valor* tornou-se o lema de muitos profissionais de marketing. Empresas de todos os setores buscam maneiras de oferecer valor superior aos compradores mais cautelosos em termos financeiros — a combinação certa de produto de qualidade e bom serviço a um preço justo.

Você espera promessas de valor de empresas que trabalham com produtos usados no dia a dia. Por exemplo, o Target passou a enfatizar mais o "Pague menos" de seu slogan: "Espere mais. Pague menos". As elegantes chamadas de seu site foram substituídas por apelos mais práticos, como "Os preços mais baixos da estação", "Diversão, sol, economia" e "Entrega grátis todos os dias". Contudo, hoje em dia, até mesmo empresas com marcas luxuosas estão enfatizando o valor. Por exemplo, a marca Infiniti de carros exclusivos agora promete "tornar o luxo acessível".

▲ Ambiente econômico: para conquistar a classe média emergente da Índia, a Tata Motors lançou o pequeno e acessível Tata Nano. "Você consegue imaginar um carro que está ao alcance de todos?", pergunta este anúncio. "Agora você pode."
Tata Motors Ltd.

86 Parte 2 | Entendimento do mercado e dos clientes

Distribuição de renda

Os profissionais de marketing devem prestar atenção à distribuição de renda, assim como aos níveis de renda. Nos Estados Unidos, nas últimas décadas, os ricos ficaram mais ricos, a classe média diminuiu e os pobres continuaram pobres. Os 5% mais ricos ficaram com cerca de 22% do patrimônio líquido do país, enquanto os 20% mais afortunados abocanharam 50% de toda a renda. Em comparação, 40% dos norte-americanos menos abastados ficaram com apenas 12% da renda total.[30]

Essa distribuição de renda criou um mercado em camadas. Muitas empresas (como a Nordstrom e a Neiman Marcus) focam agressivamente os mais ricos. Outras (como a Dollar General e a Family Dollar) miram aqueles com orçamentos mais modestos. De fato, as lojas populares, as *dollar stores*, são os varejistas que mais crescem nos Estados Unidos. Existem também as empresas que ajustam suas ofertas de marketing para uma ampla gama de mercados — dos mais aos menos abastados. Por exemplo, a Ford oferece carros que vão desde o acessível Ford Fiesta, cuja versão mais básica sai por 13.200 dólares, até o exclusivo Lincoln Navigator SUV, que custa, no mínimo, 57.775 dólares.

Mudanças nas principais variáveis econômicas — como renda, custo de vida, taxa de juros e padrões de poupança e empréstimo — causam um grande impacto no mercado. As empresas acompanham essas variáveis por meio de previsões econômicas. Elas não querem desaparecer por causa de uma crise econômica ou serem pegas desprevenidas em um boom. Com informações adequadas, as empresas podem tirar vantagem das mudanças no ambiente econômico.

Objetivo 3

▶ Identificar as principais tendências nos ambientes natural e tecnológico da empresa.

Ambiente natural
O ambiente físico e os recursos naturais que são utilizados como insumos pelas empresas ou que são afetados pelas atividades de marketing.

Ambiente natural

O **ambiente natural** envolve o ambiente físico e os recursos naturais que são utilizados como insumos pelas empresas ou que são afetados pelas atividades de marketing. Em um nível mais básico, acontecimentos inesperados no ambiente físico — de tudo, desde mudanças climáticas até desastres naturais — podem afetar a empresa e suas estratégias de marketing. Por exemplo, recentemente, um inesperado inverno mais quente diminuiu as vendas de diversos produtos, como roupas para o frio, lenços de papel e sopas Campbell. Em contrapartida, o clima mais quente aumentou a venda de produtos como tênis para corrida e caminhada, tinta para pintar a casa e suprimentos de jardinagem. De maneira similar, o prejuízo causado pelo recente terremoto seguido de tsunami no Japão teve um efeito devastador sobre a capacidade de empresas japonesas como a Sony e a Toyota de atender às demandas mundiais por seus produtos. Embora não tenham como prever essas ocorrências naturais, as empresas precisam preparar planos de contingência para lidar com elas.[31]

Em um nível mais amplo, nas últimas três décadas, a preocupação com o meio ambiente tem aumentado a um ritmo constante. Em muitas cidades de todo o mundo, a poluição do ar e da água atingiu níveis perigosos. A preocupação mundial com as possibilidades de aquecimento global continua a aumentar, e muitos ambientalistas temem que logo estaremos imersos em nosso próprio lixo.

Os profissionais de marketing devem ter consciência das muitas tendências no ambiente natural. A primeira tendência está ligada à *crescente escassez de matérias-primas*. O ar e a água podem parecer recursos infinitos, mas alguns grupos veem perigo no longo prazo. A poluição do ar atinge muitas das maiores cidades do mundo, e a escassez de água já constitui um grande problema em algumas regiões dos Estados Unidos e do mundo. Em 2030, uma em cada três pessoas no mundo não terão água suficiente para beber.[32] Os recursos renováveis, como florestas e alimentos, também devem ser usados de maneira sensata. Os recursos não renováveis, como petróleo, carvão e vários minerais, constituem um problema sério. As empresas que fabricam produtos que requerem esses escassos recursos enfrentam grandes aumentos de custos, mesmo com esses materiais estando disponíveis.

A segunda tendência ambiental é o *aumento da poluição*. A atividade industrial quase sempre prejudica a qualidade do ambiente natural. Considere o descarte de lixos químicos e nucleares, os perigosos níveis de mercúrio nos oceanos, a quantidade de poluentes químicos no solo e nas fontes de alimentos e a sujeira causada por garrafas, plásticos e outros materiais para embalagem não biodegradáveis.

A terceira tendência está relacionada ao *aumento da intervenção do governo* na gestão dos recursos naturais. As preocupações e os esforços governamentais para promover um meio ambiente limpo variam de acordo com cada país. Alguns governos, como o da Alemanha, buscam com vigor a qualidade ambiental. Outros, principalmente os de países mais pobres, fazem pouco em relação à poluição, sobretudo porque lhes faltam os recursos necessários ou vontade política. Até mesmo para os países ricos faltam os volumosos recursos e os acordos políticos que são necessários para intensificar o esforço ambiental mundial. A esperança de todos é que empresas do mundo inteiro tenham mais responsabilidade social e que sejam criados dispositivos mais baratos para controlar e reduzir a poluição.

Em 1970, foi criada nos Estados Unidos a EPA (Environmental Protection Agency — Agência de Proteção Ambiental), com o objetivo de estabelecer e impor padrões de poluição e de conduzir pesquisas sobre o tema. No futuro, as empresas que fizerem negócios nos Estados Unidos podem esperar controles cada vez mais rígidos por parte do governo e de grupos de pressão. Em vez de se opor a esse controle, os profissionais de marketing devem ajudar a desenvolver soluções para os problemas de energia e material que o mundo enfrenta hoje.

As preocupações com o ambiente natural geraram os chamados "movimentos verdes". Hoje, empresas conscientes vão além das regulamentações ditadas pelo governo. Elas estão desenvolvendo estratégias e práticas que apoiam a **sustentabilidade ambiental** — um esforço para criar uma economia mundial que o planeta possa sustentar indefinidamente. Sustentabilidade ambiental significa atender às necessidades atuais sem comprometer a capacidade das gerações futuras de garantir suas necessidades.

Sustentabilidade ambiental
Desenvolvimento de estratégias e práticas que criam uma economia mundial que o planeta pode sustentar indefinidamente.

Muitas empresas estão respondendo às demandas dos consumidores com produtos ambientalmente responsáveis. Outras estão desenvolvendo embalagens recicláveis ou biodegradáveis, materiais e componentes reciclados, melhores controles de poluição e operações mais eficientes em termos de energia. A missão da Timberland vai além de fabricar botas, tênis, roupas e outros equipamentos para práticas ao ar livre, resistentes e de alta qualidade — a marca está fazendo tudo o que pode para diminuir a pegada ambiental de seus produtos e processos:[33]

▲ Sustentabilidade ambiental: a Timberland tem como missão fazer o possível para reduzir seu impacto no planeta, ao mesmo tempo em que fabrica produtos melhores para práticas ao ar livre.
The Timberland Company

> A Timberland tem como missão não apenas desenvolver produtos e processos que causem o mínimo de prejuízo ao ambiente, mas também engajar os consumidores nessa causa. Por exemplo, a empresa tem um centro de distribuição movido à energia solar na Califórnia e uma fábrica movida à energia eólica na República Dominicana. Ela instalou modernos equipamentos e sistemas de iluminação com baixo consumo de energia em suas fábricas e está treinando os funcionários em eficiência na produção. A Timberland está constantemente procurando e inventando materiais inovadores que a possibilitem reduzir seu impacto no planeta e, ao mesmo tempo, fabricar produtos melhores. Sua linha de botas Earthkeepers é feita de materiais reciclados e orgânicos, e a marca lançou coleções de calçados com solado feito de pneus de carro reciclados. O plástico de garrafas PET recicladas vai para revestimentos vazados e cadarços que duram. Grãos de café encontram lugar nas jaquetas imunes ao odor. Algodão orgânico, sem toxinas, é transformado em lonas resistentes. Para incentivar os consumidores a tomar decisões mais sustentáveis, a Timberland coloca uma "etiqueta verde" em seus produtos, a qual traz a pegada ambiental de cada item em termos de impacto climático, produtos químicos usados e recursos consumidos. Para juntar tudo isso, a empresa lançou a campanha Earthkeeper — um esforço baseado em rede social que busca inspirar as pessoas a tomar medidas para diminuir suas pegadas ambientais.

As empresas de hoje buscam fazer mais do que boas ações. Elas estão reconhecendo cada vez mais a relação entre um meio ambiente saudável e uma economia saudável. Estão aprendendo que ações ambientalmente responsáveis também podem ser um bom negócio.

Ambiente tecnológico

O **ambiente tecnológico** talvez seja, hoje, a força mais drástica que molda nosso destino. A tecnologia gerou maravilhas como os antibióticos, as cirurgias feitas por robôs, os produtos eletrônicos miniaturizados, os smartphones e a Internet. Também gerou horrores como as bombas nucleares, as armas químicas e os rifles usados em ataques. Gerou ainda benefícios duvidosos, como o automóvel, a televisão e o cartão de crédito. Nossa postura em relação à tecnologia depende do fato de ficarmos mais impressionados com suas maravilhas ou com seus disparates.

Ambiente tecnológico
Forças que criam novas tecnologias, gerando novas oportunidades de produto e mercado.

Novas tecnologias podem oferecer excelentes oportunidades para as empresas. Por exemplo, o que você acharia de ter minúsculos transmissores implantados em todos os produtos que compra, permitindo o rastreamento deles a partir da produção até a utilização e, por fim, o descarte? Por um lado, isso poderia oferecer muitas vantagens tanto para quem compra como para quem vende. Por outro, pode ser um pouco assustador. De qualquer modo, isso já está acontecendo:

> Imagine um mundo no qual todo produto contenha um minúsculo transmissor carregado de informações. Enquanto você passeia pelos corredores do supermercado, os sensores das prateleiras detectam suas escolhas e enviam anúncios para o seu smartphone, oferecendo promoções especiais de produtos relacionados às suas compras. Conforme seu carrinho vai enchendo, escâneres detectam que você pode estar fazendo compras para um jantar para várias pessoas; seu telefone apita, sugerindo um vinho que combina com a refeição que você planeja. Ao deixar a loja, escâneres na saída contabilizam suas compras e, automaticamente, enviam a cobrança para o seu cartão de crédito. Em casa, sensores detectam o que entra e sai de sua despensa, atualizando sua lista de compras quando o estoque cai. Para o jantar de domingo, você coloca um peru em seu "forno inteligente", que segue as instruções codificadas em um chip e assa a ave com perfeição. Parece implausível? Nem tanto. Na verdade, isso pode se tornar realidade logo, graças a transmissores de identificação por radiofrequência (RFIDs) que podem ser embutidos nos produtos que você compra.

▲ Ambiente tecnológico: imagine um mundo no qual todo produto contenha um transmissor carregado de informações. De fato, isso já está acontecendo, como mostra este produto do Walmart, que tem um RFID no verso da etiqueta.
Marc F. Henning/Alamy

Muitas empresas já estão utilizando a tecnologia RFID para rastrear produtos em vários pontos no canal de distribuição. Por exemplo, o Walmart tem estimulado os fornecedores que entregam produtos em seus centros de distribuição a aplicar etiquetas de RFID em seus páletes. Mais de 600 fornecedores do Walmart já estão fazendo isso. Além disso, varejistas como American Apparel, Macy's, Bloomingdales e JCPenney estão instalando sistemas de RFID nos itens de suas lojas.[34]

O ambiente tecnológico muda rapidamente. Pense em todos os produtos que são comuns hoje em dia e que não estavam disponíveis há 100 anos — ou até mesmo há 30. Abraham Lincoln não conheceu o automóvel, o avião, o rádio e a energia elétrica. Woodrow Wilson não conheceu a televisão, as latas de aerossol, as máquinas de lavar louça, os aparelhos de ar-condicionado, os antibióticos e os computadores. Franklin Delano Roosevelt não conheceu as fotocópias, os detergentes sintéticos, as pílulas anticoncepcionais, os motores a jato e os satélites. John F. Kennedy não conheceu os PCs, a Internet e o Google. E Ronald Reagan não conheceu os smartphones e o Facebook.

Novas tecnologias geram novos mercados e oportunidades. Entretanto, toda nova tecnologia substitui a mais antiga. Os transistores acabaram com o setor de válvulas, as fotografias digitais destruíram o negócio de filmes, os dispositivos de MP3 e downloads digitais estão acabando com o negócio de CDs. Quando antigos setores lutam contra as novas tecnologias ou as ignoram, seus negócios declinam. Assim, os profissionais de marketing devem acompanhar de perto o ambiente tecnológico. As empresas que não acompanham as mudanças tecnológicas logo veem seus produtos desatualizados. E, quando isso acontece, elas perdem novas oportunidades de produto e mercado.

À medida que os produtos e a tecnologia se tornam mais complexos, o público precisa ter certeza de que eles são seguros. Assim, os órgãos governamentais investigam e proíbem produtos potencialmente inseguros. Nos Estados Unidos, a FDA (Food and Drugs Administration — Administração de Alimentos e Medicamentos) determinou complexas regulações para testar novos medicamentos. A CPSC (Consumer Product Safety Commission — Comissão de Segurança de Produtos de Consumo) estabelece padrões de segurança para produtos de consumo e penaliza as empresas que não conseguem atingi-los. Essas regulações resultaram em custos maiores de pesquisa e em um maior tempo entre a concepção de um novo produto e seu lançamento. Os profissionais de marketing devem estar conscientes dessas regulações ao aplicar novas tecnologias e desenvolver novos produtos.

O ambiente político e social

As decisões de marketing são fortemente afetadas por acontecimentos no ambiente político. O **ambiente político** consiste em leis, órgãos governamentais e grupos de pressão que influenciam ou limitam várias organizações e indivíduos em determinada sociedade.

Leis que afetam os negócios

Mesmo os maiores defensores da economia de livre mercado concordam que o sistema funciona melhor com algumas regulações. Quando é bem concebida, a regulação pode estimular a concorrência e garantir mercados satisfatórios para produtos e serviços. Assim, para orientar o comércio, os governos desenvolvem *políticas públicas* — conjuntos de leis e regulações que limitam os negócios para o bem da sociedade como um todo. Quase toda atividade de marketing está submetida a uma ampla gama de leis e regulações.

Nos últimos anos, as leis que afetam os negócios aumentaram em um ritmo constante no mundo todo. Os Estados Unidos e muitos outros países possuem muitas leis que abrangem questões como concorrência, práticas de comércio, proteção ambiental, segurança dos produtos, propaganda enganosa, privacidade do consumidor, embalagem e rotulagem, determinação de preços e outras importantes áreas (veja a Tabela 3.1).

Entender as implicações da política pública em uma determinada atividade de marketing não é uma tarefa fácil. Nos Estados Unidos, por exemplo, existem muitas leis federais, estaduais e locais que, com frequência, se sobrepõem. As aspirinas vendidas em Dallas são controladas tanto pelas leis federais de rotulagem como pelas leis de propaganda do estado do Texas. Além disso, as regulações mudam constantemente — o que era permitido no ano passado pode estar proibido hoje e vice-versa. Os profissionais de marketing devem trabalhar bastante para se manter a par das mudanças nas regulações e de suas interpretações.

As leis voltadas para os negócios são decretadas por uma série de razões. Para começar, elas têm o propósito de *proteger as empresas* umas das outras. Apesar de os executivos elogiarem a concorrência, quando se sentem ameaçados, muitas vezes eles tentam neutralizá-la. Assim, aprovam-se leis para definir concorrência desleal e impedi-la. Nos Estados Unidos, essas leis são aplicadas pela FTC (Federal Trade Commission — Comissão Federal de Comércio) e pela divisão antitruste da procuradoria geral do país.

Essas leis também têm o propósito de *proteger os consumidores* de práticas de negócios desleais. Se não houvesse nenhum controle, algumas empresas fabricariam produtos de má qualidade, invadiriam a privacidade dos consumidores, mentiriam em sua propaganda e enganariam os consumidores em suas embalagens e preços. As práticas desleais de negócios são definidas e fiscalizadas por vários órgãos governamentais.

As leis voltadas para os negócios têm ainda como propósito *proteger os interesses da sociedade* contra o comportamento descomedido das empresas. Atividades empresariais lucrativas nem sempre geram uma melhor qualidade de vida. A regulação tem como objetivo assegurar que as empresas assumam a responsabilidade pelos custos sociais de sua produção ou de seus produtos.

Os profissionais de marketing internacional encontrarão dezenas, senão centenas, de órgãos criados para fazer cumprir as políticas e as regulações do comércio. Nos Estados Unidos, o Congresso criou órgãos federais reguladores como a FTC, a FDA, a Federal Communications Commission (Comissão Federal de Comunicações), a Federal Energy Regulatory Commission (Comissão Federal Regulatória de Energia), a Federal Aviation Administration (Administração Federal de Aviação), a CPSC, a EPA e centenas de outros. Como esses órgãos governamentais têm certa autonomia para fazer cumprir as leis, podem causar um grande impacto no desempenho de marketing da empresa.

Novas leis continuarão a ser criadas, e o controle será cada vez maior. Os executivos devem considerar isso na hora de planejar seus produtos e programas de marketing. Os profissionais de marketing precisam conhecer as principais leis de proteção à concorrência entre as empresas, aos consumidores e à sociedade. Eles precisam entender essas leis nos níveis local, estadual, nacional e internacional.

Maior ênfase à ética e às ações socialmente responsáveis

As regulações escritas não conseguem abranger todos os potenciais abusos do marketing e, em geral, é difícil garantir o cumprimento das leis existentes. Entretanto, além de serem controladas pelas leis e regulações escritas, as empresas são governadas por códigos e regras sociais de ética profissional.

Objetivo 4

◀ Explicar as principais mudanças nos ambientes político e cultural.

Ambiente político
Leis, órgãos governamentais e grupos de pressão que influenciam ou limitam várias organizações e indivíduos em determinada sociedade.

90 Parte 2 | Entendimento do mercado e dos clientes

▼ **Tabela 3.1** Principais Leis Brasileiras que impactam as atividades de marketing.

Legislação	Objetivo
Lei Antitruste — Lei 8.884 (1994)	Proíbe ações que limitem, ou tenham possibilidade de limitar, a concorrência e por meio de restrições a estruturas de mercado que sejam permissivas, como a conduta paralela e o preço predatório.
Lei 6.437 (1977)	Proíbe a fabricação e venda de alimentos adulterados ou com embalagem danificada, configura infrações a legislação sanitária federal, estabelece as sanções respectivas, e dá outras providências.
Lei 8.078 (1990) — Código de Defesa do Consumidor: Dispõe sobre a proteção do consumidor e dá outras providências com a relação à	Art. 39. proibição de prática de métodos comerciais desleais e abusivos, Art. 31. à divulgação de informações corretas e claras sobre um produto ou serviço (suas características, qualidades, quantidade, composição, preço, garantia, prazos de validade, origem), Art. 37. à publicidade que se aproveite da deficiência de julgamento e de experiência da criança ou que seja capaz de induzir o consumidor a se comportar de forma prejudicial ou perigosa à saúde, por exemplo, entre tantos outros direitos do consumidor.
Lei 9.294 (1996)	Faz restrições ao uso e à propaganda de produtos fumígeros, bebidas alcoólicas, medicamentos, terapias e defensivos agrícolas.
Lei 9.279 (1996)	Regula os direitos e obrigações relativos à propriedade industrial, como o registro de marcas e patentes.
Lei 9.437 (1997)	Proíbe a fabricação, venda, comercialização ou importação de brinquedos, que se constituem em réplicas ou similares de armas de fogo.
Lei 6.360 (1976)	Dispõe sobre a Vigilância Sanitária a que ficam sujeitos os Medicamentos, as Drogas, os Insumos Farmacêuticos e Correlatos, Cosméticos, Saneantes e Outros Produtos, e dá outras Providências.
Lei 8.069 (1990):	Dispõe sobre a proteção integral à criança e ao adolescente em vários campos, como por exemplo, relacionado à venda de produtos e serviços nocivos, presente no Art. 81.
Lei 11.265 (2006)	Regulamenta a comercialização de alimentos para lactantes e crianças de primeira infância e também a de produtos de puericultura correlatos.
Lei 10.406 (2002)	Institui o novo código civil. Os Arts. 18 e 19 tratam do uso do nome e apelido e o Art. 20 do uso de imagem.
Lei 5.197 (1967)	Regula a utilização de animais da fauna silvestre na publicidade.
Lei 6.463 (1977):	Torna obrigatória a declaração de preço total nas vendas a prestação e dá outras providências.
Constituição da República Federativa do Brasil (1988):	Art. 22, inciso XXIX (competência para legislar sobre propaganda comercial); — art. 220 determina que haja liberdade de manifestação; proibição de censura; restrições admitidas a programações e propaganda.
Conar (Conselho Nacional de Autorregulamentação Publicitária)	É uma organização da sociedade civil fundada em São Paulo, Brasil, em 1950, pela ABAP — Associação Brasileira de Agências de Publicidade, ABA — Associação Brasileira de Anunciantes, ANJ — Associação Nacional de Jornais, ABERT — Associação Brasileira de Emissoras de Rádio e Televisão, ANER — Associação Nacional de Editores de Revistas, CENTRAL DE OUTDOOR, e que conta com a adesão da ABTA — Associação Brasileira de TV por Assinatura, FENEEC — Federação Nacional das Empresas Exibidoras Cinematográficas e da IAB BRASIL — Interactive Advertising Bureau [Internet]. A atividade desenvolvida pelo Conar visa evitar a veiculação de anúncios e campanhas de conteúdo enganoso, ofensivo, abusivo ou que desrespeitem, entre outros, a leal concorrência entre anunciantes. A entidade não tem "poder de polícia"; não pode mandar prender, não multa, não pode mandar devolver dinheiro ao consumidor ou mandar trocar mercadorias. O foco é a ética na publicidade e, neste campo, ela pode evitar excessos e corrigir desvios e deficiências constatadas nas campanhas publicitárias.
Campanhas Promocionais no Brasil — Aspectos Legais Lei 5.768 (1971)	Abre a legislação sobre distribuição gratuita de prêmios, mediante sorteio, vale-brinde ou concurso, a título de propaganda, estabelece normas de proteção à poupança popular, e dá outras providências. A legislação brasileira é extremamente restritiva quanto à distribuição de prêmios em promoções a título de propaganda. Toda distribuição de prêmios deve ser regulamentada por lei do Governo Federal, segundo o art. 22, inc XX da Constituição Federal. Sempre que a distribuição for realizada mediante sorteio, concurso, vale-brinde ou de maneira semelhante deverá ser necessariamente aprovada pelo Ministério da Fazenda, com a exceção de concursos que distribuam prêmios apenas a título meramente cultural, recreativo ou educacional. Podem ser dados como prêmio, os seguintes itens: mercadoria de produção nacional ou regularmente importadas/Títulos da Dívida Pública da União e outros Títulos de créditos que forem admitidos pelo Ministro da Fazenda e Planejamento/ Unidades residenciais, situadas no país, em zona urbana/Viagens de turismo abrangendo transporte ao destino, residência, hospedagem e no mínimo uma refeição diária/ Bolsas de Estudo. E não podem ser dados como prêmio, os seguintes itens: medicamentos/armas e munições, explosivos, fogos de artifício ou estampido/bebidas alcóolicas/fumos e derivados/dinheiro/outros produtos relacionados pelo Ministério da Fazenda.

COMPORTAMENTO SOCIALMENTE RESPONSÁVEL. Empresas inteligentes estimulam seus gerentes a irem além do que o sistema regulatório permite e simplesmente "fazer a coisa certa". Essas empresas socialmente responsáveis buscam ativamente maneiras de proteger os interesses de seus consumidores e do ambiente no longo prazo.

Quase todos os aspectos do marketing envolvem questões éticas e de responsabilidade social. Infelizmente, como essas questões, em geral, implicam conflitos de interesses, pessoas bem-intencionadas podem acabar discordando em relação ao curso de ação mais adequado em uma situação específica. Por conta disso, muitas associações profissionais e setoriais têm sugerido códigos de ética. E um número maior de empresas está desenvolvendo políticas, diretrizes e outras respostas para as complexas questões associadas à responsabilidade social.

A explosão do marketing na Internet criou um novo conjunto de questões éticas e sociais. Os críticos se preocupam, particularmente, com as questões relacionadas à privacidade on-line. Houve um aumento enorme na quantidade de dados digitais pessoais disponíveis. Os próprios usuários fornecem parte desses dados. Voluntariamente, eles divulgam informações privadas em redes sociais, como o Facebook e o LinkedIn, ou em sites de genealogia, as quais podem ser facilmente encontradas por qualquer um com um computador ou um smartphone.

Entretanto, grande parte das informações é sistematicamente desenvolvida por empresas que querem saber mais sobre seus clientes, muitas vezes sem eles perceberem que estão sendo observados. Negócios legítimos não apenas rastreiam o comportamento de compra e de navegação dos consumidores na Internet, como também coletam, analisam e compartilham informações digitais sobre todo movimento que eles fazem em seus sites. Os críticos se preocupam com o fato de as empresas poderem saber *demais* e utilizar os dados digitais para obter vantagens dos consumidores de maneira desonesta. Apesar de a maioria das empresas divulgar abertamente suas políticas de privacidade da Internet e utilizar esses dados para beneficiar seus clientes, abusos ocorrem. Como resultado, os defensores dos consumidores e os legisladores estão tomando medidas para proteger a privacidade do consumidor. No Capítulo 20, discutiremos com mais detalhes essas e outras questões relacionadas ao marketing societal.

MARKETING DE CAUSAS SOCIAIS. Para exercitar sua responsabilidade social e construir uma imagem mais positiva, muitas empresas estão se vinculando a causas nobres. Hoje em dia, todo produto parece estar vinculado a alguma causa. Por exemplo, a Toyota recentemente promoveu o programa "100 carros para o bem", no qual deu um carro novo para uma instituição sem fins lucrativos durante cem dias consecutivos com base no voto dos consumidores em sua página no Facebook. Um programa da P&G oferece lavanderias móveis e roupas limpas para famílias em áreas atingidas por desastres — a P&G lava, seca e dobra as roupas dessas famílias de graça. Na rua debaixo, as pessoas necessitadas provavelmente encontrarão um caminhão de um programa da Duracell, também da P&G, que gratuitamente oferece pilhas e lanternas, assim como postos para carregar telefones e notebooks. O Walgreens patrocina o programa "Caminhe com o Walgreens" — faça coisas simples como andar e registrar seus passos, bata suas metas ou apenas comente o *post* de outros participantes no site e receba cupons e ofertas exclusivas da Bayer, Vaseline, Degree, Slimfast, Dr. Scholls e outros parceiros do programa.

Algumas empresas fundamentaram toda sua missão em causas sociais. Com base no conceito de "negócios orientados para valores" ou "capitalismo consciente", a missão dessas organizações é utilizar os negócios para fazer do mundo um lugar melhor. Por exemplo, a TOMS, uma empresa de sapatos, foi fundada como uma organização lucrativa — ela quer fazer dinheiro vendendo sapatos. Mas a empresa possui uma missão não lucrativa igualmente importante: calçar crianças necessitadas no mundo inteiro. Para cada par de sapatos que você compra da TOMS, a empresa dá outro para uma criança carente em seu nome.

O marketing de causas sociais se tornou uma forma básica de doações corporativas. Ele dá às empresas a oportunidade de "se dar bem fazendo o bem", vinculando as compras de seus produtos ou serviços a causas nobres ou instituições de caridade. Na TOMS,

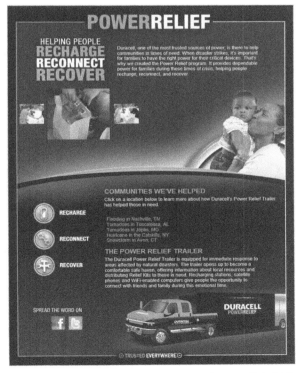

▲ Marketing de causas sociais: um programa da Duracell, da P&G, oferece gratuitamente pilhas e baterias, bem como postos para carregar telefones e notebooks, para pessoas de áreas atingidas por desastres.

The Procter & Gamble Company

o "se dar bem" e o "fazer o bem" caminham juntos. Além de ser socialmente admirável, o conceito "compre um, dê um" é uma boa proposição de negócios. "Dar não apenas faz você se sentir bem, mas é, na verdade, uma estratégia de negócios muito boa", diz Blake Mycoskie, fundador da TOMS. "Os negócios e a caridade ou os serviços públicos não precisam ser mutuamente excludentes. De fato, quando caminham juntos, eles podem ser muito poderosos."[35]

O marketing de causas sociais têm gerado algumas polêmicas. Os críticos questionam se o marketing de causas sociais não é mais uma estratégia para vender do que uma estratégia para dar — se o marketing de "causas sociais" não é, na verdade, um marketing "explorador de causas sociais". Assim, as empresas que utilizam o marketing de causas sociais podem estar na tênue linha que separa maiores vendas de uma melhor imagem e enfrentar acusações de exploração. Por exemplo, logo após o tsunami que destruiu parte do Japão em 2011, a ferramenta de busca Bing da Microsoft gerou uma repercussão negativa ao postar uma mensagem no Twitter dizendo que doaria 1 dólar para os esforços de ajuda no Japão toda vez que alguém retuitasse sua mensagem. O tuíte gerou uma enxurrada de reclamações dos usuários do Twitter, que acusaram o Bing de usar a tragédia como uma oportunidade de marketing. A Microsoft rapidamente se desculpou.[36]

Entretanto, se bem conduzido, o marketing de causas sociais pode beneficiar tanto a empresa quanto a causa abraçada. A empresa ganha uma ferramenta de marketing eficiente, ao mesmo tempo em que constrói uma imagem pública mais positiva. A instituição de caridade ou a causa ganha maior visibilidade e novas fontes importantes de financiamento e apoio. Os gastos com marketing de causas sociais subiram vertiginosamente nos Estados Unidos de apenas 120 milhões de dólares em 1990 para mais de 1,73 bilhão em 2012.[37]

Ambiente cultural

Ambiente cultural
Instituições e outras forças que afetam os valores, as percepções, as preferências e os comportamentos básicos da sociedade.

O **ambiente cultural** é composto de instituições e outras forças que afetam os valores, as percepções, as preferências e os comportamentos básicos da sociedade. As pessoas crescem em determinada sociedade, que molda suas crenças e seus valores básicos. Elas absorvem uma visão de mundo que define seu relacionamento com os outros. As características culturais a seguir podem afetar a tomada de decisões de marketing.

Persistência dos valores culturais

As pessoas de determinada sociedade possuem muitas crenças e valores, e suas crenças e seus valores centrais são muito persistentes. Por exemplo, muitos norte-americanos acreditam na liberdade individual, no trabalho, no casamento, na conquista e no sucesso. Essas crenças moldam atitudes e comportamentos mais específicos encontrados no dia a dia. As crenças e os valores *centrais* são passados de pais para filhos e reforçados pelas escolas, pelas igrejas, pelas empresas e pelo governo.

As crenças e os valores *secundários* são mais abertos a mudanças. Acreditar no casamento é uma crença central; crer que as pessoas devem se casar cedo é uma crença secundária. Os profissionais de marketing podem mudar valores secundários, mas dificilmente mudarão valores centrais. Por exemplo, em relação ao planejamento familiar, os profissionais de marketing podem ter mais êxito se argumentarem que as pessoas devem se casar mais tarde do que se disserem que elas não devem se casar.

Mudanças nos valores culturais secundários

Apesar de os valores centrais serem persistentes, ocorrem mudanças culturais. Considere o impacto que grupos musicais pop, personalidades do cinema e outras celebridades têm sobre o corte de cabelo e as roupas dos jovens. Os profissionais de marketing querem prever as mudanças culturais para identificar novas oportunidades ou ameaças. Os principais valores culturais de uma sociedade são expressos pela visão que as pessoas têm de si mesmas e dos outros, bem como pela visão que possuem das organizações, da sociedade, da natureza e do universo.

VISÃO QUE AS PESSOAS TÊM DE SI MESMAS. Algumas pessoas são mais centradas em si mesmas, ao passo que outras são mais voltadas para os outros. Algumas buscam prazer, diversão, mudança e fuga, enquanto outras buscam realização pessoal por meio da religião, do lazer, da busca ávida por uma carreira ou por outras metas na vida. Algumas pessoas se veem como indivíduos enturmados e que contribuem, ao passo que outras se veem como individualistas. As pessoas utilizam produtos, marcas e serviços como meios de autoexpressão e compram produtos e serviços que têm relação com suas visões sobre si mesmas.

Por exemplos, os anúncios da tinta Sherwin Williams — cuja chamada é "Faça o melhor para a sua cor com a melhor tinta" — parecem ser voltados para os adeptos do "faça você mesmo", mais velhos e práticos. Em compensação, os anúncios da Benjamin Moore, com suas promoções no Facebook e em outras mídias sociais, são voltadas para pessoas mais jovens e descoladas. Um anúncio impresso da Benjamin Moore — que consiste em uma única linha de texto escrito com uma combinação maluca de fontes — descreve sua cor Hot Lips da seguinte maneira: "É algo entre a cor dos seus lábios quando você sai de casa em dezembro com seu cabelo ainda molhado e a poça deixada por um picolé de uva derretido misturado com a cor daquele xarope para tosse que me sufocava um pouco. Hot Lips. Perfeita".

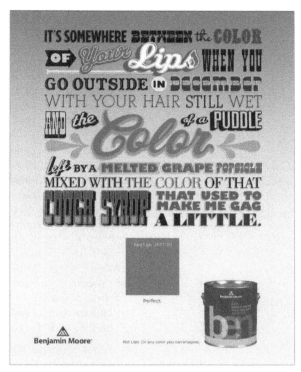

▲ Visão que as pessoas têm de si mesmas: neste anúncio, a Benjamin Moore se volta para pessoas que se veem como descolados.
Cortesia da Benjamin Moore Paints

Visão que as pessoas têm dos outros. As atitudes das pessoas com relação aos outros e o modo como interagem com eles mudam ao longo do tempo. Nos últimos anos, alguns analistas demonstraram preocupação com o fato de a era da Internet resultar na diminuição da interação humana, com as pessoas se enterrando em seus computadores ou enviando e-mails e mensagens em vez de interagir pessoalmente. Contudo, as tecnologias digitais parecem ter dado início a uma época que um observador de tendências chama de "encontros em massa". Em vez de interagir menos, as pessoas estão usando as mídias sociais e as comunicações móveis para se conectar mais do que nunca. E, geralmente, mais interações on-line e móveis resultam em mais encontros off-line:[38]

> Mais pessoas do que nunca [estão] vivendo parte de sua vida on-line. Contudo, essas mesmas pessoas também saem e se encontram com mais frequência com "corpos quentes" no mundo off-line. De fato, as mídias sociais e as comunicações móveis estão intensificando os *encontros em massa*, que essencialmente desafiam todo clichê relacionado à diminuição da interação humana em nossa "era on-line". Ironicamente, a mesma tecnologia que, no passado, foi condenada por transformar gerações inteiras em zumbis e avatares está agora atuando para fazer as pessoas *saírem* de casa.

> Basicamente, quanto mais [as pessoas] se encontram, se conectam, papeiam e socializam on-line, mais propensas elas são a sair com amigos e seguidores no mundo real. Graças a serviços de rede social como o Facebook (os mais de 1 bilhão de fãs do site gastam nele mais de 700 bilhões de minutos por mês), as pessoas estão desenvolvendo redes sociais mais diversificadas, desafiando a ideia de que a tecnologia separa as pessoas do convívio social. Em vez de mais isoladas, as pessoas estão cada vez mais conectadas com suas redes de amigos.

Essa nova maneira de interagir afeta fortemente o modo como as empresas comercializam suas marcas e se comunicam com seus clientes. "Os consumidores estão cada vez mais usando suas redes de amigos, fãs e seguidores para descobrir produtos e serviços, conversar sobre eles e comprá-los de formas mais sofisticadas", diz uma analista. "Como resultado, nunca foi tão importante para as marcas ter certeza de que elas [fazem parte dessas redes] também."[39]

Visão que as pessoas têm das organizações. A atitude das pessoas em relação a corporações, órgãos governamentais, sindicatos, universidades e outras organizações varia muito. Um número cada vez maior de pessoas está disposto a trabalhar em grandes organizações e espera, em troca, que elas realizem trabalhos sociais.

Nos Estados Unidos, nas últimas duas décadas, a confiança e a fidelidade das pessoas em relação às empresas e às instituições e organizações políticas diminuíram muito. No trabalho, houve uma queda geral na fidelidade organizacional. Ondas de *downsizing* nas empresas geraram ceticismo e desconfiança. Na última década, especificamente, grandes escândalos corporativos, as demissões resultantes da recente recessão, a crise financeira provocada pela ganância e pela incompetência dos banqueiros de Wall Street e outras atividades questionáveis geraram ainda mais perda de confiança nas grandes empresas. Muitas pessoas veem o trabalho hoje não como uma fonte de satisfação, mas como uma tarefa necessária para ganhar dinheiro e poder, assim, desfrutar os momentos de lazer. Essa tendência sugere que as organizações precisam encontrar novas maneiras de conquistar a confiança de seus funcionários e consumidores.

VISÃO QUE AS PESSOAS TÊM DA SOCIEDADE. A atitude das pessoas em relação à sociedade varia — os patriotas a defendem, os reformistas querem mudá-la e os descontentes querem deixá-la. A orientação das pessoas referente à sociedade em que vivem influencia seus padrões de consumo e suas atitudes em relação ao mercado. O patriotismo norte-americano aumentou gradualmente nas últimas duas décadas. Entretanto, ele subiu muito depois dos ataques terroristas de 11 de setembro e da Guerra do Iraque. Por exemplo, no verão que se seguiu ao início da guerra com o Iraque, uma multidão de norte-americanos visitou locais históricos: monumentos na cidade de Washington, o Monte Rushmore, os campos de batalha de Gettysburg, a fragata USS Constitution, Pearl Harbor e o antigo forte Álamo. Após esses períodos de pico, o patriotismo nos Estados Unidos ainda permanece em alta. Um recente levantamento global sobre "orgulho nacional" mostrou que os norte-americanos ocupam o primeiro lugar entre as 17 democracias pesquisadas.[40]

As empresas respondem com produtos e promoções patrióticas, oferecendo de tudo, de suco de laranja a carros com temas patrióticos. Por exemplo, anúncios do suco de laranja Tropical Pure Premium da PepsiCo afirmam que a marca traz "um suco de laranja 100% puro da Flórida — feito com laranjas cultivadas, colhidas e espremidas na Flórida". A campanha "Importado de Detroit" da Chrysler, que dizia que "o mundo vai ouvir o ronco dos nossos motores", foi muito bem aceita pelos consumidores norte-americanos.[41] Apesar de a maioria dessas ofertas de marketing ser de bom gosto e ter sido bem recebida, agitar as cores vermelha, branca e azul pode, muitas vezes, ser um problema. Promoções patrióticas podem ser vistas como bregas ou como tentativas de lucrar à custa dos triunfos ou das tragédias do país. Os profissionais de marketing devem ter cautela ao responder a grandes comoções nacionais.

VISÃO QUE AS PESSOAS TÊM DA NATUREZA. As pessoas possuem atitudes variadas em relação à natureza — algumas se sentem regidas por ela, outras se sentem em harmonia com ela e outras ainda procuram dominá-la. Uma antiga tendência é o crescente domínio das pessoas sobre a natureza por meio da tecnologia e da crença de que ela é abundante. Recentemente, no entanto, as pessoas começaram a perceber que a natureza é finita e frágil e pode ser destruída ou prejudicada pelas atividades humanas.

Esse amor renovado pelas coisas naturais criou um mercado de 63 milhões de pessoas com "estilos de vida voltados para a saúde e a sustentabilidade" que procuram todo tipo de produtos naturais, orgânicos e nutritivos, de carros com baixo consumo de combustível a medicamentos alternativos. Esse segmento gasta cerca de 300 bilhões de dólares por ano com esses produtos.[42]

A Tom's of Maine oferece a esses consumidores produtos de cuidados pessoais sustentáveis e totalmente naturais. São pastas de dente, desodorantes, enxaguantes bucais e sabonetes feitos sem nenhum tipo de coloração, sabor, fragrância ou conservante artificiais.[43] Os produtos também são "livres de crueldade" (não são testados em animais, nem contêm ingrediente animal). Para a Tom's, as práticas sustentáveis são uma prioridade em todos os aspectos de seus negócios. A empresa se esforça para maximizar o conteúdo reciclado e a capacidade de reciclagem de suas embalagens. Por fim, a Tom's doa 10% de seus lucros brutos a instituições de caridade. No geral, a Tom's "fabrica produtos de consumo incomuns para atender ao bem comum".

Produtores de alimentos encontraram mercados de rápido crescimento para itens naturais e orgânicos. No total, o mercado de alimentos orgânicos nos Estados Unidos gerou aproximadamente 29 bilhões de dólares em vendas no último ano — mais do que o dobro dos últimos cinco anos. Ocupantes de nicho como a Whole Foods Market ofereceram-se para atender a esse mercado, e redes de supermercado tradicionais, como a Kroger e a Safeway, acrescentaram seções separadas para alimentos naturais e orgânicos. Até os donos de animais de estimação estão se unindo ao movimento, à medida que se conscientizam mais da composição da comida de seu pet. Hoje, quase todas as grandes marcas de ração oferecem vários tipos de alimentos naturais[44].

▲ Pegando carona nas tendências dos produtos naturais: a Tom's "fabrica produtos de consumo incomuns para atender ao bem comum".

Tom's of Maine

Visão que as pessoas têm do universo. Para finalizar, as pessoas têm opiniões diferentes em relação à origem do universo e a seu lugar nele. Apesar de a maioria dos norte-americanos seguir uma religião, a convicção e a prática religiosas têm declinado gradualmente ao longo dos anos. Em um recente levantamento, 16% dos norte-americanos disseram que, atualmente, não estão vinculados a nenhuma fé em particular — quase o dobro da porcentagem de 18 anos atrás. Entre os norte-americanos com idade entre 18 e 29 anos, 25% disseram que, hoje, não estão vinculados a nenhuma religião.[45]

Contudo, o fato de as pessoas estarem se afastando da religião organizada não significa que estão abandonando sua fé. Alguns futurólogos notaram um interesse renovado por questões espirituais, talvez como parte de uma busca mais profunda por um propósito interior. As pessoas têm deixado de lado o materialismo e a ambição desenfreada e buscado valores mais perenes — família, comunidade, terra e fé —, bem como uma certeza maior do que é certo e errado. Eles chamam isso de "espiritualidade", e não de "religião".[46] Esse novo espiritualismo afeta os consumidores em tudo — dos programas a que assistem e livros que leem aos produtos e serviços que compram.

Reação ao ambiente de marketing

Objetivo 5

◀ Discutir como as empresas podem reagir ao ambiente de marketing.

Certa vez alguém disse: "Existem três tipos de empresas: as que fazem as coisas acontecerem, as que observam as coisas acontecerem e as que se perguntam o que aconteceu". Muitas empresas veem o ambiente de marketing como um elemento incontrolável ao qual elas devem reagir e se adaptar. Essas empresas aceitam passivamente o ambiente de marketing e não tentam mudá-lo. Elas analisam as forças ambientais e desenvolvem estratégias que as ajudarão a evitar as ameaças e a obter vantagem das oportunidades oferecidas pelo ambiente.

Outras empresas assumem uma postura *proativa* em relação ao ambiente de marketing. "Em vez de deixar o ambiente definir suas estratégias", aconselha um especialista em marketing, "crie uma estratégia que defina seu ambiente".[47] De fato, em vez de partir do princípio de que as opções estratégicas são limitadas pelo ambiente atual, essas empresas desenvolvem estratégias para mudar o ambiente. "A história dos negócios [...] traz uma série de casos em que as estratégias da empresa moldaram a estrutura do setor", diz o especialista, "do Modelo T da Ford ao Wii da Nintendo".

Cada vez mais, em vez de simplesmente observar e reagir aos eventos ambientais, essas empresas tomam medidas agressivas para atingir os públicos e as forças de seu ambiente de marketing. Elas contratam lobistas para influenciar as leis que afetam seus setores, organizam eventos para obter cobertura favorável da imprensa, publicam informes publicitários e mantêm blogs para modelar a opinião pública, abrem processos e prestam queixas para manter seus concorrentes na linha e assinam acordos para controlar melhor seus canais de distribuição.

Em geral, mexendo-se, as empresas conseguem superar os aparentemente incontroláveis eventos ambientais. Por exemplo, enquanto algumas empresas tentam silenciar comentários negativos sobre seus produtos, outras trabalham de maneira proativa para rebater informações falsas. A Taco Bell fez isso quando sua marca foi vítima de acusações potencialmente prejudiciais sobre a qualidade da carne que acompanha seus tacos:[48]

> Quando uma californiana abriu um processo contra a Taco Bell questionando se a carne que acompanha seus tacos poderia ser, de fato, chamada de "carne", a reação da empresa foi rápida e decisiva. O processo alegava que a carne da Taco Bell era composta de 65% de conservantes, aditivos e outros agentes. Ela queria que a Taco Bell parasse de chamá-la de "carne". Mas a empresa reagiu rapidamente com uma grande campanha de contra-ataque em veículos impressos, no YouTube e no Facebook. Em anúncios de página cheia no *Wall Street Journal*, no *New York Times* e no *USAToday*, a Taco Bell, de maneira ousada, agradeceu a todos os envolvidos no processo por dar à empresa a oportunidade de dizer a "verdade" sobre sua "saborosa carne", que contém, além da carne de qualidade, apenas ingredientes para manter o sabor e a qualidade do produto. A Taco Bell também anunciou que moveria uma ação legal contra aqueles que estavam fazendo afirmações falsas. A contracampanha proativa da empresa silenciou as informações falsas do processo, que foi voluntariamente retirado poucos meses depois.

Nem sempre a administração de marketing pode controlar as forças ambientais. Em muitos casos, a empresa deve simplesmente observar o ambiente e reagir a ele. Por exemplo, uma empresa teria pouco sucesso se tentasse influenciar as mudanças geográficas da população, o ambiente econômico ou os valores culturais centrais. Entretanto, sempre que possível, gestores de marketing inteligentes assumem uma abordagem *proativa*, e não *reativa*, em relação ao ambiente de marketing (veja o Marketing Real 3.2).

Marketing Real 3.2

Quando o diálogo azeda: transformando o negativo em positivo

Os profissionais de marketing veem a Internet como o novo grande meio relacional. As empresas a utilizam para se relacionar com os clientes, obter insights sobre suas necessidades e criar comunidades. Os consumidores, por sua vez, imbuídos do poder da Internet, compartilham suas experiências com a marca, com as empresas e entre eles. Todo esse bate-bola ajuda tanto a empresa como seus clientes. Mas, às vezes, o diálogo pode azedar. Considere os exemplos a seguir:

- Ao receber um monitor bastante danificado via FedEx, o usuário goobie55 do YouTube postou cenas gravadas por sua câmera de segurança. O vídeo mostra claramente o entregador da FedEx erguendo o pacote e o arremessando pelo portão do cliente, sem ao menos tentar tocar a campainha, abrir o portão ou levar a embalagem até a porta. O vídeo — que mostra claramente o conhecido logo roxo e laranja da FedEx na roupa do motorista, no pacote e no furgão — se tornou um viral com 5 milhões de acesso em apenas cinco dias. Noticiários e programas de TV foram à loucura discutindo o vídeo.
- Molly Katchpole, uma babá de 22 anos que mora na cidade de Washington, ficou louca quando descobriu que o Bank of America estava cobrando uma taxa de 5 dólares mensais dos usuários de cartão de débito. Ela deu início a uma petição no Change.com, declarando: "Os norte-americanos deram uma força ao Bank of America durante a crise financeira que o banco ajudou a criar. Como você justifica arrancar mais 60 dólares por ano de seus clientes que têm cartão de débito? Isso é desprezível". Em menos de um mês, a petição reuniu mais de 300 mil assinaturas de outros clientes que também estavam bravos.
- Quando a United Airlines rejeitou o pedido de reembolso do músico Dave Carroll após o compartilhamento de bagagens quebrar seu violão, ele produziu um vídeo com uma música cativante chamada "United quebra violões" e o postou no YouTube. "Eu deveria ter voado com qualquer outra companhia ou ido de carro", ele dispara no vídeo. "Porque a United quebra violões." Esse vídeo se tornou um dos maiores sucessos do YouTube — cerca de 12 milhões de pessoas já o viram — e causou um frenesi instantâneo na mídia, nos principais grupos globais.
- Quando Harry Winsor, de oito anos, enviou um avião feito com giz de cera para a Boeing, sugerindo que eles poderiam querer fabricá-lo, a empresa respondeu com uma carta séria, formal: "Nós não aceitamos ideias não solicitadas", a carta afirma. "Lamentamos informar que descartamos sua mensagem e não ficamos com nenhuma cópia." A embaraçosa asneira provavelmente passaria batida se não fosse o fato de o pai de Harry — John Winsor, um proeminente executivo da área de propaganda —, comentar o incidente em blogs e tuítes, fazendo com que ele se tornasse, instantaneamente, notícia nacional nos Estados Unidos.

Eventos isolados? Não mais. A Internet mudou a tradicional relação de poder entre empresas e consumidores. Nos bons e velhos tempos, consumidores insatisfeitos podiam

▲ Os poderosos consumidores de hoje: a embaraçosa asneira da Boeing com o desenho de um avião do pequeno Harry Winsor se tornou, instantaneamente, notícia nacional nos Estados Unidos. A Boeing, entretanto, rapidamente assumiu sua responsabilidade e transformou um potencial desastre em relações públicas em algo positivo.
John Winsor

fazer pouco mais do que falar alto com um representante da empresa ou bramar suas reclamações em uma esquina qualquer. Agora, municiados apenas com um PC ou um smartphone, eles podem levar a insatisfação a público, transmitindo suas queixas para milhões de pessoas em blogs, em salas de bate-papo, em redes sociais ou até mesmo em sites dedicados exclusivamente a suas empresas menos favoritas.

Sites do tipo "eu odeio" e "é uma droga" são quase banais. Esses sites miram algumas das mais respeitadas empresas usando nomes bastante desrespeitosos: Walmartblows.com (o Walmart manda mal), PayPalSucks.com (a PayPal é uma droga, também conhecido como NoPayPal.com), IHateStarbucks.com (eu odeio a Starbucks), DeltaREALLYsucks.com (a Delta é realmente uma droga), para citar apenas alguns. Vídeos desse tipo também são comuns no YouTube e em outros sites de vídeo. Por exemplo, uma busca em "Apple sucks" (a Apple é uma droga) no YouTube retorna 12.900 vídeos; uma busca parecida para a Microsoft retorna 17.900 opções. Uma busca em "Apple sucks" no Facebook leva a centenas de grupos. Se não gostar de nenhum, tente "Apple suks" ou "Apple sux" para centenas de outros.

Alguns desses sites, vídeos e outros ataques on-line trazem à tona legítimas reclamações que devem ser encaminhadas. Outros, entretanto, são pouco mais do que calúnias anônimas e vingativas que, de maneira desleal, mexem com a reputação das marcas e das empresas. Alguns dos ataques são apenas um incômodo passageiro, outros podem exigir bastante atenção e criar uma verdadeira dor de cabeça.

Como as empresas devem reagir aos ataques on-line? O grande dilema para as empresas atacadas consiste em descobrir até que ponto elas podem proteger sua imagem sem jogar mais lenha na fogueira já alta. Todos os especialistas, contudo, parecem concordar em um ponto: não tente nenhum tipo de retaliação. "Raramente é uma boa ideia arremessar bombas onde o fogo já começou", diz uma analista. "Antecipação, compromisso e diplomacia são ferramentas mais sensatas."

Algumas empresas tentaram silenciar os críticos processando-os, mas poucas tiveram sucesso. Os tribunais tenderam a considerar esse tipo de crítica uma opinião e, portanto, um discurso protegido. Em geral, tentativas de parar, contra-atacar ou silenciar os ataques dos consumidores são míopes. Geralmente, essas críticas são baseadas em reais preocupações dos consumidores e em problemas não resolvidos. Consequentemente, a melhor estratégia pode ser monitorar esses sites e responder às preocupações que eles expressam. "A coisa mais óbvia a fazer é conversar com o cliente e tentar lidar com o problema, em vez de tapar os ouvidos", aconselha um consultor.

Por exemplo, a Boeing rapidamente assumiu a responsabilidade por não ter sabido lidar com o desenho de Harry Winsor, transformando um potencial desastre em relações públicas em algo positivo. A empresa ligou para o pequeno Harry e o convidou para visitar suas instalações. Em seu Twitter, a Boeing confessou: "Nós sabemos fazer aviões, mas somos novatos em mídia social. Estamos aprendendo à medida que fazemos". De maneira similar, a FedEx foi elogiada por, imediatamente, postar um vídeo no YouTube tratando do incidente do monitor danificado. No vídeo, Matthew Thornton, diretor sênior de operações da FedEx, afirmou que ele tinha se encontrado pessoalmente com o cliente lesado, o qual havia aceitado as desculpas da empresa. "Isso vai totalmente contra todos os valores da FedEx", declarou Thornton. O vídeo da FedEx encontrou apoio. Diversos jornalistas e blogueiros divulgaram histórias sobre a FedEx envolvendo excelentes tratamentos da embalagem e registros de entrega.

O Bank of America e a United, entretanto, não se saíram tão bem. Após o Bank of America finalmente voltar atrás e rever sua decisão sobre a taxa para os usuários de cartão de débito, um executivo ligou para Katchpole para dar detalhes. Mas, àquela altura, ela já tinha fechado sua conta no banco. E, após o sucesso do vídeo de Dave Carroll no YouTube, a United, tardiamente, se ofereceu para pagar o violão destruído do músico. Educadamente, Carroll recusou a proposta, mas agradeceu à empresa por ter alavancado sua carreira. Hoje, Carroll é palestrante profissional e autor na área de atendimento ao cliente. Ele também fundou a Gripevine.com, "a primeira plataforma de mídia social voltada para resolver reclamações de clientes". Talvez, a United logo se torne uma cliente.

Muitas empresas têm formado equipes de especialistas que monitoram conversas on-line e entram em contato com clientes insatisfeitos. Por exemplo, a Dell formou uma "equipe de comunidades e conversas" com 40 pessoas que vasculham o Twitter e o Facebook e se comunicam com blogueiros. A equipe de mídia social da Southwest Airlines conta com uma pessoa que rastreia os comentários no Twitter e monitora grupos do Facebook, uma outra que checa fatos e interage com blogueiros e uma outra ainda que é responsável pela presença da empresa em sites como YouTube, Flickr e LinkedIn. Desse modo, se alguém postar uma reclamação on-line, a empresa poderá responder a ela de uma maneira pessoal.

Assim, escutando e reagindo de maneira proativa aos eventos aparentemente incontroláveis no ambiente, as empresas podem evitar que acontecimentos negativos saiam do controle ou mesmo transformá-los em algo positivo. Quem sabe? Com as respostas certas, o Walmartblows.com (o Walmart manda mal) pode vir a se tornar o Walmartrules.com (o Walmart manda bem). Ou, mais uma vez, provavelmente não.

Fontes: citações, trechos e outras informações extraídos de Gregory Karp, "United breaks guitars spawns complaint site", *McClatchy-Tribune Business News*, 3 fev. 2012; Nicholas D. Kristof, "After recess: change the world", New York Times, 4 fev. 2012, p. SR11; Vanessa Ko, "FedEx apologizes after video of driver throwing fragile package goes viral", *Time*, 23 dez. 2011, <http://newsfeed.time.com/2011/12/23/fedex-apologizes-after-video-of-driver-throwing-fragile-package-goes-viral/>; Michelle Conlin, "Web attack", BusinessWeek, 16 abr. 2007, p. 54-56; "Boeing's social media lesson", 3 maio 2010, <http://mediadecoder.blogs.nytimes.com/2010/05/03/boeings-social-media-lesson/>; Ben Nuckols, "Part-time nanny helps to end Bank of America fee", *Herald-Sun (Durham)*, 4 nov. 2011, p. A4; <www.youtube.com/watch?v55YGc4zOqozo> e <www.youtube.com/watch?v5C5uIH0VTg_o>. Acesso em: 2012; "Corporate hate sites", New Media Institute, <www.newmedia.org/articles/corporate-hate-sites---nmi-white-paper.html>. Acesso em: set. 2012.

Revisão dos conceitos

Revisão dos **objetivos** e **termos-chave**

Revisão dos objetivos

Neste e nos próximos três capítulos, examinamos os ambientes de marketing e como as empresas os analisam para entender melhor o mercado e os consumidores. As empresas devem observar e administrar constantemente o ambiente de marketing, a fim de buscar oportunidades e se precaver de ameaças. O ambiente de marketing abrange todos os agentes e forças

98 Parte 2 | Entendimento do mercado e dos clientes

que influenciam a capacidade da empresa de conduzir, de maneira eficiente, os negócios com seu mercado-alvo.

Objetivo 1 ▶ **Descrever as forças ambientais que afetam a capacidade da empresa de atender a seus clientes (p. 73-77)**

O *microambiente* da empresa consiste em outros agentes próximos a ela que se combinam para formar sua cadeia de valor ou que afetam sua capacidade de atender a seus clientes. Ele abrange o *ambiente interno* da empresa — seus vários departamentos e níveis de gestão —, uma vez que ele influencia a tomada de decisões em marketing. As *empresas do canal de marketing* — fornecedores, intermediários de marketing, operadores logísticos, agências de serviços de marketing e intermediários financeiros — cooperam para criar valor para o cliente. Os *concorrentes* competem com a empresa em um esforço para melhor atender aos clientes. Vários *públicos* possuem um interesse real ou potencial na capacidade da organização de atingir seus objetivos ou impactam essa capacidade. Por fim, os cinco tipos de *mercados* de clientes são os mercados consumidores, organizacionais, de revenda, governamentais e internacionais.

O *macroambiente* consiste em forças societais maiores que afetam o microambiente como um todo. As seis forças que formam o macroambiente da empresa são as demográficas, econômicas, naturais, tecnológicas, políticas/sociais e culturais. Essas forças moldam oportunidades e impõem ameaças para a empresa.

Objetivo 2 ▶ **Explicar como mudanças nos ambientes demográfico e econômico afetam as decisões de marketing (p. 77-86)**

A *demografia* é o estudo das características da população humana. Nos Estados Unidos, o *ambiente demográfico* de hoje apresenta: estrutura etária em alteração, perfis familiares em mudança, deslocamentos geográficos da população, uma população mais instruída e voltada para o trabalho administrativo e aumento da diversidade. O *ambiente econômico* é constituído de fatores que afetam o poder e os padrões de compra. Ele é caracterizado por consumidores mais cautelosos em termos financeiros, que estão buscando valor superior — a combinação certa de produto de qualidade e bom serviço a um preço justo. A distribuição de renda também está mudan-

do. Os ricos estão cada vez mais ricos, a classe média está menor e os pobres continuam pobres, levando a um mercado em camadas.

Objetivo 3 ▶ **Identificar as principais tendências nos ambientes natural e tecnológico da empresa (p. 86-88)**

O *ambiente natural* aponta para três tendências principais: escassez de determinadas matérias-primas, níveis mais altos de poluição e maior intervenção por parte do governo na gestão dos recursos naturais. As preocupações ambientais criaram oportunidades de marketing para empresas atentas. O *ambiente tecnológico* gera tanto oportunidades como desafios. As empresas que não conseguirem acompanhar as mudanças tecnológicas perderão oportunidades de marketing e de novos produtos.

Objetivo 4 ▶ **Explicar as principais mudanças nos ambientes político e cultural (p. 89-95)**

O *ambiente político* consiste em leis, órgãos e grupos que influenciam ou limitam as ações de marketing. Nos Estados Unidos, ele passou por três mudanças que afetaram o marketing no mundo inteiro: aumento no número de leis que regulam os negócios, forte controle por parte dos órgãos governamentais e maior ênfase na ética e nas ações socialmente responsáveis. O *ambiente cultural* é constituído de instituições e forças que afetam os valores, as percepções, as preferências e o comportamento da sociedade. Ele aponta para uma tendência de encontros em massa, uma menor confiança nas instituições, uma maior apreciação da natureza, um espiritualismo em mudança e uma busca por valores mais significativos e duradouros.

Objetivo 5 ▶ **Discutir como as empresas podem reagir ao ambiente de marketing (p. 95-97)**

As empresas podem aceitar passivamente o ambiente de marketing como um elemento incontrolável ao qual devem se adaptar, evitando ameaças e tirando vantagem de oportunidades à medida que surgem. Podem também assumir uma atitude *proativa*, trabalhando para mudar o ambiente, em vez de simplesmente reagir a ele. Sempre que possível, as empresas devem tentar ser proativas, em vez de reativas.

◔ Termos-chave

Objetivo 1
Ambiente de marketing (p. 73)
Microambiente (p. 73)
Macroambiente (p. 73)
Intermediários de marketing (p. 74)
Público (p. 75)

Objetivo 2
Demografia (p. 77)
Baby-boomers (p. 77)
Geração X (p. 80)
Milênios (geração Y) (p. 81)
Ambiente econômico (p. 85)

Objetivo 3
Ambiente natural (p. 86)
Sustentabilidade ambiental (p. 87)
Ambiente tecnológico (p. 87)

Objetivo 4
Ambiente político (p. 89)
Ambiente cultural (p. 92)

Discussão e pensamento crítico

Questões para discussão

1. Compare o microambiente de uma empresa com seu macroambiente.
2. Descreva os cinco tipos de mercados de clientes.
3. Compare os valores/crenças centrais com os secundários.

Dê um exemplo de cada um deles e discuta o potencial impacto que as empresas têm sobre eles.
4. Como os profissionais de marketing devem responder ao ambiente em mudança?

Atividades de pensamento crítico

1. A Wall Street Reform and Consumer Protection Act (Lei da Reforma de Wall Street e de Proteção do Consumidor), de 2010, foi criada pelo CFPB (Consumer Financial Protection Bureau — Departamento de Proteção Financeira ao Consumidor). Descubra mais sobre essa lei e as responsabilidades do CFPB. Redija um breve relatório mostrando como essa lei impacta os negócios e os consumidores.
2. O marketing de causas sociais cresceu consideravelmente nos últimos 10 anos. Visite o site <www.causemarketing forum.com> para conhecer as empresa que conquistaram o Halo Awards por seus excelentes programas de

marketing de causas sociais. Apresente um estudo de caso de uma das ganhadoras para sua classe.
3. Diversos órgãos federais impactam as atividades de marketing. Faça uma pesquisa sobre os órgãos a seguir, discuta os elementos de marketing que são impactados por cada um deles e apresente um caso ou uma questão de marketing recente no qual esses órgãos atuaram.
a. Federal Trade Commission (<www.ftc.gov>).
b. Food and Drug Administration (<www.fda.gov>).
c. Consumer Product Safety Commission (<www.cpsc.gov>).

Aplicações e casos

Foco na tecnologia   *Crowndfunding*

Se você tem uma ideia de produto superbacana, mas não tem dinheiro, não se preocupe: você tem o Kickstarter, um site de *crowndfunding*. Fundado em 2008, o Kickstarter possibilita que as empresas obtenham doações de diversas pessoas e já ajudou a lançar mais de 60 mil projetos. A Pebble Technologies Corporation criou um relógio de pulso "inteligente" chamado Pebble que se comunica com iPhones e telefones com Android, mas não tinha dinheiro para produzir e comercializar o dispositivo. Eric Migicovsky, o jovem CEO da empresa, procurou o Kickstarter para *crowndfunding*. Sua modesta meta era levantar 100 mil dólares, mas a empresa arrecadou 1 milhão em um dia e um total de 10,27 milhões em apenas um mês! Cerca de 70 mil pessoas encomendaram antecipadamente o relógio de 115 dólares, e a Pebble agora tem que entregar sua promessa. A Kickstarter fica com 5% do total de fundos

arrecadados e a Amazon Payments lida com o processamento desses fundos. A Kickstarter cobra os doadores por meio dos cartões de crédito, e o criador do projeto recebe o valor doado em poucas semanas. A Lei JOBS, assinada em 2012, oferece uma estrutura legal para esse tipo de financiamento e, com resultado, espera-se que ele cresça ainda mais rápido. Contudo, o Kickstarter e outros sites similares não garantem a entrega dos projetos como prometido, e algumas pessoas se preocupam com o fato de o *crowndfunding* vir a gerar *crowndfraudes*.

1. Encontre outro site de *crowndfunding* e descreva dois projetos que ele traz.
2. Descubra mais sobre a Lei JOBS e como ela impacta o *crowndfunding* para empresas iniciantes. Quais proteções os investidores têm contra *crowndfraudes*?

Foco na ética   Mirando crianças on-line

Quase 24% da população norte-americana é composta por pessoas com menos de 18 anos que respondem por bilhões de dólares em poder de compra. Empresas como o eBay e o Facebook querem capitalizar esse dinheiro — quer dizer, de maneira legítima. O eBay está explorando formas de permitir que consumidores com menos de 18 anos criem contas legítimas para comprar e vender produtos. Crianças já comercializam no site, mas, para isso, usam a conta de seus pais ou criam contas mentindo sobre sua idade. De maneira similar,

embora crianças com menos de 13 anos não possam criar contas no Facebook, cerca de 7,5 bilhões delas possuem um perfil, e aproximadamente 5 milhões de usuários têm menos de 10 anos. De acordo com esses números, quase 20% dos norte-americanos com 10 anos e 70% dos com 13 anos estão ativos no Facebook. Muitas dessas contas foram criadas com conhecimento e consentimento dos pais. Tanto o eBay como o Facebook afirmam que as contas das crianças serão protegidas e os pais poderão monitorá-las.

100 Parte 2 | Entendimento do mercado e dos clientes

1. Discuta os prós e os contras de se permitir que essas empresas se voltam para crianças. Esses esforços representam um comportamento socialmente responsável?

2. Analise a Children's Online Privacy Protection Act (Lei de Proteção da Privacidade de Crianças *On-line*) no site <www.coppa.org/>. Explique como o eBay e o Facebook podem mirar esse mercado e, ainda assim, obedecer a essa lei.

○ Foco nos números   Tendências demográficas

Você conhece a Danica das Filipinas, o Peter de Londres, a Nargis da Índia, a Marina da Rússia, a Chieko do Japão ou a Miran dos Estados Unidos? Esses são alguns dos bebês cujos pais alegam ter sido o ser humano de número 7 bilhões a nascer no mundo. A população continua a crescer, embora as mulheres estejam tendo menos filhos. Os mercados são constituídos de pessoas e, para se manterem competitivas, as empresas devem saber onde a população está estagnada e onde está crescendo. Nos Estados Unidos, a taxa de fertilidade está diminuindo e a população está envelhecendo, criando oportunidades e ameaças para as empresas. É por

isso que acompanhar e prever tendências demográficas é tão importante no marketing. As empresas devem planejar para capitalizar as oportunidades e lidar com as ameaças antes que seja tarde demais.

1. Faça uma apresentação sobre uma tendência demográfica específica no Brasil. Explique as razões por trás dessa tendência e discuta suas implicações para as empresas.

2. Discuta as tendências demográficas globais. Quais são as implicações dessas tendências e como os profissionais de marketing devem responder a elas?

○ Vídeo empresarial   Ecoist

Pelo menos uma empresa pegou o velho ditado "o lixo de um homem é o tesouro de outro" e o transformou em modelo de negócios. A Ecoist é uma empresa que utiliza materiais de embalagem descartados de marcas multinacionais como Coca-Cola, Frito-Lay, Disney e Mars para criar bolsas que deixariam empolgados até mesmo os maiores seguidores da moda.

Quando a empresa começou, em 2004, a percepção dos consumidores em relação a produtos feitos com material reciclado não era muito positiva. Esse vídeo mostra como a Ecoist encontrou uma oportunidade na crescente onda ambientalista. A empresa não apenas tira proveito de materiais de baixo custo e da imagem de marca de algumas das maiores empre-

sas do mundo, como também assume o papel de boazinha, ao impedir que toneladas de lixo sejam lançadas em aterros sanitários.

Após assistir ao vídeo que apresenta a Ecoist, responda às seguintes perguntas:

1. Como a Ecoist se empenhou na análise do ambiente de marketing antes de lançar sua primeira empresa?

2. Quais tendências no ambiente de marketing contribuíram para o sucesso da Ecoist?

3. A estratégia da Ecoist tem mais a ver com reciclagem ou com geração de valor para os clientes? Justifique sua resposta.

○ Caso empresarial   Xerox: adaptação ao turbulento ambiente de marketing

Faz mais de 50 anos que a Xerox lançou sua primeira copiadora para escritório que utilizava papel comum. Nas décadas seguintes, a empresa que inventou a fotocópia dominou totalmente o setor que criou. O nome Xerox se tornou praticamente sinônimo de fazer cópias ("Vou xerocar isso para você"). Ao longo dos anos, a Xerox enfrentou diversos rivais para se manter no topo do setor altamente competitivo de cópias. No final de década de 1990, os lucros e o preço das ações da empresa atingiam níveis astronômicos.

E, então, as coisas começaram a dar muito errado para a Xerox. As ações e a fortuna da lendária empresa receberam um duro golpe. Em apenas 18 meses, a Xerox perdeu cerca de 38 bilhões de dólares em valor de mercado. Em meados de 2001, o preço de suas ações, que tinha atingido quase 70 dólares em 1999, alcançou um patamar inferior a 5 dólares. A empresa que tinha sido líder absoluta de mercado se viu à beira da falência. O que aconteceu? Chame isso de mudança ou, se preferir, de incapacidade da Xerox em se adaptar a seu ambiente de marketing em rápida mudança. O mundo estava se tornando digital a passos largos, e a Xerox não estava conseguindo acompanhá-lo.

No novo ambiente digital, os clientes da Xerox não dependiam mais dos produtos com a marca da empresa — de copiadoras — para compartilhar informações e documentos. Em vez de manipular e distribuir pilhas de cópias em preto e branco, eles criavam documentos digitais e os compartilhavam eletronicamente. Ou, então, imprimiam diversas cópias utilizando sua impressora conectada à rede que ficava ali do lado. Em um nível mais amplo, enquanto a Xerox estava ocupada aperfeiçoando copiadoras, os clientes estavam procurando "soluções de gestão de documentos" mais sofisticadas. Eles queriam sistemas que os permitissem escanear registros em Frankfurt, transformá-los em peças coloridas e customizadas em São Francisco e imprimi-los sob demanda em Londres — e alterando o inglês para o usado nos Estados Unidos.

Isso levou a Xerox à beira do desastre financeiro. "Nós não tínhamos dinheiro e tínhamos poucas perspectivas para consegui-lo", diz Ursula Burns, atual CEO da Xerox. "A única coisa que queríamos eram líderes bons e fortes que estivessem alinhados e pudessem nos conduzir, e nós não tínhamos isso." Na época, Burns não sabia, mas ela lideraria a empresa em que tinha sido preparada ao longo de 20 anos. De fato, Burns estava para deixar a empresa quando Anne Mulcahy, sua colega e amiga, se tornou CEO e a convenceu a ficar. Foi dada a Burns carta branca para começar a arrumar a casa.

O COMEÇA DA VIRADA

Tarefa número 1: terceirizar a produção da Xerox. Um movimento geralmente criticado e nada popular, a terceirização foi essencial para os esforços de economia de custos da Xerox. Burns conduziu o processo de tal maneira que a qualidade foi preservada e, ao mesmo tempo, os benefícios desejados em termos de custos foram alcançados. E ela fez isso com o aval do sindicato dos funcionários da Xerox, após convencê-lo de que se tratava de perder alguns empregos ou não ter emprego nenhum. Com a reestruturação na produção, o quadro de funcionários da Xerox diminuiu de 100 mil colaboradores para 55 mil em apenas quatro anos. Embora, em poucos anos, esse e outros esforços tenham revertido em lucratividade para a empresa, a grande questão ainda permanecia: em qual negócio a Xerox, de fato, opera?

Para responder a essa questão, a Xerox renovou seu foco no cliente. Na verdade, a empresa tinha focado sempre em suas copiadoras. Mas "os clientes estavam nos empurrando para a gestão de seus grandes e complexos processos empresariais", diz Burns. Antes de desenvolver novos produtos, os pesquisadores da Xerox participaram de sessões aparentemente sem fim de focus group com os clientes. Sophie Vandebroek, diretora de tecnologia da empresa, chamou essas sessões de "sonhando com o cliente". Segundo ela, a meta era "envolver os especialistas [da Xerox], que entendiam de tecnologia, com os clientes, que sabiam onde doía... Em última instância, inovação significa encantar o cliente". Aos poucos, a Xerox foi descobrindo que entender os clientes é tão importante quanto entender de tecnologia.

A Xerox acabou descobrindo que os clientes não queriam apenas copiadoras: eles queriam formas mais fáceis, rápidas e baratas e compartilhar documentos e informações. Como resultado, a empresa teve que se repensar, se redefinir e se reinventar. A Xerox, então, deu início a uma transformação extraordinária. Ela parou de se definir como uma "empresa de copiadoras" — de fato, ela parou de fabricar copiadoras como produtos individuais — e passou a se autodenominar líder mundial em serviços e tecnologia de gestão de documentos para empresas.

A mudança na ênfase da Xerox gerou novos níveis de relacionamento com os clientes, bem como novos concorrentes. Em vez de vender copiadoras para gerentes de compras, ela passou a desenvolver e vender sistemas de gestão de documentos para gerentes de TI de alto nível. Em vez de concorrer com fabricantes de copiadoras como a Sharp, a Canon e a Ricoh, ela agora rivaliza com empresas de TI como a HP e a IBM. Embora tenha encontrado muitos obstáculos ao longo do caminho, a Xerox, que um dia foi o ícone da "empresa de copiadoras", está cada vez mais confortável com sua nova identidade como uma empresa de gestão de documentos.

DESENVOLVIMENTO DE NOVOS PONTOS FORTES

A receita, os lucros e o preço das ações da Xerox começaram a dar sinais de recuperação. Mas, antes que a empresa pudesse dar como encerrados seus problemas, outra força ambiental desafiadora emergiu: a grande recessão. A recessão atingiu em cheio o principal negócio da Xerox, de serviços e equipamentos para cópia e impressão, derrubando, novamente, as vendas e o preço das ações da empresa. Então, em um grande movimento para manter seu momento de transição, a Xerox adquiriu a Affiliated Computer Services (ACS), uma empresa de serviços de TI de 6,4 bilhões de dólares que parece ter um pé dentro de todo escritório no mundo. A expertise, as competências e os canais estabelecidos da ACS eram justamente do que a Xerox precisava para fazer florescer seu novo plano de negócios.

A sinergia entre a Xerox, a ACS e outras empresa adquiridas resultou em um amplo portfólio de produtos, softwares e serviços voltados para os clientes que os ajudam a gerenciar documentos e informações. De fato, a Xerox lançou mais de 130 produtos inovadores somente nos últimos quatro anos. Ela agora oferece produtos e sistemas digitais que vão de multifuncionais e impressoras de rede a sistemas de publicação e impressão colorida, impressões digitais e "fábricas de livro". Oferece também uma quantidade impressionante de serviços de terceirização e consultoria na área de gestão de impressão, os quais ajudam as empresas a desenvolver arquivos de documentos on-line, operar serviços de correspondência e cópias internamente, analisar como os funcionários podem compartilhar documentos e conhecimento de maneira mais eficiente e construir processos baseados na Internet para personalizar malas diretas, faturas e brochuras.

Esses novos produtos permitem que a Xerox ofereça soluções para os clientes, e não apenas máquinas. Por exemplo, a empresa tem um novo dispositivo para as seguradoras — um computador compacto com funcionalidades de escâner e impressora que acessa a Internet. Em vez de depender do correio para transportar cópias físicas de apólices, esses documentos, bem como outros relacionados, são escaneados, separados, enviados e inseridos imediatamente em um sistema de fluxo. Não se trata de uma nova engenhoca decorativa para as seguradoras: elas estão vendo benefícios reais. Os índices de erros têm diminuído bastante, juntamente com o tempo de processamento — e isso significa aumento na receita e na satisfação do cliente.

SONHANDO PARA ALÉM DE SUAS FRONTEIRAS

Graças à combinação dos pontos fortes da Xerox com suas novas aquisições, Burns e o restante da equipe da empresa têm agora uma imagem mais visionária do que os aguarda adiante. Eles acreditam que as ferramentas e os serviços que oferecem estão ficando mais inteligentes. "Não se trata apenas de processar os pagamentos do Medicaid [programa de saúde do governo norte-americano para pessoas de baixa renda]", diz Stephen Hoover, diretor das instalações de pesquisa da Xerox. "Trata-se de usar nossa pesquisa de cognição social para acrescentar funcionalidades que ajudem as pessoas a administrar melhor condições como a diabetes". Hoover diz ainda que o futuro pode ver uma nova geração de dispositivos da Xerox, como um aparelho com o qual as prefeituras podem analisar, em tempo real, dados sobre lugares para estacionar e o tráfego, permitindo a elas ajudar os cidadãos a achar um local para parar o carro ou, automaticamente, multá-los quando estiverem a uma velocidade acima da permitida. Atualmente, a Xerox está testando um parquímetro que é capaz de ligar

102 Parte 2 | Entendimento do mercado e dos clientes

para a emergência ou tirar fotos quando um botão é acionado. Nem todos os produtos como esses farão sucesso no mercado, mas a Xerox agora tem um modelo que a permite sonhar para além de suas conhecidas fronteiras.

Ao longo de sua metamorfose corporativa, a Xerox não se concentrou em tentar fabricar copiadoras melhores. Em vez disso, ela se concentrou em melhorar todo processo de que uma empresa ou governo precisa para operar e fazê-lo de maneira mais eficiente. A nova era de máquinas da Xerox consegue ler e entender os documentos que escaneiam, reduz o tempo de tarefas complexas de algumas semanas para minutos ou mesmo segundos. De agora em diante, a Xerox quer ser líder mundial em fornecimento de serviços e tecnologia para processos empresariais e gestão de documentos.

Hoje, com todas as impressionantes tecnologias que estão emergindo, Burns admite que o setor de serviços empresariais no qual a Xerox está desenvolvendo suas novas competências centrais, decididamente, não é chamativo. Mas ela também assinala que "são processos que qualquer empresa precisa para operar seus negócios. São atividades paralelas; não é o negócio principal". O que Burns quer dizer é que operar esses processos é agora o negócio principal da Xerox. Em outras palavras, a Xerox oferece serviços de documentação e TI para os clientes, de modo que eles possam se concentrar naquilo que é mais importante — nos seus negócios de verdade.

A transição da Xerox ainda está em andamento. Nos últimos três anos, as receitas e os lucros da empresa tiveram um crescimento modesto, ao passo que o preço de suas ações flutuou. Assim como o e-mail e os softwares para desktops mataram a fotocópia, os smartphones e os tablets estão acabando com as impressoras a laser e à tinta. Mesmo com sua recente estratégia de diversificação, a Xerox ainda depende, em certa medida, dessas categorias de produtos para cópia e impressão. Mas ela depende muito menos do que a Hewlett--Packard e a Lexmark, suas concorrentes. Por conta disso, especialistas acreditam que a Xerox vai se recuperar muito mais rápido do que seus rivais nos próximos anos. Burns e sua equipe estão confiantes de que, à medida que a Xerox evoluir em sua transição para fornecedora de soluções, as sementes que foram plantadas ao longo dos últimos anos logo darão frutos.

A Xerox sabe que a mudança e a renovação são contínuas e nunca terminam. "A única coisa previsível nos negócios é o fato de eles serem fundamentalmente imprevisíveis", diz o relatório anual da empresa. "Forças externas como a globalização, as tecnologias emergentes e, mais recentemente, a crise nos mercados financeiros geraram novos desafios diários para empresas de todos os tamanhos." A mensagem é clara. Mesmo as mais dominantes empresas podem ser vulneráveis ao ambiente de marketing em mudança e, muitas vezes, turbulento. As empresas que entenderem seus ambientes e se adaptarem a eles com maestria podem prosperar. Aquelas que não fizerem isso correm o risco de não sobreviver.

QUESTÕES PARA DISCUSSÃO

1. Quais fatores microambientais afetaram o desempenho da Xerox a partir do final da década de 1990?
2. Quais fatores macroambientais afetaram o desempenho da empresa no mesmo período?
3. Ao se concentrar no setor de serviços empresariais, a Xerox tem seguido a melhor estratégia? Justifique sua resposta.
4. Qual estratégia alternativa a Xerox poderia ter seguido em resposta aos primeiros sinais de queda nas receitas e nos lucros?
5. Considerando a atual situação da Xerox, que recomendações você faria a Burns em relação ao futuro da empresa.

Fontes: citações e outras informações extraídas e adaptadas de Ellen McGirt, "Fresh copy: how Ursula Burns reinvented Xerox", *Fast Company*, 29 nov. 2011, <www.fastcompany.com/magazine/161/ursula-burns-xerox>; "Xerox expands electronic discovery services offerings with acquisition of lateral data", *Business Wire*, 2 jul. 2012, <www.bloomberg.com/article/2012-07-02/aNQNfEipo9Lk.html>; Scott Gamm, "Xerox works to duplicate copier glory in digital services model", *Forbes*, 19 jul. 2012, <www.forbes.com/sites/scottgamm/2012/07/19/xerox-works-to-duplicate-copier-glory-in-digital-services-model/>; Richard Waters, "Xerox chief sets out the big picture", *Financial Times*, 6 maio 2010, p. 16; Geoff Colvin, "Ursula Burns launches Xerox into the future", *Fortune*, 3 maio 2010, p. 5; relatório anuais e outras informações em <www.xerox.com>. Acesso em: jul. 2012.

Estudo de caso

Regulação em marketing relacionado à saúde:
propaganda e publicidade de alimentos no Brasil

Profa. dra. Flávia Mori Sarti (EACH-USP)
Prof. dr. Carlos de Brito Pereira (EACH-USP)

Nas últimas décadas, diversos países têm identificado elevação na ocorrência de sobrepeso e obesidade de suas populações. A epidemia de obesidade em várias sociedades tem como principal consequência uma tendência de aumento na prevalência de doenças associadas ao excesso de peso, como hipertensão, doenças cardiovasculares, diabetes tipo II, entre outras. Tais doenças representam significativas perdas sociais e econômicas, tendo em vista a deterioração da qualidade de vida dos indivíduos e o inevitável acréscimo nos gastos em saúde decorrentes das doenças crônicas.

Estudos conduzidos em diferentes países têm buscado identificar motivos do incremento na obesidade, especialmente considerando o significativo interesse dos governos em evitar comprometimento dos gastos públicos em saúde associados ao tratamento da obesidade e doenças relacionadas.

Entre as principais causas do excesso de peso e obesidade, destacam-se particularmente mudanças no estilo de vida dos indivíduos associados à urbanização e à disseminação de tecnologias. Isso tem resultado em alterações no padrão de consumo de alimentos associadas a uma redução do nível de atividade física usual das pessoas.

As alterações nos padrões de consumo alimentar concentram-se em torno da adoção de hábitos alimentares pouco saudáveis, incluindo uma variedade de alimentos com alto teor de gordura, sal e açúcar nas principais refeições. Simultaneamente, o ingresso da mulher no mercado de trabalho conduz à busca por alimentação prática, geralmente composta por alimentos processados, refeições prontas ou fast-food; excluindo consumo de alimentos frescos *in natura*.

No Brasil, verifica-se a consolidação de padrão de consumo alimentar semelhante desde a década de 1990. Dados das Pesquisas de Orçamentos Familiares do Instituto Brasileiro de Geografia e Estatística apontam a redução no consumo de frutas e hortaliças (de 3,3% das calorias em 1975 para 2,8% das calorias em 2008), assim como alimentos tradicionais brasileiros, como arroz e feijão no grupo de alimentos de cereais, tubérculos e leguminosas (de 49,1% das calorias em 1975 para 42,0% das calorias em 2008). Em contrapartida, a população brasileira tem buscado crescentemente alimentos prontos, refrigerantes e alimentos processados (de 3,8% das calorias em 1975 para 12% das calorias em 2008).

A partir da identificação da obesidade como preocupação de saúde pública no Brasil, o Ministério da Saúde publicou, em 1999, a primeira versão da Política Nacional de Alimentação e Nutrição. Desde então, várias iniciativas de promoção da saúde baseadas em ações para adoção de alimentação saudável e incremento da atividade física usual têm sido propostas tanto em nível governamental quanto no setor privado.

A medida foi estipulada pelo Ministério da Saúde logo após a criação da Agência Nacional de Vigilância Sanitária (ANVISA), autarquia vinculada ao Ministério da Saúde cuja missão institucional é promover a proteção da saúde da população pelo controle sanitário das etapas de produção e comercialização de produtos e serviços que estejam submetidos à vigilância sanitária, destacando-se "alimentos, inclusive bebidas, águas envasadas, seus insumos, suas embalagens, aditivos alimentares, limites de contaminantes orgânicos, resíduos de agrotóxicos e de medicamentos veterinários" (Inciso II — Parágrafo 1º — Artigo 8º da Lei 9.782, de 26 de janeiro de 1999).

A ANVISA foi responsável pela adoção da obrigatoriedade na rotulagem nutricional de alimentos no país entre final da década de 1990 e início dos anos 2000. A iniciativa tornou o Brasil um dos primeiros países do mundo a adotar rotulagem nutricional obrigatória, considerada um veículo de informações ao consumidor para preservação da saúde da população.

Adicionalmente, entre as atribuições da ANVISA, deve-se apontar a responsabilidade por "controlar, fiscalizar e acompanhar, sob o prisma da legislação sanitária, a propaganda e publicidade de produtos submetidos ao regime de vigilância sanitária" (Inciso XXVI — Artigo 7º da Lei 9.782, de 26 de janeiro de 1999).

Entretanto, é preciso lembrar que já existia monitoramento da publicidade no Brasil desde a década de 1970, a partir da criação do Conselho Nacional de Autorregulamentação Publicitária (CONAR), organização não governamental proponente e executora do Código Brasileiro de Autorregulamentação Publicitária.

Em uma iniciativa proposta no ano de 2005 no âmbito do Ministério da Saúde, instituiu-se uma consulta pública sobre possibilidade de regulamentação da propaganda de alimentos pelo governo entre 2006 e 2007, resultando em vários debates entre nutricionistas, profissionais de marketing e várias instituições envolvidas direta ou indiretamente no setor alimentício (BRASIL, 2006).

A consulta pública foi instituída como resposta à proposição de Projeto de Lei no Congresso Nacional (PL 6080/2005), que sugeria restrições à propaganda de bebidas e alimentos potencialmente causadores de obesidade. O cerne do projeto de lei era a proibição à veiculação de propaganda comercial de alimentos e bebidas em emissoras de rádio e televisão em horários de maior audiência (BRASIL, 2005).

Particularmente enfática é a resolução publicada pelo Conselho Nacional de Saúde em dezembro de 2008, que destacava a necessidade de "Regulamentação da publicidade, propaganda e informação sobre alimentos, direcionadas ao público em geral e em especial ao público infantil, coibindo práticas excessivas que levem esse público a padrões de consumo incompatíveis com a saúde e que violem seu direito à alimentação adequada", assim como "Regulamentação das práticas de marketing de alimentos direcionadas ao público infantil, estabelecendo critérios que permitam a informação correta à população, a identificação de alimentos saudáveis, o limite de horários para veiculação de peças publicitárias, a proibição da oferta de brindes que possam induzir o consumo e o uso de frases de advertência sobre riscos de consumo excessivo, entre outros" (BRASIL, 2008).

Após consolidação das contribuições encaminhadas por diferentes segmentos da sociedade à consulta pública, foi realizada audiência pública para apresentação dos principais pontos, resultando na instituição da Resolução da Diretoria Colegiada 24, de 15 de junho de 2010 (RDC 24/2010), que tornava a ANVISA responsável pela fiscalização da oferta, propagandas, publicidade e promoção de alimentos com alto teor de açúcar, gorduras ou sódio, assim como bebidas com baixo valor nutricional.

A decisão de imposição de controle governamental sobre a forma e o conteúdo do marketing de alimentos no país tornou-se alvo de embate entre vários segmentos da sociedade civil que anteriormente haviam participado como contribuintes da consulta pública.

Se, por um lado, a indústria de alimentos e bebidas e o setor de serviços de publicidade posicionavam-se contrários ao alto grau de exigência das medidas restritivas impostas pela RDC 24/2010; por outro lado, militantes e pesquisadores da área de saúde pública consideravam que a regulamentação havia sido distorcida pelas várias etapas de negociação realizadas entre atores envolvidos no setor a ser regulamentado, resultando em regulamentação demasiadamente branda quanto à imposição de controle efetivo nas práticas de comunicação no setor alimentício (GOMES et al., 2010, HENRIQUES et al., 2014).

Inúmeras ações foram iniciadas de parte a parte, tanto na busca pela manutenção da regulamentação do marketing de alimentos, quanto em prol da extinção dos mecanismos de controle sobre comunicação, considerados supressores do direito à expressão e direito à informação.

Por fim, após longo período de embates jurídicos, em fevereiro de 2013, a 6ª Turma do Tribunal Regional Federal da 1ª Região negou por unanimidade recurso apresentado pela ANVISA contra sentença do Juízo Federal da 16.ª Vara da Seção Judiciária do Distrito Federal que resultava na invalidação da RDC 24/2010.

A ação inicialmente proposta pela Associação Brasileira das Indústrias da Alimentação (ABIA) contra a regulamentação do marketing de alimentos imposta pela ANVISA foi julgada procedente, tendo em vista que a autarquia do Ministério da Saúde tem competência somente para aplicação da legislação vigente, sendo impedida de atuar na criação de lei federal, que constitui o instrumento jurídico necessário para normatização de propaganda e publicidade, conforme exposto na Constituição Federal (Parágrafo 3º, do artigo 220) (BRASIL, 2014).

Questões para reflexão

1. A autorregulamentação publicitária pode atender às necessidades de melhorar os hábitos alimentares?

2. 2. Qual o limite para a atuação legal do governo quanto à alimentação das pessoas?

3. 3. As empresas de alimentação deveriam informar os consumidores sobre os problemas causados pelo consumo excessivo do seu próprio produto? O governo deveria obrigá-las a fazer isso?

4. 4. Como deveria ser a comunicação de uma empresa de alimentos que é orientada para o marketing?

5. 5. A propaganda é protegida pelo direito de expressão, um direito consagrado na maioria das democracias ocidentais?

Referências

- BRASIL. Assessoria de Comunicação Social Tribunal Regional Federal da 1ª Região. *Anvisa não tem competência para regulamentar propaganda e publicidade comercial*. Brasília, 21 de março de 2014.

- _____. Congresso Nacional. *Projeto de Lei 6.080, de outubro de 2005. Dispõe sobre as restrições à propaganda de bebidas e alimentos potencialmente causadores de obesidade*. Brasília, 2005.

- _____. *Lei 9.782, de 26 de janeiro de 1999 — Define o Sistema Nacional de Vigilância Sanitária, cria a Agência Nacional de Vigilância Sanitária, e dá outras providências*. Brasília, 1999.

- _____. Ministério da Saúde. Agência Nacional de Vigilância Sanitária. *Portaria 354, de 11 de agosto de 2006 — Aprova e promulga o Regimento Interno da Agência Nacional de Vigilância Sanitária — ANVISA e dá outras providências*. Brasília, 2006.

- _____. Ministério da Saúde. Agência Nacional de Vigilância Sanitária. *Resolução 24, de 15 de junho de 2010*. Brasília, 2010.

- _____. Ministério da Saúde. Agência Nacional de Vigilância Sanitária (ANVISA). *Consulta Pública 71, de 10 de novembro de 2006*. Brasília: Ministério da Saúde, 2006.

- _____. Ministério da Saúde. Conselho Nacional de Saúde. *Resolução CNS 408, de 11 de dezembro de 2008*. Brasília, 2008.

- _____. Ministério da Saúde. *Portaria 710, de 10 de junho de 1999 — Aprova a Política Nacional de Alimentação e Nutrição*. Brasília, 1999.

- CARVALHO, D. B. B. et al. *Observatório de Doenças Crônicas Não Transmissíveis: O caso do Brasil — Política Nacional de Alimentação e Nutrição (1999-2005)*. Brasília: Ministério da Saúde /Organização Mundial da Saúde, 2006.

- GOMES, F.S.; Castro, I.R.R.; MONTEIRO, C. A. Publicidade de alimentos no Brasil: avanços e desafios. *Ciência e Cultura*, n. 62, v. 4, p. 48-51, 2010.

- HENRIQUES, P; DIAS, P. C.; BURLANDY, L. A regulamentação da propaganda de alimentos no Brasil: convergências e conflitos de interesses. *Cadernos de Saúde Pública*, n. 30, v. 6, p. 1219-1228, 2014.

- INSTITUTO BRASILEIRO DE GEOGRAFIA E ESTATÍSTICA (IBGE). *Pesquisa de Orçamentos Familiares 2008-2009*. Rio de Janeiro: FIBGE, 2009.

- LEVY-COSTA, R. B. et al. Disponibilidade domiciliar de alimentos no Brasil: Distribuição e evolução (1974-2003). *Revista de Saúde Pública*, n. 39, v. 4, p. 530-540, 2005.

NOTAS

1. Baseado em informações de Emily Glazer, "Who Is RayWJ? YouTube's top star", *Wall Street Journal*, 2 fev. 2012, p. B1; Rob Waugh, "YouTube takes aim at living room with relaunch of Google TV app", *Daily Mail*, 13 fev. 2012; Michael Humphrey, "YouTube channels: the delicate shift from social to mass media", *Forbes*, 31 out. 2011, <www.forbes.com/sites/michaelhumphrey/2011/10/31/youtube-channels-the-delicate-shift-from-social-to-mass-media/>; Danielle Sacks, "How YouTube's global platform is redefining the entertainment business", *Fast Company*, fev. 2011, p. 58; Jessica E. Vascellaro, Amir Efrati e Ethan Smith, "You-Tube recasts for new viewers", *Wall Street Journal*, 7 abr. 2011, p. B1; <www.youtube.com/t/press>, <www.youtube.com/shows>, <www.youtube.com/partners>, <www.realwomenofphiladelphia.com/>. Acesso em: nov. 2012.

2. Informações extraídas de <www.ikea.com>. Acesso em: set. 2012.

3. Informações extraídas de Robert J. Benes, Abbie Jarman e Ashley Williams, "2007 NRA sets records", <www.chefmagazine.com>. Acesso em: set. 2007; e <www.thecoca-colacompany.com/dynamic/press_center/> e <www.cokesolutions.com>. Acesso em: nov. 2012.

4. Veja <www.lifeisgood.com/#!/playmakers/>. Acesso em: set. 2012.

5. World POPClock, U.S. Census Bureau, <www.census.gov/main/www/popclock.html>. Acesso em: jul. 2012. Esse site traz, continuamente, projeções atualizadas sobre a população dos Estados Unidos e do mundo.

6. Projeções do U.S. Census Bureau e do POPClock Projection, <www.census.gov/main/www/popclock.html>. Acesso em: jul. 2012.

7. Veja Rick Ferguson e Bill Brohaugh, "The aging of core areas", *Journal of Consumer Marketing*, v. 27, n. 1, 2010, p. 76; Suzanne Wilson, "Baby boomers thrown a curve ball", *Daily Hampshire Gazette*, 14 fev. 2011, p. D1; Piet Levy, "Segmentation by generation", *Marketing News*, 15 maio 2011, p. 20-23; Ben Steveman, "Twelve financial nightmares for baby boomers", *Bloomberg Businessweek*, <http://money.msn.com/baby-boomers/12-financial-nightmares-for-baby-boomers>. Acesso em: 16 maio 2012.

8. Veja "Keeping up with the baby boomers", *MarketWatch*, 20 mar. 2012, <www.marketwatch.com/story/keeping-up-with-the-baby-boomers-2012-03-20>

9. Veja <www.eldertreks.com/>. Acesso em: nov. 2012.

10. Para mais discussões, veja Bernadette Turner, "Generation X... Let's GO!", *New Pittsburgh Courier*, 2-8 mar. 2011, p. A11; Piet Levy, "Segmentation by generation", *Marketing News*, 15 maio 2011, p. 20-23; Leonard Klie, "Gen X: stuck in the middle", *Customer Relationship Management*, fev. 2012, p. 24-29.

11. Julie Jargon, "DQ dips into humor", *Wall Street Journal*, 26 maio 2011, p. B6; "Dairy Queen ad strikes gold with Mary Lou Retton", QSRweb.com, 4 jul. 2011, <www.qsrweb.com/article/182364/Dairy-Queen-ad-strikes-gold-with-Mary-Lou-Retton>; "Dairy Queen and Subway top lists of most effective QSR advertising", *Quick Serve Leader*, <http://quickserveleader.com/article/dairy-queen-and-subway-top-lists-most-effective-qsr-advertising>. Acesso em: mar. 2012.

12. Piet Levy, "Segmentation by generation", p. 22; Jon Lafayette, "Marketers targeting generation of millennial's", *Broadcasting Cable*, 11 abr. 2011, p. 28.

13. Piet Levy, "Segmentation by generation", p. 23. Veja também Sarah Mahoney, "Struggling, gen Y redefines wants, needs", *Marketing Daily*, 5 mar. 2012, <http://www.mediapost.com/publications/article/169424/struggling-gen-y-redefines-wants-needs.html?print>.

14. Tanzina Vega, "A campaign to introduce keds to a new generation", *New York Times*, 22 fev. 2011, <www.nytimes.com/2011/02/23/business/media/23adco.html>; <http://hdyd.keds.com/>. Acesso em: set. 2012.

15. Veja U.S. Census Bureau, "Families and living arrangements: 2011", <www.census.gov/population/www/socdemo/hh-fam.html>. Acesso em: ago. 2012.

16. U.S. Census Bureau, "Facts for features", mar. 2011. Acesso em: <www.census.gov/newsroom/releases/archives/facts_for_features_special_editions/cb12-ff05.html>; U.S. Census Bureau, "America's families and living arrangements: 2011", Tabela FG1, <www.census.gov/population/www/socdemo/hh-fam/cps2011.html>. Acesso em: abr. 2012.

17. Veja Marissa Miley e Ann Mack, "The new female consumer: the rise of the real mom", *Advertising Age*, 16 nov. 2009, p. A1; Christine Birkner, "Mom's the word", *Marketing News*, 15 maio 2011, p. 8.

18. U.S. Census Bureau, "Geographical mobility/migration", <www.census.gov/population/www/socdemo/migrate.html>. Acesso em: set. 2012.

19. Veja U.S. Census Bureau, "Metropolitan and micropolitan statistical areas", <www.census.gov/population/metro/>. Acesso em: jun. 2012; "Population of 576 U.S. micropolitan areas — 2010 Census", *The Business Journals*, 5 abr. 2011, <www.bizjournals.com/bizjournals/on-numbers/scott-thomas/2011/04/population-of-micro-areas.html>.

20. "Work at home and in the workplace, 2010", *TED: The Editor's Desk*, Bureau of Labor Statistics, 24 jun. 2011, <www.bls.gov/opub/ted/2011/ted_20110624.htm>; Kaomi Goetz, "For freelancers, landing a workspace gets harder", *NPR*, 10 abr. 2012, <http://www.npr.org/2012/04/10/150286116/for-freelancers-landing-a-workspace-gets-harder?sc5fb&cc5fp>.

21. Veja "About WebEx", <www.webex.com/about-webex/index.html>. Acesso em: nov. 2012; <www.regus.com> e <http://grindspaces.com/>. Acesso em: nov. 2012.

22. U.S. Census Bureau, "Educational attainment", <www.census.gov/population/www/socdemo/educ-attn.html>. Acesso em: jun. 2012.

23. Veja U.S. Census Bureau, "The 2012 statistical abstract: education", tabelas 229, 276. Acesso em: <www.census.gov/compendia/statab/cats/education.html>; U.S. Department of Labor, "Employment projections: 2010-2020 summary", 1 fev. 2012, <www.bls.gov/ooh/>.

24. Veja U.S. Census Bureau, "U.S. population projections", <www.census.gov/population/www/projections/summarytables.html>. Acesso em: ago. 2012; "Characteristics of the foreign-born population by nativity and US citizenship status", <www.census.gov/population/www/socdemo/foreign/cps2008.html>.

25. Veja <www.harlistasfilm.com/ e www.harley-davidson.com/en_US/Content/Pages/harlistas/harlista.html>. Acesso em: nov. 2012.

26. "America's LGBT 2012 buying power projected at $790 billion", *Echelon Magazine*, 27 mar. 2012, <www.echelonmagazine.com/index.php?id52597&title5America%60s_LGBT_2012_Buying_ Power_Projected_at_$790_Billion>.

27. Veja Brandon Miller, "And the winner is...", *Out Traveler*, inverno 2008, p. 64-65; Bradley Johnson, "Why (and how) you should go after the gay dollar", *Advertising Age*, 11 out. 2010, p. 22; Tanya Irwin, "American Airlines, GayCities partner for promo", Marketing Daily, 15 jan. 2012, <www.mediapost.com/publications/article/165789/american-airlines-gaycities-partner-for-promo.html>; <www.aa.com/rainbow>. Acesso em: nov. 2012.

28. Witeck-Combs Communications, "America's disability market at a glance"; Andrew Adam Newman, "Web marketing to a segment too big to be a niche", *New York Times*, 30 out. 2007, p. 9; Kenneth Hein, "The invisible demographic", *Brandweek*, 3 mar. 2008, p. 20; Tanya Mohn, "Smoothing the way", *New York Times*, 26 abr. 2010, <www.nytimes.com>; <www.disability-marketing.com/facts/>. Acesso em: maio 2011.

29. Veja Alex Taylor III, "Tata takes on the world: building an auto empire in India", *Fortune*, 2 maio 2011, p. 87-92; <http://tatanano.inservices.tatamotors.com/tatamotors/>. Acesso em: nov. 2012.

30. Veja U.S. Census Bureau, "Income, poverty, and health insurance coverage in the United States: 2010", Tabela 3, set. 2011, <www.census.gov/prod/2011pubs/p60-239.pdf>; "The growing wealth gap", *Fortune*, 7 nov. 2011, p. 28.

31. Veja "Warm weather puts chill on brands' winters", *Advertising Age*, 19 fev. 2012, <http://adage.com/print/232824>; Alex Taylor III, "Toyota's comeback kid", *Fortune*, 27 fev. 2012, p. 72-79.

32. The 2030 Water Resources Group, "Charting our water future: executive summary", 2009, <www.mckinsey.com/clientservice/water/charting_our_water_future.aspx>; "The world's water", Pacific Institute, <www.worldwater.org/data.htm>. Acesso em jun. 2012.

106   **Parte 2** | Entendimento do mercado e dos clientes

33. Informações extraídas de <www.timberland.com> e <http://earthkeepers.timberland.com/?camp=S:G:SPC:timberland_earthkeepers:TBL#/howweact>. Acesso em: nov. 2012.

34. Maid Napolitano, "RFID surges ahead", *Materials Handling*, abr. 2012, p. S48-S50.

35. Veja Tamara Schweitzer, "The way I work", *Inc.*, jun. 2010, p. 112-116; Christina Binkley, "Style — On style: charity gives shoe brand extra shine", *Wall Street Journal*, 1 abr. 2010, p. D7; <www.toms.com>. Acesso em: nov. 2012.

36. Emily Steel, "Cause-tied marketing requires care", *Wall Street Journal*, 21 mar. 2011, p. B4.

37. Veja "The growth of cause marketing", <www.causemarketingforum.com/site/c.bkLUKcOTLkK4E/b.6452355/apps/s/content.asp? ct58965443>. Acesso em: jun. 2012.

38. Veja "10 crucial consumer trends for 2010", Trendwatching.com, <http://trendwatching.com/trends/pdf/trendwatching%202009-12%2010trends.pdf>; "The F-factor", Trendwatching.com, maio 2011, <http://trendwatching.com/trends/pdf/trendwatching %202009-12%2010trends.pdf>.

39. "The F-factor", Trendingwatching.com, p. 1.

40 Laura Feldmann, "After 9/11 highs, America's back to good ol' patriotism", *Christian Science Monitor*, 5 jul. 2006, p. 1; Leon F. Dube e Gregory S. Black, "Impact of national traumatic events on consumer purchasing", *International Journal of Consumer Studies*, maio 2010, p. 333; "Lifestyle statistics: very proud of their nationality", <www.nationmaster.com>. Acesso em: jun. 2012.

41. Veja Stuart Elliott, "This column was 100% made in America", *New York Times*, 15 fev. 2012; Jeff Bennett e Suzanne Vranica, "Chrysler dealers defend 'halftime in America' ad", *Wall Street Journal*, 9 fev. 2012, <http://online.wsj.com/article/SB100014240529702041364045772113917192 37160.html>.

42. "Impact investors to gather in boulder at the 2011 LOHAS forum", *CSRwire*, 25 maio 2011; <www.lohas.com>. Acesso em: jun. 2012.

43. Veja <www.tomsofmaine.com/home>. Acesso em: nov. 2012.

44. "Organic farming grows to $29-billion industry", *Western Farm Press*, 26 abr. 2011; "Research and markets: global organic food", *Reuters*, 5 jan. 2012.

45. The Pew Forum on Religion & Public Life, "U.S. religious landscape survey", <http://religions.pewforum.org/reports>. Acesso em: ago. 2012.

46. Para mais discussões, veja Diana Butler Bass, "The end of church", *Huffington Post*, 18 fev. 2012, <http://www.huffingtonpost.com/diana-butler-bass/the-end-of-church_b_1284954.html>.

47. W. Chan Kim e Renée Mauborgne, "How strategy shaped structure", *Harvard Business Review*, set. 2009, p. 73-80.

48. Paula Forbes, "Taco Bell ad: thank you for suing us", 28 jan. 2011, *Eater*, <http://eater.com/archives/2011/01/28/taco-bell-ad-thanks-firm-for-law-suit.php>; "Law firm voluntarily withdraws class-action lawsuit against Taco Bell", 19 abr. 2011, <http://money.msn.com/business-news/article.aspx?feed5B-W&date5 20110419&id513327023>; Bruce Horovitz, "Taco Bell comes out of its shell to ring in new menu", *USAToday*, 20 fev. 2012, <www.usatoday.com/money/industries/food/story/2012-02-20/taco-bell/53157494/1>.

Parte 1 ▶ Definição de marketing e o processo de marketing (Capítulos 1-2)

Parte 2 ▶ Entendimento do mercado e dos clientes (Capítulos 3-6)

Parte 3 ▶ Elaboração de uma estratégia e de um mix voltados para o cliente (Capítulos 7-17)

Parte 4 ▶ Marketing ampliado (Capítulos 18-20)

Administração das informações de marketing para obter insights de cliente

Prévia do capítulo

Neste capítulo, continuamos a explorar como os profissionais de marketing obtêm insights de cliente e de mercado. Vamos analisar como as empresas desenvolvem e administram informações sobre importantes elementos do mercado: clientes, concorrentes, produtos e programas de marketing. Para ter sucesso no mercado de hoje, as empresas devem saber transformar pilhas de informações de marketing em excelentes insights de cliente que as ajudarão a entregar um valor superior a eles.

Vamos começar com uma história real envolvendo pesquisa de marketing e insight de clientes. Uma boa pesquisa de marketing pode utilizar uma grande quantidade de técnicas sofisticadas de coleta e análise de dados. Mas, muitas vezes, ela envolve coisas simples, como conversar diretamente com os clientes, ouvir o que eles têm a dizer e usar os insights obtidos para desenvolver produtos e um marketing melhores. Foi assim que a Domino's transformou uma receita de cinco anos em queda em uma reviravolta impressionante.

Domino's Pizza: ouvir os clientes e fazer que eles saibam que foram ouvidos

Após cinco anos de receitas estagnadas ou em queda, a Domino's Pizza fez algo quase nunca visto no mundo corporativo. "Primeiro", diz um observador do setor, "ela pediu um feedback honesto dos clientes. Depois, ouviu a dolorosa verdade [pontuada em frases como 'massa de papelão' e 'totalmente sem gosto']. Por fim — essa é a parte mais chocante — a empresa reinventou totalmente seu produto". O que vem a seguir é a história completa por trás da impressionante campanha "Pizza da virada" da Domino's.

A virada teve início com uma pesquisa de marketing para entender o que os clientes pensavam e queriam. Pesquisas setoriais mostravam que, embora a Domino's fosse líder em serviço, conveniência e custo/benefício, ela ficava muito atrás dos concorrentes em termos de sabor. Em um levantamento de preferência de sabor, a empresa ficou em último lugar, empatada — entre todas as possibilidades — com a Chuck E. Cheese, um concorrente que não primava por sua excelente culinária.

Para obter insights mais profundos sobre o que os clientes de fato achavam sobre suas pizzas, a Domino's se voltou para a pesquisa, utilizando canais de mídia social e focus group. Ela monitorou conversas on-line de consumidores e solicitou milhares de feedback via Facebook, Twitter e outras mídias sociais utilizadas por seus clientes. Em seguida, com base nos insights obtidos on-line, a Domino's deu início a testes e entrevistas de focus group à moda antiga, para tratar com os clientes diretamente, em conversas pessoais.

Os resultados dos feedbacks on-line e dos focus group foram tão difíceis de engolir quanto uma pizza fria da Domino's. A reclamação mais comum: a massa da pizza da Domino's tinha "gosto de papelão". Mas esse era apenas o começo. Um após o outro, os amantes de pizza foram criticando os produtos da Domino's com comentários mordazes do tipo: "Totalmente sem gosto", "O molho tem gosto de catchup", "A pior pizza que eu já comi", "Queijo processado!!!", "Pizza feita em massa, desinteressante, insossa" e "As pizzas de micro-ondas são muito melhores". Um participante de um dos focus group concluiu: "Não parece que tem muito amor na pizza da Domino's". "Eles não estavam envenenando as pessoas", brinca uma analista, "mas o gosto representava [certamente uma grande] falha técnica no radar".

Em vez de esconderem esses dolorosos resultados ou rejeitá-los, os executivos da Domino's admitiram os problemas e os enfrentaram de cabeça erguida. "Nossa equipe participava de uma sessão de focus group via Webcast", diz um executivo de marketing da Domino's. "Você nunca vai achar normal ver alguém falando coisas horríveis sobre sua pizza, mas era a primeira vez que todos os nossos executivos se deparavam com isso. Eles não acreditavam. Todos diziam: 'nós não podemos simplesmente ir ao próximo encontro. Temos que fazer alguma coisa'".

A Domino's começou reinventando completamente suas pizzas. A empresa não melhorou o produto antigo: ela jogou fora a receita e começou de novo. De acordo com Russell Weiner, CMO da Domino's: "Não diríamos que se tratava de um produto 'novo e melhorado' e, com isso, esperávamos ir com tudo. Nós tínhamos que ser radicais".

Os *chefs* da Domino's partiram do zero, com novas massas, molhos, queijos e outros ingredientes. O resultado foi uma pizza totalmente nova da qual a Domino's se gabava por

▲ Quando pesquisas on-line e focus groups mostraram que os amantes de pizza achavam que a da Domino's tinha "gosto de papelão" (entre outras coisas piores), a empresa jogou fora sua receita e reinventou seu produto. Como diz o site da empresa: "Oh yes we did" (Oh, sim, nós fizemos isso).

Dominoes Pizza, LLC

ter "uma massa com salsinha temperada com alho, bem assada". O novo molho é "saboroso, picante e robusto", com uma "pitada de pimenta vermelha apenas para causar um leve formigamento em sua língua". E o novo queijo é de matar — muçarela, cortada em fatias e não em cubos, acrescida de um pouco de provolone. "Mudamos tudo", diz um *chef* de desenvolvimento de produto da Domino's. "O sabor agora é melhor." Os clientes parecem concordar. Dois meses após o lançamento da nova pizza, cerca de 1.800 consumidores de pizza escolhidos aleatoriamente, de oito mercados norte-americanos, participaram de um teste cego de sabor. Nas comparações, os consumidores apontaram, com uma ampla margem, que as pizzas da Domino's eram mais gostosas do que as da Papa John's e as da Pizza Hut.

Para anunciar as mudanças e mudar a opinião dos clientes, a Domino's lançou a ousada campanha promocional "Pizza da virada", ao custo de 75 milhões de dólares, em que a própria pesquisa era a mensagem. Propagandas de TV autodepreciativas mostravam grupos de foco reais que descreviam, com detalhes, como as pizzas eram horríveis. Nos anúncios, Patrick Doyle, o CEO da Domino's, admitia que havia escutado o que os clientes tinham a dizer e que havia levado tudo muito a sério. "Chega um momento", ele reconheceu, "que você sabe que tem que mudar".

A campanha surpreendentemente sincera era 100% integrada às páginas da marca no Facebook e no Twitter, onde a empresa postou todas as coisas ruins e boas e pediu feedback contínuo dos clientes. Um rastreador de pizzas on-line, que permite aos clientes acompanhar seus pedidos, trouxe mais uma camada de transparência. A completa saga da virada — dos mordazes grupos de foco às reações de choque dos executivos da Domino's e os esforços para reformular o produto — foram registradas para todos verem em um documentário de 15 minutos, do tipo "por trás das câmeras", disponível em <www.pizzaturnaround.com>. A empresa inclusive colocou um letreiro gigante na Times Square, em Nova York, que mostrava uma série de comentários dos clientes — bons, ruins ou indiferentes.

A campanha foi arriscada. Quando a Domino's admitiu em seus anúncios que sua pizza era ruim, alguns analistas previram que a abordagem seria um suicídio para a marca. Doyle, o CEO da empresa, admite que tinha dores no estômago quando a rede lançou a campanha. Mas a Domino's queria dizer em alto e bom som: "Nós ouvimos você! Nossa pizza era ruim, mas refizemos a receita". "Queríamos ser abertos, sinceros e transparentes", diz Weiner, o CMO da Domino's.

No final das contas, a abordagem sincera funcionou. Os anúncios e as mensagens transparentes conquistaram a atenção do consumidor e mudaram sua opinião. "A propaganda em si deu muito certo", diz Weiner. Desde que a campanha "Pizza da virada" começou, a Domino's viu suas receitas subirem 21% e seus lucros aumentarem 31%, mesmo com o setor

de entrega de pizzas e os restaurantes, em geral, passando por dificuldades. Com a campanha, a Domino's conquistou o prêmio de "profissional de marketing do ano" de duas grandes publicações do setor: a *Advertising Age* e a *Brandweek*. Além disso, Doyle ficou em nono lugar na lista da *Forbes* de CEOs mais participativos.

A Domino's continua pedindo feedback para os clientes e utiliza os insights que obtém para aprimorar suas decisões de marketing. Ela, inclusive, criou um site em que os clien-

> Quando pesquisas feitas com os consumidores trouxeram à tona verdades dolorosas sobre sua pizza ("massa de papelão", "totalmente sem gosto"), a Domino's reformulou por completo seu produto e lançou sua surpreendentemente sincera e altamente bem-sucedida campanha "Pizza da virada". Graças aos insights obtidos nas pesquisas, "somos uma nova Domino's", diz o CEO da empresa.

Capítulo 4 | Administração das informações de marketing para obter insights de cliente **109**

tes podem postar fotos de sua comida, quebrando uma das principais regras da propaganda de fast-food ao mostrar fotos reais, sem retoques. E a marca continua firme em seu propósito de manter os clientes satisfeitos. No pé de sua página na Internet, a Domino's oferece a seguinte garantia: "Se você não estiver totalmente satisfeito com a experiência que teve com a Domino's Pizza, nós vamos reverter isso ou devolver seu dinheiro".

A lição que fica para os profissionais de marketing é: conversar com os clientes, ouvir o que eles têm a dizer e agir com base nos insights resultantes pode trazer grandes recompensas. A pesquisa de marketing e o fato de realmente ouvir os clientes, diz Doyle, "mudaram drasticamente nosso momento, e podemos partir disso de agora em diante. Hoje, nos sentimentos bem com relação a nosso entendimento da marca. Somos uma nova Domino's".[1]

Resumo dos objetivos

Objetivo 1	Explicar a importância de obter insights de cliente e de mercado. Informações de marketing e insights de cliente (p. 109-110)
Objetivo 2	Definir sistema de informações de marketing e discutir seus elementos. Avaliação das necessidades de informações de marketing (p. 110-111) Desenvolvimento de informações de marketing (p. 111-113)
Objetivo 3	Esboçar as etapas do processo de pesquisa de marketing. Pesquisa de marketing (p. 113-126)
Objetivo 4	Explicar como as empresas analisam e utilizam as informações de marketing. Análise e uso das informações de marketing (p. 126-130)
Objetivo 5	Discutir as questões especiais com as quais alguns pesquisadores de marketing se deparam, entre elas as questões relacionadas à política pública e à ética. Outras considerações acerca das informações de marketing (p. 130-135)

Como a história da Domino's destaca, bons produtos e programas de marketing começam com boas informações dos clientes. As empresas também precisam de muita informação sobre os concorrentes, os revendedores e outros agentes e forças do mercado. Contudo, mais do que angariar informações, as empresas devem *usá-las* para obter relevantes *insights de cliente e mercado*.

Informações de marketing e insights de cliente

Objetivo 1

◀ Explicar a importância de obter insights de cliente e mercado.

Para gerar valor para os clientes e criar relacionamentos significativos com eles, as empresas precisam obter novos e profundos insights sobre o que os clientes querem e precisam. As empresas usam esses insights, que podem vir de boas informações de marketing, para desenvolver vantagem competitiva.

Por exemplo, a Apple não foi a primeira empresa a desenvolver um tocador de músicas digitais. No entanto, a pesquisa da empresa revelou dois importantes insights: as pessoas (1) queriam tocadores de música portáteis que as permitissem carregar todas as suas músicas com elas e (2) queriam poder ouvir suas músicas sem interrupções. Com base nesses insights, a Apple pôs em prática seu toque mágico em design e usabilidade para criar o iPod, um sucesso fenomenal. Hoje, o iPod detém 78% de participação no mercado mundial de tocadores de MP3. Somente no último ano, a Apple vendeu mais de 45 milhões de unidades de iPod, metade delas para usuários que estavam comprando o produto pela primeira vez. "Contextualizando isso", diz Tim Cook, CEO da Apple, "levou 30 anos para a Sony vender apenas 230 mil unidades de seu Walkman".[2]

Embora sejam importantes para construir valor para os clientes e relacionamento com eles, os insights de cliente e de mercados podem ser difíceis de serem obtidos. Em geral, as necessidades dos clientes e suas motivações de compra não são nada óbvias — os próprios clientes normalmente não sabem dizer ao certo do que precisam e por que compram. Para obter bons insights de cliente, os profissionais de marketing devem administrar, efetivamente, as informações de marketing provenientes de uma ampla gama de fontes.

110 **Parte 2** | Entendimento do mercado e dos clientes

Com a recente explosão das tecnologias da informação, as empresas hoje podem gerar grandes quantidades de informações de marketing. Além disso, atualmente, os consumidores geram toneladas dessas informações. Por meio de e-mails, mensagens de textos, blogs, Facebook, Twitter e outros canais digitais locais, os consumidores agora oferecem, voluntariamente, uma enxurrada de informações para as empresas e para outros consumidores. As empresas que utilizarem essas informações poderão obter insights oportunos e valiosos de clientes a um custo mais baixo.

Informações não faltam. Longe disso: muitos gestores de marketing estão sobrecarregados de informações e, em geral, soterrados por elas. Por exemplo, quando uma empresa como a Pepsi monitora discussões on-line sobre suas marcas pesquisando palavras-chave em tuítes, blogs, posts e outras fontes, ela tem acesso ao impressionante número de 6 milhões de conversas públicas por dia, mais de 2 bilhões por ano.[3] É muito mais informação do que qualquer gestor é capaz de apreender. Assim, os profissionais de marketing não precisam de *mais* informações; eles precisam de informações *melhores*. E precisam fazer um melhor *uso* das informações que já possuem.

Insights de cliente
Entendimentos sobre os clientes e o mercado derivados de pesquisa de marketing que se tornam a base para a criação de valor para os clientes e de relacionamentos com eles.

O real valor da pesquisa e das informações de marketing reside no modo como elas são usadas — nos **insights de cliente** que elas oferecem. Com base nesse pensamento, muitas empresas estão reestruturando suas funções ligadas à pesquisa e informações de marketing. Elas estão criando *equipes de insights de cliente*, lideradas por um diretor de insight de clientes e composta por representantes de todas as áreas funcionais da empresa. Por exemplo, o grupo de pesquisa de marketing da Coca-Cola é liderado por um diretor de insights e estratégia de marketing. Na Unilever, a pesquisa de marketing é conduzida pela divisão Consumer and Market Insight (Insight de Consumidor e Mercado), que ajuda as equipes de gestão de marcas a aproveitar informações e transformá-las em insights de cliente.

Os grupos de insights de cliente coletam informações dos clientes e dos mercados de uma ampla variedade de fontes — dos tradicionais estudos de pesquisa de marketing e observação dos consumidores (ou uma combinação de ambos) ao monitoramento de conversas on-line entre consumidores sobre a empresa e seus produtos. Esses grupos, então, *utilizam* essas informações para desenvolver importantes insights de cliente, a partir dos quais a empresa pode criar mais valor para seus clientes.

Sistema de informações de marketing (SIM)
Pessoas e procedimentos voltados para a avaliação das necessidades de informações, o desenvolvimento das informações necessárias e o auxílio aos tomadores de decisão no uso das informações para gerar e validar insights de cliente e mercado que possam ser utilizados.

Portanto, as empresas devem elaborar sistemas de informação de marketing eficazes que forneçam aos gestores as informações certas, na forma certa e no momento certo, bem como os ajudem a usar essas informações para criar valor para os clientes e gerarem relacionamentos mais fortes com eles. Um **sistema de informações de marketing (SIM)** consiste em pessoas e procedimentos voltados para a avaliação das necessidades de informações, o desenvolvimento das informações necessárias e o auxílio aos tomadores de decisão no uso das informações para gerar e validar insights de cliente e mercado que possam ser utilizados.

Mostra que o SIM começa e termina com usuários das informações — gestores de marketing, parceiros internos e externos e outros que precisam de informações de marketing. Primeiro, o sistema interage com esses usuários para *avaliar as necessidades de informações*. Em seguida, ele interage com o ambiente de marketing para *desenvolver as informações necessárias* a partir dos bancos de dados internos da empresa, das atividades de inteligência e pesquisa de marketing. Por fim, ajuda os usuários a *analisar e usar* as informações para desenvolver insights de cliente, tomar decisões de marketing e administrar o relacionamento com o cliente (Figura 4.1).

Objetivo 2

▶ Definir sistema de informações de marketing e discutir seus elementos.

Avaliação das necessidades de informações de marketing

O sistema de informações de marketing atende principalmente aos gestores de marketing e de outros departamentos da empresa. Entretanto, ele também pode fornecer informações a parceiros externos, como fornecedores, revendedores ou agências de serviços de marketing. Por exemplo, o sistema Retail Link do Walmart concede a fornecedores um importante acesso a informações sobre tudo: padrões de compra dos clientes, níveis de estoque na loja, quantidade vendida em cada loja nas últimas 24 horas.[4]

Um bom SIM equilibra as informações que os usuários *gostariam* de ter com as que eles realmente *necessitam* e o que é *viável* oferecer. Alguns gestores solicitam quaisquer informações que possam obter sem pensar com cuidado no que realmente precisam — e informação demais pode ser tão prejudicial quanto informação de menos. Outros gerentes podem deixar passar coisas que deveriam saber ou não ter como solicitar determinados tipos de informa-

Figura 4.1 Sistema de informações de marketing.

Este capítulo trata da gestão das informações de marketing. Esta importante figura organiza todo o capítulo. Os profissionais de marketing começam avaliando as necessidades de informações dos usuários. Em seguida, eles desenvolvem as informações necessárias utilizando dados internos, inteligência de marketing e processos de pesquisa de marketing. Por fim, disponibilizam as informações para os usuários na forma e no momento certos.

ção que deveriam possuir. Por exemplo, os gerentes podem precisar saber se o número de discussões de consumidores favoráveis ou desfavoráveis a suas marcas em blogs ou redes sociais aumentou. No entanto, como desconhecem essas discussões, eles não têm como solicitar nenhum dado sobre elas. O SIM deve monitorar o ambiente de marketing para oferecer aos tomadores de decisões as informações de que precisam para entender melhor os clientes e tomar as principais decisões de marketing.

Por fim, os custos para obter, analisar, armazenar e entregar as informações podem aumentar rapidamente. A empresa deve decidir se o valor dos insights obtidos com as informações adicionais compensa os custos de providenciá-los — e tanto o valor como os custos geralmente são difíceis de avaliar.

Desenvolvimento de informações de marketing

Os profissionais de marketing podem obter as informações necessárias de *dados internos*, *inteligência de marketing* e *pesquisa de marketing*.

Dados internos

Muitas empresas desenvolvem grandes **bancos de dados internos** — base de informações eletrônicas sobre o consumidor e o mercado obtidos a partir de fontes de dados que fazem parte da rede da empresa. As informações contidas em um banco de dados podem ser provenientes de diversas fontes. O departamento de marketing fornece informações sobre as características do cliente, suas transações de vendas e suas visitas ao site. O departamento de atendimento ao cliente mantém registros da satisfação dos clientes e dos problemas nos serviços prestados. O financeiro oferece registros sobre vendas, custos e fluxos de caixa. O departamento de operações traz relatórios sobre a produção, entregas e estoques. A força de vendas reporta as reações dos revendedores e as atividades dos concorrentes. E os parceiros do canal de marketing fornecem dados sobre as transações nos pontos de venda. O uso dessas informações pode levar a excelentes insights de cliente, bem como a uma poderosa vantagem competitiva.

Por exemplo, a USAA, uma provedora de serviços financeiros, utiliza seu banco de dados interno para criar uma base de clientes incrivelmente fiéis:[5]

> A USAA oferece serviços financeiros para militares norte-americanos e seus familiares, principalmente por meio de marketing direto via telefone e Internet. Ela mantém um enorme banco de dados construído a partir do histórico de compras dos clientes e de informações coletadas diretamente, por meio de levantamentos feitos com os clientes, dados sobre transações e comportamento de navegação em seu site. A USAA utiliza seu banco de dados para desenvolver ofertas de marketing direto sob medida para as necessidades de cada cliente. Por exemplo, para clientes que estão de olho na aposentadoria, ela envia informações sobre planejamento de bens. Se a família possui um membro com idade para entrar na faculdade, a USAA envia a ele informações sobe como administrar seus cartões de crédito.

Banco de dados internos
Conjuntos eletrônicos de informações sobre o consumidor e o mercado obtidos a partir de fontes de dados que fazem parte da rede da empresa.

Um repórter encantado, cliente da USAA, conta como a empresa o ajudou a ensinar sua filha de 16 anos a dirigir. Pouco antes do aniversário da filha, antes de ela tirar sua habilitação, a USAA enviou a ele "uma série de materiais, respaldados em pesquisas, para me ajudar a ensinar minha filha a dirigir, ajudá-la a pegar prática e nos ajudar a encontrar formas de concordar sobre o que significa direção segura mais adiante, quando ela já estivesse com a carteira de habilitação". E mais, diz o repórter maravilhado, "a USAA não tentou me vender nada. Minha conclusão: a USAA está investindo em mim pensando no longo prazo". Por meio desse inteligente uso de seu banco de dados, a USAA atende a cada cliente de maneira única, resultando em maior satisfação e fidelidade por parte deles. Regularmente, a USAA aparece entre as líderes em quase todas as listas de "campeões do atendimento ao cliente" das publicações, destacando seu lendário serviço prestado ao cliente. E o mais importante: a empresa de 19 bilhões de dólares retém 98% de seus clientes.

Normalmente, os bancos de dados internos podem ser acessados de maneira mais rápida e barata do que outras fontes de informação, mas eles apresentam alguns problemas. Uma vez que, muitas vezes, as informações internas foram coletadas para outras finalidades, elas podem estar incompletas ou terem sido registradas de maneira inadequada para a tomada de decisões de marketing. Além disso, dados envelhecem rapidamente; manter o banco de dados atualizado exige um grande esforço. Por fim, administrar as montanhas de informação que uma grande empresa gera requer equipamentos e técnicas altamente sofisticados.

Inteligência competitiva de marketing

Inteligência competitiva de marketing
Coleta e análise sistemáticas de informações publicamente disponíveis sobre consumidores, concorrentes e desenvolvimentos no mercado.

Inteligência competitiva de marketing é a coleta e a análise sistemáticas de informações publicamente disponíveis sobre consumidores, concorrentes e desenvolvimentos no mercado. Seu objetivo consiste em melhorar a tomada de decisões estratégicas por meio do conhecimento do ambiente do consumidor, da avaliação e do acompanhamento das ações dos concorrentes e da antecipação de oportunidades e as ameaças. As técnicas de inteligência de marketing variam, podendo consistir, entre outras, em observar os consumidores de maneira direta, fazer uma série de perguntas para os próprios funcionários da empresa, realizar benchmarking com os produtos da concorrência, efetuar pesquisas na Internet e monitorar o burburinho on-line.

Uma boa inteligência de marketing pode ajudar as empresas a obter insights sobre o modo como os consumidores falam de suas marcas e se conectam a elas. Muitas organizações formaram equipes de observadores treinados para se misturar com os clientes enquanto eles usam os produtos da empresa ou conversam sobre eles. Outras empresas rotineiramente monitoram as conversas on-line dos consumidores. Por exemplo, a marca Gatorade, da PepsiCo, criou um centro de controle abrangente para monitorar atividades de mídia social relacionadas à marca:[6]

▲ Controle da missão: a marca Gatorade, da PepsiCo, criou um centro de controle abrangente para monitorar, em tempo real, atividades de mídia social relacionadas à marca.
The Gatorade Company.

O Centro de Controle da Missão da Gatorade, situado na matriz da empresa em Chicago, funciona como um centro nervoso em que os quatro membros da equipe monitoram, em tempo real, as mídias sociais. Quando alguém cita qualquer coisa relacionada à Gatorade (incluindo concorrentes, atletas patrocinados pela empresa e tópicos referentes a esporte e nutrição) no Twitter, no Facebook, em um blog ou em outra mídia social, a menção surge em várias visualizações e painéis em uma das seis grandes telas do Controle da Missão. A equipe também monitora anúncios on-line e o tráfego no site, gerando um quadro consolidado da imagem da marca na Internet.

A Gatorade usa o que vê e aprende no Controle da Missão para aprimorar seus produtos, seu marketing e suas interações com os clientes. Por exemplo, ao monitorar a campanha "O Gatorade evoluiu", a equipe rapidamente percebeu que o comercial, que tinha uma música do rapper David Banner, estava sendo muito comentado nas mídias sociais. Depois de 24 horas, a Gatorade já tinha conversado com Banner para conseguir a versão completa da música e distribuí-la para os seguidores e fãs da empresa no Twitter e no Facebook. Em outro caso, a empresa percebeu que precisava intensificar a produção de uma de suas bebidas por causa das reclamações de que era difícil encontrá-la. Além de monitorar as conversas nas mídias sociais, a equipe de Controle da Missão muitas vezes participa delas. Por exemplo, recentemente, a equipe entrou em uma conversa no Facebook para responder a perguntas de um cliente sobre onde comprar os produtos.

Muitas empresas chegaram a nomear chief listening officers (pessoas responsáveis por ouvir), que devem peneirar as conversas on-line dos clientes e transmitir os principais insights para os tomadores de decisão de marketing. Há dois anos, a Dell criou o cargo de *czar da escuta*. "Nosso pessoal responsável por ouvir é essencial para termos certeza de que as pessoas certas na organização estão cientes daquilo que as conversas na Internet estão dizendo de nós. Desse modo, pessoas importantes na empresa podem se conectar com os clientes", diz um executivo de marketing da Dell.[7]

As empresas também precisam acompanhar, ativamente, as atividades dos concorrentes. Elas utilizam a inteligência competitiva de marketing para obter, com antecedência, informações sobre a concorrência referentes a movimentos e estratégias, lançamentos de produtos, novos mercados ou mercados em alteração e potenciais forças e fraquezas competitivas. Muitas informações sobre a concorrência podem ser coletadas por meio de seus próprios funcionários — executivos, engenheiros, cientistas, compradores e vendedores. A empresa também pode obter importantes informações de fornecedores, revendedores e clientes-chave. Pode, ainda, monitorar o site da concorrência e usar a Internet para pesquisar nomes de concorrentes, eventos ou tendências e ver o que consegue. Por fim, monitorar conversas do consumidor sobre as marcas concorrentes geralmente é tão revelador quanto acompanhar conversas sobre suas próprias marcas.

Pessoas que buscam informações também podem explorar um dos milhares de bancos de dados on-line. Alguns deles são gratuitos. Por exemplo, o banco de dados da U.S. Security and Exchange Commission (Comissão de Valores Mobiliários dos Estados Unidos) fornece uma quantidade enorme de informações financeiras sobre empresas estatais, e o banco de dados do U.S. Patent Office and Trademark (Departamento de Patentes e Marcas Registradas dos Estados Unidos) revela as patentes registradas pelos concorrentes. E, mediante o pagamento de uma taxa, as empresas podem assinar alguns dos mais de três mil bancos de dados on-line e serviços de busca de informações, como Hoover's, LexisNexis e Dun & Bradstreet's Online Access. Hoje, com apenas alguns cliques, os profissionais de marketing têm acesso a uma quantidade quase não manipulável de informações sobre a concorrência.

O jogo da inteligência ocorre nos dois sentidos. Diante dos esforços de inteligência competitiva de marketing dos concorrentes, a maioria das empresas atualmente toma medidas para proteger suas informações. Por exemplo, a Apple é obcecada por sigilo e transmite essa obsessão a seus funcionários. "Na Apple, tudo é sigiloso", diz uma pessoa de dentro da empresa. "A Apple quer que seus novos produtos permaneçam em segredo até o dia de seu lançamento." Informações sobre novos produtos que vazam antes de eles serem lançados dão à concorrência tempo para reagir, aumentam as expectativas dos clientes e podem roubar a atenção e as vendas dos produtos atuais. Assim, os funcionários da Apple são ferrenhos adeptos da ideia de que "em boca fechada não entra mosquito". Em uma camiseta à venda na loja da empresa, lê-se a seguinte frase: "Eu visitei a Apple, e isso é tudo o que eu tenho permissão para dizer".[8]

O uso crescente de inteligência de marketing também suscita questões éticas. Algumas técnicas para obter informações podem envolver comportamentos éticos questionáveis. É óbvio que as empresas devem aproveitar as informações de domínio público. Entretanto, elas não devem se curvar à bisbilhotagem. Com todas as fontes de informação legítimas atualmente disponíveis, uma empresa não precisa infringir leis nem códigos de ética para conseguir boas informações.

Pesquisa de marketing

Objetivo 3

◀ Esboçar as etapas do processo de pesquisa de marketing.

Além de informações sobre os consumidores, os concorrentes e os acontecimentos no mercado em geral, os profissionais de marketing com frequência necessitam de estudos formais que forneçam insights de cliente e mercado para situações e decisões de marketing específicas. Por exemplo, a Budweiser quer saber quais apelos serão mais eficazes em sua campanha publicitária no Super Bowl. O Yahoo! quer saber como as pessoas que fazem buscas na Internet reagirão à nova proposta de estrutura de seu site. E a Samsung quer saber o número e o tipo de pessoas que comprarão a próxima geração de seus aparelhos de TV ultrafinos. Nesses casos, os gestores precisarão de pesquisa de marketing.

A primeira etapa é, provavelmente, a mais difícil, mas também a mais importante. Ela orienta todo o processo de pesquisa. É frustrante concluir um projeto caro de pesquisa e só então perceber que você trabalhou com o problema errado!

Figura 4.2 O processo de pesquisa de marketing.

Pesquisa de marketing
A elaboração, a coleta, a análise e o registro sistemático de dados relevantes sobre uma situação de marketing específica com a qual uma organização se depara.

A **pesquisa de marketing** é a elaboração, a coleta, a análise e o registro sistemático de dados relevantes sobre uma situação de marketing específica com a qual uma organização se depara. As empresas utilizam a pesquisa de marketing em uma ampla variedade de situações. Por exemplo, a pesquisa de marketing oferece aos profissionais da área insights relacionados às motivações, ao comportamento de compra e à satisfação do cliente. Ela também pode ajudá-los a avaliar o potencial e a participação de mercado ou a mensurar a eficácia da determinação de preços, do produto, da distribuição e das atividades promocionais.

Algumas grandes empresas possuem seu próprio departamento de pesquisa, que trabalha com os gerentes de marketing em projetos de pesquisa de marketing. Além disso, essas empresas, assim como as menores, muitas vezes contratam especialistas em pesquisa para prestar consultoria em relação a problemas específicos de marketing e para conduzir estudos de pesquisas de marketing. Algumas vezes, as empresas simplesmente compram dados coletados por outras organizações para ajudar em seu processo decisório.

O processo de pesquisa de marketing possui quatro etapas (veja a Figura 4.2): definição do problema e dos objetivos da pesquisa, desenvolvimento do plano de pesquisa, implementação do plano de pesquisa e interpretação e apresentação dos resultados.

Definição do problema e dos objetivos da pesquisa

Gerentes de marketing e pesquisadores devem trabalhar juntos para definir o problema e determinar os objetivos da pesquisa. O gerente entende melhor a decisão para a qual a informação é necessária, ao passo que o pesquisador entende melhor o processo de pesquisa de marketing e o modo de obter a informação. Em geral, definir o problema e os objetivos da pesquisa é a etapa mais difícil do processo de pesquisa. O gerente pode saber que alguma coisa está errada, mas não saber o que está causando essa situação.

Pesquisa exploratória
Pesquisa de marketing para coletar informações preliminares que ajudarão a definir o problema e a sugerir hipóteses.

Pesquisa descritiva
Pesquisa de marketing para descrever melhor problemas de marketing, situações ou mercados, como o potencial de mercado para um produto ou os dados demográficos e as atitudes dos consumidores.

Pesquisa causal
Pesquisa de marketing para testar hipóteses sobre as relações de causa e efeito.

Depois de definir cuidadosamente o problema, o gerente e o pesquisador devem estabelecer os objetivos da pesquisa. Um projeto de pesquisa de marketing pode ter um dos três tipos de objetivos a seguir. O objetivo da **pesquisa exploratória** é coletar informações preliminares que ajudarão a definir o problema e a sugerir hipóteses. O objetivo da **pesquisa descritiva** é descrever fatores, como o potencial de mercado para um produto ou os dados demográficos e as atitudes dos consumidores que compram o produto. O objetivo da **pesquisa causal** é testar hipóteses sobre as relações de causa e efeito. Por exemplo, uma redução de 10% na mensalidade de uma faculdade particular resultaria em um aumento de matrículas suficiente para compensar essa redução? Os gestores geralmente começam com a pesquisa exploratória e só depois partem para a pesquisa descritiva ou a causal.

A definição do problema e dos objetivos da pesquisa orienta todo o processo de pesquisa. O gerente e o pesquisador devem colocar essa definição no papel para se certificar de que concordam com a finalidade e os resultados esperados da pesquisa.

Desenvolvimento do plano de pesquisa

Uma vez definidos os problemas e os objetivos da pesquisa, os pesquisadores devem determinar as exatas informações necessárias, desenvolver um plano para coletá-las de maneira eficaz e apresentar o plano para a gerência. O plano deve conter um resumo das fontes de dados existentes e detalhar as abordagens da pesquisa, os métodos de contato, os planos de amostragem e os instrumentos que os pesquisadores utilizarão para coletar novos dados.

Os objetivos da pesquisa devem ser traduzidos em necessidades específicas de informações. Por exemplo, suponhamos que a Red Bull decida conduzir uma pesquisa sobre como os consumidores reagiriam se ela lançasse uma água vitaminada, que teria vários sabores e seria vendida sob o nome Red Bull. Atualmente, a Red Bull domina o mercado mundial de bebidas energéticas, com mais de 40% de participação de mercado — somente no último ano, a empresa vendeu mais de 4,6 bilhões de latas com sua marca. Recentemente, a marca lançou a Red Bull Total Zero, uma bebida energética para consumidores avessos a calorias[9]. Uma nova linha de água vitaminada — semelhante a da Glacéau — poderia ajudar a Red Bull a alavancar ainda mais seu forte posicionamento de marca. A pesquisa proposta exigiria as seguintes informações específicas:

▲ Para decidir se deve adicionar uma linha de água vitaminada a seu bem-sucedido mix de bebidas energéticas, a Red Bull precisaria contar com uma pesquisa de marketing que oferece diversas informações específicas.
Jarrod Weaton/Weaton Digital, Inc.

- As características demográficas, econômicas e de estilo de vida dos clientes atuais da Red Bull. (Os clientes atuais também consomem água vitaminada? Esse produto é compatível com o estilo de vida deles? Ou a Red Bull precisaria se voltar para um novo segmento de consumidores?)
- As características e os padrões de uso do universo da população de usuários de água vitaminada: do que eles precisam e o que esperam com esse produto, onde o compram, quando e como o usam e quais marcas existentes e os preços praticados são os mais populares? (O novo produto da Red Bull precisaria de um forte posicionamento no concorrido mercado de água vitaminada.)
- A reação dos varejistas à nova linha de produtos proposta: eles estocariam e dariam suporte às vendas do produto? Onde eles o colocariam? (Sem o apoio dos varejistas, as vendas da nova bebida poderiam ser prejudicadas.)
- A previsão de vendas do novo produto e dos produtos atuais da Red Bull. (A nova bebida geraria novas vendas ou, simplesmente, tiraria vendas dos produtos atuais da Rede Bull? O novo produto aumentaria os lucros gerais da Red Bull?)

Os gestores da Red Bull precisarão dessas e de muitos outros tipos de informação para decidir se devem ou não lançar o novo produto. E, caso a resposta seja positiva, eles devem definir qual a melhor maneira de fazer isso.

O plano de pesquisa deve ser apresentado em uma *proposta escrita*, a qual é especialmente importante quando o projeto de pesquisa é amplo e complexo ou quando é conduzido por uma empresa contratada. A proposta deve conter os problemas de gestão abordados, os objetivos da pesquisa, as informações a serem obtidas e o modo como os resultados ajudarão no processo decisório da gerência. A proposta deve incluir ainda os custos estimados da pesquisa.

Para atender à necessidade de informações da gerência, o plano de pesquisa pode requerer a coleta de dados secundários, dados primários ou ambos. **Dados secundários** consistem em informações que já existem em algum lugar e que foram coletadas para outra finalidade. **Dados primários** consistem em informações coletadas para a finalidade em questão.

Dados secundários
Informações que já existem em algum lugar e que foram coletadas para outra finalidade.

Dados primários
Informações coletadas para a finalidade em questão.

Coleta de dados secundários

Os pesquisadores geralmente começam pela coleta de dados secundários. O banco de dados interno da empresa consiste em um bom ponto de partida. Mas a empresa também pode utilizar uma ampla variedade de fontes de informação externas.

As empresas podem comprar dados secundários de fornecedores. Por exemplo, a Nielsen vende dados sobre compradores extraídos de um painel composto por mais de 250 mil lares em 25 países, com indicadores de compras repetidas e para experimentação, de fidelidade de marca e de características demográficas dos compradores. A Experian Simmons possui uma série de estudos sobre o consumidor que oferece uma visão completa dos consumidores norte-americanos. A US MONITOR, da The Future Company, vende informações sobre importantes tendências sociais e de estilo de vida. Essas e outras empresas fornecem dados de alta qualidade que atendem a uma ampla variedade de necessidades de informações de marketing.[10]

Utilizando *bancos de dados comerciais on-line*, os pesquisadores de marketing podem conduzir suas próprias buscas em fontes de dados secundários. Com alguns cliques, serviços de

▲ Bancos de dados comerciais, como a Experian Simmons, vendem uma quantidade incrível de informações sobre tudo: os produtos que os consumidores compram, as marcas que preferem, seu estilo de vida, suas atitudes, suas preferências de mídia. A Experian Simmons "oferece a mais completa visão dos consumidores norte-americanos".

Experian Simmons

banco de dados gerais, como o Dialog, o ProQuest e o LexisNexis, disponibilizam uma quantidade incrível de informações para os tomadores de decisões de marketing. Além dos sites comerciais, que oferecem informações mediante o pagamento de uma taxa, quase toda associação setorial, órgão do governo, publicação de negócios e mídia de notícias oferecem informações gratuitas para aqueles são empenhados o suficiente para encontrar seu site.

As *ferramentas de busca na Internet* também podem ser de grande ajuda na localização de importantes fontes de dados secundários. Contudo, elas também podem ser bastante ineficientes e gerar grande frustração. Por exemplo, se um profissional de marketing da Red Bull jogasse no Google as palavras "água vitaminada", retornariam para ele mais de 18 mil opções. Ainda assim, se forem bem estruturadas e elaboradas, as buscas on-line podem ser um bom ponto de partida para qualquer projeto de pesquisa de marketing.

De modo geral, os dados secundários podem ser obtidos de maneira mais rápida e econômica do que os dados primários. Além disso, às vezes, fontes secundárias podem oferecer dados que uma empresa sozinha não conseguiria coletar — informações que não estão diretamente disponíveis ou que seriam muito caras para coletar. Por exemplo, sairia muito caro para a Red Bull conduzir uma auditoria contínua em lojas de varejo para descobrir a participação de mercado, os preços e a exposição das marcas de seus concorrentes. Mas ela pode contratar os serviços do InfoScan, do SymphonyIRI Group, que oferece essas informações extraídas de escâneres e outros dados de 34 mil varejistas espalhados pelos Estados Unidos.[11]

Os dados secundários também podem apresentar problemas. Os pesquisadores raramente conseguem obter todos os dados de que precisam a partir de fontes secundárias. Por exemplo, a Red Bull não vai encontrar informações sobre a reação dos consumidores a sua nova linha de água vitaminada que ainda nem foi lançada no mercado. Mesmo quando podem ser encontradas, as informações podem não ser muito úteis. O pesquisador deve avaliar as informações secundárias com cuidado para ter certeza de que elas são *relevantes* (ajustam-se às necessidades do projeto de pesquisa), *precisas* (coletadas e registradas de maneira confiável), *atuais* (atualizadas o suficiente para as decisões do momento) e *imparciais* (coletadas e registradas de maneira objetiva).

Coleta de dados primários

Os dados secundários constituem um bom ponto de partida para a pesquisa e, geralmente, ajudam a definir o problema e os objetivos dela. Na maioria dos casos, entretanto, a empresa também deve coletar dados primários. A Tabela 4.1 mostra que a elaboração de um plano para a coleta de dados primários requer uma série de decisões sobre *abordagens de pesquisa*, *métodos de contato*, *plano de amostragem* e *instrumentos de pesquisa*.

Abordagens de pesquisa	Métodos de contato	Plano de amostragem	Instrumentos de pesquisa
Observação	Correio	Unidade de amostragem	Questionário
Levantamento	Telefone	Tamanho da amostra	Instrumentos mecânicos
Pesquisa experimental	Entrevista pessoal	Procedimento de amostragem	
	Internet		

▲ **Tabela 4.1** Planejamento da coleta de dados primários.

Abordagens de pesquisa As abordagens de pesquisa para a coleta de dados primários incluem observação, levantamentos e pesquisas experimentais.

Pesquisa por observação. A **pesquisa por observação** consiste em coletar dados primários por meio da observação de pessoas, ações e situações relevantes. Por exemplo, o supermercado Trader Joe poderia avaliar possíveis locais para novas lojas verificando os padrões de tráfego, as condições da vizinhança e a localização de concorrentes como o Whole Foods, o Fresh Markets e outras redes de varejo.

> **Pesquisa por observação**
> Coleta de dados primários por meio da observação de pessoas, ações e situações relevantes.

Os pesquisadores costumam observar o comportamento do consumidor para obter dele insights que não conseguiriam ter simplesmente fazendo lhe perguntas. Por exemplo, a Fisher-Price montou um laboratório no qual pode observar as reações dos pequenos a novos brinquedos. O laboratório da Fisher-Price é um espaço alegre e repleto de brinquedos no qual crianças felizes testam os protótipos da empresa sob os olhares atentos dos designers, que esperam descobrir quais possíveis novos brinquedos cativam mais as crianças.

Os profissionais de marketing não observam apenas o que os consumidores fazem, mas também o que dizem. Como discutido anteriormente, as empresas agora estão ouvindo a conversa dos consumidores em blogs, redes sociais e sites. Observar o feedback ocorrendo naturalmente pode fornecer informações que não podem ser obtidas por meio de abordagens de pesquisa mais estruturadas e formais.

Atualmente, um grande número de empresas utiliza a **pesquisa etnográfica**, que envolve enviar observadores para analisar consumidores e interagir com eles em seu "habitat natural". Os observadores podem ser antropólogos e psicólogos treinados ou pesquisadores e gerentes da empresa. Por exemplo, a P&G utiliza bastante a pesquisa etnográfica para obter insights profundos acerca da população pobre a que ela atende no mundo todo. Há três anos, a empresa lançou o projeto "US$ 2 por dia", que recebeu esse nome em referência à renda média de pessoas no mundo inteiro que fazem parte de seu público-alvo. O projeto envia pesquisadores etnográficos que percorrem as florestas do Brasil, as favelas da Índia e as vilas de agricultores na zona rural da China em busca de insights sobre as necessidades de consumidores com renda muito baixa. Por exemplo, recentemente, pesquisadores da P&G ficaram um tempo com Wei Xiao Yan, uma pobre produtora de batatas chinesa, observando, em detalhes, como ela lavava seu longo cabelo preto usando apenas três copos de água. A água é um bem precioso para a família de Wei — ela vem da armazenagem da chuva. A P&G deve encontrar soluções práticas e acessíveis que funcionem no ambiente austero em que Wei vive e, ao mesmo tempo, atender a sua necessidade de se sentir atraente.[12]

> **Pesquisa etnográfica**
> Uma forma de pesquisa por observação que envolve enviar observadores treinados para analisar consumidores e interagir com eles em seu "habitat natural".

Insights provenientes do projeto "US$ 2 por dia" da P&G já geraram alguns produtos de sucesso nos mercados emergentes, como o sabão para pele sensível voltado para mulheres que lavam roupas à mão. Sua composição é a mesma de uma loção para o corpo preparada para limpar sem precisar de muita água — o produto gera uma espuma que pode ser facilmente removida, não sendo necessário enxaguar. Outro produto é um condicionador para cabelos que não requer o uso de água. No caso de clientes que não são bem atendidos, como Wei Xiao Yan, a P&G aprendeu que deve desenvolver produtos não apenas eficazes e acessíveis, mas também de inspiração.

Além de realizarem pesquisas etnográficas no ambiente físico dos consumidores, muitas empresas estão conduzindo *pesquisas Netnográficas* — observam os consumidores em circunstâncias naturais na Internet. Observar as pessoas à medida que elas interagem na Internet e se movimentam pela rede mundial pode

▲ Pesquisa etnográfica: para entender melhor as necessidades de pessoas pobres ao redor do mundo, a P&G envia pesquisadores que percorrem as florestas do Brasil, as favelas da Índia e as vilas de agricultores na zona rural da China para observar os consumidores em seu "habitat natural". Aqui, eles observam Wei Xiao Yan, uma produtora de batatas chinesa, lavar com esmero seu longo cabelo preto usando apenas três copos de água.

Benjamim Lowy/Getty Images

oferecer insights bastante úteis sobre seu comportamento e motivações de compra on-line e off-line.[13]

A pesquisa por observação e a etnográfica muitas vezes revelam detalhes que não têm como aparecer nos questionários de pesquisa e nas entrevistas de focus group tradicionais. Enquanto as abordagens de pesquisa quantitativa tradicionais procuram testar hipóteses conhecidas e obter respostas para perguntas bem definidas relacionadas à estratégia ou ao produto, a pesquisa por observação pode gerar novos insights de cliente e de mercado que as pessoas não estão dispostas ou não são capazes de oferecer. Esse tipo de pesquisa abre caminho para as ações inconscientes dos clientes e suas necessidades e sensações não expressas.

Em contrapartida, no entanto, algumas coisas simplesmente não podem ser observadas, como atitudes, motivações ou comportamento privado. Os comportamentos de longo prazo e os que não ocorrem com frequência também são difíceis de serem observados. Por fim, interpretar as observações pode não ser nada fácil. Por conta dessas limitações, os pesquisadores geralmente utilizam a pesquisa por observação com outros métodos de coleta de dados.

Pesquisa de levantamento

Coleta de dados primários que envolve fazer perguntas às pessoas sobre seu conhecimento, atitudes, preferências e comportamento de compra.

Pesquisa de levantamento. A **pesquisa de levantamento**, o método mais amplamente utilizado para a coleta de dados primários, é a abordagem que melhor se encaixa à coleta de informações descritivas. Uma empresa que quer entender o conhecimento, as atitudes, as preferências ou o comportamento de compra das pessoas geralmente pode fazê-lo perguntando diretamente a elas.

A principal vantagem da pesquisa de levantamento é sua flexibilidade — ela pode ser utilizada para obter vários tipos de informações em diferentes situações. Levantamentos referentes a praticamente qualquer questão ou decisão de marketing podem ser conduzidos por telefone, por correio, pessoalmente ou pela Internet.

Entretanto, a pesquisa de levantamento apresenta alguns problemas. Às vezes, as pessoas não conseguem responder às perguntas do levantamento por não se lembrarem do que e por que fazem ou por nunca terem pensado nisso. As pessoas também podem não querer responder a perguntas de entrevistadores que não conhecem ou não gostar de falar sobre assuntos que consideram particulares. Alguns entrevistados podem responder às perguntas do levantamento mesmo sem saber as respostas apenas para parecerem mais inteligentes e bem informados. Ou podem tentar ajudar o entrevistador dando respostas simpáticas. Por fim, pessoas ocupadas demais podem não ter tempo ou se ofender com a intromissão em sua privacidade.

Pesquisa experimental

Coleta de dados primários que consiste em selecionar grupos experimentais, submeter esses grupos a diferentes tratamentos, controlar fatores externos não associados e verificar as diferenças nas respostas desses grupos.

Pesquisa experimental. Enquanto a observação é mais adequada à pesquisa exploratória e os levantamentos se encaixam com a pesquisa descritiva, a **pesquisa experimental** tem mais a ver com a coleta de informações causais. As pesquisas experimentais consistem em selecionar grupos experimentais, submeter esses grupos a diferentes tratamentos, controlar fatores externos não associados e verificar as diferenças nas respostas desses grupos. Assim, a pesquisa experimental tenta explicar as relações de causa e efeito.

Por exemplo, antes de acrescentar um novo sanduíche a seu cardápio, o McDonald's pode utilizar a pesquisa experimental para testar o efeito de dois possíveis preços sobre as vendas. A empresa pode lançar o novo sanduíche por um preço em uma cidade e por outro preço em outra. Se as cidades forem similares e todos os outros esforços de marketing para o sanduíche forem os mesmos, então as diferenças nas vendas entre as duas cidades podem estar associadas ao preço cobrado.

MÉTODOS DE CONTATO As informações podem ser coletadas por correio, por telefone, por entrevista pessoal ou pela Internet. A Tabela 4.2 traz os pontos fortes e fracos de cada um desses métodos de contato.

Correio, telefone e entrevista pessoal. Os *questionários por correio* podem ser utilizados para coletar uma grande quantidade de informações a um baixo custo por entrevistado. No caso de perguntas mais pessoais, os entrevistados podem ser mais honestos nos questionários por correio do que seriam pessoalmente ou por telefone, com um entrevistador desconhecido. Além disso, não há nenhum entrevistador envolvido para influenciar as respostas dos entrevistados.

Entretanto, os questionários por correio não são muito flexíveis — todos os entrevistados respondem às mesmas perguntas na mesma ordem. Os levantamentos por correio geralmente levam mais tempo para serem concluídos e sua taxa de resposta — o número de pessoas que devolvem os questionários preenchidos — em geral é muito baixa. Para completar, o pesquisador costuma ter pouco controle em relação à amostra do questionário pelo correio. Mesmo quando se tem uma boa lista de endereços, é difícil controlar *quem*, nesses endereços, vai efetivamente preencher o questionário. Por conta dessas falhas, um número cada vez maior de empresa está se voltando para os levantamentos por e-mail e on-line, que são mais rápidos, flexíveis e baratos.

	Correio	Telefone	Entrevista pessoal	Internet
Flexibilidade	Baixa	Boa	Excelente	Boa
Quantidade de dados que podem ser coletados	Boa	Razoável	Excelente	Boa
Controle das interferências do entrevistador	Excelente	Razoável	Fraco	Razoável
Controle da amostra	Razoável	Excelente	Bom	Excelente
Velocidade na coleta de dados	Baixa	Excelente	Boa	Excelente
Taxa de resposta	Baixa	Baixa	Boa	Boa
Custo	Bom	Razoável	Fraco	Excelente

Fonte: baseado em Donald S. Tull e Del I. Hawkins, *Marketing research: measurement and method*, 7. ed. Nova York: Macmillan Publishing Company, 1993. Adaptado com permissão com dos autores.

▲ **Tabela 4.2** Pontos fortes e fracos dos métodos de contato.

A *entrevista por telefone* é um dos melhores métodos para coletar informações rapidamente e é mais flexível do que os questionários por correio. Por meio dela, os entrevistadores podem explicar as perguntas difíceis e, dependendo das respostas obtidas, pular algumas questões ou se aprofundar em outras. A taxa de resposta tende a ser mais alta do que a dos questionários por correio, e os entrevistadores podem pedir para falar com pessoas que tenham as características desejadas ou até mesmo procurá-las pelo nome.

No entanto, nas entrevistas por telefone, o custo por entrevistado é mais alto do que nos questionários por correio ou on-line. Além disso, as pessoas podem não querer discutir questões pessoais com um entrevistador. Esse método também pode influenciar o entrevistado — a maneira como o entrevistador fala, o modo como faz as perguntas e outros fatores podem interferir nas respostas dos entrevistados. Para completar, em uma época marcada por bloqueio de ligações e consumidores cansados de promoções, os potenciais entrevistados estão cada vez mais desligando o telefonema dos entrevistadores, em vez de conversar com eles.

As *entrevistas pessoais* assumem duas formas: individuais ou em grupo. As *entrevistas individuais* implicam conversar com as pessoas em sua casa ou escritório, na rua ou em shoppings. Esse tipo de entrevista é flexível. Profissionais treinados podem orientar a entrevista, explicar perguntas difíceis e explorar questões caso a situação exija. Eles podem também mostrar produtos, campanhas publicitárias ou embalagens reais e observar as reações e o comportamento. Entretanto, as entrevistas individuais podem custar de três a quatro vezes mais do que as feitas por telefone.

As *entrevistas em grupo* consistem em convidar de seis a dez pessoas para um encontro com um moderador treinado, no qual eles conversam sobre um produto, serviço ou organização. Normalmente, os integrantes recebem uma pequena soma em dinheiro pela participação. O moderador estimula uma discussão livre e aberta, para que as interações do grupo tragam à tona sentimentos e pensamentos reais. Ao mesmo tempo, o moderador "foca" a discussão — daí o nome **entrevistas de focus group**.

Nos focus group tradicionais, pesquisadores e profissionais de marketing observam as discussões por trás de um espelho unidirecional e registram os comentários em anotações ou vídeos, que são posteriormente analisados. No entanto, geralmente, os pesquisadores utilizam tecnologias de videoconferência e da Internet para conectar, ao vivo, profissionais de marketing em locais distantes com os grupos de foco. Utilizando câmeras e sistemas de som bidirecionais, os executivos de marketing em outra sala podem observar e ouvir, usando controles remotos para dar um zoom no rosto dos entrevistados e percorrer todo o grupo quando quiserem.

As entrevistas de grupos de foco se tornaram, juntamente com as pesquisas por observação, uma das principais ferramentas de pesquisa de marketing para obter novos insights sobre os pensamentos e os sentimentos do consumidor. Nessas entrevistas, os pesquisadores não apenas ouvem as ideias e as opiniões do consumidor, como também observam expressões faciais, movimentos corporais, as interações do grupo e o fluxo das conversas. Contudo, os estudos de grupos de foco apresentam alguns desafios. Eles normalmente utilizam pequenas amostras para reduzir o tempo e os custos, e isso pode dificultar a generalização a partir dos resultados obtidos. Além disso, em grupos de foco, por estarem diante de outras pessoas, os consumidores nem sempre são abertos e sinceros com relação a seus sentimentos, comportamentos e intenções.

Entrevistas de focus group
Entrevista pessoal que consiste em convidar de seis a dez pessoas para um encontro de poucas horas com um moderador treinado, no qual eles conversam sobre um produto, serviço ou organização. O entrevistador "foca" a discussão do grupo em questões importantes.

▲ Novos ambientes para grupos de foco: Mark Templin, diretor-geral da Lexus nos Estados Unidos, organiza jantares ("Uma noite com a Lexus") com compradores de carros de luxo para descobrir por que eles se tornaram ou não se tornaram proprietários de um Lexus.
Cortesia da Lexus

Pesquisa de marketing on-line
Coleta de dados primários on-line por meio de levantamentos pela Internet, grupos de foco on-line, pesquisas experimentais baseadas na web ou monitoramento do comportamento do consumidor on-line.

Para superar esses problemas, muitos pesquisadores estão revendo a estrutura dos grupos de foco. Algumas empresas utilizam *grupos de imersão* — pequenos grupos de consumidores que interagem de maneira direta e informal com os designers de produto, sem a presença de um moderador. Outros pesquisadores estão mudando o ambiente em que conduzem os grupos de foco, para ajudar os consumidores a relaxar e obter respostas mais autênticas. Por exemplo, recentemente a Lexus organizou um série de jantares ("Uma noite com a Lexus") com grupos de clientes na casa deles:[14]

De acordo com Mark Templin, diretor-geral e vice-presidente do grupo Lexus, a melhor maneira de descobrir por que compradores de carros de luxo se tornaram ou não se tornaram proprietários de um Lexus é jantando com eles — e na casa deles, em um encontro pessoal e bem próximo. No primeiro jantar, 16 proprietários de Lexus, Mercedes, BMW, Audi, Land Rover e outros carros caros compartilharam suas percepções em relação à marca Lexus durante uma suntuosa refeição preparada por um famoso *chef* em uma casa em Beverly Hills. Templin obteve diversos insights passíveis de serem usados. Por exemplo, alguns proprietários viam os carros da Lexus como pouco divertidos. "Em algum momento, todos tinham dirigido um Lexus e tido uma boa experiência", ele diz. "Mas o Lexus que eles [tiveram] não era tão legal de dirigir quanto os carros que têm agora. Nosso desafio é mostrar que é mais legal dirigir um Lexus hoje do que era há 15 anos". Templin também ficou surpreso ao descobrir o tanto que os filhos dos compradores de carros de luxo influenciam sua decisão de compra. Segundo ele, o futuro marketing da Lexus vai mirar também jovens adultos que, embora não comprem carros de luxo, podem influenciar as decisões de seus pais.

As entrevistas individuais e de focus group podem conter um toque pessoal, contrapondo-se à pesquisa cada vez mais orientada por números. "Nós fazemos várias pesquisas, que nos dizem do que precisamos para operar nosso negócio, mas eu absorvo mais coisas quando saio e converso com as pessoas", diz Templin da Lexus. "As coisas realmente ganham vida quando ouço o que as pessoas dizem."

Pesquisa de marketing on-line. O crescimento da Internet impactou de maneira drástica o modo como a pesquisa de marketing é conduzida. Os profissionais de marketing estão cada vez mais coletando dados primários por meio de **pesquisa de marketing on-line**: levantamentos pela Internet, painéis on-line, pesquisas experimentais, grupos de foco on-line e comunidades de marca on-line.

A pesquisa on-line pode assumir diversas formas. Uma empresa pode usar a Internet como um meio de pesquisa: ela pode incluir um questionário em seu site ou usar o e-mail para convidar as pessoas a responder às perguntas, criar painéis on-line que ofereçam feedback contínuo ou, ainda, conduzir grupos de foco on-line ou discussões ao vivo. Os pesquisadores também podem realizar pesquisas experimentais on-line: eles podem trabalhar com diversos preços, chamadas publicitárias ou características de produtos em diferentes sites ou em diferentes horários para entender a relativa eficácia de suas ofertas. Podem também criar ambientes de compra virtuais e usá-los para testar novos produtos ou programas de marketing. Uma empresa pode, ainda, aprender sobre o comportamento dos clientes on-line acompanhando sua sequência de cliques enquanto visitam o site e mudam para outros.

A Internet se encaixa particularmente bem com a pesquisa *quantitativa* — com a condução de levantamentos e a coleta de dados, por exemplo. O fato de, hoje em dia, mais de três quartos dos norte-americanos terem acesso à Internet faz dela um importante canal para se alcançar um amplo conjunto representativo de consumidores.[15] À medida que a taxa de resposta das abordagens tradicionais de pesquisa diminui e seus custos aumentam, a Internet está rapidamente substituindo o correio e o telefone e se tornando a metodologia dominante de coleta de dados.

As pesquisas de levantamento baseadas na Internet oferecem muitas vantagens em relação às abordagens tradicionais envolvendo telefone, correio e entrevistas pessoais.

As vantagens mais evidentes são: velocidade e custos baixos. Atuando on-line, os pesquisadores podem distribuir, de maneira rápida e fácil, levantamentos para milhares de entrevistados simultaneamente, utilizando e-mail ou postando-os em sites selecionados. As respostas podem vir quase instantaneamente e, como os próprios entrevistados inserem as informações, os pesquisadores podem tabulá-las, analisá-las e compartilhar os dados da pesquisa à medida que as informações chegam.

Normalmente, a pesquisa on-line também tem um custo mais baixo do que a conduzida por correio, telefone ou entrevistas pessoais. O uso da Internet elimina grande parte dos custos de postagem, ligação, mão de obra e tratamento de dados associados às outras abordagens. Além disso, o tamanho da amostra tem pouco

▲ Pesquisa on-line: graças a serviços de pesquisa como o Snap Surveys, praticamente todos os negócios, grandes ou pequenos, podem, em poucos minutos, criar, publicar e distribuir levantamentos customizados on-line ou utilizando dispositivos móveis.
Snap Surveys

impacto sobre os custos. Uma vez que o questionário esteja pronto, o fato de ele ser respondido por dez ou dez mil pessoas pela Internet gera pouca diferença de custos.

O baixo custo da pesquisa on-line a coloca ao alcance de praticamente todos os negócios, grandes ou pequenos. Na verdade, com a Internet, o que antes era de domínio exclusivo de especialistas em pesquisa está agora disponível para todos os aprendizes de pesquisador. Mesmo empresas menores, não tão sofisticadas podem utilizar serviços de pesquisa on-line, como o Snap Surveys (<www.snapsurveys.com>) e o SurveyMonkey (<www.surveymonkey.com>), para, em poucos minutos, criar, publicar e distribuir levantamentos customizados.

Os levantamentos baseados na Internet também tendem a serem mais interativos e atrativos, mais fáceis de completar e menos invasivos do que os levantamentos tradicionais por telefone ou correio. Como resultado, normalmente eles geram taxas de resposta mais altas. A Internet é um excelente meio para atingir consumidores difíceis de alcançar — como, por exemplo, os (geralmente evasivos) adolescentes, os solteiros, os ricos e os altamente instruídos. Ela também constitui um bom meio para alcançar mães que trabalham fora e outras pessoas que são muito ocupadas. Essas pessoas são bem representadas on-line e podem participam da pesquisa a partir de seu próprio espaço, quando lhes for mais conveniente.

Assim como correram para usar a Internet para levantamentos e coleta de dados quantitativos, os pesquisadores de marketing estão agora adotando abordagens de pesquisa *qualitativa* baseadas na Internet, como grupos de foco on-line, blogs e redes sociais. A Internet pode oferecer uma maneira rápida e de baixo custo para obter insights qualitativos de cliente.

Uma abordagem básica de pesquisa qualitativa baseada na Internet é o **focus group on-line**. Por exemplo, a FocusVision, uma empresa de pesquisa on-line, oferece o serviço InterVu, que utiliza o poder de conferência da Internet para conduzir grupos de foco com participantes em locais remotos, de qualquer lugar do mundo, a qualquer hora. Utilizando sua própria Webcam, os participantes do InterVu podem se logar à sessão de focus group de sua casa ou escritório e não apenas ver e ouvir os outros integrantes do grupo, mas também interagir com eles em discussões em tempo real, cara a cara.[16] Esses grupos de foco podem ser conduzidos em qualquer língua — eles contam com tradução simultânea — e unem pessoas de diferentes partes do país ou do mundo a um baixo custo. Os pesquisadores podem acompanhar as sessões, em tempo real, de qualquer lugar, eliminando os custos com viagem, hospedagem e aluguel de instalações. Por fim, embora os grupos de foco on-line exijam certa programação prévia, os resultados são quase imediatos.

Apesar do rápido crescimento, a pesquisa tanto quantitativa como qualitativa baseada na internet tem suas desvantagens. O principal problema consiste em controlar quem faz parte da amostra on-line. Sem ver os entrevistados, fica difícil saber quem eles realmente são. Para superar esses problemas de amostra e contexto, muitas empresas de pesquisa on-line utilizam comunidades das quais as pessoas aceitam participar e painéis de entrevistados. Al-

Focus group on-line
Reunir um pequeno grupo de pessoas on-line com um moderador treinado para conversarem sobre um produto, serviço ou organização e obter insights qualitativos sobre as atitudes e o comportamento do consumidor.
FocusVision Worldwide, Inc.

▲ A FocusVision oferece o serviço InterVu aos grupos de foco com participantes em locais remotos, de qualquer lugar do mundo e a qualquer hora. Com Webcam, os participantes podem não apenas ver e ouvir os outros integrantes do grupo, mas também interagir com eles em discussões em tempo real, cara a cara.
FocusVision Worldwide, Inc.

ternativamente, muitas empresas estão desenvolvendo suas próprias redes sociais e utilizando-as para obter informações e insights de cliente. Por exemplo, além de vasculhar a mente dos clientes em eventos presenciais como os jantares "Uma noite com a Lexus", que ocorre na casa dos clientes, a Lexus desenvolveu uma grande comunidade de pesquisa on-line, a qual consiste de 20 mil convidados, todos proprietários de Lexus, que representam uma ampla variedade de perfis demográficos e psicográficos, bem como de modelos dos automóveis da empresa. A Lexus realiza, regularmente, levantamentos com o grupo para obter informações sobre tudo — da percepção que eles têm da marca ao relacionamento que possuem com as concessionárias.[17]

Assim, nos últimos anos, a Internet se tornou uma importante ferramenta para a condução de pesquisas e para o desenvolvimento de insights de cliente. Mas os pesquisadores de marketing de hoje estão indo além dos levantamentos, dos grupos de foco e das comunidades on-line. Cada vez mais, eles estão ouvindo e observando os consumidores, garimpando ativamente os ricos veios de informações não solicitadas, não estruturadas, "de baixo para cima" dos clientes que trafegam na Internet.

Essa tarefa pode ser bem simples, como examinar as análises e os comentários dos clientes no site da marca da empresa ou em sites de compra, como a Amazon.com e a BestBuy.com. Pode também significar o uso de ferramentas de análise on-line mais sofisticadas, com o intuito de avaliar, em profundidade, pilhas de comentários e mensagens dos consumidores encontradas em blogs ou em sites de redes sociais, como o Facebook e o Twitter. Ouvir e observar os consumidores on-line pode fornecer valiosos insights referentes ao que os clientes estão dizendo sobre as marcas e sentindo com relação a elas. Como assinalou um especialista em informação: "A Internet sabe o que você quer".[18] (Veja o Marketing Real 4.1.)

Marketing Real 4.1

Escuta on-line: pesquisa sofisticada na Internet ou algo um pouco assustador

Graças ao florescente mundo de blogs, redes sociais e outros fóruns na Internet, os profissionais de marketing têm hoje acesso, quase em tempo real, a uma quantidade incrível de informações dos consumidores on-line. Está tudo lá para ser vasculhado — elogios, críticas, recomendações, ações —, revelando o que os consumidores estão dizendo e fazendo enquanto navegam na Internet. Empresas visionárias estão garimpando insights valiosos dos clientes nesse novo e rico veio de informações espontâneas, fornecidas "de baixo para cima".

Enquanto a pesquisa de marketing tradicional fornece respostas mais lógicas dos consumidores a perguntas estruturadas e invasivas, a escuta on-line oferece toda paixão e espontaneidade de opiniões não solicitadas dos clientes.

A escuta on-line pode envolver tarefas bem simples, como examinar as análises e os comentários dos clientes no site da marca da empresa ou em sites de compra populares, como a Amazon.com e a BestBuy.com. Essas investigações geram muita informação, tratam de produtos específicos e oferecem reações espontâneas dos clientes. Se os clientes que compõem o mercado das marcas de uma empresa leem essas análises e respondem a elas, os profissionais de marketing da organização devem fazer o mesmo.

Em um nível mais profundo, as empresas estão utilizando sofisticadas ferramentas de análise da Internet para ouvir e garimpar informações da massa de comentários e conversas dos consumidores em blogs, novos textos, fóruns on-line e redes sociais, como o Facebook e o Twitter. Mas, além de monitorar o

▲ As empresas observam o que os clientes dizem e fazem on-line e, então, utilizam os insights resultantes para personalizar experiências de compra na Internet. Isso é pesquisa sofisticada na Internet ou algo um pouco assustador?
Andresr/Shutterstock.com

que os clientes estão dizendo sobre elas na Internet, as empresas estão observando o que eles estão *fazendo* on-line. As empresas esquadrinham o comportamento de navegação do consumidor na Internet em detalhes precisos e utilizam os insights resultantes para personalizar experiências de compra.

Por exemplo, com base em seu comportamento de navegação atual e passado, uma cliente que está comprando sapatos em um de seus sites de roupa favoritos pode receber sugestões não solicitadas, "feitas para você", de acessórios para combinar que se encaixam perfeitamente com suas necessidades e seus gostos. Sua experiência de compra on-line também pode depender de outros comportamentos de navegação. Por exemplo, quanto mais lenta a navegação — por exemplo, aquelas feitas em casa, em que se gasta um bom tempo em cada tela —, mais vídeos, características e descrições de produto você pode ver. Aquelas pessoas cujo comportamento de navegação sugere que estão com pressa — por exemplo, estão comprando do trabalho e clicando rapidamente nas telas — podem ver páginas mais simples e ter acesso a caminhos mais diretos para o caixa.

Em um sentido mais amplo, informações sobre o que os consumidores fazem enquanto navegam pela vastidão da Internet — que pesquisas fazem, que sites visitam, quais músicas e programação consomem, como compram e o que compram — é ouro puro para as empresas. E elas estão ocupadas garimpando esse ouro.

Na Internet hoje, todo mundo sabe quem você é. De fato, legiões de empresa sabem seu sexo, sua idade, onde você mora, o que está dizendo no Facebook e no Twitter, que gosta de caminhonetes e que ficou, digamos, três horas e 43 segundos em um site para pessoas que gostam de animais de estimação em um dia chuvoso em janeiro. Todos esses dados são transmitidos para uma série de redes de computadores, onde são separados, catalogados, analisados e, então, usados para oferecer anúncios voltados para você, muito possivelmente em qualquer página que você estiver na Internet. Isso é chamado de segmentação comportamental — monitorar o comportamento dos consumidores on-line e usar isso para direcionar anúncios a eles. Por exemplo, se você colocar um celular em seu carrinho de compras na Amazon.com, mas não comprá-lo, pode esperar: você verá anúncios desse mesmo celular na próxima vez que visitar seu site favorito da ESPN para ver o resultado dos últimos jogos.

Tudo isso já é bastante surpreendente, mas a nova onda de segmentação e análise na web assume um caráter ainda mais bisbilhoteiro, passando da segmentação *comportamental* para a segmentação *social*. Enquanto a segmentação comportamental monitora a movimentação dos consumidores pelos sites, a segmentação social também explora conexões e conversas on-line em uma base individual. Uma pesquisa mostra que os consumidores compram muito como seus amigos e são cinco vezes mais propensos a responder a anúncios de marcas que seus amigos usam. A segmentação social relaciona os dados dos clientes a seus dados de interação social extraídos de sites de rede social.

Assim, em vez de ver um anúncio da Zappos.com para tênis de corrida porque recentemente fez uma pesquisa sobre isso (segmentação comportamental), você verá um anúncio para um determinado tênis de corrida porque um amigo seu do Twitter comprou esse tênis na Zappos.com na semana passada (segmentação social). A segmentação social pode, inclusive, capturar a dinâmica das conversas em tempo real. Por exemplo, mais do que se dirigir para rapazes entre 24 e 26 anos que são fãs de esporte e gostam de carros, a Chevrolet tornou sua mensagem publicitária mais relevante ao se voltar para esses consumidores enquanto conversavam sobre futebol americano durante o Super Bowl usando um aplicativo do Twitter para dispositivos móveis. Quando abriam o app, os consumidores-alvo viam um anúncio que sugeria que assistissem no YouTube ao vídeo que a Chevy havia preparado para o Super Bowl.

Escuta on-line. Segmentação comportamental. Segmentação social. Tudo isso é ótimo para as empresas que estão trabalhando para garimpar insights de cliente de uma quantidade absurda de informações do consumidor que rodam na Internet. A grande questão? Você provavelmente já adivinhou qual é. À medida que as empresas se tornam mais adeptas a vasculhar blogs, redes sociais e outros domínios da Internet, o que acontece com a privacidade do consumidor? Sim, esse é o lado ruim da questão. Em que ponto a sofisticada pesquisa on-line ultrapassa os limites e passa a ser uma perseguição ao consumidor?

Defensores afirmam que, ao retornar anúncios e produtos que são mais relevantes para os interesses dos consumidores, a segmentação comportamental e social mais os beneficiam do que tiram proveito deles. Mas, para muitos consumidores e defensores públicos, seguir os consumidores on-line e persegui-los sorrateiramente com anúncios é mais do que algo um pouco assustador. Legisladores e outros grupos estão se movimentando. Nos Estados Unidos, a FTC (Federal Trade Commission — Comissão Federal de Comércio) recomendou a criação de um sistema para a Internet semelhante ao registro Do Not Call, que bloqueia ligações indesejadas. Esse sistema permitiria às pessoas optarem por ter suas ações on-line monitoradas. Enquanto isso, *browsers* têm respondido às preocupações adicionando características que não permitem o monitoramento.

Contudo, apesar dessas preocupações, a escuta on-line continuará crescendo e ficando mais inteligente. E, com as apropriadas medidas de proteção, ela promete beneficiar tanto

124 Parte 2 | Entendimento do mercado e dos clientes

as empresas como os clientes. O uso das conversas e do comportamento on-line permite às empresas ouvir a voz espontânea dos clientes, o que oferece valiosos insights sobre os reais sentimentos, valores e percepções de marca dos consumidores.

As empresas que conseguirem descobrir como utilizar as conversas on-line do consumidor de maneira significativa obterão uma substancial vantagem sobre os concorrentes que se fizerem de surdos.

Fontes: textos, citações e outras informações adaptados de Amit Avner, "How social targeting can lead to discovery", *Adotas*, 7 fev. 2012, www. adotas.com/2012/02/how-social-targeting-can-lead-to-discovery/; Stephen Baker, "The Web knows what you want", *BusinessWeek*, 27 jul. 2009, p. 48; Brian Morrissey, "Connect the thoughts", *Adweek*, 29 jun. 2009, p. 10-11; Paul Sloan, "The quest for the perfect online ad", *Business 2.0*, mar. 2007, p. 88; Elizabeth A. Sullivan, "10 minutes with Kristin Bush", *Marketing News*, 30 set. 2009, p. 26-28; Edward Wyatt e Tanzina Vega, "Conflict over how open 'Do Not Track' talks will be", *New York Times*, 30 mar. 2012, p. B3.

PLANO DE AMOSTRAGEM Os pesquisadores de marketing geralmente tiram conclusões sobre grandes grupos de consumidores a partir do estudo de uma pequena amostra da população total desses consumidores. Uma **amostra** é um segmento da população selecionado para representar a população como um todo em uma pesquisa de marketing. Em termos ideais, a amostra deve ser representativa, de modo que o pesquisador possa fazer estimativas precisas acerca das ideias e do comportamento da população em geral.

A definição da amostra requer três decisões. Para começar, é preciso decidir *quem* será abordado (qual é a *unidade de amostragem*)? A resposta a essa pergunta nem sempre é óbvia. Por exemplo, para estudar o processo de tomada de decisão de uma família que quer comprar um carro, é preciso abordar o marido, a esposa, outros membros da família, vendedores de concessionárias ou todas essas pessoas? Em segundo lugar, é necessário decidir *quantas* pessoas devem ser abordadas (qual é o *tamanho da amostra*)? As grandes amostras oferecem resultados mais confiáveis do que as pequenas. Entretanto, amostras maiores geralmente custam mais, e não é necessário tomar como amostra todo o mercado-alvo ou uma grande parcela dele para obter resultados confiáveis.

Para completar, *como* as pessoas que compõem a amostra devem ser *escolhidas* (quais são os *procedimentos de amostragem*)? A Tabela 4.3 descreve os diferentes tipos de amostra. Quando são utilizadas *amostras probabilísticas*, todo membro da população tem chance de ser incluído na amostra e os pesquisadores podem calcular os limites de erros da amostragem. Mas, quando a amostra probabilística se mostra muito cara ou demorada, os pesquisadores de marketing utilizam *amostras não probabilísticas*, apesar de os limites de erros da amostragem não poderem ser calculados. Essas várias maneiras de definir amostras apresentam diferentes limitações de custo e tempo, assim como diferentes níveis de precisão e propriedades estatísticas. Qual o melhor método? Isso depende das necessidades do projeto de pesquisa.

> **Amostra**
> Um segmento da população selecionado para representar a população como um todo em uma pesquisa de marketing.

Amostra probabilística	
Amostra aleatória simples	Todo membro da população tem a mesma chance de ser selecionado.
Amostra aleatória estratificada	A população é dividida em grupos que se excluem mutuamente (por exemplo, por grupos etários) e amostras aleatórias são extraídas de cada grupo.
Amostra por cluster (grupos)	A população é dividida em grupos que se excluem mutuamente (por exemplo, por quarteirões) e o pesquisador extrai uma amostra dos grupos para entrevistar.
Amostra não probabilística	
Amostra por conveniência	O pesquisador seleciona os membros da população dos quais pode extrair informações mais facilmente.
Amostra intencional (por julgamento)	O pesquisador utiliza seu julgamento para selecionar os membros da população que, potencialmente, são bons fornecedores de informações precisas.
Amostra por cota	O pesquisador encontra e entrevista um determinado número de pessoas em cada uma das diferentes categorias.

▲ **Tabela 4.3** Tipos de amostra.

INSTRUMENTOS DE PESQUISA Na hora de coletar dados primários, pesquisadores de marketing têm a sua escolha dois principais instrumentos de pesquisa: *questionários* e *instrumentos mecânicos*.

Questionários. Os questionários são, de longe, o instrumento mais comum, podendo ser aplicados pessoalmente, por telefone, por e-mail ou on-line. Eles são muito flexíveis — existem muitas maneiras de fazer perguntas. As perguntas fechadas contêm todas as respostas possíveis e os entrevistados optam por uma delas. Exemplos de perguntas fechadas são as questões de múltipla escolha e as questões de escala. As perguntas abertas permitem que os entrevistados respondam com suas próprias palavras. Em uma pesquisa com usuários de companhias aéreas, a Southwest Airlines poderia simplesmente perguntar: "Qual a sua opinião sobre a Southwest Airlines?" Ela poderia também pedir para as pessoas completarem uma frase: "Quando escolho uma companhia aérea, o que mais levo em conta é...". As perguntas abertas geralmente são mais reveladoras do que as fechadas, uma vez que não limitam as respostas dos entrevistados.

As perguntas abertas são particularmente úteis na pesquisa exploratória, em que o pesquisador está tentando descobrir *o que* as pessoas pensam, e não mensurando *quantas* pessoas pensam de determinada maneira. Por outro lado, as perguntas fechadas oferecem respostas que são mais fáceis de interpretar e tabular.

Os pesquisadores também devem ter cuidado com a *linguagem* e a *sequência* das perguntas. Eles devem utilizar uma linguagem simples, direta e imparcial, e as perguntas devem seguir uma ordem lógica. A primeira pergunta deve, se possível, suscitar interesse, e as perguntas difíceis ou pessoais devem ser feitas no final, para que os entrevistados não se coloquem em uma posição defensiva.

Instrumentos mecânicos. Apesar de os questionários serem o instrumento de pesquisa mais comum, os pesquisadores também utilizam instrumentos mecânicos para monitorar o comportamento do consumidor. A Nielsen Media Research coloca medidores nos televisores, no aparelho da TV a cabo e no sistema de satélite de determinadas casas selecionadas para registrar quem assiste a quais programas. Já os varejistas utilizam os escâneres dos caixas para registrar as compras realizadas pelos consumidores. Outros instrumentos mecânicos avaliam as reações físicas dos entrevistados a ofertas de marketing. Considere o seguinte exemplo:[19]

> O novo MediaLab da Time Warner, situado na matriz da empresa em Nova York, parece mais uma loja chique de eletrônicos de consumo do que uma laboratório de pesquisa. Mas o laboratório utiliza um fabuloso conjunto de técnicas de observação de alta tecnologia para capturar mudanças na maneira como o público de hoje utiliza o conteúdo disponível na televisão e na Internet e reage a ele. O MediaLab usa mensurações biométricas para analisar todo programa a que os entrevistados assistem, todo site que visitam e todo anúncio que ignoram. Ao mesmo tempo, instrumentos mecânicos avaliam o envolvimento do usuário por meio de medidas fisiológicas, como temperatura da pele, batimento cardíaco e movimento facial e dos olhos. Observadores que ficam atrás de um espelho unidirecional ou utilizam câmeras que espiam por sobre os ombros do entrevistado fazem avaliações em tempo real sobre o comportamento de navegação na Internet. No fim das contas, os profundos insights sobre o consumidor obtidos pelas observações do MediaLab estão ajudando a Time Warner a se preparar para operar no atual cenário em rápida mudança da mídia digital.

Outros pesquisadores estão ainda utilizando o *neuromarketing*, ou seja, mensurando as atividades cerebrais para descobrir como os consumidores sentem e reagem. Utilizando escâneres de ressonância magnética e dispositivos de eletroencefalograma, cientistas de marketing descobriram que monitorar as atividades elétricas e o fluxo sanguíneo do cérebro pode oferecer às empresas insights sobre o que deixa os consumidores ligados ou não no que se refere a suas marcas e marketing. "As empresas sempre miraram o coração dos clientes, mas a cabeça pode ser um alvo melhor", sugere um profissional de neuromarketing. "O neuromarketing atinge os consumidores onde as ações acontecem: no cérebro."[20]

Organizações como PepsiCo, Disney, Google e Microsoft estão contratando empresas de pesquisa em neuromarketing, como Sands Research, NeuroFocus e EmSense, para ajudá-las a descobrir o que as pessoas estão, de fato, pensando. Por exemplo, a Frito-Lay, da PepsiCo, trabalhou com a NeuroFocus para avaliar as motivações dos consumidores por trás do sucesso de sua marca de salgadinhos Cheetos. Após escanear o cérebro de consumidores cuidadosamente escolhidos, a NeuroFocus descobriu que parte do sucesso do Cheetos tem a ver com a bagunça que aquele pó de queijo laranja faz — isso mesmo, com aquela coisa que gruda nos dedos e se espalha pela blusa ou pelas almofadas do sofá. De fato, o pó grudento aciona uma poderosa

▲ O MediaLab da Time Warner utiliza técnicas de observação de alta tecnologia para capturar mudanças na maneira como o público de hoje utiliza o conteúdo disponível na televisão e na Internet e reage a ele.
Time Warner 2012, fotografia de Henrik Olund

reação no cérebro: um senso de "subversão boba" que faz com que a bagunça compense, e muito, os problemas que causa. Utilizando essa descoberta, a Frito-Lay desenvolveu toda uma campanha publicitária bem-sucedida baseada na bagunça que o Cheetos faz. Por sua contribuição, a NeuroFocus recebeu um prêmio pela excelente pesquisa em propaganda.[21]

Embora as técnicas de neuromarketing possam avaliar o envolvimento e as reações emocionais dos clientes segundo a segundo, essas respostas do cérebro são difíceis de interpretar. Assim, normalmente, o neuromarketing é usado em conjunto com outras abordagens de pesquisa, a fim de se obter uma visão mais completa do que se passa na cabeça dos consumidores.

Implementação do plano de pesquisa

A próxima etapa do pesquisador consiste em colocar o plano de pesquisa de marketing em ação. Isso implica coletar, processar e analisar as informações. A coleta de dados pode ser efetuada pela própria equipe de pesquisa de marketing da empresa ou por organizações contratadas. Os pesquisadores devem acompanhar tudo de perto para ter certeza de que o plano será implementado corretamente. Eles devem se proteger de problemas ligados à interação com os entrevistados, à qualidade das respostas dos participantes e a entrevistadores que cometem erros ou preferem caminhos mais curtos.

Os pesquisadores também devem processar e analisar os dados coletados para selecionar informações e insights importantes. Devem ainda verificar se os dados são precisos e completos e codificá-los para análise. Por fim, eles tabulam os resultados obtidos e calculam as médias estatísticas.

Interpretação e apresentação dos resultados

O pesquisador de marketing deve interpretar os resultados, tirar conclusões e apresentá-las à gerência. Ele não deve sobrecarregar os gerentes com números e técnicas estatísticas complexas. Em vez disso, deve apresentar importantes descobertas e insights, que sejam úteis nas principais decisões com as quais a gerência se depara.

No entanto, a interpretação não deve ser tarefa apenas dos pesquisadores. Embora geralmente eles sejam especialistas em elaboração de pesquisa e em estatística, é o gerente de marketing quem sabe mais sobre o problema e as decisões que devem ser tomadas. Nem a melhor pesquisa terá valor se o gerente aceitar cegamente interpretações equivocadas do pesquisador. Por outro lado, os gerentes podem ser parciais — podem tender a aceitar os resultados que mostram o que eles esperavam e a rejeitar aqueles que apontam para outra direção. Em muitos casos, os resultados podem ser interpretados de diferentes modos, e discussões entre pesquisadores e gerentes ajudam a conduzir às melhores interpretações. Assim, gerentes e pesquisadores devem trabalhar juntos na hora de interpretar os resultados da pesquisa, e ambos devem ser responsáveis pelo processo de pesquisa e pelas decisões dela resultantes.

Análise e uso das informações de marketing

Objetivo 4

▶ Explicar como as empresas analisam e utilizam as informações de marketing.

As informações armazenadas nos bancos de dados internos, coletadas por meio da inteligência competitiva de marketing e da pesquisa de marketing, geralmente exigem uma análise mais profunda. E os gerentes podem precisar de ajuda para aplicar as informações de modo a obter insights de cliente e mercado para melhorar suas decisões de marketing. Essa ajuda pode incluir uma análise estatística avançada para entender melhor as correlações existentes em um conjunto de dados. A análise das informações também pode envolver a aplicação de modelos analíticos que ajudarão os profissionais de marketing a tomar melhores decisões.

Uma vez processadas e analisadas, as informações devem ser disponibilizadas para os tomadores de decisão certos, no momento certo. Nas seções seguintes, trataremos, em detalhes, da análise e do uso das informações de marketing.

Gerenciamento do relacionamento com o cliente (CRM)

A questão de como analisar e utilizar melhor os dados de clientes individuais apresenta problemas específicos. A maioria das empresas está nadando em informações sobre seus clientes. De fato, empresas inteligentes coletam informações em todo possível *ponto de contato* com o cliente. Esses pontos incluem: compras do cliente, contatos com a força de vendas, solicitações de serviço e suporte, visitas ao site, pesquisas de satisfação, interações para crédito e pagamento, estudos de pesquisa de mercado — todo contato entre o cliente e a empresa.

O problema é que essas informações normalmente estão espalhadas pela organização. Elas podem estar enterradas no fundo de bancos de dados e registros separados de diferentes departamentos da empresa. Para superar esses problemas, muitas empresas recorrem ao **gerenciamento do relacionamento com o cliente** (CRM — Customer Relationship Management) para gerenciar informações detalhadas sobre clientes individuais e administrar, cuidadosamente, pontos de contato com eles, a fim de maximizar sua fidelidade.

O CRM consiste em softwares e ferramentas analíticas sofisticados, de empresas como Oracle, Microsoft, Salesforce.com e SAS, que integram as informações dos clientes provenientes de todas as fontes, analisam-nas em profundidade e utilizam os resultados obtidos para desenvolver um sólido relacionamento com o cliente. O CRM integra tudo o que as equipes de vendas, atendimento ao cliente e marketing sabem sobre clientes individuais, proporcionando uma visão completa do relacionamento com eles.

Analistas de CRM desenvolvem *data warehouses* e utilizam sofisticadas técnicas de *data mining* para encontrar as riquezas escondidas nos dados dos clientes. Um *data warehouse* é um banco de dados eletrônico para toda a empresa que traz informações detalhadas dos clientes, as quais precisam ser peneiradas para que "pedras preciosas" possam ser encontradas. O propósito de um *data warehouse* não é apenas armazenar informações, mas também reuni-las em um local único e acessível. Assim, uma vez que o *data warehouse* reúne os dados, a empresa utiliza complexas técnicas de *data mining* para peneirar as montanhas de dados e extrair descobertas interessantes sobre os clientes.

Essas descobertas geralmente levam a oportunidades de marketing. Por exemplo, a Macy's explora profundamente os dados dos clientes e utiliza os insights obtidos para personalizar as experiências de compra de seus clientes:

> Pelo menos uma vez por ano, 70% dos norte-americanos visitam uma loja ou o site da Macy's. "Não precisamos de mais clientes — precisamos que nossos clientes gastem mais tempo conosco", diz o CMO da Macy's. Para isso, a Macy's criou um enorme banco de dados com 30 milhões de domicílios, o qual contém quilos de dados sobre lares individuais, incluindo compras em lojas e on-line, preferências de estilo, motivações pessoais e até mesmo padrões de navegação no site da empresa. Como parte de seu programa MyMacy's, a varejista analisa profundamente os dados e utiliza os insights resultantes para hiperpersonalizar a experiência de cada cliente. "Com um negócio desse tamanho, os dados que eles têm sobre seus clientes são extraordinários", diz uma analista. "Eles são [o que há em] marketing um-para-um."
>
> Por exemplo, hoje, a Macy's possui mais de 500 mil versões de um único catálogo enviado por mala direta. "Meu catálogo poderia ser muito diferente [do de outra pessoa]", diz o CMO da Macy's. "Eu sou muito ligado a coisas de casa, mas gosto de cosméticos, sapatos e joias, logo você veria em meu catálogo produtos dessas categorias." De maneira similar, no mundo digital, sob a iniciativa "Display Inteligente", a Macy's consegue rastrear o que os clientes veem em seu site e, então, fazer que um anúncio relevante apareça enquanto eles estão navegando em outro site. As futuras ações da Macy's incluem customizações de e-mail, dispositivos móveis e site. A meta final dos grandes esforços de banco de dados, diz o CMO, é "colocar o cliente no centro de todas as decisões".[22]

Ao utilizar o CRM para entender melhor os clientes, as empresas podem oferecer níveis mais altos de atendimento ao cliente e desenvolver um relacionamento mais profundo com ele. Elas podem utilizar o CRM para identificar clientes de alto valor, concentrar-se neles de maneira mais eficaz, fazer vendas cruzadas de seus produtos e criar ofertas que se ajustam às exigências específicas do cliente. Por exemplo, o Caesars Entertainment, a maior operadora de cassinos do mundo, mantém um amplo banco de dados de clientes e utiliza seu sistema de CRM para administrar seu relacionamento diário com importantes clientes em seus 52 cassinos ao redor do mundo (veja o Marketing Real 4.2).

Os benefícios do CRM não são obtidos sem custos ou riscos, não apenas na coleta dos dados dos clientes, mas também em sua manutenção e exploração. O erro mais comum

Gerenciamento do relacionamento com o cliente (CRM)
Gerenciamento de informações detalhadas sobre clientes individuais e administração cuidadosa dos pontos de contato com eles, a fim de maximizar sua fidelidade. qualitativos sobre as atitudes e o comportamento do consumidor.
FocusVision Worldwide, Inc.

▲ O Por meio de seu programa MyMacy's, a Macy's explora profundamente seu enorme banco de dados de clientes e utiliza os insights resultantes para hiperpersonalizar as experiências de compra deles. "Feliz aniversário, Keri!"
Cortesia de Gary Armstrong

Marketing Real 4.2

Caesars Entertainment: sorte grande no CRM

A Caesars Entertainment é formada por uma enorme rede de 52 cassinos em sete países que opera marcas muito conhecidas, como Caesars, Harrah's, Bally's, Paris, Flamingo e Horseshoe. Cada cassino é uma complexa mistura de jogos, hotéis, restaurantes, lojas, teatros e outros locais de entretenimento. "Nossos negócios cresceram e abarcaram muito mais do que jogos", diz Gary Loveman, presidente e CEO da Caesars Entertainment. "Cada um de nossos (...) cassinos espalhados pelo país oferece uma experiência completa de entretenimento."

O que mantém unido esse enorme conglomerado de cassinos? Todos na Caesars lhe dirão que tudo se resume ao gerenciamento do relacionamento com o cliente. Analisando a fundo os cassinos, em termos físicos, todos são bem parecidos. A maioria dos clientes não consegue distinguir os caça-níqueis, as mesas de jogos, os restaurantes, os espetáculos e os quartos de hotel de uma empresa das outras. O que diferencia a Caesars é a forma como ela se relaciona com os clientes e gera fidelidade por parte deles. Durante os últimos 15 anos, a Caesars se tornou o modelo de excelência em CRM.

No centro da estratégia de CRM da Caesars reside seu pioneiro programa Total Rewards, o primeiro e, de longe, o mais bem-sucedido programa de fidelidade do setor de jogos. Os membros do Total Rewards ganham pontos com base na quantia que gastam nas instalações da Caesars, em jogos, jantares, hospedagem ou em qualquer outro tipo de entretenimento. Eles podem resgatar os pontos trocando-os por uma série de benefícios, como jogos, refeições, mercadorias, diárias de hotel, sessões no *spa*, partidas de golfe e ingressos para espetáculos. O Total Rewards constitui a base para um processo de CRM de duas etapas. Primeiro, a empresa utiliza o programa para coletar informações sobre os tipos e a quantidade de atividades que clientes selecionados costumam praticar. Depois, ela explora essas informações para identificar as melhores ofertas para as preferências específicas de cada cliente, dando ênfase aos clientes VIPs, que contribuem mais para os negócios.

A Caesars mantém um enorme banco de dados — são mais de 45 milhões de clientes no total. Toda vez que um membro utiliza seu cartão Total Rewards para comprar uma refeição, assistir a um espetáculo, dar entrada em um hotel ou jogar em uma das 55 mil máquinas caça-níqueis ou 2.500 mesas de jogos da Caesars, os dados são enviados para o gigantesco banco de dados da empresa. Uma vez coletadas as informações, a Caesars as explora profundamente para obter importantes insights sobre as características e o comportamento de cada cliente — quem eles são, com que frequência visitam a empresa, quanto tempo ficam e quais tipos de entretenimento mais gostam.

Por meio dos dados do Total Rewards, a Caesars descobriu que seus melhores clientes não são os "grandes apostadores" que têm sido, tradicionalmente, o foco do setor. Em vez disso, são pessoas comuns de todos os tipos — professores aposentados e de meia-idade, bancários e médicos que têm boa renda e tempo. Esses clientes geralmente visitam os cassinos por um período, em vez de passarem a noite no hotel, e tendem a jogar mais nos caça-níqueis do que nas mesas. O que os motiva? Para muitos, é a expectativa e o entusiasmo intensos inerentes ao jogo. Para outros, trata-se de uma outra forma de entretenimento, que envolve jantar, fazer compras, jogar golfe ou assistir a espetáculos.

Utilizando esses insights, a Caesars concentra suas estratégias de marketing e de desenvolvimento de serviços nas necessidades de seus melhores clientes. Por exemplo, a propaganda da empresa reflete a sensação de exuberância que os clientes-alvo buscam. Os insights também ajudam a Caesars a administrar melhor seu relacionamento diário com os clientes. Depois de um dia de muito jogo, na manhã seguinte, ela sabe quais clientes devem ser recompensados com ingressos gratuitos para um espetáculo, cupons para o jantar ou upgrade de quarto.

De fato, o sofisticado sistema Total Rewards analisa as informações dos clientes em tempo real, a partir do momento em que os clientes usam seus cartões, criando a relação ideal entre dados e experiência do cliente. Com base em informações sobre o cliente atualizadas minuto a minuto, o recepcionista de um hotel da Caesars pode ver o histórico do cliente e decidir se ele deve receber um upgrade de quarto, considerando a ocupação do hotel no momento e o nível de jogos do cliente no passado. Ou um funcionário do cassino pode abordar clientes regulares enquanto estão jogando para lhes oferecer uma refeição grátis, 25 dólares para apostar nos caça-níqueis ou talvez apenas um feliz aniversário.

▲ A Caesars Entertainment possui um enorme banco de dados de clientes e utiliza seu programa de CRM Total Rewards para administrar seu relacionamento diário com importantes clientes em seus cassinos ao redor do mundo.

Cortesia da Caesars Entertainment Corporation. Usado com permissão.

E a Caesars não fica esperando os clientes entrarem pela porta. Ela utiliza os insights obtidos a partir de seu sistema Total Rewards para desenvolver ofertas e promoções personalizadas. Por exemplo, em um ano, um bom cliente pode receber mais de 150 peças de mala direta da Caesars. Isso pode parecer um pesadelo do lixo comercial, mas a maioria dos membros do Total Rewards gosta da iniciativa. Toda mensagem personalizada é acompanhada de informações importantes e recompensas.

Indo além com seu bem-sucedido programa de fidelidade, a Caesars recentemente expandiu a rede do Total Rewards, que passou a contar com mais de 500 varejistas on-line (como Apple, Target, Best Buy e Banana Republic) e parceiros de viagem (como Norwegian Cruise e Hawaiian Airlines). Os membros que optarem por esse programa podem acumular pontos para o Total Rewards ou trocá-los por meio dessas empresas parceiras. E toda vez que os membros do programa fazem negócios com uma dessas parceiras, o banco de dados da Caesars fica sabendo.

Os esforços de CRM da Caesars estão se pagando muito bem. A empresa descobriu que clientes felizes são muito mais fiéis, e os clientes do Total Rewards da Caesars parecem formar um grupo mais feliz hoje do que era antes. No último ano, os índices de satisfação dos clientes atingiram o maior nível de todos os tempos. Em comparação com os não membros, os clientes que fazem parte do Total Rewards visitam os cassinos da empresa com mais frequência, permanecem mais tempo e gastam mais em jogos e entretenimento na Caesars do que nos cassinos concorrentes. De fato, cerca de dois terços dos membros do Total Rewards afirmam que ele é seu programa de fidelidade preferido do setor. Desde o lançamento do Total Rewards, há quase 15 anos, a Caesars viu sua participação no orçamento médio anual para jogos de seus clientes aumentar em 20%.

A Caesars se refere ao Total Rewards como "a coluna vertebral do nosso negócio", afirmando que 85% de sua receita é gerada, de uma maneira ou de outra, pelo programa. Loveman, o CEO da Caesars, diz que os esforços de CRM da empresa "estão constantemente nos aproximando de nossos clientes, de modo que entendemos melhor suas preferências e, com isso, somos capazes de melhorar as experiências de entretenimento que oferecemos". Um outro executivo da Caesars diz o mesmo de maneira ainda mais simples: "Não é nada diferente do que um bom varejista ou um bom supermercado faz. Estamos tentando descobrir quais produtos vendem e aumentar a fidelidade dos nossos clientes". Na época em que a economia em crise e os gastos reduzidos dos consumidores geravam problemas para a Caesars e o setor de jogos como um todo, o programa de CRM Total Rewards da empresa foi uma carta na manga. Com investimentos inteligentes em CRM, a Caesars tirou a sorte grande na fidelidade dos clientes.

Fontes: Howard Stutz, "Caesars expands Total Rewards program", *Las Vegas Review-Journal*, 1 mar. 2012; "Caesars Entertainment's 'Escape to Total Rewards' concludes its multi-million dollar campaign with blowout grand finale weekend", *PRNewswire*, 18 maio 2012; <www.caesars.com> e <www.totalrewards.com>. Acesso em: set. 2012.

envolvendo CRM consiste em vê-lo apenas como uma solução tecnológica e de software. O fato é que, sozinha, a tecnologia não pode construir relacionamentos lucrativos com o cliente. As empresas não podem melhorar o relacionamento com os clientes simplesmente instalando novos softwares. Em vez disso, elas devem começar com os fundamentos da gestão do relacionamento com o cliente e só *então* utilizar soluções de alta tecnologia. As empresas devem se concentrar primeiro no R — o CRM trata de *relacionamento*.

Distribuição e uso das informações de marketing

Enquanto não forem usadas para a obtenção de insights de cliente e a tomada de melhores decisões de marketing, as informações de marketing não têm valor. Assim, o sistema de informações de marketing deve tornar as informações prontamente disponíveis para os gerentes e outras pessoas que precisarem delas. Em muitos casos, isso significa fornecer regularmente aos gerentes relatórios de desempenho, informações atualizadas e pareceres sobre os resultados dos estudos de pesquisa.

Mas os gerentes de marketing também podem precisar de informações não rotineiras para situações especiais e decisões repentinas. Por exemplo, um gerente de vendas que tem problemas com um cliente importante pode querer um resumo das vendas e da lucratividade da conta no último ano. Ou um gerente de marca pode querer ter noção do burburinho on-line que o lançamento de uma recente campanha publicitário gerou. Portanto, hoje em dia, a distribuição das informações envolve alimentar os bancos de dados e disponibilizar as informações para que sejam acessadas rápida e facilmente.

Muitas empresas utilizam sistemas de intranet e de CRM internos para facilitar esse processo. Esses sistemas oferecem acesso imediato a informações de pesquisas, informações de contato com o cliente, relatórios, documentos de trabalho compartilhados e muito mais. Por exemplo, o sistema de CRM da 1-800-Flowers, uma varejista de presentes que atua por telefone e pela Internet, oferece aos funcionários que lidam diretamente com os clientes acesso em tempo real a informações sobre eles. Quando um cliente entra em contato de novo com a empresa, o sistema imediatamente puxa dados sobre as transações anteriores e sobre outros contatos, ajudando os representantes a tornar a experiência do cliente mais simples e relevante.

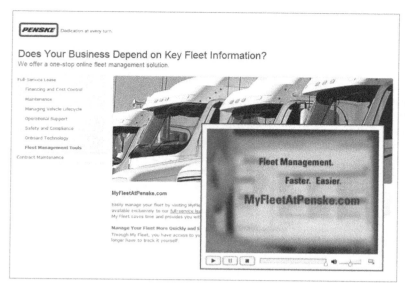

▲ Extranets: a extranet da Penske Truck Leasing (MyFleetAtPenske.com) permite que os clientes organizacionais da empresa acessem, prontamente, todos os dados sobre sua frota e oferece uma série de ferramentas desenvolvidos para ajudar os administradores de frota a gerenciar suas contas na Penske e maximizar a eficiência.
Penske Truck Leasing

Por exemplo, "se o cliente costuma comprar tulipas para sua esposa, nós [falamos sobre] as novidades e as melhores variedades de tulipa", diz o diretor de gestão do conhecimento dos clientes da empresa. "No setor, ninguém é capaz de conectar as informações dos clientes com dados da transação em tempo real da maneira como fazemos."[23]

Além disso, as empresas estão cada vez mais permitindo que clientes-chave e membros de sua cadeia de valor acessem dados de contas, produtos e outras informações sob demanda por meio de extranets. Fornecedores, clientes, revendedores e outros membros selecionados da cadeia podem acessar a extranet da empresa para atualizar suas contas, organizar compras e verificar pedidos em comparação com os estoques, melhorando o atendimento ao cliente. Por exemplo, a extranet da Penske Truck Leasing (MyFleetAtPenske.com) permite que os clientes organizacionais da empresa acessem, prontamente, todos os dados sobre sua frota e oferece uma série de ferramentas e aplicativos desenvolvidos para ajudar os administradores de frota a gerenciar suas contas na Penske e maximizar a eficiência.[24]

Graças à moderna tecnologia, os gerentes de marketing de hoje podem ter acesso direto ao sistema de informações da empresa a qualquer momento e praticamente de qualquer lugar. Eles podem acessar o sistema do escritório de casa, de um quarto de hotel ou de uma Starbucks — de qualquer lugar em que possam conectar seu notebook ou smartphone à Internet. Esses sistemas permitem aos gerentes obter as informações de que precisam de maneira rápida e direta e ajustá-las de acordo com suas necessidades.

Objetivo 5

▶ Discutir as questões especiais com as quais alguns pesquisadores de marketing se deparam, entre elas as questões relacionadas à política pública e à ética.

Outras considerações acerca das informações de marketing

Esta seção aborda as informações de marketing em dois contextos especiais: (1) pesquisa de marketing em pequenas empresas e organizações sem fins lucrativos e (2) pesquisa de marketing internacional. Em seguida, tratamos de questões relacionadas à política pública e à ética na pesquisa de marketing.

Pesquisa de marketing em pequenas empresas e organizações sem fins lucrativos

Como as grandes empresas, as pequenas organizações também precisam de informações de mercado e de insights de cliente que elas possam oferecer. Os gestores de pequenas empresas e organizações sem fins lucrativos costumam achar que pesquisas de marketing só podem ser feitas por especialistas em grandes empresas, com abundantes orçamentos para pesquisa. É verdade que estudos de pesquisa em larga escala estão além dos orçamentos da maioria das pequenas empresas. Contudo, muitas técnicas de pesquisa de marketing discutidas neste capítulo também podem ser utilizadas por organizações menores, de maneira menos formal e a um custo menor — ou sem nenhum custo. Veja como o proprietário de uma pequena empresa conduziu uma série de pesquisas de mercado por uma bagatela antes mesmo de abrir as portas:[25]

Depois de várias experiências ruins com a lavanderia do bairro onde mora, Robert Byerley decidiu abrir sua própria lavanderia. Mas, antes de entrar de cabeça no empreendimento, ele conduziu várias pesquisas de mercado. Ele precisava de um insight de cliente: como diferenciar seu negócio dos demais? Para começar, Byerley passou uma semana inteira na biblioteca e na Internet pesquisando o setor de lavanderias. Para obter informações de clientes potenciais, utilizando uma empresa de serviços de marketing, ele conduziu grupos de foco para discutir o nome, a aparência e o fôlder da loja. Além disso, levou roupas para as 15 principais lavanderias da cidade e pediu aos membros de um focus group que criticassem o trabalho delas. Com base em suas pesquisas, ele montou uma lista de características para seu novo negócio. O primeiro item da lista: qualidade — seu negócio se responsabilizaria por tudo o que fizesse. Um item não incluído na lista: preços baixos — a lavanderia perfeita simplesmente não era compatível com operações de baixo custo.

Concluída a pesquisa, Byerley abriu a Bibbentuckers, uma lavanderia sofisticada com o seguinte posicionamento: serviço de alta qualidade e comodidade. Ao abrir, a Bibbentuckers tinha uma área de *drive-thru* similar à de um banco para a entrega e a retirada de roupas na calçada. Um sistema computadorizado de código de barras lia as preferências de lavagem do cliente e rastreava as roupas ao longo de todo o processo na lavanderia. Byerley acrescentou outros itens de diferenciação, como toldos decorativos, televisores, lanches e bebidas (inclusive, "doces para as crianças e um agrado canino para seu melhor amigo"). "Eu queria um local [...] que unisse um serviço e qualidade de alto nível com um estabelecimento que não se parecesse uma lavanderia", diz ele. A pesquisa de mercado gerou resultados. Hoje, a Bibbentuckers é uma próspera operação de seis lojas.

Assim, pequenas empresas e organizações sem fins lucrativos podem obter bons insights de marketing por meio de observação e levantamentos informais, utilizando pequenas amostras.

Além disso, muitas associações, a mídia local e órgãos governamentais oferecem ajuda especial para pequenas organizações. Por exemplo, nos Estados Unidos, a U.S. Small Business Administration (Administração de Pequenas Empresas dos Estados Unidos) distribui gratuitamente dezenas de publicações e mantém um site (<www.sbaonline.sba.gov>) que fornece conselhos sobre diferentes tópicos: abertura de empresa, financiamento, expansão de pequenos negócios, encomendas de cartões de visita. Outros excelentes recursos para pequenos negócios são: o U.S. Census Bureau (<www.census.gov>) e o Bureau of Economic Analysis (<www.bea.doc.gov>). Para completar, pequenas empresas podem coletar uma quantidade considerável de informações a um custo muito baixo na Internet. Elas podem vasculhar sites de concorrentes e clientes e utilizar ferramentas de busca para pesquisar empresas e questões específicas.

▲ Antes de abrir a lavanderia Bibbentuckers, Robert Byerley conduziu uma série de pesquisas para obter insights sobre o que os clientes queriam. O primeiro item da lista: qualidade.
Bibbentuckers

Em resumo, a coleta de dados secundários, a observação, os levantamentos e as pesquisas experimentais podem ser utilizados de maneira eficaz por pequenas organizações com baixos orçamentos. No entanto, embora esses métodos informais de pesquisa sejam menos complexos e mais baratos, eles devem ser conduzidos de maneira cautelosa. Os gestores precisam pensar cuidadosamente nos objetivos da pesquisa, formular as perguntas antecipadamente, reconhecer os problemas gerados pelo fato de as amostras serem menores e os pesquisadores serem menos qualificados e conduzir a pesquisa de maneira sistemática.[26]

Pesquisa de marketing internacional

A pesquisa de marketing internacional cresceu muito na última década. Os pesquisadores internacionais seguem os mesmos passos daqueles que atuam em nível nacional: eles definem o problema da pesquisa e desenvolvem um plano de pesquisa para interpretar e apresentar os resultados. No entanto, geralmente, esses pesquisadores se deparam com uma quantidade maior de problemas diversos. Enquanto os pesquisadores que atuam em nível nacional lidam com mercados razoavelmente homogêneos em um único país, os pesquisadores internacionais lidam com diversos mercados em diferentes países. Em geral, esses mercados variam muito em termos de desenvolvimento econômico, cultura, costumes e padrões de compra.

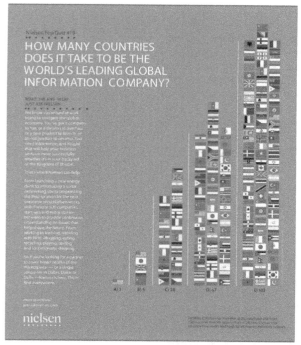

▲ Alguns dos maiores institutos de pesquisa internacional possuem grandes organizações internacionais. A Nielsen possui escritórios em mais de cem países.

Informação da Nielsen Company, licenciado para uso formal.

Em muitos mercados externos, o pesquisador internacional pode ter dificuldade em encontrar bons dados secundários. Enquanto os pesquisadores norte-americanos podem obter dados secundários confiáveis de dezenas de serviços de pesquisa nacionais, muitos países praticamente não possuem esse tipo de serviço. Alguns dos maiores institutos de pesquisa internacional operam em vários países. Por exemplo, a Nielsen Company (a maior empresa de pesquisa de marketing do mundo) possui escritórios em mais de cem países — de Schaumburg, no estado norte-americano de Illinois, a Hong Kong e Nicosia, em Chipre. Entretanto, a maioria das empresas opera em um número relativamente pequeno de países.[27] Assim, mesmo quando estão disponíveis, as informações secundárias geralmente precisam ser obtidas de muitas fontes distintas, em cada país, o que faz com que seja difícil combinar ou comparar as informações obtidas.

Por conta da escassez de bons dados secundários, muitas vezes os pesquisadores internacionais têm de coletar seus próprios dados primários. No entanto, obter dados primários pode não ser uma tarefa fácil. Por exemplo, pode ser difícil desenvolver boas amostras. Os pesquisadores norte-americanos têm a sua disposição listas telefônicas atualizadas, listas de e-mails, dados de censos e muitas fontes de dados socioeconômicos para definir amostras. Em muitos países, contudo, falta esse tipo de informação.

Uma vez que a amostra é definida, os pesquisadores norte-americanos costumam entrar em contato com a maioria dos entrevistados com facilidade, por telefone, correio, Internet ou pessoalmente. No entanto, em outras partes do mundo, contatar os entrevistados não é tão fácil assim. No México, os pesquisadores não podem contar com o telefone, a Internet e o correio para coletar dados — grande parte da coleta de dados é feita de porta em porta e está concentrada em três ou quatro das maiores cidades do país. Em alguns países, poucas pessoas têm computador, quem dirá acesso à Internet. Por exemplo, enquanto nos Estados Unidos em cada 100 pessoas 79 são usuárias da Internet, no México são 31 usuárias em cada 100 pessoas. Na Líbia, os números caem para seis usuários da Internet para cada 100 pessoas. Em alguns países, o sistema postal é reconhecidamente não confiável. No Brasil, por exemplo, estima-se que 30% das correspondências nunca são entregues; na Rússia, a entrega do correio pode demorar semanas. Em muitos países em desenvolvimento, estradas e sistemas de transporte precários dificultam o acesso a determinadas áreas, tornando as entrevistas pessoais difíceis e caras.[28]

Diferenças culturais entre os países geram problemas adicionais para os pesquisadores internacionais. A língua é o obstáculo mais óbvio. Por exemplo, os questionários precisam ser preparados em uma determinada língua e, então, traduzidos para a língua de cada país pesquisado. Depois, as respostas precisam ser traduzidas de volta ao idioma original, para que sejam analisadas e interpretadas. Isso adiciona custos à pesquisa e aumenta as chances de erro. A língua pode ser um problema mesmo dentro de um país. Por exemplo, na Índia, o inglês é a língua dos negócios, mas os consumidores podem usar qualquer uma das 14 línguas oficias do país, que conta ainda com muitos dialetos.

Traduzir um questionário não é nada fácil. Muitas expressões, frases e afirmações têm significados diferentes em diferentes culturas. Por exemplo, um executivo dinamarquês fez a seguinte observação: "Peça a um tradutor que volte para o inglês o que você traduziu do inglês. Você vai levar o maior susto da sua vida! Eu me lembro [de um exemplo em] que 'o que os olhos não veem o coração não sente' foi traduzido como 'coisas invisíveis são insanas'".[29]

Os consumidores em diferentes países também apresentam diferentes atitudes em relação à pesquisa de marketing. Em um determinado país, as pessoas podem se mostrar bastante dispostas a responder às perguntas, enquanto em outros a falta de entrevistados pode ser um grande problema. Os costumes de certos países podem proibir as pessoas de falar com estranhos. Em algumas culturas, as perguntas das pesquisas muitas vezes são consideradas pessoais demais. Por exemplo, em muitos países muçulmanos, grupos de foco compostos por pessoas de ambos os sexos são tabus, assim como filmar grupos de foco constituídos somente por mulheres. Mesmo quando os entrevistados estão *dispostos* a responder, eles podem não ser *capazes* de fazê-lo por conta das altas taxas de analfabetismo funcional.

Apesar desses problemas, à medida que o marketing global cresce, as empresas globais não têm muita escolha: elas precisam conduzir pesquisas de marketing internacionais. Embora os custos e os problemas associados às pesquisas internacionais sejam grandes, os custos por não fazê-las — em termos de oportunidades perdidas e erros — podem ser ainda maiores. Uma vez reconhecidos, muitos dos problemas associados à pesquisa de marketing internacional podem ser superados ou evitados.

Política pública e ética na pesquisa de marketing

A maioria das pesquisas de marketing beneficia tanto a empresa que é responsável por elas como seus clientes. Por meio dessas pesquisas, as empresas obtêm insights sobre as necessidades de seus consumidores, o que resulta em produtos e serviços mais satisfatórios e em relacionamento mais sólido com os clientes. Entretanto, o mau uso dessas pesquisas pode ofender ou irritar os consumidores. As duas principais questões relacionadas à ética e à política pública na pesquisa de marketing são: invasão de privacidade e mau uso dos resultados da pesquisa.

Invasão de privacidade

Muitos consumidores veem com bons olhos a pesquisa de marketing e acreditam que ela atende a um propósito útil. Alguns chegam a gostar de ser entrevistados e de dar sua opinião. Entretanto, outros se ofendem bastante com esse tipo de pesquisa e até mesmo desconfiam dela. Eles não gostam de ser interrompidos por pesquisadores. Ficam preocupados, pensando que as empresas estão construindo gigantescos bancos de dados repletos de informações pessoais sobre os clientes. Ou temem que os pesquisadores utilizem técnicas sofisticadas para explorar nossos sentimentos mais profundos, espiem por sobre nossos ombros enquanto compramos e nos monitorem enquanto navegamos e interagimos na Internet para, depois, usar esse conhecimento para manipular nossas compras.

Tratando-se de pesquisa de marketing e privacidade, não existem respostas fáceis. Por exemplo, ter empresas monitorando e analisando os cliques on-line dos consumidores e direcionando anúncios para as pessoas com base em seu comportamento de navegação e em redes sociais é algo bom ou ruim? De modo similar, devemos aplaudir as empresas que monitoram as discussões dos consumidores no YouTube, no Facebook, no Twitter ou em outras redes sociais públicas em um esforço para serem mais responsivas ou devemos ficar ofendidos?

Por exemplo, a Dunkin' Donuts regularmente espia as conversas on-line dos consumidores. Trata-se de uma importante iniciativa para seus esforços de construção de relacionamento com os clientes. Vamos pegar o caso de Jeff Lerner. No último verão, ele tuitou uma mensagem dizendo que a tampa solta do café que ele tinha pegado no drive-thru da Dunkin' Donuts tinha caído e ensopado sua camisa branca e seu carro novo. Em poucos minutos, a Dunkin' viu o tuíte de Lerner, enviou a ele uma mensagem direta pedindo seu telefone, ligou para ele pedindo desculpas e lhe enviou um vale de 10 dólares. Para Lerner, o que a Dunkin' fez foi louvável. "*Isso* é mídia social. Isso é ouvir. Isso é comprometimento", afirmou ele mais tarde em um blog. No entanto, alguns consumidores poderiam ver o fato de a Dunkin' monitorar o Twitter como uma invasão de sua privacidade.[30]

Preocupações ligadas à vida privada do consumidor estão se tornando cada vez mais um sério problema para o setor de pesquisa de marketing. As empresas se deparam com o desafio de, ao mesmo tempo, descobrir dados valiosos, mas potencialmente delicados, sobre os consumidores e manter sua confiança. Enquanto isso, consumidores enfrentam o dilema que envolve personalização e privacidade. "O debate sobre [privacidade] on-line tem como base um paradoxo de marketing", diz um especialista em privacidade. "As pessoas que fazem compras na Internet querem receber ofertas personalizadas, oportunas e baseadas em seus desejos e necessidades, mas elas se ressentem do fato de as empresas monitorarem seu histórico de navegação e compras on-line." A grande questão é: "Qual a linha que separa atividades questionáveis de coleta de dados dos clientes de atividades aceitáveis?"[31] O fracasso em lidar com essas questões de privacidade pode resultar em clientes furiosos e menos cooperativos, bem como em maiores intervenções do governo.

O setor de pesquisa de marketing está considerando várias opções para reagir às questões envolvendo invasão e privacidade. Um exemplo são as iniciativas "Sua opinião conta" e "Declaração dos direitos dos entrevistados", da Marketing Research Association, que tem como objetivo instruir os consumidores acerca dos benefícios da pesquisa de marketing e ensiná-los a diferenciar vendas por telefone de esforços para a construção de bancos de dados. O setor também está considerando a adoção de padrões gerais, talvez baseados no Código Internacional de Práticas de Pesquisa Social e de Marketing da Câmara Internacional de Comércio. Esse Código descreve, de modo geral, as responsabilidades dos pesquisadores para com os entrevistados e o público em geral. Por exemplo, ele diz que os pesquisadores devem disponibilizar seu nome e endereço aos entrevistados e ser claros com relação aos dados que estão coletando.[32]

Muitas grandes organizações — incluindo Facebook, Microsoft, IBM, Citigroup, American Express e até mesmo o governo dos Estados Unidos — designaram um CPO (*chief privacy officer* — responsável pela privacidade), cujo trabalho consiste em proteger a privacidade dos consumidores que fazem negócios com a empresa. No final das contas, se os pesquisadores fornecem valor em troca de informações, os clientes ficam felizes em oferecê-las. Por exemplo, os clientes da Amazon.com não se importam com o fato de a empresa montar um banco de dados dos produtos que eles compram para recomendar produtos no futuro. Isso economiza tempo e fornece valor. A melhor abordagem consiste em os pesquisadores solicitarem apenas as informações das quais precisam, usarem essas informações de maneira responsável para fornecer valor para os clientes e evitarem compartilhar as informações sem a permissão deles.

Mau uso dos resultados da pesquisa

Os estudos de pesquisa podem ser poderosas ferramentas de persuasão; as empresas muitas vezes utilizam os resultados desses estudos como argumentos em suas campanhas de propaganda e promoção. Atualmente, entretanto, muitos estudos de pesquisa parecem ser pouco mais do que veículos para lançar os produtos das empresas que os patrocinaram. Na verdade, em alguns casos, as pesquisas parecem ter sido desenvolvidas apenas para produzir o efeito desejado. Algumas agências de propaganda, descaradamente, fraudam seus projetos de pesquisa ou deturpam os resultados, mas a maioria das manipulações tende a ser "exageros" sutis. Considere o exemplo a seguir:[33]

Com base em um estudo científico, a Kellogg Company proclamou em seus anúncios e nas embalagens do Frosted Mini-Wheats que era "clinicamente comprovado [que o cereal] aumenta o nível de atenção das crianças em quase 20%". No entanto, quando questionada pela FTC, a afirmação se mostrou ser uma grande deturpação dos resultados do estudo. Uma frase sutilmente impressa na parte debaixo da caixa revelava o seguinte: "De acordo com uma pesquisa clínica independente, crianças que comeram o cereal Frosted Mini-Wheats da Kellogg no café da manhã apresentaram, três horas após a refeição, um nível de atenção mais de 18% maior do que aquelas que não tomaram café da manhã". Como observou um crítico, isso é o mesmo que dizer que "o Frosted Mini-Wheats é [mais de] 18% melhor do que passar fome". Além disso, de acordo com a queixa da FTC, o estudo clínico mencionado pela Kellogg apontou, na verdade, que crianças que tinham comido o cereal no café da manhã apresentaram apenas, *em média,* um nível de atenção menos de 11% melhor do que aquelas que não tinham tomado café e que somente uma em cada nove crianças tinham melhorado o nível de atenção em 20% ou mais. A Kellogg concordou com a FTC, aceitando abster-se de fazer afirmações não comprovadas sobre saúde relacionadas ao Frosted Mini-Wheats ou a outros produtos e de deturpar os resultados de testes científicos.

▶ Mau uso dos resultados da pesquisa: recentemente, a FTC questionou as afirmações, baseadas em pesquisa, das propagandas e embalagens do Frosted Mini-Wheats, segundo as quais era "clinicamente comprovado [que o cereal] aumenta o nível de atenção das crianças em quase 20%".
Eric Meyerson/Rangelife

Ao reconhecerem que as pesquisas podem ser manipuladas, muitas associações — entre elas a American Marketing Association, a Marketing Research Association e o Council of American Survey Research Organizations (Casro — Conselho de Organizações de Pesquisas de Levantamento dos Estados Unidos) — desenvolveram códigos de

Capítulo 4 | Administração das informações de marketing para obter insights de cliente **135**

ética e padrões de conduta nas pesquisas. Por exemplo, o código do Casro descreve, de modo geral, as responsabilidades do pesquisador para com os entrevistados, as quais incluem manter a confidencialidade e a privacidade e evitar o assédio. Ele também define as principais responsabilidades na apresentação dos resultados para os clientes e o público.[34]

No entanto, no final das contas, atitudes antiéticas ou inapropriadas não podem simplesmente ser reguladas. Toda empresa deve assumir a responsabilidade de policiar a condução e a apresentação dos resultados de suas pesquisas de marketing, protegendo os melhores interesses dos consumidores — e os seus também.

Revisão dos conceitos

Revisão dos **objetivos** e **termos-chave**

↻ Revisão dos objetivos

Para criar valor para os clientes e construir relacionamento significativo com eles, os profissionais de marketing precisam, em primeiro lugar, obter bons e profundos insights sobre o que os clientes precisam e querem. Esses insights são provenientes de boas pesquisas de marketing. Como resultado da recente explosão da tecnologia de marketing, as empresas podem hoje obter uma quantidade maior de informações — às vezes, muito maior. O desafio consiste em transformar esse vasto volume de informações do consumidor em insights de cliente e mercado que podem ser usados.

Objetivo 1 ▶ **Explicar a importância de obter insights de cliente e mercado (p. 109-110)**

O processo de marketing tem início com um completo entendimento do mercado e das necessidades e desejos dos consumidores. Assim, as empresas precisam de informações confiáveis para gerar maiores valor e satisfação para seus clientes. Elas precisam também de informações sobre seus concorrentes, revendedores e outros agentes e forças presentes no mercado. Cada vez mais, os profissionais de marketing veem as informações não somente como a base para tomar melhores decisões, mas também como um recurso estratégico e uma ferramenta de marketing importante.

Objetivo 2 ▶ **Definir sistema de informações de marketing e discutir seus elementos (p. 110-113)**

O *sistema de informações de marketing* (*SIM*) consiste em pessoas e procedimentos voltados para a avaliação das necessidades de informações, o desenvolvimento das informações necessárias e o auxílio aos tomadores de decisão no uso das informações para gerar e validar insights de cliente e mercado que possam ser utilizados. Um sistema de informações bem desenhado começa e termina com os usuários.

Primeiro, o SIM *avalia as necessidades de informações*. Ele atende, principalmente, a administração da empresa e outros gerentes, mas também pode fornecer informações para parceiros externos. Em seguida, o SIM *desenvolve as informações necessárias* a partir dos bancos de dados internos da empresa, das atividades de inteligência de marketing e da pesquisa de marketing. *Bancos de dados internos* oferecem informações

sobre as operações e os departamentos da própria empresa. Esses dados podem ser obtidos de maneira rápida e barata, mas geralmente precisam ser adaptados para as decisões de marketing. As atividades de *inteligência de marketing* oferecem informações diárias sobre os acontecimentos no ambiente externo de marketing. A *pesquisa de marketing* consiste na coleta de informações relevantes para um determinado problema de marketing enfrentado pela empresa. Por fim, o SIM ajuda os usuários a analisar e usar as informações para desenvolver insights de cliente, tomar decisões de marketing e administrar o relacionamento com o cliente.

Objetivo 3 ▶ **Esboçar as etapas do processo de pesquisa de marketing (p. 113-126)**

A primeira etapa no processo de pesquisa de marketing consiste em *definir o problema e estabelecer os objetivos da pesquisa*, que pode ser exploratória, descritiva ou causal. A segunda etapa envolve *desenvolver um plano de pesquisa* para coletar dados de fontes primárias e secundárias. A terceira etapa implica *implementar o plano de pesquisa de marketing* por meio da coleta, do processamento e da análise das informações. A quarta etapa consiste em *interpretar e apresentar os resultados*. Análises adicionais das informações ajudam os gerentes de marketing a aplicá-las e fornecem a eles modelos e procedimentos estatísticos sofisticados, a partir dos quais é possível obter resultados mais rigorosos.

As fontes de dados secundários tanto *internas* como *externas* geralmente fornecem informações de maneira mais rápida e a custos mais baixos do que as fontes de dados primários. Além disso, às vezes, elas oferecem informações que uma empresa, sozinha, não seria capaz de coletar. Entretanto, as informações necessárias podem simplesmente não existir em fontes secundárias. Os pesquisadores também devem avaliar as informações secundárias para certificar-se de que são *relevantes*, *precisas*, *atualizadas* e *imparciais*.

A pesquisa primária também deve ter essas características avaliadas. Todo método de coleta de dados primários — por *observação*, por *levantamento* e *experimental* — tem suas vantagens e desvantagens. De modo similar, cada um dos vários

136 Parte 2 | Entendimento do mercado e dos clientes

métodos de contato para esse tipo de pesquisa — correio, telefone, entrevistas pessoais e Internet — tem seus prós e contras.

Objetivo 4 ▶ **Explicar como as empresas analisam e utilizam as informações de marketing (p. 126-130)**

Informações coletadas em bancos de dados internos e por meio da inteligência e da pesquisa de marketing costumam demandar mais análise. Para analisar dados de clientes individuais, muitas empresas adquiriram ou desenvolveram *softwares* e técnicas de análises especiais — chamados de *gerenciamento do relacionamento com o cliente* (*CRM*) — que integram, analisam e aplicam as pilhas de dados de clientes contidas em seus bancos de dados.

Enquanto não forem utilizadas para tomar melhores decisões de marketing, as informações de marketing não têm valor. Assim, o SIM deve disponibilizar as informações para os gestores e outras pessoas que tomam decisões de marketing ou lidam com os clientes. Em alguns casos, isso significa fornecer relatórios e atualizações regulares; em outros, significa disponibilizar informações não rotineiras para situações especiais e decisões repentinas. Muitas empresas utilizam intranets e extranets para facilitar esse processo. Graças à moderna tecnologia, os gerentes de marketing de hoje podem ter acesso direto às informações de marketing a qualquer momento e de praticamente qualquer lugar.

Objetivo 5 ▶ **Discutir as questões especiais com as quais alguns pesquisadores de marketing se deparam, entre elas as questões relacionadas à política pública e à ética (p. 130-135)**

Alguns profissionais de marketing se deparam com situações especiais na hora de realizar pesquisas de marketing, como aqueles que conduzem pesquisas em pequenas empresas, em organizações sem fins lucrativos ou em mercados internacionais. A pesquisa de marketing pode ser conduzida de maneira eficaz por pequenas empresas e organizações sem fins lucrativos com orçamentos limitados. Os pesquisadores internacionais seguem os mesmos passos daqueles que atuam em nível nacional, mas geralmente se deparam com uma quantidade maior de problemas diversos. Todas as organizações precisam agir com responsabilidade, levando em conta as questões éticas e de política pública referente à pesquisa de marketing, entre elas as questões relacionadas à invasão de privacidade e ao mau uso dos resultados da pesquisa.

◌ Termos-chave

Objetivo 1
Insights de cliente (p. 110)
Sistema de informações de marketing (SIM) (p. 110)

Objetivo 2
Bancos de dados internos (p. 111)
Inteligência competitiva de marketing (p. 112)

Objetivo 3
Pesquisa de marketing (p. 114)
Pesquisa exploratória (p. 114)
Pesquisa descritiva (p. 114)
Pesquisa causal (p. 114)
Dados secundários (p. 115)
Dados primários (p. 115)
Pesquisa por observação (p. 117)
Pesquisa etnográfica (p. 117)

Pesquisa de levantamento (p. 118)
Pesquisa experimental (p. 118)
Entrevista de focus group (p. 119)
Pesquisa de marketing on-line (p. 120)
Focus group on-line (p. 121)
Amostra (p. 124)

Objetivo 4
Gerenciamento do relacionamento com o cliente (p. 127)

Discussão e pensamento crítico

◌ Questões para discussão

1. O que é sistema de informações de marketing? Como ele é usado para gerar insights de cliente?
2. Explique a diferença entre inteligência de marketing e pesquisa de marketing.
3. Explique o papel dos dados secundários na obtenção de insights de cliente. Onde os profissionais de marketing obtêm dados secundários? Em que potenciais problemas eles podem utilizar esses dados?

4. Quais são as vantagens da pesquisa de levantamento conduzida pela Internet em relação aos levantamentos tradicionais?
5. O que é neuromarketing? Qual sua utilidade para a pesquisa de marketing? Por que, normalmente, essa abordagem de pesquisa é utilizada em conjunto com outras?

◌ Atividades de pensamento crítico

1. Em pequenos grupos, identifiquem um problema enfrentado por uma empresa local ou uma instituição de caridade e proponham um projeto de pesquisa que aborde esse problema. Desenvolvam uma proposta de pesquisa que leve em conta todas as etapas do processo de pesquisa

Capítulo 4 | Administração das informações de marketing para obter insights de cliente **137**

de marketing. Como os resultados da pesquisa ajudarão a empresa ou a organização?

2. Quer ganhar um dinheiro extra? Empresas que utilizam grupos de foco e pesquisas de levantamento para tomar melhores decisões de marketing podem pagar por sua participação. Visite o site <www.FindFocusGroups.com> e analise as oportunidades disponíveis para quem quer participar de pesquisas. Encontre mais dois sites que recrutam participantes de pesquisa. Escreva um breve relatório contando o que descobriu e discuta os prós e os contras de as empresas recrutarem participantes dessa maneira.

Aplicações e casos

Foco na tecnologia   EWA Bespoke Communications

Em 1996, a Marks & Spencer (M&S), a venerada varejista britânica, lançou o Lunchtogo — um serviço on-line de bufê para empresas (veja <www.lunchtogo-e.com>). Mas a M&S percebeu que era difícil desenvolver relacionamentos de longo prazo com os clientes corporativos por conta da alta rotatividade dos funcionários deles. Assim, ela procurou a EWA Bespoke Communications, uma empresa que utiliza a exploração de dados para "dizer mais sobre os seus clientes". Utilizando "modelagem de tendência", a EWA desenvolveu uma fórmula de "falha crítica" que identifica os clientes cujo último pedido não atingiu o comportamento esperado. Em seguida, ela criou um sistema automático para enviar comunicações para clientes que, dentro dos parâmetros de falha máxima de pedidos determinados pela fórmula, não tinham feito novos pedidos. Enquanto a maioria dos clientes recebia e-mails, o sistema assinalava os melhores clientes do bufê da M&S, os quais deveriam receber ligações telefônicas mais personalizadas devido a seu valor e importância. A EWA também implantou serviços de informações para melhorar os serviços da M&S. Saber mais sobre seus clientes é um bom negócio — em pouco tempo, o sistema da EWA gerou mais de um milhão de libras, triplicando as receitas da operação, e um índice praticamente perfeito de precisão de pedido.

1. Visite o site da EWA Bespoke Communications em <www.ewa.ltd.uk> para saber mais sobre seus serviços Customer Insight e os tipos de análise que a empresa realiza. O que é modelagem de tendências? Analise outros estudos de caso disponíveis no site da empresa e redija um breve relatório mostrando como a tecnologia de exploração de dados foi usada para obter insights de cliente.

2. Descreva como outras empresas podem se beneficiar desses tipos de análise de exploração de dados. Dê exemplos de outras empresas que podem oferecer essas análises para organizações.

Foco na ética   Lendo você

As vendas de e-books ultrapassaram as de livros impressos, resultando em margens menores para todas as empresas que fazem parte da cadeia de valor do setor editorial. No entanto, essa tendência tem um lado bom: os e-books podem ler os leitores. Editoras e varejistas de e-books estão coletando bilhões de *bits* de informação de leitores de e-books. O setor editorial sempre foi conhecido por não fazer pesquisas, o que fazia os autores lamentarem por não saberem quem eram seus leitores e o que eles queriam. A única maneira de saber se os leitores tinham gostado de um livro era por meio de dados de vendas, que chegavam depois da publicação. Nada mais. Agora as empresas sabem quantas horas os leitores passam lendo um livro e até onde vão quando o abrem. Algumas editoras, inclusive, estão testando originais em e-books, revisando-os com base em feedbacks e, somente então, publicando a versão impressa. A Scholastic Inc. criou fóruns na Internet e jogos interativos para saber quais tramas e personagens estão em conexão com os leitores. Os livros digitais da Coliloquy possibilitam aos leitores escolherem suas próprias histórias — as quais a empresa reúne e envia para os autores, para o desenvolvimento de futuros livros. Os usuários do Amazon Kindle assinam um acordo dando permissão à empresa para armazenar seus dados de comportamento de leitura, e a organização, então, destaca alguns desses dados em seu site. Por exemplo, o trecho mais assinalado no livro *Em chamas*, o segundo da popular série "Jogos vorazes", é "Porque, às vezes, acontecem coisas com as pessoas com as quais elas não estão preparadas para lidar".

1. A maioria dos leitores de e-books não sabe que seu comportamento de leitura pode ser rastreado. Quais preocupações relacionadas à ética esses leitores poderiam ter? Existe algum tipo de proteção para os consumidores que não querem ter seu comportamento de leitura rastreado?

2. O que seus dados de comportamento de leitura de livros-texto revelariam para as editoras? Com base em seu comportamento, o que mudaria no marketing para esse tipo de livro?

Foco nos números   Tamanho da amostra

Você já ficou chateado por uma emissora ter cancelado um de seus programas favoritos por conta da "baixa audiência"? A emissora não pediu sua opinião, pediu? Provavelmente, ela também não pediu a opinião de nenhum de seus amigos. Nos Estados Unidos, isso acontece porque as estimativas de audiência da televisão são baseadas em uma pesquisa feita pela Nielsen Company, que utiliza uma amostra de apenas 9 mil domicílios — ao todo, existem 113 milhões de domicílios nos

138 Parte 2 | Entendimento do mercado e dos clientes

Estados Unidos — para determinar a audiência nacional dos programas de televisão. Isso não parece suficiente, parece? Contudo, em termos estatísticos, é mais do que suficiente.

1. Entre no site <www.surveysystem.com/sscalc.htm> para determinar o tamanho apropriado da amostra para uma população de 113 milhões de domicílios. Considerando um intervalo de confiança de 5, qual deveria ser o tamanho da amostra de domicílios para um nível de confiança de 95%? E para um nível de confiança de 99%? Explique em poucas palavras o que se entende por *intervalo de confiança* e *nível de confiança*.

2. Qual o tamanha da amostra necessário para uma população de 1 bilhão, 10 mil e 100 com um intervalo de confiança de 5 e um nível de confiança de 95%? Explique o efeito que o tamanho da população causa sobre o tamanho da amostra.

◯ Vídeo empresarial   Domino's

Em termos de entrega, nenhuma empresa é melhor do que a Domino's. Sua fama por entregar pizzas quentes em 30 minutos ou menos está enraizada na mente dos clientes. Mas não muito tempo atrás, a Domino's começou a ouvir seus clientes falando que sua pizza era horrível. Tendo sempre como base uma sólida inteligência de marketing para tomar decisões, a Domino's foi a campo para descobrir como poderia mudar a percepção dos consumidores em relação a sua pizza.

Por meio de técnicas de pesquisa de marketing, a Domino's logo percebeu que tinha que tomar uma medida muito arriscada e mudar completamente a pizza que tinha vendido nos últimos 40 anos. Esse vídeo mostra como a pesquisa não apenas possibilitou que a Domino's criasse uma receita vitoriosa, como também abriu as portas para uma bem-sucedida campanha promocional que conquistou fãs para a pizza da empresa, além dos admiradores de seu serviço de entrega.

Após assistir ao vídeo que apresenta a Domino's, responda às seguintes perguntas:

1. Explique o papel que a pesquisa de marketing desempenhou na criação e no lançamento da nova pizza da Domino's.

2. Em seu processo de pesquisa, a Domino's poderia ter seguido outros caminhos, mais eficazes?

3. Por que demorou tanto para a Domino's perceber que os clientes não gostavam da sua pizza? Percebeu isso por acaso?

◯ Caso empresarial   Meredith: graças a boas informações de marketing, a Meredith conhece as mulheres

Você pode não reconhecer o nome Meredith Corporation, mas com certeza já ouviu falar das revistas que ela publica. *Better Homes and Gardens*, *Ladies' Home Journal* e *Family Circle* são algumas de suas mais antigas e conhecidas publicações. A Meredith publica revistas há mais de cem anos e muitas delas constam nas listas das dez principais publicações, tanto em sua categoria como no geral. Com 21 revistas por assinatura, a Meredith também é criadora da *American Baby*, *Parents*, *Midwest Living*, *Every Day with Rachael Ray* e *MORE*. Essa poderosa editora produz ainda 150 publicações de interesse especial — aquelas que estão disponíveis apenas em *outlets*. Juntando todas as revistas, a Meredith possui uma circulação de 30 milhões de exemplares — só a *Better Homes and Gardens* atinge, por mês, mais de 7,5 milhões de leitores pagantes.

As revistas da Meredith parecem algo que sua mãe leria? Isso é intencional. A Meredith atende às mulheres. De fato, ela se tornou a líder absoluta em mídia e marketing voltados para mulheres. Ela fez fama desenvolvendo uma expertise em administrar profundos relacionamentos com consumidoras. Com suas principais categorias direcionadas para a casa, a saúde, a família e o desenvolvimento pessoal, o objetivo da Meredith é abordar todos os estágios de vida das mulheres: o da jovem adulta, da que acabou de ser mãe, da que tem família estabelecida e da que está com a casa vazia porque os filhos já partiram.

A mídia impressa não é um setor em franco crescimento — para dizer a verdade, ele vem declinando nos últimos anos. Mas o fato de ter construído um império baseado em revistas não significa que a Meredith se colocou em um beco sem saída. Na verdade, a empresa não se autointitula mais uma editora de revistas. Ela afirma ser uma criadora de "conteúdo", que é disponibilizado para as mulheres "quando, onde e como [elas quiserem]". Muito antes do setor de mídia impressa começar a declinar, a Meredith expandiu seus negócios para emissoras de televisão, programas na TV a cabo e sites.

Hoje, a Meredith possui uma base sólida na Internet e está investindo pesado em seu futuro. Por exemplo, versões digitais da maioria de suas revistas estão disponíveis no Google Play. Recentemente, ela investiu 175 milhões de dólares na aquisição da Allrecipes.com, o maior site sobre comida dos Estados Unidos. Com essa aquisição, a Meredith dobrou o alcance de sua rede, passando a contar com mais de 50 sites que recebem, em média, 40 milhões de visitantes únicos por mês. Seu império na Internet inclui sites como <BHG.com>, <Parents.com>, <DivineCaroline.com> e <FitnessMagazine.com>, para citar apenas alguns. A rede da Meredith permite que ela faça muito mais do que simplesmente distribuir conteúdo, e a empresa também se tornou especialista em rede social. Com tantas marcas disponíveis no formato impresso, na televisão, on-line, para dispositivos móveis e em vídeo, a Meredith planeja continuar a tratar da vida das mulheres de maneira significativa por muito, muito tempo.

Seja por meio da mídia impressa, televisiva ou digital, como a Meredith conseguiu alcançar o sucesso como especialista absoluta em mulheres? Em poucas palavras: a Meredith *conhece* as mulheres. E ela as conhece graças a um esforço estratégico contínuo para administrar informações de marketing sobre elas. De fato, o sistema de informações de marketing da Meredith é sua competência central. Esse sistema gera insights

Capítulo 4 | Administração das informações de marketing para obter insights de cliente · 139

de cliente que permitem à empresa entender as necessidades e os desejos das mulheres e manter um sólido relacionamento com elas.

TUDO COMEÇA COM DADOS

Embora as empresas possam coletar e administrar informações de marketing de diferentes maneiras, o principal ponto forte da Meredith está em seu gigantesco banco de dados. Entre todas as empresas de mídia dos Estados Unidos, a Meredith é a que possui o maior conjunto de informações sobre os clientes. Com mais de 85 milhões de nomes não duplicados, seu banco de dados contém informações de 80% das casas próprias dos Estados Unidos e de uma boa parcela das casas que não o são. Além de sua extensão, o banco de dados da Meredith possui uma incomparável profundidade. Em média, cada nome no banco de dados possui mais de 700 apontamentos. Se você não ficou impressionado, pense na quantidade de informação que poderia oferecer sobre os membros de sua família, seus melhores amigos e você mesmo. Esses 700 apontamentos permitem que a Meredith conheça de verdade cada pessoa intimamente.

As informações básicas do banco de dados da Meredith vêm de fontes internas próprias da empresa. Só a quantidade de informações coletadas em transações de vendas já é enorme. Elas incluem não apenas dados descritivos e demográficos, mas também informações sobre as revistas que os clientes compram, as revistas que assinam, os tipos de ofertas de incentivo que gostam e como reagem a determinadas ações criativas. Além disso, para cada cliente específico, o banco de dados também traz informações internas adicionais sobre envio de produtos, pesquisa de satisfação e visita aos sites. A maioria das empresas não tem ideia de como processar e manipular toda essa informação. Mas a Meredith reúne todas elas em um só lugar, para que seus gestores possam acessá-las.

Além de coletar informações de fontes internas, a Meredith conduz pesquisas de marketing. Pesquisas tradicionais e on-line permitem que a empresa explore, com mais profundidade, informações atitudinais. Um dos pontos centrais são as perguntas sobre os eventos na vida dos clientes. "Você vai ter um bebê, seus filhos estão na idade de ir para a escola, seus filhos mais velhos estão para se formar, você está pensando em se aposentar?", explica Cherly Dahquist, diretor de serviços de marketing de banco de dados da Meredith. "Gostaríamos de ter o máximo possível dessas informações porque acreditamos que essas são as coisas que realmente influenciam a vida de uma pessoa." O conhecimento de um único evento pode dizer muito sobre as necessidades e os desejos de uma pessoa. Assim, possuir informações atualizadas sobre dezenas de eventos na vida de determinado indivíduo é algo muito poderoso.

Todas as informações do mundo significam pouco se você não consegue dar um sentido a elas. A Meredith é tão hábil em analisar e utilizar as informações de seu banco de dados quanto o é em coletá-las. Por meio de análises estatísticas complexas, a Meredith fica a par dos interesses de cada cliente e de como esses interesses evoluem ao longo da vida deles. Utilizando um conceito que chama de "pontos de paixão", a Meredith calcula resultados para muitas diferentes áreas de interesse, como culinária, exercícios físicos e jardinagem. Ela, então, segmenta cada área de interesse em grupos específicos

— por exemplo, exercícios físicos se tornam corrida, ioga e caminhada, para citar apenas alguns. Diversos apontamentos alimentam cada resultado.

Dessa maneira, a Meredith não apenas fica sabendo quais são os interesses do cliente, mas também qual é seu nível de interesse em comparação ao de qualquer outra pessoa no banco de dados. "Por meio de nossa equipe de estatística, desenvolvemos a capacidade de dizer quando as pessoas atingem um determinado resultado, ou seja, quando elas estão no ponto em [digamos] culinária e estão prontas para responder a praticamente todas as ofertas que aparecem em sua frente relacionadas ao assunto." A Meredith utiliza 20 modelos analíticos de previsão, que foram desenvolvidos para classificar os interesses de cada pessoa. Todos esses 20 modelos geram resultados e classificações semanalmente. É assim que a Meredith conhece as mulheres.

COLOCANDO EM USO OS INSIGHTS DE CLIENTE

Com base nos valiosos insights que extrai de seu banco de dados, a Meredith administra o relacionamento com seus clientes por meio de várias maneiras. Para começar, os insights de cliente não orientam apenas o conteúdo de seus produtos de mídia: eles também orientam o desenvolvimento de novos produtos. Por exemplo, ao longo dos anos, a *Better Homes and Gardens* foi gerando derivados, como a *Country Home* e a *Traditional Home*, sem contar o site BHG.com e o programa *Better*, transmitido na TV a cabo.

Mas os insights provenientes do sistema de informações de marketing da Meredith também dizem para a empresa quais produtos são mais relevantes para um indivíduo específico. E, com seu portfólio de produtos enorme e abrangente, é possível encontrar alguma coisa para quase todo mundo. David Ball, diretor de marketing para o consumidor na Meredith, explica como isso funciona: "Nós tínhamos a *American Baby* para os primeiros estágios da mulher, quando ela está comprando uma casa e a criança está naquela fase que exige cuidados. Nós, então, lançamos a *Parents* e a *Family Circle*. A *American Baby* é pré-natal, a *Parents* é pós-natal e a *Family Circle* é para quem tem filhos adolescentes e jovens na faixa dos 20 e poucos anos. E agora nós somos capazes de pegar as pessoas que assinam a *American Baby* e direcioná-las para nossos outros produtos".

Os frutos em administrar as informações dos clientes não param em combinar o produto certo com eles. Os valiosos insights de cliente permitem que a Meredith atenda às necessidades dos consumidores também quando o assunto é promoção e preço. Como a Meredith tem muitos produtos de mídia, quase todos os seus esforços de promoção envolvem mala direta, e-mail ou vendas cruzadas de publicações. Com base no que sabe sobre clientes específicos, a Meredith customiza os tipos de oferta e mensagem contidos nas promoções, geralmente em tempo real. Isso torna os esforços promocionais muito mais eficazes e menos caros. "Eu não vou enviar milhões de peças de mala direta se posso enviar centenas de milhares somente para as pessoas que realmente querem recebê-la", diz Ball. Se você pensar, isso é o marketing em sua forma mais refinada. Quando clientes atuais e potenciais não são incomodados com mensagens e produtos irrelevantes, sendo abordados apenas com ofertas que de fato os interessam, todos saem ganhando.

140 **Parte 2** | Entendimento do mercado e dos clientes

A capacidade da Meredith em administrar informações de marketing abriu outras portas para a empresa. Por conta de seu gigantesco banco de dados e sua habilidade em administrar informações, a Meredith pode vender pesquisa de marketing para outras empresas que precisam de insights sobre as mulheres. Sua força em gestão de informações de marketing também resultou em numerosas parcerias com empresas líderes, como Home Depot, DirectTV, Chrysler e Carnival Cruise Lines. Além disso, os esforços de pesquisa e banco de dados da Meredith geraram algo que pode ser pioneiro: o Meredith Engagement Dividend, um programa que garante aos anunciantes da Meredith um aumento nas vendas. A Meredith pode dar esse tipo de garantia porque seu banco de dados mostrou que, no período de um ano, os anunciantes podem aumentar a venda de seus produtos, em média, em 10%.

No geral, a propaganda em revistas vem diminuindo ao longo dos anos, e acredita-se que o declínio vai continuar. As receitas contínuas da Meredith nos últimos cinco anos sugerem que, como empresa, ela ainda depende muito da mídia impressa para distribuir seu conteúdo. Mas, com uma consistente margem de lucro de 8 a 10% sobre as vendas, a Meredith está conseguindo manter sua posição. E o mais importante: a competência central da Meredith de administrar informações dos clientes não é exclusividade da mídia impressa. Trata-se de algo que vai impulsionar a expansão da empresa para outras mídias em rápido crescimento. Mantendo sua estratégia de sistema de informações de marketing, a Meredith vai continuar a desenvolver os produtos, os preços, os métodos de distribuição e as promoções certas para cada mulher que consta em seu banco de dados.

QUESTÕES PARA DISCUSSÃO

1. Analise o sistema de informações de marketing da Meredith. Quais são seus pontos fortes e fracos?
2. Apontamentos impessoais podem mesmo resultar em relacionamentos significativos? Justifique sua resposta.
3. A expertise da Meredith em informações de marketing se transfere para outras mídias e produtos?
4. Considerando que a Meredith ainda é uma empresa muito focada em impresso, o que a aguarda no futuro?
5. Que recomendações você faria para os executivos da Meredith?

Fontes: funcionários da Meredith Corporation contribuíram para o desenvolvimento deste caso. Informações adicionais foram extraídas de Erik Sass, "Meredith Corp. buys Allrecipes.com", *Media Daily News*, 24 jan. 2012, <www.mediapost.com/publications/article/166420/meredith-corp-buysall-recipescom.html>; <www.meredith.com>. Acesso em: ago. 2012.

NOTAS

1. Trechos, citações e outras informações extraídas de Anna-Louise Jackson e Anthony Feld, "Domino's 'brutally honest' ads offset slow consumer spending", *Bloomberg Businessweek*, 17 out. 2011, <www.businessweek.com/news/2011-10-17/domino-s-brutally-honestads-offset-slow-consumer-spending.html>; Susan Adams, "Steve Jobs tops list of 2011's most buzzed about CEOs", *Forbes*, 30 nov. 2011, <www.forbes.com/sites/susanadams/2011/11/30/ceos-withthe-best-and-worst-online-buzz>; Mark Brandau, "Domino's do-over", *Nation's Restaurant News*, 8 mar. 2010, p. 44; T. L. Stanley, "Easy as pie: how Russell Weiner turned sabotage into satisfaction", *Adweek*, 13 set. 2010, p. 40; "Domino's puts customer feedback on Times Square billboard", *Detroit News*, 26 jul. 2011; "Domino's announces 2011 financial results", *PRNewswire*, 28 fev. 2012; relatórios anuais e outras informações extraídas de <www.dominosbiz.com> e <www.pizza-turnaround.com>. Acesso em: nov. 2012.
2. Sheilynn McCale, "Apple has sold 300M iPods, currently holds 78 percent of the music player market", *The New Web*, 4 out. 2011, <http://thenextweb.com/apple/2011/10/04/apple-has-sold-300m-ipods-currently-holds-78-of-the-music-player-market>; "Apple crushes profit estimates and iPhone, iPod, and iPad sales soar", *CNBC*, 24 jan. 2012, <www.cnbc.com/id/46103211/Apple_Crushes_Profit_Estimates_as_iPhone_iPod_Sales_Soar>.
3. Carey Toane, "Listening: the new metric", *Strategy*, set. 2009, p. 45.
4. Veja <www.walmartstores.com/Suppliers/248.aspx> e <http://retaillinkblog.com/what-is-walmarts-retail-link-system/3>. Acesso em: nov. 2012.
5. Veja James Aldridge, "USAA posts $2 billion in net income in 2011", *San Antonio Business Journal*, 12 mar. 2012; Scott Horstein, "Use care with that database", *Sales & Marketing Management*, maio 2006, p. 22; Jean McGregor, "Customer service champs: USAA's battle plan", *Bloomberg BusinessWeek*, 1 mar. 2010, p. 40-43; Katherine Burger, "The service economy", *Insurance & Technology*, maio 2012, p. 2; <www.usaa.com>. Acesso em: nov. 2012.
6. Com base em informações de Adam Ostrow, "Inside the Gatorade's Social Media Command Center", 6 jun. 2010. Acesso em: <http://mashable.com/2010/06/15/gatorade-sical-media-mission-control>; Valery Bauerlein, "Gatorade's 'mission': using social media to boost sales", *Wall Street Journal Asia*, 15 set. 2010, p. 8; Natalie Zmuda, "Gatorade: we're necessary performance gear", *Advertising Age*, 2 jan. 2012.
7. Irena Slutsky, "'Chief listeners use technology to track, sort company mentioned", *Advertising Age*, 30 ago. 2010, <http://adage.com/digital/article?article_id5145618>. Veja também Tina Sharkey, "Who is your chief listening officer?", *Forbes*, 3 mar. 2012, <www.forbes.com/sites/tinasharkey/2012/03/13/who-is-your-chief-listening-officer>.
8. Adam Lashinsky, "The secrets Apple keeps", *Fortune*, 6 fev. 2012, p. 85-94.
9. Veja <http://biz.yahoo.com/ic/101/101316.html>. Acesso em: set. 2012; Ray Latif, "Red Bull to launch total zero in April", *BevNet*, 27 fev. 2012, <www.bevnet.com/news/2012/red-bull-to-launch-total-zero-in-april>.
10. Para mais informações sobre empresas de pesquisa que oferecem informações de marketing, veja Jack Honomichl, "2011 Honomichl top 50", seção especial, *Marketing News*, 15 jun. 2011. Outras informações extraídas de <www.nielsen.com/us/en/measurement/retail-measurement.html> e <www.thefuturescompany.com>. Acesso em: set. 2012.
11. Veja <www.symphonyiri.com/default.aspx?TabId5159&productid584>. Acesso em: nov. 2012.
12. Veja Jennifer Reingold, "Can P&G make money in places where people earn $2 a day?", *Fortune*, 17 jan. 2011, p. 86-91; C.K. Prahalad, "Bottom of the pyramid as a source of breakthrough innovations", *Journal of Product Innovation Management*, jan. 2012, p. 6-12.

Administração das informações de marketing para obter insights de cliente **141**

13. Para mais discussões sobre a etnografia on-line, veja Pradeep K. Tyagi, "Webnography: a new tool to conduct marketing research", *Journal of American Academy of Business*, mar. 2010, p. 262-268; Robert V. Kozinets, "Netnography: the marketer's secret weapon", mar. 2010. Veja <http://info.netbase.com/rs/netbase/images/Netnography_WP>; <http://en.wikipedia.org/wiki/Online_ethnography>. Acesso em: dez. 2012.

14. Exemplo adaptado de informações encontradas em "My dinner with Lexus", *Automotive News*, 29 nov. 2010, <www.autonews.com/apps/pbcs.dll/article?AID5/20101129/RETAIL03/311299949/1292>; "An evening with Lexus", <www.youtube.com/watch?v5LweS8EScADY>. Acesso em: dez. 2012.

15. Veja <www.internetworldstats.com/stats14.htm>. Acesso em: jul. 2012.

16. Para mais informações, veja <www.focusvision.com> e <www.youtube.com/watch?v5PG8RZl2dvNY>. Acesso em: nov. 2012.

17. Derek Kreindler, "Lexus soliciting customer feedback with Lexus advisory board", 24 ago. 2010, <www.autoguide.com/auto-news/2010/08/lexus-soliciting-customer-feedback-with-lexus-advisory-board.html>; "20,000 customers sign up for the Lexus Advisory Board", 30 ago. 2010. Acesso em: <www.4wheelsnews.com/20000-customers-signed-up-for-the-lexus-advisory-board>; <www.lexusadvisoryboard.com>. Acesso em: nov. 2012.

18. Veja Stephen Baker, "The Web knows what you want", *BusinessWeek*, 27 jul. 2009, p. 48; Elizabeth A. Sullivan, "Keep your ear to the ground", *Marketing News*, 30 nov. 2012, p. 22-31; Amit Avner, "How social targeting can lead to discovery", Adotas, 7 fev. 2012, <www.adotas.com/2012/02/how-socialtargeting-can-lead-to-discovery>.

19. Baseado em informações extraídas de "Time Warner opens NYC neuromarketing lab", *Neuromarketing*, 26 jan. 2012, <www.neurosciencemarketing.com/blog/articles/new-labs.htm>; Amy Chozick, "These Lab specimens watch 3-D television", *New York Times*, 25 jan. 2012, p. B3.

20. Jessica Tsai, "Are you smarter than a neuromarketer?", *Customer Relationship Management*, jan. 2010, p. 19-20.

21. Veja Adam L. Penenberg, "NeuroFocus uses neuromarketing to hack your brain", *Fast Company*, 8 ago. 2011, <www.fastcompany.com/magazine/158/neuromarketing-intel-paypal>.

22. Allison Schiff, "Macy's CMO shares loyalty insights at NRF big show", *Direct Marketing News*, 16 jan. 2012, <www.dmnews.com/macys-cmo-shares-loyalty-insights-at-nrf-big-show/article/223344>; Alex Palmer, "Macy's transformation", *Direct Marketing News*, 1 abr. 2012, <www.dmnews.com/macystransformation/article/233631/3>.

23. "SAS helps 1-800-Flowers.com grow deep roots with customers", <www.sas.com/success/1800flowers.html>. Acesso em: set. 2012.

24. Veja <www.pensketruckleasing.com/leasing/precision/precision_features.html>. Acesso em: nov. 2012.

25. Baseado em informações extraídas de Ann Zimmerman, "Small business; do the research", *Wall Street Journal*, 9 maio 2005, p. R3; com informações de John Tozzi, "Market research on the cheap", *BusinessWeek*, 9 jan. 2008, <www.businessweek.com/smallbiz/content/jan2008/sb2008019_352779.htm>; <www.bibbentuckers.com>. Acesso em: set. 2012.

26. Para bons conselhos sobre como conduzir pesquisa de mercado em uma pequena empresa, veja "Conducting market research", <www.sba.gov/content/conducting-market-research>. Acesso em: nov. 2012; "Researching your market", *Entrepreneur*, <www.entrepreneur.com/article/43024-1>. Acesso em: nov. 2012.

27. Veja "Top 25 global market research organizations", *Marketing News*, 30 ago. 2011, p. 16; <www.nielsen.com/us/en/about-us.html>. Acesso em: nov. 2012.

28. Para esses e outros exemplos, veja "From tactical to personal: Synovate's tips for conducting marketing research in emerging markets", *Marketing News*, 30 abr. 2011, p. 20-22. Dados sobre a Internet extraídos de <http://data.worldbank.org/indicator/IT.NET.USER.P2>. Acesso em: jul. 2012.

29. Subhash C. Jain, *International marketing management*, 3. ed. Boston: PWS-Kent, 1990, p. 338. Para mais discussões sobre questões e soluções envolvendo a pesquisa de marketing internacional, veja Warren J. Keegan e Mark C. Green, *Global marketing*, 6. ed. Upper Saddle River: Prentice Hall, 2011, p. 170-201.

30. Tina Sharkey, "Who is your chief listening officer?", *Forbes*, 13 mar. 2012, <www.forbes.com/sites/tinasharkey/2012/03/13/who-is-your-chief-listening-officer>.

31. Para essas citações e discussões envolvendo privacidade on-line, veja Juan Martinez, "Marketing marauders or consumer counselors?", *CRM Magazine*, jan. 2011, <www.destinationcrm.com>; Lauren McKay, "Eye on customers: are consumers comfortable with or creeped out by online data collection tactics?", *CRM Magazine*, jan. 2011. Acesso em: <www.destinationcrm.com>; Ki Mae Heussner, "Whose life is it, anyway?", *Adweek*, 16 jan. 2012, p. 22-26.

32. "ICC/ESOMAR International Code of Marketing and Social Research Practice", <www.esomar.org/index.php/codes-guidelines.html>. Acesso em: jul. 2012. Veja também "Respondent Bill of Rights", <www.mra-net.org/ga/billofrights.cfm>. Acesso em: dez. 2012.

33. Federal Trade Commission, "Kellogg settles FTC charges that ads for Frosted Mini-Wheats were false", 20 abr. 2009, <www.ftc.gov/opa/2009/04/kellogg.shtm>; "Kellogg's Frosted Mini-Wheats neuroscience: the FTC reckoning", 21 abr. 2009, <http://rangelife.typepad.com/rangelife/2009/04/kelloggs-frosted-miniwheats-neuroscience-theftc-reckoning.html>; Todd Wasserman, "New FTC asserts itself", *Brandweek*, 27 abr. 2009, p. 8; "FTC investigation of ad claims that rice krispies benefits children's immunity leads to stronger order against Kellogg", *US Fed News Service*, 4 jun. 2010.

34. Informações disponíveis em <www.casro.org/codeofstandards.cfm#intro>. Acesso em: dez. 2012.

Parte 1 ▶ Definição de marketing e o processo de marketing (Capítulos 1-2)

Parte 2 ▶ Entendimento do mercado e dos clientes (Capítulos 3-6)

Parte 3 ▶ Elaboração de uma estratégia e de um mix voltados para o cliente (Capítulos 7-17)

Parte 4 ▶ Marketing ampliado (Capítulos 18-20)

5

Mercados consumidores e comportamento de compra do consumidor

Prévia do capítulo

Você já estudou como os profissionais de marketing obtêm, analisam e utilizam informações para desenvolver insights de cliente e avaliar programas de marketing. Neste capítulo, vamos analisar minuciosamente um dos mais importantes elementos do mercado: os clientes. O objetivo do marketing é influenciar o modo como os clientes pensam e agem. Para afetar o *o quê*, *quando* e *como* do comportamento de compra, os profissionais de marketing devem, antes de mais nada, entender os *porquês*. Neste capítulo, analisaremos as influências e os processos de compra do *consumidor final*. No próximo, estudaremos o comportamento de compra dos *clientes organizacionais*. Você verá que o entendimento sobre o comportamento de compra é uma tarefa essencial, mas muito difícil.

Para ter uma visão melhor da importância de entender o comportamento do consumidor, vamos começar dando uma olhada na GoPro. Você pode nunca ter ouvido falar da GoPro, uma empresa em rápido crescimento que fabrica pequenas câmeras de vídeo em HD que podem ser presas ao corpo. Contudo, poucas marcas combinam o ávido entusiasmo com a intensa fidelidade que a GoPro criou no coração e na mente de seus clientes. A GoPro sabe que fornece aos clientes muito mais do que pequenas câmeras duráveis. Mais do que isso, ela oferece a eles uma forma de compartilhar momentos repletos de ação e emoções com seus amigos.

GoPro: seja um herói!

Um crescente exército de clientes da GoPro — muitos deles entusiastas de esportes radicais — está prendendo as fabulosas câmeras pequeninas da empresa em seu corpo ou as instalando em locais como o para-choque de carros de corrida e o salto de botas para paraquedismo a fim de capturar momentos intensos de sua vida e estilo de vida. E eles mal podem esperar para compartilhar esses momentos de emoção capturados pela GoPro com seus amigos. De fato, existem boas chances de você já ter visto um vídeo criado com uma GoPro no YouTube, no Facebook ou mesmo na TV.

Talvez você já tenha visto um em que o esquiador causa uma avalanche nos Alpes Suíços e escapa em um paraquedas sobrevoando um penhasco — em nove meses, esse vídeo amador foi visto 2,6 milhões de vezes no YouTube. Ou talvez você tenha visto aquele em que uma gaivota rouba a câmera de um turista e foge com ela, capturando imagens aéreas de um castelo em Cannes, na França (três milhões de visualizações em sete meses). E que tal aquele em que um rapaz praticando *mountain bike* na África é atingido por uma enorme gazela (mais de 13 milhões de visualizações em quatro meses)?

Os ávidos clientes da GoPro se tornaram evangelistas da marca. Em média, eles disponibilizam um novo vídeo no YouTube a cada dois minutos. Os vídeos, por sua vez, geram novos clientes para a GoPro e até mesmo mais compartilhamento de vídeos. Como resultado, a GoPro cresce a cada dia de forma acelerada. No último ano, a jovem empresa vendeu 800 mil câmeras, gerando receitas de 250 milhões de dólares — um aumento de 300% em relação ao ano anterior — e uma participação estimada de 90% no mercado composto pelo tipo de câmera com a qual ela trabalha.

O que faz da GoPro um sucesso? Parte da fórmula reside nas câmeras em si: as câmeras da empresa são maravilhas da tecnologia moderna, especialmente se considerarmos seu acessível preço inicial de menos de 200 dólares. Com uma tela de cerca de duas polegadas, uma câmera de vídeo em HD da GoPro parece pouco mais do que uma caixinha cinza. Mas a leve GoPro, que pode ser presa ao corpo ou instalada em algum lugar, é extremamente versátil e possui uma capacidade incrível de capturar vídeos formidáveis, de alta qualidade, em HD. Uma capa removível permite que as câmeras à prova d'água da empresa atinjam cerca de 55 metros de profundidade. E as câmeras da GoPro podem cair de uma altura de, aproximadamente, 900 metros (assim diz um esquiador).

Mas a GoPro sabe que o comportamento do consumidor é orientado por outros fatores que vão além de produtos de alta qualidade com características inovadoras. A marca tem tudo a ver com o que suas câmeras permitem que os consumidores *façam*. Os usuários da GoPro não querem só fazer vídeos. Mais do que isso, eles querem contar histórias e compartilhar momentos de pura adrenalina ligados a seu estilo de vida. "Permitir que você compartilhe sua vida por meio de fotos e vídeos incríveis: é isso o que fazemos", diz a GoPro. "Ajudamos as pessoas a capturar as experiências mais significativas de suas vidas e compartilhá-las com os outros — para comemorarem juntos."

Quando assistem a um vídeo formidável da GoPro — como aquele em que o neozelandês Jed Mildon realiza o primeiro triplo *backflip* do mundo em bicicleta BMX, registrado pela câmera em seu capacete —, em algum nível, as pessoas vivenciam o mesmo que o sujeito da ação. Elas sentem a paixão e a adrenalina. E, quando isso acontece, a GoPro cria um vínculo emocional entre a pessoa que está contando a história e o público.

▲ As pequenas e incríveis câmeras da GoPro permitem que os mais simples vídeos amadores capturem cenas inacreditáveis, fornecendo aos usuários uma maneira de comemorar momentos repletos de ação e emoções com outras pessoas.
GoPro

Assim, fabricar boas câmeras é apenas o ponto de partida do sucesso da GoPro. Nick Woodman, fundador empresa — e viciado em esportes radicais —, fala sobre ajudar os clientes nas quatro etapas essenciais de sua jornada que envolve contar histórias e compartilhar emoções: captura, criação, transmissão e reconhecimento. A *captura* é o que a câmera faz: registrar fotos e vídeos. A *criação* é o processo de edição e produção que transforma cenas brutas em vídeos persuasivos. A *transmissão* implica distribuir o conteúdo do vídeo para um público. O *reconhecimento* pode vir na forma de visualizações no YouTube ou curtidas e compartilhamentos no Facebook; mais provavelmente, ele vem do entusiasmo que os vídeos geram nos amigos e familiares. O slogan da empresa resume muito bem as mais profundas motivações do consumidor: GoPro — Be a HERO ("seja um herói").

Até agora, a GoPro tem se concentrado, principalmente, na etapa de captura, focando a experiência total do cliente. A empresa se autointitula a "Câmera mais versátil do mundo. Use. Posicione. Curta". Ela oferece uma quantidade aparentemente sem fim de suportes, cinturões, apoios e outros acessórios que fazem com que as câmeras possam ser presas e instaladas em praticamente qualquer lugar. Os usuários podem prender a pequena câmera em sua cintura ou instalá-la em seu capacete. Podem fixá-la na ponta de uma prancha de esqui para neve, na parte debaixo de um skate ou embaixo de um helicóptero por controle remoto. As GoPro, pequenas e fáceis de usar, permitem que os mais simples vídeos amadores capturem cenas inacreditáveis.

Mas Woodman sabe que, para continuar crescendo, a GoPro precisa ampliar sua oferta, abordando todo o conjunto de necessidades e motivações dos clientes — ela precisa não apenas capturar, mas também criar, transmitir e reconhecer. Por exemplo, no que diz respeito à criação, recentemente a GoPro adquiriu uma empresa de software de vídeo digital, a CineForm, e agora oferece softwares gratuitos para a criação de vídeos em 3-D a partir de cenas capturadas por câmeras GoPro posicionadas lado a lado e calibradas para tirar fotos simultaneamente. Quanto à transmissão, a GoPro está trabalhando com o YouTube para criar um canal. Além disso, logo mais, ela vai oferecer um plug-in de Wi-Fi que permitirá aos clientes disponibilizar vídeos diretamente de sua câmera ou usando um aplicativo. Em termos de reconhecimento, a GoPro agora transmite propagandas na TV criadas a partir dos melhores vídeos enviados por clientes para seu site. O futuro da GoPro reside em possibilitar e integrar a experiência total do usuário, o que envolve desde a captura de vídeos até o compartilhamento de suas histórias e emoções com outras pessoas.

O esplêndido entendimento da GoPro sobre o que motiva seus clientes está ajudando bastante a jovem empresa. Em relação às outras marcas, seus empolgados clientes estão entre os mais fiéis e comprometidos. Por exemplo, a página da GoPro no Facebook tem milhões de fãs, e o número está crescendo rapidamente. Para se ter uma ideia, a página da Canon, uma empresa muito maior, tem apenas 619 mil seguidores; a Panasonic tem 146 mil. Além de disponibilizar quase 500 mil vídeos em um ano, os fãs da GoPro interagem muito nas redes sociais. "Acho que nosso público é mais socialmente participativo on-line do que o de qualquer outra marca de consumo do mundo", afirma Woodman.

Todo esse engajamento e entusiasmo fizeram da GoPro a empresa de câmeras de crescimento mais rápido no mundo.

> O rápido sucesso da GoPro tem como base um entendimento profundo do que motiva seus clientes. Mais do que apenas vender pequenas câmeras de vídeo em HD que podem ser presas ao corpo, a GoPro ajuda da "as pessoas a capturar as experiências mais significativas de suas vidas e compartilhá-las com os outros — para comemorarem juntos".

144 Parte 2 | Entendimento do mercado e dos clientes

Hoje, as câmeras GoPro estão disponíveis em mais de 10 mil lojas, de pequenos estabelecimentos voltados para esportes a varejistas como REI, Best Buy e Amazon.com. As pequenas e notáveis câmeras da empresa também foram além dos amadores. Elas se tornaram o equipamento padrão de muitos cinegrafistas profissionais — sejam eles do Discovery Channel, da equipe de um programa de notícias que filma resgates, a vida selvagem e tempestades ou do pessoal da produção de um reality show de sucesso como o *Pesca mortal*, que tira fotos de redes para pescar caranguejo debaixo da água ou de barcos em mares agitados. O uso do equipamento GoPro por profissionais gera credibilidade, o que torna ainda maior a demanda do consumidor.

Moral da história: o sucesso tem início com o entendimento das necessidades e das motivações do cliente. A GoPro sabe que não se trata apenas de fabricar câmeras. Mais do que isso, a empresa permite que seus clientes compartilhem importantes momentos e emoções. De acordo com um especialista do setor: "algumas das empresas mais incríveis que surgirão nos próximos anos serão de negócios que sabem integrar de forma inteligente a tecnologia com as necessidades humanas, tornando-se importantes para as pessoas". É exatamente isso o que a GoPro faz.

De acordo com Woodman: "Recentemente, ficamos um tempo pensando: o que realmente estamos fazendo aqui? Sabemos que nossas câmeras são, comprovadamente, os dispositivos de consumo mais socialmente conectados de nosso tempo, logo está claro que não somos apenas uma fabricante de equipamentos. Em um determinado ponto, os serviços que construímos ao redor do equipamento se tornaram mais importantes do que o equipamento em si. Pense nas implicações disso e onde isso pode chegar... Esse é nosso DNA. É assim que crescemos".[1]

Resumo dos objetivos

Objetivo 1
Definir o mercado consumidor e construir um modelo simples de comportamento de compra do consumidor.
Modelo de comportamentos de compra (p. 144-145)

Objetivo 2
Identificar os quatro principais fatores que influenciam o comportamento de compra do consumidor.
Características que afetam o comportamento do consumidor (p. 145-162)

Objetivo 3
Relacionar e definir os principais tipos de comportamento de decisão de compra e os estágios do processo de decisão do comprador.
Tipos de comportamento de decisão de compra (p. 162-164)
Processo de decisão do comprador (p. 164-167)

Objetivo 4
Descrever os processos de adoção e difusão para novos produtos.
O processo de decisão do comprador para novos produtos (p. 167-170)

Comportamento de compra do consumidor
O comportamento de compra dos consumidores finais — indivíduos e famílias que compram produtos e serviços para consumo pessoal.

Mercado consumidor
Todos os indivíduos ou famílias que compram ou adquirem produtos e serviços para consumo pessoal.

O exemplo da GoPro mostra que muitos fatores, em diferentes níveis, afetam **o comportamento de compra do consumidor**. Esse comportamento jamais é simples, mas entendê-lo é uma tarefa essencial da administração de marketing. O comportamento de compra do consumidor se refere ao comportamento de compra dos consumidores finais — indivíduos e famílias que compram produtos e serviços para consumo pessoal. Juntos, todos esses consumidores finais constituem o **mercado consumidor**. O mercado consumidor norte-americano consiste em mais de 313 milhões de pessoas que consomem mais de 14 trilhões de dólares em produtos e serviços por ano, o que faz dele um dos mais atraentes do mundo.[2]

Os consumidores ao redor do mundo variam muito em termos de idade, renda, grau de instrução e gostos. Eles também compram uma variedade incrível de produtos e serviços. A maneira como esses diversos consumidores se relacionam entre eles e com outros elementos do mundo ao seu redor causa um impacto em suas escolhas entre os vários produtos, serviços e empresas. Neste capítulo, vamos examinar o fascinante conjunto de fatores que afetam o comportamento do consumidor.

Objetivo 1

▶ Definir o mercado consumidor e construir um modelo simples de comportamento de compra do consumidor.

Modelo de comportamento de compra

Diariamente, os consumidores tomam diversas decisões de compra, e essas decisões são o ponto central dos esforços dos profissionais de marketing. A maioria das grandes empresas pesquisa detalhadamente as decisões de compra do consumidor para saber o que, onde, como, quanto, quando e por que ele compra. Os profissionais de marketing podem estudar as compras atuais dos consumidores para descobrir o que, onde e quanto eles compram. Mas descobrir os *porquês* por trás do comportamento de compra deles não é uma tarefa fácil — as respostas geralmente estão guardadas lá no fundo de sua cabeça. Em geral, nem os consumidores sabem exatamente o que influencia suas compras.

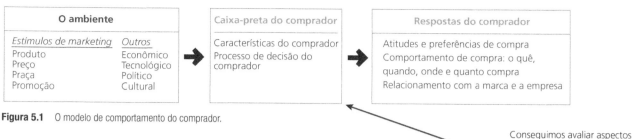

Figura 5.1 O modelo de comportamento do comprador.

Conseguimos avaliar aspectos relacionados ao o quê, onde e quando do comportamento de compra do consumidor. Mas é difícil "enxergar" dentro de sua cabeça e descobrir os porquês do comportamento de compra (é por isso que se fala em caixa-preta). Os profissionais gastam muito tempo e dinheiro tentando descobrir o que motiva os clientes.

A principal pergunta para os profissionais de marketing é: como os consumidores respondem aos inúmeros esforços de marketing que a empresa pode utilizar? O ponto de partida é o modelo de estímulo e resposta do comportamento do comprador apresentado na Figura 5.1. Essa figura mostra que as ações de marketing e outros estímulos penetram na "caixa-preta" do consumidor e produzem determinadas respostas. Os profissionais de marketing devem descobrir o que há nessa caixa-preta.

Os estímulos de marketing consistem nos 4Ps: produto, preço, praça e promoção. Outros estímulos incluem importantes forças e acontecimentos no ambiente econômico, tecnológico, político, social e cultural do comprador. Todos esses elementos penetram na caixa-preta do comprador, onde são transformados em um conjunto de respostas: o relacionamento dele com a marca e a empresa e o quê, quando, onde e quanto compra.

Os profissionais de marketing querem entender como os estímulos são transformados em respostas dentro da caixa-preta do consumidor, a qual possui duas partes. Para começar, as características do comprador influenciam a maneira como ele percebe os estímulos e reage a eles. Além disso, o próprio processo de decisão do comprador afeta seu comportamento. Primeiro, vamos analisar as características do comprador que afetam o comportamento de compra e, em seguida, discutimos seu processo de decisão.

Características que afetam o comportamento do consumidor

As compras do consumidor são fortemente influenciadas por características culturais, sociais, pessoais e psicológicas, como mostra a Figura 5.2. Na maior parte das vezes, os profissionais de marketing não podem controlar esses fatores, mas devem levá-los em consideração.

Objetivo 2

◀ Identificar os quatro principais fatores que influenciam o comportamento de compra do consumidor.

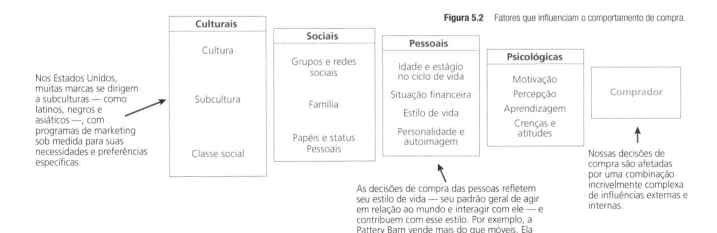

Figura 5.2 Fatores que influenciam o comportamento de compra.

Fatores culturais

Os fatores culturais exercem uma ampla e profunda influência sobre o comportamento do consumidor. Os profissionais de marketing precisam entender o papel desempenhado pela *cultura*, *subcultura* e *classe social* do comprador.

Cultura

Cultura
Conjunto de valores, percepções, desejos e comportamentos básicos que um membro da sociedade adquire de sua família e de outras instituições importantes.

A **cultura** é o principal determinante dos desejos e do comportamento de uma pessoa. O comportamento humano é, em grande parte, adquirido. Ao crescer em uma sociedade, a criança adquire valores, percepções, desejos e comportamentos básicos de sua família e de outras importantes instituições. Nos Estados Unidos, uma criança normalmente adquire os seguintes valores ou é exposta a eles: realização e sucesso, individualismo, liberdade, trabalho duro, atividade e envolvimento, eficiência e praticidade, conforto material, juventude e saúde e boa forma física. Todo grupo ou sociedade possui uma cultura, e as influências culturais sobre o comportamento de compra podem variar muito de acordo com cada região ou país.

Os profissionais de marketing estão sempre tentando identificar *mudanças culturais*, a fim de descobrir novos produtos que possam ser desejados. Por exemplo, a mudança cultural ligada ao aumento de preocupação com a saúde e com a boa forma física criou um enorme setor para serviços relacionados a isso, equipamentos e roupas de ginástica, alimentos orgânicos e uma grande variedade de dietas.

Subcultura

Subcultura
Grupo de pessoas que compartilham os mesmos sistemas de valor com base em situações e experiências de vida em comum.

Toda cultura contém **subculturas**, ou seja, grupos de pessoas que compartilham os mesmos sistemas de valor com base em situações e experiências de vida em comum. Subculturas incluem nacionalidades, religiões, grupos raciais e regiões geográficas. Muitas subculturas constituem importantes segmentos de mercado, e os profissionais de marketing com frequência desenvolvem produtos e programas de marketing sob medida para suas necessidades. Nos Estados Unidos, três importantes grupos de subcultura são os consumidores latinos, negros e asiáticos.

CONSUMIDORES LATINOS. Os latinos constituem um grande mercado em rápido crescimento. Os mais de 50 milhões de consumidores latino-americanos nos Estados Unidos terão, em 2015, um poder de compra de 1,5 trilhão de dólares, o que representa 11% do poder de compra total do país. Em 2050, a população latina nos Estados Unidos ultrapassará a casa dos 132 milhões — quase 30% da população total.[3]

Embora os consumidores latinos compartilhem muitas das características e comportamentos do público principal de compras, existem diferenças. Eles tendem a ser orientados para a família e a fazer das compras um acontecimento familiar — e a opinião das crianças é levada bastante em conta na hora de escolher as marcas. Mais velha, a primeira geração de consumidores latinos tende a ser muito fiel à marca e dar preferência às marcas e empresas que demonstram especial interesse por eles. Os latinos mais jovens, entretanto, têm mostrado, nos últimos anos, uma sensibilidade cada vez maior em relação ao preço, bem como uma disposição para adotar marcas próprias.

◄ Foco nos consumidores latinos: a campanha "Construa o melhor ninho", da Nestlé, se concentra em mostrar como a Nestlé e suas marcas ajudam a desenvolver uma ligação na família e bem-estar.

NESTLÉ, NEST DEVICE, GOOD FOOD, GOOD LIFE e DIGIORNO são marcas registradas da Societé des Produits Nestlé S.A., Vevey, Suíça.

Capítulo 5 | Mercados consumidores e comportamento de compra do consumidor **147**

No mercado latino, existem muitos subsegmentos distintos baseados em nacionalidade, idade, renda e outros fatores. Um produto ou mensagem pode ser mais relevante para uma nacionalidade — por exemplo, mexicana, costa-riquenha, argentina ou cubana — do que para outra. As empresas também devem adaptar seus discursos para diferentes segmentos econômicos dentro do mercado latino.

Empresas como Nestlé, McDonald's, Walmart, State Farm, Toyota, Verizon e Google, entre muitas outras, desenvolveram esforços especiais para esse segmento de consumidores em rápido crescimento. Por exemplo, o Google descobriu que 78% dos latinos nos Estados Unidos usam a Internet como sua principal fonte de informações e que eles são 58% mais propensos do que a população geral a clicar em anúncios de pesquisa, o que torna o mercado latino on-line muito grande para ser ignorado. Os latinos também são mais ativos nas redes sociais do que outros segmentos. Em resposta, o Google montou uma "equipe especialista" que se concentra em ajudar anunciantes de todos os setores a atingir consumidores latinos por meio de plataformas de propaganda e buscas realizadas on-line e por dispositivos móveis.[4]

De maneira similar, os consumidores latinos costumam ir ao supermercado três vezes mais do que o comprador norte-americano típico. Assim, a Nestlé, a General Mills e outras empresas do ramo alimentício competem fortemente para ter suas marcas no carrinho de compras desses consumidores. Por exemplo, a Nestlé foca em latinos que têm família em sua abrangente campanha de marketing "Construa o melhor ninho", que relaciona os produtos da empresa com bem-estar e nutrição familiar. A campanha multifacetada inclui um site bilíngue (<www.elmejornseido.com>), uma página no Facebook, anúncios na TV em espanhol, amostras e marketing dentro das lojas. Independentemente do meio, a campanha se concentra em mostrar como a Nestlé e suas marcas ajudam a desenvolver uma ligação na família e bem-estar. Por exemplo, quatro mães latinas mantêm um blog no site, no qual oferecem dicas sobre a paternidade e a alimentação saudável.[5]

Consumidores negros. A população negra norte-americana está crescendo em termos de riqueza e sofisticação. Estimava-se que, em 2013, mais de 40 milhões de consumidores negros do país teriam um poder de compra de 1,2 trilhão de dólares, por exemplo. Embora mais conscienciosos em relação a preço do que outros segmentos, os negros são fortemente motivados por qualidade e seleção. Para eles, marcas são importantes.[6]

Nos últimos anos, muitas empresas desenvolveram produtos, apelos e programas de marketing especiais para consumidores negros. Por exemplo, a Procter & Gamble (P&G) há tempos é líder em propaganda para esses consumidores, investindo cerca de duas vezes mais do que o segundo que mais investe. A P&G também desenvolve produtos sob medida para as necessidades específicas dos consumidores negros. Sua CoverGirl Queen Collection é especialmente desenvolvida para "celebrar a beleza da mulher negra".

Além das tradicionais ofertas de marketing de produto, a P&G apoia um movimento mais amplo, o My Black is Beautiful (Meu negro é lindo):[7]

> Criado por um grupo de mulheres negras na P&G, o movimento tem como objetivo "iniciar e apoiar um diálogo contínuo, em nível nacional, por, para e sobre mulheres negras" e como elas se refletem na cultura popular. A P&G descobriu que as consumidoras negras gastam três vezes mais do que o mercado geral em produtos de beleza, no entanto acham que são retratadas de maneira inferior em relação às outras mulheres na mídia e na propaganda. Apoiado por marcas como Crest, Pantene, CoverGirl Queen Collection e Olay Definity, a meta do My Black is Beautiful é fortalecer as mulheres negras para que elas abracem sua beleza, saúde e bem-estar e, naturalmente, nesse processo, construir um relacionamento próximo entre elas e as marcas da P&G. O My Black is Beautiful conta com um rico site, uma página no Facebook, presença na mídia nacional e em eventos importantes que permitem às mulheres interagir com as marcas e com o movimento em ambientes relevantes e de confiança.

Consumidores asiáticos. Os asiáticos representam o segmento demográfico mais rico dos Estados Unidos. Hoje, eles contabilizam mais de 16 milhões de pessoas, com poder de compra anual que, em 2015, chegará a 775 bilhões de dólares. Eles constituem o segundo segmento que mais cresce no país, atrás apenas dos latinos. E, como os latinos, são um grupo diverso. Os chineses formam o maior grupo, seguidos por filipinos, indianos, vietnamitas, coreanos e japoneses. Contudo, diferentemente dos latinos, que falam basicamente espanhol com variações, os asiáticos falam várias línguas. Por exemplo, os anúncios para o censo de 2010 nos Estados Unidos foram feitos em diversas línguas, do japonês, cantonês, khmer, coreano e vietnamita ao tailandês, hmong, híndi e taglish (uma mistura de tagalo e inglês).[8]

Como grupo, os consumidores asiáticos compram com frequência e são mais conscientes com relação às marcas do que qualquer outro segmento étnico. Eles podem ser fortemente fiéis a uma marca. Como resultado, muitas empresas hoje miram o mercado asiático. A Subaru of America, por exemplo, aborda ativamente esses consumidores.[9] No último ano, a empresa trabalhou uma ampla campanha de marketing, focada nos asiáticos, para seu modelo Subaru Legacy. Chamada "Doce amanhã", a campanha reforçava a forte ligação da marca com os asiáticos, especialmente os chineses, que representam 23% do mercado total de asiáticos nos Estados Unidos. Além de um outdoor na região de Chinatown em São Francisco, a campanha integrada incluiu anúncios impressos em chinês e anúncios para a TV em cantonês e mandarim, que também podiam ser vistos no site em chinês da Subaru e em seu canal no YouTube. A campanha "Doce amanhã" focou em casais na casa dos 30 anos — em sua maioria, pessoas que se tornaram pais recentemente e estão comprando um carro pensando em seu filho. Por exemplo, um anúncio de sucesso para a TV mostrava um casal, prestes a ter um bebê, tentando equilibrar a tradição chinesa com seu estilo de vida norte-americano (veja o anúncio em <www.youtube.com/watch?v=D6BwBpIt8BQ>). Nesse processo, o casal elege o Subaru como o carro perfeito para sua iminente paternidade.

Em um outro esforço, a Subaru lançou seu modelo esportivo Subaru WRX para o mercado de jovens asiáticos (entre 18 e 21 anos) com um inteligente vídeo de quatro minutos no YouTube sobre Brandon, um jovem asiático que sempre faz tudo muito rápido — muitas vezes, rápido demais. Apesar de, em nenhum momento, dizer que se trata de um "comercial", o divertido vídeo mostra diversas vezes um WRX azul e o potente ronco de seu motor. Altamente bem-sucedido, o vídeo se tornou a página mais vista do YouTube em sua primeira semana e obteve 1,3 milhão de visualizações em seu primeiro mês, conquistando 20 mil "gostei" voluntários contra apenas 230 "não gostei".

MARKETING MULTICULTURAL. Atualmente, além de focar segmentos como o de consumidores latinos, negros e asiáticos, com esforços desenvolvidos especialmente para eles, muitas empresas adotam o *marketing multicultural* — a prática de incluir temas étnicos e perspectivas multiculturais no marketing como um todo. O marketing multicultural é voltado para as similaridades entre os consumidores de diferentes subculturas, e não para as diferenças. Muitas empresas estão descobrindo que insights obtidos de consumidores étnicos podem influenciar seus mercados mais amplos.

Por exemplo, hoje, o estilo de vida dos jovens é bastante influenciado por artistas latinos e negros. Como consequência, os consumidores esperam ver muitas culturas e etnias representadas nas propagandas e produtos que consomem. Por exemplo, o McDonald's leva em conta o comportamento de negros, latinos e asiáticos na hora de desenvolver cardápios e propagandas, na esperança de incentivar os consumidores em geral a comprar smoothies, cafés e wraps com a mesma voracidade com que consomem hip-hop e rock. "O consumidor étnico tende a criar tendências", diz o CMO do McDonald's. "Logo, eles ajudam a dar o tom com que entramos no mercado." Assim, o McDonald's poderia pegar um anúncio desenvolvido originalmente para negros e aplicá-lo para o mercado geral. "A verdade é que a nova corrente dominante é multicultural", conclui um especialista em marketing multicultural.[10]

Classe social

Classes sociais
Divisões relativamente permanentes e ordenadas de uma sociedade cujos membros compartilham valores, interesses e comportamentos similares.

Praticamente toda sociedade possui alguma forma de estrutura de classes sociais. **Classes sociais** são divisões relativamente permanentes e ordenadas de uma sociedade cujos membros compartilham valores, interesses e comportamentos similares. Cientistas sociais identificaram sete principais classes sociais nos Estados Unidos, conforme mostra a Figura 5.3.

A classe social não é determinada por um único fator, como renda. Ela é definida por uma combinação de ocupação, renda, instrução, riqueza e outras variáveis. Em alguns sistemas sociais, os membros das diferentes classes são educados para exercer determinados papéis e não podem mudar sua posição social. Nos Estados Unidos, entretanto, as linhas que dividem as classes sociais não são nem fixas nem rígidas: as pessoas podem ascender para uma classe mais alta ou descender para uma mais baixa.

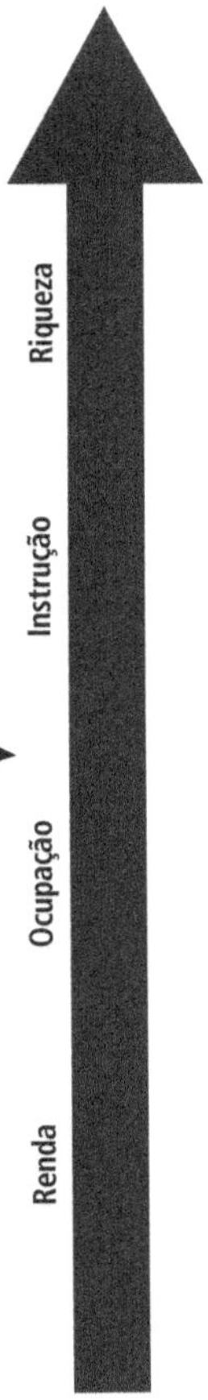

Capítulo 5 | Mercados consumidores e comportamento de compra do consumidor **149**

As classes sociais norte-americanas demonstram preferências de marca distintas. A classe social não é determinada por um único fator, mas por uma combinação de todos esses.

Classe alta

Classe alta alta (1%): elite social que vive de fortuna herdada. Seus membros fazem grandes doações para obras de caridade, possuem mais de uma casa e enviam seus filhos para as melhores escolas.

Classe alta (2%): os membros dessa classe possuem alta renda ou fortuna conquistada por meio de uma excepcional habilidade. Essas pessoas costumam participar ativamente de eventos sociais e cívicos e adquirem casas, instrução e carros caros.

Classe média

Classe média alta (12%): profissionais liberais, executivos independentes ou administradores de empresa que não possuem nem o status de uma família tradicional nem uma fortuna fora do comum. Essas pessoas acreditam na educação, possuem grande consciência cívica e querem o "melhor que a vida pode dar".

Classe média (32%): é constituída de pessoas com salário mediano que trabalham em fábricas e escritórios e vivem "na melhor região da cidade". Eles compram produtos populares para acompanhar as tendências. Para eles, viver bem significa ter uma boa casa em um bom bairro que conte com boas escolas.

Classe trabalhadora

Classe trabalhadora (38%): são pessoas que possuem um "estilo de vida de classe trabalhadora", independentemente de sua renda, formação escolar ou trabalho. Elas dependem muito de seus familiares para apoio econômico e emocional, conselhos sobre compras e assistência em tempos difíceis.

Classe baixa

Classe baixa alta (9%): é composta por trabalhadores pobres. Apesar de viverem pouco acima da linha da pobreza, essas pessoas lutam para alcançar uma classe mais alta. Entretanto, geralmente lhes falta instrução e elas recebem salários baixos por desempenharem funções que não necessitam de especialização.

Classe baixa (7%): visivelmente pobres, essas pessoas apresentam baixo grau de instrução e desempenham as piores tarefas. Ficam desempregadas com frequência, e algumas dependem da ajuda do governo. Elas tendem a simplesmente viver, dia após dia.

Figura 5.3 As principais classes sociais nos Estados Unidos.

Os profissionais de marketing se interessam pelas classes sociais porque as pessoas pertencentes a uma determinada classe tendem a exibir um comportamento de compra similar. As classes sociais demonstram preferências distintas por produtos e marcas relacionadas a roupas, móveis, viagens, atividades de lazer, serviços financeiros e carros.

Fatores sociais

O comportamento do consumidor também é influenciado por fatores sociais, como *pequenos grupos, família, papéis sociais* e status.

Grupos e redes sociais

O comportamento de uma pessoa é influenciado por diversos **grupos** pequenos. Os grupos dos quais uma pessoa faz parte que exercem uma influência direta sobre ela são chamados de grupos de associação. Já os grupos de referência atuam como pontos de comparação ou referência diretos (frente a frente) ou indiretos na formação do comportamento e das atitudes de uma pessoa. As pessoas muitas vezes são influenciadas por grupos de referência aos quais não pertencem. Por exemplo, um grupo de aspiração é aquele ao qual um indivíduo deseja pertencer, como um jovem jogador de basquete que espera, um dia, seguir os passos de LeBron James e jogar na NBA.

Os profissionais de marketing tentam identificar os grupos de referência de seus mercados-alvo. Esses grupos expõem as pessoas a novos comportamentos e estilos de vida, influenciam suas atitudes pessoais e autoimagem e criam pressões para que elas se adaptem que podem afetar suas escolhas de marca e produto. A importância dos grupos de referência varia de acordo com o produto e a marca. Ela tende a ser mais forte quando o produto é visível para as pessoas que o comprador respeita.

Grupo
Duas ou mais pessoas que interagem para conquistar metas individuais ou mútuas.

Influência do boca a boca
O impacto daquilo que amigos, colegas e consumidores de confiança dizem e recomendam influencia no comportamento de compra do consumidor.

Formadores de opinião
Pessoas em um grupo de referência que, por conta de suas habilidades, conhecimento, personalidade ou outras características especiais, exercem influência social sobre os demais.

INFLUÊNCIA DO BOCA A BOCA E BUZZ MARKETING. A **influência do boca a boca** pode ter um grande impacto no comportamento de compra do consumidor. O que amigos, colegas e consumidores de confiança dizem e recomendam tende a ser mais digno de crédito do que aquilo que fontes comerciais, como propagandas e vendedores, falam. A maior parte da influência do boca a boca ocorre naturalmente: os consumidores começam a conversar sobre uma marca que usam ou sobre o que, de uma maneira ou de outra, sentem em relação a ela. Em geral, em vez de simplesmente deixar que isso aconteça, os profissionais de marketing podem contribuir para a geração de conversas positivas sobre suas marcas.

As empresas que trabalham com marcas sujeitas a uma forte influência de grupo devem descobrir como alcançar **formadores de opinião** — pessoas em um grupo de referência que, por conta de suas habilidades, conhecimentos, personalidade ou outras características especiais, exercem influência social sobre os demais. Alguns especialistas chamam essas pessoas de *influentes* ou *orientadores adotantes*. Quando elas falam, os consumidores escutam. Os profissionais de marketing tentam identificar formadores de opinião para seus produtos e direcionar esforços de marketing para eles.

O buzz marketing envolve contratar ou mesmo criar formadores de opinião para atuarem como "embaixadores da marca", que divulgam os produtos da empresa. Muitas empresas estão transformando clientes regulares em evangelistas da marca. Por exemplo, o que não falta para a ShoeDazzle, um clube de sapato on-line, são grandes nomes para promovê-la, incluindo a estrela de reality show Kim Kardashian, cofundadora e estilista-chefe da marca. Mas a empresa descobriu que seu melhor porta-voz pode ser, literalmente, uma garota comum:[11]

▲ Buzz marketing: a ShoeDazzle descobriu que seu melhor porta-voz pode ser, literalmente, uma garota comum.
Jarrod Weaton/Weaton Digital, Inc.

Uma das mais persuasivas porta-vozes da ShoeDazzle é uma adolescente desconhecida cujo testemunho, postado em um vídeo no site da empresa, foi visto mais de 37 mil vezes. No vídeo, ela fala que é "obcecada por sapatos" e elogia os baixos preços do serviço. "Os preços são, tipo, perfeitos", diz ela. No site, outras clientes satisfeitas falam como gostam do preço, dos modelos, da entrega rápida e até mesmo das caixas cor-de-rosa nas quais os sapatos vêm. ("A embalagem é muito legal", diz uma cliente feliz. "Eles vêm em uma caixinha cor-de-rosa fofa. Dá até para usá-la em um presente.")

O nome de Kim Kardashian gerou muito buzz na época do lançamento da ShoeDazzle — em menos de um ano, a empresa tinha um milhão de fãs no Facebook. Mas, para ajudar a imprimir uma cara mais realista ao serviço, a ShoeDazzle começou a solicitar pequenos vídeos, feitos por webcam, em que clientes reais diziam o que as tinha deixado mais surpreendidas com a empresa. Em seguida, ela distribuiu os vídeos no YouTube, em blogs, no Twitter, no Facebook e seu site, permitindo que possíveis clientes vissem e ouvissem relatos de pessoas que pensam como elas. Os persuasivos testemunhos em vídeo se tornaram um importante apoio para a ShoeDazzle. Por exemplo, um dos principais testemunhos foi visto mais de 48 mil vezes. Nele, uma mulher empolgada tece elogios a um sapato alto azul cheio de tachinhas. "O que mais me surpreendeu foi a qualidade", ela diz. "Eu amo os detalhes. Eu amo a caixa cor-de-rosa e fofa que vocês mandam." Nenhuma modelo diria isso melhor.

Redes sociais on-line. Em termos mais amplos, nos últimos anos, entrou em cena um novo tipo de interação social: a rede social on-line. **Redes sociais on-line** são comunidades em que as pessoas socializam e trocam informações e opiniões. As mídias de rede social incluem blogs (Gizmodo, Zenhabits), fóruns (Graigslist), sites (Facebook, Twitter, Foursquare), e mundos virtuais (Second Life). Essa nova forma de diálogo entre os consumidores e entre os consumidores e as empresas gera grandes implicações para os profissionais de marketing.

As empresas estão trabalhando para aproveitar o poder dessas novas redes sociais e de outras oportunidades de troca de informações e ideias no meio digital na promoção de seus produtos e na construção de um relacionamento mais próximo com os clientes. Em vez de enviar mais mensagens unilaterais para os consumidores, elas esperam poder usar a Internet e as redes sociais para *interagir* com eles e fazer parte de suas conversas e de sua vida (veja o Marketing Real 5.1).

Por exemplo, a Red Bull tem uma quantidade exorbitante de amigos no Facebook: 8,4 milhões; o Twitter e o Facebook são os principais meios que ela utiliza para se comunicar com universitários. A JetBlue ouve os clientes no Twitter e, muitas vezes, lhes responde; recentemente, um consumidor tuitou "Embarcando em um voo da JetBlue" e a empresa retuitou "Você precisa experimentar as amêndoas defumadas".

Recentemente, a Coca-Cola lançou a Edição 206, que enviou três "embaixadores da felicidade" — escolhidos por votação on-line — para uma jornada de 365 dias pelos 206 países em que os produtos da empresa são vendidos. A missão deles era documentar o que "deixa as pessoas felizes" ao redor do planeta e compartilhar suas experiências com consumidores do mundo todo por meio de blogs, tuites, vídeos e fotos postadas no Facebook, no Twitter, no YouTube, no Flickr e no site oficial da Edição 206. A ideia era gerar conversas sobre a marca, e não vendas imediatas. Os embaixadores geraram muito buzz e interação on-line, todos dentro do contexto de sua campanha mais ampla de marketing: "Abra a felicidade".[12]

> **Redes sociais on-line**
> Comunidades on-line — blogs, sites e outras comunidades — em que as pessoas socializam e trocam informações e opiniões.

Muitas marcas desenvolveram uma abrangente presença na mídia social. A Timberland, a ecológica fabricante de sapatos e equipamentos para atividades ao ar livre, criou uma comunidade on-line (<http://community.timberland.com>) que conecta consumidores conscienciosos em relação ao meio ambiente entre si e com a marca por meio de uma rede que inclui diversos sites, uma página no Facebook, um canal no YouTube, o Bootmakers Blog, boletins enviados por e-mail e diversas páginas no Twitter.

Mas as empresas precisam ser cuidadosas na hora de usar redes sociais on-line. Os resultados são difíceis de serem mensurados e controlados. Em última instância, quem controla o conteúdo são os usuários. Assim, tentativas de marketing nas redes sociais on-line podem, facilmente, ter o efeito oposto ao desejado. Por exemplo, quando a Skittles reformulou seu site, possibilitando ver, em tempo real, os tuites relacionados à empresa, engraçadinhos tuitaram uma série de profanidades relacionadas à Skittles que, no final, apareciam no site de doces. A Skittles foi forçada a abandonar sua campanha. No Capítulo 17, vamos explorar mais minuciosamente as redes sociais on-line como uma ferramenta de marketing.

▲ Utilização de redes sociais: a Timberland criou uma abrangente comunidade on-line que conecta consumidores conscienciosos em relação ao meio ambiente entre si e com a marca por meio de diversos sites, uma página no Facebook, um canal no YouTube, o Bootmakers Blog, boletins enviados por e-mail e diversas páginas no Twitter.

Cortesia da Timberland

Marketing Real 5.1

Aproveitando o poder da influência social on-line

As pessoas adoram conversar com as outras sobre coisas que as deixam felizes — incluindo seus produtos e marcas favoritos. Digamos que você realmente goste da JetBlue Airways — a empresa tem o dom para voar e oferece um preço acessível. Ou que esteja simplesmente apaixonado por sua nova câmera HERO2 da GoPro — é tão legal mantê-la presa ao corpo. Antigamente, você conversaria sobre essas marcas com alguns poucos amigos e familiares. Mas hoje, graças à Internet e à tecnologia móvel, qualquer pessoa pode compartilhar experiências com a marca com milhares, até mesmo milhões, de consumidores on-line.

Em resposta, as empresas estão trabalhando freneticamente para aproveitar as novas tecnologias e manter as pessoas interagindo com suas marcas on-line. Seja por meio da criação de embaixadores da marca on-line, do uso de pessoas influentes on-line e de redes sociais ou do desenvolvimento de eventos e vídeos que tem como objetivo provocar um falatório, a Internet está repleta de tentativas das empresas de gerar conversas sobre suas marcas e envolvimento com elas on-line.

Uma empresa pode começar desenvolvendo evangelistas on-line para sua marca. Foi isso que a Ford fez quando lançou nos Estados Unidos seu subcompacto Fiesta, voltado principalmente para os milhões, que entendem tudo de Internet:

> Um estudo revelou que 77% da geração milênio utiliza diariamente um site de rede social, como o Facebook e o Twitter, e 28% deles possuem um blog. Assim, a Ford criou a campanha "Movimento Fiesta", em que disponibilizou um Fiesta para 100 pessoas influentes, na casa dos 20 e poucos anos, selecionados entre 4 mil candidatos. Os embaixadores do Fiesta ficaram com o carro por seis meses, completaram mensalmente "missões" com diferentes temas e compartilharam suas experiências via blogs, tuites, atualizações no Facebook e posts no YouTube e no Flickr. A Ford não falou nada para os embaixadores sobre o que dizer, nem pediu que eles editassem seu conteúdo. "Dissemos a eles para serem totalmente sinceros", diz o gerente de mídia social da Ford. A bem-sucedida campanha "Movimento Fiesta" gerou, no pré-lançamento, um nível de conscientização de 58% entre os consumidores-alvo com menos de 30 anos do Fiesta. Em apenas seis meses, os consumidores postaram 60 mil itens, conquistaram 4,3 milhões de visualizações no YouTube e geraram 50 mil leads de vendas, bem como 35 mil test-drives.

Além de criar embaixadores da marca, as empresas que querem aproveitar o poder social da Internet podem trabalhar com o exército de influenciadores independentes que já entopem a internet: os blogueiros. Acredite ou não, hoje, o número de pessoas que ganham a vida como blogueiras é quase o mesmo do de advogados. Não importa a área de interesse: provavelmente, existem centenas de blogueiros que tratam dela. Além disso, uma pesquisa mostra que 90% dos blogueiros posta itens sobre suas marcas favoritas e menos favoritas.

Como resultado, muitas empresas tentam criar relacionamentos com blogueiros influentes ou personalidades on-line. O segredo consiste em encontrar blogueiros que tenham sólidas redes de leitores relevantes, que tenham crédito e que combinem com a marca. Por exemplo, empresas como P&G, Johnson & Johnson e Walmart trabalham com "mamães blogueiras" influentes. E não tenha dúvidas que você vai se deparar com as curtidas para alpinistas que escrevem em blogs para a North Face, motociclistas para a Harley-Davidson e compradores para o Whole Foods Market e o Trader Joe's.

Outras empresas descobriram que simplesmente participar de conversas on-line já existentes pode gerar grandes resultados. Pegue o exemplo de Shelly Davis, proprietária da Kinky-Curly Hair Products. Poucos anos atrás, Shelly começou a investigar blogs com vídeos do YouTube sobre produtos para tratamento de cabelos voltados para mulheres negras. Ela passou, então, a entrar nas seções de comentários, oferecendo conselhos e respondendo a perguntas sobre os produtos Kinky-Curly, sendo cuidadosa para manter o elemento-chave da promoção por meio de blogs: a autenticidade. Resultado: em dois anos, blogueiros tinham postado mais de 5.100 diferentes vídeos no YouTube que demonstram e comentam os produtos Kinky-Curly. Todo esse buzz aumentou as receitas da empresa em 40% e colocou os produtos Kinky-Curly nas prateleiras do Target e do Whole Foods Market.

Talvez, o melhor caminho para gerar conversas sobre as marcas e envolvimento social on-line seja, simplesmente, fazer algo que faça com que o falatório valha a pena, envolvendo, de fato, as pessoas on-line. Há alguns anos, a marca Mountain Dew, da Pepsi, trabalha com as campanhas "DEWmocracia", que convida os sedentos clientes da Mountain Dew a participar, em todos os níveis, do lançamento de um novo sabor da bebida: eles se envolvem na escolha e no nome desse sabor, no design da embalagem, na apresentação e seleção de comerciais para a TV e até mesmo na definição da mídia e da agência de propaganda. Com um site exclusivo e presença no Facebook, no Twitter, no Flickr e em outras redes públicas, a "DEWmocracia" tem se mostrado um meio perfeito para manter os jovens e socialmente ativos consumidores da Dew conversando com outras pessoas e com a empresa sobre a marca. Por exemplo, no lançamento da última campanha "DEWmocracia", o número de fãs da Mountain Dew no Facebook quintuplicou.

Ironicamente, um dos meios mais simples de conquistar influência social on-line é também um dos mais antigos: produzir um bom anúncio que faça as pessoas falarem sobre ele. Mas, nos dias de hoje, os veículos para anúncios e conversas são outros. Quase todas as marcas, grandes e pequenas, estão criando anúncios inovadores e patrocinando vídeos, postando-os e torcendo para que se tornem um viral. Pergunte para a Volkswagen (VW). Seu anúncio no Super Bowl de 2011 — que traz um Darth Vader em miniatura usando a força para ligar um carro — se tornou um viral, obtendo 18 milhões de visualizações on-line antes mesmo de ser transmitido na TV. O comercial inteligente foi o vídeo mais visto no ano no YouTube, com mais de 50 milhões de visualizações. No ano seguinte, um *teaser* do Passat chamado "The bark side" (O lado do latido), em que um coral de cachorros apresenta a "Marcha imperial", do *Star Wars*, foi visto por mais de 7 milhões de fãs antes mesmo do grande jogo. O vídeo também direcionava os espectadores para o site da VW, onde podiam convidar amigos para assistir a partidas do Super Bowl com versões customizadas do título do vídeo na abertura. Esse tipo de anúncio e vídeo gera muita conversa on-line sobre a marca e chama bastante atenção para ela.

Assim, seja por meio de embaixadores on-line, blogueiros, redes sociais ou conversas sobre vídeos e eventos, as empresas estão descobrindo maneiras criativas de usar a influência social da Internet, que vem se tornando, depressa, o lugar, tanto para consumidores como para organizações. No último ano, o tempo que os consumidores passam em redes sociais quase triplicou, e os gastos das empresas com esses sites praticamente acompanharam o ritmo. "[A mídia] social é uma das principais tendências que orientam os negócios", diz um executivo de marketing social. "É mais do que marketing puro. Tem a ver com rápida conexão com os clientes e desenvolvimento de um relacionamento contínuo."

▲ Uma empresa pode começar desenvolvendo evangelistas on-line para sua marca. Foi isso que a Ford fez quando lançou nos Estados Unidos seu subcompacto Fiesta, voltado principalmente para a geração milênio, que entende tudo de Internet.
Ford Motor Company

Fontes: Elisabeth A. Sullivan, "Blog savvy", *Marketing News*, 15 nov. 2009, p. 8; Keith Barry, "Ford bets the Fiesta on social marketing", *Wired*, 17 abr. 2009, <www.wired.com/autopia/2009/04/how-the-fiesta>; Dennis Nishi, "How to sell on YouTube without showing a video", *Wall Street Journal*, 15 nov. 2010; Alan Mitchell, "Word-of-mouth is over-hyped", *Marketing*, 6 out. 2011, <www.marketingmagazine.co.uk>; Steven Williams, "Digital, social media take center stage", *Advertising Age*, 12 jan. 2012, <http://adage.com/article/digital/digital-social-media-center-stage-auto-show/232068/>; Stuart Elliott, "The pregame show (of commercials) begins", *New York Times*, 24 jan. 2012; informações extraídas de <www.dewmocracy.com>. Acesso em: mar. 2012.

Família

Os membros da família podem influenciar bastante o comportamento do comprador. A família é a mais importante organização de compra de consumo da sociedade e é amplamente pesquisada. Os profissionais de marketing se interessam pelos papéis e pela influência do marido, da esposa e dos filhos na compra de diferentes produtos e serviços.

O envolvimento entre marido e mulher varia bastante de acordo com a categoria de produto e com o estágio no processo de compra. Os papéis de compra mudam com a evolução do estilo de vida do consumidor. Por exemplo, nos Estados Unidos, tradicionalmente, a esposa é considerada a principal agente de compras da família nas áreas de alimentos, produtos para a casa e vestuário. Mas, com mais mulheres trabalhando fora e maridos dispostos a cooperar nas compras familiares, isso está mudando. Em uma pesquisa recente com homens entre 18 e 64 anos, 51% dos entrevistados disseram que são responsáveis pelas compras de supermercado na casa e 39% afirmaram que cuidam das roupas. Ao mesmo tempo, hoje em dia as mulheres são responsáveis por 50% das compras envolvendo tecnologia e influenciam dois terços das compras de novos carros.[13]

Essas mudanças apontam para uma nova realidade no marketing. Profissionais de marketing de setores que, tradicionalmente, vendiam seus produtos apenas para mulheres ou apenas para homens — desde produtos alimentícios e de cuidado pessoal até carros e eletrônicos de consumo — estão agora se voltando, cuidadosamente, para o sexo oposto. Por exemplo, muitas empresas de produtos alimentícios passaram a trabalhar com apelo para os pais:

> Agora, o slogan da manteiga de amendoim Jif é "mães *e pais* exigentes escolhem Jif". Marcas da P&G como Gain, Febreze e Swiffer se tornaram importantes anunciantes de seções do Yahoo.com como a de esportes, bastante frequentada por homens. O duradouro propósito de vida de Tony, o tigre garoto-propaganda dos sucrilhos Kellogg's — vender sucrilhos para crianças e mães que vão às compras —, mudou, passando a incluir os pais. Recentemente, a marca se voltou para os pais em um anúncio que mostra um pai com seu filho e Tony brincando de futebol americano no quintal. O trio segue para a cozinha, para comer sucrilhos após o jogo, e uma voz diz: "Compartilhe o que

você ama com quem você ama". O anúncio, que traz Rece Davis, âncora esportivo na ESPN e pai, foi transmitido durante a programação adulta em emissoras voltadas para homens, como a ESPN, e em um microssite da ESPN.

Para ajudar as mulheres que *fazem* compras a cooperar com seus parceiros que odeiam acompanhá-las, a varejista de móveis IKEA surgiu com uma solução genial. Ela criou em suas lojas na Austrália uma área chamada Mänland, onde maridos e namorados que têm ojeriza a compras podem aguardar as mulheres. A área foi projetada com base nos espaços para criança da varejista, mas, em vez de desenhar e pintar, os homens jogam pebolim e videogame, assistem a programas esportivos e comem cachorro-quente de graça. As mulheres recebem um campainha para lembrá-las de buscar seu parceiro após 30 minutos de compras.[14]

As crianças também podem exercer uma importante influência nas decisões de compra da família. Estima-se que as 36 milhões de crianças nos Estados Unidos com idade entre 9 e 11 anos possuem 43 bilhões de dólares em renda disponível. Além disso, influenciam 150 bilhões de dólares adicionais, que seus familiares gastam com elas em áreas como a de alimentos, vestuário, entretenimento e itens de higiene pessoal. Um estudo revelou que as crianças influenciam significativamente decisões familiares sobretudo: desde o carro que deve ser comprado e o restaurante aonde irão comer até o destino das próximas férias.[15]

▲ A influência da família nas compras: para ajudar as consumidoras a cooperar com seus parceiros que odeiam comprar, a IKEA criou em suas lojas na Austrália uma área chamada Mänland para maridos e namorados que têm ojeriza a compras.
Newspix/Getty Images

Papéis e status

Uma pessoa pertence a vários grupos — família, clubes, organizações e comunidades on-line — e sua posição em cada um deles pode ser definida em termos tanto de papel como de status. Um papel consiste nas atividades que, de acordo com as pessoas ao redor, se espera que um indivíduo desempenhe. Cada papel possui um status que reflete a estima que a sociedade lhe dispensa.

As pessoas geralmente escolhem produtos apropriados para seus papéis e status. Pense nos vários papéis que uma mãe que trabalha fora desempenha. Em seu trabalho, ela pode exercer o papel de gerente de marca; em sua família, ela exerce o papel de esposa e mãe; em seus eventos esportivos favoritos, ela exerce o papel de grande torcedora. Como gerente de marca, ela vai comprar o tipo de roupa que reflete seu papel e status no trabalho. Nos jogos, ela pode usar roupas que incentivem seu time.

Fatores pessoais

As decisões do comprador também são influenciadas por características pessoais, como *idade e estágio no ciclo de vida, ocupação, situação financeira, estilo de vida* e *personalidade e autoimagem*.

Idade e estágio no ciclo de vida

Ao longo da vida, as pessoas mudam os produtos e serviços que compram. Os gostos referentes a roupas, comida, móveis e lazer geralmente são relacionados à idade. O ato de comprar é também moldado pelo estágio no ciclo de vida da família — estágios pelos quais as famílias passam à medida que seus membros amadurecem. Normalmente, as alterações no estágio de vida resultam de alterações demográficas e eventos que mudam a vida: casamento, nascimento dos filhos, compra de uma casa, divórcio, entrada dos filhos na faculdade, mudanças na renda pessoal, saída de casa e aposentadoria. Com frequência, os profissionais de marketing definem seus mercados-alvo em termos de estágio no ciclo de vida e desenvolvem produtos e planos de marketing apropriados para cada um.

Por exemplo, o Personicx, um sistema de segmentação do estágio de vida da Acxiom, uma gigante da área de informações sobre o consumidor, classifica os domicílios norte-americanos em um de seus 70 segmentos de consumidor e 21 grupos de estágio de vida, com base no comportamento do consumidor e em características demográficas. O Personicx inclui grupos de estágio de vida como: *iniciantes, estabilizados, dinheiro & carreira, grandes famílias, momento de transição, nossa vez, anos dourados* e *anciões ativos*. O grupo *estabilizados* consiste tanto de casais jovens, cheios de energia e bem de vida como de jovens famílias que estão ocupadas com sua carreira, vida social e interesses, especialmente em exercícios físicos e em ativas atividades de lazer. Já o grupo *momento de transição* consiste em consumidores que trabalham em fábrica, possuem menos instrução e têm renda mediana que estão se encaminhando para uma vida estável e pensando em casamento e filhos.

"Ao longo de sua vida, os consumidores passam por muitos estágios de vida", diz a Acxiom. "À medida que seu estágio de vida muda, seu comportamento e preferências de compra também mudam". Munidos de informações sobre o momento e as características das mudanças de estágio de vida, os profissionais de marketing podem criar campanhas focadas, personalizadas.[16]

Alinhada com os difíceis momentos econômicos recentes, a Acxiom desenvolveu um conjunto de segmentos econômicos de estágios de vida, que inclui grupos como *gerenciando o pouco, dê olho no essencial, fiel a um propósito, essa é minha vida, adiante em alta velocidade* e *potenciais recuperados*. Os *potenciais recuperados* são aqueles que têm mais chance de retomar seus gastos logo. Esse grupo é mais propenso do que os outros segmentos a fazer pesquisas on-line antes de comprar eletrônicos, aparelhos domésticos, itens de decoração para a casa e joias. Assim, varejistas que atuam no ramo de reforma de casas e são voltados para esse segmento devem ter uma forte presença on-line, oferecendo preços, características e benefícios, bem como disponibilidade de produto.

▲ Segmentação por estágio de vida: a classificação em 21 grupos de estágios de vida do Personicx permite às empresas ver os clientes do modo como eles realmente são e focá-los com precisão. "As pessoas não são apenas pais, médicas ou mergulhadoras. Elas são tudo isso."
Acxiom Corporation

Ocupação

A ocupação de uma pessoa afeta os produtos e serviços que ela compra. As pessoas que realizam trabalhos braçais tendem a comprar roupas de trabalho mais simples, enquanto os executivos compram mais ternos. Os profissionais de marketing tentam identificar os grupos ocupacionais que têm um interesse acima da média em seus produtos e serviços. Uma empresa pode até mesmo se especializar na fabricação de produtos necessários para um grupo ocupacional específico.

A Carhartt, por exemplo, confecciona roupas de trabalho mais resistentes, duráveis e simples — a que chama de "equipamento original do trabalhador norte-americano. De casacos a jaquetas, de aventais a macacões [...], se a roupa tiver a marca Carhartt, o desempenho será fabuloso". Seu site traz depoimentos reais de clientes da empresa. Um eletricista, que batalha contra o frio na região ártica do Canadá, relata que usou macacões e uma jaqueta da linha Arctic da Carhartt, bem como outras roupas da marca, durante mais de dois anos sem que tivesse nenhum "botão caído, costura rompida nos bolsos ou zíper emperrado". E um homem que trabalha em uma ferrovia no norte de Nova York, que há anos caminha em trilhos irregulares, sobe em trens e altera vagões em situações de calor escaldante e frio congelante, diz que sua jaqueta marrom da Carhartt faz parte de seu "equipamento de sobrevivência — é como uma colete à prova de balas de um policial".[17]

156 Parte 2 | Entendimento do mercado e dos clientes

Situação financeira

A situação financeira de uma pessoa afeta sua escolha de produto e loja. Os profissionais de marketing acompanham tendências relativas à renda pessoal, à poupança e às taxas de juros. No período mais comedido que se seguiu à Grande Recessão, muitas empresas trabalharam para redesenhar, reposicionar e dar novos preços a seus produtos e serviços. Por exemplo, o Target, um sofisticado varejista de desconto, substituiu algumas de suas coisas "chiques" por "acessíveis". Ele também passou a enfatizar o lado "pague menos" de sua promessa de posicionamento "Espere mais. Pague menos".

De maneira similar, para se tornar mais competitivo em relação a concorrentes de desconto (como o Target e o Kohl's) em uma economia mais apertada, o JCPenney recentemente anunciou grandes mudanças em seu marketing, incluindo uma estratégia de preços baixos todos os dias que traz uma precificação mais simples e um ponto final para a questão aparentemente sem fim das promoções. "Já. Chega", diz um novo comercial do varejista, que mostra compradores gritando de raiva por ter que recortar cupons, correr para pegar as ofertas e ficar na fila esperando promoções relâmpagos.[18]

Estilo de vida

Estilo de vida
Padrão de vida de uma pessoa expresso em suas atividades, interesses e opiniões.

Pessoas da mesma subcultura e classe social e com a mesma ocupação podem ter estilos de vida muito diferentes. **Estilo de vida** é o padrão de vida de uma pessoa expresso em suas características psicográficas. Ele envolve a avaliação das principais dimensões AIO do consumidor — atividades (trabalho, hobbies, compras, esportes, eventos sociais), interesses (comida, moda, família, lazer) e opiniões (acerca de si mesmo, das questões sociais, das empresas e dos produtos). O estilo de vida vai além da classe social e da personalidade da pessoa: ele descreve todo um padrão de ação e interação com o mundo.

Quando utilizado com cuidado, o conceito de estilo de vida pode ajudar os profissionais de marketing a entender mudanças nos valores do consumidor e como elas afetam seu comportamento de compra. Os consumidores não compram apenas produtos: eles compram os valores e os estilos de vida que esses produtos representam. Por exemplo, a REI vende mais do que os equipamentos e as roupas para atividades ao ar livre que fabrica: ela vende todo um estilo de vida para pessoas que "amam sair e se divertir":[19]

> Na REI, diz a empresa, "incentivamos, instruímos e equipamos as pessoas para uma vida de aventura e responsabilidade ao ar livre". Um anúncio da REI mostra uma mulher andando de bicicleta em um amplo espaço aberto, dizendo: "A REI prefere abrir caminhos a apertar o botão de soneca do despertador, não importa o que isso signifique". Outro anúncio traz um homem fazendo trilha em lugares incríveis: "A REI sabe como é uma esteira", diz ele, "mas eu, sinceramente, nunca vi uma". No site da REI, entusiastas de práticas ao ar livre podem compartilhar histórias, matricular-se em turmas da REI Outdoor School em um local próximo, ou mesmo se inscrever em uma das dezenas de viagens de aventura patrocinadas pela empresa ao redor do mundo.

As empresas buscam segmentos de estilo de vida com necessidades que podem ser atendidas por meio de produtos e abordagens de marketing especiais. Esses segmentos podem ser definidos por qualquer coisa: características familiares, interesses em atividades ao ar livre e preferência por animais de estimação. De fato, o atual estilo de vida dos dedicados donos de animais de estimação gerou um imenso mercado para uma série de produtos, que vão desde os suprimentos básicos para os *pets* até exóticos serviços voltados para seus exigentes "pais" (veja o Marketing Real 5.2).

Personalidade e autoimagem

Personalidade
Conjunto de características psicológicas singulares que distinguem uma pessoa ou um grupo.

Toda pessoa possui uma personalidade distinta que influencia seu comportamento de compra. **Personalidade** é o conjunto de características psicológicas singulares que distinguem uma pessoa ou um grupo. Normalmente, ela é descrita em termos de traços como autoconfiança, domínio, sociabilidade, autonomia, resistência, adaptabilidade e agressividade. A personalidade pode ser útil na análise do comportamento do consumidor em relação à escolha de determinado produto ou marca.

A ideia é que as marcas também têm personalidade e que os consumidores tendem a escolher marcas cuja personalidade corresponda a sua. Uma *personalidade de marca* é uma mistura específica de características humanas que podem ser atribuídas à determinada marca. Um pesquisador identificou cinco traços de personalidade de marca: *sinceridade* (realista, sincera, saudável e alegre), *empolgação* (ousada, espirituosa, criativa e atualizada), *competência* (confiável,

Marketing Real 5.2

Estilo de vida dos donos de pets

Antigamente, ao que parece, ter um animal de estimação não exigia muito. Hoje, contudo, a vida dos donos desses animais parece girar em torno de seus peludos (ou emplumados) amigos. Muitas pessoas tratam seu pet — cachorro, gato, periquito ou ouriço — como um importante membro da família. Aproximadamente 42% dos cachorros dormem na cama de seus donos. Um terço dos donos de animais se considera "pais" deles. Para essas pessoas, ter um animal de estimação não significa apenas ter um bichinho fofinho por perto — isso define todo um estilo de vida.

O segmento de estilo de vida dos donos de animais de estimação representa um enorme mercado. Nos Estados Unidos, 62% dos lares possuem pelo menos um pet. Juntos, os norte-americanos têm cerca de 75 milhões de cachorros, 88 milhões de gatos, 142 milhões de peixes de água doce, 10 milhões de peixes de água salgada, 16 milhões de pássaros, 24 milhões de animais pequenos, 13 milhões de répteis e 14 milhões de cavalos. Eles gastam mais de 50 bilhões de dólares por ano com seus animais de estimação — mais do que o PIB de 72 países no mundo.

Para muitos "pais" dedicados, ter um animal de estimação afeta praticamente todas as decisões que tomam: o carro que compram, o destino que escolhem para as férias e os canais a que assistem na televisão. Como resultado, empresas dos mais variados setores se voltaram para as necessidades especiais desse grande e crescente segmento de estilo de vida, fornecendo desde o básico (comida, cama, brinquedo, portão e outras coisas para o cuidado diário dos bichinhos) até viagem, hospedagem, plano de saúde e um canal na TV a cabo.

O setor de viagens norte-americano foi um dos que aumentou as opções para os indulgentes donos de animais de estimação. Por exemplo, muitas grandes redes de hotéis oferecem não apenas quartos pensados para animais, mas também serviços para os donos que não suportam a ideia de deixar seu *pet* para trás. Alguns hotéis, entretanto, expandem essa ideia para outro nível, totalmente novo. Por exemplo, o Benjamin Hotel, em Nova York, possui o programa "Cachorro dos sonhos", que oferece "tudo aquilo de que um paparicado pet precisa para aproveitar a viagem no melhor estilo abanando o rabinho". O programa oferece vários tipos de cama para cachorro (incluindo uma opção ortopédica), roupões, serviços de quarto e DVDs, bem como acesso a tratamentos de spa e a uma clínica psicológica voltados para cães. "Entendemos que seu animal é um membro especial de sua família", diz o hotel. "Vamos garantir que seu amigo peludo não tenha que, jamais, mover uma pata."

De maneira similar, muitas companhias aéreas possuem políticas para transportar os 76 milhões de animais de estimação que voam por ano, seja na cabine ou no compartimento de bagagem. Contudo, para alguns donos de pets, isso não é suficiente. Alysa e Dan Binder tinham tantos problemas para voar com sua cadela Zoe que fundaram a primeira companhia aérea voltada especificamente para animais de estimação, em especial cães e gatos. Com 20 aeronaves, a Pet Airways atende hoje a nove cidades norte-americanas. As cabines são climatizadas e não possuem poltronas, apenas jaulas. A Pet Airways recebe seus "passageiros" em uma sala própria para eles, faz caminhadas e paradas no banheiro antes do embarque e os verifica, no mínimo, a cada 15 minutos durante o voo. Os "pais" podem monitorar seus pets por meio do site da empresa.

Como qualquer pessoa que adora pets lhe dirá, ter um animal de estimação não é barato. Só os gastos básicos com a aquisição e a manutenção de pets já podem ser altos. Mas são os gastos inesperados que podem, de fato, aumentar as contas. Geralmente, os maiores vilões são os gastos com veterinário. Nos últimos anos, cuidados médicos com pets aumentaram drasticamente, à medida que inovações na área da saúde voltadas para humanos abriam caminho para cuidados com os pets, incluindo tomografia computadorizada, ressonância magnética, quimioterapia e radioterapia e até mesmo cirurgia plástica. Mas os custos subiram na mesma proporção. Em apenas uma década, os gastos anuais médios com veterinário subiram 47% para cães e 73% para gatos.

▲ Foco no estilo de vida dos donos de pet: o programa "Cachorro dos sonhos", do Benjamin Hotel, "oferece tudo aquilo de que um paparicado pet precisa para aproveitar a viagem no melhor estilo abanando o rabinho, de cuidados com a aparência a um exuberante roupão e uma consulta com um psicólogo de animais".
The Benjamin Hotel

Esse aumento nos gastos com veterinário não desanimou os donos de animais de estimação. Um estudou revelou que cerca de 75% deles estão dispostos a incorrer em dívidas para oferecer cuidados veterinários a seus companheiros peludos. E, para muitos procedimentos médicos, eles teriam que fazer isso mesmo! Se não for diagnosticada logo, uma simples infecção no ouvido de um cachorro pode custar mil dólares em tratamento médico. Dez dias de diálise podem sair por 12 mil dólares e um tratamento contra um câncer pode custar mais de 40 mil. Isso representa um grande crescimento potencial para operadoras de planos de saúde para pets. Em resposta, empresas como a Petplan USA e a Veterinary Pet Insurance (VPI), uma subsidiária da Nationwide Insurance, passaram a oferecer planos de saúde para animais de estimação. A VPI cobre, principalmente, cães e gatos, mas atende a uma série de outros animais exóticos — de pássaros, coelhos, furões, ratos e porquinhos-da-índia a cobras, iguanas, tartarugas, miniporcos e até mesmo porcos-espinhos.

Alguns donos veem sentido em pagar mais de 50 dólares por mês para financiar os custos de despesas médicas maiores. Por exemplo, para a família Bongard, de Wisconsin, o plano de saúde fez toda a diferença entre salvar sua porco-espinho fêmea Harriet e vê-la partir. Recentemente, Harriet passou por uma cirurgia para remover um tumor maligno, os pontos romperam, ela passou por uma segunda cirurgia para reparar os danos e terminou tomando antipsicóticos. Sem o plano de saúde, Harriet não teria sobrevivido. Mesmo com o plano, os Bongard desembolsaram 1,9 mil dólares para manter Harriet viva. Esse tipo de gasto com um ouriço pode parecer maluco, mas ele reproduz o estilo de vida de donos de pets e a ligação entre eles e seus animais. Como disse Kristen Bongard, ela se derrete toda quando Harriet se enrola como uma bolinha. "É adorável. De repente você vê um nariz aparecendo, e dois olhos, e talvez as duas patas dianteiras e, então, uma parte das orelhas. É uma coisa muito fofa de ver."

Um dos negócios mais incomuns voltado para o estilo de vida de donos de pets é o DogTV, um canal na TV a cabo lançado recentemente que tem como objetivo diminuir a ansiedade que donos que trabalham e cachorros que ficam em casa sentem por conta da separação:

A ideia é manter os cachorros relaxados e entretidos enquanto seu dono está no trabalho. Muitas pessoas já deixam a TV ligada quando saem, para deixar seu cachorro com companhia, assim parece que a DogTV já tem um mercado pronto. Embora os donos paguem 4,99 dólares por mês pela assinatura, a programação do canal é 100% voltada para os cães. Ela tem como base uma pesquisa feita por psicólogos de cachorros que mostra o que eles gostam de ver e ouvir. Não se trata de perseguições de carro, sirenes ou outras coisas envolvendo rápida ação — isso pode causar estresse nos pets. Em vez disso, cachorros gostam de programas que mostram outros cachorros, cenas suaves de cães correndo atrás de bolas e, principalmente, do desenho "Bob Esponja, Calça Quadrada", o grande favorito do canal. Você não vai encontrar nenhum anúncio na DogTV. "Propaganda é algo difícil para nós", diz o CEO da DogTV. "Nossos telespectadores não falam nem compram produtos." Ainda é muito cedo para dizer até que ponto o negócio vai dar certo, mas, por enquanto, os cachorros parecem gostar do que veem. "Ajuda se você colocar a televisão perto do chão", observa um porta-voz da DogTV.

A lista de coisas que os donos de pet podem fazer (e comprar) para seus animais é extensa. Para cachorros acima do peso (e 40% deles estão), tem a esteira PetZen (custa entre 500 e 900 dólares). Para aqueles que não querem que seu pet macho sofra com a queda de autoestima que acompanha a castração, tem o Neuticles, implante de testículo patenteado para pets. Cerca de 425 mil cachorros, gatos, macacos, ratos e até mesmo um búfalo-asiático têm um companheiro. E um número crescente de pessoas que acha difícil se separar de seus pets quando eles morrem pode recorrer à criogenização, empalhá-los e preservá-los em uma pose natural, de modo que sempre estarão por perto. Hoje em dia, esse é o estilo de vida de donos de pet.

Fontes: citações, exemplos adaptados e outras informações extraídas de Marty Graham, "TV network aims for new viewing audience: dogs", *Reuters*, 15 fev. 2012, <www.reuters.com/article/2012/02/15/us-dogtvidUSTRE81E26220120215>; Gwendolyn Bounds, "The dog maxed out my credit card", *Wall Street Journal*, 2 nov. 2011, <http://online.wsj.com/article/SB10001424052970204394804577011824160591082.html>; David Kestenbaum, "Health insurance: now for your dog, or hedgehog", *Morning Edition*, 21 out. 2009, <www.npr.org/templates/story/story.php?storyId=113972847>; Morieka Johnson, "My dog eats rocks, and other strange things", *CNN*, 20 jan. 2012, <www.cnn.com/2012/01/20/living/unusual-dog-stories-mnn/index.html>; <www.thebenjamin.com/DreamDog.aspx> e <www.petairways.com>. Acesso em: 2012.

▲ Personalidade de marca: os consumidores tendem a escolher marcas cuja personalidade corresponde a sua. A marca Gucci é associada com "sofisticação".
Associated Press

inteligente e bem-sucedida), *sofisticação* (de alta classe e elegante) e *rusticidade* (bucólica e forte). "Sua personalidade determina o que você consome, os programas a que assiste na TV, os produtos que compra e [muitas] outras decisões que toma", diz um especialista em comportamento do consumidor.[20]

Marcas muito conhecidas são fortemente associadas a um traço específico: o F150 da Ford com "rusticidade", a Apple com "empolgação", o *Washington Post* com "competência", a Method com "sinceridade" e a Gucci com "sofisticação". Assim, essas marcas atraem pessoas que apresentam altos níveis dos mesmos traços de personalidade.

Muitos profissionais de marketing utilizam um conceito relacionado à personalidade: a *autoimagem* de uma pessoa. A ideia é que aquilo que as pessoas têm contribui para sua identidade e a reflete — ou seja, "somos o que consumimos". Assim, para entender o comportamento do consumidor, os profissionais de marketing precisam, primeiro, entender a ligação entre a autoimagem do consumidor e aquilo que ele possui.

Por exemplo, a marca Axe, da Unilever, de cuidados pessoais para homens, projeta uma personalidade jovem, confiante, máscula e maliciosa. No mundo todo, os picantes e muitas vezes polêmicos anúncios da marca mostram o "Efeito Axe" — o modo como as mulheres são loucamente atraídas pelo cheiro do desodorante Axe. Em um anúncio, um rapaz usando Axe é despido por duas loiras, agentes de segurança, no aeroporto. Em outro, um rapaz é perseguido por centenas de mulheres de biquíni em uma ilha remota. Esse posicionamento por personalidade fez da Axe a marca de desodorante masculino mais usada nos Estados Unidos.[21]

Fatores psicológicos

As escolhas de compra de uma pessoa também são influenciadas por quatro importantes fatores psicológicos: *motivação*, *percepção*, *aprendizagem* e *crenças e atitudes*.

Motivação

Uma pessoa tem muitas necessidades em determinados momentos. Algumas dessas necessidades são biológicas, oriundas de estados físicos, como fome, sede ou desconforto. Outras são psicológicas, causadas pela necessidade de reconhecimento, estima ou pertencimento. Uma necessidade se torna um motivo quando alcança um certo nível de intensidade. Um **motivo** (ou **impulso**) é uma necessidade suficientemente forte para fazer com que a pessoa busque satisfazê-la. Psicólogos desenvolveram teorias sobre a motivação humana. Duas das mais famosas — a teoria de Sigmund Freud e a de Abraham Maslow — têm significados bastante diferentes para a análise do consumidor e para o marketing.

Motivo (ou impulso)
Necessidade que é suficientemente forte para fazer com que a pessoa busque satisfazê-la.

Para Sigmund Freud, as pessoas não têm muita consciência das verdadeiras forças psicológicas que moldam seu comportamento. Sua teoria sugere que as decisões de compra de uma pessoa são afetadas por motivos subconscientes que nem mesmo o comprador consegue entender completamente. Assim, um baby-boomer que está envelhecendo e compra um BMW conversível esportivo pode dizer que simplesmente gosta de sentir o vento em seus cabelos já escassos. Contudo, em um nível mais profundo, ele pode estar tentando impressionar os outros com seu sucesso. E, em um nível ainda mais profundo, pode ter comprado o carro para se sentir novamente jovem e independente.

O termo *pesquisa motivacional* refere-se a uma pesquisa qualitativa desenvolvida para investigar as motivações escondidas, inconscientes dos consumidores, que geralmente não sabem ou não conseguem explicar por que agem do modo como agem. Os pesquisadores que trabalham com pesquisa motivacional utilizam uma série de técnicas de investigação para descobrir emoções e atitudes secretas em relação a marcas e situações de compra.

Muitas empresas utilizam equipes de psicólogos, antropólogos e outros cientistas sociais para conduzir pesquisas motivacionais. Uma agência de propaganda realiza, rotineiramente, entrevistas individuais, parecidas com uma sessão de terapia, para penetrar no íntimo dos consumidores. Outra empresa pede aos consumidores que descrevam suas marcas favoritas como animais ou carros (uma Mercedes *versus* um Chevrolet, digamos), para avaliar o prestígio associado a várias marcas. Outras ainda contam com hipnose, terapia do sono ou luzes fracas e música suave para entrar nas profundezas obscuras da psique dos consumidores.

Essas técnicas são bastante esquisitas. Na verdade, algumas empresas rejeitam a pesquisa motivacional, pois a classificam como besteira. Mas muitas organizações utilizam abordagens do tipo tocar e sentir, que vem sendo muitas vezes chamadas de *pesquisa interpretativa do consumidor*, para explorar profundamente a psique do consumidor e desenvolver melhores estratégias de marketing.

Abraham Maslow procurou explicar por que as pessoas são impulsionadas por determinadas necessidades em determinados momentos. Por que uma pessoa gasta um bom tempo e energia com sua segurança pessoal e outra gasta com a busca da estima dos outros? De acordo com Maslow, isso acontece porque as necessidades humanas são dispostas em uma hierarquia, da mais urgente (na base) a menos urgente (no topo), conforme mostra a Figura 5.4.[22] Elas incluem necessidades *fisiológicas*, de *segurança*, *sociais*, de *estima* e de autorrealização.

Primeiro, a pessoa tenta satisfazer a necessidade mais importante. Quando essa necessidade é satisfeita, ela deixa de ser um elemento motivador, e a pessoa tenta, então, satisfazer a próxima necessidade mais importante. Por exemplo, uma pessoa que está passando fome (necessidade fisiológica) não terá nenhum interesse nos últimos acontecimentos no mundo das artes (necessidades de autorrealização), na maneira como é vista pelos outros (necessidades sociais ou de estima), nem em saber se está respirando ar puro (necessidades de segurança). Mas, à medida que cada necessidade importante é satisfeita, a próxima necessidade mais importante entra em jogo.

Percepção

Uma pessoa motivada está pronta para agir. A maneira como uma pessoa age é influenciada por sua percepção da situação. Todos nós aprendemos por meio do fluxo de informações que recebemos de nossos cinco sentidos: visão, audição, olfato, tato e paladar. Entretanto, cada um de nós recebe, organiza e interpreta essas informações sensoriais de modo individual. A **percepção** é o processo pelo qual as pessoas selecionam, organizam e interpretam as informações para formar uma visão significativa do mundo.

As pessoas podem ter percepções diferentes a partir dos mesmos estímulos graças a três processos perceptivos: atenção seletiva, distorção seletiva e retenção seletiva. Diariamente, elas são expostas a uma grande quantidade de estímulos. Por exemplo, estima-se que, em um único dia, as pessoas são expostas a uma quantidade de 3 a 5 mil anúncios.[23] É impossível uma pessoa prestar atenção a todos esses estímulos. A *atenção seletiva* — a tendência das pessoas de descartar a maioria das informações às quais são expostas — faz com que os profissionais de marketing tenham que trabalhar muito para atrair a atenção do consumidor.

Mesmo os estímulos que são notados nem sempre causam a reação esperada. Cada pessoa ajusta as informações recebidas a um conjunto de pensamentos já existente. A *distorção seletiva* descreve a tendência das pessoas de interpretar as informações de uma maneira que reforce aquilo em que já acreditam. As pessoas também esquecem grande parte daquilo que aprendem. Elas tendem a reter informações que reforçam suas atitudes e crenças. A *retenção seletiva* faz com que os consumidores sejam propensos a se lembrar dos pontos positivos de uma marca que já preferem e a se esquecer dos pontos positivos das marcas concorrentes. Por conta da atenção, da distorção e da retenção seletivas, os profissionais de marketing precisam trabalhar muito para transmitir suas mensagens.

Percepção
Processo pelo qual as pessoas selecionam, organizam e interpretam as informações para formar uma visão significativa do mundo.

Figura 5.4 Hierarquia das necessidades de Maslow.

É interessante notar que, embora muitos profissionais de marketing se preocupem com o fato de suas ofertas estarem ou não sendo percebidas por todos, alguns consumidores se preocupam com a possibilidade de estarem sendo afetados por mensagens de marketing sem saber disso, por meio da *propaganda subliminar*. Há mais de 50 anos, um pesquisador anunciou que tinha exibido rapidamente as mensagens "Coma pipoca" e "Beba Coca-Cola" na tela de um cinema de Nova Jersey, durante a exibição de um filme, a cada cinco segundos, durante três centésimos de segundo. De acordo com o pesquisador, apesar de o público não reconhecer essas mensagens de maneira consciente, ele as absorveu de modo subconsciente e comprou 58% a mais de pipoca e 18% a mais de Coca-Cola. De uma hora para outra, anunciantes

▲ Esse anúncio clássico da American Association of Advertising Agencies brinca com a propaganda subliminar. "A chamada 'propaganda subliminar' não existe", diz o anúncio. "Imaginação fértil, contudo, com certeza existe."
American Association of Advertising Agencies

e grupos de proteção ao consumidor passaram a se interessar muito pela percepção subliminar. Embora mais tarde o pesquisador tenha admitido que manipulou os dados, a questão ainda está em voga. Alguns consumidores ainda têm medo de ser manipulados por mensagens subliminares.

Diversos estudos realizados por psicólogos e pesquisadores de consumo encontraram pouca ou nenhuma relação entre mensagens subliminares e comportamento do consumidor. Estudos recentes sobre ondas cerebrais revelaram que, em determinadas circunstâncias, nosso cérebro pode registrar mensagens subliminares. Entretanto, aparentemente, a propaganda subliminar não possui o poder que lhe foi atribuído por seus críticos. Um clássico anúncio da American Association of Advertising Agencies brinca com a propaganda subliminar. "A chamada 'propaganda subliminar' não existe", diz o anúncio. "Imaginação fértil, contudo, com certeza existe."[24]

Aprendizagem

Quando as pessoas agem, elas aprendem. A **aprendizagem** consiste em mudanças no comportamento de uma pessoa que acontecem graças à experiência. Os teóricos da aprendizagem dizem que muitos comportamentos humanos são aprendidos. A aprendizagem ocorre por meio da interação de impulsos, estímulos, sinais, reações e reforços.

Um *impulso* é um forte estímulo interno que requer uma ação. Ele se torna um motivo quando é direcionado para um determinado *objeto de estímulo*. Por exemplo, o impulso de uma pessoa pela autorrealização pode motivá-la a pensar em comprar uma câmera. A reação do consumidor à ideia de comprar uma câmera é condicionada por sinais ao seu redor. *Sinais* são pequenos estímulos que determinam quando, onde e como a pessoa vai reagir. Por exemplo, a pessoa pode ver várias marcas de câmeras na vitrine de uma loja, ouvir falar de uma promoção ou conversar sobre câmeras com um amigo. Tudo isso constitui sinais que podem influenciar a *reação* de uma pessoa no que se refere a seu interesse por comprar o produto.

Suponhamos que o consumidor compre uma câmera da Nikon. Se sua experiência for gratificante, ele provavelmente usará cada vez mais a câmera, *reforçando* sua reação. Assim, na próxima vez em que for comprar uma câmera, um binóculo ou outro produto similar, a probabilidade de ele comprar um produto da Nikon será maior. Para os profissionais de marketing, o significado prático da teoria da aprendizagem é que eles podem desenvolver demanda para um produto associando-o a fortes impulsos, utilizando sinais de motivação e oferecendo um reforço positivo.

Crenças e atitudes

Por meio da execução e da aprendizagem, as pessoas adquirem crenças e atitudes que, por sua vez, influenciam seu comportamento de compra. Uma **crença** é um pensamento descritivo que uma pessoa tem em relação a algo. As crenças podem ser baseadas em

Aprendizagem
Mudanças no comportamento de uma pessoa que acontecem graças à experiência.

Crença
Pensamento descritivo que uma pessoa tem em relação a algo.

Atitude
As avaliações, os sentimentos e as tendências, favoráveis ou desfavoráveis, relativamente coerentes de uma pessoa com relação a um objeto ou ideia.

conhecimento, opinião ou fé verdadeiros e podem ou não ser acompanhadas de uma carga emocional. Os profissionais de marketing se interessam pelas crenças que as pessoas têm em relação a determinados produtos e serviços porque elas constituem imagens de marca e de produto que afetam o comportamento de compra. Se algumas das crenças forem equivocadas e impedirem as compras, o profissional de marketing lançará uma campanha para corrigi-las.

As pessoas têm atitudes em relação a religião, política, roupas, música, comida e quase todo o resto. A **atitude** compreende as avaliações, os sentimentos e as tendências relativamente coerentes de uma pessoa com relação a um objeto ou ideia. As atitudes fazem com que as pessoas gostem ou não das coisas, aproximando-se ou distanciando-se delas. O comprador da câmera de nosso exemplo pode ter atitudes do tipo "Compre o melhor", "Os japoneses fabricam os melhores produtos eletrônicos do mundo" e "Criatividade e autoexpressão estão entre as coisas mais importantes da vida". Nesse caso, uma Nikon vai ao encontro das atitudes existentes desse consumidor.

É difícil mudar as atitudes. Como elas se encaixam em um padrão, mudar uma atitude pode exigir difíceis ajustes em muitas outras. Assim, em geral, a empresa deve procurar adequar seus produtos às atitudes existentes, em vez de tentar mudá-las. Naturalmente, existem exceções. Por exemplo, tentar convencer os pais de que seus filhos poderiam gostar de cebola — isso mesmo, cebola — parece uma batalha perdida contra atitudes predominantes. E convencer as crianças disso parece um desafio ainda maior. Contudo, o VOC (Vidalia Onion Committe — Comitê para Cebola Vidalia), formado para promover um dos mais importantes produtos agrícolas do estado norte-americano da Geórgia, conseguiu fazer exatamente isso:[25]

Pode ser difícil vender para as crianças a ideia de comer cebolas. Cebolas têm um cheiro forte, podem fazer você chorar, e muitas crianças simplesmente se recusam a comê-las. Para ajudar a mudar essas atitudes, o VOC desenvolveu um plano singular. Ele usou o Shrek, o famoso ogro da popular série de animações. A ideia surgiu de uma cena do primeiro filme do Shrek, em que ele explica o que é um ogro para seu amigo Burro. "As cebolas têm camadas, os ogros têm camadas", diz Shrek. "Entendeu? Nós dois temos camada."

O resultado foi a campanha de marketing "Ogros e cebolas", lançada em todo os Estados Unidos para coincidir com a colheita de cebola e o lançamento do terceiro filme do Shrek. A campanha trazia cartazes gigantes do Shrek em gôndolas nos supermercados juntamente com sacos de cebola Vidalia em que Shrek perguntava: "O que os ogros e as cebolas têm em comum?" No site do VOC, Shrek oferecia receitas com cebola Vidalia voltadas para o gosto das crianças. A aclamada campanha fez com que logo as crianças começassem a pedir cebolas, e os pais, surpresos e encantados, atenderam ao pedido. As vendas de sacos de cebola Vidalia cresceram quase 30% no período.

Agora podemos avaliar as muitas forças que agem sobre o comportamento do consumidor. A escolha do consumidor resulta de uma complexa inter-relação de fatores culturais, sociais, pessoais e psicológicos.

▲ É difícil mudar as atitudes e as crenças: a aclamada campanha "Ogros e cebolas" do VOC fez com que as crianças passassem a comer cebola e encantou seus pais. As vendas de sacos de cebola Vidalia aumentaram 30%.
Vidalia® é uma marca registrada de certificação do Departamento de Agricultura da Geórgia

Objetivo 3

▶ Relacionar e definir os principais tipos de comportamento de decisão de compra e os estágios do processo de decisão do comprador.

Tipos de comportamento de decisão de compra

O comportamento de compra difere muito para uma pasta de dente, um smartphone, serviços financeiros e um carro zero. As decisões mais complexas normalmente envolvem mais participantes e mais ponderação por parte do comprador. A Figura 5.5 mostra os tipos de comportamento de compra do consumidor com base em seu grau de envolvimento e no nível de diferença existente entre as marcas.

Comportamento de compra complexo

Comportamento de compra complexo
Comportamento de compra do consumidor em situações caracterizadas por alto envolvimento da parte dele e por significativas diferenças percebidas entre as marcas.

Os consumidores apresentam um **comportamento de compra complexo** quando estão altamente envolvidos em uma compra e percebem diferenças significativas entre as marcas. Eles podem manifestar um alto envolvimento quando o produto é caro, inclui risco, não é comprado com frequência e é bastante autoexpressivo. Normalmente, o consumidor tem muito a aprender sobre a categoria do produto. Por exemplo, o comprador de um PC pode não saber quais atribu-

Figura 5.5 Quatro tipos de comportamentos de compra.

tos precisa considerar. Muitas características do produto não possuem nenhum significado real: "segunda geração do processador Intel Core i7-2670QM", placa de vídeo "NVIDIA GeForce GT 525M de 2GB" ou "memória DDR3 de 6GB com configurações de canal duplo".

Esse comprador passará por um processo de aprendizagem, desenvolvendo primeiro crenças sobre o produto e, em seguida, atitudes em relação a ele, para então fazer uma escolha de compra consciente. Os profissionais de marketing que trabalham com produtos de alto envolvimento devem compreender a coleta de informações e o comportamento de avaliação por parte dos consumidores desses produtos. Eles precisam ajudar os compradores a entender os atributos da classe de produto e sua relativa importância. Precisam também diferenciar as características de sua marca — talvez utilizando a mídia impressa para descrever seus benefícios — e motivar os vendedores das lojas e os conhecidos do comprador a influenciar sua escolha de marca final.

Comportamento de compra com dissonância cognitiva reduzida

O **comportamento de compra com dissonância cognitiva reduzida** ocorre quando os consumidores estão altamente envolvidos com uma compra cara, incomum ou que inclui risco, mas veem poucas diferenças entre as marcas. Por exemplo, ao comprar um tapete, os consumidores podem se deparar com uma decisão de alto envolvimento, uma vez que tapetes são um produto caro e autoexpressivo. No entanto, eles podem achar que a maioria das marcas de tapete de determinada faixa de preço é igual. Nesse caso, por não perceberem muitas diferenças entre as marcas, os compradores podem pesquisar para ver o que há disponível no mercado, mas efetuarão a compra de maneira relativamente rápida. Eles podem responder, principalmente, a um bom preço ou à conveniência da compra.

Depois da aquisição, os consumidores podem experimentar uma *dissonância pós-compra* (um desconforto após a compra), por perceberem certas desvantagens da marca de tapete comprada ou ouvirem comentários favoráveis sobre as outras marcas. Para conter essa dissonância, as comunicações pós-venda dos profissionais de marketing devem oferecer evidências e apoio para ajudar os consumidores a se sentirem bem com sua escolha de marca.

Comportamento de compra com dissonância cognitiva reduzida
Comportamento de compra do consumidor em situações caracterizadas por alto envolvimento da parte dele, mas por poucas diferenças significativas percebidas entre as marcas.

Comportamento de compra habitual

O **comportamento de compra habitual** ocorre em situações em que há um baixo envolvimento do consumidor e poucas diferenças significativas entre as marcas. Considere, por exemplo, o sal. O envolvimento dos consumidores com essa categoria de produto é baixo — eles simplesmente vão a um supermercado e pegam uma marca. Eles podem até pegar sempre a mesma marca, mas isso tem mais a ver com hábito do que com forte fidelidade à marca. Os consumidores parecem se envolver pouco com produtos de baixo custo comprados com frequência.

Nesses casos, o comportamento do consumidor não segue a sequência normal de crença, atitude e comportamento. Os consumidores não ficam procurando informações sobre

Comportamento de compra habitual
Comportamento de compra do consumidor em situações caracterizadas por baixo envolvimento da parte dele e por poucas diferenças significativas percebidas entre as marcas.

▼ Criação de envolvimento com o produto: a Charmin oferece melhorias que aumentam o envolvimento com a marca e a diferenciam das outras. Ela também patrocina o site e aplicativo Sit or Squat, que ajudam pessoas em viagens, que estão apertadas, a encontrar e classificar banheiros públicos, onde quer que estejam.
Jarrod Weaton/Weaton Digital, Inc.

Comportamento de compra em busca de variedade
Comportamento de compra do consumidor em situações caracterizadas por baixo envolvimento da parte dele, mas por significativas diferenças percebidas entre as marcas.

as marcas, não avaliam suas características e não tomam importantes decisões sobre quais marcas comprar. Por não estarem altamente envolvidos com o produto, eles podem, inclusive, não avaliar sua escolha, mesmo após a compra. Assim, o processo de compra envolve crenças sobre a marca formadas por aprendizagem passiva, seguida por comportamento de compra, que pode ou não ser seguido por avaliação.

Como os compradores não estão altamente comprometidos com nenhuma marca, os profissionais de marketing que trabalham com produtos de baixo envolvimento que apresentam poucas diferenças entre as marcas utilizam, com frequência, promoções de venda e de preço para estimular a compra. Como alternativa, eles podem adicionar atributos ou melhorias no produto, a fim de diferenciar sua marca das outras e aumentar o envolvimento. Por exemplo, para distinguir sua marca, o papel higiênico Charmin, da P&G, oferece as versões ultraforte, ultramacia, sensível, básica e refrescante (lenço umedecido), garantindo que tenha o papel certo para qualquer tipo de família. A Charmin também aumenta o envolvimento com a marca patrocinando o site e o aplicativo Sit or Squat, que ajudam pessoas em viagens, que estão apertadas, a encontrar e classificar banheiros públicos, onde quer que estejam.

Comportamento de compra em busca de variedade

Os consumidores apresentam um **comportamento de compra em busca de variedade** em situações caracterizadas por baixo envolvimento da parte deles, mas por diferenças significativas percebidas entre as marcas. Nesses casos, os consumidores geralmente trocam muito de marca. Por exemplo, ao comprar biscoitos, o consumidor pode ter algumas crenças, escolher uma marca sem muita avaliação e avaliá-la durante o consumo. Mas, da próxima vez, poderá escolher outra marca para quebrar a rotina ou simplesmente porque quer experimentar algo diferente. A troca de marca se deve à busca de variedade e à insatisfação.

Para essas categorias de produto, a estratégia de marketing da líder de mercado e a das marcas menores pode ser diferente. A líder de mercado pode tentar incentivar o comportamento de compra habitual dominando o espaço nas prateleiras, mantendo-as sempre cheias e recorrendo com frequência à propaganda de lembrança. Já as empresas desafiantes podem incentivar a busca de variedade oferecendo preços mais baixos, ofertas especiais, cupons de desconto e amostras grátis, bem como utilizando propagandas que apresentem razões para se experimentar algo novo.

Processo de decisão do comprador

Agora que conhecemos as influências que afetam os compradores, estamos prontos para analisar o modo como os consumidores tomam decisões de compra. A Figura 5.6 mostra que o processo de decisão do comprador possui cinco estágios: *reconhecimento da necessidade, busca por informações, avaliação das alternativas, decisão de compra* e *comportamento pós-compra*. Nitidamente, o processo de compra começa muito antes da compra em si e perdura por muito tempo depois. Os profissionais de marketing precisam se concentrar no processo de compra como um todo, e não apenas no estágio de decisão de compra.

A Figura 5.6 sugere que os consumidores passam pelos cinco estágios em toda compra, da mesma maneira. No entanto, eles podem passar rápido ou lentamente pelo processo como um todo. Em compras rotineiras, eles geralmente pulam ou invertem alguns desses estágios. Depende muito da natureza do comprador, do produto e da situação de compra. Uma mulher acostumada a comprar determinada marca de pasta de dente reconhece a necessidade

Figura 5.6 Processo de decisão do comprador.

e vai direto para a decisão de compra, pulando os estágios de busca por informações e avaliação das alternativas. De fato, utilizamos o modelo da Figura 5.6 porque ele mostra todas as considerações que surgem quando um consumidor se depara com uma nova e complexa situação de compra.

O processo de compra começa muito antes da compra em si e perdura por muito tempo depois. De fato, ele poderia resultar na decisão de não comprar. Portanto, os profissionais de marketing devem se concentrar no processo como um todo, e não apenas no estágio de decisão de compra.

Reconhecimento da necessidade

O processo de compra tem início com o **reconhecimento da necessidade** — o comprador reconhece um problema ou uma necessidade. A necessidade pode ser acionada por *estímulos internos*, quando uma das necessidades normais de uma pessoa — por exemplo, fome ou sede — atinge um nível alto o suficiente para se tornar um impulso. Ela pode ser acionada também por *estímulos externos*. Por exemplo, uma propaganda ou uma conversa com um amigo podem fazer com que você comece a pensar em comprar um carro novo. Nesse estágio, o profissional de marketing deve pesquisar os consumidores para descobrir que tipos de necessidades ou problemas surgiram, o que os suscitou e o que levou os compradores para o produto em questão.

Reconhecimento da necessidade
O primeiro estágio do processo de decisão do comprador, em que ele reconhece um problema ou uma necessidade.

Busca por informações

Um consumidor interessado pode ou não buscar mais informações. Se seu impulso for forte e o produto que satisfaz a sua necessidade estiver à mão, ele provavelmente o comprará. Caso contrário, poderá guardar a necessidade na memória ou empreender uma **busca por informações** relacionadas a essa necessidade. Por exemplo, ao decidir que precisa de um carro novo, você provavelmente começará a prestar mais atenção em anúncios de carros, nos carros que seus amigos têm e em conversas sobre carros. Ou poderá, ativamente, fazer pesquisas na Internet, trocar ideia com amigos e coletar informações de outras maneiras.

Busca por informações
Estágio do processo de decisão do comprador em que ele é motivado a buscar mais informações.

O consumidor pode obter informações de diversas fontes, entre elas: *fontes pessoais* (família, amigos, vizinhos, conhecidos), *fontes comerciais* (propaganda, vendedores, sites, embalagens, vitrines), *fontes públicas* (mídia de massa, opiniões e pesquisas de consumo, buscas na Internet) e *fontes experimentais* (manuseio, exame, utilização do produto). A influência relativa dessas fontes de informações varia de acordo com o produto e o comprador.

Tradicionalmente, o consumidor recebe a maior parte das informações sobre um produto de fontes comerciais, que são controladas pelos profissionais de marketing. No entanto, as fontes mais eficientes tendem a ser as pessoais. As fontes comerciais normalmente *informam* o comprador, ao passo que as pessoais *legitimam* ou *avaliam* os produtos para ele. Como afirma um profissional de marketing: "É raro uma campanha publicitária conseguir ser tão eficiente quanto um vizinho que se debruça sobre o muro e diz: 'Este produto é excelente'".[26]

▲ O reconhecimento da necessidade pode ser acionado por propaganda: intervalo para um lanchinho?

SNICKERS® e SQUARED & Design® são marcas registradas da Mars, Incorporated. Essas marcas são usadas com permissão. A Mars, Incorporated não é associada com a Pearson. As imagens dos símbolos do SNICKERS® e do SQUARED & Design®, bem como as das barras de SNICKERS® e de SNICKERS® Peanut Butter Squared, foram impressas com permissão da Mars, Incorporated.

Cada vez mais, o "muro do vizinho" é digital. Hoje, os compradores podem encontrar uma quantidade enorme de análises, feitas por usuários, referentes aos produtos que eles estão considerando em sites que vão desde o Amazon.com e o BestBuy.com até o TripAdvisors, o Epinions e o Epicurious. Apesar das análises dos usuários variarem muito em termos de qualidade, no geral elas costumam oferecer uma avaliação confiável do produto — vindas de pessoas como você, que já compraram o produto e o testaram.

Quanto mais informações obtêm, mais consciência e conhecimento o consumidor adquire sobre as marcas e os atributos disponíveis. Em sua busca por informações sobre carros, você pode aprender muito sobre as diversas marcas disponíveis. As informações também podem ajudá-lo a desconsiderar determinadas marcas. Uma empresa deve desenvolver seu mix de marketing de modo que torne os clientes potenciais cientes e peritos em relação a sua marca. Ela deve identificar cuidadosamente as fontes de informações dos consumidores e a importância de cada uma delas.

Avaliação das alternativas

Avaliação das alternativas
Estágio do processo de decisão do comprador em que ele utiliza as informações para avaliar as alternativas do conjunto final de marcas.

Vimos como os consumidores utilizam as informações para chegar a um conjunto final de marcas. Em seguida a isso, os profissionais de marketing precisam conhecer a **avaliação das alternativas**, ou seja, o modo como os consumidores processam as informações para fazer sua escolha entre as marcas alternativas. Infelizmente, os consumidores não utilizam um único e simples processo de avaliação em todas as situações de compra. Em vez disso, eles utilizam diversos processos.

O modo como os consumidores avaliam as alternativas de compra depende de suas características pessoais e da situação específica de compra. Em alguns casos, os consumidores utilizam cálculos meticulosos e pensamento lógico. Em outros, esses mesmos consumidores fazem pouca ou nenhuma avaliação, comprando com base no impulso e confiando na intuição. Algumas vezes, os consumidores tomam decisões de compra sem consultar ninguém; outras vezes, procuram amigos, análises on-line ou vendedores para obter aconselhamento.

Suponhamos que você tenha reduzido suas opções de carro para três marcas e que esteja interessado, basicamente, em quatro atributos: preço, design, economia de combustível e garantia. Nesse momento, você provavelmente já tem crenças formadas sobre a classificação das marcas em cada um desses atributos. Obviamente, se um carro for o melhor em todos os atributos, o profissional de marketing poderá prever que você o escolherá. Entretanto, as marcas indubitavelmente variam em relação ao apelo. Você pode basear sua decisão de compra principalmente em um atributo; nesse caso, é fácil prever sua escolha. Se quiser, acima de tudo, design, você vai comprar o carro que, em sua opinião, oferece o melhor design. Mas a maioria dos compradores leva em conta diversos atributos, dando uma importância diferente a cada um deles. Conhecendo a importância que você conferiu a cada um dos quatro atributos, o profissional de marketing poderia prever sua escolha com mais certeza.

Os profissionais de marketing devem estudar os compradores para descobrir como eles, de fato, avaliam as alternativas de marca. Se souberem como os processos de avaliação estão ocorrendo, os profissionais de marketing poderão tomar medidas para influenciar a decisão do comprador.

Decisão de compra

Decisão de compra
A decisão do comprador sobre qual marca adquirir.

No estágio de avaliação, o consumidor classifica as marcas e forma intenções de compra. Geralmente, sua **decisão de compra** é adquirir sua marca favorita, mas dois fatores podem surgir entre a *intenção* de compra e a *decisão* de compra. O primeiro fator consiste na *atitude dos outros*. Se alguém que lhe é importante achar que você deve comprar o carro mais barato, as chances de você comprar um mais caro diminuem.

O segundo fator envolve *situações inesperadas*. O consumidor pode formar uma intenção de compra com base em fatores como renda esperada, preço esperado e benefícios esperados do produto. Entretanto, eventos inesperados podem mudar a intenção de compra. Por exemplo, a economia pode entrar em crise, um concorrente próximo pode diminuir o preço ou um amigo pode dizer que se decepcionou com o carro que você prefere. Assim, preferências e até mesmo intenções de compra nem sempre resultam em uma escolha de compra real.

Comportamento pós-compra

O trabalho do profissional de marketing não termina com a compra do produto. Após a compra, o consumidor fica satisfeito ou insatisfeito e dá início a um **comportamento pós-compra** que muito interessa o profissional de marketing. O que determina se o comprador ficou satisfeito ou insatisfeito com a compra? A resposta está na relação entre as *expectativas do consumidor* e o *desempenho percebido* do produto. Se o produto não atende às expectativas, o consumidor fica desapontado; se atende às expectativas, ele fica satisfeito; e, se ultrapassa as expectativas, ele fica encantado. Quanto maior a lacuna entre a expectativa e o desempenho, maior a insatisfação do consumidor. Isso sugere que as empresas devem prometer somente aquilo que suas marcas podem oferecer, para que os compradores fiquem satisfeitos.

No entanto, praticamente todas as grandes compras resultam em **dissonância cognitiva** — ou desconforto gerado por um conflito pós-compra. Após a compra, os consumidores sentem-se satisfeitos com os benefícios da marca escolhida e contentes por terem evitado as desvantagens das outras marcas. Entretanto, toda compra possui dois lados. Assim, os consumidores também se sentem incomodados por terem adquirido as desvantagens da marca escolhida e perdido os benefícios das outras marcas. Desse modo, em toda compra que realizam, os consumidores sentem alguma dissonância pós-compra.[27]

> **Comportamento pós-compra**
> Estágio do processo de decisão do comprador em que ele toma medidas adicionais após a compra, com base em sua satisfação ou insatisfação.

> **Dissonância cognitiva**
> Desconforto do comprador gerado por um conflito pós-compra.

Por que é tão importante satisfazer o cliente? Porque satisfação do cliente é a chave para construir relacionamentos lucrativos com ele — para mantê-los, cultivá-los e colher seu valor ao longo do tempo. Os clientes satisfeitos repetem a compra, falam bem do produto para os outros, prestam menos atenção nas marcas e na propaganda dos concorrentes e compram outros produtos da empresa. Muitas empresas fazem mais do que simplesmente *atender* às expectativas dos clientes — o objetivo delas é *encantá-los*.

Um cliente insatisfeito reage de maneira diferente. Em geral, o boca a boca negativo se espalha mais (e mais depressa) do que o positivo e pode, rapidamente, prejudicar as atitudes do consumidor em relação à empresa e a seus produtos. E as empresas não podem ficar esperando que os clientes insatisfeitos reclamem de livre e espontânea vontade. A maioria dos clientes infelizes não compartilha seus problemas com a empresa. Assim, a empresa deve avaliar a satisfação de seus clientes regularmente. Ela deve criar sistemas que *incentivem* os clientes a reclamar. Dessa maneira, pode se manter informada sobre seu desempenho e como melhorá-lo.

▲ Dissonância cognitiva pós-compra: não importa a escolha que os consumidores façam — em toda decisão, eles sempre sentem alguma dissonância pós-compra.
Stephane Bidouze/Shutterstock.com

Ao estudar o processo geral de decisão do comprador, os profissionais de marketing podem encontrar maneiras de ajudar os consumidores a percorrê-lo. Por exemplo, se os consumidores não estão comprando um novo produto porque não sentem necessidade dele, o marketing pode lançar mensagens publicitárias que acionem a necessidade e mostrem como o produto soluciona os problemas dos clientes. Se os clientes conhecem o produto e não o estão comprando porque possuem atitudes desfavoráveis em relação a ele, os profissionais de marketing devem encontrar meios de mudar o produto ou as percepções do consumidor.

O processo de decisão do comprador para novos produtos

> **Objetivo 4**
> ◀ Descrever os processos de adoção e difusão para novos produtos.

Vamos agora analisar como os compradores agem na compra de novos produtos. Um **novo produto** é um bem, serviço ou ideia tido como novo por alguns clientes potenciais. O produto pode estar disponível há algum tempo — nosso interesse é descobrir como os consumidores ouvem falar dele pela primeira vez e tomam a decisão de adotá-lo ou não. Definimos

> **Novo produto**
> É um bem, serviço ou ideia tido como novo por alguns clientes potenciais.

Processo de adoção
Processo mental pelo qual passa um indivíduo do momento em que ouve falar de uma inovação pela primeira vez até a adoção final.

processo de adoção como o processo mental pelo qual passa um indivíduo do momento em que ouve falar de uma inovação pela primeira vez até a adoção final. *Adoção* é a decisão do indivíduo de se tornar usuário regular do produto.[28]

Estágios no processo de adoção

Os consumidores passam por cinco estágios no processo de adoção de um novo produto:

- *Conscientização:* o consumidor toma consciência do novo produto, mas faltam-lhe informações sobre ele.
- *Interesse:* o consumidor vai atrás de informações sobre o novo produto.
- *Avaliação:* o consumidor avalia se vale a pena experimentar o novo produto.
- *Experimentação:* o consumidor utiliza o novo produto em pequena escala para avaliar melhor seu valor.
- *Adoção:* o consumidor decide fazer uso total e regular do novo produto.

Esse modelo sugere que as empresas que lidam com novos produtos devem pensar em como ajudar os consumidores a percorrer esses estágios. Por exemplo, recentemente a Best Buy desenvolveu uma maneira ímpar de ajudar clientes preocupados a vencer um obstáculo no processo de compra e a tomar uma positiva decisão de compra para novos televisores[29]:

> Antes de um recente período de compras de final de ano, a fim de convencer os compradores a migrar para novos modelos, fabricantes de televisores ofereceram uma enxurrada de novas tecnologias e lotaram seu discurso de marketing de jargão técnico do tipo ultrafina, wi-fi integrado, equipada com aplicativos e pronta para a Internet. No entanto, em vez de estimular vendas, os discursos criaram uma barreira à compra — os consumidores ficaram com medo, achando que qualquer coisa que comprassem logo poderia estar obsoleta. Em um estudo, 40% dos consumidores disseram que preocupações relativas ao fato de a tecnologia se tornar ultrapassada estavam os impedindo de comprar produtos eletrônicos como TVs, celulares e computadores. Isso fez com que varejistas de eletrônicos, como a Best Buy, ficassem com as prateleiras repletas de produtos não vendidos.
>
> Para ajudar os clientes a vencer esse obstáculo nas compras, a Best Buy começou a oferecer o programa de recompra "À prova do futuro". Mediante o pagamento imediato de uma taxa que varia de 7 a 20% do preço do produto, a Best Buy promete aos clientes que, quando eles estiverem prontos para uma novidade, ela vai resgatar produtos em bom estado por até 50% do preço pago, dependendo de quantos meses se passaram até o upgrade. "Existe um grande número de consumidores que não estão muito dispostos a realizar uma compra porque têm medo de outras novidades surgirem logo", diz um executivo da Best Buy. "Nós queremos que eles sigam em frente e realizem a compra com confiança". Concorrentes como a Radio Shack, a Office Depot e o Walmart rapidamente lançaram seus próprios programas de recompra.

▲ O processo de adoção: para ajudar clientes potenciais a superar preocupações com a obsolescência que estavam os impedindo de comprar TVs, a Best Buy começou a oferecer o programa de recompra "À prova do futuro".
Kenneth K. Lam/MCT/Newscom

Diferenças individuais em relação à inovação

As pessoas diferem muito em sua prontidão para experimentar novos produtos. Em toda área de produtos, tem os "pioneiros de consumo" e os adotantes imediatos. Outras pessoas adotam os novos produtos muito depois. As pessoas podem ser classificadas nas categorias de adotantes apresentadas na Figura 5.7.[30] Como mostra a curva, após um início lento, um número cada vez maior de pessoas adota um novo produto.

À medida que sucessivos grupos de consumidores adotam a inovação, ela acaba atingindo seu nível de saturação cumulativo. Os inovadores são definidos como os primeiros 2,5% dos compradores a adotar uma nova ideia (aqueles que ultrapassam dois desvios-padrão do tempo médio de adoção); os adotantes imediatos são os 13,5% que vêm em seguida (entre um e dois desvios-padrão); e depois vem a maioria imediata, a maioria posterior e os retardatários.

Os cinco grupos de adotantes têm diferentes valores. Os *inovadores* são ousados — eles experimentam novas ideias mesmo quando isso envolve algum risco. Os *adotantes imediatos* são orientados pelo respeito — eles são formadores de opinião em sua comunidade e adotam novas ideias rapidamente, mas com cuidado. A *maioria imediata* é ponderada — apesar de raramente serem formadores de opinião, eles adotam novas ideias antes da média das pessoas. A *maioria posterior* é formada por pessoas céticas — elas adotam uma inovação somente depois de a maioria das pessoas tê-la adotado. Para completar, os *retardatários* são ligados à tradição — eles desconfiam das mudanças e adotam a inovação somente quando ela se torna parte de uma tradição.

Essa classificação sugere que uma empresa inovadora deve pesquisar as características dos inovadores e dos adotantes imediatos em suas categorias de produto e direcionar para eles seus esforços de marketing iniciais.

Figura 5.7 Categorias de adotantes baseadas no tempo relativo de adoção das inovações.

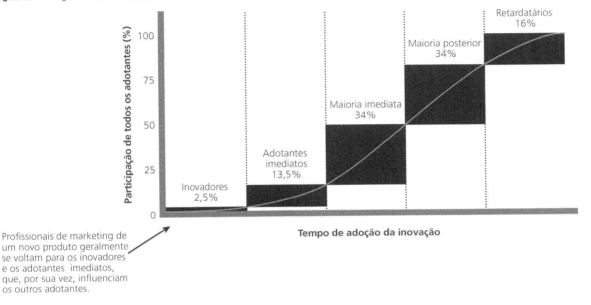

Profissionais de marketing de um novo produto geralmente se voltam para os inovadores e os adotantes imediatos, que, por sua vez, influenciam os outros adotantes.

Influência das características do produto na taxa de adoção

As características de um novo produto afetam sua taxa de adoção. Alguns produtos tornam-se populares quase da noite para o dia. Por exemplo, desde que o dia em que foram lançados, o iPod, o iPhone e o iPad da Apple desaparecem da prateleira dos varejistas em uma velocidade impressionante. Outros produtos demoram um bom tempo para obter aceitação. Por exemplo, os aparelhos de TV de alta definição foram lançados nos Estados Unidos na década de 1990, mas, em 2007, apenas 12% dos lares norte-americanos tinham um. Em 2012, o índice de penetração atingiu 66%.[31]

Cinco características influenciam bastante a taxa de adoção de uma inovação. Por exemplo, considere as características do aparelho de TV de alta definição em relação à taxa de adoção:

- *Vantagem relativa:* o grau em que a inovação parece superior aos produtos existentes. O aparelho de TV de alta definição oferece muito mais qualidade de imagem. Isso acelerou sua taxa de adoção.

- *Compatibilidade:* o grau em que a inovação corresponde aos valores e às experiências dos consumidores potenciais. Por exemplo, o aparelho de TV de alta definição é altamente compatível com o estilo de vida do público que assiste à TV. Entretanto, no início, ele não era compatível com a programação e os sistemas de transmissão, o que retardou sua adoção. Quando os programas e os canais em alta definição se tornaram a regra, a taxa de adoção do aparelho aumentou rapidamente.

- *Complexidade:* o grau em que a inovação é difícil de ser compreendida ou utilizada. O aparelho de TV de alta definição não é muito complexo. Assim, quando mais programação foi disponibilizada e os preços caíram, a taxa de adoção do aparelho cresceu mais rapidamente do que a de outras inovações mais complexas.

170 Parte 2 | Entendimento do mercado e dos clientes

- *Divisibilidade:* o grau do limite em que a inovação pode ser experimentada. No começo, os aparelhos de TV de alta definição, bem como os sistemas via satélite e a cabo de alta definição, eram caros, o que retardou a taxa de adoção. Quando os preços caíram, a taxa de adoção subiu.
- *Comunicabilidade:* o grau em que os resultados da utilização da inovação podem ser observados ou descritos para outras pessoas. Como o aparelho de TV de alta definição em si proporciona demonstração e descrição, os resultados de sua utilização vão se espalhar mais rapidamente entre os consumidores.

Outras características influenciam a taxa de adoção, como custos iniciais e contínuos, aprovação social, risco e incerteza. Fabricantes de novos produtos devem pesquisar todos esses fatores na hora de desenvolver o novo produto e o programa de marketing dele.

Revisão dos conceitos

Revisão dos **objetivos** e **termos-chave**

⟳ Revisão dos objetivos

O mercado consumidor norte-americano consiste de mais de 313 milhões de pessoas que consomem mais de 14 trilhões de dólares em produtos e serviços por ano, o que faz dele um dos mais atraentes do mundo. Os consumidores variam muito em sua formação cultural, social, pessoal e psicológica. Compreender como essas diferenças afetam o *comportamento de compra do consumidor* é um dos maiores desafios dos profissionais de marketing.

Objetivo 1 ▶ Definir o mercado consumidor e construir um modelo simples de comportamento de compra do consumidor (p. 144-145)

O *mercado consumidor* consiste em todos os indivíduos e lares que compram ou adquirem produtos e serviços para consumo pessoal. O modelo mais simples de comportamento do comprador é o de estímulo e resposta. De acordo com esse modelo, os estímulos de marketing (os 4Ps) e outras forças importantes (econômicas, tecnológicas, políticas e culturais) penetram na "caixa-preta" do consumidor e geram certas respostas. Uma vez na "caixa-preta", esses elementos produzem reações nos compradores que podem ser observadas, como escolha de produto, escolha de marca, frequência de compra e volume de compra.

Objetivo 2 ▶ Identificar os quatro principais fatores que influenciam o comportamento de compra do consumidor (p. 145-162)

O *comportamento de compra do consumidor* é influenciado por quatro conjuntos de características do consumidor: culturais, sociais, pessoais e psicológicas. Embora muitos desses fatores não possam ser influenciados pelo profissional de marketing, eles podem ser úteis na identificação de compradores interessados e na criação de produtos e apelos para atender melhor às necessidades do consumidor. A *cultura* é o principal determinante dos desejos e do comportamento de uma pessoa. *Subculturas* são "culturas dentro das culturas" que têm valores e estilos de vida distintos e podem ser baseadas em fatores que variam da idade à etnia. Muitas empresas concentram seus esforços de marketing nas necessidades especiais de determinados segmentos culturais e subculturais.

Fatores sociais também influenciam o comportamento do comprador. Os *grupos de referência* de uma pessoa — família,

amigos, redes sociais, associações profissionais — afetam muito as escolhas relacionadas a marcas e produtos. A idade, o estágio no ciclo de vida, a ocupação, a situação financeira, a personalidade e outras *características pessoais* do comprador influenciam suas decisões de compra. O *estilo de vida* do consumidor — seu padrão geral de agir em relação ao mundo e interagir com ele — também constitui um fator importante em suas decisões de compra. Para completar, o comportamento de compra do consumidor é influenciado por quatro principais *fatores psicológicos:* motivação, percepção, aprendizagem e crenças e atitudes. Cada um desses fatores oferece uma perspectiva diferente para entender o funcionamento da "caixa-preta" do comprador.

Objetivo 3 ▶ Relacionar e definir os principais tipos de comportamento de decisão de compra e os estágios do processo de decisão do comprador (p. 162-167)

O comportamento de compra pode variar muito de acordo com os diferentes tipos de produtos e decisões de compra. Os consumidores assumem um *comportamento de compra complexo* quando estão altamente envolvidos em uma compra e percebem diferenças significativas entre as marcas. O *comportamento de compra com dissonância cognitiva reduzida* ocorre quando os consumidores estão altamente envolvidos, mas veem poucas diferenças entre as marcas. O *comportamento de compra habitual* ocorre em condições de baixo envolvimento e poucas diferenças significativas entre as marcas. Em situações caracterizadas por baixo envolvimento, mas com significativas diferenças percebidas entre as marcas, os consumidores apresentam um *comportamento de compra em busca de variedade*.

Ao fazer uma compra, o comprador passa por um processo de decisão que consiste em *reconhecimento da necessidade*, *busca por informações*, *avaliação das alternativas*, *decisão de compra* e *comportamento pós-compra*. O trabalho do profissional de marketing é entender o comportamento do comprador em cada um desses estágios e as influências existentes. Durante o *reconhecimento da necessidade*, o consumidor reconhece uma necessidade ou um problema que poderia ser resolvido por um produto ou serviço disponível no mercado.

Capítulo 5 | Mercados consumidores e comportamento de compra do consumidor **171**

Uma vez reconhecida a necessidade, ele é estimulado a buscar mais informações e passa para o estágio de *busca por informações*. Com as informações em mãos, o consumidor parte para o estágio de *avaliação das alternativas*, durante o qual as informações obtidas são utilizadas para avaliar o conjunto final de marcas. Em seguida, o consumidor toma a *decisão de compra* e, de fato, adquire o produto. No último estágio do processo de decisão do comprador — o do *comportamento pós-compra* —, o consumidor age com base na satisfação ou insatisfação.

Objetivo 4 ▶ **Descrever os processos de adoção e difusão para novos produtos (167-170)**

O *processo de adoção* do produto é composto por cinco estágios: conscientização, interesse, avaliação, experimentação e adoção. Os profissionais de marketing de novos produtos devem pensar em uma maneira de ajudar os consumidores a passar por esses estágios. Com relação ao *processo de difusão* de novos produtos, os consumidores respondem em diferentes níveis, dependendo de suas características pessoais e das do produto. Os consumidores podem ser inovadores, adotantes imediatos, maioria imediata, maioria posterior ou retardatária. Cada grupo pode requerer diferentes abordagens de marketing. As empresas geralmente tentam chamar a atenção dos potenciais adotantes imediatos para seus novos produtos, principalmente daqueles que são formadores de opinião. Por fim, diversas características influenciam a taxa de adoção: vantagem relativa, compatibilidade, complexidade, divisibilidade e comunicabilidade.

⊃ Termos-chave

Objetivo 1

Comportamento de compra do consumidor (p. 144)
Mercado consumidor (p. 144)

Objetivo 2

Aprendizagem (p. 161)
Atitude (p. 162)
Classe social (p. 148)
Crença (p. 161)
Cultura (p. 146)
Estilo de vida (p. 156)
Formadores de opinião (p. 150)

Grupo (p. 149)
Influência do boca a boca (p. 150)
Motivo (ou impulso) (p. 159)
Percepção (p. 160)
Personalidade (p. 156)
Redes sociais on-line (p. 151)
Subcultura (p. 146)

Objetivo 3

Avaliação das alternativas (p. 166)
Busca de informações (p. 165)
Comportamento de compra com dissonância cognitiva reduzida (p. 163)

Comportamento de compra complexo (p. 162)
Comportamento de compra em busca de variedade (p. 164)
Comportamento de compra habitual (p. 163)
Comportamento pós-compra (p. 167)
Decisão de compra (p. 166)
Dissonância cognitiva (p. 167)
Reconhecimento da necessidade (p. 165)

Objetivo 4

Novo produto (p. 167)
Processo de adoção (p. 168)

Discussão e pensamento crítico

⊃ Questões para discussão

1. Analise a "caixa-preta" do modelo de comportamento do comprador. Quais características que afetam o comportamento do comprador mais influenciam você na hora de escolher um restaurante? Essas mesmas características o influenciam na hora de comprar um smartphone?

2. O que é um formador de opinião? Descreva como as empresas tentam usar os formadores de opinião para ajudar a vender seus produtos.

3. Identifique e descreva os tipos de comportamento de decisão de compra. Dê um exemplo pessoal para cada um.

4. O que é um "novo produto"? Como os consumidores decidem se vão adotá-lo?

⊃ Atividades de pensamento crítico

1. Forme pequenos grupos de quatro a cinco estudantes. Todos os membros do grupo terão que entrevistar dez consumidores, perguntando se eles já compraram seu primeiro smartphone e quando o fizeram. Pesquise quando os smartphones foram lançados e, com base na resposta dos entrevistados, identifique que categoria de adotante descreve melhor cada um deles. Crie um mapa parecido com o da Figura 5.7, a fim de apresentar seus resultados para os outros membros do grupo. Em que ponto os smartphones estão o ciclo de adoção?

2. Entre no site da Strategic Business Insights (SBI) e preencha a pesquisa VALS (<www.strategicbusinessinsights.com/vals/presurvey.shtml>). O que a VALS avalia e qual o seu tipo de VALS? Ele o descreve de maneira adequada? Os tipos de VALS se baseiam em quais dimensões? Como as empresas usam essa ferramenta para entender melhor os consumidores?

Aplicações e casos

○ Foco na tecnologia — Luto 2.0

Toda cultura possui rituais para luto, mas a tecnologia está mudando muitas das regras culturais mantidas por um longo tempo nos Estados Unidos. O conservador setor de funeral está, devagar, abraçando novas tecnologias, o que resulta em novos comportamentos de luto. Monitores de alta definição apresentam um vídeo em homenagem ao falecido, funerais transmitidos ao vivo chegam a todos os cantos do mundo, livros de presença digitais ficam permanentemente ativos, e-mails lembram as pessoas que estão de luto do aniversário de morte de um ente querido e velas digitais ficam para sempre "acesas" nas páginas dos memoriais. O falecido pode agora viver no ciberespaço e amigos podem visitá-lo no Facebook muito tempo depois de ele ter partido. Os QR codes colocados nas lápides podem trazer a pessoa "de volta à vida" virtualmente, em um smartphone. Com cerca de metade dos norte-americanos usando smartphones, 20% utilizando tablets, 80% na Internet e quase 70% visitando sites de rede social, esse é o momento para o setor de funeral capitalizar essas tendências digitais. E, com a economia ainda lenta e os novos concorrentes (por exemplo, o Walmart e o Costco estão vendendo caixões on-line) diminuindo as margens de lucro, o setor de funeral está mais aberto do que nunca para encontrar maneiras de satisfazer, digitalmente, as necessidades de luto dos consumidores.

1. Pesquise o luto em outras culturas. Que papel os produtos e serviços desempenham para tornar a experiência significativa para as pessoas que estão de luto? A tecnologia está mudando os costumes relacionados a luto em outros países ou apenas nos Estados Unidos?

2. Descreva as características de um novo produto que afetam sua taxa de adoção. Quais características vão impactar a velocidade com que os novos serviços apresentados para o setor de funeral serão aceitos pelas pessoas em luto nos Estados Unidos?

○ Foco na ética — *Vanity sizing*

O que um "8" significa para você? Bem, se você for uma norte-americana, significa muita coisa, principalmente se, na verdade, for um "12" — em termos numeração. As empresas sabem disso, e a tendência é que os tamanhos maiores sejam etiquetados com números menores. A numeração foi padronizada nas décadas de 1940 e 1950, quando as mulheres começaram a comprar roupas fabricadas em massa. Mas ela flutuou nas décadas seguintes, e o Departamento de Comércio abandonou a padronização em 1983. Agora, a numeração pode significar qualquer coisa que a empresa queira. As empresas sabem que, ao entrar em um 8, uma mulher que veste 12 vai melhorar sua autoestima e, provavelmente, comprar mais. Essa prática, conhecida como *vanity sizing* (numeração da vaidade), pode trazer grandes retornos para os fabricantes de roupas. Com 34% dos adultos nos Estados Unidos acima do peso e outros 40% obesos, ela pode gerar um potencial de mercado de tamanho considerável. A Torrid, que trabalha com roupas "plus size", oferece às mulheres uma numeração que vai do 0 ao 5, sendo o tamanho 4 é, na verdade, o 26. Se um número alto na etiqueta incomoda você, imagine as marcas mais caras — elas tendem a ser as que mais praticam *vanity sizing*.

1. Quais fatores os fabricantes de roupas estão usando para influenciar os consumidores? Pergunte a cinco amigas e cinco amigos até que ponto o número na etiqueta das roupas influencia seu comportamento. Redija um breve relatório sobre suas descobertas.

2. Os fabricantes devem poder escolher quaisquer medidas que queiram e colocar na etiqueta o número que bem entenderem? O governo e as organizações devem estabelecer uma numeração padronizada?

○ Foco nos números — Avaliação das alternativas

Os consumidores podem avaliar as alternativas identificando importantes atributos e determinando o desempenho das alternativas de compra em cada um deles. Considere a compra de um carro. A todo atributo, como economia de combustível, é dado um peso que reflete seu nível de importância para o consumidor. Por exemplo, na tabela, o atributo "economia de combustível" (com peso de 0,5) é o mais importante para o consumidor. Ele acredita que a Marca C tem um desempenho melhor nesse atributo e lhe dá uma nota 7 (quanto mais alta a nota, melhor o desempenho). A Marca B tem o pior desempenho nesse atributo (nota 3). Design e preço vêm em seguida como os atributos mais importantes. A garantia é o menos importante.

É possível calcular um resultado para as marcas multiplicando o peso de cada atributo pela nota da marca nesse atributo. Os resultados obtidos são, então, somados para determinar a nota final da marca. Por exemplo, $\text{Nota}_{\text{MarcaA}} = (0,2 \times 4) + (0,5 \times 6) + (0,1 \times 5) + (0,2 \times 4) = 0,8 + 3,0 + 0,5 + 0,8 = 5,1$. O consumidor ficará com a marca que tiver a maior nota final.

Atributos	Peso de importância	Marcas alternativas		
		A	B	C
Design	0,2	4	6	2
Economia de combustível	0,5	6	3	7
Garantia	0,1	5	5	4
Preço	0,2	4	6	7

Capítulo 5 | Mercados consumidores e comportamento de compra do consumidor 173

1. Calcule a nota final das marcas B e C. Qual marca, provavelmente, esse consumidor escolheria?
2. Qual marca esse consumidor seria menos propenso a comprar? De que maneira a empresa que comercializa essa marca poderia melhorar a atitude do consumidor em relação à compra de seu produto? Apresente duas alternativas.

⟩ Vídeo empresarial   Goodwill Industries

Desde 1902, a Goodwill Industries financia seus programas de treinamento e colocação por meio de suas lojas. Embora a venda de roupas, móveis e outros itens usados possa não parecer um grande negócio, para a Goodwill ela gera mais de 3 bilhões de dólares em vendas anuais. Você pode achar que esse tipo de loja é antiquado e popular demais. Mas a Goodwill está colocando um ponto-final nessas percepções concentrando-se nos conceitos de comportamento do consumidor.

Como toda empresa com um bom marketing, a Goodwill sabe que os clientes não são todos iguais. Esse vídeo mostra como a Goodwill atende a diferentes tipos de clientes reconhecendo fatores culturais, sociais, pessoais e psicológicos que afetam o modo como eles tomam decisões de compra. Dessa maneira, a Goodwill maximiza o valor para o cliente, oferecendo o mix de produtos certo a preços imbatíveis.

Após assistir ao vídeo que apresenta a Goodwill, responda às seguintes perguntas:

1. Quais os diferentes tipos de clientes da Goodwill? Descreva-os.
2. Dos quatro conjuntos de fatores que afetam o comportamento do consumidor, qual mais impacta as decisões de compra dos consumidores quando eles compram na Goodwill?
3. Como a observância dos princípios do comportamento do consumidor afeta o mix de marketing da Goodwill?

⟩ Caso empresarial   Porsche: mantendo a tradição sem deixar de inovar

A Porsche é uma empresa ímpar. Ela sempre foi uma marca de nicho que fabrica carros para um pequeno e seleto segmento de compradores. No ano passado, a Porsche vendeu apenas 29.023 unidades dos cinco modelos de carro que comercializa nos Estados Unidos. A Honda vendeu cerca de cinco vezes mais somente das versões do Accord. Mas os donos de Porsche são tão raros quanto seus carros. Por conta disso, a alta administração da empresa gasta um considerável tempo pensando em seus clientes. Eles querem saber quem são esses clientes, o que eles pensam e como se sentem. Querem saber por que eles compram um Porsche, e não um Jaguar, uma Ferrari ou um grande Mercedes cupê. Essas questões são desafiadoras — nem os donos de Porsche sabem exatamente o que os motiva a comprá-los. Mas, tendo em vista o baixo volume da Porsche e o mercado automobilístico, cada vez mais fragmentado, é mais do que necessário que a administração entenda seus clientes e o que mantém seus motores funcionando.

PERFIL DE UM DONO DE PORSCHE

A Porsche foi fundada em 1931 por Ferdinand Porsche, o homem conhecido por ter desenhado o Volkswagen Fusca original, o "carro do povo" de Adolf Hitler e um dos mais bem-sucedidos modelos de todos os tempos. Por mais de duas décadas, a empresa montou Fuscas para os cidadãos alemães, bem como tanques e Fuscas para os militares. Quando a Porsche AG começou a vender carros sob sua marca nas décadas de 1950 e 1960, algumas características duradouras começaram a se desenvolver. A empresa vendia pouquíssimos modelos, o que criou uma imagem de exclusividade. Esses modelos iniciais tinham um formato arredondado, que remetia ao Fusca original, mas o design evoluiu e passou a ter mais a cara da Porsche com os modelos 356 e 911, mundialmente famosos. Para completar, os carros da Porsche possuíam quatro saídas de refrigeração a ar e um motor boxer de seis cilindros (os cilindros são dispostos de maneira oposta) que ficavam em sua parte traseira. Isso dava aos carros uma característica exclusiva e muitas vezes perigosa — a tendência da parte traseira derrapar ao se fazer uma curva muito fechada. Esse é um dos fatores que atraíam os donos de Porsche. Dirigir era um desafio e isso mantinha muitas pessoas distantes, tornando o carro ainda mais exclusivo.

Desde o início, a Porsche se voltou para um segmento muito pequeno de pessoas financeiramente bem-sucedidas. São vencedores que se veem como empreendedores, mesmo quando trabalham para uma organização. Eles estabelecem metas muito altas para si próprios e trabalham obstinadamente para alcançá-las. E não esperam menos das roupas que usam, dos restaurantes que frequentam e dos carros que dirigem. Essas pessoas não se veem como parte do mundo normal, e sim como exceções. Elas compram os carros da Porsche porque eles refletem sua autoimagem — eles representam aquilo que os proprietários gostam de ver em si mesmos e em sua vida.

A maioria de nós compra o que os executivos da Porsche chamam de veículos utilitários. Ou seja, compramos carros para ir ao trabalho, levar as crianças e fazer alguma coisa. Como temos que usar nossos carros para realizar tarefas rotineiras, baseamos nossas decisões de compra em características como preço, tamanho, economia de combustível e outros pontos práticos. Mas um Porsche é muito mais do que um utilitário. Seus donos o veem como um carro para ser apreciado, e não apenas usado. A maioria dos compradores de Porsche não é motivada por informações, mas por sentimentos. Um Porsche é como uma peça de roupa, que o proprietário "usa" e é visto com ele. Eles desenvolvem uma relação pessoal com seu carro, que tem muito mais a ver com os sons, as vibrações e as sensações que ele produz do que com a quantidade de porta-copos que tem ou com o volume que pode transportar. E admiram seu Porsche como uma máquina que funciona sem ser ostensiva e pretensiosa.

As pessoas compram Porsche porque gostam de dirigir. Se tudo de que elas precisassem fosse de alguma coisa que as levassem do ponto A para o B, encontrariam algo muito mais

174 Parte 2 | Entendimento do mercado e dos clientes

barato. E, embora muitos donos de Porsche sejam entusiastas de carro, alguns não são. Segundo uma executiva bem-sucedida, dona de um sofisticado Porsche: "Quando eu vou com esse carro pegar minha filha na escola, acabo com cinco adolescentes dentro do carro. Quando vou com qualquer outro carro, não consigo achar nem minha filha; ela não quer ir para casa".

DO RESTRITO AO ABUNDANTE

Em suas primeiras décadas, a Porsche viveu sob a filosofia de Ferry Porsche, filho de Ferdinand. Ferry criou o Porsche 356 porque ninguém fabricava um carro como ele queria. "Nós não tínhamos pesquisa de mercado, previsão de vendas, cálculos de retorno sobre o investimento. Nada disso. Eu simplesmente construía os carros dos meus sonhos e acreditava que teriam outras pessoas que compartilhavam desse sonho". De fato, no início, a Porsche era realmente muito parecida com seus clientes: era uma vencedora que tinha como objetivo fazer o melhor.

Mas, à medida que os anos foram passando, a administração da Porsche passou a se preocupar com uma importante questão: existem compradores suficientes de Porsche para manter a empresa funcionando? A empresa nunca achou que produziria em série o número de carros da Chevrolet e da Toyota. Mas, para financiar a inovação, mesmo um fabricante de nicho precisa crescer um pouco. Além disso, a Porsche começou a se preocupar com o fato de a natureza peculiar das pessoas que compram seus carros a afastassem-nas da empresa.

Isso fez com que a Porsche estendesse sua marca, partindo para algo diferente. No início da década de 1970, a empresa lançou o 914, um modelo de dois lugares, mais quadrado e com motor de média potência que era mais barato do que o 911. Isso significava que pessoas de uma classe diferente teriam condições de ter um Porsche. Não surpreende o fato de o 914 ter se tornado o modelo mais vendido da empresa. No final da década de 1970, a Porsche substituiu o 914 por um cupê estilo *hatch* que possuía uma característica não encontrada em nenhum outro modelo da empresa: um motor dianteiro. Custando menos de 20 mil dólares — mais de 10 mil dólares a menos do que o 911 —, o 924 e, mais tarde, o 944 se tornaram, então, a porta de entrada para a aquisição de um Porsche. Nessa altura, a Porsche aumentou sua meta de vendas em cerca de 50%, visando à venda de 60 mil carros por ano.

Embora, em muitos aspectos, esses carros fossem bem-sucedidos, os fiéis seguidores da Porsche não achavam isso certo. Para eles, esses modelos de entrada eram baratos e de baixo desempenho. Muitos jamais os aceitaram como um "verdadeiro" Porsche. De fato, eles não ficaram nada contentes por ter que dividir sua marca com consumidores que não se encaixavam no perfil de proprietário de Porsche. Eles se sentiam prejudicados pelo que viam como uma estratégia corporativa que tinha como foco o marketing de *massa*, e não de *classe*. Essa imagem ruim foi reforçada pelo fato de a Nissan, a Toyota, a BMW e outras fabricantes de carros aumentarem suas ofertas de carros esportivos sofisticados, criando uma forte concorrência. Na verdade, tanto o Datsun 280-ZX como o Toyota Supra não apenas eram mais baratos do que o 944 da Porsche, como também eram mais velozes. A economia em dificuldades prejudicou ainda mais a Porsche. Em 1990, as vendas da empresa tinham despencado e ela estava à beira da falência.

RETORNO ÀS RAÍZES?

Mas a Porsche não ia desistir tão fácil. A empresa rapidamente reconheceu o erro em sua rota e parou a produção de modelos de entrada. Ela reconstruiu sua prejudicada imagem inserindo mais tecnologia voltada para a velocidade em seus sofisticados modelos. Em um esforço para retomar o relacionamento com os clientes, a Porsche mais uma vez se voltou para o que havia de mais requintado no mercado em termos de preço e desempenho. Ela estabeleceu metas de vendas modestas e concluiu que o crescimento moderado com margens maiores seria mais lucrativo no longo prazo. A empresa também passou a fabricar menos unidades do que o público demandava. De acordo com um executivo: "Nós não estávamos buscando volume; nós queríamos exclusividade".

Os esforços da Porsche surtiram o efeito desejado. No final da década de 1990, a marca era, de novo, a favorita de muitos vencedores que a tinham idolatrado por décadas. Os carros eram, de novo, exclusivos. E a empresa era, de novo, lucrativa. Mas, no início dos anos 2000, a administração da Porsche se viu às voltas com uma questão familiar: para ter um futuro sustentável, a Porsche pode contar apenas com seus fiéis seguidores? De acordo com Wendelin Wiedeking, CEO da empresa na época: "Para a Porsche se manter independente, ela não pode depender do segmento mais volúvel do mercado. Nós não queremos nos tornar o departamento de marketing de uma das gigantes. Temos que ser lucrativos o suficiente para pagar nosso desenvolvimento futuro".

Assim, em 2002, a Porsche fez o impensável. Ela foi uma das últimas fabricantes de carros a entrar no insaciável mercado de SUVs. Com cerca de duas toneladas, o Porsche Cayenne era mais pesado do que qualquer outra coisa que a Porsche já tinha fabricado, com exceção de alguns protótipos de tanque de guerra que havia desenvolvido na época da Segunda Guerra Mundial. Novamente, o novo modelo tinha um motor frontal. E era o primeiro Porsche a possuir cinco cintos de segurança. Quando notícias sobre o desenvolvimento do carro se espalharam, deu para ouvir os gemidos de angústia da base de clientes da Porsche.

Mas, dessa vez, a Porsche pareceu não estar muito preocupada com a possível rejeição de seus clientes fiéis. Será que a empresa tinha se esquecido do que havia acontecido da última vez que ela se desviou do caminho? Aparentemente, não. Depois de dirigir uma das primeiras unidades do Cayenne que saíram da linha de montagem, um jornalista afirmou: "Um dia na direção do Cayenne Turbo de 444 cavalos deixa você com duas fortes impressões. Primeiro, o Cayenne não se comporta como uma SUV nem se parece com uma; segundo, ele anda como um Porsche". Não se tratava de um carro de entrada. A Porsche tinha criado uma máquina de duas toneladas que chegava a quase 100 quilômetros por hora em apenas cinco segundos, que fazia curvas com segurança e que atingia mais de 250 quilômetros por hora — e tudo isso mimando cinco adultos sentados em suntuosos bancos de couro, sem ouvir quase nenhum ruído do mundo lá fora. Além disso, o Cayenne era capaz de acompanhar um Land Rover quando o asfalto terminasse. Sem dúvida, a Porsche tinha criado o Porsche das SUVs.

Recentemente, a Porsche arriscou de novo. Ela lançou outro carro grande, mas, dessa vez, foi um luxuoso sedan, baixo e de cinco portas. Os fiéis seguidores da Porsche e a imprensa especializada novamente não acreditaram. Mas, quando o

Capítulo 5 | Mercados consumidores e comportamento de compra do consumidor **175**

Panamera chegou, a Porsche provou mais uma vez que seus clientes podem ter o melhor de dois mundos. O Panamera é quase tão grande quanto o Cayenne, mas pode transportar quatro adultos a uma velocidade de até 300 quilômetros por hora e chegar a quase 100 quilômetros em 3,6 segundos — e ainda faz cerca de 10 quilômetros por litro de gasolina.

É verdade que algumas pessoas mais tradicionais jamais dirigiriam um Porsche com motor frontal que tem mais de duas portas, mas a empresa insiste que duas tendências vão sustentar esses novos modelos. Primeira tendência: os compradores de Porsche estão passando para estágios de vida em que se deparam com necessidades inevitáveis — eles precisam carregar mais pessoas e coisas. Isso não se aplica somente a determinados compradores regulares de Porsche. Na verdade, novamente, a empresa está vendo entrar em suas concessionárias compradores que, de outra maneira, não teria. Mas, dessa vez, os preços dos novos carros são acessíveis somente para quem tem muito dinheiro, o que permite à Porsche manter a sua exclusividade. Esses novos compradores também parecem ter o perfil de vencedor dos compradores regulares de Porsche.

A segunda tendência é o crescimento das economias emergentes. Os Estados Unidos são, há tempos, o maior mercado de consumidores de Porsche do mundo, mas a empresa espera que, em breve, a China passe a ser o maior. Há 20 anos, os Estados Unidos eram responsáveis por cerca de 50% das vendas da Porsche no mundo todo. Hoje, eles representam menos de 25% delas. Na China, muitas pessoas que têm dinheiro para comprar um carro tão caro como um Porsche também contratam um motorista. O Cayenne e o Panamera são perfeitos para aqueles que querem ser conduzidos com estilo, mas que também podem querer dar uma fugida rápida se necessário.

A recente crise econômica diminuiu as vendas de praticamente todos os fabricantes de carros caros. Em tempos difíceis, um carro como um Porsche é a última coisa que se pensa em comprar. Mas, à medida que a economia se recupera, uma coisa é certa: a Porsche está mais bem posicionada do que nunca para atender às necessidades de sua base de clientes. De fato, suas vendas mundiais por unidade cresceram 21%, fazendo a empresa registrar o recorde de 118.867 carros vendidos. Além disso, a Porsche está mais do que nunca em condição de manter sua imagem de marca junto aos fiéis seguidores de seus carros — e a outros clientes também. Entender os compradores de Porsche não é uma tarefa fácil. Mas um ex-CEO da empresa a resumiu da seguinte maneira: "Se você quer mesmo entender nossos clientes, tem que entender a frase 'Se eu fosse um carro, seria um Porsche'".

QUESTÕES PARA DISCUSSÃO

1. Analise o processo de decisão de compra de um cliente dos modelos tradicionais da Porsche.

2. Compare o processo de decisão de um cliente dos modelos tradicionais da Porsche com o de um cliente do Cayenne ou do Panamera.

3. Quais conceitos estudados neste capítulo explicam por que a Porsche vendeu tantas unidades de seus modelos mais em conta nas décadas de 1970 e 1980?

4. Explique como são desenvolvidas atitudes positivas e negativas em relação a marcas como a Porsche. A empresa poderia mudar as atitudes do consumidor em relação à sua marca?

5. Que papel a marca Porsche desempenha na autoimagem de seus compradores?

Fontes: Andre Tutu, "Porsche announces 2011 sales increase", *Autoevolution*, 3 jan. 2012, <www.autoevolution.com/news/porsche-announces-2011-us-sales-increase-41571.html>; David Gumpert, "Porsche on nichemanship", *Harvard Business Review*, mar./abr. 1986, p. 98-106; Peter Robinson, "Porsche Cayenne — driving impression", *Car and Driver*, jan. 2003, <www.caranddriver.com/reviews/porsche-cayenne-first-drivereview>; Jens Meiners, "2010 Porsche Panamera S/4S/Turbo — first drive review", *Car and Driver*, jun. 2009, <www.caranddriver.com/reviews/2010-porsche-panamera-s-4s-turbo-first-drive-review>; informações extraídas de <www.porsche.com/usa/aboutporsche/pressreleases/>. Acesso em: jul. 2012.

Estudo de caso

Mercados consumidores e comportamento de compra do consumidor: consumo de produtos para os cabelos: os desejos femininos e os desafios para as empresas que atuam neste mercado no Brasil

Marcos Roberto Luppe — Professor Doutor da Escola de Artes, Ciências e Humanidades (EACH-USP)
Dayse Maciel de Araujo — Doutoranda da Escola Superior de Propaganda e Marketing (ESPM)
e Professora da Fundação Instituto Administração (FIA)

Desde a implantação do Plano Real (1994), o Brasil passa por uma transformação sem precedentes no perfil de seus consumidores. A economia brasileira vive um momento de conjunção positiva de fatores gerados pela estabilidade econômica. O crescimento da massa salarial e do nível de emprego e aumentos reais do salário mínimo elevaram a renda dos indivíduos e, consequentemente, o poder de compra da população. Outro fator que também ampliou as possibilidades de consumo das famílias

brasileiras foi o crédito. A dilatação dos prazos de pagamento, somada à redução das taxas de juros a partir de 2004, fez crescer a concessão de crédito às famílias, levando a uma expansão do horizonte do poder aquisitivo do consumidor.

Dessa forma, o mercado de consumo e o perfil dos consumidores estão em transformação, dado o momento econômico vivido no Brasil nos últimos anos. O lado mais visível da transformação em curso é a mudança de uma grande quantidade de famílias para classes superiores de consumo. A queda da inflação imediatamente produziu um substancial ganho de renda real, particularmente nas faixas da população menos abastadas, e isso beneficiou as classes de menor renda, a maior variação deu-se na faixa intermediária de renda, a chamada classe C. O pesquisador do Centro de Políticas Sociais da Fundação Getúlio Vargas (CPS/FGV), Marcelo Neri, rotulou esse estrato econômico como "a nova classe média brasileira". Esse estrato representa atualmente aproximadamente 58% da população brasileira, quer dizer, mais de 118 milhões de pessoas (NERI, 2014).

Uma questão importante é que estamos diante de uma classe emergente do ponto de vista do consumo, do pensamento e do sentimento. Há menos preconceito em relação a esse público, o qual está desenvolvendo um sentimento de autoestima e independência, o que leva a uma mudança em seu perfil de consumo. No aspecto sociocultural, as mudanças de hábitos e costumes trazem novos cenários para a tomada de decisões estratégicas das empresas de bens de consumo. Segundo Alfredo Passos, especialista em Inteligência Competitiva, a Classe C era tratada como uma "massa" sem rosto, sexo, profissão, moradia e cujas necessidades e estilo de vida eram desconhecidos. Nos últimos anos, pesquisadores, acadêmicos e profissionais de marketing buscaram aprofundar seu conhecimento desse estrato da população. Detectou-se, por exemplo, o aumento do consumo de carne e cosméticos (antes considerados artigos de luxo), maior frequência nos cinemas e restaurantes dos *shopping centers*, além da troca do ônibus pelo avião nas viagens de longa distância. Porém, isso não significa sofisticação ou imitação do estilo de vida das classes do topo da pirâmide: a cerveja é preferida ao whisky 12 anos, na música o pagode faz mais sucesso que o jazz (PASSOS, 2011).

Diante desse cenário, um dos setores mais beneficiados pela ascensão social de um grande número de famílias e pelo aumento de renda da população brasileira é o setor de cosméticos. Segundo dados da Associação Brasileira de Higiene Pessoal, Perfumaria e Cosméticos (ABIHPEC), o Brasil já é o segundo maior mercado do mundo, e o setor apresentou um crescimento próximo a 10% a.a. nos últimos 18 anos, tendo passado de um faturamento líquido de R$ 4,9 bilhões em 1996 para R$ 38 bilhões em 2013 (ABIHPEC, 2014). Segundo os pesquisadores dessa associação, os fatores que têm contribuído para esse expressivo crescimento do setor são:

- os novos integrantes da classe C passaram a consumir produtos de maior valor agregado;
- acesso das classes D e E aos produtos do setor, devido ao aumento da renda;
- participação crescente da mulher no mercado de trabalho;
- lançamentos constantes de produtos pela indústria, atendendo cada vez mais às necessidades do mercado.

Considerando esses fatores, um aspecto importante a ser contemplado é que a mulher brasileira dá muita importância à aparência e esse é um elemento de inclusão social. Além disso, a classe emergente está agora vivenciando alguns sentimentos e motivações que já estavam presentes há mais tempo nas classes mais altas de renda, sendo uma delas a busca pelo prazer. De acordo com Nelson Marangoni, vice-presidente do Instituto Brasileiro de Opinião Pública e Estatística (IBOPE), essa classe sofreu muito tempo ao comprar só pelo preço. Comprar só pelo preço significa não ter desejos e um ser humano sem desejos está condenado a ter frustrações, a ser infeliz. Qualidade de vida, algo buscado pelas classes mais altas de renda, já está fazendo parte dessa classe emergente. Outra característica também já considerada pelas classes de renda mais elevada e que vem alterando os padrões de consumo dessa classe emergente está relacionada a saudabilidade, tanto pelo lado estético quanto pelo da saúde (MARANGONI, 2011).

Por ser numerosa, a classe média emergente é segmentada, composta por grupos que pensam o mundo de maneira diferente, se relacionam com as marcas de forma diferente e têm critérios de escolha diferentes. Dessa forma, é preciso entender os anseios e os perfis desses consumidores. As pesquisas de mercado e estudos acadêmicos mostram que esse é um público heterogêneo, paradoxal, em transformação reforçado por diferenças regionais e repleto de contradições. Nas empresas, o olhar antropológico passou a ser considerado na condução dos estudos e na compreensão do consumidor. No século XXI, no Brasil, é preciso deixar o escritório e observar o público-alvo *in loco*. De acordo com o pesquisador Fábio Mariano Borges, especialista em Sociologia do Consumo, uma das mudanças no comportamento de consumo da nova classe média é a conquista do consumo individual (BORGES, 2011).

Nesse sentido, uma importante mudança demográfica que vem ocorrendo na sociedade brasileira é exatamente o papel das mulheres no mercado de trabalho, elas, antes tão preocupadas em priorizar a família, agora estão mais atentas ao consumo para si próprias. Segundo Renato Meireles, diretor do instituto de pesquisa Data Popular, o "rosto da nova classe média" é um "rosto de mulher". As mulheres da nova classe média já são 36 milhões e respondem por 41% da renda das famílias desse segmento, um dos traços comportamentais que emergiram neste público é a vaidade. Ao sair de casa, essa mulher precisa se apresentar para o mundo de uma forma mais bonita. As mulheres dessa nova classe emergente encontram muitas vezes na vaidade a forma de diminuir as barreiras étnicas que as separam das mulheres das classes mais abastadas. (Entrevista para o Jornal da Record, 10/09/2010).

No setor de cosméticos, um dos mercados que mais têm se beneficiado dessas mudanças é o de "*hair care*" ou cuidados dos cabelos. Os dados da Euromonitor indicam que as vendas do mercado brasileiro de cuidados dos cabelos aumentaram 75% entre 2008 e 2013, totalizando R$ 18,9 bilhões em 2013. Esse já é o segundo maior mercado no mundo. Segundo dados dessa mesma consultoria, os brasileiros gastaram quase R$ 13 bilhões (US$ 6 bilhões) em xampus e condicionadores em 2013, que é substancialmente mais que qualquer outro país no mundo. O Japão, segundo mercado no mundo, gastou aproximadamente R$ 2,2 bilhões (US$ 1 bilhão) a menos, por exemplo. Além desse indicador, a pujança do mercado de cuidados dos cabelos está relacionada também ao número de salões de beleza no mercado brasileiro. Existe aproximadamente 1,5 milhão de salões no Brasil, com grande concentração no sudeste do país (EUROMONITOR, 2014, WALKER, 2014).

As empresas que lideravam esse mercado no Brasil em 2013 são a Unilever (21,7%), a L'Oréal (15,4%), a Procter&Gamble (11,7%) e a Niely (6,9%) (percentual do faturamento do setor), sendo que as marcas que disputam esse mercado possuíam as seguintes participações de mercado (market share):

▼ Tabela 1 *Market share* das marcas de produtos para cabelo (2013).

MARCA	EMPRESA	*MARKET SHARE* (2013)
SEDA	Unilever	11,3%
PANTENE	Procter&Gamble	5,2%
ELSÉVE	L'Oréal	4,2%
TRESemmé	Unilever	3,6%
IMÉDIA EXCELLENCE	L'Oréal	3,4%
KOLESTON	Procter&Gamble	3,4%
DOVE	Unilever	3,3%
COR & TON	Niely	3,0%
GARNIER NUTRISSE	L'Oréal	2,9%

Fonte: Euromonitor, 2014

O principal consumidor dos produtos de cuidados dos cabelos é a mulher. São elas que impulsionam o desenvolvimento desse mercado e os fatores apresentados anteriormente corroboram com o expressivo crescimento dele. Uma das razões do cuidado extra que as mulheres brasileiras tomam com os cabelos está ligado ao clima quente, que requer um maior número de lavagens e tratamentos constantes (WALKER, 2014). De acordo com Blaise Didillon, coordenador do centro de pesquisa e desenvolvimento da L'Oréal no Brasil,"é preciso avaliar, adaptar e propor ao mercado brasileiro produtos muito diversos, graças à enorme diversidade do país"."No Brasil, são pelo menos oito categorias de cabelos" (BOEHM, 2014). Porém, a maioria prefere cabelos lisos e compridos por serem mais fáceis de pentear e permitirem diferentes penteados: soltos, com cachos, presos, com tranças, dentre inúmeras apresentações. O efeito liso é obtido com a aplicação de produtos químicos e com o aquecimento dos fios. Como esse processo

danifica os fios, é necessário protegê-los com o uso de cremes, condicionadores e hidratantes.

Como pode ser observado nos dados apresentados, os xampus e condicionadores correspondem a aproximadamente 70% do mercado de cuidado para cabelos. Entretanto, os fabricantes desses produtos enfrentam três grandes desafios: a excessiva quantidade de marcas de xampu no mercado (dados indicam que existem mais de 3.000 marcas de xampu no mercado), a baixa fidelização à marca pelos consumidores e a eclética composição étnica da sociedade brasileira (EUROMONITOR, 2014, MOHIUDDIN, 2014, WALKER, 2014).

Na verdade, é comumente difundido entre as mulheres brasileiras que o cabelo tem melhor desempenho se a marca do xampu e a do condicionador são alteradas regularmente. Além disso, os brasileiros também têm uma propensão natural para experimentar marcas diferentes, que é uma característica visível em outros bens de consumo de massa no mercado brasileiro. Outro fator importante a ser considerado é que aproximadamente 70% das mulheres brasileiras têm cabelos encaracolados ou com estilo afro, devido principalmente ao alto grau de miscigenação entre os grupos étnicos, o que resulta em uma grande variedade de tipos de cabelos e com grandes diferenças entre as regiões do país (MOHIUDDIN, 2014, WALKER, 2014).

Além desses três fatores, outra questão a ser considerada é que 90% do crescimento global das vendas de xampu e condicionadores vêm dos países emergentes, e o Brasil representou 20% desse crescimento em 2013. Dessa forma, essas questões trazem enormes desafios para os fabricantes de produtos para cuidado dos cabelos no mercado brasileiro (MOHIUDDIN, 2014).

Um dado importante a ser mencionado é que a Niely (único grande fabricante brasileiro desse mercado) foi comprada pela L'Oréal em setembro de 2014. Esta aquisição revela a importância dos fabricantes locais. Estes têm desenvolvido produtos que atendem aos desejos femininos das mulheres brasileiras (*Revista Veja*, 2014).

Questões para reflexão

1. Diante do exposto, como os principais fabricantes de xampu e condicionadores poderão enfrentar esses três grandes desafios? Quais podem ser as principais estratégias para vencer nesse mercado?

2. Conforme apresentado, as mulheres brasileiras dessa"nova classe média" possuem anseios e perfis diferentes de consumo. Como as pesquisas etnográficas podem auxiliar as fabricantes de xampus e condicionadores no entendimento dessas questões?

3. Discuta os fatores que levaram a L'Oréal a adquirir a Niely para atuar no mercado brasileiro. Quais as possíveis vantagens competitivas da multinacional francesa ao adquirir uma marca de apelo popular na ampliação de sua atuação no mercado brasileiro e em futuras expansões para outros mercados emergentes?

Referências

- ASSOCIAÇÃO BRASILEIRA DE HIGIENE PESSOAL, PERFUMARIA E COSMÉTICOS. *Panorama do Setor 2014*. Disponível em: <http://www.abihpec.org.br/2014/04/panorama-do-setor-2014-2/>. Acesso em: 15 ago. 2014.

- BOEHM, Simon. Indústria de cosméticos busca produtos sob medida para o mundo emergente. *Revista Carta Capital on-line*, Economia, 24/10/2014. Disponível em: <http://www.cartacapital.com.br/economia/no-mundo-emergente-cosmeticos-sao-sob-medida-5933.html>. Acesso em: 25 out. 2014.

- BORGES, Fábio Mariano. Quem gosta de pobreza é intelectual. *Revista da ESPM*, v. 18, ano 17, n. 4, jul./ago. 2011, p. 34-41.

- EUROMONITOR. *Hair Care in Brazil*. Disponível em: <http://www.portal.euromonitor.com/portal/analysis/tab>. Acesso em: 15 set. 2014.

Parte 2 | Entendimento do mercado e dos clientes

- MARANGONI, Nelson. Classe C: uma explosão de crédito e consumo. *Revista da ESPM*, v. 18, ano 17, n. 4, jul./ago. 2011, p. 8-21.

- MEIRELLES, Renato. Entrevista para o Jornal da Record, 10/09/2010. *A nova classe média*. Disponível em: <http://www.youtube.com/watch?-v=h0FuL4rbUdl>. Acesso em: 4 nov. 2014.

- MOHIUDDIN, Oru. *Breakthrough innovations and emerging markets give hair care a boost*. Euromonitor report, 2 p., 2014.

- NERI, Marcelo. *De volta ao país do futuro: projeções, crise européia e a nova classe média brasileira*. Disponível em: <http://cps.fgv.br/ncm2014>. Acesso em: 10 ago. 2014.

- PASSOS, Alfredo. Quem descobriu a nova classe média no Brasil? *Revista da ESPM*, v. 18, ano 17, n. 4, jul./ago. 2011, p. 22-29.

- REVISTA VEJA. *L'Oréal compra Niely Cosméticos*. Disponível em: <http://veja.abril.com.br/noticia/economia/loreal-compra-niely-cosmeticos>. Acesso em: 20 out. 2014.

- WALKER, Rob. *New packaging and segmentation strategies ramp up competition in Brazilian hair care*. Euromonitor report, 3 p., 2014.

NOTAS

1. Trechos adaptados de informações encontradas em "The GoPro army", *Inc.*, 26 jan. 2012. Acesso em: <www.inc.com/magazine/201202/the-gopro-army.html>; Tom Foster, "How GoPro measures social engagement", *Inc.*, 26 jan. 2012. Acesso em: <www.inc.com/magazine/201202/the-bare-truth-gopro-social-engagement.html>; Peter Burrows, "GoPro's incredible small, durable camcorder", *Bloomberg Businessweek*, 30 jun. 2011. Acesso em: <www.businessweek.com/magazine/gopros-incrediblesmall-durable-camcorder-07012011.html>; Casey Newton, "GoPro positioned to grab big slice of global market", *San Francisco Chronicle*, 6 maio 2011, p. D1; <www.GoPro.com> e <http://gopro.com/about-us/>. Acesso em: set. 2012.

2. Informações sobre os gastos dos consumidores extraídas de <https://www.cia.gov/library/publications/the-world-factbook/geos/us.html>. Informações sobre a população extraídas de World POPClock, U.S. Census Bureau, <www.census.gov/main/www/popclock.html>. Acesso em: mar. 2012. Esse site traz, continuamente, projeções atualizadas sobre a população dos Estados Unidos e do mundo.

3. Para esses e outros dados estatísticos, veja Terry Mangano, "As Hispanic population grows, so too do challenges for marketers — 5 insights", *Promo*, 23 jan. 2012, <http://promomagazine.com/retail/hispanic_shoppers_insights_0123_peo9/>; Sam Fahmy, "Despite recession, Hispanic and Asian buying power expected to surge in U.S.", 4 nov. 2010, <www.terry.uga.edu/news/releases/2010/minority-buying-power-report.html>; Claudia Goffan, "Hispanic market trends forecast", *Target Latino*, <www.targetlatino.com/hispanicmarketingtrendforecast.html>, fev. 2012; U.S. Census Bureau, "U.S. population projections", <www.census.gov/population/www/projections/summary-tables.html>. Acesso em: ago. 2012.

4. Laurie Sullivan, "Google puts resources behind U.S. Hispanic market", *Online Media Daily*, 27 jan. 2012, <www.mediapost.com/publications/article/143763/>; "Hispanics more active on social media than other ethnicities", *eMarketer*, 2 mar. 2012, <www.emarketer.com/Articles/Print.aspx?R=1008877>.

5. "Nestlé's new Construye El Mejor Nido ('Create the Best Nest') program supports Hispanic heritage month", *PRNewswire*, 29 set. 2011; Elena del Valle, "Nestlé targets U.S. Spanish speakers with new efforts", *Hispanic Marketing and Public Relations*, 9 nov. 2011, <www.hispanicmpr.com/2011/11/09/nestle-targets-us-spanish-speakers-with-new-efforts/>; <http://www.elmejornido.com/>. Acesso em: set. 2012.

6. Veja "Many cultures, many numbers", *Brandweek*, 27 set. 2010, p. 16; Sam Fahmy, "Despite recession, Hispanic and Asian buying power expected to surge in U.S.", <www.terry.uga.edu/news/releases/2010/minority-buying-power-report.html>; relatórios do U.S. Census Bureau, <www.census.gov>. Acesso em: mar. 2012.

7. "Procter & Gamble; P&G's My Black Is Beautiful TV series celebrates another successful season on BET Networks", *Marketing Weekly News*, 1 jan. 2011, p. 76; "Procter & Gamble's My Black Is Beautiful honored with City of Cincinnati Proclamation", *PR Newswire*, 21 maio 2010; informações extraídas de <www.myblackisbeautiful.com>. Acesso em: set. 2012. Veja também <www.covergirl.com/queen>. Acesso em: set. 2012.

8. Veja "Many cultures, many numbers", p. 16; Sam Fahmy, "Despite recession, Hispanic and Asian buying power expected to surge in U.S."; Neda Ulaby, "Corporate America takes on multilingual PR", *NPR*, 5 maio 2011, <www.npr.org/2011/05/05/135985502/corporate-america-take-on-multilingual-pr>; relatórios do U.S. Census Bureau, <www.census.gov>. Acesso em: mar. 2012.

9. Para mais informações sobre esses e outros esforços de marketing da Subaru voltados para os asiáticos, veja "Subaru launches ads for Chinese-American market", *MarketingDaily*, 19 maio 2011, <www.mediapost.com>; Tim Peterson, "Subaru campaign targets Chinese-American consumers", *Direct Marketing News*, 20 maio 2011, <www.dmnews.com>; "2011 Subaru WRX case study", mar. 2012, <http://asianamericanadnetwork.com/#/Video/>; <www.youtube.com/watch?v=D6BwBpIt8BQ>. Acesso em: mar. 2012.

10. Eleftheria Parpis, "Goodbye color codes", *Adweek*, 27 set. 2010, p. 24-25; "Ethnic marketing: McDonald's is lovin' it", *Bloomberg BusinessWeek*, 18 jul. 2010, p. 22-23; Stuart Elliott, "Mosaic marketing takes a fresh look at changing society", *New York Times*, 18 jul. 2011, p. B3; "Business: one message, or many? Ethnic advertising", *The Economist*, 31 dez. 2011.

11. Adaptado de informações encontradas em Jennifer Alsever, "Video testimonials turn customers into spokespeople", *Inc.*, dez. 2011/jan. 2012, p. 116-118.

12. Victoria Taylor, "The best-ever social media campaign", *Forbes*, 17 ago. 2010, <www.forbes.com>; Bruce Horovitz, "Marketers: inside job on college campuses", *USA Today*, 4 out. 2010, p. B1; Alan Mitchell, "Word-of-mouth is over-hyped", *Marketing*, 6 out. 2011, <www.marketingmagazine.co.uk>; Steven Williams, "Digital, social media take center stage", *Advertising Age*, 12 jan. 2012, <http://adage.com/article/digital/digital-social-media-center-stage-auto-show/232068/>.

Capítulo 5 | Mercados consumidores e comportamento de compra do consumidor 179

13. Jack Neff, "Time to rethink your message: now the cart belongs to daddy", *Advertising Age*, 17 jan. 2011, <http://adage.com/article/news/men-main-grocery-shoppers-complain-ads/148252/>; George Anderson, "Study: men go grocery shopping", *Retail Wire*, 18 jan. 2011, <www.retailwire.com/discussion/15007/studymen-go-grocery-shopping>; Emily Bryson York, "Retailers adjust marketing as more men take over grocery shopping", *Los Angeles Times*, 29 dez. 2011.

14. Veja Tim Nudd, "IKEA debuts Mänland, a daycare for men while women shop", *Adweek*, 20 set. 2011, <www.adweek.com>.

15. Laura A. Flurry, "Children's influence in family decision making: examining the impact of the changing American family", *Journal of Business Research*, abr. 2007, p. 322-330; "Tween years prove to be rewarding for toymakers", *USA Today*, 22 dez. 2010, p. 1B.

16. Informações sobre o sistema de segmentação Personicx, da Acxiom, extraídas de <www.acxiom.com/Ideas-and-Innovation/Self-Assessment-Tools/>. Acesso em: nov. 2012.

17. Para esses e outros exemplos e citações, veja <www.carhartt.com>. Acesso em set. 2012.

18. Veja Stuart Elliott, "Penney's new approach takes Target-like tack", *New York Times*, 25 jan. 2012.

19. Citações e outras informações extraídas de <www.rei.com/aboutrei/about_rei.html> e de outras páginas no site <www.rei.com>. Acesso em: mar. 2012.

20. Veja Jennifer Aaker, "Dimensions of measuring brand personality", *Journal of Marketing Research*, ago. 1997, p. 347-356; Kevin Lane Keller, *Strategic brand management*, 3. ed. Upper Saddle River: Prentice Hall, 2008, p. 66-67. Para mais informações sobre personalidade da marca, veja, Lucia Malär, Harley Kromer, Wayne D. Hoyer e Bettina Nyffenegger, "Emotional brand attachment and brand personality: the relative importance of the actual and the ideal self", *Journal of Marketing*, jul. 2011, p. 35-52; Jack Neff, "Just how well-defined is your brand's ideal?", *Advertising Age*, 16 jan. 2012, p. 4.

21. Veja Chiara Atik, "Will women give Axe fragrance the ax?", *The Look on Today*, 23 jan. 2012, <http://thelook.today.msnbc.msn.com/_news/2012/01/23/10216466-will-women-give-axe-fragrancethe-ax>; "AXE unleashes anarchy with first-ever fragrance for girls", *PR Newswire*, 12 jan. 2012; <www.unilever.com/brands/personalcarebrands/axe/index.aspx>. Acesso em: set. 2012.

22. Veja Abraham H. Maslow, "A theory of human motivation", *Psychological Review*, 50, 1943, p. 370-396. Veja também Maslow, *Motivation and personality*, 3ed. Nova York: HarperCollins Publishers, 1987; Michael R. Solomon, *Consumer behavior*, 9ed. Upper Saddle River, NJ: Prentice Hall, 2011, p. 135-136.

23. Ellen Moore, "Letter to my colleague: we can do better", *Adweek*, 22 dez. 2010, <www.adweek.com/news/advertising-branding/letter-my-colleagues-we-can-do-better-104084>.

24. Para mais leituras, veja Lawrence R. Samuel, *Freud on Madison Avenue: motivation research and subliminal advertising in America*. Filadélfia: University of Pennsylvania Press, 2010; Charles R. Acland, *Swift viewing: the popular life of subliminal influence*. Duke University Press, 2011; Christopher Shea, "The history of subliminal ads", *Wall Street Journal*, 15 fev. 2012, <http://blogs.wsj.com/ideas-market/2012/02/15/the-history-of-subliminal-ads/>.

25. Exemplo adaptado de informações extraídas de John Berman, "Shrek boosts Vidalia onion sales", 29 jun. 2010, <http://abcnews.go.com/WN/shrek-boosts-vidalia-onion-sales/story?id=11047273>; "Vidalia Onion Committee cinches triple crown of national marketing awards", 20 out. 2011, <www.vidaliaonion.org/news/vidalia_onion_committee_cinches_triple_crown_of_national_marketing_awards>. Vidalia® é uma marca registrada de certificação do Departamento de Agricultura da Geórgia.

26. Citações e informações extraídas de Yubo Chen e Jinhong Xie, "Online consumer review: word-of-mouth as a new element of marketing communication mix", *Management Science*, mar. 2008, p. 477-491; "Leo J. Shapiro & Associates: user-generated content three times more influential than TV Advertising on consumer purchase decisions", *Marketing Business Weekly*, 28 dez. 2008, p. 34; "The 2011 digital marketer: benchmark and trend report", Experian Marketing Services. Acesso em: <www.experian.com/marketing-services/register-2011-digital-marketer.html>.

27. Veja Leon Festinger, *A theory of cognitive dissonance*. Stanford: Stanford University Press, 1957; Cynthia Crossen, "'Cognitive dissonance' became a milestone in the 1950s psychology", *Wall Street Journal*, 12 dez. 2006, p. B1; Anupam Bawa e Purva Kansal, "Cognitive dissonance and the marketing of services: some issues", *Journal of Services Research*, out. 2008/mar. 2009, p. 31.

28. A discussão a seguir é baseada no trabalho de Everett M. Rogers. Veja seu livro *Diffusion of innovations*, 5. ed. Nova York: Free Press, 2003.

29. Jackie Crosbie, "Best Buy launches gadget buyback", *Star Tribune* (Minneapolis—St. Paul), 10 jan. 2011; Olga Kharif, "Buyback insurance on an iPad is $50 and pays out half the cost of the device if you return it within six weeks. Sound like a deal?", *Bloomberg Businessweek*, 1-7 ago. 2011, p. 35-36; <www.bestbuy.com/site/Misc/Buy-Back-Program/pcmcat230000050010.c?id=pcmcat230000050010&DCMP=rdr2161>. Acesso em: nov. 2012.

30. Baseado em Everett M. Rogers, *Diffusion of innovations*, 5. ed. Nova York: Free Press, 2003, p. 281. Para mais discussões, veja <http://en.wikipedia.org/Everett_Rogers>. Acesso em: nov. 2012.

31. "HDTV households now dominate U.S. viewing landscape, according to LRG study", *Broadcast Engineering*, 30 dez. 2010, <http://broadcastengineering.com/hdtv/hdtv-households-dominate-viewinglandscape-according-to-lrg-study-20110104/>; George Winslow, "Two-thirds of U.S. households have HDTV", *TVNewsCheck*, 12 jan. 2012, <www.tvnewscheck.com/tag/hdtv-penetration>.

Parte 1 ▶ Definição de marketing e o processo de marketing (Capítulos 1-2)

Parte 2 ▶ Entendimento do mercado e dos clientes (Capítulos 3-6)

Parte 3 ▶ Elaboração de uma estratégia e de um mix voltados para o cliente (Capítulos 7-17)

Parte 4 ▶ Marketing ampliado (Capítulos 18-20)

6

Mercados organizacionais e comportamento de comprador organizacional

Prévia do capítulo

No capítulo anterior, estudamos o comportamento de compra do *consumidor final* e os fatores que o influenciam. Neste capítulo, vamos fazer o mesmo com os *clientes organizacionais* — aqueles que compram produtos e serviços para utilizar na produção de seus próprios produtos ou serviços ou para revender. Ao vender para compradores finais, as empresas que negociam com clientes organizacionais devem construir uma relacionamento lucrativo com esses clientes, criando valor superior para eles.

Para começar, vamos analisar um ícone norte-americano: a GE. A maioria de nós cresceu rodeada por produtos da GE em casa. Contudo, você sabia que a maior parte dos negócios da empresa não é proveniente desses produtos vendidos para você e para mim, mas sim de um diversificado portfólio de produtos comerciais e industriais vendidos para grandes clientes organizacionais? Para ter sucesso nesses mercados *business-to-business* (B2B), a GE precisa fazer mais do que simplesmente desenvolver e distribuir bons produtos. Ela precisa trabalhar em contato estreito com seus clientes e se envolver bastante com eles, para se tornar uma parceira estratégica, voltada para a solução de problemas.

Formação de parcerias estratégicas com clientes organizacionais

Poucas marcas são mais conhecidas do que a GE. Há mais de 130 anos, lotamos nossas casas com produtos da GE — das boas e velhas lâmpadas da empresa a geladeiras, fogões, máquinas de lavar e secar roupa, micro-ondas, cafeteiras e centenas de outros produtos que trazem o famoso logo da GE. A unidade de serviços financeiros para o comprador da empresa, a GE Money, ajuda a financiar a compra desses e de outros produtos por meio de cartões de crédito, empréstimos, financiamentos e outros serviços. Em resumo, a GE oferece uma enorme quantidade de produtos e serviços para o comprador.

Tem uma coisa, no entanto, que pode deixá-lo pasmo. Os produtos da GE voltados para consumidores finais representam apenas um terço das vendas anuais totais da empresa, de 147 bilhões de dólares. Surpreendentemente, a maioria dos negócios da GE não é proveniente de consumidores finais, mas, sim, de clientes comerciais e industriais dos mais diversos setores. Além de lâmpadas e eletrodomésticos, a GE vende, entre outras coisas, tecnologias de diagnóstico por imagem, sistemas de processamento de água, soluções de segurança, equipamento de geração de energia, motores de avião e locomotivas a diesel.

Em um nível geral, comercializar tecnologias de diagnóstico por imagem e locomotivas a diesel para clientes organizacionais é o mesmo que vender geladeiras para consumidores finais. Ambos os casos exigem um profundo entendimento das necessidades dos clientes, bem como estratégias de marketing orientadas para o cliente que criem valor superior para ele. Mas as semelhanças terminam aí. Em seus mercados organizacionais, em vez de vender para um grande número de pequenos clientes, a GE o faz para um pequeno número de grandes clientes. Perder uma única venda de um grande cliente organizacional pode significar a perda de centenas de milhões de dólares em receitas. Além disso, com os clientes organizacionais da GE, as decisões de compra são muito mais complexas. A compra de um lote de motores de avião, por exemplo, envolve não apenas um processo de compra inconvenientemente longo e dezenas ou mesmo centenas de tomadores de decisão, mas também camadas e mais camadas de influências de compra sutis e não sutis.

Para mostrar um pouco da complexidade inerente à venda de um dos produtos industriais da GE, vamos nos aprofundar na divisão de transporte da empresa, a GE Transportation, e em um de seus principais produtos: as locomotivas a diesel. Para você, as locomotivas da GE podem não parecer interessantes, mas, para aqueles que as compram e as usam, elas são maravilhas. Não é difícil identificar compradores potenciais para uma locomotiva GE de 207 toneladas e 4.400 cavalos, com preço médio de 2,2 milhões de dólares. O desafio real consiste em conquistar os negócios dos compradores, construindo parcerias com eles dia após dia, ano após ano, com base em produtos superiores e grande colaboração.

Na decisão de compra do cliente de locomotivas, o desempenho possui um importante papel. Em compras grandes como essa, os clientes analisam cuidadosamente fatores como custo, gasto de combustível e confiabilidade. Na maioria dos indicadores, as locomotivas da GE superam as máquinas concorrentes. As inovadoras locomotivas Evolution Series da empresa — que fazem parte de uma iniciativa mais ampla da GE, a "Ecomagination", voltada para o desenvolvimento de tecnologias que ajudam os clientes a atender aos desafios ambientais, que pressionam — são hoje as mais tecnicamente avançadas locomotivas movidas a diesel da história; elas também são as mais eficientes em termos de combustível e as mais responsáveis em relação ao meio ambiente. Se uma ferrovia substituísse de sua frota existente mil locomotivas-padrão da América do Norte por novas locomotivas Evolution Series Tier 3 da GE, ela economizaria mais de 100 milhões de litros de diesel por ano e reduziria a emissão de carbono em, aproximadamente, 275 mil toneladas. Em termos ambientais, isso significa retirar mais de 53 mil carros das ruas ou plantar mais de 74 mil acres de árvores. Adicione a isso o fato de as máquinas eficientes, não poluidoras da GE, terem ciclos de manutenção e revisão mais longos e a economia total para a ferrovia chegar a centenas de milhões de dólares anualmente.

▲ Para você, as locomotivas da GE podem não parecer interessantes, mas, para aqueles que as compram e as usam, elas são maravilhas. Nesse mercado, o desafio da GE consiste em conquistar os negócios dos compradores construindo parcerias com eles dia após dia, ano após ano.
GE Transportation

Mas o desempenho das locomotivas é somente parte da equação de compra. A GE consegue contratos fechando parcerias com clientes organizacionais para ajudá-los a transformar esse desempenho em transporte mais eficiente e confiável para seus passageiros e cargas. A CSX Transportation (CSXT), um dos maiores clientes da GE Transportation, comprou centenas de locomotivas GE Evolution nos últimos anos. De acordo com um executivo de compras da CSXT, a empresa "avalia muitos fatores de custo antes de fechar [...] um contrato para locomotivas. Impacto ambiental, consumo de combustível, confiabilidade, nível de serviço [são] elementos-chave na decisão". Mas tão importante quanto isso é "o valor da parceria contínua com a GE".

Um grande acordo internacional recente envolvendo centenas de locomotivas GE demonstra a importância, o escopo e a complexidade potenciais de algumas decisões B2B:

> A GE Transportation recentemente conquistou um enorme contrato de 650 milhões de dólares para fornecer 310 locomotivas Evolution para a cazaquistanesa Kazakhstan National Railway (KTZ) — o maior pedido já feito fora da América do Norte. O acordo também inclui um imenso contrato de serviços de 15 anos e 500 milhões de dólares. Condizente com sua importância não apenas para as empresas, mas também para seus países de origem, o contrato foi assinado na Embaixada do Cazaquistão, na cidade de Washington. A assinatura foi acompanhada por importantes executivos de ambas as organizações, incluindo o CEO da GE Transportation e o presidente da KTZ.

> A decisão de compra foi baseada em uma série de fatores. A KTZ queria a melhor tecnologia de desempenho disponível, e as locomotivas Evolution da GE se encaixam a isso perfeitamente. Mas o acordo também dependia de muitos outros elementos que tinham pouco a ver com o desempenho das máquinas. Por exemplo, importantes questões envolvendo política e economia internacionais também estavam em jogo. Enquanto as dez primeiras locomotivas foram produzidas na fábrica da GE nos Estados Unidos, a maior parte das outras 300 está sendo montada em uma fábrica de propriedade do Estado, recém-construída em Pavlodar, no Cazaquistão. Com isso, o acordo entre a GE e a KTZ está ajudando a modernizar a infraestrutura ferroviária de todo o país, diversificando sua economia e fortalecendo seu setor de manufatura.

> Para finalizar, o recente contrato não foi nada impulsivo ou apressado. Pelo contrário, ele representou o ápice de anos de passos menores entre as suas organizações — é o último episódio de um relacionamento de longo prazo entre a GE e a KTZ, que começou em meados na década de 1990. O relacionamento se intensificou em 2003, quando a GE conquistou o primeiro de muitos contratos para oferecer equipamentos de modernização com o objetivo de atualizar as locomotivas mais antigas da KTZ. "Estou orgulhoso com o fato de a KTZ e a GE estarem ampliando seu relacionamento", disse o CEO da GE Transportation. "Esse relacionamento se mostrou benéfico para ambas as organizações ao longo dos anos."

> Para se dar bem em seus mercados B2B, a GE precisa fazer mais do que simplesmente desenvolver bons produtos e disponibilizá-los para seus clientes. Ela precisa trabalhar em estreito contato com seus clientes e se envolver com eles, para se tornar uma parceira estratégica, voltada para a solução de problemas.

182 Parte 2 | Entendimento do mercado e dos clientes

Graças a histórias como essa, a GE Transportation possui uma enorme participação no mercado mundial de locomotivas. Mais amplamente, pessoas na GE sabem que o sucesso nos mercados B2B envolve mais do que o desenvolvimento e a venda de produtos e tecnologias superiores. As decisões de compra de um cliente organizacional são tomadas com base em um conceito de parceria estratégica, voltada para a solução de problemas. "A parceria com os clientes estão no centro da GE e da Ecomagination", confirma Jeffrey Immelt, presidente e CEO da GE, em uma carta aos acionistas. "Nós somos vistos como parceiros técnicos por clientes do mundo todo."[1]

Resumo dos objetivos

Objetivo 1	Definir o mercado organizacional e explicar de que modo ele difere do mercado consumidor. Mercados organizacionais (p. 182-185)
Objetivo 2	Identificar os principais fatores que influenciam o comportamento de compra organizacional. Comportamento de compra organizacional (p. 185-190)
Objetivo 3	Relacionar e definir os estágios do processo de decisão de compra organizacional. Processo de compra organizacional (p. 190-192) *E-procurement*: compra na Internet (p. 193-196)
Objetivo 4	Comparar os mercados institucional e governamental e explicar como os compradores desses mercados tomam suas decisões de compra. Mercados institucional e governamental (p. 196-199)

Comportamento de compra organizacional

Comportamento de compra das organizações que adquirem produtos e serviços para utilizar na produção de outros produtos e serviços que são vendidos, alugados ou fornecidos a terceiros.

Processo de compra organizacional

Processo de decisão por meio do qual os compradores organizacionais determinam quais produtos e serviços suas organizações precisam comprar e, em seguida, encontram e avaliam fornecedores e marcas alternativas, fazendo, por fim, suas escolhas.

Objetivo 1

▶ Definir o mercado organizacional e explicar de que modo ele difere do mercado consumidor.

A ssim como a GE, de uma maneira ou de outra, a maioria das grandes empresas vende para outras organizações. Empresas como Boeing, DuPont, IBM, Caterpillar e inúmeras outras vendem a *maioria* de seus produtos para outras organizações. Mesmo grandes empresas de produtos de consumo, que fabricam mercadorias usadas pelos consumidores finais, precisam vender seus produtos primeiro para outras empresas. Por exemplo: a General Mills fabrica muitas marcas conhecidas de produtos de consumo — cereais Big G (Cheerios, Wheaties, Trix, Chex, Total, Fiber One), produtos para fazer bolos e pães (Pillsbury, Betty Crocker, Bisquick, farinha de trigo Gold Medal), salgadinhos (Nature Valley, Bugles, Chex Mix), o iogurte Yoplait, o sorvete Häagen-Dazs e muitos outros produtos. No entanto, para vendê-los aos consumidores, ela precisa primeiro vendê-los aos atacadistas e varejistas, que atendem ao mercado consumidor.

O **comportamento de compra organizacional** se refere ao comportamento de compra das organizações que adquirem produtos e serviços para utilizar na produção de outros produtos e serviços que são vendidos, alugados ou fornecidos a terceiros. Ele também inclui o comportamento das empresas de varejo e atacado, que compram mercadorias para revender ou alugar para terceiros e, assim, obter lucro. No **processo de compra organizacional**, os compradores organizacionais determinam quais produtos e serviços suas organizações precisam comprar e, em seguida, encontram e avaliam fornecedores e marcas alternativas, fazendo, por fim, suas escolhas. As empresas que atuam no *mercado business-to-business* (B2B — empresa para empresa) devem se esforçar para conhecerem os mercados organizacionais e o comportamento do comprador organizacional. E, assim como as empresas que vendem para compradores finais, elas devem construir relacionamentos lucrativos com os clientes organizacionais, criando valor superior para eles.

Mercados organizacionais

O mercado organizacional é *enorme*. Na verdade, ele envolve muito mais dinheiro e produtos do que o mercado consumidor. Por exemplo, pense no grande número de transações comerciais envolvidas na produção e na venda de um simples conjunto de pneus da Goodyear. Vários fornecedores vendem para a Goodyear borracha, aço, equipamentos e outros bens necessários para a produção dos pneus. Em seguida, a Goodyear vende seus pneus já prontos para os varejistas, que, por sua vez, os vendem para os consumidores. Assim, vários conjuntos de compras *organizacionais* foram realizados para apenas um conjunto de compras de *consumo*. Além disso, a Goodyear vende pneus como equipamento original para fabricantes que os colocam em veículos novos e como um produto de reposição para empresas que possuem frotas de carros, caminhões, ônibus e outros veículos.

De certa maneira, o mercado organizacional é parecido com o mercado consumidor. Ambos envolvem pessoas que assumem papéis na compra e tomam decisões de compra para satisfazer necessidades. Entretanto, o mercado organizacional difere do mercado consumidor em muitos aspectos. As principais diferenças entre eles estão na *estrutura e demanda do mercado*, na *natureza da unidade de compra* e nos *tipos de decisão* e *processo de decisão* envolvidos.

Estrutura e demanda do mercado

Em comparação com as empresas voltadas para o mercado consumidor, as organizações direcionadas para o mercado organizacional normalmente lidam com *muito menos, porém maiores compradores*. Mesmo nos grandes segmentos do mercado organizacional, a maioria das compras geralmente é feita por poucos compradores. Por exemplo, quando a Goodyear vende pneus de reposição para os consumidores finais, seu mercado potencial inclui milhões de proprietários de carros do mundo inteiro. Já no mercado organizacional o destino da empresa depende dos pedidos de meia dúzia de grandes fabricantes de automóveis.

Além disso, a demanda organizacional é uma **demanda derivada** — em última instância, ela deriva da demanda por bens de consumo. Por exemplo, a W. L. Gore & Associates vende sua marca Gore-Tex para empresas que fabricam e vendem roupas para atividades ao ar livre feitas com tecidos Gore-Tex. Se a demanda por essas roupas aumenta, a demanda por tecidos Gore-Tex também aumenta. Assim, para intensificar a demanda por Gore-Tex, a Gore direciona propagandas para consumidores finais, a fim de instruí-los sobre os benefícios dos tecidos Gore-Tex nas roupas que eles compram. Ela também vende, diretamente, marcas que trabalham com Gore-Tex — Arc'teryx, Marmot, The North Face, Burton e L. L. Bean —, por meio de seu site (<www.gore-tex.com>).

Demanda derivada
Demanda organizacional que, em última instância, é proveniente (deriva) da demanda por bens de consumo.

Para aprofundar seu relacionamento direto com entusiastas de atividades ao ar livre, a Gore também patrocina a comunidade on-line "Experience More", em que os membros podem compartilhar experiências e vídeos, entrar em contato com especialistas em atividades ao ar livre e ter acesso a ofertas exclusivas de equipamentos de marcas parceiras. Como resultado, consumidores do mundo inteiro aprenderam a procurar a conhecida etiqueta da marca Gore-Tex, e tanto a Gore como suas parceiras saem ganhando. Não importa a marca de roupa e calçado que você compre, diz a etiqueta, se ela for feita com tecido Gore-Tex, é "garantido que vai mantê-lo seco".

Para completar, muitos segmentos do mercado organizacional possuem *demanda inelástica e oscilante*. A demanda total por diversos produtos organizacionais não é muito afetada por mudanças no preço, principalmente no curto prazo. Uma queda no preço do couro não fará com que os fabricantes de sapatos comprem muito mais couro, a não ser que isso resulte em uma redução no preço dos sapatos que, por sua vez, aumentará a demanda pelo produto. E a demanda por muitos produtos e serviços organizacionais tende a variar mais — e mais rapidamente — do que a demanda por produtos e serviços de consumo. Um pequeno aumento percentual na demanda do consumidor pode gerar grandes aumentos na demanda organizacional.

▲ Demanda derivada: você não pode comprar nada diretamente da Gore, mas, para aumentar a demanda por seus tecidos Gore-Tex, a empresa vende diretamente para os compradores roupas para atividades ao ar livre e outras marcas feitas com seus tecidos. Tanto a Gore como suas marcas parceiras — aqui, a The North Face — saem ganhando.
Cortesia da W. L. Gore & Associates, Inc.

Natureza da unidade de compra

Em comparação com as compras de consumo, as compras organizacionais normalmente envolvem *mais participantes nas decisões* e um *esforço de compra mais profissional*. Em geral, as compras organizacionais são efetuadas por pessoas treinadas que passam sua carreira aprendendo a comprar melhor. Quanto mais complexa a compra, mais provável a participação de diversas pessoas no processo de tomada de decisão. Comitês de compra formados por especialistas técnicos e pela alta administração são comuns na compra de produtos importantes. Além disso, as empresas voltadas para o mercado B2B têm à sua disposição um novo tipo de gerentes de suprimento, mais bem treinados e de alto nível. Assim, as empresas precisam contar com profissionais de marketing e vendedores treinados para lidar com esses compradores mais preparados.

Tipos de decisão de compra e processo decisório

Em geral, os compradores organizacionais se deparam com decisões de compra *mais complexas* que os compradores de bens de consumo. As compras organizacionais geralmente envolvem uma grande quantia de dinheiro, considerações técnicas e econômicas complexas e interações entre muitas pessoas de vários níveis da organização compradora. O processo de compra organizacional também tende a ser *mais longo e formalizado*. As grandes compras organizacionais normalmente requerem especificações detalhadas do produto, pedidos de compra por escrito, buscas cuidadosas por fornecedores e aprovação formal.

Para completar, no processo de compra organizacional, comprador e vendedor geralmente são muito mais *dependentes* um do outro. As empresas voltadas para o mercado organizacional podem ter de arregaçar as mangas e trabalhar próximas aos seus clientes durante todos os estágios do processo de compra — elas podem ajudá-los a definir os problemas, encontrar soluções e oferecer suporte para operações pós-venda. Geralmente, as empresas customizam suas ofertas de acordo com as necessidades de cada cliente. No curto prazo, as vendas ficam com os fornecedores que atendem às necessidades imediatas de produtos e serviços dos compradores. No longo prazo, entretanto, as empresas que atuam no mercado organizacional mantêm seus clientes atendendo às suas necessidades atuais *e* formando parcerias com eles para ajudá-los a solucionar seus problemas. Por exemplo, a Dow Performance Plastics não vende simplesmente plástico *para* seus clientes industriais: ela trabalha *com* esses clientes para ajudá-los a se sair bem em seus mercados:[2]

▲ A Dow Performance Plastics não vende simplesmente plástico: ela ajuda as empresas que compram seu plástico a serem referências para seus clientes. "Nós acreditamos em um conceito simples [...] Se você vencer, nós também venceremos."
The Dow Chemical Company

Na Dow Performance Plastics, pensar no modo como o plástico pode melhorar nossa vida reside no centro de sua estratégia empresarial. O que torna isso digno de nota é o fato de a Dow não vender seus produtos para você e nem para mim. Em vez disso, ela vende toneladas de matérias-primas para seus clientes organizacionais que, por sua vez, vendem os bens para as empresas, as quais vendem seus produtos para os usuários finais. Assim, a Down entende que ela não vende simplesmente plástico: ela ajuda as empresas que compram seu plástico a serem referências para seus clientes. A Down Performance Plastics se vê como uma parceira, e não apenas como uma fornecedora. "Não importa se eles estão usando o plástico da Dow para fazer sacolinhas plásticas para o Safeway ou para usos complexos [em carros], nós temos que ajudá-los a se sair bem em seus mercados", diz um porta-voz da Dow. "Pense na Dow como uma equipe por trás de sua equipe", diz a Dow em seu site. "Nós acreditamos em um conceito simples [...] Se você vencer, nós também venceremos."

Como mostra o caso da Dow, nos últimos anos, o relacionamento entre grande parte dos clientes e fornecedores tem deixado de ser distante e de adversários e se tornado próximo e de parceiros. De fato, muitas empresas estão hoje praticando o **desenvolvimento do fornecedor**, criando sistematicamente uma rede de fornecedores parceiros para garantir um fornecimento confiável de produtos e materiais que elas utilizam para fabricar seus produtos ou revendê-los a terceiros. O Walmart, por exemplo, não tem um "departamento de compras", mas sim um "departamento de desenvolvimento do fornecedor". O varejista gigante sabe que não pode confiar em fornecedores locais que talvez não estejam disponíveis quando ele precisar. Assim, ele administra uma robusta rede de fornecedores parceiros que o ajuda a oferecer as centenas de bilhões de dólares em produtos que vende a seus clientes todos os anos.

Desenvolvimento do fornecedor
Desenvolvimento sistemático de redes de fornecedores parceiros para garantir um fornecimento confiável de produtos e materiais utilizados para fabricar produtos ou revendê-los a terceiros.

Comportamento de compra organizacional

Objetivo 2

◀ Identificar os principais fatores que influenciam o comportamento de compra organizacional.

Em um nível mais básico, os profissionais de marketing querem saber como os compradores organizacionais responderão a seus vários estímulos de marketing. A Figura 6.1 mostra um modelo do comportamento do comprador organizacional. Nesse modelo, o marketing e outros estímulos afetam a organização compradora e produzem certas respostas do comprador. Para desenvolver boas estratégias de marketing, o profissional da área deve entender o que acontece dentro da organização para transformar os estímulos em respostas de compra.

Dentro da organização, a atividade de compra consiste em duas partes principais: o centro de compras — formado por todas as pessoas envolvidas na decisão de compra — e o processo de decisão de compra. O modelo mostra que o centro de compras e o processo de decisão de compra são influenciados por fatores organizacionais, interpessoais e individuais internos, bem como por fatores ambientais externos.

O modelo apresentado na Figura 6.1 sugere quatro perguntas sobre o comportamento do comprador organizacional: (1) Quais decisões de compra os compradores organizacionais tomam? (2) Quem participa do processo de compra? (3) Quais são as principais influências sobre os compradores? (4) Como os compradores organizacionais tomam suas decisões de compra?

Figura 6.1 Um modelo do comportamento do comprador organizacional.

Em determinados pontos, o mercado organizacional e o consumidor são parecidos — esse modelo se parece bastante com o modelo do comportamento do consumidor apresentado na Figura 5.1 (Capítulo 5). Mas há diferenças significativas, principalmente na natureza da unidade de compra, nos tipos de decisão tomada e no processo de decisão.

Principais tipos de situação de compra

Existem três principais tipos de situação de compra.[3] Na **recompra simples**, o comprador repete o pedido sem nenhuma modificação. Em geral, o departamento de compras lida com esse tipo de pedido em uma base rotineira. Para continuar no negócio, os fornecedores selecionados tentam manter a qualidade de seus produtos e serviços. Já os fornecedores não selecionados tentam encontrar novas maneiras de agregar valor para o comprador ou explorar sua insatisfação, para que ele passe a considerá-los.

Na **recompra modificada**, o comprador quer modificar as especificações, os preços, as condições ou os fornecedores do produto. Os fornecedores selecionados podem ficar nervosos e se sentirem pressionados a fazer de tudo para proteger sua conta. Já os fornecedores não selecionados veem nesse tipo de compra uma oportunidade para fazer uma oferta melhor e conquistar um novo negócio.

Recompra simples
Situação de compra organizacional em que o comprador repete o pedido, rotineiramente, sem nenhuma modificação.

Recompra modificada
Situação de compra organizacional em que o comprador quer modificar as especificações, os preços, as condições ou os fornecedores do produto.

Compra nova
Situação de compra em que o comprador adquire o produto ou serviço pela primeira vez.

Ao comprar um produto ou um serviço pela primeira vez, a empresa se depara com uma situação de **compra nova**. Nesses casos, quanto maior o custo ou o risco, maior o número de participantes na decisão e maiores os esforços da empresa para coletar informações. Esse tipo de compra apresenta as maiores oportunidades e desafios para as empresas. Elas não só tentam alcançar o maior número possível de influências importantes sobre a compra, como também oferecem ajuda e informações. O comprador toma pouquíssimas decisões na recompra simples e muitas na compra nova.

Muitos compradores organizacionais preferem comprar uma solução completa para o seu problema de uma única empresa, em vez de comprar produtos e serviços separados de diversos fornecedores e depois juntá-los. A venda geralmente vai para a empresa que oferece o mais completo *sistema* para atender às necessidades do cliente e resolver seus problemas. Essa **venda de sistemas (ou venda de soluções)** é, muitas vezes, uma importante estratégia de marketing organizacional para conquistar e manter contas. Considere o caso da IBM e seu cliente Six Flags Entertainment Corporation:[4]

Venda de sistemas (ou venda de soluções)
Compra de um pacote de soluções de uma única empresa, evitando, assim, todas as decisões individuais envolvidas em uma situação de compra complexa.

O Six Flags opera 19 parques temáticos regionais nos Estados Unidos, no México e no Canadá. Seus parques contam com brinquedos e atrações aquáticas eletrizantes, montanhas-russas de primeira e shows especiais. Para oferecer uma experiência divertida e segura aos visitantes, o Six Flags administra, de maneira cuidadosa e eficaz, milhares de ativos dos parques — brinquedos, equipamentos de construção e outras instalações. O Six Flags precisava de uma ferramenta para ajudá-lo a administrar todos esses ativos de maneira eficiente e eficaz em seu grande conjunto de parques. Ele, então, se voltou para a IBM, que tem um software — o Maximo Asset Management — capaz de lidar com o problema muito bem.

▲ Venda de soluções: oferecer uma experiência divertida e segura aos visitantes do Six Flags requer a administração cuidadosa e eficaz dos milhares de ativos dos 19 parques temáticos regionais da empresa. A IBM trabalha lado a lado com o Six Flags para oferecer não apenas um software, mas uma solução completa.
Bloomberg via Getty Images

Mas a IBM não entregou simplesmente o software para o Six Flags, desejando-lhe tudo de bom em sua implantação. Em vez disso, o grupo Maximo Professional Services da IBM está combinando o software com todo um conjunto de serviços elaborados para mantê-lo funcionando e rodando. A IBM está trabalhando lado a lado com o Six Flags para customizar o aplicativo e, estrategicamente, implantá-lo em suas diversas instalações, desenvolvendo workshops de planejamento e treinamento de imersão em cada local. "Até agora, implantamos a solução em cinco parques. À medida que a equipe de implantação conclui uma instalação, ela passa para a filial seguinte", diz o diretor de gestão de projetos corporativos do Six Flags. "Contamos com uma equipe de implantação para garantir que as instalações em todos os nossos parques sejam consistes." A IBM ainda trabalha com o Six Flags ao longo do processo. Desse modo, a empresa não vende simplesmente o software: ela vende uma solução completa para o problema de administração de ativos complexos do Six Flags.

Participantes do processo de compra organizacional

Quem são os responsáveis pelas compras envolvendo trilhões de dólares em produtos e serviços necessários para as organizações compradoras? A unidade de tomada de decisão de uma organização compradora é chamada de **centro de compras**. Ela engloba todos os indivíduos e unidades que participam do processo de tomada de decisão de compra organizacional. Esse grupo inclui os usuários atuais do produto ou serviço, aqueles que tomam a decisão de compra, aqueles que influenciam essa decisão, aqueles que fazem a compra e aqueles que controlam as informações de compra.

Centro de compras
Todos os indivíduos e unidades que participam do processo de tomada de decisão de compra.

Assim, o centro de compras é composto por todos os membros da organização que desempenham qualquer um dos cinco papéis a seguir no processo de decisão de compra:[5]

Usuários
Membros da organização compradora que usarão o produto ou o serviço adquirido.

- **Usuários**: são os membros da organização que vão usar o produto ou serviço. Em muitos casos, eles dão início à proposta de compra e ajudam a definir as especificações do produto.

Capítulo 6 | Mercados organizacionais e comportamento de comprador organizacional **187**

- **Influenciadores**: geralmente ajudam a definir as especificações e também oferecem informações para a avaliação das alternativas. Os funcionários das áreas técnicas são influenciadores particularmente importantes.
- **Compradores**: têm autoridade formal para selecionar o fornecedor e estipular as condições de compra. Eles podem ajudar na formulação das especificações do produto, mas seu principal papel é selecionar os fornecedores e negociar. Em compras mais complexas, os compradores podem solicitar a participação da alta gerência nas negociações.
- **Decisores**: têm poder formal ou informal para selecionar ou aprovar os fornecedores finais. Em compras rotineiras, os compradores costumam ser os decisores ou, pelo menos, os aprovadores.
- **Filtros**: controlam o fluxo de informações. Por exemplo, os compradores geralmente têm autoridade para impedir os vendedores de ver os usuários ou os decisores. Outros filtros são as pessoas das áreas técnicas e até mesmo as secretárias.

O centro de compras não é uma unidade estabelecida e formalmente identificada na organização compradora. Ele é um conjunto de papéis de compra assumidos por diferentes pessoas em diferentes compras. Dentro da organização, o tamanho e a composição do centro de compras variam de acordo com os diversos produtos e as diversas situações de compra. Em algumas compras rotineiras, uma pessoa — digamos, um comprador — pode assumir todos os papéis do centro de compras e ser a única envolvida na decisão. Em compras mais complexas, o centro de compras pode incluir entre 20 e 30 pessoas de diferentes níveis e departamentos da organização.

O conceito de centro de compras representa um grande desafio para o marketing. As empresas que atuam no mercado organizacional precisam saber quem participa da decisão, qual a influência relativa de cada participante e qual critério de avaliação cada um deles utiliza. Isso pode ser muito difícil.

O centro de compras normalmente conta com alguns participantes óbvios, que estão formalmente envolvidos na decisão de compra. Por exemplo, a decisão de compra de um avião corporativo provavelmente envolverá o CEO da empresa, o principal piloto, um comprador, alguns membros do departamento jurídico, um membro da alta administração e outras pessoas formalmente encarregadas da decisão de compra. No entanto, ela poderá envolver também participantes menos óbvios, informais, e alguns deles poderão tomar, de fato, a decisão ou afetá-la fortemente. Às vezes, nem as pessoas do centro de compras têm consciência de todos os participantes envolvidos no processo. Por exemplo, a decisão em relação a qual avião corporativo comprar pode ser tomada por um membro do conselho de administração que se interesse por aviação e tenha algum conhecimento sobre aviões. Essa pessoa pode trabalhar nos bastidores para influenciar a decisão. Muitas decisões de compra organizacional resultam de complexas interações dos participantes do centro de compras, que mudam constantemente.

Principais influências sobre os compradores organizacionais

Ao tomar suas decisões de compra, os compradores organizacionais estão sujeitos a muitas influências. Algumas empresas que atuam no mercado organizacional acreditam que as principais influências sejam econômicas. Para elas, os compradores dão preferência aos fornecedores que oferecem o menor preço, o melhor produto ou mais serviços. Por essa razão, essas empresas se concentram em oferecer grandes benefícios econômicos para os compradores. Entretanto, os compradores organizacionais respondem, na verdade, a fatores tanto econômicos como pessoais. Longe de serem frios, calculistas e impessoais, eles são humanos e sociáveis, agindo não só com a razão, mas também com a emoção.

Hoje, a maioria das empresas que atua no mercado B2B sabe que a emoção desempenha um importante papel nas decisões de compra organizacional. Considere o exemplo a seguir:[6]

> A Citrix cria as melhores formas de as pessoas, a TI e as empresas trabalharem usando reuniões virtuais, desktops e centro de dados. A empresa une virtualização, rede e tecnologias de nuvem em produtos que permitem que as pessoas trabalhem e interajam de qualquer lugar, em qualquer dispositivo. Ela ajuda as organizações a consolidarem seus servidores e administra, de maneira centralizada, aplicativos e desktops a partir de um centro de dados, em vez de instalá-los no computador de cada funcionário. Com um público que entende bastante de tecnologia, você poderia achar que os anúncios B2B da Citrix se concentram em características e benefícios técnicos, como simplicidade, eficiência e custo/benefício. De fato, a Citrix promove esses benefícios, mas seus anúncios também

Influenciadores
Pessoas do centro de compras de uma organização que afetam a decisão de compra; geralmente, ajudam a definir as especificações e também oferecem informações para a avaliação das alternativas.

Compradores
Pessoas do centro de compras de uma organização que efetuam a compra.

Decisores
Pessoas do centro de compras de uma organização que têm poder formal ou informal para selecionar ou aprovar os fornecedores finais.

Filtros
Pessoas do centro de compras de uma organização que controlam o fluxo de informações.

▲ As emoções desempenham um importante papel nas compras organizacionais: a imagem com grande carga emocional deste anúncio B2B transmite a mensagem de que as soluções de computação virtual da Citrix podem colocar o poder da computação novamente nas mãos das empresas e seus departamentos de TI.

2011 Citrix Systems, Inc. Todos os direitos reservados. A frase "Simplicity is Power" e seu tratamento estilizado são marcas registradas da Citrix Systems, Inc., assim como o XenServer.

possuem, decididamente, mais carga emocional. Trabalhando com a ideia de que nossa tecnologia começou a nos dominar, a campanha "Simplicidade é poder" da Citrix utiliza um cenário cheio de emoção ao mostrar uma mão humana dominando completamente a tecnologia. Por exemplo, um anúncio mostra uma mão esmagando servidores; outro mostra notebooks e aplicativos pendurados em dedos como marionetes. Essas imagens com grande carga emocional transmitem a mensagem de que as soluções de computação virtual da Citrix coloca, de maneira sem precedentes, o poder da computação novamente nas mãos das organizações e seus departamentos de TI.

A Figura 6.2 relaciona vários grupos de influência sobre os compradores organizacionais — ambiental, organizacional, interpessoal e individual. Os compradores organizacionais são fortemente influenciados por fatores atuais e esperados no *ambiente econômico*, como o nível de demanda primária, a perspectiva econômica e o valor da moeda. Outro fator ambiental é o *abastecimento* de materiais importantes. Hoje, muitas empresas estão mais dispostas a comprar e a estocar grandes quantidades de materiais escassos, garantindo um abastecimento adequado. Os compradores organizacionais também são afetados por acontecimentos tecnológicos, políticos e competitivos no ambiente. Por fim, a cultura e os costumes podem influenciar bastante as reações do comprador organizacional em relação ao comportamento e às estratégias das empresas vendedoras, principalmente no ambiente de marketing internacional (veja o Marketing Real 6.1).

Os *fatores organizacionais* também são importantes. Toda organização compradora tem seus objetivos, estratégias, estrutura, sistemas e procedimentos, e o profissional de marketing organizacional deve conhecer esses fatores. Perguntas como essas surgem: quantas pessoas estão envolvidas na decisão de compra? Quem são essas pessoas? Quais critérios de avaliação elas utilizam? Quais são as políticas da empresa e os limites impostos a seus compradores?

O centro de compras normalmente possui muitos participantes que influenciam uns aos outros, de modo que os *fatores interpessoais* também afetam o processo de compra organizacional. Entretanto, costuma ser difícil avaliar esses fatores interpessoais e as dinâmicas do grupo. Os participantes do centro de compras não usam crachás que os identificam como "tomador de decisões importante" ou "não influenciador". Além disso, nem sempre os participantes que ocupam os cargos mais altos têm maior influência. Os participantes podem ter influência na decisão de compra por controlarem as recompensas e as punições, serem estimados, terem conhecimentos especiais ou cultivarem um relacionamento especial com outros participantes importantes. Os fatores interpessoais geralmente são muito sutis. Sempre que possível, os profissionais de marketing organizacional devem tentar entender esses fatores e elaborar estratégias que os levem em consideração.

Todo participante do processo de decisão de compra organizacional possui motivações, percepções e preferências pessoais. Esses *fatores individuais* são afetados por características pessoais, como idade, renda, nível de instrução, profissão, personalidade e atitude em relação ao risco. Além disso, os compradores têm estilos de compra diferentes. Alguns podem ser do tipo técnico, ou seja, analisam profundamente as propostas dos concorrentes antes de escolher um fornecedor. Outros podem ser negociadores intuitivos, daqueles que, para conseguirem fechar o melhor negócio, fazem as empresas vendedoras competirem entre si.

Figura 6.2 Principais influências sobre o comportamento do comprador organizacional.

Assim como a decisão de compra do consumidor, mostrada na Figura 5.2 (Capítulo 5), a decisão de compra organizacional é afetada por uma combinação incrivelmente complexa de influências ambientais, interpessoais e individuais, e todas elas sob a ação de fatores organizacionais.

Ambiental	Organizacional	Interpessoal	Individual	
Economia	Objetivos	Influência	Idade/nível de instrução	
Condições de abastecimento	Estratégias	Conhecimento	Cargo	Compradores
Tecnologia	Estrutura	Autoridade	Motivações	
Políticas/regulações	Sistemas	Dinâmicas	Personalidade	
Concorrência	Procedimentos		Preferências	
Cultura e costumes			Estilo de compra	

Marketing Real 6.1

Modos de comportamento no marketing internacional

Imagine a seguinte situação: a Consolidated Amalgamation, Inc. acredita que chegou o momento de o resto do mundo apreciar os excelentes produtos que ela oferece aos consumidores norte-americanos há duas gerações. A empresa envia Harry E. Slicksmile, seu vice-presidente, para a Europa, África e Ásia a fim de explorar o território. O sr. Slicksmile vai primeiro para Londres, onde entra rapidamente em contato com alguns banqueiros, por telefone. Ele tem a mesma facilidade com os parisienses: depois de reservar uma mesa no La Tour d'Argent, apresenta-se para seu convidado — o diretor de uma empresa de engenharia industrial — dizendo: "Pode me chamar de Harry, Jacques". Na Alemanha, o sr. Slicksmile mostra-se uma fonte de saber. Com uma apresentação multimídia fantástica, feita com a ajuda de um projetor ultracompacto, ele mostra aos alemães que aquele garoto da Geórgia sabe ganhar dinheiro.

Depois disso, o sr. Slicksmile vai para a Arábia Saudita, onde apresenta para um cliente potencial uma proposta de vários milhões de dólares em uma elegante pasta de couro de porco. A caminho de Moscou, Harry puxa conversa com um executivo japonês que está sentado ao seu lado no avião. Ele elogia as abotoaduras do executivo diversas vezes, reconhecendo-o como um homem de importância. Na hora de se despedirem, o executivo presenteia Harry com suas abotoaduras, oferece a ele seu cartão de visita com ambas as mãos e se inclina até a altura da cintura. Para expressar seus mais sinceros agradecimentos, Harry coloca firmemente a mão nas costas do executivo e, em seguida, deposita seu cartão de visita no bolso da camisa dele.

Harry conquista a Rússia quando se encontra com o CEO de uma *startup* de tecnologia. Sentindo-se muito à vontade com o executivo russo, ele tira o casaco, se encosta, cruza as pernas e coloca suas mãos no bolso. Sua próxima parada é Pequim, na China, onde Harry fala de negócios em um almoço com um grupo de executivos chineses. Terminada a refeição, ele larga seu *hashi* em sua tigela de arroz e, para mostrar seu desejo de fazer negócios com o grupo, presenteia cada convidado com um elegante relógio da Tiffany.

Uma grande viagem que, com certeza, vai gerar uma pilha de pedidos, certo? Errado. Seis meses depois, a Consolidated Amalgamation não tem nada para mostrar da longa viagem, a não ser uma pilha de contas. Lá fora, ninguém tinha se impressionado com Harry.

Esse caso hipotético foi exagerado para dar mais ênfase à questão. Os norte-americanos raramente são tão bobos assim. Seja como for, especialistas dizem que o sucesso no mercado internacional tem muito a ver com o conhecimento que se tem da região e de seu povo. Estudando inglês e aperfeiçoando-se de outras maneiras, os executivos de outros países aprenderam muito sobre os norte-americanos. Em compensação, os norte-americanos costumam fazer pouca coisa além de acreditar que os outros dançarão conforme sua música. "Queremos que as coisas sejam 'norte-americanas' quando viajamos. Rápidas. Práticas. Fáceis. E assim nos tornamos os 'norte-americanos maus', que querem que os outros mudem", diz um especialista norte-americano em comércio exterior."Acho que fecharíamos mais negócios se nos empenhássemos mais."

O pobre Harry tentou, é verdade, mas da maneira errada. Como regra, diferentemente dos norte-americanos, os britânicos não fazem negócios por telefone. Não se trata especificamente de uma diferença "cultural", mas sim de uma diferença na abordagem. Um francês típico não gosta de familiaridade imediata, nem chama estranhos pelo primeiro nome. "Aquele pobre sujeito, o Jacques, provavelmente não demonstraria nada, mas não ficaria contente", explica um especialista em práticas de negócios franceses.

A impressionante apresentação de Harry muito possivelmente seria um fiasco com os alemães, que não gostam de exageros e exibicionismo. E, para os sauditas, a pasta de couro de porco seria considerada repulsiva. Um vendedor norte-americano que, de fato, apresentou uma pasta assim foi expulso do país sem cerimônias e sua empresa entrou na lista negra das organizações sauditas.

Harry também cometeu inúmeras gafes com seu novo colega japonês. Como os japoneses se esforçam para agradar os outros, especialmente quando a pessoa admira o que eles têm, o executivo provavelmente não daria suas abotoaduras com prazer: ele se sentiria obrigado a fazer isso. A mão de Harry nas costas do executivo possivelmente seria interpretada como um ato

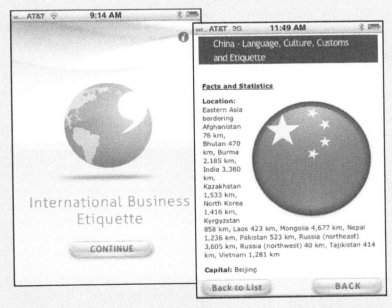

▲ Condutas no marketing internacional: hoje em dia, muitas empresas comercializam aplicativos para smartphones — como este da Kwintessential — que oferecem dicas para os viajantes internacionais e os ajudam a não cometer erros embaraçosos no exterior.
Kwintessential Ltd.

190 Parte 2 | Entendimento do mercado e dos clientes

desrespeitoso e presunçoso. O Japão, assim como muitos outros países da Ásia, é adepto à cultura do "nenhum contato físico". Lá, mesmo um aperto de mãos é uma experiência estranha. Harry conseguiu piorar as coisas com o modo como lidou com seu cartão de visita. Os japoneses consideram o cartão de visita uma extensão de si e um indicador de sua posição. Eles não o entregam às pessoas: eles o apresentam — e com as duas mãos.

As coisas também não foram muito bem na Rússia. Os executivos russos mantêm um visual conversador, profissional, com ternos escuros e sapatos sociais. Tirar o casaco durante uma negociação de qualquer tipo é tido como um sinal de fraqueza. Colocar as mãos no bolso é considerado rude. E mostrar a sola dos sapatos é um gesto desagradável e repugnante. De maneira similar, na China, o fato de Harry largar seu *hashi* na tigela poderia ser mal interpretado como um ato de agressão. Colocar os pauzinhos em uma tigela de arroz e deixá-los lá significa morte para os chineses. Os relógios que Harry ofereceu como presente teriam confirmado essas intenções sombrias. Em chinês, as palavras "dar um relógio" tem mais ou menos o mesmo som que "providenciar a morte de alguém".

Portanto, para competir com sucesso no mercado internacional — ou mesmo para lidar de maneira eficiente com empresas estrangeiras em mercados domésticos —, as organizações devem ajudar seus gestores a entender as necessidades, os costumes e a cultura dos compradores organizacionais internacionais. Hoje em dia, muitas empresas comercializam aplicativos para *smartphones* que oferecem dicas para os viajantes internacionais e os ajudam a não cometer erros embaraçosos no exterior. As culturas ao redor do mundo diferem muito, e os profissionais de marketing devem ter isso bem claro para ter certeza de que se adaptarão às diferenças. "Ao fazer negócios em um outro país e em uma outra cultura [...] não tome nada como certo", aconselha um especialista em negócios internacionais. "Revire tudo. Pergunte tudo. Examine cada detalhe."

Fontes: trechos adaptados de Susan Harte, "When in Rome, you should learn to do what the Romans do", *The Atlanta Journal-Constitution*, 22 jan. 1990, p. D1, D6. Mais informações e exemplos podem ser encontrados em Gary Stroller, "Doing business abroad? Simple faux pas can sink you", *USA Today*, 24 ago. 2007, p. 1B; Janette S. Martin e Lillian H. Cheney, *Global business etiquette*. Santa Barbara: Praeger Publishers, 2013; "Learn tips to do business in China", *The News-Sentinel*, 9 fev. 2012, <www.news-sentinel.com>; <www.cyborlink.com>. Acesso em: nov. 2012.

Objetivo 3

▶ Relacionar e definir os estágios do processo de decisão de compra organizacional.

Processo de compra organizacional

A Figura 6.3 apresenta os oito estágios do processo de compra organizacional.[7] Os compradores que se deparam com uma nova situação de compra geralmente passam por todos os estágios do processo de compra. Em contrapartida, os que fazem uma recompra simples ou modificada podem pular alguns estágios. Examinaremos esses estágios para uma típica situação de compra nova.

Compradores que se deparam com decisões de compra novas e complexas, normalmente, passam por todos esses estágios. De qualquer modo, o processo de compra organizacional é geralmente muito mais complicado do que sugere esse simples diagrama.

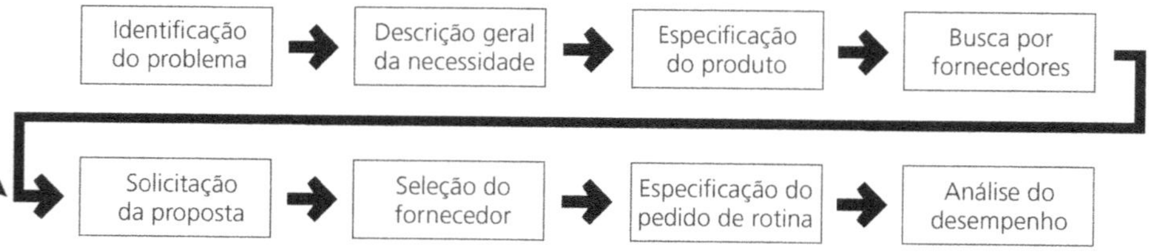

Figura 6.3 Estágios do processo de compra organizacional.

Identificação do problema → Descrição geral da necessidade → Especificação do produto → Busca por fornecedores

Solicitação da proposta → Seleção do fornecedor → Especificação do pedido de rotina → Análise do desempenho

Identificação do problema

Identificação do problema
Estágio do processo de compra organizacional em que a empresa identifica um problema ou uma necessidade que pode ser dissipada com a aquisição de determinado produto ou serviço.

O processo de compra tem início quando alguém na empresa identifica um problema ou uma necessidade que pode ser dissipada com a aquisição de determinado produto ou serviço. A **identificação do problema** pode resultar de estímulos internos ou externos. Internamente, a empresa pode decidir lançar um produto que exija novos equipamentos e materiais para sua produção. Ou uma máquina pode quebrar e precisar de novas peças. Talvez um gerente de compras não esteja satisfeito com a qualidade do produto, os serviços ou os preços do fornecedor atual. Externamente, o comprador pode obter novas ideias em feiras, ver um anúncio ou receber uma ligação de um vendedor, oferecendo um produto melhor ou um preço mais baixo.

Na verdade, em seus anúncios, os profissionais de marketing organizacional geralmente alertam os clientes com relação a potenciais problemas e, então, mostram como seus produtos e serviços oferecem soluções. Por exemplo, um aclamado anúncio da Quill.com — um fornecedor de produtos de escritório on-line que se empenha para oferecer um forte atendimento ao cliente — destaca um importante problema de seus clientes: o que fazer quando o toner de sua impressora acaba? O visual do anúncio, que mostra o texto sumindo e voltando a aparecer, sugere de maneira eficiente tanto o problema como a solução. "Se o seu toner acabar", diz o anúncio, "nós o trocaremos rapidamente. Na Quill.com, estamos aqui sempre que você precisar de nós".

Descrição geral da necessidade

Uma vez identificada a necessidade, o comprador prepara uma **descrição geral da necessidade**, que descreve as características e a quantidade do item necessário. Para itens padronizados, esse processo apresenta poucos problemas. Para itens complexos, no entanto, o comprador pode ter que trabalhar com outras pessoas — engenheiros, usuários, consultores —, a fim de definir as características deles. A equipe pode querer classificar a importância da confiabilidade, da durabilidade, do preço e de outros atributos desejados no item. Nessa fase, o profissional de marketing organizacional atento pode ajudar os compradores a definir suas necessidades e fornecer informações sobre o valor das diferentes características do produto.

Especificação do produto

Aqui, a organização compradora desenvolve as **especificações do produto** para o item, muitas vezes com a ajuda de uma equipe de engenharia, que realiza uma análise produto-valor. A *análise produto-valor* é uma abordagem de redução de custos em que os componentes são estudados cuidadosamente para determinar se podem ser reprojetados, padronizados ou fabricados a partir de métodos de produção mais baratos. A equipe decide quais são as melhores características técnicas do produto e as especifica. As empresas vendedoras também podem usar a análise produto-valor como uma ferramenta para ajudar a conseguir uma nova conta. Ao mostrar para os compradores uma maneira melhor de fabricar um objeto, os vendedores podem transformar situações de recompra simples em situações de compra nova — e têm a chance de obter novos negócios.

▲ Identificação do problema: a Quill.com utiliza seu aclamado anúncio para alertar os clientes com relação a um problema importante e à sua solução. "Na Quill.com, estamos aqui sempre que você precisar de nós".
Agência da Quill.com — Euro RSCG Chicago, diretor de arte: Blake Ebel

Busca por fornecedores

Nesse estágio, o comprador conduz uma **busca por fornecedores**, a fim de encontrar os melhores. Ele pode compilar uma pequena lista de fornecedores qualificados analisando diretórios comerciais, fazendo pesquisas no computador ou entrando em contato com outras empresas para obter indicações. Atualmente, um número cada vez maior de empresas recorre à Internet para encontrar fornecedores. Para os profissionais de marketing, isso significou um aumentou de seu campo de ação — a Internet oferece aos fornecedores menores muitas das vantagens que oferece aos maiores.

Quanto mais original a compra e mais complexo e caro o item, mais tempo o comprador gastará procurando fornecedores. A tarefa do fornecedor consiste em fazer com que seu nome esteja relacionado em importantes diretórios e em construir uma boa reputação no mercado. Os vendedores devem ficar atentos às empresas que estão em processo de busca por fornecedores e se certificar de que sua organização será lembrada.

Solicitação da proposta

No estágio de **solicitação da proposta** do processo de compra organizacional, o comprador pede que os fornecedores qualificados apresentem suas propostas. Em resposta, alguns fornecedores vão direcionar o comprador para seu site, enviar-lhe materiais promocionais ou pedir a um vendedor que lhe faça uma visita. Entretanto, quando se trata de um item complexo ou caro, o comprador geralmente exige propostas detalhadas por escrito ou apresentações formais de cada fornecedor potencial.

Os profissionais de marketing organizacional precisam ser hábeis na pesquisa, redação e apresentação das propostas solicitadas pelo comprador. As propostas devem ser documentos

Descrição geral da necessidade
Estágio do processo de compra organizacional em que o comprador descreve as características gerais e a quantidade de um item necessário.

Especificações do produto
Estágio do processo de compra organizacional em que a organização compradora decide quais são as melhores características técnicas do produto para um determinado item e as especifica.

Busca por fornecedores
Estágio do processo de compra organizacional em que o comprador tenta encontrar os melhores fornecedores.

Solicitação da proposta
Estágio do processo de compra organizacional em que o comprador pede que os fornecedores qualificados apresentem propostas.

Seleção do fornecedor

Nesse estágio, os membros do centro de compras analisam as propostas e selecionam um ou mais fornecedores. Durante a **seleção do fornecedor**, o centro de compras geralmente desenvolve uma lista com os atributos desejados do fornecedor e a importância relativa de cada um deles. Entre esses atributos, estão: qualidade dos produtos e serviços, reputação, entrega dentro do prazo, comportamento corporativo ético, comunicações honestas e preços competitivos. Os membros do centro de compras avaliam os fornecedores de acordo com esses atributos e identificam os melhores.

Os compradores podem tentar negociar com os fornecedores preferidos para obter melhores preços e condições antes de fazer a escolha final. No fim, eles podem selecionar um único fornecedor ou alguns deles. Muitas empresas preferem trabalhar com vários fornecedores, para não ficarem totalmente dependentes de um fornecedor e para poderem comparar os preços e o desempenho de vários fornecedores ao longo do tempo. Hoje em dia, os gerentes de desenvolvimento do fornecedor querem desenvolver uma rede completa de fornecedores parceiros que possa ajudar a empresa a entregar mais valor para seus clientes.

> **Seleção do fornecedor**
> Estágio do processo de compra organizacional em que o comprador analisa as propostas e seleciona um ou mais fornecedores.

Especificação do pedido de rotina

Nesse estágio, o comprador prepara uma **especificação do pedido de rotina**, que contém o pedido final para o(s) fornecedor(es) escolhido(s) e uma lista com itens como: especificações técnicas, quantidade necessária, prazo de entrega esperado, políticas de devolução e termos de garantia. No caso de itens utilizados em manutenção, reparo e produção, os compradores geralmente utilizam contratos de fornecimento, em vez de pedidos de compra periódicos. O contrato de fornecimento gera um relacionamento de longo prazo, no qual o fornecedor se compromete a reabastecer o comprador sempre que necessário por um preço e um prazo determinados.

Atualmente, muitos grandes compradores trabalham com *estoque gerenciado pelo fornecedor*, delegando a responsabilidade pelo processamento de pedidos e pela administração do estoque para seus fornecedores. Em sistemas como esse, os compradores compartilham as informações de vendas e estoque com fornecedores-chave. Com isso, os fornecedores monitoram o estoque e o reabastecem automaticamente sempre que necessário. Por exemplo, grande parte dos importantes fornecedores de grandes varejistas, como Walmart, Target, Home Depot e Lowe's, fica com a responsabilidade pelo gerenciamento do estoque.

> **Especificação do pedido de rotina**
> Estágio do processo de compra organizacional em que o comprador escreve o pedido final para o(s) fornecedor(es) escolhido(s), listando as especificações técnicas, a quantidade necessária, o prazo de entrega esperado, as políticas de devolução e os termos de garantia.

Análise do desempenho

Nesse estágio, o comprador analisa o desempenho do fornecedor. Para isso, ele pode entrar em contato com usuários e pedir que eles classifiquem sua satisfação. A **análise do desempenho** pode fazer com que o comprador dê continuidade ao acordo, modifique-o ou desfaça-o. O trabalho do vendedor é monitorar os mesmos fatores usados pelo comprador para se certificar de que está atingindo o nível esperado de satisfação.

Resumindo, o modelo de oito estágios do processo de compra mostrado na Figura 6.3 fornece uma visão simplificada da compra organizacional no caso de uma situação de compra nova. Em geral, o processo real é muito mais complexo. Nas situações de recompra simples ou modificada, alguns desses estágios seriam reduzidos ou desconsiderados. Cada organização tem seus próprios métodos de compra, e cada situação de compra tem exigências singulares.

Os diversos participantes do centro de compras podem ser envolvidos em diferentes estágios do processo. Apesar de certos estágios normalmente ocorrerem, os compradores nem sempre os seguem na mesma ordem. Além disso, podem acrescentar estágios aos processos. Geralmente, os compradores repetem determinados estágios. Por fim, o relacionamento com o cliente pode envolver muitos tipos diferentes de compras em andamento em determinado momento, cada um em um estágio diferente do processo de compra. O vendedor deve gerenciar o *relacionamento total* com o cliente, e não apenas as compras individuais.

> **Análise do desempenho**
> Estágio do processo de compra organizacional em que o comprador avalia o desempenho do fornecedor e decide dar continuidade ao acordo, modificá-lo ou desfazê-lo.

E-procurement: compra na Internet

Avanços na tecnologia da informação mudaram a cara do processo de marketing B2B. Nos últimos anos, as compras on-line, muitas vezes chamadas de *e-procurement*, cresceram rapidamente. Praticamente inexistentes há uma década e meia, as compras on-line são, hoje, o procedimento-padrão de grande parte das organizações. O *e-procurement* não apenas oferece aos compradores acesso a novos fornecedores e custos de compra mais baixos, como também acelera o processamento e a entrega de pedidos. Por sua vez, os profissionais de marketing organizacional podem se conectar on-line com os clientes para compartilhar informações de marketing, vender produtos e serviços, oferecer serviços de atendimento ao cliente e manter um relacionamento contínuo com eles.

E-procurement
Compra realizada por meio de conexões eletrônicas entre os compradores e os vendedores. Geralmente, ocorrem on-line.

As empresas podem praticar o *e-procurement* de diversas maneiras. Elas podem conduzir *leilões reversos*, colocando na Internet seus requisitos de compra e pedindo para os fornecedores apresentarem sua proposta. Podem também partir para as *trocas comerciais*, por meio das quais as empresas trabalham em conjunto para facilitar o processo comercial.

Elas podem ainda montar um site *de compras da empresa*. Por exemplo, a GE possui um site no qual, além de divulgar suas necessidades de compra, recebe propostas, negocia condições e fecha pedidos. Outra opção é a criação de extranets com os principais fornecedores. Por exemplo, uma empresa pode criar contas de compra direta com fornecedores como a Dell ou a Staples, por meio das quais os compradores da empresa podem adquirir equipamentos, materiais e suprimentos. A Staples opera uma divisão de compras organizacionais chamada Staples Advantage que atende às necessidades de suprimentos e serviços de empresas de qualquer tamanho — desde aquelas que têm 20 funcionários até as que constam na lista da *Fortune* entre as mil maiores.

Por meio da criação de sites organizados e fáceis de usar, as empresas voltadas para o mercado organizacional podem ajudar os clientes on-line e construir um sólido relacionamento com eles. Por exemplo, a revista *BtoB* recentemente classificou o site da Shaw Floors — líder de mercado em pisos e revestimentos para chão — como um dos "dez melhores sites B2B". O site ajuda a Shaw a construir uma forte ligação com seus clientes organizacionais e comerciais.[8]

Houve uma época em que o site da Shaw Floors, uma fabricante de pisos e revestimentos para chão, não passava de um "catálogo on-line". Hoje, entretanto, o site é uma verdadeira experiência interativa. Nele, profissionais das áreas de decoração e construção, bem como clientes, podem "ver", virtualmente, as muitas linhas de produtos da empresa. Na popular área "Experimente um piso", decoradores e varejistas podem trabalhar com compradores finais, fazendo uploads de imagens digitais do piso atual e aplicando qualquer um dos muitos carpetes da empresa no lugar para ver como ficam. Eles podem selecionar várias linhas e cores diretamente, sem ter que ficar olhando amostras. Para completar, as imagens, extremamente detalhadas, podem ser rotacionadas e manipuladas, de modo que um decorador, por exemplo, possa mostrar para o cliente o desenho do carpete e sua profundidade.

O site da Shaw Floors também oferece um conjunto muito rico de recursos de fácil navegação para os varejistas da empresa. A área "Para varejistas" permite que os parceiros procurem os produtos da Shaw, verifiquem o estoque, rastreiem o status de seus pedidos e peçam catálogos para suas lojas. Na área "Fonte de anúncios da Shaw", os varejistas podem encontrar recursos para criar seus próprios anúncios. E o programa Shaw Web Studio permite que os varejistas — muitos dos quais são donos de lojas familiares — façam downloads de fotografias, ferramentas para catálogo e outras coisas necessárias para construir seu site. "Muitos varejistas não têm tempo nem dinheiro para desenvolver sua presença on-line", diz o gerente de marketing interativo da Shaw. "Logo, isso realmente os ajuda."

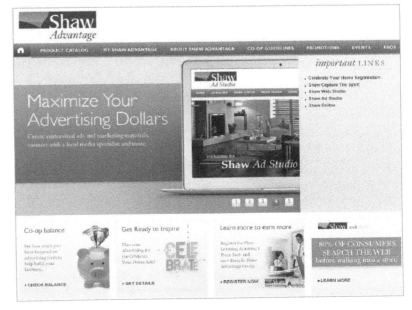

▼ Sites B2B: este site da Shaw Floors constrói uma forte ligação entre a empresa e seus varejistas. Ele oferece ideias e ferramentas de marketing que tornam os varejistas mais efetivos na venda dos produtos da Shaw aos clientes finais.

Shaw Industries, Inc.

Marketing Real 6.2

Marketing social B2B:
o espaço para se relacionar com clientes organizacionais

Um vídeo fez grande sucesso no YouTube, no canal da Makino Machine Tools. Ele mostra a D500 da Makino — um centro de usinagem vertical de cinco eixos — em ação, com lascas de metal voando enquanto a máquina trabalha uma nova peça industrial. Não parece legal? Provavelmente, não para você. Mas, para o cliente industrial certo, é algo fantástico. "Uau", diz uma pessoa que assistiu ao vídeo, "é um novo conceito ter o rolamento em Y, em vez de em X. Isso intensifica a firmeza?" No total, esse vídeo foi visto mais de 29 mil vezes, principalmente por clientes atuais e potenciais da Makino. Para a Makino, que atua no mercado B2B, trata-se de uma excelente exposição.

Quando se pensa em marketing digital e social, você provavelmente imagina o marketing para consumidores finais. Mas hoje, como a Makino, a maioria das empresas que atua no mercado B2B tem intensificado o uso dessas novas abordagens para alcançar clientes organizacionais e se relacionar com eles. A utilização de canais de marketing digitais e sociais no mercado organizacional não está simplesmente crescendo: está explodindo. Enquanto diminuem seus investimentos na mídia tradicional e em eventos, grande parte das principais empresas que atuam no mercado B2B intensifica o uso de sites, blogs, aplicativos, redes on-line próprias e redes sociais de destaque, como Facebook, LinkedIn, YouTube e Twitter. Uma pesquisa mostra que, atualmente, 79% das empresas B2B postam artigos on-line, 74% usam redes sociais existentes, 65% utilizam blogs, 63% enviam boletins eletrônicos, 52% postam vídeos on-line e 43% realizam webinários.

A mídia digital e social tornou-se o espaço para se conectar com clientes B2B e intensificar o relacionamento com eles. Considere novamente a Makino, líder na fabricação de tecnologia para tratamento de metais:

A Makino utiliza uma ampla variedade de iniciativas de mídia social que informam os clientes e intensificam o relacionamento da empresa com eles. Por exemplo, ela mantém uma série constante de webinários específicos para cada setor que a posicionam como líder das ideias em sua área de atuação. A Makino produz cerca de três webinários por mês e oferece uma biblioteca com mais de 100 tópicos que vão da otimização do desempenho de máquinas de acabamento à descoberta de novos processos para tratamento de metais. O conteúdo dos webinários é desenvolvido sob medida para cada setor, como o aeroespacial ou o médico, e é promovido por meio de banners e e-mails cuidadosamente direcionados. Os webinários ajudam a alimentar o banco de dados de clientes da Makino, a gerar leads de vendas, a construir relacionamentos com os clientes e a preparar o caminho para os vendedores, fornecendo informações importantes e instruindo os clientes on-line.

A Makino utiliza ainda o Twitter, o Facebook e o YouTube para informar os clientes atuais e potenciais sobre as últimas novidades e eventos da empresa e também para demonstrar, vividamente, suas máquinas em ação. Os resultados têm sido gratificantes. "Nós mudamos totalmente a área de marketing de equipamentos", diz o gerente de marketing da Makino. "Nós aceleramos o ciclo de vendas e o tornamos mais eficiente. Os resultados têm sido extraordinários."

Comparadas com as abordagens de venda e mídia tradicionais, as abordagens de marketing digitais e sociais podem gerar muito mais engajamento por parte dos clientes e uma maior interação com eles. Os profissionais de marketing B2B sabem que, na verdade, eles não estão se voltando para *empresas*, mas sim para *indivíduos* dessas empresas que afetam as decisões de compra. "Vendemos para pessoas", observa um profissional de marketing B2B. E os compradores organizacionais de hoje estão sempre conectados. Seus dispositivos digitais — PCs, iPads ou smartphones — estão ligados a seu cérebro. Como assinala um profissional de marketing B2B: "O local de trabalho não é mais um lugar; é um estado da mente".

▲ Mídia social B2B: a Makino, que fabrica uma série de equipamentos, interage com seus clientes organizacionais por meio de um amplo marketing digital e social. Ela trabalha com tudo: de comunidades on-line próprias e webinários a Facebook, YouTube e Twitter.
Cortesia da Makino, Inc. Facebook é uma marca registrada do Facebook, Inc.

Capítulo 6 | Mercados organizacionais e comportamento de comprador organizacional **195**

A mídia digital e social pode desempenhar um importante papel no engajamento dos compradores organizacionais, sempre conectados, de hoje, fazendo as coisas de uma maneira que a venda pessoal, sozinha, não conseguiria fazer. Diferente do velho modelo em que representantes de vendas visitam clientes organizacionais no trabalho ou, quem sabe, se encontram com eles em feiras, a nova abordagem digital facilita contatos entre diversas pessoas nas organizações vendedora e compradora a qualquer hora, em qualquer lugar. Isso dá mais controle e acesso a informações importantes, tanto para vendedores como para compradores. O marketing B2B sempre foi um marketing de rede social, mas o ambiente digital de hoje oferece uma quantidade incrível de novas ferramentas e aplicativos de rede.

Nenhuma empresa parece entender melhor as novas oportunidades geradas pela mídia digital e social do que uma organização que está por aí há muito tempo: a IBM. Com 114 anos e 400 mil funcionários espalhados por 170 países, a IBM está mais atualizada e relevante — e lucrativa — do que nunca quando se trata de mídia social. A empresa utiliza uma abordagem descentralizada para a mídia social. "Nós representamos nossa marca on-line da maneira que sempre fizemos", diz um executivo de mídia social da IBM. "Nossa marca é, em grande parte, moldada pela interação [dos funcionários] com os clientes."

Tendo em vista essa perspectiva, a IBM incentiva seus funcionários a conversar publicamente nas mídias sociais — entre eles e com os clientes — e os deixa falar bastante, desde que não haja invenções ou exageros. E eles falam bastante. Milhares de funcionários da IBM são as vozes da empresa. Hoje, 100 mil funcionários utilizam 17 mil blogs internos e o SocialBlue (uma rede social interna da IBM, parecida com o Facebook) possui 53 mil membros. "Faça uma pesquisa on-line para 'IBM blog'. Você vai encontrar inúmeros funcionários postando publicamente

sobre tudo, de arquitetura orientada a serviços até vendas para parentes", diz um analista. "Se quer ter um blog na IBM, você simplesmente começa." Dezenas de milhares ou até mesmo centenas de milhares de funcionários da IBM utilizam ativamente redes sociais públicas, como Twitter, LinkedIn, Facebook e YouTube, entre muitas outras.

Toda essa movimentação social dos funcionários da IBM gera uma quantidade inacreditável de interação entre os colaboradores, os clientes e os fornecedores da IBM. Por exemplo, um encontro virtual da empresa pode incluir um grupo diverso de mais de 500 mil pessoas, de dentro e de fora da organização. Essas interações on-line ajudaram a gerar o maior movimento da IBM hoje: o Smarter Planet — uma iniciativa que reúne cabeças e ferramentas da IBM e de fora dela com o objetivo de tratar de questões como trânsito em horários de pico e respostas diante de desastres naturais.

Não importa se é a abordagem descentralizada para a mídia social e digital da IBM ou a mais focada e ponderada da Makino. Os profissionais de marketing B2B ainda estão descobrindo até que ponto esses novos canais de rede podem ser eficazes no engajamento dos clientes organizacionais e na interação com eles. O marketing digital e social não é um modismo passageiro; ele aponta para uma nova maneira de fazer negócios. Já se foi o tempo em que os profissionais de marketing B2B só conseguiam transmitir informações sobre seus produtos e serviços em uma visita de vendas ou em um evento. Em vez disso, os profissionais de marketing precisam engajar os clientes de maneira significativa e relevante, independentemente de quando e onde eles demandarem isso, 24 horas por dia, 7 dias por semana. Como disse um diretor de mídia social B2B: "As expectativas do cliente mudaram. Os clientes querem, sob demanda, participar do modo como interagem com você e com a empresa. Precisamos mudar e adaptar nosso pensamento para essa direção".

Fontes: Kate Maddox, "Online marketing summit focuses on social, search, content", btobonline.com, 13 fev. 2012; Elizabeth Sullivan, "One to one", *Marketing News*, 15 maio 2009, p. 10-13; Sean Callahan, "Is B2B marketing really obsolete?", btobonline.com, 17 jan. 2011; Casey Hibbard, "How IBM uses social media to spur employee innovation", Socialmediaexaminer.com, 2 fev. 2010; Joe Pulizzi, "2012: B2B content marketing benchmarks, budgets, and trends", contentmarketinginstitute.com, 5 dez. 2011; "Analytics, content, and apps are hot topics at 'BtoB's' SF NetMarketing Breakfast", *BtoB*, 17 fev. 2012, <www.btobonline.com/article/20120217/EVENT02/302179995/analytics-content-and-apps-are-hot-topics-at-btobs-sf-netmarketing; www.youtube.com/user/MakinoMachineTools>. Acesso em: set. 2012.

De modo geral, hoje, as empresas que atuam no mercado B2B estão usando uma série de abordagens digitais e sociais — de sites, blogs e aplicativos para smartphones às principais redes sociais, como Facebook, LinkedIn, YouTube e Twitter —, com o objetivo de alcançar os clientes organizacionais e gerenciar o relacionamento com eles em qualquer lugar, a qualquer hora. Rapidamente, o marketing digital e social se tornou *o* novo espaço para se relacionar com clientes organizacionais (veja o Marketing Real 6.2).

O *e-procurement* entre empresas gera muitos benefícios. Para começar, ele reduz os custos de transação e resulta em compras mais eficientes, tanto para os compradores como para os fornecedores. Além disso, diminui o tempo entre o pedido e a entrega. Um programa de compras baseado na Internet elimina toda papelada associada aos procedimentos tradicionais de requisição e pedido e ajuda as empresas a acompanhar melhor todas as suas compras. Por fim, além da economia de tempo e dinheiro, o *e-procurement* permite que o pessoal de compras se livre de uma série de trabalhos enfadonhos e de burocracias, o que permite a eles se concentrarem em questões mais estratégicas, como a busca por suprimentos melhores e o trabalho com fornecedores para reduzir custos e desenvolver novos produtos.

Entretanto, a utilização cada vez maior do *e-procurement* também apresenta alguns problemas. Por exemplo, ao mesmo tempo em que a Internet possibilita que fornecedores e clientes compartilhem dados de negócios e, até mesmo, trabalhem juntos no desenvolvimento de um produto, ela também pode desgastar relacionamentos de décadas entre fornecedores e

196 Parte 2 | Entendimento do mercado e dos clientes

clientes. Muitas empresas estão utilizando o poder da Internet para colocar os fornecedores uns contra os outros e procurar melhores acordos, produtos e prazos de entrega em uma base de compra individual.

O *e-procurement* também pode gerar preocupações potenciais com a segurança. Embora as transações feitas em casa possam ser protegidas por criptografia básica, muitas vezes falta ao ambiente a segurança de que as empresas necessitam para efetuar transações confidenciais. As empresas estão gastando milhões de dólares em pesquisa de estratégias de defesa para manter os *hackers* afastados. A Cisco Systems, por exemplo, especifica os tipos de roteadores, *firewalls* e procedimentos de segurança que seus parceiros devem utilizar para proteger suas conexões de extranet. Na verdade, a empresa vai ainda mais longe: ela envia seus engenheiros de segurança para analisar as defesas dos parceiros e afirma que os parceiros devem se responsabilizar por qualquer brecha na segurança originada a partir de seus computadores.

Objetivo 4

▶ Comparar os mercados institucional e governamental e explicar como os compradores desses mercados tomam suas decisões de compra.

Mercados institucional e governamental

Até agora, nossa discussão sobre compra organizacional concentrou-se, principalmente, no comportamento de compra das empresas. Muito do que discutimos também se aplica às práticas de compra das organizações institucionais e governamentais. Entretanto, esses dois mercados possuem características e necessidades adicionais. Nesta última seção, abordaremos as características especiais dos mercados institucional e governamental.

Mercado institucional

Mercado institucional
Escolas, hospitais, casas de repouso, presídios e outras instituições que oferecem produtos e serviços para as pessoas que estão sob seus cuidados.

O **mercado institucional** é formado por escolas, hospitais, casas de repouso, presídios e outras instituições que oferecem produtos e serviços para as pessoas que estão sob seus cuidados. As instituições diferem quanto a seus mantenedores e objetivos. Por exemplo, a Tenet Healthcare opera 50 hospitais particulares em 11 estados norte-americanos, gerando 9,2 bilhões de dólares em receitas anuais. Já o Shriners Hospitals for Children é uma organização sem fins lucrativos com 22 hospitais que oferecem atendimento médico especializado para crianças. E os Veterans Affairs Medical Centers, de responsabilidade do governo dos Estados Unidos e distribuídos por todo o país, oferecem serviços especiais para os veteranos de guerra.[9] Cada instituição possui diferentes necessidades de compra e recursos.

Alguns segmentos do mercado institucional podem ser enormes. Considere os números dos presídios norte-americanos, que são gigantescos e estão em expansão:

> Cerca de 7,4 milhões de norte-americanos — mais gente do que a população de 38 dos 50 Estados do país — estão presos, em liberdade condicional ou em liberdade provisória. Os gastos com punições criminais estão ultrapassando o crescimento do orçamento destinado a educação, transporte e programas de assistência. Por exemplo, nas últimas duas décadas, os gastos estaduais e federais com presídios cresceram 127%, seis vezes mais do que a taxa de crescimento dos gastos com educação superior. Os presídios norte-americanos, que mantêm 2,3 milhões de adultos, gastam cerca de 74 bilhões de dólares anualmente para manter suas instalações funcionando — em média, são quase 32 mil dólares por preso por ano. "Um ano na cadeia custa mais do que um ano na Universidade de Princeton", assinala um analista. Em última instância, esse mercado cativo se traduz em muitas oportunidades de negócios para as empresas que estão querendo entrar no mercado prisional. "Nosso negócio central resvala em muitas coisas — segurança, medicina, educação, serviços de alimentação, manutenção, tecnologia —, o que representa uma oportunidade única para muitos fornecedores fazerem negócios conosco", diz um executivo da Corrections Corporation of America, a maior operadora de presídios privados dos Estados Unidos.[10]

Muitos segmentos do mercado institucional são caracterizados por orçamentos baixos e clientela cativa. Por exemplo, os pacientes de um hospital não têm muita escolha: eles têm que comer o que o hospital oferece. Quem decide sobre a qualidade da comida que será comprada para os pacientes é um representante de compras do hospital. Como a comida é fornecida como parte de um pacote de serviços, o objetivo da compra não é o lucro. Além disso, a minimização dos custos não é a meta — pacientes que recebem comida de baixa qualidade reclamam para outras pessoas, prejudicando a reputação do hospital. Assim, o representante de compras do hospital deve procurar fornecedores de comida que atuam no mercado institucional cuja qualidade alcance ou supere determinado padrão mínimo e cujos preços sejam mais baixos.

Muitas empresas criaram divisões especiais para atender às características e às necessidades especiais dos compradores institucionais. Por exemplo, a unidade Foodservice da General Mills produz, embala, precifica e comercializa uma grande quantidade de cereais, bolachas, biscoitos e outros produtos para melhor atender às exigências de hospitais, escolas e outros participantes do mercado institucional. De maneira similar, a divisão Professional da Procter & Gamble comercializa produtos e sistemas de limpeza e lavagem de roupas para clientes educacionais, ligados à saúde e de outras áreas institucionais e comerciais.[11]

Mercado governamental

O **mercado governamental** oferece enormes oportunidades para muitas empresas, tanto grandes como pequenas. Em diversos países, as organizações governamentais são as principais compradoras de produtos e serviços. Só nos Estados Unidos, os governos federal, estadual e municipal mantêm mais de 88 mil unidades de compra, que adquirem mais de 1 trilhão de dólares anualmente em produtos e serviços.[12] As compras governamentais e organizacionais são parecidas em muitos aspectos, mas também existem diferenças que devem ser compreendidas pelas empresas que desejam vender produtos e serviços para os governos. Para ter sucesso no mercado governamental, as empresas devem identificar os principais responsáveis pela tomada de decisão, determinar os fatores que afetam o comportamento do comprador e entender o processo de decisão de compra.

▲ Mercado institucional: a divisão Professional da Procter & Gamble comercializa produtos e sistemas de limpeza e lavagem de roupas para clientes educacionais, ligados à saúde e de outras áreas institucionais e comerciais.
The Procter & Gamble Company

Mercado governamental
Unidades de governo — federais, estaduais e municipais — que compram ou alugam produtos e serviços para realizar as principais atribuições do governo.

Geralmente, as organizações governamentais abrem licitações e contratam o fornecedor que apresenta o orçamento mais baixo. Em alguns casos, a unidade do governo abre uma exceção, dando preferência ao fornecedor que oferece qualidade superior ou tem reputação de cumprir os contratos no prazo. Os governos também compram com base em contratos negociados, principalmente no caso de projetos complexos, que envolvem grandes custos e riscos de pesquisa e desenvolvimento (P&D), e nos casos em que há pouca concorrência.

As organizações governamentais tendem a favorecer os fornecedores locais, em detrimento dos estrangeiros. Uma reclamação constante das multinacionais que operam na Europa é que os países favorecem as empresas locais, mesmo quando as estrangeiras oferecem melhores condições. A Comissão Econômica Europeia está, gradualmente, eliminando essa tendência.

Assim como os consumidores e os compradores organizacionais, os compradores governamentais são afetados por fatores ambientais, organizacionais, interpessoais e individuais. Uma característica exclusiva da compra governamental é o fato de ela ser acompanhada de perto por públicos externos — do Congresso a uma série de grupos privados que se interessam pelo modo como o governo gasta o dinheiro dos contribuintes. Como suas decisões de gastos estão sujeitas à análise pública, as organizações governamentais exigem uma considerável papelada de seus fornecedores, que com frequência reclamam do excesso de documentação, da burocracia, das regulamentações, da demora nas tomadas de decisão e das constantes mudanças no pessoal de compras.

Tendo em vista todos esses problemas, por que uma empresa iria querer fazer negócios com o governo? As razões são bastante simples: o governo dos Estados Unidos, por exemplo, é o maior comprador de produtos e serviços do mundo — ele compra mais de 146 bilhões de dólares por ano — e seus cheques nunca voltam. Ele compra de tudo: de meias a bombardeiros para simulação. Por exemplo, neste ano, o governo federal norte-americano gastará impressionantes 80 bilhões de dólares em tecnologia da informação, sendo 20 bilhões desse total destinados para a transposição para sistemas de nuvem.[13]

Muitos governos oferecem aos possíveis fornecedores guias detalhados sobre como vender para eles. Por exemplo, a U.S. Small Business Administration (Administração de Pequenas Empresas dos Estados Unidos) oferece em seu site conselhos minuciosos para pequenos negócios que estão em busca de oportunidades de contrato com o governo (<www.sba.gov/category/navigation-structure/contracting/contracting-opportunities>). E o site do U.S. Commerce Department (Departamento de Comércio dos Estados Unidos) está repleto de informações e conselhos sobre oportunidades de negócios internacionais (<www.commerce.gov/about-commerce/grants-contracting-trade-opportunities>).

Em muitas grandes cidades norte-americanas, a GSA (General Services Administration — Administração de Serviços Gerais) opera *centros de serviços empresariais*, com equipes preparadas para oferecer uma orientação completa sobre o modo como os órgãos governamentais compram, as etapas que os fornecedores devem seguir e as oportunidades de compra disponíveis. Várias associações e revistas especializadas em negócios fornecem informações sobre como ter acesso a escolas, hospitais, departamentos de estradas de rodagem e outros órgãos governamentais. E a maioria dessas organizações e associações governamentais mantém sites que oferecem informações e conselhos atualizados.

Ainda assim, os fornecedores precisam dominar o sistema e encontrar meios de reduzir a burocracia, especialmente no caso de grandes compras governamentais. Considere o exemplo da Envisage Technologies, uma pequena empresa de desenvolvimento de software especializada em aplicativos de treinamento baseados na Internet e em plataformas de gestão de recursos humanos. Todos os seus contratos são com órgãos governamentais; 65% deles são com o governo federal. A Envisage utiliza o site da GSA para obter acesso a processos de compras menores, muitas vezes obtendo uma resposta dentro de 14 dias. Entretanto, seus maiores esforços são direcionados para o fechamento de contratos maiores, cobiçados. Uma abrangente proposta de licitação para um desses contratos pode facilmente chegar a conter de 600 a 700 páginas, em razão das exigências burocráticas do governo federal. O presidente da empresa estima que, para preparar uma única proposta, a empresa chega a gastar até 5 mil horas de trabalho ao longo de alguns anos.[14]

Critérios não econômicos também desempenham um papel cada vez maior nas compras governamentais. É pedido aos compradores governamentais que favoreçam empresas e áreas de negócios em dificuldades econômicas, pequenas empresas, empresas de capital minoritário e organizações que sejam contra a discriminação racial, de sexo ou de idade. Os vendedores devem ter esses fatores em mente na hora de buscar negócios com o governo.

▲ Mercado governamental: algumas empresas vendem basicamente para compradores governamentais, como a Lockheed Martin: 84% de suas vendas vêm do governo dos Estados Unidos.
Cortesia da Lockheed Martin Corporation

Muitas empresas que vendem para o governo não são orientadas para o marketing devido a uma série de razões. Os gastos totais do governo são determinados por representantes eleitos, e não por esforços de marketing para desenvolver esse mercado. As compras governamentais enfatizam o preço, o que faz com que os fornecedores invistam seus esforços em tecnologia para baixar os custos. Quando as características do produto são cuidadosamente especificadas, seus diferenciais não são um fator de marketing. Nem a propaganda e a venda pessoal fazem muita diferença em uma licitação baseada em orçamentos abertos.

Entretanto, diversas empresas, como a GE, a Boeing e a Goodyear, criaram departamentos à parte para o marketing governamental. Outras empresas vendem basicamente para compradores governamentais, como a Lockheed Martin: 84% de suas vendas vêm do governo dos Estados Unidos, seja como principal contratada ou como subcontratada. Essas empresas antecipam as necessidades e os projetos do governo, participam da fase de especificação do produto, coletam informações sobre a concorrência, preparam suas propostas cuidadosamente e geram uma comunicação mais forte para descrever e realçar sua boa reputação.

Outras empresas criaram programas de marketing personalizados para os compradores governamentais. Por exemplo, a Dell possui unidades de negócios específicas, formatadas

Capítulo 6 | Mercados organizacionais e comportamento de comprador organizacional **199**

sob medida para atender às necessidades dos compradores governamentais federais, estaduais e municipais. A empresa oferece a seus clientes páginas na Internet que incluem, além de precificações especiais e compras on-line, serviços e suporte para cada cidade, estado e entidade do governo federal.

Na última década, um grande número das compras do governo norte-americano passou a ser feita on-line. O site Federal Business Opportunities (FedBizOpps.com, em <www.fbo.gov>) atua como um ponto de entrada centralizado, em que fornecedores comerciais e compradores governamentais podem postar, buscar, acompanhar e recuperar oportunidades apresentadas por todos os órgãos federais que realizam compras. Os três órgãos federais que atuam como agentes de compra para o restante do governo norte-americano também lançaram sites para apoiar as atividades de compra governamental on-line. A GSA, que tem influência sobre mais de um quarto do orçamento total para compras do governo federal, criou o site GSA Advantage! (<www.gsaadvantage.gov>). A Defense Logistics Agency (Agência de Logística do Departamento de Defesa) oferece o Internet Bid Board System (<www.dibbs.bsm.dla.mil>) para compras para os serviços militares dos Estados Unidos. E o Department of Veterans Affairs (Departamento de Assuntos dos Veteranos de Guerra) facilita o *e-procurement* por meio do site VA Advantage! (<https://VAadvantage.gsa.gov>).

Esses sites permitem que os órgãos civis e de defesa autorizados adquiram de tudo por meio da compra on-line: de suprimentos, comida e equipamentos de tecnologia da informação a serviços de construção. A GSA, a Defense Logistics Agency e o Department of Veterans Affairs não apenas vendem mercadorias estocadas por meio de seus sites, como também criam linhas diretas entre compradores governamentais e fornecedores contratados. Por exemplo, a divisão da Defense Logistics Agency que vende 160 mil tipos de suprimentos médicos para as forças militares transmite seus pedidos diretamente para fornecedores como a Bristol-Myers Squibb. Sistemas como esse, baseados na Internet, prometem eliminar grande parte dos problemas, às vezes, encontrados nas negociações de compras com o governo.[15]

Revisão dos conceitos

Revisão dos **objetivos** e **termos-chave**

⟳ Revisão dos objetivos

O mercado organizacional e o consumidor são parecidos em determinados aspectos importantes. Por exemplo, ambos envolvem pessoas que assumem papéis e tomam decisões de compra para satisfazer necessidades. No entanto, o mercado organizacional também difere em muitos pontos do mercado consumidor. Em primeiro lugar, ele é *enorme*, muito maior do que o mercado consumidor. Só nos Estados Unidos, o mercado organizacional inclui organizações que compram, anualmente, trilhões de dólares em produtos e serviços.

Objetivo 1 ▶ Definir o mercado organizacional e explicar de que modo ele difere do mercado consumidor (p. 182-185)

O *mercado organizacional* compreende todas as organizações que compram produtos e serviços para utilizar na produção de outros produtos e serviços ou para revendê-los ou alugá-los para terceiros e, assim, obter lucro. Comparado ao mercado consumidor, o organizacional geralmente possui muito menos compradores, no entanto, são considerados muito maiores. A demanda organizacional é derivada, tendendo a ser mais inelástica e oscilante do que a demanda de consumo. A decisão de compra organizacional costuma envolver mais (e mais

bem preparados) compradores. Em geral, os compradores organizacionais se deparam com decisões de compra mais complexas, e o processo de compra tende a ser mais formalizado. Para completar, os compradores e vendedores organizacionais geralmente dependem mais um do outro.

Objetivo 2 ▶ Identificar os principais fatores que influenciam o comportamento de compra organizacional (p. 185-190)

As decisões dos compradores organizacionais variam de acordo com três tipos de *situação de compra*: recompra simples, recompra modificada e compra nova. A unidade que toma a decisão em uma organização compradora — o *centro de compras* — pode englobar muitas pessoas diferentes desempenhando diversos papéis distintos. O profissional de marketing organizacional precisa saber o seguinte: quem são os principais participantes do centro de compra? Em quais decisões eles exercem influência e em que nível? Quais critérios de avaliação cada participante utiliza? O profissional de marketing organizacional também precisa entender as principais influências ambientais, organizacionais, interpessoais e individuais sobre o processo de compra.

200 Parte 2 | Entendimento do mercado e dos clientes

Objetivo 3 ▶ **Relacionar e definir os estágios do processo de decisão de compra organizacional (p. 190-196)**

O processo de decisão de compra organizacional pode ser bastante complexo, com oito estágios básicos: identificação do problema, descrição geral da necessidade, especificação do produto, busca por fornecedores, solicitação da proposta, seleção do fornecedor, especificação do pedido de rotina e análise do desempenho. Compradores diante de uma situação de compra nova normalmente percorrem todos os estágios do processo de compra. Os que estão diante de uma recompra simples ou modificada podem pular alguns desses estágios. As empresas devem administrar o relacionamento geral com o cliente, o que, com frequência, inclui muitas diferentes decisões de compra em vários estágios do processo de decisão de compra.

Avanços na tecnologia da informação deram origem ao *"e-procurement"*, por meio do qual os compradores organizacionais adquirem on-line todo tipo de produtos e serviços. A Internet oferece aos compradores organizacionais acesso a novos fornecedores, reduz os custos da compra e agiliza o processamento e a entrega do pedido. Entretanto, o *e-procurement* também pode desgastar o relacionamento entre o cliente e o fornecedor e gerar problemas potenciais de segurança. Mesmo assim, as empresas voltadas para o mercado organizacional estão cada vez mais conectando-se com os clientes (on-line) para compartilhar informações de marketing, vender produtos e serviços, fornecer serviços de atendimento ao cliente e manter um relacionamento contínuo com eles.

Objetivo 4 ▶ **Comparar os mercados institucional e governamental e explicar como os compradores desses mercados tomam suas decisões de compra (p. 196-199)**

O *mercado institucional* compreende escolas, hospitais, presídios e outras instituições que fornecem produtos e serviços para as pessoas que estão sob seus cuidados. Os segmentos desse mercado são caracterizados por baixos orçamentos e clientela cativa. O *mercado governamental*, que é enorme, consiste em unidades do governo — federais, estaduais e municipais — que compram ou alugam produtos e serviços para realizar as principais atribuições do Estado.

Os compradores governamentais adquirem produtos e serviços para defesa, educação, bem-estar da sociedade e outras necessidades públicas. As práticas de compra governamentais são extremamente especializadas e especificadas, com as licitações e os contratos negociados caracterizando a maioria das aquisições. Os compradores governamentais trabalham sob a vigilância do Congresso e de muitos grupos privados. Como consequência, eles tendem a exigir mais formulários e assinaturas e a operar mais lenta e metodicamente quando fazem pedidos.

◯ Termos-chave

Objetivo 1

Comportamento de compra organizacional (p. 182)
Demanda derivada (p. 183)
Desenvolvimento do fornecedor (p. 185)
Processo de compra organizacional (p. 182)

Objetivo 2

Centro de compras (p. 186)
Compra nova (p. 186)
Compradores (p. 187)

Decisores (p. 187)
Filtros (p. 187)
Influenciadores (p. 187)
Recompra modificada (p. 185)
Recompra simples (p. 185)
Usuários (p. 186)
Venda de sistemas (ou venda de soluções) (p. 186)

Objetivo 3

Análise do desempenho (p. 192)
Busca por fornecedores (p. 191)
Descrição geral da necessidade (p. 191)

E-procurement (p. 193)
Especificação do pedido de rotina (p. 192)
Especificação do produto (p. 191)
Identificação do problema (p. 190)
Seleção do fornecedor (p. 192)
Solicitação da proposta (p. 191)

Objetivo 4

Mercado governamental (p. 197)
Mercado institucional (p. 196)

Discussão e **pensamento crítico**

◯ Questões para discussão

1. Considere a estrutura de mercado e a demanda do mercado organizacional. Como elas diferem do mercado consumidor?
2. Relacione e descreva os três tipos de situação de compra organizacional.
3. Relacione e descreva os papéis desempenhados pelos participantes do centro de compras em um processo de compra organizacional.

4. O que é uma venda de sistema? Por que muitas organizações preferem essa abordagem de compra?
5. Compare os mercados institucional e governamental e explique como os compradores de ambos os mercados tomam suas decisões de compra.

Capítulo 6 | Mercados organizacionais e comportamento de comprador organizacional **201**

Atividades de pensamento crítico

1. A compra organizacional ocorre no mundo todo. Assim, os profissionais de marketing precisam estar conscientes dos fatores culturais que influenciam os clientes organizacionais. Em um pequeno grupo, selecionem um país e façam uma apresentação multimídia considerando os modos e as etiquetas de negócios adequadas, o que inclui aparência, comportamento e comunicação. Utilizem um mapa para mostrar a localização do país e descrevê-lo, levando em conta sua demografia, cultura e história econômica.

2. O governo dos Estados Unidos é o maior comprador de produtos e serviços do mundo, gastando anualmente mais de 425 bilhões de dólares. Por lei, 23% das compras do governo norte-americano devem ser feitas em parceria com pequenas empresas. Visite o site <http://archive. sba.gov/contractingopportunities/index.html> para saber mais como os pequenos negócios podem se beneficiar de oportunidades de contratos com o governo. Desenvolva um fôlder que explique o processo para donos de pequenas empresas.

Aplicações e casos

Foco na tecnologia   Cadeia de suprimentos da Apple

De quantas peças é formado um iPhone da Apple? Naturalmente, eles possuem capa, tela, câmera, processador e bateria, mas você já pensou em todas as outras peças, como parafusos e chaves? Um único iPhone possui entre 40 e 50 parafusos, e cada uma das peças — incluindo os parafusos — devem ser fornecidos por empresas. A lista dos principais fornecedores da Apple inclui mais de 20 empresas espalhadas pelo mundo. O falecido Steve Jobs, cofundador da Apple, pediu a Tim Cook, atual CEO da empresa, que tornasse a cadeia de suprimentos da Apple mais eficiente. Cook cortou a lista de fornecedores da empresa, que passou de 100 para 24, e desativou 19 armazéns, resultando em uma redução do estoque de peças de

um mês para apenas seis dias. Grande parte disso é possível graças à tecnologia. Como resultado, a cadeia de suprimentos da Apple foi três vezes considerada a melhor do mundo pela Gartner, e a Apple está conquistando lucros recordes.

1. Visite a página <www.gartner.com/DisplayDocument?-doc_cd5234062>, selecione outra empresa que consta na lista das 25 melhores cadeias de suprimentos da Gartner e descreva a cadeia de suprimentos dessa empresa. Que papel a tecnologia representa nas compras da empresa?

2. Apresente possíveis consequências negativas do uso da tecnologia para obter vantagem competitiva nas compras e no relacionamento com os fornecedores.

Foco na ética   Gosma rosa

No início da década de 1990, Eldon Roth descobriu uma maneira de lucrar com as sobras de carne dos abatedouros — subprodutos que, naquela época, eram usados somente em ração de animais e óleo de cozinha. Essa carne barata e segura é chamada de LFTB (*lean, finely textured beef* — carne magra cuidadosamente texturizada). As partes gordurosas da carne são fervidas e tratadas com hidróxido de amônia, para matar as bactérias. Você provavelmente já comeu muitos hambúrgueres feitos de LFBT, preparados em restaurantes fast-food, na lanchonete da escola ou mesmo na sua cozinha. A LFTB tornou a carne moída mais magra e barata. Logo após seu desenvolvimento, um inspetor de segurança da saúde apelidou a LFTB de "gosma rosa", mas o apelido só se tornou público em 2012, quando eclodiu um grande alvoroço na mídia por causa da "gosma rosa". Os consumidores ficaram enojados ao saber que estavam comendo sobras de carne que eram "lavadas com amônia". As vendas de carne moída caíram 11% em um mês. A AFA Foods, produtora de carne moída, buscou ajuda

contra a falência e a Cargill perdeu 80% de seus clientes. A Beef Products, Inc., líder do setor de LFTB, desativou 75% de suas fábricas de processamento e demitiu 650 funcionários. O McDonald's e outras redes de fast-food, supermercados e compradores institucionais, como escolas e hospitais, pararam de trabalhar com produtos contendo LFTB, muito embora a carne segura e barata estivesse presente há anos.

1. O tumulto em torno da LFTB teve fundamento, considerando que o produto é tido como seguro para o consumo pela Food and Drugs Administration, órgão do governo norte-americano que regula alimentos e medicamentos? Pesquise outros produtos incluídos na categoria de produtos de consumo que poderiam gerar uma situação parecida se os consumidores soubessem como eles são produzidos.

2. Explique o tipo de situação de compra com a qual as empresas que desistiram do uso da LFTB se depararam. Descreva o processo de decisão de compra pelo qual elas provavelmente passaram para encontrar um produto substituto.

Foco nos números   Potencial de mercado da IRMf

A tecnologia de imagem de ressonância magnética funcional (IRMf) entrou no campo da pesquisa de marketing, abrindo um novo mercado para seus equipamentos médicos de alta

tecnologia. Utilizando a tecnologia de IRM funcional, ou IRMf, os pesquisadores de marketing podem, literalmente, ver o cérebro em ação quando os consumidores visualizam uma propaganda ou experimentam um produto. Um estudo de 2004 revelou que diferentes partes do cérebro dos consumidores são ativadas quando eles são expostos a produtos que sabem e não sabem de que marca é. Quando os consumidores experimentaram um refrigerante sem saber a marca, o cérebro deles apresentou atividades relacionadas ao gosto e eles escolheram a Marca A. No entanto, quando as marcas lhes foram ditas, uma diferente área do cérebro foi ativada e a maioria dos consumidores preferiu a Marca B, o que sugere que a propaganda e o marketing podem ativar diferentes áreas do cérebro dos consumidores e levá-los a preferir marcas específicas. Diversos grandes institutos de pesquisa, como a Nielsen, oferecem serviços de pesquisa de marketing ligados à neurociência.

1. Analise o setor de pesquisa de marketing e identifique institutos de pesquisa que poderiam ser clientes potenciais para equipamentos de IRMf. Quantas empresas compõem esse mercado?
2. Consulte o Apêndice 2, "Marketing por meio dos números", e utilize o método da proporção em cadeia para estimar o mercado potencial de equipamentos de IRMf entre os institutos de pesquisa. Quais fatores você consideraria na hora de determinar o número potencial de compradores (ou seja, de institutos de pesquisa) que se interessariam ou poderiam comprar equipamentos de IRMf? Em sua estimativa de mercado potencial, considere que, para comprar um equipamento desses, uma empresa pagaria, em média, 1 milhão de dólares.

Vídeo empresarial   Eaton

Com cerca de 70 mil funcionários em mais de 150 países e receitas anuais de aproximadamente 12 bilhões de dólares, a Eaton é uma das maiores fornecedoras de bens industriais diversificados do mundo. A empresa tornou-se conhecida por fabricar produtos que tornam os carros mais potentes e os caminhões com 18 rodas mais seguros de dirigir. Mas uma recente reestruturação fez da Eaton uma força no crescente mercado de gerenciamento de energia. Em poucas palavras, a Eaton está deixando os sistemas de energia elétrica, hidráulica e mecânica mais acessíveis e eficientes para seus clientes globais. Mas a Eaton não é bem-sucedida só por causa dos produtos e serviços que vende. Seu sucesso tem a ver com o fato de ela trabalhar de perto com seus clientes organizacionais, a

fim de ajudá-los a resolver seus problemas e a criar melhores produtos e serviços. A Eaton é conhecida por sua alta qualidade, seu confiável atendimento ao cliente e seu suporte aos produtos. Dessa maneira, a Eaton constrói um sólido relacionamento com seus clientes.

Após assistir ao vídeo que apresenta a Eaton, responda às seguintes perguntas:

1. Qual a proposição de valor da Eaton?
2. Quem são os clientes da Eaton? Descreva o relacionamento da Eaton com seus clientes.
3. De que maneiras a Eaton fornece valor, indo além do valor que os clientes podem oferecer por si só?

Caso empresarial   Cisco Systems: solução de problemas organizacionais por meio de parceria

Talvez você já tenha ouvido falar da Cisco. A empresa é conhecida por aqueles interessantes anúncios "Rede humana". Ela fabrica os roteadores sem fio Linksys, bastante comuns, e é dona da Pure Digital Technologies, a empresa que faz as câmeras de vídeo Flip, que são uma tendência. Mas a maior parte do que a Cisco Systems vende não é para consumidores regulares como você. A Cisco é, sem dúvida, uma empresa voltada para o mercado B2B. De fato, ela foi eleita pela revista *BtoB* a "empresa do ano" em 2011. Três quartos das vendas da Cisco vêm de roteadores, interruptores e tecnologias de rede avançadas — coisas que mantêm os dados se movimentando no ciberespaço 24 horas por dia, 7 dias por semana. Mas, mesmo antes da explosão das ponto-com, a Cisco já era pioneira na geração seguinte de ferramentas de rede, abrangendo desde segurança no ciberespaço até conversores de sinais e videoconferência.

Essa história é muito mais do que a de uma gigante da tecnologia que fabrica os equipamentos de que as empresas necessitam para rodar suas atividades na Internet e em intranets. Ela trata de uma empresa que pensa adiante, que deixou de ser uma fornecedora de hardware para se tornar uma consultora líder. No processo, existe um conceito que parece ser o principal guia dos negócios da Cisco com outras organizações: colaboração com os clientes. A Cisco colabora muito com seus clientes organizacionais para ajudá-los a colaborar melhor internamente, com seus funcionários, e externamente, com fornecedores, parceiros e clientes.

COLABORAÇÃO DENTRO E FORA

John Chambers se tornou CEO da Cisco há muito tempo, em 1995, quando as receitas anuais não passavam de meros 1,2 bilhão de dólares. Ele dirigiu com sucesso o crescimento da Cisco como uma fornecedora de hardware. Mas, com a explosão das ponto-com no começo dos anos 2000, Chambers percebeu que o mundo tinha se tornado um lugar diferente. Em resposta, ele empreendeu uma grande, radical e, muitas vezes, tumultuada reorganização na empresa. Chambers virou a Cisco de cabeça para baixo e criou uma cultura entre os 71 mil funcionários da empresa, que realmente trabalham em colaboração. Por exemplo, a Cisco é o laboratório perfeito, onde novos produtos são desenvolvidos, usados e somente então vendidos para os clientes. A empresa não apenas fabrica hardwares e softwares que tornam possíveis as atividades de compartilhamento: ela também é especialista em como usá-los. Toda essa colaboração ajudou os negócios da Cisco a explodir, atingindo 43 bilhões de dólares no último ano.

Talvez a campanha publicitária da Cisco, a "Efeito da rede humana", ilustre melhor a filosofia da empresa. A campanha destaca os benefícios que uma organização colhe quando utiliza sua rede de pessoas de maneira mais eficaz. De acordo com a Cisco, a abordagem pragmática da campanha ajuda os clientes a entender como as tecnologias da empresa podem fazê-los economizar, colocar seus produtos no mercado mais rapidamente e até causar um impacto no ambiente. A campanha ajudou a empresa a se tornar a 13ª marca mais valiosa do mundo, ao mesmo tempo em que mostrou por que as empresas precisam dos produtos e serviços dela.

Chambers conta como a Cisco começou sua transição do hardware para os serviços: "Nossos clientes literalmente vinham para cima da gente, esperneando e gritando para que oferecêssemos consultoria", diz ele. Alguns anos atrás, o CEO da USAA, uma empresa de serviços financeiros, pediu a Chambers para ajudar a empresa a descobrir o que fazer com a Internet. Chambers respondeu que a Cisco não atuava na área de consultoria de Internet. Mas, quando a USAA se comprometeu a entregar todo seu negócio de redes para a Cisco se ela fizesse o trabalho, Chambers disse: "Nós estamos atuando na área!" Atualmente, a Cisco tem tanto produtos como conhecimento para ajudar outras empresas a se dar bem na Internet.

Um momento decisivo para Chambers, que o ajudou a entender mais o impacto que a Cisco pode ter sobre os clientes, foi o grande terremoto na China em 2008.

Tae Yoo, uma veterana com 19 anos de Cisco, cuida dos esforços de responsabilidade social da empresa e ocupa uma posição no conselho de estratégias da China e no conselho de países em desenvolvimento. "Eu sempre acreditei na colaboração", diz ela. Mas, após o terremoto, "eu vi que ela, de fato, acontece. Nossa equipe local imediatamente se mobilizou, entrando em contato com funcionários, clientes e ONGs parceiras. O conselho colocou pessoas para nos telefonar, fazer videoconferências, para nos dar uma ideia completa do que estava acontecendo lá. Nós conectamos, via rede, o West China Hospital a um centro especializado em traumas de Maryland". Centros médicos de alto nível do outro lado do mundo podiam opinar remotamente sobre diagnósticos. Os funcionários da Cisco foram a campo para ajudar na recuperação de áreas rurais e na reconstrução de lares e escolas. Depois de 14 dias, Yoo continua, "eu fui para a China com um plano completo e 45 milhões de dólares para financiá-lo". No final, esse valor cresceu para 100 milhões. "Nossos clientes estão crescendo 30% por ano lá", diz Chambers, acrescentando que a Cisco tem o compromisso de investir 16 bilhões de dólares em parcerias público-privadas na China. "Ninguém tem o alcance e a confiança que nós temos. Ninguém poderia oferecer a ajuda que oferecemos."

BENEFÍCIOS DA COLABORAÇÃO

A administração da Cisco sabe que o primeiro lugar em grande parte das listas de CEO serve para quebrar as barreiras de comunicação entre a empresa e seus clientes, fornecedores e parceiros. De acordo com Jim Grubb, parceiro de longa data de Chambers na demonstração de produtos: "Se podemos acelerar a produtividade dos cientistas que estão trabalhando na próxima tecnologia solar porque estamos trabalhando em parceria, estamos fazendo algo importante para o mundo". Está fazendo algo importante para o mundo e, ao mesmo tempo, vendendo toneladas de roteadores e interruptores.

Mas, embora os roteadores e interruptores ainda sejam importantes para a maioria dos negócios da Cisco, as coisas realmente interessantes são muito mais inovadoras. Considere o envolvimento da Cisco na iniciativa que ela chama de Smart+ Connected Communities. Talvez o melhor exemplo de uma comunidade inteligente e conectada seja a New Songdo City, na Coreia do Sul — uma cidade do tamanho do centro de Boston que está sendo construída do zero em uma ilha artificial no Mar Amarelo. A Cisco foi contratada para o empreendimento como a parceira de tecnologia e trabalha em conjunto com a construtora, arquitetos, a 3M e a United Technologies nos negócios da iminente cidade.

O envolvimento da Cisco vai além da instalação de roteadores, interruptores e wi-fi por toda a cidade. A gigante das redes está instalando sensores em cada metro quadrado do lugar. Por meio de linhas-tronco sob as ruas, os filamentos vão percorrer cada parede, cada canto, como um sistema nervoso. A intenção da Cisco é fazer com que essa cidade consuma informação, com sua sala de controle sendo parte do centro do cérebro da New Songdo.

Nada que remeta à venda de estrutura. A Cisco vai vender e operar serviços que rodam em seus hardwares. Imagine uma cidade em que todas as casas e escritórios são conectados a telas de videoconferência TelePresence da Cisco. Engenheiros vão ouvir, aprender e divulgar novos serviços com a marca Cisco por módicas taxas mensais. A intenção da Cisco é agrupar necessidades urbanas — água, energia, tráfego, comunicação e entretenimento — em um único serviço baseado na Internet. Isso não é só coisa de Big Brother. Esse sistema da Cisco permitirá que New Songdo atinja novos níveis de sustentabilidade e eficiência ambiental. Por conta dessa eficiência, o custo dos serviços para os moradores da cidade será mais em conta.

A Cisco acredita que o negócio de cidades inteligentes é um setor emergente com um potencial de 30 bilhões de dólares. A Gale International, a construtora por trás de New Songdo, acredita que só a China poderia ter 500 cidades desse tipo, cada qual com capacidade para 1 milhão de residentes. A meta de construir 20 delas já está estabelecida.

As cidades inteligentes tornam mais relevantes um dos outros negócios da Cisco. Estudos mostram que o teletrabalho gera enormes benefícios para as empresas, as comunidades e os funcionários. Por exemplo, pessoas que trabalham em casa estão mais satisfeitas com seu trabalho. Por essa razão, elas são mais produtivas, revertendo mais de 60% de seu tempo de deslocamento para a empresa. Existem, inclusive, evidências de que as pessoas gostam tanto de trabalhar em casa que estariam dispostas a receber menos para isso. A esmagadora maioria das pessoas que trabalham em casa produz de maneira mais precisa, com melhor qualidade. Sua capacidade de se comunicar com colegas é no mínimo tão boa — e, em muitos casos, melhor — do que a daqueles que trabalham no escritório. Com produtos como o Cisco Virtual Office e a expertise que a Cisco oferece no assunto, a Sun Microsystems economizou 68 milhões de dólares. Ela também reduziu as emissões de gás carbônico em 29 mil toneladas.

Recentemente, a Cisco também lançou um conjunto de produtos de comunicação baseados na Internet que têm como objetivo intensificar as atividades colaborativas das organizações. A Cisco diz que isso tem a ver com a ideia de tornar os negócios mais centrados nas pessoas, em vez de nos documentos. Junto com um sistema de e-mail baseado na nuvem, o WebEx Mail, o Cisco Show and Share, de acordo com uma descrição do departamento de relações públicas, "ajuda as organizações a criar e gerenciar comunidades de vídeo altamente seguras, que podem ser usadas para compartilhar ideias e conhecimento, otimizar a colaboração global em vídeo e per-

Parte 2 | Entendimento do mercado e dos clientes

sonalizar a conexão entre clientes, funcionários e estudantes com conteúdo gerado pelo usuário". Segue nesse mesmo sentido o que a Cisco chama de Enterprise Collaboration Plataform, uma mistura de diretório corporativo com Facebook. Esses produtos permitem aumentar exponencialmente o fluxo livre de informações em relação aos produtos existentes, pois eles funcionam por trás do *firewall* da organização, sem filtros, camadas ou questões de segurança para bloqueá-los.

UM FUTURO BRILHANTE

Este ano, graças a uma economia ainda lenta, o desempenho financeiro da Cisco não está bom. Mas Chambers acredita que isso é apenas uma pequena mancha em uma grande variedade de fatores. Ele assinala que, nas últimas duas décadas, a Cisco emergiu das crises econômicas mais forte e flexível. Durante a maior parte da recente recessão, a Cisco se moveu rapidamente, agarrando toda oportunidade para manter os negócios em funcionamento e desenvolver novos produtos. Na década de 2000, a Cisco adquiriu 48 empresas. Mas, somente no último ano, a empresa anunciou o impressionante número de 61 novas tecnologias, todas focadas na colaboração. Com todos esses recursos — e 44 bilhões de dólares na bagagem —, a Cisco está agora se expandindo para 30 diferentes mercados, cada um deles com o potencial de gerar 1 bilhão de dólares por ano em receita. Caminhando para frente, a empresa tem o compromisso de acrescentar 20% a mais de novos mercados organizacionais por ano. E, como a Cisco entra em um novo mercado somente quando está segura de que pode obter uma participação de 40%, as chances de fracasso são abaixo da média.

Estima-se que o mercado de colaboração valha 35 bilhões de dólares e que esse número vai crescer consideravelmente nos próximos anos. Como a Cisco é líder nesse setor emergente, analistas não veem problema em aceitar a meta de longo prazo de John Chambers, que prevê o crescimento da receita a uma taxa entre 12 e 17% por ano. A Cisco demonstrou que possui o portfólio de produtos e a estrutura de liderança necessários para fazer isso acontecer. Seja como for, uma coisa é certa. A Cisco não é mais apenas uma empresa de hardware, que fornece os dispositivos e os equipamentos necessários para fazer a Internet rodar. Ela é líder em redes — uma competência central que certamente fará dela uma força para ser levada em conta nos próximos anos.

QUESTÕES PARA DISCUSSÃO

1. Qual a natureza da estrutura do mercado e da demanda dos produtos da Cisco?

2. Considerando os setores em que a Cisco compete, quais são as implicações dos principais tipos de decisão de compra?

3. Quais benefícios para os clientes provavelmente resultariam dos produtos da Cisco mencionados no caso?

4. Discuta o processo de compra do cliente para um dos produtos da Cisco. De que maneira esse processo difere do processo de compra de um usuário final que adquire um roteador de banda larga para uso doméstico?

5. A relação entre a cultura colaborativa da Cisco e os produtos e serviços que ela vende é algo que funcionaria para todas as empresas? Considere isso em uma empresa de produtos de consumo, como a P&G.

Fontes: "Cisco reports fourth quarter and fiscal year 2011 earnings", *Market Wire*, 10 ago. 2011, <http://investor.cisco.com/releasedetail. cfm?ReleaseID5598440>; Ellen McGirt, "How Cisco's CEO John Chambers is turning the tech giant socialist", *Fast Company*, 25 nov. 2008, <www.fastcompany.com/magazine/131/revolution-in-san-jose.html>; Greg Lindsay, "Cisco's big bet on New Songdo", *Fast Company*, 1 fev. 2010, <www.fastcompany.com/magazine/142/the-newnew-urbanism. html>; "Christie Blair, Cisco Systems", *BtoB*, 3 out. 2011, <www.bto-bonline.com/apps/pbcs.dll/article?AID5/20111003/FREE/310039953/0/SEARCH>; informações extraídas de <www.cisco.com/web/about/index. html>. Acesso em: 2012.

NOTAS

1. Citações e outras informações extraídas de "Kazakhstan to start exports of locomotives", *Kazakhstan Today*, 4 nov. 2011; "General Electric signs contract to supply 310 Evolution Series locomotives to Kazakhstan", *Business Wire*, 28 set. 2006; Jim Martin, "GE to seal $650 million deal", *Knight Ridder Tribune Business News*, 28 set. 2006, p. 1; "GE demonstrates technology leadership at railway interchange", *Business Wire*, 18 set. 2011; várias páginas em <www.ge.com> e <www.getransportation. com>. Acesso em: nov. 2012.

2. Citações e outras informações extraídas de <www.omnexus. com/sf/dow/?id5plastics>. Acesso em: mar. 2010; <http://plas-tics.dow.com/>. Acesso em: mar. 2012.

3. Essa classificação clássica foi vista pela primeira vez em Patrick J. Robinson, Charles W. Faris e Yoram Wind, *Industrial buying behavior and creative marketing*. Boston: Allyn & Bacon, 1967). Veja também James C. Anderson, James A. Narus e Das Narayandas, *Business market management*, 3. ed. Upper Saddle River: Prentice Hall, 2009, Capítulo 3; Philip Kotler e Kevin Lane Keller, *Marketing management*, 14. ed. Upper Saddle River: Prentice Hall, 2012, Capítulo 7.

4. Baseado em informações extraídas de "Six Flags Entertainment Corporation: improving business efficiency with enterprise asset management", 12 jul. 2012, <www-01.ibm.com/software/success/cssdb.nsf/cs/LWIS-8W5Q84?OpenDocument&Site=gicss67mdia&cty=en_us>; <www-01.ibm.com/software/tivoli/products/maximo--assetmgmt/>. Acesso em: nov. 12.

5. Veja Frederick E. Webster Jr. e Yoram Wind, *Organizational buying behavior*. Upper Saddle River: Prentice Hall, 1972, p. 78--80. Veja também Jorg Brinkman e Markus Voeth, "An analysis of buying center decisions through the sales force", *Industrial Marketing Management*, out. 2007, p. 998; Philip Kotler e Kevin Lane Keller, *Marketing management*, 14. ed. Upper Saddle River: Prentice Hall, 2012, p. 188-191.

6. Baseado em "Citrix systems: integrated campaign — honorable mention", *BtoB*, ago. 2009, <www.btobonline.com/apps/pbcs. dll/article?AID5/20101011/FREE/101019997>; informações fornecidas pela Citrix, jul. 2011; informações extraídas de <www. citrix.com>. Acesso em: nov. 2012.

7. Robinson, Faris e Wind, *Industrial buying behavior*, p. 14. Veja também Kotler e Keller, *Marketing management*, p. 197-203.

8. Para esse e outros exemplos, veja "10 great Web sites", *BtoB Online*, 13 set. 2010. Outras informações extraídas de <www. shawfloors.com/About-Shaw/Retailer-Support>. Acesso em: nov. 2012.

9. Informações extraídas de <www.shrinershospitalsforchildren.org/Hospitals.aspx> e <www.tenethealth.com/about/pages/default.aspx>. Acesso em: nov. 2012.

10. Michael Myser, "The hard sell", *Business 2.0*, dez. 2006, p. 62-65; "U.S. prison population tops 2.4 million", *PressTV*, 9 ago. 2011, <http://presstv.com/usdetail/193137.html>; Brian Resnick, "Chart: one year of prison costs more than one year at Princeton", *The Atlantic*, 1 nov. 2011, <www.theatlantic.com/national/archive/2011/11/chart-one-year-of-prison-costs-more-than-one-year-at-princeton/247629/>; Alan Bluestein, "Marketing: prison bound", *Inc.*, fev. 2012, p. 96-97.

11. Veja <www.gmifs.com> e <www.pgpro.com>. Acesso em: abr. 2012.

12. Henry Canaday, "Government contracts", *Selling Power*, jun. 2008, p. 59-62; "State & local government finances & employment: government units", <www.census.gov/compendia/statab/cats/state_local_govt_finances_employment/governmental_units.html>. Acesso em: 2012.

13. "Federal IT spending requests top 2011 levels, immixGroup Budget briefings reveals", *MarketWatch*, 21 out. 2011, <www.marketwatch.com/story/federal-it-spending-requests-top-2011-levels-immixgroup-budget-briefing-reveals-2011-10-21>; David Mielach, "Small businesses spend more to do business with the government", *BusinessNewsDaily*, 27 dez. 2011, <www.businessnewsdaily.com/1836-government-contracts-2011.html>.

14. Baseado em conversas com Ari Vidali, CEO da Envisage Technologies, em julho de 2006 e janeiro de 2012.

15. Veja "GSA organization overview", <www.gsa.gov/portal/content/104438>. Acesso em: nov. 2012; "Defense Logistics Agency: medical supply chain", <www.dscp.dla.mil/sbo/medical.asp>. Acesso em: nov. 2012; Department of Veterans Affairs, escritório de compras e gerenciamento de materiais, <www1.va.gov/oamm>. Acesso em: nov. 2012.

Parte 1 ▶ Definição de marketing e o processo de marketing (Capítulos 1-2)

Parte 2 ▶ Entendimento do mercado e dos clientes (Capítulos 3-6)

Parte 3 ▶ Elaboração de uma estratégia e de um mix voltados para o cliente (Capítulos 7-17)

Parte 4 ▶ Marketing ampliado (Capítulos 18-20)

Estratégia de marketing orientada para o cliente: criação de valor para clientes-alvo

Prévia do capítulo

Até agora, você aprendeu o que é marketing e a importância de entender os consumidores e o ambiente de mercado. Com essa base, agora você está pronto para se aprofundar mais na estratégia e nas táticas de marketing. Este capítulo analisa as principais decisões de estratégia de marketing orientadas para o cliente, a saber: divisão dos mercados em grupos de clientes significativos (*segmentação*), escolha dos grupos de clientes que serão atendidos (*seleção de mercado-alvo*), criação de ofertas ao mercado que atendam melhor aos clientes escolhidos (*diferenciação*) e posicionamento das ofertas na mente dos consumidores (*posicionamento*). Nos capítulos seguintes, exploraremos as ferramen-

tas táticas do marketing — os 4Ps —, com as quais os profissionais dessa área concretizam as estratégias.

Para darmos início a nossa discussão sobre segmentação, seleção de mercado-alvo, diferenciação e posicionamento, vamos analisar a Dunkin' Donuts. A Dunkin' está se expandindo rapidamente, tornando-se uma potência nos Estados Unidos, no mesmo nível da Starbucks. Mas a Dunkin' não é a Starbucks. E, na verdade, ela não quer ser a Starbucks. A Dunkin' se direciona para um tipo muito diferente de cliente com uma proposta de valor também muito diferente. Prepare uma xícara de café e continue a leitura.

Dunkin' Donuts: o consumidor comum na mira

Há alguns anos, a Dunkin' Donuts deu 100 dólares por semana para dezenas de clientes fiéis de Phoenix, Chicago e Charlotte, na Carolina do Norte, para que eles comprassem café na Starbucks. Ao mesmo tempo, a rede de cafés sem frescura pagou clientes da Starbucks para fazer o movimento inverso. Quando, mais tarde, entrevistou os dois grupos, a Dunkin' afirma que eles eram tão polarizados que os pesquisadores da empresa os apelidaram de "tribos" — cada uma dessas tribos desprezava exatamente as coisas que faziam a outra tribo ser fiel a sua rede de cafés. Os fãs da Dunkin' consideravam a Starbucks pretensiosa e seguidora de modismos, ao passo que os fãs da Starbucks viam a Dunkin' como simplista e nada original. "Eu não entendo", disse um frequentador da Dunkin' aos pesquisadores depois de visitar a Starbucks. "Se eu quisesse me sentar em um sofá, ficaria em casa."

A Dunkin' Donuts está se expandindo rapidamente, tornando-se uma potência dos cafés nos Estados Unidos, no mesmo nível da Starbucks, a maior rede de cafés do país. Mas a pesquisa confirmou um fato simples: a Dunkin' não é a Starbucks. E, na verdade, ela não quer ser a Starbucks. Para ter sucesso, a Dunkin' precisa ter uma visão própria, clara de quais clientes exatamente quer atender (quais segmentos e qual estratégia de seleção de mercado-alvo) e como (qual posicionamento ou proposta de valor). A Dunkin' e a Starbucks se direcionam para clientes muito diferentes, que querem coisas muito diferentes de sua rede de cafés preferida. A Starbucks se posiciona fortemente como uma espécie de "terceiro lugar" sofisticado — uma alternativa fora de casa e do trabalho —, oferecendo sofás, música eclética, Wi-fi e paredes cobertas com obras de arte. Já a Dunkin' tem um tipo de posicionamento decididamente mais simplista, voltado para o "público comum".

A Dunkin' Donuts cresceu servindo comida simples a um preço razoável para clientes da classe trabalhadora. Mas, recentemente, a fim de ampliar seu apelo e intensificar sua expansão, a rede se deslocou para as classes mais altas — um pouquinho, não muito. Ela deixou suas lojas mais bonitas e acrescentou novos itens a seu cardápio, como variedades de café com leite e sanduíches para serem consumidos em outras refeições, e não somente no café da manhã. A Dunkin' também tomou uma série de decisões referente à mudança do design de suas lojas, grandes e pequenas. Essas decisões envolveram desde onde colocar as máquinas de café expresso até o quanto manter de sua identidade rosa e laranja, passando por onde deixar os produtos assados frescos.

Contudo, em seu lento avanço para classes mais altas, a Dunkin' Donuts tem sido cuidadosa para não se distanciar de sua base de clientes tradicional. Não existem sofás nas lojas reformadas. A Dunkin', inclusive, renomeou um novo sanduíche quente para "misto recheado", depois que os clientes reclamaram, dizendo que o nome "panini" era pomposo demais; em seguida, ela retirou o item do cardápio, quando clientes fiéis disseram que ele era muito confuso. "Estamos caminhando em uma [tênue] linha divisória", diz o diretor de insights de cliente da rede. "O que distingue a tribo da Dunkin' é que ela enxerga além dos modismos."

▲ A Starbucks se posiciona fortemente como uma espécie de "terceiro lugar" sofisticado. Já a Dunkin' tem um tipo de posicionamento decididamente mais simplista, voltado para o "público comum". A Dunkin' "não vai atrás dos consumidores refinados da Starbucks", ela está "buscando o consumidor comum".
Bumper DeJesus/Star Ledger/Corbis

A pesquisa da Dunkin' Donuts mostrou que, apesar de seus clientes fiéis quererem lojas mais agradáveis, eles ficaram perplexos com a atmosfera da Starbucks e não se sentiram atraídos por ela. Eles reclamaram do fato de multidões de usuários de notebooks dificultarem a tarefa de encontrar um lugar para se sentar. Também não gostaram de a Starbucks se referir a seu café pequeno, médio e grande como "tall", "grande" e "venti", respectivamente. E não conseguiam entender por que alguém pagaria tão caro por uma xícara de café. "Era quase como se eles fossem um grupo de marcianos falando sobre um grupo de terráqueos", diz um executivo da agência de propaganda da Dunkin'. Os clientes da Starbucks que receberam para fazer a troca se sentiram igualmente desconfortáveis nas lojas da Dunkin'. "O pessoal da Starbucks não suportava o fato de não serem mais pessoas especiais", diz o executivo.

Opiniões tão opostas não são surpreendentes, considerando as diferenças dos clientes das duas redes. Os clientes da Dunkin' incluem mais trabalhadores tanto braçais como administrativos de nível médio, de todas as idades, raças e níveis de renda. Por outro lado, a Starbucks se direciona para um grupo profissionalmente mais especializado, com renda mais alta. Mas os pesquisadores da Dunkin' concluíram que o que diferenciava as duas tribos era mais o ideal do que a renda: os membros da tribo da Dunkin' querem sentir-se parte de uma multidão, enquanto os membros da tribo da Starbucks querem se destacar como indivíduos. "Você pode abrir uma Dunkin' Donuts ao lado de uma Starbucks e ter dois tipos de cliente completamente diferentes", diz um especialista em varejo.

Ao longo dos anos, a Dunkin' Donuts e a Starbucks cresceram rapidamente, cada uma mirando sua própria tribo de clientes e aproveitando a onda de sede cada vez maior dos norte-americanos por café. No entanto, a direção do crescimento futuro de cada marca nos Estados Unidos destaca as diferenças nas estratégias de posicionamento. Com mais de 11 mil lojas espalhadas por todos os 50 estados norte-americanos, a Starbucks penetrou profundamente no mercado doméstico, conquistando 33% dos 26,5 bilhões de dólares do mercado de lojas de lanche e café. Em vez de depender da abertura de novas lojas para crescer, a Starbucks está agora buscando maneiras de fazer os clientes existentes permanecerem mais tempo nas lojas atuais, especialmente à noite. Seu mais novo plano é vender cerveja e vinho com itens complementares, como tábuas de frutas e frios e *focaccia* com azeite de oliva. Embora essa mudança possa parecer drástica para o rei do café, a Starbucks está confiante de que esses novos itens têm tudo a ver com seus, de certa forma, clientes metidos de paladar refinado.

Em compensação, a Dunkin' Donuts opera 7 mil lojas nos Estados Unidos, em 36 estados, dominando cerca de 16% do mercado. Tendo começado como rede na década de 1950 em New England, a empresa tem somente 75 lojas no lado oeste do rio Mississippi. Isso significa que há muita gente por lá com um perfil que se encaixa ao da tribo da Dunkin' que ainda não foi atendida. Assim, a Dunkin' pode se expandir simplesmente se mudando para o oeste, fazendo aquilo que tem feito tão bem no leste — servindo café e lanches de qualidade em um ambiente sem frescuras. Os planos da Dunkin' consistem em mais do que dobrar o número de lojas nos Estados Unidos, chegando a 15 mil em 2020. Para estimular o crescimento ainda mais, a Dunkin' tem ampliado seu cardápio, indo além dos itens para café da manhã. Ela está acrescentando ao seu menu alimentos substanciosos, que vão desde sanduíches servidos em croissants e variedades de pão francês até seus Coolattas e biscoitos especiais. Cerveja, vinho e focaccia? Nem sinal disso tão cedo.

> A Dunkin' tem uma visão clara de quais clientes exatamente quer atender e como. Ela se direciona para a "tribo da Dunkin'" — todo cliente que simplesmente não se identifica com tudo aquilo que a Starbucks significa.

208 Parte 3 | Elaboração de uma estratégia e de um mix voltados para o cliente

Em seu novo posicionamento, a Dunkin' Donuts tem se mantido fiel às necessidades e às preferências de sua tribo. A empresa "não vai atrás dos consumidores refinados da Starbucks", diz uma analista, "ela está buscando o consumidor comum". Até agora, isso está dando certo. Por seis anos consecutivos, a Dunkin' Donuts foi classificada como a número 1 na categoria de cafés, liderando uma pesquisa sobre fidelidade do cliente, seguida pela Starbucks, a número 2. De acordo com a pesquisa, a Dunkin' era a marca que, com mais consistência, atendia às expectativas dos clientes e as superava no que dizia respeito a gosto, qualidade e atendimento ao cliente. Esse feito fica ainda mais notável se considerarmos que somente há pouco tempo a Dunkin' lançou seu primeiro programa de fidelidade.

O posicionamento e a proposta de valor da Dunkin' Donuts são muito resumidos em seu popular slogan: "A América é movida a Dunkin'". Seu mais recente anúncio mostra clientes reais, selecionados em nível nacional, respondendo a uma pergunta simples: "O que você está tomando?" A resposta: "Eu estou tomando Dunkin'". A campanha se concentra em clientes de verdade da Dunkin' Donuts e no amor deles pelo café da empresa. "Nosso compromisso continua sendo manter a América movida a nosso excelente café, nossos produtos assados e nossos lanches servidos em um ambiente agradável por um ótimo valor", diz o CMO mundial da Dunkin'. E nada muito sofisticado — a ideia é simplesmente atender às necessidades diárias da tribo da Dunkin'.[1]

Resumo dos objetivos

Objetivo 1 — Definir as principais etapas da elaboração de uma estratégia de marketing orientada para o cliente (p. 208-209)

Objetivo 2 — Relacionar e discutir as principais bases para a segmentação dos mercados consumidor e organizacional. Segmentação de mercado (p. 209-218)

Objetivo 3 — Explicar como as empresas identificam segmentos de mercado atrativos e escolhem uma estratégia de cobertura de mercado. Seleção de mercado-alvo (p. 219-227)

Objetivo 4 — Discutir como as empresas diferenciam e posicionam seus produtos para maximizar a vantagem competitiva. Diferenciação e posicionamento (p. 227-234)

Objetivo 1

▶ Definir as principais etapas da elaboração de uma estratégia de marketing orientada para o cliente.

Segmentação de mercado
Divisão de um mercado em grupos menores de compradores com necessidades, características ou comportamentos distintos que podem requerer estratégias ou mixes de marketing diferenciados.

Seleção do mercado-alvo
Avaliação da atratividade de cada segmento e seleção de um ou mais segmentos de mercado para atuar.

Diferenciação
Diferenciação da oferta ao mercado da empresa, criando valor superior para o cliente.

Posicionamento
Fazer com que um produto ocupe um lugar claro, distinto e desejável na mente dos consumidores-alvo em relação aos produtos da concorrência.

As empresas de hoje sabem que não podem se voltar para todos os compradores no mercado — ou, pelo menos, não para todos eles da mesma maneira. Os compradores são bastante numerosos, estão espalhados e apresentam as mais variadas necessidades e práticas de compra. Além disso, as empresas variam muito em sua capacidade de atender a diferentes segmentos do mercado. Desse modo, assim como a Dunkin' Donuts, as empresas devem identificar os segmentos do mercado que podem atender melhor e de maneira mais lucrativa. Elas precisam desenvolver estratégias de marketing orientadas para o cliente que construam o relacionamento certo com os clientes certos.

Assim, grande parte das empresas tem deixado de lado o marketing de massa e partido para o *marketing focado*: identificação de segmentos de mercado, seleção de um ou mais desses segmentos e desenvolvimento de produtos e programas de marketing sob medida para cada um deles. Em vez de espalhar seus esforços de marketing (abordagem "pulverizada"), as empresas estão se voltando para os compradores que têm maior interesse nos valores que elas criam melhor (abordagem "direcionada").

A Figura 7.1 mostra as quatro principais etapas na elaboração de uma estratégia de marketing orientada para o cliente. Nas duas primeiras etapas, a empresa escolhe os clientes que vai atender. A **segmentação de mercado** envolve a divisão de um mercado em grupos menores de compradores com necessidades, características ou comportamentos distintos que podem requerer estratégias ou mixes de marketing diferenciados. A empresa identifica diferentes maneiras de segmentar o mercado e desenvolve perfis dos segmentos resultantes. A **seleção do mercado-alvo** consiste em avaliar a atratividade de cada segmento e selecionar um ou mais segmentos de mercado para atuar.

Nas duas etapas finais, a empresa toma decisões referentes à proposta de valor — como ela vai criar valor para os clientes-alvo. A **diferenciação** implica realmente diferenciar a oferta ao mercado da empresa a fim de criar valor superior para o cliente. O **posicionamento** consiste em fazer um produto ocupar um lugar claro, distinto e desejável na mente dos consumidores-alvo em relação aos produtos da concorrência. Discutiremos a seguir cada uma dessas etapas.

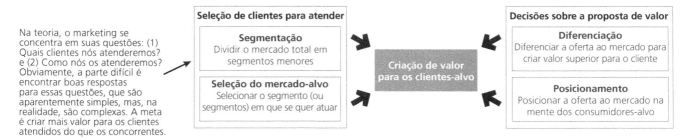

Figura 7.1 Elaboração de uma estratégia de marketing orientada para o cliente.

Segmentação de mercado

Em qualquer mercado, os compradores diferem uns dos outros em seus desejos, recursos e localizações, bem como em suas atitudes e práticas de compra. Por meio da segmentação de mercado, os profissionais de marketing dividem mercados grandes e heterogêneos em segmentos menores, que possam ser alcançados de maneira mais eficiente e efetiva com produtos e serviços que correspondam às suas necessidades específicas. Nesta seção, vamos discutir quatro importantes tópicos de segmentação: segmentação de mercados consumidores, segmentação de mercados organizacionais, segmentação de mercados internacionais e requisitos para uma segmentação eficaz.

Objetivo 2

◀ Relacionar e discutir as principais bases para a segmentação dos mercados consumidor e organizacional.

Segmentação de mercados consumidores

Não existe uma única maneira de segmentar um mercado. Um profissional de marketing deve buscar diferentes variáveis de segmentação, sozinhas e combinadas, para encontrar a melhor maneira de observar a estrutura do mercado. A Tabela 7.1 descreve, em linhas gerais, variáveis que podem ser utilizadas na segmentação de mercados consumidores. Aqui, vamos analisar as principais variáveis *geográficas*, *demográficas*, *psicográficas* e *comportamentais*.

▼ **Tabela 7.1** Principais variáveis de segmentação para mercados consumidores.

Variável de segmentação	Exemplos
Geográfica	Países, regiões, estados, cidades, bairros, densidade populacional (urbana, suburbana, rural), clima
Demográfica	Idade, estágio no ciclo de vida, sexo, renda, ocupação, grau de instrução, religião, etnia, geração
Psicográfica	Classe social, estilo de vida, personalidade
Comportamental	Ocasiões
Benefícios	Status do usuário
Índice de utilização	Status da fidelidade

Segmentação geográfica

A **segmentação geográfica** é a divisão de um mercado em diferentes unidades geográficas, como países, regiões, estados, cidades ou até mesmo bairros. Uma empresa pode decidir atuar em uma ou algumas áreas geográficas. Pode também decidir estar presente em todas as áreas, mas prestando atenção nas diferenças geográficas em termos de necessidades e desejos.

Hoje em dia, muitas empresas regionalizam seus produtos, campanhas publicitárias, promoções e esforços de vendas para atender às necessidades de cada região, cidade ou até mesmo bairro. Por exemplo, a Domino's Pizza é a maior rede de entrega de pizzas dos Estados Unidos. Mas um cliente que pede uma pizza em Poughkeepsie, no estado de Nova York,

Segmentação geográfica
Divisão de um mercado em diferentes unidades geográficas, como países, regiões, estados, cidades ou até mesmo bairros.

não está muito interessado no que está acontecendo no mercado de pizzas de Anaheim, na Califórnia. Assim, a Domino's mantém seu marketing e seu foco no cliente indubitavelmente locais. Clientes famintos de qualquer lugar do país podem utilizar uma plataforma on-line ou um aplicativo para smartphone, voltados para a venda de pizzas, para descobrir ofertas locais, encontrar a loja mais próxima com um localizador que opera por GPS e receber rapidamente uma pizza que acabou se sair. Eles podem, inclusive, usar o Domino's Pizza Tracker para monitorar seu pedido localmente, da loja à porta de casa.[2]

De maneira similar, a Macy's, a segunda maior rede de loja de departamentos dos Estados Unidos, possui um programa de regionalização chamado MyMacy's, em que as mercadorias são customizadas de acordo com 69 distritos diferentes. Nas lojas de todo o país, vendedores anotam os pedidos dos compradores locais e os repassam para os gerentes de distritos. Cruzando os pedidos dos compradores com dados de transação das lojas, os gerentes de distritos customizam o mix de mercadoria de suas lojas. Assim, as lojas da Macy's em Michigan, por exemplo, estocam mais balas de chocolate Sanders, fabricadas localmente. Em Orlando, a Macy's possui mais roupas de banho em lojas próximas a parques aquáticos e mais roupas de cama em lojas perto de condomínios que trabalham com aluguel. A rede estoca mais cafeteiras em suas lojas de Long Island, onde vende mais produtos essenciais inspirados nos anos 1960 do que em qualquer outro lugar no país. Em resumo, a estratégia do MyMacy's é atender às necessidades dos mercados locais, fazendo com que a gigante do varejo se pareça menor e mais próxima.[3]

Segmentação demográfica

Segmentação demográfica
Divisão de um mercado em segmentos com base em variáveis como idade, estágio no ciclo de vida, sexo, renda, ocupação, grau de instrução, religião, etnia e geração.

A **segmentação demográfica** divide o mercado em segmentos com base em variáveis como idade, estágio no ciclo de vida, sexo, renda, ocupação, grau de instrução, religião, etnia e geração. Os fatores demográficos constituem os critérios mais utilizados para a segmentação de grupos de clientes. Uma razão para isso é o fato de as necessidades, os desejos e os índices de utilização dos consumidores geralmente diferirem de acordo com as variáveis demográficas. Além disso, as variáveis demográficas são mais facilmente mensuradas do que a maioria dos outros tipos de variável. Mesmo quando definem os segmentos de mercado utilizando outros critérios, como busca de benefícios ou comportamento, os profissionais de marketing devem conhecer as características demográficas desses segmentos para avaliar o tamanho do mercado-alvo e atingi-los de maneira eficiente.

IDADE E ESTÁGIO NO CICLO DE VIDA. As necessidades e os desejos dos consumidores mudam com a idade. Algumas empresas utilizam a **segmentação por idade e ciclo de vida**, oferecendo diferentes produtos ou usando diferentes abordagens de marketing para grupos de idade e ciclo de vida distintos. Por exemplo, para as crianças, a Kraft promove a gelatina JELL-O como algo divertido, que "ensinou o mundo a balançar". Para os adultos, ela é um prazer saboroso, livre de culpa — "a maior satisfação para o amor por doces que 10 calorias podem conter".

Segmentação por idade e ciclo de vida
Divisão de um mercado em diferentes grupos de idade e ciclo de vida.

Outras empresas oferecem marcas que atendem a grupos de idade e estágio de vida específicos. Por exemplo, nos Estados Unidos, o Kia Soul é voltado para os jovens consumidores da geração Y. Trata-se de um carro de entrada com um preço compatível. Os anúncios "Hamstar" do Kia Soul possuem um apelo claramente juvenil, apresentando um trio de hamsters, que cruzam uma terra apocalíptica, acompanhados por músicas contagiantes, como "Party Rock Anthem", do LMFAO. Em contrapartida, o Toyota Venza é voltado para pessoas mais velhas, cujos filhos já saíram de casa. Os comerciais do Venza trazem jovens na faixa dos vinte e poucos anos, desinformados e voltados para si mesmos, que não entendem muito bem por que seus pais, proprietários de Venza — que estão por aí, levando a vida ativamente —, não sentem muita falta deles.[4]

▲ Segmentação por ciclo de vida: nos Estados Unidos, os joviais anúncios "Hamstar" do Kia Soul são voltados para a geração Y, oferecendo um carro de entrada com um preço combativo.
KIA Motors America

Os profissionais de marketing devem ter cuidado com os estereótipos na hora de utilizar a segmentação por idade e ciclo de vida. Embora algumas pessoas na casa dos 80 anos se encaixem nos estereótipos ligados à terceira idade, outras esquiam e jogam tênis. De maneira similar, enquanto alguns casais na faixa dos 40 anos estão mandando os filhos para a faculdade, outros estão começando a formar uma família. Portanto, geralmente, a idade é um indicador inadequado do ciclo de vida, da saúde, do status familiar ou no trabalho, das necessidades e do poder de compra da pessoa.

GÊNERO. A **segmentação por gênero** tem sido bastante utilizada para roupas, cosméticos, produtos de higiene pessoal e revistas. Por exemplo, a Procter & Gamble foi uma das primeiras empresas a utilizar a segmentação por gênero ao lançar a Secret, uma marca de desodorante com uma fórmula especialmente desenvolvida para mulheres, com embalagens e anúncios que reforçam a imagem feminina. Mais recentemente, passou-se a explorar o setor de cosméticos masculinos. Hoje, muitos fabricantes de cosméticos, que antes se voltavam basicamente para as mulheres, trabalham, com sucesso, com linhas para homens. Mas não use a palavra "cosméticos".[5]

> A linha Men's Expert da L'Oreal oferece uma série de produtos com nomes indubitavelmente mais femininos, como o antirrugas e hidratante firmador Men's Expert Vita Lift SPF 15 e o creme para os olhos Hidra Energetic Ice Cold Eye Roller (que diminui as olheiras). Outras marcas, contudo, tentam criar um posicionamento mais masculino. Por exemplo, a Mënaji promete "Cuidado com a pele para o homem seguro". Homens másculos como Tim McGraw e Kid Rock a usam. Os produtos Mënaji vêm em embalagens discretas, parecidas com caixas de cigarro, e a base e o corretivo "imperceptíveis" da linha, que vêm em bastão, são fáceis de aplicar. Michele Probst, fundadora da Mënaji, não chama os produtos de maquiagem. "A palavra com M é péssima para nós", diz ela. "Temos produtos para cuidado com a pele que melhoram a aparência". Independentemente do modo como os produtos são chamados, nos últimos quatro anos, as vendas da Mënaji cresceram 70% por ano.

De maneira similar, a Axe — marca do desodorante masculino com mais testosterona da Unilever — está se voltando para novos segmentos com base no gênero. Recentemente, ela lançou uma nova fragrância, a Anarchy, oferecida em diferentes versões tanto para homens como para mulheres. Aproximadamente um quarto dos 2,6 milhões de fãs da Axe no Facebook e no Twitter são mulheres, e uma pesquisa da Unilever sugeriu que essas mulheres querem uma fragrância da Axe voltada só para elas. Os antigos comerciais da Axe mostravam jovens usando a marca para obter uma vantagem no jogo da conquista. "Agora, as mulheres também têm algo para usar", observa um profissional de marketing da Axe. Isso gera "mais equilíbrio entre os sexos".[6]

RENDA. A **segmentação por renda** tem sido bastante utilizada por profissionais de marketing que trabalham com produtos e serviços como carros, roupas, cosméticos, serviços financeiros e viagens. Muitas empresas voltam-se para os consumidores ricos com produtos luxuosos e serviços ligados à praticidade. Outras utilizam programas de marketing altamente pessoais para cortejar os abastados:[7]

> A Seadream Yacht Club, uma linha de cruzeiro luxuosa que trabalha com navios pequenos, entra em contato com clientes selecionados após todo cruzeiro e oferece uma visita do CEO da empresa em sua casa, bem como um almoço ou uma recepção, paga pela Seadream, para alguns dos melhores amigos do casal. Os viajantes contam como foi seu cruzeiro. A Seadream oferece um bom preço para seus clientes e vende muitos cruzeiros a mil dólares por pessoa por noite para os amigos deles (e até mesmo para os amigos dos amigos). Esse marketing altamente pessoal gera uma comunidade de "evangelistas da marca", que contam sua história para amigos e compradores potenciais ricos — precisamente, o público-alvo correto. Essa abordagem está dando tão certo para a Seadream que ela deixou de lado a maioria da propaganda tradicional.

Entretanto, nem todas as empresas que utilizam a segmentação por renda têm como alvo os ricos. Por exemplo, muitos varejistas — como as redes de loja Dollar General, Family Dollar e

Segmentação por gênero
Divisão de um mercado em diferentes segmentos com base no gênero.

Segmentação por renda
Divisão de um mercado em diferentes segmentos de renda.

◀ Segmentação por gênero: hoje, muitos fabricantes de cosméticos trabalham, com sucesso, com linhas para homens. A Mënaji diz para os homens: "Apresente sua melhor face".

Mënaji Skincare LLC

212 Parte 3 | Elaboração de uma estratégia e de um mix voltados para o cliente

Dollar Tree — se voltam, com sucesso, para grupos de renda baixa e média. O principal mercado para essas lojas é composto por famílias com renda anual abaixo de 30 mil dólares. Quando especialistas no mercado imobiliário da Family Dollar buscam pontos para novas lojas, eles procuram bairros de classe média baixa, nos quais as pessoas usam sapatos mais baratos e dirigem carros velhos que vazam óleo. Com suas estratégias voltadas para o público de baixa renda, as lojas populares são, hoje em dia, as que crescem mais rápido nos Estados Unidos.

Segmentação psicográfica

Segmentação psicográfica
Divisão de um mercado em diferentes grupos com base na classe social, no estilo de vida ou em traços da personalidade.

A **segmentação psicográfica** divide os compradores em diferentes grupos com base na classe social, no estilo de vida ou em traços da personalidade. Pessoas de um mesmo grupo demográfico podem ter características psicográficas bastante diferentes.

No Capítulo 5, discutimos como os produtos que as pessoas compram refletem seu *estilo de vida*. Como resultado, os profissionais de marketing geralmente segmentam seus mercados em função do estilo de vida dos consumidores e fundamentam suas estratégias de marketing em apelos ligados a esse estilo. Por exemplo, com sua extravagância e atmosfera de loja de mercado de pulgas francês, a Anthropologie vende um estilo de vida boêmio e chique que suas clientes (mulheres jovens) aspiram. E, embora o W Hotels ofereça quartos de hotel para passar a noite, como qualquer outra rede de hotéis faz, ele não se vê como uma empresa hoteleira. Em vez disso, ele se posiciona como "uma marca de estilo de vida emblemática", convidando os hóspedes para "entrar no mundo do design, da música e da moda" (veja o Marketing Real 7.1).

A VF Corporation oferece um guarda-roupa completo com mais de 30 marcas premium baseadas em estilo de vida que "se ajustam à vida dos consumidores de todo o mundo, daqueles que viajam diariamente para trabalhar aos cowboys, dos surfistas às mães que acompanham os filhos em jogos de futebol, dos fãs de esporte às bandas de rock".[8]

A VF é a maior fabricante de jeans dos Estados Unidos, com marcas como Lee, Riders, Rustler e Wrangler. Mas o jeans não é o único foco da VF. As marcas das empresas são cuidadosamente separadas em cinco principais segmentos de estilo de vida: *jeans*, imagem (uso para o trabalho), Atividades ao Ar Livre e Esportes de Ação, Esportes e Contemporâneo. As marcas North Face e Timberland, ambas parte da unidade Atividades ao Ar Livre e Esportes de Ação, oferecem roupas e equipamentos de primeira linha para entusiastas de práticas ao ar livre. Na unidade Esportes, a Nautica se concentra em pessoas que gostam de roupas casuais e, ao mesmo tempo, sofisticadas, inspiradas na navegação e no mar. A Vans começou como uma fabricante de calçados para skatistas, e a Reef traz calçados e roupas inspiradas no surfe. Na unidade Contemporâneo, a Lucy traz roupas para atividades físicas de alta qualidade, ao passo que a 7 for All Mankind oferece calças jeans e acessórios que são vendidos em butiques e lojas de departamentos sofisticadas, como a Saks e a Nordstrom. Na outra ponta, a Sentinel, parte da unidade Imagem, fabrica uniforme para seguranças. Não importa quem você é, diz a empresa, "nós nos ajustamos à sua vida".

Os profissionais de marketing também utilizam variáveis ligadas à personalidade para segmentar mercados. Por exemplo, diferentes refrigerantes miram diferentes personalidades. De um lado, o Mountain Dew projeta uma personalidade jovem, rebelde, aventureira e independente. Seus anúncios lembram os clientes de que "É diferente na montanha". De outro lado, a Coca-Cola Zero parece se voltar para tipos de personalidade mais maduros, práticos, racionais e também bem-humorados. Seus anúncios, dotados de um humor sutil, prometem "O verdadeiro gosto da Coca-Cola com zero caloria".

▲ Marketing diferenciado: a VF Corporation oferece um guarda-roupa completo com mais de 30 marcas premium baseadas em estilo de vida. Cada uma dessas marcas "atende às aspirações dos consumidores em termos de moda, status e bem-estar", em um segmento bem definido.

VF Corporation

Marketing Real 7.1

W Hotels: não é apenas um quarto — é um estilo de vida que lança tendências

Você chega a um edifício deslumbrante e contemporâneo, uma estrutura de dez andares revestida em vidros translúcidos. Câmeras instaladas no telhado capturam o horizonte em volta e o projetam no edifício, criando uma mistura da construção com seu ambiente sem igual. Dentro, você é recebido por um hip-hop abafado, grandes bolas espelhadas, lareiras e um enorme sofá Chesterfield que serpenteia o bar. Talvez você esteja em uma balada ou, então, em um restaurante da moda. Não, você está no W London, um hotel que oferece muito mais do que quartos para se passar a noite.

A Starwood Hotels and Resorts opera nove diferentes redes de hotéis — possui algo para todos os gostos, você poderia dizer. Mas sua marca W Hotels se destaca de todo o resto. De fato, ela não se vê como uma rede de hotéis. Em vez disso, posiciona-se como "uma marca de estilo de vida emblemática". Mais do que quartos, a W Hotels se orgulha de "oferecer aos hóspedes um acesso sem precedentes ao mundo do 'uau', por meio de design, moda, música, vida noturna e entretenimento descolado e contemporâneo". A W Hotels exala um estilo de vida jovem, extrovertido, requintado, que se encaixa à sua clientela ultramoderna, lançadora de tendências — a maioria ligada a mídia, música, moda, entretenimento e consultoria. Para esses clientes, a W oferece uma sensação incomparável de inclusão.

O posicionamento por estilo de vida da W Hotels tem início com um design único. Enquanto a maioria das redes de hotéis produz em série instalações padronizadas, em busca de uma imagem de marca consistente, as 54 propriedades da W Hotels espalhadas pelo mundo não se parecem em nada. Os clientes da W se consideram únicos, logo demandam o mesmo dos hotéis que escolhem. Em comum, todo W Hotel projeta uma "atitude cheia de energia, vibrante, que pensa adiante", bem como um gosto por moda, arte e música que condiz com sua imagem de estilo de vida. Mas, em termos de design, cada W Hotel é "exclusivamente inspirado por sua localização, misturando design inovador com influências locais".

Por exemplo, o W Taipei em Taiwan, localizado no distrito de Xinyi, perto do Taipei 101, o maior edifício da cidade, é decorado com base no tema "natureza eletrificada", misturando paredes revestidas de madeira com prateleiras geométricas, em forma de cubo, e iluminação inspirada nas lanternas chinesas. O W Koh Samui, na Tailândia, um resort completo na praia, cuida dos hóspedes com base no conceito "dia e noite" — eles relaxam na piscina de dia e se divertem em festas à noite —, com interiores modernos destacados por luzes vermelhas, piso de terrazzo esbranquiçado e decks de madeira para piscinas privadas. O W Bali traz o tema "dentro e fora", com travesseiros verdes que parecem grama, trazendo um pouco do ambiente externo para os quartos, e camas com cabeceiras feitas com pele de arraia.

No entanto, mesmo com cada hotel contando com designs exclusivos, a W mantém uma atmosfera consistente, a qual não gera dúvidas na mente dos hóspedes que estão vivendo o estilo de vida W. O W Paris, por exemplo, mistura a fachada de seu histórico e elegante edifício da década de 1870 com o tema "cidade luz", tudo embalado com energia contemporânea, que é a marca da W:

O design do hotel gira em torno de uma gigantesca parede ondulada com iluminação digital que define o núcleo central do edifício e percorre espaços públicos e privados. "Nosso design se alimenta da elegância, da riqueza e do esplendor de Paris [...] e do DNA da W, que suscita uma sensação de energia", diz o responsável pelo grupo de design do hotel. De acordo com o modelo da W, ela dá vida ao histórico edifício com uma vibração radiante.

Mas o design exclusivo é apenas parte da fórmula de estilo de vida da W. A marca também estabelece conexões com o mundo da moda, da música e da arte. Por exemplo, a rede contratou um diretor de moda: Jenné Lombardo, que há anos cuida de importantes eventos de moda em Nova York. Lombardo está à frente do programa Fashion Next da W, que cria relacionamento com estilistas que estão começando. A W patrocina os jovens talentos: ela paga as taxas e o espaço dos principais eventos de moda, fornece um DJ para ajudar com a música e oferece cabelo, maquiagem, refeições e outros serviços. Em contrapartida, os estilistas participam de shows, exposições de arte, almoços e outros eventos que atraem hóspedes que gostam de moda para os hotéis W no mundo inteiro.

A W trabalha com a música da mesma maneira que trabalha com a moda. Sob a coordenação de um diretor de música global, a série de shows Symmetry Live, com longa duração, oferece aos hóspedes acesso a apresentações exclusivas de alguns dos mais celebrados e recém-descobertos cantores, como Cee Lo Green, Janelle Monae, Ellie Goulding e Theophilus London. Este ano, a W está patrocinando uma exposição itinerante exclusiva chamada *ROCKED*, assinada e coordenada por Mick Rock, lendário fotógrafo da cena musical. A exposição traz fotografias de bastidores e de performances no palco de artistas emergentes, que se apresentaram no Symmetry Live, bem como de ícones do

▲ Segmentação por estilo de vida: a W Hotels se posiciona como uma "marca de estilo de vida emblemática", que convida os hóspedes para "entrar no mundo do design, da música e da moda".
©VIEW Pictures Ltd/Alamy

rock, como David Bowie, Debbie Harry, Queen e Iggy Pop. Ela traz, ainda, fotos nunca antes vistas de celebridades como Bono, Madonna, Freddie Mercury e Lady Gaga. "Se a música está em seu DNA como está no nosso", diz um gerente de marca da W Hotels, "essa mostra não será esquecida".

Como você poderia imaginar, além da paixão por arte, moda e entretenimento, uma constante na W Hotels é seu serviço de primeira linha — que a W chama de "qualquer coisa, qualquer hora". "Nosso objetivo é oferecer qualquer coisa a qualquer hora, desde que esteja dentro da lei — isso tem tudo a ver com a marca W", explica o gerente de um hotel W. A W Hotels não tem *concierges*; em vez disso, ela trabalha com "olheiros". Os olheiros vão um passo adiante. Em vez de aguardarem por conselhos, eles, de modo proativo, buscam coisas que podem fazer para melhorar a estada de cada hóspede. Alinhados com o posicionamento por estilo de vida da marca, os olheiros estão sempre a par de eventos especiais imperdíveis e aconselham os hóspedes sobre os melhores lugares para verem e serem vistos.

Para acrescentar ainda mais brilho ao poder de atração do estilo de vida da W, os hotéis da rede contam com uma grande lista de celebridades. O W South Beach em Miami, por exemplo, além de sua coleção de arte moderna, é conhecido por ter hóspedes como Sean Penn e Leonardo DiCaprio. O hotel possui uma quadra de basquete onde jogadores da NBA são constantemente vistos fazendo arremessos. LeBron James deu uma festa lá após anunciar que estava levando seus "talentos para South Beach", e Dwyane Wade comemora ali seus aniversários. Amar'e Stoudemire, ala-pivô do New York Knicks, e Alessandro Nesta, sensação do futebol italiano, desembolsaram milhões para se tornarem residentes da propriedade da W South Beach.

Hospedar-se em um W Hotel não é barato. O quarto básico sai por volta de 450 dólares por noite, e as principais suítes chegam a cinco dígitos. Mas um W Hotel não é simplesmente um local onde você aluga um quarto e tem uma boa noite de sono. É o design do lugar, o ambiente contemporâneo, o que está pendurado nas paredes, a música que está tocando e os outros hóspedes que se encontra por lá — tudo isso contribui muito para o posicionamento por estilo de vida da W e atrai sua clientela jovem, moderna e exclusiva. Não se trata apenas de um quarto, mas de parte de todo um estilo de vida que lança tendências.

Fontes: Janet Harmer, "W London: a hotel that dares to be different", *Caterer & Hotelkeeper*, 4-10 mar. 2011, p. 26-28; Nancy Keates, "The home front: his hotel, his hangout", *Wall Street Journal*, 3 jun. 2011, p. D6; Christina Binkley, "Putting the hot back in hotel", *Wall Street Journal*, 18 ago. 2011, <http://online.wsj.com/article/SB10001424053111903569904576514293384502896.html>; "W Hotels unveils innovative design concept of the soon-to-open W Paris-Opéra by acclaimed Rockwell group europe", release da Starwood, 14 dez. 2011, <http://development.starwoodhotels.com/news/7/336-w_hotels_unveils_innovative_design_concept_of_the_soon-to-open_w_paris-opera_by_acclaimed_rockwell_group_europe>; informações e releases extraídos de <www.starwoodhotels.com/whotels/about/index.html>. Acesso em: set. 2012.

Segmentação comportamental
Divisão de um mercado em segmentos com base no conhecimento que os consumidores possuem sobre um produto, nas atitudes que têm direcionadas a ele, no uso que fazem desse produto e em suas reações a ele.

Segmentação comportamental

A **segmentação comportamental** divide os compradores em segmentos com base no conhecimento que eles possuem sobre um produto, nas atitudes que têm direcionadas a ele, no uso que fazem desse produto e em suas reações a ele. Para muitos profissionais de marketing, as variáveis comportamentais constituem o melhor ponto de partida para a formação de segmentos de mercado.

OCASIÕES. Os compradores podem ser agrupados de acordo com ocasiões, quando eles têm a ideia de comprar, realizam a compra ou utilizam o item comprado. A **segmentação por ocasião** pode ajudar as empresas a expandir o uso de um produto. A Campbell's promove mais suas sopas nos meses de inverno, e a Home Depot faz promoções especiais na primavera de produtos relacionados a gramado e jardim. Outras empresas preparam ofertas e anúncios especiais para datas comemorativas. Por exemplo, a M&M's trabalha com anúncios o ano todo, mas prepara anúncios e embalagens especiais para celebrações e eventos como o Natal, a Páscoa e o Super Bowl.

Segmentação por ocasião
Divisão de um mercado em segmentos de acordo com ocasiões, quando os consumidores têm a ideia de comprar, realizam a compra ou utilizam o item comprado.

Existem, também, empresas que tentam aumentar o consumo promovendo o uso em ocasiões não convencionais. Por exemplo, a maioria dos consumidores bebe suco de laranja de manhã, mas os produtores da fruta vêm promovendo a bebida como um refresco bacana, saudável para outros momentos do dia. Uma campanha da Chick-fil-A tentou expandir os negócios promovendo seus sanduíches como uma boa maneira de começar o dia.

Segmentação por benefício
Divisão de um mercado em segmentos de acordo com os diferentes benefícios que os consumidores procuram em um produto.

BUSCA DE BENEFÍCIOS. Uma boa forma de segmentação consiste em agrupar os compradores de acordo com os diferentes *benefícios* que eles buscam no produto. A **segmentação por benefício** requer que se descubra os principais benefícios que as pessoas procuram em uma classe de produtos, os tipos de pessoas que procuram cada um dos benefícios e as principais marcas que os oferecem.

Por exemplo, uma pesquisa da Gillette revelou quatro diferentes segmentos de benefícios para os aparelhos de depilação para mulheres: um segmento que procura uma depilação perfeita (busca uma depilação cuidadosa, que não deixe pelos sobrando), outro que procura algo fácil (uma depilação rápida e prática), um que se preocupa com a pele (busca suavidade na pele) e um outro mais pragmático (busca uma depilação básica a um preço acessível). A partir disso, a Gillette desenvolveu aparelhos de depilação Venus para cada segmento. O Venus Embrace é voltado para mulheres que buscam uma depilação perfeita, com cinco lâminas sobre uma superfície flexível que "se adaptam às suas curvas para alcançar praticamente todos os pelos". Por outro lado, o Venus Breeze é feito para mulheres que buscam algo fácil — com barras de gel para depilação embutidas no aparelho, ele ensaboa e depila de uma só vez, de modo que não há necessidade de usar, separadamente, um gel para depilação. Para as mulheres que se preocupam com a pele, o Venus Divine oferece "fitas hidratantes que deixam a pele divinamente suave", ao passo que o Venus & Olay fornece a elas "barras de hidratação que liberam condicionadores para a pele, a fim de ajudar a manter a hidratação". E o Simply Venus, um aparelho de depilação descartável com três lâminas, oferece às mulheres mais pragmáticas "uma depilação suave com um preço acessível".[9]

STATUS DE USUÁRIO. Os mercados podem ser segmentados em grupos de não usuários, ex-usuários, usuários potenciais, usuários iniciantes e usuários regulares de um produto. As empresas querem manter os usuários regulares, atrair não somente usuários que fazem parte do público-alvo e revigorar o relacionamento com ex-usuários. Fazem parte do grupo de usuários potenciais os consumidores que se veem diante de mudanças no estágio de vida — como recém-casados e pessoas que acabaram de ter o primeiro filho —, os quais podem se tornar grandes usuários. Por exemplo, para começar de maneira positiva com pais recentes, a P&G certifica-se de que sua fralda Pampers seja oferecida aos recém-nascidos na maioria dos hospitais nos Estados Unidos. E, para conquistar casais que ficaram noivos há pouco tempo e ainda estão montando sua cozinha, a Williams-Sonoma, uma sofisticada varejista de utensílios para cozinha, vai além na tradicional lista de casamento. Por meio de um programa chamado "A loja é sua", ela abre suas lojas após o expediente, com horário marcado, especialmente para casais que queiram visitá-la e montar sua lista. Cerca de metade das pessoas que fazem isso são novas para a marca Williams-Sonoma.

ÍNDICE DE UTILIZAÇÃO. Os mercados também podem ser segmentados em pequenos, médios e grandes usuários de um produto. Os grandes usuários geralmente constituem uma pequena porcentagem do mercado, mas são responsáveis por uma grande porcentagem do consumo total. Por exemplo, um recente estudo mostrou que, nos Estados Unidos, os grandes consumidores de peixes e frutos do mar constituem um pequeno, mas faminto, grupo. Menos de 5% do total de compradores adquirem aproximadamente 64% desses produtos não empanados consumidos no país. Somente 2,6% deles — em sua maioria mulheres que compram filés e iscas de peixe empanados para sua família — são responsáveis por mais de 54% das vendas de peixes e frutos do mar empanados. Não surpreende o fato de empresas como a Gortons e a Van de Kamps, que trabalham com peixes e frutos do mar empanados, se voltarem para esses grandes usuários com discursos de marketing que enfatizam as crianças e a alimentação familiar, bem como trazem receitas e dicas de planejamento para as refeições da família.[10]

STATUS DE FIDELIDADE. Um mercado também pode ser segmentado de acordo com a fidelidade do consumidor. Os consumidores podem ser fiéis a marcas (Tide), a lojas (Target) e a empresas (Apple). Eles podem ser divididos em grupos de acordo com seu nível de fidelidade. Alguns são absolutamente fiéis — compram uma única marca sempre e mal podem esperar para contar isso aos outros. Por exemplo, não importa se têm um Mac, um iPhone ou um iPad, os fãs da Apple são firmes em sua devoção à marca. Em um extremo estão os usuários de Mac tranquilamente satisfeitos; são pessoas que têm um Mac e o usam para enviar e-mail, navegar na Internet e interagir em redes sociais. No outro extremo, entretanto, estão os fanáticos por Mac, que não veem a hora de falar sobre o mais recente aparelho da Apple para quem quiser ouvir. Esses fanáticos usuários fiéis da Apple ajudaram a manter a empresa durante os anos de penúria e, hoje, estão na vanguarda do crescente império do iPod, iTunes e iPad.[11]

▼ Fidelidade do consumidor: os "fanáticos por Mac" — usuários fiéis da Apple — ajudaram a manter a empresa durante os anos de penúria e hoje estão na vanguarda do crescente império do iPod, iTunes e iPad.
Doug Hardman

Outros consumidores são mais ou menos fiéis — são fiéis a duas ou três marcas de determinado produto ou preferem uma marca, apesar de algumas vezes comprar outras. Existem ainda compradores que não são fiéis a nenhuma marca — eles querem algo diferente toda vez que compram ou adquirem o que estiver em promoção.

Uma empresa pode aprender muito analisando os padrões de fidelidade em seu mercado. Para isso, ela deve começar estudando seus próprios clientes fiéis. Um recente estudo sobre clientes altamente fiéis mostrou que "a paixão deles é contagiante", diz uma analista. "Eles promovem a marca por meio de blogs, sites de fãs, vídeos no YouTube e boca a boca." De fato, algumas empresas colocam clientes fiéis para trabalhar para a marca. Por exemplo, a Patagonia conta com seus clientes mais fiéis para testar produtos em ambientes austeros.[12] Em contrapartida, ao estudar os compradores menos fiéis, a empresa pode detectar quais marcas concorrem mais com a sua. Analisando os clientes que deixaram sua marca, a empresa pode descobrir seus pontos fracos de marketing e tomar medidas para corrigi-los.

Utilização de bases múltiplas de segmentação

Raramente os profissionais de marketing limitam sua análise de segmentação a uma ou a algumas variáveis. Em vez disso, eles geralmente utilizam bases múltiplas de segmentação, em um esforço para identificar grupos-alvo menores, mais bem definidos. Diversos serviços de informações organizacionais — como os oferecidos pela Nielsen, Acxiom e Experian — oferecem sistemas de segmentação multivariável que combinam dados geográficos, demográficos, de estilo de vida e comportamentais para ajudar as empresas a segmentar seus mercados por códigos postais, bairros e até mesmo domicílios.

Um dos principais sistemas de segmentação é o PRIZM, da The Nielsen Company. O PRIZM classifica todos os domicílios norte-americanos com base em uma série de fatores demográficos (como idade, grau de instrução, renda, ocupação, composição familiar, etnia e moradia) e em fatores comportamentais e de estilo de vida (como compras, atividades de lazer e mídias preferidas). O sistema agrupa os domicílios em 66 segmentos distintos em termos de demografia e comportamento, organizando-os em 14 grupos sociais diferentes. Os segmentos do PRIZM possuem nomes exóticos, como "Crianças & obrigações", "Poder grisalho", "Pequena cidade do interior", "Espingardas & picapes", "Glórias antigas", "Mosaico multicultural", "Tristeza das grandes cidades" e "Luzes brilhantes em cidades pequenas". Os nomes estrambólicos ajudam a dar vida aos segmentos.[13]

O PRIZM e outros sistemas como ele podem ajudar os profissionais de marketing a segmentar pessoas e localizações em grupos de consumidores parecidos para o marketing. Cada segmento tem seus padrões de gosto, aversão, estilo de vida e comportamento de compra. Por exemplo, o segmento "Círculo dos vencedores", que faz parte do grupo social "Subúrbios de elite", é composto por casais de classe alta que têm entre 35 e 54 anos e possuem famílias grandes em bairros de emergentes. As pessoas desse segmento são mais propensas a ter um Mercedes GL Class, correr, comprar na Neiman Marcus e ler o *Wall Street Journal*. Em contrapartida, o segmento "Alicerce da América", que faz parte do grupo social "Vida rústica", é composto por famílias jovens que enfrentam desafios financeiros e vivem em cidades pequenas, isoladas, localizadas na região central dos Estados Unidos. As pessoas desse segmento são mais propensas a comprar produtos da Avon e carrinhos de brinquedo, bem como a ler *Parents Magazine*.

Essa segmentação oferece uma poderosa ferramenta para empresas de todos os tipos. Ela pode ajudar as organizações a entender melhor os segmentos de clientes-chave, direcionar-se para eles de maneira mais eficiente e desenvolver ofertas ao mercado e mensagens sob medida para suas necessidades específicas.

Segmentação de mercados organizacionais

Os profissionais de marketing que atuam no mercado consumidor e os que trabalham no mercado organizacional utilizam muitas variáveis iguais para segmentar seus mercados. As empresas que efetuam compras organizacionais podem ser segmentadas geograficamente, demograficamente (por setor, tamanho) ou de acordo com busca de benefícios, status de usuário, índice de utilização e status de fidelidade. Contudo, os profissionais de marketing organizacional utilizam algumas variáveis adicionais, como *características da operação, abordagens de compra, fatores situacionais* e *características individuais* do cliente.

Quase toda empresa atende, pelo menos, a alguns mercados organizacionais. Por exemplo, a Starbucks desenvolveu programas de marketing distintos para seus dois segmentos organizacionais: o de café na empresa e o de serviços de alimentação. No segmento de café na empresa, a Starbucks Office Coffee Solutions oferece uma ampla variedade de serviços para empresas de todos os tamanhos, ajudando-as a fornecer café e produtos relacionados da Starbucks a seus funcionários no local de trabalho. A Starbucks auxilia esses clientes organizacionais a desenhar a melhor solução para o escritório envolvendo seus cafés (as marcas Starbucks ou Seattle's Best), chás (Tazo) e licores não alcoólicos, bem como os guardanapos e afins que trazem sua marca e os métodos para servir tudo isso — embalagens com vários produtos, copos individuais ou máquina de vendas. A divisão Starbucks Foodservice faz parcerias com empresas e outras organizações — de companhias aéreas, restaurantes, faculdades e hospitais a estádios de beisebol — para ajudá-las a servir a famosa marca Starbucks a seus clientes. A Starbucks não oferece apenas café, chá e guardanapos para seus parceiros de serviços de alimentação: ela também fornece equipamento, treinamento e apoio no marketing e na comercialização.[14]

Muitas empresas montam sistemas à parte para atender a clientes maiores ou localizados em diversas regiões. Por exemplo, a Steelcase, uma grande fabricante de móveis para escritório, primeiro divide os clientes em sete segmentos: biociências, educação superior, governo dos Estados Unidos e do Canadá, governos locais e estaduais, saúde, profissionais liberais e serviços bancários. Em seguida, os vendedores da empresa trabalham com revendedores independentes de seus produtos, que lidam com os clientes menores, locais ou regionais da Steelcase em cada segmento. No entanto, muitos clientes nacionais e localizados em diversas regiões, como a ExxonMobil e a IBM, têm necessidades especiais que podem ir além do escopo dos revendedores. Pensando nisso, a Steelcase utiliza gerentes de conta nacionais para ajudar suas redes de revendedores a lidar com as grandes contas.

Segmentação de mercados internacionais

Poucas empresas possuem recursos para operar em todos os países existentes — ou mesmo na maioria deles — ou querem fazer isso. Embora algumas grandes empresas, como a Coca-Cola e a Sony, vendam produtos em mais de 200 países, a maior parte das empresas internacionais concentra-se em um grupo menor. Operar em muitos países apresenta desafios. As nações, mesmo aquelas que ficam bem próximas, podem variar muito em termos econômicos, culturais e políticos. Portanto, assim como fazem em seus mercados domésticos, as empresas internacionais precisam agrupar seus mercados mundiais em segmentos com necessidades e comportamentos de compra distintos.

As empresas podem segmentar os mercados internacionais utilizando uma variável ou uma combinação de muitas delas. Essa segmentação pode se dar por *localização geográfica*, agrupando-se os países por regiões, como Europa Ocidental, Costa do Pacífico, Oriente Médio e África. A segmentação geográfica parte do princípio de que países próximos têm muitas características e comportamentos em comum. Embora geralmente esse seja o caso, há muitas exceções. Por exemplo, algumas empresas norte-americanas colocam em um só grupo os países da América Central e do Sul. No entanto, a República Dominicana é tão diferente do Brasil quanto a Itália é da Suécia. Muitos latino-americanos nem mesmo falam espanhol, incluindo os mais de 200 milhões de brasileiros que falam português e milhões de pessoas em outros países que falam uma série de línguas indígenas.

Os mercados mundiais também podem ser segmentados com base em *fatores econômicos*. Os países poderiam ser agrupados pelo nível de renda de seus habitantes ou por seu nível geral de desenvolvimento econômico. A estrutura econômica de um país molda as necessidades de produtos e serviços de sua população e, consequentemente, as oportunidades de marketing que se apresentam. Por exemplo, muitas empresas estão se voltando para os países que compõem o Bric — Brasil, Rússia, Índia e China —, que são economias em desenvolvimento com rápidos crescimento e aumento do poder de compra.

Os países podem ser segmentados por *fatores políticos e legais*, como o tipo de governo e sua estabilidade, a receptividade a empresas estrangeiras, as regulações monetárias e o nível de burocracia. Também podem ser utilizados *fatores culturais*. Nesse caso, os mercados são agrupados de acordo com idiomas, religiões, valores e atitudes, costumes e padrões de comportamento em comum.

Segmentar os mercados internacionais com base em fatores geográficos, econômicos, políticos e culturais, entre outros, pressupõe que os segmentos serão constituídos de grupos de países. Entretanto, à medida que novas tecnologias de comunicação — como a TV via satélite e a Internet — conectam os consumidores ao redor do mundo, os profissionais

Segmentação intermercados (de mercado cruzada)
Formação de segmentos de consumidores que possuem necessidades e comportamentos de compra similares, mesmo estando em países diferentes.

de marketing podem definir e alcançar segmentos de consumidores parecidos, independentemente de qual parte do mundo estejam. Ao utilizar a **segmentação intermercados** (também chamada de **segmentação de mercado cruzada**), eles formam segmentos de consumidores que possuem necessidades e comportamentos de compra similares, mesmo estando em países diferentes.

Por exemplo, a Lexus tem como alvo pessoas abastadas do mundo inteiro — o segmento "elite mundial" —, independentemente do país em que vivem. A H&M mira compradores, ao mesmo tempo, mais simples e voltados para a moda em 43 países, com seus preços baixos e suas roupas e acessórios do momento. E a Coca-Cola cria programas especiais para os adolescentes-alvo, os principais consumidores de seus refrigerantes no mundo inteiro. Em 2020, um terço da população mundial — cerca de 2,5 bilhões de pessoas — terá menos de 18 anos. Para alcançar esse importante segmento global, a Coca-Cola recentemente lançou a campanha "Música da Coca-Cola" em mais de cem mercados.

A campanha teve início com a "Sessão 24 horas", em que o grupo Maroon 5 ficou enclausurado em um estúdio em Londres por 24 horas para criar uma música nova. Jovens consumidores do mundo inteiro estiveram presentes virtualmente no estúdio, compartilhando ideias para a letra e o ritmo. A Coca-Cola ampliou esses esforços para engajar adolescentes do mundo todo na campanha "Vá para a batida", focada nas Olímpiadas 2012 de Londres e inspirada nos sons, no espírito e na cultura da cidade-sede. "A grande paixão dos adolescentes é a música", diz um executivo de marketing global da Coca-Cola. De acordo com o CEO da empresa: "Nosso sucesso [...] depende hoje de nossa capacidade de crescer com os adolescentes e nos conectar a eles, a geração de amanhã".[15]

▲ Segmentação intermercados: a H&M mira compradores, ao mesmo tempo, mais simples e voltados para a moda em 43 países, com seus preços baixos e suas roupas e acessórios do momento.
REUTERS/Toru Hanai

Requisitos para uma segmentação eficaz

É claro que existem muitas maneiras de segmentar um mercado, mas nem todas as segmentações são eficientes. Por exemplo, os compradores de sal de cozinha poderiam ser divididos em loiros e morenos. No entanto, a cor do cabelo, obviamente, não afeta a compra do sal. Além disso, se todos os compradores de sal adquirissem a mesma quantidade do produto todo mês, acreditassem que todo sal é igual e quisessem pagar o mesmo preço, a empresa não se beneficiaria com a segmentação desse mercado.

Para ser útil, os segmentos de mercado devem ser:

- *Mensuráveis:* o tamanho, o poder de compra e o perfil dos segmentos podem ser mensurados.
- *Acessíveis:* os segmentos de mercado podem ser alcançados e atendidos de maneira eficiente.
- *Substanciais:* os segmentos de mercado são grandes e lucrativos o suficiente para serem atendidos. Um segmento deve ser o maior grupo homogêneo possível, que compense o desenvolvimento de um programa de marketing sob medida para ele. Por exemplo, não vale a pena para um fabricante de automóveis desenvolver carros especialmente para pessoas com mais de 2,10 metros de altura.
- *Diferenciáveis:* os segmentos são conceitualmente distintos e respondem de maneira diferente a programas e elementos do mix de marketing diversos. Se homens e mulheres respondem de maneira parecida a esforços de marketing para refrigerantes, elas não constituem segmentos separados.
- *Acionáveis:* podem ser desenvolvidos programas eficientes para atrair os segmentos e atender a eles. Por exemplo, embora uma pequena companhia aérea tenha identificado sete segmentos de mercado, sua equipe era muito pequena para desenvolver programas de marketing distintos para cada segmento.

Seleção de mercado-alvo

◀ **Objetivo 3**

Explicar como as empresas identificam segmentos de mercado atrativos e escolhem uma estratégia de cobertura de mercado.

A segmentação de mercado revela as oportunidades de segmento de mercado da empresa. Depois disso, a organização precisa avaliar os vários segmentos e decidir quantos e quais pode atender melhor. A partir de agora, analisaremos como as empresas avaliam e selecionam segmentos-alvo.

Avaliação dos segmentos de mercado

Ao avaliar diferentes segmentos de mercado, a empresa deve analisar três fatores: (1) o tamanho e o crescimento do segmento, (2) a atratividade estrutural do segmento e (3) os recursos e objetivos da organização. Para começar, as empresas querem segmentos que tenham as características de tamanho e crescimento corretas. No entanto, "tamanho e crescimento certos" é algo relativo. Os segmentos maiores e de crescimento mais rápido nem sempre são os mais atrativos para todas as empresas. Empresas menores podem não ter os recursos e as habilidades necessárias para atender a segmentos maiores. Elas também podem achar que esses segmentos são muito competitivos. Empresas desse tipo podem se voltar para segmentos que, em termos absolutos, são menores e menos atrativos, mas que são potencialmente mais lucrativos para elas.

As empresas também precisam examinar importantes fatores estruturais que afetam a atratividade do segmento no longo prazo.[16] Por exemplo, um segmento é menos atrativo se já tem muitos *concorrentes* fortes e agressivos ou se é fácil para *novos entrantes* ingressarem nele. A existência de muitos *produtos substitutos* reais ou potenciais pode limitar os preços e os lucros que poderiam ser obtidos em um segmento. O *poder relativo dos compradores* também afeta a atratividade do segmento. Compradores com forte poder de barganha junto aos vendedores tentarão baixar os preços, demandarão mais serviços e colocarão um concorrente contra o outro — tudo isso à custa da lucratividade do vendedor. Para completar, um segmento pode ser menos atrativo se tiver *fornecedores com bastante poder*, que podem controlar preços ou reduzir a qualidade ou a quantidade dos produtos e serviços pedidos.

Mesmo quando o segmento apresenta o crescimento e o tamanho certos e é estruturalmente atrativo, a empresa deve considerar seus próprios objetivos e recursos. Alguns segmentos atrativos podem ser descartados rapidamente, por não se encaixarem com os objetivos de longo prazo da empresa. Ou a empresa pode não ter as habilidades e os recursos necessários para ser bem-sucedida em um segmento atrativo. Por exemplo, o segmento de carro popular é grande e está em expansão. Contudo, devido a seus objetivos e recursos, faria pouco sentido para a BMW, fabricante de carros luxuosos, entrar nesse segmento. A empresa deve ingressar somente em segmentos em que pode criar valor superior para o cliente e obter vantagens em relação a seus concorrentes.

Seleção de segmentos de mercado-alvo

Após avaliar diferentes segmentos, a empresa deve decidir quais e quantos atenderão. Um **mercado-alvo** consiste em um conjunto de compradores com necessidades ou características em comum a que a empresa decide atender. A seleção do mercado-alvo pode ser conduzida em diversos níveis diferentes. A Figura 7.2 mostra que as empresas podem adotar uma cobertura muito ampla (*marketing indiferenciado*), muito restrita (*micromarketing*) ou intermediária (*marketing diferenciado* ou *marketing concentrado*).

Mercado-alvo
Conjunto de compradores com necessidades ou características em comum a que a empresa decide atender.

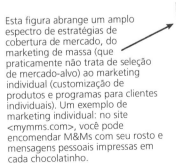

Esta figura abrange um amplo espectro de estratégias de cobertura de mercado, do marketing de massa (que praticamente não trata de seleção de mercado-alvo) ao marketing individual (customização de produtos e programas para clientes individuais). Um exemplo de marketing individual: no site <mymms.com>, você pode encomendar M&Ms com seu rosto e mensagens pessoais impressas em cada chocolatinho.

Figura 7.2 Estratégias de cobertura de mercado.

Marketing indiferenciado

Marketing indiferenciado (ou marketing de massa)
Estratégia de cobertura de mercado em que a empresa decide ignorar as diferenças nos segmentos do mercado e se voltar para o mercado total com uma única oferta.

Ao utilizar uma estratégia de **marketing indiferenciado (ou marketing de massa)**, a empresa pode decidir ignorar as diferenças nos segmentos do mercado e se voltar para o mercado total com uma única oferta. Esse tipo de estratégia de marketing se concentra no que é *comum* nas necessidades dos consumidores, e não no que é *diferente*. A empresa desenvolve um produto e um programa de marketing capazes de atingir a maior parte dos compradores.

Como observado anteriormente neste capítulo, hoje em dia, a maioria dos profissionais de marketing tem grandes dúvidas em relação a essa estratégia. As dificuldades têm a ver com o desenvolvimento de um produto ou uma marca que satisfaça todos os consumidores. Além disso, empresas que utilizam o marketing de massa encontram problemas ao concorrer com organizações mais focadas, que satisfazem melhor as necessidades de segmentos e nichos específicos.

Marketing diferenciado

Marketing diferenciado (ou marketing segmentado)
Estratégia de cobertura de mercado em que a empresa decide se voltar para diversos segmentos de mercado e desenvolve ofertas separadas para cada um deles.

Ao utilizar uma estratégia de **marketing diferenciado (ou marketing segmentado)**, a empresa decide se voltar para diversos segmentos de mercado e desenvolve ofertas separadas para cada um deles. A P&G comercializa seis diferentes marcas de sabão em pó nos Estados Unidos (Bold, Cheer, Dash, Dreft, Gain e Tide), que competem entre si nas prateleiras dos supermercados. Ela também possui segmentos adicionais para cada marca, a fim de atender a nichos ainda menores. Por exemplo, é possível comprar mais de dez versões do Tide — Tide com água sanitária, para água fria, de alta eficiência, com Febreze, com mais amaciante.

Talvez nenhuma marca pratique o marketing diferenciado como a Hallmark Cards.[17]

▲ Marketing diferenciado: além de sua ampla linha de cartões Hallmark, a Hallmark lançou categorias que têm como alvo uma dezena ou mais de segmentos específicos, como as linhas Mahogany, Sinceramente Hallmark e Tree of Life, mostradas aqui.
Cortesia de Gary Armstrong

A Hallmark segmenta fortemente o mercado de cartões. Além de sua ampla linha de cartões Hallmark e de populares linhas de submarcas, a Hallmark lançou categorias que têm como alvo uma dezena ou mais de segmentos específicos. A linha Fresh Ink é voltada para mulheres entre 18 e 39 anos. A Warm Wishes oferece centenas de cartões acessíveis, a 99 centavos. As três linhas étnicas da Hallmark — Mahogany, Sinceramente Hallmark e Tree of Life — são direcionadas, respectivamente, para consumidores negros, latinos e judeus. A mais recente linha da empresa, que traz cartões de encorajamento, se concentra em desafios como luta contra o câncer, revelação da homossexualidade e batalha contra a depressão. Cartões específicos beneficiam instituições voltadas para o trabalho social, como a (PRODUCT) RED, a Unicef e a Susan G. Komen Race for Cure. A Hallmark também abraçou a tecnologia. Cartões musicais trazem trechos de músicas de filmes populares e de programas de TV, bem como de canções. Livros para ouvir permitem que as pessoas gravem sua voz em cada página e que ela seja ouvida à medida que os leitores viram as páginas. On-line, a Hallmark oferece cartões eletrônicos, bem como cartões impressos personalizados, que são enviados por correio para os consumidores. Para as empresas, a Hallmark Business Expressions oferece cartões corporativos personalizados para todas as ocasiões e eventos.

Ao oferecer variações de produto e de marketing para os segmentos, as empresas esperam obter mais vendas e uma posição mais forte em cada segmento de mercado. O desenvolvimento de uma posição mais forte em diversos segmentos gera mais vendas totais do que o marketing indiferenciado, que busca todos os segmentos. Graças a sua abordagem diferenciada, as marcas da Hallmark representam quase um em cada dois cartões de felicitação comprados nos Estados Unidos. De maneira similar, as diversas marcas de sabão em pó da P&G abocanham quatro vezes a participação de mercado de sua rival mais próxima.

Mas o marketing diferenciado também aumenta os custos dos negócios. Normalmente, é mais caro para a empresa desenvolver e produzir, digamos, dez unidades de dez diferentes produtos do que cem unidades de um único produto. O desenvolvimento de planos de marketing diferentes para segmentos diferentes exige mais pesquisa de marketing, previsões, análises de vendas, planejamento de promoção e gerenciamento de canal. Além disso, quando se tenta alcançar diferentes segmentos de mercado com diferentes campanhas publicitárias, os custos de promoção aumentam. Assim, a empresa deve comparar o aumento das vendas com o aumento dos custos na hora de optar por uma estratégia de marketing diferenciado.

Marketing concentrado

Ao utilizar a estratégia de **marketing concentrado (ou marketing de nicho)**, em vez de perseguir uma pequena participação em um grande mercado, a empresa busca uma grande participação em um ou em alguns poucos segmentos ou nichos. Por exemplo, o Whole Foods Market possui mais de 300 lojas e gera mais de 10 bilhões de dólares em vendas, enquanto o Kroger tem mais de 3.600 lojas e vendas de 82 bilhões e o Walmart tem quase 9 mil lojas e vendas de 421 bilhões.[18] Contudo, nos últimos cinco anos, o varejista menor e mais sofisticado tem crescido mais rápida e lucrativamente do que seus gigantes rivais. O Whole Foods prospera atendendo a clientes ricos que os "walmarts" da vida não conseguem servir com qualidade e oferecendo a eles "alimentos orgânicos, naturais e de qualidade, todos em sintonia com as políticas relacionadas ao Dia da Terra". De fato, um cliente típico do Whole Foods é mais propenso a boicotar o Walmart local do que a comprar nele.

Por meio do marketing concentrado, a empresa conquista uma forte posição de mercado, graças a seu maior conhecimento das necessidades dos consumidores nos nichos que atende e à reputação especial que adquire. Ela pode operar de maneira mais *eficaz*, ao ajustar seus produtos, preços e programas às necessidades de segmentos cuidadosamente definidos. Pode também operar de modo mais *eficiente*, direcionando seus produtos ou serviços, canais e programas de comunicação apenas para os consumidores que pode servir melhor e de maneira mais lucrativa.

O trabalho com nichos permite às empresas menores concentrar seus recursos limitados no atendimento a grupos pequenos, que podem ser pouco importantes para concorrentes maiores ou, então, negligenciados por eles. Muitas empresas começam como ocupantes de nichos, para estabelecer uma base contra concorrentes maiores e com mais recursos, e depois se desenvolvem e se tornam grandes concorrentes. A Southwest Airlines, por exemplo, começou atendendo a pessoas que se deslocavam a trabalho dentro do estado do Texas, mas atualmente é uma das maiores companhias aéreas dos Estados Unidos. E a Enterprise Rent-A-Car, em vez de competir com a Hertz e a Avis nos aeroportos, começou construindo uma rede de agências de bairro. Hoje, ela é a maior empresa de aluguel de carros dos Estados Unidos.

Atualmente, os baixos custos para abrir uma loja on-line fazem com que seja ainda mais lucrativo atender a nichos aparentemente minúsculos. Pequenas empresas, em particular, estão ganhando dinheiro ao servir pequenos nichos na Internet. Veja o exemplo da Modcloth.com, uma ocupante de nicho que trabalha com roupas femininas:[19]

> Enquanto suas colegas de classe no Ensino Médio saíam com os amigos e compravam em shoppings, Susan Gregg Koger ficava trancada em seu quarto, remexendo as roupas *vintage* que tinha comprado em brechós locais e sonhando com seu próprio negócio on-line. Quando tinha apenas 17 anos, ela e seu namorado (hoje marido) Eric Koger abriram, de seus dormitórios na Carnegie Mellon, a ModCloth.com. Apesar desse começo modesto, graças ao poder da Internet, a empresa cresceu. Hoje, somente uma década depois, a ModCloth.com possui 275 funcionários, 700 estilistas independentes e um guarda-roupa completo de peças exclusivas. As coleções únicas de roupas *indies* da ModCloth.com, as promoções de engajamento no *blog* The ModCloth e em várias redes sociais e a interatividade na Internet — por exemplo, as clientes desempenham um importante papel na escolha das estampas das roupas e mesmo em seu design — atraíram seguidoras devotas. As receitas da ModCloth cresceram mais de 15 milhões de dólares em um ano, e o site recebe mais de 2 milhões de visitantes por mês.

O marketing concentrado pode ser extremamente lucrativo. Ao mesmo tempo, ele envolve mais riscos do que o normal. Empresas que contam com um (ou alguns poucos) segmento para todos os seus negócios sofrerão um grande impacto negativo se esse segmento se tornar ruim. Ou, então, concorrentes maiores podem decidir entrar no mesmo segmento com mais recursos. Por essas razões, muitas empresas preferem diversificar, atuando em vários segmentos de mercado.

Marketing concentrado (ou marketing de nicho)
Estratégia de cobertura de mercado em que a empresa busca uma grande participação em um ou em alguns poucos segmentos ou nichos.

▼ Marketing concentrado: graças ao alcance e ao poder do marketing on-line, a ModCloth.com, que trabalha com roupas femininas on-line, atraiu seguidoras devotas.
Modcloth.com

Micromarketing

Micromarketing
Desenvolvimento de produtos e programas de marketing sob medida para atender às necessidades e aos desejos de pessoas e segmentos de cliente específicos; inclui o *marketing local* e o *marketing individual*.

Marketing local
Desenvolvimento de marcas e marketing sob medida para atender às necessidades e aos desejos de grupos de cliente locais — cidades, bairros e até mesmo lojas específicas.

Empresas que praticam o marketing diferenciado e o concentrado desenvolvem ofertas e programas de marketing ajustados para atender às necessidades dos vários segmentos e nichos de mercado. Entretanto, elas não customizam suas ofertas para cada cliente. O **micromarketing** é a prática de desenvolver produtos e programas de marketing sob medida para atender aos gostos de pessoas e locais específicos. Em vez de ver um cliente em cada indivíduo, as praticantes do micromarketing veem o indivíduo em cada cliente. O micromarketing inclui o *marketing local* e o *marketing individual*.

MARKETING LOCAL. O **marketing local** implica o desenvolvimento de marcas e promoções sob medida para atender às necessidades e aos desejos de grupos de cliente locais — cidades, bairros e até mesmo lojas específicas. Por exemplo, o Walgreens, proprietário da rede nova-iorquina Duane Reade, uma mistura de farmácia com loja de conveniência, adapta sua variedade de mercadorias para cada região. Em Manhattan, nos arredores da Penn Station e da rodoviária, a loja vende sanduíches e almoços rápidos para atender aos inúmeros funcionários de escritórios e transeuntes da área. Em Wall Street, a Duane Reade traz um balcão de sushi, alimentos orgânicos frescos, uma área para engraxar sapatos e um salão para fazer as unhas — tudo para atender a um mercado sofisticado. Na região de Williamsburg, no Brooklyn — uma área repleta de bares e locais que vendem cerveja —, as lojas Duane Reade oferecem uma enorme quantidade de recipientes para armazenar cerveja e embalagens contendo seis cervejas artesanais[20].

Avanços na tecnologia da comunicação permitiram o surgimento de novas versões high-tech do marketing local. Utilizando redes sociais que indicam a localização, como o Foursquare e o Shopkick, e serviços de compra coletiva voltados para o marketing local, como o Groupon e o LivingSocial, os varejistas podem se apresentar aos consumidores com ofertas locais on-line ou no celular (veja o Marketing Real 7.2). Cada vez mais, o marketing local é móvel, alcançando clientes em movimento à medida que vão e vêm em importantes áreas de mercado local.[21]

Com o surgimento de smartphones e tablets que possuem tecnologia de geolocalização, como GPS, as empresas estão se voltando para o que os especialistas chamam de revolução de busca SoLoMo (social, local, móvel). O SoLoMo refere-se à capacidade de consumidores em movimento obterem informações locais rapidamente, onde quer possam estar. Serviços como Foursquare, Loopt e Groupon e varejistas que vão do REI a Starbucks aderiram à onda do SoLoMo, principalmente na forma de aplicativos para smartphones e tablets.

O aplicativo Shopkick para celulares se destaca no quesito SoLoMo. Ele envia ofertas especiais e prêmios para compradores que simplesmente entram em lojas parceiras, como Target, American Eagle, Best Buy e Crate&Barrel. Quando os compradores se aproximam de uma loja participante, o aplicativo Shopkick no celular pega um sinal da loja e despeja cupons, alertas de oferta e informações de produtos. De maneira similar, a DDR Corporation, que opera 27 shoppings abertos em 16 mercados, utiliza uma tecnologia que detecta compradores nas redondezas e envia mensagens de texto, em tempo real, com várias ofertas e promoções das lojas para clientes que optarem por participar do programa. Iniciativas como essas beneficiam tanto as empresas como os consumidores. Elas ajudam as empresas a distribuir suas mensagens, ao mesmo tempo que personalizam a experiência de compra do cliente.

No entanto, o marketing local apresenta algumas desvantagens. Ele pode aumentar os custos de produção e marketing, reduzindo as economias de escala. Pode também criar problemas logísticos, uma vez que a empresa tenta atender às variadas exigências de diferentes mercados locais

▲ Cada vez mais, o marketing local é móvel. O aplicativo Shopkick para celulares se destaca no quesito SoLoMo (social, local, móvel), enviando ofertas especiais e prêmios para compradores que simplesmente entram em lojas parceiras, como Target, American Eagle, Best Buy e Crate&Barrel.
Shopkick

e regionais. Contudo, uma vez que as empresas se deparam cada vez mais com mercados fragmentados e que novas tecnologias de apoio estão sendo desenvolvidas, as vantagens do marketing local geralmente superam as desvantagens.

Marketing Real 7.2

Micromarketing baseado na localização é igual a macro-oportunidades

Os profissionais de marketing utilizam uma série de fatores para selecionar os clientes — de dados demográficos e psicográficos a históricos de compra detalhados. Entretanto, hoje em dia, esses profissionais estão cada vez mais trabalhando com uma nova e importante variável de seleção: a localização — onde você está, exatamente agora. Graças à explosão dos smartphones conectados à Internet com recursos de GPS e às redes sociais que indicam a localização, as empresas podem agora rastrear de perto seu paradeiro e ajustar suas ofertas de acordo com ele.

O marketing local *high-tech* de hoje assume duas principais formas. Uma é o serviço de "check-in" móvel — como o oferecido pelo Foursquare, Shopkick e Loopt —, em que as pessoas fazem check-in com seu smartphone para indicar sua localização e receber ofertas especiais do varejo. A outra são os sites de compra coletiva — como o Groupon e o LivingSocial —, que fazem parcerias com empresas locais para fornecer ofertas aos assinantes com base no lugar onde vivem e no que gostam.

O serviço de check-in baseado na localização acaba com a lacuna entre o mundo digital e o real, de cimento e tijolo. Por exemplo, o aplicativo para celulares do Foursquare possibilita que seus mais de 15 milhões de usuários visitem varejistas parceiros, como a Starbucks ou sua pizzaria local favorita, façam seu check-in apertando alguns botões do celular e recebam prêmios especiais. Geralmente, isso significa cupons eletrônicos de desconto. Mas a maioria dos serviços de check-in possui incentivos adicionais, com joguinhos viciantes. Por exemplo, os membros do Foursquare competem para ver quem se torna o "prefeito" de um determinado local de varejo com o maior número de check-ins, ganham medalhas por fazer check-in em locais específicos e recebem títulos por fornecer dicas úteis para a comunidade Foursquare. E o Scvngr cria uma espécie de caça ao tesouro que roda no smartphone, garantindo descontos para quem completar determinadas tarefas, como tirar foto do interior de lojas.

No entanto, mais do que distribuir cupons eletrônicos e prêmios, o Foursquare e outros serviços de check-in estão se tornando redes de estilo de vida completas, baseadas na localização. O objetivo é enriquecer a vida das pessoas, ajudando-as a saber do paradeiro dos amigos, compartilhar experiências relacionadas à localização e descobrir novos lugares, ao mesmo tempo em que criam uma associação entre si e os lugares sugeridos que têm a ver com seus interesses.

Dennis Crowley, cofundador do Foursquare, vislumbra um cenário futurístico, em que seu telefone verifica o calendário e a localização de seus amigos na sexta-feira à tarde, checa quais estão com a agenda livre à noite e sugere um restaurante nas redondezas, que todos queiram conhecer. Ele também verifica as mesas disponíveis e as opções do restaurante para o jantar.

O Foursquare está cada vez mais perto de transformar esse cenário em realidade. Em seu site, ele já promete: "O Foursquare torna o mundo real mais fácil de usar. Nosso aplicativo ajuda você a se manter em contato com os amigos, descobrir o que está acontecendo nas redondezas, economizar e descobrir ofertas".

De maneira similar, o serviço de check-in Loopt promete contribuir não apenas com sua vida pessoal, mas também com suas compras. Para começar, ele oferece um mapa que, a qualquer momento, mostra onde seus amigos do Loopt e do Facebook estão. Além disso, combina suas mensagens de texto com sua localização, facilitando realmente seu encontro com alguém. O Loopt pode, inclusive, enviar a você um "alerta de amigo" quando um conhecido estiver por perto, criando oportunidades para um encontro que, de outra forma, passaria batido. Ele também pode alertá-lo sobre ofertas de varejo próximas, ajudando-o a economizar ou a conseguir coisas grátis.

Essas redes de check-in oferecem oportunidades de seleção de mercado atrativas para os varejistas, possibilitando a eles interagir com pessoas em movimento, quando elas estão por perto e prontas para comer, comprar e gastar.

A segunda principal forma do marketing baseado na localização são os sites de compra coletiva, que se tornaram uma das maiores febres da Internet. Entre os milhares de sites desse tipo que copiaram seu modelo, o líder de mercado Groupon domina com mais 150 milhões de assinantes em centenas de cidades espalhadas pelo mundo. O Groupon fecha parcerias com varejistas em cada cidade, criando ofertas atrativas para a promoção dos produtos e serviços deles aos clientes da região. Em sua maioria, os parceiros locais do Groupon são empresas pequenas, mas gigantes mundiais, como Starbucks, Best Buy, Barnes & Noble, Gap e PepsiCo, também estão por lá.

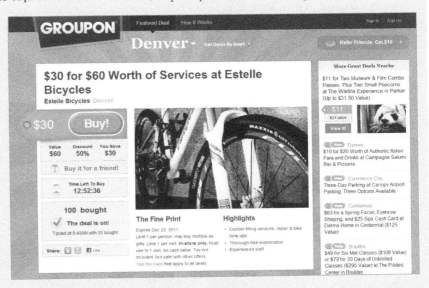

▲ Marketing baseado na localização: sites de compra coletiva, como o Groupon, fazem parcerias com empresas locais para fornecer ofertas aos assinantes com base no lugar onde vivem e no que gostam.
Groupon Inc.

O Groupon oferece a seus assinantes pelo menos uma oferta por dia em cada cidade — por exemplo, pague 40 dólares por um voucher de 80 em um restaurante local. Mas as ofertas só valem se um número suficiente de pessoas se interessar por elas, o que leva os assinantes a falarem sobre as oportunidades para amigos e vizinhos e em redes sociais, como o Twitter e o Facebook. E, consequentemente, eles falam sobre o Groupon — que significa grupo mais cupom. Quando uma oferta "fecha", o Groupon compartilha a receita com o varejista, ficando, cada um, com cerca de 50% do resultado. Quase todas as ofertas do Groupon fecham.

Para tornar suas ofertas mais personalizadas, as empresas que trabalham com marketing baseado na localização estão começando a incorporar fatores como sexo, idade e vizinhança, bem como uma série de interesses e preferências que os membros podem escolher para limitar os tipos de oferta que recebem. O Groupon também expandiu seu modelo de compra coletiva, que agora conta com o Groupon Gateway (para ofertas de viagem), o Groupon Goods (para ofertas de produto de marcas norte-americanas) e o Groupon Now (um aplicativo que seleciona ofertas com base na localização do usuário).

Trabalhar com o Groupon pode, em 24 horas, transformar uma empresa local. Por exemplo, quando a Joffrey Ballet de Chicago ofereceu, por meio do Groupon, ingressos para toda a temporada com um desconto muito alto, 2.334 pessoas se interessaram pela oferta, dobrando a base de clientes fixos do grupo de balé em um único dia. Muitas vezes, as ofertas do Groupon funcionam bem até demais. Por exemplo, o servidor da varejista Gap entrou em colapso quando 445 mil pessoas adquiriram vale-compras de 50 dólares por 25. O Groupon trabalha para minimizar esse tipo de situação, auxiliando as empresas ao longo do processo de oferta e recomendando tetos apropriados para as promoções.

O Groupon pode ter conquistado o estrelato na Internet mais rápido do que qualquer outra ponto-com. Seu assinante médio é o público-alvo do sonho de qualquer empresa: mulheres, entre 18 e 34 anos, solteiras e com renda anual superior a 70 mil dólares. E o Groupon está adicionando mais de um milhão de novos membros por semana. Antes de a organização completar dois anos, a *Forbes* a elegeu "a empresa de crescimento mais rápido da história". Suas receitas dispararam de 14 milhões de dólares em 2009 para 1,6 bilhão no último ano, o que faz dela a empresa mais jovem, entre todos os setores, a atingir a casa do 1 bilhão de dólares em receita total.

Em termos gerais, o crescimento dos serviços baseados na localização não tem sido nada menos do que impressionante. Há cinco anos empresas desse tipo nem existiam e hoje, somente para iPhone, são mais de 6 mil aplicativos baseados na localização. Talvez o maior indicador do potencial do marketing que tem como base a localização seja a chegada de gigantes da Internet, cada qual tentando conquistar uma fatia desse crescente mercado. Até recentemente, o Google e o Facebook estavam buscando ativamente seus próprios serviços de check-in e compra coletiva, e a Amazon.com é dona de uma parcela significativa do LivingSocial, um serviço de compra coletiva.

Com tanta concorrência, o setor está atualmente se preparando para arcar com as dores do crescimento, e uma turbulência parece bem provável. Mas uma coisa é certa: quando a poeira baixar, restarão macro-oportunidades para o micromarketing baseado na localização.

Fontes: baseado em citações, trechos e outras informações de Todd Wasserman, "Only 5% of adults use location-based check-in apps", *Mashable*, 6 dez. 2011, <http://mashable.com/2011/12/06/adults-use-locationbased-apps/>; Diane Brady, "Social media's new mantra: location, location, location", *Bloomberg Businessweek*, 10-16 maio, 2010, p. 34-36; Bari Weiss, "Groupon's $6 billion gambler", *Wall Street Journal*, 20 dez. 2010, p. 12; Joseph Galante, "Groupon coupons: the small biz challenge", *Bloomberg Businessweek*, 14 jun. 2010, p. 1; Shayndi Raice, "Groupon and Its 'weird' CEO", *Wall Street Journal*, 31 jan. 2012, <http://online.wsj.com/video/groupon-and-its-weird-ceo/9AA5073E-89A2-4AD2-B4C9-44584709EF12.html>; <http://investor.groupon.com/annuals.cfm>, <www.groupon.com>, <www.foursquare.com> e <www.loopt.com>. Aceso em: nov. 2012.

Marketing individual
Desenvolvimento de produtos e programas de marketing sob medida para atender às necessidades e às preferências de clientes individuais.

MARKETING INDIVIDUAL. O extremo do micromarketing é o **marketing individual** — desenvolvimento de produtos e programas de marketing sob medida para atender às necessidades e às preferências de clientes individuais. O marketing individual também é chamado de *marketing um-para-um*, *marketing customizado* e *marketing personalizado*.

O amplo uso do marketing de massa fez com que praticamente esquecêssemos que durante séculos os consumidores foram atendidos em uma base individual: o alfaiate fazia ternos sob medida, o sapateiro desenhava sapatos para cada pessoa e o marceneiro fazia os móveis de acordo com os pedidos. Hoje, novas tecnologias permitem que muitas empresas retornem para o marketing customizado. Bancos de dados mais detalhados, produção robotizada, fabricação flexível e meios de comunicação interativos, como os celulares e a Internet, se unem para promover a *customização em massa* — que é o processo por meio do qual as empresas interagem em uma base um-para-um com uma grande quantidade de clientes para desenvolver produtos e serviços feitos sob medida para atender às necessidades individuais.

O marketing individual tornou o relacionamento com os clientes mais importante do que nunca. Da mesma maneira que a produção em massa foi o princípio de marketing do século XX, a customização em massa está se tornando um princípio de marketing para o século XXI. O mundo parece estar se fechando em um círculo — dos bons e velhos tempos em que os clientes eram tratados como indivíduos ao marketing de massa, quando ninguém sabia o seu nome, e de volta ao ponto de partida.

Hoje em dia, as empresas estão hipercustomizando tudo, de comida a fones de ouvido, tênis e motos.[22]

No mymms.com, as pessoas que adoram doce podem comprar M&Ms decorados com a imagem de seus filhos ou animais de estimação. A JH Audio, de Orlando, fabrica fones de ouvido com base no molde do canal auditivo dos clientes, oferecendo um encaixe mais eficiente e um som melhor e mais seguro. A empresa, inclusive, aplica desenhos em cada uma das pequenas entradas do fone — algumas pessoas pedem um filho em cada ouvido; outras preferem um cachorro. O programa NikeID, da Nike, permite aos usuários escolher o material da sola do tênis (digamos, para trilha ou para uso no dia a dia), bem como o da parte de cima do calçado (pode ser em Gore-Tex e em rede, entre outros). Eles também podem selecionar a cor do símbolo da Nike e da costura e acrescentar um texto à lateral da sola. O pé direito e o esquerdo têm tamanhos diferentes? Isso também pode ser revisto. Em uma escala muito maior, o programa de customização H-D1 da Harley-Davidson permite que seus clientes entrem no site, desenhem sua própria Harley e a recebam em até quatro semanas. Ele convida os clientes a explorar cerca de 8 mil maneiras de criar sua própria obra-prima. "Você sonha. Nós construímos", diz a empresa.

▲ Marketing individual: o programa NikeID, da Nike, permite aos usuários escolherem o material de seu tênis, personalizar cores, acrescentar um texto à lateral da sola e até mesmo pedir números diferentes para o pé direito e o esquerdo.
Getty Images para a Nike

As empresas que atuam no mercado organizacional também estão descobrindo novas maneiras de customizar suas ofertas. Por exemplo, a John Deere fabrica semeadoras que podem ser configuradas em mais de 2 milhões de versões, de acordo com as especificações de cada cliente. As semeadoras são produzidas uma a uma, em qualquer sequência, em uma única linha de produção. A customização em massa proporciona uma forma de se destacar dos concorrentes maiores.

Escolha da estratégia para o atendimento do mercado-alvo

As empresas precisam levar em consideração muitos fatores na hora de escolher uma estratégia para o atendimento do mercado-alvo. Qual a melhor estratégia? Isso depende dos recursos da empresa. Quando esses recursos são limitados, o marketing concentrado faz mais sentido. A melhor estratégia também depende do nível de variabilidade do produto. O marketing indiferenciado é mais indicado para produtos uniformes, como laranja ou aço. Produtos que podem variar em termos de design, como câmeras e carros, ajustam-se melhor à diferenciação ou à concentração. O estágio no ciclo de vida do produto também deve ser levado em conta. Quando uma empresa lança um produto, é mais prático para ela lançar somente uma versão dele. Nesse caso, o marketing indiferenciado ou o concentrado tem mais sentido. Entretanto, no estágio de maturidade do ciclo de vida do produto, o marketing diferenciado costuma ser o mais indicado.

Outro fator que deve ser considerado é a *variabilidade do mercado*. Se a maioria dos compradores tem os mesmos gostos, compra as mesmas quantidades e reage da mesma maneira aos esforços de marketing, o marketing indiferenciado é o mais apropriado. Por fim, as *estratégias de marketing dos concorrentes* são importantes. Quando eles usam o marketing diferenciado ou o concentrado, o marketing indiferenciado pode ser uma opção suicida. Por outro lado, quando os concorrentes utilizam o marketing indiferenciado, a empresa pode obter vantagem com o uso do marketing diferenciado ou o concentrado, voltando-se para as necessidades dos compradores em segmentos específicos.

Responsabilidade social do marketing no atendimento ao mercado-alvo

Estabelecer mercados-alvo de maneira inteligente ajuda as empresas a se tornarem mais eficientes e eficazes, pois elas se concentram nos segmentos que são capazes de satisfazer melhor e mais lucrativamente. Isso também beneficia os consumidores — as empresas servem grupos específicos de consumidores, com ofertas desenvolvidas cuidadosamente sob medida para atender às necessidades deles. Entretanto, o marketing voltado para mercados-alvo muitas vezes gera polêmica e preocupação. As maiores inquietações normalmente envolvem a escolha de consumidores vulneráveis ou desfavorecidos para oferecer produtos controversos ou potencialmente prejudiciais.

Por exemplo, há anos empresas dos mais variados setores — de cereal matinal, refrigerante, fast-food, brinquedo e moda — são duramente criticadas por seus esforços de marketing direcionados às crianças. Os críticos se preocupam com a possibilidade de as ofertas premium e as poderosas campanhas publicitárias estreladas por adoráveis personagens animados acabarem com as defesas das crianças. Por exemplo, nos últimos anos, o McDonald's tem sido criticado por grupos de pais e defensores da saúde, que se preocupam com a possibilidade do popular McLanche Feliz da rede — que traz enfeites e outros itens relacionados a filmes infantis, como *Toy Story* — criar uma forte conexão entre as crianças e refeições geralmente ricas em gordura e caloria. Alguns críticos pediram ao McDonald's que aposentasse seu icônico personagem Ronald McDonald. Como resposta, o McDonald's fez o McLanche Feliz passar por uma dieta, cortando 20% de sua caloria total e acrescentando fruta à oferta.[23]

▲ Marketing socialmente responsável: os críticos se preocupam com o fato de as empresas em geral — das bonecas Barbie às roupas íntimas e aos cosméticos — estarem se voltando para meninas com produtos provocativos.
Jarrod Weaton/Weaton Digital, Inc.

Outros problemas surgem quando o marketing de produtos para adultos transborda para o segmento infantil — de maneira intencional ou não. Por exemplo, a Victoria's Secret direciona sua altamente bem-sucedida linha Pink, composta de roupas jovens, modernas e sensuais, para mulheres entre 18 e 30 anos. No entanto, críticos acusam a Pink de ser a última moda entre meninas de 11 anos. Respondendo ao design e às mensagens de marketing da Victoria's Secret, as pré-adolescentes vão em massa às lojas e compram Pink, com ou sem a mãe. De maneira mais ampla, os críticos se preocupam com o fato de as empresas em geral — das bonecas Barbie às roupas íntimas — estarem, direta ou indiretamente, se voltando para meninas com produtos provocativos, promovendo um foco prematuro no sexo e na aparência. Por exemplo, a Barbie vem agora em um estilo "ostentação", com top cavado e botas de cano alto. E a Abercrombie & Fitch recentemente vendeu a parte de cima de um biquíni com bojo para crianças de oito anos. "A sexualização dos adolescentes já é ruim o suficiente, e agora ela está atingindo nossas crianças", lamenta um jornalista.[24]

A fim de encorajar campanhas publicitárias responsáveis, a Children's Advertising Review Unit, a agência autorreguladora do setor de propaganda nos Estados Unidos, publicou um longo guia que orienta a propaganda para o público infantil, reconhecendo as necessidades especiais das crianças. Mesmo assim, os críticos sentem que deveria ser feito mais. Alguns, inclusive, pedem o fim, em definitivo, da propaganda direcionada às crianças.

Os fabricantes de cigarro e cerveja, bem como as redes de fast-food, também geraram muita polêmica nos últimos anos por causa de suas tentativas de atingir minorias que vivem em regiões mais carentes. Por exemplo, redes de fast-food foram criticadas por promover seus produtos, ricos em gordura e sal, para pessoas de baixa renda que vivem em centros urbanos e são muito mais propensas a serem grandes consumidores do que as que vivem nos abastados subúrbios. De maneira similar, grandes bancos e financiadoras foram criticados por se voltarem para consumidores em áreas urbanas pobres com taxas de financiamento de imóvel atrativas, com as quais, na verdade, elas não poderiam arcar.

O crescimento da Internet e de outras mídias que podem ser cuidadosamente direcionadas trouxe novas preocupações acerca dos abusos potenciais relacionados ao atendimento do mercado-alvo. A Internet permite que se tenha alvos mais precisos, possibilitando que fabricantes de produtos questionáveis e anunciantes enganadores mirem os públicos mais vulneráveis. Hoje, empresas inescrupulosas podem enviar mensagens enganosas customizadas diretamente, por e-mail, para milhões de consumidores incautos. Por exemplo, somente o site do centro de reclamações de fraude na Internet do FBI recebeu mais de 310 mil notificações no ano passado.[25]

Nem todas as tentativas de alcançar crianças, minorias ou outros segmentos especiais são criticadas. Na verdade, muitas dessas tentativas oferecem benefícios para os consumidores-alvo. Por exemplo, a Pantene direciona seus produtos para cabelo Relaxed e Natural para mulheres negras. A Samsung vende o Jitterbug, um telefone fácil de usar, para pessoas da terceira idade, que precisam de celulares mais simples com botões maiores, uma tela grande e alto-falante potente. E a Colgate fabrica vários tipos de escova de dente e sabores de creme dental para as crianças — como o creme dental do Bob Esponja, com sabor *tutti frutti*, e a escova de dente da Dora Aventureira. Esses produtos ajudam a tornar a escovação mais divertida e a fazer com que as crianças escovem os dentes por mais tempo e com mais frequência.

Assim, na hora de atender aos mercados-alvo, a questão não é *quem* é atingido, mas *como* e *para que* o é. As polêmicas surgem quando as empresas tentam lucrar à custa dos segmentos escolhidos — quando elas, de maneira desleal, se voltam para segmentos vulneráveis ou se dirigem a eles com produtos ou táticas questionáveis. O marketing socialmente responsável requer segmentação e seleção do mercado-alvo que atendam não apenas aos interesses da empresa, mas também aos do público selecionado.

Diferenciação e posicionamento

◀ **Objetivo 4**

Discutir como as empresas diferenciam e posicionam seus produtos para maximizar a vantagem competitiva.

Além de decidir em quais segmentos do mercado vai atuar, a empresa deve determinar sua *proposta de valor* — como vai criar valor diferenciado para os segmentos-alvo e quais posições quer ocupar nesses segmentos. O **posicionamento do produto** é a maneira como o produto é definido pelos consumidores em termos de seus atributos importantes — é o lugar que o produto ocupa na mente dos consumidores em relação aos produtos concorrentes. Os produtos são criados na fábrica, mas as marcas são criadas na mente dos consumidores.

Posicionamento do produto
A maneira como o produto é definido pelos consumidores em termos de seus atributos importantes — é o lugar que o produto ocupa na mente dos consumidores em relação aos produtos concorrentes.

O Method é posicionado como o mais inteligente, simples e ecológico sabão em pó; o Dreft é posicionado como um sabão delicado para as roupas do bebê. No IHOP, você "vem com fome, sai feliz"; no Olive Garden, "quando você está aqui, está em família". No setor automobilístico, o Nissan Versa e o Honda Fit são posicionados como carros econômicos; o Mercedes e o Cadillac, como carros luxuosos; e o Porsche e o BMW, como carros de alto desempenho. O café Folgers é "a melhor parte do despertar"; o Honest Tea diz "a natureza fez um bom trabalho, nós o engarrafamos".

Os consumidores são sobrecarregados com informações sobre produtos e serviços e não conseguem reavaliar os produtos todas as vezes que tomam uma decisão de compra. Para simplificar o processo de compra, eles organizam os produtos, serviços e empresas em categorias e os "posicionam" em sua mente. O posicionamento do produto é um conjunto complexo de percepções, impressões e sensações que os consumidores têm de um produto em relação aos concorrentes.

Os consumidores posicionam os produtos com ou sem a ajuda dos profissionais de marketing. No entanto, esses profissionais não querem deixar o posicionamento de seus produtos ao léu. Assim, eles precisam não apenas *planejar* posicionamentos que darão a seus produtos mais vantagem nos mercados-alvo selecionados, mas também desenvolver mixes de marketing para criar esses posicionamentos planejados.

Mapas de posicionamento

Ao planejar suas estratégias de diferenciação e posicionamento, os profissionais de marketing costumam preparar *mapas perceptuais de posicionamento*, que mostram as percepções que os consumidores têm

▶ Posicionamento: o Honest Tea é posicionado da seguinte maneira — "Ingredientes naturais. Sem mais nem menos. A natureza fez um bom trabalho, nós o engarrafamos".
Coca-Cola Company

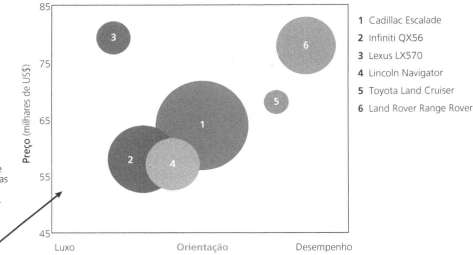

A posição de cada círculo indica onde os consumidores posicionam as marcas em duas dimensões: preço e orientação (luxo versus desempenho). O tamanho de cada círculo assinala a participação de mercado relativa da marca no segmento. Assim, o Toyota Land Cruiser é uma marca de nicho percebida como relativamente acessível e mais orientada para o desempenho.

Figura 7.3 Mapa de posicionamento: grandes SUVs de luxo.

de suas marcas em comparação com as que têm dos produtos dos concorrentes em importantes dimensões de compra. A Figura 7.3 mostra um mapa de posicionamento para o mercado de grandes SUVs de luxo nos Estados Unidos.[26] A posição de cada círculo no mapa indica o posicionamento percebido da marca em duas dimensões — preço e orientação (luxo *versus* desempenho). O tamanho de cada círculo assinala a participação de mercado relativa da marca.

Assim, os clientes veem o líder de mercado, o Cadillac Escalade, como um SUV grande, de luxo, com um preço moderado e um bom equilíbrio entre luxo e desempenho. O Escalade é posicionado como um carro urbano luxuoso e, nesse caso, "desempenho" provavelmente significa potência e segurança. Você não vai encontrar nenhuma menção a aventuras off-road em um anúncio do Escalade.

Em contrapartida, o Range Rover e o Land Cruiser se posicionaram como carros luxuosos com características de desempenho off-road. O Toyota Land Cruiser, por exemplo, começou a ser fabricado em 1951 como um veículo tipo Jeep, 4 x 4, projetado para conquistar os terrenos e climas mais hostis do planeta. Nos últimos anos, o Land Cruiser manteve esse posicionamento de aventura e desempenho, mas acrescentou o luxo. O site do veículo gaba-se de sua "lendária capacidade off-road", com tecnologias off-road como controle de descida e sistema de suspensão dinâmica cinética. "Em algumas partes do mundo, isso é essencial." Contudo, apesar de o veículo se apresentar como rude, a empresa assinala que "ele vem com uma tecnologia Bluetooth que não requer o uso das mãos, tem DVD e possui um interior magnífico, que suaviza suas extremidades".

Escolha da estratégia de diferenciação e posicionamento

Para algumas empresas, é fácil escolher uma estratégia de diferenciação e posicionamento. Por exemplo, uma empresa famosa pela qualidade em certos segmentos perseguirá essa posição em um novo segmento, caso haja compradores suficientes em busca de qualidade. Mas, em muitos casos, duas ou mais empresas perseguirão a mesma posição. Em situações como essa, cada uma das empresas tem de encontrar outros caminhos para se distinguir. As empresas diferenciam sua oferta construindo um pacote único de benefícios dirigido para um grupo substancial dentro do segmento.

Acima de tudo isso, o posicionamento da marca deve atender às necessidades e às preferências de mercado-alvo bem definidos. Por exemplo, como observado no caso que abre este capítulo, apesar de tanto a Dunkin' Donuts como a Starbucks serem cafeterias, elas têm uma variedade de produtos e uma atmosfera de loja muito diferentes. Contudo, ambas são bem-sucedidas, pois criam a proposta de valor certa para seu mix único de clientes.

A tarefa de diferenciar e posicionar consiste em três etapas: (1) identificação de um conjunto de vantagens competitivas de diferenciação sobre o qual construir uma posição, (2) escolha das vantagens competitivas certas e (3) seleção de uma estratégia de posicionamento geral. A empresa deve, em seguida, comunicar e entregar a posição escolhida para o mercado.

Identificação de possíveis diferenças de valor e vantagens competitivas

Para construir relacionamentos lucrativos com os clientes-alvo, os profissionais de marketing devem entender as necessidades dos clientes melhor do que os concorrentes e entregar mais valor. Na medida em que a empresa consegue se diferenciar e se posicionar como fornecedora de valor superior para o cliente, ela ganha **vantagem competitiva**.

Mas, as posições sólidas não podem ser construídas sobre promessas vazias. Se a empresa posiciona seu produto como aquele que *oferece* a melhor qualidade e o melhor serviço, ela deve diferenciar o produto, *entregando* a qualidade e o serviço prometidos. As empresas precisam fazer muito mais do que simplesmente alardear sua posição em slogans e bordões. Elas precisam, em primeiro lugar, dar *vida* ao slogan. Por exemplo, quando as pesquisas da Staples revelaram que ela deveria se diferenciar com base em "uma experiência de compra mais fácil", a varejista de materiais de escritório segurou sua campanha de marketing "Staples: foi fácil" por mais de um ano. Primeiramente, ela reformou suas lojas para, então, entregar o posicionamento prometido.[27]

> Há apenas alguns anos, as coisas não eram muito fáceis para a Staples — ou para os seus clientes. A proporção entre as reclamações e os elogios dos clientes estava em espantosos oito para um nas lojas da empresa. Depois de semanas conduzindo grupos de foco, a Staples chegou a uma conclusão: os clientes queriam uma experiência de compra mais fácil. Essa simples descoberta resultou em uma das campanhas de marketing mais bem-sucedidas da história recente, criada com base no slogan (hoje famoso) "Staples: foi fácil". Mas a virada de posicionamento da Staples exigiu muito mais do que simplesmente bombardear os clientes com um novo slogan. Antes de poder prometer aos clientes uma experiência de compra simplificada, a Staples precisava, de fato, entregar uma. Em primeiro lugar, ela tinha de dar *vida* ao slogan.
>
> Assim, por mais de um ano, a Staples trabalhou para renovar a experiência do cliente. Ela reformou suas lojas, diminuiu seu estoque, treinou novamente os funcionários e, inclusive, simplificou as comunicações com o cliente. Somente quando todos os detalhes da experiência do cliente estavam no lugar é que a Staples começou a comunicar seu novo posicionamento. A campanha de reposicionamento "Staples: foi fácil" fez um imenso sucesso, ajudando a tornar a empresa líder absoluta no setor de varejo para materiais de escritório. Sem dúvida nenhuma, o marketing inteligente contribuiu bastante. Mas as promessas de marketing pouco contam se não são sustentadas pela realidade da experiência do cliente.

Para encontrar pontos de diferenciação, os profissionais de marketing devem considerar a experiência total do cliente com o produto ou serviço da empresa. Uma empresa atenta pode encontrar meios de se diferenciar em todos os pontos de contato com o cliente. De que maneiras específicas uma empresa pode se diferenciar ou diferenciar sua oferta? Ela pode se diferenciar por seus *produtos, serviços, canais, pessoal* ou *imagem*.

Com a *diferenciação por produto*, as marcas podem se diferenciar de acordo com características, desempenho ou estilo e design. Por exemplo, a Bose posiciona seus alto-falantes com base em seu design incrível e nas características do som. Considerada pela American Heart Association uma opção para um estilo de vida saudável, a Subway se diferencia como um fast-food voltado para a saúde. E a Seventh Generation, fabricante de produtos de limpeza e lavagem de roupa domésticas, produtos de papel, fraldas e lenços, não se diferencia muito pelo desempenho de seus produtos, mas pelo fato de eles serem mais ecológicos. A missão da Seventh Generation é: "Produtos saudáveis. Ambiente saudável. Comunidades saudáveis. Empresa saudável".

Além de diferenciar seu produto físico, a empresa pode diferenciar os serviços que acompanham o produto. Algumas empresas obtêm *diferenciação por serviço* por meio da rapidez, praticidade ou cuidado na entrega. Por exemplo, o Convenience Bank, do Texas, oferece "Horas reais para pessoas reais"; ele abre sete dias por semana, inclusive à noite. Outras empresas diferenciam seus serviços com base em um cuidado especial com os clientes. Em uma época em que a satisfação dos clientes com as companhias aéreas está em constante declínio, a Singapore Airlines se diferencia por meio de um cuidado extraordinário com os clientes e da cortesia de seus comissários de bordo. "Todo mundo espera excelência de nós", diz

Vantagem competitiva
Vantagem sobre os concorrentes obtida por meio do fornecimento de mais valor para os clientes, seja diminuindo os preços ou oferecendo mais benefícios que justificam preços mais altos.

▲ Diferenciação por serviço: a Singapore Airlines se diferencia por meio de um cuidado extraordinário com os clientes e da cortesia de seus comissários de bordo.
Gilles ROLLE/REA/Redux

a companhia aérea internacional. "[Assim, mesmo] nos mínimos detalhes do voo, nós nos esforçamos em todas as situações e oferecemos a experiência Singapore Airlines".[28]

As organizações que praticam a *diferenciação por canal* obtêm vantagem competitiva por meio do modo como projetam seu desempenho, sua especialidade e sua cobertura no canal. A Amazon.com e a GEICO, por exemplo, se destacam por seus canais diretos que funcionam muito bem. As empresas também podem ganhar uma forte vantagem competitiva por meio da *diferenciação por pessoal* — contratando e treinando seu pessoal melhor do que seus concorrentes. A diferenciação por pessoal requer que a empresa selecione os funcionários que precisam lidar diretamente com os clientes de maneira cuidadosa e os treine de modo satisfatório. A Disney treina exaustivamente o pessoal de seus parques temáticos, para garantir que eles sejam competentes, gentis e amigáveis — desde os funcionários que fazem o *check-in* nos hotéis até os motoristas do monotrilho, os organizadores das atrações e as pessoas que varrem os parques. Todo funcionário é cuidadosamente treinado para entender os clientes e "fazer as pessoas felizes".

Mesmo quando as ofertas dos concorrentes parecem iguais, os compradores podem perceber uma diferença baseada na *diferenciação por imagem* da marca ou da empresa. A imagem da marca ou da empresa deve comunicar o posicionamento e os benefícios diferenciados do produto. Desenvolver uma imagem forte e diferenciada requer criatividade e trabalho duro. Uma empresa não pode desenvolver uma imagem na mente do público do dia para a noite, utilizando algumas anúncios. Se o Ritz-Carlton significa qualidade, essa imagem deve ser apoiada por tudo o que a empresa diz e faz.

Os símbolos — como os arcos dourados do McDonald's, o logo colorido do Google, a logomarca da Nike e a "maçã mordida" da Apple — podem levar a um forte reconhecimento da marca ou da empresa, bem como à diferenciação por imagem. Uma empresa poderia construir uma marca tendo como base pessoas famosas, como a Nike fez com as roupas e os tênis para basquete inspirados em Michael Jordan, Kobe Bryant e LeBron James. As empresas podem até mesmo passar a ser associadas a cores, como a Coca-Cola (vermelho), a IBM (azul) e a UPS (marrom). Os símbolos, os personagens e outros elementos de imagem escolhidos devem ser transmitidos por meio de propagandas que comunicam a personalidade da marca ou da empresa.

Escolha das vantagens competitivas certas

Vamos supor que uma empresa seja sortuda o suficiente para descobrir uma série de diferenciações potenciais que proporcionem vantagens competitivas. Depois disso, ela deve escolher aquelas sobre as quais vai construir sua estratégia de posicionamento. A empresa deve decidir quantas e quais diferenças promover.

Quantas diferenças promover. Muitos profissionais de marketing acham que as empresas devem promover, de maneira agressiva, somente um benefício para o mercado-alvo. Por exemplo, Rosser Reeves, executivo da área de propaganda, disse que uma empresa deve desenvolver uma *proposição exclusiva de vendas* (*USP — Unique Selling Proposition*) para cada marca e permanecer fiel a ela. Toda marca deve selecionar um atributo e se promover como a "número um" nesse atributo. Os compradores tendem a se lembrar mais do número um, principalmente em uma sociedade com excesso de comunicação. Assim, o Walmart promove seus preços baixos imbatíveis, e o Burger King, a escolha pessoal — "A gente faz do seu jeito".

Outros profissionais de marketing acham que as empresas devem se posicionar sobre mais de um diferenciador. Isso pode ser necessário quando duas ou mais empresas afirmam ser a melhor no mesmo atributo. Hoje, com o mercado de massa fragmentando-se em muitos segmentos pequenos, as empresas e marcas tentam ampliar suas estratégias de posicionamento a fim de se dirigir para mais segmentos. Por exemplo, originalmente a Gatorade oferecia uma bebida para práticas esportivas posicionada como algo bom para hidratar. Hoje, a marca possui a linha G Series de bebidas que oferecem, no

▼ Posicionamento com base em múltiplas vantagens competitivas: A G Series, da Gatorade, "nutre seu corpo antes, durante e depois" do exercício.
Pepsi-Cola North America, Inc.

mínimo, três benefícios básicos. A G Series "nutre seu corpo antes, durante e depois da prática esportiva, do treinamento e da competição". O Gatorade Prime 01 é posicionado como um "suprimento pré-exercício", que oferece energia antes da atividade física. O Gatorade Perform 02 é para uso "no momento da atividade", *durante* o exercício. Por fim, o Gatorade Recover 03 é posicionado como uma bebida pós-exercício, que oferece proteínas para a recuperação *após* o exercício. Obviamente, muitos consumidores querem esses múltiplos benefícios. O desafio consiste em convencê-los de que uma marca pode fazer isso tudo.

Quais diferenças promover. Nem todas as diferenças de marca são significativas ou valorizadas, e todas elas têm potencial para gerar custos para a empresa, bem como benefícios para os clientes. Vale a pena destacar a diferença quando ela atende aos seguintes critérios:

- *Importância:* a diferença entrega um benefício altamente valorizado para os compradores-alvo.
- *Capacidade de distinção:* os concorrentes não oferecem a diferença ou a empresa pode oferecê-la de maneira diferenciada.
- *Superioridade:* a diferença é superior a outras formas pelas quais os clientes poderiam obter o mesmo benefício.
- *Capacidade de comunicação:* a diferença é comunicável e visível para os compradores.
- *Antecipação:* os concorrentes não podem copiar facilmente a diferença.
- *Acesso:* os compradores podem pagar pela diferença.
- *Lucratividade:* a empresa pode introduzir a diferença de maneira lucrativa.

Muitas empresas introduziram diferenciações que fracassaram em um ou mais desses critérios. O hotel Westin Stamford, de Cingapura, certa vez anunciou que era o mais alto do mundo — uma distinção que não era importante para muitos turistas e que, na verdade, afastou muitos deles. A Polarvision da Polaroid, que produzia vídeos caseiros instantaneamente, também fracassou. Embora a Polarvision tivesse capacidade de distinção e até mesmo antecipação, ela era inferior a uma outra maneira de capturar movimento: às câmeras de vídeo.

Assim, escolher vantagens competitivas sobre as quais posicionar um produto ou serviço pode ser uma tarefa difícil, mas essas escolhas podem ser fundamentais para o sucesso. A escolha dos diferenciais certos pode ajudar uma marca a se destacar dos concorrentes. Por exemplo, quando a Nissan lançou seu pequeno e original Cube, ela não posicionou o carro com base somente nos atributos compartilhados com os modelos concorrentes, como preço acessível e customização. Ela também o posicionou como um "dispositivo móvel", que tem tudo a ver com o estilo de vida digital de hoje.

Seleção de uma estratégia de posicionamento geral

O posicionamento completo de uma marca é chamado de **proposta de valor** da marca — o mix total de benefícios sobre os quais a marca é diferenciada e posicionada. Ele é a resposta para a seguinte pergunta do cliente: "Por que eu deveria comprar sua marca?" A proposta de valor "a melhor máquina de dirigir" da BMW tem como base o desempenho, mas também inclui luxo e benefício — tudo isso por um preço que é mais alto que a média, mas que parece justo para esse mix de benefícios.

A Figura 7.4 mostra possíveis proposições de valor sobre as quais uma empresa poderia posicionar seus produtos. Na figura, as cinco células mais escuras representam boas proposições de valor — diferenciação e posicionamento que dão à empresa uma vantagem competitiva. As células mais claras, entretanto, indicam proposições de valor ruins. E a célula

Proposta de valor
O posicionamento completo de uma marca — o mix total de benefícios sobre os quais ela é posicionada.

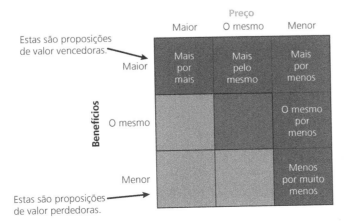

Figura 7.4 Possíveis proposições de valor.

no centro traz, na melhor das hipóteses, uma proposição marginal. A seguir, vamos discutir as cinco proposições de valor boas: mais por mais, mais pelo mesmo, o mesmo por menos, menos por muito menos e mais por menos.

Mais por mais. O posicionamento *mais por mais* implica oferecer um produto ou serviço superior a todos os outros e cobrar um preço mais alto para cobrir os custos também mais altos. Uma oferta ao mercado mais por mais, além de fornecer mais qualidade, oferece prestígio ao comprador. Ela simboliza status e um estilo de vida mais grandioso. Os hotéis Four Season, os relógios Rolex, os carros Mercedes e os eletrodomésticos SubZero garantem mais qualidade, arte, durabilidade, desempenho ou estilo e, portanto, cobram um preço mais alto. Quando lançou o iPhone, a Apple ofereceu mais atributos de alta qualidade do que um celular convencional a um preço maior, compatível com a oferta.

De maneira similar, os profissionais de marketing da Hearts On Fire, que comercializa diamantes, criaram um nicho mais por mais com "O corte de diamante mais perfeito do mundo". Os diamantes Hearts on Fire possuem um design exclusivo, com "corações e setas". Quando vistos ampliados de baixo, aparece um elo perfeito de oito corações; vistos de cima, surge uma espécie de explosão de luz perfeitamente formada. Os diamantes Hearts on Fire não são para qualquer um, diz a empresa. "Um Hearts On Fire é para aqueles que esperam mais e dão mais em troca." A marca cobra um preço premium de 15 a 20% mais alto do que o de concorrentes comparáveis.[29]

Embora a estratégia mais por mais possa ser lucrativa, ela pode também ser vulnerável. Geralmente, esse tipo de estratégia atrai imitadores que afirmam ter a mesma qualidade por um preço mais baixo. Por exemplo, hoje em dia a Starbucks, uma marca mais por mais, vê-se diante de concorrentes como o Dunkin' Donuts e o McDonald's, que oferecem café "gourmet". Além disso, produtos luxuosos que vendem bem durante períodos de estabilidade podem ser um risco em momentos de crise econômica, quando os compradores ficam cautelosos com relação aos gastos. Os recentes problemas na economia atingiram mais fortemente marcas premium, como a Starbucks.

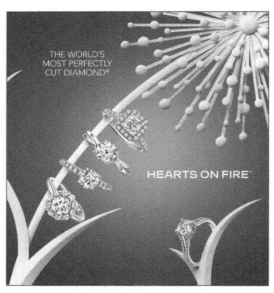

▲ Posicionamento mais por mais: a Hearts On Fire criou um nicho mais por mais com "O corte de diamante mais perfeito do mundo — para aqueles que esperam mais e dão mais em troca".

Usado com a permissão da Hearts On Fire Company, LLC.

Mais pelo mesmo. As empresas podem fazer frente ao posicionamento mais por mais de um concorrente lançando uma marca que ofereça qualidade comparável a um preço mais baixo. Por exemplo, a Toyota lançou sua linha Lexus com base em uma proposta de valor *mais pelo mesmo*, para competir com a Mercedes e a BMW. Sua primeira peça publicitária dizia: "Talvez esta seja a primeira vez na história em que trocar um carro de 72 mil dólares por um de 36 mil pode ser considerado um bom negócio". A Toyota comunicou a alta qualidade de seu novo Lexus usando críticas positivas publicadas em revistas especializadas e um vídeo amplamente distribuído no qual comparava o Lexus com os carros da Mercedes. Além disso, publicou pesquisas que mostravam que suas concessionárias ofereciam aos clientes uma experiência melhor em termos de vendas e serviços do que as concessionárias Mercedes. Muitos donos de Mercedes mudaram para o Lexus, cujo índice de recompra tem sido de 60% — duas vezes maior do que a média do setor.

O mesmo por menos. Oferecer *o mesmo por menos* pode ser uma poderosa proposta de valor — todo mundo gosta de um bom negócio. Lojas de desconto, como o Walmart, e dominadores de categoria (*category killers*), como a Best Buy, a PetSmart, a David's Bridal e a DSW Shoes, utilizam esse posicionamento. Elas não dizem que oferecem produtos diferentes ou melhores. Em vez disso, fornecem muitas marcas que podem ser encontradas em lojas de departamentos e especializadas, mas com um grande desconto baseado em seu maior poder de compra e em suas operações de custo mais baixo. Também existem empresas que desenvolvem marcas que imitam outras, mas são mais baratas, em um esforço para conquistar clientes do líder de mercado. Por exemplo, a Amazon.com oferece o tablet Kindle Fire, que vende por menos de 40% do preço do iPad da Apple e do Galaxy da Samsung.

Menos por muito menos. Quase sempre existe um mercado para produtos que oferecem menos e, consequentemente, custam menos. Poucas pessoas precisam, querem ou podem adquirir "o melhor" de tudo que compram. Em muitos casos, os consumidores, com prazer, optam por um desempenho que não é excelente ou abrem mão de alguns acessórios e caprichos em troca de um preço menor. Por exemplo, muitos turistas em busca de acomodação preferem não pagar pelo que consideram serviços desnecessários, como piscina, restaurante no hotel ou chocolates de menta sobre os travesseiros. Redes de hotéis como Ramada Limited, Holiday Inn Express e Motel 6 não oferecem algumas dessas comodidades e, por isso, cobram um preço mais baixo.

O posicionamento *menos por muito menos* implica atender às exigências de qualidade ou desempenho inferior dos consumidores a um preço muito mais baixo. Por exemplo, as lojas Family Dollar e Dollar General oferecem produtos mais acessíveis a preços muito baixos. O atacadista Costco oferece menos opções de mercadorias e níveis muito mais baixos de serviço; como resultado, ele cobra preços extremamente baixos.

MAIS POR MENOS. Naturalmente, a melhor proposta de valor seria oferecer *mais por menos*. Muitas empresas afirmam que fazem isso. E, no curto prazo, algumas podem mesmo atingir essas grandiosas posições. Por exemplo, quando começou, a Home Depot tinha a melhor variedade de produtos, o melhor serviço *e* os preços mais baixos, em comparação com as lojas de ferramentas locais e outras redes de produtos para casa e construção.

No entanto, no longo prazo, é muito difícil para as empresas sustentarem esse posicionamento do tipo "melhor dos mundos". Oferecer mais normalmente custa mais, o que dificulta cumprir a promessa do "por menos". As empresas que tentam oferecer ambas as coisas podem perder para concorrentes mais focados. Por exemplo, ao se deparar com a concorrência determinada das lojas Lowe's, a Home Depot precisa decidir se competirá principalmente com base em serviço superior ou em preços mais baixos.

Posto isso, toda marca deve adotar uma estratégia de posicionamento desenvolvida para atender às necessidades e aos desejos de seus mercados-alvo. O posicionamento *mais por mais* vai atingir um mercado-alvo, o *menos por muito menos* vai atingir outro e assim por diante. Portanto, em todo mercado há espaço para muitas empresas, cada uma delas ocupando com sucesso diferentes posições. O importante é que cada empresa desenvolva sua própria estratégia de posicionamento vitoriosa, uma estratégia que a torne especial para seus consumidores-alvo.

Desenvolvimento de uma declaração de posicionamento

O posicionamento da empresa e da marca precisa ser resumido em uma **declaração de posicionamento**, que deve ter a seguinte forma: para (segmento e necessidade que se quer atingir) nossa (marca) é (conceito) que (pontos de diferença).[30] Veja um exemplo que traz o popular aplicativo Evernote, que gerencia informações digitais: "Para pessoas multitarefas e ocupadas, que precisam de ajuda para se lembrar das coisas, o Evernote é o aplicativo de gestão de conteúdo digital que facilita o registro e a lembrança de momentos e ideias do seu dia a dia por meio do uso de seu computador, telefone, tablet e da Internet".

Observe que a declaração de posicionamento, primeiro, mostra a categoria do qual o produto faz parte (aplicativo de gestão de conteúdo digital) e somente depois assinala seu ponto de diferença em relação aos outros membros da categoria (facilita o registro e a lembrança de momentos e ideias). O Evernote ajuda você a se "lembrar das coisas", permitindo que faça anotações, tire fotos, crie listas do que fazer e grave lembretes. Ele também faz com que fique

Declaração de posicionamento
Declaração que resume o posicionamento da empresa ou da marca da seguinte forma: para (segmento e necessidade que se quer atingir) nossa (marca) é (conceito) que (pontos de diferença).

◀ Declaração de posicionamento: o Evernote é posicionado como um aplicativo de gestão de conteúdo digital que ajuda pessoas ocupadas não apenas a registrar momentos e ideias e lembrar deles depois, mas também a encontrar essas informações mais rapidamente.
Evernote Corporation

234 Parte 3 | Elaboração de uma estratégia e de um mix voltados para o cliente

mais fácil encontrar e acessar as informações por meio do uso de qualquer dispositivo, em qualquer lugar — em casa, no trabalho ou em trânsito.

Posicionar uma marca em uma categoria específica sugere similaridades que ela pode compartilhar com outros produtos nessa categoria. Nesse caso, a argumentação da superioridade da marca é feita com base em seus pontos de diferença. Por exemplo, a U.S Postal Service faz entregas, assim como a UPS e a FedEx. Contudo, ela diferencia seu serviço Priority Mail dos concorrentes oferecendo praticidade e preço baixo, bem como caixas e envelopes especiais. "Se cabe, nós enviamos", promete a empresa.

Comunicação e entrega da posição escolhida

Uma vez que a posição tenha sido escolhida, a empresa deve tomar fortes medidas para entregá-la e comunicá-la a seus consumidores-alvo. Todos os esforços de mix de marketing da empresa devem apoiar a estratégia de posicionamento.

O posicionamento da empresa exige ações concretas, e não apenas conversas. Se a organização decide posicionar-se com base em qualidade e serviços superiores, ela deve, antes de mais nada, *entregar* essa posição. O desenvolvimento do mix de marketing — produto, preço, praça e promoção — implica planejar os detalhes táticos da estratégia de posicionamento. Assim, uma empresa que adota uma posição "mais por mais" sabe que precisa fabricar produtos de alta qualidade, cobrar um preço alto, distribuir por meio de intermediários sofisticados e anunciar em veículos de comunicação de primeira linha. Ela precisa também contratar e treinar mais pessoas para a área de serviços, encontrar varejistas que tenham boa reputação em serviços e desenvolver mensagens publicitárias e de vendas que propaguem seus serviços superiores. Essa é a única maneira de construir uma posição mais por mais consistente e confiável.

Em geral, as empresas acham mais fácil elaborar uma boa estratégia de posicionamento do que implementá-la. Estabelecer ou mudar uma posição costuma levar muito tempo. Por outro lado, posições que demoraram anos para serem construídas podem ser perdidas rapidamente. Uma vez que tenha construído a posição desejada, a empresa deve cuidar para mantê-la, por meio de uma comunicação e um desempenho consistentes. Ela deve acompanhar de perto a posição e adaptá-la com o passar do tempo, ajustando-a às mudanças nas necessidades dos consumidores e às estratégias dos concorrentes. No entanto, a empresa deve evitar mudanças abruptas, que podem confundir os consumidores. Em vez disso, a posição do produto deve evoluir gradativamente, à medida que se adapta ao ambiente de marketing em constante mudança.

Revisão dos conceitos

Revisão dos **objetivos** e **termos-chave**

◯ Revisão dos objetivos

Neste capítulo, vimos os principais elementos de uma estratégia de marketing orientada para o cliente: segmentação, seleção dos mercados-alvo, diferenciação e posicionamento. Os profissionais de marketing sabem que não podem atingir todos os compradores em seus mercados — ou, pelo menos, não da mesma maneira. Por conta disso, hoje em dia, muitas empresas praticam o *marketing para mercados-alvo* — identificam segmentos de mercado, selecionam um ou mais desses segmentos e desenvolvem produtos e mixes de marketing sob medida para cada um deles.

Objetivo 1 ▶ **Definir as principais etapas da elaboração de uma estratégia de marketing orientada para o cliente (p. 208-209)**
A estratégia de marketing orientada para o cliente começa com a seleção dos clientes que serão servidos e a determinação da proposta de valor que melhor atende aos clientes-alvo.

Ela consiste em quatro etapas. A *segmentação de mercado* é o ato de dividir um mercado em segmentos distintos de compradores, com diferentes necessidades, características ou comportamentos que podem exigir produtos ou mixes de marketing separados. Uma vez que os segmentos tenham sido identificados, a *seleção do mercado-alvo* para o produto avalia a atratividade de cada segmento e seleciona um ou mais para atender. A *diferenciação* envolve diferenciar, de fato, a oferta ao mercado a fim de criar valor superior para o cliente. O *posicionamento* consiste em posicionar a oferta ao mercado na mente dos clientes-alvo. Uma estratégia de marketing orientada para o cliente busca construir o *relacionamento certo* com os *clientes certos*.

Capítulo 7 | Estratégia de marketing orientada para o cliente 235

Objetivo 2 ▶ Relacionar e discutir as principais bases para a segmentação dos mercados consumidor e organizacional (p. 209-218)

Não existe uma única maneira de segmentar um mercado. Por essa razão, os profissionais de marketing testam diferentes variáveis para verificar quais oferecem as melhores oportunidades de segmentação. No marketing voltado para o consumidor, as principais variáveis de segmentação são: geográficas, demográficas, psicográficas e comportamentais. Na *segmentação geográfica*, o mercado é dividido em diferentes unidades geográficas, como países, regiões, estados, cidades ou até mesmo bairros. Na *segmentação demográfica*, o mercado é dividido em grupos com base em variáveis demográficas, como idade, estágio no ciclo de vida, gênero, renda, ocupação, grau de instrução, religião, etnia e geração. Na *segmentação psicográfica*, o mercado é dividido em diferentes grupos com base na classe social, no estilo de vida e em traços da personalidade. Na *segmentação comportamental*, o mercado é dividido em grupos com base no conhecimento, nas atitudes e na reação dos consumidores em relação a um produto, bem como no uso que fazem dele.

Os profissionais de marketing organizacional usam muitas dessas variáveis para segmentar seus mercados. No entanto, os mercados organizacionais também podem ser segmentados pela *demografia* (setor, tamanho da empresa), pelas *características da operação*, pelas *abordagens de compra*, pelos *fatores situacionais* e pelas *características individuais*. A efetividade da análise de segmentação depende da descoberta de segmentos que sejam *mensuráveis*, *acessíveis*, *substanciais*, *diferenciáveis* e *acionáveis*.

Objetivo 3 ▶ Explicar como as empresas identificam segmentos de mercado atrativos e escolhem uma estratégia de cobertura de mercado (p. 219-227)

Para encontrar os melhores segmentos de mercado, a empresa, primeiro, avalia as características de crescimento e o tamanho de cada segmento, bem como a atratividade estrutural e a compatibilidade deles com seus objetivos e recursos. Em seguida, ela escolhe uma das quatro estratégias de cobertura de mercado — que variam de cobertura muito ampla a muito limi-

tada. A empresa pode ignorar diferenças no segmento e optar por uma cobertura ampla utilizando o *marketing indiferenciado* (ou *de massa*). Isso envolve produzir, distribuir e promover em massa, de certa forma, o mesmo produto mais ou menos da mesma maneira para todos os consumidores. A empresa também pode adotar o *marketing diferenciado*, desenvolvendo diferentes ofertas ao mercado para diversos segmentos. O *marketing concentrado* (ou *de nicho*) implica se concentrar em somente um ou em alguns poucos segmentos do mercado. Para completar, o *micromarketing* é a prática de desenvolver produtos e programas de marketing sob medida para atender aos gostos de pessoas e locais específicos. O micromarketing inclui o *marketing local* e o *marketing individual*. A escolha da melhor estratégia depende dos recursos da empresa, da variabilidade do produto, do estágio no ciclo de vida do produto, das flutuações do mercado e das estratégias de marketing dos concorrentes.

Objetivo 4 ▶ Discutir como as empresas diferenciam e posicionam seus produtos para maximizar a vantagem competitiva (p. 227-234)

Uma vez que a empresa tenha decidido em quais segmentos atuar, ela deve determinar sua *estratégia de diferenciação e posicionamento*. A tarefa de diferenciar e posicionar consiste em três etapas: (1) identificação de um conjunto de possíveis diferenciações que criem vantagem competitiva, (2) escolha das vantagens sobre as quais construir uma posição e (3) seleção de uma estratégia de posicionamento geral. O posicionamento completo de uma marca é chamado de *proposta de valor* — o mix total de benefícios sobre o qual a marca é posicionada. Em geral, as empresas podem escolher uma das cinco boas proposições de valor para posicionar seus produtos: mais por mais, mais pelo mesmo, o mesmo por menos, menos por muito menos ou mais por menos. O posicionamento da empresa e da marca é resumido em uma declaração de posicionamento, que comunica o segmento e a necessidade nos quais a empresa se concentra, o conceito do posicionamento e os pontos de diferença específicos. A empresa deve, então, comunicar e entregar a posição escolhida para o mercado.

◯ Termos-chave

Objetivo 1

Diferenciação (p. 208)
Posicionamento (p. 208)
Segmentação de mercado (p. 208)
Seleção do mercado-alvo (p. 208)

Objetivo 2

Segmentação comportamental (p. 214)
Segmentação demográfica (p. 210)
Segmentação geográfica (p. 209)

Segmentação intermercados (de mercado cruzado) (p. 218)
Segmentação por benefício (p. 214)
Segmentação por idade e ciclo de vida (p. 210)
Segmentação por ocasião (p. 214)
Segmentação por renda (p. 211)
Segmentação por gênero (p. 211)
Segmentação psicográfica (p. 212)

Objetivo 3

Marketing concentrado (de nicho) (p. 221)

Marketing diferenciado (segmentado) (p. 220)
Marketing indiferenciado (de massa) (p. 220)
Marketing individual (p. 224)
Marketing local (p. 222)
Mercado-alvo (p. 219)
Micromarketing (p. 222)

Objetivo 4

Declaração de posicionamento (p. 233)
Posicionamento do produto (p. 227)
Proposta de valor (p. 231)
Vantagem competitiva (p. 229)

Discussão e **pensamento crítico**

○ Questões para discussão

1. De que maneira a segmentação de mercado se diferencia da cobertura de mercado?
2. Relacione e descreva os quatro principais conjuntos de variáveis que podem ser usados na segmentação de mercados consumidores. Quais variáveis de segmentação a Starbucks utiliza?
3. Relacione e descreva os níveis de cobertura de mercado. Para cada nível de cobertura, dê um exemplo de uma empresa que o utiliza.
4. Como as empresas segmentam mercados internacionais? Explique.
5. Como uma empresa diferencia seus produtos dos produtos concorrentes? Explique.
6. No marketing, o que significa "posição" de um produto? Como as empresas sabem que posição é essa?

○ Atividades de pensamento crítico

1. Os anunciantes utilizam a segmentação de mercado para promover produtos aos consumidores. Para cada importante variável de segmentação do consumidor, encontre um anúncio impresso que seja ou tenha as mesmas características que ela. Em seguida, identifique o mercado-alvo de cada anúncio e explique por que, em sua opinião, o anunciante usou a variável de segmentação que você identificou.
2. Quando a Nissan lançou a picape Titan e a Toyota lançou o Tundra nos Estados Unidos, ambas achavam que venderiam cerca de 200 mil veículos por ano e planejaram sua capacidade para centenas de milhares de unidades a mais, dado o imenso potencial de mercado do país — afinal, as "três grandes" fabricantes norte-americanas (Ford, GM e Chrysler) vendiam, em média, quase 2 milhões de picapes por ano. Mas as duas marcas japonesas não alcançaram sua meta de vendas, ficando distante dela por uma ampla margem. Reúnam-se em pequenos grupos e discutam as possíveis razões para as baixas vendas do Titan e do Tundra no mercado norte-americano.
3. Reúnam-se em pequenos grupos e criem uma ideia para uma nova empresa. Utilizando as etapas descritas neste capítulo, desenvolvam uma estratégia de marketing orientada para o cliente. Em seguida, descrevam a estratégia e concluam com uma declaração de posicionamento para a empresa.

Aplicações **e casos**

○ Foco na tecnologia   Óculos do Google

Os consumidores gostam de ter o poder de busca do Google na ponta de seus dedos, mas, se tudo sair como planejado, eles terão esse poder bem diante dos olhos, sem que seja necessário o uso dos dedos. A "realidade aumentada" — a capacidade de projetar as informações diante de nossos olhos — está agora sendo utilizada em comerciais e em operações militares. Por exemplo, a Força Aérea norte-americana utiliza a realidade aumentada para exibir informações sobre armas a partir do capacete dos pilotos de caça. Contudo, ela ainda não decolou no mercado consumidor. Isso porque os acessórios necessários, que ficam presos à cabeça, não são nada confortáveis e atrativos, além de serem caros. Mas o Google está de olho no futuro e já começou a vender seu dispositivo Google Glass para os consumidores. Os óculos, muito bem projetados, possuem uma única lente sobre o olho direito da pessoa que exibe informações digitais, as quais podem ser controladas por voz e gesto. A conexão do dispositivo a um smartphone abre um mundo de possibilidades. Hoje, o único produto que se aproxima do Google Glass no mercado consumidor é o GPS, que praticantes de esqui e snowboard colocam em seus óculos de proteção para obter informações sobre sua velocidade.

1. Com base nas variáveis de segmentação descritas neste capítulo, responda: como você venderia o dispositivo Google Glass para os consumidores em um comercial de 30 segundos?

○ Foco na ética   Consumidores jovens na mira

Analisando as novas linhas de roupas infantis de marcas famosas, como Fendi, Versace e Gucci, você jamais saberia que os consumidores andam mais conscienciosos em relação aos gastos. A alta costura para crianças não é algo novo, mas os

Capítulo 7 | Estratégia de marketing orientada para o cliente **237**

estilistas têm elevado para novos patamares e indo além das roupas para ocasiões especiais, focando também no dia a dia. Antigamente, algumas das menininhas que desfilavam nas passarelas carregavam uma boneca com roupas combinando com a sua. Hoje, muitas das roupas para os pequenos são feitas para combinar com as da mamãe e do papai. Jennifer Lopez e seus filhotes ajudaram a Gucci a lançar uma linha para bebês e crianças entre dois e oito anos. Para uma roupa infantil completa da Gucci — com camiseta, calça jeans justa, cinto que traz o logo da empresa com os dois Gs, capa de chuva

e botas — a mamãe e o papai precisam desembolsar cerca de mil dólares. Na Burberry, um sobretudo com abotoamento duplo para bebê sai por 335 dólares — uma ninharia, comparado com o sobretudo da mamãe, que combina com o do bebê e custa 1.195 dólares. O CEO da marca Young Versace prevê crescimento para esse mercado e acredita que, em poucos anos, sua marca vai ser responsável por 10% das vendas mundiais da empresa.

1. Nesse exemplo, quais variáveis de segmentação os profissionais de marketing estão utilizando?

◯ Foco nos números   A Kaplan University recruta veteranos

Universidades particulares, como a Kaplan University, a DeVry University e a Universidade de Phoenix, buscam ativamente militares veteranos. De fato, a Universidade de Phoenix tem mais veteranos matriculados do que qualquer outra instituição de ensino superior. Essas universidades dependem muito dos estudantes que recebem auxílio financeiro do governo federal, e a lei limita em 90% a proporção da receita das universidades particulares que pode ser derivada de auxílio federal. Contudo, a matrícula de veteranos as ajuda a driblar esse limite, uma vez que a lei não considera os benefícios dos veteranos auxílio governamental. Com os gastos federais com a educação dos veteranos aumentando — eles mais do que dobraram nos últimos anos, atingindo quase 10 milhões de dólares entre 2009 e

2010 —, esse mercado está ainda mais atrativo. A Kaplan University é uma das instituições de ensino mais agressivas, com uma equipe de 300 representantes focados, exclusivamente, no recrutamento de militares veteranos. Isso fez com que o número de matrículas de veteranos na universidade aumentasse quase 30% em apenas um ano.

1. Quais fatores foram usados para avaliar a utilidade do segmento de militares veteranos? Justifique sua resposta.
2. Utilizando o método da proporção em cadeia descrito no Apêndice 2, "Marketing por meio dos números", estime o potencial de mercado para a educação superior no segmento de veteranos. Certifique-se de deixar clara qualquer suposição.

◯ Vídeo empresarial   Boston Harbor Cruises

Desde 1926, a Boston Harbor Cruises oferece aos clientes experiências memoráveis em barcos que navegam pelo mar em Boston e região. Mas, hoje em dia, o termo "cruzeiro" tem diferentes significados para a empresa familiar, que está sob o comando da quarta geração. Para prosperar em períodos econômicos bons e ruins, a Boston Harbor Cruises vem, progressivamente, voltando-se para diversos tipos de clientes com diferentes barcos e serviços. Excursões pelo Porto de Boston, tours para observar baleias, um serviço de balsa rápida para Cape Cod, cruzeiros para casamentos e passeios emocionantes em alta velocidade estão entre as opções que a Boston Harbor Cruise oferece. Ele oferece, inclusive, serviços de transporte e apoio a construções no mar. Atender a essa base diversifica de clientes se tornou

um desafio ainda maior, uma vez que a empresa também segmentou o mercado em clientes locais, turistas domésticos e turistas internacionais.

Após assistir ao vídeo que apresenta a Boston Harbor Cruise, responda às seguintes perguntas:

1. Em quais variáveis a Boston Harbor Cruises tem se concentrado mais para segmentar seus mercados?
2. Qual estratégia de cobertura de mercado melhor descreve os esforços da Boston Harbor Cruises? Justifique sua resposta.
3. De que maneira a Boston Harbor Cruises utiliza os conceitos de diferenciação e posicionamento para construir relacionamento com os clientes certos?

◯ Caso empresarial   Darden Restaurants: equilíbrio entre padronização e diferenciação

Talvez você nunca tenha ouvido falar da Darden Restaurants, mas provavelmente já comeu uma das mais de 400 milhões de refeições que a empresa serve todos os dias, em seus mais de 2 mil restaurantes. Os restaurantes da Darden incluem marcas de nicho, como The Capital Grille, Bahama Breeze e Seasons 52. Mas você provavelmente está mais familiarizado com o Olive Garden, o Red Lobster ou o LongHorn Steakhouse. Juntas, essas redes contabilizam 8 bilhões de dólares anuais em receita, o que faz da Darden Restaurants a maior operação de restaurantes com serviço completo do mundo. Mas a Darden não é apenas grande, ela é também pioneira naquilo que hoje é conhecido como "refeição casual" — uma categoria que se

tornou tão popular que, atualmente, é responsável por 39% de todas as refeições servidas em restaurantes que têm lugar para se sentar.

A Darden se tornou uma força dominante no setor graças a uma estratégia de padronização e colaboração. Seguindo o manual do Walmart, a Darden utiliza tecnologia de ponta em suas diversas marcas, a fim de tornar o negócio de restaurantes, famoso por ser imprevisível, mais eficiente. Em sua moderna matriz de 100 milhões de dólares em Orlando, na Flórida, os executivos e a equipe de apoio de todas as marcas da Darden trabalham debaixo do mesmo teto. As cozinhas de cada marca em que são feitos testes funcionam lado a lado. A Darden não só incentiva os funcionários de todas as redes a compartilhar informações e melhores práticas, como também espera isso deles.

No nível operacional, todo restaurante da Darden é uma fábrica de produção *just-in-time*, utilizando métodos padronizados de preparação e atendimento. Isso permite aos restaurantes preparar uma ampla gama de produtos em minutos — produtos esses que são escolhidos, consumidos e julgados pelos clientes, que aparecem sem ser anunciados. Um programa de processamento de pedidos chamado "Acelerando a refeição" ajuda os garçons a circular pelas mesas com mais rapidez. Isso tem gerado não apenas receitas maiores, mas também índices de satisfação do cliente mais altos em várias redes. O software de previsão de vendas da Darden é o melhor do setor. Todo restaurante, independentemente da marca, pode puxar uma previsão a qualquer hora de qualquer dia, e essa previsão varia de um 1 a 4% do movimento real. Isso permitiu à Darden reduzir as horas extras em 40% e diminuir os custos de comida em excesso em 10%.

Além dessas práticas padronizadas, as redes da Darden também compartilham uma rede de fornecimento de peixes e frutos do mar, lidando diretamente com produtores em dezenas de países. Esse sistema, implementado por Bill Darde, fundador da empresa, dá à Darden uma vantagem no que diz respeito a estabelecimento de preço e garantia de fornecimento. A Darden Restaurants também se beneficia de iniciativas corporativas que protegem e melhoram os ecossistemas marinhos. Não se trata apenas de um esforço para salvar o planeta: as redes da empresa teriam problemas se não houvesse um fluxo regular de peixes e frutos do mar acessíveis.

Assim, práticas padronizadas desempenharam um importante papel na ascensão da Darden para o domínio. Mas, talvez, o maior segredo da Darden não resida em sua capacidade de padronizar suas operações, mas em sua habilidade de fazer com que operações fundamentalmente parecidas se diferenciem uma das outras. Durante décadas a Darden segmentou e selecionou os clientes de restaurantes. De maneira muito parecida com a P&G, as marcas da Darden são tão bem diferenciadas e posicionadas — e seu nome corporativo é tão discreto — que a esmagadora maioria dos clientes não tem ideia de que as redes são do mesmo dono. De acordo com Clarence Otis, CEO da empresa, isso acontece porque a Darden não dá espaço para o acaso. "Você escuta pessoas no setor de restaurantes dizerem: 'Eu tenho *feeling* para os negócios'." Mas Otis não é uma dessas pessoas. Em vez disso, assim como seu predecessor, Otis comanda as marcas da Darden utilizando análises e inteligência de marketing. "A direção de nossos negócios é baseada no entendimento dos clientes." Esse entendimento contribui para o posicionamento distinto das principais redes da empresa.

OLIVE GARDEN: "QUANDO VOCÊ ESTÁ AQUI, ESTÁ EM FAMÍLIA"

Com suas grandes porções de macarrão e seus pãezinhos que podem ser comidos à vontade, o Olive Garden é responsável por aproximadamente metade das receitas da Darden. Ele abriu no início da década de 1980, como um restaurante italiano acessível — uma escolha segura, mas nada muito excepcional. Na década de 1990, ele tinha centenas de restaurantes, um cardápio ultrapassado e vendas em declínio. Mas não demorou muito para a Darden transformar o Olive Garden em um excelente conceito. De acordo com Drew Madsen, diretor de operações da maior rede de restaurante italiano dos

Estados Unidos, o grande insight veio com pesquisas do Olive Garden, que indicavam que as pessoas vão a um restaurante em busca de alimento físico, mas também emocional. De fato, o alimento emocional é mais importante: ele se mantêm com as pessoas muito tempo depois de elas terem ido embora.

Hoje, o Olive Garden constrói sua estratégia em torno do conceito do estereótipo da família italiana. Sem dúvida, você já viu algum dos comerciais "Quando você está aqui, está em família" do Olive Garden, que mostra membros de uma família italiana fazendo uma refeição juntos. Os restaurantes Olive Garden são projetados para parecer uma casa de fazenda italiana, com uma ampla mesa estilo família. E o cardápio tem sido preparado por meio de uma parceria com italianos de verdade no Olive Garden's Culinary Institute of Tuscany, na Itália. É lá que os chefs da empresa e dos restaurantes aprendem autênticas receitas e técnicas de culinária italianas.

Tudo isso levou a uma genuína experiência com a comida italiana — algo raro para uma grande rede. Os mais fervorosos apreciadores da culinária poderiam achar engraçado se alguém dissesse que o Olive Garden é um restaurante italiano autêntico. Mas a rede popularizou a costela ao vinho Chianti, o champignon e o risoto. Um década atrás, a maioria dos norte-americanos médios nunca nem tinha ouvido falar dessas coisas. E, quando comparado ao antigo Olive Garden, que tinha em seu cardápio produtos como nachos italianos, o atual cardápio demonstra o foco aprimorado e autêntico do Olive Garden de hoje.

RED LOBSTER: "O SABOR DO MAR GRELHADO"

A segunda maior marca do portfólio da Darden é também a mais antiga. Bill Darden abriu seu primeiro Red Lobster em Lakeland, na Flórida, em 1968, depois de 30 anos no ramo de restaurantes. Ele viu uma lacuna no mercado entre o conceito de fast-food, ainda recente, e os restaurantes sofisticados. Seu novo restaurante, que servia peixes e frutos do mar, preenchia esse nicho. E, além de Bill Darden ter sido bem-sucedido como dono de restaurantes, o Red Lobster foi um conceito inovador que se expandiu em nível regional e, depois, nacional. De fato, costuma-se dizer que foi a empresa que apresentou ao norte-americano médio as maravilhas do camarão frito.

Contudo, após mais de 35 anos de expansão e crescimento, as vendas do Red Lobster começaram a escorregar. Em 2004, as vendas nas lojas da rede registradas trimestralmente caíram pela primeira vez em cinco anos. A Darden tinha desviado os olhos do mercado de peixe, apegando-se à maneira como sempre tinha feito as coisas, mesmo quando as tendências do consumidor mudaram. Nessa altura, pesquisas da Darden indicavam que os consumidores viam o Red Lobster como um barraco fora de moda que vendia peixe frito.

Para mudar as coisas, mesmo correndo o risco de se distanciar de seus principais clientes, a administração fez mudanças substanciais, maiores, inclusive, do que as feitas no Olive Garden. No centro dessa mudança estava um novo conceito chamado "saúde furtiva". A rede desenvolveu um novo cardápio que tinha como base grelhados feitos no fogo, o que exigiu grandes investimentos em equipamento e treinamento. Os fãs do clássico Red Lobster não tiveram que se preocupar muito — eles ainda podem comprar vieiras fritas e petiscos de camarão. Mas os itens grelhados constituem agora um terço das ofertas. O novo slogan do Red Lobster diz: "O sabor do mar grelhado". E cada restaurante oferece no cardápio duas vezes ao dia um novo tipo de peixe fresco. Aliadas a um grande plano de remodelação, as mudanças estratégicas vão custar mais de 350 milhões de dólares. Mas, como um indicativo de que sua nova estratégia voltada para a saúde não é apenas conversa, o Red Lobster foi eleito pela revista *Men's Health* como "a melhor rede com lugares para se sentar dos Estados Unidos".

LONGHORN STEAKHOUSE: "O SABOR DO OESTE"

Com cerca de 1 bilhão de dólares em receitas anuais, o LongHorn Steakhouse é a terceira maior rede da Darden e a marca mais nova — ela foi adquirida como parte de uma compra feita em 2007. A rede ainda está se adequando ao "jeito Darden". Mas Otis e Dave George, presidente da LongHorn Steakhouse, acreditam que ela representa o conceito com maior potencial. Eles esperam que as vendas dobrem em um futuro não muito distante. O ramo de casas especializadas em carne é o segundo maior do setor de refeição casual. O LongHorn Steakhouse já possui mais de 350 restaurantes, o que o torna perfeito para desafiar o líder do mercado, o Outback Steakhouse. Além disso, até bem pouco tempo, todos os restaurantes do LongHorn ficavam no lado leste dos Estados Unidos, o que abre muitas portas para a expansão no lado oeste.

A Darden incutiu no LongHorn Steakhouse a mesma autenticidade e hospitalidade que suas outras marcas oferecem tão bem. Autoproclamando-se "O sabor do oeste", ela recebe os "clientes em uma atmosfera aconchegante e relaxante, que remete às casas de rancho do oeste, onde atendentes gentis e atenciosos os ajudam a se distrair e saborear o melhor das casas especializadas em carne". A Darden adicionou um toque de classe ao antigo LongHorn Steakhouse. Ele só serve carnes, frangos e peixes frescos, e o cardápio tem sido revisto para agregar variações aos pratos comuns em um restaurante desse tipo, como bife empanado com queijo Fontina e cogumelos. Os hambúrgueres deixaram de ter molhos estranhos. E as mudanças nos salões incluem a substituição de cabeças de veado velhas e bolorentas por esculturas de caubóis feitas por Frederic Remington. Como resultado, o tráfego de clientes no LongHorn está com tudo — ele é muito maior do que o do Oliver Garden e o do Red Lobster.

O ALCANCE DO EQUILÍBRIO PERFEITO

Apesar de o desempenho das três maiores redes da Darden ser historicamente muito bom, assim como a maioria dos restaurantes hoje, eles se veem diante de novos desafios. O ambiente econômico dos últimos anos fez com os clientes diminuíssem o orçamento para comer fora. Isso só joga mais lenha na fogueira, uma vez que os restaurantes que dispõem de lugares para se sentar estão em declínio há cerca de 18 anos. Hoje, o norte-americano médio come 16% menos nesse tipo de restaurante. Ao mesmo tempo, o número de locais que servem refeição casual aumentou duas vezes mais rápido do que a população dos Estados Unidos. E, embora o setor de restaurantes como um todo esteja apresentando sinais de recuperação, o crescimento projetado é bem mais modesto do que o rápido crescimento da década de 1990.

Tudo isso indica que o crescimento futuro da Darden terá que vir, principalmente, da conquista de participação de mercado dos concorrentes — uma tendência que favorece a Darden. Desde 2009, durante o difícil período econômico, mais de 7 mil restaurantes independentes fecharam, enquanto as redes agregaram mais de 4.500 novos restaurantes. Trata-se de um bom presságio para a maior empresa do setor. Além disso, durante a Grande Recessão, a Darden superou seus adversários no setor. Mas ela permanece em um momento econômico complicado, uma vez que os consumidores continuam se mostrando mais conscienciosos quando se trata de coisas como comer fora. No último ano, as receitas gerais da Darden aumentaram 6,6%. Entretanto, as vendas na mesma loja do Olive Garden e do Red Lobster caíram alguns pontos percentuais. Recentemente, a Darden anunciou a meta de, em cinco anos, aumentar sua receita em mais de 50% — uma taxa de crescimento consideravelmente mais alta do que seus cinco anos anteriores.

Não vai ser fácil alcançar essa meta. Será necessário um forte desempenho de todas as suas marcas, principalmente da maior delas: o Olive Garden. A lacuna entre as vendas da Darden e as de seus concorrentes está estreitando, o que indica que há outras grandes redes no páreo. A Darden também tem que enfrentar custos de energia e alimentos em crescimento — uma questão que terá de ser equilibrada, cuidadosamente, com aumentos nos preços, de modo a não afugentar os clientes.

Ainda assim, a Darden Restaurants possui uma vantagem competitiva baseada na escala, na padronização das operações das marcas e na expertise em segmentação e seleção de mercado. A Darden está constantemente ajustando sua fórmula para conseguir a melhor mistura de independência e colaboração entre suas marcas. As diferentes redes da Darden podem usar as mesmas tecnologias para acelerar o preparo dos alimentos e prever o tráfego na hora do jantar; elas podem até servir o salmão do mesmo produtor norueguês. Mas Madsen, o diretor de operações, sabe que cada marca tem que manter seu posicionamento distinto. "Isso tem a ver com equilíbrio. Não tem arte e ciência nisso." Para a Darden, isso significa que, mesmo com a colaboração entre suas marcas, ninguém vai confundir os pãezinhos do Olive Garden com os biscoitos de queijo do Red Lobster.

QUESTÕES PARA DISCUSSÃO

1. Utilizando o amplo espectro das variáveis de segmentação, responda: como a Darden segmenta e seleciona o mercado de restaurantes que dispõem de lugares para se sentar?
2. A Darden tem diferenciado e posicionado suas marcas de maneira eficaz? Explique.
3. Os esforços da Darden para padronizar as operações das marcas têm contribuído para seu sucesso. De que maneira essa prática poderia dar errado?
4. Tendo em vista as condições atuais, a Darden Restaurants continuará a dominar o mercado? Justifique sua resposta.
5. Que recomendações você faria para ajudar no crescimento futuro da Darden?

Fontes: Bob Krummert, "Darden wants even more market share from you", *Restaurant Hospitality*, 5 mar. 2012, <http://restauranthospitality.com/trends/darden-wants-even-more-market-share-you>; Annie Gasparro e Victoria Stilwell, "Darden posts higher earnings despite soft sales", *Wall Street Journal*, 22 jun. 2012, <http://professional.wsj.com/article/SB10001424052702304765304577482322438896212.html?mg[equals]reno64-wsj>; Chuck Salter, "Why America is addicted to Olive Garden", *Fast Company*, 1 jul. 2009, p. 102; citações e outras informações extraídas de <www.darden.com>. Acesso em: nov. 2012.

240 **Parte 3** | Elaboração de uma estratégia e de um mix voltados para o cliente

NOTAS

1. Citações e outras informações extraídas de Leslie Patton, "Starbucks turns to happy hour to bring in more traffic", *Bloomberg Businessweek*, 1 fev. 2012, <www.businessweek.com/news/2012-02-01/starbucks-turns-to-happy-hour-to-bring-in--more-traffic-retail.html>; Janet Adamy, "Battle brewing: Dunkin' Donuts tries to go upscale, but not too far", *Wall Street Journal*, 8 abr. 2006, p. A1; "Dunkin' Donuts launches new advertising campaign to celebrate the passion of real fans: 'I'm drinkin' Dunkin'!'", *Entertainment Business Newsweekly*, 23 jan. 2011, p. 33; Leslie Patton e Lee Spears, "Dunkin' jumps 47% in first day after $422.8 million IPO", *Business Week*, 27 jul. 2011, <www.businessweek.com/news/2011-07-27/dunkin-jumps-47-in-first--day-after-422-8-million-ipo.html>; "Dunkin' Donuts is number one in coffee customer loyalty for sixth straight year", 7 fev. 2012, <news.dunkindonuts.com>; <www.starbucks.com>, <www.dunkindonuts.com> e <www.dunkinbrands.com>. Acesso em: nov. 2012.

2. Veja "Domino's Pizza continues bringing mobile ordering to the masses with new Android app and free smartphone offer", *Sacramento Bee*, 27 fev. 2012.

3. Veja Cotton Timberlake, "With stores nationwide, Macy's goes local", *Bloomberg BusinessWeek*, 4-10 out. 2010, p. 21-22; Robert Klara, "For the new Macy's, all marketing is local", *Adweek*, 7 jun. 2010, p. 25-26; "Remarks by Terry J. Lundgren, chairman, president, and chief executive officer", <www.macysinc.com/investors/annualmeeting/>. Acesso em: 20 maio 2011. Para outros exemplos de locais, veja Philip Kotler e Kevin Lane Keller, *Marketing management*, 14ed. Upper Saddle River: Prentice Hall, 2012, p. 234-235.

4. "Kia Motors America; Kia Motors America's music-loving hamsters shuffle to LMFAO's smash hit 'Party rock anthem' in new advertising campaign for funky Soul urban passenger vehicle", *Energy Weekly News*, 9 set. 2011, p. 67; David Kiefaber, "Millennials are clueless narcissists in Toyota's empty nester ads", *Adweek*, 7 jul. 2011, <www.adweek.com/adfreak/millennials-are--cluelessnarcissists-toyotas-empty-nester-ads-133217>; <www.youtube.com/watch?v54zJWA3Vo6TU>. Acesso em: nov. 2012.

5. Joel Stein, "The men's 'skin care' product boom", *Time*, 30 out. 2010, <www.time.com/time/magazine/article/0,9171,2025576,00.html>; Joyce V. Harrison, "Men invade female turf of cosmetics", *Yahoo!*, 2 nov. 2010, <www.associatedcontent.com/article/5922774/men_invade_female_turf_of_cosmetics_pg2.html?cat[equals]69>; Ryan Doran, "Skin is in", *Fairfield County Business Journal*, 10 out, 2011, p. 1; <www.menaji.com>. Acesso em: nov. 2012.

6. Noreen O'Leary, "Talk to her", *Adweek*, 27 fev. 2012, <www.adweek.com/news/advertising-branding/talk-her-138529>; Andrew Adam Newman, "Axe adds fragrance for women to its lineup", *New York Times*, 8 jan. 2012; <www.harley-davidson.com/wcm/Content/Pages/women_riders/landing.jsp>. Acesso em: ago. 2012.

7. Exemplo retirado de Richard Baker, "Retail trends — luxury marketing: the end of a mega-trend", *Retail*, jun./jul. 2009, p. 8-12.

8. Veja <www.vfc.com/brands>. Acesso em: out. 2012.

9. Veja Philip Kotler e Kevin Lane Keller, *Marketing management*, 14ed. Upper Saddle River: Prentice Hall, 2012, p. 98; descrições dos produtos Venus extraídas de <www.gillettevenus.com/en_US/ products/index.jsp>. Acesso em: nov. 2012.

10. Veja Carolyn Chapin, "Seafood nets loyal consumers", *Refrigerated & Frozen Foods*, jun. 2009, p. 42; "Tracking consumer attitudes toward seafood safety resulting from the gulf of oil spill", dez. 2010, <http://louisianaseafood.com/pdf/LSPMBSeafoodPhaseI-FinalVersion.pdf>.

11. Trechos adaptados de Alan T. Saracevic, "Author plumbs bottomless depth of Mac worship", 12 dez. 2004. Disponível em: <www.sfgate.com>.

12. Veja esse e outros exemplos em Andreas B. Eisenerich et al, "Behold the extreme consumers...", *Harvard Business Review*, abr. 2010, p. 30-31.

13. Para mais informações sobre o sistema de segmentação de estilo de vida PRIZM, veja <www.MyBestSegments.com>. Acesso em: ago. 2012.

14. Veja <www.starbucksfs.com> e <http://starbucksocs.com/>. Acesso em: nov. 2012.

15. "Coca-Cola launches global music effort to connect with teens", *Advertising Age*, 3 mar. 2011, <http://adage.com/print/149204>; "Coca-Cola's London 2012 game plan: woo teens through music, parents through sustainability", *Brand-Channel*, 29 set. 2011, <http://brandchannel.com/home/post/2011/09/29/Coca-Cola-London-2012-Move-to-the-Beat.aspx>; "Coca-Cola launches global ads for London 2012 Olympic Games starring Mark Ronson", *Business Wire*, 15 fev. 2012.

16. Veja Michael Porter, *Competitive advantage*. Nova York: Free Press, 1985, p. 4-8, 234-236. Para discussões mais recentes, veja Kenneth Sawka e Bill Fiora, "The four analytical techniques every analyst must know: 2. Porter's five forces analysis", *Competitive Intelligence Magazine*, maio/jun. 2003, p. 57; Philip Kotler e Kevin Lane Keller, *Marketing management*, 14ed. Upper Saddle River: Prentice Hall, 2012, p. 232.

17. Exemplo adaptado de Philip Kotler e Kevin Lane Keller, *Marketing management*, 14. ed, p. 235. Veja também Brad van Auken, "Leveraging the brand: Hallmark case study", 11 jan. 2008, <www.brandstrategyinsider.com>; "Hallmark breaks out of special-occasion mold", *Advertising Age*, 6 jul. 2011, <www.adage.com/print/228558>; <www.hallmark.com>. Acesso em: set. 2012.

18. Informações sobre as lojas encontradas em <www.walmartstores.com>, <www.wholefoodsmarket.com> e <www.kroger.com>. Acesso em: set. 2012.

19. "America's fastest-growing retailer", *Inc.*, 1 set. 2010; David Moin, "Modcloth's M.O.", *Women's Wear Daily*, 15 jun. 2011; Jordan Speer, "Get feedback. It closes the loop", *Apparel*, nov. 2011, p. 2; <www.modcloth.com>. Acesso em: ago. 2012.

20. Stephanie Clifford, "Drug chain's beer bar serves a neighborhood", *New York Times*, 14 jan. 2011, p. B. 1; "Duane Reade to debut new flagship store at iconic 40 Wall Street building", *Marketing Business Weekly*, 24 jul. 2011, p. 23; Robert Klara, "New York's Duane Reade adds in-store yogurt kiosks", *Adweek*, 6-12 fev. 2012, p. 16.

21. Baseado em informações encontradas em Samantha Murphy, "SoLoMo revolution picks up where hyperlocal search left off", *Mashable*, 12 jan. 2012, <http://mashable.com/2012/01/12/solomo-hyperlocal-search/>; "Localeze/15miles Fifth Annual comScore local search usage study reveals SoLoMo revolution has taken over", *Business Wire*, 29 fev. 2012.

22. Baseado em informações encontradas em Gwendolyn Bounds, "The rise of holiday Me-tailers", *Wall Street Journal*, 8 dez. 2010, p. D1; Abbey Klaassen, "Harley-Davidson breaks consumer-created work from Victors & Spoils", *Advertising Age*, 14 fev. 2012, <http://adage.com/print?article_id5148873; and www.harley-davidson.com/en_US/Content/Pages/H-D1_Customization/h-d1_customization.html>.

23. Julie Jargon, "McDonald's under pressure to fire Ronald", *Wall Street Journal*, 18 maio 2011; Stephanie Strom, "McDonald's trims its Happy Meal", *New York Times*, 26 jul. 2011; "McDon-

ald's introduces new automatic offerings of fruit in every Happy Meal", *PRNewswire*, 20 jan. 2012.

24. Para esses e outros exemplos, veja Stacy Weiner, "Goodbye to girlhood", *Washington Post*, 20 fev. 2007, p. HE01; India Knight, "Relax: girls will be girls", *Sunday Times* (Londres), 21 fev. 2010, p. 4; "Abercrombie & Fitch removes 'push-up' from girls' bikini description following outcry", *Fox News*, 30 mar. 2011, <www.foxnews.com>.

25. Veja "IC3 2011 Internet crime report released", 10 maio 2012, <www.ic3.gov/media/default.aspx>.

26. Dados sobre as vendas de SUV extraídos de <www.WardsAuto.com>. Acesso em: mar. 2012. Informações sobre os preços retiradas de <www.edmunds.com>. Acesso em: mar. 2012.

27. Baseado em informações encontradas em Michael Myser, "Marketing made easy", *Business 2.0*, jun. 2006, p. 43-44; Sandra Ward, "Nope, that wasn't easy", *Barron's*, 5 dez. 2011, p. 21; <www.staples.com>. Acesso em: ago. 2012.

28. Citações extraídas de "Singapore Airlines: company information", <www.singaporeair.com>. Acesso em: nov. 2012.

29. Baseado em informações extraídas de Philip Kotler e Kevin Lane Keller, *Marketing management*, 14ed, p. 336; <www.heartsonfire.com/Learn-About-Our-Diamonds.aspx>. Acesso em: nov. 2012.

30. Veja Bobby J. Calder e Steven J. Reagan, "Brand design". In: Dawn Iacobucci (ed.), *Kellogg on marketing*. Nova York: John Wiley & Sons, 2001, p. 61. Para mais discussões, veja Kotler e Keller, *Marketing management*, 14ed., Capítulo 10.

8

Parte 1 ▶ Definição de marketing e o processo de marketing (Capítulos 1-2)

Parte 2 ▶ Entendimento do mercado e dos clientes (Capítulos 3-6)

Parte 3 ▶ Elaboração de uma estratégia e de um mix voltados para o cliente (Capítulos 7-17)

Parte 4 ▶ Marketing ampliado (Capítulos 18-20)

Produtos, serviços e marcas: construção de valor para os clientes

Prévia do capítulo

Após examinar a estratégia de marketing orientada para o cliente, analisaremos com mais profundidade o mix de marketing: as ferramentas táticas que os profissionais de marketing utilizam para implementar suas estratégias e entregar um valor superior aos clientes. Neste e no próximo capítulo, estudaremos como as empresas desenvolvem e gerenciam os produtos e as marcas. E, nos capítulos seguintes, vamos analisar as ferramentas de determinação de preços, distribuição e comunicação de marketing. O produto e a marca são, geralmente, as primeiras e mais básicas considerações de marketing. Começaremos com uma pergunta aparentemente simples: o que é um produto? A resposta pode não ser tão simples.

Antes de dar início ao capítulo, veremos uma boa história de marca. O marketing tem tudo a ver com a criação de marcas que se conectam com os clientes, e poucas empresas têm feito isso tão bem quanto a Nike. Ao longo de várias décadas, a Nike transformou seu logotipo em um dos símbolos de marca mais conhecidos do mundo. O sucesso excepcional da Nike vai muito além da fabricação e venda de bons artigos esportivos. Ele tem como base uma profunda conexão entre a emblemática marca Nike e seus clientes.

Nike: construção de um profundo relacionamento com os clientes da marca

O logotipo da Nike está em todo lugar! Só de brincadeira, tente contar o número de vezes que o logotipo da empresa aparece sempre que folhear uma revista esportiva, assistir a um jogo de basquete ou a uma partida de futebol na televisão. Por meio de um marketing inovador, ela transformou seu onipresente logo em um dos símbolos de marca mais conhecidos do planeta.

Durante a década de 1980, a Nike revolucionou o marketing esportivo. Para construir sua imagem de marca e obter participação de mercado, a empresa gastou muito mais do que seus concorrentes com o endosso de grandes celebridades, ostentosos e caros eventos promocionais, chamativos anúncios para a campanha "Just do it". Mas a Nike proporcionou aos clientes muito mais do que bons artigos esportivos. Enquanto os concorrentes destacavam o desempenho técnico, ela construía relacionamento entre a marca e seus clientes. Além de calçados, roupas e equipamentos, a Nike comercializava um estilo de vida, uma verdadeira paixão por esportes, uma atitude *just do it* (simplesmente faça). Os clientes não somente usavam seus tênis: eles os vivenciavam. Como a empresa afirmou em seu site: "A Nike sempre soube a verdade — não se trata tanto dos calçados, mas para onde eles levam você".

Ao longo do início dos anos 1990, a Nike se fortaleceu, entrando agressivamente em dezenas de novos esportes, como beisebol, golfe, skate, escalada, ciclismo e caminhada. A então jovem empresa, audaciosa, espalhou sua marca e seu logotipo famosos por tudo: de óculos de sol e bolas de futebol a luvas de beisebol e tacos de golfe. Parecia que as coisas não poderiam estar melhores.

No final da década de 1990, entretanto, a Nike tropeçou e suas vendas caíram. À medida que a empresa crescia, parecia que sua criatividade ia se esgotando, e os compradores que queriam um novo visual corriam para marcas da concorrência. Olhando para trás, o maior obstáculo da Nike pode ter sido seu incrível sucesso. Com o crescimento nas vendas, o logo da empresa pode ter se tornado comum demais para ser descolado. Em vez de ser *contra* o sistema, a Nike *era* o sistema. E o seu relacionamento com os clientes, que era tão harmonioso e próximo, esfriou. A Nike precisava reativar o significado da marca para os consumidores.

Para mudar as coisas, ela voltou às suas raízes: inovação em novos produtos e foco no relacionamento com o cliente. E isso foi planejado para criar um novo tipo de conexão entre a marca e o cliente — uma conexão mais profunda, mais envolvente. Nessa situação, em vez de simplesmente gastar mais do que os concorrentes com grandes campanhas publicitárias e com o endosso de celebridades que falam *para* os clientes, a Nike se voltou para inovadoras ferramentas de marketing digital e social que interagem *com* os clientes para construir experiências e comunidade de marca. De acordo com um analista do setor: "A lendária marca ampliou sua abordagem baseada em um único slogan e desenhou todo um novo manual para a era digital". Hoje, ela está "desenvolvendo, sorrateiramente, uma [nova] revolução no marketing".

O sucesso excepcional da Nike vai muito além da fabricação e venda de bons artigos esportivos. Ele tem como base uma profunda conexão entre a emblemática marca Nike e seus clientes. Sorrateiramente, a empresa está desenvolvendo uma nova revolução no marketing de marca.

▲ A profunda conexão da Nike com seus clientes dá a ela uma forte vantagem competitiva. A Nike mescla a linha que separa a marca da experiência.
Imagem da Sport Photos/Newscom

A Nike ainda investe muito em propaganda criativa. Mas os seus gastos com as caras mídias impressa e a televisiva têm diminuído muito — atualmente, elas consomem apenas cerca de 20% do orçamento de 1 bilhão de dólares da empresa para comunicação. Em vez disso, a Nike gasta a maior parte de seu orçamento de marketing com mídia não tradicional. Utilizando ferramentas de mídia social conduzidas digitalmente e orientadas para a comunidade, a Nike está construindo comunidades de clientes que conversam sobre a marca, não apenas com a empresa, mas também entre si.

A Nike se tornou especialista em rede social, tanto on-line como off-line. Não importa se os clientes a conhecem por meio de anúncios, de eventos em uma loja Niketown, de sua página no Facebook, de seu canal no YouTube ou de um dos vários sites de comunidade da empresa — cada vez mais pessoas estão se juntando à experiência de marca da Nike. Considere o seguinte exemplo:

> Em uma loja Niketown qualquer, pessoas que pensam e agem de maneira parecida se encontram duas vezes por semana para uma corrida fora do horário regular. Depois da corrida, os membros do clube de corrida Nike compartilham histórias na loja, onde tomam um lanche. A equipe da Nike mantém registro do desempenho dos membros, comemorando conquistas individuais. O evento é um exemplo clássico de construção de relacionamento próximo e pessoal com os clientes principais.

> Mas a Nike foi além ao colocar seu toque pessoal. Ela amplia esse tipo de evento com uma rede social on-line que tem como objetivo estabelecer interações de longo prazo significativas com um número ainda maior de corredores. O site de corrida Nike+ permite que os clientes que possuem um iPod conectado ao tênis da empresa monitorem seu desempenho — a distância, o ritmo, o tempo e as calorias queimadas durante a corrida. Os usuários podem passar a monitorar seu desempenho quando quiserem, compará-lo com o de outros corredores e até mesmo participar de desafios locais ou mundiais.

> Vamos falar sobre o envolvimento com a marca. O Nike+ pode ser a melhor alternativa como seu personal-trainer ou parceiro de corrida. A Nike oferece um "Nike coach", que fornece conselhos e monta treinos a fim de ajudá-lo a se preparar para competições. Durante a corrida, ao final de cada milha percorrida, uma voz gentil lhe diz quanto você já percorreu e quanto ainda falta. Se você chega ao limite durante o treino, basta apertar um botão para ter acesso a "músicas de impacto" pessoalmente selecionadas, que dão um estímulo extra e o fazem voltar a correr. Na volta para casa, depois de resgatar rapidamente os dados de sua corrida, o Nike+ traça um histórico, mapeia e ajuda você a analisar o treino.

> Cerca de 5 milhões de membros do Nike+ já acessam o site da Nike para verificar seu desempenho. A meta de longo prazo é ter 15% dos 100 milhões de corredores do mundo usando o sistema. O enorme sucesso do Nike+ ajudou a empresa a conquistar a impressionante marca de 61% do mercado de corrida norte-americano. Ele também gerou uma divisão totalmente nova — a Nike Digital Sports —, que tem como objetivo desenvolver tecnologias e dispositivos digitais para ajudar os usuários a monitorar seu desempenho em qualquer esporte. Por exemplo, recentemente, a divisão lançou a FuelBand, uma pulseira que registra a energia gasta em qualquer atividade física.

Graças a esforços como o Nike+, unidos a uma série de outras abordagens de mídia digital e social, a Nike construiu um novo grau de afinidade e um novo senso de comunidade não apenas com a marca e seus clientes, mas também entre eles. Em vez de depender de campanhas grandes, unilaterais, a Nike desenvolveu um repertório de abordagens interativas que conectam a marca diretamente com seus clientes, seja por meio de uma pulseira que registra o desempenho, um outdoor gigantesco em um prédio de 30 andares que traz posts de fãs no Twitter ou um importante comercial novo que é lançado

244 Parte 3 | Elaboração de uma estratégia e de um mix voltados para o cliente

no Facebook, e não no horário nobre da TV. Mais do que apenas algo para comprar, a marca Nike voltou a ser parte da vida e dos momentos dos clientes. Como resultado, a empresa continua sendo a maior do mundo em artigos esportivos — ela é 30% maior que seu concorrente mais próximo, a Adidas. Nos últimos cinco anos, enquanto a economia oscilante deixava sem fôlego a maioria das empresas de calçados e equipamentos esportivos, as vendas e o rendimento globais da Nike dispararam na frente.

Como em uma competição esportiva, a marca mais forte e mais bem preparada tem mais chance de vencer. Um relacionamento mais profundo com o cliente leva a uma forte vantagem competitiva. E a Nike está, novamente, muito próxima de seus clientes — talvez tão próxima quanto foi no início, quando Phil Knight vendia tênis de corrida pessoalmente, usando o porta-malas de seu carro. Como observou um autor: "A Nike está mesclando a linha que separa a marca da experiência". De acordo com Mark Parker, CEO da Nike: "Conexão costumava ser 'Aqui estão alguns produtos e aqui estão algumas propagandas. Esperamos que você goste'. Hoje, a conexão é um diálogo".[1]

Resumo dos objetivos

Objetivo 1
Definir *produto* e as importantes classificações de produtos e serviços.
O que é um produto? (p. 244-250)

Objetivo 2
Descrever as decisões que as empresas tomam em relação a seus produtos e serviços individuais, suas linhas de produtos e seu mix de produtos (composto de produtos).
Decisões de produtos e serviços (p. 250-257)

Objetivo 3
Identificar as quatro características que afetam o marketing de serviços e outras considerações adicionais de marketing que os serviços demandam.
Marketing de serviços (p. 257-264)

Objetivo 4
Discutir a estratégia de branding — as decisões que as empresas tomam ao construir e gerenciar suas marcas.
Estratégia de branding: construção de marcas fortes (p. 265-275)

Como mostrou o exemplo da Nike, em sua busca por criar relacionamento com os clientes, as empresas precisam construir e gerenciar produtos e marcas que se conectem aos clientes. Este capítulo começa com uma pergunta aparentemente simples: *O que é um produto?* Após respondermos a essa pergunta, verificaremos as formas de classificar os produtos nos mercados consumidores e organizacionais. Em seguida, discutiremos as importantes decisões que as empresas tomam em relação a produtos individuais, linhas de produtos e mix de produtos. Depois, analisaremos as características e as demandas de marketing de um tipo especial de produto: os serviços. Para finalizar, trataremos de uma questão extremamente importante: como as empresas constroem e gerenciam as marcas de produtos e serviços.

Objetivo 1

▶ Definir *produto* e as importantes classificações de produtos e serviços.

Produto
Qualquer coisa que pode ser oferecida a um mercado para apreciação, aquisição, uso ou consumo e que pode satisfazer um desejo ou uma necessidade.

Serviço
Uma atividade, benefício ou satisfação oferecida para venda que é essencialmente intangível e não resulta na posse de nada.

O que é um produto?

Definimos um **produto** como qualquer coisa que pode ser oferecida a um mercado para apreciação, aquisição, uso ou consumo e que pode satisfazer um desejo ou uma necessidade. Os produtos incluem mais do que apenas objetos tangíveis, como carros, computadores ou celulares. Definidos de maneira ampla, os *produtos* também incluem serviços, eventos, pessoas, lugares, organizações, ideias ou uma mistura de tudo isso. Ao longo deste livro, utilizamos amplamente o termo *produto*, como uma dessas entidades ou todas elas. Assim, um iPhone da Apple, um Toyota Camry e um Caffé Mocha da Starbucks são produtos. Mas uma viagem a Las Vegas, os serviços de investimentos on-line da Schwab, sua página no Facebook e uma consulta ao médico da família também o são.

Por causa da sua importância na economia mundial, daremos especial atenção aos serviços. Os **serviços** são uma forma de produto que consiste em atividades, benefícios ou satisfações oferecidas para venda que são essencialmente intangíveis e não resultam na posse de nada. São exemplos de serviços os bancários, hoteleiros, de viagens aéreas, de varejo, de comunicação sem fio e de reformas residenciais. Examinaremos os serviços mais detalhadamente neste capítulo.

Produtos, serviços e experiências

Os produtos são um elemento-chave da *oferta ao mercado*. O planejamento do mix de marketing (ou composto de marketing) começa com o desenvolvimento de uma oferta que proporcione valor aos clientes-alvo. Essa oferta se torna a base sobre a qual a empresa constrói relacionamentos lucrativos com os clientes.

A oferta de uma empresa ao mercado geralmente inclui tanto produtos tangíveis como serviços. Em um extremo, a oferta pode consistir em um *bem puramente tangível*, como sabonete, pasta de dente ou sal — nenhum serviço acompanha o produto. Em outro extremo estão os *serviços puros*, caso em que a oferta consiste basicamente em um serviço. São exemplos de serviços puros: uma consulta médica e serviços financeiros. Entre esses dois extremos, no entanto, são possíveis muitas combinações de produtos e serviços.

Hoje em dia, à medida que os produtos e serviços se tornam cada vez mais *commodities*, muitas empresas estão se voltando para um novo nível na criação de valor para seus clientes. Para diferenciar suas ofertas, mais do que simplesmente fabricar produtos e entregar serviços, elas estão criando e gerindo *experiências* para o cliente das quais seus produtos fazem parte.

Para algumas empresas, as experiências sempre foram uma parte importante de seu marketing. A Disney cria sonhos e lembranças por meio de seus filmes e parques temáticos. E a Nike há muito tempo declarou: "Não se trata tanto dos calçados, mas para onde eles levam você". Hoje em dia, entretanto, todos os tipos de empresa estão remodelando seus produtos e serviços tradicionais para criar experiências. Por exemplo, os serviços da Starbucks vão além de uma xícara de café quente[2]:

> Há três décadas, Howard Schultz teve a ideia de levar para os Estados Unidos uma cafeteria com estilo europeu. Ele acreditava que as pessoas precisavam diminuir o ritmo para "sentir o cheiro do café" e aproveitar um pouco mais a vida. O resultado disso foi a Starbucks. Essa cafeteria não vende apenas café: ela vende a experiência Starbucks, que enriquece a vida das pessoas. O cheiro,

o assobio do vapor, as confortáveis cadeiras: tudo contribui para o ambiente da Starbucks. A empresa oferece a seus clientes o que ela chama de "terceiro lugar" — longe de casa e do trabalho —, um local para conversar e uma sensação de comunidade. Como resultado, a Starbucks fez com que o café deixasse de ser uma *commodity* e se tornasse um luxo de quatro dólares, e as vendas e os lucros da empresa têm subido como a fumaça de uma xícara de café quente.

As empresas que comercializam experiências percebem que os clientes, na realidade, estão comprando muito mais do que apenas produtos e serviços: estão adquirindo o que as ofertas *farão* para eles. Um recente anúncio da BMW coloca isso da seguinte maneira: "Há muito tempo, nós percebemos que aquilo que você faz as pessoas sentirem é tão importante quanto aquilo que você faz".

▲ Criação de experiências para o cliente: a Starbucks não vende café, mas a experiência Starbucks, que ela chama de "terceiro lugar": longe de casa e do trabalho, um local para conversar e uma sensação de comunidade.
Daily Mail/Rex/Alamy

Níveis de produtos e serviços

As pessoas que criam produtos precisam pensar nos produtos e serviços em três níveis (veja a Figura 8.1). Cada nível agrega mais valor para o cliente. O nível mais básico é o *benefício central*, que trata da questão: *O que o cliente está de fato comprando?* Ao projetar produtos, os profissionais

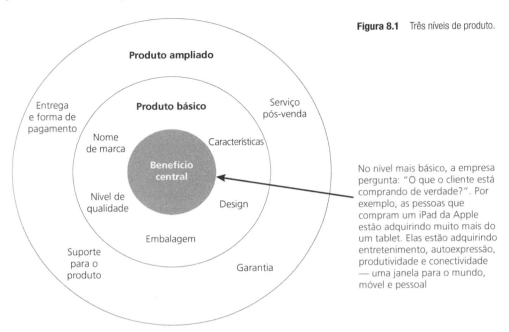

Figura 8.1 Três níveis de produto.

No nível mais básico, a empresa pergunta: "O que o cliente está comprando de verdade?". Por exemplo, as pessoas que compram um iPad da Apple estão adquirindo muito mais do que um tablet. Elas estão adquirindo entretenimento, autoexpressão, produtividade e conectividade — uma janela para o mundo, móvel e pessoal

de marketing devem, primeiro, definir os benefícios ou serviços centrais, ligados à solução de problemas, que os consumidores procuram. A mulher que compra um batom adquire mais do que cor para os lábios. Charles Revson, da Revlon, percebeu isso logo: "Na fábrica, fazemos cosméticos; na loja, vendemos esperança". E as pessoas que compram um iPad da Apple estão adquirindo muito mais do que um tablet. Elas estão adquirindo entretenimento, autoexpressão, produtividade e conectividade com os amigos e a família — uma janela para o mundo, móvel e pessoal.

No segundo nível, o pessoal que cria produtos deve transformar o benefício central em um *produto básico*. Eles precisam desenvolver características, design, nível de qualidade, nome de marca e embalagem para os produtos e serviços. Por exemplo, o iPad é um produto básico. O nome, as peças, o estilo, as características, a embalagem e outros atributos desse produto foram cuidadosamente combinados para oferecer o benefício central de se manter conectado.

Por fim, as pessoas que criam os produtos devem desenvolver um *produto ampliado* ao redor do benefício central e do produto básico, oferecendo serviços e benefícios adicionais para o consumidor. O iPad é mais do que um dispositivo digital. Ele oferece aos consumidores uma solução completa de conectividade. Assim, quando os consumidores compram um iPad, a Apple e seus revendedores também podem dar a eles uma garantia sobre as peças e a fabricação, instruções sobre como usar o aparelho, serviços rápidos de manutenção quando necessário e um site que pode ser acessado em caso de problemas ou dúvidas. A Apple também oferece uma enorme diversidade de aplicativos e acessórios.

Os consumidores veem os produtos como complexos conjuntos de benefícios que satisfazem suas necessidades. Ao desenvolver produtos, as empresas devem, primeiro, identificar quais *benefícios centrais* os consumidores procuram no produto. Em seguida, elas devem projetar o produto básico e procurar maneiras de *ampliar* esse produto, a fim de criar valor para o cliente e a mais satisfatória experiência de marca.

▲ Benefício central, produto básico e produto ampliado: as pessoas que compram um iPad estão adquirindo muito mais do que um tablet. Elas estão adquirindo entretenimento, autoexpressão, produtividade e conectividade — uma janela para o mundo, móvel e pessoal.

Betsie Van der Meer/Getty Images

Classificação de produto e serviço

Os produtos e serviços dividem-se em duas amplas classes baseadas nos tipos de consumidor que os utilizam: *produtos de consumo* e *produtos organizacionais*. Uma definição mais ampla de produto inclui também outros elementos comerciáveis, como experiências, organizações, pessoas, lugares e ideias.

Produtos de consumo

Produtos de consumo são produtos e serviços comprados por consumidores finais para uso próprio. Os profissionais de marketing geralmente trabalham com classificações adicionais para esses produtos com base no modo como os consumidores os compram. Entre os produtos de consumo estão: *produtos de conveniência, produtos de compra comparada, produtos de especialidade* e *produtos não procurados*. Esses produtos diferem na maneira como os consumidores os compram e, portanto, na maneira como são comercializados (veja a Tabela 8.1).

Produto de consumo
Produto comprado por consumidores finais para uso próprio.

▼ **Tabela 8.1**   Considerações de marketing para produtos de consumo.

| Considerações de marketing | Tipo de produto de consumo | | | |
	Conveniência	Compra comparada	Especialidade	Não procurados
Comportamento de compra do cliente	Compra frequente; pouco planejamento, comparação ou esforço na compra, baixo envolvimento do cliente	Compra menos frequente; muito planejamento e esforço na compra; comparação de marcas em relação a preço, qualidade e estilo	Forte preferência e fidelidade de marca; esforço especial na compra; pouca comparação de marcas; baixa sensibilidade ao preço	Pouca consciência e conhecimento de produto (e, quando há, pouco interesse ou até mesmo interesse negativo)
Preço	Preço baixo	Preço mais alto	Preço alto	Varia
Distribuição	Distribuição ampla; locais convenientes	Distribuição seletiva em menos pontos de venda	Distribuição exclusiva em um ou alguns poucos pontos de venda por área de mercado	Varia
Promoção	Promoção em massa feita pelo fabricante	Propaganda e venda pessoal feita tanto pelo fabricante como pelos revendedores	Promoção dirigida mais cuidadosamente feita tanto pelo fabricante como pelos revendedores	Propaganda agressiva e venda pessoal feita tanto pelos fabricantes como pelos revendedores
Exemplos	Pasta de dente, revistas e sabão em pó	Eletrodomésticos de grande porte, televisores, móveis e roupas	Produtos de luxo, como relógios Rolex e cristais finos	Seguro de vida e doação de sangue para a Cruz Vermelha

Fonte: Philip Kotler e Kevin Lane Keller, *Marketing management*, 14. ed. Upper Saddle River: Prentice Hall, 2012, p. 317. © 2012. Impresso e eletronicamente reproduzido com permissão da Pearson Education, Inc., Upper Saddle River, Nova Jersey.

Produtos de conveniência são produtos e serviços de consumo que os clientes geralmente compram com frequência, rapidez e o mínimo de comparação e esforço. São exemplos desse tipo de produto: sabão em pó, balas, revistas e fast-food. Os produtos de conveniência costumam ser baratos, e as empresas os colocam em muitos lugares para que estejam prontamente disponíveis quando os consumidores precisarem deles ou os quiserem.

Produtos de compra comparada são produtos e serviços de consumo comprados com menos frequência e cujas características de adequabilidade, qualidade, preço e estilo são comparadas cuidadosamente pelos clientes. Ao adquirir produtos e serviços de compra comparada, os consumidores gastam muito mais tempo e esforço buscando informações e fazendo comparações. São exemplos desse tipo de produto: móveis, roupas, carros usados, eletrodomésticos de grande porte e serviços de hotelaria e de viagens aéreas. Os fabricantes de produtos de compra comparada costumam distribuir seus produtos em um menor número

Produto de conveniência
Produto de consumo que os clientes geralmente compram com frequência, rapidez e o mínimo de comparação e esforço.

Produto de compra comparada
Produto de consumo em que o cliente, no processo de seleção de compra, costuma comparar características como adequabilidade, qualidade, preço e estilo.

Produto de especialidade
Produto de consumo com características singulares ou identificação de marca pela qual um grupo significativo de compradores está disposto a fazer um esforço especial de compra.

Produto não procurado
Produtos de consumo que o cliente não conhece ou que conhece, mas, em geral, não pensa em comprar.

Produto organizacional
Produto comprado por indivíduos ou organizações para processamento posterior ou para uso na condução de um negócio.

de pontos de venda, mas oferecem um maior suporte de vendas para ajudar os clientes em seus esforços de comparação.

Produtos de especialidade são produtos e serviços de consumo com características singulares ou identificação de marca pela qual um grupo significativo de compradores está disposto a fazer um esforço especial de compra. São exemplos de produtos de especialidade: determinadas marcas de carros, equipamento fotográfico de preço alto, roupas de estilistas famosos, alimentos gourmet e serviços médicos ou jurídicos especializados. Um Lamborghini, por exemplo, é um produto de especialidade, uma vez que os compradores estão geralmente dispostos a percorrer grandes distâncias para comprá-lo. Os compradores não costumam comparar produtos de especialidade. Eles investem somente o tempo necessário para ir até os revendedores que têm o produto desejado.

Produtos não procurados são produtos de consumo que o cliente não conhece ou que conhece, mas, em geral, não pensa em comprar. Muitas inovações são produtos não procurados até que o consumidor se conscientize de sua existência por meio da propaganda. Exemplos clássicos de produtos e serviços conhecidos, mas não procurados, são: seguro de vida, serviços de funeral pré-planejados e doações de sangue para a Cruz Vermelha. Por causa de sua natureza, os produtos não procurados exigem muita propaganda, venda pessoal e outros esforços de marketing.

Produtos organizacionais

Produtos organizacionais são aqueles comprados para processamento posterior ou para uso na condução de um negócio. Assim, a diferença entre um produto de consumo e um produto organizacional é fundamentada na *finalidade* para a qual o produto é comprado. Se um consumidor compra um cortador de grama para uso doméstico, esse cortador é um produto de consumo. Se o mesmo consumidor compra o mesmo cortador para uso em sua empresa de paisagismo, o cortador passa a ser um produto organizacional.

Os três grupos de produtos e serviços organizacionais são: materiais e peças, bens de capital e suprimentos e serviços. O grupo de *materiais e peças* incluem as matérias-primas e os materiais e peças manufaturados. Matérias-primas consistem em produtos agropecuários (trigo, algodão, gado, frutas, vegetais) e produtos naturais (peixe, madeira, petróleo, minério de ferro). Já materiais e peças manufaturados são materiais componentes (ferro, fibras têxteis, cimento, fios) e peças componentes (pequenos motores, pneus, peças fundidas). A maioria dos materiais e peças manufaturados é vendida diretamente aos usuários organizacionais. Preço e serviço são os principais fatores de marketing; branding e propaganda tendem a ser menos importantes.

Bens de capital são produtos organizacionais que auxiliam na produção ou nas operações do comprador e incluem instalações e equipamentos acessórios. Instalações são compras de grande porte, como edificações (fábricas, escritórios) e equipamentos imobilizados (geradores, furadeiras de coluna, grandes sistemas de computador, elevadores). Entre os equipamentos acessórios estão máquinas e ferramentas de fábrica portáteis (ferramentas de mão, empilhadeiras) e equipamentos de escritório (computadores, aparelhos de fax, mesas). Os equipamentos acessórios têm uma vida mais curta do que as instalações e apenas auxiliam no processo de produção.

O último grupo de produtos organizacionais é o de *suprimentos e serviços*. Nesse grupo estão os suprimentos operacionais (lubrificantes, carvão, papel, lápis) e os itens de manutenção e reparo (tinta, pregos, vassouras). Os suprimentos são os produtos de conveniência da área organizacional, uma vez que costumam ser comprados com o mínimo de esforço e comparação. Os serviços organizacionais compreendem: serviços manutenção e reparo (limpeza de janelas, conserto de computadores) e serviços de consultoria (jurídica, gerencial, publicitária). Esses serviços normalmente são executados sob contrato.

Organizações, pessoas, lugares e ideias

Além de produtos e serviços tangíveis, os profissionais de marketing têm expandido o conceito de produto para abranger outras ofertas ao mercado: organizações, pessoas, lugares e ideias.

As organizações com frequência desenvolvem atividades para "vender" a organização em si. O *marketing de organização* consiste em atividades desenvolvidas para criar, manter ou mudar as atitudes e o comportamento de consumidores-alvo em relação a uma organização. Tanto as organizações comerciais como aquelas sem fins lucrativos praticam esse tipo de marketing. As empresas comerciais patrocinam campanhas de relações públicas e de *propaganda institucional* para se autopromover e dar maior brilho a sua imagem. Por exemplo, a campanha "Planeta mais inteligente" da IBM a promove como uma empresa que oferece soluções inovadoras, as quais aumentam o Q.I. do mundo. As soluções inteligentes da IBM abrangem uma quantidade incrível de setores e processos — do comércio e comunicação digital a saúde, educação e sustentabilidade. Um anúncio da campanha diz como a IBM está ajudando a "monitorar a comida do campo ao garfo", em um esforço para reduzir os 25% de alimentos produzidos no mundo que são atualmente desperdiçados. No outro extremo, anúncios dizem como as análises da IBM ajudaram o Departamento de Polícia da cidade de Nova York a reduzir a criminalidade em 35% e o estado de Nova York a economizar 889 milhões de dólares identificando pessoas que fraudam impostos.

Pessoas também podem ser consideradas produtos. O *marketing de pessoa* consiste em atividades realizadas para criar, manter ou mudar atitudes ou comportamento em relação à determinada pessoa. Pessoas que variam de presidentes, artistas e celebridades esportivas a profissionais como médicos, advogados e arquitetos utilizam o marketing de pessoa para criar reputação. E empresas, instituições de caridade e outras organizações usam pessoas famosas para ajudar a vender seus produtos ou causas. Por exemplo, a Nike é representada por atletas famosos, como Kobe Bryant, Serena Williams e centenas de outros espalhados pelo mundo, em esportes que vão de basquete e tênis a hóquei no gelo e críquete.

O uso habilidoso do marketing pode transformar o nome de uma pessoa em uma poderosa marca. Pense nos chefs da Food Network, que hoje se assemelham a estrelas do rock, com seus muitos fãs fervorosos. Hoje em dia, nos Estados Unidos, é difícil comprar produtos para a cozinha sem dar de cara com mercadorias endossadas por essas estrelas da culinária. Por exemplo, a chef Rachael Ray, uma celebridade, é um fenômeno de marketing. Além dos programas da Food Network, ela comanda seu próprio talk show; endossa uma série de utensílios de cozinha e talheres com cor laranja; tem sua própria marca de comida para cachorro chamada Nutrish; e estampa seu EVOO (azeite de oliva extravirgem, para aqueles que não estão familiarizados com o "Rayismo"). O público inclusive pode acessar a loja on-line de sua marca Rachael Ray, que traz a coleção Rachael Ray de "utensílios bacanas para sua cozinha", com "ideias para cozinhar e entreter que você pode usar no dia a dia".[3]

▲ Marketing de organização: a campanha "Planeta mais inteligente" da IBM a vende como uma empresa que ajuda a aumentar o Q.I. do mundo. Este anúncio diz como as tecnologias da IBM estão ajudando a criar cadeias de suprimento de alimentos mais seguras.

Cortesia da International Business Machines Corporation, © International Business Machines Corporation.

O *marketing de lugar* envolve atividades realizadas para criar, manter ou mudar atitudes ou comportamento em relação a determinados lugares. Cidades, estados, regiões e até países inteiros competem entre si para atrair turistas, novos moradores e convenções, bem como instalações e escritórios de empresas. O estado de Nova York anuncia "Eu amo Nova York". E Michigan convida você a experimentar uma natureza intocada, lagos que parecem oceanos, quilômetros de plantação de cereja, gloriosos ocasos e céus noturnos salpicados de estrelas no "Puro Michigan".

A Brand USA, uma parceria de marketing público-privada criada por uma lei do Congresso, promove os Estados Unidos como destino turístico para viajantes internacionais. Apoiada por um orçamento de 200 milhões de dólares, a missão da Brand USA é "representar a verdadeira grandeza dos Estados Unidos — de uma costa à outra". A concorrência pelo turismo internacional é feroz por parte de outros países que promovem suas atrações, liderados pelo México, que investe cerca de 175 milhões de dólares por ano em propagandas sobre o país. A Grã-Bretanha investe 160 milhões; a Austrália, 107 milhões; e a Turquia, 99 milhões. Um especialista estima que, sem um marketing eficaz, os Estados Unidos possivelmente teriam perdido 78 milhões de visitantes nos últimos dez anos, o que representa cerca de 606 bilhões de dólares em gastos dos turistas. A campanha de marketing da Brand USA inclui anúncios e promoções do país inteiro, além de um site completo: o DiscoverAmerica.com, que traz dados sobre destinos, informações e dicas sobre viajar para os Estados Unidos e ferramentas de planejamento de viagem.[4]

Ideias também podem ser promovidas. Em certo sentido, todo marketing é o marketing de uma ideia, seja ela a ideia geral de escovar os dentes ou a ideia específica de que as pastas de dente Crest geram "sorrisos saudáveis e bonitos para a vida". Aqui, no entanto, estreitamos nosso foco e o colocamos no marketing de *ideias sociais*. Essa área tem sido chamada de

Marketing social
A utilização de conceitos e ferramentas de marketing comercial em programas desenvolvidos para influenciar o comportamento de indivíduos, a fim de melhorar o bem-estar deles e da sociedade.

marketing social, definida pelo Social Marketing Institute (SMI — Instituto de Marketing Social) como a utilização de conceitos e ferramentas de marketing comercial em programas desenvolvidos para influenciar o comportamento de indivíduos, a fim de melhorar o bem-estar deles e da sociedade.[5]

Os programas de marketing social abrangem uma ampla variedade de questões. Por exemplo, o Ad Council of America (Conselho de Propaganda dos Estados Unidos), que pode ser acessado no site <www.adcouncil.org>, desenvolveu dezenas de campanhas publicitárias de caráter social, envolvendo questões que variam de cuidados com a saúde, educação e sustentabilidade ambiental e direitos humanos e segurança pessoal. Mas o marketing social envolve muito mais do que somente propaganda — o SMI encoraja a utilização de uma série de ferramentas de marketing. "O marketing social vai muito além do 'P' promocional do mix de marketing, incluindo todos os outros elementos que visam a alcançar os objetivos de mudança social", diz o diretor-executivo do SMI.[6]

Objetivo 2
▶ Descrever as decisões que as empresas tomam em relação a seus produtos e serviços individuais, suas linhas de produtos e seu mix de produtos (composto de produtos).

Decisões de produtos e serviços

As empresas tomam decisões relacionadas a produtos e serviços em três níveis: decisões de produto individual, decisões de linha de produtos e decisões de mix de produtos. Discutiremos, a seguir, cada uma delas.

Decisões de produto e serviço individual

A Figura 8.2 mostra as importantes decisões que precisam ser tomadas no desenvolvimento e no marketing de produtos e serviços individuais. Vamos nos concentrar nas decisões relativas a *atributos do produto, branding, embalagem, rotulagem* e *serviços de apoio ao produto*.

Atributos do produto e serviço

Desenvolver um produto ou serviço envolve definir os benefícios que ele vai oferecer. Esses benefícios são comunicados e entregues por meio de atributos do produto como qualidade, características e estilo e design.

Qualidade do produto
As características de um produto ou serviço que sustentam sua capacidade de satisfazer necessidades expressas ou implícitas dos clientes.

QUALIDADE DO PRODUTO. A **qualidade do produto** é uma das principais ferramentas de posicionamento do profissional de marketing. A qualidade afeta o desempenho do produto ou serviço e, portanto, está diretamente relacionada com o valor e a satisfação para o cliente. Em um sentido mais estrito, qualidade pode ser definida como "ausência de defeitos". Mas a maioria das empresas vai além dessa definição. Em vez disso, elas definem qualidade em termos de criação de valor e satisfação para o cliente. A American Society for Quality (Sociedade Norte-Americana de Qualidade) define *qualidade* como as características de um produto ou serviço que sustentam sua capacidade de satisfazer necessidades expressas ou implícitas dos clientes. De modo similar, a Siemens define a qualidade da seguinte maneira: "Qualidade é quando nossos clientes voltam e nossos produtos não".[7]

A *gestão da qualidade total* (TQM — *total quality management*) é uma abordagem na qual todos os funcionários de uma empresa estão constantemente envolvidos no aprimoramento da qualidade dos produtos, serviços e processos de negócios. Para a maioria das empresas líderes, a qualidade orientada para o cliente se tornou uma maneira de fazer negócios. Hoje em dia, as empresas estão adotando uma abordagem de *retorno da qualidade*, considerando a qualidade um investimento e os esforços de qualidade responsáveis por seus resultados finais.

A qualidade do produto tem duas dimensões: nível e conformidade. Ao desenvolver um produto, o profissional de marketing deve primeiro escolher um *nível de qualidade* que sustentará o posicionamento do produto. Nesse caso, qualidade do produto significa *qualidade do desempenho* — a capacidade que o produto tem de desempenhar suas funções. Por exemplo, um Rolls-Royce oferece qualidade de desempenho superior a de um Chevrolet: ele roda de maneira mais suave, fornece mais luxo e conforto aos seus ocupantes e dura mais.

Figura 8.2 Decisões de produto individual.

Não se esqueça da Figura 8.2. O foco de todas essas decisões é criar benefício central para o cliente.

As empresas raramente tentam oferecer o nível de qualidade de desempenho mais alto possível — poucos clientes querem ou podem bancar os altos níveis de qualidade oferecidos por produtos como um automóvel Rolls-Royce, um eletrodoméstico para cozinha Viking ou um relógio Rolex. Em vez disso, as empresas optam por um nível de qualidade que seja compatível com as necessidades do mercado-alvo e os níveis de qualidade dos produtos concorrentes.

Alta qualidade pode significar, além do nível de qualidade, altos níveis de consistência de qualidade. Nesse caso, qualidade do produto significa *qualidade de conformidade* — ausência de defeitos e também *consistência* na entrega do nível de desempenho pretendido. Todas as empresas devem lutar por altos níveis de qualidade de conformidade. Nesse sentido, um Chevrolet pode ter tanta qualidade quanto um Rolls-Royce. Embora um Chevrolet não tenha o mesmo nível de desempenho de um Rolls-Royce, ele pode entregar, com consistência, a qualidade que os clientes esperam e pela qual pagam.

CARACTERÍSTICAS DO PRODUTO. Um produto pode ser oferecido com características variáveis. O ponto de partida é um modelo básico, sem nada extra. A empresa pode, então, criar modelos de nível mais alto acrescentando mais características. De fato, as características são uma ferramenta competitiva para diferenciar os produtos da empresa dos oferecidos pelos concorrentes. Ser o primeiro fabricante a trabalhar com uma nova característica valorizada é uma das maneiras mais eficazes de competir.

Como uma empresa pode identificar novas características e decidir quais delas acrescentar a seu produto? Ela deve, periodicamente, conduzir levantamentos com os compradores que usaram o produto e fazer as seguintes perguntas: qual é seu nível de satisfação com o produto? De quais características do produto você gostou mais? Quais características poderíamos adicionar para melhorar o produto? As respostas a essas perguntas geram à empresa uma lista valiosa de ideias de características. Ela pode, então, avaliar o *valor* de cada característica para os clientes e compará-lo com seu *custo* para a organização. Características às quais os clientes atribuem alto valor em relação aos custos devem ser adicionadas.

ESTILO E DESIGN DO PRODUTO. Outro modo de agregar valor para o cliente é por meio do *design e estilo* diferenciados do produto. Design é um conceito mais amplo do que estilo. O estilo simplesmente descreve a aparência de um produto. Ele pode atrair o olhar ou gerar indiferença. Um estilo sensacional pode prender a atenção e produzir uma sensação estética agradável, mas não necessariamente faz que o produto tenha um *desempenho* melhor. Diferentemente do estilo, o design vai além da superfície — ele chega bem no centro do produto. Um bom design contribui para a utilidade do produto e também para sua aparência.

Um bom design não começa com a criação de novas ideias em brainstorming ou a confecção de protótipos. Ele começa com a observação dos clientes, com um profundo entendimento das suas necessidades e com a modelagem de sua experiência de uso do produto. O pessoal responsável pelo design deve pensar menos nas especificações técnicas do produto e mais no modo como os clientes vão usá-lo e se beneficiar dele. Veja o processo e a filosofia de design extraordinários da OXO:[8]

▲ Design do produto: a OXO se concentra na experiência desejada pelo usuário final e, então, transforma ideias malucas em produtos absurdamente úteis.
OXO International Inc.

Os produtos para cozinha e jardinagem da OXO, com um design exclusivo, são muito bonitos. Mas, para a OXO, um bom design significa muito mais do que uma boa aparência. Significa que as ferramentas OXO funcionam — e funcionam *mesmo* — para todo mundo. Para a OXO, design significa um misturador de salada que pode ser usado com uma mão; ferramentas com cabos que absorvem a pressão e não escorregam na mão, o que as tornam mais eficientes; ou um regador com um bico retrátil, que pode ser enchido e guardado com mais facilidade. Desde que surgiu em 1990 com o Good Grips, um descascador de legumes supereficiente, a OXO é conhecida pelo design inteligente que facilita o dia a dia. Seu design que atrai o olhar e é extremamente útil já foi apresentado em exposições em museus, e a OXO está agora estendendo esse seu toque especial para suprimentos de escritório, dispositivos médicos e produtos para bebê.

Muito do design da OXO vem diretamente dos usuários. "Todo produto que fabricamos começa com [...] a observação do modo como as pessoas usam as coisas", diz Alex Lee, presidente da OXO. "Aquelas são as pedras preciosas — quando você acaba com um problema latente". Por exemplo, após observar pessoas lutando com o tradicional copo de medida Pirex, a OXO descobriu uma grande falha: não dá para saber quanto já tem no copo sem levantá-lo até o nível dos olhos. Como resultado, os copos de medida da OXO possuem marcações *internas* de medida, que podem ser lidas de cima, e as marcações são tão grandes que podem ser lidas sem óculos. Assim, a OXO começa com uma experiência desejada pelo usuário final e, então, transforma ideias malucas em produtos absurdamente úteis.

Branding

Marca
Um nome, termo, sinal, símbolo ou design — ou uma combinação desses elementos — que identifica os produtos ou serviços de um vendedor ou grupo de vendedores e os diferencia dos oferecidos pelos concorrentes.

Talvez a habilidade mais distintiva dos profissionais de marketing seja sua capacidade de criar e gerenciar marcas. Uma **marca** é um nome, termo, sinal, símbolo ou design — ou uma combinação desses elementos — que identifica o fabricante ou o vendedor de um produto ou serviço. Os consumidores veem a marca como parte importante de um produto, e o branding pode agregar valor à compra de um consumidor. Os clientes atribuem significados às marcas e desenvolvem relacionamento com elas. Como resultado, as marcas possuem significados que vão muito além dos atributos físicos do produto. Considere, por exemplo, a Coca-Cola:[9]

Em um interessante teste de sabor envolvendo a Coca-Cola e a Pepsi, 67 entrevistados foram conectados a aparelhos que monitoram as ondas cerebrais enquanto consumiam ambos os produtos. Quando os refrigerantes não estavam identificados, as preferências do consumidor se dividiram ao meio. Mas, quando as marcas foram identificadas, os entrevistados preferiram a Coca em detrimento da Pepsi, por uma margem de 75% para a Coca-Cola e 25% para a Pepsi. Ao tomarem a marca Coca-Cola identificada, as áreas do cérebro dos consumidores que mais funcionaram foram aquelas associadas ao controle e à memória cognitivos — local em que os conceitos culturais são armazenados. Isso não aconteceu muito quando os entrevistados tomaram Pepsi. Por quê? De acordo com um especialista em estratégia de marca, isso tem a ver com o imaginário de marca da Coca-Cola, há muito estabelecido — o contorno da garrafa (quase centenário), as latas de um vermelho vivo, a fonte cursiva e sua associação com imagens emblemáticas, que vão de ursos polares ao Papai Noel. O imaginário da Pepsi não é tão profundamente enraizado. Aparentemente, as pessoas não ligam a Pepsi aos fortes e emocionais ícones norte-americanos associados à Coca-Cola. A conclusão disso tudo? Simples: a preferência do consumidor não é baseada apenas no sabor. O nome de marca emblemático da Coca-Cola faz a diferença.

O branding tornou-se tão importante que, hoje em dia, quase nada é comercializado sem uma marca. O sal é embalado em sacos com marca, porcas e parafusos comuns são embalados com o rótulo do distribuidor e peças para automóveis — velas de ignição, pneus, filtros — possuem nomes de marca diferentes dos usados pelos fabricantes de automóveis. Até frutas, verduras, laticínios e carne de frango têm marca — laranjas Sunkist, saladas prontas Dole Classic, leite Horizon Organic, frangos Perdue e ovos Eggland's Best.

O branding ajuda os compradores de diversas maneiras. Os nomes de marca ajudam os consumidores a identificar produtos que podem lhes trazer benefícios. As marcas também dizem algo sobre a qualidade e a consistência do produto — consumidores que sempre compram a mesma marca sabem que vão obter as mesmas características, benefícios e qualidade toda vez que a adquirirem. O branding também oferece diversas vantagens para a empresa. O nome de marca e a marca registrada da organização oferecem proteção legal a características singulares do produto que, de outro modo, poderiam ser copiadas pelos concorrentes. O branding também ajuda a empresa a segmentar mercados. Por exemplo, em vez de oferecer apenas um produto genérico para todos os consumidores, a Toyota pode trabalhar com as marcas Lexus, Toyota e Scion e, ainda, com uma série de submarcas delas derivadas — como Camry, Corolla, Prius, Matrix, Tundra e Land Cruiser. Para completar, o nome de marca se torna a base sobre a qual pode ser construída toda uma história sobre as qualidades especiais do produto. Por exemplo, o Eggland's Best se diferencia dos ovos comuns prometendo: "Melhor gosto. Melhor nutrição. Melhores ovos".

Construir e gerenciar marcas talvez sejam as mais importantes tarefas dos profissionais de marketing. Trataremos da estratégia de branding detalhadamente, mais adiante, neste capítulo.

Embalagem

A **embalagem** envolve a concepção e a produção do recipiente ou envoltório de um produto. Antigamente, a principal função da embalagem era guardar e proteger o produto. Nos últimos tempos, entretanto, a embalagem se tornou em uma importante ferramenta de marketing. O aumento da concorrência e o abarrotamento das prateleiras das lojas de varejo significam que, agora, as embalagens devem realizar inúmeras tarefas de vendas, que variam de atrair a atenção dos compradores até comunicar o posicionamento da marca e fechar a venda. Como observa uma analista: "Nem todo consumidor vê a propaganda de uma marca ou é exposto a uma ação de mídia social interessante que a marca tenha feito. Mas todos os consumidores que compram seu produto interagem com sua humilde embalagem".[10]

Embalagem
As atividades de concepção e produção do recipiente ou envoltório de um produto.

As empresas estão notando o poder de uma boa embalagem na geração do reconhecimento imediato da marca por parte do consumidor. Por exemplo, um supermercado médio possui em seu estoque cerca de 38.700 itens; um hipermercado médio do Walmart armazena 142 mil itens. O comprador típico toma 70% de suas decisões de compra nas lojas e passa por aproximadamente 300 itens por minuto. Nesse ambiente altamente competitivo, a embalagem pode representar a última (e a melhor) chance que a empresa tem para influenciar os compradores. Assim, para muitas empresas, a embalagem se tornou uma importante mídia promocional.[11]

Embalagens mal projetadas podem gerar aborrecimentos para os consumidores e perdas de vendas para a empresa. Pense em todas as embalagens difíceis de abrir, como as caixinhas dos DVDs, absurdamente lacradas com aquele plástico pegajoso, envolto com fitas que cortam os dedos, ou então protegidas por aquelas embalagens que dão nos nervos e mandam cerca de 6 mil pessoas para o hospital todo o ano com cortes e perfurações. Outra questão envolvendo embalagem é o excesso — quando um pequenino pen-drive embalado em um papelão e um plástico de tamanho exagerado é entregue em uma caixa gigante. O excesso de embalagem gera uma quantidade inacreditável de desperdício, frustrando as pessoas que se preocupam com o meio ambiente.[12]

Em contrapartida, embalagens inovadoras podem conferir à empresa uma vantagem em relação a seus concorrentes e aumentar as vendas. Por exemplo, recentemente, a Puma substituiu a caixa de sapato tradicional por uma alternativa atraente e funcional, além de ecológica — a Clever Little Bag:[13]

Em sua busca pela próxima geração de embalagem de calçados, os designers da Puma passaram 21 meses testando 40 protótipos de caixa de sapato, checando o potencial impacto ambiental delas da produção e transporte até o uso e futuro reúso. Eles vieram, então, com o que a Puma chama de Clever Little Bag (embalagem pequena mais inteligente), que causa um grande impacto. A nova caixa — a qual consiste em acomodar o tênis num fino papelão que é introduzido em uma atrativa bolsa vermelha reutilizável — precisa de 65% menos de papel para ser feita e reduz o consumo de água, energia e combustível durante a produção em mais de 60% por ano. Por ocupar menos espaço e ser mais leve, a nova caixa também diminui em 10 mil toneladas por ano as emissões de carbono durante as entregas. E mais: tudo é 100% reciclável. Em suma, a Clever Little Bag da Puma é mais do que simplesmente ecológica. Ela tem tudo a ver com os gostos dos consumidores e os resultados finais da empresa. Muito inteligente, não?

▲ Embalagem inovadora: a próxima geração de embalagem de calçados da Puma — a Clever Little Bag — é mais do que simplesmente ecológica. Ela tem tudo a ver com os gostos dos consumidores e os resultados finais da empresa. Muito inteligente, não?
PUMA

Nos últimos anos, a segurança do produto também se tornou uma importante preocupação no que se refere às embalagens. Todos nós já aprendemos a lidar com aquelas embalagens "à prova de crianças", tão difíceis de abrir. Após a onda de assustadoras adulterações de produtos na década de 1980, muitos fabricantes de remédios e de produtos alimentícios passaram a acondicionar seus produtos em embalagens à prova de adulteração. Ao tomar decisões relacionadas à embalagem, a empresa também deve ter em mente as crescentes preocupações ambientais. Felizmente, muitas empresas, como a Puma, adotaram uma postura ecológica, reduzindo suas embalagens e utilizando materiais ambientalmente responsáveis.

Rotulagem

Os rótulos vão de simples etiquetas presas aos produtos até projetos gráficos complexos que fazem parte da embalagem. Eles desempenham diversas funções. No mínimo, o rótulo *identifica* o produto ou a marca, como o nome Sunkist estampado em laranjas. O rótulo também pode *descrever* diversas coisas sobre o produto — quem o produziu, onde ele foi produzido, seu conteúdo, como deve ser usado e como deve ser utilizado com segurança. Por fim, ele pode ajudar a *promover* a marca, apoiar seu posicionamento e conectá-la com os clientes. Para muitas empresas, os rótulos se tornaram um importante elemento em campanhas de marketing mais amplas.

Os rótulos e os logotipos podem apoiar o posicionamento da marca e adicionar personalidade a ela. Por exemplo, embora parecido com o famoso logotipo vermelho, branco e azul que os consumidores viram pela primeira vez 60 anos atrás, a Pepsi recentemente lançou um novo logo, mais alegre. "Parece a mesma Pepsi que conhecemos e amamos", diz um especialista em marca. "Mas é mais aventureiro, jovial, com um pouco mais de personalidade." Ele representa um "espírito de otimismo e juventude", diz um profissional de marketing da Pepsi.[14]

De fato, os rótulos e os logos se tornaram elementos essenciais na conexão entre a marca e o cliente. Por exemplo, recentemente, quando a Gap lançou uma versão mais moderna de seu famoso logo — o conhecido texto branco em um quadrado azul —, os clientes ficaram doidos e impuseram uma intensa pressão on-line. Depois de apenas uma semana, a Gap voltou com o logo antigo. Exemplos como esse "destacam a forte conexão que as pessoas têm com as representações visuais de suas adoradas marcas", diz um analista.[15]

▲ Rótulos e logos: quando a Gap tentou modernizar seu famoso logo, os clientes ficaram doidos, destacando a forte conexão que as pessoas têm com as representações visuais de suas adoradas marcas.

Jean Francois FREY/PHOTOPQR/L'ALSACE/Newscom

Juntamente aos pontos positivos das embalagens e dos rótulos, existe uma longa história de preocupações legais envolvendo esses elementos. Nos Estados Unidos, em 1914, a Federal Trade Commission Act (Lei da Comissão Federal do Comércio) estabeleceu que embalagens ou rótulos falsos ou enganosos configuram concorrência desleal. Os rótulos podem enganar os consumidores, bem como errar na descrição de ingredientes importantes ou na inclusão de instruções de segurança necessárias. Como resultado, diversas leis federais e estaduais norte-americanas regulam a rotulagem. A mais importante é a Fair Packaging and Labeling Act (Lei de Embalagem e Rotulagem), de 1996, que determinou exigências compulsórias para a rotulagem, incentivou a autorregulação do setor de embalagens e permitiu que órgãos federais regulassem as embalagens em setores específicos.

Nos últimos tempos, a rotulagem foi afetada pelo *preço por unidade de medida* (anúncio do preço por unidade de uma medida-padrão), pela *data de fabricação* (descrição da validade do produto) e pela *informação nutricional* (declaração dos valores nutricionais do produto). Nos Estados Unidos, a Nutritional Labeling and Educational Act (Lei de Rotulagem e Informação Nutricional), de 1990, determina que os fabricantes apresentem informações nutricionais sobre os produtos alimentícios, e diversas ações generalizadas realizadas recentemente pela FDA (Food and Drug Administration — Administração de Alimentos e Medicamentos) regulam o uso de termos relacionados à saúde, como *baixo teor de gordura*, *light* e *rico em fibras*. Os fabricantes devem garantir que seus rótulos contenham todas as informações exigidas.

Serviços de apoio ao produto

O serviço de atendimento ao cliente é outro elemento da estratégia do produto. A oferta de uma empresa normalmente inclui alguns serviços de apoio, que podem ser uma parte pequena ou importante da oferta total. Mais adiante, neste capítulo, discutiremos serviços como produtos. Aqui, discutiremos serviços que ampliam os produtos básicos.

Os serviços de apoio podem ser uma parte importante da experiência total do cliente com a marca. Por exemplo, a sofisticada loja de departamentos Nordstrom sabe que o bom marketing não termina com a realização da venda. Deixar os clientes felizes *após* a venda é o segredo para construir relacionamentos duradouros. O lema da Nordstrom é: "Cuide dos clientes, custe o que custar", antes, durante e após a venda.[16]

A Nordstrom coleciona histórias sobre seus heroicos serviços pós-venda, como a dos funcionários que entregaram pedidos na casa de clientes e a dos que aqueceram o carro deles enquanto ficavam um tempinho a mais comprando. Em um caso, de acordo com relatos, uma vendedora reembolsou um cliente por um pneu — a Nordstrom não vende pneus, mas a loja se orgulha de sua política de devolução, marcada pela ausência de perguntas. Em outro caso, um vendedor parou uma cliente na loja e perguntou se os sapatos que ela estava usando tinham sido comprados lá. Quando a cliente disse que sim, o vendedor insistiu em substituí-los imediatamente, afirmando que não tinham envelhecido tão bem quanto deveriam. Há inclusive a história de um homem cuja esposa faleceu deixando em aberto uma conta de 1 mil dólares na Nordstrom. A loja não apenas liquidou a conta, mas também enviou flores ao funeral. Esses serviços heroicos fazem com que os clientes continuem voltando.

▲ Atendimento ao cliente: a Nordstrom sabe que deixar os clientes felizes após a venda é o segredo para construir relacionamentos duradouros. O lema da Nordstrom é: "Cuide dos clientes, custe o que custar".
AP Photo

O primeiro passo na elaboração de serviços de apoio consiste em, periodicamente, fazer um levantamento com os clientes para avaliar o valor dos serviços existentes e obter ideias para novos. Uma vez avaliada a qualidade dos diversos serviços de apoio aos clientes, a empresa deve tomar medidas para consertar os problemas e adicionar novos serviços que vão, ao mesmo tempo, encantar os clientes e gerar lucros para a empresa.

Atualmente, muitas empresas utilizam um sofisticado mix de telefone, e-mail, internet e tecnologias interativas de dados e voz para fornecer serviços de apoio que, antes, não eram possíveis. Por exemplo, a AT&T oferece um conjunto completo de serviços pós-venda para todos os seus produtos, de conexão sem fio a TV digital. Os clientes podem obter suporte técnico 24 horas por dia, 7 dias por semana, entrando em contato com uma AT&T Live Agent, por telefone ou on-line. Além disso, as páginas de suporte on-line da empresa trazem soluções para problemas, tours virtuais e uma seção "Pergunte ao Charles", uma espécie de especialista virtual da AT&T.[17]

Decisões de linha de produtos

Além das decisões sobre produtos e serviços individuais, a estratégia do produto requer o desenvolvimento de uma linha de produtos. Uma **linha de produtos** é um grupo de produtos que são intimamente relacionados porque funcionam de maneira similar, são vendidos para os mesmos grupos de cliente, são comercializados por meio dos mesmos tipos de pontos de venda ou se enquadram em determinadas faixas de preços. Por exemplo, a Nike produz várias linhas de roupas e tênis esportivos, e a Marriott oferece diversas linhas de hotéis.

Aqui, a decisão mais importante envolve a *extensão da linha de produtos* — o número de itens que a linha traz. Se o gerente puder aumentar os lucros acrescentando itens, a linha é muito pequena; se ele puder aumentar os lucros abrindo mão de itens, ela é muito extensa. Os gerentes precisam analisar suas linhas de produtos periodicamente, a fim de avaliar as

Linha de produtos
Um grupo de produtos que são intimamente relacionados porque funcionam de maneira similar, são vendidos para os mesmos grupos de cliente, são comercializados por meio dos mesmos tipos de pontos de venda ou se enquadram em determinadas faixas de preços.

vendas e os lucros de cada item e entender como cada um deles contribui para o desempenho da linha como um todo.

Uma empresa pode expandir sua linha de produtos de duas maneiras: pela *complementação* ou pela *ampliação*. A *complementação da linha de produtos* envolve acrescentar mais itens à atual variedade da linha. Existem diversos motivos para complementar a linha de produtos: conquistar lucros adicionais, satisfazer revendedores, utilizar capacidade de produção em excesso, assumir a liderança como uma empresa de linha completa e preencher lacunas para afastar os concorrentes. No entanto, a complementação da linha passa do ponto quando resulta em canibalização e confusão por parte do cliente. A empresa deve garantir que novos itens sejam visivelmente diferentes dos existentes.

A *ampliação da linha de produtos* ocorre quando a empresa estende sua linha de produtos indo além da variedade atual. A empresa pode estender sua linha para baixo, para cima ou em ambos os sentidos. Empresas posicionadas na parte superior do mercado podem estender suas linhas para *baixo*. Uma empresa pode fazer isso para preencher uma lacuna de mercado, que de outra maneira poderia atrair um novo concorrente, ou para reagir ao ataque de um concorrente na parte superior. Ela também pode adicionar produtos à parte de baixo porque notou um crescimento mais rápido nos segmentos inferiores. As empresas podem ainda estender suas linhas de produto para *cima*. Muitas vezes, elas fazem isso para agregar prestígio a seus produtos atuais. Elas também podem ser atraídas por uma taxa de crescimento mais rápida ou por maiores margens no segmento superior.

Para ampliar seu apelo de mercado e estimular o crescimento, nos últimos anos a BMW estendeu sua linha em *ambos os sentidos*, ao mesmo tempo em que preencheu as lacunas entre eles.[18]

> Na última década, a BMW passou por uma metamorfose, deixando de ser uma fabricante de carros com uma única marca e cinco modelos para se tornar uma potência com três marcas, 14 "séries" e mais de 30 modelos diferentes. Além de estender sua linha de produtos para baixo, com o MINI Cooper e seus modelos compactos série 1, a BMW a estendeu para cima, com a aquisição da Rolls-Royce. A empresa preencheu as lacunas entre os dois sentidos com os carros de dois lugares Z4, os cupês da série 6, os crossovers e os esportivos de ação da série X e os modelos de alto desempenho da série M. Próximo passo: uma oferta crescente de carros híbridos e totalmente elétricos. Como resultado, ela intensificou seu apelo para o rico, o super-rico e o aspirante a rico — e tudo isso sem se distanciar de seu autêntico posicionamento premium.

Decisões de mix de produtos

Mix de produtos (ou composto de produtos)
O conjunto de todas as linhas de produtos e itens que uma determinada empresa oferece para venda.

Uma organização que possui diversas linhas de produtos tem um mix de produtos. Um **mix de produtos (ou composto de produtos)** consiste em todas as linhas de produtos e itens que uma determinada empresa oferece para venda. O mix de produtos da Campbell Soup Company consiste em três grandes linhas de produtos: bebidas saudáveis, biscoitos e refeições rápidas.[19] Cada linha de produtos consiste em diversas sublinhas. Por exemplo, a linha de refeições rápidas consiste em sopas, molhos e macarrões. Cada linha e sublinha possuem muitos itens individuais. Ao todo, o mix de produtos da Campbell inclui centenas de itens.

O mix de produtos de uma empresa possui quatro importantes dimensões: abrangência, extensão, profundidade e consistência. A *abrangência* de um mix de produtos refere-se ao número de diferentes linhas de produtos com que a empresa trabalha. Por exemplo, a Campbell Soup Company possui um mix de produtos não muito abrangente, que combina com sua missão "alimentar a vida das pessoas em qualquer lugar, todos os dias". Em contrapartida, a GE fabrica mais de 250 mil itens em uma ampla variedade de categorias, que variam de lâmpadas a equipamentos médicos, motores de avião e locomotivas a diesel.

A *extensão* do mix de produtos se refere ao número total de itens com que a empresa trabalha em cada uma de suas linhas de produtos. A Campbell Soup possui diversas marcas em cada linha. Por exemplo, sua linha de refeições rápidas inclui as sopas Campbell's, as sopas e caldos Wolfgang Puck, o molho de tomate Prego, o molho picante Pace e os caldos Swanson, além de outras marcas internacionais.

A *profundidade* da linha de produtos refere-se ao número de versões oferecidas de cada produto da linha. As sopas Campbell's são oferecidas em sete variedades, que vão de sopas Campbell's Condensed (que precisam de adição de água ou leite, por exemplo) e Campbell's

Chunky (encorpadas) a sopas Campbell's Select Harvest (com produtos selecionados) e Campbell's Healthy Request (saudáveis). Cada variedade oferece uma série de formatos e formulações. Por exemplo, você pode comprar a sopa Campbell's Chunky Hearty Beef Noodle (com bastante carne e macarrão), a Chunky Chicken & Dumplings (com frango e cozidos) e a Chunky Steak & Potato (com carne e batata), e pode comprar em latas ou em embalagens para micro-ondas.

Por fim, a *consistência* do mix de produtos (composto de produtos) refere-se ao grau de proximidade das várias linhas de produtos no uso final, nas exigências de produção, nos canais de distribuição ou em qualquer outra característica. As linhas de produtos da Campbell Soup Company são consistentes se considerarmos que são produtos de consumo e passam pelos mesmos canais de distribuição. No entanto, são menos consistentes se considerarmos que desempenham diferentes funções para os compradores.

▲ Mix de produtos: a Campbell Soup Company possui um mix de produtos não muito abrangente, que combina com sua missão "alimentar a vida das pessoas em qualquer lugar, todos os dias".
Campbell Soup Company

Essas dimensões do mix de produtos oferecem os meios para definir a estratégia de produtos da empresa. A organização pode ampliar seus negócios de quatro maneiras. Ela pode adicionar novas linhas de produtos, aumentando, assim, a abrangência de seu mix de produtos. Desse modo, as novas linhas são desenvolvidas em cima da reputação da empresa nas linhas existentes. A organização pode aumentar a extensão de suas linhas de produtos atuais, para se tornar uma empresa de linha completa. Pode também adicionar mais versões de cada produto e, assim, aumentar a profundidade seu mix de produtos. Por fim, a organização pode buscar uma consistência maior — ou menor — de sua linha de produtos, e isso depende se seu objetivo é ter boa reputação em apenas um campo ou em vários.

De tempos em tempos, a empresa pode ter que rever seu mix de produtos para reduzir linhas e modelos que não estão tendo um bom desempenho e para retomar seu foco. Por exemplo, como parte fundamental de sua recente virada, a Ford deu uma boa reduzida em seu mix de produtos:[20]

> A Ford reduziu sua multidão de marcas de 97 para menos de 20. Ela eliminou toda a linha Mercury e vendeu a linha Volvo. A redução das marcas da Ford deixou Alan Mulally, CEO da empresa, animado. Ele ainda fica perturbado pensando no tanto que a marca Ford tinha se tornado sem foco, sem graça. "Digo, nós tínhamos 97 desses, pelo amor de Deus!", diz ele, apontando para a lista de modelos antigos. "Como você vai tornar tudo isso atrativo? Você chega aqui às oito da manhã e diz 'das oito ao meio-dia vou me concentrar no nº 64. E, então, depois do almoço, vou trabalhar no nº 17'? Era ridículo."

Marketing de serviços

Os serviços aumentaram muito nos últimos anos. Atualmente, eles são responsáveis por quase 65% do produto interno bruto (PIB) norte-americano. E o setor de serviços está crescendo. Estima-se que, em 2014, mais de quatro entre cinco empregos nos Estados Unidos serão nesse setor. Os serviços estão crescendo, inclusive, mais rápido do que a economia mundial, representando 64% do produto mundial bruto (PMB).[21]

O setor de serviços varia bastante. *Governos* oferecem serviços por meio de tribunais, agências de emprego, hospitais, serviços militares, departamentos de polícia, corpos de bombeiros, serviços de correio e escolas. As *organizações privadas sem fins lucrativos* oferecem serviços por meio de museus, instituições de caridade, igrejas, faculdades, fundações e hospitais. E um grande número de *organizações empresariais* oferece serviços — companhias aéreas, bancos, hotéis, seguradoras, empresas de consultoria, escritórios de advocacia, consultórios médicos, empresas de entretenimento e telecomunicações, imobiliárias, varejistas e outras.

Objetivo 3

◀ Identificar as quatro características que afetam o marketing de serviços e outras considerações adicionais de marketing que os serviços demandam.

A natureza e as características de um serviço

Uma empresa deve considerar quatro características especiais dos serviços ao elaborar seus programas de marketing: intangibilidade, inseparabilidade, variabilidade e perecibilidade (veja a Figura 8.3).

A **intangibilidade dos serviços** significa que eles não podem ser vistos, provados, sentidos, ouvidos ou cheirados antes da compra. Por exemplo, as pessoas que se submetem a uma cirurgia plástica não podem ver o resultado antes da compra. Os passageiros de uma companhia aérea não têm nada, a não ser uma passagem e a promessa de que eles e suas bagagens chegarão a salvo (e espera-se que juntos) ao destino pretendido. Para reduzir a incerteza, os compradores buscam *sinais* da qualidade dos serviços. Eles tiram conclusões acerca da qualidade com base nas instalações, no pessoal, nos preços, nos equipamentos e nas comunicações que podem ver.

Intangibilidade dos serviços
Os serviços não podem ser vistos, provados, sentidos, ouvidos ou cheirados antes da compra.

Por isso, cabe ao prestador de serviços tornar os serviços tangíveis de uma ou de várias maneiras e enviar os sinais certos sobre a qualidade. A Mayo Clinic faz isso bem:[22]

Quando se trata de hospitais, a maioria dos pacientes não consegue, de fato, julgar a "qualidade do produto". Trata-se de um produto muito complexo para entender, e não tem como testá-lo antes de comprá-lo. Assim, na hora de escolher um hospital, grande parte das pessoas, inconscientemente, procura evidências de que a instalação funciona e que seja confiável. A Mayo Clinic não deixa essas evidências ao acaso. Em vez disso, ela oferece aos pacientes evidências organizadas e honestas acerca de sua dedicação para "oferecer o melhor cuidado a todo paciente todos os dias".

Internamente, o pessoal da clínica é treinado para agir de uma maneira que sinaliza, com clareza, a preocupação da Mayo Clinic com o bem-estar de seus pacientes. Por exemplo, os médicos regularmente entram em contato com os pacientes para solucionar problemas de agenda. As instalações físicas da Mayo também enviam os sinais corretos. Elas são meticulosamente projetadas para oferecer um refúgio, transmitir cuidado e respeito e indicar competência. Procurando confirmações externas? Acesse a internet e ouça o que as pessoas dizem que estiveram na clínica e que trabalham lá. A Mayo Clinic utiliza redes sociais — de tudo, de blogs a Facebook e YouTube — para intensificar a experiência do paciente. Por exemplo, no blog Sharing Mayo Clinic (<http://sharing.mayoclinic.org>), pacientes e seus familiares relatam suas experiências com a Mayo, ao passo que os funcionários oferecem uma visão do que acontece por trás dos bastidores. O resultado? Clientes altamente fidelizados que, de bom grado, espalham propaganda boca a boca positiva, construindo uma das marcas mais poderosas da área da saúde.

▲ Ao oferecer aos clientes evidências organizadas e honestas acerca de sua capacidade, a Mayo Clinic construiu uma das marcas mais poderosas na área da saúde. Seu blog Sharing Mayo Clinic permite que você ouça pessoas que estiveram na clínica ou que trabalham lá.
Mayo Clinic

Os produtos físicos são fabricados, em seguida armazenados, depois vendidos e mais tarde consumidos. Já os serviços são primeiro vendidos e depois produzidos e consumidos, ao mesmo tempo. A **inseparabilidade dos serviços** significa que eles não podem ser separados de seus fornecedores, sejam eles pessoas ou máquinas. Se for um funcionário da empresa prestadora de serviços quem fornecerá o serviço, então ele será parte do serviço. E os clientes não apenas compram e usam um serviço: eles também desempenham um importante papel em sua entrega. A coprodução do cliente torna a *interação entre o prestador de serviços e o cliente* uma característica especial do marketing de serviços. Tanto o prestador de serviços quanto o cliente afetam o resultado do serviço.

Inseparabilidade dos serviços
Os serviços são produzidos e consumidos ao mesmo tempo e não podem ser separados de seus fornecedores.

Figura 8.3 Quatro características dos serviços.

Embora, no sentido geral, os serviços sejam "produtos", eles possuem características e necessidades de marketing especiais. As maiores diferenças residem no fato de que os serviços são essencialmente intangíveis e são criados por meio de interações diretas com os clientes. Pense em sua experiência com uma companhia aérea e a compare com sua experiência com a Nike e a Apple, por exemplo.

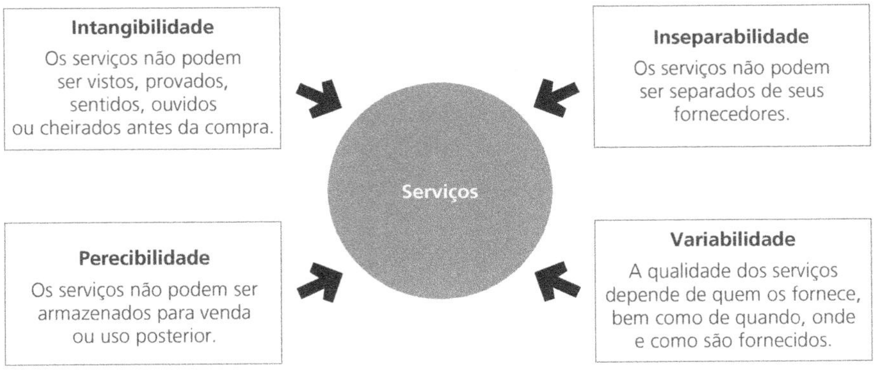

Intangibilidade
Os serviços não podem ser vistos, provados, sentidos, ouvidos ou cheirados antes da compra.

Inseparabilidade
Os serviços não podem ser separados de seus fornecedores.

Serviços

Perecibilidade
Os serviços não podem ser armazenados para venda ou uso posterior.

Variabilidade
A qualidade dos serviços depende de quem os fornece, bem como de quando, onde e como são fornecidos.

A **variabilidade dos serviços** significa que a qualidade deles depende de quem os fornece, bem como de quando, onde e como são fornecidos. Por exemplo, alguns hotéis — digamos, os da Marriott — têm a reputação de fornecer melhores serviços do que outros. Mesmo assim, em um algum hotel Marriott, um recepcionista pode ser alegre e eficiente, ao passo que outro, que está a apenas poucos metros de distância, pode ser desagradável e lento. Até a qualidade do serviço de determinado funcionário da Marriott varia de acordo com sua energia e estado de espírito no momento em que interage com cada hóspede.

A **perecibilidade dos serviços** significa que eles não podem ser armazenados para venda ou uso posterior. Alguns médicos cobram uma espécie de multa dos pacientes que não comparecem a uma consulta marcada porque o valor do serviço existia somente naquele instante e desapareceu, já que o paciente não foi. A perecibilidade dos serviços não é um problema quando a demanda é estável. Contudo, quando ela flutua, as empresas prestadoras de serviços geralmente se veem diante de difíceis problemas. Por exemplo, por causa da demanda do horário de pico, as empresas de transporte público precisam ter um número muito maior de equipamentos do que seria necessário caso a demanda fosse estável ao longo do dia. Assim, as prestadoras de serviços costumam elaborar estratégias para obter um melhor equilíbrio entre demanda e oferta. Hotéis e resorts trabalham com preços menores na baixa estação para atrair mais hóspedes. E os restaurantes contratam funcionários em regime de meio período para trabalhar durante os períodos de pico.

Variabilidade dos serviços
A qualidade dos serviços pode variar muito, dependendo de quem os fornece, bem como de quando, onde e como são fornecidos.

Perecibilidade dos serviços
Os serviços não podem ser armazenados para venda ou uso posterior.

Estratégias de marketing para empresas prestadoras de serviços

Exatamente como as empresas que fabricam produtos, as boas empresas que prestam serviços utilizam o marketing para se posicionar fortemente nos mercados-alvo escolhidos. A FedEx promete levar seus pacotes "mais rápido, mais longe"; a Angie's List oferece "análises em que você pode você confiar". No Hampton, "nós amamos ter você aqui". E o St. Jude Children's Hospital está "descobrindo curas, salvando crianças". Essas e outras empresas prestadoras de serviços estabelecem suas posições por meio de atividades tradicionais de mix de marketing. No entanto, como os serviços diferem dos produtos tangíveis, muitas vezes eles exigem abordagens de marketing adicionais.

A cadeia de valor dos serviços

Em uma empresa prestadora de serviços, o cliente e o funcionário da linha de frente *interagem* para, juntos, criar o serviço. A interação eficaz, por sua vez, depende das habilidades dos funcionários e dos processos que os apoiam. Assim, prestadoras de serviços bem-sucedidas concentram sua atenção tanto em seus clientes como em seus funcionários. Elas entendem como funciona a **cadeia de valor dos serviços**, que liga seus lucros à satisfação do funcionário e do cliente. Essa cadeia consiste em cinco elos:[23]

Cadeia de valor dos serviços
A cadeia que liga os lucros da empresa à satisfação do funcionário e do cliente.

- *Qualidade do serviço interno:* uma boa seleção e treinamento dos funcionários, um ambiente de trabalho de qualidade e um forte apoio àqueles que lidam diretamente com os clientes, o que resulta em...
- *Funcionários satisfeitos e produtivos:* funcionários mais satisfeitos, leais e esforçados, o que resulta em...
- *Serviço de maior valor:* criação de valor e entrega de serviços mais efetivos e eficazes para o cliente, o que resulta em...
- *Clientes satisfeitos e fiéis:* clientes satisfeitos que se permanecem fiéis compram regularmente e dão indicações a outros clientes, o que resulta em...
- *Crescimento saudável da lucratividade dos serviços:* desempenho superior da empresa prestadora de serviços.

Como observa John Mackey, cofundador e CEO do Whole Foods Market: "Funcionários felizes resultam em clientes felizes. Clientes felizes fazem mais negócios com você. Eles se tornam defensores de sua empresa, o que resulta em investidores felizes".[24] Portanto, prestadores de serviços formidáveis começam cuidando daqueles que cuidam dos clientes. Por exemplo, o atendimento ao cliente fabuloso da Zappos.com — varejista de sapatos, roupas e acessórios on-line — sabe que clientes felizes começam com funcionários felizes, dedicados e cheios de energia (veja o Marketing Real 8.1).

Assim, o marketing de serviços exige mais do que o tradicional marketing externo, que faz uso dos 4Ps. A Figura 8.4 mostra que o marketing de serviços também requer *marketing interno* e *marketing interativo*. **Marketing interno** significa que a empresa prestadora de serviços deve orientar e motivar seus funcionários que lidam com os clientes, bem como todo o pessoal que oferece serviços de apoio, para que trabalhem em *equipe* a fim de fornecer satisfação aos clientes. A empresa deve fazer com que todos os seus funcionários sejam orientados para o cliente. Na verdade, o marketing interno deve *preceder* o marketing externo. Por exemplo, a Zappos começa contratando as pessoas certas e, então, as orienta e as motiva cuidadosamente, para que entreguem um atendimento sem paralelo ao cliente.

Marketing interativo significa que a qualidade dos serviços depende fortemente da qualidade da interação entre o comprador e o vendedor durante a venda. No marketing de produtos, a qualidade daquilo que é comprado geralmente depende muito pouco do modo como é obtido. Mas, no marketing de serviços, a qualidade do serviço depende tanto de quem o entrega como da qualidade da entrega. Portanto, as empresas prestadoras de serviços devem dominar as habilidades do marketing interativo. A Zappos só contrata pessoas que nasceram com "paixão para atender" e as instrui, cuidadosamente, na arte de interagir com os clientes para satisfazer cada uma de suas necessidades. Todos os novos contratados — em todos os níveis — passam por um treinamento completo de quatro semanas sobre fidelidade do cliente.

Hoje, com o aumento da concorrência e dos custos e com a queda da produtividade e da qualidade, é necessário maior sofisticação no marketing de serviços. As empresas prestadoras de serviços se deparam com três importantes tarefas de marketing. Elas precisam melhorar a *diferenciação dos serviços*, a *qualidade dos serviços* e a *produtividade dos serviços*.

Marketing interno
Orientação e motivação dos funcionários que lidam com os clientes, bem como de todo o pessoal que oferece serviços de apoio, para que trabalhem em equipe a fim de fornecer satisfação aos clientes.

Marketing interativo
Treinamento dos funcionários de serviços na arte de interagir com os clientes para satisfazer suas necessidades.

Figura 8.4 Três tipos de marketing de serviços.

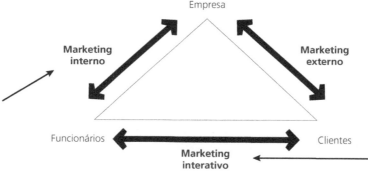

As empresas prestadoras de serviços devem vender a importância de encantar os clientes para seus funcionários que lidam diretamente com os compradores. Na Zappos.com, o principal valor central é: "Entregue UAU por meio de serviços".

Em seguida, as prestadoras de serviços devem ajudar seus funcionários a dominar a arte de interagir com os clientes. Todo funcionário da Zappos.com, do CEO para baixo, passa por um treinamento de quatro semanas sobre fidelidade do cliente.

Marketing Real 8.1

Zappos.com: cuidando daqueles que cuidam dos clientes

Pense em um varejista com um serviço tão bom que seus clientes sonham que ele assuma o comando da Receita Federal ou abra uma companhia aérea. Isso pode parecer uma fantasia de marketing, mas é uma realidade no fabuloso atendimento do cliente da Zappos.com. Na Zappos, a experiência do cliente realmente vem em primeiro lugar — é uma obsessão diária. De acordo com Tony Hsieh, o moderado CEO da Zappos: "Nossa meta na Zappos é fazer que a marca Zappos tenha o melhor atendimento ao cliente e proporcione a ele a melhor experiência". A Zappos é movida a serviços.

Desde o início, a determinada varejista on-line de sapatos, roupas, bolsas e acessórios fez do atendimento ao cliente a base de seu marketing. Como resultado, a Zappos cresceu absurdamente. Hoje, ela atende a mais de 10 milhões de clientes anualmente e sua venda bruta de mercadorias atinge 1,2 bilhões de dólares por ano. De fato, o sucesso on-line da Zappos e sua paixão pelos clientes fizeram dela um ideal a ser alcançado por outro varejista on-line também muito bem-sucedido e obcecado pelo cliente: a Amazon.com, que comprou a Zappos há alguns anos e permitiu que ela operasse como uma empresa independente.

Na Zappos, o cuidado com o cliente tem início com uma cultura profundamente enraizada, focada no cliente. Como a Zappos transforma essa cultura em uma realidade para o cliente? Tudo começa com os representantes do atendimento ao cliente — que a empresa chama de equipe de fidelidade do cliente. A maioria dos negócios da Zappos.com é proveniente de propaganda boca a boca e interações do cliente com os funcionários da empresa. E a Zappos sabe que clientes felizes começam com funcionários felizes, dedicados e cheios de energia. Assim, em primeiro lugar, a empresa contrata as pessoas certas, treinando-as meticulosamente nos aspectos básicos do atendimento ao cliente e motivando-as para atingir novos degraus no cuidado com os clientes.

"Ver clientes empolgados com os serviços que receberam na Zappos tornou-se uma coisa normal", diz um executivo de marketing da empresa. "Não dá para ensiná-los; é preciso contratá-los." A contratação das pessoas certas começa com um processo de inscrição. No site da Zappos, o convite para se inscrever dá pistas do tipo de pessoa que a empresa busca:

> Por favor, verifique os dez valores centrais da Zappos Family antes de se inscrever. Eles estão no coração e na alma de nossa cultura e são fundamentais no modo como fazemos negócios. Se você é "divertido e um pouco estranho" — veja se os outros nove valores centrais têm a ver com você também —, por favor, analise as vagas abertas! "Obs.: na Zappos Family of Companies, pessoas com ego grande não são bem-vindas. Contudo, Eggos (marca de *waffles* congelados) grandes são muito bem-vindos e apreciados!"

Uma vez contratado, para garantir que a obsessão pelo cliente da Zappos permeie a organização, todo novo funcionário — do CEO e CFO ao comprador de sapatos infantis — é obrigado a passar por um treinamento de quatro semanas sobre fidelidade do cliente. De fato, em um esforço para eliminar pessoas que não se encaixam totalmente, a Zappos paga para elas saírem. Ela oferece pelas quatro semanas de treinamento de atendimento ao cliente a enorme quantia de 4 mil dólares em dinheiro, além do pagamento pelas horas trabalhadas, se as pessoas deixarem a empresa. A teoria diz que aqueles que estão dispostos a pegar o dinheiro e sumir não se encaixavam mesmo à cultura da Zappos.

Estando em seus postos, a Zappos trata os funcionários da mesma maneira que trata os seus clientes. A cultura familiar da Zappos enfatiza "um trabalho que satisfaça e seja gratificante [...] e uma carreira da qual você possa se orgulhar. Trabalhe bastante. Curta bastante. O tempo todo!" A Zappos quer que seus funcionários sejam motivados — que se divirtam na empresa e se sintam bem em relação a ela. Para tanto, cria um clima relaxado, animado e muito familiar, que conta ainda com refeições grátis, uma sala de descanso, guerras com arminhas de brinquedo Nerf e concursos em que é preciso comer bolachas Oreo, sem falar dos amplos benefícios, desde a participação nos lucros até mesmo um especialista que os ajudam a lidar com questões pessoais em período integral — tudo isso faz da Zappos um ótimo lugar para se trabalhar. Na verdade, na mais recente lista da *Forbes* das cem melhores empresas para se trabalhar, a Zappos ocupa a 11ª posição.

▲ A Zappos sabe que clientes felizes começam com funcionários felizes, dedicados e cheios de energia. A Zappos "fica feliz em ajudar 24 horas por dia, 7 dias por semana".

© 2013 Zappos.com, Inc. ou suas afiliadas

O resultado disso é o que um comentarista chama de "1.550 funcionários para sempre animados". Todo ano a empresa publica um livro sobre a "cultura", repleto de testemunhos não editados e geralmente sentimentais de "zapponianos" sobre o que significa trabalhar lá. "Oh, minha nossa", diz um funcionário, "essa é minha casa longe de casa [...]. Mudou minha vida [...]. Nossa cultura é o principal motivo para trabalhar aqui". Outro diz: "A coisa mais surpreendente de vir trabalhar aqui é que não existem limites. Qualquer coisa pela qual você é apaixonado é possível". E quais são as coisas pelas quais os "zapponianos" são mais apaixonados? O valor central nº 1 da Zappos é: "Entregue UAU por meio de serviços".

Por sua vez, esses funcionários entusiasmados são excelentes embaixadores da marca. Enquanto muitos sites escondem seus dados de contato embaixo de vários links porque, na realidade, não querem ouvir os clientes, a Zappos coloca seu telefone no topo de todas as suas páginas web, e seu call center funciona 24 horas por dia, 7 dias por semana. Hsieh vê todo contato com o cliente como uma oportunidade. "Nós queremos, de verdade, conversar com nossos clientes", ele diz. "Se conduzimos bem as coisas durante a ligação, temos a oportunidade de criar um impacto emocional e uma memória duradoura".

Hsieh insiste que os representantes sejam prestativos com qualquer coisa que os clientes peçam — e ele quer dizer isso mesmo. Por exemplo, um cliente ligou procurando uma pizzaria aberta depois da meia-noite em Santa Monica, na Califórnia. Dois minutos depois, um representante da Zappos encontrou uma para ele. E a Zappos não cobra seus representantes pelo tempo de chamada. A ligação mais longa da empresa, de uma cliente que queria que o representante a ajudasse enquanto ela olhava o que pareceu milhares de pares de sapato, durou quase seis horas.

Na Zappos, cada funcionário é uma espécie de departamento de marketing. Os relacionamentos — dentro e fora da empresa — significam tudo para ela. Hsieh e muitos outros funcionários permanecem em contato direto com os clientes, entre si e com qualquer um interessado na empresa. Eles utilizam ferramentas de rede social, como Facebook, Twitter e blogs, para compartilhar informações, tanto boas como ruins. Essa abertura pode preocupar alguns varejistas, mas a Zappos a abraça.

A Zappos, inclusive, utiliza funcionários em seu marketing. Por exemplo, ela os coloca em vídeos curtos para descrever e explicar seus produtos. Há poucos anos, ela produziu 58 mil vídeos com pessoas da equipe — e não modelos profissionais — mostrando sapatos, bolsas e roupas. A Zappos descobriu que, quando o produto inclui uma explicação de alguém em vídeo, as compras aumentam e as devoluções diminuem. E os anúncios da Zappos que os norte-americanos veem na televisão, que mostram bonecos de clientes conversando com bonecos de representantes, são baseados em histórias reais do atendimento ao cliente, com funcionários de verdade da Zappos fazendo as vozes.

Moral da história: como a cadeia de valor dos serviços sugere, o bom cuidado com os clientes começa com o bom cuidado daqueles que cuidam dos clientes. O entusiasmo e a cultura da Zappos são contagiantes. Junte os clientes e os representantes da Zappos e boas coisas virão. "Alguns clientes perguntaram para nós se não poderíamos, por gentileza, fundar uma companhia aérea ou comandar a Receita Federal", disse Hsieh, e acrescentou: "Daqui 30 anos, eu não descartaria uma companhia aérea Zappos que tivesse o melhor serviço".

Fontes: trechos adaptados de Natalie Zmuda, "Zappos: customer service first — and a daily obsession", *Advertising Age*, 20 out. 2008, p. 36; <http://about.Zappos.com/jobs>. Acesso em: abr. 2012; com informações adicionais e citações de Tony Hsieh, "Zappos's CEO on going to extremes for customers", *Harvard Business Review*, jul./ago. 2010, p. 41-44; Sarah Nassauer, "A new sales model: employees", *Wall Street Journal*, 17 mar. 2011, p. D3; Brian Solis, "Zappos' Tony Hsieh delivers happiness through service and innovation", 11 abr. 2011, <www.briansolis.com/2011/04/zappos-tony-hsieh-happiness/>; Robert Passikoff, "The zapposification of brands", *Forbes*, 23 jun. 2011, <www.forbes.com/sites/marketshare/2011/06/23/the-zapposification-of-brands/>; "100 best companies to work for", *Fortune*, 6 fev. 2012, p. 117; <www.youtube.com/users/zappos> e <www.zappos.com>. Acesso em: nov. 2012.

Gerenciamento da diferenciação dos serviços

Nessa época de intensa concorrência de preços, as empresas prestadoras de serviços com frequência reclamam da dificuldade de criar uma diferenciação entre seus serviços e os de seus concorrentes. Quando os clientes consideram parecidos os serviços prestados por diferentes empresas, eles se preocupam menos com o prestador do que com o preço. A solução para a concorrência de preços é o desenvolvimento de oferta, entrega e imagem diferenciadas.

A *oferta* pode incluir características inovadoras que a destacam das ofertas dos concorrentes. Por exemplo, alguns varejistas se diferenciam oferecendo coisas que vão muito além dos produtos que estocam. A Dick's Sporting Goods cresceu e deixou de ser uma loja de produtos para pesca em Binghamton, Nova York, para se tornar uma megavarejista de artigos esportivos de 4,8 bilhões de dólares e 450 lojas espalhadas em 42 estados norte-americanos, oferecendo serviços interativos que a destacam das lojas de artigos esportivos comuns. Os clientes podem testar amostras de tênis na pista de corrida dentro das lojas, experimentar tacos de golfe em um analisador de *swing* de golfe e um campo para prática de tacadas curtas que também ficam dentro das lojas, atirar flechas com o seu conjunto de arcos e receber orientações de produtos voltados para ginástica e musculação de uma equipe interna de preparadores físicos. Esses serviços diferenciados ajudam a fazer da Dick's "o destino final em termos de loja de artigos esportivos para atletas e entusiastas de atividades ao ar livre".[25]

As empresas prestadoras de serviços podem diferenciar a *entrega* de seus serviços contratando pessoas mais qualificadas e confiáveis para lidar diretamente com os clientes, desenvolvendo um ambiente físico de qualidade superior para a entrega do seu produto de serviço ou desenhando um processo de entrega melhor. Por exemplo, muitas redes de supermercados atualmente oferecem compras on-line e entregas em domicílio como uma melhor alternativa de fazer compras do que ter de dirigir, estacionar o carro, esperar na fila e levar as compras para casa. E a maioria dos bancos permite que você acesse informações sobre sua conta de praticamente qualquer lugar — de caixas eletrônicos a dispositivos móveis.

▲ Diferenciação dos serviços: empresas prestadoras de serviços podem diferenciar sua imagem usando personagens ou símbolos exclusivos, como o pato da Aflac.
Aflac

Por fim, as empresas prestadoras de serviços podem trabalhar na diferenciação de sua *imagem* por meio de símbolos e do branding. A Aflac adotou o pato como seu símbolo nas propagandas. Hoje, o pato está imortalizado em bichinhos de pelúcia e capas para taco de golfe, bem como em toques para celular e protetores de tela gratuitos. O famoso pato ajudou a fazer da grande, mas até então desconhecida, seguradora uma empresa memorável e acessível. Outros personagens e símbolos famosos ligados a serviços são: a lagartixa da GEICO, a Flo da Progressive Insurance, os arcos dourados do McDonald', as "boas mãos" da Allstate e o guarda-chuva vermelho da Travelers.

Gerenciamento da qualidade dos serviços

Uma empresa prestadora de serviços pode se diferenciar entregando, consistentemente, qualidade superior àquela que seus concorrentes oferecem. Como já aconteceu com as empresas que fabricam produtos, hoje em dia, a maioria das empresas prestadoras de serviços pratica o movimento da qualidade direcionada para o cliente. E, como as organizações que vendem produtos, as prestadoras de serviços precisam identificar o que os clientes-alvo esperam em termos de qualidade dos serviços.

Infelizmente, é mais difícil definir e avaliar a qualidade dos serviços do que a dos produtos. Por exemplo, é mais difícil chegar a um consenso com relação à qualidade de um corte de cabelo do que à qualidade de um secador de cabelo. A retenção do cliente talvez seja a melhor medida da qualidade — a capacidade que a prestadora de serviços tem de conservar seus clientes depende do grau de consistência com que ela entrega valor a eles.

As grandes prestadoras de serviços estabelecem altos padrões de qualidade. Elas observam de perto o desempenho dos serviços, tanto o dos seus como o dos concorrentes. E não se contentam simplesmente com um bom serviço: seu objetivo é atingir a perfeição. Um padrão de desempenho de 98% pode parecer bom, mas, se usasse esse padrão, o U.S. Postal Service perderia ou mandaria para o endereço errado 391 mil correspondências por dia, ao passo que os farmacêuticos entenderiam errado mais 1,4 milhão de receitas por semana.[26]

Diferentemente dos fabricantes de produtos que podem ajustar suas máquinas e matérias-primas até que tudo fique perfeito, a qualidade dos serviços sempre vai variar, dependendo das interações entre funcionários e clientes. Por mais que se esforcem, mesmo as melhores empresas ocasionalmente terão um atraso na entrega, uma carne queimada ou um funcionário rabugento. Contudo, uma boa *recuperação dos serviços* pode transformar clientes furiosos em clientes fiéis. Na verdade, uma boa recuperação pode gerar um índice maior de compra e fidelidade por parte do cliente do que se as coisas tivessem corrido bem logo no início. Por exemplo, a Southwest Airlines possui uma equipe proativa de comunicação com o cliente, cujo trabalho consiste em descobrir situações em que algo saiu errado — um atraso por problemas mecânicos, um mau tempo, uma emergência médica ou um passageiro louco de raiva — e remediar a experiência ruim rapidamente, se possível em até 24 horas. A comunicação da equipe com os passageiros, normalmente feita por e-mail, possui três componentes básicos: um sincero pedido de desculpa, uma breve explicação do que aconteceu e um presente para compensar (geralmente um crédito em dólares que pode ser usado no próximo voo com a Southwest). Pesquisas mostram que, quando a Southwest lida bem com uma situação de atraso, os clientes dão a ela notas de 14 a 16 pontos maiores do que quando os voos saem no horário.

Parte 3 | Elaboração de uma estratégia e de um mix voltados para o cliente

Hoje em dia, mídias sociais como o Facebook e o Twitter podem ajudar as empresas a exterminar ou remediar a insatisfação do cliente com o serviço. Veja o exemplo do Marriott International:[27]

> John Wolf, diretor de relações públicas do Marriott Hotels, comanda uma equipe que trabalha em período integral monitorando o Twitter e outras mídias sociais da empresa. A equipe procura pessoas que estão reclamando dos serviços que receberam no Marriott. "Nós preferimos saber que existe um problema a não saber, e preferimos ter a oportunidade de resolvê-lo", diz Wolf. Essa estratégia possibilita ao Marriott solucionar problemas com o cliente assim que eles surgem e recuperar clientes insatisfeitos. Por exemplo, quando a equipe descobriu um cliente regular infeliz que estava relatando no Twitter e em blogs sua experiência em um hotel Marriott, que tinha resultado em um par de sapatos destruído e em uma salgada conta na lavanderia do estabelecimento, eles o contataram via Twitter, pedindo seus dados de contato. No dia seguinte, o decepcionado cliente recebeu um telefonema pessoal do Marriott, que ofereceu uma explicação, sinceras desculpas e uma generosa quantia de pontos adicionais em seu cartão de fidelidade para serem usados em estadas futuras no Marriott. Resultado: um cliente novamente feliz e fiel que contou sua experiência positiva para outras pessoas em blogs e no Twitter.

Gerenciamento da produtividade dos serviços

Com seus custos crescendo rapidamente, as empresas prestadoras de serviços estão sofrendo uma grande pressão para melhorar a produtividade dos serviços. Elas podem fazer isso de diversas maneiras. Podem dar melhor treinamento aos atuais funcionários ou contratar novos, mais qualificados ou que trabalhem com mais afinco. Podem também aumentar a quantidade de serviços, abrindo mão de alguma qualidade. Por fim, podem aproveitar o poder da tecnologia. Embora costumemos pensar no poder da tecnologia como algo para economizar tempo e custos nas empresas de manufatura, ele também tem grande — e, muitas vezes, não utilizado — potencial para tornar as pessoas que trabalham com serviços mais produtivas.

No entanto, as empresas devem evitar dar importância demais à produtividade, a ponto de reduzir a qualidade. Tentativas de otimizar um serviço ou cortar custos podem tornar a prestadora de serviços mais eficiente no curto prazo, mas, a longo prazo, reduzir sua capacidade de inovar, de manter a qualidade dos serviços ou de atender às necessidades e aos desejos dos clientes. Muitas companhias aéreas, por exemplo, aprenderam essa lição a duras penas, tentando economizar diante de custos crescentes. Hoje, na hora de fazer o check-in, os passageiros de muitas companhias encontram totens que "economizam tempo", em vez de receberem um atendimento pessoal. E a maioria das companhias aéreas parou de oferecer pequenas coisas grátis — como salgadinhos durante o voo — e passou a cobrar por tudo, de malas a assentos no corredor. O resultado disso é um avião cheio de clientes ressentidos. Em suas tentativas de melhorar a produtividade, essas companhias aéreas destruíram o atendimento ao cliente.

Assim, ao tentar aumentar a produtividade dos serviços, as empresas devem prestar atenção no modo como criam e entregam valor para o cliente. Elas devem tomar cuidado para não excluir os *serviços* do serviço. De fato, uma empresa pode, propositadamente, diminuir a produtividade dos serviços a fim de aumentar a qualidade deles, o que, por sua vez, permite a ela manter preços e margens de lucro maiores.[28]

▲ Gerenciamento da produtividade dos serviços: as empresas devem ter cuidado para não irem longe demais. Por exemplo, em suas tentativas de melhorar a produtividade, algumas companhias aéreas destruíram o atendimento ao cliente.

AP Photo/Rick Bowmer

Estratégia de branding: construção de marcas fortes

Objetivo 4

◀ Discutir a estratégia de branding — as decisões que as empresas tomam ao construir e gerenciar suas marcas.

Alguns analistas consideram as marcas o ativo mais perdurável de uma empresa, durando mais que seus produtos específicos e suas instalações. John Stewart, antigo CEO da Quaker Oats, uma vez disse: "Se esta empresa fosse dividida, eu lhe daria os terrenos e os prédios e ficaria com as marcas e as marcas registradas, e ganharia muito mais do que você". Um ex-CEO do McDonald's afirmou: "Se cada ativo, cada prédio e cada equipamento que possuímos fossem destruídos em um terrível desastre natural, seríamos capazes de tomar emprestado o dinheiro para substituí-los muito rapidamente, por causa do valor de nossa marca [...]. A marca é mais valiosa que o total de todos esses ativos".[29]

Assim, as marcas são ativos poderosos que devem ser cuidadosamente desenvolvidos e gerenciados. Nesta seção, analisaremos as principais estratégias para construir e gerenciar marcas de produtos e serviços.

Brand equity

As marcas são mais do que meros nomes e símbolos. Elas são um elemento-chave no relacionamento da empresa com os consumidores. As marcas representam as percepções e os sentimentos dos consumidores em relação a um produto e a seu desempenho — tudo que o produto ou serviço *significa* para os consumidores. Em última instância, as marcas existem na mente dos consumidores. Como um respeitado profissional de marketing disse certa vez: "Os produtos são criados na fábrica, mas as marcas são criadas na mente". Jason Kilar, CEO da Hulu, uma empresa que oferece serviços de vídeo on-line, acrescenta: "A marca é o que as pessoas dizem de você quando você não está na sala".[30]

Uma marca poderosa tem um alto brand equity. **Brand equity** é o efeito diferenciador que o conhecimento do nome de marca tem sobre a reação do cliente ao produto e seu marketing. Trata-se de uma medida da capacidade da marca de conquistar a preferência e a fidelidade do consumidor. Uma marca tem brand equity positivo quando os consumidores reagem mais favoravelmente a ela do que a uma versão genérica ou sem marca do mesmo produto. O brand equity é negativo quando os consumidores reagem menos favoravelmente à marca do que a uma versão sem marca.

Brand equity
É o efeito diferenciador que o conhecimento do nome de marca tem sobre a reação do cliente ao produto e seu marketing.

As marcas variam no nível de poder e valor que têm no mercado. Algumas marcas — como Coca-Cola, Nike, Disney, GE, McDonald's e Harley-Davidson, entre outras — se transformaram em ícones incrivelmente atrativos que mantêm seu poder no mercado há anos, até mesmo há gerações. Outras marcas — como Google, YouTube, Apple, Facebook, ESPN e Wikipedia — são recentes em termos de entusiasmo e fidelidade por parte do consumidor. Essas marcas triunfam no mercado não apenas porque entregam benefícios exclusivos ou serviços confiáveis. Em vez disso, elas se saem bem porque criam profundas conexões com os clientes. Por exemplo, para um devotado fã do Dunkin' Donuts, um copo de café da empresa não é apenas café: é uma experiência extremamente satisfatória que nenhuma outra marca consegue oferecer tão bem. A Dunkin' Donuts com frequência se sai melhor do que a Starbucks em taxas de fidelidade do cliente.

O BrandAsset Valuator, da agência de publicidade Young & Rubicam, avalia a força de uma marca com base em quatro dimensões da percepção do consumidor: *diferenciação* (o que faz a marca se destacar), *relevância* (o grau em que os consumidores sentem que ela atende às suas necessidades), *conhecimento* (quanto os consumidores sabem sobre a marca) e *estima* (o nível em que os consumidores admiram e respeitam a marca). Marcas com forte brand equity possuem altos índices nessas quatro dimensões. A marca precisa ser diferenciada, caso contrário os consumidores não terão motivo para escolhê-la em detrimento das demais. Contudo, o fato de uma marca ser bastante diferenciada não significa, necessariamente, que os consumidores vão comprá-la. A marca precisa se destacar de modo que seja relevante para as necessidades dos consumidores. Mesmo para uma marca diferenciada e relevante, a vitória está longe de garantida. Antes de responderem à marca, os consumidores precisam conhecê-la e entendê-la. E essa familiaridade deve levar a uma conexão forte e positiva entre o consumidor e a marca.[31]

▲ Muitas vezes, os consumidores criam elos muito fortes com determinadas marcas. Talvez a expressão final da devoção à marca seja tatuá-la em seu corpo.
Kristoffer Tripplaar/Alamy

Assim, um brand equity positivo deriva de sentimentos do consumidor em relação à marca e de suas conexões com ela. Muitas vezes, os consumidores criam elos *muito* fortes com determinadas marcas. Talvez como uma expressão final da devoção à marca, um número surpreendente de pessoas — e não apenas fãs da Harley-Davidson — tem sua marca favorita tatuada em seu corpo. Não importa se são marcas novas, contemporâneas, como Facebook e Amazon, ou marcas clássicas, mais antigas, como Harley e Reese's: marcas fortes são construídas ao redor de um ideal de melhoria da vida dos consumidores em algum aspecto relevante (veja o Marketing Real 8.2).

Uma marca com um alto brand equity é um ativo muito valioso. A *avaliação da marca* é o processo de estimar o valor financeiro total de uma marca. Calcular esse valor é difícil. Entretanto, de acordo com uma estimativa, o valor de marca da Apple é de colossais 153 bilhões de dólares, o do Google é de 112 bilhões, o da IBM é de 100 bilhões, o do McDonald's é de 81 bilhões, o da Microsoft é de 78 bilhões e o da Coca-Cola é de 73 bilhões. Outras marcas classificadas como as mais valiosas do mundo são: AT&T, China Mobile, GE, Walmart e Amazon.com.[32]

Um alto brand equity proporciona a uma empresa muitas vantagens competitivas. Uma marca poderosa desfruta um alto nível de consciência e fidelidade de marca por parte do consumidor. Como os consumidores esperam que as lojas disponibilizem a marca, a empresa tem mais força na negociação com os revendedores. Como o nome de marca carrega grande credibilidade, a empresa consegue lançar com mais facilidade extensões de marca e de linha. Uma marca poderosa também oferece à empresa algumas defesas contra a feroz concorrência por preço.

Acima de tudo, entretanto, uma marca forte forma a base para a construção de um relacionamento sólido e lucrativo com o cliente. O ativo fundamental por trás do brand equity é o customer equity — o valor do relacionamento com o cliente criado pela marca. Uma marca forte é importante, mas o que ela realmente representa é um conjunto lucrativo de clientes fiéis. O foco adequado do marketing é o desenvolvimento de customer equity, com a gestão da marca servindo de ferramenta essencial de marketing. As empresas precisam se ver não como um portfólio de marcas, mas sim de clientes.

Construção de marcas fortes

O branding traz decisões desafiadoras para as empresas. A Figura 8.5 mostra que as principais decisões de estratégia de marca envolvem *posicionamento de marca*, *seleção do nome de marca*, *patrocínio de marca* e *desenvolvimento de marca*.

Figura 8.5 Principais decisões de estratégia de marca.

As marcas são poderosos ativos que precisam ser cuidadosamente desenvolvidos e gerenciados. Como esta figura sugere, a construção de marcas fortes envolve muitas decisões desafiadoras.

Marketing Real 8.2

Marcas disruptivas: conexão com os clientes de uma maneira significativa

O que o Facebook, uma potência da rede digital social e contemporânea, tem a ver com a Reese's, um bombom de chocolate e manteiga de amendoim clássico e disponível há décadas? Aparentemente, não muito. Contudo, ambas as marcas constam na mais recente lista anual da consultoria Landor Associates, que traz as dez marcas mais disruptivas — uma relação de marcas de elite baseada em uma pesquisa abrangente que avalia a força da marca.

Todo ano, a pesquisa identifica as dez marcas com maior porcentagem de ganho nos quesitos saúde da marca e valor empresarial, como resultado de uma estratégia de marca excelente e de uma execução ao longo dos três anos anteriores. A pesquisa utiliza o Brand Asset Valuator da Young & Rubicam — um banco de dados com respostas de 15 mil consumidores que avaliaram 2.500 marcas com base em 48 métricas —, o qual analisa medidas de marca do consumidor, como diferenciação, relevância, conhecimento e estima. A pesquisa também utiliza um segundo conjunto de métricas, o Economic Value Added, da BrandEconomics, que avalia o desempenho financeiro de cada marca. Combinados, o Brand Asset Valuator e o Economic Value Added oferecem uma avaliação abrangente da marca, levando em conta parâmetros do consumidor e financeiros.

A ideia sobre o que constitui a força da marca, aquela mistura mencionada de desempenho para o consumidor e financeiro, mudou na última década. A mais recente lista de marcas disruptivas é dominada por marcas contemporâneas de alta tecnologia e da internet — como Facebook, YouTube, Skype e Amazon —, que têm estilhaçado e redefinido suas categorias ou criado outras completamente novas. No entanto, misturadas com essas marcas modernas estão algumas clássicas, como a Reese's e, surpreendentemente, a Guarda Nacional dos militares norte-americanos. Essas duas marcas se destacam na lista como um casal de idosos em uma loja de vidro e cromo da Apple.

As dez marcas mais disruptivas

1. Facebook	7. Amazon
2. YouTube	8. Reese's
3. Apple	9. iTunes
4. Skype	10. Guarda Nacional dos Estados Unidos
5. Netflix	
6. Samsung	

Fonte: reproduzido com permissão da BrandAsset Consulting.

Algumas marcas titânicas estão totalmente sumidas, como Coca-Cola, McDonald's e Disney — marcas gigantes que já adornaram muitas listas de grandes marcas, mas que não estão, nem de perto, crescendo rápido o suficiente para serem coroadas como marcas disruptivas.

Mas o que essas diversas marcas disruptivas têm em comum? A Landor descobriu que toda marca, independentemente da idade, abarca valores tanto clássicos como contemporâneos e que todas elas se sobressaem nos princípios básicos do branding de permanência relevante e diferenciada. A atual pesquisa de marcas disruptivas avaliou o desempenho das marcas durante os piores anos da recente (e severa) crise econômica. Assim, não surpreende o fato de os dois principais valores de marca que surgiram do estudo terem sido conforto e nostalgia — ambos oferecem segurança em tempos difíceis. Hoje em dia, "comunicar conforto pode ajudar as marcas a realmente se conectarem com os clientes", diz um consultor especializado em marca. "Em tempos difíceis, as pessoas procuram marcas que conhecem e o conforto que elas podem dar, não apenas em termos funcionais, mas também emocionais".

Para uma marca como a Reese's, comunicar conforto é algo natural. Os produtos da Reese's representam um fácil deleite, que lembra as pessoas de momentos mais felizes. Mas o mesmo vale para dezenas de outras marcas de doces e bombons. A Reese's triunfou porque percebeu que a prática do setor de tentar agradar exigentes paladares com uma enxurrada constante de novas extensões de linha pode, na verdade, complicar a marca e diluir sua imagem. Em vez disso, a Reese's reduziu sua linha de produtos, reviu sua estratégia e simplificou seus materiais promocionais. Os fãs foram lembrados de que a Reese's é uma combinação simples de manteiga de amendoim envolvida em chocolate ao leite e embalada em um brilhante papel laranja.

▲ Marcas disruptivas: não importa se a marca é nova e contemporânea como o Facebook ou antiga e clássica como a Reese's — marcas fortes são construídas em torno da conexão com os consumidores e da melhoria da vida deles de alguma maneira relevante.

© The Hersey Company

Simplificando e indo direto ao ponto, a Reese's não apenas ofereceu conforto, mas também atendeu à necessidade do consumidor por nostalgia no momento certo.

É fácil ver o conforto quando se come pequenos chocolates muito doces, recheados com manteiga de amendoim. Contudo, você pode se perguntar como marcas da internet, como o Facebook, podem acompanhar o mesmo acorde emocional. Como se provou, o Facebook também oferece conforto, mas de uma maneira diferente. "Da mesma maneira que você poderia comer um Reese's como atividade de conforto, entra no Facebook como parte de sua rotina diária", diz um diretor da Landor Associates. "É confortante estar conectado."As pessoas têm o mesmo tipo de conexão e conforto quando consomem mídia peloYouTube e pelo Netflix ou quando batem papo por vídeo via Skype.

E tem a Amazon, a maior varejista da internet do mundo, que vende de tudo com um simples clique de um botão. Mas o que é importante: a Amazon conecta as pessoas a uma imensa comunidade de compra on-line, repleta de recomendações personalizadas, bem como de análises e avaliações de várias fontes. Há muito conforto na comunidade, e a conexão com a Amazon dá aos clientes a certeza de que eles estão fazendo as escolhas de compra certas.

Além das conexões do consumidor baseadas no conforto, outros dois temas comuns que surgiram na pesquisa das marcas disruptivas foram: simplicidade e autenticidade."Se há uma [coisa que todas essas marcas têm] em comum é o fato de serem autenticamente aquilo que se mostram ser", diz o executivo da Landor. "Eu posso, de imediato, descrever o que o Facebook representa, o que a Netflix representa, o que a Apple representa. "Isso pode parecer fácil, mas a autenticidade exige que a estratégia empresarial seja cuidadosamente entrelaçada com os valores da marca.

Ainda assim, parece estranho o fato de muitas marcas novas, contemporâneas na lista, se saírem melhor do que marcas veteranas em atributos como conforto, simplicidade e autenticidade. De acordo com o executivo da Landor, entretanto, isso faz muito sentido."O interessante em relação a esse aparente paradoxo entre o novo e o velho é que, em alguns pontos, as novas marcas se tornaram referências, marcas de conforto em si e a partir de si. O Facebook não é mais um novato; é um líder em sua categoria." O mesmo vale para as outras marcas contemporâneas. Os consumidores, jovens e mais velhos, passam por momentos tristes lembrando-se da vida sem o Facebook, o YouTube e o Skype, muito embora essas empresas tenham menos de uma década.

Agora, vamos voltar à pergunta original: o que essas marcas disruptivas, aparentemente diversas, têm em comum? Tudo isso se resume à construção, por parte da marca, de conexões significativas com os consumidores. Toda marca forte — seja ela o Facebook ou a Reese's — é construída em torno de um ideal de melhoria da vida dos consumidores de alguma maneira relevante. As marcas disruptivas mais jovens são, em sua maioria, arrivistas digitais da moda que estão, agora, amadurecendo e se tornando essenciais na vida moderna dos consumidores. Contudo, as marcas mais antigas e familiares da lista ainda contribuem de maneira significativa. Segundo Landor:"Embora o mundo gire mais rápido, brilhante e vibrante ao redor de nós, ainda ansiamos por confortos familiares". Comparadas com as marcas de alta tecnologia da lista,"as outras marcas disruptivas são, definitivamente, clássicas, da escola antiga — tangíveis, testadas e aprovadas, reconfortantes e familiares. Mas o mais importante: elas são autênticas, e ainda são relevantes e diferenciadas, mesmo lado a lado do vistoso, do novo". Assim, tanto faz se as marcas são velhas ou novas: é o valor significativo que agregam para o cliente que faz que todas elas sejam marcas disruptivas.

Fontes: citações, trechos e outras informações extraídas de Mich Bergesen e Josey Duncan Lee, "Facebook, Apple, Netflix Top 2011 breakaway brands list", *Forbes*, 8 set. 2011, <www.forbes.com/sites/onmarketing/2011/09/08/facebook-apple-netflix-top-2011-breakaway-brands-list/>; Christine Birkner, "2011 breakaway brands are classic, contemporary, authentic", *Marketing News*, 15 nov. 2011, p. 11; "Breakaway Brands of 2011", *Landor Associates*, 8 set. 2011, <http://landor.com/#!/talk/articles-publications/articles/breakaway-brandsof-2011/>; Jack Neff, "Just how well-defined is your brand's ideal?", *Advertising Age*, 16 jan. 2012, p. 4.

Posicionamento de marca

Os profissionais de marketing precisam posicionar claramente suas marcas na mente dos clientes-alvo. Eles podem posicioná-las em três níveis.[33] No nível mais baixo, eles podem posicionar a marca com base nos *atributos do produto*. Por exemplo, com sua marca Pampers, a P&G inventou a categoria de fraldas descartáveis. Antigamente, o marketing da Pampers se concentrava em atributos como absorção, ajuste e possibilidade de descarte. Entretanto, em geral, os atributos representam o nível menos desejável do posicionamento de marca. Os concorrentes podem copiar os atributos facilmente. E o que é mais importante: os clientes não estão interessados nos atributos em si — estão interessados no que os atributos vão fazer para eles.

Uma marca pode ser mais bem posicionada com a associação de seu nome a um *benefício* desejável. Assim, a Pampers pode ir além dos atributos técnicos do produto e falar sobre os benefícios ligados ao não vazamento e à saúde da pele obtidos porque a fralda mantém o bebê sequinho. Entre as marcas de sucesso que se posicionaram com base nos benefícios, estão: a FedEx (garantia de entrega no prazo), a Nike (desempenho), a Lexus (qualidade) e o Walmart (preço baixo).

As marcas mais fortes vão além do posicionamento por atributos ou benefícios. Elas se posicionam em *crenças e valores* fortes. Por exemplo, para os pais, a Pampers significa muito mais do que não vazamento e bebê sequinho. O site Pampers Village (www.pampers.com) posiciona a Pampers como uma marca "onde crescemos juntos", que está preocupada com a felicidade do bebê, a relação entre a criança e os pais e todos os cuidados envolvendo o neném. De acordo com um antigo executivo da P&G: "Nosso negócio de cuidados com o bebê só começou a crescer agressivamente quando a Pampers deixou de se basear na questão de deixar o bebê seco e passou a ajudar as mães no desenvolvimento do seu neném".[34]

As marcas de sucesso envolvem os clientes em um nível emocional mais profundo. A agência de publicidade Saatchi & Saatchi sugere que as marcas devem lutar para se tornarem *lovemarks* — produtos ou serviços que "inspiram fidelidade além da razão". Marcas como Apple, Google, Disney, Coca-Cola, Nike, Trader Joe's, Facebook, Wrangler, In-N-Out e WD-40 atingiram esse status com muitos de seus clientes. Lovemarks oferecem um impacto emocional. Os clientes não gostam simplesmente dessas marcas: eles têm uma forte ligação emocional com elas e as amam incondicionalmente.[35]

Ao posicionar uma marca, o profissional de marketing deve definir uma missão para ela, bem como uma visão do que deve ser e fazer. A marca é a promessa da empresa de entregar, consistentemente, um conjunto específico de características, benefícios, serviços e experiências para os compradores. A promessa de marca deve ser simples e sincera. A rede Motel 6, por exemplo, oferece quartos limpos, preços baixos e bom serviço, mas não promete móveis caros ou banheiros amplos. Em comparação, o Ritz-Carlton oferece quartos luxuosos e uma experiência realmente memorável, mas não promete preços baixos.

Seleção do nome de marca

Um bom nome pode ajudar muito no sucesso de um produto. No entanto, encontrar o melhor nome de marca é uma tarefa difícil. Ela começa com uma cuidadosa análise do produto e de seus benefícios, do mercado-alvo e das estratégias de marketing propostas. Depois disso, nomear uma marca se torna em parte ciência, em parte arte e um pouco de instinto.

Entre as qualidades desejáveis de um nome de marca estão: (1) ele deve sugerir algo a respeito dos benefícios e das qualidades do produto, como Beautyrest, Lean Cuisine, Mop & Glo (no Brasil, temos como exemplo a Limpol, Bom Ar, Passe Bem e Brilho Fácil). (2) Deve ser fácil de pronunciar, reconhecer e lembrar, como iPad, Tide, Jelly Belly, Facebook, JetBlue (no Brasil, Tam, Natura, Vivo, Veja e Vale). (3) Deve ser inconfundível, como Panera, Flickr, Swiffer, Zappos (no Brasil, Bic, Skol, Coca-Cola e Omo). (4) Deve ser extensível — a Amazon.com começou como uma livraria on-line, mas escolheu um nome que permitiria a ela se expandir para outras categorias. (5) Deve poder ser usado em países com outro idioma — antes de trocar seu nome para Exxon, a Standard Oil of New Jersey rejeitou o nome Enco; a empresa descobriu que, quando pronunciado em japonês, Enco significava "motor afogado". (6) Não deve haver impedimento a seu registro e à sua proteção legal — um nome de marca não pode ser registrado se infringe nomes de marcas existentes.

Escolher um novo nome de marca não é fácil. Após uma década de escolha de nomes excêntricos (Yahoo!, Google) ou inventados, à prova de problemas para registrar (Novartis, Aventis, Accenture), a moda agora é construir marcas com nomes que tenham um significado real. Por exemplo, nomes como Silk (leite de soja), Method (produtos para a casa), Smartwater (bebidas) e Blackboard (software escolar) (no Brasil temos a Casa do Pão de Queijo, a Café do Ponto, a Ducoco e os Correios) são simples e, intuitivamente, fazem sentido. Mas, com os pedidos para registrar marcas crescendo, pode ser difícil encontrar novos nomes *disponíveis*. Tente você. Pegue um produto e veja se você consegue pensar em um nome melhor para ele. Que tal Moonshot? Tickle? Vanilla? Treehugger? Simplicity? (Ou, no Brasil, Vida? Pardal? Certo? Água de Coco? Colher de Pau? Sensação? Procure esses nomes no Google e você verá que todos eles já foram usados.

Uma vez escolhido, o nome de marca deve ser protegido. Muitas empresas tentam construir um nome que pode vir a se tornar identificado

▲ Proteção do nome de marca: este anúncio pede que as pessoas utilizem o nome Xerox apenas como adjetivo, a fim de identificar seus produtos e serviços (como em "copiadoras Xerox"), e não como verbo ("vou xerocar" algo) ou como substantivo ("vou fazer um xerox").

Associated Press

com a categoria do produto. Nomes de marca como Kleenex, Levi's, JELL-O, BAND-AID, Scotch Tape, Formica e Ziploc (no contexto brasileiro, Danone, Bombril, Nescau, Gilette, Band-Aid, Cotonete, Chiclets, Post-It, Maizena, Super Bonder, Catupiry) conseguiram esse feito. Contudo, esse sucesso pode ameaçar os direitos da empresa sobre o nome. Muitos nomes de marca originalmente protegidos — como celofane, aspirina, náilon, querosene, linóleo, ioiô, trampolim, escada rolante, garrafa térmica e trigo integral; e, no Brasil, Aspirina (Bayer), Modess (J&J), Tênis (Alpargatas) — atualmente são genéricos, e qualquer fabricante pode usar.

Para proteger suas marcas, as empresas as apresentam cuidadosamente, escrevendo a "marca" e o símbolo de marca registrada, como em "BAND-AID® Curativos". Até mesmo o jingle de longa data "Eu estou preso ao BAND-AID porque o BAND-AID está preso em mim" agora é cantado assim: "Eu estou preso à *marca* BAND-AID porque o BAND-AID está preso em mim". De maneira similar, uma recente campanha da Xerox observa que a empresa pode perder o nome de marca se ele for utilizado errado. O anúncio pede que as pessoas utilizem o nome Xerox apenas como adjetivo, para identificar seus produtos e serviços (como em "copiadoras Xerox"), e não como verbo ("vou xerocar" algo) ou como substantivo ("vou fazer um xerox").

Patrocínio de marca

Um fabricante tem quatro opções de patrocínio. O produto pode ser lançado como uma *marca de fabricante* (ou *marca nacional*). Isso acontece, por exemplo, quando a Samsung e a Kellogg's vendem sua produção com seu próprio nome de marca (tablet Samsung Galaxy ou Frosted Flakes Kellogg's). No Brasil, temos o caso do Peru Sadia, Hot Pocket Sadia. O fabricante também pode vender a revendedores, que dão ao produto uma *marca própria* (também chamada de *marca de varejo* ou *marca do distribuidor*). Embora a maioria dos fabricantes crie seus próprios nomes de marca, outros comercializam marcas licenciadas. Para completar, duas empresas podem juntar as forças e desenvolver um produto em um esquema de co-branding. A seguir, vamos discutir cada uma dessas opções.

Marca própria (ou marca de varejo)
Uma marca criada por um revendedor de um produto ou serviço e de propriedade dele.

MARCAS DO FABRICANTE VERSUS MARCAS PRÓPRIAS. As marcas de fabricante (ou marcas nacionais) dominam o varejo há muito tempo. Recentemente, contudo, um número cada vez maior de varejistas e de atacadistas têm criado **marcas próprias (ou marcas de varejo)**. As marcas próprias vêm ganhando força há mais de duas décadas, mas o recente período econômico difícil gerou um boom desse tipo de marca. Estudos mostram que os consumidores estão comprando mais marcas próprias, com um ganho médio de 29% em economia. "Momentos [difíceis] representam bons momentos para as marcas próprias", diz um especialista em marca. "À medida que se tornam mais consciencioso com relação ao preço, os consumidores se tornam menos consciencioso em relação às marcas."[36]

De fato, as marcas próprias estão crescendo mais rápido do que as marcas de fabricante. Por exemplo, cinco anos atrás, as marcas próprias representavam cerca de 20% das compras de comida e bebida nos Estados Unidos. Desde a Grande Recessão de 2008, entretanto, as vendas unitárias de produtos com marca própria cresceram duas vezes mais do que o índice apresentado pelas marcas de fabricante. Hoje, as marcas próprias são responsáveis por 29% das vendas nos supermercados. De maneira similar, no caso de roupas, as marcas próprias — como Hollister, The Limited, Arizona Jean Company (JCPenney) e Xhilaration, e, no Brasil, C&A com Jinglers, ClockHouse, Yessica, Ace e Renner com Cortelle, Just Be, Blue Steel, Rip Coast, Get Over, Request — detêm hoje 50% de participação nas vendas totais dos Estados Unidos, um aumento de 25% em relação a uma década atrás.[37] Mesmo a sofisticada varejista Saks Fifth Avenue possui sua própria linha de roupas, com gravatas de 98 dólares, frentes-únicas de 200 dólares e camisas de algodão de 250 dólares.

Muitos grandes varejistas, habilmente, comercializam uma ampla variedade de mercadorias com marca própria. Por exemplo, as marcas próprias do Walmart representam colossais 40% de suas vendas. São marcas como Great Value para produtos alimentícios; Sam's Choice para bebidas; Equate para produtos farmacêuticos, voltados para a saúde e de beleza; White Cloud para fraldas e papéis higiênicos; Simple Elegance para produtos de limpeza; e Canopy para produtos de quintal e jardim. Sozinhas, as marcas privadas do Walmart geram quase o dobro das vendas de todas as marcas da P&G combinadas, e sua Great Value é a maior marca única de alimentos dos Estados Unidos. No outro extremo ligado a supermercados, o sofisticado Whole Foods Market oferece uma série de produtos de marca própria sob a marca 365 Everyday Value, de xarope de bordo orgânico canadense e pizza Caesar de frango congelada a multivitaminas para as crianças e macarrão orgânico feito com trigo.[38] Um bom exemplo equivalente no Brasil é o Pão de Açúcar, que comercializa várias marcas próprias, como: Qualitá (com diversos produtos, desde alimentos até de higiene, é posicionada com um apelo de "qualidade e economia"), Taeq (linha de produtos saudáveis), Casino (vários produtos gourmet importados) e Club des Sommeliers (linha de vinhos importados).

Uma vez conhecidas como marcas "genéricas" ou "sem nome", hoje as marcas próprias estão mudando sua imagem, deixando de ser versões baratas das marcas de fabricante. Atualmente, as marcas próprias oferecem uma variedade muito maior, e elas estão atingindo, com rapidez, na qualidade das marcas de fabricante. De fato, varejistas como Target e Trader Joe's estão superando em termos de inovação muitos de seus concorrentes que trabalham com marca de fabricante. Como resultado, os consumidores estão se tornando fiéis às marcas próprias por razões que vão além do preço. Em alguns casos, os consumidores, inclusive, estão dispostos a pagar mais por marcas próprias que têm se posicionado como itens finos ou premium.

▲ Recentemente, a popularidade das marcas próprias disparou. As marcas próprias do Walmart representam colossais 40% de suas vendas, e sua Great Value é a maior marca única de alimentos dos Estados Unidos.
Cortesia de Gary Armstrong

Na chamada *guerra das marcas* entre marcas de fabricante e marcas próprias, os varejistas têm muitas vantagens. Eles controlam os produtos que mantêm em estoque, o local em que são expostos na prateleira, os preços que são cobrados e os itens que são anunciados em suas promoções locais. Muitas vezes, os varejistas cobram um preço mais baixo por suas marcas próprias, em comparação com as marcas de fabricante, e expõem as diferenças de preço lado a lado nas prateleiras das lojas. Apesar de ser difícil estabelecer marcas próprias e o custo de estocá-las e promovê-las ser alto, elas rendem margens de lucro maiores para o revendedor. Além disso, dão a ele produtos exclusivos, que não podem ser comprados dos concorrentes, o que gera mais tráfego na loja e maior fidelidade a ela. O Trader Joe's, um varejista de rápido crescimento cujas marcas próprias representam 80% das mercadorias que comercializa, tem grande controle sobre o destino de sua marca, não precisando depender de outras empresas para fabricar e gerenciar as marcas de que ele necessita para atender a seus melhores clientes.

Para competir com as marcas próprias, as marcas de fabricante precisam lapidar suas proposições de valor, especialmente na hora de se dirigir aos consumidores de hoje, mais comedidos. Muitas marcas de fabricante estão revidando com a distribuição de mais descontos e cupons, a fim de defender sua participação de mercado. Em longo prazo, entretanto, para se destacar, as empresas de marcas líderes terão que competir investindo em novas marcas, em novas características e em melhorias da qualidade. Elas vão ter que elaborar campanhas publicitárias para manter altos os níveis de consciência e preferência. E terão que descobrir maneiras de fazer parcerias com grandes distribuidores para conseguir economias na distribuição e melhorar o desempenho conjunto.

Por exemplo, em resposta à recente explosão na venda de marcas próprias, a Procter & Gamble, gigante do produto de consumo, dobrou seus esforços para desenvolver e promover produtos novos e melhores, principalmente com níveis de preço mais baixos. "Nós investimentos 2 bilhões de dólares por ano em pesquisa e desenvolvimento, 400 milhões em conhecimento do consumidor e cerca de 10% das vendas em propaganda", diz Bob McDonald, CEO da P&G. "As marcas próprias não conseguem fazer isso."[39]

LICENCIAMENTO. Grande parte dos fabricantes leva anos e gasta milhões de dólares para criar sua imagem de marca. No entanto, algumas empresas licenciam nomes ou símbolos previamente criados por outros fabricantes, nomes de celebridades ou de personagens de filmes e livros populares. Mediante o pagamento de uma taxa, qualquer um deles pode se tornar um nome de marca instantâneo e comprovado.

Empresas de roupas e acessórios pagam grandes royalties para adornar seus produtos — de blusas a gravatas, de roupas de cama a malas de viagem — com o nome ou as iniciais de estilistas renomados, como Calvin Klein, Tommy Hilfiger, Gucci e Armani. Empresas que trabalham com produtos infantis associam uma lista quase sem fim de nomes de personagem a roupas, brinquedos, materiais escolares, roupas de cama, bonecas, lancheiras, cereais e outros itens. Os nomes de personagem licenciados vão desde os clássicos, como Vila Sésamo, Disney, Barbie, Star Wars, Scooby Doo, Hello Kitty e Dr. Seuss, até os mais recentes, como Dora Aventureira, Mini Einsteins, Hannah Montana e Go, Diego, Go! E atualmente muitos dos brinquedos mais vendidos no varejo são baseados em programas de TV e filmes.

O licenciamento de nomes e personagens cresceu muito nos últimos anos. Mundialmente, as vendas anuais no varejo de produtos licenciados aumentaram de modestos 4 bilhões de dólares em 1977 para 55 bilhões em 1987 e mais de 182 bilhões hoje. O licenciamento pode ser um negócio altamente lucrativo para muitas empresas. Por exemplo, no último ano, a Disney, a maior licenciadora do mundo, reportou vendas mundiais com licenciamento de quase 28 bilhões de dólares. A empresa planeja dobrar esse número entre os próximos cinco a sete anos. E a Nickelodeon desenvolveu uma base sólida de personagens muito populares, como Dora Aventureira, iCarly, Equipe Umizoomi, Bob Esponja e Go, Diego, Go! Somente o Bob Esponja rendeu, na última década, mais de 8 bilhões de dólares em vendas e taxas de licenciamento.[40]

Co-branding
A prática de usar nomes de marca estabelecidos de duas diferentes empresas em um mesmo produto.

CO-BRANDING. O **co-branding** ocorre quando dois nomes de marca já estabelecidos de diferentes empresas são usados em um mesmo produto. Ele oferece muitas vantagens. Como cada marca domina uma categoria diferente, a combinação delas gera um apelo maior, bem como um brand equity maior. Por exemplo, a marca Lay's da PepsiCo se juntou à KC Masterpiece para criar o salgadinho Lay's KC Masterpiece de sabor churrasco. A Pillsbury e a Cinnabon uniram forças para criar os bolinhos Pillsbury Cinnabon. E a Dairy Queen e a Girl Scouts (uma organização para meninas escoteiras) se juntaram para criar a edição limitada Girl Scout do sorvete Blizzard, que vinha com pedaços de bolacha. Até o momento, o Thin Mint Blizzard é a edição limitada mais popular da Dairy Queen, tendo vendido mais de 10 milhões de unidades em um único mês.

▲ Co-branding: a Dairy Queen e a Girl Scouts se uniram para criar o Thin Mint Blizzard, que vinha com pedaços de bolacha. O sorvete vendeu mais de 10 milhões de unidades em um único mês.
American Dairy Queen Corporation

O co-branding também gera vantagens de expansão por complementação. Por exemplo, a estabelecida rede de cafés Tim Hortons fechou um acordo de co-branding com as lojas Cold Stone Creamery, formando a Tim Hortons-Cold Stone Creamery. A Tim Hortons é forte no período da manhã e ao meio-dia, oferecendo café e produtos de padaria, sopas e sanduíches. Por outro lado, os sorvetes da Cold Stone Creamery são mais procurados à tarde e à noite, que são os períodos de baixa da Tim Hortons. Assim, os pontos que trabalham em co-branding oferecem um motivo para serem visitados de manhã, à tarde e à noite.[41]

O co-branding possibilita ainda que uma empresa amplie o alcance de sua marca para uma categoria em que, de outra forma, teria dificuldade de entrar sozinha. Por exemplo, a Nike e a Apple se uniram para oferecer o Nike+iPod Sport Kit, que permite aos corredores conectar seu tênis Nike a seu iPod para, em tempo real, monitorar seu desempenho na corrida e melhorá-lo. "Seu iPod Nano [ou iPod Touch] se transforma em seu treinador. Seu personal-trainer. Seu companheiro de exercício favorito." O acordo Nike+iPod dá à Apple presença no mercado de esportes e atividades físicas, ao mesmo tempo em que ajuda a Nike a oferecer novos valores a seus clientes.[42]

Mas o co-branding também tem suas limitações. Esse tipo de relacionamento costuma envolver complexos contratos e licenças jurídicas. Além disso, os parceiros devem coordenar, cuidadosamente, as propagandas, as promoções de vendas e outros esforços de marketing. Para completar, cada parceiro tem que ter confiança de que o outro vai cuidar bem de sua marca. Se alguma coisa prejudicar a reputação de uma marca, pode manchar a reputação da marca parceira também.

Desenvolvimento de marca

Uma empresa tem quatro opções quando se trata do desenvolvimento de marcas (veja a Figura 8.6). Ela pode lançar *extensões de linha, extensões de marca, multimarcas* ou *novas marcas*.

Figura 8.6 Estratégias de desenvolvimento de marca

Este é um modelo útil para analisar oportunidades de desenvolvimento de marca. Por exemplo, qual estratégia a Toyota usou quando lançou o Toyota Camry Hybrid? E quando lançou o Toyota Prius? O Scion?

EXTENSÕES DE LINHA. **Extensões de linha** ocorrem quando uma empresa expande nomes de marca existentes para novas formas, cores, tamanhos, ingredientes ou sabores em uma categoria de produtos já existente. Por exemplo, a linha de cereais da Cheerios inclui Honey Nut, Frosted, Yogurt Burst, MultiGrain, Banana Nut e diversas outras variações.

Uma empresa pode trabalhar com extensões de linha como uma maneira de lançar produtos a um baixo custo e risco. Ela também pode querer satisfazer os desejos do consumidor por variedade, utilizar capacidade de produção em excesso ou simplesmente demandar dos revendedores mais espaço nas prateleiras. Contudo, as extensões de linha envolvem alguns riscos. Uma superextensão do nome de marca pode fazer que o consumidor fique confuso ou que a marca perca alguns de seus significados específicos. Por exemplo, o Doritos original transformou-se em um catálogo com 22 tipos de sabores somente nos Estados Unidos, fora as dezenas de outros em mercados estrangeiros. Os sabores variam de Nacho Cheese e Pizza Suprema a Blazin' Buffalo & Ranch, Fiery Fusion e Salsa Verde. E que tal o Gold Peking Duck Chips, com sabor de pato, e o Mr. Dragon's Fire Chips, sabe-se lá de que sabor (Japão)? Apesar de a linha parecer ir bem, com vendas globais de aproximadamente 5 bilhões de dólares, o Doritos original aparenta ser apenas mais um sabor.[43] E até que ponto adicionar ainda mais um sabor roubaria vendas do próprio Doritos, em vez de vendas dos concorrentes? Uma extensão de linha funciona bem quando ela tira vendas de marcas concorrentes, e não quando "canibaliza" outros itens da empresa.

Extensão de linha
Expansão de nomes de marca existentes para novas formas, cores, tamanhos, ingredientes ou sabores em uma categoria de produtos já existente.

EXTENSÕES DE MARCA. Uma **extensão de marca** expande um nome de marca existente para produtos novos ou modificados em uma nova categoria. Por exemplo, a Kellogg's expandiu sua marca de cereal Special K, transformando-a em uma linha completa de biscoitos, frutas secas, barrinhas e salgadinhos, shakes para o café da manhã, água enriquecida com proteínas e outros produtos saudáveis e nutritivos. Já a Victorinox estendeu sua cultuada marca Swiss Army de canivetes multiusos para produtos como talheres, canetas esferográficas, relógios, malas e roupas. E a P&G aproveitou a força de sua marca Mr. Clean de produtos de limpeza para lançar várias linhas: espumas de limpeza (Magic Eraser), equipamentos de limpeza de banheiro (Magic Reach) e um kit para lavar o carro em casa (Mr. Clean AutoDry). Ela, inclusive, abriu um lava-rápido Mr. Clean.

Extensão de marca
Expande um nome de marca existente para uma nova categoria de produtos.

A extensão de uma marca oferece a um novo produto reconhecimento imediato e aceitação mais rápida. Além disso, representa uma economia nos altos custos com propaganda geralmente necessários para construir um novo nome de marca. Ao mesmo tempo, a estratégia de extensão de marca envolve alguns riscos. Extensões como os protetores labiais Cheetos, a comida para animais Heinz e os chicletes Life Savers tiveram morte prematura. E, se a extensão de uma marca fracassa, ela pode prejudicar as atitudes do consumidor em relação aos outros produtos que possuem o mesmo nome de marca. Ademais, um nome de marca pode não ser apropriado para um novo produto em particular, mesmo que ele seja bem feito e satisfatório — você pen-

▲ Extensões de marca: a P&G aproveitou a força de sua marca Mr. Clean para lançar várias linhas, incluindo o lava-rápido Mr. Clean.
The Procter & Gamble Company

saria em voar pela Hooters Air ou usar um sutiã com enchimento de água da Evian (ambos fracassaram)? Assim, antes de transferir um nome de marca para um novo produto, as empresas devem pesquisar, para ver até que ponto as associações de marca se ajustam bem ao novo produto.

MULTIMARCAS. Com frequência, as empresas comercializam muitas marcas diferentes em uma determinada categoria de produtos. Assim, nos Estados Unidos, a PepsiCo comercializa, no mínimo, cinco marcas de refrigerantes (Pepsi, Sierra Mist, Slice, Mountain Dew e Mug Root Beer), quatro marcas de bebidas esportivas e energéticas (Gatorade, No Fear, Propel e AMP Energy), cinco marcas de café e chá engarrafados (Lipton, SoBe, Seattle's Best, Starbucks e Tazo), duas marcas de água engarrafada (Aquafina e SoBe) e duas marcas de suco (Tropicana e Ocean Spray). Cada uma dessas marcas possui uma longa lista de submarcas. Por exemplo, a SoBe consiste em SoBe Teas & Elixers, SoBe Lifewater, SoBe Lean e SoBe Lifewater with Purevia. Já a Aquafina inclui a Aquafina normal, a Aquafina Flavorsplash e a Aquafina Sparkling.

O uso de *multimarcas* oferece um meio de estabelecer características diferentes, que atraem diferentes segmentos de cliente, garante mais espaço na prateleira do revendedor e abocanha uma participação de mercado maior. Por exemplo, embora muitas marcas de bebida da PepsiCo concorram entre si nas prateleiras do supermercado, as marcas combinadas obtêm uma participação de mercado muito maior do que qualquer marca única poderia ter. De maneira similar, com o posicionamento de diversas marcas em diversos segmentos, as cinco marcas de refrigerantes da Pepsi se juntaram para obter muito mais participação de mercado do que uma única marca poderia conquistar sozinha.

A maior desvantagem do uso de multimarcas é que cada marca pode obter apenas uma pequena participação de mercado e nenhuma ser muito rentável. A empresa pode acabar distribuindo seus recursos entre diversas marcas, em vez de construir algumas poucas com retornos altamente lucrativos. Essas empresas devem reduzir o número de marcas que vendem em uma determinada categoria e estabelecer procedimentos de seleção mais rigorosos para suas novas marcas. Isso aconteceu com a GM, que há alguns anos diminuiu o número de marcas de seu portfólio, eliminando, entre outras, a Saturn, a Oldsmobile, a Pontiac, a Hummer e a Saab.

NOVAS MARCAS. Uma empresa pode acreditar que o poder de seu atual nome de marca está se desgastando, fazendo-se necessário um novo nome. Ela também pode criar um novo nome de marca ao entrar em uma nova categoria de produtos, para a qual nenhum de seus nomes de marcas existentes são adequados. Por exemplo, a Toyota criou separadamente a marca Lexus, voltada para consumidores de carros de luxo, e a marca Scion, dirigida para os milênios.

Como acontece com o uso de multimarcas, a oferta de muitas marcas novas pode resultar em diluição dos recursos da empresa. E, em alguns setores, como o de produtos de consumo embalados, os consumidores e os varejistas começaram a ficar preocupados com a existência de tantas marcas com pouquíssimas diferenças entre si. Assim, a P&G, a PepsiCo, a Kraft e outras grandes fabricantes de produtos de consumo estão agora seguindo uma estratégia de *megamarcas* — eliminando as marcas mais fracas ou de crescimento mais lento e focando seus investimentos de marketing em marcas que podem atingir a primeira ou a segunda posição em participação de mercado, com bom potencial de crescimento em suas categorias.

Gerenciamento de marcas

As empresas precisam gerenciar suas marcas com cuidado. Em primeiro lugar, o posicionamento da marca deve ser continuamente comunicado aos consumidores. Muitas vezes, empresas com grandes marcas gastam enormes quantias em propaganda para criar consciência de marca e construir preferência e fidelidade. Por exemplo, a AT&T gasta mais de 2 bilhões de dólares por ano para promover sua marca. O McDonald's e a Ford gastam quase 1 bilhão. Mundialmente, a P&G gasta a astronômica quantia de 11 bilhões de dólares para promover suas muitas marcas de consumo.[44]

Esse tipo de propaganda pode ajudar a criar reconhecimento do nome, conhecimento da marca e, talvez, até mesmo, preferência de marca. Entretanto, o fato é que as marcas não são mantidas pela propaganda, mas pela *experiência de marca* dos clientes. Hoje em dia, os clientes ficam sabendo de uma marca por meio de uma ampla variedade de pontos de contato, que incluem a propaganda, mas também a experiência pessoal com a marca, a propaganda boca a boca e as redes sociais, as páginas da empresa na internet e os aplicativos móveis, entre vários outros. A empresa deve ser tão cuidadosa ao gerenciar esses pontos de contato quanto é para produzir seus anúncios. "Gerenciar todas as experiências do cliente é talvez o ingrediente mais importante na construção da fidelidade [de marca]", afirma um especialista em branding. "Toda interação memorável [...] deve ser preenchida por excelência e [...] reforçar sua essência de marca." Um importante ex-executivo da Disney concorda: "Uma marca é uma entidade viva, e ela é valorizada ou prejudicada cumulativamente ao longo do tempo, sendo o fruto de milhares de pequenos gestos."[45]

O posicionamento da marca só vai se estabelecer totalmente se todas as pessoas na empresa viverem a marca. Assim, a empresa precisa treinar seu pessoal para que ele seja centrado no cliente. Ou o que é ainda melhor: ela deve conduzir o desenvolvimento interno da marca, a fim de ajudar os funcionários a entender a promessa da marca e se entusiasmar com ela. Muitas empresas vão ainda mais longe, treinando e motivando seus distribuidores e revendedores para atender os clientes bem.

Para completar, as empresas precisam avaliar, periodicamente, os pontos fortes e fracos de suas marcas.

▲ O gerenciamento de marcas requer a gestão dos "pontos de contato". Segundo um ex-executivo da Disney: "Uma marca é uma entidade viva, e ela é valorizada ou prejudicada cumulativamente ao longo do tempo, sendo o fruto de milhares de pequenos gestos".
Joe Raedle/Getty Images

Elas devem perguntar: nossa marca se sobressai na entrega de benefícios que os consumidores realmente valorizam? A marca está adequadamente posicionada? Todos os nossos pontos de contato com os clientes apoiam o posicionamento da marca? Os gerentes de marca entendem o que a marca representa para os consumidores? A marca recebe um apoio adequado e constante? A análise da marca pode revelar marcas que precisam de mais apoio, que precisam ser excluídas ou que precisam ser reposicionadas por conta de mudanças nas preferências do cliente ou do surgimento de novos concorrentes.

Revisão dos conceitos

Revisão dos **objetivos** e **termos-chave**

○ Revisão dos objetivos

Um produto é mais do que um simples conjunto de características tangíveis. Todo produto ou serviço oferecido para os clientes pode ser considerado em três níveis. O *benefício central* consiste nos benefícios essenciais que solucionam problemas, os quais os clientes buscam quando compram um produto. O *produto básico* reside ao redor do benefício central e inclui o nível de qualidade, as características, o design, o nome de marca e a embalagem. O *produto ampliado* é o produto básico somado aos diversos serviços e benefícios oferecidos com ele, como garantia, entrega grátis, instalação e manutenção.

Objetivo 1 ▶ Definir produto e as importantes classificações de produtos e serviços (p. 244-250)

Definido de maneira ampla, um *produto* é qualquer coisa que pode ser oferecida a um mercado para apreciação, aquisição, uso ou consumo, que possa satisfazer um desejo ou uma necessidade. Os produtos incluem objetos físicos, mas também serviços, eventos, pessoas, lugares, organizações, ideias ou combinações dessas entidades. *Serviços* são produtos que consistem em atividades, benefícios ou satisfações oferecidas para venda e que são essencialmente intangíveis, como serviços bancários, hoteleiros, de consultoria tributária ou de reformas de casa.

Produtos e serviços são divididos em duas grandes classes, com base nos tipos de consumidores que os utilizam. *Produtos de consumo* — aqueles comprados pelos consumidores finais — geralmente são classificados de acordo com os hábitos de compra do consumidor (produtos de conveniência, de compra comparada, de especialidade e não procurados). *Produtos organizacionais* — comprados para processamento posterior ou para a utilização na condução de um negócio — incluem materiais e peças, bens de capital e suprimentos e serviços. Outras entidades comerciáveis — como organizações, pessoas, lugares e ideias — também podem ser consideradas produtos.

Objetivo 2 ▶ Descrever as decisões que as empresas tomam em relação a seus produtos e serviços individuais, suas linhas de produtos e seu mix de produtos (composto de produtos) (p. 250-257)

As decisões acerca de produtos individuais envolvem atributos do produto, branding, embalagem, rotulagem e serviços de apoio ao produto. As decisões de *atributos do produto* têm a

276 Parte 3 | Elaboração de uma estratégia e de um mix voltados para o cliente

ver com qualidade, características, estilo e design do produto. Entre as decisões de branding estão a escolha de um nome de marca e o desenvolvimento de uma estratégia de marca. A *embalagem* oferece muitos benefícios importantes, como proteção, economia, praticidade e promoção. As decisões envolvendo a embalagem quase sempre incluem o desenho dos *rótulos*, que identificam, descrevem e, ocasionalmente, promovem o produto.

As empresas também desenvolvem *serviços de apoio ao produto*, que melhoram o atendimento ao cliente e a satisfação dele, além de serem uma defesa contra a concorrência.

A maioria das empresas produz uma linha de produtos, em vez de apenas um produto. Uma *linha de produtos* é um grupo de produtos que têm relação em termos de função, necessidades de compra dos clientes ou canais de distribuição. O conjunto de itens e linhas de produtos oferecidas aos clientes por uma empresa em particular constitui o *mix de produtos*. O mix pode ser descrito em quatro dimensões: abrangência, extensão, profundidade e consistência. Essas dimensões são as ferramentas para o desenvolvimento da estratégia de produtos da empresa.

Objetivo 3 ▶ **Identificar as quatro características que afetam o marketing de serviços e outras considerações adicionais de marketing que os serviços demandam (p. 257-264)**

Os serviços são caracterizados por quatro características principais: eles são *intangíveis*, *inseparáveis*, *variáveis* e *perecíveis*. Cada uma dessas características suscita problemas e demandas do marketing. As empresas se esforçam para descobrir maneiras de tornar os serviços mais tangíveis, aumentar a produtividade daqueles que os fornecem (que são inseparáveis dos produtos), padronizar a qualidade diante da variabilidade e aprimorar o movimento da demanda e a capacidade de suprimento, tendo em vista a perecibilidade dos serviços.

Boas empresas prestadoras de serviços concentram sua atenção tanto nos clientes como nos funcionários. Elas entendem o funcionamento da cadeia de valor dos serviços, que liga os lucros da prestadora de serviços à satisfação do funcionário e do cliente. A estratégia de marketing de serviços requer não somente marketing externo, mas também *marketing interno*, para motivar os funcionários, e o *marketing interativo*, para desenvolver as habilidades necessárias naqueles que forne-

cem o serviço. Para ter sucesso, as empresas prestadoras de serviços devem criar *diferenciação competitiva*, oferecer alta *qualidade de serviço* e encontrar maneiras de aumentar a *produtividade do serviço*.

Objetivo 4 ▶ **Discutir a estratégia de branding — as decisões que as empresas tomam ao construir e gerenciar suas marcas (p. 265-275)**

Alguns analistas consideram as marcas o ativo mais duradouro de uma empresa. As marcas são mais do que meros nomes e símbolos: elas incorporam tudo que o produto ou o serviço *significa* para os consumidores. O brand equity é o efeito diferenciador positivo que o conhecimento do nome da marca tem sobre a reação do cliente ao produto ou serviço. Uma marca com um forte brand equity é um ativo muito valioso.

Ao construir marcas, as empresas precisam tomar decisões acerca do posicionamento de marca, do nome de marca, do patrocínio de marca e do desenvolvimento de marca. O *posicionamento de marca* mais forte é construído ao redor de crenças e valores sólidos do consumidor. A *seleção do nome de marca* implica encontrar o melhor nome de marca com base em uma cuidadosa análise dos benefícios do produto, do mercado-alvo e das estratégias de marketing propostas. Um fabricante tem quatro opções de patrocínio de marca: ele pode lançar uma *marca do fabricante* (ou marca nacional), vender para revendedores que utilizam *marcas próprias*, comercializar *marcas licenciadas* ou unir forças com outra empresa para criar um co-branding para um produto. Ao desenvolver novas marcas, uma empresa também tem quatro opções: lançar *extensões de linha*, *extensões de marca*, *multimarcas* ou *novas marcas*.

As empresas devem construir e gerenciar suas marcas com cuidado. O posicionamento da marca deve ser continuamente comunicado aos consumidores. A propaganda pode ajudar. Entretanto, as marcas não são mantidas pela propaganda, mas pela *experiência de marca* dos clientes. Os clientes ficam sabendo de uma marca por meio de uma ampla variedade de pontos de contato. A empresa deve ser tão cuidadosa ao gerenciar esses pontos de contato quanto é para produzir seus anúncios. Por fim, as empresas precisam avaliar periodicamente os pontos fortes e fracos de suas marcas.

⟲ Termos-chave

Objetivo 1

Marketing social (p. 250)
Produto (p. 244)
Produto de compra comparada (p. 247)
Produto de consumo (p. 247)
Produto de conveniência (p. 247)
Produto de especialidade (p. 248)
Produto não procurado (p. 248)
Produto organizacional (p. 248)
Serviço (p. 244)

Objetivo 2

Embalagem (p. 253)
Linha de produtos (p. 255)
Marca (p. 252)
Mix de produtos (compostos de produtos) (p. 256)
Qualidade do produto (p. 250)

Objetivo 3

Cadeia de valor dos serviços (p. 259)
Inseparabilidade dos serviços (p. 258)

Intangibilidade dos serviços (p. 258)
Marketing interativo (p. 260)
Marketing interno (p. 260)
Perecibilidade dos serviços (p. 259)
Variabilidade dos serviços (p. 259)

Objetivo 4

Brand equity (p. 265)
Co-branding (p. 275)
Extensão de linha (p. 273)
Extensão de marca (p. 273)
Marca própria (marca de varejo) (p. 270)

Capítulo 8 | Produtos, serviços e marcas **277**

Discussão e pensamento crítico

◯ Questões para discussão

1. Relacione e descreva os tipos de produto de consumo e dê um exemplo de cada um deles. Como o marketing difere para cada tipo de produto?
2. Compare os produtos organizacionais com os produtos de consumo.
3. Explique a importância da qualidade do produto. Como as empresas utilizam a qualidade para criar valor para o cliente?
4. O que é uma marca? De que maneira o branding ajuda tanto os compradores como os vendedores?

5. O que é uma linha de produtos? Comente as várias decisões que as empresas tomam envolvendo a linha de produtos e como uma empresa pode expandir sua linha.
6. Descreva as quatro características dos serviços que as empresas devem considerar na hora de elaborar programas de marketing. Como os serviços oferecidos pelo consultório de um médico se diferenciam daqueles fornecidos por um banco?

◯ Atividades de pensamento crítico

1. Encontre cinco exemplos que indicam tentativas da prestadora de serviços de reduzir a intangibilidade dos serviços.

Aplicações e casos

◯ Foco na tecnologia   Wi-Fi móvel

Você já ouviu falar de locais que oferecem Wi-Fi móvel, mas um deles é realmente móvel: seu carro. Fabricantes de automóvel como Audi, Ford, Nissan e General Motors estão equipando seus carros com telas de dez polegadas e acesso à internet. O novo XTS da Cadillac possui uma tela sensível ao toque parecida com um iPad e comandos de voz, de modo que você pode ficar em contato com os amigos no Facebook. O governo norte-americano está preocupado com a possibilidade de o acesso à internet gerar um aumento no número de acidentes, causado pela distração do motorista, e quer que os dispositivos funcionem somente quando o carro estiver estacionado. Essas diretrizes, no entanto, são apenas sugestões, o que deixa os fabricantes livres para incluir em seus veículos aquilo que acham que os clientes querem. O argumento do setor é que esses novos dispositivos são mais seguros do que os portáteis que os motoristas já utilizam em seu carro. Os fabricantes garantem, inclusive, que haverá menos botões do que os encontrados nos carros hoje, o que, possivelmente, resultará em maior segurança para os motoristas e passageiros.

1. Descreva o benefício central, o produto básico e o produto ampliado associado a um automóvel. Qual desses três níveis o sistema Wi-Fi representa? Justifique sua resposta.
2. Quais os prós e os contras da inclusão do acesso Wi-Fi à internet nos carros? A característica "acesso à internet" deve ser incluída nos automóveis?

◯ Foco na ética   Educação terceirizada

Você já participou de cursos on-line no ensino médio ou durante a faculdade? Muitos estudantes já participaram, mas algumas universidades tradicionais, de estrutura física, estão se aventurando em territórios inexplorados ao terceirizar a função de ensinar para fornecedores on-line. A Missouri State University já oferece seu curso de jornalismo introdutório pelo Pointer Institute, um grupo de treinamento em jornalismo sem fins lucrativos sediado na Flórida. A terceirização da educação está levando ao surgimento de vários *campi* pelos Estados Unidos, e a maioria é atendida por empresas com fins lucrativos, como a Academic Partnerships, a StraighterLine e a Smarthinking. Essas parcerias representam margens de lucro maiores tanto para a universidade como para o parceiro educacional.

1. Qual produto é oferecido por uma universidade? Comente os níveis de produto oferecidos e como eles podem alterar nos próximos 10 a 20 anos como resultados da tecnologia em mutação.
2. Considerando o ponto de vista tanto da escola como dos estudantes, comente os prós e os contras de se terceirizar a educação em alguns cursos ou até mesmo em graduações inteiras. A tecnologia deve ser utilizada dessa maneira, para entregar esse tipo de produto?

◯ Foco nos números   Qual o valor de uma marca?

Qual é o valor de uma marca? Não se trata apenas de dinheiro. Todo ano, a Interbrand, líder na avaliação de marcas, classifica as cem maiores marcas mundiais. Para isso, ela considera a força da marca, além do desempenho financeiro. Há anos a Coca-Cola é classificada como a número um, tendo sido avaliada em quase 72 bilhões de dólares em 2011, seguida pela

278 Parte 3 | Elaboração de uma estratégia e de um mix voltados para o cliente

IBM, Microsoft, Google, McDonald's, Intel, Apple e Disney. Além dos dados financeiros, a Interbrand avalia o papel que a marca desempenha no resultado financeiro, comparando sua demanda à de um produto sem marca na mesma categoria. Fatores não financeiros são examinados para avaliar a força da marca. Fatores internos ligados à força da marca incluem: clareza, compromisso, proteção e responsabilidade de mercado da empresa em relação à marca. Fatores externos incluem: autenticidade, relevância, diferenciação, consistência, presença e entendimento da marca por parte dos consumidores no mercado.

1. Acesse o mais recente ranking das cem maiores marcas divulgado pela Interbrand no site <www.interbrand. com>. Crie um gráfico que traga as marcas relacionadas considerando seu país. Qual país tem o maior número de marcas no ranking? Quem é o segundo colocado?

2. Ainda no site da Interbrand (<www.interbrand.com>), clique no menu "Best Global Brands" e selecione a opção "Charts". Em seguida, cheque em um setor do gráfico intitulado "Brands by Sector". Quais são as principais marcas desse setor? Depois, clique em uma das marcas e analise as mudanças pelas quais ela passou ao longo do tempo. Qual a porcentagem na mudança de valor que a marca experimentou, considerando o último ano para o qual existem dados disponíveis? Pesquise essa marca e escreva um breve relatório explicando os motivos pelos quais o valor da marca mudou ao longo do tempo.

◯ Vídeo empresarial   Life Is Good

Nos Estados Unidos, a empresa Life Is Good é bastante conhecida. O alegre logo da empresa é notadamente visto em tudo, de camisetas a coleiras, e parece transmitir uma vibração positiva. Apesar de a empresa ter alcançado considerável sucesso vendendo seus produtos com base em uma imagem de marca feliz, os consumidores não captaram a imagem completa que os fundadores da Life Is Good planejaram. Este vídeo mostra o desafio com o qual uma empresa se depara ao equilibrar o seu papel e o do consumidor na determinação do significado de uma marca.

Após assistir ao vídeo que apresenta a Life Is Good, responda às seguintes perguntas:

1. O que as pessoas estão comprando quando adquirem um produto da Life Is Good?
2. Quais fatores contribuíram para a imagem de marca da Life Is Good?
3. Quais recomendações você daria à Life is Good no que diz respeito a estratégias de desenvolvimento de marca?

◯ Caso empresarial   Zipcar: "Não se trata de carros — trata-se de vida urbana"

Imagine um mundo em que ninguém tivesse carro. Os carros existiriam, mas, em vez de tê-los, as pessoas os compartilhariam. Parece maluco, não? Mas Scott Griffith, CEO da Zipcar, a maior empresa de compartilhamento de carros do mundo, pinta um cenário de um mundo que parece imaginário. E ele tem 700 mil clientes apaixonados — ou "zipsters", como são chamados —, que o legitimam.

A Zipcar é especialista em alugar carros por hora ou dia. Embora isso possa parecer uma variação menor das estabelecidas empresas de aluguel de veículos, o compartilhamento de carros — um conceito trazido pela Zipcar — é algo totalmente novo. Assim que se sentou no banco de motorista de uma jovem empresa recém-inaugurada, Griffith sabia que, para a organização atingir uma velocidade de cruzeiro, ela precisava ser mais do que uma agência de aluguel de carros. A Zipcar precisava ser uma marca bem posicionada, voltada para uma base de clientes com necessidades por serem atendidas.

UMA EMPRESA DE ALUGUEL DE CARROS QUE NÃO TEM A VER COM CARROS

Assim que Griffith considerou o que a Zipcar tinha a oferecer, ficou claro que não se tratava de oferecer tudo para todo mundo. Mas o conceito parecia se encaixar particularmente bem com pessoas que moram ou trabalham em regiões densamente povoadas, em cidades como Nova York, Boston, Atlanta, São Francisco e Londres. Para esses clientes, ter um carro (ou um segundo ou terceiro veículo) é difícil, custoso e ambientalmente irresponsável. O interessante é que a Zipcar não se vê como uma empresa de aluguel de carros. Em vez disso, ela vende um estilo de vida. "Não se trata de carros", diz Griffith,

"trata-se de vida urbana. Nós estamos criando uma marca de estilo de vida que, por acaso, tem um monte de carros".

No início, a marca Zipcar era posicionada, exclusivamente, em torno de um sistema de valor. Como uma marca de estilo de vida urbano, a Zipcar se concentrou em características que os moradores da cidade têm em comum. Para começar, o estilo de vida é baseado em consciência ambiental. Primeiramente, a Zipcar voltou-se para clientes preocupados com o meio ambiente, com discursos promocionais como "Nós amamos a Terra" e "Imagine um mundo com um milhão de carros a menos nas ruas". O vibrante logo verde da Zipcar reflete essa filosofia "salve o planeta". E a Zipcar realmente entrega sua promessa ambiental. Estudos mostram que cada carro compartilhado da empresa retira 20 veículos das ruas e diminui as emissões de carbono em até 50% por usuário. Em média, os "zipsters" rodam 44% menos do que quando tinham carro.

Mas não demorou muito para Griffith perceber que, para a Zipcar crescer, ela precisava ir além da questão ecológica. Assim, a marca ampliou seu posicionamento e passou a incluir outros benefícios para o estilo de vida urbano — benefícios que a Zipcar apresenta em seu site, em resposta à pergunta: "Quem é, exatamente, seu tipo de carro compartilhado?" A Zipcar oferece os motivos mais comuns para se compartilhar um carro:

- Eu não quero os problemas associados a ter um carro.
- Eu quero economizar dinheiro.
- Eu ando de transporte público, mas, às vezes, preciso de um carro.
- De vez em quando, eu preciso de um segundo carro.

- Eu preciso de um carro grande para um trabalho grande.
- Eu quero um carro engraçadinho para combinar com meus novos sapatos.
- Eu quero impressionar meu chefe.

Um dos principais benefícios que a Zipcar oferece é a praticidade. Ter um carro em uma área urbana densamente povoada pode ser um grande problema. A Zipcar permite que os clientes se concentrem em dirigir, e não nas complexidades envolvidas em se ter um carro. Ela oferece "rodas quando você as deseja" em quatro etapas simples: "Participe. Reserve. Destrave. Dirija".

ATENDIMENTO DAS NECESSIDADES DO CONSUMIDOR

Para participar, você paga cerca de 60 dólares por um plano anual e recebe seu Zipcard pessoal, que destrava todos os milhares de carros localizados em áreas urbanas espalhadas pelo mundo. Então, quando precisa de um carro, você reserva um — com minutos ou meses de antecedência — pela internet, pelo telefone ou usando um aplicativo para smartphone. Você pode escolher o carro que quer, quando e onde desejar, e dirigi-lo por menos de 7,50 dólares a hora, incluindo combustível, seguro e quilometragem livre. Quando chega a hora, você caminha até o carro, encosta seu Zipcard no para-brisa para destravar as portas e está pronto para partir. Quando terminar, você deixa o carro no mesmo estacionamento em que o pegou — a Zipcar se preocupa com a manutenção e a limpeza.

A Zipcar não elimina apenas os problemas de se ter um carro em uma área urbana: ela também faz com que se economize dinheiro. Vivendo com menos, um "zipster" médio economiza 600 dólares por mês em prestações do carro, seguro, combustível, manutenção e outras despesas associadas à posse de um carro.

O sistema de operação da Zipcar é cuidadosamente alinhado a seu posicionamento de estilo de vida urbano. Para começar, as "cápsulas" da Zipcar (uma dezena ou mais de veículos localizados em uma determinada região) são provenientes de um portfólio de mais de 50 modelos diferentes que os descolados moradores de grandes centros amam. Os veículos são, ao mesmo tempo, modernos e eficientes em termos de combustível, como Toyota Prius, Honda CRV, MINI, Volvo S60, BMW 328, Toyota Tacoma, Toyota Sienna e Subaru Outback, entre outros. E a Zipcar está agora testando veículos híbridos e totalmente elétricos, assim como vans, para trabalhos grandes. Cada carro tem uma personalidade — um nome e um perfil criados por um "zipster". Por exemplo, o Prius Ping "corre de manhã; não fala muito", ao passo que o Civic Carlos "dá aula de ioga; ama andar de caiaque". Esses toques pessoais fazem parecer que você está pegando o carro emprestado de um amigo, e não sendo designado para um pedaço de metal qualquer que, por acaso, está disponível.

Para eliminar ainda mais os problemas e tornar a Zipcar o mais prática possível, as táticas promocionais da empresa são elaboradas para atrair moradores da cidade. A meta da empresa é fazer que os "zipsters" não tenham que andar mais de dez minutos para pegar um de seus carros — uma tarefa nada fácil. "Mesmo hoje em dia, com a internet altamente direcionada, é difícil cobrir o mercado em um nível muito local", diz Griffith. "Então, nossas equipes de rua fazem isso, em cada quarteirão, em cada código postal". Assim, além dos anúncios locais e da propaganda no trânsito, os representantes da Zipcar estão brigando nas ruas, em uma verdadeira tática de guerrilha.

Por exemplo, em São Francisco, transeuntes puderam dar uma marretada em um SUV, ao passo que no campus da Harvard estudantes tentaram adivinhar quantas almôndegas congeladas IKEA tinham sido enfiadas em um MINI. Na cidade de Washington, as equipes de rua da Zipcar colocaram um sofá em um ponto de ônibus com a placa "Você precisa de um Zipcar para transportar isso". E a empresa promoveu diversos eventos locais intitulados "Dieta com redução de carro", em que pedia para os moradores da cidade desistirem de seus carros e comentarem essa decisão em blogs. A Zipcar deu uma bicicleta para um participante sortudo em cada cidade que visitou. Os participantes pesquisados relataram economizar 67% dos custos do veículo, considerando o que gastavam para ter um carro. Além disso, cerca de metade deles disse que perdeu peso.

ESTÍMULO À COMUNIDADE DE MARCA

A orientação da Zipcar em torno do estilo de vida urbano, preocupado com o meio ambiente, estimula uma clara sensação de comunidade nos clientes. Os "zipsters" são tão fanaticamente fiéis quanto os mais devotados fãs da Harley-Davidson e da Apple — marcas que há décadas vêm alimentando o relacionamento com o cliente. Os fiéis "zipsters" atuam como embaixadores da marca na região; 30% dos novos membros inscrevem-se por recomendação de clientes existentes. "Quando eu esbarro com outro membro da Zipcar em uma festa ou algo do tipo, sinto que nós temos alguma coisa em comum", diz um "zipster" do Brooklyn. "É como se nós dois estivéssemos fazendo escolhas inteligentes para nossa vida." E, da mesma maneira que os donos de Harley se juntam nos finais de semana para andar de moto, a internet está cheia de anúncios de festas para "zipsters" em bares, restaurantes e casas de espetáculos, entre outros lugares.

Assim que decolou, a Zipcar ampliou o apelo de sua marca, que passou a incluir um tipo diferente de morador urbano: empresas e outras organizações. Hoje, empresas como o Google incentivam seus funcionários a serem conscienciosos em relação ao meio ambiente, indo para o trabalho com uma van que a empresa disponibiliza e, então, utilizando Zipcars para uso pessoal e corporativo durante o dia. Outras empresas estão usando a Zipcar como uma alternativa aos sedãs pretos, às longas corridas de táxi e aos estacionamentos lotados. Agências do governo também estão entrando na brincadeira. A cidade de Chicago recentemente fechou uma parceria com a Zipcar para oferecer uma alternativa de transporte mais eficiente e sustentável para os órgãos do município. E a cidade de Washington agora economiza mais de 1 milhão de dólares por ano usando Zipcar. O gerente de frota Ralph Burns diz que tem departamentos ligando para ele: "As agências que fecharam seu orçamento para o próximo ano estão me ligando e dizendo, 'Ralph, eu tenho 25 carros e quero me livrar deles!'".

E como está indo a estratégia de posicionamento da Zipcar como uma marca de estilo de vida urbano? De acordo com todas as contas, a jovem empresa de compartilhamento de carros está com o pé no acelerador e com os pneus can-

280 Parte 3 | Elaboração de uma estratégia e de um mix voltados para o cliente

tando. Somente nos últimos oito anos, as receitas anuais da Zipcar dispararam 68 vezes, de 2 milhões de dólares para 136 milhões, e espera-se que esse número dobre em um período de um ano. A Zipcar também alcançou a meta de ser lucrativa. Com dez milhões de pessoas caminhando dez minutos para encontrar um carro da Zipcar, há muito espaço para o crescimento. E, à medida que mais carros são adicionados, o alcance da Zipcar só aumenta.

QUESTÕES PARA DISCUSSÃO

1. Avalie a Zipcar com base em seu posicionamento orientado para benefícios.
2. Descreva as crenças e os valores associados à imagem de marca da Zipcar.
3. Compare o posicionamento baseado em benefícios com o baseado em crenças e valores. Qual deles é mais forte?
4. Com base no que você sabe sobre a marca Zipcar, como a empresa vai se sair no futuro, em comparação aos concorrentes maiores e mais experientes?

O rápido crescimento da Zipcar fez soar o alarme das gigantes empresas de aluguel de carro tradicionais. Enterprise, Hertz, Avis, Thrifty e U-Haul agora possuem uma operação de compartilhamento de carros também. Mas a Zipcar tem uma história de dez anos na frente, relacionamentos bacanas em regiões-alvo e uma imagem de hipster urbana que gigantes como a Hertz vão ter dificuldade para alcançar. Para os "zipsters", a Hertz aluga carros, mas a Zipcar é parte de sua agitada vida urbana.

Fontes: Jerry Hirsch, "Zipcar CEO talks about car sharing as lifestyle choice", *Seattle Times*, 13 maio 2012, <http://seattletimes.nwsource.com/html/businesstechnology/2018197748_inpersonzipcar14.html>; "Zipcar rolling into profits, stock headed to $22", *Forbes*, 23 fev. 2012, <www.forbes.com/sites/greatspeculations/2012/02/23/zipcar-rolling-intoprofitability--stock-headed-to-22/>; Kunur Patel, "Zipcar: an America's hottest brands case study", *Advertising Age*, 16 nov. 2009, p. 16; Paul Keegan, "Zipcar: the best new idea in business", *Fortune*, 27 ago. 2009, <www.fortune.com>; Stephanie Clifford, "How fast can this thing go, anyway?", *Inc.*, 1 mar. 2008, <www.inc.com/magazine/20080301/how-fast-can-this-thing--go-anyway.html>; <www.zipcar.com>. Acesso em: out. 2012.

Estudo de caso

Caso Telefônica:
consolidando o valor da marca líder!

Flávia Angeli Ghisi Nielsen — Doutora em Administração pela FEARP-USP, professora e coordenadora da FIA-SP e autora de livros
Jaércio Alex Silva Barbosa — Doutorando pela FEA-USP, mestre pela FGV-SP e professor do Provar da FIA-SP

A empresa Telefônica surgiu oficialmente em 1924, na cidade de Madrid, com o nome de Compañía Telefónica Nacional de España. Nas décadas seguintes, a empresa cresceu por todo o território nacional, chegando a deter o monopólio das telecomunicações no mercado espanhol até a década de 1990.

Atualmente, o Grupo Telefônica é a terceira maior empresa de telecomunicações do mundo em número de clientes, com atuação em 24 países, 315,8 milhões de acessos, com mais de 1,5 milhão de acionistas diretos, aproximadamente 120 mil empregados e receitas de 12,7 bilhões de euros.

A Telefônica é um grupo privado e tem hoje um dos perfis mais internacionais do setor, gerando mais de 75% de seus negócios fora do mercado doméstico, sendo uma referência nos mercados de língua espanhola e portuguesa. No ranking Euro stoxx 50, está em 18º lugar entre as maiores companhias do continente europeu.

Na América Latina, a Telefônica presta serviços para mais de 214,9 milhões de clientes, sendo líder de mercado no Brasil, Argentina, Chile e Peru, ocupando posições relevantes na Colômbia, Costa Rica, Equador, El Salvador, Guatemala, México, Nicarágua, Panamá, Porto Rico, Uruguai e Venezuela.

No mercado brasileiro, a Telefônica Brasil é a maior empresa de telecomunicações do país, atuando na prestação de serviços de telefonia fixa no Estado de São Paulo e telefonia móvel em todo o território nacional, contando com um portfólio de produtos completo e convergente.

O Brasil, onde atua desde 1998, é a maior operação mundial do grupo Telefônica em número de clientes — possui 94,9 milhões de clientes, sendo 79,4 milhões apenas na operação móvel, na qual detém o maior *market share* do segmento (28,8%) em âmbito nacional e 15,5 milhões na operação fixa. A empresa está presente em mais de 3,8 mil cidades, mais de 3,1 mil delas com acesso à rede 3G, praticamente o dobro da quantidade de cidades atendidas pelo segundo operador nesta tecnologia.

A Telefônica é a marca institucional adotada mundialmente pelo Grupo. No Brasil, os produtos e serviços são comercializados sob a marca Vivo (em 2010, a Telefônica comprou os 50% da Portugal Telecom por € 7.5 bilhões e assumiu o controle integral da Vivo). Globalmente, há mais duas marcas comerciais: Movistar, para Espanha e demais países da América Latina; e O2, para Reino Unido, Alemanha, República Tcheca e Eslováquia.

Após se tornar a principal acionista da Vivo, a Telefônica tinha que decidir qual marca iria gerar mais valor para o cliente e para a empresa. Depois de avaliar a presença e a força da marca Vivo no mercado brasileiro, a Telefônica espanhola optou por não renomear a Vivo como Movistar, que deveria ser o novo nome da companhia já em 2011. A marca Movistar era forte na América Latina, mas pouco conhecida no Brasil. Os custos de uma campanha de comunicação que levasse a Movistar a ser conhecida pelos consumidores brasileiros foram levados em conta pela empresa. Além disto, a marca Vivo ocupava o 5º lugar entre as marcas mais valiosas do Brasil, com valor estimado, em 2010, de US$ 4,38 bilhões, segundo o ranking da *Brand Finance*, e a marca tinha os atributos de inovação e juventude que a empresa gostaria de representar junto aos seus clientes.

O processo de integração e adoção da marca única "Vivo" no Brasil demorou 18 meses, sendo necessário um investimento total de R$ 120 milhões para essa mudança, e o treinamento de 117 mil pessoas, entre funcionários e prestadores de serviços. Além disso, houve alteração do nome de quase todos os produtos da empresa. A linha de telefone fixo da Telefônica passou a se chamar Vivo Fixo. O Speedy, serviço de acesso à Internet, se transformou em Vivo Speedy, e os canais de TV por assinatura Telefônica TV Digital (TTD) e TVA ficaram como Vivo TV. Apenas em abril de 2012 a Vivo passou a ser oficialmente a marca do grupo Telefônica no Brasil.

Segundo o diretor executivo da Telefônica Christian Gebara, "O Brasil já tinha essa marca nacional tão querida, de tanto valor, tão brasileira, que a decisão natural do grupo foi usá-la comercialmente". A escolha pela Vivo ocorreu pela identificação dos brasileiros com a marca, que, como o próprio nome implica, relaciona-se com vida, com pulsação, com emoção, com espírito. Não somente "vivo", mas "vivo" com alegria, com visão de futuro, com uma atitude moderna e interativa, sempre com muita simpatia. "Vivo como uma pessoa que tem uma energia tão boa e positiva que funciona como um imã, que atrai e agrega."

O ícone que representa a marca — um boneco semitransparente sem expressão facial ou detalhes (que varia nas cores azul, verde, vermelho, azul, laranja e púrpura) — traduz a postura convidativa e os valores da empresa: proximidade, transparência, simplicidade, brasilidade e acessibilidade. O ícone representa o companheiro que oferece serviços inovadores e vantajosos, tornando o dia a dia "mais fácil e divertido". Seu dinamismo e seu aspecto visual, com diversas cores e posições, representam a diversidade da comunidade de clientes da empresa.

A Vivo e as outras marcas comerciais da Telefônica materializam a oferta integrada de produtos e serviços, simplificando e padronizando a experiência do cliente. Todas elas adotam uma sólida orientação ao cliente, cada uma com identidades e características próprias que as tornam próximas das realidades e perfis dos seus mercados. Com isso, são criados vínculos reais e emocionais que fortalecem a relação da empresa com os clientes e a posição da marca ante os concorrentes.

No segundo semestre de 2014, a Telefônica adquiriu do grupo francês Vivendi o controle acionário da filial brasileira GVT por cerca de R$ 14 bilhões. A GVT é considerada uma das empresas de Telecomunicações mais inovadoras do país. É mais um capítulo na busca de um posicionamento diferenciado no competitivo mercado de telecomunicações no Brasil. Como as marcas Vivo e GVT vão se integrar para gerar mais valor para o cliente? Somente o futuro dirá.

Questões para reflexão

1. A decisão da Telefônica de manter a marca Vivo no Brasil é também uma decisão relacionada à geração de valor para o cliente. Explique essa afirmativa.

2. A decisão de que marca adotar para um produto ou serviço é fundamental para o seu sucesso comercial. Avalie comparativamente os prós e contras da decisão da Telefônica de adotar a marca Vivo, em vez da marca Movistar.

3. A marca traz em si atributos que são transferidos para os produtos e serviços oferecidos pela empresa. Comente esta questão tendo em vista os atributos da marca Vivo.

4. As empresas de telefonia no Brasil foram, por vários anos, líderes em reclamações no PROCON. Discuta como problemas recorrentes na prestação de serviços podem gerar a erosão dos valores que a marca representa.

Referências

- CORREA, M.S. *VIVO — Estratégia competitiva*: Construção de uma nova marca. Central de Cases ESPM/EXAME. Disponível em: <https://cases-desucesso.files.wordpress.com/2008/03/vivo.pdf>. Acesso em: 5 out. 2014.

- GASPARIN, G. *Telefônica conclui troca da marca por Vivo*: Serviços de telefonia fixa, móvel e internet usarão a mesma marca. Disponível em:<http://g1.globo.com/economia/negocios/noticia/2012/04/telefonica-conclui-troca-da-marca-por-vivo.html>. Acesso em: 8 out. 2014.

- MUNDO DAS MARCAS. *Telefônica*. Disponível em: <http://mundodasmarcas.blogspot.com.br/2006/08/telefonica-comunicao-espanhola.html> Acesso em: 1º out. 2014.

- MUNDO DAS MARCAS. *Vivo*. Disponível em: <http://mundodasmarcas.blogspot.com.br/2006/05/vivo-voc-em-primeiro-lugar.html>. Acesso em: 4 out. 2014.

- TELEFONICA, 2014. *Quem somos*. Disponível em: <http://telefonica.mediagroup.com.br/pt/Empresa/Perfil.aspx>. Acesso em: 8 out. 2014.

- TELEFONICA, 2014b. *A Telefônica no mundo*. Disponível em: <http://www.telefonica.com.br>. Acesso em: 25 set. 2014.

- PORTAL TERRA. *Telefônica adota marca nacional e passa a se chamar Vivo*. Disponível em: <http://economia.terra.com.br/telefonica-adota-marca-nacional-e-passa-a-se-chamar-vivo,3a78aa9b59731410VgnCLD200000bbcceb0aRCRD.html>. Acesso em: 6 out. 2014.

- BAGUETE.COM.BR. *Vivo é marca mais valiosa entre teles nacionais*. Disponível em: <http://www.baguete.com.br/noticias/telecom/22/02/2010/vivo-e-marca-mais-valiosa-entre-teles-nacionais>. Acesso em: 13 out. 2014.

- Portal da comunicação UOL. *Unificação de gigantes*. Disponível em: <http://portaldacomunicacao.uol.com.br/graficas-livros/58/artigo269471-1.asp>. Acesso em: 13 out. 2014.

- Globo.com Economia. *Telefônica fecha compra da GVT*. Disponível em: <http://g1.globo.com/economia/negocios/noticia/2014/09/telefonica-fecha-compra-da-gvt.html>. Acesso em: 13 out. 2014.

NOTAS

1. Citações e outras informações extraídas de Scott Cendrowski, "Nike's new marketing mojo", *Fortune*, 27 fev. 2012, p. 81-88; Barbara Lippert, "Game changers," *Adweek*, 17-24 nov. 2008, p. 20; Mark Borden, "Nike", *Fast Company*, mar. 2008, p. 93; Jonathon Birchall, "Nike seeks 'opportunities' in turmoil", *Financial Times*, 16 mar. 2009, p. 20; Brian Morrissey, "Nike Plus starts to open up to Web", *Adweek*, 20-27 jul. 2009, p. 8; relatórios anuais e outras fontes em <www.nikebiz.com>. Acesso em: set. 2012.

2. Baseado em informações encontradas em <www.starbucks.com/about-us/our-heritage>. Acesso em: nov. 2012.

3. Veja <www.target.com/c/brand-shop-Rachael-Ray/-/N-5o5g6>. Acesso em: nov. 2012.

4. Informações extraídas de Richard N. Velotta, "Brand USA campaign revealed", *VegasINC*, 7 nov. 2011, <www.vegasinc.com/news/2011/nov/07/brand-usa-campaign-unveiled/>; Harriet Edleson, "Selling America abroad", *New York Times*, 2 abr. 2012; p. B7; <www.discoveramerica.com/ca/home.html> e <www.thebrandusa.com>. Acesso em: out. 2012.

5. Informações extraídas de <www.social-marketing.org/aboutus.html>. Acesso em: nov. 2012.

6. Para mais informações sobre marketing social, veja Alan R. Andreasen, *Social marketing in the 21st century*. Thousand Oaks: Sage Publications, 2006; Philip Kotler e Nancy Lee, *Social marketing: influencing behaviors for good*, 3. ed. Thousand Oaks: Sage Publications, 2008; <www.adcouncil.com> e <www.social-marketing.org>. Acesso em: set. 2012.

7. Citações e definições extraídas de Philip Kotler, *Kotler on marketing*. Nova York: Free Press, 1999, p. 17; <www.asq.org/glossary/q.html>. Acesso em: nov. 2012.

8. Citações e outras informações extraídas de Regina Schrambling, "Tool department; the sharpest knives in the drawer", *Los Angeles Times*, 8 mar. 2006, p. F1; "Alex Lee at Gel 2008", vídeo e comentários em <http://vimeo.com/3200945>. Acesso em: jun. 2009; Reena Jana e Helen Walters, "OXO gets a grip on new markets", *BusinessWeek*, 5 out. 2009, p. 71; <www.oxo.com/about.jsp>. Acesso em: nov. 2012.

9. Andy Goldsmith, "Coke vs. Pepsi: the taste they don't want you to know about", *The 60-Second Marketer*, <www.60secondmarketer.com/60SecondArticles/Branding/cokevs.pepsitast.html>. Acesso em: set. 2011.

10. James Black, "What is your product saying to consumers?", *Advertising Age*, 18 jan. 2011, <http://adage.com/print?article_id5148283>.

11. Veja Christine Birkner, "Packaging: thinking outside of the box", *Marketing News*, 30 mar. 2011, p. 12-15; "FMI — supermarket facts", <www.fmi.org/facts_figs/?fuseaction5superfact>. Acesso em: maio 2012; "Walmart facts", <www.walmartfacts com/StateByState/?id52>. Acesso em: ago. 2012.

12. Veja Collin Dunn, "Packaging design at its worst", *Treehugger.com*, 6 jul. 2009, <www.treehugger.com/galleries/2009/07/packagingdesign-at-its-worst.php>; "The sustainable and green packaging market: 2011—2021", *PR Newswire*, 1 dez. 2011.

13. Baseado em informações extraídas de "PUMA Clever Little Bag", <www.idsa.org/puma-clever-little-bag>. Acesso em: mar. 2012; <www.puma.com/cleverlittlebag>. Acesso em: ago. 2012.

14. Natalie Zmuda, "What went into the updated Pepsi logo", *Advertising Age*, 27 out. 2008, p. 6; "New Pepsi logo kicks off campaign", *McClatchy-Tribune Business News*, 15 jan. 2010; "Pepsi logo — design and history", 4 fev. 2011, <www.logodesignsense.com/blog/pepsi-logo-design/>.

15. "Leggo your logo", *Adweek*, 6 dez. 2010, p. 12; "New Gap logo a neural failure", 10 out. 2010, <www.newscientist.com/blogs/shortsharpscience/2010/10/-normal-0--false-false-2.html>; "Marketer in the news", *Marketing*, 9 fev. 2011, p. 8.

16. Para essas e outras histórias, veja Bob Janet, "Customers never tire of great service", *Dealerscope*, jul. 2008, p. 40; Greta Schulz, "Nordstrom makes customer service look easy", 11 dez. 2009, <http://amazingserviceguy.com/2370/2370/>; "Amazon tops in customer service; Nordstrom no. 10", *Business Journal*, 18 jan. 2012, <http://www.bizjournals.com/seattle/morning_call/2012/01/amazon-tops-in-customer-service.html>.

17. Veja o site AT&T Support, <www.att.com/esupport/>. Acesso em: nov. 2012.

18. Baseado em um exemplo de Philip Kotler e Kevin Lane Keller, *Marketing management*, 14ed. Upper Saddle River: Prentice Hall, 2012, p. 343, com informações adicionais extraídas de <http://en.wikipedia.org/wiki/BMW> e <www.bmwusa.com/standard/content/byo/default.aspx>. Acesso em: set. 2012.

19. Informações sobre o mix de produtos da Campbell Soup Company extraídas de <http://investor.campbellsoupcompany.com/phoenix.zhtml?c588650&p5irol-reportsannual>. Acesso em: set. 2012.

20. Paul Hochman, "Ford's big reveal", *Fast Company*, abr. 2010, p. 90-95.

21. Veja "Table 1.2.5 gross domestic product by major type of product", U.S. Bureau of Economic Analysis, 27 jan. 2012, <www.bea.gov/national/nipaweb/TableView.asp?SelectedTable519&Freq5Qtr&FirstYear52009&LastYear52011>; informações do Bureau of Labor Statistics, <www.bls.gov>. Acesso em: maio 2011.

22. Baseado em informações extraídas de Leonard Berry e Neeli Bendapudi, "Clueing in customers", *Harvard Business Review*, fev. 2003, p. 100-106; Jeff Hansel, "Mayo hits the blogosphere", *McClatchy-Tribune Business News*, 22 jan. 2009; "Mayo Clinic model of care", <www.mayo.edu/pmts/mc4200-mc4299/mc4270.pdf>. Acesso em: ago. 2012; <www.mayoclinic.org>. Acesso em: set. 2012.

23. Veja James L. Heskett, W. Earl Sasser Jr. e Leonard A. Schlesinger, *The service profit chain: how leading companies link profit and growth to loyalty, satisfaction, and value*. Nova York: Free Press, 1997; Heskett, Sasser e Schlesinger, *The value profit chain: treat employees like customers and customers like employees*. Nova York: Free Press, 2003;

Rachael W. Y. Yee et al, "The service-profit chain: an empirical analysis in high-contact service industries", *International Journal of Production Economics*, abr. 2011, p. 36.

24. Justin Fox, "What is it that only I can do?", *Harvard Business Review*, jan./fev. 2011, p. 119-123.

25. Veja relatórios anuais e outras informações encontradas em <http://phx.corporateir.net/phoenix.zhtml?c5132215&p5irol-irhome>. Acesso em: ago. 2012.

26. Veja "United States: prescription drugs", <www.statehealthfacts.org/profileind.jsp?sub566&rgn51&cat55>. Acesso em: abr. 2012; "Postal facts", <http://about.usps.com/who-we-are/postal-facts/welcome.htm>. Acesso em: ago. 2012.

27. Adaptado de Sarah Kessler, "The future of the hotel industry and social media", *Mashable!*, 19 out. 2010, <http://mashable.com/2010/10/18/hotel-industry-social-media/>; Jeff Williams, "Marriott's SM team gets it", *HD Leader*, 14 set. 2010, <http://hdleader.com/2010/09/14/marriotts-sm-team-gets-it/>. Veja também <https://twitter.com/#!/marriottintl>. Acesso em: ago. 2012.

28. Para mais discussões sobre o equilíbrio entre produtividade e qualidade dos serviços, veja Roland T. Rust e Ming-Hui Huang, "Optimizing service productivity", *Journal of Marketing*, mar. 2012, p. 47-66.

29. Veja "McAtlas shrugged", *Foreign Policy*, maio/jun. 2001, p. 26-37; Philip Kotler e Kevin Lane Keller, *Marketing management*, 14. ed. Upper Saddle River: Prentice Hall, 2012, p. 256.

30. Citações extraídas de Jack Trout, "'Branding' simplified", *Forbes*, 19 abr. 2007, <www.forbes.com>; apresentação de Jason Kilar na Kenan-Flagler Business School, Universidade da Carolina do Norte, outono 2009.

31. Para mais informações sobre o BrandAsset Valuator da Young & Rubicam, veja W. Ronald Lane, Karen Whitehill King e Tom Reichert, *Kleppner's advertising procedure*, 18. ed. Upper Saddle River: Pearson Prentice Hall, 2011, p. 83-84; "Brand Asset Valuator", ValueBasedManagement.net, <www.valuebasedmanagement.net/methods_brand_asset_valuator.html>. Acesso em: maio 2012; <www.brandassetconsulting.com>. Acesso em: nov. 2012.

32. Veja MillwardBrown Optimor, "BrandZ top 100 most valuable global brands 2011", <www.millwardbrown.com/brandz/>.

33. Veja Scott Davis, *Brand asset management*, 2ed. São Francisco: Jossey-Bass, 2002. Para mais informações sobre posicionamento de marca, veja Kotler e Keller, *Marketing management*, 14. ed, Capítulo 10.

34. Veja "For P&G, success lies in more than merely a dryer diaper", *Advertising Age*, 15 out. 2007, p. 20; Jack Neff, "Stengel discusses transition at P&G", *Advertising Age*, 21 jul. 2008, p. 17; Jack Neff, "Just how well-defined is your brand's ideal?", *Advertising Age*, 16 jan. 2012, p. 4.

35. Veja <www.saatchi.com/the_lovemarks_company> e <www.lovemarks.com>. Acesso em: set. 2012; Aaron Ahuvia Rajeev e Richard P. Bagozzi, "Brand love", *Journal of Marketing*, mar. 2012, p. 1-16.

36. Susan Wong, "Foods OK, but some can't stomach more ad increases", *Brandweek*, 5 jan. 2009, p. 7. Veja também "Brand names need to reward consumers to keep them according to study", *PR Newswire*, 23 out. 2009; "IDDBA study shows store brands spiking", *Dairy Foods*, jan. 2010, p. 38; "Consumers praise store brands", *Adweek*, 8 abr. 2010, <www.adweek.com>; Hannah Karp, "Store brands step up their game, and prices", *Wall Street Journal* (on-line), 31 jan. 2012, <www.wsj.com>.

37. Veja Todd Hale, "Store brands flex muscle in weak economy", *Nielsen-Wire*, 3 maio 2010, <http://blog.nielsen.com/nielsenwire/consumer/store-brands-flex-muscle-in-weak-economy/>; Trefis, "Private label surge threatens Polo Ralph Lauren", *The Street*, 8 jul. 2010, <www.thestreet.com/story/10801997/private-label-surge-threatenspolo-ralph-lauren.html>; Hannah Karp, "Store brands step up their game, and prices", *Wall Street Journal* (on-line), 31 jan. 2012, <www.wsj.com>; Lien Lamey et al, "The effect of business-cycle fluctuations on private-label share: what has marketing conduct to do with it?", *Journal of Marketing*, jan. 2012, p. 1-19.

38. Veja informações encontradas em Ely Portillo, "In weak economy, store brands prosper", *McClatchy-Tribune News Service*, 18 mar. 2011; <http://walmartstores.com/Video/?id51305> e <http://walmartstores.com/pressroom/Photos/Gallery.aspx?id5605>. Acesso em: abr. 2012; <www.wholefoodsmarket.com/products/365-everyday-value.php>. Acesso em: abr. 2012.

39. Daniel Frankel, "Report: Disney raked in $26.9b from licensed merchandise in 2010", *Wrap Media*, 18 maio 2011, <www.thewrap.com/media/article/report-disney-made-286b-2010-licensedmerchandise-27526>; Adam Bluestein, "Unleash the Merchinator", *Fast Company*, nov. 2010, p. 44-48; "Nickelodeon and partners unveil new products at toy fair", *The Licensing Book Online*, 17 fev. 2012, <http://licensingbook.com/nickelodeon-andpartners-unveil-new-products-at-toy-fair>; <www.licensingexpo.com>. Acesso em: ago. 2012.

40. Para esse e outros exemplos, veja "Tim Hortons and Cold Stone: co-branding strategies", *Business Week*, 10 jul. 2009, <www.businessweek.com/smallbiz/content/jul2009/sb20090710_574574.htm>; Dan Beem, "The case for co-branding", *Forbes*, 16 mar. 2010, <www.forbes.com>; <www.timhortons.com/ca/en/about/investing.html>. Acesso em: nov. 2012.

41. Citações extraídas de <www.apple.com/ipod/nike/>. Acesso em: jun. 2012.

42. Veja "The brand that launched 1000 ships", *Bloomberg Businessweek*, 3-9 out. 2011, p. 30; <www.fritolay.com/our-snacks/doritos.html>. Acesso em: nov. 2012.

43. "Advertising spending", *Advertising Age*, 19 dez. 2011, p. 4.

44. Citações extraídas de Stephen Cole, "Value of the brand", *CA Magazine*, maio 2005, p. 39-40; Lawrence A. Crosby e Sheree L. Johnson, "Experience required", *Marketing Management*, jul./ago. 2007, p. 21-27.

45. Citação extraída de Adam Swan, "Welcome to the Era of Design", *Forbes*, março 2012. Disponível em: <www.forbes.com/sites/gyro/2012/05/03/Welcome-to-the-era-of-design/2/>.

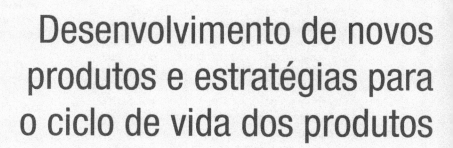

Parte 1 ▶ Definição de marketing e o processo de marketing (Capítulos 1-2)

Parte 2 ▶ Entendimento do mercado e dos clientes (Capítulos 3-6)

Parte 3 ▶ Elaboração de uma estratégia e de um mix voltados para o cliente (Capítulos 7-17)

Parte 4 ▶ Marketing ampliado (Capítulos 18-20)

Desenvolvimento de novos produtos e estratégias para o ciclo de vida dos produtos

Prévia do capítulo

Nos capítulos anteriores, você aprendeu como os profissionais de marketing gerenciam e desenvolvem produtos e marcas. Neste capítulo, analisaremos dois tópicos adicionais relacionados aos produtos: o desenvolvimento de novos produtos e o gerenciamento dos produtos ao longo de seu ciclo de vida. Novos produtos são a força vital de uma organização. Entretanto, o desenvolvimento de novos produtos é arriscado, e muitos não dão certo. Assim, a primeira parte deste capítulo apresenta um processo para descobrir novos produtos e torná-los bem-sucedidos. Uma vez lançado o produto, os profissionais de marketing querem que tenha uma vida longa e feliz. Na segunda parte do capítulo, você verá que todo produto passa por vários estágios no ciclo de vida e que cada estágio traz novos desafios, demandando diferentes estratégias e táticas de marketing. Para completar, vamos concluir nossa discussão sobre produtos analisando duas questões adicionais: a responsabilidade social nas decisões relacionadas a produtos e o marketing de serviços e produtos internacionais.

Para começar, veremos o exemplo da Samsung, a maior fabricante de eletrônicos de consumo do mundo e uma das empresas mais inovadores do planeta. Ao longo das últimas duas décadas, ela se transformou, criando uma cultura de inovação orientada para o cliente e um fluxo aparentemente sem-fim de novos produtos inovadores, que apresentam design formidável, tecnologia inovadora, características que melhoram a vida e uma grande dose de "Uau!"

Samsung: melhorando a vida dos clientes com inovação em novos produtos

Provavelmente, você está familiarizado com a marca Samsung. Talvez você tenha um dos novos smartphones Galaxy da moda ou um notebook Samsung Series 7 Chronos. Você também pode já ter visto uma daquelas novas e deslumbrantes Smart TVs, bem fininhas. Ou pode ter lido algo sobre um novo tablet Samsung Galaxy. A Samsung, maior fabricante de eletrônicos de consumo do mundo, produz eletrônicos do tipo "vou ter que ter" em praticamente todas as categorias, de TVs e aparelhos Blue-ray, tablets e celulares, notebooks e impressoras a câmeras digitais e até mesmo uma ampla variedade de eletrodomésticos. As chances são altas de você ou alguém que conhece ter um produto Samsung.

Mas, há menos de 20 anos, a empresa era pouco conhecida, e era qualquer coisa menos inovadora. Naquela época, era uma marca imitadora coreana que você adquiria em paletes no Costco, quando não tinha dinheiro para comprar um Sony, então a marca de eletrônicos de consumo mais cobiçada do mundo. No entanto, em 1993, a Samsung tomou uma decisão iluminada. Ela deixou para trás seus produtos baratos e se propôs a ultrapassar sua rival Sony. Para destronar a gigante dos eletrônicos de consumo, entretanto, a Samsung primeiro tinha que mudar toda a sua cultura, deixando de ser uma imitadora para se tornar uma líder em inovação. Para ultrapassar as *vendas* da Sony, decidiu que, em primeiro lugar, ela tinha que superá-la em termos de *inovação*.

A grande reviravolta da Samsung começou com uma ordem de cima para baixo para mudar. A Samsung queria se tornar uma marca de primeira, além de uma desbravadora líder de produtos. A empresa contratou uma série de designers e gerentes jovens e audaciosos, que desencadearam uma enxurrada de novos produtos — e não eram produtos comuns, iguais a tantos outros, mas produtos bem desenhados, ousados e bonitos, voltados para usuários sofisticados. A Samsung chamou esses produtos de "obras de arte de estilo de vida". Todo novo produto tinha que passar pelo teste do "Uau!": se, durante o teste de mercado, a reação ao produto não fosse um "Uau!", ele voltava direto para a área de design.

Além da tecnologia inovadora e do design de bom gosto, a Samsung colocou o cliente no centro de seu movimento em direção à inovação. Sua principal meta com a inovação

> A Samsung se tornou líder mundial em eletrônicos de consumo graças à inovação orientada para os clientes e a novos produtos que melhoram a vida deles. Na Samsung, todo novo produto passa pelo teste do "Uau!"

era não só melhorar a experiência do cliente, mas também gerar uma verdadeira mudança na vida das pessoas, em tudo o que fizesse.

Com seu foco em novos produtos voltado para o cliente, a Samsung superou a Sony em menos de dez anos. Hoje, as receitas anuais de 138 bilhões de dólares da Samsung representam mais de uma vez e meia as receitas da Sony. E, nos últimos três anos, enquanto as vendas da Sony se mantiveram estagnadas e as perdas aumentaram em uma economia difícil, as vendas e os lucros da Samsung tiveram um crescimento de dois dígitos. De acordo com a Interbrand, uma empresa que monitora marcas, a Samsung é atualmente a 17ª marca mais valiosa do mundo — estando à frente de megamarcas, como Pepsi, Nike e Honda — e uma das que crescem mais rápido no planeta.

Mas, mais do que ser apenas maior, a Samsung alcançou aquilo que buscava: o fator "Uau!" para novos produtos. Por exemplo, a empresa dominou o mais recente International Design Excellence Awards (Idea) — o "Oscar" do mundo do design —, que julga novos produtos com base na aparência, na funcionalidade e no conceito inspirador. A Samsung empatou com a Microsoft como a maior ganhadora do evento, levando sete prêmios, mais do que o dobro da segunda colocada. Nos produtos premiados da Samsung, foram levados em conta o bom gosto e a praticidade, como os do projetor portátil, que cabe no bolso e se conecta a uma entrada USB; os da câmera digital em HD que, com dupla empunhadura, se ajusta tanto a destros como a canhotos; e os do HD externo compacto e com capa de silicone que protege os dados dos usuários de impactos.

Apesar de seu sucesso, a Samsung não está descansando sobre os louros da inovação. Não importa qual será a próxima novidade em eletrônicos de consumo: a Samsung quer ser a primeira empresa a descobri-la e a desenvolvê-la. Para isso, no último ano, a empresa fez um incrível investimento de 41 bilhões de dólares em pesquisa e desenvolvimento (P&D), em bens de capital e em novas fábricas e equipamentos — esse valor representa mais de duas vezes e meia os investimentos combinados de seus concorrentes Sony, Toshiba, Hitachi e Sharp. Além disso, no mundo todo, as equipes de inteligência de mercado e de inovação de produto da Samsung continuamente pesquisam o uso de produtos, o comportamento de compra e as tendências de estilo de vida, procurando insights do consumidor e novas formas inovadoras de atender às suas necessidades.

Hoje em dia, à medida que a tecnologia se torna mais conectada e móvel, a Samsung concorre menos com as Sonys da vida e mais com líderes em inovação, como a Apple. E, contra a Apple, a Samsung está mais do que resistindo. Em dispositivos móveis, por exemplo, a Samsung conquistou o primeiro lugar no mercado. Há apenas alguns anos, a meta da empresa era dobrar sua participação no mercado de smartphones de 5 para 10%. Mas o sucesso de sua linha Galaxy catapultou a participação mundial da Samsung para 20%, deixando-a à frente da Apple.

Em seu favor, a Samsung domina uma parte do quebra-cabeça da tecnologia que a Apple não possui: as telas grandes. De fato, há seis anos seguidos, a Samsung é a líder mundial em vendas de televisão. Suas novas Smart TVs não oferecem apenas controle por gesto e por voz e reconhecimento facial: elas também fornecem uma total conectividade à Internet, que permite aos usuários navegar pelo Facebook e pelo Skype, visualizar conteúdo on-line e utilizar seus aplicativos favoritos com o movimento de uma mão. Essas características são atrativas não apenas para os consumidores, mas também para os anunciantes que querem alcançá-los. A Samsung espera abocanhar uma parcela grande dos dólares destinados à propaganda de empresas ávidas por anunciar seus produtos em telas até 25 vezes maiores do que as de um iPhone ou iPad. Se isso der certo, a Samsung vai ameaçar não apenas a Apple, mas também as empresas que oferecem TV a cabo e via satélite.

Além das TVs e dos dispositivos móveis, a Samsung está aplicando seu fator "Uau!" para novos produtos em categorias que variam de eletrodomésticos a captação de imagem digital e notebooks. As grandes novidades das linhas de montagem são: máquinas de lavar com tecnologia Eco Bubble, que reduz em até 70% o consumo de energia; câmeras digitais com tecnologia multivisão e multiângulo, que faz com que fique mais fácil para os usuários capturar momentos importantes de sua vida; e os notebooks Series 7 Chronos, que não apenas ligam e funcionam mais rápido, como também possuem uma bateria que dura mais. "Tudo isso são exemplos de novos produtos que estão melhorando a vida dos nossos clientes com tecnologia inovadora", diz a CMO da Samsung, Sue Shim.

Há 20 anos, poucos seriam capazes de prever que a Samsung pudesse se transformar, de maneira tão rápida e completa, de uma fabricante imitadora de baixo custo em uma inovadora líder mundial de produtos premium de bom gosto e alto desempenho. Mas, por meio de uma dedicação à inovação em novos produtos orientada para o cliente, foi exatamente isso que a Samsung fez. "[Nós] vencemos oferecendo aos consumidores o que eles querem", diz o presidente de eletrônicos de consumo da Samsung Electronics America. "Talvez até mesmo [...] características que eles nem sabiam que queriam." Trata-se de qualquer coisa que conquiste aquele "Uau!"[1]

286 Parte 3 | Elaboração de uma estratégia e de um mix voltados para o cliente

---

Resumo dos objetivos

Objetivo 1
Explicar como as empresas descobrem e desenvolvem ideias para novos produtos.
Estratégia de desenvolvimento de novos produtos (p. 286-287)

Objetivo 2
Relacionar e definir as etapas no processo de desenvolvimento de novos produtos e as principais considerações no gerenciamento desse processo.
O processo de desenvolvimento de novos produtos (p. 287-295)
Gerenciamento do desenvolvimento de novos produtos (p. 295-298)

Objetivo 3
Descrever os estágios do ciclo de vida do produto e como as estratégias de marketing mudam ao longo desse ciclo de vida.
Estratégias de ciclo de vida do produto (p. 298-303)

Objetivo 4
Discutir duas considerações adicionais acerca dos produtos: decisões relacionadas a produtos socialmente responsáveis e marketing de produtos e serviços internacionais.
Considerações adicionais acerca de produtos e serviços (p. 303-307)

Como a história da Samsung sugere, as empresas que se destacam no desenvolvimento e no gerenciamento de novos produtos obtêm grandes recompensas. Todo produto parece percorrer um ciclo de vida: ele nasce, passa por diversas fases e, mais cedo ou mais tarde, morre, quando surgem produtos que criam valor novo ou melhor para os clientes.

Esse ciclo de vida do produto apresenta dois grandes desafios: primeiro, como todos os produtos acabam entrando em declínio, a empresa precisa ser boa no desenvolvimento de novos produtos para substituir os que ficam velhos (o desafio do *desenvolvimento de novos produtos*); segundo, à medida que o produto passa por diferentes estágios, a empresa precisa ser boa na adaptação de suas estratégias de marketing, tendo em vista as mudanças nos gostos, na tecnologia e na concorrência (o desafio das *estratégias de ciclo de vida do produto*). Para começar, vamos analisar o problema que envolve descobrir e desenvolver novos produtos e, em seguida, o problema que implica gerenciá-los com sucesso ao longo de seu ciclo de vida.

Objetivo 1

▶ Explicar como as empresas descobrem e desenvolvem ideias para novos produtos.

Desenvolvimento de novos produtos
Desenvolvimento de produtos originais, de melhorias e modificações nos produtos existentes e de novas marcas por meio dos esforços de desenvolvimento de produto da empresa.

Estratégia de desenvolvimento de novos produtos

Uma empresa pode obter novos produtos de duas maneiras. Uma delas é por meio da *aquisição* — pela compra de uma empresa inteira, de uma patente ou de uma licença para fabricar o produto de alguém. A outra é por meio de seus esforços para o **desenvolvimento de novos produtos**. Entendemos *novos produtos* como produtos originais, melhorias e modificações nos produtos existentes e novas marcas que a empresa desenvolve por meio de seus esforços de pesquisa e desenvolvimento (P&D). Neste capítulo, vamos nos concentrar no desenvolvimento de novos produtos.

Os novos produtos são importantes tanto para os clientes como para as empresas que os atendem: eles trazem novas soluções e variedade para a vida dos clientes, além de serem uma fonte fundamental de crescimento para a empresa. Com o ambiente de rápida mudança de hoje, muitas empresas dependem de novos produtos para a maior parte do seu crescimento. Por exemplo, nos últimos anos, novos produtos mudaram quase completamente a Apple. As vendas de iPhone e iPad — que há apenas seis anos nem estavam disponíveis no mercado — representam, hoje, 72% das receitas totais da empresa.[2]

Contudo, as inovações podem ser caras e bastante arriscadas. Novos produtos enfrentam dificuldades. De acordo com uma estimativa, 67% de todos os produtos lançados por empresas estabelecidas não dão certo. Para novas empresas, o índice de fracasso sobe para 90%. Todos os anos, empresas norte-americanas perdem uma quantia estimada em 260 bilhões de dólares com novos produtos que não decolam.[3]

Por que tantos novos produtos fracassam? Existem diversas razões para isso. Uma ideia pode ser boa, mas a empresa pode superestimar o tamanho do mercado. Além disso, o produto pode ser malfeito. Ele pode ainda ser posicionado de maneira incorreta, ser lançado no momento errado, ser muito caro ou não ser anunciado de forma adequada. Um executivo do alto escalão pode impor uma ideia que lhe agrade, apesar de ela não ter se saído bem nas pesquisas de marketing. Às vezes, os custos de desenvolvimento do produto são mais altos que o previsto, e acontece de os concorrentes reagirem com mais vigor do que se esperava.

Assim, as empresas se deparam com um problema: elas precisam desenvolver novos produtos, mas as dificuldades pesam contra o sucesso. No geral, para criar novos produtos bem-sucedidos, as empresas precisam entender seus consumidores, seus mercados e seus concorrentes, além de entregar valor superior para os clientes.

O processo de desenvolvimento de novos produtos

Em vez de deixar os novos produtos ao acaso, as empresas devem realizar um forte planejamento nesse sentido e estabelecer um sistemático *processo de desenvolvimento de novos produtos*, orientado para o cliente, a fim de descobrir e gerar novos produtos. A Figura 9.1 traz as oito etapas principais desse processo.

Geração de ideias

O desenvolvimento de um novo produto começa com a **geração de ideias**: a busca sistemática de ideias para novos produtos. Normalmente, uma empresa gera centenas — até mesmo, milhares — de ideias para descobrir algumas poucas que sejam boas. Entre as principais fontes de ideias para novos produtos estão: as fontes internas e as fontes externas, como clientes, concorrentes, distribuidores e fornecedores.

Fontes internas de ideias

Utilizando *fontes internas*, a empresa pode descobrir novas ideias por meio do processo de P&D (Pesquisa e Desenvolvimento) formal. No entanto, em um estudo recente, somente 33% das empresas pesquisadas classificaram a P&D tradicional como a mais importante fonte de ideias inovadoras. Em comparação, 41% delas indicaram os clientes como a principal fonte, seguidos pelos líderes de unidades de negócios da empresa (35%), pelos funcionários (33%) e pela equipe de vendas (17%).[4]

Assim, além de seu processo interno de P&D, a empresa pode contar com a inteligência de seu pessoal — dos executivos aos vendedores, passando pelos cientistas, pelos engenheiros e pela equipe de produção. Muitas empresas desenvolveram, com sucesso, redes sociais internas e programas de *intraempreendedorismo*, que incentivam os funcionários a desenvolver ideias para novos produtos. Por exemplo, todos os anos o Twitter promove o evento "Semana da invasão: vamos invadir juntos", em que motiva, ativamente, a inovação interna por meio da experimentação por toda a empresa.[5]

> Durante a "Semana da invasão", vários funcionários do Twitter dão uma pausa em sua rotina diária para trabalhar em conjunto e ver as novas coisas bacanas que podem desenvolver. Segundo um funcionário: "Não há reuniões por uma semana. Não há publicações por uma semana. E quase não há regras. Vamos lá, 'Semana da invasão'!". Na mais recente "Semana da invasão", cerca de 100 equipes trabalharam em uma série de projetos, que variaram de novos produtos para o Twitter a características para melhorar a experiência de seus usuários. "Alguns projetos eram técnicos e estratégicos; outros eram apenas divertidos e não tinham nenhum fundamento, dando as pessoas a oportunidade de exercitar sua criatividade", diz o Twitter. Algumas das ideias desenvolvidas durante a "Semana

Objetivo 2

◀ Relacionar e definir as etapas no processo de desenvolvimento de novos produtos e as principais considerações no gerenciamento desse processo.

Geração de ideias
A busca sistemática de ideias para novos produtos.

Figura 9.1 Principais etapas no desenvolvimento de novos produtos.

O desenvolvimento de um novo produto começa com boas ideias de novos produtos — várias delas. Por exemplo, o desafio I-Prize da Cisco, baseado em crowdsourcing, obteve 824 ideias de 2.900 inovadores, que representaram mais de 156 países.

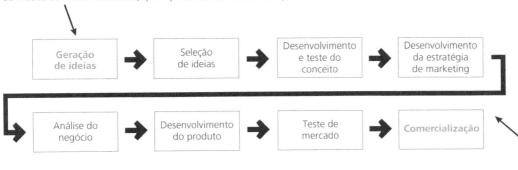

As etapas seguintes reduzem o número de ideias e levam ao desenvolvimento apenas daquelas que são melhores em termos de lucratividade do produto. Das 824 ideias obtidas no desafio I-Prize da Cisco, somente algumas estão sendo desenvolvidas.

da invasão" vão se tornar contribuições de grande sucesso; outras, discretamente, não vão dar certo. Ainda é muito cedo para dizer. "Nós não vemos a hora de descobrir", diz o Twitter. Mas "uma coisa nós sabemos: vamos ter um monte de novos produtos, características e ideias incríveis".

Fontes externas de ideias

As empresas também podem obter boas ideias para novos produtos a partir de uma série de fontes externas. Por exemplo, os *distribuidores* e os *fornecedores* podem contribuir com ideias. Os distribuidores estão próximos do mercado e podem repassar informações referentes a problemas dos consumidores e possibilidades de novos produtos. Já os fornecedores podem trazer para a empresa novos conceitos, técnicas e materiais, os quais podem ser usados para desenvolver novos produtos.

Os *concorrentes* são outra importante fonte. As empresas observam os anúncios dos concorrentes para obter pistas acerca de seus novos produtos. Elas também compram os produtos lançados pelos concorrentes, desmontam-nos para ver como funcionam, analisam as vendas deles e decidem se devem lançar um produto próprio. Outras fontes de ideias incluem: revistas, feiras, sites e seminários do setor; órgãos do governo; agências de propaganda; institutos de pesquisa de marketing; laboratórios universitários e comerciais; e inventores.

Talvez, a mais importante fonte de ideias para novos produtos sejam os *clientes*. A empresa pode analisar as perguntas e as reclamações dos clientes para descobrir novos produtos que resolvam melhor seus problemas. Ou pode pedir aos clientes que enviem sugestões e ideias. Por exemplo, o LEGO Group, sediado na Dinamarca, fabricante dos clássicos blocos de plástico LEGO — que há mais de 60 anos têm sido montados em lares no mundo todo —, volta-se, sistematicamente, para os usuários a fim de obter ideias e informações para novos produtos:[6]

▲ Ideias de novos produtos provenientes dos clientes: o site LEGO CUUSOO, da LEGO, convida os usuários a enviarem ideias de novos produtos e a votar em outras ideias de usuários. O LEGO Minecraft Micro World conquistou os 10 mil votos necessários em menos de 48 horas.

LEGO e o logo da LEGO são marcas registradas do LEGO Group of Companies, usadas aqui com permissão. © 2012 The LEGO Group, CUUSOO System e Mojang AB. Todos os direitos reservados.

No site LEGO CUUSOO, a LEGO convida os usuários a enviar ideias de novos produtos LEGO e votar nas ideias de outros usuários. Ideias com 10 mil votos são analisadas internamente, com chances de serem colocadas em produção. Os consumidores que têm sua ideia escolhida ficam com 1% do total das vendas líquidas do produto. Até agora, o CUUSOO gerou dezenas de grandes ideias de produto e três novos produtos. O mais recente lançamento é o LEGO Minecraft Micro World, que permite aos usuários do popular jogo para videogame da Mojang (o Minecraft) recriarem a experiência do Minecraft em blocos da LEGO. Com o apoio dos mais de 20 milhões de usuários registrados do Minecraft, a nova ideia obteve os 10 mil votos necessários no CUUSOO em menos de 48 horas.

Em um nível mais amplo, no desenvolvimento de ideias de novos produtos, a LEGO volta-se, ativamente, para a comunidade Afol (adultos fãs de LEGO). Ela montou uma lista de clientes que, embaixadores da marca, oferecem informações regulares. Além disso, convida esses clientes para participar, diretamente, do processo de desenvolvimento de ideias. Por exemplo, a LEGO convidou 250 entusiastas de seus trens elétricos para visitar seu escritório em Nova York a fim de avaliar novos designs. O resultado disso foi o conjunto LEGO Santa Fe Super Chief, que vendeu as primeiras 10 mil unidades em menos de duas semanas, sem praticamente nenhum esforço de marketing adicional. Assim, ouvir o cliente faz muito sentido para os negócios. "Se nossos fãs nos dizem que existe demanda para [alguma coisa], por que não consideraríamos isso?", pergunta um executivo sênior de desenvolvimento de produtos da LEGO. "E, quando pegamos algo assim e transformamos em um grande sucesso para os negócios, isso mostra o valor de ouvir nossos clientes."

Crowdsourcing

Crowdsourcing
Convidar grandes comunidades de pessoas — clientes, funcionários, cientistas e pesquisadores independentes e até mesmo o público em geral — para participar do processo de inovação em novos produtos.

Em termos ainda mais amplos, muitas empresas estão desenvolvendo programas de ideias para novos produtos com base em *crowdsourcing* ou *inovação aberta*. O **crowdsourcing** abre as portas da inovação, convidando grandes comunidades de pessoas — clientes, funcionários,

Capítulo 9 | Desenvolvimento de novos produtos e estratégias para o ciclo de vida dos produtos **289**

cientistas e pesquisadores independentes e até mesmo o público em geral — para participar do processo de inovação em novos produtos. O uso de uma grande quantidade de fontes — tanto internas como externas à empresa — pode gerar novas ideias inesperadas e significativas. Por exemplo, em vez de depender apenas de seus laboratórios de P&D para produzir todas as inovações em novos produtos necessárias para apoiar seu crescimento, a Procter & Gamble desenvolveu um processo de *crowdsourcing* denominado Connect + Develop. Por meio dele, a empresa tem acesso a inovações promissoras de empreendedores, cientistas, engenheiros e outros pesquisadores — até mesmo consumidores —, que a ajudam a atingir seu objetivo de melhorar a vida das pessoas (veja o Marketing Real 9.1).

Em vez de criar e gerenciar sua própria plataforma de *crowdsourcing*, as empresas podem utilizar redes de terceiros, como a da InnoCentive, da TopCoder, da Hypios e da Jovoto. Por exemplo, empresas que vão do Facebook e PayPal a ESPN, NASA e Salk Institute utilizam a rede da TopCoder — que conta com cerca de 400 mil matemáticos, engenheiros, desenvolvedores de software e designers — para obter ideias e soluções, oferecendo prêmios que variam de 100 a 100 mil dólares. Recentemente, a PayPal lançou um desafio na comunidade da TopCoder, buscando o desenvolvimento de um aplicativo inovador para Android e iPhone que operasse, com sucesso e segurança, seu processo de pagamento. Cada vencedor receberia 5 mil dólares. Após somente quatro semanas de competição e duas semanas de análise, a PayPal tinha sua solução. O aplicativo para Android veio de um programador dos Estados Unidos; já o aplicativo para iPhone veio foi desenvolvido por um programador da Colômbia.[7]

O *crowdsourcing* pode gerar um fluxo intenso de ideias inovadoras. De fato, abrir as comportas para todos e qualquer um pode inundar a empresa de ideias — algumas boas e outras ruins. Por exemplo, quando a Cisco patrocinou um esforço de inovação aberta intitulado I-Prize, solicitando ideias de fontes externas, ela recebeu mais de 820 ideias diferentes, de mais de 2.900 inovadores espalhados em 156 países. "O processo de avaliação foi bem mais trabalhoso do que esperávamos", disse o diretor de tecnologia da Cisco. Ele exigiu um "investimento significativo em tempo, energia, paciência e imaginação [...] para encontrar as joias escondidas em um monte de pedras brutas". No final, uma equipe de seis funcionários da Cisco trabalhou por três meses, em período integral, para esculpir 32 ideias semifinalistas, levando nove equipes, que representavam 14 países em seis continentes, para a fase final da competição.[8]

Empresas verdadeiramente inovadoras não dependem somente de uma ou outra fonte para obter ideias para novos produtos. Em vez disso, elas desenvolvem extensas redes de inovação que captam ideias e inspirações de toda fonte possível, de funcionários e clientes a inovadores externos e vários pontos além.

Seleção de ideias

O objetivo da geração de ideias é criar uma grande quantidade delas. A finalidade das etapas seguintes é *reduzir* esse número. A primeira etapa da redução de ideias é a **seleção de ideias**, que ajuda a identificar as ideias boas e a descartar as ideias ruins o mais rápido possível. Os custos com o desenvolvimento do produto aumentam substancialmente nas próximas etapas. Assim, a empresa quer seguir adiante somente com as ideias de produto que vão se transformar em produtos rentáveis.

Muitas empresas exigem que seus executivos apresentem ideias para novos produtos em um formato padronizado, que possa ser analisado por um comitê de novos produtos. Esse relatório descreve o produto ou serviço, a proposta de valor sugerida de valor para o cliente, o mercado-alvo e a concorrência. Ele também contém algumas estimativas preliminares acerca do tamanho do mercado, do preço do produto, do prazo e dos custos de desenvolvimento, dos custos de fabricação e da taxa de retorno. O comitê, então, avalia a ideia segundo um conjunto de critérios gerais.

Um especialista em marketing propõe um modelo R-G-V ("ser real, ganhar, valer a pena") de seleção de novos produtos, que faz três perguntas. A primeira: é *real*? Trata-se de uma necessidade e um desejo reais pelo produto e os clientes vão comprá-lo? É um conceito de produto claro, e um produto como esse vai satisfazer o mercado? A segunda: *podemos ganhar?* O produto oferece uma vantagem competitiva sustentável? A empresa possui os recursos para fazer do produto um sucesso? Por fim: *vale a pena fazê-lo?* O produto se encaixa à estratégia de crescimento geral da empresa? Ele oferece um potencial de lucro suficiente? A empresa deve responder "sim" para essas três perguntas antes de levar adiante o desenvolvimento da ideia do novo produto.[9]

Seleção de ideias
A seleção de ideias para novos produtos, com objetivo de identificar as ideias boas e descartar as ruins o mais rápido possível.

Marketing Real 9.1

Crowdsourcing: Connect + Develop da P&G

A Procter & Gamble comercializa cerca de 300 megamarcas no mundo todo, conquistando aproximadamente 84 bilhões de dólares em receitas anuais. De acordo com estimativas da empresa, as marcas da P&G estão presentes, diariamente, na vida de 4,4 bilhões de pessoas ao redor do mundo. Desde que foi fundada, há 175 anos, a P&G representa o mais alto padrão de inovação disruptiva e desenvolvimento de novos produtos em seu setor. O Tide da P&G, lançado no final da década de 1940, foi o primeiro sabão em pó sintético para máquinas de lavar roupa automáticas. A Pampers foi a primeira fralda descartável de sucesso. O Crest foi a primeira pasta de dente com flúor que realmente prevenia cáries, e o Crest Whitestrips revolucionou o branqueamento dos dentes em casa. O Febreze foi o primeiro produto a eliminar de fato os odores, em vez de simplesmente os encobri-los. E o Olay ProX da P&G reduz o surgimento de rugas com tanta eficiência quanto os mais caros produtos prescritos para combater os sinais da idade. Essas inovações disruptivas têm sido um elemento essencial para o crescimento e o sucesso inacreditáveis da P&G.

Até recentemente, a maioria das inovações da P&G vinha de seus laboratórios de pesquisa e desenvolvimento. A P&G investe 2 bilhões de dólares por ano em P&D — 50% a mais do que seu principal concorrente e muito mais do que a maioria de seus outros concorrentes juntos. A gigante dos produtos de consumo emprega mais de 8 mil pesquisadores em suas 26 instalações de P&D espalhadas pelo globo, sendo alguns deles os maiores talentos em pesquisa do mundo. Mas, mesmo com esse investimento absurdo, os laboratórios de pesquisa da P&G simplesmente não conseguem oferecer a quantidade de inovações necessária para atender às necessidades de crescimento da empresa de 84 bilhões de dólares.

Assim, há cerca de dez anos, a P&G mudou seu processo de pesquisa. Ela deixou de lado seu modelo de P&D interno, que dependia de seus laboratórios para produzir a inovação necessária, e passou a adotar um modelo de inovação aberta, que convida parceiros externos para ajudar a desenvolver novos produtos e tecnologias que vão encantar os clientes.

A P&G não quer substituir seus 8 mil pesquisadores; ela quer aproveitá-los melhor. A empresa percebeu que muitas das importantes inovações de hoje estão acontecendo em negócios empreendedores, universidades e laboratórios governamentais espalhados pelo mundo. Para cada pesquisador trabalhando na P&G, existem centenas de cientistas e engenheiros trabalhando em outros lugares — milhões no total. Além do mais, graças à Internet, bolsões de talento mundiais estão cada vez mais conectados. A P&G precisava mudar, deixar de lado sua antiga cultura "não foi inventado aqui" e voltar-se para uma cultura que abraçasse as ideias descobertas em qualquer outro lugar. "Precisávamos mudar a maneira como definíamos e percebíamos nossa organização de P&D — de [8 mil pessoas internas para 8 mil mais milhões de pessoas externas], com uma fronteira permeável entre elas", diz o diretor para inovação e conhecimento da P&G.

Com esse objetivo em mente, a P&G lançou o Connect + Develop, um grande programa de *crowdsourcing* para descobrir ideias inovadoras e promissoras de fontes externas em qualquer lugar do mundo. O site Connect + Develop convida empreendedores, cientistas, engenheiros e outros pesquisadores (até mesmo consumidores) a apresentar ideias para novas tecnologias, design de produto, embalagem, modelos de marketing, métodos de pesquisa, engenharia e promoção — qualquer coisa que tenha potencial para gerar melhores produtos e serviços, os quais vão ajudar a P&G a atingir seu objetivo de "melhorar a vida de mais consumidores, em mais partes de mundo, de maneira mais completa". No site, a P&G também oferece uma lista de necessidades de inovação já identificadas, para as quais ela está buscando soluções. "Nós temos muito a oferecer a você como parceiro de negócios", diz a P&G no site Connect + Develop. "E acreditamos que, juntos, podemos criar mais valor do que jamais poderíamos criar sozinhos."

Lançado em 2001 com a meta de fazer com que 50% das inovações da P&G fossem provenientes de colaboração externa, o Connect + Develop ultrapassou, em muito, esse objetivo. Hoje, a P&G trabalha em conjunto com uma verdadeira rede de inovação global — mais de 50% de suas inovações envolvem algum tipo de parceria externa. Até agora, o Connect + Develop resultou em mais de mil acordos ativos. A longa lista de novos produtos de sucesso levados para o mercado por meio do Connect + Develop inclui, entre muitos outros, o Olay Regenerist, o Swiffer Duster, o Tide Total Care, o Clairol Perfect 10, a escova de dente Oral B Pulsonic, a linha de óculos CoverGirl, o Febreze Candles e o Mr. Clean Magic Eraser.

Com o Connect + Develop, ideias e tecnologias inovadoras chegam de uma grande diversidade de fontes, fazendo com que a P&G economize tempo e dinheiro. Por exemplo, a nova fór-

▲ O extremamente bem-sucedido programa de *crowdsourcing* Connect + Develop, da P&G, convida parceiros de inovação externos a ajudar a empresa a desenvolver novas tecnologias e produtos que vão encantar os clientes.

The Procter & Gamble Company

mula de um grande sucesso da P&G, o Olay Regenerist (uma marca de 2 bilhões de dólares), veio de uma pequena empresa francesa. A escova de dente Oral B Pulsonic é proveniente de uma parceria com uma empresa japonesa — o produto estava no mercado menos de um ano depois do primeiro encontro.

O Connect + Develop foi a fonte da ideia por trás do Febreze Candles, que oferece um brilho aconchegante e um agradável perfume à medida que neutraliza odores de animais de estimação, cheiro de comida e outros aromas indesejáveis na casa. A P&G ofereceu a tecnologia de cuidado com o odor do Febreze, mas trabalhou com um parceiro externo para desenvolver as velas. Por sua vez, o Febreze Candles levou ao desenvolvimento da Febreze Home Collection — uma linha de velas decorativas, difusores aromatizantes e luminárias perfumadas —, que ajudou a fazer da Febreze uma das mais recentes marcas bilionárias da P&G.

De maneira similar, o popular Mr. Clean Magic Eraser, da P&G — uma espuma autolimpante que age como uma borracha, eliminando sujeiras difíceis, incluindo riscos profundos e marcas de giz de cera —, começou quando um empreendedor independente que trabalha com tecnologia descobriu uma es-

ponja que removia manchas em Osaka, no Japão, e alertou a P&G via connect + Develop. O ingrediente mágico do produto era uma espuma para embalagem feita pela empresa química alemã BASF, que, por acaso, já era uma grande fornecedora da P&G. A P&G lançou o produto em um ano, e ele logo se tornou outro sucesso com a marca P&G.

O programa de *crowdsourcing* Connect + Develop gerou grandes benefícios para a P&G. Ele "abriu nossa mente e nossas portas para a colaboração externa", diz Bruce Brown, diretor de tecnologia da P&G. "E mudou nossa cultura, que deixou de ser 'inventado aqui' e se tornou 'feito em parceria para criar valor superior'." Como resultado do programa, a produtividade da pesquisa e desenvolvimento da P&G aumentou em 60%, e seu índice de sucesso em inovação mais do que dobrou, embora os custos com inovação tenham caído. "O Connect + Develop criou uma cultura de inovação aberta que já gerou crescimento sustentável", diz Bob McDonald, CEO da P&G. "Mas sabemos que podemos fazer mais. Queremos as maiores cabeças do mundo trabalhando conosco para criar grandes ideias, capazes de melhorar a vida de mais consumidores, em mais partes do mundo, de maneira mais completa."

Fontes: baseado em citações e outras informações extraídas de "P&G adapts R&D model", *warc*, 31 jan. 2012, <www.warc.com/LatestNews/News/PG_adapts_RD_model.news?ID=29389>; Larry Huston e Nabil Sakkab, "Connect and develop: inside Procter & Gamble's new model for innovation", *Harvard Business Review*, mar. 2006, p. 2-9; Bruce Brown, "Why technology matters", *Technology Management*, nov./dez. 2010, p. 18-23; "P&G sets two new goals for open innovation partnerships", *PR Newswire*, 28 out. 2010; Ellen Byron, "Febreze joins P&G's $1 billion club", *Wall Street Journal*, 9 mar. 2011, <http://online.wsj.com/article/SB10001424052748704076804576180683371307932.html>; site Connect + Develop Web, da P&G, em <https://secure3.verticali.net/pg-connection-portal/ctx/noauth/0_0_1_4_83_4_3.do>. Acesso em: nov. 2012.

Desenvolvimento e teste do conceito

Uma ideia atrativa deve ser desenvolvida para se tornar um **conceito de produto**. É importante diferenciar ideia, conceito e imagem de produto. Uma *ideia de produto* é uma ideia para um possível produto que a empresa pode oferecer ao mercado. Um *conceito de produto* é uma versão detalhada da ideia, a qual é expressa em termos que façam sentido para o consumidor. Uma *imagem de produto* é o modo como os consumidores percebem um produto real ou potencial.

Conceito de produto
Versão detalhada da ideia de um novo produto, a qual é expressa em termos que façam sentido para o consumidor.

Desenvolvimento do conceito

Vamos supor que um fabricante de automóvel tenha desenvolvido um carro totalmente elétrico, movido a bateria. Seu protótipo inicial é um conversível com dois lugares, esportivo e elegante, vendido por mais de 100 mil dólares.[10] No entanto, em um futuro próximo, o fabricante planeja lançar versões mais acessíveis, voltadas para o mercado de massa, que vão concorrer com carros totalmente elétricos ou híbridos lançados recentemente, como o Chevy Volt e o Nissan Leaf. Esse novo carro 100% elétrico passará de 0 a quase 100 quilômetros por hora em 5,6 segundos, percorrer até 480 quilômetros com uma única carga e ser carregado em 45 minutos em um ponto de venda normal, com voltagem de 110, a um custo de um centavo de dólar por cada 1,5 quilômetro de energia para rodar.

Olhando adiante, a tarefa da empresa é desenvolver esse novo produto em diferentes conceitos de produto, descobrir até que ponto cada conceito é atrativo para os clientes e escolher o melhor. Ela pode criar os seguintes conceitos de produto para seu carro elétrico:

- *Conceito 1:* um carro de médio porte, com preço razoavelmente acessível, projetado para ser o segundo carro da família e para ser usado na cidade, em pequenos trabalhos ou em visita a amigos.
- *Conceito 2:* um carro esportivo compacto com preço mediano, voltado para jovens solteiros ou casados.
- *Conceito 3:* um carro "ecológico" voltado para pessoas preocupadas com o meio ambiente, que querem um meio de transporte prático e não poluente.
- *Conceito 4:* um sofisticado utilitário de porte médio, voltado para aqueles que adoram o espaço que as SUVs oferecem, mas lamentam sua baixa economia de combustível.

292 Parte 3 | Elaboração de uma estratégia e de um mix voltados para o cliente

Teste de conceito

Teste de conceito
A realização de teste dos conceitos de um novo produto com um grupo de consumidores-alvo, a fim de descobrir se os conceitos têm forte apelo para o consumidor.

O **teste de conceito** demanda que se testem os conceitos de novos produtos com grupos de consumidores-alvo. Os conceitos podem ser apresentados para os consumidores simbólica ou fisicamente. Eis, em mais detalhes, o Conceito 3:

> Um carro compacto movido a bateria, eficiente e bacana de dirigir, com espaço para duas pessoas. Essa maravilha 100% elétrica oferece um meio de transporte prático e confiável, que não polui. Ele percorre até 480 quilômetros com uma carga e, para rodar, custa centavos de dólares. Trata-se de uma alternativa sensata e responsável aos carros de hoje, que bebem combustível e poluem muito. A versão completa do veículo sai por 25 mil dólares.

Muitas empresas rotineiramente testam conceitos de novos produtos com os consumidores antes de tentar transformá-los em novos produtos reais. Para alguns testes de conceito, uma palavra ou descrição de imagem pode ser suficiente. No entanto, uma representação mais concreta e física do conceito aumenta a confiabilidade do teste. Após terem sido expostos ao conceito, os consumidores podem ser convidados a reagir a ele respondendo a perguntas parecidas com as apresentadas na Tabela 9.1.

As respostas a perguntas desse tipo vão ajudar a empresa a decidir qual dos conceitos tem o apelo mais forte. Por exemplo, a última pergunta refere-se à intenção de compra do consumidor. Vamos supor que 2% dos consumidores respondam que "definitivamente" comprariam e 5% respondam que "provavelmente" o fariam. A empresa poderia, então, projetar esses números para toda a população desse grupo-alvo a fim de estimar o volume de vendas. Mesmo assim, a estimativa é incerta, porque nem sempre as pessoas concretizam as intenções que declaram.

▼ **Tabela 9.1** Perguntas para o teste de conceito do carro totalmente elétrico.

1. Você entende o conceito de um carro elétrico movido a bateria?
2. Você acredita nas afirmações acerca do desempenho do carro?
3. Quais os principais benefícios de um carro totalmente elétrico em comparação a um carro convencional?
4. Quais são as vantagens do carro elétrico em relação a um carro híbrido, que funciona com combustível e energia?
5. Que melhorias nas características do carro você sugeriria?
6. Para quais usos você preferiria um carro totalmente elétrico a um carro convencional?
7. Qual seria um preço razoável para esse carro?
8. Quem estaria envolvido em sua decisão de comprar um carro como esse? Quem o dirigiria?
9. Você compraria um carro como esse (definitivamente, provavelmente, provavelmente não, definitivamente não)?

Desenvolvimento da estratégia de marketing

Desenvolvimento da estratégia de marketing
Elaboração de uma estratégia de marketing preliminar para um novo produto com base no conceito do produto.

Vamos supor que o fabricante de automóvel considere que o Conceito 3 para o carro elétrico tenha se saído melhor no teste. A próxima etapa consiste no **desenvolvimento da estratégia de marketing** — elaboração de uma estratégia de marketing preliminar para o lançamento do carro no mercado.

A *declaração da estratégia de marketing* possui três partes. A primeira descreve o mercado-alvo, a proposta de valor planejada e as metas de vendas, de participação de mercado e de lucro para os primeiros anos. Assim:

> O mercado-alvo é composto por pessoas mais jovens, com bom nível de instrução e uma renda entre média e alta. Trata-se de casais ou famílias pequenas que buscam um meio de transporte prático e ambientalmente responsável. O carro será posicionado como mais bacana de se dirigir e menos poluente do que os veículos de motor de combustão interna ou híbridos atualmente disponíveis. A meta da empresa é vender 50 mil carros no primeiro ano, com uma perda de, no máximo, 15 milhões de dólares. Para o segundo ano, a meta é vender 90 mil veículos, com um lucro de 25 milhões.

A segunda parte da declaração da estratégia de marketing apresenta, em linhas gerais, o preço previsto, a distribuição e o orçamento de marketing para o produto no primeiro ano:

> O carro totalmente elétrico movido a bateria será oferecido em três cores — vermelha, branca e azul — e terá um conjunto completo de acessórios como características-padrão. No varejo, ele será

Capítulo 9 | Desenvolvimento de novos produtos e estratégias para o ciclo de vida dos produtos **293**

vendido por 25 mil dólares, com um desconto de 15% sobre o preço de tabela para as concessionárias. Aquelas que venderem mais de 10 carros em um mês ganharão um desconto adicional de 5% sobre cada veículo vendido naquele mês. Um orçamento de marketing de 50 milhões de dólares será dividido em duas partes iguais, sendo uma parte para uma campanha nacional e outra para eventos locais. A propaganda, o site e diversos conteúdos digitais vão enfatizar o espírito alegre do carro e a não emissão de poluentes. No primeiro ano, serão gastos 100 mil dólares em pesquisa de marketing, para identificar quem está comprando o carro e seu nível de satisfação.

A terceira parte da declaração da estratégia de marketing descreve as vendas, as metas de lucro e a estratégia de mix de marketing planejadas para o longo prazo:

Nós pretendemos conquistar, no longo prazo, uma participação de 3% do mercado total de automóveis e obter um retorno líquido dos investimentos de 15%. Para isso, a qualidade do produto, que será alta desde o início, será aperfeiçoada com o tempo. O preço aumentará no segundo e no terceiro anos, se a concorrência e a economia permitirem. O orçamento total de marketing subirá cerca de 10% todos os anos. Após o primeiro ano, a pesquisa de marketing será reduzida para 60 mil dólares.

Análise do negócio

Uma vez decididos o conceito do produto e a estratégia de marketing, a gerência pode avaliar a atratividade comercial da proposta. A **análise do negócio** envolve uma revisão das projeções de vendas, custos e lucros de um novo produto, para verificar se elas satisfazem os objetivos da empresa. Em caso positivo, o produto pode passar para a etapa de desenvolvimento.

Análise do negócio
Revisão das projeções de vendas, custos e lucros de um novo produto, para verificar se esses fatores satisfazem os objetivos da empresa.

Para estimar as vendas, a empresa pode analisar o histórico de vendas de produtos similares e realizar levantamentos no mercado. Em seguida, ela pode estimar os níveis máximo e mínimo de vendas para avaliar a faixa de risco. Após preparar a previsão de vendas, a gerência pode estimar os custos e os lucros esperados para o produto, incluindo custos de marketing, P&D, operações, contabilidade e financeiros. A empresa, então, utiliza os números de vendas e dos custos para analisar a atratividade financeira do novo produto.

Desenvolvimento do produto

Para muitos conceitos de novos produtos, o produto em si existe apenas como uma descrição, um desenho ou, talvez, um protótipo. Se o conceito do produto passar na análise do negócio, ele irá para **desenvolvimento do produto**. Nessa etapa, o departamento de P&D ou de engenharia desenvolve o conceito do produto, transformando-o em um produto físico. A etapa de desenvolvimento do produto, no entanto, demanda um grande aumento de investimento. Ela mostrará se a ideia do produto pode ser traduzida em um produto viável.

Desenvolvimento do produto
Desenvolvimento do conceito de produto em um produto físico, para garantir que a ideia do produto pode ser traduzida em uma oferta ao mercado viável.

O departamento de P&D vai desenvolver e testar uma ou mais versões físicas do conceito do produto. A intenção do P&D é desenvolver um protótipo que, além de satisfazer os consumidores e despertar seu interesse, possa ser produzido rapidamente e dentro do orçamento. O desenvolvimento de um bom protótipo pode levar dias, semanas, meses ou até anos, dependendo da maneira de se fazer o produto e o protótipo.

Muitas vezes, é preciso submeter o produto a rigorosos testes, para garantir que ele funcione de forma segura e eficiente ou que os consumidores encontrem nele valor. As empresas podem conduzir os testes de produto por si só ou, então, terceirizá-los para organizações especializadas.

As empresas costumam trabalhar com clientes reais no teste de produto. Por exemplo, o programa "Teste de uso" da New Balance utiliza consumidores ao longo do processo de desenvolvimento do produto para testar o design de novos tênis sob condições reais. Os consumidores que participam do teste passam pela New Balance Tester School, a fim de aprender a analisar o caimento, o funcionamento e a durabilidade do tênis designado para eles. Depois de testarem o tênis por oito semanas, os consumidores acessam sua conta do programa e preenchem formulários de feedback e pesquisa on-line, documentando sua experiência com o produto em teste. De acordo com a New Balance: "Nós acreditamos que submeter nossa linha de produtos a rigorosos testes de campo garante que todos os nossos produtos tenham o mais alto desempenho — assim, nós podemos ter também".[11]

Um novo produto deve ter as características funcionais demandadas, bem como comunicar as características psicológicas pretendidas. O carro totalmente elétrico, por exemplo, deve impressionar os consumidores por ser bem fabricado, confortável e seguro. A gerência precisa saber o que faz os consumidores concluírem que um carro foi bem fabricado. Para alguns, isso significa que as portas do carro fazem um "barulho sólido" ao bater. Para outros, significa que o carro pode resistir a fortes impactos nos testes que simulam acidentes. De fato, são realizados testes com consumidores nos quais eles dirigem o carro e classificam seus atributos.

Teste de marketing

Teste de marketing
Etapa do desenvolvimento do novo produto em que o produto e o programa de marketing para ele proposto são testados em ambientes de mercado realistas.

Se o produto passa nos testes de conceito e de produto, ele segue para o **teste de marketing**, a etapa em que o produto e o programa de marketing para ele proposto são inseridos em ambientes de mercado realistas. O teste de marketing confere à empresa experiência na comercialização de um produto antes de ela despender as grandes somas necessárias em um lançamento completo. Ele permite que a empresa teste o produto e todo o seu programa de marketing — estratégia de cobertura de mercado e posicionamento, propaganda, distribuição, precificação, branding, embalagem e níveis de orçamento.

A quantidade de teste de marketing necessária varia para cada novo produto. Os custos desses testes podem ser altos e o tempo necessário para sua realização pode fazer com que a concorrência obtenha vantagens. Quando os custos de desenvolvimento e lançamento do produto são baixos ou quando a gerência já está confiante em relação ao novo produto, a empresa pode fazer poucos testes de marketing ou até mesmo nenhum. De fato, nos últimos anos, a quantidade de teste de marketing conduzido por empresas de produtos de consumo tem diminuído. Muitas vezes, as empresas não fazem testes de marketing para simples extensões de linha ou para cópias de produtos de sucesso dos concorrentes.

No entanto, quando o lançamento de um produto exige um grande investimento, quando os riscos são altos ou quando a gerência não está muito segura com relação ao produto ou ao seu programa de marketing, a empresa pode fazer uma grande quantidade de teste de marketing. Por exemplo, o café instantâneo VIA era um dos maiores e mais arriscados produtos já criados pela Starbucks. A empresa passou 20 anos desenvolvendo o café e vários meses testando o produto em lojas Starbucks em Chicago e em Seattle antes de lançá-lo em nível nacional nos Estados Unidos. Na primavera e no verão de 2009, foram oferecidos para os clientes da Starbucks nos dois mercados-teste descontos interessantes (copos de café por um dólar), assim como cupons e amostras grátis para o VIA, para eles levarem para casa. Além disso, foi criado em Chicago o Desafio do Sabor, para ajudar a despertar o interesse e a incentivar a experimentação. O desempenho do VIA excedeu às expectativas nas duas cidades, e os esforços promocionais foram aplicados, também, no lançamento nacional. No último ano, a nova marca gerou mais de 250 milhões de dólares em vendas, e a Starbucks espera transformá-la em uma marca bilionária. Segundo Howard Schultz, CEO da Starbucks: "Nós investimos bastante tempo porque sabíamos que isso podia prejudicar a empresa, caso não fizéssemos a coisa certa".[12]

▲ A Starbucks testou muito seu café instantâneo VIA antes de lançar o produto em nível nacional nos Estados Unidos. "[Nós] sabíamos que isso poderia prejudicar a empresa caso não fizéssemos a coisa certa."

Mark Lennihan/ASSOCIATED PRESS

Como uma alternativa aos mercados-teste padrão, abrangentes e caros, as empresas podem usar mercados-teste controlados ou mercados-teste simulados. Nos *mercados-teste controlados*, como o do BehaviorScan, da SymphonyIRI, novos produtos e táticas são testados em painéis de compradores e lojas controlados.[13] Combinando informações referentes às compras do consumidor com suas características demográficas e índices de audiência na TV, o BehaviorScan consegue oferecer relatórios semanais, loja por loja, sobre as vendas dos produtos testados e o impacto dos esforços de marketing voltados para as lojas e para os domicílios. Utilizando *mercados-teste simulados*, os pesquisadores avaliam a reação dos consumidores a novos produtos e táticas de marketing em laboratórios ou ambientes simulados de compra on-line. Tanto os mercados-teste controlados como os simulados reduzem os custos do teste de mercado e agilizam o processo.

Comercialização

O teste de marketing fornece à gerência as informações de que ela precisa para tomar uma decisão final sobre o lançamento do produto. Se a empresa for em frente com a **comercialização** — o lançamento de um produto no mercado —, ela vai se deparar com altos custos. Por exemplo, a empresa pode precisar construir ou alugar instalações industriais. E, no caso de um novo produto de consumo importante, talvez precise gastar centenas de milhões de dólares em propaganda, promoção de vendas e outros esforços de marketing no primeiro ano. Por exemplo, para lançar o McCafé nos Estados Unidos, o McDonald's gastou 100 milhões de dólares em uma intensa campanha publicitária, que abrangeu TV, impresso, rádio, outdoor, Internet, eventos, relações públicas e distribuição de amostras. De maneira similar, a Nokia gastou 100 milhões de dólares em uma campanha para lançar seu smartphone Ace no altamente concorrido mercado de celulares dos Estados Unidos.[14]

A empresa que está lançando um produto deve primeiro decidir *quando* vai lançá-lo. Se o novo produto for abocanhar parte das vendas de outros produtos da empresa, seu lançamento poderá ser adiado. Se o produto puder ser ainda mais aperfeiçoado ou se a economia estiver em baixa, a empresa poderá esperar para lançá-lo no ano seguinte. Entretanto, se os concorrentes já estiverem prontos para lançar seus próprios produtos, a empresa poderá correr para lançar o seu antes.

Em seguida, a empresa precisa decidir *onde* vai lançar o produto — em uma única localidade, uma única região, no mercado nacional ou no mercado internacional. Algumas empresas conseguem lançar, com rapidez, modelos no mercado estadunidense total. Organizações com sistemas de distribuição internacional podem disponibilizar produtos por meio de rápidos lançamentos globais. Foi o que a General Motors fez no lançamento de seu carro mundial, o novo Malibu, que seria vendido em 100 países espalhados por seis continentes. O lançamento mundial do Malibu contou com vídeos ao vivo, em alta definição, no Facebook e em várias mídias móveis, agendado para coincidir com duas importantes feiras automobilísticas, uma em Xangai e outra em Nova York. Pessoas envolvidas com o design e a comercialização do carro estavam disponíveis em um encontro ao vivo na Internet para responder a perguntas de consumidores postadas no Twitter ou na página da Chevrolet no Facebook.[15]

> **Comercialização**
> Lançamento de um produto no mercado.

Gerenciamento do desenvolvimento de novos produtos

O processo de desenvolvimento de novos produtos mostrado na Figura 9.1 destaca as importantes atividades necessárias para encontrar, desenvolver e lançar novos produtos. Entretanto, o desenvolvimento de um novo produto envolve mais do que simplesmente seguir uma série de etapas. As empresas precisam assumir uma abordagem holística para gerenciar esse processo. O desenvolvimento bem-sucedido de novos produtos requer um esforço centrado no cliente, em equipe e sistemático.

Desenvolvimento de novos produtos centrado no cliente

Acima de tudo, o desenvolvimento de novos produtos deve ser centrado no cliente. Muitas vezes, ao buscar e desenvolver novos produtos, as empresas confiam demais nas análises técnicas de seus laboratórios de P&D. Mas, como tudo no marketing, o desenvolvimento bem-sucedido de um novo produto começa com um total entendimento do que os consumidores precisam e valorizam. O **desenvolvimento de novos produtos centrado no cliente** se concentra em descobrir novas maneiras de solucionar os problemas do cliente e criar para ele experiências satisfatórias.

Um recente estudo descobriu que os novos produtos de mais sucesso são diferenciados, resolvem grandes problemas dos clientes e oferecem uma persuasiva proposta de valor para eles. Outro estudo mostrou que as empresas que envolvem diretamente seus clientes no processo de inovação em novos produtos têm o dobro de retorno sobre os ativos e o triplo de crescimento no resultado da operação, em comparação às empresas que não fazem isso. Assim, envolver o cliente tem um efeito positivo tanto no processo de desenvolvimento de um novo produto como no sucesso do produto.[16]

> **Desenvolvimento de novos produtos centrado no cliente**
> Desenvolvimento de novos produtos que se concentra em descobrir novas maneiras de solucionar os problemas do cliente e criar para ele experiências satisfatórias.

Por exemplo, a taxa de sucesso de novos produtos no setor de bens de consumo não duráveis é somente de cerca de 15 a 20%. No entanto, a taxa da P&G é de mais de 50%. De acordo com A. G. Lafley, ex-CEO da P&G, o fator mais importante nesse sucesso é o entendimento daquilo que os consumidores querem. Antigamente, diz Lafley, a P&G tentava empurrar novos produtos para os consumidores, em vez de primeiro entender suas necessidades. Mas hoje a empresa utiliza um processo de imersão que ela chama de "Vivendo", em que os pesquisadores, na medida do possível, convivem com os compradores por diversos dias, durante um período, a fim de obter ideias para produto com base, diretamente, nas necessidades do consumidor. Os funcionários da P&G também circulam em lojas para obter insights similares, em um processo que eles chamam de "Funcionando". Nenhuma outra empresa no mundo investe mais em pesquisa do consumidor do que a P&G. Todos os anos, a empresa interage com mais de 5 milhões de clientes em 100 países. Anualmente, ela realiza mais de 20 mil estudos de pesquisa e investe mais de 400 milhões no que chama de "entendimento do consumidor". "Nós descobrimos como manter o consumidor no centro de todas as nossas decisões", conclui Lafley. "Como resultado, nós não erramos muito."[17]

Assim, as empresas inovadoras de hoje deixaram o laboratório de pesquisa e se conectaram com os clientes na busca de novas maneiras de atender às necessidades deles. O desenvolvimento de novos produtos centrados no cliente começa e termina com o entendimento dos clientes e o envolvimento deles no processo.

Desenvolvimento de novos produtos em equipe

Um bom desenvolvimento de novos produtos também requer um esforço interdepartamental, que envolve a empresa como um todo. Algumas empresas organizam seu processo de desenvolvimento de novos produtos de acordo com a sequência mostrada na Figura 9.1, começando com a geração de ideias e terminando com a comercialização. Com essa abordagem de *desenvolvimento sequencial de produto*, um departamento da empresa trabalha isoladamente para concluir sua etapa do processo, antes de transferir o novo produto para o departamento e a etapa seguintes. Esse processo ordenado, etapa a etapa, pode ajudar no controle de projetos complexos e arriscados. Mas também pode ser perigosamente lento. Em mercados extremamente competitivos e de rápida mudança, esse tipo de desenvolvimento — seguro, porém lento — pode resultar em fracasso de produto, em perda de vendas e lucros e em deterioração de posições de mercado.

Desenvolvimento de novos produtos em equipe
Desenvolvimento de novos produtos em que os vários departamentos da empresa trabalham juntos, sobrepondo as etapas do processo de desenvolvimento para economizar tempo e aumentar a eficiência.

Para levar seus novos produtos ao mercado com mais rapidez, muitas empresas utilizam uma abordagem de **desenvolvimento de novos produtos em equipe**. Nessa abordagem, os departamentos da empresa trabalham juntos, em equipes interdepartamentais, sobrepondo as etapas do processo de desenvolvimento de produto para economizar tempo e aumentar a eficiência. Em vez de fazer o produto passar de departamento para departamento, a empresa monta uma equipe de pessoas oriundas de vários departamentos que se concentram no novo produto do começo ao fim. Essas equipes normalmente incluem pessoas dos departamentos de marketing, finanças, projeto, produção e jurídico, e até mesmo empresas fornecedoras e clientes. No processo sequencial, um gargalo em qualquer uma das fases pode atrasar, seriamente, o processo inteiro. Já na abordagem baseada em equipe, se uma área se depara com um empecilho, trabalha para resolvê-lo enquanto o resto da equipe segue em frente.

A abordagem baseada em equipes tem algumas limitações. Por exemplo, geralmente ela cria mais tensão e confusão organizacionais do que a abordagem sequencial, mais ordenada. No entanto, em setores dinâmicos, com ciclos de vida de produto cada vez mais curtos, as recompensas do desenvolvimento rápido e flexível superam os riscos. As empresas que combinam uma abordagem centrada no cliente com o desenvolvimento de novos produtos em equipe obtêm uma grande vantagem competitiva, ao levar os novos produtos certos ao mercado com mais rapidez.

Desenvolvimento sistemático de novos produtos

Para completar, o processo de desenvolvimento de novos produtos deve ser holístico e sistemático, em vez de compartimentalizado e aleatório. Caso contrário, surgirão poucas novas ideias, e muitas boas ideias não seguirão adiante. Para evitar esses problemas, uma empresa pode estabelecer um *sistema de gerenciamento da inovação*, para coletar, analisar, avaliar e administrar ideias para novos produtos.

A empresa pode indicar um profissional sênior respeitado para o cargo de gerente de inovação. Pode instalar um software de administração de ideias baseado na Web e incentivar todos os que têm algum interesse nela — funcionários, fornecedores, distribuidores, revendedores — a se envolver na descoberta e no desenvolvimento de novos produtos. Pode também instituir um comitê interdepartamental de gerenciamento da inovação, para avaliar sugestões para novos produtos e ajudar a levar boas ideias para o mercado. Pode, ainda, criar programas de incentivo para recompensar aqueles que contribuírem com as melhores ideias.

A abordagem do sistema de gerenciamento da inovação traz dois resultados favoráveis. Primeiro, ajuda a criar uma cultura empresarial orientada para a inovação. Ela demonstra que a alta administração apoia, incentiva e recompensa a inovação. Segundo, gera um número maior de ideias para novos produtos, dentre as quais serão encontradas algumas particularmente boas. As novas boas ideias serão desenvolvidas mais sistematicamente, gerando mais sucesso em termos de novos produtos. E não serão mais abandonadas por falta de apoio da direção ou de algum gerente que as defenda.

▲ O Google é absurdamente bem-sucedido e extremamente inovador. No Google, a inovação é mais do que um processo — "ela está no ar, no espírito do lugar".
Eric Carr/Alamy

Assim, o sucesso de um novo produto requer mais do que simplesmente ter algumas boas ideias, transformá-las em produtos e encontrar clientes para eles. Requer uma abordagem holística para se descobrir novas maneiras de gerar experiências valorizadas pelos clientes, da geração e seleção de ideias para novos produtos à criação e ao lançamento de produtos que satisfaçam os desejos dos clientes.

Além disso, o desenvolvimento bem-sucedido de novos produtos requer um comprometimento total por parte da empresa. Em empresas reconhecidas por seu talento em desenvolver novos produtos — como o Google, a Apple, a 3M, a P&G e a GE —, a cultura como um todo incentiva, apoia e recompensa a inovação. Considere o caso do Google:

> O Google é extremamente inovador. Em muitas empresas, o desenvolvimento de novos produtos é um negócio cauteloso, que segue um passo a passo. Em compensação, o desenvolvimento de novos produtos no Google se move à velocidade da luz. Seu famoso processo de inovação caótico desencadeou uma avalanche aparentemente sem-fim de diversos produtos, que variam de serviço de e-mail (Gmail), ferramenta de busca para blog (Google Blog Search) e serviço de compartilhamento de fotos (Google Picasa) a uma plataforma mundial de aplicativos para dispositivos móveis (Google Android), um navegador que conversa com a nuvem (Chrome), projetos para mapeamento e exploração do mundo (Google Maps e Google Earth) e, até mesmo, um sistema de alerta para detectar, com antecedência, surtos de gripe (Flu Trends). O que mantém tudo isso unido é a paixão da empresa por ajudar as pessoas a encontrar e utilizar informações.
>
> A inovação é de responsabilidade de todos os funcionários do Google. Os engenheiros da empresa são incentivados a gastar 20% de seu tempo no desenvolvimento de suas próprias ideias "bacanas e malucas" para novos produtos. O Google costuma perguntar para possíveis funcionários como eles mudariam o mundo se trabalhassem na empresa. E o Google realmente quer saber, é assim que a empresa opera. "O que o Google faz é pensar — e construir — em escala", observa uma analista. "Afinal de contas, essa é a empresa que quer disponibilizar on-line cada página de todo livro já publicado. Ideias de menores proporções são deixadas de lado por falta de interesse." No final, no Google, a inovação é mais do que um processo: é uma parte do DNA da empresa. "Está no ar", diz o analista, "no espírito do lugar".[18]

Desenvolvimento de novos produtos em períodos de turbulência

Em momentos econômicos difíceis ou quando a empresa enfrenta problemas financeiros, a administração pode ser tentada a reduzir os gastos com o desenvolvimento de novos produtos. Contudo, esse pensamento costuma ser limitado. Ao cortar novos produtos, a empresa pode se tornar menos competitiva durante e após a retração. De fato, tempos difíceis podem demandar um desenvolvimento ainda maior de novos produtos, à medida que a empresa se esforça para alinhar melhor suas ofertas ao mercado com as necessidades e os gostos em mudança dos consumidores. Em momentos difíceis, geralmente, a inovação mais ajuda do que atrapalha no desenvolvimento de uma empresa mais competitiva e mais bem posicionada para o futuro.

Empresas como Apple, Google, Samsung e Amazon mantiveram as inovações fluindo durante os tempos econômicos complicados. Por exemplo, a Apple criou o iPod, o iPhone e o iTunes, inovações de enorme sucesso, em meio há alguns dos períodos mais difíceis que ela enfrentou uma década atrás. Essas inovações não apenas salvaram a empresa, como também a impeliram para se tornar a potência inovadora que é hoje.[19] Assim, faça chuva ou sol, seja o momento bom ou ruim, a empresa precisa continuar inovando e desenvolvendo novos produtos, se quiser crescer e prosperar.

▶ **Objetivo 3**

Descrever os estágios do ciclo de vida do produto e como as estratégias de marketing mudam ao longo desse ciclo de vida.

Ciclo de vida do produto (CVP)
O curso das vendas e dos lucros de um produto ao longo de sua vida.

Estratégias de ciclo de vida do produto

Após o lançamento do produto, a gerência quer que ele tenha uma vida longa e feliz. Embora não espere que o produto seja vendido para sempre, a empresa quer obter um lucro razoável, que compense todos os esforços e riscos em que incorreu para lançá-lo. A gerência tem ciência de que cada produto tem um ciclo de vida, mas não tem como saber com antecedência como será exatamente esse ciclo e qual será sua duração.

A Figura 9.2 mostra um típico **ciclo de vida do produto (CVP)**, o curso das vendas e dos lucros de um produto ao longo de sua vida. O ciclo de vida do produto possui cinco estágios distintos:

1. O *desenvolvimento do produto* começa quando a empresa descobre e desenvolve uma ideia para um novo produto. Neste estágio, não existem vendas e os custos de investimento da organização aumentam.
2. A *introdução* é um período de baixo crescimento das vendas, uma vez que o produto ainda está sendo introduzido no mercado. Neste estágio, não há lucro por conta das grandes despesas com o lançamento do produto.
3. O *crescimento* é um período de rápida aceitação pelo mercado e aumento dos lucros.
4. A *maturidade* é um período de redução no crescimento das vendas, uma vez que o produto já obteve a aceitação da maioria dos compradores potenciais. O nível de lucros se estabiliza ou declina, por causa dos maiores gastos de marketing para defender o produto contra a concorrência.
5. O *declínio* é o período em que as vendas diminuem e os lucros caem.

Nem todos os produtos seguem todos os cinco estágios do CVP. Alguns são lançados e logo desaparecem; outros permanecem no estágio de maturidade por muito, muito tempo. Alguns entram no estágio de declínio e, então, voltam para o estágio de crescimento graças a grandes promoções ou a um reposicionamento. Parece que uma marca bem gerenciada pode viver para sempre. Marcas respeitadas como Coca-Cola, Gillette, Budweiser, Guinness, American Express, Wells Fargo, Kikkoman, Frye e TABASCO, por exemplo, ainda são fortes depois de mais de 100 anos. A cerveja Guinness está no mercado há mais de 250 anos, a bala de menta Life Savers recentemente comemorou "100 anos mantendo sua boa fresca" e o molho TABASCO gaba-se: "mais de 140 anos e ainda capaz de derrotar sua manteiga!"

Figura 9.2 Vendas e lucros ao longo da vida do produto, do início ao declínio.

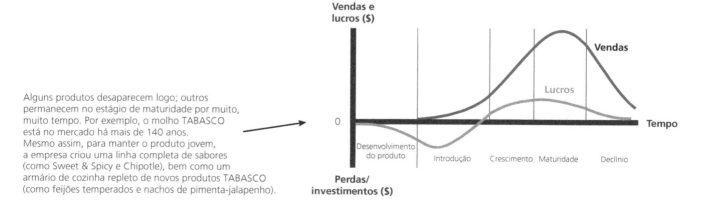

Alguns produtos desaparecem logo; outros permanecem no estágio de maturidade por muito, muito tempo. Por exemplo, o molho TABASCO está no mercado há mais de 140 anos. Mesmo assim, para manter o produto jovem, a empresa criou uma linha completa de sabores (como Sweet & Spicy e Chipotle), bem como um armário de cozinha repleto de novos produtos TABASCO (como feijões temperados e nachos de pimenta-jalapenho).

O conceito de CVP pode descrever uma *categoria de produtos* (automóveis movidos a gasolina), uma *forma de produto* (SUVs) ou uma *marca* (Ford Escape). Ele se aplica diferentemente a cada caso. As categorias de produtos têm os ciclos de vida mais longos — as vendas de muitas categorias de produtos permanecem no estágio de maturidade por muito tempo. Já as *formas de produtos* tendem a seguir a curva-padrão do CVP. Formas de produtos como "telefones de discar" e "fitas cassete" passaram por todos os estágios normais de CVP: introdução, crescimento rápido, maturidade e declínio.

O ciclo de vida de uma marca específica pode mudar rapidamente em virtude de mudanças nos ataques e nas reações da concorrência. Por exemplo, embora os sabões para lavar roupa (classe de produtos) e os sabões em pó (forma de produto) tenham ciclos de vida bastante longos, os ciclos de marcas específicas tendem a ser muito mais curtos. Atualmente, nos Estados Unidos, as marcas líderes de sabão em pó são Tide e Cheer; há quase 100 anos, as líderes eram o Fels-Naptha, Octagon e o Kirkman.

O conceito de CVP também pode ser aplicado ao que se denominam estilos, modas e modismos. Seus ciclos de vida especiais são mostrados na Figura 9.3. Um **estilo** é um modo básico e distintivo de expressão. Por exemplo, os estilos podem ser observados em casas (coloniais, rústicas), roupas (formais, informais) e nas artes (realista, surrealista, abstrata). Quando um estilo é inventado, pode durar muitas gerações, entrando e saindo de moda. O estilo possui um ciclo que mostra diversos períodos de interesse renovado.

Uma **moda** é um estilo atualmente aceito ou popular em uma determinada área. Por exemplo, os "trajes de negócios" mais formais que compunham o vestuário corporativo nas década de 1980 e 1990 deram lugar ao "estilo casual" de hoje. A moda tende a crescer lentamente, permanecer popular durante um certo tempo e declinar aos poucos.

▲ Ciclo de vida do produto: algumas marcas permanecem no estágio de maturidade por muito, muito tempo. A bala de menta Life Savers recentemente comemorou "100 anos mantendo sua boa fresca".
The Wrigley Company

Modismos são períodos temporários de vendas excepcionalmente altas motivadas pelo entusiasmo do consumidor e pela popularidade imediata do produto ou marca.[20] Um modismo pode ser parte de um ciclo de vida que, de outro modo, seria normal, como no caso do recente aumento nos Estados Unidos das vendas de fichas de pôquer e outros acessórios. Ou o modismo pode constituir o ciclo de vida inteiro de uma marca ou produto. As "pedras de estimação" se tornaram um exemplo clássico disso. Ao ouvir seus amigos se queixarem de como era caro cuidar dos seus cachorros, o redator publicitário Gary Dahl fez uma brincadeira a respeito de sua pedra de estimação. Logo em seguida, ele escreveu uma paródia de um manual de treinamento de cães, intitulado "O cuidado e o treinamento de sua pedra de estimação". Não demorou muito e Dahl estava vendendo cerca de 1,5 milhão de pedrinhas de praia comuns por 4 dólares a unidade. Contudo, o modismo, que surgiu em um mês de outubro, afundou como uma pedra no mês de fevereiro seguinte. O conselho de Dahl para aqueles que querem alcançar o sucesso com um modismo é o seguinte: "Aproveite enquanto durar". Outros exemplos de modismos são: os elásticos Silly Bandz, os Crocs e os Pogs.[21]

Os profissionais de marketing podem aplicar o conceito de CVP como uma ferramenta útil para descrever o modo como produtos e mercados funcionam. E, quando usado com cuidado, o conceito pode ajudar no desenvolvimento de boas estratégias de marketing para seus diferentes estágios. No entanto, usar o conceito de CVP para fazer previsões acerca

Estilo
Um modo básico e distintivo de expressão.

Moda
Estilo atualmente aceito ou popular em uma determinada área.

Modismo
Um período temporário de vendas excepcionalmente altas motivadas pelo entusiasmo do consumidor e pela popularidade imediata do produto ou marca.

Figura 9.3 Estilos, modas e modismos.

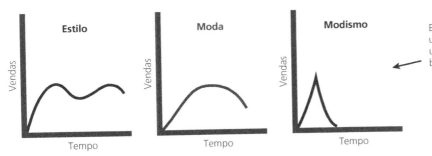

Exemplos de modismo: a pedra de estimação tornou-se um modismo em um mês de outubro e afundou como uma pedra no mês de fevereiro seguinte. As dietas com baixo nível de carboidrato seguiram um padrão similar.

300 Parte 3 | Elaboração de uma estratégia e de um mix voltados para o cliente

do desempenho do produto ou para desenvolver estratégias de marketing apresenta alguns problemas práticos. Por exemplo, na prática, é difícil prever o nível de vendas em cada estágio do CVP, a duração de cada estágio e o formato da curva do CVP. A utilização do conceito de CVP para desenvolver estratégias de marketing também pode ser difícil, uma vez que a estratégia é tanto uma causa como um resultado do CVP. A posição atual do CVP sugere as melhores estratégias de marketing, e as estratégias resultantes afetam o desempenho do produto nos estágios posteriores do ciclo de vida.

Além disso, os profissionais de marketing não devem empurrar os produtos às cegas pelos estágios tradicionais do ciclo de vida. Em vez disso, eles devem definir as "regras" do ciclo de vida e posicionar ou reposicionar seus produtos de formas inesperadas. Ao fazer isso, eles podem resgatar produtos maduros ou em declínio e colocá-los de volta no estágio de crescimento do ciclo de vida. Os profissionais de marketing podem ainda pular obstáculos que atrasariam a aceitação do consumidor e mandar os novos produtos direto para o estágio de crescimento.

A moral do ciclo de vida do produto é: as empresas devem inovar continuamente; caso contrário, elas correm o risco de desaparecer. Não importa quão bem-sucedida é a atual linha de produtos da empresa. Ela precisa gerenciar, com habilidade, o ciclo de vida dos produtos existentes para ter sucesso no futuro. E, para crescer, a empresa precisa desenvolver um fluxo regular de novos produtos, que gerem novos valores para os clientes.

Nós já analisamos o estágio de desenvolvimento do produto na primeira parte deste capítulo. Agora, analisaremos as estratégias para cada um dos demais estágios do CVP.

Estágio de introdução

Estágio de introdução
Estágio do CVP em que um novo produto é distribuído e disponibilizado para compra.

O **estágio de introdução** começa assim que o produto é lançado. A introdução leva tempo, e o crescimento das vendas tende a ser lento. Produtos populares, como alimentos congelados e TVs de alta definição, levaram muitos anos para entrar no estágio de crescimento rápido.

Nesse estágio, em comparação com os outros, os lucros são negativos ou pequenos, por causa das baixas vendas e das altas despesas com distribuição e promoção. É necessário dinheiro para atrair os distribuidores e construir seus estoques. Os gastos com promoção são relativamente altos, pois é preciso informar os consumidores da existência do novo produto e fazê-los experimentá-lo. Como, neste estágio, o mercado geralmente não está preparado para refinamentos do produto, a empresa e seus poucos concorrentes produzem apenas versões básicas dele. Essas empresas se concentram em vender para os compradores que estão mais dispostos a comprar.

A empresa, principalmente a *pioneira de mercado*, deve escolher uma estratégia de lançamento que seja coerente com o posicionamento pretendido para o produto. Ela deve compreender que a estratégia inicial é apenas o primeiro passo de um plano de marketing mais grandioso para o ciclo de vida completo do produto. Se a pioneira escolher uma estratégia de lançamento para "arrasar", ela poderá sacrificar a receita no longo prazo em troca de ganhos no curto prazo. A pioneira tem mais chances de construir e manter a liderança do mercado. Mas, para isso, ela precisa usar as cartas que tem em mãos corretamente desde o início do jogo.

Estágio de crescimento

Estágio de crescimento
Estágio do CVP em que as vendas do produto começam a subir rapidamente.

Se o novo produto satisfizer o mercado, ele entrará no **estágio de crescimento**, em que as vendas começarão a subir rapidamente. Os adotantes imediatos continuarão comprando o produto e os compradores posteriores seguirão seu exemplo, principalmente se tiverem acesso à propaganda boca a boca positiva. Atraídos pela oportunidade de lucros, novos concorrentes entrarão no mercado. Eles oferecerão novas características para o produto e o mercado se expandirá. O aumento do número de concorrentes leva a um aumento do número de pontos de distribuição. E, só com a construção do estoque dos revendedores, as vendas já dão um salto. Os preços permanecem onde estão ou caem ligeiramente. As empresas mantêm seus gastos com promoção no mesmo nível ou os passam para um nível um pouco mais alto. Instruir o mercado continua sendo uma meta, mas, a essa altura, a empresa também precisa enfrentar a concorrência.

Os lucros aumentam durante o estágio de crescimento, à medida que os custos de promoção são diluídos em um grande volume e o custo unitário de produção cai. A empresa utiliza diversas estratégias para sustentar o rápido crescimento no mercado durante o maior tempo possível. Ela melhora a qualidade do produto e acrescenta a ele novas características e modelos. Entra em novos segmentos de mercado e novos canais de distribuição. Altera parte da campanha publicitária que promove a consciência do produto e passa a trabalhar com a convicção e a compra do produto. Além disso, reduz seus preços no momento certo, para atrair mais compradores.

No estágio de crescimento, a empresa precisa decidir se quer uma grande participação de mercado ou grandes lucros correntes. Ao investir pesado na melhoria, na promoção e na distribuição do produto, ela pode conquistar uma posição de domínio. No entanto, ao fazer isso, renuncia aos lucros máximos correntes, na esperança de recuperá-los no estágio seguinte.

Estágio de maturidade

Em algum ponto, o crescimento das vendas de um produto diminuirá e ele entrará no **estágio de maturidade**. Esse estágio normalmente dura mais tempo que os anteriores e apresenta grandes desafios para a gerência de marketing. A maioria dos produtos se encontra no estágio de maturidade do ciclo de vida e, portanto, a maioria dos gerentes de marketing lida com um produto maduro.

Estágio de maturidade
Estágio do CVP em que o crescimento das vendas de um produto diminui ou permanece estagnado.

A desaceleração do crescimento das vendas resulta em muitos fabricantes com muitos produtos para vender. Por sua vez, o excesso de capacidade leva à concorrência mais acirrada. Os concorrentes começam a reduzir os preços, a fazer mais propaganda e promoção de vendas e a aumentar seu orçamento de desenvolvimento de produto com o intuito de encontrar versões melhores do produto. Essas ações levam a uma queda nos lucros. Alguns dos concorrentes mais fracos começam a se retirar e o setor, ocasionalmente, vê-se dominado por concorrentes bem estabelecidos.

Embora muitos produtos no estágio de maturidade pareçam permanecer imutáveis durante muito tempo, os mais bem-sucedidos, na verdade, estão evoluindo para atender às necessidades dos consumidores, em constante mudança. Os gerentes de produto devem fazer mais do que acompanhar ou defender seus produtos maduros — um bom ataque é a melhor defesa. Eles devem considerar a possibilidade de uma modificação no mercado, na oferta do produto e no mix de marketing.

Ao *modificar o mercado*, a empresa tenta aumentar o consumo encontrando novos usuários e segmentos de mercado para suas marcas. Por exemplo, marcas como Harley-Davidson e desodorantes Axe, que sempre se voltaram para o público masculino, estão agora lançando produtos e programas de marketing voltados para as mulheres. E a marca de produtos de limpeza Swiffer, da P&G, desenvolveu promoções especiais para pessoas que têm animal de estimação.

A empresa também pode procurar maneiras de aumentar o uso entre os clientes atuais. Por exemplo, a Glad Products Company ajuda os clientes a encontrar novos usos para seu Press'n Seal, um saquinho de plástico bastante útil que sela ao estilo dos produtos Tupperware. Com cada vez mais clientes entrando em contato com a empresa para obter informações sobre usos alternativos para o produto, a Glad montou um site especial chamado "1000 usos. Qual é o seu?" (<www.1000uses.com>), em que os clientes podem trocar dicas de uso. Os usos sugeridos para o Press'n Seal variam de proteger o teclado do computador contra sujeira e líquido derramado e manter renovadas as sementes do jardim a servir de proteção para mães que acompanham os filhos no futebol, as quais podem se sentar sobre o produto, em vez de se sentar em bancos úmidos, enquanto assistem a seus pequenos jogarem. "Nós forramos com Glad Press'n Seal os bancos grandes", diz a mãe que compartilhou essa dica, "e o bumbum de todo mundo fica lindo e seco".[22]

A empresa também pode tentar *modificar o produto* — mudar características como qualidade, atributos, estilo, embalagem ou plataformas de tecnologia para manter os usuários atuais ou atrair novos. Assim, a fim de tornar seus produtos mais interessantes para as crianças de hoje, obcecadas por tecnologia, muitos fabricantes de jogos e brinquedos clássicos estão criando novas versões digitais ou acrescentando outras coisas a antigos favoritos. Atualmente, mais de um terço das crian-

▲ Marcas maduras se revigorando: a fim de tornar seus produtos mais interessantes para as crianças de hoje, obcecadas por tecnologia, muitos fabricantes de jogos e brinquedos clássicos estão criando novas versões digitais de seus antigos brinquedos favoritos. Os carros Hot Wheels agora se movem pela tela do iPad.

APPTIVITY e marcas registradas associadas, bem como roupa com a marca, são propriedades da Mattel, Inc., e foram usadas com permissão.

© 2012 Mattel, Inc. Todos os direitos reservados

ças com oito anos, e até mesmo mais novas, utilizam dispositivos com iPads e smartphones. "O dinheiro do Banco Imobiliário pode agora ser contado em um computador", diz um observador. "Os carros Hot Wheels podem se mover pela tela do iPad. E a Barbie? Ela se transforma em uma câmera digital." "Nós sabemos que as crianças estão brincando com tecnologia", diz um executivo da Mattel. "Se você não pode mudar isso, destaque-se nisso".[23]

Por fim, a empresa pode tentar modificar seu *mix de marketing* — melhorar as vendas alterando um ou mais elementos do mix de marketing. Ela pode oferecer serviços novos ou aperfeiçoados para os compradores. Pode reduzir os preços para atrair novos usuários e clientes dos concorrentes. Pode lançar uma campanha publicitária melhor ou usar agressivas promoções de vendas — acordos comerciais, preços promocionais, prêmios e concursos. Além da precificação e da promoção, a empresa pode ampliar seus canais de marketing para ajudar a atender a novos usuários.

A Kellogg's usou todas essas abordagens para manter sua marca Special K, com mais de 50 anos, a salvo do declínio. Lançada em 1957 como um cereal saudável, rico em proteína, a Special K tinha atingido a maturidade na década de 1990 — as vendas estavam estagnadas e a marca tinha perdido seu brilho. Para revigorar a marca, a Kellogg's primeiro ampliou a linha de cereais, que passou a contar com uma variedade de sabores, como Red Berries, Vanilla Almond e Chocolatey Delight. Em seguida, ela foi além dos cereais com a Special K, que se transformou em uma marca de estilo de vida saudável, voltada para a redução de peso. Hoje, a linha estendida inclui refeições e barrinhas, água enriquecida com proteínas e shakes, biscoitos e frutas secas. Para atrair novos usuários e gerar mais usos, a Kellogg's promove o Desafio Special K, um método de controle do peso desenvolvido com base nos produtos Special K. "Não importa se seu objetivo é finalmente entrar naquela calça jeans justa ou se você está querendo ficar um pouco mais em forma e maravilhosa, o Desafio Special K é uma ótima maneira de dar início a uma versão melhor de você!" Os esforços de rejuvenescimento da marca Special K deram um grande retorno. A linha cresceu em um ritmo constante na última década e, hoje, é responsável por mais de 2 bilhões de dólares em vendas anuais.[24]

Estágio de declínio

As vendas da maioria das formas de produto e marcas acabam por cair. O declínio pode ser lento, como no caso dos selos ou do cereal à base de aveia, ou rápido, como no caso das fitas cassete. As vendas podem cair para zero ou a um nível baixo, no qual permanecerão por muitos anos. Esse é o **estágio de declínio**.

Estágio de declínio
Estágio do CVP em que as vendas de um produto desaparecem.

As vendas declinam por muitas razões, entre elas avanços tecnológicos, mudanças nos gostos do consumidor e aumento da concorrência. À medida que as vendas e os lucros caem, algumas empresas se retiram do mercado. As que permanecem podem reduzir suas ofertas de produtos. Além disso, podem abandonar segmentos de mercados menores e canais de comercialização marginais ou cortar o orçamento de promoção e reduzir ainda mais os preços.

Manter um produto fraco pode ser muito custoso para uma empresa, e não apenas em termos de lucro. Há muitos custos ocultos. Um produto fraco pode tomar muito tempo da gerência. Ele costuma requerer ajustes de preço e de estoques frequentes. Demanda atenção do pessoal envolvido com propaganda e vendas — atenção esta que poderia ser mais bem utilizada para tornar produtos "saudáveis" mais lucrativos. A queda na reputação do produto pode deixar os clientes apreensivos com relação à empresa e a seus outros produtos. O maior custo talvez se revele no futuro. Manter produtos fracos atrasa a busca por substitutos, gera um mix de produtos irregular, prejudica os lucros correntes e enfraquece a base da empresa no futuro.

Por essas razões, as empresas precisam identificar seus produtos no estágio de declínio e decidir se vão mantê-los, colhê-los ou eliminá-los. A gerência pode decidir *manter* sua marca, reposicionando-a ou revigorando-a na esperança de fazê-la voltar ao estágio de crescimento do ciclo de vida do produto. A P&G fez isso com diversas marcas, incluindo a Mr. Clean e o Old Spice. E a Converse encontrou novas estratégias para reavivar sua antiga marca, a venerável Converse All Star (veja o Marketing Real 9.2).

A gerência pode decidir *colher* o produto, o que significa reduzir vários custos (instalações e equipamentos, manutenção, P&D, propaganda e força de vendas) na esperança de que as vendas se mantenham. Se der certo, isso vai aumentar os lucros da empresa no curto prazo. Por fim, a gerência pode decidir *eliminar* o produto de sua linha. A empresa pode vender o produto para outra ou simplesmente liquidá-lo por um valor módico. Nos últimos anos, a P&G vendeu várias marcas menores ou em declínio, como o café Folgers, a gordura vegetal Crisco, o adstringente Comet, o desodorante Sure, as misturas de bolo Duncan Hines e a pasta

Capítulo 9 | Desenvolvimento de novos produtos e estratégias para o ciclo de vida dos produtos **303**

de amendoim Jif. Se a empresa pretende encontrar um comprador, ela não deve desgastar o produto em um processo de colhimento.

A Tabela 9.2 resume as principais características de cada estágio do CVP. Ela também traz os objetivos e as estratégias de marketing para cada estágio.[25]

▼ **Tabela 9.2** Resumo das características, dos objetivos e das estratégias do ciclo de vida do produto.

	Introdução	Crescimento	Maturidade	Declínio
Características				
Vendas	Vendas baixas	Vendas em rápido crescimento	Vendas no pico	Vendas em declínio
Custos	Custo alto por cliente	Custo médio por cliente	Custo baixo por cliente	Custo baixo por cliente
Lucros	Negativos	Lucros crescentes	Lucros altos	Lucros em declínio
Clientes	Inovadores	Adotantes imediatos	Maioria imediata e posterior	Retardatários
Concorrentes	Poucos	Número em crescimento	Número estável, começando a diminuir	Número em declínio
Objetivos de marketing	Gerar consciência de produto e experimentação	Maximizar a participação de mercado	Maximizar os lucros e, ao mesmo tempo, defender a participação de mercado	Reduzir os gastos e tirar o máximo da marca
Estratégias				
Produto	Oferecer um produto básico	Oferecer extensões de produto, serviços e garantia	Diversificar a marca e os modelos	Descontinuar produtos fracos
Preço	Preço acima do custo	Preço para entrar no mercado	Preço para igualar ao da concorrência ou combatê-lo	Tornar-se seletivo: descontinuar pontos de venda que não são lucrativos
Distribuição	Desenvolver distribuição seletiva	Desenvolver distribuição intensiva	Desenvolver distribuição mais intensiva	Preço reduzido
Propaganda	Desenvolver consciência de produto entre os adotantes imediatos e os revendedores	Desenvolver consciência e interesse no mercado de massa	Destacar as diferenças e os benefícios da marca	Reduzir ao nível necessário para manter clientes muito fiéis
Promoção de vendas	Utilizar muita promoção de vendas para induzir a experimentação	Reduzir para obter vantagem da grande demanda	Aumentar para estimular a troca de marca	Reduzir ao nível mínimo

Fonte: Philip Kotler e Kevin Lane Keller, *Marketing management*, 14. ed. Upper Saddle River: Prentice Hall, 2012, p. 317. © 2012. Impresso e eletronicamente reproduzido com permissão da Pearson Education, Inc., Upper Saddle River, Nova Jersey.

Considerações adicionais acerca de produtos e serviços

◄ **Objetivo 4**

Discutir duas considerações adicionais acerca dos produtos: decisões relacionadas a produtos socialmente responsáveis e marketing de produtos e serviços internacionais.

Vamos concluir nossas discussões sobre produtos e serviços com duas considerações adicionais: a responsabilidade social nas decisões sobre produtos e as questões relativas ao marketing internacional de produtos e serviços.

Marketing Real 9.2

Converse: a história de uma velha marca com um novo começo

A marca Converse teve um ciclo de vida do produto longo, agitado. A empresa inventou os tênis para basquete e, em 1923, lançou seu primeiro par de Chuck Taylor All Stars — conhecido ao redor do mundo como Cons, Connies, Convics, Verses ou simplesmente Chuck. Ao longo das décadas de 1930, 1940, 1950 e 1960, os Chucks foram *o* tênis. A primeira equipe olímpica de basquete o usou, e ele dominou as quadras de basquete — profissionais e amadoras — por mais de 50 anos. Em meados da década de 1970, de 70 a 80% dos jogadores de basquete ainda usavam Converse.

No entanto, toda história tem um começo, um meio e um fim, e isso vale também para a história da maioria das marcas. Para a Converse, a história quase chegou ao fim há pouco mais de uma década. Quando o mercado de tênis explodiu nas décadas de 1980 e 1990, a Converse não conseguiu se manter atualizada. Novos concorrentes agressivos como a Nike, a Adidas e a Reebok conquistaram o mercado com tênis de alto desempenho e estratégias de marketing superiores. Em 2001, a participação de mercado da Converse tinha definhado para somente 1% e a marca, outrora dominante, decretou falência apoiada no Capítulo 11 da lei norte-americana.

Muito possivelmente, a história da Converse teria acabado aí se não fosse a visão de futuro de um improvável pretendente. Em 2003, a líder de mercado Nike interveio e, sorrateiramente, comprou a Converse por um valor muito baixo. A Nike ainda via possibilidades na velha marca, venerável, porém, depreciada. Contudo, ela se deparou com uma difícil questão envolvendo o ciclo de vida do produto: como uma megamarca como a Nike poderia reavivar um ícone decadente como a Converse? Para encontrar respostas a essa pergunta, a Nike designou uma nova equipe de gestores para a Converse, injetou dinheiro na empresa e deixou a marca trabalhar sozinha para construir sua própria estratégia, longe da sombra de seu símbolo.

A nova equipe descobriu que, apesar da participação de mercado cada vez mais pífia, a marca Converse tinha conquistado um grupo pequeno, porém intensamente fiel, de seguidores. Na década de 1990, a garotada tinha começado a usar os tênis Converse como uma expressão de individualidade. Logo vieram os artistas, os designers e os músicos em ascensão, que usavam os Chucks por causa de sua simplicidade e seu visual clássico. A Converse se tornou a marca favorita de uma multidão avessa ao sistema, às empresas, que estava cansada das tendências da moda. Os individualistas fãs da Converse poderiam comprar um par de All Star (barato, porém confortável), destruí-lo, rabiscá-lo e customizá-lo, como se ele fosse uma tela para sua expressão pessoal.

Esse pequeno, porém fiel, grupo de seguidores forneceu a corda de salvamento para o rejuvenescimento da idosa marca. Construída com base nesse nicho, nos anos seguintes, a Converse transformou a clássica marca de ontem em uma nova, expressiva marca de estilo de vida, que tem tudo a ver com o momento atual. Os jovens consumidores de hoje não querem uma marca organizadamente embalada e entregue a eles; querem experimentar a marca e ajudar a formatá-la. Assim, em vez de forçar uma nova história de marca no mercado, a Converse decidiu voltar a marca para os consumidores e deixá-los escrever o próximo capítulo.

Na verdade, a Converse tem sido muito estratégica em sua abordagem "recuada". Por exemplo, ela pegou o Chuck Taylor All Star original e o diversificou, com novos designs e canais. A variante Star One é uma linha com preço baixo disponível no Target. Hoje, milhares de versões do All Star com preço mais alto, criadas por estilistas, estão sendo vendidas em varejistas sofisticados, como Saks e Bloomingdales. E a marca tem sido ampliada para oferecer de tudo — de tênis infantis, sapatos para trabalhar, sandálias e botas até óculos e relógios com a marca Converse.

Mas a Converse entende que seu papel é simplesmente fabricar produtos bacanas que os consumidores querem usar. Fora isso, ela participa da história da marca, em vez de ditá-la. No centro da reanimada marca Converse, reside a filosofia segundo a qual os clientes controlam as marcas, e não as empresas. Aos olhos dos consumidores, hoje, a Converse tem menos a ver com tênis e mais a ver com autoexpressão e a experiência Converse. De acordo com Geoff Cottrill, CMO da Converse, à sua maneira, os consumidores passaram a definir a marca em torno de cinco ideias: "Norte-americana, tênis, juventude, rebeldia e tela em branco".

Em conformidade a isso, o site da Converse gira em torno da ideia: desenhe seu próprio tênis e use os Chucks como sua tela pessoal. Além disso, nos últimos anos, a Converse se

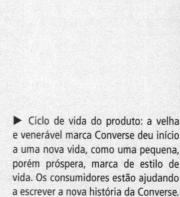

▶ Ciclo de vida do produto: a velha e venerável marca Converse deu início a uma nova vida, como uma pequena, porém próspera, marca de estilo de vida. Os consumidores estão ajudando a escrever a nova história da Converse.
Blend Images/Moxie Productions

concentrou em uma das principais formas de autoexpressão da juventude, o rock n' roll. Por exemplo, a empresa lançou uma série de linhas famosas do All Star desenhadas por lendas do rock. Ela também montou seu próprio estúdio — o Converse Rubber Tracks —, onde artistas desconhecidos têm livre acesso a equipamentos de qualidade e gravam faixas que podem render ofertas de gravadoras de qualquer lugar. O foco da Converse na autoexpressão e na música a ajudou a criar conversas reais e relevantes sobre a marca com e entre pessoas que poderiam usar seus tênis.

A Converse também abraçou a mídia social, um local ideal para se relacionar com jovens consumidores e deixá-los ajudar a definir a marca. Atualmente, a Converse gasta mais de 90% de seu orçamento de marketing com mídia emergente. Veja isso: a Converse se tornou a marca de tênis mais popular do Facebook, com mais de 42 milhões de fãs em suas duas páginas na rede social — um número mais de quatro vezes maior do que o da Nike, sua empresa-mãe e líder de mercado, e oito vezes superior ao da Adidas. A Converse também tem mais de 50 mil seguidores no Twitter. Trata-se de algo impressionante para uma marca de nicho que ainda detém apenas 3% do mercado.

No entanto, ao utilizar a mídia social, a Converse é cuidadosa: ela se mantém afastada e deixa os clientes darem voz à marca. Sua abordagem consiste em criar experiências e interações positivas com a marca e, então, se afastar, permitindo que os clientes conversem sobre a marca e compartilhem seu entendimento sobre ela com amigos. Como resultado, a Converse se tornou uma das marcas mais democráticas de todos os tempos — uma marca de pessoas, por pessoas e para pessoas. "É uma marca única, que os clientes realmente possuem, realmente direcionam e realmente levam para lugares interesses", diz Cottrill. "Tem sido inspirador ver essa marca ir para todos os lugares que tem ido simplesmente porque os consumidores nos levaram lá."

No final das contas, a Converse parece ter dado início a um novo ciclo de vida, como uma pequena, porém próspera, marca de estilo de vida. Em uma década, ou desde que foi adquirida pela Nike, as receitas da Converse mais do que quadruplicaram, atingindo 1,1 bilhão de dólares. Em seu site, a Converse traz um pertinente resumo da história de seu ciclo de vida, cujo final ainda está para ser escrito:

> Todo mundo tem um histórico — um relato das coisas que fez durante o tempo em que estava por aí. Nós vemos o nosso como um monte de histórias bacanas que nos levaram para onde estamos e que vão nos mostrar para onde iremos. A marca entra em seu segundo século honrando sua herança de ver as coisas um pouco diferente [...], basicamente comemorando o espírito de rebeldia e originalidade no basquete, no rock n' roll e em tudo o mais que você achar. As melhores histórias são aquelas que não terminam — aquelas às quais você vai acrescentando e acrescentando — e, ao mesmo tempo, encantam pela maneira criativa, disruptiva, otimista e corajosa com que as coisas evoluem, deixando de ser o que eram e passando para aquilo que são e que se tornarão.

Fontes: citações, trechos e outros materiais extraídos de Jeffrey Summers, "Why Converse has 42 million Facebook fans", *Forbes*, entrevista em vídeo, 22 fev. 2012. Disponível em: <www.youtube.com/watch?v=BV1ilkKoy1o>; Todd Wasserman, "How Converse became the biggest little sneaker brand on Facebook", *Mashable*, 4 maio 2011; Doug Schumacher, "TopTen: On Converse's Facebook page, the fans do the selling", *iMedia Connection*, 13 mar. 2012, <http://blogs.imediaconnection.com/blog/2012/03/13/topten-on-converses-facebook-page-thefans-do-the-selling/>; <www.converse.com> e <www.converse.com/About/>. Acesso em: out. 2012.

Decisões sobre produtos e responsabilidade social

Os profissionais de marketing devem levar em conta, com atenção, questões de políticas públicas e regulações envolvendo a aquisição ou o abandono de produtos, a proteção de patentes, a qualidade e a segurança do produto e as garantias do produto.

No que diz respeito a novos produtos, o governo pode impedir as empresas de acrescentar produtos por meio de aquisições se isso ameaçar reduzir a concorrência. As empresas que abandonam produtos devem estar conscientes das obrigações legais, escritas ou implícitas, para com seus fornecedores, revendedores e clientes que tenham interesse no produto descontinuado. Ao desenvolver novos produtos, as empresas também precisam estar em conformidade com as leis de patentes em vigor no país. Uma empresa não pode fabricar um produto ilegalmente similar ao de outra empresa já estabelecida.

Os fabricantes devem seguir leis específicas em relação à qualidade e à segurança do produto. Nos Estados Unidos, a Federal Food, Drug, and Cosmetic Act (Lei Federal de Alimentos, Medicamentos e Cosméticos) protege os consumidores de alimentos, medicamentos e medicamentos adulterados ou que não são seguros. Várias leis exigem a inspeção das condições sanitárias nos setores de processamento de carne em geral. Leis voltadas para a segurança foram aprovadas para regular tecidos, substâncias químicas, automóveis, brinquedos, remédios e venenos. A Consumer Product Safety Act (Lei de Segurança de Produtos de Consumo), de 1972, instituiu a Consumer Product Safety Commission (Comissão de Segurança de Produtos de Consumo), com autoridade para banir ou apreender produtos potencialmente prejudiciais e para estabelecer severas penalidades diante da violação da lei.

Se forem prejudicados por um produto com um projeto malfeito, os consumidores podem processar os fabricantes ou os revendedores. Um recente levantamento com fabricantes revelou que ações legais envolvendo produtos consistiam na segunda maior preocupação das empresas com processos, ficando atrás apenas das questões trabalhistas. Hoje, os tribunais norte-americanos lidam anualmente com mais de 60 mil ações legais envolvendo produtos — em 1990, foram 19.500 casos. Apesar de os fabricantes serem considerados culpados em apenas 6% de todos os casos, quando isso acontece, o júri costuma conceder, em média, 1,5 milhão de dólares em indenização, e as indenizações individuais podem chegar a dezenas e até centenas de milhões de dólares. Por exemplo, depois de fazer um recall em cerca de 7 milhões de veículos por causa de problemas relacionados ao pedal de aceleração, a Toyota terá que lidar com mais de 100 processos que começaram no início de 2013 e que, no final, poderão custar à empresa 3 bilhões de dólares ou mais.[26]

Esse fenômeno resultou em um enorme aumento nos prêmios de seguros envolvendo produtos, o que causou sérios problemas em alguns setores. Algumas empresas repassam essas taxas mais altas para os consumidores, aumentando os preços. Outras são forçadas a descontinuar linhas de produtos de alto risco. Algumas organizações estão nomeando *intendentes de produto*, cujo trabalho é proteger os consumidores de danos e a empresa de processos por meio da detecção proativa de problemas potenciais nos produtos.

Marketing internacional de produtos e serviços

As empresas que comercializam produtos e serviços internacionais enfrentam desafios especiais. Para começar, elas precisam decidir quais produtos e serviços lançar e em quais países. Em seguida, devem resolver até que ponto padronizar ou adaptar seus produtos e serviços para os mercados mundiais.

Por um lado, as empresas gostariam de padronizar suas ofertas. A padronização ajuda a organização a desenvolver uma imagem global consistente. Ela também reduz os custos de design, fabricação e marketing relacionados ao oferecimento de uma ampla variedade de produtos. Por outro lado, os mercados e os consumidores ao redor do mundo são muito diferentes. E, para responder a essas diferenças, as empresas geralmente precisam adaptar suas ofertas de produtos. Por exemplo, adaptando cuidadosamente seu cardápio e suas operações ao estilo de comer e aos gostos locais, a YUM! Brand — empresa-mãe do KFC, da Pizza Hut e do Taco Bell, a quintessência dos restaurantes fast-food — se tornou a maior empresa de restaurantes da China. Veja o exemplo do KFC:[27]

> Nos Estados Unidos, uma típica refeição no Kentucky Fried Chicken é acompanhada de frango frito, extra crocante, e de uma Pepsi. Mas o que você pode pedir no KFC da China? Naturalmente, você pode escolher um daqueles bons e velhos frangos fritos Kentucky, mas entre os itens mais populares estão: frango com arroz e molho apimentado Sichuan, sopa de ovos e um "dragon twister" (uma versão do KFC para o tradicional wrap de pato encontrado em Pequim), e tudo isso acompanhado com leite de soja. Também é possível encontrar no cardápio: tortas de ovos, massinhas fritas, wraps com molhos locais, hambúrgueres de peixe e camarão em pães frescos e "congee", um popular mingau de arroz que é o item mais vendido no KFC no café da manhã. O cardápio chinês oferece uma grande variedade — são cerca de 50 itens, ao passo que nos Estados Unidos são 29 — que tem como objetivo atender ao estilo chinês de comer, no qual grupos de pessoas compartilham diversos pratos. E, enquanto as lojas KFC nos Estados Unidos são projetadas principalmente para as pessoas pegarem a comida e a levarem para casa, as lojas na China são duas vezes maiores do que as de suas correspondentes norte-americanas, oferecendo mais espaço para os clientes, que gostam de se demorar com os amigos e a família, comerem no local. Com essa adaptação, o KFC e outras marcas da YUM! se posicionaram na China não como uma presença estrangeira, mas como uma parte da comunidade local. O resultado: a YUM! Brands conquistou um enorme sucesso na China. Seus 3.900 restaurantes no país obtiveram mais receita no último ano do que todos os seus 19 mil restaurantes nos Estados Unidos juntos, incluindo KFC, Pizza Hut e Taco Bell.

As empresas que prestam serviços também enfrentam desafios especiais quando se tornam globais. Alguns setores de serviços têm uma longa tradição em operações internacionais. Por exemplo, o setor de bancos comerciais foi um dos primeiros a se internacionalizar. Os bancos precisavam fornecer serviços globais para atender às necessidades de câmbio e crédito internacional de seus clientes nacionais, que queriam vender no exterior. Nos últimos anos, muitos bancos se tornaram verdadeiramente globais. O Deutsche Bank da Alemanha, por exemplo, atende mais de 19 milhões de clientes em 3.083 agências espalhadas por 72 países. Para seus clientes ao redor do mundo que desejam crescer em nível global, o Deutsche Bank pode levantar fundos não somente em Frankfurt, mas também em Zurique, Londres, Paris, Tóquio e Moscou.[28]

Os setores de serviços organizacionais e de profissionais liberais, com o de contabilidade, consultoria e propaganda, também se globalizaram. O crescimento internacional dessas empresas seguiu-se à globalização das organizações para as quais elas prestam serviços. Por exemplo, à medida que mais clientes utilizavam estratégias mundiais de propaganda e marketing, as agências de publicidade responderam globalizando suas operações. O McCann Worldgroup, uma grande agência norte-americana que oferece serviços de marketing e propaganda, opera em mais de 130 países. Ela atende a clientes internacionais, como a Coca-Cola, a GM, a ExxonMobile, a Microsoft, a MasterCard, a Johnson & Johnson e a Unilever, em mercados que variam dos Estados Unidos e do Canadá até a Coreia e o Cazaquistão. E o McCann Worldgroup é apenas uma empresa do Interpublic Group of Companies, uma imensa rede mundial de empresas que prestam de serviços nas áreas de marketing e propaganda.[29]

Os varejistas estão entre as últimas empresas de serviços a se tornarem mundiais. À medida que seus mercados nacionais ficam saturados, varejistas norte-americanos como Walmart, Office Depot e Saks Fifth Avenue se expandem para mercados externos em rápido crescimento. Por exemplo, desde 1991, o Walmart já entrou em 27 países; as vendas de sua divisão internacional representam 26% das vendas totais. Varejistas de outros países estão fazendo manobras similares. Hoje, os consumidores asiáticos podem comprar produtos norte-americanos em lojas do francês Carrefour. O Carrefour, o segundo maior varejista do mundo, atrás apenas do Walmart, atualmente opera um número superior a 15.500 lojas em mais de 35 países. Ele é o líder do varejo na Europa, no Brasil e na Argentina, além de ser o maior varejista estrangeiro na China.[30]

A tendência de crescimento das empresas de serviços globais vai se manter, especialmente nos setores bancário, de transporte aéreo, de telecomunicações e de serviços prestados por profissionais liberais. Hoje, as empresas que prestam serviços não estão mais, simplesmente, seguindo seus clientes fabricantes. Em vez disso, elas estão assumindo a liderança na expansão internacional.

Revisão dos conceitos

Revisão dos **objetivos** e **termos-chave**

○ Revisão dos objetivos

Os atuais produtos de uma empresa têm tempo de vida limitado e precisam ser substituídos por outros, mais novos. Mas os novos produtos podem não dar certo — os riscos da inovação são tão grandes quanto suas recompensas. O segredo da inovação de sucesso reside no esforço de toda a empresa focada no cliente, no forte planejamento e em um processo sistemático de desenvolvimento de novos produtos.

Objetivo 1 ▶ **Explicar como as empresas descobrem e desenvolvem ideias para novos produtos (p. 286-287)**

As empresas descobrem e desenvolvem ideias para novos produtos de uma série de fontes. Muitas dessas ideias surgem de *fontes internas*. As empresas realizam P&D formal ou utilizam a mente de seus funcionários, pedindo a eles que pensem em ideias para novos produtos e as desenvolvam. Outras ideias são provenientes de *fontes externas*. As empresas acompanham as ofertas dos *concorrentes* e obtêm ideias de *distribuidores* e *fornecedores*, que estão próximos do mercado e podem repassar informações sobre os problemas dos consumidores e sobre possibilidades de novos produtos.

Talvez a mais importante fonte de ideias para novos produtos seja os clientes. As empresas observam os clientes, convidam-nos para apresentarem suas ideias e sugestões e, até

mesmo, envolvem-nos no processo de desenvolvimento de novos produtos. Hoje, muitas empresas estão desenvolvendo programas de *crowdsourcing* ou *inovação aberta* para obter ideias para novos produtos. Nesses programas, grandes comunidades de pessoas — clientes, funcionários, cientistas e pesquisadores independentes e até mesmo o público geral — são convidadas a participar do processo de inovação em novos produtos. Empresas verdadeiramente inovadoras não dependem somente de uma ou outra fonte para conseguir ideias para novos produtos.

Objetivo 2 ▶ **Relacionar e definir as etapas no processo de desenvolvimento de novos produtos e as principais considerações no gerenciamento desse processo (p. 287-298)**

O processo de desenvolvimento de novos produtos consiste em oito etapas sequenciais. O processo começa com a *geração de ideias*. Em seguida, vem a *seleção de ideia*, que reduz o número de ideias com base em critérios da empresa. As ideias aprovadas na etapa de seleção seguem para o *desenvolvimento do conceito do produto*, no qual uma versão detalhada da ideia de novo produto é apresentada para o consumidor de uma maneira que faça sentido. Essa etapa inclui o *teste do conceito*, em que os conceitos dos novos produtos são tes-

308 Parte 3 | Elaboração de uma estratégia e de um mix voltados para o cliente

tados com um grupo de consumidor-alvo para determinar se eles têm forte apelo junto aos consumidores. Os conceitos fortes passam para a etapa de *desenvolvimento da estratégia de marketing*, no qual é desenvolvida uma estratégia de marketing preliminar para o novo produto a partir do conceito do produto. Na fase de *análise do negócio*, é feita uma revisão das projeções de vendas, custos e lucros para o novo produto, com a finalidade de determinar se ele tem possibilidade de satisfazer os objetivos da empresa. Se, nessa fase, os resultados forem positivos, as ideias se tornam mais concretas por meio do *desenvolvimento do produto* e do *teste de mercado*. E, finalmente, elas são lançadas durante a etapa de *comercialização*.

O desenvolvimento de novos produtos envolve mais do que simplesmente percorrer uma série de etapas. As empresas precisam ter uma abordagem holística e sistemática para gerenciar esse processo. O desenvolvimento bem-sucedido de um novo produto demanda um esforço centrado no cliente, em equipe e sistemático.

Objetivo 3 ▶ **Descrever os estágios do ciclo de vida do produto e como as estratégias de marketing mudam ao longo desse ciclo de vida (p. 298-303)**

Todo produto tem um *ciclo de vida* caracterizado por um conjunto mutável de problemas e oportunidades. As vendas de um produto regular seguem uma curva em forma de "S" composta de cinco estágios. O ciclo começa com o estágio de *desenvol-*

vimento do produto, em que a empresa encontra e desenvolve uma ideia para um novo produto. O *estágio de introdução* é marcado pelo crescimento lento e pelos lucros baixos, enquanto o produto é distribuído para o mercado. Se der certo, o produto entrará no *estágio de crescimento*, que apresenta rápido crescimento das vendas e lucros crescentes. Em seguida, vem o *estágio de maturidade*, em que o ritmo de crescimento das vendas diminui e os lucros se estabilizam. Por fim, o produto entra no *estágio de declínio*, no qual as vendas e os lucros minguam. Nesse estágio, a tarefa da empresa consiste em reconhecer o declínio e decidir se vai manter, colher ou abandonar o produto. Os diferentes estágios do ciclo de vida do produto demandam diferentes estratégias e táticas de marketing.

Objetivo 4 ▶ **Discutir duas considerações adicionais acerca dos produtos: decisões relacionadas a produtos socialmente responsáveis e marketing de produtos e serviços internacionais (p. 303-307)**

As empresas devem considerar duas questões adicionais acerca dos produtos. A primeira é a *responsabilidade social*. Ela inclui questões de políticas públicas e regulações envolvendo a aquisição ou o abandono de produtos, a proteção de patentes, a qualidade e a segurança do produto e garantias do produto. A segunda tem a ver com os desafios especiais que empresas de produtos e serviços internacionais enfrentam. As empresas internacionais devem decidir até que ponto padronizar ou adaptar suas ofertas para os mercados mundiais.

◯ Termos-chave

Objetivo 1
Desenvolvimento de novos produtos (p. 286)

Objetivo 2
Análise do negócio (p. 293)
Comercialização (p. 295)
Conceito de produto (p. 291)
Crowdsourcing (p. 288)
Desenvolvimento de estratégia de marketing (p. 292)

Desenvolvimento de novos produtos centrado no cliente (p. 295)
Desenvolvimento de novos produtos em equipe (p. 296)
Desenvolvimento de produto (p. 293)
Geração de ideias (p. 287)
Seleção de ideias (p. 289)
Teste de conceito (p. 292)
Teste de marketing (p. 294)

Objetivo 3
Ciclo de vida do produto (CVP) (p. 298)
Estágio de crescimento (p. 300)
Estágio de declínio (p. 302)
Estágio de introdução (p. 300)
Estágio de maturidade (p. 301)
Estilo (p. 299)
Moda (p. 299)
Modismo (p. 299)

Discussão e pensamento crítico

◯ Questões para discussão

1. Relacione e descreva as principais etapas no processo de desenvolvimento de novos produtos.
2. O que é teste de mercado? Explique por que as empresas podem ou não testar seus produtos no mercado e apresente alternativas ao teste de mercado completo.
3. Quais são os benefícios de um *sistema de gerenciamento da inovação*? Como a empresa pode montar um sistema como esse?

4. Apresente as três estratégias disponíveis para os produtos que atingiram o estágio de maturidade em seu ciclo de vida. Para cada estratégia, dê um exemplo, diferente dos mostrados no capítulo, de uma empresa que está a utilizando.

Capítulo 9 | Desenvolvimento de novos produtos e estratégias para o ciclo de vida dos produtos 309

⊃ Atividades de pensamento crítico

1. Visite o site <http://creatingminds.org/tools/tools_ideation.htm> e aprenda sobre técnicas de geração de ideias. Forme um pequeno grupo e, juntos, apliquem uma ou mais técnicas para gerar, no mínimo, quatro ideias de novos produtos para uma empresa da escolha de vocês. Utilizem o modelo R-G-V de seleção para avaliar a ideia para a empresa.

2. Encontre uma empresa que lançou um produto de consumo nos últimos cinco anos. Crie uma apresentação mostrando como a empresa implementou os 4Ps no lançamento do produto e reporte o desempenho desse produto desde seu lançamento.

3. Visite o site da Product Development and Management Association (Associação de Desenvolvimento e Gerenciamento de Produtos), no endereço <www.pdma.org>, para obter informações sobre essa organização. Clique na opção "OCI Awards" dentro do menu "About PDMA". Descreva esse prêmio e os critérios usados na hora de concedê-lo. Em seguida, apresente uma empresa que já tenha sido premiada.

Aplicações e casos

⊃ Foco na tecnologia   Fiat Mio

As empresas utilizam o *crowdsourcing* para resolver problemas, gerar novas ideias e desenvolver campanhas promocionais. Em agosto de 2009, a Fiat, maior fabricante de carros do Brasil, lançou o Projeto Mio, para desenvolver o primeiro conceito de carro do mundo baseado totalmente em *crowdsourcing*. O site do projeto fazia a seguinte pergunta: "No futuro que estamos construindo, o que deve ter um carro que você pode chamar de seu e, ainda, funcionar para os outros?" Os 300 mil visitantes do site, provenientes de mais de 160 países, geraram mais de 10 mil sugestões. O site tinha 17 mil pessoas oficialmente registradas como potenciais colaboradores. Milhares de comentários foram postados no Facebook e no Twitter. A equipe da Fiat trabalhou em cima das sugestões e, em 2010, apresentou o conceito de carro no Salão do Automóvel em São Paulo. A Fiat foi transparente durante todo o processo e as especificações finais do carro estão abertas para qualquer um — inclusive para os concorrentes. Embora o processo de desenvolvimento do novo produto não tenha progredido para a etapa de comercialização — e, talvez, nunca progredirá —, a Fiat e outras fabricantes de automóvel podem usar essas ideias em seus modelos de carro futuros.

1. Forme um pequeno grupo e, juntos, façam uma pesquisa sobre o Fiat Mio. Relacionem algumas sugestões dadas pelos consumidores que influenciaram o design do carro. Em seguida, conversem com amigos e familiares, fazendo a eles as mesmas perguntas que a Fiat fez para os consumidores, e compilem as respostas de todos os membros do grupo. Um carro desenvolvido com as respostas que vocês obtiveram seria parecido com o Mio da Fiat? Explique.

2. Neste capítulo, foram descritas diversas atividades envolvendo *crowdsourcing*. Dê o exemplo de uma outra empresa que está utilizando *crowdsourcing* para desenvolver ou modificar produtos.

⊃ Foco na ética   Eu posso descobrir quem você é

A tecnologia de reconhecimento facial não é nova, mas a maneira como ela está sendo usada é. Se você tem ficha criminal, a polícia pode descobrir isso apenas o observando — por meio do iPhone, na verdade. Utilizando um dispositivo conhecido como Moris, que significa Mobile Offender Recognition and Information System (Sistema Móvel de Informação e Reconhecimento de Criminoso), um policial pode tirar uma foto do rosto da pessoa ou escanear sua íris e obter informações imediatas, caso haja informações que combinem em um banco de dados criminal. E não tem mais aquilo de ir para a delegacia e passar tinta na ponta dos dedos — o dispositivo pode coletar impressões digitais no local. Embora o escaneamento de íris seja realizado com o conhecimento da pessoa, por causa da proximidade necessária, uma foto pode ser tirada de vários metros de distância, sem que a pessoa saiba. O Facebook utiliza reconhecimento facial para possibilitar que seus usuários marquem amigos em fotos, e vários aplicativos para celular permitem aos usuários identificar amigos do Facebook ao bater uma foto. O Google considerou um projeto que possibilitaria aos usuários de celular tirar uma foto de alguém e, então, fazer uma pesquisa de imagem, mas rejeitou a ideia por causa de preocupações éticas.

1. Apresente outras aplicações comerciais para a tecnologia de reconhecimento facial. Em seguida, crie dois conceitos de novos produtos que utilizem essa tecnologia.

2. Analise a questão ética envolvida na incorporação da tecnologia de reconhecimento facial em produtos.

⊃ Foco nos números   A canibalização do BB

O mais novo produto no mercado de cosméticos é o creme BB, que combina diversos benefícios de cuidado com a pele em um único produto. BB vem de "bálsamo da beleza", e é anunciado como um "fenômeno mundial" e um "milagre multiuso" pelas empresas do setor. Mas, em vez de gerar uma nova demanda, esse produto tudo-em-um pode canibalizar as vendas de produtos existentes, como hidratantes, protetores solar, cremes antirrugas, primers e bases, oferecidos pelas fabricantes de cosméticos. Com as vendas do creme BB alcançando 9 milhões de dólares nos Estados Unidos em menos de um ano e prometendo ir muito além, a Clinique, uma fabricante de cosméticos e produtos voltados para o cuidado com a pele, não quer perder essa oportunidade. Ela está introduzindo no mercado um novo creme BB com o nome de marca Clinique. Apesar de o novo creme representar um preço maior para o fabricante (US$ 10 por 300 ml para o creme BB *versus* US$ 8 por 300 ml para o hidratante), ele também traz custos variáveis maiores (US$ 6 por 300 ml para o creme BB *versus* US$ 3 por 300 ml para o hidratante).

1. Qual estratégia de desenvolvimento de marca a Clinique está utilizando?

2. Parta do princípio de que a Clinique espera vender cerca de 90 milhões de mililitros do creme BB no primeiro ano, após o período de introdução, mas espera que metade dessas vendas seja proveniente de compradores que, de outra forma, iriam adquirir seu hidratante (ou seja, vendas canibalizadas). Considerando que a Clinique normalmente vende 300 milhões de mililitros de seu hidratante por ano e que, no primeiro ano de produção do creme BB, a empresa vai incorrer em um aumento de 2 milhões de dólares nos custos fixos, o novo produto será lucrativo para a empresa? Consulte a discussão sobre canibalização no Apêndice 2, "Marketing por meio dos números", para obter uma explicação sobre como conduzir essa análise.

⟩ Vídeo empresarial Subaru

Quando uma empresa tem um produto vitorioso, ela tem tudo. Ou faz tudo? A Subaru é uma empresa vitoriosa (uma das poucas empresas automobilísticas que consegue sustentar o crescimento e os lucros em períodos econômicos difíceis), com vários produtos vitoriosos, incluindo o Impreza, o Legacy, o Forester e o Outback. Mas o que acontece quando algum produto começa a declinar em termos de popularidade? Esse vídeo mostra como a Subaru constantemente se envolve no desenvolvimento de novos produtos como parte de seus esforços para gerenciar o ciclo de vida do produto de cada um de seus modelos. A Subaru concentra-se no desenvolvimento não apenas da próxima geração de seus modelos existentes,

mas também de possíveis novos modelos para melhorar seu portfólio de produtos.

Após assistir ao vídeo que apresenta a Subaru, responda às seguintes perguntas:

1. Analise o ciclo de vida do produto tendo como base um produto da Subaru.

2. Como as tendências mutáveis do consumidor afetam os produtos da Subaru?

3. Em seus esforços voltados para novos produtos, a Subaru tem permanecido orientada para o cliente? Justifique sua resposta.

⟩ Caso empresarial Google: inovação em novos produtos na velocidade da luz

O Google é extremamente inovador. Recentemente, ele ficou em primeiro lugar na lista das empresas mais inovadoras do mundo produzida pela revista *Fast Company*, e sempre está em todas as listas das mais inovadoras, ocupando o segundo ou o primeiro lugar. O Google também é absurdamente bem-sucedido. Apesar da enorme concorrência de gigantes como a Microsoft e o Yahoo!, a participação dele em seu negócio central — a pesquisa on-line — se apoia em um número conclusivo: 84%, mais de cinco vezes maior do que a participação de mercado de todos os seus concorrentes juntos. A empresa também domina quando se trata de links patrocinados, com 80% do segmento de anúncios on-line. E isso não inclui links patrocinados em dispositivos móveis, onde o Google tem praticamente um monopólio, com 98% do mercado.

Mas o Google cresceu para se tornar muito mais do que apenas uma empresa de pesquisa na Internet ou de propaganda. A missão do Google é: "Organizar as informações do mundo e torná-las universalmente acessíveis e úteis". Na visão do Google, a informação é um tipo de recurso natural — que deve ser extraído, refinado e distribuído para todos. Essa ideia une o que, de outra forma, pareceria um conjunto amplamente diverso de projetos do Google, que incluem o mapeamento do mundo, a navegação na Internet pela tela do smartphone e, até mesmo, a identificação de surtos de gripe com antecedência. Se alguma coisa tiver a ver com aproveitamento e uso de informações, o Google estará lá de algum modo inovador.

UMA ABORDAGEM INOVADORA PARA A INOVAÇÃO

Talvez, mais do que qualquer coisa, o Google saiba como inovar. Em muitas empresas, o desenvolvimento de novos produtos é um negócio cauteloso, feito passo a passo, que pode levar um ano ou dois. Em compensação, o livre processo de desenvolvimento de novos produtos do Google se move na velocidade da luz. O rápido inovador leva menos tempo para implementar novos e importantes serviços do que seus concorrentes levam para refinar e aprovar uma ideia inicial. Por exemplo, um gerente de produto sênior do Google descreve o desenvolvimento relâmpago do iGoogle, a home page customizável do Google:

Estava claro para a empresa que havia dois grupos [de usuários do Google]: pessoas que adoravam o visual limpo e clássico do site e pessoas que queriam ver ali toneladas de informação — e-mail, notícias, informações sobre o tempo. [Para aqueles que queriam uma home page com bastante conteúdo], começamos o iGoogle, eu e outros três engenheiros. Eu tinha 22 anos e pensei: "Isso é incrível". Seis semanas depois, lançamos a primeira versão. Os índices de satisfação eram bons, havia um crescimento saudável. E [poucos meses depois] nós tínhamos [o iGoogle funcionando plenamente em] um link no Google.com.

Essa inovação a um ritmo acelerado deixaria os desenvolvedores de produto da maioria das outras empresas atordoados, mas no Google ela é o procedimento de operação-padrão.

"É isso que nós fazemos", diz o diretor para produtos de pesquisa e experiência do usuário do Google. "A parte mais difícil de doutrinar as pessoas em nossa cultura é quando os engenheiros me mostram um protótipo, eu gosto e digo: 'Legal, vamos lá!' E eles, então, dizem: 'Oh, não, não está pronto'. Nessa hora, eu falo para eles: 'O negócio é lançar uma versão preliminar no Google Labs [um site onde os usuários podem testar aplicativos do Google em fase experimental] e depois fazer o mesmo de novo, descobrindo o que o mercado quer — e fazendo do produto algo grande'." Um gerente da equipe de engenharia do Google acrescenta: "Nós temos um ritmo operacional: se estiver em dúvida, faça. Se estiver diante de dois caminhos e não tiver certeza de qual deles é o certo, pegue o mais rápido".

No Google, quando se trata de desenvolvimento de novos produtos, não existem planos de dois anos. O planejamento de um novo produto da empresa abrange somente de quatro a cinco meses. O Google prefere ver projetos não darem certo rápido a ver um projeto extenso, longo e planejado com cuidado fracassar.

O famoso processo de inovação caótico do Google desencadeou uma avalanche aparentemente sem fim de diversos produtos, muitos dos quais são líderes de mercado em sua categoria. Entre esses produtos estão: um serviço de e-mail (Gmail), uma ferramenta de busca para blog (Google Blog Search), um serviço de pagamento on-line (Google Checkout), um serviço de compartilhamento de fotos (Google Picasa), uma plataforma mundial de aplicativos para dispositivos móveis (Google Android), um navegador que conversa com a nuvem (Chrome), projetos para mapeamento e exploração do mundo (Google Maps e Google Earth) e, até mesmo, um sistema de alerta para detectar, com antecedência, surtos de gripe em sua região (Flu Trends). O Google afirma que o Flu Trends já identificou surtos duas semanas antes do que o U.S. Centers for Disease Control and Prevention (Centro para Controle e Prevenção de Doenças dos Estados Unidos).

CONCORRÊNCIA POR MEIO DA INOVAÇÃO

O Google não é apenas inovador: ele também usa sua competência central como uma arma competitiva. Vamos pegar dois de seus maiores lançamentos de produto até agora, que foram apresentados no último ano. Primeiro, o Google Play. Apesar de ter criado o maior sistema operacional para smartphone do mundo, o Android, o Google ainda não conseguiu captar as compras e as atividades de todos os usuários do Android quando se trata de aplicativos e mídia de entretenimento. E não está nem perto de alcançar a penetração de seu sistema operacional no mercado de tablets. Assim, o Google juntou e redesenhou tudo o que tinha relacionado a isso e lançou o Google Play, uma loja tipo iTunes para aplicativos, músicas, filmes e jogos. Embora um analista tenha assinalado que falta ao produto "o polimento da Apple", ele disse em seguida que "deve haver pouca dúvida [...] em relação à determinação do Google em mudar isso".

O outro importante produto lançado recentemente pelo Google é o Google+, uma rede social completa. Com o Google+, a líder na área de pesquisa on-line acertou em cheio o Facebook. Em resposta, Mark Zuckerberg, fundador e CEO do Facebook, colocou todos os funcionários da empresa em alerta vermelho, trabalhando sem parar para copiar as melhores características do Google+ e acelerar o desenvolvimento de outras características de seu site que já estavam sendo trabalhadas. Em somente um ano, o Google+ conquistou 250 milhões de membros, mais de um terço daqueles que hoje compartilham sua vida no Facebook. Assim como o Google Play, o Google+ é um produto inovador. Esses novos produtos colocam o Google em um outro patamar, em arenas competitivas totalmente novas. Além disso, dão à empresa uma nova vantagem contra seus fortes concorrentes digitais — Amazon, Facebook, Apple, Microsoft — naquilo a que o CEO da Nokia se refere como "a guerra dos ecossistemas da Internet".

INOVAÇÃO SEM FRONTEIRAS

O Google está aberto para ideias de novos produtos provenientes de praticamente qualquer fonte. O que mantém tudo isso unido é a paixão da empresa por ajudar as pessoas a encontrar e usar informações. A inovação é de responsabilidade de todos os funcionários do Google. Os engenheiros da empresa são incentivados a gastar 20% de seu tempo no desenvolvimento de suas próprias ideias "bacanas e malucas" para novos produtos. E todas as novas ideias são rapidamente testadas em uma versão beta pelos grandes juízes — aqueles que vão usá-las. De acordo com um observador: "Toda vez que você junta algumas das 20 mil pessoas mais inteligentes do mundo em uma empresa, pode esperar: surgirão várias ideias diferentes. Principalmente quando você dá para alguns desses gênios um dia da semana — o famoso '20% do tempo' do Google — para trabalharem em quaisquer projetos que suscite sua paixão".

Esse tipo de pensamento manda o Google para além de suas fronteiras corporativas, em busca da nova onda de grandes ideias. Recentemente, o Google promoveu uma conferência que chamou de "Solução para X". A empresa convidou cerca de 50 das pessoas mais inteligentes do mundo para discutir sobre os principais problemas mundiais. A ênfase era no "radical". Até que ponto algumas ideias que surgiram eram radicais? Que tal transformar lentes de contato em monitores de computador com um display head-up cheio de informações? E o que você acha de resolver os problemas de falta de água limpa do mundo usando tecnologias de dessalinização já existentes? Se isso ainda não é suficiente para você, que tal utilizar tecnologia de imagem de ressonância magnética para transportar imagens da mente humana para a tela de um computador?

Só o fato de o Google ter promovido o "Solução para X" indica o tipo de inovador que ele é. Para o Google, a inovação é mais do que um processo — faz parte do DNA da empresa. "Onde acontecem as inovações no Google? Ela acontece em todos os lugares", diz um cientista de pesquisa da empresa.

Ao conversar com funcionários do Google de vários níveis e departamento, um elemento importante aparece: não importa se estão desenvolvendo ferramentas de busca para deficientes visuais ou preparando um lanche para os colegas, essas pessoas sentem que seu trabalho pode mudar o mundo. A maravilha do Google é sua capacidade de criar um senso de coragem e ambição criativas em seus funcionários. Costuma-se perguntar para possíveis funcionários: "Se pudesse mudar o mundo usando recursos do Google, o que você faria?" E

312 Parte 3 | Elaboração de uma estratégia e de um mix voltados para o cliente

não se trata de uma pergunta boba ou retórica: o Google quer saber, porque o que ele faz é pensar — e construir — em escala. "Afinal de contas, essa é a empresa que quer disponibilizar on-line cada página de todo livro já publicado. Ideias de menores proporções são deixadas de lado por falta de interesse. Quando se trata de inovação, o Google é diferente. Mas a diferença não é tangível. Ela está no ar — no espírito do lugar", observa um analista.

QUESTÕES PARA DISCUSSÃO

1. Com base nas informações deste capítulo, identifique as principais semelhanças e diferenças entre o processo de desenvolvimento de novos produtos do Google e o da maioria das outras empresas.

2. O processo de desenvolvimento de produto do Google é centrado no cliente? Ele é em equipe? É sistemático?

3. Considerando o ciclo de vida do produto, quais desafios o Google enfrenta no gerenciamento de seu portfólio de produtos?

4. Existe um limite para o portfólio do Google em termos de tamanho? Justifique sua resposta.

5. O Google se sairá bem nos mercados em que não domina, como o de redes sociais e o de lojas de aplicativos/entretenimento? Por quê?

Fontes: Matt Lynley, "Here are the 17 radical ideas from Google's top genius conference that could change the world", *Business Insider*, 11 fev. 2012, <www.businessinsider.com/here-are-the-17-radicalideas-from-googles-top-genius-conference-that-could-change-the-world-2012-2?op=1#ixzz21TPojmMs>; Matt Warman, "Google Play review", *The Telegraph*, 8 mar. 2012, <www.telegraph.co.uk/technology/mobile-appreviews/9130663/Google-Play-review.html>; Chuck Salter, "Google: the faces and voices of the world's most innovative company", *Fast Company*, mar. 2008, p. 74-88; David Pogue, "Geniuses at play, on the job", *New York Times*, 26 fev. 2009, p. B1; "World's most admired companies", *Fortune*, mar. 2012, <http://money.cnn.com/magazines/fortune/mostadmired/2012/snapshots/11207.html>; "World's 50 most innovative companies", *Fast Company*, mar. 2012, <www.fastcompany.com/most-innovativecompanies/2012/full-list>; <www.google.com>. Acesso em: ago. 2012.

Estudo de caso

O desenvolvimento contínuo da inovação de produto ao longo do ciclo de vida:
o caso da liderança e consolidação da Gillette

Francisco Antonio Serralvo
Pós-doutor em administração (marketing) pela Universidade de Santiago de Compostela (Espanha),
doutor em ciências sociais e mestre em administração pela PUC-SP,
diretor da Faculdade de Economia, Administração, Contábeis e Atuariais — FEA-PUC/SP e
professor titular da cadeira de marketing na FEA-PUC/SP

O primeiro aparelho portátil de barbear teve que enfrentar grande desafio de engenharia da época para poder ser produzido em escala industrial. Idealizada por King C. Gillette, a lâmina de barbear revolucionou a categoria de produtos de cuidado pessoal masculino. Com a ajuda do engenheiro mecânico William Nickerson, a ideia de King Gillette foi viabilizada, contrariando expectativas pessimistas de especialistas da época. O grande problema de engenharia a ser enfrentado não era a produção do aparelho em si, e sim da lâmina, que se constituía em uma fina camada de aço afiada dos dois lados, para ser usada algumas vezes e depois substituída.

Estimulado por William Painter, o inventor da rolha de cortiça, King Gillette, pensando nas palavras de Painter, que dizia "Melhor do que inventar um produto que todo mundo use, é fabricar alguma coisa que todos usem e joguem fora para depois comprar mais", ao fazer a barba, ele simplesmente teve um momento de inspiração e idealizou um aparelho que revolucionou o ato de barbear para sempre. Muito mais prático do que a navalha que ele vivia tendo que levar a um amolador.

No ano de 1901, King Gillette fundou a Gillette Safety Razor Co. e dois anos depois as lâminas e os aparelhos de barbear foram disponibilizados ao mercado, dando origem a era dos produtos descartáveis.

Já no ano de 1905, King Gillette iniciou o processo de fabricação das lâminas e dos aparelhos de barbear no exterior, mais precisamente na França. No mesmo ano, abriu um escritório de vendas na cidade de Londres. No ano seguinte, inaugurou uma fábrica no Canadá e, no ano de 1908, abriu uma filial na Alemanha. Nessa época, o grande desafio de King Gillette e sua indústria era mudar os hábitos de barbear das pessoas. A eclosão da Primeira Guerra Mundial proporcionou uma grande oportunidade para King Gillette promover a necessária mudança no hábito de barbear, quando a Gillette enviou um aparelho de barbear para cada soldado norte-americano. A prática de fazer a barba sem depender do barbeiro acabou sendo assimilada pelos soldados, que depois foi repassada para outros homens e assim o novo estilo de barbear se difundiu rapidamente em todo o mundo.

As lâminas, embaladas individualmente, continham a assinatura do seu criador nas embalagens e isso gerou grande credibilidade no público, fato que persiste até os dias atuais, transformando a marca em sinônimo de categoria.

No ano de 1939, a Gillette se posicionava entre as maiores empresas do mundo e, a partir da década de 1940, tomou a decisão de ampliar a sua atuação no mercado com a diversificação do seu portfólio de produtos. Em 2005, a Gillette foi comprada por 57 bilhões de dólares pela norte-americana Procter & Gamble — P&G, formando uma organização de 140 mil funcionários e atual global.

Todavia, no começo dos anos 1960, o mercado de lâminas de barbear vivenciou grande transformação proporcionado não pelo principal concorrente da Gillette, a Schick, e sim a Wilkinson Sword, que lançou uma lâmina inovadora, a Super-Sword-Edge — uma lâmina de aço inoxidável coberta por uma película química protetora. A lâmina da Wilkinson era muito superior à da Gillette e fazia três vezes mais barbas que as lâminas tradicionais da Gillette. Em pouco tempo os concorrentes norte-americanos da Gillette também passaram a oferecer lâminas de barbear em aço inoxidável, e a Gillette viu sua participação desabar de 72% para cerca de 50% no mercado norte-americano.

A mudança necessária para fazer frente à ameaça que estava comprometendo perigosamente os negócios da Gillette foi lenta e dolorosa. Entre as incontáveis reuniões dos principais executivos da empresa destinadas a discutir a situação, o debate se polarizava entre duas correntes de pensamento: i) a que sinalizava a imediata necessidade de lançamento de um novo produto baseado na tecnologia do aço inoxidável e ii) a que acreditava que o mercado de lâminas de aço inoxidável permaneceria pequeno por custar mais caro que as lâminas de aço comum e também vultosos investimentos seriam necessários para a Gillette reestruturar suas fábricas para produzir as novas lâminas.

Enquanto os executivos debatiam o problema, a participação da Gillette no mercado norte-americano de lâminas de barbear despencava, caindo de 72% do início da década de 1960 para cerca de 50% no final da mesma década. Esse fato foi determinante para a empresa rever sua posição e lançar, ao final dos anos 1960, a lâmina Platinum, levando a empresa a adotar um agressiva postura na área de pesquisa e desenvolvimento de produtos, que permitiu recuperar boa parcela de sua participação de mercado, posicionando-a acima dos 60%.

Desde então, a Gillette não parou de investir no desenvolvimento de sua linha de produtos, inovando continuamente e tomando a dianteira do lançamento de novos produtos no mercado. No ano de 1972, lançou o aparelho de barbear Trac II, criando o segmento de aparelhos baseados em cartuchos e com mais de uma lâmina, padrão do mercado de lâminas de barbear desde então. Em meados da década de 1980 a Gillette lançou o primeiro aparelho destinado às mulheres, no caso, a linha feminina do Sensor.

Os investimentos em Pesquisa e Desenvolvimento da Gillette tem não apenas permitido inovar e lançar continuamente novos produtos no mercado, como também proporcionado melhores respostas aos seus principais concorrentes. O último grande duelo com seus competidores foi no ano de 2006 com o lançamento do aparelho Quattro da Schick, que teve como resposta o lançamento do aparelho Fusion da Gillette, este com cinco lâminas.

Desde o lançamento do último aparelho de barbear da Gillette, o Fusion já apresentou diversas variações, ampliando sobremaneira as opções dos consumidores, e hoje conta com as versões Fusion (Power e Manual) e Fusion Proglide (Manual, Power, Styler e Regular). O desenvolvimento e a pesquisa de produto continuam a desempenhar um papel importante na estratégia de marketing da empresa, que trabalha permanentemente em 20 lâminas experimentais, e tem proporcionado o lançamento constante de novos produtos, de forma a proporcionar a certeza de que, quando a Gillette lança um novo produto no mercado, eles já têm preparado um novo produto para lançar em seguida.

Todo esse trabalho fez da marca um sinônimo de categoria e no Brasil, assim como no restante do mundo, o consumidor não pede uma "lâmina de barbear", mas pede uma "Gillette".

Questões para reflexão

1. Qual é o benefício central de uma lâmina de barbear e por que essa categoria de produto é importante para os consumidores?

2. Tendo por base as informações relatadas no caso, discuta a importância da qualidade do produto no contexto competitivo do mercado.

3. Qual foi a importância da marca na recuperação do mercado de lâminas de barbear da Gillette? Por quê?

Referências

- Última cortada, *Revista Veja*, 23/02/2000, p. 106-107.

- Fusion é a resposta da Gillette para o Quattro, da Schick, *Valor Econômico*, 15/09/2005, p. B5.

- P&G compra Gillette e cria maior empresa de consumo do mundo, *Folha Online*, Disponível em: <http://www1.folha.uol.com.br/folha/dinheiro/ult91u92951.shtml>. Acesso em: 31 out. 2014.

- As lições que a P&G aprende com a Gillette, *Valor Econômico*, 03 jan. 2006, p. B4; *Gillette*. Disponível em: <www.gillette.com/pt/BR/home.aspx>. Acesso em: 1º nov. 2014.

- *Mundo das Marcas*. Disponível em: <http://mundodasmarcas.blogspot.com.br/2006/05/gillette-sinnimo-de-barbeador.html>. Acesso em: 1º nov. 2014.

NOTAS

1. Miyoung Kim, "Samsung Group plans record $41 billion investment in 2012", *Reuters*, 17 jan. 2012, <www.reuters.com/article/2012/01/17/us-samsung-investment-idUSTRE-80G00W20120117>; Shinhye Kang, "Samsung aims to double its smartphone market share", *Bloomberg Businessweek*, 21 jun. 2010, <www.businessweek.com>; Laurie Burkitt, "Samsung courts consumers, marketers", *Forbes*, 7 jun. 2010, p. 27; "Best global brands 2011: Samsung", *Interbrand*, 4 out. 2011, <www.interbrand.com/en/best-global-brands/Best-Global-Brands-2011/Samsung-SueShim.aspx>; Levent Ozler, "Winners of the 2011 International Design Excellence Awards", *Dexigner*, 1 jul. 2011, <www.dexigner.com/news/23309>; "Gartner says worldwide smartphone sales soared in fourth quarter of 2011 with 47 percent growth", 15 fev. 2012, <www.gartner.com/it/page.jsp?id=1924314>; informações de <www.samsung.com> e <www.sony.com>. Acesso em: nov. 2012.

2. Nick Wingfield, "Apple, aided by an iPhone frenzy, doubles its quarterly profit", *New York Times*, 25 jan. 2012, p. B1.

3. Rob Adams, "Market validation: why ready, aim, fire beats ready, fire, fire, fire, aim", *Inc.*, 27 abr. 2010. Disponível em: <www.inc.com/rob-adams/market-validation-new-book.html>. Veja também Joan Schneider e Julie Hall, "Why most product launches fail", *Harvard Business Review*, 20 abr. 2011, p. 21-24; "Product failures: the underlying whys", 20 jan. 2012, <www.crossinnovation.net/ci/blog/comments/product-failures-the-underlying-whys/>.

4. Veja "Customers and in-house R&D teams are the leading sources of innovation say U.S. businesses", 21 out. 2009, <www.grantthornton.com>; Paul Sloane, "Source of innovative ideas", *Yahoo! Voices*, 16 jun. 2010, <http://voices.yahoo.com/source-sinnovative-ideas-6185898.html>.

5. Baseado em informações extraídas de "Hack Week @ Twitter", 25 jan. 2012, <blog.twitter.com/2012/01/hack-week-twitter.html>; "Twitter's 'Hack Week', 7 days for new ideas", *Mashable*, 26 jan. 2012, <http://mashable.com/2012/01/26/twitter-hack-week/>; "Twitter's 'Hack Week', 7 days for new ideas", vídeo da *Mashable*, <www.youtube.com/watch?v=8dZZqDOu80o>. Acesso em: nov. 2012.

6. Baseado em informações extraídas de Matthew Kronsberg, "How Lego's great adventure in geek-sourcing snapped into place and boosted the brand", *Fast Company*, 2 fev. 2012, <www.fastcompany.com/1812959/lego-cuusoo-minecraft-lord-of-rings-hayabusa>; "LEGO Minecraft Micro World details unveiled, available for pre-order", 16 fev. 2012, <http://aboutus.lego.com/en-us/newsroom/2012/february/lego-minecraft-micro-world/>; <http://lego.cuusoo.com/>. Acesso em: nov. 2012.

7. Veja Andrew Abbott, "Announcing the PayPal mobile app challenge winners!", 8 fev. 2011, <http://topcoder.com/home/x/2011/02/08/announcing-the-paypal-mobile-app-challenges-winners/>; <www.topcoder.com> e <https://www.x.com>. Acesso em: ago. 2012.

8. Guido Jouret, "Inside Cisco's search for the next big idea", *Harvard Business Review*, set. 2009, p. 43-45; Geoff Livingston, "Real challenges to crowdsourcing for social good", *Mashable*, 12 out. 2010, <http://mashable.com/2010/10/12/social-good-crowdsourcing>; <www.cisco.com/web/solutions/iprize/index.html>. Acesso em: ago. 2012.

9. Veja George S. Day, "Is it real? Can we win? Is it worth doing?", *Harvard Business Review*, dez. 2007, p. 110-120.

10. Esse exemplo é baseado na Tesla Motors e as informações foram obtidas de <www.teslamotors.com>. Acesso em: jun. 2012. Veja também, Jim Motavalli, "Why the Tesla Model X is a home run", *Forbes*, 13 fev. 2012, <www.forbes.com/sites/economics/2012/02/13/why-thetesla-model-x-is-a-home-run/>.

11. Informações de <http://weartest.newbalance.com>. Acesso em: maio 2012.

12. Susan Berfield, "Baristas, patrons steaming over Starbucks VIA", *Bloomberg BusinessWeek*, 13 nov. 2009; Jodi Westbury, "Starbucks VIA — a success to build on", <www.jodiwestbury.com/2011/01/28/starbucks-via-a-success-to-build-on/>. Acesso em: 28 jan. 2011; "Starbucks exceeds goals with more than 100 million Starbucks K-pacs packs shipped", *Business Wire*, 27 jan. 2012.

13. Para informações sobre o BehaviorScan, veja <www.symphonyiri.com/SolutionsandServices/Detail.aspx?ProductID=186>. Acesso em: maio 2012.

14. Veja Emily Bryson York, "McD's serves up $100M McCafé ad blitz", *Crain's Chicago Business*, 4 maio 2009, <www.chicagobusiness.com>; "Nokia bets big on Ace", *Mobiledia*, 4 jan. 2012, <www.mobiledia.com/news/122642.html>.

15. Karl Greenberg, "Brands take to the Web for global reveals", *MediaPost News*, 15 abr. 2011, <www.mediapost.com/publications/article/148705/>.

16. Veja Robert G. Cooper, "Formula for success", *Marketing Management*, mar./abr. 2006, p. 19-23; Christoph Fuchs e Martin Schreier, "Customer empowerment in new product development", *Product Innovation Management*, jan. 2011, p. 17-32; Robert Safien, "The lessons of innovation", *Fast Company*, mar. 2012, p. 18.

17. Robert Berner, "How P&G Pampers New Thinking," BusinessWeek, April 14, 2008, p. 73—74; "How P&G plans to clean up", *BusinessWeek*, 13 abr. 2009, p. 44-45; "Procter & Gamble Company", <www.wikinvest.com/stock/Procter_&_Gamble_Company_(PG)>. Acesso em: abr. 2012; "P&G: core strengths", <www.pg.com/en_US/company/core_strengths.shtml>. Acesso em: set. 2012.

18. Baseado em informações extraídas e adaptadas de Peter Burrows, "Google's bid to be everything to everyone", Bloomberg Businessweek, 20- 26 fev. 2012, p. 37-38; Chuck Salter, "Google: the faces and voices of the world's most innovative company", *Fast Company*, mar. 2008, p. 74-88; David Pogue, "Geniuses at play, on the job", *New York Times*, 26 fev. 2009, p. B1; "World's 50 most innovative companies", *Fast Company*, mar. 2012, p. 70; <www.google.com> e <www.googlelabs.com>. Acesso em: set. 2012.

19. Para mais, veja Darrell K. Rigby, Karen Gruver e James Allen, "Innovation in turbulent times", *Harvard Business Review*, jun. 2009, p. 79-86. Veja também John Hayes, "In a tough economy, innovation is king", *Marketing News*, 15 abr. 2009, p. 14-17.

20. Essa definição é baseada em uma outra encontrada em Bryan Lilly e Tammy R. Nelson, "Fads: segmenting the fad-buyer market", *Journal of Consumer Marketing*, v. 20, n. 3, 2003, p. 252-265.

21. Veja Katya Kazakina e Robert Johnson, "A fad's father seeks a sequel", *New York Times*, 30 maio 2004, <www.nytimes.com>; John Schwartz, "The joy of silly", *New York Times*, 20 jan. 2008, p. 5; <www.crazyfads.com>. Acesso em: nov. 2012.

22. Veja <www.1000uses.com>. Acesso em: nov. 2011.

23. Stephanie Clifford, "Go digitally, directly to jail? Classic toys learn new clicks", *New York Times*, 25 fev. 2012.

24. Elaine Wong, "Kellogg makes Special K a way of life", *Adweek*, 7 jun. 2010, p. 18; <www.kellogg.com> e <www.specialk.com>. Acesso em: nov. 2012.

25. Para uma discussão mais abrangente sobre o curso do ciclo de vida do produto, veja Philip Kotler e Kevin Lane Keller, *Marketing management*, 14ed. Upper Saddle River: Prentice Hall, 2012, p. 310-317.

26. Veja "Year-by-year analysis reveals an overall compensatory award of $1,500,000 for products liability cases", *Personal Injury Verdict Reviews*, 3 jul. 2006; Christy Tierney, "Toyota recalls 2.2m more vehicles", *Detroit News*, 25 fev. 2011, A10; United States Courts, "Judicial facts and figures 2010", Table 4.5, <www.uscourts.gov/Statistics/JudicialFactsAndFigures.aspx>. Acesso em: abr. 2012.

27. Baseado em informações encontradas em Celia Hatton, "KFC's finger-lickin' success in China", *CBS News*, 6 mar. 2011, <www.cbsnews.com/2100-3445_162-20039783.html>; Maggie Starvish, "KFC's explosive growth in China, HBS working knowledge", 17 jun. 2011, <http://hbswk.hbs.edu/cgi-bin/print/6704.html>; David E. Bell e Mary L. Shelman, "KFC's radical approach to China", *Harvard Business Review*, nov. 2011, p. 137-142.

28. Informações de <www.db.com>. Acesso em: nov. 2012.

29. Informações de <www.interpublic.com> e <www.mccann.com>. Acesso em: nov. 2012.

30. Veja "Global powers of retailing 2011", <www.deloitte.com>; "Walmart Corporate International", <http://walmartstores.com/AboutUs/246.aspx>. Acesso em: out. 2012; informações extraídas de <www.carrefour.com>. Acesso em: out. 2012.

Parte 1 ▶ Definição de marketing e o processo de marketing (Capítulos 1-2)

Parte 2 ▶ Entendimento do mercado e dos clientes (Capítulos 3-6)

Parte 3 ▶ Elaboração de uma estratégia e de um mix voltados para o cliente (Capítulos 7-17)

Parte 4 ▶ Marketing ampliado (Capítulos 18-20)

Determinação de preços: entendimento e captura de valor para o cliente

Prévia do capítulo

Agora analisaremos outra importante ferramenta do mix de marketing: a determinação de preços. Se o desenvolvimento de produto, a promoção e a distribuição eficazes plantam as sementes para o sucesso dos negócios, a determinação eficaz de preços é quem faz a colheita. As empresas bem-sucedidas na criação de valor para o cliente com as outras atividades do mix de marketing ainda devem capturar parte desse valor nos preços que recebem. Neste capítulo, vamos tratar da importância da determinação de preços, aprofundando-nos nas três principais estratégias de precificação. Além disso, vamos analisar questões internas e externas que afetam as decisões ligadas à determinação de preços. No capítulo seguinte, veremos algumas considerações e abordagens adicionais referentes à precificação.

Para começar, examinaremos uma história interessante de determinação estratégica de preços. Ao longo das duas últimas décadas, a JCPenney foi, gradualmente, perdendo terreno para lojas de departamentos rivais e para redes de lojas de especialidade. Para mudar as coisas, o novo CEO da Penney partiu para a reinvenção radical do marketing e das operações da varejista de 110 anos. No centro da transformação reside uma nova estratégia de determinação de preços abrangente — chamada precificação "justa e honesta" —, que tem como objetivo recolocar o "valor" na equação preço-valor da Penney.

JCPenney: nova e radical determinação de preços "justos e honestos" — sem joguinhos, sem truques

Recentemente, a JCPenney veiculou anúncios mostrando compradores gritando de raiva após perderem promoções com tempo limitado, recortando infinitamente cupons de descontos ou permanecendo em longas filas durante a noite para serem um dos poucos clientes sortudos a conseguir preços "incríveis". "Já chega.", concluía cada um dos anúncios em duras letras vermelhas. Na página da Penney no Facebook, os consumidores eram recebidos com mais mensagens que tiravam sarro dos varejistas com promoções malucas, com convites para "aproveitar nossa maior e mais doida e cansativa e totalmente confusa promoção". O site provocava os compradores: "Promoções malucas? Cupons sem fim? Negociações confusas? Grite NÃO no medidor de NÃOS."

A campanha "Já. Chega." anunciou que as coisas passariam a ser diferentes na JCPenney. A rede colocou um ponto-final na insanidade do varejo no que diz respeito à determinação de preços. "Todos os varejistas [têm] feito os clientes sambarem para decidir qual o melhor momento para comprar", disse o gerente de uma loja JCPenney. "Nós estamos colocando um fim nessa loucura." Com uma precificação que chama de "justa e honesta", a Penney acabou com os cupons, os dias específicos de promoções absurdas e a incessante remarcação de preços artificialmente inflacionados. Em seu lugar, a rede lançou um esquema de determinação de preços baixos todo dia com ocasionais promoções especiais. A Penney espera que a nova precificação não somente facilite a vida dos clientes cansados de promoções, mas também injete mais do tão necessário dinheiro no caixa da empresa.

Ao longo das últimas duas décadas, a JCPenney foi gradualmente perdendo terreno para lojas de departamentos rivais (como Macy's e Kohl's), de um lado e, varejistas de loja de especialidade, mais ágeis, por outro. Desesperada por uma reviravolta, a varejista de 110 anos contratou um novo CEO, Ron Johnson, que começou no Target e depois trabalhou por uma década na Apple, sendo o responsável pelas operações de varejo da empresa. Johnson logo anunciou que a JCPenney iria passar por uma transformação radical, que duraria quatro anos, em uma das mais abrangentes mudanças no varejo da história.

"Nós queremos nos tornar a loja favorita dos Estados Unidos", diz Johnson. Mas "para tocar o coração e a mente dos clientes norte-americanos, tínhamos que reinventar [radicalmente] a experiência na loja". Para garantir que isso aconteça, a JCPenney está fazendo enormes mudanças em praticamente todos os aspectos de suas operações e de seu marketing.

Para começar, Johnson está reinserindo o conceito de "departamento" na loja de departamentos. Até 2015, todas as lojas JCPenney estarão reorganizadas em um conjunto de 80 a 100 lojas dentro da loja — uma espécie de "avenida principal" com lojas de marca espalhadas em corredores mais amplos, menos abarrotados. Assim como as lojas da Apple, Johnson quer que a Penney seja um lugar onde os compradores vão para passear. Por conta disso, as lojas da JCPenney terão uma "praça" no centro, uma grande área com serviços e atrações rotativas, como conselhos de especialistas e cortes de cabelo gratuitos no período de volta às aulas ou cachorro-quente e sorvete de graça em julho.

Essas mudanças operacionais são bastante revolucionárias para a JCPenney. Mas a chave da revitalização da empresa é a nova estratégia de determinação de preços "justos e honestos". Nos últimos anos, à medida que ia ficando para trás de seus concorrentes, a Penney passou a depender de grandes e frequentes descontos para impulsionar as vendas. Desde seu primeiro dia de trabalho, Johnson viu sua caixa de e-mails lotada de alertas de promoções aparentemente sem fim de sua própria empresa — às vezes, eram dois alertas por dia. Somente naquele ano, a varejista fez cerca de 590 promoções separadas. E o pior: essas promoções não eram eficazes. O cliente médio da JCPenney estava fazendo somente quatro compras por ano, o que sugere que os consumidores estavam ignorando 99% das mensagens promocionais do varejista. Contudo, todas aquelas promoções estavam destruindo as margens e os lucros. Quase 75% das mercadorias da JCPenney eram vendidas com um desconto de 50% ou mais e menos de 1% delas eram vendidas com preço cheio. "Isso é desespero", pensou Johnson naquela época.

▲ A estratégia de determinação de preços "justos e honestos" da JCPenney e seu novo olhar abrangente têm como objetivo colocar um ponto final na insanidade do varejo de hoje no que diz respeito à precificação.
Associated Press

A nova determinação de preços da JCPenney abre mão dos grandes descontos e das rodadas infinitas de promoções e cupons em favor de preços mais baixos todos os dias. Para começar, em um esforço para recolocar o "valor" em sua equação preço-valor, beneficiando tanto os clientes como a empresa, a JCPenney diminuiu todos os seus preços regulares de varejo em cerca de 40%. Ela instaurou um esquema de precificação mais simples, com três níveis mais constantes: os preços "todo dia" (etiquetas vermelhas) indicam os preços regulares mais baixos da maioria das mercadorias da loja; os preços "valor do mês" (etiquetas brancas) se aplicam a promoções limitadas, relacionadas a algum evento do mês, como a precificação do "volta às aulas"; os "melhores preços" (etiqueta azul) apontam liquidações na primeira e na terceira sexta-feira de cada mês.

Os três conjuntos de preços contam com etiquetas e cartazes simplificados, com preços que terminam em "0", e não em ",99" ou ",50", para sugerir um bom valor. E as etiquetas trazem apenas um preço, não tornando possíveis as comparações do tipo "antes custava...". A JCPenney deixou claro que sua precificação "justa e honesta" não era uma determinação de preços baixos todos os dias como a do Walmart. Em vez disso, o objetivo era oferecer preços regulares, justos em relação ao valor recebido. A mensagem que a Penney queria que os clientes entendessem era: por que esperar por preços "muito baixos" quando você pode obter preços "muito bons" todos os dias para tudo aquilo que você quer, quando quer? "A cliente sabe qual é o preço certo", diz Johnson. "Ela só vai pagar pelo preço certo. É uma especialista. Então, por que perder o tempo dela e o nosso se podemos chegar a esse preço desde o início."

Ainda não é possível saber até que ponto a reforma radical da JCPenney vai dar certo. O processo de mudança do layout das lojas, das mercadorias e das experiências dos compradores vai levar tempo. De fato, a nova estratégia de determinação de preços teve um começo bastante duvidoso. No trimestre que se seguiu à implantação da determinação de preços "justos e honestos", clientes que gostam de um bom negócio e ainda estavam em busca de grandes descontos reagiram mal e as vendas da Penney diminuíram 20%. Contudo, o CEO Johnson continua otimista, reconhecendo que vai demorar um bom tempo para mudar o pensamento e o comportamento dos clientes da Penney. A estratégia de reinvenção representa um novo avanço não apenas dentro da Penney, mas também em todo o setor de varejo. "Nós não estamos aqui para melhorar", diz o veterano do varejo. "Nós estamos aqui para transformar." Além disso, em meio às notícias ruins, há outras boas. Por exemplo, a Levi-Strauss — uma das primeiras grandes marcas a abrir uma loja dentro da loja — viu suas vendas na JCPenney aumentarem 25% em relação às do ano anterior.

Assim, embora tenha feito alguns ajustes em sua nova estratégia de precificação (por exemplo, a empresa elimi-

> Desesperada por uma reviravolta, a JCPenney está partindo para se reinventar radicalmente. No centro de sua transformação, reside a nova determinação de preços "justos e honestos", que tem como objetivo recolocar o "valor" na equação valor-preço da Penney.

nou os preços "valor do mês especial" que, segundo ela, estavam confundindo os clientes), a JCPenney diz que não vai fraquejar em suas políticas de determinação de preços "justos e honestos". Isso deixa os analistas de varejo divididos — alguns acham que a estratégia é fatalmente equivocada; outros veem um futuro de glórias para o varejista reinventado. Mas Johnson está confiante de que a antiga e venerável rede de varejo entrou novamente nos trilhos. A nova determinação de preços da JCPenney — e o plano de transformação como um todo — é arriscada. Contudo, ela é visível em frases que Johnson usa para dizer o que ele entende sobre o modo de criar valor para os clientes. São frases como: respeitar o cliente, melhorar a vida das pessoas e tratá-las de maneira "justa e honesta".

No momento, Johnson está apostando o futuro na nova abordagem de determinação de preços. Ele acredita que, em última instância, os clientes sabem quando o preço está correto. Em vez de cobrar um alto preço primeiro e remarcá-lo depois, abaixando-o, a JCPenney está "precificando as coisas de maneira certa desde o início", diz Johnson. "Nós vamos colocar as coisas na mesa para os clientes. Vamos trazer a mercadoria. Vamos estabelecer o valor delas. E eles podem vir com as suas condições, e não com as nossas. Nós achamos que isso será, realmente, muito legal."[1]

Resumo dos objetivos

Objetivo 1 Responder à pergunta "O que é preço?" e discutir a importância da determinação de preços no ambiente de rápida mudança de hoje.
O que é preço? (p. 318-319)

Objetivo 2 Identificar as três principais estratégias de determinação de preços e discutir a importância de entender as percepções de valor do cliente, os custos da empresa e as estratégias da concorrência na hora de estabelecer preços.
Principais estratégias de determinação de preços (p. 319-329)

Objetivo 3 Identificar e definir outros importantes fatores internos e externos que afetam as decisões de determinação de preços da empresa.
Outras considerações internas e externas que afetam as decisões de preço (p. 329-336)

▼ Determinação de preços: independentemente da situação da economia, as empresas devem vender valor, e não preço.
Magicoven/Shutterstock.com

As empresas se deparam hoje com um ambiente de determinação de preços feroz e de rápidas mudanças. Os clientes, em busca de mais valor, têm colocado uma maior pressão sobre a precificação de muitas empresas. Graças às mazelas econômicas dos últimos anos, ao poder de determinação de preços da Internet e a varejistas orientados pelo valor, como o Walmart, os consumidores de hoje, mais comedidos, estão buscando estratégias para gastar menos. Em resposta, parece que quase toda empresa procura formas de diminuir os preços.

Entretanto, diminuir os preços geralmente não é a melhor resposta. A redução desnecessária dos preços pode levar a uma perda dos lucros e a guerras de preço prejudiciais. Pode também degradar uma marca, ao sinalizar para os clientes que o preço é mais importante do que o valor para o cliente que a marca entrega. Em vez disso, em períodos econômicos tanto bons como ruins, as empresas deveriam vender valor, e não o preço. Em alguns casos, isso significa vender produtos inferiores a preços muito baixos. Mas, na maioria dos casos, significa convencer os clientes de que pagar um preço mais alto pela marca da empresa é justificado pelo valor maior que eles obtêm.

O que é preço?

No sentido mais estrito, preço é a quantia em dinheiro que se cobra por um produto ou um serviço. De maneira mais ampla, é a soma de todos os valores dos quais os consumidores abrem mão para obter os benefícios de se ter ou utilizar um produto ou serviço. Historicamente, o preço é o principal fator que afeta a escolha do comprador. Nas últimas décadas, entretanto, fatores não relativos ao preço têm conquistado uma importância cada vez maior. Mesmo assim, o preço ainda é um dos mais importantes elementos na determinação da participação de mercado e da lucratividade de uma empresa.

Objetivo 1
▶ Responder à pergunta "O que é preço?" e discutir a importância da determinação de preços no ambiente de rápida mudança de hoje.

O preço é o único elemento do mix de marketing que gera receita; todos os outros representam custos. Ele é também um dos elementos mais flexíveis do mix de marketing. Diferentemente das características do produto e dos compromissos com os canais de distribuição, os preços podem ser alterados rapidamente. Ao mesmo tempo, a determinação de preços é o maior problema que muitos executivos de marketing enfrentam, e várias empresas não lidam muito bem com a precificação. Alguns gerentes consideram a determinação de **preços** uma grande dor de cabeça, preferindo concentrar-se nos outros elementos do mix de marketing. Entretanto, gestores inteligentes tratam a determinação de preços como uma ferramenta estratégica essencial para criar e capturar valor para o cliente. Os preços afetam diretamente os resultados financeiros de uma empresa. Um pequeno aumento no preço pode gerar um grande aumento na lucratividade. E o mais importante: como parte da proposta de valor geral de uma empresa, o preço exerce um importante papel na criação de valor para o cliente e na construção de relacionamentos com ele. "Em vez de fugirem da determinação de preços", afirma um especialista, "empresas inteligentes estão a abraçando".[2]

Preço
A quantia em dinheiro que se cobra por um produto ou serviço ou a soma dos valores que os clientes trocam pelos benefícios de se ter ou utilizar um produto ou serviço.

Principais estratégias de determinação de preços

O preço que uma empresa cobra ficará em algum lugar entre ser muito baixo para poder gerar lucro e ser muito alto para poder gerar alguma demanda. A Figura 10.1 resume as principais considerações no estabelecimento do preço. As percepções que o cliente tem sobre o valor do produto estabelecem o teto para os preços, seu limite superior. Se os clientes tiverem a percepção de que o preço do produto é maior do que o seu valor, eles não o comprarão. De maneira semelhante, os custos do produto determinam o piso para os preços, seu limite inferior. Se a empresa precificar seu produto abaixo de seus custos, seus lucros serão prejudicados. Ao estabelecer seu preço entre esses dois extremos, a empresa deve considerar diversos fatores externos e internos, incluindo a estratégia e o mix de marketing geral, as estratégias e os preços dos concorrentes e a natureza do mercado e da demanda.

A Figura 10.1 propõe três importantes estratégias de determinação de preços: determinação de preços baseada no valor para o cliente, determinação de preços baseada nos custos e determinação de preços baseada na concorrência.

Objetivo 2

◀ Identificar as três principais estratégias de determinação de preços e discutir a importância de entender as percepções de valor do cliente, os custos da empresa e as estratégias da concorrência na hora de estabelecer preços.

Figura 10.1 Considerações no estabelecimento do preço.

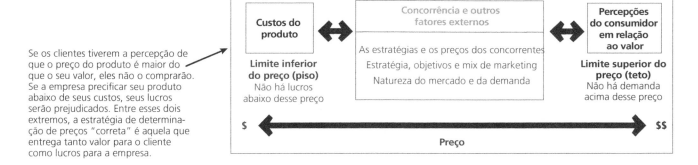

Determinação de preços baseada no valor para o cliente

No final, é o consumidor quem decidirá se o preço de um produto está correto. As decisões de precificação, como todas as outras decisões do mix de marketing, devem começar com o valor para o cliente. Quando os consumidores compram um produto, eles trocam algo de valor (o preço) por outra coisa de valor (os benefícios de se ter ou utilizar o produto). A determinação de preços eficaz e orientada para o cliente envolve saber quanto valor os consumidores dão aos benefícios que recebem do produto e estabelecer um preço que captura esse valor.

A **determinação de preços baseada no valor para o cliente** usa as percepções de valor dos compradores como chave para a precificação. Com essa determinação de preços, a empresa não pode desenvolver o produto e o programa de marketing e só depois definir o preço. O preço é considerado junto com todas as outras variáveis do mix de marketing *antes* do estabelecimento do programa de marketing.

A Figura 10.2 compara a determinação de preços baseada no valor com a determinação de preços baseada nos custos. Embora os custos sejam um aspecto importante na definição dos preços, a precificação baseada nos custos geralmente é orientada para o produto. A empresa desenvolve o que considera um bom produto, determina os custos relacionados à sua produ-

Determinação de preços baseada no valor para o cliente
Estabelece o preço com base nas percepções de valor dos compradores, em vez de utilizar o custo da empresa.

Figura 10.2 Determinação de preços baseada no valor *versus* determinação de preços baseada nos custos.

Elaboração do produto voltada para o valor desejado no preço-alvo. Os custos desempenham um importante papel no estabelecimento dos preços. Mas, como tudo no marketing, a boa precificação começa com o cliente.

Determinação de preços baseada nos custos

Desenvolvimento de um bom produto → Determinação dos custos do produto → Estabelecimento do preço com base nos custos → Convencimento dos compradores acerca do valor do produto

Determinação de preços baseada no valor

Avaliação das necessidades e percepções de valor do cliente → Estabelecimento do preço-alvo para se ajustar ao valor percebido → Determinação dos custos em que se pode incorrer → Desenvolver o produto que atenda o valor esperado pelo preço-alvo definido

ção e estabelece um preço que cubra os custos e ofereça também um lucro-alvo. O marketing deve, então, convencer os compradores de que o valor do produto àquele preço justifica sua compra. Nesse caso, se o preço se mostrar muito alto, a empresa deverá decidir entre *markups* mais baixos ou volumes de vendas menores, e ambos resultam em lucros decepcionantes.

A determinação de preços baseada no valor reverte esse processo. A empresa primeiro avalia as necessidades e as percepções de valor do cliente. Então, ela estabelece seu preço-alvo com base nas percepções de valor do cliente. O valor e o preço que se quer atingir orientam as decisões relacionadas aos custos em que se pode incorrer e ao projeto do produto resultante. Como resultado, a determinação de preços tem início com a análise das necessidades e das percepções de valor do consumidor, e o preço é estabelecido para se ajustar ao valor percebido.

É importante ter em mente que "bom valor" não é sinônimo de "baixo preço". Por exemplo, um piano Steinway — qualquer piano Steinway — custa muito caro. Mas, para aqueles que têm um desses pianos, um Steinway representa um ótimo valor:[3]

▲ Valor percebido: um piano Steinway — qualquer piano Steinway — custa muito caro. Mas, para quem tem um, o preço não é nada: a experiência Steinway é tudo.
ROBERT CAPLIN/The New York Times

Em qualquer lugar, um piano de cauda Steinway custa de 55 mil dólares a mais de muitas centenas de milhares de dólares. Seu modelo mais popular é vendido por 87 mil dólares. Mas, converse com alguém que tenha um piano de cauda Steinway. Ele vai dizer a você que, quando se trata de um Steinway, o preço não é nada: a experiência Steinway é tudo. A Steinway produz pianos de altíssima qualidade — fabricar, manualmente, cada Steinway requer até um ano. Mas, mais importante, os proprietários obtêm a mística em torno da Steinway. O nome Steinway evoca imagens de palcos de concertos clássicos, bem como de celebridades e artistas que têm e tocam pianos Steinway há mais de 160 anos.

Mas os pianos Steinway não são só para pianistas de primeira linha e ricos. De todos os compradores de Steinway, 95% são amadores que tocam somente em seus refúgios. Para esses clientes, não importa quanto um Steinway custa: trata-se de um pequeno preço a pagar pelo valor de se ter um. "Um Steinway leva você a lugares onde nunca esteve", diz um anúncio. Como assinalou o dono de um Steinway: "Minha amizade com o piano Steinway é uma das coisas mais importantes e bonitas da minha vida". Quem pode colocar um preço nesse sentimento?

As empresas costumam achar difícil medir o valor que os clientes vinculam a seu produto. Por exemplo, é relativamente fácil calcular o custo dos ingredientes de uma refeição em um restaurante luxuoso. Mas determinar um valor para outros prazeres, como sabor, ambiente, diversão, conversa e status, é muito difícil. Esses valores são subjetivos; eles variam tanto para diferentes consumidores como para diferentes situações.

Seja como for, os consumidores usarão esses valores percebidos para avaliar o preço de um produto, portanto a empresa deve trabalhar para medi-los. Às vezes, as empresas perguntam para os consumidores quanto eles pagariam por um produto básico e por cada benefício adicionado à oferta. A empresa também pode realizar experimentos para testar o valor percebido de diferentes ofertas de produto. De acordo com um antigo provérbio russo, há dois tolos em cada mercado — um que pergunta demais e outro que pergunta de menos. Se a empresa cobrar mais do que o valor percebido pelos compradores, as vendas serão prejudicadas. Se cobrar menos, seus produtos venderão muito bem, mas gerarão uma receita menor do que gerariam se o preço alcançasse o nível do valor percebido.

Agora, analisaremos dois tipos de determinação de preços baseada no valor: a *de preço baseado em bom valor* e a de *preço de valor agregado*.

Preço baseado em bom valor

A Grande Recessão de 2008 e 2009 gerou uma mudança fundamental e duradoura nas atitudes dos consumidores norte-americanos em relação ao preço e à qualidade. Em resposta, muitas empresas modificaram suas abordagens de determinação de preços, alinhando-as às condições econômicas e às percepções de preço do consumidor em mudança. Cada vez mais, as empresas passaram a adotar estratégias de **preço baseado em bom valor**, oferecendo a combinação certa de qualidade e bons serviços a um preço justo.

Preço baseado em bom valor
Oferecimento da combinação certa de qualidade e de bons serviços a um preço justo.

Em muitos casos, isso envolve o lançamento de versões menos caras de produtos estabelecidos, com nome de marca. Por exemplo, restaurantes de fast-food como o Taco Bell e o McDonald's possuem cardápios mais em conta, com itens mais em conta. Hoje, todo fabricante de carros oferece modelos pequenos, acessíveis, que se encaixam melhor ao orçamento mais apertado do consumidor e aos hábitos de gasto mais comedidos. A P&G lançou versões "básicas" de suas marcas Bounty e Charmin, vendidas por um preço mais baixo, e recentemente colocou no mercado o Gain, um detergente muito barato — o primeiro da empresa depois de quase 40 anos. Além disso, reduziu o tamanho de algumas embalagens do sabão em pó Tide, de cerca de três quilos para aproximadamente dois, vendendo as embalagens de tamanho menor por 20% a menos no Walmart e em outras lojas de desconto. "Hoje, quando você pergunta para o consumidor 'o que é valor?', o que mais ouve é 'nomes de marcas mais em conta'", diz um especialista em precificação.[4]

Em outros casos, o preço baseado em bom valor envolveu um reprojeto de marcas existentes, para oferecer mais qualidade por um determinado preço ou a mesma qualidade por um preço menor. Algumas empresas se dão muito bem oferecendo menos valor a preços muito baixos. Por exemplo, os passageiros que voam com a Ryanair, uma companhia aérea europeia de baixo custo, não vão encontrar comodidades grátis, mas gostarão dos preços incrivelmente baixos da empresa (veja o Marketing Real 10.1). De maneira similar, a Snap Fitness, uma academia sem frescuras, é posicionada para obter vantagens de períodos econômicos tanto ruins como bons:

▼ Preço baseado em bom valor: com sua abordagem sem frescuras e seus baixos preços, a Snap Fitness é posicionada para obter vantagens de períodos econômicos tanto ruins como bons.
Snap Fitness

Embora muitas redes de academia tenham enfrentado sérias dificuldades durante a recente recessão — a Bally's Total Fitness pediu falência duas vezes —, a Snap Fitness, que funciona 24 horas, aumentou o número de academias e dobrou suas receitas. A franquia fez tudo isso cobrando de seus associados somente 35 dólares por mês, com taxa de cancelamento gratuita. Seu segredo? Uma abordagem sem frescuras reforçada pelo lema: "Rápido, prático, acessível". As pequenas academias — elas ocupam cerca de apenas 250 metros quadrados — geralmente contam com cinco esteiras, duas bicicletas, cinco aparelhos elípticos e aparelhos de musculação. O importante é o que elas *não* têm — nada de aulas, salas de spa, espaço para as crianças e lanchonetes em que são vendidos sucos. Poucas academias têm chuveiro e a maioria possui equipe somente de 25 a 40 horas por semana. Seu mercado-alvo é constituído, principalmente, de pessoas entre 35 e 55 anos, casadas e com filhos, que moram perto e são tão ocupadas que não podem se dar ao luxo de passar mais de uma hora por dia na academia.[5]

Marketing Real 10.1

Ryanair: preço realmente baseado em bom valor — voe grátis!

As principais companhias aéreas estão enfrentando difíceis decisões estratégicas no que diz respeito à determinação de preços, nesses tempos em que é difícil se manter no ar. As estratégias de precificação variam muito. Uma companhia, entretanto, parece ter encontrado uma nova e radical solução para a questão da determinação de preços — uma solução que os clientes certamente vão adorar: voos gratuitos! É isso mesmo. Michael O'Leary, CEO da Ryanair, sediada em Dublin, sonha com o dia em que todos os passageiros da Ryanair voarão de graça. E, com seu atual preço médio de 42 dólares (comparados com os 87 dólares de seu concorrente mais próximo, a easyJet, e os astronômicos 130 dólares da Southwest, uma "companhia aérea de desconto"), a Ryanair está chegando perto.

Mesmo sem passagens totalmente gratuitas, a Ryanair se tornou a companhia aérea mais popular da Europa. No último ano, ela transportou 76,8 milhões de passageiros para mais de 155 destinos europeus em 26 países. Sua operação aérea é também uma das mais lucrativas da Europa. Ao longo da última década, mesmo com o setor aéreo mundial perdendo coletivamente 50 bilhões de dólares, a Ryanair apresentou lucros líquidos sólidos em nove dos dez anos. Tendo em vista as perspectivas de aumento nos custos com combustível, de colapso de economias europeias e de outros momentos difíceis para o setor aéreo, a Ryanair parece estar posicionada para resistir à turbulência.

Qual é o segredo? A austera estrutura de custos da Ryanair faz até mesmo a Southwest, que é comedida em relação aos custos, parecer uma esbanjadora descontrolada. Além disso, com exceção das passagens, a companhia aérea irlandesa cobra por tudo, do despacho de bagagens ao espaço publicitário na parte de trás dos assentos. A estratégia de baixo custo da Ryanair foi modelada depois da estratégia da Southwest. Há 20 anos, quando a Ryanair era apenas mais uma companhia aérea lutando na Europa, O'Leary foi a Dallas para se encontrar com os executivos da Southwest e ver o que podia aprender. O resultado foi uma revisão geral do modelo de negócios da companhia aérea irlandesa. Seguindo a orientação da Southwest (economizar), a Ryanair passou a usar somente um tipo de aeronave — o bom e velho Boeing 737. Além disso, como a Southwest, começou a concentrar-se em aeroportos menores, secundários e a oferecer aos passageiros assentos não marcados.

Mas a Ryanair levou ainda mais longe o modelo de determinação de preços baseada em baixo custo da Southwest. O'Leary — que usa calça jeans, tênis e camisas de manga curta sem grife — é um total obcecado. Ele quer que a Ryanair seja conhecida como a Walmart do transporte aéreo. Como o gigante do varejo, a Ryanair está sempre atenta a novas formas de reduzir os custos — por exemplo, poltronas de plástico reforçado sem bolsos na parte de trás reduzem tanto o peso como as despesas com limpeza. Além disso, a equipe de bordo da Ryanair compra seu uniforme e o pessoal da matriz leva suas próprias canetas.

O'Leary repassa toda redução de custos para os clientes, na forma de passagens mais em conta. A remoção de praticamente todos os banheiros de cada avião (sobrou apenas um) reduziu em 5% o preço médio da passagem. A substituição das últimas dez fileiras por uma cabine em que as pessoas viajam em pé diminui entre 20 e 25% o valor da passagem. Entre as ideias malucas de O'Leary para reduzir os custos — ideias deliberadamente polêmicas, que fazem a Ryanair ter certeza de que vai gerar publicidade gratuita —, figuram: voar com apenas um piloto ("Vamos abrir mão do segundo piloto. Deixe o computador operar o voo") e fazer os clientes colocarem sua bagagem nos aviões ("Você leva sua mala. Você pega a mala. Você a coloca lá"). Tudo isso parece absurdo, mas pense novamente naquelas passagens gratuitas.

O sonho de O'Leary de ver os clientes voando de graça reside na possibilidade de, algum dia, todas as receitas da Ryanair virem de taxas "auxiliares". Atualmente, a sovina companhia aérea obtém somente 20% de suas receitas de outras cobranças não relacionadas a passagens. Mas a Ryanair é a líder do setor no que diz respeito a cobrar dos passageiros por praticamente toda comodidade de que eles possam desfrutar. A atrevida companhia aérea se gaba por ter sido a primeira a cobrar pelo despacho de bagagem e por lanches durante o voo. Algumas táticas, outrora rechaçadas pelo setor, agora são procedimentos-padrão e geram bilhões em receitas para as empresas. Mas a Ryanair leva isso muito além. Hoje, ela cobra dos clientes a impressão do cartão de embarque, que pode ser paga com cartão de débito ou crédito, e o uso de cadeira de rodas. Ela, inclusive, apresentou a proposta de cobrar pelo excesso de peso do cliente e pelo uso do único banheiro remanescente.

▲ Preço baseado em bom valor: Michael O'Leary, muitas vezes considerado o extravagante CEO da Ryanair, espera um dia "oferecer voos de graça".
Maciej Kulczynski/EPA/Newscom

Além de cobrar dos clientes por todos os aspectos do voo, a Ryanair obtém grandes receitas provenientes da venda de produtos de outras empresas. O interior de suas aeronaves é quase tão coberto com propaganda quanto a Time Square. No voo, os comissários de bordo oferecem de tudo para seu público fiel, de bilhetes de raspadinha a câmeras digitais. Eles vendem croissants e cappuccino; dispositivos digitais e perfumes; números de rifa para a instituição de caridade patrocinada pela empresa aérea; e até cigarros por 6 euros o maço.

Ao aterrissar em um aeroporto geralmente fora de mão, a Ryanair vende aos clientes passagens de ônibus ou trem para a cidade. A empresa também recebe comissão por aluguel de carros, quartos de hotel, pacotes de esqui e seguros de viagem. Em toda oportunidade que tem, a Ryanair tenta espremer um pouco mais de seus passageiros.

A Ryanair não tenta justificar suas cobranças adicionais e sua falta de comodidade. De fato, ela vê sua abordagem de determinação de preços baseada em valor "menos por menos" como algo que já deveria ter sido feito antes. "De muitas formas, viajar é prazeroso e enriquecedor", afirma O'Leary. Mas "o processo físico de sair do ponto A e chegar ao ponto B não tem que ser prazeroso nem enriquecedor. Ele precisa ser rápido, eficiente, acessível e seguro". Os clientes parecem concordar

com isso, como indica o sucesso da Ryanair. Os passageiros têm exatamente aquilo que querem — preços absurdamente baixos.

Apesar da falta de comodidade, a maioria dos passageiros parece valorizar a abordagem aberta e objetiva da Ryanair no que diz respeito à precificação, em vez de se ressentir dela. Comparado com as chamadas abordagens "sofisticadas" de outras companhias aéreas, afirma um passageiro, "eu prefiro o jeito tosco [da Ryanair], com suas passagens geralmente baratas e seus esforços descarados [mas francos] de colocar a mão no meu bolso". E, comentando sobre aquilo a que alguns analistas se referem como sendo a abordagem "carro de boi" da Ryanair, outro passageiro bem-humorado observa: "Só O'Leary para chamar você de boi, afiar as facas e explicar como planeja fatiar você para o jantar".

A filosofia de O'Leary, segundo a qual os passageiros de voos comerciais não precisam ser mimados para se tornarem fiéis, parece ir contra ao foco do marketing moderno em oferecer uma experiência excepcional para o cliente. Mas a Ryanair está provando que as empresas podem oferecer valor para os clientes de outras formas. No final das contas, o sonho de O'Leary de oferecer voos de graça não parece tão distante. Com a habilidade da Ryanair para o preço baseado em bom valor, nem mesmo o céu é o limite.

Fontes: citações e outras informações extraídas de Cecilia Rodriguez, "Airlines look to raise revenue the Ryanair way", *Forbes*, 5 mar. 2012, <www. forbes.com/sites/ceciliarodriguez/2012/03/05/105/>; Jane Leung, "Ryanair's five 'cheapest' money-saving schemes", *CNNTravel*, 17 out. 2011, <www. cnn.com/2011/10/17/travel/ryanair-money-saving-schemes/index.htm>; Felix Gillette, "Ryanair's O'Leary: the duke of discomfort", *Businessweek*, 2 set. 2010, <www.businessweek.com/magazine/content/10_37/b4194058006755.htm>; Steve Rothwell, "Ryanair lifts profit goal as winter capacity cuts buoy fares", *Bloomberg Businessweek*, 30 jan. 2012, <www.bloomberg.com/news/2012-01-30/ryanair-lifts-profit-goal-on-winter-capacity.html>.

Um tipo importante de determinação de preços baseados em bom valor que ocorre no varejo é chamado de preços baixos todos os dias (EDLP — *everyday low pricing*). O EDLP implica cobrar preços baixos em uma base constante, diariamente, com pouco ou nenhum desconto temporário sobre eles. Varejistas como o Costco e o Lumber Liquidators praticam o EDLP. No entanto, o rei do EDLP é o Walmart, que basicamente definiu o conceito. Com exceção de promoções mensais de alguns itens, o Walmart promete preços baixos todos os dias para tudo o que vende. Em contrapartida, a determinação de *preços altos-baixos* implica cobrar preços mais altos em uma base diária e realizar frequentes promoções, para reduzir temporariamente o preço de itens selecionados. Lojas de departamentos como a Kohl's e a Macy's praticam preços altos-baixos oferecendo dias de promoção, descontos para quem chega primeiro e pontos para aqueles que possuem o cartão de crédito da loja.

Preço de valor agregado

A determinação de preços baseada em valor não significa simplesmente cobrar a quantia que os clientes querem pagar ou estabelecer preços baixos para enfrentar a concorrência. Em vez disso, muitas empresas adotam estratégias de **preço de valor agregado**. Em vez de reduzir os preços para se igualarem à concorrência, essas empresas acrescentam características e serviços de valor agregado às suas ofertas para diferenciá-las e, assim, sustentar seus preços mais altos. Por exemplo, mesmo com a continuidade dos hábitos de gastos dos consumidores do período de recessão, algumas redes de cinema estão *acrescentando* comodidades e cobrando *mais*, em vez de reduzir os serviços para manter o preço dos ingressos baixo.

Preço de valor agregado
Acréscimo de características e serviços de valor agregado às ofertas para diferenciá-las e cobrar preços mais altos.

Algumas redes de cinema estão transformando as suas salas multiplex em postos avançados do luxo, menores e mais espaçosos. Os novos cinemas premium oferecem características de valor agregado, como reserva de lugares on-line; poltronas executivas ou de balanço de couro, com um encosto alto e descanso para os braços e os pés; o que há de mais recente em som digital e telas amplas; restaurantes que servem comidas e bebidas requintadas; e até mesmo serviço de mano-

▲ Preço de valor agregado: em vez de reduzir os serviços para manter o preço dos ingressos baixo, cinemas premium, como o Cinema Suites da AMC, estão acrescentando comodidades e cobrando mais.
Cortesia da AMC Theatres

brista. Por exemplo, a AMC Theatres (a segunda maior rede de cinemas dos Estados Unidos) opera mais de 50 cinemas com algum tipo de maior comodidade no que diz respeito a comida e bebida, como o Fork & Screen (poltronas de couro melhores, atendimento no assento e um amplo cardápio que inclui opções de refeição, cerveja, vinho e coquetéis) e o Cinema Suites (mais opções sofisticadas de refeição, além de melhores coquetéis e uma ampla carta de vinhos, atendimento no assento, poltronas de couro vermelho reclináveis e de 2,5 a 2,7 metros de espaço entre as fileiras).

Assim, em Columbus, Ohio, o Cinema Suites no AMC Easton 30, que conta com IMAX, oferece margaritas de manga! Por um ingresso que varia de 9 a 15 dólares (dependendo da hora e do dia), o público é recebido com assentos reservados, uma rigorosa política de aceitar pessoas com 21 anos ou mais, poltronas de couro que reclinam e a oportunidade de pagar mais para ter refeições e bebidas servidas em seu assento. Esses cinemas deram tão certo que a AMC planeja abrir mais. "Quando as pessoas vivenciam isso", diz um porta-voz da empresa, "geralmente elas não querem ir mais para nenhum outro lugar".[6]

Determinação de preços baseada nos custos

Determinação de preços baseada nos custos
Estabelecimento de preços com base nos custos de produção, distribuição e venda do produto somados a uma taxa justa de retorno pelo esforço e risco.

Enquanto as percepções de valor dos clientes estabelecem o limite superior do preço (o teto), os custos estabelecem o limite inferior do preço (o piso) que a empresa pode cobrar. A **determinação de preços baseada nos custos** implica estabelecer os preços com base nos custos de produção, distribuição e venda do produto somados a uma taxa justa de retorno pelo esforço e risco. Os custos das empresas podem ser um importante elemento em sua estratégia de precificação.

Muitas organizações, como o Walmart e a Southwest Airlines, trabalham para se tornar os *produtores de baixo custo* em seus setores. Empresas com custos mais baixos podem estabelecer preços inferiores que resultam em margens menores, mas vendas e lucros maiores. No entanto, outras empresas — como a Apple, a BMW e a Steinway — intencionalmente incorrem em custos mais altos para poder agregar valor e obter preços e margens maiores. Por exemplo, é mais caro fabricar um piano Steinway "feito manualmente" do que um modelo de série da Yamaha. Contudo, custos mais altos resultam em maior qualidade, o que justifica o exorbitante preço de 72 mil dólares. O segredo consiste em gerenciar o espaço entre custos e preços — o tanto que a empresa faz pelo valor para o cliente que ela oferece.

Tipos de custo

Custos fixos (indiretos)
Custos que não variam com o nível de produção ou de vendas.

Custos variáveis
Custos que variam diretamente com o nível de produção.

Custos totais
A soma dos custos fixos e variáveis em qualquer nível de produção.

Os custos de uma empresa se apresentam sob duas formas: fixos e variáveis. Os **custos fixos** (também chamados de **custos indiretos**) são aqueles que não variam com o nível de produção ou de vendas. Por exemplo, uma empresa precisa pagar todo mês contas referentes a aluguel, calefação, juros e salários, independentemente de seu nível de produção. Os **custos variáveis** variam diretamente com o nível de produção. Todo PC fabricado pela HP envolve o custo de chips, fios, plástico, embalagem e outros insumos. Embora esses custos tendam a ser os mesmos para cada unidade produzida, eles são chamados de variáveis porque seu total varia de acordo com o número de unidades produzidas. Os **custos totais** equivalem à soma dos custos fixos e variáveis em qualquer nível de produção. O que a administração quer é cobrar um preço que, no mínimo, cubra os custos totais de produção para um certo nível de produção.

A empresa deve monitorar seus custos cuidadosamente. Se a produção e a venda de um produto custarem para a empresa mais do que custam para seus concorrentes, ela precisará cobrar um preço mais alto ou obter um lucro menor, o que vai colocá-la em uma situação de desvantagem competitiva.

Custos em diferentes níveis de produção

Para estabelecer preços com sabedoria, a administração precisa saber como seus custos variam em diferentes níveis de produção. Por exemplo: vamos supor que a Texas Instruments (TI) tenha construído uma fábrica com capacidade para produzir mil calculadoras por dia. A Figura 10.3a mostra a curva típica de custo médio no curto prazo (SRAC — *short-run average cost*). A curva indica que, se a fábrica da TI produzir apenas algumas unidades por dia, o custo por calculadora será alto. Mas, à medida que a produção se aproxima de 1.000 calculadoras por dia, o custo médio por unidade cai. Isso acontece porque os custos fixos são divididos por um número maior de unidades, com cada uma delas sendo responsável por uma parcela menor do custo fixo. A TI pode tentar produzir mais de 1.000 calculadoras por dia, porém os custos médios aumentarão, porque a fábrica se tornará ineficiente. Os funcionários terão de esperar até que as máquinas terminem seus ciclos de produção, as máquinas quebrarão com maior frequência e os funcionários ficarão se esbarrando.

Se a TI achava que conseguiria vender 2.000 calculadoras por dia, deveria ter considerado a construção de uma fábrica maior. A fábrica utilizaria um maquinário e processos de produção mais eficientes. Além disso, o custo unitário para produzir 2.000 calculadoras por dia seria menor do que o custo unitário para produzir 1.000, como mostra a curva de custo médio no longo prazo (LRAC — *long-run average cost*), na Figura 10.3b. De fato, de acordo com a Figura 10.3b, uma fábrica com capacidade para produzir 3.000 unidades por dia seria até mais eficiente. Mas uma fábrica com capacidade de produção de 4.000 unidades diárias já não seria tão eficiente, devido às crescentes deseconomias de escala — muitos funcionários para administrar, burocracia deixando as coisas lentas e assim por diante. A Figura 10.3b mostra que construir uma fábrica com capacidade para produzir 3.000 unidades por dia é a melhor opção, se a demanda for grande o suficiente para absorver esse nível de produção.

Figura 10.3 Custo unitário em diferentes níveis de produção por período.

a) Comportamento do custo em uma fábrica de tamanho fixo

b) Comportamento do custo em fábricas de diferentes tamanhos

Qual o ponto de todas as curvas de custo nesta figura e na ao lado? Os custos são um importante fator no estabelecimento dos preços e as empresas devem entendê-los.

Custos como função da experiência em produção

Vamos supor que a TI opere uma fábrica que produza 3.000 calculadoras por dia. À medida que ela ganha experiência na produção de calculadoras, aprende a produzi-las melhor. Os funcionários descobrem atalhos e se familiarizam com o equipamento. Com a prática, o trabalho se torna mais bem organizado, e a TI se depara com melhores equipamentos e processos de produção. Com um volume mais alto, a empresa se torna mais eficiente e ganha economias de escala. Como resultado, o custo médio tende a cair com a experiência acumulada em produção. Isso é mostrado na Figura 10.4.[7] Assim, o custo médio para produzir as primeiras 100 mil calculadoras é de 10 dólares por unidade. Quando a empresa produzir as 200 mil primeiras calculadoras, o custo médio cairá para 8,50 dólares. Quando a experiência acumulada em produção dobrar novamente, passando para 400 mil unidades, o custo médio será de 7 dólares. Essa queda no custo médio com a experiência acumulada em produção é chamada de **curva de experiência** (ou **curva de aprendizagem**).

A existência de uma curva declinante de experiência é algo extremamente significativo para a empresa. O custo unitário de produção não somente cairá, mas cairá mais rapidamente se a empresa fabricar e vender mais em um determinado período de tempo. Mas o mercado tem que estar pronto para comprar essa maior produção. E, para tirar vantagem da curva de experiência, a TI precisa conquistar uma grande participação de mercado já no início do ciclo de vida do produto. Isso sugere a seguinte estratégia de determinação de preços: a TI deve estipular um preço baixo para suas calculadoras; suas vendas vão crescer e seus custos

Curva de experiência (curva de aprendizagem)
Queda no custo médio de produção por unidade proveniente da experiência acumulada em produção.

Figura 10.4 Custo unitário como função da produção acumulada: a curva de experiência.

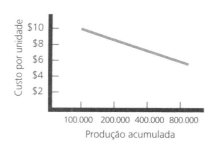

Preço por custo mais margem (preço de markup)
Acréscimo de um *markup-padrão* (margem arbitrária) aos custos do produto.

vão diminuir, por conta da experiência acumulada; e, então, a empresa poderá reduzir ainda mais seu preço.

Algumas empresas desenvolveram estratégias em torno da curva de experiência que deram bastante certo. Contudo, concentrar-se unicamente na redução de custos e na exploração da curva de experiência nem sempre funciona. A precificação com base na curva de experiência apresenta alguns grandes riscos. A determinação agressiva de preços pode render ao produto uma imagem de coisa barata. A estratégia também parte do princípio de que os concorrentes estão fracos e não estão dispostos a enfrentar as reduções de preços promovidas pela empresa. Por fim, enquanto a organização acumula volume utilizando uma determinada tecnologia, um concorrente pode descobrir uma tecnologia de custo mais baixo que permita a ele oferecer preços menores do que os da líder de mercado, que continua a operar conforme a antiga curva de experiência.

Preço por custo mais margem

O método mais simples de determinação de preços é o **preço por custo mais margem** (ou **preço de markup**), que adiciona um *markup-padrão* (margem arbitrária) aos custos do produto. As empresas de construção civil, por exemplo, apresentam seus orçamentos estimando o custo total do projeto e adicionando um *markup-padrão* para o lucro. Advogados, contadores e outros profissionais liberais normalmente determinam seu preço adicionando um *markup-padrão* a seus custos. Algumas empresas dizem a seus clientes que cobrarão o custo mais um markup especificado; é assim, por exemplo, que as empresas aeroespaciais costumam trabalhar com o governo.

Para ilustrar a determinação de preços de markup, vamos supor que os custos e a previsão de vendas de um fabricante de torradeiras sejam os seguintes:

Custo variável	$ 10
Custos fixos	$ 300.000
Previsão de vendas em unidades	50.000

Então, o custo do fabricante por torradeira é o seguinte:

$$\text{Custo unitário} = \text{custo variável} + \frac{\text{custos fixos}}{\text{unidades vendidas}} = \$\,10 + \frac{\$\,300.000}{50.000} = \$\,16$$

Agora, vamos supor que o fabricante queira ganhar um markup de 20% sobre as vendas. Nesse caso, o preço de **markup** do fabricante é o seguinte:[8]

$$\text{Preço de markup} = \frac{\text{custo unitário}}{(1 - \text{retorno desejado sobre as vendas})} = \frac{\$\,16}{1 - 0,2} = \$\,20$$

O fabricante cobrará dos revendedores 20 dólares por torradeira e ficará com um lucro de 4 dólares por unidade. Por sua vez, os revendedores também vão adicionar um markup ao preço da torradeira. Se quiserem ganhar 50% sobre o preço de venda, eles venderão a torradeira por 40 dólares (20 dólares + 50% de 40 dólares). Esse número é equivalente a um markup *sobre o custo* de 100% (20 dólares/20 dólares).

Faz sentido utilizar *markups-padrão* para estabelecer preços? Em geral, não. Qualquer método de determinação de preços que ignore a demanda e os preços dos concorrentes provavelmente não levará ao melhor preço. Contudo, o preço de markup continua sendo popular por diversas razões. Para começar, as empresas têm mais certeza dos custos do que da demanda. Vinculando o preço aos custos, elas simplificam a determinação de preços — não precisam fazer ajustes frequentes conforme a demanda muda. Em segundo lugar, quando todas as empresas do setor usam esse método de precificação, os preços tendem a ser similares e, com isso, a concorrência por preço é minimizada. Por fim, muitas pessoas acham que a determinação de preços de markup é mais justa tanto para compradores como para as empresas. As organizações ganham um retorno justo sobre seu investimento, mas não tiram vantagem dos compradores quando a demanda aumenta.

Preço de ponto de equilíbrio (preço de lucro-alvo)
Estabelecimento de preço que se iguala aos custos de produção e marketing de um produto ou que atinge o lucro-alvo.

Análise do ponto de equilíbrio e preços de lucro-alvo

Outra abordagem de determinação de preços orientada para os custos é o **preço de ponto de equilíbrio** (ou uma variação denominada **preço de lucro-alvo**). A empresa tenta determinar o preço no qual ela atinge o ponto de equilíbrio ou chega ao lucro-alvo.

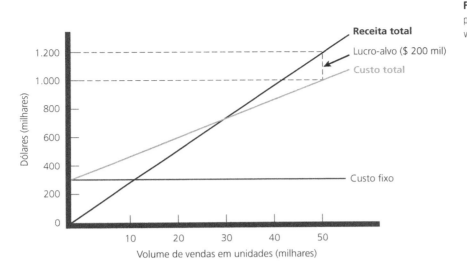

Figura 10.5 Gráfico do ponto de equilíbrio para determinar o preço de lucro-alvo e o volume do ponto de equilíbrio.

A determinação de preços de lucro-alvo utiliza o conceito do *gráfico do ponto de equilíbrio*, que mostra o custo e a receita totais esperados para diferentes níveis de volume de vendas. A Figura 10.5 mostra um gráfico de ponto de equilíbrio para o fabricante de torradeiras que já abordamos aqui. Os custos fixos são de 300 mil dólares, independentemente do volume de vendas. A soma dos custos variáveis com os fixos resulta nos custos totais, que sobem com o aumento do volume de vendas. A curva da receita total começa no zero e cresce a cada unidade vendida. A inclinação da curva de receita total reflete o preço de 20 dólares por unidade.

As curvas da receita total e a do custo total se cruzam em 30 mil unidades. Esse é o volume do *ponto de equilíbrio*. Ao preço de 20 dólares, a empresa precisa vender no mínimo 30 mil unidades para alcançar o ponto equilíbrio, isto é, para que a receita total cubra os custos totais. O volume do ponto de equilíbrio pode ser calculado usando-se fórmula:

$$\text{Volume do ponto de equilíbrio} = \frac{\text{custos fixos}}{\text{preço} - \text{custos variáveis}} = \frac{\$\,300.000}{\$\,20 - \$\,10} = 30.000$$

Se quiser atingir o lucro-alvo, a empresa precisará vender mais do que 30 mil unidades a 20 dólares cada. Vamos supor que o fabricante de torradeiras tenha investido 1 milhão de dólares no negócio e queira estabelecer um preço tal que o retorno obtido seja de 20%, isto é, de 200 mil dólares. Nesse caso, ele deve vender no mínimo 50 mil unidades a 20 dólares cada. Se a empresa cobrar um preço mais alto, ela não precisará vender tantas torradeiras para atingir seu lucro-alvo. Mas é possível que o mercado não compre nem mesmo esse volume mais baixo se o preço for mais alto. Muita coisa depende da elasticidade do preço e dos preços dos concorrentes.

O fabricante precisa considerar diferentes preços e estimar volumes do ponto de equilíbrio, a provável demanda e os lucros previstos para cada caso. Isso é feito na Tabela 10.1, a qual demonstra que, à medida que o preço sobe, o volume do ponto de equilíbrio cai (coluna 2). Mas, à medida que o preço sobe, a demanda pelas torradeiras também cai (coluna 3). Ao preço de 14 dólares, como o fabricante consegue apenas 4 dólares de lucro por torradeira (14 dólares menos 10 dólares de custos variáveis), ele precisa vender um volume muito alto para atingir o ponto de equilíbrio. Embora o preço baixo atraia muitos compradores, a demanda ainda fica abaixo do alto ponto de equilíbrio, e o fabricante perde dinheiro. No outro extremo, ao preço de 22 dólares, o fabricante consegue 12 dólares de lucro por torradeira e precisa vender apenas 25 mil unidades para atingir o ponto de equilíbrio. Mas, com esse preço alto, os consumidores comprarão uma quantidade muito menor de torradeiras e os lucros serão negativos. A tabela mostra que o preço de 18 dólares gera os lucros mais altos. Observe que nenhum dos preços gera o lucro-alvo do fabricante, de 200 mil dólares. Para atingir esse retorno de lucro, o fabricante terá que procurar maneiras de baixar os custos variáveis ou os fixos, reduzindo assim o volume do ponto de equilíbrio.

Tabela 10.1 Volume do ponto de equilíbrio e lucros para diferentes preços.

Preço ($)	Demanda (em unidades) necessária para atingir o ponto de equilíbrio	Demanda (em unidades) esperada para determinado preço	Receitas totais ($) (1) × (3)	Custos totais* ($)	Lucro ($) (4) — (5)
$ 14	75.000	71.000	$ 994.000	$ 1.010.000	$ −16.000
16	50.000	67.000	1.072.000	970.000	102.000
18	37.500	60.000	1.080.000	900.000	180.000
20	30.000	42.000	840.000	720.000	120.000
22	25.000	23.000	506.000	530.000	−24.000

* Pressupomos custos fixos de 300 mil dólares e custos variáveis unitários constantes de 10 dólares.

Determinação de preços baseada na concorrência

Determinação de preços baseada na concorrência
Estabelecimento de preços com base nas estratégias, nos custos, nos preços e nas ofertas ao mercado dos concorrentes.

A **determinação de preços baseada na concorrência** implica estabelecer preços com base nas estratégias, nos custos, nos preços e nas ofertas ao mercado dos concorrentes. Os consumidores vão basear seu julgamento acerca do valor de um produto nos preços que os concorrentes cobram por produtos similares.

Ao avaliar as estratégias de determinação de preços dos concorrentes, a empresa deve fazer algumas perguntas. Para começar, como a oferta ao mercado da empresa se compara com a dos concorrentes em termos de valor para o cliente? Se, na percepção dos consumidores, o produto ou o serviço da empresa fornecer um valor superior, ela poderá cobrar um preço mais alto. Agora, se os consumidores perceberem menos valor em relação aos produtos da concorrência, a empresa terá que cobrar um preço mais baixo ou mudar as percepções dos clientes para justificar um preço maior.

A próxima pergunta é: qual a força dos atuais concorrentes e quais são as estratégias de determinação de preços que eles estão usando? Se a empresa estiver diante de uma série de concorrentes menores cobrando preços altos em relação ao valor que entregam, ela poderá cobrar preços mais baixos para empurrar os concorrentes mais fracos para fora do mercado. Se o mercado for dominado por concorrentes maiores que praticam preços inferiores, a empresa poderá decidir se voltar para nichos não atendidos, com produtos de valor agregado a preços superiores. Considere, por exemplo, a Hot Mama, uma butique de roupas em rápido crescimento voltada para as mães e seus filhos:[9]

Com 30 lojas e em crescimento, provavelmente a Hot Mama não venceria uma guerra de preços contra as gigantes Macy's e Kohl's. Em vez disso, a butique — que vende marcas sofisticadas como Joes Jeans e Free People — confia em seu toque especial, em sua simpática atmosfera para mães e filhos e em sua equipe especializada para transformar mamães estressadas em clientes fiéis, mesmo que, para isso, tenham que pagar um pouco mais. Com o intuito de oferecer às ocupadas mães liberdade para comprar, a Hot Mama entretém os pequenos com brinquedos, livros para pintar, *videogame* e outras atrações localizadas no centro da loja. Corredores largos deixam bastante espaço para carrinhos, e funcionárias da loja dão uma mão como babá. A Hot Mama coloca ênfase nos serviços, e não nos preços. O pessoal de vendas (que a loja chama de "estilistas") passa por três programas de certificação obrigatórios: tecido jeans, tipo de corpo e maternidade. "Nossos estilistas podem vestir qualquer mulher de 25 a 65 anos, com base em seu corpo, no instante em que elas entram pela porta", diz Kimberly Ritzer, presidente da Hot Mama. De fato, o relacionamento pessoal que os estilistas constroem com as clientes que fazem compra na Hot Mama é realmente especial. "É como comprar com uma amiga."

▲ Determinação de preços para combater concorrentes maiores, com preços mais baixos: a Hot Mama, uma butique em rápido crescimento, provavelmente não venceria uma guerra de preços contra as gigantes Macy's e Kohl's. Em vez disso, ela confia em seu toque especial, em sua simpática atmosfera para mães e filhos e em sua equipe especializada para transformar mamães estressadas em clientes fiéis. "É como comprar com uma amiga."
Hot Mama

Capítulo 10 | Determinação de preços **329**

Qual princípio deve orientar as decisões sobre os preços a serem cobrados em relação aos dos concorrentes? A resposta é simples na teoria, mas costuma ser difícil na prática: você pode cobrar o preço que quiser — alto, baixo ou intermediário —, mas deve se certificar de que está entregando aos clientes um valor superior por esse preço.

Outras considerações internas e externas que afetam as decisões de preço

Além das percepções de valor do cliente, dos custos e das estratégias dos concorrentes, a empresa deve levar em conta vários outros fatores internos e externos. Entre os fatores internos que afetam a determinação dos preços estão: a estratégia de marketing geral, os objetivos e o mix de marketing da empresa, bem como outras considerações organizacionais. Já os fatores externos incluem a natureza do mercado e da demanda e outros elementos ambientais.

Objetivo 3

◀ Identificar e definir outros importantes fatores internos e externos que afetam as decisões de determinação de preços da empresa.

Estratégia de marketing geral, objetivos e mix de marketing

O preço é apenas um dos elementos da estratégia de marketing mais ampla da empresa. Assim, antes de estabelecer o preço, a empresa deve decidir qual será sua estratégia de marketing geral para o produto ou serviço. Às vezes, a estratégia geral da empresa é construída em torno de seu preço e seu histórico de valor. Por exemplo, o posicionamento de preço-valor singular do Trader Joe's fez com que ele se tornasse um dos supermercados mais populares e com crescimento mais rápido dos Estados Unidos. O Trader Joe's entende que o sucesso não vem somente dos produtos que você oferece aos clientes ou dos preços que cobra: ele vem do oferecimento de uma combinação de produtos, preços e operações da loja que gera um *valor* superior ao cliente — o que os clientes obtêm pelos preços que pagam (veja o Marketing Real 10.2).

Se escolheu cuidadosamente seu mercado-alvo e seu posicionamento, então sua estratégia de mix de marketing, incluindo o preço, será razoavelmente descomplicada. Por exemplo, a Kallista, uma subsidiária da Kohler, oferece uma linha de peças para banheiro e cozinha que é posicionada para o mercado de luxo. Ela "combina paixão com um profundo senso de estética e eficácia funcional", com coleções que convidam você a "descobrir" a Kallista. Todo produto da Kallista traz "detalhes requintados — de superfícies finalizadas à mão a pedras trabalhadas —, articulados, cuidadosamente, para expressar uma elegância simples, singular". O posicionamento luxuoso da linha da Kallista requer a cobrança de um preço mais alto. Em compensação, a Sterling, também subsidiária da Kohler, oferece peças mais acessíveis, que são "inspiradas nas realidades da vida". As peças da Sterling são posicionadas com base na simplicidade, na praticidade, no conforto e no design econômico para proprietários de casa preocupados com o orçamento. O posicionamento de mercado intermediário da Sterling demanda a cobrança de preços mais baixos.[10] Assim, a estratégia de determinação de preços é determinada, em grande parte, pelas decisões de posicionamento de mercado.

A precificação pode desempenhar um importante papel ao ajudar a empresa a atingir seus objetivos em diversos níveis. Uma empresa pode estabelecer preços para atrair novos clientes ou manter os existentes de maneira lucrativa. Pode instituir preços baixos para impedir a entrada de concorrentes no mercado ou fixar preços no mesmo nível da concorrência para estabilizar o mercado. Pode ainda estabelecer preços para manter a fidelidade e o apoio dos revendedores ou para evitar intervenções do governo. Os preços podem ser reduzidos temporariamente para gerar interesse por uma marca. Ou pode-se determinar o preço de um produto de modo que ele ajude as vendas dos outros produtos da linha da empresa.

As decisões de preço precisam ser coordenadas com as de desenvolvimento, distribuição e promoção do produto, para formar um programa de mix de marketing integrado, consistente e efetivo. As decisões tomadas para outras variáveis do mix de marketing podem afetar as decisões de determinação de preços. Por exemplo, a decisão de posicionar o produto com base em alta qualidade significa que a empresa precisará cobrar um preço maior para cobrir os custos maiores. E os fabricantes que esperam que seus revendedores apoiem e promovam seus produtos podem ter que embutir margens de revenda maiores em seus preços.

Determinação de custo-alvo
Determinação de preços que começa com um preço de venda ideal e, então, busca os custos que garantirão a cobrança desse preço.

As empresas geralmente posicionam seus produtos com base no preço e, então, ajustam outras decisões de mix de marketing aos preços que querem cobrar. Nesse caso, o preço é um fator fundamental no posicionamento do produto, o qual define o mercado, os concorrentes e o projeto do produto. Muitas empresas apoiam essas estratégias de posicionamento por preço com uma técnica chamada **determinação de custo-alvo**. Essa técnica reverte o processo usual que consiste em primeiro desenvolver um novo produto, depois determinar seu custo e só então perguntar: "Por quanto podemos vendê-lo?" Em vez disso, ela começa com um preço de venda ideal, baseado em considerações acerca do valor para o cliente, e então busca os custos que garantirão a cobrança desse preço. Por exemplo, quando começou a projetar o Fit, a Honda tinha em mente um preço de entrada de 13.950 dólares e a capacidade de rodar aproximadamente 14 quilômetros com um litro de combustível. Ela, então, projetou um pequeno carro divertido e estiloso com um custo que lhe permitia oferecer aos clientes-alvo esses valores.

▲ Posicionamento com base em preços altos: a Titus divulga seus altos preços em sua propaganda — "preço de varejo sugerido: 7.750,00 dólares".
Titus Bicycles

Outras empresas não colocam ênfase no preço e usam outras ferramentas do mix de marketing para criar posições *não baseadas no preço*. Geralmente, a melhor estratégia não é cobrar o preço mais baixo, mas diferenciar a oferta ao mercado para fazer com que ela valha um preço mais alto. Por exemplo, a Bang & Olufsen (B&O) — conhecida por seus inovadores eletrônicos de consumo — embute um alto valor em seus produtos e cobra preços estratosféricos. Uma TV de alta definição BeoVision da B&O, de 50 polegadas, custará para você 7.500 dólares; um modelo de 55 polegadas sai por 18.700 dólares e um de 103 polegadas chega a quase 100 mil dólares. Quanto custa um sistema de entretenimento completo da B&O? Bom, você não vai querer saber o preço. Mas os clientes-alvo reconhecem a altíssima qualidade da B&O e estão dispostos a pagar mais para tê-la.

Algumas empresas chegam a posicionar seus produtos com base em preços *altos*, destacando os preços elevados como parte da sedução do produto. Por exemplo, a Grand Marnier oferece por 225 dólares uma garrafa do conhaque Cuveé du Cent Cinquantenaire, que é divulgada com a chamada: "Difícil de encontrar, impossível de pronunciar e proibitivamente caro". E a Titus Cycles, uma fabricante de bicicletas premium, divulga seus altos preços em sua propaganda. Um anúncio bem-humorado mostra um homem dando um anel de noivado de "zircônia cúbica" para sua namorada — assim, ela pode comprar para ele uma Titus Vuelo. Preço de varejo sugerido: 7.750 dólares.

Dessa maneira, ao estabelecer os preços, as empresas devem levar em conta toda a estratégia e o mix de marketing. Mas, novamente, mesmo quando destacam o preço, as empresas precisam se lembrar de que os clientes raramente compram com base apenas nele. Pelo contrário, eles buscam produtos que lhes deem o melhor valor em termos de benefícios recebidos pelo preço pago.

Considerações organizacionais

A administração é que decide quem, dentro de sua organização, deve estabelecer os preços. As empresas lidam com a determinação de preços de diversas maneiras. Em pequenas organizações, os preços geralmente são estabelecidos pela alta administração, e não pelo departamento de marketing ou o de vendas. Já em empresas de grande porte, eles costumam ser determinados pelos gerentes de divisão ou de produto. Nos mercados organizacionais, o pessoal de vendas pode ter permissão para negociar com os clientes dentro de uma certa faixa de preços. Mesmo assim, a alta administração estabelece os objetivos e as políticas de preço e, muitas vezes, aprova os valores propostos por gerentes de nível mais baixo na hierarquia ou pelo pessoal de vendas.

Nos setores em que a precificação é um fator fundamental (aéreo, aeroespacial, siderúrgico, ferroviário, petroleiro), as empresas costumam ter um departamento responsável por estabelecer os melhores preços ou ajudar os outros a fazê-lo. Esse departamento se reporta ao de marketing ou à alta administração. Gerentes de vendas, gerentes de produção, gerentes financeiros e contadores também influenciam na determinação de preços.

Marketing Real 10.2

Posicionamento de preço-valor singular do Trader Joe's: "sofisticação barata"

Nas primeiras horas de uma manhã de julho no Chelsea, um bairro de Manhattan, uma grande e entusiasmada multidão já está reunida. O evento: o Trader Joe's está abrindo uma nova loja, e os compradores que aguardam estão compartilhando sua alegria com a chegada do varejista da moda ao bairro. O Trader Joe's é mais do que um supermercado, é uma experiência cultural. Suas prateleiras são repletas de produtos que são, ao mesmo tempo, luxos exóticos e acessíveis. Tanto faz se você quer manteiga de amendoim cremosa e orgânica Valencia, ovos caipiras, castanhas de caju da Tailândia ou amanteigados da Bélgica: você só vai encontrar esses produtos no Trader Joe's. Assim que a nova loja abre, o dilúvio de clientes torna praticamente impossível navegar pelos corredores. Eles formam uma fila de dez metros nos caixas, com carrinhos cheios de vinho Charles Shaw — também chamado de "Chuck de Dois Dólares"—, vendidos com exclusividade no Trader Joe's por 2,99 dólares, e uma grande variedade de outros produtos sofisticados e exclusivos, com preços incrivelmente baixos. Tudo isso fez do Trader Joe's um varejista extremamente popular.

O Trader Joe's não é, de fato, uma loja de produtos alimentícios sofisticados, mas ele também não é uma loja de descontos. Na verdade, ele é um pouco dos dois. O Trader Joe's colocou seu traço especial em uma equação de preço-valor, que chama de "sofisticação barata". Ele oferece produtos singulares, com características sofisticadas a preços muito baixos, e isso em uma atmosfera festiva, que lembra férias e torna as compras divertidas. Não importa como você define o Trader Joe's: seu criativo posicionamento de preço-valor lhe rendeu uma multidão de clientes devotos que praticamente o cultuam e que adoram o que obtém do varejista pelo preço que pagam.

O Trader Joe's se define como uma "ilha paradisíaca", onde "todos os dias são descobertos valor, aventura e tesouros saborosos". Os compradores se movimentam de maneira frenética e ruidosa em meio a paredes cobertas de madeira e palmeiras artificiais quando, ocasionalmente, um sino daqueles de barco toca no caixa, alertando-os para anúncios de ofertas especiais.

Funcionários sempre prestativos e divertidos, usando camisas floridas, conversam com os clientes sobre tudo: falam das condições do tempo e dão sugestões para o cardápio do jantar que os clientes vão oferecer. No dia em que a loja no Chelsea abriu, funcionários cumprimentavam os clientes com apertos de mão e davam biscoitos de graça. Os clientes não compram simplesmente no Trader Joe's: eles o vivenciam.

As prateleiras refletem um sortimento eclético de itens de supermercado refinados, de alta qualidade. O Trader Joe's possui em estoque uma variedade limitada, de cerca de 4.000 itens (comparados com os 50 mil itens encontrados em um supermercado típico). Entretanto, a variedade é de exclusividade do Trader Joe's, que oferece, entre outras coisas, misturas especiais de sofisticados alimentos e molhos embalados, sopas prontas, pratos frescos e congelados, salgadinhos e sobremesas — tudo sem corantes, sabores e conservantes artificiais. O Trader Joe's é um deleite para aqueles que apreciam iguarias requintadas, fornecendo desde cookies de milho, refrescos de limão com morangos orgânicos, manteiga de amendoim cremosa Valencia e cafés com certificação de comércio justo até kimchi de arroz frito e biscoitos com três variações de gengibre em um só.

Outra coisa que torna os produtos do Trader Joe's tão especiais é o fato de você encontrar a maioria deles somente lá. Tente, por exemplo, encontrar cookies Ginger Cats ou tortilhas de quinoa e feijão preto em outras lojas. Mais de 80% das marcas encontradas na loja são, na verdade, marcas próprias, vendidas exclusivamente no Trader Joe's. Se lhes for perguntado, quase todos os clientes têm uma lista pronta de seus produtos favoritos do Trader Joe's, sem os quais simplesmente não conseguem viver — uma lista que cresce bem rápido. As pessoas vão ao varejista com a intenção de comprar uns poucos produtos entre os seus favoritos e logo enchem um carrinho. "Eles parecem ligar seus clientes", diz um analista do setor alimentício.

Uma atmosfera de loja especial, produtos refinados e exclusivos, funcionários prestativos e atenciosos — tudo isso soa uma receita para preços altos. Não no Trader Joe's. Enquanto concorrentes sofisticados como o Whole Foods Market cobram preços mais altos para se ajustar a seus benefícios intangíveis ("Whole Foods, Whole Paycheck" — "comida completa, salário completo"), o Trader Joe's surpreende os clientes com seus preços relativamente modestos. Em termos absolutos, os preços não são baixos, mas são verdadeiras barganhas se comparados com o que você poderia pagar pela mesma qualidade e satisfação em qualquer outro lugar. "No Trader Joe's, somos tão ligados em valor como

◄ A estratégia de preço-valor singular do Trader Joe's lhe rendeu uma multidão de clientes devotos que praticamente o cultuam e que adoram o que obtém pelo preço que pagam.

Michael Nagle/Getty Images USA, Inc.

somos em excelente comida", diz a empresa."Assim, você pode se permitir ser aventureiro sem gastar demais".

O que o Trader Joe's faz para manter o preço de seus produtos refinados tão baixos? Ele modela, cuidadosamente, elementos não baseados no preço para apoiar sua estratégia geral de preço-valor. Para começar, o Trader Joe's tem operações enxutas e um foco quase obsessivo em economizar. Para manter os custos baixos, o varejista geralmente instala suas lojas em locais fora de mão e com baixo aluguel, como centros comerciais nos subúrbios. Suas lojas pequenas, com áreas privativas também pequenas, e sua variedade limitada de produtos resultam em custos reduzidos com instalações e estoque. As lojas Trader Joe's também economizam por não trabalharem com seções grandes nem como seções caras, como padaria, açougue, delicatéssen e peixaria. Quanto aos produtos de marcas próprias, o Trader Joe's compra-os diretamente dos fornecedores e negocia bastante os preços.

Para completar, o comedido varejista economiza gastando quase nada em propaganda. Ele também não oferece cupons e cartões de desconto, e não faz nenhum tipo de promoção especial. A combinação singular de produtos peculiares e preços baixos do Trader Joe's gera tanta propaganda boca a boca e necessidade imediata de compra que a empresa realmente não precisa anunciar ou promover preços. A coisa mais próxima de uma promoção oficial é o site da empresa ou o newsletter *The Fearless Flyer*, que ela envia mensalmente para pessoas que optam por recebê-lo. De fato, a mais potente arma promocional do Trader Joe's é seu exército de seguidores fiéis. Os clientes do Trader Joe's, inclusive, montaram um site, o <www.traderjoesfan.com>, onde falam sobre novos produtos e lojas, trocam receitas e compartilham suas histórias favoritas sobre o varejista.

Assim, o desenvolvimento da fórmula correta de preço-valor fez do Trader Joe's um dos supermercados mais populares e com crescimento mais rápido dos Estados Unidos. Suas mais de 375 lojas espalhadas por 32 estados obtêm hoje vendas anuais estimadas em 10 bilhões de dólares — mais do que o dobro das vendas cinco anos atrás. As lojas Trader Joe's alcançam impressionantes 157,50 dólares por metro quadrado — mais do que o dobro da média do setor de supermercados. Recentemente, o *Consumer Reports* classificou o Trader Joe's como a melhor rede de supermercados dos Estados Unidos, ao lado da Wegmans.

Tudo está relacionado a valor e preço — o que você obtém pelo que paga. Pergunte para Chrissi Wright, cliente regular do Trader Joe's, que foi abordada nas primeiras horas de uma manhã, enquanto caminhava pelo Trader Joe's perto de sua casa em Bend, Oregon:

> Chrissi espera sair da Trader Joe's com oito garrafas do popular vinho Charles Shaw, vendido a 2,99 dólares, debaixo do braço."Eu amo o Trader Joe's porque ele permite que eu coma como uma yuppie sem ficar com todo o meu dinheiro", diz Wright."Seus produtos são refinados, costumam ser ecologicamente corretos, são bonitos [...] e, claro, tem o Chuck de Dois Dólares — possivelmente a maior invenção de nossa época".

Fontes: citações, trechos e outras informações extraídas de "Why Trader Joe's stands out from all the rest in the grocery business", *Forbes*, 5 set. 2011, <http://www.forbes.com/sites/glennllopis/2011/09/05/whytrader-joes-stands-out-from-all-the-rest-in-the-grocery-business/>; Shan Li, "Trader Joe's tries to keep quirky vibe as it expands quickly", *Los Angeles Times*, 26 out. 2011; Alicia Wallace, "Crowded boulder grocery field awaits Trader Joe's", *McClatchy-Tribune Business News*, 30 jan. 2012; Anna Sowa, "Trader Joe's: why the hype?", *McClatchy-Tribune Business News*, 27 mar. 2008; Beth Kowitt, "Inside the secret world of Trader Joe's", *Fortune*, 23 ago. 2010, p. 86-96; "SN's top 75 retailers & wholesalers 2012", Supermarket News, <http://supermarketnews.com/top-75-retailers-wholesalers-2012; www.traderjoes.com>. Acesso em: set. 2012.

O mercado e a demanda

Como assinalado anteriormente, uma boa determinação de preços começa com o entendimento do modo como as percepções dos clientes acerca do valor afetam os preços que eles estão dispostos a pagar. Consumidores e compradores organizacionais comparam o preço de um produto ou serviço com os benefícios de tê-lo. Assim, antes de estabelecer os preços, a empresa deve compreender a relação entre preço e demanda para seu produto. Nesta seção, analisaremos a fundo essa relação e como ela varia para diferentes tipos de mercado. Em seguida, abordaremos os métodos de análise da relação preço-demanda.

Determinação de preços em diferentes tipos de mercado

A liberdade de determinação de preços da empresa varia de acordo com os diferentes tipos de mercado. Os economistas reconhecem quatro tipos de mercado, e cada um deles apresenta diferentes desafios para a precificação.

Na *concorrência pura*, o mercado consiste em muitos compradores e vendedores que negociam uma mesma commodity uniforme, como trigo, cobre ou títulos financeiros. Nenhum comprador ou vendedor individual gera muito efeito sobre os preços correntes no mercado. Em um mercado puramente competitivo, pesquisa de mercado, desenvolvimento de produto, determinação de preços, propaganda e promoção de vendas desempenham um papel pequeno ou nenhum papel. Assim, as empresas que atuam nesses mercados não perdem muito tempo com estratégias de marketing.

Na *concorrência monopolista*, o mercado é formado por muitos compradores e vendedores que negociam com base em uma ampla faixa de preços, em vez de praticar um único preço de mercado. A ampla faixa de preços existe porque os vendedores podem diferenciar suas ofertas para os compradores. Como existem muitos concorrentes, cada uma das empresas é menos afetada pelas estratégias de determinação de preços dos concorrentes do que nos mercados oligopolistas. As organizações tentam desenvolver ofertas diferenciadas para diversos segmentos de clientes e, além do preço, usam com liberdade o branding, a propaganda e a venda pessoal para destacar suas ofertas das demais. Assim, a Honda diferencia sua minivan Odyssey por meio de grandes esforços em branding e propaganda, reduzindo assim o impacto do preço. Seus anúncios "Van dos seus sonhos", repletos de ironia, dizem aos pais que "a nova Odyssey tem tudo que alguém poderia sonhar em termos de van, caso já tenha sonhado com vans". Além das características utilitárias comuns que você espera em uma van, diz a Honda a eles, você vai se ver cercado por uma quantidade impressionante de tecnologia, uma maravilha da engenhosidade. "Conecte seu MP3 e invoque as músicas como um deus do rock. Diga o nome de uma canção e ela tocará por meio de um sistema de áudio que pode rasgar os céus!"

▲ Determinação de preços na concorrência monopolista: a Honda diferencia sua minivan Odyssey por meio de grandes esforços em branding e propaganda, reduzindo assim o impacto do preço. Seus anúncios "Van dos seus sonhos", repletos de ironia, dizem aos pais que "a nova Odyssey tem tudo que alguém poderia sonhar em termos de van, caso já tenha sonhado com vans".

Anúncio impresso oferecido como cortesia da American Honda Motor Co., Inc.

Na *concorrência oligopolista*, o mercado é constituído de alguns poucos grandes vendedores. Por exemplo, somente quatro empresas — Verizon, AT&T, Sprint e T-Mobile — controlam mais de 80% do mercado norte-americano voltado para o fornecimento de serviços de conexão à Internet sem fio. Como existem poucas empresas, elas são extremamente sensíveis às estratégias de determinação de preços e aos movimentos de marketing dos concorrentes. No *monopólio puro*, o mercado é dominado por um único vendedor. O monopólio pode ser do governo (Correios), privado regulado (empresa de fornecimento de energia elétrica) ou privado não regulado (De Beers and diamonds). Em cada caso, a determinação de preços é trabalhada de uma maneira diferente.

Análise da relação preço-demanda

Todo preço que a empresa pode cobrar levará a um diferente nível de demanda. A relação entre o preço cobrado e o nível de demanda resultante é mostrada na **curva de demanda** da Figura 10.6. Essa curva mostra o número de unidades que o mercado comprará, em determinado período de tempo, considerando os diferentes preços que podem ser cobrados. Em uma situação normal, a demanda e o preço têm relação inversa — isto é, quanto mais alto o preço, mais baixa a demanda. Assim, a empresa venderia menos se aumentasse seus preços de P_1 para P_2. Em resumo, consumidores com orçamentos limitados provavelmente comprariam menos de alguma coisa se seu preço fosse muito alto.

Curva de demanda
Curva que mostra o número de unidades que o mercado comprará, em determinado período de tempo, considerando os diferentes preços que podem ser cobrados.

Figura 10.6 Curvas de demanda.

O preço e a demanda são relacionados — até aí, nenhuma grande novidade. Normalmente, preços mais altos resultam em demanda mais baixa. Mas, no caso de alguns produtos de prestígio, a relação pode ser inversa. Um preço mais alto sinaliza maior qualidade e status, resultando em mais demanda, e não menos.

a) Demanda inelástica

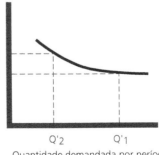

B) Demanda elástica

334 **Parte 3** | Elaboração de uma estratégia e de um mix voltados para o cliente

O entendimento da curva de preço-demanda de uma marca é fundamental para se tomar boas decisões relacionadas à determinação dos preços. A ConAgra Foods aprendeu essa lição quando precificou suas refeições congeladas Banquet.[11]

> Recentemente, a ConAgra tentou cobrir os custos mais altos das commodities com o aumento do preço das refeições Banquet, que passaram de 1 para 1,25 dólares. Os consumidores, no entanto, torceram o nariz para os preços mais altos. As vendas caíram, forçando a ConAgra a vender as refeições encalhadas a preços de desconto. Isso mostra que "o principal componente das refeições Banquet — seu principal atributo — é o fato de elas custarem 1 dólar", diz Gary Rodkin, CEO da ConAgra. "Todo o resto parece pequeno quando comparado a isso." Hoje, as refeições Banquet custam novamente 1 dólar. Para lucrar a esse preço, a ConAgra está gerenciando melhor os custos, diminuindo as porções e substituindo ingredientes caros por outros mais em conta. Os consumidores estão respondendo bem aos esforços da marca para manter os preços baixos. Afinal, onde mais você vai encontrar uma refeição por 1 dólar?

A maioria das empresas tenta medir suas curvas de demanda estimando a demanda em diferentes preços. O tipo de mercado faz diferença. No caso de um monopólio, a curva de demanda mostra a demanda total do mercado resultante de diferentes preços. Se a empresa tiver concorrentes, sua demanda em diferentes preços dependerá de os preços dos concorrentes se manterem estáveis ou mudarem de acordo com os seus.

Elasticidade de preço da demanda

Considere as duas curvas de demanda da Figura 10.6. Na Figura 10.6a, um aumento no preço de P_1 para P_2 leva a uma queda relativamente pequena na demanda de Q_1 para Q_2. Entretanto, na Figura 10.6b, o mesmo aumento de preço gera uma grande queda na demanda de Q'_1 para Q'_2. Quando a demanda praticamente não muda com uma pequena alteração no preço, dizemos que ela é *inelástica*. Quando a mudança é grande, dizemos que a demanda é *elástica*. A **elasticidade de preço** da demanda é dada pela seguinte fórmula:

Elasticidade de preço
A medida da sensibilidade da demanda a mudanças nos preços.

$$\text{Elasticidade de preço da demanda} = \frac{\text{variação percentual na quantidade demandada}}{\text{variação percentual no preço}}$$

Vamos supor que a demanda tenha uma queda de 10% quando uma empresa aumenta seu preço em 2%. Nesse caso, a elasticidade de preço da demanda é —5 (o sinal de menos confirma a relação inversa entre preço e demanda) e a demanda é elástica. Se a demanda cai 2% com um aumento de 2% no preço, então a elasticidade é —1. Nesse caso, a receita total da empresa permanece a mesma: ele vende menos itens, mas o preço mais alto faz com que mantenha a mesma receita total. Se a demanda cai 1% quando há um aumento de 2% no preço, então a elasticidade é de —0,5 e a demanda é inelástica. Quanto menos elástica for, mais vantajoso será para a empresa o aumento de preços.

O que determina a elasticidade de preço da demanda? Os compradores são menos sensíveis ao preço quando o produto que estão comprando é singular ou quando sua qualidade, seu prestígio ou sua exclusividade são altos. Eles são também menos sensíveis quando é difícil encontrar produtos substitutos ou quando não é fácil comparar a qualidade dos substitutos. Por fim, são menos sensíveis ao preço quando a despesa total com o produto é baixa em relação a sua renda ou quando o custo é compartilhado com terceiros.[12]

Se a demanda for elástica, em vez de inelástica, os vendedores considerarão uma redução nos preços. Um preço mais baixo resultará em maior receita total. Essa prática só faz sentido se os custos extras de produzir e vender mais não ultrapassarem a receita extra. Ao mesmo tempo, a maioria das empresas quer evitar adotar preços que transformem seus produtos em commodities. Nos últimos anos, forças como os problemas na economia, a desregulação e as comparações instantâneas de preços possibilitadas pela Internet ou por outras tecnologias aumentaram a sensibilidade dos consumidores em relação ao preço, transformando em commodities, aos olhos dos consumidores, produtos que vão de telefones e computadores a carros novos.

As empresas precisam trabalhar mais do que nunca para diferenciar suas ofertas, uma vez que dezenas de concorrentes estão vendendo praticamente o mesmo produto a um preço comparável ou menor. Cada vez mais, elas precisam entender a sensibilidade de seus clientes em relação ao preço e às permutas que as pessoas estão dispostas a fazer entre preços e características de produtos.

Capítulo 10 | Determinação de preços **335**

A economia

As condições econômicas podem ter um grande impacto sobre as estratégias de determinação de preços da empresa. Fatores econômicos como recessão ou rápida expansão, inflação e taxas de juros afetam as decisões de precificação porque atingem não só os gastos do consumidor e as suas percepções em relação ao preço e ao valor de um produto, mas também os custos de produção e venda de um produto da empresa.

No período que se seguiu à recente Grande Recessão, muitos consumidores repensaram a equação preço-valor. Eles apertaram o cinto e se tornaram mais conscienciosos em relação ao valor. Provavelmente, os consumidores manterão seus hábitos mais econômicos até muito tempo depois de qualquer recuperação na economia. Como resultado, muitas empresas passaram a colocar mais ênfase nas estratégias de precificação voltadas para o valor pelo dinheiro.

A reação mais óbvia às novas realidades econômicas é reduzir os preços e oferecer descontos. Milhares de empresas fizeram exatamente isso. Preços mais baixos tornam os produtos mais acessíveis e ajudam a estimular as vendas no curto prazo. Contudo, esses cortes no preço podem levar a consequências indesejadas no longo prazo. Preços menores significam margens menores. Grandes descontos podem degradar uma marca aos olhos dos consumidores. E, quando a empresa diminui os preços, é difícil para ela aumentá-los novamente quando a economia se recupera.

Em vez de baixar os preços, muitas empresas mudaram o foco de seu marketing, destacando itens mais acessíveis em seu mix de produtos. Por exemplo, anteriormente, as campanhas da Home Depot enfatizavam produtos sofisticados e conceitos caros, como a criação da cozinha dos sonhos. Hoje, a mais recente campanha da empresa destaca itens como terra para vasos e ferramentas manuais, juntamente com a chamada: "Mais economia. Mais ação. Esse é o poder da Home Depot".

Outras empresas estão mantendo os preços, mas redefinindo o "valor" em sua proposta de valor. Veja o caso do Whole Foods Market, um sofisticado varejista do ramo de supermercado:

O Whole Foods Market cresceu rapidamente oferecendo itens de alta qualidade a clientes refinados, que estão dispostos a pagar mais pelo valor extra que recebem e têm condições de fazer isso. Então, veio a Grande Recessão de 2008 e mesmo os clientes relativamente ricos começaram a reduzir os gastos. De repente, o Whole Foods Market se deparou com uma difícil questão: ele deveria manter o posicionamento baseado em preço premium ou diminuir os preços e se reposicionar, ajustando-se aos tempos mais econômicos? O Whole Foods decidiu ficar com seu posicionamento central voltado para o mercado sofisticado, mas, sutilmente, começou a realinhar sua proposta de valor. Em vez de reduzir os preços em geral, o Whole Foods diminuiu o preço de alguns itens básicos e fez significativas promoções de outros. Ele ainda passou a enfatizar mais sua marca própria, a 365 Everyday Value, que é mais em conta.

Ao mesmo tempo, o Whole Foods Market lançou um novo programa de marketing, que fazia mais do que simplesmente promover mercadorias mais em conta. Ele convencia os compradores de que, para aquilo que eles queriam, os produtos e os preços regulares do Whole Foods ofereciam um bom valor. Quando se trata de alimento de qualidade, o preço não é tudo. O sofisticado varejista, inclusive, designou funcionários para serem "guias turísticos do valor". Esses funcionários acompanhavam os compradores pelas lojas e lhes mostravam o valor em itens regulares e em promoção. Como assinalou um guia turístico: "Valor significa conse-

▲ Quando a economia entrou em crise, em vez de cortar os preços em geral, o Whole Foods passou a convencer os compradores de que era, de fato, um lugar acessível para se comprar. Ele, inclusive, designou funcionários para serem "guias turísticos do valor", como a colaboradora mostrada aqui. Esses guias acompanhavam os compradores pelas lojas e lhes mostravam os itens de valor.
© Elise Amendola/AP Wide World

guir uma boa troca pelo seu dinheiro". Como resultado das mudanças sutis em sua estratégia de valor, o Whole Foods Market está de volta aos trilhos na economia pós-recessão. Ele está enfrentando os desafios impostos pelo momento mais comedido de uma maneira tal que preserva tudo aquilo que o tornou especial para os clientes ao longo dos anos.[13]

Lembre-se, mesmo em tempos econômicos difíceis, os consumidores não compram somente com base no preço. Eles comparam o preço que pagam ao valor que recebem, equilibrando-os. Por exemplo, de acordo com um levantamento, apesar de vender seus tênis por

336 Parte 3 | Elaboração de uma estratégia e de um mix voltados para o cliente

mais de 150 dólares, a Nike, comparada com qualquer outra marca do segmento de calçados, é a que possui o mais alto índice de fidelidade do consumidor.[14] Os clientes percebem o valor dos produtos da Nike e a experiência de tê-los compensa, e muito, o preço. Assim, independentemente do preço que cobram — alto ou baixo —, as empresas precisam oferecer maior *valor pelo dinheiro*.

Outros fatores externos

Além do mercado e da economia, a empresa deve considerar muitos outros fatores em seu ambiente externo na hora de estabelecer seus preços. Ela precisa saber qual impacto seus preços surtirão sobre os outros participantes no mesmo ambiente. Como os *revendedores* reagirão aos vários preços? A empresa deve estabelecer preços que proporcionem aos revendedores um lucro justo, incentivem seu apoio e os ajudem a vender o produto de maneira eficaz. O *governo* é outra importante influência externa sobre as decisões de preço. Por fim, as *preocupações sociais* podem ter que ser levadas em conta. No estabelecimento de preços, as vendas no curto prazo, a participação de mercado e as metas de lucro de uma empresa podem precisar ser abrandadas por conta de considerações societais mais amplas. No Capítulo 11, analisaremos as questões de política pública na determinação de preços.

Revisão dos conceitos

Revisão dos **objetivos** e **termos-chave**

◯ Revisão dos objetivos

As empresas enfrentam hoje um ambiente de determinação de preços feroz e de rápidas mudanças. As organizações que conseguem criar valor para o cliente com as outras atividades do mix de marketing devem, ainda, capturar parte desse valor nos preços que recebem. Este capítulo analisa a importância da precificação, as estratégias gerais de determinação de preços e os fatores internos e externos que afetam as decisões de preços.

Objetivo 1 ▶ **Responder à pergunta "O que é preço?" e discutir a importância da determinação de preços no ambiente de rápida mudança de hoje (p. 318-319)**

O *preço* pode ser definido, em sentido estrito, como a quantia cobrada por um produto ou serviço. Ou, em sentido mais amplo, pode ser definido como a soma dos valores que os consumidores trocam pelos benefícios de se ter e utilizar o produto ou serviço. O desafio na determinação de preços consiste em encontrar o preço que permitirá à empresa obter um lucro justo ao receber pelo valor para o cliente que ela gera.

Apesar do crescente papel desempenhado pelos fatores não relacionados ao preço no processo de marketing moderno, o preço continua sendo um importante elemento do mix de marketing. Na verdade, ele é o único elemento que gera receita; todos os outros representam custos. E o que é mais importante: como parte da proposta de valor geral da empresa, o preço assume um papel-chave na criação de valor para o cliente e na construção de relacionamento com ele. Gestores inteligentes tratam a precificação como uma importante ferramenta estratégica para criar e capturar valor para o cliente.

Objetivo 2 ▶ **Identificar as três principais estratégias de determinação de preços e discutir a importância de entender as per-** **cepções de valor do cliente, os custos da empresa e as estratégias da concorrência na hora de estabelecer preços (p. 319-329)**

As empresas podem escolher uma das três principais estratégias de determinação de preços, a saber: determinação de preços baseada no valor para o cliente, determinação de preços baseada nos custos e determinação de preços baseada na concorrência. A *determinação de preços baseada no valor para o cliente* utiliza as percepções de valor dos compradores como base para o estabelecimento dos preços. Uma boa precificação começa com um entendimento completo do valor que um produto ou serviço cria para os clientes e com a fixação de um preço que captura esse valor. As percepções do cliente acerca do valor de um produto estabelecem o limite superior do preço (o teto). Se, na percepção dos clientes, o preço de um produto for maior do que o seu valor, eles não vão comprar o produto.

As empresas podem adotar dois tipos de determinação de preços baseada no valor. O *preço baseado em bom valor* implica oferecer a combinação certa de qualidade e bons serviços a um preço justo. A estratégia de preços baixos todos os dias (EDLP) é um bom exemplo dessa estratégia. Já o *preço de valor agregado* implica acrescentar características e serviços de valor agregado às ofertas da empresa para diferenciá-las e justificar a cobrança de preços mais altos.

A *determinação de preços baseada nos custos* envolve o estabelecimento de preços com base nos custos de produção, distribuição e venda do produto, mais uma taxa de retorno justa pelo esforço e risco envolvidos. Os custos organizacionais e do produto são importantes fatores que devem ser considerados no estabelecimento dos preços. Enquanto as percepções de valor do cliente constituem o limite superior do preço (teto), os custos representam seu limite inferior (o piso). Contudo, a determinação de preços baseada nos custos é orientada para o produto, e não para o cliente. A empresa desenvolve o que considera ser um bom produto e estabelece um preço que cobre os custos e ainda gera um lucro-alvo. Se o preço acaba ficando muito alto, a empresa tem que se contentar com *markups* mais baixos ou vendas menores, e ambos resultam em lucros decepcionantes. Além disso, se a empresa estabelece preços menores do que seus custos, seus lucros são prejudicados. As abordagens de determinação de preços baseada nos custos incluem *preço por custo mais margem* e *preço de ponto de equilíbrio* (ou preço de lucro-alvo).

A *determinação de preços baseada na concorrência* implica estabelecer preços com base nas estratégias, nos custos, nos preços e nas ofertas ao mercado dos concorrentes. Os consumidores fundamentam seus julgamentos acerca do valor de um produto no preço que os concorrentes cobram por produtos similares. Se, na percepção dos consumidores, o produto ou serviço da empresa oferece valor superior, então a empresa pode cobrar um preço mais alto. Agora, se os consumidores perceberem menos valor em relação aos produtos concorrentes, a empresa terá que cobrar um preço mais baixo ou mudar as percepções dos consumidores para justificar o preço.

Objetivo 3 ▶ **Identificar e definir outros importantes fatores internos e externos que afetam as decisões de determinação de preços da empresa (p. 329-336)**

Outros *fatores internos* que influenciam as decisões de determinação de preços incluem: a estratégia de marketing geral, os objetivos e o mix de marketing da empresa, bem como consi-derações organizacionais. O preço é apenas um elemento da estratégia de marketing mais ampla da empresa. Se ela tiver escolhido cuidadosamente seu mercado-alvo e seu posiciona-mento, então sua estratégia de mix de marketing, incluindo o preço, será razoavelmente descomplicada. Algumas empre-sas posicionam seus produtos com base no preço e, depois, adaptam as outras decisões de mix de marketing aos preços que querem cobrar. Outras não dão ênfase ao preço e usam ferramentas do mix de marketing para criar posições *não baseadas no preço*.

Outros *fatores externos* que influenciam a determinação de preços incluem: a natureza do mercado e da demanda e fato-res ambientais, como a economia, as necessidades dos reven-dedores e as ações do governo. A liberdade de determinação de preços da empresa varia de acordo com os diferentes tipos de mercado. Em última instância, é o cliente quem decide se a empresa estabeleceu o preço certo. Ele compara o preço com os valores percebidos do uso do produto — se o preço exceder a soma dos valores, o cliente não comprará o produto. Dessa forma, a empresa deve entender os conceitos como curvas de demanda (a relação entre preço e demanda) e a elasticidade de preço (a sensibilidade do consumidor aos preços).

As condições econômicas também podem gerar um gran-de impacto nas decisões de determinação de preços. A Grande Recessão fez com que os consumidores repensassem a equa-ção preço-valor. As empresas responderam a isso colocando mais ênfase nas estratégias de precificação baseadas no valor pelo dinheiro. No entanto, mesmo em períodos econômicos difíceis, os consumidores não compram somente com base nos preços. Assim, independentemente do preço que cobram — alto ou baixo —, as empresas precisam oferecer maior valor pelo dinheiro.

◯ Termos-chave

Objetivo 1

Preço (p. 319)

Objetivo 2

Determinação de preços baseada no valor para o cliente (p. 319)
Preço baseado em bom valor (p. 321)
Preço de valor agregado (p. 323)
Curva de experiência (curva de apren-dizagem) (p. 325)

Custos fixos (indiretos) (p. 324)
Custos totais (p. 324)
Custos variáveis (p. 324)
Determinação de preços baseada na concorrência (p. 328)
Determinação de preços baseada nos custos (p. 324)
Preço de ponto de equilíbrio (preço de lucro-alvo) (p. 326)

Objetivo 3

Curva de demanda (p. 333)
Determinação de custo-alvo (p. 330)
Elasticidade de preço (p. 334)
Preço por custo mais margem (preço de markup) (p. 326)

Discussão e **pensamento crítico**

◯ Questões para discussão

1. O que é preço? Analise os fatores que as empresas devem levar em conta na hora de estabelecer os preços.
2. Compare a estratégia de *preço baseado em bom valor* com a de *preços baixos todos os dias* (*EDLP*).

3. Relacione e descreva os tipos de custos que as empresas devem considerar ao estabelecer os preços. Em seguida, descreva as estratégias de determinação de preços baseada nos custos e os métodos para implantar cada uma delas.

338 Parte 3 | Elaboração de uma estratégia e de um mix voltados para o cliente

4. O que é determinação de custo-alvo? Como ela se diferencia do processo usual de estabelecimento de preços?

5. Relacione e descreva os quatro tipos de mercado reconhecidos pelos economistas. Quais os desafios de cada um deles no que diz respeito à determinação de preços?

◯ Atividades de pensamento crítico

1. Em sites como o Etsy, você pode transformar seu hobby em fonte de renda. Em um pequeno grupo, criem ideias para um produto artesanal a ser vendido no Etsy, uma comunidade on-line de compradores e empresas criativas. Utilizando os recursos disponíveis no endereço <www.etsy.com> como guia para estabelecimento de preços, determinem o preço de seu produto. Expliquem por que vocês optaram por esse preço. Além disso, forneçam um link, apontando os recursos do Etsy que acharam mais úteis.

2. Encontre estimativas de elasticidade de preço para uma série de produtos e serviços voltados para o mercado consumidor. Em seguida, explique o que significam elasticidades de preço de 0,5 a 2,4 (observação: esses valores são absolutos, uma vez que a elasticidade de preço geralmente é negativa).

3. O que é CPI (Consumer Price Index — Índice de Preços ao Consumidor)? Escolha um dos relatórios disponíveis em <www.bls.gov/cpi/home.htm> e crie uma apresentação sobre as mudanças de preço nos últimos 20 anos. Analise as razões para as mudanças.

Aplicações e casos

◯ Foco na tecnologia Combustível barato

Parece que não passa um dia sem que alguém fale sobre o preço do combustível. Agora que custa de 40 a 100 dólares encher o tanque, os consumidores estão muito mais conscientes do preço. E várias empresas estão usando tecnologia para ajudá-los a encontrar os menores preços de sua região. Além de sites que mapeiam os preços do combustível por código postal, aplicativos para smartphone (GasBuddy, Fuel Finder, Cheap Gas) e sistemas de navegação dos próprios carros (Garmin, Waze) colocam as informações de preço na ponta dos dedos dos motoristas enquanto eles dirigem. Isso é possível porque esses sistemas são baseados na localização atual do motorista, a qual, por sua vez, tem como base as informações de posicionamento do GPS. Esse é um exemplo de informação crowdsourcing, uma vez que esses aplicativos e sistemas dependem de voluntários para atualizar os preços.

1. presente os prós e os contras desses aplicativos do ponto de vista tanto dos consumidores como dos postos de gasolina. Em sua opinião, eles geram algum impacto no preço do combustível?

◯ Foco na ética Você está sendo "incorporado"!

Você já tentou descobrir o que representam todas aquelas cobranças em sua conta de telefone? Nem todas elas são de sua operadora de serviços telefônicos. Nos Estados Unidos, um estudo conduzido por uma comissão do Congresso relatou que, por ano, aparecem 2 bilhões de dólares em "taxas misteriosas" nas contas de telefone fixo dos consumidores — uma prática chamada de "incorporação". É ilegal uma empresa telefônica ou um terceiro inserir taxas não autorizadas nas contas de telefone fixo, mas isso ainda está acontecendo e fez com que a FCC (Federal Communications Commission — Comissão Federal de Comunicações) propusesse novas regras, exigindo que as empresas tornassem mais claras as cobranças, de modo que os consumidores pudessem identificá-las. A agência do governo gostaria de ver as taxas relacionadas em um documento separado das contas dos clientes, que também conteria informações de contato da FCC para recebimento de reclamações. O problema também atinge contas de celulares, e a empresa propôs que as empresas alertassem os clientes quando estivessem se aproximando de seu limite mensal de voz e dados. Você se lembra do que aconteceu na primeira vez que excedeu seu limite de torpedos? Se não e se seus pais pagam a conta, eles certamente se lembram!

1. Analise uma conta de telefone, para os mesmos serviços, ao longo de alguns meses. Como a operadora precifica esses serviços? Você notou alguma cobrança suspeita, como alguma das relacionadas pela FFC no site <www.ftc.gov/bcp/edu/pubs/consumer/products/pro18.shtm>? Sugira formas de determinar o preço desses serviços que facilitem o entendimento dos clientes, mas que também permitam à empresa obter um lucro razoável.

2. Como um terceiro consegue inserir taxas em uma conta de telefone, com ou sem autorização? As operadoras de telefone se beneficiam ao permitir que terceiros cobrem taxas? Pesquise essa questão e discuta se isso deve ou não ser permitido.

⊃ Foco nos números Carros *kei*

As regulações do governo norte-americano sobre o combustível exigem que, até 2025, os fabricantes de carro consigam fazer com que os automóveis rodem, em média, 24 quilômetros por litro. Carros menores podem ajudar as empresas a alcançar esses padrões. No Japão, carros bem pequenos, conhecidos como *kei* (de "kei-jidosha" ou "carros leves"), fazem 25 quilômetros por litro. Eles começaram como uma forma de estimular a economia japonesa após a Segunda Guerra Mundial, com incentivos de impostos e no preço dos seguros. Contudo, o típico comprador de *kei* está perto dos 50 anos, o que gera preocupação para os fabricantes de carro japoneses que se concentram, exclusivamente, nesse mercado. As regulações norte-americanas oferecem uma oportunidade para esses fabricantes japoneses nos Estados Unidos. Das três grandes empresas automobilísticas do Japão — Honda, Toyota e Nissan —, a Honda é a única que fabrica carros *kei*. Ela está pensando em levar seu novo Honda NBox

para o mercado norte-americano. Seu concorrente mais próximo seria o Smart, da Daimler, que no último ano obteve um lucro de 108,3 milhões de dólares sobre vendas de 10,7 bilhões nos Estados Unidos. O Smart é vendido por cerca de 13 mil dólares e tem lugar para duas pessoas. Em contrapartida, o NBox da Honda acomoda quatro pessoas e poderia ser vendido a 16 mil dólares, sendo uma alternativa para famílias médias que querem um carro pequeno. Para responder às questões a seguir, consulte o Apêndice 2, "Marketing por meio dos números".

1. Qual a margem de lucro do Smart?
2. Se o custo variável para cada NBox for de 14 mil dólares e os custos fixos da Honda, para esse carro, contabilizarem 20 milhões de dólares, quantas unidades a Honda teria que vender para atingir o ponto de equilíbrio? E quantas unidades precisariam vender para alcançar uma margem de lucro similar à do Smart?

⊃ Vídeo empresarial Smashburger

Os lanches são a comida predileta dos norte-americanos. Os consumidores gastam, por ano, mais de 100 bilhões de dólares em sanduíches. Mas, apesar da paixão dos norte-americanos por lanches, muitas vezes há uma considerável insatisfação entre os consumidores, baseada na qualidade e no valor do produto. Muitos clientes não estão contentes com o que é servido nos restaurantes fast-food que lideram o mercado. Eles querem um lanche melhor, e não hesitariam em pagar mais por isso. É aí que entra a Smashburger, a lanchonete começou há poucos anos em Denver, no Colorado, e está rapidamente se expandindo em uma rede com alcance nacional. E esse crescimento teve início durante uma severa recessão econômica, apesar de os lanches da Smashburger custarem, em média, 8 dólares. Muitos clientes pagam mais de 10, 12 dólares por um hambúrguer, batatas fritas e milk-shake. O vídeo da

Smashburger mostra como essa pequena e jovem empresa adotou estratégias de determinação de preços para vencer um desafio aparentemente impossível. Após assistir ao vídeo que apresenta a Smashburger, responda às seguintes perguntas:

1. Analise as três principais estratégias de determinação de preços tendo como base a Smashburger. Em sua opinião, qual das três é a estratégia central da empresa?
2. Qual efeito o preço premium da Smashburger tem sobre as percepções do consumidor? Como um restaurante com produtos mais caros e quase nenhuma tradição conseguiu decolar durante a recessão?
3. O sucesso da Smashburger tem como base o fato de ela ser uma novidade ou a empresa continua vai continuar se saindo bem?

⊃ Caso empresarial Burt's Bee: teimosamente cara

Quanto você pagaria por um bastão de lip balm de tamanho-padrão? A líder de mercado cobra um pouco mais de 1 dólar. Você pagaria 2 dólares por um produto similar? E que tal 3 dólares? Quando se trata de preço, seu primeiro pensamento poderia ser: "Quanto mais barato, melhor". Muitas empresas seguem esse raciocínio e tentam superar as outras oferecendo opções mais em conta. Mas uma estratégia desse tipo pode levar a margens menores e, até mesmo, a perdas. Além disso, embora preços baixos pareçam ser a maneira mais atrativa de conquistar os clientes na compra de bens e serviços, quando o que está em jogo é a criação de valor para o cliente, esse nem sempre é o caso.

A Burt's Bee é uma empresa que entende que, muitas vezes, vale a pena cobrar mais. Apenas uma década atrás, a popular fabricante de produtos naturais voltados para o cuidado pessoal era uma marca de nicho, distribuída somente em butiques e lojas de alimentos orgânicos. Mas as vendas da Burt's Bee explodiram quando grandes redes de supermercados e de lojas de descontos passaram a oferecer a linha de produtos da

pequena empresa. E, apesar de o Walmart e de outras redes de alcance nacional serem conhecidas por fazer pressão sobre os fabricantes, para que reduzam os custos e diminuam os preços, a Burt's Bee conquistou a vitória em sua distribuição graças a uma estratégia que vem sendo chamada de "teimosamente cara". No caso da Burt's Bee, isso significa praticar um preço 80% maior, ou até mesmo mais alto, do que o de marcas comparáveis que não trabalham com produtos naturais. Um exemplo: o lip balm da Burt's Bee, o produto da marca que mais vende, custa 2,99 o bastão; já o produto da ChapStick, a líder de mercado, pode ser encontrado por um terço desse valor. Para entender como a Burt's Bee tem se saído bem com essa estratégia de determinação de preços, vamos analisar o que torna a marca tão especial.

O HUMILDE COMEÇO

A Burt's Bee começou como muitos outros negócios empreendedores — os fundadores tinham uma ótima ideia, mas nenhum dinheiro. No final da década de 1980, Burt Shavitz era um apicultor que vivia no norte do Maine, onde vendia mel em sua picape e morava em uma espécie de galinheiro para perus adaptado. Roxanne Quimby, uma esposa e mãe em busca de uma maneira de complementar a renda da família, teve a ideia de comprar cera de abelha excedente de Burt e vender velas. Sua primeira participação em uma feira artesanal rendeu 200 dólares.

Alguns anos depois, Roxanne se deparou com um livro do século XIX que trazia receitas caseiras de produtos voltados para o cuidado pessoal e comprou um misturador industrial usado, da lanchonete de uma universidade. Foi aí que a marca Burt's Bee, que tantas pessoas conhecem e adoram, começou a ganhar forma. A linha de produtos principal da marca — as velas produzidas com cera de abelha natural — foi lentamente sendo substituída por itens de cuidados pessoais, incluindo seu famoso lip balm feito com cera de abelha, óleo de coco e de girassol e outros ingredientes que você poderia comer com a mesma facilidade com que aplica nos lábios.

Assim que cresceu, a Burt's Bee automatizou, de uma só vez, seu processo de produção até então constituído de um equipamento. Contudo, os itens que corriam pelas linhas automatizadas mantiveram a qualidade e a sensação de produtos caseiros naturais. A Burt's Bee desenvolveu cremes para o corpo à base de leite natural e enzimas do açúcar, produtos para banho feitos com ingredientes do mar, xampus derivados da proteína da soja e de extratos de romã e pastas de dente com óleo de hortelã e extrato de oxicoco. A empresa não pode afirmar que todos os seus produtos são 100% naturais. Mas, com mais da metade dos itens atingindo a marca dos 100% e o restante se aproximando dela, a Burt's Bee gaba-se do fato de sua linha de produtos ser, em média, 99% natural. De fato, a empresa mantém um compromisso com o que chama de *O padrão natural* — um conjunto de diretrizes que diz quais ingredientes podem ser considerados realmente "naturais".

Tendo os ingredientes naturais como seu principal ponto de diferenciação e os valores centrais orientados para a conservação ambiental e a responsabilidade social, a Burt's Bee cresceu rapidamente. Quando a empresa se voltou para redes de varejo de alcance nacional e grandes varejistas regionais, suas vendas aumentaram, em média, 30% por ano.

VALOR *VERSUS* PREÇO

Em certos aspectos, comparar produtos de cuidados pessoais é complicado, uma vez que há muita variação em termos de características e preços. Mas considere alguns produtos populares da Burt's Bee. Seus xampus e condicionadores de 300 ml custam 7,99 dólares o frasco; você pode comprar a mesma quantidade de produtos com a marca Pantene por apenas 3,99 dólares. O creme para o corpo da Burt, que também vem uma embalagem de 300 mil, sai por 9,99 dólares, ao passo que o creme da Nivea, que vem em uma embalagem visivelmente maior, custa somente 5,99 dólares. Como diversas outras marcas, a Burt's Bee oferece uma linha de cremes antirrugas. Mas qualquer um deles, que saem por 24,99 dólares, custa quase o dobro dos produtos Oil of Olay, que são similares e saem por apenas 12,99 dólares.

Quando se faz essas comparações, a escolha parece óbvia. Como a Burt's Bee conquistou tanto sucesso com essa estratégia de determinação de preços? Você pode pensar que ela faz sucesso, por isso cobra preços mais altos. Contudo, uma análise mais atenta sugere que o sucesso pode ser, na verdade, o *resultado* da precificação. Em alguns casos, preços mais elevados servem apenas de medidor do nível de qualidade. Mas, o que é mais importante no caso da Burt's Bee, preços mais altos também podem despertar a curiosidade do cliente. Quando as pessoas comparam as marcas, uma opção moderadamente mais cara faz elas pararem e procurarem entender por que é mais cara. Elas podem descobrir que o produto contém características que justificam o preço mais alto — características que elas podem nem ter levado em conta antes. Os clientes, então, se perguntam: "Eu preciso ou não desse benefício?" Alguns estudos mostram que, nessas situações, os clientes se recordam aproximadamente duas vezes mais das informações do produto e podem citar mais argumentos em favor da compra. Contudo, se o preço premium cobrado for muito alto ou muito baixo, os compradores ignorarão a opção.

Felizmente para a Burt's Bee, sua estratégia "teimosamente cara" coincidiu com a tendência dos consumidores preferirem, cada vez mais, produtos naturais e itens ecologicamente corretos. Desse modo, para muitos, os ingrediente naturais da Burt's Bee e seus valores organizacionais foram suficientes para justificar os preços mais elevados da marca. Mas é possível uma estratégia de determinação de preços que tem como base tendências na preferência do consumidor funcionar para sempre?

MARCAS ECOLÓGICAS EM PERÍODOS DIFÍCEIS

No ano passado, no Dia da Terra, a primeira página do *New York Times* trazia a seguinte manchete: "Com os consumidores reduzindo os gastos, os 'produtos verdes' perdem seu poder de atração". O artigo dizia que, durante a Grande Recessão, a relação de amor dos consumidores com os produtos ecológicos tinha desbotado como uma camiseta barata. Em tempos difíceis, características que, em períodos bons, parecem justificar um preço mais alto perdem sua importância à medida que o orçamento aperta.

Mas pesquisadores descobriram uma interessante exceção nessa dinâmica econômica. Consumidores "muito ecológicos" — que têm um maior grau de instrução, além de serem mais compromissados e ricos — não abandonam os produtos verdes mais caros com a mesma rapidez com que os consumidores "ecológicos" o fazem. Como resultado, as vendas das marcas percebidas como menos autênticas quando se trata de responsabilidade ambiental diminuíram, mas as das marcas vistas como mais autênticas permaneceram firmes. Trata-se de uma percepção de valor *e* valores. Marcas como Method e Seventh Generation estão no topo da lista entre aquelas que se beneficiaram dessa "lacuna de autenticidade", ao passo que a *fonte da natureza* da S. C. Johnson e o *limpa verde* da Clorox estão no final da relação.

Esse fenômeno gera algumas questões complicadas para a Burt's Bee. Desde o início, o famoso criador de produtos naturais é uma marca extremamente voltada para o meio ambiente. Mas, apesar da imagem rústica de Burt Shavitz ainda adornar a embalagem de muitos produtos da Burt's Bee, o apicultor vendeu sua participação na empresa para Roxanne Quimby há mais de uma década e voltou para suas abelhas e seu galinheiro adaptado. Já Quimby se afastou em 2007, em uma reorganização ainda maior. De fato, a Clorox comprou a Burt's Bee pela vultosa soma de 925 milhões de dólares, como parte de sua ampla estratégia para se tornar mais ecológica e se livrar da imagem de poluidora química. A Clorox seguiu os passos da Unilever (que comprou a Ben & Jerry em 2000), da Colgate-Palmolive (que adquiriu a Tom's of Maine em 2006) e da PepsiCo (que comprou a Naked Juice em 2006). Importantes empresas globais pagaram uma grande quantia em dinheiro pela imagem e pela base de clientes de boas marcas ecológicas.

Após comprar a Burt's Bee, a Clorox imediatamente veiculou anúncios em revistas comparando os ingredientes naturais da Burt's Bee com os ingredientes químicos encontrados em outros produtos. Ao mesmo tempo, executivos da Burt's Bee afirmaram que a qualidade e os padrões da marca só iriam melhorar. Dadas todas as intenções e propósitos, a Clorox permite que a Burt's Bee opere como uma divisão independente, mantendo verdadeiros sua missão e seus valores originais.

Contudo, muitos viram a aquisição da Burt's Bee como uma grande traição. Alguns fãs descarregaram suas frustrações on-line, criando novos nomes para a empresa, como "Burt's Água Sanitária" e "Clorox's Bees". Comentários como "Eu uso vários produtos Burt's Bee, mas não vou mais comprá-los" e "Acho que vou ter que aumentar o estoque antes que a Clorox acabe com o produto" indicaram o potencial efeito colateral da aquisição. A Burt's Bee arriscou ao perder parte de sua autenticidade como uma marca ecológica, tornando-se, assim, mais suscetível às consequências do comedimento do consumidor.

SEGUINDO ADIANTE COM O PREÇO PREMIUM

Apesar do momento econômico difícil e das grandes mudanças na administração da Burt's Bee, a empresa parece estar indo muito bem com a Clorox. De acordo com Dan Heinrich, CFO da Clorox:

> Os negócios da Burt's Bee continuam sendo um contribuinte muito sólido para os resultados da Clorox, com crescimento de vendas e margens de lucro acima da média da empresa. A Burt's Bee ainda é a unidade de negócios de crescimento mais rápido da organização, com aumento de dois dígitos nas vendas no ano fiscal. Nossas estimativas revistas continuam a projetar crescimento nas vendas na casa de dois dígitos para os próximos anos.

Se a base de fãs da página da Burt's Bee no Facebook é um indicativo, Heinrich está mais do que certo. Em pouco mais de dois anos, o número de fãs da Burt's Bee cresceu de cerca de 100 mil para mais de 1,1 milhão. A aquisição da empresa e as tendências econômicas parecem ter gerado pouco impacto sobre a marca. No final das contas, talvez a estratégia de determinação de preços da Burt's Bee prove que, ao alavancar seus pontos fortes, uma marca pode convencer os clientes a continuar comprando com base no valor, e não apenas no preço.

QUESTÕES PARA DISCUSSÃO

1. A estratégia de determinação de preços da Burt's Bee realmente a diferencia dos concorrentes?
2. A Burt's Bee utiliza uma determinação de preços baseada no valor, nos custos ou na concorrência? Justifique sua resposta.
3. Analise como a Burt's Bee implementou as estratégias de determinação de preços em seu mix de produtos.
4. Se tivesse usado uma estratégia de preço baixo, a Burt's Bee poderia ter se saído bem como fabricante de produtos naturais? Justifique sua resposta.
5. A estratégia de determinação de preços da Burt's Bee é sustentável? Por quê?

Fontes: Loren Berlin, "Burt's Bees, Tom's of Maine owned by Fortune 500 companies", *Huffington Post*, 20 abr. 2012, <www.huffingtonpost.com/2012/04/20/burts-bees-toms-of-maine-greenproducts_n_1438019.html>; Marco Bertini e Luc Wathieu, "How to stop customers from fixating on price", *Harvard Business Review*, maio 2010, p. 85-91; Mitch Maranowski, "The triple value proposition: why inauthentic green brands are doomed to fail", *Fast Company*, 18 maio 2011, <www.fastcompany.com/1754132/the-triple-value-propositionwhy-inauthentic-green-brands-are-doomed-to-fail>; citações e outras informações extraídas de <www.burtsbees.com>. Acesso em: jul. 2012.

NOTAS

1. Citações e outras informações encontradas em Rafi Mohammed, "J.C. Penney's risky new pricing strategy", *Harvard Business Review*, 30 jan. 2012, <http://blogs.hbr.org/cs/2012/01/understanding_jc_penneys_risky.html>; Natalie Zmuda, "JCPenney reinvention is bold bet, but hardly fail-safe", *Advertising Age*, 30 jan. 2012, p. 1, 22; Allison Miles, "Change coming to Victoria's JCPenney Store", *McClatchy-Tribune Business News*, 28 jan. 2012; Karen Tailey, "Penney CEO says profits won't suffer", *Wall Street Journal*, 27 jan. 2012, p. B6; Margret Brennan, "J.C. Penney CEO Johnson on pricing, store overhaul", *Bloomberg*, 25 jan. 2012, <www.bloomberg.com/video/84891104/>; Dana Mattioli, "J. C. Penney chief thinks different", *Wall Street Journal*, 26 jan. 2012; <http://online.wsj.com>; "JCPenney 'Enough Is Enough'", *International Business Times*, 1 fev. 2012, <www.ibtimes.com>; Andrew Feinberg, "Bullish on J.C. Penney, despite doubts", *Kiplinger*, nov. 2012, <www.kiplinger.com/columns/promisedland/archives/bullish-on-jc-penneydespite-doubts.html>.
2. Para saber mais sobre a importância de determinação de preços sensata, veja Thomas T. Nagle, John Hogan e Joseph Zale, *The strategy and tactics of pricing: a guide to growing more profitably*, 5. ed. Upper Saddle River: Prentice Hall, 2011, Capítulo 1.
3. Com base em informações de Anne Marie Chaker, "For a Steinway, I did it my way", *Wall Street Journal*, 22 maio 2008, <www.wsj.com>; Brett Arends, "Steinway & sons: a grand investment?", *Smart-Money*, 20 mar. 2012, <www.smartmoney.com/invest/stocks/steinway-sons-a-grand-investment-1332195987741/>; <www.steinway.com/steinway> e <www.steinway.com/steinway/quotes.shtml>. Acesso em: nov. 2012.
4. Veja Christine Birkner, "Marketing in 2012: the end of the middle?", *Marketing News*, 31 jan. 2012, p. 22-23.
5. Veja Philip Kotler e Kevin Lane Keller, *Marketing management*, 14ed. Upper Saddle River: Prentice Hall, 2012, p. 158.
6. Maria Puente, "Theaters turn up the luxury", *USA Today*, 12 mar. 2010, p. 1A; "Expansion ahead for iPic entertainment: two new visionary movie theater escapes announced for Boca Raton and Hallandale, Florida", *Business Wire*, 16

fev. 2012; informações extraídas de <www.amctheatres.com/dinein/cinemasuites/>. Acesso em: nov. 2012.

7. Aqui, a produção acumulada é apresentada em uma escala semilogarítmica, de modo que distâncias iguais representam o mesmo aumento percentual na produção.

8. A matemática dos markups e das margens é apresentada no Apêndice 2, "Marketing por meio dos números".

9. Stephanie Schomer, "How Retailer Hot Mama is rethinking shopping for moms", *Fast Company*, fev. 2011, p. 40-41; Joyce Smith, "New to Leawood, Hot Mama offers designer clothes for moms", *Kansas City Star*, 26 mar. 2012; <www.shopmama.com>. Acesso em: nov. 2012.

10. Veja <www.kohler.com> e <www.sterlingplumbing.com>. Acesso em: nov. 2012.

11. Adaptado de informações encontradas em Joseph Weber, "Over a buck for dinner? Outrageous", *Business-Week*, 9 mar. 2009, p. 57; Tom Mulier e Matthew Boyle, "Dollar dinners from ConAgra's threatened by costs",
Bloomberg BusinessWeek, 19 ago. 2010, <www.businessweek.com>.

12. Veja Nagle, Hogan e Zale, *The strategy and tactics of pricing*, Capítulo 7.

13. Para mais informações, veja Annie Gasparro, "Whole Foods aims to alter 'price perception' as it expands", *Wall Street Journal*, 15 fev. 2012; Ben Fox Rubin, "Whole Foods' profit rises 33%", *Wall Street Journal*, 8 fev. 2012; <www.wholefoodsmarket.com>. Acesso em: set. 2012.

14. Kenneth Hein, "Study: value trumps price among shoppers", *Adweek*, 1 jul. 2010, <www.adweek.com/news/advertising-branding/study-value-trumps-price-among-shoppers-94611>. Veja também Erik Seimers, "Nike sales up 18% as demand trumps higher costs", *Portland Business Journal*, 20 dez. 2011, <www.bizjournals.com/portland/news/2011/12/20/nike-boosts-q2-sales-profits-as.html>.

Parte 1 ▶ Definição de marketing e o processo de marketing (Capítulos 1-2)

Parte 2 ▶ Entendimento do mercado e dos clientes (Capítulos 3-6)

Parte 3 ▶ Elaboração de uma estratégia e de um mix voltados para o cliente (Capítulos 7-17)

Parte 4 ▶ Marketing ampliado (Capítulos 18-20)

Estratégias de determinação de preços: considerações adicionais

Prévia do capítulo

No último capítulo, aprendemos que o preço é uma importante ferramenta do mix de marketing tanto para a criação como para a captura de valor para o cliente. Analisamos as três principais estratégias de determinação de preços — determinação de preços baseada no valor para o cliente, nos custos e na concorrência — e os vários fatores internos e externos que afetam as decisões de precificação de uma empresa. Neste capítulo, examinaremos algumas considerações adicionais a respeito da determinação de preços, a saber: a determinação de preços para novos produtos, a determinação de preços para mix de produtos, os ajustes de preços e as iniciativas de mudanças de preço e reações a elas.

Para começar, vamos ver o caso da Panera Bread Company, uma rede de restaurantes fast-casual onde valor significa muito mais do que apenas preços baixos. Na Panera, valor significa boa comida e pães fresquinhos, servidos em um ambiente acolhedor e sedutor, ainda que você tenha que pagar um pouco mais por isso. Agregar valor e cobrar um preço que esteja de acordo com isso tem compensado muito para a Panera, em tempos econômicos bons e ruins.

Panera Bread Company: valor não significa apenas preços baixos

Hoje em dia, no negócio de restaurantes, valor geralmente significa uma coisa: baixo custo. Os restaurantes comuns estão oferecendo uma mistura aparentemente sem fim de refeições em conta, itens com desconto, sanduíches baratos e promoções relâmpagos que gritam "valor, valor, valor". Mas um restaurante comum, a Panera Bread, entende que, mesmo quando as finanças estão apertadas, preços baixos muitas vezes não representam o melhor valor. Em vez disso, na Panera, valor significa uma boa comida e pães fresquinhos, servidos em um ambiente aconchegante e sedutor, ainda que você tenha que pagar um pouco mais por isso. Ronald Shaich, fundador e presidente-executivo da Panera, resume perfeitamente esse conceito de valor agregado: "Dê às pessoas algo de valor e elas pagarão por isso com alegria", ele diz.

Há 30 anos, Shaich percebeu que as pessoas queriam algo entre o fast-food e o jantar casual. Ele, então, aperfeiçoou a fórmula do "fast-casual" — mais charmoso do que o fast-food, porém mais barato do que os restaurantes com lugar para se sentar — e abriu a Panera (que em espanhol significa "cesta de pães"). A categoria fast-casual é o único segmento do setor de restaurantes que cresceu nos últimos cinco anos; o conceito de padaria chique (que Shaich praticamente criou) é o que tem crescido mais rápido. E a Panera trabalha com esse conceito melhor do que ninguém. De fato, o 1,8 bilhão de dólares em vendas da Panera representa mais do que o dobro das vendas combinadas dos seus quatro concorrentes mais próximos.

Por que a Panera é tão bem-sucedida? Diferentemente de muitos concorrentes nesse período pós-Grande Recessão, a Panera não se baseia no oferecimento dos preços mais baixos. Em vez disso, ela tem como base o valor que você obtém por aquilo que paga, e o que obtém é uma experiência de valor completo.

Na Panera, tudo começa com a comida, que gira em torno de pães fresquinhos. Quando os clientes entram pela porta, a primeira coisa que veem é uma grande vitrine repleta de pães, todos feitos e assados na loja. Ao longo do dia, os padeiros distribuem amostras de pão quentinhas para os clientes. Todos os novos funcionários passam pelo "treinamento da massa" e, inclusive, as reuniões começam com os membros da equipe amassando o pão juntos — literalmente. O pão é tão ligado ao

▲ A Panera Bread entende que preços baixos muitas vezes não representam o melhor valor. De acordo com Ronald Shaich, CEO da empresa: "Dê às pessoas algo de valor e elas pagarão por isso com alegria".
Associated Press

DNA da Panera que sua equipe de pesquisa e desenvolvimento (P&D) descarta novos pratos quando o pão fica parecendo algo secundário.

Naturalmente, as opções de comida na Panera vão além dos pães. Roscas frescas, folhados, tortas, sopas, saladas, sanduíches e paninis, assim como vários tipos de café e smoothies, dão aos clientes opções para uma refeição completa a qualquer hora do dia. Os itens do cardápio transbordam de ingredientes sofisticados, como queijo gorgonzola, manjericão fresco, incrementados molhos de tomate, cebolas caramelizadas e bacon defumado (do tipo que seria encontrado no Four Seasons, e não no Wendy's). Em geral, o público-alvo da Panera é mais conectado a uma alimentação variada do que fast-food. "Nós fazemos sucesso com pessoas que entendem de comida e reagem a ela", diz Scott Davis, diretor de conceito da empresa. Nosso perfil é "mais próximo daquilo que você encontraria em um bistrô do que em uma lanchonete fast-food". E, a toda essa boa comida, a Panera acrescenta um atendimento ao cliente de primeira. A empresa foi citada na lista dos 25 melhores atendimentos ao cliente da *BusinessWeek*.

Mas boa comida fast-casual e excelente serviço são apenas parte da proposta de valor agregado da Panera. Talvez, mais importante do que isso seja a experiência Panera — uma experiência tão sedutora que as pessoas não querem ir embora. Área de estar confortável, sofás e cadeiras de couro, iluminação aconchegante, uma lareira e Wi-Fi grátis imploram para os clientes relaxarem e ficarem lá por um tempo. De fato, a Panera se tornou uma espécie de ponto de encontro. Em qualquer momento, você vai encontrar um grupo diverso de clientes que estão lá por uma série de razões. Uma recente amostra incluiu: uma mulher conversando com o fotógrafo que iria trabalhar em seu casamento, dois executivos com seus notebooks, um grupo da igreja engajado em um estudo bíblico e uma dúzia de casais e famílias apenas curtindo a companhia uns dos outros. Shaich sabe que, embora a comida seja importante, o que ele de fato está vendendo é um lugar sedutor para se estar. "De muitas maneiras", diz ele, "nós estamos alugando espaço para as pessoas, e a comida é o preço do ingresso".

Mesmo durante a Grande Recessão, em vez de reduzir o valor e diminuir os preços nos tempos difíceis, a Panera aumentou a qualidade e o valor, enquanto os clientes os cortavam. O frescor continuou sendo a força orientadora. Shaich tornou o alface mais fresco reduzindo, pela metade, o tempo do campo ao prato e utilizando somente sua parte central. Os fornos das lojas começaram a produzir pães quentes ao longo do dia, em vez de apenas no curto período da manhã. E os laboratórios de desenvolvimento da rede chegaram a uma nova grelha que produzia os paninis na metade do tempo. "Esse era o momento de melhorar a experiência com a comida, quando o cliente menos esperava isso", insiste Shaich. "Quando todo mundo recuou e nós fizemos mais, a diferença entre a gente e os nossos concorrentes aumentou."

A estratégia da Panera de agregar valor e cobrar um preço que esteja de acordo com isso tem compensado muito, em tempos econômicos bons e ruins. Enquanto a maioria das redes, incluindo aquelas que cortaram seus preços, lutava e fechava lojas, a Panera prosperava. Nos últimos cinco anos, suas vendas praticamente triplicaram; os lucros mais do que dobraram. De acordo com uma analista do setor de restaurantes: "Não há nenhum sinal que aponte para o fim do seu crescimento. Eles têm atendido às expectativas de valor dos consumidores muito mais do que a maioria dos restaurantes fast-food". A Panera está com tudo e não tem planos de diminuir o ritmo, aumentando seu orçamento promocional para o próximo ano em 26%.

Embora todo mundo queira valor, Shaich diz, nem todo mundo o quer na forma de uma refeição mais em conta. Anne Skrodzki, uma advogada de 28 anos que mora em Chicago, concorda. Recentemente, ela gastou 9,72 dólares na Panera em uma salada Caesar e um suco de limão. "Eu acho que é um valor muito bom. As porções são generosas. A comida é de alta qualidade [...]. Eu também costumo vir aqui por causa do Wi-Fi gratuito."

Assim, a Panera é muito mais do que um lugar para comprar uma refeição fast-casual a um baixo preço. É um pacote de valores agregados difíceis de quantificar. É o aroma do pão fresquinho e o murmúrio da conversa afetuosa. É uma manhã na rotina de trabalho ou um simples ritual no lanche da tarde. É um lugar para ir com amigos — e um lugar para estar. Em uma recente campanha, Shaich afirma que a Panera é "um lugar com alma". Preços baixos? Eles nem sequer estão no radar.[1]

> A Panera Bread Company sabe que preços baixos muitas vezes não representam o melhor valor. Em vez disso, na Panera, valor significa boa comida, servida em um ambiente aconchegante e sedutor, ainda que você tenha que pagar um pouco mais por isso.

Capítulo 11 | Estratégias de determinação de preços **345**

Resumo dos objetivos

Objetivo 1 Descrever as principais estratégias de determinação de preços para novos produtos.
Estratégias de determinação de preços para novos produtos (p. 345-346)

Objetivo 2 Explicar como as empresas encontram um conjunto de preços que maximiza os lucros obtidos com o mix total de produtos.
Estratégias de determinação de preços para mix de produtos (p. 346-349)

Objetivo 3 Discutir como as empresas ajustam seus preços de acordo com diferentes tipos de clientes e situações.
Estratégias de ajustes de preços (p. 349-359)

Objetivo 4 Discutir as principais questões ligadas a iniciativas de mudanças de preço e a reações a elas.
Mudanças de preço (p. 359-362)

Objetivo 5 Apresentar um panorama geral das questões sociais e legais que afetam as decisões de preço.
Política pública e determinação de preços (p. 362-364)

Como vimos no capítulo anterior, as decisões de preço estão sujeitas a um complexo conjunto de forças internas, ambientais e competitivas. Para tornar as coisas ainda mais complicadas, uma empresa não estabelece um único preço, mas uma *estrutura de precificação* que abrange os diferentes itens de sua linha. Essa estrutura muda ao longo do tempo, à medida que os produtos percorrem seu respectivo ciclo de vida. A empresa ajusta seus preços para refletir alterações nos custos e na demanda, bem como variações nos compradores e nas situações. Conforme o ambiente competitivo muda, ela decide quando iniciar mudanças de preço e quando reagir a elas.

Este capítulo analisa outras abordagens de determinação de preços utilizadas em casos de precificação especiais e em ajustes no preço para atender a situações em mudança. Assim, analisaremos a *determinação de preços para novos produtos*, para itens que estão no estágio de introdução do ciclo de vida do produto; a *determinação de preços para mix de produtos*, para itens relacionados no mix de produtos; as *estratégias de ajustes de preços*, que levam em conta as diferenças entre os clientes e situações em alteração; e estratégias ligadas à iniciativa de *mudanças de preço* e à reação a tais mudanças.[2]

Estratégias de determinação de preços para novos produtos

As estratégias de determinação de preços geralmente mudam à medida que o produto avança em seu ciclo de vida. O estágio de introdução é particularmente desafiador. As empresas que trazem um novo produto enfrentam o desafio de estabelecer os preços pela primeira vez. Elas podem escolher entre duas estratégias gerais: a *determinação de preços de desnatamento do mercado (skimming pricing)* e a *determinação de preços de penetração de mercado*.

Determinação de preços de desnatamento

Muitas empresas que inventam novos produtos estabelecem inicialmente preços altos para retirar a nata (skin) das receitas do mercado, camada após camada. A Apple costuma usar essa estratégia, chamada de **determinação de preços de desnatamento (ou skimming pricing)**. Quando a Apple lançou o iPhone, seu preço era superior a 599 dólares por aparelho. Os telefones foram comprados somente por clientes que realmente queriam o novo dispositivo bacana ou por aqueles que podiam pagar um alto preço por ele. Seis meses depois, a Apple reduziu o preço para 399 dólares, no modelo de 8 gigas, e 499 dólares, no modelo de 16 gigas, com o intuito de atrair novos compradores. Quando deu um ano, ela diminuiu ainda mais os preços, que atingiram 199 e 299 dólares, respectivamente. Hoje, você compra um modelo de 8 gigas básico por 49 dólares. Fazendo isso, a Apple desnatou o mercado, ou seja, conseguiu o máximo de receitas de seus vários segmentos.

O desnatamento do mercado só faz sentido sob determinadas condições. Primeiro, a qualidade e a imagem do produto devem dar respaldo a seu preço mais elevado, e é preciso que haja um número suficiente de compradores que queiram adquirir o produto por esse preço.

Objetivo 1

◀ Descrever as principais estratégias de determinação de preços para novos produtos.

Determinação de preços de desnatamento (skimming pricing)
Estabelecimento de um preço alto para um novo produto a fim de "desnatar" as receitas, camada após camada, de segmentos dispostos a pagar os preços elevados; com isso, a empresa obtém menos vendas, porém mais lucrativas.

Em segundo lugar, os custos para produzir um volume menor não podem ser altos a ponto de anular a vantagem de se cobrar mais. Por fim, os concorrentes não podem ter condições de entrar facilmente no mercado e oferecer o produto a preços menores.

Determinação de preços de penetração de mercado

Em vez de estabelecer um alto preço inicial para desnatar segmentos de mercado pequenos, porém lucrativos, algumas empresas utilizam a **determinação de preços de penetração de mercado**. Elas estabelecem um preço inicial baixo com a finalidade de penetrar no mercado rápida e profundamente — o intuito é atrair um grande número de compradores com rapidez e conquistar uma grande participação de mercado. O alto volume de vendas resulta na diminuição dos custos, permitindo que as empresas reduzam seus preços ainda mais. Por exemplo, a IKEA, gigante varejista sueca, utilizou a determinação de preços de penetração de mercado para impulsionar seu sucesso no mercado chinês:[3]

Determinação de preços de penetração de mercado
Estabelecimento de preços baixos para um novo produto a fim de atrair um grande número de compradores e conquistar uma grande participação de mercado.

▲ Determinação de preços de penetração de mercado: para atrair os clientes chineses, famosos por serem comedidos em relação aos gastos, a IKEA reduziu seus preços. A estratégia deu certo. Nos finais de semana, em muitas lojas chinesas da IKEA, a quantidade de pessoas é tanta que os funcionários utilizam megafones para manter os compradores sob controle.
© Lou Linwei/Alamy

Quando a IKEA abriu suas primeiras lojas na China, as pessoas as lotavam, mas não para comprar móveis para sua casa. Em vez disso, elas iam lá para passear, aproveitar os banheiros gratuitos e o ar-condicionado ou até mesmo para tirar uma pestana em uma confortável cadeira ou cama do mostruário. Os consumidores chineses são famosos por serem comedidos em relação aos gastos. Quando chegava o momento de comprarem de fato, eles iam para as lojas locais do outro lado da rua, que ofereciam imitações dos designs da IKEA por um preço muito menor. Assim, para transformar os difíceis consumidores chineses em clientes pagantes, a IKEA da China diminuiu os custos, aumentando a quantidade de produtos feitos no país em seus showrooms, e, então, cortou os preços. No caso de algumas mercadorias, os preços ficaram mais de 70% menores do que em lojas IKEA em outras partes do mundo. A estratégia de determinação de preços de penetração de mercado deu certo. Hoje, a IKEA possui uma participação de 43% no mercado de móveis e objetos para a casa, em rápido crescimento na China. E as vendas em suas 10 gigantescas lojas no país cresceram 20% no último ano. Sozinha, uma loja em Pequim recebe cerca de 6 milhões de visitantes por ano. Nos finais de semana, em muitas lojas chinesas da IKEA, a quantidade de pessoas é tanta que os funcionários utilizam megafones para manter os compradores sob controle.

Diversas condições precisam ser atendidas para que essa estratégia de preços baixos funcione. Primeiro, o mercado deve ser extremamente sensível a preços, de modo que o preço baixo gere mais crescimento de mercado. Em segundo lugar, os custos de produção e distribuição precisam cair à medida que o volume de vendas aumenta. Por fim, o preço baixo deve ajudar a afastar a concorrência, e a empresa que pratica o preço de penetração precisa manter sua posição de preço baixo — caso contrário, a vantagem do preço pode ser apenas temporária.

Objetivo 2
▶ Explicar como as empresas encontram um conjunto de preços que maximiza os lucros obtidos com o mix total de produtos.

Estratégias de determinação de preços para mix de produtos

A estratégia para estabelecer o preço de um produto, muitas vezes, precisa ser alterada quando ele faz parte de um mix de produtos. Nesse caso, a empresa busca um conjunto de preços que maximize seus lucros no mix total de produtos. A determinação de preços é difícil porque os vários produtos têm demanda e custos relacionados e enfrentam diferentes níveis de concorrência. Vamos analisar as cinco situações de determinação de preços de mix de produtos resumidas na Tabela 11.1, a saber: *determinação de preços para linha de produtos, determinação de preços para produtos opcionais, determinação de preços para produtos complementares, determinação de preços para subprodutos* e *determinação de preços para pacotes de produtos*.

▼ **Tabela 11.1** Determinação de preços para mix de produtos.

Estratégia	Descrição
Determinação de preços para linha de produtos	Estabelecer preços para uma linha de produtos inteira
Determinação de preços para produtos opcionais	Determinação de preços para produtos opcionais ou acessórios com o seu produto principal
Determinação de preços para produtos complementares	Determinação de preços de produtos que devem ser usados com o produto principal
Determinação de preços para subprodutos	Determinação de preços de subprodutos a um baixo valor para se livrar deles ou para ganhar dinheiro com eles
Determinação de preços para pacotes de produtos	Determinação de preços de pacotes de produtos que são vendidos juntos

Determinação de preços para linha de produtos
Estabelecimento de gradação de preços entre os diversos produtos em uma linha com base nas diferenças de custos entre os itens, nas avaliações que os clientes fazem das diferentes características e nos preços dos concorrentes.

Determinação de preços para linha de produtos

As empresas geralmente desenvolvem linhas de produtos, em vez de produtos individuais. Por exemplo, a Rossignol oferece sete diferentes tipos de esquis alpinos, de todos os tipos e tamanhos, a preços que vão de 150 dólares para seus esquis juniores (como os da Fun Girl) a mais de 1.100 dólares para um par de esquis de sua coleção Radical, voltada para corrida. Ela também oferece esquis nórdicos e de montanha, snowboards e equipamentos relacionados a esqui. Na **determinação de preços para linha de produtos**, a gerência precisa decidir qual gradação de preços vai estabelecer entre os diversos produtos de uma linha.

Determinação de preços para produtos opcionais
Estabelecimento de preços para produtos opcionais ou acessórios do produto principal.

A gradação de preços deve levar em conta as diferenças de custos entre os produtos da linha. E o mais importante: deve considerar as diferenças nas percepções de valor do cliente no que diz respeito às diversas características. Por exemplo, no lava-rápido Mr. Clean, você pode escolher seis diferentes tipos de lavagem, que variam de limpeza externa básica ("Bronze", por 5 dólares) e limpeza externa com polimento e proteção ("Gold", por 12 dólares) a lavagem completa ("Signature Shine", por 27 dólares), que inclui limpeza interna e externa, rodas brilhantes, produto para proteger tanto a parte de baixo do carro contra ferrugens como a lataria e até mesmo um desodorante de ar. A tarefa do lava-rápido é estabelecer diferenças no valor percebido que deem respaldo às diferenças de preço.

Determinação de preços para produtos opcionais

Muitas empresas utilizam a **determinação de preços para produtos opcionais**, oferecendo produtos opcionais ou acessórios juntamente com seu produto principal. Por exemplo, quem compra um carro tem a opção de pedir sistema de navegação e sistema de entretenimento premium. As geladeiras podem vir com um dispositivo opcional para produzir gelo. E, ao comprar um novo computador, você tem à sua escolha uma quantidade desnorteadora de processadores, discos

▲ Determinação de preços para linha de produtos: o lava-rápido Mr. Clean oferece uma linha completa de tipos de lavagem, com preços que vão de 5 dólares (para a lavagem Bronze básica) a 27 dólares (para a lavagem Signature Shine, completa).
The Procter & Gamble Company

rígidos, suportes, softwares e planos de serviços. Determinar o preço desses opcionais é algo delicado. As empresas precisam decidir quais itens vão incluir no preço-base e quais vão oferecer como opções.

Determinação de preços para produtos complementares

Determinação de preços para produtos complementares
Estabelecimento de preços para produtos que devem ser usados juntamente com um produto principal, como lâminas para aparelhos de barbear e jogos para consoles de videogame.

Empresas que fabricam produtos que devem ser usados juntamente com um produto principal utilizam a **determinação de preços para produtos complementares**. Lâminas de barbear, jogos de videogame, cartuchos de impressoras e e-books são exemplos de produtos complementares. Os fabricantes costumam estabelecer um preço baixo para os produtos principais (aparelhos de barbear, consoles de videogame, impressoras e tablets) e altos markups para os produtos complementares. Por exemplo, a Amazon lançou seu tablet Kindle Fire por apenas 199 dólares, com uma perda estimada de 10 dólares por unidade. Ela esperava mais do que compensar essa perda por meio da venda de livros digitais, músicas e filmes para serem rodados no dispositivo.[4]

No entanto, as empresas que utilizam a determinação de preços para produtos complementares precisam ser cuidadosas. Encontrar o equilíbrio certo entre o preço do produto principal e o do complementar pode ser complicado, até porque consumidores obrigados a compras de caros produtos complementares podem se ressentir da marca que os está prendendo. Pergunte para qualquer cliente como ele se sente ao comprar um aparelho de barbear Gillette Fusion ProGlide por uma pechincha e descobrir, depois, como as lâminas descartáveis são caras. De fato, as lâminas são tão caras que se tornaram um item de grande valor para ladrões profissionais, que as revendem no mercado negro. Além disso, a estratégia de determinação de preços para produtos complementares da Gillette têm convocado concorrentes como a Schick e a Dollar Shave Club para desafios diretos de preço. Recentes anúncios da Schick proclamavam que a Schick Hydro 5 é "preferida à Fusion ProGlide por um preço melhor". E a campanha de marketing direto da Dollar Shave Club pergunta: "Você gosta de gastar 20 dólares por mês em aparelhos de barbear de marca?" Como alternativa, ela oferece aparelhos com duas lâminas por 1 dólar por mês (3 dólares, incluindo o frete) e modelos com quatro e seis lâminas por 6 e 9 dólares, respectivamente, já incluindo o frete.[5]

No caso dos serviços, a determinação de preços para produtos complementares é chamada de *precificação composta*. O preço do serviço é distribuído em uma *taxa fixa* mais uma *taxa de utilização variável*. Dessa forma, no Six Flags e em outros parques de diversão, você paga pelo ingresso para o dia ou para a temporada mais taxas adicionais pela alimentação e por outras atrações oferecidas no parque.

Determinação de preços para subprodutos

Determinação de preços para subprodutos
Estabelecimento de preços para subprodutos, com a finalidade de tornar o preço do produto principal mais competitivo.

O processo de produção de produtos e serviços muitas vezes gera subprodutos. Se esses subprodutos não tiverem nenhum valor e seu processo de descarte for custoso, a determinação do preço do produto principal será afetada. Ao utilizar a **determinação de preços para subprodutos**, a empresa procura um mercado para eles, a fim de ajudá-la a compensar os custos do descarte e a tornar o preço do produto principal mais competitivo.

Os subprodutos podem até ser lucrativos, com a transformação de lixo em dinheiro. Por exemplo, o Woodland Park Zoo, de Seattle, descobriu que um de seus principais subprodutos — o excremento dos animais — pode ser uma excelente fonte de renda extra.[6]

"O que acontece com todo esse excremento do zoológico", é perguntado em um recente vídeo sobre o Woodland Park Zoo. Não muito tempo atrás, a resposta seria: ele é transportado para um aterro sanitário a um custo de 60 mil dólares por ano. Mas, hoje, o zoológico cuidadosamente recolhe o excremento, transforma-o em esterco e o vende sob as marcas Zoo Doo e Bedspread, divulgadas como "o mais exótico e altamente valorizado esterco do noroeste do Pacífico, composto das fezes de espécies exóticas, fornecidas pelos herbívoros não primatas do zooló-

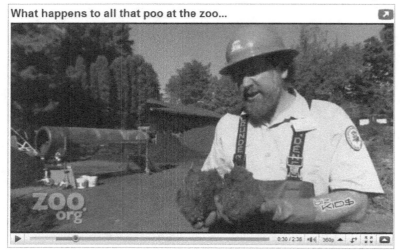

▲ Determinação de preços para subprodutos: "Dá para ser ecológico e fazer dinheiro com o excremento dos animais!", brada Dan Corum, o entusiasmado coordenador de reciclagem e esterco do Woodland Zoo (também conhecido como príncipe das fezes e imperador do excremento, entre outros apelidos).
Biz Kid$ TV Series. www.bizkids.com.

gico". Os clientes podem comprar esse cobiçado esterco em baldes na loja do zoológico, que também patrocina anualmente as Festas Fecais. Nelas, felizardos ganhadores de sorteios podem comprar o excremento processado em latões de lixo e caminhões cheios. "Dá para ser ecológico e fazer dinheiro com o excremento dos animais!", brada Dan Corum, o entusiasmado coordenador de reciclagem e esterco do Woodland Zoo (também conhecido como príncipe das fezes e imperador do excremento, entre outros apelidos). A venda de Zoo Doo mantém o excremento longe do aterro sanitário, o que é bom para o planeta — e é bom também para o zoológico, que economiza os custos do descarte e gera entre 15 e 20 mil dólares em vendas anuais.

Determinação de preços para pacotes de produtos

Ao utilizar a **determinação de preços para pacotes de produtos**, as empresas geralmente agrupam diversos produtos e oferecem um pacote a um preço reduzido. Por exemplo, restaurantes fast-food oferecem lanche, batatas fritas e refrigerante em um pacote vendido a um preço "combo". A Bath & Body Works faz arranjos do tipo "leve três e pague um" para seus sabonetes e cremes (por exemplo, leve três sabonetes antibacterianos por 10 dólares). E a Comcast, a Time Warner, a Verizon e outras empresas de telecomunicações reúnem em um pacote, por um baixo preço previamente combinado, serviços de TV, telefone e conexão à Internet de alta velocidade. Os pacotes podem promover as vendas de produtos que os consumidores, de outra forma, não comprariam, mas o preço combinado deve ser baixo o suficiente para fazê-los comprar o pacote.

Determinação de preços para pacotes de produtos
O agrupamento de diversos produtos e o oferecimento de um pacote a um preço reduzido.

Estratégias de ajustes de preços

As empresas normalmente ajustam seus preços básicos para atender às várias diferenças entre os clientes e a situações em mudança. Analisaremos aqui as sete estratégias de ajustes de preços resumidas na Tabela 11.2, a saber: *determinação de preços com descontos e concessões*, *determinação de preços segmentados*, *determinação de preços psicológicos*, *determinação de preços promocionais*, *determinação de preços geográficos*, *determinação dinâmica de preços* e *determinação de preços internacionais*.

Objetivo 3

◀ Discutir como as empresas ajustam seus preços de acordo com diferentes tipos de clientes e situações.

▼ **Tabela 11.2** Estratégias de ajustes de preços.

Estratégia	Descrição
Determinação de preços com descontos e concessões	Redução de preços para recompensar os clientes por coisas como compras de grande volume, pagamento antecipado ou promoção do produto
Determinação de preços segmentados	Ajustes de preços para atender a diferenças entre os clientes, os produtos ou as localidades
Determinação de preços psicológicos	Ajustes de preço para gerar efeito psicológico
Determinação de preços promocionais	Redução temporária de preços para aumentar as vendas em curto prazo
Determinação de preços geográficos	Ajustes de preços para levar em conta a localização geográfica dos clientes
Determinação dinâmica de preços	Ajustes contínuos de preços para atender às características e às necessidades de clientes e situações individuais
Determinação de preços internacionais	Ajustes de preços para mercados internacionais

Determinação de preços com descontos e concessões

Muitas empresas ajustam seus preços básicos para recompensar os clientes por coisas como pagamento antecipado de faturas, compras em grande volume e compras fora de época. Esses ajustes de preços — chamados *descontos* e *concessões* — podem assumir diversas formas.

Desconto
Uma redução direta no preço das compras feitas em um determinado período de tempo ou em grandes volumes.

Uma das formas do **desconto** é o *desconto em dinheiro*, uma redução de preço para os compradores que pagam suas contas em dia. Um exemplo típico desse tipo de desconto é o sistema "2/10, líquido 30", em que, embora o pagamento seja para 30 dias, o comprador recebe uma dedução de 2% sobre o preço total se pagar em 10 dias. *Desconto por quantidade* é a redução de preços para compradores que adquirem grandes volumes. Uma empresa oferece um *desconto comercial* (também chamado de *desconto funcional*) para membros do canal de distribuição que desempenham certas funções, como vender, armazenar e manter registros. Um *desconto sazonal* é a redução de preços oferecida a compradores que adquirem mercadorias ou serviços fora de época.

Concessão
Dinheiro promocional pago pelos fabricantes aos varejistas em troca de um acordo no qual os varejistas apresentam os produtos dos fabricantes de determinada maneira.

A **concessão** é outro tipo de redução sobre os preços de tabela. Por exemplo, as *concessões de troca* são reduções de preços que se concedem pela entrega de um item velho na compra de um novo. Essas concessões são mais comuns no setor automobilístico, mas também são oferecidas no caso de outros bens duráveis. *Concessões promocionais* são pagamentos ou reduções de preço com a intenção de recompensar os revendedores por sua participação em programas de propaganda e de apoio às vendas.

Determinação de preços segmentados

Determinação de preços segmentados
A venda de um produto ou de um serviço por dois ou mais preços, sendo que a diferença de preços não se baseie em diferenças de custos.

As empresas, com frequência, ajustam seus preços básicos para atender a diferenças entre os clientes, os produtos e as localidades. Na **determinação de preços segmentados**, a empresa vende um produto ou serviço por dois ou mais preços, mesmo que a diferença não se baseie em diferenças de custos.

A determinação de preços segmentados assume diversas formas. Na *determinação de preços por segmento de cliente*, diferentes consumidores pagam preços distintos pelo mesmo produto ou serviço. Museus e teatros, por exemplo, podem cobrar ingressos mais baratos para estudantes e idosos. Na *determinação de preços por versão de produto*, os preços das versões são diferentes, mas isso não reflete diferenças no custo. Por exemplo, um assento na classe econômica de um voo de Nova York para Londres pode custar 1 mil dólares, ao passo que um lugar na classe executiva, no mesmo voo, pode custar 4.500 dólares ou mais. Embora os clientes da classe executiva desfrutem de mais espaço e poltronas mais confortáveis, bem como de serviços e comida de maior qualidade, as diferenças de custos para as companhias aéreas são muito menores do que os preços adicionais cobrados dos passageiros. No entanto, para os clientes que podem pagar por isso, o conforto e os serviços adicionais compensam a cobrança extra.

Ao utilizar a *determinação de preços por local*, a empresa cobra preços diferentes em diferentes locais, mesmo que o custo do produto para cada lugar seja o mesmo. Por exemplo, nos Estados Unidos, universidades estaduais cobram mensalidades mais altas de estudantes de outros estados, e os teatros podem variar o preço de suas poltronas com base nas preferências do público por determinados lugares. Por fim, com a *determinação de preços por período*, a empresa altera seu preço de acordo a estação, o mês, o dia e, até mesmo, a hora. Por exemplo, os teatros cobram preços de matinê durante o dia, e os resorts oferecem descontos sazonais e nos finais de semana.

Para que a estratégia de determinação de preços segmentados dê certo, é preciso que existam algumas condições. Deve ser possível segmentar o mercado, e os segmentos devem apresentar diferentes níveis de demanda. Os custos de segmentação e de alcance do mercado não devem exceder a receita extra obtida com a diferença de preço. Evidentemente, a determinação de preços por segmentos também precisa estar dentro da lei.

▲ Determinação de preços segmentados: em um mesmo voo de Nova York para Londres, um assento com mais espaço na classe executiva custa muito mais do que um assento na classe econômica. Para os clientes que podem pagar por isso, o conforto e os serviços adicionais compensam a cobrança extra.
© Index Stock Imagery

Capítulo 11 | Estratégias de determinação de preços   **351**

E o mais importante: os preços segmentados devem refletir diferenças reais no valor percebido pelos clientes. Os consumidores nas faixas de preço mais alto devem sentir que estão recebendo valor extra pelos preços mais altos que pagam. De maneira similar, as empresas devem ter cuidado para não tratarem os clientes nas faixas de preço mais baixo como cidadãos de segunda classe. Caso contrário, no longo prazo, a prática deixará os clientes ressentidos e irritados. Por exemplo, nos últimos anos, as companhias aéreas suscitaram a ira de clientes frustrados, nos dois extremos do avião. Passageiros que pagam tarifas mais caras por assentos na classe executiva ou na primeira classe geralmente sentem que estão sendo extorquidos. Ao mesmo tempo, passageiros que compram assentos mais baratos sentem que estão sendo ignorados ou mal atendidos.

Determinação de preços psicológicos

O preço diz algo sobre o produto. Por exemplo, muitos consumidores utilizam o preço para avaliar a qualidade. Um vidro de perfume de 100 dólares pode conter apenas o equivalente a 3 dólares em essência, mas algumas pessoas estão dispostas a pagar os 100 dólares porque esse preço indica algo de especial.

Quando usam a **determinação de preços psicológicos**, as empresas consideram a psicologia dos preços, e não apenas os aspectos econômicos. Por exemplo, os consumidores costumam achar que produtos mais caros têm mais qualidade. Quando podem avaliar a qualidade do produto examinando-o ou tomando como referência uma experiência anterior com ele, os consumidores usam menos o preço como indicador de qualidade. Mas, quando eles não dispõem de informações ou de conhecimento para avaliar o produto, o preço se torna um importante sinal de qualidade. Por exemplo, quem é o melhor advogado: aquele que cobra 50 dólares por hora ou aquele que cobra 500? Para responder a essa pergunta objetivamente, você teria que pesquisar muito sobre a experiência dos respectivos advogados, e mesmo assim poderia não ser capaz de avaliá-los com precisão. Mas a maioria de nós simplesmente partiria do princípio de que o advogado com o honorário mais caro é o melhor.

> **Determinação de preços psicológicos**
> Precificação que considera a psicologia dos preços, e não apenas os aspectos econômicos. O preço é usado para dizer algo sobre o produto.

Outro aspecto da determinação de preços psicológicos são os **preços de referência** — aqueles que os compradores têm em mente e usam como referência ao analisar um determinado produto. O preço de referência pode ser formado pela observação dos preços correntes, pela recordação de preços passados ou pela avaliação da situação de compra. As empresas podem influenciar ou usar esses preços de referência dos consumidores na hora de estabelecer seus preços. Por exemplo, um supermercado poderia colocar sua marca própria de cereais com passas, que custa 1,89 dólares, ao lado do Raisin Bran da Kellogg's, que sai por 3,20 dólares. Ou uma empresa poderia oferecer modelos caros, que não vendem muito bem, para fazer seus modelos mais em conta (mas, ainda assim, de preço elevado) parecerem, por comparação, mais acessíveis. Por exemplo, certa vez, a Williams-Sonoma surgiu com uma máquina de fazer pão com um alto preço: 279 dólares. Contudo, depois, ela adicionou um modelo de 429 dólares. O modelo caro não deu certo, mas as vendas do modelo mais em conta duplicaram.[7]

> **Preços de referência**
> Preços que os compradores têm em mente e usam como referência ao analisar um determinado produto.

Para a maioria das compras, os consumidores não têm todo o conhecimento ou as informações de que precisam para saber se estão pagando um bom preço. Eles não têm tempo, condições ou vontade de pesquisar diferentes marcas ou lojas, comparar preços e obter os melhores negócios. Em vez disso, eles podem se ater a algumas pistas que sinalizam se um preço está alto ou baixo. É interessante notar que essas pistas de preços são geralmente fornecidas pelas empresas, na forma de sinalizações de oferta, preço isca e garantia dos melhores preços, entre outras pistas úteis (veja o Marketing Real 11.1).

Mesmo pequenas diferenças de preço podem sugerir diferenças nos produtos. Por exemplo, em um estudo, foi pedido às pessoas que indicassem qual profissional eles provavelmente escolheriam para fazer uma LASIK (correção de miopia, astigmatismo e hipermetropia), tendo como base somente o preço cobrado: 299 e 300 dólares. A diferença de preço real era de apenas 1 dólar, mas o estudo descobriu que a diferença psicológica era muito maior. O índice de preferência pelos profissionais que cobravam 300 dólares era bem mais alto. Os entrevistados viram o preço de 299 dólares como significativamente menor. Além disso, o preço mais baixo suscitou mais preocupações em relação à qualidade e ao risco.[8] Alguns psicólogos afirmam que cada dígito tem qualidades visuais e simbólicas que devem ser consideradas na precificação. Assim, o oito (8) é arredondado, uniforme e cria um efeito calmante, ao passo que o sete (7) é angular e cria um efeito perturbador.

Marketing Real 11.1

Responda rápido: qual o melhor preço para...? Nós vamos lhe dar uma pista

Em uma manhã de sábado, você vai a um supermercado perto de sua casa para comprar alguns poucos itens para o churrasco que fará à noite. Percorrendo os corredores, você é bombardeado com preços, todos sugerindo que você está na loja mais em conta de todas. Um saco de cinco quilos de carvão Kingsford Charcoal Briquets sai por apenas 5,99 dólares com seu cartão fidelidade (7,99 dólares sem o cartão). O feijão em lata com carne de porco da Van Camps está por um "preço baixo todo dia", custando apenas 0,99 centavos de dólar a lata. Um corredor exibe montanhas de batatas Ruffles: por um tempo limitado, dois pacotes saem por 5 dólares. E um cartaz em cima de uma enorme pilha de embalagens de 12 latas de Coca-Cola anuncia: três por 9 dólares; cada embalagem individual sai por 4,50 dólares.

Sem dúvida, os preços parecem bons, mas *serão* mesmo? Se você é como a maioria dos compradores, na verdade não sabe. Em um recente artigo, dois pesquisadores que estudam a precificação concluem que, "para a maioria dos itens que compram, os consumidores não têm uma ideia precisa de qual deveria ser o preço". Com efeito, os clientes geralmente nem sabem os preços que estão, de fato, pagando. Em um estudo, pesquisadores perguntaram a compradores em supermercados o preço de um item que eles tinham acabado de colocar no carrinho. Menos da metade deles respondeu corretamente.

Para ter certeza de que está pagando o melhor preço, você precisaria comparar o preço que está sendo cobrado com os preços anteriores, os preços das marcas concorrentes e os preços em outras lojas. Para a maioria das compras, os consumidores simplesmente não se dão ao trabalho de fazer isso. Em vez disso, eles confiam na mais improvável fonte de informações. "É incrível, [...] eles confiam no varejista para lhes dizer se estão obtendo um bom preço", dizem os pesquisadores. "De maneiras sutis e não tão sutis, os varejistas enviam sinais [ou pistas de preços] para os clientes, informando se um determinado preço é relativamente alto ou baixo." No artigo, os pesquisadores resumem as pistas de preços a seguir, comumente utilizadas pelos varejistas:

- *Sinalizações de oferta.* A mais direta pista de preços do varejo é a sinalização de oferta. Ela pode assumir diversas formas conhecidas: "Oferta!", "Preço reduzido!", "Preço baixo", "Desconto!" ou "Leve 2 por apenas...!" Esses cartazes podem ser muito eficazes na sinalização de preços baixos para os consumidores e no aumento de vendas para o varejista. Estudos revelaram que a utilização da palavra "oferta" ao lado de um preço (mesmo que, de fato, não haja variação no preço) pode aumentar a demanda em mais de 50%.

  As sinalizações de oferta podem ser eficazes, mas, se utilizadas de maneira excessiva ou incorreta, podem prejudicar tanto a credibilidade do vendedor como as suas vendas. Infelizmente, alguns varejistas nem sempre utilizam esse recurso de maneira honesta. E mesmo assim os consumidores confiam nas sinalizações de oferta. Por quê? Porque, na maioria das vezes, elas estão corretas. E, quando não estão, os clientes costumam saber. Eles começam a suspeitar rapidamente quando as sinalizações de oferta são utilizadas de maneira inadequada.

- *Preços que terminam em 9.* Assim como a sinalização de oferta, um 9 ou 0,99 no final de um preço costuma indicar uma boa compra. É possível ver preços assim em todo lugar. Por exemplo, navegue em sites de grandes varejistas de descontos, como o Target, a Best Buy ou a Overstock.com: quase todos os preços terminam em 9. Como essa tática é muito usada, você poderia achar que ela perdeu o impacto. Contudo, de acordo com os pesquisadores, ela continua sendo uma poderosa pista de preços.

  Críticos têm questionado seriamente a recente decisão da JCPenney de abandonar os preços terminados em 9 em favor de preços com final redondo (por exemplo, 6, 25 ou 200 dólares) — uma tática que costuma ser usada somente por varejistas sofisticados. A preocupação tem seus méritos, afinal preços terminados em 9 oferecem fortes dicas de preços. De qualquer forma, eles têm mostrado que aumentam a demanda, mesmo quando os preços sobem. Em um estudo envolvendo roupas femininas, o aumento no preço de um vestido de 34 para 39 dólares resultou em *crescimento* da demanda em um terço.

  Mas será que os preços que terminam em 9 são precisos como dicas de preços? Segundo os pesquisadores, depende. Alguns varejistas utilizam preços que terminam em 9 para itens com desconto. Por exemplo, varejistas de especialidades como a J. Crew e a Ralph Lauren geralmente utilizam finais 00 para centavo em itens com preços normais e finais 99 para centavo em itens em oferta. Essa prática também é comum em grandes lojas de departamentos. "Mas em algumas lojas", observam os pesquisadores, "os preços que terminam em 9 não são uma dica de preço — eles são usados em todos os produtos, independentemente de estarem ou não com desconto".

- *Preço isca.* Diferentemente das sinalizações de oferta e dos preços que terminam em 9, o preço isca é utilizado em produtos comprados com frequência, cujos preços os consumidores tendem a saber com precisão. Por exemplo, você provavelmente sabe reconhecer um bom preço para uma embalagem contendo 12 latas de Coca-Cola. Pais de bebês costumam saber quanto devem pagar por fraldas descartáveis e sabão em pó. A pesquisa sugere que os clientes utilizam os preços desses itens "iscas" para avaliar os preços gerais da loja. Eles partem do princípio de que, se uma loja vende Coca-Cola, fraldas Pampers ou sabão em pó Tide por um bom preço, ela provavelmente tem bons preços para os outros itens também.

  Os varejistas já sabem, há muito tempo, da importância do preço isca. Eles oferecem itens iscas selecionados a preço de custo, ou mesmo abaixo do custo, para atrair os clientes para a loja, esperando ganhar dinheiro com as outras compras deles. Por exemplo, o Walmart costuma vender mercadorias a preço de custo ou abaixo dele, principalmente na época de compras de final de ano. *No ano passado*, no Super Sábado, o varejista colocou à venda uma TV LCD Sanyo de 42 polegadas por 398 dólares, o e-reader Nook por 199 dólares e uma cafeteira Rival para xícaras individuais por 4 dólares.

Embora o Walmart tenha perdido dinheiro nesses itens iscas que vendeu, os baixos preços aumentaram tanto o tráfego da loja como as compras de produtos com margens mais altas feitas nessa mesma ida ao estabelecimento.

- *Garantia dos melhores preços.* Outra dica de preços amplamente utilizada pelo varejo é a garantia dos melhores preços, na qual as lojas prometem um preço igual ou inferior ao da concorrência. A Best Buy, por exemplo, gaba-se de sua "garantia de melhor preço", com a promessa de que "cobre a diferença se você encontrar um preço melhor para qualquer produto idêntico disponível em uma loja concorrente no varejo local". Essa política tem duração de 30 dias, cobrindo o período de devolução.

▲ Dicas de preços oferecidas pelos varejistas, como sinalizações de oferta e preços que terminam em 9, podem oferecer pistas úteis sobre os preços para os consumidores, dizendo-lhes se determinado preço é relativamente alto ou baixo.
Bloomberg via Getty Images

Evidências sugerem que, na percepção dos clientes, as lojas que oferecem garantia dos melhores preços têm, em geral, preços mais baixos do que os das lojas concorrentes, principalmente em mercados nos quais eles percebem que as comparações de preços são relativamente fáceis. Mas será que essas percepções são precisas? "As evidências são discutíveis", afirmam os pesquisadores. Os consumidores normalmente podem se sentir confiantes em pagar o preço mais baixo em itens que fazem parte dessa estratégia. Entretanto, alguns fabricantes dificultam as vantagens da política do menor preço quando lançam "variantes de marca" — versões muito próximas de produtos, com modelos diferentes para varejistas diversos.

Utilizadas adequadamente, as dicas de preços podem ajudar os consumidores. Compradores atentos podem realmente tirar vantagem de pistas como sinalizações de oferta, preços que terminam em 9, preços iscas e garantia dos melhores preços para identificar bons negócios. Se utilizadas de maneira inadequada, entretanto, essas pistas podem enganar os consumidores, lesando a marca e prejudicando o relacionamento com o cliente.

De acordo com os pesquisadores, os varejistas precisam gerenciar as dicas de preços da mesma maneira como gerenciam a qualidade da mercadoria, as instalações e quaisquer outras decisões referentes à loja — com o olhar na construção de um relacionamento de longo prazo com o cliente. "Nenhum varejista [...] interessado em [construir um relacionamento com os clientes] ofereceria, de propósito, um produto com defeito. De maneira similar, nenhum varejista [que valoriza os clientes] os enganaria com dicas de preços imprecisas. Ao sinalizar de maneira confiável quais preços estão baixos, as empresas podem manter a confiança dos clientes — e [construir relacionamentos mais sólidos]".

Fontes: citações e outras informações extraídas de Eric Anderson e Duncan Simester, "Mind your pricing cues", *Harvard Business Review*, set. 2003, p. 96-103; Jessica Dickler, "Wal-Mart to leak its own Black Friday deals", *CNNMoney*, 2 nov. 2011, <http://money.cnn.com/2011/11/02/pf/walmart_black_friday/index.htm>; Qin Zhang, P. B. Seetharaman e Chakravarthi Narasimhan, "The indirect impact of price deals on households' purchase decisions through the formation of expected future prices", *Journal of Retailing*, mar. 2012, p. 88-101; B. P. S. Murthi e Ram Rao, "Price awareness and consumers' use of deals in brand choice", *Journal of Retailing*, mar. 2012, p. 34-46.

Determinação de preços promocionais

Com a **determinação de preços promocionais**, as empresas, temporariamente, estabelecem seus preços abaixo dos valores de tabela — e, às vezes, até mesmo abaixo do custo — para criar entusiasmo e urgência de compra.

A determinação de preços promocionais assume diversas formas. Uma empresa pode simplesmente oferecer *descontos* sobre os preços normais para aumentar as vendas e reduzir os estoques. Ela pode também usar *preços de ocasiões especiais*, em certas épocas, para atrair mais clientes. Por exemplo, aparelhos de TV e outros eletrônicos de consumo apresentam preços promocionais em novembro e dezembro, para atrair às lojas pessoas que estão fazendo compras para o fim do ano. As *ofertas de tempo limitado*, como as *promoções relâmpagos* on-line, podem gerar urgência de compra e fazer os compradores se sentirem sortudos por terem fechado o negócio.

Às vezes, os fabricantes oferecem *abatimentos em dinheiro* a consumidores que compram seus produtos de revendedores dentro de um período determinado; o desconto é dirigido pelo fabricante diretamente ao cliente. Os abatimentos são populares entre fabricantes de carro, de celulares e de eletrodomésticos de pequeno porte, mas também são usados para bens de consumo embalados. Alguns fabricantes oferecem *financiamento a juros baixos*, *garantia estendida* ou *manutenção grátis* a fim de reduzir o "preço" para o consumidor. Essa prática entrou para a lista de favoritas do setor automobilístico.

Contudo, a determinação de preços promocionais pode ter efeitos desastrosos. Na maioria das temporadas de compra de final de ano, o que se vê é uma guerra de preços baixos. As em-

Determinação de preços promocionais
Estabelecimento temporário de preços de produtos abaixo dos valores de tabela e, às vezes, até do custo, para aumentar as vendas no curto prazo.

▲ Determinação de preços promocionais: as empresas oferecem preços promocionais para criar entusiasmo e urgência de compra.
Bloomberg via Getty Images

presas bombardeiam os consumidores com ofertas, deixando os compradores esgotados e a precificação confusa. Se usadas com muita frequência, as promoções de preço podem criar clientes "loucos por uma pechincha", que esperam as marcas entrarem em liquidação para comprá-las. Além disso, preços constantemente reduzidos podem destruir o valor da marca aos olhos dos clientes.

Às vezes, os profissionais de marketing ficam viciados em determinação de preços promocionais, principalmente em períodos econômicos difíceis. Eles usam as promoções de preços como um "quebra-galho", em vez de trabalhar duro na difícil tarefa de desenvolver estratégias de longo prazo efetivas para a construção de suas marcas. Por exemplo, como vimos no caso da JCPenney, que abre o Capítulo 10, antes de anunciar a reviravolta em sua estratégia de precificação, a Penney desenvolveu uma dependência nada saudável de cupons, remarcações de preço e promoções contínuas, que eram responsáveis por grande parte de suas receitas. De fato, as empresas precisam ser cuidadosas, equilibrando os incentivos de venda de curto prazo com a construção da marca no longo prazo. A precificação promocional pode representar um meio efetivo de gerar vendas em determinadas circunstâncias. Mas, como a JCPenney descobriu, uma dieta constante de preços promocionais pode ser destrutiva para a imagem e a lucratividade da marca.[9]

Determinação de preços geográficos

As empresas também devem decidir como estabelecer o preço de seus produtos para clientes localizados em diferentes partes de um país ou do mundo. Será que a empresa deve arriscar perder negócios com clientes mais distantes por cobrar preços mais altos para cobrir os custos mais elevados com frete? Ou a empresa deve cobrar o mesmo preço de todos os clientes, independentemente de sua localização? Vamos analisar cinco estratégias de **determinação de preços geográficos** para a seguinte situação hipotética:

A Peerless Paper Company fica em Atlanta, Geórgia, e vende papel para clientes espalhados por todo os Estados Unidos. O custo do frete é alto e afeta as empresas das quais os clientes compram o papel. A Peerless quer estabelecer uma política de preços geográficos. Ela está tentando determinar o preço de um pedido de 10 mil dólares para três clientes específicos: Cliente A (Atlanta), Cliente B (Bloomington, Indiana) e Cliente C (Compton, Califórnia).

Uma das opções da Peerless é pedir que os clientes paguem o custo de transporte da sua fábrica, em Atlanta, até o local de entrega. Os três clientes pagariam o mesmo preço de fábrica de 10 mil dólares. Pelo transporte, o Cliente A pagaria 100 dólares; o Cliente B, 150 dólares; e o Cliente C, 250 dólares. Chamada de **preço FOB**, essa prática significa que as mercadorias estão disponíveis para retirada no local (*free on board* — FOB) pelo meio de transporte escolhido. A partir desse instante, a titularidade e a responsabilidade da carga passam para o cliente, que paga o frete da fábrica até o destino. Como o custo de transporte é pago pelos clientes, os defensores do preço FOB acreditam que essa é a maneira mais justa de avaliar os encargos relacionados a frete. A desvantagem, entretanto, é que a Peerless passará a ser um fornecedor caro para clientes distantes.

O **preço de entrega unificado** é o oposto do preço FOB. Nesse caso, a empresa cobra o mesmo preço, incluindo o frete, de todos os seus clientes, independentemente de sua localização. O preço do frete é estabelecido pelo seu custo médio. Vamos supor que o custo médio seja de 150 dólares. Nesse caso, o preço de entrega unificado resulta em um cobrança mais elevada para o cliente de Atlanta (que pagará 150 dólares pelo frete, em vez de 100) e em cobrança mais baixa para o cliente de Compton (que pagará 150 dólares, em vez de 250).

Determinação de preços geográficos
O estabelecimento de preços para clientes localizados em diferentes partes de um país ou do mundo.

Preço FOB
Estratégia de precificação geográfica em que as mercadorias estão disponíveis para retirada no local pelo meio de transporte escolhido; os clientes pagam o frete da fábrica até o destino.

Preço de entrega unificado
Estratégia de precificação geográfica em que a empresa cobra o mesmo preço, incluindo o frete, de todos os clientes, independentemente de sua localização.

Embora o cliente de Atlanta talvez prefira comprar papel de outra empresa local que use preço FOB, a Peerless tem mais chance de conquistar o cliente da Califórnia.

O **preço por zona** fica entre o preço FOB e o preço de entrega unificado. A empresa define duas ou mais zonas. Todos os clientes dentro de determinada zona pagam um único preço total; quanto mais distante a zona, mais alto o preço. Por exemplo, a Peerless pode estabelecer uma zona leste e cobrar 100 dólares de frete de todos os clientes dessa zona; uma zona meio-oeste, da qual cobra 150 dólares; e uma zona oeste, da qual cobra 250 dólares. Nesse caso, os clientes de determinada zona não recebem nenhuma vantagem da empresa. Por exemplo, os clientes de Atlanta e de Boston pagariam à Peerless o mesmo preço total. A queixa, entretanto, seria o fato de o cliente de Atlanta pagar parte do custo de frete do cliente de Boston.

Ao usar o **preço de ponto-base**, a empresa vendedora escolhe determinada cidade para ser o "ponto-base" e cobra de todos os clientes o custo de frete daquela cidade até a localização dos clientes, independentemente da cidade da qual as mercadorias são realmente despachadas. Por exemplo, a Peerless pode escolher Chicago como ponto-base e cobrar, de todos os clientes, 10 mil dólares mais o frete de Chicago até onde estão localizados. Isso significa que o cliente de Atlanta paga o custo do frete de Chicago para Atlanta, ainda que as mercadorias tenham sido despachadas de Atlanta. Se todas as empresas vendedoras resolvessem usar a mesma cidade como ponto-base, os preços de entrega seriam os mesmos para todos os clientes, e a concorrência de preços acabaria.

Por fim, a empresa que estiver ansiosa por fazer negócios com determinado cliente ou área geográfica pode usar o **preço com frete incluso**. Utilizando essa estratégia, a empresa vendedora absorve todo o custo de frete ou parte dele para conseguir o negócio que deseja. Ela pode partir do princípio de que, conseguindo mais negócios, seus custos médios diminuirão e mais do que compensarão seu custo extra com frete. O preço com frete incluso é usado para entrar em um mercado e para manter posição em mercados cada vez mais competitivos.

Determinação dinâmica de preços

Ao longo de grande parte da história, os preços foram estabelecidos pela negociação entre vendedores e compradores. As políticas de *preços fixos* — o estabelecimento de um preço único para todos os compradores — são uma ideia relativamente moderna, que surgiu com o desenvolvimento do varejo em grande escala no final do século XIX. Hoje em dia, a maioria dos preços é estabelecida dessa maneira. Entretanto, hoje, algumas empresas estão revertendo a tendência dos preços fixos. Elas utilizam a **determinação dinâmica de preços** — ajustes contínuos nos preços para atender a características e necessidades de clientes e situações individuais.

A determinação dinâmica de preços é comum, principalmente, no mercado on-line, onde a Internet parece nos levar para uma nova era de determinação de preços fluidos. Essa precificação oferece muitas vantagens para as empresas. Por exemplo, varejistas da Internet, como a L.L. Bean, a Amazon.com e a Dell, podem analisar seus bancos de dados para avaliar os desejos de um comprador específico, estimar seus recursos, customizar instantaneamente ofertas que se encaixam ao comportamento desse comprador e definir os preços dos produtos de acordo com tudo isso. Empresas de serviços que vão de companhias aéreas e hotéis a times esportivos cobram preços de acordo com as mudanças na demanda ou nos custos, ajustando o valor para determinados itens todos os dias ou até mesmo de hora em hora. E muitas empresas de marketing direto monitoram estoques, custos e demanda em um dado momento e ajustam os preços instantaneamente.

No extremo, algumas empresas customizam suas ofertas e preços com base em características e comportamentos particulares de clientes individuais, obtidas em históricos de navegação on-line e compras. Hoje em dia, ofertas e preços on-line podem muitas vezes ser baseados na busca e na compra de clientes específicos, no quanto eles pagam por suas compras e no fato de estarem dispostos e poderem pagar mais. Por exemplo, um consumidor que recentemente entrou na Internet para comprar uma passagem na primeira classe para Londres ou customizar um novo Mercedes cupê pode, mais para frente, receber informações sobre um novo rádio Bose Wave com preço mais alto. Em compensação, um amigo com um histórico de busca e compra on-line mais modesto pode receber uma oferta de 5% de desconto e frete grátis para o mesmo rádio.[10]

Preço por zona
Estratégia de precificação geográfica em que a empresa define duas ou mais zonas. Todos os clientes dentro de determinada zona pagam o mesmo preço total; quanto mais distante a zona, mais alto o preço.

Preço de ponto-base
Estratégia de precificação geográfica em que a empresa vendedora escolhe determinada cidade para ser o ponto-base e cobra de todos os clientes o custo de frete daquela cidade até a localização dos clientes.

Preço com frete incluso
Estratégia de precificação geográfica em que a empresa vendedora absorve todo o custo de frete ou parte dele para conseguir o negócio que deseja.

Determinação dinâmica de preços
Ajustes contínuos nos preços para atender a características e necessidades de clientes e situações individuais.

Embora essas práticas de determinação dinâmica de preços pareçam juridicamente questionáveis, elas não são. Desde que as empresas não discriminem ninguém com base na idade, no sexo, na localização ou em outras características similares, a precificação dinâmica está dentro da lei. Esse tipo de precificação faz sentido em muitos contextos — ela ajusta os preços de acordo com as forças do mercado e as preferências do consumidor. Contudo, as empresas precisam tomar cuidado para não utilizar a determinação de preços dinâmica para tirar vantagens de determinados grupos de clientes, prejudicando, assim, importantes relacionamentos com o cliente.

A prática de determinação de preços on-line, contudo, caminha nas duas direções, de modo que os consumidores geralmente se beneficiam da precificação on-line e dinâmica. Graças à Internet, a secular arte da barganha está de volta à moda. Por exemplo, os consumidores podem negociar preços em sites de trocas e de leilões on-line. Você quer vender aquele pote de conservas antigo que está acumulando poeira há gerações? Coloque-o à venda no eBay ou no Craigslist. Quer propor seu próprio preço para o quarto de um hotel ou o aluguel de um carro? Visite a Priceline.com ou outro site de leilão reverso. Quer dar um lance para um ingresso de um show da Katy Perry? Veja o Ticketmaster.com, que oferece um serviço de leilão on-line para ingressos de shows.

Também graças à Internet, os consumidores podem obter comparações instantâneas de produtos e preços de milhares de fornecedores em sites de comparação de preços como Yahoo! Shopping, Epinions.com, PriceGrabber.com e PriceScan.com. Eles também podem usar aplicativos, como o TheFind, o RedLaser do eBay, o Barcode Scanner do Google ou o PriceCheck da Amazon. Por exemplo, o RedLaser permite que os clientes escaneiem códigos de barra ou QR codes (ou façam uma busca por voz ou imagem) enquanto compram nas lojas. O aplicativo, então, faz uma busca na Internet e em lojas próximas, oferecendo milhares de análises e preços de comparação; ele oferece, inclusive, links para compra on-line imediata. Munidos dessas informações, geralmente os consumidores podem negociar preços melhores na loja.

De fato, muitos varejistas estão descobrindo que o pronto acesso on-line para comparação de preços está dando aos consumidores *muita* vantagem. Varejistas que vão do Target à Best Buy e da Brookstone ao GNC estão criando estratégias para combater a prática de *showrooming*. Cada vez mais, os consumidores, municiados com seus smartphones, vão às lojas para ver um item, comparar preços on-line enquanto estão nos estabelecimentos e, então, comprar o item on-line a um preço mais baixo. Esse comportamento é chamado de *showrooming* porque os consumidores usam as lojas como showrooms de revendedores on-line, como a Amazon.com. De fato, a Amazon incentiva os consumidores a *showrooming*: ela recentemente fez uma promoção em seu aplicativo de compras PriceCheck que dava aos clientes descontos sobre determinados itens se eles verificassem o preço desses itens na Amazon.com enquanto estivessem em uma loja física. Para combater a prática de *showrooming*, os varejistas devem ou igualar seus preços aos on-line, ou trabalhar com fabricantes para desenvolver mercadorias exclusivas ou de marca própria — desse modo, não tem como serem feitas comparações de preços.[11]

▲ Determinação dinâmica de preços: usando aplicativos como o RedLaser do eBay, os consumidores podem escanear códigos de barra e QR codes enquanto estão nas lojas e receber análises, informações de disponibilidade e comparação de preços de lojas tanto on-line como próximas.
Esses materiais foram reproduzidos com a permissão do eBay Inc. © 2012 EBAY INC. TODOS OS DIREITOS RESERVADOS.

Determinação de preços internacionais

Empresas que comercializam seus produtos internacionalmente devem decidir que preços cobrar em diferentes países. Em alguns casos, a empresa pode estabelecer um preço mundial uniforme. Por exemplo, a Boeing vende seus jatos praticamente pelo mesmo preço no mundo inteiro, não importando se o comprador está nos Estados Unidos, na Europa ou em algum país do terceiro mundo. Contudo, a maioria das empresas ajusta seus preços para se adequar às condições locais do mercado e às questões de custos.

O preço que uma empresa deve cobrar em um determinado país depende de muitos fatores, entre eles: condições econômicas, situação da concorrência, leis e regulações e nível de desenvolvimento dos sistemas de atacado e varejo. As percepções e as preferências do consumidor também variam de país para país, o que exige preços diferentes. Ou a empresa pode ter diferentes objetivos de marketing em vários mercados mundiais, o que requer alterações na estratégia de determinação de preços. Por exemplo, a Nokia poderia lançar celulares sofisticados, com diversas funções, em mercados maduros cuidadosamente segmentados de países bastante desenvolvidos — isso exigiria uma estratégia de determinação de preços de desnatamento. Por outro lado, ela poderia entrar com celulares mais básicos em mercados de tamanho considerável e menos desenvolvidos de países em desenvolvimento, apoiada por uma estratégia de determinação de preços de penetração.

▲ Empresas que comercializam seus produtos internacionalmente devem decidir que preços cobrar em diferentes países.
Prentice Hall School Division

Os custos têm um papel importante no estabelecimento de preços internacionais. Quem viaja para outros países geralmente se surpreende ao descobrir que produtos relativamente baratos em seu país podem ser absurdamente mais caros em outros. Uma calça jeans da Levi's, que custa 30 dólares nos Estados Unidos, pode ser vendida por 63 dólares em Tóquio e 88 dólares em Paris. Um Big Mac do McDonald's, vendido por modestos 3,79 dólares nos Estados Unidos, pode custar 6,80 dólares na Suíça e 5 dólares na Rússia. E uma escova de dentes da Oral-B, vendida a 2,49 dólares no mercado norte-americano, pode custar 10 dólares na China. Inversamente, uma bolsa Gucci que custa apenas 140 dólares em Milão, na Itália, pode custar 240 dólares nos Estados Unidos. Em alguns casos, essa *escalada de preços* pode resultar de diferenças nas estratégias de venda ou nas condições do mercado. Na maioria das vezes, contudo, resulta simplesmente dos custos mais altos de vender em um outro país — trata-se de custos adicionais com operações, modificações no produto, transporte e seguro, tarifas e impostos de importação, flutuações do câmbio e distribuição física.

O preço se tornou um elemento fundamental nas estratégias de marketing internacional das empresas que tentam entrar em mercados emergentes. Normalmente, entrar nesses mercados significa se voltar para a classe média em expansão de países em desenvolvimento como China, Índia, Rússia e Brasil, cuja economia tem crescido dois dígitos por ano. Contudo, mais recentemente, à medida que a debilidade da economia mundial diminui o ritmo de crescimento dos mercados desenvolvidos e emergentes, muitas empresas estão voltando seu olhar para um novo público, chamado de "base da pirâmide" — o vasto e inexplorado mercado formado pelos consumidores mais pobres do mundo. Nesse mercado, o preço é uma questão de grande importância. Veja a estratégia de determinação de preços da Unilever para países em desenvolvimento:[12]

> Não muito tempo atrás, muitas empresas ocidentais que comercializavam seus produtos em países em desenvolvimento, como a Índia, simplesmente colavam novos rótulos nos produtos e os vendiam a preço premium para alguns poucos privilegiados que podiam pagar por eles. No entanto, quando a Unilever — fabricante de marcas como Dove, Lipton e Vaseline — percebeu que essa precificação colocava seus produtos fora do alcance de 10 milhões de consumidores indianos, ela desenvolveu uma abordagem diferente. Reduziu suas embalagens e estabeleceu preços baixos, acessíveis até para os consumidores mais pobres do mundo. Desenvolvendo embalagens de uso único para seu xampu, sabão em pó e outros produtos, a Unilever pode lucrar vendendo suas marcas por alguns centavos a embalagem. Como resultado, hoje, mais de 50% das receitas da Unilever são provenientes de economias emergentes.

Embora essa estratégia dê certo para a Unilever, muitas empresas estão descobrindo que vender lucrativamente para a base da pirâmide exige mais do que apenas reembalar e simplificar os produtos existentes, vendendo-os a preços mais baixos. Assim como os consumidores abastados, os de baixa renda querem produtos que sejam, ao mesmo tempo, funcionais e aspiracionais. Assim, as empresas hoje estão inovando, criando produtos que, além de poderem ser vendidos a preços muito baixos, oferecem para os consumidores da base da pirâmide mais pelo seu dinheiro, e não menos (veja o Marketing Real 11.2).

A determinação de preços internacionais apresenta problemas e complexidades especiais. Discutiremos as questões ligadas a essa precificação mais detalhadamente no Capítulo 19.

Marketing Real 11.2

Determinação de preços internacionais: mirando a base da pirâmide

Muitas empresas estão despertando para uma estatística chocante: das cerca de 7 bilhões de pessoas neste planeta, 4 bilhões delas (ou seja, 57%) vivem na pobreza. Conhecidas como a "base da pirâmide", as pessoas mais pobres do mundo podem não parecer uma promessa de mercado. Contudo, apesar de sua renda pífia, como grupo, esses consumidores representam impressionantes 5 trilhões de dólares em poder de compra anual. Além disso, esse vasto segmento é bastante inexplorado. Os mais pobres do mundo geralmente têm pouco ou nenhum acesso até mesmo aos mais básicos produtos e serviços, considerados banais pelos consumidores mais abastados. À medida que a debilidade da economia mundial achata mercados desenvolvidos e diminui o ritmo de crescimento da classe média de mercados emergentes, as empresas se voltam, cada vez mais, para a base da pirâmide em busca de novas oportunidades de crescimento.

Mas como uma empresa consegue vender lucrativamente para consumidores com renda abaixo da linha da pobreza? Para começar, o *preço* tem que estar certo. E, nesse caso, diz uma analista, "certo" significa "menor do que você consegue imaginar". Com isso em mente, muitas empresas tornaram seus produtos mais acessíveis simplesmente oferecendo embalagens menores ou versões menos tecnológicas de seus produtos atuais. Por exemplo, na Nigéria, a P&G vende um aparelho de barbear da Gillette por 23 centavos de dólar, um pacote de 200 gramas do sabão em pó Ariel por 10 centavos de dólares e um pacote contendo dez fraldas Pampers dia e noite por 2,30 dólares. Apesar de não obter muita margem nos produtos que vende por centavos de dólar a unidade, a P&G está se saindo bem graças ao grande volume.

Veja o caso da Pampers: todos os anos, nascem na Nigéria 6 milhões de bebês — nos Estados Unidos, um país que tem o dobro da população, nascem 4,4 milhões de crianças. O impressionante número de nascimentos na Nigéria cria um enorme e inexplorado mercado para as fraldas Pampers, a marca da P&G que mais vende. Contudo, a mãe nigeriana típica gasta somente cerca de 5 mil nairas por mês (aproximadamente 30 dólares) com compras domésticas. A tarefa da P&G é tornar a Pampers acessível para essa mãe e convencê-la de que as fraldas da marca valem uma parte de seus escassos gastos. Para manter os custos e os preços baixos em mercados como o nigeriano, a P&G criou uma fralda absorvente, mas mais simples. Apesar de custar bem menos, a fralda funciona bem. Ao criar produtos mais acessíveis, diz um gerente de pesquisa e desenvolvimento da P&G, "deleite, e não dilua". Ou seja, a fralda precisa ser mais barata, mas ela também tem que fazer o que as outras fraldas baratas não fazem — manter o bebê confortável e seco por 12 horas.

Mesmo com a fralda certa ao preço certo, as vendas da Pampers na Nigéria se deparam com um desafio. No Ocidente, os bebês geralmente usam várias fraldas descartáveis por dia. Na Nigéria, entretanto, a maioria dos bebês usa fraldas de pano. Para tornar a Pampers mais aceitável e até mesmo mais acessível para os nigerianos, a P&G comercializa as fraldas como um item para ser usado uma vez por dia. De acordo com um anúncio da empresa: "Uma Pampers equivale a uma noite seca". A campanha diz às mães que manter os bebês secos durante a noite os ajuda a ter uma boa noite de sono, o que, por sua vez, os auxilia a crescer e a se desenvolver. A mensagem despertou um profundo sentimento entre os nigerianos, desenterrado pelos pesquisadores da P&G, de que seus filhos vão ter uma vida melhor do que a que eles tiveram. Assim, graças a uma determinação de preços acessíveis, um produto que atende às necessidades dos clientes e a um posicionamento pertinente, as vendas da Pampers estão explodindo. Na Nigéria, o nome Pampers é, hoje em dia, sinônimo de fraldas.

Como a P&G descobriu, em muitos casos, vender lucrativamente para a base da pirâmide exige muito mais do que desenvolver embalagens de uso único e cobrar centavos de dólar por unidade. Exige uma inovação geral, que resulte não apenas em preços mais baixos, mas também em novos produtos que deem às pessoas abaixo da linha da pobreza mais pelo seu dinheiro, e não menos. Para outro exemplo, veja como a Godrej & Boyce, uma empresa indiana de eletrodomésticos, usou a inovação centrada no cliente para, com sucesso, atender ao mercado de geladeiras mais em conta na Índia:

Por conta de seu alto custo de compra e operação, as geladeiras tradicionais, que funcionam com compressor, conquistaram uma penetração de somente 18% do mercado indiano. Mas, em vez de fabricar versões mais baratas e simplificadas de suas sofisticadas geladeiras, a Godrej montou uma equipe para estudar as necessidades dos consumidores indianos que tinham uma geladeira ruim ou simplesmente não tinham geladeira. A equipe observou que as pessoas que viviam em regiões semiurbanas ou rurais normalmente ganhavam entre 5 e 8 mil rúpias (cerca de 125 a 200 dólares) por mês, viviam em casas de um único cômodo com os quatro ou cinco membros da família e mudavam de endereço com frequência. Sem terem como comprar geladeiras convencionais, esses consumidores se viravam com aparelhos compartilhados, geralmente usados. Mas, mesmo as geladeiras compartilhadas, normalmente tinham poucos itens. Seus usuários tendiam a comprar diariamente, pegando verduras e leite em pouca quantidade. Além disso, a energia elétrica não era confiável, colocando em risco a pouca comida que eles queriam manter gelada.

A Godrej concluiu que o segmento de baixa renda tinha pouca necessidade de uma sofisticada geladeira convencional: ele precisava de um produto totalmente novo. Assim, a Godrej criou a ChotuKool ("geladinha"), um produto com um visual bacana, vermelho, com abertura na parte de cima e extremamente portátil que cabe em um dormitório e tem espaço suficiente para os itens que os usuários quiserem manter frescos por um dia ou dois. Em vez de compressor e refrigerador, esse pequenino produto utiliza um chip que resfria quando uma corrente elétrica é aplicada, e sua abertura na parte de cima mantém o ar interno frio quando a tampa é aberta. No final das contas, a ChotuKool utiliza menos da metade da energia de uma geladeira convencional e pode funcionar com bateria nos períodos de queda de energia comuns nas áreas rurais. A melhor parte: a um preço

Capítulo 11 | Estratégias de determinação de preços **359**

de apenas 69 dólares, a"geladinha"atende melhor às necessidades dos consumidores de baixa renda pela metade do preço da mais básica geladeira convencional.

Assim, a base da pirâmide oferece enormes e inexploradas oportunidades para empresas que conseguem desenvolver os produtos certos a preços corretos. E organizações como a P&G estão trabalhando, agressivamente, para capturar essas oportunidades. Robert McDonald, CEO e presidente da P&G, estabeleceu uma meta elevada de conquistar 1 bilhão de novos clientes até 2015, transferindo a ênfase da empresa do Ocidente desenvolvido, de onde vem a maioria de suas receitas hoje, para economias em desenvolvimento na Ásia e na África.

Mas atender com sucesso a esses novos mercados em desenvolvimento vai exigir mais do que apenas entregar versões mais baratas de produtos existentes."Nossa estratégia de inovação não consiste em simplesmente diluir um produto de qualidade para consumidores de renda mais baixa", diz McDonald. "Você precisa inovar de maneira distinta para cada um dos consumidores que fazem parte dessa curva econômica. Se não fizer isso, você vai se dar mal."

Fontes: citações, trechos e outras informações obtidas e baseadas em David Holthaus, "Pampers: P&G's No. 1 growth brand", *Cincinnati.com*, 17 abr. 2011, <http://news.cincinnati.com/article/20110417/BIZ01/104170337/Pampers-P-G-s-No-1-growth-brand>; Mya Frazier, "How P&G brought the diaper revolution to China", *CBS News*, 7 jan. 2010, <www.cbsnews.com/8301-505125_162-51379838/how-pg-brought-the-diaper-revolution-to-china/>; David Holthaus, "Health talk first, then a sales pitch", 17 abr. 2011, *Cincinnati.com*, <http://news.cincinnati.com/apps/pbcs.dll/article?AID=/20110417/BIZ01/104170344/&template=artiphone>; Matthew J. Eyring, Mark W. Johnson e Hari Nair, "New Business models in emerging markets", *Harvard Business Review*, jan./fev. 2011, p. 89-95; C. K. Prahalad, "Bottom of the pyramid as a source of breakthrough innovations", *Journal of Product Innovation Management*, jan. 2012, p. 6-12.

Mudanças de preço

Depois de desenvolver estruturas e estratégias de determinação de preços, as empresas geralmente se deparam com situações em que devem iniciar mudanças de preço ou reagir a mudanças de preço dos concorrentes.

Objetivo 4

◀ Discutir as principais questões ligadas a iniciativas de mudanças de preço e a reações a elas.

Iniciativas de mudanças de preço

Em alguns casos, a empresa pode achar interessante iniciar uma redução ou um aumento no preço. Em ambos os casos, ela precisa prever as possíveis reações de compradores e concorrentes.

Iniciativas de redução de preço

Diversas situações podem levar uma empresa a considerar uma redução em seu preço. Uma delas é o excesso de capacidade. Outra é a queda da demanda por conta de uma forte concorrência de preços ou da debilidade da economia. Nesses casos, a empresa pode reduzir agressivamente os preços para aumentar as vendas e a participação de mercado. Mas, como os setores de transporte aéreo, fast-food e automóveis, entre outros, descobriram nos últimos anos, a redução dos preços em um setor sobrecarregado, com capacidade em excesso, pode levar a uma guerra de preços, à medida que os concorrentes lutam para tentar manter sua participação de mercado.

A empresa também pode reduzir seus preços na tentativa de dominar o mercado por meio de custos mais baixos. Nesse caso, ou ela começa com custos mais baixos que os de seus concorrentes, ou reduz seus preços na esperança de conquistar uma participação de mercado tal que, mais adiante, vai lhe proporcionar custos mais baixos por meio de volumes mais altos. A Lenovo, por exemplo, utiliza uma agressiva estratégia de custo baixo, preço baixo para aumentar sua participação no mercado de PCs de países em desenvolvimento.

▲ Iniciativas de aumento de preço: quando o preço do combustível sobe rapidamente, clientes furiosos costumam acusar as principais empresas petrolíferas de enriquecerem extorquindo os consumidores.
Louis DeLuca/Dallas Morning News/Corbis

Iniciativas de aumento de preço

Um aumento de preço que dá certo pode elevar substancialmente os lucros. Por exemplo, se a margem de lucro da empresa for de 3% sobre as vendas, um aumento de preços de 1% resultará em um aumento nos lucros de 33%, se o volume de vendas não for afetado. Um fator importante no aumento de preços é a inflação dos custos. O aumento dos custos diminui as margens de lucro e faz as empresas repassá-lo aos clientes. Outro fator que leva ao aumento de preços é o excesso de demanda: quando uma empresa não consegue suprir as necessidades de todos os seus clientes, ela pode aumentar seus preços, racionar seus produtos ou ambos. Pense no setor mundial de combustível e petróleo.

Ao aumentar os preços, a empresa deve evitar ser vista como aquela que pratica *preços abusivos*. Por exemplo, quando o preço do combustível sobe rapidamente, clientes furiosos costumam acusar as principais empresas petrolíferas de enriquecerem à custa dos consumidores. Os clientes têm boa memória e, uma hora, acabam abandonando empresas ou até setores inteiros que, na visão deles, cobram preços abusivos. No extremo, reclamações de preços abusivos podem, inclusive, gerar maior regulamentação por parte do governo.

Existem algumas técnicas para evitar esses problemas. Uma delas é manter um senso de integridade em qualquer aumento de preço. Esses aumentos devem ser apoiados por um programa de comunicação da empresa, que diga aos clientes por que os preços subiram.

Sempre que possível, a empresa deve pensar em maneiras de responder aos custos ou à demanda mais alta sem elevar os preços. Ela pode, por exemplo, considerar formas mais eficientes em termos de custo para produzir ou distribuir seus produtos. Pode simplificar o produto ou substituir ingredientes por outros mais em conta em vez de aumentar o preço, como a ConAgra fez em um esforço para manter suas refeições congeladas Banquet a 1 dólar. Ou ela pode "desagregar" suas ofertas ao mercado, eliminando características, embalagens ou serviços e atribuindo preços separados para elementos que antes faziam parte da oferta.

Reações do comprador às mudanças de preço

Os clientes nem sempre interpretam as mudanças de preços de maneira clara. Um *aumento* de preço, que normalmente diminuiria as vendas, pode ter alguns significados positivos para os compradores. Por exemplo, o que você pensaria se a Rolex *aumentasse* o preço de seu mais recente modelo de relógio? Por um lado, você poderia pensar que o relógio é mais exclusivo e de melhor qualidade. Por outro, poderia achar que a Rolex está simplesmente sendo gananciosa, cobrando aquilo que o mercado comporta.

De maneira similar, os consumidores podem ver uma *redução* de preço de diversas maneiras. Por exemplo, o que você pensaria se a Rolex, de repente, diminuísse seus preços? Você poderia pensar que está fazendo um excelente negócio com um produto exclusivo. Contudo, muito provavelmente, acharia que a qualidade caiu, e a imagem de luxo da marca seria prejudicada. O preço e a imagem de uma marca costumam caminhar bem próximos. Uma mudança de preço, especialmente uma redução, pode afetar negativamente o modo como os consumidores veem a marca.

Reações da concorrência às mudanças de preço

Uma empresa que está pensando em uma mudança de preço deve se preocupar não só com as reações de seus clientes, como também com as de seus concorrentes. É mais provável haver reações dos concorrentes quando o número de empresas envolvidas é pequeno, o produto é uniforme e os compradores são bem informados sobre os produtos e os preços.

Como a empresa pode prever as possíveis reações de seus concorrentes? A questão é complexa porque, como acontece com os clientes, os concorrentes podem interpretar a redução de preços de uma empresa de diversas maneiras. Eles podem achar que a empresa está tentando ganhar maior participação de mercado ou, então, que está com problemas e está tentando aumentar as vendas. Podem achar também que ela quer que o setor inteiro reduza seus preços para aumentar a demanda total.

A empresa precisa estimar a possível reação de cada um dos concorrentes. Se eles se comportam de maneira parecida, basta analisar um único concorrente típico. Por outro lado, se não se comportam de maneira parecida — talvez por conta de diferenças no tamanho, participação de mercado ou políticas —, então, são necessárias análises individuais. Contudo, se alguns concorrentes se equipararem a seus preços, há boas razões para esperar que o restante também o faça.

Reações a mudanças de preço

Agora vamos inverter a questão e indagar como uma empresa deve reagir a uma mudança de preço de um concorrente. Ela precisa considerar diversos pontos: por que o concorrente alterou o preço? Trata-se de uma mudança temporária ou permanente? O que acontecerá com sua participação de mercado e seus lucros se não reagir? Os outros concorrentes reagirão? Além desses pontos, a empresa precisa levar em consideração sua própria situação e estratégia e as possíveis reações dos clientes às mudanças de preço.

A Figura 11.1 mostra o modo como uma empresa pode avaliar as reduções de preço de um concorrente e reagir a elas. Vamos supor que a empresa fique sabendo que um concorrente baixou seus preços e julgue que essa redução, provavelmente, afetará suas próprias vendas e lucros. Nesse caso, a empresa pode simplesmente decidir manter seus preços e margens de lucro atuais. Ela pode acreditar que não perderá muita participação de mercado ou que perderia muito lucro se reduzisse seu preço. A empresa também pode decidir que deve esperar e reagir quando tiver mais informações sobre os efeitos da mudança de preço do concorrente. Entretanto, esperar demais para agir pode fazer com que o concorrente fique mais forte e confiante à medida que as vendas dele crescem.

Se a empresa decide que uma ação efetiva pode e deve ser tomada, ela pode reagir de quatro maneiras. Primeiro, a empresa pode *reduzir seu preço* para equipará-lo ao do concorrente. Ela pode decidir que o mercado é sensível a preços e que perderia muita participação de mercado para o concorrente de preço mais baixo. Contudo, a diminuição do preço reduzirá os lucros da empresa no curto prazo. Algumas empresas podem também reduzir a qualidade do produto, os serviços e as comunicações de marketing para conservar as margens de lucro, mas isso acabará prejudicando a participação de mercado no longo prazo. A empresa deve tentar manter a qualidade quando reduz os preços.

Outra alternativa seria a empresa manter o preço, mas *elevar o valor percebido* de sua oferta. Ela poderia melhorar suas comunicações, reforçando o valor relativo de seu produto em comparação com o do concorrente de preço mais baixo. A empresa pode descobrir que é mais barato manter o preço e gastar mais para melhorar seu valor percebido do que reduzir o preço e operar em uma margem mais baixa. A organização poderia também *melhorar* a qualidade *e aumentar o preço*, deslocando sua marca para uma posição de preço-valor mais alta. A maior qualidade cria valor superior para o cliente, o que justifica o preço mais alto. Por sua vez, o preço mais alto preserva as margens mais altas da empresa.

Por fim, a empresa poderia lançar uma *"marca de combate"* de baixo preço — acrescentar um

▲ Marcas de combate: a Starbucks posicionou sua unidade Seattle's Best Coffee para competir mais diretamente com marcas "premium de massa", como Dunkin' Donuts, McDonald's e outros concorrentes de preços menores.

AP Images/Eric Risberg

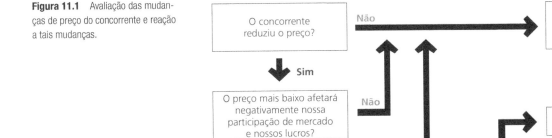

Figura 11.1 Avaliação das mudanças de preço do concorrente e reação a tais mudanças.

Quando um concorrente reduz o preço, a primeira reação da empresa pode ser diminuir seu preço também. Mas essa reação costuma ser errada. Em vez disso, a empresa pode querer enfatizar o "valor" na equação preço-valor.

item com preço mais baixo à sua linha de produtos ou criar outra marca com preço mais em conta. Isso é necessário se o segmento específico de mercado que está sendo perdido for sensível a preços e não reagir a argumentos de qualidade mais alta. A Starbucks fez isso quando adquiriu a Seattle's Best Coffee, uma marca posicionada para a classe trabalhadora que tem um apelo "premium acessível" se comparado ao apelo mais profissional, "totalmente premium" da principal marca Starbucks. Em termos gerais, o café da Seattle's Best é mais barato do que o de sua marca-mãe Starbucks. Assim, no varejo, ela compete mais diretamente com a Dunkin' Donuts, o McDonald's e outras marcas premium de massa por meio de franquias e parcerias com Subway, Burger King, Delta, cinemas da AMC e linhas de cruzeiro da Royal Caribbean, entre outros negócios. Nas prateleiras dos supermercados, a marca compete com marcas próprias e outros cafés premium de massa, como Folgers Gourmet Selections e Millstone.[13]

Para combater as marcas próprias e os novos concorrentes de preço baixo em uma economia apertada, a P&G transformou várias de suas marcas em marcas de combate. As fraldas descartáveis Luv oferecem aos pais "excelente proteção contra vazamento por um valor menor que o das marcas em conta". E a P&G oferece versões básicas mais em conta de muitas de suas grandes marcas. Por exemplo, o papel higiênico Charmin Basic "é resistente e tem um ótimo preço" e o papel toalha Bounty Basic "dura mais do que a principal marca de preços baixos". No entanto, as empresas devem ser cautelosas ao lançar marcas de combate, uma vez que elas podem prejudicar a imagem da marca principal. Além disso, embora possam tirar compradores comedidos com o orçamento de rivais de preços mais baixos, essas marcas também podem tirar negócios das marcas de margem mais alta da empresa.

Política pública e determinação de preços

Objetivo 5

▶ Apresentar um panorama geral das questões sociais e legais que afetam as decisões de preço.

A concorrência de preços é um elemento fundamental da economia de livre mercado. Ao estabelecer preços, as empresas nem sempre são livres para cobrar aquilo que bem entendem. Muitas leis federais, estaduais e até municipais regulam o jogo limpo na determinação de preços. Além disso, ao estabelecer os preços, as empresas devem levar em consideração preocupações societais mais amplas. Por exemplo, ao determinar seus preços, as empresas farmacêuticas devem equilibrar seus custos de desenvolvimento e objetivos de lucro com as necessidades de medicamentos dos consumidores, que muitas vezes envolvem uma questão de vida e morte.

Nos Estados Unidos, as leis que mais afetam a determinação de preços são a Sherman Act (Lei Sherman), a Clayton Act (Lei Clayton) e a Robinson-Patman Act (Lei Robinson-Patman), que foram inicialmente adotadas para coibir a formação de monopólios e regular práticas empresariais que poderiam, injustamente, restringir o comércio. Como essas leis federais podem ser aplicadas somente no comércio interestadual, alguns estados adotaram medidas semelhantes para as empresas que operam localmente.

A Figura 11.2 mostra as mais importantes questões de política pública ligadas à determinação de preços. Elas incluem práticas de precificação potencialmente danosas em um determinado nível do canal (formação de cartel e determinação de preços predatórios) e entre os níveis do canal (determinação de preços discriminatórios, manutenção do preço de varejo e determinação de preços enganosos).[14]

Figura 11.2 Questões de política pública na determinação de preços.

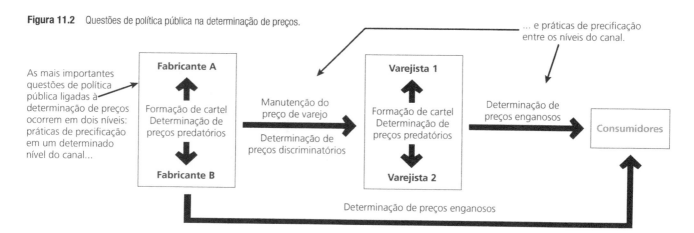

Determinação de preços nos níveis do canal

A legislação federal sobre a *formação de cartel* determina que as empresas vendedoras devem estabelecer seus preços sem consultar os concorrentes. Caso contrário, há suspeita de conluio. A formação de cartel é ilegal *per se* — isto é, o governo não aceita nenhuma desculpa para ela. Dessa forma, empresas consideradas culpadas por essas práticas podem receber multas altíssimas. Recentemente, governos de nível estadual e federal passaram a fazer valer, com afinco, as leis contra a formação de cartel em setores como o de combustível, seguros, concreto, cartões de crédito, CDs e chips de computador. A formação de cartel é proibida em muitos mercados internacionais. Por exemplo, recentemente, a União Europeia multou a Unilever e a P&G, as gigantes dos produtos de consumo, em um valor combinado de 456 milhões de dólares por formar cartel para os preços de sabão em pó em oito países europeus. A França também multou as duas gigantes, assim como seus concorrentes Colgate e Henkel. O país afirmou que representantes das quatro empresas se encontravam regularmente em hotéis e restaurantes de Paris, com a finalidade de combinar limites para o tamanho dos descontos e para as diferenças de preço entre suas marcas de sabão em pó.[15]

As empresas vendedoras também são proibidas de usar *determinação de preços predatórios* — vender abaixo do custo com o intuito de punir um concorrente ou obter lucros maiores no longo prazo afastando concorrentes do mercado. Essa proibição protege as empresas pequenas das maiores, que poderiam vender itens abaixo do custo temporariamente ou em um determinado local com a finalidade de liquidá-las. O maior problema, nesse caso, é estabelecer o que constitui, exatamente, um comportamento de determinação de preços predatórios. Vender abaixo do custo para se desfazer de excesso de estoque não é considerado predatório; mas vender abaixo do custo para afastar um concorrente é. Assim, uma mesma ação pode ou não ser predatória, dependendo da intenção, e intenções são muito difíceis de determinar ou provar.

Nos últimos anos, muitas grandes e poderosas empresas foram acusadas de determinação de preços predatórios. Entretanto, transformar uma acusação em um processo pode ser difícil. Por exemplo, muitas editoras e livrarias têm demonstrado preocupação com as práticas predatórias da Amazon.com, especialmente no que se refere à precificação de livros:[16]

▲ Determinação de preços predatórios: alguns críticos do setor acusaram a Amazon.com de determinar preços muito baixos para os livros, prejudicando as livrarias concorrentes. Será que é uma determinação de preços predatórios ou um bom e simples marketing competitivo?
Christopher Schall/Impact Photo

Muitas livrarias e editoras reclamam, dizendo que as políticas de determinação e preços da Amazon.com estão destruindo o setor. Na última temporada de compras de final de ano, a Amazon comercializou os 10 livros mais vendidos, em capa dura, como iscas, a preços inferiores a 10 dólares. E a empresa está agora vendendo e-books a preços de banana, a fim de conquistar clientes para seu e-reader Kindle. Esses preços muito baixos para os livros têm gerado consideráveis danos às livrarias concorrentes, muitas das quais veem as práticas de determinação de preços da Amazon como predatórias. De acordo com um observador: "A palavra 'predador' é muito forte e eu não a uso levianamente, mas [...] eu poderia jurar que temos leis contra determinação de preços predatórios. E eu não entendo por que [a precificação da Amazon] não é um caso". Contudo, nenhuma acusação de determinação de preços predatórios foi aberta contra a Amazon. Seria extremamente difícil provar que a precificação da empresa é propositadamente predatória, e não apenas um bom e simples marketing competitivo.

Determinação de preços entre os níveis do canal

A lei Robinson-Patman busca impedir o *preço discriminatório* injusto, assegurando que as empresas vendedoras ofereçam as mesmas condições de preços para todos os clientes em um determinado nível de comércio. Por exemplo, todos os varejistas têm direito às mesmas condições de preço oferecidas por um fabricante, sejam eles a REI ou uma loja de bicicletas local. Contudo, o preço discriminatório é permitido se a empresa vendedora conseguir provar que

364 Parte 3 | Elaboração de uma estratégia e de um mix voltados para o cliente

seus custos diferem dependendo dos varejistas — por exemplo, o custo unitário é menor quando ela vende um grande volume de bicicletas para a REI do que quando vende algumas bicicletas para um revendedor local.

A empresa vendedora também pode praticar preços discriminatórios se fabricar diferentes níveis de qualidade do mesmo produto para diferentes varejistas. Contudo, ela tem de provar que essas diferenças são proporcionais. Diferenciais de preço podem também ser usados de "boa-fé", para "se equiparar à concorrência", contanto que o preço discriminatório seja temporário, localizado e defensivo, e não ofensivo.

As leis também proíbem a *manutenção do preço de varejo (ou revenda)* — um fabricante não pode exigir que os revendedores cobrem um determinado preço de varejo por seu produto. Embora a empresa vendedora possa propor aos revendedores um preço de varejo *sugerido*, ela não pode se recusar a vender para um revendedor que tenha uma política de preços independente nem puni-lo atrasando a entrega ou negando-lhe concessões de propaganda. Por exemplo, a procuradoria-geral do estado da Flórida investigou a Nike por, supostamente, fixar o preço de varejo de seus calçados e roupas. A preocupação era que a Nike estivesse deixando de entregar itens para varejistas que não vendiam seus calçados mais caros pelos preços que a empresa considerava adequados.

A *determinação de preços enganosos* ocorre quando uma empresa vendedora anuncia preços ou descontos que enganam os consumidores ou que, na realidade, não estejam disponíveis. Isso pode incluir preços de referência ou de comparação forjados, como acontece quando um varejista estabelece um preço "normal" artificialmente alto e, em seguida, anuncia uma "liquidação", com preços próximos àqueles que ele cobra rotineiramente. Por exemplo, a Overstock.com recentemente foi submetida a uma inspeção por listar de modo impreciso os preços de revenda sugeridos, cotando-os, muitas vezes, acima do preço real. Esse tipo de comparação de preço é muito disseminado.

Se forem verdadeiros, os preços de comparação são legais. Contudo, o "Guia dos preços enganosos" da FTC (Federal Trade Commission — Comissão Federal de Comércio) adverte as empresas vendedoras para que não anunciem (1) uma redução de preços, a não ser que ela represente uma economia em relação ao preço de varejo corrente; (2) preços "de fábrica" ou "de atacadista", a não ser que eles sejam o que dizem ser; e (3) preços de valor comparável para mercadorias com defeito.[17]

Outras questões referentes a preços enganosos incluem *fraudes dos leitores de códigos de barras* e confusão de preços. A disseminação do uso de caixas registradoras computadorizadas, com leitores de códigos de barra, levou a um aumento do número de reclamações contra os varejistas, por cobrarem dos clientes um preço maior do que o anunciado. A maioria dessas cobranças indevidas resulta de mau gerenciamento — por exemplo, os preços correntes ou os promocionais não são inseridos no sistema. Outros casos, entretanto, envolvem erros intencionais.

Existem muitas leis federais e estaduais contra as práticas de determinação de preços enganosos. Por exemplo, a Automobile Information Disclosure Act (Lei de Revelação de Informações da Indústria Automobilística) exige que os fabricantes de carros coloquem um cartaz no vidro dos carros novos declarando o preço de varejo sugerido pelo fabricante, o preço dos equipamentos opcionais e o preço do frete pago pelo revendedor. Entretanto, empresas de renome vão além do que a lei exige. Tratar os clientes com justiça e garantir que eles entendam perfeitamente os preços e as condições de precificação é parte importante da construção de um relacionamento forte e duradouro com os clientes.

Revisão dos conceitos

Revisão dos **objetivos** e **termos-chave**

○ Revisão dos objetivos

Neste capítulo, analisamos algumas questões adicionais acerca da determinação de preços — determinação de preços para novos produtos; determinação de preços para mix de produtos; ajustes de preços; iniciativas de mudanças de preço e reações a tais mudanças; e política pública. Uma empresa não estabelece apenas um preço, mas uma *estrutura*

Capítulo 11 | Estratégias de determinação de preços — 365

de precificação que abrange todo seu mix de produtos. Essa estrutura muda com o tempo, à medida que os produtos percorrem seu respectivo ciclo de vida. A empresa ajusta os preços dos seus produtos para refletir mudanças nos custos e na demanda, bem como para atender a variações nos compradores e nas situações. Conforme o ambiente competitivo se altera, ela decide quando iniciar mudanças de preço e quando reagir a elas.

Objetivo 1 ▶ Descrever as principais estratégias de determinação de preços para novos produtos (p. 345-346)

A determinação de preços é um processo dinâmico e as estratégias de precificação geralmente mudam à medida que o produto percorre seu ciclo de vida. O estágio de introdução — quando os preços para o produto são estabelecidos pela primeira vez — é especialmente desafiador. A empresa pode escolher um das estratégias de determinação de preços para novos produtos inovadores. Ela pode usar a *determinação de preços de desnatamento*, estabelecendo inicialmente preços altos para "desnatar" o máximo de receita possível dos vários segmentos do mercado. Ou pode usar a *determinação de preços de penetração de mercado*, estabelecendo um baixo preço inicial para penetrar profundamente no mercado e conquistar uma grande participação. Para que ambas as estratégias de determinação de preços para novos produtos funcionem, várias condições devem ser atendidas.

Objetivo 2 ▶ Explicar como as empresas encontram um conjunto de preços que maximiza os lucros obtidos com o mix total de produtos (p. 346-349)

Quando o produto faz parte de um mix de produtos, a empresa procura um conjunto de preços que maximizarão os lucros obtidos com o mix total. Na *determinação de preços para linha de produtos*, a empresa determina as graduações de preços para todo o conjunto de linha de produtos que oferece. Além disso, ela deve estabelecer preços para *produtos opcionais* (produtos opcionais ou acessórios incluídos no produto principal), *produtos complementares* (produtos necessários para a utilização do produto principal), *subprodutos* (refugos ou produtos residuais produzidos na hora de fabricar o produto principal) e *pacotes de produtos* (combinações de produtos com preço reduzido).

Objetivo 3 ▶ Discutir como as empresas ajustam seus preços de acordo com diferentes tipos de clientes e situações (p. 349-359)

As empresas aplicam uma série de *estratégias de ajuste de preços* para atender a diferenças entre os segmentos de consumidores e as situações. Uma delas é a *determinação de preços com descontos e concessões*, por meio da qual a empresa estabelece descontos em dinheiro, de quantidade, funcionais ou sazonais ou, então, diferentes tipos de concessões. Uma segunda estratégia é a *determinação de preços segmentados*, em que a empresa vende um produto por dois ou mais preços para atender a diferentes clientes, formas de produto, localidades ou épocas. Às vezes, as empresas levam em consideração mais do que fatores econômicos em

suas decisões de preço, usando a *determinação de preços psicológicos* para comunicar melhor a posição pretendida para um produto. Com a *determinação de preços promocionais*, a empresa oferece descontos ou, temporariamente, vende um produto abaixo do preço de tabela em um evento especial, por exemplo. Às vezes, ela chega a vender o produto a um preço abaixo do custo, com preço isca. Outra abordagem é a *determinação de preços geográficos*, por meio da qual a empresa decide como atribuir preços a clientes distantes, escolhendo entre alternativas como preço FOB, preço de entrega unificado, preço por zona, preço de ponto-base e preço com frete incluso. Por fim, a *determinação de preços internacionais* significa que a empresa ajusta seus preços para atender a diferentes condições e expectativas nos diversos mercados mundiais.

Objetivo 4 ▶ Discutir as principais questões ligadas a iniciativas de mudanças de preço e a reações a elas (p. 359-362)

Quando uma empresa pensa em iniciar uma *mudança de preço*, ela precisa levar em conta as reações dos clientes e dos concorrentes. As implicações para as iniciativas de redução do preço e as iniciativas de aumento do preço são diferentes. As reações dos compradores às mudanças de preço são influenciadas pelo significado que os clientes enxergam nessas mudanças. Já as reações dos concorrentes partem de um conjunto de políticas de reações previamente estabelecido ou de uma nova análise em cada situação.

Também existem muitos fatores a considerar ao reagir às mudanças de preço realizadas por um concorrente. A empresa que enfrenta uma mudança iniciada por um concorrente deve tentar entender a intenção dele, bem como a duração e o impacto prováveis da mudança. Se o melhor a fazer é reagir rapidamente, a empresa deve planejar suas reações de acordo com as diferentes possíveis ações de preços que o concorrente possa tomar. Ao se defrontar com a mudança de preços de um concorrente, a empresa pode não fazer nada, reduzir seu preço, aumentar a qualidade percebida, aumentar a qualidade e elevar o preço ou lançar uma marca de combate.

Objetivo 5 ▶ Apresentar um panorama geral das questões sociais e legais que afetam as decisões de preço (p. 362-364)

Muitas leis federais, estaduais e até municipais regulam o jogo limpo na determinação de preços. Além disso, as empresas devem levar em consideração preocupações societais mais amplas. As mais importantes questões de política pública ligadas à determinação de preços incluem práticas de precificação potencialmente danosas *em* um determinado nível do canal, como formação de cartel e determinação de preços predatórios. Elas também incluem práticas de precificação *entre* os níveis do canal, como determinação de preços discriminatórios, manutenção do preço de varejo e determinação de preços enganosos. Embora muitas leis federais e estaduais regulem as práticas de determinação de preços, empresas de renome vão além do que a lei exige. Tratar os clientes com justiça é parte importante da construção de um relacionamento forte e duradouro com os clientes.

366 Parte 3 | Elaboração de uma estratégia e de um mix voltados para o cliente

◯ Termos-chave

Objetivo 1

Determinação de preços de desnatamento (skimming pricing) (p. 345)
Determinação de preços de penetração de mercado (p. 346)

Objetivo 2

Determinação de preços para linha de produtos (p. 347)
Determinação de preços para pacotes de produto (p. 349)

Determinação de preços para produtos complementares (p. 348)
Determinação de preços para produtos opcionais (p. 347)
Determinação de preços para subprodutos (p. 348)

Objetivo 3

Concessão (p. 350)
Desconto (p. 350)
Determinação de preços geográficos (p. 354)
Determinação de preços promocionais (p. 353)

Determinação de preços psicológicos (p. 351)
Determinação de preços segmentados (p. 350)
Determinação dinâmica de preços (p. 355)
Preço com frete incluso (p. 355)
Preço de entrega unificado (p. 354)
Preço de ponto-base (p. 355)
Preço FOB (p. 354)
Preço por zona (p. 355)
Preços de referência (p. 351)

Discussão e pensamento crítico

◯ Questões para discussão

1. Compare a estratégia de determinação de preços de desnatamento com a de determinação de preços de penetração de mercado. Em quais condições cada uma delas é mais apropriada? Para cada estratégia, dê um exemplo de um produto lançado recentemente que a usou.
2. Relacione e descreva brevemente as cinco situações de determinação de preços de mix de produtos.
3. Relacione e descreva as várias formas de desconto que as empresas usam para recompensar os clientes.

4. Compare as estratégias de determinação de preços geográficos que as empresas usam com clientes em diferentes partes de um país e do mundo. Qual estratégia é melhor?
5. O que é determinação dinâmica de preços? Por que ela é comum, principalmente, on-line? Ela é legalmente correta?
6. Sob que circunstâncias uma empresa deve pensar em reduzir seus preços? E aumentá-los?

◯ Atividades de pensamento crítico

1. Qual o preço do Toyota Prius nos Estados Unidos? Encontre o preço do Toyota Prius em cinco países e converta o valor para dólares norte-americanos. Os preços são iguais ou diferentes nos diferentes países? Explique as possíveis razões de sua descoberta.
2. A tática de determinação de preços psicológicos é, na verdade, uma precificação "bem pouco abaixo". Ela também

é chamada de determinação de preços terminados em 9, porque geralmente o último número do preço é 9 (ou 99). Forme um pequeno grupo. Cada membro do grupo deve selecionar cinco diferentes produtos e visitar uma loja para ver quanto eles custam. Existe variação entre os itens e as lojas no que diz respeito a preços terminados em 9? Por que as empresas utilizam essa tática de precificação?

Aplicações e casos

◯ Foco na tecnologia — Fale menos, pague mais

As operadoras de celulares estão tentando fazer os clientes pagarem mais por algo que eles fazem cada vez menos — ligações telefônicas. Parece que os consumidores estão fazendo de tudo com seus celulares, menos telefonando. O uso médio do pacote de voz por minuto tem caído desde 2007, quando a Apple lançou o iPhone e os consumidores se voltaram para as

mensagens de texto e outras opções de ligações baseadas na Internet, como o Skype. Mas os pacotes de voz representam quase 70% do total que as operadoras cobram dos clientes de celular, e elas não querem perder essa mina de ouro. Como resultado, as operadoras estão começando a deixar de lado os planos que permitem aos assinantes comprarem apenas os

Capítulo 11 | Estratégias de determinação de preços **367**

minutos que precisam ou querem e os substituindo por taxas fixas, que oferecem ligações ilimitadas. As operadoras dizem que isso descomplica as coisas para os consumidores, mas a verdade é que elas não querem que os clientes se voltem para planos mais em conta quando perceberem que podem economizar reduzindo seu pacote de voz. Dessa maneira, as operadoras estão eliminando completamente pacotes de voz mais caros.

1. Compare os preços de duas operadoras de celular, como a AT&T e a Verizon. Quais tipos de estratégias de determinação de preços elas estão usando?
2. Visite o site <www.myrateplan.com/wireless_plan/> e compare seu plano de celular com os planos das outras operadoras. Quais táticas as operadoras usam para reter os assinantes, evitando que eles procurem outra empresa? Explique.

⊃ Foco na ética   O preço de uma música

Estrelas da música country, como Taylor Swift, Rascal Flatts e Tim McGraw, serão os primeiros artistas a ser pagos toda vez que suas músicas tocarem no rádio. Nos Estados Unidos, somente os compositores e as editoras musicais recebem royalties das rádios ou quando a música é usada em um filme, programa de televisão, comercial ou mesmo como toque de telefone. Isso remonta a um regulamento de 1917 da Suprema Corte, segundo o qual compositores de músicas registradas devem receber royalties toda vez que as canções forem tocadas ou interpretadas em meios comerciais. Mas os artistas e as gravadoras não recebem esse tipo de royalty. O raciocínio é que as rádios promovem as vendas dos álbuns, por meio das quais os artistas ganham royalties de 8 a 25% sobre o preço de cada CD. Mas, por conta da Internet e de sites para download de músicas, como o iTunes, as vendas de álbuns tradicionais caíram quase 50%. Em 2011, as vendas de música digital su-

peraram as vendas de CD. O público também tem usado sites como Pandora, Spotify e Rdio para ouvir músicas. Os cantores conquistaram uma vitória como a Digital Performance Rights in Sound Recording Act (Lei dos Direitos Digitais do Intérprete sobre Gravações Sonoras), de 1995. A lei permitiu que, pela primeira vez, os intérpretes pudessem ganhar royalties quando suas músicas fossem tocadas em formato digital, como, em um Webcast ou em rádios via satélite, onde os ouvintes se escrevem, mas não escolhem músicas específicas. A Pandora, uma rádio on-line, afirma que esses pagamentos de royalty, que equivalem a cerca de 60% de suas receitas, constituem a razão de a empresa não ser lucrativa.

1. Pesquise como funcionam os royalties ligados à música para saber mais sobre os custos e a determinação de preços de canções. Escreva um relatório contando o que você aprendeu.

⊃ Foco nos números   A Netflix é maluca ou muito esperta?

Aumentos de preço são sempre um problema com os consumidores. E a Netflix, a gigante dos vídeos sob demanda e dos DVDs enviados por correio, causou um alvoroço nos Estados Unidos ao anunciar um aumento de 60% no preço de um de seus planos mais acessíveis. Antes, por 9,99 dólares ao mês, os clientes podiam alugar um DVD por um período e ainda curtir vídeos ilimitados pela Internet. Esse mesmo serviço agora custa 15,98 dólares ao mês, em uma combinação de um plano antigo (que dá acesso somente aos vídeos sob demanda por 7,99 dólares ao mês) e um novo (que, também por 7,99 dólares ao mês, permite apenas que os clientes recebam, por correio, DVDs com os quais podem ficar por um tempo). Assim, os clientes têm que ou pagar mais para ficar com o mesmo nível de serviços, ou optar por um dos serviços mais limitados, que custam 7,99 dólares por mês. A maioria dos clientes preferiu ficar apenas

com os vídeos sob demanda, o que reduziu os custos variáveis da Netflix por conta da economia com postagem. Antes da mudança de preço, a Netflix tinha 23 milhões de assinantes em seu plano híbrido envolvendo DVD e vídeo sob demanda.

1. Consulte o Apêndice 2, "Marketing por meio dos números", e calcule a contribuição mensal que a Netflix obtém, respectivamente, de um assinante de 9,99 dólares ao mês e de um outro de 15,98 dólares ao mês. Parta do princípio de que os custos variáveis por cliente são de 3,50 dólares por mês e de que eles não mudam com o aumento de preço. Quantos clientes insatisfeitos a Netflix pode perder lucrativamente antes de ser afetada de maneira negativa?
2. Esse movimento da Netflix é inteligente? Analise os prós e os contras de uma drástica mudança de preço como essa.

⊃ Vídeo empresarial   Hammerpress

Hoje em dia, produtos voltados para a impressão em papel não parecem ser o melhor negócio para se estar. Mas a Hammerpress está construindo um nicho nesse velho setor. E está fazendo isso retornando para a antiga tecnologia. As gráficas de hoje utilizam técnicas de design gráfico e processos de impressão baseadas em computador. A Hammerpress, no entanto, cria cartões, calendários e cartões de visita que são feitos à mão por artistas profissionais e impressos por meio de tecnologia tradicional de impressão tipográfica.

Quando se trata de concorrência, essa abordagem apresenta tanto oportunidades como desafios. Embora os produtos da Hammerpress se destaquem por seu trabalho artístico, o custo de produzir esse tipo de produto é consideravelmente mais alto que o da média do setor. Esse vídeo mostra como a Hammerpress utiliza técnicas de determinação dinâmica de preços para atender às necessidades de vários segmentos de clientes e prosperar em um ambiente competitivo.

Após assistir ao vídeo que apresenta a Hammerpress, responda às seguintes perguntas:

368 Parte 3 | Elaboração de uma estratégia e de um mix voltados para o cliente

1. Como a Hammerpress utiliza o conceito de determinação dinâmica de preços?
2. Analise as três principais estratégias de determinação de preços tendo como base a Hammerpress. Em sua opinião, qual das três é a estratégia central da empresa?
3. Faz sentido a Hammerpress competir em categorias de produtos nas quais o mercado dita um preço que não é lucrativo para a empresa? Justifique sua resposta.

Caso empresarial — Amazon *versus* Walmart: a batalha on-line com base no preço

Há menos de uma década, ninguém acreditava que a Amazon fosse uma real ameaça para o Walmart. Afinal de contas, o Walmart era o maior varejista do mundo, que vendia de tudo. A Amazon era apenas uma empresa jovem, on-line, conhecida principalmente por vender livros e CDs. Além disso, as receitas do Walmart eclipsavam as da Amazon em mais de 120 vezes.

Mas que diferença uma década faz. Embora o Walmart ainda domine a esfera física do varejo e continue sendo, de longe, o maior varejista do mundo, o crescimento da Amazon tem a colocado bem no meio do campo de visão do gigante de tijolo e cimento. Atualmente, parece que todo mundo está comparando as duas empresas. Ali tinha Frazier. A Coca tem a Pepsi. O Yankees tem o White Sox. E, hoje, esses dois varejistas peso-pesado estão travando uma guerra on-line. A arma escolhida? Preços — o que não surpreende, tendo em vista as posições de baixo custo mantidas há muito tempo pelos combatentes.

A guerra de preços entre o Walmart e a Amazon começou há três anos, com desavenças em relação ao preço on-line de novos livros e CDs. Rapidamente, ela atingiu consoles de videogame, celulares e até mesmo brinquedos. Em jogo: não apenas o destino das duas empresas, mas também daquelas que fazem parte de setores cujos produtos os dois varejistas vendem, tanto on-line como em lojas físicas. O preço pode ser uma poderosa arma estratégica, mas também pode ser uma faca de dois gumes.

A Amazon, ao que parece, quer ser o "Walmart da Internet", nossa loja digital de produtos gerais, e ela está caminhando bem para alcançar esse objetivo. Embora no último ano o total de vendas gerais do Walmart tenha atingido o incrível número de 444 bilhões de dólares — nove vezes mais do que os 48 bilhões de dólares da Amazon —, as vendas on-line da Amazon.com foram cerca de nove vezes maiores do que as do Walmart.com. Além disso, a Amazon.com atrai mais de 100 milhões de visitantes norte-americanos únicos por mês, o que representa mais que o dobro dos visitantes do Walmart.com. Um analista estima que mais da metade de todos os consumidores norte-americanos que procuram itens de varejo na Internet comecem suas buscas pela Amazon.com.

Por que isso preocupa o Walmart? Afinal, as vendas on-line são responsáveis por apenas 7% do total das vendas do varejo norte-americano. O Walmart conquista a maioria de seus negócios oferecendo preços acessíveis para a classe média dos Estados Unidos em suas mais de 4.400 lojas físicas. Em compensação, de acordo com um analista, a Amazon fez fama vendendo, principalmente, para "pessoas ricas de grandes centros urbanos que preferem clicar em seu mouse a ficar empurrando um carrinho".

Mas essa batalha não tem a ver com o presente — ela gira em torno do futuro. Apesar de ainda ser um mercado pequeno para os padrões do Walmart, as vendas on-line crescerão na próxima década. Estima-se que elas passarão a representar 15% do total de vendas do varejo norte-americano. E, cada vez mais, a Amazon.com domina o espaço on-line. No ano passado, as vendas da empresa cresceram 40% em comparação com o ano anterior. O mais importante: as vendas de eletrônicos e itens gerais da Amazon.com, que concorrem diretamente com muito daquilo que é oferecido pelas lojas do Walmart, estão crescendo mais rápido do que suas vendas gerais.

A BATALHA COMEÇA

A Amazon demonstrou uma ambição sem limites para oferecer mais de quase tudo na Internet. Ela começou vendendo apenas livros on-line, mas hoje vende de tudo: de livros, filmes e músicas a eletrônicos de consumo, produtos para casa e jardim, roupas, joias, brinquedos, ferramentas e, até mesmo, comidas e bebidas. A aquisição de vários varejistas on-line, como a Zappos.com e a Diapers.com, contribuiu para sua rápida expansão. A empresa está reforçando sua variedade de marcas próprias, adicionando novas linhas de produtos com a marca Amazon. Se a expansão da Amazon.com continuar e as vendas on-line crescerem como previsto, a varejista on-line vai comer cada vez mais e mais as vendas das lojas tradicionais do Walmart. De fato, com os consumidores de renda mais baixa se familiarizando com a tecnologia, a Amazon.com está tirando os clientes tradicionais do Walmart — pessoas que adoram pechinchas e ganham menos de 50 mil dólares por ano.

Mas o Walmart não vai desistir sem lutar. Na verdade, ela está levando a batalha para o território da Amazon: a Internet. Por meio de uma determinação de preços agressiva, a empresa está lutando por cada dólar que os consumidores gastam on-line. O Walmart disparou o primeiro tiro em 2009, antes da temporada de compras de final de ano. Ele anunciou que faria pré-venda on-line de dez livros em capa dura que estavam para sair — todos best-sellers de autores como John Grishman, Stephen King, Barbara Kingsolver e James Patterson —, vendendo-os pelo baixo preço, nunca antes visto, de 9,99 dólares cada: o mesmo preço que a Amazon estava cobrando por versões em e-book de best-sellers que poderiam ser lidos em seu Kindle ou em outros e-readers. Dando um passo além, o Walmart também reduziu o preço de outros 200 best-sellers em 50%, ficando abaixo dos preços da Amazon. Quando a Amazon rapidamente anunciou que iria equiparar seu preço ao do Walmart para os 10 best-sellers, a guerra de preços começou. O Walmart reduziu seu preço para 9 dólares, a Amazon fez o mesmo e o Walmart, então, reduziu seu preço ainda mais, chegando a 8,98 dólares.

Para os livros, esses baixos preços representaram uma redução de 59 a 74% de seu preço de tabela, muito mais do que a redução de 30 a 40% que se poderia esperar de livrarias tradicionais, como a Barnes & Noble. De fato, o Walmart.com e a Amazon.com precificaram esses best-sellers abaixo do custo, como iscas, para atrair compradores a seus sites, na esperança de que eles comprassem outros itens, mais lucrativos.

Hoje, a guerra de preços dos livros continua. E seu impacto vai além dos dois principais combatentes, gerando danos colaterais em todo o setor de livros. "Quando seu produto é tratado como isca, o valor percebido dele diminui", diz um executivo do ramo editorial. No longo prazo, isso não é bom nem para as empresas que publicam os livros nem para os varejistas que os vendem. "O preço envia mensagens sobre o valor para o cliente", observa outro editor. As empresas querem ser cuidadosas com as mensagens que enviam.

A guerra de preços não envolve apenas livros. Se você comparar os preços do Walmart.com com os da Amazon.com, descobrirá que a batalha se dá em uma ampla variedade de categorias de produtos. E, apesar de o Walmart ter uma vantagem no que diz respeito a preço baixo, fica claro que a Amazon pode se equiparar aos preços do concorrente ou mesmo batê-los, com sua estrutura de baixo custo que não conta com despesas gerais de lojas.

Quem vencerá a batalha on-line pelo coração e pelos dólares dos compradores on-line? Certamente, preços baixos são um importante fator. Mas, tendo em vista a natureza em grande mutação do modo como os clientes compram, o preço sozinho pode não ser suficiente. Vamos analisar, separadamente, os dois varejistas para ver como eles estão preparados para a batalha.

WALMART: MAIS FORMAS DE COMPRAR

Quando se trata de preços baixos, o Walmart tem uma vantagem baseada em anos de experiência, escala de operações e poder de negociação junto aos fornecedores. Mas o Walmart também está focado em fazer grandes avanços nas vendas on-line. Embora o crescimento das vendas gerais do Walmart possa ser modesto, na casa de um dígito, suas vendas on-line estão crescendo a um ritmo muito mais rápido. De fato, as vendas on-line da rede mais do que dobraram no último ano, e o número de visitantes únicos no Walmart.com disparou 26%, atingindo 42 milhões de pessoas — enquanto isso, o tráfego mensal da Amazon.com permaneceu relativamente estável.

O Walmart tem algumas vantagens em relação à Amazon. O fato de ele ter uma imensa rede de lojas físicas em locais convenientes e uma presença on-line bem estabelecida permite que ele ofereça aos clientes mais formas de comprar pela Internet. Os clientes podem comprar on-line e receber os produtos em casa. Ou podem comprar os itens on-line e retirá-los em uma loja Walmart. Itens que a loja local tem em estoque podem ser retirados pelos clientes no mesmo dia. Além disso, recentemente, o Walmart lançou o programa "Pague com dinheiro", voltado para os 20% dos compradores da rede que, de outra forma, não poderiam comprar on-line porque não têm conta bancária ou cartão de crédito.

A opção "dinheiro" tem tudo a ver com o novo slogan do Walmart: "A qualquer hora, em qualquer lugar". O Walmart quer que seus compradores saibam que ele pode oferecer a mais perfeita combinação de compras on-line e off-line, algo a que nenhum varejista, em nenhuma esfera, pode se equiparar. O Walmart imagina o dia, em um futuro não muito distante, em que os consumidores poderão comprar qualquer coisa que estiver disponível on-line e nas lojas do computador de casa, enquanto navegam em seus dispositivos digitais, ou então desses mesmos dispositivos, enquanto passeiam pelos corredores de suas lojas. O Walmart espera que o fato de cada uma de suas lojas servir como centro de entrega lhe dê uma enorme vantagem sobre os varejistas que atuam apenas on-line, principalmente sobre a Amazon. A Amazon inclusive está testando um drive-through, em que os compradores podem retirar os pedidos que fizeram pela Internet. Os centros de entrega também assumem a função de centros de fácil devolução.

AMAZON: COBRINDO TODAS AS BASES

A Amazon também tem suas vantagens. Para começar, as vendas on-line do Walmart podem estar crescendo rapidamente, mas talvez seja impossível para o varejista alcançar o arranque da Amazon. O Walmart dobrou sua receita on-line no último ano, mas isso significou um aumento de 2 bilhões de dólares para 3 bilhões. A Amazon aumentou suas vendas em mais de 10 bilhões de dólares. Se a Amazon continuar crescendo como se espera, ela ultrapassará a casa dos 100 bilhões de dólares em 2015, atingindo esse marco em apenas 21 anos e se tornando a empresa mais rápida na história a alcançá-lo (o Walmart demorou 36 anos). Nessa altura, é possível que a Amazon conquiste o impossível, tornando-se a segunda maior varejista dos Estados Unidos, tendo somente mais um concorrente para ultrapassar.

A Amazon também tem a diversificação em seu DNA. Ela sabe que o comércio on-line é apenas um elemento de uma estratégia mais ampla. Desde o início, a Amazon investiu pesado na aquisição e no desenvolvimento de tecnologias que estão lhe permitindo ramificar-se em serviços on-line que formam todo um ecossistema digital — de entretenimento a redes sociais e comunicações móveis —, tudo ligado à sua superloja.

Além de sua marca on-line extremamente identificável, a Amazon.com possui uma variedade maior do que a do Walmart e uma experiência de compra para o cliente on-line sem paralelos. Sua sofisticada rede de distribuição, construída especificamente para compras pela Internet, faz as entregas serem sempre mais rápidas. E, com a Amazon Prime, elas são ainda mais rápidas — e grátis.

A FACA DE DOIS GUMES

Por enquanto, o preço continua sendo a principal arma competitiva na batalha on-line do Walmart e da Amazon. Mas, no longo prazo, cortes abruptos de preço podem render mais danos do que coisas boas para os dois varejistas. As guerras de preços podem transformar categorias inteiras de produtos em commodities pouco atrativas, de margens baixas (pense nos DVDs, por exemplo). E comprar on-line é muito mais do que simplesmente conseguir os melhores preços, mesmo na situação econômica de hoje. No final, a conquista dos consumidores on-line vai exigir a oferta não apenas de preço mais baixo, mas também de melhor valor para o cliente em termos de preço e variedade de produto, rapidez, praticidade e experiência de compra geral.

No momento, os dois varejistas, principalmente o Walmart, parecem determinados a lutar com base no preço. Jeff Bezos, CEO da Amazon, há muito tempo diz que há espaço de sobra para todos os concorrentes no grande mundo do varejo. No entanto, Paul Vasquez, antigo presidente e CEO do Walmart, garante que é "só uma questão de tempo" para o Walmart dominar as compras pela Internet. Na visão dele, a determinação de preços será a chave para isso. "Nossa empresa é

370 Parte 3 | Elaboração de uma estratégia e de um mix voltados para o cliente

baseada em preços baixos", diz Vasquez, encarando o desafio. "Mesmo com os livros, nós fomos indo até nos tornarmos o líder em preços baixos. E vamos fazer o mesmo em toda categoria que for preciso". Ainda assim, a questão permanece: preços baixos serão suficientes?

QUESTÕES PARA DISCUSSÃO

1. Os consumidores podem, realmente, determinar se é a Amazon ou o Walmart que tem os preços gerais mais baixos? Justifique sua resposta.

2. Para a Amazon e o Walmart, o que é mais importante: ter os menores preços ou ser vista como a empresa que tem os menores preços?

3. Com base na Figura 11.1 deste capítulo, responda: quão longe a Amazon e o Walmart devem ir com a batalha com base no preço?

4. Qual a importância do baixo preço na batalha pelo domínio on-line? Até que ponto os benefícios oferecidos pela Amazon e pelo Walmart são importantes?

Fontes: "Walmart Vs. Amazon: can brick-and-mortar stores hang onto shoppers?", *The Week*, 12 abr. 2012, <http://theweek.com/article/index/226736/walmart-vs-amazon-can-brick-and-mortar-stores-hangon-to-shoppers>; "Wal-Mart reaches more shoppers online by letting them pay with cash", *Forbes*, 25 jun. 2012, <www.forbes.com/sites/greatspeculations/2012/06/25/wal-marts-reaches-more-shoppers-onlineby-letting-them-pay-with-cash/>; David Welch, "Wal-Mart gears up online as customers defect to Amazon", *Businessweek*, 20 mar. 2012, <www.businessweek.com/news/2012-03-20/wal-mart-gears-up-online-ascustomers-defect-to-amazon>; Brad Stone e Stephanie Rosenbloom, "The gloves come off at Amazon and Walmart", *New York Times*, 24 nov. 2009, p. 1; Gayle Feldman, "Behind the US price war", *Bookseller*, 13 nov. 2009, p. 16; Jeffrey A. Trachtenberg e Miguel Bustillo, "Amazon, Walmart cut deeper in book duel", *Wall Street Journal*, 19 out. 2009, p. B1.

NOTAS

1. Citações e outras informações extraídas de Annie Gasparro, "Panera boosts ad budget as 'fast casual' heats up", *Wall Street Journal*, 8 mar. 2012, p. B7; Mark Brandau, "Bakery-café segment expanding", *Restaurant News*, 11 out. 2011, <http://nrn.com/article/study-bakery-caf%-C3%A9-segment-expanding>; Kate Rockwood, "Rising dough: why Panera Bread is on a roll", *Fast Company*, out. 2009, p. 69-70; "Standouts in customer service", *Bloomberg Businessweek*, 14 abr. 2011, <www.businessweek.com/interactive_reports/customer_service_2010.html>; Tiffany Hsu, "Fast-casual restaurants gobble up market share", *Los Angeles Times*, 22 dez. 2011; <www.panerabread.com>. Acesso em: nov. 2012.

2. Para discussões abrangentes sobre estratégias de determinação de preços, veja Thomas T. Nagle, John E. Hogan e Joseph Zale, The strategy and tactics of pricing, 5. ed. Upper Saddle River: Prentice Hall, 2011.

3. Adaptado de informações encontradas em Mei Fong, "IKEA hits home in China; the Swedish design giant, unlike other retailers, slashes prices for the chinese", *Wall Street Journal*, 3 mar. 2006, p. B1; "Beijing loves IKEA — but not for shopping", *Los Angeles Times*, <http://articles.latimes.com/2009/aug/25/business/fi-china-ikea25>; "China: assembling ideas for IKEAs in China", *Asia News Monitor*, 17 fev. 2012; <www.ikea.com/ms/en_US/about_ikea/facts_and_figures/index.html>. Acesso em: set. 2012.

4. Danielle Kucera, "Amazon profit plunges after new products increase expenses; shares tumble", *Bloomberg*, 25 out. 2011, <www.bloomberg.com/news/2011-10-25/amazon-profit-plungesafter-new-products-increase-expenses-shares-tumble.html>.

5. Veja Steve Henshaw, "Some products no longer a steal", *McClatchy-Tribune Business News*, 19 mar. 2012; "Gillette shaves prices as it's nicked by rivals both new and old", *Advertising Age*, 2 abr. 2012, <http://adage.com/print/234019>.

6. Informações extraídas de "What happens to all that poo at the zoo...", <www.youtube.com/watch?v=kjfNVE-vRl3w&feature=player_embedded#>. Acesso em: jun. 2012; "Zoo Doo® at Woodland Park Zoo", <www.zoo.org/zoo-doo>. Acesso em: nov. 2012.

7. Para esse e outros exemplos, veja Peter Coy, "Why the price is rarely right", *Bloomberg Businessweek*, 1-8 fev. 2010, p. 77-78.

8. Anthony Allred, E. K. Valentin e Goutam Chakraborty, "Pricing risky services: preference and quality considerations", *Journal of Product and Brand Management*, v. 19, n. 1, 2010, p. 54. Veja também Kenneth C. Manning e David E. Sprott, "Price endings, left-digit effects, and choice", *Journal of Consumer Research*, ago. 2009, p. 328-336; Carl Bialik, Elizabeth Holmes e Ray Smith, "Many discounts, few deals", *Wall Street Journal*, 15 dez. 2010, p. D12.

9. Veja o texto de abertura do Capítulo 10, que fala da JCPenney, e Rafi Mohammed, "J.C. Penney's risky new pricing strategy", *Harvard Business Review*, 30 jan. 2012, <http://blogs.hbr.org/cs/2012/01/understanding_jc_penneys_risky.html>; Margret Brennan, "J.C. Penney CEO Johnson on pricing, store overhaul", *Bloomberg*, 25 jan. 2012, <www.bloomberg.com/video/84891104/>.

10. Adaptado de Justin D. Martin, "Dynamic pricing: internet retailers are treating us like foreign tourists in Egypt", *Christian Science Monitor*, 7 jan. 2011. Veja também Patrick Rishe, "Dynamic pricing: the future of ticket pricing in sports", *Forbes*, 6 jan. 2012, <www.forbes.com/sites/prishe/2012/01/06/dynamic-pricing-the-future-of-ticketpricing-in-sports/>; Mike Southon, "Time to ensure the price is right", *Financial Times*, 21 jan. 2012, p. 30.

11. Para mais sobre a prática de fazer showroom, veja Dana Matioli, "Retailers try to thwart price apps", *Wall Street Journal*, 23 dez. 2011; Miguel Bustillo, "Best Buy forced to rethink big-box", *Wall Street Journal*, 29 mar. 2012; Ann Zimmerman, "Can retailers halt 'showrooming'?", *Wall Street Journal*, 11 abr., p. B1.

12. Baseado em informações encontradas em "The world's most influential companies: Unilever", *BusinessWeek*, 22 dez. 2008, p. 47; <www.unilever.com/sustainability/>. Acesso em: nov. 2009. Veja também Ashish Karamchandani, Mike Kubzansky e Nishant Lalwani, "Is the bottom of the pyramid really for you?", *Harvard Business Review*,

mar. 2011, p. 107-112; C. K. Prahalad, "Bottom of the pyramid as a source of breakthrough innovations", *Journal of Product Innovation Management*, jan. 2012, p. 6-12.

13. Informações extraídas de Maureen Morrison, "Seattle's Best launches first major ad campaign", *Advertising Age*, 10 jan. 2011, <http://adage.com/article/news/seattle-s-coffee-launches-ad-campaign/148118/>; "Starbuck's kid brother grows up fast", *Bloomberg Businessweek*, 25 abr.-1 maio 2011, p. 26-27; "Seattle's Best coffee: forget the flowers, poems, and chocolate", *Marketing Weekly News*, 25 fev. 2012, p. 585; <www.starbucks.com>. Acesso em: set. 2012.

14. Para discussões acerca desses três questões, veja Dhruv Grewel e Larry D. Compeau, "Pricing and public policy: a research agenda and overview of the special issue", *Journal of Public Policy and Marketing*, primavera 1999, p. 3-10; Michael V. Marn, Eric V. Roegner e Craig C. Zawada, *The price advantage*. Hoboken: John Wiley & Sons, 2004, Apêndice 2; Thomas T. Nagle, John E. Hogan e Joseph Zale, *The strategy and tactics of pricing*, 5ed. Upper Saddle River: Prentice Hall, 2011.

15. Veja Foo Yun Chee, "Unilever, P&G fined 315 million euros for price fixing", *Reuters*, 13 abr. 2011, <www.reuters.com/article/2011/04/13/us-eu-cartel-idUSTRE-73C1XV20110413>; "France fines P&G and Colgate for laundry prices", *Bloomberg Businessweek*, 8 dez. 2011, <www.businessweek.com/ap/financialnews/D9R-GGB3O0.htm>; Joseph Vogel, "Laundry detergent cartel members fined heavily following leniency procedure", *International Law Office*, 23 fev. 2012, <www.internationallawoffice.com/newsletters/detail.aspx?g=ad5133b-6-98a3-4fe9-b344-bef35c531234>.

16. Baseado em informações encontradas em Lynn Leary, "Publishers and booksellers see a 'predatory' Amazon", *NPR Books*, 23 jan. 2012, <www.npr.org/2012/01/23/145468105/publishers-and-booksellerssee-a-predatory-amazon>.

17. "FTC guides against deceptive pricing", <www.ftc.gov/bcp/guides/decptprc.htm>. Acesso em: nov. 2012.

Parte 1 ▶ Definição de marketing e o processo de marketing (Capítulos 1-2)

Parte 2 ▶ Entendimento do mercado e dos clientes (Capítulos 3-6)

Parte 3 ▶ Elaboração de uma estratégia e de um mix voltados para o cliente (Capítulos 7-17)

Parte 4 ▶ Marketing ampliado (Capítulos 18-20)

Canais de marketing: entrega de valor para o cliente

Prévia do capítulo

Chegamos à terceira ferramenta de composto de marketing: a distribuição. As empresas raramente trabalham sozinhas para criar valor aos clientes e construir um relacionamento lucrativo com eles. Em vez disso, a maioria delas é apenas um elo mais amplo de uma cadeia de suprimentos e um canal de distribuição. Dessa forma, o sucesso da empresa depende não apenas de *seu* desempenho, mas também da competitividade de *todo o seu canal de distribuição* em relação aos canais dos concorrentes. Na primeira parte deste capítulo, exploraremos a natureza dos canais de distribuição e as decisões que a empresa precisa tomar no que diz respeito ao desenho e à gestão do canal. Em seguida, vamos analisar a distribuição física — ou logística —, uma área que está crescendo muito em importância e complexidade. No próximo capítulo, veremos com mais detalhes dois importantes intermediários do canal: os varejistas e os atacadistas.

Vamos começar analisando a Netflix. Por meio de uma distribuição inovadora, a Netflix se tornou a maior provedora de serviços de assinatura de vídeos do mundo. Mas como disse certa vez o grande jogador de beisebol Yogi Berra, conhecido mais por suas frases de efeito do que por suas façanhas no beisebol: "O futuro não é mais o que costumava ser". Para se manter no topo do agitado setor de distribuição de vídeos, a Netflix precisa continuar inovando a um ritmo frenético ou corre o risco de ficar para trás.

Inovação de canal da Netflix: descobrir o futuro abandonando o passado

Diversas vezes a Netflix inovou em sua trajetória rumo ao topo na distribuição de entretenimento em vídeo. No início dos anos 2000, o revolucionário serviço de DVD por correio da empresa tirou do negócio as mais fortes lojas de aluguel de filmes. Em 2007, o movimento arrojado da Netflix em direção ao fornecimento digital de vídeo novamente revolucionou o modo como as pessoas tinham acesso a filmes e a outros conteúdos em vídeo. Agora, com a Netflix liderando o grupo, a distribuição de vídeo se tornou um caldeirão em ebulição de tecnologias emergentes e concorrentes de alta tecnologia, o que gera tanto oportunidades empolgantes como riscos de revirar o estômago.

Vejamos a Blockbuster. Poucos anos atrás, a gigante rede de aluguel de filmes com lojas físicas dominava o setor. Então, veio a Netflix, o novato serviço de DVD por correio. No começo, milhares dos milhões de sócios da Blockbuster migraram para o modelo de negócios inovador da Netflix — era o fim das idas à locadora, o fim das multas por atraso na devolução e um catálogo com mais de 100 mil títulos que apequenava qualquer coisa que a Blockbuster fosse capaz de oferecer. E o que era melhor: a assinatura mensal de 5 dólares da Netflix custava um pouco mais do que o aluguel de um único filme na Blockbuster. Em 2010, à medida que a Netflix crescia, a Blockbuster, outrora poderosa, pedia falência.

A história da decadência da Blockbuster reflete a agitação que representa o negócio de distribuição de vídeos hoje. Nos últimos anos, um número enorme de opções de acesso a vídeos se materializou, e ele continua a crescer. Ao mesmo tempo em que a Netflix ascendia e a Blockbuster caía, a Redbox da Coinstar saía de algum lugar para construir uma rede nacional diferente, com quiosques de aluguel de DVD por 1 dólar a diária. Em seguida, empresas jovens como a Hulu — com sua alta qualidade, acesso grátis a filmes subsidiado por anúncios e programas de TV atuais — começaram a oferecer acesso digital, via Internet.

Ao longo de todo o percurso, a Netflix tem agido com ousadia para permanecer à frente na competição. Por exemplo, em 2007, em vez de se acomodar com o sucesso de seu ainda bastante popular negócio de DVD por correio, a Netflix e seu CEO, Reed Hastings, voltaram o olhar para um modelo de distribuição novo e, na época, revolucionário: a entrega dos serviços da Netflix em qualquer tela conectada à Internet, de notebooks a TVs com acesso à Internet, de celulares a outros dispositivos que aceitam Wi-Fi. A Netflix começou lançando o serviço Watch Instantly, que permitia aos assinantes da empresa assistir a vídeos de seu computador como parte de sua mensalidade, embora dependesse do negócio de DVD, ainda em alta.

Apesar de não ser a pioneira no fornecimento de vídeo digital, a Netflix investiu pesado em melhorias na tecnologia e na

▲ Estratégia de distribuição inovadora da Netflix: a Netflix e seu CEO, Reed Hastings, estão determinados a acelerar o salto da empresa do sucesso com DVDs para o sucesso com o fornecimento de conteúdo digital. O que vem a seguir?
REUTERS/Mike Cassese

construção do maior catálogo digital de todos. Ela desenvolveu uma base de clientes de cerca de 25 milhões de assinantes, e suas vendas e lucros dispararam. Com seu enorme catálogo físico de DVDs e uma seleção digital de mais de 20 mil filmes de alta definição, acessíveis por 20 diferentes dispositivos com acesso à Internet, parecia que nada era capaz de parar a Netflix.

Mas o incrível sucesso da Netflix atraiu uma série de concorrentes com bastante recursos. Em 2010, gigantes do vídeo, como o YouTube do Google e o iTunes da Apple, começaram a alugar downloads de filmes. Além disso, a Hulu passou a oferecer uma assinatura para seu Hulu Plus. Para permanecer na dianteira, e até mesmo sobreviver, a Netflix precisava continuar pisando fundo no pedal da inovação. Assim, em 2011, em um movimento ambicioso, porém arriscado, o CEO Hastings apostou todas as suas fichas no fornecimento de conteúdo digital. Ele deslocou o serviço de DVD por correio, ainda próspero, da Netflix para um negócio à parte, chamado Qwikster, e passou a exigir assinaturas separadas para os aluguéis de DVD e os vídeos digitais (com um assustador aumento de preço de 60% para os clientes que usavam ambos os serviços). O nome Netflix não significaria outra coisa senão fornecimento de vídeo digital, que seria o principal foco do crescimento futuro da empresa.

Embora talvez visionárias, as mudanças abruptas da Netflix não foram bem recebidas pelos clientes. Dezenas de milhares deles expressaram-se de maneira furiosa em sites e redes sociais, e cerca de 800 mil assinantes cancelaram os serviços. O preço das ações da Netflix despencou em quase dois terços. Para reparar o prejuízo, a Netflix rapidamente admitiu seu erro e retrocedeu em sua decisão de estabelecer a divisão Qwikster à parte. "Há uma diferença entre se movimentar rápido — algo que a Netflix fez muito bem durante anos — e se movimentar rápido demais, que foi o que fizemos nesse caso", confessou Hastings. Contudo, apesar do revés, a Netflix manteve sua precificação mais alta e individualizada para o serviço de DVD por correio.

No período que se seguiu ao erro com a Qwikster, a Netflix conseguiu substituir com rapidez quase todos os assinantes perdidos. E mais: com um preço 60% maior e, aproximadamente, o mesmo número de clientes, as receitas da empresa subiram enormes 47% de um ano para outro. Tendo em vista a rápida recuperação da Netflix, agora mais do que nunca, Hastings parece estar determinado a acelerar o salto da empresa do sucesso com DVDs para o sucesso com o fornecimento de conteúdo digital. "Estou caminhando passo a passo, apesar de ter no pé um buraco de bala", ele diz. Embora os clientes ainda tenham acesso ao catálogo de DVDs da Netflix, que é o maior do mundo, as promoções e o site da empresa raramente mencionam essa opção. O foco agora é todo no fornecimento digital.

> Diversas vezes a Netflix inovou em sua trajetória rumo ao topo na distribuição de entretenimento em vídeo. Mas, para se manter nessa posição em seu setor em ebulição, a empresa precisa continuar pisando fundo no pedal da inovação.

Apesar de seu sucesso contínuo, a Netflix sabe que não pode parar sua máquina de inovação. A concorrência continua a se movimentar em um ritmo acelerado. Por exemplo, a Amazon passou a oferecer um serviço de assinatura para vídeos digitais, disponível para os membros do Amazon

374 Parte 3 | Elaboração de uma estratégia e de um mix voltados para o cliente

Prime sem custos adicionais. Recentemente, o Google foi além de seus serviços de aluguel do YouTube com o Google Play, um portal de entretenimento completo, com filmes, músicas, e-books e aplicativos. A Comcast uniu forças com a Verizon para lançar o Xfinity Streampix, que oferece aos assinantes acesso digital a filmes e programas de televisão mais antigos, via TV ou dispositivos móveis. A Apple e a Samsung estão criando uma maior integração com conteúdos digitais via Smart TVs. E a Hulu está considerando lançar serviços virtuais a cabo que ofereceriam acesso on-line a pacotes de canais semelhantes aos das operadoras de TV a cabo, mas a um preço mais baixo.

Indo além, com o setor estabelecendo o fornecimento digital como o principal modelo de entrega, o conteúdo — e não apenas a entrega — será a chave para distanciar a Netflix dos outros concorrentes. Dada a sua vantagem inicial, a Netflix permanece na frente na corrida por conteúdo. Hoje, a Amazon e a Hulu têm apenas uma fração das ofertas da Netflix, e a empresa captura 10 vezes o total de horas visualizadas de ambos os competidores. Além disso, à medida que foi ficando cada vez mais difícil fechar acordos de licença de conteúdo com estúdios para filmes e programas de TV, em outra reviravolta inovadora em termos de distribuição de vídeo, a Netflix e seus concorrentes começaram a desenvolver uma programação original, própria. Por exemplo, recentemente, a Netflix chocou o setor de mídia ao investir 100 milhões de dólares pelo direito exclusivo de transmissão de *House of Cards*, uma série nova produzida por David Fincher e Kevin Space, estrelas de Hollywood.

Assim, com os DVDs pelo correio, passando pelo Watch Instantly e o fornecimento de vídeo digital por meio de praticamente todos os dispositivos, até chegar ao desenvolvimento de conteúdo original, a Netflix se manteve a frente da enorme concorrência fazendo aquilo que faz melhor: distribuição inovadora e revolucionária. O que vem agora? Ninguém sabe de fato. Mas uma coisa parece certa: independentemente do que vier, se a Netflix não liderar a mudança, ela correrá o risco de ser deixada para trás — e depressa. Nesse negócio de rápidas mudanças, coisas novas se tornam velhas rapidamente. Para se manter na dianteira, como sugere a manchete de uma revista, a Netflix precisa "descobrir seu futuro abandonando seu passado".[1]

Resumo dos objetivos

Objetivo 1
Explicar por que as empresas utilizam canais de marketing e discutir as funções que esses canais desempenham.
Canais de suprimento e cadeia de valor (p. 374-375)
A natureza e a importância dos canais de marketing (p. 375-378)

Objetivo 2
Discutir como os membros do canal interagem e como se organizam para realizar o trabalho do canal.
Comportamento e organização do canal (p. 378-384)

Objetivo 3
Identificar as principais alternativas de canal disponíveis para uma empresa.
Decisões de projeto do canal (p. 384-389)

Objetivo 4
Explicar como as empresas selecionam, motivam e avaliam os membros do canal.
Decisões de gerenciamento de canal (p. 389-390)
Política pública e decisões de distribuição (p. 390-392)

Objetivo 5
Discutir a natureza e a importância da logística de marketing e do gerenciamento da cadeia de suprimento integrada.
Logística de marketing e gerenciamento da cadeia de suprimento (p. 392-401)

Como mostra a história da Netflix, boas estratégias de distribuição podem contribuir bastante com o valor para o cliente e criar vantagem competitiva para a empresa. Mas as empresas não podem oferecer, por si só, valor para os clientes. Em vez disso, elas precisam trabalhar com outras empresas em uma cadeia de valor maior.

Objetivo 1

▶ Explicar por que as empresas utilizam canais de marketing e discutir as funções que esses canais desempenham.

Canais de suprimento e cadeia de valor

Gerar um produto ou serviço e disponibilizá-lo aos compradores requer a construção de relacionamento não somente com os clientes, mas também com fornecedores e revendedores importantes na *cadeia de suprimento* da empresa. Essa cadeia de suprimento consiste em parceiros "nos níveis acima" e "nos níveis abaixo". Os níveis acima em relação à empresa consistem no conjunto de organizações que fornecem matérias-primas, componentes, peças, informações, recursos financeiros e conhecimento especializado necessário para criar um produto ou serviço. As empresas, entretanto, costumam focar nos níveis abaixo da cadeia de suprimento — nos *canais de marketing* (ou *canais de distribuição*) que se dirigem para os clientes. Os parceiros do marketing nos níveis abaixo, como atacadistas e varejistas, formam uma conexão essencial entre a empresa e seus clientes.

O termo *cadeia de suprimento* pode ser limitado demais, uma vez que trabalha com uma visão de *produção e venda* do negócio. Ele sugere que matérias-primas, insumos e capacidade de produção deveriam servir de ponto de partida para o planejamento para o mercado. Um termo melhor seria *cadeia de demanda*, pois sugere uma visão de *sentir* o mercado e *reagir* a ele. Desse ponto de vista, o planejamento se inicia com a identificação das necessidades dos clientes-alvo, às quais a empresa responde organizando uma cadeia de recursos e atividades com o objetivo de criar valor para o cliente.

De fato, mesmo uma visão de cadeia de demanda sobre um negócio pode ser limitada demais, pois ela assume uma visão passo a passo e linear das atividades de compra-produção-consumo. Hoje, a maioria das empresas está envolvida na construção e no gerenciamento de uma cadeia de valor complexa, em contínua evolução. Conforme definido no Capítulo 2, uma **cadeia de valor** é formada pela empresa, fornecedores, distribuidores e, por fim, clientes que "trabalham em parceria" para aprimorar o desempenho do sistema como um todo. Por exemplo, para fabricar e comercializar apenas um de seus muitos modelos para o mercado mundial — o híbrido Honda Insight —, a Honda administra, além de uma enorme rede de pessoas dentro da empresa, milhares de fornecedores e concessionárias, e todos trabalham juntos, de maneira eficaz, para oferecer aos clientes finais um carro inovador "da Honda, para todo mundo".

Este capítulo concentra-se nos canais de marketing — nos níveis abaixo na cadeia de valor. Analisaremos quatro importantes questões relativas aos canais de marketing: qual a natureza dos canais de distribuição e por que eles são importantes? Como as empresas que fazem parte do canal interagem e se organizam para realizar o trabalho desse canal? Que problemas as empresas enfrentam no projeto e gerenciamento de seus canais? Qual o papel da distribuição física e do gerenciamento da cadeia de suprimento na atração e satisfação dos clientes? No capítulo seguinte, vamos analisar as questões relativas aos canais de marketing do ponto de vista de varejistas e atacadistas.

▲ Cadeia de valor: para fabricar e comercializar apenas um de seus muitos modelos para o mercado mundial — o híbrido Honda Insight —, a Honda administra, além de uma enorme rede de pessoas dentro da empresa, milhares de fornecedores e concessionárias, e todos trabalham juntos para oferecer aos clientes finais um carro inovador "da Honda, para todo mundo".

Anúncio impresso oferecido como cortesia da American Honda Motor Co., Inc.

Cadeia de valor
Rede formada pela empresa, seus fornecedores, seus distribuidores e, por fim, seus clientes, os quais trabalham em parceria para aprimorar o sistema como um todo na entrega de valor para o cliente.

A natureza e a importância dos canais de marketing

Poucos fabricantes vendem seus produtos diretamente para os usuários finais. Em vez disso, a maioria utiliza intermediários para levar seus produtos ao mercado. Eles tentam montar um **canal de marketing (ou canal de distribuição)** — um conjunto de organizações interdependentes que ajudam a tornar um produto ou serviço disponível para o consumo ou o uso de um consumidor ou usuário organizacional.

As decisões de canal de uma empresa afetam diretamente todas as outras decisões de marketing. A determinação de preços depende do fato de a empresa trabalhar com redes de desconto de nível nacional, usar lojas especializadas de alta qualidade ou vender diretamente para os consumidores on-line. A força de vendas e as decisões de comunicação da empresa dependem do grau de persuasão, treinamento, motivação e apoio de que seus parceiros de canal necessitam. A opção da empresa pelo desenvolvimento ou pela aquisição de novos produtos pode depender de como esses produtos se ajustam à capacidade dos membros de seu canal.

Canal de marketing (ou canal de distribuição)
Um conjunto de organizações interdependentes que ajudam a tornar um produto ou serviço disponível para o consumo ou o uso de um consumidor ou usuário organizacional.

É comum as empresas prestarem pouca atenção a seus canais de distribuição — às vezes, com resultados desastrosos. Por outro lado, muitas organizações têm usado sistemas de distribuição criativos para conquistar vantagem competitiva. A Enterprise Rent-A-Car revolucionou o negócio de aluguel de carros abrindo agências fora do aeroporto. A Apple virou de cabeça para baixo o setor de venda de músicas oferecendo canções para o iPod via Internet, por meio do iTunes. O criativo e impressionante sistema de distribuição da FedEx fez dela líder na entrega expressa de encomendas. E a Amazon.com mudou para sempre a cara do varejo e se tornou o Walmart da Internet, vendendo de tudo sem usar lojas físicas.

As decisões de canal de distribuição geralmente envolvem compromissos de longo prazo com outras empresas. Por exemplo, empresas como a Ford, o McDonald's e a HP podem alterar com facilidade suas peças de propaganda, seus preços ou suas promoções. Elas podem descartar produtos antigos e lançar novos, conforme as preferências do mercado. Mas, quando estabelecem canais de distribuição por meio de contratos com franqueados, revendedores independentes ou grandes varejistas, essas empresas não podem substituir rapidamente esses canais por lojas próprias ou sites conforme as condições de mercado mudem. Portanto, a administração deve projetar seus canais com cuidado, com um olho no ambiente de vendas de hoje e outro no provável ambiente de vendas de amanhã.

Como os membros do canal agregam valor

Por que os fabricantes delegam uma parcela de seu trabalho de vendas a parceiros do canal? Afinal, isso significa entregar parte do controle de como e para quem os produtos são vendidos. De fato, os fabricantes usam intermediários porque eles geram maior eficiência na disponibilização dos produtos aos mercados-alvo. Por meio de seus contatos, experiência, especialização e escala de operação, os intermediários geralmente oferecem à empresa mais do que ela conseguiria realizar por conta própria.

A Figura 12.1 mostra como a utilização de intermediários pode gerar economias. A Figura 12.1a mostra três fabricantes, cada qual usando o marketing direto para atender a três clientes. Esse sistema requer nove contatos diferentes. A Figura 12.1b mostra os três fabricantes trabalhando com um distribuidor, que faz o contato com os três clientes. Esse sistema requer somente seis contatos. Desse modo, os intermediários reduzem o trabalho que precisa ser realizado por fabricantes e clientes.

Do ponto de vista do sistema econômico, o papel dos intermediários de marketing consiste em transformar a variedade de produtos fabricados pelas empresas em uma variedade de produtos desejados pelos consumidores. Os fabricantes produzem grandes quantidades de pequenas variedades de produtos, mas os consumidores querem pequenas quantidades de grandes variedades. Os membros do canal de marketing compram grandes quantidades de muitos fabricantes e as dividem nas quantidades menores e nas maiores variedades desejadas pelos consumidores.

Por exemplo, a Unilever fabrica milhões de unidades de sabonete Lever 2000 por semana, mas você, provavelmente, compra apenas alguns sabonetes por vez. Assim, grandes supermercados, drogarias e lojas de desconto, como o Safeway, o Walgreens e o Target, compram

Figura 12.1 Como um distribuidor reduz o número de transações do canal.

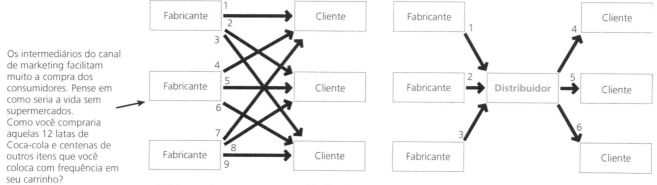

Os intermediários do canal de marketing facilitam muito a compra dos consumidores. Pense em como seria a vida sem supermercados.
Como você compraria aquelas 12 latas de Coca-cola e centenas de outros itens que você coloca com frequência em seu carrinho?

a) **Número de contatos sem um distribuidor**   b) **Número de contatos com um distribuidor** caminhões de Lever 2000 e armazenam o produto nas prateleiras de suas lojas. Você, por sua vez, pode comprar um único sabonete Lever 2000, juntamente com um carrinho cheio de pequenas quantidades de pasta de dente, xampu e outros produtos relacionados, de acordo com sua necessidade. Assim, os intermediários desempenham um importante papel no ajuste entre a oferta e a demanda.

Ao disponibilizar produtos e serviços para os consumidores, os membros do canal agregam valor, por servir de ponte nas grandes lacunas de tempo, espaço e posse que separam os produtos e serviços daqueles que os utilizarão. Os membros do canal de marketing realizam muitas funções-chave. Alguns delas ajudam a efetuar transações:

- *Informações:* coletar e distribuir informações sobre consumidores, fabricantes e outros agentes e forças presentes no ambiente de marketing, necessárias para planejar e ajudar a executar trocas.
- *Promoção:* desenvolver e divulgar mensagens persuasivas sobre uma oferta.
- *Contato:* encontrar compradores potenciais e comunicar-se com eles.
- *Ajuste:* adaptar ofertas para atender às necessidades do comprador, incluindo atividades como fabricação, classificação, montagem e embalagem.
- *Negociação:* chegar a um acordo sobre preços e outras condições, de modo que a posse ou propriedade possa ser transferida.

Outras funções-chave ajudam a cumprir transações já efetuadas:

- *Distribuição física:* transportar e armazenar produtos.
- *Financiamento:* obter e utilizar fundos para cobrir os custos do trabalho do canal.
- *Riscos:* assumir os riscos de realizar o trabalho do canal.

A questão não é *se* essas funções precisam ser efetuadas — elas precisam ser efetuadas, de fato —, mas *quem* vai efetuá-las. Quando é o fabricante quem desempenha essas funções, seus custos sobem e, com isso, os preços ficam mais altos. Quando algumas dessas funções são transferidas a intermediários, os custos e os preços do fabricante podem ser menores, mas os intermediários têm de cobrar um adicional para cobrir os custos de seu trabalho. Na divisão do trabalho do canal, as várias funções devem ser delegadas aos membros capazes de agregar mais valor em relação ao custo.

Número de níveis de canal

As empresas podem projetar seus canais de distribuição de modo que disponibilizem produtos e serviços aos clientes de diferentes formas. Cada faixa de intermediários de marketing que realizam algum tipo de trabalho para aproximar do comprador final o produto e sua posse representa um **nível de canal**. Uma vez que tanto o fabricante como o consumidor sempre realizam algum tipo de trabalho, eles fazem parte de todos os canais.

O *número de níveis intermediários* indica a *extensão* de um canal. A Figura 12.2 mostra canais ao consumidor e canais organizacionais, com diferentes extensões. A Figura 12.2a traz diversos canais comuns de distribuição ao consumidor. O Canal 1, chamado de **canal de marketing direto**, não tem nenhum nível intermediário — a empresa vende diretamente para os consumidores. Por exemplo, a Mary Kay Cosmetics e a Amway vendem seus produtos de porta em porta, pela Internet e em reuniões em casas e em locais de trabalho. Empresas que vão da Geico à Omaha Steaks vendem diretamente aos clientes por telefone e pela Internet. Os outros canais da Figura 12.2a são **canais de marketing indireto**, com um ou mais intermediários.

A Figura 12.2b mostra alguns canais comuns de distribuição organizacional. Um fabricante de produtos para uso organizacional pode utilizar sua própria força de vendas para vender diretamente a seus clientes organizacionais. Ele pode também vender a vários tipos de intermediários que, por sua vez, vendem aos clientes organizacionais. Canais de marketing organizacional e ao consumidor com ainda mais níveis podem ser encontrados, mas com menos frequência. Do ponto de vista do fabricante, um número maior de níveis significa menos controle e maior complexidade do canal. Além disso, todas as instituições que fazem parte do canal são interligadas por diversos tipos de *fluxos*, que incluem: *fluxo físico* de produtos, *fluxo de propriedade*, *fluxo de pagamento*, *fluxo de informações* e *fluxo de promoções*. Esses fluxos podem tornar muito complexos canais que têm um único nível ou poucos.

Nível de canal
Uma faixa de intermediários de marketing que realizam algum tipo de trabalho para aproximar do comprador final o produto e sua posse.

Canal de marketing direto
Canal que não tem níveis intermediários.

Canal de marketing indireto
Canal que possui um ou mais níveis intermediários.

Figura 12.2 Canais de marketing ao consumidor e organizacionais.

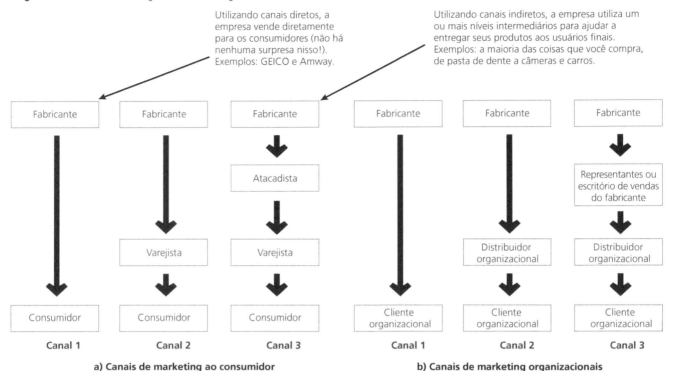

a) Canais de marketing ao consumidor

b) Canais de marketing organizacionais

Objetivo 2

▶ Discutir como os membros do canal interagem e como se organizam para realizar o trabalho do canal.

Comportamento e organização do canal

Os canais de distribuição são mais do que simples conjuntos de empresas ligadas por vários fluxos. Eles são complexos sistemas comportamentais nos quais pessoas e empresas interagem para atingir metas individuais, organizacionais e do canal. Alguns sistemas de canal consistem em interações apenas informais entre empresas livremente organizadas. Outros consistem em interações formais, orientadas por sólidas estruturas organizacionais. Além disso, os sistemas de canal não são estáticos — surgem novos tipos de intermediários e são desenvolvidos novos sistemas de canais completos. Veremos o comportamento do canal e como os membros se organizam para fazer o trabalho do canal.

Comportamento do canal

Um canal de marketing é composto por empresas que formam parcerias por um bem comum. Todo membro do canal depende dos outros. Por exemplo, um revendedor da Ford depende da fabricante para projetar carros que satisfaçam as necessidades dos clientes. Por sua vez, a Ford depende do revendedor para atrair clientes, persuadi-los a comprar seus carros e fornecer assistência técnica pós-venda. Todo revendedor da Ford também depende de outros revendedores para fazer boas vendas e prestar bons serviços, o que manterá em alta a reputação da marca. De fato, o sucesso individual dos revendedores da Ford depende da eficácia com que todo o canal de marketing da empresa concorre com os canais dos outros fabricantes de automóveis.

Todo membro do canal desempenha um papel no qual é especializado. Por exemplo, o papel da Samsung é fabricar produtos eletrônicos dos quais os consumidores vão gostar e criar demanda por meio de propaganda em escala nacional. O papel da Best Buy é expor os produtos da Samsung em locais convenientes, responder às perguntas dos compradores e fechar as vendas. O canal é mais eficaz quando cada membro assume a tarefa que pode efetuar melhor.

Como o sucesso de cada membro do canal depende do sucesso total do canal, o ideal seria que todas as empresas trabalhassem em conjunto harmoniosamente. Elas deveriam compreender e aceitar seus respectivos papéis, coordenar suas atividades e cooperar para o alcance dos objetivos gerais do canal. Entretanto, os membros individuais do canal raramente têm esse tipo de percepção abrangente. Cooperar para o alcance das metas gerais do canal, mui-

Capítulo 12 | Canais de marketing | 379

tas vezes, significa abrir mão de objetivos individuais da empresa. Embora os membros do canal dependam uns dos outros, eles geralmente agem sozinhos para atender a seus próprios interesses de curto prazo. Muitas vezes eles divergem com relação a quem deveria fazer o que e o que deveria ganhar com isso. Essas divergências no que diz respeito a metas, papéis e recompensas geram um **conflito de canal**.

O *conflito horizontal* ocorre entre empresas no mesmo nível do canal. Por exemplo, alguns revendedores da Ford em Chicago poderiam se queixar que outras concessionárias da cidade roubam vendas dela utilizando uma política muito agressiva de preços ou anunciando fora de seus territórios. Ou franqueados do Holiday Inn poderiam reclamar de outros franqueados da empresa que cobrassem preços mais altos ou oferecessem serviços de baixa qualidade, prejudicando a imagem da rede como um todo.

Os *conflitos verticais*, que acontecem entre diferentes níveis de um mesmo canal, são mais comuns. Por exemplo, a KFC e seus franqueados entraram em conflito por conta da decisão da empresa de dar destaque ao frango grelhado e aos sanduíches, em vez do tradicional frango frito da marca.[2]

Conflito de canal
Divergências entre os membros do canal de marketing com relação a metas, papéis e recompensas — quem deveria fazer o que e o que deveria ganhar com isso.

A KFC declarou que deve reposicionar a marca tendo como base o frango grelhado, em vez do frito, para atingir os consumidores de hoje, cada vez mais ativos e zelosos com a saúde. Entretanto, uma quantidade considerável dos mais de 4 mil franqueados da empresa nos Estados Unidos reclamaram quando a rede lançou o frango grelhado, apoiado por uma grande campanha de marketing com o slogan: "Sem pensar KFC". Os franqueados ficaram preocupados com a possibilidade do abandono do legado do frango frito do sul confundir os consumidores e prejudicar as vendas. A campanha "diz a nossos clientes para não pensarem em nós como uma rede de frangos fritos", reclamou um franqueado que opera 60 lojas em cinco estados. Pouco depois da campanha "Sem pensar" começar, a KFC National Council & Advertising Cooperative, que representa todas as franquias norte-americanas da KFC, processou a empresa com o intuito de detê-la. E a Association of Kentucky Fried Franchises, que representa dois terços das franquias norte-americanas, desenvolveu sua própria campanha de marketing local, enfatizando o bom e velho frango de Kentucky. No conflito ainda em andamento, os franqueados parecem ter conquistado uma vantagem. Eles ganharam o processo e a KFC abandonou a campanha "Sem pensar KFC". No entanto, o conflito deixou um gosto amargo na boca para os dois lados. "Nós deveríamos estar caminhando lado a lado a fim de descobrir uma maneira de driblar a [atual] diminuição das vendas. Nós deveríamos estar lutando contra a concorrência", diz um franqueado. "Em vez disso, estamos lutando uns contra os outros."

▲ Conflito de canal: a KFC entrou em conflito com seus franqueados por conta do reposicionamento "Sem pensar KFC" da marca, que destacava o frango grelhado em detrimento do tradicional frango de Kentucky da rede. "Nós deveríamos estar lutando contra a concorrência", diz um franqueado. "Em vez disso, estamos lutando uns contra os outros."
Joshua Lutz/Redux

Alguns conflitos no canal tomam a forma de concorrência saudável, a qual pode ser boa para o canal — sem ela, o canal poderia se tornar passivo e não gerar inovações. Por exemplo, o conflito da KFC com seus franqueados poderia representar um toma lá dá cá normal sobre os direitos dos parceiros do canal. Contudo, conflitos sérios ou prolongados podem prejudicar a eficiência do canal e causar danos duradouros aos seus relacionamentos. A KFC deve administrar o conflito de canal com cuidado, para que ele não saia do controle.

Sistemas verticais de marketing

Para que o canal como um todo funcione bem, o papel de cada membro deve ser especificado e os conflitos de canal devem ser administrados. O canal funcionará melhor se tiver uma empresa, agente ou mecanismo que se coloque na liderança e tenha poder para designar papéis e administrar conflitos.

Tradicionalmente, os *canais de distribuição convencionais* não contavam com essa liderança e poder, o que, muitas vezes, resultava em conflitos prejudiciais e baixo desempenho. Ao longo do tempo, uma das maiores mudanças em termos de canal foi o surgimento dos *sistemas verticais de marketing*, que propiciam a liderança de canal. A Figura 12.3 compara esses dois tipos de estrutura de canal.

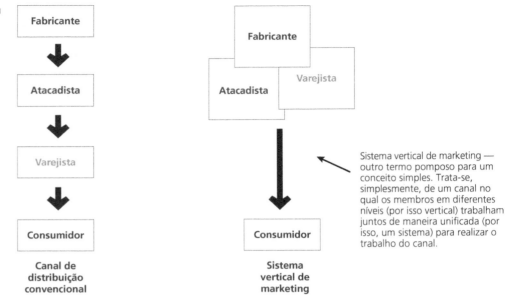

Figura 12.3 Comparação entre um canal de distribuição convencional e um sistema vertical de marketing.

Canal de distribuição convencional
Um canal que consiste em um ou mais fabricantes, atacadistas e varejistas independentes, no qual cada membro é uma empresa à parte que busca maximizar seus próprios lucros, mesmo que seja à custa do sistema como um todo.

Sistema vertical de marketing (SVM)
Uma estrutura de canal em que fabricantes, atacadistas e varejistas atuam como um sistema unificado. Um membro do canal é dono dos outros, trabalha com eles sob contrato ou tem tanto poder que todos os outros cooperam.

SVM corporativo
Um sistema vertical de marketing que integra as sucessivas etapas de produção e distribuição sob um único proprietário — a liderança do canal é estabelecida por meio da propriedade comum.

Um **canal de distribuição convencional** consiste em um ou mais fabricantes, atacadistas e varejistas independentes. Cada membro é uma empresa à parte que busca maximizar seus próprios lucros, mesmo que seja à custa do sistema como um todo. Nenhum dos membros do canal tem muito controle sobre os outros, e não há nenhum procedimento formal para atribuição de papéis e resolução de conflitos de canal.

Por outro lado, um **sistema vertical de marketing (SVM)** consiste em fabricantes, atacadistas e varejistas que atuam como um sistema unificado. Um membro do canal é dono dos outros, trabalha com eles sob contrato ou tem tanto poder que todos os outros são obrigados a cooperar. O SVM pode ser dominado pelo fabricante, pelo atacadista ou pelo varejista.

Vamos agora analisar os três tipos mais importantes de SVM: o *corporativo*, o *contratual* e o *administrado*. Cada um usa diferentes meios para estabelecer a liderança e o poder no canal.

SVM corporativo

Um **SVM corporativo** integra as sucessivas etapas de produção e distribuição sob um único proprietário. A coordenação e a administração de conflitos são feitas por meio dos canais organizacionais regulares. Por exemplo, a enorme rede de supermercados Kroger opera 40 fábricas de sua propriedade — 18 para a fabricação de laticínios, 10 para pães e outros produtos de padaria, 10 para alimentos em geral e 2 para carnes —, o que lhe proporciona um controle com o canal fábrica-loja superior a 40% dos mais de 11 mil itens de marca própria encontrados em suas prateleiras[3]. E a integração de toda a cadeia de distribuição — da concepção e produção até a distribuição em suas lojas próprias — transformou a Zara, uma rede de roupas espanhola, na varejista ligada à moda que mais cresce no mundo:[4]

> Nos últimos anos, a Zara conquistou uma clientela que se aproxima do fanatismo. Trata-se de compradores ansiosos por adquirir seu "chique barato" — peças que lembram as das grandes marcas famosas, mas a preços moderados. Contudo, o incrível sucesso da Zara não tem a ver apenas com o que ela *vende*, mas também com a rapidez com que seu sistema de distribuição inovador *entrega* o que ela vende. A empresa entrega suas coleções com agilidade — *realmente*, muita agilidade. Graças à integração vertical, a Zara pode produzir uma nova coleção, considerando a concepção, a fabricação e a colocação dos produtos nas prateleiras das lojas, em menos de duas semanas, ao passo que seus concorrentes, como a Gap, a Benetton e a H&M, costumam levar seis meses ou mais para fazer isso. E os baixos custos resultantes permitem à Zara oferecer o que há de mais chique para o mercado intermediário a preços abaixo dos praticados.
>
> A velocidade na concepção e na distribuição possibilita à Zara lançar um grande número de coleções — seu índice é três vezes maior que o de seus concorrentes. O sistema de distribuição da empresa abastece suas lojas com pequenas remessas de novas mercadorias de duas a três vezes por semana — os pontos de venda das redes concorrentes recebem grandes remessas sazonalmente, em geral de quatro a seis vezes por ano. A combinação de um grande número de coleções novas, oferecidas no momento certo, com remessas que costumam ser pequenas, rende às lojas da Zara

um mix (composto) de mercadorias constantemente renovado, que faz os clientes voltarem com mais frequência. A rápida saída também resulta em menos mercadorias ultrapassadas e com desconto. "Em vez de apostar naquilo que estará na moda amanhã", diz um analista, "a Zara pode esperar para ver o que os clientes estão, de fato, comprando — e fabricar de acordo".

SVM contratual

Um **SVM contratual** consiste em empresas independentes, em diferentes níveis de produção e distribuição, que se unem por meio de contratos para obter mais economia ou impacto nas vendas do que poderiam conseguir trabalhando sozinhas. Os membros do canal coordenam suas atividades e administram os conflitos por meio de acordos contratuais.

A **organização de franquia** é o tipo mais comum de relacionamento contratual. Nesse sistema, um membro do canal, chamado de *franqueador*, liga diversos estágios do processo de produção-distribuição. Só nos Estados Unidos, cerca de 3 mil franqueadores e 825 mil lojas de franquia são responsáveis por mais de 2,1 trilhões de dólares em resultados econômicos. Analistas do setor estimam que uma nova loja de franquia abra nos Estados Unidos a cada oito minutos e que cerca de uma em cada 12 lojas de varejo é uma franquia.[5] Quase todos os tipos de negócios já foram franqueados — de hotéis e restaurantes fast-food a clínicas odontológicas e serviços de relacionamentos pessoais; de empresas que organizam casamento e agências de trabalhos domésticos a academias de ginástica e casas funerárias.

Há três tipos de franquias. O primeiro é o *sistema de franquia com varejista patrocinado pelo fabricante* — por exemplo, a Ford e sua rede de revendedores franqueados independentes. O segundo é o *sistema de franquia com atacadista patrocinado pelo fabricante* — por exemplo, a Coca-Cola licencia engarrafadoras (atacadistas) em vários mercados mundiais, as quais compram o xarope concentrado da Coca-Cola e, então, engarrafam e vendem o produto final a varejistas no mercado local. O terceiro tipo é o *sistema de franquia com varejista patrocinado por empresa de serviços* — por exemplo, o Burger King e seus cerca de 12.300 restaurantes ao redor do mundo que operam por meio de franquia. Outros exemplos podem ser encontrados em toda parte: no negócio de aluguel de carros (Hertz, Avis), no varejo de roupas e acessórios (The Athlete's Foot, Plato's Closet), no negócio de hotéis (Holiday Inn, Ramada Inn), na área de educação complementar (Huntington Learning Center, Kumon) e nos serviços pessoais (Great Clips, Massage Envy, Mr. Handyman).

O fato de a maioria dos consumidores não conseguir notar a diferença entre o SVM contratual e o corporativo comprova o sucesso das organizações contratuais na concorrência com as redes corporativas. O próximo capítulo traz uma discussão mais completa sobre os vários tipos de SVMs contratuais.

SVM contratual
Um sistema vertical de marketing que consiste em empresas independentes, em diferentes níveis de produção e distribuição, que se unem por meio de contratos.

Organização de franquia
Um sistema vertical de marketing, contratual, em que um membro do canal, chamado de franqueador, liga diversos estágios do processo de produção-distribuição.

▲ Sistemas de franquia: quase todos os tipos de negócios já foram franqueados — de hotéis e restaurantes fast-food a serviços de relacionamentos pessoais e agências de trabalhos domésticos.
Mr. Handyman International

SVM administrado

Em um **SVM administrado**, a liderança é obtida não por meio de propriedade comum ou de laços contratuais, mas pelo tamanho e poder de um ou alguns dos membros dominantes do canal. Fabricantes de uma marca líder podem conseguir grande cooperação e apoio dos revendedores. Por exemplo, a GE, a P&G e a Kraft podem obter uma cooperação fora do comum de muitos varejistas no que se refere à exposição, espaço de prateleira, promoções e políticas de preços. Por sua vez, grandes varejistas, como o Walmart, a Home Depot e a

SVM administrado
Um sistema vertical de marketing em que sucessivas etapas de produção e distribuição são coordenadas por meio do tamanho e do poder de uma das partes.

Barnes & Noble, podem exercer forte influência sobre os muitos fabricantes que fornecem os produtos que eles vendem.

Por exemplo, com o preço cada vez maior das commodities, muitos fabricantes de produtos de consumo querem repassar esses custos para o Walmart e outros varejistas, na forma de preços mais altos. Contudo, o Walmart quer manter estáveis seus custos e preços, a fim de conservar seu posicionamento de preço baixo para os clientes em períodos mais apertados. Isso leva a um cabo de guerra entre o Walmart e seus fornecedores, uma disputa que o Walmart — o maior supermercado dos Estados Unidos — geralmente vence. Vamos pegar, por exemplo, a Clorox Company. Apesar de a forte preferência de marca por parte do consumidor conferir à empresa um significativo poder de negociação, o Walmart possui mais cartas na manga. As vendas para o Walmart constituem 26% das vendas da Clorox, de modo que manter um sólido relacionamento com o gigante varejista é fundamental.[6]

Sistemas horizontais de marketing

Sistema horizontal de marketing
Uma estrutura de canal na qual duas ou mais empresas em um mesmo nível se juntam para explorar uma nova oportunidade de marketing.

Outra estrutura de canal é o **sistema horizontal de marketing**, no qual duas ou mais empresas em um mesmo nível se juntam para explorar uma nova oportunidade de marketing. Trabalhando em conjunto, as empresas podem combinar seus capitais, sua capacidade de produção ou seus recursos de marketing para obter muito mais do que qualquer uma delas conseguiria sozinha.

As organizações podem unir forças com concorrentes ou não concorrentes. Podem trabalhar em conjunto, temporária ou permanentemente ou abrir uma nova empresa. Por exemplo, o Walmart — famoso por reduzir os custos de sua cadeia de suprimento — quer se unir com a unidade Frito-Lay da PepsiCo para comprar batatas em parceria, por um preço mais baixo do que ambas as empresas conseguiriam trabalhando sozinhas. Isso ajudaria as duas organizações a ganhar mais sobre os salgadinhos que vendem nas lojas do Walmart. O Walmart também possui uma parceria com o McDonald's — as empresas oferecem versões "express" dos restaurantes McDonald's nas lojas do Walmart. O McDonald's se beneficia do grande tráfego de pessoas do Walmart, o qual evita que compradores famintos tenham de ir a outro lugar para comer.[7]

▲ Canais horizontais de marketing: o McDonald's possui versões "express" de seus restaurantes nas lojas do Walmart. O McDonald's se beneficia do grande tráfego de pessoas do Walmart, o qual evita que compradores famintos tenham que ir a outro lugar para comer.
Cortesia de Gary Armstrong

Os concorrentes Microsoft e Yahoo! uniram forças para criar uma aliança horizontal na área de pesquisas na Internet. Até 2020, o Bing da Microsoft vai alimentar as pesquisas do Yahoo! Por sua vez, o Yahoo! venderá serviços de anúncio premium para ambas as empresas. A colaboração, apelidada de Bingahoo pelas pessoas que fazem parte do setor, mostrou-se positiva. Como a compra de um anúncio vale tanto para o Bing como para o Yahoo!, os anunciantes têm mais incentivos para usar a plataforma combinada. No primeiro ano, o gasto total com anúncios subiu 44%, fazendo das duas empresas juntas um concorrente mais forte para o Google, o líder do setor.[8]

Sistemas multicanal de distribuição

Sistema multicanal de distribuição
Um sistema de distribuição em que uma única empresa estabelece dois ou mais canais de marketing para alcançar um ou mais segmentos de clientes.

No passado, muitas empresas utilizavam apenas um canal para vender somente a um mercado ou segmento de mercado. Hoje, com a proliferação de segmentos de clientes e possibilidades de canal, cada vez mais empresas adotam **sistemas multicanal de distribuição**. O marketing multicanal ocorre quando uma única empresa estabelece dois ou mais canais de marketing para alcançar um ou mais segmentos de clientes.

A Figura 12.4 mostra um sistema multicanal de distribuição. Nela, o fabricante vende diretamente para o segmento de consumidores 1, usando catálogos, telemarketing e a Internet, e atinge o segmento de consumidores 2 por meio de varejistas. Ele vende indiretamente para o segmento organizacional 1, por meio de distribuidores e revendedores, e utiliza sua própria força de vendas para o segmento organizacional 2.

Hoje em dia, quase todas as grandes organizações e muitas pequenas empresas distribuem por meio de canais múltiplos. Por exemplo, a John Deere vende aos consumidores e usuários comerciais seus famosos carrinhos, aparadores e outros produtos verdes e amarelos para gramados e jardins por meio de uma série de canais, incluindo os varejistas da John Deere, as lojas voltadas para reformas e melhorias da casa da Lowe's e a Internet. Por meio de sua rede de revendedores premium, ela vende e presta assistência técnica a tratores, ceifadoras, plantadeiras e outros equipamentos agrícolas. E, usando sua força de vendas e revendedores selecionados, que prestam todo tipo de serviços, a John Deere vende grandes equipamentos para construção e silvicultura.

Sistemas multicanais de distribuição oferecem muitas vantagens a empresas que operam em mercados grandes e complexos. Com cada novo canal, a empresa expande sua cobertura de mercado e de vendas, além de obter oportunidades para desenvolver produtos e serviços sob medida para as necessidades específicas de diferentes segmentos de clientes. Mas, sistemas multicanal são mais difíceis de controlar e geram conflitos, à medida que mais canais competem por clientes e vendas. Por exemplo, quando a John Deere começou a vender produtos de consumo selecionados por meio das lojas da Lowe's, muitos de seus revendedores reclamaram bastante. Para evitar esse tipo de conflito em seus canais de marketing na Internet, a empresa direciona todas as vendas de seu site para revendedores John Deere.

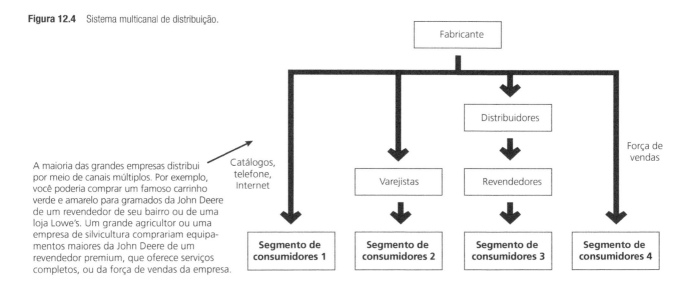

Figura 12.4 Sistema multicanal de distribuição.

A maioria das grandes empresas distribui por meio de canais múltiplos. Por exemplo, você poderia comprar um famoso carrinho verde e amarelo para gramados da John Deere de um revendedor de seu bairro ou de uma loja Lowe's. Um grande agricultor ou uma empresa de silvicultura comprariam equipamentos maiores da John Deere de um revendedor premium, que oferece serviços completos, ou da força de vendas da empresa.

Mudanças na organização dos canais

As mudanças tecnológicas e o crescimento explosivo do marketing direto e on-line estão causando um profundo impacto na natureza e no desenho dos canais de marketing. Uma importante tendência é a **desintermediação** — uma longa palavra que transmite uma mensagem clara e traz consequências importantes. A desintermediação ocorre quando empresas que fabricam produtos ou prestam serviços eliminam intermediários e procuram diretamente os compradores finais ou quando tipos de intermediários de canal radicalmente novos surgem para substituir os tradicionais.

Assim, em muitos setores, os intermediários tradicionais estão sendo colocados de lado. Por exemplo, a Southwest, a JetBlue e outras companhias aéreas vendem passagens diretamente para compradores finais, eliminando completamente as agências de viagem de seus canais de marketing. Em outros casos, novos formatos de revendedores estão substituindo os intermediários tradicionais, como acontece nos casos em que empresas on-line conquistam negócios de varejistas tradicionais, com lojas físicas. Por exemplo, os serviços de download de músicas on-line, como o iTunes e o Amazon MP3, praticamente tiraram do mercado as tradicionais lojas de CD. E, de certa forma sozinha, a Amazon.com levou à falência a Borders, segunda maior rede de livrarias dos Estados Unidos, em menos de dez anos. Além disso, recentemente, a empresa tem forçado os varejistas muito bem-sucedidos, como a Best Buy, a repensar, drasticamente, todos os seus modelos de operação. De fato, muitos especialistas em varejo questionam se, no longo prazo, lojas como a Best Buy poderão competir com concorrentes on-line.[9]

Desintermediação
A eliminação, por parte de fabricantes de produtos e prestadores de serviços, dos intermediários do canal de marketing ou a substituição de revendedores tradicionais por tipos de intermediários radicalmente novos.

▲ Desintermediação: os revendedores precisam inovar, ou correm o risco de serem colocados de lado. Por exemplo, a Barnes & Noble, a gigante que ajudou a tirar do negócio muitas livrarias independentes, enfrenta agora a desintermediação, graças a livrarias on-line e downloads de livros digitais.
Bloomberg via Getty Images

A desintermediação traz tanto oportunidades como problemas para fabricantes e revendedores. As empresas inovadoras que descobrem novas maneiras de agregar valor ao canal podem substituir revendedores tradicionais e ficar com as recompensas. Por sua vez, intermediários tradicionais precisam continuar inovando, a fim de evitar serem colocados de lado. Por exemplo, as megalivrarias da Borders e da Barnes & Noble, pioneiras no que diz respeito a uma enorme variedade de títulos e preços baixos, levaram à ruína a maioria das pequenas livrarias independentes. Então, veio a Amazon.com, que ameaçava até mesmo as maiores livrarias com sua venda de livros on-line. Hoje, as empresas tanto on-line como off-line que atuam com a venda de livros físicos estão sendo ameaçadas pelo download de títulos digitais e pelos e-readers. Contudo, em vez de ficar sendo ameaçada pelos acontecimentos na área digital, a Amazon.com está os liderando com seus e-readers Kindle, muito bem-sucedidos. Em comparação, a Barnes & Noble — a gigante que ajudou a tirar do negócio muitas livrarias independentes — está bem atrás no que diz respeito a e-books com seu e-reader Nook e, agora, se vê envolta em uma batalha para a sobrevivência.[10]

Assim como os revendedores, para continuarem competitivas, as empresas que fabricam produtos e prestam serviços devem desenvolver novas oportunidades de canal, como a Internet e outros canais diretos. Contudo, o desenvolvimento desses novos canais muitas vezes as leva a concorrer diretamente com seus canais já estabelecidos, resultando em conflito. Para amenizar o problema, as empresas geralmente procuram maneiras de transformar sua passagem para o marketing direto em vantagem para o canal como um todo. Por exemplo, a Fender sabe que muitos clientes prefeririam comprar suas guitarras, amplificadores e acessórios on-line. Mas vender diretamente por meio de seu site geraria conflitos com seus parceiros no varejo — de grandes redes, como a Guitar Center, a Sam Ash e a Best Buy a lojas menores espalhadas pelo mundo, como a Musician's Junkyard em Windsor, Vermont, e a Freddy for Music em Amã, na Jordânia. Assim, o site da Fender oferece informações detalhadas sobre os produtos da empresa, mas não dá para comprar uma nova Fender Stratocaster ou uma Acoustasonic por lá. Em vez disso, ele remete os clientes para os sites e as lojas dos revendedores. Dessa maneira, o marketing direto da Fender ajuda tanto a empresa como seus parceiros de canal.

Objetivo 3

▶ Identificar as principais alternativas de canal disponíveis para uma empresa.

Decisões de projeto do canal

Vamos analisar as diversas decisões referentes ao projeto do canal com que os fabricantes se deparam. Ao elaborar o projeto de canais de marketing, os fabricantes se debatem entre o que é ideal e o que é prático. Uma empresa nova com capital limitado geralmente começa vendendo em uma área limitada do mercado. Nesse caso, decidir quais são os melhores canais pode não ser um problema: o problema pode ser convencer um ou alguns bons intermediários a trabalhar com a linha de produtos da empresa.

Se for bem-sucedida, a nova empresa poderá expandir seus negócios para novos mercados por meio dos intermediários existentes. Em mercados menores, ela pode vender diretamente para os varejistas; em mercados maiores, pode vender por meio de distribuidores. Em determinadas partes do país, pode licenciar franquias exclusivas; em outras, pode vender por meio de todos os pontos de venda disponíveis. Além disso, a empresa pode ter uma loja na Internet para vender diretamente a clientes de difícil acesso. Assim, os sistemas de canal muitas vezes evoluem de acordo com as oportunidades e condições do mercado.

Contudo, para atingir a eficiência máxima, as análises e as tomadas de decisão relacionadas ao canal devem ter um propósito mais bem definido. O **projeto do canal de marketing** demanda a análise das necessidades dos consumidores, o estabelecimento dos objetivos do canal, a identificação das principais alternativas dele e a avaliação dessas alternativas.

Projeto do canal de marketing
Elaboração de um projeto de canal de marketing eficiente por meio da análise das necessidades dos consumidores, do estabelecimento dos objetivos dos canais, da identificação das principais alternativas do canal e da avaliação dessas alternativas.

Análise das necessidades dos consumidores

Conforme observamos anteriormente, os canais de marketing fazem parte da *cadeia de valor para o cliente*, sendo que cada membro e nível do canal agrega valor para o cliente. Assim, o projeto do canal de marketing se inicia com a descoberta do que os consumidores-alvo querem do canal. Eles desejam comprar em locais próximos ou estão dispostos a ir até pontos centralizados, porém mais longe? Preferem comprar pessoalmente, pelo telefone ou on-line? Valorizam uma grande variedade ou preferem artigos especializados? Querem muitos serviços complementares (entrega, crédito, manutenção, instalação) ou vão procurar esses serviços em outros lugares? Quanto mais rápida a entrega, maior a variedade oferecida e maior a quantidade de serviços complementares disponíveis, maior o nível de serviço do canal.

Contudo, oferecer a entrega mais rápida, a maior variedade e a maior quantidade de serviços pode não ser possível ou prático. A empresa e os membros de seu canal podem não dispor dos recursos ou das habilidades necessárias para fornecer todos os serviços desejados. Além disso, o fornecimento de níveis mais altos de serviços resulta em custos mais elevados para o canal e preços maiores para os consumidores. Por exemplo, a loja independente de produtos para a casa do seu bairro provavelmente oferece serviços mais personalizados, fica em um local mais conveniente e causa menos chateações na hora da compra do que a gigante loja da Home Depot ou da Lowe's mais perto de você. Mas ela também pode cobrar preços mais altos. A empresa precisa equilibrar as necessidades do consumidor não apenas no que se refere à viabilidade e aos custos para satisfazer essas necessidades, mas também em relação às preferências de preço dos clientes. O sucesso das lojas de desconto mostra que, muitas vezes, os clientes aceitarão níveis de serviço inferiores em troca de preços mais baixos.

▲ Atendimento das necessidades dos clientes no que diz respeito a serviços fornecidos pelo canal: a loja independente de produtos para a casa do seu bairro provavelmente oferece serviços mais personalizados, fica em um local mais conveniente e causa menos chateações na hora da compra do que uma gigante loja da Home Depot ou da Lowe's. Mas ela também pode cobrar preços mais altos.
DAVID WALTER BANKS/The New York Times/Redux Pictures

Estabelecimento dos objetivos do canal

As empresas devem definir seus objetivos para o canal de marketing em termos do nível de serviços para o cliente. De modo geral, a organização pode identificar diversos segmentos que desejam níveis de serviço diferentes. Ela deve decidir quais segmentos atenderá e quais são os melhores canais para se usar em cada caso. Em cada segmento, ela quer minimizar os custos totais do canal com o atendimento das exigências de serviços para os clientes.

Os objetivos do canal da empresa também são influenciados pela natureza da organização, seus produtos, os intermediários de marketing, seus concorrentes e o ambiente. Por exemplo, o porte e a situação financeira da empresa determinam quais funções de marketing ela pode executar por conta própria e quais deve repassar para intermediários. Empresas que vendem produtos perecíveis, por exemplo, podem precisar de mais marketing direto, a fim de evitar atrasos e muito manuseio da mercadoria.

Em alguns casos, a empresa pode querer competir nos mesmos pontos de venda onde trabalha com produtos de seus concorrentes ou em pontos de venda próximos a esses locais. Por exemplo, a Maytag quer que seus eletrodomésticos fiquem expostos junto com os das marcas concorrentes para facilitar as comparações na hora da compra. Em outros casos, as empresas podem evitar os canais utilizados por concorrentes. A Mary Kay Cosmetics, por exemplo, vende diretamente para os consumidores por meio de um batalhão composto por mais de dois milhões de consultores de beleza independentes, em mais de 35 mercados no mundo inteiro, não entrando em confronto direto com outros fabricantes de cosméticos pelos exíguos espaços nas lojas de varejo.[11] E a GEICO comercializa, sobretudo, seguros residenciais e de carros diretamente para os consumidores por telefone e pela Internet, em vez de usar representantes de vendas.

Por fim, fatores ambientais, como a situação econômica e restrições legais, podem afetar os objetivos e o projeto do canal. Por exemplo, em uma economia em recessão, os fabricantes vão querer distribuir seus produtos da maneira mais econômica possível, usando canais menos extensos e abandonando serviços desnecessários, que aumentam o preço final das mercadorias.

Identificação das principais alternativas

Uma vez que a empresa tenha determinado seus objetivos de canal, ela deve identificar suas principais alternativas em termos de *tipos* de intermediários, *número* de intermediários e *responsabilidades* de cada membro do canal.

Tipos de intermediários

A empresa deve identificar os tipos de membros disponíveis para realizar suas tarefas de canal. A maioria das empresas se depara com muitas escolhas no que diz respeito a membros do canal. Por exemplo, até recentemente, a Dell vendia diretamente para os consumidores finais e os compradores organizacionais por meio de seu sofisticado canal de marketing baseado em telefone e Internet. Ela também vendia diretamente para grandes compradores corporativos, institucionais e governamentais, usando sua força de vendas direta. No entanto, para alcançar mais consumidores e se equiparar a concorrentes como a HP e a Apple, a Dell passou a vender indiretamente, por meio de varejistas como Best Buy, Staples e Walmart. Ela também vende indiretamente por meio de revendedores e distribuidores independentes de valor agregado, que desenvolvem sistemas e aplicativos sob medida para as necessidades especiais de clientes organizacionais de pequeno e médio portes.

A utilização de muitos tipos de revendedores em um canal traz vantagens e desvantagens. Por exemplo, vendendo por meio de varejistas e revendedores de valor agregado, bem como por seus canais diretos, a Dell consegue alcançar muito mais compradores, de diferentes tipos. Entretanto, é mais difícil administrar e controlar os novos canais. Além disso, os canais diretos e indiretos vão competir entre si por muitos clientes, gerando um potencial conflito. De fato, a Dell muitas vezes fica "no meio", com seus representantes de vendas diretas reclamando da concorrência das lojas de varejo e seus revendedores de valor agregado reclamando que os representantes de vendas diretas estão minando seus negócios.

Número de intermediários de marketing

As empresas também devem determinar o número de membros do canal que utilizarão em cada nível. Há três estratégias que podem ser usadas: distribuição intensiva, distribuição exclusiva e distribuição seletiva. Os fabricantes de produtos de conveniência e de matérias-primas comuns geralmente adotam a **distribuição intensiva** — estratégia por meio da qual colocam seus produtos no maior número possível de pontos de venda. Esses produtos precisam estar à mão onde e quando os consumidores quiserem. Por exemplo, pasta de dente, bala e outros itens parecidos são vendidos em milhões de pontos de venda para proporcionar a máxima exposição da marca e oferecer praticidade para o consumidor. A Kraft, a Coca-Cola, a Kimberly-Clark e outras empresas de bens de consumo distribuem seus produtos dessa forma.

Em compensação, alguns fabricantes limitam, propositalmente, o número de intermediários que comercializam seus produtos. A modalidade extrema dessa prática é a **distribuição exclusiva**, por meio da qual o fabricante concede somente a um número limitado de revendedores o direito exclusivo de distribuir os produtos da empresa no território deles. Esse tipo de distribuição é usado com frequência com marcas de luxo. Por exemplo, os exclusivos automóveis Bentley são vendidos por algumas poucas concessionárias autorizadas, em uma determinada área de mercado. Contudo, alguns fabricantes de produtos mais acessíveis também utilizam distribuição exclusiva. Por exemplo, a fabricante de ferramentas STIHL não vende suas motosserras, sopradores, motopodas e outros produtos por meio de comercian-

---

Distribuição intensiva
Colocação dos produtos no maior número possível de pontos de venda.

Distribuição exclusiva
Concessão a um número limitado de revendedores do direito exclusivo de distribuir os produtos da empresa no território deles.

tes de massa, como a Lowe's, a Home Depot ou a Sears. Em vez disso, ela vende por meio de um seleto grupo de revendedores independentes que trabalham com produtos para a casa, o gramado e o jardim. Concedendo distribuição exclusiva, a STIHL obtém um apoio mais forte às vendas por parte do revendedor. A distribuição exclusiva também valoriza a imagem de marca da STIHL e permite que ela trabalhe com markups mais altos, resultantes dos serviços do revendedor de maior valor agregado.

A **distribuição seletiva** fica entre a distribuição intensiva e a exclusiva — trata-se do uso de mais de um intermediário, mas menos do que o total disposto a comercializar os produtos da empresa. A maioria das marcas de televisores, móveis e eletrodomésticos é distribuída dessa maneira. Por exemplo, a Whirlpool e a GE vendem seus principais eletrodomésticos por meio de redes de revendedores e grandes varejistas selecionados. Usando a distribuição seletiva, essas empresas podem desenvolver bons relacionamentos operacionais com os membros do canal e esperar esforços de venda acima da média. A distribuição seletiva proporciona aos fabricantes uma boa cobertura de mercado, com maior controle e menor custo do que a distribuição intensiva.

▼ Distribuição exclusiva: a STIHL vende suas motosserras, sopradores, motopodas e outros produtos por meio de um seleto grupo de revendedores independentes que trabalha com produtos para a casa, o gramado e o jardim. "Nós contamos com o apoio deles todos os dias, então você também pode contar."
Cortesia da STIHL, Inc.

Responsabilidades dos membros do canal

O fabricante e os intermediários precisam estar de acordo quanto aos termos e às responsabilidades de cada membro do canal. Devem concordar nas políticas de preços, nas condições de venda, nos direitos territoriais e nos serviços específicos que cada parte deve oferecer. O fabricante deve estabelecer uma tabela de preços e um programa de descontos justo para os intermediários. Deve definir o território de cada membro do canal e ser cuidadoso com a localização de novos revendedores.

Os serviços e deveres mútuos devem ser cuidadosamente definidos, em especial em canais que envolvem franquias e distribuição exclusiva. Por exemplo, o McDonald's apoia seus franqueados com material promocional, sistema de registro contábil, treinamento na Universidade do Hambúrguer e assistência administrativa geral. Por sua vez, os franqueados devem se manter em conformidade com os padrões da empresa no que diz respeito a instalações físicas, cooperar em novos programas promocionais, fornecer as informações solicitadas e comprar os produtos alimentícios especificados.

Distribuição seletiva
O uso de mais de um intermediário, mas menos do que o total disposto a comercializar os produtos da empresa.

Avaliação das principais alternativas

Vamos supor que uma empresa tenha identificado diversas alternativas de canal e queira selecionar aquela que melhor atenderá a seus objetivos de longo prazo. Toda alternativa deve ser avaliada com base em critérios econômicos, de controle e de adaptação.

Ao utilizar *critérios econômicos*, a empresa compara as prováveis vendas, custos e lucratividade às diferentes alternativas de canal. Qual será o investimento necessário para cada alternativa de canal e quais serão os retornos resultantes? A empresa também deve considerar *questões de controle*. Usar intermediários geralmente significa conceder-lhes parte do controle sobre o marketing do produto, e alguns intermediários assumem mais controle do que outros. Quando todo o resto é igual, a empresa prefere manter para si o maior controle possível. Por fim, a organização deve aplicar *critérios de adaptação*. Canais geralmente envolvem compromissos de longo prazo, contudo a empresa deseja manter o canal flexível, para que possa se adaptar às mudanças no ambiente. Assim, para ser considerado um canal que envolve compromissos de longo prazo, precisa apresentar grande superioridade nos quesitos economia e controle.

Projeto de canais de distribuição internacionais

Ao projetar seus canais, as empresas internacionais enfrentam uma série de complexidades adicionais. Cada país tem um sistema de distribuição único, que evoluiu com o tempo e muda muito lentamente. Esses sistemas podem variar muito de país para país. Assim, as empresas globais geralmente têm de adaptar suas estratégias de canal às estruturas existentes dentro de cada nação.

Em alguns mercados, o sistema de distribuição é complexo e muito difícil de penetrar, contendo diversas faixas e um grande número de intermediários. Por exemplo, muitas empresas ocidentais acham difícil navegar pelo sistema de distribuição do Japão. Ele é cheio de convenções e muito complexo, com uma série de distribuidores manuseando o produto antes que ele chegue à prateleira da loja.

No outro extremo, os sistemas de distribuição nos países em desenvolvimento podem ser espalhados, ineficazes ou simplesmente inexistentes. Por exemplo, a China e a Índia são mercados enormes, com uma população bem acima de um bilhão de pessoas. No entanto, por conta dos inadequados sistemas de distribuição, a maioria das empresas só consegue atingir com lucratividade uma pequena parcela da população localizada nas cidades mais ricas desses dois países. Os mercados rurais de ambas as nações são extremamente descentralizados, compostos de muitos submercados distintos, cada qual com sua própria subcultura. O sistema de distribuição da China é tão fragmentado que os custos logísticos de embalar, separar, carregar, descarregar, classificar, recarregar e transportar os produtos representam mais de 17% do PIB do país, muito mais do que na maioria das outras nações. Depois de anos de esforço, até os executivos do Walmart admitem que não são capazes de montar uma cadeia de suprimento eficiente na China.[12]

Às vezes, condições locais podem influenciar muito no modo como a empresa distribui seus produtos nos mercados globais. Por exemplo, em bairros de baixa renda no Brasil, onde os consumidores têm acesso limitado a supermercados, a Nestlé reforça sua distribuição com vendedores autônomos que comercializam produtos da empresa de porta em porta. E, em cidades abarrotadas de gente na Ásia e na África, restaurantes fast-food como o McDonald's e o KFC oferecem entrega:[13]

> Enquanto os norte-americanos que querem uma refeição rápida entregue em casa tendem a pedir comida chinesa, as pessoas na China e em outras partes do mundo estão fazendo seu pedido para o McDonald's e o KFC. Em grandes cidades como Pequim, Cairo e Seul, onde ruas repletas de gente e altos custos imobiliários tornam os drive-thrus impraticáveis, a entrega está se tornando uma parte importante da estratégia dos fast-foods. Nesses mercados, o McDonald's e o KFC estão colocando legiões de motoboys, em uniformes coloridos, para distribuir Big Macs e baldes de frangos para os clientes que contatarem as empresas. Na divisão Ásia/Pacífico, Oriente Médio e África do McDonald's, dos 8.800 restaurantes da empresa, 1.500 estão oferecendo entrega. "Nós usamos o slogan: 'Se você não pode vir até nós, nós vamos até você'", diz o presidente da divisão. Mais de 30% das vendas totais do McDonald's no Egito vêm de entregas. De maneira similar, para o KFC, as entregas representam aproximadamente metade de todas as vendas da empresa no Kuwait e um terço das vendas no Egito.

Assim, as empresas internacionais se deparam com uma ampla variedade de alternativas de canal. Projetar sistemas de canal eficientes e eficazes nos vários mercados internacionais e entre eles representa um difícil desafio. Vamos analisar com mais detalhes as decisões referentes à distribuição internacional no Capítulo 19.

▲ Entregador do McDonald's: em cidades como Pequim, Cairo e Seul, são exércitos de motoboys, usando uniformes coloridos e carregando a comida em caixas especialmente projetadas, presas em suas costas, abrem caminho no agitado trânsito para entregar Big Macs.

Li Shengli/Imaginechina

Decisões de gerenciamento de canal

Após ter analisado suas alternativas e decidido qual é o melhor projeto de canal, a empresa deve implantar e gerenciar o canal escolhido. O **gerenciamento do canal de marketing** requer a seleção, a gestão e a motivação de cada membro do canal, bem como a avaliação de seu desempenho ao longo do tempo.

Seleção dos membros do canal

A capacidade dos fabricantes de atrair intermediários de marketing qualificados varia. Alguns não encontram nenhuma dificuldade para recrutar membros para canal. Por exemplo, quando a Toyota lançou sua linha Lexus nos Estados Unidos, não teve problemas para atrair novos revendedores. Na verdade, ela teve que recusar muitos candidatos.

No outro extremo, estão os fabricantes que têm de batalhar muito para conseguir um número suficiente de intermediários qualificados. Por exemplo, primeiramente, a Timex tentou vender seus relógios baratos por meio das relojoarias normais, mas a maioria delas se recusou a comercializar o produto. A empresa, então, decidiu colocar seus relógios em pontos de venda voltados para o varejo de massa, o que acabou se revelando uma decisão sábia, tendo em vista o rápido crescimento da comercialização em massa.

Mesmo as marcas já estabelecidas podem ter dificuldade para conquistar e manter a distribuição desejada, especialmente quando lidam com revendedores poderosos. Por exemplo, você não encontraria fraldas Pampers, da P&G, em uma loja Costco. Alguns anos atrás, com a recusa da P&G em fabricar as fraldas Kirkland, uma marca própria da Costco, a varejista deu um chega para lá na Pampers e agora só trabalha com Huggies e com sua marca Kirkland (produzida pela Kimberly-Clark, fabricante da Huggies). Estima-se que a decisão da Costco — que, depois do Walmart, é a varejista que mais vende fraldas nos Estados Unidos — tenha custado à P&G entre 150 e 200 milhões de dólares em vendas anuais.[14]

Ao selecionar intermediários, a empresa deve determinar as características que distinguem os melhores. Ela vai precisar avaliar o tempo de experiência, as outras linhas comercializadas, a localização, o histórico de crescimento e lucros, o nível de cooperação e a reputação no mercado de cada membro do canal.

Gestão e motivação dos membros do canal

Uma vez selecionados, os membros do canal precisam ser continuamente gerenciados e motivados para darem tudo de si. A empresa deve vender não só *por meio* dos intermediários, mas também *para* e *com* eles. A maioria das empresas vê seus intermediários como clientes e parceiros de primeira linha. Elas praticam uma sólida *gestão do relacionamento com o parceiro*, com o intuito de desenvolver parcerias de longo prazo com os membros do canal. Isso cria um sistema de entrega de valor que atende às necessidades da empresa *e* de seus parceiros de marketing.

Ao gerenciar seus canais, a empresa deve convencer os fornecedores e distribuidores de que eles podem ser mais bem-sucedidos se trabalharem juntos, como parte de um sistema coeso de entrega de valor. Assim, a P&G trabalha bem de perto junto à Target para criar valor superior aos consumidores finais. Eles traçam em conjunto metas e estratégias de comercialização, níveis de estoque e programas de propaganda e promoção. De modo similar, a Toyota trabalha para criar satisfação para os fornecedores que, por sua vez, ajudam a criar maior satisfação para os clientes. Não importa se é uma fabricante de equipamentos pesados como a Caterpillar, que firma parcerias com sua rede de grandes revendedores, ou uma fabricante de cosméticos como a L'Oreal, que constrói relacionamentos mutuamente benéficos com sua vasta rede de fornecedores: a empresa precisa trabalhar em harmonia com as outras organizações do canal para descobrir melhores maneiras de entregar valor para os clientes (veja o Marketing Real 12.1).

Muitas empresas estão instalando sistemas integrados e de alta tecnologia para a gestão do relacionamento de parceria (*partnership relationship management* — PRM), a fim de coordenar seus esforços de marketing no canal como um todo. Da mesma maneira que utilizam sistemas de gestão do relacionamento com o cliente (CRM) para ajudar a gerenciar o relacio-

---

Objetivo 4

◀ Explicar como as empresas selecionam, motivam e avaliam os membros do canal.

Gerenciamento do canal de marketing
A seleção, gestão e motivação de cada membro do canal, bem como a avaliação de seu desempenho ao longo do tempo.

namento com clientes importantes, as empresas atualmente usam PRM e softwares de gerenciamento da cadeia de suprimento para recrutar, treinar, organizar, administrar, motivar e avaliar o relacionamento com parceiros do canal.

Avaliação dos membros do canal

A empresa deve verificar periodicamente o desempenho dos membros do canal com base em critérios como cotas de venda, níveis médios de estoque, prazo de entrega ao cliente, tratamento dado a mercadorias danificadas e perdidas, nível de cooperação em programas promocionais e treinamentos da empresa, e serviços de atendimento ao cliente. A empresa deve reconhecer e recompensar os intermediários que apresentam bom desempenho e agregam um valor para os consumidores. Os que estão se saindo mal devem receber ajuda ou, como último recurso, ser substituídos.

Por fim, as empresas precisam ser sensíveis às necessidades de seus parceiros de canal. Aquelas que tratam seus parceiros com descaso correm o risco não somente de perder apoio, mas também de gerar problemas legais. A seção seguinte descreve os vários direitos e deveres das empresas e dos outros membros de canal.

Política pública e decisões de distribuição

Na maioria dos casos, as empresas são legalmente livres para desenvolver quaisquer estruturas de canal que lhes convenham. Na realidade, as leis norte-americanas que tratam de canais procuram evitar táticas restritivas que, se usadas por algumas empresas, poderiam impedir que outra organização utilizasse um canal desejado. A maioria das leis referentes a canal trata dos direitos e dos deveres mútuos dos membros do canal após a formalização de um relacionamento.

Muitos fabricantes e atacadistas gostam de desenvolver canais exclusivos para seus produtos. Quando o fabricante permite que apenas determinados pontos de venda comercializem seus produtos, a estratégia é chamada de *distribuição exclusiva*. Quando ele exige que os revendedores não comercializem produtos de seus concorrentes, a estratégia é chamada de *direitos exclusivos de distribuição*. Ambas as partes podem se beneficiar dos contratos de exclusividade: o fabricante fica com pontos de venda mais fiéis e confiáveis, ao passo que os revendedores obtêm uma fonte estável de fornecimento e maior apoio nas vendas. Mas os contratos de exclusividade também impedem que outros fabricantes vendam para esses mesmos revendedores. Isso faz com que os contratos de exclusividade sejam regidos pela Clayton Act (Lei Clayton), de 1914. Esses contratos são legais, desde que não reduzam substancialmente a concorrência nem tendam a criar um monopólio e desde que ambas as partes concordem voluntariamente com os termos do acordo.

Os contratos de exclusividade geralmente incluem *acordos territoriais exclusivos*. O fabricante pode concordar em não vender para outros revendedores em determinada área, ou o revendedor pode concordar em vender apenas em seu território. A primeira prática, normal nos sistemas de franquia, é um modo de aumentar o entusiasmo e o comprometimento do revendedor. E também é totalmente legal — a empresa vendedora não tem nenhuma obrigação legal de vender por meio de mais pontos de venda do que deseja. A segunda prática, pela qual o fabricante tenta impedir que o revendedor venda fora de seu território, tornou-se uma importante questão legal.

Às vezes, os fabricantes com marca forte somente vendem aos revendedores se estes aceitarem vender também alguns ou todos os outros produtos de sua linha. Isso é conhecido como a prática de *forçar a linha completa*. Esses *acordos de vendas casadas* não são necessariamente ilegais, mas violam a Lei Clayton quando tendem a provocar uma redução substancial da concorrência. A prática pode impedir os consumidores de escolher livremente entre os fornecedores concorrentes dessas outras marcas.

Por fim, os fabricantes são livres para escolher seus revendedores, mas seu direito de encerrar um contrato com eles é, de certa forma, limitado. Em geral, as empresas vendedoras podem descartar revendedores por um "determinado motivo". No entanto, não podem deixá-los se, por exemplo, eles se recusarem a cooperar em acordos de legalidade duvidosa, como em contratos de direitos exclusivos de distribuição e acordos de vendas casadas.

Marketing Real 12.1

Trabalhando com parceiros de canal a fim de criar valor para os clientes

As empresas, atualmente, bem-sucedidas sabem que sozinhas não conseguem criar valor para os clientes. Em vez disso, elas precisam desenvolver sistemas de entrega de valor eficazes, formados por fornecedores, fabricantes e distribuidores que trabalham juntos para executar as tarefas necessárias. A parceria com fornecedores e distribuidores pode resultar em grandes vantagens competitivas. Veja os exemplos a seguir.

Caterpillar

Fabricante de equipamentos pesados, a Caterpillar produz máquinas industriais inovadoras, de alta qualidade. Mas pergunte a qualquer um na Caterpillar e ele lhe dirá que a supremacia da empresa tem a ver, principalmente, com sua excelente rede de distribuição, composta por 191 revendedores independentes em mais de 180 países. "Nossos revendedores [têm] sido a fonte da vantagem da marca Cat de uma maneira que vai além da compreensão da maioria das pessoas", diz Doug Oberhelman, CEO da Caterpillar.

De acordo com Oberhelman, os revendedores são aqueles que estão na linha de frente. Uma vez que o produto deixa a fábrica, são os revendedores que assumem o controle. São eles que os clientes veem. Assim, em vez de vender para seus revendedores ou por meio deles, a Caterpillar os trata como parceiros internos. Quando uma peça importante de um equipamento da Caterpillar quebra, os clientes sabem que podem contar tanto com a empresa como com sua rede de revendedores para apoiá-los. Em um nível mais profundo, os revendedores desempenham um papel essencial em quase todos os aspectos da operação da Caterpillar, desde o projeto e a entrega do produto até os serviços e a assistência.

Os revendedores são o elemento-chave daquilo que o pessoal de dentro da empresa chama de "rodas aladas da Caterpillar" — um tipo de círculo virtuoso de sucesso. Revendedores grandes e vigorosos ajudam a Caterpillar a vender a maior parte de suas máquinas. Por sua vez, todas essas máquinas na ativa geram para os revendedores bastante receita em peças e serviços, de modo que eles são capazes de sobreviver mesmo em períodos difíceis, quando não vendem muitos equipamentos. Essa estabilidade financeira ajuda os revendedores a crescer, atraindo ainda mais clientes que compram máquinas da Caterpillar.

Em resumo, uma sólida rede de revendedores contribui para uma sólida Caterpillar, e vice-versa. Assim, faz todo sentido a Caterpillar conhecer, de fato, seus revendedores e se preocupar com o sucesso deles. Na verdade, na lista de 13 prioridades da Cat, o "vigor dos revendedores" está lá em cima. A empresa monitora de perto as vendas, a posição de mercado, a capacidade de fornecimento de serviços e a situação financeira de cada revendedor. Quando vê um problema, ela corre para ajudar.

Além dos laços comerciais mais formais, a Caterpillar cria laços pessoais, próximos com os revendedores, gerando uma espécie de relacionamento familiar. Isso leva a um profundo sentimento de orgulho nos revendedores em relação àquilo que eles estão conquistando juntos — trata-se de uma sensação de que eles são parte importante de uma organização que fabrica, vende e cuida de máquinas que fazem o mundo funcionar.

Como resultado dessa próxima parceria com os revendedores, o grande Cat (gato, em inglês) está ronronando. A Caterpillar domina o mercado mundial de equipamentos pesados voltados para construção, mineração e silvicultura. Seus conhecidos tratores, carregadeiras de esteiras, escavadeiras, buldôzeres e caminhões ficam com muito mais de um terço dos negócios mundiais de equipamentos pesados — um número mais do que duas vezes maior do que o da Komatsu, a segunda colocada.

Toyota

O alcance de satisfação no relacionamento com os fornecedores tem sido a base para o formidável sucesso da Toyota. Os concorrentes norte-americanos da Toyota costumam isolar seus fornecedores, por meio de acordos draconianos voltados para o autoatendimento. "Os [fabricantes de automóveis norte-americanos] estabelecem metas anuais de redução de custos [para as

▶ A Caterpillar firma parcerias próximas com sua rede mundial de revendedores independentes, a fim de gerar valor para o cliente. Quando uma peça importante de um equipamento da Caterpillar quebra, os clientes sabem que podem contar tanto com a empresa como com sua rede de revendedores para apoiá-los.
© Horizon International Images Limited/Alamy

peças que compram]", disse um fornecedor. "Eles fazem de tudo para alcançar essas metas. [Instauraram] um reinado de terror, e as coisas pioram a cada ano." Outro fornecedor comenta: "[Um fabricante] parece enviar seu pessoal para uma 'escola de ódio', onde eles aprendem a odiar os fornecedores".

Em compensação, a Toyota há muito tempo sabe da importância de construir relacionamentos próximos com os fornecedores. De fato, em sua declaração de missão, ela inclusive incluiu a frase: "alcançar a satisfação do fornecedor". Em vez de ameaçar os fornecedores, a Toyota forma uma parceria com eles e os ajuda a atender às suas expectativas, bastante altas. Ela entende o negócio deles, conduz atividades de melhoria em conjunto, ajuda a treinar seus funcionários, oferece um feedback diário referente a seu desempenho e busca ativamente suas preocupações. Ela também reconhece o trabalho dos fornecedores, com prêmios anuais baseados na performance.

Em uma recente pesquisa anual feita com os fabricantes de autopeças — que avaliaram itens como confiança, comunicação aberta e sincera, ajuda com a redução dos custos e oportunidades para obter lucros —, a Toyota atingiu resultados maiores do que qualquer outro fabricante. A pesquisa mostrou que os fornecedores da Toyota se consideram verdadeiros parceiros da gigante automotiva.

Esses altos índices de satisfação dos fornecedores mostram que a Toyota pode contar com eles para ajudá-la a melhorar sua qualidade, reduzir os custos e desenvolver novos produtos com rapidez. Por exemplo, recentemente, quando a Toyota lançou um programa para reduzir em 30% o preço de 170 peças que a empresa compraria para sua próxima geração de carros, os fornecedores não reclamaram. Em vez disso, eles se mostraram dispostos a cooperar, confiantes de que a Toyota os ajudaria a atingir as reduções propostas, tornando-os mais competitivos e lucrativos no futuro. No final das contas, o desenvolvimento de fornecedores satisfeitos ajuda a Toyota a fabricar carros de custos mais baixos e maior qualidade, o que, por sua vez, resulta em clientes mais satisfeitos.

L'Oreal

A L'Oreal é a maior fabricante de cosméticos do mundo, com 23 marcas globais que vão da Maybelline e da Kiehl's até a Lancôme e a Redken. O que uma fabricante de cosméticos tem em comum com gigantes industriais altamente competitivos, como a Caterpillar e a Toyota? Como acontece com essas duas empresas, a ampla rede de fornecedores da L'Oreal — que fornecem de tudo, de polímeros e ácidos gordurosos até equipamentos de produção e suprimentos de escritório, passando por latas de spray e embalagens — é fundamental para seu sucesso.

Como resultado, a L'Oreal trata seus fornecedores como parceiros de respeito. Por um lado, ela espera bastante deles em termos de inovação, qualidade e ações voltadas para a responsabilidade social. A empresa seleciona com cuidado novos fornecedores e avalia regularmente o desempenho dos fornecedores existentes. Por outro lado, a L'Oreal trabalha de perto com os fornecedores para ajudá-los a atender a seus exigentes padrões. Enquanto algumas empresas demandam coisas inviáveis dos fornecedores e os "espremem" para obter ganhos no curto prazo, a L'Oreal constrói relacionamentos de longo prazo com eles, baseados em benefícios e crescimento mútuos.

De acordo com o site destinado a fornecedores da empresa, ela os trata com "total respeito em relação a seus negócios, sua cultura, seu crescimento e aos indivíduos que trabalham para eles". Todo relacionamento é baseado no "diálogo e em esforços em conjunto. A L'Oreal procura não somente ajudar seus fornecedores a atender às expectativas, mas também contribuir para seu crescimento, por meio de oportunidades ligadas à inovação e à competitividade". Como resultado, mais de 75% dos fornecedores que têm parceria com a L'Oreal trabalham com a empresa há dez anos ou mais, e a maioria está com ela há décadas. De acordo com o responsável pela área de compras da empresa: "O CEO quer fazer da L'Oreal uma das grandes empresas em termos de desempenho, além de uma das organizações mais respeitadas do mundo. Ser respeitado significa também ser respeitado por nossos fornecedores".

Fontes: Geoff Colvin, "Caterpillar is absolutely crushing it", *Fortune*, 12 maio 2011, p. 136-144; Jeffery K. Liker e Thomas Y. Choi, "Building deep supplier relationships", *Harvard Business Review*, 2004, p. 104-113; "What the world needs: 2011 year in review", *Caterpillar Annual Report*, fev. 2012, <www.caterpillar.com/cda/files/2674611/7/cat_yir_1.pdf>, p. 37; Paul Eisensten, "Toyota tops in supplier relations — just barely", *The Detroit Bureau*, 23 maio 2011, <www.thedetroitbureau.com/2011/05/toyota-tops-in-supplier-relations-but-just-barely/>; <www.caterpillar.com>, <www.toyotasupplier.com> e <www.loreal.com/_en/_ww/html/suppliers/>. Acesso em: nov. 2012.

Objetivo 5

▶ Discutir a natureza e a importância da logística de marketing e do gerenciamento da cadeia de suprimento integrada.

Logística de marketing e gerenciamento da cadeia de suprimento

Nos mercados mundiais de hoje, vender um produto, às vezes, é mais fácil do que fazê-lo chegar aos clientes. As empresas devem decidir qual é a melhor maneira de armazenar, manusear e transportar seus produtos e serviços, para que estejam disponíveis aos consumidores nas variedades certas, na hora certa e no lugar certo. A efetividade da logística tem um grande impacto sobre a satisfação do cliente e os custos da empresa. Vamos abordar aqui a natureza e a importância do gerenciamento da logística na cadeia de suprimento, as metas do sistema de logística, as principais funções da logística e a necessidade do gerenciamento da cadeia de suprimento integrada.

Natureza e importância da logística de marketing

Para alguns gerentes, a logística de marketing significa apenas caminhões e depósitos. Mas a logística moderna é muito mais do que isso. A **logística de marketing** — também chamada de **distribuição física** — envolve o planejamento, a implantação e o controle do fluxo físico de produtos, serviços e informações correlacionadas, desde os pontos de origem até os pontos de consumo, a fim de atender às exigências dos clientes de maneira lucrativa. Em resumo, envolve levar o produto certo até o cliente certo, no lugar e na hora certos.

No passado, os responsáveis pela distribuição física normalmente iniciavam seu trabalho com os produtos na fábrica e, então, tentavam encontrar soluções de baixo custo para fazer esses produtos chegarem aos clientes. Entretanto, a logística de hoje, *centrada no cliente*, começa no mercado e percorre o caminho inverso até chegar à fábrica ou mesmo às fontes de fornecimento. A logística de marketing envolve não somente a *logística dirigida para fora* da fábrica (transportar os produtos da fábrica até os revendedores e, no final, até os clientes), mas também a *logística dirigida para dentro* (transportar os produtos e as matérias-primas dos fornecedores até a fábrica) e a *logística reversa* (reutilizar, reciclar, remodelar ou descartar produtos danificados, indesejados ou excedentes devolvidos pelos consumidores ou revendedores). Assim, a logística de marketing envolve o **gerenciamento da cadeia de suprimento** como um todo. Trata-se do gerenciamento dos fluxos de valor agregado de matérias-primas, de produtos finais e de informações relacionadas entre os fornecedores, a empresa, os revendedores e os consumidores finais — fluxos que ocorrem nos níveis acima e abaixo da cadeia de suprimento, conforme mostrado na Figura 12.5.

> **Logística de marketing (distribuição física)**
> Planejamento, implantação e controle do fluxo físico de produtos, serviços e informações correlacionadas, desde os pontos de origem até os pontos de consumo, a fim de atender às exigências dos clientes de maneira lucrativa.

> **Gerenciamento da cadeia de suprimento**
> Gerenciamento dos fluxos de valor agregado de matérias-primas, de produtos finais e de informações relacionadas entre os fornecedores, a empresa, os revendedores e os consumidores finais — fluxos que ocorrem nos níveis acima e abaixo da cadeia de suprimento.

Figura 12.5 Gerenciamento da cadeia de suprimento.

O gerenciamento da cadeia de suprimento requer uma abordagem centrada no cliente. Lembre-se: essa cadeia também é chamada de cadeia de valor para o cliente.

A tarefa do gerente de logística é coordenar as atividades dos fornecedores, compradores, empresas vendedoras, membros do canal e clientes. Essas atividades incluem previsão, sistemas de informação, processos de compras, planejamento da produção, processamento de pedidos, estoques, armazenagem e planejamento de transporte.

As empresas hoje dão mais ênfase à logística por uma série de razões. Para começar, as empresas podem ganhar uma grande vantagem competitiva utilizando uma logística aprimorada com o intuito de fornecer aos clientes um serviço melhor ou preços mais baixos. Em segundo lugar, uma logística aprimorada pode gerar enormes economias de custo tanto para a empresa como para seus clientes. Até 20% do preço médio de um produto refere-se, apenas, às atividades de expedição e transporte. Isso excede muito o custo da propaganda e muitos outros custos de marketing. As empresas norte-americanas gastam 1,1 trilhão de dólares por ano — cerca de 7,7% do PIB do país — para embalar, separar, carregar, descarregar, classificar, recarregar e transportar mercadorias. No mundo todo, apenas 13 PIBs nacionais são maiores do que esse número.[15]

A redução até mesmo de uma pequena fração dos custos de logística pode significar economias substanciais. Por exemplo, recentemente, o Walmart implantou um programa de aprimoramento da logística. Por meio de fontes de fornecimento mais eficientes, melhor gerenciamento do estoque e maior produtividade da cadeia de suprimento, em cinco anos, o Walmart reduzirá os

▲ Logística: como essa enorme quantidade de contêineres sugere, as empresas norte-americanas gastam 1,1 trilhão de dólares de dólares por ano — cerca de 7,7% do PIB do país — para embalar, separar, carregar, descarregar, classificar, recarregar e transportar mercadorias.
E.G. Pors/Shutterstock.com

custos da cadeia de suprimento entre 5 a 15% — isso representa economias de 4 a 12 bilhões de dólares.[16]

Em terceiro lugar, a explosão que ocorreu na variedade dos produtos criou a necessidade de aperfeiçoar o gerenciamento logístico. Por exemplo, em 1916, um típico supermercado da Piggly Wiggly vendia apenas 605 itens. Hoje, a Piggly Wiggly mantém um inacreditável estoque de 20 a 35 mil itens, dependendo do tamanho da loja. Um Walmart Supercenter tem mais de cem mil produtos, 30 mil dos quais são voltados para a alimentação.[17] Fazer pedidos, expedir, estocar e controlar essa variedade de produtos representa um grande desafio para a logística.

Melhorias na tecnologia da informação criaram oportunidades para importantes ganhos de eficiência na distribuição. As empresas de hoje utilizam sofisticados softwares de gerenciamento da cadeia de suprimento, sistemas logísticos baseados na Internet, escâneres nos pontos de vendas, etiquetas com transmissores de identificação por radiofrequência (RFIDs), rastreamento por satélite e transferência eletrônica de dados de pedido e pagamento. Essas tecnologias permitem às organizações gerenciarem com rapidez e eficiência o fluxo de mercadorias, informações e recursos financeiros da cadeia de suprimento.

Por fim, mais do que praticamente qualquer outra função de marketing, a logística afeta o ambiente e os esforços da empresa ligados à sustentabilidade ambiental. O transporte, o armazenamento, a embalagem e outras funções da logística normalmente são os elementos da cadeia de suprimento que mais contribuem para a pegada ecológica da empresa. Ao mesmo tempo, eles representam uma das áreas mais férteis para a obtenção de economias de custo. Em outras palavras, o desenvolvimento de uma *cadeia de suprimento ecológica* não é só ambientalmente responsável: pode ser lucrativo também. Eis aqui um exemplo simples:[18]

A SC Johnson, fabricante de produtos de consumo embalados, fez uma mudança aparentemente simples, mas inteligente — e lucrativa —, na maneira como carrega seus caminhões. No sistema antigo, um carregamento de seus produtos Ziploc preenchia a caçamba do caminhão sem atingir o limite máximo de peso. Em contrapartida, um carregamento do limpador de vidro Windex atingia o limite máximo de peso antes de a caçamba estar totalmente cheia. Misturando estrategicamente os dois produtos, a SC Johnson descobriu que conseguia enviar a mesma quantidade de mercadoria com 2.098 viagens a menos, economizando 630 mil litros de diesel e eliminando 1.882 toneladas de gases do efeito estufa. Assim, pensar a cadeia de suprimento de maneira inteligente não apenas ajudou o meio ambiente, como também economizou dinheiro para a empresa. De acordo com o diretor de questões ambientais da SC Johnson: "Carregar um caminhão pode parecer simples, mas garantir que o caminhão fique realmente cheio é uma ciência. Atingir, com consistência, o limite de peso máximo da caçamba proporcionou uma enorme oportunidade para reduzir nosso consumo de energia, diminuir nossa emissão de gases de efeito estufa e [de quebra] economizar". As cadeias de suprimento ecológicas não são apenas algo que as empresas têm que fazer: elas fazem muito sentido para os negócios. "A sustentabilidade não deve ser vista como um punhado de resoluções ecológicas de Washington enfiadas goela abaixo", conclui um especialista em cadeia de suprimento. "Ela tem muito a ver com dinheiro, com redução de custos."

Metas do sistema logístico

Algumas empresas definem sua meta logística como sendo o fornecimento do máximo atendimento ao cliente com o mínimo custo possível. Contudo, por mais bacana que isso possa soar, infelizmente, nenhum sistema de logística pode maximizar o atendimento ao cliente *e* minimizar os custos de distribuição. A maximização do atendimento ao cliente implica entrega rápida, grandes estoques, variedades flexíveis, políticas de devolução condescendentes e outros serviços — tudo aquilo que aumenta os custos de distribuição. Em contrapartida, custos mínimos de distribuição implicam entrega mais lenta, estoques menores e carregamentos maiores — o que representa um nível mais baixo de atendimento ao cliente no geral.

A meta da logística de marketing deve ser fornecer um nível *desejável* de atendimento ao cliente com o mínimo custo possível. A empresa deve, primeiro, pesquisar a importância que seus clientes atribuem aos vários serviços de distribuição e, só então, determinar os níveis de atendimento desejáveis para cada segmento. O objetivo é maximizar *lucros*, e não vendas. Portanto, a empresa deve pesar os benefícios e os custos do fornecimento de níveis mais altos de atendimento. Algumas empresas oferecem menos serviços do que seus concorrentes e cobram preços mais baixos. Outras oferecem mais serviços e cobram preços mais elevados para cobrir os custos mais altos.

Principais funções da logística

Tendo um conjunto de metas logísticas, a empresa projeta um sistema de logística que minimize o custo de atingir essas metas. As principais funções da logística são: *armazenagem*, *gerenciamento de estoque*, *transporte* e *gerenciamento de informações logísticas*.

Armazenagem

Os ciclos de produção e consumo raramente coincidem, de modo que a maioria das empresas precisa armazenar seus produtos enquanto espera que sejam vendidos. Por exemplo, a Snapper, a Toro e outros fabricantes de cortadores de grama mantêm suas fábricas funcionando o ano inteiro e armazenam produtos para vendê-los na primavera e no verão, que são as estações de maiores vendas. A função da armazenagem supera as diferenças entre quantidades necessárias e oportunidades de venda, garantindo que os produtos estejam disponíveis quando os clientes estiverem prontos para comprá-los.

A empresa precisa decidir de *quantos* depósitos necessita, de que *tipo* eles devem ser e *onde* precisam ser localizados. Ela pode usar *estoques* ou *centrais de distribuição*. Os estoques servem para armazenar produtos por períodos de média e longa duração. Já as **centrais de distribuição** são projetadas para movimentar produtos, e não apenas para armazená-los. São depósitos de grande porte, com alto nível de automatização, projetados para receber produtos de diversas fábricas e fornecedores, recolher pedidos, processá-los com eficiência e entregar as mercadorias para os clientes o mais rapidamente possível.

Central de distribuição
Um depósito grande e extremamente automatizado, projetado para receber produtos de diversas fábricas e fornecedores, recolher pedidos, processá-los com eficiência e entregar as mercadorias para os clientes o mais rapidamente possível.

Por exemplo, a Home Depot opera 19 gigantescos Centros de Manuseio Rápido (CMRs). São centrais de distribuição enormes, extremamente automatizadas, que atendem a praticamente todas as necessidades diárias das 2.250 lojas da empresa nos Estados Unidos. O CMR de Westfield, Massachusetts, ocupa cerca de 60 mil metros quadrados (o equivalente a 13 campos de futebol americano) e atende às 115 lojas Home Depot espalhadas por New England. Nada é armazenado nos CMRs. Em vez disso, os produtos "passam" pelas centrais, onde são recebidos dos fornecedores, processados e eficazmente distribuídos para cada uma das lojas da Home Depot. O manuseio nos CMRs leva, no máximo, 72 horas — tempo de os produtos chegarem às centrais e serem entregues nas lojas, e 80% das mercadorias vão direto para a área de vendas. Com essa entrega rápida e precisa, as lojas da Home Depot conseguem melhorar a disponibilidade de mercadorias para os clientes, ao mesmo tempo em que mantêm menos itens em estoque e reduzem os custos de armazenagem.[19]

▲ Centrais de distribuição de alta tecnologia: a Staples emprega uma superequipe — de um laranja vivo — para manter seus depósitos a todo vapor.
Brent Humphreys/Redux Pictures

Como quase tudo nos dias de hoje, a armazenagem passou por drásticas mudanças tecnológicas nos últimos anos. Os antigos métodos de manuseio de materiais estão substituídos por sistemas modernos, controlados por computador, que requerem poucos funcionários. Computadores e escâneres leem os pedidos e direcionam as empilhadeiras, as esteiras rolantes ou os robôs para retirarem os produtos, transportá-los até as áreas de carga e emitirem as faturas. Por exemplo, a Staples, varejista de suprimentos de escritório, emprega equipes de robôs, de um laranja vivo, para trabalhar em seus depósitos espalhados pelos Estados Unidos. Os robôs trabalham, incansavelmente, 16 horas por dia, sete dias por semana, carregando prateleiras de canetas, clipes, blocos de papel e outros itens para as estações de embalagem, onde seres humanos montam e embalam os pedidos dos clientes. Os robôs supereficientes, que nunca reclamaram do excesso de trabalho ou pediram aumento, quase não têm custo de manutenção. "Quando a bateria está baixa, eles vão até os terminais de carregamento", assinala um observador. "Ou, como o pessoal do depósito diz, 'eles vão tomar uma água'." Na imensa central de distribuição da Staples em Chambersburg, na Pensilvânia, cerca de 150 robôs ajudaram a melhorar em 60% a expedição média diária.[20]

Gerenciamento de estoque

O gerenciamento de estoque também afeta a satisfação do cliente. Aqui, os gerentes devem manter um delicado equilíbrio entre ter um estoque excessivo e um estoque insuficiente. Ao manter estoque insuficiente, a empresa corre o risco de não ter os produtos quando os clientes quiserem comprá-los. Para remediar isso, a organização pode precisar de dispendiosa produção ou expedição de emergência. O excesso de estoque resulta em custos de manutenção mais elevados do que seria necessário e em obsolescência. Assim, ao gerenciar o estoque, a empresa deve equilibrar os custos de manter estoques maiores com as vendas e os lucros resultantes.

Muitas empresas reduziram bastante seus estoques e custos correlacionados por meio de sistemas de logística just-in-time. Com esses sistemas, fabricantes e varejistas mantêm apenas pequenos estoques de mercadorias ou peças, que costumam ser suficientes para suprir somente alguns dias de operação. Novas provisões chegam exatamente quando necessário, em vez de ficarem em estoque até serem utilizadas. Os sistemas just-in-time exigem previsões precisas, assim como entrega rápida, frequente e flexível, de modo que novos suprimentos estejam disponíveis quando necessário. Entretanto, esses sistemas resultam em economias substanciais nos custos de manutenção e manuseio do estoque.

As empresas estão sempre buscando novas maneiras de aumentar a eficiência do gerenciamento de estoque. Em um futuro não muito distante, o manuseio do estoque pode, inclusive, se tornar completamente automatizado. Por exemplo, no Capítulo 3, falamos sobre a tecnologia de transmissores de identificação por radiofrequência (RFID), também chamada de "etiquetagem inteligente", por meio da qual pequenos chips transmissores são incorporados aos produtos ou colocados nas embalagens de vários itens, desde flores e aparelhos de barbear até pneus. Os produtos "inteligentes" podem tornar toda a cadeia de suprimento — que é responsável por quase 75% do custo de um produto — inteligente e automatizada.

As empresas que utilizam o RFID sabem, a qualquer momento, com exatidão, onde um produto está fisicamente localizado na cadeia de suprimento. "Prateleiras inteligentes" poderiam não apenas informar o momento de reabastecimento, mas fazer o pedido automaticamente para os fornecedores. Essas novas e empolgantes tecnologias da informação estão revolucionando a distribuição que conhecemos hoje. Muitas empresas grandes e com bastante recursos, como o Walmart, a P&G, a Kraft, IBM e a HP, estão investindo pesado para tornar o uso completo da tecnologia RFID uma realidade.[21]

Transporte

A escolha dos transportadores afeta o preço dos produtos, a eficiência da entrega e a condição em que as mercadorias chegam a seu destino — e tudo isso afetará a satisfação do cliente. Ao despachar produtos para seus depósitos, revendedores e clientes, a empresa pode escolher entre cinco principais meios de transporte: rodoviário, ferroviário, marítimo ou fluvial, por dutos (tubulações) e aéreo, além do meio alternativo para produtos digitais: a Internet.

Nos Estados Unidos, os *caminhões* vêm aumentando regularmente sua participação no transporte de mercadorias e atualmente respondem por 40% do total de toneladas-quilômetro do país. A cada ano, os caminhões percorrem mais de 630 bilhões de quilômetros dentro dos Estados Unidos — uma distância mais do que duplicada nos últimos 25 anos —, transportando 9,2 bilhões de toneladas de carga. De acordo com a American Trucking Association (Associação Norte-Americana de Transporte por Caminhão), mais de 80% das comunidades norte-americanas dependem exclusivamente de caminhões para obter seus produtos e commodities. Os caminhões são altamente flexíveis em termos de opções de rota e programações de horários e, em geral, oferecem um serviço mais rápido do que o das ferrovias. Eles são eficazes para o transporte de mercadorias de alto valor por curtas distâncias. Nos últimos anos, as transportadoras que trabalham com caminhões evoluíram e se tornaram provedoras de serviços de transporte mundial completos. Por exemplo, atualmente,

▼ Transporte por caminhão: mais de 80% das comunidades norte-americanas dependem exclusivamente do setor de caminhões para obter seus produtos. "Coisas boas. Os caminhões as trazem."
American Trucking Association

grandes transportadoras oferecem rastreamento por satélite, gerenciamento da expedição baseado na Internet e software de planejamento logístico para operações transnacionais.[22]

Nos Estados Unidos, as *ferrovias* são responsáveis por 40% do total de toneladas-quilômetro transportadas. Trata-se de um dos meios de transporte mais eficientes em termos de custo para o deslocamento de grandes quantidades de produtos a granel — carvão, areia, minérios, produtos agrícolas e florestais — por longas distâncias. Nos últimos anos, as ferrovias intensificaram a prestação de serviços ao cliente, desenvolvendo novos equipamentos para manipular categorias especiais de produtos, providenciando vagões abertos que transportam caminhões com carretas pela ferrovia (*piggyback*) e fornecendo serviços em trânsito, como o redirecionamento para outros destinos de produtos já embarcados e o processamento de produtos durante a viagem.

O *transporte marítimo ou fluvial*, que é responsável por menos de 5% das toneladas-quilômetro dos Estados Unidos, movimenta grandes quantidades de produtos por navio e barcas, pelas vias fluviais internas e marítimas (navegação costeira) do país. Embora o custo desse tipo de transporte seja muito baixo quando se trata do transporte de produtos não perecíveis, volumosos e de baixo valor, como areia, carvão, grãos, petróleo e minérios, é o meio mais lento e pode ser afetado pelas condições climáticas. Os *dutos* (ou *tubulações*), que são responsáveis por menos de 1% das toneladas-quilômetro transportadas nos Estados Unidos, são um meio especializado de transporte de petróleo, gás natural e produtos químicos da fonte para os mercados. A maioria das redes de dutos é utilizada por proprietários para transportar seus próprios produtos.

Embora o transporte *aéreo* seja responsável por menos de 1% das toneladas transportadas nos Estados Unidos, é um importante meio de deslocamento de mercadorias. Os fretes aéreos são muito mais caros do que os ferroviários ou rodoviários, mas são ideais quando a rapidez é essencial ou os mercados de destino são distantes. Entre os produtos transportados com mais frequência por via aérea estão os perecíveis (como peixe fresco e flores recém-colhidas) e os artigos de alto valor e pequeno volume (como instrumentos técnicos e joias). As empresas percebem que o frete aéreo também reduz os níveis de estoque, os custos de embalagem e o número de depósitos necessários.

A *Internet* transporta produtos digitais do produtor ao cliente via satélite, cabo, conexão telefônica ou sinal sem fio. Empresas que trabalham com software, mídia, música, vídeo e educação utilizam a Internet para transportar produtos digitais. A Internet tem o potencial de reduzir os custos de distribuição dos produtos. Enquanto aviões, caminhões e trens transportam cargas e pacotes, a tecnologia digital movimenta bits de informação.

As empresas também usam o **transporte intermodal** — combinação de dois ou mais meios de transporte. Nos Estados Unidos, 12% das toneladas-quilômetro são transportadas por diversos meios. O *piggyback* é o uso de caminhões e transporte ferroviário; o *fishyback* é a utilização de caminhões e transporte por via fluvial ou marítima; o *trainship* remete ao emprego de transporte por via fluvial ou marítima e por ferrovia; o *airtruck* tem a ver com o transporte por via aérea e caminhões. A combinação dos meios de transporte apresenta vantagens que nenhum dos meios pode oferecer sozinho. E cada tipo de combinação oferece um tipo de benefício para a empresa despacha a carga. Por exemplo, o *piggyback* não apenas é mais barato do que o transporte somente por caminhão, como também oferece flexibilidade e praticidade.

Transporte intermodal
Combinação de dois ou mais meios de transporte.

Ao escolher o meio de transporte para um produto, as empresas devem levar em conta muitos aspectos: velocidade, confiabilidade, disponibilidade, capacidade e custo, entre outros. Assim, se uma empresa precisa de velocidade, o meio aéreo e o rodoviário são as melhores opções. Se o objetivo é o baixo custo, então as melhores alternativas podem ser o transporte marítimo ou fluvial e o ferroviário.

Gerenciamento de informações logísticas

As empresas gerenciam suas cadeias de suprimento por meio da informação. Os parceiros de canal costumam se unir para compartilhar informações e tomar melhores decisões logísticas em conjunto. Para a logística, fluxos de informações — como transações do cliente, faturamento, níveis de carregamento e estoque e até dados dos clientes — estão intimamente relacionados ao desempenho do canal. As empresas precisam de processos simples, acessíveis, rápidos e precisos para coletar, processar e compartilhar informações do canal.

As informações podem ser compartilhadas e gerenciadas de muitas maneiras, mas a maior parte delas é distribuída por *troca eletrônica de dados* (*electronic data interchange* — *EDI*), a troca digital de dados entre as organizações, a qual se dá principalmente por meio da Internet. O Walmart, por exemplo, exige conexões de EDI com seus mais de cem mil fornecedores, por meio de seu sistema Retail Link de dados de vendas. Quando novos fornecedores não têm capacidade de EDI, o Walmart trabalha com eles para encontrar e implantar as ferramentas necessárias.[23]

Em alguns casos, pode ser pedido aos fornecedores que emitam os pedidos e providenciem as entregas para seus clientes. Muitos grandes varejistas, como o Walmart e a Home Depot, trabalham próximas aos fornecedores importantes, como a P&G e a Moen, para montar sistemas de *estoque gerenciado pelo fornecedor (vendor-managed inventory — VMI)* ou de *reposição contínua de estoque*. Com a utilização do VMI, o cliente compartilha com o fornecedor dados em tempo real sobre as vendas e os níveis atuais de estoque. Com isso, o fornecedor assume total responsabilidade pelo gerenciamento dos estoques e das entregas. Alguns varejistas vão mais longe, delegando os custos de estoque e entrega para o fornecedor. Sistemas como esses exigem um grande nível de cooperação entre a empresa compradora e a vendedora.

Gerenciamento da logística integrada

Gerenciamento da logística integrada
O conceito logístico que destaca o trabalho em equipe — tanto dentro da empresa como entre todas as organizações que fazem parte do canal de marketing —, a fim de maximizar o desempenho do sistema de distribuição com um todo.

Hoje em dia, um número cada vez maior de empresas adota o conceito de **gerenciamento da logística integrada**. Esse conceito reconhece que, para conquistar o melhor atendimento ao cliente e a redução dos custos de distribuição, é necessário *trabalho em equipe*, tanto dentro da empresa como entre todas as organizações que fazem parte do canal de marketing. Dentro da empresa, os diversos departamentos devem trabalhar em conjunto para maximizar o desempenho logístico da própria organização. Fora, a empresa deve integrar seu sistema logístico com o de seus fornecedores e clientes, a fim de maximizar o desempenho da rede de distribuição como um todo.

Trabalho em equipe interdepartamental dentro da empresa

Na maioria das empresas, a responsabilidade pelas diversas atividades de logística é dividida entre muitos departamentos — o de marketing, vendas, financeiro, operações e compras. Com muita frequência, cada uma das funções tenta otimizar seu próprio desempenho logístico, sem levar em conta as atividades das outras funções. No entanto, as atividades de transporte, estocagem, armazenagem e gerenciamento de informações interagem, muitas vezes de maneira inversa. Níveis mais baixos de estoque reduzem seus custos de manutenção, mas também podem diminuir o atendimento ao cliente e aumentar os custos relacionados a falta de estoque, pedidos não atendidos, produção não programada e expedições urgentes e dispendiosas. Como as atividades de distribuição envolvem grandes trocas, as decisões tomadas pelas diversas funções precisam ser coordenadas, para que se alcance um melhor desempenho logístico geral.

O objetivo do gerenciamento da cadeia de suprimento integrada é harmonizar todas as decisões referentes à logística da empresa. As próximas relações de trabalho entre os departamentos podem ser alcançadas de diversas maneiras. Algumas empresas criam comitês permanentes de logística, formados pelos gerentes responsáveis pelas diferentes atividades da distribuição física. As empresas também podem criar um cargo de gerente da cadeia de suprimento, que faça a ligação entre as atividades logísticas das áreas funcionais. Por exemplo, a P&G criou alguns cargos de gerente de suprimento. São pessoas que administram todas as atividades da cadeia de suprimento de cada uma das categorias de produtos. Muitas empresas têm um diretor de logística, com autoridade interdepartamental.

Para completar, a empresas podem utilizar sofisticados e abrangentes softwares de gerenciamento da cadeia de suprimento, oferecidos por uma ampla variedade de empresas, de grande e pequeno porte, como a SAP, a Oracle, a Infor e a Logility. O importante é que a empresa coordene suas atividades de logística e marketing para criar alto nível de satisfação no mercado a um custo razoável.

▼ Gerenciamento da logística integrada: atualmente, muitas empresas utilizam sofisticados e abrangentes softwares de gerenciamento da cadeia de suprimento, oferecidos por empresas como a Logility.
Logility, Inc.

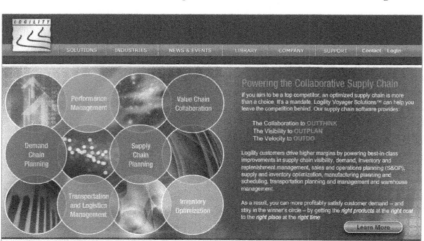

Formação de parcerias logísticas

As empresas devem fazer mais do que aprimorar sua própria logística. Elas devem também trabalhar com os outros membros do canal para aperfeiçoar a distribuição do canal como um todo. Os membros de um canal de marketing estão intimamente ligados na criação de valor para o cliente e no desenvolvimento de relacionamento com ele. O sistema de distribuição de uma empresa é o sistema de suprimento de outra. O sucesso de cada membro do canal depende do desempenho de toda a cadeia de suprimento. Por exemplo, a IKEA só conseguirá criar seus móveis estilosos, mas com preços acessíveis,

Capítulo 12 | Canais de marketing **399**

e entregar o "estilo de vida IKEA" se toda a sua cadeia de suprimento — que consiste em milhares de designers e fornecedores de mercadorias, transportadoras, depósitos e prestadores de serviços — funcionar efetivamente voltada para o cliente e com a máxima eficiência.

As empresas inteligentes coordenam suas estratégias de logística e constroem sólidas parcerias com fornecedores e clientes, a fim de melhorar o atendimento ao cliente e reduzir os custos do canal. Muitas empresas criaram *equipes interdepartamentais e interempresariais*. Por exemplo, a unidade Purina da Nestlé, que vende ração para animais de estimação, possui uma equipe de uma dúzia de pessoas que trabalham em Bentonville, Arkansas, onde fica a sede do Walmart. Os membros da equipe da Purina trabalham em conjunto com seus pares no Walmart, a fim de encontrar maneiras de diminuir os custos do sistema de distribuição. O trabalho em parceria beneficia não apenas a Purina e o Walmart, mas também os consumidores finais, que as empresas compartilham.

Outras empresas formam parcerias para *projetos compartilhados*. Por exemplo, muitos grandes varejistas trabalham em conjunto com seus fornecedores em programas dentro das lojas. A Home Depot permite que seus principais fornecedores usem suas lojas como campo de teste para novos programas de comercialização. Os fornecedores passam um tempo nas lojas da Home Depot observando como seus produtos são vendidos e como os clientes se relacionam com esses produtos. Em seguida, eles criam programas especialmente desenvolvidos para a Home Depot e os clientes dela. Evidentemente, tanto o fornecedor como o cliente se beneficiam de parcerias como essa. A ideia é que todos os membros da cadeia de suprimento trabalhem em conjunto com o intuito de entregar valor aos consumidores finais.

Logística terceirizada

Embora a maioria das grandes empresas adore produzir e vender seus produtos, muitas delas detestam o "trabalho pesado" envolvido na logística. Elas odeiam agrupar, carregar, descarregar, classificar, armazenar, recarregar, transportar, liberar os produtos na alfândega e fazer o acompanhamento necessário para abastecer suas fábricas e garantir que os produtos cheguem aos clientes. Elas detestam tanto essas atividades que um número cada vez maior de empresas está terceirizando parte ou a totalidade de sua logística para **operadores logísticos terceirizados**, como a Ryder, a Penske Logistics, a BAX Global, a DHL Logistics, a FedEx Logistics e a UPS Business Solutions. Operadores logísticos terceirizados podem ajudar as empresas a aprimorar seus sistemas logísticos ou, até mesmo, assumir e gerenciar parte ou a totalidade de suas operações de logística (veja o Marketing Real 12.2). Eis um exemplo:[24]

> A Stonyfield, a maior fabricante de iogurtes do mundo, tinha um problema de distribuição. À medida que a empresa crescia, ineficiências penetravam em seu sistema de distribuição. Para ajudar a consertar o problema, a Stonyfield contratou uma operadora logística terceirizada, a Ryder Supply Chain Solutions. Juntas, a Ryder e a Stonyfield criaram um novo sistema de transporte que, além de reduzir os custos de processamento e distribuição, melhorou os níveis de serviços, ao mesmo tempo em que diminuiu drasticamente a pegada ecológica da empresa. Após avaliar a rede da Stonyfield, a Ryder identificou as melhores soluções de transporte possíveis, incluindo o uso de veículos RydeGreen, eficientes em termos de combustível. Ela ajudou a Stonyfield a montar uma pequena frota de caminhões para fazer entregas regionais em New England. Além disso, substituiu a rede de distribuição nacional da Stonyfield, que trabalhava com caminhões não totalmente carregados, por um sistema regional, com várias paradas e caminhões cheios. Como resultado, hoje, a Stonyfield transporta mais produtos em menos caminhões, diminuindo pela metade o número de quilômetros rodados. No final, as mudanças geraram uma redução de 40% nas emissões de dióxido de carbono da empresa relacionadas a transporte, bem como diminuíram em 13% os custos da Stonyfield com transporte.

A Ryder, a UPS e outras operadoras logísticas terceirizadas ajudam os clientes a enxugar cadeias de suprimento morosas e inchadas, reduzir estoques e fazer com que os produtos cheguem aos clientes de maneira mais rápida e confiável. De acordo com uma pesquisa realizada com os executivos da área de logística das empresas que constam na relação *Fortune 500*, 82% dessas organizações utilizam serviços logísticos terceirizados (também chamados de *logística por contrato*). No total, as empresas da América do Norte gastam 47% de seu orçamento de logística com serviços logísticos terceirizados.[25]

As organizações usam operadores logísticos terceirizados por diversas razões. Em primeiro lugar, como o principal objetivo é levar o produto ao mercado, a utilização desses operadores faz mais do que sentido, uma vez que, geralmente, eles conseguem fazer isso de maneira mais eficiente e a um custo mais baixo. A terceirização normalmente resulta em economia de custos de 15 a 30%. Em segundo lugar, a terceirização da logística deixa a empresa mais livre para se concentrar em seu negócio central. Por fim, as empresas de logística integrada entendem os ambientes logísticos, que estão ficando cada vez mais complexos.

Operador logístico terceirizado
Um provedor de serviços de logística independente que conduz parte ou a totalidade das atividades necessárias para levar o produto de um cliente ao mercado.

Marketing Real 12.2

UPS: "Nós amamos logística" — coloque a UPS para trabalhar para você e passe a amar logística também

Mencione a palavra UPS para um norte-americano. A maioria deles vai suscitar a imagem de um conhecido caminhão marrom, com um motorista gentil, rondando o bairro para entregar encomendas. Para a maior parte dos norte-americanos, ver um caminhão marrom da UPS traz lembranças de encomendas entregues no passado. Entretanto, a maioria das receitas da UPS não vem de clientes residenciais que recebem suas encomendas, mas sim de clientes organizacionais que as enviam. E, para esses clientes organizacionais, a UPS faz mais do que entregar o presente da vovó dentro do prazo.

Para a maioria das empresas, a entrega de encomendas físicas é apenas parte de um processo logístico muito mais complexo, que envolve pedidos de compra, estoques, checagem do status do pedido, faturas, pagamentos, devolução de mercadorias, frotas de veículos de entrega e até mesmo acordos transnacionais. As empresas necessitam de informações precisas sobre as encomendas que estão entrando e saindo — o que são, onde estão no momento, para quem estão sendo enviadas, quando chegarão e quanto custará. A UPS sabe que, para muitas empresas, a logística pode ser um verdadeiro pesadelo.

É aí que a UPS pode ajudar. Logística é exatamente o que a UPS sabe fazer. Ao longo dos anos, a UPS cresceu e se tornou muito mais do que um serviço de entregas de encomendas em bairros. Hoje ela é uma corporação gigante, de 65 bilhões de dólares, que oferece uma ampla variedade de soluções logísticas globais. Enquanto muitos clientes detestam lidar com o processo logístico, a UPS declara: "Nós amamos logística". Para a UPS, a nova logística é, hoje em dia, a mais poderosa força de criação de vantagem competitiva, contribuindo intensamente para melhorar as práticas empresariais. De acordo com a UPS: "Ela faz os seus negócios operarem com mais facilidade. Ela permite a você atender melhor a seus clientes. E ela pode ajudá-lo a crescer. Trata-se de uma maneira totalmente nova de pensar. Essa é a nova logística".

Em qualquer parte do mundo, se algo tem a ver com logística, a UPS provavelmente pode fazê-lo melhor do que qualquer outra empresa. A UPS oferece aos clientes eficientes serviços de distribuição multimodais para encomendas, correspondências e cargas. Ela também pode ajudar os clientes a aprimorar o abastecimento; manter os níveis de estoque mais baixos, gerenciar pedidos e atendê-los, armazenar produtos, montar ou até mesmo customizar produtos, e administrar serviços pós-vendas de reparos dentro da garantia e devoluções. E, com 36% de suas receitas vindas hoje de fora dos Estados Unidos, a UPS oferece a mais ampla rede mundial para trabalhar com a logística em um ambiente cada vez mais global.

A UPS possui recursos para lidar com as necessidades de logística de empresas de praticamente todos os tamanhos. Ela emprega cerca de 400 mil pessoas, possui quase 100 mil veículos de entrega, opera a nona maior companhia aérea do mundo e mantém 1.860 instalações em mais de 220 países. No ano passado, a UPS entregou 4 *bilhões* de encomendas no mundo todo. A gigante da distribuição é também o maior despachante aduaneiro do mundo. Com cerca de 882 voos internacionais por dia, que partem ou chegam de 323 destinos internacionais, a UPS também pode ajudar as empresas a abrir caminho pelas complexidades das remessas internacionais.

Em um certo nível, a UPS pode simplesmente lidar com o despacho de encomendas de uma empresa. Em um nível mais profundo, no entanto, pode aconselhar as organizações, dizendo o que devem fazer para aprimorar suas operações logísticas como um todo. Ela também pode ajudar os clientes a redesenhar seus sistemas logísticos, a fim de sincronizar melhor o fluxo de produtos, recursos financeiros e informações nos níveis acima e abaixo de toda a cadeia de suprimento. Em um nível ainda mais profundo, as empresas podem deixar nas mãos da UPS o controle e o gerenciamento de parte ou da totalidade de suas operações logísticas.

Por exemplo, a Zappos.com se apoia na UPS para ajudá-la a operar seu processo de devolução eficiente, orientado para o cliente. As devoluções são o segredo da estratégia de satisfação dos clientes da Zappos, e uma logística fora de série é a chave

▲ Enquanto muitos clientes detestam lidar com o processo logístico, a UPS declara: "Nós amamos logística". "Ela faz os seus negócios operarem com mais facilidade. Ela ajuda você a criar melhores experiências para os clientes. Trata-se de uma maneira totalmente nova de pensar."
Jarrod Weaton/Weaton Digital, Inc.

Capítulo 12 | Canais de marketing **401**

para o processo de devolução funcionar tranquilamente. Os clientes podem pedir vários estilos e tamanhos diferentes para a Zappos, experimentá-los e, então, devolver aqueles com os quais não querem ficar. Na verdade, a empresa estimula isso. Desde o início, a Zappos tem uma parceria com a UPS na logística. Sua central de distribuição fica a poucos minutos do Worldport, o hub aéreo da UPS em Louisville, Kentucky. A UPS entrega todas as encomendas da Zappos. E, para devolver os itens com os quais não querem ficar, tudo que os clientes têm de fazer é colocar os produtos de volta na caixa e pedir uma van; o resto fica por conta da UPS. Esse processo de devolução tranquilo operado pela UPS é uma das razões pelas quais 75% dos compradores da Zappos são clientes repetidos. Além disso, utilizando as ferramentas de rastreamento e expedição da UPS, a Zappos consegue monitorar as devoluções que estão chegando e produtos que estão vindo dos fornecedores, planejando e abastecendo, com rapidez e eficiência, o estoque para revenda.

A Toshiba, fabricante de eletrônicos de consumo, deixa a cargo da UPS todo seu processo de reparo de notebooks, de cabo a rabo:

> O talento logístico da UPS foi a resposta para um dos maiores desafios da Toshiba: diminuir o tempo de reparo dos notebooks. Antes, a Toshiba usava os serviços da UPS apenas para enviar seus PCs da fábrica para os clientes. Mas, quando as duas empresas trabalharam em conjunto para analisar a cadeia de suprimento como um todo, incluindo o gerenciamento de peças e o processo de reparo dos PCs, elas desenvolveram uma relação logística muito mais ampla. Hoje em dia, os clientes enviam os notebooks que

precisam de reparo para uma instalação especial da UPS, próxima ao Worldport, o hub aéreo da empresa em Louisville. Lá, funcionários da UPS recebem as unidades, fazem um diagnóstico para avaliar os reparos necessários, pegam as peças de que precisam, concluem o serviço rapidamente e devolvem os notebooks para seus donos. Hoje, a UPS consegue consertar e despachar um notebook em apenas um dia, diminuindo todo o processo de reparo que antes levava de duas a três semanas para quatro dias ou menos. Juntas, a UPS e a Toshiba melhoraram muito a experiência do cliente no que diz respeito a reparos.

Assim, a UPS faz muito mais do simplesmente entregar encomendas. Ela oferece uma grande variedade de serviços logísticos, que podem ajudar as empresas a aprimorar suas estratégias de logística, reduzir custos e atender melhor aos clientes. Desse modo, mais do que oferecer apenas serviços de entrega, a UPS se torna uma parceira estratégica na logística. "Uma das coisas que aprendemos com a UPS é sua prontidão em ser uma parceira", diz Simon, CEO da Toshiba America. "Nós, de fato, entendemos a experiência total que estamos tentamos criar para os clientes."

De acordo com um gerente de operações da UPS: "Nós queremos entender toda a cadeia de suprimento de nossos clientes. Quando existem problemas e revolvemos esses problemas — e os resolvemos rápido, para que seja possível manter um alto índice de satisfação do cliente —, isso é logística". Permitir que a UPS ajude com a logística possibilita às empresas se concentrarem naquilo que fazem melhor. E ela ajuda a eliminar os pesadelos do processo logístico. Como assinala um anúncio da UPS: "Nós amamos logística. Coloque a UPS para trabalhar para você e passe a amar logística também".

Fontes: citações, exemplos e outras informações extraídas de "How to level a playing field: why even the smallest companies should embrace logistics", informe publicitário, *Inc.*, jun. 2011, p. 94; Brian Shactman, "How UPS, FedEx grow by tapping 'adjacent business'", *USA Today*, 5 fev. 2012; <http://thenewlogistics.ups.com/swf#/stories?page_1>. Acesso em: out. 2012; <www.thenewlogistics.com> e <www.ups.com/content/us/en/about/facts/worldwide.html>. Acesso em: nov. 2012.

Revisão dos conceitos

Revisão dos **objetivos** e **termos-chave**

◖ Revisão dos objetivos

Algumas empresas dão pouca atenção a seus canais de distribuição. Outras, no entanto, usam sistemas de distribuição criativos para obter vantagem competitiva. As decisões de canal de uma empresa afetam, diretamente, todas as decisões de marketing. A gerência deve tomar as decisões de canal com cuidado, considerando as necessidades de hoje e o provável ambiente de vendas de amanhã.

Objetivo 1 ▶ Explicar por que as empresas utilizam canais de marketing e discutir as funções que esses canais desempenham (p. 374-378)

Para criar valor ao cliente, a empresa não pode agir sozinha. Ela precisa atuar em uma rede completa de parceiros — uma

cadeia de valor — para realizar essa tarefa. Empresas e marcas sozinhas não competem; quem faz isso é a cadeia de valor delas.

A maioria dos fabricantes utiliza intermediários para levar seus produtos ao mercado. Eles montam um *canal de marketing* (ou *canal de distribuição*) — um conjunto de organizações interdependentes envolvidas no processo de disponibilizar um produto ou serviço para uso ou consumo por parte do consumidor ou usuário organizacional. Por meio de seus contatos, experiência, especialização e escala operacional, os intermediários geralmente oferecem à empresa mais do que ela conseguiria por conta própria.

402 Parte 3 | Elaboração de uma estratégia e de um mix voltados para o cliente

Os canais de marketing realizam muitas funções importantes. Alguns ajudam a *efetuar transações*, ao coletar e distribuir *informações* necessárias para o planejamento e para auxiliar a realizar as trocas; ao desenvolver e divulgar *comunicações* persuasivas sobre uma oferta; ao efetuar o trabalho de *contato* (descobrir clientes potenciais e comunicar-se com eles); ao realizar *ajustes* (moldar e adaptar a oferta às necessidades do comprador) e ao entrar em *negociações* para chegar a um acordo sobre o preço e outras condições, para que a propriedade possa ser transferida. Outras funções ajudam a *cumprir* transações já efetuadas, oferecendo *distribuição física* (transporte e armazenamento dos produtos), realizando *financiamento* (aquisição e utilização de fundos para cobrir os custos do trabalho do canal) e assumindo *riscos* (ficando com os riscos de realizar o trabalho do canal).

Objetivo 2 ▶ Discutir como os membros do canal interagem e como se organizam para realizar o trabalho do canal (p. 378-384)

O canal é mais eficaz quando cada um de seus membros assume as tarefas que podem realizar melhor. Como o sucesso de cada membro do canal depende do sucesso do canal como um todo, o ideal seria que todas as empresas trabalhassem em conjunto de maneira harmoniosa. Elas deveriam compreender e aceitar seus respectivos papéis, coordenar suas metas e atividades e cooperar para a obtenção das metas gerais do canal. Por meio da cooperação, elas podem perceber, atender e satisfazer o mercado-alvo com mais eficiência.

Em uma empresa de grande porte, a estrutura organizacional formal determina papéis e estabelece a liderança necessária. Mas, em um canal de distribuição constituído por empresas independentes, não há um estabelecimento formal de liderança e poder. Tradicionalmente, falta aos canais de distribuição a liderança necessária para determinar papéis e administrar conflitos. No entanto, nos últimos anos, têm surgido novos tipos de organizações de canal, que levam a uma liderança mais forte e a um desempenho aprimorado.

Objetivo 3 ▶ Identificar as principais alternativas de canal disponíveis para uma empresa (p. 384-389)

As alternativas de canal variam da venda direta à utilização de um, dois, três ou mais *níveis de canal* intermediários. Os canais de marketing enfrentam mudanças contínuas e, muitas vezes, drásticas. Três das tendências mais importantes são: o crescimento dos sistemas *verticais*, *horizontais* e *multicanais* de marketing. Essas tendências afetam a cooperação, o conflito e a concorrência de canal.

O *projeto do canal* se inicia com a avaliação das necessidades de atendimento ao cliente do canal e com os objetivos e limitações do canal da empresa. Em seguida, a empresa identifica as principais alternativas de canal em termos de *tipos* de intermediários, *número* de intermediários e *responsabilidades de canal* de cada um. Todas as alternativas de canal devem ser avaliadas de acordo com critérios econômicos, de controle e de adaptação. O *gerenciamento do canal* requer a seleção e a motivação de intermediários qualificados. Cada um dos membros do canal deve ser avaliado regularmente.

Objetivo 4 ▶ Explicar com as empresas selecionam, motivam e avaliam os membros do canal (p. 389-392)

A capacidade dos fabricantes de atrair intermediários de marketing qualificados varia. Alguns não encontram nenhuma dificuldade para recrutar membros para o canal. Outros precisam se esforçar muito para recrutar um número suficiente de intermediários qualificados. Ao selecionar os intermediários, a empresa deve avaliar as qualificações de todos os possíveis membros do canal e escolher os mais adequados a seus objetivos de canal.

Uma vez selecionados, os membros do canal precisam ser continuamente motivados a dar o melhor de si. A empresa deve vender não só *por meio* dos intermediários, mas também *com* eles. Ela deve desenvolver sólidas parcerias com os membros do canal, a fim de criar um sistema de marketing que atenda às suas necessidades *e* as de seus parceiros.

Objetivo 5 ▶ Discutir a natureza e a importância da logística de marketing e do gerenciamento da cadeia de suprimento integrada (392-401)

A *logística de marketing* (ou *distribuição física*) é uma área com grande potencial de redução de custos e aumento da satisfação do cliente. Ela trata não apenas da *logística dirigida para fora* da fábrica, mas também da logística *dirigida para dentro* e da *logística reversa*. Ou seja, ela envolve o *gerenciamento da cadeia de suprimento* como um todo — o gerenciamento dos fluxos de valor agregado entre os fornecedores, a empresa, os revendedores e os usuários finais. Nenhum sistema de logística pode maximizar o atendimento ao cliente e, ao mesmo tempo, diminuir o custo de distribuição. Em vez disso, a meta do gerenciamento logístico é oferecer um nível de serviço *desejado* ao menor custo possível. As principais funções da logística são: *armazenagem*, *gerenciamento do estoque*, *transporte* e *gerenciamento das informações logísticas*.

O conceito de *gerenciamento da cadeia de suprimento integrada* reconhece que o aprimoramento da logística requer trabalho em equipe, sob a forma de estreitas relações de trabalho entre as áreas funcionais de dentro da empresa e entre as diversas organizações da cadeia de suprimento. As empresas podem conquistar harmonia em termos de logística entre as áreas funcionais criando equipes interdepartamentais de logística, cargos de gerente de suprimento integrados e posições executivas de logística de nível sênior, com autoridade nos diversos departamentos. As parcerias de canal podem assumir a forma de equipes interempresariais, projetos compartilhados e sistemas de compartilhamento de informações.

Hoje em dia, algumas empresas estão repassando suas funções logísticas para operadores logísticos terceirizados, com o intuito de reduzir custos, aumentar a eficiência e obter acesso mais rápido e efetivo a mercados globais.

Capítulo 12 | Canais de marketing **403**

Termos-chave

Objetivo 1

Cadeia de valor (p. 375)
Canal de marketing (ou canal de distribuição) (p. 375)
Canal de marketing direto (p. 377)
Canal de marketing indireto (p. 377)
Nível de canal (p. 377)

Objetivo 2

Canal de distribuição convencional (p. 380)
Conflito de canal (p. 379)
Desintermediação (p. 383)
Organização de franquia (p. 381)

Sistema horizontal de marketing (p. 382)
Sistema multicanal de distribuição (p. 382)
Sistema vertical de marketing (SVM) (p. 380)
SVM administrado (p. 381)
SVM contratual (p. 381)
SVM corporativo (p. 380)

Objetivo 3

Distribuição exclusiva (p. 386)
Distribuição intensiva (p. 386)
Distribuição seletiva (p. 387)
Projeto do canal de marketing (p. 385)

Objetivo 4

Gerenciamento do canal de marketing (p. 389)

Objetivo 5

Central de distribuição (p. 395)
Gerenciamento da cadeia de suprimento (p. 393)
Gerenciamento da logística integrada (p. 398)
Logística de marketing (distribuição física) (p. 393)
Operador logístico terceirizado (p. 399)
Transporte intermodal (p. 397)

Discussão e **pensamento crítico**

Questões para discussão

1. Descreva as principais funções realizadas pelos membros do canal de marketing.
2. Descreva o sistema multicanal de distribuição e apresente as vantagens e desvantagens em utilizá-lo.
3. Compare as distribuições intensiva, seletiva e exclusiva. Que decisão de projeto de canal isso envolve?
4. Analise as complexidades com as quais as empresas se deparam ao projetar canais em outros países.

5. Explique como as informações são gerenciadas em um canal de distribuição. Que tipos de informações são gerenciados?
6. Descreva o transporte intermodal, relacione as diferentes combinações usadas para distribuir os produtos e apresente os benefícios associados à utilização desse modo de transporte.

Atividades de pensamento crítico

1. Em um pequeno grupo, discuta se a Internet vai ou não resultar na desintermediação das seguintes lojas de varejo: (1) lojas de aluguel de filmes, (2) lojas de música, (3) supermercados, (4) livrarias e (5) lojas de roupa.
2. O tipo mais comum de sistema vertical de marketing é a organização de franquia. Visite o site da International Franchise Association (Associação Internacional de Franquia), em <www.franchise.org/>, e encontre uma franquia que lhe interesse. Identifique que tipo de franquia

ela representa e pesquise oportunidades de mercado para seus produtos ou serviços.

3. Acesse <www.youtube.com/watch?v=eob532iEpqk> e assista ao vídeo "O futuro do mercado". Qual impacto as etiquetas com transmissores de identificação por radiofrequência (RFIDs) vão gerar sobre cada uma das principais funções logísticas? Hoje, quais são os maiores obstáculos para a adoção dessa tecnologia?

Aplicações e **casos**

Foco na tecnologia   Omnichannels

No varejo, o segredo para satisfazer os clientes é ter os produtos que eles querem. Contudo, a Macy's costumava descobrir que, embora um determinado item estivesse esgotado em seu estoque on-line, ele tinha excesso de estoque em suas

404 Parte 3 | Elaboração de uma estratégia e de um mix voltados para o cliente

lojas físicas, o que levava a empresa a diminuir o preço do produto para acabar com o estoque. Isso não acontece mais. Atualmente, quase 300 das mais de 800 lojas da Macy's funcionam como uma combinação de depósito on-line e pontos de venda físicos. Essa medida tem como finalidade combater concorrentes como a Amazon.com, que tem uma grande rede de depósitos localizados perto de áreas populosas. Novas tecnologias atualizam rapidamente o status de todos os itens de cada loja. Assim, se um cliente on-line quiser um item e alguma loja da Macy's o tiver, a loja enviará o item para o consumidor. Compradores nas lojas também podem receber um item de uma outra loja, se o produto estiver fora de estoque na loja em que estiverem comprando. Itens que não estão vendendo bem nas lojas são transferidos para o site, onde podem ser vendidos pelo preço cheio, e não por um valor mais baixo. As lojas que integram os espaços físico e on-line são chamadas de "omnichannels". A Nordstrom e a Toy R Us usam onicanais há alguns anos e registram menos diminuição de preços, maiores margens e mais rápida rotatividade de estoque.

1. Quais são as desvantagens de tratar as lojas de varejo também como depósitos?

⊃ Foco na ética   Vídeo em câmera lenta

A tecnologia de distribuição de filmes e programas de televisão está mudando rápido. Os consumidores podem agora assistir a filmes e programas de TV sob demanda, na televisão, em computadores, em tablets e em smartphones. Isso levou ao aumento da demanda por serviços de fornecimento de vídeo digital, como os da Netflix e da Hulu. No entanto, está causando problemas para serviços de TV por assinatura, como os da Comcast Cable, que oferecem uma programação fixa e estão enfrentando uma concorrência cada vez maior dos serviços de fornecimento de vídeo digital. O interessante, contudo, é que, por ser um dos maiores provedores de acesso à Internet dos Estados Unidos, a Comcast é o canal de distribuição de concorrentes como a Netflix e a Hulu. O fato de a Comcast controlar o canal de distribuição de seus concorrentes gera alguns conflitos incômodos. A empresa investiu milhões no desenvolvimento de sua rede de programação fixa e não quer se tornar um mero duto, à medida que seus assinantes deixam de lado a TV a cabo em favor da programação sob demanda de um de seus concorrentes. E, como controla a Internet, ela pode causar problemas para seus competidores. Por exemplo, o Departamento de Justiça dos Estados Unidos está investigando se as empresas que oferecem serviços a cabo, como a Comcast, estão tentando conter a concorrência dos provedores de vídeos sob demanda, como a Netflix e a Hulu, limitando a quantidade de dados que seus assinantes de serviços de Internet podem baixar. A Comcast também conta com seu próprio aplicativo de fornecimento de vídeo on-line sob demanda, o Xfinity, por meio do qual os assinantes podem baixar a programação usando o console de videogame Xbox. O conteúdo em vídeo baixado por meio do Xfinity não conta como limites de dados da Comcast, como contam os vídeos baixados por outros serviços, como os da Netflix.

1. Que tipos de conflito de canal estão presentes nesse canal de distribuição? Justifique sua resposta.

⊃ Foco nos números   Expandindo a distribuição

A Lightco, Inc., fabrica lustres e luminárias, vendidos, principalmente, no leste dos Estados Unidos. A empresa quer se expandir para o meio-oeste e o sul do país e planeja contratar dez novos representantes de vendas para garantir a distribuição de seus produtos. Os representantes vão conquistar novas contas de varejo e gerenciar essas contas após consegui-las. Todo representante vai receber um salário de 50 mil dólares, além de 2% de comissão. Cada varejista vai gerar, em média, 50 mil dólares em receita para a Lightco. Consulte o Apêndice 2, "Marketing por meio dos números", para responder às perguntas a seguir.

1. Se a margem de contribuição da Lightco for de 40%, que aumento nas vendas será necessário para se atingir o ponto de equilíbrio, considerando o incremento nos custos fixos com a contratação dos novos representantes de vendas?

2. Com essa tática, quantas novas contas de varejo a empresa precisa conquistar para atingir o ponto de equilíbrio? Qual o número médio de contas que cada representante tem que conseguir?

⊃ Vídeo empresarial   Gaviña Gourmet Coffee

Hoje em dia, parece haver café de sobra por aí. Considerando isso, como uma produtora de café com pouco tempo de mercado, como a Gaviña, conseguiu entrar em um setor dominado por grandes empresas? Desenvolvendo, com primor, uma estratégia de distribuição que leva seus produtos para as mãos dos consumidores.

Com um grande orçamento de propaganda, a Gaviña procurou, com criatividade, parceiros de canal em supermercados, em restaurantes e no setor de hospitalidade. Hoje, grandes redes como o McDonald's e a Publix oferecem cafés Gaviña para o público. O vídeo também mostra o impacto da estratégia de distribuição sobre a cadeia de suprimento e questões relacionadas ao desenvolvimento de produtos.

Após assistir ao vídeo que apresenta a Gaviña, responda às seguintes perguntas:

1. Aplique o conceito de cadeia de suprimento à Gaviña.

2. Desenhe o máximo de canais ao consumidor e organizacionais da Gaviña que você conseguir. Como cada um desses canais atende às necessidades de diferentes clientes?

3. Como a estratégia de distribuição da Gaviña afetou seu mix de produtos?

⊃ Caso empresarial   Pandora: desintermediadora ou desintermediada?

Para a Pandora, uma das maiores empresas de rádio na Internet, descobrir o futuro é, ao mesmo tempo, desafiador e intimidador. Como se os desafios comuns de se fazer crescer uma nova empresa não fossem suficientes, a Pandora ainda enfrenta um mercado que está passando por grandes turbulências. No novo mundo digital, a maneira como as pessoas ouvem música continua mudando drasticamente. Parece que a Pandora, provavelmente, vai liderar essas mudanças ou se tornar uma vítima delas.

A Pandora foi fundada há apenas uma década. Naquela época, a grande maioria das pessoas que ouvia música escutava suas canções de duas maneiras: ou elas ouviam um CD em sua casa, carro e aparelho de som, ou sintonizavam na antiga rádio AM/FM. Mas o surgimento dos formatos digitais, como o MP3, pregou o primeiro prego no caixão do CD e afastou muitas pessoas da rádio tradicional ou "terrestre". Além disso, como aconteceu com o negócio de música, o de rádio enfrentou suas próprias mudanças. Nos Estados Unidos, a Telecommunications Act (Lei de Telecomunicações), promulgada em 1996, diminuiu as limitações sobre o número de estações que um proprietário poderia manter. Isso levou ao surgimento de enormes grupos, que consolidaram e padronizaram formatos de escuta. O resultado disso foi menos diversidade no rádio, com playlists mais enxutas e um número menor de artistas representados. De uma cidade para a outra, em todo os Estados Unidos, as estações de rádio se tornaram muito homogêneas.

Essas duas tendências — combinadas com a explosão do uso da Internet e mudanças nas tecnologias on-line — levaram a uma enxurrada de empresas tentando capitalizar sobre o futuro da distribuição de música. Isso inclui serviços de downloads como o iTunes, serviços de assinatura como o Rhapsody e o eMusic, músicas na nuvem como o Google e a Amazon oferecem, um número imenso de estações de rádio na Internet e, até mesmo, uma emissora de rádio via satélite, a SiriusXM. Hoje, com uma lista cada vez maior de dispositivos em que é possível ouvir música e modelos de serviços ligados a canções, as tendências no que diz respeito a escutar música continuam a evoluir. Mas uma coisa sobre o futuro é certa: o negócio de distribuição de música está alvoroçado e confuso. As coisas estão mudando rapidamente, e os produtos e serviços vitoriosos — sobreviventes, na verdade — ainda estão para serem determinados.

O PODER DAS PESSOAS

Em meio ao caos, a Pandora construiu seu próprio nicho, diferenciando-se como um serviço de recomendação de música automático. Não se trata de um serviço de música sob demanda, em que os membros podem simplesmente escolher a canção e o artista que querem. Em vez disso, os ouvintes enviam uma ideia de artista ou música. O playlist começa com uma faixa do artista pedido e adiciona outras músicas dele de vez em quando. Entre essas músicas, a Pandora insere canções de outros artistas, parecidos, em termos de estilo, com o material solicitado. Se uma música que a pessoa não gosta ou não quer ouvir toca, ela pode clicar no ícone que mostra um "dedão para baixo" ou, simplesmente, pular a canção, que é então removida de sua lista. Os usuários também podem criar esta-

ções navegando pelo nome dos artistas em ordem alfabética. Podem ainda sintonizar em estações predefinidas por gênero musical ou em estações de outros usuários. Os ouvintes podem criar quantas estações desejarem, cada qual orientada de acordo com os dados iniciais de entrada.

Diversos serviços on-line utilizam características de recomendação parecidas (pense na Netflix e na Amazon). Mas a Pandora conquistou uma vantagem por conta do poder de previsão de seu software de recomendação. O software da Pandora é incrivelmente preciso na escolha de músicas que se encaixam àquilo que o usuário quer ouvir. De acordo com Tim Westergren, fundador e diretor de estratégia da Pandora, o segredo disso são as pessoas por trás do software. Segundo Westergren, além do equipamento baseado em software, digitalizado e automatizado, "você precisa de um ouvido humano para fazer os discernimentos. É verdade que os algoritmos combinam as músicas matematicamente, mas tudo que a matemática faz é traduzir aquilo que, de fato, um ser humano está avaliando".

Cada uma das cerca de 1 milhão de canções do catálogo da Pandora foi analisada e codificada por um músico profissional. Toda canção é classificada em até 400 atributos musicais ou "genes" diferentes. Cada gene corresponde a uma característica musical, como o estilo do principal vocalista, o nível de distorção da guitarra, o compasso e a harmonia do vocal, para citar apenas algumas. Os analistas musicais da Pandora precisam passar por testes. Os analistas juniores sentam-se na mesma sala. Assim, eles podem, constantemente, tirar seu fone de ouvido e envolver os outros na música que estão codificando. Os analistas seniores podem fazer seu trabalho fora do escritório — geralmente, eles analisam as canções entre um show e outro, enquanto tocam em turnês. "Essa é nossa fórmula mágica", diz Westergren sobre o elemento humano da empresa. "Eu não estou exagerando. Isso tem sido a coisa mais importante da Pandora, o que nos define de diversas maneiras."

A Pandora pega sua competência inigualável em codificar músicas e adiciona a ela características e opções que diferenciam ainda mais seus serviços. Para começar, os ouvintes podem escolher entre dois planos de assinatura. No plano gratuito, eles escutam uma propaganda de vez em quando, mas muito menos do que ouvem nas rádios terrestres. Esse plano também traz determinados limites para os usuários, como no máximo 40 horas por mês de música e um total de 12 saltos de música a cada 24 horas. Por 36 dólares ao ano, o plano de assinatura oferece aos membros música ilimitada, áudio de qualidade superior e um desktop player. Além disso, nada de propaganda.

Quando um usuário seleciona um plano, o sistema da Pandora pega todos os dados de entrada do ouvinte e os marca como exclusivos aos seus gostos musicais. E, a cada indicação de "gosto" e "não gosto", o sistema fica mais inteligente. Os ouvintes podem fortalecer o poder de adivinhação da Pandora com feedbacks como "Estou cansado dessa música", "Por que essa música foi selecionada?", "Transfira essa música para outra estação", "Nova estação" e "Marcar como favorito". Não é possível adiantar ou repetir uma música (como nas rádios terrestres). Mas ocorre customização quando os usuários

406 **Parte 3** | Elaboração de uma estratégia e de um mix voltados para o cliente

modificam suas configurações de preferência para acrescentar, por exemplo, determinadas músicas que não querem ouvir. E, ultrapassando a linha que separa o serviço da rádio e a posse da música, um botão de compra localizado no topo de cada canção direciona os ouvintes para o iTunes e a Amazon.com.

DA RÁDIO NA INTERNET PARA A RÁDIO EM TODO LUGAR

No começo, a única maneira de ouvir a Pandora era por meio de sua página na Internet, em um computador. Mas o mantra "a qualquer hora, em qualquer lugar" da empresa orientou sua estratégia de distribuição. À medida que os fãs de música foram se tornando mais móveis, a Pandora foi os seguindo. Formando parcerias estratégicas, a empresa disponibilizou o serviço de música em uma série de canais, incluindo aplicativos para smartphones e tablets, bem como sistemas de entretenimento doméstico, como consoles de videogame, aparelhos de DVD e rádios na Internet. A Pandora também foi pioneira em uma das principais tendências de hoje — o fornecimento de alternativas ao rádio terrestre em novos veículos. "Metade das músicas ouvidas é escutada dentro de carros", assinala Westergren. "Trata-se de um lugar importante para estarmos." Nos carros novos, o equipamento permite às pessoas acessar a Pandora no sistema de som do veículo, por meio de aplicativos para smartphone conectados à Internet. Integrações parecidas com sistemas provenientes do mercado secundário, como o da Alpine e o da Pionner, tornam o acesso disponível em praticamente qualquer automóvel.

Todo esse acesso, bem como o encantamento gerado pelas características bacanas, permitiu à Pandora dominar o negócio de rádio na Internet. Seus 54 milhões de usuários ativos (mais de um em cada sete norte-americanos) apequenam os 23 milhões de assinantes da SiriusXM. E a base da Pandora está crescendo a um ritmo muito mais rápido do que o de sua concorrente que oferece músicas via satélite. Além disso, os membros da Pandora — especialmente os jovens — escutam, em média, muito mais música do que os ouvintes da rádio via satélite ou das rádios terrestres. Apesar de toda a concorrência, a atual participação no mercado de distribuição de música digital da Pandora é de 69%, e espera-se que essa participação continue a crescer com regularidade e alcance 80% no próximo ano.

NÃO SEM DIFICULDADES

Embora a grande e crescente base de membros da Pandora seja animadora, ela está longe de declarar sucesso financeiro. É verdade que suas receitas de 274 milhões de dólares em 2012 foram 99% maiores do que as registradas no ano anterior. Também em 2012, a base de usuários ativos da empresa cresceu 51% e as horas ouvidas totais aumentou 77%. Somente um número não está crescendo para a Pandora: o dos lucros. Até hoje, a Pandora lucrou em apenas um trimestre, e a empresa não espera ficar no azul logo. De fato, as próprias projeções da Pandora não preveem lucro anual. Além disso, outras importantes ameaças têm deixado alguns investidores preocupados. Vejamos algumas delas:

- *Estrutura de custo:* a Pandora paga royalties por toda música que toca. Assim, à medida que seu número de membros e as horas ouvidas aumentam, os gastos com royalties sobem em um ritmo linear, diferentemente do que ocorre com a maioria dos fabricantes de produtos

e serviços, cujo ritmo de gastos diminui. Como o rádio pela Internet é algo novo, as taxas de royalties têm variado, enquanto o setor de música tenta chegar a um valor justo. Há pouquíssimos anos, quando os royalties dobraram, a Pandora esteve à beira do colapso. Mas a empresa conseguiu renegociar taxas menores. Além disso, qualquer gravadora pode decidir encerrar seu contrata com a Pandora, reduzindo, assim, o volume de conteúdo da empresa. Com relação a esse assunto, o futuro é incerto, principalmente quando alternativas internacionais são consideradas. (Hoje, a Pandora é disponível somente nos Estados Unidos, por causa das questões envolvendo royalties.)

- *Receitas com propaganda:* no total, 86% das receitas da Pandora são provenientes de propaganda. Ela precisa convencer as empresas acerca dos benefícios de anunciar na Pandora ou, então, não será capaz de gerar lucros sustentáveis. Essa questão é complicada, tendo em vista o crescimento da Pandora em dispositivos móveis — o valor da propaganda móvel é ainda menos claro do que o da propaganda-padrão na Internet.

- *Dependência de dispositivos:* a capacidade da Pandora de crescer depende totalmente de sua habilidade em estabelecer e manter relacionamentos com fabricantes de dispositivos com acesso à Internet, em especial dispositivos móveis. Esses fabricantes podem ter motivos para fechar acordos com outros serviços com base em condições de exclusividade. Isso coloca mais um peso sobre a Pandora: a empresa tem que desenvolver e manter suas tecnologias compatíveis com as muitas plataformas usadas na área de dispositivos.

Além dessas ameaças, a concorrência está se aproximando. Enquanto a Pandora continua a crescer rapidamente, apesar dos esforços alheios para que ela não se dê bem, a natureza mutável da tecnologia e da preferência do consumidor no setor de música torna as ameaças competitivas ainda mais perigosas. Dê uma olhada em todos os serviços concorrentes assinalados anteriormente. Então, leve em conta que determinadas mudanças no ambiente de marketing poderiam gerar ameaças competitivas ainda não consideradas, as quais, por sua vez, poderiam, potencialmente, prejudicar o mercado inteiro.

Hoje em dia, a Pandora é mais frequentemente comparada com a Spotify, o serviço de música sediado na Suécia que oferece quase a mesma coisa que a Pandora, com algumas diferenças importantes. Para começar, o catálogo da Spotify tem 16 vezes mais músicas do que o da Pandora. Sua grande integração com o Facebook torna o aspecto "rede social" ligado à experiência de ouvir a Spotify algo totalmente incorporado. E, além de criar estações de rádio customizadas como a Pandora, a Spotify permite aos usuários escolherem exatamente o que querem ouvir, incluindo músicas individuais, álbuns completos e playlists montados por eles. A Spotify tem apenas uma fração da base de usuários ativos da Pandora, contudo suas receitas são mais de três vezes maiores do que as da Pandora. Seja como for, a Spotify está perdendo até mais dinheiro do que a Pandora.

O mundo digital está repleto de sonhos que não deram certo. A Pets.com enviou para o mercado um monte de pacotes de mais de 20 quilos de ração para cachorro antes de perceber que seu modelo de negócios não era eficiente em termos de custos. O Myspace conseguiu mais de 200 milhões de membros antes de cair para seus menos de 20 milhões de hoje, o que levou a News Corp a vendê-lo por centavos depois de apenas seis curtos anos. E uma série de outras empresas ponto-com conquistaram grandes índices de tráfego na Internet e um alto valor para suas ações, mas depois quebraram, por conta de ameaças semelhantes às que acabamos de ver. Esse será o destino da Pandora? Ou será que a gigante do setor de rádio pela Internet vai, finalmente, dizer: "Toque a música"?

QUESTÕES PARA DISCUSSÃO

1. Desenhe, da forma mais completa possível, a cadeia de valor interna da Pandora da produção do conteúdo até o ouvinte.

2. Como o conflito horizontal e o vertical impactam a Pandora?

3. Como a Pandora agrega valor para os clientes por meio de sua distribuição?

4. A Pandora conseguirá ser bem-sucedida no longo prazo? Justifique sua resposta.

Fontes: Matthew Bryan Beck, "Pandora Vs. Spotify: who will win the battle for streaming music?", Mashable, 12 fev. 2012, <http://mashable.com/2012/02/07/pandora-spotify/>; Tyler Gray, "Pandora pulls back the curtain on its magic music machine", *Fast Company*, 21 jan. 2011, <www.fastcompany.com>; Steven Bertoni, "Spotify launches another torpedo at Pandora", *Forbes*, 19 jun. 2012, <www.forbes.com/sites/stevenbertoni/2012/06/19/spotify-launches-another-torpedoat-pandora/>; outras informações extraídas de <www.pandora.com/about>. Acesso em: ago. 2012.

Estudo de caso

Criando valor no canal de distribuição

Francisco J.S.M. Alvarez
Doutor em Administração pela FEA/USP, professor da EACH-USP e da FIA e ESPM,
autor de livros e fundador da Trade Marketing Consultoria

Beatriz Cavalcante Chamie
Mestre em Administração pela FEA/ USP,
professora da ESPM e FIA e fundadora da Shoppermkt Consultoria

As relações de poder no canal de distribuição estão se encaminhando cada vez mais para os varejistas tanto pela concentração de poder nas mãos de poucas redes quanto pelas estratégias de marketing dessas redes que buscam gradativamente conquistar o consumidor, disputando com o fabricante um espaço em sua mente.

A própria concorrência entre os fabricantes, que ao adotar uma política de nichos de mercado ampliam cada vez mais suas linhas de produtos, agrava a situação no ponto de venda onde cada vez é mais difícil para uma marca conseguir se destacar e, dessa forma, apresentar-se ao consumidor de acordo com sua estratégia de posicionamento e de valor.

Alguns segmentos notadamente os de bens duráveis e semiduráveis como vestuário e eletrônicos buscam estabelecer sua própria distribuição por meio de lojas de marca própria, popularmente conhecidas como lojas de grife, onde se busca a venda do conceito da marca que potencializará a venda dos produtos. Dessa forma se abre uma possibilidade de ter a distribuição controlada e garantir a imagem junto ao consumidor final.

Há, no entanto, um segmento, notadamente, de produtos não duráveis onde o desafio é maior, pois, ao mesmo tempo em que é necessário fortalecer o valor da marca, a compra contínua obriga, na maioria das vezes, à comercialização por meio do varejo multimarca e dessa forma acaba no lugar comum, do domínio dos varejistas mencionado acima.

A alternativa de algumas empresas, tais como Havaianas, Melissa, Bauducco, dentre outras, foi utilizar o varejo como forma de valorização da marca por meio da Flagship Store ou Loja Conceito, como também é conhecida. Esse conceito utiliza a vantagem do varejo, de se relacionar fisicamente com o consumidor para fortalecer e valorizar a imagem da marca por meio de uma experiência única de compra que fortalece o prazer do consumo do produto.

O objetivo desse modelo é acima de tudo valorizar a marca; com isso se reduzem os objetivos tradicionais do varejo de giro, margens e lucratividade e se fortalecem os objetivos de experiência única, por meio da exposição da linha completa, dos produtos diferenciados, num ambiente sensorial onde se busca transmitir os valores da marca e, dessa forma, consolidá-la na mente do consumidor.

Embora essas ações ocorram em determinados pontos de venda, sua influência se expande para o mercado como um todo, pois ao valorizar a experiência da marca, se beneficiam os varejistas multimarcas, que poderão destacá-la no ponto de venda, atraindo mais consumidores.

A Bauducco, como marca líder de mercado, enfrentou durante muito tempo o problema de valorizar-se no ponto de venda; com o objetivo de vender o conceito, e não apenas os produtos, utilizou a estratégia da Flagship — Casa Bauducco — para consolidar seu valor no canal de distribuição. Vamos analisar as ações da empresa.

Presente da família Bauducco para a sua família

Bauducco é uma empresa 100% familiar e maior produtora de forneados do Brasil. Foi fundada em 1948 por Carlo Bauducco, que veio ao Brasil trazendo uma receita de família e um preciso pedaço de massa vida, que deu origem aos Panettones Bauducco. Iniciou-se a produção de um bolo com uva-passa e frutas cristalizadas, já tradicional na Itália, que era produzido em pequena escala com a ajuda da esposa, do filho e de poucos funcionários. Nos anos 1950, a família abriu sua própria doceria, em São Paulo, foi então que aos poucos o Panettone ganhou força, principalmente para as ceias de Natal. Já nos anos 1960 foi aberta a primeira fábrica e sua linha de produção começou a ganhar escala. Hoje seus Panettones são vendidos em mais de 50 países.

Em 2001 a empresa agregou as marcas Visconti e Tommy ao seu portfólio e, para desvincular o nome da marca Bauducco, com a empresa, foi aberta a Pandurata. Dentro de seu modelo de distribuição e buscando otimização na cadeia, em 2008 firmou a joint-venture com a Hersheys, maior fabricante de chocolates da América do Norte, e também assumiu a distribuição da linha Ovomaltine no Brasil. Entre as principais categorias de atuação da Pandurata estão: panettones, biscoitos, torradas, bolos, bolinhos e chocolates.

Bauducco sempre preservou seu aspecto familiar, se comunicando de maneira emocional com trilhas sonoras e enredos que contavam a verdadeira história da família, dentro de uma mensagem simples: tudo que a Bauducco faz é de coração, da família Bauducco para a sua família. Como a venda dos produtos Bauducco para o consumidor final era realizada por meio de intermediários, multicategorias, onde a Bauducco era mais uma dentre tantas para serem escolhidas, a imagem da marca trabalhada na comunicação não se transmitia no local de venda dos produtos. Visando ter um espaço onde o Sr. Bauducco ou a família Bauducco pudesse oferecer aos clientes Panettones quentinhos o ano todo, e, mais que isso, pudesse transmitir o carinho da marca, foi inaugurada, em 2012, a primeira casa Bauducco, no bairro dos Jardins, em São Paulo.

O movimento da marca foi seguir o desejo de trabalhar diretamente com seu público-alvo, podendo então tangibilizar todo o aspecto emocional e acolhedor que a mensagem da marca passa ao longo dos anos. É um espaço que simboliza a essência da marca e tem a proposta de ser um local com "gostinho de família reunida e cheio de receitas preparadas com carinho". O espaço possibilita uma relação direta com o cliente, fazendo a consolidação da história e conceito da marca.

A Casa Bauducco é uma combinação de empório com cafeteria, que passa imagem de tradição, artesania e paixão pelas receitas caseiras. O ambiente tem uma atmosfera aconchegante para um momento de pausa na desgastante rotina dos clientes. Lá é possível sentar e saborear uma fatia de panettone quentinho polvilhado com açúcar e canela, um croissant ou um cookie, acompanhados de uma bela xícara de café ou cappuccino. Há a chance de saborear as iguarias tanto em sua forma tradicional quanto em versões mais modernas, como, por exemplo, a fatia do panettone aquecido no grill. Este é o conceito da Casa Bauducco, onde tudo remete à história da marca e ao valor propagado por ela, que é a celebração da família. Lá se resgata a tradição da Bauducco, oferecendo aos clientes uma nova linha de produtos exclusivos, diferenciados e de alta qualidade com aspecto caseiro. A própria arquitetura da loja valorizando a madeira e os tons aconchegantes remetem ao sossego e à tradição familiar.

A Casa Bauducco oferece 20 categorias de produtos, em torno de 90 itens à venda, todos de alto valor agregado, receitas artesanais que não entram em conflito com os pontos de venda tradicionais da marca. A venda direta ao consumidor exigiu, ainda, a construção de uma fábrica pequena e artesanal só para abastecer as lojas, todos produzidos em pequena escala.

No final de 2013, a rede operava com quatro unidades, porém o plano era ter 300 lojas até 2018, e grande parte seria operada pelo modelo de franquia com foco nas principais cidades do Sudeste, principalmente o estado de São Paulo, a capital do Rio, Belo Horizonte e Brasília.

Essa nova unidade de negócios da empresa não cria conflitos ou concorre com os varejistas tradicionais que revendem a marca, uma vez que o sortimento é bastante diferenciado, a proposta de preço mais elevada, além de oferecer uma oportunidade para o consumo imediato. Ao contrário, os canais se complementam, pois a Casa Bauducco auxilia na construção de uma imagem premium para a marca, ampliando essa percepção para os produtos de venda mais massificada.

Dessa forma, os canais operam com objetivos e estratégias bastante distintas. Enquanto o varejo que opera como intermediário tem o objetivo de volume e massificação, a Casa Bauducco tem o objetivo de formação de imagem e exclusividade. É um local não só de venda, mas também de comunicação, divulgação e fortalecimento da marca que inclusive pode beneficiar outros canais.

Questões para reflexão

1. Avalie a estratégia da Bauducco a partir da visão dos canais de distribuição e identifique os pontos fortes e fracos que podem ser considerados pelos varejistas.

2. De que forma este modelo de Flagship se sobrepõe ao modelo tradicional de construção de marca e em que dimensão o complementa?

3. Ao desenvolver uma nova linha de produtos, a Bauducco não estaria enfraquecendo sua linha atual que é vendida no varejo tradicional? Quais os riscos de confundir o consumidor?

4. Com o plano de expansão de mais de 300 lojas, a Casa Bauducco estará cada vez mais próxima dos canais tradicionais de varejo, quais são os fatores determinantes para evitar o conflito de canal e desestímulo do varejista tradicional?

Referências

- BAUDUCCO Site oficial. Disponível em: <http://www.bauducco.com.br>. Acesso em: 29 out. 2014.

- BRASIL ECONÔMICO-SP. Empresas. Bauducco: uma receita de sucesso em franca expansão, de 1º out. 2013, p. 12.

- VALOR ECONÔMICO. Empresas. Design de loja precisa ir além da arquitetura. 31 maio 2013. Disponível em: <http://www.valor.com.br/empresas/3144520/industrias-criam-lojas-proprias#ixzz3HTLmc51h>. Acesso em: 29 out. 2014.

- PORTAL NO VAREJO. Casa Bauducco abre as portas em São Paulo, 25 out. 2012. Disponível em: <http://www.portalnovarejo.com.br/index.php/component/k2/item/6070-casa-bauducco-abre-as-portas-em-são-paulo>. Acesso em: 29 out. 2014.

NOTAS

1. Kevin Kelleher, "The mistake Netflix is now making", *Fortune*, 14 mar. 2012, <http://tech.fortune.cnn.com/2012/03/14/netflix-2/>; Cliff Edwards e Ronald Grover, "Companies and industries: Netflix", *Bloomberg Businessweek*, 24-30 out. 2011, p. 21-22; Stu Woo, "Under fire, Netflix rewinds DVD plan", *Wall Street Journal*, 11 out. 2011, p. A1; Charlie Rose, "Charlie Rose talks to Reed Hastings", *Bloomberg Businessweek*, 9-15 maio 2011, p. 26; "An explanation and some reflections", e-mail de Reed Hastings para clientes da Netflix, 19 set. 2011; Ronald Grover e Cliff Edwards, "Can Netflix find its future by abandoning its past?", *Bloomberg Businessweek*, 26 set.-2 out. 2011, p. 29-30; Stu Woo e Ian Sherr, "Netflix recovers subscribers", *Wall Street Journal*, 26 jan. 2012, p. B1; <www.netflix.com>. Acesso em: nov. 2012.

2. Bert Helm, "At KFC, a battle among the chicken-hearted", *Bloomberg Businessweek*, 16-29 ago. 2010, p. 19; Janet Sparks, "KFC franchisees win flap over ad control", 2 fev. 2011, <www.bluemaumau.org/9928/kfc_franchisees_win_flap_over_ad_control>.

3. "Operations: manufacturing", <www.thekrogerco.com/operations/operations_manufacturing.htm>. Acesso em: nov. 2012.

4. Veja "Fashion forward; Inditex", *The Economist*, 24 mar. 2012, p. 63-64; informações extraídas do Inditex Press Dossier, <www.inditex.com/en/press/information/press_kit>. Acesso em: out. 2012.

5. Informações sobre franquias extraídas de <www.azfranchises.com/franchisefacts.htm>. Acesso em: maio 2012. Veja também "2012 franchise business economic outlook", jan. 2012, <http://emarket.franchise.org/EconOutlook-FactSheetfinal.pdf>.

6. Martinne Geller e Jessica Wohl, "Analysis: Walmart's price push tests manufacturers' prowess", *Reuters*, 6 mar. 2012.

7. "To boost buying power, Walmart woos partners", *Bloomberg Businessweek*, 11-17 out. 2010, p. 23.

8. Brent Kendall e Scott Morrison, "Regulators clear Microsoft-Yahoo alliance", *Wall Street Journal*, 19 fev. 2010, p. B5; Loren Baker, "Bing Yahoo 'Bingahoo' alliance shows a payoff", *Search Engine Journal*, 2 fev. 2011, <www.searchenginejournal.com/bing-yahoo-bingahoo-alliance-shows-a-payoff/27606/>; Chris Crum, "Microsoft/Yahoo search alliance expands in UK, Ireland, France", *WebProNews*, 23 fev. 2012, <www.webpronews.com/microsoft-yahoo-search-alliance-expands-in-uk-irelandfrance-2012-02>.

9. Para mais discussões, veja Larry Downes, "Why Best Buy is going out of business... Gradually", *Forbes*, 2 jan. 2012, <www.forbes.com>; Miguel Bustillo, "Best Buy forced to rethink big box", *Wall Street Journal*, 30 mar. 2012, p. B1.

10. Julie Bosman, "The bookstore's last stand", *New York Times*, 28 jan. 2012.

11. Informações de <http://www.marykay.com/content/company/aroundtheworld.aspx>. Acesso em: nov. 2012.

12. Veja Ming-Ling Chuang et al., "Walmart and Carrefour experiences in China: resolving the structural paradox", *Cross Cultural Management*, v. 18, n. 4, p. 443-463; "Heavy logistics costs weigh on China's economy", *Business China*, 14 fev. 2012, <http://en.21cbh.com/HTML/2012-2-14/yMMjUzXzIxMTcyMg.html>.

13. Baseado em informações extraídas de Julie Jargon, "Asia delivers for McDonald's", *Wall Street Journal*, 13 dez. 2012, <http://online.wsj.com/article/SB10001424052970204397704577074982151549316.html>.

14. Mark Ritson, "Why retailers call the shots", *Marketing*, 18 fev. 2009, p. 24; <www.costco.com/Common/Category.aspx?cat=56098&eCat=BC%7C48022%7C56098&lang=en-US&whse=BC>. Acesso em: nov. 2012.

15. Informações sobre cadeia de suprimento extraídas de "Fast facts on the global supply chain", *CSCMP*, <http://cscmp.org/press/fastfacts.asp>. Acesso em: nov. 2012.

16. William B. Cassidy, "Walmart squeezes costs from supply chain", *Journal of Commerce*, 5 jan. 2010; "Walmart vows to 'drive unnecessary costs out of supply chain'", *Procurement Leaders*, 24 jan. 2011, <www.procurementleaders.com/news/latestnews/0401-walmart-drives-supply-chain/>.

17. Andy Brack, "Piggly Wiggly center offers info-packed field trip", *Charleston Currents*, 4 jan. 2010, <www.charlestoncurrents.com/issue/10_issues/10.0104.html>; informações de <http://en.wikipedia.org/wiki/Piggly_wiggly> e <http://walmartstores.com>. Acesso em: nov. 2012.

18. Bill Mongrelluzzo, "Supply chain expert sees profits in sustainability", *Journal of Commerce*, 11 mar. 2010, <www.joc.com/logistics-economy/sustainability-can-lead-profits-says-expert>. Exemplos da SC Johnson extraído de "SC Johnson reduces greenhouse gasses by the truckload", *CRS Press Release*, <www.csrwire.com/press_releases/22882-SC-Johnson-Reduces-Greenhouse-Gasesby-the-Truckload>. Seja também Leon Kaye, "Environmental leaders", *Sustainable Industries*, 4 abr. 2012, <http://sustainableindustries.com/articles/2012/04/johnson-controls?page=2>.

19. Veja Ted LaBorde, "Home Depot opens new record limited distribution center in Westfield", *masslive.com*, 14 dez. 2010, <www.masslive.com/news/index.ssf/2010/12/home_depot_opens_new_rapid_dep.html>; "Home Depot distribution efficiencies improve in-stock positions", *Retailed Info Systems News*, 21 nov. 2011, <http://risnews.edgl.com/retail-best-practices/Home-Depot-Distribution-Efficiencies-Improve-In-Stock-Positions76905>.

20. Veja Evan West, "These robots play fetch", *Fast Company*, jul./ago. 2007, p. 49-50; "Rise of the orange machines", *Bloomberg Businessweek*, 15-21 nov. 2010, p. 47; Julianne Pepitone, "Amazon buys army of robots", *CNNMoney*, 20 mar. 2012, <http://money.cnn.com/2012/03/20/technology/amazon-kivarobots/index.htm>; <www.kivasystems.com>. Acesso em: nov. 2012.

21. Veja Maida Napolitano, "RFID revisited", *Modern Materials Handling*, fev. 2010, p. 45; Nick Hughes, "Printed RFID: why the radio heads are receiving static", *Printweek*, 25 fev. 2011, p. 21; "Research and markets: global RFID market forecast to 2014", *Business Wire*, abr. 2012.

22. Michael Margreta, Chester Ford e M. Adhi Dipo, "U.S. freight on the move: highlights from the 2007 commodity flow survey preliminary data", 30 set. 2009, <www.bts.gov/publications/special_reports_and_issue_briefs/special_report/2009_09_30/htm/entire.html>; Bureau of Transportation Statistics, "Pocket guide to transportation 2012", jan. 2012, <www.bts.gov/publications/pocket_guide_to_transportation/2012>; American Trucking Association, <www.truckline.com>. Acesso em: nov. 2012.

23. Veja as exigências que o Walmart faz aos fornecedores em <http://walmartstores.com/Suppliers/248.aspx>. Acesso em: nov. 2012.

24. "Stonyfield Farm: ringer supply chain accelerates profit and carbon footprint reduction", <www.ryder.com/supplychain_case-studies_stonyfield.shtml>. Acesso em: nov. 2011.

25. David Biederman, "3PL slowdown goes global", *Journal of Commerce*, 8 fev. 2010, <www.joc.com/logistics-economy/3pls-lowdown-goes-global>; Patrick Burnson, "Top 50 3PLs: getting the balance right", *Supply Chain Management Review*, jul./ago. 2011, p. 4; Evan Armstrong, "2011/2012 annual review & outlook: 3PLs weathering the storm", *Journal of Commerce*, 6 jan. 2012, <www.joc.com/logistics-economy/3pls-weathering-storm>.

Parte 1 ▶ Definição de marketing e o processo de marketing (Capítulos 1-2)

Parte 2 ▶ Entendimento do mercado e dos clientes (Capítulos 3-6)

Parte 3 ▶ Elaboração de uma estratégia e de um mix voltados para o cliente (Capítulos 7-17)

Parte 4 ▶ Marketing ampliado (Capítulos 18-20)

13

Varejo e atacado

Prévia do capítulo

Vamos analisar com mais profundidade as duas principais funções do canal de marketing intermediário: o varejo e o atacado. Você já sabe alguma coisa sobre varejo — todos os dias, varejistas de todos os formatos e tamanhos o atendem. Entretanto, provavelmente, você sabe muito menos sobre o exército de atacadistas que atuam nos bastidores. Neste capítulo, examinaremos as características de diferentes tipos de varejistas e atacadistas, as decisões de marketing que eles tomam e as tendências para o futuro.

Quando se trata de varejistas, é preciso começar falando sobre o Walmart. O sucesso fenomenal desse megavarejista é resultado de um foco contínuo na entrega de valor para o cliente. Entra dia, sai dia, o Walmart vive sua promessa: "Economize dinheiro. Viva melhor". Esse foco no valor para o cliente transformou o Walmart não apenas no maior *varejista* do mundo, mas também na segunda maior *empresa* do planeta.

Walmart: maior *varejista* do mundo — segunda maior *empresa* do mundo

O Walmart é quase inimaginavelmente grande. Ele é o maior varejista do mundo, além de a segunda maior empresa do planeta. No ano passado, o Walmart registrou incríveis 444 bilhões de dólares em vendas — o que representa 1,8 vez as vendas de seus concorrentes Costco, Target, Sears/Kmart, JC Penney e Kohl's combinadas.

O Walmart é o comerciante número um em várias categorias de produtos de consumo, incluindo artigos de mercearia, roupas, brinquedos, DVDs e produtos para animais de estimação. Ele vende mais que o dobro do que muitos supermercados como o Kroger, líder entre os varejistas que trabalham apenas com artigos de mercearia. Além disso, no último ano, somente suas vendas de roupas e sapatos ultrapassaram as receitas totais da Macy's Inc., que possui as lojas de departamentos Macy's e Bloomingdale's. Incrivelmente, o Walmart vende 30% de todas as fraldas descartáveis compradas nos Estados Unidos a cada ano, 30% dos produtos para cabelos, 26% das pastas de dente e 20% das rações para animais de estimação. Em média, no mundo todo, mais de 200 milhões de pessoas visitam as mais de 10 mil lojas do Walmart, espalhadas por 27 países, a cada semana. Também é difícil avaliar o impacto do Walmart na economia norte-americana. Ele é o maior empregador da nação — cerca de um em cada 223 homens, mulheres e crianças dos Estados Unidos tem relação com o Walmart. Suas vendas diárias médias de 1,22 bilhão de dólares excedem o PIB de 29 países. De acordo com um estudo, em virtude de seus baixos preços e de seu impacto sobre os preços dos concorrentes, o Walmart faz o domicílio médio norte-americano economizar 2.500 dólares por ano, o que equivale a um valor superior a seis meses de gastos com comida e bebida da família média.

O que está por trás desse sucesso espetacular? Antes de mais nada, o Walmart é absolutamente dedicado à sua antiga proposta de valor voltada para preços baixos, bem como àquilo que preços baixos significam para os clientes: "Economize dinheiro. Viva melhor". Para concretizar essa missão, o Walmart oferece uma ampla variedade de produtos cuidadosamente selecionados a "preços imbatíveis". Nenhum outro varejista chegou tão perto de dominar os conceitos de preços baixos todo dia e ponto único de compras. De acordo com um analista: "O evangelho da empresa [...] é relativamente simples: seja um agente para os clientes — descubra o que eles querem e venda-lhes pelo preço mais baixo possível". Sam Walton resumiu a missão da empresa quando disse: "Se trabalharmos em conjunto, reduziremos o custo de vida de todos [...] e daremos ao mundo a oportunidade de ver o que significa economizar e ter uma vida melhor".

Como o Walmart ganha dinheiro com preços tão baixos? O Walmart é uma máquina de distribuição enxuta e "sovina" — ele possui a estrutura de custo mais baixo do setor. Os custos baixos permitem ao gigantesco varejista cobrar preços menores e, mesmo assim, continuar lucrativo. Os preços menores atraem mais compradores, gerando mais vendas, tornando a empresa mais eficiente e permitindo a ela reduzir os preços ainda mais.

▲ No Walmart: "Economize dinheiro. Viva melhor". De acordo com o CEO da empresa: "Nós somos obcecados pela entrega de valor para os clientes".
Bloomberg via Getty Images

Os custos baixos do Walmart resultam de um excelente gerenciamento das operações, de sofisticados sistemas de tecnologia da informação e do bom e velho "processo de compras durão". Suas centrais de distribuição enormes e totalmente automatizadas abastecem as lojas com eficiência. O Walmart possui um sistema de tecnologia da informação de causar inveja ao Departamento de Defesa dos Estados Unidos, proporcionando aos gerentes no mundo todo acesso instantâneo a informações de vendas e operacionais.

O Walmart também é conhecido por usar sua enorme escala para arrancar preços baixos dos fornecedores. "Não espere simpatia nem amizade", diz um executivo de vendas de um fornecedor, depois de uma visita ao escritório de compras do Walmart. "Depois que você é conduzido a uma das pequenas e espartanas salas dos compradores, espere um olhar frio do outro lado da mesa e esteja preparado para reduzir seu preço. Eles são pessoas muito, muito centradas e utilizam seu poder de compra mais agressivamente do que qualquer outra empresa nos Estados Unidos."

Apesar de seu incrível sucesso nas últimas cinco décadas, o Walmart pode se deparar com alguns desafios significativos adiante. Por ter se tornado muito grande, o gigante maduro está tendo dificuldade para manter o ritmo de rápido crescimento registrado em sua juventude. Pense no seguinte: para crescer apenas 7% no ano que vem, o Walmart terá que conseguir mais de 31 bilhões de dólares em novas vendas. Trata-se de um *aumento* de vendas maior do que o *total* de vendas de muitas empresas — das organizações relacionadas na *Fortune* 500, apenas 90 delas possuem vendas totais maiores; American Express, Google, Macy's, McDonald's, Motorola, Xerox e Nike, por exemplo, não possuem. Quanto maior o Walmart fica, mais difícil se torna manter um alto índice de crescimento.

Para continuar crescendo, o Walmart partiu para novas linhas de produtos e serviços com crescimento mais rápido, incluindo alimentos orgânicos, marcas próprias, clínicas voltadas para a saúde dentro das lojas e serviços financeiros ao consumidor. Para combater concorrentes mais jovens e contemporâneos, o Walmart passou por uma singela renovação da imagem. Ele deixou suas lojas com um visual mais *clean*, alegre e espaçoso, menos confuso, a fim de torná-las mais amistosas para os compradores. Em busca de um apelo mais amplo, o Walmart passou a trabalhar com novos produtos, de melhor qualidade. Agora, muitas lojas da rede comercializam uma variedade de eletrônicos de consumo sofisticados, que vão desde televisores LED da Samsung até notebooks Dell e Toshiba, passando por iPhones e iPads da Apple. O varejista também renovou sua seção de vestuário, que passou a contar com coleções mais estilosas.

Apesar de sua presença maciça, o Walmart ainda tem muito espaço para crescer em termos geográficos. Acredite se quiser, mas ainda há muitos lugares nos Estados Unidos que não têm uma loja Walmart. Além disso, o gigante varejista está se expandindo rapidamente para mercados internacionais, onde suas vendas cresceram mais de 15% no ano passado, atingindo 126 milhões de dólares. O Walmart também possui oportunidades — e desafios — substanciais de vendas no comércio eletrônico. Suas vendas on-line de apenas 4 bilhões de dólares representam menos de 1% de suas vendas totais, fazendo dela um distante concorrente on-line em comparação com a Amazon.com, que este ano atingiu 48 bilhões de dólares em vendas pela Internet. O Walmart está agora investindo no desenvolvimento de sua capacidade para operar comércio eletrônico.

Entra dia, sai dia, o Walmart vive sua promessa: "Economize dinheiro. Viva melhor". Sua obsessão pelo valor para o cliente o transformou não apenas no maior *varejista* do mundo, mas também na segunda maior *empresa* do planeta.

412 Parte 3 | Elaboração de uma estratégia e de um mix voltados para o cliente

À medida que o Walmart continua a se adaptar e a crescer, uma coisa parece certa. O gigante varejista pode acrescentar novas linhas de produtos e serviços. Pode passar a atuar digital e globalmente. Pode renovar seu visual e imagem. Mas o Walmart não tem nenhuma intenção de abrir mão de sua proposta central de valor baseada em preços baixos. Afinal, o Walmart é sempre será uma loja de desconto. "Eu não acho que o Walmart [...] vai ser inovador", diz um profissional de marketing da empresa. "Eu não acho que isso combine com nossa marca. Nossa marca tem a ver com economizar o dinheiro das pessoas", para que elas possam viver melhor.[1]

Resumo dos objetivos

Objetivo 1
Explicar o papel dos varejistas no canal de distribuição e descrever os principais tipos de varejistas.
Varejo (p. 412-419)

Objetivo 2
Descrever as principais decisões de marketing do varejista.
Decisões de marketing do varejista (p. 420-426)

Objetivo 3
Discutir as principais tendências e acontecimentos no varejo.
Tendências e acontecimentos no varejo (p. 426-433)

Objetivo 4
Explicar os principais tipos de atacadistas e suas decisões de marketing.
Atacado (p. 433-438)

A história do Walmart prepara o terreno para a análise do mundo dos revendedores de hoje, marcado por rápidas mudanças. Este capítulo trata do *varejo* e do *atacado*. Na primeira parte dele, analisaremos a natureza e a importância do varejo, os principais tipos de varejistas com loja e sem loja, as decisões que eles têm de tomar e o futuro do varejo. Na segunda parte, discutiremos esses mesmos tópicos, porém aplicados aos atacadistas.

Objetivo 1

▶ Explicar o papel dos varejistas no canal de distribuição e descrever os principais tipos de varejistas.

Varejo
Todas as atividades envolvidas na venda de produtos ou serviços diretamente a consumidores finais para seu uso pessoal, e não organizacional.

Varejista
Empresa cujas vendas vêm, *primordialmente*, do varejo.

Shopper marketing
A utilização de promoções e propagandas dentro das lojas com o intuito de ampliar o brand equity para "o último passo" e incentivar decisões favoráveis nos pontos de compra.

Varejo

O que é o varejo? Todos nós sabemos que a Costco, a Home Depot, a Macy's, a Best Buy e a Target são varejistas, mas a Amazon.com, o Hampton Inn local e um médico que atende a seus pacientes também o são. O **varejo** engloba todas as atividades envolvidas na venda de produtos ou serviços diretamente a consumidores finais para seu uso pessoal, e não comercial. Muitas instituições — fabricantes, atacadistas e varejistas — praticam varejo. Mas a maior parte do varejo é feita por **varejistas**: empresas cujas vendas vêm, *primordialmente*, do varejo.

O varejo desempenha um papel muito importante na maioria dos canais de marketing. No ano passado, os varejistas foram responsáveis por 4,6 trilhões em vendas para os consumidores finais. Eles assumem um importante papel na conexão das marcas com os consumidores, no que a agência de publicidade OgilvyAction chama de "o último passo" — a última parada no trajeto do consumidor rumo à compra. Trata-se da "distância que o consumidor percorre da atitude até a ação", explica o CEO da OgilvyAction. Cerca de 40% de todas as decisões dos consumidores são tomadas nas lojas ou perto delas. Assim, os varejistas "alcançam os consumidores em importantes momentos da verdade, [influenciando], em última instância, suas ações no ponto de venda".[2]

De fato, muitas empresas estão agora adotando o conceito de **shopper marketing** (papel exercido no momento da decisão da compra), utilizando promoções e propagandas no ponto de venda com o intuito de ampliar o brand equity para "o último passo" e incentivar decisões favoráveis nesses pontos. O shopper marketing envolve o foco no processo como um todo — desde o desenvolvimento do produto e da marca até a logística, a promoção e a comercialização —, com o objetivo de transformar shoppers em compradores no ponto de venda.

É claro que todos os esforços de marketing bem desenhados se concentram no comportamento de compra do cliente. O que diferencia o conceito de marketing com foco no shopper é a ideia de que esses esforços devem ser coordenados com o processo de compra em si. Por exemplo, a P&G segue o conceito "loja de apoio", no qual todas as ideias de marketing precisam ser eficientes no nível da prateleira das lojas e funcionar nesse nível. Essa estratégia tem como base o que a P&G chama de "primeiro momento da verdade" —

os três a sete segundos decisivos que um shopper considera um produto na prateleira de uma loja. "Estamos agora construindo a marca a partir do olhar do consumidor em direção a nós", diz um executivo da P&G.[3]

O enorme crescimento das compras digitais, bem como da combinação entre compras realizadas digitalmente e nas lojas, acrescentou uma nova dimensão no shopper marketing. O "último passo" ou "primeiro momento da verdade" não ocorre mais somente em lojas. Hoje em dia, a maioria dos consumidores faz, no mínimo, parte de suas compras pela Internet, sem ao menos pisar em uma loja de varejo. Eles também podem pesquisar a compra na Internet antes de visitar uma loja ou enquanto a visita. Por exemplo, não é incomum ver um consumidor olhando novos aparelhos de TV na Best Buy ao mesmo tempo em que usa um aplicativo para checar análises do produto e preços na Amazon.com. Assim, atualmente, o shopper marketing não tem a ver apenas com o processo de compra dentro das lojas. Influenciar as decisões dos consumidores enquanto eles compram envolve esforços que têm como alvo as compras realizadas nas lojas, on-line e em dispositivos móveis.[4]

▲ Shopper marketing: o enorme crescimento das compras digitais acrescentou uma nova dimensão ao "ponto de compra". Influenciar as decisões dos consumidores enquanto eles compram envolve esforços que têm como alvo as compras realizadas nas lojas, on-line e em dispositivos móveis.
Inmagine

Embora a maior parte do varejo ainda ocorra em lojas, nos últimos anos, o varejo direto e on-line cresceu muito mais rápido do que o varejo em lojas. Vamos discutir o varejo direto e on-line detalhadamente mais adiante neste capítulo, bem como no Capítulo 17. Por ora, vamos nos concentrar no varejo em lojas.

Tipos de varejistas

As lojas de varejo apresentam-se sob todas as formas e tamanhos — do salão de cabeleireiro e restaurante administrado por uma família perto de sua casa até varejistas de redes especializadas que operam em nível nacional (como a REI e a Williams-Sonoma), passando por megalojas de desconto (como a Costco e o Walmart). Os tipos mais importantes de lojas de varejo são descritos na Tabela 13.1 e serão discutidos nas seções seguintes. Os varejistas podem ser classificados de acordo com diversas características, dentre elas: o *volume de serviços* que oferecem, a abrangência e a profundidade de suas *linhas de produtos*, os *preços relativos* que cobram e o modo como são *organizados*.

Volume de serviços

Diferentes tipos de clientes e produtos requerem diferentes volumes de serviços. Para atender a essas necessidades variantes, os varejistas podem oferecer um dos três níveis de serviço a seguir: o autosserviço, o serviço limitado e o serviço completo.

Varejistas de autosserviço atendem a clientes que estão dispostos a realizar seu próprio processo de *localizar-comparar-selecionar* para economizar tempo ou dinheiro. O autosserviço é a base de todas as operações de desconto. Além disso, é comumente usado por varejistas que vendem produtos de conveniência (como os supermercados) e produtos de consumo de giro rápido, de marcas nacionalmente oferecidas (como o Target e o Kohl's). *Varejistas de serviço limitado*, como a Sears e a JC Penney, oferecem mais assistência à venda porque comercializam mais produtos de consumo sobre os quais os clientes necessitam de informações. Seus custos operacionais maiores resultam em preços mais altos.

No *varejo de serviço completo*, como as sofisticadas lojas especializadas (por exemplo, a Tiffany e a Williams-Sonoma) e as lojas de departamentos de primeira linha (como a Nordstrom e a Neiman Marcus), os vendedores auxiliam os clientes em todas as fases do processo de compra. As lojas de serviço completo geralmente vendem mais produtos específicos para clientes que precisam de atendimento pessoal na hora da compra e conselho ou que os desejam. Elas oferecem mais serviços, o que resulta em custos operacionais muito mais altos. Esses custos maiores são repassados para os clientes na forma de preços mais altos.

414 Parte 3 | Elaboração de uma estratégia e de um mix voltados para o cliente

▼ **Tabela 13.1** Tipos mais importantes de lojas de varejos.

Tipo	Descrição	Exemplos
Loja especializada	Uma loja que comercializa poucas linhas de produtos com um grande sortimento, como lojas de roupas, lojas de artigos esportivos, lojas de móveis, floriculturas e livrarias.	REI, Radio Shack, Williams-Sonoma
Loja de departamentos	Uma loja que comercializa diversas linhas de produtos — normalmente roupas, utensílios domésticos e produtos para o lar —, e cada uma dessas linhas é operada como um departamento à parte, administrado por compradores ou profissionais de marketing especializados.	Macy's, Sears, Neiman Marcus
Supermercado	Uma loja de autosserviço relativamente grande, de baixo custo, baixa margem e alto volume, projetada para atender a todas as necessidades que os clientes têm de artigos de mercearia e produtos para a casa.	Kroger, Safeway, SuperValu, Publix
Loja de conveniência	Uma loja relativamente pequena localizada perto de áreas residenciais, que funciona em horários prolongados, durante a semana inteira, e vende uma linha limitada de produtos de conveniência de alto giro, a preços um pouco mais altos.	7-Eleven, Stop-N-Go, Circle K, Sheetz
Loja de desconto	Uma loja que vende mercadorias-padrão a preços mais baixos, com margens menores e volumes maiores.	Walmart, Target, Kohl's
Varejista de ponta de estoque (ou de liquidação)	Uma loja que comercializa mercadorias compradas a preços mais baixos do que os normalmente praticados pelo atacado e vendidas a preços mais baixos do que os do varejo. Incluem *lojas de fábrica*, de propriedade dos fabricantes e administradas por eles; *lojas de ponta de estoque independentes*, que pertencem a empreendedores ou divisões de corporações varejistas de maior porte e são por eles operadas; e *clubes de compras* (ou *de associação de atacadistas*), que vendem uma variedade limitada de produtos com grandes descontos para seus associados, os quais pagam anuidades.	Mikasa (loja de fábrica); TJ Maxx (loja de ponta de estoque independente); Costco, Sam's Club, BJ's (clubes de compra)
Superloja	Uma loja muito grande que atende a todas as necessidades que os clientes têm de artigos alimentícios e não alimentícios comprados rotineiramente. Incluem *supercentros*, uma mistura de supermercado e loja de desconto, e *dominadores de categorias*, que comercializam um grande sortimento de determinada categoria de produtos.	Walmart Supercenter, SuperTarget, Meijer (supercentros); Best Buy, PetSmart, Staples, Barnes & Noble (dominadores de categorias).

Linha de produtos

Loja especializada
Uma loja de varejo que comercializa poucas linhas de produto, com um grande sortimento em cada linha.

Os varejistas também podem ser classificados de acordo com a extensão e abrangência de seu sortimento de produtos. Alguns estabelecimentos de varejo, como as **lojas especializadas**, comercializam poucas linhas de produtos, com um grande sortimento em cada linha. Hoje em dia, as lojas especializadas estão prosperando. A crescente utilização da segmentação de mercado, da determinação de mercados-alvo e da especialização de produto resultou em maior necessidade por parte das lojas de se concentrar em segmentos e produtos específicos.

Loja de departamento
Uma loja de varejo que comercializa uma ampla variedade de linhas de produtos, sendo que cada uma delas é operada como um departamento à parte, administrado por compradores ou profissionais de marketing especializados.

Por outro lado, as **lojas de departamentos** comercializam uma ampla variedade de linhas de produtos. Nos últimos anos, elas foram comprimidas, ficando entre as lojas especializadas, mais focadas e flexíveis, e as lojas de desconto, mais eficientes e com preços mais baixos. Como resposta, muitas lojas de departamentos começaram a praticar a determinação de preços promocionais, a fim de enfrentar a ameaça do desconto. Outras passaram a usar *lojas personalizadas*, com marcas próprias e marcas únicas, para concorrer com as lojas especializadas. E outras ainda estão tentando vender por mala direta, por telefone e on-line. Os serviços continuam a ser o principal fator de diferenciação. Lojas de departamentos sofisticadas como a Nordstrom, a Saks e a Neiman Marcus, entre outras, estão se saindo muito bem, dando ênfase a mercadorias exclusivas e serviços de alta qualidade.

Os **supermercados** são o tipo de loja de varejo a que os compradores mais vão. No entanto, atualmente, eles estão enfrentando um lento crescimento nas vendas, em razão da desaceleração do crescimento da população e do aumento da concorrência por conta das lojas de desconto (Walmart, Costco e Dollar General) e das lojas de alimentos especializados (Whole Foods Market, Trader Joe's, Sprouts). Nas últimas duas décadas, os supermercados também foram atingidos duramente pelo rápido crescimento do hábito de comer fora de casa. De fato, a participação dos supermercados no mercado de artigos de mercearia caiu de 66% em 2002 para menos de 62% em 2009. Enquanto isso, nesse mesmo período, os supercentros aumentaram sua participação de mercado de 15,6% para 20,6%.[5]

Supermercado
Uma loja de autosserviço grande, de baixo custo, baixa margem e alto volume, que comercializa uma ampla variedade de artigos de mercearia e produtos para a casa.

Na batalha pela "participação no estômago dos clientes", alguns supermercados se voltaram para um público de maior poder aquisitivo, melhorando os ambientes das lojas e oferecendo alimentos de maior qualidade, com alas para padaria, delicatéssen, comida natural e peixaria. Outros, no entanto, estão tentando competir de igual para igual com lojas de desconto, como a Costco e o Walmart, reduzindo custos, implantando operações mais eficientes e diminuindo os preços. A Publix, a maior rede de supermercado dos Estados Unidos de propriedade dos funcionários, alcançou o sucesso fazendo isso:[6]

Apesar de recentemente os consumidores terem apertado o cinto, a Publix cresceu de maneira constante e lucrativa, enquanto outras redes de supermercado do sudeste dos Estados Unidos lutavam para sobreviver. Nos últimos cinco anos, a rede de 27 bilhões de dólares se expandiu e adquiriu mais novas lojas do que qualquer outro supermercado, e ela conquistou o segundo lugar do setor em vendas anuais por metro quadrado, ficando atrás apenas do Whole Foods. O sucesso da Publix vem de seu foco em ajudar os clientes a conseguir o máximo com o apertado orçamento para alimentação de hoje. Embora esse sucesso tenha aumentado rapidamente os custos com compras e transporte, a rede lançou o Publix Essentials, um programa para o consumidor que reduz seus preços para itens básicos, como pão, leite e sabão em pó em até 20%. Além disso, a Publix iniciou um programa chamado Economia Fácil, que oferece conselhos para refeições mais em conta e dicas de economia para aqueles clientes que estão tentando esticar o dinheiro destinado às compras. "Nas condições econômicas de hoje, a Publix está trabalhando duro para ajudar", diz a rede. "Além da diminuição do preço dos produtos de que você mais precisa, estamos lhe oferecendo estratégias simples para economizar." De acordo com um consultor da área de varejo: "A Publix está sempre em alta quando a economia está em baixa". Os clientes parecem concordar. De acordo com o American Customer Satisfaction Index (Índice Norte-Americano de Satisfação do Cliente), há 18 anos consecutivos, a Publix é a primeira colocada entre os supermercados em termos de satisfação do cliente.

▲ Apesar de recentemente os consumidores terem apertado o cinto, a rede de supermercados Publix atingiu o sucesso reduzindo os preços e ajudando os clientes a conseguirem o máximo com o acanhado orçamento para alimentação de hoje.
Lannis Waters/ZUMA Press/Newscom

Lojas de conveniência são pequenas lojas que comercializam uma linha limitada de produtos de conveniência de alto giro. Depois de muitos anos de vendas estagnadas, essas lojas estão vivenciando um crescimento. Muitas redes de lojas de conveniência tentaram se expandir para além de seu mercado primário — composto por jovens operários —, remodelando suas lojas para atrair o público feminino. Elas estão abandonando sua imagem de "parada de caminhoneiros", onde os homens vão para comprar combustível, cerveja, cigarros e cachorros-quentes esturricados em grelhas rolantes, e oferecendo produtos alimentícios frescos, além de ambientes mais limpos, seguros e sofisticados.

Loja de conveniência
Uma loja pequena localizada perto de áreas residenciais, que funciona em horários prolongados, durante a semana inteira, e comercializa uma linha limitada de produtos de conveniência de alto giro.

Considere, por exemplo, a Sheetz, bastante conhecida como uma das principais redes de lojas de conveniência dos Estados Unidos. Orientada por sua missão "Foco total no cliente" e por seu lema "Sinta o amor", a Sheetz tem como objetivo oferecer "conveniência sem compromisso, por ser mais do que apenas uma loja de conveniência. É nossa devoção à sua satisfação que faz a diferença".[7]

Não importa se são pessoas que viajam muito a trabalho, operários da construção civil ou mães que estão acompanhando os filhos no futebol: a Sheetz é a "Meca para pessoas em trânsito" — serviços rápidos e amistosos e produtos de qualidade, em locais limpos e práticos. "Nós realmente nos importamos com nosso clientes", diz a empresa. "Se você precisa abastecer seu carro ou revigorar seu corpo [...], a Sheetz tem tudo de que você necessita, quando você necessita. E nós estamos aqui

24 horas por dia, sete dias por semana, nos 365 dias do ano." A Sheetz, certamente, não é aquilo que você espera de uma operação de loja de conveniência. Uma loja média da Sheetz tem, aproximadamente, o dobro do tamanho do estabelecimento médio da 7-Eleven. A Sheetz oferece todo um cardápio feito na hora de pratos frios, com sanduíches tostados ou não e saladas, e de pratos quentes, com batatas fritas, cebolas fritas, frangos empanados e hambúrgueres — tudo pedido por meio de terminais touch screen.

As lojas também trazem o Sheetz Bros. Coffeez, um local de serviço completo que vende café expresso e conta com um barista treinado. Smoothies de frutas completam o cardápio. Todas as lojas também oferecem sanduíches, wraps e sobremesas prontas para comer, o que as tornam ainda mais práticas para clientes em trânsito que querem fazer um lanche rápido. Esses alimentos e uma linha completa de itens de padaria Shweetz são produzidos diariamente na própria cozinha/padaria da empresa, a Sheetz Bros. Kitchen. Com o intuito de ajudar a facilitar o pagamento, a Sheetz foi a primeira rede dos Estados Unidos a instalar o amplo sistema PayPass da MasterCard, o qual permite aos clientes, rapidamente, encostar seu cartão de crédito em um terminal e ir embora. A Sheetz também firmou uma parceria com o M&T Bank para oferecer caixas eletrônicos em suas lojas, sem cobrança de taxas extras para os clientes. Alguns analistas afirmam que o objetivo da Sheetz é se tornar o Walmart das lojas de conveniência, e ela pode chegar lá.

Superloja
Loja muito maior do que um supermercado normal que oferece um grande sortimento de produtos alimentícios, itens não alimentícios e serviços adquiridos regularmente.

▲ Lojas de conveniência: a Sheetz se posiciona como sendo mais do que apenas uma loja de conveniência. Orientada por sua missão "Foco total no cliente" e por seu lema "Sinta o amor", a Sheetz tem como objetivo oferecer "conveniência sem compromisso".
Sheetz, Inc.

Dominador de categoria
Um gigantesca loja especializada que comercializa um vasto sortimento de determinada linha.

Varejista de serviços
Um varejista cuja linha de produtos é, na verdade, de serviços; exemplos incluem hotéis, companhias aéreas, bancos e faculdades, entre muitos outros.

Loja de desconto
Uma operação de varejo que comercializa mercadorias-padrão a preços menores, aceitando margens mais baixas e vendendo volumes mais altos.

As **superlojas** são muito maiores do que os supermercados normais e oferecem um grande sortimento de produtos alimentícios, itens não alimentícios e serviços adquiridos regularmente. O Walmart, o Target, o Meijer e outros varejistas de desconto possuem *supercentros*, uma enorme mistura de supermercado e lojas de desconto. Enquanto um supermercado tradicional gera em torno de 466 mil dólares em vendas por semana, um supercentro gera cerca de 1,5 milhão no mesmo período. O Walmart, que abriu seu primeiro supercentro em 1988, tem hoje mais de 3 mil lojas dessas na América do Norte e está abrindo cerca de 140 novos supercentros por ano.[8]

Os últimos anos também testemunharam o rápido crescimento de superlojas que, na verdade, são gigantescas lojas especializadas, chamadas de **dominadores de categorias** (Category Killers, como a Best Buy, a Home Depot e a PetSmart). Essas lojas, grandes como hangares, comercializam um vasto sortimento de determinada linha. Elas atuam em uma ampla faixa de categorias, que incluem aparelhos eletrônicos, produtos para reparos domésticos, livros, artigos para bebês, brinquedos, roupas de cama e banho, artigos para festas, artigos esportivos e até suprimentos para animais de estimação.

Por fim, para muitos varejistas, a linha de produtos é, na verdade, um serviço. Entre os **varejistas de serviços** estão os hotéis, os bancos, as companhias aéreas, os restaurantes, as faculdades, os hospitais, as salas de cinema, os clubes de tênis, as pistas de boliche, os serviços de manutenção e conserto, os salões de cabeleireiro e as lavanderias a seco. Nos Estados Unidos, os varejistas de serviços estão crescendo mais rápido do que os varejistas de produtos.

Preços relativos

Os varejistas também podem ser classificados de acordo com os preços que cobram (veja a Tabela 13.1). A maioria deles cobra preços de mercado e oferece produtos e atendimento ao cliente de qualidade normal. Outros oferecem produtos e serviços de melhor qualidade a preços mais altos. Os varejistas que cobram preços baixos são: as lojas de desconto e os varejistas de ponta de estoque.

Loja de desconto. Uma **loja de desconto** (por exemplo, o Target, o Kmart e o Walmart) comercializa mercadorias-padrão a preços menores, aceitando margens mais baixas e vendendo volumes mais altos. As primeiras lojas de desconto reduziam suas despesas oferecendo poucos serviços e funcionando em instalações que pareciam depósitos, localizadas em áreas de aluguel baixo e grande tráfego. As lojas de desconto de hoje melhoraram os ambientes de loja, aumentaram seu nível de serviços e, ao mesmo tempo, mantiveram os preços baixos por meio de operações enxutas e eficientes.

Varejistas de desconto líderes, com lojas enormes, como o Walmart, o Costco e o Target, dominam hoje o cenário do varejo. No entanto, mesmo varejistas de desconto com lojas menores estão prosperando no atual ambiente econômico. Por exemplo, as lojas populares são o formato de varejo que cresce mais rápido atualmente. Houve um tempo em que as lojas populares vendiam, principalmente, sortimentos fracionados de bugigangas, excedentes das fábricas, sobras de estoque e mercadorias ultrapassadas — a maior parte delas por 1 dólar. Isso não acontece mais. A Dollar General, a principal representante dos varejistas de desconto com lojas menores dos Estados Unidos, trabalha com uma poderosa promessa de valor para os tempos atuais: "Economize tempo. Economize dinheiro. Todos os dias".

▲ A Dollar General, a principal representante dos varejistas de desconto com lojas menores dos Estados Unidos, trabalha com uma poderosa promessa de valor para os tempos atuais: "Economize tempo. Economize dinheiro. Todos os dias".
Cortesia de Gary Armstrong

O slogan da Dollar General não é só para impressionar. Trata-se de uma cuidadosa declaração de promessa de valor da loja. A meta do varejista é manter as coisas simples, oferecendo apenas um sortimento selecionado de marcas populares a preços baixos todos os dias, em lojas pequenas e práticas. A linha de produtos mais enxuta e as lojas menores da Dollar General (é possível colocar mais de 25 lojas da Dollar General em um supercentro médio do Walmart) têm tudo a ver com a ideia de uma parada rápida — o cliente médio entra e sai da loja em menos de dez minutos. E o preço dos produtos de marcas populares que ela comercializa é cerca de 20 a 40% menor do que o praticado nos supermercados. Junte tudo isso: as coisas estão caminhando a favor da Dollar General. Além disso, o varejista de rápido crescimento está bem posicionado para o futuro. Nós "vemos sinais de um novo tipo de consumismo", diz o CEO da Dollar General, "à medida que as pessoas trocam o lugar onde compram, mudam para marcas de preços mais baixos e permanecem, de modo geral, mais comedidas". Ao que parece, praticidade e preços baixos nunca vão sair de moda.[9]

Varejistas de ponta de estoque (ou de liquidação). Quando as principais lojas de desconto passaram para um nível superior do mercado, uma nova onda de **varejistas de ponta de estoque** preencheu o espaço deixado pelas lojas de preço muito baixo e grande volume. Os varejistas de desconto normais compram do atacado a preços regulares e aceitam margens menores para manter os preços baixos. Em contrapartida, os varejistas de ponta de estoque compram do atacado a preços mais baixos que o normal e cobram dos consumidores menos do que o varejo. Esse tipo de varejista pode ser encontrado em todos os setores, desde o de alimentos, roupas e produtos eletrônicos até o de bancos com serviços básicos e o de agentes que intermediam vendas mediante o recebimento de recursos.

Os três principais tipos de varejistas de ponta de estoque são: as *lojas de ponta de estoque independentes*, as *lojas de fábrica* e os *clubes de compras*. As **lojas de ponta de estoque independentes** pertencem a empreendedores e são operadas por eles ou, então, são divisões de corporações varejistas de maior porte. Embora muitas lojas de ponta de estoque sejam administradas por empresas independentes e menores, a maioria pertence a redes de varejo maiores. Exemplos incluem varejistas como a TJ Maxx e a Marshall, pertencentes à TJX Companies, e varejistas on-line como a Overstock.com.

As **lojas de fábrica** (outlets) — lojas que pertencem a fabricantes como J. Crew, Gap e Levi Strauss, entre outras, e são operadas por eles — às vezes se agrupam em *centros comerciais de lojas de fábricas* (ou *outlet malls*) e *centros de varejo de valor*. Nesses centros, dezenas de lojas desse tipo oferecem preços até 50% mais baixos do que os praticados no varejo para uma ampla variedade de produtos, principalmente, excedentes, em liquidação e com defeito. Enquanto os centros comerciais de lojas de fábrica consistem, basicamente, de lojas de fábrica, os centros de varejo de valor combinam lojas de fábrica com lojas de pontas de estoque e outlets (pontos de venda de liquidação) de lojas de departamentos.

Os centros comerciais em geral estão se deslocando para níveis mais altos do mercado — chegando a excluir o termo "fábrica" de suas descrições. Um número cada vez maior de centros comerciais de lojas de fábrica conta agora com marcas de luxo, como Coach, Polo Ralph Lauren, Dolce&Gabana, Giorgio Armani, Burberry e Versace. Com os consumidores

Varejista de ponta de estoque
Um varejista que compra do atacado a preços mais baixos que o normal e cobra menos do que o varejo.

Loja de ponta de estoque independente
Um varejista de ponta de estoque que pertence a um grupo independente e é operado por ele ou, então, é uma divisão de uma corporação varejista de maior porte.

Loja de fábrica
Um operação de varejo de ponta de estoque que pertence a um fabricante e é administrada por ele; normalmente, comercializa produtos excedentes, em liquidação e com defeito do fabricante.

se tornando mais conscientes com relação ao valor, mesmo varejistas sofisticados estão acelerando suas estratégias voltadas para lojas de fábrica, dando maior ênfase a outlets como a Nordstrom Rack, a Neiman Marcus Last Call, a Bloomingdale's Outlets e a Saks Off 5th. Hoje, muitas empresas veem os outlets não como uma simples forma de desovar mercadorias com problemas, mas como uma maneira adicional de obter negócios com mercadorias novas. A combinação de marcas bacanas e preços baixos encontrada nos outlets oferece um forte apelo para os compradores, especialmente em períodos de economia apertada.

Os **clubes de compras** (ou *clubes de associações de atacadistas*), como o Costco, o Sam's Club e o BJ's, operam em instalações grandes e arejadas, que parecem depósitos, e fornecem poucos serviços. No entanto, eles oferecem os preços muito baixos e ofertas relâmpagos para mercadorias de marcas selecionadas. Os clubes de compras têm crescido rapidamente nos últimos anos. Esses varejistas atraem não somente consumidores de baixa renda em busca de promoções para produtos mais simples, como também todos os tipos de clientes que buscam uma ampla variedade de produtos, desde os necessárias até os supérfluos.

Considere o caso do Costco, hoje o terceiro maior varejista dos Estados Unidos, atrás somente do Walmart e do Kroger. O preço baixo é uma parte importante da equação do Costco, mas o que realmente o diferencia são os produtos que comercializa e a sensação de urgência que incorpora à experiência de loja de seu comprador.[10]

Clube de compras
Um varejista de ponta de estoque que vende uma variedade limitada de artigos de mercearia, eletrodomésticos, roupas e outros produtos, todos com marca, com grandes descontos para seus associados, os quais pagam anuidades.

▲ Clubes de compras: "o Costco é a caça ao tesouro do varejo, onde é possível ver em um carrinho um anel de diamantes de 50 mil dólares repousando sobre um enorme pote de maionese".
Suzanne Dechillo/The New York Times

O Costco traz inspiração para um cenário, de outra forma, sombrio. Com enormes embalagens de manteiga de amendoim e pacotes com 2.250 cotonetes Q-Tips, o varejista oferece um sortimento em constante alteração de produtos de alta qualidade — até mesmo luxuosos —, todos a uma margem tentadoramente baixa. Como aponta um analista do setor: "O Costco é a caça ao tesouro do varejo, onde é possível ver em um carrinho um anel de diamantes de 50 mil dólares repousando sobre um enorme pote de maionese". Trata-se do lugar onde produtos sofisticados encontram preços com grandes descontos. No ano passado, o Costco vendeu mais de 69 milhões de cachorros-quentes com refrigerantes (um combo que custa apenas 1,50 dólar — há mais de 25 anos ele tem esse preço). Ao mesmo tempo, o varejista vendeu mais de 100 mil quilates de diamantes por até 100 mil dólares o item. Ele é também o maior comerciante de aves do país (são mais 70 mil frangos assados por dia, que saem por 4,99 dólares), bem como de vinhos finos (incluindo o Chateau Cheval Blanc Premier Grand Cru Classé, que custa 1.750 dólares a garrafa).

Cada uma das lojas Costco é uma encenação que gera urgência e entusiasmo de compra. Misturada com seu estoque regular de produtos básicos, o Costco traz uma variedade resplandecente e em constante mudança de itens especiais e exclusivos, como bolsas Prada, tacos de golfe Calloway e bolsas Kenneth Cole com desconto — ofertas que não poderiam ser encontradas em nenhum outro lugar. De fato, dos 4 mil itens que o Costco comercializa, mil são considerados "tesouros" (palavras da Costco). O sortimento em constante mudança e os ótimos preços fazem com que as pessoas continuem voltando, com a carteira na mão. As lojas médias da Costco faturam cerca de 11 mil dólares por metro quadrado de espaço de venda, ao passo que as do Sam's atingem por volta de 6.500 dólares, e as do BJ's, aproximadamente, 5.550 dólares. Houve uma época em que só pessoas da classe baixa faziam compras em varejistas de ponta de estoque, mas o Costco mudou isso. Agora, mesmo as pessoas que não precisam contar as moedas compram lá.

Abordagem organizacional

Embora muitas lojas de varejo sejam independentes, outras se agrupam sob alguma forma de organização corporativa ou contratual. A Tabela 13.2 descreve os quatro principais tipos de organizações de varejo: *redes corporativas, redes voluntárias, cooperativas de varejo* e *organizações de franquia*.

As **redes corporativas** são dois ou mais pontos de venda de propriedade e controle comuns. Elas têm muitas vantagens em relação às lojas independentes. Seu tamanho lhes permite comprar em grandes quantidades a preços mais baixos e fazer economia em promoções. Podem bancar a contratação de especialistas em áreas como determinação de preços, promoções, merchandising, controle de estoques e previsão de vendas.

Redes corporativas
Dois ou mais pontos de venda de propriedade e controle comuns.

▼ **Tabela 13.2** Principais tipos de organizações de varejo.

Tipo	Descrição	Exemplos
Rede corporativa	Duas ou mais lojas de propriedade e controle comuns. As redes corporativas aparecem em todos os tipos de varejo, mas são mais fortes nas áreas de lojas de departamentos, lojas de desconto, lojas de produtos alimentícios, drogarias e restaurantes.	Sears (loja de departamentos), Target (loja de desconto), Kroger (loja de produtos alimentícios), CVS (drogaria)
Rede voluntária	Grupo de varejistas independentes, patrocinado por um atacadista, que se dedica à compra e ao merchandising em conjunto.	Independent Grocers Alliance (IGA), Do-It Best (ferramentas), Western Auto, True Value
Cooperativa de varejo	Grupo de varejistas independentes que montam uma organização central de compras e realizam esforços promocionais em conjunto.	Associated Grocers (artigos de mercearia), Ace Hardware (ferramentas)
Organização de franquia	Associação contratual entre um franqueador (um fabricante, atacadista ou prestador de serviços) e franqueados (empresários independentes que compram os direitos de possuir e operar uma ou mais unidades no sistema de franquia).	McDonald's, Subway, Pizza Hut, Jiffy Lube, Meineke Mufflers, 7-Eleven

O grande sucesso das redes corporativas levou muitas lojas independentes a se unirem em uma das duas formas de associação contratual. Uma é a *rede voluntária* — grupo de varejistas independentes, patrocinado por um atacadista, que se dedica a compras em grupo e a merchandising em comum. Exemplos de rede voluntária incluem a Independent Grocers Alliance (IGA), a Western Auto e a Do-It Best. O outro tipo de associação contratual é a *cooperativa de varejo* — um grupo de varejistas independentes que trabalham juntos para montar uma operação de atacado centralizada, de propriedade comum, e que realizam esforços promocionais e de merchandising em conjunto. Exemplos de cooperativa de varejo incluem a Associated Grocers e a Ace Hardware. Essas organizações conferem às lojas independentes as economias em compras e promoção de que precisam para enfrentar os preços das redes corporativas.

Outra forma de organização contratual de varejo é a **franquia**. A principal diferença entre as organizações de franquia e os outros sistemas contratuais (redes voluntárias e cooperativas de varejo) é que os sistemas de franquia normalmente são baseados em algum produto ou serviço exclusivo, em um método de fazer negócios ou em uma marca registrada, patente ou reputação desenvolvida pelo franqueador. A franquia tem predominado no ramo de fast-food, hotéis, academias de ginástica, centros de saúde, imobiliárias, concessionárias e outros serviços relacionados a automóveis.

Contudo, a franquia abrange muito mais do que lanchonetes e academias. Elas passaram a atender a praticamente qualquer necessidade. Por exemplo, os franqueados do Mad Science Group oferecem programas de ciências para escolas, grupos de escoteiros e festas de aniversário. E o Mr. Handyman fornece serviços de reparos domésticos para os clientes, ao passo que a Merry Maids limpa a casa deles.

As franquias hoje comandam 40% de todas as vendas do varejo nos Estados Unidos. Atualmente, é quase impossível percorrer o centro ou os bairros das cidades norte-americanas sem ver um McDonald's, Subway, Jiffy Lube ou Holiday Inn. Um dos mais conhecidos e bem-sucedidos franqueadores, o McDonald's hoje possui mais de 33 mil lojas em 119 países, incluindo quase 14 mil lojas nos Estados Unidos. A empresa atende a 68 milhões de clientes por dia e, ao todo, obtém mais de 85 bilhões de dólares em vendas anuais. Mais de 80% dos restaurantes do McDonald's no mundo inteiro são de propriedade de franqueados e operados por eles. Outro que tem se destacado é o Subway, uma das franquias que registram crescimento mais rápido, com vendas totais de 16,2 bilhões de dólares e mais de 36 mil lojas em 99 países, incluindo cerca de 25 mil nos Estados Unidos.[11]

Franquia
Uma associação contratual entre um fabricante, atacadista ou prestador de serviços (um franqueador) e empresários independentes (franqueados), os quais compram os direitos de possuir e operar uma ou mais unidades no sistema de franquia.

▲ Franquia: atualmente, é quase impossível percorrer o centro ou os bairros das cidades norte-americanas sem ver uma série de negócios de franquia.
© *Prisma Bildagentur AG/Alamy*

Decisões de marketing do varejista

Objetivo 2
▶ Descrever as principais decisões de marketing do varejista.

Os varejistas estão sempre em busca de novas estratégias de marketing para atrair e manter os clientes. No passado, eles atraíam os clientes com sortimentos exclusivos de produtos e mais ou melhores serviços. Hoje, os sortimentos e os serviços de vários varejistas estão cada vez mais parecidos. É possível encontrar a maioria das marcas para o consumidor não apenas em lojas de departamentos, mas também em lojas de desconto de comercialização de massa e em lojas de ponta de estoque — e todas podem ser encontradas na Internet. Assim, hoje em dia, é mais difícil para qualquer varejista oferecer mercadorias exclusivas.

A diferenciação de serviços entre os varejistas também se deteriorou. Muitas lojas de departamentos reduziram seus serviços, ao passo que lojas de desconto os aumentaram. Além disso, os clientes ficaram mais espertos e sensíveis aos preços. Eles não veem motivo para pagar mais por marcas idênticas, especialmente quando as diferenças em termos de serviços estão diminuindo. Por todas essas razões, muitos varejistas estão repensando suas estratégias de marketing.

Como mostra a Figura 13.1, os varejistas se deparam com importantes decisões de marketing referentes a: (1) *segmentação e seleção de mercados-alvo*, (2) *diferenciação da loja e posicionamento* e (3) *composto de marketing no varejo*.

Figura 13.1 Estratégias de marketing do varejista.

Decisões de segmentação, seleção de mercado-alvo, diferenciação e posicionamento

Os varejistas devem, primeiro, segmentar e definir seus mercados-alvo e só então decidir como vão se diferenciar e posicionar nesses mercados. A loja deve se concentrar em compradores de poder aquisitivo alto, médio ou baixo? Os compradores-alvo querem variedade, grandes sortimentos, praticidade ou preços baixos? Antes de definir seus mercados e traçar o perfil deles, os varejistas não podem tomar decisões consistentes sobre sortimento, serviços, preços, propaganda, decoração da loja ou quaisquer outras decisões que devem servir de apoio para suas posições.

Um número muito grande de varejistas, mesmo os maiores, não consegue definir claramente seus mercados-alvo e suas posições. Por exemplo, qual o mercado-alvo da Sears? Pelo que essa loja de departamentos é conhecida? Qual sua proposta de valor em relação, digamos, à do Walmart, por um lado, e à da Macy's ou da Nordstrom, de outro? Se está tendo dificuldade para responder a essas perguntas, você não está sozinho — a administração da Sears está com você (veja o Marketing Real 13.1).

Em compensação, varejistas de sucesso definem bem seus mercados-alvo e se posicionam solidamente. Por exemplo, o Trader Joe's se posiciona de maneira sólida com sua proposta de valor baseada em "sofisticação barata". O Walmart mantém uma firme posição nos preços baixos e naquilo que isso significa para seus clientes. E a Bass Pro Shops, um varejista extremamente bem-sucedido de produtos para atividades ao ar livre, se posiciona de maneira forte, como sendo "o mais perto que você pode do mundo lá fora entre quatro paredes".

Com uma seleção de mercado-alvo e um posicionamento sólido, um varejista pode competir de maneira eficaz até mesmo com concorrentes maiores e mais fortes. Por exemplo, compare o pequeno Five Guys Burger and Fries com o gigante McDonald's. O Five Guys tem menos de mil lojas e registra 1 bilhão de dólares em vendas; o McDonald's tem mais de 33 mil lojas no mundo inteiro e vendas de 85 bilhões. Como essa rede de lanchonetes menor compete com o Big Mac? Ela não compete — pelo menos, não diretamente. O Five Guys alcançou o sucesso se posicionando, cuidadosamente, *longe* do McDonald's:[12]

▲ Seleção de mercado-alvo e posicionamento no varejo: o Five Guys Burger and Fries alcançou o sucesso se posicionando, de maneira forte, longe do McDonald's e dos outros gigantes do fast-food. O cardápio é muito limitado, mas aquilo que você pode ter no Five Guys simplesmente não pode ter no McDonald's.
Jerry Huddleston/Flickr

O cardápio do Five Guys é limitado — realmente limitado. Além dos lanches, a rede oferece apenas cachorros-quentes, queijo grelhado e sanduíches vegetarianos (que dificilmente alguém compra). Você não vai encontrar saladas, café da manhã ou frangos empanados no Five Guys, nem mesmo milk-shake de chocolate. Mas aquilo que você *pode* ter no Five Guy simplesmente *não pode* ter no McDonald's — como um lanche de dar água na boca que consiste de dois hambúrgueres e 840 glutonas calorias, acompanhados de queijo, alface, tomate, picles, jalapenho, cogumelos grelhados e qualquer outro dos 11 recheios grátis. Os lanches são feitos de acordo com os pedidos, sendo todos os ingredientes frescos e escondidos pela porção absurdamente grande de batatas cortadas à mão e fritas na hora. A rede afirma que existem mais de 250 mil maneiras de pedir um lanche no Five Guys, recentemente eleito o "melhor lanche" pela Zagat. Além disso, tudo é muito fresco — não existem freezers em nenhum restaurante Five Guys, apenas refrigeradores. As ofertas únicas e as porções generosas da pequena lanchonete a destacam, permitindo que ela cobre mais do que os restaurantes de fast-food normais.

O Five Guys não pode se equiparar ao McDonald's em termos de grandes economias de escala, inacreditável poder de compra, logística extremamente eficiente, diversidade do cardápio e preços baixos. Mas, de novo, ele nem tenta fazer isso. Posicionando-se longe do McDonald's e de outros grandes concorrentes, o Five Guys se tornou uma das redes de restaurante fast-casual de crescimento mais rápido dos Estados Unidos.

Decisões de sortimento de produtos e serviços

Os varejistas precisam tomar decisões relacionadas a três importantes variáveis de produto: sortimento de produtos, mix de serviços e atmosfera da loja.

O sortimento de produtos do varejista deve diferenciá-lo e, ao mesmo tempo, atender às expectativas dos compradores-alvo. Uma estratégia é oferecer mercadorias que nenhum outro concorrente venda, como marcas próprias ou marcas nacionais sobre as quais tenha direitos exclusivos. Por exemplo, a Saks tem direitos exclusivos para comercializar marcas de estilistas famosos. Ela também oferece suas próprias linhas de marcas próprias — as coleções Saks Fifth Avenue Signature, Classic e Sport. Como alternativa, o varejista pode se diferenciar oferecendo um sortimento de produtos com alvo muito bem definido: a Lane Bryant vende roupas de tamanho grande; a Brookstone oferece um sortimento fora do comum de bugigangas e presentes; e a BatteryDepot.com comercializa tudo o que se possa imaginar em termos de pilhas e baterias.

O composto de serviços também pode ajudar a diferenciar um varejista dos outros. Por exemplo, alguns varejistas convidam os clientes para fazer perguntas ou falar com representantes de serviços pessoalmente, por telefone ou pela Internet. A Nordstrom promete "cuidar dos clientes, custe o que custar". A Home Depot oferece um composto de serviços diversificado para as pessoas que gostam de fazer reformas domésticas por conta própria. Ela oferece desde cursos do tipo "como fazer" e workshops direcionados para mulheres e crianças até um cartão de crédito exclusivo.

Marketing Real 13.1

Posicionamento da Sears: por que você deveria comprar lá?

Se você é como vários norte-americanos, provavelmente não compra muito na Sears. E, quando faz compras lá, possivelmente é para aproveitar uma oferta de eletrodomésticos ou ferramentas. Ou talvez você dê uma olhada na coleção de roupas da Lands' End, uma marca que a Sears comprou em 2002. Mesmo assim, as mercadorias e as marcas na Sears perto de sua casa provavelmente parecem um pouco ultrapassadas, e a loja em si parece meio velha e decadente. Comprar na Sears não traz a mesma experiência de compra moderna e para cima que você tem em varejistas concorrentes, como a Macy's e a Nordstrom — ou mesmo como o Target e o Walmart.

Os varejistas de sucesso de hoje se posicionam de maneira forte — os clientes sabem o que a loja representa e como ela entrega valor. Mencione a palavra Walmart e as pessoas vão pensar: "Economize dinheiro. Viva melhor". Cite a palavra Target e elas vão saber: "Espere mais. Pague menos". A Kohl's, uma varejista de desconto bem-sucedida, diz aos clientes para "esperar ótimas coisas". Na Macy's, você tem a "magia da Macy's", e a Nordstrom promete "cuidar dos clientes, custe o que custar". Mas mencione a palavra Sears e as pessoas vão titubear. Elas vão ficar pensando: "Por que eu deveria comprar na Sears?"

Fundada em 1886, ao longo do século seguinte a Sears cresceu e se tornou um ícone dos Estados Unidos. Ela começou como uma empresa de catálogo que vendia por correio na década de 1880, transformou-se em uma rede de lojas de departamentos presentes em centros urbanos, de alcance nacional, em meados nos anos 1900 e se tornou uma importante loja-âncora nos shoppings dos subúrbios, então em rápido crescimento, nas décadas de 1960 e 1970. Ao longo dos anos 1980, a Sears foi a maior rede de varejo dos Estados Unidos — o Walmart da época. Seu famoso slogan, "Onde os Estados Unidos compram", era mais do que apenas um bordão para propaganda: era uma declaração de posicionamento significativa. Praticamente todo norte-americano contava com a Sears para tudo, de roupas e produtos para a casa básicos até eletrodomésticos e ferramentas.

Mas, ao longo das duas últimas décadas, à medida que o cenário do varejo mudava, a outrora poderosa Sears se perdia. Espremida, por um lado, por lojas de desconto grandes e com preços mais baixos e, por outro, por lojas especializadas e de departamento mais sofisticadas, a Sears ficou perdida em uma posição intermediária obscura. Seu antigo posicionamento "Onde os Estados Unidos compram" tem pouco significado hoje em dia — afinal, suas vendas representam menos de um décimo das do Walmart, seu concorrente. E a Sears não conseguiu renovar seu posicionamento, tornando-o relevante para o mercado de hoje.

Uma olhada na propaganda da Sears ou uma visita ao site da empresa comprova a quase total falta de posicionamento atual. Chamadas gritam "Compre mais, economize mais em eletrodomésticos", "50% de desconto em suas marcas de roupa favoritas", "Os mais baixos preços para produtos Craftsman, para gramado e jardim" e "Grande promoção de marcas: ótimos valores, marcas de primeira". Parece que a única coisa pela qual a Sears tem lutado hoje em dia é para que tudo o que ela vende esteja sempre em promoção. No entanto, o preço não é uma proposta de valor convincente para a Sears, que tem problemas para alcançar os baixos preços cobrados por concorrentes como o Walmart, o Target e o Kohl's.

Em 2005, uma Sears com problemas se fundiu com uma Kmart com mais problemas ainda, fundando a Sears Holding Corporation. A fusão de duas varejistas decadentes deixou os analistas com dúvidas e os clientes ainda mais confusos com relação à proposta de valor das duas redes. Após a fusão, a empresa pulou de uma tática questionável para outra. Por exemplo, as lojas da Kmart passaram a comercializar famosas marcas da Sears, como as ferramentas Craftsman, os eletrodomésticos Kenmore e as baterias Diehard, diluindo um dos únicos ativos de diferenciação que ainda restavam à Sears.

A Sears Holding também experimentou uma série de formatos de loja. Por exemplo, ela converteu as 400 lojas da Kmart em lojas Sears Essentials, que mais tarde foram transformadas em Sears Grand — pontos de venda do tipo do Walmart que comercializam mercadorias regulares na Sears, além de marcas voltadas para a saúde e beleza, brinquedos, produtos para bebês, itens para festa e artigos de mercearia. A empresa ainda se aventurou, com um sortimento confuso, por outros formatos que carregam o nome Sears, como as lojas Sears Hometown (franquia que é, na verdade, uma versão menor das lojas Sears de grande porte), as lojas Sears Hardware, os Sears Home Appliance Showrooms e a Sears Auto Centers.

Apesar de todos os novos formatos de loja, a Sears fez pouca coisa para renovar seu posicionamento. "Uma série de lojas de departamentos tradicionais se revigoraram com merchandising. Isso não foi visto na Sears", diz um analista. Para piorar as coisas, enquanto a maioria dos varejistas concorrentes investiu pesado para revigorar suas lojas, a Sears gastou menos de um quarto da média do setor na manutenção e renovação das lojas, deixando muitos dos seus pontos de venda parecendo velhos e ultrapassados. "Não há nenhuma razão para comprar na Sears",

▲ Para posicionar novamente a Sears como o lugar "Onde os Estados Unidos compram", o varejista terá, em primeiro lugar, que responder à pergunta: "Por que as pessoas deveriam comprar na Sears?"
TANNEN MAURY/EPA/Newscom

conclui um especialista em varejo. "Ela oferece uma experiência de compra deprimente e preços nada competitivos."

Muitos críticos afirmam que o culpado pelo fato de a Sears não ter um marketing e um posicionamento decentes é o presidente da Sears Holding Company, Edward Lampert, que administra um fundo de investimentos e encabeçou a fusão entre a Sears e a Kmart. Lampert e seu fundo detêm cerca de 60% das ações da Sears Holding. Os críticos alegam que, desde a fusão em 2005, Lampert opera a empresa mais como um portfólio de ativos financeiros do que como uma rede de varejo. Além disso, Lampert contratou quatro CEOs desde a fusão, e nenhum deles tinha experiência em varejo. "Ser um gestor de fundo de investimentos bem-sucedido não faz de você um bom varejista", diz um observador da Sears.

A falta de uma orientação voltada para o cliente e o marketing tem cobrado um preço alto. As receitas da Sears Holding Corporation caíram todos os anos desde a fusão entre a Sears e a Kmart, fechando o último ano em 41,6 bilhões de dólares, com uma queda de 4,1% e perdas de 3,1 bilhões. O preço das ações da Sears caiu 80% desde 2007. Sem nenhum plano de marketing convincente e, ao que parece, sem saídas para seus problemas financeiros, alguns analistas preveem que a Sears, outrora uma potência, vai desaparecer completamente em breve. "Eles estão avisando [...] a Sears vai morrer", diz um cético. "Por mais forte que uma marca seja, e ela tem conta com enormes conhecimentos e apoio construídos ao longo dos anos, não dá para manter a falta de foco sem causar prejuízos no longo prazo."

A Sears tem alguns pontos fortes. Um destaque são suas vendas on-line, que representam 8,7% das receitas totais da Sears — o Walmart e o Target lutaram para conquistar apenas de 1% a 2% de suas vendas on-line. Outro ponto positivo são as duradouras marcas próprias da Sears. As ferramentas Craftsman e os eletrodomésticos Kenmore ainda lideram suas categorias, e a marca Diehard de baterias para carros continua forte. A Sears está abrindo novas lojas Hometown para se concentrar em um sortimento reduzido de mercadorias, construído em torno dessas marcas centrais. E a empresa anunciou que licenciará suas marcas para fabricantes de produtos relacionados. Com isso, em breve, você pode ver roupas de trabalho Craftsman e utensílios de cozinha Kenmore, bem como lanternas e baterias para uso doméstico Diehard.

No entanto, a criação de mais negócios on-line e o licenciamento de suas marcas próprias não vão superar o que um especialista do setor define como "o show de horror que são [...] as lojas da Sears". A recuperação da importância e do brilho da Sears vai exigir nada menos do que uma total virada estratégica, que posicione a Sears e suas marcas com base em valor diferenciado para o cliente. Para posicionar novamente a Sears como o lugar "Onde os Estados Unidos compram", o varejista terá, em primeiro lugar, que responder à pergunta: "Por que as pessoas deveriam comprar na Sears?"

Fontes: citações e outras informações extraídas de Lauren Coleman-Lochner e Carol Hymowitz, "A money man's trials in retailing", *Businessweek*, 5 jan. 2012, p. 24-25; "Prediction: these famous brands will disappear in 2012", *The Business Insider*, 5 jan. 2012, <http://finance.yahoo.com/blogs/daily-ticker/prediction-famousbrands-disappear-2012-010414512.html>; Phil Wahba, "Sears closing more stores as holiday sales slide", *Reuters*, 27 dez. 2011, <www.reuters.com/article/2011/12/27/us-sears-sales-idUSTRE7BQ0AV20111227>; Karen Talley, "Sears to license names of Kenmore, Craftsman brands", *Wall Street Journal*, April 5, 2012, <http://online.wsj.com/article/SB10001424052702303299604577325643404448050.html>; "Largest U.S. corporations", *Fortune*, 21 maio 2012, p. 63-104; várias páginas no site <www.sears.com>. Acesso em: nov. 2012.

A *atmosfera da loja* é outro elemento importante do arsenal de um varejista. Eles querem criar uma experiência de loja única, que combine com o mercado-alvo e induza os clientes a comprar. Muitos varejistas praticam o *varejo experimental*. Por exemplo, as lojas da Cabela's, que vende artigos para práticas ao ar livre, são muito mais museus de história natural para aqueles que apreciam atividades externas do que pontos de venda de varejo.[13]

Apesar de as lojas da Cabela's geralmente ficarem em locais distantes, os consumidores vão aos montes até suas 34 lojas para comprar equipamentos para caça, pesca e atividades ao ar livre. Uma típica loja da rede recebe 4,4 milhões de clientes por ano, metade dos quais dirige 160 quilômetros ou mais para chegar até lá. O que atrai essa multidão de compradores para as lojas da Cabela's? Parte da resposta tem a ver com as coisas que as lojas vendem. As gigantescas lojas da Cabela's possuem um vasto sortimento de mercadorias de qualidade a preços razoáveis. Mas a verdadeira magia da Cabela's reside na *experiência* que ela cria para aqueles que a visitam. "É mais do que um lugar para se comprar anzóis", diz um porta-voz da Cabela's. "Nós queremos criar uma sensação de encantamento" naqueles que nos visitam.

▲ Atmosfera da loja: a real magia da Cabela's reside na experiência que ela cria para aqueles que a visitam. "É mais do que um lugar para se comprar anzóis [...], nós queremos criar uma sensação de encantamento."

Getty ImagesED

Missão cumprida! Toda loja da Cabela's entrega algo que se assemelha a um parque temático de história natural. Vamos pegar, por exemplo, a loja que fica perto de Fort Worth, no Texas. Bem no centro da loja fica a Conservation Mountain, uma réplica da montanha equivalente a dois andares de um edifício que conta com duas cascatas e fluxos de água corrente. A montanha é dividida em quatro ecossistemas e cinco biorregiões: uma planície do Texas, um habitat do Alasca, uma calota polar do Ártico, uma floresta norte-americana e o topo de uma montanha nos Alpes. Cada biorregião é povoada por animais empalhados com a mesma qualidade vista nos museus, que parecem estar vivos e estão em posição de ação — são várias espécies, incluindo cães da pradaria, cervos, alces, veados, ursos-pardos, ursos-polares, bois-almiscarados e cabritos monteses. Está ficando com fome? Dê uma passada na lanchonete Mesquite Grill e peça um sanduíche de alce, avestruz ou javali — não há Big Macs ali! A General Store, que fica nas proximidades, oferece doces e lanches mais tradicionais. Junte tudo isso e você verá que a Cabela's está criando experiências completas que encantam os sentidos e a carteira de clientes cuidadosamente selecionados.

Hoje em dia, os varejistas de sucesso orquestram, com cuidado, praticamente todos os aspectos que envolvem a experiência de loja do consumidor. Na próxima vez em que entrar em uma loja de varejo — seja para comprar aparelhos eletrônicos, ferramentas ou roupas bacanas —, pare e preste bastante atenção no que está a seu redor. Pense no layout e nas vitrines da loja. Ouça a música ao fundo. Sinta os cheiros. São altas as chances de tudo na loja, — do layout à iluminação, da música aos cheiros — ter sido cuidadosamente combinado para ajudar a moldar as experiências de compra dos clientes (e fazê-los abrir a carteira). Por exemplo, a maioria dos grandes varejistas desenvolveu fragrâncias exclusivas, que é possível sentir somente na loja deles:[14]

A Thomas Pink, fabricante de camisas de luxo, traz em suas lojas um aroma de limpeza, de camisas passadas — trata-se de sua fragrância exclusiva "roupas de linho secas no varal". O Sheraton Hotels utiliza a fragrância "calor acolhedor", uma mistura de figo, jasmim e frésia, ao passo que o Westin & Resorts libera o aroma "chá branco", que tenta oferecer a indescritível experiência "retiro Zen". A Bloomingdale's utiliza diferentes essências em diversos departamentos: a essência suave de talco de bebê na área dos pequenos, a de coco na área de roupas de banho e a de lilás na área de roupas íntimas. Além disso, ela usa a essência de biscoitos doces e sempre-vivas na época de compras de final de ano. A Abercrombie and Fitch tem um cheiro de "mato" — trata-se de uma combinação de laranja, resina de pinheiro e pau-rosa brasileiro, entre outros elementos. Os operadores de parques temáticos liberam um cheiro de pipoca que fica no ar — eles não estouram a pipoca lá, mas o cheiro lembra os visitantes de que é hora do lanche. As essências podem aumentar o "tempo de permanência" dos clientes e, por sua vez, as compras deles. Segundo o fundador da ScentAir, a empresa que produz essas essências, "Desenvolver uma fragrância exclusiva é muito parecido com [o desenvolvimento] de uma mensagem impressa ou para o rádio: o que você quer comunicar para os consumidores e com que frequência?"

Esse *varejo de experimentação* comprova que as lojas são muito mais do que simplesmente sortimentos de produtos. Elas são ambientes a ser experimentados pelas pessoas que compram lá. Na verdade, às vezes, os estabelecimentos varejistas se tornam pequenas comunidades — lugares onde as pessoas vão para passarem um tempo juntas. Por exemplo, a Title Nine, uma rede de roupas esportivas e de ginástica para mulheres, é, em parte, uma loja de roupas e, em parte, um ponto de encontro. Além de vender roupas para tudo, de corrida a escalada em rocha, a Title Nine patrocina eventos ligados a atividades físicas, encontros nas lojas e uma comunidade on-line voltada para mulheres em movimento, chamada *intervalo com a Title Nine*. Tudo isso é anunciado na página do Facebook que cada loja mantém. A Title Nine de Portland, Oregon, oferece caminhadas noturnas pela neve, aulas de ioga na loja e grupos de ciclismo no final de semana.[15]

Decisões de preço

A política de preços do varejista deve estar de acordo com seu mercado-alvo e posicionamento, com seu sortimento de produtos e de serviços e com a concorrência. Todos os varejistas gostariam de trabalhar com grandes margens e conquistar um grande volume de vendas, mas esses dois fatores raramente andam juntos. A maioria das lojas busca *ou* grandes margens sobre volumes menores (principalmente as lojas especializadas), *ou* pequenas margens sobre volumes maiores (os comerciantes de massa e as lojas de desconto fazem isso).

Assim, a Bergdorf Goodman, que tem 110 anos, trabalha com a elite, vendendo roupas, sapatos e joias de marcas como Chanel, Prada e Hermes. O sofisticado varejista mima seus clientes oferecendo serviços como um comprador pessoal e desfiles nas lojas para apresentar as tendências da próxima estação, com direito a coquetéis e antepastos. Em compensação, de olho no norte-americano médio, a TJ Maxx vende roupas de marca a preços de desconto. Como toda semana chegam novos produtos, a loja de desconto oferece uma "caça do tesouro" para compradores em busca de preços baixos.

Os varejistas também precisam decidir até que ponto utilizarão liquidações e outras promoções de preço. Alguns não realizam nenhuma promoção de preço, preferindo competir com base na qualidade do produto ou serviço, e não no preço. Por exemplo, é difícil imaginar a Bergdorf Goodman fazendo uma promoção do tipo "leve dois e pague um" para bolsas Chanel. Outros varejistas — como o Walmart, o Costco e o Family Dollar — praticam a *determinação de preços baixos todos os dias*, cobrando preços baixos constante e diariamente, com poucas ofertas ou promoções.

▲ A política de preços do varejista deve estar de acordo com seu mercado-alvo e seu posicionamento. A Bergdorf Goodman trabalha com a elite e cobra preços de acordo com isso.

Deidre School/The New York Times/Redux

Também há varejistas que praticam a *determinação de preços altos-baixo*, cobrando preços mais altos diariamente e oferecendo, com frequência, ofertas e outras promoções de preço, a fim de aumentar as visitas à loja, criar uma imagem de preços baixos ou atrair clientes que comprarão outros produtos pelo preço cheio. A recente crise econômica mexeu com a determinação de preços altos-baixos, um vez que os varejistas cortaram os preços e fizeram promoções com o intuito de atrair para suas lojas os clientes em busca de preços baixos. A definição de qual é a melhor estratégia de determinação de preços depende da estratégia de marketing geral do varejista, das abordagens de precificação dos concorrentes e do ambiente econômico.

Decisões de promoção

Os varejistas usam as ferramentas promocionais normais — propaganda, venda pessoal, promoção de vendas, relações públicas (RP) e marketing direto — para alcançar os clientes. Eles anunciam em jornais, revistas, rádio, televisão e Internet. A propaganda pode ser apoiada por encartes em jornais e mala direta. A venda pessoal recebe os clientes, atende às suas necessidades e constrói relacionamento. As promoções de vendas podem incluir demonstrações e exibições nas lojas, liquidações e programas de fidelidade. As atividades de relações públicas, como inauguração de lojas, eventos especiais, boletins informativos e blogs, revistas e atividades de serviço público, estão sempre disponíveis para os varejistas. Muitos deles também desenvolvem sites e aplicativos, que oferecem informações e outras facilidades aos clientes, ao mesmo tempo em que fazem vendas diretas.

Decisões de distribuição (localização)

As empresas apontam três fatores essenciais para o sucesso no varejo: *localização*, *localização* e *localização*! É muito importante que os varejistas escolham lugares de fácil acesso para o mercado-alvo, em áreas que sejam compatíveis com o seu posicionamento. Por exemplo, a Apple coloca suas lojas em shopping centers de primeira linha e em estilosos centros comerciais — como no "Magnificent Mile", na Michigan Avenue, em Chicago, ou na Quinta Avenida, em Manhattan —, nunca em shoppings que alugam espaços baratos na periferia da cidade. Em compensação, o Trader Joe's coloca suas lojas em locais fora de mão, que cobram pouco pelo aluguel, com o intuito de manter os custos baixos e apoiar seu posicionamento baseado em "sofisticação barata". Pequenos varejistas podem ter de se estabelecer em qualquer lugar que encontrarem ou possam pagar. Porém, grandes varejistas geralmente contratam especialistas que selecionam lugares a partir de métodos avançados.

Hoje, a maioria das lojas se agrupa para aumentar o poder de atração sobre os clientes e oferecer a eles a praticidade de comprar tudo em um só lugar. Nos Estados Unidos, os *bairros comerciais centrais* foram a principal forma de conglomerado de varejo até a década de 1950. Toda cidade, grande ou pequena, tinha um bairro comercial central, com lojas de departamentos, lojas especializadas, bancos e cinemas. No entanto, quando a população começou a se mudar para áreas mais afastadas, esses bairros, com seus problemas de tráfego, estacionamento e criminalidade, passaram a perder negócios. Recentemente, muitas cidades uniram forças com os comerciantes para revitalizar as áreas comerciais centrais, em geral com apenas algum sucesso.

426 Parte 3 | Elaboração de uma estratégia e de um mix voltados para o cliente

Shopping center
Um grupo de negócios de varejo de propriedade conjunta, planejado, desenvolvido e administrado como uma unidade.

Um **shopping center** é um grupo de negócios de varejo de propriedade conjunta, planejado, desenvolvido e administrado como uma unidade. Um *shopping center regional*, o maior tipo de shopping center, tem de 50 a mais de 100 lojas, incluindo duas ou mais lojas de departamentos completas. É como um minicentro da cidade, mas é coberto e atrai clientes de uma vasta região. Um *shopping center local* contém entre 15 e 50 lojas de varejo. Normalmente, contém uma filial de uma loja de departamentos ou de variedades, um supermercado, lojas especializadas, serviços profissionais e, às vezes, um banco. A maioria dos shopping centers fica em *bairros* ou em *centros comerciais locais*, que geralmente têm entre 5 e 15 lojas. Eles são próximos e convenientes para os consumidores. É comum terem um supermercado, talvez uma loja de desconto e diversos varejistas de serviços — lavanderia a seco, drogaria, loja de ferragens, restaurante local e outras lojas.[16]

Um recente formato de shopping center são as chamadas *centrais de poder* (*power centers*) (centrais de poder). Esses enormes shoppings descobertos consistem em uma longa faixa de lojas de varejo, incluindo grandes lojas-âncora independentes, como Walmart, Home Depot, Costco, Best Buy, Michaels, PetSmart e OfficeMax. Cada loja tem sua própria entrada, com um estacionamento em frente para os compradores que quiserem visitar somente uma loja.

Em compensação, os *centros de estilo de vida* são shoppings abertos e menores, com lojas mais sofisticadas, localização conveniente e atividades não ligadas a varejo, como playground, pista de patinação, hotel, restaurantes e cinema. "Pense nos centros de estilo de vida como sendo, em parte, a Main Street e, em parte, a Quinta Avenida", comenta um observador do setor. De fato, os conceitos originais de central de poder e centro de estilo de vida estão se misturando em "centros de poder de estilo de vida" híbridos, que combinam a conveniência e a sensação de comunidade de um centro comercial de bairro com a enorme força de uma central de poder. No final das contas, hoje, os centros são lugares também para passear, e não apenas para comprar.[17]

Os últimos anos foram difíceis para os shopping centers. Com mais de cem mil centros de compras nos Estados Unidos, muitos especialistas sugerem que o país tem shopping em excesso. Não surpreende o fato de a Grande Recessão ter atingido em cheio os shopping centers. As reduções de gasto do consumidor forçaram muitos varejistas — grandes e pequenos — a sair do negócio, aumentando as taxas de desocupação dos shoppings. As centrais de poder foram especialmente atingidas, à medida que suas lojas de varejo de grande porte sofriam durante a crise. Os centros de estilo de vida perderam parte de seu brilho — seus compradores, representantes da classe média alta, foram os mais atingidos durante a recessão. Muitos centros de estilo de vida estão, inclusive, partindo para varejistas de preços mais baixos para substituir as lojas mais sofisticadas que fecharam. "Descobrimos que os centros de estilo de vida precisam se adaptar ao ambiente em mudança para sobreviver", diz um executivo de trabalha com o desenvolvimento de shoppings.[18]

Objetivo 3

▶ Discutir as principais tendências e acontecimentos no varejo.

Tendências e acontecimentos no varejo

Os varejistas operam em um ambiente agressivo e de rápidas mudanças, o qual oferece ameaças, mas também oportunidades. As características demográficas, os estilos de vida e os padrões de gasto dos consumidores estão mudando rapidamente, assim como as tecnologias de varejo. Para serem bem-sucedidos, os varejistas precisam escolher com cuidado seus segmentos-alvo e se posicionar fortemente. E eles precisam levar em conta os acontecimentos no varejo ao planejar e pôr em prática suas estratégias competitivas.

Gastos mais comedidos do consumidor

Depois de muitos anos de bons períodos econômicos para os varejistas, a Grande Recessão transformou a sorte de muitos varejistas, que de explosiva passou a ser implosiva. Mesmo com a economia se recuperando, os varejistas vão sentir a mudança nos padrões de gasto dos consumidores por um bom tempo.

Alguns varejistas, na verdade, se beneficiam de uma crise econômica. Por exemplo, à medida que os consumidores reduzem as despesas e procuram novas formas de gastar menos com aquilo que compram, grandes varejistas de desconto, como o Costco, conquistam novos negócios vindos de compradores sedentos por preços baixos. De maneira similar, redes de fast-food que cobram preços mais baixos, como o McDonald's, tiram negócios de seus concorrentes com preços mais elevados.

No entanto, para a maioria dos varejistas, os gastos mais comedidos do consumidor representam tempos difíceis. Durante e logo após a recente recessão, diversos varejistas, grandes e pequenos, declararam falência ou fecharam completamente suas portas — incluindo nomes conhecidos, como Linens 'n Things, Circuit City, KB Toys, Borders Books e Sharper Image, para citar apenas alguns. Outros varejistas, como a Macy's, a Home Depot e a Starbucks, demitiram funcionários, reduziram os custos e ofereceram grandes descontos e promoções de preço para atrair de volta às suas lojas os clientes com dinheiro curto.

Além da redução de custos e das promoções de preços, muitos varejistas acrescentaram novas mensagens de valor a seu posicionamento. Por exemplo, a Home Depot substituiu seu antigo lema "Você pode fazer. Nós podemos ajudar" por um outro mais frugal: "Economize mais. Faça mais". De maneira parecida, o Whole Foods Market partiu para a promoção de sua marca própria 365 Everyday Value, com anúncios trazendo frases divertidas como "Choque-se com os preços, mas de uma maneira positiva" e "Nenhuma carteira foi prejudicada ao comprar nossos produtos 365 Everyday Value". E, depois da queda significativa nas vendas realizadas em cada loja causada pela recessão, o Target, pela primeira vez em sua história, lançou anúncios na TV trazendo mensagens de preço. "Nosso [lema] é 'espere mais. Pague menos'", dizia um profissional de marketing do Target. "Nós estamos dando mais ênfase à promessa de pagar menos." E, na economia mais comedida pós-recessão, o marketing do Target continua a apresentar, na prática, mais apelos voltados para o preço e a economia. Hoje em dia, em seu agora famoso lema, a parte "Pague menos" é, muitas vezes, sublinhada.[19]

Ao reagir a dificuldades econômicas, os varejistas precisam ser cuidadosos, de modo que suas ações no curto prazo não prejudiquem sua imagem e sua posição no longo prazo. Por exemplo, descontos drásticos podem aumentar as vendas imediatas, mas também prejudicar a fidelidade à marca. Em vez de depender de cortes de custo e reduções de preço, os varejistas devem se concentrar em construir valor superior para os clientes, considerando suas estratégias de posicionamento de longo prazo. Por exemplo, apesar de fazer sentido enfatizar o lado "Pague menos" de seu posicionamento, o Target não deixou de lado a qualidade e o padrão que o diferenciam do Walmart e outros varejistas de desconto. À medida que a economia se recupera, embora tenha mudado o equilíbrio das coisas, voltando-se um pouco mais para lado dos preços mais baixos, o Target permanece em sua posição: continua a apoiar o lado "Espere mais" de sua equação de valor.

▲ Posicionamento de valor: para lidar com os gastos mais comedidos do consumidor, a Home Depot adotou o frugal lema "Economize mais. Faça mais".

(logo) The Home Depot, (foto) iofoto/Shutterstock.com

Novas formas de varejo, ciclos de vida mais curtos e convergência varejista

Novas formas de varejo continuam a surgir para atender a novas situações e necessidades dos consumidores, mas o ciclo de vida dessas formas está ficando mais curto. As lojas de departamentos levaram cerca de 100 anos para atingir o estágio de maturidade do ciclo de vida; as formas mais recentes, como as lojas do tipo galpão, atingiram a maturidade em aproximadamente dez anos. Em um ambiente como esse, posições de varejo, aparentemente sólidas, podem desmoronar rapidamente. Dos dez maiores varejistas de desconto existentes em 1962 (o ano em que o Walmart e a Kmart iniciaram suas operações), nenhum sobreviveu. Até os mais bem-sucedidos varejistas não podem se acomodar com uma fórmula vitoriosa. Para continuarem a obter sucesso, eles precisam se adaptar continuamente.

Muitas inovações do varejo são parcialmente explicadas pelo **conceito de roda do varejo**. Segundo esse conceito, muitas novas formas de varejo começam como operações de baixas margens, baixos preços e baixo status. Elas desafiam varejistas estabelecidos que "engordaram", permitindo que seus custos e suas margens aumentassem. O sucesso dos novos varejistas os leva a melhorar suas instalações e a oferecer mais serviços. Por sua vez, seus custos também aumentam, o que os força a elevar seus preços. Mais cedo ou mais tarde, os novos varejistas igualam-se aos varejistas convencionais que desbancaram. O ciclo recomeça quando surgem tipos ainda mais novos de varejistas, com preços e custos mais baixos. O conceito da roda do varejo parece explicar o sucesso inicial e as dificuldades posteriores das lojas de departamentos, dos supermercados e das lojas de desconto, bem como o recente sucesso das lojas populares e dos varejistas de ponta de estoque.

Novas formas de varejo estão sempre aparecendo. Por exemplo, muitos varejistas estão trabalhando com *lojas sazonais*, que funcionam por tempo limitado e permitem a eles

Conceito de roda do varejo
Um conceito que sugere que novos tipos de varejistas costumam começar com operações de baixas margens, baixos preços e baixo status, mas que, posteriormente, passam a cobrar preços mais altos e oferecer mais serviços, igualando-se, mais cedo ou mais tarde, aos varejistas convencionais que desbancaram.

▲ Novas formas de varejo: muitos varejistas — como a Toys "R" Us — estão trabalhando com *lojas sazonais*, que funcionam por tempo limitado e permitem a eles não apenas promover suas marcas para compradores sazonais, como também gerar burburinho em áreas com grande tráfego de pessoas.
Cortesia da Toys "R" Us, Inc.

não apenas promover suas marcas para compradores sazonais, como também gerar burburinho em áreas com grande tráfego de pessoas. No último período de compras de final de ano, por exemplo, a Toys "R" Us montou cerca de 150 lojas de brinquedos temporárias, muitas delas localizadas em shoppings, em áreas antes ocupadas pela recém-falida KB Toys. Recentemente, o Target montou lojas sazonais em Toronto e em Missoni, Nova York, para celebrar uma coleção limitada assinada pelo estilista Jason Wu. O equivalente on-line das lojas sazonais são os sites de *vendas relâmpagos*, como o Sak's FashionFix e o Nordstrom's HauteLook, que trazem promoções por tempo limitado de marcas famosas e ligadas ao estilo de vida.[20]

Atualmente, as formas de varejo parecem estar convergindo. Cada vez mais, diferentes tipos de varejistas vendem os mesmos produtos pelos mesmos preços para os mesmos consumidores. Por exemplo, é possível comprar eletrodomésticos de marcas conhecidas em lojas de departamentos, lojas de desconto, lojas de produtos domésticos, varejistas de ponta de estoque, superlojas de eletroeletrônicos e em um monte de sites — e todos esses varejistas competem pelos mesmos clientes. Se o cliente não encontra o micro-ondas que quer na Sears, basta ele atravessar a rua e achar um mais barato na Lowe's ou na Best Buy — ou, então, fazer o pedido on-line na Amazon.com ou na RitzCamera.com. Essa fusão de consumidores, produtos, preços e varejistas é chamada de *convergência varejista*. Essa convergência significa uma maior concorrência entre os varejistas e uma maior dificuldade na diferenciação dos sortimentos de produtos dos diferentes tipos de lojas.

Ascensão dos megavarejista

A ascensão das enormes lojas de varejo de massa e das superlojas especializadas, a formação dos sistemas verticais de marketing e a onda de fusões e aquisições no varejo criaram um núcleo de superpoderosos megavarejistas. Com seu tamanho e poder de compra, esses varejistas gigantescos conseguem oferecer maior variedade de mercadorias, bons serviços e muita economia para os consumidores. Como resultado, eles crescem cada vez mais, expulsando do mercado os concorrentes menores e mais fracos.

Os megavarejistas também deslocaram o equilíbrio de forças entre varejistas e fabricantes. Agora, um punhado de varejistas controla o acesso a quantidades enormes de consumidores, o que lhes garante supremacia nas negociações com os fabricantes. Por exemplo, você pode nunca ter ouvido falar da RPM International, que fabrica revestimentos e selantes, mas provavelmente já usou uma ou mais de suas muitas marcas conhecidas, voltadas para o mercado "faça você mesmo". Entre essas marcas, estão as pintas Rust-Oleum, os preenchimentos Plastic Wood e Dap, os vernizes Mohawk e Watco e as colas e tintas para miniaturas Testors — produtos que podem ser comprados na Home Depot local. A Home Depot é um cliente muito importante para a RPM, responsável por uma parcela significativa de suas vendas para o consumidor. No entanto, as vendas de 70 bilhões de dólares da Home Depot são 20 vezes maiores do que as de 3,3 bilhões da RPM. Como resultado, a gigante varejista pode usar (e muitas vezes usa) esse poder para obter concessões da RPM e de milhares de outros fornecedores menores.[21]

Crescimento do varejo direto e on-line

A maioria dos consumidores ainda faz a maior parte de suas compras da maneira tradicional: eles vão à loja, encontram o que querem, esperam pacientemente na fila para deixar seu dinheiro ou passar seu cartão de crédito e levam as compras para casa. Contudo, agora os consumidores têm à disposição uma ampla variedade de alternativas que não envolvem lojas, incluindo compras diretas e on-line. Como veremos no Capítulo 17, atualmente, o marketing direto e o on-line são as formas de marketing de mais rápido crescimento.

Hoje, graças a avanços na tecnologia, a sites e aplicativos atraentes e mais fáceis de usar, a melhores serviços on-line e a uma sofisticação cada vez maior da tecnologia de busca, o varejo on-line está prosperando. De fato, embora atualmente sejam responsáveis por apenas

8% das vendas totais do varejo dos Estados Unidos, as compras on-line estão crescendo a um ritmo muito mais rápido do que o das compras de varejo como um todo. No ano passado, as vendas norte-americanas no varejo on-line atingiram cerca de 194,3 bilhões de dólares, um número 16% maior do que o registrado no ano anterior, e estima-se que elas chegarão a 279 bilhões em 2015.[22]

Os sites e aplicativos dos varejistas também influenciam uma grande quantidade de compras feitas na loja. Um recente levantamento revelou que, pelo menos na metade das vezes que vão às compras, mais de 60% dos compradores dizem procurar ofertas on-line antes. E mais, para a tristeza dos varejistas com loja, muitos compradores verificam a mercadoria nos showrooms das lojas físicas antes de comprá-la on-line — um processo chamado de *showrooming*. Hoje, metade dos compradores que adquire produtos on-line primeiro o verifica em uma loja tradicional. Grandes varejistas como Target, Walmart e Best Buy têm sido atingidos em cheio pelo showrooming e estão correndo para traçar estratégias que combatam esse tipo de comportamento de compra (veja o Marketing Real 13.2).[23]

Assim, não se trata mais de uma decisão dos clientes sobre comprar em lojas *ou* on-line. Cada vez mais, os clientes estão fundindo os pontos de vendas físicos, on-line e móveis em um único processo de compras. A Internet e os dispositivos digitais deram lugar a tipos totalmente novos de compradores e formas de compras. Não importa se estão comprando carros, casas, aparelhos eletrônicos, produtos de consumo ou itens para cuidados médicos: muitas pessoas simplesmente não compram nada antes de dar uma olhada on-line e obter informações. E elas se acostumaram a comprar em qualquer lugar, a qualquer hora — nas lojas, on-line ou mesmo on-line enquanto estão nas lojas.

Atualmente, todos os tipos de varejistas utilizam canais diretos e on-line. As vendas pela Web e por aplicativos de grandes varejistas físicos, como o Walmart, o Target, a Staples e a Best Buy, estão aumentando rapidamente. Vários grandes varejistas que operam apenas on-line — Amazon.com, Zappos.com e agências de viagens on-line, como a Travelocity.com e a Expedia.com, entre outros — estão ganhando muito dinheiro na Internet. No outro extremo, multidões de ocupantes de nicho estão utilizando a Internet para atingir novos mercados e expandir suas vendas.

Mesmo assim, grande parte do crescimento previsto para as vendas on-line irá para os varejistas de multicanal — as empresas com lojas que conseguem combinar, com sucesso, os mundos virtual e físico. Em um recente ranking com os 20 principais sites de varejo on-line, 70% deles eram de propriedade de redes de varejo baseadas em lojas.[24] Por exemplo, graças, em grande parte, ao rápido crescimento das vendas on-line, hoje mais de 40% das receitas totais da Williams-Sonoma, um varejista de sofisticados produtos para a casa, vêm de seu canal direto com o consumidor. Como muitos varejistas, a Williams-Sonoma percebeu que a maioria de seus melhores clientes visita lojas tanto on-line como off-line e compra de ambas. Em vez de simplesmente oferecer a opção de compra on-line, o varejista atrai os clientes com comunidades on-line, mídia social, aplicativos, um blog e programas especiais on-line. "A Internet mudou a maneira como nossos clientes compram", diz Laura Alber, CEO da Williams-Sonoma. "E a experiência da marca on-line tem que ser inspiradora e consistente."[25]

A crescente importância da tecnologia de varejo

As tecnologias de varejo tornaram-se ferramentas competitivas absolutamente importantes. Varejistas progressistas utilizam sistemas de TI e softwares para gerar melhores previsões, controlar custos de estoque, interagir eletronicamente com seus fornecedores, enviar informações de uma loja para outra e, até mesmo, vender para os clientes dentro das próprias lojas. Eles adotaram sistemas sofisticados de caixas com escâneres, rastreamento do estoque por meio de transmissores de identificação por radiofrequência (RFIDs), manuseio de mercadorias, compartilhamento de informações e interações com os clientes.

Talvez os mais surpreendentes avanços na tecnologia de varejo sejam aqueles relacionadas às formas como os varejistas se conectam com os consumidores. Os clientes de hoje estão acostumados não apenas com a rapidez e a praticidade das compras on-line, mas também com o controle que a Internet lhes confere sobre o processo de compras. A Internet permite que os consumidores comprem quando e onde quiserem, com acesso instantâneo a uma enorme quantidade de informações sobre produtos e preços. Nenhuma loja no mundo real pode fazer tudo isso.

Marketing Real 13.2

Showrooming: ir a lojas, mas comprar on-line

Na Best Buy local, um atencioso vendedor, usando aquela conhecida camiseta azul, auxilia pacientemente um cliente que está louco para comprar um novo monitor. Depois de 20 minutos, o cliente opta por um monitor LED 3D da Samsung, de 27 polegadas, bonito e com estrutura de alumínio, que sai por 699 dólares. Todo mundo aparenta estar contente e, ao que parece, o vendedor conquistou uma venda merecida.

No entanto, em vez de pegar seu cartão de crédito, o cliente agarra seu smartphone. Com o vendedor olhando, ele utiliza um aplicativo chamado TheFind para escanear o código de barras da Samsung. O aplicativo retorna uma lista de oito varejistas on-line que vendem o mesmo modelo, juntamente com o preço praticado por eles. A Amazon.com tem o melhor preço — apenas 617 dólares — e, como é membro do Amazon Prime, diz o cliente, ele pode receber a mercadoria em casa dali dois dias, sem taxas de entrega ou impostos sobre a venda. A Best Buy não consegue equiparar seus preços aos dos concorrentes on-line. Pedindo desculpas para o atencioso vendedor, o cliente aperta o botão "comprar agora" da Amazon.com e deixa a loja de mãos vazias.

Essa prática de compra, agora comum, de ir às lojas para analisar a mercadoria, mas adquiri-la de um concorrente que opera apenas on-line — chamada de *showrooming* — tornou-se a desgraça dos varejistas com loja. De acordo com um recente levantamento, hoje, metade dos compradores que adquirem produtos on-line o verificam primeiro em uma loja tradicional. Outro levantamento mostrou que cerca de 40% dos compradores já utilizaram um aplicativo de compras dentro de lojas — como o TheFind, o RedLaser do eBay e o Price Check da Amazon — para encontrar preços melhores e adquiriram o produto de um varejista on-line enquanto estavam nas lojas.

O showrooming tem gerado prejuízo para varejistas com loja, principalmente para aqueles que vendem aparelhos eletrônicos de consumo, que são fáceis de pedir on-line e caros o suficiente para fazer as comparações de preço valerem a pena. Por exemplo, no último período de compras de final de ano, as vendas do Target ficaram abaixo das expectativas, em especial a dos aparelhos eletrônicos, filmes, livros e música — produtos que estão passando pelas maiores mudanças, com as vendas indo para os varejistas on-line. Assim, não surpreende o fato de a Best Buy — ainda a principal varejista de eletrônicos de consumo — ter, recentemente, registrado perdas, fechado lojas e demitido funcionários. Mas lojas de varejo em todas as categorias — de varejistas de eletrônicos como a Best Buy a lojas de desconto como o Target e o Walmart e lojas especializadas como a GNC e a Brookstone — estão, atualmente, procurando maneiras de evitar a deserção dos compradores munidos de smartphones. De acordo com um executivo de um varejista com loja, que se refere à Amazon.com como "aquela que começa com A", as compras por comparação na era pós-smartphone e pós-iPad "atingiram um outro nível, totalmente novo".

Igualar os preços é uma maneira de combater o showrooming, mas, em geral, essa não é uma opção realista. As empresas que vendem on-line têm significativas vantagens em relação aos custos — elas não carregam as despesas que envolvem a operação de lojas físicas e, na maioria dos estados norte-americanos, não lhes é exigido recolher impostos sobre as vendas. Um recente estudo descobriu que, mesmo antes do benefício com o imposto, os preços médios da Amazon.com eram de 8 a 14% menores do que os praticados pelos principais varejistas com loja, incluindo o Target, o Walmart e a Best Buy. A maioria dos grandes varejistas que operam lojas físicas monitora ferozmente os preços dos concorrentes on-line e faz o que pode para se igualar a eles. Eles já reduziram os custos e estão operando com margens muito menores. Assim, na maioria dos casos, os varejistas com lojas físicas simplesmente não conseguem equiparar seus preços aos das lojas on-line e permanecer lucrativos.

Com pouco espaço para manobrar os preços, os varejistas com lojas físicas estão explorando outras táticas, que não envolvem preço, para combater o showrooming. Uma tática consiste em trabalhar com produtos exclusivos e mercadorias de marcas próprias, que não permitem comparações diretas. Por exemplo, 56% dos produtos oferecidos pela GNC, que trabalha com itens voltados para a saúde e o bem-estar, são exclusivos ou de marcas da empresa. Na Brookstone, uma varejista especializada, muitos dos produtos mais vendidos ultimamente, como um projetor para iPhone de 229 dólares, foram desenvolvidos pela equipe interna. De maneira similar, o Target recentemente enviou um comunicado urgente para seus fornecedores pedindo que criassem linhas e modelos exclusivos para ele, que o protegeriam de comparações de preço baseadas no showrooming. O varejista assinalou que esses itens exclusivos poderiam ser produtos totalmente novos ou modificações na embalagem e nos números do modelo, o que dificultaria comparações diretas.

Entretanto, em vez de simplesmente se esquivar da questão do showrooming — ou, em termos mais gerais, das compras on-line —, muitos varejistas com loja estão tentando acompanhar a tendência aumentando suas opções digitais e on-line, como uma alternativa ou um reforço às compras em suas lojas. Por exemplo, recentemente, o Target melhorou seu site e quadruplicou o número de itens que vende on-line. O Walmart passou a dar mais ênfase à retirada nas lojas de pedidos feitos pela Internet. O varejista diz aos clientes que eles podem fazer o pedido pelo seu site Walmart.com, muitas vezes retirar os itens no mesmo dia, evitar taxas de entrega e devolver itens para a loja com os quais não ficaram satisfeitos com facilidade. Atualmente, os clientes retiram nas lojas metade de todas as compras realizadas no Walmart.com, com frequência comprando mercadorias adicionais durante a visita.

Tanto o Walmart como o Target estão testando aplicativos que, além de direcionarem os clientes para seus sites e lojas, permitem a eles criar listas de compras e, no caso do Target, receber alertas diários e personalizados de ofertas, bem como descontos exclusivos, enviados para seu telefone. Para ajudar a manter os clientes na loja uma vez que entrem nela, o Walmart adotou uma nova estratégia que chama de "corredor sem fim", em que treina um vendedor para direcionar os clientes, enquanto estiverem nas lojas, para o Walmart.com, quando estes não conseguem encontrar um determinado item.

A Best Buy está buscando formas adicionais de tornar seu processo de compras nas lojas mais atrativo. Em uma estratégia que imita o Genius Bar das lojas da Apple, a Best Buy implantou o que ela chama de Lojas Conectadas, que trazem suporte relacionado a tecnologias, conexões sem fio e um grande ponto de assistência ao cliente, assim como novas áreas e caixas para acelerar a retirada de itens compradores on-line. A esperança é que serviços adicionais nas lojas tornem mais palatáveis os preços mais altos nas prateleiras.

Apesar dessas táticas para combater o showrooming e as compras digitais, muitos especialistas continuam céticos com relação ao futuro de varejistas como a Best Buy. "Os varejistas tradicionais ainda estão fazendo negócios da maneira antiga, quando a Amazon já reinventou o modelo", diz um analista de varejo. Em muitas categorias, dizem os céticos, o momento favorece o comércio on-line. "Você pode se esforçar e ignorar isso", diz um analista, "mas é um fato". E, quando se trata de comércio on-line, os varejistas têm muita coisa para fazer. As vendas on-line são responsáveis por apenas de 1 a 2% das vendas totais do Target e do Walmart. E, embora hoje as vendas on-line representem somente 8% das compras totais no varejo, elas estão crescendo em um ritmo impressionante. Por exemplo, a Amazon.com, que registra vendas de 48 bilhões de dólares, está crescendo a uma taxa anual média de 36%. Ela está posicionada para ultrapassar a Best Buy este ano, tornando-se a 10ª maior varejista dos Estados Unidos — dois anos atrás, ela era a 19ª.

No momento, apesar de ser um perigo nítido e real para a Best Buy e alguns outros varejistas especializados, o showrooming é pouco mais do que um incômodo para os Targets e os Walmarts da vida. Mas as vendas feitas com base nessa prática mais do que dobraram do ano passado para cá, passando de 3,4 bilhões

▲ Prática de showroom: a atualmente comum prática de showroom, que consiste em ver os produtos nas lojas e comprá-los on-line, tornou-se a desgraça dos varejistas com loja. Mas o que eles podem fazer com relação a isso?
ZUMA Press/Newscom

de dólares para 8 bilhões. E, com cada vez mais compradores deixando as lojas de mãos vazias, os varejistas tradicionais estão ascendendo para enfrentar a ameaça. O Target lançou o desafio em seu recente comunicado para os fornecedores: "Não estamos dispostos a admitir que varejistas que operam somente on-line usem nossas lojas físicas como showrooms para seus produtos e diminuam nossos preços sem fazer investimentos, como nós fazemos, para orgulhosamente expor suas marcas". No entanto, a grande questão para fica para o Target é: "O que você vai fazer com relação a isso?"

Fontes: Ann Zimmerman, "Can retailers halt 'showrooming'?", *Wall Street Journal*, 11 abr. 2012, p. B1; Jennifer Van Grove, "Everyone except grandma is comparison shopping via mobile, study finds", *Venturebeat*, 30 jan. 2012, <http://venturebeat.com/2012/01/30/in-store-mobile-commerce/>; Dana Mattioli, "Retailers try to thwart price apps", *Wall Street Journal*, 23 dez. 2011, <http://online.wsj.com/article/SB10001424052970203686204577114901480554444.html>; Ann Zimmerman, "Showdown over 'showrooming'", *Wall Street Journal*, 23 jan. 2012, p. B1; Miguel Bustillo, "Best Buy forced to rethink big box", *Wall Street Journal*, 29 mar. 2012, p. B1.

Entretanto, cada vez mais os varejistas estão tentando atender a essas novas expectativas dos consumidores oferecendo em suas lojas tecnologias de estilo on-line. Hoje, muitos varejistas utilizam tecnologias que vão desde quiosques *touch screen*, dispositivos manuais e móveis para auxiliar as compras e aplicativos voltados para a fidelidade do cliente até provadores interativos e parceiros de vendas virtuais. Por exemplo, a Eastern Mountain Sports (EMS) utiliza um aplicativo para iPad com o intuito de equipar os compradores para sua próxima aventura, com itens disponíveis tanto na loja como no site da empresa. "Não estamos mais limitados por metros quadrados com relação àquilo que podemos vender", diz um profissional de marketing da EMS.[26]

O futuro da tecnologia no varejo reside na fusão das experiências de compra on-line e off-line. Não se trata de uma questão de crescimento do varejo on-line e, ao mesmo tempo, declínio do varejo físico. Em vez disso, ambos os formatos serão importantes, e os dois terão que ser integrados. Por exemplo, você provavelmente já teve muitas experiências de com-

▲ Tecnologia de varejo: o futuro pertence aos varejistas que conseguirem mesclar várias tecnologias on-line e fornecidas nas lojas em uma experiência de compra consistente. Aqui, uma funcionária da Eastern Mountain Sports utiliza um aplicativo para iPad com o intuito de ajudar a equipar um comprador para sua próxima aventura.
Eastern Mountain Sports

pra em que começou navegando pelo site de um varejista ou por um aplicativo interativo. Em seguida, visitou a loja, conversou com o pessoal da vendas e testou o produto. Enquanto estava na loja, você pode muito bem ter usado seu smartphone para fazer comparações com outros varejistas, antes de tomar a decisão de comprar na loja ou mais tarde, on-line. O futuro pertence aos varejistas que conseguirem mesclar várias tecnologias on-line e fornecidas nas lojas em uma experiência de compra consistente.[27]

Esse cenário funcional não é nem futurista nem imaginativo como parece. Todas as tecnologias já estão disponíveis e, em breve, poderão ser encontradas em todo lugar.

Varejo ecológico

Os varejistas de hoje estão, cada vez mais, adotando práticas ambientalmente sustentáveis. Eles estão tornando suas lojas e operações mais "verdes", promovendo mais produtos responsáveis em termos ambientais, lançando programas para ajudar os clientes a serem mais responsáveis e trabalhando com parceiros do canal para reduzir seu impacto ambiental.

No nível mais básico, a maioria dos grandes varejistas está deixando suas lojas mais ambientalmente corretas, por meio de uma arquitetura, um processo de construção e operações sustentáveis. Por exemplo, todas as novas lojas do Kohl's são construídas com materiais de construção reciclados e obtidos de fontes regionais. Além disso, o encanamento e o gramado das lojas são eficientes em termos de água, e seu telhado, classificado como Energy Star, reduz o consumo de energia. Por dentro, as novas lojas utilizam sensores de presença para iluminar áreas de depósito, provadores e escritórios; sistemas de gerenciamento de energia para controlar aquecedores e aparelhos de ar-condicionado; e um programa de reciclagem para caixas de papelão, embalagens e cabides. "O Kohl's se preocupa", diz a loja. "De grandes iniciativas, como a construção de edifícios ambientalmente corretos, a práticas diárias, como a reciclagem de cabides, estamos dando grandes passos para garantir que deixemos uma pegada ecológica menor."[28]

▲ Varejo ecológico: o Safeway oferece sua própria linha Bright Green de produtos para cuidados com a casa, com sabões para lavar roupa e para limpeza feitos com ingredientes biodegradáveis e derivados da natureza.
Safeway, Inc.

Os varejistas também estão tornando seu sortimento de produtos mais "verde". Por exemplo, o Safeway oferece sua própria linha Bright Green de produtos para cuidados com a casa, com sabões, para lavar roupa e limpeza geral, feitos com ingredientes biodegradáveis e derivados da natureza, lâmpadas que economizam energia e produtos de papel feitos com, no mínimo, 60% de materiais reciclados. Esses produtos podem, além de aumentar as vendas, melhorar a imagem do varejista, que passa a ser visto como uma empresa responsável.

Muitos varejistas também lançaram programas para ajudarem os consumidores a tomar decisões mais ambientalmente responsáveis. O programa EcoEasy da Staples "deixa mais fácil fazer a diferença", ajudando os clientes a identificar produtos "verdes" vendidos em suas lojas e a reciclar cartuchos de impressora, celulares, computadores e outros produtos de tecnologia relacionados a escritório. A Staples recicla cerca de 30 milhões de cartuchos de impressora e 4,5 milhões de quilos de tecnologia ultrapassada por ano.[29]

Por fim, muitos grandes varejistas estão unindo forças com fornecedores e distribuidores para desenvolver produtos, embalagens e sistemas de distribuição mais sustentáveis. Por exemplo, a Amazon.com trabalha de perto com os fabricantes de muitos produtos que ela vende para reduzir e simplificar suas embalagens. E, além de suas próprias iniciativas substanciais no que diz respeito à sustentabilidade, o Walmart utiliza seu enorme poder de compra para estimular seu exército de fornecedores a melhorar seu impacto e suas práticas ambientais. O varejista, inclusive, desenvolveu o Índice de Produto Sustentável, que é aplicado no mundo inteiro e por meio do qual ele avalia os fornecedores. O Walmart planeja transformar o índice em um método de avaliação simples para os consumidores, a fim de ajudá-los a fazer escolhas de compra mais sustentáveis.

O varejo ecológico gera benefícios tanto para as receitas como para os resultados financeiros. As práticas sustentáveis melhoram as receitas do varejista ao atrair consumidores que querem apoiar empresas e produtos ambientalmente corretos. Elas também contribuem com os resultados financeiros reduzindo os custos. Por exemplo, os esforços voltados para a redução da embalagem da Amazon.com melhoraram a conveniência do cliente e eliminaram a fúria gerada por tantos embrulhos, ao mesmo tempo em que geraram economia, com a diminuição dos custos de embalagem. Os edifícios ecologicamente corretos do Kohl's não apenas surtem um efeito sobre os clientes e ajudam a salvar o planeta, como custam menos para operar.

Expansão global dos maiores varejistas

Varejistas com formato exclusivo e forte posicionamento de marca estão, cada vez mais, penetrando em outros países. Muitos estão se expandindo internacionalmente para escapar de seus mercados internos já saturados. Com o passar dos anos, alguns gigantes norte-americanos do varejo, como o McDonald's, alcançaram projeção global como resultado de sua força em marketing. Outros, como o Walmart, estão rapidamente estabelecendo uma presença global. O Walmart, que atualmente opera mais de 5.600 lojas em 26 mercados estrangeiros, prevê um potencial global animador. Sua divisão internacional arrecadou sozinha mais de 126 bilhões de dólares em vendas no ano passado, um número 80% superior às vendas *totais* do Target, de 69,8 bilhões.[30]

No entanto, a maioria dos varejistas norte-americanos ainda está bem atrás dos europeus e asiáticos quando se trata de expansão global. Apesar de nove dos 20 maiores varejistas do mundo serem empresas norte-americanas, somente quatro deles varejistas abriram lojas fora da América do Norte (o Walmart, a Home Depot, o Costco e a Best Buy). Dos 11 varejistas não norte-americanos entre os 20 maiores do mundo, oito têm lojas em pelo menos dez países. Entre os varejistas não norte-americanos com operações internacionais estão: as redes Carrefour e Auchan, da França; as redes Metro e Aldi, da Alemanha; o Tesco, da Grã-Bretanha; e o Seven & I, do Japão.[31]

O varejo internacional traz desafios e oportunidades. Ao atravessar países, continentes e culturas, os varejistas podem se deparar com ambientes de varejo completamente diferentes. Simplesmente adaptar as operações que funcionam bem no país de origem, em geral, não é suficiente para conquistar sucesso internacional. Em vez disso, ao partir para outros países, os varejistas devem entender as necessidades dos mercados locais e atendê-las.

Atacado

O **atacado** inclui todas as atividades envolvidas na venda de produtos e serviços para aqueles que compram para revenda ou uso comercial. As empresas dedicadas *principalmente* às atividades de atacado são chamadas de **atacadistas**.

Os atacadistas compram, principalmente, de produtores e vendem, principalmente, para varejistas, consumidores organizacionais e outros atacadistas. Como resultado, muitos dos maiores e mais importantes atacadistas de um país são completos desconhecidos pelos consumidores finais. Por exemplo, você pode nunca ter ouvido falar da Grainger, apesar de ela ser muito conhecida e valorizada por seus mais de 2 milhões de clientes organizacionais e institucionais espalhados por 157 países.[32]

A Grainger pode ser a maior líder de mercado da qual você nunca ouviu falar. Trata-se de um negócio de 8,1 bilhões de dólares que oferece mais de 1 milhão de produtos de manutenção, reparo e operação (MRO), de 3.500 fabricantes em 30 países, para 2 milhões de clientes ativos. Por meio de sua rede de filiais, centros de serviços, representantes de vendas, catálogos e sites, a Grainger conecta os clientes aos suprimentos de que eles precisam para manter suas operações funcionando sem percalços — desde lâmpadas, equipamentos de limpeza e vitrines até porcas e parafusos, motores, válvulas, ferramentas elétricas, equipamentos de teste e produtos de segurança. A Grainger processa mais de 115 mil transações diárias por meio de suas 711 filiais, suas 28 centrais de distribuição estrategicamente localizadas, seus cerca de 21.500 funcionários e seus sites inovadores. Os clientes da Grainger incluem organizações que variam de fábricas, oficinas mecânicas e supermercados a escolas e bases militares. A Grainger opera com base em uma proposta de valor simples: fazer com que os clientes encontrem e comprem, de maneira mais fácil e menos dispendiosa, materiais de MRO. Ela começa atuando como um ponto único de compras para produtos voltados para a manutenção das instalações. Em um nível mais amplo, desenvolve relacionamentos duradouros com os clientes ajudando-os a encontrar *soluções* para seus proble-

---

Objetivo 4

◀ Explicar os principais tipos de atacadistas e suas decisões de marketing.

Atacado
Todas as atividades envolvidas na venda de produtos e serviços para aqueles que compram para revenda ou uso comercial.

Atacadista
Uma empresa dedicada *principalmente* às atividades de atacado.

▲ Atacado: muitos dos maiores e mais importantes atacadistas de um país — como a Grainger — são completos desconhecidos pelos consumidores finais. Mas eles são muito conhecidos e valorizados pelos clientes organizacionais a que atendem.
W. W. Grainger, Inc.

mas gerais de MRO. Atuando como consultores, os representantes de vendas da Grainger ajudam os compradores em tudo, desde a melhoria do gerenciamento de sua cadeia de suprimento até a redução de estoques e a otimização de suas operações de armazenagem. Então, como é possível nunca ter ouvido falar da Grainger? Talvez seja pelo fato de a empresa operar no mundo não tão glamoroso dos materiais de MRO, que são importantes para qualquer negócio, mas não tão importantes para os consumidores. Mas o mais provável é que isso ocorra porque a Grainger é uma atacadista. E, como a maioria dos atacadistas, ela opera nos bastidores, vendendo principalmente para outras empresas.

Por que os atacadistas são importantes para as empresas vendedoras? Por exemplo, por que um fabricante utilizaria atacadistas, em vez de vender diretamente a varejistas ou consumidores? Simplesmente porque os atacadistas agregam valor, ao desempenhar uma ou mais das seguintes funções de canal:

- *Vendas e promoção:* a força de vendas dos atacadistas ajuda os fabricantes a alcançar muitos clientes pequenos a um baixo custo. O atacadista tem mais contatos e, geralmente, o comprador confia mais nele do que no fabricante, que está distante.
- *Processo de compra e formação de sortimento:* os atacadistas podem selecionar itens e formar os sortimentos de que seus clientes precisam, poupando-lhes trabalho.
- *Quebra de lotes:* os atacadistas economizam o dinheiro de seus clientes comprando grandes carregamentos de mercadorias e dividindo-os em lotes menores.
- *Armazenagem:* os atacadistas mantêm estoques, reduzindo assim os custos e os riscos relacionados a estoques para fornecedores e clientes.
- *Transporte:* os atacadistas podem oferecer entrega mais rápida aos compradores, uma vez que estão mais perto deles do que os produtores.
- *Financiamento:* os atacadistas financiam seus clientes concedendo-lhes crédito e seus fornecedores fazendo pedidos antecipados e pagando as faturas em dia.
- *Riscos:* os atacadistas absorvem os riscos ao assumir a posse das mercadorias e arcar com os custos de furtos, danos, deterioração e obsolescência.
- *Informações de mercado:* os atacadistas passam informações a fornecedores e clientes sobre concorrentes, novos produtos e mudanças de preços.
- *Serviços de gerenciamento e consultoria:* os atacadistas com frequência ajudam os varejistas no treinamento de seus vendedores, na melhoria do layout e das vitrines das lojas e na implantação de sistemas de controle de contabilidade e estoque.

Atacadista comercial
Um negócio de atacado independente que assume a posse das mercadorias com as quais lida.

Corretor
Um atacadista que não assume a posse das mercadorias e cuja função é reunir os compradores e vendedores e ajudar nas negociações.

Agente
Um atacadista que representa compradores ou vendedores em uma base mais permanente, desempenha somente algumas funções e não assume a posse das mercadorias.

Filiais e escritórios de vendas dos fabricantes
Operações de atacado realizadas por compradores ou vendedores, e não por atacadistas independentes.

Tipos de varejistas

Os atacadistas dividem-se em três grupos principais (veja a Tabela 13.3): *atacadistas comerciais, corretores e agentes* e *filiais e escritórios de vendas dos fabricantes*. Os **atacadistas comerciais** formam o maior grupo de atacadistas, responsáveis por aproximadamente 50% de toda a atividade de atacado. Eles se dividem em duas grandes classes: atacadistas de serviço completo e atacadistas de serviço limitado. Os *atacadistas de serviço completo* oferecem um conjunto total de serviços, ao passo que os diversos *atacadistas de serviço limitado* oferecem uma quantidade menor de serviços a seus fornecedores e clientes. Os vários tipos de atacadistas de serviço limitado realizam diversas funções especializadas no canal de distribuição.

Os *corretores* e *agentes* diferem dos atacadistas comerciais de duas maneiras: eles não assumem a posse das mercadorias e desempenham apenas algumas funções. Assim como os atacadistas comerciais, eles geralmente se especializam em uma linha de produtos ou em um tipo de cliente. Um **corretor** reúne compradores e vendedores e ajuda nas negociações. Os **agentes** representam compradores e vendedores em uma base mais permanente. Os *agentes dos fabricantes* (também chamados de *representantes dos fabricantes*) constituem o tipo mais comum de agente no atacado. O terceiro maior tipo de operação de atacado é realizado em **filiais e escritórios de vendas dos fabricantes**, pelos próprios vendedores ou compradores, e não por atacadistas independentes.

▼ Tabela 13.3 Principais tipos de atacadistas.

Tipo	Descrição
Atacadistas comerciais	Empresas independentes que assumem a posse de todas as mercadorias com as quais lidam. Elas são atacadistas de serviço completo ou atacadistas de serviço limitado.
Atacadistas de serviço completo	Oferecem uma linha completa de serviços: manutenção de estoque, força de vendas, oferta de crédito, serviços de entrega e assistência administrativa. São divididos em dois tipos: atacadistas comerciais e distribuidores industriais.
Atacadistas comerciais	Vendem principalmente para varejistas e oferecem uma gama completa de serviços. Os atacadistas de produtos gerais oferecem diversas linhas de mercadorias, ao passo que os atacadistas de linha geral trabalham com uma ou duas linhas de produtos bastante amplas. Os atacadistas especializados trabalham com apenas parte de uma linha.
Distribuidores industriais	Vendem para os fabricantes, e não para os varejistas. Oferecem diversos serviços, como manutenção de estoque, oferta de crédito e entrega. Podem trabalhar com uma ampla variedade de mercadorias, uma linha geral ou uma linha especializada.
Atacadistas de serviço limitado	Oferecem menos serviços que os atacadistas de serviço completo. Existem diversos tipos de atacadistas de serviço limitado, como:
Atacadistas "pague e leve"	Trabalham com uma linha limitada de produtos de alto giro e vendem à vista para pequenos varejistas. Normalmente, não fazem entrega.
Atacadistas móveis (ou de caminhão)	Executam, principalmente, as funções de venda e entrega. Trabalham com uma linha limitada de mercadorias semiperecíveis (como leite, pão e petiscos), que são vendidas à vista seguindo uma rota entregue em supermercados, mercearias, hospitais, restaurantes, lanchonetes de empresas e hotéis.
Atacadistas logísticos	Não mantêm estoques nem manuseiam produtos. Ao receber um pedido, esses atacadistas selecionam um produtor, que despacha a mercadoria diretamente para o cliente. Os atacadistas logísticos operam em setores de grande volume, como o de carvão, madeira e equipamentos pesados.
Abastecedores	Atendem a supermercados e drogarias, principalmente com itens não alimentícios. Enviam caminhões de entrega para as lojas, nas quais o próprio entregador abastece as prateleiras com brinquedos, itens de papelaria, ferragens, produtos de beleza e saúde ou outras mercadorias. Colocam preços nos produtos, certificam-se de que não estão danificados, montam vitrines nos pontos de compra e controlam o estoque.
Cooperativas de produtores	Pertencem a agricultores associados, que reúnem produtos agrícolas para vendê-los em mercados locais. Os agricultores geralmente tentam melhorar a qualidade dos produtos e promover um nome de marca para a cooperativa, como acontece com as passas Sun Maid, as laranjas Sunkist e as nozes Diamond.
Atacadistas que vendem por mala direta ou pela Internet	Enviam catálogos a clientes varejistas, organizacionais e institucionais ou mantêm sites, nos quais oferecem joias, cosméticos, alimentos especiais e outros itens pequenos. Seus principais clientes são empresas estabelecidas em pequenas áreas distantes das cidades.
Corretores e agentes	Não assumem a posse das mercadorias. Sua função principal é facilitar a compra e a venda, em um serviço pelo qual recebem uma comissão sobre o preço de venda. Geralmente especializam-se em linhas de produtos ou em tipos de clientes.
Corretores	Reúnem compradores e vendedores e ajudam nas negociações. São pagos pela parte que os contratou e não mantêm estoques, não oferecem serviços de crédito e não assumem riscos. Exemplos incluem corretores de alimentos, de imóveis e de seguros.
Agentes	Representam ou os compradores ou os vendedores, em uma base mais permanente que a dos corretores. Existem, ao todo, quatro tipos de agentes:
Agentes dos fabricantes	Representam dois ou mais fabricantes de linhas complementares. São geralmente usados em linhas de produtos como roupas, móveis e aparelhos elétricos. Esse tipo de agente é contratado por pequenos fabricantes que não podem bancar uma força de vendas externas própria e por grandes fabricantes que os usam para entrar em novos territórios ou vender em áreas que não comportam vendedores em tempo integral.

(Continua)

Tipo	Descrição
Agentes de venda	Têm autoridade contratual para vender toda a produção de um fabricante. O agente de venda exerce o papel de um departamento de vendas e tem significativa influência sobre os preços, os termos e as condições de venda. Ele é encontrado em áreas como a de produtos têxteis, máquinas e equipamentos industriais, carvão e coque, produtos químicos e metais.
Agentes de compra	Em geral, têm um relacionamento de longo prazo com as empresas compradoras e fazem compras em nome deles. Com frequência, recebem, inspecionam, armazenam e entregam a mercadoria aos compradores. Os agentes de compra ajudam os clientes a conseguir as melhores mercadorias e preços disponíveis na praça.
Atacadistas comissionados	Assumem a posse física dos produtos e negociam as vendas. São utilizados, principalmente, em mercados agrícolas, por agricultores que não querem vender a própria produção. O atacadista comissionado leva um caminhão repleto de commodities até um mercado central, vende as mercadorias pelo melhor preço, deduz as despesas e sua comissão e envia o saldo aos produtores.
Filiais e escritórios de fabricantes e varejistas	Operações de atacado realizadas pelos próprios vendedores e compradores, e não por meio de atacadistas independentes. Filiais e escritórios à parte podem se dedicar exclusivamente às vendas ou às compras.
Filiais e escritórios de vendas	Montados por fabricantes para melhorar o controle de estoque, as vendas e a promoção. As filiais de vendas mantêm estoques e são encontradas em setores como os de madeira e o de equipamentos e peças para automóveis. Os escritórios de vendas não mantêm estoque e são mais comuns nos setores têxtil e de aviamentos.
Escritórios de compra	Desempenham um papel semelhante ao dos corretores e agentes, mas fazem parte da organização do comprador. Muitos varejistas montam escritórios de compra em importantes centros comerciais, como Nova York e Chicago.

Decisões de marketing do atacadista

Atualmente, os atacadistas se deparam com pressões competitivas cada vez maiores, clientes mais exigentes, novas tecnologias e um número maior de programas de compras diretas da parte de grandes compradores organizacionais, institucionais e varejistas. O resultado disso é que eles têm sido obrigados a rever suas estratégias de marketing. Assim como acontece com os varejistas, as decisões de marketing dos atacadistas incluem: segmentação e seleção de mercados-alvo; diferenciação e posicionamento; e mix de marketing — sortimentos de produtos e serviços, preço, promoção e distribuição (veja a Figura 13.2).

Figura 13.2 Estratégias de marketing do atacadista.

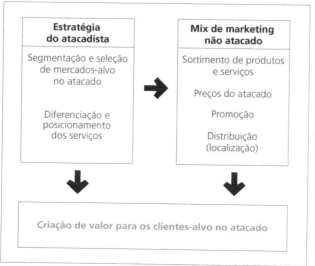

Por que esta figura se parece tanto com a Figura 13.1? Você adivinhou! Assim como os varejistas, os atacadistas precisam desenvolver estratégias e mixes orientados para o cliente que criem valor para ele e, em troca, capturem valor. Por exemplo, a Grainger ajuda seus clientes organizacionais a "economizar tempo e dinheiro oferecendo a eles os produtos certos para manter suas instalações funcionando".

Decisões de segmentação, seleção de mercados-alvo, diferenciação e posicionamento

Assim como os varejistas, os atacadistas precisam, de maneira efetiva, segmentar e definir seus mercados-alvo, bem como se diferenciar e se posicionar — não dá para atender a todos. Eles podem escolher um grupo-alvo com base no tamanho do cliente (apenas grandes varejistas), no tipo de cliente (apenas lojas de conveniência), na necessidade de serviço (clientes que precisam de crédito) ou em outros fatores. Dentro do grupo-alvo, os atacadistas podem identificar os clientes mais lucrativos, planejar ofertas mais agressivas e desenvolver um melhor relacionamento com eles. Podem propor sistemas automáticos de renovação de pedidos, estabelecer sistemas de treinamento administrativo e de consultoria ou até mesmo patrocinar uma rede voluntária. Podem ainda desestimular os clientes menos lucrativos, exigindo pedidos maiores ou cobrando taxas de serviço para os pedidos menores.

Decisões de composto de marketing

Assim como os varejistas, os atacadistas precisam tomar decisões acerca do sortimento de produtos e serviços, dos preços, da promoção e da praça. Os atacadistas agregam valor aos clientes por meio dos *produtos e serviços* que oferecem. Com frequência, eles sofrem grande pressão para manter uma linha completa e estoque suficiente para pronta entrega. Mas essa prática pode prejudicar os lucros. Hoje, os atacadistas estão reduzindo o número de linhas com as quais trabalham, concentrando-se apenas nas mais lucrativas. Eles também estão reconsiderando os serviços, vendo quais contam mais no desenvolvimento de um forte relacionamento com os clientes e quais devem ser abandonados ou cobrados. O segredo para as empresas consiste em chegar ao composto de serviços mais valorizado por seus clientes-alvo.

O *preço* também é uma importante decisão para os atacadistas. Eles geralmente acrescentam uma margem ao custo das mercadorias aplicando uma porcentagem-padrão — digamos, 20%. As despesas podem chegar a 17% da margem bruta, sobrando uma margem de lucro de 3%. No atacado de artigos de mercearia, a margem de lucro média geralmente é inferior a 2%. A recente recessão pressionou muito os atacadistas para reduzir seus custos e preços. Quando os clientes varejistas e organizacionais se deparam com quedas nas vendas e nas margens, eles se voltam para os atacadistas, à procura de preços mais baixos. Os atacadistas, por sua vez, podem reduzir suas margens em algumas linhas para manter clientes importantes. Eles podem também solicitar reduções de preços especiais aos fornecedores, quando for possível transformar essas reduções em aumento nas vendas deles.

Embora a *promoção* possa ser fundamental para o sucesso do atacadista, a maioria deles não é orientada para isso. O uso que fazem de propaganda, promoções de vendas, venda pessoal e relações públicas é muito disperso e não planejado. Muitos estão desatualizados na venda pessoal — eles ainda consideram o processo de vendas como um único vendedor conversando com um único comprador, e não como um trabalho de equipe para vender para clientes importantes, desenvolvê-los e atendê-los. Os atacadistas também precisam adotar algumas técnicas de promoção não pessoais utilizadas pelos varejistas. Eles precisam desenvolver uma estratégia geral de promoção e fazer maior uso dos materiais e programas promocionais do fornecedor.

Por fim, a *distribuição* (localização) é importante. Os atacadistas devem escolher cuidadosamente suas localizações físicas e na Internet, bem como suas instalações. Foi-se o tempo em que os atacadistas podiam se instalar em áreas de aluguéis e impostos baixos e investir pouco dinheiro em seus edifícios, equipamentos e sistemas. Hoje em dia, com a tecnologia se movendo depressa, esse tipo de comportamento resulta em sistemas desatualizados de manuseio de mercadorias, processamento de pedidos e entregas.

Em vez disso, os grandes e progressistas atacadistas de hoje reagiram à elevação dos custos investindo em depósitos automatizados e em sistemas de TI. Os pedidos passam diretamente do sistema de informação do varejista para o atacadista. Os itens, então, são separados por dispositivos mecânicos e automaticamente levados para uma plataforma de embarque, onde a carga é montada. A maioria dos grandes atacadistas usa tecnologia para processar a contabilidade, o faturamento, o controle de estoque e a previsão de vendas. Atacadistas modernos estão adaptando seus serviços às necessidades dos clientes-alvo e buscando métodos de redução de custos para se fazer os negócios. Eles também estão realizando mais transações on-line. Por exemplo, o e-commerce é o canal de vendas de crescimento mais rápido da Grainger, fazendo dela a 15ª maior operadora de comércio eletrônico dos Estados Unidos e do Canadá. Atualmente, as compras on-line representam mais de 27% das vendas totais do atacadista.

Tendências no atacado

Os atacadistas de hoje enfrentam desafios consideráveis. O setor continua vulnerável a uma das mais duradouras tendências — a necessidade cada vez maior de eficiência. Os recentes problemas econômicos levaram a exigências de preços ainda menores e à eliminação de fornecedores que não estavam agregando valor com base em custo e qualidade. Atacadistas de vanguarda sempre buscam melhores formas de atender às necessidades em constante mudança de seus fornecedores e clientes-alvo. Eles reconhecem que a única razão de sua existência é o fato de agregarem valor, o qual se dá pelo aumento da eficiência e da efetividade do canal de marketing como um todo.

Assim como acontece com outros tipos de empresa, a meta do atacadista é desenvolver um relacionamento de valor agregado com os clientes. A McKesson oferece um exemplo de atacado progressista, de valor agregado. A empresa é uma prestadora de serviços diversificados para a área médica, além de ser a atacadista líder nos Estados Unidos para produtos farmacêuticos, de saúde e beleza e de atendimento em domicílio, bem como de suprimentos e equipamentos médicos. Para sobreviver, especialmente em um ambiente econômico difícil, a McKesson precisa se manter mais efetiva, em termos de custo, do que as filiais de vendas dos fabricantes. Assim, a empresa construiu depósitos eficientes e automatizados, estabeleceu conexões diretas via computador com fabricantes de medicamentos e montou grandes sistemas de recebimento de contas e gerenciamento do suprimento on-line para os clientes. Ela oferece às drogarias do varejo uma grande variedade de recursos on-line, incluindo assistência no gerenciamento do suprimento, buscas em catálogos, acompanhamento do pedido em tempo real e um sistema de gerenciamento de contas. Também criou soluções como máquinas de venda automatizada para produtos farmacêuticos, que ajudam as drogarias a reduzir os custos e aumentar a precisão. Os varejistas podem, inclusive, usar o sistema da McKesson para manter históricos de prescrição e perfis médicos de seus clientes.

Os clientes de equipamentos e suprimentos médicos e cirúrgicos da McKesson recebem um rico sortimento de soluções on-line e ferramentas de gerenciamento do suprimento, incluindo um sistema on-line de gerenciamento de pedidos e informações em tempo real sobre produtos e preços, disponibilidade do estoque e status do pedido. De acordo com a McKesson, a empresa agrega valor ao canal oferecendo "suprimentos, informações e produtos e serviços de cuidados com a saúde, projetados para reduzir os custos e aumentar a qualidade da saúde como um todo".[33]

A distinção entre grandes varejistas e grandes atacadistas continua pouco clara. Hoje, muitos varejistas operam formatos como clubes de compras e supercentros, os quais desempenham muitas funções do atacado. Por sua vez, alguns grandes atacadistas estão montando suas próprias operações de varejo. Por exemplo, até recentemente, a SuperValu era classificada como uma atacadista de alimentos, com a maioria de seus negócios gerada pelo fornecimento de artigos de mercearia a supermercados independentes. Entretanto, ao longo dos últimos anos, a SuperValu abriu ou adquiriu várias redes varejistas de produtos alimentícios — incluindo a Albertsons, a Jewel-Osco, a Save-A-Lot, a Cub Foods e a Acme, entre outras — e se tornou a terceira maior varejista do setor de alimentos dos Estados Unidos (atrás do Walmart e do Kroger). Assim, apesar de continuar sendo a maior atacadista de alimentos do país, a SuperValu é classificada hoje como uma varejista, uma vez que 78% de seus 40 bilhões de dólares em vendas vem do varejo. De fato, atualmente a SuperValu se vende como "o maior supermercado de bairro dos Estados Unidos".[34]

Os atacadistas continuarão a aumentar os serviços que oferecem aos varejistas — determinação de preços no varejo, propaganda cooperativa, relatórios de informações gerenciais e de marketing, serviços de contabilidade e transações on-line, entre outros. No entanto, tanto a economia recentemente em crise como a demanda por mais serviços reduziram o lucro dos atacadistas. Aqueles que não conseguirem encontrar maneiras eficientes de fornecer valor a seus clientes logo serão colocados de lado. Felizmente, o uso cada vez maior de sistemas computadorizados, automatizados e baseados na Internet ajudará os atacadistas a refrear os custos de processamento de pedidos, expedição e manutenção de estoque, aumentando assim sua produtividade.

Revisão dos conceitos

Revisão dos **objetivos** e **termos-chave**

⟳ Revisão dos objetivos

O varejo e o atacado consistem em muitas organizações que levam produtos e serviços do ponto de produção para o ponto de uso. Neste capítulo, analisamos a natureza e a importância do varejo, os principais tipos de varejistas, as decisões que eles tomam e o futuro do varejo. Em seguida, analisamos esses mesmos tópicos levando em conta os atacadistas.

Objetivo 1 ▶ **Explicar o papel dos varejistas no canal de distribuição e descrever os principais tipos de varejistas (p. 412-419)**

O *varejo* inclui todas as atividades envolvidas na venda de produtos ou serviços diretamente para os consumidores finais, para seu uso pessoal, e não comercial. Os varejistas desempenham um importante papel ao conectar as marcas aos consumidores nas fases finais do processo de compras. O shopper *marketing* implica concentrar-se no processo de marketing como um todo, transformando shoppers em compradores no ponto de venda, seja a compra realizada na loja, on-line ou por dispositivos móveis.

As lojas de varejo apresentam-se sob todas as formas e tamanhos, e novos tipos de varejo estão sempre surgindo. Os varejistas com loja podem ser classificados pelo *volume de serviços* que oferecem (autosserviço, serviço limitado ou serviço completo), pela *linha de produtos* que vendem (lojas especializadas, lojas de departamentos, supermercados, lojas de conveniência, superlojas e varejistas de serviços) e por seus *preços relativos* (lojas de desconto e varejistas de ponta de estoque). Hoje em dia, muitos varejistas estão se agrupando em *organizações varejistas* corporativas e contratuais (redes corporativas, redes voluntárias, cooperativas de varejo e organizações de franquia).

Objetivo 2 ▶ **Descrever as principais decisões de marketing do varejista (p. 420-426)**

Os varejistas estão sempre buscando novas estratégias de marketing para atrair e manter os clientes. Eles se deparam com importantes decisões de marketing no que se refere a segmentação e seleção de mercados-alvo, diferenciação e posicionamento da loja e mix de marketing do varejo.

Os varejistas devem primeiro segmentar e definir seus mercado-alvo e, só então, decidir como vão se diferenciar e se posicionar nesses mercados. Aqueles que tentam oferecer "alguma coisa para todo mundo" acabam não atendendo a mercado nenhum. Por outro lado, varejistas bem-sucedidos definem bem seus mercados-alvo e se posicionam neles de maneira sólida.

Orientados pela seleção de mercado-alvo e pelo posicionamento sólidos, os varejistas devem tomar decisões referentes ao composto de marketing do varejo — sortimento de produtos e serviços, preço, promoção e distribuição. As lojas de varejo são muito mais do que simplesmente um sortimento de produtos. Além dos produtos e serviços que oferecem, os varejistas de sucesso de hoje orquestram, com cuidado, praticamente todos os aspectos envolvidos na experiência de loja do consumidor. A política de preço do varejista deve estar de acordo com seu mercado-alvo e posicionamento, com seu sortimento de produtos e serviços e com a concorrência. Os varejistas utilizam as cinco ferramentas de promoção normais — propaganda, venda pessoal, promoção de vendas, relações públicas (RP) e marketing direto — para alcançar os clientes. Por fim, é muito importante que os varejistas escolham locais de fácil acesso para o mercado-alvo, em áreas que tenham a ver com seu posicionamento.

Objetivo 3 ▶ **Discutir as principais tendências e acontecimentos no varejo (p. 426-433)**

Os varejistas operam em um ambiente agressivo e de rápidas mudanças, o qual oferece ameaças, mas também oportunidades. Depois de anos de bons períodos econômicos para os varejistas, a Grande Recessão transformou a sorte de muitos varejistas, que de explosiva passou a ser implosiva. Novas formas de varejo continuam a surgir. Ao mesmo tempo, diferentes tipos de varejistas estão, cada vez mais, atendendo a clientes parecidos com os mesmos produtos e serviços (convergência varejista), dificultando a diferenciação. Outras tendências no varejo incluem: a ascensão dos megavarejistas, o rápido crescimento do varejo direto e on-line, a crescente importância da tecnologia de varejo, a onda do varejo ecológico e a expansão global dos maiores varejistas.

Objetivo 4 ▶ **Explicar os principais tipos de atacadistas e suas decisões de marketing (p. 433-438)**

O *atacado* inclui todas as atividades envolvidas na venda de produtos e serviços para aqueles que compram para revenda ou uso comercial. Os atacadistas se dividem em três grupos. Para começar, os *atacadistas comerciais* assumem a posse das mercadorias. Eles incluem os *atacadistas de serviço completo* (atacadistas comerciais e distribuidores industriais) e os *atacadistas de serviço limitado* (atacadistas "pague e leve", atacadistas móveis (de caminhão), atacadistas logísticos, abastecedores, cooperativas de produtores e atacadistas que vendem por mala direta ou pela Internet). Depois, os *corretores* e *agentes* não assumem a posse das mercadorias, mas recebem uma comissão por ajudar no processo de compra e venda. Por fim, *as filiais e os escritórios de vendas dos fabricantes* são operações de atacado conduzidas por não atacadistas com o objetivo de evitar os atacadistas.

Assim como os varejistas, os atacadistas precisam selecionar seus mercados-alvo com cuidado e se posicionar de

440 Parte 3 | Elaboração de uma estratégia e de um mix voltados para o cliente

maneira sólida. E, como os varejistas, os atacadistas precisam tomar decisões relacionadas ao sortimento de produtos e serviços, aos preços, à promoção e à distribuição. Varejistas de vanguarda estão sempre em busca de melhores formas para atender às necessidades em constante mudança de seus fornecedores e clientes-alvo. Eles reconhecem que, no longo prazo, a única razão de sua existência é o fato de agregarem valor, o que se dá pelo aumento da eficiência e da eficácia do canal de marketing como um todo. Assim como acontece com outros tipos de empresa, a meta dos atacadistas é sempre desenvolver um relacionamento de valor agregado com os clientes.

⟳ Termos-chave

Objetivo 1

Clube de compras (p. 418)
Dominador de categoria (p. 416)
Franquia (p. 419)
Loja de conveniência (p. 415)
Loja de departamento (p. 414)
Loja de desconto (p. 416)
Loja de fábrica (p. 417)
Loja de ponta de estoque independente (p. 417)
Loja especializada (p. 414)
Redes corporativas (p. 418)

Shopper marketing (p. 412)
Superloja (p. 416)
Supermercado (p. 415)
Varejista (p. 412)
Varejista de ponta de estoque (p. 417)
Varejista de serviços (p. 416)
Varejo (p. 412)

Objetivo 2

Shopping center (p. 426)

Objetivo 3

Conceito de roda do varejo (p. 427)

Objetivo 4

Agente (p. 434)
Atacadista (p. 433)
Atacadista comercial (p. 434)
Atacado (p. 433)
Corretor (p. 434)
Filiais e escritórios de vendas dos fabricantes (p. 434)

Discussão e pensamento crítico

⟳ Questões para discussão

1. Analise os fatores utilizados para classificar os estabelecimentos varejistas e relacione os tipos de varejista encontrados em cada classificação.
2. Relacione e descreva os tipos de organização corporativa ou contratual de lojas de varejo e aponte as vantagens de cada um deles.

3. Desenvolva o conceito para uma nova loja de varejo. Depois, explique as decisões de marketing que devem ser tomadas.
4. O que é convergência varejista? Ela tem ajudado ou prejudica os pequenos varejistas?

⟳ Atividades de pensamento crítico

1. Visite um shopping center local e avalie cinco lojas. Que tipo de varejista cada uma dessas lojas representa? Qual seu mercado-alvo? Como elas estão posicionadas? A atmosfera da loja reforça o posicionamento adotado de maneira efetiva, atraindo e satisfazendo o mercado-alvo?
2. Os varejistas que aceitam cartões de crédito pagam uma taxa para as operadoras de cartão, como a Visa e a Mastercard, que varia de 1 a 3% sobre as compras. As empresas de cartão de crédito proibiam os varejistas de repassar essa taxa para os consumidores, mas uma recente decisão judicial suspendeu essa restrição. De

acordo com essa decisão, os varejistas podem cobrar de 2,5 a 3% sobre cada transação. Pesquise essa questão e redija um relatório apontando os prós e os contras de os varejistas acrescentarem uma taxa extra às compras com cartão de crédito.

3. Como visto no início do Capítulo 10, em 2012, a JCPenney mudou sua estratégia de determinação de preços — ela deixou de trabalhar com preços altos e grandes descontos para passar a cobrar, em uma base constante, "preços justos e honestos", mais baixos. Avalie a efetividade dessa mudança na estratégia de determinação de preços.

Aplicações e casos

○ Foco na tecnologia — Monitoramentos dos clientes

De acordo com a Nielsen, mais de 50% dos consumidores que têm celular utilizam um smartphone. Muitos deles usam redes Wi-Fi gratuitas quando elas estão disponíveis, a fim de aumentar a velocidade da conexão e reduzir as cobranças por uso de dados. Mas, mesmo quando eles não se logam em uma rede Wi-Fi, os dispositivos continuam a buscando, oferecendo informações sobre a localização dos usuários. Utilizando os sinais emitidos pelo smartphone dos compradores, os varejistas conseguem monitorá-los — eles sabem onde os compradores estão e o que estão pesquisando em seu celular. Os varejistas podem descobrir em quais corredores os compradores tendem mais a checar os preços on-line em lojas como a Amazon.com e, com isso, enviar um alerta a um representante de vendas. O "mapeamento rápido" identifica padrões de tráfego e pontos em que mais compradores fazem checagens na Internet. Isso dá aos varejistas uma ideia dos produtos mais vulneráveis ao showrooming, segundo a qual os compradores visitam as lojas para aprender mais sobre o produto e testá-lo, comprando-o, em seguida, on-line, por um preço mais baixo.

1. O que é shopper marketing e como os varejistas poderiam utilizar a tecnologia Wi-Fi para implementá-lo?
2. À medida que mais compradores descobrem que os varejistas coletam informações sem o seu conhecido, qual será a possível reação geral?

○ Foco na ética — Tabacarias e máquinas de fazer cigarro

Nos Estados Unidos, em 2009, impostos federais aumentaram o preço do maço de cigarro de 6,16 dólares para 10,06. O imposto sobre o quilo do tabaco solto aumentou 0,78 centavos de dólar, resultando em um imposto total de apenas 1,73 dólares por quilo. O imposto sobre o tabaco enrolado em cigarro foi o que mais aumentou, passando de 0,45 centavos de dólar para 11,26 dólares por quilo. Pequenas tabacarias compraram máquinas que permitem aos compradores fazerem 20 cigarros por minuto. Esses cigarros são classificados como "tabaco solto", possibilitando aos fumantes fazerem seus cigarros por quase a metade do preço dos cigarros já prontos, por conta dos impostos muito mais baixos. O U.S. Government Accountability Office (Departamento de Contas do Governo dos Estados Unidos) afirma que a receita com impostos federais sobre o tabaco caíram quase 500 milhões de dólares entre abril de 2009 e setembro de 2011, como resultado do grande aumento nas vendas dos cigarros feitos pelos fumantes. O Alcohol and Tobacco Tax and Trade Bureau (Departamento de Comércio e Imposto sobre Bebidas Alcoólicas e Tabaco) declarou que os varejistas que utilizam essas máquinas são fabricantes. As empresas que fabricam as máquinas entram com uma ação judicial, dando um pouco mais de tempo para os varejistas. Entretanto, em 2012, o Congresso aprovou uma emenda, por meio de um projeto de lei, ampliando a definição de fabricante para incluir esses varejistas, que estariam sujeitos aos impostos federais vigentes. Para os legisladores, esses varejistas estavam se aproveitando de uma brecha involuntária na lei.

1. É justo o Congresso definir que os varejistas que possuem máquinas de fazer cigarro são, na verdade, fabricantes?
2. Os varejistas estão sendo éticos ao classificar os cigarros feitos com a máquina de "tabaco solto", permitindo aos fumantes evitarem os altos impostos? O próprio fornecimento da máquina é ético?

○ Foco nos números — Margem

Normalmente, os consumidores compram produtos como produto de higiene, alimentos e roupas de varejistas, e não diretamente do fabricante. Da mesma forma, os varejistas compram as mercadorias dos atacadistas. Os revendedores desempenham funções para o fabricante e o consumidor e colocam uma margem sobre os preços, para refletir esse valor agregado. Consulte o Apêndice 2, "Marketing por meio dos números", para responder às questões a seguir.

1. Se um fabricante vender seu sabão em pó para um atacadista por 2,50 dólares, por quanto o atacadista venderá esse produto para um varejista, considerando que o atacadista busca uma margem de 15% baseada no preço de venda?
2. Se o varejista buscar uma margem baseada no preço de venda de 20%, por qual preço ele venderá o produto aos consumidores?

○ Vídeo empresarial — Home Shopping Network

As compras pela televisão estão por aí há quase tanto tempo quanto a televisão em si. Mas a Home Shopping Network (HSN) fez delas um esforço em tempo integral em 1982, dando vida a um novo ponto de vendas de varejo. Desde então, a HSN tem sido pioneira em produtos, apresentações e recebimento de pedidos. A empresa já vendeu milhões de produtos e é conhecida por proporcionar um ponto de venda para produtos bons que, de outra forma, não chegariam aos clientes.

442 Parte 3 | Elaboração de uma estratégia e de um mix voltados para o cliente

Mas o que uma empresa faz quando o canal de varejo do qual ela depende começa a ruir? Esse vídeo mostra como a HSN respondeu aos desafios de um mercado em constante mudança, dando continuidade a seus métodos inovadores para alcançar sua base de clientes.

Após assistir ao vídeo que apresenta a HSN, responda às seguintes perguntas:

1. Como a HSN tem se diferenciado dos outros varejistas por meio de cada um dos elementos do composto de marketing do varejo?
2. Analise o conceito de ciclo de vida do varejo levando em conta a HSN.
3. Em sua opinião, a HSN tem um futuro brilhante pela frente? Justifique sua resposta.

○ Caso empresarial   Dollar General: o mais popular formato de varejo de hoje

"Economize tempo. Economize dinheiro. Todos os dias." Tendo em vista a economia de hoje, essa parece uma proposta vitoriosa. Na verdade, trata-se do slogan da varejista de desconto Dollar General — e é uma proposta vitoriosa. As lojas da Dollar e outras lojas de grande desconto representam o formato de varejo mais popular hoje em dia, e a Dollar General é a loja de desconto líder nos Estados Unidos.

Enquanto os Walmarts, os Costcos e os Targets da vida são varejistas de desconto com grandes lojas, a Dollar General e outros varejistas de desconto trabalham com lojas pequenas. Eles permanecem sendo uma ameaça relativamente pequena para seus rivais maiores. Por exemplo, as vendas combinadas de todos os varejistas de desconto com lojas pequenas representam somente 15% das vendas anuais do Walmart. Mas eles são uma das ameaças em mais rápido crescimento. Ao longo da Grande Recessão, enquanto os varejistas de desconto com grandes lojas lutavam, esses varejistas populares disparavam, conquistando, com rapidez, novas lojas, clientes e vendas. Na economia pós-recessão, as lojas grandes têm caminhado a um ritmo morno, enquanto as lojas populares continuam a prosperar.

Como a Dollar General está fazendo isso? Um famoso profissional da propaganda certa vez escreveu: "Uma empresa pode se tornar incrivelmente bem-sucedida se conseguir encontrar uma maneira de dominar uma palavra. Não uma palavra complicada. Não uma palavra inventada. As palavras simples são as melhores, palavras extraídas diretamente do dicionário". No caso da Dollar General, a palavra é "dólar". A Dollar e outros varejistas não só se apegaram a essa palavra para se diferenciar fortemente do Walmart e do Target, como também a tomaram de supermercados, drogarias e outros tipos de varejistas que sempre afirmaram ter preços baixos.

Se nunca esteve em uma loja de desconto popular, você pode se surpreender com o que encontrará lá. Houve um tempo em que as lojas populares vendiam, principalmente, sortimentos fracionados de bugigangas, excedentes das fábricas, sobras de estoque e mercadorias ultrapassadas. Isso não acontece mais. "As lojas populares têm um longo caminho pela frente, querido", diz uma analista de varejo. "A Grande Recessão acelerou a transformação de redes norte-americanas emblemáticas, que deixaram de ser fornecedoras de bugigangas cafonas de 1 dólar para se tornar lojas de desconto em uma posição capaz de atrair compradores de varejistas como supermercados, drogarias e lojas do Walmart." Atualmente, a Dollar General vende um sortimento cuidadosamente selecionado de itens que são, em sua maioria, de marcas famosas. Mais de dois terços de suas vendas vêm de artigos de mercearia e produtos para a casa.

O SURGIMENTO DE UM CONCEITO DE VAREJO

No final do século XIX, os irmãos Woolworth criaram o conceito de lojas de cinco-e-dez centavos. Em meados do século XX, estava claro para J. L. Turner que, embora o conceito original fosse bem-sucedido, a inflação tinha reduzido sua força de tal maneira que o ponto de preço "cinco-e-dez centavos" não era mais relevante. Em 1955, Turner abriu a primeira loja Dollar General em Springfield, Kentucky. Seguindo o conceito dos irmãos Woolworth, ele não precificou nenhum item na loja a mais de 1 dólar. A notícia se espalhou rapidamente e a loja fez tanto sucesso que Turner e seu filho, Cal, correram para transformar outras lojas que possuíam em Dollar General. Em poucos anos, eles tinham 29 lojas Dollar General, que geravam 5 milhões de dólares em vendas anuais.

Após a morte de seu pai, em 1964, Car Turner Jr. comandou a Dollar General até 2002. Durante esse tempo, o modelo foi mantido e a arrancada foi irreversível. Atualmente, são mais de 10 mil lojas Dollar General em 40 estados norte-americanos. E hoje, mais do que nunca, é possível ouvir o barulho das máquinas registradoras. No ano passado, a empresa alcançou receitas de 14,8 bilhões de dólares. Trata-se de uma taxa de crescimento anual médio de 14% desde que a empresa se tornou aberta, em 1968. E o que é mais significativo: hoje, as receitas da Dollar General são três vezes maiores do que eram cinco anos atrás. Nos próximos anos, a Dollar General planeja crescer, atingindo 12 mil lojas — o McDonald's tem, aproximadamente, esse número de restaurantes nos Estados Unidos, o qual representa mais de 20 vezes o número de lojas do Target.

ECONOMIA DE DINHEIRO — E TEMPO — DOS CLIENTES

O slogan da Dollar General — "Economize tempo. Economize dinheiro. Todos os dias" — não é só para impressionar. Trata-se de uma declaração, cuidadosamente desenvolvida, de promessa de valor da loja. Além dos baixos preços, a empresa enfatiza a praticidade e as marcas de qualidade em sua declaração de posicionamento: "Nossa meta é proporcionar a nossos clientes uma vida melhor. E achamos que nossos clientes são mais bem atendidos quando mantemos as coisas em um plano autêntico, simples. A Dollar General representa praticidade, marcas de qualidade e preços baixos. O protótipo de sucesso da Dollar General faz das compras uma experiência verdadeiramente livre de chateações. Nós montamos pequenas lojas de bairro com sortimentos de mercadoria cuidadosamente selecionados, a fim de simplificar as compras".

A economia de dinheiro está claramente no centro do posicionamento da Dollar General, o que demonstra que os Turner fizeram aquilo que os Woolworth deixaram de fazer. À medida que o formato de lojas de cinco-e-dez centavos cedia espaço para as lojas de um dólar, os Turner ficavam de olho no ambiente de marketing, para garantir que sua rede permanecesse relevante. Como resultado, a Dollar General de hoje não é mais uma "loja popular" pura (cerca de um terço de suas mercadorias custam 1 dólar ou menos). Contudo, a Dollar General manteve seu posicionamento, trabalhando com o mais baixo ponto de preço do varejo.

O preço dos produtos de marcas populares com os quais a Dollar General trabalha é cerca de 20 a 40% menor do que o dos supermercados e fica próximo ao das famosas lojas de desconto. Também é possível fazer bastante economia com os itens a 1 dólar e a variedade, cada vez maior, de mercadorias de marcas próprias da Dollar General. Por fim, a empresa recebe um impulso das percepções do cliente em relação a seu formato de loja de um dólar. O ponto de preço de 1 dólar não apenas atrai os clientes, como também os permite comprar com um pouco mais de liberdade do que comprariam nos outros lugares. Quase tudo na loja pode ser obtido por menos de 10 dólares.

Quando se trata de economizar o tempo dos clientes, o modelo "livre de chateações" e "simples" entra em ação. Seu sortimento de produtos, cuidadosamente selecionado, inclui apenas cerca de 12 mil itens essenciais — um supermercado médio tem 47 mil itens, e um supercentro do Walmart, 142 mil —, o que torna mais fácil encontrar as coisas. Mas isso não significa que os clientes ficam sem os produtos. Como assinala a Dollar General: "Nós não comercializamos todas as marcas e tamanhos, apenas os mais populares". O foco são as necessidades simples da vida, como sabão em pó, papel higiênico, sabonete, xampu e produtos alimentícios, com marcas de qualidade como Gain, Clorox, Charmin, Dove, Pantene, Palmolive, Kraft, Betty Crocker e Coca-Cola. A Dollar General, inclusive, passou a trabalhar com produtos como roupas íntimas Hanes, cosméticos L'Oreal, vitaminas Rexall e suplementos herbários.

Manter as coisas simples também significa lojas menores — cabem mais de 25 lojas Dollar General em um supercentro Walmart médio. Além disso, a maioria das lojas fica em locais práticos, que normalmente permitem os clientes estacionar bem em frente a elas. Uma vez dentro das lojas, os clientes se deparam com corredores menores para percorrer, menos produtos para considerar e uma multidão menor do que a das lojas grandes da qual se esquivar. Tudo isso leva a uma rápida parada. O cliente médio da Dollar General entra e sai da loja em menos de dez minutos. Tente fazer isso em um Walmart. E, apesar de a Dollar General estar apostando em lojas com formato maior, que comercializam produtos hortifrutigranjeiros, carne e itens de padaria, essas Super Dollar General são ainda muito, muito menores e mais administráveis do que um supercentro do Walmart.

UMA COMBINAÇÃO VENCEDORA

Manter as coisas simples para os consumidores também beneficia os resultados financeiros da empresa. Lojas menores são menos caras de operar, e instalá-las em mercados menores e bairros menos glamorosos mantém baixos os custos imobiliários. O custo da Dollar General por metro quadrado chega a até um décimo do que têm os supermercados. Ao construir suas lojas de maneira mais barata, a Dollar General consegue erguer mais pontos de vendas. De fato, a hoje, a Dollar General tem mais lojas nos Estados Unidos do que qualquer outra loja de desconto.

A estratégia de composto de produtos da Dollar General também contribui com seu desempenho financeiro. Embora comercialize marcas de excelência, ela se volta para marcas que não são líderes de mercado. Por exemplo, os clientes têm mais chances de encontrar Gain do que Tide. Além disso, as lojas não estocam todos os tamanhos de um produto, mas apenas aqueles que vendem mais. Por fim, os compradores organizacionais da Dollar General têm como foco obter os melhores acordos possíveis sempre. Por conta desse processo de compra "oportunista", a rede estoca catchup Heinz em um mês e Hunts no outro. Essas práticas contribuem para manter os custos mais baixos e as margens mais altas.

A tendência pós-recessão de gastos mais comedidos por parte do consumidor conferiu à Dollar General e a outras lojas de desconto populares um real impulso. A Dollar General não apenas está conseguindo mais vendas com clientes existentes, como também está atraindo novos consumidores com renda mais alta. Um recente levantamento mostrou que 65% dos consumidores com renda inferior a 50 mil dólares tinham comprado em alguma loja de desconto nos três meses anteriores. E 47% dos domicílios com renda superior a 100 mil dólares também tinham feito isso. Embora seus principais clientes ainda sejam aqueles que ganham menos de 40 mil dólares por ano, o segmento de mais rápido crescimento da Dollar General é composto por aqueles que recebem mais de 75 mil dólares anualmente.

Junte tudo isso: as coisas estão caminhando a favor da maior varejista de desconto com lojas pequenas dos Estados Unidos. A Dollar General tem a proposta de valor certa para os dias de hoje. Mas o que vai acontecer com a Dollar General e as outras lojas populares, suas companheiras, uma vez que as condições econômicas continuam a melhorar? Os clientes recém-conquistados vão abandoná-las e voltar para seus antigos refúgios de compra?

A Dollar General acha que não. As lojas de desconto populares parecem se sair bem em períodos econômicos tanto bons como ruins. O formato já estava crescendo a uma taxa saudável antes da Grande Recessão. E os clientes conquistados não apresentam sinais de que vão retomar seus antigos e extravagantes padrões de gastos. Nós "vemos sinais de um novo tipo de consumismo", diz o CEO da Dollar General, "à medida que as pessoas trocam o lugar onde compram, mudam para marcas de preços mais baixos e permanecem, de modo geral, mais comedidas". Uma pesquisa da empresa mostra que 97% dos novos clientes planejam continuar comprando na Dollar General mesmo com a melhora da economia, e o mesmo número vale para os clientes antigos. Ao que parece, praticidade e preços baixos nunca vão sair de moda.

QUESTÕES PARA DISCUSSÃO

1. Descreva a Dollar General considerando os diferentes tipos de varejistas abordados neste capítulo.

2. Como uma marca de varejo, avalie a estratégia da Dollar General no que diz respeito a segmentação, seleção de mercado-alvo, diferenciação e posicionamento.

3. Relacione os motivos que levaram a Dollar General a ser bem-sucedida nos últimos 40 anos.

444   Parte 3 | Elaboração de uma estratégia e de um mix voltados para o cliente

4. Na concorrência com outros varejistas que operam lojas físicas, a Dollar General se sairá bem ou mal no longo prazo? Justifique sua resposta.

5. Na concorrência com varejistas que operam lojas on-line, a Dollar General se sairá bem ou mal no longo prazo? Justifique sua resposta.

Fontes: Brad Thomas, "Dollar stores take on Wal-Mart, and are starting to win", *Forbes*, 16 abr. 2012, <www.forbes.com/sites/investor/2012/04/16/dollar-stores-take-on-wal-mart-and-are-starting-to

-win/>; "A discount retailer even Walmart envies", *Wall Street Journal*, 3 jan. 2012, <http://professional.wsj.com/article/SB100014240527023 048213045774407224400718232.html?mg=reno64-wsj>; Kelly Evans, "Dollar General flexing its discount muscle", *Wall Street Journal*, 31 mar. 2010, <http://professional.wsj.com/article/SB10001424052702 303601504575154192639081542.html?mg=reno64-wsj>; Suzanne Kapner, "The mighty Dollar", *Fortune*, 27 abr. 2009, p. 64; Rebecca Tonn, "Dollar General expansion in Colorado will mean 6,000 jobs", *Colorado Springs Journal*, 5 jan. 2011; John Jannarone, "Will Dollar General be leading retailers into battle?", *Wall Street Journal*, 6 jun. 2011, p. C10; informações extraídas de <www.dollargeneral.com>. Acesso em: ago. 2012.

NOTAS

1. Citações e outras informações extraídas de "Why Walmart is worried about Amazon", *Bloomberg Businessweek*, 2 abr. 2012, p. 25-26; "The Fortune 500", *Fortune*, 21 maio 2012, p. F1-F51; "Wal-Mart's makeover", *Fortune*, 26 dez. 2011, p. 50-55; Lydia Dishman, "Why Walmart and JCPenney are still struggling", *Forbes*, 24 fev. 2012, <www.forbes.com/sites/lydiadishman/2012/02/24/whywalmart-and-jcpenney-are-still-struggling/>; Karen Talley, "Wal-Mart's U.S. sales rise", *Wall Street Journal*, 15 nov. 2011, <http://online.wsj.com/article/SB100014 24052970204323904577039782083201296.html>; John Jannarone, "Walmart Stores' giant disadvantage", *Wall Street Journal*, 18 maio 2011, p. C20; Miguel Bustillo, "Walmart to tout goods returning to shelves", *Wall Street Journal*, 11 abr. 2011, p. B3; várias fichas e relatórios anuais disponíveis em <www.walmartstores.com>. Acesso em: nov. 2012.

2. Veja "Shopper decisions made in-store by OgilvyAction", <www.wpp.com/wpp/marketing/consumerinsights/shopper-decisionsmade-instore.htm>. Acesso em: jun. 2012; Katy Bachman, "Suit your shelf", *AdweekMedia*, 19 jan. 2009, p. 10-12; Jack Neff, "Trouble in store for shopper marketing", *Advertising Age*, 2 mar. 2009, p. 3-4. Estatísticas de vendas no varejo encontradas em "Monthly and annual retail trade", *U.S. Census Bureau*, <www.census.gov/retail/>. Acesso em: jun. 2012.

3. Jack Neff, "P&G pushes design in brand-building strategy", 12 abr. 2010, <http://adage.com/print?article_id=143211>; "The zero moment of truth: a new marketing strategy", *Google Inside Adwords*, 6 jul. 2011, <http://adwords.blogspot.com/2011/07/zero-moment-of-truth-new-marketing.html>.

4. Para saber mais sobre os aspectos digitais do marketing ao comprador, veja Ken Schept, "Digital and mobile disrupt traditional shopping path", *Advertising Age*, 2 maio 2011, p. 92; Ellen Byron, "In-store sales begin at home", *Wall Street Journal*, 25 abr. 2011, <www.wsj.com>; Gordon Wyner, "Shopper marketing: how to engage and inspire consumers at critical points in the shopping cycle", *Marketing Management*, primavera 2011, p. 44-48; Ann Zimmerman, "Can retailers halt 'showrooming'?", *Wall Street Journal*, 11 abr. 2012, p. B1.

5. David Rogers, "Grocery market share trends", *Progressive Grocer*, 16 set. 2010, <www.progressivegrocer.com/top-stories/special-features/industry-intelligence/id30449/grocery-market-share-trends/>.

6. Timothy W. Martin, "May I help you?", *Wall Street Journal*, 22 abr. 2009, <http://online.wsj.com/article/SB124025177889535871.html>; "The top 10 companies by revenue", *Inc.*, 22 ago. 2011, <www.inc.com/ss/2011/inc-5000-top-10-companies-revenue>; "The American customer satisfaction index", <www.theacsi.org/index.php?option=com_content&view=article&id=12&Itemid=110>. Acesso em: jun. 2012; <www.publix.com>. Acesso em: nov. 2012.

7. Veja Alan J. Liddle, "Sheetz highlights value, convenience to build sales", *Nation's Restaurant News*, 21 jul. 2010, <www.nrn.com/article/sheetz-highlights-value-convenience-build-sales>; "Sheetz opens new store in McGee's Crossroads, North Carolina and welcomes new customers with contests and prizes", *PR Newswire*, 25 jan. 2012; <www.sheetz.com/main/about/definition.cfm>. Acesso em: nov. 2012.

8. Estatísticas baseadas em informações extraídas de "SN Top 75 2012", <http://supermarketnews.com/top-75-retailers-whole-salers-2012>. Acesso em: jun. 2012; "Walmart's 50 years: from Rogers, Ark., to global behemoth", *Supermarket News*, 20 fev. 2012, <http://supermarketnews.com/wal-mart-stores/wal-mart-s-50-years-rogers-ark-global-behemoth>; "Supermarket facts", <www.fmi.org/facts_figs/?fuseaction=superfact>. Acesso em: jun. 2012.

9. Veja John Jannarone, "Will Dollar General be leading retailers into battle?", *Wall Street Journal*, 6 jun. 2011, p. C10; Gary Stern, "Are all Dollar Stores alike? Not if they want to win", *Investor's Business Daily*, 6 set. 2011; "Dollar General to open 625 new stores and create more than 6000 new jobs in 2012", 3 jan. 2012, <http://newscenter.dollargeneral.com/article_display.cfm?article_id=1787>; informações extraídas de <www.dollargeneral.com>. Acesso em: out. 2012.

10. Citações e outras informações extraídas de "Retail quick facts: 10 things about Costco you probably don't know", *Retail-Sails*, 27 abr. 2011, <http://retailsails.com/2011/04/27/retail-quick-facts-10-things-about-costco-you-probablydont-know/>; Matthew Boyle, "Why Costco is so addictive", *Fortune*, 25 out. 2006, p. 126-132; "2011 Top 100 Retailers", *NRF Stores*, jul. 2011, <www.stores.org/2011/Top-100-Retailers>; <www.costco.com> e <http://shop.costco.com/Membership/Welcome/Amazing-Facts.aspx>. Acesso em: out. 2012.

11. Informações sobre as empresas extraídas de <http://en.oboulo.com/subway-operations-82799.html>, <www.aboutmcdonalds.com/mcd> e <www.subway.com/subwayroot/About_Us/default.aspx>. Acesso em: nov. 2012.

12. Baseado em informações encontradas em Maureen Morrison, "Fast-Casual burger joints snag a seat at the table", *Advertising Age*, 26 set. 2011, <http://adage.com/article/news/burger-joints-guyssmashburger-drive-growth/230005/>; Karen Weise, "Behind Five Guys' beloved burgers", *Bloomberg Businessweek*, 11 ago. 2011, <www.businessweek.com/printer/magazine/behind-five-guysbeloved-burgers-08112011.html>; <www.aboutmcdonalds.com/mcd> e <www.fiveguys.com>. Acesso em: nov. 2012.

13. Baseado em informações extraídas de "Cabela's has lived up to its hype", *McClatchy-Tribune Business News*, 31 mar. 2010; Jan Falstad, "Outdoor retailer adds new dynamic to local marketplace", *McClatchy-Tribune Business News*, 10 maio 2009; "Sporting goods retail companies: Cabela's announces opening date

for Tulalip, Wash. store", *Entertainment Weekly*, 23 mar. 2012, p. 50; informações extraídas de <www.cabelas.com>. Acesso em: nov. 2012.

14. Veja Sandy Smith, "Scents and sellability", *Stores*, jul. 2009, <www.stores.org/stores-magazine-july-2009/scents- and-sellability>; Spencer Morgan, "The sweet smell of excess", *Bloomberg Businessweek*, 21-27 jun. 2010, p. 85-87; Jane Sutton, "Scent makers sweeten the smell of success", *Reuters*, 19 dez. 2011, <www.reuters.com/article/2011/12/19/us-usa-scentedidUSTRE-7BI1PF20111219>; <www.scentair.com>. Acesso em: nov. 2012.

15. Veja <www.titlenine.com> e <https://www.facebook.com/pages/Title-Nine-Portland/62987646947>. Acesso em: out. 2012.

16. Para a definição desses e de outros tipos de shopping centers, veja "Dictionary", *American Marketing Association*, <www.marketingpower.com/_layouts/Dictionary.aspx>. Acesso em: nov. 2012.

17. Courtenay Edelhart, "Malls can't take customers for granted as new outdoor centers pop up", *McClatchy-Tribune Business News*, 16 jan. 2010; Eric Schwartzberg, "Lifestyle centers draw retailers, shoppers", *The Oxford Press*, 21 nov. 2011, <www.oxfordpress.com/news/oxford-news/lifestyle-centers-draw-retailers-shoppers--1287539.html>.

18. Veja H. Lee Murphy, "Life ebbs out of many lifestyle centers", *National Real Estate Investor*, 1 maio 2011, p. 31; Elaine Misonzhnik, "Borders bankruptcy shines light on continued weakness of power centers", *Retail Traffic*, 16 fev. 2011; Jon Chavez, "Major retail expansion called unlikely", *McClatchy-Tribune Business News*, 18 mar. 2012.

19. Kenneth Hein, "Target tries first price point driven TV ads", *Brandweek*, 14 jan. 2009. Acesso em: <www.brandweek.com>; Sharon Edelson, "Target eying $100 billion in sales", *WWD*, 25 fev. 2011, p. 2; "Target Corporation; Target reports fourth quarter and fiscal 2011 earnings", *Investment Weekly News*, 10 mar. 2012.

20. Veja David Kaplan, "A permanent trend of pop-up shops", *McClatchy-Tribune Business News*, 21 dez. 2011; Carolyn King, "Target brings Jason Wu to Canada", *Wall Street Journal*, 23 fev. 2012; Judith Lamont, "Tuning in to customers: optimizing the online experience", *KM World*, fev. 2012, p. 8-9.

21. Veja <www.rpminc.com/consumer.asp>. Acesso em: out. 2012.

22. U.S. Census Bureau News, "Quarterly retail e-commerce sales, 4th quarter 2011", 16 fev. 2012, <www.census.gov/retail/mrts/www/data/pdf/ec_current.pdf>; Robin Wauters, "Forrester: online retail industry in the US will be worth $279 billion in 2015", *TechCrunch*, 28 fev. 2011, <http://techcrunch.com/2011/02/28/forrester-online-retail-industry-in-the-us-will-beworth-279-billion-in-2015/>.

23. Ann Zimmerman, "Can retailers halt 'showrooming'?", *Wall Street Journal*, 11 abr. 2012, p. B1.

24. "Top 500 guide", *Internet Retailer*, <www.internetretailer.com/top500/list/>. Acesso em: nov. 2012.

25. Adam Blair, "Williams-Sonoma invests $75M in fast-growing, profitable e-commerce", *RIS*, 22 mar. 2011, <http://risnews.edgl.com/retail-best-practices/Williams-Sonoma-Invests-$75M-in-Fast-Growing,-Profitable-E-Commerce71523>; "Williams-Sonoma, Inc. announces fourth quarter and fiscal year 2011 results and provides financial guidance for fiscal year 2012", 8 mar. 2012, <www.williams-sonomainc.com/investors/financial-releases.html>.

26. Veja "Eastern Mountain Sports blazes new trails with VeriFone iPad retailing solution", 12 jan. 2012, <www.verifone.com/2012/eastern-mountain-sports-blazes-new-trails-with-verifone-ipadretailing-solution.aspx>.

27. A citação é de "Retail isn't broken. Stores are", *Harvard Business Review*, dez. 2011, p. 79-82. O cenário futurístico é adaptado de informações encontradas em Darrell Rigby, "The future of shopping", *Harvard Business Review*, dez. 2011, p. 65-76.

28. "Kohl's opens eight new stores creating approximately 1,000 jobs", *Business Wire*, 8 mar. 2012; <www.kohlsgreenscene.com/>. Acesso em: nov. 2012.

29. Veja <www.staples.com/sbd/cre/marketing/ecoeasy/recycling.html>. Acesso em: nov. 2012.

30. Veja "Walmart Stores, Inc. data sheet — worldwide unit details: January 2012", 22 fev. 2012, <www.walmartstores.com/pressroom/news/10821.aspx>; "Walmart Corporate and financial facts", <www.walmartstores.com/pressroom/FactSheets/>. Acesso em: nov. 2012.

31. Veja "Switching channels: global powers of retailing 2012", *Stores*, jan. 2012, <www.deloitte.com/view/en_GX/global/f9f6b-21f1d464310VgnVCM1000001a56f00aRCRD.htm>.

32. Informações sobre a Grainger extraídas de "Grainger: beyond the box 2012, fact book", <http://invest.grainger.com/phoenix.zhtml?c=76754&p=irol-irFactBook> e <www.grainger.com>. Acesso em: out. 2012.

33. Informações de "About Us", www.mckesson.com; "Supply management online", <www.mckesson.com/en_us/McKesson.com/For+Pharmacies/Retail+National+Chains/Ordering+and+-Inventory+Management/Supply+Management+Online.html>. Acesso em: jun. 2012.

34. Informações extraídas de <www.supervalu.com>. Acesso em: nov. 2012

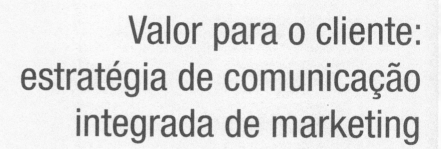

Parte 1 ▶ Definição de marketing e o processo de marketing (Capítulos 1-2)

Parte 2 ▶ Entendimento do mercado e dos clientes (Capítulos 3-6)

Parte 3 ▶ Elaboração de uma estratégia e de um mix voltados para o cliente (Capítulos 7-17)

Parte 4 ▶ Marketing ampliado (Capítulos 18-20)

Valor para o cliente: estratégia de comunicação integrada de marketing

Prévia do capítulo

Neste e nos próximos três capítulos, analisaremos a última ferramenta do composto de marketing — a promoção. As empresas precisam fazer mais do que simplesmente criar valor para o cliente: elas também precisam utilizar a promoção para comunicar esse valor de maneira clara e persuasiva. A promoção não é uma ferramenta única, mas é um composto de várias ferramentas. Com base no conceito de comunicação integrada de marketing, a empresa deve coordenar com cuidado essas ferramentas de promoção para transmitir uma mensagem clara, consistente e convincente sobre a organização e seus produtos.

Começaremos apresentando as diversas ferramentas do composto de promoção. Em seguida, analisaremos o ambiente de comunicação em rápida mudança e a necessidade da comunicação integrada de marketing. Para finalizar, discutiremos as etapas envolvidas no desenvolvimento das comunicações de marketing e o processo orçamentário para a promoção. Nos próximos três capítulos, veremos as ferramentas específicas de comunicação de marketing.

Neste capítulo, começaremos dando uma olhada em uma boa campanha de comunicação integrada de marketing. Em um setor caracterizado por mudanças constantes nos temas promocionais, a notavelmente duradoura campanha "Coma maisi fango" da Chick-fil-A — estrelada por um improvável rebanho de excêntricas vacas — conseguiu envolver os clientes, comunicar a personalidade e o posicionamento da marca e fazer da Chick-fil-A uma das mais bem-sucedidas redes de restaurantes de serviços rápidos dos Estados Unidos.

Chick-fil-A: uma notavelmente duradoura campanha de marketing integrado

Cerca de duas décadas atrás, a Chick-fil-A, uma rede de fast-food regional, saiu em busca de uma estratégia de promoção que a diferenciasse de seus três grandes concorrentes: McDonald's, Burger King e Wendy's. A força da Chick-fil-A sempre residira em seus sanduíches de frango — não tinha nada no cardápio a não ser frango. Mas, de certa maneira, dizer apenas "nós fazemos ótimos sanduíches de frango" não era suficiente. A Chick-fil-A precisava de uma grande ideia criativa — algo memorável, que comunicasse a proposta de valor ímpar da marca.

O que surgiu disso — surpreendentemente — foi um improvável rebanho de vacas malhadas e rebeldes que não conseguiam escrever direito. A mensagem: "Coma muus fango". A meta: convencer os consumidores a deixar de lado os hambúrgueres de carne e se voltarem para o frango. Agindo de acordo com seu interesse, as destemidas vacas notaram que, quando as pessoas comiam frango, não comiam carne vermelha. Assim, em 1995, a primeira vaca travessa, com um pincel na boca, escreveu "Coma muus fango" em um outdoor. Desde esse primeiro outdoor, o esforço promocional cresceu e hoje é uma das mais consistentes e duradouras campanhas de comunicação integrada de marketing da história — uma campanha completa em termos de mídia que mudou para sempre o cenário dos lanches.

O segredo do sucesso da campanha "Coma muus fango" reside em sua incrível consistência. A *Advertising Age*, uma publicação do setor, assinalou isso quando, recentemente, elegeu a Chick-fil-A uma das melhores empresas de marketing do ano: "Às vezes, o marketing mais inteligente é o mais paciente". E poucas campanhas promocionais têm sido mais persistentemente pacientes do que essa. Há mais de 17 anos, a Chick-fil-A prega, fielmente, sua mensagem simples, porém poderosa: "Coma muus fango", e as vacas marotas da marca são, hoje, ícones da cultura pop.

Desenvolvida com base na singela mensagem "Coma muus fango", a Chick-fil-A mantém a campanha sempre nova com um composto em constante mudança de mensagens inteligentes e locais de mídia inovadores. Hoje, é possível encontrar as vacas em praticamente qualquer lugar — desde em tradicionais anúncios impressos, na televisão e no rádio, até em promoções de vendas criativas e em patrocínio de eventos, passando por redes sociais e aplicativos para smartphone, com uma torre de água entrando na jogada de vez em quando.

Por exemplo, em um anúncio de TV voltado para promover o cardápio para café da manhã da Chick-fil-A, que tinha aumentado, as inoportunas vacas desarmam os alarmes de uma sequência de carros, despertando um prédio de apartamentos cheio de moradores com a mensagem: "Acordem, é hora de fango". Nos anúncios impressos, as vacas promovem itens do cardápio com chamadas como "Milk-shake: a bebida que acompanha o fango no jantar". Outdoors trazem frases divertidas como: "Perca essa barriga de hambúrguer". Nos anos de eleição, as vacas mostram sua atitude não partidária com frases como: "Vote fango. Ele não é da asa direita nem da esquerda". As vacas onipresentes fazem, inclusive, acrobacias malucas, como, descer de paraquedas em um estádio de futebol americano com placas onde se lê: "Faza 'olas'. Coma fango".

▲ Há quase 20 anos, a Chick-fil-A prega, fielmente, sua mensagem simples, porém poderosa: "Coma muus fango", e as vacas marotas da marca são, hoje, ícones da cultura pop.
Pr Newswire

Embora a campanha "Coma muus fango" faça bastante uso da mídia tradicional, talvez tenham sido as táticas promocionais não tradicionais que renderam às vacas um lugar especial no coração dos clientes extremamente fiéis da Chick-fil-A. Pouco depois de a campanha começar, a empresa deu início a seu catálogo de mercadorias promocionais, agora repleto de itens, com um calendário anual cujo tema era vaca. No ano passado, a agenda de 6 dólares, intitulada "Gado na trilha: abrindo novos caminhos que levam ao frango", prestou homenagem aos mais famosos exploradores bovinos, como Amealia Airhoof, "a primeira bezerra que, durante um voo, foi para os céus espalhar a mensagem do frango", e Corralin' Shepard, a vaca que se aventurou pelo espaço com o intuito de "dar um gigantesco salto para os bovinos a bordo da Avollo 14". Hoje, os clientes fiéis da Chick-fil-A correm para comprar grandes quantidades de canecas, camisetas, bichinhos de pelúcia, ímãs de geladeira, capa para notebooks e dezenas de outros itens relacionados a vacas. Esses itens promocionais, além de gerarem receita, ajudam a fortalecer o vínculo entre a empresa e os clientes, ao mesmo tempo em que espalham a mensagem da marca: "Coma muus fango".

A Chick-fil-A também envolve os clientes por meio de uma série de eventos promocionais nas lojas. Por exemplo, em todo mês de julho, a empresa promove o "Dia do apreço à vaca", em que os clientes que aparecem em qualquer loja Chick-fil-A vestidos de vaca ganham uma refeição grátis. No ano passado, 600 mil clientes caracterizados de vaca se beneficiaram do evento. Poucos meses depois, mais de 800 mil clientes anotaram seu nome nas fichas de reserva das lojas para receberem pratos grátis no "Café da manhã premiado" da rede. E, quando um novo restaurante Chick-fil-A abre, seguindo a promoção "Primeiros 100" da empresa, os fãs que acamparem no local com 24 horas de antecedência têm a chance de ser um dos cem sortudos a ganhar refeições de graça por um ano. Enquanto esperam, é provável que encontrem Dan Cathy, CEO da Chick-fil-A — conhecido por seu estilo de liderança focado nos clientes —, que com frequência vira a noite acampado com os consumidores, assinando camisetas, posando para fotos e distribuindo os vouchers que valem um ano de refeições grátis no Chick-fil-A.

Mais recentemente, a Chick-fil-A levou sua mensagem "Coma muus fango" para a mídia social, incluindo o Facebook, o YouTube, o Pinterest e o Twitter. Quando a empresa traçou sua primeira estratégia de mídia social alguns anos atrás, ela descobriu que já tinha uma robusta página no Facebook, com cerca de 25 mil fãs. A página tinha sido criada por um cliente: Brandy Bitzer, um verdadeiro evangelista da marca Chick-fil-A. Em um sincero gesto de apreço ao cliente, a Chick-fil-A uniu forças com Brandy, que continua administrando a página, enquanto a empresa oferece elementos para aumentar o entusiasmo pela marca. A estratégia está dando certo. Hoje, a página da Chick-fil-A no Facebook conta com mais de 5 milhões de fãs. Ela é repleta de informações, comunicações voltadas para o engajamento dos clientes e conselhos das vacas, do tipo: "Coma fango ou eu te bloqueio".

Atualmente, não dá saber onde as excêntricas vacas vão aparecer em seguida. Mas não importa onde elas sejam vistas — seja na TV, em um estádio, no smartphone ou no Chick-fil-A local, a mensagem duradoura da marca

A notavelmente duradoura campanha de comunicação integrada de marketing "Coma muus fango" da Chick-fil-A é mais do que apenas uma campanha publicitária. As renegadas vacas se tornaram "parte de nossa paixão e nossa marca".

continua consistente. Ao longo dos anos, a campanha "Coma muus fango" apareceu na lista dos principais prêmios e honrarias da propaganda. E o mais importante: a campanha ajudou a envolver os clientes e a comunicar a personalidade e o posicionamento da Chick-fil-A, fazendo dela uma das redes de serviços rápido mais bem-sucedida dos Estados Unidos.

A Chick-fil-A é mais do que 1.600 restaurantes, espalhados por 39 estados norte-americanos, que registraram um valor superior a 4 bilhões de dólares em vendas no ano passado. Desde que a primeira loja da Chick-fil-A abriu, a empresa apresenta aumentos de receita — são 44 anos consecutivos. E, desde que a campanha "Coma muus fango" começou, as vendas da Chick-fil-A mais que sextuplicaram. Hoje, o restaurante médio da Chick-fil-A gera mais vendas por ano — mais de 3 milhões de dólares — do que a loja média do McDonald's, apesar de abrir somente seis dias por semana (todas as lojas da Chick-fil-A fecham aos domingos, por questões práticas e religiosas). Atualmente, a Chick-fil-A é a segunda maior rede de comercialização de frango dos Estados Unidos, e seu crescimento fenomenal tem contribuído bastante com a diminuição da participação de mercado do KFC na categoria.

No final das contas, a atualmente clássica (mas ainda contemporânea) campanha de comunicação integrada de marketing "deu muito mais certo do que imaginávamos", conclui o diretor de marketing da empresa. "As vacas começaram como parte de nossa campanha e hoje são parte de nossa paixão e nossa marca." Quem sabe o que as vacas podem fazer nos próximos cinco ou dez anos? Mas, independentemente do que o futuro reserve, a mensagem da Chick-fil-A será, em alto e bom som: "Coma muus fango!"[1]

Resumo dos objetivos

Objetivo 1
Definir as cinco ferramentas do composto de promoção que comunicam valor para os clientes.
O composto de promoção (p. 448-449)

Objetivo 2
Discutir o cenário em mudança das comunicações e a necessidade da comunicação integrada de marketing.
Comunicação integrada de marketing (p. 449-454)

Objetivo 3
Resumir o processo de comunicação e as etapas do desenvolvimento de comunicações de marketing eficazes.
Uma visão do processo de comunicação (p. 454-456)
Etapas no desenvolvimento de comunicações de marketing eficazes (p. 456-461)

Objetivo 4
Explicar os métodos para definir o orçamento de promoção e os fatores que afetam o projeto do composto de promoção.
Definição do orçamento e do composto totais de promoção (p. 461-467)
Comunicação de marketing socialmente responsável (p. 467-469)

A criação de um bom relacionamento com o cliente exige mais do que apenas desenvolver um bom produto, atribuir-lhe um preço competitivo e colocá-lo à disposição dos consumidores-alvo. As empresas também precisam *comunicar* suas propostas de valor para os clientes, e aquilo que comunicam não deve ser deixado por conta do acaso. Todos os seus esforços de comunicação devem ser planejados e combinados em programas cuidadosamente integrados. Da mesma maneira que uma boa comunicação é importante para desenvolver e manter qualquer tipo de relacionamento, ela também é um elemento fundamental nos esforços da empresa para construir relacionamentos lucrativos com o cliente.

Objetivo 1

▶ Definir as cinco ferramentas do composto de promoção que comunicam valor para os clientes.

Composto de promoção (composto de comunicação de marketing)
A combinação específica de ferramentas de promoção que a empresa utiliza para, de maneira persuasiva, comunicar o valor para o cliente e construir relacionamento com ele.

O composto de promoção

O **composto de promoção** total de uma empresa — também chamado de **composto de comunicação de marketing** — consiste na combinação específica de ferramentas de propaganda, relações públicas, venda pessoal, promoção de vendas e marketing direto que a empresa utiliza para, de maneira persuasiva, comunicar o valor para o cliente e construir um relacionamento com ele. As cinco mais importantes ferramentas de promoção são definidas da seguinte maneira:[2]

Capítulo 14 | Valor para o cliente — 449

- **Propaganda:** qualquer forma paga de apresentação e promoção não pessoais de ideias, produtos ou serviços feita por um patrocinador identificado.
- **Promoção de vendas:** incentivos de curto prazo para estimular a compra ou a venda de um produto ou serviço.
- **Venda pessoal:** apresentação pessoal feita pela força de vendas da empresa com o propósito de realizar vendas e desenvolver relacionamento com os clientes.
- **Relações públicas:** desenvolvimento de boas relações com os diversos públicos da empresa por meio da obtenção de publicidade favorável, construção de uma boa imagem corporativa e administração ou contenção de boatos, histórias ou eventos desfavoráveis.
- **Marketing direto:** contatos diretos com consumidores individuais cuidadosamente definidos como alvo, com o objetivo de obter resposta imediata e cultivar relacionamentos duradouros.

Cada categoria utiliza ferramentas promocionais específicas que são usadas para se comunicar com os consumidores. Por exemplo, a *propaganda* inclui impressos, TV e rádio, Internet, dispositivos móveis, outdoors e outras formas. Já as *promoções de vendas* incluem descontos, cupons, exibições e demonstrações. A *venda pessoal*, por sua vez, inclui apresentações de vendas, feiras comerciais e programas de incentivo, enquanto as atividades de *relações públicas* (*RP*) incluem comunicados à imprensa, patrocínios, eventos especiais e páginas na Internet. Por fim, o *marketing direto* inclui catálogos, TV de resposta direta, quiosques, Internet, marketing móvel e outros.

Ao mesmo tempo, a comunicação de marketing vai além dessas ferramentas promocionais específicas. O design do produto, seu preço, o formato e a cor de sua embalagem e as lojas que o vendem — *tudo* isso comunica algo para os compradores. Assim, apesar de o composto de promoção ser a principal atividade de comunicação da empresa, o composto de marketing como um todo — promoção *mais* produto, preço e praça — deve ser coordenado para que haja um maior impacto das comunicações.

Comunicação integrada de marketing

Nas últimas décadas, as empresas aperfeiçoaram a arte do marketing de massa, que consiste em vender produtos extremamente padronizados para um grande número de clientes. No processo, elas desenvolveram técnicas eficazes de comunicação de massa para apoiar essa estratégia. Grandes empresas investem, rotineiramente, milhões ou até mesmo bilhões de dólares em propaganda na televisão, em revistas e outros meios de comunicação de massa, atingindo dezenas de milhões de consumidores com um único anúncio. Hoje, no entanto, os gestores se deparam com novas realidades na comunicação de marketing. Talvez, nenhuma outra área do marketing esteja mudando tanto como a comunicação, levando a um período, ao mesmo tempo, de entusiasmo e ansiedade para aqueles que trabalham com comunicação de marketing.

O novo modelo de comunicação de marketing

Diversos fatores importantes estão mudando o cenário das comunicações de marketing de hoje. Em primeiro lugar, os *consumidores* estão mudando. Nessa era digital e sem fio, eles são mais bem informados, além de terem mais poder sobre a comunicação. Em vez de depender das informações fornecidas pelas empresas, os consumidores podem usar a Internet e outras tecnologias para encontrar informações por conta própria. Eles também podem contatar, com mais facilidade, outros consumidores, a fim de trocar informações relacionadas à marca ou, até mesmo, criar sua própria mensagem de marketing.

Em segundo lugar, as *estratégias de marketing* estão mudando. À medida que os mercados de massa se fragmentam, as empresas se afastam do marketing de massa. Cada vez mais e mais, elas desenvolvem programas de marketing focados, que são elaborados para construir um relacionamento mais próximo com os clientes em micromercados definidos mais estritamente.

Por fim, os enormes avanços na *tecnologia da comunicação* estão gerando mudanças incríveis na forma como as empresas e os clientes se comunicam. A era digital trouxe uma série de novas ferramentas de informação e comunicação — de smartphones e iPads a sistemas de televisão a cabo e via satélite, passando pelas muitas faces da Internet (e-mails, sites de mar-

---

Propaganda
Qualquer forma paga de apresentação e promoção não pessoais de ideias, produtos ou serviços feita por um patrocinador identificado.

Promoção de vendas
Incentivos de curto prazo para estimular a compra ou a venda de um produto ou serviço.

Venda pessoal
Apresentação pessoal feita pela força de vendas da empresa com o propósito de realizar vendas e desenvolver relacionamento com os clientes.

Relações públicas (RP)
Desenvolvimento de boas relações com os diversos públicos da empresa por meio da obtenção de publicidade favorável, construção de uma boa imagem corporativa e administração ou contenção de boatos, histórias ou eventos desfavoráveis.

Marketing direto
Contatos diretos com consumidores individuais cuidadosamente definidos como alvo, com o objetivo de obter resposta imediata e cultivar relacionamentos duradouros.

Objetivo 2

◀ Discutir o cenário em mudança das comunicações e a necessidade da comunicação integrada de marketing.

ca, redes sociais, blogs e muito mais). Essa evolução bombástica gerou um grande impacto sobre a comunicação de marketing. Assim como, no passado, o marketing de massa surgiu para criar uma nova geração de comunicação de massa, a nova mídia digital fez nascer um novo modelo de comunicação de marketing.

Embora a televisão, as revistas, os jornais e outros tradicionais meios de comunicação de massa continuem sendo muito importantes, sua dominância está em declínio. Em seu lugar, os anunciantes estão incorporando uma ampla seleção de mídias mais especializadas e altamente segmentadas para atingir grupos de clientes menores com mensagens mais personalizadas, interativas. A nova mídia varia de canais especializados de TV a cabo e vídeos feitos para a Web a catálogos na Internet, e-mails, blogs, conteúdo para celular e redes sociais. Em resumo, as empresas estão promovendo menos *comunicação de massa* e mais *comunicação focada*.

Inclusive, alguns especialistas do setor de propaganda preveem que, mais cedo ou mais tarde, o antigo modelo de comunicação de massa vai se tornar obsoleto. Os custos da mídia de massa estão aumentando, o público está reduzindo, o número de anúncios está crescendo e os consumidores estão obtendo controle sobre a exposição da mensagem por meio de tecnologias como fornecimento digital de vídeo e gravadores de vídeo digital (DVRs), que os permitem pular comerciais, interrompendo-os. Como resultado, apontam esses críticos, as empresas estão transferindo parcelas, inclusive maiores, de seu orçamento de marketing da mídia antiga para a mídia digital e outras mídias modernas. Nos últimos anos, apesar de a TV ainda dominar, sendo o principal veículo de propaganda, os gastos com anúncios nas principais emissoras permaneceram estagnados, ao passo que os gastos com anúncios na Internet e em outros meios digitais aumentaram absurdamente. Em compensação, os gastos com anúncios em revistas, jornais e rádio perderam considerável espaço.[3]

▲ O novo modelo de comunicação de marketing: a Heinz lançou seu novo ketchup com vinagre balsâmico sem usar mídia tradicional, contando com seus 825 mil seguidores no Facebook para espalhar a novidade.

©H. J. Heinz Co., L. P. 2011. Facebook é uma marca registrada do Facebook, Inc.

Em alguns casos, as empresas estão deixando totalmente de lado a mídia tradicional. Por exemplo, quando a Heinz lançou o ketchup com vinagre balsâmico, que seria vendido por tempo limitado, os clientes podiam saber mais sobre o produto e comprá-lo somente na página da marca no Facebook — o produto só foi aparecer nas prateleiras das lojas seis semanas depois. A Heinz não utilizou anúncio impressos ou na TV para o lançamento, contou com seus 825 mil seguidores no Facebook para espalhar a novidade. Os clientes reagiram muito bem, e seis meses depois a Heinz acrescentou o produto em sua linha-padrão — o primeiro novo sabor de ketchup Heinz em quase uma década.[4]

De maneira similar, há pouco tempo, a Method, fabricante de produtos de limpeza ecologicamente corretos, trabalhou com uma campanha apenas digital cujo tema era "Limpeza feliz":[5]

> A Method é conhecida por suas campanhas nada convencionais, que utilizam slogans como "O povo contra a sujeira" e "Por amor à limpeza". Mas o mais notável em sua campanha "Limpeza feliz" é que, diferentemente de suas campanhas anteriores, a Method não trabalha com anúncios na mídia tradicional, como na TV ou em revistas. Em vez disso, o ponto central da campanha é um vídeo de dois minutos que pode ser assistido somente no YouTube ou na página da Method no Facebook. Esse vídeo é acompanhado de quatro outros, que serão lançados com um mês de intervalo e se concentram nos produtos individuais da Method. A campanha também utiliza anúncios em mídias on-line e conta com uma importante presença na mídia social, a qual inclui, além do YouTube e do Facebook, o Twitter e blogs da Method.
>
> A campanha "Limpeza feliz" tem tudo a ver não só com a personalidade da Method, mas também com seu orçamento. "A Method é o tipo de marca que se beneficia do boca a boca — em grupos de mães, as mamães conversam sobre ela", diz um executivo da agência de propaganda que trabalhou na campanha. Além disso, a campanha "Limpeza feliz" conta com um orçamento em seu primeiro ano de apenas 3,5 milhões de dólares — a P&G, sua rival, pode gastar 150 milhões de dólares ou mais para chamar a atenção para um novo produto, como sua nova versão do Tide em cápsulas, o Tide Pods. "Nós estamos abraçando o movimento em favor da simplicidade", diz um executivo de propaganda da Method. "Quando não se tem 150 milhões de dólares, é isso o que se tem que fazer."

No novo mundo da comunicação de marketing, em vez de utilizar abordagens antigas, que interrompem os clientes e os obrigam a absorver mensagens de massa, os novos formatos de mídia permitem às empresas alcançar grupos menores de consumidores de maneira mais interativa e envolvente. Por exemplo, pense no modo como as pessoas assistem à televisão hoje em dia. Os consumidores podem assistir a seus programas favoritos em praticamente tudo que tenha uma tela — nos aparelhos de TV, mas também em notebooks, celulares ou tablets. E eles podem assistir aos programas quando e onde desejarem, muitas vezes sem comerciais. Cada vez mais, programas, anúncios e vídeos são produzidos para serem vistos apenas pela Internet.

No entanto, apesar das mudanças em direção às novas mídias digitais, a mídia de massa tradicional ainda abocanha uma enorme parcela do orçamento de promoção da maioria das grandes empresas — um fato que, provavelmente, não mudará tão cedo. Por exemplo, a P&G, uma das principais proponentes da mídia digital, ainda gasta a maior parte de seu gigantesco orçamento de propaganda com mídia de massa. Embora os gastos com mídia digital da empresa tenham mais do que dobrado no ano passado, chegando a 169 milhões de dólares, o digital ainda é responsável por menos de 5% do orçamento anual global que a P&G tem para propaganda.[6]

Em um nível mais amplo, apesar de alguns questionarem o papel da propaganda na TV no futuro, ela continua muito em uso hoje em dia. No ano passado, a televisão ficou com mais de 40% dos gastos mundiais com propaganda, comparados com os 21% que todas as mídias on-line, juntas, conquistaram. Ainda assim, a propaganda on-line continua sendo a mídia de mais rápido crescimento. Atualmente, ela é a segunda maior mídia, atrás da televisão e muito na frente de jornais e revistas.[7]

Assim, em vez de ver o antigo modelo de mídia entrando rapidamente em colapso, a maioria das pessoas que fazem parte do setor enxerga uma mistura mais gradual de mídias novas e tradicionais. O novo modelo de comunicação de marketing consiste em um composto inconstante de mídia de massa tradicional e uma ampla variedade de mídias entusiasmantes, novas, mais focadas, mais personalizadas e, às vezes, menos controláveis.

Hoje, muitos anunciantes e agências de propaganda estão se debatendo nessa transição. No final, entretanto, independentemente do canal de comunicação, o segredo consiste em integrar todas essas mídias da maneira que melhor comunica a mensagem da marca e intensifica a experiência de marca do cliente. À medida que o ambiente de comunicação muda, o papel daqueles que trabalham com comunicação de marketing também se altera. Hoje em dia, em vez de simplesmente criar e implantar "anúncios para a TV", "anúncios impressos" ou "anúncios para o Facebook", muitos profissionais de marketing se veem de maneira mais ampla, como *gestores do conteúdo da marca*, que administram conversas sobre a marca com e entre os clientes em uma mistura fluida de canais tradicionais e novos, controlados e não controlados (veja o Marketing Real 14.1).

A necessidade da comunicação integrada de marketing

A mudança em direção a uma mistura mais rica de mídias e abordagens de comunicação gera um problema para os profissionais de marketing. Os consumidores de hoje são bombardeados por mensagens comerciais que partem de uma ampla variedade de fontes. No entanto, eles não diferenciam as fontes da mensagem do mesmo modo que os profissionais de marketing.

Na cabeça do consumidor, as mensagens apresentadas por mídias diferentes e abordagens promocionais fazem parte de uma única mensagem sobre a empresa. Mensagens conflitantes vindas dessas diferentes fontes podem resultar em posicionamentos de marca, relacionamentos com o cliente e imagens da empresa confusos.

Com muita frequência, as empresas não conseguem integrar seus vários canais de comunicação. O resultado disso é uma miscelânea de comunicação para os consumidores. A propaganda de massa diz uma coisa, uma promoção na loja sinaliza outra e o site, o e-mail, a página no Facebook e os vídeos postados no YouTube dizem algo totalmente diferente. O problema é que essas comunicações, muitas vezes, são provenientes de diferentes partes da empresa. As mensagens de propaganda são planejadas e implementadas pelo departamento de propaganda ou pela agência contratada. Outros departamentos na empresa são responsáveis por RP, eventos de promoção de vendas e esforços na Internet e em redes sociais. Entretanto, apesar de as empresas separarem suas ferramentas de comunicação, os clientes não fazem isso. Essa mistura de comunicações que partem de diferentes fontes resulta em percepções de marca confusas por parte do consumidor.

Marketing Real 14.1

Uma nova forma de pensar a comunicação:
mídias pagas, própria, conquistada e compartilhada

Nos bons e velhos tempos, a vida parecia bastante simples para os anunciantes: eles tinham uma ideia criativa, desenvolviam um plano de mídia, produziam e soltavam um conjunto de comerciais para a TV e anúncios para revistas e, quem sabe, publicavam um release para gerar algumas notícias. Mas o cenário da comunicação de marketing de hoje parece mais complexo, caracterizado por uma avalanche de novas mídias digitais e linhas divisórias que rapidamente se confundem não só dentro dos canais tradicionais e novos, mas também entre eles. A antiga prática de colocar "propagandas" em "mídias" bem definidas, levando em conta a estrutura organizada de uma campanha promocional cuidadosamente gerenciada, já não funciona tão bem como antes.

A própria classificação tradicional de mídia e mensagem já não se encaixa tão bem como antigamente. Por exemplo, um anúncio para TV já não é, na verdade, apenas um anúncio para TV. Em vez disso, é um "conteúdo em vídeo", que pode ser visto em qualquer lugar — em uma tela de TV do consumidor, mas também em um PC, um tablet ou um celular. Outros conteúdos em vídeo feitos para a marca se parecem bastante com uma propaganda para TV, mas não foram pensados para a televisão. Esse é o caso dos vídeos feitos para a Internet postados no YouTube, no Facebook e em outras mídias sociais. Conteúdos em vídeo sobre uma marca podem ser feitos pelos próprios consumidores e compartilhados com outros on-line.

De maneira similar, mensagens e imagens impressas da marca já não aparecem somente em anúncios cuidadosamente desenvolvidos, distribuídos em revistas, jornais e malas diretas. Em vez disso, esse tipo de conteúdo, criado por uma série de fontes, aparece em todo lugar — de propagandas e páginas da marca na Internet formalizadas até posts de consumidores nas redes sociais, passando por artigos escritos por blogueiros independentes. Nas mãos dos fortalecidos consumidores de hoje, a criação e a distribuição das mensagens da marca podem ganhar vida própria — e, geralmente, ganham —, indo além do projeto e do controle dos profissionais de marketing da marca.

Como resultado, à medida que os ambientes de mensagem e mídia mudam, alteram-se também as antigas noções referentes à colocação de "anúncios" em "mídias" bem definidas. Hoje, em vez de criar "anúncios para a TV", "anúncios impressos" ou "releases de RP", muitos profissionais de marketing se veem de maneira mais ampla, como pessoas que gerenciam o "conteúdo da marca" e o potencializam em uma abundância de canais de comunicação integrada — canais tradicionais e novos, controlados e não controlados. Essa nova maneira de ver as coisas levou a uma nova estrutura de comunicação de marketing. Em vez de classificar as comunicações de acordo com agrupamentos da mídia tradicional, a nova estrutura tem como base um conceito mais amplo, que considera o modo como o conteúdo da marca é criado, controlado e distribuído e por quem. A nova classificação identifica quatro principais tipos de mídia, a saber: a paga, a própria, a conquistada e a compartilhada (PPCC):

Mídia paga: inclui canais promocionais pagos pelo patrocinador, abarcando mídia tradicional (anúncios para TV, rádio,

impressos e outdoor) e mídia digital e on-line (links patrocinados, anúncios em formato de display, anúncios móveis e e-mail marketing).

Mídia própria: inclui canais promocionais de propriedade e controle da empresa, abarcando sites, blogs, páginas em mídias sociais e comunidades de marca da própria organização, bem como força de vendas e eventos.

Mídia conquistada: inclui canais de mídia de RP, como televisão, jornais, blogs e sites de vídeo, e outras mídias que não são nem pagas nem controladas pela empresa.

Mídia compartilhada: inclui meios compartilhados pelos consumidores com outros consumidores ou com marcas, como mídias sociais, blogs, mídias móveis e canais virais, além de o tradicional boca a boca.

No passado, as empresas se concentravam nas tradicionais mídias pagas (TV, rádio e impresso) e mídia conquistada (relações públicas). Atualmente, entretanto, elas estão se voltando também, com rapidez, para a nova geração de mídias próprias (sites, blogs, comunidades de marca) e mídias compartilhadas (redes sociais, aplicativos, e-mail). Enquanto antigamente um anúncio pago ou uma iniciativa de RP de sucesso costumava ser um fim em si mesmo, hoje em dia os profissionais de marketing perguntam: "O que mais eu posso fazer com esse conteúdo?" A meta do profissional de marketing é potencializar o poder combinado de todos os canais PPCC (próprio, pago, conquistado e compartilhado). "O importante é estar em todos os fluxos: o próprio, o pago, o conquistado e o compartilhado. Desse modo, sua mensagem é ouvida", diz uma analista.

A cuidadosa integração dos canais PPCC pode produzir surpreendentes resultados de comunicação. Um exemplo, hoje clássico, é a campanha extremamente bem-sucedida da Old Spice, intitulada "O homem que tem o cheiro que seu homem poderia ter", estrelada pelo jogador de futebol americano Isaiah Mustafa. A campanha começou com comerciais na TV (mídia paga), que foram em seguida postados pela Old Spice em seu site e em suas páginas no YouTube e no Facebook (mídia própria). A campanha rapidamente se tornou um viral, à medida que milhões de consumidores comentavam sobre os anúncios por e-mail, Facebook e Twitter (mídia compartilhada). Por sua vez, a Old Spice obteve uma ampla cobertura da mídia, de uma infinidade de veículos, que variaram de emissoras de TV a blogs. No final das contas, a campanha foi vista e comentada centenas de milhões de vezes em dezenas de canais, todos transmitindo a mesma mensagem integrada da marca.

Eis outro exemplo de uma marca que, com sucesso, potencializou sua campanha utilizando mídias pagas, própria, conquistada e compartilhada:

A JENNIE-O, subsidiária da Hormel, queria encontrar uma maneira de fazer os consumidores entenderem como era fácil — e saboroso — passar a utilizar carne de peru moída JENNIE-O em receitas que demandam carne bovina moída. Para esquentar as coisas, a empresa organizou um criativo evento de marketing intitulado "Faça a mudança" (mídia própria). Durante cinco dias, a JENNIE-O ficou encarregada do Bistro Truck, um popular trailer que oferece refeições em Manhattan, enchendo-o de banners "Faça a mudança". Em vez de carne bovina moída, os lanches eram feitos com carne de peru moída. Todos os dias, como cortesia da JENNIE-O, o trailer distribuía 500 sanduíches de peru, de qualidade, na hora do almoço. Especialistas locais em culinária e blogueiros tinham acesso, com antecedência, a informações sobre a localização do trailer e o cardápio (mídia conquistada), e havia postagens diárias no Facebook, no Twitter e em um microssite especial (mídia própria). Em seguida, o universo da mídia social assumiu o controle (mídia compartilhada). Cerca de 450 mil tuítes e retuítes mencionaram a promoção e a localização do trailer "Faça a mudança". As pessoas formavam fila para pegar os milhares de lanches JENNIE-O que foram distribuídos gratuitamente. Em cinco dias, a página no Facebook tinha 23 mil "curtidas" e as vendas de carne de peru moída aumentaram 7% em Nova York. A campanha "Faça a mudança" foi tão bem-sucedida que se estendeu para outras cidades e se tornou tema dos comerciais de TV da JENNIE-O (mídia paga).

Assim, o inconstante e, muitas vezes, caótico ambiente de comunicação de marketing de hoje requer mais do que simplesmente criar e distribuir alguns anúncios em espaços de mídia bem definidos e controlados. Em vez disso, ele requer um esforço integrado para criar e orientar o conteúdo de marca cer-

▲ A marca JENNIE-O da Hormel, que trabalha com peru, potencializou, com sucesso, sua criativa campanha "Faça a mudança" utilizando mídias paga, própria, conquistada e compartilhada.
© 2012 Jennie-O Turkey Store, LLC.

to, quaisquer que sejam as fontes, e ajudá-lo a estourar. Hoje, as pessoas que trabalham com comunicação de marketing devem ser mais do que apenas redatores publicitários ou analistas de mídia. Elas precisam ser estrategistas, criadoras, conectoras e catalisadoras de conteúdo da marca, gerenciando conversas sobre a marca com e entre os clientes em uma mistura fluida de canais de mensagem. Trata-se de uma tarefa difícil, mas, com a nova forma como se vê a comunicação hoje em dia, tudo é possível!

Fontes: exemplos e citações extraídos de Julie Liesse, "The big idea", *Advertising Age*, 28 nov. 2011, p. C4-C6; informações adicionais encontradas em Julie Liesse, "Top trends for 2012", *Advertising Age*, 28 nov. 2011, p. C8; Peter Himler, "Paid, earned & owned: revisited", *Theflack.blogspot.com*, 21 jun. 2011; <www.hormelfoods.com/brands/jennieO/> e <www.switchtoturkey.com>. Acesso em: out. 2012. JENNIE-O® é uma marca registrada da JENNIE-O Turkey Store, LLC.

O novo mundo do marketing digital e social, dos tablets, dos smartphones e dos aplicativos traz oportunidades imensas, mas também grandes desafios. Ele "oferece às empresas mais acesso a seus clientes, novos insights acerca de suas preferências e uma criativa paleta, com mais opções, com a qual trabalhar", diz um executivo de marketing. Mas "a grande questão é a complexidade e a fragmentação [...] a quantidade de escolhas que existe", diz outro. O desafio consiste em "reunir tudo isso de uma maneira organizada".[8]

Por conta disso, muitas empresas adotam o conceito de **comunicação integrada de marketing (CIM)**. Segundo esse conceito, conforme ilustrado na Figura 14.1, a empresa integra, cuidadosamente, seus diversos canais de comunicação a fim de transmitir uma mensagem clara, consistente e persuasiva sobre a organização e suas marcas.

A CIM requer o reconhecimento de todos os possíveis pontos de contatos do cliente com a empresa e suas marcas. Cada contato com a marca transmitirá uma mensagem — seja ela boa, ruim ou indiferente. A meta da empresa deve ser passar uma mensagem positiva e consistente em todos os pontos de contatos. A CIM reúne todas as mensagens e imagens da empresa. Seus anúncios impressos e televisivos transmitem a mesma mensagem, têm a mesma aparência e causam a mesma impressão que suas comunicações por meio de e-mail e venda pessoal. E seus materiais de RP projetam a mesma imagem que seu site, suas redes sociais e seus esforços de marketing móvel. Muitas vezes, diferentes mídias desempenham papéis exclusivos na atração, informação e persuasão dos clientes; esses papéis devem ser cuidadosamente coordenados segundo um plano geral de comunicação de marketing.

A Häagen-Dazs, fabricante de sorvetes premium, oferece um ótimo exemplo de esforço de comunicação de marketing integrado. Para fortalecer seu vínculo emocional com os consumidores, a empresa lançou a campanha: "A Häagen-Dazs ama abelhas", centrada em uma importante questão tanto para a marca como para seus clientes — uma misteriosa desordem nas colônias que está ameaçando as abelhas que produzem mel nos Estados Unidos. Essas abelhas

Comunicação integrada de marketing (CIM)
A integração e a coordenação cuidadosas dos diversos canais de comunicação da empresa, a fim de transmitir uma mensagem clara, consistente e persuasiva sobre a organização e seus produtos.

Figura 14.1 Comunicação integrada de marketing.

Os clientes hoje são bombardeados por mensagens comerciais que vêm de todas as direções. Pense, por exemplo, em todas as maneiras pelas quais você interage com a Nike, a Apple ou a Coca-Cola. A comunicação integrada de marketing significa que as empresas devem coordenar, com cuidado, todos os seus pontos de contato com o cliente para garantirem a transmissão de mensagens claras sobre a marca.

▲ A campanha de comunicação integrada de marketing "A Häagen-Dazs ama abelhas" utiliza uma mistura rica e bem coordenada de elementos promocionais para transmitir, com sucesso, a mensagem ímpar da Häagen-Dazs.
Segundo ano do site: design e produção da InTacto.com — Digital Partner. Primeiro ano do site: design da UNIT9 and Helpful Strangers.

polinizam um terço de todos os produtos naturais consumidos pelos norte-americanos e até 40% dos sabores naturais usados nos sorvetes Häagen-Dazs, o que faz da mensagem "A Häagen-Dazs ama abelhas" algo natural para a marca. Mas, talvez, mais importante do que a mensagem "ajude as abelhas que produzem mel" tenha sido o modo como a Häagen-Dazs a comunicou:[9]

> Mais do que apenas soltar alguns anúncios, a Häagen-Dazs criou uma campanha de comunicação de marketing lindamente integrada e de qualidade, utilizando uma ampla gama de mídias que trabalhavam em harmonia pela causa. Ela começou com anúncios na televisão, no rádio e impressos, que direcionavam as pessoas para o site da campanha (<helpthehoneybees.com>), uma espécie de central das abelhas que produzem mel, onde as pessoas podiam saber mais sobre o problema e como ajudar. No site, os visitantes podiam acessar um feed de notícias chamado *The Buzz*, sintonizar na "Bee TV", comprar camisetas com frases como "Vida longa à rainha", enviar mensagens "abelhudas" para os amigos ou fazer doações para apoiar pesquisas ligadas às abelhas que produzem mel. Para gerar mais zunido, a Häagen-Dazs distribuiu amostras do sorvete Vanilla Honey Bee e sementes de flores silvestres em pequenos mercados agrícolas espalhados pelos Estados Unidos. Além disso, patrocinou iniciativas de comunidades locais e grupos escolares para arrecadar fundos. A campanha também utilizou redes sociais, como o Twitter e o Facebook. No final das contas, a mistura rica e bem coordenada dos elementos de comunicação transmitiu, com sucesso, a mensagem ímpar da Häagen-Dazs e seu posicionamento. Ela se tornou "uma marca com coração e alma", diz a diretora da marca. "Nós não apenas aumentamos o nível de consciência de marca", diz ela, "como também fizemos alguma diferença no mundo".

No passado, nenhuma pessoa ou departamento era responsável por pensar por meio das funções comunicacionais das várias ferramentas promocionais e por coordenar o mix da promoção. Para ajudar a implementar ações de marketing integradas, algumas empresas têm apontado um diretor para uma responsabilidade geral pelos esforços de comunicação. Isso ajuda a permitir coerências e impactos de venda maiores. Assim, a responsabilidade fica nas mãos de alguém — quando não havia nenhuma antes — para consolidar a imagem da empresa da forma como ela é moldada por milhares de atividades internas.

Objetivo 3

▶ Resumir o processo de comunicação e as etapas do desenvolvimento de comunicações de marketing eficazes.

Uma visão do processo de comunicação

A comunicação integrada de marketing envolve a identificação do público-alvo e a formatação de um programa promocional coordenado para obter a reação que se deseja do público. Com muita frequência, as comunicações de marketing se concentram em metas imediatas de conscientização, imagem ou preferência do público-alvo. Mas essa abordagem de comunicação tem muitas limitações. Hoje, a tendência dos profissionais de marketing é enxergar a comunicação como *gestão do relacionamento com o cliente ao longo do tempo*.

Como os clientes diferem, os programas de comunicações precisam ser desenvolvidos para segmentos, nichos e até indivíduos específicos. E, dadas as novas tecnologias da comunicação interativas, as empresas não podem mais se ater a perguntar: "Como podemos alcançar nossos clientes?"; elas devem, também, questionar: "Como podemos possibilitar a nossos clientes que nos alcancem?"

Assim, o processo de comunicação deve começar com um levantamento de todos os pontos de contatos potenciais que os clientes-alvo possam ter com a empresa e suas marcas. Por exemplo, alguém que queira contratar um novo plano de celular pode consultar outras pessoas, ver anúncios na televisão ou em revistas, visitar vários sites em busca de preços e análises e checar os planos na Best Buy, no Walmart ou em um quiosque ou loja do provedor de serviços sem fio. A empresa precisa avaliar qual influência cada uma dessas experiências de comunicação terá nos diferentes estágios do processo de compra. Esse conhecimento ajuda a organização a alocar, com mais efetividade e eficácia, seu orçamento de comunicação.

Para poder comunicar de maneira eficaz, os profissionais de marketing precisam entender como a comunicação funciona. Ela envolve os nove elementos mostrados na Figura 14.2. Dois deles são as partes mais importantes da comunicação — o *emissor* e o *receptor*. Outros dois são as principais ferramentas da comunicação — a *mensagem* e a *mídia*. Outros quatro representam as mais importantes funções da comunicação — *codificação*, *decodificação*, *resposta* e *feedback*. O último elemento é o *ruído* do sistema. Esses elementos serão definidos a seguir e aplicados a um comercial de televisão do McDonald's, o "Amo muito tudo isso".

Figura 14.2 Elementos no processo de comunicação.

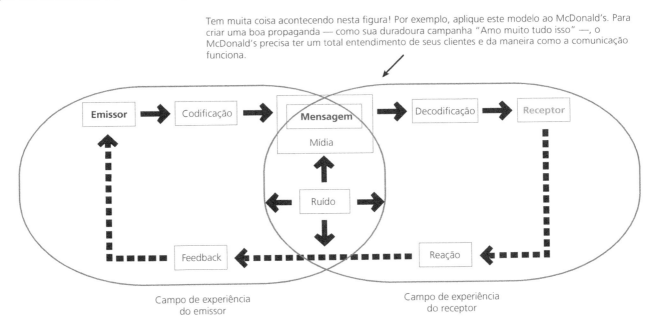

- *Emissor*: a *parte que envia a mensagem* para a outra parte — nesse caso, o McDonald's.
- *Codificação*: o processo de *transformar o pensamento em linguagem simbólica* — por exemplo, a agência de propaganda do McDonald's reúne palavras, sons e imagens em um comercial de TV que transmitirá a mensagem pretendida.
- *Mensagem*: o *conjunto de símbolos* que o emissor transmite — o anúncio do McDonald's propriamente dito.
- *Mídia*: os *canais de comunicação* por meio dos quais a mensagem passa do emissor para o receptor — nesse caso, a televisão e os programas de TV escolhidos pelo McDonald's.
- *Decodificação*: o processo pelo qual o receptor *atribui significado aos símbolos* codificados pelo emissor — um consumidor assiste ao comercial do McDonald's e interpreta as palavras e imagens ali contidas.
- *Receptor*: a *parte que recebe a mensagem* enviada por outra parte — o cliente que assiste ao comercial do McDonald's.

456 Parte 3 | Elaboração de uma estratégia e de um mix voltados para o cliente

- *Resposta:* as *reações do receptor* após ter sido exposto à mensagem — qualquer uma das centenas de reações possíveis, como: o consumidor gosta mais do McDonald's, fica mais propenso a comer no McDonald's na próxima vez, cantarola o jingle "Amo muito tudo isso" ou não faz nada.
- *Feedback:* a parte da *reação do receptor que é comunicada ao emissor* — a pesquisa do McDonald's mostra que os consumidores são atingidos pelo anúncio e lembram-se dele ou, então, os clientes escrevem ou telefonam para o McDonald's com o objetivo de elogiar ou criticar o comercial ou os produtos da empresa.
- *Ruído: a estática ou distorção não planejada* que ocorre durante o processo de comunicação, que resulta no recebimento, pelo receptor, de uma mensagem diferente daquela enviada pelo emissor — o consumidor se distrai enquanto assiste ao comercial e não compreende seus pontos-chave.

Para que uma mensagem seja efetiva, o processo de codificação do emissor deve se encaixar com o processo de decodificação do receptor. Assim, as melhores mensagens consistem em palavras e outros símbolos que são familiares para o receptor. Quanto mais os campos de experiência do emissor e do receptor coincidirem, mais efetiva, provavelmente, a mensagem será. Os profissionais que trabalham com comunicação de marketing podem até nem sempre *compartilhar* do mesmo campo de experiência do consumidor. Por exemplo, um redator publicitário proveniente de determinada camada social poderia criar anúncios para consumidores de outro estrato — como ricos empresários. No entanto, para comunicar de maneira eficaz, ele precisa *entender* o campo de experiência desse cliente.

Esse modelo destaca diversos fatores-chave da boa comunicação. Os emissores precisam saber quais públicos desejam atingir e quais reações querem obter. Eles devem ser competentes na codificação de mensagens que levem em conta o modo como os públicos-alvo as decodificam. Devem enviar mensagens por meio de mídias que atinjam os públicos-alvo e desenvolver canais de feedback, de modo que possam avaliar as respostas do público às mensagens. Além disso, no ambiente de mídia interativo de hoje, as empresas precisam estar preparadas para "inverter" o processo de comunicação — tornarem-se receptoras das mensagens enviadas pelos consumidores e reagir a elas.

Etapas no desenvolvimento de comunicações de marketing eficazes

Examinaremos as etapas do desenvolvimento de um programa eficaz de comunicações e promoções integradas. O profissional de marketing deve fazer o seguinte: identificar o público-alvo, determinar os objetivos da comunicação, elaborar uma mensagem, escolher a mídia pela qual a mensagem será transmitida, selecionar a fonte da mensagem e coletar o feedback.

Identificação do público-alvo

O profissional de comunicação de marketing começa com uma ideia clara do público-alvo. O público pode ser formado por compradores potenciais ou usuários atuais, por aqueles que tomam a decisão de compra ou que a influenciam. Pode consistir em indivíduos, grupos, públicos especiais ou público em geral. O público-alvo afetará muito as decisões do profissional de marketing sobre *o que* será dito, *como* será dito, *quando* será dito, *onde* será dito e quem dirá.

Determinação dos objetivos da comunicação

Uma vez definido o público-alvo, os profissionais de marketing devem definir qual resposta desejam. É claro que, em muitos casos, eles buscarão uma resposta de *compra*. Mas a compra pode resultar de um longo processo de tomada de decisão por parte do consumidor. O profissional de comunicação de marketing precisa saber em que fase seu público-alvo está agora e para qual fase precisa ser levado. O público-alvo pode estar em qualquer uma das seis **etapas de decisão de compra**, que são as etapas pelas quais os consumidores normalmente passam em seu trajeto rumo à compra. Essas etapas são: *conscientização, conhecimento, simpatia, preferência, convicção* e *compra* (veja a Figura 14.3).

O mercado-alvo do profissional de marketing pode estar totalmente desinformado em relação ao produto, conhecer apenas o seu nome ou saber apenas algumas coisas sobre ele. Nesse caso, o profissional de marketing deve primeiro desenvolver *conscientização e conhecimento*. Por exemplo, a P&G utilizou uma grande campanha de marketing de 150 milhões

Etapas de decisão de compra
As etapas pelas quais os consumidores normalmente passam em seu trajeto rumo à compra, incluindo conscientização, conhecimento, simpatia, preferência, convicção e, por fim, a compra.

Figura 14.3 Etapas de decisão de compra.

A meta do marketing em geral e da comunicação de marketing em particular é mover os clientes-alvo pelo processo de compras. Mais uma vez, tudo começa com o entendimento das necessidades e dos desejos dos clientes.

de dólares para apresentar aos consumidores seu novo e inovador produto para lavagem de roupas, o Tide Pods — cápsulas de uso único, chamadas de sachês, que contêm sabão líquido, removedor de manchas e amaciante. A campanha inicial, intitulada "Coloque. Destaque-se", mostrava aos consumidores como o simples ato de colocar um Tide Pod em uma máquina de lavar lhes rendia roupas limpas e renovadas, ao mesmo tempo em que destaca as cores. A abrangente campanha inicial usou uma série de mídias tradicionais, digitais, móveis e nas lojas, a fim de criar, com rapidez, conscientização e conhecimento no mercado como um todo.[10]

Partindo do princípio de que os consumidores-alvo *conhecem* o produto, como se *sentem* em relação a ele? Após os compradores potenciais terem tomado conhecimento do Tide Pods, os profissionais de marketing queriam conduzi-los por etapas de sentimentos sucessivamente mais fortes em relação ao novo modelo. Essas etapas incluíam a *simpatia* (sentimento favorável em relação ao Tide Pods), a *preferência* (preferir o Tide Pods a outros sabões comuns e produtos concorrentes do mesmo tipo) e a *convicção* (acreditar que o Tide Pods é, para eles, o melhor produto voltado para lavagem de roupas).

Os profissionais de marketing do Tide usaram uma combinação das ferramentas do composto de promoção para gerar sentimentos positivos e convicção. Os primeiros comerciais ajudam a criar expectativa e um vínculo emocional com a marca. Vídeos no YouTube e na página do Tide no Facebook demonstravam o uso e as características do produto. Releases e outras atividades de RP ajudaram a manter o burburinho em torno do produto. Um microssite bastante completo (<tidepods.com>) oferecia informações adicionais.

Por fim, alguns membros do mercado-alvo poderiam estar convencidos sobre o produto, mas não o suficiente para realizar a *compra*. O profissional de comunicação de marketing deve induzir esses consumidores a dar o passo final. Para ajudar os consumidores relutantes a superar os obstáculos, o Tide ofereceu aos compradores preços promocionais especiais, amostras e comentários de clientes em seu site, página no Facebook e em outros lugares.

É claro que, por si só, as comunicações de marketing não são capazes de criar sentimentos positivos e gerar compras para o novo Tide Pods. O produto em si deve fornecer valor superior para o cliente. Na verdade, boas comunicações de marketing podem até acelerar o fracasso de um produto de má qualidade. Quanto mais rapidamente os compradores potenciais tomarem conhecimento de um produto de má qualidade, mais rapidamente ficarão a par de seus problemas. Assim, as boas comunicações de marketing requerem "bons produtos acompanhados de boas mensagens".

▲ Movimentação dos consumidores pelas etapas de disposição de compra: a P&G utilizou uma abrangente campanha de marketing de 150 milhões de dólares para criar conscientização e conhecimento para seu novo e inovador produto para lavagem de roupas, o Tide Pods.
The Procter & Gamble Company

Elaboração da mensagem

Uma vez definida a resposta que se deseja do público, o profissional de marketing passa a desenvolver uma mensagem eficaz. O ideal é que a mensagem atraia a *atenção*, mantenha o *interesse*, desperte o *desejo* e induza à *ação*, em uma estrutura conhecida como *modelo Aida*. Na prática, poucas mensagens levam o consumidor diretamente da conscientização à compra, mas o modelo Aida sugere as qualidades desejáveis de uma boa mensagem.

Ao montar a mensagem, o profissional de marketing deve decidir o que dizer (*conteúdo da mensagem*) e como dizê-lo (*estrutura* e *formato da mensagem*).

Conteúdo da mensagem

O comunicador precisa identificar um apelo ou tema que produzirá a resposta desejada. Há três tipos de apelo: racional, emocional e moral. Os *apelos racionais* estão relacionados ao interesse do público. Eles mostram que o produto fornecerá os benefícios desejados. Exemplos desse tipo de apelo são as mensagens que mostram a qualidade, a economia, o valor ou o desempenho do produto. Assim, um anúncio do Aleve traz a seguinte afirmação, bem direta: "Uma dosagem maior não significa alívio para a dor. O Aleve tem o poder de afastar as dores nas costas, no corpo e nas juntas, o dia inteiro, com uma dosagem menor do que a do Tylenol". E um anúncio dos Vigilantes do Peso traz essa simples constatação: "O segredo da dieta, para acabar com todos os segredos das dietas, é que não existe segredo".

Os *apelos emocionais* tentam despertar emoções positivas ou negativas que possam motivar a compra. Os profissionais de marketing podem utilizar apelos emocionais que vão desde amor, alegria e humor até medo e culpa. As pessoas que defendem as mensagens emocionais afirmam que elas chamam mais atenção e despertam mais confiança no patrocinador e na marca. A ideia é que os consumidores geralmente sentem antes de pensar e que a persuasão é, em sua natureza, emocional. Muitas vezes, boas histórias contadas em um comercial atingem um compasso emocional. Por exemplo, para promover o Chrome, seu navegador, o Google apostou em um comercial comovente de 90 segundos intitulado "Querida Sophie", que mostra um pai utilizando produtos do Google para catalogar os acontecimentos na vida de sua filha Sophie, do seu nascimento e importantes aniversários à perda de um dente de leite e a suas primeiras experiências com esqui. Ele escreve observações sobre a filha usando o Gmail e posta vídeos dela no YouTube. O anúncio termina com a frase: "A Web é o que você faz dela". Até agora, o anúncio teve cerca de 10 milhões de visualizações no YouTube.

Hoje em dia, parece que todas as organizações estão utilizando o humor em suas propagandas, desde empresas de produtos de consumo, como a Anheuser-Busch, até companhias de seguro da velha guarda, como a Allstate. Por exemplo, nove dos dez anúncios mais populares do Super Bowl do ano passado, segundo uma pesquisa promovida pelo *USA Today* em que os consumidores classificavam os anúncios, utilizaram o humor. Quando usado de maneira apropriada, o humor pode chamar a atenção, fazer com que as pessoas se sintam bem e conferir uma personalidade à marca. Entretanto, os anunciantes devem tomar cuidado ao usar o humor. Quando mal utilizado, ele pode prejudicar a compreensão, acabar rapidamente com a boa recepção do público, obscurecer o produto ou até mesmo irritar os consumidores.

Os *apelos morais* são dirigidos à percepção do público sobre o que é "certo" e "apropriado". Eles são utilizados com frequência para incitar as pessoas a apoiar causas sociais, tais como um meio ambiente mais limpo e auxílio aos necessitados. Por exemplo, a campanha "Viva unido" da United Way incentiva as pessoas a retribuir para a comunidade — "Viva unido. Faça a diferença. Crie oportunidades para todos em sua comunidade". Um anúncio da EarthShare incita o envolvimento ambiental lembrando as pessoas de que "Vivemos na casa em que todos nós construímos. Toda decisão que tomamos tem consequências [...] Nós escolhemos o mundo em que vivemos, então faça as escolhas certas [...]".

Estrutura da mensagem

Os profissionais de marketing também precisam decidir como lidar com três questões envolvendo a estrutura da mensagem. A primeira é se é preciso chegar a uma conclusão ou se isso pode ser deixado para o público. Pesquisas sugerem que, em muitos casos, em vez de oferecer uma conclusão, o anunciante se sai melhor fazendo perguntas e deixando que os compradores cheguem a suas próprias conclusões.

A segunda questão referente à estrutura da mensagem é se os argumentos mais fortes devem ser apresentados no início ou no fim. Apresentá-los no início prende a atenção, mas pode levar a um final anticlimático.

A terceira questão é se devem ser apresentados argumentos unilaterais (que mencionam somente os pontos fortes do produto) ou bilaterais (que promovem as vantagens do produto, mas também admitem suas deficiências). O argumento unilateral geralmente é mais eficaz em apresentações de vendas — exceto quando o público tiver um nível de instrução mais alto ou for propenso a dar ouvidos a afirmações contrárias ou quando o comunicador tiver de superar uma associação negativa. Com bom humor, a Heinz veiculou a mensagem "o ketchup Heinz é slow good" (em uma brincadeira com a expressão "fast-food" e o fato de o ketchup demorar para descer) e o Listerine divulgou que o produto tem "gosto ruim duas vezes por dia". Nesses casos, as mensagens bilaterais podem aumentar a credibilidade do anunciante e deixar os compradores mais resistentes aos ataques da concorrência.

Formato da mensagem

O profissional de comunicação de marketing também precisa de um *formato* atraente para a mensagem. No caso de um anúncio impresso, ele tem de decidir como serão o título, o texto, a ilustração e as cores. Para chamar a atenção, os anunciantes podem usar: novidades e contrastes; imagens e títulos que atraiam o olhar; formatos diferenciados; tamanho e posição da mensagem; e cores, forma e movimento. Se a mensagem for veiculada por televisão ou vídeo, o profissional de marketing tem que incorporar movimento, ritmo e som. Os apresentadores têm que planejar todos os detalhes, do início ao fim.

Se a mensagem for veiculada no produto ou em sua embalagem, o profissional de marketing terá de dar atenção à textura, ao aroma, à cor, ao tamanho e ao formato. Por exemplo, a cor pode aumentar o reconhecimento da mensagem de uma marca. Um estudo sugere que a cor eleva o reconhecimento da marca em até 80% — pense no Target (vermelho), no McDonald's (amarelo e vermelho), na John Deere (verde e amarelo), na IBM (azul) e na UPS (marrom). Assim, ao desenvolver comunicações de marketing eficazes, os profissionais de marketing precisam considerar, com cuidado, a cor e outros detalhes aparentemente sem importância.

▲ Formato da mensagem: para chamar a atenção, os anunciantes utilizam novidades e contrastes, imagens e títulos que atraem o olhar e formatos diferenciados, como nesse anúncio do Snickers.

Snickers® é uma marca registrada da Mars, Incorporated. Essa marca registrada é usada com permissão. A Mars, Incorporated não tem nenhuma associação com a Pearson. A imagem da marca SNICKERS® é impressa com permissão da Mars, Incorporated.

Escolha da mídia

O profissional de comunicação precisa selecionar os *canais de comunicação*. Há dois tipos abrangentes de canais de comunicação: os pessoais e os não pessoais.

Canais de comunicação pessoal

Nos **canais de comunicação pessoal**, duas ou mais pessoas se comunicam de maneira direta. Elas podem se comunicar pessoalmente, pelo telefone, pelo correio, por e-mail ou até mesmo por mensagens de texto e um bate-papo na Internet. Esses canais são eficazes porque permitem apresentação pessoal e feedback.

Alguns canais de comunicação pessoal são controlados diretamente pela empresa. Por exemplo, seus vendedores contatam os compradores organizacionais. Mas também é possível que outras comunicações pessoais sobre o produto cheguem aos compradores por meio de canais que não são diretamente controlados pela empresa. Esses canais podem incluir especialistas independentes — defensores dos consumidores, guias de compras on-line, blogueiros e outros — que fazem declarações a compradores. Podem incluir também vizinhos, amigos, familiares, conhecidos ou outros consumidores que conversam com os compradores-alvo. Esse último canal, chamado de **comunicação boca a boca**, causa considerável impacto sobre muitas áreas de produtos.

A influência pessoal tem grande peso, principalmente sobre produtos caros, de risco ou de grande visibilidade. Recentemente um levantamento descobriu que as recomendações de amigos e familiares são, de longe, a mais forte influência sobre os consumidores no mundo inteiro: mais de 50% dos consumidores disseram que amigos e familiares são a principal influência em sua

Canais de comunicação pessoal
Canais por meio dos quais duas ou mais pessoas se comunicam de maneira direta; eles incluem comunicação pessoal, telefone, correio, e-mail ou até mesmo mensagens de texto e bate-papo na Internet.

Comunicação boca a boca
Comunicações pessoais sobre um produto entre compradores-alvo e vizinhos, amigos, familiares, conhecidos ou outros consumidores.

conscientização e compra de um produto. Outro estudo revelou que 90% dos clientes confiam nas recomendações de pessoas que conhecem e 70% acreditam nas opiniões dos consumidores postadas on-line, ao passo que a confiança nos anúncios veiculados vai de um alto índice de cerca de 62% a menos de 24%, dependendo do meio de comunicação.[11] Surpreende, então, o fato de alguns consumidores só comprarem um item caro depois de verificarem o que os usuários têm a dizer sobre ele em sites como o Amazon.com? Quem nunca fez uma compra com base na análise de outro cliente ou na seção "Clientes que compraram este item também compraram"?

As empresas podem tomar algumas medidas para fazer com que os canais de comunicação pessoal trabalhem para elas. Por exemplo, como apresentado no Capítulo 5, elas podem eleger *formadores de opinião* para suas marcas — pessoas às quais as outras recorrem para saber sua opinião —, ao fornecer o produto com condições especiais a essas pessoas influentes ou ao instruí-las para que possam informar os outros. O **buzz marketing** envolve desenvolver formadores de opinião e incentivá-los a divulgar informações sobre um produto ou serviço para outros membros de suas comunidades.

Buzz marketing
Desenvolver formadores de opinião e incentivá-los a divulgar informações sobre um produto ou serviço para outros membros de suas comunidades.

A P&G criou um enorme exército de marketing boca a boca: o Vocalpoint, formado por 500 mil mães. O Vocalpoint recruta "conectoras" — pessoas agitadas de nascença, com uma vasta rede de amigos e que falam muito bem. Elas geram burburinho não somente para as marcas da P&G, mas também para as de outras empresas clientes — metade dos negócios vem de marcas que não são da P&G. A P&G utiliza o Vocalpoint em uma base rotineira para lançar produtos como o Bounce Dryer Bar e o Tide Pods. A empresa não paga as mães ou diz a elas o que devem falar. Ela simplesmente instrui as conectoras sobre um novo produto, as municia com amostras grátis e cupons para as amigas e pede que compartilhem sua "sincera opinião conosco e com outras mulheres da vida real". Por sua vez, as mães que fazem parte do Vocalpoint geram centenas de milhares de recomendações pessoais para novos produtos.[12]

▲ Buzz marketing: a P&G criou um enorme exército de marketing boca a boca, o Vocalpoint, formado por 500 mil mães que geram boca a boca para a P&G e outras marcas.
The Procter & Gamble Company

Canais de comunicação não pessoal

Canais de comunicação não pessoal
Meios que veiculam mensagens sem contato pessoal nem feedback; eles incluem as mídias mais importantes, as atmosferas e os eventos.

Os **canais de comunicação não pessoal** são meios que veiculam mensagens sem contato pessoal nem feedback. Eles incluem as mídias mais importantes, as atmosferas e os eventos. Entre as *mídias* mais importantes estão a impressa (jornais, revistas e mala direta), a transmitida (rádio e televisão), a expositiva (outdoors, placas e pôsteres) e a on-line (e-mail, sites da empresa, redes sociais e redes de compartilhamento). As *atmosferas* são ambientes planejados que criam uma tendência no consumidor para a compra de um produto ou a reforçam. Assim, escritórios de advocacia e bancos são projetados para transmitir confiança e outras qualidades que possam ser valorizadas pelos clientes. Os *eventos* são acontecimentos planejados que comunicam mensagens para os públicos-alvo. Por exemplo, os departamentos de relações públicas organizam grandes inaugurações, shows, exibições, excursões públicas e outros eventos.

As comunicações não pessoais afetam diretamente os compradores. Além disso, a utilização de mídia de massa muitas vezes afeta o comprador indiretamente, gerando mais comunicação pessoal. Por exemplo, as comunicações podem, primeiro, fluir da televisão, das revistas e de outras mídias de massa para os formadores de opinião e, depois, deles para os outros. Assim, os formadores de opinião ficam entre a mídia de massa e seu público, levando mensagens para as pessoas menos expostas à mídia. É interessante notar que os profissionais de marketing muitas vezes utilizam os canais de comunicação não pessoal para substituir ou estimular comunicações pessoais, ao incorporar endossos dos consumidores ou declarações boca a boca em seus anúncios e outras promoções.

Seleção da fonte da mensagem

Na comunicação tanto pessoal como não pessoal, o impacto da mensagem também é afetado pelo modo como o público-alvo vê o comunicador. Mensagens transmitidas por fontes de grande credibilidade são mais persuasivas. Assim, muitas empresas de produtos alimentícios fazem propaganda para médicos, dentistas e outros especialistas da área da saúde para motivar esses profissionais a recomendar produtos específicos a seus pacientes. E as empresas contratam celebridades — atletas, atores, músicos e até personagens de desenho animado famosos — para endossar seus produtos e transmitir suas mensagens. Uma série de estrelas da NBA empresta sua imagem para marcas como Nike, McDonald's e Coca-Cola. A atriz colombiana Sofia Vergara, de *Modern family*, endossa a Pepsi e a CoverGirl. E celebridades que vão de Vergara, Jay Leno e Mary J. Blige a David Beckham e Steven Tyler, do Aerosmith, ajudaram a chamar a atenção para o novo cardápio do Burger King.[13]

▲ Endosso de celebridades: LeBron James, Kobe Bryant e uma série de outras estrelas da NBA emprestam sua imagem para as marcas da Nike.

Newscom

Mas as empresas devem tomar cuidado na hora de selecionar celebridades para representar suas marcas. A escolha do representante errado pode resultar em embaraços e em uma imagem arranhada. Por exemplo, mais de uma dúzia de grandes marcas — incluindo Nike, Gatorade, Gillette, EA Sports e Accenture — passaram por momentos constrangedores quando problemas pessoais do golfista Tiger Woods vieram a público, manchando sua imagem até então imaculada. "Casamentos arranjados entre marcas e celebridades são inerentemente arriscados", observa um especialista. "99% das celebridades fazem um grande trabalho por suas parceiras de marca", diz outro, "e 1% saem dos trilhos".[14] Mais do que nunca, é importante escolher a celebridade certa para a marca (veja o Marketing Real 14.2).

Coleta do feedback

Após enviar a mensagem, o profissional de marketing deve pesquisar o efeito que ela causou sobre o público-alvo. Isso implica perguntar aos membros do público-alvo se eles se lembram da mensagem, quantas vezes a viram, de que pontos se recordam, como se sentiram quanto a ela e suas atitudes antigas e atuais com relação ao produto e à empresa. O profissional de marketing deveria também aferir o comportamento resultante da mensagem — quantos compraram o produto, falaram sobre ele com outras pessoas ou visitaram a loja.

O feedback sobre as comunicações de marketing pode sugerir mudanças no programa de promoção ou na oferta do produto em si. Por exemplo, a Macy's utiliza propaganda na TV e nos jornais para informar os consumidores da região sobre suas lojas, serviços e eventos promocionais. Vamos supor que a pesquisa de feedback indique que 80% de todos os compradores de determinada região se lembram de ter visto os anúncios da loja e estão cientes de suas mercadorias e liquidações. Ao todo, 60% desses compradores conscientizados visitaram uma loja Macy's no último mês, mas apenas 20% deles ficaram satisfeitos com a experiência de compra.

Os resultados sugerem que, embora a promoção esteja criando *conscientização*, as lojas da Macy's não está proporcionando aos consumidores a satisfação que eles esperam. Portanto, a Macy's precisa melhorar a experiência de compra e, ao mesmo tempo, manter seu bem-sucedido programa de comunicação. Por outro lado, vamos supor que a pesquisa tenha revelado que somente 40% dos consumidores da região estão conscientes das mercadorias e dos eventos da loja e que apenas 30% desses consumidores compraram lá recentemente, mas que 80% dos que compraram voltaram logo à loja para comprar de novo. Nesse caso, a Macy's precisa fortalecer seu programa de promoção para aproveitar o poder que tem de criar satisfação para o cliente na loja.

Definição do orçamento e do composto totais de promoção

Já estudamos as etapas de planejamento e de envio de comunicações a um público-alvo. Mas como a empresa determina o *orçamento de promoção* e a distribuição desse orçamento entre as principais ferramentas promocionais para criar o *composto de promoção*? Que processo ela utiliza para mesclar as ferramentas a fim de criar comunicações integradas de marketing? Vamos examinar essas questões.

Objetivo 4

◀ Explicar os métodos para definir o orçamento de promoção e os fatores que afetam o projeto do composto de promoção.

Marketing Real 14.2

Endosso de celebridades: encontrando a celebridade certa para a marca

Desde que a Red Rock Cola contratou o lendário jogador de basquete Babe Ruth para endossar seu refrigerante no final da década de 1930, as empresas estão pagando altas quantias em dinheiro para ter seus produtos associados a grandes celebridades. Com o endosso, as marcas buscam um "efeito halo" — a associação positiva que cerca um produto após ele ser apresentado por uma celebridade popular.

Para constatar a popularidade das celebridades no marketing de hoje, dê uma olhada nas recentes propagandas feitas para o Super Bowl. Nos últimos anos, os caros anúncios que vão ao ar durante o Super Bowl ostentaram estrelas que vão de Jerry Seinfeld e Jay Leno (Acura), Matthew Broderick (Honda), Clint Eastwood (Chrysler), Kim Kardashian (Skechers) e Betty White (Snickers) até Elton John (Pepsi), Justin Bieber (Best Buy) e uma animação do Eminem (Brisk Iced Tea).

O endosso de celebridades é um grande negócio, tanto para as marcas como para quem faz o endosso. Por exemplo, a Nike gasta cerca de meio bilhão de dólares por ano com o pagamento de celebridades que vendem seus produtos. Mas o retorno parece compensar, e muito, o preço. Por exemplo, a Air Jordan Brand, subsidiária da Nike (que inclui os tênis Air Jordan e marcas endossadas por Dwyane Wade, Carmelo Anthony e Chris Paul), possui receitas anuais que chegam a 1 bilhão de dólares e detém 71% de participação no mercado norte-americano de tênis para basquete. Por sua vez, mesmo sem jogar basquete profissional há cerca de uma década, Michael Jordan recebe 60 milhões de dólares por ano de contratos de endosso com a Nike, a Gatorade, a Hanes e outras grandes marcas.

No entanto, embora se unir à celebridade certa possa adicionar substancial apelo a uma marca, o uso de celebridades não é garantia de sucesso. Por exemplo, de acordo com um recente estudo, anúncios com celebridade são, em média, 3% menos eficazes do que aqueles em que elas não aparecem. "No Super Bowl do ano passado", diz um analista, "anúncios sem celebridades se saíram 9,2% melhor do que aqueles com celebridades". De fato, "anúncios com animais se saíram 21% melhor do que os com celebridades". Além disso, parcerias com celebridades podem criar problemas. Quando a relação com uma importante celebridade azeda ou quando uma celebridade perde seu prestígio, a imagem da marca pode ser maculada, em vez de intensificada.

No entanto, apesar das potenciais armadilhas, os endossos de celebridades estão sendo mais usados do que nunca. De acordo com uma estimativa, atualmente as celebridades aparecem em um quinto de todos os anúncios. Na verdade, a antiga técnica está se voltando para novas áreas dinâmicas, em alinhamento com a revolução da mídia social. Além de simplesmente utilizar as celebridades como ícones da marca ou estrelas de anúncios, muitas empresas as estão colocando bem no meio do diálogo social dos consumidores. O Twitter, por exemplo, está no centro de uma revolução no endosso de celebridades. Eis alguns exemplos recentes de celebridades apoiando marcas no Twitter:

Snoop Dogg: "Esses manos [Toyota] entendem da coisa. Acredita que essa minivan tem rodas de 22 polegadas? RODAAAA!"

Khloe Kardashian: "Quer saber como um Old Navy faz seu bumbum ficar em cima? Pergunte para uma Kardashian J."

Terrell Owens: "Voo grátis, acesso VIP, 1.500 dólares no bolso e... futebol americano! O Comfort Inn está oferecendo três dias disso! Confira".

Essas celebridades não estão, espontaneamente, tuitando sobre sua minivan, calça jeans ou hotel favorito. Elas estão sendo pagas para isso. Enquanto os tuítes de algumas celebridades ficam em torno de 2 mil dólares, os de Khloe Kardashian chegam a 8 mil dólares cada. Grandes estrelas com frequência cobram 10 mil dólares por tuíte que endossa a marca.

Ter celebridades tuitando sobre uma marca pode adicionar instantâneo interesse à mensagem. Mas muitas empresas questionam a efetividade dessa mais nova tendência relacionada ao endosso de celebridades. Para começar, somente 11% dos adultos norte-americanos utilizam o Twitter, e apenas uma fração deles segue uma determinada celebridade. E, por si só, a natureza breve, de "passagem" de uma típica campanha no Twitter provavelmente não vai construir uma relação de longo prazo entre a marca e a celebridade ou causar muito impacto no desenvolvimento da marca. Ainda assim, como acontece com muitos outros esforços promocionais hoje em dia, os profissionais de marketing estão trabalhando em um ritmo frenético para tornar mais efetivo o uso de celebridades na mídia social.

De acordo com Carol Goll, chefe da área de entretenimento global com marca da agência de talentos International Creative Management, de Hollywood, o sucesso do endosso de celebridades provém da combinação da celebridade certa com a marca certa. Foi assim que ela fechou grandes acordos de endosso para clientes como Beyoncé (American Express, Vivio, Nintendo, General Mills, Crystal Geyser) e Kim Cattrall (Olay,

▲ O rapper Eminem é o porta-voz da marca Brisk Iced Tea, da Lipton. A relação entre eles gerou um dos anúncios feitos para o Super Bowl mais comentados da década e se estendeu para o YouTube, o Facebook e, até mesmo, para o álbum e a turnê de Eminem.

© 2011 The Pepsi Lipton Partnership. Usado com permissão.

I Can't Believe It's Not Butter). Goll e sua equipe começam analisando, profundamente, as características dos seguidores e dos fãs que uma celebridade tem, respectivamente, no Twitter e no Facebook, bem como o burburinho na mídia social em torno de um recente projeto da celebridade. Essas informações ajudam a encontrar a celebridade que melhor se encaixa em uma determinada marca.

Goll observa que é importante evitar o fator "vendido" muitas vezes associado ao endosso de celebridades. Com muita frequência, os acordos de endosso chegam aos consumidores como parcerias comerciais entre a celebridade e a marca, pagas e improvisadas. Por exemplo, os fãs do Snoop Dogg devem ter ficado surpresos quando seu perfil oficial no Twitter lhes enviou um anúncio no YouTube para um Toyota Sienna. E quantos fãs de Terrell Owens acham que ele, realmente, tem algum interesse no Comfort Inn?

O melhor uso das celebridades requer autenticidade — com, inclusive, um toque de exclusão. Por exemplo, uma das maiores jogadas de Goll foi unir o rapper Eminem à marca Brisk Iced Tea, da Lipton. Eminem — o músico com mais curtidas do Facebook (ele tem 85,5 milhões de fãs, contra 64,5 milhões de Lady Gaga) — tem evitado acordos comerciais. "O importante no caso do Eminem foi que ele queria ser autêntico", diz Goll. De fato, Eminem só assinaria com a empresa se ele pudesse manter sua integridade artística, criando suas falas. A Brisk concordou. O resultado foi um dos anúncios feitos para o Super Bowl mais comentados da década, além de uma relação contínua entre a Brisk e o Eminem, que se estendeu para o YouTube, o Facebook e até mesmo o álbum e a turnê do rapper.

Graças a histórias de sucesso como essa, apesar de as pessoas e o modo de fazer poderem mudar para se adaptar ao ambiente de comunicações de marketing em alteração, o poder das celebridades provavelmente continuará sendo um importante elemento no marketing de muitas marcas. "Vivemos em uma cultura que adora celebridades", conclui uma analista. "Os anunciantes nunca os abandonarão."

Fontes: Andrew Hampp, "Social-media buzz helps ICM match marketers with the best celeb endorsers — even the elusive ones", *Advertising Age*, 22 maio 2011, <http://adage.com/article/227662/>; Christina Rexrode, "Twitter celebrity endorsements are big business for starts and companies", *Huffington Post*, 3 nov. 2011, <www.huffingtonpost.com/2011/11/03/celebrity-twitter-endorsements_n_1073577.html>; Bruce Horovitz, "Cooking up a Super Bowl ad? Just add celebrities", *USA Today*, 2 fev. 2012, <www.usatoday.com/money/advertising/story/2012-02-02/super-bowl-ads-celebrities/52939714/1>; <www.youtube.com?watch?v-B2n_sqrGrF8>. Acesso em: nov. 2012.

Texto de Carol Goll usado com permissão de Carol Goll, International Creative Management, Chefe de Entretenimento Global com Marca.

Definição do orçamento total de promoção

Uma das mais difíceis decisões de marketing que uma empresa tem de tomar é quanto gastar em promoção. John Wanamaker, o magnata das lojas de departamentos, disse em certa ocasião: "Eu sei que metade da minha propaganda é desperdiçada, mas não sei qual das metades. Gastei 2 milhões de dólares em propaganda e não sei se isso representa a metade ou o dobro do que seria necessário". Assim, não é nenhuma surpresa que haja uma enorme variação nos gastos de promoção entre diferentes setores e empresas. Esses gastos podem representar de 10 a 12% das vendas de produtos de consumo embalados, 20% das vendas de cosméticos e apenas 1,9% das vendas eletrodomésticos. Dentro de determinado setor, podem ser encontradas empresas que gastam muito e outras que gastam pouco com promoção.[15]

Como uma empresa determina seu orçamento de promoção? Vamos analisar quatro métodos comuns utilizados para estabelecer o orçamento total de propaganda: o *método dos recursos disponíveis*, o *método da porcentagem sobre as vendas*, o *método da paridade com a concorrência* e o *método de objetivos e tarefas*.[16]

▲ A definição do orçamento de promoção é uma das decisões mais difíceis que uma empresa tem que tomar. A Coca-Cola gasta centenas de milhões de dólares por ano, mas isso representa "a metade ou o dobro do que seria necessário?"
Associated Press

Método dos recursos disponíveis

Algumas empresas usam o **método dos recursos disponíveis**: elas estabelecem o orçamento de promoção no nível que acham que podem gastar. Pequenas empresas costumam usar esse método, raciocinando que a empresa não pode gastar em propaganda mais do que tem. Elas partem do total de receitas, deduzem as despesas operacionais e os desembolsos de capital e, então, reservam uma parte dos fundos remanescentes para propaganda.

Infelizmente, esse método ignora por completo os efeitos da promoção nas vendas. Ele tende a colocar a propaganda em último lugar na prioridade de gastos, mesmo em situações em que ela é fundamental para o sucesso da empresa. Esse método leva a um orçamento anual

Método dos recursos disponíveis
Definição do orçamento de promoção no nível que a administração acha que pode gastar.

464 Parte 3 | Elaboração de uma estratégia e de um mix voltados para o cliente

de promoção incerto, o que dificulta o planejamento de mercado no longo prazo. Embora o método dos recursos disponíveis possa resultar em despesas excessivas com propaganda, na maioria das vezes resulta em gastos insuficientes.

Método da porcentagem sobre as vendas

Método da porcentagem sobre as vendas
Definição do orçamento de promoção como uma determinada porcentagem das vendas atuais ou previstas ou, então, como uma porcentagem do preço unitário de venda.

Outras empresas usam o **método da porcentagem sobre as vendas**, definindo seu orçamento de promoção como uma determinada porcentagem das vendas atuais ou previstas. Ou, então, seu orçamento pode ser uma porcentagem do preço unitário de venda. Esse método é fácil de usar e ajuda a administração a pensar sobre as relações entre gastos com promoção, preço de venda e lucro por unidade.

No entanto, apesar dessas vantagens, não há muito o que justifique o método de porcentagem sobre as vendas. Ele, erroneamente, enxerga as vendas como a *causa* da promoção, e não como seu *resultado*. Apesar de estudos terem revelado uma correlação positiva entre gastos promocionais e força da marca, essa relação muitas vezes é de efeito e causa, e não de causa e efeito. As marcas mais fortes, com índices de vendas mais altos, podem bancar os maiores investimentos em propaganda.

Assim, o orçamento calculado por porcentagem sobre as vendas se baseia na disponibilidade de recursos, e não nas oportunidades. Pode evitar um aumento de gastos que, muitas vezes, é necessário para reverter a queda nas vendas. Como o orçamento varia de ano para ano, conforme os índices de vendas, é difícil um planejamento de longo prazo. Por fim, o método não oferece nenhuma base para a escolha de uma porcentagem *específica*, exceto o que foi feito no passado ou o que os concorrentes estão fazendo.

Método da paridade com a concorrência

Método da paridade com a concorrência
Definição do orçamento de promoção para se equiparar aos gastos dos concorrentes.

Outras empresas usam o **método da paridade com a concorrência**, definindo orçamentos de promoção que correspondem aos gastos dos concorrentes. Elas monitoram a propaganda dos concorrentes ou obtêm, por meio de publicações ou associações comerciais, estimativas dos gastos em promoção do setor e, então, definem seus orçamentos com base na média do setor.

Dois argumentos sustentam esse método. Primeiro, os orçamentos dos concorrentes representam o consenso coletivo do setor. Segundo, gastar o mesmo que os concorrentes ajuda a evitar guerras promocionais. Infelizmente, nenhum dos argumentos é válido. Não há motivos para acreditar que os concorrentes tenham uma ideia melhor sobre quanto uma empresa deve gastar em promoção do que ela própria. As empresas diferem muito, e cada uma delas tem necessidades promocionais específicas. Por fim, não há evidência de que orçamentos baseados na paridade com a concorrência evitem guerras promocionais.

Método de objetivo e tarefas

Método de objetivos e tarefas
Definição do orçamento de promoção por meio (1) do estabelecimento dos objetivos específicos de promoção, (2) da determinação das tarefas necessárias para atingir esses objetivos e (3) da estimativa dos custos para realizar essas tarefas. A soma desses custos corresponde ao orçamento de promoção proposto.

O método mais lógico para definir orçamentos é o **método de objetivos e tarefas**, por meio do qual a empresa define seu orçamento de promoção com base no que quer conseguir com ela. Esse método orçamentário implica (1) estabelecer os objetivos específicos de promoção, (2) determinar as tarefas necessárias para atingir esses objetivos e (3) estimar os custos para realizar essas tarefas. A soma desses custos é o orçamento de promoção proposto.

A vantagem do método de objetivos e tarefas é que ele força a administração a deixar claras suas premissas sobre a relação entre o dinheiro gasto e os resultados da promoção. Mas ele é também o método mais difícil de usar. Em geral, é difícil imaginar quais tarefas específicas atingirão os objetivos traçados. Por exemplo, vamos supor que a Samsung deseje obter um índice de conscientização de 95% para seu mais recente modelo de câmera digital durante os seis meses do período de lançamento. Que mensagens de propaganda e programações de mídia específicas ela deveria usar para atingir esse objetivo? Quanto custariam essas mensagens e programações? A gerência da Samsung deve levar em conta essas perguntas, mesmo elas sendo difíceis de responder.

Definição do composto total de promoção

O conceito de comunicação integrada de marketing sugere que a empresa deve mesclar as ferramentas promocionais cuidadosamente em um *composto de promoção* coordenado. Mas como ela determina qual composto de ferramentas promocionais usará? As empresas de um mesmo setor diferem bastante na determinação de seu composto de promoção. A Mary Kay, por exemplo, gasta a maior parte de seus recursos voltados para a promoção com venda pessoal e marketing direto, ao passo que a CoverGirl, sua concorrente, gasta muito com propaganda dirigida ao consumidor. Analisaremos os fatores que influenciam as empresas na escolha das ferramentas promocionais.

A natureza de cada ferramenta de promoção

Cada ferramenta de promoção tem características e custos singulares. Para definir seu composto de promoção, os profissionais de marketing precisam entender essas características.

PROPAGANDA. A propaganda pode atingir massas de compradores geograficamente dispersos a um baixo custo por exposição, além de permitir que a empresa vendedora repita a mensagem muitas vezes. A propaganda pela televisão, por exemplo, pode alcançar públicos enormes. Cerca de 111 milhões de norte-americanos assistiram ao mais recente Super Bowl, mais de 39 milhões de pessoas viram pelo menos parte da última transmissão da cerimônia de entrega do Oscar e um número superior a 26 milhões de fãs assistiram ao primeiro episódio da 11ª edição do *American Idol*. E o fato de os consumidores verem as propagandas de novo no YouTube e no sites da empresa estendeu o alcance delas para milhões de outras pessoas. Para as empresas que quiserem atingir um grande público, a TV é o melhor lugar para se estar.[17]

Além do alcance que tem, a propaganda em grande escala transmite algo positivo sobre o tamanho, a popularidade e o sucesso da empresa vendedora. Por conta da natureza pública da propaganda, os consumidores tendem a ver produtos anunciados como mais autênticos. A propaganda também é muito expressiva — ela permite que a empresa dramatize seus produtos por meio do uso artístico de elementos visuais, textos, som e cor. Por um lado, ela pode ser utilizada para construir uma imagem duradoura para um produto (como os anúncios da Coca-Cola). Por outro lado, pode desencadear vendas rápidas (como quando o Kohl's anuncia ofertas especiais no final de semana).

A propaganda também tem algumas deficiências. Embora alcance muitas pessoas com rapidez, ela é impessoal e não consegue ser tão diretamente persuasiva como os vendedores da empresa. Na maior parte dos casos, a propaganda pode produzir apenas uma comunicação unilateral com o público, que não se sente na obrigação de prestar atenção ou de reagir. Além disso, pode ter um custo muito elevado. Apesar de algumas formas de propaganda, como as veiculadas em jornais e rádio, poderem ser executadas com orçamentos menores, outras, como as transmitidas em emissoras de televisão, exigem orçamentos bastante elevados.

VENDA PESSOAL. A venda pessoal é a ferramenta mais eficaz em certos estágios do processo de compras, particularmente no desenvolvimento das preferências, convicções e ações dos compradores. Ela envolve interações pessoais entre dois ou mais indivíduos, de modo que cada um pode observar as necessidades e as características do outro e fazer ajustes rápidos. A venda pessoal também permite que surjam todos os tipos de relacionamento com o cliente, desde uma relação de vendas mais formal até uma amizade pessoal. O vendedor eficiente coloca os interesses do cliente em primeiro lugar, para criar um relacionamento duradouro por meio da solução dos problemas do cliente. Por fim, na venda pessoal, o comprador geralmente sente uma necessidade maior de ouvir e responder, mesmo que a resposta seja apenas um educado: "Não, obrigado".

No entanto, essas qualidades singulares têm um custo. Uma força de vendas exige um comprometimento de prazo mais longo do que o da propaganda — enquanto a propaganda pode ser acionada e interrompida, o tamanho de uma força de vendas é mais difícil de mudar. A venda pessoal também constitui a mais cara ferramenta de promoção das empresas, custando a elas, em média, 350 dólares ou mais por contato de vendas, dependendo do setor.[18] As empresas norte-americanas gastam três vezes mais em venda pessoal do que investem em propaganda.

▲ Na venda pessoal, o cliente sente uma necessidade maior de ouvir e responder, mesmo que a resposta seja apenas um educado: "Não, obrigado".

SelectStock

Promoção de vendas. A promoção de vendas inclui uma ampla variedade de ferramentas — cupons, concursos, descontos, prêmios e outras —, todas com muitas qualidades exclusivas. Essas ferramentas chamam a atenção do consumidor, oferecem fortes incentivos à compra e podem ser utilizadas para dar dramatização às ofertas de produtos e turbinar as vendas em declínio. As promoções de vendas incitam e recompensam a resposta rápida. Enquanto a propaganda diz: "Compre nosso produto", a promoção de vendas fala: "Compre-o agora". Entretanto, os efeitos da promoção de vendas normalmente têm vida curta, e quase sempre ela não é tão eficaz quanto a propaganda ou a venda pessoal na criação de preferência de marca e de relacionamento com o cliente no longo prazo.

Relações públicas. As atividades de relações públicas têm muita credibilidade — para o público, novas histórias, matérias, patrocínios e eventos parecem mais reais e dignos de crédito do que anúncios. Elas também podem atingir muitos clientes potenciais que evitam vendedores e propaganda — a mensagem chega aos compradores como "notícia", e não como comunicação direcionada para vendas. E, como a propaganda, podem dar dramatização a uma empresa ou um produto. Os profissionais de marketing tendem a subutilizar as atividades de relações públicas ou a utilizá-las como "algo a mais". No entanto, quando bem pensada, uma campanha de relações públicas que envolve outros elementos do composto de promoção pode ser muito eficaz e econômica.

Marketing direto. Embora haja muitas formas de marketing direto — mala direta e catálogos, marketing on-line e marketing móvel, entre outras —, todas compartilham quatro características diferenciadoras. O marketing direto é menos público: a mensagem normalmente é dirigida para uma pessoa específica. Ele também é imediato e customizado: as mensagens podem ser preparadas com muita rapidez e podem ser desenvolvidas sob medida, para atrair consumidores específicos. Por fim, é interativo: permite um diálogo entre a equipe de marketing e o consumidor, e as mensagens podem ser alteradas de acordo com a resposta do consumidor. Assim, o marketing direto se ajusta muito bem aos esforços de marketing altamente direcionados e à criação de relacionamentos pessoais com o cliente.

Estratégias de composto de promoção

Os profissionais de marketing têm à sua escolha duas estratégias básicas de composto de promoção: a promoção de *pressão* e a promoção de *atração*. A Figura 14.4 compara as duas estratégias. A ênfase relativa dada às ferramentas de promoção específicas é o que diferencia as estratégias de pressão e atração. Uma **estratégia de pressão (*push*)** implica "empurrar" o produto pelos canais de distribuição até o consumidor final. O fabricante direciona suas atividades de marketing (principalmente venda pessoal e promoção ao comércio) para os membros do canal, a fim de induzi-los a trabalhar com o produto e promovê-lo aos consumidores finais. Por exemplo, a John Deere faz pouquíssima promoção de seus cortadores de grama,

Estratégia de pressão (*push*)
Uma estratégia de promoção que demanda o uso da força de vendas e de promoção ao comércio para "empurrar" o produto pelos canais. O fabricante promove o produto para os membros do canal que, por sua vez, o promovem para os consumidores finais.

Na estratégia de pressão, a empresa "empurra" os produtos para os varejistas que, por sua vez, os "empurram" para os consumidores.

Na estratégia de atração, a empresa promove os produtos diretamente para os consumidores finais, criando uma demanda que "puxa" o produto pelo canal. A maioria das empresas utiliza uma combinação das estratégias de pressão e atração.

Figura 14.4 Estratégia de pressão *versus* estratégia de atração.

tratores de jardim e outros produtos de consumo residencial diretamente para os consumidores finais. Em vez disso, a força de vendas da empresa trabalha com a Lowe's, a Home Depot, distribuidores independentes e outros membros do canal, os quais, por sua vez, promovem os produtos da John Deere para os consumidores finais.

Quando usa uma **estratégia de atração** (*pull*), o fabricante direciona suas atividades de marketing (principalmente propaganda e promoção ao consumidor) para o consumidor final, a fim de induzi-lo a comprar o produto. Por exemplo, a Unilever promove seus produtos Axe para cuidados pessoais diretamente para seu público-alvo, formado por homens jovens, utilizando anúncios televisivos e impressos, um site da marca, seu canal no YouTube e sua página no Facebook, entre outros canais. Se a estratégia de atração for eficaz, os consumidores vão demandar o produto dos varejistas — como a CVS, o Walgreens e o Walmart —, que, por sua vez, vão demandá-lo da Unilever. Assim, com o uso da estratégia de atração, a demanda do consumidor "puxa" o produto pelos canais.

Algumas empresas que fabricam produtos industriais usam somente estratégias de pressão, ao passo que algumas empresas de marketing direto utilizam somente estratégias de atração. Contudo, a maioria das grandes empresas usa uma combinação das duas estratégias. Por exemplo, a Unilever gasta mais de 8 bilhões de dólares por ano, no mundo inteiro, com marketing e promoção de vendas voltados para o consumidor, a fim de criar preferência de marca e atrair os clientes para as lojas que comercializam seus produtos.[19] Ao mesmo tempo, ela utiliza sua própria força de vendas e a dos distribuidores para "empurrar" suas marcas pelos canais, de modo que elas estejam disponíveis nas prateleiras das lojas quando os consumidores as demandarem.

As empresas levam em consideração muitos fatores ao desenvolver suas estratégias de composto de promoção, incluindo o tipo de produto e mercado. Por exemplo, a importância das diferentes ferramentas de promoção varia nos mercados consumidor e organizacional. As empresas que fabricam bens de consumo geralmente usam mais a estratégia de atração, alocando uma parcela maior de seus recursos na propaganda, seguida pela promoção de vendas, pela venda pessoal e pelas atividades de relações públicas. Em compensação, as empresas que atuam em mercados organizacionais tendem a usar mais a estratégia de pressão, alocando a maior parte de seus recursos na venda pessoal, seguida pela promoção de vendas, pela propaganda e pelas atividades de relações públicas.

> **Estratégia de atração (*pull*)**
> Uma estratégia de promoção que demanda um alto gasto com propaganda e promoção voltadas para os consumidores finais com o intuito de induzi-los a comprar o produto, criando uma demanda que "puxa" o produto pelo canal.

Integração do composto de promoção

Após ter definido o orçamento e o composto de promoção, a empresa deve tomar providências para garantir que todos os elementos do composto de promoção sejam integrados sem percalços. Orientados pela estratégia de comunicação geral da empresa, os vários elementos promocionais devem trabalhar juntos para transmitir as mensagens de marca singulares da organização e seus pontos de venda. A integração do composto de promoção começa com os clientes. Independentemente de se tratar de propaganda, venda pessoal, promoção de vendas, relações públicas ou marketing direto, as comunicações em todos os pontos de contato com o cliente devem transmitir mensagens e um posicionamento claros. Um composto de promoção integrado garante que os esforços de comunicação aconteçam quando, onde e como os *clientes* precisarem deles.

Para se obter um composto de promoção integrado, todas as áreas funcionais da empresa devem cooperar, planejando em conjunto os esforços de comunicação. Muitas organizações incluem, até mesmo, clientes, fornecedores e outros públicos interessados em várias etapas do processo de planejamento das comunicações. Atividades promocionais dispersas ou desarticuladas, espalhadas pela empresa, podem resultar não apenas em um impacto de comunicação de marketing diluído, mas também em um posicionamento confuso. Em compensação, um composto de promoção integrado maximiza os efeitos combinados de todos os esforços promocionais da organização.

Comunicação de marketing socialmente responsável

Ao elaborar seu composto de promoção, a empresa deve estar consciente das muitas questões legais e éticas que cercam as comunicações de marketing. A maioria das empresas se empenha para se comunicar de maneira aberta e sincera com consumidores e revendedores. Mesmo assim, podem ocorrer abusos, e os legisladores de muitos países desenvolveram um substancial conjunto de leis e regulações que regem as atividades de propaganda, promoção de vendas, venda pessoal e marketing direto. Nesta seção, discutiremos questões relativas à propaganda, à promoção de vendas e à venda pessoal. Os tópicos relacionados ao marketing direto serão abordados no Capítulo 17.

Propaganda e promoção de vendas

Em muitos países, a lei determina que as empresas evitem propaganda falsa ou enganosa. Os anunciantes não devem fazer declarações falsas, como sugerir que um produto cure alguma coisa quando, na verdade, não o faz. Eles devem evitar anúncios que tenham a capacidade de enganar, mesmo que, na realidade, ninguém possa ser enganado por eles. Não se pode anunciar que um automóvel faz 13 quilômetros por litro de gasolina se isso não se referir a condições normais, e não se pode declarar que um pão diet tem menos calorias apenas porque suas fatias são mais finas.

As empresas vendedoras devem evitar propagandas que atraiam os compradores sob falsos pretextos. Por exemplo, um grande varejista anunciou uma máquina de costura por 179 dólares. No entanto, quando os consumidores tentavam comprar a marca anunciada, o vendedor depreciava as características dela, colocava máquinas defeituosas em seu showroom, fornecia dados enganosos sobre o desempenho da máquina e tomava outras medidas na tentativa de fazer os clientes comprarem uma máquina mais cara. Essas atitudes são tanto ilegais como antiéticas.

As atividades de promoção ao comércio de uma empresa também são reguladas de perto. Por exemplo, nos Estados Unidos, pela Robinson-Patman Act (Lei Robinson-Patman), as empresas vendedoras não podem favorecer determinados clientes por meio do uso de promoções comerciais. As concessões e os serviços promocionais devem estar disponíveis para todos os revendedores em termos proporcionalmente equivalentes.

Além de simplesmente evitar atos ilegais, como a propaganda enganosa, as empresas podem usar a propaganda e outras formas de promoção para incentivar e promover programas e ações socialmente responsáveis. Por exemplo, logo após a explosão e o vazamento de petróleo na plataforma Deepwater Horizon no Golfo do México, em 2010, a BP está gastando bilhões de dólares em esforços para recuperar a Costa do Golfo. Os esforços incluem uma campanha promocional de três anos, intitulada "Vozes do Golfo", que foi elaborada para restaurar o turismo ao longo da Costa do Golfo. A campanha, que integra televisão, Internet e mídia social, traz pessoas provenientes dos estados que fazem parte da Costa do Golfo, as quais falam sobre as ótimas praias, pescaria e frutos do mar de sua região e convidam o público para passar férias na costa. Além das séries sobre turismo, a BP está veiculando uma campanha on-line chamada "MyGulf", com vídeos de pessoas que moram e trabalham no Golfo. Graças, em parte, às campanhas promocionais patrocinadas pela BP, mesmo com a economia ainda apática, hoje o turismo em muitas regiões da Costa do Golfo ultrapassa os índices registrados antes do vazamento.[20]

▲ Promoção de programas e ações socialmente responsáveis: para ajudar a restaurar o turismo ao longo da Costa do Golfo, a campanha "Vozes do Golfo", da BP, traz pessoas da região que falam sobre as ótimas praias, pescaria e frutos do mar do local e convidam o público para passar férias na costa.
BP p.l.c

Venda pessoal

Os vendedores de uma empresa devem seguir as regras da "concorrência leal". A maioria dos estados norte-americanos possui leis contra a propaganda enganosa, determinando o que não é permitido. Por exemplo, os vendedores não podem mentir para os consumidores ou enganá-los sobre as vantagens de comprar um determinado produto. Para que essa prática não seja caracterizada, as declarações dos vendedores devem estar de acordo com o que diz a propaganda do produto.

Capítulo 14 | Valor para o cliente **469**

Aplicam-se diferentes regras para os consumidores que são visitados em casa ou compram em locais que não constituem a base permanente do vendedor da empresa e os que vão à loja em busca do produto. Como as pessoas que são visitadas podem ser pegas de surpresa e estar especialmente vulneráveis a técnicas de venda de alta pressão, a FTC (Federal Trade Commission — Comissão Federal de Comércio) adotou a *regra do prazo de arrependimento de três dias*, para dar proteção especial aos clientes que não estão à procura do produto. Segundo essa regra, os clientes que comprarem em casa, no local de trabalho, em dormitórios ou em espaços alugados temporariamente pelo vendedor — como salas de hotel, centros de convenção e restaurantes — qualquer coisa que custe mais de 25 dólares têm 72 horas para cancelar o contrato ou devolver a mercadoria e receber seu dinheiro de volta, sem nenhum questionamento.

A venda pessoal prevalece no comércio entre empresas. Ao vender para empresas, os vendedores não podem oferecer propina aos compradores organizacionais ou a outras pessoas capazes de influenciar a venda. Eles também não podem obter ou utilizar segredos técnicos e comerciais dos concorrentes por meio de suborno ou espionagem industrial. Por fim, não podem depreciar concorrentes ou produtos da concorrência sugerindo coisas que não são verdadeiras.

Revisão dos conceitos

Revisão dos **objetivos** e **termos-chave**

⟳ Revisão dos objetivos

Neste capítulo, você aprendeu como as empresas utilizam a comunicação integrada de marketing (CIM) para comunicar valor para o cliente. O marketing moderno exige mais do que apenas criar valor para o cliente desenvolvendo um bom produto, atribuindo-lhe um preço atraente e colocando-o à disposição dos clientes-alvo. As empresas também precisam *comunicar*, com clareza e persuasão, esse valor para os clientes existentes e potenciais. Para isso, elas devem mesclar as cinco ferramentas do composto de promoção, tendo como orientação uma estratégia de comunicação integrada de marketing bem elaborada e implementada.

Objetivo 1 ▶ Definir as cinco ferramentas do composto de promoção que comunicam valor para os clientes (p. 448-449)

O *composto de promoção* total de uma empresa — também chamado de *composto de comunicação de marketing* — consiste na combinação específica de ferramentas de *propaganda, venda pessoal, promoção de vendas, relações públicas* e *marketing direto* que a empresa utiliza para comunicar, de maneira persuasiva, o valor para o cliente e construir relacionamento com ele. A *propaganda* inclui qualquer forma paga de apresentação e promoção não pessoais de ideias, produtos ou serviços com um patrocinador identificado. Por outro lado, as atividades de *relações públicas* se concentram na construção de um bom relacionamento com os vários públicos da empresa. A *venda pessoal* é uma apresentação pessoal feita pela força de vendas da empresa, com o propósito de realizar vendas e desenvolver um relacionamento com o clientes. As empresas utilizam a *promoção de*

vendas para oferecer incentivos de curto prazo que estimulem a compra ou a venda de um produto ou serviço. Por fim, as empresas que buscam uma reação imediata dos clientes individuais focados usam ferramentas de *marketing direto* para se comunicar com os clientes e desenvolver um relacionamento com eles.

Objetivo 2 ▶ Discutir o cenário em mudança das comunicações e a necessidade da comunicação integrada de marketing (p. 449-454)

Os grandes desenvolvimentos na tecnologia da comunicação e as mudanças nas estratégias de comunicação das empresas e dos clientes causaram um profundo impacto nas comunicações de marketing. Os anunciantes tem trabalhado com uma ampla variedade de mídias mais especializadas e extremamente focadas — incluindo mídias digitais e on-line — para alcançar segmentos menores de clientes com mensagens mais personalizadas e interativas. À medida que adotam mídias e compostos de promoção mais ricos, porém mais fragmentados, para atingir seus diversos mercados, os anunciantes se arriscam a criar uma confusa miscelânea de comunicações para os consumidores. Para impedir isso, as empresas adotam o conceito de *comunicação integrada de marketing* (CIM). Orientada por uma estratégia geral de CIM, a empresa define as funções que as várias ferramentas promocionais terão que desempenhar e a extensão em que cada uma delas será utilizada. Ela coordena, com cuidado, as atividades promocionais e o momento mais oportuno para as grandes campanhas.

470 Parte 3 | Elaboração de uma estratégia e de um mix voltados para o cliente

Objetivo 3 ▶ **Resumir o processo de comunicação e as etapas do desenvolvimento de comunicações de marketing eficazes (p. 454-461)**

O processo de comunicação envolve nove elementos: duas partes principais (emissor e receptor), duas ferramentas de comunicação (mensagem e mídia), quatro funções de comunicação (codificação, decodificação, resposta e feedback) e ruído. Para se comunicar de maneira eficaz, os profissionais de marketing precisam entender como esses elementos se combinam a fim de transmitir valor para os clientes-alvo.

Ao preparar comunicações de marketing, a primeira tarefa da empresa é identificar o *público-alvo* e suas características. Depois, ela deve estabelecer os *objetivos da comunicação* e definir a reação esperada, que pode ser *conscientização*, *conhecimento*, *simpatia*, *preferência*, *convicção* ou *compra*. Em seguida, a *mensagem* deve ser elaborada com uma estrutura e um conteúdo eficazes. A *mídia* deve ser selecionada, tanto para a comunicação pessoal como para a não pessoal. A empresa deve procurar *fontes* de alta credibilidade para transmitir as mensagens. Por fim, ela deve coletar o feedback, observando quais parcelas do mercado se

conscientizaram em relação ao produto, experimentaram-no e ficaram satisfeitas no processo.

Objetivo 4 ▶ **Explicar os métodos para definir o orçamento de promoção e os fatores que afetam o projeto do composto de promoção (p. 461-469)**

A empresa tem de decidir quanto vai gastar com promoção. As abordagens mais populares para isso são: gastar o que ela tem condições, usar uma porcentagem sobre as vendas, fundamentar a promoção nos gastos dos concorrentes ou se basear na análise e nos custos dos objetivos e tarefas da comunicação. A empresa divide o *orçamento de promoção* entre as ferramentas mais importantes para criar o *composto de promoção*. Ela pode utilizar uma estratégia promocional *de pressão* (*push*) ou de *atração* (*pull*) — ou ainda uma combinação das duas. A melhor combinação específica de ferramentas de promoção depende do tipo de produto/mercado, da etapa de disposição de compra do consumidor e do estágio do produto no ciclo de vida. As pessoas em todos os níveis da organização devem estar conscientes das diversas questões legais e éticas que cercam as comunicações de marketing. As empresas devem trabalhar bastante e de maneira proativa para se comunicar aberta, sincera e agradavelmente com seus clientes e revendedores.

◌ Termos-chave

Objetivo 1
Marketing direto (p. 449)
Composto de promoção (composto de comunicação de marketing) (p. 448)
Promoção de vendas (p. 449)
Propaganda (p. 449)
Relações públicas (RP) (p. 449)
Venda pessoal (p. 449)

Objetivo 2
Comunicação integrada de marketing (CIM) (p. 453)

Objetivo 3
Buzz marketing (p. 460)
Canais de comunicação não pessoal (p. 460)
Canais de comunicação pessoal (p. 459)
Comunicação boca a boca (p. 459)
Etapas de disposição de compra (p. 456)

Objetivo 4
Estratégia de atração (pull) (p. 467)
Estratégia de pressão (push) (p. 466)

Método da paridade com a concorrência (p. 464)
Método da porcentagem sobre as vendas (p. 464)
Método de objetivos e tarefas (p. 464)
Método dos recursos disponíveis (p. 463)

Discussão e pensamento crítico

◌ Questões para discussão

1. Relacione e descreva brevemente as cinco principais ferramentas do composto de promoção.
2. Analise os fatores externos que impactam a função da comunicação de marketing de uma organização. A tradicional propaganda de mídia de massa logo estará morta, como alguns preveem?
3. Relacione e descreva brevemente os nove elementos do processo de comunicação. Por que os profissionais de marketing precisam entender esses elementos?

4. Relacione e descreva os quatro métodos de definição do orçamento de promoção, analisando os prós e os contras de cada um deles. Qual método é o melhor?
5. Compare os canais de comunicação pessoal e não pessoal.

Atividades de pensamento crítico

1. Em um pequeno grupo, desenvolvam um plano de comunicação integrada de marketing para uma empresa ou uma organização sem fins lucrativos local. O plano de vocês utiliza uma estratégia promocional de pressão ou de atração? Justifiquem.

2. Encontre três anúncios que incorporam em sua mensagem o marketing socialmente responsável. Algumas empresas são criticadas por explorarem questões ou organizações voltadas para o social, promovendo-as para benefício próprio. Os exemplos que você encontrou fazem isso? Justifique sua resposta.

Aplicações e casos

Foco na tecnologia   Leilões de propaganda on-line

Você já se perguntou como anúncios para marcas e empresas relevantes aparecem nos resultados de pesquisa do Google ou em praticamente todos os sites que você visita na Internet? Os anunciantes pagam para ter esses anúncios veiculados, com base em suas buscas por palavras-chave, seu comportamento de navegação na Internet e, até mesmo, naquilo que você posta no Facebook ou escreve nas mensagens trocadas pelo Gmail. Enquanto as preocupações em relação à privacidade aumentam, o setor de monitoramento on-line continua crescendo. De acordo com a Krux Digital, a visita média a uma página Web gerava 56 exemplos de coleta de dados, o que representa um número cinco vezes maior do que o do ano anterior. Uma pesquisa conduzida pelo *Wall Street Journal* em 2010 descobriu que os 50 sites norte-americanos mais populares tinham instalado um número superior a 3 mil arquivos de monitoramento no computador usado no estudo. O total, inclusive, foi maior: 4.123 arquivos instalados pelos 50 principais sites, que são populares entre crianças e adolescentes. Muitos sites instalaram mais de cem ferramentas de monitoramento durante os testes. Essas ferramentas incluem arquivos implantados no computador dos usuários e em sites. As empresas utilizam essa informação para direcionar anúncios on-line. Mas isso não seria possível se não fossem os leilões de anúncios on-line. Quando um usuário visita uma página Web, essa informação é leiloada entre os computadores, ficando com quem oferece o lance mais alto. Os lances são baseados no comportamento de navegação do usuário na Internet. Quem dá os lances é um agente de tecnologia, que age em nome do anunciante. Os lances em tempo real constituem 18% do mercado de anúncios on-line e saem por menos de 1 dólar por mil pessoas que os visualizam. O monitoramento da Web oferece aos usuários dados para vender no leilão, e mais de 300 empresas estão coletando esses dados. As organizações que fazem essa coleta muitas vezes compartilham informações entre si. Com isso, elas ficam com mais informações sobre o usuário de um site do que o dono — o vendedor de anúncios — desse site.

1. Redija um breve relatório explicando como os leilões de anúncios on-line funcionam e o impacto que eles têm sobre a propaganda na Internet.

2. Os críticos afirmam que o monitoramento na Internet infringe os direitos de privacidade do consumidor e que o setor está fora de controle. As empresas devem ter acesso a essas informações? Analise as vantagens e as desvantagens dessa atividade tanto para as empresas como para os consumidores.

Foco na ética   Declarações nas propagandas

Várias empresas bastante conhecidas estão obtendo destaque na mídia depois de pagarem enormes quantias em multas para resolver problemas de queixas de propaganda enganosa com a FTC (Federal Trade Commission — Comissão Federal de Comércio). A Skechers, uma empresa líder em tênis tonificantes, concordou em pagar 40 milhões de dólares para dar fim a acusações de declarações não comprovadas. A Skechers ganhou milhões afirmando que seus tênis eram mais eficazes quando se tratava de tonificar os músculos das nádegas e melhorar a postura do que os tênis para caminhar e correr normais. Celebridades como Kim Kardashian e Joe Montana endossaram o produto. De acordo com a FTC, o estudo em que as declarações se basearam não concluía o que a empresa afirmava em seus anúncios. Não ajudou em nada a Skechers o fato de o estudo ter sido conduzido pelo marido da executiva de marketing da empresa. Após fazer declarações similares, a Reebok fechou um acordo de 25 milhões de dólares com a FTC. Outras empresas conhecidas que recentemente negociaram com a FTC por conta de declarações enganosas nas propagandas foram a Dannon, a Oreck e a Nivea. A Dannon pagou 45 milhões de dólares após apresentar James Lee Curtis falando sobre os benefícios da regularidade digestiva proporcionados pelo iogurte Activia. A Oreck e a Nivea desembolsaram um valor relativamente baixo. A Oreck teve que pagar apenas 750 mil dólares para pôr fim à queixa contra sua declaração de que o filtro e a luz ultravioleta de seus aspiradores de pó matavam e detinham o vírus da gripe e outros germes. E a Nivea precisou pagar somente 900 mil dólares para fechar a queixa contra suas declarações de que seu creme para a pele My Silhouette! reduzia as medidas do usuário.

1. Pesquise a política para propaganda enganosa da FTC e apresente outro caso envolvendo a comprovação de declarações específicas.

472 **Parte 3** | Elaboração de uma estratégia e de um mix voltados para o cliente

2. O setor de propaganda criou a National Advertising Division (Divisão Nacional de Propaganda), cujo site é <www.NAD.org>, para supervisar um processo autorregulatório administrado Council of Better Business Bureaus (Conselho de Departamentos para Melhores Negócios). Compare como essa entidade resolve casos de propaganda enganosa com o modo como a FTC lida com as situações. Em seguida, apresente um caso conduzido de acordo com o processo da entidade.

○ Foco nos números   Índices de propaganda sobre as vendas

Ao utilizar o método da porcentagem sobre as vendas, um anunciante estabelece seu orçamento em uma determinada porcentagem das vendas atuais ou previstas. No entanto, nem sempre é claro determinar qual porcentagem usar. Muitas empresas analisam médias do setor e gastos dos concorrentes para ter uma base de comparação, e organizações como a Schonfeld & Associates oferecem relatórios anuais sobre os índices de propaganda sobre as vendas por setor. Essa informação é publicada em relatórios privados, mas muitos sites e publicações especializadas, como a *Advertising Age*, publicam dados resumidos sobre as médias do setor, bem como os índices de propaganda sobre as vendas dos principais anunciantes.

1. Encontre índices de propaganda sobre as vendas para quatro diferentes setores nos últimos dez anos ou mais. Tente descobrir a maior quantidade possível de informações nesse período, garantindo que tenha dados suficientes para indicar a tendência nos índices de propaganda sobre as vendas para cada um dos quatro setores. Em seguida, crie um gráfico mostrando essas tendências e apresente motivos para elas.
2. Explique por que, entre os quatro setores, há variação na porcentagem de vendas gasta com propaganda.

○ Vídeo empresarial   OXO

Por mais de 20 anos, a OXO colocou seus famosos utensílios de cozinha em praticamente todos os lares norte-americanos por meio do boca a boca, merchandising e outras formas de técnicas promocionais não tradicionais. Mas a OXO decidiu entrar no mundo da propaganda transmitida em uma tentativa de reagir aos desafios de um ambiente mais competitivo.

Esse vídeo mostra como uma empresa bem-sucedida pode se manter no topo modificando seu composto de promoção. Com suas marcas Good Grips, SteeL, Candela, Tot e Staples/OXO, a OXO expandiu seus esforços de propaganda com uma grande e nova campanha e, no processo, está oferecendo aquela boa e velha propaganda que continua sendo uma ótima aposta.

Após assistir ao vídeo que apresenta a OXO, responda às seguintes perguntas:

1. Por que a OXO decidiu mudar sua estratégia promocional a essa altura?
2. Como é a estratégia geral de propaganda da OXO? Descreva-a.
3. A OXO está deixando de lado seus antigos métodos promocionais? Como a OXO está combinando sua nova estratégia de propaganda como as técnicas promocionais que fizeram dela um sucesso?

○ Caso empresarial   Red Bull: um tipo diferente de campanha integrada

É um dia tranquilo na cidade de Roswell, que fica no deserto do Novo México. Há 20 mil metros do chão, um gigante balão de gás hélio ascende com uma cápsula espacial presa embaixo dele. A porta da cápsula se abre, revelando a Terra como uma esfera — a curva do horizonte contorna o planeta, o céu acima é praticamente preto. Um homem vestindo uma roupa completa de astronauta surge em uma pequena plataforma e se firma. Em seguida, com um rápido aceno à câmera, ele pula.

Um teste da NASA? Não. Trata-se do mais recente esforço promocional da Red Bull — mais uma jogada publicitária radical, criada para evocar reações de choque e espanto, ao mesmo tempo em que deixa claro seu famoso slogan: "Red Bull te dá asas". Hoje, com uma série de eventos como esse, a mensagem da Red Bull é transmitida para todo lugar por um exército de celebridades que endossam a marca, bem como por patrocínios de eventos esportivos, musicais e de entretenimento. A Red Bull não é a mais convencional das empresas. Ela transmite sua mensagem de marca por um composto eclético de esforços promocionais, evitando a mídia tradicional. Mas a maneira como a Red Bull integrou suas diversas mensagens é um modelo de sucesso que atinge bem o centro da construção de profundas conexões emocionais com os clientes.

UM IMPROVÁVEL INÍCIO

Tudo começou há cerca de 30 anos, quando Dietrich Mateschitz, um austríaco que vendia pastas de dente, viajou para a Tailândia. Lá, ele experimentou uma "tônica" chamada Krating Daeng — que significa "búfalo d'água". Tinha um gosto horrível, mas instantaneamente curou seu *jet lag*. Uma coisa foi levando à outra e, poucos anos depois, Mateschitz e um sócio adquiriram os direitos de vender a fórmula para o resto do mundo. Eles a chamaram de Red Bull (touro vermelho).

Desde o início, nada envolvendo o Red Bull era tradicional. A lata delgada azul e prata, adornada com dois fortes touros vermelhos prestes a esmagar a cabeça um do outro em frente a um sol amarelo, era algo diferente no mercado. Ao todo, 250 ml — esse era o tamanho da lata. Com ingredientes misteriosos, como taurina e glucoronolactona, e um gosto enjoativamente doce, muitas vezes descrito como sendo de "bala líquida" ou "remédio caseiro enlatado", o Red Bull não se encaixava em nenhuma categoria de bebida já estabelecida.

E o preço de 2 dólares o tornava, de longe, a mais cara bebida carbonatada disponível em qualquer prateleira. Mas, com essa combinação improvável, a Red Bull deu início à categoria de bebidas energéticas.

Mateschitz lançou o Red Bull em sua terra natal, a Áustria, com o único slogan que já acompanhou a marca: "Red Bull te dá asas". No momento em que o ouviu, Mateschitz sabia que esse slogan seria o centro da imagem de marca da Red Bull. Ele não se importava com o gosto do produto. "Não se trata de outra água com açúcar e sabor, diferenciada pela cor, pelo gosto ou mesmo pelo sabor", diz ele. "É um produto eficaz. Estou falando sobre melhorias na resistência, concentração, tempo de resposta, velocidade, vigilância e condições emocionais. O gosto não tem importância nenhuma." Apesar das análises iniciais negativas sobre o produto, o público-alvo da Red Bull, composto por homens jovens, respondeu bem. As vendas na Europa atenderam positivamente às expectativas.

UM IMPROVÁVEL PROGRAMA PROMOCIONAL

À frente de uma jovem empresa sem muito orçamento para propaganda, Mateschitz deu continuidade à sua forma nada ortodoxa de fazer as coisas quando lançou o Red Bull nos Estados Unidos, em 1997. Ele deixou de lado a tendência a campanhas promocionais agressivas e em excesso mostradas por outras empresas iniciantes na década de 1990. Em vez disso, seu jovem e chamativo exército de profissionais de marketing distribuiu latas grátis de Red Bull usando uma frota de veículos off-road cobertos por reluzentes logos, com uma lata gigantesca presa à carroceria. O boca a boca fez o resto. Dessa maneira, com muito pouco investimento, Mateschitz lançou o Red Bull para as massas e construiu uma imagem de marca.

Por ser um produto que se desenvolvia com base em um marketing modesto, o Red Bull dependia do boca a boca. E, à medida que informações sobre o Red Bull se espalhavam pelo circuito noturno de baladas na Europa, os rumores faziam o mesmo. Circulavam histórias de que a taurina era derivada dos testículos ou até mesmo do sêmen de touros. E o que é pior: surgiram boatos de que jovens tinham morrido depois de se divertirem muito à noite e tomarem muito Red Bull. Apesar de nenhum desses rumores ter sido comprovado, Mateschitz está convencido de que uma das técnicas promocionais mais importantes que a empresa já utilizou foi deixar esses boatos no ar e não dizer nada. "No começo, os professores de ensino médio que eram contra o produto foram, no mínimo, tão importantes quanto os alunos que eram a favor dele", diz Mateschitz. "Os jornais perguntavam: 'É uma droga? É prejudicial? É perigoso'. Essa ambivalência é muito importante. A coisa mais perigosa para um produto com marca é o baixo interesse".

Aos poucos, o portfólio de armas promocionais da Red Bull foi crescendo. Houve momentos em que a empresa se aventurou pela propaganda televisiva e impressa. Mas as principais táticas da Red Bull evitavam essas técnicas predominantes. Em vez disso, Mateschitz planejava promover a marca de um modo que fosse muito além em termos de alcance e frequência de cobertura. Ele queria que a marca atingisse os jovens em cheio, de uma maneira que eles experimentassem o Red Bull por completo. Queria envolver os clientes por meio de atividades tão significativas para eles que, rapidamente, criariam um relacionamento profundo.

Com essa filosofia, o composto de promoção da Red Bull evoluiu para o que é hoje. As descrições a seguir são apenas um exemplo das técnicas de promoção da empresa.

Atletas e equipes. Com a afirmação de que o Red Bull melhora o desempenho atlético bem no centro de sua mensagem promocional, a marca seguiu a receita usada pela Nike e a Gatorade e, logo no início, começou a fechar acordos com atletas para endossos. Hoje, a Red Bull patrocina mais de 500 atletas — nos Estados Unidos, são 100 — em 97 esportes, em sua maioria "radicais". E, em linha com seus métodos não convencionais, a Red Bull trata esses atletas como parte de uma "família", com nada mais do que um acordo verbal em que promete apoiá-los para que alcancem seus sonhos. Atualmente, a família da Red Bull conta com atletas de destaque, como Shaun White e Travis Pastrana, assim como atletas de nicho, como Austin Horse, que compete como ciclista mensageiro, e Levi Siver, que pratica windsurfe. Onde quer que esses atletas apareçam em público, o nome ou o logo da Red Bull está visível em algum lugar na pessoa.

Mas a estratégia de endosso da Red Bull vai além do apoio a atletas individuais. A empresa tem quatro times de futebol: a New York's Red Bulls, o Red Bull Salzburg, o Red Bull Brazil e o RB Leipzig. Ela também possui uma equipe na NASCAR e duas na Fórmula 1. Muitos afirmam que as equipes são apenas uma passatempo para Mateschitz, assinalando que nenhuma delas gera dinheiro. Mas Mateschitz diz que eles não entendem um ponto importante. "Em termos financeiros, nossas equipes ainda não são lucrativas. Mas, em termos de valor, elas são", diz ele. "O valor total de mídia editorial mais os ativos de mídia criados em torno das equipes são superiores a despesas diretas com propaganda."

Eventos esportivos. Com a Red Bull construindo relacionamento por meio de atletas e equipes, não demorou muito para que ela começasse a patrocinar eventos. Hoje, a Red Bull tem seu nome em dezenas dos principais eventos que acontecem anualmente, incluindo o Red Bull U.S. Grand Prix (MotoGP), o Red Bull Wake Open (wakeboard), o Red Bull Rampage (mountain bike) e o Red Bull Sharpshooters (basquete). Com patrocínio a eventos desse tipo, a Red Bull, mais de uma vez, inventou um esporte totalmente novo.

Considere o Red Bull Crashed Ice, um torneio mundial de um esporte radical de inverno. Ele é parecido com o esqui ou o snowboard — mas usa patins, no gelo. Nesse esporte, alguns dos maiores jogadores de hóquei no gelo do mundo correm para conquistar posições a uma velocidade de até 65 km/h. Mas o que realmente chama a atenção é o fato de a corrida se dar em um corredor de gelo de 500 metros repleto de lombadas, buracos, elevações e outros obstáculos. As câmeras registram toda a ação, enquanto os competidores passam por fãs gritando e banners da Red Bull.

Música e entretenimento. Reconhecendo que seus clientes-alvo não pensam em esporte o tempo todo, a Red Bull ampliou sua estratégia para endossos e eventos no mundo da música e do entretenimento. Com sua propensão para farejar coisas singulares, a Red Bull patrocina artistas, equipes e eventos na área da dança, música, filme, videogame e outras mídias criativas. O Red Bull Flying Bach é um grupo de breakdance que se apresenta ao som de músicas de Bach. O Red Bull Canvas Cooler é uma competição de nível nacional, restrita a convida-

474 Parte 3 | Elaboração de uma estratégia e de um mix voltados para o cliente

dos, em que renomados artistas trabalham com o emblemático refrigerador da Red Bull, redesenhando-o. E o Red Bull Common Thread é um novo conceito no circuito de shows — traz apresentações sucessivas de bandas que compartilharam membros em diferentes pontos de seu desenvolvimento.

Programação. Produtora de programas de TV como o *No limits*, transmitido pela ESPN, e filmes como *That's it, that's all*, a Red Bull não é estreante na produção de mídia. Mas em seu talvez mais ambicioso empreendimento, a Red Bull criou a Red Bull Media House — "o centro de rede de mídia global da Red Bull" e "sua porta para o Mundo da Red Bull". A rede abrange TV, impresso, móvel, digital e música. Com isso, a Red Bull se definiu como um importante provedor de conteúdo multimídia.

Para ter apenas uma amostra de como essa rede é abrangente, considere a divisão musical da Red Bull Media House. Nada menos do que uma unidade completa, ela conta com a Red Bull Publishing (uma central que agrupa todas as músicas e áudios gerados na Red Bull Media House), a Red Bull Records (seu selo musical próprio) e a Red Bull Radio Services (uma emissora de rádio e shows originais baseados na Internet). Por meio dessa rede de mídia musical, a Red Bull coloca sua marca no centro de uma cooperativa de empresas, marcas e artistas, incentivando-os a dispor dos recursos da Red Bull.

Multiplicando isso pelas outras importantes mídias da rede Red Bull Media Network, fica claro que Mateschitz vê a Red Bull não como uma marca de bebida, mas como uma marca mundial de estilo de vida, com fronteiras que ainda não foram alcançadas. Ele se refere a seu recente ataque multimídia como "nossa mais importante extensão de linha até agora", com o objetivo de "comunicar e distribuir o Mundo da Red Bull em todos os principais segmentos de mídia". Como acontece com todos os outros empreendimentos promocionais, Mateschitz espera que a Red Bull Media House se torne lucrativa. Mas, assim como ocorre com as equipes esportivas, ele está disposto a ser paciente e contar com o valor promocional das atividades.

FAZENDO TUDO PELOS CLIENTES

O salto bem-sucedido de Felix Baumgartner de cerca de 27 mil metros de altura foi só um aquecimento. Um ano depois, quando fez o verdadeiro salto, ele o fez da estratosfera, de 37 mil metros acima do nível do mar. No processo, Baumgartner quebrou quatro recordes mundiais: o mais alto voo tripulado de balão, o mais

alto salto de paraquedas, a mais longa queda livre e o primeiro paraquedista a quebrar a barreira do som. Ele também testou a próxima geração de roupas a serem usadas pelos astronautas. E a marca Red Bull estava lá estampada, por toda parte, durante o evento inteiro. Mas, mais importante do que a cobertura promocional, essa façanha atendeu ao mesmo propósito a que todas as outras promoções atendem — criar um relacionamento profundo com os clientes por meio de experiências emocionais.

Desde sua origem improvável, a Red Bull cresceu e se tornou uma empresa sólida. No ano passado, a empresa vendeu 4,2 bilhões de latas da bebida, com receitas de mais de 5 bilhões de dólares — um aumento de 16% em relação ao ano anterior. À medida que a Red Bull continua a crescer, Mateschitz não tem intenção de diminuir o ritmo. De fato, ele confessa que sempre foi atraído pela ideia de criar um estado-nação independente, o país da Red Bull. "As regras seriam simples. Ninguém diria a você o que tem que fazer — apenas o que não tem que fazer."

QUESTÕES PARA DISCUSSÃO

1. Relacione tudo o que torna os esforços promocionais da Red Bull singulares, em comparação com os esforços que predominam.

2. Quais elementos do composto de promoção a Red Bull utiliza? Qual nota você daria à Red Bull na integração desses elementos em uma campanha central de comunicação de marketing?

3. Mais cedo ou mais tarde, a Red Bull precisará se voltar para técnicas de marketing mais tradicionais em termos de mídia a fim de manter seu crescimento? Justifique sua resposta.

4. Descreva o público-alvo da Red Bull. As técnicas promocionais da Red Bull são compatíveis com esse público?

5. Em algum momento, a Red Bull terá que diversificar, indo além de seu mercado-alvo? Ela precisará alterar sua estratégia promocional para fazer isso?

Fontes: "Felix Baumgartner Prepares for daredevil freefall from 17 miles", *Fox News*, 24 jul. 2012, <www.foxnews.com/scitech/2012/07/24/final-test-jump-from-edge-space-set-for-tuesday/>; "Red Bull's adrenaline marketing mastermind pushes into media", *Business Week*, 19 maio 2011, <www.bloomberg.com/news/print/2011-05-19/red-bull-s-adrenaline-marketing-billionaire-mastermind.html>; outras informações encontradas em <www.redbullusa.com> e <www.redbullmediahouse.com>. Acesso em: ago. 2012.

Estudo de caso

O impacto das redes sociais na comunicação do setor de moda

Marcela Bortotti Favero
Mestre em Tecnologia Têxtil e Moda pela Escola de Artes, Ciências e Humanidades da USP

O segmento de moda e vestuário é extremamente significativo para a economia nacional. Atualmente, o Brasil representa o quarto maior parque produtivo de confecção do mundo, e em 2013 obteve um faturamento de US$ 53 bilhões. O setor apresenta ainda como números importantes: 1,7 milhão de empregados diretos e 8 milhões indiretos, representando 16,4% dos empregos e 5,5% do faturamento da indústria de transformação. É composto por mais de 30 mil empresas, dentre as quais 70% são micro e pequenas.

Com base nesses números, fica fácil perceber a elevada competitividade do setor, e isso nos leva a questionar como uma confecção pode se destacar diante dos olhos dos consumidores. De maneira simplista, podemos considerar que uma das formas é a comunicação, e ainda, conforme apontado por inúmeros autores, o desenvolvimento de uma marca forte.

Se comunicar-se é fundamental, escolher o meio pelo qual se envia a mensagem também é importante. Tradicionalmente, os meios de comunicação mais utilizados são revistas e a televisão, sendo comum a utilização de imagens para ilustrar o que a empresa pretende oferecer ao consumidor.

Porém as alterações do comportamento do consumidor e o desenvolvimento da tecnologia promoveram algumas mudanças no cenário da comunicação. O consumidor está mais cético e crítico quanto às mensagens apresentadas, além disso, tem-se o efeito zapping, onde durante os comerciais o espectador passa a trocar de canais, evitando as propagandas apresentadas. Tampouco está confortável em ter que participar passivamente desse processo de comunicação, uma vez que com a cultura desenvolvida pelo uso da Internet se acostumou a participar ativamente e isso tem apresentado um grande desafio para a forma tradicional de como as empresas se comunicam, agora tem que ser de maneira mais transparente, rápida e principalmente estabelecendo diálogos com os ouvintes, que se tornam cada vez mais participativos.

No setor de vestuário de moda a utilização das redes sociais está em crescimento. Para algumas marcas, estar nessas redes deixou de ser uma opção, afinal é preciso estar onde seus consumidores se encontram para ouvi-los e atendê-los da melhor forma possível. As principais redes sociais hoje no Brasil são: Facebook, Twitter e Instagram.

A tabela a seguir tem a finalidade de validar a importância das redes sociais (*Facebook*) para as marcas de moda, considerando que as marcas mais valiosas do Brasil e do mundo deste segmento estão presentes nesta rede e, ainda, apresentam uma grande quantidade de fãs em suas páginas.

MARCAS	NÚMERO DE FÃS
ZARA	21.104.514
H&M	18.586.196
NIKE	17.958.318
BURBERRY	17.099.696
ADIDAS	16.320.007
GUCCI	12.850.028
CHANEL	11.755.484
CALVIN KLEIN	9.151.938
RALPH LAUREN	7.651.918
HUGO BOSS	6.579.922
RIACHUELO	3.924.739
PRADA	3.689.582
MARISA	2.581.246
FENDI	2.209.625
HERMÈS	1.773.989
NEXT	1.370.024
HERING	1.187.584
UNIQLO	983.496
LULULEMON	921.884

O setor de moda ainda se rendeu a outra rede social: Instagram, que se tornou uma ferramenta de marketing excelente para a divulgação de imagens. Essa plataforma é uma maneira excelente de divulgar detalhes do produto, do backstage e ainda imagens dos consumidores utilizando o produto. Dentre as marcas nacionais destacam-se: Schutz, Melissa, Renner, Colcci e Farm.

Outra rede social utilizada, embora com menor fervor, é o Twitter. A marca Burberry é a que teve uma maior eficácia quanto à utilização dessa rede. Sua boa performance pode estar relacionada à migração do serviço ao cliente para uma conta isolada, que permite a ele apreciar novos aplicativos. Outro forte destaque do setor é a marca Marks & Spencer, que apresenta a melhor performance em termos de influência.

As redes sociais permitem, de maneira geral, um maior alcance da marca, e o estreitamento de relações entre empresa e consumidor. Outro ponto positivo é o baixo investimento, em especial quando comparado com os custos das mídias tradicionais. Sabe-se que as opiniões expressas nesses canais influenciam diretamente o consumo, hoje é muito mais fácil comparar preços e atributos dos produtos, questionar os amigos e até desconhecidos sobre a qualidade, publicar suas impressões. As informações circulam de maneira mais fácil e rápida.

Por outro lado, as marcas não conseguem ainda efetivamente mensurar os resultados da utilização dessas redes. Inúmeros programas de monitoramento estão surgindo buscando apresentar em números os reais impactos da utilização desses canais.

Uma dúvida que permeia esse universo é: como utilizar esses canais? Segundo os teóricos, as redes deveriam ser utilizadas para desenvolvimento de relacionamentos, ou seja, criação de diálogo entre empresa e consumidor. Porém, ao mergulhar em fan pages de pequenas empresas do setor, observa-se que o canal é utilizado com distintos objetivos, inclusive, vendas. Na realidade, ainda não se encontrou a fórmula de utilização perfeita das redes digitais, o que há, na maioria das vezes, são experimentos. O objetivo é promover a interação de consumidor e empresa, que pode ocorrer por meio de curtidas, comentários e compartilhamentos.

O desenvolvimento das redes sociais revolucionou a maneira como as empresas se comunicam, se você se atentar para seus perfis, vai observar mensagens de empresas a todo momento. Isso demanda um novo aprendizado na linguagem de comunicação das empresas, que não podem aplicar a essas novas mídias os mesmos modelos que se aplicam às mídias tradicionais, particularmente no que tange à questão de participação ativa do receptor. É preciso envolver o usuário, diverti-lo, ouvi-lo e, mais que tudo, motivá-lo a participar e a se manifestar, o que, além de gerar uma relação motivadora contínua, permite entender os clientes em seus aspectos mais particulares. No entanto, toda essa euforia com as novas formas de comunicação não pressupõe a exclusão dos meios tradicionais de comunicação, que continuam a ter sua importância e seu papel na motivação dos consumidores.

O que ocorre é que o desafio da comunicação se tornou mais abrangente, pois, se de um lado essas novas mídias apresentam um potencial diferenciado de acesso e interação com os consumidores, de outro, demanda um esforço maior em alocar o correto modelo de mensagem para cada canal, que não deve ser o mesmo, mas com certeza deve ter uma linha de comunicação comum, integrada.

Questões para reflexão

1. No texto, afirma-se que uma das formas de conseguir destaque dentro do setor de moda e têxtil é por meio da comunicação. Você concorda com essa afirmação? Justifique.

2. Historicamente, o setor de moda e têxtil utiliza a comunicação baseada em imagens. Quais novas mídias, digitais ou não, você sugere para a promoção de um produto de moda?

3. Quais os fatores que você pode apontar como fundamentais para o aumento do descrédito das propagandas em mídias tradicionais, e o impulso para o crescimento das mídias sociais?

4. Dentre as três formas de interação no Facebook entre usuário e marca (curtidas, comentários e compartilhamentos), qual você julga mais eficiente para promoção de ações de buzz marketing? Por quê?

5. Escolha uma marca de moda, e procure sua Fan page, Instagram e Twitter. Identifique as mensagens compartilhadas nessas redes sociais. Elas trabalham com a mesma linguagem? Qual apresenta maior interação com os usuários?

Referências

- TEXBRASIL. Disponível em: <http://www.texbrasil.com.br/texbrasil/SobreSetor.aspx?tipo=15&pag=1&nav=0&tela=SobreSetor>. Acesso em: 5 dez. 2014.
- BRAND ANALYTICS. Disponível em: <http://www.brandanalytics.com.br/indranking.html>. Acesso em: 5 dez. 2014.
- MILLWARD BROWN. Disponível em: <http://www.millwardbrown.com/brandz/2013/Top100/Docs/2013_BrandZ_Top100_Report.pdf>. Acesso em: 5 dez. 2014.
- QUARTEL DIGITAL. Disponível em: <http://www.quarteldigital.com.br/instagram-para-o-mercado-da-moda/>. Acesso em: 5 dez. 2014.
- EXAME. Disponível em: <http://exame.abril.com.br/marketing/noticias/as-5-marcas-de-moda-nacionais-mais-atuantes-no-instagram>. Acesso em: 5 dez. 2014.
- LIGA TE À MEDIA. Disponível em: <http://www.ligateamedia.pt/ArticleItem/2424/pt/Internet/55479/6645/Marcas-de-moda-sao-as-mais-eficazes-no-Twitter>. Acesso em: 5 dez. 2014.

NOTAS

1. Baseado em informações extraídas de "The cow campaign: a brief history", <www.chick-fil-a.com/Cows/Campaign-History>. Acesso em: jul. 2012; "Company fact sheet", <www.chick-fil-a.com/Company/Highlights-Fact-Sheets>. Acesso em: jul. 2012; Thomas Pardee, "Armed with a beloved product and a strong commitment to customer service, fast feeder continues to grow", Advertising Age, 18 out. 2010, <http://adage.com/article/146491/>; Emily Bryson York, "Game of chicken against leader pays off for Chick-fil-A, popeyes", Advertising Age, 3 maio 2010, <http://adage.com/article/143642/>; Brian Morrissey, "Chick-fil-A's strategy: give your fans something to do", AdWeek, 3 out. 2009, <www.adweek.com/print/106477>; informações extraídas de várias outras páginas e releases encontrados em <www.chick-fil-a.com> e <www.chick-fil-a.com/Pressroom/Press-Releases>. Acesso em: nov. 2012.

2. Para outras definições, veja <www.marketingpower.com/_layouts/Dictionary.aspx>. Acesso em: nov. 2012.

3. Veja Martin Peers, "Television's fuzzy ad picture", Wall Street Journal, 10 maio 2011, p. C22; Lisa Waananen, "How agencies are spending online media budgets", Mashable.com, 9 jun. 2011, <http://mashable.com/2011/06/09/media-agency-budgets/>; "U.S. online ad spend to close in on $40 billion", eMarketer, 19 jan. 2012, <www.emarketer.com/Article.aspx?id=1008783&R=1008783>.

4. Veja Andrew Adam Newman, "Ketchup moves upmarket, with a balsamic tinge", New York Times, 25 out. 2011, p. B3; "Heinz tomato ketchup blended with balsamic vinegar satisfies fan hunger as newest member of Heinz ketchup's standard line up", Business Wire, 1 maio 2012.

5. Esse exemplo é baseado em informações encontradas em Stuart Elliott, "Ad for method celebrate the madness", New York Times, 12 mar. 2012, p. B1.

6. "100 leading national advertisers", Advertising Age, 20 jun. 2012, p. 10.

7. David Gelles, "Advertisers rush to master fresh set of skills", Financial Times, 7 mar. 2012, <www.ft.com/intl/cms/s/0/8383bbae-5e20-11e1-b1e9-00144feabdc0.html#axzz1xUrmM3KK>; "Online ad spend to overtake TV by 2016", Forbes, 26 ago. 2011, <www.forbes.com/sites/roberthof/2011/08/26/online-ad-spend-to-overtake-tv/>; "U.S. online ad spend to close in on $40 billion", eMarketer, 19 jan. 2012, <www.emarketer.com/Article.aspx?id=1008783&R=1008783>.

8. Veja Jon Lafayette, "4A's conference: agencies urged to embrace new technologies", Broadcasting & Cable, 8 mar. 2011, <www.broadcastingcable.com/article/464951-4A_s_Conference_Agencies_Urged_To_Embrace_New_Technologies.php>; Gelles, "Advertisers rush to master fresh set of skills", Financial Times, 7 mar. 2012, <www.ft.com/intl/cms/s/0/8383bbae-5e-20-11e1-b1e9-00144feabdc0.html#axzz1xUrmM3KK>.

9. Veja "Integrated campaigns: Häagen-Dazs", Communication Arts Advertising Annual 2009, p. 158-159; Tiffany Meyers, "Marketing 50: Häagen-Dazs, Katty Pien", Advertising Age, 17 nov. 2008, p. S15; "Häagen-Dazs loves honey bees", 28 abr. 2010, <http://limeshot.com/2010/haagen-dazsloves-honey-bees-titanium-silver-lion-cannes-2009>; Alan Bjerga, "U.S. queen bees work overtime to save hives", Bloomberg Businessweek, 3 abr. 2011, p. 27-28; informações extraídas de <www.helpthehoneybees.com>. Acesso em: out. 2012.

10. Veja Stuart Elliott, "A product to add sparkle and pop to laundry day", *New York Times*, 15 fev. 2012, p. B3.

11. Jonah Bloom, "The truth is: consumers trust fellow buyers before marketers", *Advertising Age*, 13 fev. 2006, p. 25; "Jack Morton publishes new realities 2012 research", 26 jan. 2012, <www.jackmorton.com/news/article.aspx?itemID=106>.

12. Veja Jack Neff, "P&G's buzz-building networks thrive in age of social networks", *Advertising Age*, 10 out. 2011, p. 19; <www.vocalpoint.com//index.html e www.tremor.com/Revealing-Case-Studies/Bounce-Dryer-Bar/>. Acesso em: nov. 2012.

13. Veja Lacey Rose, "The 10 most trusted celebrities", *Forbes*, 8 fev. 2011. Disponível em: <www.forbes.com/2011/02/07/mosttrustworthy-celebrities-business-entertainment.html>; Noreen O'Leary "Ad of the day: Burger King", *Adweek*, 3 abr. 2012, <www.adweek.com/print/139384>.

14. T. L. Stanley, "Dancing with the stars", *Brandweek*, 8 mar. 2010, p. 10-12. Veja também Pam Garfield, "The very public risks of celebrity endorsements", *Medial Marketing & Media*, 1 mar. 2012, <www.mmm-online.com/the-very-public-risks-of-celebrity-endorsements/article/229009/>; Mo Moumenine, "Using celebrity endorsement in social media", *IncresaseRSS*, 17 fev. 2012, <http://increaserss.com/using-celebrity-endorsement-in-social-media/>.

15. Para mais informações sobre gastos com propaganda por empresa e setor, veja "Datacenter: advertising spending", *Advertising Age*, 28 jun. 2012, <http://adage.com/article/106575/>.

16. Para mais informações sobre definição de orçamentos de promoção, veja W. Ronald Lane, Karen Whitehill King e J. Thomas Russell, *Kleppner's advertising procedure*, 18ed. Upper Saddle River: Prentice Hall, 2011, Capítulo 6.

17. Veja Christopher S. Stewart, "Super Bowl viewers set record", *Wall Street Journal*, 6 fev. 2012; Lisa de Moraes, "Oscar 2012 ratings: about 39 million viewers", *Washington Post*, 27 fev. 2012; Verne Gray, "American Idol: 21.6 million viewers", *Newsday*, 19 jan. 2012, <www.newsday.com/entertainment/tv/tv-zone-1.811968/american-idol-21-6-million-viewers-1.3464121>.

18. Veja discussões em "The costs of personal selling", 13 abr. 2011, <www.seekarticle.com/business-sales/personal-selling.html>; "What is the real cost of a B2B sales call?", out. 2012, <www.marketingplaybook.com/sales-marketing-strategy/what-is-the-real-cost-of-ab2b-sales-call>.

19. Jack Neff, "Unilever cuts agency, production spending as ad costs rise", *Advertising Age*, 2 fev. 2012, <http://adage.com/article//232485/>.

20. Veja "New ads promote tourism along the Gulf Coast", <http://www.bp.com/sectiongenericarticle.do?categoryId=9039335&contentId=7072076>; "Restoring the economy: promoting tourism along the Gulf Coast", *Gulf of Mexico Restoration*, p. 7, <http://bp.com/gulfofmexico>. Acesso em: nov. 2012.

Parte 1 ▶ Definição de marketing e o processo de marketing (Capítulos 1-2)

Parte 2 ▶ Entendimento do mercado e dos clientes (Capítulos 3-6)

Parte 3 ▶ Elaboração de uma estratégia e de um mix voltados para o cliente (Capítulos 7-17)

Parte 4 ▶ Marketing ampliado (Capítulos 18-20)

15

Propaganda e relações públicas

Prévia do capítulo

Agora que analisamos o planejamento geral da comunicação integrada de marketing, vamos examinar com mais profundidade as ferramentas específicas de comunicação de marketing. Neste capítulo, exploraremos a propaganda e as relações públicas (RP). A propaganda envolve comunicar a proposta de valor da empresa ou da marca utilizando a mídia paga para informar, persuadir e lembrar os consumidores. As relações públicas implicam o desenvolvimento de um bom relacionamento com os vários públicos da empresa — de consumidores e público em geral até a mídia, investidores, doadores e públicos governamentais. Como ocorre com todas as ferramentas do mix de promoção, a propaganda e as relações públicas devem ser incorporadas ao programa geral de comunicação integrada de marketing. Nos capítulos 16 e 17, trataremos das outras ferramentas do mix de promoção que faltam: vendas pessoais, promoção de vendas e marketing direto.

Vamos começar com a pergunta: a propaganda realmente faz a diferença? As seguradoras de automóveis certamente acham que sim. A State Farm, líder de mercado, gasta mais de 800 milhões de dólares por ano com propaganda, ao passo que a Allstate, número 2 do setor, gasta mais de 500 milhões anualmente; a GEICO, a número 3, investe o colossal valor de 1 bilhão de dólares por ano em propaganda. Juntas, as seguradoras de automóveis gastam mais de 4 bilhões de dólares anualmente para transmitir suas mensagens. Todo esse gasto — somado às campanhas cada vez mais criativas — levou a uma guerra de propaganda entre as seguradoras. Para permanecer no combate, a Allstate gerou seu próprio caos na propaganda da marca.

Allstate: levando o caos para a guerra de propaganda entre as seguradoras de automóveis

Em sua mais recente campanha, a Allstate Insurance levou o caos para a vida — literalmente. Representado pelo ator Dean Winters, o assustador personagem Caos retrata todos os eventos improváveis que podem levar ao acionamento do seguro de um veículo. Caracterizado de veado, ele pula na frente de um carro em movimento à noite, "porque é isso que os veados fazem". Como uma tempestade torrencial, ele adora afundar tetos solares. Como neve, o Caos força o telhado da garagem com o peso até ele cair, esmagando o carro que está dentro. O original anúncio termina com a afirmação seguida da pergunta: "Se tivesse um seguro ruim, você pagaria isso de seu bolso. Você está em boas mãos?"

Com anúncios inteligentes como esses, a criativa e premiada campanha "Caos, ele está em todo lugar" da Allstate representa uma mudança moderna e chamativa em seu antigo slogan "Você está em boas mãos com a Allstate", ajudando a posicionar a marca como uma alternativa superior aos concorrentes orientados por preço. Mas por que foi necessária uma campanha nada tradicional? Na verdade, o caos não descreve apenas a campanha da Allstate — ele caracteriza o mundo da propaganda de seguros de automóveis na última década.

Não muito tempo atrás, as grandes seguradoras de automóveis investiam moderadamente em campanhas sonolentas, que apresentavam mensagens sentimentais e tranquilizadoras, como o "Você está em boas mãos" da Allstate e o "Como um bom vizinho" da State Farm. Em um setor caracterizado por orçamentos pequenos e até mesmo por anúncios de baixa qualidade, nenhum marketing de marca se destacava. No entanto, a tranquilidade chegou ao fim quando a atualmente icônica lagartixa GEICO Gecko apareceu pela primeira vez, em 2000, apoiada por um grande orçamento e discurso de vendas diretas, bem como por preços baixos. Desde então, os gastos com propaganda e a criatividade do setor de seguros aumentaram, atingindo uma escala de

> Com os concorrentes da Allstate aumentando seu orçamento com propaganda e melhorando seus rompantes de criatividade, a empresa precisava de um campanha e um garoto-propaganda expressivos. Foi assim que ela criou o caos — literalmente.

guerra de propaganda. E os anúncios de seguros de carro, que eram tão conservadores, hoje dão um show de criatividade, sendo tão provocativos e inventivos quanto os que podem ser encontrados em outros setores. Eis alguns destaques:

- *GEICO*: a GEICO deu início à guerra de propaganda entre as seguradoras de automóveis quando foi comprada pela Berkshire-Hathaway, do milionário Warren Buffet, em 1996, e recebeu carta branca para aumentar, agressivamente, a participação de mercado. Isso levou a um ataque de propaganda do tipo que o setor de seguros de automóveis nunca tinha visto antes. Uma série de campanhas criativas da GEICO trouxe de tudo, de homens da caverna civilizados a dinheiro com olhos esbugalhados. Mas foi o GEICO Gecko que teve o maior impacto. Com seu característico sotaque, Gecko clarificou a mensagem simples da GEICO — "15 minutos podem fazer que você economize 15% ou mais no seguro do carro". Mais do que qualquer outro porta-voz do setor, o Gecko posicionou o seguro de automóvel como um produto do tipo commodity, que é regido por preço. Ao longo do caminho, na última década, a participação de mercado da GEICO mais do que dobrou, atingindo 8,5%.
- *Progressive*: seguindo o que fez a GEICO, em 2008, a Progressive criou sua própria personalidade adorável — a alegre vendedora Flo. Sempre para cima, Flo foi criada para ajudar a convencer os consumidores que já estão no mercado de que eles podem conseguir um preço melhor na Progressive. A Flo ajudou a Progressive a se aproximar da GEICO, ficando em quarto lugar no setor. Enquanto Flo ajuda as pessoas quando elas estão prontas para a compra, o novo personagem da Progressive, Messenger, as lembram de que elas devem comprar. Aparecendo em anúncios de TV e vídeos que parecem cenas da vida real, Messenger, que tem um grande bigode e usa jaqueta de couro, aborda clientes que não suspeitam de nada e vende a eles descontos da Progressive. Assim como GEICO Gecko, Flo e Messenger têm como principal discurso a economia com os preços.
- *State Farm*: com a GEICO e a Progressive sacudindo o setor com seu modelo de vendas direto, chamativo e de preço baixo, as seguradoras de automóveis convencionais, baseadas em agências, foram obrigadas a reagir. Por exemplo, a State Farm, a líder do setor com 18,7% de participação de mercado e 90 anos de atuação, revidou de maneira vigorosa, com uma nova campanha centrada em seu perene jingle "Como um bom vizinho". Na recente campanha da empresa, intitulada "Jingle mágico", representantes da State Farm aparecem de forma mágica quando convocados, com o jingle, por motoristas jovens que estão tendo problemas — esses motoristas incluem pessoas como LeBron James. O objetivo da campanha é convencer os consumidores de que eles ainda precisam dos serviços de um dos 18 mil representantes da State Farm.

Com esses e outros concorrentes da Allstate aumentando seus gastos com propaganda e melhorando seus rompantes de criatividade, "essa categoria passou de uma espécie de categoria esquecida para uma que gera verdadeiro burburinho", diz o CMO da Progressive. Hoje em dia, nada menos do que 11 marcas de seguros de automóveis estão veiculando campanhas de propaganda na TV. Juntas, essas seguradoras gastam mais de 4 bilhões de dólares por ano para transmitir suas mensagens. Isso torna as coisas confusas para os consumidores, que se esforçam para ligar a imensa quantidade de anúncios criativos com suas respectivas marcas.

Em meio a esse levante da concorrência, a Allstate lutou apenas para se manter, e não para crescer. No início da década de 2010, mesmo com o antigo garoto-propaganda Dennis Haysbert perguntando, com sua voz profunda, "Você está em boas mãos?", a Allstate tinha perdido participação de mercado por dois anos consecutivos. A marca precisava de sua própria personalidade expressiva. Foi então que Caos entrou em cena, como o vilão correspondente

▲ A premiada campanha "Caos, ele está em todo lugar", da Allstate, representa uma mudança diferente e chamativa no antigo slogan da empresa, "Você está em boas mãos com a Allstate".

Allstate Insurance Company

480 Parte 3 | Elaboração de uma estratégia e de um mix voltados para o cliente

ao tranquilizador herói de Haysbert. O objetivo da campanha: convencer os consumidores de que há mais coisas envolvidas no seguro de um carro do que apenas o preço. Falando de maneira um pouco mais direta, diz uma executiva da agência de propaganda envolvida na campanha, "nós queríamos dar um chute [no traseiro] da Flo".

Não demorou muito para a campanha com o Caos vencer muitos importantes prêmios no setor de propaganda. Mas, talvez, a maior indicação do impacto da campanha foi o grau em que o personagem se integrou à cultura popular. Apesar de o Caos ter apenas cerca de um quarto dos mais de 5 milhões de fãs da Flo no Facebook, ele possui um índice de envolvimento aproximadamente oito vezes maior do que o da garota-propaganda de lábios vermelhos da Progressive. E, quando a executiva da agência de propaganda recentemente viu uma pessoa vestida de Caos descendo sua rua no Halloween, ela o definiu como "um destaque na carreira que lhe dava arrepios".

Mais do que simplesmente popular, o Caos é direto na mensagem. No final de muitos anúncios, ele avisa: "Se tivesse um seguro ruim, você pagaria isso de seu bolso". Em seguida, o tranquilizador Haysbert oferece a solução: "Então, contacte um representante da Allstate. Você está em boas mãos?", ele pergunta. Essa mensagem, que mostra o valor de se pagar um pouco mais, coloca a Allstate novamente no topo em termos de valor para o cliente.

Ao que parece, a chamativa campanha com o Caos está gerando retorno. A conscientização de marca da Allstate, de 74%, fica atrás do índice da State Farm por uma margem muito pequena, apesar de a State Farm gastar 60% mais com propaganda. E o mais importante: a campanha com o Caos tem sido muito boa para os negócios. Tudo isso levou a Allstate a estender a campanha, que passou, inclusive, a contar com o primo latino do Caos, o Má Sorte, voltado para os consumidores hispânicos. Com a guerra de propaganda travada pelas seguradoras de automóvel a todo vapor, a Allstate não pode ficar para trás. E novamente: tendo em vista o sucesso de sua campanha com o Caos, parece que a empresa das "boas mãos" está caminhando para a direção certa.[1]

Resumo dos objetivos

Objetivo 1	Definir o papel da propaganda no mix de promoção. Propaganda (p. 480-481)
Objetivo 2	Descrever as principais decisões envolvidas no desenvolvimento de um programa de propaganda. Estabelecimento dos objetivos da propaganda (p. 481-483) Definição do orçamento de propaganda (p. 483-484) Desenvolvimento da estratégia de propaganda (p. 484-495) Avaliação da eficácia da propaganda e do retorno do investimento (p. 495) Outras considerações acerca da propaganda (p. 495-497)
Objetivo 3	Definir o papel das relações públicas no mix de promoção. Relações públicas (p. 497-498) O papel e o impacto das relações públicas (p. 498-499)
Objetivo 4	Explicar como as empresas utilizam as relações públicas para se comunicar com seus públicos. Principais ferramentas de relações públicas (p. 499-501)

Objetivo 1

▶ Definir o papel da propaganda no mix de promoção.

Propaganda
Qualquer forma paga de apresentação e promoção não pessoais de ideias, produtos ou serviços feita por um patrocinador identificado.

C omo discutimos no capítulo anterior, as empresas devem fazer mais do que simplesmente criar valor para o cliente. Elas também precisam comunicar, de maneira clara e persuasiva, esse valor para os clientes-alvo. Neste capítulo, vamos examinar de perto duas ferramentas de comunicação de marketing: a *propaganda* e as *relações públicas*.

Propaganda

A **propaganda** pode ser encontrada nos primórdios da história. Arqueólogos que fizeram escavações em países nas proximidades do mar Mediterrâneo descobriram placas anunciando vários eventos e ofertas. Os romanos pintavam paredes para anunciar lutas de gladiadores, e os fenícios pintavam figuras em grandes rochas ao longo de suas rotas de comércio para promover suas mercadorias. Durante a era de ouro na Grécia, os arautos da cidade anunciavam a venda de gado, de artigos artesanais e até mesmo de cosméticos. Um antigo "jingle" dizia o seguinte: "Para ter olhos brilhantes, para ter um rosto radiante/Para conservar a beleza quando não for mais jovem/Por preços razoáveis, a mulher esperta/Vai comprar os cosméticos de Aesclyptos".

A propaganda moderna, entretanto, é muito diferente desses primeiros esforços. Atualmente, os anunciantes norte-americanos administram uma conta estimada em, aproximadamente, 144 bilhões de dólares por ano, e acredita-se que o gasto mundial com propaganda seja de cerca de 489 bilhões. A P&G, a maior anunciante do mundo, gastou no ano passado 4,6 bilhões de dólares em propaganda nos Estados Unidos e mais de 11,4 bilhões ao redor do mundo.[2]

Embora a propaganda seja mais usada por empresas comerciais, ela também é utilizada por uma série de organizações sem fins lucrativos, profissionais liberais e órgãos sociais, para promover as causas que defendem a diversos públicos-alvo. Com efeito, o 28º maior anunciante do mundo é uma organização sem fins lucrativos — o governo norte-americano, que anuncia de diversas maneiras. Por exemplo, o governo dos Estados Unidos gastou cerca de 300 milhões de dólares em uma campanha para motivar a população a participar do Censo 2010.[3] A propaganda é um bom meio para informar e persuadir, não importando se seu propósito seja vender Coca-Cola no mundo inteiro ou instruir as pessoas de países em desenvolvimento sobre como conter a proliferação do HIV/Aids.

A administração de marketing deve tomar quatro importantes decisões na hora de desenvolver um programa de propaganda (veja a Figura 15.1). Ela deve *estabelecer os objetivos da propaganda*, *definir o orçamento de propaganda*, *desenvolver a estratégia de propaganda* (*decisões de mensagem* e *decisões de mídia*) e *avaliar as campanhas*.

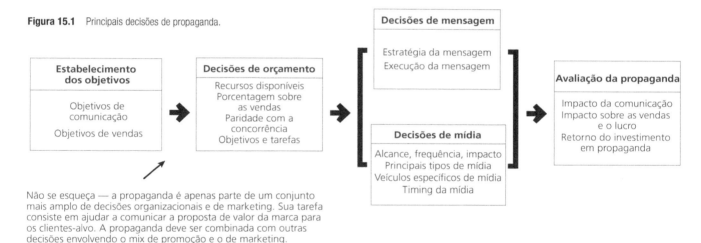

Figura 15.1 Principais decisões de propaganda.

Estabelecimento dos objetivos da propaganda

O primeiro passo é estabelecer os *objetivos da propaganda*. Eles devem ser fundamentados em decisões anteriores sobre o mercado-alvo, o posicionamento e o mix de marketing, que definem que tarefa cabe à propaganda no programa de marketing total. O objetivo geral da propaganda é ajudar a construir relacionamento com os clientes por meio da comunicação do valor para eles. Aqui, vamos discutir os objetivos específicos da propaganda.

Um **objetivo da propaganda** é uma *tarefa* específica de comunicação a ser realizada para um certo *público-alvo* durante um período de *tempo* determinado. Os objetivos podem ser classificados de acordo com suas principais finalidades: *informar*, *persuadir* ou *lembrar*. A Tabela 15.1 traz exemplos de cada um desses objetivos.

A *propaganda informativa* é usada maciçamente no lançamento de uma categoria de produtos. Nesse caso, o objetivo é criar uma demanda primária. Assim, no começo, os primeiros fabricantes de TVs de alta definição tiveram de informar os consumidores sobre a qualidade da imagem e os benefícios relacionados ao tamanho do novo produto. A *propaganda persuasiva* adquire maior importância à medida que a concorrência aumenta. Nesse caso, o objetivo

Objetivo 2

◀ Descrever as principais decisões envolvidas no desenvolvimento de um programa de propaganda.

Objetivo da propaganda
Uma *tarefa* específica de comunicação a ser realizada para um certo *público-alvo* durante um período de *tempo* determinado.

482 Parte 3 | Elaboração de uma estratégia e de um mix voltados para o cliente

▼ **Tabela 15.1** Possíveis objetivos da propaganda.

Propaganda informativa

Comunicar o valor para o cliente	Sugerir novos usos para um produto
Construir a imagem de uma marca e empresa	Informar o mercado sobre uma mudança de preço
Informar o mercado sobre um novo produto	Descrever os serviços e suportes disponíveis
Explicar como o produto funciona	Corrigir falsas impressões

Propaganda persuasiva

Construir preferência de marca	Persuadir os clientes a comprar agora
Incentivar a troca de marca	Persuadir os clientes a receber um contato de vendas
Mudar as percepções do cliente sobre o valor do produto	Convencer os clientes a falar sobre a marca para os outros

Propaganda de lembrança

Manter o relacionamento com os clientes	Lembrar os consumidores onde podem comprar o produto
Lembrar os consumidores de que o produto pode ser necessário no futuro próximo	Manter a marca na mente dos clientes durante períodos de baixa demanda

da empresa é criar demanda seletiva. Por exemplo, assim que as TVs de alta definição se estabeleceram no mercado, a Samsung começou a tentar persuadir os consumidores de que *sua* marca oferecia a melhor qualidade pelo dinheiro deles.

Algumas propagandas persuasivas se tornam *propagandas comparativas* (ou *propagandas de ataque*), nas quais a empresa, direta ou indiretamente, compara sua marca com uma ou mais marcas diferentes. É possível ver a propaganda comparativa em quase todas as categorias de produtos — de refrigerantes, cafés e sopas a computadores, locações de carros e cartões de crédito. Por exemplo, nos últimos anos, a Verizon Wireless e a AT&T têm se atacado mutuamente, sem piedade, em anúncios comparativos. Quando começou a oferecer o iPhone, a Verizon Wireless usou seu slogan "Consegue me ouvir agora?" para reforçar os rumores de que a AT&T oferecia serviços irregulares. A AT&T, por sua vez, revidou mostrando que seus clientes conseguiam, ao mesmo tempo, falar ao telefone e navegar pela Internet — algo que a Verizon Wireless ainda não oferecia.

Os anunciantes devem ser cautelosos ao utilizar a propaganda comparativa. Com muita frequência, esses anúncios suscitam reações dos concorrentes, resultando em uma guerra de propaganda que nenhum deles consegue vencer. No Estados Unidos, concorrentes aborrecidos podem tomar medidas mais drásticas, como fazer reclamações formais junto à divisão responsável por propaganda do Council of Better Business Bureau (Conselho de Departamentos para Melhores Negócios), um órgão autorregulatório, ou mesmo mover processos alegando propaganda falsa. Por exemplo, recentemente, as marcas Ball Park (da Sara Lee) e Oscar Mayer (da Kraft) travaram uma "guerra de salsicha" durante cerca de dois anos. Tudo começou quando a Sara Lee processou a Kraft por conta de afirmações em sua propaganda, a qual dizia que as salsichas Oscar Mayer tinham vencido a Ball Park e outras marcas em um teste nacional de sabor e que elas eram "100% carne". A Kraft, por sua vez, processou a Sara Lee, acusando-a de fazer declarações falsas similares — a empresa dizia que suas salsichas eram "100% carne" e anunciava que a Ball Park era a "melhor dos Estados Unidos". Na época em que a questão processual foi resolvida, praticamente tudo o que os concorrentes tinham conseguido era deixar o público em dúvida quanto ao gosto e ao conteúdo de ambas as marcas de salsicha.[4]

▲ Propaganda comparativa: recentemente, as marcas Ball Park (da Sara Lee) e Oscar Mayer (da Kraft) travaram uma "guerra de salsicha" durante cerca de dois anos, a qual levou os consumidores a questionar o sabor e o conteúdo de ambas as marcas.

Associated Press/Charlie Neibergall

Capítulo 15 | Propaganda e relações públicas **483**

A *propaganda de lembrança* é importante para produtos maduros — ela ajuda a manter o relacionamento com os clientes e os faz continuar lembrando do produto. Os dispendiosos comerciais de televisão da Coca-Cola basicamente constroem e mantêm o relacionamento com a marca Coca-Cola, em vez de informar o consumidor ou persuadi-lo a comprar o produto no curto prazo.

A meta da propaganda é ajudar a conduzir os consumidores ao longo do processo de compra. Algumas campanhas são elaboradas para incitar as pessoas à ação imediata. Por exemplo, um anúncio de televisão de resposta direta dos Vigilantes do Peso encoraja os consumidores a pegarem o telefone e se inscreverem imediatamente, e um encarte de jornal da Best Buy para uma liquidação de final de semana incentiva visitas imediatas às lojas. Entretanto, muitos anúncios se concentram na construção ou no fortalecimento de um relacionamento de longo prazo com os clientes. Por exemplo, um anúncio para a televisão da Nike, no qual atletas famosos enfrentam grandes desafios usando os produtos da empresa, jamais busca diretamente uma venda. Em vez disso, o objetivo é, de algum modo, mudar a maneira como os clientes pensam na marca ou a sentem.

Definição do orçamento de propaganda

Após determinar os objetivos da propaganda, a empresa estabelece seu **orçamento de propaganda** para cada produto. Os quatro métodos comumente utilizados para estabelecer os orçamentos foram discutidos no Capítulo 14. Neste capítulo, vamos tratar de alguns fatores específicos que devem ser considerados na hora de se definir o orçamento.

Orçamento de propaganda
O dinheiro e outros recursos alocados no programa de propaganda de um produto ou empresa.

O orçamento de propaganda de uma marca geralmente depende de seu *estágio no ciclo de vida do produto*. Por exemplo, em geral, novos produtos demandam grandes orçamentos de propaganda, para criar conscientização e conseguir que o cliente os experimente. Por outro lado, marcas maduras normalmente requerem orçamentos mais baixos, estabelecidos como uma proporção das vendas. A *participação de mercado* também afeta o volume de propaganda necessário: uma vez que construir participação de mercado ou tirá-la dos concorrentes requer maiores gastos com propaganda do que simplesmente manter a participação atual, as marcas com pequena participação de mercado costumam incorrer em mais gastos com propaganda, calculados como uma porcentagem das vendas.

Além disso, marcas que estão em um mercado com muitos concorrentes e alto nível de saturação de propaganda devem ser anunciadas com maior intensidade, para que possam ser notadas, sobressaindo-se do ruído do mercado. Marcas não diferenciadas — aquelas que se parecem muito com outras marcas que fazem parte da classe de produtos (refrigerantes, sabões em pó) — podem precisar de propaganda maciça para se destacar. Quando o produto se diferencia muito dos produtos dos concorrentes, a propaganda pode ser usada para salientar as diferenças para os consumidores.

Seja qual for o método utilizado, estabelecer o orçamento não é uma tarefa fácil. Como uma empresa sabe se está gastando a quantia certa? Alguns críticos afirmam que os grandes fabricantes de bens de consumo embalados tendem a gastar demais em propaganda e que as empresas que atuam nos mercados organizacionais geralmente fazem o contrário. Para eles, por um lado, as grandes empresas de produtos de consumo utilizam demais a propaganda de imagem sem saber ao certo quais são seus efeitos — elas gastam em excesso para "garantir" que estão gastando o suficiente. Por outro lado, os anunciantes em mercados organizacionais tendem a confiar demasiadamente em sua força de vendas para obter pedidos, subestimando o poder da imagem da empresa e do produto na pré-venda a clientes organizacionais — com isso, não gastam o suficiente em propaganda para desenvolver a conscientização e o conhecimento dos clientes.

Empresas como a Coca-Cola e a Kraft criaram sofisticados modelos estatísticos para determinar a relação entre o gasto promocional e as vendas da marca, com o intuito de ajudar na determinação do "investimento ideal" nas várias mídias. Mesmo assim, como são muitos os fatores que afetam a efetividade da propaganda, sendo alguns controláveis e outros não, a medição dos resultados dos gastos com propaganda continua a ser uma ciência inexata. Na maioria dos casos, na hora de determinar o orçamento de propaganda, os gerentes precisam contar com grandes doses de discernimento, com muita análise quantitativa.[5]

Por conta disso, a propaganda é um dos primeiros itens a ser cortado do orçamento quando a economia entra em crise. Cortes em propaganda voltada para a construção da marca parecem prejudicar pouco as vendas no curto prazo. Por exemplo, no início da recente recessão, os gastos com propaganda nos Estados Unidos diminuíram 12% em relação ao ano anterior. No longo prazo, entretanto, o corte nos gastos com propaganda pode causar danos à imagem e à participação de mercado da marca. Na verdade, empresas que conseguem manter ou mesmo aumentar seus gastos com propaganda enquanto os concorrentes os diminuem podem ganhar vantagem competitiva.

Por exemplo, durante a recente Grande Recessão, enquanto os concorrentes estavam reduzindo seus gastos com marketing e propaganda, a Audi os aumentou. A Audi "manteve o pé no acelerador enquanto todos os outros [estavam] o tirando", disse um executivo de propaganda da Audi. "Por que daríamos um passo para trás, quando o setor como um todo estava puxando o freio de mão e cortando os gastos?" Como resultado, o índice de conscientização de marca e de consideração do comprador da Audi atingiu níveis recordes durante a recessão, superando os da BMW, Mercedes e Lexus e posicionando a Audi de maneira sólida na era pós-recessão. Hoje, a Audi é uma das marcas de automóveis mais populares do mercado.[6]

Desenvolvimento da estratégia de propaganda

A **estratégia de propaganda** consiste em dois elementos principais: a criação das *mensagens* de propaganda e a seleção da *mídia* de propaganda. Antigamente, as empresas costumavam ver o planejamento de mídia como algo secundário no processo de criação da mensagem. Primeiro, o departamento de criação desenvolvia bons anúncios e, então, o departamento de mídia escolhia e comprava a melhor mídia para veicular esses anúncios aos públicos-alvo desejados. Isso quase sempre provocava um atrito entre o pessoal de criação e planejamento de mídia.

▲ Definição do orçamento de promoção: os gastos com promoção são um dos primeiros itens a ser cortado em períodos econômicos difíceis. Mas a Audi conquistou vantagem competitiva mantendo o pé no acelerador da promoção enquanto os concorrentes o tiravam.
Usado com permissão da Audi of America

Estratégia de propaganda
A estratégia por meio da qual a empresa realiza seus objetivos de propaganda. Ela consiste em dois elementos principais: a criação das mensagens de propaganda e a seleção da mídia de propaganda.

Hoje, porém, com os exorbitantes custos de mídia, as estratégias de marketing mais focadas e a enxurrada de novas mídias digitais e interativas, a função de planejamento de mídia passou a ser bastante valorizada. Atualmente, a decisão sobre qual mídia usar em uma campanha — televisão, jornais, revistas, sites, redes sociais, celulares ou e-mail — muitas vezes é mais importante do que seus elementos criativos. Como resultado, cada vez mais anunciantes adotam uma combinação mais harmônica entre suas mensagens e as mídias em que elas são veiculadas. Como visto no capítulo anterior, a meta é criar e gerenciar conteúdo da marca em uma série de mídias, sejam elas pagas, proprietárias, conquistadas ou compartilhadas.

Criação da mensagem de propaganda

Não importa o tamanho do orçamento: a propaganda só vai dar certo se os anúncios chamarem a atenção e comunicarem bem. Boas mensagens e conteúdo de propaganda são especialmente importantes no ambiente publicitário de hoje, caro e saturado. Em 1950, um domicílio norte-americano médio tinha acesso a apenas três canais de televisão e algumas grandes revistas nacionais. Hoje, esse domicílio tem à disposição 135 canais, e os consumidores podem escolher entre mais de 20 mil revistas.[7] Acrescentemos a isso as inúmeras estações de rádio e a artilharia incessante de catálogos, malas diretas, e-mails, anúncios on-line, mídia externa e exposições em redes sociais e verificamos que os consumidores estão sendo bombardeados com anúncios em casa, no trabalho e em todos os pontos do trajeto entre um e outro. Como resultado, os consumidores estão expostos a um número que varia de 3 a 5 mil mensagens comerciais por dia.[8]

ROMPENDO A SATURAÇÃO. Se essa saturação da propaganda incomoda alguns consumidores, ela causa grandes dores de cabeça para os anunciantes. Considere a situação enfrentada pelas empresas que anunciam nas emissoras de televisão. Elas gastam cerca de 324 mil dólares para produzir um único comercial de 30 segundos. Então, toda vez que o exibem, pagam, em média, 122 mil dólares por 30 segundos de propaganda durante um programa popular no horário nobre — pagam até mais se for um programa com grande audiência, como o *American idol* (502 mil dólares), o *Sunday Night Football* (512 mil dólares), o *Modern family* (249 mil dólares) ou um megaevento como o Super Bowl (3,5 milhões de dólares por 30 segundos!).[9]

Seus anúncios ficam espremidos entre uma profusão de outros comerciais, anúncios e promoções da emissora, totalizando aproximadamente 20 minutos de conteúdo não ligado à programação por hora no horário nobre, com pausas para os comerciais, em média, a cada seis minutos. Essa saturação na televisão e em outras mídias gerou um ambiente publicitário cada vez mais hostil. De acordo com um estudo, mais de 70% dos norte-americanos acreditam que há anúncios demais na TV. E outro anúncio mostra que 69% dos anunciantes nacionais concordam com eles.[10]

Até recentemente, os telespectadores representavam uma audiência quase cativa para os anunciantes. Mas a magia digital de hoje vem dando aos consumidores um variado e novo conjunto de opções de informação e entretenimento. Com o crescimento da TV a cabo e via satélite, da Internet, do vídeo sob demanda, dos tablets e dos smartphones, os espectadores de hoje têm muito mais opções.

▼ Saturação da propaganda: municiados, os consumidores de hoje podem escolher o que assistir e o que não assistir. Cada vez mais, eles estão optando por não assistir a anúncios.
© *Corbis Flirt/Alamy*

A tecnologia digital também municiou os consumidores, que podem escolher o que assistir e o que não assistir. E cada vez mais, graças ao sistema DRV de gravador de vídeo digital, os consumidores estão optando por *não* assistir aos anúncios. Hoje, 43% dos domicílios norte-americanos que possuem TV contam com DVRs — um número três vezes maior do que o registrado cinco anos antes. Um executivo de uma agência de propaganda chama os sistemas DVR de "cortadores de grama digitais", quando se trata de assistir a comerciais. Estima-se que aqueles que têm DVR assistem só a 40% dos comerciais quando veem os programas gravados. Ao mesmo tempo, o download e o vídeo sob demanda estão explodindo, permitindo aos consumidores assistirem aos programas quando quiserem — com ou sem comerciais.[11]

Assim, os anunciantes já não conseguem mais empurrar as mesmas velhas mensagens publicitárias, produzidas em massa, para os consumidores cativos por meio da mídia tradicional. Só para chamar e reter a atenção, o conteúdo de hoje precisa ser mais bem planejado, mais criativo, mais divertido e mais emocionalmente envolvente para os consumidores. A simples interrupção ou disrupção dos consumidores já não funciona mais. Se os anúncios não transmitirem informações interessantes, úteis ou divertidas, muitos consumidores vão, simplesmente, pulá-lo.

FUSÃO DA PROPAGANDA E DO ENTRETENIMENTO. Para driblar a saturação, muitas empresas estão adotando uma nova fusão da propaganda e do entretenimento, apelidada de **Madison & Vine**. Você provavelmente já ouviu falar da Madison Avenue, uma rua de Nova York que abriga a sede de muitas das maiores agências de propaganda dos Estados Unidos. Você também pode ter ouvido falar da Hollywood & Vine, o cruzamento da Hollywood Avenue com a Vine Street em Hollywood, na Califórnia, há muito tempo o simbólico coração do setor de entretenimento nos Estados Unidos. Agora, a Madison Avenue e a Hollywood & Vine estão se unindo para formar um novo cruzamento — a Madison & Vine —, que representa a fusão da propaganda e do entretenimento, em um esforço para criar novas maneiras de atingir os consumidores com mensagens mais envolventes.

Madison & Vine
Um termo que representa a fusão da propaganda e do entretenimento, em um esforço para driblar a saturação e criar novas maneiras de atingir os clientes com mensagens mais envolventes.

Essa fusão da propaganda e do entretenimento assume duas principais formas: o *advertainment* e o entretenimento de marca. O objetivo do *advertainment* é fazer com que os próprios anúncios sejam tão divertidos, ou tão úteis, que as pessoas *queiram* vê-los. Você jamais assistiria a um anúncio se pudesse escolher não vê-lo? Pense novamente. O Super Bowl, por exemplo, se tornou uma exposição anual de *advertainment*. Dezenas de milhões de pessoas sintonizam no Super Bowl todos os anos tanto para ver os jogos como para assistir aos divertidos anúncios.

De fato, os sistemas DVR podem *aumentar* as visualizações de um *bom* anúncio. Por exemplo, a maioria dos anúncios que passam no Super Bowl geralmente é mais assistida por domicílios que têm DVR do que por aqueles que não têm. Em vez de pular os anúncios, muitas pessoas voltam para assisti-lo novamente durante o intervalo ou no jogo seguinte.

Hoje em dia, não é raro assistir a um anúncio divertido ou a uma outra mensagem da marca no YouTube antes de vê-lo na TV. E você pode muito bem seguir a sugestão de um

▲ Madison & Vine: as empresas têm criado novos formatos de propaganda, que ofuscam a linha que separa os anúncios do entretenimento. Esse anúncio em vídeo da T-Mobile, que faz uma paródia do casamento real do príncipe William com Kate Middleton, é um exemplo. Ele arrebatou mais de 27 milhões de visualizações no YouTube.
T-Mobile Limited

amigo, em vez de ficar à mercê do anunciante. Ademais, além de tornarem seus anúncios regulares mais divertidos, muitos anunciantes estão criando novas formas de propaganda, que se parecem menos com anúncios e mais com filmes ou apresentações de curta duração. Uma série de novas plataformas de transmissão de mensagens de marca — que vão de websódios e blogs a vídeos virais e aplicativos — está ofuscando a linha que separa os anúncios do entretenimento. Por exemplo, a T-Mobile criou um anúncio, um vídeo de dois minutos baseado no casamento do príncipe William com Kate Middleton, usando pessoas impressionantemente parecidas com os membros da família real que dançavam pelo corredor de uma igreja ao som de uma vibrante música pop. O divertido anúncio nunca foi visto na TV, mas arrebatou mais de 27 milhões de visualizações no YouTube.

O *entretenimento de marca* (ou *integrações de marca*) envolve fazer com que a marca seja uma parte inseparável de alguma outra forma de entretenimento. A forma mais comum de entretenimento de marca são as inserções de produto — a incorporação da marca no programa. Pode ser um rápido vislumbre do mais novo celular da LG no *Grey's anatomy* ou dos cafés da Starbucks no *Morning Joe*, da MSNBC. Pode envolver a inserção do produto em um episódio do programa, como quando Sheldon Cooper, do *Big Bang theory*, usa o álcool em gel Purell para desinfetar as mãos depois de colocar uma cobra viva na gaveta da escrivaninha de seu amigo, dizendo a inesquecível frase: "Oh, querida. Oh, querida. Purell, Purell, Purell, Purell". Um episódio inteiro de *The middle* focou a cobiça da família Heck pelo novo VW Passat do vizinho. De maneira similar, um episódio memorável de *Modern family* foi construído em torno da tentativa da família Dunphy de comprar um iPad, recentemente lançado e difícil de achar, para Phil, o pai, como um presente especial de aniversário. Outros episódios mostraram marcas que vão da Oreos ao Target, passando pelo Toyota Prius, todas cuidadosamente integradas ao tema do programa.[12]

Originalmente criado com a TV em mente, o entretenimento de marca se espalhou rapidamente para outros setores do entretenimento. Ele é amplamente utilizado, por exemplo, em filmes. Os 40 principais filmes do ano passado contêm 710 inserções de marca identificáveis — só em *Transformers: o lado oculto da Lua* são 71 delas. Se prestar atenção, você também verá inserções de produtos em jogos para videogame, revistas em quadrinhos, musicais da Broadway e até mesmo em músicas pop. Por exemplo, em *Call of duty: modern warfare 3*, aparece bastante um Jeep Wrangler. A Chrysler inclusive vende uma edição limitada do Jeep Wrangler intitulada Call of Duty: MW3.

Muitas empresas estão produzindo seu próprio entretenimento de marca. Por exemplo, o Denny's patrocina uma série de vídeos on-line chamada *Sempre aberto* (que tem tudo a ver com o tema de seu posicionamento, "O jantar nos Estados Unidos está sempre aberto"), atualmente em sua segunda temporada. Desenvolvidos para jovens entre 18 e 25 anos, os provocativos vídeos, filmados em um restaurante Denny's em funcionamento, trazem David Koechner em um bate-papo informal, sem roteiros preestabelecidos com celebridades convidadas. Apesar de o conteúdo do programa não ser escancaradamente comercial, o anfitrião e os convidados comem refeições do Denny's em todos os vídeos, que têm três minutos de duração, e o nome do restaurante aparece com destaque nos créditos. Disponível em locais como o CollegeHumor.com e a página do Denny's no Facebook, a primeira temporada conquistou mais de 6 milhões de visualizações.[13]

Assim, a Madison & Vine é hoje o ponto de encontro dos setores de propaganda e entretenimento. O objetivo é fazer com que as mensagens de marca se tornem parte do entretenimento, em vez de interrompê-lo. Como assinala a agência de propaganda JWT: "Nós acreditamos que a propaganda precisa parar de *interromper* aquilo no que as pessoas estão interessadas e passar a *ser* aquilo pelo que as pessoas se interessam". Contudo, os anunciantes precisam tomar cuidado para que esse novo cruzamento não fique congestionado demais. Com todos esses novos formatos de propaganda e inserções de produto, existe o risco de a

Capítulo 15 | Propaganda e relações públicas **487**

Madison & Vine gerar ainda mais saturação — justamente o que queria driblar quando foi criada. Nessa altura, os consumidores podem decidir tomar uma outra rota, alternativa.

ESTRATÉGIA DA MENSAGEM. O primeiro passo para criar mensagens de propaganda eficazes é planejar a *estratégia da mensagem* — a mensagem geral que será comunicada aos consumidores. A finalidade da propaganda é fazer com que os consumidores pensem sobre o produto ou a empresa ou reajam a eles de determinada maneira. As pessoas reagirão somente se acreditarem que serão beneficiadas com isso. Assim, o desenvolvimento de uma estratégia de mensagem eficaz começa com a identificação dos *benefícios* para o cliente, que podem ser usados como apelos da propaganda. O ideal seria que a estratégia da mensagem resultasse, diretamente, das estratégias mais gerais de criação de valor para o cliente e de posicionamento da empresa.

As declarações da estratégia da mensagem tendem a ser descrições simples e diretas de benefícios e pontos de posicionamento que o anunciante quer reforçar. Em seguida, ele deve desenvolver um **conceito de criação** atraente — ou uma *grande ideia* —, que dará vida à estratégia de um modo distintivo e memorável. É nesse estágio que as ideias de mensagem simples se transformam em grandes campanhas de propaganda. De modo geral, o redator e o diretor de arte trabalham juntos para gerar vários conceitos de criação, na esperança de que um deles se transforme na grande ideia. O conceito de criação pode surgir como um elemento visual, uma frase ou uma combinação de ambos.

> **Conceito de criação**
> A grande ideia, atraente, que dará vida a uma estratégia de mensagem da propaganda um modo distintivo e memorável.

O conceito de criação orientará a escolha dos apelos específicos que serão utilizados na campanha de propaganda. Os *apelos de propaganda* devem ter três características. Para começar, eles devem ser *significativos*, destacando os benefícios que tornam o produto mais desejável ou interessante para os consumidores. Além disso, devem ser *críveis* — os consumidores devem acreditar que o produto ou o serviço oferecerá os benefícios prometidos.

Mas nem sempre os benefícios mais significativos e críveis são os melhores para apresentar. Pode essa razão, os apelos também devem ser *distintivos* — eles devem mostrar como o produto é melhor do que o das marcas concorrentes. Por exemplo, o benefício mais significativo de um relógio de pulso é que ele mostra a hora exata, porém poucos anúncios de relógios apresentam esse benefício. Em vez disso, com base nos benefícios distintivos que o produto oferece, os fabricantes de relógios podem escolher um deles como tema para seu anúncio. Há anos, a Timex fabrica relógios mais acessíveis que "levam pancadas e continuam funcionando". De maneira similar, os anúncios da Rolex nunca falam em hora exata. Eles falam sobre a "obsessão com a perfeição" da marca e sobre o fato de o "Rolex ser um símbolo notável de sucesso e prestígio há mais de um século".

EXECUÇÃO DA MENSAGEM. Em seguida, o anunciante precisa transformar a grande ideia na execução propriamente dita de um anúncio, que atraia a atenção e o interesse do mercado-alvo. Cabe à equipe do departamento de criação encontrar a melhor abordagem, estilo, tom, palavras e formato para executar a mensagem. Qualquer mensagem pode ser apresentada em diferentes **estilos de execução**, como os apresentados a seguir:

> **Estilo de execução**
> A abordagem, o estilo, o tom, as palavras e o formato usados para executar a mensagem.

- *Cenas da vida real:* esse estilo mostra uma ou mais pessoas "normais" usando o produto em uma situação também normal. Por exemplo, um anúncio do leite de soja Silk Soymilk mostra um jovem profissional iniciando seu dia com um café da manhã mais saudável e grandes expectativas.
- *Estilo de vida:* esse estilo de execução mostra como um produto se encaixa a um determinado estilo de vida. Por exemplo, um anúncio da Athleta, que fabrica roupas para atividades físicas, mostra uma mulher em uma complexa posição de ioga e afirma: "Se seu corpo é seu templo, construa-o aos poucos".
- *Fantasia:* esse estilo cria uma fantasia em torno do produto ou sua utilização. Por exemplo, um recente anúncio da IKEA mostra consumidores criando espaços imaginários com móveis IKEA, como "um quarto para uma rainha feito pela Bree e sua irmã, projetado pela IKEA".
- *Atmosfera ou imagem:* esse estilo cria uma atmosfera ou imagem ao redor do produto ou serviço, como beleza, amor, fascínio ou serenidade. As poucas afirmações sobre o produto ou serviço são feitas por meio de sugestões. Por exemplo, um anúncio da Nestlé Toll House mostra uma filha abraçando a mãe após surpreendê-la com um inesperado final de semana em casa, longe da faculdade. A mãe diz: "Então eu assei os biscoitos que ela adora desde que era pequena".
- *Musical:* esse estilo mostra pessoas ou personagens de desenhos animados cantando uma canção sobre o produto. Por exemplo, recentemente, a Chevrolet veiculou um comercial

de TV de dois minutos com a maior parte do elenco do *Glee*, apresentando um elaborado número feito para o jingle da marca na década de 1950, "Veja os EUA em seu Chevrolet".

- *Personagem-símbolo:* esse estilo cria um personagem que representa o produto. Ele pode ser animado (Mr. Clean, GEICO Gecko, Zappos Zappets) ou real (a alegre Flo da Progressive Insurance, os bebês da E*trade e o Ronald McDonald's).
- *Conhecimento técnico:* esse estilo mostra a capacidade técnica da empresa na fabricação do produto. Assim, a Kashi, que fabrica comida natural, mostra seus compradores escolhendo cuidadosamente os ingredientes de seus produtos, e Jim Koch, da Boston Beer Company, fala sobre seus vários anos de experiência produzindo a cerveja Samuel Adams.
- *Comprovação científica:* esse estilo apresenta uma pesquisa ou uma comprovação científica de que a marca é melhor ou mais apreciada do que uma ou mais marcas. Durante anos, a pasta de dente Crest utilizou-se de comprovação científica para convencer os compradores de que ela era mais eficiente na prevenção de cáries do que as outras marcas.
- *Testemunho ou endosso:* esse estilo utiliza uma fonte de alta credibilidade ou pela qual o público tenha grande simpatia para endossar o produto. Podem ser pessoas comuns contando como gostam de determinado produto — por exemplo, Jared, o garoto-propaganda do Subway, é um cliente que perdeu 111 quilos em uma dieta à base de sanduíches do restaurante. Podem ser também celebridades que apresentam o produto — o nadador Michael Phelps, que conquistou vários ouros Olímpicos, também fala em nome do Subway.

O anunciante também deve escolher um *tom* para o anúncio. A P&G, por exemplo, sempre utiliza um tom positivo: seus anúncios dizem algo muito bom sobre seus produtos. Por outro lado, muitos anunciantes utilizam o humor provocativo para driblar a saturação dos comerciais. Os comerciais da Bud Light, por exemplo, são famosos por fazerem isso.

O anunciante deve ainda utilizar *palavras* fáceis de lembrar e chamativas em seus anúncios. Por exemplo, em vez de simplesmente dizer que seu sabão para lavar roupas é "superconcentrado", a Method pergunta aos clientes: "Você é dependente daquelas embalagens que parecem um galão?" A solução: "Nossa fórmula que está para ser patenteada é tão concentrada que 50 lavagens cabem em uma garrafa minúscula [...]. Com nossa ajuda, você poderá se livrar dos galões e ficar limpo".

Por fim, os elementos relacionados ao *formato* fazem diferença no impacto de um anúncio, bem como em seu custo. Uma ligeira mudança no projeto gráfico de um anúncio pode causar uma grande diferença em seu efeito. Em um anúncio impresso, a *ilustração* é a primeira coisa que o leitor nota — ela deve ser forte o suficiente para chamar a atenção. Em seguida, o *título* deve, com eficiência, atrair as pessoas certas para a leitura do texto. Para completar, o *texto* — o principal bloco de conteúdo do anúncio — deve ser simples, porém forte e convincente. Ademais, esses três elementos devem funcionar eficientemente, *em conjunto*, para que o valor para o cliente seja apresentado de modo persuasivo. Por exemplo, os notáveis anúncios para as tintas Benjamin Moore consistem, basicamente, de um único título longo, escrito em fontes misturadas e em equilíbrio com uma amostra de cor, bem como um fundo que ilustra a cor abordada no título.

MENSAGENS GERADAS PELOS CONSUMIDORES. Aproveitando-se das tecnologias interativas de hoje, muitas empresas estão se valendo dos consumidores para obter ideias de mensagens ou fazer anúncios de verdade. Elas estão procurando sites de vídeos já existentes, montando seus próprios sites e patrocinando concursos para a criação de anúncios, além de outras promoções. Às vezes, os resultados são excepcionais; outras vezes, são inexpressivos. Quando bem feito, entretanto, o conteúdo gerado pelos usuários podem incorporar a voz do cliente nas mensagens de marca e gerar um maior envolvimento com a marca por parte do consumidor (veja o Marketing Real 15.1).

▲ Formatos diferentes podem ajudar um anunciante a se destacar na multidão. Esse anúncio das tintas Benjamin Moore consiste, basicamente, em um único título longo em equilíbrio com uma amostra de cor, bem como um fundo que ilustra a cor abordada no anúncio.

Cortesia da Benjamin Moore Paints

Marketing Real 15.1

Propaganda gerada pelo consumidor:
insights renovados do consumidor e envolvimento de marca

Alimentado por curtidas no YouTube, no Facebook, no Pinterest, no Twitter e em outras redes sociais, o conteúdo gerado pelo usuário se arraigou na cultura moderna. Assim, não surpreende o fato de a propaganda gerada pelo consumidor também ter se espalhado como fogo no mato nos últimos anos. Hoje, empresas grandes e pequenas estão convidando os consumidores para criar, em parceria com elas, mensagens de marca, obtendo insights renovados dos clientes e gerando um envolvimento de marca mais profundo. Essas empresas descobriram que os clientes envolvidos na geração de ideias de marketing para uma marca tendem a ficar mais satisfeitos e a espalhar um boca a boca mais positivo.

Quando se trata de propaganda gerada pelo consumidor, talvez nenhum marca tenha mais experiência e sucesso do que a Doritos, da PepsiCo. Há seis anos consecutivos, o concurso "Arrebente no desafio do Super Bowl" da Doritos convida os consumidores a criar anúncios em vídeos de 30 segundos apresentando o salgadinho líder de mercado. Um júri composto por profissionais da propaganda e gerentes da marca Doritos vasculha os milhares de anúncios enviados e posta na Internet os finalistas. Em seguida, os consumidores votam em seus anúncios favoritos, gerando ainda mais envolvimento do consumidor e burburinho. Os vencedores recebem prêmios em dinheiro e seus anúncios são veiculados no Super Bowl.

No Super Bowl do ano passado, a PepsiCo distribuiu prêmios em dinheiro como aquele tio rico que tem uma casa onde passa os feriados. Cada um dos cinco finalistas recebeu 25 mil dólares e uma viagem paga, com acompanhante, para o Super Bowl. Para esquentar ainda mais as coisas, a Doritos prometeu pagar a exorbitante quantia de 1 milhão de dólares para qualquer inscrito cujo anúncio ficasse em primeiro lugar em um dos dois índices AdMeter do *USA Today*. O segundo lugar ficaria com 600 mil dólares e o terceiro lugar levaria para a casa 400 mil dólares. O grande vencedor também faria um bico como consultor em um comercial extra da Doritos. Não surpreende o fato de o concurso ter atraído mais de 6.100 inscrições.

E, pela primeira vez, a Doritos premiou não um, mas dois anúncios. O anúncio "O melhor amigo do homem" — que mostra um dogue alemão assassino, o qual suborna um humano com Doritos para que ele não diga nada sobre o gato morto que está enterrando no quintal — atingiu o primeiro lugar nos tradicionais índices AdMeter do *USA Today*, baseados em respostas, segundo a segundo, de um painel composto por 286 adultos. Essa colocação deu a Kevin Wilson, ex-professor de educação especial de Los Angeles, 1 milhão de dólares para per-

▲ Mensagens geradas pelo consumidor: no ano passado, dois anúncios do "Arrebente no desafio do Super Bowl", da Doritos, ficaram em primeiro lugar nos índices AdMeter do *USA Today*, incluindo este intitulado "Arremesso de bebê".
Frito-Lay, Inc.

seguir seu sonho de se tornar um autêntico produtor de vídeos — um retorno nada mal para um anúncio que custou somente 24 dólares para ser feito. Além disso, nesse ano, o *USA Today* se uniu com o Facebook, possibilitando que o público votasse os anúncios em uma versão em mídia social dos índices AdMeter, que durou dois dias e envolveu outros milhões de espectadores no processo. O favorito na votação on-line foi outro anúncio da Doritos gerado por consumidor, o "Arremesso de bebê", em que uma avó arremessa um bebê pelo quintal para que ele surrupie um pacote de Doritos de um vizinho chato. O anúncio também rendeu para seu criador — Jonathan Friedman, de 31 anos e morador de Virginia Beach, na Virgínia — um prêmio de 1 milhão de dólares.

Para a Doritos, o esforço de propaganda gerada pelo consumidor com o "Arrebente no desafio do Super Bowl" disparou o envolvimento do cliente, indo muito além da simples transmissão dos anúncios durante o grande jogo. O concurso foi um gol na mídia social. Durante os três meses que antecederam o Super

Bowl, centenas de milhares de consumidores votaram e milhões assistiram aos anúncios premiados antes da partida. Depois do jogo, os anúncios do Super Bowl geram mais compartilhamento e cliques do que nunca, bem como mais comentários na mídia social do que o Oscar como um todo.

A Doritos não é a única marca que está trabalhando com conteúdo gerado pelo consumidor. De acordo com um relatório global que classifica os trabalhos mais criativos do mundo, nove das dez campanhas de um ano recente continham algum tipo de participação do consumidor. "Isso representa uma mudança sísmica em nossos negócios", diz o antigo executivo de agência de propaganda que foi responsável pelo relatório. "Nós tivemos 100 anos de propaganda feita pelas empresas e direcionada para os consumidores. Mas agora a Internet nos permite manter as pessoas envolvidas de maneira ativa, conversando umas com as outras. Se a ideia for interessante, os consumidores vão fazer o trabalho por você."

Esse tipo de conversa deixa algumas agências de propaganda tensas. Contudo, a ideia não é as empresas despedirem suas agências e passarem a contar com os consumidores para criar seus anúncios. Na verdade, a maioria das campanhas com anúncios gerados pelo consumidor — incluindo o concurso "Arrebente no desafio do Super Bowl" — é coordenado por uma agência.

Recentemente, foi fundada a primeira agência de criatividade — a Victors & Spoils, de Boulder, no Colorado —, totalmente baseada nos princípios do crowdsourcing. A Harley-Davidson contratou a Victors & Spoils para lidar com o trabalho criativo de uma campanha com anúncios gerados pelos consumidores, voltada para a promoção do programa HD1 da empresa — uma iniciativa que permite aos clientes, na Internet, projetar uma Harley totalmente customizada, feita na fábrica. A propaganda gerada pelo consumidor parecia a maneira mais óbvia de promover o programa de motos customizadas pelo consumidor da Harley. Whit Hiler, um "amador apaixonado" de Kentucky, teve a ideia vencedora.

O anúncio resultante da Harley-Davidson, intitulado "Sem jaulas", mostra pessoas vivendo o dia a dia. São vidas chatas enclausuradas em jaulas de ferro. Quando um motociclista passa em uma Harley, sem jaula, todo mundo o olha com inveja. A chamada do anúncio — "Construa sua moto. Construa sua liberdade" — sintetiza uma mensagem que a Harley-Davidson planeja veicular não apenas em um único anúncio e, inclusive, não apenas em seu programa HD1 de customização. Os profissionais de marketing da empresa não poderiam estar mais contentes com os resultados do envolvimento do consumidor na criação de anúncios. Com a marca estendendo a campanha "Sem jaulas" para o impresso, a mídia social e o vídeo na Internet, o CMO da Harley consagrou as "ideias vindas dos clientes" como o "novo modelo de criatividade" da Harley-Davidson.

A Doritos, a Harley-Davidson e dezenas de outros exemplos demonstram que, quando feita da maneira certa, a propaganda gerada pelo consumidor pode fortalecer a capacidade de uma marca de envolver e engajar os consumidores, transformando-os em seus defensores. O que seria melhor do que incentivar os consumidores a contar a história da marca? Como assinala uma profissional de marketing: "Nós acreditamos que o marketing será muito mais participativo nos próximos anos, e queremos estar na vanguarda disso".

Fontes: Bruce Horovitz, Laura Petrecca e Gary Strauss, "Super Bowl AdMeter winner: score one for the Doritos baby", *USA Today*, 7 fev. 2012; Laura Petrecca, "Doritos AdMeter winners each receive a $1 million bonus", *USA Today*, 8 fev. 2012; Andrew McMains, "Unilever embraces UGC", *Adweek*, 20 abr. 2010, <www.adweek.com/print/107289>; Emma Hall, "Most winning creative work involves consumer participation", *Advertising Age*, 6 jan. 2010, <http://adage.com/print/141329>; Abbey Klaassen, "Harley-Davidson breaks consumer-created work from Victors & Spoils", *Advertising Age*, 14 fev. 2011, <http://adage.com/print/148873/>; Riley Gibson, "Crowdsourcing on Facebook gets you consumers' ideas and their purchases", *Advertising Age*, 13 abr. 2012, <http://adage.com/print/234086/>.

Muitas marcas fazem concursos que convidam os consumidores a enviar ideias de mensagem e vídeos para anúncios. Por exemplo, há alguns anos a marca Doritos, da PepsiCo, patrocina um concurso anual intitulado "Arrebente no desafio do Super Bowl", em que convida os consumidores a criar seus próprios anúncios em vídeo sobre o saboroso salgadinho de milho com formato triangular. Os anúncios do Doritos gerados pelos consumidores têm feito um enorme sucesso. Na outra ponta do quesito tamanho, a Etsy.com, um mercado/comunidade voltado para artesanato — "O melhor lugar para você comprar e vender tudo feito à mão" —, patrocinou um concurso em que convidou os consumidores a contar a história da empresa em vídeos de 30 segundos. Os resultados foram o que um antigo crítico do setor de publicidade, bastante conhecido, chamou de "positivamente memorável":[14]

Os dez anúncios semifinalistas são mais bem concebidos e desenvolvidos do que quaisquer dez comerciais selecionados aleatoriamente que você encontraria em qualquer lugar do mundo, diz o crítico. O melhor anúncio da Etsy criado por uma usuária mostra um robô animado, simples e triste, confinado a uma vida de produção em linha de montagem, que suga a alma. "Veja, há um monte de robôs por aí", diz a voz da artesã da Etsy que o criou, a qual não é vista. "Um monte de robôs como este estão tristes porque estão presos, fazendo coisas chatas, produzidas em massa. Eu realmente acredito nesse negócio de que o artesanato ajuda o meio ambiente e a microeconomia, e me sinto especial em ter algo feito à mão por outra pessoa. Mas o verdadeiro motivo pelo qual eu faço artesanato é que, toda vez que alguém compra algo feito à mão, um robô ganha asas." O anúncio feito pela usuária recebeu críticas muito positivas. É "simplesmente magnífico", conclui o crítico, "de tal maneira que as agências deveriam tomar nota disso".

No entanto, nem todos os esforços de propaganda gerada pelo consumidor dão muito certo. Como muitas grandes empresas descobriram, anúncios feitos por amadores podem ser... Bem, muito amadores. Mas, quando bem feitos, os esforços de propaganda gerada pelo consumidor podem produzir novas ideias criativas e perspectivas renovadas sobre a marca, provenientes de consumidores que realmente a vivenciam. Esse tipo de campanha pode aumentar o envolvimento dos consumidores e mantê-los não apenas falando sobre a marca e seu valor para eles, mas também pensando nisso. "Para aqueles que estão dispostos a abrir mão do controle e confiar na sabedoria da multidão", diz um analista, "a colaboração [...] em campanhas de marketing pode produzir resultados impressionantes".[15]

Seleção da mídia de propaganda

As principais etapas na seleção da **mídia de propaganda** são: (1) as decisões de *alcance, frequência e impacto*; (2) a escolha entre os principais *tipos de mídia*; (3) a seleção dos *veículos de mídia* específicos; e (4) a decisão do *timing da mídia*.

Mídia de propaganda
Os veículos por meio dos quais as mensagens de propaganda são transmitidas para o público que se pretende atingir.

DECISÃO DE ALCANCE, FREQUÊNCIA E IMPACTO. Para selecionar a mídia, o anunciante deve decidir o alcance e a frequência que serão necessários para atingir os objetivos da propaganda. O *alcance* é uma medida da *porcentagem* de consumidores pertencentes ao mercado-alvo que são expostos à campanha durante determinado período. Por exemplo, o anunciante pode tentar atingir 70% do mercado-alvo durante os três primeiros meses da campanha. A *frequência* é a medida do número de vezes que o consumidor médio é exposto à mensagem. Por exemplo, o anunciante pode querer uma frequência média de exposição igual a três.

Mas os anunciantes querem fazer mais do que simplesmente atingir um determinado número de consumidores um número específico de vezes. Ele também quer determinar o *impacto de mídia* que deseja — o *valor qualitativo* da exposição a uma mensagem produzido por determinado veículo. Por exemplo, a mesma mensagem veiculada em uma certa revista (como a *Newsweek*) pode ter mais credibilidade do que se fosse veiculada em outra (digamos, a *National Enquirer*). Para produtos que precisam ser demonstrados, as mensagens na televisão ou em um vídeo on-line podem ter mais impacto do que as mensagens no rádio, porque esses meios utilizam a visão, o movimento *e* o som. Os produtos para os quais os consumidores dão sua opinião em relação ao design ou às características podem ser mais bem promovidos em um site interativo do que por mala direta.

▲ Envolvimento do público: os telespectadores mais profundamente envolvidos com a série *Trabalho sujo*, do Discovery Channel, são homens que compram veículos para transporte — o perfil demográfico perfeito para as picapes F-Series da Ford.

Fotografia de Michael Segal. Mike Rowe e mikeroweworks.com.

Em geral, o anunciante deseja escolher uma mídia que *envolverá* os consumidores, em vez de simplesmente atingi-los. Em qualquer meio, o grau de relevância do conteúdo do anúncio para seu público é, muitas vezes, mais importante do que o número de pessoas que ele atinge. Por exemplo, em um esforço para fazer valer cada dólar investido em propaganda, a Ford passou a selecionar programas de TV com base no índice de envolvimento do telespectador. Exemplo: há alguns anos, pareceu não fazer muito sentido quando a Ford começou a fazer propaganda na série *Trabalho sujo*, do Discovery Channel, comandada por Mike Rowe. O programa era assistido por poucas pessoas. No entanto, como se comprovou, os telespectadores mais envolvidos com a série — homens de 18 a 49 anos que compram veículos para transporte — representam o principal grupo de compra das picapes F-Series da Ford. Assim, a Ford não apenas anunciou bastante e com sucesso no *Trabalho sujo*, como contratou Rowe como seu garoto-propaganda para vídeos alocados na Web e anúncios na TV e no rádio.[16]

Apesar de a Nielsen estar começando a medir os níveis de *envolvimento com a mídia* na televisão, na maior parte das mídias, esse indicativo é difícil de mensurar. As medidas de mídias que temos atualmente são indicadores como audiência da televisão, número de leitores, número de ouvintes e quantidade de links clicados na Internet. O envolvimento, entretanto, acontece dentro do consumidor. Como assinala um especialista: "Medir a quantidade de olhos em frente a um aparelho de televisão já é bastante difícil, mesmo sem tentar mensurar a intensidade com que esses olhos estão vendo".[17] Contudo, as empresas precisam saber como os clientes se conectam a um anúncio e a uma ideia de marca, como parte de um relacionamento mais amplo com a marca.

Consumidores envolvidos são mais propensos a agir de acordo com as mensagens de marca e, inclusive, a compartilhá-las com os outros. Assim, em vez de simplesmente monitorar as *impressões do consumidor* referentes a uma inserção de mídia — quantas pessoas viram, ouviram ou leram o anúncio —, a Coca-Cola também monitora as *expressões do consumidor* que resultam dessa inserção, como um comentário, uma "curtida", o upload de uma foto ou vídeo e o conteúdo veiculado em suas redes. Os poderosos consumidores de hoje muitas vezes geram mais mensagens sobre uma marca do que a empresa pode produzir. Por meio do envolvimento, "em vez de ter sempre que pagar para que sua mensagem chegue a algum lugar, [as empresas] podem 'conquistar' mídia gratuitamente, por intermédio dos consumidores que espalham vídeos no YouTube, informações do Groupon e tuítes", diz um consultor do setor de propaganda.[18]

Por exemplo, a Coca-Cola estima que existem no YouTube cerca de 146 milhões de visualizações de conteúdo relacionado à empresa. No entanto, desse total, somente cerca de 26 milhões de visualizações estão ligadas a conteúdo que a Coca produziu. As outras 120 milhões têm a ver com conteúdo criado por consumidores envolvidos. "Nós não conseguimos alcançar o volume de material produzido por nossos consumidores", diz o CMO da Coca-Cola. "Mas podemos intensificá-lo com o tipo [e a inserção] de conteúdo certos."[19]

ESCOLHA ENTRE OS PRINCIPAIS TIPOS DE MÍDIA. Conforme resumido na Tabela 15.2, os principais tipos de mídia são: a televisão, a Internet, jornais, mala direta, revistas, rádio e outdoor. Os anunciantes também têm à sua escolha uma série de novas mídias digitais, como celulares e outros dispositivos digitais, que alcançam os consumidores diretamente. Todo veículo tem vantagens e limitações.

▼ **Tabela 15.2** Perfil dos principais tipos de mídia.

Mídia	Vantagens	Limitações
Televisão	Boa cobertura do mercado de massa; baixo custo por exposição; combina imagem, som e movimento; apela para os sentidos	Altos custos absolutos; alto nível de saturação; exposição transitória; menos seletividade de público
Internet	Alta seletividade; baixo custo; instantaneidade; recursos interativos	Impacto potencialmente baixo; exposição controlada pelo público
Jornais	Flexibilidade; possibilidade de escolha do momento oportuno; boa cobertura do mercado local; alto nível de aceitação; grande credibilidade	Vida curta; baixo nível de qualidade de reprodução; pequeno público secundário
Mala direta	Alta seletividade de público; flexibilidade; ausência de concorrência no mesmo veículo; permite personalização	Custos por exposição relativamente altos; imagem de "correspondência inútil"
Revistas	Alta seletividade geográfica e demográfica; credibilidade e prestígio; alta qualidade de reprodução; vida longa e boa taxa de leitura secundária	Longo tempo transcorrido entre o anúncio e a compra; alto custo; nenhuma garantia da posição do anúncio
Rádio	Boa aceitação local; alta seletividade geográfica e demográfica; baixo custo	Somente áudio; exposição transitória; baixo nível de atenção (o meio que "se ouve sem prestar atenção"); públicos fragmentados
Outdoor	Flexibilidade; alto grau de repetição de exposição; baixo custo; baixa concorrência de mensagens; boa seletividade de localização	Pouca seletividade de público; limitações à criação

O objetivo dos responsáveis pelo planejamento de mídia é escolher a mídia que apresentará de maneira eficiente e eficaz a mensagem de propaganda aos clientes-alvo. Assim, eles precisam levar em consideração o impacto de cada veículo, a eficácia da mensagem e seu custo. Como discutido no capítulo anterior, em geral não se trata de uma questão de qual das mídias usar. Em vez disso, o anunciante seleciona um mix de mídias e as combina em uma campanha de comunicação de marketing totalmente integrada.

O mix de mídia deve ser reavaliado regularmente. Por muito tempo, a televisão e as revistas predominaram no mix de mídia de anunciantes nacionais, sendo que, muitas vezes, as outras mídias eram desprezadas. Entretanto, como discutido anteriormente, o mix de mídia parece estar mudando. À medida que o custo da mídia de massa aumenta, os públicos diminuem e novas e empolgantes mídias digitais e interativas surgem, muitos anunciantes encontram novas formas de atingir os consumidores. Eles estão complementando a mídia de massa tradicional com mídias mais especializadas e altamente segmentadas que custam menos, são direcionadas de modo mais eficaz e envolvem os consumidores de maneira mais completa. Hoje em dia, as empresas querem estabelecer um mix completo de mídia paga, própria, conquistada e compartilhada, que crie e transmita conteúdo de envolvimento de marca para os consumidores-alvo.

Além da explosão das mídias on-line e móvel, os sistemas de TV a cabo e via satélite estão se tornando muito populares. Eles abrem espaço para formatos de programação bastante segmentados, com canais dedicados, por exemplo, a esportes, noticiários, alimentação, artes, reformas domésticas e jardinagem, culinária, viagens, história, finanças e outros, voltados a grupos selecionados. A Time Warner, a Comcast e outras operadoras de TV a cabo estão, inclusive, testando sistemas que lhes permitirão direcionar tipos específicos de anúncios para determinados bairros ou para certos clientes, em uma base individual. Por exemplo, anúncios para um canal em espanhol seriam veiculados somente em bairros latinos ou, então, apenas as pessoas que têm animais de estimação veriam anúncios de empresas que oferecem ração para animais. Os anunciantes podem se beneficiar dessa comunicação segmentada ao se voltar somente para segmentos de mercado especiais, em vez de utilizar uma abordagem mais ampla oferecida pelas redes de televisão aberta.

Por fim, em seus esforços para encontrar formas menos custosas e mais segmentadas de atingir os consumidores, os anunciantes estão descobrindo um conjunto fantástico de *mídias alternativas*. Hoje em dia, não importa para onde vá ou o que faça, você provavelmente vai se deparar com algum novo formato de propaganda.

Pequenos cartazes em carrinhos de supermercado incentivam você a comprar Jell-O Pudding Pops ou Pampers, enquanto anúncios rolam pela esteira do caixa da loja, promovendo a concessionária da Chevy na região. Do lado de fora, um caminhão de lixo do município traz um anúncio dos sacos de lixo Glad e um ônibus escolar mostra um anúncio da pizza do Little Caesar. Um hidrante nas redondezas está enfeitado com propaganda das asas de frango "escaldantes" do KFC. Você foge para um estádio de futebol, só para ver telões do tamanho de outdoors mostrando anúncios da Budweiser, enquanto um dirigível com uma mensagem eletrônica sobrevoa calmamente o local. Em pleno inverno, você espera o ônibus em um ponto que parece um forno — com o calor vindo das bobinas —, o qual apresenta a linha completa de sanduíches quentes para o café da manhã da Caribou Coffee. E por que não uma viagem tranquila para o campo? Infelizmente, você encontrará um fazendeiro empreendedor utilizando suas vacas leiteiras como outdoors ambulantes de quatro pernas, com anúncios dos sorvetes da Ben & Jerry's.

▲ As empresas estão descobrindo um conjunto fantástico de mídias alternativas, como esse ponto de ônibus aquecido da Caribou Coffee.
Caribou Coffee

Hoje em dia, você provavelmente encontrará anúncios... Bem, em qualquer lugar. Táxis trazem alertas de mensagens eletrônicas vinculados a sensores de localização por GPS que podem indicar lojas e restaurantes por onde eles passarem. Há espaço publicitário à venda em caixas de DVD, tíquetes de estacionamento, cartões de embarque das companhias aéreas, catracas do metrô, cancelas dos pedágios, cartões de contagem de pontos no golfe, caixas eletrônicos, latas de lixo do município e, até mesmo, em carros da polícia, guias para exames médicos e boletins informativos da igreja. Uma agência chega a alugar espaço na cabeça raspada de universitários para tatuagens publicitárias temporárias.

Algumas dessas mídias alternativas parecem um tanto implausíveis e, às vezes, irritam os consumidores, que as veem como um excesso. Mas, para muitas empresas, elas podem economizar dinheiro e oferecer um modo de atingir os consumidores selecionados nos locais em que vivem, compram, trabalham e se divertem. É claro que isso pode nos levar a imaginar se ainda existe algum cantinho livre de mensagens publicitárias, para um consumidor cansado de tantos anúncios. Talvez em elevadores ou nas divisórias dos banheiros públicos? Esqueça! Todos os espaços já foram invadidos por profissionais de marketing inovadores.

Outra importante tendência que afeta a seleção da mídia é o rápido crescimento do número de *multitarefas de mídia*, pessoas que absorvem mais de uma mídia por vez. Por exemplo, não é raro encontrar alguém vendo TV com o smartphone nas mãos, postando no Facebook, trocando mensagens de texto com os amigos e buscando informações sobre um produto no Google. Um recente levantamento descobriu que 86% dos norte-americanos que utilizam Internet móvel veem TV com seus dispositivos em mãos. Outro estudo descobriu que 60% dos telespectadores entram na Internet com seu smartphone, tablet ou PC enquanto estão assistindo à televisão. E um terceiro estudo descobriu que a maioria dessas multitarefas se concentra principalmente na Internet, em vez de na TV, e que suas atividades on-line, na maior parte das vezes, não têm nada a ver com o que estão assistindo na televisão. Os profissionais de marketing precisam levar essas interações de mídia em conta na hora de selecionar os tipos de mídia que vão utilizar.[20]

SELEÇÃO DOS VEÍCULOS DE MÍDIA ESPECÍFICOS. Os responsáveis pelo planejamento de mídia também precisam escolher os melhores veículos de mídia — mídias específicas dentro de cada tipo de mídia geral. Por exemplo, entre os veículos de TV estão o seriado *Um maluco na TV* e o *ABC world news tonight*. Entre os veículos de revistas estão a *Newsweek*, a *People* e a *ESPN The Magazine*. Veículos on-line e móveis incluem o Facebook, o Pinterest e o YouTube.

Os responsáveis pelo planejamento de mídia precisam calcular o custo por mil pessoas atingidas por um veículo. Por exemplo, se um anúncio de página inteira em quatro cores na edição norte-americana da revista *Newsweek*, de cobertura nacional, custa 178.400 dólares e o número de leitores da revista é de 1,5 milhão de pessoas, o custo para atingir cada grupo de mil pessoas é de cerca de 119 dólares. O mesmo anúncio na edição regional da revista *Bloomberg BusinessWeek*, que cobre o nordeste dos Estados Unidos, pode custar apenas 46.700 dólares, mas atingir apenas 155 mil pessoas — a um custo por mil leitores de cerca de 300 dólares.[21] O planejador de mídia classifica as revistas considerando o custo por mil pessoas e dá preferência àquelas que ofereçam o menor custo por mil consumidores-alvo atingidos. No exemplo dado, se a empresa quer atingir gerentes, a *BusinessWeek* pode representar a compra mais efetiva em termos de custo, apesar do custo mais alto por mil pessoas.

As pessoas responsáveis pelo planejamento de mídia também devem considerar os custos de produção de anúncios para as diferentes mídias. Enquanto os custos para produzir anúncios em jornais podem ser muito baixos, os requintados anúncios de televisão podem custar muito dinheiro. Muitos anúncios on-line custam pouco para produzir, mas o montante pode aumentar quando se produz vídeos e séries de anúncios feitos para a Internet.

Ao selecionar veículos de mídia específicos, o responsável pelo planejamento precisa ponderar os custos médios e os diversos fatores ligados à eficácia da mídia. Primeiro, ele deve avaliar a qualidade da audiência do veículo. Para um anúncio das fraldas descartáveis Huggies, por exemplo, a revista *Parents* teria um alto valor de exposição, ao passo que a *Maxim* teria um valor baixo. Em segundo lugar, ele deve considerar o envolvimento do público. Os leitores da revista *Vogue*, por exemplo, geralmente prestam mais atenção aos anúncios do que os da *Newsweek*. Em terceiro lugar, o planejador de mídia deve avaliar a qualidade editorial do veículo. A *Time* e o *Wall Street Journal* têm mais credibilidade e prestígio do que a *Star* e a *National Enquirer*.

DECISÃO DO TIMING DA MÍDIA. O anunciante também deve decidir como programar a campanha de propaganda no decorrer de um ano. Vamos supor que as vendas de um produto atinjam o ápice em dezembro e caiam muito em março (isso ocorre nos Estados Unidos com equipamentos para atividades ao ar livre praticadas no inverno, por exemplo). A empresa pode variar a programação de sua campanha conforme o padrão sazonal, em oposição a esse padrão ou manter a mesma frequência durante o ano inteiro. A maioria das empresas faz alguma propaganda sazonal. Por exemplo, atualmente a Mars veicula anúncios especiais do M&M em quase todas as celebrações e épocas do ano — ela o faz na Páscoa, no 4 de Julho e no Halloween, assim como na época do Super Bowl e do Oscar. A The Picture People, rede norte-americana de estúdios de fotografia, intensifica a propaganda antes de celebrações importantes, como o Natal, a Páscoa, o Dia dos Namorados e o Halloween. Algumas empresas fazem *apenas* propaganda sazonal. Por exemplo, a P&G anuncia seu Vicks NyQuil somente nos períodos de frio e com grande índice de gripe.

Por fim, o anunciante tem de escolher o padrão dos anúncios em termos de frequência. *Continuidade* significa programar de maneira regular os anúncios durante certo período. *Intermitência* significa programar os anúncios de forma irregular durante um período determinado. Assim, 52 anúncios podem ser programados durante um ano na frequência de um por semana ou em diversas etapas intermitentes. A ideia por trás da intermitência é anunciar intensamente durante um curto período de tempo para criar um grau de conscientização que perdure até o próximo período da campanha. Aqueles que preferem a intermitência acham que ela pode ser utilizada para causar o mesmo impacto que uma programação regular, porém a um custo muito mais baixo. Entretanto, algumas pessoas que trabalham com planejamento de mídia acreditam que, embora a intermitência gere conscientização, ela sacrifica a profundidade das comunicações de propaganda.

Avaliação da eficácia da propaganda e do retorno do investimento

A mensuração da eficácia da propaganda e o **retorno do investimento em propaganda** se tornaram questões de grande relevância para a maioria das empresas, especialmente em um ambiente econômico desafiador. Mesmo em uma economia em recuperação, com os orçamentos de marketing aumentando, os anunciantes, assim como os consumidores, continuam juntando moedinhas e gastando de maneira conservadora.[22] Isso faz com que a alta administração de muitas empresas pergunte a seus gerentes de marketing: "Como sabemos se estamos gastando a quantia certa em propaganda?" e "Qual retorno estamos tendo de nossos investimentos em propaganda?"

> **Retorno do orçamento em propaganda**
> O retorno líquido do investimento em propaganda dividido pelos custos do investimento nela.

Os anunciantes devem avaliar regularmente dois tipos de resultados da propaganda: os efeitos de comunicação e os efeitos nas vendas e nos lucros. A medição dos *efeitos de comunicação* de um anúncio ou campanha de propaganda diz se o anúncio e a mídia estão comunicando a mensagem transmitida de forma clara. Os anúncios individuais podem ser testados antes ou depois de serem veiculados. Antes de um anúncio ser lançado, o anunciante pode mostrá-lo aos consumidores, perguntar se gostam dele e medir a lembrança da mensagem ou as mudanças de atitude resultantes do anúncio. Após a veiculação, o anunciante pode analisar como o anúncio afetou a lembrança do consumidor ou a conscientização, o conhecimento e a preferência em relação ao produto. As avaliações dos efeitos de comunicação antes e depois da veiculação podem ser feitas, também, para campanhas de propaganda inteiras.

Os anunciantes desenvolveram técnicas muito boas para medir os efeitos de comunicação de seus anúncios e campanhas. Entretanto, os efeitos da propaganda sobre *as vendas e os lucros* são muito mais difíceis de medir. Por exemplo, que vendas e lucros são gerados por uma campanha que eleva a conscientização da marca em 20% e a preferência da marca em 10%? As vendas e os lucros são afetados por muitos fatores além da propaganda, como características, preço e disponibilidade do produto.

Um modo de medir os efeitos da propaganda nas vendas e nos lucros consiste em comparar as vendas e lucros anteriores com gastos anteriores em propaganda. Outro modo é por meio da experimentação. Por exemplo, para testar os efeitos de diferentes níveis de gasto com propaganda, a Coca-Cola poderia variar a quantidade de gastos em diversas áreas do mercado e medir as diferenças nos níveis resultantes de vendas e lucros. Podem ser elaboradas experimentações mais complexas, que incluiriam outras variáveis, como diferenças nos anúncios ou na mídia utilizada.

Entretanto, como são muitos os fatores que afetam a eficácia da propaganda — alguns controláveis e outros não —, a medição dos resultados dos gastos continua sendo uma ciência inexata. Assim como acontece com o orçamento de propaganda, na hora de avaliar o seu desempenho, os gerentes precisam contar com grandes doses de discernimento, juntamente com muita análise quantitativa.

Outras considerações acerca da propaganda

Ao desenvolver estratégias e programas de propaganda, a empresa deve considerar duas questões adicionais. Primeiro, como ela organizará sua função de propaganda — quem executará quais tarefas da campanha? Além disso, como adaptará suas estratégias e programas de propaganda às complexidades dos mercados internacionais?

Organização para a propaganda

Diferentes empresas se organizam de maneiras distintas para lidar com a propaganda. Em empresas pequenas, a propaganda pode ficar sob a responsabilidade de alguém que trabalhe no departamento de vendas. Grandes empresas possuem departamentos de propaganda, cuja

Agência de propaganda
Uma empresa que presta serviços de comunicação de marketing e auxilia outras organizações a planejar, preparar, implementar e avaliar todos os seus programas de propaganda ou parte deles.

tarefa é definir o orçamento, trabalhar em parceria com a agência de propaganda e cuidar das propagandas que não são feitas pela agência. A maioria das grandes empresas, entretanto, utiliza agências de propaganda externas devido às diversas vantagens que elas oferecem.

Como funciona uma **agência de propaganda**? Essas agências foram criadas entre a metade e o final do século XIX por vendedores e corretores que trabalhavam para os veículos de mídia e recebiam uma comissão pela venda de espaço publicitário para as empresas. Com o tempo, os vendedores começaram a ajudar os clientes a preparar seus anúncios. Em um determinado momento, eles fundaram agências e se aproximaram mais dos anunciantes do que da mídia.

Hoje, as agências empregam especialistas que, muitas vezes, executam as tarefas de propaganda muito melhor do que o pessoal da empresa. As agências também contribuem não só com um ponto de vista externo para a solução dos problemas da empresa, mas também com a grande experiência adquirida ao trabalhar com diferentes clientes e situações. Assim, hoje, mesmo as empresas com fortes departamentos de propaganda utilizam agências.

Algumas agências são enormes — a maior agência dos Estados Unidos, a BBDO Worldwide, tem, só no país, receitas brutas anuais de 495 milhões de dólares. Nos últimos anos, muitas agências cresceram adquirindo outras e, com isso, formando gigantescos conglomerados empresariais. O maior desses megagrupos, o WPP, engloba diversas grandes agências de propaganda, de relações públicas e de promoção que, juntas, têm uma receita mundial de mais de 16 bilhões de dólares.[23] A maioria das grandes agências de propaganda dispõe de pessoal e de recursos para lidar com todas as fases de uma campanha publicitária para seus clientes, desde a criação de um plano de comunicação de marketing até o desenvolvimento de campanhas, passando pela preparação, veiculação e avaliação dos anúncios e outros conteúdos de marca.

Decisões referentes à propaganda internacional

Os anunciantes internacionais enfrentam muitas complexidades que não são encontradas pelos anunciantes nacionais. A questão mais básica é determinar até que ponto a propaganda global deve ser adaptada às características singulares dos mercados de vários países.

Alguns grandes anunciantes tentaram apoiar suas marcas globais com propaganda mundial altamente padronizada, apostando em campanhas que funcionam tão bem em Bangcoc quanto em Baltimore. Por exemplo, o McDonald's unifica seus elementos criativos e sua apresentação de marca sob o conhecido tema "Amo muito tudo isso", usado em seus mais de 100 mercados mundiais. A Visa coordena uma campanha mundial para seus cartões de débito e crédito sob a criativa plataforma "Mais pessoas vão com Visa", que funciona tão bem na Coreia quanto nos Estados Unidos ou no Brasil. E os anúncios das sandálias Havaianas mostram o mesmo cenário supercolorido no mundo todo, não importa qual seja o país.

▶ Os anúncios das sandálias Havaianas mostram o mesmo cenário supercolorido no mundo todo, não importa qual seja o país, os Estados Unidos ou o Brasil.
Estudio Collectivo de Design Ltda; Alpargatas S/A.

Nos últimos anos, a crescente popularidade das redes sociais e do compartilhamento de vídeos aumentou a necessidade das marcas globais por padronização da propaganda. A maioria das grandes campanhas de marketing e propaganda possui uma forte presença on-line. Hoje, consumidores conectados podem, facilmente, romper as fronteiras por meio da Internet, o que torna difícil para os anunciantes veicular campanhas adaptadas de uma maneira controlada, ordenada. Como resultado, no mínimo, a maior parte das marcas de consumo globais coordenam seus sites em nível internacional. Por exemplo, dê uma olhada no site da McDonald's na Alemanha, na Jordânia e na China. Em todos, você vai encontrar o logo em forma de arcos dourados, o logo e o jingle da campanha "Amo muito tudo isso", um Big Mac equivalente e, talvez, o próprio Ronald McDonald's.

A padronização traz muitos benefícios — custos de campanha mais baixos, maior coordenação global da propaganda e imagem mundial mais consistente. Mas ela também apresenta desvantagens. A mais importante delas: a padronização ignora o fato de que a cultura, a demografia e as condições econômicas dos mercados de cada país diferem bastante. Assim, a maioria dos anunciantes internacionais "pensa globalmente, mas age localmente". Eles desenvolvem *estratégias* de propaganda globais que tornam seus esforços mundiais mais eficientes e consistentes. Em seguida, adaptam seus *programas* de propaganda para que tenham mais a ver com as necessidades e as expectativas dos mercados locais. Por exemplo, apesar de a Visa utilizar o tema "Mais pessoas vão com Visa" no mundo todo, anúncios em localidades específicas empregam a linguagem e o imaginário de inspiração locais, o que torna o tema relevante para os mercados em que ele aparece.

Os anunciantes globais se deparam com diversos problemas especiais. Por exemplo, os custos e a disponibilidade de mídia de propaganda diferem consideravelmente de país para país. E também há diferenças no grau de regulamentação das práticas publicitárias. Muitos países têm uma abrangente legislação que restringe o valor que uma empresa pode gastar em propaganda, a mídia utilizada, a natureza dos conteúdos apresentados e outros aspectos do programa de propaganda. Essas restrições, muitas vezes, exigem que os anunciantes adaptem suas campanhas de um país para outro.

Por exemplo, bebidas alcoólicas não podem ser anunciadas na Índia e em países muçulmanos. Em muitos países, como na Suécia e no Canadá, anúncios de alimentos não nutritivos não podem passar em programas voltados para as crianças. Para evitar problemas, o McDonald's se apresenta como um restaurante familiar na Suécia. Embora sejam aceitos e até bastante comuns nos Estados Unidos e no Canadá, anúncios comparativos são menos utilizados no Reino Unido e ilegais na Índia e no Brasil. A China proíbe o envio de e-mails com fins de propaganda às pessoas sem a permissão delas, e todos os e-mails de propaganda enviados devem apresentar a palavra "propaganda" no campo do assunto.

A China também tem regras restritivas de censura para a propaganda na TV e no rádio; por exemplo, as palavras *a(o) melhor* são proibidas, bem como anúncios que "violem os costumes sociais" ou apresentem mulheres de "maneira imprópria". Certa vez, o McDonald's evitou sanções do governo chinês ao se desculpar em público por um anúncio que violava as normas culturais, ao mostrar um cliente implorando por desconto. De modo similar, a subsidiária da Coca-Cola na Índia foi obrigada a suspender uma promoção que oferecia prêmios, como uma viagem a Hollywood, porque ela violava as regras comerciais vigentes no país ao incentivar a prática da "jogatina" entre os consumidores.

Assim, embora os anunciantes possam desenvolver estratégias globais para orientar seus esforços gerais de propaganda, geralmente os programas específicos precisam ser adaptados para atender à cultura e aos costumes, às características da mídia e às regulamentações locais.

Relações públicas

Outra importante ferramenta de promoção em massa, as **relações públicas (RP)** consistem de atividades desenvolvidas com o objetivo de construir um bom relacionamento com os diversos públicos da empresa. Os departamentos de relações públicas podem desempenhar qualquer uma das seguintes funções ou todas elas:[24]

- *Assessoria de imprensa ou relações com a imprensa:* criação e inserção de informações de interesse público em diferentes mídias, a fim de atrair a atenção para uma pessoa, produto ou serviço.
- *Publicidade de produto:* divulgação de produtos específicos.

Objetivo 3

◀ Definir o papel das relações públicas no mix de promoção.

Relações públicas (RP)
Construção de um bom relacionamento com os vários públicos da empresa, com o objetivo de obter publicidade favorável, desenvolver uma boa imagem corporativa e administrar ou conter boatos, histórias ou eventos desfavoráveis.

- *Assuntos de interesse público:* construção e manutenção de relacionamentos nacionais ou com comunidades locais.
- *Atividades de relações governamentais:* construção e manutenção de relacionamentos com legisladores e funcionários do governo para influenciar nas leis e nas regulamentações.
- *Relações com investidores:* manutenção de relacionamentos com acionistas e outros representantes da comunidade financeira.
- *Desenvolvimento:* trabalho junto a doadores ou membros de organizações sem fins lucrativos para conseguir apoio financeiro ou auxílio voluntário.

As relações públicas são utilizadas para promover produtos, pessoas, lugares, ideias, atividades, organizações e até mesmo países. As empresas as usam para construir bons relacionamentos com consumidores, investidores, a mídia e suas comunidades. As associações comerciais usaram as relações públicas para restabelecer o interesse em commodities, como ovos, maçãs, batatas, leite e até mesmo cebolas. Por exemplo, o Vidalia Onion Committee construiu uma campanha de RP em torno do personagem Shrek, da DreamWorks — uma campanha completa, que contou com imagens do Shrek nas embalagens e displays em lojas, com Shreks infláveis gigantes — que promoveu, com sucesso, cebolas para as crianças. Até mesmo organizações governamentais utilizam RP para gerar conscientização. O National Heart, Lung, and Blood Institute (NHLBI — Instituto Nacional do Coração, Pulmão e Sangue), ligado ao National Institutes of Health (Institutos Nacionais da Saúde), patrocina há tempos uma campanha de RP que gera conscientização de doenças cardíacas nas mulheres:[25]

▲ Campanhas de relações públicas: a campanha "O verdadeiro coração" do NHLBI gerou resultados impressionantes no que diz respeito ao aumento da conscientização dos riscos de doenças cardíacas nas mulheres.
Cortesia do National Heart, Lung, and Blood Institute. "O verdadeiro coração" e Vestido Vermelho são marcas registradas da DHHS.

As doenças cardíacas são as que mais matam as mulheres; todos os anos, essas doenças matam mais mulheres do que todas as formas de câncer juntas. Mas uma pesquisa realizada em 2000 pelo NHLBI mostrou que apenas 34% das mulheres sabiam disso, e a maioria achava que as doenças do coração eram um problema que atingia principalmente homens. Assim, com a ajuda da Ogilvy Public Relations Worldwide, o NHLBI começou a "criar um alerta pessoal e urgente para as norte-americanas". Em 2002, ele lançou uma campanha nacional de RP — "O verdadeiro coração" —, com o objetivo de aumentar a conscientização sobre as doenças cardíacas entre as mulheres e levá-las a discutir o assunto com seus médicos.

O ponto central da campanha é o Vestido Vermelho, hoje um símbolo nacional da conscientização das mulheres e das doenças cardíacas. A campanha gera conscientização por meio de um site interativo, páginas no Facebook e no Pinterest, inserções de mídia de massa e materiais de campanha — tem de tudo, desde brochuras, DVDs e cartazes até kits para oradores e dioramas em aeroportos. Ela também patrocina diversos eventos nacionais importantes, como o National Wear Red Day, o Red Dress Collection Fashion Show (que acontece anualmente) e o The Heart Truth Road Show, que mostra os fatores de risco associados às doenças cardíacas nas principais cidades norte-americanas. Para completar, a campanha trabalha com mais de 30 patrocinadores, como a Diet Coke, a aspirina St. Joseph, o Tylenol, a Cheerios, a CVS Pharmacy, a Swarovski e a Bobbi Brown Cosmetics. Até agora, cerca de 2,65 bilhões de produtos embalados com o símbolo do Vestido Vermelho foram comercializados.

Os resultados são impressionantes: o índice de conscientização das norte-americanas no que se refere ao fato de doenças cardíacas serem a principal causa de morte entre as mulheres subiu para 57%. Além disso, o número de mortes relacionadas a doenças no coração tem diminuído de maneira constante, passando de uma em cada três mulheres para uma em cada quatro. A American Heart Association (Associação Norte-Americano do Coração) também adotou o Vestido Vermelho como símbolo e lançou sua própria campanha complementar.

O papel e o impacto das relações públicas

As relações públicas podem causar grande impacto sobre a conscientização do público a um custo muito mais baixo que o da propaganda. Ao utilizar RP, a empresa não paga pelo espaço e tempo de mídia. Em vez disso, paga para uma equipe desenvolver e divulgar informações, bem como gerenciar eventos. Se a empresa cria uma história ou um acontecimento interessante, ele pode ser captado por várias mídias diferentes, o que, no final, tem o mesmo efeito de uma campanha de propaganda que custaria milhões de dólares. E mais: as relações públicas têm o poder de envolver os consumidores e torná-los não só parte da história da marca, mas também contadores dessa história (veja o Marketing Real 15.2).

Capítulo 15 | Propaganda e relações públicas **499**

Às vezes, os resultados da RP podem ser espetaculares. Considere o lançamento do iPad e do iPad 2 da Apple:[26]

> O lançamento do iPad da Apple foi um dos mais bem-sucedidos da história. E o que é engraçado: enquanto o lançamento da maioria dos grandes produtos é acompanhado por enormes campanhas de pré-lançamento, a Apple fez isso sem nenhuma propaganda. Nenhuma. Em vez disso, ela simplesmente alimentou suas atividades de RP. Ela criou um burburinho com meses de antecedência distribuindo iPads para análises antecipadas, abastecendo a imprensa off-line e on-line com rumores interessantes e permitindo que os fãs dessem uma olhada on-line, com precedência, nos milhares de novos aplicativos para iPad que estariam disponíveis. Na época do lançamento, a Apple intensificou as atividades de RP com uma ponta no *Modern family*, bem como uma enxurrada de participações em talk-shows e de outros eventos no dia do lançamento. No processo, apenas por meio de RP, o lançamento do iPad gerou um entusiasmo tremendo no consumidor, um frenesi na mídia e longas filas na porta das lojas no dia do lançamento. A Apple vendeu mais de 300 mil dos elegantes dispositivos somente no primeiro dia e mais de 2 milhões deles nos primeiros dois meses — e a demanda excedeu a oferta. Um ano depois, a Apple repetiu o feito com o igualmente bem-sucedido lançamento do iPad 2, vendendo quase de 1 milhão de dispositivos no final de semana de seu lançamento.

Apesar de seus potenciais pontos fortes, as relações públicas são, de vez em quando, descritas como o "filho adotivo do marketing", por conta de sua utilização, muitas vezes, limitada e esparsa. O departamento de RP geralmente fica na sede das empresas ou, então, as atividades são executadas por uma agência terceirizada. Seu pessoal está sempre tão ocupado lidando com vários públicos — acionistas, funcionários, legisladores e a imprensa — que pode acontecer de programas de RP para apoiar os objetivos de marketing de um produto serem ignorados. Além disso, gerentes de marketing e profissionais de relações públicas nem sempre falam a mesma língua. Muitos profissionais de relações públicas consideram seu trabalho como algo ligado simplesmente à comunicação, ao passo que os gerentes de marketing tendem a se interessar muito mais pelo modo como a propaganda e a atividades de RP afetam a construção da marca, as vendas, os lucros, o envolvimento dos clientes e o relacionamento com eles.

Mas essa situação está mudando. Embora na maioria das empresas as relações públicas ainda fiquem com uma pequena parte do orçamento geral de marketing, as atividades de RP podem ser uma poderosa ferramenta de construção de marca. E, nessa era digital, as linhas que separam a propaganda e as relações públicas estão cada vez mais e mais embaralhadas. Por exemplo, os sites, os blogs, as redes sociais e os vídeos virais voltados para uma marca são esforços de propaganda ou de relações públicas? De ambos. A questão é que as relações públicas devem trabalhar em conjunto com a propaganda em um programa de comunicação de marketing integrado, para ajudar a construir marcas e relacionamento com o cliente.

Principais ferramentas de relações públicas

As relações públicas utilizam diversas ferramentas. Uma das mais importantes é a *notícia*. Os profissionais de RP encontram ou criam notícias favoráveis sobre a empresa e seus produtos ou pessoas. Às vezes, histórias novas acontecem naturalmente; outras vezes, o profissional de RP pode sugerir acontecimentos ou atividades que gerariam notícias. Outra ferramenta comum de RP são os *eventos especiais*, que vão desde coletivas de imprensa, palestras, excursões com a mídia, grandes inaugurações e espetáculos pirotécnicos até shows de laser, lançamento de balões, apresentações multimídia e programas educacionais elaborados para atingir e despertar o interesse dos públicos-alvo.

Os profissionais de relações públicas também preparam *materiais impressos* para atingir e influenciar seus mercados-alvo. Entre esses materiais estão relatórios anuais, brochuras e artigos, bem como boletins informativos e revistas da empresa. Os *materiais audiovisuais*, como DVDs e vídeos on-line, estão sendo cada vez mais usados como ferramentas de comunicação. *Materiais de identidade corporativa* também podem ajudar a criar uma identidade organizacional que o público reconheça imediatamente. Logos, papéis padronizados, catálogos, placas, formulários, cartões de visita, edifícios, uniformes, carros e caminhões da empresa — tudo isso se transforma em ferramentas de marketing quando são atrativos, distintivos e marcantes. Por fim, as empresas podem melhorar o modo como são vistas, contribuindo com dinheiro e tempo para *atividades ligadas a serviços de utilidade pública*.

Objetivo 4

◄ Explicar como as empresas utilizam as relações públicas para se comunicar com seus públicos.

Marketing Real 15.2

RP na Coca-Cola: das impressões para as expressões e, então, para as transações

A Coca-Cola tem como objetivo fazer muito mais com as atividades de relações públicas do que simplesmente criar "impressões" passivas. Ela procura inspirar as "expressões" do cliente. De acordo com Joe Tripodi, CMO da Coca-Cola, a meta das atividades de RP é criar "peças de informações de comunicação fortemente compartilháveis, que gerem um imenso número de impressões on-line — e, então, decisivamente, levem a expressões dos consumidores, que se juntam à história e a ampliam, e, por fim, a transações". Ou seja, a Coca-Cola usa as relações públicas para iniciar conversas dos clientes, as quais vão inspirar os consumidores a expandir o tema da marca, ligado à felicidade e ao otimismo.

Considere a recente campanha "Abrace-me" da Coca-Cola, em que, de um dia para o outro, a empresa instalou uma máquina de venda de "felicidade" em uma universidade de Cingapura. A parte da frente da máquina era de um vermelho sólido e contava com a familiar listra ondulada branca, mas não continha nenhum logo da empresa, nenhum local para inserir moedas e nenhum botão para escolher o refrigerante. Somente a palavra "Abrace-me" era visível em grandes letras brancas, impressas na famosa fonte da Coca-Cola. Com câmeras escondidas, a empresa registrou as reações de perplexidade das pessoas, que primeiro coçavam a cabeça, depois se aproximavam devagar da máquina e, por fim, com um sorriso no rosto, davam um grande abraço nela. Em resposta a esse simples ato de felicidade, a máquina, de maneira mágica, liberava uma lata de Coca gelada, sem cobrar nada.

O vídeo "Abrace-me" da Coca-Cola mostra uma pessoa após a outra abraçando a máquina, recebendo sua Coca e compartilhando seu encanto com os outros. A Coca-Cola postou o vídeo on-line, afastou-se e deixou que a mídia e os consumidores levassem a história adiante. Em apenas uma semana, o vídeo gerou 112 milhões de impressões. Tendo em vista os baixos custos ligados à distribuição gratuita de Coca e à produção do vídeo, a campanha "Abrace-me" resultou em um custo incrivelmente baixo por contato. Mas o mais valioso foram as vastas expressões dos clientes que vieram em seguida, como "curtidas" no vídeo e o encaminhamento dele para outras pessoas. "A máquina do abraço da Coca-Cola é uma ideia simples que visa espalhar alguma felicidade", diz um profissional de marketing da empresa. "Nossa estratégia consiste em oferecer doses de felicidade de uma maneira inesperada, inovadora [...] e a felicidade é contagiante."

A campanha "Abrace-me" foi apenas a mais recente de uma série de táticas de RP similares, que têm como objetivo dar início a conversas. No último Dia dos Namorados, a empresa colocou uma máquina de vendas modificada no meio de um shopping center lotado, oferecendo Coca grátis para pessoas que confirmavam seu status de "casal" com um abraço ou um beijo. Há alguns anos, outra máquina da felicidade da Coca-Cola instalada em uma universidade ofereceu de tudo, de Coca grátis a pipoca, pizza, flores, cumprimentos e fotos Polaroid. De tempos em tempos, fazendo o mesmo som que os caça-níqueis fazem quando alguém recebe o grande prêmio, a máquina liberava dezenas de Coca e uma grande fornada de cupcakes coloridos. Além de gerarem sorrisos e animação, essas ações inesperadas fazem com que as pessoas que participam delas fiquem ansiosas por compartilhar seu presente e a história com todo mundo, ampliando o posicionamento da Coca, ligado à felicidade.

A Coca-Cola já pôs em prática muitas outras campanhas de RP que utilizam seu modelo "impressões-expressões-transações", com o intuito de inspirar conversas sobre a marca. Em sua campanha "Projeto conectar", a empresa imprimiu 150 nomes comuns em garrafas de Coca, um feito que levou centenas de milhares de consumidores a vasculhar as geladeiras da Coca-Cola nas lojas, procurando seu nome. Em seu projeto "Vá para a batida", a Coca-Cola reuniu música, juventude e esportes para os Jogos Olímpicos de 2012, em Londres, por meio de uma canção original do produtor musical britânico Mark Ronson, que juntou o som original de cinco diferentes esportes Olímpicos sob a voz de Katy B.

Há tempos a campanha "Casa no Ártico" da Coca-Cola utiliza o poder da assessoria de imprensa e da mídia compartilhada para conectar as marcas da empresa a uma causa importante em termos culturais. Nessa campanha, a Coca se uniu ao World

▲ O poder das relações públicas: a campanha "Abrace-me" da Coca-Cola gerou 112 milhões de impressões em apenas uma semana. E o mais importante: ela produziu incontáveis expressões dos clientes, que expandiram o tema da marca, ligado à felicidade e ao otimismo.

© 2012 The Coca-Cola Company. Todos os direitos reservados.

Wildlife Fund (WWF) para proteger o habitat dos ursos-polares — uma causa que se encaixa perfeitamente ao grande uso que a empresa faz de ursos-polares produzidos digitalmente, que são garotos-propaganda em seus anúncios. A campanha "Casa no Ártico"vai muito além de anúncios sazonais inteligentes, integrando esforços de RP a praticamente todos os aspectos da promoção e do marketing. Ela conta com um site exclusivo, um aplicativo para smartphone, um compromisso de doar 3 milhões de dólares para o WWF, propagandas e vídeos on-line que apresentam cenas do filme *Para o Ártico,* feito para IMAX, e chamam a atenção para latas brancas de Coca destacando as aventuras dos ursos-polares. Em seu primeiro ano, a "Casa no Ártico" gerou o astronômico número de 1,3 bilhão de visualizações, as quais, por sua vez, inspiraram incontáveis expressões dos clientes.

A grande e audaciosa meta da Coca-Cola não é apenas manter sua participação de mercado na categoria de refrigerantes, na qual as vendas estão estáveis há anos, mas dobrar seus negócios até o final da década. As relações públicas e a mídia social vão desempenhar um papel fundamental no alcance dessa meta, tornando os clientes parte da história da marca e transformando-os em um exército de defensores da marca, que levarão adiante a mensagem de felicidade da Coca-Cola. "Não se trata apenas de empurrar as coisas, como historicamente temos feito", diz o CMO Tripodi. "Temos que criar experiências que, talvez, tenham sentido só para alguns, mas que são persuasivas o suficiente para gerar conversas com muitos."

Fontes: Tim Nudd, "Coca-Cola joins the revolution in a world where the mob rules", *Adweek,* 19 jun. 2012, <www.adweek.com/print/141217>; Thomas Pardee, "Olympics campaigns go big on the viral video chart", *Advertising Age,* 17 maio 2012, <http://adage.com/print/234790/>; Natalie Zmuda, "Coca-Cola gets real with polar bears", *Advertising Age,* 25 out. 2011, <http://adage.com/print/230632/>; Emma Hall, "Coca-Cola launches global 2012 Olympics campaign with Mark Ronson", *Advertising Age,* 29 set. 2011, <http://adage.com/print/230107/>; Anthony Wing Kosner, "Hug me: Coca-Cola introduces gesture based marketing in Singapore", *Forbes,* 11 abr. 2012, <www.forbes.com/sites/anthonykosner/2012/04/11/hug-me-coca-cola-introduces-gesturebased-marketing-in-singapore/>; "Cannes Lions 2012: five-points to a great marketing strategy", *afaqs.com,* 20 jun. 2012, <www.afaqs.com/news/story/34444>.

Como vimos anteriormente, a Internet também é um importante canal de RP. Sites, blogs e redes sociais como o YouTube, o Facebook, o Pinterest e o Twitter estão oferecendo novas maneiras de atingir e envolver as pessoas. "Os principais pontos fortes das relações públicas — sua capacidade de contar uma história e gerar conversas — têm tudo a ver com a natureza desse tipo de mídia social", diz um especialista em RP. Considere a recente campanha de RP NextBlue, da Wrangler:[27]

A Wrangler queria ir além de seus consumidores centrais — queria atingir um público jovem, com mentalidade metropolitana. Mas, em vez de usar anúncios ou abordagens de RP padronizadas, ela criou a NextBlue, um projeto on-line que dá aos consumidores e a estilistas iniciantes a chance de criar o próximo estilo de calças jeans Wrangler. Trabalhando com sua agência de RP, a Wrangler montou um microssite que pedia aos consumidores para cria vídeos com eles e seu modelo de calças. A campanha foi promovida no site da Wrangler e na página da empresa no Facebook, bem como por e-mails enviados para clientes. A marca também usou um mix de mídia de RP tradicional, juntamente com anúncios pagos no Facebook e promoções de mídia social no YouTube e no Twitter, permitindo ao público comentar e votar nos modelos inscritos.

A rica integração de mídia de RP paga, própria, conquistada e compartilhada produziu os resultados desejados. Em apenas duas semanas, a Wrangler recebeu 50 vídeos. O modelo vencedor será vendido no site Wrangler.com, como o primeiro da linha NextBlue. E, além do novo modelo, a Wrangler fechou um acordo com 19 jovens estilistas que vão escrever para o site da NextBlue, conseguiu 5 mil novos clientes para seu banco de dados de e-mails e contou com mais de 80 mil visualizações dos vídeos finalistas. "O coração do projeto [de RP] NextBlue era a colaboração de marca com os consumidores", diz um executivo de comunicação de marketing da Wrangler. "As mídias sociais têm o caimento perfeito para [isso]."

Como acontece com as outras ferramentas de promoção, ao considerar quando e como usar produtos de relações públicas, a gerência deve estabelecer os objetivos de RP, escolher as mensagens e os veículos, implementar o plano e avaliar os resultados. As relações públicas da empresa devem ser combinadas, com harmonia, às outras atividades promocionais que fazem parte do esforço geral de comunicação integrada de marketing.

502 Parte 3 | Elaboração de uma estratégia e de um mix voltados para o cliente

Revisão dos conceitos

Revisão dos **objetivos** e **termos-chave**

○ Revisão dos objetivos

As empresas devem fazer mais do que fabricar um bom produto — elas devem informar os consumidores sobre os benefícios do produto e posicioná-lo cuidadosamente na mente deles. Para isso, elas precisam dominar a *propaganda* e as *relações públicas*.

Objetivo 1 ▶ **Definir o papel da propaganda no mix de promoção (p. 480-481)**

A *propaganda* — o uso de mídia paga por uma empresa vendedora para informar, persuadir e lembrar os consumidores de seus produtos ou de sua organização — é uma importante ferramenta de promoção para comunicar o valor que as empresas criam para seus clientes.

As empresas norte-americanas gastam mais de 163 bilhões de dólares por ano em propaganda, e os gastos mundiais superam os 450 bilhões. A propaganda assume muitas formas e tem muitos usos. Embora seja mais utilizada por empresas comerciais, a propaganda também é usada por uma série de organizações sem fins lucrativos, profissionais liberais e órgãos sociais, para divulgar suas causas a diversos públicos-alvo. As *relações públicas* — obtenção de publicidade favorável e criação de imagem corporativa positiva — é a menos utilizada das principais ferramentas de promoção, embora tenha grande potencial para construir conscientização e preferência do consumidor.

Objetivo 2 ▶ **Descrever as principais decisões envolvidas no desenvolvimento de um programa de propaganda (p. 481-497)**

O processo de *tomada de decisões de propaganda* envolve definir objetivos, orçamento, mensagem e mídia e, por fim, avaliar os resultados. Os anunciantes devem estabelecer *objetivos* claros ligados ao público-alvo, à tarefa e ao timing, independentemente de o objetivo da campanha ser informar, persuadir ou lembrar os compradores. A meta da propaganda é conduzir os consumidores ao longo dos estágios de disposição de compra discutidos no Capítulo 14. Algumas campanhas são elaboradas para incitar as pessoas à ação imediata. Entretanto, muitos outros anúncios vistos hoje em dia têm como foco construir ou fortalecer relacionamentos de longo prazo com o cliente. O *orçamento* de propaganda depende de uma série de fatores. Não importa qual é o método utilizado: definir o orçamento de propaganda não é uma tarefa fácil.

A estratégia de propaganda consiste em dois elementos principais: a criação de *mensagens* e a seleção da *mídia*. A decisão de *mensagem* exige o planejamento da estratégia de mensagem e a execução eficiente dessa estratégia. Boas mensagens publicitárias são especialmente importantes no ambiente caro e saturado da propaganda de hoje. Só para atrair e reter a atenção, as mensagens hoje em dia precisam ser mais bem planejadas, mais criativas, divertidas e gratificantes para os consumidores. Na verdade, muitas empresas

atualmente estão adotando uma nova fusão de propaganda e entretenimento, chamada de *Madison & Vine*. A decisão de *mídia* envolve a definição das metas de alcance, frequência e impacto; a seleção dos principais tipos de mídia; a escolha dos veículos de mídia; e a decisão do timing da mídia. As decisões de mensagem e mídia devem ser muito bem coordenadas para que a campanha tenha o máximo de eficácia.

Para completar, a *avaliação* requer a análise dos efeitos de comunicação e sobre as vendas antes, durante e depois da veiculação da campanha. A contabilização da propaganda se tornou uma questão importante para a maioria das empresas. Cada vez mais, a alta administração está perguntando: "Que retorno estamos obtendo de nosso investimento em propaganda?" e "Como sabemos se estamos gastando a quantia certa?" Outras importantes questões envolvendo a propaganda são: a *organização* para a propaganda e a abordagem das complexidades ligadas à propaganda internacional.

Objetivo 3 ▶ **Definir o papel das relações públicas no mix de promoção (p. 497-499)**

As *relações públicas* — obtenção de publicidade favorável e criação de imagem corporativa positiva — são a menos utilizada das principais ferramentas de promoção, embora tenha grande potencial para construir conscientização e preferência do consumidor. As relações públicas são usadas para promover produtos, pessoas, lugares, ideias, atividades, organizações e até mesmo países. As empresas utilizam as relações públicas para construir um bom relacionamento com consumidores, investidores, a mídia e suas comunidades. As atividades de RP podem causar um grande impacto sobre a conscientização do público a um custo muito mais baixo do que o da propaganda. Apesar de ainda ficarem com uma parte pequena do orçamento geral de marketing da maioria das empresas, as relações públicas estão exercendo um papel cada vez mais importante de construção da marca. Na era digital, as linhas que separam a propaganda das relações públicas estão cada vez mais e mais embaralhadas.

Objetivo 4 ▶ **Explicar como as empresas utilizam as relações públicas para se comunicar com seus públicos (p. 499-501)**

As empresas utilizam as relações públicas para se comunicar com seus públicos definindo os objetivos de RP, escolhendo as mensagens e os veículos, implementando o plano e avaliando os resultados. Para atingir essas metas, os profissionais de RP usam diversas ferramentas, como *notícias*, *palestras* e *eventos especiais*. Eles também preparam *materiais escritos, audiovisuais* e *de identidade corporativa*, além de investirem dinheiro e tempo em *atividades ligadas a serviços de utilidade pública*. A internet está se tornando um canal de RP cada vez mais importante, à medida que sites, blogs e redes sociais oferecem novas formas interessantes de atingir mais pessoas.

Capítulo 15 | Propaganda e relações públicas 503

⊙ Termos-chave

Objetivo 1
Propaganda (p. 480)

Objetivo 2
Agência de propaganda (p. 496)
Conceito de criação (p. 487)

Estilo de execução (p. 487)
Estratégia de propaganda (p. 484)
Madison & Vine (p. 485)
Mídia de propaganda (p. 491)
Objetivo da propaganda (p. 481)

Orçamento de propaganda (p. 483)
Retorno do orçamento em propaganda (p. 495)

Objetivo 3
Relações públicas (RP) (p. 497)

Discussão e pensamento crítico

⊙ Questões para discussão

1. Descreva as decisões que os gerentes de marketing precisam tomar ao desenvolver um programa de propaganda.
2. Por que é importante que os departamentos de mídia e criação trabalhem em parceria?
3. Analise as características que os apelos da propaganda devem possuir para serem eficazes.
4. Quais são as vantagens e as desvantagens da padronização de propagandas internacionais? Como as empresas lidam com as complexidades desse tipo de propaganda?
5. Quais são as funções e o papel das relações públicas em uma organização?
6. Analise as ferramentas utilizadas pelos profissionais de RP. Para uma empresa, as atividades de relações públicas representam uma promoção gratuita?

⊙ Atividades de pensamento crítico

1. A Public Relations Society of America (Sociedade de Relações Públicas dos Estados Unidos) oferece as melhores campanhas de RP o prêmio Silver Anvil. Visite o site <www.prsa.org/Awards/Search> e analise os diversos casos de campanhas que receberam o prêmio. O que a área das relações públicas parece abranger? Redija um relatório sobre uma das campanhas premiadas, concentrando-se nas atividades relacionadas ao marketing.

Aplicações e casos

⊙ Foco na tecnologia   Twitter: amigo ou inimigo da imprensa?

Visite qualquer site de um veículo de imprensa e você verá os conhecidos ícones do Facebook e do Twitter. A mídia de notícias tradicional migrou para versões on-line e foi além, por meio da mídia social. Mas, para muitas pessoas, a mídia social se tornou a principal fonte de notícias. Em um estudo, 60% dos entrevistados indicaram o Facebook como sua principal fonte de notícias, e 20% deles disseram usar o Twitter para saber o que está acontecendo no mundo. O Twitter pode ter uma vantagem crescente, tendo em vista a natureza dos curtos tuítes e a rapidez com que eles se espalham. A maioria dos veículos de imprensa está no Twitter, promovendo seu conteúdo e direcionando o público para seu site. Mas o Twitter descobriu uma maneira de ganhar dinheiro por meio da propaganda e está contratando profissionais com perfil editorial para produzir e gerenciar conteúdo. Ao que parece, o Twitter está se movimentando para deixar de ser apenas uma plataforma de mídia e se tornar uma entidade de mídia, o que preocupa os veículos de imprensa tradicionais. O Twitter tem sido um parceiro da mídia tradicional, mas agora parece que está caminhando para se tornar um concorrente. A NASCAR e o Olympics Hub, produtos editoriais do Twitter, representam apenas o começo. Parte do sucesso do Twitter se deve ao relacionamento que ele desenvolveu com os veículos de imprensa. Hoje, contudo, ele está construindo uma unidades de negócios de mídia digital com base no conteúdo oferecido por seus parceiros de imprensa, bem como por informações de pessoas que estão exatamente onde as notícias estão acontecendo.

1. Explique como o Twitter ganha dinheiro com propaganda. Encontre exemplos de empresas que utilizam o Twitter como ferramenta de promoção.
2. Como os gastos com propaganda em mídia social se comparam aos gastos com propaganda em mídia de

massa tradicional? Até que ponto é provável que o Twitter se torne uma entidade de mídia, em vez de uma plataforma de mídia, e quais as implicações disso para os anunciantes?

○ Foco na ética   Não diga isso!

Se você gostar de um restaurante... Vá até o Yelp e comente! Se não gostar... Também vá até o Yelp e comente! O Yelp é um guia on-line que posta as análises dos clientes referentes a negócios locais, como restaurantes, spas e até mesmo médicos. Os negócios são classificados de acordo com as análises postadas sobre eles, com cinco estrelas sendo a melhor classificação. Apesar de quase 60% das análises ter quatro ou cinco estrelas, as outras são menos positivas. Análises negativas podem ser o beijo da morte para um pequeno negócio. As empresas não inserem informações no site da Yelp — mas algumas o fazem. Isso está criando um problema para muitas organizações. Alguns clientes pedem algo em troca para postar uma análise positiva ou, o que é pior, para não postar uma análise negativa. O dono de um restaurante afirmou que um cliente ameaçou postar uma análise "severa" por, supostamente, ter passado mal depois de ter comido no restaurante, e disse que só não faria isso se recebesse um vale de 100 dólares. Essa situação não é muito diferente daquela em que clientes antiéticos colocam cacos de vidro ou uma barata morta no prato e exigem uma refeição grátis (depois de, convenientemente, já terem terminado de comer). A maioria dos restaurantes acaba cedendo para evitar uma cena. Mas uma análise ruim no Yelp ou em outros sites é mais nefasta, com o boca a boca negativo alcançando grandes distâncias e tendo consequências duradouras. Alguns profissionais da área médica têm ido bastante longe, ao exigir que novos pacientes assinem um termo de antidifamação, chamado "mordaça médica", antes de receber tratamento. Esses termos tentam evitar que os pacientes postem análises negativas on-line e, muitas vezes, incluem cláusulas de cessão de direitos sobre quaisquer análises postadas, em um esforço para conseguir remover com mais facilidade conteúdos negativos dos sites de fazem classificação. Alguns sites, como o Angie's List, apontam médicos que exigem esses termos e um estado norte-americano — Michigan — aprovou um projeto de lei que os considera ilegais.

1. Visite o Yelp e outros sites, como o Angie's List, o RateMDS.com e o Rate My Professor. Existem limites acerca do que as pessoas que enviam suas análises podem dizer nesses sites? Elas devem ter limites?

2. Aponte e analise argumentos a favor e contra o direito dos médicos de exigir termos antidifamação. Em sua opinião, como os médicos deveriam lidar com situação?

○ Foco nos números   C3, CPM e CPP

Nos Estados Unidos, os índices de audiência da Nielsen são muito importantes tanto para os anunciantes como para as emissoras, uma vez que o custo do tempo de propaganda na televisão é baseado nesses índices. O índice de audiência de um programa consiste no número de domicílios, dentro da amostra da Nielsen, que está sintonizado nesse programa dividido pela quantidade total de domicílios que possuem TV — nos Estados Unidos, são 115 milhões de lares. Um ponto de audiência representa 1% do mercado de TV. Logo, um ponto equivale a 1,15 milhão de domicílios. Os índices de audiência da TV da Nielsen são chamados de C3 e medem o número de telespectadores que assistem aos comerciais no momento em que são veiculados ou os veem gravados, até três dias da exibição. Uma medição comum da eficácia da propaganda é o custo por mil (CPM), que representa o custo do anúncio por mil contatos potenciais de público. Os anunciante também avaliam o custo por ponto de audiência (CPP), dividindo o custo do anúncio pelo índice de audiência. Esses números são utilizados para mensurar a eficácia da compra de um espaço na mídia. Use os preços médios e as informações sobre os índices de audiência a seguir, que foram utilizados em um esforço de pré-venda de propaganda na temporada 2012-2013 da televisão, para responder às perguntas.

Programa	Custo por 30 segundos (US$)	Índice C3
Sunday night football	$ 425.000	11,8
American idol	$ 475.000	9,0
Grey's anatomy	$ 225.000	5,3
Two and a half men	$ 215.000	6,0
The vampire diaries	$ 75.000	1,2

1. Espera-se que quantos domicílios assistam a cada um dos programas?

2. Calcule o custo por mil (CPM) e o custo por ponto de audiência (CPP) de cada programa. Como os anunciantes devem utilizar essas medidas ao planejar a compra de espaço na mídia televisiva?

○ Vídeo empresarial   E*trade

O Super Bowl XXXIV, o primeiro do novo milênio, ficou conhecido como o "Ponto-com Bowl", por conta do grande número de empresas baseadas na Internet que investiram, em média, 2,2 milhões de dólares por 30 segundos de exibição de anúncio. Hoje, a maioria das empresas que fizeram parte dos dias de glória das ponto-com já não existe mais. Mas uma queridinha dessa época, a E*trade, ainda está por aí, como uma das poucas sobreviventes. Apesar de a E*trade ter enfrentado desafios desde a virada do século, ela também se tornou lucrativa. A propaganda no Super Bowl não deu muito certo para todas as empresas. Mas, para a E*trade, os anúncios no grande jogo fizeram parte de um esforço de propaganda mais amplo, que desempenhou um papel fundamental em sua sobrevivência. Embora a E*trade tenha alterado suas estratégias

Capítulo 15 | Propaganda e relações públicas **505**

de mix de marketing para se adaptar às mudanças no ambiente de marketing, ela continua a investir no Super Bowl como um veículo de propaganda. Nesse trecho de vídeo, a E*trade fala sobre sua estratégia de propaganda, além de apontar as vantagens e as desvantagens de anunciar no Super Bowl.

Após assistir ao vídeo que apresenta a E*trade, responda às seguintes perguntas:

1. Qual foi o papel da propaganda na E*trade?
2. Quais fatores influenciaram a decisão da E*trade de anunciar no Super Bowl?
3. Analise os mais recentes anúncios da E*trade. A empresa ainda obtém retorno sobre o dinheiro que investe em propaganda no Super Bowl? Justifique sua resposta.

↻ Caso empresarial O Super Bowl: mais do que apenas um evento de propaganda

Todos os anos na época do Super Bowl, esquenta o debate entre profissionais da propaganda e especialistas da imprensa. No centro da discussão reside uma importante questão: o custo de se investir em propaganda no Super Bowl vale a pena? No ano passado, os principais anunciantes desembolsaram uma média de 3,5 milhões de dólares por 30 segundos de comercial — o que representa 117 mil dólares por segundo! E isso só para a transmissão. Junte a esse valor os custos da produção da propaganda — que ficam em uma média de 2 a 3 milhões por comercial exibido — e veicular um único anúncio no Super Bowl se torna algo extremamente caro. Entre outros pontos, aqueles que são contra anunciar no Super Bowl afirmam que, com um custo tão alto, não há nenhuma esperança plausível de se obter um retorno do investimento na propaganda.

Mas aqueles que apoiam a propaganda no Super Bowl têm muitas evidências a seu favor. Para começar, o grande jogo é sempre o evento mais assistido do ano. No ano passado, o Super Bowl contou com mais de 111,3 milhões de telespectadores, quebrando o recorde do evento anterior e se tornando o programa mais assistido da história. Além disso, em números absolutos de telespectadores, o Super Bowl é o único programa de TV em que os anúncios rendem tanta audiência quanto o programa em si — ou até mais. Com base nisso, um recente estudo concluiu que, para empresas de produtos de consumo embalados, o retorno do investimento (ROI) em um único anúncio do Super Bowl é equivalente ao do investimento em 250 anúncios regulares na televisão.

Embora não haja uma resposta fácil para a questão do valor do Super Bowl como local para anunciar, os recentes debates deixaram de lado um ponto fundamental, que tem evoluído nos últimos anos. Hoje em dia, o Super Bowl é apenas uma porta de entrada para algo muito maior. Antes de o jogo começar e muito tempo depois de ele ter terminado, críticos do setor de propaganda, especialistas da imprensa e consumidores veem e analisam os comerciais, fazem especulações e classificam os anúncios. De acordo com essa perspectiva, os anunciantes não criam mais anúncios que serão veiculados uma vez por 30 segundos. Em vez disso, eles criam uma campanha mais ampla, que gira em torno do anúncio no Super Bowl, com estratégias que incluem táticas antes, durante e depois do jogo.

ANTES DO JOGO

Durante muitos anos, os anunciantes levaram em conta o potencial para burburinho tardio em torno dos anúncios depois do Super Bowl. Quando os vídeos na Internet se tornaram algo comum, o foco passou a ser criar um anúncio com potencial para se transformar em viral. Mas, nos últimos anos, a mídia social e as comunicações móveis mudaram novamente o jogo. A regra anterior consistia em gerar expectativa pelos anúncios mantendo-os em segredo e revelando-os apenas durante o Super Bowl. Hoje em dia, entretanto, muitos anunciantes tentam gerar entusiasmo antes do jogo acontecer, plantando informações sobre o anúncio, distribuindo tearsers ou, até mesmo, disponibilizando o anúncio on-line — essencialmente, eles dão início às conversas tardias antes do jogo.

Um pouco antes do Super Bowl de 2012, referindo-se a essa tendência, um profissional responsável pela compra de espaço na mídia disse: "Esse é o primeiro Super Bowl em que a mídia social é parte integral dos planos das empresas", sugerindo que isso está acontecendo porque as organizações perceberam que é possível obter mais retorno sobre o dinheiro investido. E não se trata de uma tendência pequena. Quase metade dos 55 anúncios que foram ao ar no Super Bowl de 2012 estava disponível on-line, em um formato ou outro, antes do grande jogo. "Muitas pessoas estão lançando os comerciais com antecedência para gerar especulação", diz uma analista de mídia.

Apesar de todos os diferentes tipos de empresa terem disponibilizado prévias de seus anúncios, essa técnica foi especialmente utilizada pelos fabricantes de automóveis, na esperança de se destacar em meio a uma saturação de 11 comerciais de marcas de carros no Super Bowl. Em 2012, a Chevrolet começou os trabalhos meses antes do grande jogo, em um esforço para conquistar uma parte do eterno burburinho criado pela Doritos, com seus anúncios gerados pelo consumidor. Muito parecido com o concurso anual "Arrebente no desafio do Super Bowl" da Doritos, a competição "Rota 66" da Chevrolet atraiu inscrições com um prêmio em dinheiro e um espaço para o anúncio ir ao ar durante o Super Bowl. O anúncio vencedor para o Camaro da Chevrolet, intitulado "Graduado feliz", foi o primeiro a ser exibido on-line, 17 dias antes do jogo.

A Kia Motors divulgou uma prévia que também foi claramente estratégica. Para começar, a empresa soltou um release descrevendo seu anúncio de 60 segundos no Super Bowl, intitulado "Dirija o sonho". Depois, nove dias antes do jogo, a Kia mostrou, em 18 mil salas de cinemas espalhadas pelos Estados Unidos, um teaser de 15 segundos do anúncio, mostrando a supermodelo Adriana Lima balançando uma bandeira quadriculada em câmera lenta e a frase "Vejo você domingo". Seis dias depois, o anúncio completo foi mostrado nas mesmas salas de cinema, repleto de todos os elementos possíveis para garantir que qualquer telespectador do Super Bowl ficasse satisfeito: "Uma mulher salpicada com pó mágico, um homem salpicado com mais pós mágicos ainda, um príncipe encantado, Mötley Crüe, Adriana Lima, Chuck Liddell da UFC, o campeão de rodeios Judd Leffew [montado em um rinoceronte gigan-

506 Parte 3 | Elaboração de uma estratégia e de um mix voltados para o cliente

te], uma 'sequência de sonho radical', milhares de fãs vestindo biquíni, rajadas de fogo e fogos de artifício, uma dupla de lenhadores serrando um sanduíche enorme e o carro Snow White Pearl Optima Limited".

Esses esforços para gerar burburinho antes do jogo compensaram? A General Sentiment, uma empresa que analisa a mídia social, parece achar que sim. Ela desenvolveu uma métrica que chama de Valor Médio — basicamente, uma medida do impacto no consumidor e de sua conscientização que mostra quais anunciantes do Super Bowl estão obtendo mais retorno sobre o dinheiro investido antes do jogo. Segundo a General Sentiment, vários anunciantes tiveram um bom retorno do seu investimento em termos de mais menções na mídia social e de receita real gerada antes mesmo de a partida acontecer. Entre os anunciantes que obtiveram o maior retorno estão a Kia, a Volkswagen, a Honda, a Coca-Cola, a Doritos, a Samsung e a Dannon, pela primeira vez no Super Bowl.

DURANTE O JOGO

Além dos acontecimentos que antecedem os jogos, as empresas estão levando em conta o potencial para aumentar a eficácia de seus anúncios no Super Bowl, envolvendo os telespectadores durante a partida. A tendência da "visualização em uma segunda tela" — por meio do uso de um notebook ou de dispositivos móveis enquanto assiste à TV — está explodindo. Um recente levantamento da Nielsen revelou que, em um período de 30 dias, 88% das pessoas que têm tablet e 86% daquelas que possuem um smartphone tinham usado seu dispositivo móvel enquanto assistiam à televisão — e esses números são corroborados pelo nível de atividade no Twitter no Super Bowl de 2012. Durante o jogo, foram registrados milhares de tuítes por segundo (TPS). Os momentos de maior atividade se deram no final do jogo entre o Giants e o Patriots (12.223 TPS) e na apresentação da Madonna, durante o intervalo (10.245 TPS) — esses números representam o segundo e o terceiro lugares da lista de mais alto nível de atividade do Twitter de todos os tempos.

Além de seus esforços pré-jogo, a Chevrolet buscou maximizar o nível de envolvimento com os cinco anúncios que veiculou no Super Bowl, com o primeiro aplicativo desenvolvido para ser usado durante o jogo. O aplicativo permitia aos usuários acessarem curiosidades sobre o Super Bowl, interagirem uns com os outros via Twitter, participarem de pesquisas e, possivelmente, ganharem um dos 20 carros que a Chevrolet estava oferecendo, bem como milhares de outros prêmios de empresas como Bridgestone, Motorola, NFLShop.com, Papa Johns e Sirius XM Radio. "Essa é a primeira vez que uma empresa trabalha com um aplicativo em uma escala tão grande, o que vai intensificar a experiência de assistir ao jogo e ajudar as pessoas a conversar on-line sobre o Super Bowl", disse Joel Ewanick, CMO global da General Motors. "Esse aplicativo leva a interatividade para um outro nível, em um dos mais importantes dias para a audiência na televisão." Até a hora do jogo, cerca de 725 mil pessoas tinham baixado o aplicativo. Tudo isso foi parte da meta geral da GM: conquistar 1,5 bilhão de impressões de marca antes, durante e após o jogo.

Mas a Chevrolet não foi a única empresa a testar novas técnicas para voltar a atenção das pessoas para sua marca durante o jogo. Calculando que 60% dos telespectadores do Super Bowl estariam com um dispositivo móvel durante

a transmissão, a Coca-Cola veiculou uma transmissão simultânea, ao vivo e feita em animação, que mostrava os ursos-polares da marca como mandantes em seu próprio jogo de Super Bowl. Chamado de "Polar Bowl", o jogo trazia os ursos-polares e seus visitantes do ártico que reagiam, em tempo real, ao jogo, bem como a anúncios, tuítes e mensagens pelo Facebook.

Os representantes da Coca-Cola disseram que a resposta excedeu em muito suas expectativas. Na hora do jogo, o número de fãs que tinham confirmado presença no evento do Facebook era 15 vezes maior do que a meta da empresa. Isso levou o rei dos refrigerantes a aumentar a capacidade de seu servidor para acomodar até 300 mil visualizações simultâneas, estimando que cada pessoa assistiria, em média, a 2,5 minutos de partida. Para caso fosse necessário, a Coca-Cola tinha capacidade de servidor em excesso esperando para ser utilizada.

No terceiro tempo, o número de espectadores atingiu o pico de 600 mil. No total, mais de 9 milhões de pessoas assistiram ao Polar Bowl, em uma média de 28 minutos cada. Além disso, a Coca-Cola viu seu número de seguidores no Twitter crescer estrondosos 38% durante o quarto tempo do jogo. Referindo-se ao Polar Bowl, Jennifer Healan, diretora de conteúdo de marketing integrado da Coca-Cola, disse que o experimento está redefinindo o marketing na empresa. "Trata-se de uma conversa, e não de um monólogo" o que a Coca-Cola está se empenhando para ter com seus consumidores.

DEPOIS DO JOGO

Para os anunciantes do Super Bowl, depois que o jogo termina, o evento da propaganda ainda está com tudo. O tradicional burburinho resulta das várias listas de "melhores e piores" geradas por jornalistas e blogueiros. E, embora os "vencedores" e os "perdedores" variem de lista para lista, fica claro que todos os anúncios que vão ao ar no Super Bowl obtêm burburinho pós-jogo de visualizações e discussões on-line. Alguns exemplos ilustram o tremendo impacto que esse tipo de burburinho pode causar.

A Chrysler deu início à sua campanha "Importado de Detroit" durante o Super Bowl 2011, com uma apresentação épica de dois minutos do rapper Eminem e uma renascida Detroit como pano de fundo. Para 2012, a Chrysler produziu uma sequência de dois minutos intitulada "É hora do intervalo nos Estados Unidos", um tributo patriótico ao espírito do país estrelado por Clint Eastwood. Ambos os anúncios atingiram a mais alta colocação em termos de burburinho pré-jogo e classificações, discussões e visualizações pós-jogo. Eles também serviram de suporte para uma série de anúncios, como parte de uma campanha contínua. Após 16 meses do lançamento da campanha, a Chrysler ganhou o Grand Effie — um importante prêmio considerado o Oscar do setor de propaganda. Segundo um membro do júri, "[a campanha] 'Importado de Detroit' foi a vencedora do Grand Effie porque eles venderam o produto, a categoria e a cidade".

A Volkswagen também teve uma excelente participação no Super Bowl 2001, com seu anúncio "A força" — um comercial de 60 segundos que traz um Darth Vader em miniatura, o qual se surpreende quando dá vida a um Passat. No jogo de 2012, a Volkswagen buscou estender seu sucesso. Um teaser on-line disponibilizado antes do jogo, intitulado "The bark side" (O lado do latido), mostra um coral de cachorros

Capítulo 15 | Propaganda e relações públicas **507**

ladrando a "Marcha imperial". Dando continuidade ao tema *Star Wars*, o anúncio da Volkswagen no Super Bowl 2012, "O cachorro contra-ataca", foi um dos mais vistos e o favorito na maioria das listas. Mas, talvez no maior indicador do valor pós-jogo dos anúncios do Super Bowl, "A força" encerrou o ano de 2011 como o mais visto vídeo viral relacionado a carros, com mais de 63 milhões visualizações, além de ter sido um dos anúncios mais comentados durante a temporada 2012 do Super Bowl. Em janeiro de 2012, a Volkswagen reportou um aumento de 48% em suas vendas nos Estados Unidos, seu melhor resultado desde 1974. Apesar de ser impossível dizer até que ponto os anúncios no Super Bowl contribuíram para o sucesso da Volkswagen, a empresa está confiante de que seu investimento no grande jogo mais do que se pagou.

Todos os esforços e sucessos dos mais recentes patrocinadores do Super Bowl são numerosos demais para serem mencionados aqui. E a questão não reside em verificar se todas as práticas usadas por cada anunciante funcionaram perfeitamente bem. Ela reside no fato de que hoje, mais do que nunca, a propaganda no Super Bowl não tem a ver com a obtenção de uma grande exposição por meio da veiculação de um anúncio ou um conjunto deles em um evento televisionado, com uma enorme audiência. Em 2012, mais do que nos anos anteriores, o público viu, comentou, compartilhou, clicou e baixou os anunciantes do Super Bowl, bem como respondeu a eles, antes, durante e depois do jogo. Para obter o máximo de retorno possível de seus investimentos, as empresas precisam ter um programa abrangente, que se beneficia da ampla temporada do Super Bowl.

QUESTÕES PARA DISCUSSÃO

1. Quais fatores desempenharam o mais importante papel na mudança da dinâmica da propaganda no Super Bowl nos últimos anos?

2. Analise os conceitos de alcance, frequência e impacto sob a ótica do Super Bowl. De que maneira as considerações e o planejamento desses conceitos diferem para o Super Bowl e outros eventos televisionados?

3. Ao avaliar o retorno do investimento, quais objetivos os anunciantes do Super Bowl devem levar em conta?

4. Escolha uma marca que não tenha veiculado um anúncio no Super Bowl recentemente. Elabore uma campanha eficaz para ela, com táticas promocionais voltadas para antes, durante e depois do jogo.

Fontes: Bruce Horovitz, Laura Petrecca e Gary Strauss, "Super Bowl ad meter winner: score one for the Doritos baby", *USA Today*, 8 fev. 2012, <www.usatoday.com/money/advertising/story/2012-02-07/usa-today-facebook-super-bowl-ad-meter-winner/53004032/1>; "Play to win with interactive Chevy app for Super Bowl XLVI", 19 jan. 2012, <www.media.gm.com>; Todd Cunningham, "Super Bowl Ads: which ones generated the most pre-game buzz?", *Reuters*, 5 fev. 2012, <www.reuters.com/article/2012/02/05/idUS138752904220120205>; Jonathan Welch, "Volkswagen Super Bowl sequel: 'Dog Strikes Back'", *Wall Street Journal*, 1 fev. 2012, <http://blogs.wsj.com/driversseat/2012/02/01/volkswagen-super-bowl-sequel-dog-strikes-backvideo/>; Paul A. Eisenstein, "Chrysler wins big for 'Imported from Detroit' campaign", *Detroit Bureau*, 25 maio 2012, <www.thedetroitbureau.com/2012/05/chrysler-wins-big-for-imported-from-detroit-campaign/>; Natalie Zmuda, "Coca-Cola Polar Bowl engaged 9 million people", *Advertising Age*, 9 maio 2012, <http://adage.com/print/234645/>.

NOTAS

1. Baseado em informações encontradas em Terry Golesworthy, "You talkin' to me?", *Customerrespect.com*, 10 maio 2012, <http://customerrespect.com/blog/2012/05/10/you-talkin-to-me-you-talkin-to-me-you-talkin-tome/>; Judann Pollack, "In the insurance ad war, consumers ask: who's who?", *Advertising Age*, 21 fev. 2011, <http://adage.com/print/148994/>; E. J. Schultz, "Cheat Sheet: facts and figures behind the faces in those car insurance ads", *Advertising Age*, 21 fev. 2011, <http://adage.com/print/148986/>; E. J. Schultz, "How the insurance industry got into a $4 billion ad brawl", *Advertising Age*, 21 fev. 2011, <http://adage.com/print/148992/>; "GEICO ad spending far outstrips its peers — study", *Reuters*, 22 jun. 2012; propagandas e outras informações encontradas em <www.allstate.com/mayhem-is-everywhere.aspx>. Acesso em: out. 2012. Allstate® é uma marca registrada da Allstate Insurance Company.

2. "Advertising spending", *Advertising Age*, 19 dez. 2011, p. 4; Ryan Joe, "North American advertising spend to increase in 2012", *Direct Marketing News*, 14 mar. 2012, <www.dmnews.com/north-american-advertising-spend-to-increase-in-2012/article/232016/>; Ryan Joe, "U.S. advertising spend increases slightly in 2011", *Direct Marketing News*, 13 mar. 2012, <www.dmnews.com/us-advertising-spend-increases-slightly-in-2011/article/231864/>.

3. Veja <http://2010.census.gov/mediacenter/paid-ad-campaign/newads/index.php?vn11>. Acesso em: jun. 2010; "100 leading national advertisers", *Advertising Age*, 20 jun. 2011, p. 10.

4. Para este e outros exemplos de propaganda comparativa, veja "Kraft, Sara Lee call truce in weiner war", *Chicago Tribune*, 8 set. 2011; "What marketers can learn from the great weiner war", *Advertising Age*, 17 ago. 2011, <http://adage.com/article/229299/>; Gabriel Beltrone, "Creatives discuss how to be provocative and effective", *Adweek*, 8 maio 2012, <www.adweek.com/print/140140/>.

5. Para mais informações sobre orçamento de propaganda, veja Ronald Lane, Karen King e Thomas Russell, *Kleppner's advertising procedure*, 18. ed. Upper Saddle River: Prentice Hall, 2011, Capítulo 6.

6. Veja Jean Halliday, "Thinking big takes Audi from obscure to awesome", *Advertising Age*, 2 fev. 2009, <http://adage.com/print?article_id=134234>; Chad Thomas e Andreas Cremer, "Audi feels a need for speed in the U.S.", *Bloomberg BusinessWeek*, 22 nov. 2010, p. 1; Tito F. Hermoso, "Watch out for Audi", *BusinessWorld*, 15 jun. 2011, p. 1; Christina Rogers, "Audi of America sees a year in 2 halves: good and better", *Automotive News*, 4 jun. 2012, p. 22.

7. "Forget the bundle, consumers have an appetite for choice", *Videomind*, 16 dez. 2011, <http://videomind.ooyala.com/blog/forget-bundle-consumers-have-appetite-choice>; "Number of magazine titles", <www.magazine.org/ASME/EDITORIAL_TRENDS/1093.aspx>. Acesso em: jul. 2012.

8. Caitlin A. Johnson, "Cutting through the advertising clutter", *CBS Sunday Morning*, 11 fev. 2009, <www.cbsnews.com/2100-3445_162-2015684.html>.

9. Steve McClellan, "4As: costs rose for spots; agency markup came down", *MediaDailyNews*, 24 dez. 2011, <www.mediapost.com/publications/article/164727/4as-costs-rose-for-spots-agencymarkup-came-down.html>; Brian Steinberg "'American Idol', NFL duke it out for priciest TV spot", *Advertising Age*,

24 out. 2011, p. 4; "Cost of average Super Bowl commercial? $3.5M", *USA Today*, 3 jan. 2012, <www.usatoday.com/sports/football/nfl/story/2012-01-03/super-bowl-ad/52360232/1>.

10. "Advertising in the U.S.: Synovate Global Survey shows Internet, innovation and online privacy a must", 3 dez. 2009, <www.synovate.com/news/article/2009/12/advertising-in-the-ussynovate-global-survey-shows-internet-innovation-and-online-privacy-a-must.html>; and "Disconnect: marketers say TV ads more effective in general, yet traditional spots 'dissatisfy'", *TVexchanger.com*, 16 fev. 2012, <www.tvexchanger.com/interactive-tv-news/disconnect-marketers-say-tv-ads-more-effective-in-generalyet-traditional-spots-dissatisfy/>.

11. Jared Sternberg, "The DVR ate my ad — a lot more people fast--forward through TV commercials than you think", *The Sternberg Report*, 5 abr. 2011, <http://thestarryeye.typepad.com/sternberg/2011/04/the-dvr-ate-my-ad-a-lot-more-people-fast-forwardthrough-commercials-than-you-think.html>; Brian Stelter, "On Sundays, the DVR runneth over", *New York Times*, 20 abr. 2012, p. C1.

12. Veja Brian Steinberg, "Why so many brands want to be on *Modern family...* And so few will", *Advertising Age*, 23 jan. 2012, p. 2+.

13. "Denny's; Jessica Biel, Maya Rudolph, and Andy Richter are some of the next to 'Open Up' in Denny's latest celebrity Web series", *Marketing Weekly News*, 28 abr. 2012, p. 594; Andrew Adam Newman, "Denny's uses Web series to speak to young adults", *New York Times*, 11 abr. 2012, p. B13.

14. Baseado em informações encontradas em Bob Garfield, "How Etsy made us rethink consumer-generated ads", *Advertising Age*, 21 set. 2009, p. 4. Veja também Benjamin Lawrence, Susan Fournier e Frederic Brunel, "Online word-of-mouth in the co-creation and dissemination of consumer-generated ads", *Boston University School of Management Research Paper Series*, 8 maio 2012, <http://papers.ssrn.com/sol3/papers.cfm?abstract_id=2052661>.

15. Michael Bourne, "Sailing the 14 Social C's", *Mullen*, 12 fev. 2012, <www.mullen.com/sailing-the-14-social-cs>.

16. Veja David Kiley, "Paying for viewers who pay attention", *BusinessWeek*, 18 maio 2009, p. 56.

17. Brian Steinberg, "Viewer-engagement rankings signal change for TV industry", *Advertising Age*, 10 maio 2010, p. 12.

18. Tavis Coburn, "Mayhem on Madison Avenue", *Fast Company*, jan. 2011, p. 110-115.

19. Joe Tripoti, "Coca-Cola marketing shifts from impressions to expressions", 27 abr. 2011, <http://blogs.hbr.org/cs/2011/04/cocacolas_marketing_shift_fro.html>; Tim Nudd, "Coca-Cola joins the revolution in a world where the mod rules", *Adweek*, 19 jun. 2012, <www.adweek.com/print/141217>.

20. Veja Jon Swartz, "Multitasking at home: Internet and TV viewing", *USA Today*, 6 jul. 2010, <www.usatoday.com>; Dan Zigmond e Horst Stipp, "Vision statement: multitaskers may be advertisers' best audience", *Harvard Business Review*, jan./fev. 2011, <http://hbr.org/2011/01/vision-statement-multitaskers-may-be-advertisersbest-audience/ar/1>; Kunur Patel, "When's prime time in mobile? Same as TV", *Advertising Age*, 5 jul. 2011, <www.adage.com/print/228536>; Mike Chapman, "Fighting for attention", *Adweek*, 6 jun. 2011, p. 14.

21. Informações sobre o custo e a circulação da *Newsweek* e da *BusinessWeek* disponíveis on-line em <http://bloombergmedia.com/pdfs/bbw_2012_rates.pdf> e <http://mediakit.newsweekdailybeast.com/pdf/2012_NW_RateCard.pdf>. Acesso em: set. 2012.

22. Veja Stuart Elliott, "Marketing budgets rise for some giants", *New York Times*, 21 fev. 2012, p. B1; "ANA 2012 recession survey shows steadfast, conservative outlook", *Association of National Advertisers*, 2 abr. 2012, <www.ana.net/content/show/id/23198>.

23. Informações sobre as receitas de agências de propaganda extraídas de "Agency report", *Advertising Age*, 30 abr. 2012, p. 14-34.

24. Adaptado de Scott Cutlip, Allen Center e Glen Broom, *Effective public relations*, 10. ed. Upper Saddle River: Prentice Hall, 2009, Capítulo 1.

25. Informações extraídas de "The heart truth: making healthy hearts fashionable", *Ogilvy Public Relations Worldwide*, <www.ogilvypr.com/en/case-study/heart-truth?page=0>, <www.goredforwomen.org/>; <www.nhlbi.nih.gov/educational/hearttruth/>; <www.nhlbi.nih.gov/educational/hearttruth/about/index.htm>. Acesso em: nov. 2012.

26. Veja Geoffrey Fowler e Ben Worthen, "Buzz powers iPad launch", *Wall Street Journal*, 2 abr. 2010; "Apple iPad sales top 2 million since launch", *Tribune-Review* (Pittsburgh), 2 jun. 2010; "PR pros must be Apple's iPad as a true game-changer", *PRweek*, maio 2010, p. 23; Yukari Iwatani Kane, "Apple's iPad 2 chalks up strong sales in weekend debut", *Wall Street Journal*, 14 mar. 2011, <http://online.wsj.com/article/SB10001424052748704027504576198832667732862.html>; "Apple launches new iPad", 7 mar. 2012, <www.apple.com/pr/library/2012/03/07Apple-Launches-NewiPad.html>.

27. Adaptado de informações encontradas em Julie Liesse, "The big idea", *Advertising Age*, 28 nov. 2011, p. C4-C6.

Parte 1 ▶ Definição de marketing e o processo de marketing (Capítulos 1-2)

Parte 2 ▶ Entendimento do mercado e dos clientes (Capítulos 3-6)

Parte 3 ▶ Elaboração de uma estratégia e de um mix voltados para o cliente (Capítulos 7-17)

Parte 4 ▶ Marketing ampliado (Capítulos 18-20)

16

Venda pessoal e promoção de vendas

Prévia do capítulo

Nos dois capítulos anteriores, vimos como o valor para o cliente é transmitido por meio da comunicação integrada de marketing (CIM) e dos dois elementos do mix de promoção: a propaganda e as relações públicas. Neste capítulo, vamos analisar outros dois elementos da CIM: a venda pessoal e a promoção de vendas. A venda pessoal é o braço interpessoal das comunicações de marketing, no qual a força de vendas interage com os clientes existentes e potenciais para construir relacionamentos e realizar vendas. A promoção de vendas consiste em incentivos de curto prazo que têm como objetivo estimular a compra ou a venda de um produto ou serviço. Enquanto lê o capítulo, lembre-se de que, apesar de ele tratar a venda pessoal e a promoção de vendas como ferramentas

independentes, elas devem ser cuidadosamente integradas com os outros elementos do mix de promoção.

Para começar, ao pensar em um vendedor ou em uma força de vendas, o que primeiro lhe vem à mente? Talvez você pense em vendedores de loja agressivos, em pessoas que ficam na TV gritando para vender ou no receptivo e estereotipado vendedor de carros usados. Mas, na verdade, esses estereótipos simplesmente não se encaixam com a maioria dos profissionais de vendas de hoje. Atualmente, os vendedores bem-sucedidos não tiram vantagem dos clientes, mas ouvem as suas necessidades e os ajudam a encontrar soluções. Considere a IBM, cuja força de vendas centrada no cliente tem sido o modelo para as vendas pessoais modernas há quase um século.

IBM: um modelo clássico para as vendas modernas centradas no cliente

Quando Thomas J. Watson Sr. se tornou presidente da jovem Computing Tabuling Recording Corporation — como a IBM era conhecida em 1915 —, as vendas eram consideradas por muitos uma profissão de reputação duvidosa. Naquela época, na cabeça de muitas pessoas, os vendedores eram homens espertos, que tinham uma conversa mole e utilizavam táticas agressivas, bem como afirmações sem embasamento, para vender qualquer coisa que, na visão deles, os fizesse ganhar dinheiro. Watson era um vendedor de coração — ele tinha começado vendendo pianos na parte de trás de uma carroça para agricultores no norte do estado de Nova York. Mas ele tinha uma visão diferente das vendas. Na época em que sua empresa foi rebatizada de IBM, em 1924, Watson já tinha colocado em prática um modelo que mudaria para sempre a forma das vendas realizadas por profissionais.

Na IBM, Watson contratou apenas os melhores graduados das oito principais universidades particulares dos Estados Unidos e insistiu para que eles usassem ternos conservadores e camisas brancas. Ele também exigiu os mais altos padrões éticos. A IBM ofereceu treinamento intensivo em vendas, que se concentrava no desenvolvimento de um profundo conhecimento da empresa e de seus clientes. Acima de tudo, Watson enfatizava: "Seja um bom ouvinte, observe, estude por meio da observação". Esse conselho se tornou a base daquilo que a empresa, mais tarde, chamou de "venda de solução". Quando Watson passou as rédeas da IBM para seu filho, na década de 1950, seus princípios de vendas inovadores estavam firmemente enraizados na cultura da empresa, e a IBM tinha se transformado no modelo para as vendas modernas centradas no cliente.

Atualmente uma empresa de 107 bilhões de dólares, a IBM sobrevive e prospera há quase 100 anos — um feito que apenas 25 empresas que constam entre as principais da *Fortune* podem reivindicar. Nesse período, *o que* a IBM vende mudou radi-

▲ Vivek Gupta se tornou o principal vendedor da IBM não apenas em setor de mais rápido crescimento (telecomunicações), mas também em seu mercado de mais rápido crescimento (a Índia). Ele fecha negócios ouvindo, observando e identificando, com paciência, como a IBM pode resolver os problemas dos clientes.

© anaymann.com. Cortesia de Vivek Gupta

calmente, indo de caixas registradoras e máquinas de escrever a mainframes e PCS, até chegar a seu complexo mix atual de hardware, software e serviços de tecnologia da informação. O que não mudou foi o modo *como* a empresa vende. Os profissionais de vendas da IBM sempre desenvolveram relacionamentos com os clientes e ofereceram soluções.

Considere o caso de Vivek Gupta, que se tornou o principal vendedor da IBM não apenas em seu setor de mais rápido crescimento (telecomunicações), mas também em seu mercado de mais rápido crescimento (a Índia). Quando Gupta começou na IBM, em 2003, seus pontos fortes e sua filosofia de vendas se encaixavam perfeitamente à empresa. A IBM tinha acabado de entrar na Índia e estava lutando para se estabelecer em um mercado em que mais de 70% das corporações são controladas por famílias, onde relacionamentos, confiança e laços familiares valem mais do que praticamente qualquer outra coisa. Além do treinamento formal ministrado pela IBM, Gupta deu início a um abrangente esforço investigativo, buscando conhecer pessoas, saber mais sobre a IBM e seus clientes e desenvolver um sólido conhecimento sobre o modo como os produtos e os serviços da empresa se encaixam às necessidades dos clientes.

Na primeira vez em que Gupta contatou a Vodafone — a empresa que domina o mercado de telefonia celular na Índia —, o diretor administrativo disse a ele: "Eu não faço negócios com a IBM e não tenho intenção de fazer". Mas o determinado Gupta seguiu em frente, procurando conhecer os principais tomadores de decisão da Vodafone e, pacientemente, ouvir, observar e identificar como a IBM poderia ajudar a Vodafone a se sair bem em seus mercados voláteis e competitivos. Gupta acabou sabendo mais sobre a Vodafone do que muitas pessoas que trabalhavam lá. Levou quase quatro anos, mas ele conseguiu fechar um negócio com a Vodafone — com a mesma pessoa que tinha jurado jamais fazer negócios com a IBM —, um enorme contrato de fornecimento de um sistema de cinco anos e 600 milhões de dólares para lidar com tudo na Vodafone, do atendimento ao cliente até o departamento de finanças da empresa. Gupta se tornou uma figura tão conhecida nos escritório da Vodafone em Mumbai que muitas pessoas ficavam surpresas ao ver que seu crachá dizia "IBM", e não "Vodafone".

Gupta se especializou em encontrar a raiz dos problemas dos clientes e resolvê-los. "Você tem que entender os pontos fracos [dos clientes]", explica Gupta. "E eles não vão dizer a você quais são." Por exemplo, quando outro grande cliente potencial disse "Obrigado, mas não queremos nada", Gupta pediu autorização para estudar, mesmo assim, os negócios do cliente potencial, sem compromisso. Conversando com os engenheiros da empresa, ele descobriu que a tecnologia de rádio de micro-ondas que eles estavam usando em suas torres de telefonia celular estavam fazendo sua rede parar de seis a sete vezes por semana, um problema bastante custoso que chateava, e muito, os clientes. Em uma segunda visita de vendas ao tomador de decisão que o havia desconsiderado anteriormente, Gupta explicou que entendia o problema de confiabilidade da rede e que a IBM tinha uma solução relativamente barata para isso. Essa visita resultou em um pequeno contrato para novos rádios de micro-ondas — nada do que se gabar. Mas, em um ano, o modesto ponto de partida tinha gerado negócios adicionais de mais de 100 milhões de dólares.

Energizado pelo sucesso, Gupta voltou seu olhar para negócios ainda maiores. Ele percebeu que muitas grandes empresas indianas de telecomunicações estavam tão ocupadas fazendo funcionar seus sistemas operacionais internos básicos que sobravam pouco dinheiro e capacidade intelectual para lidar com a estratégia, o branding e o marketing. A IBM, por sua vez, tinha toda a tecnologia e expertise necessárias para construir e manter esse tipo de sistema. E se a IBM administrasse esses sistemas internos, deixando os clientes livres para prestar atenção na estratégia e no marketing? Gupta propôs isso como a solução inovadora para a Bharti Airtel, então uma empresa recém-chegada ao setor de tecnologia sem fio da Índia. O resultado: hoje a IBM opera a maior parte das atividades operacionais internas da Bharti Airtel, enquanto a empresa indiana se concentra em cuidar de seus clientes. Em seus primeiros cinco anos, o contrato gerou a incrível cifra de 1 bilhão de dólares para a IBM. Atualmente, a Bharti Airtel é a líder do setor de tecnologia sem fio da Índia, e o contrato é um estudo de caso sobre "como fazer" nos treinamentos de vendas aplicados nos mercados emergentes da IBM.

> Nos últimos 100 anos, *o que* a IBM vende mudou radicalmente. O que não mudou foi o modo *como* a empresa vende. Os profissionais de vendas centrados nos clientes da IBM sempre desenvolveram relacionamento com eles e ofereceram soluções.

Capítulo 16 | Venda pessoal e promoção de vendas **511**

A cultura da IBM sempre impôs que seus vendedores fossem "em parte professores, em parte psicólogos e em parte simpáticos", aponta um observador da IBM. Mas o sucesso de Vivek Gupta demonstra que, para serem realmente bons em vendas hoje em dia, eles precisam ser "em parte diplomatas, em parte empreendedores e em parte inventores" — pessoas totalmente voltadas para a resolução dos problemas dos clientes. Gupta não vende apenas hardware e software da IBM: ele vende as pessoas e os sistemas que darão vida ao hardware e ao software, vende os conceitos essenciais por trás do sistema de pessoas e produtos como um todo da empresa, que vão gerar os resultados para o cliente. "Trata-se de algo radicalmente simples e, ao mesmo tempo, simplesmente radical", diz um analista. "Ele quer convencê-lo de que a IBM pode fazer seu negócio funcionar — seu negócio todo, com exceção da estratégia e do marketing — melhor do que você pode."

Assim, ao longo de 100 anos, muitas coisas mudaram na IBM, que precisou se adaptar a seu turbulento ambiente tecnológico. Mas uma coisa permaneceu constante — os vendedores da IBM ainda são inspirados pelos princípios de vendas de Watson, o fundador da empresa. Hoje, a IBM continua perguntando para os candidatos que aspiram um cargo de vendas na organização: "Você consegue vender uma solução? Você é capaz de vender uma mudança? Você pode criar valor por meio do conhecimento que tem do setor?" Vivek Gupta é pura solução. "Não me lembro de nenhum contrato em minha carreira que eu tenha proposto e não tenha conseguido fechar", diz ele. "É uma questão de tempo. Se eu for muito inteligente, posso chegar lá com rapidez. Se eu não for muito inteligente, posso precisar de mais tempo."[1]

Resumo dos objetivos

Objetivo 1
Discutir o papel dos vendedores de uma empresa na criação de valor para os clientes e na construção de um relacionamento com eles.
Vendas pessoais (p. 511-514)

Objetivo 2
Identificar e explicar as seis principais etapas no gerenciamento da força de vendas.
Gerenciamento da força de vendas (p. 514-525)

Objetivo 3
Discutir o processo de vendas pessoais, diferenciando o marketing orientado para a transação do marketing de relacionamento.
O processo de vendas pessoais (p. 525-530)

Objetivo 4
Explicar como as campanhas de promoção de vendas são desenvolvidas e implementadas.
Promoção de vendas (p. 530-536)

Neste capítulo, vamos analisar mais duas ferramentas do mix de promoções: as *vendas pessoais* e a *promoção de vendas*. As vendas pessoais consistem em interações interpessoais com clientes existentes e potenciais para realizar vendas e manter o relacionamento com o cliente. A promoção de vendas envolve a utilização de incentivos de curto prazo para incentivar a compra, o apoio ao revendedor e esforços da força de vendas.

Vendas pessoais

Robert Louis Stevenson certa vez observou que "todos vivem da venda de alguma coisa". Empresas ao redor do mundo utilizam forças de vendas para vender produtos e serviços a clientes organizacionais e consumidores finais. Mas forças de vendas também podem ser encontradas em muitos outros tipos de organização. Por exemplo, universidades usam recrutadores para atrair novos alunos, e igrejas usam comitês de evangelização para atrair novos membros. Museus e organizações artísticas utilizam captadores de recursos para contatar possíveis doadores e angariar fundos. Até os governos usam forças de vendas. O serviço de correios dos Estados Unidos, por exemplo, usa uma força de vendas para vender seus serviços de entrega rápida (Express Mail) e outros serviços a clientes corporativos. Na primeira parte deste capítulo, vamos analisar o papel das vendas pessoais na organização, as decisões de gerenciamento de vendas e o processo de venda pessoal.

Objetivo 1

◀ Discutir o papel dos vendedores de uma empresa na criação de valor para os clientes e na construção de um relacionamento com eles.

A natureza das vendas pessoais

Vendas pessoais
Apresentações pessoais feitas pela força de vendas de uma empresa com o objetivo de realizar vendas e construir relacionamento com o cliente.

As **vendas pessoais** são uma das mais antigas atividades do mundo. As pessoas que fazem vendas recebem muitos nomes, entre eles vendedores, representantes de vendas, agentes, gerentes regionais, executivos de contas, consultores de vendas e engenheiros de vendas.

As pessoas guardam muitos estereótipos dos vendedores — alguns bastante desfavoráveis. A palavra *vendedor* pode suscitar a imagem de Dwight Schrute, o obstinado vendedor de papéis da Dunder Mifflin, do seriado *The office*, a quem falta senso crítico e habilidades sociais. Ou pode trazer à mente aquelas pessoas de carne e osso que ficam gritando na TV, vendendo de tudo em infomerciais, de panos ShamWow a limpadores Swivel Sweeper, passando por seladores Flex Seal. Entretanto, a maioria dos vendedores está anos-luz à frente desses desafortunados estereótipos.

Como mostra o exemplo da IBM que abre este capítulo, na maioria dos casos, os vendedores são profissionais com alto grau de instrução e bem treinados, que agregam valor para o cliente e desenvolvem relacionamento de longo prazo com ele. Esses profissionais ouvem seus clientes, avaliam suas necessidades e organizam os esforços da empresa para resolver os problemas deles. Os melhores vendedores são aqueles que trabalham junto aos clientes para obter ganhos mútuos. Considere a Boeing, a gigante do espaço aéreo, que concorre no turbulento mercado mundial de aeronaves comerciais. É preciso mais do que uma conversa mole e um sorriso amistoso para vender aviões caros:

▲ Profissional de vendas: é preciso mais do que uma conversa mole e um sorriso amistoso para vender caros aviões. O real desafio da Boeing consiste em fechar negócios construindo — dia após dia e ano após ano — uma parceria com seus clientes.
Boeing

Vender aeronaves de alta tecnologia por 150 milhões de dólares ou mais por pedido é complexo e desafiador. Uma única grande venda para uma companhia aérea, uma empresa que faz transporte aéreo, um governo ou um cliente militar pode facilmente chegar a bilhões de dólares. Os profissionais de vendas da Boeing comandam uma grande equipe de especialistas — técnicos de vendas e de serviços, analistas financeiros, planejadores, engenheiros —, todos dedicados a encontrar maneiras de satisfazer as necessidades de um grande cliente. Do lado do cliente, o processo de compra de um lote de aeronaves envolve dezenas ou até mesmo centenas de tomadores de decisão, de todos os níveis da organização de compras, além de camadas e mais camadas de sutis e nem tão sutis influências de compra. O processo de vendas é irritantemente lento — podem transcorrer dois ou três anos desde a primeira apresentação de vendas até a data em que o negócio é fechado. Após o recebimento do pedido, os vendedores devem continuar sempre em contato com o cliente, para monitorar sua necessidade por outros equipamentos e para garantir que ele permaneça satisfeito. O real desafio consiste em fechar negócios com os clientes construindo, dia após dia e ano após ano, uma parceria, baseada em produtos superiores e em uma colaboração próxima.

Vendedor
Um indivíduo que representa uma empresa para os clientes desempenhando uma ou mais das seguintes atividades: prospectando, comunicando, vendendo, servindo, colhendo informações e construindo relacionamentos.

O termo **vendedor** abrange uma série de posições. Em um extremo, o vendedor pode ser, em grande medida, um *tirador de pedidos*, como o vendedor de uma loja de departamentos que fica atrás do balcão. No outro extremo, ele é um *gerador de pedidos* e seu trabalho exige *criatividade em vendas* e *construção de relacionamentos* com os clientes para a venda de produtos e serviços que vão de eletrodomésticos, equipamentos industriais e aviões até seguros e serviços de tecnologia da informação. Neste capítulo, vamos nos concentrar nos tipos mais criativos de vendas e no processo de construção e gerenciamento de uma força de vendas eficaz.

O papel da força de vendas

A venda pessoal constitui o braço interpessoal do mix de promoção. A propaganda consiste, em um sentido amplo, na comunicação não pessoal para grandes grupos de consumidores. A venda pessoal, por outro lado, envolve interações interpessoais entre o vendedor e clientes individuais — seja pessoalmente, por telefone, por videoconferência, por Webconferência ou por quaisquer outros meios. A venda pessoal pode ser mais efetiva do que a propaganda em situações de vendas mais complexas. O vendedor pode sondar os clientes para conhecer melhor seus problemas e, então, adaptar a oferta de marketing e a apresentação para que se ajustem às necessidades especiais de cada cliente.

O papel da venda pessoal varia de empresa para empresa. Algumas delas não têm vendedor nenhum — por exemplo, as empresas que vendem apenas por catálogo ou on-line ou as que vendem por meio de representantes dos fabricantes, agentes de vendas ou corretores. Na maior parte das empresas, contudo, a força de vendas desempenha um papel importante. No caso das empresas que vendem produtos e serviços organizacionais, como a IBM, a DuPont e a Boeing, os vendedores trabalham diretamente com os clientes. Em empresas de produtos de consumo, como a Nestlé e a Nike, a força de vendas exerce um importante papel nos bastidores. Ela trabalha com atacadistas e varejistas para obter seu apoio e ajudá-los a ser mais eficazes na venda dos produtos da empresa aos compradores finais.

Elo entre a empresa e seus clientes

A força de vendas é um elo fundamental entre a empresa e seus clientes. Em muitos casos, os vendedores têm dois "chefes" — a empresa vendedora e a compradora. Para começar, eles *representam a empresa vendedora junto aos clientes*. Descobrem e cativam novos clientes e transmitem informações sobre os produtos e serviços da empresa. Além disso, vendem produtos abordando os clientes, apresentando seu portfólio, respondendo a objeções, negociando preços e condições, fechando vendas e atendendo às contas.

Ao mesmo tempo, os vendedores *representam os clientes junto à empresa*, agindo na organização como defensores dos interesses dos clientes e gerenciando o relacionamento entre comprador e vendedor. Eles retransmitem as preocupações dos clientes com relação aos produtos da empresa e atuam junto àqueles que podem lidar com elas. Também informam-se sobre as necessidades dos clientes e trabalham com outras pessoas da empresa, do marketing e de outros departamentos, para desenvolver mais valor para o cliente.

▲ Os vendedores são um elo entre a empresa e seus clientes. Para muitos clientes, o vendedor é a empresa.
Digital Vision

De fato, para muitos clientes, o vendedor é a empresa — a única manifestação tangível da empresa que eles veem. Consequentemente, os clientes podem se tornar fiéis ao vendedor, assim como à empresa e ao produto que ele representa. Esse conceito de *fidelidade a partir do vendedor* confere ainda mais importância às habilidades de construção de relacionamento com o cliente dos profissionais de vendas. Por outro lado, um relacionamento ruim com o vendedor provavelmente resultará em um relacionamento ruim com a empresa e o produto.

Tendo em vista seu papel de servir como elo entre a empresa e seus clientes, a força de vendas deve ser fortemente voltada para a solução dos problemas dos clientes. Na verdade, esse foco é fundamental não apenas para a força de vendas, mas para a organização inteira.

Coordenação do marketing e das vendas

O ideal é que a força de vendas e as outras funções do marketing (pessoal responsável pelo planejamento de marketing, gerentes de marca e pesquisadores) trabalhem juntas para, em parceria, criarem valor para os clientes. Contudo, infelizmente, algumas empresas ainda tratam as vendas e o marketing como funções separadas. Quando isso acontece, as equipes de vendas e marketing podem não se dar bem. Nesse caso, quando as coisas estão indo mal, os profissionais de marketing culpam a força de vendas pela execução ruim daquilo que, na opinião deles, é uma excelente estratégia. A força de vendas, por sua vez, culpa os profissionais de marketing por não saberem, de verdade, o que está se passando com os clientes. Nenhuma

514 **Parte 3** | Elaboração de uma estratégia e de um mix voltados para o cliente

das equipes valoriza por completo as contribuições da outra. Contudo, se não for revista, a desconexão entre marketing e vendas pode prejudicar o relacionamento com o cliente e o desempenho da empresa.

Uma empresa pode tomar uma série de medidas para aproximar suas funções de marketing e vendas. Em um nível mais básico, ela pode aumentar a interação entre as duas equipes, marcando reuniões conjuntas e estabelecendo canais de comunicação. Pode também criar oportunidades para os vendedores e os profissionais trabalharem juntos. Gerentes de marca e pesquisadores podem acompanhar visitas de vendas ou participar de reuniões de planejamento de vendas. Por sua vez, vendedores podem tomar parte em reuniões de planejamento de marketing e compartilhar seu conhecimento de primeira mão sobre o cliente.

A empresa também pode desenvolver objetivos e sistemas de recompensa em comum para as equipes de vendas e marketing e designar intermediadores entre marketing e vendas — pessoas do marketing que convivem com a força de vendas e ajudam a coordenar os programas e os esforços de marketing e vendas. Por fim, ela pode destacar um executivo de alto nível para supervisionar tanto o marketing como as vendas. Uma pessoa assim pode ajudar a introjetar no marketing e nas vendas a meta comum de criar valor para os clientes a fim de obter valor deles em troca.[2]

Objetivo 2

▶ Identificar e explicar as seis principais etapas no gerenciamento da força de vendas.

Gerenciamento da força de vendas
A análise, o planejamento, a implementação e o controle das atividades da força de vendas.

Gerenciamento da força de vendas

Definimos **gerenciamento da força de vendas** como a análise, o planejamento, a implementação e o controle das atividades da força de vendas. Ele inclui a elaboração da estratégia e da estrutura da força de vendas, assim como o recrutamento, a seleção, o treinamento, a remuneração, a supervisão e a avaliação dos vendedores da empresa. Essas importantes decisões de gerenciamento da força de vendas são apresentadas na Figura 16.1 e discutidas nas seções seguintes.

Figura 16.1 Principais etapas no gerenciamento da força de vendas.

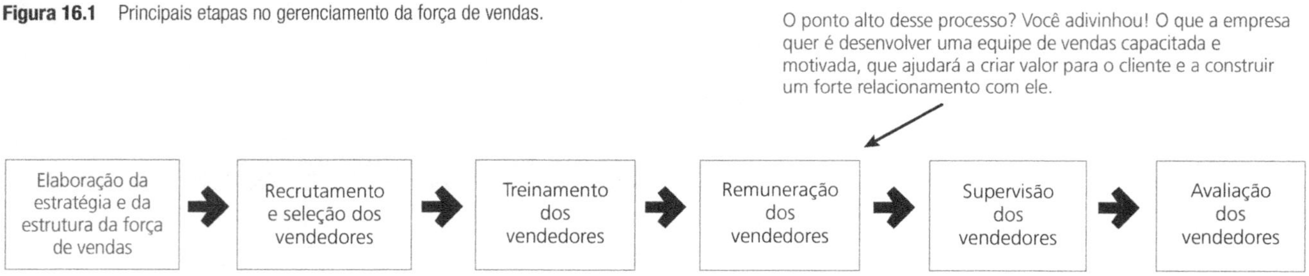

O ponto alto desse processo? Você adivinhou! O que a empresa quer é desenvolver uma equipe de vendas capacitada e motivada, que ajudará a criar valor para o cliente e a construir um forte relacionamento com ele.

Elaboração da estratégia e da estrutura da força de vendas → Recrutamento e seleção dos vendedores → Treinamento dos vendedores → Remuneração dos vendedores → Supervisão dos vendedores → Avaliação dos vendedores

Elaboração da estratégia e da estrutura da força de vendas

Os gerentes de marketing se deparam com uma série de perguntas ao elaborar a estratégia e a estrutura da força de vendas. Como os vendedores e suas tarefas devem ser estruturados? Que tamanho deve ter a força de vendas? Os vendedores devem trabalhar sozinhos ou em equipe, com outros profissionais da empresa? Eles devem vender em campo, por telefone ou pela Internet? Vamos tratar dessas questões a seguir.

Estrutura da força de vendas

A empresa pode adotar uma entre diversas diretrizes para dividir as responsabilidades sobre as vendas. A decisão é simples quando ela vende apenas uma linha de produtos para um único setor e tem clientes em várias localidades. Nesse caso, a organização deve utilizar uma *estrutura de força de vendas por território*. Contudo, se ela vende muitos produtos para variados tipos de clientes, talvez seja necessário uma *estrutura de força de vendas por produto*, uma *estrutura de força de vendas por cliente* ou uma combinação das duas.

Estrutura da força de vendas por território
Uma organização de força de vendas que atribui uma área geográfica exclusiva para cada vendedor, o qual vende a linha completa da empresa.

Na **estrutura da força de vendas por território**, é atribuída uma área geográfica exclusiva para cada vendedor, que vende a linha completa de produtos ou serviços da empresa para todos os clientes daquele território. Esse tipo de organização define as tarefas de cada vendedor e estabelece responsabilidades com clareza. Ele também faz aumentar a vontade do vendedor de construir um relacionamento com os clientes locais, o qual, por sua vez, ampliará a eficácia das vendas. Por fim, como cada vendedor percorre uma área geográfica limitada, as despesas com viagem são relativamente pequenas. Em geral, a organização de vendas por território é apoiada por muitos níveis hierárquicos de gerenciamento das vendas. Por exemplo, representantes de vendas por território podem se reportar para gerentes de área, que, por sua vez, se reportam para gerentes regionais, os quais se reportam para um diretor de vendas.

Quando a empresa possui vários e complexos produtos, ela pode adotar a **estrutura da força de vendas por produto**, em que a força de vendas se especializa em linhas de produtos. Por exemplo, a GE utiliza forças de vendas diferentes dentro de suas diversas divisões de produtos e serviços. Por exemplo, na divisão GE Infrastructure, a empresa tem uma força de vendas só para aviação, outra para energia, uma outra para transporte e uma quarta para produtos e tecnologias que envolvem processamento de água. Não tem como um único vendedor se tornar especialista em todas essas categorias de produtos, de modo que a especialização por produto se faz necessária. De maneira similar, a GE Healthcare utiliza diferentes forças de vendas para diagnóstico por imagem, biociências e produtos e serviços de TI integrados. No final das contas, uma empresa grande e complexa como a GE pode ter dezenas de forças de vendas, trabalhando com seus diversos portfólios de produtos e serviços.

Estrutura da força de vendas por produto
Organização da força de vendas em que os vendedores se especializam em vender apenas uma parte dos produtos ou linhas de produtos da empresa.

Ao utilizar a **estrutura da força de vendas por cliente (ou mercado)**, a empresa organiza sua força de vendas de acordo com as linhas de clientes ou de setores. Diferentes forças de vendas podem ser montadas para setores distintos, com equipes diferenciadas para atender aos clientes existentes e novos e, também, para lidar com as contas mais importantes e as normais. Muitas empresas chegam a ter forças de vendas especiais para lidar com as necessidades de grandes clientes individuais. Por exemplo, a Whirlpool, fabricante de eletrodomésticos, possui equipes de vendedores que atendem a grandes clientes do varejo, como a Sears, a Lowe's, a Best Buy e a Home Depot. Cada equipe de vendas da Whirlpool trata diretamente com a equipe de compradores de um grande varejista.³

Estrutura da força de vendas por cliente (ou mercado)
Uma organização de força de vendas em que os vendedores se especializam em vender só para determinados clientes ou setores.

Quando a empresa vende uma grande variedade de produtos a muitos tipos de clientes em uma extensa área geográfica, muitas vezes ela utiliza uma *estrutura de força de vendas complexa*, que combina diversos tipos de organização. Os vendedores podem ser especializados por cliente e território, por produto e território, por produto e cliente ou por território, produto e cliente. Por exemplo, a força de vendas da Whirlpool é especializada por cliente (com equipes de vendas diferentes para a Sears, a Lowe's, a Best Buy, a Home Depot e varejistas independentes menores) e por território para cada grupo-chave de clientes (representantes por território, gerentes de área, gerentes regionais e assim por diante). Nenhuma estrutura é a melhor para todas as empresas e situações. As empresas devem escolher a estrutura de força de vendas que melhor atenda às necessidades de seus clientes e se ajuste à sua estratégia de marketing geral.

▲ Estrutura da força de vendas: a força de vendas da Whirlpool é especializada por cliente e por território para cada grupo-chave de clientes.
Paul Sancya/Associated Press

Tamanho da força de vendas

Após ter definido a estrutura, a empresa está pronta para pensar no *tamanho da força de vendas*. As forças de vendas podem variar em termos de tamanho, contando com apenas alguns vendedores a até dezenas de milhares deles. Algumas forças de vendas são enormes — por exemplo, a PepsiCo tem 36 mil vendedores; a American Express tem 23.400; a GE tem 16.400; e a Xerox tem 15 mil.⁴ Os vendedores constituem um dos mais produtivos — e mais caros — ativos da empresa. Portanto, aumentar seu número significa aumentar tanto as vendas como os custos.

Muitas empresas utilizam algum tipo de *abordagem segundo a carga de trabalho* para determinar o tamanho da força de vendas. Nessa abordagem, a empresa, primeiro, agrupa as contas em diferentes classes, de acordo com seu tamanho, status ou outros fatores relacionados ao esforço exigido para mantê-las. Em seguida, ela determina a quantidade de vendedores necessária para contatar cada classe de contas o número de vezes desejado.

Eis um dos raciocínios que a empresa pode seguir: vamos supor que temos 1 mil contas do tipo A e 2 mil do tipo B. As contas do tipo A requerem 36 contatos por ano, e as do tipo B, 12.

Nesse caso, a *carga de trabalho* da força de vendas — isto é, o número de contatos que ela deve fazer por ano — é de 60 mil [(1.000 x 36) + (2.000 x 12) = 36.000 + 24.000 = 60.000 contatos]. Vamos supor que um vendedor médio possa fazer mil contatos por ano. Com isso, precisamos de 60 vendedores (60.000/1.000).

Outras questões referentes à estrutura e à estratégia da força de vendas

A gerência de vendas também deve decidir quem estará envolvido no esforço de vendas e como as diversas equipes de vendas e de apoio trabalharão em conjunto.

Forças de vendas externas e internas. A empresa pode ter uma **força de vendas externa** (ou **força de vendas de campo**), uma **força de vendas interna** ou ambas. Os vendedores externos trabalham fora da empresa, visitando os clientes. Já os vendedores internos trabalham dentro da empresa e fazem negócios de seu escritório, por telefone, pela Internet ou recebendo visitas dos compradores.

> **Força de vendas externa (ou força de vendas de campo)**
> Os vendedores que trabalham fora da empresa visitando os clientes.
>
> **Força de vendas interna**
> Vendedores que conduzem os negócios de seu escritório, por telefone, pela Internet ou recebendo visitas de compradores potenciais.

Alguns vendedores internos dão suporte aos vendedores externos, deixando-os com mais tempo livre para trabalhar com as principais contas e encontrar novos clientes potenciais. Por exemplo, o *pessoal de apoio técnico de vendas* fornece informações técnicas e responde às perguntas dos clientes. Os *assistentes de vendas* fazem o trabalho burocrático para os vendedores externos. Eles ligam com antecedência para marcar e confirmar compromissos, fazem o acompanhamento das entregas e respondem às perguntas dos clientes quando os vendedores externos não estão disponíveis. O uso de combinações de vendedores internos e externos pode ajudar a atender melhor a clientes importantes. O representante interno fornece acesso e suporte diários, ao passo que o representante externo oferece colaboração pessoal e construção de relacionamento.

Outros vendedores internos fazem mais do que apenas fornecer suporte. Os *operadores de telemarketing* e os *vendedores on-line* usam o telefone e a Internet para descobrir novas oportunidades de vendas e qualificar os clientes potenciais ou, então, atender diretamente às contas. O telemarketing e as vendas on-line podem ser meios muito eficazes e menos dispendiosos para vender para clientes menores e de difícil alcance. Dependendo da complexidade do produto e do cliente, por exemplo, um operador de telemarketing pode fazer de 20 a 33 contatos com tomadores de decisões por dia, comparados a uma média de quatro contatos que um vendedor externo pode fazer. Além disso, enquanto uma visita externa média envolvendo uma venda organizacional pode custar 350 dólares ou mais, um contato rotineiro do telemarketing com uma empresa custa apenas cerca de 5 dólares, e um contato complexo, aproximadamente 20 dólares.[5]

Nos Estados Unidos, embora as restrições do governo federal tenham reduzido as vendas por telefone para os consumidores, o telemarketing continua sendo uma ferramenta fundamental para a maioria das empresas que atuam no mercado organizacional. Para algumas empresas menores, as vendas por telefone e pela Internet podem ser as principais abordagens de vendas. Empresas maiores também podem utilizar essas táticas, seja para vender diretamente a clientes de pequeno e médio portes ou para ajudar nas vendas aos clientes maiores.

Nos tempos de vacas magras que se seguiram à recente recessão, muitas empresa reduziram suas visitas pessoais aos clientes, enfatizando as vendas por telefone, e-mail e pela Internet. Além disso, no ambiente digital de hoje, muitos compradores estão mais receptivos às vendas por telefone e pela Internet. "A geração de compradores de hoje simplesmente não precisa do mesmo nível de contato pessoal que era necessário antes", diz um especialista em vendas por telefone. "Eles se contentam em usar a Internet para coletar informações e em utilizar o telefone para fechar o negócio." Como resultado dessas tendências, de acordo com um estudo, as vendas por telefone estão crescendo a

▲ Para muitos tipos de situações de vendas, as vendas por telefone ou pela Internet podem ser tão eficazes quanto um contato de vendas pessoal. Na Climax Portable Machine Tools, os representantes que atuam por telefone constroem um relacionamento surpreendentemente forte e pessoal com os clientes.

Helen King/Corbis Image

uma taxa de 7,5% ao ano, enquanto as vendas externas estão crescendo 0,5%.[6] O estudo também chama a atenção para o surgimento do "representante de vendas híbrido", uma mistura moderna de representante externo e interno, que muitas vezes trabalha em lugares distantes. Hoje, cerca de 41% das atividades de vendas externas são realizadas pelo telefone, de um home-office, um escritório da empresa ou quando se está em trânsito.

Para muitos tipos de produtos e situações de vendas, as vendas por telefone ou pela Internet podem ser tão eficazes quanto um contato de vendas pessoal:[7]

> A Climax Portable Machine Tools, que fabrica equipamentos de manutenção portáteis para o setor de corte de metal, provou que o telemarketing pode economizar dinheiro e, ainda assim, dar muita atenção para os compradores. No sistema antigo, os engenheiros de vendas da Climax perdiam um terço de seu tempo na estrada, treinando os vendedores do distribuidor e os acompanhando em visitas de vendas. Eles conseguiam fazer, aproximadamente, quatro contatos por dia. Hoje, cada um dos cinco engenheiros de vendas da equipe interna da Climax contata, em média, 30 clientes potenciais por dia, indo atrás de oportunidades geradas por anúncios e e-mails. Como são necessários cerca de cinco contatos para se fechar um negócio, os engenheiros de vendas atualizam o perfil do cliente potencial a cada contato, assinalando o nível de comprometimento, as exigências, a data do próximo contato e os comentários pessoais. "Se alguém menciona que está indo viajar para pescar, nosso engenheiro de vendas acrescenta essa informação no sistema e a utiliza para personalizar o contato telefônico seguinte", diz o presidente da Climax, indicando que essa é uma maneira de se construir bons relacionamentos.

Além disso, o primeiro contato com um cliente potencial inclui sempre o cartão de visita do engenheiro de vendas, com uma foto sua. O sistema de informações dos clientes da Climax oferece aos representantes acesso instantâneo a dados sobre os compradores apontados pela força de vendas externa e pelo pessoal que presta serviços. Municiados com todas essas informações, os representantes internos conseguem construir um relacionamento surpreendentemente forte e pessoal com os clientes. É claro que é preciso mais do que cordialidade para vender equipamentos de 15 mil dólares por telefone (pedidos especiais podem chegar a 200 mil dólares), mas a abordagem de telemarketing funciona bem. Quando a Climax perguntou a seus clientes: "O número de vezes que você vê o engenheiro de vendas é suficiente", a resposta foi incrivelmente positiva. É óbvio que muitas pessoas não tinham percebido que só tinham tido contato com a Climax pelo telefone.

VENDA EM EQUIPE. À medida que os produtos ficam cada vez mais complexos e os clientes se tornam maiores e mais exigentes, um vendedor sozinho simplesmente não consegue lidar com todas as necessidades de um grande cliente. Assim, a maioria das empresas utiliza a **venda em equipe** para atender a contas grandes e complexas. As equipes de vendas podem descobrir problemas, soluções e oportunidades de vendas que nenhum vendedor poderia encontrar individualmente. Essas equipes podem incluir especialistas de qualquer área ou nível da empresa vendedora — vendas, marketing, serviços técnicos e de suporte, pesquisa e desenvolvimento (P&D), engenharia, operações e finanças, entre outras.

> **Venda em equipe**
> O uso de pessoas das áreas de vendas, marketing, engenharia, finanças, suporte técnico e, até mesmo, da alta administração para atender a contas grandes e complexas.

Em muitos casos, a mudança para a venda em equipe reflete alterações semelhantes ocorridas na organização de compra dos clientes. Muitas grandes empresas implementaram um processo de compras baseado em equipe, exigindo que as empresas vendedoras fizessem algo equivalente com seu processo de vendas. Ao lidar com contas grandes e complexas, um único vendedor não consegue ser especialista em todas as necessidades dos clientes. Assim, a venda é feita por equipes estratégicas de contas, lideradas por gerentes de conta seniores ou por gerentes do cliente.

Algumas empresas, como a IBM, a Xerox e a P&G, já utilizam equipes de vendas há muito tempo. Como veremos mais adiante neste capítulo, os representantes de vendas da P&G são organizados em equipes de CBD (*customer business development* — desenvolvimento de negócios do cliente). Cada equipe de CBD é designada para um grande cliente da P&G, como o Walmart, o Safeway ou a CVS Pharmacy. A organização em CBD se concentra em atender a todas as necessidades dos clientes importantes. Ela permite que a P&G "faça mais negócios ao atuar como 'parceira estratégica' de nossos clientes", e não como um mero fornecedor.[8]

Mas a venda em equipe tem suas armadilhas. Por exemplo, os vendedores são, por natureza, competitivos e, muitas vezes, são treinados para apresentar um excelente desempenho individual, sendo recompensados por isso. Além disso, vendedores que estão acostumados a ter todos os clientes só para eles podem ter dificuldade para aprender a trabalhar com outros, em equipe, e confiar neles. Para completar, as dificuldades em avaliar as contribuições individuais para o esforço de vendas em equipe podem gerar algumas desagradáveis questões referentes à remuneração.

Recrutamento e seleção dos vendedores

No centro de qualquer operação bem-sucedida de força de vendas estão o recrutamento e a seleção de bons vendedores. A diferença entre o desempenho de um vendedor médio e o de um vendedor excelente pode ser substancial. Em uma força de vendas típica, os 30% dos melhores vendedores podem ser responsáveis por 60% das vendas. Assim, uma cuidadosa seleção de vendedores pode aumentar muito o desempenho geral da força de vendas. Além de diferenças no desempenho das vendas, uma seleção malfeita resulta em uma custosa rotatividade. Quando um vendedor sai da empresa, os custos para encontrar e treinar um novo vendedor — mais os custos correspondentes às vendas perdidas — podem ser muito altos. Além disso, uma força de vendas constituída de muitas pessoas novatas é menos produtiva, e a rotatividade interrompe importantes relacionamentos com o cliente.

O que diferencia os excelentes vendedores dos outros? Em um esforço para estabelecer o perfil dos melhores vendedores, a Gallup Consulting, uma divisão da famosa organização de pesquisas de opinião Gallup, entrevistou centenas de milhares de vendedores. Sua pesquisa sugere que os melhores vendedores possuem quatro talentos-chave: motivação intrínseca, estilo de trabalho disciplinado, habilidade para fechar uma venda e, talvez o mais importante, capacidade de construir relacionamento com os clientes.[9]

▲ Supervendedores: os melhores vendedores possuem motivação intrínseca, estilo de trabalho disciplinado, habilidade para fechar uma venda e, talvez o mais importante, capacidade de construir relacionamento com os clientes.
© Rido

Os supervendedores são automotivados — eles possuem um implacável impulso de se superar. Alguns vendedores são motivados por dinheiro, pela necessidade de reconhecimento ou pela satisfação de competir e vencer. Outros são motivados pelo desejo de prestar serviços e construir relacionamentos. Os melhores vendedores possuem um pouco de cada uma dessas motivações. Eles também têm um estilo de trabalho disciplinado. Prepararam planos detalhados e organizados e os seguem à risca.

Mas motivação e disciplina não significam muito, a menos que resultem em mais vendas fechadas e na construção de melhores relacionamentos com os clientes. Os supervendedores desenvolvem a habilidade e o conhecimento de que precisam para fazer seu trabalho. E, talvez o mais importante, eles são ótimos em solucionar o problema dos clientes e construir um relacionamento com eles. Esses vendedores entendem as necessidades de seus clientes. Converse com executivos de vendas e eles descreverão os vendedores de primeira nos seguintes termos: são bons ouvintes, têm empatia, são pacientes, cuidadosos e receptivos. Os grandes vendedores conseguem se colocar no lugar do comprador e veem o mundo por meio dos olhos de seus clientes. Eles não querem apenas ser simpáticos: querem também agregar valor para seus clientes.

Posto isso, não existe uma maneira certa de vender. Todo vendedor bem-sucedido utiliza uma abordagem diferente, que melhor se aplica a seus pontos fortes e talentos singulares. Por exemplo, alguns vendedores gostam da emoção de um venda mais complicada, em que é preciso enfrentar desafios e vencer outras pessoas. Outros podem aplicar talentos "mais suaves" para atingir o mesmo objetivo. "O segredo consiste nos representantes de vendas entenderem e nutrirem seus talentos inatos, de modo que possam desenvolver sua própria abordagem pessoal e conquistar negócios da *sua* maneira", diz um especialista em vendas.[10]

No recrutamento, as empresas devem analisar o trabalho de vendas em si e as características de seus vendedores mais bem-sucedidos para identificar os atributos necessários para ser um vendedor de sucesso em seu setor. Em seguida, elas devem recrutar os vendedores certos. O departamento de recursos humanos procura candidatos obtendo indicação dos vendedores atuais, utilizando agências de emprego, fazendo buscas na Internet, publicando anúncios classificados e trabalhando junto a empresas que prestam serviços de colocação profissional para universitários. Outro modo de procurar é atraindo os melhores vendedores de outras empresas. Vendedores experientes precisam de menos treinamento e podem se tornar produtivos imediatamente.

O recrutamento atrairá muitos candidatos, dentre os quais a empresa terá que selecionar o melhor. O procedimento de seleção pode variar de uma única entrevista informal a longos testes e entrevistas. Muitas empresas aplicam testes formais para candidatos ao cargo de vendedor. Os testes geralmente avaliam a aptidão deles para vendas, sua capacidade analítica e organizacional, traços de personalidade e outras características. Mas a pontuação nos testes é apenas uma parcela da informação, em um conjunto que inclui características pessoais, referências, histórico profissional e reações do entrevistador.

Treinamento dos vendedores

Os novos vendedores podem passar de algumas semanas ou meses a até um ano ou mais em treinamento. Depois disso, a maioria das empresas oferece, ao longo da carreira do vendedor, treinamento contínuo em vendas por meio de seminários, conferências de vendas e e-learning. De acordo com uma fonte, as empresas sediadas na América do Norte gastam cerca de 2 milhões de dólares em treinamento de vendas por ano. Apesar de poder ser caro, esse tipo de treinamento também pode gerar extraordinários retornos. Por exemplo, um estudo recente mostrou que o treinamento de vendas conduzido pela ADP, uma empresa que presta serviços administrativos, resultou em um retorno do investimento de, aproximadamente, 338% em apenas 90 dias.[11]

Os programas de treinamento têm diversos objetivos. Para começar, os vendedores precisam conhecer os clientes e saber como construir um relacionamento com eles. Assim, o programa de treinamento deve instruí-los sobre os diferentes tipos de clientes e suas necessidades, bem como sobre as motivações e hábitos de compra desses clientes. Deve também ensiná-los a vender de maneira eficaz e treiná-los nos fundamentos do processo de vendas. Os vendedores também precisam conhecer a empresa, seus produtos e seus concorrentes e se identificar com eles. Dessa maneira, um programa de treinamento efetivo instruiu os vendedores sobre os objetivos da empresa, sua organização, seus produtos e as estratégias dos principais concorrentes.

Hoje em dia, muitas empresas estão trabalhando também com e-learning em seus programas de treinamento de vendas. A preparação por meio de e-learning pode ir de um simples treinamento de produto, oferecido na forma de texto, até exercícios baseados na Internet, que desenvolvem habilidades de vendas, e simulações sofisticadas, as quais recriam as dinâmicas de contatos de vendas na vida real. Uma das formas mais básicas de e-learning é o treinamento virtual conduzido por instrutor. Ao utilizar esse método, um pequeno grupo de vendedores, situados em locais distantes, conectam-se a um site de Webconferência, em que um instrutor de vendas conduz sessões de treinamento usando ferramentas de aprendizagem visuais, de áudio e interativas, tudo on-line.

O treinamento realizado on-line, e não em um local físico, pode reduzir os custos com viagem e outros custos de treinamento, além de consumir uma parte menor do tempo de vendas do vendedor. Ele também possibilita que o treinamento ocorra de acordo com a demanda dos vendedores, permitindo-os treinar o tanto que for preciso (muito ou pouco), quando e onde for necessário. Embora a maioria das propostas em e-learning seja baseada na Internet, atualmente muitas empresas oferecem treinamento sob demanda em qualquer lugar, por meio de quase todos os dispositivos digitais móveis.

Hoje em dia, uma série de empresas está usando técnicas criativas e sofisticadas de e-learning para tornar o treinamento de vendas mais eficiente — e, muitas vezes, mais divertido. Por exemplo, a Bayer HealthCare Pharmaceuticals trabalhou em parceria com a Concentric Pharma Advertising, uma agência de marketing especializada na área da saúde, para criar um jogo que envolve simulação e RPG, com o objetivo de treinar sua força de vendas em um novo programa de marketing para um medicamento:[12]

> Normalmente, as pessoas não associam rock pesado e visual gráfico bacana com ferramentas de treinamento de vendas on-line. Mas o inovador jogo da Concentric Pharma Advertising, baseado em RPG — o Rep Race: The Battle for Office Supremacy —, tem tudo isso e muito mais. O Rep Race oferece aos representantes de vendas

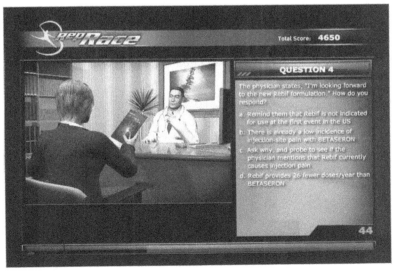

▲ O treinamento on-line pode tornar os treinamentos de vendas mais eficientes — e divertidos. O Rep Race, o jogo da Bayer HealthCare Pharmaceuticals baseado em RPG, ajudou a melhorar a efetividade dos representantes de vendas em 20%.
Concentric Pharma Advertising

da Bayer muito mais entretenimento do que os antigos e sérios testes de múltipla escolha que ele substitui. O jogo foi criado para dar nova vida a um produto maduro da Bayer: o Betaseron, um medicamento usado no tratamento de esclerose múltipla, que está no mercado há 18 anos. O objetivo era encontrar uma maneira nova e mais ativa de ajudar os representantes da Bayer a utilizar as informações detalhadas que tinham recebido sobre o Betaseron no processo de venda e em situações que precisavam lidar com objeções. A Bayer também queria aumentar o envolvimento dos representantes, por meio de aprendizado e feedback interativos, com resultados apontados em tempo real. Os representantes da Bayer gostaram do Rep Race desde o início. De acordo com a empresa, quando o jogo foi lançado, eles o acessaram 30 vezes. Além de seu valor educacional e motivacional, o Rep Race permitiu à Bayer avaliar o desempenho dos representantes de vendas em uma base individual e coletiva. No final, a Bayer calcula que o Rep Race tenha ajudado a melhorar a efetividade da equipe de vendas em 20%.

Remuneração dos vendedores

Para atrair bons vendedores, a empresa precisa ter um plano de remuneração atrativo. A remuneração é composta por quatro elementos: uma quantia fixa, uma quantia variável, reembolso de despesas e benefícios adicionais. A quantia fixa — geralmente um salário — garante ao vendedor uma renda estável. A quantia variável, que pode ser constituída por comissões ou bônus calculados sobre o desempenho das vendas, recompensa o vendedor por um maior empenho e sucesso.

A gerência deve decidir que mix desses elementos de remuneração é o mais indicado para cada tipo de trabalho de vendas. Diferentes combinações de remuneração fixa e variável dão origem a quatro tipos básicos de planos de remuneração: somente salário, somente comissão, salário mais bônus e salário mais comissão. Segundo um estudo sobre a remuneração da força de vendas, 18% das empresas pagam somente salários, 19% pagam somente comissão e 63% pagam uma combinação de salário mais incentivos. Um outro estudo mostrou que o pagamento de um vendedor médio consiste de cerca de 67% de salário e 33% de incentivos.[13]

O plano de remuneração da força de vendas pode, ao mesmo tempo, motivar os vendedores e orientar suas atividades. A remuneração deve orientar os vendedores para atividades que sejam compatíveis com os objetivos gerais do marketing e da força de vendas. Por exemplo, se a estratégia conquistar novos negócios, crescer rapidamente e ganhar participação de mercado, o plano de remuneração poderá incluir uma comissão maior, combinada com um bônus pela conquista de novas contas, para incentivar o alto desempenho em vendas e o desenvolvimento de novos clientes. Por outro lado, se a meta for maximizar a lucratividade das contas existentes, o plano de remuneração poderá ser composto de um salário-base maior, com incentivos adicionais baseados nas vendas para a conta ou na satisfação do cliente.

De fato, um número cada vez maior de empresas está deixando de lado os planos com altas comissões, que podem levar os vendedores a fazer tentativas precipitadas de fechar o negócio. Essas empresas se preocupam com a possibilidade de um vendedor que está tentando fechar um acordo de maneira muito agressiva poder prejudicar o relacionamento com o cliente. Assim, as empresas estão elaborando planos de remuneração que recompensem os vendedores pelo desenvolvimento de relacionamento com os clientes e pelo crescimento do valor de cada um deles no longo prazo.

Em tempos economicamente difíceis, algumas empresas tentam cortar custos reduzindo a remuneração da equipe de vendas. Entretanto, embora algumas medidas de contenção de gastos façam sentido quando o negócio está devagar, diminuir a remuneração da força de vendas com um todo é, normalmente, uma ação do tipo "não vá por aí, último dos últimos recursos", diz um especialista em remuneração nas vendas. "Tenha em mente que, quando você queima o vendedor, pode queimar o relacionamento com o cliente." Segundo esse especialista, quando a empresa tem que reduzir seus gastos com remuneração, a melhor estratégia consiste em "manter a remuneração alta para os vendedores com melhor desempenho e reduzir a daqueles com [desempenho baixo]", em vez de realizar cortes gerais.[14]

Supervisão e motivação dos vendedores

Vendedores novatos precisam de mais do que território, remuneração e treinamento — eles necessitam de supervisão e motivação. A meta da *supervisão* é ajudar os vendedores a "trabalhar de modo inteligente", fazendo as coisas certas da maneira certa. A meta da *motivação* é incentivar os vendedores a trabalhar com empenho e energia para alcançar as metas da força de vendas. Se os vendedores trabalharem de modo inteligente e com empenho, eles atingirão seu pleno potencial — para o benefício deles mesmos e da empresa.

Supervisão dos vendedores

O grau em que as empresas supervisionam seus vendedores varia. Muitas ajudam seus vendedores a identificar os clientes-alvo e estabelecem os objetivos dos contatos. Algumas podem também determinar quanto tempo sua força de vendas deve gastar na prospecção de novos clientes e estabelecer outras prioridades relacionadas a gerenciamento do tempo. Uma ferramenta é o *plano de contatos* semanal, mensal ou anual, que mostra quais clientes existentes e potenciais devem ser contatados e quais atividades devem ser realizadas. Outra ferramenta é a *análise de tempo e tarefa*. Além do tempo que passa vendendo, o profissional de vendas gasta seu tempo com deslocamentos, esperas, intervalos para descanso e realização de tarefas administrativas.

A Figura 16.2 mostra como os vendedores gastam seu tempo. Em média, o tempo de vendas ativas é de apenas 11% do tempo total de trabalho! Se o tempo de vendas aumentasse de 11 para 33%, o tempo dedicado à venda triplicaria.[15] As empresas estão sempre em busca de maneiras para poupar tempo, simplificando os relatórios de acompanhamento, desenvolvendo melhores programações de visitas e itinerários, fornecendo mais e melhores informações sobre os clientes e utilizando telefone, e-mail ou videoconferência, para evitar deslocamentos.

Figura 16.2 Como os vendedores gastam seu tempo.

Isso é muito pouco. As empresas precisam liberar seus vendedores para que eles gastem muito mais tempo interagindo pessoalmente com clientes existentes e potenciais. Por exemplo, a GE quer que seus vendedores "fiquem quatro dias por semana com os clientes e reservem um dia para todas as tarefas administrativas".
Fonte: Proudfoot Consulting. Dados usados com permissão.

Muitas empresas adotaram *sistemas de automação da força de vendas*. Trata-se de operações computadorizadas e digitalizadas da força de vendas que permitem aos vendedores trabalharem de maneira mais eficaz a qualquer momento, em qualquer lugar. Atualmente, as empresas equipam seus vendedores com notebooks ou tablets, smartphones, conexões sem fio, tecnologias para videoconferência e software para administração de contato e relacionamento com o cliente. Munidos dessas tecnologias, os vendedores podem traçar o perfil de clientes existentes e potenciais de maneira mais eficaz e eficiente, analisar e prever vendas, agendar contatos de vendas, fazer apresentações, preparar relatórios de vendas e de despesas e gerenciar o relacionamento com as contas. O resultado disso é um melhor gerenciamento do tempo e do atendimento ao cliente, bem como menores custos e maior desempenho nas vendas. No final das contas, a tecnologia remodelou a maneira como os vendedores realizam suas tarefas e se envolvem com os clientes.

As vendas e a Internet

Talvez a ferramenta tecnológica de mais rápido crescimento nas vendas seja a Internet, que oferece um enorme potencial tanto para a condução de operações de vendas como para interações com os clientes e atendimento a eles. Alguns analistas chegam a prever que a Internet acabará com as vendas pessoais, com os vendedores sendo, em última instância, substituídos por sites, redes sociais, aplicativos e outras ferramentas que permitem contato direto com os clientes. "Não acredite nisso", diz um especialista em vendas (veja o Marketing Real 16.1). Essas tecnologias vão tornar os vendedores mais eficientes, e não substituí-los. Hoje, as organizações de vendas estão melhorando sua eficiência e, ao mesmo tempo, economizando dinheiro e tempo por meio do uso de uma série de abordagens inovadoras na Internet, voltadas para o treinamento de vendedores, a realização de encontros de vendas, o atendimento às contas e a condução de reuniões de vendas com os clientes:[16]

▶ As vendas e a Internet: as empresas utilizam ferramentas colaborativas baseadas na Internet, como o TelePresence da Cisco, para conversar com os clientes sobre produtos e serviços.
Cortesia da Cisco

Com a Internet como uma nova plataforma de negócios, todos os públicos da empresa — clientes potenciais, clientes existentes, vendedores e profissionais de marketing — podem se conectar, aprender, planejar, se envolver, colaborar e conduzir os negócios em parceria, de um modo que nem se imaginava alguns anos atrás. A Internet apoia as metodologias centradas no cliente e as tecnologias voltadas para a melhoria da produtividade que transformam as vendas, fazendo com que elas deixem de ser uma arte e passem a ser uma ciência. Ela mudou para sempre o processo por meio do qual as pessoas compram e as empresas vendem. Toda essa nova tecnologia em vendas vai reduzir o papel da venda pessoal? A boa notícia é que a Internet não tornará os vendedores obsoletos. Ela os deixará muito mais produtivos e eficientes.

As tecnologias baseadas na Internet podem gerar grandes benefícios organizacionais para as forças de vendas. Elas ajudam a preservar o valioso tempo dos vendedores e economizam dinheiro que seria gasto em deslocamento, além de proporcionarem aos vendedores um novo meio para vender e atender aos clientes. Ao longo da última década, os padrões de compra dos clientes mudaram. No mundo digital de hoje, os clientes sabem quase o mesmo tanto que os vendedores sobre os produtos da empresa. Isso dá aos clientes mais controle sobre o processo de vendas do que eles tinham quando só era possível obter um catálogo e os preços de um representante. As novas tecnologias usadas pelas forças de vendas reconhecem as mudanças no processo de compras e se beneficiam delas, criando novos caminhos para se conectar com os clientes na era da Internet.

Por exemplo, hoje em dia, as organizações de vendas geram listas de clientes potenciais a partir de bancos de dados on-line e sites de rede de contatos, como o Hoovers e o LinkedIn. Elas conversam com clientes potenciais que visitam seus sites e, por meio de chats em tempo real, interagem com a equipe de vendas. Utilizam também ferramentas de conferência baseadas na Internet, como o WebEx, o GoToMeeting e o TelePresence, para falar com os clientes sobre produtos e serviços. Além disso, disponibilizam vídeos informativos e outros dados em seus canais no YouTube e páginas no Facebook. Outras ferramentas digitais permitem aos vendedores monitorar interações na Internet entre os clientes, que mostram como eles gostariam de comprar, como eles se sentem em relação a um fornecedor e o que seria necessário para fechar uma venda.

Atualmente, as forças de vendas também estão intensificando o uso da mídia de rede social. Um recente levantamento feito com empresas que atuam no mercado B2B descobriu que, embora tenham há pouco tempo diminuído os gastos com mídia tradicional e eventos, 68% delas estão investindo mais em redes sociais, com atividades que vão desde a criação de comunidades de clientes on-line até webinários, passando por aplicações no Twitter, no Facebook e no YouTube.[17]

Em última instância, as tecnologias digitais estão "oferecendo informações instantâneas que constroem relacionamentos e permitem que as vendas sejam mais eficazes e mais eficientes em termos de custo, além de mais produtivas", diz uma analista de tecnologia em vendas. "Pense nisso como [...] fazer aquilo que os grandes representantes sempre fizeram, mas de maneira melhor, mais rápida e mais barata", diz outro.[18]

No entanto, as tecnologias também têm suas desvantagens. Para começar, elas não são baratas. Além disso, alguns sistemas podem intimidar vendedores e clientes que não são muito adeptos à tecnologia. E mais: existem algumas coisas que simplesmente não dá para apresentar ou ensinar por meio da Internet — coisas que exigem interações pessoais. Por esses motivos, especialistas em alta tecnologia recomendam que os executivos de vendas usem as tecnologias da Internet para complementar treinamentos, encontros de vendas e apresentações de vendas preliminares para os clientes, mas recorram às reuniões pessoais e tradicionais quando estiverem perto de fechar o negócio.

Marketing Real 16.1

Vendedores B2B: quem precisa deles?

É difícil imaginar um mundo sem vendedores. Mas, de acordo com alguns analistas, em uma década, haverá um número bem menor deles. Com a explosão da Internet, dos dispositivos móveis e de outras tecnologias que conectam os clientes diretamente às empresas, eles concluem, quem precisa de venda pessoal? Para os céticos, os vendedores estão rapidamente sendo substituídos por sites, e-mails, blogs, aplicativos, compartilhamentos de vídeos, feiras virtuais e redes sociais como o Facebook e o LinkedIn, além de outras ferramentas de interação.

A Gartner, uma empresa de pesquisa, prevê que, em 2020, 85% de todas as interações entre as empresas serão realizadas sem intervenção humana, o que requer menos vendedores. Segundo a empresa, dos 18 milhões de vendedores atualmente na ativa nos Estados Unidos, restarão somente cerca de 4 milhões. "O mundo não precisa mais de vendedores", proclama, com ousadia, um fatalista. "As vendas estão morrendo como profissão e logo serão tão ultrapassadas como lâmpadas a óleo e telefones de disco." De acordo com outro: "Se não encontrarmos e preenchermos uma necessidade com mais rapidez do que um computador, não seremos mais necessários".

Então, as vendas B2B estão realmente morrendo? A Internet, as tecnologias móveis e as redes on-line vão substituir a antiga arte de vender pessoalmente? Para responder a essas perguntas, a revista *Selling Power* reuniu cinco especialistas em vendas e pediu a eles para falar sobre o futuro das vendas B2B. Os especialistas concordaram que a tecnologia está alterando radicalmente as profissões ligadas a vendas. As mudanças revolucionárias que se vê hoje no modo como as pessoas se comunicam estão afetando todos os aspectos dos negócios, e as vendas não são uma exceção.

Mas as vendas B2B morrerão nessa era da Internet? Não acredite nisso, diz o grupo reunido pela *Selling Power*. A tecnologia e a Internet não substituirão as compras e as vendas pessoais. As vendas mudaram, concorda o grupo, e a tecnologia pode melhorar bastante o processo de vendas. Mas ela não pode substituir muitas das funções desempenhadas pelos vendedores. "A Internet pode tirar pedidos e disseminar conteúdo, mas ela não consegue descobrir as necessidades dos clientes", diz um dos membros do grupo. "Ela não consegue construir relacionamentos nem prospectá-los por conta própria." Um outro especialista do grupo acrescenta: "Alguém tem que definir a proposta de valor e a mensagem exclusiva da empresa e comunicá-la para o mercado, e essa pessoa é o representante de vendas".

O que está morrendo é o que um especialista do grupo chama de papel ligado à manutenção da conta — o tirador de pedidos, que chega ao escritório do cliente na sexta-feira e pergunta: "Olá, tem alguma coisa para mim?" Esse tipo de vendedor não cria valor e pode facilmente ser substituído pela automação. Entretanto, sempre haverá uma grande demanda por vendedores que se sobressaem pela conquista de novos clientes, pela gestão de relacionamentos e por fazer crescer a conta de clientes.

Não há dúvidas de que a tecnologia está transformando as profissões ligadas a vendas. Hoje em dia, em vez de depender dos vendedores para obter informações básicas e instruções, os clientes podem conseguir muita coisa com uma pesquisa pré-compra em sites, buscas na Internet, contatos em comunidades on-line e em outros locais. Atualmente, muitos clientes dão início ao processo de vendas on-line e fazem seu dever de casa no que se refere a fornecedores e produtos concorrentes antes mesmo que a primeira reunião de vendas ocorra. Eles não precisam de informações básicas ou instruções sobre o produto: eles precisam de soluções. Assim, os vendedores de hoje precisam "se mover para a fase de descoberta e construção de relacionamentos, encontrar os problemas e se concentrar nos negócios do cliente potencial", diz um dos especialistas do grupo da *Selling Power*.

Em vez de substituir os vendedores, a tecnologia está aumentando seu número. Na verdade, os vendedores de hoje não estão fazendo nada essencialmente novo. Eles sempre pesquisaram clientes e construíram redes sociais. Atualmente, entretanto, eles "fazem isso com esteroides", usando um novo kit de ferramentas e aplicativos de alta tecnologia.

Por exemplo, muitas empresas estão se deslocando, com rapidez, para as vendas baseadas em comunidades on-line. Um bom exemplo disso é a SAP, uma empresa que oferece softwares corporativos e que criou o EcoHub, um mercado on-line baseado em comunidade que consiste em clientes, parceiros e praticamente qualquer um que queira participar. A comunidade do EcoHub (<ecohub.sap.com>) conta com 2 milhões de

▲ Ferramentas de vendas on-line como o EcoHub da SAP — um mercado on-line baseado em comunidade — estão, à sua maneira, ajudando a construir conscientização por parte dos clientes e a gerar avaliação, interesse de compra e vendas. Mas, em vez de substituir os vendedores, esses esforços ampliam seu alcance e sua eficiência.

© Copyright 2012 SAP AG. Todos os direitos reservados. Facebook é uma marca registrada da Facebook, Inc.

usuários em 200 países e se estende por toda a Internet — tem um site exclusivo, perfis no Twitter, grupos no LinkedIn, páginas no Facebook, canais no YouTube, grupos do Flickr, aplicativos e muito mais. Ela inclui 600 "soluções de prateleira", que permitem aos visitantes "facilmente encontrar, avaliar e dar início à compra de soluções e serviços de software, da SAP e de seus parceiros. O EcoHub também permite que os usuários classifiquem as soluções e os conselhos que eles recebem de outros membros da comunidade.

A SAP ficou surpresa ao constatar que aquilo que tinha sido originalmente visto como um local para os clientes discutirem questões, problemas e soluções tinha se transformado em um significativo ponto de vendas. As informações, as discussões e as conversas no site atraíram clientes e, até mesmo, vendas altas. "Alguns clientes estão gastando de 20 a 30 milhões de dólares devido ao EcoHub", diz o vice-presidente da SAP, que é responsável pela comunidade.

No entanto, embora o EcoHub atraia novos clientes potenciais e os encaminhe pelos muitos estágios iniciais de descoberta e avaliação do produto, ele não substitui os vendedores da SAP e de seus parceiros. Em vez disso, amplia seu alcance e sua eficiência. O real valor do EcoHub é a enorme quantidade de oportunidades de venda que ele cria para a SAP e a força de vendas dos parceiros. Após os clientes potenciais terem descoberto, discutido e avaliado as soluções da SAP no EcoHub, eles são convidados pela empresa para "iniciar um contato, solicitar um proposta ou dar início ao processo de negociação". É nesse ponto que o processo de venda pessoal começa.

Tudo isso sugere que as vendas B2B não estão morrendo, mas, sim, mudando. As ferramentas e as técnicas podem ser diferentes, à medida que as vendas se beneficiam da era digital e se adaptam a ela. Mas o grupo de especialistas da *Selling Power* é unânime em afirmar que as empresas B2B jamais serão capazes de fazer as coisas sem fortes equipes de vendas. Vendedores que conseguem descobrir necessidades do cliente, que resolvem os problemas dele e que constroem relacionamentos serão necessários e bem-sucedidos, independentemente de quais mudanças ainda ocorram. Em especial nas vendas B2B que envolvem grandes quantias, "toda a nova tecnologia pode facilitar a venda, por meio da construção de laços fortes com os clientes antes mesmo da primeira reunião. Mas, quando a assinatura toca a linha pontilhada, é o representante de vendas que está lá".

Fontes: citações e outras informações extraídas de Robert McGarvey, "All about us", *Selling Power*, 7 mar. 2011, p. 48; Lain Chroust Ehmann, "Sales up!", *Selling Power*, jan./fev. 2011, p. 40; James Ledbetter, "Death of a salesman. Of lots of them, actually", *Slate*, 21 set. 2010, <www.slate.com/id/2268122/>; Sean Callahan, "Is B-to-B marketing really obsolete?", *BtoB*, 17 jan. 2011, p. 1; Gerhared Gschwandtner, "How many salespeople will be left by 2020?", *Selling Power*, maio/jun. 2011, p. 7; "Getting started with SAP EcoHub", <http://ecohub.sap.com/getting-started>. Acesso em: nov. 2012.

Motivação do vendedor

Além de orientar os vendedores, os gerentes de vendas precisam motivá-los. Alguns vendedores vão dar o melhor de si, sem precisarem de nenhuma pressão especial da gerência. Para eles, vender pode ser o trabalho mais fascinante do mundo. Mas vender também pode ser frustrante. Os vendedores geralmente trabalham sozinhos, e muitas vezes precisam viajar, ficando longe de casa. Eles ainda podem se deparar com vendedores agressivos da concorrência e com clientes difíceis. Portanto, necessitam, com frequência, de um incentivo especial para fazer o melhor trabalho possível.

A gerência pode elevar o moral e o desempenho da força de vendas por meio do clima organizacional, de cotas de vendas e de incentivos positivos. O *clima organizacional* descreve o que os vendedores acham das oportunidades e do valor que têm dentro da empresa e das recompensas por um bom desempenho por ela oferecidas. Algumas empresas tratam os vendedores como se eles não fossem importantes, e por conta disso o desempenho é prejudicado. Outras os tratam como pessoas que contribuem e são valorizadas, dando-lhes oportunidades de renda e promoção praticamente ilimitadas. Não surpreende o fato de essas empresas terem uma força de vendas com melhor desempenho e menos rotatividade.

Cotas de vendas
Um padrão que determina quanto os vendedores devem vender e como as vendas devem ser divididas entre os produtos da empresa.

Muitas organizações motivam seus vendedores estabelecendo **cotas de vendas** — padrões que determinam quanto os vendedores devem vender e como as vendas devem ser divididas entre os produtos da empresa. A remuneração geralmente está relacionada ao grau de cumprimento dessas cotas. As empresas também utilizam vários *incentivos positivos* para aumentar o empenho da força de vendas. *Conferências de vendas* geram oportunidades de convívio social, quebra da rotina, chances de conversar com os "maiorais" da empresa e oportunidades para expor sentimentos e se identificar com um grupo maior. As empresas também patrocinam *concursos de vendas*, para incentivar a força de vendas a fazer um esforço maior do que seria normalmente esperado. Outros incentivos incluem homenagens, prêmios em produtos e em dinheiro, viagens e planos de participação nos lucros.

Avaliação do desempenho dos vendedores e da força de vendas

Até agora descrevemos como a gerência comunica aos vendedores o que eles devem fazer e como os motiva a fazê-lo. Esse processo exige um bom feedback. E um bom feedback significa obter informações regulares sobre os vendedores para avaliar seu desempenho.

A gerência obtém informações sobre seus vendedores de diversas maneiras. A fonte mais importante é o *relatório de vendas*, que deve incluir planos de trabalho semanais ou mensais e planos de marketing de longo prazo para os respectivos territórios. Os vendedores também fazem *relatórios de visitas*, em que descrevem as atividades que realizaram, e apresentam *relatórios de despesas*, por meio dos quais são parcial ou totalmente reembolsados. A empresa também pode monitorar dados relacionados ao desempenho das vendas e dos lucros no território do vendedor. Informações adicionais são fornecidas por observação pessoal, pesquisas junto aos clientes e conversas com outros vendedores.

Utilizando vários relatórios da força de vendas e outras informações, a gerência de vendas avalia os membros de sua equipe. Isso é feito por meio da avaliação da capacidade deles de "planejar seu trabalho e executar seu planejamento". A avaliação formal obriga a gerência a desenvolver e informar, com clareza, os padrões adotados para o julgamento do desempenho. Ela propicia aos vendedores um feedback construtivo, além de motivá-los a melhorar seu desempenho.

Em um nível mais amplo, a gerência deve avaliar o desempenho da força de vendas como um todo. A força de vendas está atingindo seus objetivos no que se refere a relacionamentos com os clientes, vendas e lucros? Ela está trabalhando bem com outras áreas de marketing e da organização da empresa? Seus custos estão alinhados com os resultados? Como em outras atividades de marketing, a empresa quer mensurar o *retorno do seu investimento em vendas*.

O processo de vendas pessoais

Objetivo 3

◀ Discutir o processo de vendas pessoais, diferenciando o marketing orientado para a transação do marketing de relacionamento.

Processo de vendas
As etapas que os vendedores devem seguir ao vender, que incluem prospecção e qualificação, pré-abordagem, abordagem, apresentação e demonstração, tratamento de objeções, fechamento e acompanhamento.

Passaremos agora do planejamento e gerenciamento da força de vendas para o processo de vendas pessoais propriamente dito. O **processo de vendas** consiste em várias etapas que os vendedores devem dominar. Essas etapas se concentram na meta de conquistar novos clientes e obter pedidos deles. Contudo, a maioria dos vendedores passa a maior parte de seu tempo atendendo a contas existentes e construindo um *relacionamento* de longo prazo com o cliente. Discutiremos o aspecto do relacionamento no processo de venda pessoal mais adiante, em uma seção específica.

Etapas do processo de vendas

Como mostrado na Figura 16.3, o processo de vendas consiste em sete etapas: prospecção e qualificação, pré-abordagem, abordagem, apresentação e demonstração, tratamento de objeções, fechamento e acompanhamento.

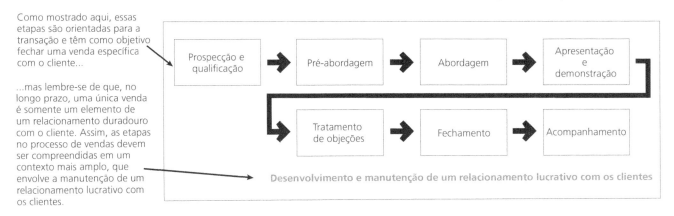

Figura 16.3 Etapas do processo de vendas.

Prospecção e qualificação

Prospecção
A etapa da venda em que o vendedor ou a empresa identifica clientes potenciais qualificados.

A primeira etapa do processo de vendas é a **prospecção** — identificação de clientes potenciais qualificados. Abordar os clientes certos é essencial para o sucesso da venda. Os vendedores não querem entrar em contato com todo e qualquer cliente potencial. Eles querem contatar aqueles que são mais propensos a gostar da proposta de valor da empresa e a responder a ela — aqueles que a empresa pode atender bem e de maneira lucrativa.

Muitas vezes, o vendedor precisa abordar muitos clientes potenciais para conseguir apenas algumas vendas. Embora a empresa forneça alguns leads, os vendedores precisam ser capazes de encontrar os seus próprios. A melhor fonte são as indicações. Os vendedores podem pedir indicações aos clientes atuais e manter outras fontes de referência, como fornecedores, revendedores, vendedores não concorrentes e contatos na Internet e em outras redes sociais. Eles também podem procurar clientes potenciais em listas telefônicas ou na Internet e buscar leads usando o telefone e o e-mail. Podem ainda, como último recurso, visitar diversos escritórios sem aviso prévio (uma prática conhecida como *visita não agendada*).

Os vendedores também precisam saber como *qualificar* as indicações — isto é, identificar as boas e separá-las das ruins. Os clientes potenciais podem ser qualificados de acordo com sua capacidade financeira, volume de negócios, necessidades especiais, localização e possibilidade de crescimento.

Pré-abordagem

Pré-abordagem
A etapa da venda em que o vendedor busca aprender o máximo possível sobre um cliente potencial antes de entrar em contato com ele.

Antes de entrar em contato com um cliente potencial, o vendedor deve buscar aprender o máximo possível sobre a organização (do que ela precisa, quem está envolvido na compra) e seus compradores (suas características e seus estilos de compra). Essa etapa é conhecida como **pré-abordagem**. Uma venda bem-sucedida começa muito antes de o vendedor colocar os pés no escritório do cliente potencial. A pré-abordagem tem início com uma boa pesquisa e preparação. O vendedor pode consultar fontes comuns de referência do setor e on-line, bem como conhecidos e outras fontes para se informar sobre a empresa. Em seguida, ele deve aplicar os dados coletados na pesquisa, desenvolvendo uma estratégia para o cliente.

O vendedor precisa estabelecer os *objetivos do contato*, que podem ser qualificar o cliente potencial, coletar informações ou fazer uma venda imediata. Outra tarefa do vendedor é decidir qual é a melhor abordagem, que pode ser uma visita pessoal, um telefonema, uma carta ou um e-mail. A melhor ocasião para fazer a abordagem deve ser cuidadosamente avaliada, porque há certas horas do dia ou da semana em que muitos clientes potenciais estão mais ocupados. Para completar, o vendedor deve elaborar uma estratégia geral de vendas para o cliente.

Abordagem

Abordagem
A etapa da venda em que o vendedor encontra o cliente pela primeira vez.

Durante a fase de **abordagem**, o vendedor deve saber como encontrar o comprador e cumprimentá-lo, bem como iniciar o relacionamento com ele de uma maneira satisfatória. Essa fase abrange a aparência pessoal do vendedor, as frases iniciais e as observações subsequentes. As frases iniciais devem ser positivas, para gerar boa vontade desde o início. Após esse início, podem ser feitas algumas perguntas-chave, a fim de descobrir mais sobre as necessidades do cliente, ou pode ser apresentado um mostruário ou amostra para atrair a atenção e a curiosidade do comprador. Em todas as etapas do processo de vendas, é fundamental ouvir o cliente.

Apresentação e demonstração

Apresentação
A etapa da venda em que o vendedor conta a "história de valor" para o comprador, mostrando como sua oferta soluciona os problemas da empresa do cliente.

Durante a etapa de **apresentação** do processo de vendas, o vendedor conta a "história de valor" para o comprador, mostrando como a sua oferta pode solucionar os problemas da empresa do cliente. A *abordagem voltada à solução para o cliente* se encaixa melhor ao conceito de marketing de relacionamento de hoje do que uma aproximação mais agressiva ou invasiva de vendas. "Pare de vender e comece a ouvir", aconselha um consultor de vendas. "Sua meta deve ser vender para seus clientes exatamente aquilo que mais os beneficiará", diz outro.[19] Os compradores de hoje querem soluções, e não sorrisos; resultados, e não papo-furado. Além disso, eles não querem apenas produtos. No clima econômico de hoje, os compradores querem, mais do que nunca, saber como os produtos vão agregar valor ao seu negócio. Eles querem vendedores que ouçam suas preocupações, entendam suas necessidades e respondam a elas com os produtos e os serviços certos.

No entanto, antes de serem capazes de *apresentar* soluções para os clientes, os vendedores precisam *desenvolver* soluções para mostrá-las. Essa abordagem voltada à solução requer a capacidade de saber ouvir e a habilidade de solucionar problemas. As características dos vendedores que os compradores *menos apreciam* são: insistência, atraso, falta de preparo, desorganização e excesso de conversa. As qualidades que eles *mais valorizam* são: capacidade de ouvir, empatia, honestidade, confiabilidade, perfeccionismo e acompanhamento. Excelentes vendedores sabem vender, mas, o que é mais importante, eles sabem ouvir e construir relacionamentos sólidos com os clientes. De acordo com um antigo ditado conhecido na área de vendas: "Você tem dois ouvidos e uma boca. Use-os proporcionalmente". Um clássico anúncio da Boise Cascade, fabricante de produtos de escritório, trata da questão do ouvir. Ele traz um vendedor da empresa com orelhas imensas. "Com a Boise, você perceberá a diferença no ato, especialmente em nossa força de vendas", diz o anúncio. "Na Boise [...] nossos representantes de contas têm a capacidade singular de ouvir as suas necessidades."

▲ Excelentes vendedores sabem vender, mas, o que é mais importante, eles sabem ouvir e construir relacionamentos sólidos com os clientes.
Tony Garcia/Getty Images

Por fim, os vendedores também precisam planejar seu método de apresentação. Boas habilidades de comunicação interpessoal ajudam a tornar apresentações de vendas mais eficazes. No entanto, o ambiente de comunicação atual, rico em mídia e saturado, traz muitos e novos desafios para os vendedores na hora da apresentação. Os clientes de hoje, sobrecarregados de informações, demandam experiências de apresentação mais enriquecedoras. De sua parte, os vendedores atualmente se deparam com uma série de distrações durante a sua apresentação, de celulares a mensagens de texto, passando por dispositivos móveis com acesso à Internet. Como resultado, eles precisam transmitir sua mensagem de uma maneira mais envolvente e persuasiva.

Assim, hoje em dia, os vendedores estão utilizando tecnologias avançadas, que permitem apresentações totalmente multimídia para somente uma ou algumas pessoas. O velho *flip chart* usado em apresentações de vendas foi substituído por softwares, tecnologias on-line, lousas interativas, projetores digitais e tablets.

Tratamento de objeções

Os clientes quase sempre fazem objeções durante a apresentação ou quando lhe é pedido que conclua um pedido. As objeções podem ser de ordem lógica ou psicológica, e muitas vezes não são expressas verbalmente. No **tratamento de objeções**, o vendedor deve usar uma abordagem positiva, tentar encontrar objeções ocultas, solicitar ao cliente que esclareça qualquer objeção, considerá-las como oportunidades para fornecer mais informações e transformá-las em razões para comprar. Todos os vendedores precisam de treinamento para lidar com as objeções.

Tratamento de objeções
A etapa da venda em que o vendedor busca, clarifica e resolve quaisquer objeções que o cliente tenha à compra.

Fechamento

Após lidar com as objeções do cliente potencial, o vendedor tenta, então, fechar a venda. Alguns não conseguem chegar à fase do **fechamento** ou não sabem conduzi-la adequadamente. É possível que lhes falte confiança, que se sintam culpados por solicitar o pedido ou que não percebam o momento certo de fechar a venda. Os vendedores devem saber reconhecer os sinais de que o cliente está disposto a fechar a venda, como postura física, comentários e perguntas. Por exemplo, o cliente pode inclinar-se para a frente e balançar a cabeça em sinal de aprovação ou fazer perguntas sobre preços e condições de financiamento.

Fechamento
A etapa da venda em que o vendedor solicita o pedido ao cliente.

Os vendedores têm à sua disposição diversas técnicas de fechamento. Eles podem solicitar o pedido, salientar algumas condições do acordo, oferecer-se para redigir o pedido, perguntar qual modelo o comprador prefere ou comentar que ele vai perder uma boa oportunidade se não fechar o pedido naquele momento. O vendedor pode ainda oferecer condições especiais para que o comprador feche o pedido, como preço mais baixo, uma quantidade extra grátis ou serviços adicionais.

528 Parte 3 | Elaboração de uma estratégia e de um mix voltados para o cliente

Acompanhamento
A etapa da venda em que o comprador faz um trabalho pós-venda a fim de garantir a satisfação do cliente e mais negócios com ele.

Acompanhamento

A última etapa do processo de vendas — o **acompanhamento** — é necessária se o vendedor quer garantir a satisfação do cliente e mais negócios com ele. Logo após o fechamento, o vendedor deve confirmar todos os detalhes, como prazo de entrega, condições de compra e outros pontos. Em seguida, ele deve programar um contato, que deve ocorrer após o comprador ter recebido o pedido, a fim de assegurar que a instalação, as instruções e os serviços estejam em ordem. Se nessa visita for revelado algum problema, o vendedor deverá mostrar interesse e dirimir qualquer preocupação do comprador que possa ter surgido depois do momento da venda.

Venda pessoal e gestão do relacionamento com o cliente

As etapas do processo de vendas que acabamos de descrever são *orientadas para a transação* — sua finalidade é ajudar os vendedores a fechar uma venda específica com um cliente. Mas, na maioria dos casos, o que a empresa busca não é simplesmente uma venda: ela quer atender ao cliente por muito tempo, em um *relacionamento* mutuamente lucrativo. Em geral, a força de vendas exerce um papel importante na construção de relacionamentos com os clientes. Assim, como visto na Figura 16.3, o processo de vendas deve ser compreendido no contexto do desenvolvimento e da manutenção de um relacionamento lucrativo com o cliente.

As organizações de vendas bem-sucedidas reconhecem que conquistar e manter clientes exige mais do que fabricar bons produtos e direcionar a força de vendas para o fechamento de muitos negócios. Se a empresa quer apenas conseguir vendas e conquistar negócios no curto prazo, ela pode fazer isso simplesmente diminuindo os preços, equiparando-os aos dos concorrentes ou deixando-os menores. Em vez disso, a maioria das organizações quer que seus vendedores coloquem em prática a *venda de valor* — a demonstração e a entrega de valor superior para o cliente e a obtenção de algo em troca por esse valor, em um processo justo tanto para a empresa como para o cliente. Por exemplo, empresas como a P&G entendem que elas não vendem simplesmente produtos para seus clientes varejistas ou por meio deles. Elas formam parcerias com esses clientes a fim de criar mais valor para os consumidores finais, para benefício de ambos. A P&G sabe que ela só conseguirá ser bem-sucedida se seus parceiros de varejo também o forem (veja o Marketing Real 16.2).

Infelizmente, no calor do fechamento de uma venda — especialmente em uma economia apertada —, os vendedores muitas vezes pegam o caminho mais fácil, reduzindo o preço em vez de vender valor. O desafio dos gerentes de vendas é transformar os vendedores, fazendo com que eles deixem de ser defensores dos clientes para cortes de preço e passem a ser defensores da empresa para o valor. Eis como a Rockwell Automation vende valor e relacionamento em vez de preço:[20]

> Pressionado pelo Walmart para reduzir seus preços, um fabricante de condimentos pediu que diversos representantes de fornecedores concorrentes — incluindo Jeff Policicchio, representante de vendas da Rockwell Automation — o ajudassem a encontrar maneiras de reduzir seus custos operacionais. Após passar um dia na fábrica do cliente, Policicchio logo percebeu o principal problema: a produção estava sendo prejudicada por conta de períodos de inatividade, em razão do desempenho ruim das bombas nos 32 grandes tanques de condimento do cliente. Coletando rapidamente dados de custo e uso, Policicchio utilizou a ferramenta de avaliação do valor disponível no notebook da Rockwell Automation que usava para desenvolver uma solução eficiente para o problema do cliente com as bombas.
>
> No dia seguinte, quando Policicchio e os representantes concorrentes apresentaram suas propostas de redução de custos para o gerenciamento do fábrica, ele ofereceu a seguinte proposta de valor: "Com essa solução de bombas da Rockwell Automation, por meio da redução dos períodos de inatividade, da diminuição dos custos administrativos ligados a compras e de menos gastos com peças de reparo, sua empresa economizará, no mínimo, 16.268 dólares por bomba — o que pode ser estendido para as 32 bombas —, em relação à melhor solução concorrente". Comparada com as propostas dos concorrentes, a solução de Policicchio tinha um custo inicial mais alto. Mas nenhum representante concorrente ofereceu mais do que promessas vazias sobre possíveis economias de custo. A maioria deles simplesmente abaixou seu preço.
>
> Impressionados com a proposta de valor de Policicchio — apesar de seu alto custo inicial —, os gerentes da fábrica optaram por comprar e testar uma bomba da Rockwell Automation. Como a bomba apresentou um desempenho melhor do que o previsto, o cliente pediu todas as bombas que faltavam. Apresentando valor tangível, em vez de apenas vendas com base no preço, Policicchio não só conseguiu a primeira venda, como também conquistou um cliente fiel para o futuro.

A venda de valor requer ouvir os clientes, entender suas necessidades e, cuidadosamente, coordenar os esforços da empresa como um todo, a fim de criar relacionamentos duradouros baseados no valor para o cliente. "Se você não vende valor, não vende de maneira inteligente", conclui um consultor de vendas.[21]

Marketing Real 16.2

P&G: não é venda, é desenvolvimento de negócios do cliente

Há décadas, a P&G figura no topo de praticamente todas as listas de empresas com excelência em marketing geradas por especialistas. Eles apontam para a grande quantidade de marcas de consumo da P&G que são líderes em venda ou para o fato de que, entra ano e sai ano, a empresa é a maior anunciante do mundo. Os consumidores parecem concordar. Em 99% dos domicílios norte-americanos, é possível encontrar pelo menos uma das principais marcas da P&G; em muitos lares, é possível encontrar uma dezena ou mais de produtos conhecidos da empresa. Mas a P&G também é altamente respeitada por uma outra coisa — sua força de vendas excelente e voltada para o cliente.

Há muito tempo, a força de vendas da P&G é um ícone norte-americano, representando o que há de melhor em termos de venda pessoal. Quando se trata de selecionar, treinar e gerenciar vendedores, a P&G mantém um padrão bem alto. A empresa possui uma força de vendas enorme, com mais de 5 mil vendedores no mundo todo. Na P&G, entretanto, raramente se fala em "vendas". Em vez disso, usa-se CBD (*customer business development* — desenvolvimento de negócios do cliente). E os representantes de vendas da P&G não são "vendedores", mas "gerentes de CBD" ou "executivos de conta de CBD". Isso pode parecer um excesso de "terminologia de negócios", mas na P&G a distinção atinge bem o centro do modo como as vendas funcionam.

A P&G entende que, se os clientes não se saírem bem, a empresa também não se sairá. Assim, para fazer seu negócio crescer, a P&G precisa, em primeiro lugar, fazer com que o negócio dos varejistas que vendem suas marcas para os consumidores finais cresça. E, na P&G, é da força de vendas a principal responsabilidade por ajudar os clientes a crescer. Nas palavras da empresa: "O CBD é mais do que meramente 'vendas' — trata-se de uma abordagem específica da P&G que nos permite fazer crescer nosso negócio trabalhando como 'parceiros estratégicos' (e não apenas como fornecedor) daqueles que, em última instância, vendem nossos produtos para os consumidores". De acordo com um gerente de CBD: "Nós dependemos deles tanto quanto eles dependem de nós". Firmando parcerias, a P&G e seus clientes criam relacionamentos em que os dois lados saem ganhando, os quais ajudam ambos a prosperar.

A maioria dos clientes da P&G é composta por empresas enormes e complexas — como o Walgreens, o Walmart e o Dollar General —, com milhares de lojas e bilhões de dólares em receitas. Trabalhar com esses clientes e vender para eles pode ser algo bastante complicado, que um único vendedor ou equipe de vendas não poderia dar conta. Assim, a P&G designa uma equipe de CBD completa para cada grande cliente. As equipes de CBD são compostas não apenas por vendedores, mas também por um grupo completo de especialistas que abrangem todos os aspectos das marcas de consumo da P&G no nível de varejo.

As equipes de CBD variam em tamanho, dependendo do cliente. Por exemplo, o Walmart — maior cliente da P&G, sendo responsável por impressionantes 20% das vendas da empresa — possui uma equipe de CBD de 350 pessoas. Em compensação, a equipe da P&G para o Dollar General possui cerca de 30 membros. Independentemente do tamanho, todas as equipes de CBD constituem uma unidade de atendimento ao cliente completa e multifuncional. Toda equipe conta com um gerente de CBD e diversos executivos de conta de CBD (cada qual responsável por uma categoria de produtos específica da P&G), que recebem o apoio de especialistas em estratégia de marketing, desenvolvimento de produtos, operações, sistemas de informação, logística, finanças e recursos humanos.

▲ Os gerentes CBD da P&G sabem que, para os negócios da empresa crescerem, eles precisam, em primeiro lugar, ajudar seus parceiros de varejo a vender as marcas da P&G.
Jin Lee/Getty Images USA, Inc.

Para lidar de maneira eficiente com grandes contas, os vendedores da P&G precisam ser inteligentes, bem treinados e orientados estrategicamente. Eles trabalham em uma base diária com compradores de varejo de alto nível, que podem adquirir centenas de milhões de dólares por ano em marcas da P&G e concorrentes. É preciso muito mais do que um sorriso amigável e um firme aperto de mão para interagir com esses compradores. Contudo, os vendedores da P&G não têm como saber tudo e, graças à estrutura de vendas em CBD, eles não têm que saber. Em vez disso, como membros de um equipe de CBD completa, os vendedores da P&G têm em mãos todos os recursos de que precisam para solucionar até mesmo os mais desafiantes problemas dos clientes. "Eu tenho tudo de que preciso bem aqui", diz um executivo de contas que trabalha com produtos voltados para a casa. "Se meu cliente precisa de nossa ajuda para promoções que serão feitas na loja, eu vou até o final do corredor e converso com alguém da minha equipe de marketing sobre como fazer algum tipo de acordo promocional. Simples assim."

O CBD envolve a formação de parceria com os clientes para que, juntos, identifiquem estratégias capazes de criar valor e satisfação para o comprador e manter as vendas lucrativas no nível da loja. Quando se trata de mover, lucrativamente, o Tide, a Pampers, a Gillette e outras marcas da P&G das prateleiras das lojas para o carrinho de compra dos consumidores, os represents da P&G e suas equipes muitas vezes sabem mais o que fazer do que os compradores do varejo, os quais aconselham. De fato, os parceiros de varejo da P&G geralmente contam com as equipes de CBD para ajudá-los a administrar não apenas as marcas da empresa em suas prateleiras, mas categorias inteiras de produtos, incluindo as marcas concorrentes.

Espere um pouco. Faz sentido a P&G oferecer conselhos sobre a armazenagem e a colocação de produtos não só de suas marcas, mas também das dos concorrentes? Um representante de CBD chegaria a dizer para um comprador de varejo estocar menos produtos da P&G e mais de uma marca concorrente. Acredite ou não, isso acontece o tempo todo. A principal meta da equipe de CBD é ajudar o cliente a se sair bem em todas as categorias de produto. Às vezes, as análises mostram que o melhor para o cliente é ter mais do produto da outra empresa. Para a P&G, tudo bem. Ela sabe que, em última instância, criar a melhor situação possível para o varejista atrai mais pessoas às lojas, o que, por sua vez, tende a aumentar as vendas de outros produtos da P&G na mesma categoria. Como a maioria das marcas da P&G é líder de mercado, a empresa se beneficia mais de um aumento no número de pessoas nas lojas do que seus concorrentes. E, novamente, o que é bom para o cliente é bom para a P&G — trata-se de uma situação em que há ganhos mútuos.

A condução honesta e aberta dos negócios também ajuda a construir um relacionamento duradouro com o cliente. Os vendedores da P&G se tornam conselheiros de confiança para seus parceiros de varejo, um status que se esforçam para manter. "Levou quatro anos para eu construir a confiança que minha compradora tem em mim", diz um veterano executivo de conta de CBD. "Se eu disser para ela comprar produtos da P&G que não vai conseguir vender ou para acabar com o estoque de marcas concorrentes que deveria estar vendendo, eu perco essa confiança em um piscar de olhos."

Por fim, a colaboração normalmente é uma via de mão dupla — a P&G dá e os clientes devolvem. "Nós ajudamos os clientes a veicular uma série de comerciais e a fazer algumas promoções, mas em geral há um retorno do investimento", explica outro gerente de CBD. "[Esse retorno] pode consistir em nos ajudar na distribuição de um novo produto ou em aumentar o espaço para os produtos ligados a roupa. Se o esforço gerar valor para nós, assim como para o cliente e o consumidor final, estaremos sempre abertos."

De acordo com a P&G, o "CBD tem a ver com vendas e muito mais. Trata-se de uma abordagem específica da P&G [que permite] com que façamos os negócios crescerem por meio da atuação como 'parceiros estratégicos' de nossos clientes, concentrando-se em oportunidades de desenvolvimento de negócios mutuamente benéficos. Todos os clientes querem melhorar seus negócios, e é [nosso] papel ajudá-los a identificar as melhores oportunidades".

Assim, os vendedores da P&G não são aquelas pessoas efusivas e estereotipadas que muitos imaginam quando pensam em vendas. Os "vendedores" da empresa — seus gerentes de CBD — são profissionais de vendas talentosos, com alto grau de instrução e bem treinados, que fazem o possível para ajudar os clientes a serem bem-sucedidos. Eles sabem que a boa venda envolve trabalhar com os clientes para resolver seus problemas, visando ao benefício mútuo. Sabem que, se os clientes forem bem-sucedidos, eles também serão.

Fontes: baseado em informações obtidas de diversos gerentes da P&G e em dados extraídos de "500 largest sales forces in America", *Selling Power*, set./out. 2011, p. 33-50; <www.experiencepg.com/jobs/customerbusiness-development-sales.aspx>. Acesso em: out. 2012.

Promoção de vendas

Objetivo 4

▶ Explicar como as campanhas de promoção de vendas são desenvolvidas e implementadas.

Promoção de vendas
Incentivos de curto prazo para estimular a compra ou a venda de um produto ou serviço.

Geralmente, a venda pessoal e a propaganda agem em conjunto com uma outra ferramenta de promoção: a promoção de vendas. A **promoção de vendas** consiste em incentivos de curto prazo para estimular a compra ou a venda de um produto ou serviço. Enquanto a propaganda oferece motivos para comprar um produto ou serviço, a promoção de vendas oferece razões para comprar *agora*.

Exemplos de promoções de vendas são encontrados por toda parte. É um encarte no jornal de domingo que contém um cupom oferecendo um 1 dólar de desconto na compra de ração GoodBites da Pedigree para seu cachorro. Um anúncio da Bed Bath & Beyond em sua revista favorita que oferece 20% de desconto para um produto dentre seus vários. Uma enorme pilha de engradados de Coca-Cola no final do corredor em um supermercado local, que instiga a compra por impulso oferecendo 4 pacotes de 2 por 12 dólares. Um notebook da HP, que você compra e recebe um upgrade de memória de graça. Uma rede de lojas de ferragens que recebe um desconto de 10% em alguns cortadores de grama e ferramentas de jardinagem da Stihl para anunciá-los em jornais locais. A promoção de vendas inclui uma ampla variedade de ferramentas de promoção elaboradas para estimular uma reação antecipada ou mais forte do mercado.

▶ As promoções de venda estão por toda parte. Por exemplo, sua revista favorita está repleta de ofertas como essa, que promove uma reação imediata e forte.

Bed Bath & Beyond Inc.

O rápido crescimento da promoção de vendas

As ferramentas de promoção de vendas são utilizadas pela maioria das organizações, incluindo fabricantes, distribuidores, varejistas e instituições sem fins lucrativos. Elas são direcionadas para compradores finais (*promoções dirigidas ao consumidor*), para varejistas e atacadistas (*promoções dirigidas ao canal de distribuição*), para clientes organizacionais (*promoções dirigidas às empresas*) e para o pessoal da força de vendas (*promoções dirigidas à força de vendas*). Atualmente, no caso de um fabricante médio de produtos de consumo embalados, as promoções de vendas respondem por 73% de todas as despesas com marketing.[22]

Diversos fatores têm contribuído para o rápido crescimento das promoções de vendas, particularmente nos mercados consumidores. Para começar, nas empresas, os gerentes de produto enfrentam maiores pressões para aumentar as vendas atuais, e eles veem a promoção como uma ferramenta de vendas eficaz no curto prazo. Em segundo lugar, externamente, a empresa enfrenta maior competição, e as marcas concorrentes são menos diferenciadas. Cada vez mais, os concorrentes utilizam a promoção de vendas para ajudar a diferenciar suas ofertas. Em terceiro lugar, a eficiência da propaganda tem diminuído, por conta do aumento dos custos, da saturação da mídia e das restrições legais. Por fim, os consumidores estão mais propensos a negociar. Na atual economia, os consumidores estão exigindo preços mais baixos e ofertas melhores. E a promoção de vendas pode ajudar a atrair os consumidores mais parcimoniosos de hoje.

A crescente utilização das promoções de vendas resultou em uma *saturação de promoções*, que é semelhante à da propaganda. De acordo com um estudo recente, 37% de todos os produtos de mercearia são vendidos com algum tipo de apoio promocional.[23] Uma promoção corre o risco de ficar perdida em um mar de promoções, enfraquecendo sua capacidade de provocar vendas imediatas. Os fabricantes estão agora buscando maneiras de superar a saturação. Eles estão, por exemplo, oferecendo cupons com valores mais altos, colocando displays de maior impacto nos pontos de venda e fazendo promoções em novas mídias interativas, como a Internet e o celular.

Ao desenvolver um programa de promoção de vendas, a empresa deve, em primeiro lugar, estabelecer os objetivos da promoção e, em seguida, selecionar as melhores ferramentas para atingir esses objetivos.

Objetivos da promoção de vendas

Os objetivos da promoção de vendas variam muito. As empresas vendedoras podem usar *promoções dirigidas ao consumidor* para induzir mais compras por parte do consumidor no curto prazo ou para melhorar o envolvimento do cliente com a marca. Os objetivos das *promoções dirigidas ao canal de distribuição* incluem convencer os varejistas a comercializar novos itens e manter um estoque maior, fazer compras antecipadas ou promover os produtos da empresa e dar a eles mais espaço na prateleira. As *promoções dirigidas a empresas* são utilizadas para gerar oportunidades de negócios, estimular compras, recompensar os clientes e motivar os vendedores. Para a força de vendas, os objetivos incluem conseguir maior apoio dela para produtos existentes ou novos e incentivar os vendedores a conquistar novas contas.

As promoções de vendas geralmente são utilizadas em conjunto com a propaganda, a venda pessoal, o marketing direto ou outras ferramentas do mix de promoção. Em geral, as promoções dirigidas ao consumidor devem ser anunciadas e podem acrescentar entusiasmo e poder de persuasão aos anúncios. As promoções dirigidas ao canal de distribuição e à força de vendas apoiam o processo de venda pessoal da empresa.

Quando a economia aperta e as vendas caem, é tentador oferecer grandes descontos promocionais para estimular os gastos do consumidor. Em geral, entretanto, em vez de gerar apenas vendas de curto prazo ou conseguir uma troca momentânea de marca, as promoções de vendas devem ajudar a reforçar o posicionamento do produto e a construir um relacionamento duradouro com os clientes. Se desenvolvida adequadamente, qualquer ferramenta de promoção de vendas tem o potencial de gerar tanto entusiasmo de curto prazo como relacionamento de longo prazo com o cliente. Os profissionais de marketing devem evitar "soluções rápidas" e promoções baseadas exclusivamente em preços, optando por promoções elaboradas para construir brand equity. Exemplos disso são os vários *programas de marketing de frequência* e os cartões de fidelidade, que ganharam bastante popularidade nos últimos anos. A maioria dos hotéis, supermercados e companhias aéreas oferece programas para hóspedes/compradores/viajantes frequentes, recompensando os clientes

▲ Programas de fidelidade: o Kroger mantém as pessoas que possuem seu cartão Kroger Plus voltando ao vincular a compra de alimentos a descontos no preço do combustível.
Cortesia de Gary Armstrong

Promoções dirigidas ao consumidor
Ferramentas de promoção de vendas usadas para aumentar a compra e o envolvimento por parte dos clientes no curto prazo ou para intensificar o relacionamento com eles no longo prazo.

regulares para fazê-los continuar voltando. Hoje, todos os tipos de empresa oferecem programas de recompensa. Esses programas promocionais podem construir fidelidade por meio de adição de valor, em vez de desconto em preços.

Por exemplo, as pessoas que possuem o cartão Kroger Plus recebem vantagens por comprarem com frequência — elas têm descontos especiais nas lojas para itens selecionados, ofertas e cupons exclusivos enviados por e-mail e a possibilidade de criar e salvar suas listas de compra on-line. A rede de supermercados também mantém os clientes voltando ao vincular a compra cumulativa de alimentos a descontos no preço do combustível. Os consumidores que, ao comprar, utilizam o cartão de fidelidade da empresa podem obter cerca de 0,35 centavos de desconto por litro de gasolina a cada 100 dólares gastos na loja, chegando a ter até 7,5 dólares de desconto por litro quando completam o tanque. "Nós ficamos contentes por oferecer [aos clientes] mais controle nas bombas", diz um executivo de marketing do Kroger. "Trata-se de outra forma de recompensar os clientes que optam por comprar conosco."[24]

Principais ferramentas da promoção de vendas

Muitas ferramentas podem ser utilizadas para se atingir os objetivos da promoção de vendas. A seguir, descrevemos as principais usadas nas promoções dirigidas ao consumidor, ao canal de distribuição e às empresas.

Promoções dirigidas ao consumidor

As **promoções dirigidas ao consumidor** incluem uma série de ferramentas, que variam de amostras, cupons, reembolsos, brindes e displays no ponto de venda a concursos, sorteios e patrocínios de eventos.

Amostras são ofertas de uma quantidade do produto para experimentação. A distribuição de amostras é a maneira mais eficaz — e a mais cara — de lançar um novo produto ou criar entusiasmo em torno de um produto existente. Algumas amostras são grátis. Para outras, a empresa cobra um preço reduzido, a fim de cobrir seu custo. A amostra pode ser enviada por correio, distribuída em uma loja ou quiosque, anexada a outro produto e incorporada a um anúncio ou e-mail. Às vezes, elas vêm combinadas em pacotes promocionais, que podem ser utilizados para promover outros produtos e serviços. A distribuição de amostras pode ser uma poderosa ferramenta promocional.

Cupons são comprovantes que garantem aos consumidores um desconto na compra de um produto especificado. A maioria dos consumidores adora cupons. Empresas norte-americanas de produtos de consumo embalados distribuíram 305 bilhões de cupons no ano passado, com um valor nominal médio de 1,55 dólar — um aumento de 26% desde 2007. Os consumidores resgataram mais de 3,5 bilhões deles, fazendo uma economia total de cerca de 4,6 bilhões de dólares — um número 58,6% maior do que o registrado cinco anos antes.[25] Os cupons podem estimular a experimentação precoce de uma nova marca ou as vendas de uma marca madura. Entretanto, para combater o aumento na saturação de cupons, a maioria das principais empresas produtos de consumo está emitindo menos cupons e os direcionando com maior cuidado.

As empresas também estão buscando novos meios de distribuição de cupons, como dispositivos que os liberam nas prateleiras dos supermercados e impressoras eletrônicas que os fornecem nos pontos de venda, além de programas de cupom veiculados on-line e por dispositivos móveis. De acordo com um estudo recente, os cupons digitais são hoje os que mais crescem no segmento de cupons. Atualmente, eles são responsáveis por 11% de todos os cupons resgatados. Mais de 25% da população norte-americana utiliza cupons on-line de sites como Coupons.com, MyCouspster, Groupon, LivingSocial e Cellfire.[26] E, com os celulares se tornando um apetrecho sem o qual muitas pessoas não vivem, as empresas estão cada vez mais os vendo como um excelente território para cupons, ofertas e outras mensagens de marketing. Por exemplo, o Walgreens disponibiliza cupons para seus clientes por meio de uma série de canais móveis:[27]

> Utilizando o aplicativo para smartphone do Walgreens, os clientes podem baixar, instantaneamente, cupons que vão de 0,50 centavos a 5 dólares para todo tipo de mercadoria — de produtos de beleza e voltados para a saúde a itens essenciais no dia a dia, como fraldas descartáveis. Os cupons, convenientemente, podem ser escaneados, não sendo necessário recortá-los ou imprimi-los. Os clientes simplesmente baixam os cupons do aplicativo do Walgreens e os caixas os escaneiam direto de seu celular. O Walgreens também envia por Twitter cupons para clientes que fazem check-in em qualquer uma de suas 8 mil lojas nos Estados Unidos usando aplicativos como o Foursquare, o Yelp ou o Facebook Places. Todas as lojas da empresa contam com capacidade para fazer escâneres móveis, o que faz com que ela tenha o maior programa de cupons distribuídos por dispositivos móveis entre os varejistas do país. "Por meio de nossos aplicativos, não importa onde as pessoas estejam, elas podem encontrar uma maneira fácil de economizar na próxima vez em que forem ao Walgreens", diz o diretor de e-commerce da empresa.

▲ Cupons distribuídos por dispositivos móveis: o Walgreens disponibiliza cupons para seus clientes por meio de uma série de canais móveis, incluindo seu aplicativo para smartphone e os tuítes que envia para os clientes que utilizam serviços de check-in, como o Foursquare, o Yelp e o Facebook Place.

Equipe de marketing digital e mídia emergente do Walgreens. Rich Lesperance, diretor.

Os *reembolsos* são semelhantes aos cupons, exceto pelo fato de que a redução de preço ocorre após a compra, e não na loja. O cliente envia um comprovante de compra ao fabricante, o qual reembolsa parte do preço pago por correio. Por exemplo, a Toro realizou uma inteligente promoção pré-estação para alguns de seus modelos de máquina de remoção de neve, oferecendo um reembolso se o nível de neve na área de mercado do comprador ficasse abaixo da média. Os concorrentes não conseguiram fazer uma oferta equivalente em um tempo tão curto, e a promoção foi um grande sucesso.

Pacotes promocionais (também chamados de *descontos promocionais*) oferecem aos consumidores descontos sobre o preço normal de um produto. Os preços reduzidos são marcados pelo fabricante diretamente no rótulo ou na embalagem do produto. Os pacotes promocionais podem ser embalagens individuais vendidas a um preço menor (como duas pelo preço de uma) ou dois produtos relacionados vendidos em um único pacote (como escova de dentes e creme dental). Esses pacotes são muito efetivos — até mais do que os cupons — para estimular vendas no curto prazo.

Brindes são mercadorias oferecidas gratuitamente ou a um baixo custo como incentivo à compra de determinado produto. Eles compreendem desde brinquedos anexados a produtos para crianças até cartões telefônicos e DVDs. O brinde pode vir dentro da embalagem (interno), fora da embalagem (externo) ou ser enviado por correio. Por exemplo, há anos o McDonald's oferece uma série de brindes junto com seu McLanche Feliz — de personagens do *Madagascar* a bonequinhos do Beanie Babies e do *Pokémon*. Os clientes podem visitar o site <www.happymeal.com> para brincar com jogos e assistir a comerciais associados ao atual patrocinador do McLanche Feliz.[28]

Brindes promocionais, também chamados de *produtos promocionais*, são artigos úteis, com o nome, o logotipo ou slogan do anunciante impressos, que são oferecidos como presente aos consumidores. Entre os brindes promocionais mais comuns estão camisetas e outros itens de vestuário, canetas, canecas, calendários, chaveiros, mouse pads, sacolas, bolas de golfe e bonés. No ano passado, as empresas norte-americanas gastaram cerca de 18 bilhões de dólares em brindes promocionais. Esses brindes podem ser bastante eficazes. Os "melhores são mantidos por perto durante meses e ficam, sutilmente, gravando um nome de marca no cérebro do usuário", observa um especialista em produtos promocionais.[29]

Promoções nos pontos de venda incluem colocação de displays e demonstrações nos locais de venda. Pense na última vez em que visitou o Safeway, o Costco, a CVS ou a Bed Bath & Beyond perto de sua casa. Muito provavelmente você percorreu os corredores tropeçando em displays, placas promocionais, "prateleiras falantes" ou demonstradores, que estavam oferecendo amostras grátis de produtos alimentícios. Infelizmente, muitos varejistas não gostam de lidar com as centenas de displays, placas e pôsteres que recebem dos fabricantes todos os anos. Por conta disso, os fabricantes passaram a oferecer materiais de ponto de venda de melhor qualidade, propondo-se a montá-los e conjugando-os com mensagens na televisão, na mídia impressa ou on-line.

Concursos, sorteios e *jogos* dão aos consumidores a chance de ganhar alguma coisa, como dinheiro, viagens ou mercadorias, por sorte ou esforço extra. Um *concurso* requer que os clientes apresentem algo — um jingle, um slogan, uma sugestão —, que será julgado por um grupo de pessoas encarregado de escolher os melhores participantes. Um *sorteio* requer que os clientes deem seu nome para participar. Um *jogo* oferece algo aos consumidores sempre que eles fazem uma compra — números de bingo, letras para completar alguma coisa —, o que lhes dá a oportunidade de, eventualmente, ganhar um prêmio.

Todos os tipos de empresa usam sorteios e concursos a fim de chamar a atenção para a marca e aumentar o envolvimento do consumidor. Por exemplo, o sorteio "Relaxe com os amigos" do Outback oferece a chance de ganhar um jantar para quatro pessoas, em que são oferecidas "entradas que abrem o apetite e bifes suculentos". Já o sorteio "Ganhe gasolina grátis por um ano" do O'Reilly Auto Parts promete que você vai "esquecer o preço do combustível um ano inteiro". Participe do sorteio "Grande viagem de férias da família norte-americana" da Coleman e tenha a chance de ganhar uma viagem em família para Yellowstone, além de um produto para acampamento da empresa. E, recentemente, o sorteio "Corrida para vencer" da Chevrolet ofereceu dois prêmios: um Corvette 427 conversível com uma viagem para assistir a corrida 24 horas de Le Mans, na França, e um Camaro com um final de semana na Indy500.

Marketing de eventos (ou patrocínio de eventos)
Criar um evento para uma marca ou, então, ser patrocinador único ou um dos participantes de eventos criados por outros.

Por fim, as empresas podem promover suas marcas por meio do **marketing de eventos** (ou **patrocínio de eventos**). Elas podem criar eventos para suas marcas ou, então, serem as únicas patrocinadoras ou uma das participantes de eventos criados por outros. Os eventos podem incluir de tudo, de turnês itinerantes a festivais, reuniões, maratonas, shows e outros encontros patrocinados. O marketing de eventos é algo enorme — e talvez seja o segmento da promoção de mais rápido crescimento. Ele é eficaz quando relaciona eventos e patrocínios a uma proposta de valor da marca.

Atualmente, todos os tipos de marcas estão envolvidos com eventos. Em uma semana, é possível ver a National Football League lotando a extremidade sul da Time Square com jogadores da NFL, para promover os novos uniformes da liga. Na semana seguinte, tem um monte de modelos russas bloqueando a rua 45 entre a Broadway e a Sétima Avenida, na cidade de Nova York, usando o lugar como passarela para a Maybelline. Mas, de acordo com um jornalista especializado em negócios, a Red Bull, fabricante de bebidas energéticas, é "a mãe de todas as empresas que fazem marketing de eventos":[30]

▲ Marketing de eventos: a Red Bull realiza centenas deles todos os anos, envolvendo dezenas de esporte no mundo todo. Esses eventos são elaborados para levar o dinâmico mundo da Red Bull às suas comunidades de entusiastas.
REUTERS/Max Rossi

Pioneira em eventos, a Red Bull realiza centenas deles todos os anos, envolvendo dezenas de esporte no mundo todo. Todo evento traz experiências sem paralelo, elaboradas para levar o dinâmico mundo da Red Bull às suas comunidades de entusiastas. A marca, inclusive, mantém a etiqueta "Holly s**t" em seu site, que traz vídeos de tudo, de saltos no mar a 27 metros de altura, realizados em seu evento Cliff Diving Series em Grimstad, na Noruega, até corajosas proezas em esqui livre feitas no pico de montanhas do Colorado para seu evento Red Bull Cold Rush, passando por voos livres de tirar o fôlego em eventos da Red Bull ocorridos em lugares exóticos, como Monterrey, no México, e Hunan Province, na China. O evento Red Bull Final Descent consiste em um desafio de mountain bike que leva os participantes de um lado para o outro, em algumas das áreas mais tecnicamente desafiadoras da América do Norte. Os eventos da Red Bull reúnem um grande público e geram muita cobertura da mídia. Mas eles são mais do que apenas eventos — são uma forma de envolver os clientes. Esses eventos têm a ver com experiências reais, em que os clientes podem, de fato, sentir o entusiasmo da marca e vivenciá-la. "Trata-se de aprofundar e intensificar relacionamentos", diz uma analista.

Promoções dirigidas ao canal de distribuição

Promoções dirigidas ao canal de distribuição
Ferramentas de promoção de vendas usadas para persuadir os revendedores a comercializar determinada marca, dar a ela espaço na prateleira, promovê-la por meio de propaganda e incentivar os consumidores a comprá-la.

Os fabricantes destinam uma quantidade maior do orçamento de promoção de vendas aos varejistas e atacadistas (79%) do que aos consumidores finais (21%).[31] As **promoções dirigidas ao canal de distribuição** podem persuadir os revendedores a comercializar determinada marca, dar a ela espaço na prateleira, promovê-la por meio de propaganda e incentivar os consumidores a comprá-la. Hoje em dia, o espaço na prateleira é tão escasso que os fabricantes muitas vezes são obrigados a oferecer descontos de preço, garantias de recompra ou mercadorias grátis a varejistas e atacadistas para conseguir colocar seus produtos na prateleira e, uma vez que tenham conseguido, para mantê-los lá.

Os fabricantes utilizam diversas ferramentas de promoção dirigida ao canal de distribuição. Muitas das ferramentas usadas para as promoções dirigidas ao consumidor — concursos, brindes, displays — podem ser utilizadas para promoções dirigidas ao canal de distribuição. O fabricante pode ainda oferecer um *desconto* sobre o preço de tabela para cada caixa comprada durante um determinado período de tempo (uma prática chamada também de *desconto sobre o preço*, *desconto sobre a fatura* ou *desconto sobre a tabela*). Pode, inclusive, oferecer uma *bonificação* (geralmente um desconto por volume) em troca da concordância do varejista em apresentar seus produtos de determinada maneira. Por exemplo, pode ser oferecida uma bonificação aos varejistas que anunciarem o produto ou para aqueles que utilizarem displays especiais.

Os fabricantes também podem oferecer *mercadorias grátis*, como caixas extras do produto, para revendedores que comprarem uma determinada quantidade ou concordarem em vender um sabor ou tamanho específico. Eles podem ainda oferecer uma *verba de incentivo* — dinheiro vivo ou presentes — aos revendedores ou à equipe de vendas deles para "empurrar" suas mercadorias. Por fim, os fabricantes podem dar aos varejistas *brindes promocionais* com o nome da empresa, como canetas, calendários, pesos para papéis, lanternas e sacolas.

Promoções dirigidas às empresas

As empresas gastam bilhões de dólares todos os anos em promoções voltadas para clientes organizacionais. As **promoções dirigidas às empresas** são utilizadas para gerar oportunidades de negócios, estimular compras, recompensar clientes e motivar a equipe de vendas. Elas podem incluir muitas das ferramentas usadas para as promoções dirigidas ao consumidor e ao canal de distribuição. Aqui, focamos em duas importantes ferramentas adicionais: as convenções e feiras e os concursos de vendas.

Muitas empresas e associações comerciais organizam *convenções e feiras comerciais* para promover seus produtos. As empresas que vendem produtos para o setor os apresentam na feira comercial. Elas obtêm muitos benefícios, como a oportunidade de conseguir novos leads de vendas, contatar clientes, lançar produtos, encontrar novos clientes, vender mais para os clientes existentes e instruir os compradores com publicações e materiais audiovisuais. As feiras comerciais também ajudam as empresas a contatar muitos clientes potenciais que não foram alcançados por suas equipes de vendas.

▲ Algumas feiras comerciais são enormes. Na International Consumer Electronics Show deste ano, 3.100 expositores atraíram cerca de 153 mil visitantes profissionais.
Consumer Electronics Association (CEA)

Promoções dirigidas às empresas
Ferramentas de promoção de vendas usadas para gerar oportunidades de negócios, estimular compras, recompensar clientes e motivar a equipe de vendas.

Algumas feiras comerciais são enormes. Por exemplo, na International Consumer Electronics Show (Feira Internacional de Produtos Eletrônicos) deste ano, 3.100 expositores atraíram cerca de 153 mil visitantes profissionais. E, ainda mais impressionante, na Bauma — uma feira de equipamentos de construção e mineração que acontece em Munique, na Alemanha — mais de 3.200 expositores de 53 países apresentaram suas mais recentes inovações em termos de produtos para um número superior a 420 mil visitantes, provenientes de mais de 200 países. No total, o espaço de exposição tinha cerca de 530 mil metros quadrados (o equivalente a 124 campos de futebol americano).[32]

O *concurso de vendas* é dirigido à equipe de vendas ou a revendedores, para motivá-los a melhorar seu desempenho em vendas em um determinado período. Esses concursos motivam e dão o devido reconhecimento àqueles que apresentam bom desempenho, os quais podem ganhar viagens, prêmios em dinheiro ou outros presentes. Algumas empresas dão pontos por desempenho, que podem ser trocados por vários prêmios. Os concursos de vendas funcionam melhor quando são condicionados a objetivos de vendas mensuráveis e possíveis de serem atingidos (como conseguir novas contas, reativar contas antigas ou aumentar a lucratividade das contas).

Desenvolvimento do programa de promoção de venda

Além de selecionar os tipos de promoção a serem utilizados, o profissional de marketing deve tomar inúmeras outras decisões na hora de definir o programa de promoção de vendas como um todo. Para começar, ele deve definir o *tamanho do incentivo*. É necessário um deter-

536 Parte 3 | Elaboração de uma estratégia e de um mix voltados para o cliente

minado incentivo mínimo para que a promoção tenha sucesso; um incentivo maior gerará mais resposta de vendas. Ele também deve estabelecer as *condições de participação*. Os incentivos podem ser oferecidos para todos ou somente para grupos selecionados.

O profissional de marketing deve decidir ainda como *promover e distribuir* o programa de promoção em si. Por exemplo, um cupom de desconto de 2 dólares pode ser oferecido em uma embalagem, em um anúncio, na loja, pela Internet ou pelo download em um dispositivo móvel. Cada método de distribuição envolve um nível diferente de alcance e custo. Cada vez mais, os profissionais de marketing mesclam diversas mídias em um conceito geral de campanha. A *duração da promoção* também é importante. Se o período de promoção de vendas for muito curto, muitos clientes potenciais (que podem não estar comprando na época) vão perdê-la. Se a promoção abranger um período muito longo, a oferta perderá um pouco da força do argumento "compre agora".

A *avaliação* também é muito importante. Os profissionais de marketing devem trabalhar para mensurar os retornos de seus investimentos em promoção de vendas, da mesma forma como devem buscar estimar os retornos das outras atividades de marketing. O método mais comum de avaliação consiste em comparar as vendas antes, durante e depois de uma promoção. Os profissionais de marketing devem perguntar: a promoção atraiu novos clientes ou gerou mais compras por parte dos clientes existentes? Podemos manter esses novos clientes e compras? Os ganhos em termos de relacionamento de longo prazo com o cliente e vendas gerados pela promoção justificam seus custos?

A promoção de vendas, obviamente, exerce um importante papel no mix total de promoção. Para fazer bom uso dela, o profissional de marketing deve definir os objetivos da promoção, selecionar as melhores ferramentas, elaborar e implementar o programa de promoção e avaliar os resultados. Além disso, a promoção de vendas deve ser cuidadosamente coordenada com os outros elementos do mix de promoção, em um programa geral de comunicação integrada de marketing.

Revisão dos conceitos

Revisão dos **objetivos** e **termos-chave**

○ Revisão dos objetivos

Este capítulo é o terceiro de quatro que tratam do último elemento do mix de marketing: a promoção. Os dois capítulos anteriores abordaram a comunicação integrada de marketing geral e a propaganda e as relações públicas. Este tratou da venda pessoal e da promoção de vendas. A venda pessoal constitui o braço interpessoal do mix de comunicação. Já a promoção de vendas consiste em incentivos de curto prazo para estimular a compra ou a venda de um produto ou serviço.

Objetivo 1 ▶ Discutir o papel dos vendedores de uma empresa na criação de valor para os clientes e na construção de um relacionamento com eles (p. 511-514)

A maioria das empresas usa vendedores, e muitas delas designam para eles um importante papel no mix de marketing. Nas empresas que vendem produtos organizacionais, o pessoal de vendas trabalha diretamente com os clientes. Muitas vezes, a força de vendas é o único contato direto do cliente com a empresa e, portanto, pode ser considerada por ele a representante da organização. Por outro lado, no caso das empresas de produtos de consumo que utilizam intermediários

para vender, os consumidores geralmente não conhecem os vendedores nem sabem que são. A força de vendas trabalha nos bastidores, negociando com atacadistas e varejistas para obter o apoio deles e ajudando-os a serem mais eficazes na venda dos produtos da empresa.

Como um dos elementos do mix de promoção, a força de vendas é muito eficaz no cumprimento de certos objetivos de marketing e na execução de atividades como prospecção, comunicação, vendas, atendimento e coleta de informações. No entanto, com as empresas se tornando cada vez mais orientadas para o mercado, uma força de vendas focada no cliente também trabalha para gerar tanto satisfação para o cliente como lucro para a empresa. A força de vendas exerce um papel fundamental no desenvolvimento e na gestão de relacionamentos lucrativos com o cliente.

Objetivo 2 ▶ Identificar e explicar as seis principais etapas no gerenciamento da força de vendas (p. 514-525)

O alto custo da força de vendas exige um processo de gerenciamento de vendas eficaz, que consiste em seis etapas:

Capítulo 16 | Venda pessoal e promoção de vendas 537

elaboração da estratégia e da estrutura da força de vendas; recrutamento e seleção; treinamento; remuneração; supervisão; e avaliação do desempenho dos vendedores e da força de vendas.

Ao projetar uma força de vendas, a gerência de vendas deve levar em conta diversas questões, como o tipo de estrutura que funcionará melhor (por território, por produto, por cliente ou uma estrutura complexa); o tamanho que a força de vendas terá; quem se envolverá no esforço de vendas; e como o pessoal de apoio às vendas trabalhará em conjunto com os vendedores (forças de vendas internas ou externas e venda em equipe).

Os vendedores devem ser recrutados e selecionados com cuidado. No recrutamento, a empresa pode considerar as tarefas da função e as características de seus vendedores mais bem-sucedidos como indicativos do perfil desejado. Ela deve buscar candidatos por meio de indicações de vendedores atuais, de anúncios classificados, da Internet e de outras redes sociais, como centros de recrutamento e colocação de universitários. O processo de seleção pode variar de uma única entrevista informal a longos testes e entrevistas. Concluído o processo de seleção, são conduzidos programas de treinamento para que os novos vendedores se familiarizem não apenas com a arte de vender, mas também com a história da empresa, com seus produtos e políticas e com as características de seus clientes e concorrentes.

O sistema de remuneração da força de vendas ajuda a recompensar, motivar e orientar os vendedores. Além da remuneração, todos os vendedores precisam de supervisão, e muitos necessitam de motivação contínua, por terem que tomar muitas decisões e enfrentar muitas frustrações. A empresa deve avaliar periodicamente o desempenho deles, para ajudá-los a fazer um trabalho melhor. Ao avaliar os vendedores, a empresa se baseia nas informações coletadas por meio de relatórios de vendas, observações pessoais, pesquisas com os clientes e conversas com outros vendedores.

Objetivo 3 ▶ **Discutir o processo de vendas pessoais, diferenciando o marketing orientado para a transação do marketing de relacionamento (p. 525-530)**

O processo de vendas envolve sete etapas: prospecção e qualificação; pré-abordagem; abordagem; apresentação e demonstração; tratamento de objeções; fechamento; e acompanhamento. Essas etapas ajudam a empresa a fechar um negócio específico e, por essa razão, são orientadas para a transação. Entretanto, os contatos de um vendedor com os clientes devem ser orientados pelo conceito mais amplo de marketing de relacionamento. A força de vendas deve ajudar a orquestrar o esforço da empresa inteira, com o intuito de desenvolver relacionamentos duradouros e lucrativos com clientes-chave, tendo como base o valor e a satisfação superiores do cliente.

Objetivo 4 ▶ **Explicar como as campanhas de promoção de vendas são desenvolvidas e implementadas (p. 530-536)**

As campanhas de promoção de vendas requerem a definição dos objetivos da promoção (em geral, as promoções de vendas devem *construir um relacionamento com o consumidor*), a seleção de ferramentas e o desenvolvimento e implementação do programa de promoção, por meio da utilização de *ferramentas de promoção dirigidas ao consumidor* (cupons, reembolsos, brindes, promoções no ponto de venda, concursos, sorteios e eventos), *ferramentas de promoção dirigidas ao canal de distribuição* (descontos, bonificações, mercadorias grátis e verba de incentivo) e *ferramentas de promoção dirigidas às empresas* (convenções, feiras comerciais e concursos de vendas). É preciso também determinar aspectos como o tamanho do incentivo, as condições de participação, o modo de promover e distribuir o pacote de promoção e a duração da promoção. Após o término desse processo, a empresa deve avaliar os resultados de sua promoção de vendas.

↻ Termos-chave

Objetivo 1
Vendas pessoais (p. 512)
Vendedor (p. 512)

Objetivo 2
Cota de vendas (p. 524)
Estrutura da força de vendas por produto (p. 515)
Estrutura da força de vendas por território (p. 514)
Estrutura da força de vendas por cliente (ou mercado) (p. 515)

Força de vendas externa (ou força de vendas de campo) (p. 516)
Força de vendas interna (p. 516)
Gerenciamento da força de vendas (p. 514)
Vendas em equipe (p. 517)

Objetivo 3
Abordagem (p. 526)
Acompanhamento (p. 528)
Apresentação (p. 526)
Fechamento (p. 527)
Pré-abordagem (p. 526)

Processo de vendas (p. 525)
Prospecção (p. 526)
Tratamento de objeções (p. 527)

Objetivo 4
Marketing de eventos (ou patrocínio de eventos) (p. 534)
Promoção de vendas (p. 530)
Promoções dirigidas ao canal de distribuição (p. 534)
Promoções dirigidas ao consumidor (p. 532)
Promoções dirigidas às empresas (p. 535)

538 Parte 3 | Elaboração de uma estratégia e de um mix voltados para o cliente

Discussão e pensamento crítico

O Questões para discussão

1. Explique de que maneira o vendedor é um importante elo entre a empresa e o cliente.
2. Compare as três estruturas de força de vendas apresentadas neste capítulo. Qual delas é mais eficaz?
3. Analise as atividades envolvidas no gerenciamento da força de vendas.

4. Defina *promoção de vendas* e explique seus objetivos.
5. Relacione e descreva os tipos de promoção dirigida ao consumidor.
6. Explique os diferentes tipos de promoção dirigida ao canal de distribuição e os diferencie das promoções dirigidas às empresas.

O Atividade de pensamento crítico

1. Vamos imaginar que você é o coordenador de marketing responsável por apresentar um plano de promoção de vendas ao mercado, que tem como objetivo lançar uma nova marca de bebida energética, a qual será vendida em supermercados. Nessa tarefa, quais ferramentas promocionais deve considerar? E quais decisões precisa tomar?

Aplicações e casos

O Foco na tecnologia   Outro dia, outra oferta

O humilde cupom ganhou um impulso com a mídia social. O Groupon, o grupo que oferece serviços de cupons com ofertas diárias e começou no final de 2008, está ultrapassando até mesmo as taxas de crescimento antes fenomenais do Google e do Facebook. Atualmente, o grupo oferece cerca de mil ofertas todos os dias, para mais de 70 milhões de usuários espalhados em mais de 50 países. O modelo de negócios é simples. Uma empresa apresenta uma oferta por meio do Groupon — por exemplo, estipula o preço de 25 dólares para uma mercadoria que custa 50 —, mas o acordo só se dá se um número suficiente de pessoas se registrar. Normalmente, o Groupon fica com 50% de todas as receitas geradas com a oferta (ou seja, ele fica com 12,50 dólares dos 25 dólares pagos pelo consumidor). Em troca, a empresa obtém um grande tráfego na loja gerado pela oferta. Como o modelo de negócios é muito simples e as barreiras à entrada são baixas, existem hoje mais de 600 desses sites que trazem ofertas digitais diárias.

1. Partindo da perspectiva das empresas que apresentam as ofertas, explique as vantagens e as desvantagens de se oferecer cupons por meio de sites que trazem ofertas digitais diárias, como o Groupon.
2. Com base no modelo do Groupon, crie uma ideia para um serviço promocional local de compra coletiva. Ele pode fazer parte de um projeto da classe ou ser uma forma de captar fundos para uma organização estudantil em sua universidade. Os estudantes serão o mercado-alvo de seu site de ofertas digitais. Desenvolva um plano de vendas para recrutar empresas locais que queiram apresentar ofertas, bem como um plano de promoção para atrair os estudantes ao site. Apresente seus planos para a classe.

O Foco na ética   Marketing além do rótulo

A Johnson & Johnson (J&J) concordou em pagar 2,2 bilhões de dólares para resolver uma pendência envolvendo o marketing do Risperdal, um medicamento antipsicótico. Já a Pfizer desembolsou 2,3 bilhões de dólares e a Eli Lilly pagou 1,4 bilhão para dar fim a uma disputa com o governo norte-americano. Recentemente, a Glaxo aceitou pagar 3 milhões de dólares em um acordo — seu quarto acordo com o governo por conta do marketing de seus produtos. Por lei, as empresas farmacêuticas podem comercializar seus medicamentos somente para usos comprovados pela FTC (Federal Trade Commission — Comissão Federal de Comércio), mas os médicos podem receitar qualquer remédio aprovado que, na visão deles, se encaixe na situação do paciente. Os fabricantes de medicamentos vêm treinando suas forças de vendas para instruir os médicos acerca dos usos e dosagens não aprovadas, em uma prática chamada de marketing "além do rótulo". Quase 75% dos maiores acordos da indústria farmacêutica com o governo têm relação com o marketing além do rótulo. A Glaxo, inclusive, foi longe, ao pegar um artigo questionável, sem assinatura, de uma empresa e publicá-lo em um periódico médico, sob o nome de autores acadêmicos, para convencer os médicos de que o Paxil era comprovadamente eficaz no tratamento da depressão em crianças — um uso que a FDA não tinha aprovado. O experimento clínico relatado foi, mais tarde, criticado pela comunidade médica. Mas os médicos provavelmente não estão cientes do que está acontecendo, pois a maioria deles confia nas empresas farmacêuticas para obter informações sobre os medicamentos. Grande parte das práticas ilegais utilizadas pelo setor farmacêutico vem a público somente quando uma pessoa da indústria — alguém ligado à gestão ou um

Capítulo 16 | Venda pessoal e promoção de vendas **539**

representante de vendas — resolve botar a boca no mundo. Felizmente, a Federal False Claim Act (Lei Federal de Afirmações Falsas) oferece proteção e até mesmo incentivos para funcionários que queiram fazer isso. As empresas farmacêuticas fazem acordos nesses tipos de investigação porque, caso se declarem culpadas das acusações (como fizeram a J&J e a Glaxo), elas não perdem o direito de vender os medicamentos para o governo — o que aconteceria se fossem consideradas culpadas após um julgamento.

1. O que você faria se fosse representante de vendas em uma empresa farmacêutica e lhe pedissem para promover um medicamento para usos que não constam no rótulo? Nos Estados Unidos, quais proteções e incentivos a Federal False Claim Act oferece para estimular os funcionários a deletar um comportamento ilegal?
2. Que características e comportamentos um vendedor ético deve ter? Que papel o gerente de vendas exerce no comportamento ético de vendas?

○ Foco nos números   Análise de força de vendas

A Brown, Inc. fabrica móveis que são vendidos por meio de lojas especializadas no sudeste dos Estados Unidos. A empresa tem dois vendedores que fazem muito mais do que simplesmente vender os produtos — eles gerenciam o relacionamento com os clientes varejistas para fazê-los atender melhor às necessidades dos consumidores. Os representantes de vendas da empresa visitam os clientes várias vezes por ano, visitas que, geralmente, consomem horas. A Brown está pensando em se expandir para outras regiões do país e gostaria de ter seus móveis distribuídos por mil clientes varejistas. Cada vendedor ganha 50 mil dólares, além de 2% de comissão sobre todas as vendas. Outra alternativa consiste em utilizar os serviços de um representante de vendas, em vez de manter uma força de vendas própria. No caso, os representantes receberiam 10% de comissão sobre as vendas.

1. Quantos vendedores a Brown precisará ter se quiser manter mil clientes varejistas que necessitam ser visitados cinco vezes por ano? Cada visita de vendas dura aproximadamente 2,5 horas, e cada representante tem cerca de 1.250 horas por ano para se dedicar aos clientes. (Consulte o Apêndice 2 para responder a esta questão.)
2. Para a Brown, em qual nível de vendas seria mais eficiente em termos de custo usar uma força de vendas própria do que agentes de vendas? Para determinar isso, considere os custos fixos e variáveis das duas alternativas. Quais são as vantagens e as desvantagens em se utilizar uma força de vendas própria, em vez de representantes de vendas independentes?

○ Vídeo empresarial   MedTronic

Muitas empresas vendem produtos que a maioria dos clientes pode, literalmente, viver sem. Mas os dispositivos vendidos pela MedTronic são uma questão de vida ou morte. O bem-estar dos pacientes depende de bombas de insulina, desfibriladores implantáveis e marca-passos cardíacos desenvolvidos e fabricados pela MedTronic. Em alguns mercados, sete em cada oito dispositivos médicos em uso são da empresa.

E o que acontece quando você sabe que tem um produto que ajudará um cliente em termos de custo, tempo e bem-estar do usuário final, mas não consegue dar o primeiro passo para transmitir essa informação? Esse vídeo mostra como os representantes de vendas da MedTronic mantêm uma aborda-

gem centrada no cliente em seu processo de vendas pessoais como um meio de comunicar, com eficiência, os benefícios dos produtos da MedTronic.

Após assistir ao vídeo que apresenta a MedTronic, responda às seguintes perguntas:

1. Como a força de vendas da MedTronic é estruturada?
2. Identifique o processo de vendas na MedTronic. Dê uma exemplo de cada etapa.
3. Por meio de sua força de vendas, a MedTronic é eficaz na construção de relacionamentos duradouros com os clientes? Se sim, como? Se não, o que ela poderia melhorar?

○ Caso empresarial   Salesforce.com: ajudando as empresas a impulsionar o processo de vendas

À medida que a Internet e as mídias sociais e móveis se proliferam, a natureza das vendas B2B muda. De fato, alguns preveem o fim dos vendedores profissionais, afirmando que as tecnologias interativas de hoje fazem com que seja possível vender produtos e serviços para os clientes organizacionais com pouca ou nenhuma interação humana.

Mas essa perspectiva ignora uma característica muito importante das vendas bem-sucedidas: o objetivo de fazer uma venda e levar os clientes a comprar várias vezes é construir um relacionamento sólido e duradouro com eles. E, para isso, hoje, os vendedores são mais importantes do que nunca. No entanto, atualmente, para os vendedores serem eficazes em todos os aspectos — da prospecção à manutenção do contato

com os clientes entre uma compra e outra —, eles precisam conhecer as tecnologias que facilitam a gestão do relacionamento com o cliente.

UMA NOVA ERA PARA O APOIO EM VENDAS

Nesse ponto, entra a Salesforce.com. Marc Benioff fundou a empresa on-line em 1999, para competir em um mercado repleto de organizações que oferecem apoio à força de vendas de pequenos e grandes negócios. À primeira vista, não tinha nada que diferenciasse muito o sistema da Salesforce.com dos muitos outros que permitiam aos representantes de vendas corporativos coletar e gerenciar informações sobre clientes existentes e potenciais, levando a uma maior produtividade em vendas.

540 Parte 3 | Elaboração de uma estratégia e de um mix voltados para o cliente

Mas a missão da Salesforce.com não era nada menos do que visionária. O que tornava a empresa diferente era comunicado em seu logo — a palavra "software" circulada em vermelho com uma linha a cortando. O número do telefone de contato da empresa era (e ainda é) "800-NOSOFTWARE". Com a Salesforce.com, Benioff declarava o fim dos caros pacotes de software de gestão do relacionamento com o cliente (CRM) — os tipos vendidos pela Siebel e pela SAP, na época líderes do setor. Tendo como bandeira o CRM, Benioff afirmou, logo no início, que a Salesforce.com seria a força que ajudaria as forças de vendas a gerenciar seu relacionamento com os clientes.

Os produtos da Salesforce.com eram baseados em assinatura e acessados pela Internet. Com nada para instalar e nenhum software para adquirir, os clientes podiam partir para o trabalho de maneira rápida e barata. Embora para muitas empresas hoje esse modelo de "nuvem" seja uma prática padrão, era uma ideia radical em 1999. Porém, mais do que simplesmente lançar um método inovador no que se refere a software de vendas, Benioff estava consolidando a Salesforce.com como uma empresa inovadora, que buscaria, com consistência, novas formas de ajudar as organizações a atingir uma maior eficiência com a força de vendas. Desde sua fundação, a Salesforce.com se manteve um passo à frente da concorrência, aprimorando seus produtos e serviços de tal maneira que parecia prenunciar as tendência nas vendas B2B.

Nos últimos dez anos, a empresa expandiu seus serviços centrais de gerenciamento de vendas para um portfólio completo de serviços baseados na Internet, que alocam todos os aspectos relacionados ao processo de vendas e às vendas na nuvem. Isso inclui o Data.com (dados de contatos e contas de marketing e vendas B2B), o Database.com (um banco de dados na nuvem), o Site.com (gerenciamento de conteúdo da Internet baseado na nuvem), o Desk.com (um suporte técnico para pequenas empresas) e o Sales Cloud (o principal aplicativo de vendas do mundo). Alguns anos atrás, a Salesforce.com percebeu que a mídia social exerceria um importante papel nas vendas B2B. Para se manter na ponta, a empresa adquiriu a Radian6 (uma empresa de monitoramento de mídia social usada por mais da metade das organizações listadas na Fortune 500) e lançou o Chatter, uma espécie de Facebook do mundo corporativo.

O portfólio de produtos da Salesforce.com é cuidadosamente integrado, de modo que cada uma das ferramentas é compatível com todas as outras. E, ao mesmo tempo em que os produtos da Salesforce.com ampliaram as ofertas da empresa, indo além das funções de apoio às vendas, eles facilitam o processo de vendas. Como assinala a Salesforce.com, essas ferramentas permitem que as empresas "impulsionem suas vendas". Veja como a Salesforce.com tem ajudado as empresas a seguir a conquistar um relacionamento melhor do que nunca com os clientes por meio do processo de vendas.

NBCUNIVERSAL

A NBCUniversal (NBCU) é o lar de 20 marcas famosas na área de mídia e entretenimento, entre elas a NBC, a CNBC, a Bravo, a Universal e a Telemundo. No caótico mundo da mídia, a NBCU tem sido desafiada nos últimos anos pelas grandes mudanças que estão atingindo o setor, incluindo o número crescente de pontos de mídia que competem pela atenção do público, o aumento da popularidade da mídia on-line e as mudanças na natureza e no tipo da propaganda. Por conta do enorme escopo da NBCU, talvez ela esteja sendo mais duramente atingida pelas mudanças do que qualquer outra empresa de mídia.

O império da NBCU é tão vasto que ela representa um total combinado de mais de 2 milhões de anúncios por ano. Gerenciar tantos anúncios assim, em vários canais, para milhares de clientes anunciantes era uma tarefa intimidadora. De fato, chegou-se a um ponto em que a NBCU tinha mais de 250 diferentes portais voltados para a visualização de informações e interações entre a empresa e os anunciantes que compravam seus espaços publicitários. Gerenciar esse tipo de interação era angustiante, e perdiam-se oportunidades de oferecer aos anunciantes a melhor maneira de atingir os clientes certo com a mensagem correta.

A Salesforce.com ajudou a NBCU a integrar sua força de vendas tendo como base os clientes. Hoje, o portal para a gestão dos relacionamentos é simplificado em um único local de visualização, o que permite que todos os representantes de vendas da NBCU, em cada uma de suas filiais, vejam o que todos os anunciantes estão fazendo pela empresa. "À medida que os negócios caminham para o século XXI, são necessárias ferramentas de colaboração que reúnam as coisas", diz Eric Johnson, diretor de eficácia da força de venda da NBCU. "A Salesforce.com ajuda a captar a colaboração que está acontecendo pela empresa, com o intuito de estimular e fazer crescer os negócios."

As ferramentas da Salesforce.com também permitem que os representantes de vendas gerenciem melhor o relacionamento com o cliente por meio de uma colaboração interna mais clara. Por exemplo, quando a equipe de produtos da NBCU visualiza novas oportunidades de propaganda e inserção de produtos, ela utiliza as ferramentas da Salesforce.com para, com rapidez, oferecer à equipe de vendas tudo o que ela precisa para vender a novidade. Com isso, os representantes de vendas estão mais conectados do que nunca. "Nos primeiros seis meses, a colaboração com o marketing foi meteórica", diz Dan Sztorc, executivo de contas da CNBC. Com a Salesforce.com, ele e seus colegas estão sempre conectados uns aos outros e com os clientes. "Nós temos liberdade para nos aventurar, testar coisas diferentes e fazer alguns arremessos de três pontos."

A NBCU equipou todos os seus executivos de conta com iPads que contêm o aplicativo da Salesforce.com, o qual os permite acessar todas as suas ferramentas disponibilizadas pela empresa, além de outras informações ligadas ao marketing e aos clientes, a qualquer hora e em qualquer lugar. Até que ponto a NBCU tem se saído bem com as ferramentas da Salesforce.com? "Na semana de lançamento do aplicativo, tivemos em retorno de 300% sobre o investimento", diz Johnson. "Colaboração social, rede social — eles estão aqui para ficar."

GE CAPITAL

No moderno e mais social mundo dos negócios, a GE Capital começou a notar a importância de se conectar com os clientes. "O poder do empreendimento social na área B2B é que você pode, de fato, se conectar com seus clientes e lhes entregar valor de uma maneira tal que as interações diárias normalmente não permitem", diz Sigal Zarmi, CIO da GE. Por esse motivo, a GE Capital se voltou para as ferramentas do portfólio da Salesforce.com.

Capítulo 16 | Venda pessoal e promoção de vendas **541**

Uma tática que a empresa utilizou foi construir o que ela chama de Acesso à GE, uma nova comunidade colaborativa baseada na plataforma Force.com da Salesforce.com. O Acesso à GE foi lançado após somente cinco semanas de desenvolvimento, gerando uma próspera comunidade onde CEOs e CFOs de mercados de médio porte podem se valer da experiência de colegas e de funcionários da GE Capital. Ele possibilita aos executivos de empresas clientes se conectarem com a GE e com outros clientes, com base em necessidades similares e experiências compartilhadas, participando de discussões sobre tópicos de interesse mútuo.

Como o Acesso à GE permite aos clientes receberem informações melhores com mais rapidez, o poder das tecnologias sociais da Salesforce.com está aumentando também a colaboração entre os funcionários da GE Capital. A equipe de vendas comerciais da empresa, composta de mais de 3.100 funcionários, também utiliza o Chatter para compartilhar estratégias de venda, descobrir especialistas internos e encontrar oportunidades para vendas cruzadas.

Como tudo isso ajuda a vender os produtos e os serviços da GE Capital? O Acesso à GE diminui o tempo que os clientes levam para obter as respostas e as informações que procuram a fim de tomar as decisões de compra. "Nós estamos conectando os clientes à GE Capital — e entre si — de maneira rápida, eficiente e social, construindo um relacionamento profundo com clientes importantes", explica Zarmi. "Esse é o poder das redes sociais." Tudo isso tem ajudado a GE Capital a cumprir melhor sua missão, que consiste em oferecer serviços financeiros e conhecimento técnico que ajudem o capital de seus clientes a ir mais longe. Com o auxílio da Salesforce.com, a empresa também está desenvolvendo conexões mais sólidas e profundas com seus clientes, incentivando mais engajamento e colaboração por parte de seus funcionários e conquistando crescimento de uma maneira que ela nunca havia experimentado.

INDO ALÉM COM NOVOS PRODUTOS

Com base no sucesso do Acesso à GE, uma ferramenta social customizada, a Salesforce.com expandiu sua linha de produtos. Afinal, o Chatter é uma ferramenta de comunicação unilateral. Com o Acesso à GE, a Salesforce.com percebeu o valor que seus clientes podem obter com fóruns multilaterais, como os oferecidos pela solução da GE Capital. Por conta disso, a Salesforce.com lançou o Salesforce.com Communities como uma ramificação do Chatter, oferecendo um ambiente organi-

zado, onde todos os gestores e organizações clientes podem se encontrar e colaborar on-line entre eles e com os representantes da empresa.

A Salesforce.com sabe que há riscos associados à liberação de fórum para os clientes. Além de compartilhar informações positivas valiosas, eles podem transmitir reclamações e comentários negativos para milhares de clientes de uma vez só. Mas a inovadora Salesforce.com aceitou esse tipo de risco desde o início. Em toda nova tecnologia que apresenta, a empresa se concentra na mesma cartada para convencer os usuários relutantes: o aumento da produtividade. Com o Chatter, os usuários obtêm uma média de 12,5% de ganhos em produtividade em relação às empresas que não utilizam a rede social B2B. E a Salesforce.com acredita que haverá ganhos de produtividade similares com o Communities.

A Salesforce.com tem se mantido inovadora desde o princípio, estando à frente das tendências e tecnologias que estão moldando as modernas interações B2B. Suas ferramentas são do mais alto nível, oferecendo aos represes de vendas, mais do que nunca, uma visão precisa e oportuna das informações e dos insights dos clientes no processo de vendas. Como assinala a Salesforce.com: "Com as vendas dirigidas para iniciativas sociais, os representantes, os gerentes e os executivos têm tudo o que precisam para fechar negócios".

QUESTÕES PARA DISCUSSÃO

1. Quando a Salesforce.com se lançou como um serviço baseado na Internet, como essa inovação ajudou os representantes de vendas a interagir melhor com seus clientes?
2. Descreva a diferença que a Salesforce.com tem feito para a NBCU e a GE Capital.
3. Considere o processo de vendas. Como as ferramentas da Salesforce.com descritas neste caso poderiam facilitar cada uma das etapas do processo?
4. Pensando no futuro, quais produtos a Salesforce.com terá que desenvolver para se manter na ponta, apoiando as equipes de vendas com informação e colaboração?

Fontes: baseado em informações extraídas de <www.salesforce.com>. Acesso em: ago. 2012. Veja também Erika Morphy, "Are enterprises really ready for true social collaboration?", *Forbes*, 14 ago. 2012, <www.forbes.com/sites/erikamorphy/2012/08/14/are-enterprises-really-ready-fortrue-social-collaboration-salesforce-coms-betting-they-cant-resist-theproductivity-gains/>; Shel Israel, "Does Salesforce.com own the social enterprise?", *Forbes*, 20 mar. 2012, <www.forbes.com/sites/shelisrael/2012/03/20/does-salesforce-own-the-social-enterprise/>.

Estudo de caso

Administração de vendas e a cocriação de valor

Alexandre Luzzi Las Casas
Doutor em Administração Mercadológica pela FGV-SP e
professor titular da PUC-SP

A criação de valor é um conceito que tem crescido muito de importância com o aumento da concorrência e da sofisticação dos clientes. Significa que a empresa deve proporcionar benefícios para os compradores de bens e serviços a um determinado custo.

O benefício proporcionado por uma empresa não advém apenas dos produtos comercializados, mas sim de todo o processo de comercialização incluindo os intermediários e departamentos funcionais de uma organização. Desse modo, o departamento de Finanças, de Recursos Humanos, Produção ou qualquer outro envolvido no processo empresarial devem participar da criação do valor, proporcionando a satisfação dos clientes.

A criação de valor tem passado por diferentes focos no processo de comercialização. Desde a valorização do produto e dos sistemas de produção quando havia escassez de oferta no mercado, passando pela agressividade de vendas quando houve excesso de oferta, até o momento atual onde se buscam múltiplas alternativas para atender às necessidades dos consumidores e, dessa forma, mantê-los fiéis à organização.

No entanto, a partir da década de 1990, a administração de vendas passou a ser orientada para o mercado, e não apenas para o consumidor. O tripé estratégico — cliente, concorrente e mercado — passou a ser a tônica da nova criação de valor. Os administradores de marketing e vendas enfatizaram a análise das mudanças do mercado e do acompanhamento da concorrência para definir sua forma de atuação.

Por isso, o foco em determinados atributos passou a ser a proposta predominante no período e muitas empresas foram bem-sucedidas com esta nova forma de criação de valor, tais como WalMart, Federal Express e Gol, dentre outras. No caso da Gol, a família Constantino já possuía conhecimento em lidar com as classes C e D nos transportes rodoviários (competências), focaram no variável preço, por ser este um atributo desejado pelos consumidores, de forma a poderem viajar em transportes aéreos, e que não estava sendo atendido pela concorrência. Por isso, a Gol criou um sistema para redução dos preços, aumentando o número de assentos nas aeronaves, redução do tempo em aeroportos, eliminação das refeições nos voos domésticos, entre outras mudanças. Pouco tempo após sua entrada no mercado brasileiro, tornou-se uma das principais empresas do setor.

Essa interação com os clientes passa a abranger as etapas de pré e pós-venda como forma de prestar um atendimento integral e criar um relacionamento duradouro. Os vendedores devem estabelecer um diálogo contínuo com os clientes para definir suas necessidades atuais e futuras e acompanhar os possíveis problemas que surjam. Embora possam se designar setores para esse papel, é a atividade de vendas, devido ao contato pessoal como característica de sua comunicação, que tem o maior potencial para manter um bom relacionamento com os clientes.

Na criação de valor, a prática de vendas pessoais também tem uma grande possibilidade de tornar os consumidores muito satisfeitos e para isso há algumas recomendações. Kotler, em seminário da HSM Management em São Paulo, em 2012, afirmou que um vendedor deve ser, acima de tudo, um mercador de valor. Para isso sugere que os produtos sejam oferecidos com ênfase inicial nas características, posteriormente nos benefícios e depois no valor que agrega para os compradores. Também sugere que os pontos de diferença entre a empresa e os seus concorrentes devem ser ressaltados, e não os de semelhança. Além disso, é recomendado que a equipe de vendas esteja preparada para distinguir entre o valor de um produto ou serviço e o preço atribuído a ele. O objetivo é tornar a diferença superior à dos concorrentes.

Essas ações integradas passaram a contar com a participação cada vez mais ativa dos clientes, que de elementos passivos no processo de criação de valor passam a ter um papel ativo na interação e na cocriação de valor.

Nessa nova orientação, os consumidores interagem com as empresas na prática de comercialização. A oferta passa a considerar as experiências vividas pelos clientes. Em vez de considerar a satisfação apenas pela oferta comercial, como de produtos ou serviços, os clientes a passaram a ter, num sentido mais amplo um total de experiências no momento do consumo.

A cocriação envolve não apenas os clientes, mas também fornecedores e até mesmo os concorrentes no processo de geração de um bem ou serviço. Forma-se um grupo restrito de consumidores que se preparam para ajudar e participar da elaboração. Com isso, os produtos são produzidos com a colaboração dos consumidores, evitando que sejam oferecidos de uma forma unilateral como nas abordagens anteriores. É possível cocriar em promoção de vendas, propaganda, ou qualquer outra atividade do marketing.

A marca Doritos da PepsiCo elaborou um anúncio com a participação de internautas e venceu um prêmio importante nos Estados Unidos, o Concurso de Anúncios do Super Bowl, promovido pelo USA Today, concorrendo com comerciais de agências profissionais. Os conteúdos gerados por usuários podem se tornar mais relevantes e naturais, o que é atestado pela premiação obtida. Mais recentemente, a PepsiCo está convidando todos os fãs, do mundo inteiro, para criar os próprios anúncios para a Doritos e ter uma chance de ganhar US$ 1 milhão. Os dez finalistas irão competir pela oportunidade de ter seus anúncios caseiros transmitidos para uma audiência global: o ganhador do grande prêmio também terá emprego na Universal Pictures, em Hollywood. Com o título de "Crash the Super Bowl", a presidente da Global Snack Group, da PepsiCo, afirma que "A competição" Doritos Crash the Super Bowl "tem um tremendo legado de envolver fãs corajosos do Doritos nos EUA e a marca está satisfeita por levar esse famoso programa para os mercados internacionais". A promoção inclui participação em vários eventos e uma excelente experiência que se tornará inesquecível aos interessados (PEPSICO, 2014).

Outro caso de cocriação permanente é a Lego, que conseguiu formar mais de 150 comunidades com aproximadamente 100 mil fãs para desenvolver novos produtos que ajudam a empresa a testar e aperfeiçoar seus brinquedos e jogos. Os usuários, por consumirem e vivenciarem os produtos, têm condições de propor inovações que ampliam suas experiências e inclusive estimulam o uso de novas mídias. A Lego gera valor para os compradores, considerados inovadores, e permite o envolvimento das comunidades, formando uma verdadeira "tribo" (SLOAN MANAGEMENT REVIEW, 2012).

Várias empresas brasileiras estão praticando a cocriação como foco de seus negócios. Em São Paulo, a Metamáquina fabrica e vende impressoras 3 D. São máquinas que produzem objetos de plástico ou resina desenhados por computador por meio de mensagens tridimensionais. Desde 2009, ano de sua fundação, a empresa pratica essa forma de abordagem mercadológica.

Os sócios da empresa identificaram um software gratuito na Internet e fizeram algumas alterações para adaptá-lo a seus interesses. Esse software é colaborativo, e agregou não apenas as mudanças sugeridas pelos administradores da Metamáquina, mas também incorpora a sugestão de vários outros profissionais que se manifestaram com sugestões e alterações. A versão preparada pela empresa também foi colocada à disposição dos usuários, que podem utilizá-la sem restrições (EXAME PME, 2014).

Há ainda outras empresas brasileiras, ou multinacionais que atuam no Brasil, também praticando a cocriação: Santander, Tecnisa, Fiat, Dell, Natura, Hospital Moinhos de Vento, entre outros. A Gafisa, por exemplo, buscando algo novo para o mercado de construção civil, aplicou a cocriação para um produto imobiliário. Utilizaram as mídias sociais para divulgar o programa e estimular a participação dos internautas. Fotos, vídeos e textos foram compartilhados entre os interessados e a empresa. O usuário aderia à página através de seu perfil no Facebook e, por meio das ferramentas disponíveis, contribuía com ideias e sugestões. A partir dessas contribuições, foram feitas as escolhas e adaptações das propostas (LAS CASAS, 2014).

O Instituto Gerdau, o Instituto Natura e a Fundação de Ação Social são empresas privadas que igualmente buscam a participação dos consumidores e interessados em iniciativas que incluem impacto nas pessoas, no planeta e nos lucros. O potencial de crescimento da cocriação no Brasil é muito promissor.

Uma pesquisa da Forrester Research, para avaliar a viabilidade de cocriação no Brasil, encontrou um ambiente favorável para essa prática, pois três fatores fundamentais estão presentes no país: alto nível de engajamento com mídias sociais, elevado grau de interação com as companhias utilizando ferramenta de mídia social e vontade inerente para cocriar com empresas. Além disso, cerca de 75% dos brasileiros são considerados como cocriadores favoráveis que estão interessados em contribuir (RAMASWAMY; COUTINHO, 2011).

Considerando-se as mudanças dos consumidores que utilizam cada vez mais as mídias sociais e Internet para suas compras e atividades, adicionalmente ao fato de que a população brasileira está pronta para cooperar, a cocriação de experiências deve incorporar-se cada vez mais às atividades de vendas, tornando-a uma ação integrada entre compradores e vendedores.

Questões para reflexão

1. Como a administração de vendas pode ser impactada pela cocriação de experiências entre compradores e vendedores?

2. Na prestação de serviços onde já há uma interação entre os participantes, como o profissional de vendas pode motivar a cocriação de novas experiências?

3. Qual o perfil mais indicado de vendedores para a prática de cocriação de experiências com clientes?

4. Mencione e descreva como a administração de vendas pode participar de comunidades formadas por usuários de uma organização.

Referências

- LAS CASAS, A. L. *Cocriação de valor:* conectando a empresa com os consumidores através das redes sociais e ferramentas colaborativas. São Paulo: Atlas, 2014.

- MIT SLOAN MANAGEMENT REVIEW. Comunidades Lego. HSM Management, set./out. 2012. Disponível em: <hsmmanagement.com.br>. Acesso em: 13 out. 2014.

- PEPSICO, 2014. Disponível em: <pepsico.com.br>. Acesso em: 13 out. 2014.

- RAMASWAMY, Venkat; COUTINHO, André. Plataforma — cocriação — desenvolvimento. *Revista HSM Management*, p. 51, set./out. 2011.

- REVISTA EXAME PME. *Cocriação.* São Paulo, p. 30, mar. 2014.

NOTAS

1. Trechos adaptados de informações encontradas em Jesi Hempel, "IBM's all-star salesman", *Fortune*, 26 set. 2008, <http://money.cnn.com/2008/09/23/technology/hempel_IBM.fortune/index.htm>; <www-03.ibm.com/employment/jobs/softwaresales/> e <www-03.ibm.com/ibm/history/ibm100/us/en/icons/ibmsales/>. Acesso em: nov. 12.

2. Veja Philip Kotler, Neil Rackham e Suj Krishnaswamy, "Ending the war between sales and marketing", *Harvard Business Review*, jul./ago. 2006, p. 68-78; Elizabeth A. Sullivan, "The ties that bind", *Marketing News*, 15 maio 2010; Allan Mayer, "Improving the relationships between sales and marketing", *OneAccord*, 30 maio 2012, <www.oneaccordpartners.com/blog/bid/132539/>; Philip Kotler e Kevin Lane Keller, *Marketing management*, 14. ed. Upper Saddle River: Prentice Hall, 2012, p. 554.

3. Veja Henry Canaday, "Give it a whirl", *Selling Power*, maio/jun. 2010, p. 22-24; Henry Canaday, "How one enterprise sales force works with channel partners to maintain and build sales", *Selling Power*, 27 jun. 2012, <www.sellingpower.com/enterprise-sales/>.

4. "Selling Power 500: the largest sales force in America", *Selling Power*, set./out. 2011, p. 33-49.

5. Veja discussões em "The costs of personal selling", 13 abr. 2011, <www.seekarticle.com/business-sales/personal-selling.html>; "What is the real cost of a B2B sales call?", <www.marketing-playbook.com/sales-marketing-strategy/what-is-thereal-cost-of-a-b2b-sales-call>, out. 2012.

6. Citações e informações extraídas de Jim Domanski, "Special report: the 2012 B@B tele-sales trend report", <www.salesopedia.com/downloads/2012%20B2B%20Tele-Sales%20Trend%20Special%20Reportl.pdf>. Acesso em: jul. 2012.

7. Veja "Case study: Climax Portable Machine Tools", <www.selltis.com/selltis-sales/Case-Studies/Climax-Portable-Machine-Tools> e <www.climaxportable.com>. Acesso: nov. 2012.

8. "Customer business development", <www.experiencepg.com/jobs/customer-business-development-sales.aspx>. Acesso em: out. 2012.

9. Para essa e mais informações e discussões, veja <www.gallupaustralia.com.au/consulting/118729/sales-force-effectiveness.aspx>. Acesso em: jul. 2012; Lynette Ryals e Iain Davies, "Do you really know who your best salespeople are?", *Harvard Business Review*, dez. 2010, p. 34-35; "The 10 skills of super' salespeople", <www.businesspartnerships.ca/articles/the_10_skills_of_super_salespeople.phtml>. Acesso em: jul. 2012; "Salesperson

544 Parte 3 | Elaboração de uma estratégia e de um mix voltados para o cliente

recruiting expert Steve Suggs shows how to hire the best sales-people", *PRNewswire*, 19 abr. 2012.

10. Barbara Hendricks, "Strengths-based selling", 8 fev. 2011, <www.gallup.com/press/146246/Strengths-Based-Selling.aspx>.

11. "ADP case study", Corporate Visions, Inc., <http://win.corporatevisions.com/caseStudy_ADP.html>. Acesso em: jul. 2011; Henry Canaday, "Higher expectations", *Selling Power*, nov./dez. 2011, p. 50-51.

12. Baseado em informações encontradas em Sara Donnelly, "Staying in the game", *Pharmaceutical Executive*, maio 2008, p. 158-159; "Improving sales force effectiveness: Bayer's experiment with new technology", Bayer Healthcare Pharmaceuticals, Inc., 2008, <www.icmrindia.org/casestudies/catalogue/Marketing/MKTG200.htm>; Tanya Lewis, "Concentric", *Medical Marketing and Media*, jul. 2008, p. 59; <www.hydraframe.com/mobile/project_reprace.htm>. Acesso em: jul. 2012; Andrew Tolve, "Pharma sales: how simulation can help reps sell", *Eye for Pharma*, 28 mar. 2012, <http://social.eyeforpharma.com/sales/pharma-sales-how-simulation-can-help-reps-sell>. Para mais sobre e-learning, veja Sarah Boehle, "Global sales training's balancing act", *Training*, jan. 2010, p. 29; Henry Canaday, "The personal virtual classroom", *Selling Power*, maio/jun. 2011, p. 55.

13. Para essa e mais discussões, veja Joseph Kornak, "07 compensation survey: what's it all worth?", *Sales & Marketing Management*, maio 2007, p. 28-39; William L. Cron e Thomas E. DeCarlo, *Dalrymple's sales management*, 10. ed. Nova York: John Wiley & Sons Inc., 2009, p. 303; Ken Sundheim, "How sales professionals are paid", *Salesopedia*, <www.salesopedia.com/compensationcompensationdesign>. Acesso: jul. 2012; Alexander Group, "2012 sales compensation trends survey results", 6 jan. 2012, <www.alexandergroup.com/resources/survey-findings>.

14. Susan Greco, "How to reduce your cost of sales", *Inc.*, 5 mar. 2010, <www.inc.com/guide/reducing-cost-of-sales.html>. Veja também Robert McGarvey, "Pay for performance", *Selling Power*, fev. 2011, p. 54.

15. Veja Charles Fifield, "Necessary condition #3: the right day-to-day operational focus", dez. 2010, <www.baylor.edu/content/services/document.php/127101.pdf>. Para outro resumo, veja Gerhard Gschwandtner, "How much time do your salespeople spend selling?", *Selling Power*, mar./abr. 2011, p. 8.

16. As citações anteriores são de Lain Chroust Ehmann, "Sales up!", *Selling Power*, jan./fev. 2011, p. 40. Trecho adaptado a partir de informações encontradas em Pelin Wood Thorogood, "Sales 2.0: how soon will it improve your business?", *Selling Power*, nov./dez. 2008, p. 58-61; Gerhard Gschwandtner, "What is sales 2.0, and why should you care?", *Selling Power*, mar./abr. 2010, p. 9. Veja também Michael Brenner, "The state of the union in b2b marketing", 25 jan. 2011, <www.b2bmarketinginsider.com/strategy/the-state-of-the-union-in-b2b-marketing>.

17. Adaptado de informações encontradas em Elizabeth A. Sullivan, "B-to-B marketers: one-to-one marketing", *Marketing News*, 15 maio 2009, p. 11-13. Veja também Robert McGarvey, "All about us: how the social-community phenomenon has affected B2B sales", *Selling Power*, nov./dez. 2010, p. 48; Kim Wright Wiley, "The electronic click", *Selling Power*, jan./fev./mar. 2012, p. 14-16.

18. Citações de David Thompson, "Embracing the future: a step by step overview of sales 2.0", *Sales and Marketing Management*,

jul./ago. 2008, p. 21; "Ahead of the curve: how sales 2.0 will affect your sales process for the better", *Selling Power*, mar./abr. 2010, p. 14-17. Veja também Robert McGarvey, "All about us", *Selling Power*, 7 mar. 2011, p. 48; Lain Chroust Ehmann, "Sales up!", *Selling Power*, jan./fev. 2011, p. 40; Kim Wright Wiley, "The electronic click", *Selling Power*, jan./fev./mar. 2012, p. 14-16.

19. John Graham, "Salespeople under siege: the profession redefined", *Agency Sales*, jan. 2010, p. 20-25; Rick Phillips, "Don't pressure, persuade", *Selling Power*, jan./fev. 2010, p. 22; Bill Farquharson e T. J. Tedesco, "How to build' a sales rep", *Printing Impressions*, abr. 2011, p. 38.

20. Exemplo baseado em informações encontradas em James C. Anderson, Nirmalya Kumar e James A. Narus, "Become a value merchant", *Sales & Marketing Management*, 6 maio 2008, p. 20-23; "Business market value merchants", *Marketing Management*, mar./abr. 2008, p. 31+. Para mais discussões e exemplos, veja Heather Baldwin, "Deeper value delivery", *Selling Power*, set./out. 2010, p. 16.

21. Thomas P. Reilly, "Value-added selling is smart", *Selling Power*, 27 jun. 2012, <www.sellingpower.com/content/article.php?a=8917>.

22. *Making connections: trade promotion integration across the marketing spectrum*, Kantar Retail. Wilton: Kantar Retail, jul. 2010, p. 10.

23. "High level of promotions pushes down grocery spend", *Retail Week*, 13 set. 2011.

24. "Kroger doubles fuel discount opportunities for summer", 25 maio 2012, <http://www.csnews.com/top-story-kroger-doubles_fuel_discount_opportunities_for_summer-61195.html>; <www.kroger.com/in_store/fuel/Pages/B1.aspx>. Acesso em: jul. 2012.

25. Shannon Bryant, "Consumers saved $4.6 billion dollars in 2011 with coupons", *Marketing Forecast*, 2 mar. 2012, <www.marketingforecast.com/archives/17156>.

26. "Research and market adds report: mobile coupons: market analysis and forecasts", *Entertainment Close-Up*, 23 jan. 2012; "New research reveals shopping behavior of digital coupon users", *Business Wire*, 2 abr. 2012.

27. Baseado em informações encontradas em "Walgreens brings mobile couponing and exclusive offers to smartphone users beginning Black Friday", 17 nov. 2011, <http://news.walgreens.com/article_display.cfm?article_id=5504>; Kunur Patel, "At Walgreens, a mobile check-in acts like a circular", *Advertising Age*, 8 fev. 2012, <http://adage.com/print/232584/>.

28. Veja <www.happymeal.com/en_US/>. Acesso em: out. 2012.

29. Veja "2011 estimate of promotional products distributor sales", <www.ppai.org/inside-ppai/research/Documents/2011%20SalesVolume%20Sheet.pdf>. Acesso em: jul. 2011.

30. Adaptado de informações encontradas em Patrick Hanlon, "Face slams: event marketing takes off", *Forbes*, 9 maio, 2012, <www.forbes.com/sites/patrickhanlon/2012/05/09/face-slams-event-marketing-takes-off/>; <www.redbull.com/cs/Satellite/en_INT/Events/001242745950157> e <www.redbull.com/cs/Satellite/en_INT/Red-Bull.com/HolyShit/011242745950125>. Acesso em: jul. 2012. O voo livre citado por ser visto em <http://player.vimeo.com/video/31481531?autoplay=1>.

31. *Making connections: trade promotion integration across the marketing spectrum*, Kantar Retail, p. 10.

32. Veja "About CES: attendee profile", www.cesweb.org/about-ces.asp, maio 2012; "Bauma 2010 closing report", <www.bauma.de/en/Press/Closingreport>. Acesso em: out. 2012.

Parte 1 ▶ Definição de marketing e o processo de marketing (Capítulos 1-2)

Parte 2 ▶ Entendimento do mercado e dos clientes (Capítulos 3-6)

Parte 3 ▶ Elaboração de uma estratégia e de um mix voltados para o cliente (Capítulos 7-17)

Parte 4 ▶ Marketing ampliado (Capítulos 18-20)

Marketing direto e on-line: construção de relacionamento direto com os clientes

Prévia do capítulo

Nos três capítulos anteriores, tratamos da transmissão do valor para o cliente por meio da comunicação integrada de marketing (CIM) e de quatro elementos do mix de comunicação — propaganda, relações públicas, venda pessoal e promoção de vendas. Neste capítulo, vamos analisar o marketing direto e sua modalidade de mais rápido crescimento, o marketing on-line. Na verdade, o marketing direto pode ser visto como mais do que apenas uma ferramenta de comunicação. Em muitos aspectos, ele constitui uma abordagem geral de marketing — uma mistura de canais de distribuição e de comunicação incorporados em um só elemento. À medida que avançar na leitura deste capítulo, lembre-se de que, apesar de ele tratar o marketing direto como uma ferramenta independente, essa modalidade deve ser cuidadosamente integrada aos outros elementos do mix de promoção.

Vamos começar analisando o Facebook, uma empresa que opera somente on-line. O gigante das redes sociais promete se tornar uma das empresas on-line mais poderosas e lucrativas do mundo. Contudo, como organização, o Facebook está apenas começando.

Facebook: "Nós concluímos 1% de nossa missão"

O mundo está rapidamente se tornando social e on-line. E nenhuma empresa é mais social e on-line do que o Facebook. A enorme rede social exerce um impacto profundo e diário na vida das centenas de milhões de membros no mundo todo. Contudo, o Facebook está às voltas com uma questão fundamental: de que maneira ele pode utilizar, de modo lucrativo, o potencial de marketing de sua imensa comunidade para ganhar dinheiro, sem afugentar sua multidão de usuários fiéis?

O Facebook é monstruoso. Em pouco mais de oito anos, ele conquistou um número superior a 850 milhões de membros — o equivalente a um oitavo da população mundial. A cada 60 segundos, os usuários do Facebook compartilham 700 mil mensagens e 50 mil links, atualizam 95 mil status, escrevem 80 mil posts, marcam 65 mil fotos e redigem meio milhão de comentários apoiando ou não essas atividades. Só os norte-americanos que fazem parte do Facebook se conectam ao site o equivalente a mais de 100 mil pessoas-ano por mês.

Com tantos olhos grudados em um único espaço virtual por tanto tempo, o Facebook gera um tremendo impacto e influência não apenas como uma comunidade de compartilhamento, mas também como um portal na Internet. Ele é a página inicial de muitos usuários, e alguns o têm em suas telas 24 horas por dia, durante os sete dias da semana. Mas seu poder não é derivado apenas de seu tamanho e onipresença. Em vez disso, ele reside nas profundas conexões sociais entre os usuários. A missão do Facebook é: "Oferecer às pessoas o poder do compartilhamento". Trata-se de um lugar onde amigos e familiares se encontram, compartilham suas histórias, expõem suas fotos e escrevem sobre sua vida. Multidões de pessoas fizeram do Facebook seu lar virtual.

Manejando toda essa influência, o Facebook tem potencial para se tornar uma das mais poderosas e lucrativas empresas on-line do mundo. Contudo, apenas agora a crescente rede social está começando a notar esse potencial. Apesar de o número de membros do Facebook ter sido grande desde o início, Mark Zuckerberg (o CEO da empresa) e os outros jovens e idealistas cofundadores da rede não pensaram muito sobre como ganhar dinheiro. Na verdade, eles se opuseram à veiculação de anúncios e a outras formas de marketing, preocupados com a possibilidade de isso prejudicar a cultura de compartilhamento grátis (e sem vínculos comerciais) do Facebook. Assim, eles se concentraram em simplesmente tentar gerenciar a revolução on-line a que deram início.

> O Facebook está às voltas com uma questão fundamental: de que maneira ele pode utilizar, lucrativamente, seu imenso potencial de marketing para ganhar dinheiro, sem afugentar sua multidão de usuários fiéis?

De fato, sem nenhuma ajuda do Facebook, as empresas foram as primeiras a descobrir o valor comercial da rede. Hoje, a maioria das marcas — grandes e pequenas — tem uma página no Facebook, obtendo acesso grátis e relativamente fácil ao potencial de gerar burburinho na Internet da gigantesca comunidade. Atualmente, as pessoas "curtem" as páginas de marcas no Facebook 50 milhões de vezes por dia. Em um extremo, a Runcible Spoon Bakery de Nyack, no estado de Nova York, tem 2.684 curtidas no Facebook. No outro, o Los Angeles Lakers tem quase 20 milhões e a Coca-Cola — a marca mais "curtida" do Facebook — tem 82 milhões.

No entanto, com o amadurecimento, o Facebook começou a perceber que precisava se movimentar em termos de marketing e geração de recursos. Se não ganhasse dinheiro, ele não poderia continuar atendendo a seus membros. Assim, o Facebook mudou seu pensamento com relação à propaganda. Hoje, as empresas podem colocar anúncios em forma de vídeo ou display na página, perfil ou álbum de fotos dos usuários. Os anúncios são cuidadosamente direcionados, com base nos dados do perfil do usuário. Beneficiando-se das características centrais de seu site, o Facebook oferece "anúncios de engajamento", elaborados para se misturar às atividades regulares dos usuários. De fato, os usuários podem interagir com os anúncios deixando comentários, fazendo recomendações, pressionando o botão "curtir" ou clicando no link da página patrocinada pela marca no Facebook.

As "histórias patrocinadas" constituem uma versão da propaganda de engajamento. Por meio delas, as interações de um membro com uma marca aparecem no feed de notícias da página de seus amigos no Facebook. Por exemplo, se você vir um post com os dizeres: "Harry Gold: hoje, segundo tempo na Starbucks com Jenny Novak", seguido por um logo e um link da Starbucks, é porque a rede de cafés pagou uma taxa para a inserção. A naturalidade dessas histórias patrocinadas aumenta o envolvimento dos usuários, fazendo o anúncio parecer apenas mais uma peça da experiência gerada pelo Facebook.

A propaganda promete ser um verdadeiro gerador de recursos para o Facebook. No ano passado, suas receitas com anúncios cresceram 69%, o que ajudou a aumentar a receita geral da empresa em 88%, alcançando 3,71 bilhões de dólares. O Facebook não cobra nada para as empresas criarem e manterem suas páginas, mas essas páginas e a propaganda interagem como parte de uma presença de marca integrada no Facebook. As marcas anunciam no Facebook para dar início a conversas por parte dos consumidores e chamar a atenção para as experiências criadas em suas páginas.

Mas, em termos de marketing, a propaganda representa apenas a ponta do iceberg para o Facebook. Outras formas de ganhar dinheiro estão crescendo mais rápido do que a propaganda. Por ser um ponto de encontro mundial, onde as pessoas gastam tempo com os amigos, o Facebook é também um local natural para a venda de entretenimento. Vamos pegar, por exemplo, os jogos, um das atividades mais populares no Facebook. Todos os meses, milhões de pessoas entram no Facebook para se entreter com jogos desenvolvidos por empresas como a Playmonk, a Geewa, a wooga e a Zynga. Os usuários jogam gratuitamente, os desenvolvedores ganham dinheiro vendendo produtos virtuais que melhoram a experiência de jogo e o Facebook fica com 30% de todo o valor gasto. No ano passado, a Zynga — que oferece os seis jogos mais populares do Facebook — foi responsável por 12% das receitas da rede social.

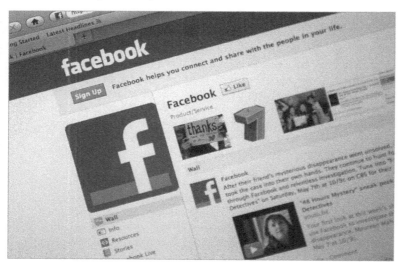

▲ Só agora o Facebook, uma rede social jovem e em crescimento, está começando a perceber seu imenso potencial de marketing. "Conectamos pessoas ao redor do mundo e as ajudamos a compartilhar importantes momentos de sua vida."
Justin Sullivan/Getty Images

O Facebook espera replicar seu sucesso com os jogos em outras formas de entretenimento. De fato, reconhecendo que as pessoas muitas vezes saem do Facebook para ouvir músicas ou assistir a filmes, a rede social está, atualmente, oferecendo mais desses serviços, a fim de manter as pessoas logadas. Por exemplo, o Facebook firmou uma parceria com a Spotify, o serviço de música on-line extremamente popular que está mostrando para a Pandora o caminho para o dinheiro. De maneira similar, ele se voltou para o negócio de aluguel de filmes, unindo-se a provedores de conteúdo como a Warner Bros., a Paramount, a Universal e a Miramax para disponibilizar vídeos digitais na rede social.

Alinhado com sua meta de manter tudo dentro da comunidade, o Facebook entrou, inclusive, no negócio bancário. Isso mesmo, bancário. O Facebook Payments — subsidiário oficial do Facebook — permite que as empresas e os clientes façam transações de compra e venda trocando várias moedas do mundo por Facebook

Credits. As atividades bancárias do Facebook nos últimos anos levaram a uma declaração de guerra contra provedores de pagamentos, como a PayPal e o Google Wallet. Em apenas três anos, as receitas do Facebook Payments cresceram e atingiram 557 milhões de dólares. Trata-se apenas de uma fração dos 4,4 bilhões de dólares em receita da PayPal, mas com sua enorme quantidade de membros e sua presença cada vez maior no e-commerce, o Facebook pode rapidamente ultrapassar a PayPal, tornando-se líder em pagamentos on-line. E talvez o mais impressionante: o Facebook Credits pode se tornar, por si só, uma forte moeda mundial.

A maior ênfase no marketing vai afastar os fiéis fãs do Facebook? Não, se as coisas forem feitas da maneira certa. Uma pesquisa mostra que os usuários on-line prontamente aceitam — e até apreciam — propaganda e marketing on-line bem direcionados. Ofertas direcionadas de maneira apropriada podem intensificar a experiência do usuário no Facebook, em vez de depreciá-la. "Descobrimos, de verdade, que os usuários estão obtendo mais valor [por causa de nossos esforços de marketing]", diz um executivo de marketing do Facebook, o que significa que as empresas estão "obtendo valor investindo em mais [marketing] ali".

Ainda é cedo para dizer que o Facebook vai, uma hora ou outra, desafiar o Google na propaganda on-line ou que sua capacidade de vender entretenimento aos usuários vai se expandir para a comercialização de outros tipos de produto em grande escala. Mas sua rede social imensa e extremamente coesa lhe confere um assombroso potencial. Como empresa voltada para o marketing, o Facebook está apenas começando. Carolyn Everson, diretora de vendas globais do Facebook, resume o potencial de crescimento da empresa da seguinte maneira: "Eu não tenho certeza se a comunidade do marketing entendeu nossa história. Nós evoluímos muito rápido. E temos um ditado aqui, que diz: 'Nós concluímos 1% de nossa missão'".[1]

Resumo dos objetivos

Objetivo 1	Definir marketing direto e discutir seus benefícios para os clientes e as empresas. O novo modelo de marketing direto (p. 548) Crescimento e benefícios do marketing direto (p. 548-550) Banco de dados de clientes e marketing direto (p. 550-553)
Objetivo 2	Identificar e discutir as principais formas de marketing direto. Formas de marketing direto (p. 553-557)
Objetivo 3	Explicar como as empresas reagiram à Internet e a outras novas e poderosas tecnologias com estratégias de marketing on-line. Marketing on-line (p. 557-561)
Objetivo 4	Discutir como as empresas conduzem o marketing on-line para, de maneira lucrativa, entregar mais valor para os clientes. Estabelecimento de presença no marketing on-line (p. 561-567)
Objetivo 5	Oferecer uma visão geral das questões de política pública e éticas apresentadas pelo marketing direto. Questões de política pública no marketing direto (p. 567-572)

Muitas das ferramentas de marketing e promoção que analisamos nos capítulos anteriores foram desenvolvidas no contexto do *marketing de massa*, visando a mercados amplos com mensagens padronizadas e ofertas distribuídas por intermediários. Hoje, no entanto, com a tendência ao marketing mais direcionado e a onda de tecnologias digitais, muitas empresas estão adotando o *marketing direto,* seja como principal abordagem de marketing ou como um complemento a outras abordagens. Nesta seção, vamos explorar o mundo em expansão do marketing direto.

O **marketing direto** consiste em se conectar, de maneira direta, a consumidores cuidadosamente definidos como alvo, muitas vezes em uma base individual e interativa. Utilizando bancos de dados detalhados, elas ajustam suas ofertas e comunicações de marketing às necessidades de segmentos estritamente definidos ou até mesmo de compradores individuais.

Além da construção da marca e de relacionamento, as empresas de marketing direto normalmente buscam uma resposta direta, imediata e mensurável do consumidor. Por exemplo, a Amazon.com interage de maneira direta com os clientes por meio de seus sites e aplicativos, ajudando-os a encontrar e comprar praticamente tudo e qualquer coisa na Internet. De

Marketing direto
Conexão direta com consumidores cuidadosamente definidos como alvo, muitas vezes em uma base individual e interativa.

maneira similar, a GEICO interage diretamente com os clientes — por telefone, por meio de seus sites e aplicativos ou em suas páginas no Facebook, Twitter e YouTube — para construir relacionamentos individuais com a marca, oferecer cotações de seguro, vender apólices e prestar serviços aos clientes.

Objetivo 1

▶ Definir marketing direto e discutir seus benefícios para os clientes e as empresas.

O novo modelo de marketing direto

As primeiras empresas a utilizar o marketing direto — empresas de vendas por catálogo, por mala direta e por telemarketing — agrupavam o nome dos clientes e vendiam os produtos, principalmente, pelo correio e pelo telefone. Hoje, no entanto, impulsionadas pelos rápidos avanços nas tecnologias de banco de dados e pelas novas mídias de marketing — em especial a Internet —, o marketing direto está passando por uma grande transformação.

Nos capítulos anteriores, discutimos o marketing direto na forma de distribuição direta — como canais de marketing sem intermediários. E também o incluímos nos elementos do mix de promoção — como uma abordagem de comunicação direta com os consumidores. Na verdade, o marketing direto são as duas coisas e muito mais.

A maioria das empresas ainda utiliza o marketing direto como um canal ou meio complementar. Assim, muitas lojas de departamentos, como a Sears e a Macy's, vendem a maior parte de suas mercadorias a partir das prateleiras de suas lojas, mas também utilizam mala direta e catálogos on-line para vender. A Lexus anuncia, principalmente, por meio de propaganda de massa e de sua rede de revendedores de alta qualidade. Contudo, ela complementa esses canais com marketing direto, como vídeos e outros materiais promocionais enviados por correio ou e-mail diretamente aos compradores potenciais. Seu site de marca oferece aos clientes potenciais informações sobre vários modelos, comparações com a concorrência, condições de financiamento e localização dos revendedores. E seu site Lexus Drivers, seu canal no YouTube e sua página no Facebook desenvolvem uma comunidade em torno dos atuais e futuros proprietários de Lexus, bem como oferecem apoio a ela.

No entanto, hoje, para muitas empresas, o marketing direto é muito mais do que apenas um canal ou veículo complementar — ele constitui um modelo completo para se fazer negócios. Empresas que empregam esse *modelo direto* usam o marketing direto como única abordagem. Organizações com a Amazon.com, o eBay, a Priceline, a Netflix e a GEICO criaram toda a sua abordagem para o mercado em torno do marketing direto. E muitas delas, como a Amazon.com, empregam esse modelo com enorme sucesso.

▲ O novo modelo de marketing direto: empresas como a GEICO criaram toda a sua abordagem para o mercado em torno do marketing direto — visite a <geico.com> (em inglês).

Todos os textos e imagens são reproduzidos com permissão da GEICO

Crescimento e benefícios do marketing direto

O marketing direto se tornou a forma de marketing de mais rápido crescimento. De acordo com a DMA (Direct Marketing Association — Associação de Marketing Direto), as empresas norte-americanas gastaram quase 163 bilhões de dólares em marketing direto e digital no ano passado. Como resultado, as vendas baseadas em marketing direto são responsáveis hoje por cerca de 2 trilhões de dólares, o que representa 8,7% da economia norte-americana. A DMA estima que as vendas por marketing direto crescerão 4,9% ao ano até 2016, em comparação com uma projeção de crescimento anual de 4,1% para as vendas totais nos Estados Unidos.[2]

O marketing direto está se tornando cada vez mais orientado para a Internet, e a participação do marketing pela Internet nos gastos do setor e nas vendas está crescendo rapidamente. Por exemplo, no ano passado, as empresas norte-americanas gastaram um valor estimado em 31 bilhões de dólares com propaganda on-line, um exorbitante aumento de 22% em relação ao ano anterior. Esses esforços geraram mais de 202 bilhões de dólares em gastos on-line do consumidor. A DMA prevê que, nos próximos cinco anos, os gastos com marketing pela Internet e as vendas baseadas na Web crescerão intensos 11% ao ano.[3]

Benefícios para os compradores

Para os compradores, o marketing direto é prático, fácil e privado. As empresas que adotam o marketing direto nunca fecham, e os clientes não precisam peregrinar de loja em loja, nem dentro das lojas, para encontrar os produtos. De praticamente qualquer lugar, eles podem comprar on-line a qualquer momento do dia ou da noite. Já os compradores organizacionais podem se informar sobre produtos e serviços sem terem que perder tempo com vendedores.

O marketing direto oferece aos compradores acesso imediato a uma ampla variedade de produtos. As empresas que o adotam podem oferecer aos consumidores um sortimento quase ilimitado, em praticamente qualquer lugar do mundo. Compare as enormes variedades oferecidas por muitos comerciantes on-line com os sortimentos mais modestos de seus concorrentes que trabalham com lojas físicas. Por exemplo, entre no site Bulbs.com, a superloja número 1 de lâmpadas na Internet, e você terá acesso instantâneo a todo tipo imaginável de lâmpada — lâmpadas incandescentes, lâmpadas fluorescentes, lâmpadas de projeção, lâmpadas cirúrgicas, lâmpadas para automóveis. De maneira similar, a Zappos, uma varejista de marketing direto, possui em estoque milhões de sapatos, bolsas, roupas, acessórios e itens para a casa, de mais de mil marcas. Nenhuma loja física poderia oferecer um acesso tão fácil a uma variedade tão ampla.

Os canais de marketing direto também permitem que os consumidores tenham acesso a uma grande quantidade de informações comparativas sobre empresas, produtos e concorrentes. Geralmente, bons catálogos ou sites oferecem mais informações de maior utilidade do que até mesmo o mais solícito vendedor poderia fornecer. Por exemplo, o site Amazon.com traz mais informações do que a maioria de nós pode processar. Essas informações variam de listas com os dez melhores produtos, extensas descrições dos produtos e comentários de especialistas e de usuários até recomendações baseadas nas compras anteriores de outros clientes.

Por fim, o marketing direto é interativo e imediato: os compradores podem interagir com os vendedores por telefone ou pelo site da empresa vendedora, criando a exata configuração de informações, produtos ou serviços que desejam e, então, fazendo o pedido na mesma hora. Além disso, o marketing direto dá aos consumidores um maior controle. Eles decidem quais catálogos consultar e quais sites visitar.

Benefícios para as empresas vendedoras

Para as empresas vendedoras, o marketing direto é uma poderosa ferramenta de construção de relacionamento com o cliente. Hoje, as organizações que utilizam marketing direto podem se voltar para pequenos grupos ou clientes individuais. Por conta da natureza "um para um" do marketing direto, as empresas podem interagir com os clientes por telefone ou on-line, saber mais sobre as necessidades deles e personalizar produtos e serviços de acordo com seus gostos específicos. Por sua vez, os clientes podem fazer perguntas e gerar feedback voluntário.

O marketing direto também oferece às empresas uma alternativa de baixo custo, eficiente e veloz para atingir seus mercados. Ele cresceu rapidamente no marketing B2B, em parte como uma reação aos custos cada vez maiores do marketing realizado pela força de vendas. Com cada visita de vendas custando, em média, 350 dólares ou mais, elas devem ser agendadas somente

▲ A Internet é um veículo verdadeiramente global. Por meio de um catálogo on-line da L.L.Bean, um internauta em Paris ou Istambul pode acessar os produtos da empresa com a mesma facilidade de quem mora em Freeport, no Maine, a cidade em que a varejista que atua com marketing direto começou.
L.L.Bean Inc.

550 **Parte 3** | Elaboração de uma estratégia e de um mix voltados para o cliente

quando necessário e no caso de clientes existentes e potenciais muito promissores.[4] Nessas situações, meios de baixa quantia por contato — como o telemarketing, a mala direta e os sites da empresa — geralmente são mais efetivos em termos de custo.

De modo similar, o marketing direto on-line resulta em custos mais baixos, maior eficiência e condução mais ágil das funções logísticas e de canal, como processamento de pedidos, manuseio de estoque e entrega. Empresas que utilizam o marketing direto, como a Amazon.com e a Netflix, também evitam as despesas geradas pela manutenção das lojas e os custos relacionados a aluguel, seguros e serviços de utilidade pública, repassando a economia para os clientes. O marketing direto também oferece maior flexibilidade. Ele permite que as empresas ajustem seus preços e programas continuamente ou que divulguem anúncios e ofertas imediatas, oportunas e pessoais.

Em especial no ambiente digital de hoje, novas ferramentas de marketing direto oferecem grandes oportunidades para a construção de um relacionamento próximo, customizado e interativo com o cliente. Por exemplo, a Southwest Airlines oferece uma gama completa de ferramentas de marketing direto de alta tecnologia — incluindo um aplicativo para desktop (DING!), aplicativos para smartphones, mensagens eletrônicas, mensagens de texto, um blog (Nuts About Southwest) e uma grande presença nas redes sociais — para embrenhar-se na vida diária dos clientes (veja o Marketing Real 17.1).

Por fim, o marketing direto permite às empresas vendedoras terem acesso a compradores que elas não conseguiriam atingir por meio de outros canais. Empresas menores podem enviar catálogos a clientes de fora de seus mercados locais e criar uma central de atendimento para receber pedidos e esclarecer dúvidas. A Internet é um veículo verdadeiramente global, que possibilita a compradores e vendedores passarem de um país para outro em segundos. Um internauta em Paris ou Istambul pode acessar um catálogo on-line da L.L.Bean com a mesma facilidade de quem mora em Freeport, no Maine, a cidade em que a varejista que atua com marketing direto começou. Até mesmo pequenas empresas descobrem que têm pronto acesso a mercados globais.

Banco de dados de clientes e marketing direto

Banco de dados de clientes
Um conjunto organizado de dados abrangentes sobre clientes individuais, existentes ou potenciais, incluindo dados geográficos, demográficos, psicográficos e comportamentais.

O marketing direto eficaz começa com um bom banco de dados de clientes. Um **banco de dados de clientes** é um conjunto organizado de dados abrangentes sobre clientes individuais, existentes ou potenciais. Um bom banco de dados pode ser uma poderosa ferramenta de construção de relacionamentos. Ele fornece às empresas um panorama completo de seus clientes e do modo como eles se comportam. O desempenho da empresa depende daquilo que ela sabe sobre seus clientes.

No mercado de consumo, o banco de dados de clientes pode conter dados geográficos (endereço, região), demográficos (idade, renda, membros da família, datas de aniversário), psicográficos (atividades, interesses e opiniões) e de comportamento de compra (preferências e análises de periodicidade, frequência e valor monetário das compras passadas). No mercado B2B, o perfil do cliente pode conter os produtos e serviços que ele adquiriu, as quantidades e preços anteriores, os contatos-chave, os fornecedores concorrentes, a situação dos contratos atuais, o gasto estimado do cliente para os próximos anos e a descrição dos pontos competitivos fortes e fracos na venda e no atendimento ao cliente.

Alguns desses bancos de dados são gigantescos. Por exemplo, o Walmart coleta dados de mais de um milhão de transações que faz com os clientes por hora, resultando em um banco com mais de 2,5 petabytes de dados — isso equivale a cerca de 1,2 bilhão de páginas de texto impresso no formato-padrão. Em um exemplo mais processável, a varejista Williams-Sonoma mantém um banco de dados com mais de 60 milhões de domicílios nos Estados Unidos, o que inclui dados de transações e outros provenientes de terceiros, como renda, número de filhos, valor da casa e muitos outros fatores. Ela usa o banco de dados para criar versões diferentes de catálogos e e-mails desenvolvidos sob medida para as necessidades de clientes individuais.[5]

As empresas utilizam seus bancos de dados de várias maneiras. Elas os usam para localizar bons clientes potenciais e gerar leads de vendas. Podem também explorar seus bancos de dados para obter informações detalhadas sobre os clientes e, depois, fazer ajustes finos em suas ofertas e comunicações ao mercado, de acordo com as preferências e os comportamentos específicos dos segmentos ou indivíduos almejados. Em geral, o banco de dados de uma empresa pode ser uma importante ferramenta para a construção de relacionamentos de longo prazo mais sólidos com o cliente.

Marketing Real 17.1

Southwest Airlines: relacionamentos de marketing direto em um mundo digital

Há décadas a Southwest Airlines se comunica diretamente com seus clientes por meio de abordagens tradicionais de marketing direto. E a empresa ainda utiliza bastante a mala direta, enviando mensagens promocionais diretamente para seus clientes por meio do bom e velho correio norte-americano. Contudo, nos últimos anos, a Southwest expandiu sua estratégia de marketing direto para aproveitar o grande aumento de oportunidades digitais para interações diretas, próximas e pessoais com os clientes. Hoje, a moderna capacidade de marketing direto da Southwest faz com que a empresa centrada no passageiro seja invejada em seu setor.

Quando se trata de construir relacionamentos diretos com os clientes, a Southwest Airlines é "a soberana absoluta do ambiente social", diz um especialista em viagem. Além das ferramentas-padrão de marketing direto, como mala direta e site, a ampla estratégia da empresa nessa área utiliza uma gama completa de ferramentas digitais de ponta para se conectar diretamente com o cliente. Veja os exemplos a seguir:

▲ Marketing direto digital: a ampla estratégia de marketing direto da Southwest usa uma gama completa de ferramentas digitais de ponta para se conectar diretamente com os clientes.

Southwest Airlines; Facebook é uma marca registrada da Facebook, Inc.

- *DING!* Disponível como aplicativo para desktop ou para smartphones, o DING! oferece ofertas exclusivas por um tempo limitado. Quando uma nova oferta atrativa surge, o DING! emite o conhecido som de sino que, nos voos, indica a hora de colocar o cinto. Os grandes descontos duram somente de 6 a 12 horas e podem ser acessados apenas on-line, por meio do aplicativo. O DING! permite que a Southwest Airlines drible o sistema de reservas e transmita passagens em oferta diretamente para clientes interessados. Em algum momento, o DING! poderá permitir que a Southwest Airlines customize ofertas de passagem com base nas características singulares e nas preferências de viagem de cada cliente.
- *Aplicativo para smartphones.* Além do DING!, o aplicativo para smartphones regular da Southwest Airlines permite que os clientes façam reservas diretamente, aluguem carros, façam check-in, verifiquem o status do voo, acessem sua conta no programa Rapid Rewards e vejam os horários de voo a qualquer hora, em qualquer lugar. "Você pediu", diz a empresa. "O aplicativo da Southwest Airlines está aqui para tornar sua viagem com a Southwest Airlines ainda mais prática."
- *Mensagens eletrônicas.* Com altas taxas de resposta, as mensagens eletrônicas trocadas pela Internet e por aplicativos são maneiras eficientes de construir relacionamentos duradouros e individuais com clientes cuidadosamente selecionados. Trabalhando com seu enorme banco de dados, que os clientes optam por fazer parte, a Southwest cria mensagens eletrônicas sob medida para as características e as necessidades de clientes específicos, personalizando o design, a mensagem, a oferta e até mesmo a extensão do texto. E o que é mais importante: as mensagens eletrônicas da Southwest oferecem verdadeiro valor. Por exemplo, recentes anúncios da Southwest em aplicativos para smartphones, como o Pandora e o Draw with Friends, diziam: "Somente pessoas que se registrarem vão receber as mensagens — clique e economize". A atrativa mensagem funcionou e os clientes se registraram em bando para começar a economizar por meio do recebimento de mensagens eletrônicas da Southwest Airlines.
- *Mensagens de texto.* Com mais de 3.200 voos diários, alguns acabam se atrasando, mudando de horário ou sendo cancelados, em razão do mau tempo ou de outras circunstâncias inesperadas. Como a maioria de seus clientes carrega um dispositivo móvel quando viaja, a Southwest agora se comunica com eles por mensagem de texto. Com isso, ela economiza o tempo dos clientes, garante que eles recebam a informação e os livra de preocupação. "À medida que mais passageiros passam a usar dispositivos móveis, [eles] começam a esperar que as informações cheguem à ponta de seus dedos, e aguardar na fila para falar com um funcionário de atendimento ao cliente nem sempre é aceitável", diz Fred Taylor, gerente sênior de comunicações proativas de atendimento ao cliente na Southwest. Oferecendo aos clientes informações atualizadas de maneira instantânea, a Southwest gerou um altíssimo nível de conscientização, satisfação e fidelidade.
- *O blog Nuts About Southwest.* Escrito por funcionários da Southwest, esse criativo blog possibilita um diálogo entre os clientes e a equipe da empresa, dando aos clientes uma visão interna da cultura e das operações da Southwest. Ao mesmo tempo, ele permite que a Southwest converse diretamente com os clientes e obtenha feedback deles.
- *Redes sociais.* Por fim, é claro, os clientes da Southwest interagem diretamente com a empresa e entre si nas várias redes sociais da companhia aérea baseadas na Internet e em aplicativos, que vão do Facebook e Twitter ao Pinterest

e Flickr. "A Southwest é uma empresa incrivelmente social", diz uma analista de mídia social. "Sua conta no Twitter, repleta de tuítes de agradecimento e @menções, tem [cerca de 1,4 milhão] de seguidores. Aproximadamente [3 milhões] de pessoas 'curtem' a página do Facebook, cheia de comentários, da empresa. E seu blog Nuts About Southwest é um padrão no setor." Outro analista concorda: "Não surpreende ver a Southwest na vanguarda do marketing em mídia social. A Southwest [...] sempre foi líder no envolvimento do passageiro e do público. A mídia social se encaixa perfeitamente à cultura da Southwest, e companhias áreas mais tradicionais parecem estar em desvantagem nessa moderna e poderosa arena do marketing".

Há muito tempo os funcionários criativos, cheios de energia e extremamente simpáticos da Southwest representam uma importante vantagem competitiva. Você poderia se preocupar com a possibilidade de todas essas novas ferramentas de marketing direto digital subtraírem da Southwest parte de seu toque pessoal. De jeito nenhum. Para começar, os pontos de contato digitais são opcionais — os clientes continuam a apenas um telefonema de distância de uma voz humana, e eles ainda interagem pessoalmente com funcionários da Southwest durante o voo. E o mais importante: as novas abordagens digitais, de fato, intensificam o contato do cliente com os funcionários da Southwest, em vez de substituí-los. Em vários de seus esforços de marketing direto, a Southwest permite que seus funcionários se comuniquem. Por exemplo, em seu blog Nuts About Southwest, comissários de bordo, pilotos, mecânicos e outros funcionários, municiados com uma câmera Flip, contam histórias dos bastidores. A empresa também incentiva os funcionários a criarem páginas no Facebook para se conectarem com sua comunidade e permite que sejam criativos em sua abordagem. As comunicações de marketing direto da Southwest são imbuídas da personalidade dos funcionários. "É preciso fazer com que pareça que você está conversando com uma pessoa", diz um profissional de marketing da Southwest. "As pessoas gostam da nossa excentricidade".

Assim, a estratégia de marketing direto de alta tecnologia da Southwest não alterou o foco que a empresa tem nas pessoas. De fato, o marketing direto digital aproximou, mais do que nunca, os funcionários da Southwest e os clientes.

Fontes: Lauren Johnson, "Southwest Airlines builds email database via mobile initiative", Mobile Marketer, 26 jun. 2012, <www.mobilemarketer.com/cms/news/email/13177.html>; "Southwest Airlines taps SMS to streamline customer service", Mobile Marketer, 6 maio 2010, <www.mobile-marketer.com/cms/news/database-crm/6174.html>; Samantha Hosenkamp, "How Southwest manages its popular social media sites", Ragan's PR Daily, 10 fev. 2012, <www.prdaily.com/Main/Articles/How_Southwest_manages_its_popular_social_media_sit_10788.aspx>; "Southwest Airlines rules the social atmosphere, dominating Facebook and Twitter", PRWeb, 23 maio 2012, <www.prweb.com/releases/2012/5/prweb9536405.htm>; informações extraídas de "Nuts About Southwest", <www.blogsouthwest.com>; "What Is DING!?", <www.southwest.com/ding>; <www.southwest.com/iphone/>. Acesso em: nov. 2012.

Por exemplo, a Best Buy explora seu banco de dados de clientes para obter insights que podem ser acionados, os quais usa para personalizar mensagens e ofertas promocionais:[6]

▲ Banco de dados de clientes: a Best Buy explora seu enorme banco de dados para obter insights que podem ser acionados sobre os interesses, estilos de vida, preferências e possíveis próximas compras dos clientes. Ela utiliza essas informações para desenvolver mensagens e ofertas promocionais personalizadas e dirigidas para o cliente.
© incamerastock/Alamy

O banco de dados de clientes de mais de 15 terabytes da Best Buy contém sete anos de dados referentes a um número superior a 75 milhões de domicílios. A rede varejista coleta todos os dados possíveis gerados por interações nas lojas e on-line — de transações de compra a ligações telefônicas e cliques com o mouse, passando por entregas e endereços para cheques de reembolso — e os une a dados fornecidos por terceiros e públicos para criar perfis multidimensionais dos clientes. Em seguida, sofisticados algoritmos combinatórios classificam os clientes individuais em termos de interesses, estilos de vida e preferências e usam essas informações para identificar quais serão, provavelmente, suas futuras compras. Com base nesses perfis, a Best Buy desenvolve mensagens e ofertas promocionais personalizadas e dirigidas para o cliente. Assim, se suas interações anteriores sugerem que você é um jovem que gosta de tecnologia e está montando um sistema de entretenimento em sua casa — e seu você usou o aplicativo para smartphones da Best Buy para buscar detalhes sobre um componente específico e ver o que os clientes acham dele —, logo mais pode receber um cupom dirigido, oferecendo descontos para esse produto e outros relacionados.

Formas de marketing direto

Objetivo 2

◀ Identificar e discutir as principais formas de marketing direto.

Como mostra a Figura 17.1, as principais formas de marketing direto são: venda pessoal, marketing de mala direta, marketing de catálogo, telemarketing, marketing de televendas, marketing de terminais de multimídia (quiosques) e marketing on-line. Analisamos a venda pessoal em detalhe no Capítulo 16. Aqui, vamos abordar as outras formas de marketing direto.

Marketing de mala direta

O **marketing de mala direta** envolve enviar uma oferta, anúncio, lembrete ou outro item para uma pessoa em um determinado endereço. Utilizando listas de mailing altamente seletivas, as empresas que utilizam o marketing direto enviam milhões de malas diretas por ano — cartas, catálogos, anúncios, amostras, folhetos, vídeos e outros "vendedores alados". A mala direta é, de longe, o mais usado veículo de marketing direto. De acordo com a Direct Marketing Association (DMA — Associação de Marketing Direto), as empresas norte-americanas gastaram mais de 50 bilhões de dólares com mala direta no ano passado (incluindo correspondências com ou sem catálogos), o que representa 30% do gasto total com marketing direto e 31% das vendas totais geradas por essa forma de marketing. Ainda segundo a DMA, cada dólar gasto com mala direta gera 12,57 dólares em vendas.[7]

Marketing de mala direta
Marketing que envolve enviar uma oferta, anúncio, lembrete ou outro item diretamente para uma pessoa, em um determinado endereço.

A mala direta é bastante adequada para a comunicação direta, individual. Ela permite grande seletividade de mercado-alvo, pode ser personalizada, é flexível e possibilita a fácil mensuração dos resultados. Embora seu custo por mil pessoas atingidas seja mais alto do que o das mídias de massa, como a televisão e as revistas, as pessoas alcançadas são clientes potenciais muito melhores. A mala direta provou-se eficaz na promoção de todos os tipos de produtos, desde livros, seguros, viagens, itens para presentes, alimentos finos, roupas e outros produtos de consumo até mercadorias industriais. As instituições de caridade também utilizam bastante os serviços de mala direta para arrecadar bilhões de dólares todos os anos.

Alguns analistas preveem um declínio no uso das formas tradicionais de mala direta nos próximos anos, à medida que as empresas se voltam para formas digitais mais recentes, como o e-mail e o marketing móvel. O e-mail, os aplicativos e outras novas formas de marketing direto enviam mensagens a uma velocidade incrível e a custos mais baixos, em comparação com o "passo de tartaruga" dos correios. Vamos discutir o marketing por e-mail e o móvel detalhadamente mais adiante, neste capítulo.

No entanto, embora as novas formas digitais de marketing direto estejam ganhando popularidade, a mala direta tradicional ainda é, de longe, o método mais amplamente utilizado.

Figura 17.1 Formas de marketing direto.

Essas diversas ferramentas de marketing têm em comum o fato de atingirem os clientes selecionados de maneira direta — e, muitas vezes, interativa —, construindo relacionamentos próximos e individuais.

O marketing por correspondência oferece algumas vantagens diferenciadas em relação às formas digitais. Ele fornece algo tangível para as pessoas manterem e guardarem, e pode ser utilizado para o envio de amostras. "A correspondência torna a coisa real", diz um analista. Ela "cria um vínculo emocional com os clientes que o digital não consegue criar. Eles a guardam, a veem e se envolvem com ela de uma maneira totalmente diferente das experiências que têm on-line". Em compensação, o e-mail é facilmente bloqueado ou enviado para a lixeira. "[Com] os filtros e as pastas de spam para manter nossas mensagens longe da caixa de entrada dos clientes", diz um profissional de marketing direto, "muitas vezes é necessário lamber alguns selos".[8]

A mala direta tradicional pode ser um componente efetivo de uma campanha de marketing integrado mais ampla. Por exemplo, a maioria das grandes empresas de seguro depende bastante da propaganda na televisão para conquistar ampla conscientização por parte do cliente e estabelecer seu posicionamento. Entretanto, essas empresas também utilizam muito a boa e velha mala direta para driblar o excesso de propaganda de seguros na TV. Enquanto a propaganda televisiva fala para um público grande, a mala direta se comunica de uma maneira mais certeira e pessoal. "A correspondência é um canal que permite a todos nós atingir o consumidor com uma mensagem bem direcionada e específica, que não dá para ter com a mídia transmitida", diz John Ingersoll, diretor de comunicação de marketing da Farmers Insurance. E "a maioria das pessoas ainda está disposta a encontrar comunicações de marketing em sua caixa de correio, por isso eu acho que a mala direta vai crescer".[9]

A mala direta pode ser vista como *correspondência inútil* ou *spam* se enviada para pessoas que não se interessam por ela. Por esse motivo, empresas inteligentes estão direcionando com cautela seus esforços de mala direta, para não desperdiçar seu dinheiro nem o tempo dos destinatários. Elas estão desenvolvendo programas baseados em permissão que enviam malas diretas apenas às pessoas que queiram recebê-las.

Marketing de catálogo

Marketing de catálogo
Marketing direto realizado por meio de catálogos impressos, em vídeo ou digitais, os quais são enviados por correio para clientes selecionados, disponibilizados em lojas ou apresentados on-line.

Os avanços na tecnologia, aliados à tendência ao marketing personalizado e individual, resultaram em interessantes modificações no **marketing de catálogo**. A revista *Catalog Age* costumava definir catálogo como "uma publicação impressa e encadernada de, no mínimo, oito páginas que vende diversos produtos e oferece um mecanismo de colocação direta de pedidos". Hoje, essa definição está totalmente desatualizada.

Com a debandada em direção à Internet, um número cada vez maior de catálogos está se tornando digital. Surgiu uma ampla variedade de empresas que vendem exclusivamente por meio de catálogo on-line, e a maioria das empresas tradicionais de vendas por catálogo acrescentou a seu mix de marketing catálogos baseados na Internet e aplicativos de compra por catálogo para smartphones. Por exemplo, aplicativos como o Catalog Spree colocam um shopping inteiro de catálogos clássicos — como os da Neiman Marcus, Merrell, Hammacher Schlemmer, Coldwater Creek e Sephora — a um toque de distância um do outro em um smartphone ou tablet. E dias antes do mais recente catálogo da Lands' End chegar pelo correio, os clientes já podiam acessá-lo digitalmente no site <landsend.com>, em pontos de mídia social como o Facebook ou pelo aplicativo para smartphones. Como o Lands' End Mobile, diz a empresa, "você vai ter em mãos todos os itens que nós temos".[10]

▲ Um número cada vez maior de catálogos está se tornando digital: dias antes do mais recente catálogo da Lands' End chegar pelo correio, os clientes já podiam acessá-lo digitalmente no site landsend.com, no Facebook ou pelo aplicativo para smartphones da empresa. Como o Lands' End Mobile, "você vai ter em mãos todos os itens que nós temos".
Cortesia de Gary Armstrong

Os catálogos digitais eliminam os custos de impressão e postagem. E, enquanto no catálogo impresso o espaço é limitado, os catálogos on-line podem trazer uma quantidade praticamente ilimitada de mercadorias. Eles também permitem uma ampla variedade de formatos de apresentação, incluindo busca e vídeo. Por fim, os catálogos on-line possibilitam o merchandising em tempo real: produtos e características podem ser acrescentados ou removidos de acordo com a necessidade, e os preços podem ser ajustados instantaneamente para se adequar à demanda.

Entretanto, apesar dos benefícios dos catálogos digitais, como sua caixa de correio abarrotada pode sugerir, os catálogos impressos continuam a prosperar. No ano passado, as empresas norte-americanas que trabalham com marketing direto enviaram cerca de 12,5 bilhões de catálogos — o que equivale a mais de 100 por domicílio nos Estados Unidos. Por que as empresas não estão deixando de lado seus ultrapassados catálogos de papel nessa nova era digital? Por uma razão: os catálogos impressos criam vínculos emocionais com os clientes que os espaços de venda digitais simplesmente não conseguem criar. "As vistosas páginas dos catálogos ainda atraem os compradores de uma maneira que as imagens no computador não conseguem atrair", diz um analista.[11]

Além disso, os catálogos impressos são uma das melhores maneiras de orientar as vendas on-line, o que os tornam mais importantes na era digital do que nunca. De acordo com um recente estudo, 70% das compras on-line são orientadas por catálogos. Outro estudo descobriu que os consumidores que receberam catálogos de um determinado varejista gastaram 28% mais no site desse varejista do que aqueles que não receberam nenhum catálogo. Assim, mesmo varejistas que operam somente na Internet, como a Zappos.com, começaram a produzir catálogos na esperança de orientar suas vendas on-line.[12]

Telemarketing

O **telemarketing** envolve a utilização do telefone para vender diretamente aos consumidores e clientes organizacionais. No ano passado, o telemarketing foi responsável por 14,9% de todas as vendas impulsionadas pelo marketing direto. Todos nós já estamos acostumados com o telemarketing dirigido aos consumidores, mas as empresas B2B também o utilizam bastante, a ponto de ele ser responsável por cerca de 56% de todas as vendas feitas por telemarketing.[13] As empresas utilizam o telemarketing *ativo* para vender diretamente para os consumidores e outras empresas. O telemarketing *receptivo*, realizado por meio de números de ligação gratuita, é utilizado para receber pedidos gerados por anúncios televisivos e impressos, malas diretas ou catálogos.

Telemarketing
Utilização do telefone para vender diretamente aos clientes.

O telemarketing adequadamente projetado e direcionado traz muitos benefícios, inclusive praticidade na compra e maiores informações sobre o produto e o serviço. Entretanto, ao longo dos anos, a explosão do telemarketing ativo não solicitado irritou muitos consumidores, que reclamavam por receber, quase diariamente, "telefonemas inúteis". Em 2003, legisladores dos Estados Unidos responderam às reclamações com a criação de um cadastro nacional de solicitação de interrupção das ligações, administrado pela FTC (Federal Trade Commission — Comissão Federal de Comércio). A legislação proíbe a maioria das ligações de telemarketing para os números de telefone cadastrados (apesar de as pessoas ainda poderem receber ligações de organizações sem fins lucrativos, políticos e empresas com as quais tenham feito negócios recentemente). Os consumidores reagiram com entusiasmo. Até agora, mais de 209 milhões de números de telefone, entre fixos e celulares, foram registrados no site <www.donotcall.gov> ou por ligações. As empresas que violam a lei podem receber multas de até 16 mil dólares por infração. Como resultado, segundo um representante da FTC, o programa "tem sido excepcionalmente bem-sucedido".[14]

▲ Por meio do telemarketing receptivo, as empresas utilizam números de ligação gratuita (0800) para receber pedidos gerados por anúncios televisivos e impressos, malas diretas ou catálogos. Aqui, a Carolina Cookie Company incentiva: "Não deixe para depois. Ligue agora para fazer seu pedido ou solicitar um catálogo".
Carolina Cookie Company

A legislação que impede ligações não solicitadas afetou uma parte do setor de telemarketing dirigido para o consumidor. Duas das principais formas de telemarketing — telemarketing receptivo voltado ao consumidor e telemarketing ativo dirigido a empresas — continuam fortes e em crescimento. O telemarketing também continua sendo uma importante ferramenta para grupos sem fins lucrativos e políticos, que o usam para levantar fundos. É interessante notar que a política de restrição das ligações parece estar ajudando, e não prejudicando, algumas empresas que utilizam o marketing direto. Em vez de fazer ligações indesejadas, muitas dessas empresas estão desenvolvendo sistemas de chamadas "por adesão", nas quais oferecem ofertas e informações úteis aos clientes que pediram para serem contatados por telefone ou e-mail. O modelo por adesão gera melhores retornos para as empresas do que o antigo sistema, que era invasivo.

556 Parte 3 | Elaboração de uma estratégia e de um mix voltados para o cliente

Marketing de televendas

Marketing de televendas
Marketing direto por meio da televisão que inclui propaganda interativa (ou infomerciais) e TV interativa.

Há duas importantes modalidades de **marketing de televendas**: a propaganda interativa e a TV interativa. Ao usar a *propaganda interativa*, as empresas de marketing direto transmitem comerciais de 60 ou 120 segundos que descrevem o produto de maneira persuasiva e oferecem aos clientes um número de ligação gratuita ou o endereço de um site para fazer o pedido. Esse tipo de propaganda também inclui programas publicitários de 30 minutos ou mais, chamados *infomerciais*, que promovem um único produto.

Campanhas bem-sucedidas de propaganda interativa podem levar a grandes vendas. Por exemplo, os infomerciais da Guthy-Renker ajudaram a impulsionar seu Proactiv Solution (voltado para tratamento de espinhas) e outros produtos "transformadores", fazendo deles marcas poderosas, que obtêm 1,8 bilhão de dólares em vendas anuais de 5 milhões de clientes ativos — em uma comparação, nos Estados Unidos, as drogarias registram apenas cerca de 150 milhões de dólares em vendas anuais de produtos contra espinhas.[15]

Muitas vezes, o marketing de televendas é associado a discursos de venda um tanto barulhentos e questionáveis, que promovem limpadores, removedores de mancha, utensílios de cozinha e métodos milagrosos para ficar em forma sem fazer muito esforço. Por exemplo, ao longo dos últimos anos, vendedores que ficam gritando na TV, como Anthony Sullivan (limpadores Swivel Sweeper, dispositivos Awesome Auger) e Vince Offer (panos ShamWow, cortadores de alimento SlapChop), conquistaram bilhões de dólares com a venda de produtos do tipo "como vistos na TV". Marcas como OxiClean, ShamWow e Snuggie (um cobertor com mangas) se tornaram clássicas. E a PajamaJeans ("Pijamas que você usa no dia a dia, calças jeans com as quais você dorme"), sensação entre os infomerciais, gerou burburinho por toda parte, do YouTube ao *The Tonight Show*, vendendo mais de 2 milhões de unidades a 39,95 dólares cada, mais 7,95 dólares de taxa de entrega e manuseio.[16]

Nos últimos anos, entretanto, uma série de grandes empresas — como P&G, Disney, Revlon, Apple, Kodak, Toyota, Coca-Cola, Anheuser-Busch e até a Marinha dos Estados Unidos — começou a utilizar os infomerciais para vender suas mercadorias, encaminhar os clientes aos varejistas, recrutar membros ou atrair compradores para seus sites.

Uma forma mais recente de marketing de televendas é a *TV interativa*, que permite aos telespectadores interagirem com a programação e a propaganda da televisão. Graças a tecnologias como sistemas a cabo interativos, TVs com acesso à Internet, smartphones e tablets, os consumidores podem hoje usar seus controles remotos, telefones ou outros dispositivos para obter mais informações ou comprar diretamente de anúncios na TV. Além disso, com as linhas que separam a tela da TV e a de outros dispositivos se misturando, cada vez mais anúncios interativos e infomerciais são vistos não apenas na televisão, mas também em plataformas móveis, on-line e de mídia social, gerando ainda mais pontos de marketing direto interativo do tipo TV.

Marketing de terminais de multimídia (quiosques)

Com os consumidores sentindo-se cada vez mais à vontade com as tecnologias digitais e touch-screen, muitas empresas estão instalando máquinas de informações e de registro de pedidos — chamadas de *terminais de multimídia* ou *quiosques* (trata-se das boas e velhas máquinas de venda automática, mas que oferecem muito mais) — em lojas, aeroportos, hotéis, campi universitários e outros locais. Hoje em dia, os terminais de multimídia estão em todos os lugares, de hotéis de autosserviço e totens de check-in das companhias aéreas a pontos de informações e produtos nos shoppings, passando por dispositivos de encomenda em lojas, que permitem a você fazer pedidos de mercadorias não disponíveis nas lojas.[17]

Terminais de multimídia nas lojas da Kodak, da Fuji e da HP permitem que os clientes transfiram as fotos de cartões de memória, telefones celulares e outros dispositivos de armazenamento digital, editem-nas e façam impressões coloridas de alta qualidade. Os terminais da Seattle's Best, encontrados em supermercados, drogarias e lojas que vendem produtos em geral, moem e tostam grãos de café frescos, servindo cafezinhos, mocaccinos e cafés com leite para os clientes que os visitam frequentemente. A Redbox opera mais de 30 mil quiosques de aluguel de DVD no McDonald's, Walmart, Walgreens, CVS, Family

Dollar e em outros pontos de varejo — os clientes fazem sua escolha usando uma tela touch-screen e, então, passam um cartão de crédito ou débito para alugar DVDs por 1 dólar a diária.

A ZoomSystems cria terminais de multimídia pequenos e autônomos, chamados de ZoomShops, para varejistas que vão da Apple, Sephora e The Body Shop a Macy's e Best Buy. Por exemplo, 100 terminais Best Buy Express ZoomShop espalhados pelos Estados Unidos — convenientemente localizados em aeroportos, shoppings com grande movimento, bases militares e resorts — oferecem, de forma automática, uma série de dispositivos de mídia portáteis, câmeras digitais, consoles de videogame, fones de ouvido, carregadores de celular, coisas para viagem e outros produtos populares. De acordo com a ZoomSystems, o varejo automatizado de hoje "oferece aos consumidores a praticidade da compra on-line aliada à gratificação imediata do varejo tradicional".[18]

▲ Marketing de terminais de multimídia (quiosques): os terminais ZoomShop espalhados pelos Estados Unidos oferecem, de forma automática, uma série de produtos eletrônicos populares. Este ZoomShop fica em uma loja da Macy's e traz produtos da Apple, entre outros.
ZoomSystems

Marketing on-line

Objetivo 3

◀ Explicar como as empresas reagiram à Internet e a outras novas e poderosas tecnologias com estratégias de marketing on-line.

Como observado anteriormente, o **marketing on-line** é a forma do marketing direto de mais rápido crescimento. A ampla utilização da Internet está causando um tremendo impacto tanto nos compradores como nas empresas que os atendem. Nesta seção, vamos analisar como a estratégia e as práticas de marketing estão mudando para aproveitar as atuais tecnologias da Internet.

Marketing on-line
Esforços para comercializar produtos e serviços e para desenvolver relacionamento com os clientes na Internet.

O marketing e a Internet

Hoje em dia, grande parte dos negócios no mundo é conduzida por redes digitais que conectam pessoas e empresas. A **Internet**, uma vasta rede pública de computadores, conecta, no mundo inteiro, usuários de todos os tipos uns aos outros e a um repositório de informações incrivelmente grande. Atualmente, as pessoas se conectam à Internet praticamente a qualquer hora e em qualquer lugar, usando seus computadores, smartphones, tablets ou até mesmo TVs e consoles de videogame. A Internet mudou fundamentalmente as noções que os clientes têm de praticidade, rapidez, preço, informações sobre produto e serviços. Como resultado, ela proporcionou às empresas uma maneira completamente nova de criar valor para os clientes e construir um relacionamento com eles.

Internet
Uma vasta rede pública de computadores que conecta, no mundo inteiro, usuários de todos os tipos uns aos outros e a um repositório de informações incrivelmente grande.

A utilização e o impacto da Internet continuam a crescer de forma estável. Hoje, mais de 80% dos lares norte-americanos contam com Internet, e o usuário médio de Internet nos Estados Unidos passa cerca de 32 horas por mês on-line. Além disso, mais de 63 milhões de pessoas no país acessam a Internet de seu smartphone. No mundo inteiro, mais de 2 bilhões de pessoas têm hoje acesso à Internet, e 1 bilhão delas acessam a rede mundial por meio de dispositivos móveis — um número que deve dobrar nos próximos cinco anos, à medida que esses dispositivos se tornam a maneira mais popular de ficar on-line.[19]

Hoje, para atingir esse mercado em franco crescimento, todos os tipos de empresa comercializam on-line. As **empresas exclusivamente virtuais** operam somente na Internet. Elas incluem uma ampla variedade de organizações, dos *varejistas eletrônicos* como a Amazon.com e a Expedia.com, que vendem produtos e serviços diretamente aos compradores finais via Internet, até as *ferramentas de busca e portais* (como o Yahoo!, o Google e a MSN), passando pelos *sites de transação* (eBay, Craigslist), *sites de conteúdo* (o New York Times on-line, o ESPN.com e a *Encyclopaedia Britannica*) e *redes sociais* (Facebook, YouTube, Pinterest, Twitter e Flickr).

Empresas exclusivamente virtuais
São as chamadas ponto-com, que operam somente on-line e não têm presença física no mercado.

O enorme sucesso das ponto-com fez com que os fabricantes e os varejistas com *operações físicas* reavaliassem o modo como atendiam a seus mercados. Assim, hoje em dia, quase todas

Empresas mistas
Empresas tradicionais, com presença física, que acrescentaram o marketing on-line às suas operações.

essas organizações tradicionais criaram canais próprios de comunicações e vendas on-line, tornando-se **empresas mistas**. Atualmente, é difícil encontrar uma empresa que não tenha uma considerável presença on-line.

De fato, muitas empresas mistas estão hoje tendo mais sucesso on-line do que seus concorrentes exclusivamente virtuais. Em uma recente classificação dos dez principais sites de varejo on-line do mundo, apenas um varejista era exclusivamente virtual (a Amazon.com, que ficou em primeiro lugar na lista). Todos os demais eram varejistas de multicanal.[20] Por exemplo, o segundo lugar na classificação ficou com a Staples, a varejista de suprimentos de escritório de 25 bilhões de dólares. A Staples opera mais de 2.295 superlojas no mundo todo. Mas você pode se surpreender ao saber que mais de 42% das vendas da Staples são provenientes de suas operações de marketing on-line.[21]

As vendas pela Internet possibilitam que a Staples construa relacionamentos mais profundos e personalizados com clientes grandes e pequenos. Um cliente grande, como a GE e a P&G, pode criar listas de produtos aprovados a preços com desconto e, então, permitir que seus departamentos ou até mesmo seus funcionários façam sua própria compra on-line. Para os clientes, isso reduz os custos com pedido, diminui a burocracia e agiliza o processo de colocação de pedidos. Ao mesmo tempo, incentiva as empresas a usar a Staples como única fonte para suprimentos de escritório. Mesmo as empresas menores e os consumidores acham o processo de pedidos on-line — que funciona 24 horas por dia, via Internet ou aplicativos da Staples — mais fácil e eficiente.

Além disso, as operações on-line da Staples complementam as vendas na loja. O site Staples.com e os aplicativos levam mais pessoas às lojas, oferecendo ofertas tentadoras e ajudando os clientes a encontrar a loja mais próxima, bem como a verificar preços e disponibilidade. As lojas locais, por sua vez, promovem as compras on-line por meio de seus terminais de multimídia. Se os clientes não encontram aquilo de que precisam nas prateleiras, eles podem pedi-lo rapidamente por meio dos terminais. Dessa maneira, a Staples apoia seu posicionamento "foi fácil" oferecendo uma gama completa de pontos de contato e formas de entrega — on-line, móvel, por catálogo, por telefone e nas lojas. Nenhuma empresa exclusivamente virtual ou tradicional pode oferecer esse tipo de praticidade e suporte em termos de atendimento, clique ou visita.

▲ Marketing misto: a Staples apoia seu posicionamento "foi fácil" oferecendo uma gama completa de pontos de contato e formas de entrega.
Cortesia da Staples the Office Superstore, LLC & Staples, Inc.

Domínios do marketing on-line

Os quatro principais domínios do marketing on-line são mostrados na Figura 17.2. São eles: B2C (*business to consumer* — empresa-consumidor), B2B (*business to business* — empresa-empresa), C2C (*consumer to consumer* — consumidor-consumidor) e C2B (*consumer to business* — consumidor-empresa).

Figura 17.2 Domínios do marketing on-line.

O marketing on-line pode ser classificado de acordo com quem o inicia e para quem ele é dirigido. Como consumidores, estamos mais acostumados ao B2C e C2C, mas o B2B também está prosperando.

	Dirigido para os consumidores	Dirigido para as empresas
Iniciado **pela empresa**	B2C (empresa-consumidor)	B2B (empresa-empresa)
Iniciado **pelo consumidor**	C2C (consumidor-consumidor)	C2B (consumidor-empresa)

Da empresa para o consumidor (B2C)

Marketing on-line B2C (empresa-consumidor)
A venda de produtos e serviços on-line para consumidores finais.

A imprensa tem voltado a maior parte de sua atenção para o **marketing on-line B2C (empresa-consumidor)**, que é a venda de produtos e serviços on-line para consumidores finais. Hoje em dia, os consumidores podem comprar praticamente de tudo on-line. Mais da metade dos domicílios norte-americanos compram regularmente on-line, e esse tipo de compra continua crescendo a uma taxa sólida, de dois dígitos. Estima-se que no ano passado as vendas do varejo norte-americano tenham atingido 202 bilhões de dólares, e espera-se que essas vendas cheguem a 327 bilhões em 2016, à medida que os consumidores transferem seus gastos das lojas físicas para as que operam on-line.[22]

Capítulo 17 | Marketing direto e on-line **559**

Talvez o mais importante: embora atualmente as compras on-line sejam responsáveis por 7% das vendas totais no varejo norte-americano, de acordo com uma estimativa, a Internet influencia impressionantes 48% das vendas totais — incluindo as vendas feitas on-line e as feitas em lojas, mas incentivadas pela pesquisa on-line.[23] E um número cada vez maior de consumidores munidos com smartphone utiliza seu dispositivo enquanto compra, para encontrar melhores negócios e conseguir ofertas de equiparação de preços. Assim, profissionais de marketing inteligentes estão empregando estratégias integradas de multicanais, que utilizam a Internet para orientar as vendas para outros canais de marketing.

As compras on-line diferem das tradicionais no que diz respeito tanto às abordagens de compra do consumidor como às suas reações ao marketing. No processo de troca on-line, os clientes iniciam e controlam o contato. Os compradores selecionam, ativamente, os sites e os aplicativos de compra que utilizarão, bem como as informações de marketing que receberão sobre os produtos que desejam. Dessa maneira, o marketing on-line demanda novas abordagens de marketing.

Da empresa para a empresa (B2B)

Apesar de a imprensa dar mais atenção para os negócios B2C, o **marketing on-line B2B (empresa-empresa)** também está prosperando. As empresas B2B utilizam sites, e-mails, redes sociais, aplicativos e outros recursos on-line para atingir novos clientes organizacionais, vender para os clientes existentes e atender a todos de maneira mais eficiente e eficaz. Além de simplesmente vender seus produtos e serviços on-line, as empresas podem usar a Internet para construir relacionamentos mais sólidos com importantes clientes organizacionais.

Hoje, a maioria das grandes empresas B2B oferece on-line informações sobre os produtos, possibilidade de compra e serviços de atendimento ao cliente. Por exemplo, os compradores corporativos podem visitar o site da fabricante de equipamentos e softwares de redes Cisco Systems (<www.cisco.com>), selecionar descrições detalhadas das soluções de produtos e serviços da empresa, solicitar informações de vendas e serviços, participar de eventos e seminários de treinamento, assistir a vídeos sobre uma série de tópicos, interagir com funcionários da Cisco por meio de chats em tempo real e fazer pedidos. Eles também podem visitar a página da Cisco no Facebook e seu canal no YouTube para se conectar à rede da empresa, assistir a vídeos com informações ou instruções e muito mais. Algumas grandes empresas conduzem quase todos os seus negócios on-line. Por exemplo, a Cisco Systems recebe mais de 80% de seus pedidos pela Internet.

> **Marketing on-line B2B (empresa-empresa)**
> Marketing on-line para atingir novos clientes organizacionais, atender aos clientes existentes de maneira mais eficaz e obter eficiência e melhores preços em compras.

Do consumidor para o consumidor (C2C)

Uma parcela considerável da comunicação e do **marketing on-line C2C (consumidor-consumidor)** ocorre on-line, entre pessoas interessadas por uma grande variedade de produtos e assuntos. Em alguns casos, a Internet proporciona um excelente meio para os consumidores comprarem ou trocarem produtos ou informações diretamente uns com os outros. Por exemplo, o eBay, o Overstock.com Auctions, o Craigslist.com e outros sites de leilão oferecem espaços de mercado populares para expor e vender praticamente de tudo, de arte, antiguidades, moedas, selos e joias a computadores e produtos eletrônicos. A comunidade de negociações C2C on-line do eBay, composta de mais de 99 milhões de usuários ativos no mundo inteiro (um número maior do que o das populações da Grã-Bretanha, do Egito e da Turquia combinadas), movimentou cerca de 60 bilhões de dólares no ano passado — mais de 1.900 dólares por segundo.[24]

Em outros casos, o C2C envolve trocas de informações por meio de fóruns na Internet que atraem grupos específicos de interesse especial. Essas atividades podem ser organizadas para fins comerciais ou não comerciais. Os **blogs** são diários on-line nos quais as pessoas postam seus pensamentos, normalmente sobre um tema bem definido. Os blogs podem tratar de qualquer assunto, de política ou beisebol a haicai, manutenção de carros ou os mais recentes seriados da TV. De acordo com um estudo, existem hoje mais de 164 milhões de blogs. Muitas pessoas utilizam redes sociais como o Twitter e o Facebook para promover seus blogs, dando-lhes um alcance enorme. Isso confere aos blogs — em especial àqueles com muitos e devotos seguidores — uma grande influência.[25]

Muitas empresas estão usando a blogosfera como meio para alcançar clientes cuidadosamente selecionados. Por exemplo, a maioria das grandes empresas possui blogs. A Sony

> **Marketing on-line C2C (consumidor-consumidor)**
> Trocas on-line de produtos e informações entre os consumidores finais.

> **Blogs**
> Diários on-line nos quais as pessoas postam seus pensamentos, normalmente sobre um tema bem definido.

tem o PlayStation Blog, onde os fãs podem não só trocar pontos de vista, mas também apresentar suas ideias para melhorar os produtos PlayStation e votar em outras. O Disney Park Blog é um local para aprender mais sobre todos os aspectos da Disney e conversar sobre eles. Ele inclui uma área que mostra os bastidores, com posts que apresentam ensaios de dança, passam por novos lugares em construção, trazem entrevistas com funcionários e muito mais.

A Dell possui uma dezena ou mais de blogs, que facilitam "uma troca direta com os clientes da Dell sobre a tecnologia que conecta todos nós". Entre seus blogs, estão o Direct2Dell (o blog corporativo oficial da Dell), o Dell TechCenter (que se concentra na TI), o DellShares (que traz insights para as relações com os investidores), o Health Care (sobre a tecnologia ligada à área da saúde que nos conecta) e o Education (insights sobre como usar a tecnologia para melhorar o ensino, o aprendizado e a gestão educacional). A Dell também tem uma presença bastante ativa e bem-sucedida no YouTube, que ela chama de DellVlog, com 1.700 vídeos e mais de 13 milhões de visualizações ao todo. Os blogueiros da Dell muitas vezes incorporam esses vídeos do YouTube em seus posts.[26]

As empresas também podem anunciar em blogs existentes ou influenciar o conteúdo deles. Elas podem, inclusive, incentivar "conversas patrocinadas" por parte de blogueiros influentes. Um recente levantamento descobriu que 54% das empresas tinham utilizados blogs de terceiros para ajudar na transmissão de suas mensagens.[27] Por exemplo, nos Estados Unidos, o McDonald's se volta sistematicamente para "mamães blogueiras" importantes — aquelas que influenciam as donas de casa do país, as quais, por sua vez, influenciam as escolhas de sua família na hora de comer fora:[28]

> Recentemente, o McDonald's recebeu 15 blogueiras para uma vista, com tudo pago, em sua sede em Oak Brook, Illinois. As blogueiras percorreram as instalações (incluindo as cozinhas-teste da empresa), encontraram-se com Jan Fields, presidente do McDonald's nos Estados Unidos, e tiraram fotos com o Ronald perto de uma instituição Ronald McDonald House. O McDonald's sabe como essas blogueiras podem ser importantes. "Os blogueiros, e em especial as mamães blogueiras, falam muito sobre o McDonald's", diz o diretor de mídia social da empresa. "Elas são clientes. Vão aos restaurantes. E, o que é mais importante, essas mulheres têm seguidores fiéis."
>
> O McDonald's não tentou dizer às blogueiras o que elas deveriam falar em seus posts sobre a visita. Ele simplesmente pediu que escrevessem um resumo sincero da viagem. Como você deve ter imaginado, os posts resultantes (todos eles admitindo a conexão da blogueira com o McDonald's) foram, em sua maioria, muito positivos. Graças a esse e a muitos outros esforços desse tipo, hoje, as mamães blogueiras de todos os Estados Unidos estão informadas sobre o McDonald's e conectadas a ele. "Eu sei que eles têm smoothies, iogurtes e muitas outras coisas que meus filhos iriam querer", diz uma proeminente blogueira. "Eu, de verdade, não teria como dizer a você o que o Burger King está fazendo", ela acrescenta. "Eu não faço ideia."

Como ferramenta de marketing, os blogs possuem algumas vantagens. Eles podem oferecer uma forma nova, original, pessoal e barata de se inserir nas conversas on-line dos consumidores. Entretanto, a blogosfera está saturada e é difícil de controlar. Os blogs continuam sendo, em grande parte, um veículo C2C. Embora muitas vezes as empresas possam se beneficiar dos blogs para desenvolver um relacionamento significativo com os clientes, os consumidores permanecem amplamente no controle.

Não importa se participam ativamente da blogosfera e de outras conversas C2C ou não: as empresas devem monitorar e ouvir os blogs. O C2C implica que os compradores on-line não se limitam a consumir informações sobre os produtos — eles, cada vez mais, as criam. As empresas devem utilizar insights obtidos de conversas on-line dos consumidores para melhorar seus programas de marketing.

▲ O uso da blogosfera para alcançar clientes cuidadosamente selecionados: nos Estados Unidos, o McDonald's se volta para "mamães blogueiras" importantes — aquelas que influenciam as donas de casa do país.

Cortesia de Grace Biskie, www.gabbingwithgrace.com.

Do consumidor para a empresa (C2B)

O último domínio é o **marketing on-line C2B (consumidor-empresa)**. Graças à Internet, os consumidores de hoje se comunicam com as empresas com mais facilidade. A maioria das organizações atualmente convida clientes potenciais e existentes para enviar sugestões e perguntas por meio de seus sites. Além disso, em vez de aguardar um convite, os consumidores podem procurar empresas on-line, informar-se sobre suas ofertas, iniciar compras e oferecer feedback. Eles podem até mesmo conduzir as transações com as empresas, em vez de o contrário. Por exemplo, no Priceline.com, compradores potenciais podem dar lances para passagens aéreas, diárias em hotéis, aluguel de carros, cruzeiros e pacotes de viagem, deixando as empresas decidir se aceitam ou não suas ofertas.

Os consumidores podem ainda utilizar sites como o GetSatisfaction.com, o Complaints.com e o PlanetFeedback.com para fazer não só perguntas, mas também sugestões, reclamações ou elogios às empresas. O GetSatisfaction.com fornece "atendimento ao cliente baseado em pessoas", criando uma comunidade de serviços ao comprador orientada pelo usuário. Os site traz fóruns onde os clientes fazem perguntas, compartilham ideias, elogiam ou reportam os problemas que estão tendo com os produtos e serviços de 65 mil empresas — que variam da Microsoft e da P&G até o Google e a Zappos.com —, e as organizações podem ou não participar. O GetSatisfaction.com também oferece ferramentas por meio das quais as empresas podem adotar o site como um recurso oficial de atendimento ao cliente.[29]

Marketing on-line C2B (consumidor-empresa)
Trocas on-line em que os consumidores procuram empresas, informam-se sobre suas ofertas, iniciam compras e, muitas vezes, chegam a conduzir os termos da transação.

Estabelecimento de presença no marketing on-line

De uma maneira ou de outra, a maioria das empresas hoje atua on-line. As organizações conduzem o marketing on-line de uma das cinco formas mostradas na Figura 17.3 ou de todas em conjunto: (1) criando sites, (2) divulgando anúncios e promoções on-line, (3) criando redes sociais ou participando delas, (4) utilizando o e-mail ou (5) usando o marketing móvel.

Objetivo 4
◀ Discutir como as empresas conduzem o marketing on-line para, de maneira lucrativa, entregar mais valor para os clientes.

Figura 17.3 Estabelecimento de presença no marketing on-line.

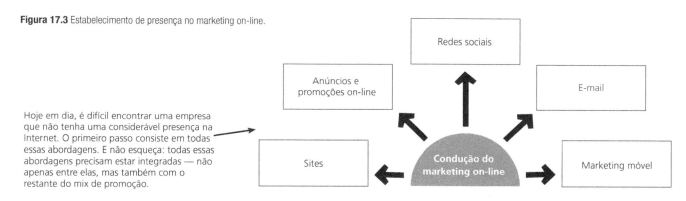

Hoje em dia, é difícil encontrar uma empresa que não tenha uma considerável presença na Internet. O primeiro passo consiste em todas essas abordagens. E não esqueça: todas essas abordagens precisam estar integradas — não apenas entre elas, mas também com o restante do mix de promoção.

Criação de sites

Para a maioria das empresas, o primeiro passo na condução do marketing on-line consiste em criar um site. Entretanto, além de simplesmente criar um site, as empresas devem desenvolver um site atrativo e descobrir maneiras de fazer com que os consumidores o visitem, naveguem por ele e retornem com frequência.

Os sites variam muito em termos de finalidade e conteúdo. A modalidade mais básica é o **site corporativo** (ou **de marca**). Esses sites são elaborados para construir uma boa imagem junto ao cliente, coletar feedback dele e apoiar outros canais de vendas, em vez de vender diretamente os produtos da empresa. Geralmente, eles oferecem uma ampla variedade de informações e outros recursos, em um esforço para responder às perguntas dos clientes, construir um relacionamento mais próximo com eles e gerar entusiasmo com relação à empresa ou à marca.

Por exemplo, não dá para comprar nada no exuberante site Wonka.com da Nestlé, mas é possível obter mais informações sobre diferentes doces da empresa, acessar a mais nova promoção ou ficar lá por um tempo, rabiscando com as balas Nerds, "pintando seus sonhos" com o imaginário Wonka ou postando artes digitais inspiradas na marca. De maneira similar, também não dá para comprar nada no site corporativo da GE, que serve de interface pública, de nível mundial, para a enorme empresa. Ele oferece uma enorme quantidade de

Site corporativo (ou de marca)
Site elaborado para construir uma boa imagem junto ao cliente, coletar feedback dele e apoiar outros canais de vendas, em vez de vender diretamente os produtos da empresa.

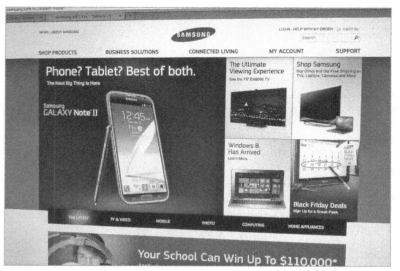

▲ Sites de marketing: o site da Samsung não é aquela coisa exuberante. Mas, uma vez que os clientes potenciais cliquem nele, o site não perde tempo e logo tenta transformar a visita em uma venda e, então, em um relacionamento de longo prazo.
Cortesia de Gary Armstrong

Site de marketing
Site que interage com os consumidores para deixá-los mais perto de uma compra direta ou de outro resultado de marketing.

informações sobre os produtos, os serviços e a empresa para um público diverso de clientes, investidores, jornalistas e funcionários, sendo tanto um site B2B como um portal para os consumidores — tanto faz se você é um consumidor dos Estados Unidos que está procurando um micro-ondas, um comprador organizacional da Indonésia que está dando uma olhada nas locomotivas ecologicamente corretas ou um investidor da Alemanha que está buscando informações para acionistas.

Outras empresas criam um **site de marketing** que interage com os consumidores para deixá-los mais perto de uma compra direta ou de outro resultado de marketing. Por exemplo, a Samsung opera um site de marketing no endereço <www.samsung.com>. Quando clientes potenciais clicam nele, a fabricante de eletrônicos de consumo não perde tempo e logo tenta transformar a visita em venda e, a seguir, em um relacionamento de longo prazo. Se os clientes estão procurando uma TV, câmera, computador, dispositivo móvel ou outro produto da Samsung, o site, muito bem organizado, os direciona para produtos específicos e informações detalhadas de que os consumidores precisam para tomar uma decisão de compra. Para construir e manter relacionamentos de longo prazo, o site de marketing oferece um abrangente suporte aos clientes. Ele também os convida a participar do Samsung Nation, o programa de fidelidade da marca. Os membros podem ganhar emblemas, mover-se de categoria e conectar-se com outros usuários da Samsung visitando sites Web e de mídia social da empresa, analisando produtos, assistindo a vídeos e participando de seções de perguntas e respostas geradas por usuários.

Criar um site é uma coisa; fazer com que as pessoas o *visitem* é outra. Para atrair visitantes, as empresas promovem agressivamente seus sites em propagandas impressas e transmitidas, bem como por meio de anúncios e links em outros sites. Mas os internautas de hoje abandonam rapidamente qualquer site que não esteja de acordo com as expectativas. O segredo é criar valor e interesse suficientes para fazer com que os clientes que visitam o site naveguem por ele e retornem.

No mínimo, o site deve ser fácil de usar, ter uma aparência profissional e ser atrativo. Em última instância, entretanto, os sites precisam ser úteis. Quando se trata de navegação e compras na Internet, a maioria das pessoas prefere a essência ao estilo e a funcionalidade à ostentação. Por exemplo, o site da Samsung não é aquela coisa exuberante, mas oferece aos clientes todas as informações sobre produtos que eles estão procurando, com rapidez e eficiência. Dessa forma, sites eficazes contêm informações profundas e úteis, ferramentas interativas que ajudam os compradores a encontrar e avaliar os produtos de seu interesse, links para outros sites relacionados, ofertas promocionais em constante mudança e recursos de entretenimento que geram um relevante envolvimento.

Divulgação de anúncios e promoções on-line

Anúncio on-line
Propaganda que aparece enquanto os consumidores estão navegando na Internet, a qual inclui banners, links patrocinados e classificados on-line, entre outras formas.

Com os consumidores passando cada vez mais tempo na Internet, as empresas estão alocando uma parte maior de seu orçamento de marketing nos **anúncios on-line**, com o intuito de construir suas marcas ou atrair visitantes para seus sites Web e de mídia social, bem como para seus aplicativos. Os anúncios on-line se tornaram um importante veículo. No ano passado, nos Estados Unidos, os gastos totais com anúncios na Internet chegaram a 31 bilhões de dólares, e espera-se que eles ultrapassem os anúncios impressos ainda este ano, tornando-se o segundo maior veículo do país, atrás da TV — e na frente dos jornais e revistas.[30]

As principais formas de anúncios on-line são: banners (*display ads*), links patrocinados e classificados on-line. Os banners on-line podem surgir em qualquer lugar na tela de um internauta e, muitas vezes, tem relação com o conteúdo que está sendo visto. Por exemplo, enquanto navega por pacotes de viagem no Travelocity.com, você pode encontrar um banner oferecendo um upgrade gratuito no aluguel de um carro na Enterprise Rent-A-Car. Ou, ao visitar a página Yahoo! Finance, um chamativo anúncio da E*TRADE pode promover, de graça, um celular com sistema operacional Android e plano de acesso à Internet por dois anos, se você abrir uma nova conta. Nos últimos anos, os banners na Internet evoluíram muito em termos de atração e retenção da atenção do consumidor. Hoje, novos anúncios *multimídia* incorporam animação, vídeo, som e interatividade.

A forma mais comum de propaganda on-line são os *links patrocinados* (ou *anúncios relacionados a buscas*), que foram responsáveis por 46,5% dos gastos totais com esse tipo de propaganda no ano passado. Nos links patrocinados, anúncios baseados em texto e links aparecem juntamente com os resultados gerados pela ferramenta de busca de sites como Google, Yahoo! e Bing. Por exemplo, pesquise no Google o seguinte: "LCD TV". No topo e ao lado da lista de busca resultante, você verá anúncios discretos para dez ou mais anunciantes, que vão da Samsung e da Dell até a Best Buy, a Sears, a Amazon.com, o Walmart.com e a Nextag.com. Quase a metade dos 37 bilhões de dólares em receitas do Google no último ano veio da venda de anúncios. A pesquisa é um tipo de veículo que está em constante funcionamento. E os resultados são facilmente mensurados, o que é bom para a economia apertada de hoje.[31]

A empresa que utiliza links patrocinados compra termos de pesquisa do site de busca e paga somente se os consumidores clicarem no site dela. Por exemplo, nos Estados Unidos, se você digitar "Coca" e "Coca-Cola", ou até mesmo "refrigerantes" e "recompensas", no Google, Yahoo! ou Bing, quase sempre aparecerá como uma das primeiras opções o "Meu programa de recompensas da Coca", talvez com um banner e um link para a página oficial da Coca-Cola no Google+. Isso não é coincidência. A Coca-Cola apoia seu popular programa de fidelidade usando, amplamente, links patrocinados. A gigante dos refrigerantes começou com anúncios tradicionais, impressos e na TV, mas logo percebeu que a busca era a maneira mais eficaz de levar os consumidores para seu site <www.cokerewards.com>, a fim de se registrarem. Hoje, qualquer um dos diversos termos de pesquisa comprados retornará o site MyCokeRewards.com no topo ou perto do topo da lista de busca.

Outras formas de promoção on-line incluem patrocínios de conteúdo e propaganda viral. Com a utilização dos *patrocínios de conteúdo*, as empresas ganham exposição na Internet ao patrocinar conteúdos especiais em vários sites, como notícias, informações financeiras ou temas de interesse especial. Por exemplo, a Alamo patrocina a seção "Guias e organizador de férias e viagens" no Weather.com, e o Marriott patrocina um microsite, o "Verão para o resgate!", no Travelocity.com. Os patrocínios são mais eficazes em sites cuidadosamente selecionados, que podem oferecer ao público informações ou serviços relevantes.

Para completar, as empresas utilizam o **marketing viral**, a versão da Internet para o marketing boca a boca. O marketing viral envolve a criação de um site, vídeos, mensagens enviadas por e-mail ou aplicativos, anúncios ou outras ações de marketing tão contagiantes que os clientes as procuram ou as repassam para os amigos. Como os clientes encontram e transmitem a mensagem ou a promoção para os outros, o marketing viral pode ser muito barato. E, quando a informação vem de um amigo, é muito mais provável que destinatário a veja ou leia.

Marketing viral
A versão da Internet para o marketing boca a boca. São sites, vídeos, mensagens enviadas por e-mail ou aplicativos, anúncios ou outras ações de marketing tão contagiantes que os clientes as procuram ou repassam para os amigos.

Por exemplo, a marca Old Spice da P&G criou um viral — hoje um clássico — com sua campanha "Cheire como um homem, cara", estrelada por Isaiah Mustafa. A campanha consistiu em anúncios para a TV e vídeos feitos especialmente para a Internet, desenvolvidos para se tornar virais no YouTube, no Facebook e em outras mídias sociais. A campanha inicial obteve dezenas de milhões de visualizações. A segunda campanha, composta de cerca de 200 vídeos em que o próprio Mustafa respondia a perguntas enviadas por usuários, incluindo Ellen DeGeneres e Alyssa Milano, conquistou 21 milhões de visualizações somente na primeira semana. Ela aumentou em 800% as interações com a marca no Facebook e em 300% o número de visitantes no site OldSpice.com. Após o lançamento desses vídeos, o canal da Old Spice no YouTube se tornou o mais visto de todos os tempos.[32]

Às vezes, um anúncio normal bem feito pode se tornar um viral plantando-o no lugar certo. Por exemplo, o inteligente anúncio "A força" da

▲ Marketing viral: às vezes, um anúncio normal bem feito pode se tornar um viral. Por exemplo, o inteligente anúncio "A força" da Volkswagen que, criado para o Super Bowl, traz um Darth Vader em miniatura foi visto 18 milhões de vezes on-line antes de ser transmitido na TV durante o jogo.
Associated Press

Volkswagen (VW), criado para o Super Bowl — traz um Darth Vader em miniatura usando "a força" para ligar um VW Passat —, tornou-se um viral depois que uma equipe da agência de propaganda da VW, uma semana antes do evento, o plantou em sites selecionados, voltados para carros, cultura pop e Star Wars. Quando o anúncio foi ao ar no Super Bowl, ele já tinha sido visto mais de 18 milhões de vezes on-line. No final do ano, "A força" tinha conquistado mais de 80 milhões de visualizações. A Honda conseguiu feito parecido no ano seguinte, com um anúncio no Super Bowl intitulado "Dia de folga de Matthew". Uma homenagem ao filme *Curtindo a vida adoidado*, um clássico dos anos 1980, o anúncio tinha conquistado 18,4 milhões de visualizações na manhã seguinte ao grande jogo.[33]

Entretanto, os profissionais de marketing geralmente não têm muito controle sobre suas mensagens, que podem ou não se tornar virais. Eles podem até plantar mensagens on-line, mas isso pouco vale se elas não envolverem os clientes. Por exemplo, por que o anúncio plantado do Darth Vader da VW explodiu, tornando-se um viral? Porque, de modo sentimental, ele agradou os pais — o principal perfil demográfico do carro —, que querem um meio de transporte confiável para a família. E agradou também a criança que existe dentro dos pais, que podem ter sido vidrados em Star Wars e agora querem um carro com um pouco de magia. De acordo com um diretor de criação: "Você espera que a criatividade esteja em um nível alto o suficiente para que as sementes se transformem em gigantescos carvalhos. Mas, se eles não gostarem, elas não vão sair do lugar. Se gostarem, elas vão se mover um pouco. E, se amarem, elas vão se movimentar tão rápido quanto o fogo nas colinas de Hollywood".[34]

Criação de redes sociais ou participação nelas

Redes sociais
Comunidades on-line onde as pessoas congregam, socializam e trocam pontos de vista e informações.

Como visto do Capítulo 1 ao 5, a popularidade da Internet resultou em uma onda de **redes sociais** ou comunidades on-line. Surgiram incontáveis sites, independentes e comerciais, que oferecem aos consumidores um local on-line para congregarem e socializarem, bem como trocarem pontos de vista e informações. Hoje em dia, ao que parece, quase todo mundo confraterniza no Facebook, marca presença no Twitter, sintoniza os vídeos mais populares do dia no YouTube, fixa coisas interessantes no Pinterest ou dá uma olhada em fotos no Flickr. E, é claro, onde quer que os consumidores congreguem, as empresas certamente estarão lá. Hoje, a maioria das empresas está pegando a enorme onda das redes sociais.

As empresas podem se envolver em comunidades on-line de duas maneiras: elas podem participar de comunidades existentes ou criar suas próprias comunidades. Unir-se a redes já existentes parece mais fácil. Assim, a maioria das principais marcas — da Dunkin' Donuts à Harley-Davidson, passando pela Nissan e pela Victoria's Secret — tem canais no YouTube. A GM e outras empresas postam conteúdo visual no Flickr e no Pinterest. E a página da Coca-Cola no Facebook tem mais de 80 milhões de fãs.

Algumas das principais redes sociais são imensas. Nos Estados Unidos e no Canadá, mais de 50% dos internautas usam o Facebook. Essa porcentagem rivaliza com a das 55% de pessoas que assistem à TV, independentemente do canal, e ultrapassa a de ouvintes de rádio (37%) e leitores diários de jornal (22%). Atualmente, o Facebook possui mais de 835 milhões de membros no mundo todo, quase 2,5 vezes as populações combinadas dos Estados Unidos e do Canadá.[35]

Embora grandes redes sociais como o Facebook, o YouTube, o Pinterest e o Twitter atraiam a maior parte da atenção, surgiu uma nova fornada de redes de nicho, mais focadas. Essas redes atendem às necessidades de comunidades menores, compostas por pessoas que pensam de maneira parecida, o que faz delas veículos ideais para empresas que querem atingir grupos com interesse especial. Existe pelo menos uma rede social para cada interesse ou hobby.[36]

▲ Milhares de redes sociais surgiram para atender a interesses, experiências, profissões e grupos de idade específicos. No Dogster, 700 mil membros criam um perfil para seus amigos de quatro patas, leem diários caninos ou, simplesmente, dão um osso virtual para um cachorro.
Dogster.com

O Yub.com e o Kaboodle.com são para pessoas que gostam de comprar, ao passo que as mães oferecem conselhos e se solidarizam no CafeMom.com. O GoFISHn, uma comunidade composta por 4 mil pessoas que gostam de pescar, traz mapas que mostram onde os peixes estão mordendo a isca e uma galeria de fotos onde os membros podem expor sua pesca. No Dogster, 700 mil membros criam um perfil para seus amigos de quatro patas, leem diários caninos ou, simplesmente, dão um osso virtual para um cachorro. No Ravelry.com, 1,4 milhão de pessoas que fazem tricô e crochê, bem como costureiros, fiandeiros e tintureiros, compartilham informações sobre fios, padrões, métodos e ferramentas.

Alguns nichos são voltados para algo não muito claro. A Passions Network é uma "rede social de nicho para encontros on-line", com 6 mil membros e mais de 200 grupos de interesse específico, incluindo fãs do *Jornada nas estrelas*, caminhoneiros, ateus e pessoas que são tímidas. Já o FarmersOnly.com oferece encontros on-line para "pessoas do campo" sensatas, que gostam de "céu azul, de viver livre e em paz em grandes espaços abertos, criando animais e apreciando a natureza" — "porque as pessoas da cidade não entendem isso". Outras redes de nichos são voltadas para comunidades mais técnicas: mais de 1 milhão de cientistas utilizam o ResearchGATE para coordenar pesquisas em áreas como inteligência artificial e câncer. E, no myTransponder.com, pilotos encontram trabalho, estudantes localizam instrutores de voo e anunciantes que trabalham especificamente com o setor — como a ForeFlight, que desenvolve softwares de aviação — colocam no radar um público difícil de alcançar, composto de mais de 2 mil pessoas que adoram aviação. O myTransponder.com tem como objetivo "tornar a aviação mais social".

Mas participar com sucesso de redes sociais existentes apresenta desafios. Para começar, a maioria das empresas ainda está aprendendo como usá-las de maneira eficaz, e os resultados são difíceis de mensurar. Em segundo lugar, essas redes são, em grande medida, controladas por usuários. O objetivo da empresa é fazer com que a marca faça parte das conversas dos consumidores e de sua vida. No entanto, ela não pode forçar caminho em direção às interações on-line dos consumidores — precisa obter o direito de estar lá. Em vez de se intrometer, a empresa precisa aprender a se tornar uma parte valiosa da experiência on-line.

Para evitar os mistérios e os desafios inerentes à construção de presença em redes sociais existentes, muitas empresas criaram suas próprias comunidades on-line direcionadas. Por exemplo, no site Nike+, da Nike, um número superior a 6 milhões de corredores, que acumulam mais 230 milhões de quilômetros percorridos em 243 países, unem-se on-line para registrar, monitorar e comparar seu desempenho. Por conta de seu sucesso, a Nike expandiu o Nike+ para basquete e treinos gerais — cada qual com seu site exclusivo e produtos relacionados.[37]

De maneira similar, a revista Men's Health criou uma comunidade on-line ligada a seus programa Belly Off! (<http://mymenshealth.com/bellyoff/>). O programa da revista, que já tem bastante tempo, ajuda os leitores a desenvolver um plano sólido para exercícios e dieta, com base em uma programação estabelecida. O site da comunidade traz conteúdo gerado por usuários e oferece planos para ginástica e alimentação, além de apresentar o progresso feito, vídeos que mostram como fazer e histórias de sucesso. No total, o site Belly Off! atende a uma comunidade de cerca de 145 mil membros, que compartilham metas parecidas de perda de peso e atividade física. O programa, que funciona desde 2001, já ajudou 400 mil pessoas a perderem, aproximadamente, 900 mil quilos.[38]

Utilização do e-mail

O **marketing por e-mail** é uma importante ferramenta do marketing on-line e está crescendo. O e-mail é uma ferramenta de comunicação muito usada — segundo uma estimativa, existem mais de 3 bilhões de contas de e-mail no mundo. Assim, não surpreende o fato de uma recente pesquisa da DMA ter descoberto que 78% de todas as campanhas de marketing direto utilizam o e-mail. Apesar dessa saturação, o marketing por e-mail ainda traz um dos mais altos retornos do investimento em marketing. De acordo com a DMA, para cada 1 dólar gasto em e-mails, as empresas recebem em troca 40 dólares. As organizações norte-americanas gastaram 1,15 bilhão de dólares com marketing por e-mail no ano passado — dez anos antes, foram somente 243 milhões.[39]

Marketing por e-mail
Envio de mensagens de marketing altamente direcionadas, extremamente personalizadas e voltadas para a construção de relacionamentos por e-mail.

 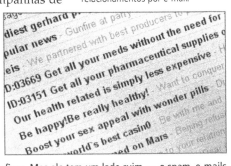

▲ O e-mail pode ser uma ferramenta de marketing eficaz. Mas ele tem um lado ruim — o spam, e-mails comerciais indesejados, que lotam nossa caixa de entrada e geram frustração.

© *Yong Hian Lim/istockphoto;* © *adimas/Fotolia*

566 Parte 3 | Elaboração de uma estratégia e de um mix voltados para o cliente

Quando usado de maneira apropriada, o e-mail pode ser o melhor veículo para o marketing direto. A maioria das mais respeitadas empresas o utiliza regularmente e com grande sucesso. O e-mail permite a essas empresas enviar mensagens altamente direcionadas, extremamente personalizadas e voltadas para a construção de relacionamentos. Por exemplo, a NHL (National Hockey League — Liga Nacional de Hóquei) envia boletins eletrônicos hiperdirecionados para fãs do esporte com base no time para o qual eles torcem e em sua localização. Ela manda 62 versões do boletim por semana — duas para cada um dos 30 times, desenvolvidas sob medida para fãs dos Estados Unidos e do Canadá, respectivamente, e duas genéricas, sobre a liga, que atendem a ambos os países. Uma outra campanha de e-mail da NHL, que promovia o início da venda de ingressos por jogos, teve 930 versões.[40]

> **Spam**
> Mensagens de e-mail comerciais, não solicitadas e indesejadas.

Mas há um lado ruim no uso crescente do marketing por e-mail. A explosão do **spam** — mensagens de e-mail comerciais, não solicitadas e indesejadas, que lotam nossas caixas de entrada — tem gerado irritação e frustração nos consumidores. De acordo com uma empresa de pesquisa, o spam representa hoje 68% do total de e-mails enviados.[41] As empresas que praticam o marketing por e-mail caminham sobre a tênue linha que separa a adição de valor para os consumidores e o ato de serem intrusivas.

Para lidar com essas questões, hoje, a maioria das empresas sérias pratica o *marketing baseado em permissão*, enviando mensagens comerciais por e-mail somente para clientes que optam por recebê-las. Muitas empresas utilizam sistemas de e-mail configuráveis, que permitem aos clientes escolherem o que querem receber. A Amazon.com direciona para os clientes que optam por receber mensagens um número limitado de e-mail úteis, do tipo "nós achamos que você gostaria de saber", baseados nas preferências por eles expressas e em compras anteriores. Poucos clientes se opõem a essas mensagens promocionais — na verdade, muitos a consideram bem-vindas. A Amazon.com se beneficia delas por meio de taxas de retorno mais altas e evitando que os clientes se afastem, por conta de e-mails que não querem receber.

Por conta da eficácia em atingir o público selecionado e do baixo custo, o e-mail pode ser um excelente investimento de marketing. De acordo com a DMA, de todas as mídias de marketing direto, o marketing por e-mail é o que gera o mais alto retorno do investimento.[42]

Utilização do marketing móvel

> **Marketing móvel**
> Marketing dirigido a consumidores em movimento, por meio de celulares, smartphones, tablets e outros dispositivos móveis de comunicação.

O **marketing móvel** tem a ver com as mensagens e as promoções de marketing que são entregues para consumidores em movimento, por meio de seus dispositivos móveis. As empresas utilizam o marketing móvel para alcançar os clientes e interagir com eles em todo lugar e a qualquer hora, durante o processo de compra e de construção de relacionamento. A ampla adoção de dispositivos móveis e o surgimento do tráfego móvel na Internet tornaram o marketing móvel algo imprescindível para a maioria das marcas.

Com a recente proliferação de celulares, smartphones e tablets, mais de 96% dos domicílios norte-americanos possuem algum tipo de dispositivo móvel. Atualmente, cerca de um terço dos lares nos Estados Unidos são apenas "móveis", o que significa que eles não têm telefone fixo e dependem de dispositivos móveis para fazer e receber ligações. Além disso, aproximadamente 85 milhões de pessoas no país têm um smartphone, e cerca de 35% dos usuários de smartphone o usam para acessar a Internet. E eles não apenas navegam pela Internet, mas também são ávidos usuários de aplicativos. O mercado de aplicativos explodiu: a Apple App Store oferece mais de 500 mil aplicativos para iPhone e outros 200 mil para iPad. O mercado Android oferece mais de 150 mil aplicativos.[43]

Um recente estudo estima que os gastos com propaganda móvel nos Estados Unidos vão subir de 1,45 bilhão de dólares em 2011 para 2,55 bilhões em 2014. Praticamente todas as grandes empresas — desde a Pepsi e a Nordstrom até organizações sem fins lucrativos como a ASPCA, passando bancos ou supermercados locais — estão hoje integrando plataformas móveis a seu marketing direto. Atualmente, 42% dos usuários de redes móveis clicam, pelo menos uma vez por semana, em um anúncio móvel.[44]

Uma campanha de marketing móvel pode envolver links patrocinados, publicidade gráfica ou vídeos em sites relevantes e comunidades on-line, como o Facebook e o YouTube. Os links patrocinados respondem por quase metade de todos os gastos com propaganda móvel; os banners e a publicidade gráfica ficam com mais um terço desses gastos. O marketing móvel oferece às marcas a oportunidade de envolver os consumidores por meio do fornecimento de informações, incentivos e opções imediatas, no momento em que eles estão expressando interesse ou estão prestes a tomar uma decisão de compra. "Os anúncios móveis têm como objetivo a captação 'do momento', em todo e qualquer lugar", diz um especialista, não importando se o momento se dá em uma pesquisa feita por dispositivo móvel ou em uma loja, durante a decisão de compra.[45]

Os anúncios móveis de hoje, multimídia, podem criar um impacto e um envolvimento substanciais. Por exemplo, a HBO veicula esse tipo de anúncio para a estreia da temporada de sua série *True blood*. À medida que os consumidores navegam pelo aplicativo Flixter, procurando por bons filmes, ou pelo Variety, em busca das últimas notícias ligadas ao mundo do entretenimento, os toques em sua tela se transformam em impressões digitais com sangue. Logo, o sangue invade a tela inteira e aparece um convite para assistir a um trailer. A arrepiante campanha para *True blood* ajudou a reunir mais de 5,1 milhões de telespectadores na estreia da temporada e aumentou em 38% sua audiência.[46]

O esforço de marketing móvel também pode envolver promoções via mensagens de texto para os consumidores — de tudo, desde anúncios de desconto do varejista, cupons de marca e sugestões de presente até jogos e concursos oferecidos por dispositivo móvel. Muitas empresas também criaram seus próprios sites para celulares, otimizados para aparelhos e provedores de serviços específicos. Outras desenvolveram aplicativos úteis ou divertidos com o intuito de envolver os clientes com suas marcas e ajudá-los a comprar (veja o Marketing Real 17.2). Por exemplo, a Clorox oferece o aplicativo myStain que, voltado para jovens mães, oferece soluções úteis para remover manchas. A Schwab tem o "Schwab para viagem", um aplicativo que permite aos clientes obter notícias atualizadas sobre investimentos, monitorar suas contas e fazer transações a qualquer hora do dia, em qualquer lugar. O aplicativo da Starbucks possibilita que os clientes usem seu telefone como um cartão da empresa, para agilizar e facilitar compras. E a Nike conquistou um acesso direto, sem precedentes, aos esportistas por meio de um aplicativo com GPS da Nike+, que rastreia em tempo real os circuitos de corrida e de bicicleta.

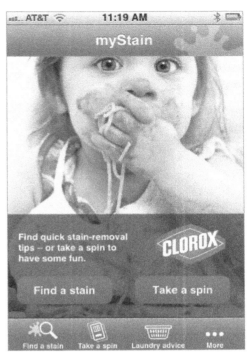

▲ Marketing móvel: muitas marcas desenvolveram aplicativos para envolver os clientes e ajudá-los a comprar. O aplicativo myStain da Clorox, voltado para jovens mães, oferece soluções úteis para remover manchas.

CLOROX® e myStain® são marcas registradas da The Clorox Company. Usado com permissão.

No entanto, assim como acontece com as outras formas de marketing direto, as empresas devem usar o marketing móvel com responsabilidade — ou correm o risco de irritar os consumidores, já cansados de tanto anúncio. "Se for para ser interrompido a cada dois minutos por propaganda, muitas pessoas não vão querer", diz um especialista em marketing móvel. "O setor precisa encontrar maneiras inteligentes de envolver as pessoas no [ambiente] móvel." O segredo consiste em fornecer informações verdadeiramente úteis e oferecer aquilo que fará os consumidores optarem por receber as mensagens.

No final das contas, o marketing on-line continua a oferecer grandes promessas e muitos desafios para o futuro. Seus mais fervorosos discípulos ainda preveem uma época em que a Internet e o marketing on-line substituirão as revistas, os jornais e até mesmo as lojas como fontes para informações e compras. A maioria das empresas, entretanto, tem uma visão mais realista. Não há dúvidas de que o marketing on-line se tornou um modelo de negócio de sucesso para algumas empresas — organizações baseadas na Internet, como a Amazon.com, o Facebook e o Google, e empresas de marketing direto, como a GEICO e a Netflix. No entanto, para a maior parte das empresas, o marketing on-line continuará sendo apenas uma importante abordagem para o mercado, que funciona em conjunto com as outras em um mix de marketing totalmente integrado.

Questões de política pública no marketing direto

Objetivo 5

◀ Oferecer uma visão geral das questões de política pública e éticas apresentadas pelo marketing direto.

Empresas de marketing direto e seus clientes costumam desfrutar de um relacionamento mutuamente recompensador. No entanto, de vez em quando, surge um lado mais obscuro. As táticas agressivas e, às vezes, suspeitas de algumas empresas de marketing direto podem preocupar ou prejudicar os consumidores, atingindo em cheio o setor como um todo. Os abusos vão de simples excessos que irritam os consumidores a exemplos de conduta desleal ou, até mesmo, verdadeiros logros e fraudes. O setor de marketing direto também tem se defrontado com crescentes preocupações envolvendo privacidade, e as empresas que optam por trabalhar com marketing on-line têm que lidar com questões de segurança na Internet.

Marketing Real 17.2

Marketing móvel: os clientes ligam

Você está na loja da Best Buy perto de sua casa olhando sistemas de navegação GPS portáteis. Está em dúvida entre o mais recente nüvi, da Garmin, e um modelo concorrente mais barato, mas não tem certeza se a Best Buy tem os melhores preços. Além disso, você adoraria saber como os outros consumidores classificam as duas marcas. Sem problemas. Basta pegar seu smartphone e abrir o aplicativo Amazon App, que permite a você olhar as marcas que está considerando, ler os comentários dos clientes e comparar os preços aos de outros GPSs vendidos pela Amazon. com e seus parceiros de varejo. O aplicativo também permite a você tirar a foto do código de barras de um item ou escaneá-lo. Nesse caso, a Amazon procura um item parecido disponível na loja dela. Se a Amazon.com oferecer um negócio melhor, você pode fazer a compra diretamente do aplicativo.

Bem-vindo ao mundo do marketing móvel. Os smartphones e os outros dispositivos móveis de hoje estão mudando a maneira como vivemos — incluindo a maneira como compramos. E, à medida que mudam o modo como compramos, eles também mudam o modo com as empresas nos vendem. Um número cada vez maior de consumidores está usando os celulares como uma "terceira tela", para trocar mensagens de texto, navegar na Internet, checar e-mails e assistir a vídeos e programas. Muitos especialistas acreditam que, em breve, esses aparelhos se tornarão a "primeira tela". De acordo com um deles: "O telefone celular [...] está se transformando em um dispositivo de conteúdo, uma espécie de canivete suíço digital, com capacidade de preencher cada minuto livre de seu dono com jogos, música, programas de TV ao vivo e sob demanda, navegação na Internet e, claro, propaganda".

Para alguns esse dia já chegou. Por exemplo, no caso dos norte-americanos que fazem parte do Facebook e usam sua versão para dispositivos móveis e para interfaces da Web, o tempo gasto por mês no site móvel e nos aplicativos da rede social (441 minutos) recentemente ultrapassou o uso de seu clássico site Web (391 minutos). Para o Twitter, 55% de todo o seu tráfego é móvel. De fato, os consumidores norte-americanos gastam, em média, 2,7 horas por dia socializando em seus dispositivos móveis — um número duas vezes maior do que o tempo que eles gastam comendo e que representa um terço do tempo que passam dormindo. Mas, além da socialização, analistas preveem que, até 2014, o uso total da Internet móvel vai superar o da Internet em desktop.

As empresas estão reagindo a esse enorme crescimento no acesso a dispositivos móveis e em seu uso. Os gastos com anúncios móveis estão dobrando a cada ano, e o uso corporativo de sites para aparelhos móveis cresceu 210% nos últimos 12 meses. Celulares, tablets e outros dispositivos se tornaram a nova e audaciosa fronteira do marketing de hoje, em especial no caso de marcas voltadas para consumidores mais jovens. Os dispositivos móveis são muito pessoais, além de estarem sempre presentes e em constante funcionamento. Isso faz deles o veículo ideal para se obter respostas rápidas a ofertas individualizadas, relevante para o momento. O marketing móvel alcança os consumidores com a mensagem certa, no lugar certo e no momento certo.

Empresas grandes e pequenas estão incorporando o marketing móvel a seu mix de marketing direto. E as campanhas de sucesso vão muito além de oferecer às pessoas um link para comprar. Elas chamam a atenção fornecendo serviços e informações úteis, bem como entretenimento. Por exemplo, o aplicativo Stain Brain do Tide ajuda os clientes a encontrar maneiras de remover manchas quando estão fora de casa. O aplicativo Sit or Squat, que direciona as pessoas para os banheiros públicos mais próximos, abre com uma página do papel higiênico Charmin. A Ace Hardware trabalha em parceria com o National Weather Service a fim de fornecer para os clientes alertas oportunos e locais sobre o tempo, juntamente com informações valiosas sobre como se preparar para o mau tempo — e ofertas especiais para produtos relacionados a isso. E o aplicativo The Snow Report da REI traz informações de pistas de esqui espalhados pelos Estados Unidos e Canadá, informando, por exemplo, a profundidade e as condições da neve e o número de teleféricos. O aplicativo também ajuda o usuário a compartilhar informações sobre resorts com amigos pelo

▲ Marketing móvel: o aplicativo para iPhone da Zipcar permite que os membros da empresa encontrem e reservem um carro, apertem a buzina (para que possam achar o carro em meio a vários outros) e, até mesmo, travem e destravem as portas — tudo a partir de seu iPhone.
Zipcar

Twitter e pelo Facebook e o conecta ao "Compre REI"naqueles momentos"em que você decide que não consegue viver sem um novo par de esquis K2 ou uma barraca Hoo-Doo para duas pessoas".

Além de ajudar os clientes a comprar, os aplicativos oferecem informações úteis. Por exemplo, o Target envia, por aplicativo, cupons para mantimentos e outros produtos que podem ser escaneados: basta apresentar seu celular no caixa e o atendente escaneia o código de barras da tela. O aplicativo da Zipcar permite que os membros da empresa encontrem e reservem um carro, apertem a buzina (para que possam achar o carro em meio a vários outros) e, até mesmo, travem e destravem as portas — tudo a partir de seu celular. E, com o aplicativo PayPass da MasterCard, as pessoas que utilizam cartão de crédito podem efetuar o pagamento de maneira instantânea e segura, em todos os varejistas que participam do programa.

Um dos mais efetivos aplicativos é o iFood Assistant, da Kraft, que oferece receitas fáceis de preparar para os clientes enquanto eles estão comprando alimentos, vídeos sobre como fazer, uma caixa com receitas e a possibilidade de montar listas de compra. Ele também traz conselhos sobre como preparar milhares de refeições simples, mas satisfatórias — são, literalmente, décadas de receitas. O aplicativo mostra, inclusive, como chegar a lojas próximas. É claro que a maioria das receitas requer ingredientes que, por acaso, são de marcas da Kraft. A criação do iFood Assistant custou à Kraft menos de 100 mil dólares, mas abrangeu milhões de compradores, gerando grandes oportunidades de marketing para a empresa e suas marcas.

Como o exemplo da Amazon sugere, os consumidores estão cada vez mais utilizando seu celular como assistente de compra nas lojas, e os varejistas estão respondendo à altura. Por exemplo,

o Walgreens criou uma versão móvel do seu jornalzinho que circula nas redondezas das lojas. Usando uma nova tecnologia, ele sabe quando os clientes participantes fazem check-in em uma de suas 8 mil lojas via Foursquare, Yelp, Twitter, Facebook e uma série de outros serviços locais. O varejista, então, envia um tuíte ou uma mensagem de texto para os clientes, oferecendo cupons ou os encaminhando para ofertas na loja, com mensagens do tipo: "Dê uma olhada nas ofertas especiais para pastilhas Halls, para tosse, no corredor dos resfriados". Isso é o mesmo que pegar os compradores pela mão e guiá-los pela loja.

De acordo com um especialista em marketing móvel, a verdadeira vantagem de alcançar os compradores enquanto eles estão em movimento reside na capacidade de atingi-los quando estão mais perto de comprar. "Pergunte-se", diz ele, "seus clientes são mais propensos a abrir mão de sua casa e sua despensa [...] para sair e comer um sanduíche [...] ou [é mais provável] que eles tenham ficado fora o dia todo, não tenham almoçado e você os enviou uma mensagem, com uma oferta para um sanduíche pela metade do preço em uma loja [perto]?"

No começo, muitos consumidores são céticos com relação ao marketing móvel. Mas muitas vezes eles mudam de ideia, quando as empresas entregam valor na forma de informações úteis sobre a marca e a compra, de conteúdo de entretenimento ou de descontos e cupons para seus produtos e serviços favoritos. A maioria dos esforços de marketing móvel é voltada apenas para clientes que, voluntariamente, optaram por receber mensagens ou baixaram os aplicativos. No ambiente do marketing móvel cada vez mais saturado, os clientes não vão querer fazer parte de algo em que não veem real valor. O desafio para as empresas é: desenvolver aplicativos úteis e envolventes, para os quais os clientes ligam.

Fontes: Josh Constine, "Americans now spend more time on Facebook mobile than its website", *TechCrunch*, 11 maio 2012, <http://techcrunch.com/2012/05/11/time-spent-on-facebook-mobile/>; "Current mobile marketing trends", *Retail Touch Points*, 24 jan. 2012, <www.retailtouchpoints.com/datapoints-of-the-week/1310-currentmobile-marketing-trends-infographic>; Paul Davidson, "Ad campaigns for your tiny cellphone screen get bigger", *USA Today*, 9 ago. 2006, <www.usatoday.com/money/advertising/2006-08-08-mobile-ads_x.htm>; Alice Z. Cuneo, "Scramble for content drives mobile", *Advertising Age*, 24 out. 2005, p. S6; Jichél Stewart, "8 mobile marketing trends you should track in 2012", *Business 2 Community*, 18 dez. 2011, <www.business2community.com/mobile-apps/8-mobile-marketing-trends-you-should-track-in-2012-0108821>; Kunur Patel, "At Walgreens, a mobile check-in acts like circular", *Advertising Age*, 8 fev. 2012, <http://adage.com/print/232584/>.

Irritação, deslealdade, logro e fraude

Os excessos do marketing direto às vezes incomodam ou ofendem os consumidores. Por exemplo, a maioria de nós não gosta de comerciais de televendas, que são muito estridentes, longos e insistentes. Nossas caixas de correio estão repletas de correspondência inútil, nossas caixas de entrada de e-mail estão lotadas de spams indesejados e nossas telas de computador são invadidas por inconvenientes anúncios em forma de pop-up e publicidade gráfica.

Além de irritar os consumidores, algumas empresas de marketing direto têm sido acusadas de se aproveitar, com deslealdade, de compradores impulsivos ou mais simples. Os canais de compra e os infomerciais tão longos quanto programas de televisão, voltados para compradores viciados em TV, são aparentemente os piores culpados. Com apresentadores de fala mansa, demonstrações cuidadosamente encenadas, anúncios de reduções drásticas de preços, limitação da oferta à "duração do estoque" e inigualável facilidade de compra, eles estimulam os compradores que têm baixa resistência ao consumo. Pior ainda são as empresas que elaboram malas diretas e redigem textos publicitários com o propósito explícito de enganar os compradores.

Esquemas fraudulentos, como falsos programas de investimento e arrecadação de dinheiro para instituições de caridade, multiplicaram-se nos últimos anos. A *fraude na Internet*, incluindo o roubo de identidade e golpes financeiros, tornou-se um problema sério. Só no

▲ As fraudes na Internet se multiplicaram nos últimos anos. Nos Estados Unidos, o centro de reclamações de fraude na Internet do FBI oferece aos consumidores uma forma prática de alertar as autoridades sobre possíveis violações.
FBI

ano passado, o centro de reclamações de fraude na Internet do FBI recebeu mais de 314 mil queixas relacionadas a fraudes envolvendo perda financeira.[47]

Uma forma comum de fraude na Internet é o *phishing*, um tipo de roubo de identidade que utiliza e-mails enganosos e sites fraudulentos para induzir os usuários a divulgar seus dados pessoais. Por exemplo, os consumidores podem receber um e-mail, supostamente de seu banco ou cartão de crédito, dizendo que a segurança de sua conta está comprometida. O remetente pede, então, que os clientes acessem um determinado site e confirmem o número da sua conta, sua senha e talvez, até mesmo, o número de seu RG. Se seguem as instruções, os consumidores, na verdade, passam seus dados confidenciais para golpistas. Apesar de, atualmente, muitos consumidores estarem cientes desses esquemas, o *phishing* pode ser extremamente custoso para as pessoas enganadas. Ele também prejudica identidades de marca de empresas on-line sérias, que trabalham para desenvolver a confiança do usuário nas transações por Internet e e-mail.

Muitos consumidores também se preocupam com a *segurança on-line*. Eles temem que enxeridos inescrupulosos vejam suas transações on-line, peguem suas informações pessoais e interceptem o número de seus cartões de crédito e débito. Embora as compras on-line estejam crescendo rapidamente, um estudo mostrou que 59% dos entrevistados se preocupavam com questões envolvendo o roubo de identidade.[48] Ao comprar pela Internet, os consumidores também se preocupam com vírus, spyware e outros malware (softwares maliciosos), que incomodam ou prejudicam.

Uma outra preocupação do marketing pela Internet é o acesso a *grupos vulneráveis ou não autorizados*. Por exemplo, empresas que trabalham com materiais e sites voltados para adultos têm dificuldade para restringir o acesso a menores de idade. Um levantamento feito pelo *Consumer Reports* encontrou 5 milhões de crianças norte-americanas, com menos de dez anos, no Facebook — que, supostamente, não permite que crianças com menos de 13 anos tenham um perfil. O levantamento encontrou também 2,5 milhões de crianças entre 11 e 12 anos na rede social. E isso não acontece apenas no Facebook. Jovens usuários estão acessando redes sociais como a Formspring, tuitando sua localização para toda a Internet e fazendo amizade com estranhos em sites da Disney e de outros jogos. Hoje nos Estados Unidos, legisladores estaduais e federais, preocupados, estão debatendo projetos de lei que ajudariam a proteger melhor as crianças on-line. Infelizmente, isso exige o desenvolvimento de soluções tecnológicas, e como assinala o Facebook: "Não se trata de algo muito fácil".[49]

Privacidade do consumidor

A invasão da privacidade talvez seja a questão de política pública mais premente que o setor de marketing direto enfrenta hoje. Os consumidores geralmente se beneficiam do marketing de banco de dados — eles recebem um número maior de ofertas que se ajustam melhor a seus interesses. Contudo, muitos críticos se preocupam com a possibilidade de as empresas saberem *demais* sobre a vida dos consumidores e utilizarem esse conhecimento para se aproveitar deles. Esses críticos alegam que, em um determinado ponto, o amplo uso dos bancos de dados invade a privacidade do consumidor.

Hoje em dia, parece que praticamente toda vez que os consumidores entram em um sorteio, solicitam um cartão de crédito, visitam um site ou encomendam produtos por correio, telefone ou Internet, seu nome entra em um já enorme banco de dados de alguma empresa. Utilizando sofisticadas tecnologias de computador, as empresas de marketing direto podem explorar esses bancos de dados para "microdirecionar" seus esforços de vendas. A maioria das empresas se tornou altamente especializada em coletar e analisar informações detalhadas sobre os consumidores. Mesmo especialistas muitas vezes são surpreendidos com a quantidade de informação que as empresas podem ter. Considere o relato a seguir, de um repórter do *Advertising Age*:[50]

> Quando se trata de segmentação, eu não sou nenhum iniciante — além de trabalhar na *Ad Age*, cubro marketing direto. Contudo, até eu fiquei surpreso quando, como uma experiência, nós pe-

dimos para uma empresa que trabalha com marketing de banco de dados apresentar um perfil meu, com dados demográficos e psicográficos. O resultado foi muito preciso. Utilizando apenas informações publicamente disponíveis, a empresa descobriu o dia do meu aniversário, o número do telefone da minha casa e o partido do qual faço parte. Também apontou que eu estava na faculdade, que era casado e que um dos meus pais tinha falecido. Apontou ainda que eu tinha diversos cartões de banco, de crédito e de varejo, sendo estes últimos provenientes de lojas de departamentos populares. A empresa sabia não apenas há quanto tempo eu morava na minha casa, mas sabia também o valor das prestações, quanto ela vale, o tipo de financiamento feito e — em uma estimativa realmente muito próxima — quanto falta para terminar de pagá-la. Ela estimou a renda da casa — de novo de maneira quase perfeita — e concluiu que eu era descendente de britânicos.

Mas isso foi apenas o começo. A empresa também traçou meu perfil psicográfico e alocou-me corretamente em vários grupos, como: alguém que confia mais em sua própria opinião do que na recomendação dos outros na hora de fazer uma compra; alguém que não se deixa envolver por propaganda estridente ou agressiva; alguém que é orientado à família e se interessa por música, corrida, esportes e computador, além de ser um ávido frequentador de shows; alguém que nunca está longe de uma conexão à Internet, a qual geralmente usa para ficar por dentro dos esportes e das notícias gerais; alguém que vê a saúde como um valor central. Assustador? Com certeza.

Alguns consumidores e legisladores se preocupam com a possibilidade de a imediata disponibilidade de informações deixar os consumidores vulneráveis a abusos. Eles se perguntam, por exemplo, se deve ser permitido às empresas que vendem on-line inserirem cookies no navegador do consumidor que visita seu site e, depois, usarem as informações rastreadas para direcionar anúncios e outros esforços de marketing. E as empresas de cartão de crédito? Elas devem poder disponibilizar os dados de seus milhões de clientes no mundo todo para os estabelecimentos comerciais que aceitam seus cartões? É certo os estados norte-americanos venderem o nome e o endereço das pessoas que possuem carteira de motorista, juntamente com sua altura, peso e gênero, permitindo aos varejistas que trabalham com vestuário que se voltem para pessoas altas ou acima do peso com ofertas de roupas especiais?

Necessidade de ação

Nos Estados Unidos, para coibir o excesso de marketing direto, vários órgãos governamentais estão analisando não apenas listas que restringem ligações, mas também que limitam correspondências e o rastreamento on-line, além de leis que regulam o spam. Em resposta às preocupações com a segurança e a privacidade on-line, o governo federal tem analisado várias propostas para regulamentar o modo como as operadoras de Internet e redes móveis obtêm e utilizam as informações dos consumidores. Por exemplo, o Congresso norte-americano está trabalhando em leis que dariam aos consumidores mais controle sobre a maneira como as informações on-line são usadas. Além disso, a FTC está desempenhando um papel mais ativo no monitoramento da privacidade on-line.

Todas essas preocupações demandam ações rigorosas por parte das empresas, que devem monitorar e prevenir abusos antes que os legisladores intervenham e façam isso por elas. Por exemplo, recentemente, em resposta à maior regulamentação do governo, quatro grupos de anunciantes — a American Association of Advertising Agencies (Associação Norte-Americana de Agências de Propaganda), a Association of National Advertisers (Associações dos Anunciantes Nacionais), a DMA e o Interactive Advertising Bureau (Departamento de Propaganda Interativa) — apresentaram novas diretrizes para sites. Entre outras medidas, as diretrizes solicitam às empresas que atuam na Internet que informem os consumidores se suas atividades estiverem sendo rastreadas. O setor de propaganda concordou em utilizar um ícone de opção de propaganda — um pequeno "i" dentro de um triângulo. Ele será acrescentado a anúncios on-line direcionados mais com base no comportamento e dirá aos consumidores por que eles estão recebendo o anúncio, permitindo-os optarem por não recebê-los mais.[51]

Os direitos de privacidade das crianças geram preocupações especiais. Em 2000, o Congresso dos Estados Unidos aprovou a Coppa (Children's Online Privacy Protection Act — Lei de Proteção da Privacidade de Crianças On-line), a qual exige que as empresas direcionadas a crianças que atuam on-line publiquem suas políticas de privacidade em seus sites. Elas também têm que informar os pais sobre as informações que estiverem coletando e obter o consentimento deles antes de pegar informações pessoais de crianças com menos de 13 anos. Com o posterior advento das redes sociais, dos celulares e de outras novas tecnologias, grupos de apoio à privacidade estão agora pressionando o Senado norte-americano para

▲ Privacidade do consumidor: clicando no pequeno ícone de opção de propaganda localizado no canto superior direito deste anúncio on-line, os consumidores podem saber por que estão recebendo este anúncio e optar por não recebê-lo mais, se assim o quiserem.

Reproduzido com permissão do Yahoo! Inc. © 2012 Yahoo! Inc. YAHOO! e o logo YAHOO! são marcas registradas do Yahoo! Inc.

estender a Coppa, a fim de incluir tanto as novas tecnologias como os adolescentes. A principal preocupação é a quantidade de dados explorados por terceiros a partir das redes sociais, bem como as nebulosas políticas de privacidade das próprias redes.[52]

Muitas empresas reagiram às preocupações relativas à segurança e à privacidade do consumidor com iniciativas próprias. Outras estão adotando uma abordagem mais ampla, que inclui o setor como um todo. Por exemplo, a TRUSTe, uma organização autorregulada e sem fins lucrativos, trabalha com muitos grandes patrocinadores corporativos, incluindo a Microsoft, o Yahoo!, a AT&T, o Facebook, a Disney e a Apple, para auditar medidas de segurança e privacidade e ajudar os consumidores a navegar em segurança pela Internet. De acordo com o site da empresa: "A TRUSTe acredita que um ambiente de confiança mútua e transparência ajudará a tornar e a manter a Internet uma comunidade livre, confortável e ricamente diversa para todos". Para tranquilizar os consumidores, a empresa permite a utilização de seu selo de aprovação por sites, aplicativos, e-mails e outros canais on-line que estiverem em conformidade com seus padrões de segurança e privacidade.[53]

O setor de marketing direto como um todo também está lidando com questões de política pública. Por exemplo, em um esforço para desenvolver a confiança do consumidor na compra direta, a DMA — a maior associação de empresas que utilizam marketing direto, de banco de dados e marketing interativo do mundo, a qual reúne quase metade das organizações que constam na lista Fortune 100 — lançou o "Compromisso de privacidade com os consumidores norte-americanos". O compromisso requer que todos os membros da DMA estejam em conformidade com um conjunto cuidadosamente desenvolvido de regras de privacidade do consumidor. Os membros devem concordar em notificar os clientes quando qualquer informação pessoal for transferida temporariamente, vendida ou trocada com outros. Eles também devem honrar as solicitações dos consumidores de serem excluídos de suas listas de contato ou de não terem suas informações transferidas para outras empresas. Por fim, devem agir de acordo com o Serviço Preferencial da DMA, excluindo o nome dos consumidores que não quiserem receber ofertas por correio, telefone ou e-mail.[54]

As empresas de marketing direto sabem que, se não receberem a devida atenção, os abusos ligados ao marketing direto resultarão em atitudes cada vez mais negativas por parte dos consumidores, taxas de resposta mais baixas e leis estaduais e federais mais restritivas. A maioria dessas empresas quer o mesmo que o consumidor: ofertas de marketing honestas e bem elaboradas, dirigidas somente aos consumidores que vão valorizá-las e responder a elas. O marketing direto é muito caro para ser desperdiçado com quem não o deseja.

Revisão dos conceitos

Revisão dos **objetivos** e **termos-chave**

○ Revisão dos objetivos

Este capítulo é o último de quatro que tratam do elemento final do mix de marketing: a promoção. Os capítulos anteriores abordaram a propaganda, as relações públicas, a venda pessoal e a promoção de vendas. Este analisa a área do marketing direto e on-line, que está em franco desenvolvimento.

Objetivo 1 ▶ Definir marketing direto e discutir seus benefícios para os clientes e as empresas (p. 548-553)

O *marketing direto* consiste em conexões diretas com consumidores individuais, ou segmentos de consumidores, cuidadosamente selecionados. Além de construção de marca e relacionamento, as empresas de marketing direto normalmente buscam uma resposta direta, imediata e mensurável do consumidor. Utilizando bancos de dados detalhados, essas empresas ajustam suas ofertas e comunicações às necessidades de segmentos estritamente definidos ou, até mesmo, compradores individuais.

Para os compradores, o marketing direto é prático, fácil de usar e privado. Ele lhes confere pronto acesso a uma ampla variedade de produtos e informações, em casa e ao redor do mundo. O marketing direto também é imediato e interativo, permitindo que os compradores criem exatamente a con-

Capítulo 17 | Marketing direto e on-line **573**

figuração de informações, produtos e serviços que desejam e, então, os solicitem no ato. Para as empresas vendedoras, o marketing direto é uma poderosa ferramenta para a construção de relacionamentos com o cliente. Atualmente, com o marketing de banco de dados, as empresas podem se voltar para pequenos grupos ou clientes individuais, desenvolver ofertas para necessidades pessoais e promover essas ofertas por meio de comunicações personalizadas. Ele também oferece às empresas uma alternativa eficiente e de baixo custo para alcançar seus mercados. Como resultado dessas vantagens tanto para os compradores como para os vendedores, o marketing direto se tornou a modalidade de marketing de mais rápido crescimento.

Objetivo 2 ▶ Identificar e discutir as principais formas de marketing direto (p. 553-557)

As principais formas de marketing direto são: *venda pessoal*, *marketing de mala direta*, *marketing de catálogo*, *telemarketing*, *marketing de televendas*, *marketing de terminais de multimídia* (*quiosques*) e *marketing on-line*. Discutimos a venda pessoal no capítulo anterior.

O marketing de mala direta, a forma mais usada de marketing direto, consiste no envio, por parte de uma empresa, de uma oferta, anúncio, lembrete ou outro item a uma pessoa, em um determinado endereço. Algumas empresas contam com o marketing de catálogo — vendas por meio de catálogos enviados por correio a uma lista selecionada de clientes, disponibilizados em lojas ou acessados na Internet. O telemarketing consiste na utilização do telefone para vender diretamente aos consumidores. O marketing de televendas assume duas formas: a propaganda interativa (ou infomerciais) e a televisão interativa. Os terminais de multimídia (quiosques) são máquinas de informações e pedidos que as empresas que atuam com marketing direto instalam em lojas, aeroportos, hotéis e outros locais. O marketing on-line envolve canais on-line que conectam, digitalmente, os vendedores com os consumidores.

Objetivo 3 ▶ Explicar como as empresas reagiram à Internet e a outras novas e poderosas tecnologias com estratégias de marketing on-line (p. 557-561)

O marketing on-line é a forma de marketing direto de mais rápido crescimento. A *Internet* permite que consumidores e empresas acessem e compartilhem enormes volumes de informações por meio de seus computadores, smartphones, tablets e outros dispositivos. Por sua vez, a Internet proporcionou às empresas uma maneira completamente nova de criar valor para os clientes e construir relacionamentos com eles. Hoje em dia, é difícil encontrar uma empresa que não tenha uma presença substancial de marketing on-line.

As compras on-line por parte do consumidor continuam a crescer em uma velocidade rápida. Atualmente, a maioria dos usuários on-line norte-americanos utiliza a Internet para fazer compras. E talvez o mais importante: a Internet influencia, também, as compras off-line. Assim, empresas inteligentes estão empregando estratégias integradas de multicanal, que utilizam a Internet, a fim de orientar as vendas para outros canais de marketing.

Objetivo 4 ▶ Discutir como as empresa conduzem o marketing on-line para, de maneira lucrativa, entregar mais valor para os clientes (p. 561-567)

Atualmente, empresas de todos os tipos estão envolvidas com o marketing on-line. A Internet gerou as *empresas exclusivamente virtuais*, que operam somente on-line. Além disso, a maioria das empresas físicas, tradicionais passou a contar com operações de marketing online, transformando-se em *empresas mistas*. Muitas empresas mistas têm hoje mais sucesso on-line do que as organizações exclusivamente virtuais.

As empresas podem conduzir o marketing on-line de uma das cinco formas a seguir ou de todas elas: criando sites, divulgando anúncios e promoções on-line, criando redes sociais ou participando delas, utilizando o e-mail ou usando o marketing móvel. O primeiro passo normalmente consiste em criar um site. Entretanto, além de simplesmente criar um site, as empresas devem fazer com que eles sejam envolventes, fáceis de usar e úteis, para atrair visitantes, mantê-los navegando e fazê-los voltar.

As empresas que praticam o marketing on-line podem utilizar várias formas de propaganda e promoção on-line para construir suas marcas na Internet ou atrair visitantes para seus sites. Entre as formas de promoção on-line, estão: os banners, os links patrocinados, os patrocínios de conteúdo e o marketing viral, a versão da Internet para o marketing boca a boca. As empresas de marketing on-line também podem participar de redes sociais e outras comunidades on-line, que exploram as propriedades *C2C* (*consumidor-consumidor*) da Internet. Para completar, o marketing por e-mail e móvel se transformou na ferramenta de maior crescimento para empresas tanto *B2C* (*empresa-consumidor*) como *B2B* (*empresa-empresa*). Independentemente das ferramentas de marketing direto que utilizarem, as empresas devem se empenhar para integrá-las em um esforço de marketing coeso.

Objetivo 5 ▶ Oferecer uma visão geral das questões de política pública e éticas apresentadas pelo marketing direto (p. 567-572)

Empresas de marketing direto e seus clientes costumam desfrutar de um relacionamento mutuamente recompensador. De vez em quando, entretanto, o marketing direto apresenta um lado mais obscuro. As táticas agressivas e, às vezes, suspeitas de algumas empresas de marketing direto podem preocupar ou prejudicar os consumidores, atingindo em cheio o setor como um todo. Os abusos vão de simples excessos que irritam os consumidores até exemplos de conduta desleal ou, até mesmo, verdadeiros logros e fraudes. O setor de marketing direto também enfrenta crescentes preocupações relacionadas à invasão de privacidade e à segurança na Internet. Essas preocupações exigem ações rigorosas por parte das empresas e dos legisladores, para coibir abusos do marketing direto. No final das contas, a maioria das empresas de marketing direto quer a mesma coisa que o consumidor: ofertas de marketing honestas e bem elaboradas, dirigidas somente aos consumidores que vão valorizá-las e responder a elas.

574 Parte 3 | Elaboração de uma estratégia e de um mix voltados para o cliente

⟳ Termos-chave

Objetivo 1
Banco de dados de clientes (p. 550)
Marketing direto (p. 547)

Objetivo 2
Marketing de catálogo (p. 554)
Marketing de mala direta (p. 553)
Marketing de televendas (p. 556)
Telemarketing (p. 555)

Objetivo 3
Blogs (p. 559)

Empresas exclusivamente virtuais (p. 557)
Empresas mistas (p. 558)
Internet (p. 557)
Marketing on-line (p. 557)
Marketing on-line B2B (empresa-empresa) (p. 559)
Marketing on-line B2C (empresa-consumidor) (p. 558)
Marketing on-line C2B (consumidor-empresa) (p. 561)

Marketing on-line C2C (consumidor-consumidor) (p. 559)

Objetivo 4
Anúncio on-line (p. 562)
Marketing móvel (p. 566)
Marketing por e-mail (p. 565)
Marketing viral (p. 563)
Redes sociais (p. 564)
Site corporativo (ou de marca) (p. 561)
Site de marketing (p. 562)
Spam (p. 566)

Discussão e **pensamento crítico**

⟳ Questões para discussão

1. Defina marketing direto e explique seus benefícios para os clientes e as empresas.
2. Descreva o tipo de informação encontrada no banco de dados de clientes de uma empresa. Como essa informação é utilizada?
3. Relacione e descreva as principais formas de marketing de televendas.

⟳ Atividades de pensamento crítico

1. Em um pequeno grupo, elaborem e apresentem um anúncio de televendas para uma marca conhecida em nível nacional, mas que geralmente não é associada a esse tipo de promoção, como um tênis, um carro ou um produto alimentício.
2. Analise as diretrizes da FTC para conversas patrocinadas (<www.ftc.gov/os/2009/10/091005revisedendorsement-guides.pdf>). Além disso, visite o site da Word of Mouth

4. Explique os caminhos pelos quais as empresas podem estabelecer uma presença de marketing on-line.
5. Compare as diferentes formas de propaganda on-line. Quais fatores a empresa deve levar em conta na hora de decidir quais dessas formas utilizar?
6. O que é *phishing*? De que maneira ele prejudica os consumidores e as empresas?

Marketing Association (Associação de Marketing Boca a Boca), em womma.org, e o da IZEA, em IZEA.com. Redija um relatório sobre como as empresas podem, com eficácia, utilizar conversas patrocinadas seguindo as diretrizes da FTC.
3. Encontre novos artigos recentes sobre duas quebras de segurança de dados. Como essas quebras ocorreram? Potencialmente, quem foi afetado por elas?

Aplicações e **casos**

⟳ Foco na tecnologia   Marketing para aqueles que estão em trânsito

Seu smartphone pode ser a única coisa de que você precisará para abrir sua porta, ligar um carro, pagar por uma compra ou, até mesmo, devolver a um amigo aqueles 20 dólares que lhe deve. As tecnologias móveis permitem que os usuários façam praticamente qualquer coisa de maneira remota e que as empresas direcionem serviços e promoções diretamente aos consumidores, com base no local onde eles estão. É possível

perceber que alguns clientes da Starbucks simplesmente passam seu celular em frente a um escâner — nada de carteira, dinheiro ou cartão. Esses clientes podem ter recebido ofertas de descontos que o levaram para a Starbucks porque seu telefone mostrou à empresa que eles estavam por perto.

1. Quais são as barreiras para a adoção de aplicativos móveis?

○ Foco na ética   A batalha do imposto on-line

O varejo on-line está passando por um crescimento fenomenal, mas, nos Estados Unidos, os estados em dificuldade não estão recolhendo seus espólios — em impostos, que fique claro. Um estudo estima que a receita perdida em nível estadual e local é superior a 10 bilhões de dólares por ano em comércio eletrônico isento de impostos. A Amazon é a maior beneficiária. Os estados estão revidando com a apresentação e, muitas vezes, aprovação de leis informalmente chamadas de "leis Amazon", as quais exigem que os varejistas on-line coletem impostos de vendas realizadas no estado. Os esforços têm sido apoiados por concorrentes como o Walmart e o Target. Estrategicamente, a Amazon tem procurado reduzir a coleta de impostos de vendas pelo país, utilizando brechas legais e, inclusive, limitando as atividades dos funcionários quando viajam para determinados estados considerados "ruins", por conta de seus esforços para aprovar leis com o intuito de ficar com uma parte dos lucros da Amazon. De acordo com uma estimativa da Credit Suisse, a Amazon perderia 653 milhões de dólares em vendas se tivesse que coletar impostos de vendas em todos os estados. Mas, surpreendentemente, a Amazon mudou de opinião em relação a essa questão e, hoje, está apoiando a iniciativa dos estados de coletar impostos de vendas. Isso tem a ver com o fato de a Amazon querer instituir a entrega no mesmo dia e, para tanto, precisa ter mais centrais de distribuição. Por sua vez, as centrais de distribuição constituem uma "presença física" nos estados e o revendedor on-line, portanto, precisa coletar impostos de vendas estaduais. Outros varejistas on-line, como a Overstock.com, são contrários a essas iniciativas, afirmando que a coleta de impostos é baseada no local em que os clientes moram e que revendedores tradicionais não perguntam onde os clientes residem para coletar os impostos certos. Como já existem cerca de 10 mil tipos de imposto estaduais, locais e municipais, a tarefa de coletar e distribuir o imposto correto é impossível para a maioria dos revendedores on-line.

1. Pesquise as regras para o imposto on-line nos Estados Unidos. Analise especificamente um caso julgado pela Suprema Corte em 1992, envolvendo a Quill Corp. e o Estado de Dakota do Norte, em que as regras atuais são baseadas. A regra imposta pela Suprema Corte em 1992 ainda é relevante? A Amazon e outros varejistas on-line estão sendo éticos ao usar essa regra em benefício próprio?

○ Foco nos números   O poder das "curtidas"

As empresas sabem que o Facebook é uma força a ser considerada, mas até agora elas não conseguem mensurar essa força e compará-la à mídia tradicional. Enquanto a mídia tradicional tem índices de audiência e outras métricas estabelecidas para medir aquilo que as empresas obtêm com o dinheiro investido, um conjunto totalmente novo de métricas — como "classificação por clique" e "impressões" — foi criado para a mídia on-line. Infelizmente, as duas métricas não são comparáveis. A ComScore e a Nielsen são duas das empresas que estão tentando corrigir essa situação com o desenvolvimento de um sistema de classificação baseado em GRPs (*gross ratings points* — pontos de audiência bruta), para mostrar o poder do Facebook como ferramenta de marketing.

1. Pesquise as tendências dos gastos de marketing em mídia social, assim como em outras ferramentas de propaganda on-line. Compare essas tendências com as dos gastos em mídia tradicional de propaganda. Desenvolva uma apresentação que ilustre essas tendências.
2. Visite os sites www.comScore.com e www.Nielsen.com para saber mais sobre as métricas que essas empresas desenvolveram para avaliar a exposição de marketing das marcas no Facebook. Como essas métricas diferem daquelas que têm sido usadas no que diz respeito à mensuração do impacto da propaganda on-line?

○ Vídeo empresarial   Home Shopping Network

Muito tempo atrás, as compras pela televisão eram associadas a comerciais de baixa qualidade, que eram transmitidos de madrugada e vendiam mercadorias esquisitas. A Home Shopping Network (HSN) desempenhou um papel fundamental ao tornar as compras pela TV um ponto de venda sério. A regra agora é: programação de alta qualidade, transmitida o dia todo, que traz mercadorias de marcas famosas.

Mas, assim como qualquer outro varejista, a HSN teve sua parcela de desafios. Esse vídeo mostra como a HSN se concentrou nos princípios do marketing direto para superar os desafios e construir um sólido relacionamento com os clientes. E, à medida que as condições do mercado continuam a mudar, a empresa explora novas maneiras de desenvolver e fortalecer o relacionamento direto com os clientes.

Após assistir ao vídeo que apresenta a HSN, responda às seguintes perguntas:

1. Explique as diferentes formas pelas quais a HSN se envolve com o marketing direto.
2. Quais as vantagens que a HSN tem, em especial em relação aos varejistas com lojas físicas?
3. Que recomendações você faria à HSN, para que ela fizesse um melhor uso de seu papel como uma empresa de marketing direto?

○ Caso empresarial   eBay: arrumando um pioneiro do marketing on-line

Responda rápido: qual empresa de alta tecnologia começou na sala de alguém, partiu do nada, tornando-se uma corporação multibilionária em menos de uma década, e foi a primeira a usar o modelo que é seguido por todo o setor? Se você acha que a lista de empresas que se encaixam nessa descrição é longa demais, está certo. Mas, no caso, estamos falando do eBay.

576 **Parte 3** | Elaboração de uma estratégia e de um mix voltados para o cliente

O eBay é um dos maiores casos de sucesso na Internet — e da história da Internet. Contudo, mais cedo ou mais tarde, toda empresa com altos índices de crescimento se depara com um obstáculo e experimenta as mazelas do desenvolvimento. Assim, após um crescimento incrível em seus primeiros 15 anos, o eBay se deparou com o tal obstáculo. Quando John Donahoe tornou-se CEO da empresa em 2008, ele se viu diante do difícil desafio de colocar o eBay, de novo, na superestrada rumo à prosperidade. E, com um abrangente plano estratégico agora em curso, os sinais vitais do eBay estão, novamente, apontando para algum tipo de vida.

A empresa começou em 1995, com uma casa de leilão. Diferentemente da maioria das ponto-com, o eBay era baseado em um modelo que gerava lucro, e não só receita. Toda vez que um usuário postava um item para leilão, o eBay cobrava uma taxa. Quanto mais itens iam para leilão, mais dinheiro o eBay ganhava. Ao longo dos anos, o eBay revisou sua estrutura de cobrança, mas a ideia central permaneceu a mesma. A fórmula de leilão on-line deu muito certo e se espalhou como fogo, com o eBay dominando o setor. A receita, o preço das ações, os lucros e o número de funcionários da empresa aumentaram. Em 2000, considerando a receita de vendas, o eBay era o maior site de comércio eletrônico do mundo.

O OUTRO LADO DE UMA EMPRESA EM CRESCIMENTO

Com um enorme crescimento, a mudança é inevitável. E, à medida que o novo século rompia, o eBay abraçava essa mudança de duas maneiras. Para começar, a empresa ampliou o escopo de seu negócio. Sua lista de categorias e subcategorias cresceu, atingindo a casa das centenas. O gigante do comércio eletrônico passou também a trabalhar com sites internacionais, em diferentes países. E começou não só a lançar subsites (como o eBay Motors), como também a adquirir outras empresas ponto-com relevantes para seu negócio. Essas aquisições incluíram basicamente a Half.com, a PayPal, a Shopping.com e o Skype.

Além disso, o eBay reconheceu que a novidade de comprar e vender em seu formato de leilão não duraria muito tempo. As tendências indicavam que as pessoas não queriam esperar o término do leilão para fazer a compra. Assim, o eBay adicionou a venda a preços fixos, com sua opção "Compre agora". Dois anos depois, isso levou a um conceito mais trabalhado, com o lançamento das lojas eBay. Com essas lojas, os vendedores podiam criar uma "vitrine" on-line dentro do eBay. O atributo permitia a eles postarem os itens com maior rapidez, o que tornava mais fácil para vendedores com grande volume fazerem negócios. Ele também não trazia nenhuma opção de leilão para os itens a preço fixo e praticamente eliminava o período de vendas para uma mercadoria.

Essas duas dinâmicas continuaram alimentando o crescimento estável e sólido do eBay por anos. Em 2006, a empresa conquistou uma receita de 5,97 bilhões de dólares, com um lucro de 1,12 bilhão — números impressionantes para uma ponto-com que estava no mercado há apenas uma década. Mas, em 2007, o eBay começou a apresentar sinais de desaceleração. Quando Donahoe assumiu como CEO, ele sabia que a empresa passava por problemas, entre eles o fato de estar deitada sobre os louros e ter parado de inovar. O comportamento do consumidor também estava mudando. As compras on-line baseadas no método testado e aprovado de encontrar o melhor preço para uma mercadoria e comprá-la de um varejista respeitado tinham feito com que a Amazon assumisse a liderança do comércio eletrônico, com seu crescimento decolando enquanto o do eBay se mantinha estagnado.

Logo após assumir o controle, Donahoe disse em um evento aberto ao público: "Nós precisamos rever nossas estratégias, precisamos revê-las rápido e precisamos tomar medidas corajosas". Ele revelou os detalhes de um plano de renascimento de três anos, para marcar uma virada no eBay. Esse plano incluía a eliminação de camadas de burocracia, a abertura da PayPal para desenvolvedores externos, o investimento em novas tecnologias de comércio eletrônico e a venda de negócios como o Skype, que tinham pouco a ver com o mercado central do eBay. Mas a estratégia de Donahoe também se concentrou em mudar a identidade do mercado do eBay, deslocando-o para além dos leilões. Donahoe especificou que a nova estratégia focaria a construção de sites para o mercado secundário, uma fatia do varejo de 500 bilhões de dólares anuais que incluía itens fora de época e provenientes de excesso de estoque, bem como mercadorias usadas e antigas, pelas quais o eBay sempre fora conhecido.

Como ponto central na estratégia de Donahoe, o eBay mudou sua estrutura de cobrança, o algoritmo da ferramenta de busca e o sistema de classificação do feedback, favorecendo vendedores muito bem classificados, listas de preços fixos e comerciantes com entrega grátis. Segundo Donahoe, essas táticas ajudavam a alinhar os interesses do eBay com os de seus melhores vendedores. Mas a estratégia de se concentrar na conquista de novos negócios levou à perda de parte da base de clientes do eBay — aqueles que ainda visitavam o site à procura de produtos usados e leilões.

Tradicionais vendedores do eBay protestaram, afirmando que a nova estratégia da empresa tornava mais difícil para eles fazer negócios de maneira lucrativa, ao mesmo tempo em que favorecia os vendedores com alto volume. Donahoe respondeu que os gerentes do eBay sabiam que haveria mazelas por conta do crescimento, mas que a transformação era fundamental. Ele acreditava fortemente que os compradores queriam preço fixo, serviço rápido e entrega grátis. E explicou para investidores, fornecedores e clientes que, se o eBay não focasse as demandas do mercado, seria ruim para todos.

DE MAL A PIOR

Como acontece com muitos grandes planos, às vezes as coisas têm que ficar piores antes de ficarem melhores. Em vez da imediata evidência dos frutos gerados pelo plano da virada, os indicadores financeiros pioraram. No último trimestre de 2008 — normalmente o melhor período do eBay, por conta das compras de final de ano —, a empresa experimentou sua primeira queda trimestral. Em seu mercado central, a receita diminuiu 16% em relação ao ano anterior, ao passo que a renda líquida caiu exorbitantes 31%. Teria sido muito fácil para Donahoe e sua equipe culparem a crise econômica pelos infortúnios da empresa. Mas, enquanto o eBay vivenciava uma queda em seu tráfego, concorrentes como a Amazon.com e o Walmart desfrutavam um aumento.

Mesmo assim, Donahoe seguiu em frente, com ainda mais determinação. "A experiência do 'comprador cauteloso' segue seu curso", ele disse. Ele reiterou os planos do eBay em focar no mercado secundário. "Vamos nos concentrar onde podemos ganhar", disse Donahoe, indicando que se afastar das mercadorias novas, que seus maiores concorrentes dominavam, daria ao eBay um forte ponto de diferenciação. "Nós iniciamos uma mudança significativa. O eBay que se conhecia não é o eBay que somos hoje nem aquilo que o eBay se tornará." Quando essas mudanças começaram a se firmar, os indicadores financeiros do eBay começaram a se estabilizar. Mas, com o crescimento total do comércio eletrônico abaixo dos dois dígitos e com empresas como a Amazon crescendo consideravelmente mais rápido, estava claro que, no futuro previsível, o eBay continuaria a ficar para trás.

UM NOVO PONTO DE DIFERENCIAÇÃO

Com a estratégia da virada caminhando para o final de seu primeiro ano, Donahoe começou a trabalhar uma nova onda. Quando o eBay estava começando a se adaptar, as tendências do mercado começaram a mudar de novo, com os compradores gastando cada vez mais tempo e dinheiro em seus dispositivos móveis. Determinado a não ficar para trás novamente, Donahoe passou a expressar sua visão do eBay, salientando a pioneira inovadora que a empresa fora em sua primeira década. "Nos próximos três a cinco anos, vamos ver mais mudanças no modo como os consumidores compram e pagam do que vimos na última década", diz Donahoe. "Assim, nosso desafio como empresa, nossa oportunidade, reside em ajudar a formatar esse próximo período e ser parte dele."

Com essa meta em mente, o eBay começou a adquirir empresas de tecnologia que o ajudariam a se tornar líder na tendência emergente de compras por dispositivos móveis. Isso levou à criação do aplicativo de compras do eBay, bem como ao desenvolvimento de vários aplicativos de categoria para o eBay Motors e o eBay Fashion. A ideia é envolver os consumidores mesmo quando eles não estão pensando em comprar nada. Por exemplo, o aplicativo eBay Fashion dá mais ênfase à navegação do que à compra, trazendo um guia de estilo e um guarda-roupa virtual compartilhado, onde os usuários podem trocar, combinar e modelar diferentes roupas com os amigos. Mas, embora o foco seja a navegação, o eBay sabe que aqueles que navegam vão comprar. Os usuários passam, em média, dez minutos navegando pelo aplicativo eBay Fashion — um tempo 40% maior do que gastam com o principal aplicativo do eBay. No primeiro ano do aplicativo Fashion, as vendas de itens de vestuário por dispositivos móveis do eBay triplicaram.

Mas, se é para o eBay voltar para o estrelato do comércio eletrônico, o forte crescimento que ele busca terá de ampliar as fronteiras de seu mercado central. Donahoe imagina algumas possibilidades:

> Imagine que você encontre uma amiga para um lanche e se apaixone pela bolsa dela, uma Marc Jacobs cinza acastanhado. Imagine agora que você tira uma foto da bolsa com seu iPhone, o qual tem um aplicativo do eBay que mostra as três lojas em um raio de cinco quilômetros que tem o mesmo produto em estoque, da mesma cor, com preços em liquidação. Você decide qual loja tem a melhor combinação de preço e localização e faz o pedido usando seu telefone. Depois do lanche, você vai até a loja e passa na frente, porque mostra ao vendedor seu recibo digital. E aí está! Sua nova bolsa Marc Jacobs — e todo o prazer da gratificação instantânea.

Donahoe não apenas acredita que esse cenário se tornará uma realidade de compra, mas também está confiante de que o eBay estará na liderança. Para isso, a antiga casa de leilão está se movimentando com rapidez para aproveitar a desintegração da fronteira que separa as compras on-line e off-line. À medida que cada vez mais compradores utilizarem seus dispositivos móveis para a "prática de showrooming" — buscando informações, comparando preços e, até mesmo, comprando on-line enquanto estão em uma loja física —, o eBay espera estar lá. Conhecidas como "varejo de canal cruzado", as compras que misturam o on-line e o off-line contabilizaram 1 trilhão de dólares no ano passado — o que equivale a cerca de 33% das vendas no varejo —, e esse número está subindo rapidamente.

Com a aquisição da RedLaser — uma ferramenta de escaneamento que reconhece qualquer produto na prateleira —, os usuários podem realizar, com prontidão, compras cruzadas utilizando fontes on-line. E, apesar de não reconhecer imagens de fotos (ainda), a RedLaser identifica códigos de barra, números de identificação de veículos, cartões de presente e QR codes. Ela também aponta lojas nas redondezas que tenham o produto em estoque. Mas, para Donahoe, não há, nem de perto, um número suficiente de estoques de loja acessíveis eletronicamente. Por essa razão, o eBay está trabalhando em uma iniciativa para "levar cada produto de cada prateleira, em cada loja do mundo físico, para a Internet". Mais aquisições que podem tornar esses dados disponíveis estão aproximando o eBay da visão de Donahoe.

E, com essa rede móvel do eBay decolando, toda transação terminará com a PayPal. Da "disponibilidade do produto onde você está" ao "pagamento onde você está", a experiência de compra será muito mais homogênea. Como líder de mercado no setor de pagamentos on-line, a PayPal está preparada para a tarefa. A empresa receberia uma taxa de transação por cada item comprado, assim como uma taxa de indicação, por encaminhar as pessoas às lojas dos outros varejistas. Embora muitas peças ainda precisem se encaixar — e Donahoe não espera que isso aconteça da noite para o dia —, o eBay está caminhando bem em seu propósito. No ano passado, a empresa vendeu 5 bilhões de dólares em produtos via smartphone e tablet, um número que representa mais que o dobro do total registrado no ano anterior. A PayPal processou 4 bilhões de dólares em pagamentos feitos com dispositivos móveis, partindo de apenas 750 milhões. E, apesar da Amazon ainda estar na frente em termos de vendas totais e crescimento de vendas, o eBay está hoje na dianteira do comércio móvel. No último ano, a Amazon conquistou somente 2 bilhões de dólares em vendas feitas por dispositivos móveis, incluindo os e-books para o Kindle.

Com as coisas que estão acontecendo no mercado do eBay, o comércio móvel e os pagamentos on-line, a confiança de Donahoe está se tornando mais crível. "Nós fomos da virada para o ataque", afirma o CEO. "Nosso propósito é oferecer aos consumidores a melhor experiência no que diz respeito a encontrar o que querem, como querem e onde querem, não importa se seja no eBay ou não." Com o comércio eletrônico e as compras feitas por dispositivos móveis continuando a crescer a um ritmo acelerado, somente o tempo dirá se a estratégia de Donahoe vai dar certo.

QUESTÕES PARA DISCUSSÃO

1. Analise o ambiente de marketing do eBay ao longo dos anos, assim como as forças que moldaram seus negócios.

578 Parte 3 | Elaboração de uma estratégia e de um mix voltados para o cliente

2. De que maneira a mudança nas características dos vendedores do eBay afetou a criação de valor para os compradores?

3. Para Donahoe, a estratégia da virada é o melhor caminho para o eBay. Você concorda com ele ou discorda?

4. Com base nos recentes acontecimentos para o eBay, com a PayPal e os aplicativos, preveja os resultados da empresa daqui a cinco anos.

Fontes: Danielle Sacks, "How Jack Abraham is reinventing eBay", *Fast Company*, 22 jul. 2011, <www.fastcompany.com/magazine/157/jackabraham-ebay-milo>; Kevin Kelleher, "EBay has yet to sell turnaround to investors", *Fortune*, 17 jan. 2012, <http://tech.fortune.cnn.com/2012/01/17/ebay-has-yet-to-sell-its-turnaround-to-investors/>; Geoffrey Fowler, "Auctions fade in eBay's bid for growth", *Wall Street Journal*, 26 maio 2009, p. A1; Peter Burrows, "EBay outlines three-year revival plan", *BusinessWeek*, 12 mar. 2009, <www.businessweek.com>; Max Colchester e Ruth Bender, "EBay CEO continues to seek acquisitions", *Wall Street Journal*, 23 maio 2011, <www.wsj.com>.

NOTAS

1. Baseado em informações extraídas de Cotton Delo, "Facebook files for IPO", *Advertising Age*, 1 fev. 2012, <http://adage.com/article/digital/facebook-files-ipo-reveals-1-billion-2011-profit/232484/>; Tomio Geron, "Zynga makes up 12 percent of Facebook's 2011 revenue", *Forbes*, 1 fev. 2012, <www.forbes.com/sites/tomiogeron/2012/02/01/zynga-makes-up-12-of-facebooks-2011-revenue/>; Leah Fabel, "The business of Facebook", *Fast Company*, 1 abr. 2011, <www.fastcompany.com/node/1740204/>; Venessa Miemis, "The bank of Facebook: currency, identify, reputation", *Forbes*, 4 abr. 2011, <http://blogs.forbes.com/venessamiemis/2011/04/04/the-bank-of-facebookcurrencyidentity-reputation/>; "Facebook's sales chief: Madison Avenue doesn't understand us yet", *Advertising Age*, 29 abr. 2011, <http://adage.com/print/227314/>; informações de <www.facebook.com>. Acesso em: nov. 2012.

2. Para esses e outros dados estatísticos sobre o marketing direto disponíveis nesta seção, veja Direct Marketing Association, *The DMA 2012 statistical fact book*, 34. ed, fev. 2012; Direct Marketing Association, *The power of direct marketing: 2011-2012 edition*, ago. 2011; "DMA releases new 'power of direct' report", 2 out. 2011, <www.the-dma.org/cgi/dispannouncements?article=1590>; uma série de outras informações disponíveis em <www.the-dma.org>. Acesso em: nov. 2012.

3. "U.S. Internet ad revenue hits record $31 billion in 2011", *USA Today*, 18 abr. 2012, <www.usatoday.com/tech/news/story/2012-04-18/internet-ad-revenue-record/54386820/1>; "U.S. online advertising spending to surpass print in 2012", *eMarketer*, 19 jan. 2012, <www.emarketer.com/PressRelease.aspx?R=1008788>; Thad Rueter, "E-retail spending to increase 62% by 2016", *Internet Retailer*, 27 fev. 2012, <www.internetretailer.com/2012/02/27/e-retail-spending-increase-45-2016>; DMA, *The power of direct marketing: 2011-2012 edition*.

4. Veja discussões em "The costs of personal selling", 13 abr. 2011, <www.seekarticle.com/business-sales/personal-selling.html>; "What is the real cost of a B2B sales call?", <www.marketingplaybook.com/sales-marketing-strategy/what-is-the-real-cost-of-ab2b-sales-call>. Acesso em: nov. 2012.

5. Veja "Big security data to big security intelligence", *Infosec Professional*, 22 abr. 2012, <www.infosecprofessional.com/2012/04/bigsecurity-data-to-big-security.html>; Ian Greenleigh, "Will consumers ever wish companies had more of their data?", *Bizaarvoice: blog*, 6 jun. 2012, <www.bazaarvoice.com/blog/2012/06/06/5-reasonsto-wish-companies-had-more-of-your-data/>.

6. Veja Philip Kotler e Kevin Lane Keller, *Marketing management*, 14ed. Upper Saddle River: Prentice Hall, 2012, p. 71.

7. Veja DMA, *The power of direct marketing, 2011—2012 edition*; "It's never been easier to send direct mail", *PRNewswire*, 8 jun. 2011.

8. Julie Liesse, "When times are hard, mail works", *Advertising Age*, 30 mar. 2009, p. 14; Paul Vogel, "Marketers are rediscovering the value of mail", *Deliver Magazine*, 11 jan. 2011, <www.delivermagazine.com/2011/01/marketers-are-rediscovering-the-value-ofmail/>; "The resurrection of direct mail in 2012", *PRWeb*, <www.prweb.com/releases/Direct-mail/Resurrection/prweb9301877.htm>. Acesso em: jul. 2012.

9. Bruce Britt, "Marketing leaders discuss the resurgence of direct mail", *Deliver Magazine*, 18 jan. 2011, <www.delivermagazine.com/2011/01/marketing-leaders-discuss-resurgence-of-direct-mail/>.

10. Veja "Catalog Spree survey shows 89.8 percent of shoppers prefer digital catalogs", 19 abr. 2012, <http://catalogspree.com/catalogspree-survey-shows-89-8-percent-of-shoppers-prefer-digitalcatalogs>; <www.landsend.com/mobile/index.html> e <http://catalogspree.com/>. Acesso em: nov. 2012.

11. Jeffrey Ball, "Power shift: in digital era, marketers still prefer a paper trail", *Wall Street Journal*, 16 out. 2009, p. A3; Jennifer Valentino-DeVries, "With Catalogs, opt-out policies vary", *Wall Street Journal*, 13 abr. 2011, p. B7; *The DMA 2012 statistical fact book*.

12. Ball, "Power shift: in digital era, marketers still prefer a paper trail"; "Report: catalogs increasingly drive online sales", *Retail-Customer-Experience.com*, 17 mar. 2010, <www.retailcustomerexperience.com/article/21521/Report-Catalogs-increasingly-drive-online-sales>.

13. DMA, *The power of direct marketing, 2011—2012 edition*.

14. Melissa Hoffmann, "Report: telecommunications advances affecting Do Not Call registry", *Direct Marketing News*, 30 dez. 2011, <www.dmnews.com/report-telecommunications-advancesaffecting-do-not-call-registry/article/221264/>; <www.donotcall.gov>. Acesso em: nov. 2012.

15. Veja Rachel Brown, "Perry, Fischer, Lavigne tapped for proactiv", *WWD*, 13 jan. 2010, p. 3; Rahul Parikh, "Proactiv's celebrity shell game", *Salon.com*, 28 fev. 2011, <www.salon.com/2011/02/28/proactiv_celebrity_sham>; <www.proactiv.com>. Acesso em: ago. 2012.

16. Mercedes Cardona, "Hampton's PajamaJeans go viral with DRTV campaign", *Direct Marketing News*, dez. 2011, p. 17.

17. Stephanie Rosenbloom, "The new touch-face of vending machines", *New York Times*, 25 maio 2010, <www.nytimes.com/2010/05/26/business/26vending.html>; "Automating retail success", <www.businessweek.com/adsections/2011/pdf/111114_Verizon3.pdf>. Acesso em: jul. 2012.

18. "Best Buy: consumer electronics retailing on the go", <www.zoomsystems.com/our-partners/partner-portfolio/>; <www.zoomsystems.com/about-us/company-overview/>. Acesso em: nov. 2012.

19. Veja "Household internet usage in and outside the home", *U.S. Census Bureau*, <www.census.gov/compendia/statab/2012/tables/12s1155.pdf>. Acesso em: jul. 2012; "How people spend their time online", 2 fev. 2012, <www.go-gulf.com/blog/online-time>; "Global mobile statistics", *MobiThinking*, jun. 2011,

Capítulo 17 | Marketing direto e on-line   **579**

<http://mobithinking.com/stats-corner/global-mobile-statistics-2011-all-qualitymobile-marketing-research-mobile-web-stats-su>; Greg Sterling, "Google: 1 billion people will use mobile as primary Internet access point in 2012", 27 fev. 2012, <http://searchengineland.com/google-95-percent-of-us-smartphone-owners-use-search-113017>.

20. Veja "Internet retailer: top 500 guide", <www.internetretailer.com/top500/list>. Acesso em: nov. 2012.

21. Veja "How Staples generates more than $10 billion in on-line sales", 7 mar. 2012, <http://electronicbankingoptions.com/2012/03/07/how-staples-generates-more-than-10-billion-in-online-sales/>; dados da Staples extraídos de relatórios anuais e outras informações encontradas em <www.staples.com>. Acesso: out. 2012.

22. Veja Thad Rueter, "E-retail spending to increase 62% by 2016", *Internet Retailer*, 27 fev. 2012, <www.internetretailer.com/2012/02/27/e-retail-spending-increase-45-2016>.

23. Rueter, "E-retail spending to increase 62% by 2016"; Jack Loechner, "Web influences trillion dollar retail sales", *MediaPost*, 27 out. 2011, <www.mediapost.com/publications/article/160988/web-influences-trillion-dollar-retail-sales.html>.

24. Veja informações encontradas nos relatórios anuais da eBay, bem como outras informações em <www.ebayinc.com>. Acesso em: ago. 2012.

25. "State of the blogosphere 2011", *Technorati*, nov. 2011, <http://technorati.com/social-media/feature/state-of-theblogosphere-2011>.

26. Veja <http://en.community.dell.com/dell-blogs/default.aspx> e <www.youtube.com/user/DellVlog>. Acesso em: nov. 2012.

27. "Marketers up the ante on social media sponsorships", *eMarketer*, 13 jul. 2012, <www.emarketer.com/Articles/Print.aspx?R=1009188>.

28. Adaptado de informações encontradas em Keith O'Brien, "How McDonald's came back bigger than ever", *New York Times*, 6 maio 2012, p. MM44.

29. Veja David F. Carr, "Get Satisfaction embeds customer feedback on client websites", *Informationweek*, 1 maio 2012; <www.getsatisfaction.com>. Acesso em: nov. 2012.

30. "U.S. Internet ad revenue hits record $31 billion in 2011", *USA Today*, 18 abr. 2012, <www.usatoday.com/tech/news/story/2012-04-18/internet-ad-revenue-record/54386820/1>; "US online advertising spending to surpass print in 2012", *eMarketer*, 19 jan. 2012, <www.emarketer.com/PressRelease.aspx?R=1008788>.

31. Internet Advertising Bureau, *IAB Internet advertising revenue report*, 18 abr. 2012; <www.iab.net/about_the_iab/recent_press_releases/press_release_archive/press_release/pr-041812>; relatórios anuais do Google, <http://investor.google.com/proxy.html>. Acesso em: ago. 2012.

32. Veja "Campaigns creativity liked", *Advertising Age*, 13 dez. 2010, p. 18; Dan Sewell, "Old Spice teases its sexy new ad campaign", *USA Today*, 26 jan. 2011, <www.usatoday.com/money/advertising/2011-01-26-old-spice-mustafa-ad_N.htm>; Dave Parrack, "10 of the best viral video ad campaigns", 16 fev. 2012, <www.makeuseof.com/tag/10-viral-video-ad-campaigns/>.

33. Michael Learmonth, "Fresh numbers: Honda won Super Bowl before it even began", *Advertising Age*, 6 fev. 2012, <http://adage.com/print/ 232543/>.

34. David Gelles, "The public image: Volkswagen's 'The force' campaign", *Financial Times*, 22 fev. 2011, p. 14; Troy Dreier, "The Force was strong with this one", *Streaming Media Magazine*, abr./maio 2011, p. 66-68. Veja também Thales Teixeira, "The new science of viral ads", *Harvard Business Review*, mar. 2012, p. 25-28.

35. Mark Hachman, "Facebook used by half of the world's internet users, save Asia", *PC Magazine*, 2 fev. 2012, <www.pcmag.com/article2/0,2817,2399732,00.asp>; "List of countries by population", <http://en.wikipedia.org/wiki/List_of_countries_by_population>. Acesso em: out. 2012.

36. Para esses e outros exemplos, veja Douglas MacMillan, "With friends like this, who needs Facebook?", *Bloomberg Businessweek*, 13-19 set. 2010, p. 35-37; <www.yub.com>, <www.kaboodle.com>, <www.farmersonly.com>, <www.gofishn.com/>, <www.ravelry.com>, <www.dogster.com>, <www.researchgate.net>, <www.passionsnetwork.com> e <www.cafemom.com>. Acesso em: nov. 2012.

37. "Happy birthday to Nike+", *Run247*, 23 maio 2011, <www.run247.com/articles/article-1337-happy-birthday-to-nike%2B.html>; "Nike shows us how to adapt to a digital era", *AD60*, 27 fev. 2012, <www.ad60.com/2012/02/27/nike-shows-adapt-digital-era/>.

38. Veja <http://my.menshealth.com/bellyoff/>. Acesso em: out. 2012.

39. Veja "Internet 2011 in numbers", *Pingdom*, 17 jan. 2012, <http://royal.pingdom.com/2012/01/17/internet-2011-in-numbers>; Ken Magill, "Email remains ROI king; net marketing set to overtake DM, says DMA", *The Magill Report*, 4 out. 2011, <www.magillreport.com/Email-Remains-ROI-King-Net-Marketing-Set-to-Overtake-DM/>; "Marketers use growing number of tools to spur website engagement", *eMarketer*, 11 maio 2012, <www.emarketer.com/Article.aspx?R=1009040>.

40. Elizabeth A. Sullivan, "Targeting to the extreme", *Marketing News*, 15 jun. 2010, p. 17-19.

41. Symantec, *The state of spam and phishing: home of the monthly report — February 2012*, <http://go.symantec.com/spam_report/>.

42. Mark Brownlow, "Why do email marketing?", *Email Marketing Reports*, nov. 2011, <www.email-marketing-reports.com/basics/why.htm>; Carroll Trosclair, "Direct marketing, advertising and ROI: commercial e-mail delivers highest DM return on investment", *Suite101.com*, 2 abr. 2010, <http://advertising.suite101.com/article.cfm/direct-marketing-advertising-and-roi>. Para exemplos de excelentes campanhas de marketing por e-mail, veja "MarketingSherpa Email Awards 2012", *MarketingSherpa*, <www.marketingsherpa.com/data/members/special-reports/OPEN-SR-10-Email-Awards-2012.pdf>.

43. As informações desse parágrafo são provenientes de Joe McKendrick, "One-third of U.S. households chuck landlines; now use mobile only", *SmartPlanet*, 21 dez. 2011, <www.smartplanet.com/blog/business-brains/onethird-of-us-households-chuck-landlines-now-use-mobile-only/20746>; Kunur Patel, "When placing advertising, don't underrate the value of mobile", *Advertising Age*, 7 nov. 2011, p. 38; <www.apple.com/ipad/from-the-app-store/, www.apple.com/iphone/appsfor-iphone/> e <https://play.google.com/store/apps/details?id=com.google.android.finsky&hl=en>. Acesso em: out. 2012.

44. "New forecast: US mobile ad spending soars past expectations", 25 jan. 2012, <http://www.emarketer.com/PressRelease.aspx?R=1008798>; "Global mobile statistics 2012", *MobiThinking*, fev. 2012, <http://mobithinking.com/mobile-marketing-tools/latest-mobile-stats>.

45. Veja "Location, location, location", *Adweek*, 13 fev. 2012, p. M9-M11.

46. Adaptado de Giselle Tsirulnik, "Most impressive mobile advertising campaigns in 2010", 29 dez. 2010, <www.mobilemarketer.com/cms/news/advertising/8617.html>.

47. Veja Internet Crime Complaint Center, "IC3 2011 annual report on Internet crime released", 10 maio 2012, <http://www.ic3.gov/media/2012/120511.aspx>.

48. Veja Molly Bernhart Walker, "America's less concerned about Internet security", *FierceGovernmentIT*, 10 maio 2012, <www.fiercegovernmentit.com/story/americans-less-concerned-abou-tinternet-security/2012-05-10>.

49. Veja Cecilia Kang, "Underage and on Facebook", *Washington Post*, 13 jun. 2011, <www.washingtonpost.com/blogs/post-tech/post/underage-and-on-facebook/2011/06/12/AGHKHySH_blog.html>; Susan Dominus, "Underage on Facebook", *MSN Living*, 15 mar. 2012; <http://living.msn.com/family-parenting/underage-on-facebook-5>.

50. Adaptado de informações encontradas em Michael Bush, "My life, seen through the eyes of marketers", *Advertising Age*, 26 abr. 2010, <http://adage.com/print/143479>.

51. Veja "Digital advertising alliance announces first 100 companies participating in self-regulatory program for online behavioral advertising", 7 jun. 2011, <www.the-dma.org/cgi/dispannouncements?article=1558>; <www.aboutads.info/>. Acesso em: ago. 2012.

52. Veja Wendy Davis, "Rockefeller urges FTC to move faster on Coppa rules", *Daily Online Examiner*, 19 maio 2011, <www.mediapost.com/publications/?fa=Articles.showArticle&art_aid=150867>; <http://epic.org/privacy/kids/> e <http://business.ftc.gov/privacy-andsecurity/children%E2%80%99s-privacy>. Acesso em: out. 2012.

53. Informações sobre a TRUSTe em <www.truste.com>. Acesso em: out. 2012.

54. Informações sobre o compromisso de privacidade da DMA em <www.the-dma.org/cgi/dispissue?article=129> e <www.dma-consumers.org/privacy.html>. Acesso em: nov. 2012.

Parte 1 ▶ Definição de marketing e o processo de marketing (Capítulos 1-2)

Parte 2 ▶ Entendimento do mercado e dos clientes (Capítulos 3-6)

Parte 3 ▶ Elaboração de uma estratégia e de um mix voltados para o cliente (Capítulos 7-17)

Parte 4 ▶ Marketing ampliado (Capítulos 18-20)

Criação de vantagem competitiva

Prévia do capítulo

Nos capítulos anteriores, exploramos os fundamentos do marketing. Você aprendeu que o objetivo do marketing é criar valor *para* os clientes com o intuito de, em troca, obter valor *deles*. Empresas que são boas em marketing conquistam, mantêm e desenvolvem clientes entendendo suas necessidades, elaborando estratégias centradas neles, arquitetando programas de marketing que entregam valor e construindo relacionamentos de parceria entre o cliente e a organização. Nos três últimos capítulos, ampliaremos esse conceito para três áreas especiais: (1) criação de vantagem competitiva, (2) marketing global e (3) sustentabilidade social e ambiental do marketing.

Para começar, analisaremos a estratégia competitiva de marketing do Four Seasons, uma empresa com hotéis e resorts reconhecida pela criação de experiências sem paralelo para os clientes. Em seu centro, o Four Seasons pratica uma estratégia de "intimidade com o cliente" — a rede paparica os clientes para fazer que continuem voltando (veremos mais sobre essa estratégia mais adiante, neste capítulo). A luxuosa rede engaja *todo mundo* — do CEO ao porteiro — em sua missão de criar valor superior para os clientes e garantir que eles retornem.

Four Seasons: inspirando todos a criar valor e satisfação para o cliente

Na rede Four Seasons, todo hóspede é uma pessoa importante. Outros resorts exclusivos papariquem seus hóspedes, mas o Four Seasons fez com que a arte do contato próximo ficasse perfeita com serviços cuidadosamente desenvolvidos. Hóspedes que pagam mil dólares ou mais pela diária esperam que sua mente seja lida, e esse luxuoso hotel não desaponta nesse requisito. Sua missão é tornar a experiência de viagem perfeita por meio dos mais altos padrões de hospitalidade. "Do elegante entorno com o que há de mais requintado até o cuidado, com serviços extremamente personalizados e oferecidos 24 horas por dia", diz a empresa, "o Four Seasons representa uma verdadeira casa longe de casa para aqueles que conhecem e apreciam o melhor".

Como resultado de sua estratégia de "intimidade com o cliente", o Four Seasons tem uma clientela fiel. Como um hóspede do Four Seasons Maui disse recentemente a um gerente: "Se existe um paraíso, eu espero que ele seja operado pelo Four Seasons". Mas qual o segredo que faz a estratégia de intimidade com o cliente funcionar? Na verdade, não há segredo nenhum. Pergunte a qualquer um que trabalha lá. Do CEO ao porteiro, todos dirão a você que isso tem a ver com a qualidade da equipe do Four Seasons. Seus funcionários são "o coração e a alma daquilo que faz essa empresa ser bem-sucedida", diz Isadore Sharp, fundador e CEO do Four Seasons. "Quando dizemos que as pessoas são nosso ativo mais importante, não é apenas conversa." Assim como faz com os clientes, o Four Seasons respeita e paparica seus funcionários. A empresa sabe que funcionários felizes e satisfeitos levam a clientes também felizes e satisfeitos.

O legado do atendimento ao cliente do Four Seasons é profundamente enraizado na cultura da empresa — a qual, por sua vez, é baseada na ética da reciprocidade. Em todos os seus contatos com os hóspedes e os funcionários, a luxuosa rede de resorts busca tratar os outros da maneira como gostaria de ser tratada. "O modo como você trata seus funcionários é um reflexo da maneira como espera que eles tratem os clientes", diz Sharp.

O Four Seasons coloca em prática essa cultura voltada para o atendimento ao cliente contratando os melhores funcionários, orientando-os cuidadosamente, instilando neles uma sensação de orgulho e motivando-os por meio do reconhecimento e da recompensa por feitos extraordinários ligados a serviços. Tudo começa com a contratação das pessoas certas — aquelas que se encaixam na cultura do Four Seasons. Todos os candidatos — seja uma pessoa que está tentando ser recepcionista, um aspirante a gerente de piscina ou um possível gerente de fundos financeiros — passam por sucessivas entrevistas. "Nós procuramos funcionários que compartilham a ética da reciprocidade — pessoas que, por natureza, acreditam em tratar as pessoas como elas teriam que nos tratar", diz Sharp.

Uma vez contratados, todos os novos funcionários recebem três meses de treinamento, incluindo atividades de improvisação que os ajudam a entender completamente as necessidades e o comportamento dos clientes. Na verdade, no Four Seasons, o treinamento nunca termina. Contudo, mais importante do que isso, são as pessoas em si e a cultura com base na qual elas

▲ O Four Seasons e seus funcionários criam experiências sem paralelo para os clientes. Segundo um cliente: "Se existe um paraíso, eu espero que ele seja operado pelo Four Seasons".
© Archimage/Alamy

trabalham, a principal diretriz cultural: a ética da reciprocidade. "Não se trata de um truque", insiste Sharp. Como resultado disso, os funcionários do Four Seasons sabem o que é um bom atendimento e são extremamente motivados a oferecê-lo.

E mais: uma vez que as pessoas certas estejam a postos, o Four Seasons as trata como se fossem seus hóspedes mais importantes. Comparados com os concorrentes, os salários no Four Seasons são de 75 a 90% maiores, com generosos planos de aposentadoria e participação nos lucros. Todos os funcionários — das pessoas que arrumam os quartos ao gerente-geral — fazem as refeições juntos (sem pagarem nada) na cafeteria do hotel. E, talvez o melhor de tudo, todos os funcionários ganham estadas grátis para outros resorts do Four Seasons, começando com três noites por ano após seis meses de empresa e chegando até a seis noites ou mais depois do primeiro ano.

As estadas fazem os funcionários se sentirem tão importantes e paparicados quanto os hóspedes que servem, além de os motivarem a atingir níveis mais altos de atendimento em seu trabalho. Kanoe Braun, um dos responsáveis pela piscina no Four Seasons Maui, visitou vários outros resorts da empresa em seus dez anos de organização. "Eu estive em um em Bali. Esse foi, de longe, o meu favorito", diz ele. "Você entra lá e eles perguntam: 'Como está, sr. Braun?' Então, você pensa: 'Sim, eu sou alguém!'." Outro membro da equipe do Four Seasons acrescenta: "Você nunca é tratado apenas como um funcionário. É um hóspede. Você volta dessas viagens empolgado e quer fazer muito mais para os hóspedes".

Como resultado, a equipe do Four Seasons ama o hotel tanto quanto os clientes. Embora os hóspedes possam fazer o check-out na hora em que quiserem, os funcionários nunca querem ir embora. A rotatividade anual para funcionários que trabalham em regime de período integral é de apenas 18% — metade da média do setor. Também faz 15 anos consecutivos que o Four Seasons faz parte da lista da revista *Fortune*, que aponta as 100 melhores empresas para se trabalhar. A criação de satisfação e valor para o cliente envolve mais do que criar uma pretensiosa estratégia competitiva de marketing e transmiti-la a partir do topo. No Four Seasons, criar valor para o cliente é um trabalho de toda a empresa.[1]

> No Four Seasons, a estratégia competitiva de marketing não é algo transmitido a partir do topo. A empresa engaja todo mundo — do CEO ao porteiro — em sua missão de criar valor sem paralelo para o cliente.

Resumo dos objetivos

Objetivo 1   Discutir a necessidade de entender os concorrentes, bem como os clientes, por meio da análise da concorrência.
Análise da concorrência (p. 583-590)

Objetivo 2   Explicar os fundamentos das estratégias competitivas de marketing baseadas na criação de valor para os clientes.
Estratégias competitivas (p. 590-602)

Objetivo 3   Ilustrar a necessidade de encontrar o equilíbrio entre a orientação para o cliente e a concorrência, a fim de se tornar uma organização verdadeiramente centrada no mercado.
Equilíbrio entre a orientação para o cliente e para a concorrência (p. 602-603)

Capítulo 18 | Criação de vantagem competitiva

Atualmente, as empresas enfrentam a mais acirrada concorrência de todos os tempos. Nos capítulos anteriores, assinalamos que, para atingir o sucesso no mercado altamente competitivo de hoje, as empresas precisam deixar de lado uma filosofia de produto e venda e se voltar para a filosofia de cliente e marketing.

Este capítulo explica mais detalhadamente como as empresas precisam agir para superar o desempenho de seus concorrentes, a fim de conquistar, manter e desenvolver clientes. Para vencer no mercado de hoje, as organizações precisam transformar-se em peritas não apenas na administração dos produtos, mas também na gestão do relacionamento com os clientes, tendo à frente uma forte concorrência e um difícil ambiente econômico. Entender os clientes é fundamental, mas não o suficiente. Construir relacionamentos lucrativos com os clientes e conquistar **vantagem competitiva** requer entregar mais valor e satisfação para os consumidores-alvo do que os concorrentes. Os clientes verão as vantagens competitivas como *vantagens do cliente*, dando à empresa uma supremacia em relação a seus concorrentes.

Neste capítulo, examinaremos as estratégias competitivas de marketing — como as empresas não só analisam seus concorrentes, mas também desenvolvem estratégias bem-sucedidas e baseadas em valor para os clientes, a fim de construir e manter relacionamentos lucrativos com eles. O primeiro passo é a **análise da concorrência**, o processo de identificar, avaliar e selecionar os principais concorrentes. O segundo é o desenvolvimento de **estratégias competitivas de marketing**, que posicionem solidamente a empresa contra seus concorrentes e lhe confiram a maior vantagem competitiva possível.

Vantagem competitiva
Vantagem em relação aos concorrentes obtida com o fornecimento de um mais valor para os consumidores.

Análise da concorrência
Identificação dos principais concorrentes; avaliação dos seus objetivos, estratégias, pontos fortes e fracos e padrões de reação; e seleção dos concorrentes que devem ser atacados ou evitados.

Estratégias competitivas de marketing
Estratégias que posicionam solidamente a empresa contra seus concorrentes e lhe conferem a maior vantagem competitiva possível.

Análise da concorrência

Para planejar estratégias de marketing efetivas, a empresa precisa descobrir o máximo possível sobre seus concorrentes. Ela deve comparar sempre suas estratégias de marketing, produtos, preços, canais e promoções com os de seus concorrentes mais próximos. Desse modo, pode descobrir áreas de potenciais vantagens e desvantagens competitivas. Como mostra a Figura 18.1, a análise da concorrência envolve, em primeiro lugar, identificar e avaliar os concorrentes para, em seguida, selecionar quais deles atacar e evitar.

Objetivo 1
◀ Discutir a necessidade de entender os concorrentes, bem como os clientes, por meio da análise da concorrência.

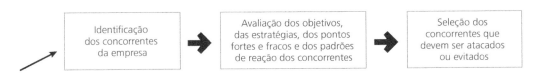

Identificar os concorrentes não é tão fácil quanto parece. Por exemplo, a Kodak tomou os outros fabricantes de câmeras com filme como seus principais concorrentes. Mas seus verdadeiros concorrentes eram, de fato, os fabricantes de câmeras digitais, que não usavam filme nenhum. A Kodak ficou para trás nas tecnologias digitais e acabou decretando falência.

Figura 18.1 Etapas na análise da concorrência.

Identificação dos concorrentes

À primeira vista, identificar os concorrentes pode parecer uma tarefa simples. No nível mais restrito, a empresa pode definir seus concorrentes como as outras organizações que oferecem produtos e serviços semelhantes aos mesmos clientes, por preços similares. Assim, a Abercrombie & Fitch poderia considerar a Gap uma importante concorrente, mas não a Nordstrom ou o Target. Já o Ritz-Carlton poderia ver os hotéis Four Seasons como um grande concorrente, mas não os Holiday Inn, os Hampton Inn ou qualquer um dos outros milhares de hotéis de serviços básicos espalhados pelos Estados Unidos.

Contudo, as empresas enfrentam uma faixa muito mais ampla de concorrentes. Elas poderiam definir como concorrentes todas as organizações que trabalham com o mesmo produto ou classe de produtos. Desse modo, o Ritz-Carlton poderia se ver como concorrente de todos os outros hotéis. Em um nível mais abrangente, os concorrentes poderiam incluir todas as empresas que trabalham com produtos que fornecem o mesmo serviço. Nesse caso, o Ritz-Carlton poderia se ver como concorrente não apenas dos outros hotéis, mas também de qualquer pessoa que alugue quartos a viajantes cansados. Para completar, em um nível ainda mais abrangente, os concorrentes poderiam incluir todas as empresas que competem pelo mesmo dinheiro do consumidor. Nessa situação, o Ritz-Carlton poderia ver-se como concorrente de produtos e serviços de viagens e lazer, incluindo cruzeiros, casas de veraneio e férias no exterior.

▲ Identificação dos concorrentes: em sua campanha "Barras de energia originais da natureza", a Dole posiciona suas bananas não como uma fruta, mas como algo nutritivo e barato que fornece energia.

Dole Fresh Fruit Company

As empresas precisam evitar a "miopia em relação à concorrência". Há mais chance de uma empresa ser "enterrada" por seus concorrentes latentes do que pelos atuais. Por exemplo, não foi a concorrência direta que pôs fim ao negócio de telegramas da Western Union depois de 161 anos de mercado, mas os telefones celulares e a Internet. A superloja de música Tower Records não foi à falência graças a outras lojas especializadas tradicionais — ela foi vítima de concorrentes inesperados, como varejistas de desconto (Best Buy e Walmart), o iTunes e uma série de outros serviços de download de música. A Kodak não perdeu para fabricantes de filmes fotográficos concorrentes, como a Fuji — ela foi ultrapassada por fabricantes de câmeras digitais que não usam filme nenhum (veja o Marketing Real 18.1). Outro exemplo clássico de miopia em relação à concorrência é do U.S. Postal Service (USPS), o correio dos Estados Unidos:[2]

O USPS está perdendo dinheiro com uma rapidez estonteante — foram 5,1 bilhões de dólares em perda somente no ano passado. E o problema não são os concorrentes diretos, como a FedEx e a UPS, mas um rival que o USPS dificilmente teria imaginado duas décadas atrás: o uso disparado de e-mail pessoal e corporativo, mensagens de texto e transações on-line, que o USPS chama de "diversão eletrônica". Quando o uso da Internet explodiu, a quantidade de cartas pessoais e corporativas enviada por correio despencou. No ano passado, o USPS entregou o impressionante número de 45 bilhões de correspondências a menos em comparação com cinco anos antes. São 45 *bilhões*! A resposta do USPS: proposta de aumento no preço dos selos para postagem, demissão de funcionários e uma redução de cinco para três dias de entrega — ações que, muito provavelmente, vão reduzir ainda mais o volume de correspondência. A solução? Quando eu a descobrir, encaminho para você por e-mail.

As empresas podem identificar os concorrentes do ponto de vista do *setor*. Elas podem se ver como membros do setor petrolífero, da indústria farmacêutica ou do setor de bebidas. A organização deve compreender os padrões competitivos de seu setor, espera-se ser um membro eficaz. As empresas podem ainda identificar os concorrentes do ponto de vista do *mercado*. Nesse caso, elas definem os concorrentes como empresas que estão tentando satisfazer as mesmas necessidades dos clientes ou construir um relacionamento com o mesmo grupo de consumidores.

Do ponto de vista do setor, a Pepsi poderia considerar como concorrentes a Coca-Cola e o Dr Pepper Snapple Group (fabricante do Dr Pepper, do 7UP e do A&W, entre outras marcas). Do ponto de vista do mercado, entretanto, o que o cliente realmente quer é algo para "matar a sede" — uma necessidade que pode ser satisfeita por água mineral, energéticos, sucos de frutas, chás gelados e muitas outras bebidas. De modo similar, a Dole poderia definir como concorrentes para suas bananas outros produtores de frutas frescas. Mas, com base em uma pesquisa que mostra que as bananas oferecem a mesma quantidade de energia que as bebidas esportivas — porém são mais nutritivas, não contêm ingredientes artificiais e custam muito menos —, a Dole redefiniu seu ponto de vista competitivo e começou a posicionar suas bananas como "Barras de energia originais da natureza".[3] Em geral, o conceito de concorrência baseado no mercado abre os olhos da empresa para um conjunto mais amplo de concorrentes atuais e potenciais.

Avaliação dos concorrentes

Depois de identificar os principais concorrentes, a gerência de marketing deve perguntar: quais são os objetivos dos concorrentes? O que cada um deles busca no mercado? Qual é a estratégia dos concorrentes? Quais são os pontos fortes e fracos dos diversos concorrentes e como cada um deles reagirá às medidas que a empresa vier a tomar?

Determinação dos objetivos dos concorrentes

Todos os concorrentes têm um conjunto de objetivos. A empresa precisa saber a importância relativa que cada um deles atribui à lucratividade atual, ao crescimento da participação de mercado, ao fluxo de caixa, à liderança tecnológica, à liderança em serviços e a outros objetivos. Conhecer o conjunto de objetivos de um concorrente revela se ele está satisfeito com sua situação atual e como poderia reagir a diferentes ações competitivas. Por exemplo, uma empresa que busca liderança fundamentada em baixo custo reagirá de modo muito mais agressivo a um avanço revolucionário no processo de produção de um concorrente do que a uma intensificação na propaganda realizada pelo mesmo concorrente.

Marketing Real 18.1

Kodak: o concorrente que ela não viu a tempo — aquele que não usava filme

Kodak. O venerado nome de marca foi, por gerações, uma palavra bastante conhecida no mundo todo. Por mais de um século, as pessoas contaram com a Kodak para produtos que as ajudavam a registrar "momentos Kodak" — eventos pessoais e familiares importantes, para serem compartilhados e guardados para a posteridade. O setor de filmes de Hollywood evoluiu em torno da tecnologia da Kodak. Em 1972, Paul Simon, inclusive, conquistou o segundo lugar nas paradas com *Kodachrome*, uma música que colocava em palavras o papel emocional que os produtos da Kodak desempenhavam na vida das pessoas.

Hoje em dia, entretanto, a Kodak está falida — tentando encontrar seu caminho por meio do Capítulo 11 da lei norte-americana, voltado para a reorganização. Um dia classificada como uma das mais respeitadas dentre as mais respeitadas empresas, as ações da Kodak não valem quase nada hoje. A marca que monopolizou seu setor, com 85% de todas as vendas de câmeras e 90% do enorme mercado de filmes fotográficos, agora luta para competir em qualquer mercado. A empresa que um dia teve dinheiro de sobra perdeu, nos últimos quatro anos, 43 milhões de dólares por mês. E, após empregar mais de 100 mil pessoas no mundo, a mão de obra da empresa, em sua maior parte norte-americana, caiu muito e hoje conta com menos de 10 mil funcionários.

Como pode uma marca famosa cair tanto e tão rapidamente? A Kodak foi vítima da miopia de marketing e em relação à concorrência — ela se concentrou em um conjunto restrito de produtos e concorrentes existentes, em vez de levar em conta as necessidades dos clientes e desenvolver dinâmicas de mercado. Não foram os fabricantes de filmes concorrentes que derrubaram a Kodak, mas o concorrente que a empresa não enxergou a tempo: as câmeras e fotografias digitais, que não usam filme nenhum. Do começo ao fim, a Kodak fabricou o melhor filme. Mas, em um mundo cada vez mais digital, os clientes não precisavam mais de filmes. Apegada a seus produtos do passado, a Kodak ficou para trás dos concorrentes na mudança para o digital.

Em 1880, George Eastman fundou a Kodak com base em um método fotográfico que envolvia negativos secos. Em 1888, ele lançou a câmera Kodak, que usava negativos de vidro para registrar as imagens. De olho na expansão do mercado, Eastman desenvolveu em seguida o filme e a pequena e inovadora câmera Kodak Brownie. Ele vendia a câmera por 1 dólar apenas, mas conquistava grandes lucros com a venda do filme, bem como dos produtos químicos e papéis necessários para produzir as fotos. Embora a Kodak também desenvolvesse tecnologias de imagem inovadoras para setores que iam do médico ao editorial, ao longo do século XX, as câmeras e os filmes foram a grande mina de ouro da empresa.

É interessante assinalar que, em 1975, os engenheiros da Kodak inventaram a primeira câmera digital: um sensor de imagem do tamanho de uma torradeira que registrava tons irregulares de preto e branco. Entretanto, não percebendo o potencial mercado de massa da fotografia digital — e com medo de a tecnologia digital canibalizar seu precioso negócio de filmes —, a Kodak engavetou o projeto. Os gestores da empresa simplesmente não conseguiam conceber um mundo sem filmes. Assim, a Kodak se voltou com tudo para os filmes, concentrando sua energia inovadora e competitiva em fabricar filmes melhores e superar os outros fabricantes de filmes. Mais adiante, quando a empresa percebeu seu erro, já era tarde demais.

Cega por sua fixação por filmes, a Kodak não conseguiu enxergar as tendências competitivas que estavam surgindo, associadas ao registro e ao compartilhamento de imagens. A cultura da Kodak se ligou à história da empresa e à nostalgia que isso traz. "Eles eram uma empresa parada no tempo", diz um analista. "A história era muito importante para eles — uma fantástica história do século passado, quando eles fizeram um monte de coisas incríveis e ganharam um monte de dinheiro pelo caminho. [Desse modo,] a história deles [se tornou] uma desvantagem."

Quando a Kodak finalmente lançou uma linha de câmeras digitais que cabiam no bolso, no final da década de 1990, o mercado já estava cheio de produtos digitais da Sony, da Canon e de uma dúzia de outros fabricantes de câmera. Essas empresas logo foram seguidas por uma categoria de concorrentes totalmente nova, à medida que cada vez mais pessoas usavam celulares e outros dispositivos móveis e compartilhavam fotografias de maneira instantânea, por mensagens de texto e redes on-line de compartilhamento de fotos. Atrasada para o jogo digital, a Kodak se tornou uma relíquia do passado e um concorrente sem importância para uma série de empresas digitais da nova era, que nem ao menos existiam uma ou duas décadas antes.

▶ Miopia em relação à concorrência: não foram os fabricantes de filmes concorrentes que derrubaram a Kodak, mas o concorrente que a empresa não enxergou a tempo — as câmeras e fotografias digitais, que não usam filme nenhum.
© Finnbarr Webster/Alamy

Em algum lugar no meio do caminho, embevecida com o sucesso, a Kodak perdeu de vista a capacidade visionária de George Eastman, seu fundador, de definir as necessidades dos clientes e a dinâmica dos concorrentes. De acordo com um biógrafo, o legado de Eastman não foi o filme, mas a inovação. "George Eastman nunca olhou para trás. Ele sempre olhou adiante, para fazer algo superior ao que tinha feito, mesmo se tivesse o melhor do mercado no momento." Se tivesse mantido a filosofia de Eastman, a Kodak poderia muito bem ter sido líder de mercado nas tecnologias digitais. Nós poderíamos ainda estar registrando "momentos Kodak" em câmeras digitais e smartphones da empresa, bem como os compartilhando em sites e redes sociais de imagens operadas pela Kodak.

Tendo em vista a força da marca Kodak, à medida que a empresa se recupera da falência, essas coisas podem acontecer, mas é pouco provável. Como parte de seu plano de recuperação, a Kodak anunciou que vai parar de fabricar câmeras digitais (ela também descontinuou seu famoso filme colorido Kodachrome). Em vez disso, a empresa planeja licenciar seu nome para outros fabricantes, que produziriam câmeras com a marca Kodak. Hoje, cerca de três quartos das receitas da empresa vêm de segmentos do negócio, como a impressão digital comercial e os filmes de entretenimento. Assim, juntamente com o sucesso da empresa, parece que o famoso "momento Kodak" pode ter entrado para a história.

Fontes: Sam Gustin, "In Kodak bankruptcy, another casualty of the digital revolution", *Time*, 20 jan. 2012, <http://business.time.com/2012/01/20/in-kodak-bankruptcy-another-casualty-of-the-digital-revolution/>; Ernest Scheyder, "Focus on past glory kept Kodak from digital win", *Reuters*, 19 jan. 2012, <www.reuters.com/article/2012/01/19/us-kodak-bankruptcy-idUSTRE80I1N020120119>; Dawn McCarty e Beth Jink, "Kodak files for bankruptcy as digital era spells end to film", *Bloomberg Businessweek*, 25 jan. 2012, <www.businessweek.com/news/2012-01-25/kodak-files-for-bankruptcy-as-digital-era-spells-end-to-film.html>; Michael Hiltzik, "Kodak's long fade to black", *Los Angeles Times*, 4 dez. 2011; "Kodak to stop making digital cameras", *Digital Photography Review*, 9 fev. 2012, <www.dpreview.com/news/2012/02/09/Kodak_exits_camera_business>.

A empresa também deve monitorar os objetivos de seus concorrentes em relação a vários segmentos. Se souber que um concorrente descobriu um novo segmento, a empresa poderá ter em mãos uma oportunidade. Se souber que os concorrentes planejam novas incursões em segmentos atualmente atendidos por ela, a empresa ficará de sobreaviso e, se possível, reagirá com antecedência.

Identificação das estratégias dos concorrentes

Grupo estratégico
Um grupo de empresas em um setor que seguem a mesma estratégia ou uma estratégia similar.

Quanto mais a estratégia de uma empresa se parecer com a de outra, mais acirrada será a concorrência entre elas. Na maioria dos setores os concorrentes podem ser separados em grupos que seguem diferentes estratégias. Um **grupo estratégico** é um grupo de empresas em um setor que seguem a mesma estratégia ou uma estratégia similar para determinado mercado-alvo. Por exemplo, no setor de eletrodomésticos de grande porte, a GE e a Whirlpool pertencem ao mesmo grupo estratégico. Ambas produzem uma linha completa de eletrodomésticos vendidos a preços médios, apoiada por bom serviço. Por outro lado, a Sub-Zero e a Viking pertencem a um grupo estratégico diferente. Elas produzem uma linha mais restrita de eletrodomésticos de melhor qualidade, oferecem um serviço de nível superior e cobram preços mais altos. "Somos tão apaixonados em desenvolver produtos Viking quanto os chefs são em cozinhar com eles", diz a Viking. "Nós inovamos. Vamos além quando o assunto é engenharia. E usamos materiais de ótima qualidade e resistentes para criar os mais potentes produtos disponíveis. Na Viking, é mais do que aço na linha de montagem. É nosso orgulho".[4]

Com a identificação de grupos estratégicos, surgem alguns insights importantes. Por exemplo, se uma empresa entrar em um dos grupos, os membros desse grupo vão se tornar seus principais concorrentes. Assim, se a empresa entrar no grupo que conta com a GE e a Whirlpool, ela só conseguirá ter sucesso se desenvolver vantagens estratégicas em relação a esses dois concorrentes.

Apesar de a concorrência ser mais intensa em um grupo estratégico, há também rivalidade entre os diferentes grupos. Para começar, alguns grupos estratégicos podem se voltar para segmentos de

◂ Grupos estratégicos: a Viking pertence ao grupo estratégico do setor de eletrodomésticos que oferece uma linha restrita de produtos de altíssima qualidade. "Cada um de nós tem um compromisso com tudo da Viking que sai da linha de montagem", diz esse anúncio. "Na Viking, é mais do que aço na linha de montagem. É orgulho."
Viking Range Corporation

clientes sobrepostos. Por exemplo, independentemente de sua estratégia, todos os fabricantes de eletrodomésticos de grande porte tentarão se aproximar do segmento de construtoras de imóveis residenciais. Além disso, os clientes podem não perceber muita diferença nas ofertas dos diferentes grupos — eles podem ver pouca diferença de qualidade entre a GE e a Whirlpool. Por fim, os membros de um grupo estratégico podem se expandir para novos segmentos estratégicos. Assim, as linhas de eletrodomésticos Monogram e Profile da GE concorrem com as linhas de alta qualidade e preços superiores da Viking e da Sub-Zero.

A empresa precisa considerar todas as dimensões que identificam grupos estratégicos dentro de um setor. Ela precisa saber como cada concorrente entrega valor a seus clientes. Precisa conhecer a qualidade, as características e o mix de produtos de cada concorrente, bem como os serviços que ele presta ao cliente, sua política de preços, cobertura de distribuição, estratégia da força de vendas e programas de propaganda, promoção de vendas e mídia on-line e social. E também deve estudar os detalhes das estratégias de P&D, de produção, de compras e financeiras, entre outras, de cada concorrente.

Avaliação dos pontos fortes e fracos dos concorrentes

Os profissionais de marketing precisam avaliar, cuidadosamente, os pontos fortes e fracos de cada concorrente para responder a uma pergunta essencial: o que nossos concorrentes *podem* fazer? Como um primeiro passo, as empresas podem coletar dados sobre as metas, as estratégias e o desempenho dos concorrentes ao longo dos últimos anos. Algumas dessas informações, sem dúvida, serão difíceis de serem obtidas. Por exemplo, as empresas que atuam no mercado organizacional acham difícil estimar a participação de mercado dos concorrentes, por não terem acesso aos mesmos serviços de informações disponíveis para as empresas de produtos de consumo embalados.

As empresas geralmente ficam a par dos pontos fortes e fracos de seus concorrentes por meio de dados secundários, experiência pessoal e boca a boca. Elas também podem realizar pesquisas de mercado primárias com clientes, fornecedores e revendedores. Podem verificar os sites dos concorrentes ou sua página em redes sociais. Ou podem utilizar o processo de **benchmarking**, comparando seus produtos e processos com os dos concorrentes ou das empresas líderes em outros setores, para identificar melhores práticas e descobrir meios de aprimorar a qualidade e o desempenho. O benchmarking tornou-se uma poderosa ferramenta para aumentar a competitividade da empresa.

Benchmarking
Comparar os produtos e processos da empresa com os dos concorrentes ou das empresas líderes em outros setores, para identificar melhores práticas e descobrir meios de aprimorar a qualidade e o desempenho.

Estimativa das reações dos concorrentes

A empresa também quer saber: o que nossos concorrentes *vão* fazer? Os objetivos, as estratégias e os pontos fortes e fracos de um concorrente dizem muito sobre suas prováveis ações, assim como sugerem as possíveis reações a manobras da empresa, como redução de preços, aumento do volume de promoções ou lançamento de produtos. Além disso, cada concorrente possui uma determinada filosofia de negócios — uma certa cultura interna e crenças que lhe servem de diretrizes. Os gestores de marketing precisam compreender profundamente a mentalidade de um concorrente, se quiserem prever o modo como ele vai agir ou reagir.

Cada concorrente reage de uma maneira. Alguns deles não reagem de forma rápida ou agressiva às manobras de um concorrente. Eles podem acreditar na fidelidade de seus clientes, podem demorar para perceber a manobra ou podem não dispor de recursos financeiros para reagir. Alguns reagem somente a determinados tipos de manobras, outros reagem de forma rápida e agressiva a qualquer movimento. A P&G, por exemplo, não permite que um novo produto do concorrente entre com facilidade no mercado. Muitas empresas evitam concorrer diretamente com a P&G e procuram presas mais fáceis, pois sabem que ela reagirá com ferocidade caso seja desafiado.

Em alguns setores, os concorrentes vivem em relativa harmonia, ao passo que em outros eles estão sempre brigando. Por exemplo, os concorrentes no setor norte-americano de wireless estão em pé de guerra há anos. A Verizon Wireless e a AT&T têm se atacado, sem dó, em anúncios comparativos. Quando a Verizon Wireless começou a oferecer o iPhone, ela usou seu slogan "Consegue me ouvir agora?" para atacar os serviços da AT&T,

▲ Reações do concorrente: em alguns setores, os concorrentes vivem em relativa harmonia, ao passo que em outros eles estão sempre brigando. Por exemplo, no setor norte-americano de wireless, a Verizon e a AT&T têm se atacado há anos, sem dó, em anúncios comparativos.
(Imagem do iPhone) © L_amica-Fotolia.com/istockphoto; *(logo da Verizon)* PR Newswire; *(logo da AT&T)* Staff/MCT/Newscom

os quais se dizia que eram irregulares. A AT&T retaliou mostrando que os clientes podiam falar ao telefone e navegar na Internet ao mesmo tempo — algo que ainda não oferecido pela Verizon Wireless. Mais recentemente, na venda do iPad 4G da Apple, travou-se uma guerra de propaganda, com cada uma das empresas afirmando que tem a mais ampla cobertura 4G.[5] Conhecer o modo como os principais concorrentes reagem oferece à empresa pistas sobre a melhor maneira de atacá-los ou de defender suas posições atuais.

Seleção dos concorrentes para atacar e evitar

Em grande parte, a empresa já selecionou seus principais concorrentes quando definiu, anteriormente, seus clientes-alvo, seu posicionamento e sua estratégia de mix de marketing. O que a gerência deve decidir é com quais concorrentes competirá com mais vigor.

Concorrentes fortes ou fracos

A empresa pode se concentrar em uma das diversas classes de concorrentes. A maioria das organizações prefere competir com concorrentes fracos. Isso demanda menos recursos e menos tempo. Mas, nesse processo, pode ser que a empresa ganhe pouco. Um argumento válido é que a organização também deve competir com concorrentes fortes para desenvolver suas habilidades. E, muitas vezes, a empresa simplesmente não consegue evitar seus maiores concorrentes, como no caso da Verizon e da AT&T. Mas mesmo os concorrentes fortes têm suas fraquezas, e se sair bem contra eles costuma gerar maiores retornos para a organização.

Análise de valor para o cliente
Uma análise conduzida para identificar os benefícios que os clientes-alvo valorizam e como eles avaliam o valor relativo das várias ofertas dos concorrentes.

Uma ferramenta útil para estimar os pontos fortes e fracos dos concorrentes é a **análise de valor para o cliente**. A meta dessa análise é identificar os benefícios que os clientes-alvo valorizam e como eles avaliam o valor relativo das várias ofertas dos concorrentes. Ao conduzir uma análise de valor para o cliente, a empresa, primeiro, identifica os principais atributos que os clientes valorizam e a importância que eles conferem a esses atributos. Depois, ela avalia seu desempenho em relação aos dos concorrentes, com base nesses atributos valorizados.

O segredo para a conquista de vantagem competitiva é pegar cada segmento de clientes e avaliar como a oferta da empresa se compara à de seus principais concorrentes. O que a empresa quer é encontrar um lugar no mercado em que ela atenda às necessidades dos clientes de tal maneira que os rivais não consigam atender. Se a oferta da empresa entrega um valor maior, superando a do concorrente em atributos importantes, ela pode cobrar um preço mais alto e obter maiores lucros ou, então, pode cobrar o mesmo preço e conquistar mais participação de mercado. Mas, se a empresa é vista como de desempenho inferior ao de seus principais concorrentes em alguns importantes atributos, ela deve investir no fortalecimento desses atributos ou na descoberta de outros atributos importantes, com base nos quais possa desenvolver uma liderança.

Concorrentes próximos ou distantes

A maioria das empresas competirá com concorrentes próximos — aqueles que mais se parecem com elas —, e não com concorrentes distantes. Assim, a Nike compete mais com a Adidas do que com a Timberland ou a Keen. E a Target compete com o Walmart, e não com a Neiman Marcus ou a Nordstrom.

Ao mesmo tempo, a empresa pode querer evitar "destruir" um concorrente próximo. Por exemplo, no final da década de 1970, a então líder de mercado Bausch & Lomb promoveu, com muito sucesso, uma manobra agressiva contra outros fabricantes de lentes de contato. No entanto, a manobra forçou os concorrentes mais fracos a vender suas empresas para organizações maiores, como a Johnson & Johnson (J&J). Como resultado, a Bausch & Lomb passou a enfrentar concorrentes muito maiores — e sofreu as consequências disso. A J&J adquiriu a Vistakon, uma modesta ocupante de nicho que gerava somente 20 milhões de dólares em vendas anuais. Entretanto, financiada pelos amplos recursos da J&J, a pequena, mas ágil, Vistakon desenvolveu e lançou suas inovadoras lentes descartáveis Acuvue. Com a Vistakon na liderança, a J&J é hoje a maior fabricante de lentes de contato dos Estados Unidos, com uma participação de mercado de cerca de 42%. Enquanto isso, a Bausch & Lomb se arrasta no quarto lugar, com uma participação de mercado de aproximadamente 11%. Nesse caso, o sucesso obtido no ataque a um rival próximo trouxe concorrentes mais fortes.[6]

Concorrentes bem comportados ou destrutivos

A verdade é que as empresas precisam de concorrentes e se beneficiam deles. A existência de concorrentes resulta em diversos benefícios estratégicos. Os concorrentes podem compartilhar os custos do desenvolvimento do mercado e do produto, bem como ajudar a legitimar novas tecnologias. Eles podem atender a segmentos menos atrativos ou levar a uma maior diferenciação de produto. Por fim, os concorrentes podem ajudar a aumentar a demanda total. Por exemplo, você poderia achar que o lançamento do iPad da Apple, um tablet estiloso e na moda, geraria problemas para o Kindle da Amazon, um e-reader menor e menos elegante, que estava no mercado há três anos quando o iPad surgiu. Muitos analistas acharam que a Apple tinha desenvolvido o "assassino do Kindle". Contudo, como ficou provado, a concorrência com o iPad aumentou muito a demanda por tablets, o que beneficiou ambas as empresas. As vendas do Kindle têm aumentado muito desde o lançamento do iPad. E, enquanto a Apple desfruta de maior participação no mercado de tablets com preço mais alto, o Kindle da Amazon lidera o mercado de tablets mais baratos. Como um bônus, o maior uso do iPad aumentou as vendas de e-books e outros conteúdos digitais da Amazon, que podem ser lidos no iPad por meio de um aplicativo gratuito do Kindle para o tablet da Apple.[7]

▲ Concorrentes bem comportados ou destrutivos: em vez de gerar problemas para o Kindle, o e-reader da Amazon, o lançamento do iPad da Apple aumentou a demanda por tablets, o que beneficiou ambas as empresas.
Kyodo

No entanto, é possível que a empresa não veja todos os seus concorrentes como benéficos. Um setor costuma conter *concorrentes bem comportados* e *concorrentes destrutivos*. Os bem comportados seguem as regras do setor; os destrutivos, ao contrário, quebram as regras. Eles tentam comprar participação, em vez de conquistá-la, assumem grandes riscos e jogam de acordo com suas próprias regras.

Por exemplo, hoje em dia, os tradicionais jornais dos Estados Unidos enfrentam vários concorrentes destrutivos. Os serviços digitais que se sobrepõem ao conteúdo do jornal em papel são concorrentes destrutivos, uma vez que oferecem conteúdo gratuito em tempo real, algo que os jornais baseados em assinatura, impressos uma vez por dia, não conseguem oferecer. Um exemplo é o Craigslist, a comunidade on-line que permite aos usuários locais postarem anúncios classificados, em grande medida, gratuitamente. Tendo iniciado há quase 20 anos como um passatempo de Craig Newmark, o Craigslist nunca se preocupou muito com margens de lucro — esse é o tipo de concorrente mais destrutivo que a empresa pode ter.

Outro exemplo é o *Huffington Post*, o jornal on-line ganhador do prêmio Pulitzer que começou em 2005 com Arianna Huffington, como um local para comentários liberais. A publicação se expandiu desde então e hoje é do AOL. O site oferece notícias, blogs e conteúdo exclusivo, além de cobrir política, negócios, entretenimento, tecnologia, tópicos populares, estilo de vida, cultura, comédia, saúde, temas que interessam as mulheres e acontecimentos locais. Baseado em anúncios, o site é gratuito para os usuários, diferentemente dos jornais tradicionais, que cobram taxas de assinatura. No ano passado, o site recebeu 54 milhões de comentários e teve 1,2 trilhão de páginas visualizadas. Nos últimos anos, concorrentes desse tipo, nada ortodoxos, ajudaram a levar muitos jornais tradicionais para a falência.[8]

Descoberta de espaços de mercado não disputados

Em vez de brigar diretamente com concorrentes estabelecidos, muitas empresas buscam posições desocupadas em espaços de mercado não disputados. Elas tentam criar produtos e serviços para os quais não existam concorrentes diretos. Chamada de "estratégia do oceano azul", sua meta é tornar a concorrência irrelevante:[9]

> Faz muito tempo que as empresas se envolvem em competições diretas em busca de um crescimento lucrativo. Elas têm brigado por vantagem competitiva, batalhado por participação de mercado e brigado por diferenciação. Contudo, nos setores extremamente saturados de hoje, a concorrência direta não resulta em nada, a não ser em um "oceano vermelho" com o sangue de rivais que lutam por um lucro minguado. Em seu livro *Estratégia do oceano azul*, dois professores de estratégia afirmam que, embora a maioria das empresas concorra em oceanos vermelhos, é muito provável que a estratégia não leve a um crescimento lucrativo no futuro. As empresas líderes de amanhã serão bem-sucedidas não brigando com os concorrentes, mas criando "oceanos azuis", com espaços de mercado não disputados. Essas manobras estratégicas — chamadas de inovação de valor — levam a grandes saltos em valor tanto para a empresa como para seus compradores, criando toda uma nova demanda e

▲ Estratégia do oceano azul: o Cirque du Soleil reinventou o circo ao descobrir um novo espaço de mercado não disputado, o qual tornou os concorrentes existentes irrelevantes.
© ITAR-TASS Photo Agency/Alamy

rendendo rivais obsoletos. Por meio do desenvolvimento e do domínio de oceanos azuis, as empresas podem, em grande medida, afastar os rivais.

A Apple pratica essa estratégia há tempos, lançando produtos pioneiros como o iPod, o iPhone e o iPad, que criaram categorias totalmente novas. Outro exemplo é o Cirque du Soleil, que reinventou o circo como uma forma superior de entretenimento moderno. Quando o setor de circo estava em declínio, o Cirque du Soleil inovou com a eliminação de elementos polêmicos e de alto custo, como números com animais e o foco na experiência teatral. O Cirque du Soleil não competia com o Ringling Bros. and Barnum & Bailey, então líder de mercado, sendo totalmente diferente de tudo que já se tinha visto. De fato, o Cirque desenvolveu um espaço de mercado não disputado, que tornou os concorrentes existentes irrelevantes. Os resultados têm sido espetaculares, graças à sua estratégia do oceano azul, o Cirque du Soleil conquistou em seus primeiros 20 anos mais receitas do que o Ringling Bros. and Barnum & Bailey obteve em seus primeiros 100 anos.

Elaboração de um sistema de inteligência competitiva

Já descrevemos os principais tipos de informação de que as empresas precisam sobre seus concorrentes. Essas informações devem ser coletadas, interpretadas, distribuídas e utilizadas. Coletar informações competitivas pode ser custoso em termos de dinheiro e tempo. Desse modo, as empresas necessitam elaborar um sistema de inteligência competitiva que tenha uma boa relação custo/benefício.

O sistema de inteligência competitiva primeiro identifica os tipos essenciais de informações competitivas que são necessárias, bem como as melhores fontes dessas informações. Em seguida, coleta continuamente informações do campo (da força de vendas, canais, fornecedores, institutos de pesquisa de mercado, sites, monitoramento on-line e associações comerciais) e dados disponíveis ao público (publicações do governo, palestras e bancos de dados on-line). Depois, o sistema analisa as informações para verificar sua validade e confiabilidade, interpreta-as e organiza-as de maneira apropriada. Por fim, ele envia as informações relevantes para os tomadores de decisão e responde a consultas de gestores acerca dos concorrentes.

Com esse sistema, os gestores da empresa recebem informações sobre os concorrentes em tempo hábil, na forma de relatórios, telefonemas, alertas em e-mail, boletins informativos e newsletters. Além disso, os gestores podem se conectar ao sistema quando precisarem interpretar uma manobra repentina de um concorrente, identificar os pontos fortes e fracos de outro ou avaliar como um competidor reagirá a um movimento planejado pela empresa.

Empresas menores que não podem pagar por um sistema formal de inteligência competitiva podem designar executivos específicos para observar determinados concorrentes. Assim, um gestor que trabalhava para um concorrente pode acompanhá-lo de perto, tornando-se o "especialista interno" nesse concorrente. E qualquer gestor que precise saber como determinado concorrente pensa pode entrar em contato com esses especialistas.

Objetivo 2

▶ Explicar os fundamentos das estratégias competitivas de marketing baseadas na criação de valor para os clientes.

Estratégias competitivas

Uma vez identificados e avaliados os principais concorrentes, a empresa deve elaborar amplas estratégias competitivas de marketing, com as quais possa conquistar vantagem competitiva. Mas quais dessas estratégias a empresa poderia utilizar? Quais são as mais indicadas para uma determinada empresa ou para suas diferentes divisões e produtos?

Abordagens para a estratégia de marketing

Não existe uma estratégia que seja a melhor para todas as empresas. Cada empresa deve determinar qual a estratégia que faz mais sentido para ela, tendo em vista sua posição no setor e seus objetivos, suas oportunidades e seus recursos. Mesmo dentro de uma empresa, podem ser necessárias diferentes estratégias para diferentes negócios ou produtos. A Johnson & Johnson utiliza uma determinada estratégia de marketing para suas marcas líderes em mercados de consumo estáveis (como BAND-AID, Tylenol, Listerine e produtos para bebês) e outra, diferente, para seus negócios e produtos de alta tecnologia na área da saúde (como suturas cirúrgicas Monocryl ou implantes de articulações dos dedos NeuFlex).

As empresas também diferem na maneira como abordam o processo de planejamento estratégico. Muitas grandes empresas desenvolvem estratégias competitivas formais e as implementam religiosamente. Outras, contudo, desenvolvem estratégias de modo menos formal e organizado. Algumas empresas, como a Harley-Davidson, a Red Bull, a Virgin Atlantic Airways e a unidade MINI Cooper da BMW, saem-se muito bem quebrando várias regras da estratégia de marketing. Empresas como essas não possuem grandes departamentos de marketing, não conduzem dispendiosas pesquisas de mercado, não têm estratégias competitivas complexas e não gastam enormes somas de dinheiro em propaganda. Em vez disso, elas delineiam estratégias durante o percurso, esticam seus limitados recursos, mantêm-se próximas de seus clientes e criam soluções mais satisfatórias para as necessidades deles. Essas empresas formam clubes de compradores, utilizam buzz marketing e se concentram em conquistar fidelidade por parte dos clientes. Ao que parece, nem todas as empresas têm que seguir os passos de gigantes do marketing, como a Nike e a P&G.

De fato, as abordagens para a estratégia e a prática de marketing muitas vezes percorrem três estágios: o marketing empreendedor, o marketing formalizado e o marketing criativo:

- *Marketing empreendedor*: a maioria das empresas é fundada por indivíduos que vivem de acordo com sua sagacidade. Por exemplo, no começo, Robert Ehrlich, fundador e CEO da Pirate Brands, uma empresa de salgadinhos, não acreditava no marketing formal — ou em qualquer outra coisa formal. A Pirate Brands comercializa uma despensa completa de salgadinhos assados, naturais, livres de gordura trans e sem glúten, incluindo alguns famosos, como o Pirate's Booty, o Potato Flyers, o Smart Puffs e o Tings. Ao longo dos últimos 25 anos, Ehrlich transformou a Pirate Brands em um próspero negócio de 100 milhões de dólares, tornando-a um espinho na pata de leões dos salgadinhos, como a Nabisco e a Frito-Lay.[10]
  Mas até poucos anos atrás, Ehrlich fazia isso praticamente sem nenhum marketing formal. O desenvolvimento de novos produtos partia da cabeça dele. Nomes para produtos e slogans para propagandas — tudo partia dele naquela época. Um amigo de Ehrlich, cartunista da *Mad Magazine*, o ajudou com o design das embalagens e dos rótulos. A promoção consistia de 20 rapazes vestidos de pirata que distribuíam amostras dos salgadinhos em supermercados espalhados pelos Estados Unidos. "Nós não fazemos marketing", dizia Ehrlich com orgulho na época. "Zero." Quando se tratava de marketing, ele dizia: "Não estamos pensando nisso. Nós não somos a Exxon Mobil, muito obrigado. Não queremos ser".
- *Marketing formalizado*: à medida que atingem o sucesso, as pequenas empresas passam, inevitavelmente, a adotar um marketing mais formalizado. Elas desenvolvem estratégias de marketing formais e as seguem de perto. Por exemplo, hoje em dia, com seu crescimento, a Pirate Brands possui uma abordagem mais formalizada voltada para o desenvolvimento de produto e suas estratégias de relações públicas e distribuição. A empresa também desenvolveu esforços mais formais para alcançar os clientes, como um site completo, uma página no Facebook, um blog intitulado Booty Blog e o Captain's Newsletter, que traz atualizações dos produtos, cupons, ofertas especiais e listas de eventos. Embora não haja dúvidas de que o marketing continuará sendo menos formal na Pirate Brands do que nas Frito Lays da vida, à medida que for crescendo, a empresa passará a adotar ferramentas de marketing mais avançadas.
- *Marketing criativo*: muitas empresas grandes e maduras ficam presas ao marketing formalizado. Elas dissecam os mais recentes números da Nielsen, debruçam-se sobre relatórios de pesquisa de mercado e tentam ajustar com precisão suas estratégias e programas competitivos. Essas empresas, às vezes, perdem a criatividade e a paixão de marketing que tinham no início. Elas precisam, então, recuperar o espírito e as ações empreendedoras que fizeram com que fossem bem-sucedidas no começo. Precisam incentivar mais iniciativas de marketing e criatividade no nível local.

Por exemplo, o pensamento criativo ajudou o Virgin Group a crescer e se tornar um conjunto de mais de 200 empresas, que variam de gigantes estabelecidas, como a Virgin Atlantic Airways e a Virgin Mobile, a iniciantes menores, como a Virgin Games (cassinos baseados na Internet e em aplicativos) e a Virgin Wines (que vende vinhos artesanais e internacionais on-line). Richard Branson, fundador da Virgin, atribui o sucesso da empresa à sua cultura criativa. "A Virgin jamais teria crescido [tanto] se não houvesse um fluxo constante de pessoas criativas, que encontram e desenvolvem novas oportunidades, muitas liderando esforços

▲ Marketing criativo: de acordo com Richard Branson (foto), fundador do Virgin Group, o pensamento criativo ajudou a empresa a crescer para se tornar um conjunto bem-sucedido de mais de 200 empresas, que variam de gigantes estabelecidas, como a Virgin Atlantic Airways e a Virgin Mobile, a iniciantes menores, como a Virgin Wines.
AP Photo/Bridget Jones

que iam na contramão", diz ele.[11] De acordo com Branson, a criatividade começa no topo. O segredo consiste em dar a funcionários-chave liberdade e apoio para que eles possam buscar aquilo em que acreditam e desenvolver novos produtos, serviços e sistemas. O CEO deve buscar pessoas com um lado criativo, apoiá-las e, então, se afastar e deixar que façam as coisas do seu jeito. Branson fez isso quando a Virgin entrou no setor de celular. "Nós não tínhamos experiência, então procuramos os melhores gestores de nossos concorrentes, contratamos essas pessoas, tiramos suas amarras e demos a elas liberdade para construir seu próprio empreendimento dentro do Virgin Group". Os novos gestores se envolveram tanto na operação do novo negócio que não se sentiam funcionários — eles se sentiam mais proprietários de um empreendimento interno.

Em resumo, há muitas abordagens para o desenvolvimento de estratégias competitivas de marketing eficazes. Sempre haverá uma tensão entre o lado formal e o criativo do marketing. É mais fácil aprender a faceta formal, que ocupou grande parte de nossa atenção neste livro. Mas também vimos como a criatividade e a paixão de marketing nas estratégias de muitas das empresas que estudamos — sejam elas pequenas ou grandes, novas ou maduras — ajudaram a construir e a manter o sucesso no mercado. Com isso em mente, vamos analisar as amplas estratégias competitivas de marketing que as empresas podem utilizar.

Estratégias competitivas básicas

Há três décadas, Michael Porter sugeriu quatro estratégias competitivas de posicionamento básicas que as empresas poderiam adotar — três delas vencedoras e uma perdedora.[12] As três estratégias vencedoras são:

- *Liderança pelo custo total:* nesse caso, a empresa se esforça para atingir os menores custos de produção e distribuição. Os custos baixos permitem que ela cubra preços menores que os de seus concorrentes e conquiste uma grande participação de mercado. Texas Instruments, Walmart e JetBlue Airways são líderes nessa estratégia.
- *Diferenciação:* a empresa se concentra na criação de uma linha de produtos e de um programa de marketing extremamente diferenciados, assumindo o papel de líder de qualidade no setor. A maioria dos consumidores preferiria obter produtos dessa marca, se os preços não fossem tão altos. A Nike e a Caterpillar adotam essa estratégia para, respectivamente, serviços de tecnologia da informação e equipamentos pesados para construção.
- *Foco:* nesse caso, a empresa concentra seus esforços no bom atendimento de alguns segmentos de mercado, em vez de tentar atingir o mercado como um todo. Por exemplo, o Ritz-Carlton se concentra nos 5% dos viajantes a negócios e a lazer com maior poder aquisitivo. A Tetra Food fornece 60% da ração para peixes tropicais — ela é a "líder do mundo submerso". De maneira similar, a Hohner detém impressionantes 85% do mercado de gaitas.

Empresas que adotam uma estratégia clara — como uma das que acabamos de citar — provavelmente terão um bom desempenho, e a empresa que melhor executar a estratégia escolhida terá os maiores lucros. Mas as organizações que não adotam uma estratégia clara — as que ficam no meio do caminho entre uma estratégia e outra — são as que se saem pior. A Sears e o Holiday Inn passaram por dificuldades por não se destacarem nem por seus custos mais baixos, nem pela percepção de valor mais alto, nem pelo melhor atendimento a algum segmento do mercado. Empresas que ficam no meio do caminho tentam ser boas em todas as estratégias, mas acabam não sendo muito boas em nada.

Michael Treacy e Fred Wiersema, dois consultores de marketing, oferecem uma classificação para as estratégias competitivas de marketing mais centrada no cliente.[13] Eles sugerem que as empresas conquistam posições de liderança com a entrega de valor superior a seus clientes. No caso, as empresas podem adotar qualquer uma das três estratégias a seguir — chamadas de *disciplinas de valor* — para entregar mais valor aos clientes:

- *Excelência operacional*: a empresa oferece valor superior liderando o setor em preço e conveniência. Ela trabalha para reduzir os custos e para criar um sistema de entrega de valor enxuto e eficiente. Atende a clientes que querem produtos ou serviços confiáveis e de boa qualidade, mas que também sejam baratos e fáceis de encontrar. Exemplos incluem o Walmart, o Costco e a Southwest Airlines.
- *Intimidade com o cliente*: a empresa oferece valor superior segmentando seus mercados com precisão e, então, desenvolvendo produtos ou serviços sob medida, que se ajustam exatamente às necessidades dos clientes-alvo. Ela se especializa na satisfação das necessidades singulares dos clientes, por meio não só de um relacionamento próximo com eles, mas também de um profundo conhecimento deles. Além disso, a empresa dá poder a seus funcionários, para que reajam com rapidez às necessidades dos clientes. As organizações que têm intimidade com o cliente atendem a indivíduos que estão dispostos a pagar um preço mais elevado para obterem exatamente aquilo que querem. E elas fazem praticamente qualquer coisa para construir fidelidade duradoura e capturar o valor do cliente ao longo do tempo.

▲ Intimidade com o cliente: o Ritz-Carlton promete que os luxuosos hotéis da empresa oferecerão uma experiência verdadeiramente memorável — uma experiência que "aviva os sentidos, transmite bem-estar e atende, até mesmo, a desejos e necessidades não relevados por nossos hóspedes".
AFP/Getty Images

Considere, por exemplo, os hotéis Ritz-Carlton. Ano após ano, o Ritz-Carlton fica em primeiro lugar, ou perto desse resultado, no ranking do setor de hospitalidade em termos de satisfação do cliente. Sua paixão por satisfazer o cliente é resumida no credo da empresa, o qual promete que seus luxuosos hotéis oferecerão uma experiência verdadeiramente memorável — uma experiência que "aviva os sentidos, transmite bem-estar e atende, até mesmo, a desejos e necessidades não relevados por nossos hóspedes".[14]

Hospede-se em qualquer hotel Ritz-Carlton ao redor do mundo e se surpreenda com a dedicação fervorosa da empresa em antecipar até mesmo a sua menor necessidade e atendê-la. Eles não perguntam, mas parecem saber que você é alérgico a amendoins e que quer uma cama king-size, um travesseiro antialérgico, as persianas abertas quando chegar e o café da manhã, com café descafeinado, no quarto. Todos os dias, os funcionários do hotel — do pessoal que fica na recepção até o da manutenção e limpeza — observam e registram, discretamente, até mesmo as menores preferências dos hóspedes. Assim, todas as manhãs, cada um dos hotéis analisa a lista de hóspedes que estão para chegar e que já ficaram anteriormente em um Ritz-Carlton, preparando uma lista com sugestões de toques adicionais que poderiam encantá-los.

Uma vez identificada uma necessidade especial do cliente, os funcionários do Ritz-Carlton vão a conhecidos extremos para atendê-la. Por exemplo, para atender às necessidades de um hóspede com alergia a comida, um chef do Ritz-Carlton em Bali localizou ovos e leite especiais em um pequeno supermercado em outro país e fez com que eles fossem entregues no hotel. Em outro caso, como a lavanderia do hotel não conseguiu remover uma mancha no terno de um hóspede antes que ele partisse, o gerente viajou até a casa do cliente e lhe entregou, pessoalmente, um cheque de reembolso, para cobrir os custos com o terno. De acordo com um gerente do Ritz-Carlton, se a rede consegue uma foto do animal de estimação de um hóspede, ela faz uma cópia, coloca-a em uma moldura e a deixa exposta no quarto desse hóspede, em qualquer Ritz-Carlton que ele visite. Como resultado de atendimentos heroicos como esses, impressionantes 95% dos hóspedes que estão deixando o hotel afirmam que sua estadia foi uma experiência verdadeiramente memorável. E mais de 90% dos encantados clientes do Ritz-Carlton voltam.

- *Liderança de produto*: a empresa oferece valor superior disponibilizando um fluxo contínuo de produtos ou serviços de ponta. Seu objetivo com isso é tornar obsoletos seus próprios produtos e os dos concorrentes. As líderes de produto são abertas a novas ideias, buscam incansavelmente novas soluções e trabalham para levar novos produtos ao mercado com rapidez. Elas atendem a clientes que querem produtos e serviços de última geração, independentemente dos custos relacionados a preço ou inconveniência. Exemplos incluem a Samsung e a Apple (veja o Marketing Real 18.2).

Algumas empresas adotam, com sucesso, mais de uma disciplina de valor ao mesmo tempo. Por exemplo, a FedEx se destaca tanto na excelência operacional como na intimidade com o cliente. No entanto, essas empresas são raras — poucas conseguem ser as melhores em mais de uma dessas disciplinas. Na tentativa de ser *boa em todas* as disciplinas de valor, a empresa normalmente acaba não sendo a *melhor em nenhuma delas*.

594 Parte 4 | Marketing ampliado

Assim, as empresas excelentes se concentram e se destacam em uma única disciplina de valor, ao mesmo tempo em que atendem aos padrões do setor nas outras duas. Essas empresas projetam toda a sua cadeia de valor para apoiar, de maneira resoluta, a disciplina escolhida. Por exemplo, o Walmart sabe que intimidade com o cliente e liderança de produto são importantes. Em comparação com os outros varejistas de desconto, ele oferece um atendimento ao cliente muito bom e um ótimo sortimento de produtos. Mesmo assim, de propósito, o Walmart oferece um nível mais baixo de atendimento ao cliente e profundidade de produto do que a Nordstrom ou a Williams-Sonoma, que buscam intimidade com o cliente. Em vez disso, o Walmart se concentra, obsessivamente, na excelência operacional — reduzindo custos e aperfeiçoando seu processo de pedido-entrega, para proporcionar ao cliente a conveniência de comprar os produtos certos pelos menores preços.

De modo similar, o Ritz-Carlton Hotels quer ser eficiente e utilizar as mais recentes tecnologias. Mas o que realmente faz com que a rede de hotéis de luxo se destaque é sua intimidade com o cliente. O Ritz-Carlton cria experiências customizadas para mimar seus clientes.

É interessante classificar as estratégias competitivas como disciplinas de valor. Isso define a estratégia de marketing em termos de busca resoluta de entrega de valor superior para os clientes. Cada disciplina de valor estabelece uma maneira específica de construir relacionamentos duradouros com o cliente.

Posições competitivas

As empresas que competem em um determinado mercado-alvo diferem em termos de objetivos e recursos. Algumas são grandes, outras são pequenas. Algumas dispõem de muitos recursos, outras ficam amarradas por falta de fundos. Algumas são antigas e bem estabelecidas, outras são novas e inexperientes. Algumas lutam por rápido crescimento da participação de mercado, outras por lucros no longo prazo. E todas essas empresas ocupam diferentes posições competitivas no mercado-alvo.

Vamos examinar agora as estratégias competitivas baseadas nos papéis que as empresas desempenham no mercado-alvo — elas podem ser líderes, desafiantes, seguidoras ou ocupantes de nicho. Suponhamos que um setor contenha as empresas mostradas na Figura 18.2. Ao todo, 40% do mercado está nas mãos da **líder de mercado**, a empresa com a maior participação. Outros 30% estão nas mãos das **desafiantes de mercado**, empresas que não estão na liderança e que lutam com afinco para aumentar sua participação de mercado. No total, 20% do mercado está nas mãos das **seguidoras de mercado**, empresas que também não ocupam a liderança, mas que querem manter sua participação sem causar problemas. Os 10% restantes pertencem às **ocupantes de nicho**, que atendem a segmentos pequenos, que não são cobiçados por outras empresas.

A Tabela 18.1 mostra estratégias de marketing específicas disponíveis para as líderes, as desafiantes, as seguidoras e as ocupantes de nichos.[15] Lembre-se, todavia, de que nem sempre essas classificações se aplicam a uma empresa como um todo, mas apenas à sua posição dentro de um determinado setor. Empresas grandes, como a GE, a Microsoft, a P&G e a Disney, podem ser líderes em alguns mercados e ocupantes de nicho em outros. Por exemplo, a P&G é líder em muitos segmentos, como o de sabão em pó e xampu, mas desafia a Unilever nos sabonetes e a Kimberly-Clark nos lenços de papel. Essas empresas normalmente utilizam estratégias diferentes para diferentes unidades de negócios ou produtos, dependendo das respectivas situações competitivas.

Líder de mercado
A empresa com maior participação de mercado do setor.

Desafiante de mercado
A empresa que não está na liderança e que luta com afinco para aumentar sua participação de mercado em um setor.

Seguidora de mercado
A empresa que não está na liderança e que quer manter sua participação no setor sem causar problemas.

Ocupante de nicho
Uma empresa que atende a segmentos pequenos, os quais as outras organizações no setor ignoram.

Figura 18.2 Posições competitivas de mercado e papéis.

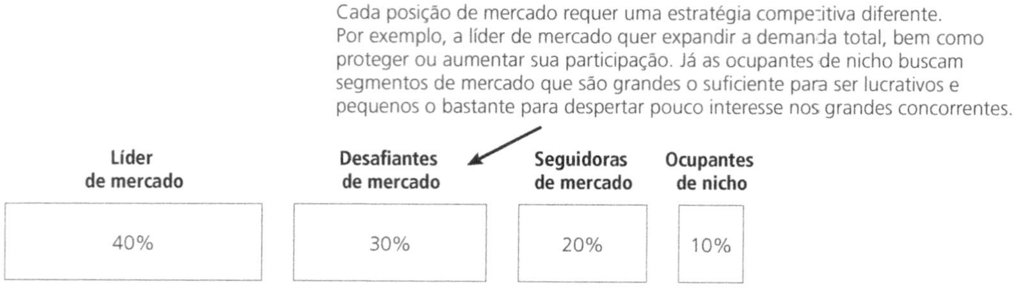

Cada posição de mercado requer uma estratégia competitiva diferente. Por exemplo, a líder de mercado quer expandir a demanda total, bem como proteger ou aumentar sua participação. Já as ocupantes de nicho buscam segmentos de mercado que são grandes o suficiente para ser lucrativos e pequenos o bastante para despertar pouco interesse nos grandes concorrentes.

Líder de mercado	Desafiantes de mercado	Seguidoras de mercado	Ocupantes de nicho
40%	30%	20%	10%

Marketing Real 18.2

A líder de produtos Apple: a guardiã de todas as coisas bacanas

Em um anúncio veiculado no Super Bowl XVIII, em 1984, a Apple apresentou ao mundo um novo computador pessoal chamado Macintosh, o primeiro a trazer uma interface gráfica com o usuário e o mouse. O inovador Mac mudou para sempre o setor de computadores. Ele conquistou uma multidão imediata e entusiasmada de fãs, além de colocar em funcionamento uma cadeia de eventos que fariam da Apple uma das líderes de produto mais inovadoras do mundo.

Hoje, três décadas depois disso, poucas marcas geram uma fidelidade tão intensa quanto a encontrada no coração dos compradores centrais da Apple. Em um extremo estão os usuários de Mac, iPod, iPhone e iPad tranquilamente satisfeitos — são pessoas que têm um dispositivo da Apple e o usam para trocar e-mails e mensagens de texto, navegar na Internet e interagir em redes sociais. Em um outro, entretanto, estão os fanáticos por Mac, os chamados macólatras. Dentro de todo cliente da Apple existe, pelo menos, um pequeno macólatra. Os entusiastas da Apple veem Steve Jobs, o já falecido fundador da empresa, como o Walt Disney da tecnologia. Diga a palavra "Apple" perto de fãs fervorosos e eles farão discursos inflamados sobre a superioridade da marca. Compre um produto da Apple e faça parte de uma comunidade inteira de seguidores apaixonados.

O que torna os compradores da Apple tão fiéis? Por que eles compram um MacBook, em vez de um HP ou um Dell, e um iPhone, no lugar de um Samsung, LG ou Motorola? Pergunte a fiéis seguidores e eles lhe dirão que isso se deve, simplesmente, ao fato de os produtos da Apple funcionarem melhor e serem mais fáceis de usar. Desde o início, a Apple é líder de produto — ela lança um produto inovador atrás do outro. Mas esses produtos não são apenas criações de engenheiros e designers inacessíveis para o resto do mundo, que ficam trancados nos laboratórios da empresa. Na verdade, a liderança de produto da Apple resulta do fato de ela dar total prioridade ao entendimento de seus clientes e daquilo que os motiva, criando então produtos que os destacam da multidão.

A Apple tem demonstrado "uma genialidade em termos de marketing e criatividade, com uma rara capacidade de penetrar na mente dos consumidores e entender o que vai cativá-los", diz um analista. Ela tem se mostrado "obcecada com a experiência do usuário da Apple". A obsessão da Apple em entender os clientes e tornar mais intensa a experiência deles com a empresa pode ser vista em tudo o que ela faz. Muitas empresas de tecnologia fabricam produtos que só ocupam espaço e dão trabalho. Em compensação, a Apple cria experiências que fazem a vida parecer melhor.

Fazer os produtos que os clientes querem — geralmente antes mesmo que eles saibam o que querem — resultou em uma revolução após a outra liderada pela Apple. Só na última década, o iPod, o iTunes, o iPhone e o iPad criaram novas categorias inteiras de produtos, em que não havia ninguém antes. Em todos esses casos, a Apple não apenas foi a pioneira na categoria, como também continua sendo a líder dominante de mercado. Por exemplo, o iPod ainda mantém mais de 78% do mercado de MP3. E, apesar do grande ataque de produtos concorrentes e de previsões que apontavam para o declínio da participação de mercado do iPad com o amadurecimento do negócio, a participação da Apple no mercado de tablets aumentou para 68% no ano passado.

A inovadora liderança de produto da Apple vai além de seus produtos. Dê uma olhada no interior de uma loja Apple, onde abundam as experiências que fazem a vida parecer melhor. A decoração da loja é simples e exala estilo — assim como o iPad ou o peso-pena MacBook Air. As movimentadas lojas parecem mais centros comunitários do que pontos de venda de varejo. É importante que fique claro que as lojas da Apple estimulam bastante a compra. Mas elas também incentivam as pessoas a ficarem por lá um tempo, com mesas repletas de Macs, iPods, iPads e iPhones, em total funcionamento para os visitantes testarem, e dezenas de funcionários descontraídos, sempre por perto para responder a perguntas e atender a todos os caprichos. Você não visita simplesmente uma loja da Apple: você a vivencia. A Apple combina liderança de produto e intimidade suficiente com o cliente para criar uma experiência que nenhuma outra empresa de eletrônicos de consumo consegue criar.

De acordo com um especialista do setor: "Algumas das empresas mais incríveis que surgirão nos próximos anos serão negócios que saibam envolver a tecnologia de forma atrativa com as necessidades humanas, tornando-se importantes para as pessoas". Trata-se de uma descrição muito adequada para a Apple e seu segmento central de discípulos entusiasmados. A *Fast Company* parece concordar. Recentemente, ela elegeu a Apple "a empresa mais inovadora do mundo" pelo segundo ano con-

◀ Liderança de produto: a Apple lança um produto inovador atrás do outro, muitas vezes criando categorias de produtos totalmente novas. Os fãs mais fervorosos da Apple ungiram a marca, que chamam de "a guardiã de todas as coisas bacanas".
© *Michael Nagle/Liaison/Getty Images*

secutivo. No setor de eletrônicos de consumo, a Apple domina o Índice de Satisfação do Consumidor Norte-Americano há oito anos, e este ano ela conquistou a nota 87, outro recorde, ficando nove pontos à frente de seu concorrente mais próximo no setor.

A liderança de produto e o caso de amor do consumidor com a Apple geraram resultados impressionantes em termos de vendas e lucro. Nos últimos cinco anos, apesar da piora da situação econômica com a Grande Recessão, as vendas da Apple mais do que quadruplicaram, alcançando quase 110 bilhões de dólares e incluindo, só nos dois primeiros anos, um gigantesco aumento de 200%. Os lucros dispararam, atingindo 26 bilhões de dólares — uma inacreditável margem líquida de 24%. Nesse período, o preço das ações da Apple aumentou mais de 300%.

O recente falecimento de Steve Jobs, fundador e CEO da Apple, lançou uma pequena sombra de dúvida sobre o futuro da empresa. Talvez, nenhuma outra empresa na história tenha sido tão fortemente ligada ao gênio criativo de seu líder. Mas Jobs deixou um legado que muitos acreditam que será continuado. E, por enquanto, a líder de produtos Apple permanece voando alto. "Dizer que a Apple é popular não faz jus à empresa", conclui um observador da organização. "A Apple é fumegante, escaldante, muitíssimo popular, sem mencionar o fato de ela ser moderna e vir acompanhada de originalidade. Geeks do mundo todo elegeram a Apple a guardiã de todas as coisas bacanas." Pergunte a seus amigos macólatras. Pensando bem, não se preocupe — eles provavelmente já disseram isso".

Fontes: "For walking the talk", *Fast Company*, mar. 2012, <www.fastcompany.com/most-innovative-companies/2012/apple>; Steve Maich, "Nowhere to go but down", *Maclean's*, 9 maio 2005, p. 32; Jim Joseph, "How do i love thee, Apple? Let me count the ways", *Brandweek*, 24 maio 2010, p. 30; Henrik Werdelin, "Three things Google can learn from Apple", *Fast Company*, 13 jul. 2010, <www.fastcompany.com/1669457/3-things-google-can-learnfrom-apple>; "Apple crushes profit estimates and iPhone, iPod, and iPad sales soar", *CNBC*, 24 jan. 2012, <www.cnbc.com/id/46103211/Apple_Crushes_Profit_Estimates_as_iPhone_iPod_Sales_Soar>; informações encontradas em <www.fortune.com> e <www.apple.com>. Acesso em: out. 2012.

Estratégias de líder de mercado	Estratégias de desafiante de mercado	Estratégias de seguidora de mercado	Estratégias de ocupante de nicho
Expandir o mercado total	Ataque frontal direto	Seguir de perto	Por cliente, mercado, qualidade/preço, serviço
Proteger a participação de mercado	Ataque indireto	Seguir a distância	Ocupação de vários nichos
Aumentar a participação de mercado			

▲ **Tabela 18.1** Estratégias para líderes, desafiantes, seguidoras e ocupantes de nicho.

Estratégias da empresa líder de mercado

A maioria dos setores tem uma líder de mercado reconhecida. Ela detém a maior participação de mercado e, normalmente, lidera as outras empresas nas alterações de preço, no lançamento de novos produtos, na cobertura da distribuição e nos gastos com promoção. A líder pode ou não ser admirada ou respeitada, mas as outras empresas reconhecem seu domínio. Os concorrentes veem na líder uma empresa a desafiar, imitar ou evitar. Entre as líderes de mercado mais conhecidas estão: Walmart (varejo), McDonald's (fast-food), Verizon (wireless), Coca-Cola (bebidas), Caterpillar (equipamento de terraplenagem), Nike (roupas e calçados esportivos), Facebook (rede social) e Google (serviços de busca na Internet).

A vida de uma líder não é nada fácil. Ela precisa estar constantemente em alerta. Outras empresas estão sempre desafiando suas forças ou tentando se aproveitar de suas fraquezas. A líder pode facilmente perder uma oportunidade no mercado e cair para o segundo ou o terceiro lugar. Pode aparecer uma inovação de produto que a prejudique (como ocorreu quando a Apple desenvolveu o iPod e tirou dos aparelhos portáteis de áudio Walkman, da Sony, a liderança do mercado). A líder pode também se tornar arrogante ou confiante demais e julgar erroneamente a concorrência (foi o caso da Sears, que perdeu a liderança para o Walmart). Ou ela pode parecer antiquada em comparação com novos rivais, mais interessantes (como aconteceu com a Gap, que perdeu muito terreno para marcas de nicho mais estilosas, como a 7 for All Mankind e a American Apparel, e para marcas encontradas em shoppings, como a Abercrombie & Fitch, Aeropostale e J. Crew).

Para continuar no topo, as empresas líderes podem optar por uma entre três ações. Em primeiro lugar, elas podem descobrir meios de expandir a demanda total. Em segundo, podem proteger sua participação de mercado atual por meio de boas ações defensivas e ofensivas. Em terceiro, podem tentar expandir ainda mais sua participação de mercado, mesmo que o tamanho do mercado permaneça o mesmo.

Expansão da demanda total

A empresa líder geralmente é a que ganha mais quando o mercado total se expande. Se os norte-americanos comerem mais fast-food, o McDonald's terá mais a ganhar, pois sua participação de mercado é mais de três vezes maior do que a do Subway e a do Burger King, seus concorrentes mais próximos. Se o McDonald's conseguir convencer os norte-americanos de que, na atual conjuntura econômica, o fast-food é a melhor opção quando se quer comer fora, ele se beneficiará mais do que seus concorrentes.

As líderes podem expandir o mercado por meio do desenvolvimento de novos usuários, novos usos e maior utilização de seus produtos. Normalmente, elas podem encontrar *novos usuários* ou segmentos de mercado não atendidos em muitos locais. Por exemplo, os Vigilantes do Peso sempre dirigiram seus programas de emagrecimento para as mulheres. Recentemente, entretanto, ele ampliou seus esforços para atrair também homens, com a ajuda de seu primeiro porta-voz do sexo masculino, a antiga estrela da NBA Charles Barkley. A empresa lançou um produto on-line chamado Weight Watchers for Men, que tem como objetivo auxiliar os homens a lidar com questões relacionadas ao peso. "Quando se tem um modelo como Charles Barkley — que é tão viril quanto qualquer um pode ser, que está comendo frutas e legumes pela primeira vez na vida —, é um sinal para

▲ Promoção de novos usos: a capacidade da WD-40 Company de encontrar novos usos transformou seu popular produto em um dos itens essenciais de sobrevivência na maioria dos lares norte-americanos.

O WD-40 MUP é de propriedade exclusiva da WD-40 Company

os homens de toda parte que não tem problema fazer isso", diz David Kirchoff, do Vigilantes do Peso. A empresa também está procurando novos usuários por meio da expansão de sua presença on-line, do lançamento de aplicativos e do direcionamento a mercados emergentes, como a China.[16]

As organizações podem expandir o mercado descobrindo ou promovendo *novos usos* para o produto. Por exemplo, a genuína capacidade da WD-40 Company de expandir o mercado encontrando novos usos fez com que seu produto se tornasse um dos itens essenciais de sobrevivência na maioria dos lares norte-americanos:[17]

> Alguns anos atrás, a empresa lançou um programa para descobrir 2 mil usos exclusivos do WD-40 Multi-Use Product. Após receber 300 mil indicações, ela reduziu a lista às 2 mil melhores, que mantém no site da empresa. Alguns consumidores sugeriram usos simples e práticos, como remover marcas de giz de cera de praticamente todo lugar ou desgrudar blocos de LEGO. Uma professora utiliza o WD-40 para limpar antigas lousas em sua sala de aula. "Incrivelmente, as lousas começaram a ganhar vida de novo", ela reportou. "E não somente onde elas foram recuperadas — anos de resíduos de decoração e fita adesiva também desapareceram." Outros consumidores, entretanto, relataram usos nada comuns. Um homem utiliza o WD-40 para polir seu olho de vidro, ao passo que outro o usa para remover a prótese da perna. Você já ouviu falar de um suspeito de assalto que, sem roupas, se lançou na passagem de ar de uma cafeteria em Denver? Os bombeiros conseguiram tirá-lo de lá com uma grande dose de WD-40. E conhece a história do oficial naval do Mississippi, que usou WD-40 para repelir um urso raivoso? Tem também a de um universitário que escreveu para dizer que as atividades noturnas e amorosas de um amigo, que dormia no quarto ao lado, não estavam deixando ninguém em seu dormitório dormir — ele resolveu o problema aplicando WD-40 às rangentes molas da cama. "Essa icônica lata azul e amarela é útil para muitas coisas, não só para afrouxar peças enferrujadas ou lubrificar a correia da bicicleta", diz a empresa.

Por fim, as líderes de mercado podem incentivar um *maior uso*, convencendo as pessoas a utilizar o produto com mais frequência ou a usar uma maior quantidade maior dele por vez. Por exemplo, a Campbell incentiva as pessoas a consumir suas sopas e outros produtos com mais frequência veiculando anúncios que contêm receitas novas. No site Campbell's Kitchen (<www.cambellskitchen.com>), os visitantes podem procurar ou trocar receitas, criar sua própria caixinha com receitas, ficar por dentro de maneiras mais saudáveis de comer e se cadastrar para receber o programa Meal Mail diária ou mensalmente. Na página da Campbell no Facebook e no Twitter, os consumidores podem participar de conversas na Campbell's Kitchen Community.

Proteção da participação de mercado

Ao mesmo tempo em que tenta expandir o tamanho total do mercado, a empresa líder também precisa proteger seus negócios atuais dos ataques dos concorrentes. O Walmart precisa se proteger constantemente do Target e do Costco; a Caterpillar, da Komatsu; e o McDonald's, do Wendy's e do Burger King.

O que a líder de mercado pode fazer para proteger sua posição? Para começar, ela deve evitar ou corrigir fraquezas que geram oportunidades para os concorrentes. Deve sempre cumprir sua promessa de valor e trabalhar, incansavelmente, para manter sólidos relacionamentos com clientes valorizados. Seus preços devem permanecer compatíveis com o valor que os clientes veem na marca. A líder deve "reduzir as brechas", para que os concorrentes não se esgueirem por elas.

Mas a melhor defesa é um bom ataque, e a melhor resposta é a *inovação contínua*. A líder se recusa a contentar-se com o modo como as coisas estão e lidera o setor na busca de novos produtos, nos serviços para os clientes, na eficácia na distribuição, na promoção e na redução dos custos. E continua aumentando sua eficácia competitiva e seu valor para os clientes. Quando atacada pelas desafiantes, a líder de mercado reage de modo decisivo. Por exemplo, na categoria de produtos para lavar roupa, a P&G, líder de mercado, tem sido implacável em seus ataques a desafiantes como a Unilever.

Em uma das clássicas batalhas de marketing do século passado, uma agressiva P&G simplesmente acabou com a Unilever, desafiante no mercado norte-americano de produtos para lavar roupa. Uma década atrás — apesar de já dominar o mercado de sabão para lavar roupa dos Estados Unidos, com 50% dele —, a P&G continuava a golpear a Unilever e outros concorrentes com uma série de lançamentos de produtos, apoiados por um grande investimento em marketing. Em 2007, a P&G estava detonando a Unilever em termos de gastos anuais na categoria, com colossais 218 milhões de dólares contra 25 milhões. Em 2008, o marketing agressivo aliado a novos produtos, como Tide with Downy, Tide Coldwater e Tide Simple Pleasures, impulsionou a P&G para a conquista de impressionantes 62,5% de participação no mercado de sabão para lavar roupa, contra relativamente irrisórios 12,9% da Unilever (incluindo suas marcas All, Wisk e Surf). A P&G também dominou o mercado norte-americano de amaciante, com 66 por cento dele — contra 8,4% da Unilever, que tem a marca Snuggle. Com o ataque implacável da P&G, em meados de 2008, a Unilever finalmente jogou a toalha e vendeu seu negócio de sabão na América do Norte. Embora a Unilever venda com sucesso marcas de sabão no mundo todo — são dela as marcas Surf, Omo, Comfort e Cif —, ela ainda não voltou ao mercado norte-americano, dominado pela P&G.[13]

▲ Proteção da participação de mercado: com o ataque implacável da líder de mercado P&G na guerra dos produtos para lavar roupa, a Unilever jogou a toalha e vendeu seu negócio de sabão na América do Norte.
Amanda Kamen

Aumento da participação de mercado

As líderes de mercado também podem crescer aumentando ainda mais sua participação de mercado. Em muitos mercados, um pequeno aumento na participação significa um aumento muito grande nas vendas. Por exemplo, no mercado norte-americano de xampu, 1% de aumento na participação de mercado significa 14 milhões de dólares em vendas anuais; no de refrigerantes, esse aumento de participação representa 757 milhões de dólares![19]

Estudos mostraram que, em geral, a lucratividade sobe com o aumento da participação de mercado. Por conta dessa descoberta, muitas empresas procuraram expandir sua participação de mercado para aumentar a lucratividade. A GE, por exemplo, declarou que seu objetivo é ser, no mínimo, a primeira ou a segunda colocada em cada um dos mercados em que atua ou, então, sairá deles. A empresa desistiu de seus negócios nas áreas de computadores, aparelhos de ar-condicionado, eletrodomésticos de pequeno porte e aparelhos de televisão porque não conseguiu conquistar posições de liderança nesses setores.

Entretanto, alguns estudos revelaram que muitos setores possuem uma ou algumas grandes empresas altamente lucrativas, diversas empresas lucrativas e mais focadas e um grande número de empresas de médio porte com um desempenho mais baixo em termos de lucratividade. Ao que parece, a lucratividade aumenta à medida que um negócio conquista mais participação em relação aos concorrentes em seus *mercados atendidos*. Por exemplo, a Lexus possui só uma pequena participação do mercado total de automóveis, mas obtém altos lucros por ser a marca líder no segmento de carros de luxo de alto desempenho. E ela obteve essa grande participação em seu mercado atendido fazendo as coisas certas, por exemplo, fabricando produtos de alta qualidade, criando extraordinárias experiências de serviço e construindo um relacionamento próximo com o cliente.

Entretanto, as empresas não devem achar que, se conseguirem aumentar a participação de mercado, automaticamente, a lucratividade subirá. Isso depende muito de sua estratégia para conseguir o aumento de participação. Existem muitas empresas com alta participação e baixa lucratividade, assim como muitas organizações com baixa participação e alta lucratividade. O custo para adquirir maior participação de mercado pode exceder, e muito, o retorno. Participações mais altas tendem a gerar lucros maiores somente quando o custo unitário cai com a maior participação de mercado ou, então, quando a empresa oferece um produto de melhor qualidade e cobra um preço mais elevado, que, além de cobrir, excede os custos de oferecer qualidade superior.

Estratégias da desafiante de mercado

Muitas vezes, as empresas que ocupam a segunda e a terceira colocações em um setor, ou até mesmo posições mais baixas, são bastante grandes, como a PepsiCo, a Ford, a Lowe's, a Hertz e a AT&T. Essas empresas podem optar pela adoção de uma entre duas estratégias competitivas: elas podem desafiar a líder e as outras concorrentes em um esforço agressivo para conseguir maior participação de mercado (desafiantes de mercado) ou, então, podem acompanhar as concorrentes sem causar problemas (seguidoras de mercado).

A desafiante de mercado deve, em primeiro lugar, definir quais concorrentes desafiar e qual é seu objetivo estratégico. Ela pode atacar a líder de mercado, uma estratégia de alto risco, mas com alto potencial de ganho. Sua meta pode ser conquistar a liderança no mercado. Ou o objetivo da desafiante pode ser simplesmente obter mais participação de mercado.

Apesar de parecer que a líder de mercado tem as maiores chances, as desafiantes muitas vezes têm o que alguns estrategistas chamam de "vantagem do segundo lugar". A desafiante observa o que tornou a líder de mercado bem-sucedida e aprimora esse ponto. Por exemplo, a Home Depot criou o conceito de superloja de melhorias domésticas. Entretanto, após observar o sucesso da Home Depot, a Lowe's, segunda colocada no mercado, com suas lojas mais bem iluminadas, seus corredores mais amplos e seus vendedores mais solícitos, posicionou-se como uma boa alternativa à líder. Ao longo da última década, a Lowe's cresceu, de maneira consistente, mais rápida e rentável do que a Home Depot.

De fato, as desafiantes, às vezes, se tornam líderes de mercado imitando e aprimorando as ideias dos pioneiros. Por exemplo, a Chrysler criou a moderna minivan e liderou o mercado por mais de uma década. No entanto, a Honda e a Toyota melhoraram o conceito e hoje dominam o mercado de minivans. De maneira similar, o McDonald's, primeiro, imitou e depois dominou o conceito de fast-food, lançado pela White Castle. E Sam Walton, fundador do Walmart, admitiu que o varejista emprestou a maioria de suas práticas das primeiras lojas de desconto — as redes Sol Price's FedMart e Price Club — e as aperfeiçoou, tornando-se o principal varejista da atualidade.[20]

Outra possibilidade é a desafiante evitar a líder e se voltar para empresas do mesmo porte que o seu ou para organizações locais e regionais menores. Essas empresas menores podem estar descapitalizadas ou não estar atendendo bem a seus clientes. Várias das grandes cervejarias atingiram seu tamanho atual não por terem desafiado grandes concorrentes, mas por terem engolido pequenos concorrentes locais e regionais. Por exemplo, a SABMiller se tornou a segunda maior cervejaria do mundo adquirindo marcas como Miller, Molson e Coors, entre dezenas de outras. Quando a desafiante resolve ir atrás de uma pequena empresa local, seu objetivo pode ser tirar essa empresa do negócio. Nesse caso, o ponto importante continua a ser o mesmo: a desafiante deve escolher cuidadosamente suas adversárias e ter um objetivo claramente definido, possível de ser atingido.

Como a desafiante de mercado pode atacar melhor o concorrente escolhido e atingir seus objetivos estratégicos? Ela pode lançar um *ataque frontal direto*, equiparando-se ao concorrente em termos de produto, propaganda, preço e esforços de distribuição. Aqui, a empresa ataca os pontos fortes do concorrente e não suas fraquezas. O resultado depende de quem tiver mais força e resistência. A PepsiCo desafia a Coca-Cola dessa maneira.

Contudo, se a desafiante de mercado dispuser de menos recursos do que o concorrente, o ataque frontal não fará muito sentido. Assim, muitas empresas que estão entrando no mercado evitam ataques frontais, sabendo que as líderes podem barrá-los com bombardeios de propaganda, guerras de preços e outras retaliações. Em vez de atacar frontalmente, a desafiante pode lançar um *ataque indireto* contra as fraquezas do concorrente ou as brechas existentes na cobertura de mercado dele. Ela pode construir pontos de apoio utilizando as táticas que líderes estabelecidos têm dificuldade para usar ou optam por ignorar.

Considere, por exemplo, como a europeia Red Bull entrou no mercado norte-americano de refrigerantes no final de década de 1990, desafiando líderes como a Coca-Cola e a PepsiCo.[21] A Red Bull atacou as líderes indiretamente, vendendo um produto de nicho caro em pontos de distribuição não tradicionais. "Eles começaram vendendo Red Bull em pontos nada convencionais, que não eram dominados pelas líderes de mercado, como bares e danceterias, onde pessoas com 20 e poucos anos engoliam a bebida rica em cafeína para poderem dançar a noite toda", observa um analista. Depois de já ter construído uma base de clientes, a marca se expandiu para pontos de venda mais tradicionais. "A Red Bull utilizou a força das margens altas para abrir caminho até a loja da esquina, onde fica em caixas refrigeradas, fora do alcance da Coca e da Pepsi", diz um analista. Apesar da rápida intensificação da concorrência nos Estados Unidos, a Red Bull detém 44% de participação no mercado de energéticos.

Estratégias da seguidora de mercado

Nem todas as empresas que não ocupam a liderança querem desafiar a líder de mercado. A líder nunca faz pouco caso dos desafios. Se os atrativos da desafiante forem preços mais baixos, melhores serviços ou características adicionais nos produtos, a líder poderá rapidamente se equiparar a ela e neutralizar o ataque. Provavelmente, a líder terá maior poder de resistência em um confronto direto pelos clientes. Por exemplo, alguns anos atrás, quando a Kmart lançou sua renovada campanha de preços baixos, desafiando diretamente o "preço baixo todo dia" do Walmart, ela deu início a uma guerra de preços que não tinha condições de ganhar. O Walmart teve pouca dificuldade em defender-se do ataque da Kmart, deixando marcas na empresa por conta da tentativa. Por esse motivo, muitas empresas preferem seguir a líder de mercado, em vez de desafiá-la.

Uma seguidora pode ter muitas vantagens. É a líder de mercado quem geralmente arca com as enormes despesas ligadas ao desenvolvimento de novos produtos e mercados, à expansão da distribuição e à instrução do mercado. Em compensação, como desafiante, a seguidora de mercado pode aprender com a experiência da líder. Ela pode copiar ou aprimorar os produtos e programas da líder, normalmente com muito menos investimento. Embora a seguidora provavelmente não consiga superar a líder, muitas vezes pode ser tão lucrativa quanto ela.

Seguir não é o mesmo que ser passiva ou uma cópia da líder. Uma seguidora de mercado deve saber como manter seus clientes atuais e como conquistar uma boa parcela de clientes novos. Deve encontrar o equilíbrio certo entre seguir suficientemente de perto o líder para conquistar clientes dele e manter uma distância razoável para evitar retaliação. Toda seguidora tenta oferecer vantagens distintas para seus mercados-alvo — localização, serviços, financiamento. As seguidoras costumam ser o alvo preferido do ataque das desafiantes. Portanto, elas devem manter seus custos de produção e seus preços baixos ou,

▲ Quando entrou no mercado norte-americano, em vez de atacar diretamente a Coca-Cola e a Pepsi, líderes de mercado, a Red Bull usou abordagens de marketing indiretas e nada convencionais.

© Clive Sawyer/Alamy

então, deixar a qualidade de seus produtos e seus serviços em um nível alto. Devem também entrar em mercados novos assim que eles se abrirem.

Estratégias de ocupante de nicho

Quase todo setor contém empresas que se especializam em atender a nichos de mercado. Em vez de se voltar para o mercado como um todo ou até mesmo para grandes segmentos, essas empresas visam aos subsegmentos. As ocupantes de nicho são geralmente empresas menores, com recursos limitados. Mas divisões menores de grandes empresas também podem adotar estratégias de nicho de mercado. Organizações com uma pequena participação do mercado total podem ser muito bem-sucedidas e lucrativas por meio da ocupação inteligente de nichos.

Por que a ocupação de nichos é tão lucrativa? A principal razão é que a ocupante de nicho acaba conhecendo o grupo de clientes-alvo tão bem que atende a suas necessidades melhor do que outras empresas que, vez ou outra, vendem para esse nicho. Como resultado, a ocupante de nicho pode cobrar uma margem substancial sobre os custos, por conta do valor agregado. Enquanto as empresas de massa conseguem um alto volume, as ocupantes de nicho conseguem margens elevadas.

As ocupantes de nicho tentam encontrar um ou mais nichos de mercado que sejam seguros e rentáveis. O nicho de mercado ideal é suficientemente grande para ser lucrativo e tem potencial de crescimento. É também um mercado a que a empresa pode atender com eficácia. Mas talvez o mais importante seja o fato de o nicho não despertar muito interesse em grandes concorrentes. Além disso, a empresa pode desenvolver suas habilidades e uma boa reputação aos olhos dos clientes, para se defender de um concorrente

▲ Ocupantes de nicho de mercado: a Zipcar, que atua no nicho de compartilhamento de carro, desenvolveu seu lucrativo canto no imenso mercado de aluguel de veículos. Ela dá aos clientes urbanos "rodas quando você as quer", sem os custos e as chateações que envolvem a posse de um automóvel. *Zipcar*

de grande porte quando o nicho crescer e ficar mais atrativo. Por exemplo, a Zipcar, uma empresa que opera no nicho de compartilhamento de carro, desenvolveu seu pequeno e lucrativo canto no imenso mercado de aluguel de carros.

> A Zipcar é especialista em alugar carros por hora ou por dia. O serviço não é para todo mundo — nem tenta ser. Em vez disso, ele se concentra em segmentos de estilo de vida estritamente definidos: pessoas que moram ou trabalham em regiões extremamente populosas da cidade de Nova York, Boston, Atlanta, São Francisco e Londres ou, então, em uma das mais de 18 grandes áreas metropolitanas em que a Zipcar opera (ou, ainda, em mais de 250 campi universitários espalhados pela América do Norte). Ter um carro (ou um segundo ou terceiro carro) em uma área urbana muito populosa é difícil e caro. A Zipcar permite que seus clientes urbanos se concentrem em dirigir, e não nas complexidades que a posse de um carro envolve. Ela oferece "rodas quando você as quer", livre de chateações. Isso gera economias — vivendo com menos, um zipster médio economiza 600 dólares por mês em prestações do carro, seguro, combustível, manutenção e outras despesas associadas à posse de um veículo.
>
> Segundo se diz, a jovem ocupante de nicho voltada para o compartilhamento de carros está pisando fundo no acelerador e cantando pneus. Somente nos últimos quatro anos, as receitas anuais da Zipcar dispararam, mais do que quadruplicando e atingindo 242 milhões de dólares. Embora isso represente apenas uma pequena fração dos 14 bilhões de dólares anuais em vendas da Enterprise, a líder de mercado, o rápido crescimento da pequena Zipcar chamou a atenção das gigantes empresas de aluguel de carro tradicionais. Hoje, a Enterprise, a Hertz, a Avis, a Thrifty e até mesmo a U-Haul estão com operações de compartilhamento de veículos. Mas a Zipcar tem uma história de dez anos na frente, relacionamentos bacanas nas regiões em que opera e uma base de fãs fanaticamente fiéis, que as gigantes corporativas terão dificuldade para ter igual. Para os zipsters, a Enterprise aluga carros, mas a Zipcar é parte de sua agitada vida urbana.[22]

A ideia-chave do nicho é a especialização. Uma ocupante de nicho pode se especializar em qualquer uma das muitas linhas de mercados, clientes, produtos ou mix de marketing à sua disposição. Por exemplo, ela pode se especializar em atender a um tipo de *usuário final*, como é o caso dos escritórios de advocacia que se especializam em direito criminal, civil ou corporativo. A ocupante de nicho também pode se especializar em atender a *clientes de um determinado porte* — muitas se especializam em atender clientes de pequeno e médio portes, que são ignorados pelas grandes empresas.

Algumas ocupantes de nicho se concentram em um ou alguns *clientes específicos* e vendem toda a sua produção para uma única empresa, como o Walmart ou a GM. Outras se especializam em *mercados geográficos*, vendendo apenas em determinada localidade, região ou área do mundo. As ocupantes de nicho de *preço/qualidade* operam nos extremos alto ou baixo do mercado. Por exemplo, a HP é especialista no extremo de alta qualidade e alto preço do mercado de calculadoras. Por fim, as *ocupantes de nicho de serviços* oferecem serviços não fornecidos pelas outras empresas. Por exemplo, a LendingTree oferece financiamentos e serviços imobiliários on-line conectando compradores e vendedores de imóveis com redes nacionais de instituições de empréstimo hipotecário e corretores de imóveis, que competem pelos negócios dos clientes. "Quando as instituições de empréstimo hipotecário competem", ela afirma, "quem ganha é você".

A ocupação de nichos traz alguns grandes riscos. Por exemplo, o nicho de mercado pode se esgotar ou crescer a ponto de atrair concorrentes maiores. É por isso que muitas empresas adotam a prática dos *nichos múltiplos*. Desenvolvendo dois ou mais nichos, a empresa aumenta suas chances de sobrevivência. Mesmo algumas grandes empresas preferem uma estratégia de nichos múltiplos ao atendimento do mercado total. Por exemplo, como vimos no Capítulo 7, a VF fabrica mais de 30 marcas de vestuário voltadas para o estilo de vida, em mercados de nicho que vão de Jeans, Esportes e Contemporâneo até Atividades ao Ar Livre e Imagem (uso no trabalho). Por exemplo, a unidade Vans da VF cria calçados, roupas e acessórios para praticantes de skate, surfe e snowboard. Já sua marca 7 for All Mankind oferece calças jeans e acessórios caros, vendidos em butiques e lojas de departamentos sofisticadas. Por outro lado, as marcas Red Kap, Bulwark e Chef Designs, direcionadas para o uso no trabalho, oferecem uma série de uniformes e equipamentos de proteção para empresas e órgãos públicos, seja para equipar uma força policial ou uma equipe de cozinheiros. Juntas, essas diferentes marcas de nicho se combinam para fazer da VF uma potência do vestuário de 9,5 bilhões de dólares.[23]

Objetivo 3

▶ Ilustrar a necessidade de encontrar o equilíbrio entre a orientação para o cliente e a concorrência, a fim de se tornar uma organização verdadeiramente centrada no mercado.

Equilíbrio entre a orientação para o cliente e para a concorrência

Quer seja líder, desafiante, seguidora ou ocupante de nicho de mercado, a empresa precisa vigiar seus concorrentes de perto e encontrar a estratégia competitiva de marketing que a posicione de maneira mais eficaz. Ela deve também adaptar continuamente suas estratégias ao ambiente competitivo, que está sempre em rápido desenvolvimento. Isso levanta uma questão: a empresa pode chegar ao ponto de gastar tempo e energia *demais* acompanhando os concorrentes e, com isso, prejudicar sua orientação para o cliente? A resposta é sim. A empresa pode se tornar tão centrada no concorrente que perde de vista até mesmo seu foco mais importante, que é a manutenção de um relacionamento lucrativo com o cliente.

Empresa centrada na concorrência
Uma empresa cujos movimentos são baseados, principalmente, nas ações e reações dos concorrentes.

Uma **empresa centrada na concorrência** passa a maior parte de seu tempo acompanhando as ações e a participação de mercado dos concorrentes, bem como tentando encontrar estratégias para enfrentá-las. Essa abordagem tem seus prós e contras. Pelo lado positivo, a empresa desenvolve uma orientação combativa, fica atenta a pontos fracos em sua própria posição e procura as fraquezas dos concorrentes. Pelo lado negativo, a empresa se torna reativa demais. Em vez de executar sua própria estratégia orientada para o relacionamento com o cliente, ela baseia suas manobras nas ações dos concorrentes. Como resultado, pode acabar simplesmente imitando ou ampliando as práticas do setor, sem buscar novas maneiras inovadoras de criar mais valor para os clientes.

Empresa centrada no cliente
Uma empresa que se concentra no desenvolvimento do cliente ao elaborar suas estratégias de marketing e entregar valor superior ao público-alvo.

Em compensação, uma **empresa centrada no cliente** concentra-se mais no desenvolvimento dele ao elaborar suas estratégias. Obviamente, esse tipo de empresa está em melhor posição para identificar novas oportunidades e estabelecer estratégias sensatas de longo prazo. Observando a evolução das necessidades dos clientes, ela pode decidir quais são os grupos de consumidores e as necessidades emergentes mais importantes para atender e, então, concentrar seus recursos na entrega de valor superior para os clientes-alvo.

Empresa centrada no mercado
Uma empresa que, ao elaborar suas estratégias de marketing, presta atenção nos clientes e nos concorrentes de maneira equilibrada.

Na prática, as organizações de hoje devem ser **empresas centradas no mercado**, observando tanto seus clientes como seus concorrentes. Mas elas não podem deixar que a vigilância dos concorrentes as impeça de se concentrar no cliente.

A Figura 18.3 mostra que as empresas podem ter quatro orientações. Em primeiro lugar, elas podem ser orientadas para o produto, dedicando pouca atenção aos clientes e aos concorrentes. Em segundo, podem ser orientadas para os clientes, prestando atenção neles. Em terceiro, quando começam a dar atenção aos concorrentes, tornam-se orientadas para eles. Hoje, entretanto, as empresas precisam ser orientadas para o mercado, dando atenção para os clientes e concorrentes de modo equilibrado. Em vez de simplesmente observar os concorrentes e tentar vencê-los em sua abordagem atual de fazer negócios, elas precisam vigiar os clientes e descobrir maneiras inovadoras de construir um relacionamento lucrativo com eles, entregando-lhes mais valor do que os concorrentes.

Figura 18.3 Evolução das orientações da empresa.

Revisão dos conceitos

Revisão dos **objetivos** e **termos-chave**

↻ Revisão dos objetivos

Atualmente, as empresas enfrentam a mais acirrada concorrência de todos os tempos. Entender os clientes é um passo importante no desenvolvimento de um sólido relacionamento com eles, mas não é o suficiente. Para obterem vantagem competitiva, as empresas precisam utilizar as informações que possuem a fim de elaborar ofertas ao mercado que entreguem mais valor do que as dos *concorrentes* que buscam conquistar os mesmos clientes. Este capítulo examina como as empresas analisam seus concorrentes e elaboram eficazes estratégias competitivas de marketing.

Objetivo 1 ▶ **Discutir a necessidade de entender os concorrentes, bem como os clientes, por meio da análise da concorrência (p. 583-590)**

Para elaborar uma estratégia de marketing eficaz, a empresa deve levar em consideração seus concorrentes, bem como seus clientes. A construção de um relacionamento lucrativo com os clientes requer que a empresa satisfaça as necessidades dos consumidores-alvo *melhor do que os concorrentes*. A empresa deve analisar constantemente os concorrentes e desenvolver *estratégias competitivas de marketing* que a posicionem de maneira sólida perante os concorrentes, além de lhe conferirem a maior *vantagem competitiva* possível.

A *análise da concorrência* envolve, em primeiro lugar, a identificação dos principais concorrentes da empresa, utilizando uma análise baseada tanto no setor como no mercado. A empresa, então, coleta informações referentes aos objetivos, estratégias, pontos fortes, pontos fracos e padrões de reação dos concorrentes. De posse dessas informações, ela pode selecionar os concorrentes a atacar ou evitar. Informações competitivas devem ser continuamente coletadas, interpretadas e distribuídas. Os gestores de marketing da empresa devem ser capazes de obter informações completas e confiáveis sobre qualquer concorrente que afetem suas decisões.

Objetivo 2 ▶ **Explicar os fundamentos das estratégias competitivas de marketing baseadas na criação de valor para os clientes (p. 590-602)**

Qual a estratégia competitiva de marketing que faz mais sentido? Isso depende do setor em que a empresa opera e da posição que ela ocupa, que pode ser de líder, desafiante, seguidora ou ocupante de nicho de mercado. A *líder de mercado* deve elaborar estratégias para expandir o mercado total, proteger sua participação de mercado e aumentar essa participação. A *desafiante de mercado* é a empresa que tenta expandir agressivamente sua participação, atacando a líder, outras empresas posicionadas abaixo da líder ou organizações menores do setor. A desafiante pode escolher uma entre várias estratégias de ataque direto ou indireto.

Uma *seguidora de mercado* é uma empresa que não ocupa a posição de liderança e prefere não causar problemas, geralmente por temer perder mais do que ganhar com o ataque. Mas a seguidora não deixa de ter sua estratégia e procura utilizar suas competências específicas para conquistar crescimento de mercado. Algumas seguidoras desfrutam de taxas de retorno maiores do que as da líder do setor. Uma *ocupan-*

604 Parte 4 | Marketing ampliado

te de nicho é uma empresa menor que dificilmente chamará a atenção de organizações maiores. As ocupantes de nicho muitas vezes se especializam em algum usuário final, porte de cliente, cliente específico, mercado geográfico ou serviço.

Objetivo 3 ▶ **Ilustrar a necessidade de encontrar o equilíbrio entre a orientação para o cliente e a concorrência, a fim de tornar-se uma organização verdadeiramente centrada no mercado (p. 602-603)**

A orientação competitiva é importante nos mercados de hoje, mas as empresas não devem exagerar no foco sobre os concorrentes. É mais provável que as organizações sejam afetadas por necessidades emergentes dos consumidores e por novos concorrentes do que por concorrentes já existentes. As *empresas centradas no mercado*, que equilibram a preocupação com o cliente e os concorrentes, praticam a verdadeira orientação para o mercado.

○ Termos-chave

Objetivo 1

Análise da concorrência (p. 583)
Análise de valor para o cliente (p. 588)
Benchmarking (p. 587)
Estratégias competitivas de marketing (p. 583)

Grupo estratégico (p. 586)
Vantagem competitiva (p. 583)

Objetivo 2

Desafiante de mercado (p. 594)
Líder de mercado (p. 594)

Ocupante de nicho (p. 594)
Seguidora de mercado (p. 594)

Objetivo 3

Empresa centrada na concorrência (p. 602)
Empresa centrada no cliente (p. 602)
Empresa centrada no mercado (p. 602)

Discussão e **pensamento crítico**

○ Questões para discussão

1. Qual ponto de vista é melhor para identificar concorrentes? O do setor ou o do mercado?
2. Explique a diferença entre um concorrente bem comportado e um destrutivo.
3. Relacione e descreva as três etapas pelas quais a estratégia e a prática de marketing geralmente passam.
4. Descreva as três disciplinas de valor para a entrega de valor superior ao cliente. Por que é interessante classificar as estratégias dessa maneira?

5. Descreva as líderes de mercado e as ações que elas podem realizar para manter sua posição.
6. Compare as empresas centradas na concorrência, no cliente e no mercado. Qual orientação é a melhor?

○ Atividades de pensamento crítico

1. Forme um pequeno grupo e, juntos, discutam a diferença entre aumento de participação de mercado e elevação de participação no consumidor. Quais fatores a empresa deve levar em conta na hora de decidir em qual das duas participações se concentrar?
2. Forme um pequeno grupo e, juntos, conduzam uma análise de valor para o cliente para cinco restaurantes locais. Quem são os concorrentes fortes e fracos? Com

relação aos concorrentes fortes, quais são as suas vulnerabilidades?
3. A desmontagem de produtos é uma fonte de informação competitiva. Uma lista com todos os elementos que compõem um produto e seu custo pode ser muito útil. Encontre um exemplo de um produto que foi desmontado, juntamente com informações de custo, e analise o valor dessas informações para os concorrentes.

Aplicações e **casos**

○ Foco na tecnologia   Patente de gene

Uma empresa pode patentear um gene humano? Nos Estados Unidos, segundo uma corte de apelação federal, pode.

De fato, 80% dos nossos genes são patentes e "pertencem" a uma empresa. As mais recentes batalhas envolvem

Capítulo 18 | Criação de vantagem competitiva **605**

a Myriad Genetics, uma empresa de biotecnologia. Há anos a Myriad luta para patentear dois genes — o BRCA1 e o BRCA2 —, os quais isolou e detectou para sinalizar um risco de as mulheres desenvolverem câncer de mama e de ovário. O processo de isolar genes é complexo e muito caro, e a patente daria à Myriad exclusividade no oferecimento de análises genéticas para essas doenças. A American Civil Liberties Union (União das Liberdades Civis Norte-Americanas) entrou com um processo, afirmando que a Myriad está tentando patentear "produtos da natureza" e que muitas mulheres não teriam condições de pagar por análises que poderiam salvar sua vida. Especialistas em leis preveem que, se a Myriad perder esse caso, a pesquisa relacionada ao DNA nos setores agrícola, biofarmacêutico e de cosméticos estará seriamente ameaçada. Aqueles que não concordam com esse tipo de patente afirmam que ele limita a pesquisa genética, uma vez que somente o proprietário dos genes pode conduzir esse tipo de pesquisas.

1. Discuta os prós e os contras de se permitir que as empresas patenteiem genes.
2. No passado, o U.S. Patent and Trademark Office (Departamento Norte-Americano de Patente e Marca Registrada) assegurou diversas patentes para sequências de DNA. Analise um exemplo e explique como uma patente dá vantagem competitiva a uma empresa.

○ Foco na ética Direito de reparo

Os carros se tornaram tão complicados que os mecânicos precisam de computadores para diagnosticar os problemas. Oficinas mecânicas independentes podem até ter os computadores, mas não têm os códigos e as ferramentas necessárias para identificar e consertar os problemas nos modelos de carro mais novos — isso fica restrito às concessionárias dos fabricantes de automóvel. Alguns críticos afirmam que essa situação gera uma vantagem desleal para as concessionárias em relação às oficinas mecânicas e aos varejistas de autopeças independentes, além de fazer com que o preço da manutenção fique mais alto para os consumidores. A Massachusetts Right to Repair Coalition (Coalisão de Massachusetts pelo Direito de Conserto) colocou um ponto final nisso, sendo a primeira a levar uma iniciativa de direito de conserto para votação popular, em novembro de 2012. No final, a iniciativa foi parar na legislação estadual e o governador a transformou em lei antes mesmo de a votação acontecer. Em Massachusetts, os fabricantes de carro devem disponibilizar informações para diagnóstico. Em nível nacional, em 2011, foi apresentada a Motor Vehicle Owner's Right to Repair Act (Lei de Direito de Reparo do Proprietário de Veículo Motorizado) para a Câmara dos Deputados. É claro que os fabricantes de carro e as concessionárias se opõem a essas iniciativas. Os que são contrários a elas afirmam que as iniciativas permitirão que os fabricantes de autopeças tenham acesso a informações de propriedade dos fabricantes de automóvel, bem como coloquem em risco a segurança dos consumidores, com a possibilidade de consertos errados. Já os que são a favor das iniciativas dizem que os fabricantes estão apenas tentando manter sua vantagem desleal e proteger seu negócio de manutenção.

1. Qual a atual situação da Lei de Direito de Reparo do Proprietário de Veículo Motorizado? Caso ela não tenha, de fato, se transformado em lei, explique por quê. Caso tenha, apresente suas implicações.

○ Foco nos números Participação de mercado

Os consumidores sempre vão precisar comprar mantimentos, o que faz do setor um negócio de 700 bilhões de dólares. Mas o local em que eles compram os mantimentos mudou com a entrada no mercado de grandes lojas de desconto, como o Walmart e o Target. Há quase 25 anos, os executivos do Walmart tomaram a decisão estratégica de se expandir no setor de mantimentos. Hoje, mais da metade das vendas do Walmart vem dessa categoria. O Walmart possui mais de 3 mil supercentros, com lojas que vendem uma linha completa de mantimentos, e outros 200 "supermercados de bairro" menores, que oferecem mantimentos básicos. O Walmart fica com mais de 145 bilhões de dólares dos 700 bilhões que os consumidores norte-americanos gastam por ano com mantimentos. O Sam's Club do Walmart fica com outros 30 bilhões de dólares de vendas anuais de mantimentos. Como resultado, a participação dos supermercados tradicionais na venda de mantimentos caiu para 51% em 2011, o que representa uma queda de 23% desde 2000.

1. Calcule a participação de mercado do Walmart no setor de mantimentos. Nesse setor, quanto vale cada ponto de participação em termos de receita de vendas?
2. Como os supermercados tradicionais reagiram à ameaça representada pela entrada do Walmart no setor? Sugira estratégias para ajudá-los a reverter a perda de participação de mercado para superlojas, como o Walmart, o Target e outras.

○ Vídeo empresarial Umpqua Bank

O setor de varejo bancário ficou muito competitivo. E, com algumas potências dominando o mercado, como um pequeno banco pode prosperar? Diferenciando-se por meio de uma vantagem competitiva fora do alcance das grandes empresas.

Foi exatamente isso que o Umpqua fez. Ao entrar em uma agência desse banco comunitário sediado no Oregon, imediatamente fica claro que ele não é um banco normal, o qual oferece poupanças para o Natal e isenção de taxas. O Umpqua desenvolveu um modelo de negócio que transformou o banco de uma chatice do varejo em uma experiência holística. Ele criou um ambiente no qual as pessoas simplesmente adoram passear. E isso não se deve apenas a seus ser-

606 Parte 4 | Marketing ampliado

viços de download de música, que trazem artistas locais, nem a seu exclusivo café.

Na verdade, por baixo de todo esse toque a mais, reside o núcleo daquilo que faz com que o Umpqua seja tão diferente: uma rigorosa cultura de serviços, em que toda agência e cada funcionário são avaliados pelo modo como atendem aos clientes. É por isso que todos os clientes sentem que obtêm a ajuda e a atenção de que precisam dos funcionários.

Após assistir ao vídeo que apresenta o Umpqua Bank, responda às seguintes perguntas:

1. Com quais empresas o Umpqua concorre?
2. Qual é a vantagem competitiva do Umpqua?
3. Em sua opinião, o Umpqua vai conseguir manter sua vantagem competitiva no longo prazo? Justifique sua resposta.

○ Caso empresarial   Ford: ressureição de um ícone

O antigo ditado "quanto mais alto, maior o tombo" descreve perfeitamente o que aconteceu com o setor automobilístico norte-americano nos primeiros dez anos deste século. Veja o caso da Ford. Em 1998, a emblemática empresa respondia por 25% de todos os carros e picapes vendidos. Suas picapes F-Series eram os veículos mais vendidos no mundo, com mais de 800 mil unidades saindo das linhas de montagem. O Ford Explorer ocupava o primeiro lugar no mercado de SUV, a grande sensação. E o Ford Taurus era um contínuo candidato ao sedan mais vendido. Na relação Fortune 500, a Ford aparecia como a número dois (a GM era a número um), com 153 bilhões de dólares em receitas. O forte preço de suas ações lhe rendeu um valor de mercado de 73 bilhões de dólares. De acordo com a Interbrand, a marca Ford sozinha era a sexta mais valiosa do mundo, atingindo 36 bilhões de dólares.

Mas, em apenas dez anos, a posição da Ford no topo desmoronou. Em 2008, a participação de mercado da empresa ficava em somente 14%. As receitas tinham diminuído para 146 bilhões de dólares e a organização tinha perdido 14,7 bilhões — a maior perda de sua história. O preço de suas ações tinha caído, atingindo só 2 dólares por ação e fazendo desaparecer 93% de seu valor de mercado. E a Ford já não estava mais entre as dez maiores marcas. Ela tinha caído para a 49ª posição na lista da Interbrand, com um valor de somente 7 bilhões de dólares. Estava à beira do colapso.

A Ford poderia ter culpado esses infortúnios pelo fato de que a indústria automobilística inteira estava enrolando em 2008. Os preços elevados da gasolina e a economia global mais fraca em 70 anos fizeram uma bagunça nas vendas de automóveis, mas isso não explica a queda drástica da participação de mercado da Ford ou a magnitude de suas perdas em relação ao resto da indústria. A empresa estava, de longe, em pior forma do que a maioria das concorrentes

Olhando para trás, fica claro que a Ford desviou os olhos do mercado. Ela tinha se tornado muito dependente das picapes e SUVs, que consomem muita gasolina, e não tinha como se voltar, com rapidez suficiente, para veículos mais eficientes em termos de combustível. A qualidade de seus automóveis foi prejudicada e suas operações ficaram inchadas, com custos excessivos. Em sua busca por atender a todos os segmentos de clientes — adquirindo a Land Rover, a Volvo, a Aston Martin e a Jaguar —, a Ford acabou perdendo contato com as necessidades dos segmentos específicos. Todas as marcas de luxo também estavam desviando valiosos recursos da empresa. Para completar, o nível de inovação da empresa era o mais baixo de todos os tempos. De acordo com Mark Fields, presidente da Ford para as Américas: "Costumávamos dizer na empresa que éramos um rápido seguidor. O que significa que éramos lentos demais".

UMA NOVA DIREÇÃO

Ao mesmo tempo em que os indicadores financeiros da Ford atingiam seu pior nível em anos, uma estratégia para ressuscitar a empresa estava sendo iniciada. Em 2006, a Ford trouxe uma pessoa de fora — Alan Mulally — para aplicar um plano de recuperação (CPR) na gigante doente. À medida que assumia as rédeas como o novo CEO, um alegre e jovial Mulally exalava otimismo. "Estou aqui para salvar um ícone norte-americano e mundial", declarou ele.

Mulally começou a trabalhar imediatamente. Ele reduziu os custos com mão de obra em quase 22%, deixando a empresa mais alinhada com a Toyota, a nova líder do setor. Além disso, fechou fábricas que não davam lucro e cortou tudo o que era possível de gordura operacional. Em 2008, quando a GM e a Chrysler pediram ajuda financeira ao governo, a Ford tratou de levantar fundos da maneira tradicional — pegando emprestado de um banco a soma de 23,5 bilhões de dólares. Permanecendo independente em termos financeiros, a Ford evitou ter que dizer ao Tio Sam como a empresa era operada. Ela também evitou a falência, uma fatalidade que acometeu suas duas irmãs de Detroit.

Mas a manobra que colocou a Ford de volta na estrada de alta velocidade foi o desenvolvimento de uma boa declaração de missão, nos moldes tradicionais. Mulally mandou fazer cartõezinhos de plástico, que os 200 mil funcionários da Ford poderiam levar na carteira e traziam o que ele chamou de "comportamentos esperados". Essas expectativas eram, na verdade, as quatro metas que, Mulally acreditava piamente, fariam a empresa se tornar competitiva de novo. Para ele, elas eram um texto sagrado. "Isso sou eu", ele disse. "Eu escrevi isso. É nisso que eu acredito. Não tem como mudar."

FOCAR NA MARCA FORD. Segundo Mulally, "ninguém compra um punhado de marcas". Tinham sido o nome Ford e o legado da família Ford os responsáveis por impulsionar a empresa em direção à excelência. Mulally considerava o conglomerado de empresas de automóveis uma experiência fracassada e imediatamente fez planos para vender a Jaguar, a Volvo, a Aston Martin e a Land Rover. E ele deu, inclusive, um passo além. A famosa divisão Mercury da Ford sempre tinha tido a missão de oferecer à empresa um carro com preço mediano, que ficasse entre os modelos mais baratos e o luxuoso Lincoln. Mas a Mercury era uma marca agonizante, e Mulally lhe aplicou o golpe final.

COMPETIR EM TODOS OS SEGMENTOS DO MERCADO COM PRODUTOS CUIDADOSAMENTE DEFINIDOS. Mesmo tendo restado apenas duas divisões — a Ford e a Lincoln —, Mulally estava convencido de que a empresa poderia competir em todos os principais segmentos do setor: carros, SUVs e picapes de pequeno, médio e grande portes. Mulally adora contar a história de como ele começou a renovar a linha de produtos da Ford:

> Eu cheguei aqui e, logo no primeiro dia, disse: "Vamos analisar a linha de produtos". Eles me mostraram e eu perguntei: "Onde está o Taurus?", ao que eles responderam: "Nós o descontinuamos". Eu disse: "O que vocês querem dizer com 'nós o descontinuamos'?" "Bem, nós fizemos um cupê que parecia uma bola de futebol americano. Ele não vendeu bem e nós paramos de fabricá-lo". "Vocês pararam de fabricar o Taurus?", eu perguntei. "Quantos bilhões de dólares custa para construir fidelidade de marca em torno de um nome?" "Bem, nós achamos que ele era tão prejudicial que o chamamos de Five Hundred". "Tudo bem, vocês têm até amanhã para encontrar um carro e colocar o nome Taurus nele, é por isso que estou aqui. E vocês têm dois anos para fabricar o carro mais bacana possível."

Mulally tinha bons motivos para insistir no Taurus. Ele era o quarto automóvel mais vendido da história da empresa, atrás somente do Modelo T, da F-Series e do Mustang. Mas a grande notícia de Mulally para o departamento de produtos era um deslocamento para pequenos "carros mundiais", que poderiam ser vendidos em qualquer país com poucas mudanças. A Ford já tinha testado a ideia de carro mundial diversas vezes, mas tinha falhado. Isso, no entanto, se devia, em grande parte, às divisões regionais da empresa, que não chegavam a um acordo sobre que tipos de carro fabricar. Mulally reorganizou a empresa em torno do conceito de carro mundial. Se ele funcionasse, os benefícios dos custos reduzidos por conta das economias de escola seriam óbvios.

A parte "pequena" da estratégia de produto de Mulally era um tanto quanto estranha à cultura de veículos pesados da Ford. "Todo mundo diz que não dá para ganhar dinheiro com carros pequenos", diz ele. "Bem, é melhor descobrir como ganhar, porque o mundo está indo para essa direção". O plano de Mulally não era apenas fabricar mais carros menores, mas fabricar carros menores mais atrativos. Os atuais modelos Fiesta e Focus, desenvolvidos na Europa, foram os primeiros veículos a fazer parte do programa "Uma Ford" de Mulally. Automóveis mais eficientes em termos de combustível (incluindo os elétricos) também vão ajudar a posicionar a Ford de modo que possa atender às exigências mais rigorosas do governo em relação à economia de combustível.

COMERCIALIZAR MENOS NOMES DE MARCA. Segundo Mulally, a regra "quanto mais, melhor" não é uma boa estratégia de branding. Quando ele chegou na Ford, a empresa comercializava 97 nomes de marca pelo mundo afora. Para Mulally, isso era um indicador do quão sem foco e ultrapassada a marca Ford tinha se tornado. "Digo, nós tínhamos 97 dessas, pelo amor de Deus! Como você vai tornar tudo isso atrativo? Você vai chegar aqui às oito da manhã e dizer 'das oito ao meio-dia vou me concentrar no nº 64. E, então, depois do almoço, vou trabalhar no nº 17'? Era ridículo!" A meta de Mulally era diminuir o número de nomes de marca para 40 até 2013. Em vez disso, a Ford tem hoje apenas 20. Essas coisas deixam Mulally animado.

TORNAR-SE O MELHOR EM TERMOS DE QUALIDADE, EFICIÊNCIA DE COMBUSTÍVEL, SEGURANÇA E VALOR. Os carros menores estão, com certeza, atingindo a meta de eficiência de combustível. E Mulally tem, novamente, a cultura da Ford pensando de acordo com seu antigo slogan: "Qualidade é um trabalho". Esse foco tem compensado. Os índices da Ford no *Consumer Reports* são os mais altos que a empresa já teve, rivalizando com os da Toyota e outras marcas asiáticas na pesquisa sobre confiança feita pela revista. "Nossa linha de produtos está mais forte do que nunca, e nossa liderança em qualidade, combustível, segurança, design inteligente e valor está repercutindo junto a nossos consumidores", diz Mulally, como se recitando sua própria declaração de missão.

UMA NOVA VANTAGEM COMPETITIVA

Em sua busca por redefinir a imagem da Ford, entusiasmar clientes jovens e até mesmo revolucionar os carros em si, Mulally pode ter se deparado com uma vantagem competitiva que vai guiar a Ford em direção ao futuro. Ele quer conectar seus automóveis à Internet e à alma das pessoas que navegam na rede. "Veja, é legal se conectar. Mas vai além disso. Trata-se de uma razão para comprar. Tecnologia é o motivo pelo qual as pessoas vão comprar um Ford! Nós vamos ser o aplicativo mais interessante e útil que você já teve, que vai mantê-lo conectado continuamente."

Mulally está falando da opção Sync da Ford. Em resumo, um automóvel equipado com o Sync conecta o motorista ao smartphone em seu bolso por meio de sistemas do próprio veículo. Diferentemente do OnStar da GM e de outros sistemas similares, o Sync é uma interface, e não um sistema que é ligado ao carro. Outros sistemas já estão obsoletos quando chegam à concessionária e não podem ser atualizados. Com o Sync, a conexão se dá com qualquer tecnologia que os motoristas possuam.

Mas o Sync pega as tecnologias existentes e as torna ainda melhores. Com duas telas de LCD em ambos os lados do velocímetro, a interface do usuário é maior, fica no campo de visão do motorista e pode ser customizada. Se você não precisa saber como está a temperatura no carro e está perdido, o leitor de controle de temperatura pode ser substituído pelo navegador. E, se você está em uma longa estrada e não precisa de ajuda do navegador, o display pode conectá-lo ao controle de telefone ou a músicas (incluindo rádios via satélite e, até mesmo, a Pandora). Os motoristas podem, inclusive, assistir a filmes em suas telas, mas somente quando o carro estiver estacionado.

O mais recente sistema Sync também leva reconhecimento de voz ao painel, transformando o carro no HAL 9000 de *2001: uma odisseia no espaço* (mas sem o desejo maléfico de dominar o universo). Tudo que o motorista tem que fazer é falar normalmente com o carro, em vez de se atrapalhar todo com botões ou navegar por meio de menus baseados em telas. Comandos simples como "Estou com fome" geram dicas para restaurantes — dicas estas que têm a ver com a localização apontada pelo GPS. Se o motorista está em um clima mais para Dave Brubeck, a frase "Eu queria ouvir jazz" traz todo jazz disponível no carro, seja em um smartphone, tablet ou iPod.

Tudo isso não só é bacana, como "faz de você um motorista melhor", afirma Mulally. Seu primeiro mandamento é: "Não vamos fazer nada que tire seus olhos da estrada e suas mãos do volante". Isso, de fato, faz com que as pessoas fiquem menos propensas a se atrapalhar com seus dispositivos tecnológicos ou mesmo olhem para baixo, a fim de ajustar o rádio, o volume, entre outros.

608 Parte 4 | Marketing ampliado

O Sync já estava em desenvolvimento quando Mulally assumiu o comando. Mas ele surpreendeu a todos quando anunciou que o sistema seria o futuro da empresa. E insistiu que estivesse disponível em todos os veículos da Ford, e não apenas nos produtos luxuosos e sofisticados. Nesse sentido, Mulally vê o Sync como uma forma de fazer aquilo que Henry Ford fez no começo. "Democratize uma nova tecnologia. Torne-a disponível para as massas."

SINAIS DE VIDA

Hoje, as vendas e a participação de mercado da Ford estão novamente em elevação. De fato, a empresa aumentou suas vendas unitárias e sua participação de mercado subiu, pelo menos, um ponto em cada um dos três últimos anos consecutivos — um feito que ela não alcançava desde 1970. O Fusion, o carro médio da Ford, teve um ano de vendas recordes e terminou com um aumento, em quatro anos, de 66% — um feito ainda mais incrível, considerando que as vendas do Camry da Toyota e do Accord da Honda caíram, respectivamente, 31 e 28% no mesmo período. Mas talvez o mais entusiasmante para Mulally seja o fato de as vendas dos carros pequenos da Ford terem disparado 25% somente no último ano, apoiando sua estratégia de vender mais nesse segmento. Além dos altos números de venda unitária, os clientes estão pagando mais por um Ford, sem os enormes incentivos na forma de desconto que a empresa deu durante anos. E tudo isso significa que a renda liquida está, novamente, no azul. Em cada um dos últimos três anos, a Ford se tornou uma empresa lucrativa, atingindo recentemente 20 bilhões de dólares.

A Ford está de novo nos trilhos, mas está longe de estar tranquila. Como não pegou a ajuda financeira do governo, ela ainda tem um longo caminho para percorrer antes de pagar sua grande dívida. A GM e a Chrysler, que estão se refazendo da falência com bons balanços patrimoniais, estão a caminho da batalha. Contudo, ao mesmo tempo em que se preocupa com isso e com as condições econômicas mundiais, Mulally é implacavelmente otimista. "Servir é viver, e eu tenho a honra de servir os clientes, funcionários, distribuidores, investidores, fornecedores e comunidades da Ford", disse ele recentemente em uma entrevista. "Nós temos os melhores carros e picapes do mundo: qualidade, eficiência de combustível, segurança, inteligência, diversão e um ótimo valor!"

QUESTÕES PARA DISCUSSÃO

1. Onde a Ford estaria posicionada em termos de vantagem competitiva? Por quê?
2. A Ford é uma empresa centrada no cliente? Como ela pode melhorar nessa área?
3. Como o Sync da Ford contribui para a vantagem competitiva da empresa? Trata-se de uma vantagem sustentável?
4. Mulally vai conseguir se sair bem com carros mundiais pequenos?
5. Que outras recomendações você daria a Mulally e à Ford?

Fontes: Carmine Gallo, "Alan Mulally, optimism, and the power of vision", *Forbes*, 25 abr. 2012, <www.forbes.com/sites/carminegallo/2012/04/25/alan-mulully-optimism-and-the-power-of-vision/>; Doron Levin, "Alan Mulally: worth every penny", *Fortune*, 9 mar. 2012, <http://features.blogs.fortune.cnn.com/2012/03/09/alan-mulally-worth-every-penny/>; Paul Hochman, "Ford's big reveal", *Fast Company*, abr. 2010, p. 90-97; Alex Taylor, "Fixing up Ford", *Fortune*, 25 maio 2009, p. 44; Joann Muller, "Ford's rebound is for real", *Forbes*, 27 abr. 2010, <www.forbes.com/2010/04/27/ford-alan-mulallybusiness-autos-ford.html>; "2011 Ford brand sales up 17 percent for the year in U.S.", <http://media.ford.com/article_display.cfm?article_id=35785>.

Estudo de caso

O atendimento das necessidades como vantagem competitiva: a estratégia da "Beleza Natural" na conquista das consumidoras da classe C

Paulo Roberto Lucas de Oliveira
Professor do MBA da PUC-SP e da FAAP e diretor do CEGENTE — Educação Corporativa

Em gestão de negócios muitos conceitos vêm se formando gradativamente ao longo dos anos à medida que aprendemos o que traz sucesso para um empreendimento.

No passado era comum, ao se planejarem as atividades de uma empresa, definir os chamados fatores-chave de sucesso (Critical Success Factors), condições fundamentais para que a empresa sobreviva e tenha sucesso. O que a princípio era considerado um diferencial tornou-se básico para qualquer organização.

Começou-se, então, a pensar em diferenciais, do ponto de vista da empresa, e em valores, do ponto de vista do cliente ou consumidor, e assim conectar oferta a demanda. Com isso aprendemos que o valor entregue ao cliente (e que para ter sucesso também deve ser percebido por ele) é a combinação de valor total e custo total.

Quando Michael Porter colocou o termo "vantagem competitiva" em evidência, o interpretou a partir da análise da cadeia de valores e desde então a vantagem competitiva passa a fazer parte da elaboração de uma estratégia de sucesso. Ele incorpora o conceito de valores percebidos e em sua matriz destaca que uma empresa ou adota a estratégia de liderança no custo ou de diferenciação.

Vemos aí uma sequência de conceitos que leva a empresa a pensar todo o seu processo: fator-chave de sucesso, diferencial, valor percebido, vantagem competitiva e estratégia.

Aprendemos a diferenciar produto de empresa e, se no passado acreditávamos que um diferencial no produto poderia ser classificado como vantagem competitiva, hoje vemos que o sucesso está na organização, e não no produto. Empresas que basearam seu sucesso em produtos desapareceram assim que os seus deixaram de ter a total atenção do mercado.

Recentemente tivemos um caso que, a princípio, parecia ser somente mais um produto de sucesso, inovador, mas que com a criação de vantagem competitiva propiciou à proprietária do empreendimento o reconhecimento como, dentre vários outros títulos, empresária do ano em 2006 e de estar entre as 10 Mulheres de Negócios Mais Poderosas do Brasil, dado pela Revista Forbes Internacional.

Heloísa Helena Belém de Assis, conhecida como Zica Assis, sem nenhuma formação química, desenvolveu um produto para tratamento de cabelos crespos e ondulados. Essa descoberta levou 10 anos em tentativas, muitos erros (testava em si mesma e em seu irmão) até chegar à formula correta.

Como cabeleireira, ela solicitava aos fornecedores dos salões onde trabalhava que lhe conseguissem matérias-primas para testar em si mesma para conseguir cabelos naturais com brilho, balanço e cachos mais definidos. Segundo ela mesma diz: "Em nenhum momento eu pensava em criar um produto novo, abrir salão. Eu só queria que o meu cabelo ficasse mais bonito".

Após patentear o produto e batizá-lo de Super Relaxante, ela, juntamente com três sócios (seu marido, seu irmão e uma amiga), abriu o primeiro salão no bairro da Muda (Grande Tijuca, perto da favela Catrambi), onde teve sucesso imediato. O produto resolvia o problema de uma grande parte de brasileiras que, de origem negra, não tinham produtos adequados ao seu tipo de cabelo.

Com a divulgação boca a boca, logo se formaram filas imensas no salão e ela percebeu que precisaria expandir o negócio e profissionalizar tanto a produção quanto o atendimento. Ampliaram o espaço, e seu irmão e sua amiga, que haviam trabalhado no McDonald's, adaptaram o modo de produção da lanchonete ao trabalho do salão, como uma linha de montagem.

Eles treinaram funcionários no processo e cada etapa era feita por um profissional diferente, especializado naquela parte do processo. Isso agilizou o tratamento e barateou os custos, acarretando um preço final mais baixo para o consumidor.

O que no início era uma qualidade do produto, com um valor de fácil percepção para o cliente, deu origem a um empreendimento que criou vantagem competitiva e se estabeleceu com um sucesso indiscutível a partir da periferia do Rio de Janeiro.

O Beleza Natural tem hoje 18 institutos de beleza, dez no Rio de Janeiro, dois na Bahia, dois no Espírito Santo, três em São Paulo e um em Minas Gerais, onde atende mais de 100 mil clientes por mês. Possui um Centro de Desenvolvimento Técnico, inaugurado em 1999, para treinamento dos funcionários e emprega cerca de 1.900 pessoas.

Os salões são bem amplos, com 700 metros quadrados em média, e com uma sala de espera chamada de "Centro de Entretenimento", onde os clientes recebem informações sobre o processo pelo qual vão passar. O público que é atendido é predominantemente da classe C.

Mensalmente, são produzidas 250 toneladas de 45 produtos de fabricação própria e que também são vendidos aos clientes para que continuem o tratamento em domicílio. São cremes, xampus, condicionadores e outros itens produzidos em Bonsucesso, Rio de Janeiro. Ali também contam com um laboratório de Pesquisa e Desenvolvimento.

A par do desenvolvimento do empreendimento e preocupados com "rígidos padrões de qualidade e um atendimento encantador" (segundo consta do site da empresa), os gestores definiram os valores que norteiam seu negócio:

- *Zelo*: respeito e honestidade no trato com clientes internos e externos, preservando a transparência das relações e o atendimento encantador.
- *Inovação*: busca constante por inovação, por soluções confiáveis e eficazes, com alto padrão de qualidade.
- *Competência*: compromisso com o resultado e veracidade de propósitos. Promoção da felicidade por meio da elevação da autoestima.
- *Ambiente*: ambiente limpo, agradável e de qualidade.
- *Equipe*: valorização e desenvolvimento profissional dos colaboradores, trabalhando em equipe, com sinergia.

"Não vendemos produto, vendemos autoestima", diz a fundadora após entrar para o time de empreendedores Endeavor.

Com a entrada de investidores profissionais, a meta de expansão é chegar a 120 filiais nos próximos quatro anos, primeiramente no Brasil, terceiro maior mercado de beleza do mundo, e em seguida Estados Unidos, América Latina, Caribe, África e sul da Europa.

Missão da empresa:

- Oferecer soluções em produtos e serviços para o embelezamento e saúde dos cabelos, corpo e mente.
- Crescer com solidez e visão compartilhada, conquistar novos mercados e encantar o cliente no atendimento.
- Proporcionar o desenvolvimento profissional e pessoal de nossos colaboradores. Contribuir ativamente junto à sociedade espelhando em nossas ações a responsabilidade socioambiental.

Visão da empresa:

Fazer as pessoas mais felizes, promovendo beleza e autoestima.

Questões para reflexão

1. Qual o principal foco da estratégia de mercado da Beleza Natural que a levou ao sucesso e à aceitação imediata do consumidor?

2. Ao analisar o *core business* da empresa, pode-se entender que está no setor de produtos ou de serviços?

3. Como as afirmações feitas na missão da empresa podem ser identificadas nas ações da empresa?

4. A classe C adotou os serviços e produtos rapidamente, isso foi uma decorrência natural do desenvolvimento da empresa ou fez parte de uma estratégia de posicionamento?

Referências

- Beleza Natural. Disponível em: <http://belezanatural.com.br/categoria/empresa/>. Acesso em: 7 dez. 2014.
- Endeavor Brasil. Disponível em: <http://www.endeavor.org.br/empreendedor/heloisa-zica-assis>. Acesso em: 7 dez. 2014.
- Exame. Disponível em: <http://exame.abril.com.br/negocios/noticias/zica-assis-planeja-levar-beleza-natural-para-todo-o-brasil>. Acesso em: 7 dez. 2014.

NOTAS

1. Trecho adaptado de Jeffrey M. O'Brien, "A perfect season", *Fortune*, 22 jan. 2008, p. 62-66. Outras citações e informações extraídas de Michael B. Baker, "Four Seasons tops Ritz-Carlton in deluxe photo-finish", *Business Travel News*, 23 mar. 2009, p. 10; Sean Drakes, "Keeping the brand sacred", *Black Enterprise*, abr. 2009, p. 47; "100 best companies to work for", *Fortune*, 6 fev. 2012, p. 117; <http://jobs.fourseasons.com/Pages/Home.aspx> e <www.fourseasons.com/about_us/>. Acesso em: out. 2012.

2. Exemplo baseado em informações encontradas em Frank James, "Postal Service quarterly losses surge; Internet gets blamed", 5 ago. 2009, <www.npr.org/blogs/thetwo-way/2009/08/postal_service_quarterly_losse.html>; "Post Office makeover", *Fortune*, 12 dez. 2011, p. 17; "Postal facts 2012" e outras informações encontradas em <www.usps.com>. Acesso em: out. 2012.

3. "Dole positions banana as 'nature's original energy bar'", *Progressive Grocer*, 9 jul. 2012, <www.progressivegrocer.com>.

4. Veja <www.vikingrange.com/consumer/category/products/3-yearsignature-warranty>. Acesso em: out. 2012.

5. Garett Sloane, "War of 4G networks pits Verizon vs. AT&T", *New York Post*, 12 mar. 2012.

6. See "Contact lenses 2011", *Contact Lens Spectrum*, 1 jan. 2012, <www.clspectrum.com/articleviewer.aspx?articleid=106550>; "Bausch & Lomb", <www.wikinvest.com/wiki/Bausch_&_Lomb>. Acesso em: ago. 2012.

7. Veja John P. Falcone, "Kindle vs. Nook vs. iPad: which ebook reader should you buy?", *cnet News*, 5 maio 2012, <www.digitaltrends.com/mobile/is-the-amazon-kindle-in-trouble/>; Geoff Duncan, "Amazon says Kindle sales tripled during holidays", *Digital Trends*, 1 fev. 2012, <www.digitaltrends.com/mobile/amazonsays-kindle-sales-tripled-during-holidays/>; Geoff Duncan, "Is Amazon Kindle in trouble?", *Digital Trends*, 4 maio 2012, <www.digitaltrends.com/mobile/is-the-amazon-kindle-in-trouble/>.

8. Arianna Huffington, "HuffPost + AOL: the first year in numbers", *HuffPost Media*, 2 fev. 2012, <www.huffingtonpost.com/arianna-huffington/huffington-post-aol-first-year_b_1249497.html>.

9. Adaptado de informações encontradas em W. Chan Kim e Renée Mauborgne, "Blue ocean strategy: how to create uncontested market space and make competition irrelevant", <www.blueoceanstrategy.com/pre/downloads/BlueOceanStrategySummary.pdf>. Acesso em: set. 2012. Veja também Kim e Mauborgne, *Blue ocean strategy: how to create uncontested market space and make competition irrelevant*. Boston: Harvard Business Press, 2005. Para outras discussões, veja "Blue ocean strategy", <www.blueoceanstrategy.com/>. Acesso em: out. 2012.

10. Adaptado de informações encontradas em Robert Klara, "Puff Daddy", *Brandweek*, 19 maio 2008, p. 25-27; Eric Slack, "Pirate Brands: healthy treasure", *Retail Merchandisers*, mar./abr. 2010, p. 125-127; "Call him coach", *Success*, <www.success.com/articles/1268-callhim-coach>. Acesso em: ago. 2012; <http://piratebrands.com/>. Acesso em: out. 2012.

11. Richard Branson, "Richard Branson on intrepreneurs", *Entrepreneur*, 31 jan. 2011, <www.entrepreneur.com/article/218011>.

12. Michael E. Porter, Competitive strategy: techniques for analyzing industries and competitors. Nova York: Free Press, 1980, Capítulo 2; Porter, "What is strategy?", *Harvard Business Review*, nov./dez. 1996, p. 61-78. Veja também Stefan Stern, "May the force be with you and your plans for 2008", *Financial Times*, 8 jan.

2008, p. 14; "Porter's generic strategies", <www.quickmba.com/strategy/generic.shtml>. Acesso em: out. 2012.

13. Veja Michael Treacy e Fred Wiersema, "Customer intimacy and other value disciplines", *Harvard Business Review*, jan./fev. 1993, p. 84-93; Treacy e Wiersema, The discipline of market leaders: choose your customers, narrow your focus, dominate your market. Nova York: Perseus Press, 1997; Wiersema, Double-digit growth: how great companies achieve it — no matter what. Nova York: Portfolio, 2003. Veja também Elaine Cascio, "Fast, cheap, or good — pick two", *Inter@ction Solutions*, jan./fev. 2012, p. 8; Jürgen Kai-Uwe Brock e Josephine Yu Zhou, "Customer intimacy", *Journal of Business and Industrial Marketing*, 2012, p. 370-383.

14. Baseado em informações de Michael Bush, "Why you should be putting on the Ritz", *Advertising Age*, 21 jun. 2010, p. 1; Julie Barker, "Power to the people", *Incentive*, fev. 2008, p. 34; Carmine Gallo, "Employee motivation the Ritz-Carlton way", *BusinessWeek*, 29 fev. 2008, <www.businessweek.com/smallbiz/content/feb2008/sb20080229_347490.htm>; Stuart Elliott, "Luxury hotels market the memories they can make", *New York Times*, 14 set. 2012, p. B3; Philip Kotler e Kevin Lane Keller, *Marketing management*, 14ed. Upper Saddle River: Prentice Hall, 2012, p. 381. Veja também <http://corporate.ritzcarlton.com/en/About/Awards.htm#Hotel>. Acesso em: out. 2012.

15. Para mais discussões, veja Philip Kotler e Kevin Lane Keller, *Marketing management*, 14. ed. Upper Saddle River: Prentice Hall, 2012, Capítulo 11.

16. Leslie Kwoh, "Weight Watchers chief looks to men, China for growth", *Wall Street Journal*, 9 jan. 2012, <http://online.wsj.com/article/SB10001424052970204331304577144614613938815858.html>.

17. Veja "2000+ uses", <www.wd40.com/uses-tips/>. Acesso em: out. 2012.

18. Adaptado de informações encontradas em Jack Neff, "Why Unilever lost the laundry war", *Advertising Age*, 6 ago. 2007, p. 1, 25; "Bidders eye Unilever's US detergent arm", *Financial Times*, 9 abr. 2008, p. 24; "Unilever sells North American detergents unit", 28 jul. 2008, <www.msnbc.msn.com/id/25884712>; <www.unilever.com/brands/homecarebrands/> e <www.unileverusa.com/brands/personalcarebrands/>. Acesso em: out. 2012.

19. Veja "U.S. sales of shampoo via different sales channels in 2010/2011", *Statista*, <www.statista.com/statistics/193102/us-shampoo-sales-via-different-sales-channels-in-2010-and-2011/>; Martinne Geller, "Update 2-U.S. Soda consumption fell faster in 2011", *Reuters*, 20 mar. 2012, <www.reuters.com/article/2012/03/20/drinks-idUSL1E8EK1P620120320>.

20. Veja Oded Shenkar, "Defend your research: imitation is more valuable than innovation", *Harvard Business Review*, abr. 2010, p. 28-29.

21. Exemplo baseado em informações encontradas em David J. Bryce e Jeffrey H. Dyer, "Strategies to crack well-guarded markets", *Harvard Business Review*, maio 2007, p. 84-91; com informações de Teressa Iezzi, "For showing what it really means to transform yourself into a media brand", *Fast Company*, <www.fastcompany.com/most-innovative-companies/2012/red-bull-media-house>. Acesso em: ago. 2012.

22. "Zipcar expands service to Austin, Texas", 27 abr. 2012, <http://ir.zipcar.com/releasedetail.cfm?ReleaseID=668036>; relatórios anuais e outras informações de <www.zipcar.com> e <www.enterpriseholding.com>. Acesso em: out. 2012.

23. Informações de <www.vfc.com>. Acesso em: out. 2012.

Parte 1 ▶ Definição de marketing e o processo de marketing (Capítulos 1-2)

Parte 2 ▶ Entendimento do mercado e dos clientes (Capítulos 3-6)

Parte 3 ▶ Elaboração de uma estratégia e de um mix voltados para o cliente (Capítulos 7-17)

Parte 4 ▶ Marketing ampliado (Capítulos 18-20)

O mercado global

Prévia do capítulo

Você já aprendeu os fundamentos de como as empresas desenvolvem estratégias competitivas de marketing a fim de criar valor para o cliente e construir um relacionamento duradouro com ele. Neste capítulo, estendemos esses fundamentos ao marketing global. Embora tenhamos abordado aspectos globais em todos os capítulos anteriores — é difícil encontrar uma área do marketing que não inclua, pelo menos, algumas questões internacionais —, vamos nos concentrar aqui em considerações especiais que as empresas enfrentam quando comercializam suas marcas em nível mundial. Avanços nas comunicações, nos transportes e em outras tecnologias tornaram o mundo um lugar muito menor. Hoje, quase toda empresa, grande ou pequena, precisa lidar com questões que envolvem o marketing internacional. Neste capítulo, vamos analisar seis importantes decisões que os profissionais de marketing tomam ao se voltar para o mercado global.

Para dar início a nossa investigação sobre marketing global, vamos analisar a Coca-Cola, uma operação verdadeiramente mundial. Você pode encontrar um produto da Coca-Cola ao alcance das mãos de qualquer um, em qualquer lugar no mundo. "Nós vendemos momentos de felicidade, que saem por centavos, mais de 1,7 bilhão de vezes por dia, em mais de 200 países", diz a empresa em seu relatório anual. Como acontece com muitas empresas, as maiores oportunidades de crescimento da Coca-Cola estão em mercados internacionais. Aqui, vamos analisar a odisseia da empresa na África.

Coca-Cola na África: "Tudo está lá para que as coisas aconteçam"

A Coca-Cola é uma das marcas mais emblemáticas do mundo — uma potência global de 46 bilhões de dólares. Ela coloca seus produtos ao alcance de 98% da população do mundo. Embora já seja a maior fabricante de refrigerantes do planeta, a Coca-Cola planeja dobrar suas receitas com o sistema global entre 2008 e 2020. Mas conquistar esse crescimento não será fácil. O principal problema: o crescimento das vendas de refrigerantes perdeu o gás na América do Norte e na Europa, dois dos maiores e mais lucrativos mercados da Coca-Cola. De fato, por cinco anos seguidos, o mercado norte-americano de refrigerantes diminuiu. Com as vendas estagnando em seus mercados maduros, a Coca-Cola precisa se voltar para outros lugares a fim de atender às suas ambiciosas metas de crescimento.

Nos últimos anos, a Coca-Cola buscou crescimento principalmente em mercados em desenvolvimento, como a China e a Índia, que possuem uma grande classe média emergente, mas um consumo per capita de Coca-Cola relativamente baixo. Contudo, tanto a China como a Índia estão cheios de concorrentes e, notoriamente, é difícil para empresas de fora abrirem caminho por lá. Assim, ao mesmo tempo em que continua a competir pesado nesses países, a Coca-Cola voltou seu olhar para uma oportunidade ainda mais promissora no longo prazo: a África.

Muitas empresas ocidentais veem a África como a última fronteira indômita — uma espécie de terra de ninguém infestada de pobreza, corrupção e instabilidade política, transporte nada confiável e escassez de água potável e outros recursos essenciais. Mas a Coca-Cola vê muitas oportunidades na África, as quais justificam os riscos. A África tem uma população em crescimento de mais de 1 bilhão de pessoas e uma classe média que está começando a aflorar. Espera-se que o número de domicílios africanos que tenham um rendimento de pelo menos 5 mil dólares — o nível de renda em que as famílias começam a gastar, no mínimo, metade de seus rendimentos com outros itens que não sejam alimentícios — ultrapasse a casa dos

▲ Com as vendas estagnadas em seus mercados maduros, a Coca-Cola está de olho em mercados emergentes — como a África — para conquistar sua ambiciosa meta de crescimento. Sua rede de distribuição africana é rudimentar, mas eficiente.
Marco Di Lauro/Getty Images

106 milhões em 2014, o que representa quase o dobro do número de 2000. "Você tem uma população incrivelmente jovem, um povo dinâmico", diz Muhtar Kent, CEO da Coca-Cola, "[e uma] enorme renda disponível. Eu estou falando em 1,6 trilhão de dólares de PIB, que é maior do que o da Rússia, da Índia".

A Coca-Cola não é nenhuma estranha para a África. Ela opera por lá desde 1929, e é a única multinacional que oferece seus produtos em todos os países africanos. A empresa tem a maior participação de mercado na África e no Oriente Médio: são 29%, contra 15% da Pepsi. Atualmente, a África e o Oriente Médio contribuem com 6% das receitas globais da Coca-Cola.

Mas ainda há muito espaço para a Coca-Cola crescer na África. Por exemplo, o consumo anual per capita de Coca no Quênia é de apenas 40 doses, ao passo que em países mais desenvolvidos, como o México, o consumo chega a impressionantes 728 doses por ano. Assim, o palco está armado para a Coca-Cola no continente africano. E não apenas por conta da Coca-Cola, seu principal produto, mas também por sua grande quantidade de outros refrigerantes, águas e sucos. Tendo investido 6 bilhões de dólares no mercado africano na última década, a gigante do setor de bebidas planeja investir o dobro dessa quantia nos próximos dez anos — um esforço que inclui fábricas de envasamento, redes de distribuição, suporte ao varejista e uma campanha promocional intitulada "Um bilhão de razões para acreditar na África".

O marketing na África tem uma proposta muito diferente daquele que é encontrado em regiões mais desenvolvidas. "A África [...] não é Atlanta", observa um analista. "E a Coca-Cola está, em certo sentido, enfiando a mão em uma colmeia de abelhas para conseguir um pouco de mel." Para aumentar suas vendas na África, além do marketing por meio dos canais tradicionais nas maiores cidades do continente, a Coca-Cola está entrando em comunidades menores com táticas que tenham a ver com o local. "[Simplesmente] entrar em um país é fácil. Você pode ir lá e abrir um depósito em todas as capitais", diz Kent. Mas, na África, "não é essa nossa intenção. Não existe nenhum lugar na África para onde não vamos. Nós vamos para toda cidade, toda vila, toda comunidade, todo distrito". Na África, cada lojinha em todo beco escondido se tornou importante, com o lançamento pela Coca-Cola do que outro analista descreve como "uma campanha rua a rua para conquistar pessoas [...] que ainda não consomem Coca-Cola aos montes".

Peguemos, por exemplo, a Mamakamau Shop em Uthira, uma comunidade carente na periferia de Nairóbi, no Quênia. Pilhas de lixo queimam do lado de fora da loja e o esgoto corre a céu aberto. Além dos produtos da Coca-Cola, a loja — conhecida como *duka* — comercializa de tudo, de colchões a baldes, em um espaço equivalente a um pequeno quarto. Mesmo assim, Mamakamau Kingori, a proprietário da loja, recebeu o status de vendedora de "ouro", o mais alto de todos os níveis, por comercializar cerca de 72 produtos da Coca-Cola por dia, cobrando 30 xelins quenianos (cerca de 37 centavos de dólar) por um garrafa de 500 mL. A maioria dos consumidores bebe o refrigerante na loja, sentados em engradados vermelhos virados de cabeça para baixo — eles não têm condições de pagar pela garrafa. O engarrafador da Coca-Cola no Quênia reutiliza as garrafas de vidro até 70 vezes.

Para conseguir seu status de "ouro", Kingori seguiu, cuidadosamente, técnicas de vendas prescritas. Ela deixa um freezer vermelho, fornecido pela Coca-Cola, bem na entrada da loja, protegido por uma grade azul. Como outros estabelecimentos pequenos de sua área, Kingori mantém a geladeira sempre cheia, com Coca-Cola em cima, Fanta no meio e garrafas maiores no fundo. Dentro da loja, ela pendura cardápios vermelhos, também oferecidos pela Coca-Cola, que oferecem combos, como uma Coca-Cola de 300 mL e um *ndazi* (um tipo de rosquinha local) por 25 xelins quenianos.

Em Kabira, outra comunidade carente nos arredores de Nairóbi, as ruas lotadas de gente estão repletas de lojas pintadas com o vermelho da Coca-Cola. O engarrafador local contrata um artista para enfeitar as fachadas com logos e frases em suaíli, como "Burudika na Coke baridi", que significa "Aprecie uma Coca-Cola gelada". Em incontáveis comunidades espalhadas pela África, pequenas lojas desempenham um grande papel ao ajudar a Coca-Cola a crescer — sejam essas lojas *dukas* em Nairóbi ou *tuck shops* em Joanesburgo, na África do Sul.

Essas lojas são abastecidas por um rede rudimentar, porém eficiente, de distribuidores da Coca-Cola. Por exemplo, no centro de Nairóbi, homens com camisa vermelha de uniforme empurram carrinhos com 22 a 40 engradados de Coca-Cola e outros refrigerantes, que saíram da Rosinje Distributors, um dos 2.800 MDCs (Micro Distribution Centers — Centros de Microdistribuição) que a Coca-Cola opera na África. Esses centros são a espinha dorsal da rede de distribuição africana da empresa. Por exemplo, a fábrica de Nairóbi despacha Coca-Cola, Fanta, Stoney Ginger Beer e outras marcas da Coca-Cola para 367 MDCs da região. De lá, equipes levam os produtos — muitas vezes um en-

> Com seus mercados domésticos perdendo o gás, a Coca-Cola está buscando crescimento em mercados emergentes, como a África. Mas, na África, "a Coca está, em certo sentido, enfiando a mão em uma colmeia de abelhas para conseguir um pouco de mel".

gradado de cada vez, carregado na cabeça — para lojas locais e quiosques de bebida. Por conta das condições ruins das ruas, travadas por conta do trânsito, geralmente carregar as bebidas na mão é o melhor método. Os MDCs ajudam a Coca-Cola a levar seus produtos para áreas remotas, tornando-os disponíveis à medida que as pessoas desenvolvem um gosto por refrigerantes e possuem renda para comprá-los.

Apesar de sua natureza elementar, as abordagens de marketing da Coca-Cola na África estão se mostrando eficazes. A regra número 1 da empresa é manter seus produtos "gelados e por perto". "Se não houver estradas para movimentar os produtos por longas distâncias de caminhão, vamos usar botes, canoas ou carrinhos", diz o presidente da Coca-Cola na África do Sul. Por exemplo, no distrito de Makako, na Nigéria — um labirinto de casas em palafitas na lagoa Lagos —, mulheres cruzam os caminhos de água vendendo Coca-Cola diretamente de canoas para os moradores.

Restam poucas dúvidas de que o maior compromisso da Coca-Cola na África é a chave para que a empresa atinja suas metas globais. Como assinala Muhtar Kent: "A África é uma história que ainda não foi contada e que poderá ser a grande história da próxima década, como a China e a Índia foram na década passada [...]. Tudo está lá para que as coisas aconteçam".[1]

Resumo dos objetivos

Objetivo 1	Discutir como o sistema de comércio internacional e os ambientes econômico, político/legal e cultural afetam as decisões de marketing internacional de uma empresa. O marketing global hoje (p. 613-615) Análise do ambiente de marketing global (p. 615-623) Decisão de ingressar no mercado internacional (p. 623-624) Decisão dos mercados em que ingressar (p. 624-625)
Objetivo 2	Descrever as três principais abordagens de entrada nos mercados internacionais. Decisão de como ingressar no mercado (p. 625-627)
Objetivo 3	Explicar como as empresas adaptam suas estratégias e mixes de marketing para os mercados internacionais. Decisão sobre o programa de marketing global (p. 628-635)
Objetivo 4	Identificar as três principais formas de organização para o marketing internacional. Decisão sobre a organização para o marketing global (p. 635-636)

N o passado, as empresas norte-americanas não davam muita atenção ao comércio internacional. Se conseguissem realizar algumas vendas a mais, por meio de exportação, seria ótimo. Mas o grande mercado era mesmo o interno, que apresentava uma abundância de oportunidades. E também era muito mais seguro. Os gestores não precisavam aprender novos idiomas, lidar com moedas diferentes e sempre em troca, enfrentar incertezas de ordem política e legal ou adaptar seus produtos às diferentes necessidades e expectativas dos clientes. Hoje, no entanto, a situação é muito diferente. Organizações de todos os tipos, como Coca-Cola, HP, Google, MTV e até a NBA, estão se internacionalizando.

O marketing global hoje

O mundo está encolhendo rapidamente, com o advento de novos meios de comunicação, meios de transporte e fluxos financeiros mais velozes. Produtos desenvolvidos em um determinado país — eletrônicos da Samsung, lanches do McDonald's, roupas da Zara, equipamentos de construção da Caterpillar, BMWs alemães, a rede social do Facebook — obtiveram uma calorosa aceitação em outros países. Não seria nada surpreendente ouvir falar de um executivo alemão que, vestindo um terno italiano, se encontra com um amigo inglês em um restaurante japonês e, mais tarde, volta para casa e bebe vodca russa assistindo ao *American idol* na televisão.

Objetivo 1

◀ Discutir como o sistema de comércio internacional e os ambientes econômico, político/legal e cultural afetam as decisões de marketing internacional de uma empresa.

▲ Muitas empresas norte-americanas fizeram do mundo seu mercado, como sugere essa fachada da Niketown na China, que traz a estrela da NBA Kobe Bryant. Tipicamente norte-americana, a Nike obtém 65% de suas vendas de mercados fora dos Estados Unidos.
Dorothea Schmid/Redux Pictures

O comércio internacional aumentou muito nas últimas três décadas. Desde 1990, o número de multinacionais no mundo mais do que dobrou, chegando a 63 mil. Algumas dessas empresas são verdadeiros gigantes. De fato, das 150 maiores economias do mundo, somente 83 são países. As outras 67 são empresas multinacionais. A Exxon Mobil, a maior empresa do planeta (com base em uma média ponderada de vendas, lucros, ativos e valor de mercado), tem uma receita anual maior do que o produto interno bruto (PIB) de praticamente todos os países — só não é maior do que a dos 25 maiores países do mundo.[2]

Entre 2005 e 2011, o valor total das mercadorias e dos serviços comercializados em nível mundial cresceu, respectivamente, 10 e 9%. Apesar de um declínio no comércio internacional por conta da recente recessão pela qual o mundo passou, no ano passado, o comércio mundial de produtos e serviços ficou em mais de 22,3 trilhões de dólares, o que equivale a cerca de 28% do PIB do mundo.[3]

Muitas empresas norte-americanas há muito tempo já conquistaram o sucesso no marketing internacional: Coca-Cola, McDonald's, Starbucks, Nike, GE, IBM, Apple, Colgate, Caterpillar, Boeing e dezenas de outras organizações fizeram do mundo seu mercado. Nos Estados Unidos, nomes como Toyota, Nestlé, IKEA, Canon, Adidas e Samsung se tornaram palavras incorporadas ao cotidiano. Outros produtos e serviços que parecem ser norte-americanos são, na verdade, produzidos em outros países ou de propriedade de empresas estrangeiras. Isso acontece, por exemplo, com o sorvete Ben & Jerry's, a cerveja Budweiser, o 7-Eleven, os televisores GE e RCA, o leite Carnation, o Universal Studios e Motel 6. A Michelin, a tão francesa fabricante de pneus, realiza hoje 33% de seus negócios na América do Norte. Já a Johnson & Johnson, fabricante de produtos tipicamente norte-americanos, como o BAND-AID e o xampu Jonhson's Baby Shampoo, realiza 56% de seus negócios fora dos Estados Unidos. E, de propriedade de norte-americanos, a Caterpillar pertence muito mais ao mundo, com quase 70% de seus negócios sendo realizados em outros países.[4]

Mas, à medida que o comércio global cresce, a competição global se intensifica. As empresas estrangeiras estão se expandindo agressivamente para novos mercados internacionais, e os mercados domésticos já não estão mais cheios de oportunidades. Atualmente, poucos setores estão livres da concorrência estrangeira. Se adiarem as providências para se internacionalizarem, as empresas correm o risco de serem excluídas de mercados em crescimento na Europa Ocidental, no Leste Europeu, na China, na Costa do Pacífico, na Rússia, na Índia, no Brasil e em outros locais. As empresas que permanecem restritas ao mercado doméstico, pensando estarem seguras, não apenas podem perder a oportunidade de entrar em outros mercados, mas também correm o risco de perder seus mercados internos. Empresas nacionais que nunca pensaram em concorrentes estrangeiros, de uma hora para outra, encontram esses concorrentes em seu território.

Ironicamente, apesar de a necessidade de internacionalização por parte das empresas ser bem maior hoje em dia do que no passado, o mesmo se aplica aos riscos. As empresas que se internacionalizam podem se deparar com governos e moedas extremamente instáveis, políticas e regulações governamentais restritivas e altas barreiras comerciais. O ambiente econômico global, recentemente enfraquecido, também gerou grandes desafios mundiais. Além disso, a corrupção representa um problema cada vez maior — funcionários públicos de diversos países muitas vezes fecham negócios não com a empresa que fez a melhor proposta, mas com a que ofereceu a propina mais alta.

Uma **empresa global** é aquela que, por operar em mais de um país, obtém vantagens de marketing, de produção, de pesquisa e desenvolvimento (P&D) e financeiras que não estão ao alcance dos concorrentes que operam somente no mercado doméstico. Como vê o mundo como um mercado único, a empresa global minimiza a importância das fronteiras nacionais e desenvolve marcas mundiais. Ela levanta capital, obtém matérias-primas e componentes e fabrica e comercializa suas mercadorias no local em que pode realizar o melhor trabalho.

Empresa global
Empresa que, por operar em mais de um país, obtém vantagens de marketing, de produção, de P&D e financeiras, em seus custos e reputação, que não estão ao alcance dos concorrentes que operam somente no mercado doméstico.

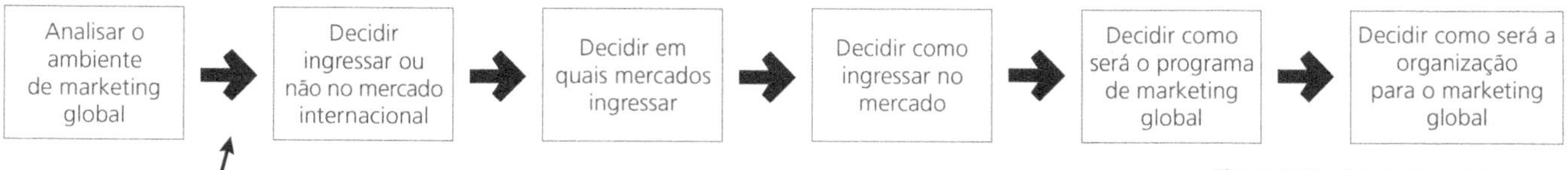

| Analisar o ambiente de marketing global | → | Decidir ingressar ou não no mercado internacional | → | Decidir em quais mercados ingressar | → | Decidir como ingressar no mercado | → | Decidir como será o programa de marketing global | → | Decidir como será a organização para o marketing global |

Figura 19.1 Principais decisões no marketing internacional.

Há um grande e belo, porém ameaçador, mundo lá fora para as empresas! A maioria das grandes organizações norte-americanas fez do mundo o seu mercado. Por exemplo, outrora totalmente norte-americano, o McDonald's hoje obtém 66% de suas vendas de fora dos Estados Unidos.

Por exemplo, a norte-americana Otis Elevator, a maior fabricante de elevadores do mundo, é sediada em Farmington, Connecticut. Contudo, ela oferece seus produtos em mais de 200 países — e mais de 83% de suas vendas vêm de fora dos Estados Unidos. Ela compra os sistemas de porta de seus elevadores da França, pequenas engrenagens da Espanha, peças eletrônicas da Alemanha e motores especiais do Japão. A empresa possui fábricas na América, na Europa e na Ásia, além de centros de engenharia e teste nos Estados Unidos, Áustria, Brasil, China, República Tcheca, França, Alemanha, Índia, Itália, Japão, Coreia e Espanha. A Otis Elevator, por sua vez, é uma subsidiária de propriedade total da United Technologies Corporation, uma gigante global das áreas aeroespacial e comercial.[5] Hoje em dia, muitas corporações mundiais, tanto grandes como pequenas, se tornaram realmente sem fronteiras.

Isso não significa, no entanto, que todas as empresas precisam operar em uma dúzia de países para serem bem-sucedidas. Empresas menores podem ocupar nichos em nível global. Mas o mundo está ficando cada vez menor, e todas as empresas que operam em um setor global, seja ele grande ou pequeno, devem avaliar e definir seu lugar nos mercados mundiais.

O rápido movimento em direção à globalização significa que todas as empresas terão que responder a algumas questões básicas: que posição de mercado devemos tentar ocupar em nosso país, em nossa região econômica e em nível global? Quem serão nossos concorrentes globais e quais são suas estratégias e seus recursos? Onde devemos fabricar nossos produtos e obter insumos para isso? Que alianças estratégicas devemos formar com outras empresas ao redor do mundo?

Como mostra a Figura 19.1, as empresas precisam tomar seis importantes decisões no marketing internacional. Vamos discutir cada uma delas, detalhadamente, neste capítulo.

Análise do ambiente de marketing global

Antes de decidir se vai ou não operar globalmente, a empresa deve entender o ambiente de marketing internacional. Esse ambiente mudou bastante nas últimas décadas, criando novas oportunidades, bem como novos problemas.

O sistema de comércio internacional

As empresas que estiverem pensando em operar no mercado externo devem, em primeiro lugar, entender o *sistema de comércio* internacional. Ao vender para outro país, elas podem enfrentar restrições relacionadas ao comércio entre nações. Os governos podem cobrar *tarifas*, impostos sobre determinados produtos importados, que têm como objetivo aumentar a receita ou proteger as empresas nacionais. Muitas vezes, as tarifas são usadas para forçar comportamentos comerciais positivos por parte de outros países. Por exemplo, recentemente, os fabricantes chineses de células e painéis solares foram acusados de cobrar preços abaixo do mercado nos Estados Unidos, tirando os fabricantes norte-americanos do negócio. Em retaliação, para ajudar a manter o negócio competitivo, o governo norte-americano colocou uma tarifa de 31% sobre as células e os painéis solares importados da China. Novas empresas chinesas que exportarem esses produtos para os Estados Unidos podem se deparar com uma tarifa de até 250%.[6]

Os países também podem estabelecer *cotas*, limites à quantidade de mercadorias importadas que eles aceitarão receber em determinadas categorias de produto. A finalidade da cota é restringir o câmbio de moedas estrangeiras, bem como proteger a indústria e a mão de obra local. As empresas podem enfrentar ainda o *controle de câmbio*, que limita a quantidade de moeda estrangeira convertida e as taxas de câmbio da moeda nacional em relação às demais.

▲ Barreiras comerciais não tarifárias: na China, o Walmart e outras empresas estrangeiras parecem receber um tratamento que envolve bastante vigilância e grosseria por parte das autoridades do país, que tem como objetivo privilegiar os concorrentes locais.
REUTERS/Jason Lee

Além disso, as empresas estrangeiras podem se deparar com *barreiras comerciais não tarifárias*, como discriminação contra suas propostas, padrões restritivos de produtos e regulações ou práticas excessivas por parte do país anfitrião. Por exemplo, na China, as empresas estrangeiras parecem receber um tratamento que envolve bastante vigilância e grosseria por parte das autoridades do país, o qual tem como objetivo privilegiar os concorrentes locais. No ano passado, por exemplo, reguladores chineses que atuam em âmbito nacional e local lançaram o que pareceu uma onda de protecionismo, com a meta de proteger as marcas chinesas de seus rivais ocidentais em uma economia cada vez mais devagar. O tratamento mais grosseiro foi reservado a varejistas ocidentais, como o Walmart. Para começar, ele foi multado por praticar determinação de preços enganosos em várias de suas lojas. Depois, ele foi multado por, supostamente, vender produtos com prazo de validade vencido na cidade de Changsha. Em seguida, os reguladores chineses de Chongqing acusaram-no de vender carne de porco normal como orgânica, obrigando a rede a fechar temporariamente 13 lojas e a pagar uma multa de 573 mil dólares. Os motivos por trás dessas manobras protecionistas parecem estar mais ligados à interrupção das operações do Walmart na China do que à melhoria das operações dos varejistas locais. Como assinala um analista: "Por que se esforçar para fazer com que seu pessoal melhore o nível do jogo quando você pode, em vez disso, denegrir o pessoal de fora?"[7]

Ao mesmo tempo, algumas forças podem *ajudar* no comércio entre as nações, entre elas a Organização Mundial do Comércio e diversos acordos regionais de livre comércio.

Organização Mundial do Comércio

O Acordo Geral de Tarifas e Comércio (Gatt — General Agreement on Tariffs and Trade), estabelecido em 1947 e modificado em 1994, foi elaborado para promover o comércio mundial por meio da redução de tarifas e outras barreiras ao comércio internacional. Foi o Gatt que criou a Organização Mundial do Comércio (OMC), que o substituiu em 1995 e hoje supervisiona as decisões originais do Gatt. Os países que fazem parte da OMC e do Gatt (atualmente são 153) já realizaram oito rodadas de negociações para reavaliar as barreiras comerciais e estabelecer novas regras para o comércio internacional. A OMC também impõe sanções ao comércio internacional e atua como mediadora em disputas comerciais globais. Suas ações têm sido produtivas. As sete primeiras rodadas de negociação reduziram a tarifa média mundial sobre produtos manufaturados de 45 para somente 5%.[8]

▲ A OMC promove o comércio por meio da redução de tarifas e outras barreiras ao comércio internacional. Ela também impõe sanções ao comércio internacional e atua como mediadora em disputas comerciais globais.
(esquerda) Corbis Images; (direita) Donald Stampfli/Associated Press

As mais recentes negociações do Gatt, chamadas de Rodada Uruguai, arrastaram-se por sete longos anos até serem concluídas, em 1994. Os benefícios da Rodada Uruguai serão sentidos por muitos anos, uma vez que o acordo promoveu o crescimento do comércio global no longo prazo, reduziu as tarifas mundiais que ainda existem em 30%, ampliou o alcance da OMC — que agora abrange o comércio de produtos agrícolas e uma ampla variedade de serviços — e reforçou a proteção internacional aos direitos autorais, patentes, marcas registradas e outras propriedades intelectuais. Uma nova rodada de negociações da OMC, a Rodada de Doha, teve início em Doha, Catar, no final de 2001, com previsão de conclusão em 2005, mas as discussões ainda continuam.[9]

Zonas regionais de livre comércio

Comunidade econômica
Um grupo de nações que se organizaram com a finalidade de atingir objetivos comuns na regulamentação do comércio internacional.

Alguns países criaram *zonas de livre comércio* ou **comunidades econômicas**. Esses grupos de nações se organizaram com a finalidade de atingir objetivos comuns na regulamentação do comércio internacional. Uma dessas comunidades é a *União Europeia* (UE). Formada em 1957, a UE partiu para a criação de um único mercado europeu, reduzindo as barreiras para o livre fluxo de produtos, serviços, recursos financeiros e mão de obra entre os países-membros e desenvolvendo políticas para o comércio com os países que não são membros da comunidade. Hoje, a UE representa um dos maiores mercados unificados do mundo. Com 28 países-membros, ela possui mais de meio bilhão de consumidores e responde por quase 20% das exportações no mundo.[10]

A UE oferece enormes oportunidades de comércio para empresas que não são europeias. Contudo, ela também apresenta ameaças. Como resultado da maior unificação, as empresas europeias ficaram maiores e mais competitivas. Contudo, uma preocupação talvez ainda maior seja a possibilidade de a redução de barreiras *dentro* da Europa criar muros *externos* mais espessos. Alguns observadores vislumbram uma "fortaleza europeia", que favorecerá as empresas dos países pertencentes à União Europeia, mas prejudicará as organizações de fora, com a imposição de obstáculos.

▲ Comunidades econômicas: a União Europeia representa um dos maiores mercados unificados do mundo. Seus atuais países-membros possuem mais de meio bilhão de consumidores e respondem por quase 20% das exportações no mundo.
© *Comunidade Europeia*

O desenvolvimento do processo de unificação europeu tem sido lento. Na última década, entretanto, 17 países-membros deram um passo significativo em direção à unificação, ao adotar o euro como moeda comum. A ampla adoção do euro diminuiu muito o risco cambial associado à realização de negócios na Europa, fazendo com que países-membros que antes tinham uma moeda fraca se tornassem um mercado mais atraente. No entanto, a adoção de uma moeda comum também gerou problemas. Por exemplo, potências econômicas europeias, como a Alemanha e a França, tiveram que intervir para amparar economias mais fracas, como a da Grécia e a de Portugal.[11]

Mesmo com a adoção do euro, é pouco provável que a União Europeia abandone 2 mil anos de tradição e se transforme nos "Estados Unidos da Europa". Uma comunidade com mais de duas dúzias de idiomas diferentes e culturas distintas sempre terá dificuldade para se unir e agir como uma entidade única. Ainda assim, com um PIB anual combinado de mais de 17 trilhões de dólares, a UE se tornou uma potência econômica.[12]

Em 1994, o Acordo de Livre Comércio da América do Norte (Nafta — North American Free Trade Agreement) instituiu uma zona de livre comércio entre os Estados Unidos, o México e o Canadá. O acordo criou um mercado unificado de 463 milhões de pessoas, que produzem e consomem mais de 18 trilhões de dólares em mercadorias e serviços por ano. Ao longo dos últimos 18 anos, o Nafta eliminou barreiras comerciais e restrições a investimentos entre os três países. O comércio total entre os países que compõem o Nafta quase triplicou, passando de 288 bilhões de dólares em 1993 para 1 trilhão em 2011.[13]

Seguindo o evidente sucesso do Nafta, em 2005, o Acordo de Livre Comércio da América Central (Cafta — Central American Free Trade Agreement) criou uma zona de livre comércio entre os Estados Unidos e Costa Rica, República Dominicana, El Salvador, Guatemala, Honduras e Nicarágua. Outras áreas de livre comércio foram formadas na América Latina e na América do Sul. Por exemplo, a União das Nações Sul-Americanas (Unasul), formatada após a UE, foi formada em 2004 e formalizada por um documento constitucional em 2008. Composta de 12 países, a Unasul constitui o maior grupo comercial depois do Nafta e da EU, com 361 milhões de pessoas, uma economia combinada de mais de 973 milhões de dólares e 182 bilhões de dólares em exportações. De maneira similar ao Nafta e à UE, a Unasul tem como objetivo eliminar todas as tarifas entre os países até 2019.[14]

Cada nação tem características singulares que precisam ser compreendidas. A receptividade de um país a diferentes produtos e serviços e sua atratividade, como mercado, para empresas estrangeiras dependem de seus ambientes econômico, político/legal e cultural.

Ambiente econômico

As empresas internacionais precisam estudar a economia de cada país. Dois fatores econômicos refletem a atratividade de um país como um mercado: a estrutura industrial e a distribuição de renda.

A *estrutura industrial* de uma nação molda suas necessidades de produtos e serviços, bem como seus níveis de renda e emprego. Os quatro tipos de estrutura industrial são os seguintes:

- *Economias de subsistência:* nessas economias, a grande maioria das pessoas trabalha na agricultura simples. Elas consomem a maior parte do que produzem e trocam o excedente por produtos e serviços simples. Esse tipo de economia oferece poucas oportunidades de mercado.
- *Economias exportadoras de matérias-primas:* essas economias são ricas em um ou mais recursos naturais, mas pobres em outros aspectos. Grande parte de sua receita é proveniente da exportação desses recursos. O Chile (estanho e cobre) e a República Democrática do Congo (cobre, cobalto e café) são exemplos desse tipo de economia. Esses países são bons mercados para equipamentos pesados, ferramentas, peças de reposição e caminhões. Quando possuem um grande número de residentes estrangeiros e uma rica classe alta, eles são um bom mercado para itens de luxo.
- *Economias emergentes (em processo de industrialização):* em uma economia emergente, o rápido crescimento da atividade industrial resulta em um rápido crescimento econômico geral. Os países que compõem o Bric — Brasil, Rússia, Índia e China — são exemplos desse tipo de economia. À medida que a atividade industrial cresce, o país passa a necessitar de mais importações de matérias-primas têxteis, aço e maquinário pesado e de menos importações de produtos têxteis acabados, papéis e automóveis. A industrialização geralmente produz uma nova classe rica e uma crescente classe média, e ambas demandam novos tipos de produtos importados. Com mais mercados desenvolvidos ficando estagnados ou se tornando cada vez mais competitivos, muitas empresas estão buscando oportunidades de crescimento em mercados emergentes (veja o Marketing Real 19.1).
- *Economias industrializadas:* são as maiores exportadoras de produtos industrializados, serviços e fundos de investimento. Elas comercializam produtos entre si e também os exportam para outros tipos de economias, em troca de matérias-primas e produtos semiacabados. As variadas atividades industriais dos países industrializados e sua numerosa classe média fazem deles ótimos mercados para todos os tipos de produtos. Os Estados Unidos, o Japão e a Noruega são exemplos de economia industrializada.

O segundo fator que reflete a atratividade do país é sua *distribuição de renda*. As nações industrializadas podeam ter domicílios com baixa, média e alta rendas. Por outro lado, países que possuem economia de subsistência têm, principalmente, domicílios com renda familiar muito baixa. E ainda há países que podem ter, exclusivamente, domicílios com renda muito baixa ou com renda muito alta. Mesmo as economias pobres ou emergentes podem ser mercados atrativos para todos os tipos de produto. Hoje em dia, empresas de uma ampla variedade de setores — de carros a computadores, passando por doces — estão cada vez mais se voltando para consumidores de renda média e até mesmo baixa em mercados emergentes.

Por exemplo, na Índia, a Ford recentemente lançou um modelo direcionado para consumidores que só agora têm condições de comprar seu primeiro carro. Em um esforço para aumentar sua presença no terceiro maior mercado para automóveis na Ásia, atrás apenas do Japão e da China, a Ford lançou o Figo, um novo modelo *hatch* de bastante sucesso que sai por 6.900 dólares e foi desenvolvido para um hipotético consumidor indiano chamado Sandeep, de 20 e poucos anos. Sandeep é um jovem profissional que, atualmente, dirige uma moto. Contudo, tendo em vista a melhoria de sua renda e família prestes a aumentar, ele quer agora algo maior. "Há um enorme número de pessoas que querem abandonar suas motos", diz o gerente-geral da Ford na Índia. Como resultado, a demanda na Índia por carros do tamanho e da faixa de preço do Figo está muito forte. Após somente dois anos, o pequeno Figo se tornou o carro da Ford mais vendido na Índia e, hoje em dia, também está vendendo bem em 50 outros mercados emergentes espalhados pela Ásia e pela África.[15]

▲ Ambiente econômico: na Índia, o Figo da Ford, que custa 6.900 dólares, tem como público-alvo consumidores de renda média e baixa que só agora têm condições de comprar seu primeiro carro.

Namas Bhojani/Namas Bhojani Photography

Marketing Real 19.1

Brasil: um mercado emergente ou que já emergiu?

Quando se trata de economias mundiais emergentes, a China e a Índia parecem ficar com a maioria das manchetes. Mas pergunte aos brasileiros o que eles acham do seu país. É muito provável que eles digam: "É o melhor país do mundo". E, considerando a força dos mercados de consumo em crescimento do Brasil, muitas empresas concordariam com isso.

O maior país da América do Sul, o Brasil é também a sexta maior economia do mundo, e espera-se que na próxima década ele ultrapasse a França, assumindo a quinta colocação. Embora tanto a Índia como a China tenham uma população seis vezes maior do que a do Brasil, que possui cerca de 200 milhões de habitantes, ele vence ambos os países por uma ampla margem quando se trata de poder de consumo per capita. De fato, o PIB do Brasil é 200% maior do que o da Índia.

Graças a um nível de desemprego historicamente baixo, a salários em elevação e a um grande fluxo de investimentos estrangeiros diretos, os mercados consumidores no Brasil estão em disparada. E empresas do mundo todo estão começando a cobiçar a classe média brasileira, em rápida expansão — um grupo que, só nos últimos cinco anos, cresceu em 40 milhões. A prosperidade e as aspirações em desenvolvimento desse segmento resultaram em uma demanda em rápido crescimento por marcas de maior valor em categorias que vão de refrigerantes a celulares, passando por artigos de luxo importados.

Os maiores varejistas do mundo abriram lojas no Brasil. Eles estão se saindo bem com formatos inovadores, voltados para segmentos mesclados de consumidores de classe média, pequenas empresas e compradores mais abastados. O francês Carrefour é líder de mercado com o Atacadão que, com suas lojas tipo galpão, lembra o Costco. Assim como o Costco, o Atacadão oferece marcas premium em grande quantidade em um moderno ambiente de loja, juntamente com promoções atrativas e preços baixos. O Walmart também está crescendo bastante no Brasil, com 532 pontos de venda, incluindo lojas Walmart Supercenter e Sam's Club, bem como sua rede de rápido crescimento, a TodoDia — supermercados com preço baixo que, comercializando marcas nacionais e próprias, fazem aquilo pelo que o Walmart é conhecido no mundo todo, mas de um jeito que agrada os brasileiros.

Uma das categorias de produto que apresentam mais forte crescimento entre a classe média cada vez mais endinheirada do Brasil é brincadeira — literalmente. Nos últimos anos, com a renda disponível em elevação, os gastos com brinquedos tradicionais e jogos têm crescido mais de 25% anualmente. A Mattel lidera o mercado, com uma considerável participação de 30%, seguida da Hasbro. O mercado de brinquedos do Brasil se parece muito com o norte-americano, com crianças pedindo não apenas Hot Wheels e Barbies, mas outros brinquedos de grande sucesso na América do Norte, como princesas da Disney, o Shrek, personagens do *Toy story* e bonecas da *Dora aventureira*, da Nickelodeon.

Assim como oferece oportunidades, o Brasil também apresenta desafios. Embora sua infraestrutura esteja anos-luz à frente do que era há uma década, as classes sociais do país, ainda fragmentadas, e suas diferenças regionais criam dificuldades para as empresas multinacionais. Por exemplo, as regiões Sul e Sudeste do Brasil possuem algumas das áreas mais ricas, populosas e fáceis de atingir do país, como São Paulo, o Estado mais rico da nação. Por outro lado, a região Nordeste é a mais pobre do Brasil, e muitos de seus moradores não têm acesso a serviços básicos, como ruas pavimentadas e água encanada. Tradicionalmente, essa região prefere mercados locais a supermercados, marcas regionais a mundiais. Com mais bocas para alimentar por domicílio, os consumidores nordestinos também buscam preços baixos.

Mas acontece que o Nordeste do Brasil é também a região com maior crescimento na renda doméstica. Assim, com as regiões mais abastadas se tornando cada vez mais competitivas, as empresas estão descobrindo maneiras inovadoras de responder aos desafios de distribuição em regiões como o Nordeste, a fim de capturar seu potencial de crescimento. Por exemplo, a Nestlé desenvolveu o programa "Até você", no qual seus representantes vão de porta em porta com carrinhos — um método que os moradores acham muito atrativo — para vender kits completos de produtos de laticínio, biscoitos, iogurtes e sobremesas. Mais do que apenas vender produtos, essas pessoas são treinadas para atuarem como uma espécie de nutricionistas, ajudando os clientes a desenvolver dietas mais saudáveis.

Para atender a consumidores que vivem às margens do rio Amazonas, no Norte do Brasil, onde falta uma sólida rede de ruas e estradas, a Nestlé abriu um supermercado flutuante, que leva os produtos diretamente aos consumidores. Zarpando de Belém, a maior cidade brasileira à margem do rio Amazonas, o barco atende a 1,5 milhão de consumidores em 27 cidades ribei-

▶ O marketing no Brasil traz tanto oportunidades como desafios. O programa "Até você" da Nestlé inclui abordagens inovadoras de distribuição, como esse supermercado flutuante, que atende à população que vive às margens do rio Amazonas, no Norte do Brasil.
Bloomberg via Getty Images

rinhas, com 300 diferentes produtos da Nestlé. Ele fica um dia em cada parada. Os clientes podem verificar a programação da loja flutuante no site <nestleatevoce.com.br>, por um número de ligação gratuita ou enviando uma mensagem de texto para obter mais informações, podendo, assim, planejar suas compras. Essa e outras iniciativas de marketing inovadoras ligadas ao programa "Até você" têm compensado para a Nestlé. "A demanda por nossos produtos mais do que dobrou no Norte e no Nordeste, em comparação às outras regiões do Brasil", diz o gerente de marketing da Nestlé no país.

Muitas empresas estão adaptando seus produtos aos gostos dos consumidores nordestinos. Por exemplo, a Nestlé fabrica um bolinho que vende somente no Nordeste, baseado em um popular prato local feito com milho-doce. A Bunge, a enorme multinacional do setor de agronegócios, desenvolveu uma versão brasileira, líder de vendas, de sua margarina Primor — uma versão mais firme e salgada, que não derrete no calor escaldante do Nordeste. A Nike também acertou com o lançamento de um tênis nacional, o Lanceiro: um calçado desenvolvido para agradar aos nordestinos, evocando imagens da bandeira de um Estado.

Acompanhar o ritmo das marcas locais pode ser desafiador, mesmo para as maiores marcas mundiais. Por exemplo, há tempos a Coca-Cola é a marca número um de refrigerantes no Brasil. No entanto, uma marca de bebida local, o Guaraná Jesus, ocupava um próximo segundo lugar. Com o nome do boticário que a formulou em 1920 a partir de extratos de guaraná, uma planta brasileira, a preferida local estava competindo diretamente com a Coca-Cola. A solução: a Coca-Cola comprou a marca.

À medida que a pobreza do Brasil vai embora e sua classe média continua a irromper suas fronteiras, um número cada vez maior de empresas globais encontrará no país um terreno fértil para fazer crescer suas marcas. Com os preparativos do Brasil para sediar a Copa do Mundo em 2014 e, depois, as Olimpíadas em 2016, o investimento estrangeiro e a atividade industrial no País estão disparando. As empresas globais que conseguirem atingir os gostos singulares da crescente classe média brasileira vão ficar com os benefícios. Hoje em dia, muitas dessas empresas estão perguntando: o Brasil ainda pertence ao grupo das economias mundiais emergentes? Ou ele já emergiu?

Fontes: Claudia Penteado, "Brazil's Northeast goes from 'land of laziness' to next China", *Advertising Age*, 13 jun. 2011, <http://adage.com/print/228070/>; Richard Wallace, "Middle-classes on the up: why Brazil Is growing", *IGD*, 15 set. 2011, <www.igd.com/index.asp?id=1&fid=1&sid=7&tid=10&cid=2128>; "Brazil fact sheet", <www.walmartstores.com/AboutUs/259.aspx>. Acesso em: set. 2012; Giedrius Daujotas, "Brazil's emerging middle-class offers opportunities for toymakers", *Euromonitor*, 27 fev. 2012, <http://blog.euromonitor.com/2012/02/brazils--emerging-middle-class-offers-opportunities-for-toymakers.html>.

Ambiente político/legal

O ambiente político/legal difere muito de país para país. Ao pensar em fazer negócios em um determinado país, a empresa deve levar em consideração fatores como: as atitudes do país em relação às compras internacionais, a burocracia governamental, a estabilidade política e as regulamentações monetárias.

Alguns países são bastante receptivos a empresas estrangeiras; outros são menos hospitaleiros. Por exemplo, a Índia tende a incomodar as empresas estrangeiras com cotas de importação, restrições no câmbio e outras limitações que fazem com que operar no país represente um grande desafio. Já os países asiáticos vizinhos, como Cingapura e Tailândia, cortejam os investidores estrangeiros e lhes oferecem vários incentivos e condições de operação favoráveis. A estabilidade política e regulatória é uma outra questão. Por exemplo, o governo da Venezuela é notoriamente instável — por conta de fatores econômicos como a inflação e os enormes gastos públicos —, o que torna mais arriscado fazer negócios no país. Apesar de a maioria das empresas internacionais ainda considerar o mercado venezuelano atrativo, a situação política e regulatória instável afetará a maneira como elas lidam com os negócios e as questões financeiras.[16]

As empresas também precisam considerar as regulações monetárias do país. Os vendedores querem obter lucros em uma moeda que tenha valor para eles. O ideal é que o comprador possa pagar na moeda do vendedor ou em outras moedas com liquidez mundial. Se isso não for possível, os vendedores podem aceitar uma moeda bloqueada — moeda cuja retirada do país é restrita pelo governo do comprador —, caso possam comprar no país outras mercadorias de que necessitam ou vender em outros locais em moedas de que precisam. Além das restrições monetárias, a volatilidade das taxas de câmbio cria altos riscos para o vendedor.

Grande parte do comércio internacional envolve transações em moeda corrente. No entanto, muitos países dispõem de uma quantidade muito pequena de moeda forte para pagar pelas compras que fazem de outros países. Nesse caso, ele podem querer pagar com outras mercadorias, em vez de utilizar moeda. O *escambo* envolve a troca direta de produtos ou serviços. Por exemplo, a China concordou em ajudar a República Democrática do Congo a construir 6 bilhões de dólares em infraestrutura extremamente necessária — 3.800 quilômetros de rua, 3.200 quilômetros de estrada, 32 hospitais, 145 ambulatórios e duas universidades. Em troca, a China recebeu recursos naturais de que suas indústrias em forte crescimento necessitam — 10 milhões de toneladas de cobre e 400 mil toneladas de cobalto.[17]

Ambiente cultural

Cada país tem seus próprios costumes, normas e tabus. Ao elaborarem suas estratégias de marketing global, as empresas devem entender como a cultura afeta as reações dos consumidores em cada um de seus mercados mundiais. Por outro lado, elas também devem entender como as estratégias afetam a cultura local.

O impacto da cultura na estratégia de marketing

Antes de planejarem um programa de marketing, as empresas vendedoras devem entender o que os consumidores de diferentes países pensam de determinados produtos e como os utilizam. Com frequência, há surpresas. Por exemplo, os homens franceses usam, em média, quase duas vezes mais cosméticos e produtos de beleza do que suas esposas. Os alemães e franceses comem mais espaguete de marca, embalado, do que os italianos. Cerca de 49% dos chineses comem a caminho do trabalho. A maioria das norte-americanas solta o cabelo e tira a maquiagem antes de dormir, ao passo que 15% das chinesas arrumam o cabelo na hora de deitar e 11% *colocam* maquiagem.[18]

As empresas que ignoram as normas e as diferenças culturais podem cometer erros muito onerosos e constrangedores. Veja dois exemplos:

> A Nike inadvertidamente ofendeu as autoridades da China quando veiculou um anúncio em que LeBron James derrotava várias personalidades reverenciadas pelos chineses em uma campanha televisiva cujo tema era kung fu. O governo chinês considerou que o anúncio violava as leis de preservação da dignidade e do respeito pela "cultura da terra-mãe" e impediu a transmissão da multimilionária campanha. Sem graça, a Nike pediu desculpas formais. O Burger King cometeu um erro parecido quando colocou em suas lojas anúncios em espanhol que mostravam a deusa hindu Lakshmi em cima de um sanduíche de presunto, com a frase "um lanche que é sagrado". Grupos culturais e religiosos de todo o mundo reagiram com vigor — os hindus são vegetarianos. O Burger King se desculpou e retirou os anúncios.[19]

As normas e os comportamentos empresariais também variam de país para país. Os executivos norte-americanos, por exemplo, gostam de ir direto ao ponto e se envolver em negociações cara a cara que sejam rápidas e acirradas. Já os executivos japoneses e de outros países asiáticos costumam achar esse comportamento ofensivo. Eles preferem começar com um bate-papo ameno e raramente dizem "não" em conversas realizadas pessoalmente. Outro exemplo: apertar firmemente a mão é algo comum e esperado na maioria dos países ocidentais. Contudo, em alguns países do Oriente Médio, apertos de mão podem ser negados. Em algumas nações, ao ser convidado para uma refeição, não comer tudo significa que a comida estava de algum modo insatisfatória. Em compensação, em outras, devorar tudo até o último pedaço pode ser considerado um pequeno insulto, pois sugere que o anfitrião não ofereceu uma quantidade de comida suficiente.[20] Os executivos precisam entender esses tipos de nuances culturais antes de conduzirem negócios em um outro país.

De maneira similar, as empresas que entendem as variantes culturais podem utilizá-las a seu favor nos mercado globais. Por exemplo, as lojas da varejista de móveis IKEA são uma grande atração para consumidores chineses em ascensão. Mas a empresa descobriu que os clientes na China querem de suas lojas muito mais do que móveis escandinavos a preços acessíveis:[21]

▲ O impacto da cultura na estratégia de marketing: os clientes da IKEA na China querem muito mais das lojas da empresa do que móveis escandinavos a preços acessíveis.

Lou Linweil/Alamy

> Na China, as lojas da IKEA se tornaram destinos populares — uma trégua da movimentação e da fumaça, além de um local para fazer um almoço confiável. "Os clientes vêm em família, deitam nas camas em exposição e tiram uma soneca, posam para fotos com a decoração e passeiam por horas para aproveitar o ar-condicionado e o refil grátis de refrigerante", assinala um observador. Em um típico sábado à tarde, por exemplo, em uma enorme loja da IKEA na China, camas e outros móveis do mostruário estão ocupados, com clientes de todas as idades relaxando ou, até mesmo, tirando um rápido cochilo. Os gerentes da IKEA

incentivam esse tipo de comportamento, imaginando que a familiaridade com a loja resultará em compras mais para a frente, quando a renda dos consumidores aumentar a ponto de se equiparar com suas aspirações. "Talvez, se tiver visitado a IKEA, comido almôndegas e cachorros-quentes ou tomado sorvete durante dez anos, a pessoa poderá considerar a loja quando for comprar um sofá", diz o presidente da empresa para a Ásia e o Pacífico. Graças a esse entendimento cultural, a IKEA já possui cerca de 7% do mercado de móveis domésticos em expansão da China, e suas vendas no país aumentaram 20% no ano passado.

Portanto, entender tradições, preferências e comportamentos culturais pode ajudar as empresas não apenas a evitar erros constrangedores, mas também a se beneficiar de oportunidades transculturais.

O impacto da estratégia de marketing na cultura

Enquanto algumas empresas se preocupam com o impacto da cultura em suas estratégias de marketing global, outras podem se preocupar com o impacto das estratégias de marketing nas culturas espalhadas pelo mundo. Por exemplo, críticos sociais afirmam que grandes multinacionais norte-americanas, como o McDonald's, a Coca-Cola, a Starbucks, a Nike, o Google, a Disney e o Facebook, não estão apenas globalizando suas marcas, mas americanizando as culturas do mundo. Outros elementos da cultura norte-americana se difundiram mundo afora.[22] Por exemplo, hoje, há mais pessoas estudando inglês na China do que falando o idioma nos Estados Unidos. Dos dez programas de TV mais assistidos no mundo, sete são norte-americanos. Se uma pessoa dos Estados Unidos se reunir com executivos brasileiros, alemães e chineses, eles provavelmente vão negociar em inglês. E o que une adolescentes do mundo todo em uma espécie de comunidade global, assinala um observador, "é a cultura norte-americana — a música, os filmes de Hollywood, os jogos, o Google, o Facebook, as marcas de consumo norte-americanas. O [...] resto do mundo está ficando [cada vez mais] parecido conosco, para o bem e para o mal".

"Hoje, a globalização costuma usar orelhas do Mickey Mouse, comer Big Macs, beber Coca-Cola ou Pepsi e fazer seus cálculos com o Windows", diz Thomas Friedman em seu livro *O Lexus e a oliveira*. "Para algumas crianças chinesas, a primeira palavra em inglês [é] Mickey", assinala outro autor.[23]

Os críticos se preocupam com a possibilidade de, sob tal "McDomínio", os países ao redor do mundo perderem sua identidade cultural. Os adolescentes na Turquia assistem à MTV, conectam-se mundialmente com outras pessoas por meio do Facebook e pedem aos pais roupas mais ocidentalizadas, bem como outros símbolos da cultura popular e dos valores norte-americanos. As avós em pequenos vilarejos na Europa não passam mais as manhãs visitando açougues, padarias e pequenos mercados locais para comprar os ingredientes para a janta. Em vez disso, elas agora fazem compras em supercentros do Walmart. As mulheres na Arábia Saudita assistem a filmes norte-americanos, questionam seus papéis na sociedade e compram em qualquer uma das lojas da Victoria's Secret, cada vez mais numerosas no país. Na China, a maioria das pessoas nunca tinha tomado café antes de a Starbucks entrar no mercado. Agora, os consumidores chineses correm para as lojas Starbucks, "por serem um símbolo de um novo tipo de estilo de vida". De modo similar, na China, onde o McDonald's tem 80 restaurantes só em Pequim, cerca da metade de todas as crianças identifica a rede como uma marca nacional.

Pontos como esses, muitas vezes, levaram a uma reação contrária à globalização norte-americana. Marcas famosas nos Estados Unidos se tornaram alvos de boicotes e protestos em alguns mercados internacionais. Símbolos do capitalismo norte-americano, empresas como a Coca-Cola, o McDonald's, a Nike e a KFC foram escolhidas por pessoas que se opõem à globalização em áreas de conflito ao redor do mundo, especialmente onde o sentimento antiamericano é mais forte.

▲ O impacto da estratégia de marketing na cultura: cerca de metade de todas as crianças na China identifica o McDonald's como uma marca nacional.

Tomoko Kunihiro

Apesar de problemas como esse, os defensores da globalização argumentam que as preocupações referentes à americanização e os potenciais danos às marcas norte-americanas são superestimados. As marcas dos Estados Unidos estão se saindo muito bem no mercado internacional. Na mais recente pesquisa Millward Brown Optimor, que avalia o valor de marcas de consumo mundiais, 16 das 20 maiores marcas eram de propriedade norte-americana, incluindo megamarcas, como Apple, IBM, Google, McDonald's, Microsoft, Coca-Cola, GE, Amazon.com e Walmart.[24] Muitas marcas norte-americanas emblemáticas estão em disparada no mercado mundial. Os chineses, por exemplo, parecem ter um apetite insaciável por iPhones e iPads da Apple. No ano passado, quando a Apple lançou seu último modelo de iPhone na China, a demanda foi tão grande que a empresa teve que abrir mão das vendas em algumas lojas em Pequim para evitar a ameaça de tumulto vinda de um multidão de consumidores ansiosos. Hoje, a China é o segundo maior mercado da Apple, ficando atrás apenas dos Estados Unidos. "É impressionante que consigamos fazer isso bem", diz Tim Cook, CEO da Apple.[25]

Em termos mais fundamentais, o intercâmbio cultural é bilateral: os Estados Unidos recebem tanto quanto enviam influências culturais. É verdade: Hollywood domina o mercado cinematográfico global, mas a TV britânica originou uma programação que, ao ser americanizada, produziu grandes sucessos, como *The office*, *American idol* e *Dancing with the stars*. E, embora jovens chineses e russos estejam usando camisetas de estrelas da NBA, a crescente popularidade do futebol nos Estados Unidos tem profundas raízes internacionais.

Até as crianças norte-americanas têm sido cada vez mais influenciadas por importações culturais da Ásia e da Europa. A maioria das crianças sabe tudo sobre a Hello Kitty e o Bakugan: Guerreiros da Batalha, bem como sobre qualquer um dos vários personagens de jogos da Nintendo ou da Sega. E os tão britânicos livros do Harry Potter, de J. K. Rowling, moldaram a mentalidade de uma geração inteira de norte-americanos mais jovens, sem contar os milhões de norte-americanos mais velhos que foram enfeitiçados por eles também. Até o momento, a língua inglesa continua sendo o principal idioma da Internet, e o acesso à web muitas vezes faz com que a juventude de países do terceiro mundo fique mais exposta à cultura popular dos Estados Unidos. Contudo, essas mesmas tecnologias permitem aos estudantes do Leste Europeu que estão estudando nos Estados Unidos ouvirem, via webcast, notícias e músicas da Polônia, Romênia e da Bielorrússia.

Assim, a globalização é uma via de mão dupla. Se usa orelhas de Mickey Mouse, ela também fala em um celular da LG, compra móveis na IKEA, dirige um Camry da Toyota e assiste a um programa de TV inspirado em um show britânico em uma TV de plasma da Samsung.

Decisão de ingressar no mercado internacional

Nem todas as empresas precisam se aventurar por mercados internacionais para sobreviver. Muitas são negócios locais, que precisam vender bem apenas em seu mercado. Operar no mercado interno é mais fácil e seguro. Os gestores não precisam aprender o idioma e a legislação de outros países. Também não precisam lidar com moedas instáveis, enfrentar incertezas políticas e legais ou redesenhar seus produtos para atender a diferentes expectativas dos clientes. Contudo, empresas que operam em setores globais, em que suas posições estratégicas em mercados específicos são fortemente afetadas por suas posições mundiais gerais, devem competir em âmbito tanto regional como mundial se quiserem ser bem-sucedidas.

Há diversos fatores que atraem uma empresa para a arena internacional. Por exemplo, concorrentes globais podem atacar o mercado doméstico da empresa, oferecendo melhores produtos ou preços mais baixos. A empresa pode querer contra-atacar esses concorrentes nos mercados domésticos deles, para que concentrem seus recursos ali. Pode acontecer, também, de os clientes da empresa se expandirem para o exterior e demandarem atendimento internacional. Ou, o que é mais provável, o mercado internacional pode oferecer melhores oportunidades de crescimento. Por exemplo, como vimos no caso que abre este capítulo, a Coca-Cola enfatizou o crescimento internacional nos últimos anos para compensar as vendas de refrigerantes nos Estados Unidos, que estão estagnadas ou em declínio. Hoje em dia, cerca de 80% das vendas da Coca-Cola são provenientes de outros países, e a empresa está se voltando, principalmente, para 90 mercados emergentes, como a China, a Índia e todo o continente africano.[26]

Antes de partir para o exterior, a empresa deve ponderar diversos riscos e responder a muitas perguntas sobre sua capacidade de operar globalmente. A organização consegue

624 Parte 4 | Marketing ampliado

▼ **Tabela 19.1** Indicadores do potencial de mercado.

Características demográficas	Fatores socioculturais
Nível de instrução	Estilos de vida, crenças e valores do consumidor
Tamanho e crescimento da população	Regras e abordagens empresariais
Composição etária da população	Normais culturais e sociais
	Idiomas
Características geográficas	**Fatores políticos/legais**
Clima	Prioridades nacionais
Tamanho do país	Estabilidade política
Densidade populacional — urbana, rural	Atitudes do governo em relação ao comércio mundial
Estrutura de transportes e acessibilidade do mercado	Burocracia do governo
	Regulações monetárias e comerciais
Fatores econômicos	
Tamanho e crescimento do PIB	
Distribuição de renda	
Infraestrutura industrial	
Recursos naturais	
Recursos financeiros e humanos	

entender as preferências e o comportamento de compra dos consumidores em outros países? Ela pode oferecer produtos atraentes em termos competitivos? Conseguirá se adaptar às culturas empresariais de outros países e negociar efetivamente com seus executivos? Os gestores da empresa têm a experiência internacional necessária? A administração considerou o impacto das regulações e do ambiente político dos outros países?

Decisão de mercados a ingressar

Antes de se voltar para o exterior, a empresa deve tentar definir seus *objetivos e políticas de marketing internacional*. Ela precisa decidir qual *volume* de vendas deseja realizar no exterior. A maioria das empresas começa com um negócio pequeno quando parte para o mercado externo. Algumas planejam continuar assim, considerando as vendas internacionais uma pequena parte de seus negócios. Outras, no entanto, têm planos maiores e consideram os negócios internacionais tão importantes quanto os domésticos ou, até mesmo, mais importantes do que eles.

A empresa também precisa decidir em *quantos* países quer operar. As organizações têm que ter cuidado para não se expandir demais ou além de sua capacidade, ingressando em muitos países rápido demais. Em seguida, a empresa precisa decidir em que *tipos* de país quer ingressar. A atratividade de um país depende do produto, de fatores geográficos, da renda e da população, do ambiente político e de outras considerações. Nos últimos anos, surgiram muitos novos e importantes mercados, oferecendo tanto oportunidades substanciais como desafios assustadores.

Após relacionar os possíveis mercados internacionais, a empresa deve avaliar cuidadosamente cada um deles. Ela deve levar em consideração vários fatores. Por exemplo, a decisão do Walmart de entrar na África parece simples: como um todo, o mercado africano é três vezes maior do que o chinês, além de ser o lar de mais de 1 bilhão de pessoas e contar com seis das dez economias que crescem mais rápido no mundo. De fato, recentemente, o Walmart conquistou um ponto de apoio na África, tornando-se o principal proprietário do Massmart, um varejista sul-africano que opera o Makro, o Game e outras lojas de desconto e atacados primordialmente na África do Sul, mas também em outros 13 países africanos.

No entanto, à medida que se expande pelos mercados africanos, o Walmart precisa responder a algumas importantes questões. Ele pode competir de maneira efetiva em cada um dos países, com centenas de concorrentes locais? Os vários governos africanos serão estáveis e cooperativos? A África possui as tecnologias necessárias na área de logística? O Walmart pode dominar as variadas e amplamente diversificadas diferenças culturais e de compras dos consumidores africanos?

Provavelmente, a expansão do Walmart na África será um processo lento, à medida que ele se depara com desafios culturais, políticos e logísticos que não lhe são familiares. E, junto com as enormes oportunidades, muitos países africanos estão entre os lugares mais difíceis do mundo para se fazer negócios. "Você vê um mercado como a Nigéria [com uma população de mais de 150 milhões de pessoas] e lhe parece uma grande oportunidade", diz o diretor do Walmart International. "Mas descobrimos [que] precisamos pensar, na verdade, em uma cidade de cada vez, e não em um país de cada vez."[27]

Os possíveis mercados globais devem ser classificados de acordo com diversos fatores, incluindo tamanho, potencial de crescimento, custo de se fazer negócios, vantagem competitiva e nível de risco. O objetivo é determinar o potencial de cada mercado utilizando, para isso, indicadores como os mostrados na Tabela 19.1. Em seguida, a empresa precisa verificar qual mercado oferece o melhor retorno do investimento no longo prazo.

Decisão sobre como ingressar no mercado

Objetivo 2

▶ Descreve as três principais abordagens de entrada nos mercados internacionais.

Uma vez decidida a vender em um país estrangeiro, a empresa deve determinar a melhor maneira de ingressar nele. Suas alternativas são: *exportação*, *joint-venture* e *investimento direto*. A Figura 19.2 traz as três estratégias de entrada no mercado, juntamente com as opções que cada uma delas oferece. Como mostra a figura, cada estratégia envolve maior comprometimento e risco do que a anterior, mas também mais controle e potencial de lucro.

Exportação

A maneira mais simples de entrar em um mercado estrangeiro é por meio da **exportação**. A empresa pode exportar passivamente seus excedentes de tempos em tempos ou, então, assumir um compromisso ativo de expandir as exportações para um determinado mercado. Em qualquer um dos casos, a organização produz todas as suas mercadorias no país de origem, podendo ou não adaptá-las ao mercado de destino. A exportação envolve alterações mínimas nas linhas de produto, na organização, nos investimentos ou na missão da empresa.

Exportação
Ingressar em mercados estrangeiros vendendo mercadorias fabricadas no país de origem, geralmente, com pouca modificação.

Geralmente, as empresas começam com *exportação indireta*, operando por meio de intermediários de marketing internacionais e independentes. A exportação indireta envolve menos investimento, uma vez que não requer uma organização de marketing ou uma rede de contatos no exterior, ela também envolve menos risco. Os intermediários internacionais contribuem com sua experiência e seus serviços para o relacionamento e, assim, a empresa normalmente comete menos erros. Com o tempo, a empresa pode passar a operar com *exportação direta*, controlando suas próprias exportações. Com essa estratégia, o investimento e o risco são ligeiramente maiores, mas o retorno potencial também é maior.

Joint-venture

Um segundo método de ingressar em um mercado estrangeiro é a **joint-venture** — unir-se a empresas estrangeiras para produzir ou comercializar produtos ou serviços. A diferença entre a joint-venture e a exportação é que a empresa se une a um parceiro local para vender ou comercializar no país. Ela é diferente do investimento direto porque é firmada com alguém no país estrangeiro. Existem quatro tipos de joint-venture: licenciamento, fabricação por contrato, administração por contrato e propriedade conjunta.

Joint-venture
Ingressar em mercados estrangeiros firmando parcerias com empresas do país para produzir ou comercializar um produto ou serviço.

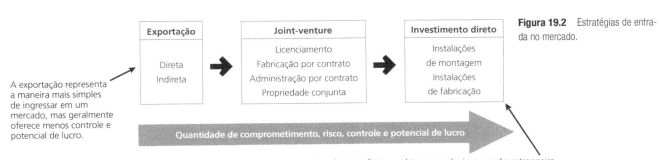

Figura 19.2 Estratégias de entrada no mercado.

▲ Licenciamento: no Japão, os sucos, as outras bebidas e as sobremesas Sunkist são produzidos pela Moringa Milk Company.
Reproduzido com permissão da Sunkist Growers, Inc. Todos os direitos reservados.

Licenciamento
Ingressar em mercados estrangeiros firmando um acordo com um licenciado do próprio país.

Fabricação por contrato
Uma joint-venture em que a empresa contrata fabricantes do mercado estrangeiro para produzir seu produto ou oferecer seu serviço.

Administração por contrato
Uma joint-venture em que a empresa fornece sua experiência em administração a uma empresa estrangeira, que entra com o capital; a empresa exporta serviços de administração, e não produtos.

Propriedade conjunta
Um empreendimento cooperativo em que a empresa cria um negócio local com investidores no mercado estrangeiro, compartilhando a propriedade e o controle.

Licenciamento

O **licenciamento** consiste em uma maneira simples de o fabricante ingressar no mercado internacional. A empresa firma um acordo com um licenciado no mercado estrangeiro. Mediante o pagamento de uma taxa ou royalty, o licenciado compra o direito de usar o processo de fabricação, a marca registrada, a patente, a técnica comercial ou outro item de valor da empresa. Dessa maneira, a empresa ingressa no mercado estrangeiro com pouco risco, e o licenciado adquire conhecimento de produção ou um produto ou nome bastante conhecido sem ter que começar do zero.

No Japão, a Budweiser vem das cervejarias Kirin, e a Moringa Milk Company produz os sucos, as outras bebidas e as sobremesas Sunkist. A Coca-Cola comercializa seus produtos internacionalmente licenciando engarrafadores em todo o mundo e fornecendo-lhes o xarope necessário para a produção. Seus parceiros mundiais vão da Coca-Cola Bottling Company, na Arábia Saudita, à Coca-Cola Hellenic, sediada na Europa. Esses parceiros engarrafam e comercializam 90 marcas da Coca-Cola para 560 milhões de pessoas em 30 países, desde a Itália e a Grécia, até a Nigéria e a Rússia.

Entretanto, o licenciamento possui desvantagens potenciais. A empresa tem menos controle sobre o licenciado do que teria se as operações pertencessem a ela. Além disso, se o licenciado for muito bem-sucedido, a empresa terá cedido a ele os lucros e, ao término do contrato, poderá descobrir que criou um concorrente.

Fabricação por contrato

Outra opção é a **fabricação por contrato** — a empresa contrata fabricantes no mercado externo para fabricar seu produto ou oferecer seu serviço. A Sears usou esse método quando abriu lojas de departamentos no México e na Espanha, onde encontrou fabricantes locais qualificados para produzir muitos dos produtos que vende. As desvantagens da fabricação por contrato são: menor controle sobre o processo de produção e perda de lucros potenciais na fabricação. Já os benefícios incluem: oportunidade de iniciar o negócio com mais rapidez e menos risco e possibilidade de, mais adiante, formar uma parceria com o fabricante local ou até comprá-lo.

Administração por contrato

Na **administração por contrato**, a empresa fornece sua experiência em administração a uma empresa estrangeira, que entra com o capital. Em outras palavras, a empresa exporta serviços de administração, e não produtos. O Hilton utiliza esse tipo de contrato para administrar seus hotéis ao redor do mundo. Por exemplo, a rede de hotéis opera o DoubleTree by Hilton em locais que variam do Reino Unido e da Itália até o Peru e a Costa Rica, passando pela China, Rússia e Tanzânia. Os proprietários são locais, mas o Hilton administra os hotéis com sua competência em hospitalidade mundialmente reconhecida.[28]

A administração por contrato consiste em um método de baixo risco para entrar em um mercado estrangeiro, e que gera receita desde o início. Esse tipo de acordo é ainda mais atrativo se a empresa contratante tiver a opção de, mais tarde, comprar alguma participação da empresa administrada. No entanto, ele não é sensato quando a empresa pode fazer melhor uso de seu escasso talento administrativo ou quando ela pode conseguir maiores lucros assumindo a administração do empreendimento com um todo. A administração por contrato também impede a empresa de estabelecer suas próprias operações durante um período.

Propriedade conjunta

Um empreendimento de **propriedade conjunta** consiste na união de forças de uma empresa com investidores estrangeiros para criar um negócio local, cuja propriedade e controle sejam compartilhados. Uma empresa estrangeira pode comprar ações de uma empresa local ou as duas partes podem se unir e formar um novo empreendimento. A propriedade conjunta pode ser necessária por razões políticas ou econômicas. Por exemplo, a empresa pode não dispor de recursos financeiros, físicos ou administrativos para bancar o empreendimento sozinha. Ou, então, o governo do país em questão pode exigir a propriedade conjunta como condição de ingresso no mercado.

Muitas vezes, as empresas formam um empreendimento de propriedade conjunta para unir forças complementares no desenvolvimento de oportunidades de marketing global. Por exemplo, recentemente, a Campbell Soup Company formou uma joint-venture no estilo 60% meu e 40% seu com a Swire Pacific, uma empresa sediada em Hong Kong, criando a Campbell Swire, com o objetivo de ajudar a distribuir melhor as sopas da empresa na China.[29]

▲ Investimento direto: a Ford fez grandes investimentos diretos em diversos países, como a Índia, a China e a Tailândia, a fim de satisfazer a demanda crescente da empresa nos mercados asiáticos.
AFP/Getty Images

A China representa uma grande oportunidade para a Campbell: a população do país consome cerca de 355 bilhões de porções de sopa por ano. No entanto, atualmente os consumidores chineses tomam mais sopas feitas em casa, o que abre muito espaço para o crescimento das sopas comerciais. A Campbell Swire produz e comercializa sopas da Campbell na China. Ambas as empresas contribuem com pontos fortes singulares para a parceria. A Campbell sabe como produzir e comercializar sopas; a Swire Pacific tem uma grande experiência na distribuição de alimentos na China e um profundo conhecimento do mercado chinês. Juntas, essas empresas conseguem realizar mais do que poderiam fazer sozinhas. "Essa parceria ajudará a abrir o mercado de sopas na China, combinando as marcas, as receitas e os insights do consumidor da Campbell com a força de vendas, a capacidade logística e o conhecimento geral de mercado da Swire", diz o presidente da Campbell International.

A propriedade conjunta, contudo, traz algumas desvantagens. Os parceiros podem discordar em relação a investimentos, marketing ou outras políticas. E, embora muitas empresas norte-americanas prefiram reinvestir os lucros visando ao crescimento, as organizações locais geralmente preferem colher esses ganhos — enquanto as empresas norte-americanas enfatizam o papel do marketing, os investidores locais podem apostar nas vendas.

Investimento direto

O maior envolvimento em um mercado estrangeiro resulta do **investimento direto** — desenvolvimento de instalações de montagem ou fabricação no exterior. Por exemplo, a Ford fez investimentos diretos em vários países asiáticos, incluindo Índia, China e Tailândia. Recentemente, ela começou a construir sua segunda fábrica na Índia, uma planta de 1 bilhão de dólares com o que há de mais moderno em produção e engenharia, a qual fabricará 240 mil carros por ano e, com isso, ajudará a satisfazer a demanda crescente da Ford não só na Índia, mas em outros mercados asiáticos. De maneira similar, a Honda e a Toyota fizeram consideráveis investimentos diretos em produção na América do Norte. Por exemplo, mais de 87% dos modelos da Honda e da Acura vendidos nos Estados Unidos são fabricados na América do Norte. "Nossa principal filosofia é produzir onde vendemos", diz um executivo da Honda.[30]

Se a empresa já tem experiência em exportação e o mercado estrangeiro é suficientemente grande, instalações no exterior oferecem muitas vantagens. A empresa pode reduzir custos por conta de mão de obra ou matérias-primas mais baratas, dos incentivos para investimento externo oferecidos pelo governo local e da economia no frete. Ela também pode melhorar sua imagem no país que a recebe ao criar empregos. Em geral, a empresa desenvolve um relacionamento mais profundo com o governo, os clientes, os fornecedores locais e os distribuidores, o que lhe permite adaptar melhor seus produtos ao mercado local. Por fim, ela mantém total controle sobre seu investimento e, portanto, pode desenvolver políticas de produção e marketing que atendam a seus objetivos internacionais no longo prazo.

A principal desvantagem do investimento direto é que a empresa enfrenta muitos riscos, como restrição ou desvalorização da moeda, mercados em declínio ou mudanças no governo. Em alguns casos, se quiser operar em um determinado país, a empresa não terá outra opção a não ser correr esses riscos.

Investimento direto
Ingressar em um mercado estrangeiro desenvolvendo instalações de montagem ou fabricação no país.

628 Parte 4 | Marketing ampliado

Objetivo 3

▶ Explicar como as empresas adaptam suas estratégias e mixes de marketing para os mercados internacionais.

Decisão sobre o programa de marketing global

Empresas que operam em um ou mais mercados estrangeiros devem decidir até que ponto vão adaptar suas estratégias e programas de marketing às condições locais, se é que vão fazê--lo. Em um extremo estão as empresas globais que praticam o **marketing global padronizado**, utilizando essencialmente as mesmas abordagens de estratégia de marketing e o mesmo mix de marketing no mundo inteiro. No outro extremo está o **marketing global adaptado**. Nesse caso, o fabricante ajusta tanto a estratégia como os elementos do mix de marketing para cada mercado-alvo, arcando até com custos mais altos na esperança de conseguir maior participação de mercado e retorno.

Marketing global padronizado
Uma estratégia de marketing internacional que, basicamente, utiliza não só a mesma estratégia de marketing, mas também o mesmo mix de marketing, em todos os mercados internacionais da empresa.

Marketing global adaptado
Uma abordagem de marketing internacional que ajusta a estratégia de marketing, bem como os elementos do mix de marketing, a cada mercado-alvo internacional — o que gera mais custo, mas, espera-se, leva a uma maior participação de mercado e retorno.

A questão da adaptação ou padronização da estratégia e do programa de marketing tem sido objeto de muitas discussões nos últimos anos. Por um lado, algumas empresas globais acreditam que a tecnologia está fazendo do mundo um lugar menor e que as necessidades dos consumidores ao redor do planeta estão cada vez mais parecidas. Isso abre caminho para as marcas mundiais e o marketing global padronizado. O branding global e a padronização, por sua vez, resultam em maior poder de marca, bem como em custos reduzidos por contas das economias de escala.

Por outro lado, a orientação de marketing sustenta que os programas de marketing serão mais eficazes se desenvolvidos sob medida para as necessidades específicas de cada grupo de clientes-alvo. Se essa orientação se aplica a um país, ela deve se aplicar ainda mais aos mercados internacionais. Apesar da convergência global, os consumidores de diferentes países ainda têm experiências culturais muito variadas. Eles ainda diferem de maneira significativa em termos de necessidades e desejos, poder de compra, preferências de produto e padrões de compra. Como é difícil mudar essas preferências, a maioria das empresas hoje adapta seus produtos, preços, canais e promoções aos desejos dos consumidores de cada país.

A padronização global, no entanto, não é uma proposta do tipo "tudo ou nada", mas uma questão de dimensão. A maioria dos profissionais de marketing internacional sugere que as empresas devem "pensar globalmente, mas agir localmente" — que elas devem buscar um equilíbrio entre padronização e adaptação. A Starbucks encontrou esse equilíbrio internacionalmente, ao beneficiar-se de seu considerável reconhecimento de marca global, mas também adaptar seu marketing e suas operações a mercados específicos. A estratégia geral de marca da empresa oferece direcionamento estratégico global. Assim, as unidades regionais ou locais se concentram em adaptar a estratégia e a marca para mercados locais específicos, como a Índia e a China (veja o Marketing Real 19.2). "A melhor organização de marca é aquela que orienta para uma proposta de marca única e, então, desafia e autoriza os mercados locais a desenvolver o melhor mix de ativação para fazê-la funcionar em cada mercado", diz um especialista em branding mundial.[31]

Coletivamente, as marcas locais ainda são responsáveis pela maioria absoluta das compras dos consumidores. "A grande maioria das pessoas ainda leva uma vida bem local", diz um analista global. "Certamente, você deve atuar globalmente, mas a primeira coisa que você precisa fazer é vencer na base. Você tem que atuar localmente." Outro analista concorda: "É preciso respeitar a cultura local e se tornar parte dela". Um marca global deve "envolver-se com os consumidores de tal maneira que eles sintam que ela é local". Simon Clift, antigo CMO da Unilever, gigante global de produtos, expressa a ideia da seguinte maneira: "Estamos tentando atingir o equilíbrio entre ser impetuosamente globais e extremamente locais".[32]

O McDonald's funciona da seguinte maneira: ele utiliza o mesmo modelo básico de aparência, layout e operação de fast-food em seus restaurantes espalhados pelo mundo, mas adapta seu cardápio e sua concepção aos gostos locais. Por exemplo, na França, o McDonald's utiliza o poder de sua marca global e seu modelo de operação, mas se redefiniu como uma empresa francesa, que se adapta às necessidades e às preferências dos consumidores do país no qual se instala:[33]

> "A França — a terra da culinária sofisticada, dos vinhos finos e dos queijos — seria o último lugar que se esperaria encontrar um próspero [McDonald's]", opina um observador. Contudo, a gigante do fast-food transformou a França em seu segundo mais lucrativo mercado mundial. Embora à primeira vista um McDonald's em Paris se pareça bastante com qualquer outro em Chicago, a empresa cuidadosamente adaptou suas operações na França às preferências dos clientes locais. No nível mais básico, apesar da maior parte das receitas ainda vir de hambúrgueres e batatas

Marketing Real 19.2

Starbucks na Índia: uma marca global em um mercado local

A Starbucks está dando início a seus negócios na Índia. Tendo em vista a economia em rápido desenvolvimento da Índia e sua enorme população de mais de 1,2 bilhão de pessoas, ingressar no mercado indiano parece ser uma decisão simples para uma marca global.

Abundam oportunidades para a Starbucks na Índia. Durante muito tempo um país de apreciadores de chá, a Índia está em meio a um grande aumento no consumo de café, sustentado pelo crescimento da classe média do país e pela grande população jovem. A Índia — em especial o segmento de jovens adultos — está pronta para a Starbucks. Em um país no qual, em grande medida, ainda se desaprova que jovens adultos, principalmente mulheres, se socializem em bares ou pubs, as cafeterias representam locais ideais para encontros. "Quando não quer beber, quando quer apenas relaxar, você vem aqui", diz uma cliente de 22 anos, no meio de semana à noite, em uma loja Coffee Bean & Tea Leaf, em Nova Déli. Vale a pena pagar 150 rúpias (cerca de 3 dólares) por um copo de café e um tempo longe de casa com os amigos.

Se o mercado de café está se aquecendo na Índia, assim também está a marca Starbucks. Embora só agora a rede esteja estabelecendo lojas por lá, graças à força mundial da Starbucks, muitos indianos já estão familiarizados com a marca. De fato, de acordo com um observador, em primeiro lugar, o crescimento do mercado de café na Índia resultou, em parte, do sucesso global da Starbucks. "O crescimento não se deu somente por conta [das cafeterias locais. Ele] se deu também por causa do estilo de vida a que a Starbucks deu início nos Estados Unidos e em outros lugares." Assim, por conta de seu poder de marca global, as mesas de café já estão postas para a Starbucks à medida que ela ingressa na Índia.

No entanto, o poder de marca mundial não se traduzirá, automaticamente, em sucesso de marca local para a Starbucks. A Índia é muito diferente dos Estados Unidos, do Canadá ou da Europa. Para se sair bem no intrincado ambiente de mercado indiano, a Starbucks precisa se adaptar cuidadosamente aos gostos dos consumidores do país e às complexidades dos ambientes político, empresarial e social da Índia.

Por exemplo, os negócios na Índia favorecem muito as empresas locais. Por capitalização de mercado, mais de 70% das empresas indianas são controladas por famílias. Desenvolver relações comerciais na Índia exige tempo e paciência e, mesmo assim, os laços familiares podem falar mais alto. Para tornar as coisas ainda mais desafiadoras para as empresas de fora, o governo indiano é reconhecidamente lento quando se trata de tomar decisões sobre investimentos estrangeiros. Por exemplo, em resposta a protestos de empresas locais, o governo do país recentemente adiou uma decisão há muito aguardada, que visa permitir aos varejistas estrangeiros ter 51% de participação ou mais nas operações de varejo indianas. Com um ambiente político incerto assim, nos últimos anos, o investimento estrangeiro tem declinado e o crescimento econômico tem ficado mais lento na Índia.

Mas a Starbucks — a maior rede de cafeterias do mundo, com cerca de 17.500 lojas em 59 países — conhece as dificuldades de ingressar em novos mercados mundiais. A empresa estudou a Índia durante anos, aprendendo tudo o que podia e, pacientemente, lapidando sua estratégia de entrada. Para facilitar as coisas, a Starbucks firmou uma joint-venture com a Tata Global Beverages, uma divisão do maior grupo empresarial da Índia, em que cada empresa detém 50% do negócio. A aliança com a Tata diminui os riscos financeiros e confere à Starbucks status empresarial e político local. Ela também ajuda a gigante das cafeterias a entender as necessidades dos consumidores indianos. De acordo com John Culver, presidente da Starbucks para a China e a região Ásia-Pacífico, mesmo se não houvesse restrições por parte do governo à propriedade de estrangeiros, a Starbucks jamais pensaria em tentar entrar na Índia sozinha. "Nós nunca pensamos em 51%", ele diz. "Desde que verificamos a oportunidade de ingressar na Índia, entendendo as complexidades do mercado e singularidade do país, queríamos encontrar um parceiro de negócios local."

Ao ingressar na Índia, a Starbucks também se depara com um mercado vívido, com concorrentes bem estabelecidos. Um competidor local — o Café Coffee Day — domina, com 1.200 lojas e planos para chegar a 2.000 estabelecimentos até o final de 2014. Descrevendo-se como "a cafeteria favorita da Índia,

▶ O poder de marca mundial da Starbucks não se traduzirá, automaticamente, em sucesso local na Índia. A marca precisa se adaptar aos gostos dos consumidores indianos e às complexidades dos ambientes político e empresarial da Índia.

© Michele Falzone/Alamy

onde o jovem e o jovem de espírito relaxam", o Café Coffee Day promete uma experiência de classe mundial a preços acessíveis. Além disso, várias redes de cafeterias estrangeiras invadiram a Índia, como a Lavazza, da Itália, e a Coffee Bean & Tea Leaf, sediada na Califórnia. A maioria dos concorrentes trabalha com preços baixos, com cappuccinos pequenos em geral custando 1 dólar ou menos.

Mas, apesar da crescente concorrência, a Starbucks está sendo bem recebida na Índia, até mesmo pelo líder, o concorrente local. Tendo em vista o enorme tamanho e o rápido crescimento do mercado de café indiano, parece que há espaço de sobra para todos os competidores. "Já existe um monte de marcas estrangeiras disponíveis na Índia, e isso não fez nenhuma diferença do ponto de vista da concorrência", diz o diretor-geral de operações do Café Coffee Day. E, "quando entram empresas como a Starbucks", diz ele, "o nível de conscientização aumenta muito [e] o tamanho geral do mercado cresce". Outro executivo da Café Coffee Day acrescenta: "Tomara que aprendamos algumas coisas com eles". De acordo com um analista, a Índia pode, facilmente, chegar a ter 5 mil lojas da Starbucks — um número capaz de aumentar a contagem da Starbucks no mundo todo em cerca de 30%.

A estratégia da Starbucks na Índia, que envolve se adaptar às preferências do consumidor local, ainda está em desenvolvimento, mas muitos analistas esperam que ela aplique aquilo que aprendeu na China. Quando a Starbucks entrou na China em 1998, por conta da forte cultura no país de se beber chá, poucos observadores acharam que a empresa seria bem-sucedida. Mas a Starbucks rapidamente provou que os céticos estavam errados: a China logo se transformou no maior mercado da Starbucks fora dos Estados Unidos.

O sucesso da Starbucks na China resulta da adaptação de sua estratégia de marca global às características singulares dos consumidores chineses. Em vez de forçar produtos norte-americanos aos chineses, a Starbucks desenvolveu novos sabores — como cafés com gosto de chá verde —, que agradam aos paladares locais. Em vez de incentivar as pessoas a levarem o que compram em um método que é responsável pela maioria de suas receitas nos Estados Unidos, a Starbucks incentiva o consumo interno — o que faz de suas lojas o lugar perfeito para os chineses fazerem reuniões e encontrarem amigos. E, em vez de cobrar preços altos como os norte-americanos, a Starbucks aumentou seus preços ainda mais, posicionando a marca como um símbolo de status para as classes alta e média chinesas, que estão crescendo rapidamente. Com essa estratégia adaptada, a Starbucks está prosperando na China.

Por enquanto, os consumidores indianos podem não saber qual tamanho da Starbucks é o tall, o grande ou o venti. E podem não saber a exata diferença entre um Frappuccino e um Caffè Mocha. Mas isso tende a mudar logo, à medida que a marca Starbucks for crescendo e prosperando. O sucesso vai depender do quão bem a Starbucks aplicará sua força de marca global aos gostos singulares dos clientes indianos. De acordo com Culver, o presidente da Starbucks, há muito progresso à frente. "Nós vamos nos movimentar o mais rápido possível para abrir o maior número de lojas que conseguirmos, desde que sejamos bem-sucedidos e desde que sejamos aceitos pelos consumidores indianos."

Fontes: Vikas Bajaj, "After a year of delays, the first Starbucks is to open in tea-loving India this Fall", *New York Times*, 31 jan. 2012, p. B2; Erika Kinetz, "Starbucks India: coffee chain to open first India outpost with Tata Global Beverages", *Huffington Post*, 30 jan. 2012, <www.huffingtonpost.com/2012/01/30/starbucksindia_n_1241553.html>; Elliot Hannon, "Will global coffee giant Starbucks conquer India?", *Time*, 31 jan. 2012, <http://world.time.com/2012/01/31/will-global-coffee-giant-starbucks-conquer-india/>; Shaun Rein, "Why Starbucks succeeds in China and others haven't", *USA Today*, 12 fev. 2012, <www.usatoday.com/money/industries/food/story/2012-02-12/cnbc-starbucks-secrets-of-china-success/53040820/1>.

▲ Pense globalmente, aja localmente: beneficiando-se do poder de sua marca global e, constantemente, adaptando-se às necessidades e preferências dos consumidores franceses, bem como à sua cultura, o McDonald's transformou a França em seu segundo mais lucrativo mercado mundial.
ERIC PIERMONT/AFP/Getty Images/ Newscom

fritas, o McDonald's da França mudou seu cardápio para agradar o paladar francês. Por exemplo, ele oferece lanches com queijos franceses como chèvre, cantal e bleu, acompanhados de molho francês de grão de mostarda. Como os consumidores na França adoram baguetes, o McDonald's as assa, fresquinhas, em seus restaurantes e as vende nos superfranceses lanches McBaguette. E, em resposta à crescente tendência na França de ter uma dieta mais saudável, o cardápio do país traz batatas fritas com menos sal, frutas frescas e "le Big Mac" — o clássico lanche do McDonald's, mas com uma opção em pão integral.

Contudo, talvez a maior diferença não esteja na comida, mas na concepção dos restaurantes, que foram adaptados para combinar com os estilos de vida franceses. Por exemplo, as refeições francesas tendem a ser mais demoradas, com muito mais alimentos consumidos a cada sentada. Assim, o McDonald's refinou o interior de seus restaurantes, a fim de criar um ambiente mais confortável e receptivo, onde os clientes querem passar um tempo e, quem sabe, pedir mais um café ou uma sobremesa. O McDonald's oferece, inclusive, serviço de mesa. Como resultado, por visita, o cliente francês médio do McDonald's passa cerca de quatro vezes mais tempo no restaurante do que o consumidor norte-americano.

Produto

Existem cinco estratégias que permitem adaptar o produto e a comunicação de marketing a um mercado externo (veja a Figura 19.3).[34] Vamos discutir primeiro as três estratégias de produto para, em seguida, abordar as duas estratégias de comunicação.

Extensão direta do produto significa comercializar um produto em um mercado externo sem fazer nenhuma modificação. A alta administração diz ao pessoal do marketing: "Peguem o produto da maneira como está e encontrem clientes para ele". O primeiro passo, contudo, deve ser descobrir se os consumidores estrangeiros utilizam o produto e de que forma preferem esse produto.

A extensão direta tem se mostrado bem-sucedida em alguns casos e desastrosa em outros. Os iPads da Apple, os aparelhos de barbear da Gillette, as ferramentas Black & Decker e até mesmo a Slurpee, uma bebida da 7-11, são todos vendidos com sucesso e praticamente da mesma maneira no mundo todo. Mas, quando a General Foods lançou sua gelatina em pó, a Jell-O, no mercado britânico, ela descobriu que os consumidores de lá preferem gelatinas sólidas, na forma de biscoitos ou bolos. O mesmo aconteceu com a Philips, que só começou a lucrar no Japão depois que reduziu o tamanho de suas cafeteiras, para adequá-las às pequenas cozinhas japonesas, e também de seus barbeadores, para que se encaixassem melhor nas mãos menores dos consumidores japoneses. A extensão direta é tentadora, pois não envolve custos adicionais de desenvolvimento de produto, alterações na produção ou novas promoções. Mas ela pode ter um alto custo no longo prazo, caso o produto não consiga satisfazer os consumidores em mercados externos específicos.

A **adaptação de produto** envolve modificar o produto para atender às exigências, às condições ou às necessidades locais. Por exemplo, a Kraft adaptou a Oreo, seu popular biscoito, aos gostos ímpares dos consumidores espalhados pelo mundo — é possível encontrar Oreo de manga e laranja na região Ásia-Pacífico, Oreo de chá verde na China, Oreo de chocolate com uma variedade de amendoim na Indonésia ou Oreo de banana e doce de leite na Argentina. Na China, a Oreo é menos doce em relação aos padrões norte-americanos, ao passo que na Índia é menos amarga.[35]

Outro exemplo: embora a versão norte-americana e a europeia do pequeno e arrojado Fiat 500 se pareçam bastante, a Fiat fez uma adaptação completa no modelo voltado para os Estados Unidos, a fim de atender a padrões de segurança do país e às expectativas de seus compradores. Para citar apenas algumas modificações, o Fiat 500 norte-americano possui um outro motor, que oferece a potência demandada pelos consumidores e, ao mesmo tempo, obedece às leis do país referentes ao melhor consumo de combustível e à menor emissão de gases. Além disso, seu tanque de combustível é 40% maior, para dar conta das maiores distâncias percorridas, típicas nos Estados Unidos, e seu número de isolantes é muito superior, para deixar o carro sem barulhos para os norte-americanos. Outra grande diferença está nos porta-copos:[36]

> Uma coisa boba para os europeus, mas essencial para os norte-americanos, o Fiat 500 vendido nos Estados Unidos possui porta-copos maiores na parte da frente para se ajustar ao tamanho das bebidas no país, em vez dos pequenos porta-copos europeus. Além disso, possui dois porta-copos adicionais no console da parte de trás. O conceito de bebida dentro do carro é tão estranho para os europeus que a equipe de design do 500 não entendia a necessidade de mais e maiores porta-copos — até que um engenheiro mostrou uma imagem de um norte-americano usando um daqueles chapéus adaptados que têm dois copos de cerveja e longos tubos como canudos. Só então todos disseram: "Ah, entendi".

Extensão direta do produto
Comercializar um produto em um mercado estrangeiro sem fazer nenhuma modificação nele.

Adaptação de produto
Adaptar um produto para atender às condições ou necessidades locais em mercados estrangeiros.

Figura 19.3 Cinco estratégias globais de produto e comunicação.

A verdadeira questão por trás desta figura é: até que ponto a empresa deve padronizar ou adaptar seus produtos e seu marketing aos mercados mundiais?

Comunicação	Produto		
	Não modifica o produto	**Adapta** o produto	**Desenvolvimento de novo** produto
Não modifica a comunicação	Extensão direta do produto	Adaptação de produto	Invenção de produto
Adapta a comunicação	Adaptação de comunicação	Adaptação dupla (de produto e comunicação)	

Invenção de produto
Criar novos produtos ou serviços para mercados estrangeiros.

A **invenção de produto** consiste na criação de algo novo para atender às necessidades de um determinado país. À medida que os mercados se tornam globais, empresas que variam de fabricantes de eletrodomésticos e carros a produtores de doces e refrigerantes criam produtos que atendam às necessidades de compra especiais de consumidores de baixa renda em países em desenvolvimento. Por exemplo, a Ford criou o Figo, um modelo econômico e barato voltado especialmente para consumidores que estão comprando seu primeiro carro na Índia; já a GM criou o Baojun, um carro bastante barato para a China (o nome significa "cavalos valiosos"). A Haier, fabricante chinês de eletrodomésticos, desenvolveu máquinas de lavar roupa mais robustas para usuários que vivem na zona rural de mercados emergentes — ela descobriu que máquinas mais delicadas muitas vezes entupiam com sujeira, quando os agricultores as utilizavam para lavar tanto roupas como legumes.[37]

De maneira similar, a Nokia, fabricante finlandesa de celulares, criou aparelhos com várias funcionalidades, mas resistentes e de baixo custo, especialmente desenvolvidos para as condições de vida mais severas que enfrentam os consumidores menos abastados em grandes países em desenvolvimento, como a Índia, a China e o Quênia. Ela desenvolveu, por exemplo, teclados numéricos à prova de poeira, que são essenciais em países secos e quentes, com muitas ruas sem pavimento. Alguns aparelhos possuem antenas de rádio, para as áreas onde o rádio é a principal fonte de entretenimento. E, depois de descobrir que as pessoas pobres muitas vezes compartilham o telefone, a empresa desenvolveu aparelhos que trazem várias agendas. Graças a inovações como essas, a Nokia é líder de mercado na África, no Oriente Médio, no Leste Europeu e na Ásia.[38]

Promoção

As empresas podem adotar a mesma estratégia de comunicação que usam em seu mercado doméstico ou modificá-la para cada mercado local. Considere as mensagens publicitárias. Algumas empresas globais utilizam um só tema publicitário no mundo todo. Por exemplo, a Apple vendeu milhões de iPods com uma única campanha global, em que silhuetas dançavam em um fundo colorido. E, com exceção do idioma, o site da empresa parece praticamente igual nos mais de 70 países em que ela comercializa seus produtos, da Austrália ao Senegal, passando pela República Tcheca.

É claro que, mesmo em campanhas de comunicação extremamente padronizadas, algumas pequenas modificações podem ser necessárias para ajustes linguísticos e culturais. Por exemplo, nos mercados ocidentais, a H&M, varejista que trabalha com roupas casuais, veicula anúncios em que modelos mostram uma boa quantidade de pele desnuda. No Oriente Médio, onde as atitudes em relação à nudez pública são mais conservadoras, a varejista veicula os mesmos anúncios, mas eles são digitalmente adaptados para cobrir mais as modelos.

Muitas vezes, as empresas globais têm dificuldade para transpor a barreira do idioma, com resultados que variam de leves constrangimentos a completos fracassos. Nomes de marca e frases publicitárias aparentemente inofensivos podem assumir significados indesejados ou revelar sentidos ocultos quando traduzidos para outros idiomas. Por exemplo, a Interbrand de Londres, a empresa que criou nomes conhecidos como Prozac e Acura, recentemente desenvolveu uma lista com nomes de marca que chamou de "hall da vergonha". A lista continha estes e outros nomes de marca estrangeiros que, provavelmente, você não encontrará em nenhum supermercado dos Estados Unidos: papel higiênico Krapp (cocô) na Dinamarca, cereal Crapsy Fruit (fruta de cocô) na França, curry em pó Poo (cocô) na Argentina e limonada Pschitt (xixi) na França. O tema dos anúncios muitas vezes perde — ou ganha — algo na tradução. Na China, o slogan da KFC, "É bom de lamber os dedos",

◀ Adaptação das mensagens publicitárias: enquanto os anúncios ocidentais para as pastas de dente da Unilever enfatizam dentes mais brancos, hálito mais puro e maior poder de sedução, na África eles possuem uma abordagem mais instrutiva, que reforça a saúde dos dentes.
Unilever plc

se transformou em "Coma seus dedos". E o toque de chamada Hellomoto, da Motorola, se parece com algo como "Olá, gordo" na Índia.

Outras empresas seguem a estratégia da **adaptação de comunicação**, ajustando completamente suas mensagens publicitárias aos mercados locais. A Unilever, que fabrica produtos de consumo, faz isso com muitas de suas marcas. Por exemplo, enquanto os anúncios para as pastas de dente da Unilever no Ocidente enfatizam de tudo — de dentes mais brancos a hálito mais puro, passando por maior poder de sedução —, na África eles possuem uma abordagem mais básica e instrutiva, reforçando a importância de se escovar os dentes duas vezes por dia. E a Unilever adapta o posicionamento, a fórmula e a mensagem de seu xampu Sunsilk Lively Clean & Fresh para atender às diversas necessidades dos consumidores em diferentes mercados. Enquanto seus anúncios-padrão para xampu no Ocidente tendem a mostrar mulheres jovens balançando sobre os ombros, de maneira sedutora, seus cabelos recém-lavados, os anúncios para o Sunsilk Lively Clean & Fresh na Malásia não mostram cabelo nenhum. Em vez disso, eles trazem mulheres jovens e modernas que usam véus — lenços tradicionais entre os muçulmanos que cobrem completamente os cabelos. Para atender ao grande e crescente mercado islâmico, a Unilever posiciona o Sunsilk Lively Clean & Fresh diretamente ao "estilo de vida das pessoas que usam véus", como uma solução para o excesso de oleosidade que o uso de véus pode causar no cabelo e no couro cabeludo.[39]

A mídia também precisa ser adaptada internacionalmente, porque sua disponibilidade e suas regulações variam de país para país. Por exemplo, o tempo de anúncios na TV é muito limitado na Europa, variando de quatro horas por dia na França a zero nos países escandinavos. Os anunciantes precisam comprar tempo de propaganda com meses de antecedência e têm pouco controle sobre os horários de transmissão. Contudo, os anúncios enviados por dispositivos móveis são muito mais aceitos na Europa e na Ásia do que nos Estados Unidos. A eficácia das revistas também varia. Por exemplo, as revistas constituem veículos importantes na Itália, mas são menos significativas na Áustria. Já os jornais têm circulação nacional no Reino Unido, mas apenas local na Espanha.[40]

Adaptação de comunicação
Uma estratégia de comunicação global que envolve o ajuste completo das mensagens publicitárias aos mercados locais.

Preço

As empresas também se deparam com muitas questões na hora de definir seus preços internacionais. Por exemplo, como a Makita poderia precificar suas ferramentas em nível mundial? Ela poderia estabelecer um preço único para o mundo todo, mas isso resultaria em um preço muito alto nos países pobres e não suficientemente alto nos países ricos. A empresa poderia também cobrar aquilo que os consumidores de cada país pudessem pagar, mas essa estratégia ignora as diferenças nos custos reais de país para país. Por fim, a Makita poderia usar uma margem-padrão sobre seus custos em todos os lugares, mas essa estratégia poderia deixar a empresa fora do mercado em alguns países em que os custos são altos.

Independentemente de como as empresas agem em relação à determinação dos preços de seus produtos, é muito provável que, para produtos comparáveis, seus preços no exterior sejam mais altos do que os praticados no mercado interno. Um iPad 3 da Apple que é vendido por 499 dólares nos Estados Unidos sai por 624 dólares no Reino Unido. Por quê? A Apple enfrenta um problema de *escalada de preços*. Ela precisa acrescentar a seu preço de fábrica os custos de transporte, as tarifas, a margem do importador, a margem do atacadista e a margem do varejista. Dependendo desses custos adicionais, o preço de venda do produto em outro país pode ser de duas a cinco vezes maior para que a mesma margem de lucro seja mantida.

Para driblar esse problema ao vender para consumidores menos abastados em países em desenvolvimento, muitas empresas fabricam versões mais simples ou menores de seus produtos, que podem ser vendidas a preços mais baixos. Outras lançaram marcas novas e mais acessíveis em mercados emergentes. Por exemplo, recentemente, a Levi's lançou a marca Denizen, criada para adolescentes e jovens adultos de mercados emergentes como China, Índia e Brasil, que não têm condições de comprar calças jeans da marca Levi's. O nome da marca combina as quatro primeiras letras da palavra *denim* (jeans) com a palavra *zen*, que têm raízes japonesas e chinesas e significa "estado meditativo" ou "fuga da pressa e da confusão da vida diária".[41]

▲ Determinação de preços internacionais: a Levi Strauss lançou a marca Denizen. Ela foi criada para adolescentes e jovens adultos em mercados emergentes como a China, a Índia e o Brasil, que não têm condições de comprar calças jeans da marca Levi's.

Nelson Ching/Getty Images USA, Inc.

Novas forças econômicas e tecnológicas têm impactado a determinação de preços globais. Por exemplo, a Internet está fazendo com que as diferenças de preço no mundo fiquem mais evidentes. Quando as empresas vendem suas mercadorias pela Internet, os clientes podem ver por quanto os produtos estão sendo vendidos em diferentes países. Eles podem até pedir um determinado produto diretamente de uma filial da empresa ou de um revendedor que esteja oferecendo um preço mais baixo. Isso está forçando as empresas a se voltar para uma precificação internacional mais padronizada.

Canais de distribuição

Concepção de canal total
Projetar canais internacionais que levem em consideração toda a cadeia de abastecimento e o canal de marketing globais, formando uma efetiva cadeia de valor mundial.

As empresas internacionais precisam adotar uma **concepção de canal total** ao tratar da questão da distribuição dos produtos aos consumidores finais. A Figura 19.4 mostra os dois principais elos entre o vendedor e o comprador final. O primeiro elo, os *canais entre os países*, leva os produtos da empresa dos locais de produção até as fronteiras dos países em que eles são vendidos. Já o segundo elo, os *canais internos dos países*, leva os produtos dos pontos de entrada no mercado até os consumidores finais. A concepção de canal total leva em consideração toda a cadeia de suprimento e o canal de marketing globais. Ela reconhece que, para competir internacionalmente, a empresa precisa projetar e gerenciar com efetividade uma *cadeia de valor mundial*.

Os canais de distribuição internos variam muito de país para país. Existem grandes diferenças na quantidade e nos tipos de intermediários que atendem a cada nação, bem como na infraestrutura de transporte que serve esses intermediários. Por exemplo, enquanto redes de varejo de grande escala dominam o cenário norte-americano, a maior parte das atividades de varejo em outros países é conduzida por estabelecimentos pequenos e independentes. Na Índia, milhões de varejistas operam lojas minúsculas ou vendem em mercados a céu aberto. Assim, em seus esforços para vender aos consumidores indianos aqueles resistentes e acessíveis celulares sobre os quais discutimos anteriormente, a Nokia teve que montar sua própria estrutura de distribuição:[42]

▲ Os canais de distribuição variam muito de país para país. Em seus esforços para vender celulares resistentes e acessíveis aos consumidores indianos, a Nokia montou sua própria estrutura de distribuição, incluindo uma frota de distintivas vans azuis que, carregando a marca Nokia, rondam as surradas estradas do país a fim de visitar vilarejos remotos.
Atul Loke/Panos Pictures

Na Índia, a Nokia está presente em quase 90% dos pontos de varejo, os quais vendem seus telefones celulares. A empresa estima que haja 90 mil pontos de venda para seus celulares, que variam de lojas modernas a quiosques improvisados. Isso faz com que fique difícil controlar o modo como os produtos são expostos e promovidos para os consumidores. "É preciso entender onde as pessoas moram, quais são os padrões de compra", diz um executivo da Nokia. "Você tem que trabalhar com os meios locais para alcançar as pessoas — inclusive com bicicletas e riquixás." Para atingir os indianos que vivem na zona rural, a Nokia equipou sua própria frota de distintivas vans azuis que, carregando a marca Nokia, rondam as surradas estradas do país. O pessoal da equipe estaciona essas propagandas sobre rodas em vilarejos, geralmente na área do mercado ou em dias festivos. Lá, com multidões a sua volta, os representantes da Nokia explicam como os celulares funcionam, mostrando os pontos essenciais, e como é possível comprá-los. A Nokia ampliou esse conceito para minivans, que conseguem chegar a lugares ainda mais remotos. Graças a um desenvolvimento de produtos inteligente e a canais inovadores, a Nokia detém hoje impressionantes 30% de participação do mercado de dispositivos móveis da Índia.

De maneira similar, como vimos no caso sobre os empreendimentos da Coca-Cola na África, a empresa adapta seus métodos de distribuição para responder aos desafios locais nos mercados mundiais. Por exemplo, em Montevidéu, no Uruguai, onde veículos maiores enfrentam dificuldades relacionadas a trânsito, estacionamento

Figura 19.4 Concepção de canal total para o marketing internacional.

Os canais de distribuição podem variar muito ao redor do mundo. Por exemplo, nos Estados Unidos, a Nokia distribui celulares por meio de uma rede de varejistas sofisticados. Já na área rural da Índia, ela mantém uma frota de vans que, carregando a marca Nokia, rondam as surradas estradas do país.

e poluição, a Coca-Cola comprou 30 ZAPs — pequenos e eficientes caminhões alternativos, com três rodas. Esses caminhõezinhos consomem, em média, cerca de um quinto de combustível e andam pelas congestionadas ruas da cidade com muito mais facilidade. Em áreas rurais, a Coca-Cola utiliza um processo de entrega manual. Na China, um exército composto de mais de 10 mil representantes de vendas da empresa visita regularmente pequenos varejistas, muitas vezes a pé ou de bicicleta. Para atingir áreas mais isoladas, a Coca chega a contar com burros para a entrega. Na Tanzânia, 93% dos produtos da Coca-Cola são entregues manualmente, por meio de carrinhos e bicicletas.[43]

Decisão sobre a organização para o marketing global

Objetivo 4

◀ Identificar as três principais formas de organização para o marketing internacional.

As empresas gerenciam suas atividades de marketing internacional, no mínimo, de três maneiras diferentes: a maioria delas primeiro organiza um departamento de exportação, depois cria uma divisão internacional e, por fim, se torna uma organização global.

Em geral, a empresa entra no marketing internacional simplesmente enviando seus produtos para o exterior. Se suas vendas internacionais se expandem, ela monta um *departamento de exportação* com um gerente de vendas e alguns assistentes. À medida que as vendas crescem, o departamento de exportação pode se expandir a ponto de incluir vários serviços de marketing, para que possa buscar negócios mais ativamente. Se a empresa partir para joint-ventures ou investimento direto, o departamento de exportação deixará de ser adequado.

Muitas empresas se envolvem em diversos mercados e empreendimentos internacionais. Elas podem exportar para um país, licenciar em outro, montar uma propriedade conjunta em um terceiro e ter uma subsidiária em um quarto. Mais cedo ou mais tarde, elas vão criar uma *divisão internacional* ou subsidiárias para lidar com todas as suas atividades internacionais.

As divisões internacionais podem ser organizadas de diversas maneiras. Seu quadro de funcionários é formado por especialistas em marketing, produção, pesquisa, finanças, planejamento e pessoal. Essa equipe realiza planejamento e presta serviços para várias unidades operacionais, que podem ser organizadas de três maneiras. Elas podem contar com *organizações geográficas*, com gerentes que são responsáveis pelos vendedores, pelas filiais, pelos distribuidores e pelas licenciadas em seus respectivos países. Podem ser *grupos de produtos mundiais*, cada qual sendo responsável pelas vendas mundiais de diferentes grupos de produtos. Por fim, podem ser *subsidiárias internacionais*, responsáveis por suas próprias vendas e lucros.

Diversas empresas ultrapassaram o estágio da divisão internacional e tornaram-se verdadeiras *organizações globais*. Considere, por exemplo, a Reckitt Benckiser (RB), uma empresa europeia de 15 bilhões de dólares que fabrica produtos voltados para limpeza doméstica, saúde e cuidados pessoais, além de bens de consumo, e possui uma linha completa de marcas conhecidas (Air Wick, Lysol, Woolite, Calgon, Mucinex, Clearasil, French's e muitas outras — veja www.rb.com):[44]

▲ A Reckitt Benckiser, uma empresa europeia que fabrica produtos para limpeza doméstica e saúde, assim como bens de consumo, é uma verdadeira organização global. "A maioria de nossos principais gestores [...] se vê como cidadãos do mundo, e não como cidadãos de um determinado país."

Reckitt Benckiser plc

> A RB opera em mais de 60 países. Seus 400 principais gestores representam 53 nacionalidades diferentes. A empresa é sediada no Reino Unido, mas seus negócios na Alemanha são conduzidos por um norte-americano, na China estão a cargo de um indiano, no Reino Unido estão com um italiano e no Oriente Médio/Norte da África estão sob responsabilidade de um britânico. Os negócios da empresa nos Estados Unidos estão sob o comando de um dinamarquês, na Rússia estão com um francês, no Brasil ficam com um belga, no Japão estão com um argentino e na África do Sul são conduzidos por um tcheco. "A maioria de nossos principais gestores [...] se vê como cidadãos do mundo, e não como cidadãos de um determinado país", diz o CEO da RB.
>
> A empresa recentemente realocou diversas de suas operações, a fim de colocar importantes profissionais de marketing em países-chave dentro de suas regiões. Por exemplo, há pouco tempo ela transferiu sua sede na América Latina de Miami para São Paulo. A empresa passou a última década construindo uma cultura de mobilidade mundial porque, em sua visão, essa é uma das melhores

636 Parte 4 | Marketing ampliado

maneiras de gerar novas ideias e desenvolver empreendedores globais. E isso tem compensado. Os produtos lançados dos últimos três anos — todos resultados da promoção de trocas globais — são responsáveis por um número que fica entre 35 e 40% da receita líquida. Nos últimos anos, mesmo durante a crise econômica, a empresa se saiu melhor do que suas rivais — P&G, Unilever e Colgate — em termos de crescimento.

As organizações globais não se veem como empresas nacionais que vendem no exterior, mas como empresas que atuam mundialmente. A alta administração e seu pessoal planejam instalações industriais, políticas de marketing, fluxos financeiros e sistemas logísticos no mundo inteiro. As unidades de operação globais respondem diretamente ao principal executivo ou ao comitê executivo da organização, e não ao responsável pela divisão internacional. Os executivos são treinados em operações no mundo todo, e não apenas em operações internas *ou* internacionais. As empresas globais recrutam seus quadros administrativos em muitos países, compram componentes e suprimentos onde o preço for mais baixo e investem onde o retorno esperado for maior.

Hoje em dia, grandes empresas precisam se tornar mais globais se quiserem competir. À medida que empresas estrangeiras invadem, com sucesso, os mercados internos, as empresas locais precisam avançar mais agressivamente para os mercados externos. Elas terão que deixar de ser empresas que tratam suas operações internacionais como assuntos secundários e passar a ser organizações que consideram o mundo um mercado único, sem fronteiras.

Revisão dos conceitos

Revisão dos **objetivos** e **termos-chave**

⟳ Revisão dos objetivos

As empresas de hoje não podem mais se dar ao luxo de prestar atenção apenas em seu mercado interno, independentemente do tamanho que tenham. Muitos setores são globais, e empresas que operam globalmente obtêm custos menores e maior conscientização de marca. Ao mesmo tempo, o marketing global é arriscado por conta de variações cambiais, governos instáveis, tarifas e barreiras comerciais, entre vários outros fatores. Tendo em vista os ganhos e os riscos potenciais do marketing internacional, as empresas precisam de um caminho sistemático para tomar suas decisões de marketing global.

Objetivo 1 ▶ **Discutir como o sistema de comércio internacional e o ambiente econômico, político/legal e cultural afetam as decisões de marketing internacional de uma empresa (p. 613-615)**

A empresa precisa compreender o *ambiente de marketing global*, em especial o sistema de comércio internacional. Ela precisa avaliar as *características econômicas*, *político/legais* e *culturais* de cada mercado externo. Em seguida, deve decidir se quer partir para o exterior e considerar os potenciais riscos e benefícios. Deve também definir que volume de vendas internacionais deseja, com quantos países quer fazer negócios e em quais mercados específicos deseja entrar. Essas decisões exigem a ponderação dos prováveis retornos em relação ao nível de risco.

Objetivo 2 ▶ **Descrever as três principais abordagens de entrada nos mercados internacionais (p. 625-627)**

A empresa deve decidir como entrar em cada mercado escolhido — por meio de *exportação*, *joint-venture* ou *investimento direto*. Muitas empresas começam como exportadoras, passam para joint-ventures e, por fim, fazem um investimento direto em mercados estrangeiros. Na *exportação*, a empresa entra no mercado externo enviando e vendendo produtos por meio de intermediários de marketing internacionais (exportação indireta) ou de um departamento, filial ou agentes e representantes de vendas da própria organização (exportação direta). Ao estabelecer uma joint-venture, a empresa entra nos mercados externos associando-se a organizações no exterior para produzir ou comercializar um produto ou serviço. No *licenciamento*, a empresa ingressa no mercado externo firmando um acordo com o licenciado e lhe oferecendo o direito de utilizar um processo de fabricação, uma marca registrada, uma patente, um segredo comercial ou outro item de valor em troca de uma taxa ou royalty.

Capítulo 19 | O mercado global **637**

Objetivo 3 ▶ Explicar como as empresas adaptam suas estratégias e mixes de marketing para os mercados internacionais (p. 628-635)

As empresas também precisam decidir até que ponto suas estratégias de marketing, bem como seus produtos, promoções, preços e canais, devem ser adaptados para cada mercado externo. Em um extremo, empresas internacionais utilizam o *marketing global padronizado* no mundo inteiro. Outras usam o *marketing global adaptado*, ajustando a estratégia e o mix de marketing a cada mercado-alvo e arcando com os custos mais elevados na esperança de conseguir maiores retornos e participação de mercado. Contudo, a padronização global não é uma proposta do tipo "tudo ou nada": trata-se de uma questão de dimensão. A maioria dos profissionais de marketing internacio-

nal sugere que as empresas "pensem globalmente, mas ajam localmente", o que significa que elas devem buscar um equilíbrio entre as estratégias globalmente padronizadas e as táticas de mix de marketing localmente adaptadas.

Objetivo 4 ▶ Identificar as três principais formas de organização para o marketing internacional (p. 635-636)

A empresa deve desenvolver uma organização eficaz para o marketing internacional. Muitas começam com um *departamento de exportação*, que depois passa para uma *divisão internacional*. Algumas se transformam em *organizações globais*, com marketing mundial planejado e gerenciado pelos principais executivos da empresa. As organizações globais veem o mundo inteiro como um mercado único, sem fronteiras.

○ Termos-chave

Objetivo 1	Fabricação por contrato (p. 626)	Adaptação de produto (p. 631)
Comunidade econômica (p. 616)	Investimento direto (p. 627)	Concepção de canal total (p. 634)
Empresa global (p. 614)	Joint-venture (p. 625)	Extensão direta do produto (p. 631)
	Licenciamento (p. 626)	Invenção de produto (p. 632)
Objetivo 2	Propriedade conjunta (p. 626)	Marketing global adaptado (p. 628)
Administração por contrato (p. 626)	**Objetivo 3**	Marketing global padronizado (p. 628)
Exportação (p. 625)	Adaptação de comunicação (p. 633)	

Discussão e **pensamento crítico**

○ Questões para discussão

1. Explique o que significa o termo *empresa global*. Em seguida, relacione as seis principais decisões envolvidas no marketing internacional.
2. Compare *tarifa* com *cota*.
3. Relacione e defina os quatro tipos de estrutura industrial de um país.

4. Explique as estratégias utilizadas para adaptar produtos a um mercado global. Qual estratégia é melhor?
5. Explique como os canais de distribuição globais diferem dos canais internos.

○ Atividades de pensamento crítico

1. Visite o site <www.transparency.org> e clique em "corruption perception index" (índice de percepção da corrupção). Qual o mais recente índice para os seguintes países: Dinamarca, Jamaica, Malásia, Myanmar, Nova Zelândia, Somália e Estados Unidos? Quais são as implicações do índice para as empresas sediadas nos Estados Unidos que fazem negócios com esses países?
2. Vender um produto em um país estrangeiro é difícil, muitas empresas cometem erros. Encontre e relate dois exemplos de empresas que cometeram erros ao entrar em outro país.

3. Uma maneira de verificar as diferenças culturais entre os países consiste em conduzir uma análise Hofstede. Visite o site <http://geert-hofstede.com/> para descobrir o que essa análise leva em conta. Em seguida, desenvolva uma apresentação explicando como três países da sua escolha diferem dos Estados Unidos quando analisados por esse método.

638 Parte 4 | Marketing ampliado

Aplicações e casos

O Foco na tecnologia — Pixels em vez de pinheiros

Todos os anos, a sueca IKEA divulga um catálogo com mais de 300 páginas, no qual traz seus móveis em ambientações elegantemente modernas. O catálogo de 2013 teve 62 versões diferentes para 43 países. As sessões de foto para o catálogo acontecem em um dos maiores estúdios da Europa — ele tem cerca de 8,7 mil metros quadrados — e conta com mais de 300 fotógrafos, decoradores e marceneiros, entre outros profissionais, comprometidos em fazer com que cada cena saia perfeita. O processo é trabalhoso e envolve muito desperdício, uma vez que os cômodos são construídos, desfeitos e, muitas vezes, vão para o lixo após a sessão de foto. Normalmente, o catálogo consome, por ano, 70% do orçamento de marketing da empresa. Contudo, graças à tecnologia, tudo isso está sendo reduzido. O catálogo da IKEA está se tornando digital. Agora, em vez de um sofá, uma cama, uma mesa ou uma sala inteira, muitos itens apresentados no catálogo são meramente pixels, e não mais pinheiros. Este ano, 12% do conteúdo on-line nos catálogos e nas brochuras não é real, e essa proporção vai aumentar para 25% no ano que vem. Utilizando gráficos em 3D para criar as cenas, a IKEA pode cortar custos e trabalhar com mais facilidade o imaginário de cada país. Embora os norte-americanos possam preferir madeiras mais escuras, uma determinada sala pode ser apresentada com madeiras mais claras para os consumidores japoneses. Não espere, contudo, encontrar pessoas ou animais de mentira, pois personagens em 3D tendem a parecer fantasmas.

1. Visite o site <www.ikea.com> e compare o catálogo de um país com o de outro. Quais diferenças você nota? Consegue perceber quais fotos são montagens em 3D, e não cômodos de verdade com móveis?

2. Observe o preço de alguns dos produtos. Converta alguns preços para dólar norte-americano e, em seguida, compare-os com os preços do catálogo para os Estados Unidos. Os preços são equivalentes? Eles são consistentemente mais altos ou mais baixos?

O Foco na ética — Incentivos comerciais

Nos Estados Unidos, o setor de vestuário é extremamente competitivo, e as empresas muitas vezes precisam manter os preços baixos para sobreviver. Vários fabricantes de roupa fecharam suas fábricas nos Estados Unidos em favor de uma mão de obra mais barata espalhada pelo mundo, e o governo do país incentiva esse comportamento. Por exemplo, a Agoa (African Growth and Opportunity Act — Lei de Crescimento e Oportunidade para a África) foi assinada em 2000 com o objetivo de promover o crescimento econômico em países da África Subsaariana. Como consequência, muitos fabricantes de roupas se estabeleceram no continente africano, a fim de se beneficiar da mão de obra mais barata e do fácil acesso ao mercado norte-americano que os países de lá têm. De fato, a Agoa permite que países africanos pouco desenvolvidos exportem para os Estados Unidos sem terem que pagar impostos. Contudo, isso está gerando um problema não intencional — países africanos mais desenvolvidos, que têm que pagar impostos regulares para exportar para os Estados Unidos, estão vendo seu setor têxtil ser prejudicado, como é o caso da África do Sul. Um fator para isso é o custo mais elevado da mão de obra — são 65 centavos de dólar por hora na África do Sul, contra somente 19 centavos em países vizinhos, como Lesoto, Suazilândia e Moçambique. Outro fator significativo é a capacidade desses países de exportar para os Estados Unidos sem terem que pagar impostos, como prevê a Agoa. Como resultado, o setor têxtil da África do Sul viu 52 fábricas serem fechadas somente na primeira metade de 2011, 8 mil postos de trabalho desaparecerem e uma redução de 1,5 bilhão de dólares em investimento direto. Embora as leis promulgadas pelos Estados Unidos não sejam a única responsável por esse declínio, os críticos afirmam que elas desempenham um importante papel nisso.

1. Encontre outro exemplo de lei ou acordo comercial norte-americano que incentive ou não o comércio com países estrangeiros. Em seguida, explique as consequências positivas e negativas da lei ou do acordo.

O Foco nos números — Balança comercial

Os Estados Unidos exportaram mais de 2 trilhões de dólares em produtos e serviços em 2011, contudo tiveram um déficit comercial de mais de 500 milhões, o que significa que o país importou mais do que exportou. Há décadas a balança comercial dos Estados Unidos é negativa, embora o déficit de 2011 tenha sido menor do que o contabilizado entre 2004 e 2008. Alguns norte-americanos acreditam que esses déficits comerciais prejudicam o país.

1. Visite o site <www.bea.gov> e encontre a balança comercial dos Estados Unidos para produtos e serviços. Em seguida, cria um gráfico que mostre a balança comercial do país de 1992 até os dias de hoje.

2. Explique os prós e os contras de os Estados Unidos registrarem ano após ano, consistentemente, déficits comerciais.

Vídeo empresarial — O setor de filmes norte-americano

Um norte-americano que gosta de filmes sem dúvida já assistiu, em algum momento, a uma película estrangeira. Mas será que ele sabe que os vídeos norte-americanos estão entre os maiores e mais aguardados filmes estrangeiros do mundo? De fato, as bilheterias e as vendas de DVDs em outros países são responsáveis por cerca de 70% da receita total do setor de filmes norte-americano. Com tamanho impacto financeiro, os mercados externos estão desempenhando um papel cada vez maior não apenas na precificação, distribuição e promoção dos filmes dos Estados Unidos, mas também no produto em si.

Esse vídeo mostra os desafios enfrentados pelo setor de filmes norte-americano, desde as diferenças no ambiente de marketing até os diversos mercados internacionais. Como resultado disso, esse setor é hoje como qualquer outro voltado para a exportação: o mix de marketing precisa ser adaptado a um nível ideal, a fim de atender às necessidades dos mercados globais e, ao mesmo tempo, ainda manter os benefícios da padronização.

Após assistir ao vídeo, responda às seguintes perguntas sobre o setor de filmes norte-americano e o mercado global:

1. Qual parte do ambiente de marketing parece ter o maior impacto sobre os filmes norte-americanos no exterior?
2. Qual das cinco estratégias para a adaptação do produto e da promoção ao mercado global é mais relevante para o setor de filmes norte-americano?
3. Atualmente, para obter sucesso, o setor de filmes norte-americano depende dos mercados externos? Compare a exportação de filmes dos Estados Unidos com a de outros bens do país.

Caso empresarial — Buick: a marca número 1 em importação

Tem uma antiga piada que é mais ou menos assim: o dono de uma concessionária Buick foi à falência, com a popularidade dos carros importados aumentando e o forçando a sair dos negócios. Um dia ele encontrou uma garrafa da qual saiu um gênio, oferecendo-se para realizar um desejo seu. Ele desejou ter uma bem-sucedida concessionária de carro importado em uma grande cidade. Instantaneamente, ele se viu bem no meio do showroom de sua antiga concessionária — mas em Tóquio!

A maioria dos norte-americanos vê a Buick como uma marca que vende somente nos Estados Unidos. Mas sempre há uma grande exceção a isso: a China. Na verdade, se o dono da concessionária na história do gênio tivesse se deparado com sua loja em Xangai ou Pequim, aí sim seu desejo teria sido realmente realizado. Veja só: a Buick vende mais automóveis premium na China do que qualquer outra marca — incluindo a BMW e a Mercedes-Benz. Além disso, a Buick ocupa a quinta posição entre as marcas de carro na China, contando as luxuosas e também as demais.

O sucesso da Buick na China remete a uma história interessante. Mas, talvez mais importante do que ver como a marca chegou lá, é ver o que a General Motors (GM) está fazendo para se beneficiar disso. A GM não está apenas adotando o mercado chinês para a Buick (e para algumas outras marcas): ela também está usando esse mercado como um importante impulsionador dos produtos Buick nos Estados Unidos e em outros países. Para a Buick, a globalização não significa mais exportar o produto doméstico. Em vez disso, a GM está se voltando para a China a fim de obter importantes insights dos clientes para a criação de um produto verdadeiramente global.

UM CARRO PARA A REALEZA

Os norte-americanos podem achar que os produtos de seu país na China são um fenômeno relativamente recente. No entanto, o lugar de destaque da Buick no mercado chinês tem uma história quase tão antiga quanto a marca em si. A Buick foi fundada em 1899, o que faz dela a mais antiga marca de automóvel norte-americana ainda em atividade. Logo depois, os oficiais do governo chinês começaram a demonstrar interesse pelo lançamento do veículo na China. Os primeiros carros da Buick chegaram às ruas de Xangai em 1912.

A Buick imediatamente passou a ser associada aos líderes políticos chineses. Pu Yi, o último imperador da China, tinha um Buick na década de 1920, e os presidentes das províncias eram conhecidos por preferir automóveis Buick a carros de outras marcas, como Rolls-Royce e Mercedes-Benz. Isso levou a Buick a abrir um escritório de vendas em Xangai em 1929, bem como a começar a anunciar por lá. Entre os exemplos de chamadas publicitárias daquela época, estão: "Um a cada seis carros [na China] é um Buick" e "Os donos de Buick são, em sua maioria, os líderes da China".

Ao longo dos anos, a imagem do Buick como o veículo de escolha da elite na China ficou gravada na mente dos chineses. Quando a economia de mercado na China começou a decolar no final do século XX, sua classe média em rápida expansão intensificou a demanda por carros. A Buick estava preparada para percorrer o caminho ao topo. Em 1997, a GM formou uma joint-venture com a Shangai Automotive Industry Corporation — a Shangai GM — para montar seus carros na China. O primeiro Buick feito na China saiu da linha de montagem em 1998. A Shangai GM viria a se tornar a primeira fabricante de automóvel chinesa a vender mais de 1 milhão de veículos em um único ano. Na época, a Buick desfrutava de um índice de familiaridade de marca de mais de 85% na China.

UMA ESTRATÉGIA GLOBAL EM DESENVOLVIMENTO

Durante décadas, a estratégia de marketing internacional da GM foi caracterizada, em grande medida, pela exportação de produtos fabricados para o mercado norte-americano. Na cabeça da GM, aquilo que funcionava nos Estados Unidos funcionaria no restante do mundo. Isso incluiu vender carros com a direção no lado esquerdo em locais onde a direção fica no lado direito, como o Japão e a Grã-Bretanha. A estratégia fazia sentido em uma determinada época, quando os Estados Unidos eram, de longe, o maior mercado para automóveis no mundo e a GM vendia mais carros lá do que em qualquer outro lugar.

Mas as vendas de carro nos Estados Unidos entraram em um estágio de maturidade anos atrás, na época em que o cres-

640 Parte 4 | Marketing ampliado

cimento em outros mercados decolou. Hoje, a China é o maior mercado do mundo para carros de passeio e, com mais de 1,3 bilhão de pessoas, vai levar um bom tempo até que ele fique saturado. Felizmente para a GM, a Buick tinha anos de estrada na China antes de o mercado começar a acelerar. Quando o mercado chinês decolou, a GM engatou uma marcha mais potente. Como resultado, a empresa vendeu 2,55 milhões de carros na China em 2011 — um automóvel a cada 12 segundos! Esse resultado marcou o sétimo ano consecutivo da GM como a principal fabricante de automóvel da China. Além disso, foi a segunda vez que a GM vendeu mais carros fora dos Estados Unidos do que em casa.

A dinâmica de crescimento geral da GM estava se deslocando, e a Buick estava à frente da curva. O ano 2000 foi um dos melhores já registrados pela Buick nos Estados Unidos, com a venda de mais de 400 mil veículos. Mas então começou uma queda constante e íngreme para a marca. Lidando com a recessão, a falência e a ajuda financeira do governo, a GM pensou em acabar com a Buick. Mas, na China, as vendas da Buick estavam aumentando tão rapidamente quanto estavam caindo nos Estados Unidos. Em 2009, no mesmo ano em que as vendas da Buick nos Estados Unidos atingiram seu nível mais baixo — foram vendidos apenas 102 mil unidades —, a marca vendeu 450 mil carros na China. Não restam dúvidas de que a China salvou a Buick do destino que se abateu sobre a Oldsmobile, a Pontiac e a Saturn, as marcas da GM que foram descontinuadas.

Assim como as vendas da Buick mudaram, seu portfólio de modelos chineses também o fez. Atualmente, a base da linha chinesa da Buick e o Excelle. Ele até pode ser um Daewoo coreano mexido para se parecer com um Buick, mas é o carro de passeio que mais vende na China. Esse carro não deve ser confundido com o completo Excelle GT, baseado em um veículo totalmente diferente, o Opel Astra, desenvolvido na Alemanha. Na China, os modelos Regal e LaCrosse são montados na Shangai GM, mas compartilham o design com os mesmos modelos montados em outras fábricas da GM. A SUV Enclave é montada em Lansing, Michigan. E o top de linha Park Avenue é montado sobre a carroceria do Holden, da divisão australiana da GM. Na China, a Buick também vende uma minivan — uma classe de veículo que ainda desfruta de popularidade no "Império do Sol".

A CHINA ASSUME A LIDERANÇA

A linha de produtos chinesa da Buick parece ser uma estratégia internacional melhor do que vender somente modelos norte-americanos. Mas, em muitos aspectos, há uma mistura de carros provenientes das operações mundiais da GM que têm pouco em comum, a não ser o emblema com três escudos da marca. O que não fica claro por meio apenas da descrição desses modelos é o grau em que o mercado chinês está influenciando o design dos futuros carros da Buick não apenas na China, mas também no resto do mundo. Veja a história de Joe Qiu, projetista de automóveis.

Joe Qiu não tem carro. Ele não tem nem habilitação. Na verdade, seu veículo favorito é um kart que atinge, no máximo, 120 quilômetros por hora. A surrada jaqueta de couro de piloto de bombardeio de Joe, que ele raramente tira, demonstra sua fascinação por aviões e tudo o que é militar. Sua calça jeans, com as barras deselegantemente viradas para cima, e seu cabelo à escovinha são a cara da China do século XXI. Seu relógio TAG Heuer: uma saudação ao uni-

forme internacional dos projetistas. Aos 31 anos, Qiu ainda mora com os pais. Mas ele passa a maior parte de seu tempo sentindo as vibrações em casas noturnas caras e sofisticadas, shoppings de altíssimo nível, hotéis elegantes e luxuosos, onde a classe média em desenvolvimento de Xangai se reúne. "Sou uma folha de papel em branco", diz ele, coletando insights da cultura do consumidor em franca ascensão na China. Ele tem uma habilidade incomum para predizer gostos e interesses chineses, seja o que for eles comprarão.

Joe Qiu é também projetista na Pan Asia Technical Automotive Center (Patac), da Shangai GM. Alguns anos atrás, ele e uma equipe de projetistas da Patac venceram uma competição envolvendo outros centros de design da GM ao redor do mundo, para ver quem ficaria a cargo do projeto daquilo que, hoje, é o atual modelo LaCrosse da Buick. Um dos menores e menos conhecidos centros de design da GM, era como se uma equipe de basquete do ensino médio estivesse competindo nas semifinais da NBA e vencendo as finais. À medida que consideravam o exterior arredondado e o interior bem simples do LaCrosse original, Qiu e seus colegas sabiam que os consumidores chineses zombariam do automóvel ultrapassado, voltado para atrair os consumidores norte-americanos da Buick, que estavam envelhecendo. Os clientes chineses da Buick eram pessoas na casa dos 30 e poucos anos, bem-sucedidas, empreendedoras, modernas e muito mais perspicaz — um perfil demográfico que deixou os chefes em Michigan com água na boca.

A equipe da Patac repensou e remodelou cada pedaço de folha de metal do LaCrosse. O que surgiu disso foi um sedan glamoroso e elegante, com adereços o suficiente para fazer a cabeça dos jovens compradores de Xangai, preocupados com a questão do status. Qiu ficou responsável pelo interior. Com as casas noturnas de Xangai em mente, ele afirma, "eu analisei onde as pessoas moravam, para onde elas iam e, então, tentei criar a mesma sensação dentro do carro". O resultado lembra mais uma sala de estar lindamente projetada do que o interior comum e austero dos outros modelos da Buick. Uma luz ambiente suave e amanteigada brilha do painel, assim como de lâmpadas escondidas na parte de trás. Os bancos dianteiros e traseiros são acolchoados e massageiam.

No segundo ano de sua produção, o LaCrosse da Patac vendeu mais de 110 mil unidades na China. Isso representa mais carros do que o total de Buicks vendidos nos Estados Unidos no mesmo ano. O LaCrosse foi fundamental para empurrar as vendas totais da Buick na China em 2011 — vendas estas que chegaram a 645 mil unidades. "Nosso LaCrosse fez com que atingíssemos as expectativas", diz Raymond Bierzynski, presidente da Patac. "Nosso Buick é aquilo que a marca quer ser em todos os lugares do mundo." A articulação para incorporar o design da Patac em um único veículo, o qual seria comercializado em todos os mercados da Buick, mostra que a GM está reconhecendo que o mundo é muito maior do que a América do Norte. A Patac está assumindo a liderança na estratégia criativa. "Não somos mais aquela vozinha do outro lado da linha", diz Bierzynski. "A China comanda 8 milhões de unidades por ano. Nós somos o [maior] mercado da GM. Nós somos os especialistas."

A grande questão é: como o design influenciado pelos chineses será recebido nos Estados Unidos e em outros mercados? Embora jamais tenha sido esperado que o LaCrosse fosse tão bem-sucedido nos Estados Unidos como é na China, o ano

Capítulo 19 | O mercado global **641**

de 2011 foi o melhor para a Buick norte-americana em mais de uma década. As vendas totais de mais de 177 mil carros podem estar longe do auge da empresa nos Estados Unidos, mas representam um colossal aumento de 73,5% em relação àquilo que a Buick vendeu no país apenas dois anos antes.

Talvez o mais importante sejam as mudanças nas percepções do consumidor em relação à marca, as quais indicam potencial para crescimento futuro. No ano passado, a opinião do público sobre a Buick melhorou 125%, ao passo que sua consideração na hora da compra subiu para 65%. Veja bem, isso tudo não se deve ao LaCrosse. Não vale a pena observar que os jornalistas especializados em veículos teceram muitos elogios ao novo design da Patac. De fato, o LaCrosse foi um dos três finalistas da revista *Car and Drive* para o "carro do ano". A publicação afirmou que ele é "sem dúvida o melhor sedan da Buick em muito tempo". Os resultados do LaCrosse da Patac renderam ao centro de design outros projetos, os quais serão vendidos em diversos mercados mundiais.

Com a GM de olho em grandes objetivos, a Buick lançará 12 modelos novos na China em um futuro próximo. A meta da empresa é dobrar as vendas chinesas até 2015, acrescentando a seus cálculos cerca de 5 milhões de veículos, com a Buick sendo responsável por mais de 1 milhão deles. A Ford atingiu a marca de 500 mil veículos na China pela primeira vez, com dificuldade, em 2011. E a Chrysler não está nem no radar. Mas alguns analistas financeiros não são tão otimistas, estimando que a GM terá um crescimento de apenas 3,3 milhões de unidades até 2015 e que, na verdade, a empresa perderá

participação no mercado chinês em rápido crescimento. Seja qual for o resultado, está claro que a Buick é uma marca global com força no lugar certo.

QUESTÕES PARA DISCUSSÃO

1. A Buick tem uma estratégia global de verdade ou várias estratégias regionais? Explique.

2. As instalações de produção mundiais da GM, como a Shangai GM, consolidam uma estratégia global? Justifique sua resposta.

3. Explique a estratégia global da Buick levando em conta as cinco estratégias mundiais de produto e comunicação.

4. Os concorrentes podem replicar com facilidade a estratégia da Buick na China? Justifique sua resposta.

5. Com base nas metas da Buick apresentadas no caso, responda: o que, em sua opinião, acontecerá com a Buick na China nos próximos anos? E nos Estados Unidos?

Fontes: Jessica Caldwell, "Drive by the numbers — Buick excelling in China", *Edmunds*, 8 maio 2012, <www.edmunds.com/industrycenter/analysis/drive-by-numbers-buick-excelling-in-china.html>; Steve Shannon, "Buick is popular in China?", <http://fastlane.gmblogs.com/archives/2006/12/buick_is_popula_1.html>; Jeremy Cato, "Buick making a comeback in North America", *The Globe and Mail*, 17 jul. 2012, <www.theglobeandmail.com/globe-drive/new-cars/auto-news/buickmaking-a-comeback-in-north-america/article4423994/>; Fara Warner, "Made in China", *Fast Company*, dez. 2007, <www.fastcompany.com/magazine/114/open_features-made-in-china.html>; "General Motors sets sales record in China in 2011", <http://media.gm.com/media/us/en/gm/news.detail.html/content/Pages/news/us/en/2012/Jan/0109_Sales_China.html>.

NOTAS

1. Baseado em informações de Monica Mark, "Coca-Cola and Nestlé target new markets in Africa", *The Guardian*, 4 maio 2012, <www.guardian.co.uk/world/2012/may/04/coca-cola-nestle-marketsafrica>; Duane Stanford, "Africa: Coke's last frontier", *Bloomberg Businessweek*, 1 nov. 2010, p. 54-61; Annaleigh Vallie, "Coke turns 125 and has much life ahead", *Business Day*, 16 maio 2011, <www.businessday.co.za/articles/Content.aspx?id_142848>; "Coca-Cola makes big bets on Africa's future", *Trefis*, 25 maio 2012, <www.trefis.com/stock/ko/articles/123022/coca-cola-makesbig-bets-on-africas-future/2012-05-25>; relatórios anuais da Coca-Cola e outras informações extraídas de <www.thecoca-colacompany.com>. Acesso em: nov. 2012.

2. Dados de "Fortune 500", *Fortune*, 21 maio 2012, p. F1; Christopher Stolarski, "The FDI effect", *Marquette University Research and Scholarship 2011*, <www.marquette.edu/research/documents/discover-2011-FDI-effect.pdf>; "List of countries by GDP: list by the CIA World Factbook", *Wikipedia*, <http://en.wikipedia.org/wiki/List_of_countries_by_GDP_> (nominal). Acesso em: nov. 2012.

3. "Trade growth to slow in 2012 after strong deceleration in 2011", *WTO Press Release*, 12 abr. 2012, <www.wto.org/english/news_e/pres12_e/pr658_e.htm>.

4. Informações de <www.michelin.com/corporate>, <www.jnj.com> e <www.caterpillar.com>. Acesso em: out. 2012.

5. Veja <www.otisworldwide.com/d1-about.html>. Acesso em: nov. 2012.

6. Don Lee, "U.S. orders tariffs on Chinese solar panels", *Los Angeles Times*, 18 maio 2012, <http://articles.latimes.com/2012/may/18/business/la-fi-china-solar-dumping-20120518>.

7. Veja Dexter Roberts e Michael Wei, "China's new protectionism", *Bloomberg Businessweek*, 27 out. 2011, <www.businessweek.com/magazine/chinas-new-protectionism-10272011.html>; Arun Sudhaman, "Walmart brings in PR counsel in China", *The Holmes Report*, 24 abr. 2012, <www.holmesreport.com/news-info/11755/WalMart-Brings-In-PR-Counsel-In-China.aspx>.

8. "What is the WTO?", <www.wto.org/english/thewto_e/whatis_e/whatis_e.htm>. Acesso em: nov. 2012.

9. Cai U. Ordinario, "Developed countries still committed to complete Doha Round", *Business Mirror*, 29 jan. 2012, <www.businessmirror.com.ph/home/top-news/22586-developedcountries-still-committed-to-complete-doha-round>; relatório anual da WTO em 2012, <www.wto.org/english/res_e/publications_e/anrep12_e.htm>. Acesso em: out. 2012; World Trade Organization, "10 benefits of the WTO trading system", <www.wto.org/english/thewto_e/whatis_e/10ben_e/10b00_e.htm>. Acesso em: out. 2012.

10. "The EU at a glance", <http://europa.eu/about-eu/index_en.htm>; "EU statistics and opinion polls", <http://europa.eu/documentation/statistics-polls/index_en.htm>. Acesso em: set. 2012.

11. "Economic and monetary affairs", <http://europa.eu/pol/emu/index_en.htm>. Acesso em: nov. 2012.

12. CIA, *The world factbook*, <https://www.cia.gov/library/publications/the-world-factbook>. Acesso em: ago. 2012.

13. Estatísticas e outras informações de CIA, *The world factbook*, <https://www.cia.gov/library/publications/the-world-factbook/>. Acesso em: ago. 2012; Office of the United States Trade Representative, "Joint statement from 2012 NAFTA Commission Meeting", abr. 2012, <www.ustr.gov/about-us/press-

642   Parte 4 | Marketing ampliado

-office/press-releases/2012/april/joint-statement-2012-nafta-commission-meeting>.

14. Veja <www.comunidadandina.org/ingles/sudamerican.htm>. Acesso em: ago. 2012.

15. Exemplo baseado em informações encontradas em Bruce Einhorn, "Alan Mulally's Asian sales call", *Bloomberg Businessweek*, 12 abr. 2010, p. 41-43; "Ford, Volkswagen eye up North India to set up new facilities", *Businessline*, 8 dez. 2010, p. 1; "Ford to tag new Figo 2012 less by INR 16,000", *Crazy About Cars*, 9 mar. 2012, <www.carzy.co.in/blog/car-news/ford-tag-figo-2012-inr-16000.html/>.

16. Veja "2012 investment climate statement — Venezuela", *U.S. Bureau of Economic and Business Affairs*, jun. 2012, <www.state.gov/e/eb/rls/othr/ics/2012/191262.htm>; "Welcome to the U.S. commercial service Venezuela", <http://export.gov/venezuela/>. Acesso em: out. 2012.

17. Veja "$9 billion barter deal", *BarterNews.com*, 19 abr. 2008, <www.barternews.com/9_billion_dollar_barter_deal.htm>; David Pilling, "Africa builds as Beijing scrambles to invest", *Financial Times*, 10 dez. 2009, p. 11; International Reciprocal Trade Association, <www.irta.com/modern-trade-a-barter.html>. Acesso em: nov. 2012.

18. Para esses e outros exemplos, veja Emma Hall, "Do you know your rites? BBDO does", *Advertising Age*, 21 maio 2007, p. 22.

19. Jamie Bryan, "The Mintz dynasty", *Fast Company*, abr. 2006, p. 56-61; Viji Sundaram, "Offensive Durga display dropped", *India-West*, fev. 2006, p. A1; Emily Bryson York e Rupal Parekh, "Burger King's MO: offend, earn media, apologize, repeat", *Advertising Age*, 8 jul. 2009, <http://adage.com/print?article_id=137801>.

20. Para esses e outros exemplos, veja "Managing quality across the (global) organization, its stakeholders, suppliers, and customers", *Chartered Quality Institute*, <www.thecqi.org/Knowledge-Hub/Knowledge-portal/Corporate-strategy/Managing-quality-globally>. Acesso em: out. 2012.

21. Citações e outras informações encontradas em David Pierson, "Beijing loves IKEA — but not for shopping", *Los Angeles Times*, 25 ago. 2009, <http://articles.latimes.com/2009/aug/25/business/fi-china-ikea25>; Michael Wei, "In IKEA's China stores, loitering is encouraged", *Bloomberg Businessweek*, 1 nov. 2010, p. 22-23; Jens Hansegard, "IKEA taking China by storm", *Wall Street Journal*, mar. 2012, <http://online.wsj.com/article/SB10001424052702304636404577293083481821536.html>.

22. Andres Martinez, "The next American century", *Time*, 22 mar. 2010, p. 1.

23. Thomas L. Friedman, *The Lexus and the olive tree: understanding globalization*. Nova York: Anchor Books, 2000; Michael Wei e Margaret Conley, "Global brands: some chinese kids' first word: Mickey", *Bloomberg Businessweek*, 19 jun. 2011, p. 24-25.

24. "BrandZ top global brands 2012", *Millward Brown Optimor*, <www.millwardbrown.com/BrandZ/Top_100_Global_Brands.aspx>. Acesso em: ago. 2012.

25. Veja Kim-Mai Cutler, "Apple's Chinese iPhone sales 'mind-boggling', bring China revenues to $7.9 billion", *Tech Crunch*, 24 abr. 2012, <http://techcrunch.com/2012/04/24/apples-iphone-sales-in-chinaare-up-by-fivefold-from-a-year-ago/>; Nick Wingfield, "Apple profit rises on higher iPhone and iPad sales", *New York Times*, 24 abr. 2012, p. B1.

26. Duane Stanford, "Can Coke surpass its record high of $88 a share?", *Bloomberg Businessweek*, 2 jun. 2011, p. 1; William J. Holstein, "How Coca-Cola manages 90 emerging markets", *Strategy+Business*, 7 nov. 2011, <www.strategy-business.com/article/00093?gko=f3ca6>; Monica Mark, "Coca-Cola and Nestlé target new markets in Africa", *The Guardian*, 4 maio 2012, <www.guardian.co.uk/world/2012/may/04/coca-cola-nestle-markets-africa>.

27. Barney Jopson e Andrew England, "Walmart to apply 'sweat and muscle' to Africa", *Financial Times*, 5 jun. 2011, p. 18; Emma Hall, "Marketers, agencies eye booming Africa for expansion", *Advertising Age*, 13 jun. 2011, p. 28; Addis Ababa, "Walmart focused on existing Africa markets", *Reuters*, 10 maio 2012, <www.reuters.com/article/idUSBRE8490L120120510>.

28. Veja <http://en.wikipedia.org/wiki/Doubletree>. Acesso em: out. 2012.

29. Exemplo baseado em informações de "Campbell Soup Company and Swire Pacific form joint venture in China", *BusinessWire*, 12 jan. 2011, <www.businesswire.com/news/home/20110112005834/en/Campbell-Soup-Company-Swire-Pacific-Form-Joint>.

30. "Ford India lays foundation store for Sanand plant", 22 mar. 2012, <www.drivingford.in/tag/ford-india-plant/>; Alan Ohnsman, "Major auto production at Toyota, Honda boosts U.S. economy", 17 jul. 2012, <www.autonews.com>.

31. Marc de Swaan Arons, "There is absolutely a need for one single global vision", *Marketing News*, 30 set. 2011, p. 30.

32. Citações de Andrew McMains, "To compete globally, brands must adapt", *Adweek*, 25 set. 2008, <www.adweek.com>; Pankaj Ghemawat, "Regional strategies for global leadership", *Harvard Business Review*, dez. 2005, p. 97-108; Eric Pfanner, "The myth of the global brand", *New York Times*, 11 jan. 2009, <www.nytimes.com>; Marc de Swaan Arons, "There is absolutely a need for one single global vision", *Marketing News*, 30 set. 2011, p. 30. Veja também Pankej Ghemawat, "Finding your strategy in the new landscape", *Harvard Business Review*, mar. 2010, p. 54-60.

33. Baseado em informações de Lucy Fancourt, Bredesen Lewis e Nicholas Majka, "Born in the USA, made in France: how McDonald's succeeds in the Land of Michelin Stars", *Knowledge@Wharton*, 3 jan. 2012, <http://knowledge.wharton.upenn.edu/article.cfm?articleid=2906>.

34. Veja Warren J. Keegan e Mark C. Green, Global Marketing, 6ed. Upper Saddle River: Prentice Hall, 2011, p. 314-321.

35. Para esses e outros exemplos, veja Bruce Einhorn, "There's more to Oreo than black and white", *Bloomberg Businessweek*, 3 maio 2012, <www.businessweek.com/articles/2012-05-03/theres-moreto-oreo-than-black-and-white>.

36. James R. Healey, "Fiat 500: little car shoulders huge responsibility in U.S.; retro cutie had to be redone from inside out for sale here", *USA Today*, 1 jun. 2011, p. B1; "New 2012 Fiat 500 named 'best car' in travel + leisure annual design awards issue", *PRNewswire*, 15 fev. 2012.

37. Veja "Easier said than done", *The Economist*, 15 abr. 2010, <www.economist.com/node/15879299>; Normandy Madden, "In China, multinationals forgo adaptation for new-brand creation", *Advertising Age*, 17 jan. 2011, p. 10.

38. "Nokia still dominant in Africa in market share", *Celebrating Progress Africa*, 12 jun. 2011, <www.cp-africa.com/2011/06/12/nokia-stilldominant-in-africa-in-market-share-ad-impressions>; "Nokia still a hot brand among Indian consumers: survey", *The Press Trust of India*, 10 jul. 2011.

39. Emma Hall, "Marketers, agencies eye booming Africa for expansion", *Advertising Age*, 13 jun. 2011, p. 28; Liz Gooch, "The biggest thing since China: global companies awake to the Muslim consumer, and marketers follow suit", *International Herald Tribune*, 12 ago. 2010, p. 1.

40. Veja George E. Belch e Michael A. Belch, *Advertising and promotion: an integrated marketing communications perspective*, 7. ed. Nova York: McGraw Hill, 2007, Capítulo 20; Shintero Okazaki e Charles R. Taylor, "What is SMS advertising and why do multinationals adopt it?", *Journal of Business Research*, jan. 2008, p. 4-12; Warren J. Keegan e Mark C. Green, *Global marketing*, 6. ed. Upper Saddle River: Prentice Hall, 2011, p. 413--415.

41. Para esses e outros exemplos, veja Normandy Madden, "In China, multinationals forgo adaptation for new-brand creation", *Advertising Age*, 17 jan. 2011, p. 10; Cristina Drafta, "Levi Strauss targets Asia with Denizen", *EverythingPR*, 16 maio 2011, <www.pamil-visions.net/denizen/228239/; www.levistrauss.com/brands/denizen/>. Acesso em: out. 2012.

42. Adaptado de Jack Ewing, "First mover in mobile: how it's selling cell phones to the developing world", *BusinessWeek*, 14 maio 2007, p. 60; com informações de "Nokia's market share troubles to hit profits", *Reuters*, 19 jan. 2011, <www.reuters.com/article/2011/01/19/us-nokia-idUSTRE70I25P20110119>.

43. Veja "Coca-Cola rolls out new distribution model with ZAP", ZAP, 23 jan. 2008, <www.zapworld.com/zap-coca-cola-truck>; Jane Nelson, Eriko Ishikawa e Alexis Geaneotes, "Developing inclusive business models: a review of Coca-Cola's manual distribution centers in Ethiopia and Tanzania", *Harvard Kennedy School*, 2009, <www.hks.harvard.edu/mrcbg/CSRI/publications/other_10_MDC_report.pdf>; "How Coca-Cola's distribution system works", *Colalife*, 19 dez. 2010, <www.colalife.org/2010/12/19/how-coca-colas-distribution-system-works/>. Para fotos interessantes dos métodos de distribuição da Coca-Cola em países de Terceiro Mundo e em mercado emergentes, veja <www.flickr.com/photos/73509998@N00/sets/72157594299144032/>. Acesso em: nov. 2012.

44. Adaptado de informações encontradas em Bart Becht, "Building a company without borders", *Harvard Business Review*, abr. 2010, p. 103-106; "From Cincy to Singapore: why P&G, others are moving key HQs", *Advertising Age*, 10 jun. 2012, <http://adage.com/print/235288>; <www.rb.com/Investors-media/Investorinformation>. Acesso em: nov. 2012.

Parte 1 ▶ Definição de marketing e o processo de marketing (Capítulos 1-2)

Parte 2 ▶ Entendimento do mercado e dos clientes (Capítulos 3-6)

Parte 3 ▶ Elaboração de uma estratégia e de um mix voltados para o cliente (Capítulos 7-17)

Parte 4 ▶ Marketing ampliado (Capítulos 18-20)

20

Marketing sustentável: responsabilidade social e ética

Prévia do capítulo

Neste capítulo final, vamos analisar os conceitos de marketing sustentável, que atende às necessidades dos consumidores, das empresas e da sociedade — agora e no futuro — por meio de ações de marketing social e ambientalmente sustentáveis. Vamos começar com a definição de marketing sustentável e, em seguida, analisar algumas críticas comuns ao marketing, por conta de seus impactos sobre os consumidores individuais, bem como ações públicas que promovem o marketing sustentável. Por fim, veremos como as empresas podem se beneficiar da busca proativa por práticas sustentáveis de marketing, que entregam valor não apenas aos clientes individuais, mas à sociedade como um

todo. As ações de marketing sustentável são mais do que apenas a coisa certa a ser feita; elas também são boas para os negócios.

Para começar, vamos analisar um exemplo de marketing sustentável em prática na Unilever, a terceira maior empresa de produtos de consumo do mundo. Há 13 anos consecutivos, a Unilever é eleita líder em sustentabilidade no setor de alimentos e bebidas pelo índice Dow Jones Sustainability. Recentemente, a empresa lançou o programa Plano de Vida Sustentável, por meio do qual pretende dobrar de tamanho até 2020, ao mesmo tempo em que reduz seu impacto no planeta e aumenta os benefícios sociais decorrentes de suas atividades. Trata-se de uma meta ambiciosa.

Sustentabilidade na Unilever: criando um futuro melhor todos os dias

Quando Paul Polman se tornou CEO da Unilever em 2009, a empresa de produtos alimentícios, para o lar e para cuidados pessoais era um gigante adormecido. Apesar de ser a casa de marcas famosas — incluindo algumas como Dove, Axe, Noxema, Sunsilk, OMO, Hellmann's, Knorr, Lipton e Bem & Jerry's —, a Unilever tinha passado por uma década de vendas e lucros estagnados. A empresa precisava renovar sua energia e sua proposta. "Para empurrar o mundo de volta à sanidade, precisamos saber por que estamos aqui", disse Polman.

Para responder à pergunta "por que estamos aqui" e encontrar uma missão mais energizante, Polman olhou para além das metas corporativas normais, voltadas para crescimento das vendas, dos lucros e do valor para o acionista. Em vez disso, ele afirmou, o crescimento resulta do comprometimento com uma missão social e ambiental mais ampla. A Unilever existe "para os consumidores e não para os acionistas", disse ele. "Se estivermos em sincronia com as necessidades do consumidor e com o ambiente em que operamos — e assumirmos a responsabilidade por nosso [impacto societal] —, os acionistas, então, serão recompensados."

Avaliar o impacto societal e ambiental e trabalhar em cima disso não é algo novo para a Unilever. Antes de Polman assumir as rédeas, a empresa já tinha diversos programas em andamento direcionados para a gestão do impacto de seus produtos e suas operações. Mas os programas e os resultados existentes, embora bons, não iam longe o bastante para Polman. Assim, no final de 2010, a Unilever lançou o programa Plano de Vida Sustentável — um plano agressivo, de longo prazo, que eleva o capitalismo a um outro nível. Com o plano, a empresa quer "criar um futuro melhor, todos os dias, para as pessoas ao redor do mundo: para as pessoas que trabalham para nós, as que fazem negócios conosco, as bilhões de pessoas que usam nossos produtos e a futura geração, cuja qualidade de vida depende do modo como protegemos o ambiente hoje". De acordo com Polman, o sucesso *comercial* da Unilever no longo prazo depende do quão bem ela gerencia o impacto *social* e *ambiental* de suas ações.

O Plano de Vida Sustentável estabelece três importantes objetivos sociais e ambientais a serem conquistados até 2020: "(1) ajudar mais de um bilhão de pessoas a tomarem medidas para melhorar sua saúde e seu bem-estar; (2) reduzir pela metade a pegada ambiental gerada pela fabricação e pelo uso de nossos produtos; (3) obter 100% das matérias-primas ligadas à agricultura que utilizamos de maneira sustentável".

> Com o Plano de Vida Sustentável, a Unilever, gigante dos produtos de consumo, quer "criar um futuro melhor, todos os dias, para as pessoas ao redor do mundo". De fato, o sucesso *comercial* da empresa no longo prazo depende do quão bem ela gerencia o impacto *social* e *ambiental* de suas ações.

Esse plano aglutina todo o trabalho que a Unilever vem desenvolvendo e estabelece novas metas ambiciosas relacionadas à sustentabilidade. Essas metas abrangem toda a cadeia de valor interna, desde o modo como a empresa obtém as matérias-primas até a maneira como os consumidores utilizam e descartam seus produtos. "Nosso objetivo é tornar nossas atividades mais sustentáveis e incentivar nossos clientes, fornecedores e outros a fazer o mesmo", diz a empresa.

No que diz respeito ao fornecimento, mais da metade das matérias-primas usadas pela Unilever é proveniente da agricultura. Assim, a empresa está ajudando os fornecedores a desenvolver técnicas agrícolas sustentáveis, que atendam às suas altas expectativas em relação aos impactos ambiental e social. A Unilever avalia os fornecedores com base em dois modelos. O primeiro é o Unilever Supplier Code, que demanda ações socialmente responsáveis no que diz respeito a direitos humanos, práticas trabalhistas, segurança de produto e cuidado com o meio ambiente. Já o segundo, o Unilever Sustainable Agriculture Code, voltado especificamente para fornecedores ligados à agricultura, detalha as expectativas da empresa quanto a práticas agrícolas sustentáveis, de modo que ela e seus fornecedores "possam se comprometer, juntos, com a jornada para a sustentabilidade".

Mas o Plano de Vida Sustentável da Unilever vai além de simplesmente criar canais de fornecimento e distribuição mais responsáveis. Aproximadamente 68% do total de pegada ambiental dos produtos da Unilever referente à emissão de gases do efeito estufa e 50% da pegada ligada ao consumo de água se dão durante o uso do consumidor. Assim, a Unilever também está trabalhando com seus consumidores para melhorar o impacto social e ambiental de seus produtos durante o uso. Cerca de 2 bilhões de pessoas em 190 mercados espalhados pelo mundo utilizam um produto da Unilever em determinado momento. Portanto, somadas, pequenas ações diárias por parte do consumidor podem fazer uma grande diferença. A Unilever resume isso na seguinte equação: "Marcas da Unilever × pequenas ações diárias × bilhões de consumidores = grande diferença".

Por exemplo, quase um terço dos lares no mundo todo utilizam produtos da Unilever para lavar roupas — são, aproximadamente, 125 bilhões de lavagens por dia. Com seu Plano de Vida Sustentável, a Unilever não só está desenvolvendo produtos para lavar roupa que agridem menos o meio ambiente, como também está motivando os consumidores a melhorarem seus hábitos relacionados à lavagem de roupa.

Por exemplo, a Unilever está incentivando os consumidores ao redor do mundo a lavar roupas usando temperaturas mais baixas e a dosagem correta de sabão. Produtos da Unilever como os sabões OMO e Persil Small & Mighty, que são concentrados, utilizam menos embalagem, o que os tornam mais baratos e menos poluentes para transportar. E o mais importante: eles lavam a roupa com eficiência em temperaturas baixas e usam menos energia. Outro produto da Unilever, o amaciante Comfort One Rinse, foi criado para a lavagem de roupas à mão em mercados em desenvolvimento e emergentes, em que a água muitas vezes é escassa. O produto inovador demanda somente um balde de água para enxaguar, em vez de três, o que representa economia de tempo, esforço e 30 litros de água para os consumidores.

Essas economias de energia e água não aparecem na demonstração de resultados da Unilever, mas serão extremamente importantes para as pessoas e o planeta. De maneira similar, pequenas mudanças nas características nutricionais dos produtos e nos hábitos de alimentação dos clientes podem ter um impacto surpreendentemente grande na saúde humana. "Em última instância", diz a empresa, "só seremos bem-sucedidos se incentivarmos as pessoas ao redor do mundo a tomar pequenas atitudes diária que, somadas, possam fazer uma grande diferença para o planeta". Para atingir esse objetivo, a Unilever identificou "cinco alavancas para a mudança" — são coisas que seus profissionais de marketing podem fazer para motivar as pessoas a adotar determinados comportamentos sustentáveis. O modelo ajuda esses profissionais a identificar as

▲ Com o Plano de Vida Sustentável, a Unilever identificou "cinco alavancas para a mudança" — coisas que ela pode fazer para incentivar seus mais de 2 bilhões de consumidores ao redor do mundo a adotar comportamentos sustentáveis.

Reproduzida com a gentil permissão da Unilever PLC e de empresas do grupo

646 Parte 4 | Marketing ampliado

barreiras e os gatilhos para a mudança. As alavancas para a mudança incluem: fazer com que o ponto seja compreendido, facilitá-lo, torná-lo desejável, fazer dele algo recompensador e transformá-lo em um hábito.

O Plano de Vida Sustentável vai gerar resultados para a empresa? Até agora, está tudo caminhando bem. As receitas da Unilever em 2011 cresceram 6,5% — um número modesto, mas que ultrapassa os índices de crescimento de mercado onde a empresa opera. E talvez o mais importante: ao mesmo tempo em que melhora seu desempenho financeiro, a Unilever progride em suas agressivas metas ligadas ao Plano de Vida Sustentável. A empresa está dentro do esperado em 50 de seus 58 objetivos específicos envolvendo melhoria na saúde e no bem-estar, redução de pegada ambiental e obtenção de matérias--primas de modo sustentável, e está fazendo bons progressos nos outros sete.

O plano de sustentabilidade não é apenas a coisa certa a se fazer com as pessoas e o ambiente, afirma Polman, ele também é o correto para a Unilever. A busca pela sustentabilidade economiza dinheiro, ao reduzir o uso de energia e minimizar o desperdício. Ela também intensifica a inovação, resultando em novos produtos e benefícios para o consumidor. E ainda cria novas oportunidades de mercado: mais da metade das vendas da Unilever é proveniente de países em desenvolvimento, e muitos desses lugares enfrentam os maiores desafios em termos de sustentabilidade.

No final das contas, prevê Polman, o plano de sustentabilidade vai ajudar a Unilever a dobrar de tamanho, ao mesmo tempo em que cria um futuro melhor para bilhões de pessoas sem aumentar a pegada ambiental. "Não acreditamos que haja um conflito entre sustentabilidade e crescimento lucrativo", ele conclui. "O ato diário de fabricar e vender produtos de consumo orienta o progresso econômico e social. Há bilhões de pessoas ao redor do mundo que merecem a melhor qualidade de vida que produtos do dia a dia, como sabonete, xampu e chá, podem oferecer. Viver de maneira sustentável não é um sonho impossível. Isso pode ser feito, e há pouquíssimas desvantagens."[1]

Resumo dos objetivos

Objetivo 1
Definir marketing sustentável e discutir sua importância.
Marketing sustentável (p. 646-648)

Objetivo 2
Identificar as principais críticas sociais ao marketing.
Críticas ao marketing social (p. 648-656)

Objetivo 3
Definir defesa do consumidor e ambientalismo e explicar como eles afetam as estratégias de marketing.
Ações do consumidor para promover o marketing sustentável (p. 656-662)

Objetivo 4
Descrever os princípios do marketing sustentável.
Ações organizacionais voltadas para o marketing sustentável (p. 663-667)

Objetivo 5
Explicar o papel da ética no marketing.
Ética no marketing (p. 667-670)
A empresa sustentável (p. 670)

Objetivo 1

▶ Definir marketing sustentável e discutir sua importância.

Marketing sustentável
Marketing social e ambientalmente responsável que atende às necessidades atuais de consumidores e empresas e, ao mesmo tempo, preserva ou intensifica a capacidade das gerações futuras de atender às necessidades delas.

E mpresas responsáveis descobrem o que os consumidores querem e respondem com ofertas ao mercado que criem valor para os compradores e obtenham valor deles em troca. A *orientação de marketing* é um princípio que prega o valor para o cliente e ganhos mútuos. Sua prática é uma mão invisível que orienta a economia, a fim de satisfazer as muitas e variáveis necessidades de milhões de consumidores.

Contudo, nem todas as empresas seguem a orientação de marketing. Na realidade, algumas utilizam práticas de marketing questionáveis, que servem a seus próprios interesses, e não os dos consumidores. E mesmo ações de marketing bem-intencionadas, que atendem às necessidades atuais de alguns clientes, podem causar prejuízos imediatos ou futuros a outros consumidores ou à sociedade em geral. As empresas responsáveis precisam considerar se suas ações são sustentáveis no longo prazo.

Este capítulo analisa o marketing sustentável, bem como os efeitos sociais e ambientais das práticas privadas de marketing. Para começar, vamos tratar da questão: o que é marketing sustentável e por que ele é importante?

Marketing sustentável

O **marketing sustentável** requer ações responsáveis em termos sociais e ambientais, que atendam às necessidades atuais de consumidores e empresas e, ao mesmo tempo, preservem

Figura 20.1 Marketing sustentável.

A orientação de marketing representa o atendimento das necessidades atuais dos clientes e da empresa. Mas, muitas vezes, isso pode significar comprometer o futuro de ambos.

		Necessidades das empresas	
		Agora	Futuro
Necessidades dos consumidores	Agora	Orientação de marketing	Orientação de planejamento estratégico
	Futuro	Orientação de marketing societal	**Orientação de marketing sustentável**

O marketing sustentável representa o atendimento das necessidades atuais de tal maneira que preserve os direitos e as opções das futuras gerações de consumidores e empresas.

ou intensifiquem a capacidade das gerações futuras de atender às necessidades delas. A Figura 20.1 compara a orientação de marketing sustentável com a orientação de marketing que estudamos nos capítulos anteriores.[2]

A *orientação de marketing* reconhece que as organizações prosperam dia após dia definindo as necessidades e os desejos atuais da clientela-alvo e atendendo-os de maneira mais eficaz e eficiente que os concorrentes. Ela se concentra em atender às necessidades de vendas, crescimento e lucro de curto prazo da empresa, oferecendo aos clientes aquilo que eles querem agora. Contudo, satisfazer as necessidades e os desejos imediatos dos consumidores nem sempre atende aos melhores interesses futuros dos clientes e da empresa.

Por exemplo, as primeiras decisões do McDonald's de comercializar fast-foods saborosos — porém ricos em gordura e sal — geraram satisfação imediata para os clientes, assim como vendas e lucros para a empresa. No entanto, críticos afirmam que o McDonald's e outras redes de fast-food contribuíram, no longo prazo, para uma epidemia de obesidade nos Estados Unidos, prejudicando a saúde dos consumidores e sobrecarregando o sistema nacional de saúde. Muitos consumidores, por sua vez, começaram a buscar opções de alimentação mais saudável, gerando uma queda nas vendas e nos lucros do setor de fast-food. Além da questão do comportamento ético e do bem-estar social, o McDonald's foi criticado pela considerável pegada ambiental de suas enormes operações globais — ele foi criticado por tudo, de desperdício na embalagem e geração de resíduo sólido até uso ineficiente da energia em suas lojas. Assim, a estratégia do McDonald's não foi sustentável em termos de benefício nem para o consumidor nem para a empresa.

Enquanto a *orientação de marketing societal* identificada na Figura 20.1 considera o bem-estar futuro dos consumidores e a *orientação de planejamento estratégico* considera as necessidades futuras da empresa, a *orientação de marketing sustentável* leva em conta ambas as coisas. O marketing sustentável requer ações responsáveis em termos sociais e ambientais, que atendam às necessidades tanto imediatas como futuras dos clientes e da empresa.

Por exemplo, como vimos no Capítulo 2, o McDonald's respondeu a esses desafios impostos nos últimos anos com uma estratégia mais sustentável: o Plano para Vencer, voltado para a diversificação em saladas, frutas, frango grelhado, leite desnatado e outros alimentos mais saudáveis. Além disso, depois de sete anos pesquisando um óleo para fritura mais saudável, o McDonald's parou de usar a gordura trans tradicional, que entope as artérias, sem comprometer o gosto de suas batatas fritas. A empresa também lançou uma grande campanha educativa, com várias frentes — chamada "É isso o que eu como e o que faço... Amo muito tudo isso" —, para ajudar os consumidores a entender melhor os segredos para ter um estilo de vida mais equilibrado e ativo. E, recentemente, o McDonald's deu início à campanha "Favoritos com menos de 400 calorias", em que apresenta itens com 400 calorias ou menos em suas propagandas e seus cardápios espalhados pelas paredes de seus restaurantes. A rede assinala que 80% de seu cardápio nos Estados Unidos é composto por produtos com menos de 400 calorias e que quer ajudar os clientes a se sentirem melhor em relação aos itens que escolherem.[3]

O Plano para Vencer do McDonald's também trata da questão ambiental. Por exemplo, ele demanda sustentabilidade no fornecimento de alimentos, embalagens reduzidas e ambientalmente sustentáveis, reuso, reciclagem e um projeto de loja mais responsável. O McDonald's inclusive desenvolveu um sistema de pontuação ambiental, que avalia o desempenho de seus fornecedores em áreas como uso de água, utilização de energia e gestão do resíduo sólido.

▲ Marketing sustentável: o Plano para Vencer do McDonald's não só criou valor sustentável para os clientes, mas também posicionou a empresa para um futuro lucrativo.

Alexandre Gelebart/REA/Redux

648 Parte 4 | Marketing ampliado

A estratégia mais sustentável do McDonald's está beneficiando a empresa, assim como seus clientes. Desde que anunciou o Plano para Vencer, as vendas do McDonald's aumentaram quase 60% e os lucros mais que triplicaram. Assim, o McDonald's está bem posicionado para um futuro lucrativo de sustentabilidade.[4]

O marketing verdadeiramente sustentável requer um sistema de marketing que funcione em harmonia, em que consumidores, empresas, legisladores e outros trabalhem em conjunto para assegurar ações de marketing responsáveis em termos sociais e ambientais. Entretanto, o sistema de marketing nem sempre funciona de maneira harmônica. As seções a seguir analisam diversas questões ligadas à sustentabilidade: quais são as mais frequentes críticas sociais ao marketing mais frequentes? Que providências os cidadãos têm tomado para coibir os males do marketing? O que os legisladores e os órgãos do governo têm feito para promover o marketing sustentável? Quais medidas as empresas esclarecidas têm adotado para praticar um marketing socialmente responsável e ético, que crie valor sustentável tanto para os clientes individuais como para a sociedade como um todo?

Objetivo 2

▶ Identificar as principais críticas sociais ao marketing.

Críticas ao marketing social

O marketing é alvo de muitas críticas. Algumas são justificadas, mas muitas não. A crítica social afirma que determinadas práticas de marketing prejudicam consumidores individuais, a sociedade como um todo e outras empresas.

O impacto do marketing sobre os consumidores individuais

Os consumidores preocupam-se muito com o modo como o sistema de marketing atende a seus interesses. Em geral, levantamentos demonstram que as atitudes dos consumidores em relação às práticas de marketing são controversas ou até relativamente desfavoráveis. Grupos de defesa do consumidor, órgãos governamentais e outros críticos têm acusado o marketing de prejudicar os consumidores por meio de preços altos, práticas desonestas, vendas com muita pressão, produtos de baixa qualidade, prejudiciais ou perigosos, obsolescência planejada e oferecimento de serviços de baixa qualidade para consumidores menos favorecidos. Essas práticas de marketing questionáveis não são sustentáveis em termos de bem-estar do consumidor e do negócio no longo prazo.

Preços altos

Muitos críticos acusam o sistema de marketing de fazer com que os preços fiquem mais altos do que seriam em sistemas mais "sensatos". Preços altos assim são difíceis de engolir, especialmente quando a economia está em crise. Os críticos destacam três fatores — *altos custos de distribuição*, *altos custos de propaganda e promoção* e *markups excessivos*.

Altos custos de distribuição. Uma acusação antiga aponta para o fato de que as margens de lucro sobre os preços determinadas por membros gananciosos do canal são maiores do que o valor de seus serviços. Os críticos afirmam que há intermediários demais, que eles são ineficientes ou que oferecem serviços desnecessários ou duplicados. Como resultado, os custos de distribuição acabam ficando muito altos e os consumidores pagam por esses custos excessivos na forma de preços mais elevados.

Como os revendedores se defendem dessas acusações? Eles argumentam que os intermediários executam um trabalho que, se não fosse feito por eles, teria de ficar a cargo dos fabricantes ou dos consumidores. Os markups refletem aquilo que os consumidores querem — maior praticidade, lojas e sortimentos maiores, mais serviços, horários de atendimento prolongados e facilidade de devolução, entre outros. Na verdade, eles argumentam, a concorrência no varejo é tão intensa que as margens, no final das contas, são bastante baixas. Se alguns revendedores tentarem cobrar preços altos demais em relação ao valor que agregam, surgirão outros com preços mais baixos. Lojas de preços baixos como o Walmart, o Costco e outros varejistas de desconto pressionam seus concorrentes a operar com eficiência e a manter os preços baixos. De fato, na esteira da recente recessão, somente os varejistas mais eficientes sobreviveram de maneira lucrativa.

Altos custos de propaganda e promoção. O marketing moderno também é acusado de empurrar os preços para cima a fim de financiar grandes campanhas de propaganda e promoções de vendas. Por exemplo, uma marca bastante promovida em nível nacional é vendida por um preço muito maior do que um produto praticamente idêntico que não tenha marca ou seja de marca própria. Produtos diferenciados — cosméticos, produtos de limpeza, artigos de higiene — incorporam custos de promoção e embalagem que podem chegar a 40% ou mais do preço que o fabricante cobra do varejista. Os críticos alegam que grande parte dessa promoção e embalagem adiciona somente valor psicológico ao produto, e não funcional.

As empresas respondem dizendo que, embora acrescente custos ao produto, a propaganda também agrega valor, ao informar os compradores potenciais da disponibilidade e dos méritos da marca. Produtos de marca podem custar mais, mas o branding dá aos compradores garantias de uma qualidade consistente. Além disso, apesar de os consumidores geralmente terem a opção de comprar versões funcionais do produto a preços mais baixos, eles *querem* e estão dispostos a pagar mais por produtos que também oferecem benefícios psicológicos — que os façam se sentir ricos, atraentes ou especiais. Outro ponto: a propaganda e a promoção intensas podem ser necessárias para uma empresa equiparar seus esforços aos dos concorrentes — o negócio perderia "participação na mente dos consumidores" se não acompanhasse os gastos da concorrência.

▲ Uma marca bastante promovida em nível nacional é vendida por um preço muito maior do que um produto praticamente idêntico que não tenha marca ou seja de marca própria. Os críticos alegam que a promoção adiciona somente valor psicológico ao produto, e não funcional.
Cortesia de Gary Armstrong

Ao mesmo tempo, as empresas estão conscientes dos custos de promoção e tentam gastar seu dinheiro de maneira sensata. Os consumidores mais conscienciosos estão demandando genuíno valor pelo preço que pagam. A contínua mudança em direção à compra de marcas próprias e genéricos sugere que, quando se trata de valor, os consumidores querem ação, e não apenas conversa.

Markups excessivos. Os críticos também acusam algumas empresas de adicionar margens excessivas a seus produtos. Eles apontam para a indústria farmacêutica, em que uma pílula que custa 5 centavos para ser fabricada pode ser vendida a 2 dólares para o consumidor. Apontam também para as táticas de determinação de preços das agências funerárias, que se aproveitam das emoções exacerbadas de parentes desolados, e para os altos custos relacionados a conserto de carros e outros serviços.

As empresas respondem dizendo que a maioria delas tenta tratar os consumidores com justiça, pois quer construir um relacionamento com eles e fazer com que continuem a comprar, e que a maior parte dos abusos não é intencional. Quando empresas desonestas tiram proveito dos consumidores, elas devem ser denunciadas a órgãos de proteção ao consumidor. As empresas também alegam que os consumidores muitas vezes não entendem as razões dos altos markups. Por exemplo, as margens cobradas nos produtos farmacêuticos devem cobrir os custos da compra, promoção e distribuição dos medicamentos existentes, além dos altos custos de pesquisa e desenvolvimento envolvidos na formulação e nos testes de novos remédios. Como a GlaxoSmithKline, empresa farmacêutica, afirma em seus anúncios: "Os remédios de hoje financiam os milagres de amanhã".

Práticas desonestas

As empresas às vezes são acusadas de práticas desonestas, que induzem os consumidores a acreditar que obterão mais valor do que de fato recebem. Essas práticas classificam-se em três grupos: determinações de preço, promoções e embalagens enganosas. Na categoria das determinações de preço enganosas, incluem-se práticas como: anunciar falsos preços "de fábrica" ou "de atacado" e uma grande redução de preços a partir de uma lista falsa de altos preços de venda. Já as *promoções enganosas* abrangem práticas como: distorcer as características ou o desempenho do produto e atrair os clientes à loja com uma superoferta que, na verdade, está com o estoque esgotado. As *embalagens enganosas* incluem exagerar o conteúdo por meio de um design sutil, usar um rótulo que não diz a verdade ou descrever o tamanho em termos ilusórios.

As práticas enganosas levaram à criação de leis e de outras ações de proteção ao consumidor. Por exemplo, em 1938, o Congresso dos Estados Unidos aprovou a Wheeler-Lea Act (Lei Wheeler-Lea), que conferiu à FTC (Federal Trade Commission — Comissão Federal de Comércio) poderes para regular "práticas ou atos desleais ou enganosos". Desde então, a FTC já publicou diversas diretrizes relacionando práticas enganosas. Contudo, apesar das leis, alguns críticos dizem que as afirmações enganosas ainda são muito comuns, mesmo no caso de marcas famosas. Por exemplo, recentemente, a Skechers pagou 50 milhões de dólares para dar fim às acusações feitas pela FTC e por procuradores-gerais de 44 estados norte-americanos. Eles alegavam que a empresa tinha feito afirmações enganosas em sua propaganda, ao dizer que seus tênis Shape-ups e outros calçados tonificantes ajudariam os clientes a tonificar os músculos e perder peso.[5] E, há não muito tempo, diversos grupos de defesa do consumidor reclamaram do fato de a marca vitaminwater, da Coca-Cola, ter feito afirmações relacionadas à saúde enganosas e sem fundamento — até mesmo "bizarras" — acerca de seus produtos.[6]

A Coca-Cola comercializou a vitaminwater, sua água vitaminada, como uma alternativa saudável à água normal. No entanto, a NLC (National Consumers League — Liga Nacional dos Consumidores) e outros grupos de defesa do consumidor discordaram fortemente disso. A NLC, por exemplo, recentemente abriu queixas na FTC e deu início a ações judiciais alegando que a marca fez afirmações "perigosamente enganosas". A entidade não concorda com a expressão usada no rótulo da vitaminwater, a qual sugere que "vitaminas + água = tudo de que você precisa". Ela também cita afirmações nos anúncios impressos e televisivos do produto, os quais deixavam subentendidos que a bebida servia como um substituto para vacinas contra a gripe ou ajudava a melhorar o sistema imunológico e se proteger de doenças comuns. Por exemplo, um anúncio na TV mostrava uma mulher que, por não usar os dias a que tinha direito de se afastar do trabalho por doença, poderia tirá-los para ficar em casa e assistir a filmes com o namorado. O anúncio afirmava: "Um dos meus segredos? Vitaminwater power-c. Ele tem vitamina C e zinco, que ajudam a manter um sistema imunológico saudável. Assim, eu posso ficar em casa com meu namorado — que também está de folga". Afirmações como essas são enganosas e perigosas para a saúde pública, afirma a NLC. Apesar da água vitaminada da Coca-Cola sugerir que contém somente vitaminas e água, ela também possui 125 calorias por garrafa. "Dois terços dos norte-americanos estão acima do peso ou obesos; a última coisa de que as pessoas precisam é de água com açúcar enriquecida com vitaminas que poderiam ser obtidas a partir de uma dieta saudável ou da ingestão de comprimidos de vitamina". A Advertising Standards Authority (Agência de Padrões para a Propaganda) da Grã-Bretanha parece concordar. Recentemente, ela proibiu, por considerar enganoso, um anúncio da vitaminwater que afirmava que a bebida é "nutritiva". De acordo com a agência, os consumidores não esperariam que uma bebida nutritiva contivesse o equivalente a mais de cinco colheres de chá de açúcar.

O maior problema é definir o que é "enganoso". Por exemplo, um anunciante que afirma que o chiclete dele vai "sacudir seu mundo" não tem nenhuma intenção de ser interpretado literalmente. Ele pode alegar que isso é um exagero inocente, para causar efeito. No entanto, algumas pessoas alegam que os exageros e as imagens sedutoras podem prejudicar os consumidores de maneiras sutis. Pense nos populares e duradouros comerciais "Não tem preço" da MasterCard, que mostram consumidores conquistando seus sonhos sem preço, apesar dos custos. Os anúncios sugerem que seu cartão de crédito pode fazer com que isso aconteça. Mas os críticos assinalam que esse tipo de imaginário criado pelas operadoras de cartão de crédito incentivou uma atitude "compre agora e pague depois" nos Estados Unidos, a qual levou muitos consumidores a usar *demais* seus cartões, contribuindo bastante para a recente crise econômica do país.

Os profissionais de marketing argumentam que a maioria das empresas evita práticas enganosas. Como esses tipos de prática prejudicam os negócios da organização no longo prazo, eles simplesmente não são sustentáveis. Relacionamentos lucrativos com o cliente são construídos sobre bases de valor e confiança. Se os consumidores não conseguirem o que esperam, eles se voltarão para produtos mais confiáveis. Além disso, os consumidores costumam se proteger da dissimulação. A maioria deles reconhece as intenções de venda da empresa e se mostra cautelosa ao comprar, muitas vezes a ponto de não acreditar completamente em afirmações verdadeiras.

▲ Práticas enganosas: críticos dizem que as afirmações enganosas ainda são muito comuns, mesmo no caso de marcas famosas. Recentemente, a marca vitaminwater da Coca-Cola enfrentou acusações de afirmações relacionadas à saúde enganosas e sem fundamento — até mesmo "bizarras" — acerca de seus produtos.
Cortesia de Gary Armstrong

Vendas com muita pressão

Às vezes, os vendedores são acusados de praticar vendas com muita pressão, persuadindo as pessoas a comprar mercadorias que elas não tinham nem pensado em adquirir. Costuma-se dizer que seguros, imóveis e carros usados são *vendidos*, e não *comprados*. Os vendedores são treinados para repetir discursos polidos e prontos, que têm como objetivo induzir à compra. Eles vendem agressivamente porque as disputas internas de vendas prometem grandes prêmios para quem vender mais. De maneira similar, os apresentadores de infomerciais utilizam abordagens que criam uma sensação de urgência por parte do consumidor — e somente aqueles com muita força de vontade conseguem resistir a essa sensação.

Mas, na maioria dos casos, as empresas têm pouco a ganhar com as vendas com muita pressão. Essas táticas podem funcionar em situações de venda única para ganhos no curto prazo, mas grande parte das vendas envolve a construção de um relacionamento de longo prazo com clientes valiosos. As vendas com muita pressão ou enganosas podem causar sérios danos a relacionamentos desse tipo. Imagine, por exemplo, um gerente de contas da P&G tentando pressionar um comprador do Walmart ou, então, um vendedor da IBM tentando intimidar um gerente de tecnologia da informação da GE. Isso simplesmente não daria certo.

Produtos de baixa qualidade, prejudiciais ou perigosos

Outra crítica se refere à qualidade e ao funcionamento ruim dos produtos. Uma queixa é que, com muita frequência, os produtos não são bem fabricados e os serviços não são bem feitos. Outra reclamação tem a ver com a segurança dos produtos. Essa questão tem sido um problema por diversas razões, incluindo: a indiferença das empresas, a maior complexidade dos produtos e o baixo nível de controle de qualidade. Uma outra objeção está ligada ao fato de que muitos produtos oferecem poucos benefícios ou podem chegar a ser perigosos.

Considere, por exemplo, o setor de refrigerantes. Muitos críticos culpam o fornecimento abundante de refrigerantes ricos em açúcar e com alto teor calórico pela epidemia de obesidade que vem crescendo, com rapidez, nos Estados Unidos. Estudos mostram que mais de dois terços dos adultos norte-americanos estão obesos ou acima do peso. Além disso, um terço das crianças nos Estados Unidos estão obesas. E essa questão de peso nacional continua, mesmo com reiterados estudos médicos, mostrando que o excesso de peso traz maiores riscos de problemas cardíacos, diabetes e outras doenças, incluindo câncer.[7] Os críticos são ligeiros em culpar o que consideram empresas de bebidas gananciosas, que estão se beneficiando de consumidores vulneráveis e transformando os Estados Unidos em um país onde as pessoas bebem refrigerante tamanho família. O ex-prefeito de Nova York, Michael Bloomberg, inclusive, propôs a proibição de refrigerantes de 470 ml ou mais.

O setor de refrigerantes está sendo socialmente irresponsável ao promover, de maneira agressiva, grandes quantidades para consumidores mal informados ou ingênuos? Ou ele está simplesmente atendendo aos desejos dos clientes, ao oferecer produtos que agradam o paladar dos consumidores e, ao mesmo tempo, permitem a eles fazerem suas escolhas de consumo? É tarefa do setor policiar os gostos do público? Como em muitos pontos que envolvem responsabilidade social, o que é certo e errado pode ser uma questão de opinião. Enquanto alguns analistas criticam o setor, outros sugerem que a responsabilidade está com os consumidores. "Os refrigerantes, injustamente, se tornaram o bode expiatório da maioria das campanhas contra a obesidade", sugere um jornalista especializado em negócios. "Talvez as pessoas não devam dar copos tamanho família aos amigos. Mas, até onde eu saiba, ninguém é obrigado a comprar um copo desses e beber em um. Existe um elemento de responsabilidade e controle pessoais que [precisa ser considerado]".[8]

A maioria dos fabricantes *quer* produzir produtos de qualidade. Afinal, o modo como a empresa lida com a qualida-

▲ Produtos prejudiciais: o setor de refrigerantes está sendo irresponsável ao promover grandes quantidades ou está simplesmente atendendo aos desejos dos clientes, ao oferecer produtos que agradam o paladar consumidores e, ao mesmo tempo, permitem a eles fazerem suas escolhas de consumo?

Departamento de Saúde de Western Australia

de do produto e os problemas de segurança pode prejudicar ou favorecer sua reputação. Empresas que vendem produtos de baixa qualidade ou perigosos arriscam-se a entrar em conflitos danosos com grupos de defesa do consumidor e entidades reguladoras. Além disso, produtos perigosos podem resultar em processos judiciais e grandes indenizações por danos causados. E, em um nível mais básico, os consumidores descontentes com os produtos da empresa podem evitar comprá-los novamente e convencer outras pessoas a fazer o mesmo. Assim, deslizes na qualidade não são consistentes com o marketing sustentável. Atualmente, as empresas sabem que a boa qualidade resulta em valor e satisfação para o cliente, o que, por sua vez, gera um relacionamento lucrativo com ele.

Obsolescência planejada

Os críticos também acusam algumas empresas de praticar *obsolescência planejada*, fazendo com que seus produtos fiquem obsoletos antes que haja real necessidade de substituição. Eles também afirmam que alguns fabricantes utilizam materiais e componentes que vão quebrar, desgastar-se, enferrujar ou apodrecer muito antes do que deveriam. E, quando os produtos não se deterioram com rapidez suficiente, surgem as empresas acusadas de praticar a *obsolescência percebida* — elas mudam continuamente o conceito daquilo que são estilos aceitáveis para o consumidor, com o intuito de incentivar mais compras e em períodos mais curtos.[9] Um exemplo óbvio disso é a constante mudança da moda do vestuário.

Outros fabricantes são acusados de lançar fluxos planejados de novos produtos que tornam os modelos mais antigos obsoletos, transformando os consumidores em "substituidores em série". Os críticos declaram que isso ocorre nos setores de eletrônicos de consumo. Se você é como a maioria das pessoas, provavelmente tem uma gaveta cheia de aparatos tecnológicos que fizeram sucesso no passado — desde celulares e câmeras, passando por iPods e pendrives — e hoje foram reduzidos ao status de fósseis. Ao que parece, tudo com mais de um ou dois anos é totalmente ultrapassado.

As empresas reagem dizendo que os consumidores *gostam* de mudanças no estilo — eles se cansam dos produtos antigos e querem novidades, que estejam na moda. Ou eles *querem* as mais recentes inovações em termos de alta tecnologia, mesmo quando os modelos mais antigos ainda funcionam. Ninguém é obrigado a comprar um novo produto e, se poucas pessoas gostarem da novidade, ela simplesmente não vai dar certo. Por fim, a maioria das empresas não desenvolve seus produtos para que quebrem mais rápido porque não querem perder clientes para outras marcas. Em vez disso, elas estão sempre em busca de melhorias a fim de garantir que os produtos atendam às expectativas dos clientes ou as excedam em uma base constante.

Grande parte da chamada obsolescência planejada se deve às forças competitivas e tecnológicas em uma sociedade livre — forças que levam a produtos e serviços sempre melhores. Por exemplo, se a Apple fabricasse um novo iPhone ou iPad que durasse dez anos, poucos consumidores iriam querê-lo. Em vez disso, os compradores querem as mais recentes inovações tecnológicas. "A obsolescência não é algo a que as empresas estão nos forçando", confirma uma analista. "Trata-se de progresso, de algo que demandamos muito. Como sempre, o mercado nos dá exatamente aquilo que queremos."[10]

Serviços de baixa qualidade para consumidores menos favorecidos

Para completar, o sistema de marketing tem sido acusado de atender mal a consumidores menos favorecidos. Por exemplo, os críticos afirmam que a população pobre das áreas urbanas muitas vezes é obrigada a comprar em lojas menores, que vendem mercadorias de qualidade inferior e cobram preços mais altos. A presença de grandes redes que operam em nível nacional em bairros de baixa renda ajudaria a manter os preços baixos. Contudo, os críticos acusam as grandes redes de varejo de *discriminar* os bairros menos favorecidos, evitando abrir lojas nesses locais.

Por exemplo, as regiões pobres dos Estados Unidos têm um número 30% menor de supermercados do que as ricas. Como resultado, muitos consumidores de baixa renda se veem em meio a um *deserto de comida*, sendo atendidos por um monte de mercadinhos que oferecem pizzas congeladas, Cheetos, Moon Pies e Cocas, mas onde frutas e legumes ou peixe e frango frescos estão fora de cogitação. Atualmente, cerca de 23,5 milhões de norte-americanos — incluindo 6,5 milhões de crianças — vivem em regiões de baixa renda onde faltam lojas que vendam comida nutritiva a um preço acessível. E mais: 2,3 milhões de domicílios no país não possuem carro e ficam a mais de 1,5 quilômetro do supermercado, o que força essas pessoas a comprarem em lojas de conveniência, onde os caros alimentos processados são a única opção de alimentação. Por sua vez, a falta de acesso a alimentos frescos e saudáveis gera um impacto negativo sobre a saúde dos consumidores carentes dessas regiões. Recentemente, muitas redes que operam em nível nacional — como Walmart, Walgreens e SuperValu — concordaram em abrir mais lojas que ofereçam alimentos nutritivos e frescos para comunidades carentes.[11]

É evidente que é preciso instituir melhores sistemas de marketing para atender a consumidores menos favorecidos. Na verdade, muitas empresas se voltam de modo lucrativo para esses clientes, com produtos e serviços de boa qualidade que criam real valor. Nos casos em que as empresas não se oferecerem para preencher as lacunas, o governo provavelmente o fará. Por exemplo, a FTC tem tomado providências contra comerciantes que anunciam valores falsos, se recusam injustamente a prestar serviços ou cobram preços muito altos de clientes com menos condição.

▲ Consumidores carentes: por conta da falta de supermercados em regiões de baixa renda, muitos clientes menos favorecidos se veem em meio a "desertos de comida", com pouco ou nenhum acesso a alimentos frescos e saudáveis.
© dbimages/Alamy

O impacto do marketing sobre a sociedade como um todo

O sistema de marketing tem sido acusado de causar diversos "males" à sociedade em geral, gerando, por exemplo, excesso de materialismo, carência de bens sociais e uma abundância de poluição cultural.

Falsos desejos e excesso de materialismo

Os críticos acusam o sistema de marketing de incitar um interesse excessivo pela posse de bens materiais e afirmam que o caso de amor dos norte-americanos com a possessão mundana não é sustentável. Com muita frequência, as pessoas são avaliadas pelo que *têm*, e não pelo que *são*. Os críticos não consideram esse interesse por bens materiais um estado de espírito natural, mas sim uma questão de falsos desejos criados pelo marketing. As empresas, eles dizem, estimulam o desejo das pessoas por mercadorias e criam modelos materialistas ligados à boa vida. Desse modo, as organizações criaram um ciclo sem fim de consumo de massa baseado em uma interpretação distorcida do "sonho norte-americano".

De acordo com essa visão, a finalidade do marketing é promover o consumo, e o inevitável resultado do marketing bem-sucedido é o insustentável *excesso* de consumo. Segundo um crítico: "Para a maioria de nós, as necessidades materiais básicas estão atendidas. Assim, buscamos no consumo cada vez maior a satisfação dos desejos — algo que o consumo provavelmente não consegue oferecer. Mais nem sempre é melhor. Ele costuma ser pior".[12] Alguns críticos apresentaram suas preocupações diretamente ao público. Por exemplo, Annie Leonard, que é ativista na área de defesa do consumidor, deu início ao projeto "The story of stuff" com um vídeo de 20 minutos sobre as consequências sociais e ambientais do caso de amor que os norte-americanos têm com as coisas — "Como nossa obsessão por coisas está destruindo o planeta, nossas comunidades e nossa saúde". O vídeo foi visto mais de 9,2 milhões de vezes on-line, bem como em milhares de escolas e centros comunitários ao redor do mundo.[13]

Os profissionais de marketing reagem dizendo que essas críticas superestimam o poder das empresas de criar necessidades. Eles afirmam que as pessoas têm grandes defesas contra a propaganda e outras ferramentas de marketing. As empresas são muito mais eficazes quando apelam para necessidades existentes do que quando tentam criar novas. Além disso, as pessoas procuram informar-se antes de fazer compras importantes e, em geral, não confiam em uma única fonte. Mesmo compras menos importantes, que podem ser afetadas por mensagens publicitárias, só serão repetidas se o produto oferecer o valor prometido para o cliente. Por fim, o alto índice de fracasso de novos produtos demonstra que as empresas não são capazes de controlar a demanda.

▲ Materialismo: o vídeo *The story of stuff* — de Annie Leonard, ativista na área de defesa do consumidor —, que trata das consequências sociais e ambientais do caso de amor que os norte-americanos têm com as coisas, foi visto mais de 9,2 milhões de vezes on-line, bem como em milhares de escolas e centros comunitários ao redor do mundo.
Handout/MCT/Newscom

Em uma análise mais profunda, nossos desejos e valores são influenciados não apenas pelas empresas, mas também por familiares, grupos de colegas, religião, formação cultural e grau de instrução. Se os norte-americanos são tão materialistas, é porque esses valores surgiram de processos básicos de socialização, os quais atingem níveis muito mais profundos do que as empresas e a mídia de massa jamais conseguiriam atingir sozinhas.

Além disso, os padrões e as atitudes de consumo estão sujeitos a forças mais amplas, como à economia. Como abordado no Capítulo 1, a recente Grande Recessão deu uma freada no materialismo e no consumismo. Muitos observadores preveem uma nova era de consumo mais sensato. "O sonho norte-americano [materialista] está em pausa", diz um analista. Outro afirma que os compradores "estão agora ficando orgulhosos de sua disciplina financeira, algo recém-descoberto". Como resultado, longe de incentivar os consumidores mais sensatos de hoje a gastar além de suas posses, as empresas estão trabalhando para ajudá-los a encontrar maior valor com menos.[14]

Carência de bens sociais

As empresas têm sido acusadas de vender um excesso de bens privados à custa dos bens públicos. À medida que aumentam, os bens privados exigem mais serviços públicos, que geralmente não estão previstos para o futuro próximo. Por exemplo, o aumento do número de proprietários de automóveis (bens privados) exige mais estradas, controle de tráfego, espaços para estacionamento e serviços policiais (bens públicos). A venda excessiva de bens privados resulta em custos sociais. No caso dos carros, entre os custos sociais estão: congestionamentos, escassez de gasolina e poluição do ar. Por exemplo, os norte-americanos ficam, em média, 34 horas por ano no trânsito, o que custa aos Estados Unidos mais de 100 bilhões de dólares anualmente — são 750 dólares por pessoa que se desloca de casa para o trabalho. Nesse processo, elas gastam cerca de 7 bilhões de litros de combustível e emitem milhões de toneladas de gases que provocam o efeito estufa.[15]

▲ Equilíbrio entre os bens privados e os públicos: na Bay Bridge, que liga Oakland e São Francisco, o aumento no preço do pedágio nos horários de pico reduziu o fluxo de automóveis e, em alguns casos, diminuiu o tempo médio de espera pela metade.
© Jim Goldstein/Alamy

É preciso descobrir uma maneira de restaurar o equilíbrio entre os bens privados e os públicos. Uma alternativa é fazer com que os produtores arquem com todos os custos sociais de suas operações. Por exemplo, o governo norte-americano está exigindo que os fabricantes de automóveis produzam carros com motores mais eficientes e melhores sistemas de controle de poluição. Os fabricantes vão aumentar seus preços para cobrir os custos extras. No entanto, caso os compradores achem o preço de alguns modelos alto demais, eles vão desaparecer do mercado, e a demanda, então, passa a ser dos fabricantes que conseguem sustentar a soma dos custos privados e sociais.

Uma segunda alternativa é fazer com que os consumidores paguem os custos sociais. Por exemplo, muitas cidades ao redor do mundo estão cobrando "pedágios por congestionamento", em um esforço para reduzir o trânsito. Para reduzir o tráfego na Bay Bridge — que liga Oakland e São Francisco, na Califórnia — na hora do rush, a Metropolitan Transportation Commission (Comissão de Transporte Metropolitano) cobra um pedágio de 6 dólares nos períodos de pico e de 4 dólares nos outros horários. A cobrança diminuiu o fluxo de motoristas nas horas mais movimentadas, reduzindo, em alguns casos, o tempo médio de espera para atravessar a ponte de 32 minutos pela metade.[16]

Poluição cultural

Os críticos acusam o sistema de marketing de gerar *poluição cultural*. Eles acham que nossos sentidos são constantemente atingidos pelo marketing e pela propaganda. Comerciais interrompem programas sérios; páginas de anúncios ofuscam revistas; outdoors estragam a beleza da paisagem; spams lotam nossas caixas de e-mail. E mais, afirmam os críticos, essas interrupções continuamente poluem a mente das pessoas com mensagens relacionadas a materialismo, sexo, poder ou status. Alguns clamam por mudanças radicais.

As empresas respondem às acusações de "ruído comercial" com os seguintes argumentos: para começar, elas esperam que seus anúncios atinjam, primordialmente, o público-alvo. Mas, por conta dos canais de comunicação de massa, alguns deles acabam atingindo pessoas que não têm interesse no produto e que, portanto, são aborrecidas ou incomodadas. As pessoas que compram revistas de que gostam ou que optam por fazer parte de programas de marketing envolvendo e-mails ou dispositivos móveis raramente se queixam dos anúncios, uma vez que eles trazem produtos e serviços que são do interesse delas.

Em segundo lugar, é por causa dos anúncios que muitos canais de televisão, emissoras de rádio e sites são gratuitos para os usuários. Os anúncios também ajudam a manter baixos os custos das revistas e dos jornais. Para muitos, os anúncios são um preço ínfimo a pagar para ter esses benefícios. Além disso, os consumidores se divertem com os comerciais de televisão e vão atrás deles — por exemplo, a visualização de anúncios durante o Super Bowl geralmente equivale à audiência do jogo ou a supera. Por fim, os consumidores de hoje têm alternativas. Eles podem, por exemplo, trocar de canal rapidamente no momento dos comerciais, pulá-los nos programas gravados ou evitá-los completamente em muitos canais de televisão pagos, oferecidos a cabo, via satélite ou on-line. Assim, para prender a atenção do consumidor, os anunciantes estão criando anúncios cada vez mais interessantes e informativos.

O impacto do marketing sobre outras empresas

Os críticos também afirmam que as práticas de marketing de uma empresa podem prejudicar outras organizações e reduzir a concorrência. Eles identificam três problemas envolvidos nisso: aquisição de concorrentes, práticas de marketing que criam barreiras à entrada ao mercado e práticas competitivas de marketing desleais.

Para os críticos, as empresas são prejudicadas e a concorrência é reduzida quando organizações se expandem pela aquisição de concorrentes, e não pelo desenvolvimento de novos produtos próprios. Ao longo das últimas décadas, o grande número de aquisições e o rápido ritmo de consolidação dos setores despertaram a preocupação de que novos e vigorosos concorrentes fossem absorvidos, reduzindo assim a concorrência. Em praticamente todos os grandes setores — varejo, entretenimento, serviços financeiros, serviços de utilidade pública, transporte, automóveis, telecomunicações, saúde —, o número de concorrentes fortes está diminuindo.

Aquisição é um tema complexo. Em alguns casos, ela pode ser benéfica para a sociedade. A empresa que adquire pode obter economias de escala, que levam a custos mais baixos e a preços menores. Além disso, uma empresa bem administrada pode adquirir o controle de outra que seja mal administrada e melhorar o desempenho dela. Um setor que não era muito competitivo pode se tornar mais acirrado após uma aquisição. Mas as aquisições também podem ser prejudiciais e, por isso, são reguladas de perto pelo governo.

Os críticos também dizem que as práticas de marketing impedem novas empresas de entrar nos setores. Grandes empresas podem utilizar patentes, investir pesado em promoção e obter exclusividade de fornecedores ou revendedores a fim de manter os concorrentes afastados ou excluí-los do mercado. Aqueles que se preocupam com a regulamentação antitruste reconhecem que algumas barreiras são o resultado natural das vantagens econômicas de se fazer negócios em larga escala. Outras barreiras podem ser questionadas pela legislação existente e novas leis. Por exemplo, alguns críticos propuseram a cobrança de uma taxa progressiva sobre os gastos com propaganda, para reduzir o papel dos custos de venda como importante barreira à entrada nos mercados.

Por fim, algumas empresas têm mesmo utilizado práticas competitivas de marketing desleais com a intenção de prejudicar ou destruir

▲ Preço dos medicamentos vendidos com receita cobrado pelo Walmart: determinação de preços predatórios ou apenas um bom negócio?
Associated Press

656 Parte 4 | Marketing ampliado

outras organizações. Elas podem estabelecer seus preços abaixo do custo, ameaçar parar de trabalhar com fornecedores ou desencorajar a compra dos produtos de um concorrente. Embora existam diversas leis que atuem para prevenir esse tipo de concorrência predatória, muitas vezes é difícil provar que a intenção ou a ação foi, de fato, predatória.

Nos últimos anos, o Walmart tem sido acusado de utilizar determinação de preços predatórios em áreas de mercado selecionadas para tirar do negócio varejistas menores, familiares. Em dezenas de cidades dos Estados Unidos, ele se transformou no alvo de protestos promovidos pelos cidadãos, que estão preocupados com a possibilidade das práticas desleais do megavarejista sufocarem os negócios locais. Entretanto, enquanto os críticos alegam que suas ações são predatórias, outras pessoas afirmam que se trata de uma concorrência saudável entre uma empresa mais eficiente e outras menos eficientes.

Por exemplo, quando o Walmart deu início a um programa para vender medicamentos genéricos com receita por 4 dólares, as farmácias locais reclamaram de determinação de preços predatórios. Elas diziam que, para cobrar esse preço tão baixo, o Walmart só poderia estar vendendo abaixo do custo, para tirá-las do negócio. Mas o Walmart alegou que, com seu substancial poder de compra e a eficiência de suas operações, ele conseguia lucrar cobrando esse preço. O varejista afirmou que o programa de precificação de 4 dólares não tinha como objetivo tirar os concorrentes dos negócios. Em vez disso, tratava-se de uma boa manobra competitiva que atendia melhor aos clientes e levava mais pessoas às suas lojas. Além disso, o programa do Walmart baixou o preço dos medicamentos vendidos com receita nas farmácias de outros supermercados e lojas de desconto, como o Kroger e o Target. Atualmente, mais de 300 desses remédios estão disponíveis por 4 dólares em diversas redes, e o Walmart afirma que o programa permitiu aos clientes economizarem mais de 3 bilhões de dólares.[17]

Objetivo 3

▶ Definir defesa do consumidor e ambientalismo e explicar como eles afetam as estratégias de marketing.

Ações do consumidor para promover o marketing sustentável

O marketing sustentável requer ações mais responsáveis por parte tanto das empresas como dos consumidores. Como algumas pessoas veem as empresas como a causa de muitos males econômicos e sociais, de tempos em tempos surgem movimentos populares para mantê-las na linha. Hoje, os dois movimentos mais importantes são: *defesa do consumidor* e *ambientalismo*.

Defesa do consumidor

Defesa do consumidor

Um movimento organizado que congrega cidadãos e órgãos governamentais, com a finalidade de melhorar a relação de direitos e poderes entre compradores e vendedores.

A **defesa do consumidor** é um movimento organizado que congrega cidadãos e órgãos governamentais, com a finalidade de melhorar a relação de direitos e poderes entre compradores e vendedores. Os tradicionais *direitos dos vendedores* incluem:

- O direito de lançar qualquer produto, de qualquer tamanho e estilo, desde que não seja prejudicial à saúde e à segurança pessoais ou, caso seja, contenha as advertências e os controles apropriados.
- O direito de cobrar qualquer preço pelo produto, desde que não haja discriminação entre tipos semelhantes de compradores.
- O direito de gastar qualquer quantia para promover o produto, desde que isso não seja definido como concorrência desleal.
- O direito de usar qualquer mensagem para o produto, desde que não seja enganosa ou desonesta em seu conteúdo ou sua execução.
- O direito de usar programas de incentivo às compras, desde que não sejam desleais ou enganosos.

Já os tradicionais *direitos dos compradores* incluem:

- O direito de não comprar um produto que esteja à venda.
- O direito de esperar que o produto seja seguro.
- O direito de esperar que o produto funcione como anunciado.

Ao comparar esses direitos, muitos acham que a balança do poder se inclina para o lado do vendedor. É verdade que o comprador pode se recusar a comprar. Mas, para os críticos, ele não dispõe de informação, instrução e proteção suficientes para tomar decisões sensatas quando se depara com vendedores sofisticados. As pessoas que defendem os consumidores pedem os seguintes direitos adicionais:

- O direito de ser informado sobre aspectos importantes do produto.

- O direito de ser protegido contra produtos e práticas de marketing questionáveis.
- O direito de influenciar os produtos e as práticas de marketing de tal maneira que melhorem a "qualidade de vida".
- O direito de consumir agora de tal modo que o mundo seja preservado para as gerações futuras de consumidores.

Cada direito apresentado levou não apenas a propostas mais específicas por parte dos defensores dos consumidores, mas também a ações de proteção dos consumidores por parte do governo. O direito de ser informado inclui: saber o valor correto dos juros sobre um empréstimo (transparência no empréstimo), o custo real por unidade de uma marca (preço por unidade), os ingredientes do produto (ingredientes discriminados nos rótulos), o valor nutricional dos alimentos (valores nutricionais discriminados nos rótulos), há quanto tempo o produto foi fabricado (data de fabricação) e os verdadeiros benefícios do produto (verdade na propaganda). Entre as propostas relacionadas à proteção do consumidor, estão: o reforço dos direitos do consumidor em caso de fraude por parte das empresas e de proteção financeira, a exigência de maior segurança dos produtos, a garantia de privacidade das informações e o maior poder dos órgãos governamentais. Já entre as propostas referentes à qualidade de vida, destacam-se: o controle dos ingredientes contidos em determinados produtos e embalagens e a redução do nível de "ruído" da propaganda. Por fim, as propostas que visam preservar o mundo para o consumo futuro incluem: promoção da utilização de ingredientes sustentáveis, reciclagem, redução de resíduos sólidos e gerenciamento do uso de energia.

▲ O desejo do consumidor por mais informações levou a rótulos nas embalagens com informes úteis — os rótulos trazem desde dados sobre os ingredientes e os aspectos nutritivos até indicações sobre reciclagem e o país de origem.
Ryan McVay

O marketing sustentável não se aplica somente às empresas e aos governos, mas também aos consumidores. De fato, os consumidores têm o *direito* e a *responsabilidade* de se protegerem, não deixando esse papel para o governo ou quem quer que seja. Aqueles que acharem que fizeram um mau negócio dispõem de vários recursos — eles podem contatar a empresa ou a mídia, entrar em contato com órgãos federais, estaduais ou locais, procurar um juizado de pequenas causas. Os consumidores também precisam fazer boas escolhas de consumo, recompensando as empresas que agem de maneira responsável e punindo aquelas que não o fazem. Em última instância, o ato de deixar de lado o consumo irresponsável e se voltar para o sustentável está nas mãos do consumidor.

Ambientalismo

Enquanto os grupos de defesa do consumidor estão preocupados em verificar se o sistema de marketing está atendendo de maneira efetiva aos desejos dos consumidores, os ambientalistas estão preocupados com os efeitos do marketing sobre o meio ambiente e com os custos ambientais ligados ao atendimento das necessidades e dos desejos dos consumidores. O **ambientalismo** é um movimento organizado que congrega cidadãos, empresas e órgãos governamentais, com a finalidade de proteger e melhorar o ambiente em que as pessoas vivem hoje e viverão amanhã.

Os ambientalistas não são contra o marketing e o consumo: eles simplesmente querem que as pessoas e as organizações tenham mais cuidado com o meio ambiente em suas operações. "O caminho para o bem-estar não perpassa pelo consumo reduzido", diz Paul Polman, defensor da sustentabilidade e CEO da Unilever. "Ele percorre o consumo mais responsável."[18] Contudo, a meta do sistema de marketing, dizem os ambientalistas, não deveria ser maximizar o consumo, as opções oferecidas ao consumidor ou sua satisfação, mas a qualidade de vida — a qual não significa apenas a quantidade e a qualidade dos produtos e serviços de consumo, mas também a qualidade do meio ambiente, agora e para as gerações futuras.

O ambientalismo está preocupado não só com os estragos no ecossistema causados pelo aquecimento global, mas com o esgotamento dos recursos, os resíduos tóxicos e sólidos, o

Ambientalismo
Um movimento organizado que congrega cidadãos, empresas e órgãos governamentais, com a finalidade de proteger e melhorar o ambiente em que as pessoas vivem hoje e viverão amanhã.

Sustentabilidade ambiental
Uma abordagem de gestão que implica o desenvolvimento de estratégias voltadas não só para a preservação do meio ambiente, mas também para a geração de lucros para a empresa.

lixo e a disponibilidade de água potável, entre outros problemas. Outras preocupações incluem a perda de áreas recreativas e o aumento de problemas de saúde causados pelas más condições do ar, pela poluição da água e por alimentos tratados de maneira química.

Ao longo das últimas décadas, essas preocupações resultaram em leis e regulações federais e estaduais com o objetivo de guiar as práticas comerciais da indústria que afetam o ambiente. Algumas empresas se irritaram bastante com as regulações ambientais e resistiram a elas, afirmando que eram muito custosas e tinham tornado seus setores menos competitivos. Essas organizações reagiram às preocupações ambientais do consumidor fazendo somente aquilo que era necessário para evitar novas regulações ou manter os ambientalistas calados.

Nos últimos anos, entretanto, a maioria das empresas assumiu a responsabilidade de não causar danos ao meio ambiente. Elas estão deixando de lado o protesto e partindo para a prevenção, deixando a regulação e se voltando para a responsabilidade. Um número cada vez maior de empresas está adotando políticas de **sustentabilidade ambiental**. Em termos simples, sustentabilidade ambiental significa gerar lucros e, ao mesmo tempo, ajudar a salvar o planeta. As empresas esclarecidas de hoje estão tomando medidas não porque alguém está as forçando ou para obter lucros imediatos, mas porque essa é a coisa certa a ser feita — tanto para o bem-estar dos clientes e da empresa como para o futuro ambiental do planeta. Por exemplo, a rede de fast-food Chipotle vem construindo sua missão central, com sucesso, em torno da sustentabilidade ambiental (veja o Marketing Real 20.1).

A Figura 20.2 mostra uma matriz que as empresas podem usar para aferir seu progresso na área de sustentabilidade ambiental. Ela inclui atividades internas e externas que são *verdejantes*, as quais gerarão compensações para a empresa e o meio ambiente no curto prazo, e que vão *além da questão verdejante*, as quais produzirão benefícios no longo prazo. No nível mais básico, a empresa pode praticar a *prevenção da poluição*. Isso envolve mais do que controlar a poluição, ou seja, eliminar os resíduos após tê-los criado. A prevenção da poluição significa eliminar ou reduzir os resíduos antes de criá-los. As empresas que dão ênfase à prevenção têm promovido programas internos de marketing ecológico — elas estão projetando e desenvolvendo produtos ecologicamente mais seguros, embalagens recicláveis e biodegradáveis, melhor controle de poluição e operação mais eficiente em termos de energia.

Por exemplo, a Nike fabrica calçados com "materiais, de preferência, ambientalmente corretos", recicla tênis velhos e instrui os jovens acerca da conservação, reutilização e reciclagem. A SC Johnson — fabricante de marcas conhecidas, que vão de Windex, Pledge, Shout e Scrubbing Bubbles até Ziploc, Off e Raid — vende versões concentradas de todos os seus produtos de limpeza em embalagens recicláveis, ajudando a evitar que frascos convencionais vazios entrem em aterros sanitários. Atualmente, 40% da energia elétrica usada pela empresa é proveniente de fontes renováveis. E, de acordo com a avaliação do impacto ambiental dos componentes de produtos, ela reduziu cerca de 21 milhões de quilos de compostos orgânicos voláteis (COVs) de suas mercadorias nos últimos cinco anos. A SC Johnson gaba-se por, desde 1886, ter o "compromisso de trabalhar diariamente para fazer aquilo que é certo para as pessoas, o planeta e as gerações que virão".[19]

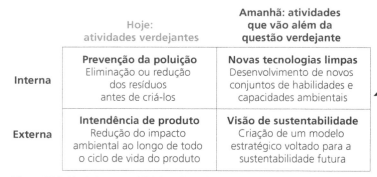

Figura 20.2 Matriz de sustentabilidade ambiental.

Fonte: Stuart L. Hart, "Innovation, creative destruction, and sustainability", *Research Technology Management*, set./out. 2005, p. 21-27.

A Honda of America se vangloria pelo fato de, hoje, suas enormes instalações de produção não enviarem quase nenhum resíduo para os aterros sanitários. Há anos a gigante do setor automobilístico está em uma missão do tipo "busca e destruição", a fim de eliminar os resíduos. Atualmente, a grande maioria de suas fábricas na América do Norte não manda resíduo nenhum para os aterros — continuam sendo jogadas fora somente quantidades pequenas de lixo em plástico e papel provenientes de suas cafeterias. Com o objetivo de descobrir fontes de desperdício, a Honda inclusive envia equipes de funcionários para vasculhar caçambas de lixo e pilhas de refugo nas fábricas. Essas equipes deram início a centenas de esforços para reduzir o desperdício e reciclar. Seja reduzindo as sobras de metal dos processos de produção ou substituindo os plásticos e papéis das cafeterias por utensílios que podem ser lavados, nos últimos dez anos, os engajados funcionários da Honda eliminaram cerca de 2 bilhões de quilos de resíduos que, potencialmente, iriam para os aterros. Enquanto em 2001 a empresa enviou para aterros sanitários 285 quilos de resíduos por carro, hoje ela manda somente 8 quilos por veículo.[20]

▲ Prevenção da poluição: a quantidade total de resíduo industrial que a Honda of America envia para aterros sanitários caiu de 285 quilos por carro em 2001 para somente 8 quilos por veículo hoje. Inacreditavelmente, a maioria de suas fábricas na América do Norte não manda resíduo nenhum para os aterros.

© *Errol Rait/AlamyRyan McVay*

No nível seguinte, as empresas podem praticar a *gestão sustentável de produto* — minimizando não apenas a poluição causada pelo processo de produção e desenvolvimento do produto, mas todos os impactos ambientais ao longo de todo o ciclo de vida dele, ao mesmo tempo em que reduz os custos. Muitas empresas adotam práticas de *projeto para o meio ambiente* (*design for environment* — DFE), além de abordagens que pensam no ciclo completo (*cradle-to-cradle*). Isso implica pensar adiante com a finalidade de projetar produtos que sejam mais fáceis de recuperar, reutilizar, reciclar ou devolver para a natureza com segurança após o uso, tornando-se parte do ciclo ecológico. As práticas de projeto para o meio ambiente e as abordagens que levam em conta o ciclo completo não somente ajudam na preservação do ambiente, mas também podem ser extremamente lucrativas para a empresa.

Por exemplo, há mais de uma década, a IBM deu início a um negócio — o IBM Global Asset Recovery Services — desenvolvido para reutilizar e reciclar peças provenientes de mainframes e outros equipamentos devolvidos. No ano passado, a empresa processou, no mundo todo, mais de 36.600 toneladas de itens no final da vida útil e resíduos de produtos, desmontando equipamentos velhos para recuperar chips e metais valiosos. O peso cumulativo processado pelas operações de remanufatura e desmanufatura a da IBM encheria 4.480 vagões de trem, que se estenderiam por quase 80 quilômetros. O IBM Global Asset Recovery Services encontra usos para mais de 99% daquilo que obtém, enviando menos de 1% para aterros sanitários e instalações de incineração. O que começou como um esforço ambiental cresceu e se tornou um negócio multibilionário para a IBM, que lucrativamente recicla equipamentos eletrônicos em 22 locais espalhados pelo mundo.[21]

As atividades *verdejantes* de hoje se concentram em melhorar aquilo que as empresas já fazem, com o objetivo de proteger o ambiente. Já as atividades que vão *além da questão verdejante* identificadas na Figura 20.2 focam o futuro. Para começar, internamente, as empresas podem planejar *novas tecnologias limpas*. Muitas organizações que conseguiram uma boa vantagem em sustentabilidade ainda estão limitadas pelas tecnologias existentes. Para criar estratégias totalmente sustentáveis, elas precisarão desenvolver novas tecnologias.

Por exemplo, a Coca-Cola tem o compromisso de, até 2020, resgatar e reciclar todas as embalagens que usa ao redor do mundo. Ela também se comprometeu a reduzir drasticamente sua pegada ambiental geral. Para cumprir essas metas, a empresa está investindo pesado em novas tecnologias limpas, que abarcam uma série de questões ambientais, como reciclagem, utilização de recursos, distribuição e até propaganda externa:[22]

> Em primeiro lugar, para atacar o problema dos resíduos sólidos gerado por suas garrafas de plásticos, investiu pesadamente na construção da maior e mais moderna instalação de reciclagem de garrafa plástica do mundo. Como uma solução mais permanente, a empresa está pesquisando e testando novas garrafas feitas de alumínio, milho ou bioplásticos. Este ano, como piloto, ela está com a linha PlantBottle, que traz 30% de seus materiais baseados em plantas. A empresa também está desenhando alternativas de distribuição mais ecológicas. Atualmente, para manter as Cocas geladas, cerca de 10 milhões de máquinas de vendas e refrigeradores consomem bastante energia e utilizam hidrofluorcarbonetos (HFCs), gases que causam o efeito estufa. Para eliminá-los, a empresa investiu 40 milhões de dólares em pesquisa e, recentemente, começou a instalar novas geladeiras, que não usam HFCs e precisam de 30 a 40% menos de energia. A Coca-Cola também

tem como objetivo se tornar "correta com a água". A empresa está pesquisando novas maneiras de ajudar seus engarrafadores a aproveitar toda água limpa que é extraída durante a produção das bebidas.

Por fim, as empresas podem desenvolver uma *visão de sustentabilidade*, que serve de guia para o futuro. Ela mostra como os produtos e serviços, os processos e as políticas da empresa devem evoluir e quais novas tecnologias devem ser desenvolvidas para se chegar lá. Essa visão de sustentabilidade oferece uma estrutura para a prevenção da poluição, a intendência de produto e as novas tecnologias limpas, que a empresa e os demais podem seguir.

Hoje, a maior parte das empresas se concentra no quadrante superior esquerdo da matriz apresentada na Figura 20.2, investindo principalmente na prevenção da poluição. Algumas empresas preocupadas com o futuro praticam a gestão sustentável de produto e estão desenvolvendo novas tecnologias limpas. No entanto, enfatizar apenas um ou dois quadrantes na matriz de sustentabilidade ambiental pode representar uma visão míope. Investir somente no lado esquerdo da matriz coloca a empresa em boa posição hoje, mas a deixa vulnerável no futuro. Por outro lado, uma ênfase acentuada no lado direito sugere que a empresa tem uma boa visão ambientalista, mas lhe faltam as habilidades necessárias para implementá-la. Dessa maneira, as empresas devem se dedicar para desenvolver as quatro dimensões da sustentabilidade ambiental.

O Walmart, por exemplo, está fazendo isso. Com suas ações de sustentabilidade ambiental e seu impacto nas ações dos fornecedores, nos últimos anos ele despontou como a grande "babá ecológica" do mundo:[23]

> Quando se trata de sustentabilidade, talvez nenhuma outra empresa no mundo esteja hoje fazendo mais coisas boas do que o Walmart. Isso mesmo — o grande e malvado Walmart. Atualmente, o gigante varejista é um dos principais ativistas mundiais quando o assunto é resguardar o planeta para gerações futuras. Para começar, o Walmart está abrindo novas lojas extremamente eficientes, com uma economizando mais energia do que a outra. Essas lojas utilizam turbinas de vento para gerar eletricidade e lâmpadas fluorescentes lineares de alto rendimento para reduzir o consumo de energia, além de trabalharem com a paisagem local para diminuir a necessidade de regar e usar fertilizante. Os sistemas de aquecimento das lojas queimam óleo de cozinha recuperado das máquinas de fritura e óleo de motor proveniente dos centros Tire and Lube Express. Todo lixo orgânico, incluindo produtos hortifrutigranjeiros, carnes e papéis, é destinado a uma empresa, que o transforma em adubo para o jardim.

▲ Para o Walmart, a sustentabilidade representa mais do que simplesmente fazer a coisa certa. Acima de tudo, isso faz muito sentido para os negócios — "revelar custos escondidos, conservar nossos recursos naturais para as gerações futuras e oferecer produtos sustentáveis e acessíveis para nossos clientes, de modo que eles possam economizar e viver melhor".

AP Images/PRNewsFoto/Walmart; Bebay/iStockphoto

O Walmart não apenas está tornando suas operações mais verdes, como também está aplicando a lei ecológica à sua vasta rede de 100 mil fornecedores, para conseguir que eles façam o mesmo. Recentemente, ele anunciou planos de cortar, até 2015, cerca de 20 milhões de toneladas de gases que geram efeito estufa de sua cadeia de suprimento — isso equivale a eliminar mais de 3,8 milhões de carros das ruas por um ano. Para conseguir fazer isso, o Walmart está pedindo a seu enorme batalhão de fornecedores que examinem o ciclo de vida de carbono de seus produtos e repensem o modo como obtêm a matéria-prima para eles, os produzem, os embalam e os transportam. Como seu imenso poder de compra, o Walmart pode subjugar até mesmo o mais forte fornecedor. Ao impor suas exigências ambientais aos fornecedores, ele tem uma influência maior do que os reguladores do governo norte-americano. Enquanto a EPA (Environmental Protection Agency — Agência de Proteção Ambiental) pode apenas aplicar multas, ele pode colocar sob ameaça uma parcela substancial dos negócios do fornecedor.

Para o Walmart, liderar a questão ecológica representa mais do que simplesmente fazer a coisa certa. Acima de tudo, isso faz muito sentido para os negócios. Operações mais eficientes e produtos que não gerem desperdício não são bons só para o meio ambiente: eles também fazem com que o Walmart economize dinheiro. Por sua vez, custos menores permitem que faça mais aquilo que sempre fez melhor — economize o dinheiro dos clientes.

Marketing Real 20.1

Missão de sustentabilidade ambiental da Chipotle: comida com integridade

Imagine o seguinte. Você está em um restaurante onde as pessoas — do CEO à equipe da cozinha — têm obsessão por utilizar somente os melhores ingredientes. Todas as manhãs, elas chegam ao trabalho inspiradas "pelos hortifrútis e pelas carnes, ambos frescos, que têm que marinar, pelo arroz que têm que cozinhar e pelos temperos que têm que picar", diz o CEO. O restaurante prefere usar ingredientes sustentáveis e produzidos de forma natural, que são obtidos de negócios locais gerenciados por famílias. Ele tem como missão servir a melhor comida a seus clientes, mas também mudar o modo como seu setor inteiro produz comida. Isso lhe parece um daqueles restaurantes gourmets metidos, certo? Errado. Trata-se do Chipotle Mexican Grill. Isso mesmo, de um restaurante fast-food.

Em uma época em que muitas redes de fast-food parecem estar encontrando ingredientes mais baratos e centralizando grande parte da preparação de sua comida para reduzir custos e manter os preços baixos, a Chipotle está fazendo justamente o contrário. A missão central e sustentável da rede é servir "Comida com integridade". O que isso quer dizer? A empresa explica da seguinte maneira:

> A Chipotle tem o compromisso de encontrar os melhores ingredientes produzidos com respeito pelos animais, pelo meio ambiente e pelas pessoas envolvidas. Isso significa servir os melhores alimentos possíveis produzidos de modo sustentável, levando em conta a excelência em termos de gosto, aspecto nutritivo e valor. Significa que apoiamos e damos sustentação a negócios que funcionam de modo familiar, que respeitam a terra e os animais sob seus cuidados. Significa que, sempre que dá, usamos carne de animais criados sem o uso de antibióticos ou hormônios extras. Significa que obtemos hortifrútis orgânicos e locais quando é possível e que usamos laticínios provenientes de vacas criadas sem o uso de hormônios sintéticos. Dito de outra forma, "integridade" é uma espécie de palavra divertida para "boa".

Quando Steve Ells, fundador e CEO da Chipotle, abriu o primeiro restaurante da rede em Denver, em 1993, sua principal meta era fazer o melhor burrito da região. No entanto, à medida que a rede crescia, Ells percebia que não gostava do modo como os ingredientes usados pela Chipotle eram produzidos e processados. Assim, em 2000, a Chipotle começou a desenvolver uma cadeia de suprimento com o objetivo de utilizar ingredientes produzidos naturalmente, orgânicos, sem hormônios e não modificados geneticamente. Ir atrás dessa missão baseada em comida saudável não foi uma tarefa fácil. Com o setor de fast-food se voltando cada vez mais para o processamento de alimentos eficiente e de baixo custo, os locais ligados ao agronegócio estavam com tudo, ao passo que os independentes, que produziam alimentos orgânicos e de forma natural, estavam em declínio.

Para conseguir os ingredientes de que precisava, a Chipotle teve que desenvolver diversas fontes novas. A fim de ajudar a causa, a empresa deu início à Chipotle Cultivate Foundation, que apoia o trabalho familiar e incentiva métodos de produção sustentáveis. Esses esforços tiveram um bom retorno. Por exemplo, em 2000, quando a Chipotle começou a servir carne de porco criado naturalmente, havia apenas de 60 a 70 produtores na cooperativa Niman Ranch, um importante fornecedor da Chipotle. Hoje, eles estão entre 600 e 700.

Trabalhar com ingredientes naturais e orgânicos não apenas atende à missão de sustentabilidade da Chipotle, como também resulta em um dos mais nutritivos e saborosos burritos oferecidos em redes de fast-food do mercado — algo que a empresa pode dizer para os clientes com orgulho. "Geralmente, o marketing na área de fast-food é um jogo para tentar esconder a verdade", diz o CMO da Chipotle. "Quanto mais pessoas sabem sobre as empresas de fast-food, menos tendem a querer ser um cliente." Mas a Chipotle não participa desse jogo. Em vez disso, a empresa comete uma heresia no setor de fast-food: ela conta para os clientes, com orgulho, o que seus burritos de fato contêm.

A Chipotle escolheu o slogan "Comida com integridade" porque ele envia a mensagem certa de uma maneira apetitosa. "Dizer que não compramos laticínios provenientes de vacas que tomam hormônio rBGH não é uma mensagem apetitosa", diz Ells. Assim, a empresa está construindo sua campanha de marketing em torno de uma mensagem mais positiva, segundo a qual a produção de alimentos deve ser mais saudável e ética. A Chipotle comunica seu posicionamento por meio de um mix integrado de pontos de promoção tradicionais e digitais, os quais vão de seu programa de fidelidade Farm Team, que só aceita convidados — nele, os clientes ganham pontos com base não na frequência de compra, mas no conhecimento que têm sobre a comida e o modo como é produzida —, a seu aplicativo para smartphone Pasture Pandemonium, em que jogadores tentam pegar seu porco em um pasto sem ficarem presos em galpões ou serem picados por agulhas com antibiótico.

No ano passado, a Chipotle chamou bastante atenção durante a transmissão do prêmio Grammy com seu primeiro anúncio de TV veiculado em rede nacional — uma animação em stop motion de 2,5 minutos que mostra uma fazenda familiar, que lida com porco, transformando-se em um negócio eficiente e industrializado. Quando o fazendeiro percebe que essa não é a coisa certa a fazer, ele começa a mudar sua fazenda e passa a criar os porcos de modo sustentável, em pastos abertos. Willie Nelson assina a trilha sonora com um cover da canção "The scientist", do Coldplay. Antes de ser transmitido como um anúncio de TV, o vídeo foi mostrado em 10 mil salas de cinema e on-line, tornando-se um viral no YouTube. O público correu para baixar a melodia de Willie Nelson pelo iTunes, e os lucros foram revertidos para a Chipotle Cultivate Foundation.

Muitas vezes, as empresas com um modelo de negócios socialmente responsável lutam para crescer e gerar lucros. Mas a Chipotle está mostrando que é possível fazer ambas as coisas. No ano passado, seus 30 mil funcionários picaram, fatiaram, cortaram e grelharam sua trajetória em direção a 2,3 bilhões de dólares em receitas e 215 milhões em lucros nos 1.230 restaurantes da Chipotle espalhados por 41 estados norte-americanos. E a rede está crescendo rápido, abrindo um novo restaurante a cada dois dias quase. Nos últimos três anos, o preço das ações da Chipotle triplicou, o que sugere que os investidores da empresa estão tão satisfeitos quanto seu batalhão de clientes, em franco crescimento.

Ells quer que a Chipotle cresça e ganhe dinheiro. Mas, em última instância, em um nível mais amplo, ele quer mudar a forma como o fast-food é produzido e vendido — não apenas na Chipotle, mas no setor como um todo. "Nós achamos que, quanto mais as pessoas entenderem de onde a comida vem e o impacto que causa no bem-estar de produtores independentes [e] animais, mais elas vão pedir por melhores ingredientes", diz Ells. Não importa se os clientes vão aos restaurantes da Chipotle para apoiar a causa, devorar uma comida saborosa ou ambos — para Ells, tudo isso está de bom tamanho. A missão de sustentabilidade da Chipotle não é um algo a mais, criado apenas para posicionar a empresa como sendo "socialmente responsável". Fazer o bem "está no ethos da empresa e arraigado a tudo que fazemos", diz o diretor de comunicação da Chipotle. "A Chipotle é um tipo de empresa muito diferente — quanto mais fundo você vai naquilo que está acontecendo, mais encontra coisas para gostar e com as quais se sentir bem."

▲ A rede de fast-food Chipotle construiu, com sucesso, sua missão central em torno do tema da sustentabilidade ambiental: "Comida com integridade".
© Chipotle Mexican Grill, Inc.

Fontes: baseado em informações e citações de Danielle Sacks, "Chipotle: for exploding all the rules of fast food", *Fast Company*, mar. 2012, p. 125-126; John Trybus, "Chipotle's Chris Arnold and the food with integrity approach to corporate social responsibility", *The Social Strategist*, 22 mar. 2012, <https://blogs.commons.georgetown.edu/socialimpact/2012/03/22/the-social-strategist-part-xvi-chipotle's-chris-arnold-and-the-food-with-integrity-approachto-corporate-social-responsibility/>; Emily Bryson York, "Chipotle ups the ante on its marketing", *Chicago Tribune*, 30 set. 2011; Elizabeth Olson, "An animated ad with a plot line and a moral", *New York Times*, 10 fev. 2012, p. B2; informações extraídas de <www.chipotle.com> e <www.chipotle.com/en-US/fwi/fwi.aspx>. Acesso em: out. 2012.

Ações públicas para a regulação do marketing

As preocupações dos cidadãos com relação às práticas de marketing geralmente despertam a atenção do público e inspiram projetos de lei. Muitas das leis que afetam o marketing foram relacionadas no Capítulo 3. O trabalho consiste em traduzi-las para uma linguagem que os executivos de marketing entendam e levem em conta na hora de tomar decisões referentes a relações competitivas, produto, preço, promoção e canal de distribuição. A Figura 20.3 traz as principais questões legais com as quais os gestores de marketing se deparam.

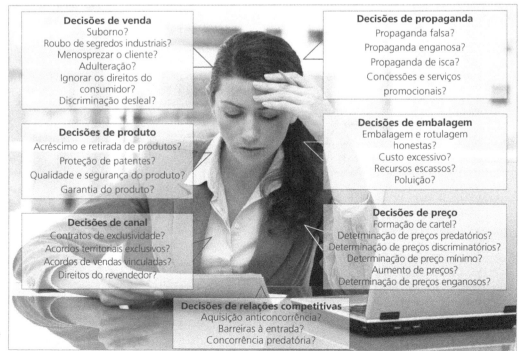

Figura 20.3 Principais áreas de decisão de marketing que podem ser questionadas pela legislação.

wavebreakmedia ltd/Shutterstock.com (foto).

Ações organizacionais voltadas para o marketing sustentável

Objetivo 4

◀ Descrever os princípios do marketing sustentável.

No início, muitas empresas se opuseram à proteção do consumidor, ao ambientalismo e a outros elementos do marketing sustentável. Elas achavam que as críticas eram injustas ou irrelevantes. Mas, hoje, a maioria das organizações adota os princípios da sustentabilidade como uma maneira de criar valor imediato e futuro para o cliente, bem como de fortalecer o relacionamento com ele.

Princípios do marketing sustentável

Com base na orientação do marketing sustentável, o marketing da empresa deve apoiar o melhor desempenho possível do sistema de marketing no longo prazo. Ele deve ser conduzido por cinco princípios do marketing sustentável: *marketing orientado ao consumidor, marketing de valor para o cliente, marketing inovador, marketing com senso de missão* e *marketing societal*.

Marketing orientado ao consumidor

Marketing orientado ao consumidor significa que a empresa deve ver e organizar suas atividades de marketing do ponto de vista do consumidor. Ele deve se esforçar para perceber as necessidades de um grupo definido de clientes, bem como atender e satisfazer a elas — tanto agora como no futuro. Todas as empresas com marketing eficaz que abordamos ao longo deste livro têm a seguinte característica em comum: uma grande paixão pela entrega de valor superior a clientes cuidadosamente escolhidos. A empresa só vai conseguir construir um relacionamento sustentável e lucrativo com seus clientes se ver o mundo pelos olhos deles.

Marketing orientado ao consumidor
Um princípio de marketing sustentável segundo o qual a empresa deve ver e organizar suas atividades de marketing do ponto de vista do consumidor.

Marketing de valor para o cliente

De acordo com o princípio do **marketing de valor para o cliente**, a empresa deve aplicar a maior parte de seus recursos em investimentos de marketing voltados à construção de valor para o cliente. Muitas ações conduzidas pelas empresas — promoções de vendas isoladas, pequenas modificações no produto, propaganda exagerada — podem aumentar as vendas no curto prazo, mas agregar menos *valor* do que melhorias reais na qualidade, nas características ou na praticidade do produto. O marketing responsável exige o desenvolvimento, no longo prazo, da fidelidade do consumidor e de um relacionamento com ele, o que se dá pelo aprimoramento contínuo do valor que o cliente recebe da oferta ao mercado da empresa. Ao criar valor *para* os consumidores, a empresa pode, em troca, receber valor *deles*.

Marketing de valor para o cliente
Um princípio de marketing sustentável segundo o qual a empresa deve aplicar a maior parte de seus recursos em investimentos de marketing voltados à construção de valor para o cliente.

Marketing inovador

O princípio do **marketing inovador** requer que a empresa busque continuamente melhorias reais de produto e marketing. A empresa que deixa passar novas e melhores maneiras de fazer as coisas pode vir a perder clientes para outra organização que descobrir um caminho melhor. Como visto no Capítulo 9, um excelente exemplo de empresa inovadora é a Samsung:[24]

Marketing inovador
Um princípio de marketing sustentável o qual requer que a empresa busque melhorias reais de produto e marketing.

> Não muitos anos atrás, a Samsung era uma marca imitadora de produtos eletrônicos que você comprava quando não tinha dinheiro para adquirir um Sony. Mas hoje a marca possui uma aura de alta qualidade e tecnologia de ponta. Em 1996, a Samsung Electronics deixou para trás seus produtos baratos e se propôs a ultrapassar sua rival Sony não só em tamanho, mas também em estilo e inovação. A empresa contratou uma série de designers jovens, que desencadearam uma enxurrada de novos produtos bem desenhados, ousados e bonitos, voltados para usuários sofisticados. A Samsung chamou esses produtos de "obras de arte de estilo de vida" — eles iam de celulares com cores vivas a aparelhos de televisão que, com telas grandes, eram pendurados nas paredes como pinturas. Todo novo produto tinha que passar pelo teste do "Uau!": se, durante o teste de mercado, a reação ao produto não fosse um "Uau!", ele voltava direto para a área de design. Graças à sua estratégia de inovação, a empresa rapidamente superou suas altas metas — e foi além. Hoje, a Samsung Electronics é, de longe, a maior empresa de eletrônicos de consumo do mundo, com um número de vendas 50% maior que o da Sony. Ela é também a maior fabricante mundial de TV e celular. E seu design é cobiçado pelos consumidores. Como diz um designer da Samsung: "Deixamos de ser uma marca barata".[25]

Marketing com senso de missão

Marketing com senso de missão
Um princípio de marketing sustentável segundo o qual a empresa deve definir sua missão em termos sociais amplos, e não em termos limitados de produto.

Marketing com senso de missão significa que a empresa deve definir sua missão em termos *sociais* amplos, e não em termos limitados de *produto*. Quando uma empresa define uma missão social, os funcionários se sentem melhor em relação ao trabalho e têm uma noção mais clara de direção. Marcas conectadas a missões mais amplas podem atender a seus melhores interesses no longo prazo, bem como aos dos consumidores.

Por exemplo, a Pedigree fabrica uma ótima ração para cachorro, mas a marca é, na verdade, muito mais do que isso. Cinco anos atrás, a Pedigree lançou um manifesto, o "Somos pelos cães". Essa declaração é uma síntese perfeita de tudo que a Pedigree representa. "Fazemos tudo o que fazemos porque amamos cachorros", diz um profissional de marketing da Pedigree. "É simples assim." O posicionamento focado na missão orienta tudo o que a marca faz, interna e externamente. Ver um anúncio da Pedigree ou visitar o site <pedigree.com> confirma que as pessoas por trás da marca realmente acreditam na missão "Somos pelos cães". Os funcionários são, inclusive, incentivados a levar seu cachorro para o trabalho. E, indo além no cumprimento da promessa de marca "Somos pelos cães", a empresa deu início à Pedigree Foundation que, juntamente com a campanha "Pedigree adoption drive", já arrecadou milhões de dólares para ajudar "cachorros em abrigos" a encontrar bons lares. O marketing com senso de missão fez da Pedigree a marca de ração para cachorro número 1 do mundo.[26]

Algumas empresas definem sua missão corporativa geral em termos societais amplos. Por exemplo, definida em termos limitados de produto, a missão da Puma, que fabrica vestuário e calçados esportivos, poderia ser: "Vender tênis, roupas e acessórios para práticas esportivas". Mas a empresa anuncia sua missão de maneira mais ampla, assinalando que fabrica produtos que satisfazem os clientes e, ao mesmo tempo, contribuem para um futuro sustentável:[27]

> Na Puma, acreditamos que nossa posição como líder criativo dos estilos de vida esportistas nos dá a oportunidade e a responsabilidade de contribuir para um mundo melhor para as gerações que virão. Na nossa visão — na "Visão da Puma" —, um mundo melhor seria mais seguro, pacífico e criativo do que aquele que conhecemos hoje. Nós acreditamos que, permanecendo fiéis aos nossos valores, estimulando a paixão e o talento de nosso pessoal, trabalhando de forma sustentável e inovadora e fazendo o melhor possível para sermos justos, honestos, positivos e criativos, vamos continuar fazendo os produtos que os nossos clientes amam e, ao mesmo tempo, caminhar, um pouco a cada dia, para aquela visão de um mundo melhor. Por meio de nossos programas puma.safe (voltado para questões ambientais e sociais), puma.peace (que apoia a paz mundial) e puma.creative (que incentiva artistas e organizações criativas), estamos oferecendo expressões reais e práticas dessa visão e construindo para nós e nosso público interessado, entre outras coisas, um futuro mais sustentável.

Com sua missão "Visão da Puma", a empresa fez progressos consideráveis no que diz respeito ao desenvolvimento de produtos, embalagens, operações e cadeias de suprimento mais sustentáveis. Ela também patrocinou muitas iniciativas inovadoras, levando adiante suas missões puma.peace e puma.creative. Ela patrocinou, por exemplo, uma série de vídeos intitulada "A paz começa comigo", com o objetivo de "promover um mundo mais pacífico do que aquele em que vivemos hoje". Embora esses esforços não gerem, necessariamente, vendas imediatas, a Puma os vê como uma parte importante da questão "quem somos".

Entretanto, manter um *duplo resultado*, envolvendo valores e lucros, não é uma tarefa fácil. Ao longo dos anos, empresas como Patagonia, Ben & Jerry's, The Body Shop e Burt's Bee — todas conhecidas e respeitadas por colocar os "princípios acima dos lucros" — passaram por dificuldades em alguns momentos, com retornos financeiros não tão excelentes. Nos últimos anos, contudo, surgiu uma nova geração de empreendedores sociais. Trata-se de uma geração de gestores bem treinados que sabem que, para *fazer o bem*, eles precisam em primeiro lugar *se sair bem*, fazendo com que as operações de negócios sejam lucrativas. Além disso, hoje, empresas socialmente responsáveis não constituem mais um território exclusivo, formado por pequenas organizações empreendedoras preocupadas com a questão social. Muitas empresas e marcas grandes e estabelecidas — do Walmart à Nike, da Starbucks à PepsiCo — adotaram consideráveis missões de responsabilidade social e ambiental (veja o Marketing Real 20.2).

▲ Para a Pedigree, "Fazemos tudo o que fazemos porque amamos cachorros. É simples assim". A missão "Somos pelos cães" da Pedigree ajudou a fazer da marca a ração para cachorro número 1 do mundo.

Cortesia da Mars, Incorporated. PEDIGREE® é uma marca registrada da Mars, Incorporated

Marketing Real | 20.2

Marketing socialmente responsável: fazendo do mundo um lugar melhor

Ao ouvir o termo *empresa socialmente responsável*, é provável que venha à sua mente um punhado de empresas, como Ben & Jerry's, The Body Shop, Burt's Bee, Stonyfield Farms, Patagonia, Timberland e TOM Shoes, para citar apenas algumas. Essas organizações foram pioneiras no conceito de empresa orientada por valores ou capitalismo social. A missão delas: usar os negócios para fazer do mundo um lugar melhor.

A clássica pioneira em "fazer o bem" é a Ben & Jerry's. Ben Cohen e Jerry Greenfield fundaram a empresa em 1978, como uma organização profundamente preocupada com suas responsabilidades sociais e ambientais. A Ben & Jerry's só comprava leite e creme de leite sem hormônios e usava frutas e nozes orgânicas para produzir seus sorvetes, os quais eram vendidos em recipientes ecologicamente corretos. Ela fazia um grande esforço para comprar de um grupo pequeno de fornecedores, desvantajosos. Do Rainforest Crunch lá do começo ao Imagine Whirled Peace to Chocolate Macadamia (feito com macadamias obtidas de forma sustentável, bem como cacau e baunilha com certificado de comércio justo), a Ben & Jerry's defendeu, ao longo dos anos, uma série de causas sociais. No início, a empresa doava a colossal quantia de 7,5% de seus lucros brutos para projetos que tinham a ver com sua missão social, que era "atender às necessidades humanas e acabar com injustiças [relacionadas] às crianças e às famílias, ao meio ambiente [...] e àqueles a quem foram negadas [oportunidades econômicas]". Em meados da década de 1990, a Ben & Jerry's tinha se tornado a segunda maior marca de sorvete premium dos Estados Unidos.

Contudo, quando concorrentes não mobilizados pela missão baseada em "princípios acima dos lucros" da Ben & Jerry's invadiram os mercados dela, o crescimento e os lucros da empresa estagnaram. Após vários anos de retornos financeiros apagados, a Ben & Jerry's foi adquirida pela Unilever, a gigante dos produtos de consumo. Olhando para trás, a Ben & Jerry's pode ter se concentrado demais nas questões sociais, em detrimento de uma sólida gestão dos negócios. Para Cohen, que nunca quis na verdade ser um executivo, os lucros soavam como um palavrão. Certa vez, ele comentou: "Chegou um ponto [em que tive de admitir] que sou um homem de negócios. E tive dificuldades em pronunciar essas palavras".

A entrega de um "triplo resultado", envolvendo pessoas, planeta e lucros, não é uma proposta fácil. Operar um negócio já é bastante difícil. Acrescentar metas sociais às demandas de atendimento ao cliente e geração de lucros pode ser algo tremendo e distrativo. Boas intenções não enchem barriga. De fato, muitas das primeiras orientadas por valores foram adquiridas por organizações maiores. Por exemplo, a Unilever absorveu a Ben & Jerry's, a Clorox comprou a Burt's Bee, a L'Oreal adquiriu a The Body Shop, a Dannon abocanhou a Stonyfield Farms e a VFC ficou com a Timberland.

No entanto, a experiência de pioneiras como a Ben & Jerry's ensinou algumas lições importantes para o movimento das empresas socialmente responsáveis. Como resultado, surgiu uma nova geração de empreendedores orientados pela missão — não ativistas sociais com um grande coração que odeiam o capitalismo, mas gestores e empresários que são apaixonados por uma causa. Esses novos adeptos do triplo resultado sabem que, para fazer o bem, eles precisam em primeiro lugar se sair bem, fazendo com que as operações de negócios sejam viáveis e lucrativas.

Por exemplo, a Method, uma empresa de produtos de limpeza e para a casa, tem como missão "inspirar uma revolução doméstica feliz e saudável". Todos os produtos da Method são derivados de ingredientes naturais, como soja, coco e óleos de palmeira, e vêm em embalagens biodegradáveis, ambientalmente responsáveis. Mas a Method sabe que não vai ser bem-sucedida simplesmente por fazer coisas boas. Na verdade, é o contrário — ser bem-sucedida vai permitir a ela fazer coisas boas. "As empresas são os mais poderosos agentes de mudança positiva do planeta", diz Adam Lowry, cofundador e diretor de responsabilidade ecológica da Method. "A mera sustentabilidade não é nossa meta. Nós queremos ir muito além disso. Queremos nos tornar restauradores e engrandecer tudo o que fazemos. Assim, quanto maior formos, mais coisas boas poderemos criar. Nós estamos batalhando pela abundância sustentável. É por essa razão que orientamos nossa empresa para ser a melhor naquilo que é cada vez melhor."

Além da missão de responsabilidade social, a Method é uma empresa bem gerida e inteligente. "Nós não operamos para a questão ecológica, não fazemos disso o principal", diz Eric Ryan, o outro cofundador da Method. Em vez disso, a empresa dá ênfase ao desempenho, à inovação e ao estilo do produto. Seus produtos são "mais potentes do que um tubo de hipoclorito de sódio" e, ainda assim, "mais suaves que a lambida de muitos filhotes de cachorro". De acordo com Ryan: "O que realmente deu muito certo para a marca foi o fato de as pessoas virem por causa do lado mais alegre e divertido [de nossos produtos] e, então, descobrirem que eles são melhores para elas, de verdade".

Em poucos anos, utilizando práticas organizacionais inteligentes, a Method se tornou uma das empresas que crescem mais rápido nos Estados Unidos, com mais de 100 milhões de dólares em receitas anuais. A jovem organização está sendo distribuída por mais de cem varejistas norte-americanos — incluindo Kroger, Safeway, Target, Whole Foods Market, Bed Bath & Beyond, Staples e Amazon.com — e conta com uma lista crescente de varejistas internacionais. Nesse processo, ela conquistou suas metas sociais mais amplas.

Empresas pequenas com grandes metas sociais são uma coisa. Acontece que hoje missões socialmente responsáveis não são mais um território exclusivo de empresas jovens e bem-intencionadas. A responsabilidade social se popularizou, com grandes corporações — do Walmart à Nike, da Starbucks à Mars — adotando iniciativas mais amplas de "mudança do mundo". Por exemplo, o Walmart está rapidamente se tornando a grande babá ecológica do planeta. Por outro lado, a Starbucks criou as práticas C.A.F.E — diretrizes voltadas para a conquista de qualidade nos produtos,

▲ A missão da Method é "inspirar uma revolução doméstica feliz e saudável". De acordo como Adam Lowry, cofundador e diretor de responsabilidade ecológica da organização: "As empresas são os mais poderosos agentes de mudança positiva do planeta".
Christopher Schall/Impact Photo© Chipotle Mexican Grill, Inc.

de obrigações econômicas, de responsabilidade social e a de liderança ambiental.

A Nike apoia uma série de iniciativas de responsabilidade social e ambiental. Tem de tudo, de designs de produto e processos de produção mais ecologicamente corretos até melhorias nas condições de vida das cerca de 800 mil pessoas que fazem parte de sua cadeia de suprimento global, passando por programas que envolvem a juventude mundial na luta contra a Aids na África. Soando mais a Ben & Jerry's ou a Method do que uma grande e insensível corporação, a Nike afirma que "podemos usar o poder de nossa marca, a energia e a paixão de nosso pessoal e a escala dos nossos negócios para criar uma mudança significativa". Segundo um gerente da organização: "Nossos clientes esperam isso de nós — isso tem a ver com uma mudança na maneira como nossa empresa faz as coisas no geral".

Não importa se é uma pequena empresa jovem com a responsabilidade social em seu núcleo ou uma grande corporação que está buscando incorporar a responsabilidade social em sua missão — está claro que fazer o bem e se sair bem são coisas altamente entrelaçadas. Como assinalou o Paul Polman, o CEO da Unilever, no caso que abre este capítulo, o sucesso comercial de uma empresa no longo prazo depende do quão bem ela gerencia o impacto social e ambiental de suas ações. Mas os empreendedores sociais de hoje aprenderam que o contrário também se aplica: a capacidade da empresa de causar um impacto social e ambiental benéfico no longo prazo depende, também, de seu sucesso comercial.

Fontes: citações e outras informações de Tilde Herrera, "Want to sell a green product? Don't call it green", *GreenBiz*, 30 jan. 2012, <www.greenbiz.com/blog/2012/01/30/want-sell-green-product-don't-call-it-green>; David Choi e Edmund Gray, *Values-centered entrepreneurs and their companies*. Taylor & Francis, 2010, p. 29; Sindya N. Bhanoo, "Products that are earth-and-profit friendly", *New York Times*, 12 jun. 2010, p. B3; <www.methodhome.com/behind-the-bottle/>, <www.benjerry.com/company/history/> e <www.nikebiz.com/responsibility/>. Acesso em: set. 2012.

Marketing societal
Um princípio de marketing sustentável segundo o qual a empresa deve tomar decisões de marketing com base nos desejos dos consumidores, nas exigências da organização e nos interesses de longo prazo tanto dos consumidores como da sociedade.

Produtos inadequados
Produtos que não oferecem nem apelo imediato nem benefícios no longo prazo.

Produtos agradáveis
Produtos que possuem grande apelo imediato, mas que podem prejudicar os consumidores no longo prazo.

Produtos benéficos
Produtos que têm baixo apelo imediato, mas que beneficiam os consumidores no longo prazo.

Produtos desejáveis
Produtos que geram grande apelo imediato, bem como benefícios no longo prazo.

Marketing societal

De acordo com o princípio do **marketing societal**, a empresa toma decisões de marketing com base nos desejos dos consumidores, nas exigências da organização e nos interesses de longo prazo tanto dos consumidores como da sociedade. As empresas precisam estar cientes de que negligenciar os interesses de longo prazo dos consumidores e da sociedade é um desserviço para ambos. Empresas atentas veem os problemas societais como oportunidades.

Uma empresa sustentável demanda produtos que sejam não somente agradáveis, mas também benéficos. A diferença é mostrada na Figura 20.4. Os produtos podem ser classificados de acordo com o grau de apelo imediato que geram no consumidor e o benefício que oferecem a ele no longo prazo.

Produtos inadequados, como medicamentos com sabor ruim e ineficazes, não oferecem nem apelo imediato nem benefícios no longo prazo. **Produtos agradáveis** possuem grande apelo imediato, mas podem prejudicar os consumidores no longo prazo — cigarros e os alimentos considerados besteiras são exemplos desse tipo de produto. Já os **produtos benéficos** têm baixo apelo imediato, mas beneficiam os consumidores no longo prazo, como acontece, por exemplo, com os capacetes para ciclistas e alguns outros produtos ligados à questão da segurança. Por fim, **produtos desejáveis** geram grande apelo imediato, além de benefícios no longo prazo, como é o caso de um café da manhã saboroso *e* nutritivo.

Há vários exemplos de produtos desejáveis. As lâmpadas AmbientLED da Philips oferecem uma boa iluminação, além de durarem bastante e economizarem energia. As sacolas de compra reutilizáveis da Envirosax são estilosas, acessíveis e, ao mesmo tempo, eliminam a necessidade de saquinhos plásticos e de papel oferecidos pelas lojas, os quais são menos ecológicos. E as roupas e acessórios duradouros e sustentáveis da Nau, voltados para o dia a dia na cidade, têm tudo a ver com o "estilo de vida móvel de hoje". As roupas da Nau são ambientalmente sustentáveis — a empresa usa apenas materiais como fibras naturais e renováveis produzidas de modo sustentável e fibras sintéticas que contêm bastante conteúdo reciclado. Elas também são esteticamente sustentáveis — são versáteis e desenvolvidas para se manterem bonitas por um bom tempo. E são socialmente sustentáveis — a empresa doa 2% de toda venda que faz para organizações que fazem parte dos "Parceiros da mudança", além de garantir que suas fábricas sigam seu rígido código de conduta.[28]

As empresas devem tentar transformar todos os seus produtos em desejáveis. O desafio imposto pelos produtos agradáveis é que eles vendem muito bem, mas podem acabar prejudicando o consumidor. Portanto, aqui, a oportunidade em termos de produto consiste em agregar a ele benefícios de longo prazo sem reduzir suas qualidades que geram apelo. Já o desafio imposto pelos produtos benéficos é agregar a eles algumas qualidades que criem apelo, para que se tornem mais desejáveis do ponto de vista dos consumidores.

Por exemplo, recentemente a PepsiCo contratou uma equipe de "cientistas idealistas", coordenada por um ex-diretor da World Health Organization, para ajudar a empresa a criar novas opções de produto mais atrativas e saudáveis e, ao mesmo tempo, "fazer ficar aquilo que é ruim menos ruim". A PepsiCo quer que os produtos saudáveis representem um negócio de 30 bilhões de dólares para a empresa até 2020.[29] Sob a direção do diretor da PepsiCo para política de saúde global, o grupo constituído de médicos, profissionais com PhD e outros defensores da saúde procura ingredientes mais saudáveis, que possam fazer parte de diversos produtos. Seus esforços levaram, por exemplo, a um adoçante totalmente natural e sem calorias que hoje é utilizado em várias marcas novas da PepsiCo, incluindo a Trop50, de 100 milhões de dólares — trata-se de uma variação do suco de laranja Tropicana que não contém adoçantes artificiais e possui metade do açúcar e das calorias.

▲ Produtos desejáveis: as roupas e acessórios da Nau, voltados para o dia a dia na cidade, são sustentáveis em termos ambientais, estéticos e sociais. A empresa doa 2% de toda venda que faz para organizações que fazem parte dos "Parceiros da mudança", as quais são escolhidas pelos clientes.
Nau Holdings, LLC.

Ética no marketing

Objetivo 5
◀ Explicar o papel da ética no marketing.

A ética é um pilar do marketing sustentável. No longo prazo, o marketing antiético prejudica os clientes e a sociedade como um todo. Além disso, uma hora ou outra, ele compromete a reputação e a efetividade da empresa, colocando em risco sua sobrevivência. Desse modo, as metas do marketing sustentável, voltadas para o bem-estar do consumidor e da empresa no longo prazo, só podem ser conquistadas por meio de uma conduta de marketing ética.

Figura 20.4 Classificação societal dos produtos.

A meta? Criar produtos desejáveis — aqueles que geram apelo imediato no consumidor e o beneficiam no longo prazo. Por exemplo, as lâmpadas AmbientLED da Philips oferecem uma boa iluminação, além de durarem bastante e economizarem energia.

668 Parte 4 | Marketing ampliado

Empresas conscientes enfrentam muitos dilemas morais. Muitas vezes, não fica claro aquilo que é o melhor para se fazer. Como nem todos os gestores têm sensibilidade moral aguçada, as empresas precisam desenvolver *políticas corporativas de ética no marketing* — diretrizes gerais que todos os membros da organização devem seguir. Essas políticas devem contemplar as relações com os distribuidores, os padrões de propaganda, os serviços de atendimento ao cliente, a determinação de preços, o desenvolvimento de produtos e os padrões éticos gerais.

Nem mesmo as melhores diretrizes são capazes de resolver todas as difíceis situações éticas com as quais os profissionais de marketing se deparam. A Tabela 20.1 relaciona algumas das situações complicadas que esses profissionais podem enfrentar em sua carreira. Se em todos os casos eles optarem por ações que resultem em vendas imediatas, seu comportamento de marketing poderá muito bem ser descrito como imoral ou até amoral. Se eles se recusarem a adotar *qualquer* ação desse tipo, poderão ser ineficazes como gestores de marketing e infelizes, em virtude da constante tensão moral. Os gestores precisam de um conjunto de princípios para ajudá-los a entender a importância moral de cada situação e a decidir até onde podem ir com a consciência tranquila.

▼ **Tabela 20.1** Algumas situações moralmente difíceis no marketing.

1.	O departamento de P&D fez uma leve modificação em um dos produtos da empresa. Ele não é exatamente "novo e melhorado", mas você sabe que estampar essa declaração na embalagem e nos anúncios aumentará as vendas. O que você faria?
2.	Solicitaram que você acrescentasse à sua linha de produtos um modelo básico, que poderia ser anunciado para atrair clientes à loja. O produto não tem que ser muito bom, mas os vendedores têm que conseguir convencer os compradores que forem até a loja a adquirir, em vez dele, itens mais caros. Você é quem deve aprovar essa versão básica. O que você faria?
3.	Você está pensando em contratar um gerente de produto que acabou de sair de uma empresa concorrente. Essa pessoa estaria mais do que disposta a lhe contar todos os planos do concorrente para o ano seguinte. O que você faria?
4.	Recentemente, um de seus principais revendedores em um importante território teve problemas familiares e suas vendas caíram. Ao que parece, vai levar algum tempo até que ele consiga solucionar as questões. Enquanto isso, você está perdendo muitas vendas. Legalmente, considerando o desempenho, você pode extinguir o contrato de franquia com o revendedor e substituí-lo. O que você faria?
5.	Você tem a chance de conquistar uma grande conta, que significaria muito para você e para sua empresa. O comprador sugere que um "presente" poderia influenciar a decisão dele. Seu assistente recomenda mandar um aparelho de televisão com tela grande para a casa do comprador. O que você faria?
6.	Você ouviu dizer que um concorrente desenvolveu uma nova característica de produto que vai fazer uma grande diferença nas vendas. Ele vai demonstrar essa característica em uma reunião reservada com seus revendedores, durante uma feira comercial que acontece todos os anos. Você poderia, com facilidade, enviar um espião para essa reunião e ficar sabendo que característica nova é essa. O que você faria?
7.	Sua agência apresentou três campanhas publicitárias e você precisa escolher uma. A primeira (a) é uma campanha nada agressiva em termos de venda, com informações diretas e honestas. A segunda (b) utiliza apelos emocionais com uma grande carga sexual e exagera os benefícios do produto. A terceira (c) envolve um comercial barulhento e irritante que certamente vai chamar a atenção do público. Os pré-testes mostram que a ordem crescente de efetividade das campanhas é: c, b e a. O que você faria?
8.	Você está entrevistando uma candidata apta para um cargo de vendedora. Ela é mais bem qualificada do que os homens que você entrevistou. No entanto, você sabe que em seu setor alguns clientes importantes preferem lidar com homens — e você vai perder algumas vendas caso a contrate. O que você faria?

Mas *quais* princípios devem orientar as empresas e os gestores de marketing nas questões envolvendo ética e responsabilidade social? Uma corrente afirma que o mercado é livre e que é o sistema legal quem deve resolver essas questões. Segundo esse princípio, as empresas e seus gestores não são responsáveis por fazer julgamentos morais. Eles podem, com a consciência tranquila, fazer tudo aquilo que o mercado e o sistema legal permitirem.

Uma segunda corrente coloca a responsabilidade não sobre o sistema, mas nas mãos das empresas e dos gestores, individualmente. Essa corrente, mais esclarecida, sugere que a empresa deve ter uma consciência social. Empresas e gestores devem aplicar altos padrões éticos e morais ao tomar decisões corporativas, independentemente "daquilo que o sistema permite". A história traz uma lista interminável de exemplos de ações organizacionais que, embora legais, eram extremamente irresponsáveis.

Toda empresa e gestor de marketing devem desenvolver uma filosofia para o comportamento socialmente responsável e ético. De acordo com a orientação de marketing societal, todo gestor deve ir além daquilo que é legal e permitido, desenvolvendo padrões com base em sua integridade pessoal, na consciência corporativa e no bem-estar do consumidor no longo prazo.

Lidar com questões éticas e de responsabilidade social de uma maneira sincera e direta ajuda na construção de um relacionamento sólido com o cliente, baseado na honestidade e na confiança. Considere o caso da Mattel, uma fabricante de brinquedos. Em 2007, a empresa descobriu que havia usado tinta com chumbo em muitos de seus produtos mais vendidos, o que a obrigou a fazer um grande recall. Contudo, em vez de hesitar ou esconder o incidente, os "conselheiros de marca" da empresa orientaram a Mattel a dar uma resposta proativa. Essa reação positiva não só melhorou a confiança do consumidor, em vez de reduzi-la, mas também resultou em um aumento de vendas nos meses que se seguiram ao problema. Diferentemente do que você esperava, esses conselheiros de

▲ Quando a descoberta de tinta com chumbo em muitos de seus produtos mais vendidos obrigou a Mattel a fazer um recall de milhões de brinquedos ao redor do mundo, a resposta direta da empresa a ajudou a manter a confiança do cliente. A Mattel inclusive envolveu na questão sua comunidade de 400 mães que, como "conselheiras de marca", ajudaram a empresa a modelar sua resposta.
Redux Pictures

marca não eram consultores muito bem pagos. Eles eram membros de uma comunidade on-line privada da Mattel, a Playground — 400 mães de crianças pequenas contratadas pelo departamento de insights do consumidor da Mattel para oferecer informações sobre os produtos e serviços da empresa. Logo depois do recall, as participantes da Playground ajudaram a Mattel a desenvolver um plano de resposta positiva. Mesmo em épocas de crise, o sucesso da marca tem a ver com ouvir os clientes e fazer que eles sejam parte da marca. "As marcas que se envolvem em uma conversa de mão dupla com seus clientes criam um relacionamento mais forte, com mais confiança", diz um executivo da Mattel.[30]

A questão da ética traz desafios especiais para as empresas internacionais. Os padrões e as práticas de negócios variam muito de país para país. Por exemplo, subornos e propinas são ilegais para as empresas norte-americanas, e vários acordos que combatem essas condutas e a corrupção foram assinados e ratificados por mais de 60 países. Contudo, em muitas nações, essas práticas de negócios ainda são corriqueiras. O Banco Mundial estima que os subornos totalizam mais de 1 trilhão de dólares por ano no mundo inteiro. Um estudo revelou que as empresas que mais pagam suborno são da Indonésia, México, China e Rússia. Outros países em que a corrupção é comum são: Somália, Myanmar e Haiti. As organizações menos corruptas são da Bélgica, Suíça e Holanda.[31] Aqui, surge a seguinte questão: a empresa deve baixar seus padrões éticos para concorrer de modo mais eficaz em países cujos padrões são mais baixos? A resposta é não. As empresas devem se comprometer, em nível mundial, com um conjunto comum de padrões compartilhados.

Muitas associações setoriais e profissionais têm sugerido códigos de ética, e muitas empresas estão adotando seus próprios códigos. Por exemplo, a American Marketing Association, uma associação internacional de gestores e acadêmicos da área de marketing, desenvolveu um código de ética que convoca as empresas a adotarem as seguintes normas:[32]

- *Não causar danos*. Isso significa conscientemente evitar ações e omissões prejudiciais por meio da adoção de altos padrões éticos e da adesão a todas as leis e regulamentações aplicáveis às escolhas que fazemos.
- *Cultivar a confiança no sistema de marketing*. Isso significa lutar por uma negociação justa e de boa-fé, contribuindo assim para a eficácia do processo de troca e para evitar enganação no design, no preço, na comunicação e na distribuição do produto.
- *Adoção de valores éticos*. Isso significa construir relacionamento com o consumidor e reforçar a confiança dele na integridade do marketing, reafirmando os seguintes valores centrais: honestidade, responsabilidade, justiça, respeito, transparência e cidadania.

670 Parte 4 | Marketing ampliado

As empresas também estão desenvolvendo programas para instruir os gestores acerca de importantes questões éticas e ajudá-los a encontrar as soluções apropriadas. Elas instituem comitês de ética e organizam workshops e seminários voltados para o assunto. Além disso, a maioria das principais empresas norte-americanos designou executivos de alto nível para cuidar de questões éticas e ajudar a resolver problemas e preocupações éticas enfrentadas por seus funcionários.

A PricewaterhouseCoopers (PwC) é um bom exemplo disso. Em 2002, a PwC estabeleceu um departamento global de ética e um abrangente programa ligado ao tema, liderados por um executivo de alto nível. O programa de ética começa com um código de conduta intitulado "Fazendo a coisa certa — o jeito da PwC". Os funcionários da PwC aprendem o código de conduta e como lidar com questões éticas delicadas em extensos programas de treinamento, que têm início assim que o colaborador entra na empresa e continuam durante toda a carreira dele. O programa também inclui *defensores da ética* espalhados pelo mundo e outros canais, como programas de linhas diretas que permitem às pessoas levantar preocupações. "Obviamente, não basta distribuir um documento", diz Samuel DiPiazza, ex-CEO da PwC. "A ética é tudo o que dizemos e fazemos."[33]

Mesmo assim, códigos por escrito e programas de ética não garantem o comportamento ético. A ética e a responsabilidade social requerem um total comprometimento por parte da organização. Elas devem ser um componente da cultura corporativa geral. As políticas éticas da PwC estão profundamente entrelaçadas com tudo o que a empresa faz e são uma peça tão importante quanto outras atividades, como desenvolvimento de produto e pesquisa de marketing. De acordo com DiPiazza: "Nós nos perguntamos todos os dias se estamos fazendo aquilo que é certo".[34]

A empresa sustentável

No alicerce do marketing reside a crença de que as empresas que atendem às necessidades e aos desejos dos clientes prosperarão. Já organizações que não conseguem satisfazer às necessidades dos clientes ou que, intencionalmente ou não, prejudicam eles, outros na sociedade ou gerações futuras vão se dar mal.

Segundo um observador: "A sustentabilidade está se mostrando uma megatendência, como foram a eletricidade e a produção em massa, e ela vai afetar profundamente a competitividade das empresas, inclusive sua capacidade de sobrevivência". Outro observador diz: "Cada vez mais, as empresas e os líderes serão avaliados não apenas pelos resultados imediatos, mas também pelos [...] efeitos que suas ações geraram sobre o bem-estar societal. Essa tendência vem aparecendo em pequenas coisas há anos, mas agora está se avolumando. Então, pegue seu copo reciclado de café com selo de comércio justo e fique preparado".[35]

As empresas sustentáveis são aquelas que criam valor para os clientes por meio de ações responsáveis em termos sociais, ambientais e éticos. O marketing sustentável vai além de cuidar das necessidades e dos desejos dos clientes de hoje. Ele significa se preocupar com os clientes de amanhã, garantindo a permanência e o sucesso da empresa, dos acionistas, dos funcionários e do mundo mais amplo em que todos eles vivem. Significa ir atrás de uma missão com triplo resultado: "pessoas, planeta, lucros".[36] O marketing sustentável oferece o contexto em que as empresas podem construir um relacionamento lucrativo com os clientes por meio da criação de valor *para* eles, a fim de obter valor *deles* em troca — agora e no futuro.

Revisão dos conceitos

Revisão dos **objetivos** e **termos-chave**

○ Revisão dos objetivos

Neste capítulo, abordamos muitos dos importantes conceitos de *marketing sustentável* relacionados ao grande impacto do marketing sobre os consumidores individuais, outras empresas e a sociedade como um todo. O marketing sustentável requer ações responsáveis em termos sociais, ambientais e éticos, que geram valor não somente para os consumidores e as empresas de hoje, mas também para as gerações e toda a sociedade de amanhã. As empresas sustentáveis são aquelas que agem com

Capítulo 20 | Marketing sustentável **671**

responsabilidade para criar valor aos clientes, a fim de obter valor deles em troca — agora e no futuro.

Objetivo 1 ▶ **Definir marketing sustentável e discutir sua importância (p. 646-648)**

O marketing sustentável requer o atendimento das necessidades atuais dos consumidores e das empresas, ao mesmo tempo em que se preserva ou se intensifica a capacidade das gerações futuras de atenderem às suas necessidades. Enquanto a orientação de marketing societal reconhece que a empresa prospera satisfazendo as necessidades cotidianas dos clientes, o marketing sustentável demanda ações sociais e ambientalmente responsáveis, que satisfaçam as necessidades tanto imediatas como futuras dos clientes e da empresa. O marketing verdadeiramente sustentável requer um sistema de marketing que funcione em harmonia, em que consumidores, empresas, legisladores e outros trabalhem em conjunto para garantir ações de responsabilidade social.

Objetivo 2 ▶ **Identificar as principais críticas sociais ao marketing (p. 648-656)**

O *impacto do marketing sobre o bem-estar do consumidor individual* tem sido criticado por conta de preços altos, práticas enganosas, vendas com muita pressão, produtos de baixa qualidade, prejudiciais ou perigosos, obsolescência planejada e oferecimento de serviços de baixa qualidade para consumidores menos favorecidos. O *impacto do marketing sobre a sociedade* tem sido criticado por ele gerar falsos desejos e excesso de materialismo, carência de bens sociais e muita poluição cultural. Os críticos também atacam o *impacto do marketing sobre outras empresas*, dizendo que ele prejudica os concorrentes e reduz a concorrência por meio de aquisições, práticas que criam barreiras à entrada no mercado e práticas competitivas de marketing desleais. Algumas dessas preocupações se justificam, mas outras não.

Objetivo 3 ▶ **Definir defesa do consumidor e ambientalismo e explicar como eles afetam as estratégias de marketing (p. 656-662)**

Preocupações quanto ao sistema de marketing levaram a movimentos de ação de cidadania. A *defesa do consumidor* é um movimento social organizado, cujo intuito é fortalecer a relação de direitos e o poder entre consumidores e vendedores. Empresas atentas veem nisso uma oportunidade para atender melhor aos consumidores, fornecendo-lhes mais informação, instrução e proteção. O *ambientalismo* é um movimento social organizado que busca minimizar os danos causados que as práticas de marketing causam ao ambiente e à qualidade de vida. Hoje, a maioria das empresas assume a responsabilidade por não causar danos ao meio ambiente. Elas adotam políticas de *sustentabilidade ambiental* — desenvolvem estratégias que, ao mesmo tempo, preservam o ambiente e geram lucros para a empresa. Tanto a defesa do consumidor como o ambientalismo são importantes componentes do marketing sustentável.

Objetivo 4 ▶ **Descrever os princípios do marketing sustentável (p. 663-667)**

No início, muitas empresas se opuseram aos movimentos e às leis sociais, mas agora a maioria delas reconhece a necessidade de oferecer informação, instrução e proteção positivas aos consumidores. Com base na orientação do marketing sustentável, o marketing da empresa deve apoiar o melhor desempenho possível do sistema de marketing no longo prazo. Ele deve ser conduzido por cinco princípios do marketing sustentável: *marketing orientado ao consumidor, marketing de valor para o cliente, marketing inovador, marketing com senso de missão* e *marketing societal*.

Objetivo 5 ▶ **Explicar o papel da ética no marketing (p. 667-670)**

As empresas estão cada vez mais respondendo à necessidade de instituir políticas e diretrizes organizacionais para ajudar seus gestores a lidar com as questões relacionadas à *ética no marketing*. É claro que nem as melhores diretrizes conseguem tratar de todas as difíceis decisões éticas que os indivíduos e as empresas têm que tomar. Mas há alguns princípios dentre os quais os profissionais de marketing podem escolher. Um deles afirma que é o mercado livre e o sistema legal que devem resolver essas questões. Um segundo princípio, mais esclarecido, não coloca a responsabilidade sobre o sistema, mas nas mãos das empresas e dos gestores, individualmente. Toda empresa e gestor de marketing devem desenvolver uma filosofia para o comportamento ético e socialmente responsável. De acordo com a orientação do marketing sustentável, os gestores devem ir além daquilo que é legal e permitido, desenvolvendo padrões baseados em sua integridade pessoal, na consciência corporativa e no bem-estar do consumidor no longo prazo.

○ Termos-chave

Objetivo 1
Marketing sustentável (p. 646)

Objetivo 3
Ambientalismo (p. 657)
Defesa do consumidor (p. 656)
Sustentabilidade ambiental (p. 658)

Objetivo 4
Marketing com senso de missão (p. 664)
Marketing de valor para o cliente (p. 663)
Marketing inovador (p. 663)

Marketing orientado ao consumidor (p. 663)
Marketing societal (p. 666)
Produtos agradáveis (p. 666)
Produtos benéficos (p. 666)
Produtos desejáveis (p. 666)
Produtos inadequados (p. 666)

672   Parte 4 | Marketing ampliado

Discussão e pensamento crítico

○ Questões para discussão

1. O que é marketing sustentável? Explique como a orientação de marketing sustentável difere da orientação de marketing e da orientação de marketing societal.

2. Os críticos afirmam que a propaganda e a promoção resultam em preços mais altos para os consumidores. Explique as bases para essa afirmação e como as empresas respondem a elas.

3. O que é defesa do consumidor? Que direitos os consumidores têm? Por que alguns críticos acham que os compradores precisam de mais proteção?

4. O que é sustentabilidade ambiental? O que as empresas devem fazer para aferir seu progresso nessa área?

5. Descreva as duas correntes que tratam dos princípios que devem orientar as empresas e os gestores de marketing nas questões envolvendo ética e responsabilidade social.

○ Atividades de pensamento crítico

1. Faça uma pesquisa na Internet para aprender mais sobre os vários prêmios que reconhecem práticas de conscientização e sustentabilidade ambientais. Escolha um que reconheceu uma empresa por sua prática de marketing sustentável e, em seguida, desenvolva uma breve apresentação, explicando por que a organização recebeu o prêmio.

2. Muitos consumidores querem reciclar, mas, como as regras variam de uma região para outra, fica difícil para eles saberem se algo é reciclável. Para ajudar os consumidores, estão começando a aparecer rótulos voluntários, que trazem informações sobre a reciclagem do produto. Visite o site <www.how2recycle.info> para saber mais sobre os rótulos voluntários e os tipos de produto em que eles constam. Esses rótulos fazem com que fique mais fácil para os consumidores reciclarem?

Aplicações e casos

○ Foco na tecnologia   Embalagem compostável

As embalagens baseadas em milho estão fazendo sucesso em todo tipo de prateleira, das que trazem garrafas até saquinhos. Mas um desses esforços teve consequências inesperadas. A Frito-Lay lançou um saquinho 100% compostável para sua linha de salgadinhos Sun Chip. A embalagem, feita exclusivamente de ácido polilático (PLA), um biopolímero baseado no milho que se decompõe por completo em 14 semanas, tinha uma desvantagem — ela era muito barulhenta. Um piloto da Força Aérea dos Estados Unidos postou um vídeo no YouTube mostrando que, quando a embalagem era manuseada, o som produzido chegava a 95 decibéis, o que o levou a afirmar que o saquinho era "mais barulhento do que a cabine do meu avião". Outros associaram o som a "motos envenenadas" e "vidro quebrando". Não demorou muito para a embalagem se tornar motivo de piada, resultando inclusive em um grupo no Facebook chamado "Desculpe, não consigo ouvi-lo com esse saco de Sun Chip". A Frito-Lay acabou cedendo e relançou uma embalagem menos barulhenta.

1. Procure na Internet mais exemplos de embalagens compostáveis. Analise três deles.

2. A embalagem compostável baseada no milho é uma solução sustentável para substituir a embalagem plástica baseada no petróleo? Apresente os prós e os contras dessa alternativa.

○ Foco na ética   Aplicativos médicos

Com a explosão dos aplicativos e dos dispositivos móveis, não surpreende o fato de os aplicativos médicos estarem com tudo. Existem aplicativos para identificar remédios, monitorar gravidez, verificar a existência do câncer de pele melanoma e, até mesmo, ensinar profissionais da área a ler eletrocardiogramas. Alguns aplicativos estão substituindo dispositivos usados em hospitais e consultórios. Existem mais de 40 mil aplicativos disponíveis, e o mercado ainda está só começando.

Esse crescimento chamou a atenção da FDA (Food and Drugs Administration — Administração de Alimentos e Medicamentos), o órgão responsável por regulamentar os dispositivos médicos nos Estados Unidos. Até agora, os aplicativos médicos não têm sido regulamentados, mas isso está para mudar. A FDA divulgou diretrizes que exigem que os desenvolvedores encaminhem os aplicativos para sua aprovação, o que pode levar anos. De acordo com o Government Accountability Office

Capítulo 20 | Marketing sustentável · 673

(Departamento de Contas do Governo), leva seis meses para a FDA aprovar um dispositivo que é similar a algo que já existente e até 20 meses para aprovar novas propostas. Segundo outro relatório, a aprovação custa de 24 a 75 milhões de dólares. Nem todos os aplicativos precisariam de aprovação da FDA — somente aqueles que fazem declarações médicas. Apesar de muitos desenvolvedores acharem que a regulamentação é necessária para proteger o público, a maioria deles acredita que o processo atual é muito lento e uma nova estrutura regulatório se faz preciso.

1. Descreva dois exemplos de aplicativos voltados para profissionais da saúde.
2. A aprovação dos aplicativos médicos é necessária? As exigências de aprovação da FDA vão frear a inovação? Explique.

⭕ Foco nos números — O custo da sustentabilidade

Um dos elementos da sustentabilidade é a produção orgânica. Mas, se você já precisou determinar o preço de alimentos orgânicos, sabe que eles são mais caros. A produção orgânica custa muito mais do que a convencional, e esses custos mais elevados são passados para os consumidores. Por exemplo, nos Estados Unidos, uma dúzia de ovos produzidos da forma tradicional sai por 1,50 dólar, ao passo que uma dúzia de ovos orgânicos custa 2,80 dólares. No entanto, se o preço ficar alto demais, os consumidores não vão comprar ovos orgânicos. Vamos supor que os custos fixos médios para a produção convencional de ovos sejam de 1 milhão de dólares por ano — e que, para produzir ovos orgânicos, é necessário o dobro. Os custos variáveis dos produtores orgânicos por dúzia também são duas vezes maiores, contabilizando 1,80 dólar a dúzia. Consulte o Apêndice 2, "Marketing por meio dos números", para responder às questões a seguir.

1. A maioria dos grandes produtores de ovos vende seus produtos diretamente aos varejistas. Considerando que a margem do varejista de 20% é baseada no preço de venda final, qual o valor que o produtor cobra do varejista para uma dúzia de ovos tradicionais? E uma dúvida de ovos orgânicos?
2. Quantas dúzias de ovos um produtor tradicional precisa vender para atingir o ponto de equilíbrio? E um produtor orgânico, quantas dúzias de ovos precisa vender para alcançar o ponto de equilíbrio?

⭕ Vídeo empresarial — Life is Good

Hoje em dia, a maioria das empresas está tentando descobrir como ser socialmente responsável na produção e no marketing dos produtos e serviços sob sua responsabilidade. Mas algumas empresas fabricam produtos e produzem serviços com a finalidade primária de fazer do mundo um lugar melhor. A Life is Good é uma dessas empresas. A maior parte das pessoas está familiarizada com o logo divertido dos produtos da Life is Good. Mas poucos sabem o que a empresa faz com os lucros nos bastidores.

Esse vídeo se concentra na Life is Good Playmakers, uma organização sem fins lucrativos que se dedica a ajudar crianças a superar desafios que ameaçam a vida. Desde que a Life is Good começou a vender camisetas, no início dos anos 1990, seus fundadores apoiam a Playmakers. A relação entre as duas organizações foi se tornando cada vez mais forte, até que a Life is Good fez da Playmakers uma divisão oficial da empresa.

Após assistir ao vídeo que apresenta a Life is Good, responda às seguintes perguntas:

1. Por meio da maior quantidade de exemplos que conseguir, mostre como a Life is Good desafia as críticas sociais comuns ao marketing.
2. Explique como a Life is Good pratica os princípios do marketing sustentável.
3. Com todos os seus esforços para fazer o bem, a Life is Good pode continuar se saindo bem? Explique.

⭕ Caso empresarial — International Paper: a combinação de responsabilidade setorial e social

Que imagem lhe vem à mente quando você ouve as palavras "corporação industrial"? Poluição saindo de chaminés? Áreas arruinadas pela mineração? Produtos químicos infiltrados no abastecimento de água? Pense agora em "gestão de responsabilidade ambiental". Embora esse nome possa não parecer compatível, a verdade é que mudanças nas regulamentações, combinadas com pressões de grupos ambientalistas e de defesa do consumidor, forçaram a maioria das empresas industriais a se tornar mais socialmente responsável. Mas pelo menos uma organização considera a responsabilidade social um valor central desde que começou a operar, há mais de 110 anos. Essa empresa é a International Paper (IP). Hoje, a IP é considerada por muitos uma das empresas mais socialmente responsáveis do mundo.

Você pode não saber muito sobre a International Paper, mas ela fabrica produtos que você utiliza no dia a dia — como papel para impressão, envelopes, caixinhas de papelão e sacolas de papel usadas em fast-food e caixas que mantêm o cereal fresco, para citar apenas alguns. E a IP fabrica uma quantidade enorme desses produtos. No ano passado, ela vendeu mais de 26 bilhões de dólares em papel, embalagens e produtos ligados a madeira, o que a colocou na 111ª posição da Fortune 500. Com operações espalhadas em todo o mundo, a IP possui mais de 62 mil funcionários. Trata-se de números bem grandes para uma empresa sobre a qual a maioria das pessoas sabe bem pouco.

Mas a International Paper é mais do que grande. Há anos a organização consta no ranking da revista *Fortune* que traz as empresas mais admiradas do mundo. Nos últimos oito anos, ela conquistou sete vezes o primeiro lugar da lista voltada para o seu setor. E a responsabilidade social contava bastante para o resultado. É isso mesmo — uma empresa de papel e madeira que é líder em iniciativas para fazer do mundo um lugar melhor.

674 Parte 4 | Marketing ampliado

No centro das admiráveis ações da International Paper, é preciso analisar o plano abrangente e integrado que a empresa chama de "sustentabilidade". A organização sintetiza o programa no seguinte slogan: "Oferecendo um mundo melhor para as gerações futuras — o jeito IP". Não se trata de uma frase de efeito. Isso reside no núcleo da declaração de missão corporativa da IP e criou uma cultura baseada em um conjunto de princípios de apoio. Segundo os documentos da empresa: "Nós sempre utilizamos uma abordagem sustentável para os negócios, que equilibra as necessidades ambientais, sociais e econômicas". A IP mantém esse equilíbrio adotando três pilares essenciais que transformam os conceitos em ação: gerenciamento dos recursos naturais, redução da pegada ambiental e construção de parcerias estratégicas.

GERENCIAMENTO DOS RECURSOS NATURAIS

Segundo a filosofia da IP, o cuidado com o meio ambiente e a dedicação aos negócios são conceitos interdependentes. Para cuidar do meio ambiente, a IP tem um sistema que garante que cada fase de sua cadeia de suprimento global — produção, distribuição, vendas e reciclagem — ocorra de modo que trate com segurança e responsabilidade os recursos naturais. Por exemplo, a International Paper tem se mostrado líder na promoção do plantio e cultivo de árvores. A IP acredita que, se gerenciados de maneira apropriada, os recursos florestais oferecem um suprimento infinito de matérias-primas para os produtos da empresa, que ainda mantém a água limpa, vários ambientes naturais intactos, oportunidades de lazer e beleza estética. Por conta disso, a empresa apoia ativamente a pesquisa, a inovação e a certificação de terceiros voltadas para a melhoria da gestão dos recursos naturais.

A International Paper também gerencia os recursos naturais por meio da preservação. Há muito tempo a IP provou que a preservação não precisa ser um custo avassalador. Ela pode ser investimento, que gera economia para a empresa.

Fábricas de papel e celulose são operações complexas, que gastam muita energia. Encontrar maneiras de reduzir, reutilizar e reciclar energia nessas fábricas diminui o consumo de combustíveis fósseis, bem como as emissões de gases, incluindo dióxido de carbono.

Normalmente, os combustíveis (gás, carvão ou madeira) são queimados em caldeiras para produzir o vapor que vai fazer a fábrica funcionar. Capturar o vapor em uma área e reutilizá-lo em outra reduz a quantidade necessária de vapor novo e, também, a quantia de combustível de que se precisa para fazer a fábrica rodar.

A fábrica [da IP] em Vicksburg, no Mississippi, está recuperando e reutilizando cerca de 17 mil quilos de vapor por hora. Com o investimento único de 2,8 milhões de dólares em melhoria de capital, estima-se que haverá uma economia de 2,4 milhões de dólares por ano com combustível. Em outra fábrica [da IP] em Savannah, na Geórgia, um investimento de 900 mil dólares em melhoria de capital reduziu a demanda por vapor — e, consequentemente, a necessidade de carvão para produzi-lo — em cerca de 11 mil quilos por hora. A economia anual está estimada em mais de 600 mil dólares.

REDUÇÃO DA PEGADA AMBIENTAL

Ao reduzir sua pegada ambiental, a International Paper mostra que é comprometida em reportar para o público, com transparência, suas atividades que impactam o ambiente, a saúde e a segurança. "Na International Paper, nós compartilhamos rotineiramente com o público, há mais de uma década, nosso desempenho ambiental, econômico e social", disse David Struhs, diretor da empresa para ambiente, saúde e segurança. "Ao longo dos anos, esses relatórios levaram a um nível de transparência sem igual no setor." Essa filosofia de reporte se aplica a todas as atividades da empresa que deixam pegada ambiental, incluindo emissão de gases, desempenho em termos ambiental, saúde e segurança, resíduos sólidos e certificações relacionadas ao meio ambiente.

Com a transparência, vem a questão da responsabilidade com os resultados. Por conta de suas práticas de reporte, a International Paper é mais motivada a reduzir sua pegada ambiental. Apenas como exemplo, ao longo da última década, a empresa diminuiu suas emissões mundiais de gases que provocam o efeito estufa em 40%, conquistando o prêmio Climate Leadership oferecido pela EPA (Environmental Protection Agency — Agência de Proteção Ambiental). Mas a IP fez melhorias em praticamente todas as áreas da empresa que geram pegada ambiental. Um recente relato das atividades da organização no Brasil ilustra bem esse ponto.

A natureza, outrora subjugada, está florescendo de novo ao longo do rio Mogi Guaçu, que significa "grande rio das cobras" na língua nativa, o tupi. Este ano, sete lagoas construídas ao longo das margens do Mogi Guaçu, projetadas para filtrar a água usada na fábrica da International Paper na região, foram substituídas por uma instalação mais moderna de tratamento de água.

Embora as lagoas não sejam mais necessárias para filtrar a água, a International Paper reconheceu seus benefícios ambientais potenciais. Cinco delas receberam vegetação nativa para se criar uma imensidão de ambiente pantanoso natural. Duas foram preservadas, para conservar a vida selvagem que tinha feito da área seu lar — incluindo cobras.

Para gerenciar melhor o futuro impacto de suas operações na exuberante paisagem tropical, a fábrica também instalou tecnologia na beira do rio, para que possa constantemente avaliar e reportar a qualidade da água. Os resultados são monitorados de maneira remota por gerentes da fábrica, bem como reguladores do governo. Esse acesso sem precedentes a informações sobre o desempenho em termos de meio ambiente estabeleceu um padrão para outras indústrias que ficam à margem desse grande rio das cobras.

CONSTRUÇÃO DE PARCERIAS ESTRATÉGICAS

Para conduzir seus esforços ligados à sustentabilidade de maneira mais eficiente, a International Paper precisa contar com a ajuda de diversas organizações. Portanto, construir parcerias estratégicas é essencial. A IP tem uma longa tradição de firmar parcerias com uma série de organizações governamentais, acadêmicas, ambientais e clientes. Essas parcerias são orientadas pelos seguintes objetivos: progredir de maneira sustentável, oferecer soluções aos clientes, gerar um impacto positivo no meio ambiente e apoiar a responsabilidade social.

A International Paper firmou parceria com algumas mais principais organizações ligadas à sustentabilidade, para fazer grandes diferenças. Entre seus parceiros estão a National Park Foundation, a National Park Coalition a o Conservation Fund. Mas a história a seguir, retirada de um release da empresa, mostra como mesmo uma parceria menor desenvolvida em torno de um produto simples pode fazer diferença no mundo:

> O café é uma das bebidas mais populares do mundo. As cafeterias — há muito tempo parte de culturas e países espalhados pelo planeta — se proliferaram nos Estados Unidos nos últimos 20 anos. Anualmente, são servidos para viagem 15 bilhões de cafezinhos em copos de papel, e espera-se que esse número cresça para 23 bilhões até o final da década.
>
> Enquanto os conhecedores de café saboreavam o gosto das novas variedades de grãos e preparos, engenheiros e cientistas na International Paper pensavam em como melhorar o copo. Embora os copos de papel convencionais sejam feitos de fibras que crescem e são obtidas em florestas sustentáveis, sua estrutura é de plástico baseado em petróleo. Esse material de plástico constitui uma parte pequena do copo, mas é feita de recursos não renováveis e inibe a decomposição do papel. Como resultado, uma vez enchidos com café, os copos descartáveis vão encher nossos aterros sanitários.
>
> Mas e se os copos de café descartáveis pudessem se juntar a grãos de café na forma de adubo? Para concretizar essa visão, a International Paper, junto com os parceiros DaniMer Scientific e NatureWorks LLC, desenvolveu um novo tipo de estrutura para o copo, feita de plantas, e não de produtos petroquímicos. O novo copo revolucionário, apelidado de ecopiente, possui uma resina feita de biopolímero modificado. Quando descartados em operações comerciais e municipais, os copos com a nova estrutura se tornam um adubo, que pode então ser usado para jardinagem, paisagismo e cultivo.
>
> Desde o lançamento do ecopiente com a Green Mountain Coffee, em 2006, empresas grandes e pequenas adotaram esse novo copo. Uma quantidade superior a 500 milhões de copos eliminou mais de 450 mil quilos de plástico petroquímico do mercado — é petróleo suficiente para aquecer mais de 32 mil casas por um ano.
>
> Os copos de café estão apenas começando. A International Paper está explorando oportunidades para expandir a tecnologia a outros produtos usados na embalagem descartável de serviços de alimentação. Assim, da próxima vez que pedir um expresso com leite, peça-o em um ecopiente — você também pode fazer diferença no mundo.

Está muito claro para aqueles que conhecem a IP que a empresa não apoia os conceitos de sustentabilidade e responsabilidade social da boca pra fora. Esses princípios residem no núcleo do modo como a empresa opera. "Na International Paper, temos orgulho de nosso legado de sustentabilidade e responsabilidade ambiental", diz John Faraci, presidente e CEO da IP. "Demonstrar nosso compromisso ininterrupto com esses esforços por meio de melhorias contínuas é importante não apenas para nossos funcionários, mas também para nossos clientes, acionistas e vizinhos em comunidades nas quais operamos."

A International Paper não é um dos destaques do mundo corporativo, com altas taxas de crescimento — até porque ela opera em um setor muito maduro. Mas a IP faz produtos inovadores que atendem às necessidades dos consumidores. Ela emprega dezenas de milhares de pessoas ao redor do mundo, contribuindo substancialmente com as comunidades em que opera, e cresceu a ponto de se tornar uma das maiores empresas dos Estados Unidos. A IP é também uma empresa consistentemente lucrativa. E ela faz tudo isso ao mesmo tempo em que preserva o mundo para as gerações futuras. Na verdade, a International Paper prova que bons negócios e boa cidadania corporativa podem andar de mãos dadas.

QUESTÕES PARA DISCUSSÃO

1. Por meio da maior quantidade de exemplos que conseguir, mostre como a International Paper desafia as críticas sociais comuns ao marketing.

2. Por que a International Paper se sai bem ao aplicar conceitos de sustentabilidade?

3. Analise a International Paper levando em conta a matriz de sustentabilidade ambiental mostrada na Figura 20.2.

4. A International Paper pratica o marketing responsável? Sustente sua resposta com o máximo de exemplos que conseguir.

5. A International Paper seria mais bem-sucedida em termos financeiros se não fosse tão focada na responsabilidade social? Explique.

Fontes: trechos e outras informações extraídas do 2011 Sustainability Report da International Paper, bem como do site corporativo da empresa, <www.internationalpaper.com/US/EN/Company/Sustainability/index. html>. Acesso: ago. 2012; informações extras de <money.cnn.com/magazines/fortune/mostadmired/>. Acesso: ago. 2012.

Parte 4 | Marketing ampliado

Estudo de caso

Marketing sustentável: responsabilidade social e ética

Francisco J.S.M. Alvarez
Doutor em Administração pela FEA/USP, professor da EACH-USP e da FIA e ESPM,
autor de livros e fundador da Trade Marketing Consultoria

Marcelo Chiavone Pontes (Jimmy)
Doutor em Administração pela FEA/USP, professor titular e
líder da área de Marketing, Pesquisa e Economia da ESPM-SP

A sustentabilidade em marketing: uma causa ou apenas promoção?

Durante muito tempo, questões como sustentabilidade, ecologia, emissão de poluentes e tratamento de resíduos eram quase que exclusivamente reservadas para os iniciados em ações de defesa do meio ambiente ou pessoas que trabalhassem diretamente em áreas que atuassem nesse nicho. Para muitos, falar em sustentabilidade e em preservação ambiental era para os "eco chatos" que viviam num grupo à parte. No entanto, com a sequência de catástrofes naturais, extinção de algumas espécies, aumento da poluição e aparecimento de novas doenças, dentre outras, que cada vez ocorrem com mais frequência, o tema da sustentabilidade tem se tornado recorrente em todos os ambientes, sejam governamentais, empresariais ou sociais.

A sustentabilidade, conhecida como a capacidade de atender às necessidades da humanidade sem prejudicar as gerações futuras, agora encabeça muitas agendas corporativas.

Uma empresa que se diz sustentável deve atender a três pilares: ser economicamente viável, ambientalmente correta e socialmente justa. Esses três aspectos aliados transformam a gestão da empresa em um processo sustentável e que eleva a percepção de sua importância no ambiente onde interage.

Grandes corporações tentam melhorar o impacto a longo prazo de suas ações na comunidade e no meio ambiente. Há um tripé — pessoas, planeta e lucro —, e a parte da equação relativa às pessoas deve vir em primeiro lugar. Sustentabilidade significa mais do que ser ecologicamente correto, também significa gerir a empresa a longo prazo a partir desses princípios.

Com este novo ambiente de discussão surgiram várias avaliações de sustentabilidade sem que haja um consenso sobre quais variáveis são mais apropriadas. Para avaliar e montar uma lista das 100 empresas mais sustentáveis do mundo, um estudo abrangente, o GLOBAL 100, utilizou 11 fatores: energia; água; CO_2; desperdício de produtividade; diversidade em liderança; disparidade entre remuneração do CEO e do trabalhador médio; impostos pagos; liderança em sustentabilidade; ligação entre sustentabilidade e remuneração; capacidade de inovação; e transparência. Empresas brasileiras foram incluídas na lista, Natura Cosméticos em 23º lugar e Brasil Foods (BRF) em 95º.

No Brasil foi criado há alguns anos pelo BOVESPA o Índice de Sustentabilidade Empresarial. Esse índice mede o valor das ações empresariais das corporações que gerem seus negócios com foco no meio ambiente, na atuação social e na governança coorporativa. Segundo a Fundação Dom Cabral, somente 36% das empresas têm ações de sustentabilidade empresarial efetivas. Isso mostra que o campo da sustentabilidade ainda possui um amplo caminho a percorrer para se tornar uma visão de negócios efetiva nas organizações.

Nesse contexto se desenvolveu a orientação do *MARKETING VERDE*, entendido como uma ferramenta estratégica voltada ao meio ambiente e à qualidade de vida que permite projetar e sustentar a imagem da empresa, difundindo-a com uma nova visão de mercado, destacando, assim, sua diferenciação ecologicamente correta junto à sociedade, aos fornecedores, funcionários e ao mercado de forma geral.

O *marketing verde* surge como uma resposta natural ao consumidor que demanda produtos ambientalmente corretos, os chamados "produtos verdes", que respeitem o ambiente em suas diversas etapas de produção e consumo. Em tese, valoriza o "consumo inteligente e consciente" e se contrapõe ao comportamento consumista desenfreado que, se entende, caracteriza o mundo capitalista.

Como se assume que as empresas estão fundamentalmente voltadas para seus lucros de curto prazo, mesmo ações como reciclagem, descarte correto de resíduos etc. promovidos pelas organizações são vistas com desconfiança, mais como uma forma de propaganda do que como uma ação genuinamente preocupada com o meio ambiente.

Essa visão gera o termo *GREENWASHING*, que deriva da língua inglesa, sendo uma mistura de *green* mais *whitewash*, o encobrir verde ou a maquiagem verde. Por exemplo "100% natural", "qualidade verde", "colabore com um planeta sustentável", "produto amigo do ambiente", entre outros. Tais propagandas são vistas como uma violação do direito à informação, pois dessa forma desrespeitam os princípios da transparência, da objetividade e da clareza para com o consumidor final.

Por trás de uma falsa imagem de "ecologicamente correta", pode existir uma empresa que constrói uma boa imagem institucional para ganhar a confiança e simpatia dos consumidores sem efetivamente preocupar-se com as questões ambientais.

Entende-se que o consumidor está cada vez mais consciente e que dará preferência às empresas que demonstram de forma clara e inequívoca sua preocupação ambiental e que oferecem produtos e serviços que decorrem dessa política de sustentabilidade.

No Brasil, pesquisas realizadas pelo IBOPE já demonstram um crescimento no interesse dos consumidores por produtos sustentáveis. Segundo a pesquisa, 69% dos consumidores brasileiros estão dispostos a pagar mais caro por um produto cuja produção seja ambientalmente correta.

Apesar desse número positivo, os maiores atributos decisórios de compra para os brasileiros continuam sendo o preço e a confiança na marca, como pode ser visto no gráfico a seguir.

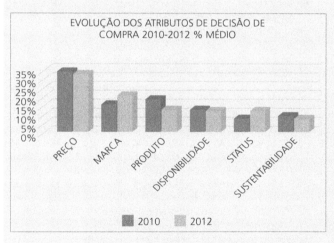

Fonte: Monitor de Sustentabilidade Corporativa 2012 — Market analysis

A partir das pesquisas realizadas, pode-se entender que o consumidor brasileiro está preocupado e apoia as empresas e produtos sustentáveis, mas não está disposto a pagar mais por isso.

Naturalmente essa falta de comprometimento firme do consumidor acaba influenciando as empresas que não sentem uma efetiva pressão de mercado e que, portanto, são movidas mais pelas crenças e princípios do que pelas forças do ambiente.

Há casos de sucesso, como da NATURA, que atua no segmento de cosméticos desde 1969 e trabalha com ativos vegetais na composição de seus produtos. Segundo o *Global 100 Most Sustainable Corporations in the World*, de 2014, a empresa é a 23ª no ranking mundial, que avalia as melhores práticas sustentáveis corporativas. Já no ranking da consultoria inglesa Brand Finance Cosmetics 2014 (a lista das 50 marcas de cosméticos mais valiosas deste ano), é a única marca brasileira, e subiu da 21ª posição, em 2013, para ocupar a 17ª, com valor de marca de US$ 2,46 bilhões, contra US$ 1,84 bilhão do ano passado. A empresa conta com três principais pontos na base de suas ações: responsabilidade com gerações futuras; educação ambiental, tanto para funcionários quanto para fornecedores e consumidores; e gerenciamento do ciclo de vida de produtos e serviços de insumos e resíduos.

A Natura é inovadora no quesito sustentabilidade desde 1974, quando adotou o uso de ingredientes naturais vegetais em seus produtos, e, em 1983, disponibilizou o refil, evitando o desperdício de embalagens. Em 1995, criou o projeto "Crer para ver", em parceria com a fundação Abrinq, cujo objetivo é o de melhorar a qualidade do ensino público. Em 2000, lançou a linha Ekos, que valoriza a biodiversidade e a utiliza de forma sustentável, sendo esses alguns dos projetos desenvolvidos pela empresa.

Por outro lado, há casos de fracassos nas políticas de sustentabilidade, em 2011 a Zara foi acusada pelo Ministério Público do Trabalho de utilizar mão de obra escrava de 16 bolivianos encontrados na fábrica de São Paulo. Eles ganhavam apenas R$ 2 por peça produzida. A revista EXAME publicou uma reportagem na época, com a seguinte afirmação: "O MPT-SP estima que as confecções que utilizam trabalho análogo ao escravo ganham cerca de 2.300 reais por imigrante explorado".

O Greenpeace também encontrou irregularidades na produção da Zara e de outras grifes, como Benetton, Tommy Hilfiger, Prada e H&M. Essas e outras empresas foram acusadas de utilizar substâncias tóxicas, encontradas em peças de roupa, que possuem efeitos hormonais, cancerígenos e podem até causar esterilidade. Como algumas dessas substâncias são proibidas em alguns países europeus, a produção dessas marcas acontece na Ásia, onde a mão de obra é mais facilmente explorada.

A contradição é que mesmo com esses problemas as empresas seguem apresentando lucros e sendo valorizadas pelos consumidores.

Tudo isso mostra que ainda há um grande caminho a percorrer no que diz respeito às questões sustentáveis, tanto do ponto de vista das empresas como dos consumidores.

Questões para reflexão

1. Existe contradição entre os conceitos de marketing que estimulam o consumo e o conceito de sustentabilidade que defende o consumo consciente?

2. Qual o contraponto que se estabelece entre o "Marketing Verde" e o "Greenwashing", como ganhar credibilidade nas ações empreendidas?

678 Parte 4 | Marketing ampliado

3. Considerando o comportamento do consumidor, as empresas podem ser acusadas de não praticar a sustentabilidade?

4. O que diferencia a Natura das outras empresas em termos de gestão sustentável?

Referências

- BRASILEIROS aceitam pagar mais caro por produtos sustentáveis. Disponível em: <http://www.ibope.com.br/pt-br/noticias/Paginas/Brasileiros-aceitam-pagar-mais-caro-por-produtos-sustentaveis.aspx>. Acesso em: 18 maio 2014.

- GLOBAL 100 Index. Disponível em: <http://global100.org/global-100-index/>. Acesso em: 18 maio 2014.

- <http://exame.abril.com.br/revista-exame/edicoes/1063/noticias/reducao-namarra?page=2>

- <http://www.natura.com.br/www/a-natura/sobre-a-natura/historia/>

- <http://www.meioemensagem.com.br/home/marketing/noticias/2014/04/02/Natura-sobe-em-ranking-global.htm>

- <http://blog.euromonitor.com/2014/01/the-top-10-global-consumer-trends-for-2014.html>

- <http://exame.abril.com.br/negocios/noticias/as-15-grifes-de-luxo-mais-e-menos-sustentaveis?p=5#14>

- <http://exame.abril.com.br/negocios/noticias/zara-anuncia-alta-de-1-38-no-lucro-trimestral>

NOTAS

1. Citações e outras informações extraídas e adaptadas de Andrew Saunders, "Paul Polman of Unilever", *Management Today*, mar. 2011, p. 42-47; Adi Ignatius, "Captain Planet", *Harvard Business Review*, jun. 2012, p. 2-8; <www.unilever.com/images/mc_innovation-fact-sheet_tcm13-269251.pdf>, <www.unilever.com/sustainable-living/customers-suppliers/>, <www.unilever.com/images/UnileverSustainableLivingPlan_tcm13-284876.pdf> e outros relatórios e documentos encontrados em <www.unilever.com>. Acesso: out. 2012.

2. A figura e a discussão dessa seção foram adaptadas de Philip Kotler, Gary Armstrong, Veronica Wong e John Saunders, Principles of marketing: European edition, 5. ed. Londres: Pearson Publishing, 2009, Capítulo 2.

3. "McDonald's launches marketing for 'favorites under 400 calories' platform", *Advertising Age*, 24 jul. 2012, <http://adage.com/print/236291/>.

4. Informações financeiras e outros dados sobre o McDonald's obtidos em <www.aboutmcdonalds.com/mcd/investors.html> e <www.aboutmcdonalds.com/mcd>. Acesso em: out. 2012.

5. Brent Kendall, "Sketchers settles with FTC over deceptive-advertising of toning shoes", *Wall Street Journal*, 17 maio 2012, p. B3.

6. Baseado em informações de Patrick Corcoran, "Vitaminwater awash in accusations of deceptive advertising", *FairWarning*, 14 fev. 2011, <www.fairwarning.org/2011/02/vitaminwater-awash-in-accusations-ofdeceptive-advertising/>; "Consumer group urges FTC to halt vitaminwater's outlandish claims", *International Business Times*, 4 fev. 2011, <http://m.ibtimes.com/coca-cola-vitaminwater-advertising-national-washington-consumers-league-ftc-flu-shots-108891.html>; "NCL disappointed in FTC conclusion of investigation of misleading marketing claims for 'vitaminwater'", 3 fev. 2012, <www.nclnet.org/newsroom/press-releases/621-ncl-disappointed-in-ftcconclusion-of-investigation-of-misleading-marketing-claims-forvitaminwater>.

7. Veja Ian Cooper, "Obesity in America: what about the 66%?", Examiner.com, 1 jun. 2012; "Overweight and obesity", Centers for Disease Control and Prevention, <www.cdc.gov/obesity/data/index.html>. Acesso em: out. 2012.

8. Elena Ferretti, "Soft drinks are the whipping boy of anti-obesity campaigns", *Fox News*, 1 jun. 2012, <www.foxnews.com/leisure/2012/06/01/soda-ban/>.

9. Para mais informações sobre obsolescência percebida, veja Annie Leonard, *The story of stuff*. Nova York: Free Press, 2010, p. 162-163; <www.storyofstuff.com>. Acesso em: nov. 2012.

10. Rob Walker, "Replacement therapy", *Atlantic Monthly*, set. 2011, p. 38.

11. Veja Karen Auge, "Planting seed in food deserts: neighborhood gardens, produce in corner stores", *Denver Post*, 18 abr. 2010, p. 1; Spence Cooper, "National food chains join first lady to reach 'food deserts'", *Friends Eat*, 25 jul. 2011, <http://blog.friendseat.com/michelle-obama-program-reaches-food-deserts>; "Supermarket campaign: improving access to supermarkets in underserved communities", *The Food Trust*, <www.thefoodtrust.org/php/programs/super.market.campaign.php>. Acesso em: out. 2012.

12. Richard J. Varey, "Marketing means and ends for a sustainable society: a welfare agenda for transformative change", *Journal of Macromarketing*, jun. 2010, p. 112-126.

13. Veja "The story of stuff", <www.storyofstuff.com>. Acesso em: nov. 2012.

14. Veja "The American dream has been revised not reversed", *Business Wire*, 9 mar. 2009; Connor Dougherty e Elizabeth Holmes, "Consumer spending perks up economy", *Wall Street Journal*, 13 mar. 2010, p. A1; John Gerzema, "How U.S. consumers are steering the spend shift", *Advertising Age*, 11 out. 2010, p. 26; Gregg Fairbrothers e Catalina Gorla, "The decline and rise of thrift", *Forbes*, 23 abr. 2012, <www.forbes.com>.

15. Veja Texas Transportation Institute, "Traffic problems ties to the economy", 27 set. 2011, <http://mobility.tamu.edu/ums/media-information/press-release/>.

16. Veja Michael Cabanatuan, "Tolls thin traffic in Bay Bridge carpool lanes", *San Francisco Chronicle*, 7 nov. 2011, <www.sfgate.com/news/article/Tolls-thin-traffic-in-Bay-Bridge-carpoollanes-2323670.php#photo-1829296>.

17. Veja Martin Sipkoff, "Four-dollar pricing considered boom or bust", *Drug Topics*, ago. 2008, p. 4S; Sarah Bruyn Jones, "Economic survival guide: drug discounts common now", *McClatchy-*

-*Tribune Business News*, 23 fev. 2009; <www.walmart.com/cp/PI-4-Prescriptions/1078664>. Acesso em: out. 2012.

18. Philip Kotler, "Reinventing marketing to manage the environmental imperative", *Journal of Marketing*, jul. 2011, p. 132-135.

19. Veja "SC Johnson integrity", <www.scjohnson.com/en/commitment/overview.aspx>. Acesso em: nov. 2012.

20. Baseado em informações de Drew Winter, "Honda workers eliminate landfill waste", *WardsAuto*, 1 ago. 2011, <http://wardsauto.com/news-amp-analysis/honda-workers-eliminate-landfill-waste>; Kate Bachman, "Manufacturers gone zero landfill", *Green Manufacturer*, 31 jan. 2012, <www.greenmanufacturer.net/article/facilities/manufacturers-gone-zero-landfill>.

21. Veja Alan S. Brown, "The many shades of green", *Mechanical Engineering*, jan. 2009, <http://memagazine.asme.org/Articles/2009/January/Many_Shades_Green.cfm>; <www-03.ibm.com/financing/us/recovery/large/disposal.html>; <www.puma-annual-report.com/en/PUMAAnnualReport2011_ENG.pdf>; <www.ibm.com/ibm/environment/products/recycling.shtml>. Acesso em: out. 2012.

22. Baseado em informações de Simon Houpt, "Beyond the bottle: Coke trumpets its green initiatives", *The Globe and Mail* (Toronto), 13 jan. 2011; Marc Gunther, "Coca-Cola's green crusader", *Fortune*, 28 abr. 2008, p. 150; "Coca-Cola to install 1,800 CO_2 coolers in North America", 30 abr. 2009, <www.r744.com/articles/2009-04-30-coca-cola-to-install-1800-co2-coolers-in-north-america.php>; Christina Caldwell, "Coca-Cola pilots plant-based soda bottle", *Earth911.com*, 9 mar. 2012; "Plant Bottle? Really? Really!", 5 jun. 2012, <http://ccbcu.com/1257-2/>; "The business of recycling", <www.thecoca-colacompany.com/citizenship/environment_case_studies.html>. Acesso em: nov. 2012.

23. Baseado em informações de "Walmart", *Fast Company*, mar. 2010, p. 66; "Walmart eliminates more than 80 percent of its waste in California that would otherwise go to landfills", 17 mar. 2011, <http://walmartstores.com/pressroom/news/10553.aspx>; Jack Neff, "Why Walmart has more green clout than anyone", *Advertising Age*, 15 out. 2007, p. 1; Denise Lee Yohn, "A big, green, reluctant hug for retailing's 800-lb. gorilla", *Brandweek*, 5 maio 2008, p. 61; Edward Humes, *Force of nature: the unlikely story of Walmart's green revolution*. Nova York: HarperCollins, 2011; "Sustainability", <http://walmartstores.com/sustainability/>. Acesso em: nov. 2012.

24. Baseado em informações de Chuck Salter, "Fast 50: the world's most innovative companies", *Fast Company*, mar. 2008, p. 73+. Veja também Yukari Iwatani Kane e Daisuke Wakabayashi, "Nintendo looks outside the box", *Wall Street Journal*, 27 maio 2009, p. B5.

25. Informações de Mark Borden e Laurie Burkitt, "Samsung's big spend", *Forbes*, 7 jun. 2010, p. 60; Tarun Khanna, Jaeyong Song e Kyungmook Lee, "The paradox of Samsung's rise", *Harvard Business Review*, jul./ago. 2011, p. 142-147; Miyoung Kim,

"Samsung Group plans record $41 billion investment in 2012", *Reuters*, 17 jan. 2012, <www.reuters.com/article/2012/01/17/us-samsung-investment-idUSTRE80G00W20120117>.

26. Informações de Eleftheria Parpis, "Must love dogs", *Adweek*, 18 fev. 2008. Acesso em: <www.adweek.com>; <www.pedigree.com> e <www.mars.com/global/global-brands/pedigree.aspx>. Acesso em: nov. 2012. Pedigree® é uma marca registrada da Mars, Incorporated.

27. Baseado em informações encontradas em <http://vision.puma.com/us/en/> e <http://about.puma.com/sustainability/>. Acesso em: nov. 2012.

28. Information de <www.nau.com>. Acesso em: nov. 2012.

29. Nanette Byrnes, "Pepsi brings in the health police", *Bloomberg Businessweek*, 25 jan. 2010, p. 50-51; Mike Esterl, "You put what in this chip?", *Wall Street Journal*, 24 mar. 2011, p. D1.

30. Baseado em informações provenientes do material encontrado em Jeff Heilman, "Rules of engagement", *The Magazine of Branded Engagement*, inverno 2009, p. 7-8; "Top ten social media comebacks", *Marketwire*, 11 set. 2011, <www.slideshare.net/Marketwire/top-10-social-mediacomebacks>; "Mattel's The Playground community created by communispace helps them weather recall", <www.communispace.com/uploadedFiles/Clients_Section/Forrester_Groundswell/Groundswell_Mattel.pdf>, set. 2012.

31. Veja Transparency International, "Bribe payers index 2011", <http://bpi.transparency.org/results/>; Transparency International, "Global corruption barometer 2010/2011", <http://archive.transparency.org/policy_research/surveys_indices/gcb/2010_11>. Veja também Michael Montgomery, "The cost of corruption", *American RadioWorks*, <http://americanradioworks.publicradio.org/features/corruption/>. Acesso: ago. 2012.

32. Veja <www.marketingpower.com/AboutAMA/Pages/Statement%20of%20Ethics.aspx>. Acesso em: nov. 2012.

33. Veja Samuel A. DiPiazza Jr., "Ethics in action", *Executive Excellence*, jan. 2002, p. 15-16; "Interview: why have a code?", <www.pwc.com/gx/en/ethics-business-conduct/why-have-a-codeinterview.jhtml>. Acesso em: ago. 2011; "Doing the right thing — the PwC way", <http://download.pwc.com/ie/pubs/2011_code_of_conduct.pdf>. Acesso em: nov. 2012; "Ethics and business conduct", <www.pwc.com/ethics>. Acesso em: nov. 2012.

34. DiPiazza, "Ethics in action", p. 15.

35. David A. Lubin e Daniel C. Esty, "The sustainability imperative", *Harvard Business Review*, maio 2010, p. 41-50; Roasbeth Moss Kanter, "It's time to take full responsibility", *Harvard Business Review*, out. 2010, p. 42.

36. "Why companies can no longer afford to ignore their social responsibilities", *Time*, 28 maio 2012, <http://business.time.com/2012/05/28/why-companies-can-no-longer-afford-to-ignoretheir-social-responsibilities/>.

Plano de marketing

Apêndice
1

O plano de marketing: uma introdução

Como um profissional de marketing, você vai precisar de um bom plano de marketing para proporcionar orientação e foco a sua marca, produto ou empresa. Com um plano detalhado, qualquer empresa estará mais bem preparada para lançar um produto ou gerar vendas para os produtos existentes. Organizações sem fins lucrativos também utilizam planos de marketing para orientar seus esforços de captação de fundos e ajuda aos necessitados. Mesmo órgãos do governo elaboram planos de marketing para iniciativas como aumentar a conscientização das pessoas sobre alimentação adequada e estimular o setor do turismo.

A finalidade e o conteúdo de um plano de marketing

Diferentemente de um plano de negócios, que oferece uma ampla visão geral da missão, dos objetivos, da estratégia e da alocação de recursos da organização como um todo, um plano de marketing tem um escopo mais limitado. Ele serve para documentar como os objetivos estratégicos da organização serão alcançados por meio de estratégias e táticas específicas de marketing, tendo o cliente como ponto de partida. Ele também está relacionado com os planos dos outros departamentos na organização. Vamos supor, por exemplo, que um plano de marketing demande a venda de 200 mil unidades ao ano. O departamento de produção deve agilizar as coisas para produzir esse número de unidades, o departamento financeiro deve arrumar fundos para cobrir as despesas, o departamento de recursos humanos deve se preparar para contratar e treinar pessoal e assim por diante. Sem o nível adequado de suporte e recursos organizacionais, nenhum plano de marketing pode ter sucesso.

Embora a extensão e a estrutura exatas variem de uma empresa para outra, um plano de marketing normalmente contém as seções descritas no Capítulo 2. Empresas menores podem elaborar planos de marketing mais concisos ou menos formais, ao passo que grandes corporações costumam demandar planos de marketing extremamente estruturados. Para orientar a implementação de maneira eficaz, cada parte do plano deve ser descrita com consideráveis detalhes. Às vezes, a empresa posta seu plano de marketing em um site interno, permitindo que gestores e outros funcionários, em diferentes lugares, consultem seções específicas e colaborem com acréscimos ou mudanças.

O papel da pesquisa

Os planos de marketing não são criados de maneira isolada. Para desenvolverem estratégias e programas de ação bem-sucedidos, os profissionais de marketing precisam de informações atualizadas sobre o ambiente, a concorrência e os segmentos de mercado a serem atendidos. Muitas vezes, a análise dos dados internos constitui o ponto de partida para avaliar a situação atual do marketing, sendo complementada por inteligência e pesquisa de marketing, que investigam o mercado em geral, a concorrência, questões-chave e as ameaças e oportunidades. À medida que o plano é implementado, os profissionais de marketing utilizam uma série de técnicas de pesquisa para mensurar o progresso em direção aos objetivos e identificar pontos para melhoria, caso os resultados estejam abaixo das expectativas.

Por fim, a pesquisa de marketing ajuda os profissionais da área a saber mais sobre as exigências, as expectativas, as percepções e os níveis de satisfação dos clientes. Esse entendimento mais profundo fornece uma base para o desenvolvimento de vantagem competitiva, por meio de decisões bem fundamentadas relativas à segmentação, à seleção do mercado-alvo, à diferenciação e ao posicionamento. Assim, o plano de marketing deve descrever, em linhas gerais, qual pesquisa de marketing será conduzida e como seus resultados serão aplicados.

O papel dos relacionamentos

O plano de marketing mostra como a empresa vai estabelecer e manter um relacionamento lucrativo com os clientes. No processo, entretanto, ele também molda uma série de relacionamentos internos e externos. Para começar, ele afeta o modo como os membros da equipe de marketing trabalham uns com os outros e com os outros departamentos para entregar valor e satisfazer os clientes. Em segundo lugar, afeta o modo como a empresa trabalha com fornecedores, distribuidores e parceiros estratégicos para atingir os objetivos definidos no plano. Em terceiro lugar, influencia o modo como a empresa lida com outras partes interessadas, incluindo legisladores, a mídia e a comunidade em geral. Todos esses relacionamentos são importantes para o sucesso da organização, de maneira que devem ser levados em consideração na hora de se elaborar o plano de marketing.

Do plano à ação de marketing

As empresas geralmente criam planos de marketing anuais, apesar de alguns planos cobrirem um período mais longo. Os profissionais de marketing começam o planejamento muito antes da data de implantação, a fim de que haja tempo para a pesquisa de marketing, a análise aprofundada, a revisão gerencial e a coordenação entre os departamentos. Então, após o início de cada programa de ação, os profissionais de marketing monitoram continuamente os resultados, comparam-nos com as projeções, analisam quaisquer diferenças e tomam medidas corretivas, se necessário. Algumas empresas também preparam planos de contingência, que devem ser implantados caso surjam determinadas condições. Em função de mudanças ambientais inevitáveis e muitas vezes imprevisíveis, os profissionais de marketing devem estar preparados para atualizar e adaptar os planos de marketing a qualquer momento.

Para a implantação e o controle eficazes, o plano de marketing deve definir como o progresso em direção aos objetivos será mensurado. Os gestores normalmente utilizam orçamentos, cronogramas e padrões de desempenho para monitorar e avaliar os resultados. Com os orçamentos, eles podem comparar os gastos planejados com os reais em uma determinada semana, mês ou qualquer outro período. Os cronogramas permitem que a administração verifique quando as tarefas deveriam ter sido concluídas — e quando, de fato, foram completadas. Os padrões de desempenho acompanham os resultados dos programas de marketing para ver se a empresa está se movendo em direção a seus objetivos. Alguns exemplos de padrões de desempenho são: participação de mercado, volume de vendas, lucratividade do produto e satisfação do cliente.

Exemplo de plano de marketing: Chill Beverage Company

Resumo executivo

A Chill Beverage Company está se preparando para lançar uma linha de água enriquecida com vitaminas, chamada NutriWater. Embora o mercado de água engarrafada esteja maduro, a categoria de água vitaminada ainda está em crescimento. A NutriWater será posicionada pelo slogan "Espere mais" — o que indica que a marca oferece mais em termos de características e benefícios desejados do produto, a um preço competitivo. A Chill Beverage está aproveitando a experiência e o brand equity que possui com sua atual base de clientes fiéis, composta por integrantes da geração Y que consomem seu refrigerante Chill Soda. A NutriWater será voltada para indivíduos parecidos, que estão amadurecendo e buscando uma alternativa aos refrigerantes e às bebidas açucaradas e altamente calóricas.

O principal objetivo de marketing é conquistar 30 milhões de dólares em vendas nos Estados Unidos no primeiro ano, o que representa, aproximadamente, 2% do mercado de água enriquecida. Com base nessa meta de participação de mercado, a empresa espera vender mais de 17 milhões de unidades no primeiro ano, atingindo o ponto de equilíbrio nesse mesmo ano, no final do período.

Cenário atual do marketing

A Chill Beverage Company foi fundada em 2001 por um empreendedor que, com sucesso, construiu uma empresa que, basicamente, distribuía produtos novos e de nicho no setor de bebidas. A marca de refrigerantes Chill Soda da empresa se tornou um sucesso no mercado com seus sabores ímpares, oferecidos em garrafas de vidro. Alguns anos mais tarde, a marca Chill Soda lançou uma bebida energética, assim como uma linha de sucos naturais. Hoje, a empresa comercializa dezenas de sabores de Chill Soda, muitos deles exclusivos da marca. A Chill Beverage cresceu todos os anos desde sua fundação. No ano passado, a empresa conquistou 185 milhões de dólares em receita e lucros líquidos de 14,5 milhões. Como parte de sua estratégia de crescimento futuro, a Chill Beverage atualmente está se preparando para entrar em uma nova categoria de bebida, com uma linha de água enriquecida com vitaminas.

Como categoria de bebida, a água engarrafada teve um enorme crescimento durante as décadas de 1990 e 2000. Hoje em dia, nos Estados Unidos, o consumidor médio bebe mais de cem litros de água engarrafada por ano — um número que aumentou 20 vezes em apenas 30 anos. O consumo de água engarrafada perde apenas para o de refrigerante e é seguido pelo de leite, cerveja e café. Embora o crescimento da água engarrafada tenha diminuído um pouco nos últimos anos, ele ainda é moderadamente forte — são cerca de 3% de crescimento ao ano. A maioria das outras categorias de bebida tem experimentado quedas. No último ano, mais de 30 bilhões de litros de água engarrafada foram vendidos nos Estados Unidos, contabilizando um valor de mais de 7,6 bilhões de dólares.

A concorrência está mais acirrada do que nunca, à medida que a demanda desaquece, a consolidação do setor continua e novos tipos de água engarrafada surgem. O mercado norte-americano é dominado por três corporações globais. Com um portfólio de 12 marcas (entre elas a Poland Spring, a Nestlé Pure Life e a Arrowhead), a Nestlé lidera o mercado de água engarrafada "normal". No entanto, quando todas as subcategorias de água engarrafada são incluídas (água enriquecida, água com sabor e assim por diante), a Coca-Cola assume a liderança do mercado norte-americano, com uma participação de 22,9%. A Nestlé comercializa apenas água "normal", mas é a segunda colocada, com 21,5% do mercado total de água engarrafada. A PepsiCo vem em terceiro lugar, com 16,2% do mercado. Para demonstrar a força do segmento de água enriquecida com vitaminas, a Vitaminwater da Coca-Cola possui vendas anuais maiores do que qualquer outra marca de água engarrafada.

Para entrar nesse mercado, dominado por enormes corporações globais e repleto de outros concorrentes pequenos, a Chill Beverage precisa, cuidadosamente, se voltar para segmentos específicos, com características e benefícios valorizados por esses segmentos.

Descrição do mercado

O mercado de água engarrafada consiste em muitos diferentes tipos de água. Entre as variedades de água "normal", estão a de fonte, a purificada, a mineral e a destilada. Além de serem vendidos como produtos de consumo, esses diferentes tipos de água são o principal ingrediente de outras variedades de água engarrafada, incluindo água enriquecida, água com sabor, água com gás ou qualquer combinação dessas categorias.

Apesar de alguns consumidores não perceberem muita diferença entre as marcas, outros são atraídos por características e benefícios específicos de produto oferecidos pelas diferentes marcas. Por exemplo, certos consumidores podem entender a água de fonte como mais saudável que as de outros tipos. Alguns podem procurar a água ideal para hidratação. Outros buscam os benefícios nutritivos adicionais proclamados pelos engarrafadores, que turbinam suas marcas com vitaminas, minerais, ervas e outros aditivos. Há também consumidores que tomam sua decisão com base no sabor. O setor como um todo posicionou a água engarrafada de todos os tipos como uma alternativa saudável e de baixa caloria aos refrigerantes, às bebidas esportivas, aos energéticos e a outros tipos de bebida.

Segmento-alvo	Necessidade do cliente	Características/benefícios correspondentes
Atletas	Hidratar e repor minerais essenciais	Eletrólitos e carboidratos
	Energia para maximizar o desempenho	Vitaminas B, carboidratos
Pessoas preocupadas com a saúde	Manter o peso	Metade das calorias das bebidas totalmente adocicadas
	Melhorar os níveis de nutrição	Níveis mais altos de vitaminas A, B, C, E, zinco, cromo e ácido fólico do que os outros produtos; as vitaminas não estão disponíveis nos outros produtos
	Evitar produtos químicos e aditivos que são prejudiciais	Todos os ingredientes são naturais
	Desejo do consumidor por uma bebida mais saborosa do que água	Seis novos sabores
Pessoas preocupadas com a questão social	Apoiar causas que ajudam a resolver problemas sociais no mundo	A cada compra, 0,25 dólares são doados para a Vitamin Angels
Geração Y	Aversão à propaganda de massa/Total compreensão da tecnologia	Táticas promocionais menos invasivas, tanto on-line como em redes sociais
	Atitude ligada à contracultura	Empresa pequena, de capital fechado
	Dieta intensificada por conta de um estilo de vida agitado	Níveis recomendados de vitaminas e minerais essenciais

▲ **Quadro A1.1** Necessidades do segmento e características/benefícios correspondentes da NutriWater.

As marcas de água engarrafada também se diferenciam entre si pelo tamanho e tipo de recipiente, pela embalagem e pela refrigeração no ponto de vendas. O mercado da Chill Beverage para a NutriWater consiste em consumidores de bebidas engarrafadas, com tamanho equivalente a uma dose única, que estão em busca de uma alternativa saudável, porém saborosa. "Saudável", nesse contexto, significa conteúdo tanto de baixa caloria como enriquecido em termos nutricionais. Esse mercado inclui consumidores de refrigerantes tradicionais, que querem melhorar a saúde, e consumidores que não tomam refrigerantes e querem uma outra opção, além da água engarrafada "normal". Entre os segmentos específicos em que a Chill Beverage vai se concentrar ao longo do primeiro ano, estão: atletas, pessoas preocupadas com a saúde, consumidores socialmente responsáveis e integrantes da geração Y que favoreçem empresas independentes. A Chill Soda estabeleceu uma sólida base de clientes fiéis, principalmente entre a geração Y. Esse segmento está se tornando um importante público-alvo, à medida que amadurece e busca alternativas aos refrigerantes, ricos em calorias. O Quadro A1.1 mostra como a NutriWater aborda as necessidades dos segmentos-alvo de consumidores.

Análise do produto

A nova linha de água vitaminada da Chill Beverage — também chamada de NutriWater — traz as seguintes características:

- Seis novos sabores: Peach Mango, Berry Pomegranate, Kiwi Dragonfruit, Mandarin Orange, Blueberry Grape e Key Lime.
- Garrafas PET recicláveis, de uso único e 600 ml.
- Foi desenvolvida levando-se em conta o bem-estar, bem como a reposição e a otimização de energia.
- Possui níveis recomendados de vitaminas e minerais essenciais (incluindo eletrólitos).
- Maior concentração de vitamina — os níveis de vitamina são de duas a dez vezes mais altos do que os dos produtos que lideram o mercado, com mais vitaminas e minerais do que qualquer outra marca.
- Vitaminais adicionais — incluem as vitaminas A, E e B_2, assim como ácido fólico —, que os produtos líderes de mercado não contêm.
- Totalmente natural — não possui sabores, colorantes ou conservantes artificiais.
- É adocicada com açúcar orgânico ou Stevia, um adoçante natural que não contém calorias.
- A cada compra, 0,25 dólares serão doados para a Vitamin Angels, uma organização sem fins lucrativos que tem como missão prevenir a deficiência de vitaminas em crianças que correm esse risco.

Análise da concorrência

Da década de 1990, à medida que as vendas de água engarrafada entravam em uma fase de forte crescimento, a categoria começou a se expandir. Além dos vários tipos de água "normal", outras categorias surgiram, incluindo a água com sabor — como a Flavorsplash da Aquafina — e a água enriquecida, que veio para acabar com a lacuna entre o refrigerante e a água, voltando-se para pessoas que sabiam que tinham que beber mais água e menos refrigerante, mas queriam mais sabor. O desenvolvimento de marcas para essa variação de produto se deu, principalmente, em empresas jovens e organizações de bebidas mais sofisticadas. Na década de 2000, as grandes empresas de bebida compraram a maior parte das marcas menores de sucesso, o que lhes conferiu uma sólida posição de mercado nessa categoria e uma diversificação na área de água engarrafada em geral. Atualmente, as vendas de água enriquecida correspondem a cerca de 18% do mercado total de água engarrafada.

A fragmentação dessa categoria, aliada ao domínio das líderes de mercado, levou a um ambiente extremamente competitivo. Embora haja concorrência indireta por parte de todos os tipos de água engarrafada e até mesmo de outros tipos de bebida (refrigerantes, energéticos, sucos, chás), esta análise se concentra na concorrência direta, focando em marcas de água enriquecida. Para os fins dessa análise, a água enriquecida é aquela engarrafada com aditivos que têm como objetivo oferecer benefícios ligados à saúde e ao bem-estar. Entre os aditivos mais comuns, estão vitaminas, minerais (incluindo eletrólitos) e plantas. Em geral, as águas enriquecidas são adocicadas, com sabor e coloridas. Essa definição diferencia a água enriquecida das bebidas energéticas, cuja principal finalidade é maximizar a hidratação por meio da reposição de eletrólitos.

Geralmente, as marcas de água enriquecida são adocicadas com uma combinação de algum tipo de açúcar e um adoçante sem calorias, o que resulta em cerca de metade da quantidade de açúcar, dos carboidratos e das calorias dos refrigerantes convencionais e de outras bebidas adocicadas. Os tipos de adoçante usados geram um ponto de diferença. Muitas marcas, incluindo as líderes, vendem variedades "normais" e "zero", sem calorias.

A determinação de preços para esse produto é consistente entre as marcas e varia de acordo com o tipo de ponto de venda, com as lojas de conveniência geralmente cobrando mais do que os supermercados. O preço para uma garrafa de 600 ml varia de 1 a 1,89 dólares, com algumas marcas de nicho custando um pouco mais. Entre os principais concorrentes da linha NutriWater da Chill Beverage, estão:

- *Vitaminwater:* criada em 2000 como um novo produto da Energy Brands, da Glacéau — empresa que também desenvolveu a Smartwater (água destilada com eletrólitos). A Coca-Cola comprou a Energy Brands em 2007 por 4,1 bilhões de dólares. A Vitaminwater é vendida nas versões "normal" e "zero". Com 28 variedades, ela oferece mais opções do que qualquer outra marca no mercado. E, com suas variedades se diferenciando pelo sabor, elas são nomeadas de acordo com os benefícios funcionais que apresentam, como Stur-D (ossos saudáveis), Defense (fortalecimento do sistema imunológico), Focus (clareza mental) e Restore (recuperação após atividade física). O slogan da marca é: "Hidratação em qualquer ocasião — de manhã, à tarde e à noite". A Vitaminwater é destilada no vapor, deionizada e/ou filtrada. É também adocicada com frutose cristalina (xarope de milho) e eritritol, um adoçante totalmente natural. Disponível em garrafas PET com 600 ml e em embalagens com várias unidades, a Vitaminwater ultrapassa a marca de 830 milhões de dólares em vendas anuais e possui 61% do mercado de água enriquecida. E o mais importante: ela vende mais do que todas as outras marcas de água engarrafada, enriquecidas ou não, incluindo a Dasani da Coca-Cola.

- *SoBe Lifewater:* a PepsiCo comprou a SoBe em 2000. A SoBe lançou a Lifewater em 2008, com um anúncio de sucesso no Super Bowl, como uma resposta à Vitaminwater da Coca-Cola. A linha da Lifewater inclui 17 variedades "normais" e "zero". Toda garrafa da Lifewater traz indicados o sabor e uma de suas seis diferentes categorias funcionais: Electrolytes, Lean Machine, B-Energy, C-Boost, Antioxidants e Pure. E toda variedade é constituída de uma mistura de vitaminas, minerais e plantas formulada para oferecer os benefícios anunciados. A mais recente linha — a Pure — contém somente água, um pouquinho de sabor e eletrólitos. Adoçada com uma combinação de açúcar e eritritol, a Lifewater afirma ser "totalmente natural". Inclusive, ela não contém nenhum sabor ou cor artificial. Contudo, alguns analistas questionam a designação de "natural" para o eritritol. A Lifewater é vendida em

686 Princípios de marketing

Concorrente	Marca	Características
Coca-Cola	Vitaminwater	Versões "normal" e "zero"; 28 variedades; cada sabor traz uma função diferente baseada em uma mistura de vitaminas e minerais; destilada no vapor, deionizada e/ou filtrada; adocicada com frutose cristalina e eritritol; garrafas individuais de 600 ml ou embalagens com várias unidades.
PepsiCo	SoBe Lifewater	Versões "normal" e "zero"; 17 variedades; seis diferentes categorias funcionais; vitaminas, minerais e plantas; pura — água sem açúcar, com leve sabor; adocicada com açúcar e eritritol; "totalmente natural"; garrafas individuais de 600 ml e embalagens com várias unidades, além de garrafas de 1 litro.
PepsiCo	Propel Zero	Somente na versão sem calorias; posicionamento voltado para atividade física, que tem como base a frase "Reposição + Energia + Proteção"; vitaminas B, C e E, além de antioxidantes e eletrólitos; adocicada com sucralose; garrafas PET de 500, 600 e 700 ml e embalagens com várias unidades; embalagens do produto em pó.
Arizona Beverage	RESCUE Water	Somente na versão com calorias; cinco sabores, cada qual com sua própria mistura de vitaminas e minerais; extrato de chá verde (inclui cafeína); única marca com água de coco; vitaminas da marca Twinlab; garrafa plástica feita com tecnologia de ponta.

▲ **Quadro A1.2** Alguns produtos concorrentes.

garrafas PET de 600 ml e em embalagens com várias unidades. É vendida também em garrafas PET de 1 litro. Com mais de 269 milhões de dólares em receitas anuais, a Lifewater é a segunda colocada entre as marcas de água enriquecida, capturando 20% do mercado.

- *Propel Zero:* a Gatorade criou a Propel em 2000, apenas um ano antes de a empresa líder em bebidas esportivas ser comprada pela PepsiCo. Originalmente comercializada e rotulada como "água para atividade física", hoje ela está disponível somente como Propel Zero. Embora a designação de água para atividade física tenha caído, a Propel Zero ainda se volta para esse posicionamento, com seu rótulo anunciando: "Reposição + Energia + Proteção". A Propel Zero possui sete sabores, os quais contêm a mesma mistura de vitaminas B, C e E, além de antioxidantes e eletrólitos. Ela é adocicada com sucralose. A Propel Zero está disponível em uma variedade mais ampla de tamanhos, com garrafas PET de 500, 600 e 700 ml e embalagens com várias unidades. Ela também é comercializada em pó, para ser adicionada à água engarrafada. Com 165 milhões de dólares em receitas, a Propel Zero fica em terceiro lugar entre as marcas de água enriquecida, com uma participação nesse mercado de 12%.

- *RESCUE Water:* a Arizona Beverage Company é bastante conhecida por ser a principal fabricante de chá engarrafado, pronto para beber. Contudo, ela também trabalha com outros produtos, incluindo smoothies, bebidas esportivas, energéticos e sucos. Sua mais nova marca é a RESCUE Water, lançada no mercado norte-americano em 2010. A marca se diferencia das outras águas enriquecidas com um extrato de chá verde acrescido a uma mistura de vitaminas e minerais. Isso gera um significativo ponto de diferença para aqueles clientes que querem chá verde, mas exclui a maioria deles, que não o querem. A RESCUE Water possui cinco sabores, cada qual com seu benefício funcional. Ela também traz outros pontos de diferenciação, como vitaminas da marca Twinlab, ingredientes totalmente naturais e uma garrafa plástica feita com tecnologia de ponta que parece vidro e mantém o produto fresco por mais tempo. A variedade Blueberry Coconut Hydrate contém água de coco, uma categoria de bebida alternativa emergente. Apesar de as vendas e a participação de mercado da RESCUE Water ainda não serem conhecidas, por conta de o produto estar há pouco tempo no mercado, a Arizona Beverage Company é uma corporação multibilionária, com um longo histórico de lançamento bem-sucedido de produtos.

- *Marcas de nicho:* o mercado de água enriquecida engloba, no mínimo, quatro empresas que comercializam seu produto em pequena escala, por meio de varejistas independentes. Essas empresas são: Assure, Ex Aqua Vitamins, Ayala Herbal Water e Skinny Water. Algumas marcas trazem aditivos exóticos e/ou garrafas de vidro artísticas.

Apesar da forte concorrência, a NutriWater acredita que pode criar uma imagem de marca relevante e conquistar reconhecimento entre os segmentos-alvo. A marca oferece pontos fortes de diferenciação, com uma quantidade maior e ímpar de vitaminas, ingredientes totalmente naturais e apoio a uma causa social importante. Com outros recursos estratégicos, a Chill Beverage está confiante de que conseguirá estabelecer uma vantagem competitiva, a qual permitirá à NutriWater crescer no mercado. O Quadro A1.2 traz alguns produtos concorrentes.

Pontos fortes	Pontos fracos
• Qualidade superior • Expertise na comercialização de bebidas alternativas • Responsabilidade social • Imagem anticorporação	• Falta de conscientização de marca • Orçamento limitado
Oportunidades	**Ameaças**
• Mercado em crescimento • Buraco na rede de distribuição • Tendências a uma vida saudável • Imagem anticorporação	• Espaço limitado nas prateleiras • Imagem da água enriquecida • Questões ambientais

◀ **Quadro A1.3** Pontos fortes, pontos fracos, oportunidades e ameaças da NutriWater.

Análise dos canais e da logística

A compra da Vitaminwater pela Coca-Cola deixou um buraco enorme no sistema de distribuição independente. A NutriWater será distribuída para uma rede de varejistas nos Estados Unidos por meio de um distribuidor independente. Essa estratégia vai driblar parte da concorrência direta com as marcas da Coca-Cola e da Pepsi por espaço de prateleira. Além disso, vai atingir diretamente os prováveis clientes da NutriWater. Como se deu no lançamento da marca Chill Soda, essa estratégia se concentrará em colocar geladeiras em pontos de varejo que comercializarão a NutriWater com exclusividade. Entre esses varejistas, estão:

- *Redes de supermercados*: redes de supermercados regionais, como a HyVee do Meio-Oeste, a Wegman's que atua no Leste e a WinCo que opera no Oeste.
- *Lojas voltadas para a saúde e alimentos naturais*: cadeias como a Whole Foods, além de redes locais que trabalham com alimentos naturais.
- *Academias:* redes de academias que operam em todo os Estados Unidos, como a 24 Hour Fitness e a Gold's Gym, entre outras cadeias regionais.

À medida que a marca for conquistando aceitação, os canais de marketing se expandirão, alcançando redes de supermercados maiores, lojas de conveniência e locais exclusivos que sejam relevantes para o segmento-alvo de clientes.

Análise dos pontos fortes, pontos fracos, oportunidades e ameaças

A NutriWater possui diversos pontos fortes importantes sobre os quais se basear, sendo sua principal fraqueza a falta de conscientização e imagem de marca. Suas grandes oportunidades são: o mercado em crescimento e as tendências do consumidor, selecionado de acordo com as peculiaridades do produto da NutriWater. As ameaças incluem: barreiras de entrada no mercado, que se apresentam na forma de um espaço limitado no varejo, e questões relacionadas à imagem do setor de água engarrafada. O Quadro A1.3 resume os principais pontos fortes, pontos fracos, oportunidades e ameaças da NutriWater.

Pontos fortes

A NutriWater pode contar com os seguintes pontos fortes, bastante importantes:

1. *Qualidade superior*: a NutriWater tem a seu favor o fato de, entre as águas enriquecidas, possuir os mais altos níveis de vitaminas adicionadas, atingindo a quantidade recomendada de muitas vitaminas. Ela é natural, não possuindo sabores, colorantes ou conservantes artificiais. Além disso, é adocicada com açúcar orgânico e Stevia, um adoçante natural que não possui calorias.
2. *Expertise na comercialização de bebidas alternativas*: em questão de apenas uma década, a Chill Soda saiu do nada e se tornou uma marca de refrigerantes bem-sucedida e de rápido crescimento, com clientes extremamente fiéis. Esse sucesso foi conquistado com um início modesto e foco nas lacunas do mercado.
3. *Responsabilidade social*: todo cliente terá o benefício adicional de ajudar crianças subnutridas ao redor do mundo. Embora o preço praticado pela NutriWater esteja alinhado com o dos concorrentes, os baixos custos promocionais permitem uma doação substancial para a caridade — 0,25 dólares por garrafa —, ao mesmo tempo em que a lucratividade é mantida.

4. *Imagem anticorporação*: as grandes marcas possuem produtos honestos e fortes relacionamentos na distribuição. Mas elas também carregam a imagem de grandes corporações. A Chill Beverage conquistou o sucesso com uma imagem alternativa e manteve o capital fechado. A Vitaminwater e a SoBe foram construídas com base nessa mesma imagem, mas, hoje em dia, ambas são de propriedade de grandes corporações multinacionais.

Pontos fracos

1. *Falta de conscientização de marca*: por ser uma marca totalmente nova, a NutriWater entrará no mercado com pouca ou nenhuma conscientização de marca. O fato de ela fazer parte da Chill Soda será minimamente abordado, a fim de impedir associações entre a NutriWater e os refrigerantes. Essa questão será tratada por meio de estratégias de promoção e distribuição.
2. *Orçamento limitado*: por ser uma empresa menor, a Chill Beverage tem muito menos recursos disponíveis para as atividades de promoção e pesquisa.

Oportunidades

1. *Mercado em crescimento*: embora, em certa medida, o crescimento do mercado total de água engarrafada tenha diminuído, sua atual taxa de crescimento de 3% em média é relativamente forte entre as categorias de bebidas. Na verdade, das seis principais categorias de bebidas, refrigerante, cerveja, leite e suco têm apresentado queda. O crescimento do consumo de café foi de menos de 1%. E o que é mais importante do que o crescimento das águas engarrafadas em geral: a categoria de água enriquecida está passando por um crescimento único, na casa dos dois dígitos.
2. *Buraco na rede de distribuição*: as líderes de mercado distribuem diretamente aos varejistas. Isso lhes confere uma vantagem em grandes redes que operam em nível nacional. Contudo, atualmente, nenhuma das principais marcas de água enriquecida está sendo vendida por meio de distribuidores independentes.
3. *Tendências a uma vida saudável*: o peso e a nutrição continuam sendo questões importantes para os consumidores dos Estados Unidos. O país tem a mais alta taxa de obesidade entre os países desenvolvidos — essa taxa é de 34% — e mais de 60% da população está oficialmente "acima do peso". Esses números continuam a subir. Além disso, 21% das calorias diárias ingeridas pelos norte-americanos são provenientes de bebidas — um número que triplicou nas últimas três décadas. Os consumidores ainda querem bebidas saborosas, mas buscam alternativas com menos calorias.
4. *Imagem anticorporação*: os indivíduos da geração Y (nascidos entre 1977 e 2000) possuem mais aversão a mensagens de marketing de massa e corporações globais do que os membros da geração X e os baby-boomers.

Ameaças

1. *Espaço limitado nas prateleiras:* é verdade que, em geral, a concorrência é uma ameaça para qualquer tipo de produto. Mas a concorrência de bebidas no varejo é particularmente alta, por conta do espaço limitado nas prateleiras. Para comercializar uma nova bebida, os varejistas têm que reduzir o espaço na prateleira ou na geladeira ocupado por outras marcas.
2. *Imagem da água enriquecida:* atualmente, a imagem da água enriquecida está sendo questionada. Isso porque, não há muito tempo, a Coca-Cola enfrentou um processo em que foi acusada de violar as regulamentações da FDA (Food and Drugs Administration — Administração de Alimentos e Medicamentos) ao promover os benefícios saudáveis da Vitaminwater. O processo mostrava que a principal marca de água engarrafada do mercado era basicamente água com açúcar, com pouquíssimo valor nutricional.
3. *Questões ambientais:* os grupos de defesa do meio ambiente continuam a instruir o público sobre os custos ambientais da água engarrafada, incluindo aterros sanitários, emissões de carbono provenientes da produção e do transporte e efeitos nocivos dos produtos químicos usados nos plásticos.

Objetivos e questões essenciais

A Chill Beverage estabeleceu objetivos agressivos, mas alcançáveis, para a NutriWater no primeiro e segundo anos de entrada no mercado.

Objetivos no primeiro ano

Ao longo do primeiro ano de mercado, a Chill Beverage tem como objetivo para a NutriWater conquistar uma participação de 2% do mercado de água enriquecida ou cerca de 30 milhões de dólares em vendas, com o alcance do ponto de equilíbrio no período final do ano. Com um preço de varejo médio de 1,69 dólares, isso equivale a uma meta de vendas de 17.751.480 garrafas.

Objetivos no segundo ano

Ao longo do segundo ano, a Chill Beverage vai lançar novos sabores, incluindo variedades sem calorias. O objetivo do segundo ano é dobrar as vendas do primeiro, conquistando 60 milhões de dólares.

Questões essenciais

No lançamento dessa nova marca, o principal ponto é a capacidade de conquistar conscientização de marca e uma imagem de marca significativa, com base em um posicionamento que é relevante para os segmentos-alvo de clientes. A Chill Beverage investirá em meios não tradicionais de promoção para atingir essas metas e gerar interações boca a boca. A consolidação de um relacionamento com a distribuição e o varejo também será fundamental para que o produto se torne disponível e haja comunicações nos pontos de venda. A conscientização e o conhecimento de marca serão mensurados para ajuste dos esforços de marketing, se necessário.

Estratégia de marketing

A estratégia de marketing da NutriWater envolverá o desenvolvimento de um posicionamento "mais pelo mesmo", baseado em benefícios extras em relação ao preço. A marca também contará com diferenciação de canal, uma vez que estará disponível em locais em que as grandes marcas concorrentes não estão. A geração Y constitui o principal segmento-alvo. A NutriWater se concentrará, especificamente, no mercado de jovens adultos. Entre os subconjuntos desse segmento geracional, estão: atletas, pessoas preocupadas com a saúde e indivíduos socialmente responsáveis.

Posicionamento

A NutriWater será posicionada na proposta de valor "Espere mais". Isso vai permitir a diferenciação da marca com base em características do produto (espere uma quantidade maior de vitaminas e ingredientes totalmente naturais), benefícios desejados (espere mais benefícios nutricionais) e valores (faça mais por uma causa social). O marketing se concentrará em transmitir a ideia de que a NutriWater é mais do que simplesmente uma bebida: ela oferece aos clientes muito mais pelo seu dinheiro, de diversas maneiras.

Estratégia do produto

A NutriWater será vendida com todas as características descritas na seção "Análise do produto". À medida que a conscientização for ganhando corpo e a disponibilidade no varejo for aumentando, mais variedades serão disponibilizadas. Uma versão sem calorias será acrescentada à linha de produtos, encaixando-se bem aos benefícios ligados à saúde buscados pelos consumidores. A considerável experiência da Chill Beverage em construção de marca será aplicada como parte integral da estratégia de produto da NutriWater. Todos os aspectos do mix de marketing serão consistentes com a marca.

Determinação de preços

Há pouca variação de preço na categoria de água enriquecida, em especial entre as marcas líderes. Por esse motivo, a NutriWater seguirá uma estratégia de determinação de preços baseada na concorrência. Uma vez que a NutriWater afirma ter mais qualidade, ela deve tomar cuidado para não se posicionar como uma alternativa de custo mais baixo. Os fabricantes não possuem tabelas de preço público sugerido para esse tipo de bebida. Assim, os preços variam consideravelmente com base no tipo de ponto de venda de varejo e no fato de o produto ser ou não refrigerado. O preço regular de uma garrafa de 600 ml de produtos concorrentes varia de 1 dólar, em lojas de desconto, a 1,89, em lojas de conveniência. Uma vez que, em um primeiro momento, a NutriWater não focará varejistas de desconto e lojas de conveniência, a Chill Beverage poderá estabelecer preços que vão de medianos a mais altos para produtos parecidos nos mesmos pontos de venda. Para as redes de supermercados, isso deve representar cerca de 1,49 por garrafa, com o preço aumentando para 1,89 dólares em lojas de alimentos saudáveis e academias, onde os preços tendem a ser mais altos.

Estratégia de distribuição

Conforme as informações apresentadas na seção "Análise dos canais e da logística", a NutriWater vai utilizar uma estratégia de distribuição seletiva, trabalhando com supermercados regionais conhecidos, academias e lojas voltadas para a saúde e alimentos naturais. Essa estratégia de distribuição se dará por meio de uma rede de distribuidores de bebidas independentes — nenhuma das grandes marcas de água enriquecida está seguindo essa estratégia. A Chill Beverage conquistou o sucesso com sua linha de refrigerantes Chill Soda usando esse método. Ela também colocou geladeiras com o logo da marca em locais realmente diferentes, como lojas especializadas em skate, surfe e snowboard, recepção de estúdios de tatuagem e piercing, lojas voltadas para a moda e lojas de música — lugares que mostrariam a marca para os clientes-alvo. Desse modo, a marca de refrigerantes se expandiu, fechando contrato com varejistas como Panera, Barnes & Noble, Target e Starbucks. Essa mesma abordagem será utilizada com a NutriWater, que começará nos pequenos e, então, se expandirá para redes maiores. A NutriWater não vai se concentrar em todas as lojas usadas originalmente pela Chill Soda, uma vez que muitos daqueles pontos de venda encaixavam-se exclusivamente ao posicionamento e ao cliente-alvo da marca Chill Soda de refrigerante.

Estratégia de comunicação de marketing

Assim como acontece com a marca Chill Soda, a estratégia de comunicação de marketing da NutriWater não será baseada na propaganda tradicional, de comunicação de massa. Inicialmente, não haverá anúncio de televisão, rádio ou impresso. Os recursos promocionais da NutriWater se concentrarão em três áreas:

- *Marketing on-line e móvel:* o típico cliente-alvo da NutriWater passa mais tempo on-line do que em contato com canais de mídia tradicionais. Um componente central dessa estratégia é a construção de sites de marca baseados na Web e em dispositivos móveis e o direcionamento de tráfego para esses sites por meio da criação de presença em redes sociais, incluindo o Facebook, o Google+ e o Twitter. A marca NutriWater também vai trabalhar com serviços baseados em localização fornecidos pelo Foursquare e pelo Facebook, com o intuito de ajudar a direcionar o tráfego a pontos de varejo. Uma campanha de anúncios em celular vai oferecer apoio adicional a esforços on-line.
- *Promoções dirigidas ao canal de distribuição:* assim como se deu com a marca Chill Soda, o sucesso da NutriWater vai depender do relacionamento com os varejistas, para fazer com que o produto se torne disponível. Os incentivos básicos para os varejistas incluirão displays nos pontos de venda e geladeiras com a marca, além de incentivos e prêmios baseados no volume comprado. Essa estratégia *push* será combinada com outras estratégias *pull*.
- *Marketing de evento:* a NutriWater vai lançar mão de equipes que, em trailers envelopados com a marca, distribuirão amostras do produto em eventos como competição de esqui e snowboard, torneios de golfe e shows.

Pesquisa de marketing

Para se manter consistente com a abordagem promocional on-line, além de utilizar métodos de pesquisa que atingirão com eficácia os clientes-alvo, a Chill Beverage monitorará discussões on-line por meio de serviços como o Radian6. Dessa maneira, a empresa medirá as percepções do cliente em relação à marca e aos produtos, bem como a satisfação geral.

Para futuras mudanças no produto e novos pontos de distribuição, serão utilizados métodos de crowdsourcing.

Programas de ação

A NutriWater será lançada em fevereiro. A seguir, é possível ver um resumo dos programas de ação que serão usados durante os seis primeiros meses do ano, com o intuito de se atingir os objetivos estabelecidos.

- *Janeiro:* os representantes da Chill Beverage vão trabalhar com distribuidores e varejistas independentes para informá-los sobre a campanha promocional dirigida ao canal de distribuição, os incentivos e as vantagens de se vender NutriWater. Os representantes também vão assegurar que os distribuidores e varejistas sejam instruídos acerca das características e dos benefícios do produto, bem como recebam instruções sobre como expor os materiais e as geladeiras nos pontos de venda. O site da marca e outros sites, como o Facebook, trarão informações não só sobre o produto, mas também as datas e os locais em que ele estará disponível. O burburinho ganhará força com o fornecimento de amostras da NutriWater para críticos de produto, formadores de opinião, blogueiros influentes e celebridades selecionadas.
- *Fevereiro:* no dia do lançamento, as geladeiras do produto e os displays serão colocados nos pontos de varejo. A campanha no site da marca completo e em redes sociais será lançada com força total no Facebook, no Google+ e no Twitter. Essa campanha impulsionará o slogan "Espere mais", assim como mostrará como a NutriWater entrega mais do que se espera em termos de características do produto, benefícios desejados e valores, com a doação para a Vitamin Angels e a causa social voltada para o combate de deficiência de vitaminas nas crianças.
- *Março:* a fim de intensificar a campanha de marketing on-line e social, serviços baseados na localização como o Foursquare e o Facebook Places serão usados para direcionar o tráfego aos varejistas. Os displays e cartazes nos pontos de venda serão atualizados para apoiar esses esforços e continuar apoiando os varejistas. A mensagem dessa campanha se concentrará em todos os aspectos do "Espere mais".
- *Abril:* uma campanha de anúncios via celular oferecerá suporte adicional, direcionando não só o tráfego Web para o site da marca e redes sociais, mas também orientando o tráfego convencional para os varejistas.
- *Maio:* um concurso de vendas oferecerá incentivos adicionais e prêmios para os distribuidores e varejistas que venderem a maior quantidade de NutriWater em um período de quatro semanas.
- *Junho:* uma campanha de marketing de evento vai levar uma equipe de representantes da NutriWater, em trailers do produto, para shows e eventos esportivos. Isso gerará visibilidade extra para a marca, além de oferecer aos clientes atuais e potenciais a oportunidade de pegar amostras do produto.

Orçamentos

A Chill Beverage estabeleceu para o primeiro ano uma meta de vendas no varejo de 30 milhões de dólares, com um preço de venda médio projetado de 1,69 dólares por unidade, para um total de 17.751.480 unidades vendidas. O preço médio no atacado, que fica em 0,85 dólares por unidade, gera receitas de pouco mais de 15 milhões. A Chill Beverage espera atingir o ponto de equilíbrio no período final do primeiro ano. Uma análise desse ponto considera o seguinte: uma receita no atacado de 0,85 por unidade, um custo variável por unidade de 0,14 dólares e custos fixos estimados para o primeiro ano de 12.500.000 dólares. Com base nessas considerações, o cálculo do ponto de equilíbrio é:

$$\frac{\$\,12.500.000}{\$\,0,85/\text{unidade} - \$\,0,14/\text{unidade}} = 17.605.634$$

Controles

A Chill Beverage planeja utilizar medidas rígidas de controle para acompanhar de perto a qualidade do produto, a conscientização da marca, a imagem da marca e a satisfação do cliente. Isso permitirá à empresa reagir rapidamente para corrigir quaisquer problemas que possam vir a ocorrer. Outros sinais de alerta precoces que serão monitorados para sinalização de desvios do plano são as vendas mensais (por segmento e canal) e as despesas mensais. Por conta da volatilidade do mercado, também estão prontos planos de contingência para tratar de rápidas mudanças ambientais, como alterações nas preferências do consumidor, novos produtos e novos concorrentes.

Fontes: Jeffrey Klineman, "Restoring an icon", *Beverage Spectrum Magazine*, dez. 2010, p. 16-18; Ryan Underwood, "Jonesing for soda", *Fast Company*, 19 dez. 2007, www.fastcompany.com; "New playbook at Jones Soda", Beverage Spectrum Magazine, mar. 2008; Matt Casey, "Enhanced options divide a category", Beverage Spectrum Magazine, dez. 2008, p. 74; informações relacionadas ao produto e ao mercado extraídas de www.lifewater.com, www.vitaminwater.com, www.nestlewaters.com, www.drinkarizona.com e www.jonessoda.com. Acesso em: set. 2012.

Marketing por números

Apêndice 2

Os gestores de marketing estão, cada vez mais, tendo que responder pelas implicações financeiras de suas ações. Este apêndice traz uma introdução à análise do desempenho financeiro do marketing — análise esta que orienta os profissionais de marketing na tomada de decisões sólidas e na avaliação dos resultados dessas decisões.

O apêndice foi desenvolvido com base em uma hipotética fabricante de produtos eletrônicos de consumo: a HD. Essa empresa está lançando um dispositivo que transmite vídeos e programação da televisão pela Internet, por meio de uma série de aparelhos encontrados em uma casa, incluindo TVs de alta definição, tablets e celulares. Neste apêndice, vamos analisar as diversas decisões que os gestores de marketing da HD devem tomar antes e depois do lançamento do produto.

Este apêndice está organizado em *três seções*. A *primeira seção* trata de considerações acerca da determinação de preços, bem como das análises do ponto de equilíbrio e da margem, as quais orientarão o lançamento do novo produto da empresa. Já a *segunda seção* trata das estimativas de demanda, do orçamento de marketing e dos indicativos do desempenho do marketing. Ela tem início com uma discussão da estimativa do potencial de mercado e das vendas da empresa. Depois, apresenta o orçamento de marketing, ilustrado por uma demonstração *pro forma* de lucros e perdas seguida pela demonstração atual. Em seguida, a seção discute os indicativos do desempenho do marketing, com vistas a ajudar os gestores de marketing a defender melhor suas decisões do ponto de vista financeiro. Por fim, a *terceira seção* analisa as implicações financeiras das diversas táticas de marketing.

Ao final de cada seção, exercícios quantitativos oferecem a oportunidade de aplicar os conceitos aprendidos em situações diferentes das vividas pela HD.

Determinação de preços, ponto de equilíbrio e margem de análise

Considerações acerca da determinação de preços

A determinação dos preços é uma das decisões mais importantes do mix de marketing. Seus fatores limitantes são a demanda e os custos. Os aspectos ligados à demanda, como o valor percebido pelo comprador, definem o teto para os preços, ao passo que os custos da empresa definem o piso para eles. Entre esses dois fatores, os profissionais de marketing devem levar em consideração os preços praticados pelos concorrentes e outros elementos, como as exigências dos revendedores, as regulamentações governamentais e os objetivos da empresa.

Atualmente, os produtos concorrentes voltados para transmissões via Internet são vendidos a preços de varejo que vão de 100 a 500 dólares. Para começar, vamos levar em consideração a decisão de determinação de preços da HD do ponto de vista dos custos. Depois, vamos trabalhar com a percepção de valor do consumidor, o ambiente competitivo e as exigências dos revendedores.

Determinação dos custos

No Capítulo 10, vimos que há diferentes tipos de custos. Os **custos fixos** não variam com o nível de produção ou vendas e incluem: aluguel, juros, depreciação e salários do pessoal

Custos fixos
Custos que não variam com o nível de produção ou vendas.

694 Princípios de marketing

Custos variáveis
Custos que variam diretamente com o nível de produção.

Custos totais
A soma dos custos fixos e variáveis em qualquer nível de produção.

operacional e da administração. Independentemente do nível de produção, a empresa precisa pagar esses custos. Apesar de os custos fixos totais permanecerem constantes à medida que a produção aumenta, o custo unitário fixo (ou custo fixo médio) cai, uma vez que os custos fixos totais são diluídos entre as unidades produzidas. Os **custos variáveis** se alteram diretamente com o nível de produção e incluem custos relacionados à produção direta do bem (como custos das mercadorias vendidas), além de muitos dos custos de marketing associados com sua venda. Embora esses custos tendam a ser uniformes para cada unidade produzida, eles são chamados de variáveis porque seu total varia com o número de unidades produzidas. Já os **custos totais** são a soma dos custos fixos e variáveis para qualquer nível de produção.

A HD investiu 10 milhões de dólares para reformar uma instalação já existente, a fim de fabricar ali o novo aparelho de transmissão de vídeo. Quando a produção começar, a empresa estima que incorrerá em custos fixos de 20 milhões de dólares anuais. Estima-se também que o custo variável para a produção de cada dispositivo será de 125 dólares, e espera-se que esse nível seja mantido para a capacidade de produção da instalação.

Determinação do preço com base nos custos

Determinação de preço por custo mais margem (ou determinação de preço de markup)
Acréscimo de um markup-padrão ao custo do produto.

A HD começa sua análise de determinação de preços com a abordagem baseada em custos discutida no Capítulo 10. Lembre-se que o método mais simples, a **determinação de preço por custo mais margem** (ou **determinação de preço de markup**), simplesmente acrescenta um markup-padrão ao custo do produto. Para utilizar esse método, contudo, a HD deve especificar a previsão de unidades vendidas, de modo que os custos unitários totais possam ser definidos. Os custos unitários variáveis permanecerão constantes independentemente da produção, mas os *custos unitários fixos médios* cairão à medida que a produção aumentar.

Para ilustrarmos esse método, vamos supor que a HD tenha custos fixos de 20 milhões de dólares, custos variáveis de 125 dólares por unidade e uma estimativa de vendas de 1 milhão de aparelhos. Assim, o custo por unidade é dado por:

$$\text{Custo unitário} = \text{custo variável} + \frac{\text{custos fixos}}{\text{unidades vendidas}} = \$125 + \frac{\$20.000.000}{\$1.000.000} = \$145$$

Custos relevantes
Custos que se darão no futuro e que variarão de acordo com as alternativas que estão sendo analisadas.

Observe que *não* incluímos o investimento inicial de 10 milhões de dólares nos custos fixos totais. Ele não é considerado um custo fixo por não ser um custo *relevante*. **Custos relevantes** são aqueles que se darão no futuro e que variarão de acordo com as alternativas que estão sendo analisadas. O investimento da HD para reformar a instalação de produção foi um custo isolado, que não voltará a ocorrer no futuro. Custos passados como esse são *custos irreversíveis* e não devem ser considerados em análises futuras.

Preço de ponto de equilíbrio
Preço em que a receita total é igual ao custo total e o lucro é zero.

Observe também que, se a HD vender seu produto por 145 dólares, o preço será igual ao custo unitário total. Esse é o **preço de ponto de equilíbrio** — o preço em que a receita unitária (preço) é igual ao custo unitário e o lucro é zero.

Vamos supor que a HD não vise somente ao ponto de equilíbrio, mas, em vez disso, queira um markup de 25% sobre as vendas. Nesse caso, o preço de markup da HD é:[1]

$$\text{Preço de markup} = \frac{\text{custo unitário}}{(1 - \text{retorno desejado sobre as vendas})} = \frac{\$145}{1 - 0,25} = \$193,33$$

Esse é o preço pelo qual a HD venderia o produto a revendedores como atacadistas ou varejistas para obter um lucro de 25% sobre as vendas.

Determinação de preço por retorno do investimento (ou determinação de preço por retorno pretendido)
Um método de precificação que determina o preço com base em uma taxa específica de retorno do investimento.

Outra abordagem que a HD poderia utilizar é chamada de **determinação de preço por retorno do investimento (ROI)**, também conhecida por **determinação de preço por retorno pretendido**. Nesse caso, a empresa *levaria* em consideração o investimento inicial de 10 milhões de dólares, mas somente para determinar a meta de lucro em dinheiro. Vamos supor que a empresa queira um retorno de 30% do seu investimento. O preço necessário para satisfazer essa exigência pode ser calculado da seguinte maneira:

$$\text{Preço ROI} = \text{custo unitário} + \frac{\text{ROI} \times \text{investimento}}{\text{unidades vendidas}} = \$145 + \frac{0,3 \times \$10.000.000}{1.000.000} = \$148$$

Assim, se a HD vender seu produto por 148 dólares, ela terá um retorno de 30% do seu investimento inicial de 10 milhões de dólares.

Nesses cálculos de determinação de preços, o custo unitário é uma função das vendas esperadas, que são estimadas em 1 milhão de unidades. Mas o que acontece se as vendas forem mais baixas? Nesse caso, o custo unitário será mais alto, porque os custos fixos serão divididos por menos unidades, e o markup percentual sobre as vendas ou o retorno sobre o investimento será mais baixo. Por outro lado, se as vendas forem maiores que a estimativa de 1 milhão de unidades, o custo unitário será inferior a $145, de modo que um preço mais baixo levaria ao markup desejado sobre as vendas ou o retorno almejado sobre o investimento.

É importante observar que esses métodos de determinação de preços baseados em custo têm foco *interno* e não levam em conta a demanda, os preços dos concorrentes ou as exigências dos revendedores. Como a HD venderá o produto para os consumidores por meio de atacadistas e varejistas que oferecem marcas dos concorrentes, a empresa deve considerar a determinação de preço de markup tendo isso em vista.

Determinação do preço com base em fatores externos

Os custos determinam o piso do preço, mas a HD também deve levar em consideração fatores externos na hora de defini-lo. A HD não tem a última palavra em relação ao preço final cobrado dos consumidores — quem a tem são os varejistas. Assim, a empresa deve começar com o preço de varejo sugerido e fazer o caminho inverso. Com isso, ela deve analisar os markups exigidos pelos revendedores que vendem o produto aos consumidores.

Em geral, o **markup** é a diferença entre o preço de vendas que a empresa pratica para um produto e os custos de produzi-lo ou comprá-lo. Portanto, para um varejista, o markup é a diferença entre o preço que ele cobra dos consumidores e o custo que deve pagar pelo produto. Assim, para cada nível de revenda:

$$\text{Markup} = \text{preço de venda} - \text{custo}$$

Markup
A diferença entre o preço de vendas que a empresa pratica para um produto e os custos em que ela incorre para produzi-lo ou comprá-lo.

Os markups costumam ser expressos como uma porcentagem, e há duas maneiras diferentes de calculá-los — com base no *custo* ou no *preço de venda*:

$$\text{Porcentagem de markup com base no custo} = \frac{\text{markup}}{\text{custo}}$$

$$\text{Porcentagem de markup com base no preço de venda} = \frac{\text{markup}}{\text{preço de venda}}$$

Para aplicar a análise da margem do revendedor, a HD deve, em primeiro lugar, definir o preço de varejo sugerido e depois fazer o caminho inverso, até chegar ao preço pelo qual deve vender o produto a um atacadista. Vamos supor que os varejistas esperem uma margem de 30% e que os atacadistas queiram uma margem de 20%, com base em seus respectivos preços de venda. Vamos supor também que a HD fixe o preço de varejo sugerido pelo fabricante para seu produto em 299,99 dólares.

A HD optou pelo preço de 299,99 dólares por ele ser menor do que o dos concorrentes, mas não tão baixo a ponto de os consumidores acharem que o produto é de qualidade inferior. Além disso, uma pesquisa conduzida pela empresa indicou que esse preço está abaixo do limite no qual mais consumidores ainda estão dispostos a comprar o produto. Ao utilizar as percepções de valor dos compradores para determinar o preço de varejo sugerido, em vez de os custos de vendedor, a HD está usando a **determinação de preço baseada no valor**. Para simplificar, vamos utilizar um preço de varejo sugerido de 300 dólares nas análises a seguir.

Determinação de preço baseada no valor
Oferecer a combinação certa de qualidade e bons serviços a um preço justo.

Para determinar o preço que a HD cobrará dos atacadistas, é preciso primeiro subtrair a margem do varejista do preço de varejo para determinar o custo do varejista ($300 – [$300 × 0,30] = $210). O custo do varejista é o preço do atacadista, de modo que a HD em seguida subtrai a margem do atacadista ($210 – [$210 × 0,20] = $168). Assim, para o novo produto da HD, a **cadeia de markup**, que representa a sequência de markups utilizada pelas empresas em cada nível de um canal, é:

Cadeia de markup
Sequência de markups utilizada pelas empresas em cada nível de um canal.

Preço de varejo sugerido:	$300
menos margem do varejo (30%):	− $90
Custo do varejista/preço do atacadista:	$210
menos margem do atacadista (20%):	− $42
Custo do atacadista/preço da HD:	$168

Ao subtrair os markups em cada nível da cadeia de markup, a HD chega ao preço de $168 para a venda de seu produto aos atacadistas.

Análise do ponto de equilíbrio e da margem

A análise anterior gerou um preço baseado no valor de 168 dólares para o produto da HD. Embora esse preço seja superior ao do ponto de equilíbrio (que é de 145 dólares) e cubra os custos, ele pressupõe uma demanda de 1 milhão de unidades. Mas quantas unidades a HD deve vender e que nível de vendas em dinheiro ela deve atingir para chegar ao ponto de equilíbrio a um preço de 168 dólares? E qual nível de vendas deve ser obtido para se atingir as várias metas de lucro? Essas questões podem ser respondidas por meio da análise do ponto de equilíbrio e da margem.

Determinação do volume de unidades e as vendas em dinheiro no ponto de equilíbrio

Análise do ponto de equilíbrio
Análise para identificar o volume de unidades e as vendas em dinheiro necessárias para ter lucro com um determinado preço e estrutura de custos.

Com base no que sabe sobre os custos, o valor do consumidor, o ambiente competitivo e as exigências do revendedor, a HD decidiu estabelecer o preço de 168 dólares para os atacadistas. Com esse preço, que nível de vendas será necessário para a HD atingir o ponto de equilíbrio ou gerar lucro com o novo produto? A **análise do ponto de equilíbrio** identifica o volume de unidades e as vendas em dinheiro necessárias para ter lucro com um determinado preço e estrutura de custos. No ponto de equilíbrio, a receita total é igual aos custos totais, e o lucro é zero. Acima desse ponto, a empresa lucrará; abaixo dele, perderá dinheiro. A HD pode calcular o volume no ponto de equilíbrio utilizando a seguinte fórmula:

$$\text{Volume no ponto de equilíbrio} = \frac{\text{custos fixos}}{\text{preço} - \text{custo unitário variável}}$$

Contribuição unitária
A quantia com que cada unidade contribui para cobrir os custos fixos — trata-se da diferença entre o preço e os custos variáveis.

O denominador (preço − custo unitário variável) é chamado de **contribuição unitária** (às vezes chamada de *margem de contribuição*). Ele representa a quantia com que cada unidade contribui para cobrir os custos fixos. O volume no ponto de equilíbrio representa o nível de produção no qual todos os custos (variáveis e fixos) são cobertos. No caso da HD, o volume de unidades no ponto de equilíbrio é:

$$\text{Volume no ponto de equilíbrio} = \frac{\text{custo fixo}}{\text{preço} - \text{custo variável}} = \frac{\$20.000.000}{\$168 - \$125} = 465.116,2 \text{ unidades}$$

Assim, com um determinado custo e estrutura de determinação de preços, a HD atingirá o ponto de equilíbrio com 465.117 unidades.

Para determinar as vendas em dinheiro no ponto de equilíbrio (PE), basta multiplicar o volume de unidades no ponto de equilíbrio pelo preço de venda:

$$\text{PEvendas} = \text{PE}_{vol} \times \text{preço} = 465.117 \times \$168 = \$78.139.656$$

Margem de contribuição
A contribuição unitária dividida pelo preço de venda.

Outra maneira de calcular as vendas em dinheiro no ponto de equilíbrio é por meio da utilização da margem de contribuição percentual (que chamaremos de **margem de contribuição**). Essa margem representa a contribuição unitária dividida pelo preço de venda:

$$\text{Margem de contribuição} = \frac{\text{preço} - \text{custo variável}}{\text{preço}} = \frac{\$168 - \$125}{\$168} = 0,256 \text{ ou } 25,6\%$$

Assim,

$$\text{Vendas no ponto de equilíbrio} = \frac{\text{custos fixos}}{\text{margem de contribuição}} = \frac{\$20.000.000}{0,256} = \$78.125.000$$

Observe que a diferença entre os dois cálculos de vendas no ponto de equilíbrio deve-se ao arredondamento.

Essa análise do ponto de equilíbrio é útil para a HD por determinar o volume de unidades necessário para cobrir os custos. Se a capacidade de produção não puder atingir esse nível, a empresa não deve lançar o produto. Mas o volume de unidades no ponto de equilíbrio está dentro da capacidade de produção da HD. Naturalmente, a principal preocupação é se a empresa conseguirá vender esse volume ao preço de 168 dólares. Vamos tratar dessa questão um pouco mais adiante.

Também é útil entender a margem de contribuição em outros tipos de análise, especialmente se os preços unitários e os custos unitários variáveis forem desconhecidos ou se uma empresa (digamos, um varejista) vender muitos produtos a preços diferentes e conhecer a porcentagem das vendas totais que os custos variáveis representam. Enquanto a contribuição unitária é a diferença entre o preço unitário e os custos unitários variáveis, a contribuição total é a diferença entre as vendas totais e os custos variáveis totais.

A margem de contribuição geral pode ser calculada do seguinte modo:

$$\text{Margem de contribuição} = \frac{\text{vendas totais} - \text{custos variáveis totais}}{\text{vendas totais}}$$

Independentemente do nível real de vendas, se souber a porcentagem das vendas que representa os custos variáveis, a empresa poderá calcular a margem de contribuição. Por exemplo, o custo unitário variável da HD é de 125 dólares — ou 74% do preço de venda ($\$125 \div \$168 = 0,74$). Isso significa que, para cada 1 dólar de receita de vendas para a HD, 0,74 dólar representa custos variáveis, e a diferença (0,26 dólar) representa a contribuição para os custos fixos. Mas, mesmo que a empresa não saiba seu preço unitário e seu custo unitário variável, ela pode calcular a margem de contribuição a partir das vendas totais e dos custos variáveis totais ou, então, a partir do conhecimento da estrutura de custo total. Ela pode estabelecer vendas totais iguais a 100%, independentemente da quantia absoluta real, e determinar a margem de contribuição:

$$\text{Margem de contribuição} = \frac{100\% - 74\%}{100\%} = \frac{1 - 0,74}{1} = 1 - 0,74 = 0,26 \text{ ou } 26\%$$

Observe que esse resultado corresponde à porcentagem calculada a partir do preço unitário e das informações de custo unitário variável. Esse cálculo alternativo será muito útil adiante, quando analisarmos as várias decisões de marketing.

Determinação do ponto de equilíbrio para as metas de lucro

Apesar de ser útil conhecer o ponto de equilíbrio, a maioria das empresas está mais interessada em lucrar. Vamos supor que a HD quisesse obter 5 milhões de dólares em lucros no primeiro ano. Quantas unidades de seu produto ela teria que vender pelo preço de 168 dólares para cobrir os custos fixos e atingir esse lucro? Para calcular isso, a HD pode simplesmente acrescentar esse lucro aos custos fixos e, mais uma vez, dividir o resultado pela contribuição unitária, a fim de determinar o número de unidades que precisam ser vendidas:

$$\text{Volume de vendas unitárias} = \frac{\text{custo fixo} + \text{meta de lucro}}{\text{preço} - \text{custo variável}} = \frac{\$20.000.000 + \$5.000.000}{\$168 - \$125} = 581.395,3 \text{ unidades}$$

Assim, para obter um lucro de 5 milhões de dólares, a HD deve vender 581.396 unidades. Multiplique isso pelo preço para determinar as vendas em dinheiro necessárias para atingir um lucro de 5 milhões dólares:

$$\text{Vendas em dinheiro} = 581.396 \text{ unidades} \times \$168 = \$97.674.528$$

698 Princípios de marketing

Ou utilize a margem de contribuição:

$$\text{Vendas} = \frac{\text{custo fixo} + \text{meta de lucro}}{\text{margem de contribuição}} = \frac{\$20.000.000 + \$5.000.000}{0,256} = \$97.656.250$$

Mais uma vez, observe que a diferença entre os dois cálculos para as vendas no ponto de equilíbrio se deve ao arredondamento.

Como vimos antes, uma meta de lucro também pode ser expressa como uma meta de retorno do investimento. Por exemplo, lembre-se de que a HD quer um retorno de 30% do seu investimento de 10 milhões de dólares. Assim, sua meta absoluta de lucro é de 3 milhões (\$10.000.000 x 0,30). Essa meta de lucro é tratada da mesma maneira que no exemplo anterior:[2]

$$\text{Volume de vendas unitárias} = \frac{\text{custo fixo} + \text{meta de lucro}}{\text{preço} - \text{custo variável}} = \frac{\$20.000.000 + \$3.000.000}{\$168 - \$125} = 534.884 \text{ unidades}$$

$$\text{Vendas em dinheiro} = 534.884 \text{ unidades} \times \$168 = \$89.860.512$$

Ou

$$\text{Vendas em dinheiro} = \frac{\text{custo fixo} + \text{meta de lucro}}{\text{margem de contribuição}} = \frac{\$20.000.000 + \$3.000.000}{0,256} = \$89.843.750$$

Por fim, a HD pode expressar sua meta de lucro como uma porcentagem das vendas, como também vimos na análise de determinação de preços. Vamos supor que a HD almeje 25% de retorno sobre as vendas. Para determinar o volume de vendas unitárias e as vendas em dinheiro necessárias para atingir essa meta, o cálculo é um pouco diferente do visto nos dois exemplos anteriores. Aqui, incorporamos a meta de lucro na contribuição unitária como um custo variável adicional. Pense da seguinte maneira: se 25% de cada venda deve ir para o lucro, isso deixa apenas 75% do preço de venda para cobrir os custos fixos. Assim, a equação é:

$$\text{Volume de vendas unitárias} = \frac{\text{custo fixo}}{\text{preço} - \text{custo variável} - (0,25 \times \text{preço})} \text{ ou } \frac{\text{custo fixo}}{(0,75 \times \text{preço}) - \text{custo variável}}$$

Assim,

$$\text{Volume de vendas unitárias} = \frac{\$20.000.000}{(0,75 \times \$168) - \$125} = 20.000.000 \text{ unidades}$$

$$\text{Vendas em dinheiro necessárias} = 20.000.000 \text{ unidades} \times \$168 = \$3.360.000.000$$

Dessa forma, a HD precisaria de mais de 3 bilhões de dólares em vendas para gerar um retorno sobre as vendas de 25%, considerando seu preço e sua estrutura de custos atuais! Seria possível atingir esse nível de vendas? A principal questão é: embora a análise do ponto de equilíbrio possa ser útil para determinar o nível de vendas necessário para cobrir os custos ou atingir uma determinada meta de lucros, ela não diz à empresa se é *possível* atingir esse nível de vendas ao preço especificado. Para responder a essa questão, a HD precisa estimar a demanda pelo produto.

Antes de prosseguirmos, entretanto, vamos fazer uma pausa para praticar os conceitos apresentados até aqui. Agora que você já viu os conceitos de determinação de preços e ponto de equilíbrio na prática, aplicados ao novo produto da HD, seguem-se vários exercícios para que você aplique em outros contextos aquilo que aprendeu.

Marketing por meio dos números: primeiro grupo de exercícios

Agora que você viu, além da determinação de preços, a análise de ponto de equilíbrio e de margem aplicadas ao lançamento do novo produto da HD, utilize os exercícios a seguir para aplicar esses conceitos em outros contextos.

Apêndice 2 | Marketing por números **699**

1.1 A Elkins, uma fabricante de refrigeradores, tem um custo de 250 dólares por cada unidade produzida. Seus custos fixos totais são iguais a 5 milhões de dólares. Considerando que a empresa fabrica 500 mil unidades do produto, calcule o seguinte:

a) Custo unitário.

b) Preço de markup, caso a empresa queira 10% de retorno sobre as vendas.

c) Preço do ROI, caso a empresa queira 25% de retorno do investimento de 1 milhão.

1.2 A proprietária de uma loja de presentes compra itens para revender em sua loja. Ela adquire uma cadeira por 125 dólares e a revende por 225. Calcule o seguinte:

a) O markup em dinheiro.

b) A porcentagem do markup sobre o custo.

c) A porcentagem do markup sobre o preço de venda.

1.3 Um consumidor compra uma cafeteira de um varejista por 90 dólares. O markup do varejista é de 30% e o do atacadista é de 10%, ambos com base no preço de venda. Por qual preço o fabricante vende o produto ao atacadista?

1.4 Um fabricante de cortadores de grama tem um custo unitário de 140 dólares e deseja atingir uma margem de 30% com base no preço de venda. Considerando que o fabricante vende diretamente a um varejista, o qual, por sua vez, acrescenta uma margem de 40% com base no preço de venda, determine o preço de varejo cobrado dos consumidores.

1.5 A Advanced Electronics produz DVDs e os vende diretamente aos varejistas, que costumam vendê-los a 20 dólares. Os varejistas ganham 40% de margem com base no preço de venda no varejo. As informações de custos da Advanced são:

Embalagem e mídia do DVD	$2,50/DVD
Direitos autorais	$2,25/DVD
Propaganda e promoção	$500.000
Custos indiretos	$200.000

Calcule o seguinte:

a) A contribuição por unidade e margem de contribuição.

b) O volume no ponto de equilíbrio em unidades de DVD e em dinheiro.

c) O volume necessário de vendas em unidades de DVD e em dinheiro caso a meta de lucro da Advanced for de 20% sobre as vendas.

d) O lucro líquido se forem vendidos 5 milhões de DVDs.

Estimativas de demanda, orçamento de marketing e indicadores de desempenho do marketing

Potencial de mercado e estimativas de vendas

A HD já calculou as vendas necessárias para atingir o ponto de equilíbrio e as várias metas de lucro para seu novo produto. Entretanto, a empresa precisa de mais informações referentes à demanda para avaliar a viabilidade de atingir os níveis necessários de vendas. Essas informações também são necessárias para as decisões de produção, entre outras. Por exemplo, a programação da produção precisa ser definida, e as táticas de marketing têm de ser planejadas.

A **demanda total do mercado** para um produto ou serviço é o volume total que seria comprado por determinado grupo de consumidores em uma área geográfica, um período e um ambiente de marketing específicos, com um nível e mix de esforço de marketing definido. A demanda total do mercado não é um número fixo, mas uma função das condições relevantes. Por exemplo, a demanda total do mercado no próximo ano para esse tipo de produto vai depender do quanto outros fabricantes gastarão no marketing de suas marcas. Ela também dependerá de vários fatores ambientais, como regulamentações do governo, condições econômicas e nível de confiança do consumidor em determinado mercado. O limite superior da demanda do mercado é chamado de **potencial de mercado**.

Demanda total do mercado
O volume total que seria comprado por um determinado grupo de consumidores em uma área geográfica, um período e um ambiente de marketing específicos, com um nível e mix de esforço de marketing definidos.

Potencial de mercado
O limite superior da demanda do mercado.

700 Princípios de marketing

Um método geralista, porém prático, que a HD poderia utilizar para estimar a demanda total do mercado utiliza três variáveis: (1) o número de compradores potenciais, (2) a quantidade anual comprada por um comprador médio e (3) o preço médio de uma unidade média. De posse desses números, a HD pode estimar a demanda total do mercado como se segue:

$$Q = n \times q \times p$$

onde

Q = demanda total do mercado
n = número de compradores no mercado
q = quantidade anual comprada por um comprador médio
p = preço médio de uma unidade média

Método da proporção em cadeia
Estimativa da demanda do mercado pela multiplicação de um número-base por uma cadeia de porcentagens de ajuste.

Uma variação dessa abordagem é o **método da proporção em cadeia**. Ele envolve multiplicar um número-base por uma cadeia de porcentagens de ajuste. Por exemplo, o produto da HD foi desenvolvido para transmitir vídeos de alta definição em televisores também de alta definição, assim como rodar outros conteúdos de vídeo, disponíveis na Internet, em diversos dispositivos encontrados em uma casa. Assim, os consumidores que não possuem TV de alta definição provavelmente não comprarão esse aparelho. Além disso, apenas domicílios com acesso à Internet de banda larga conseguirão usar o produto. Para completar, nem todos os lares que possuem televisor de alta definição estarão dispostos a comprar o produto ou terão condições de fazê-lo. A HD pode estimar a demanda nos Estados Unidos utilizando uma cadeia de cálculos, como os que seguem:

Número total de domicílios nos Estados Unidos × A porcentagem de domicílios que possuem TV de alta definição e acesso à Internet de banda larga × A porcentagem desses domicílios dispostos a comprar o aparelho e com condições de fazê-lo

O US Census Bureau estima que haja, aproximadamente, 113 milhões de domicílios nos Estados Unidos.[3] Já as pesquisas da HD indicam que 60% dos lares norte-americanos possuem no mínimo uma TV de alta definição, além de terem acesso à Internet de banda larga. As pesquisas relevam também que 30% dos domicílios têm renda mais do que suficiente para comprar um produto como o da HD e estão dispostos a fazê-lo. Assim, o número total de domicílios dispostos a comprar o produto e com condições de fazê-lo é:

113 milhões de domicílios × 0,60 × 0,30 = 20,34 milhões de domicílios

Os domicílios precisam comprar apenas um aparelho, uma vez que ele consegue transmitir conteúdo para os outros dispositivos disponíveis no lar. Partindo do princípio de que o preço médio de varejo de todas as marcas seja de 350 dólares para esse produto, a estimativa da demanda total do mercado é:

20,34 milhões de domicílios × 1 dispositivo por lar × \$350 = \$7.119.000.000

Essa simples cadeia de cálculos fornece à HD somente uma estimativa aproximada da demanda potencial. Cadeias mais detalhadas, envolvendo segmentos adicionais e outros fatores qualificativos, resultariam em estimativas mais precisas e refinadas. Mesmo assim, elas seriam apenas *estimativas* do potencial de mercado, que teriam como forte base premissas referentes a porcentagens de ajuste, quantidade média e preço médio. Assim, a HD deve se certificar de que essas premissas são razoáveis e justificáveis. Como se pode ver, o potencial de mercado geral em termos de vendas em dinheiro pode variar muito, de acordo com o preço médio utilizado. Por isso, a HD vai utilizar o potencial de unidades vendidas para determinar sua estimativa de vendas para o próximo ano. O potencial de mercado em termos de unidades é de 20,34 milhões (20,43 milhões de domicílios × 1 dispositivo por lar).

Partindo do princípio de que, de acordo com as previsões da HD, ela terá uma participação de mercado de 3,66% no primeiro ano após o lançamento do produto, a empresa pode estimar as vendas em 20,34 milhões de unidades × 0,0366 = 744.444 unidades. Considerando um preço de venda de 168 dólares por unidade, isso se traduz em vendas de 125.066.592 milhões (744.444 unidades × \$168 por unidade). Para simplificar, as análises posteriores utilizarão vendas previstas de 125 milhões de dólares.

Essa estimativa de volume de vendas unitárias está dentro da capacidade de produção da HD e excede não apenas a estimativa do ponto de equilíbrio (465.117 unidades) calculada anteriormente, mas também o volume necessário para gerar um lucro de 5 milhões de dólares (581.396 unidades) ou 30% de retorno do investimento (534.884 unidades). Contudo, essa previsão está muito abaixo do volume necessário para atingir 25% de retorno das vendas (20 milhões de unidades!) e pode fazer com que a HD reveja suas expectativas.

Para avaliar os lucros esperados, precisamos agora examinar os gastos orçados para lançar o produto. Para tanto, vamos elaborar uma declaração *pro forma* de perdas e lucros.

Declaração de lucros e perdas e orçamento de marketing

Todos os gestores de marketing devem responder pelo impacto de suas estratégias de marketing sobre os lucros. Uma importante ferramenta para estimar esse impacto é uma **demonstração** *pro forma* **(ou projetada) de lucros e perdas** (ou **demonstrativo do resultado, relatório das operações**). Um demonstrativo *pro forma* mostra as receitas estimadas menos as despesas orçadas e apresenta uma estimativa do lucro líquido projetado de uma organização, produto ou marca durante um período de planejamento específico, normalmente de um ano. Ela inclui custos diretos de produção do produto, despesas de marketing orçadas para se atingir uma determinada previsão de vendas e custos indiretos da organização ou do produto. Uma declaração de lucros e perdas normalmente consiste em diversos componentes importantes (veja a Tabela A2.1):

> **Demonstração *pro forma* (ou projetada) de lucros e perdas (ou demonstrativo do resultado, relatório das operações)**
> Demonstração com as receitas estimadas menos as despesas orçadas e uma estimativa do lucro líquido projetado de uma organização, produto ou marca durante um período de planejamento específico, normalmente um ano.

- *Vendas líquidas:* receita de vendas bruta menos devoluções e descontos (por exemplo, descontos comerciais, por pagamento à vista, por quantidade comprada e de promoção). Estimava-se que as vendas líquidas da HD para 2013 seriam de 125 milhões de dólares.
- *Custo dos produtos vendidos* (também chamado de *custo das vendas):* custo real da mercadoria vendida por um fabricante ou revendedor. Inclui o custo de armazenagem, compras e outros custos associados à produção das mercadorias. Estima-se que o custo dos produtos vendidos da HD seja de 50% das vendas líquidas — ou 62,5 milhões de dólares.
- *Margem bruta* (ou *lucro bruto):* a diferença entre as vendas líquidas e o custo dos produtos vendidos. A margem bruta da HD é estimada em 62,5 milhões de dólares.
- *Despesas operacionais:* as despesas geradas ao se fazer o negócio. Elas incluem, além do custo dos produtos vendidos, todas as despesas necessárias para conduzir o negócio. As despesas operacionais podem ser apresentadas no total ou segmentadas em detalhes. No caso da HD, suas despesas operacionais estimadas incluem as *despesas de marketing* e as *despesas gerais e administrativas.*
- Entre as despesas de marketing, estão: despesas de vendas, de promoção e de distribuição. Como o novo produto será vendido pela força de vendas da HD, a empresa tem um orçamento de 5 milhões de dólares para salários da área comercial. Entretanto, como os representantes ganham uma comissão de 10% sobre as vendas, a HD também deve acrescentar um componente variável de 12,5 milhões (10% das vendas líquidas de 125 milhões de dólares) às despesas de vendas, o que resulta em um orçamento total para despesas de vendas de 17,5 milhões. A HD definiu em 10 milhões de dólares seus gastos de propaganda e promoção para lançar o produto. Contudo, a empresa também orçou 4% das vendas (ou 5 milhões de dólares) para concessões de propaganda cooperativa, pensando em varejistas que promovam o novo produto em suas ações de propaganda. Assim, os gastos totais orçados para propaganda e promoção são de 15 milhões de dólares (10 milhões para propaganda mais 5 milhões para concessões cooperativas). Por fim, a HD orçou 10% de suas vendas líquidas, ou 12,5 milhões de dólares, para transporte e entrega. No total, as despesas de marketing são estimadas em 17,5 milhões + 15 milhões + 12,5 milhões = 45 milhões de dólares.
- As despesas gerais e administrativas são estimadas em 5 milhões de dólares, divididas em 2 milhões para salários gerenciais e despesas da área de marketing e 3 milhões para custos indiretos alocados ao produto pelos contadores da empresa (como depreciação, juros, manutenção e seguro). Dessa forma, as despesas totais para o ano são estimadas em 50 milhões de dólares (45 milhões em despesas de marketing + 5 milhões em despesas gerais e administrativas).
- *Lucro líquido antes dos impostos:* lucro ganho após a dedução de todos os custos. O lucro líquido estimado da HD, antes dos impostos, é de 12,5 milhões de dólares.

		% das vendas
Vendas líquidas	$125.000.000	100%
Custo dos produtos vendidos	<u>62.500.000</u>	<u>50%</u>
Margem bruta	$62.500.000	50%
Despesas de marketing		
Despesas de vendas	$17.500.000	
Despesas de promoção	15.000.000	
Frete	<u>12.500.000</u>	45.000.000	36%
Despesas gerais e administrativas		
Salários gerenciais e despesas	$2.000.000	
Custos indiretos	<u>3.000.000</u>	<u>5.000.000</u>	4%
Lucro líquido antes dos impostos		$12.500.000	10%

▲ **Tabela A2.1** Demonstração *pro forma* de perdas de lucros para o período de 12 meses finalizado em 31 de dezembro de 2013.

No total, como mostra a Tabela A2.1, a HD esperava obter um lucro de 12,5 milhões de dólares com seu novo produto em 2013. Observe também que a porcentagem das vendas que cada componente da demonstração de lucros e perdas representa é dada pela coluna da direita. Essas porcentagens são determinadas dividindo-se o custo calculado pelas vendas líquidas — as despesas de marketing, por exemplo, representam 36% das vendas líquidas determinadas por $45 milhões ÷ $125 milhões). Como se pode ver, a HD estima um lucro líquido de retorno sobre as vendas de 10% no primeiro ano depois do lançamento desse produto.

Indicadores do desempenho do marketing

Agora vamos avançar um ano. O produto da HD está no mercado há um ano, e a administração quer avaliar seu desempenho de vendas e lucro. Uma maneira de fazer isso é pelo cálculo dos coeficientes de desempenho do **demonstrativo de lucros e perdas** (ou **declaração do resultado, relatório das operações**) da HD.

Enquanto a demonstração *pro forma* de lucros e perdas mostra o desempenho financeiro projetado, a demonstração da Tabela A2.2 mostra o desempenho financeiro *real* da HD com base nas vendas, no custo dos produtos vendidos e nas despesas que de fato se deram no decorrer do último ano. Ao comparar a demonstração de lucros e perdas de um período com a do próximo, a HD pode avaliar o desempenho em relação às metas, identificar tendências favoráveis ou desfavoráveis e tomar as medidas corretivas apropriadas.

A demonstração de lucros e perdas mostra que a HD perdeu 1 milhão de dólares, em vez de ganhar os 12,5 milhões de lucro projetado na demonstração *pro forma*. Por quê? Uma razão evidente é que as vendas líquidas ficaram 25 milhões de dólares abaixo das estimadas. As vendas inferiores geraram custos variáveis mais baixos associados ao marketing do produto.

Demonstração de lucros e perdas (ou demonstrativo do resultado, relatório das operações) Demonstração com as receitas atuais menos as despesas e o lucro líquido de uma organização, produto ou marca para um período de planejamento específico (geralmente, um ano).

		% das vendas
Vendas líquidas	$105.000.000	100%
Custo dos produtos vendidos	<u>55.000.000</u>	<u>50%</u>
Margem bruta	$45.000.000	45%
Despesas de marketing		
Despesas de vendas	$15.000.000	
Despesas de promoção	14.000.000	
Frete	<u>10.000.000</u>	39.000.000	39%
Despesas gerais e administrativas		
Salários gerenciais e despesas	$2.000.000	
Custos indiretos	5.000.000	<u>7.000.000</u>	<u>7%</u>
Lucro líquido antes dos impostos		($1.000.000)	(−1%)

▲ **Tabela A2.2** Demonstração de lucros e perdas para o período de 12 meses finalizado em 31 de dezembro de 2013.

Contudo, tanto os custos fixos como o custo dos produtos vendidos como uma porcentagem das vendas superaram as expectativas. Assim, a margem de contribuição do produto foi de 21%, em vez dos 26% estimados. Em outras palavras, os custos variáveis representaram 79% das vendas (55% para o custo dos produtos vendidos, 10% para as comissões de vendas, 10% para o frete e 4% para as concessões cooperativas). Lembre-se de que a margem de contribuição pode ser calculada subtraindo essa fração de um (1 − 0,79 = 0,21). Os custos fixos totais foram de 22 milhões de dólares, 2 milhões a mais do que o previsto. Assim, as vendas das quais a HD precisava para atingir o ponto de equilíbrio, considerando essa estrutura de custos, podem ser calculadas da seguinte maneira:

$$\text{Vendas no ponto de equilíbrio} = \frac{\text{custos fixos}}{\text{margem de contribuição}} = \frac{\$22.000.000}{0,21} = \$104.761.905$$

Se a HD tivesse conseguido mais 5 milhões de dólares em vendas, ela teria obtido lucro.

Apesar de as vendas da HD terem sido inferiores ao que era previsto, o mesmo aconteceu com as vendas do setor como um todo para esse produto, as quais ficaram em apenas 2,5 bilhões de dólares. Isso significa que a **participação de mercado** da HD foi de 4% ($100 milhões ÷ $2,5 milhões = 0,04 = 4%), que é mais alta do que a participação prevista. Assim, a HD conquistou uma participação de mercado maior do que a esperada, mas as vendas do mercado como um todo não foram tão altas quanto o estimado.

> **Participação de mercado**
> As vendas da empresa divididas pelas vendas do mercado.

Índices analíticos

A demonstração de lucros e perdas fornece os números necessários para calcular alguns **índices operacionais** essenciais — os índices de itens selecionados do relatório operacional no que diz respeito às vendas líquidas. Eles permitem que os profissionais de marketing comparem o desempenho da empresa em um determinado ano à performance dos anos anteriores (ou aos padrões do setor e ao desempenho dos concorrentes naquele ano). Os índices operacionais mais comumente utilizados são: a porcentagem da margem bruta, a porcentagem do lucro líquido e a porcentagem das despesas operacionais. A taxa de giro do estoque e o retorno do investimento (ROI) costumam ser utilizados para mensurar a eficácia e a eficiência gerencial.

> **Índices operacionais**
> Os índices de itens selecionados do relatório operacional no que diz respeito às vendas líquidas.

A **porcentagem da margem bruta** indica a porcentagem que resta das vendas líquidas após o custo dos produtos vendidos, a qual pode contribuir para as despesas operacionais e o lucro líquido antes dos impostos. Quanto maior for esse índice, mais resta à empresa para cobrir as despesas e gerar lucro. O índice de margem bruta da HD foi de 45%:

$$\text{Porcentagem da margem bruta} = \frac{\text{margem bruta}}{\text{vendas líquidas}} = \frac{\$45.000.000}{\$100.000.000} = 0,45 = 45\%$$

> **Porcentagem da margem bruta**
> A porcentagem que resta das vendas líquidas após o custo dos produtos vendidos — é calculada dividindo-se a margem bruta pelas vendas líquidas.

Observe que essa porcentagem é inferior à estimada e que esse índice é visto claramente na Tabela A2.2, na coluna de porcentagem das vendas. Inserir os itens na demonstração de lucros e perdas como uma porcentagem das vendas permite aos gestores identificar rapidamente variações anormais nos custos ao longo do tempo. Se houvesse um histórico prévio para esse produto e esse índice estivesse caindo, a administração teria que analisar o índice com mais atenção, para descobrir a razão da queda (isto é, se ela tinha a ver com uma queda no volume de vendas ou no preço, um aumento nos custos ou uma combinação dos dois). No caso da HD, as vendas líquidas foram 25 milhões de dólares menores do que o esperado, e o custo dos produtos vendidos foi superior ao estimado (55%, em vez dos 50% previstos).

A **porcentagem do lucro líquido** indica a porcentagem de cada unidade monetária de vendas que se traduz em lucros. Ela é calculada dividindo-se os lucros líquidos pelas vendas líquidas:

$$\text{Porcentagem do lucro líquido} = \frac{\text{lucro líquido}}{\text{vendas líquidas}} = \frac{-\$1.000.000}{\$100.000.000} = -0,01 = -1,0\%$$

> **Porcentagem do lucro líquido**
> A porcentagem de cada unidade monetária de vendas que se traduz em lucros — é calculada dividindo-se os lucros líquidos pelas vendas líquidas.

Esse índice é claramente visto na Tabela A2.2, coluna de porcentagem das vendas. O novo produto da HD gerou lucros negativos no primeiro ano — uma situação nada boa, consi-

704 Princípios de marketing

Porcentagem das despesas operacionais
A parcela das vendas líquidas que se traduz em despesas operacionais — é calculada dividindo-se as despesas totais pelas vendas líquidas.

derando que, antes do lançamento do produto, os lucros líquidos antes dos impostos eram estimados em mais de 12 milhões de dólares. Mais adiante, trataremos de análises adicionais, que o gestor de marketing deve conduzir para defender o produto.

A **porcentagem das despesas operacionais** indica a parcela das vendas líquidas alocadas nas despesas operacionais. As despesas operacionais incluem as despesas de marketing e outras despesas não diretamente relacionadas ao marketing do produto, como os custos indiretos alocados ao produto. A porcentagem de despesas operacionais é calculada assim:

$$\text{Porcentagem de despesas operacionais} = \frac{\text{despesas totais}}{\text{vendas líquidas}} = \frac{\$46.000.000}{\$100.000.000} = 0,46 = 46\%$$

Esse índice também pode ser rapidamente determinado a partir da coluna de porcentagem das vendas presente na demonstração de lucros e perdas, bastando para isso somar as porcentagens de despesas de marketing e despesas gerais e administrativas (39% + 7%). Assim, 46 centavos de cada dólar de vendas foram para as operações. Embora a HD queira que esse índice seja o mais baixo possível — e 46% não seja uma porcentagem alarmante —, será preocupante se o índice aumentar com o tempo ou se ocorrerem perdas.

Taxa de giro do estoque
É o número de vezes em que um estoque gira ou é vendido durante um determinado período (geralmente um ano) — é calculado com base nos custos, no preço de vendas ou nas unidades vendidas.

Outro índice útil é a **taxa de giro do estoque**, que representa o número de vezes em que um estoque gira ou é vendido durante um determinado período (geralmente um ano). Esse índice demonstra a velocidade na qual um negócio gira o estoque pela organização. Altos índices indicam que são feitos investimentos mais baixos em estoque, liberando, dessa forma, fundos para outros investimentos. A taxa de giro do estoque pode ser calculada com base nos custos, no preço de vendas ou nas unidades vendidas. A fórmula baseada nos custos é:

$$\text{Taxa de giro do estoque} = \frac{\text{custo dos produtos vendidos}}{\text{estoque médio a preço de custo}}$$

Considerando que os estoques de início e fim da HD foram de 30 e 20 milhões de dólares, respectivamente, a taxa de giro do estoque é:

$$\text{Taxa de giro do estoque} = \frac{\$55.000.000}{(\$30.000.000 + \$20.000.000)/2} = \frac{\$55.000.000}{\$25.000.000} = 2,2$$

Ou seja, o estoque da HD girou 2,2 vezes no primeiro ano do produto. Em geral, quanto maior for a taxa de giro, maiores são a eficiência da administração e a lucratividade da empresa. Contudo, esse índice deve ser comparado às médias do setor, aos índices dos concorrentes e ao desempenho passado — só assim é possível saber se a HD está se saindo bem. Um concorrente com vendas similares e uma taxa de giro do estoque mais alta terá menos recursos presos no estoque, o que permitirá que ele invista em outras áreas do negócio.

Retorno do investimento (ROI)
Uma medida de eficácia e eficiência gerencial — trata-se do lucro líquido antes dos impostos dividido pelo investimento total.

As empresas costumam utilizar o **retorno do investimento (ROI)** para avaliar a eficácia e a eficiência da gerencial. Para a HD, o ROI é o índice dos lucros líquidos em relação ao investimento total necessário para fabricar o novo produto, o qual inclui: investimentos de capital em terreno, instalações e equipamentos (nesse caso, os 10 milhões de dólares iniciais para reformar a instalação de produção), além dos custos de estoque (o estoque médio da HD foi de 25 milhões), totalizando 35 milhões de dólares. Assim, o retorno do investimento da HD para esse novo produto é:

$$\text{Retorno do investimento} = \frac{\text{lucro líquido antes dos impostos}}{\text{investimento}} = \frac{-\$1.000.000}{\$35.000.000} = -0,286 = -2,86\%$$

O ROI costuma ser utilizado para comparar alternativas, e um ROI positivo é desejável. A alternativa com o ROI mais alto é preferível às demais. A HD precisa lidar com o ROI concretizado. Uma maneira clara de a empresa melhorar o ROI é aumentando o lucro líquido por meio da redução das despesas. Ela também pode reduzir seus investimentos, talvez investindo menos em estoque e aumentando a frequência do giro.

Métricas da lucratividade do marketing

Tendo em vista os resultados financeiros discutidos até aqui, você pode estar pensando que a HD deveria desistir de seu novo produto. Seja como for, quais argumentos os profissionais de marketing podem utilizar para manter ou abandonar esse produto? Os argumentos mais óbvios para descontinuar o produto são: as vendas do primeiro ano foram muito abaixo dos níveis esperados e o produto apresentou prejuízo, resultando em um ROI negativo.

Mas o que aconteceria se a HD abandonasse esse produto? Surpreendentemente, se a empresa fizer isso, os lucros para a organização como um todo cairão 4 milhões de dólares! Como isso é possível? Os gestores de marketing precisam analisar atentamente os números da demonstração de lucros e perdas a fim de identificar a *contribuição líquida do marketing* para esse produto. No caso da HD, a contribuição líquida do marketing para o novo produto é de 4 milhões de dólares e, se a empresa abandoná-lo, essa contribuição sumirá. Vamos examinar com atenção esse conceito para ilustrar como os gestores de marketing podem avaliar e defender melhor suas estratégias e programas de marketing.

Contribuição líquida do marketing

A **contribuição líquida do marketing (CLM)**, bem como outras métricas do marketing que derivam dela, mensura a *lucratividade do marketing*. Ela inclui somente componentes da lucratividade controlados pelo marketing. Enquanto os cálculos anteriores da demonstração de lucros e perdas para o lucro líquido antes dos impostos incluíam despesas operacionais fora do controle do marketing, no caso da CLM isso não ocorre. Voltando à demonstração de lucros e perdas da HD apresentada na Tabela A2.2, podemos calcular a contribuição líquida do marketing para o novo produto da seguinte maneira:

> **Contribuição líquida do marketing (CLM)**
> Uma medida da lucratividade do marketing que inclui somente componentes da lucratividade controlados pelo marketing.

$$CLM = \text{vendas líquidas} - \text{custo dos produtos vendidos} - \text{despesas do marketing}$$
$$= \$100 \text{ milhões} - \$55 \text{ milhões} - \$41 \text{ milhões} = \$4 \text{ milhões}$$

As despesas do marketing incluem: despesas de vendas (15 milhões), despesas de promoção (14 milhões) e despesas com frete (10 milhões), bem como os salários e as despesas administrativas da função de marketing (2 milhões), o que totaliza 41 milhões de dólares.

Desse modo, o novo produto, na verdade, contribuiu com 4 milhões de dólares para os lucros da HD. Foram os custos indiretos de 5 milhões de dólares alocados a esse produto que causaram o lucro negativo. Além disso, a quantia alocada foi de 2 milhões a mais do que a estimada na demonstração *pro forma* de lucros e perdas. Com efeito, se apenas a quantia estimada tivesse sido alocada, o produto teria apresentado um lucro de 1 milhão de dólares, em vez de uma perda de 1 milhão. Se a HD abandonar o produto, os 5 milhões de dólares em custos indiretos fixos não vão desaparecer — eles simplesmente terão de ser alocados em outro lugar. Contudo, a contribuição líquida do marketing de 4 milhões de dólares *vai* sumir.

Retorno do marketing sobre as vendas e o investimento

Para uma compreensão ainda mais aprofundada do impacto da estratégia de marketing sobre os lucros, vamos analisar dois indicadores da eficiência do marketing: o *retorno do marketing sobre as vendas* (ROS do marketing) e o *retorno do marketing sobre o investimento* (ROI do marketing).[4]

O **retorno do marketing sobre as vendas (ou ROS do marketing)** mostra a porcentagem das vendas líquidas atribuída à contribuição líquida do marketing. Para nosso produto, o ROS é:

> **Retorno do marketing sobre as vendas (ou ROS do marketing)**
> A porcentagem das vendas líquidas atribuída à contribuição líquida do marketing — é calculado dividindo-se a contribuição líquida do marketing pelas vendas líquidas.

$$ROS \text{ do marketing} = \frac{\text{contribuição líquida do marketing}}{\text{vendas líquidas}} = \frac{\$4.000.000}{\$100.000.000} = 0{,}04 = 4\%$$

Assim, de cada 100 dólares em vendas, o produto retorna 4 dólares para os resultados financeiros da HD. Um alto ROS do marketing é algo desejável. Desse modo, para avaliar se o nível de desempenho é bom, a HD deve comparar esse número aos níveis do ROS do marketing anteriores para o produto, o ROS dos outros produtos que fazem parte do portfólio da empresa e o ROS dos produtos da concorrência.

Retorno do marketing sobre o investimento (ou ROI do marketing)
Uma medida da produtividade do marketing diante de um investimento na área — é calculado dividindo-se a contribuição líquida do marketing pelas despesas dele.

O **retorno do marketing sobre o investimento (ou ROI do marketing)** mensura a produtividade do marketing diante de um investimento na área. No caso da HD, o investimento de marketing é representado por 41 milhões de dólares das despesas totais. Assim, o ROI do marketing é:

$$\text{ROI do marketing} = \frac{\text{contribuição líquida do marketing}}{\text{despesas do marketing}} = \frac{\$4.000.000}{\$41.000.000} = 0,0976 = 9,76\%$$

Assim como ocorre com o ROS, é desejável um valor alto de ROI do marketing, mas esse número deve ser comparado não só com os níveis anteriores para um determinado produto, mas também com o ROI do marketing dos produtos da concorrência. Observe na equação que o ROI do marketing poderia ser superior a 100%. Isso pode ser obtido com uma contribuição líquida do marketing mais alta e/ou uma despesa total do marketing mais baixa.

Nesta seção, estimamos o potencial de mercado e as vendas, desenvolvemos demonstrações de lucros e perdas e analisamos indicadores financeiros de desempenho. Na seção seguinte, discutiremos métodos para analisar o impacto das várias táticas de marketing. Entretanto, antes de prosseguirmos com as análises, apresentamos mais um conjunto de exercícios quantitativos, para ajudá-lo a aplicar em outros contextos aquilo que aprendeu.

Marketing por meio dos números: segundo grupo de exercícios

2.1 Identifique o potencial de mercado para um produto que tenha 20 milhões de compradores potenciais, que adquirem uma média de 3 unidades ao ano pelo preço médio de 25 dólares. Quantas unidades a empresa deverá vender se desejar uma participação de 10% desse mercado?

2.2 Desenvolva uma demonstração de lucros e perdas para a divisão Westgate da North Industries. Essa divisão fabrica produtos para iluminação que são vendidos aos consumidores em lojas de ferragens e reformas domésticas. O custo dos produtos vendidos representa 40% das vendas líquidas. As despesas de marketing incluem despesas de vendas, de promoção e com frete. Por sua vez, as despesas de vendas incluem os salários da área comercial, totalizando 3 milhões de dólares por ano mais as comissões (5% das vendas). No ano passado, a empresa gastou 3 milhões de dólares com propaganda, e os custos com frete representaram 10% das vendas. Outros custos incluem 2 milhões de dólares para salários e despesas administrativas para a função de marketing, além de 3 milhões para os custos indiretos alocados na divisão.

a) Desenvolva a demonstração de lucros e perdas considerando que as vendas líquidas foram de 20 milhões de dólares no ano passado.

b) Desenvolva a demonstração de lucros e perdas considerando que as vendas líquidas foram de 40 milhões de dólares no ano passado.

c) Calcule as vendas da Westgate no ponto de equilíbrio.

2.3 Utilizando a declaração de perdas e lucros que você desenvolveu na questão 2.2b e partindo do princípio de que o estoque inicial da Westgate foi de 11 milhões de dólares, o estoque final foi de 7 milhões e o investimento total foi de 20 milhões, incluindo o estoque, calcule os seguintes itens:

a) Porcentagem da margem bruta.

b) Porcentagem do lucro líquido.

c) Porcentagem das despesas operacionais.

d) Taxa de giro do estoque.

e) Retorno do investimento (ROI).

f) Contribuição líquida do marketing.

g) Retorno do marketing sobre as vendas (ROS do marketing).

h) Retorno do marketing sobre o investimento (ROI do marketing).

i) A divisão Westgate apresenta um bom desempenho? Explique sua resposta.

Análise financeira das táticas de marketing

Apesar de, em termos de lucros, o desempenho do novo produto da HD no primeiro ano ter sido inferior ao desejado, a administração acredita que esse atrativo mercado apresenta excelentes oportunidades de crescimento. De fato, embora as vendas do novo produto da empresa tenham ficado abaixo do que foi inicialmente projetado, elas foram razoáveis, considerando-se o tamanho do mercado atual. Assim, a HD quer explorar novas táticas de marketing para ajudar a desenvolver o mercado para esse produto e aumentar as vendas para a empresa.

Para isso, a empresa poderia, por exemplo, aumentar a propaganda a fim de promover uma maior conscientização do novo produto e de sua categoria. Ela poderia também aumentar seu pessoal de vendas, para garantir uma maior distribuição do produto. Poderia ainda reduzir os preços, de modo que mais consumidores pudessem comprar o novo produto. Por fim, para expandir o mercado, a HD poderia lançar um modelo de preço mais baixo, além da oferta original, mais cara. Mas, antes de adotar qualquer uma dessas táticas, a HD deve analisar as implicações financeiras de cada uma delas.

Aumento nos gastos com propaganda

A HD está pensando em reforçar sua propaganda para aumentar a conscientização das pessoas acerca dos benefícios de seu dispositivo (em geral) e de sua própria marca (em particular). O que aconteceria se os profissionais de marketing da HD recomendassem um aumento de 50% da propaganda em âmbito nacional, que passaria a contar com 15 milhões de dólares (supondo que não haveria mudanças no componente cooperativo variável das despesas promocionais)? Isso representaria um aumento de 5 milhões nos custos fixos. Quanto as vendas deverão aumentar para atingir o ponto de equilíbrio, considerando esse aumento de 5 milhões nos custos fixos?

Uma maneira rápida de responder a essa questão é dividindo o aumento dos custos fixos pela margem de contribuição, que, como calculamos em análise anterior, é de 21%:

$$\text{Aumento das vendas} = \frac{\text{aumento dos custos fixos}}{\text{margem de contribuição}} = \frac{\$5.000.000}{0,21} = \$23.809.524$$

Assim, um aumento de 50% nos gastos com propaganda deve gerar uma elevação nas vendas de quase 24 milhões de dólares só para atingir o ponto de equilíbrio. Esse aumento de 24 milhões nas vendas representa um crescimento de quase 1 ponto percentual na participação de mercado (1% dos 2,5 bilhões do mercado como um todo é igual a 25 milhões). Ou seja, para atingir o ponto de equilíbrio considerando o gasto maior com propaganda, a HD teria que aumentar sua participação de mercado de 4 para 4,95% ($123.809.524 ÷ $2,5 bilhões = 0,0495 ou 4,95%). Tudo isso pressupõe que o mercado total não crescerá, o que pode ou não ser uma premissa razoável.

Aumento na cobertura de distribuição

A HD também quer analisar a possibilidade de contratar mais representantes de vendas, com o intuito de fechar contratos com novos varejistas e aumentar a distribuição por meio de mais pontos de venda. Embora a HD venda diretamente para os atacadistas, seus representantes entram em contato com os varejistas para desempenhar outras funções além de vender — eles, por exemplo, treinam os vendedores do varejo. Atualmente, a HD emprega 60 representantes, cujo salário é, em média, de 50 mil dólares anuais, mais 10% de comissão sobre as vendas. Hoje, o produto é vendido aos consumidores por meio de 1.875 pontos de varejo. Vamos supor que a HD queira aumentar esse número para 2.500 — um aumento de 625 pontos. De quantos vendedores a mais a HD precisará e quais vendas serão necessárias para a empresa atingir o ponto de equilíbrio, considerando o maior custo?

Uma maneira de calcular o tamanho necessário da força de vendas para a HD é o **método da carga de trabalho**, que utiliza a seguinte fórmula para definir o tamanho da equipe de vendas:

Método da carga de trabalho
Uma abordagem para determinar o tamanho necessário da força de vendas com base na quantidade de trabalho exigido e no tempo disponível para as vendas.

$$NV = \frac{NC \times FC \times DC}{TM}$$

onde

NV = número de vendedores

NC = número de clientes

FC = frequência média de contatos de vendas por cliente

DC = duração média do contato de vendas com o cliente

TM = tempo que um vendedor médio tem disponível para as vendas por ano

Os representantes de vendas da HD costumam entrar em contato com os clientes em média 20 vezes por ano, por cerca de 2 horas por contato. Apesar de cada representante trabalhar 2.000 horas anuais (50 semanas por ano × 40 horas por semana), eles passam cerca de 15 horas por semana em atividades não diretamente relacionadas às vendas, como tarefas administrativas e viagens. Assim, por ano, o tempo médio disponível para as vendas por representante é de 1.250 horas (50 semanas × 25 horas por semana). Com isso, podemos calcular quantos representantes de vendas serão necessários para a HD cobrir os 2.500 pontos de varejo previstos:

$$NV = \frac{2.500 \times 20 \times 2}{1.250} = 80 \text{ vendedores}$$

Portanto, a HD precisará contratar 20 novos vendedores. O custo para contratar esses representantes será de 1 milhão (20 vendedores × $50.000 de salário por vendedor).

Quanto as vendas deverão aumentar para a empresa atingir o ponto de equilíbrio, considerando esse aumento nos custos fixos? A comissão de 10% já está estimada na margem de contribuição, de modo que esta última permanece inalterada em 21%. Assim, o aumento necessário nas vendas para cobrir os maiores custos fixos pode ser calculado da seguinte maneira:

$$\text{Aumento das vendas} = \frac{\text{aumento nos custos fixos}}{\text{margem de contribuição}} = \frac{\$1.000.000}{0,21} = \$4.761.905$$

Isto é, com a utilização dessa tática, as vendas da HD devem aumentar quase 5 milhões de dólares para que a empresa atinja o ponto de equilíbrio. Assim, quantos novos pontos de varejo serão necessários para a empresa garantir esse aumento nas vendas? Atualmente, a receita média gerada por ponto de venda é de 53.333 dólares ($100 milhões em vendas divididos por 1.875 pontos de venda). Para conquistar os quase 5 milhões de aumento nas vendas necessários para atingir o ponto de equilíbrio, a HD precisaria de cerca de 90 novos pontos de venda ($4.761.905 ÷ $53.333 = 89,3 pontos de venda) ou, aproximadamente, 4,5 pontos de venda para cada novo representante. Considerando que os representantes atuais cobrem aproximadamente 31 pontos de venda cada (1.875 pontos ÷ 60 representantes), essa estimativa parece bastante razoável.

Redução do preço

A HD também está considerando a possibilidade de reduzir seu preço para aumentar a receita de vendas por meio de um volume maior. As pesquisas conduzidas pela empresa mostram que a demanda para a maioria dos produtos eletrônicos de consumo é elástica — isto é, o aumento percentual na quantidade demandada é maior que a redução percentual do preço.

Qual será o aumento necessário nas vendas para a HD atingir o ponto de equilíbrio, considerando uma redução de 10% no preço? Em outras palavras, qual será o aumento nas vendas necessário para manter a contribuição total que a HD obteve com o preço mais alto? A atual contribuição total pode ser calculada multiplicando-se a margem de contribuição pelas vendas totais:[5]

Atual contribuição total = margem de contribuição × vendas = 0,21 × $100 milhões = $21 milhões

Alterações nos preços resultam em mudanças na contribuição unitária e na margem de contribuição. Sabemos que a margem de contribuição de 21% se baseava nos custos variáveis, que representavam 79% das vendas. Portanto, os custos unitários variáveis podem ser calculados multiplicando-se o preço original por essa porcentagem: $168 \times 0,79 = \$132,72$ por unidade. Se o preço tiver uma redução de 10%, o novo preço será de $151,20. Contudo, os custos variáveis não mudam só porque o preço foi reduzido, de modo que a contribuição e a margem de contribuição caem como se segue:

	Antigo	Novo (redução de 10%)
Preço	$168	$151,20
– Custo unitário variável	$132,72	$132,72
= Contribuição unitária	$35,28	$18,48
Margem de contribuição	$35,28/$168 = 0,21 ou 21%	$18,48/$151,20 = 0,12 ou 12%

Dessa maneira, uma redução de 10% no preço resulta na queda da margem de contribuição de 21 para 12%.[6] Para determinar o nível de vendas necessário para a HD atingir o ponto de equilíbrio considerando essa redução de preço, calculamos o nível de vendas que deve ser conquistado com a nova margem de contribuição para chegar à contribuição total original de 21 milhões de dólares:

$$\text{Nova margem de contribuição} \times \text{novo nível de venda} = \text{contribuição total original}$$

Assim,

$$\text{Novo nível de vendas} = \frac{\text{contribuição original}}{\text{nova margem de contribuição}} = \frac{\$21.000.000}{0,12} = \$175.000.000$$

Desse modo, as vendas precisam aumentar 75 milhões ($175 milhões – $100 milhões) só para a HD atingir o ponto de equilíbrio em um cenário de redução de 10% no preço. Isso significa que, para atingir o nível atual de lucros (supondo que não haja aumento nas vendas totais do mercado), a HD deve aumentar a participação de mercado para 7% ($175 milhões ÷ $2,5 bilhões). O gestor de marketing deve analisar se essa meta é ou não razoável.

Ampliação da linha de produtos

Como uma última alternativa, a HD está pensando em ampliar sua linha de produtos oferecendo um modelo de preço mais baixo. Naturalmente, o novo produto mais barato tiraria parte das vendas do modelo mais caro. Isso é chamado de **canibalização** — situação em que um produto vendido por uma empresa tira uma parte das vendas dos outros produtos da empresa. Se o novo produto tiver uma contribuição mais baixa que a do produto original, a contribuição total da empresa cairá com as vendas canibalizadas. Contudo, se o novo produto pode gerar um novo volume suficiente, vale a pena analisar essa opção.

Canibalização
Situação em que um produto vendido por uma empresa tira uma parte das vendas dos outros produtos da empresa.

Para estimar a canibalização, a HD deve analisar a contribuição incremental obtida com a disponibilidade dos dois produtos. Lembre-se de que na análise anterior calculamos que os custos unitários variáveis eram de 132,72 dólares, e a contribuição unitária, de pouco mais de 35 dólares. Supondo que os custos permanecerão os mesmos no ano seguinte, a HD pode esperar atingir uma contribuição por unidade de aproximadamente 35 dólares para todas as unidades do produto original vendidas.

Vamos supor que o primeiro modelo oferecido pela HD seja chamado de HD1 e o novo modelo, de preço mais baixo, seja chamado de HD2. O HD2 será vendido no varejo por 250 dólares, e os revendedores terão as mesmas porcentagens de markup que tiram com o HD1. Assim, o preço do HD2 para os atacadistas será de 140 dólares, calculado como se segue:

710 Princípios de marketing

Preço de varejo sugerido:	$250
menos margem do varejo (30%):	– $75
Custo do varejista/preço do atacadista:	$175
menos margem do atacadista (20%):	– $35
Custo do atacadista/preço da HD:	$140

Se os custos variáveis do HD2 forem estimados em 120 dólares, sua contribuição unitária será igual a 20 dólares ($140 – $120 = $20). Isso significa que, para cada unidade que o HD2 canibalizar do HD1, a HD *perderá* 15 dólares em contribuição em relação aos custos fixos e ao lucro (isto é, contribuição$_{HD2}$ – contribuição$_{HD1}$ = $20 – $35 = – $15). Tendo isso em vista, pode-se concluir que a HD não deve adotar essa tática, porque aparentemente a empresa não vai se beneficiar se lançar o modelo mais barato. Contudo, se o HD2 conquistar vendas *adicionais* suficientes, a HD terá vantagens mesmo com a canibalização de parte das vendas do HD1. A empresa deve analisar o que acontecerá com a contribuição *total* — algo que requer estimativas de volume de vendas unitárias para ambos os produtos.

Originalmente, a HD estimou que as vendas do ano seguinte para o HD1 seriam de 600 mil unidades. Contudo, com o lançamento do HD2, a empresa hoje estima que 200 mil dessas vendas serão canibalizadas pelo novo modelo. Se vender apenas 200 mil unidades do novo modelo HD2 (todos canibalizados do HD1), a HD perderá 3 milhões de dólares em contribuição total (200.000 unidades × – $15 por unidade canibalizada = – $3 milhões) — um resultado nada bom. Entretanto, a HD estima que o HD2 gerará as 200 mil unidades em vendas canibalizadas mais um *adicional* de 500 mil unidades vendidas. Assim, a contribuição dessas unidades adicionais do HD2 será de 10 milhões de dólares (isto é, 500.000 unidades × $20 por unidade = $10 milhões). O efeito líquido disso é que a HD ganhará 7 milhões de dólares em contribuição total com o lançamento do HD2.

A tabela a seguir compara a contribuição total da HD com e sem o lançamento do HD2:

	Só com o HD1	HD1 e HD2
Contribuição do HD1	600.000 unidades × $35 = $21.000.000	400.000 unidades × $35 = $14.000.000
Contribuição do HD2	0	700.000 unidades × $20 = $14.000.000
Contribuição total	$21.000.000	$28.000.000

A diferença na contribuição total representa um ganho líquido de 7 milhões de dólares ($28 milhões – $21 milhões). Com base nessa análise, a HD deve lançar o modelo HD2 porque isso resultaria em uma contribuição incremental positiva. Contudo, se os custos fixos aumentarem, ultrapassando os 7 milhões de dólares como resultado da ampliação da linha de produtos, o efeito líquido será negativo, e a HD não deverá adotar essa tática.

Agora que você viu as análises de táticas de marketing na prática, voltadas para o novo produto da HD, seguem-se vários exercícios para você aplicar em outros contextos aquilo que aprendeu nesta seção.

Marketing por números: terceiro grupo de exercícios

3.1 A Alliance, Inc. vende lampiões para os consumidores por meio de pontos de varejo. No ano passado, as vendas totais do setor para o mercado relevante da Alliance foram de 100 milhões de dólares, com as vendas da Alliance representando 5% desse total. A margem de contribuição é de 25%. A força de vendas da Kingsford atende os pontos de varejo, e cada representante ganha 45.000 dólares por ano mais 1% de comissão por todas as vendas. Os varejistas recebem uma margem de 40% sobre o preço de venda e geram uma receita média de 10.000 dólares por ponto de venda para a Alliance.

    a) O gestor de marketing sugeriu aumentar em 300.000 dólares a propaganda dirigida ao consumidor. Em termos financeiros, qual seria o aumento necessário nas vendas para se atingir o ponto de equilíbrio considerando essa nova despesa? Quanto isso representa em aumento da participação de mercado total?

Apêndice 2 | Marketing por números **711**

b) Uma outra sugestão consiste em contratar mais dois representantes de vendas para conquistar novas contas no varejo. Quantos novos pontos de varejo seriam necessários para a empresa atingir o ponto de equilíbrio, considerando o maior custo de contratar dois novos representantes?

c) Uma última sugestão consiste em reduzir o preço em 10%. Em termos financeiros, qual seria o aumento necessário nas vendas para a empresa manter sua contribuição atual? (Veja a nota 6 para calcular a nova margem de contribuição.)

d) Em sua opinião, qual sugestão a Alliance deve implementar? Explique sua recomendação.

3.2 A PepsiCo vende seus refrigerantes em aproximadamente 400 mil estabelecimentos comerciais, como supermercados, lojas de desconto e lojas de conveniência. Os representantes entram em contato semanalmente com todos os pontos de varejo, o que significa que cada cliente recebe 52 contatos de vendas por ano. O tempo médio de um contato de vendas é de 75 minutos (ou 1,25 hora). Um representante de vendas trabalha em média 2.000 horas por ano (50 semanas por ano × 40 horas por semana), mas ele passa 10 horas por semana em atividades não diretamente relacionadas às vendas, como tarefas administrativas e viagens. De quantos vendedores a PepsiCo precisa?

3.3 A Hair Zone fabrica uma marca de gel para cabelos. Ela está analisando a possibilidade de acrescentar à sua linha uma versão modificada do produto — uma musse com maior poder de fixação. Os custos variáveis da Hair Zone e seus preços para os atacadistas são:

	Atual gel para cabelos	Nova musse
Preço de venda unitário	2,00	2,25
Custos unitários variáveis	0,85	1,25

A Hair Zone espera vender 1 milhão de unidades de sua nova musse fixadora no primeiro ano após o lançamento, mas espera que 60% dessas vendas sejam provenientes de compradores que normalmente compram o gel modelador da empresa. A Hair Zone estima que venderia 1,5 milhão de unidades do gel se não lançasse a musse. Se o custo fixo de lançar a nova musse for de 100.000 dólares no primeiro ano, a Hair Zone deverá acrescentar o novo produto à sua linha? Justifique sua resposta.

NOTAS

1. Isso se dá pelo rearranjo da equação e da solução a seguir para o preço: Porcentagem de markup = (preço – custo) ÷ preço.

2. Novamente, utilizando a equação básica de lucro, chegamos a um lucro igual a ROI x I:
   ROI x I = (P x Q) – TFC – (Q x UVC).
   Considerando Q, temos Q = (TFC + [ROI x I]) ÷ (P – UVC).

3. U.S. Census Bureau, www.census.gov/prod/1/pop/p25-1129.pdf. Acesso em: 26 out. 2009.

4. Veja Roger J. Best, *Market-based management*, 4ed. Upper Saddle River: Prentice Hall, 2005.

5. A contribuição total também pode ser determinada a partir da contribuição unitária e do volume vendido: Contribuição total = contribuição unitária x unidades vendidas. Em 2013, foram vendidas ao todo 595.238 unidades —

algo que pode ser determinado dividindo-se as vendas totais pelo preço por unidade ($100 milhões ÷ $168). Contribuição total = $35,28 de contribuição por unidade x 595.238 unidades = $20.999.996,64 (a diferença tem a ver com arredondamento).

6. Lembre-se de que a margem de contribuição de 21% foi baseada em custos variáveis que representavam 79% das vendas. Portanto, se não soubermos o preço, poderemos igualá-lo a 1,00 dólar. Se o preço for igual a 1,00 dólar, os custos variáveis representam 0,79 dólares, e contribuição unitária, 0,21. Se o preço for reduzido em 10%, o novo preço será 0,90 dólares. Contudo, os custos variáveis não mudam só porque o preço diminuiu, de modo que a contribuição unitária e a margem de contribuição diminuem da seguinte maneira:

	Antigo	Novo (reduzido em 10%)
Preço	$1,00	$0,90
– Custo unitário variável	$0,79	$0,79
= Contribuição unitária	$0,21	$0,11
Margem de contribuição	$0,21/$1,00 = 0,21 ou 21%	$0,11/$0,90 = 0,12 ou 12%

Apêndice 3

Carreiras no marketing

Você pode ter optado por uma carreira no marketing porque ele oferece desafios constantes e problemas interessantes, além da chance de se relacionar com pessoas e de excelentes oportunidades de progredir. Mas pode ainda não saber qual área do marketing tem mais a ver com a você, pois trata-se de um campo muito amplo que oferece uma grande variedade de opções profissionais.

Este apêndice ajuda você a descobrir quais áreas do marketing têm mais a ver com suas aptidões e interesses, mostra como conduzir o tipo de busca por emprego que lhe renderá a posição desejada, descreve as perspectivas de carreira no marketing e sugere outras fontes de informação.

As carreiras no marketing hoje

O marketing está em pleno crescimento, com cerca de um terço de todos os norte-americanos empregados em posições relacionadas a esse campo de atuação. Os salários nesse ramo podem variar de acordo com a empresa, o cargo e a região, e as médias mudam constantemente. Em geral, os salários iniciais são ligeiramente inferiores aos da engenharia e da química, mas iguais ou superiores aos da economia, finanças, contabilidade, administração geral e humanidades. Além disso, se for bem-sucedido em uma posição inicial, há chances de você ser rapidamente promovido para níveis mais altos de responsabilidade e remuneração. E, por conta do conhecimento sobre os consumidores e os produtos que se obtém nessas funções, os cargos relacionados ao marketing oferecem um excelente treinamento para os níveis mais altos de uma organização.

Fatos e tendências gerais do marketing

Ao conduzir sua busca por emprego, leve em consideração os seguintes fatos e tendências que estão mudando o mundo do marketing.

- *Foco nos clientes:* cada vez mais, as empresas estão percebendo que só podem vencer no mercado se criarem valor superior para os clientes. Para capturar valor dos clientes, primeiro elas devem encontrar novas e melhores maneiras de solucionar os problemas deles, aprimorando suas experiências de marca. Esse foco crescente no cliente coloca os profissionais de marketing na linha de frente de muitas empresas hoje em dia. Na qualidade de principal função orientada para o cliente, o marketing tem como missão fazer com que todos os departamentos da empresa "pensem como o cliente".
- *Tecnologia:* a tecnologia está mudando o modo como os profissionais de marketing trabalham. Por exemplo, a Internet, os dispositivos móveis e outras tecnologias digitais estão rapidamente mudando a maneira como os profissionais de marketing interagem com os clientes e os atendem. Eles também estão alterando tudo: do modo como os profissionais de marketing criam novos produtos e os promovem à maneira como acessam informação e contratam pessoas. De fato, tradicionalmente, as empresas de propaganda contratam "generalistas" para a administração de contas, mas a palavra "generalista" assumiu um significado totalmente novo — hoje, executivos de contas da área de propaganda precisam ter um conhecimento, ao mesmo tempo, amplo e especializado.

- *Diversidade:* o número de mulheres e representantes de minorias no marketing continua a crescer, e eles estão caminhando rápido em direção à administração de marketing. Por exemplo, atualmente há quase duas vezes mais mulheres do que homens na posição de executivo de contas de propaganda. E, à medida que o marketing se torna mais global, a necessidade de diversidade em suas posições continua a aumentar, abrindo novas oportunidades.
- *Âmbito global:* empresas como Coca-Cola, McDonald's, Google, IBM, Walmart e Procter & Gamble se tornaram multinacionais, com operações de produção e marketing em centenas de países. Com efeito, empresas como essas muitas vezes obtêm mais lucros com vendas feitas fora de seu país de origem. E não são apenas as grandes empresas que estão envolvidas no marketing internacional. Organizações de todos os tamanhos se voltaram para a arena global. Muitas novas oportunidades e carreiras no marketing estarão diretamente relacionadas ao mercado global em expansão. A globalização dos negócios também implica a necessidade de mais habilidades culturais, linguísticas e sociais no mundo do marketing no século XXI.
- *Organizações sem fins lucrativos:* cada vez mais, instituições de ensino superior, entidades artísticas, bibliotecas, hospitais e outras organizações sem fins lucrativos estão reconhecendo a necessidade de divulgar de maneira eficaz seus "produtos" e serviços para vários públicos. Essa conscientização levou a novas posições de marketing, com essas organizações contratando seus próprios executivos de marketing ou trabalhando com especialistas terceirizados.

Procurando um emprego no atual mundo do marketing

Para escolher e encontrar o emprego certo, você vai precisar aplicar as habilidades de marketing que aprendeu nesse curso, em especial a análise e o planejamento de marketing. Siga esses oito passos para fazer seu marketing pessoal: (1) faça uma autoavaliação e busque aconselhamento profissional; (2) analise as descrições de cargo; (3) explore o mercado de trabalho e avalie as oportunidades; (4) desenvolva estratégias de busca; (5) prepare um currículo; (6) elabore uma carta de apresentação e reúna documentação de apoio; (7) faça entrevistas de emprego, e (8) faça o acompanhamento.

Faça uma autoavaliação e busque aconselhamento profissional

Se estiver com dificuldade para decidir o tipo de posição de marketing que tem mais a ver com você, comece com uma autoavaliação ou busque aconselhamento profissional. As autoavaliações implicam uma análise profunda e sincera de seus interesses, bem como de seus pontos fortes e fracos. O que você faz bem (suas principais e melhores habilidades) e não tão bem? Pelo que você se interessa mais? Quais são suas metas profissionais? O que faz com que você se destaque dos outros candidatos ao emprego?

As respostas a questões como essas podem sugerir as carreiras que você deve buscar ou evitar no marketing. Para ajudar a realizar uma autoavaliação eficaz, existem as seguintes obras: *Career match: connecting who you are what you love to do*, de Shoya Zichy (AMACOM Books, 2007), e *What color is your parachute? 2013*, de Richard Bolles (Ten Speed Press, 2012; veja também <www.eparachute.com/index.webui> em inglês). Muitos sites também oferecem ferramentas de autoavaliação, como a Keirsey Temperament Theory and Temperament Sorter, uma avaliação ampla e gratuita em língua inglesa disponível no Keirsey.com. Para algo mais específico, a Career-Leader.com traz um programa completo de autoavaliação a carreiras na área de negócios desenvolvido pelos coordenadores do MBA de Desenvolvimento de Carreira da Harvard Business School. É possível usar esse programa mediante o pagamento de uma taxa.

Para ajudá-lo a encontrar um profissional que ofereça aconselhamento profissional, o livro *What color is your parachute? 2013*, de Richard Bolles, traz uma relação bastante útil, dividida por estado norte-americano. A CareerLeader.com também oferece aconselhamento

714 Princípios de marketing

pessoal (alguns conselheiros podem ajudá-lo, inclusive, em sua atual busca por emprego). Por fim, você pode consultar o conselheiro e os serviços de colocação profissional de sua instituição de ensino, bem como realizar seus testes.

Analise as descrições de cargo

Depois de identificar suas habilidades, interesses e desejos, é preciso ver quais posições de marketing têm mais a ver com você. Duas publicações do Ministério do Trabalho dos Estados Unidos, disponíveis na biblioteca mais próxima ou on-line — o *Occupation Outlook Handbook* (www.bls.gov/ooh) e o *Dictionary of Occupational Title* (www.occupationalinfo.org) —, descrevem as responsabilidades envolvidas nas diversas ocupações, o treinamento e a instrução necessários, a disponibilidade de trabalho em cada área, as possibilidades de progresso e as prováveis remunerações.

Sua lista inicial de trabalho deve ser ampla e flexível. Busque diferentes maneiras de atingir seus objetivos. Por exemplo, se quiser uma carreira na administração de marketing, analise tanto o setor público como o privado, bem como empresas locais, regionais, nacionais e também internacionais. Inicialmente, mantenha-se aberto para explorar diversas opções e, depois, se concentre em setores e cargos específicos, listando suas metas básicas para orientar suas escolhas. Sua lista pode incluir "um emprego em uma start-up, nas proximidades de uma grande cidade na Costa Oeste dos Estados Unidos, que esteja fazendo o planejamento de novos produtos com uma empresa de software".

Explore o mercado de trabalho e avalie as oportunidades

Nesse estágio, você tem que analisar o mercado e ver quais posições estão, de fato, disponíveis. Você não precisa fazer isso sozinho. Qualquer uma das fontes listadas a seguir pode ajudá-lo.

Centros de desenvolvimento profissional

O centro de desenvolvimento profissional de sua instituição de ensino é um excelente ponto de partida. Além de conferir esse centro ou processos de seleção específicos, verifique a edição mais recente do *Job Choices*, da National Association of Colleges and Employers (www.jobchoicesonline.com). Ele traz uma pesquisa em nível nacional, feita nos Estados Unidos, que mostra a intenção de contratação dos empregadores e como isso se relaciona aos novos cursos de graduação. Cada vez mais, os centros de desenvolvimento profissional das instituições de ensino estão migrando para a Internet. Por exemplo, o site dos serviços profissionais voltados para universitários da Kelley School of Business, da Universidade de Indiana, traz uma lista de links profissionais (http://kelley.iu.edu/UCSO/) que pode ajudá-lo a direcionar a sua busca por empregos.

Além disso, descubra tudo o que conseguir sobre as empresas que lhe interessam consultando os sites delas, revistas de negócios e conteúdo on-line, relatórios anuais, livros de referência, professores, orientadores de carreira e outros. Tente analisar o crescimento futuro do setor e da empresa, assim como seu potencial de lucros, suas oportunidades de crescimento profissional, seus níveis salariais, suas posições iniciais, seu tempo de percurso para chegar ao trabalho e outros fatores que sejam relevantes para você.

Feiras profissionais

Os centros de desenvolvimento profissional costumam trabalhar com recrutadores corporativos para organizar feiras profissionais em instituições de ensino. Você também pode utilizar a Internet para verificar as feiras profissionais de sua região. Por exemplo, visite a National Career Fairs no site www.nationalcareerfairs.com ou a Coast to Coast Career Fairs no endereço www.coasttocoastcareerfairs.com.

Networking

O networking — o ato de pedir para ser indicado por amigos, familiares, pessoas de sua comunidade e centros profissionais — é uma das melhores maneiras de encontrar um emprego na área de marketing. Estudos estimam que de 60% a 90% das vagas são preenchidas por meio do networking. A ideia é ampliar sua rede de relacionamentos, contatando muitas pessoas.

Estágios

Um programa de estágio possui muitos benefícios, como a obtenção de experiência em uma área específica de interesse e o desenvolvimento de uma rede de contatos. O maior deles, entretanto, é o potencial de ser oferecido ao estagiário um emprego pouco antes da graduação ou logo depois dela. De acordo com uma recente pesquisa conduzida pela National Association of Colleges and Employers, nos Estados Unidos, as empresas convertem 58,6% dos estagiários que estão no último ano de graduação em contratados em regime integral. Ao todo, 60% dos graduados que fizeram estágio e se candidataram a uma vaga receberam, no mínimo, uma oferta de trabalho. Por outro lado, apenas 36% dos graduados que não passaram por estágio e se candidataram a uma vaga receberam uma oferta de emprego. Além disso, os resultados da pesquisa mostram que a oferta de salários médios oferecidos aos graduados que possuem estágio é 31% maior do que os ofertados àqueles que não possuem.

Muitos sites corporativos possuem áreas separadas para programas de estágio. Dê uma olhada, por exemplo, no Internships.com, no InternshipPrograms.com, no MonsterCollege (http://college.monster.com/education), no CampusCareerCenter.com, no InternJobs.com e no GoAbroad.com (www.goabroad.com/intern-abroad). Se você já sabe em que empresa gostaria de trabalhar, visite o site a organização, entre na área de recursos humanos e verifique os programas de estágio. Se não houver nada relacionado, tente enviar um e-mail para o departamento de RH, perguntando se são oferecidos estágios.

Busca de emprego da Internet

Um número cada vez maior de sites na Internet é voltado para a busca de empregos. Também é possível utilizar a Internet para entrar em contato com pessoas que podem ajudá-lo a obter informações sobre empresas que lhe interessam e a pesquisar essas organizações. O Riley Guide é uma ótima porta de entrada para as vagas que estão abertas (www.rileyguide.com). O CarrerBuilder.com e o Monster.com são ótimos sites gerais para a busca de oportunidades de emprego. Outras páginas bastante úteis são a DisabilityInfo.gov e a HireDiversity.com, que contêm informações sobre oportunidades também para negros, latinos e asiáticos.

Muitas empresas têm seus próprios sites para a divulgação de oportunidades de emprego. Isso pode ser útil se você tiver uma lista específica e relativamente limitada de empresas nas quais gostaria de encontrar oportunidades. Mas, se esse não for seu caso, lembre-se de que, para descobrir as vagas que as empresas estão divulgando, você pode precisar visitar centenas de sites corporativos.

Sites de redes profissionais

Muitas empresas passaram a se valer das redes sociais para encontrar candidatos talentosos. Do Facebook ao LinkedIn, as redes sociais se tornaram redes profissionais. Por exemplo, a Ernst & Young possui uma página no Facebook (www.facebook.com/ernstandyoungcareers) com o objetivo de encontrar candidatos potenciais para vagas de início de carreira. Empresas que vão do Walmart (www.facebook.com/walmartcareers?v=app_7146470109) a BASF (www.facebook.com/home.php#!/basfcareer) fazem o mesmo, assim como praticamente todos os outros empregadores potenciais. Para as pessoas que estão buscando emprego, as redes profissionais oferecem uma seleção mais eficiente de vagas, além de reduzirem os custos associados à procura de trabalho quando as comparamos com os métodos de interação tradicionais, que envolvem, entre outros gastos, impressão de currículo e viagens para participar de feiras profissionais e entrevistas.

Contudo, embora a Internet forneça uma abundância de recursos para a busca do emprego perfeito, é preciso ter consciência de que ela é uma via de mão dupla. Da mesma forma que as pessoas podem procurar oportunidades de emprego na Internet, os empregadores podem buscar informações on-line sobre os candidatos ao trabalho. Muitas vezes, buscas por emprego podem sair dos trilhos por conta de informações encontradas por empregadores potenciais em redes sociais, que revelam piadas e fotos embaraçosas. Além disso, buscas na Internet podem apontar inconsistências ou excessos no currículo.

Desenvolva estratégias de busca

Uma vez que tenha decidido quais empresas lhe interessam, você precisa entrar em contato com elas. Uma das melhores maneiras de fazer isso é por meio de entrevistas no campus da sua faculdade. Mas nem toda empresa pela qual você se interessa visitará sua instituição de ensino. Nesses casos, você pode enviar uma carta, mandar um e-mail ou telefonar diretamente para a empresa. Pode também pedir contatos para seus professores de marketing ou para pessoas que se formaram em sua faculdade.

Prepare um currículo

Um currículo é um resumo conciso, porém abrangente, de suas qualificações, incluindo suas realizações acadêmicas, pessoais e profissionais, que mostram por que você é o melhor candidato para a vaga. Um empregador levará em média de 15 a 20 segundos para analisar seu currículo, portanto você precisa preparar um que seja bom.

Ao elaborar seu currículo, lembre-se de que todas as informações devem ser precisas e completas. Os currículos normalmente começam com o nome completo, o telefone, o e-mail e o endereço do candidato. Em seguida, costuma vir uma afirmação simples e direta dos objetivos profissionais, seguida de informações sobre o histórico profissional e acadêmico (incluindo prêmios e estágios) e sobre atividades e experiências profissionais relevantes para o cargo específico.

Às vezes, o currículo termina com uma lista de referências que o empregador pode contatar (em alguns casos, elas podem ser listadas separadamente). Se sua experiência de trabalho ou estágio for limitada, inexistente ou irrelevante, pode ser uma boa ideia enfatizar suas realizações acadêmicas e não acadêmicas, mostrando habilidades necessárias para um excelente desempenho no trabalho.

Existem três tipos de currículo. Os currículos *cronológicos*, que enfatizam o crescimento profissional, são organizados em ordem cronológica reversa, começando com o emprego mais recente. Eles se concentram nos cargos ocupados em organizações, descrevendo as responsabilidades em cada função. Os currículos *funcionais* se concentram menos nos cargos e no histórico profissional e mais em habilidades e realizações. Esse formato funciona melhor quando seu histórico profissional é limitado ou não linear. Currículos *mistos*, ou *combinados*, representam uma combinação dos outros dois formatos. Primeiro são listadas as habilidades utilizadas em um trabalho específico e, então, são relacionados os cargos ocupados. Esse formato funciona melhor para candidatos cujos empregos anteriores foram em outras áreas ou, aparentemente, não têm relação com a vaga específica. Para mais explicações e exemplos acerca desses tipos de currículo, visite o site do Résumé Resource (www.resume-resource. com/format.html).

Na livraria ou biblioteca mais próxima de você também existem muitos livros que podem ajudá-lo no desenvolvimento de seu currículo. Um guia bastante popular é o *Get the interview every time: proven résumé and cover letter strategies from Fortune 500 hiring professionals*, de Brenda Greene (Kaplan Publishing, 2009). Softwares como o RésuméMaker (ResumeMaker. com) oferecem centenas de exemplos de currículos e frases prontas, ao mesmo tempo em que fornecem orientação no processo de elaboração do currículo. O CareerOneStop (www.careeronestop.org/resumeguide/introduction.aspx) traz um tutorial para desenvolver currículo, com um passo a passo, e o Monster (http://career-advice.monster.com) oferece serviços de aconselhamento e elaboração de currículo. Para completar, você pode criar seu próprio currículo on-line personalizado em sites como o optimalresume.com.

Currículo eletrônico

Hoje em dia, a Internet está sendo amplamente utilizada na área de colocação profissional. Assim, é uma boa ideia ter seu currículo pronto para o ambiente on-line. Você pode encaminhar seu currículo para contatos de sua rede ou para profissionais de recrutamento, por e-mail. Pode também divulgá-lo em bancos de dados on-line, na esperança de que empregadores e recrutadores o encontrem.

Bons currículos eletrônicos requerem uma estratégia diferente daquela usada com currículos impressos. Por exemplo, quando consultam bancos de currículos, as empresas procuram por palavras-chaves e jargões específicos do setor, que descrevem uma habilidade ou função essencial exigida para a posição, de modo que os substantivos se tornam muito mais importantes do que os verbos. Dois ótimos sites que ajudam na elaboração de currículos eletrônicos são o Susan Ireland's Résumé Site (http://susanireland.com/resume/online/email/) e o Riley Guide (www.rileyguide.com/eresume.html).

Após preparar seu currículo eletrônico, você precisa divulgá-lo. O Monster (www.monster.com) e o CareerBuilder.com (www.careerbuilder.com/JobSeeker/Resumes/PostResume-New/PostYourResume.aspx) podem ser bons pontos de partida. Contudo, tome cuidado ao divulgar seu currículo em vários sites. Nessa era de roubo de identidade, você precisa selecionar os sites com cuidado, para proteger sua privacidade. Limite o acesso às suas informações de contato e não utilize sites que prometem "espalhar" seu currículo pelo ciberespaço.

Dicas de currículo

- Comunique o seu valor aos empregadores potenciais de modo concreto, citando exemplos sempre que possível.
- Seja conciso e direto.
- Utilize verbos ativos para mostrar dinamismo.
- Não omita suas qualidades nem use de estratagemas. Não meça esforços para apresentar um bom currículo.
- Peça para alguém fazer uma leitura crítica de seu currículo. Um único erro de digitação pode fazer com que você seja descartado.
- Customize seu currículo para empregadores específicos. Saliente seus pontos fortes se eles forem relevantes para o emprego visado.
- Elabore um currículo compacto, em geral de uma única página.
- Formate o texto para que seja atrativo, profissional e de fácil leitura. A fonte escolhida costuma ser a Times New Roman. Evite muito "design" ou exageros.

Elabore uma carta de apresentação e reúna documentação de apoio

Carta de apresentação

É necessário elaborar uma carta de apresentação, informando ao empregador que seu currículo está anexo. Mas uma carta de apresentação faz mais do que isso. Ela também serve para resumir em um ou dois parágrafos o conteúdo do currículo e explicar por que você se considera a pessoa certa para a posição. A meta é convencer o empregador a analisar o currículo. Em geral, uma carta de apresentação é organizada da seguinte maneira: (1) nome e cargo da pessoa que você está contatando; (2) um parágrafo salientando o cargo para o qual você se está se candidatando, como você tomou conhecimento da vaga e as razões do seu interesse; (3) um resumo de suas qualificações para o trabalho; (4) uma descrição do acompanhamento que você pretende fazer, como telefonar em duas semanas para verificar se o currículo foi recebido; (5) uma expressão de agradecimento pela oportunidade de se candidatar para o emprego. O CareerOneStop (www.careeronestop.org/ResumeGuide/Writeeffectivecoverletters.aspx) oferece um tutorial passo a passo sobre como criar uma carta de apresentação, e o Susan Ireland's contém mais de 50 amostras desse documento (http://susanireland.com/letter/cover-letter-examples). Outro guia bastante popular é o *Complete guide to writing effective résumé cover letters*, de Kimberly Sarmiento (Atlantic Publishing, 2009).

Acompanhamento

Após ter enviado sua carta de apresentação e seu currículo para empregadores potenciais pelo método que eles preferirem — e-mail, site corporativo ou correio normal —, geralmente é uma boa ideia fazer um acompanhamento. No mercado de trabalho de hoje, as pessoas que estão em busca de um emprego não podem se dar ao luxo de esperar que os entrevistadores entrem em contato com elas. Um currículo de qualidade e uma carta de apresentação atrativa são fundamentais, mas um acompanhamento adequado pode ser a chave para conseguir uma entrevista. Contudo, antes de entrar em contato com seu empregador potencial, pesquise a empresa. Conhecer a empresa e saber sua posição no setor o ajudará a se destacar. Ao dar um telefonema, enviar um e-mail ou mandar uma carta para uma empresa, certifique-se de reforçar seu interesse pela posição, verificar se seu currículo foi recebido e colocar-se à disposição do empregador para possíveis esclarecimentos.

Cartas de recomendação

Cartas de recomendação são referências escritas de professores, empregadores anteriores e atuais e outros, as quais testemunham sobre seu caráter, suas aptidões e suas habilidades. Algumas empresas podem solicitar que cartas de recomendação sejam enviadas com o currículo ou apresentadas na entrevista. Mesmo que não sejam solicitadas, é uma boa ideia levar cartas de recomendação para a entrevista. Uma boa carta de recomendação diz por que você seria um excelente candidato para a vaga. Ao escolher alguém para escrever uma carta de recomendação, esteja certo de que a pessoa dará uma boa referência sobre você. Além disso, não parte do princípio que a pessoa sabe tudo sobre você e sobre o emprego que está procurando — envie a ela seu currículo e outras informações relevantes. Por fim, permita que a pessoa tenha pelo menos um mês para elaborar a carta e anexe a seu material um envelope já selado e endereçado para o retorno.

Junto com o currículo, a carta de apresentação e as cartas de recomendação, você pode querer apresentar outros documentos relevantes, para reforçar sua aptidão para o cargo, como diplomas acadêmicos, portfólios e amostras de trabalhos.

Faça entrevistas de emprego

Como diz o velho ditado: "O currículo o leva à entrevista; a entrevista o leva ao emprego". A entrevista de emprego oferece a você a oportunidade de obter mais informações sobre a organização, ao mesmo tempo em que permite que a organização obtenha mais informações sobre você. Essa é sua oportunidade de mostrar o que há de melhor em você. O processo de entrevista consiste em três partes: antes da entrevista, durante a entrevista e depois da entrevista. Se passar com sucesso por esses três estágios, você será chamado para uma segunda entrevista.

Antes da entrevista

Ao se preparar para a sua entrevista, faça o seguinte:

1. Entenda que os entrevistadores possuem estilos diferentes, incluindo o estilo informal de "vamos nos conhecer", o estilo de interrogatório, com uma avalanche de perguntas, e o estilo mais provocativo, centrado nos porquês, entre outros. Assim, esteja pronto para tudo.
2. Simule uma entrevista com um amigo e peça uma avaliação. Ou filme-se em uma entrevista hipotética, para avaliar seu desempenho. O serviço de colocação profissional da sua faculdade também pode oferecer atividades relacionadas a entrevistas para ajudá-lo.
3. Prepare pelo menos cinco boas perguntas, cujas respostas não são facilmente encontradas em informações disponíveis sobre a empresa, como: "Qual é o direcionamento futuro da empresa?", "Como ela se diferencia dos concorrentes?" e "Vocês têm uma divisão de novas mídias?"
4. Adiante-se a possíveis perguntas do entrevistado, como: "Por que você quer trabalhar na nossa empresa?" ou "Por que deveríamos contratá-lo?" Prepare respostas sólidas antes da entrevista. Saiba com clareza por que você está interessado naquela empresa específica e no setor ao qual ela pertence.
5. Evite marcar entrevistas seguidas — elas podem ser exaustivas, e é impossível prever sua duração.
6. Prepare uma documentação relevante, que sustente sua aptidão para o cargo, como diplomas, cartas de recomendação, portfólios e amostras de trabalhos anteriores. Leve várias cópias para a entrevista.
7. Vista-se de maneira conservadora e tradicional. Esteja bem arrumado e limpo.
8. Chegue dez minutos antes para se recompor e revisar os principais pontos que pretende abordar. Procure seu nome na programação de entrevistas e anote o nome do entrevistador, bem como o número da sala. Seja cortês e educado com o pessoal do escritório.
9. Mostre entusiasmo na entrevista. Permita que sua personalidade se destaque.

Durante a entrevista

Durante a entrevista, faça o seguinte:

1. Cumprimente o entrevistador com um aperto de mão firme. Apresente-se, adaptando-se à linguagem utilizada pelo entrevistador. Concentre-se em passar uma boa impressão inicial.
2. Mostre segurança. Relaxe, sorria quando apropriado e mostre-se otimista.
3. Mantenha contato visual e uma boa postura. Fale claramente. Não mantenha as mãos fechadas e não brinque com joias, roupas ou cabelos. Sente-se confortavelmente na cadeira.
4. Juntamente com as cópias dos documentos relevantes, que sustentam sua aptidão para o cargo, leve cópias adicionais do seu currículo.
5. Domine seu discurso. Apresente seus argumentos de "venda". Responda às perguntas de maneira direta. Evite respostas monossilábicas ou muito extensas.
6. Deixe que o entrevistador tome a iniciativa, mas não seja passivo. Fique atento a oportunidades de direcionar a conversa para aspectos que quer que o entrevistador saiba sobre você.
7. Para fechar com chave de ouro, apresente seu ponto mais importante ou faça a sua pergunta mais pertinente durante a última parte da entrevista.
8. Não hesite em fazer o "fechamento". Você pode dizer: "Estou muito interessado na posição e gostei muito da entrevista".
9. Pegue o cartão de visita, endereço de e-mail ou número de telefone do entrevistador, de modo que, mais para a frente, possa fazer o acompanhamento.

Uma dica para se destacar na entrevista: antes de qualquer coisa, descubra *como é ser* um gerente de marca, representante de vendas, pesquisador de mercado, executivo de propaganda ou o responsável por qualquer outro cargo para o qual estiver sendo entrevistado. Veja se é possível encontrar um "mentor" — alguém em uma posição similar à que você procura, talvez em uma outra empresa. Converse com esse mentor sobre as vantagens e as desvantagens do cargo e do setor.

Depois da entrevista

Depois da entrevista, faça o seguinte:

1. Relembre os principais pontos levantados. Certifique-se de ter anotado o nome da pessoa com quem você deve entrar em contato para o acompanhamento, assim como a data prevista para a decisão.
2. Analise a entrevista objetivamente, incluindo as perguntas feitas, suas respostas a elas, sua apresentação geral na entrevista e as reações do entrevistador a pontos específicos.
3. Assim que possível, envie uma mensagem de agradecimento por carta ou e-mail, mencionando quaisquer pontos adicionais e sua disposição em fornecer outras informações.
4. Se você não tiver notícias do empregador no prazo especificado, escreva uma carta, envie um e-mail ou telefone para o entrevistador, para se informar sobre o status da vaga.

Faça o acompanhamento

Se sua primeira entrevista não tiver sido na empresa — mas, por exemplo, em sua faculdade ou em uma feira profissional — e se tiver sucesso nessa entrevista inicial, você será convidado para visitar a organização. A entrevista na empresa provavelmente levará entre várias horas e um dia inteiro. A organização analisará seu interesse, maturidade, entusiasmo, assertividade, lógica e conhecimento funcional e sobre a empresa. É o momento de fazer perguntas sobre questões importantes para você. Tente descobrir o máximo possível sobre o ambiente de trabalho, o cargo, as responsabilidades, as oportunidades de crescimento profissional, questões atuais do setor e a personalidade da empresa. A empresa quer saber se você é a pessoa certa para o cargo, enquanto você quer saber se esse é o emprego certo para você. O segredo consiste em identificar se você e a empresa se *encaixam*.

Carreiras no marketing

Esta seção descreve algumas das principais funções no marketing.

Propaganda

A propaganda é uma das áreas mais agitadas do marketing, oferecendo uma ampla variedade de oportunidades de carreira.

Descrição de cargo

Entre as principais posições na propaganda, estão a de redator publicitário, diretor de arte, gerente de produção, executivo de desenvolvimento de contas, executivo de contas, planejador de contas e planejador/comprador de mídia.

- Os *redatores publicitários* escrevem o texto dos anúncios e ajudam a encontrar os conceitos por trás das palavras e das imagens das propagandas.
- Os *diretores de arte*, que constituem a outra parte da equipe de criação, ajudam a traduzir as ideias dos redatores publicitários em imagens representativas chamadas de "layouts". Os designers da agência de publicidade desenvolvem layouts impressos, embalagens, layouts para televisão e vídeo (chamados de storyboards), logotipos corporativos, marcas registradas e símbolos.
- Os *gerentes de produção* são responsáveis por criar fisicamente os anúncios, na própria empresa ou em empresas terceirizadas de produção.
- Os *executivos de desenvolvimento de contas* pesquisam e entendem os mercados e os clientes, bem como ajudam a desenvolver estratégias de marketing e propaganda para impactá-los.
- Os *executivos de contas* atuam como a interface entre os clientes e as agências de publicidade. Eles coordenam o planejamento, a criação, a produção e a implementação da campanha publicitária para o cliente.
- Os *planejadores de contas* atuam como a voz do consumidor na agência de publicidade. Eles pesquisam os consumidores para entender suas necessidades e motivações, que servirão de base para desenvolver campanhas publicitárias eficazes.
- Os *planejadores (ou compradores) de mídia* definem qual o melhor mix de televisão, rádio, jornal, revista e outras mídias para a campanha publicitária.

Habilidades necessárias, perspectiva de carreira e salários médios

O trabalho na propaganda requer grande habilidade no trato com as pessoas, para que seja possível interagir de perto com uma base de clientes geralmente difícil e exigente. Além disso, a propaganda atrai pessoas com bastante habilidade em planejamento, resolução de problemas, criatividade, comunicação, iniciativa, liderança e presença. Ela envolve trabalhar sob altos níveis de estresse e pressão gerados por prazos curtos e inflexíveis. Os profissionais da propaganda costumam ter que estender seu horário normal de trabalho para cumprir os cronogramas de apresentação. Mas as conquistas do trabalho são evidentes, com os resultados das estratégias criativas sendo observados por milhares ou até milhões de pessoas.

As vagas na área de propaganda muitas vezes exigem um MBA. Mas a maioria dos empregos requer apenas um diploma em administração, artes gráficas ou humanidades em geral. Os empregos na propaganda costumam servir de porta de entrada para a gestão de nível mais alto. Além disso, com grandes agências de publicidade abrindo escritórios em todo o mundo, existe a possibilidade de se trabalhar em campanhas globais.

Os salários iniciais na área de propaganda são relativamente baixos em comparação com outras funções do marketing, por conta da grande concorrência para vagas em propaganda no nível de iniciante. A remuneração aumenta rapidamente, à medida que você passa para executivo de contas ou outras posições ligadas à gestão. Para mais informações e estimativas, visite as páginas Web da *Advertising Age*, uma importante publicação do setor de propaganda (em www.adage.com, clique no link "Jobs") e da American Association of Advertising Agencies (www.aaaa.org).

Gerenciamento de produto e marca

Gerentes de produto e de marca planejam, orientam e controlam os esforços corporativos e de marketing para seus produtos. Eles se envolvem em pesquisa e desenvolvimento, embalagem, produção, vendas e distribuição, propaganda, promoção e pesquisa de mercado, bem como em análise e previsão de negócios.

Descrição de cargo

Uma equipe de gerenciamento de marca é composta de pessoas em diversas posições:

- Os *gerentes de marca* orientam o desenvolvimento das estratégias de marketing para uma marca específica.
- Os *assistentes do gerente de marca* são responsáveis por alguns elementos estratégicos da marca.
- Os *gerentes de produto* supervisionam diversas marcas que fazem parte de uma linha ou grupo de produtos.
- Os *gerentes de categoria de produtos* dão o direcionamento de várias linhas de uma categoria de produtos.
- Os *analistas de mercado* pesquisam o mercado e fornecem importantes informações estratégicas para os gerentes de projeto.
- Os *diretores de projeto* são responsáveis pela coleta de informações de mercado referentes a um projeto de marketing ou produto.
- Os *diretores de pesquisa* supervisionam o planejamento, a realização e a análise de todas as pesquisas organizacionais.

Habilidades necessárias, perspectiva de carreira e salários médios

O gerenciamento de produto e marca requer grande habilidade para a resolução de problemas, capacidade analítica, presença, comunicação e liderança, bem como a aptidão de trabalhar bem em equipe. O gerenciamento de produto requer que o horário de trabalho normal seja estendido, além de envolver uma alta pressão ligada à gestão de grandes projetos. Em empresas de produtos de consumo, o iniciante — que normalmente precisa de um MBA — entra como assistente e aprende o trabalho realizando análises quantitativas e observando o pessoal mais experiente. Ele pode chegar a liderar a equipe, passando mais tarde para a gerência de uma marca mais importante e, em seguida, de várias marcas.

Muitas empresas de produtos organizacionais também contam com gerentes de produto. O gerenciamento de produto é um dos melhores campos de treinamento para futuros diretores. Ele também oferece boas oportunidades de migrar para o marketing internacional. Os gerentes de produto recebem salários relativamente altos. Como esse tipo de função incentiva ou exige MBA, o salário inicial tende a ser mais alto do que o de outras áreas do marketing, como propaganda ou varejo.

Vendas e gerenciamento de vendas

As oportunidades em vendas e gerenciamento de vendas se apresentam em uma ampla variedade de organizações com e sem fins lucrativos e em empresas de produtos e serviços, incluindo instituições financeiras, seguradoras, empresas de consultoria e organizações governamentais.

Descrição de cargo

Entre as principais funções, estão: vendas ao consumidor, vendas organizacionais, gerência de conta nacional, serviços de apoio, treinamento comercial e gerência de vendas.

- As *vendas ao consumidor* envolvem a venda de produtos e serviços de consumo por meio de varejistas.
- As *vendas organizacionais* envolvem a venda de produtos e serviços para outras organizações.
- A *gerência de conta nacional* supervisiona algumas grandes contas.
- O pessoal dos *serviços de apoio* oferece suporte à força de vendas durante e após a venda de um produto.
- O pessoal do *treinamento comercial* treina os novos contratados e fornece treinamento de reciclagem para toda a força de vendas.
- A *gerência de vendas* inclui uma série de posições, que vão de gerente local a vice-presidente comercial.

A força de vendas tem vida profissional intensa, trabalhando fora do escritório e interagindo com outras pessoas. Ela administra seu próprio tempo e suas atividades. E vendedores

722 Princípios de marketing

bem-sucedidos podem ser muito bem remunerados. A concorrência para cargos bons pode ser intensa. Os trabalhos ligados a vendas se diferenciam, mas algumas posições envolvem muitas viagens, uma longa jornada e trabalho sob pressão. Pode acontecer também de você ser transferido mais de uma vez, indo para as matrizes da empresa e suas filiais regionais. Contudo, atualmente, a maioria das empresas está se esforçando para proporcionar um bom equilíbrio entre a vida profissional e pessoal para seus vendedores e gerentes de vendas.

Habilidades necessárias, perspectiva de carreira e salários médios

O ato de vender possui um foco social — implica a interação com pessoas todos os dias, o dia inteiro. Além de habilidades pessoais, os profissionais de vendas precisam de aptidões relacionadas a vendas e comunicação. A maioria das posições em vendas também requer grande habilidade para a resolução de problemas, capacidade analítica, presença e liderança, bem como criatividade e iniciativa. A capacidade de trabalhar em equipe é algo cada vez mais importante.

A perspectiva de carreira passa da venda local e regional para níveis mais altos de gerenciamento comercial e, em muitos casos, para a alta administração da empresa. Hoje em dia, a maioria das posições de gerência comercial requer formação superior. Cada vez mais, as pessoas em busca de empregos na área comercial adquirem experiência em vendas por meio de um programa de estágio ou uma posição de meio período antes de se formar. As posições na área de vendas são excelentes trampolins para cargos de liderança, com mais CEOs iniciando sua carreira em vendas do que em qualquer outra posição. Isso pode explicar por que a concorrência para os cargos mais altos na área de vendas é tão intensa.

Os salários iniciais em vendas podem ser modestos, mas a remuneração costuma ser complementada por comissões, bônus e outros planos de incentivo. Além disso, muitas posições na área comercial incluem um carro da empresa ou cobertura de despesas com transporte. Os vendedores bem-sucedidos estão entre os funcionários mais bem remunerados das empresas.

Outras funções do marketing

Varejo

O varejo oferece uma oportunidade precoce para assumir responsabilidades no marketing. Entre as principais posições, estão: gerente de loja, gerente regional, comprador, gerente de departamento e vendedor. Os *gerentes de loja* orientam a administração e as operações de uma loja individual. Os *gerentes regionais* administram grupos de lojas em vários estados e informam os resultados à matriz. Os *compradores* selecionam e compram as mercadorias a serem vendidas na loja. O *gerente de departamento* atua como um gerente de loja para um departamento, como vestuário, mas no nível departamental. O *vendedor* vende as mercadorias para os clientes. O varejo pode envolver mudança de endereço, mas normalmente requer poucas viagens, a menos que você seja um comprador. O varejo requer grande habilidade no trato com pessoas e em vendas, uma vez que os varejistas estão em constante contato com os clientes. Entusiasmo, disposição e habilidades de comunicação também são muito úteis para os varejistas.

Os varejistas precisam estender seu horário normal de trabalho, mas suas atividades diárias costumam ser mais estruturadas do que as de outras áreas no marketing. Os salários iniciais no varejo tendem a ser baixos, mas a remuneração aumenta à medida que se evolui para a gerência ou uma função especializada.

Pesquisa de marketing

Os pesquisadores de marketing conversam com os administradores para identificar não só problemas, mas também as informações necessárias para solucioná-los. Eles elaboram projetos de pesquisa, preparam questionários e amostras, analisam dados, redigem relatórios e apresentam suas descobertas e recomendações para a gerência. Além disso, precisam ter conhecimentos sobre estatística, comportamento do consumidor, psicologia e sociologia. E, com a pesquisa on-line se tornando cada vez mais digital, eles têm que entender os prós e os contras de se obter e gerenciar informações on-line. Uma pós-graduação ajuda. Oportunidades profissionais se apresentam em fábricas, varejistas, alguns atacadistas, associações comerciais e de setor, empresas de pesquisa de marketing, agências de publicidade, órgãos do governo e organizações sem fins lucrativos.

Planejamento de novos produtos

Pessoas interessadas na área de planejamento de novos produtos podem encontrar oportunidades em diversos tipos de organização. Elas normalmente precisam de bons conhecimentos de marketing, pesquisa de marketing e previsão de vendas. Precisam também de habilidades organizacionais, para motivar e coordenar outras pessoas, e podem precisar de conhecimento técnico. Geralmente, essas pessoas passam por outras funções do marketing antes de entrar no departamento de novos produtos.

Logística de mercado (distribuição)

A logística de mercado, ou distribuição, é uma área ampla e dinâmica, com muitas oportunidades profissionais. Grandes empresas de transporte, fabricantes, atacadistas e varejistas empregam especialistas em logística. Cada vez mais, as equipes de marketing integram esses especialistas, e a perspectiva de carreira para gestores de marketing inclui funções de logística de mercado. Conhecimentos de métodos quantitativos, finanças, contabilidade e marketing proporcionam as habilidades necessárias para entrar na área.

Relações públicas

A maioria das organizações tem um pessoal de relações públicas para se antecipar a problemas com vários públicos, trabalhar com reclamações, lidar com a mídia e desenvolver a imagem corporativa. Pessoas interessadas em relações públicas devem saber falar e escrever com clareza e persuasão, além de precisarem ter formação em jornalismo, comunicações ou humanidades em geral. Os desafios da área são muito variados e orientados para pessoas.

Organizações sem fins lucrativos

Entre as principais posições em organizações sem fins lucrativos, estão a de diretor de marketing, diretor de desenvolvimento, coordenador de eventos, especialista em divulgação e estagiário/voluntário. O *diretor de marketing* é responsável por todas as atividades de marketing para a organização. O *diretor de desenvolvimento* organiza, gerencia e orienta as campanhas de captação de fundos que possibilitam a sobrevivência de uma organização sem fins lucrativos. O *coordenador de eventos* coordena todos os aspectos dos eventos de captação de fundos, do planejamento inicial até a implementação. O *especialista em divulgação* supervisiona os materiais elaborados para promover conscientização acerca da organização.

Apesar de normalmente ser uma posição não remunerada, o *estagiário/voluntário* desempenha várias funções do marketing, e esse trabalho pode ser um passo importante para um emprego em período integral. O terceiro setor normalmente não é adequado para pessoas que são impulsionadas por dinheiro. Em vez disso, a maioria das organizações sem fins lucrativos procura colaboradores com um acentuado espírito comunitário e o desejo de ajudar os outros. Assim, o salário inicial costuma ser inferior ao oferecido por outras áreas do marketing. Contudo, quanto maior for a organização sem fins lucrativos, mais chances você terá de aumentar rapidamente sua renda ao caminhar para a alta administração.

Empregos no marketing

Entidades brasileiras de apoio ao profissional

Aconselhamento profissional — Autoavaliação:
SbCoaching — Associação Brasileira de Coaching (http://www.sbcoaching.com.br)
IBC Coaching (http://www.ibccoaching.com.br)

Feiras profissionais

Talento — Unicamp (Campinas)
Feira Recrutamento e Carreira — FEA/USP (São Paulo)
Workshop integrativo — POLI/USP (São Paulo)

Obs.: As universidades Mackenzie, PUC e as federais, em geral, costumam realizar esse tipo de feira também.

Estágio e trainee

Vagas (http://www.vagas.com.br/vagas-de-estagio-trainee)

Cia de Talentos (http://www.ciadetalentos.com.br/)

Page Talent (http://www.pagetalent.com.br/view/index.jsf)

Viva Talentos (http://vivatalentos.com.br/)

Eureca (https://eureca.me/oportunidades)

Newik (http://www.newik.com.br/)

Empregos

Catho (http://www.catho.com.br)

Infojobs (www.infojobs.com.br)

Manager (www.manager.com.br)

Desenvolvimento de currículo

InfoJobs (http://educacao.infojobs.com.br/)

Sec Talentos Humanos (http://www.secth.com.br/si/site/0402)

Meu Curriculum (http://www.meucurriculum.com/)

Catho Online (http://www.catho.com.br/carreira-sucesso/modelo-curriculo)

Carta de apresentação

Carreiras (http://carreiras.empregos.com.br/carreira/administracao/ge/curriculo/elaborar/carta_apresentacao.shtm)

Catho Online (http://www.catho.com.br/va-a-luta/indexB.php/?sc_source=b2c-cpc-google&gclid=Cj0KEQjwzK6hBRCbzLz_r_f-3tkBEiQA-zyWsEIgsgRUbjiDjZM6F0jjZgLPOfL-5chUJgcqx_jHl4tQaAgZe8P8HAQ&sc_medium=search&sc_content=carta_de_apresentacao_modelo&ggo=1)

Vagas (http://www.vagas.com.br/profissoes/dicas/carta-de-apresentacao/)

Dicas de currículo (http://www.dicasdecurriculo.com.br/curriculo/modelos-de-carta-de-apresentacao/)

Glossário

Abordagem Etapa da venda em que o vendedor encontra o cliente pela primeira vez.

Acompanhamento Etapa da venda em que o comprador faz um trabalho pós-venda a fim de garantir a satisfação do cliente e mais negócios com ele.

Adaptação de comunicação Estratégia de comunicação global que envolve o ajuste completo das mensagens publicitárias aos mercados locais.

Adaptação de produto Adequação de um produto para atender às condições ou necessidades locais em mercados estrangeiros.

Administração de marketing Arte e ciência de escolher mercados-alvo e construir relacionamentos lucrativos com eles.

Administração por contrato Joint-venture em que a empresa fornece sua experiência em administração a uma empresa estrangeira, que entra com o capital; a empresa exporta serviços de administração, e não produtos.

Agência de propaganda Empresa que presta serviços de marketing e auxilia outras organizações a planejar, preparar, implementar e avaliar todos os seus programas de propaganda ou parte deles.

Agente Intermediário que representa compradores ou vendedores em uma base mais permanente, desempenha somente algumas funções e não assume a posse das mercadorias.

Ambientalismo Movimento organizado que congrega cidadãos, empresas e órgãos governamentais, com a finalidade de proteger e melhorar o ambiente em que as pessoas vivem hoje e viverão amanhã.

Ambiente cultural Instituições e outras forças que afetam os valores, as percepções, as preferências e os comportamentos básicos da sociedade.

Ambiente de marketing Participantes e forças externas ao marketing que afetam a capacidade da administração de marketing de construir e manter bons relacionamentos com clientes-alvo.

Ambiente econômico Fatores econômicos que afetam o poder de compra e o padrão de gastos dos consumidores.

Ambiente natural Ambiente físico e recursos naturais que são utilizados como insumos pelas empresas ou que são afetados pelas atividades de marketing.

Ambiente político Leis, órgãos governamentais e grupos de pressão que influenciam ou limitam várias organizações e indivíduos em determinada sociedade.

Ambiente tecnológico Forças que criam novas tecnologias, gerando novas oportunidades de produto e mercado.

Amostra Segmento da população selecionado para representar a população como um todo em uma pesquisa de marketing.

Análise da concorrência Identificação dos principais concorrentes; avaliação dos seus objetivos, estratégias, pontos fortes e fracos e padrões de reação; e seleção dos concorrentes que devem ser atacados ou evitados.

Análise de valor para o cliente Análise conduzida para identificar os benefícios que os clientes-alvo valorizam e como eles avaliam o valor relativo das várias ofertas dos concorrentes.

Análise do desempenho Estágio do processo de compra organizacional em que o comprador avalia o desempenho do fornecedor e decide dar continuidade ao acordo, modificá-lo ou desfazê-lo.

Análise do negócio Revisão das projeções de vendas, custos e lucros de um novo produto, para verificar se esses fatores satisfazem os objetivos da empresa.

Análise do ponto de equilíbrio Análise para identificar o ponto a partir do qual as vendas em quantidades e valor passam a gerar lucro com um determinado preço e estrutura de custos.

Análise do portfólio Processo por meio do qual a administração avalia os produtos e os negócios que constituem a empresa.

Análise SWOT Avaliação geral dos pontos fortes, dos pontos fracos, das oportunidades e das ameaças da empresa.

Anúncio on-line Propaganda que aparece enquanto os consumidores estão navegando na Internet, a qual inclui publicidade gráfica, links patrocinados e classificados on-line, entre outras formas.

Aprendizagem Mudanças no comportamento de uma pessoa que acontecem graças à experiência.

Apresentação Etapa da venda em que o vendedor conta a "história do valor" para o comprador, mostrando como a oferta da empresa soluciona seus problemas.

Atacadista Empresa dedicada *principalmente* às atividades de atacado.

Atacadista comercial Negócio de atacado independente que assume a posse das mercadorias com as quais lida.

Atacado Todas as atividades envolvidas na venda de produtos e serviços para aqueles que compram para revenda ou uso comercial.

Atitude Avaliações, sentimentos e tendências, favoráveis ou desfavoráveis, relativamente coerentes de uma pessoa com relação a um objeto ou ideia.

Avaliação das alternativas Estágio do processo de decisão do comprador em que ele utiliza as informações para avaliar as alternativas do conjunto final de marcas.

Baby-boomers Os 78 milhões de pessoas que nasceram entre o período pós-Segunda Guerra Mundial e 1964.

Banco de dados de clientes Conjunto organizado de dados abrangentes sobre clientes individuais, existentes ou potenciais, incluindo dados geográficos, demográficos, psicográficos e comportamentais.

Banco de dados internos Conjuntos eletrônicos de informações sobre o consumidor e o mercado obtidas a partir de fontes de dados que fazem parte da rede da empresa.

Benchmarking Comparação dos produtos e processos da empresa com os dos concorrentes ou das empresas líderes em outros setores, para identificar melhores práticas e descobrir meios de aprimorar a qualidade e o desempenho.

Blogs Diários on-line nos quais as pessoas postam seus pensamentos, normalmente sobre um tema bem definido.

Brand equity Efeito diferenciador que o conhecimento do nome de marca tem sobre a reação do cliente ao produto e seu marketing.

Busca por fornecedores Estágio do processo de compra organizacional em que o comprador tenta encontrar os melhores fornecedores.

Busca por informações Estágio do processo de decisão do comprador em que ele é motivado a buscar mais informações.

Buzz marketing Desenvolvimento de formadores de opinião, incentivando-os a divulgar informações sobre um produto ou serviço para outros membros de suas comunidades.

Cadeia de markup Sequência de markups utilizada pelas empresas em cada nível de um canal.

Cadeia de valor Rede formada pela empresa, seus fornecedores, seus distribuidores e, por fim, seus clientes, os quais firmam uma parceria em que cada um contribui para melhorar o sistema como um todo.

Cadeia de valor interna Conjunto de todos os departamentos internos, o qual realiza atividades de criação de valor para projetar, produzir, comercializar, entregar e apoiar os produtos da empresa.

Cadeia de valor dos serviços Cadeia que liga os lucros da empresa à satisfação do funcionário e do cliente.

Canais de comunicação não pessoal Meios que veiculam mensagens sem contato pessoal nem feedback; eles incluem as mídias mais importantes, as atmosferas e os eventos.

Canais de comunicação pessoal Canais por meio dos quais duas ou mais pessoas se comunicam de maneira direta; eles incluem comunicação pessoal, telefone, correio, e-mail ou até mesmo mensagens de texto e bate-papo na Internet.

Canal de distribuição convencional Canal que consiste em um ou mais fabricantes, atacadistas e varejistas independentes, no qual cada membro é uma empresa à parte que busca maximizar seus próprios lucros, mesmo que seja à custa do sistema como um todo.

Canal de marketing (ou canal de distribuição) Conjunto de organizações interdependentes que ajudam a tornar um produto ou serviço disponível para o consumo ou o uso de um consumidor ou usuário organizacional.

Canal de marketing direto Canal que não tem níveis intermediários.

Canal de marketing indireto Canal que possui um ou mais níveis intermediários.

Canibalização Situação em que um produto vendido por uma empresa tira uma parte das vendas dos outros produtos da própria empresa.

Central de distribuição Depósito grande e extremamente automatizado, projetado para receber produtos de diversas fábricas e fornecedores, recolher pedidos, processá-los com eficiência e entregar as merca-dorias para os clientes o mais rapidamente possível.

Centro de compras Todos os indivíduos e unidades que participam do processo de tomada de decisão de compra.

Ciclo de vida do produto (CVP) Comportamento das vendas e dos lucros de um produto ao longo de sua vida.

Classes sociais Divisões relativamente permanentes e ordenadas de uma sociedade cujos membros compartilham valores, interesses e comportamentos similares.

Clube de compras Varejista de ponta de estoque que vende uma variedade limitada de artigos de mercearia, eletrodomésticos, roupas e outros produtos, todos com marca, com grandes descontos para seus associados, os quais pagam anuidades.

Co-branding Prática de usar nomes de marca estabelecidos de duas diferentes empresas em um mesmo produto.

Comercialização Venda de um produto no mercado.

Comportamento de compra com dissonância cognitiva reduzida Comportamento de compra do consumidor em situações caracterizadas por alto envolvimento da parte dele, mas por poucas diferenças significativas percebidas entre as marcas.

Comportamento de compra complexo Comportamento de compra do consumidor em situações caracterizadas por alto envolvimento da parte dele e por significativas diferenças percebidas entre as marcas.

Comportamento de compra do consumidor Comportamento de compra dos consumidores finais — indivíduos e famílias que compram produtos e serviços para consumo pessoal.

Comportamento de compra em busca de variedade Comportamento de compra do consumidor em situações caracterizadas por baixo envolvimento da parte dele, mas por significativas diferenças percebidas entre as marcas.

Comportamento de compra habitual Comportamento de compra do consumidor em situações caracterizadas por baixo envolvimento da parte dele e por poucas diferenças significativas percebidas entre as marcas.

Comportamento de compra organizacional Comportamento de compra das organizações que adquirem produtos e serviços para utilizar na produção de outros produtos e serviços que são vendidos, alugados ou fornecidos a terceiros.

Comportamento pós-compra Estágio do processo de decisão do comprador em que ele toma medidas adicionais após a compra, com base em sua satisfação ou insatisfação.

Compra nova Situação de compra em que o comprador adquire o produto ou serviço pela primeira vez.

Compradores Pessoas do centro de compras de uma organização que efetuam a compra.

Comunicação integrada de marketing (CIM) A integração e a coordenação cuidadosas dos diversos canais de comunicação da empresa, a fim de transmitir uma mensagem clara, consistente e persuasiva sobre a organização e seus produtos.

Comunidade econômica Grupo de nações que se organizaram com a finalidade de atingir objetivos comuns na regulamentação do comércio internacional.

Conceito de criação A grande ideia, atraente, que dará vida a uma estratégia de mensagem da propaganda um modo distintivo e memorável.

Conceito de produto Versão detalhada da ideia de um novo produto, a qual é expressa em termos que façam sentido para o consumidor.

Conceito de roda do varejo Conceito que sugere que novos tipos de varejistas costumam começar como operações de baixas margens, baixos preços e baixo status, mas que, posteriormente, passam a cobrar preços mais altos e oferecer mais serviços, igualando-se, mais cedo ou mais tarde, aos varejistas convencionais que desbancaram.

Concepção de canal total Projeção de canais internacionais que levem em consideração toda a cadeia de abastecimento e o canal de marketing globais, formando uma efetiva rede de entrega de valor mundial.

Concessão Dinheiro promocional pago pelos fabricantes aos varejistas em troca de um acordo, no qual os varejistas apresentam os produtos dos fabricantes de determinada maneira.

Conflito de canal Divergência entre os membros do canal de marketing com relação a metas, papéis e recompensas — quem deveria fazer o que e o que deveria ganhar com isso.

Contribuição líquida do marketing (CLM) Medida da contribuição das ações de marketing para a lucratividade da empresa considerando os eventos controlados por marketing.

Contribuição unitária Quantia com que cada unidade contribui para cobrir os custos fixos — trata-se da diferença entre o preço e os custos variáveis.

Controle de marketing Mensuração e avaliação dos resultados dos planos e estratégias de marketing, adotando medidas corretivas para assegurar que os objetivos sejam alcançados.

Corretor Intermediário que não assume a posse das mercadorias e cuja função é reunir os compradores e vendedores e ajudar nas negociações.

Cotas de vendas Padrão que determina quanto os vendedores devem vender e como as vendas devem ser divididas entre os produtos da empresa.

Glossário   727

Crença Pensamento descritivo que uma pessoa tem em relação a algo.

Crowdsourcing Convidar grandes comunidades de pessoas — clientes, funcionários, cientistas e pesquisadores independentes e até mesmo o público em geral — para participar do processo de inovação em novos produtos.

Cultura Conjunto de valores, percepções, desejos e comportamentos básicos que um membro da sociedade adquire de sua família e de outras importantes instituições.

Curva de demanda Curva que mostra o número de unidades que o mercado comprará, em determinado período de tempo, considerando os diferentes preços que podem ser cobrados.

Curva de experiência (ou curva de aprendizagem) Queda no custo médio de produção por unidade proveniente da experiência acumulada em produção.

Customer equity Total do valor ao longo do tempo de todos os clientes da empresa.

Custos fixos (ou indiretos) Custos que não variam com o nível de produção ou de vendas.

Custos relevantes Custos que são importantes e que impactam as alternativas que estão sendo avaliadas.

Custos totais Soma dos custos fixos e variáveis em qualquer nível de produção.

Custos variáveis Custos que variam diretamente com o nível de produção.

Dados primários Informações coletadas para a finalidade em questão.

Dados secundários Informações que já existem em algum lugar e que foram coletadas para outra finalidade.

Decisão de compra Decisão do comprador sobre qual marca ou produto adquirir.

Decisores Pessoas do centro de compras de uma organização que têm poder formal ou informal para selecionar ou aprovar os fornecedores finais.

Declaração de missão Declaração do propósito da organização — o que ela quer realizar no ambiente maior.

Declaração de posicionamento Declaração que resume o posicionamento da empresa ou da marca da seguinte forma: para (segmento e necessidade que se quer atingir) nossa (marca) é (conceito) que (pontos de diferença).

Defesa do consumidor Movimento organizado que congrega cidadãos e órgãos governamentais, com a finalidade de melhorar a relação de direitos e poderes entre compradores e vendedores.

Definição do mercado-alvo Processo de avaliar a atratividade de cada segmento de mercado e selecionar um ou mais segmentos para entrar.

Demanda derivada Demanda organizacional que, em última instância, é proveniente (deriva) da demanda por bens de consumo.

Demanda total do mercado Volume total que seria comprado por um determinado grupo de consumidores em uma área geográfica, um período e um ambiente de marketing específicos, com um nível e mix de esforço de marketing definidos.

Demandas Desejos humanos que são apoiados pelo poder de compra.

Demografia Estudo da população humana em termos de tamanho, densidade, localização, idade, sexo, raça, ocupação e outros dados estatísticos.

Demonstrativo de lucros e perdas previsto (ou demonstrativo do resultado, relatório das operações) Declaração que mostra as receitas estimadas menos as despesas orçadas e apresenta uma estimativa do lucro líquido projetado de uma organização, produto ou marca durante um período de planejamento específico, normalmente um ano.

Demonstrativo de perdas e lucros (ou demonstrativo do resultado, relatório das operações) Declaração que traz as receitas atuais menos as despesas e o lucro líquido de uma organização, produto ou marca para um período específico (geralmente, um ano).

Desafiante de mercado Empresa que não está na liderança e que luta com afinco para aumentar sua participação de mercado em um setor.

Desconto Redução direta no preço das compras feitas em um determinado período de tempo ou em grandes volumes.

Descrição geral da necessidade Estágio do processo de compra organizacional em que o comprador descreve as características gerais e a quantidade de um item necessário.

Desejos Forma que as necessidades humanas assumem quando são moldadas pela cultura e pela personalidade individual.

Desenvolvimento da estratégia de marketing Elaboração de uma estratégia de marketing preliminar para um novo produto com base no conceito do produto.

Desenvolvimento de mercado Crescimento da empresa por meio da identificação e do desenvolvimento de novos segmentos de mercado para os produtos atuais da organização.

Desenvolvimento de novos produtos Desenvolvimento de produtos originais, de melhorias e modificações nos produtos existentes e de novas marcas por meio dos esforços de desenvolvimento de produto da empresa.

Desenvolvimento de novos produtos centrado no cliente Desenvolvimento de novos produtos que se concentra em descobrir novas maneiras de solucionar os problemas do cliente e criar para ele experiências satisfatórias.

Desenvolvimento de novos produtos em equipe Desenvolvimento de novos produtos em que os vários departamentos da empresa trabalham juntos, sobrepondo as etapas do processo de desenvolvimento para economizar tempo e aumentar a eficiência.

Desenvolvimento de produto Crescimento da empresa por meio da oferta de produtos novos ou modificados para os segmentos de mercado atuais.

Desenvolvimento do fornecedor Desenvolvimento sistemático de redes de fornecedores parceiros para garantir um fornecimento confiável de produtos e materiais utilizados para fabricar produtos ou revendê-los a terceiros.

Desenvolvimento do produto Desenvolvimento do conceito de produto em um produto físico, para garantir que a ideia do produto pode ser traduzida em uma oferta ao mercado viável.

Desintermediação Eliminação, por parte de fabricantes de produtos e prestadores de serviços, dos intermediários do canal de marketing ou a substituição de revendedores tradicionais por tipos de intermediários radicalmente novos.

Determinação de custo-alvo Determinação de preços que começa com um preço de venda ideal e, então, busca os custos que garantirão a cobrança desse preço.

Determinação de preços baseada na concorrência Estabelecimento de preços com base nas estratégias, nos custos, nos preços e nas ofertas ao mercado dos concorrentes.

Determinação de preços baseada no valor para o cliente Estabelecimento do preço com base nas percepções de valor dos compradores, em vez de no custo da empresa.

Determinação de preços baseada nos custos Estabelecimento de preços com base nos custos de produção, distribuição e venda do produto somados a uma taxa justa de retorno pelo esforço e risco.

Determinação de preços de desnatamento (ou *skimming* de mercado) Estabelecimento de altos preços para um novo produto a fim de "desnatar" as receitas, camada após camada, de segmentos dispostos a pagar os preços elevados; com isso, a empresa obtém menos vendas, porém mais lucrativas.

Determinação de preços de penetração de mercado Estabelecimento de baixos preços para um novo produto a fim de atrair um grande número de compradores e conquistar uma grande participação de mercado.

Determinação de preços geográficos Estabelecimento de preços para clientes localizados em diferentes partes de um país ou do mundo.

Determinação de preços para linha de produtos Estabelecimento de gradação de preços entre os diversos produtos em uma linha com base nas diferenças de custos en-

728 Princípios de marketing

tre os itens, nas avaliações que os clientes fazem das diferentes características e nos preços dos concorrentes.

Determinação de preços para pacotes de produtos Agrupamento de diversos produtos e oferecimento de um pacote a um preço reduzido.

Determinação de preços para produtos complementares Estabelecimento de preços para produtos que devem ser usados juntamente com um produto principal, como lâminas para aparelhos de barbear e jogos para consoles de videogame.

Determinação de preços para produtos opcionais Estabelecimento de preços para produtos opcionais ou acessórios do produto principal.

Determinação de preços para subprodutos Estabelecimento de preços para subprodutos, com a finalidade de tornar o preço do produto principal mais competitivo.

Determinação de preços por retorno do investimento (ou determinação de preços por retorno pretendido) Método de precificação que determina o preço considerando em uma taxa específica de retorno do investimento.

Determinação de preços promocionais Estabelecimento temporário de preços de produtos abaixo dos valores de tabela, e às vezes até do custo, para aumentar as vendas no curto prazo.

Determinação de preços psicológicos Precificação que considera a psicologia dos preços, e não apenas os aspectos econômicos. O preço é usado para dizer algo sobre o produto.

Determinação de preços segmentados Venda de um produto ou serviço por dois ou mais preços, embora a diferença de preços não se baseie em diferenças de custos.

Determinação dinâmica de preços Ajustes contínuos nos preços para atender a características e necessidades de clientes e situações individuais.

Diferenciação Processo de real diferenciação da oferta ao mercado a fim de criar valor superior para o cliente.

Dissonância cognitiva Desconforto do comprador gerado por um conflito pós-compra.

Distribuição exclusiva Concessão a um número limitado de revendedores do direito exclusivo de distribuir os produtos da empresa no território deles.

Distribuição intensiva Colocação dos produtos no maior número possível de pontos de venda.

Distribuição seletiva Uso de mais de um intermediário, mas menos do que o total disposto a comercializar os produtos da empresa.

Diversificação Crescimento da empresa por meio da abertura ou aquisição de negócios que não têm a ver com os atuais produtos e mercados da organização.

Dominador de categoria Grande rede de lojas especializadas que comercializa um vasto sortimento de determinada categoria ou linha de produtos.

Elasticidade de preço Medida da sensibilidade da demanda a mudanças no preço.

Embalagem As atividades de concepção e produção do recipiente ou envoltório de um produto.

Empresa centrada na concorrência Empresa cujos movimentos são baseados, principalmente, nas ações e reações dos concorrentes.

Empresa centrada no cliente Empresa que se concentra no desenvolvimento do cliente ao elaborar suas estratégias de marketing e entregar valor superior ao público-alvo.

Empresa centrada no mercado Empresa que, ao elaborar suas estratégias de marketing, presta atenção nos clientes e nos concorrentes de maneira equilibrada.

Empresa global Empresa que, por operar em mais de um país, obtém vantagens de marketing, de produção, de P&D e financeiras, em seus custos e reputação, que não estão ao alcance dos concorrentes que operam somente no mercado doméstico.

Empresas exclusivamente virtuais Empresas chamadas "ponto com", que operam somente on-line e não têm presença física no mercado.

Empresas mistas Empresas tradicionais, com presença física, que acrescentaram o marketing on-line às suas operações.

Entrevistas de grupo de foco (*focus group*) Entrevista pessoal que consiste em convidar de seis a dez pessoas para um encontro de poucas horas com um moderador treinado, no qual eles conversam sobre um produto, serviço ou organização. O entrevistador "foca" a discussão do grupo em questões importantes.

E-procurement Compra realizada por meio de conexões eletrônicas entre os compradores e os vendedores. Geralmente, ocorrem on-line.

Especificação do pedido de rotina Estágio do processo de compra organizacional em que o comprador escreve o pedido final para o(s) fornecedor(es) escolhido(s), listando as especificações técnicas, a quantidade necessária, o prazo de entrega esperado, as políticas de devolução e os termos de garantia.

Especificações do produto Estágio do processo de compra organizacional em que a organização compradora decide quais são as melhores características técnicas do produto para um determinado item e as especifica.

Estágio de crescimento Estágio do CVP em que as vendas do produto começam a subir rapidamente.

Estágio de declínio Estágio do CVP em que as vendas de um produto desaparecem.

Estágio de introdução Estágio do CVP em que um novo produto é distribuído e disponibilizado para compra.

Estágio de maturidade Estágio do CVP em que o crescimento das vendas de um produto diminui ou permanece estagnado.

Estilo Modo básico e distintivo de expressão.

Estilo de execução Abordagem, estilo, tom, palavras e formato usados para executar a mensagem.

Estilo de vida Padrão de vida de uma pessoa expresso em suas atividades, interesses e opiniões.

Estratégia de atração (*pull*) Estratégia de promoção que demanda um alto gasto com propaganda e promoção voltadas para os consumidores finais com o intuito de induzi-los a comprar o produto, criando uma demanda que "puxa" o produto pelo canal.

Estratégia de marketing Lógica de marketing por meio da qual a empresa espera criar valor para o cliente e conquistar relacionamentos lucrativos com eles.

Estratégia de pressão (*push*) Estratégia de promoção que demanda o uso da força de vendas e de promoção ao comércio para "empurrar" o produto pelos canais. O fabricante promove o produto para os membros do canal que, por sua vez, o promovem para os consumidores finais.

Estratégia de propaganda Estratégia por meio da qual a empresa realiza seus objetivos de propaganda. Ela consiste em dois elementos principais: a criação das mensagens de propaganda e a seleção da mídia de propaganda.

Estratégias competitivas de marketing Estratégias que posicionam solidamente a empresa contra seus concorrentes e lhe conferem a maior vantagem competitiva possível.

Estrutura de força de vendas por cliente (ou mercado) Organização de força de vendas em que os vendedores se especializam em vender só para determinados clientes ou setores.

Estrutura de força de vendas por produto Organização de força de vendas em que os vendedores se especializam em vender apenas uma parte dos produtos ou linhas da empresa.

Estrutura de força de vendas por território Organização de força de vendas que atribui uma área geográfica exclusiva para cada vendedor, o qual vende a linha completa da empresa.

Etapas de decisão de compra Etapas pelas quais os consumidores normalmente passam em seu trajeto rumo à compra, incluindo conscientização, conhecimento, simpatia, preferência, convicção e, por fim, a compra.

Glossário 729

Exportação Ingresso em mercados estrangeiros vendendo mercadorias fabricadas no país de origem, geralmente com pouca modificação.

Extensão de linha Expansão de nomes de marca existentes para novas formas, cores, tamanhos, ingredientes ou sabores em uma categoria de produtos também existente.

Extensão de marca Expansão de um nome de marca existente para uma nova categoria de produtos.

Extensão direta do produto Comercialização de um produto em um mercado estrangeiro sem fazer nenhuma modificação nele.

Fabricação por contrato Joint-venture em que a empresa contrata fabricantes do mercado estrangeiro para produzir seu produto ou oferecer seu serviço.

Fechamento Etapa da venda em que o vendedor solicita o pedido ao cliente.

Filiais e escritórios de vendas dos fabricantes Operações de comercialização realizadas por compradores ou vendedores, e não por atacadistas independentes.

Filtros Pessoas do centro de compras de uma organização que controlam o fluxo de informações.

Força de vendas externa (ou força de vendas de campo) Vendedores que ficam na rua visitando clientes.

Força de vendas interna Vendedores que conduzem os negócios de seu escritório, por telefone, pela Internet ou recebendo visitas de compradores potenciais.

Formadores de opinião Pessoas em um grupo de referência que, por conta de suas habilidades, conhecimento, personalidade ou outras características especiais, exercem influência social sobre os demais.

Franquia Associação contratual entre um fabricante, atacadista ou prestador de serviços (um franqueador) e empresários independentes (franqueados), os quais compram os direitos de possuir e operar uma ou mais unidades no sistema de franquia.

Geração de ideias Busca sistemática de ideias para novos produtos.

Geração X Os 49 milhões de pessoas nascidas entre 1965 e 1976, na "escassez de nascimentos" que se seguiu ao baby-boom.

Gerenciamento da cadeia de suprimento Gerenciamento dos fluxos de valor agregado de matérias-primas, de produtos finais e de informações relacionadas entre os fornecedores, a empresa, os revendedores e os consumidores finais — fluxos estes que ocorrem nos níveis acima e abaixo da cadeia de suprimento.

Gerenciamento da força de vendas Análise, planejamento, implementação e controle das atividades da força de vendas.

Gerenciamento da logística integrada Conceito logístico que destaca o trabalho em equipe — tanto dentro da empresa como entre todas as organizações que fazem parte do canal de marketing —, a fim de maximizar o desempenho do sistema de distribuição com um todo.

Gerenciamento do canal de marketing Seleção, gestão e motivação de cada membro do canal, bem como avaliação de seu desempenho ao longo do tempo.

Gerenciamento do relacionamento com o cliente (CRM) Gerenciamento de informações detalhadas sobre clientes individuais e administração cuidadosa dos pontos de contato com eles, a fim de maximizar sua fidelidade.

Gestão do relacionamento com o cliente Todo o processo de construir e manter relacionamentos lucrativos com os clientes, entregando-lhes valor superior e satisfação.

Gestão do relacionamento com o parceiro Trabalhar de perto com parceiros de outros departamentos da empresa ou de fora da organização para, em conjunto, entregar maior valor para os clientes.

Grupo Duas ou mais pessoas que interagem para conquistar metas individuais ou mútuas.

Grupo de foco on-line Reunião de um pequeno grupo de pessoas on-line com um moderador treinado para conversarem sobre um produto, serviço ou organização e obter insights qualitativos sobre as atitudes e o comportamento do consumidor.

Grupo estratégico Grupo de empresas em um setor que seguem a mesma estratégia ou uma estratégia similar.

Identificação do problema Estágio do processo de compra organizacional em que a empresa identifica um problema ou uma necessidade que pode ser dissipada com a aquisição de determinado produto ou serviço.

Implementação de marketing Transformação dos planos e estratégias de marketing em ações para que os objetivos estratégicos de marketing sejam atingidos.

Índices operacionais Índices de itens selecionados do relatório operacional relativo à sua comparação com as vendas líquidas.

Influência do boca a boca Impacto que aquilo que amigos, colegas e consumidores de confiança dizem e recomendam gera no comportamento de compra do consumidor.

Influenciadores Pessoas do centro de compras de uma organização que afetam a decisão de compra; geralmente, ajudam a definir as especificações e também oferecem informações para a avaliação das alternativas.

Inseparabilidade dos serviços Serviços são produzidos e consumidos ao mesmo tempo e não podem ser separados de seus fornecedores.

Insights de cliente Entendimentos sobre os clientes e o mercado derivados de pesquisa de marketing que se tornam a base para a criação de valor para os clientes e de relacionamentos com eles.

Intangibilidade dos serviços Serviços não podem ser vistos, provados, sentidos, ouvidos ou cheirados antes da compra.

Inteligência competitiva de marketing Coleta e análise sistemáticas de informações publicamente disponíveis sobre consumidores, concorrentes e acontecimentos no mercado.

Intermediários de marketing Organizações que ajudam a empresa a promover, vender e distribuir seus produtos aos compradores finais.

Internet Vasta rede pública que conecta usuários de todos os tipos, ao redor do mundo, não só entre si, mas também a um enorme repositório de informações.

Invenção de produto Criação de novos produtos ou serviços para mercados estrangeiros.

Investimento direto Ingresso em um mercado estrangeiro, desenvolvendo instalações de montagem ou fabricação no país.

Joint-venture Ingresso em mercados estrangeiros, firmando parcerias com empresas do país para produzir ou comercializar um produto ou serviço.

Licenciamento Ingresso em mercados estrangeiros, firmando um acordo com um licenciado do próprio país.

Líder de mercado Empresa com maior participação de mercado do setor.

Linha de produtos Grupo de produtos que são intimamente relacionados porque funcionam de maneira similar, são vendidos para os mesmos grupos de cliente, são comercializados por meio dos mesmos tipos de pontos de venda ou se enquadram em determinadas faixas de preços.

Logística de marketing (ou distribuição física) Planejamento, implementação e controle do fluxo físico de produtos, serviços e informações correlacionadas, desde os pontos de origem até os pontos de consumo, a fim de atender às exigências dos clientes de maneira lucrativa.

Loja de conveniência Loja pequena, localizada perto de áreas residenciais, que funciona em horários prolongados, durante a semana inteira, e comercializa uma linha limitada de produtos de conveniência de alto giro.

Loja de departamento Loja de varejo que comercializa uma ampla variedade de linhas de produtos, cada uma delas é operada como um departamento à parte, administrado por compradores ou profissionais de marketing especializados.

Loja de desconto Operação de varejo que comercializa mercadorias-padrão a preços menores, aceitando margens mais baixas e vendendo volumes mais altos.

Loja de fábrica Operação de varejo de ponta de estoque que pertence e é administrada por um fabricante, comercializa produtos excedentes, com pequenos defeitos e realiza liquidações contínuas.

Loja especializada Loja de varejo que comercializa poucas linhas de produto, com um grande sortimento em cada linha.

Loja de ponta de estoque independente Varejista de ponta de estoque que pertence a um grupo independente e é operado por ele ou, então, é uma divisão de uma corporação varejista de maior porte.

Macroambiente Forças societais mais amplas que afetam o microambiente. São elas: forças demográficas, econômicas, naturais, tecnológicas, políticas e culturais.

Madison & Vine Termo que representa a fusão da propaganda e do entretenimento, em um esforço para driblar a saturação e criar novas maneiras de atingir os clientes com mensagens mais envolventes.

Marca Nome, termo, sinal, símbolo ou design — ou uma combinação desses elementos — que identifica os produtos ou serviços de um vendedor ou grupo de vendedores e os diferencia dos oferecidos pelos concorrentes.

Marca própria (ou marca de varejo) Marca criada por um revendedor de um produto ou serviço e de propriedade dele.

Marketing Processo pelo qual as empresas criam valor para os clientes e constroem fortes relacionamentos com eles a fim de, em troca, capturar valor deles.

Marketing ao comprador (*shopper*) Utilização de promoções e propagandas dentro das lojas com o intuito de ampliar o brand equity para "o último passo" e incentivar decisões favoráveis nos pontos de compra.

Marketing como orientador de missão Princípio de marketing sustentável segundo o qual a empresa deve definir sua missão em termos sociais amplos, e não em termos limitados de produto.

Marketing concentrado (ou de nicho) Estratégia de cobertura de mercado em que a empresa busca uma grande participação em um ou em alguns poucos segmentos ou nichos.

Marketing de catálogo Marketing direto realizado por meio de catálogos impressos, em vídeo ou digitais, os quais são enviados por correio para clientes selecionados, disponibilizados em lojas ou apresentados on-line.

Marketing de eventos (ou patrocínio de eventos) Marketing que consiste em criar um evento para uma marca ou, então, ser patrocinador único ou um dos participantes de eventos criados por outros.

Marketing de mala direta Marketing que envolve enviar uma oferta, anúncio, lembrete ou outro item diretamente para uma pessoa, em um determinado endereço.

Marketing de televendas Marketing direto por meio da televisão que inclui propaganda interativa (ou infomerciais) e TV interativa.

Marketing de valor para o cliente Princípio de marketing sustentável segundo o qual a empresa deve aplicar a maior parte de seus recursos em investimentos de marketing voltados à construção de valor para o cliente.

Marketing diferenciado (ou segmentado) Estratégia de cobertura de mercado em que a empresa decide se voltar para diversos segmentos de mercado e desenvolve ofertas separadas para cada um deles.

Marketing direto Contatos diretos com consumidores individuais cuidadosamente definidos como alvo, com o objetivo de obter resposta imediata e cultivar relacionamentos duradouros.

Marketing gerado pelo consumidor Trocas referentes à marca geradas pelos próprios consumidores, que são convidados ou não para fazer isso. Por meio dessas trocas, os consumidores estão desempenhando um papel cada vez maior na formatação de suas próprias experiências com a marca e na de outros consumidores.

Marketing global adaptado Abordagem de marketing internacional que ajusta a estratégia de marketing, bem como os elementos do mix de marketing, a cada mercado-alvo internacional — o que gera mais custo, mas, espera-se, leva a maiores participações de mercado e retorno.

Marketing global padronizado Estratégia de marketing internacional que, basicamente, utiliza não só a mesma estratégia de marketing, mas também o mesmo mix de marketing, em todos os mercados internacionais da empresa.

Marketing indiferenciado (ou de massa) Estratégia de cobertura de mercado em que a empresa decide ignorar as diferenças nos segmentos do mercado e se voltar para o mercado total com uma única oferta.

Marketing individual Desenvolvimento de produtos e programas de marketing sob medida para atender às necessidades e às preferências de clientes individuais.

Marketing inovador Princípio de marketing sustentável o qual requer que a empresa busque melhorias reais de produto e marketing.

Marketing interativo Treinamento dos funcionários de serviços na arte de interagir com os clientes para satisfazer suas necessidades.

Marketing interno Orientação e motivação dos funcionários que lidam com os clientes, bem como de todo o pessoal que oferece serviços de apoio, para que trabalhem em equipe a fim de fornecer satisfação aos clientes.

Marketing local Desenvolvimento de marcas e marketing sob medida para atender às necessidades e aos desejos de grupos de cliente locais — cidades, bairros e até mesmo lojas específicas.

Marketing móvel Marketing dirigido a consumidores em movimento, por meio de celulares, smartphones, tablets e outros dispositivos móveis de comunicação.

Marketing on-line Esforços para comercializar produtos e serviços e para desenvolver relacionamento com os clientes na Internet.

Marketing on-line B2B (empresa-empresa) Marketing on-line para atingir novos clientes organizacionais, atender os clientes existentes de maneira mais eficaz e obter eficiência e melhores preços em compras.

Marketing on-line B2C (empresa-consumidor) Venda de produtos e serviços on-line para consumidores finais.

Marketing on-line C2B (consumidor-empresa) Trocas on-line em que os consumidores procuram empresas, informam-se sobre suas ofertas, iniciam compras e, muitas vezes, chegam a conduzir os termos da transação.

Marketing on-line C2C (consumidor-consumidor) Trocas on-line de produtos e informações entre os consumidores finais.

Marketing orientado ao consumidor Princípio de marketing sustentável segundo o qual a empresa deve ver e organizar suas atividades de marketing do ponto de vista do consumidor.

Marketing por e-mail Envio de mensagens de marketing altamente direcionadas, extremamente personalizadas e voltadas para a construção de relacionamentos por e-mail.

Marketing social Utilização de conceitos e ferramentas de marketing comercial em programas desenvolvidos para influenciar o comportamento de indivíduos, a fim de melhorar o bem-estar deles e da sociedade.

Marketing societal Princípio de marketing sustentável segundo o qual a empresa deve tomar decisões de marketing com base nos desejos dos consumidores, nas exigências da organização e nos interesses de longo prazo tanto dos consumidores como da sociedade.

Marketing sustentável Marketing responsável em termos sociais e ambientais, que atende às necessidades atuais dos consumidores e das empresas ao mesmo tempo em que preserva ou intensifica a capacidade das gerações futuras de atender às necessidades delas.

Marketing viral Versão da Internet para o marketing boca a boca. São sites, vídeos, mensagens enviadas por e-mail ou aplicativos, anúncios ou outras ações de marketing tão contagiantes que os clientes as procuram ou repassam para os amigos.

Glossário 731

Markup Diferença entre o preço de vendas que a empresa pratica para um produto e os custos em que ela incorre para produzi-lo ou comprá-lo.

Matriz de crescimento mercado/produto Ferramenta de planejamento de portfólio que identifica as oportunidades de crescimento da empresa por meio de penetração de mercado, desenvolvimento de mercado, desenvolvimento de produto ou diversificação.

Matriz de crescimento/participação Método de planejamento de portfólio que avalia as UENs da empresa em termos da taxa de crescimento do mercado e da participação de mercado relativa.

Mercado Conjunto de compradores atuais e potenciais de um produto ou serviço.

Mercado-alvo Conjunto de compradores com necessidades ou características em comum a que a empresa decide atender.

Mercado consumidor Todos os indivíduos ou famílias que compram ou adquirem produtos e serviços para consumo pessoal.

Mercado governamental Unidades do governo — federais, estaduais e locais — que compram ou alugam produtos e serviços para executar as principais funções do governo.

Mercado institucional Escolas, hospitais, casas de repouso, presídios e outras instituições que oferecem produtos e serviços para as pessoas que estão sob seus cuidados.

Método da carga de trabalho Uma abordagem para determinar o tamanho necessário da força de vendas com base na quantidade de trabalho exigido e no tempo disponível para as vendas.

Método da paridade com a concorrência Definição do orçamento de promoção para se equiparar aos gastos dos concorrentes.

Método da porcentagem sobre as vendas Definição do orçamento de promoção como uma determinada porcentagem das vendas atuais ou previstas ou, então, como uma porcentagem do preço unitário de venda.

Método da proporção em cadeia Estimativa da demanda do mercado pela multiplicação de um número-base ajustando proporcionalmente as etapas da cadeia.

Método de objetivos e tarefas Definição do orçamento de promoção por meio (1) do estabelecimento dos objetivos específicos de promoção, (2) da determinação das tarefas necessárias para atingir esses objetivos e (3) da estimativa dos custos para realizar essas tarefas. A soma desses custos corresponde ao orçamento de promoção proposto.

Método dos recursos disponíveis Definição do orçamento de promoção no nível que a administração tem disponibilidade para gastar.

Microambiente Agentes próximos à empresa que afetam sua capacidade de atender seus clientes. São eles: a própria empresa, fornecedores, intermediários de marketing, mercados de clientes, concorrentes e públicos.

Micromarketing Desenvolvimento de produtos e programas de marketing sob medida para atender às necessidades e aos desejos de pessoas e segmentos de cliente específicos; inclui o *marketing local* e o *marketing individual.*

Mídia de propaganda Veículos por meio dos quais as mensagens de propaganda são transmitidas para o público que se pretende atingir.

Milênios (ou geração Y) Os 83 milhões de filhos dos baby-boomers nascidos entre 1977 e 2000.

Miopia de marketing Erro de prestar mais atenção aos produtos específicos que uma empresa oferece do que aos benefícios e à experiência gerados por esses produtos.

Mix de marketing Conjunto de ferramentas táticas de marketing — produto, preço, praça, promoção — que a empresa combina para gerar a resposta que deseja no mercado-alvo.

Mix de produtos (ou composto de produtos) Conjunto de todas as linhas de produtos e itens que uma determinada empresa oferece para venda.

Mix de promoção (ou mix de comunicação de marketing) Combinação específica de ferramentas de promoção que a empresa utiliza para, de maneira persuasiva, comunicar o valor para o cliente e construir relacionamento com ele.

Moda Estilo atualmente aceito ou popular em uma determinada área.

Modismo Período temporário de vendas excepcionalmente altas motivadas pelo entusiasmo do consumidor e pela popularidade imediata do produto ou marca.

Motivo (ou impulso) Necessidade que é suficientemente forte para fazer com que a pessoa busque satisfazê-la.

Necessidades Situações de privação percebida.

Nível de canal Faixa de intermediários de marketing que realizam algum tipo de trabalho para aproximar do comprador final o produto e sua posse.

Novo produto Bem, serviço ou ideia tido como novo por alguns clientes potenciais.

Objetivo da propaganda *Tarefa* específica de comunicação a ser realizada para um certo *público-alvo* durante um período de *tempo* determinado.

Ocupante de nicho Empresa que atende a segmentos pequenos, os quais as outras organizações no setor ignoram.

Oferta ao mercado Combinação de produtos, serviços, informações e experiências oferecida a um mercado para satisfazer uma necessidade ou um desejo.

Operador logístico terceirizado Provedor de serviços de logística independente que conduz parte ou a totalidade das atividades necessárias para levar o produto de um cliente ao mercado.

Orçamento de propaganda Dinheiro e outros recursos alocados no programa de propaganda de um produto ou empresa.

Organização de franquia Sistema vertical de marketing, contratual, em que um membro do canal, chamado de franqueador, liga diversos estágios do processo de produção-distribuição.

Orientação de marketing Filosofia segundo a qual o alcance das metas organizacionais depende do conhecimento das necessidades e dos desejos dos mercados-alvo, bem como da entrega da satisfação desejada com mais eficiência que os concorrentes.

Orientação de marketing societal Ideia de que as decisões de marketing da empresa devem levar em conta os desejos dos consumidores, as exigências da organização, os interesses de longo prazo dos consumidores e os interesses de longo prazo da sociedade.

Orientação de produção Ideia de que os consumidores preferem os produtos disponíveis e altamente acessíveis; assim, a organização deve se concentrar em melhorar a eficiência da produção e da distribuição.

Orientação de produto Ideia de que os consumidores dão preferência a produtos que oferecem mais qualidade, desempenho e atributos; assim, a organização deve voltar sua energia para a promoção de melhorias constantes no produto.

Orientação de vendas A ideia de que os consumidores somente comprarão uma quantidade satisfatória de produtos da empresa se ela vender em larga escala e realizar promoções.

Participação de cliente Parcela das compras do cliente que uma empresa obtém em sua categoria de produto.

Participação de mercado Vendas da empresa divididas pelas vendas no mercado.

Penetração de mercado Crescimento da empresa por meio de aumento nas vendas dos produtos e nos segmentos de mercado atuais, sem alterar o produto.

Percepção Processo pelo qual as pessoas selecionam, organizam e interpretam as informações para formar uma visão significativa do mundo.

Perecibilidade dos serviços Serviços não podem ser armazenados para venda ou uso posterior.

Personalidade Conjunto de características psicológicas singulares que distinguem uma pessoa ou grupo.

Pesquisa causal Pesquisa de marketing para testar hipóteses sobre as relações de causa e efeito.

Pesquisa de levantamento Coleta de dados primários que envolve fazer perguntas às pessoas sobre seu conhecimento, atitudes, preferências e comportamento de compra.

Pesquisa de marketing Elaboração, coleta, análise e registro sistemáticos de dados relevantes sobre uma situação de marketing específica com a qual uma organização se depara.

Pesquisa de marketing on-line Coleta de dados primários on-line por meio de levantamentos pela Internet, grupos de foco on-line, pesquisas experimentais baseadas na Web ou monitoramento do comportamento do consumidor on-line.

Pesquisa descritiva Pesquisa de marketing para descrever melhor problemas de marketing, situações ou mercados, como o potencial de mercado para um produto ou os dados demográficos e as atitudes dos consumidores.

Pesquisa etnográfica Forma de pesquisa por observação que envolve enviar observadores treinados para analisar consumidores e interagir com eles em seu "habitat natural".

Pesquisa experimental Coleta de dados primários que consiste em selecionar grupos experimentais, submeter esses grupos a diferentes tratamentos, controlar fatores externos não associados e verificar as diferenças nas respostas desses grupos.

Pesquisa exploratória Pesquisa de marketing para coletar informações preliminares que ajudarão a definir o problema e a sugerir hipóteses.

Pesquisa por observação Coleta de dados primários por meio da observação de pessoas, ações e situações relevantes.

Planejamento estratégico Processo de desenvolver e manter um alinhamento estratégico entre os objetivos e capacidades da organização e suas oportunidades de marketing em mutação.

Porcentagem da margem bruta Porcentagem resultante da diferença entre o preço de venda líquido e o custo dos produtos vendidos comparada ao preço de venda líquido.

Porcentagem das despesas operacionais Parcela das vendas líquidas que se traduz em despesas operacionais — é calculada dividindo-se as despesas totais operacionais pelas vendas líquidas.

Porcentagem do lucro líquido Porcentagem de cada unidade monetária de vendas que se traduz em lucro — é calculada dividindo-se o resultado do lucro líquido pelas vendas líquidas.

Portfólio de negócios Conjunto de negócios e produtos que constituem a empresa.

Posicionamento Processo de fazer com que um produto ocupe um lugar claro, distinto e desejável na mente dos consumidores-alvo em relação aos produtos concorrentes.

Posicionamento do produto Maneira como o produto é definido pelos consumidores em termos de seus atributos importantes — é o lugar que o produto ocupa na mente dos consumidores em relação aos produtos concorrentes.

Potencial de mercado Limite superior total da demanda do mercado.

Pré-abordagem Etapa da venda em que o vendedor busca aprender o máximo possível sobre um cliente potencial antes de entrar em contato com ele.

Preço Quantia em dinheiro que se cobra por um produto ou serviço ou a soma dos valores que os clientes trocam pelos benefícios de se ter ou utilizar um produto ou serviço.

Preço baseado em bom valor Oferecimento da combinação certa de qualidade e bons serviços a um preço justo.

Preço CIF (com frete incluso) Estratégia de precificação geográfica em que a empresa vendedora absorve todo o custo de frete ou parte dele para conseguir o negócio que deseja.

Preço de entrega unificado Estratégia de precificação geográfica em que a empresa cobra o mesmo preço, incluindo o frete, de todos os clientes, independentemente de sua localização.

Preço de ponto de equilíbrio Preço em que a receita total é igual ao custo total e o lucro é zero.

Preço de ponto de equilíbrio (preço de lucro-alvo) Estabelecimento de preço em que os custos de produção e marketing se igualam e geram um nível de lucro-alvo.

Preço de ponto de origem Estratégia de precificação geográfica em que a empresa vendedora escolhe determinada cidade para ser o ponto de origem e cobra de todos os clientes o custo de frete daquela cidade até a localização dos clientes.

Preço de valor agregado Acréscimo de características e serviços de valor agregado às ofertas para diferenciá-las e cobrar preços mais altos.

Preço FOB Estratégia de precificação geográfica em que as mercadorias são "postas a bordo" do meio de transporte escolhido; os clientes pagam o frete da fábrica até o destino.

Preço por custo mais margem (ou preço de markup) Acréscimo de um markup-padrão (margem arbitrária) aos custos do produto.

Preço por zona Estratégia de precificação geográfica em que a empresa define duas ou mais zonas. Todos os clientes dentro de determinada zona pagam o mesmo preço total; quanto mais distante a zona, mais alto o preço.

Preços de referência Preços que os compradores têm em mente e usam como referência ao analisar um determinado produto.

Processo de adoção Processo mental pelo qual passa um indivíduo do momento em que ouve falar de uma inovação pela primeira vez até a adoção final.

Processo de compra organizacional Processo de decisão por meio do qual os compradores organizacionais determinam quais produtos e serviços suas organizações precisam comprar e, em seguida, encontram e avaliam fornecedores e marcas alternativos, fazendo, por fim, suas escolhas.

Processo de vendas Etapas que os vendedores devem seguir ao vender, que incluem prospecção e qualificação, pré-abordagem, abordagem, apresentação de demonstração, tratamento de objeções, fechamento e acompanhamento.

Produto Qualquer coisa que pode ser oferecida a um mercado para apreciação, aquisição, uso ou consumo e que pode satisfazer um desejo ou uma necessidade.

Produto de compra comparada Produto de consumo em que o cliente, no processo de seleção de compra, costuma comparar características como adequabilidade, qualidade, preço e estilo.

Produto de consumo Produto comprado por consumidores finais para uso próprio.

Produto de conveniência Produto de consumo que os clientes geralmente compram com frequência, rapidez e o mínimo de comparação e esforço.

Produto de especialidade Produto de consumo com características singulares ou identificação de marca pela qual um grupo significativo de compradores está disposto a fazer um esforço especial de compra.

Produto não procurado Produto de consumo que o cliente não conhece ou que conhece, mas, em geral, não pensa em comprar.

Produto organizacional Produto comprado por indivíduos ou organizações para processamento posterior ou para uso na condução de um negócio.

Produtos agradáveis Produtos que possuem grande apelo imediato, mas que podem prejudicar os consumidores no longo prazo.

Produtos benéficos Produtos que têm baixo apelo imediato, mas que beneficiam os consumidores no longo prazo.

Produtos desejáveis Produtos que geram grande apelo imediato, bem como benefícios no longo prazo.

Produtos inadequados Produtos que não oferecem nem apelo imediato nem benefícios no longo prazo.

Projeto do canal de marketing Elaboração de um projeto de canal de marketing eficiente por meio da análise das necessida-

Glossário 733

des dos consumidores, do estabelecimento dos objetivos dos canais, da identificação das principais alternativas do canal e da avaliação dessas alternativas.

Promoção de vendas Incentivos de curto prazo para estimular a compra ou a venda de um produto ou serviço.

Promoções dirigidas ao canal de distribuição Ferramentas de promoção de vendas usadas para persuadir os revendedores a comercializar determinada marca, dar a ela espaço na prateleira, promovê-la por meio de propaganda e incentivar os consumidores a comprá-la.

Promoções dirigidas ao consumidor Ferramentas de promoção de vendas usadas para aumentar a compra e o envolvimento por parte dos clientes no curto prazo ou para intensificar o relacionamento no longo prazo.

Promoções dirigidas às empresas Ferramentas de promoção de vendas usadas para gerar oportunidades de negócios, estimular compras, recompensar clientes e motivar a equipe de vendas.

Propaganda Qualquer forma paga de apresentação e promoção não pessoais de ideias, produtos ou serviços feita por um patrocinador identificado.

Proposta de valor Posicionamento completo de uma marca — o mix total de benefícios sobre os quais ela é posicionada.

Propriedade conjunta Empreendimento cooperativo em que a empresa cria um negócio local com investidores no mercado estrangeiro, compartilhando a propriedade e o controle.

Prospecção Etapa da venda em que o vendedor ou a empresa identifica clientes potenciais qualificados.

Público Qualquer grupo que tenha interesse real ou potencial na capacidade da organização em atingir seus objetivos ou que possa causar impacto nessa capacidade.

Qualidade do produto Características de um produto ou serviço que sustentam sua capacidade de satisfazer necessidades expressas ou implícitas dos clientes.

Recompra modificada Situação de compra organizacional em que o comprador quer modificar as especificações, os preços, as condições ou os fornecedores do produto.

Recompra simples Situação de compra organizacional em que o comprador repete o pedido, rotineiramente, sem nenhuma modificação.

Reconhecimento da necessidade Primeiro estágio do processo de decisão do comprador, em que ele reconhece um problema ou uma necessidade.

Redes corporativas Dois ou mais pontos de venda de propriedade e controle comuns.

Redes sociais on-line Comunidades on-line — blogs, sites e outras comunidades on-line — em que as pessoas socializam e trocam informações e opiniões.

Relacionamentos gerenciados pelo cliente Relacionamento de marketing em que os clientes, fortalecidos pelas novas tecnologias digitais de hoje, interagem com as empresas e entre si para moldar seu relacionamento com as marcas.

Relações públicas (RP) Desenvolvimento de boas relações com os diversos públicos da empresa por meio da obtenção de publicidade favorável, construção de uma boa imagem corporativa e administração ou contenção de boatos, histórias ou eventos desfavoráveis.

Retorno do investimento (ROI) Medida de eficácia e eficiência gerencial — trata-se do lucro líquido antes dos impostos dividido pelo investimento total.

Retorno do investimento em marketing (ou ROI em marketing) Retorno líquido de um investimento em marketing dividido pelos custos do investimento em marketing.

Retorno do marketing sobre as vendas (ou ROS do marketing) Porcentagem de vendas líquidas atribuída à contribuição líquida de ações de marketing — é calculado dividindo-se a contribuição líquida do marketing pelas vendas líquidas.

Retorno do marketing sobre o investimento (ou ROI do marketing) Medida da produtividade do marketing diante de um investimento na área — é calculado dividindo-se o gasto realizado em marketing pelos resultados obtidos com a ação específica.

Retorno do orçamento em propaganda Retorno líquido do investimento em propaganda dividido pelos custos do investimento nela.

Satisfação do cliente Grau em que o desempenho que o cliente percebe do produto corresponde às suas expectativas.

Segmentação comportamental Divisão de um mercado em segmentos com base no conhecimento que os consumidores possuem sobre um produto, nas atitudes que têm direcionadas a ele, no uso que fazem desse produto e em suas reações a ele.

Segmentação de mercado Divisão de um mercado em grupos distintos de compradores que têm diferentes necessidades, características ou comportamentos e que poderiam exigir produtos ou programas de marketing diferenciados.

Segmentação demográfica Divisão de um mercado em segmentos com base em variáveis como idade, estágio no ciclo de vida, sexo, renda, ocupação, grau de instrução, religião, etnia e geração.

Segmentação geográfica Divisão de um mercado em diferentes unidades geográficas, como países, regiões, estados, cidades ou até mesmo bairros.

Segmentação intermercados (ou de mercado cruzada) Formação de segmentos de consumidores que possuem necessidades e comportamentos de compra similares, mesmo estando em países diferentes.

Segmentação por benefício Divisão de um mercado em segmentos de acordo com os diferentes benefícios que os consumidores procuram em um produto.

Segmentação por idade e ciclo de vida Divisão de um mercado em diferentes grupos de idade e ciclo de vida.

Segmentação por ocasião Divisão de um mercado em segmentos de acordo com ocasiões, quando os consumidores têm a ideia de comprar, realizam de fato a compra ou utilizam o item comprado.

Segmentação por renda Divisão de um mercado em diferentes segmentos de renda.

Segmentação por sexo Divisão de um mercado em diferentes segmentos com base no sexo.

Segmentação psicográfica Divisão de um mercado em diferentes grupos com base na classe social, no estilo de vida ou em traços da personalidade.

Segmento de mercado Grupo de consumidores que reagem de maneira similar a determinado conjunto de esforços de marketing.

Seguidora de mercado Empresa que não está na liderança e que quer manter sua participação no setor sem causar problemas.

Seleção de ideias Seleção de ideias para novos produtos, com objetivo de identificar as ideias boas e descartar as ruins o mais rápido possível.

Seleção do fornecedor Estágio do processo de compra organizacional em que o comprador analisa as propostas e seleciona um ou mais fornecedores.

Serviço Atividade, benefício ou satisfação oferecida para venda que é essencialmente intangível e não resulta na posse de nada.

Shopping center Grupo de negócios de varejo de propriedade conjunta, planejado, desenvolvido e administrado como uma unidade.

Sistema de informações de marketing (SIM) Pessoas e procedimentos voltados para a avaliação das necessidades de informações, o desenvolvimento das informações necessárias e o auxílio aos tomadores de decisão no uso das informações para gerar e validar insights de cliente e mercado que possam ser utilizados.

Sistema horizontal de marketing Estrutura de canal na qual duas ou mais empresas em um nível se juntam para explorar uma nova oportunidade de marketing.

Sistema multicanal de distribuição Sistema de distribuição em que uma única empresa estabelece dois ou mais canais de marketing para alcançar um ou mais segmentos de clientes.

734 Princípios de marketing

Sistema vertical de marketing (SVM) Estrutura de canal em que fabricantes, atacadistas e varejistas atuam como um sistema unificado. Um membro do canal é dono dos outros, trabalha com eles sob contrato ou tem tanto poder que todos os outros cooperam.

Site corporativo (ou de marca) Site elaborado para construir uma boa imagem junto ao cliente, coletar feedback dele e apoiar outros canais de vendas, em vez de vender diretamente os produtos da empresa.

Site de marketing Site que interage com os consumidores para deixá-los mais perto de uma compra direta ou de outro resultado de marketing.

Solicitação da proposta Estágio do processo de compra organizacional em que o comprador pede que os fornecedores qualificados apresentem propostas.

Spam Mensagens de e-mail comerciais, não solicitados e indesejadas.

Subcultura Grupo de pessoas que compartilham os mesmos sistemas de valor com base em situações e experiências de vida em comum.

Superloja Loja muito maior do que um supermercado norma que oferece um grande sortimento de produtos alimentícios, itens não alimentícios e serviços adquiridos regularmente.

Supermercado Loja de autosserviço grande, de baixo custo, baixa margem e alto volume, que comercializa uma ampla variedade de artigos de mercearia e produtos para a casa.

Sustentabilidade ambiental Desenvolvimento de estratégias e práticas que criam uma economia mundial que o planeta pode sustentar indefinidamente.

Sustentabilidade ambiental Abordagem de gestão que implica o desenvolvimento de estratégias voltadas não só para a preservação do meio ambiente, mas também para a geração de lucros para a empresa.

SVM administrado Sistema vertical de marketing em que sucessivas etapas de produção e distribuição são coordenadas por meio do tamanho e do poder de uma das partes.

SVM contratual Sistema vertical de marketing que consiste em empresas independentes, em diferentes níveis de produção e distribuição, que se unem por meio de contratos.

SVM corporativo Sistema vertical de marketing que integra as sucessivas etapas de produção e distribuição sob um único proprietário — a liderança do canal é estabelecida por meio da propriedade comum.

Taxa de giro do estoque Quantidade de vezes que o estoque é vendido (gira) em relação à venda total de um determinado período (em geral anual) e pode ser calculado baseado em custos, preços de vendas ou em unidades.

Telemarketing Utilização do telefone para vender diretamente aos clientes.

Teste de conceito Realização de teste dos conceitos de um novo produto com um grupo de consumidores-alvo, a fim de descobrir se os conceitos têm forte apelo para o consumidor.

Teste de mercado Etapa do desenvolvimento do novo produto em que o produto e o programa de marketing para ele proposto são testados em ambientes de mercado realistas.

Transporte intermodal Combinação de dois ou mais meios de transporte.

Tratamento de objeções Etapa da venda em que o vendedor busca, clarifica e resolve quaisquer objeções que o cliente tenha à compra.

Troca Ato de obter de alguém um objeto desejado oferecendo algo em contrapartida.

Usuários Membros da organização compradora que vão usar o produto ou serviço adquirido.

Valor do cliente ao longo do tempo Valor de todas as compras que o cliente faz ao longo de uma vida inteira de fidelidade.

Valor percebido pelo cliente Avaliação que o cliente faz da diferença entre todos os benefícios e todos os custos de uma oferta ao mercado em relação às ofertas concorrentes.

Vantagem competitiva Vantagem sobre os concorrentes obtida por meio do fornecimento de mais valor para os clientes, seja diminuindo os preços ou oferecendo mais benefícios que justificam preços mais altos.

Varejista Empresa cujas vendas vêm, *primordialmente*, do varejo.

Varejista de ponta de estoque Varejista que compra do atacado a preços mais baixos que o normal e cobra menos do que o varejo e majoritariamente comercializa produtos defasados e de saldos.

Varejista de serviços Varejista cuja linha de produtos é, na verdade, um serviço; exemplos incluem hotéis, companhias aéreas, bancos e faculdades, entre muitos outros.

Varejo Todas as atividades envolvidas na venda de produtos ou serviços diretamente a consumidores finais para seu uso pessoal, e não organizacional.

Variabilidade dos serviços A qualidade dos serviços pode variar muito, dependendo de quem os fornece, bem como de quando, onde e como são fornecidos.

Venda de sistemas (ou venda de soluções) Compra de um pacote de soluções de uma única empresa, evitando assim todas as decisões individuais envolvidas em uma situação de compra complexa.

Venda em equipe Uso de pessoas das áreas de vendas, marketing, engenharia, finanças, suporte técnico e até mesmo da alta administração para atender a contas grandes e complexas.

Venda pessoal Apresentação pessoal feita pela força de vendas da empresa com o propósito de realizar vendas e desenvolver relacionamento com os clientes.

Vendedor Indivíduo que representa uma empresa para os clientes desempenhando uma ou mais das seguintes atividades: prospectando, comunicando, vendendo, servindo, colhendo informações e construindo relacionamentos.

Índice

Nome, organização, marca e empresa

As entradas que aparecem com a letra **t** indicam que há uma tabela ou quadro na página. As que têm a letra **f** indicam uma figura. Já a letra **n** indica o número da nota na página que contém o nome assinalado.

1-800-Flowers, 129
2030 Water Resources Group, 103n32
3M, 297
50PlusExpeditions, 80
7 for All Mankind, 63, 212, 596, 602
7-Eleven, 414t, 416, 419t, 614, 631
7up, 34

A

Aaker, Jennifer, 176n20
Abbott, Andrew, 312n7
ABC Television Network, 46
ABC World News Tonight, 494
Abercrombie & Fitch, 56, 226, 583, 596
Academic Partnerships, 277
Accenture, 269, 461
Access GE, 541
Accord, 173
Ace Hardware, 419, 419t, 568
Acland, Charles R., 176n24
Acme, 438
Activia, 471
Acura, 462, 627, 632
Acxiom, 155f, 216
Ad Council of America, 250
Adams, Rob, 312n3
Adams, Susan, 140n1
Adamy, Janet, 240n1
Adcouncil.org, 36n6
Adidas, 244, 304, 588, 614
AdMeter, 19-20
Adobe, 32

Advertising Age, 71, 108, 472, 570
Aeropostale, 596
Aerosmith, 461
AFA Foods, 201
Affiliated Computer Services, 101
Aflac, 263f
Aho, Karen, 16
Air Jordan, 462
Air Wick, 635
Alamo, 508
Alber, Laura, 429
Albertsons, 438
Albright, Paul, 70n17
Aldi, 433
Aldridge, James, 140n5
Aleve, 458
Allegiant Air, 54, 55-56
Allen, James, 313n19
Allred, Anthony A, 370n8
Allstate, 83, 263, 468, 478-480
Alsever, Jennifer, 176n11
Amazon Payments, 99
Amazon Prime, 370
Amazon.com, 1-2, 3, 21, 122, 123, 134, 224, 230, 232, 261, 266, 269, 355, 356, 363, 368-369, 370, 376, 383, 384, 404, 406, 411, 412, 413, 428-429, 430, 431, 548, 549 557, 563, 568, 567, 576, 623, 665
AmazonSupply.com, 2
AMC Theatres, 324, 324f, 362
American Airlines, 84
American Apparel, 88, 596
American Association of Advertising Agencies, 161f, 571
American Baby, 138, 139
American Chopper, 27
American Eagle, 222
American Express, 134, 298, 411, 462, 515
American Heart Association, 229

736 Princípios de marketing

American Idol, 465, 613, 623

American Marketing Association, 36n4, 134

American Society for Quality, 250

American Trucking Association, 396

Ameriprise Financial, 84

AMP Energy, 274

Amway, 377

Anders, George, 35n1

Anderson, Eric, 353

Anderson, George, 176n13

Anderson, James C., 204n3, 542n20

Andreasen, Alan R., 280n6

Android, 289, 311, 563

Angie's List, 259, 504

Anheuser-Busch, 33, 84, 458, 556

Ansoff, H. Igor, 69n7

Anthony, Carmelo, 462

Anthropologie, 212

Apple, 16, 32, 78-79, 96, 109, 113, 129, 158, 169, 201, *215*, 230, 232, 244, 246f, 259f, 265, 266, 267, 268, 269, 272, 278, 279, 285, 286, 297, 298, 311, 317, 324, 345, 367, 373, 374, 376, 386, 411, 425, 431, 499, 556, 566, 572, 589, 590, 595-596, 614, 623, 631, 632, 633, 652

Aquafina, 274

Arc'teryx, 183

Arends, Brett, 341n3

Ariel, 358

Arizona Jean Company, 270

Armani, 271

Armstrong, Evan, 408n25

Armstrong, Gary, 677n2

Arons, Marc de Swaan, 642n31

Associated Grocers, 419, 419t

Association of National Advertisers, 571

Aston Martin, 606

AT&T, 255, 266, 274, 281n17, 333, 482, 572, 587, 599

Auchan, 433

Audi, 57, 120, 277, 484

Auge, Karen, 677n11

Aventis, 269

Avis, 221, 280, 381, 601

Avner, Amit, 124, 141n18

Avon, 216

Awesome Auger, 556

Axe, 159, 211, 301, 467

B

Bachman, Kate, 678n20

Bachman, Katy, 444n2

Bagozzi, Richard P., 281n35

Bahama Breeze, 237

Bajaj, Vikas, 630

Baker, Loren, 407n8

Baker, Michael B., 608n1

Baker, Richard, 240n7

Baker, Stephen, 124, 141n18

Bakugan Battle Brawler, 623

Baldwin, Heather, 542n20

Ball Park, 482

Ball, David, 139

Ball, Jeffrey, 578n11

Bally's Total Fitness, 128, 321

Banana Republic, 129

Banco Imobiliário, 302

Banco Mundial, 669

BAND-AID, 270, 591, 614

Bang & Olufsen, 330

Bank of America, 83, 96, 97

Banner, David, 112

Banquet, 334, 360

Baojun, 632

Barbie, 226f, 272, 302

Barker, Julie, 609n14

Barkley, Charles, 597

Barnes & Noble, 223, 369, 382, 384f, 414t

Barnum & Bailey, 590

Barry, Keith, 153

BASF, 291

Bass Pro Shops, 421

Bass, Diana Butler, 104n46

BatteryDepot.com, 421

Bauerlein, Valery, 140n6

BAUMA, 535

Baumgartner, Felix, 474

Bausch & Lomb, 588

Bawa, Anupam, 177n27

BAX Global, 399

Bayer HealthCare Pharmaceuticals, 519

Bayer, 91

BBDO Worldwide, 496

Beanie Babies, 533

Beautyrest, 269

Becht, Bart, 643n44

Beckham, David, 461

Bed Bath & Beyond, 530, 532, 665

Beef Products, Inc., 201

Beem, Dan, 282n40

BehaviorScan, 294

Belch, George E., 643n40

Belch, Michael A., 643n40

Bell, David E., 313n27

Beltrone, Gabriel, 36n22

Ben & Jerry's, 28, 341, 493, 614, 664-666

Bendapudi, Neeli, 281n22

Bender, Ruth, 578

Benes, Robert J., 102n3

Benetton, 380

Benioff, Marc, 539

Benjamin Hotel, 157, 157f

Benjamin Moore, 93, 93f, 488

Bennett, Jeff, 104n41

Bentley, 386

Berfield, Susan, 312n12

Bergdorf Goodman, 424-425

Bergesen, Mich, 268

Berkshire-Hathaway, 479

Berlin, Loren, 341

Berman, John, 176n25

Berner, Robert, 313n17

Berra, Yogi, 23, 372

Berry, Leonard, 281n22

Bertini, Marco, 341

Best Buy, 412, 483

Best Buy, 75, 129, 144, 168f, 222, 223, 232, 352, 353, 378, 383, 386, 412, 413, 414t, 416, 426, 428-429, 430, 431, 433, 483, 552, 557, 563, 568, 584

BestBuy.com, 122, 123, 166

Bettencourt, Lance A., 36n7

Better Homes and Gardens, 138, 139

Better, 138

Betty Crocker, 182

Beyoncé, 462

Bezos, Jeff, 1, 2f

Bhanoo, Sindya N., 666

Bharti Airtel, 510

BHG.com, 138

Bialik, Carl, 371n8

Bibbentuckers, 131f

Bieber, Justin, 462

Biederman, David, 408n25

Big Gulp, 32

Big Mac, 357

Binder, Alysa, 157

Binder, Dan, 157

Bing, 92, 382, 563

Binkley, Christina, 103n35, 214

Birchall, Jonathon, 280n1

Birkner, Christine, 37n28, 37n36, 103n17, 268, 280n11, 341n4

Bisquick, 182

Bitzer, Brandy, 447

BJ's, 414t, 418

Bjerga, Alan, 475n9

Black & Decker, 631

Black, Gregory S., 104n40

Black, James, 280n10

Blackboard, 269

Blair, Adam, 445n25

Blige, Mary J.,461

Blizzard, 272

Blockbuster, 372

Bloom, Jonah, 475n11

Bloomberg BusinessWeek, 353, 494

Bloomberg, Michael, 32

Bloomingdale's Outlets, 418

Bloomingdales, 88, 410, 418

Bluestein, Adam, 205n10, 282n39

BMW, 8, 22, 57, 120, 174, 219, 227, 231, 232, 245, 256, 279, 324, 484, 591, 613

Bob Esponja, 227, 272

Bobbi Brown Cosmetics, 498

Bobby J., 241n30

Body Shop, 557, 665

Boehle, Sarah, 542n12

Boeing, 77, 96, 182, 198, 512, 614

Boise Cascade,527

Bold, 220

Bombeiros de Los Angeles Fire Department, 17

Bongard, Kristen, 158

Bono, 214

Bootmakers Blog, 151, 151f

Borden, Mark, 280n1, 678n25

Borders Books, 383, 427

Bose, 229

Bosman, Julie, 407n10

Boston Beer Company,488

Boston Harbor Cruises, 237

Boston Market, 42

Bounce Dryer Bar, 460

Bounds, Gwendolyn, 158

Bounty Basic, 362

Bounty, 321

Bourne, Michael, 36n22, 508n15

Bowie, David, 214

Boyle, Matthew, 444n10

BP, 468

Brack, Andy, 407n17

Brady, Diane, 70n16, 224

Brand USA, 249

Brandau, Mark, 370n1

Brandweek, 108

738 Princípios de marketing

Branson, Richard, 591, 609n11

Braun, Kanoe, 582

Bravo, 540

Brennan, Margret, 341n1, 371n9

Brenner, Michael, 542n16

Bridge, R. Gary, 37n37

Bridgestone, 506

Brinkman, Jorg, 204n5

Brisk Iced Tea, 462-463

Bristol-Myers Squibb, 199

Britt, Bruce, 578n9

Brock, Jüren Kai-Uwe, 609n13

Broderick, Matthew, 462

Brohaugh, Bill, 102n7

Brookstone, 356, 421, 430

Broom, Glen, 508n24

Brown, Alan S., 678n21

Brown, Bruce, 291

Brown, Graham, 37n30

Brown, Inc., 539

Brown, Rachel, 578n15

Brownlow, Mark, 579n42

Brunel, Frederic, 508n14

Bryan, Jamie, 642n19

Bryant, Kobe, 230, 249, 461

Bryant, Shannon, 542n25

Bryce, David J., 609n21

Budweiser, 113, 298, 493, 614, 626

Buffett, Warren, 479

Bugles, 182

Buick, 639-641

Bulwark, 602

Bunge, 620

Burberry, 237, 417

Burger King, 43, 230, 362, 381, 446, 461, 560, 597-598, 621

Burger, Katherine, 140n5

Burkitt, Laurie, 312n1, 678n25

Burns, Ursula, 101

Burnson, Patrick, 408n25

Burrows, Peter, 175n1, 313n18

Burt's Beer, 57f, 339-340, 664-665

Burton, 183

Bush, Michael, 580n50, 609n14

BusinessWeek, 344, 494

Bustillo, Miguel, 370, 371n11, 407n9, 431, 444n1

Byerley, Robert, 130, 131f

Byrnes, Nanette, 678n29

Byron, Ellen, 291, 444n4

C

Cabanatuan, Michael, 678n16

Cabela's, 423, 423f

Cadillac, 22f, 227, 277

Caesars Entertainment, 128, 128f-129

Caesars, 127

Café Coffee Day, 629-630

CafeMom.com, 564

Calder, Bobby J., 241n30

Caldwell, Christina, 678n22

Caldwell, Jessica, 641

Calgon, 635

Callahan, Sean, 195, 524

Calvin Klein, 271

Câmara Internacional de ComércioInternational Chambers of Commerce, 134

Camaro, 534

Campbell Soup Company, 214, 256-257f, 627-628,

Camry, 244

Canaday, Henry, 205n12, 541n3, 542n11, 542n12

Canon, 101, 143, 585, 614

Canopy, 270

Capital Grille, 237

Car and Driver,641

Carhartt, 155

Caribou Coffee, 50, 493

Carnation, 614

Carnegie Mellon, 221

Carnival Cruise Lines, 140

Carr, David F., 579n29

Carr, J. Mark, 70n16

Carrefour, 307, 433, 619

Carroll, Dave, 96, 97

Carter, Jon, 69n8

Cascio, Elaine, 609n13

Cassidy, William B., 407n16

Catalog Spree, 554

Caterpillar, 182, 389, *391f*-392, 592, 596, 598, 631, 614

Cathy, Dan, 447

Cato, Jeremy, 641

Cattrall, Kim, 462

Cayenne, 174

Cellfire, 523

Cendrowski, Scott, 280n1

Center, Allen, 508n24

Chaker, Anne Marie, 341n3

Chakraborty, Goutam, 370n8

Chambers, John, 202, 203, 204

Chandler, Jerome Greer, 56

Chanel, 424

Chapin, Carolyn, 240n10

Chapman, Mike, 508n20

ChapStick, 339

Char-Broi, 13

Charmin Basic, 362

Charmin, 164f, 321

Chatter, 540

Chavez, Jon, 445n18

Chee, Foo Yun, 371n15

Cheer, 220, 299

Cheerios, 182, 273, 498

Cheetos, 125, 273

Chef Designs, 602

Chen, Yubo, 176n26

Cheney, Lillian H., 190

Chevrolet, 250, 295, 487, 505, 534

Chex Mix, 182

Chex, 182

Chicago Bulls, 17

Chick-fil-A, 214, 446-448

Children's Advertising Review Unit, 226

China Mobile, 266

Chipotle, 44, 658, 661-662

Choi, David, 666

Choi, Thomas Y., 392

ChotuKool, 358

Chozick, Amy, 141n19

Chrome, 297, 311, 458

Chronos, 284

Chrysler, 94, 140, 462, 486, 506, 599, 608, 641

Chuang, Ming-Ling, 407n12

Chuck E. Cheese, 107

Chuck Taylor All Stars, 304

Cif, 598

CineForm, 143

Cinnabon, 272

Circle K, 414t

Circuit City, 427

Cirque du Soleil, 590

Cisco Show and Share, 203

Cisco Systems, Inc., 83, 196, 202-204, 287, 289, 559

Cisco Virtual Office, 203

Citigroup, 134

Citrix, 187-188f, 204n6

Clairol Perfect 10, 290

Clearasil, 635

Clever Little Bag, 253, 253f

Clifford, Stephanie, 240n20, 280, 313n23

Clift, Simon, 628

Climax Portable Machine Tools, 517

Clinique, 310

Clorox Company, 382, 567

Clorox, limpa verde, 340

CNBC, 540

Coach, 417

Coburn, Tavis, 508n17

Coca-Cola Zero, 212

Coca-Cola, 18, 75, 100, 110, 151, 160, 217-218, 227, 252, 265, 266, 267, 269, 277, 298, 307, 352, 381, 386, 443-444, 461, 465, 481, 483,492, 495, 497, 500-501, 506, 530, 546, 556, 563, 564, 584, 596, 600, 611-614, 620, 622, 622-623, 626, 631,634, 635,

Coffee Bean & Tea Leaf, 629

Cohen, Ben, 665

Coinstar, 372

Colchester, Max, 578

Cold Stone Creamery, 18-18f, 272

Coldplay, 661

Coldwater Creek, 554

Cole, Stephen, 282n44

Coleman, 534

Coleman-Lochner, Lauren, 423

Colgate, 227, 363, 614

Colgate-Palmolive, 341

Colvin, Geoff, 102, 392

Comcast, 349, 374, 404, 593

Comet, 302

Comfort, 598

Compeau, Larry D., 371n14

Complaints.com, 561

ComScore, 575

ConAgra Foods, 334, 360

Concentric Pharma Advertising, 519

Conley, Margaret, 642n23

Connect + Develop, 289, 290-291

Conservation Fund, 675

Consolidated Amalgamation, 189

Constine, Josh, 569

Consumer Product Safety Commission, 88, 99, 305

Consumer Reports, 332, 570

Continental Airlines, 84

Converse All Stars, 302

Converse Rubber Tracks, 305

Converse, 302, 304-305

Cook, Tim, 109, 201, 623

Cooper, Ian, 677n7

Cooper, Robert G., 313n16

Cooper, Spence, 677n11

740 Princípios de marketing

Coors, 599

Corcoran, Patrick, 677n6

Corolla, 252

Corrections Corporation of America, 196

Corum, Dan, 348

Corvette, 534

Costco, 75, 172, 233, 284,323, 389, 410, 412, 413, *414*, 415, 417, 418, 425, 426, 433, 442, 533, 593, 598, 619, 648

Cottrill, Geoff, 304

Coudreaut, Daniel, 42

Council of American Survey Research Organizations, 134

Council of Better Business Bureaus, 472

Country Home, 139

Coupland, Douglas, 80

Coupons.com, 532

CoverGirl Queen Collection, 147

CoverGirl, 147, 290, 461, 465

Coy, Peter, 370n7

Craftsman, 422

Craigslist, 151, 356, 557, 559, 589

Crapsy Fruit, 632

Crate&Barrel, 222

Credit Suisse, 575

Cremer, Andreas, 507n6

Crest Whitestrips, 290

Crest, 147, 249, 290, 488

Crisco, 302

Crocs, 299

Cron, William L., 542n13

Crosbie, Jackie, 177n29

Crosby, Lawrence A., 282n44

Crossen, Cynthia, 176n27

Crowley, Dennis, 223

Crum, Chris, 407n8

Cruz VermelhaRed Cross, 247

CRV, 279

Crystal Geyser, 462

CSX Transportation, 181

Cub Foods, 438

Cube, 231

Culver, John, 629

Cunningham, Todd, 507

Curtindo a vida adoidado, 564

Curtis, Jamie Lee, 471

Cutler, Kim-Mai, 642n25

Cutlip, Scott, 508n24

CVS, 419, 467, 498, 517, 533, 556

Cyrus, Miley, 35

D

Daewoo, 640

Dahl, Gary, 299

Dahquist, Cherly, 139

Dairy Queen, 80-81, 272

Dancing with the stars, 623

Dannon, 471, 506, 665

Dap, 428

Darden Restaurants, 237-239

Darden, Bill, 238

Darden.com, 239

Darth Vader, 152, 506, 563f, 564

Dash, 220

Data.com, 540

Datsun 280-ZX, 147

Daujotas, Giedrius, 620

David's Bridal, 232

Davidson, Paul, 569

Davies, Iain, 542n9

Davis, Rece, 154

Davis, Scott, 38n1, 281n33, 344

Davis, Shelly, 152

Davis, Wendy, 580n52

Day, George S., 312n9

DDR Corporation, 222

De Beers, 26, 333

de Moraes, Lisa, 475n17

de Swaan Arons, Marc, 642n32

DeCarlo, Thomas E., 542n13

Defense Logistics Agency, 199

DeGeneres, Ellen, 84, 563

Degree, 91

del Valle, Elena, 175n5

Dell, 17, 84, 97, 113, 193, 198, 355, 386, 411, 544, 560, 563, 595

Delo, Cotton, 578n1

Delta, 362

DeltaREALLYsucks.com, 96

DeMarco, Anthony, 40n39

Denizen, 633

Denny's, 486

Department of Veterans Affairs Office of Acquisition & Material, 205n15

Department of Veterans Affairs, 199

Desk.com, 540

Deutsche Bank, 306

DeVry University, 237

DHL Logistics, 399

Dialog, 116

Diapers.com, 368

DiCaprio, Leonardo, 214

Índice 741

Dick's Sporting Goods, 14, 262

Dickler, Jessica, 353

Diehard, 422, 423

Diet Coke, 498

Dillon, David, 5

DING!, 550-552

DiPiazza, Samuel A. Jr., 678n33

DiPiazza, Samuel, 670

Dipo, M. Adhi, 408n22

Direct Marketing Association (DMA), 548, 578n2, 578n7, 578n13

DirectTV, 140

DiscoverAmerica.com, 249

Discovery Channel, 27, 144

Dishman, Lydia, 444n1

Disney, 6, 46, 49, 100, 125, 230, 245, 265, 267, 272, *275*, 278, 556, 560, 570, 572, 594, 619, 622

Divine Caroline.com, 138

Dixon, Matthew, 39n14

Dogster, 564, 565

DogTV, 158

Do-It Best, 419,

Dolce & Gabbana, 417

Dole Classic, 252

Dole, 584

Dollar General, 8, 86, 211, 233, 415, 417, 442-443, 529

Dollar Shave Club, 348

Dollar Tree, 212

Dolliver, Mark, 26

Domanski, Jim, 542n6

Domino's Pizza, 27, *107-109*, 138, *209-210*

Dominus, Susan, 580n49

Donahoe, John, 576

Donnelly, Sara, 542n12

Dora Aventureira, 227, 272, 619

Doran, Ryan, 240n5

Doritos, 19, 273, 489-490, 505-506, 544

DoubleTree, 626

Dougherty, Connor, 678n14

Dow Performance Plastics, *184*

Downes, Larry, 407n9

Downy, 598

Doyle, Patrick, 108

Dr Pepper Snapple Group, 584

Dr. Pepper, 15, 34

Dr. Scholls, 91

Dr. Seuss, 272

Drafta, Cristina, 643n41

Drakes, Sean, 608n1

DreamWorks, 498

Dreft, 220

Dreier, Troy, 579n34

DSW Shoes, 232

Duane Reade, 222

Dube, Leon F., 104n40

Dun & Bradstreet's, 113

Duncan Hines, 302

Duncan, Geoff, 608n7

Dunder Mifflin, 512

Dunkin' Donuts, 17, 133, 206-*208*, 228, 232, 265, 361f, 362, 564

Dunkinbrands.com, 240n1

Dunkindonuts.com, 240n1

Dunn, Collin, 280n12

DuPont, 182, 513

Duracell, *91*

Dyer, Jeffrey H., 609n21

E

E*TRADE, 488, 504-505, 563

EA Sports, 461

EarthShare, 468

Eastern Mountain Sports, 431

Eastman, George, 585-586

Eastwood, Clint, 462, 506

Eaton, 202

eBay, 84, 99, 356, 430, 548, 557, 559, 575-577

EcoEasy, 432

EcoHub, 523-524

Ecoist, 100

Edelhart, Courtenay, 445n17

Edelson, Sharon, 40n35, 445n19

Edleson, Harriet, 280n4

Edwards, Cliff, 79, 407n1

Efrati, Amir, 102n1

Eggland's Best, 252

Ehmann, Lain Chroust, 524 , 542n16, 542n18

Ehrlich, Robert, 591

Einhorn, Bruce, 642n15, 642n35

Eisenerich, Andreas B., 240n12

Eisenstein, Paul A., 507

Eisensten, Paul, 392

ElderTreks, *80*

Eli Lilly, 538

Elliott, Stuart, 104n41, 153, 176n10, 176n18, 475n5, 475n10, 508n22, 609n14

Ells, Steve, 661

Em chamas ("Jogos vorazes"), 137

Eminem, 462-463, 506

EmSense, 125

eMusic, 405

742 Princípios de marketing

Enclave, 640

Encyclopaedia Britannica, 557

England, Andrew, 642n27

Enterprise Collaboration Platform, 204

Enterprise Rent-A-Car, 221, 376, 562

Enterprise, 280, 601

Environmental Protection Agency, 87, 660, 674

Envirosax, 666

Envisage Technologies, 198

Epicurious, 166

Epinions.com, 166, 356

Equate, 270

Escalade, *228*

Escape, 299

ESPN Radio, 46

ESPN The Magazine, 46, 494

ESPN Zone, 46,

ESPN, 46-49,123, 154, 265, 289, 474

ESPN.com, 46, 557

Esterl, Mike, 678n29

Esty, Daniel C., 678n35

Etsy.com, 490

European Economic Commission, 197

Evernote, *233*

Everson, Carolyn, 547

Every day with Rachael Ray, 138

EWA Bespoke Communications, 137

Ewanick, Joel, 506

Ewing, Jack, 643n42

Expedia.com, 27, 429, 557

Experian Simmons, 115, *116*

Experian, 216

Exxon Mobil, 217, 269, 307, 591, 614

Eyring, Matthew J., 359

F

F150, 158

Fabel, Leah, 578n1

Facebook Credits, 547

Facebook Payments, 547

Facebook, 8, 17-18, 19, 24-27, 35, 37, *44, 45,* 71, 80 , 81, 88, 91, 93, 95-97, 99, 107, 108, 110, 112, 113, 122, 123, 133, 134, 142, 143, 147, 150-152, 172, 194-195, 204, 211, 223, 224, 243, 244, 258, 262, 264-269, 277, 285, 289, 295, 305, 309, 311, 316, 341, 406 424, 447, 450, 451, 452, 453, 454, 457, 462, 463, 467, 471, 476, 480, 486, 489-490, 494, 498, 501, 503, 506, 522-524, 533, 538, 540, 544, 545-548, 551-552, 554, 557, 559, 563-564, 566-570, 572, 575, 591, 596, 598, 613, 622

Fahmy, Sam, 175n3, 176n6, 176n8

Fairbrothers, Gregg, 26, 678n14

Falcone, John P., 608n7

Falstad, Jan, 444n13

Family Circle, 138, 139

Family Dollar, 86, 211, 212, 233, 425, 556

Fancourt, Lucy, 624n33

Fanta, 612

Faraci, John, 675

Faris, Charles W., 204n3,

FarmersOnly.com, 565

Farquharson, Bill, 542n19

FashionFix, 428

Fast Company, 310, 595

FBI Internet Crime Complaint Center (IC3), 570

Febreze Candles, 290, 271

Febreze, 153, 220, 290-291

Federal Aviation Administration, 89

Federal Business Opportunities, 199

Federal Communications Commission, 89, 338

Federal Energy Regulatory Commission, 89

Federal Trade Commission, 89, 124, 141n33, 256, 364, 469, 471, 538, 555, 650

FedEx Logistics, 399

FedEx, 96, 97, 234, 259, 268, 376, 584, 593

FedMart, 599

Feinberg, Andrew, 341n1

Feld, Anthony, 140n1

Feldman, Gayle, 370

Feldmann, Laura, 104n40

Fels-Naptha, 299

Fender, 384

Fendi, 236

Ferguson, Rick, 102n7

Ferrari, 54, 173

Ferretti, Elana, 677n8

Festinger, Leon, 176n27

Fiat, 309, 544, 631

Fiber One, 182

Fields, Mark, 606

Fiesta, 84, 86, *152, 607*

Fifield, Charles, 542n15

Figo, 618, 632

Fincher, David, 374

Finkbeiner, Carl, 40n32

Fiora, Bill, 240n16

First Convenience Bank of Texas, 229

Fisher-Price, 117

Fit, 227

Fitness Magazine, 138

FitnessMagazine.com, 138

Five Guys Burger and Fries, 421

Flamingo, 128

Flandez, Raymund, 39n17

Flash, 32

Flatts, Rascal, 367

Flex Seal, 512

Flickr, 97, 151, 152, 269, 421, 524, 552, 557, 564

Flixter, 567

Flurry, Laura A., 176n15

FocusVision, *121*

Folgers Coffee, 227, 302

Folgers Gourmet Selections, 362

Fong, Mei, 370n3

Food and Drug Administration, 88, 89, 201, 254, 538, 72, 673

Food Network, 249

Foot Locke, 14

Forbes, 108, 224, 261

Forbes, Paula, 104n48

Ford Motor Company, 5, 7, 8, 53, 56, 57-58, 86, 95, *152-153*, 158, 236, 257, 274, 277, 372, 378, 379, 381, 491, 599, 606-608, 618, 627, 632, 641

Ford, Chester, 408n22

Ford, Henry, 11

ForeFlight, 565

Forester, 310

Formica, 270

Formspring, 570

Fortune, 193, 399, 411, 509, 540, 572, 582, 606, 673

Foster, Tom, 175n1

Four Seasons, 42, 344, 581-582, 583

Fournier, Susan, 508n14

Foursquare, 151, 222, 223, 533, 569

Fowler, Geoffrey, 508n26, 578

Fox Sports, 27

Fox, Justin, 281n24

Frank, Barney, 84

Frankel, Daniel, 282n39

Frazier, Mya, 359

Freddy for Music, 384

Free People, 328

Freeman, Karen, 39n14

French, Tom, 69n10

French's, 635

Fresh Market, 117

Freud, Sigmund, 159

Friedman, Jonathan, 489

Friedman, Roberto, 39n7

Friedman, Thomas L., 642n23

Frito-Lay, 100, 125, 126, 328, 489f, 591

Frosted Flakes, 270

Frosted Mini-Wheats, *134*

Frye, 298

Fuchs, Christoph, 313n16

Fuji, 556, 584

Futures Company, 115

G

Gain, 153, 220, 321, 443

Galante, Joseph, 224

Galaxy, 232, 270, 284, 285,

Gale International, 203

Gallagher, Maurice, 55

Gallo, Carmine, 609n14

Gallup Consulting, 518

Gamm, Scott, 102

Gap, 223, 224, 254, 380, 417, 583, 596

Garfield, Bob, 508n14

Garmin, 338, 568

Gartner, 201, 523

Gasparro, Annie, 239, 342n13, 370n1

Gatorade Mission Control Center, 112

Gatorade, 112, 230, 231, 274, 461, 462, 473

Gaviña, 404

Gay.com, 84

GE (General Electric), 11, 180-182, 193, 198, 256, 265, 266, 297, 381, 387, 515, 561, 586, 587, 594, 598, 614, 623, 651

GE Capital, 540-541

GE Evolution Series, 181, 182

GE Healthcare, 515

GE Money, 180

GE Transportation, 181

Geaneotes, Alexis, 643n43

Gee, Vivian, 39n10

Geewa, 546

GEICO, 230, 263, 377, 378, 386, 478-479, 488, 548, 567

Geller, Martinne, 407n6

Gelles, David, 475n7, 579n34

General Electric. *Veja* GE (General Electric)

General Mills Foodservice, 197

General Mills, 24, 147, 182, 462

General Motors (GM), 51, 274, 277, 295, 295, 506, 564, 602, 606, 607, 608, 632, 639-641

General Sentiment, 506

General Services Administration, 198, 199

Genius Bars, 431

Gentile, Mary C., 39n7

George, Dave, 239

Geron, Tomio, 578n1

Gerzema, John, 25, 26, 678n14

GetSatisfaction.com, 561

Ghemawat, Pankaj, 642n32

744 Princípios de marketing

Gibson, Riley, 490

Gillette, 214, 215, 298, 313-314, 348, 358, 461, 613

Giorgio Armani, 417

Girl Scouts, 272

Gizmodo, 151

Glacéau, 115

Glad Products Company, 301, 493

Glaxo, 538

GlaxoSmithKline, 649

Glazer, Emily, 102n1

Glee, 84, 488

GM. *Veja* General Motors (GM)

Gmail, 297, 311, 458

GNC, 356, 430

Go, Diego, Go!, 272

Godrej & Boyce, 358

Goetz, Kaomi, 103n20

Goetzi, David, 39n20

Goffan, Claudia, 175n3

GoFISH.com, 564

Goldsmith, Andy, 280n9

Golesworthy, Terry, 507n1

Goll, Carol, 462, 463

Gomez, Selena, 35

Gooch, Liz, 642n39

Good Grips, 252

Goodwill Industries, 173

Goodyear, 182-183, 198

Google Android, 297, 311

Google Blog Search, 297, 311

Google Checkout, 311

Google Earth, 297, 311

Google Glass, 66, 236

Google Labs, 311

Google Maps, 297, 311

Google Picasa, 297, 311

Google Play, 138, 311, 374

Google Wallet, 547

Google, 4, 11, 44, 66, 71, 88, 116, 147, 224, 230, 236, 265, 266, 269, 278, 279, 297, 297-298, 309-312, 356, 373, 374, 382, 405, 411, 458, 471, 494, 538, 547, 557, 561, 563, 567, 596, 613, 622, 623

Google+, 311, 563

GoPro, 142-144, 152, 175n1

Gore-Tex, 183, 225

Gorla, Catalina, 26, 678n14

Gortons, 215

Gossage, Bobbie, 26

GoToMeeting, 522

Goulding, Ellie, 213

Graham, John, 524n19

Graham, Marty, 158

Grainger, 433, 434, 336, 438,

Grand Marnier, 330

Gray, Edmund, 666

Gray, Verne, 475n17

Great Clips, 381

Great Value, 270

Greco, Susan, 542n14

Green, Cee Lo, 213

Green, Heather, 40n31

Green, Mark C., 141n29, 642n34, 643n40

Greenberg, Karl, 313n15

Greenfield, Jerry, 665

Greenleigh, Ian, 578n5

Grewel, Dhruv, 371n14

Griffith, Scott, 278

Grind, 83

Gripevine.com, 97

Grishman, John, 369

Gronroos, Christian, 40n30, 40n32

Groupon, 222, 224, 492, 532, 538

Grover, Ronald, 407n1

Grubb, Jim, 203

Gruley, Bryan, 79

Gruver, Karen, 313n19

GSA Advantage!, 199

Gschwandtner, Gerhard, 542n15, 542n16, 524

Guaraná Jesus, 620

Guarda Nacional, 267

Gucci, 158, 236, 237, 271, 357, 476

Gude, Dorsey, 24

Gude, Karl, 24

Guinness, 298

Guitar Center, 384

Gumpert, David, 175

Gunther, Marc, 678n22

Gupta, Vivek, 510

Gustin, Sam, 586

Guthy-Renker, 556

H

H&M, 218, 380, 476, 632

H.J. Heinz, *19*, 45 450

Häagen-Dazs, 182, 453-454

Hachman, Mark, 579n35

Haier, 9, 632

Hale, Todd, 281n37

Half.com, 576

Hall, Emma, 490, 501, 642n18, 642n27, 642n39

Hall, Julie, 312n3

Halliday, Jean, 507n6

Hallmark Cards, 220

Hammacher Schlemmer, 554

Hammerpress, 368

Hamp, Andrew, 463

Hampton Inn, 259, 412, 583

Hanes, 443

Hanks, Tom, 35

Hanlon, Patrick, 543n30

Hannah Montana, 272

Hannon, Elliot, 630

Hansegard, Jens, 642n21

Hansel, Jeff, 281n22

Hanssens, Dominique M., 32n32

Harley-Davidson, 19, 83, 152, 265, 266, 301, 490, 591

Harlistas: uma jornada norte-americana, 84

Harmer, Janet, 214

Harrah's, 128

Harris, Neil Patrick, 84

Harrison, Joyce V., 240n5

Harry, Debbie, 214

Harte, Susan, 190

Harvard, 279

Hasbro, 619

Hastings, Reed, 373-339, 407n1

HateStarbucks.com, 96

Hatton, Celia, 313n27

HauteLook, 428

Havaianas, 496

Hawaiian Airlines, 129

Hawkins, Del I., 119

Hayes, John, 313n19

Haysbert, Dennis, 479

HBO, 567

Healey, James R., 642n36

Hearts On Fire, 232, *232*

Heilman, Jeff, 678n30

Hein, Kenneth, 103n28, 342n14, 445n19

Heinrich, Dan, 341

Heinz, 273, 443, 450

Helle, Pekka, 40n30, 40n32

Hello Kitty, 272, 623

Helm, Bert, 407n2

Hempel, Jesi, 541n1

Hendricks, Barbara, 542n10

Henkel, 363

Henshaw, Steve, 370n5

Heráclito, 71, 72

Hermes, 424

Hermoso, Tito, 507n6

Herrera, Tilde, 666

Hertz, 2215, 280, 381, 599, 601

Heskett, James L., 281n23

Heussner, Ki Mae, 141n31

Hibbard, Casey, 39n21, 195

Hiler, Whit, 490

Hill, Kashmir, 39n22

Hilton, 626

Hilton, Paris, 35

Hiltzik, Michael, 586

Himler, Peter, 453

Hirai, Kazuo, 78

Hirsch, Jerry, 280

Hitachi, 285

Hochman, Paul, 281n20

Hoffmann, Melissa, 578n14

Hogan, John E., 370n2, 371n14

Hogan, John, 341n2, 342n12

Hohner, 592

Holiday Inn Express, 233

Holiday Inn, 379, 381, 419, 583, 592

Hollister, 56, 270

Hollywood Pictures, 49

Holmes, Elizabeth, 371n8, 678n14

Holstein, William J., 624n26

Holthaus, David, 359

Home Depot, *45*, 62, 75, 140, 192, 214, 233, 335, 381, 385, 387, 395, 398, 399, 412, 416, 421, 426, 427, 428, 433, 467, 515, 599

Home Shopping Network, 441, 575

Hometown, 422

Honda of America, 659

Honda, 56, 84, 173, 279, 285, 330, 333, *339*, 375, 462, 506, 564, 599, 608, 627,659

Honest Tea, *227*

Honomichl, Jack, 140n10

Hoover, Stephen, 101

Hoover's, 113

Hoovers, 522

Horizon Organic, 252

Hormel, 425-453

Hornsby, Heba, 39n21

Horovitz, Bruce, 176n12, 463, 490, 507

Horse, Austin, 473

Horseshoe, 128

Horstein, Scott, 140n5

Hot Mama, 328

Hot Wheels, 301, *302, 619*

746 Princípios de marketing

Houpt, Simon, 678n22

House, Martha, 67

Hoyer, Wayne D., 176n20

HP (Hewlett-Packard), 6, *77*, 101, 324, 376, 386, 396, 530, 556

Hsieh, Tony, 261, 262

Hsu, Tiffany, 370n1

Huang, Ming-Hui, 281n28

Huffington Post, 589

Huffington, Arianna, 589, 608n8

Huggies, 389, 494

Hughes, Nick, 408n21

Hulu, *45*, 72, 81, 265, 372, 373, 374, 404

Humes, Edward, 678n23

Hummer, 51, 274

Humphrey, Michael, 102n1

Huntington Learning Center, 381

Huston, Larry, 291

Hymowitz, Carol, 423

Hypios, 289

Hyundai, 24

I

I Can't Believe It's Not Butter, 463

IBM Global Assets Recovery Services, 659

IBM, 11, 101, 134, 182, 186, 195, 217, 230, 249, 266, 278, 396, 459, 509-511, 512, 513, 517, 614, 623, 651, 659

iCarly, 272

Iezzi, Teressa, 609n21

IGA (Independent Grocers Alliance), 419

Iggy Pop, 214

iGoogle, 310

IHOP, 227

IKEA, 74, 154, 279, 346, 398, 487, 614, 621-623, 638

Immelt, Jeffrey, 182

Impreza, 310

Índice de Satisfação do Consumidor Norte-Americano, 596

Infiniti Q56, 228t

Infor, 398

InfoScan, 116

Ingersoll, John, 554

InnoCentive, 289

In-N-Out Burger, 33-35, 269

Intel, 11, 163, 278

Interactive Advertising Bureau, 571

Interbrand of de Londreson, 632

International Consumer Electronics Show, 523

International Creative Management, 462

International Design Excellence Awards, 285

International Paper, 673-675

Internet Bid Board System, 199

Interpublic Group of Companies, 307

InterVu, 121

iPad, 32, 66, 81, 169, 194, 232, 246, 269, 277, 285, 286, 301, 302, 411, 430, 431, 449, 486, 499, 540, 566, 588, 589, 590, 595, 623, 631, 633, 652

iPhone, 32, 66, 99, 169, 201, 215, 224, 232, 244, 285, 286, 289, 298, 309, 345, 367, 411, 420, 482, 566, 568, 577, 587, 590, 595, 623, 652

iPod, 14, 32, 72, 79, 81, 109, 169, 215, 243, 272, 298, 376, 590, 595-596, 607, 632, 652

Irwin, Tanya, 103n27

Ishikawa, Eriko, 643n43

Israel, Shel, 541

iTunes, 78, 215, 267, 298, 311, 367, 373, 376, 383, 405, 406, 584, 595, 661

J

J. Crew, 352, 417, 596

Jackson, Anna-Louise, 140n1

Jaguar, 173, 606

Jain, Subhash C., 141n29

James, Frank, 608n2

James, LeBron, 149, 214, 230, 479

Jana, Reena, 280n8

Janet, Bob, 281n16

Jannarone, John, 444n1, 444n9

Jared, 488

Jargon, Julie, 103n11, 240n22, 407n13

Jarman, Abbie, 102n3

JCPenney, 88, 156, 270, 316-318, 352, 354, 440

Jeep Wrangler, 486

JELL-O, 210,270, 493, 631

Jelly Belly, 269

JENNIE-O, 452-453

JetBlue Airways, *13*-14, 17, 55, 151, 152, 269, 383, 592

Jewel-Osco, 438

JH Audio, 225

Jif, 153, 303

Jiffy Lube, 419,

Jink, Beth, 586

Jobs, Steve, 32, 79, 201, 595-596

Joe, Ryan, 507n2

Joes Jeans, 328

Joffrey Ballet, 224

Jogos vorazes, 137

John Deere, 225, 383, 459, 466, 467

John, Elton, 462

Johnson & Johnson, 11, 84, 152, 307, 638, 588, 591, 614

Johnson, Bradley, 103n27

Johnson, Caitlin A., 507n8

Johnson, Eric, 540

Índice 747

Johnson, Lauren, 540
Johnson, Mark W., 359
Johnson, Morieka, 158
Johnson, Ray William, 72
Johnson, Robert, 313n21
Johnson, Ron, 317
Johnson, Sheree L., 282n44
Jonas, Nick, 35
Jopson, Barney, 642n27
Jordan, Michael, 230
Jornada nas estrelas, 565
Joseph, Jim, 596
Jouret, Guido, 311n8
Jovoto, 289
JWT, 486

K

Kamangar, Salar, 72
Kane, Yukari Iwantani, 508n26
Kang, Cecilia, 580n49
Kang, Shinhye, 312n1
Kansal, Purva, 177n27
Kanter, Roasbeth Moss, 678n35
Kaplan University, 237
Kaplan, David A., 69n8
Kaplan, David, 445n20
Karamchandani, Ashish, 371n12
Kardashian, Khloe, 462
Kardashian, Kim, 150, 462, 471
Karp, Gregory, 97
Karp, Hannah, 281n36
Kashi, 488
Katchpole, Molly, 96
Kaye, Leon, 407n18
Kazakhstan National Railway, 181
Kazakina, Katya, 313n21
KB Toys, 427, 428
KC Masterpiece, 272
Keds, *81*
Keegan, Paul, 280
Keegan, Warren J., 141n29, 642n34, 643n40
Keen, 588
Kelleher, Herb, 10
Kelleher, Kevin, 407n1, 521
Keller, Kevin Lane, 38n3, 69n9, 70n15, 176n20, 204n3, 204n5, 240n3, 240n9, 240n16, 240n17, 241n29, 247, 281n18, 281n29, 381n33, 303, 313n25, 341n5, 541, 578n6, 609n14, 609n15
Kellogg Company, 51, *134*, 153, 270, 273, 302, 351
Kendall, Brent, 407n8, 677n5

Kenmore, 422
Kennedy, John F., 88
Kent, Muhtar, 612-613
Kessler, Sarah, 281n27
Kestenbaum, David, 158
KFC, 43, 306, *379*, 388, 448, 493, 622, 632
Khanna, Tarun, 678n25
Kharif, Olga, 177n29
Kia Motors, *210*, 505
Kickstarter, 99
Kid Rock, 211
Kiefaber, David, 240n4
Kiehl's, 392
Kikkoman, 298
Kilar, Jason, 265, 281n30
Kiley, David, 508n16
Kim, Miyoung, 312n1
Kim, W. Chan, 104n47, 608n9
Kimberly-Clark, 386, 389, 594
Kindle Fire, 2, 66, 232, 348
Kindle, 2, 66, 137, 363, 369, 384, 577, 589
Kinetz, Erika, 630
King, Carolyn, 445n20
King, Karen Whitehill, 281n31, 475n16
King, Karen, 507n5
King, Stephen, 369
Kingori, Mamakamau, 612
Kingsford Charcoal Briquets, 352
Kingsolver, Barbara, 369
Kinky-Curly Hair Products, 152
Kirchoff, David, 597
Kirin, 626
Kirkland, 389
Kirkman, 299
Klaassen, Abbey, 240n22
Klara, Robert, 240n3, 240n20, 608n10
Kleenex, 270
Klie, Leonard, 103n10
Kmart, 410, 416, 422-423, 427, 600
Knight, India, 241n24
Knight, Phil, 244
Ko, Vanessa, 97
Koch, Jim, 488
Kodak, 488, 556, 583-586
Koechner, David, 486
Koger, Eric, 221
Koger, Susan Gregg, 221
Kohl's, 156, 316, 323, 328, 410, 413, *414*, 422, 432, 433, 465
Kohler Kallista, 329
Kohler Sterling, 329

748 Princípios de marketing

Kohler, 329

Kohler, Kristin, 81

Komatsu, 391

Kornak, Joseph, 542n13

Korosec, Kirsten, 70n19

Kosner, Anthony, 48, 501

Kotler, Philip, 38n3, 40n41, 69n9, 70n15, 204n3, 204n5, 240n3, 240n9, 240n16, 240n17, 241n29, 280n6, 280n7, 281n18, 281n29, 313n25, *341*n5, 541n2, 578n6, 609n14, 609n15, 677n2, 678n18

Kowitt, Beth, 69n1, 332

Kozinets, Robert V., 141n13

Kraft, *72*, 210, 274, 381, 386, 396, 443, 482, 483, 569, 631

Kramer, Mark R., 39n10

Krapp, 632

Krauss, Michael, 39n10

Kreindler, Derek, 141n17

Krishnaswamy, Suj, 541n2

Kristof, Nicholas D., 97

Kroc, Ray, 41

Kroger, 5, 94, 221, 240, 380, *410*, 414, 418, *419*, 438, 532, 656, 665

Kromer, Harley, 176n20

Kronsberg, Matthew, 312n6

Krummert, Bob, 239

Kubzansky, Mike, 371n12

Kucera, Danielle, 370n4

Kumar, Nirmalya, 69n10, 69n14, 542n20

Kumar, V., 40n30, 40n32, 40n34

Kumon, 381

Kwintessential, *189*

Kwoh, Leslie, 609n16

L

L.L. Bean, 183, 355, 549

L'Oréal, 178-179, 211, 389, 392, 443, 665

LaBorde, Ted, 408n19

LaCrosse, 640

Ladies' Home Journal, 138

Lady Gaga, 214

Lafayette, Jon, 103n12, 475n8

Lafayette, Jon, 475n8

Lafley, A. G., 296

Lalwani, Nishant, 371n12

Lamborghini, 248

Lamey, Lien, 281n37

Lamont, Judith, 445n20

Lampert, Edward, 423

Lancôme, 392

Land Cruiser, 228, *252*

Land Rover, 120, 174, *228*, 606

Landor Associates, 267, 268

Lands' End, 422, 554

Lane Bryant, 421

Lane, Ronald, 507n5

Lane, W. Ronald, 281n31, 475n16

Lashinsky, Adam, 140n8

LASIK, 351

Last Call, 418

Latif, Ray, 140n9

Latin American Motorcycle Association, 84

Latin Billboard Music Awards, 84

Lauterborn, Robert, 69n14

Lavazza, 630

Lawrence, Benjamin, 508n14

Lay's, 272

Leaf, 629

Lean Cuisine, 269

Learmonth, Michael, 579n33

Leary, Lynn, 371n16

Ledbetter, James, 524

Lee, 63, 212

Lee, Alex, 252

Lee, Don, 641n6

Lee, Josey Duncan, 268

Lee, Kyungmook, 678n25

Lee, Nancy R., 40n41

Lee, Nancy, 280n6

Leffew, Judd, 505

Legacy, 148, 310

LEGO CUUSOO, *288*

LEGO Group, 288, 544, 597

Lemon, Katherine N., 64, 40n32, 21n33, 70n19

LendingTree, 602

Leno, Jay, 461, 462

Lenovo, 9, 359

Leonard, Annie, 635, 677n9,

Leonard, Stew, *20, 21*

Lerner, Jeff, 133

Leung, Jane, 323

Levi Strauss, 83, 84, 317, 417, 633

Levitt, Theodore, 39n7

Levy, Piet, 103n7, 103n12, 103n13

Lewis, Bredesen, 642n33

Lewis, Tanya, 542n12

LexisNexis, 113, 116

Lexmark International, 102

Lexus L570, 228f

Lexus, 21, 23, 120, 122, 218 232, 252, 268, 274, 389, 484, 548, 599

Índice **749**

LG, 79, 486, 623

Li, Shan, 332

Liddell, Chuck, 505

Liddle, Alan J., 444n7

Liesse, Julie, 453, 508n27, 578n8

Life Is Good, *76*, 278, 673

Life Savers, 273, *298*

Lightco, Inc., 404

Liker, Jeffery K., 392

Lilly, Bryan, 313n20

Lima, Adriana, 505

Lincoln, 86, *228*, 606

Lincoln, Abraham, 88

Lindsay, Greg, 56, 204

Linens 'n Things, 427

LinkedIn, 26, 91, 97, 194, 195, 522, 523, 524

Linksys, 202

Lippert, Barbara, 280n1

Lipton, 357

Listerine, 459, 591

Little Caesars Pizza, 493

LivingSocial, 222, 223, 224, 532

Livingston, Geoff, 312n8

Liyakasa, Kelly, 39n13

Llopis, Glenn, 332

Lockheed Martin, *198*

Loechner, Jack, 579n23

Logility, *398*

LOGO, 84

Lombardo, Jenné, 213

London, Theophilus, 213

LongHorn Steakhouse, 237, 239,

Loopt, 222, 223

Lopez, Jennifer, 237

Los Angeles Lakers, 546

Los Angeles' Fiesta Broadway, 84

Love, Richard, 23

Loveman, Gary, 128

Lovemarks, 269

Lowe's, 192, 233, 383, 385, 387, 428, 467, 515, 599

Lowrider Tours, 84

Lowry, Adam, 665

Lubin, David A., 678n35

Lucy, 212

Lynley, Matt, 312

Lyons, Daniel, 38n1

Lysol, 635

M

M&Ms, 214, 219, 225, 494

Mac, 215, 595

Mack, Ann, 103n17

Mackey, John, 260

MacMillan, Douglas, 579n36

Macsai, Dan, 35

Macy's, 88, *127*, 210, 316, 323, 328, 403, 404, 410, 411, *412*, 414, 420, 422, 427, 461, 548

Mad Magazine, 591

Mad Science Group, 419

Madagascar, 533

Madden, Normandy, 642n37, 643n41

Maddox, Kate, 195

Madigan, Kathleen, 26

Madonna, 214, 506

Madsen, Drew, 238

Magic Eraser, 273

Magic Reach, 273

Magill, Ken, 579n39

Mahoney, Sarah, 103n13

Maich, Steve, 596

Majka, Nicholas, 642n33

Makino Machine Tools, *194,*

Makita, 633

Malär, Lucia, 176n20

Management, 205n15

Mangalindan, JP, 40n31

Mangano, Terry, 175n3

Manning, Kenneth C., 371n8

Maranowski, Mitch, 341

Margreta, Michael, 408n22

Mark, Monica, 641n1, 642n26

Marketing Research Association, 133, 134

Marks & Spencer, 137

Marmot, 183

Marn, Michael V., 371n14

Maroon 5, 218

Marriott International, 264

Marriott, 255, 259, 563

Mars, 100, *165*, 459, 494, 664-665

Marshall, Norman W., 40n30

Marshalls, 417

Martin, Andrew, 69n1

Martin, Janette S., 190

Martin, Jim, 204n1

Martin, Justin D., 371n10

Martin, Timothy W., 444n6

Martinez, Amy, 16

Martinez, Andres, 642n22

750 Princípios de marketing

Martinez, Juan, 141n31

Martinez, Lynsi, 35

Mary Kay Cosmetics, 377, 385, 464

Maslow, Abraham, 159, 160, 176n22

Massachusetts Right to Repair Coalition, 605

Massage Envy, 381

Massmart, 624

MasterCard, 19, 307, 416, 569, 650

Mateschitz, Dietrich, 472-474

Matioli, Dana, 371n11

Matrix, 252

Mattel, 301, 302, 619

Mattioli, Dana, 431

Mauborgne, Renée, 104n47, 608n9

Maxim, 494

Maximo Professional Services, 186

Maybelline, 392, 534

Mayer, Allan, 541n2

Mayo Clinic, *258*

Maytag, 385

McCale, Sheilynn, 140n2

McCann Worldgroup, 307

McCarthy, E. Jerome, 69n14

McCarty, Dawn, 586

McClean, Roy, 69n14

McClellan, Steve, 507n9

McDonald, Bob, 271, 291

McDonald, Maurice, 41

McDonald, Richard, 41

McDonald, Robert, 359

McDonald, Ronald, 41

McDonald's, 3, 18, 24, 27, 33, 34, 35, 41-44, 50, 53, 57, 69, 75, 84, 118, 147, 148, 201, 226, 230, 232, 265, 266, 267, 274, 278, 295, 321, *357*, 362, 376, *382*, 387, *388*, 404, 411, *419*, 421, 426, 433, 442, 446, 448, 455-456, 459, 461, 488, 496, 497, 533, 556, 560, 596, 597, 598,599, 610, 613, 614, 615, 622, 623, 628, 630, 647-648

McGarvey, Robert, 524, 542n14, 542n17, 542n18

McGirt, Ellen, 204

McGraw, Tim, 211, 367

McGregor, Jean, 140n5

McKay, Lauren, 141n31

McKendrick, Joe, 579n43

McKesson, 438

McLanche Feliz, 226, 533

McMains, Andrew, 490, 642n32

MediaLab, *125*

MedTronic, 539

Meijer, *414*, 416

Meineke Mufflers, *419*

Meiners, Jens, 175

Men's Health, 239, 565

Mënaji.com, 240n5

Mercedes GL Class, 216

Mercedes, 120, 159, 173, 227, 232, 235, 484, 639,

Mercedes, Cardona, 578n16

Mercury, 257, 606

Mercury, Freddie, 214

Meredith Corporation, 138, 140

Merrell, 554

Merrill Lynch, 77

Merry Maids, 419

Method, 28, 158, 227, 269, 340, 450, 488, 665-666

Metro, 433

Meyers, Tiffany, 475n9

Michaels, 426

Michelin, 61, 614

Michigan Economic Development Corporation, 6

Michigan.org, 39n6

Microsoft, 4, 78, 92, 96, 125, 127, 134, 266, 278, 285, 307, 310, 311, 382, 561, 572, 594, 623

Midwest Living, 138

Mielach, David, 205n13

Miemis, Venessa, 578n1

Migicovsky, Eric, 99

Mikasa, *414*

Milano, Alyssa, 563

Mildon, Jed, 143

Miles, Allison, 341n1

Miley, Marissa, 103n17

Miller (cerveja), 599

Miller, Brandon, 103n27

Millstone, 362

Millward Brown Optimor, 623

MINI Cooper, 256, 291, 591

Mini Einsteins, 272

Miramax, 546

Misonzhnik, Elaine, 445n18

Missoni, 428

Missouri State University, 277

Mitchell, Alan, 176n12, 153

Mittal, Vikas, 39n19

Modcloth.com, *221*

Modern family, 84, 461, 485, 486, 499

Moen, 398

Mohawk, 428

Mohn, Tanya, 103n28

Mohr, Jakki J., 40n34

Moin, David, 240n19

Mojang, 288

Índice 751

Molson, 599

Monae, Janelle, 213

Mongrelluzzo, Bill, 407n18

Monocryl, 591

Montana, Joe, 471

Montgomery, Michael, 678n31

Moore, Ellen, 176n23

Mop & Glo, 269

MORE, 138

Morgan, Spencer, 445n14

Moringa Milk Company, 626

Morphy, Erika, 541

Morran, Chris, 39n14

Morrison, Maureen, 371n13, 444n12

Morrison, Scott, 407n8

Morrissey, Brian, 124, 280n1, 474n1

Motavalli, Jim, 312n10

Motel 6, 233, 269, 614

Motorola, 66, 411, 506, 595

Moumenine, Mo, 475n14

Mountain Dew, 152 , 212, 274

Mr. Clean AutoDry, 273

Mr. Clean Magic Eraser, 290, 291

Mr. Clean, *273, 302, 347*, 488

Mr. Handyman, *381*, 419

MSN, 557

MSNBC, 486

MTV Networks, 84

Mucinex, 635

Mug, 274

Mulally, Alan, 5, 257, 606

Mulcahy, Anne, 101

Mulier, Tom, 342n11

Murphy, H. Lee, 445n18

Murphy, Samantha, 240n20

Murshed, Feisal, 39n19

Murthi, B. P. S., 353

Musician's Junkyard, 384

Mustafa, Isaiah, 452, 563

Mycoskie, Blake, 92

MyCoupster, 532

MyFleetAtPenske.com, *130*

MyGulf, 468

Myriad Genetics, 605

Myser, Michael, 205n10, 241n26

Myspace, 407

myTransponder.com, 565

N

Nagle, Thomas T., 341n2, 370n2, 371n14

Nair, Hari, 359

Naked Juice, 341

Nano, 85

Napolitano, Maida, 103n34, 408n21

Narasimhan, Chakravarthi, 353

Narayandas, Das, 70n19, 204n3

Narus, James A., 204n3, 542n20

NASA, 45, 69n2, 289

NASCAR, 17, 33, 47, 473, 503

Nassauer, Sarah, 262

National Consumers League, 650

National Enquirer, 491

National Football League, 534

National Heart, Lung, and Blood Institute, 498

National Hockey League (NHL), 566

National Institutes of Health, 498

National Park Foundation, 675

National Recycling Coalition, 675

Nationwide Insurance, 158

Nature Valley, 182

Nau, 666

Nautica, 63, 212

Navigator, 86, *228*

NBA, 149, 214, 461, 597, 613, 614, 623, 640

NBCUniversal, 540

NBox, 339

Neff, Jack, 176n13, 176n20, 268, 281n34, 444n2, 444n3, 475n12, 475n19, 609n18

Neiman Marcus, 86, 216, 413, 414, *418, 554*, 588

Nelson, Jane, 643n43

Nelson, Tammy R., 313n20

Nelson, Willie, 661

Nesta, Alessandro, 214

Nestlé, 11, 27, *146*, 147, 388, 399, 487, 513, 561, 614, 619, 620

Netflix, 72, 267, 268, 367, 368, 372-374, 404, 405, 548, 550, 567

NeuFlex, 591

NeuroFocus, 125

Neuticles, 158

Neutrogena, 57

New Balance, 8, *293*

New York Times, 19, 20, 95, 320, 340, 557

Newman, Andrew Adam, 103n28, 240n6, 474n4, 508n13

Newmark, Craig, 589

News Corp, 407

Newsweek, 491

Newton, Casey, 175n1

Nextag.com, 563

NextBlue, 501

752 Princípios de marketing

Nexus 7 (tablet), 66

Nexus Q, 66

NFLShop.com, 506

Nicas, Jack, 56

Nickelodeon, 272, 619

Nielsen Company, 115, 125, 136, *137, 202,* 216, 441, 491, 504, 506, 576, 591

Nike Coach, 243

Nike Digital Sport, 243

Nike, 14, 27, 56, 84, *225,* 230, 242, *243,* 244, 245, 249, 255, 259, 265, 268, 269, 272, 285, 304-305, 336, 364, 411, 454, 461, 462, 473, 476, 483, 513, 565, 588, 591, 592, 596, 614, 620, 621, 622, 658, 664, 665, 666

Nike+, 243, 565

Nike1iPod Sport Kit, 272

Niketown, 243

Nikon, 161, 162

Nintendo, 79, 462, 623

Nishi, Dennis, 153

Nissan, 174, 227, 231, 236, 277, 291, 339, 564

Nivea, 340, 471,

No Fear, 274

Nocera, Joe, 38n1

Nokia, 27, 295, 311, 357, 632, 634

Nook, 352

Nordstrom Rack, 418

Nordstrom, 8, 14, *15-*16, 25, 86, 212, *255,* 404, 413, 414, 418, 420, 421, 422, 428, 566, 583, 594

Nordstrom, Blake, 15

Nordstrom, Erik, 15-16

Nordstrom, Jaime, 15-16

Nordstrom, John W., 15

Nordstrom, Pete, 15

North Face, 63, 152

Norwegian Cruise Lines, 129

Novartis, 269

Nuckols, Ben, 97

Nudd, Tim, 176n14, 501, 508n19

Nutrish, 249

Nyffenegger, Bettina, 176n20

NYPD, 249

NyQuil, 494

O

O segredo de Brokeback Mountain, 84

O'Brien, Conan, 35

O'Brien, Jeffrey M., 608n1

O'Brien, Keith, 38n2, 69n1, 579n28

O'Leary, Michael, *322*

O'Leary, Michael, 322

O'Leary, Noreen, 240n6

O'Leary, Noreen, 475n13

O'Malley, Gavin, 39n26

O'Reilly Auto Parts, 534

Oberhelman, Doug, *391*

Ocean Spray, 274

Octagon, 299

Odyssey, *333*

Offer, Vince, 556

Office Depot, 168, 307

OfficeMax, 426

Ogilvy Public Relations Worldwide, 498, 508n25

OgilvyAction, 412

Ohnsman, Alan, 642n30

Okazaki, Shintero, 643n40

Olay Definity, 147

Olay ProX, 290

Olay Regenerist, 290, 291

Olay, 215, 462

Old Spice, 302, 452, 563

Oldsmobile, 51, 274

Olive Garden, 227, 237, 238-239

Olympics, 202

Omaha Steaks, 377

Omo, 598

Opel Astra, 640

Oracle, 127, 398

Oral B Pulsonic, 290, 291

Oral-B, 357

Orbitz, 84

Ordinario, Cai U., 641n9

Orek, 427

Oreo, 261,486, 631

Organização Mundial do Comércio (OMC), 616

Oscar Mayer, 482

Ostrow, Adam, 140n6

Otis Elevator, 615

Otis, Clarence, 238

Out Traveler, 84

Out, 84

Outback, 239, 279, 310, 534

Overstock.com, 352, 364, 417, 559, 575

Owens, Terrell, 462, 463

OxiClean, 556

OXO, 67, *251-252,* 472

P

P&G (Procter & Gamble), 51, 62, 91, *117, 147,* 152, 153, 164, 215, 220, 238, 268, 269, 270, 271, 273, *274,* 290-291, 296, *297,* 301-302, 314, 321, 358-359, 362 363, 381, 389,

396, 412, 413, 450, 451, 456, 457, 460, 481, 488, 494, 517, 528, 529-530, 556, 558, 561, 563, 587,591, 594, 598, 636

Pace, 256

PajamaJeans, 556

Palmer, Alex, 141n22

Pampers, 215, 268, 269, 290, 352, 358, 389, 493, 529

Panamera, 175

Panasonic, 143

Pandora, 72, 367, 405-407, 546

Panera Bread Company, *14, 269,* 343-344

Pantene, 147, 178, 227, 340, 443

Papa John's, 108

Papa Johns, 506

Paramount, 546

Pardee, Thomas, 474

Parekh, Rupal, 642n19

Parents Magazine, 138, 139, 216, 494

Parents.com, 138

Parikh, Rahul, 578n15

Paris, 128

Parker, Mark, 244

Parpis, Eleftheria, 176n10, 678n26

Passat, 152

Passikoff, Robert, 262

Passions Network, 565

Patagonia, *28,* 216, 664, 665

Patel, Kunur, 280, 508n20, 543n27, 569, 579n43

Pastrana, Travis, 473

Patterson, James, 369

Patton, Leslie, 240n1

Paul, Chris, 462

PayPal, 289, 547, 576, 577

PayPalSucks.com, 96

PayPass, 416, 569

Pebble Technology Corporation, 99

Pedigree, 530, 664-665

Pedra de Estimação Pet Rocks, 299

Peerless Paper Company, 354

Peers, Martin, 474n3

Penenberg, Adam L., 141n21

Penn, Sean, 214

Penske Logistics, 399

Penske Truck Leasing, *130*

Penteado, Claudia, 620

Pepitone, Julianne, 408n20

PepsiCo, 19, 94, 112, *125,* 223, 272, 274, 341, 382, 489, 490, 515, 544, 599, 600, 664, 667,

Perdue, 259

Perman, Stacy, 34, 35

Personicx, *155*

Persson, Andreas, 70n19

Pesca mortal, 144

Pet Airways, 157

Peters, Kevin, 39n5

Peterson, Tim, 176n9

Petplan USA, 158

Petrecca, Laura, 490, 507

Pets.com, 406

PetSmart, 232, 414, 416, 426,

PetZen, 158

Pew Forum on Religion & Public Life, 104n45

Pfanner, Eric, 642n32

Pfizer, 538

Phelps, Michael, 488

Philadelphia Cream Cheese, *72*

Philips AmbientLED, 666

Phillips, Rick, 542n19

Picture People, 494

Pien, Katty, 475n9

Pierson, David, 642n21

Piggly Wiggly, 394

Pilling, David, 642n17

Pillsbury, 182, 272

Pink, 424

Pinterest, 17, 447, 489, 494, 498, 501, 552, 557, 564

Pirate Brands, 591

Pixar, 46

Pizza Hut, 43, 108, 306, *419*

Planet Out Inc., 84

PlanetFeedback.com, 561

PlanetOut.com, 84

PlantBottle, 659

Plastic Wood, 428

Plato's Closet, 381

Playground, 669

Playmonk, 546

PlayStation, 78, 79, 560

Pogs, 299

Pogue, David, 312, 313n18

Pokémon, 533

Polaroid, 231

Polarvision, 231

Policicchio, Jeff, 528

Pollack, Judann, 507n1

Polman, Paul, 644, 657, 666

Polo Ralph Lauren, 417

POM, 427

Pontiac, 51, 274

754 Princípios de marketing

Poo, 632

POPClock Projection, 102n6

Porsche, 173-175, 227

Porsche, Ferdinand, 173

Porter, Michael, 11, 39n10, 69n9, 240n16, 592, 609n12

Portillo, Ely, 39n28, 282n38

Poynter Institute, 277

Prada, 418

Praeger Publishers, 190

Prahalad, C.K., 140n12, 359, 3715n12

Prego, 256

Press'n Seal, 301

Price Club, 599

Price, Sol, 599

PriceGrabber.com, 356

Priceline.com, 356, 561

PriceScan.com, 356

PricewaterhouseCoopers, 670

Pringles, 51

Prius Ping, 279

Prius, 252, 273, 279

PRIZM, *216*

Proactiv Solutions, 556

Probst, Michele, 211

Procter & Gamble. *Veja* P&G (Procter & Gamble)

Progressive Insurance, 16, 263, 488

Propel, 274

ProQuest, 116

Prozac, 632

PS3, 79

Pschitt, 632

Publix, 404, *414*, 415

Puente, Maria, 341n6

Pulizzi, Joe, 195

PUMA, *253*, 664

Pure Digital Technologies, 202

Pure Michigan, *6*

Purell, 486

Purina, 399

Pyrex, 233

Q

Qiu, Joe, 640

Quaker Oats, 265

Queen, 277

Quero, 45

Quill.com, 190

Quimby, Roxanne, 340

Qwikster, 373

R

Rackham, Neil, 541n2

Radio Shack, 168, *414*

Raice, Shayndi, 224

Raisin Bran, 351

Rajeev, Aaron Ahuvia, 281n35

Ralph Lauren, 352, 417

Ramada Inn, 381

Ramada Limited, 233

Range Rover, *228*

Rao, Ram, 353

Rasmussen, Bill, 47

Rate My Professor, 504

RateMDs.com, 504

Ravelry.com, 565

Ray, Rachael, 249

RCA, 614

Rdio, 367

Reagan, Ronald, 88

Reagan, Steven J., 241n29

Reckitt Benckiser, 635

Red Bull Media House, 472-474

Red Bull Total Zero, 115

Red Bull, 115-116, *151*, 472-474, 534, 591, 600

Red Dress, 498

Red Kap, 602

Red Lobster, 237, 238, 239

Red Rock Cola, 462

RED, 220

Redbox, 372, 556

Redken, 392

RedLaser, 430, 577

Reebok, 304, 471

Reef, 212

Reese's, 267, *268*

Reeves, Rosser, 230

Regal Cinemas, 27

Regal, 640

REI, 144, 156, 222, 3 64, *413*, 414, 568

Reichert, Tom, 281n31

Reilly, Thomas P., 542n21

Rein, Shaun, 630

Reinartz, Werner, 40n34

Reingold, Jennifer, 140n12

Remington, Frederic, 239

Rentro de Reclamações de Fraude na Internet do FBInternet Crime Complaint Center, 227

Researcharts.com, 39n9

ResearchGATE, 565

Resnick, Brian, 205n10

Retton, Mary Lou, 81
Revlon, *4*, 246, 556
Revson, Charles, 246
Rexrode, Christina, 463
Rhapsody, 405
Richwine, Lisa, 69n6
Ricoh, 101
Riders, 212
Rigby, Darrell K., 313n19
Ringling Bros., 590
Rishe, Patrick, 371n10
Ritson, Mark, 407n14
RitzCamera.com, 428
Ritz-Carlton Hotels & Resorts, 14, *45*, 269, 583, 592-594
Ritzer, Kimberly, 328
Roberto, Ned, 40n41
Roberts, Dexter, 641n7
Robinson, Patrick J., 204n3, 204n7
Robinson, Peter, 175
Rock, Mick, 213
ROCKED, 213
Rockwell Automation, 528
Rockwood, Kate, 370n1
Rodkin, Gary, 334
Rodriguez, Cecilia, 323
Roegner, Eric V., 371n14
Rogers, Christina, 507n6
Rogers, David, 444n5
Rogers, Everett M., 177n28, 177n30
Rolex, 232, 247, 251, 360, 487
Rolls-Royce, 250, 251
Ronald McDonald, 41, 226
Ronson, Mark, 500
Roosevelt, Franklin Delano, 88
Rose, Charlie, 407n1
Rose, Lacey, 475n13
Rosenbaum, Steven, 39n27
Rosenbloom, Stephanie, 370, 578n17
Rosinje Distributors, 612
Rossignol, 347
Roth, Eldon, 201
Rothwell, Steve, 323
Row Adventures, 80
Rowe, Mike, 491
Rowling, J. K., 623
Royal Caribbean, 82, 363
RPM International, 428
Rubin, Ben Fox, 342n13
Rueter, Thad, 579n22, 579n23
Ruffles, 352

Ruggless, Ron, 39n15
Runcible Spoon Bakery, 546
Russell, J. Thomas, 475n16
Russell, Thomas, 507n5
Rust, Roland T., 40n32, 40n33, 64, 70n19, 281n28
Rustler, 212
Rust-Oleum, 428
Ruth, Babe, 462
Ryals, Lynette, 70n19, 542n9
Ryan, Eric, 665
Ryanair, 321, 322-323
RydeGreen, 399
Ryder Supply Chain Solutions, 399
Ryder, 399

S

Saab, 51, 274
Saatchi & Saatchi, 269
SABMiller, 599
Sacks, Danielle, 102n1, 662
Safeway, 62, 94, 184, 376, *414*, 432, 517, 533, 665
Safien, Robert, 313n16
Sakkab, Nabil, 291
Saks Fifth Avenue, 270, 307, 421
Saks Off 5th, 418
Sales Cloud, 540
Salesforce.com, 127, 540-541
Salk Institute, 289
Salter, Chuck, 239, 313n18, 678n24
Sam Ash, 384
Sam's Choice, 270
Sam's Club, *414*, 418, 605, 619
Samsung Galaxy, 232, 270
Samsung Series 7
Samsung, 27, 78, 79, *84*, 113, 227, 232, 267, 270, 284-*286*, 298, 374, 378, 411, 430, 464, 482, 506, 562, 563, 593, 595, 613, 623, 663
Samuel Adams Beer, 488
Samuel, Lawrence R., 176n24
Sanders, Gisele, 25
Sands Research, 125
SAP, 398, 523-524, 540
Sara Lee, 482
Sarkees, Matthew, 39n19
SAS, 127
Sass, Erik, 140
Sasser, W. Earl, Jr., 281n23
Sattari, Setayesh, 69n3
Saturn, 51, 274
Saunders, Andrew, 677n1

756 Princípios de marketing

Saunders, John, 677n2
Save-A-Lot, 438
Sawka, Kenneth, 240n16
SC Johnson, 394, 658
ScentAir, 424
Scheyder, Ernest, 586
Schick, 314
Schiff, Allison, 141n22
Schlesinger, Leonard A., 281n23
Schmidt, Jeff, 39n19
Schmitt, Garrick, 38n1
Schneider, Joan, 312n3
Scholastic Inc., 137
Schomer, Stephanie, 342n9
Schrambling, Regina, 280n8
Schreier, Martin, 313n16
Schreuer, Richard, 70n16
Schrute, Dwight, 512
Schultz, E. J., 507n1
Schultz, Howard, 26, 245
Schulz, Greta, 281n16
Schumacher, Doug, 305
Schwab, 567
Schwartz, John, 313n21
Schweitzer, Tamara, 103n35
Scion, 252, 273, 274
Scooby Doo, 272
Scotch Tape, 270
Seadream Yacht Club, 211
Sears Auto Centers, 422
Sears Grand, 422
Sears Hardware, 422
Sears Home Appliance Showrooms, 422
Sears Outlet, 422
Sears, 84, 387, 410, 413, *414*, 419, 420, 422-423, 428, 515, 548, 563, 592, 596, 626
Seasons 42, 237,
Seattle's Best Coffee, 217, 274, 361, *362*, 556
Second Life, 151
Secret, 211
Sedaris, David, 84
Seetharaman, P. B., 353
Sega, 623
Seimers, Erik, 342n14
Seinfeld, Jerry, 462
Sengupta, Sanjit, 40n34
Sentinel, 212
Sephora, 36, 554, 557
Seven & I, 433
Seventh Generation, 229, 340

Sewell, Dan, 26, 39n5, 579n32
Shactman, Brian, 401
Shah, Denish, 40n30, 40n32
Shaich, Ronald, 343, *344*
ShamWow, 512, 556
Shannon, Steve, 641
Sharing Mayo Clinic, 258
Sharkey, Tina, 140n7, 141n30
Sharp, 101, 285
Sharp, Isadore, 581-582
Sharper Image, 427
Shavitz, Burt, 339, 340
Shaw Floors, 193
Shea, Christopher, 176n24
Sheetz Bros. Coffeez, 416
Sheetz Bros. Kitchen, 416
Sheetz, *414*, 415, 416
Shelman, Mary L., 313n27
Shenkar, Oded, 609n20
Sheraton Hotels, 424
Sherr, Ian, 407n1
Sherwin Williams, 93
ShoeDazzle, 150
Shopkick, 222, 223
Shopping.com, 576
Shrek, *162*, 619
Shriners Hospitals for Children, 196
Siebel, 540
Sienna, 279
Sierra Mist, 274
Silk, 269
Silly Bandz, 299
Simester, Duncan, 353
Simon, Paul, 585
Simple Elegance, 270
Simply Venus, 21
Singapore Airlines, *229*
Sipkoff, Martin, 678n17
SiriusXM Radio, 405, 406
Sit or Squat, 164, 568
Site.com, 593
Siver, Levi, 473
Six Flags, *186*, 348
Skechers, 462, 471, 650
Skittles, 151
Skrodzki, Anne, 344
Skype, 267, 268, 285, 367, 576
Slack, Eric, 608n10
SlapChop, 556
Slater, Christian, 35

Slater, Dan, 40n33

Slater, Stanley F., 40n34

Slice, 274

Slicksmile, Harry E., 189

Slimfast, 91

Sloan, Paul, 124

Sloane, Garett, 608n5

Sloane, Paul, 312n4

Slutsky, Irena, 140n7

Smart car, 339

Smarthinking, 277

Smartwater, 269

Smashburger, 339

Smith, Ethan, 102n1

Smith, Joyce, 342n9

Smith, N. Craig, 39n7

Smith, Ray, 371n8

Smith, Sandy, 445n14

Snap Fitness, *321*

Snap Surveys, 121

Snapper, 395

Snickers, *165*, 459, 462

Snoop Dogg, 462

Snow Report, 58

Snuggie, 556

Snuggle, 598

Snyder, Esther, 33, 35

Snyder, Harry, 34

SoBe, 274

Social Marketing Institute (SMI), 250

SocialBlue, 195

Solis, Brian, 262

Solomon, Michael R., 176n22

Song, Jaeyong, 678n25

Sony, 78-79, 84, 86, 109, 217, 284, 285, 559, 585, 596, 663

Soul, *240*

Southon, Mike, 371n10

Southwest Airlines, *10*, 19, 97, 125, 221, 263, 324, 383, 440, 551-552, 593

Sowa, Anna, 332

Space, Kevin, 374

Sparks, Janet, 407n2

Spears, Lee, 240n1

Special K, 273, 302

Speer, Jordan, 240n18

Sports Authority, 14

Sports Illustrated, 47

Spotify, 367, 406, 546

Sprint, 17, 33, 333

Sprott, David E., 371n8

Sprouts, 415

SQUARED & Design, *165*

St. Joseph (aspirina), 498

St. Jude Children's Hospital, 259

Standard Oil of New Jersey, 269

Stanford, Duane, 641n1, 642n26

Stanley Black & Decker, 62

Stanley, T. L., 140n1, 475n14

Staples Advantage, 193

Staples, 193, 229, 386, 395, *414*, 429, 432, 472, 558, 665

Star Wars, 152, 272, 507, 564

Starbucks VIA, *361*

Starbucks, 18, 19, 26, *41, 50-51, 96*, 130, 206-208, 216, 217, 222-223, 228, 232, 244, 245, *265*, 274, 294, 361, *362*, 427, 486, 546, 567, 614, 622, 628-630, 664, 65

Starbucks.com, 240n1

Starvish, Maggie, 313n27

Starwood Hotels and Resorts, 213

State Farm, 147, 478

Steel, Emily, 104n36

Steelcase, 217

Stein, Joel, 240n5

Steinberg, Brian, 507n9, 508n12, 508n17

Steins, Tess, 69n8

Steinway, 320, 324

Sterling, Greg, 579n19

Stern, Gary, 444n9

Stern, Stefan, 609n12

Sternberg, Jared, 508n11

Steveman, Ben, 103n7

Stewart, Christopher S., 475n17

Stewart, John, 265

STIHL, 386, *387*, 530

Stilwell, Victoria, 239

Stipp, Horst, 508n20

Stolarski, Christopher, 641n2

Stone, Brad, 40n31, n37, 370

Stoney Ginger Beer, 612

Stonyfield Farm, 399, 665

Stop-N-Go, *414*

Story of stuff, 653

Stoudemire, Amar'e, 214

StraighterLine, 277

Strauss, Gary, 490, 507

Stringer, Howard, 78, 79

Stroller, Gary, 190

Strom, Stephanie, 240n22

Stutz, Howard, 129

Subaru WRX, 18

Subaru, 84, 148, 279, 310

758 Princípios de marketing

Subway, 75, 229, 362, *419*, 488, 597

SubZero, 232

Sub-Zero, 586, 587

Sudhir, K., 39n19

Sullivan, Anthony, 556

Sullivan, Elizabeth A., 39n17, 39n18, 39n23, 70n20, 124, 141n18, 541n2, 542n17

Sullivan, Laurie, 175n4

Summers, Jeffrey, 305

Summers, Nick, 48

Sun Chip, 672

Sun Microsystems, 203

Sundheim, Ken, 542n13

Sunkist, 626

Sunsilk Lively Clean & Fresh, 633

Super Bowl, 19, 113, 123, 152, 214, 458, 462-463, 465, 485, 489-489, 490, 494, 504, 505, 506, 507, 544, 563, 564, 595, 655

SuperTarget, *414*

SuperValu, *414*, 438, 653

Supra, 174

Sure, 302

Surf, 598

SurveyMonkey, 121

Susan G. Komen Race for the Cure, 220

Sustainable Living Plan, 644

Sutton, Jane, 445n14

Swanson, 256

Swarovski, 498

Swartz, Jon, 508n20

Swiffer Duster, 290

Swiffer, 153, 269, 301,

Swift, Taylor, 367

Swivel Sweeper, 512, 556

Symmetry Live, 213

SymphonyIRI Group, 116

SymphonyIRI, 294

Sztorc, Dan, 540

T

TABASCO, *298*

Taco Bell, 43, 95, 306, 321

Tacoma, 279

Talley, Karen, 341n1, 444n1, 423

Tarasi, Crina O., 40n32, 40n34

Target, 4, *23*, *24*, 27, 62, 67-75, 85, 129, 152, 156, 196, 215, 222, 222, 271, 304, 317, 327, 352, 356, 376, 389, 410, 412, 413, *414*, 416, 417, 419, 420, 422-423, 427-431, 433, 442, 459, 486, 469, 575, 583, 588, 598, 605, 656, 665

Tata Global Beverages, 629

Tata Motors, 85

Taylor, Alex, III, 103n29, 103n31

Taylor, Charles R., 643n40

Taylor, Fred, 551

Taylor, Mark, 35

Taylor, Victoria, 176n12

Tazo, 217-274

Team Umizoomi, 272

Tedesco, T. J., 542n19

Teixeira, Thales, 579n34

TelePresence, 203, 522

Templin, Mark, 120

Tenet Healthcare, 196

Tesco, 433

Testors, 428

Tetra Food, 529

Texas Instruments (TI), 529

The Advocate, 84

The Athlete's Foot, 381

The Body Shop, 557

The Fearless Flyer, 332

The Limited, 270

The North Face, 63, *183*

The office, 512, 558, 623,

The Philadelphia Channel, 72

The tonight show, 556

TheFind, 356, 430

TheFind, 356, 430

Thomas Pink, 424

Thomas, Chad, 507n6

Thompson, David, 524n18

Thornton, Emily, 40n36

Thornton, Matthew, 97

Thorogood, Pelin Wood, 542n16

Thorpe, Daniel, 40n32

Thrifty, 280, 601

Ticketmaster.com, 366

Tide Total Care, 290

Tide, 215, 220, 269, 290, 299, 321, 352, 443, 450, 457, 560, 529, 569, 598

Tierney, Christy, 313n26

Tiffany, 413

Tim Hortons, 272

Timberlake, Cotton, 16, 240n3

Timberland, 28, *87*, 151, 212, 588, 665

Time Warner, 125, *349*, 493

Time, 494

Timex, 389, 487

Title Nine, 424

Titus Cycles, 330

TJ Maxx, *414*, 417, 425

Índice   759

TJX Companies, 417

T-Mobile, 333, 486

TNT, 47

Toane, Carey, 140n3

TodoDia, 619

Tolve, Andrew, 524n12

Tom's of Maine, 94, 341

Toman, Nicholas, 39n14

Tommy Hilfiger, 271

TOMS Shoes, *77, 91, 92*

Tony the Tiger, 153

TopCoder, 289

Toro, 395

Torrid, 172

Toshiba, 285, 401, 411

Total, 128-129, 182

Touchstone Pictures, 46

Tower Records, 584

Townsend, Matt, 40n35

Toy Story, 226

Toyota, 4, 27, 53, 86, 91, 147, 174, 210, *228,* 232, 236, *244,* 252, 273-274, *279,* 306, 339, 366, 389, 391, 392, 462, 463, 486, 556, 599, 606, 607, 608, 614, 623, 627

Toys "R" Us, 428

Tozzi, John, 141n25

Trachtenberg, Jeffrey A., 370

Trader Joe's, 271, 329, 331-332, 420, 425

Traditional Home, 139

Trap-Ease America, 67-69

Travelers, 263

Travelocity.com, 429, 562

Treay, Michael, 592, 609n13

Trefis, 281n37

Trinitron, 78, 79

TripAdvisor, 166

Tripoti, Joe, 500, 508n19

Trix, 182

Tropical Pure Premium, 94

Tropicana, 33, 274

Trosclair, Carroll, 579n42

U

U.S. Air Force, 236

U.S. Census Bureau, 102n5, 102n6, 103n15, 103n16, 103n18, 103n19, 103n22, 103n23, 103n24, 103n30, 131, 175n2, 175n3, 176n6, 176n8, 444n2, 445n22, 578n19

U.S. Centers for Disease Control and Prevention, 311

U.S. Commerce Department, 198

U.S. Department of Agriculture, 6

U.S. Department of Health & Human Services, 6

U.S. Military, 27

U.S. Navy, 556

U.S. Patent Office and Trademark, 113

U.S. Postal Service, 263, 584

U.S. Security and Exchange Commission, 113

U.S. Small Business Administration, 131, 197

U-Haul, 280, 601

Umpqua Bank, 605

Unicef, 220

Unilever, 11, 19, 110, 159, 178, 211, 307, 341, *357,* 363, 376, 467, 490, 594, 598, 628, 632, 633, 636, 644-646, 657, 665-666

United Airlines, 96

United Technologies, 203, 615

United Way, 458

Universal Studios, 540, 544, 546, 614,

Universidade de Phoenix, 237

UPS Business Solutions, 399

UPS, *399-*401, 459, 584,

US MONITOR, 115

USA Today, 401, 458, 463, 489, 578n3

USAA, *111-*112, 203

V

VA Advantage!, 199

Valentin, E. K., 370n8

Valentino-DeVries, Jennifer, 578n11

Vamos nos mexer Let's Move, 6

van Auken, Brad, 240n17

Van Camps Pork & Beans, 352

Van de Kamps, 215

Van Grove, Jennifer, 421

Vandebroek, Sophie, 101

Vans, 63, 212, 602

Varey, Richard J., 678n12

Vascellaro, Jessica E., 102n1

Vaseline, 91, 357

Vasquez, Paul, 370

Vega, Tanzina, 103n14, 124

Velotta, Richard N., 56, 280n4

Venus Breeze, 215

Venus Divine, 215

Venus Embrace, 215

Venus, 215

Venza, 210

Vergara, Sofia, 461

Verizon Wireless, 84, 147, 333, 349, 374, 482, 587, 588, 596,

Versa, 227

Versace, 236, 237, 417

Veterans Affairs Medical Centers, 196

760 Princípios de marketing

Veterinary Pet Insurance (VPI), 158

VF Corporation, 63, 212, 602

Viacom, 84

Vibram FiveFingers, *8*

Victoria's Secret, 226, 564, 622

Victorinox, 273

Victors & Spoils, 490

Vidali, Ari, 205n14

Vidalia Onion Committee (VOC), *162*, 498

Viking, 251, 587

Vila Sésamo, 272

Virgin Atlantic Airways, 591, 592

Virgin Games, 591

Virgin Group, 591

Virgin Mobile, 591

Virgin Wines, 591

Visa, 440, 496, 497

Vistakon, 588

Vivio, 462

Vocalpoint, 460

Vodafone, 510

Voeth, Markus, 204n5

Vogel, Joseph, 371n15

Vogel, Paul, 578n8

Vogue, 494

Volkswagen, 152, 173, 506, 507, 563, 564

Volt, 291

Volvo, 257, 279, 606

Vranica, Suzanne, 104n41

VW, 486

W

W Hotels, 212, *213-214*

W. L. Gore & Associates, 183

Waananen, Lisa, 474n3

Wade, Dwyane, 214, 462

Wahba, Phil, 423

Walgreens, 91, 222, 376, 467, 529, 533, 556, 569, 653

Walker, Molly Bernhart, 580n48

Walker, Rob, 677n10

Walkman, 78, 109, 596

Wall Street Journal, *26*, 95, 216, 471

Wallace, Alicia, 332

Walmart Supercenter, *394*, 414, 619

Walmart, 1, 3, 7, *8*, 11, 24, *45*, *52*, 61, 62, 67, 75, 83, 88, 96, 97, 110, 147, 152, 168, *172*, 185, 192, 221, 230, 232, 237, *253*, 266, 268, 270, 271, 307, 317-318, 321, 322, 323, 324, 339, 352, 353, *368-370*, 376, *381*, 382, 386, 388, 389, 393, 394, 396, 397, 398, 399, 410-418, 420, 422, 423, 425, 426, 427, 429, 430-433, 438, 442-443, 455, 467, 517, 528, 529, 550, 556, 563, 575, 576, 584, 588, 592, 593, 594, 596-600, 602, 605, 616, 619, 622, 623-625, 648, 651, 653, 655, 656, 660, 664, 665

Walmart.com, 368, 369, 430, 563

Walmartblows.com, 96

Walmsley, Andrew, 39n20

Walt Disney Company, 46, 48-49. *Veja também* Disney

Walt Disney Pictures, 46

Walt Disney World Resort, 6

Walters, Helen, 280n8

Walton, Sam, 411, 599

Wanamaker, John, 463

Ward, Sandra, 241n27

Warman, Matt, 312

Warner Bros., 546

Warner, Fara, 641

Washington Post, 158

Wasserman, Todd, 141n33, 224, 305

Watco, 428

Waters, Richard, 102

Wathieu, Luc, 341

Watson, Thomas J. Sr., 509

Waugh, Rob, 102n1

Wauters, Robin, 445n22

Waze, 338

WD-40, 269, 597

Weather.com, 563

Weber Nation, 16

Weber, 13

Weber, Joseph, 342n11

WebEx Mail, 203

WebEx, 83, 522

Webster, Frederick E., Jr., 204n5

Wegmans, 332

Wei, Michael, 641n7, 642n21, 642n23

Weight Watchers, 597

Weiner, Russell, 108

Weiner, Stacy, 241n24

Weise, Karen, 444n12

Weiss, Bari, 224

Welch, David, 38n1, 370

Welch, Jack, 69n3

Welch, Jonathan, 507

Welch, Suzy, 69n3

Wells Fargo, 298

Wendy's, 75, 598

Werdelin, Henrik, 596

West China Hospital, 203

West, Evan, 408n20

Westbury, Jodi, 312n12

Westergren, Tim, 405

Western Auto, 419

Western Union, 584

Westin Hotel & Resorts, 424

Westin Stamford Hotel, 231

Weston, Jay, 35

Wheaties, 182

Whirlpool, 387, 515, 586, 587

White Castle, 599

White Cloud, 270

White, Betty, 462

White, Shaun, 473

WhiteWave Foods, 54

Whole Foods Market, 94, 152, 221, 260, 270, 331, 335, *415*, 427, 665

Wiedeking, Wendelin, 174

Wiersema, Fred, 592, 609n13

Wii, 79

Wikipedia, 265

Wiley, Kim Wright, 542n17, 542n18

Williams, Ashley, 102n3

Williams, Jeff, 281n27

Williams, Serena, 249

Williams, Steven, 153, 176n12

Williams-Sonoma, 351, 413, *414*, 429, 550, 594

Wilson, Kevin, 489

Wilson, Suzanne, 103n7

Wilson, Woodrow, 88

Wind, Yoram, 204n3, 204n5,

Wingfield, Nick, 312n2, 642n25

Winslow, George, 177n31

Winsor, Harry, *96, 97*

Winsor, John, 96

Winter, Drew, 678n20

Winters, Dean, 478

Wisk, 598

Witeck-Combs Communications, 103n28

Wohl, Jessica, 407n6

Wolf, John, 264

Wolfgang Puck, 256

Wong, Elaine, 313n24

Wong, Susan, 281n36

Wong, Veronica, 677n2

Wonka.com, 561

Woo, Stu, 407n1

Woodland Park Zoo, *348*

Woodman, Nick, 143

Woods, Tiger, 461

Wooga, 546

Woolite, 635

Woolworths, 442

World POPClock, 102n5, 175n2

World Wildlife Fund (WWF), 501

Worthen, Ben, 508n26

WPP, 496

Wrangler, 63, 212, 269, 486, 501

Wright, Chrissi, 332

Wu, Jason, 428

Wyatt, Edward, 124

Wyner, Gordon, 444n4

X

Xbox, 404

Xerox, 100-102, *269, 270*, 411, 515, 517

Xfinity Streampix, 374, 404

Xhilaration, 270

Xie, Jinhong, 176n26

Y

Yahoo!, 113, 269, 310, 356, 382, 557, 563, 572,

Yahoo!Finance, 563

Yahoo!Shopping, 356

Yamaha, 324

Yan, Wei Xiao, *117*

Yasu, Mariko, 79

Yee, Rachael W. Y., 281n23

Yelp,504, 533, 569

Yi, Pu, 639

Yoo, Tae, 203

Yoplait, 182

York, Emily Bryson, 176n13, 313n14, 474n1, 642n19

YouKu, 71

Young & Rubicam, BrandAsset Valuator da, 265, 267

YouTube, 8, 17, 18, 19, 71-73, 81, 95, 96-97, 123, 133, 142, 143, 148, 150, 151, 152, 194, *195*, 216, 243, 258, 265, 267, 268, 373, 374, 447, 450, 451, 452, 457, 458, 462, 463, 465, 467, 485, 486, 489, 492, 494, 501, 522, 524, 548, 556, 557, 559, 560, 563, 564, 566, 661, 672

YUM! Brands, 306

Z

Zagat, 421

Zale, Joseph, 341n2, 370n2, 371n14

Zappos.com, 14, 33, 123, 260, *261-262*, 269, 368, 400, 401, 429, 488, 549, 555, 561

Zara, 380, 476, 613

Zarmi, Sigal, 541

Zawada, Craig C., 371n14

Zeithaml, Valerie A., 40n32, 40n33, 64, 70n19

Zenhabits, 151

Zhang, Qin, 353

762 Princípios de marketing

Zhou, Josephine Yu, 609n13

Zigmond, Dan, 508n20

Zimmerman, Ann, 141n25, 431, 444n4, 445n23

Zipcar, 278-280, 568, 569, 601

Ziploc, 270

Zmuda, Natalie, 40n35, 40n40, 70n15, 140n6, 262, 280n14, 341n1, 501

ZoomShops, 557

ZoomSystems, 557

Zuckerberg, Mark, 311, 545

Zynga, 546

Assunto

Os números de página em itálico indicam que uma ilustração ou foto aparece na página.

"The story of stuff", *653-654*

4Cs do marketing, 58

4Ps do marketing, 12, *57-58*. *Veja também* Comportamento do consumidor

A

Abacaxis, unidades estratégicas de negócios e, *46-47*

Abastecedores, *435*

Abordagem de solução para o cliente, vendas, *526, 527*

Abordagem do Boston Consulting Group (BCG), planejamento e, 46

Abordagem do ciclo completo (*cradle-to-cradle*), 659-660

Abordagem, processo de vendas e, *512, 317*

Ação, elaboração da mensagem e, 457

Ações legais, decisões de novos produtos, *167-170*

Acompanhamento, processo de vendas e, 525

Acordo de Livre Comércio da América Central (Cafta — Central American Free Trade Agreement), 617

Acordo de Livre Comércio da América do Norte (Nafta — North American Free Trade Agreement), 617-618

Acordo Geral de Tarifas e Comércio (Gatt — General Agreement on Tariffs and Trade), 616

Acordos de vendas casada, 390

Acordos territoriais exclusivos, 390

Administração de marketing
decisões de segmento de mercado, 9
definição de, 8
orientação de marketing societal, *11*
orientação de marketing, *11*-12
orientação de produção, 9
orientação de produto, 10
orientação de vendas, *10*
programa de marketing integrado, 12
proposta de valor, escolha da, 36

Administração por contrato, mercados globais e, 626-627

Adotantes imediatos, decisões de compra e, 168-169

Adotantes orientadores, definição de, 150

Advertainment, 485

Agências de propaganda, 451, 485

Agentes de compra, *436*

Agentes de venda, *436*

Agentes dos fabricantes, *434*

Agentes, 436. *Veja também* Atacadistas

Airtruck, 397

Alcance, mídia de propaganda e, *484-485*

Ambiente cultural, visão geral do, 92-94

Ambiente de marketing. *Veja também* Comportamento do consumidor
ambiente cultural, 92-93
ambiente econômico, *85-86*
ambiente natural, 86-87
ambiente político e social, 89-90
ambiente tecnológico, *87-88*
comportamento do comprador organizacional, *182*
decisões de preço, 329-330
definição de, 73-74
e exemplo do YouTube, 71-72
macroambiente, 76-78
Marketing Real, 78-79, 96-97
microambiente, 73-74
objetivos do canal de marketing, 378-379
resposta ao, 105
sistema de informação de marketing, *109*

Ambiente demográfico
consumidores asiáticos, 147-148
consumidores latinos, 147
consumidores negros, 147
ferramentas de segmentação de mercado, *209*
idade e estágio no ciclo de vida, *154-155*
macroambiente de marketing, 76-78

Ambiente econômico, 617-618. *Veja também* Forças econômicas

Ambiente legal, 615-616

Ambiente natural, *86-88. Veja também* Marketing sustentável

Ambiente político, 89-90 620-621

Ambiente regulatório, mercados globais e, 625-626

Ambiente social, 89-90

Ambiente, local em que os negócios operam e, 425-426

Americans with Disabilities Act — Lei dos Norte-Americanos com Deficiências (1991), *86*

Amostra aleatória estratificada, *122*

Amostra aleatória simples, *122*

Amostra intencional (por julgamento), *122,*

Amostra não probabilística, *122*

Amostra por cluster (grupos), *122*

Amostra por conveniência, 122

Amostra por cota, *122*

Amostra probabilística, *122,* 124

Índice 763

Amostras, 532-533

Ampliação da linha de produtos, 236

Análise das ameaças, *65-66*

Análise de marketing, *58-59*

Análise de tempo e tarefa, 520-521

Análise do negócio, 293

Análise do portfólio, 46-47

Análise produto-valor, *191*

Análise SWOT, 59-*60*

Apelos morais, 458-459

Apelos racionais, 458-459

Aprendizagem, comportamento do consumidor e, *158*

Apresentação, processo de vendas e, *516*

Aquisições, 671

Armazenagem, 395

Aroma, store atmosphere, 423

Assessoria de imprensa, 497-498

Assistentes de vendas, 516-517

Atacadistas "pague-e-leve", *433*

Atacadistas comerciais, *434*

Atacadistas comerciais, *434*

Atacadistas comissionados, *436*

Atacadistas de caminhão, *435*

Atacadistas de serviço completo, *434*

Atacadistas de serviço limitado, *394*

Atacadistas logísticos, *435*

Atacadistas móveis, *435*

Atacadistas que vendem por mala direta, *435*

Atacadistas
    decisões de marketing, 420-421
    intermediários de marketing, 78
    promoções dirigidas ao canal de distribuição, 513
    tendências, 425-426
    tipos de, *433-434*
    visão geral dos, 433-434

Atenção seletiva, *160*

Atenção, elaboração da mensagem e, 475

Atitudes, comportamento do consumidor e, *145*

Atmosfera, como canal de comunicação, 451

Atmosfera, lojas de varejo e, 486

Atmosfera, tipos de mensagem e, 487

Autenticidade, branding e, 246-247

Autoimagem, comportamento do consumidor e, 158

Autorrealização, 159-*160*

Avaliação das alternativas, 187

B

Baby-boomers, 77, 79-82

Bairros comerciais centrais, 425

Banco de dados de clientes, *550*-551

Banco de dados interno, *115*-116

Banco de dados on-line, *113,* 590

Bancos de dados comerciais on-line, 115-*116*

Barreiras ao comércio mundial, 616

Barreiras comerciais não tarifárias, 616

Benchmarking, análise da concorrência e, 583

Benefícios secundários, 92-94

Bens de capital, 248

Bens públicos, 654

Bens sociais, 635

Blogs, 559. *Veja também* Mídia social

Brasil, mercados emergentes e, 618-620

Brindes promocionais, 533

Brindes, promoção de vendas e, 533-534

Bureau of Economic Analysis, 1311

Busca por informações, decisões de compra e, *164*-165

Buzz marketing, 150, 460

C

Cadeia de demanda, *375*

Cadeia de suprimento ecológica, 394

Cadeia de suprimento
    busca por fornecedor, *192*
    canais de marketing, visão geral dos, 372-*373*
    definição de, 20
    desenvolvimento de fornecedor, *185*
    ecológica, 394
    e-procurement, 193
    gerenciamento da logística integrada, 398-399
    gerenciamento do canal de marketing, 391-392
    logística, importância da, *393-394*
    Marketing Real, parcerias na cadeia de suprimento, 391-392
    microambiente, 73-74
    seleção de fornecedor, *191*-192
    sistema vertical de marketing (SVM), 380
    varejo ecológico, 43

Cadeia de valor interna. *Veja também* Canais de marketing
    cadeia de valor, 374-371
    planejamento estratégico, 54-55
    planejamento estratégico, 54-55

Cadeia valor, 374-*371*

Cafta (Central American Free Trade Agreement — Acordo de Livre Comércio da América Central), 617

Caminhões, *396-399*

Canais de comunicação não pessoal, 460

Canais de comunicação pessoal, 459-460

Canais de marketing
    cadeia de suprimento e entrega de valor, 374-*375*
    comportamento do canal, *378-379*
    custos de distribuição, *648-649*
    decisões de gerenciamento do canal, 389-390
    decisões de marketing global, *613*-614
    decisões de projeto do canal, *384-385*
    inovação nos, 373-373
    logística, *393-394*

764 Princípios de marketing

Marketing Real, gestão dos parceiros, 391-392
Marketing Real, logística, 400-401
natureza e impacto dos, 375-376
organização dos, *383-384*
política pública e decisões de distribuição, 390-391
relacionamento com parceiros, 31
sistema horizontal de marketing, *382-383*
sistema multicanal de distribuição, *382-383*
sistemas verticais, *379-380*

Canal de distribuição convencional, *380*

Canal de distribuição. *Veja* Canais de marketing

Canal de marketing direto, definição de, 377. *Veja também* Canais de marketing

Canal de marketing indireto, definição de, 343. *Veja também* Canais de marketing

CAN-SPAM Act — Lei CAN-SPAM (2003), *86*, 571

Capitalismo social
tendências atuais, *31*

Carreira, oportunidades na, 80

Catálogos, *554-555*

Cenas da vida real, tipos de mensagem e, 487

Centrais de distribuição, 395-398

Centrais de poder (*power centers*), varejo e, 426

Centro de compras, 186-188

Centros comerciais locais, 426

Centros de estilo de vida, varejo e, 386

Centros de varejo de valor, 417-418

CFO (*chief financial officer* — responsável pelas finanças), 61-62

Check-in, serviços de, 263-264

Cheiros exclusivos, 424

Chief listening officers (pessoas responsáveis por ouvir), 113

Child Protection Act — Lei de Proteção à Criança (1966), *100*

Children's Online Privacy Protection Act — Lei de Proteção da Privacidade de Crianças On-Line (2000), *100, 571*

Children's Television Act — Lei da Televisão para Crianças (1990), *100*

Ciclo de vida, desenvolvimento do produto e, *154-155*

Classe alta, definição de, *149*

Classe baixa, definição de, *149*

Classe média, definição de, *149*

Classe social. *Veja também* Forças econômicas
comportamento do consumidor e, *145*
críticas ao serviço de baixa qualidade, 651-652
mercados internacionais, 628
segmentação de mercado, *208*

Classe trabalhadora, definição de, *149*

Clayton Act — Lei Clayton (1914), 362, 390

Clientes
ambiente de marketing, 73
necessidades e desejos, 5-*8*
processo de marketing, resumo do, *28-30*

Clubes de associações de atacadistas, 418

Clubes de compra, 414

CMO (*chief marketing officer* — responsável pelo marketing), 61-62

Co-branding, *266*

Codificação, 454-*455*

Comercialização, 287

Complementação da linha de produtos, 236

Comportamento de compra com dissonância cognitiva reduzida, *163*

Comportamento de compra complexo, 162-*163*

Comportamento de compra em busca de variedade, *164*-154

Comportamento de compra habitual, *163*

Comportamento do comprador organizacional. *Veja também* Mercados organizacionais
críticas, impacto das, sobre o marketing, 622-623
definição de, 180
e exemplo da GE, 181-182
e-procurement, 193
influências sobre o, 185-186
Marketing Real, etiqueta internacional, 183-184
Marketing Real, marketing social, 194-195
mercados institucionais e governamentais, 196-199
modelo do, 185
participantes do, 186
processo de compra, 186, 177
situações de compra, 187

Comportamento do consumidor
comportamento do comprador, definição de, 185
decisões de compra, tipos de, 187-188
decisões de novos produtos, 167-*170*
e exemplo da GoPro, 144
família, influência da, 153-154
fatores culturais, *146-149*
fatores pessoais, 154-*156, 146*
fatores psicológicos, 159-*162*
grupos e redes sociais, 149-151
impressão e expressão do consumidor, *456*
Marketing Real, estilo de vida dos donos de pets, 157-158
Marketing Real, influência social on-line, 152-153
modelos de, 162-*163*
papéis e status, 215
processo de decisão do comprador, *167-169*

Comportamento pós-compra, *167*-168

Compra nova, definição de, 186

Compra, disposição de compra e, 470

Compra, logística e, *392-393*

Compradores, decisões de compra organizacional, 188

Compras de equipamento, 263

Compras on-line. *Veja também* Internet
comunicação integrada, visão geral da, *478-479*
crescimento das, 428-429
determinação de preços, 362-363
e-procurement, 193
prática de showroom, 468
promoções dirigidas ao consumidor, 432-*534*
tecnologia de vendas, 519-*520*
varejo on-line, visão geral do, 428-429

Comprovação científica, tipos de mensagem e, 487

Comunicação integrada. *Veja também* Propaganda
comunicação socialmente responsável, 467-468
e exemplo da Chick-fil-A, 446-447
elaboração da mensagem, 457-458
feedback, coleta do, 461
fonte da mensagem, 456-457
Marketing Real, endosso de celebridades, 462-463
mix de promoção, visão geral do, 479-480, 509-*510*
modelo para a, 449-451
orçamento de promoção, decisões acerca do, 461-462
processo de comunicação, 454-*455*
público e objetivos, *456-457*
seleção da mídia, 491-492
visão geral da, *454-456*
Comunidades econômicas, 616-617
Conceito de criação, 487
Conceito de roda do varejo, 427
Concepção de canal total, *634-635*
Concessões de troca, 350
Concessões promocionais, 350
Concessões, estratégias de determinação de preços e, *319*
Concorrência monopolista, *332*
Concorrência oligopolista *333*
Concorrência pura, *332*
Concorrentes. *Veja também* Vantagem competitiva
distribuição no canal de marketing, 375-377
ideias de novos produtos, *311*
identificação dos, 583-587
impacto do marketing sobre o, 648-691
microambiente, 73-74
objetivos do canal de marketing, 378-379
sistema horizontal de marketing, 382
Concursos, promoção de vendas e, 530-*533*
Condições climáticas, impacto das, 86-*87*
Conflito de canal, 379
Conflito horizontal de canal, *379-380*
Conflito vertical de canal, *379-380*
Conhecimento técnico, tipos de mensagem e, 487
Conhecimento, disposição de compra e, 470
Conscientização, disposição de compra e, 470
Consumer Product Safety Act —Lei de Segurança de Produtos de Consumo (1972), *305*
Consumidores asiáticos, 147-148
Consumidores bissexuais, 84
Consumidores gays, 83-84
Consumidores gays, lésbicas, bissexuais e transexuais (GLBT), 83-84
Consumidores latinos, 148-149
Consumidores negros, 147
Consumidores transexuais, 83-84
Continuidade, propaganda e, 494
Contratação dos vendedores, 509-510
Controle da poluição, 658-659
Controle de marketing, definição de, 62

Controle operacional, definição de, 62
Controles, plano de marketing e, *60*
Convenções, 535-536
Convergência varejista, 427
Convicção, disposição de compra e, *457-456*
COO (*chief operating officer* — responsável pelas operações), 61-62
Cooperativas de produtores, *435*
Cooperativas de varejo, *418*
Corretor, 439. *Veja também* Atacadistas
Cotas, importações e, 615
Crenças centrais, 92
Crenças, comportamento do consumidor e, 82, 92, 94, 145
Crescimento, planejamento para o, *49-50*
Críticas ao marketing
impacto sobre a sociedade, *653-655*, *589*
impacto sobre as empresas, 655-656
impacto sobre os indivíduos, *648-653*
CRM. *Veja* Gerenciamento do relacionamento com o cliente (CRM)
Crowdsourcing, 287, 288-289
Cultura. *Veja também* Mercados internacionais
canais de distribuição, *372-373*
comportamento do consumidor, influência sobre o, *145*-146
decisões de propaganda, 481-*482*
estratégia de marketing global e, 622-*623*
macroambiente, 77-76
pesquisa de mercado e, *127*-128
poluição cultural, 653-654
segmentação de mercados internacionais, 209-*210*
Cupons, 531-533
Curva de aprendizagem, *325*
Curva de custo médio no curto prazo (SRAC), *325*
Curva de custo médio no longo prazo (LRAC), *325*
Curva de demanda, 333-*334*
Curva de experiência, *325*
Customer equity, construção de, *21*
Customização em massa, *224*
Custos fixos, 324
Custos indiretos, 324
Custos totais, 324
Custos variáveis, 310

D

Dados primários, 115
Dados secundários, 115-*116*
Data mining, 127-*128*
Data warehouse, 127-*128*
Decisões de compra, processo para, 184, *185*
Decisões de compra, tipos de, 184, *185*. *Veja também* Comportamento do comprador organizacional; Comportamento do consumidor

766 Princípios de marketing

Decisores, compra organizacional e, 186

Declaração da estratégia de marketing, *292*-293

Declaração de missão, *44-45*

Declaração de posicionamento, *233*

Decodificação, processo de comunicação e, 455-*456*

Defesa do consumidor, 648-649

Deficiências físicas, consumidores com, 83-84

Demanda derivada, 183

Demanda, determinação de preço e, 319-321

Demandas, cliente e, *6-8*

Demonstração, processo de vendas e, *525, 526*

Departamento de marketing, organização do, 61-62

Desafiante de mercado, 599-600, *603,*

Desastres naturais, *86-87*

Desconto comercial, 350

Desconto do fabricante, 534-535

Desconto em dinheiro, 350

Desconto funcional, 350

Desconto por quantidade, 350

Desconto sazonal, 350

Descontos promocionais, 531

Descontos, *350*-351

Descrição geral da necessidade, 191-182

Desejo, elaboração da mensagem e, 457-458

Desejos, clientes e, 5-7

Desenvolvimento de mercado, planejamento estratégico e, *49-50*

Desenvolvimento de novos produtos centrado no cliente, 296

Desenvolvimento de novos produtos em equipe, 296

Desenvolvimento e teste do conceito, novos produtos e, *287-288*

Desenvolvimento sequencial de produto, 296

Desenvolvimento sistemático de novos produtos, *296-267*

Design, produtos e serviços e, 251-252

Desintermediação, *384-385*

Determinação de custo-alvo, 330

Determinação de preços baseada em valor, 323-324

Determinação de preços baseada na concorrência, *319*, 328-329, *336, 337*

Determinação de preços baseada nos custos, 324-328

Determinação de preços de desnatamento, 362-363

Determinação de preços de penetração de mercado, 362-363

Determinação de preços enganosos, 362-363

Determinação de preços geográficos, 349-350

Determinação de preços para linha de produtos, 362-363

Determinação de preços para mix de produtos, 362-363

Determinação de preços para pacotes de produtos, 362-363

Determinação de preços para produtos complementares, 374

Determinação de preços para produtos opcionais, 362-363

Determinação de preços para subprodutos, *347*

Determinação de preços por local, 362-363

Determinação de preços por período, 362-363

Determinação de preços por segmento de cliente, 350-*351*

Determinação de preços por versão de produto, 362-363

Determinação de preços predatórios, 362-363

Determinação de preços promocionais, 362-363

Determinação de preços psicológicos, 362-363

Determinação de preços segmentados, 362-363

Determinação dinâmica de preços, 355-*356*

Diferenciação de mercado, 54-55

Diferenciação por imagem, 230-231

Diferenciação por serviço, 229

Direitos dos vendedores, 656-657

Direitos exclusivos de distribuição, 390

Disciplinas de valor, 593

Displays no ponto de venda, 532-533

Dispositivos digitais. *Veja também* Marketing on-line; Mídia social

    catálogos, *554*-551

    e-readers, *384*

    marketing móvel, 566-568

    modelo de comunicação de marketing, 449-450

    modelo de marketing direto, 548-549

    multitarefas de mídia, 494

    prática de showroom, 468

    presença on-line, criação de, *558-564*

    promoções dirigidas aos consumidores, 532-534

    quiosques, *553*

    tecnologia de vendas, 519-*520*

    vendedores, gerenciamento dos, 520-521

Dissonância cognitiva, *163*

Distorção seletiva, *160*

Distribuição de renda, 85, 617

Distribuição exclusiva, 386-387

Distribuição física, importância da, *372-373*

Distribuição intensiva, 386

Distribuição seletiva, 386

Distribuição, custos da, *648-649*

Distribuidores industriais, *435*

Diversidade, macroambiente e, 77-78

Diversificação, planejamento estratégico e, *50*-51

Dominadores de categorias, 416

Do-Not-Call Implementation Act — Lei de Implementação do Serviço de Não Recebimento de Ligações Indesejadas (2003), *555*

Duplo resultado, 664

E

Economias de subsistência, 618

Economias em desenvolvimento, *85, 358*-359. *Veja também* Mercados internacionais

Economias em processo de industrialização, 618

Economias emergentes, 681

Economias industrializadas, 618

Economias que exportam matéria-prima, 618

Efeitos da comunicação, avaliação dos, 495

Elaboração da mensagem, 457

Embalagem, 233-*234*, 392, 461

Emissor, comunicação e, 455-*456*

Emoções
apelos emocionais, 458-459
compra organizacional, 190-*191*

Empresa centrada na concorrência, 602-*603*

Empresa centrada no cliente, 602-*603*

Empresa global, definição de, 614

Empresa, microambiente e, *73*

Empresas B2B. *Veja* Comportamento do comprador organizacional; Mercados organizacionais

Empresas centradas no mercado, *602*

Empresas exclusivamente virtuais, 557

Empresas mistas, 558

Endosso das celebridades, 462-463

Endosso de celebridades, 461-462

Endosso, tipos de mensagem e, 488

Entretenimento, propaganda como, *485*-486

Entrevistas em grupo, pesquisa e, *118*-119

Entrevistas pessoais, pesquisa e, *119*-1123

E-procurement, 193-*194*

Era digital, impacto da, 23, 25-26

Escambo, 620

Escâneres nos pontos de vendas, 394

Especificação do pedido de rotina, *192*

Especificação do produto, *191*

Espiritualidade, visões acerca da, 95

Estágio da maturidade, ciclo de vida do produto e, 301-*302*

Estágio de crescimento, ciclo de vida do produto e, *298*, 303

Estágio de declínio, ciclo de vida do produto e, 298-300

Estágio de introdução, ciclo de vida do produto e, 298-300

Estágio no ciclo de vida, *225*

Estilo de vida
comportamento do consumidor e, 147
estilo de vida, tipos de mensagem e, 487
segmentação de mercado, *208-209*, *216*-219
voltado para a saúde e a sustentabilidade, 90

Estilo e design dos produtos, 213-214

Estilo, definição de, 213-214

Estilos de execução, propaganda e, 487-488

Estilos de vida de donos de pet, 157-158

Estima, brand equity e, 265-266

Estoque gerenciado pelo fornecedor, *192*, 398

Estoque
gerenciado pelo fornecedor, *192*
gerenciamento da logística integrada, 398-402
gerenciamento do, 393-394
logística, importância da, *393-394*

marketing direto on-line, 550

rastreamento por transmissores de identificação por radiofrequência (RFID), 396

Estratégia da mensagem, 487

Estratégia de atração (*pull*), *467-468*

Estratégia de comunicação. *Veja também* Propaganda
comunicação integrada, visão geral da, *478*-479
comunicação socialmente responsável, 467-468
elaboração da mensagem, 457-458
escolha da mídia, 459-460
feedback, coleta do, 461
fonte da mensagem, 460
Marketing Real, endosso de celebridades, 461
mix de promoção, visão geral do, 478-479, 480-*4813*
modelo de comunicação, 449-4519
orçamento de promoção, decisões acerca do, 461-462
processo de comunicação, 454-*455*
público e objetivos, *454*-456

Estratégia de marketing. *Veja* Planejamento estratégico

Estratégia de pressão (*push*), 446-*447*

Estratégia do oceano azul, 589

Estratégias orientadas para o cliente. *Veja também* Marca; Produtos; Serviços
análise das necessidades do cliente, 385
bases múltiplas de segmentação, *216*
branding, 248
diferenciação e posicionamento, *228-230*
e exemplo da IBM, 509-511
e exemplo do Dunkin' Donuts, 206-207
escolha da estratégia, 225
estratégias de seleção de mercado-alvo, visão geral das, 225-226
marketing concentrado, 221-222
marketing diferenciado, *220-221*
marketing indiferenciado, *220*
Marketing Real, marketing de estilo de vida, 213-214
Marketing Real, micromarketing, 223-224
marketing socialmente responsável, 225-226
mercados internacionais, 217-*218*
mercados organizacionais, 216-217
micromarketing, 222
orientação de marketing, *11*-12
segmentação comportamental, 214-*215*
segmentação de mercado, visão geral da, *209*
segmentação demográfica, *210*-212
segmentação eficaz, 218
segmentação geográfica, *209*-210
visão geral da, *5-10*, *209-210*

Estrelas, unidades estratégicas de negócios e, 46

Estrutura da força de vendas por mercado, 514-*4518*. *Veja também* Promoção de vendas

Estrutura da força de vendas por produto, 515-516. *Veja também* Promoção de vendas

Estrutura de força de vendas por cliente, 514-*518*. *Veja também* Promoção de vendas

Estrutura de força de vendas por território, 514-*518*. *Veja também* Promoção de vendas

Estrutura industrial, 618-620

Etapas de disposição de compra, 456-457

768 Princípios de marketing

Ética
ambiente social, 89-90
atendimento ao mercado-alvo, marketing e, *250*-2551
comunicação de marketing, 449-450
críticas ao marketing, impacto sobre a sociedade, *653*-654
críticas ao marketing, impacto sobre as empresas, 655-656
críticas ao marketing, impacto sobre os indivíduos, *648*-653
defesa do consumidor, 656-657
escuta on-line, 123-124
ética no marketing, visão geral da, 667-669
inteligência de marketing, 111
pesquisa de marketing e, 114-116
práticas de marketing sustentável, *28*

Etiqueta internacional, 183-184

Etnia, macroambiente e, 77-80

Excelência operacional, 593

Excesso de consumo, *653*-655

Experiências para o cliente, criação de, *245*

Experiências, criação de, *245*

Exportação, *13, 625*-526

Extensão direta do produto, mercados globais e, 625-626

Extensões de linha, 250-*251*

Extranets, 193-*194*

F

Fabricação por contrato, 625

Facebook. *Veja* Mídia social

Fair Packaging and Labeling Act — Lei de Embalagem e Rotulagem (1966), 254

Família, influência no comportamento do consumidor e, 153-154. *Veja também* Cultura

Família, mudanças na, 82

Fantasia, tipos de mensagem e, 487

Fatores psicológicos, comportamento do consumidor e, 159-*160*

Fechamento, processo de vendas e, 517

Federal Food and Drug Act — Lei Federal de Alimentos e Medicamentos (1906), *305*

Federal Trade Commission Act — Lei da Comissão Federal do Comércio (1914), 254

Feedback, processo de comunicação e, 461-*462*

Feiras comerciais, 535-536

Ferramentas de busca, 100-*101*

Ferrovias, *397*-398

Fidelidade dos clientes, *20,* 208. *Veja também* Gerenciamento do relacionamento com o cliente (CRM)

Filiais e escritórios de vendas dos fabricantes, *434*

Filtros, 204

Financiamento a juros baixos, *353*-354

Fishyback, 397

Flickr. *Veja* Mídia social

Foco, estratégia competitiva e, 602

Fonte da mensagem, 460-461

Força de vendas externa, 516-517. *Veja também* Promoção de vendas

Força de vendas interna, 516-517. *Veja também* Força de vendas

Força de vendas
avaliação do desempenho, 525-526
gerenciamento da, 514-518
Marketing Real, vendedores B2B, 558
motivação, 520
papel da, 512-513
processo de vendas, *525*-526
recrutamento e contratação, 518-519
remuneração, 514
supervisão e motivação, 529-521
treinamento, 519-520
venda pessoal, visão geral da, 528-529
vendas com muita pressão, 648
visão geral da, 519-530

Forçar a linha completa, prática de, 390

Forças econômicas
ambiente demográfico, 77-81
ambiente econômico, 85-86, 617-618
atacadistas, 438-439
comportamento do comprador organizacional, *182*
comportamento do consumidor, 185-186
críticas ao marketing, *648*-649
decisões de preço, 329, 424
desenvolvimento de novos produtos, 311
estratégia de líder de produtos, Apple e, 595-596
Grande Recessão, impacto da, 22-25
intermediários financeiros, 72, 75
materialismo, *653*-654
objetivos do canal de marketing, 385-386
orçamento de promoção, decisões acerca do, 461-462
orçamento para propaganda, 473
posicionamento no varejo, 420-421
promoção de vendas, 468-*469*
serviços de baixa qualidade para consumidores menos favorecidos, 652-653
shopping centers, impacto nos, 425
tendências no varejo, 426-427

Formadores de opinião, 460-461

Foursquare. *Veja* Mídia social

Franquias, *362*-367, 381-*385*

Fraude, marketing direto e, 564-570

Fraude, práticas enganosas e, *569*-570

Fraudes dos leitores de códigos de barras, 364

Frequência, decisões de propaganda e, 480-*481*

G

Garantias, *353*-354

Gatt (General Agreement on Tariffs and Trade — Acordo Geral de Tarifas e Comércio), 616

Geração de ideias, novos produtos e, *382*

Geração X, 80-81

Geração Y, 81

Gerenciamento da informação. *Veja* Sistema de informações de marketing (SIM)

Gerenciamento da logística integrada, 389-394

Gerenciamento do relacionamento com o cliente (CRM)
  análise de dados, 126-*127*
  banco de dados de clientes, *550*-551
  banco de dados interno, *111*-112
  captura de valor com o, 20-*23*
  como estratégia, 60
  comportamentos pós-compra, *167*
  e exemplo da Amazon, 1-2
  e exemplo da Nike, 242-244
  estratégias de determinação dinâmica de preços, 355
  força de vendas, papel da, 513-514
  gerenciamento da logística integrada, 398-399
  gestão do relacionamento com parceiros, 19-20
  intermediários de marketing, 73
  marketing direto, 548
  Marketing Real, Caesars Entertainment, 128
  Marketing Real, marcas disruptivas, 267-268
  Marketing Real, P&G, 529-530
  Marketing Real, Zappos, 261-262
  mudanças de preço, 343-*344*
  processo de comunicação, 454-*455*
  processo de vendas, *525*-526
  tendências no, *31, 33*
  vendas pessoais, 511-513
  visão geral do, 12-*14, 13*

Gestão da qualidade total (TQM), 250-251

Gestão do relacionamento com parceiros
  gerenciamento da logística integrada, 398-399
  gerenciamento do canal de marketing, 389-390
  microambiente, 73-74
  planejamento estratégico para a, *49-50*
  visão geral da, 19

Globalização
  ambiente cultural, 621-622
  ambiente político/legal, 624-625
  canais de distribuição, *634-635*
  decisões de entrada no mercado, 625-628
  decisões de novos produtos, *305*-306
  decisões de organização de marketing, 625-626
  decisões de programa de marketing, 628-630
  decisões de promoção, 632-633
  decisões de propaganda, 481-*482*
  determinação de preços, *364*-365
  e exemplo da Coca-Cola, 611-613
  estratégias de produtos, 631-632
  etiqueta internacional, 183-184
  Marketing Real, Brasil, 619-620
  Marketing Real, Starbucks, 629-630
  Marketing Real, UPS, 400-401
  pesquisa de mercado, *131*-132
  segmentação de mercados internacionais, 217-*218*
  sistema de comércio internacional, *615*-616
  subsidiárias internacionais, 635-636
  tendências atuais, *31*
  varejistas, 491-410

Grande Recessão, 23-27, 79, 85, 321, 484. *Veja também* Forças econômicas

Grau de instrução, macroambiente e, 77-76

Grupo de foco, entrevistas de, *113*-116

Grupo estratégico, 586-587

Grupos de imersão, 120-*121*

Grupos de produtos mundiais, 635-636

Grupos, comportamento do consumidor e, *145*

H

Hábitos de gasto do consumidor, 25-*26*

Hierarquia das necessidades de Maslow, 159-*160*

Home office, 83

Homossexuais, macroambiente e, 84-85

I

Idade, segmentação de mercado e, *208-209, 216*-219

Ideias, como produtos, *299*-300

Imagem, tipos de mensagem e, 482

Impacto, mídia de propaganda e, 484-*485*

Implementação do marketing, 61-*62*

Implementação, plano de marketing e, 64-*65*

Incentivos. *Veja* Promoção de vendas

Índia
  clima econômico, 85-*86*
  e exemplo da Starbucks, 629-630

Índice de utilização, mercados-alvo e, 214

Influência do boca a boca, 150

Influenciadores, compra organizacional e, 189

Influentes, definição de, 150

Infomercial, 556-557

Informes publicitários, 95

Inovação aberta, novas ideias de produto e, 288

Inovadores, decisões de compra e, *169-171*

Inseparabilidade dos serviços, 258-*259*

Inserção de produto, propaganda e, *540-541*

Insights de cliente. *Veja também* Gerenciamento do relacionamento com o cliente (CRM); Mídia social
  e exemplo do Domino's Pizza, 107-109
  importância dos, 109-*110*
  novas ideias de produtos, *296*-297

Instrumentos mecânicos, pesquisa e, 125-126

Intangibilidade dos serviços, 258-*259*

Inteligência competitiva de marketing, *112*-113

Interesse, elaboração da mensagem e, 457-458

Intermediários de marketing, definição de, 74-75

Intermediários financeiros, 74

Intermediários, canais de marketing e, 375-378

Intermitência, propaganda e, 494

Internet. *Veja também* Marketing on-line; Mídia social
  comunicação integrada, visão geral da, *478-479*
  definição de, 557
  e-procurement, 193
  escuta on-line, 123-124
  ética e, 89

770 Princípios de marketing

ferramentas de busca, 116-*117*
grupos de foco, *114*-117
marketing móvel, 566-568
organização dos canais, *348-349*
pesquisa de marketing on-line, 120
pesquisa Netnográfica, 117
prática de showroom, 388-390
preocupações envolvendo privacidade, 133-134
processo de decisão do comprador, *167-169*
propaganda, vantagens e desvantagens da, *495*
prospecção de clientes, *521*
questões de política pública, 567
seleção da mídia, promoção e, 459-460
sistemas logísticos, *435*
tecnologia de vendas, 519-*520*
tendências no marketing, *31, 33*
transporte de produto, *393-394*
vendedores on-line, 516
Intimidade com o cliente, estratégia competitiva e, 593-594
Investimento direto, mercados globais e, 625-626

J

Joint-venture, mercados globais e, *625-626*
Jornais. *Veja* Propaganda impressa

L

Legislação, ambiente político e, 89, 90
Leilões reversos, 193-*194*
Licenciamento, 271
Líder de mercado, *596*-597
Liderança de produto, estratégia de, 593-594
Liderança pelo custo, 592
Linguagem, pesquisa de marketing e, 125-126
Links patrocinados, 562
Links patrocinados, 563
Lobby, 450-451
Localização, decisões de varejo e, 404-405
Logística centrada no cliente, *393-394*
Logística de marketing, *392-393*
Logística dirigida para dentro, *393-394*
Logística dirigida para fora, *393-394*
Logística
    armazenagem, 395
    gerenciamento da informação, 397-398
    gerenciamento da logística integrada, 398-*399*
    gerenciamento do estoque, 396-397
    importância da, *393-394*
    marketing direto on-line, 550
    Marketing Real, UPS, 400-401
    transporte, *396-397*
Lojas de conveniência, *415, 416*
Lojas de departamentos, 414-415
Lojas de desconto, *420, 424*
Lojas de fábrica, 417-418
Lojas de fábrica, 417-418

Lojas de ponta de estoque independentes, 414
Lojas especializadas, 375
Lojas personalizadas, 414-415
Lojas sazonais, 427

M

Macroambiente, visão geral do, 76-78
Mais pelo mesmo, posicionamento, *232*
Mais por mais, posicionamento, *232*
Mais por menos, posicionamento, *233*
Mala direta, *492*, 553-554
Manutenção do preço de varejo, 362
Manutenção grátis, ofertas de, *353-354*
Mapas perceptuais de posicionamento, *227-228*
Marca genérica, 265
Marca registrada, *270*
Marca. *Veja também* Propaganda
    avaliação da, 266
    brand equity, 266
    co-branding, 270
    comportamento de compra habitual, 163
    decisões acerca da, 275
    diferenciação dos serviços, *263*
    e exemplo da Nike, 244
    embalagem, 246
    entretenimento de, 485-486
    estratégias de desenvolvimento da, 273
    evangelistas da, 142, 150, 211
    experiências de, 6
    extensão de, 273
    gerenciamento, 274
    integrações de, 486
    licenciamento, 271
    marcas próprias, *271*
    Marketing Real, endosso de celebridades, 461
    Marketing Real, marcas disruptivas, 276
    personalidade de, 156
    posicionamento, 266
    promoções de vendas, *530*
    proposta de valor, 36
    relações públicas, 545-546
    rotulagem, 255
    seleção do nome de, 269-270
    visão geral, 24
Marcas de varejo, 270-*271*
Marcas próprias, *271*
Marketing ao comprador, definição de, 440
Marketing B2B. *Veja também* Comportamento do comprador
    organizacional; Mercados organizacionais
    on-line, 558
    telemarketing, 555
    tendências atuais, 58
    vendedores, necessidade dos, 528-529
Marketing baseado em permissão, 566
Marketing com senso de missão, 664-665
Marketing concentrado, 225-*226*

Marketing criativo, 591

Marketing de causas sociais, *91*-92

Marketing de compra coletiva, 222

Marketing de massa, *224*

Marketing de nicho, *221*

Marketing de televendas, 556

Marketing de valor para o cliente, definição de, 663

Marketing de valor, 85

Marketing diferenciado. *Veja também* Estratégias orientadas
    para o cliente
    brand equity, 265-266
    definição de, 220-221, *230*-231
    estratégia competitiva, 581
    posicionamento e, 53-54
    serviços, *245*
    varejistas, decisões dos, *412*-413

Marketing direto
    B2B (empresa-empresa), 558
    B2C (empresa-consumidor), 558
    banco de dados de clientes, *550*-552
    C2B (consumidor-empresa), 558
    C2C (consumidor-consumidor), 558
    catálogos, *554*-555
    crescimento e benefícios do, 548-549
    e exemplo do Facebook, 546-547
    mala direta, 553-554
    marketing de televendas, 556-557
    marketing on-line, visão geral do, 557-*558*
    Marketing Real, marketing móvel, 568-569
    Marketing Real, Southwest Airlines, 551-552
    mix de promoção, visão geral do, 478-479, 509-510
    modelos de, 553-554
    presença on-line, criação de, *561*-566
    questões de política pública, 567
    quiosques, *556*-557
    telemarketing, 555
    tipos de, visão geral dos, *553*-554

Marketing externo, serviços e, *260*

Marketing formalizado, 591

Marketing gerado pelo consumidor. *Veja também* Mídia
    social
    definição de, *17*-18
    mensagens de propaganda, 484-486

Marketing global adaptado, 628

Marketing global padronizado, 628

Marketing indiferenciado, *220*

Marketing individual, *219*

Marketing inovador, 663

Marketing interativo, serviços e, *286*

Marketing interno, serviços e, *260*

Marketing local, *222*

Marketing móvel, 566-568

Marketing multicultural, 148. *Veja também* Cultura

Marketing on-line B2C (empresa-consumidor), 558-559

Marketing on-line C2B (consumidor-empresa), 558

Marketing on-line C2C (consumidor-consumidor), 558

Marketing on-line. *Veja também* Mídia social
    B2B (empresa-empresa), 558
    B2C (empresa-consumidor), 558-559
    banco de dados de cliente, *550*-551
    C2B (consumidor-empresa), 558
    C2C (consumidor-consumidor), 558
    catálogos, *554*-555
    criação de presença on-line, *554*-558
    e exemplo do Facebook, 554-555
    marketing direto, crescimento e benefícios do, 548-549
    modelo de marketing direto, 548-549
    organização do canal, *378*-379
    questão de política pública, 570
    tendências atuais, *31*
    visão geral do, 545-*546*

Marketing orientado ao consumidor, 663

Marketing personalizado, *554*

Marketing por e-mail, 565-566

Marketing Real
    ambiente de marketing, Sony e, 78-79
    atendimento ao cliente, Nordstrom e, *15*-16
    atendimento ao cliente, Zappos e, 261-262
    ciclo de vida do produto, 304-305
    crowdsourcing, 290-291
    determinação de preços internacionais, 362-363
    endosso de celebridades, 461
    escuta on-line, 123-124
    estilo de vida que lança tendências, marketing de,
      213-214
    estilos de vida, donos de pet e, 157-158
    gerenciamento do canal de marketing, 391-392
    gerenciamento do relacionamento com o cliente, Cae-
      sars e, 128-129
    gerenciamento do relacionamento com o cliente, P&G
      e, 529-530
    Grande Recessão, impacto da, 24-25
    influência social on-line, 152-153
    líder de produto, Apple e, 595-596
    logistics, 364-365
    marcas disruptivas, 267-268
    marketing direto, Southwest Airlines e, 551-552
    marketing gerado pelo consumidor, 489-490
    marketing global, Starbucks e, 629-630
    marketing móvel, 566-568
    marketing social B2B, 194-195
    mercados emergentes, Brasil e, 619-620
    micromarketing baseado na localização, 223-224
    mídia social, respostas do consumidor, 96-97
    miopia em relação à concorrência, Kodak e, 585-586
    modos no marketing internacional, 189-190
    novas estratégias de comunicação, 400-401
    pistas de preço, 352-352
    planejamento estratégico, Allegiant Air e, 54-55
    planejamento estratégico, ESPN e, 47-48
    posicionamento de preço-valor, 329-320
    posicionamento, Sears e, 422-423
    preço baseado em bom valor, Ryanair e, 322-323
    relações públicas, Coca-Cola e, 500-501
    responsabilidade social, 665-666
    sustentabilidade ambiental, Chipotle e, 661-662
    vendedores B2B, 558

772 Princípios de marketing

Marketing Real, 47-48, 55-56
marketing sustentável, visão geral do, 663-668
missão orientada para o mercado, *44-45*
novos produtos, 289, 290
objetivos e metas, empresa e, *45-46*
organização do departamento de marketing, 61-62
parcerias, desenvolvimento de, 51-53
planejamento de marketing, *60-61*
portfólio de negócios, desenvolvimento de, 46
retorno do investimento, gerenciamento do, 63-65
visão geral do processo, *46-47*

Marketing Real, marketing móvel, 566-568

Marketing Real, pistas de preço, 352-353
Marketing Real, posicionamento de preço-valor, 329-320
Marketing Real, preço baseado em bom valor, 331-332
mix de marketing, *57-58*
mudanças no preço, 345-*347*
outros fatores externos, 305-306
pacotes promocionais, 533
política pública e, 362-364
preço baseado em bom valor, *321-322*
preço de valor agregado, 323-324
preço discriminatório, 364-365
preços abusivos, *360*
skimming de mercado, 345-346
varejistas, tipos de, 413-414

Marketing Real, rede de distribuidores, 391-392

Marketing Real, Southwest Airlines, 551-552

Marketing segmentado, definição de, *220-221*

Marketing sem fins lucrativos, *26-27*

Marketing social
comunicação integrada, visão geral da, *478-479*
Ideias como produto, *289*-290

Marketing sustentável
ambientalismo, 657-658
ambiente de marketing, 82-*83*
comunicação de marketing, 425-426
críticas, impacto sobre a sociedade, *653-654*
críticas, impacto sobre as empresas, 655-656
críticas, impacto sobre os indivíduos, *648-653*
defesa do consumidor, 656-657
e exemplo da Unilever, 633-634
empresas sustentáveis, 670
ética no marketing, 667-669
logística, 392
Marketing Real, ambientalismo, 657-658
Marketing Real, responsabilidade social, 665-666
natureza, visões da, 94
princípios do, 645-650
tendências atuais, *31*
varejo ecológico, 43

Marketing um-para-um, *224*

Marketing viral, 563-567. *Veja também* Mídia social

Marketing
cenário em mudança do, 22-26
críticas ao, impacto sobre os indivíduos e, *648-653*
definição de, *4-5*
e exemplo da Amazon, 1-2
processo de, *5-6*

síntese do, *28-29*
vendas, coordenação com o, 497

Materiais como produtos, 248

Materiais de identidade corporativa, 499

Materialismo, *653-653*

Matérias-primas, 248

Matrix de crescimento/participação, *49-50*

Matriz de crescimento de mercado/produto, *49-50*

Medidas de desempenho
análise do desempenho, compradores organizacionais
e, *192,* 193
qualidade, produtos e serviços e, 251-252
retorno do investimento em marketing, 63-64

Megavarejistas, 428-429

Menos por muito menos, posicionamento, *232*

Mensagem, processo de comunicação e, 454

Mensurações biométricas, 125

Mercado, definição de, 7-8

Mercado, necessidades e desejos dos clientes e, *6-8*

Mercados consumidores
definição de, 76, 142
e exemplo da GoPro, 143-144

Mercados governamentais, definição de, 76

Mercados institucionais, compra organizacional e, 185-187

Mercados internacionais
ambiente cultural, 621-*622*
ambiente político/legal, 620
canais de distribuição, 372-*373*
decisões de entrada no mercado, 625-627
decisões de novos produtos, *297-298*
decisões de organização de marketing, 625
decisões de programa de marketing, 621-623
decisões de promoção, *632-633*
decisões de propaganda, 480-*481*
definição de, 7
determinação de preços, 362-363
e exemplo da Coca-Cola, 611-613
estratégias de produto, 631-632
etiqueta internacional, 183-184
Marketing Real, Brasil, 619-620
Marketing Real, Índia, 629-630
Marketing Real, UPS, 400-401
pesquisa de mercado, *131*-132
segmentação dos, 201-*202*
sistema de comércio internacional, *615-616*
tendências atuais, 425-426
varejistas, expansão dos, 408-409

Mercados organizacionais
definição de, 74, 182
e exemplo da GE, 181-182
estrutura e demanda do mercado, 183
produtos organizacionais, 248-249
segmentação de mercado, 209-210
unidade de compra, natureza da, *184*

Metas, empresa e, *45-46*

Método da paridade com a concorrência, orçamento de promoção e, 463

Método de objetivo e tarefas, orçamento de promoção e, 464

Método dos recursos disponíveis, orçamento de promoção e, 461

Métodos de contato, pesquisa e, *114, 115, 118*

Microambiente, definição de, 73-74

Micromarketing, 223-224

Mídia compartilhada, 452

Mídia conquistada, 452

Mídia on-line, 587

Mídia paga, 452

Mídia própria, 452-453

Mídia social
    canais de comunicação pessoal, 459-460
    ciclo de vida do produto, 298-300
    comportamento do consumidor, *145*
    compras B2B, 184-188
    e exemplo do Facebook, 546-547
    escuta on-line, 123-124
    ética e, 89
    fidelidade, monitoramento da, 215
    insights de cliente, importância dos, *113*
    inteligência competitiva de marketing, 113
    marketing C2B (consumidor-empresa), 558
    marketing C2C (consumidor- consumidor), 558
    marketing local, *222*
    Marketing Real, 183-184, 423-424
    mensagens geradas pelo consumidor, 489-490
    micromarketing, 223-224
    mix de promoção, 497, *536, 545*
    multitarefas de mídia, 494
    pesquisa de marketing, ética na, 130
    presença on-line, criação de, *558-564*
    promoções dirigidas ao consumidor, 432-*534*
    propaganda, 484-*485*
    prospecção de clientes, *521*
    qualidade dos serviços, gerenciamento da, 263-265
    relacionamentos gerenciados pelo cliente, 7, 17-19
    relações públicas, 545-546
    tecnologia de vendas, 519-*520*
    tendências na comunicação de marketing, 425-426

Mídia. *Veja também* Mídia social
    decisões de propaganda, 481-*482*
    envolvimento com a mídia, *491*
    multitarefas de mídia, 494
    processo de comunicação, 454
    públicos ligados à mídia, 76

Mídias alternativas, *493*

Milênios, 81

Miopia de marketing, 9

Missão orientada para o mercado, *44-45*

Moda, definição de, 299, 300

Modelo Aida, elaboração da mensagem e, 458

Modificar o mercado, 301-302

Modificar o mix de marketing, *302*

Modificar o product, 301-302

Modismo, definição de, 299-300

Motivação

compra organizacional, 190-*191*

consumidores, 148-149

vendedores, 514-515

Mudança cultural, definição de, 146

Mudanças geográficas, demografia e, 95

Multimarcas, 274-275

Musical, tipos de mensagem e, 487

N

Nafta (North American Free Trade Agreement — Acordo de Livre Comércio da América do Norte), 617-618

Navio, *397-398*

Necessidades, cliente e, 5-7

Netnografia, 117

Neuromarketing, 125

Nome de marca, seleção do, 269-*270*

Novos produtos, decisões acerca de
    análise do negócio, 293
    ciclo de vida do produto, síntese do, *298*
    comercialização, 295
    desenvolvimento centrado no cliente, 295-296
    desenvolvimento de estratégias de marketing, *292-293*
    desenvolvimento de produto, *295*
    desenvolvimento e teste do conceito, *291-292*
    desenvolvimento em equipe, 296
    desenvolvimento sistemático, 296-*297*
    e exemplo da Samsung, 286-287
    estratégia de desenvolvimento, 286-287
    estratégias de ciclo de vida, 298-300
    estratégias de determinação de preços, 362-363
    forças econômicas, 298-299
    geração de ideias, *287-288*
    Marketing Real, ciclo de vida do produto, 304-305
    Marketing Real, crowdsourcing, 290-291
    mercados internacionais, 209-*210*
    processo de decisão do comprador, *167-169*
    responsabilidade social, 305-306
    seleção de ideias, 289
    teste de mercado, *294*

Nutrition Labeling and Education Act — Lei de Rotulagem e Informação Nutricional (1990), *254*

O

O mesmo por menos, posicionamento, *232*

Objetivos. *Veja também* Planejamento estratégico
    avaliação dos concorrentes, *584-585*
    empresa, *43-44*
    propaganda, *449-450*

Obsolescência percebida, 648

Obsolescência planejada, 652

Obsolescência planejada, 652

Ocupação, comportamento do consumidor e, 155

Ocupante de nicho de mercado, *602*

Ocupantes de nicho de serviços, 602-604

Oferta ao mercado, definição de, 6-7

774 Princípios de marketing

Ofertas de tempo limitado, *321*-322

Operadores de telemarketing, 516-517. *Veja também* Promoção de vendas

Operadores logísticos terceirizados, 399-401

Operadores logísticos, 75

Opinião pública, 95

Oportunidades, análise das, *60*

Orçamento
estratégia de promoção, 446, 466-467
plano de marketing, 60

Organização de gerência de produto, 62-63

Organização funcional, 62-3

Organização geográfica, 65-66

Organização Mundial do Comércio (OMC), 616

Organizações geográficas, 635-636

Organizações globais, definição de, 635-636

Organizações sem fins lucrativos, *130-131*. *Veja também* Serviços

Organizações
atitudes em relação às, 93
como produtos, *257-258*
comportamento de compra organizacional, *185*
decisões de marketing global, *622-623*
decisões de preço, 329, 424

Órgãos do governo. *Veja também* Serviços
como mercado organizacional, 216-217
marketing feito pelos, 27
regulamentação por parte dos, 76-77

Orientação de marketing societal, 11, 647

Orientação de marketing, *10*-11, 646-647

Orientação de produção, 9

Orientação de vendas, *10*

Outdoor, propaganda em, *492-493*

P

Pagamento, vendedores e, 520

Painéis de controle de marketing, *63*

Participação de cliente, definição de, 21-22

Participação de mercado relativa, planejamento da, *45-46*

Participação de mercado, expansão da, 539-541

Participação de mercado, proteção da, 597-598

Patrocínios de conteúdo, 563

Patrocínios de eventos, *472-473*

Peças como produtos, 240

Peças, 248

Penetração de mercado, planejamento estratégico e, *50-51*

Percepção, comportamento do consumidor e, 163-*164*

Perecibilidade dos serviços, *259*

Personagem-símbolo, tipos de mensagem e, 487

Personalidade como produto, *240-245*

Personalidade, comportamento do consumidor e, 145-150

Pesquisa causal, *114*

Pesquisa de levantamento
pesquisa de marketing internacional, *130*-131
pesquisa de marketing on-line, 120
visão geral da, 118-119

Pesquisa de marketing internacional, *130*-131

Pesquisa de marketing on-line, 120

Pesquisa descritiva, *114*

Pesquisa etnográfica, 117

Pesquisa experimental, 118

Pesquisa exploratória, *114*

Pesquisa interpretativa do consumidor, 159

Pesquisa por observação, *117*-118

Pesquisa qualitativa, *121*

Pesquisa quantitativa, *118*

Pesquisa, marketing e
dados primários, visão geral dos, *114*-1115
dados secundários, 114-*115*
de levantamento, 118-119
implementação do plano, 126-127
instrumentos de, 116-117
interpretação e apresentação dos, 126
métodos de contato, *118-119*
pequenas empresas e organizações sem fins lucrativos, 130
pesquisa experimental, 118
planejamento da, *101*-102
plano de amostragem, *122-123*
preocupações com relação à privacidade, 133-134
visão geral da, 100-*101*

Pessoal de apoio às vendas, 537-538

Pessoal de apoio técnico de vendas, 516-517

Pessoas como produtos, *247-248*

Phishing, 570

Piggyback, 397

Pioneira de mercado, 300

Pistas, determinação de preços e, 333-334

Planejamento do transporte. *Veja* Logística

Planejamento estratégico
abordagem do Boston Consulting Group, 46
abordagens de matrix, problemas com as, 49
análise da concorrência, 583-584, *603*
análise de marketing, 58-*59*
cliente *versus* concorrência, orientação para, 603-*604*
concorrentes, seleção dos, 588-589
controle de marketing, *63*
crescimento e redução, planejamento para, *49-50*
decisões do programa de marketing global, *622-623*
decisões para entrada no mercado global, 625-668
e exemplo do McDonald's, 3-5
estratégia e mix de marketing, *53-58*
estratégias de desafiante de mercado, 596-*597*
estratégias de líder de mercado, *596-597*
estratégias de ocupante de nicho de mercado, 602
estratégias de seguidora de mercado, 602
implementação do marketing, 61-*62*
inteligência competitiva de marketing, 113

Plano de amostragem, pesquisa e, *122*

Índice 775

Política pública
  ambiente de marketing, *95*
  canais de marketing, 374-378
  determinação de preços e, 362-363
  marketing direto, 548-549
  pesquisa de marketing e, 114-116

Poluição cultural, 654-655

Ponto de contato com o cliente, 126-*127*

Ponto de vista do marketing, 547, 549

Ponto de vista do setor, 584

Pontos de interrogação, unidades estratégicas de negócios e, *465-47*

Porcentagem sobre as vendas, orçamento de promoção e, 464

Portfólio de negócios, desenvolvimento de, 46

Posicionamento do produto, *227-233*

Posicionamento. *Veja também* Vantagem competitiva; Estratégias orientadas para o cliente
  da marca, *228-229*
  definição de, 206-207
  do produto, *227-230*
  estratégia para o, 57-58
  varejistas, decisões dos, *412-413*

Praça
  4Ps do marketing, *57-58*
  como produto, 240
  decisões de varejo, 404-405
  mix de marketing, *57-58*

Prática de showroom, 468

Práticas enganosas, *650-651*

Pré-abordagem, processo de vendas e, 526

Precificação composta, 348

Preço baseado em bom valor, *321-322*

Preço de entrega unificado, 354-355

Preço de lucro-alvo, 326-327

Preço de markup, 326

Preço de ponto de equilíbrio, *326-327*

Preço de ponto-base, 355

Preço de valor agregado, 323-324

Preço FOB, 354-355

Preço isca, 352

Preço por custo mais margem, 337

Preço por unidade de medida, 254

Preço por zona, 355-356

Preço
  4Ps do marketing, *57-58*
  atacadista, decisões do, 438
  canal de marketing e, 377
  considerações organizacionais, 330
  críticas ao marketing, *648-649*
  decisões de marketing global, 622-*623*
  decisões de mercado e demanda, 332-335
  decisões de varejo, 404-405
  definição de, 318-320
  determinação de preços baseada na concorrência, *328*

determinação de preços baseada no valor para o cliente, *319-320*
  determinação de preços baseada nos custos, 319-320
  determinação de preços com descontos e concessões, *349-350*
  determinação de preços geográficos, 354-355
  determinação de preços internacionais, *358-359*
  determinação de preços on-line, 355-*356*
  determinação de preços para mix de produtos, 365-366
  determinação de preços predatórios, 656-656
  determinação de preços promocionais, *349-350*
  determinação de preços psicológicos, 351-352
  determinação de preços segmentados, 350-*351*
  determinação dinâmica de preços, 355-*356*
  e exemplo da JCPenney, 316-317
  e exemplo da Panera Bread Company, 343-344
  elasticidade de preço, *334-335*
  estratégia de marketing e, 329-303
  estratégias de ajuste, visão geral das, 346-*347*
  estratégias de novos produtos, 345-346
  fatores econômicos, 335
  formação de cartel, 362-363
  garantia dos melhores preços, 353-354
  Marketing Real, determinação de preços internacionais, 362-363

Preços altos-baixos, 323

Preços baixos todo dia (EDLP — *everyday low pricing*), 323

Preços de ocasiões especiais, *353-354*

Preços de referência, 351-352

Preferência, disposição de compra e, 470

Previsão, logística e, *392-394*

Privacidade, *89*, 91, 133-134, 570-571

Processamento de pedidos, logística e, *393-394*

Processo de adoção, novos produtos e, 168, *171*

Produção, planejamento da, *392-394*

Produtividade, gerenciamento da, *264*

Produtos agradáveis, definição de, 666

Produtos ampliados, *278*

Produtos benéficos, definição de, 666

Produtos de compra comparada, 247-*248*

Produtos de consumo, 247-*248*

Produtos de conveniência, 247-*248*

Produtos de especialidade, 248-*249*

Produtos desejáveis, definição de, 666

Produtos inadequados, 666

Produtos não procurados, *248*

Produtos naturais, 248

Produtos promocionais, 553

Produtos. *Veja também* Marca; Novos produtos, decisões acerca de; Posicionamento do Produto
  4Ps do marketing, *57-58*
  adaptação, mercados globais e, 624-625
  atacadista, decisões do, 438
  atributos do, *250-252*
  branding, 252
  ciclos de vida do produto, 298-300

776 Princípios de marketing

críticas do marketing, *648-652*
de consumo, 247-*248*
decisões de linha de produtos, 250
decisões de marketing global, 622-*623*
decisões de mix de produtos, 256-*267*
definição de, 246-247
desenvolvimento de, *50-51, 286-287*
e exemplo da Nike, 242-243
e exemplo da Samsung, 284-285
embalagem, 246
intendência de produto, 658-660
invenção de produto, mercados globais e, 625-626
mix de marketing, *57-58*
níveis de, 245-*246*
organizações, pessoas, lugares e ideias, *248-249*
orientação de, 10
produtos organizacionais, 248-249
rotulagem, 255
serviços de apoio, *255-256*
varejo ecológico, 43

Programa de marketing integrado, 12. *Veja também* Planejamento estratégico

Programa de marketing, mercados globais e, 625-626

Programas de fidelidade do cliente, *532*

Programas de intraempreendedorismo, 287-*288*

Programas de marketing de fidelidade, *14*

Programas de marketing de frequência, *481*

Programas de recompensa, *14*, 128-129, *532*

Projeto para o meio ambiente (*design for environment* — DFE), 659-660

Promoção de vendas
desenvolvimento do programa de, 535
ferramentas da, 532-535
mix de promoção, 497, *536, 545*
objetivos da, 532-533
visão geral da, 530-531

Promoção. *Veja também* Propaganda; Promoção de vendas; Planejamento estratégico
4Ps do marketing, *57-58*
atacadista, decisões do, 438
comunicação integrada, visão geral da, *478-479*
comunicação socialmente responsável, 467-468
custos da, 521
decisões de marketing global, 622-*623*
decisões de orçamento, 480-481
decisões de varejo, 404-405
elaboração da mensagem, 457
feedback, coleta do, 520
fonte da mensagem, 456-457
Marketing Real, endosso de celebridades, 462-463
mix de marketing, *57-58*
mix de promoção, visão geral do, 509-510
mix, definição do, 421-*423*
modelo de comunicação de marketing, 449-450
processo de comunicação, 454
público e objetivos, *469-470*
seleção da mídia, 484-485
venda centrada no cliente, exemplo de, 511-512

Promoções dirigidas ao canal de distribuição, 513

Promoções dirigidas aos consumidores, 531-*53*

Promoções dirigidas às empresas, 531, 535

Promoções relâmpagos, *355-356*

Propaganda comparativa, *482-483*. *Veja também* Propaganda

Propaganda de ataque, *435-436*. *Veja também* Propaganda

Propaganda de lembrança, 436. *Veja também* Propaganda

Propaganda falsa, 468-469

Propaganda impressa. *Veja também* Propaganda
como ferramenta de promoção, 554-*55*
comunicação integrada, visão geral da, *478-479*
comunicação socialmente responsável, 489
relações públicas, 499-500
seleção da mídia, 484
tendências, 425-426
vantagens e desvantagens, 583

Propaganda informativa, *481-482*. *Veja também* Propaganda

Propaganda institucional, *248-250*

Propaganda na televisão. *Veja também* Propaganda
como ferramenta de promoção, 554-555
comunicação integrada, visão geral da, *478-479*
comunicação socialmente responsável, 489
custo da, 504
elaboração da mensagem, 457
inserção de produto, *540-541*
marketing de televendas, 556
relações públicas, 545-546
seleção da mídia, 484-485
tendências, 425-426
vantagens e desvantagens, 583

Propaganda no telefone, marketing móvel e, 566-568

Propaganda persuasiva, *481-482*. *Veja também* Propaganda

Propaganda subliminar, *160*

Propaganda. *Veja também* Relações públicas; Promoção de vendas
agências de propaganda, 485
comunicação socialmente responsável e, 489
criação da mensagem, *484,*
custos da, 521
decisões internacionais, *496*
desenvolvimento da estratégia, visão geral do, 484
exemplos de seguradoras, 478-*480*
infomercial, 512
Marketing Real, Coca-Cola, 500-501
mensagens geradas pelo consumidor, 489-490
mix de promoção, 497, *536, 545*
objetivos da, *531-532*
orçamento de propaganda, 483
propaganda on-line e, 471
retorno do investimento em, 495
seleção da mídia, 491, *484, 494, 502,*
tendências na comunicação de marketing, 425-426
visão geral da, *481*

Proposição exclusiva de vendas (USP), 230

Proposta de valor, 36, *227-228*

Proposta escrita, pesquisa e, 115

Propriedade conjunta, mercados globais e, *625*

Prospecção, *526-525*

Público geral, definição de, 53

Público, definição de, *75*

Público, processo de comunicação e, 454

Públicos financeiros, 76

Públicos governamentais, 76

Públicos internos, 76

Públicos locais, 76

Públicos voltados para a ação cidadã, 76

Q

Qualidade de conformidade, 250-251

Qualidade, 250-251

Qualificação, processo de vendas e, *525-526*

Questionários por correio, *118*-119

Questionários por telefone, *118*-119

Questionários
  métodos de contato, *114-117*
  pesquisa de marketing internacional, *130*-131
  visão geral dos, 120-121

Quiosques, *553*

R

Raça, macroambiente e, 76-78

Rádio, propaganda no, *460*

Rastreamento por satélite, 394

Reações proativas, 98

Reações reativas, 98

Receptor, processo de comunicação e, 454

Recompra modificada, 185

Recompra simples, 185

Reconhecimento da necessidade, compras e, *165*

Reconhecimento do problema, *184*

Recrutamento, vendedores e, 518-519

Recursos naturais, 86-*87*

Rede de entrega de valor global, *593-594*

Rede voluntária, varejistas e, 419, *437*

Redes corporativas, varejistas de, 418, *419*

Redes sociais, criação e uso de, 545-546

Redes sociais, definição de, 149. *Veja também* Mídia social

Redes sociais. *Veja* Mídia social

Redução, planejamento para a, *49*-50

Reembolsos, 533-534

Regra do prazo de arrependimento de três dias, 469

Relacionamento de troca, 7

Relações com investidores, 497-498

Relações de causa e efeito, 114, 118

Relações públicas
  ferramentas para, 477-479
  Marketing Real, Coca-Cola, 500-501
  mix de promoção, 497, *536*, *545*
  visão geral das, 450-451

Relevância, brand equity e, 265-266

Religião, visões acerca da, 92

Remuneração dos vendedores, 514

Responsabilidade social
  ambiente social, 89-90
  atendimento ao mercado-alvo, marketing e, *250*-2551
  comunicação de marketing, 425-426
  críticas ao marketing, impacto sobre a sociedade, *653*-654
  críticas ao marketing, impacto sobre as empresas, 655-656
  críticas do marketing, impacto sobre os indivíduos, *648*-653
  decisões de novos produtos, *305-306*
  defesa do consumidor, 656-657
  e exemplo da Unilever, 633-634
  embalagem, *253*
  ética no marketing, visão geral da, 667-669
  marketing direto on-line, 550
  Marketing Real, 661-662
  marketing sustentável, princípios do, 663-668
  marketing sustentável, visão geral do, 663-668
  pesquisa de marketing, 120
  sustentabilidade ambiental, 87-*87*, 658-662
  tendências atuais, *31*

Resposta, processo de comunicação e, 454

Resumo executivo, plano de marketing e, *60*

Retenção do cliente, *20*

Retenção seletiva, *160*

Retorno do investimento em marketing (ROI em marketing), 63-64

Retorno do investimento
  mensuração e gerenciamento, 63-64
  programas de promoção de vendas, 531
  propaganda, 480

Revendedores, 77

Revistas. *Veja* Propaganda impressa

RFID (transmissores de identificação por radiofrequência), 96

Robinson-Patman Act — Lei Robinson-Patman (1936), *86*, 363, 468

Rodada de Doha, 616

Rodada do Uruguai, 616

Rotulagem nutricional, 105

Rotulagem, 255

Ruído, processo de comunicação e, 454

S

Satisfação dos clientes
  comportamento pós-compra, *167*-168
  fidelidade e retenção dos clientes, *20*
  gerenciamento do relacionamento com o cliente, 12-14, *13*
  Marketing Real, Zappos e, 261-262
  relacionamento com os clientes, tendências no, *31*, *33*
  UENs (unidades estratégicas de negócios), 46
  visão geral da, *7-8*

778 Princípios de marketing

Saturação de promoções, 531

Second Life. *Veja* Mídia social

Segmentação comportamental, 123-124, 214, 235

Segmentação de mercado cruzada, 218-*219*

Segmentação de mercado demográfica, *210*-212

Segmentação de mercado geográfica, *209*-210

Segmentação de mercado psicográfica, *212*

Segmentação de mercado. *Veja também* Estratégias orientadas para o cliente; Seleção de mercado-alvo
  bases múltiplas de segmentação, *216*
  branding, 252
  definição de, 54, 209-210
  diferenciação e posicionamento, *228-230*
  escolha de uma estratégia, 231-232
  estratégias de seleção de mercado-alvo, visão geral das, *225-226*
  marketing concentrado, 221-222
  marketing diferenciado, *220-221*
  marketing indiferenciado, *220*
  marketing on-line, preocupações relacionadas à política pública, 557-*558*
  Marketing Real, marketing de estilo de vida, 213-214
  Marketing Real, micromarketing, 223-224
  marketing socialmente responsável, *225-226*
  mercados internacionais, 209-*210*
  mercados organizacionais, 216-217
  micromarketing, 223-224
  planejamento estratégico, *49-50*
  segmentação comportamental, 123-124, 214
  segmentação demográfica, *210*-212
  segmentação eficaz, 218
  segmentação geográfica, *209*-210
  varejistas, decisões dos, *438*-439
  visão geral da, *209*

Segmentação intermercados, 217-*218*

Segmentação por benefício, 214

Segmentação por ciclo de vida, *210*-211

Segmentação por ocasião, 214

Segmentação por renda, *211*-212

Segmentação por sexo, *211*

Segmentação social, 123

Segmentação, varejo e, *420-421*

Seguidora de mercado, 594

Segurança on-line, 570

Segurança, decisões de novos produtos e, 167-*170*

Seleção de ideias, novos produtos e, 289, 290

Seleção de mercado-alvo
  bases múltiplas de segmentação, *219*
  branding, 33
  definição de, 7
  diferenciação e posicionamento, *228-230*
  escolha de uma estratégia, 231-232
  estratégias para, visão geral das, 209-*210*
  marketing concentrado, 221-222
  marketing diferenciado, *220-221*

marketing indiferenciado, *220*
Marketing Real, marketing de estilo de vida, 213-214
Marketing Real, micromarketing, 223-224
marketing socialmente responsável, *225*-226
mercados internacionais, 209-*210*
mercados organizacionais, 216-217
micromarketing, 223-224
on-line, preocupação de política pública e, 567-568
segmentação comportamental, 123-124, 214
segmentação de mercado, visão geral da, *209*
segmentação demográfica, *210*-212
segmentação eficaz, 218
segmentação geográfica, *209*-210
varejistas, decisões de preço e, 329, 424
visão geral da, 114-*115*

Serviços. *Veja também* Marca
  atacadista, decisões do, 438
  atributos dos, *331-333*
  branding, 33
  cadeia de valor dos serviços, 259-269
  de baixa qualidade para consumidores menos favorecidos, 648-649
  definição de, 252
  diferenciação por, *253*
  gerenciamento da qualidade, 250-251
  Marketing Real, Zappos e, 261-262
  marketing, visão geral do, 286-*287*
  mercados internacionais, 209-*210*
  níveis de, 277-*278*
  produtividade, gerenciamento da, *264*
  produtos organizacionais, 248-249
  serviços de apoio ao produto, *255*-256
  varejo, decisões acerca do, 420-421

Shopping center local, 426

Shopping center regional, 426

Shopping centers de bairro, 425

Shopping centers, 425

SIM. *Veja* Sistema de informações de marketing (SIM)

Simpatia, disposição de compra e, *414*-415

Sinalizações de oferta, 352-353

Sistema de franquia com atacadista patrocinado pelo fabricante, 381

Sistema de franquia com varejista patrocinado pelo fabricante, *381*-382. *Veja também* Atacadistas

Sistema de franquia com varejista patrocinado por empresa de serviços, *381-382*

Sistema de informações de marketing (SIM)
  avaliação das necessidades, 111-*112*
  banco de dados interno, *111*-112
  dados primários, *114*-115
  dados secundários, 114-*115*
  definição de, 109
  distribuição e uso da informação, 129
  e exemplo da Domino's Pizza, 107-108
  ética e, 133
  gerenciamento do relacionamento com o cliente, 126-*127*
  implementação do plano, 126-127
  insights de cliente, 109-*110*
  instrumentos de pesquisa, 124-145

Inteligência competitiva de marketing, *112*-113
interpretação e apresentação dos resultados, 126
Marketing Real, escuta on-line, 123-124
Marketing Real, gerenciamento do relacionamento com o cliente, 128-129
métodos de contato, pesquisa e, *118*-119
pequenas empresas e organizações sem fins lucrativos, *130*
pesquisa de levantamento, 118-119
pesquisa de marketing, visão geral da, 114-*115*
pesquisa experimental, 118
pesquisa internacional, 132
pesquisa por observação, *117*-118
pesquisa, planejamento para a, *117*-118
plano de amostragem, pesquisa e, *122-123*

Sistema de reposição contínua de estoque, 391

Sistema horizontal de marketing, *382-383*

Sistema multicanal de distribuição, *382-382*

Sistema vertical de marketing (SVM) administrado, 380

Sistema vertical de marketing (SVM) contratual, 381

Sistema vertical de marketing (SVM) corporativo, 380-381

Sistema vertical de marketing (SVM), *379-380*

Sistemas de informação, logística e, *393-394*

Sistemas de logística just-in-time, 396

Site de compras da empresa, 193-*194*

Site de marketing, *562-569*

Sites corporativos, *521-522*,

Sites de conteúdo, Internet e, 557

Sites de transação, Internet e, 557

Smartphones, 487

Sociedade, crítica ao marketing e, *648-649*

Sociedade, visões acerca da, 92-93

Solicitação da proposta, *191-192*

Sorteios, 532-433

Spam, 554-555, 566

Status de usuário, mercados-alvo e, 215

Subcultura, comportamento do consumidor e, *146-147*

Subsidiárias internacionais, 635-636

Super Bowl, *advertainment* e, *505*-506

Superlojas, 416

Supermercados, *415*

Supervisão dos vendedores, 521-522

Suprimentos, produtos organizacionais e, 248

Sustentabilidade ambiental. *Veja também* Marketing sustentável
comunicação de marketing, 467-468
e exemplo da Unilever, 633-634
embalagem, *253*
logística, 392
tendências atuais, *31*
varejo ecológico, 432
visão geral da, 82-*83*, 658-659

SVM (sistema vertical de marketing), *379-380*

T

Tarifas, 615

Taxa de crescimento do mercado, planejamento da, *46-48*

Taxa de utilização variável, precificação e, 348

Taxa fixa, precificação de, 348

Tecnologia de GPS, marketing baseado na localização e, 222-227

Tecnologia DVR, 485-486

Tecnologia
ambiente tecnológico, *87-88*
armazenagem, 395
atacadistas, *434*
compra on-line shopping, crescimento da, 429
ferramentas de gerenciamento do relacionamento com o cliente, 127-*128*
gerenciamento da força de vendas, 514-515
gestão do relacionamento com parceiros, 389-390
logística, 392
modelo de comunicação de marketing, 425-426
prática de showroom, 468
preocupações envolvendo privacidade, 133-134
propaganda na televisão e, 554-555
rastreamento por RFID, *88*, 396
tendências no marketing*31, 33*
treinamento dos vendedores, 519-520
varejo, 423-424

Telemarketing, 548

Teletrabalho, 83

Teste de mercado, novos produtos e, *299*

Teste, novos produtos e, *296-299*

Testemunho, tipos de mensagem e, 487

Trabalho de desenvolvimento, relações públicas e, 497-498

Trainship, 397

Transmissores de identificação por radiofrequência (RFID), *88*, 394, 429

Transporte aéreo, *359*, 397

Transporte intermodal, 397

Transporte marítimo ou fluvial, *397-398*

Tratamento de objeções, processo de vendas e, 525

Treinamento on-line, força de vendas e, 519-520

Treinamento virtual conduzido por instrutor, 519-520

Troca eletrônica de dados (*electronic data interchange* — EDI), 397

Turismo, *249-251*

Twitter. *Veja* Mídia social

U

Um maluco na TV, 494

Unasul (Union of South American Nations — União das Nações Sul-Americanas), 617

União das Nações Sul-Americanas (Union of South American Nations — Unasul), 617

União Europeia, 616-17

Unidades estratégicas de negócios (UENs), 49-51

Usuários, compra organizacional e, *185*

780 Princípios de marketing

V

Vacas leiteiras, *49*

Valor do cliente ao longo do tempo, *20*

Valor para o cliente. *Veja também* Canais de marketing
análise de valor para o cliente, 588
cadeia de valor, 374-*371*
campanha de comunicação integrada, 446-448
campanha de comunicação integrada, visão geral da, *447*-448
canais de marketing, importância dos, 374-378
comunicação socialmente responsável, 467-468
e exemplo da Amazon, 1-2
e exemplo da JCPenney, 316-317
logistics, 399-400
e exemplo da Panera Bread Company, 343-344
elaboração da mensagem, 457-458
feedback, coleta do, 461
fonte da mensagem, 460-461
gerenciamento da logística integrada, 398-399
logistics, 399-400
Marketing Real, endosso de celebridades, 462-463
Marketing Real, gerenciamento do canal de marketing, 391-392
mix de promoção, visão geral do, 478-479, 512-*513*
modelo de comunicação de marketing, 449-450
orçamento de promoção, decisões acerca do, 461-462
processo de comunicação, 454-*455*
público e objetivos da comunicação, *456*-458
cadeia de valor, 371-*374*
seleção da mídia, 491-492

Valor percebido, *13*

Valor, expectativas de, *6-8*

Valores compartilhados, *11*

Valores, ambiente cultural e, 92-94

Vantagem competitiva. *Veja também* Concorrentes
análise da concorrência, 583-584, *603*
cliente *versus* concorrência, orientação para, 603-*604*
concorrentes, seleção dos, 588-589
e exemplo do Four Seasons, 581-584
estratégias básicas para, 581-582
estratégias competitivas de marketing, definição de, 583
estratégias da desafiante de mercado, 599-600
estratégias da líder de mercado, *596-597*
estratégias da ocupante de nicho, 601-*602*
estratégias da seguidora de mercado, 600-601
estratégias de marketing, visão geral das, 583-584
Marketing Real, Apple, 595-596
Marketing Real, Kodak, 585-586
posicionamento, 228-231, *588*-590
sistemas de inteligência competitiva, 590

Varejistas com operações físicas, 556

Varejistas de autosserviço, 413

Varejistas de ponta de estoque (ou de liquidação), 417-418

Varejistas de serviço limitado, 408-409

Varejistas de serviços, 416-417

Varejistas eletrônicos, 557

Varejistas
como intermediários de marketing, 78
promoções dirigidas ao canal de distribuição, 531

Varejo de serviço completo, 413

Varejo ecológico, 439

Varejo experimental, 423-424

Varejo
decisões de marketing, 420-421
Marketing Real, posicionamento, 422-423
Marketing Real, prática de showroom, 388-389
tecnologia e, 396-397
tendências e acontecimentos, 426-427
tipos de varejistas, 427-425
visão geral do, 350-354
Walmart, visão geral do, 410-411

Variabilidade dos serviços, 259-*260*

Venda de sistemas, 186

Venda de soluções, *186*

Venda de valor, 528

Venda pessoal
avaliação do desempenho, 525-526
comunicação socialmente responsável, 489
força de vendas, motivação da, 424
força de vendas, papel da, 514-515
força de vendas, recrutamento e contratação da, 518-519
força de vendas, supervisão e motivação da, 520-521
gerenciamento da força de vendas, 514-515
gerenciamento do relacionamento com o cliente, 528-529
Marketing Real, relacionamento com o cliente, 529-528
Marketing Real, vendedores B2B, 523-524
mix de promoção, 497
processo para a, *525*-526
venda centrada no cliente, exemplo de, 511-512
vendas com muita pressão, 651
visão geral da, 512-513

Vendas com muita pressão, 648

Vendas em equipe, 517

Vendedor, definição de, 512

Visita não agendada, *526*

Y

YouTube. *Veja* Mídia social

Z

Zonas de livre comércio, 616-17

Zonas regionais de livre comércio, 616-617